最新

アルファベットから引く
外国人名
よみ方字典

日外アソシエーツ

●編集担当● 尾崎 稔

刊行にあたって

　本書は、「アルファベットから引く　外国人名よみ方字典」（2003年2月刊）、「新・アルファベットから引く　外国人名よみ方字典」（2013年1月刊＝第2版）の11年ぶりの最新版＝新訂増補第3版である。

　姓・名の区別を問わず、人名構成要素のアルファベット表記からそれに対応するカナ表記を素早く一覧できるという基本方針は変わっていない。ただ、前版では127,671件のアルファベット見出しの下に、延べ194,083件のカナ表記を収録していたが、今版では見出し数は約1.4倍、カナ表記延べ数は約1.35倍となっている。インターネット全盛の現在、単に数量を増やすだけなら際限なく増やすことも簡単だろうが、本書に収録した人名は原綴・カナ表記ともすべて実在の人物名をもとにしており、それが各種参考資料に実際にどのような対応関係で掲載されているのか、ということを示しているもので、この増補は決して少ないものではないと考える。

　また、前版に続き今回も非英語圏の人名を積極的に取り入れている。とりわけアジア・中東圏の増補が顕著であり、この11年間の日本との交流の増加、関心の高まりを反映しているともいえよう。

　本書が前版・前々版に引き続き、インターネットに氾濫する大量情報と一線を画す、確実な情報源を集約したハンドブックとして、外国人名を扱う多くの人に御活用いただければ幸いである。

2024年8月

日外アソシエーツ

凡　例

1．本書の内容

　　本書は、実在の外国人名を姓・名の区別なく構成要素単位に分け、それぞれのアルファベット表記に対応するカナ表記を明示した人名表記字典である。

2．収録範囲と件数

(1) 歴史上の人物から現在活躍中の人物まで、アルファベットによって表記可能な外国人名を収録対象とした。

(2) 国・地域で特有の読み方や愛称・短縮形の読み方など、厳密にはアルファベットとカナ表記が完全対応していなくても、後述する参考資料に記載されているものは原則採用した。

(3) ただし、英語圏の愛称などであまりにも語感が変わってしまう場合は割愛した。

　　　（例：Robert⇔ボビー、Dick⇔リチャード）

(4) 収録件数は、原綴（アルファベット）表記が178,125件、対応するカナ表記が延べ262,324件である。

3．記載項目と排列

(1) 人名の原綴表記（見出し）

　1) 原則として、人名の最小単位として扱われる構成要素をABC順に排列した。その際、ウムラウトなどの記号類は無視した。

　2) 便宜上、原綴の先頭文字は大文字に統一した。

　3) 綴りが同一でも各種記号の有無、綴り中の大小文字などにより表記の異なるものは、別見出しとした。

(2) 人名のカナ表記

　1) 上記原綴表記に対応するカナ表記を、後述の参考資料に基づいて記載した。

2）見出しの下の各カナ表記は五十音順に排列した。

3）排列上、濁音・半濁音は清音、促音・拗音は直音とみなし、長音符や記号類は無視した。

(3) 頻　度

後述の参考資料群の中で、出現頻度の高い「原綴－カナ表記」の組み合わせには末尾に「＊」を付し、頻度の目安として以下のように3段階で示した。

今回参考とした8種の資料群のうち、

＊＊＊　　7種以上に収録されていたもの

＊＊　　　5～6種に収録されていたもの

＊　　　　3～4種に収録されていたもの

4．参考資料

以下8種の資料群を参考にした（書籍はすべて弊社刊）。

(1)「外国人物レファレンス事典　古代～19世紀　欧文名」(1999)

「外国人物レファレンス事典　古代～19世紀　Ⅱ (1999-2009)　欧文名」(2009)

「外国人物レファレンス事典　古代～19世紀　Ⅲ (2010-2018)　欧文名」(2019)

(2)「外国人物レファレンス事典　20世紀　欧文名」(2002)

「外国人物レファレンス事典　20世紀　第Ⅱ期 (2002-2010)　欧文名」(2011)

「外国人物レファレンス事典　20世紀　Ⅲ (2011-2019)　欧文名」(2019)

(3)「西洋人著者名レファレンス事典」(1999)

「新訂増補　西洋人著者名レファレンス事典」(2009)

「21世紀　世界人名典拠録　欧文名」(2017)

(4)「翻訳図書目録 77/84」(1984)

「翻訳図書目録 84/88」(1988)

「翻訳図書目録 88/92」(1992)

「翻訳図書目録 92/96」(1997)

「翻訳図書目録 1996-2000」(2001)

「翻訳図書目録 2000-2003」(2004)
「翻訳図書目録 2004-2007」(2008)
「翻訳図書目録 2008-2010」(2011)
「翻訳図書目録 2011-2013」(2014)
「翻訳図書目録 2014-2016」(2017)
「翻訳図書目録 2017-2019」(2020)
「翻訳図書目録 2020-2022」(2023)

(5)「現代外国人名録 2004」(2004)
「現代外国人名録 2008」(2008)
「現代外国人名録 2012」(2012)
「現代外国人名録 2016」(2016)
「現代外国人名録 2020」(2020)
「現代外国人名録 2024」(2024)
「現代世界人名総覧」(2015)

(6)「現代物故者事典 2000〜2002」(2003)
「現代物故者事典 2003〜2005」(2006)
「現代物故者事典 2006〜2008」(2009)
「現代物故者事典 2009〜2011」(2012)
「現代物故者事典 2012〜2014」(2015)
「現代物故者事典 2015〜2017」(2018)
「現代物故者事典 2018〜2020」(2021)
「現代物故者事典 2021〜2023」(2024)

(7)「外国人別名辞典」(2004)
「最新 世界スポーツ人名事典」(2014)
「海外文学 新進作家事典」(2016)
「事典・世界の指導者たち 冷戦後の政治リーダー 3000 人」(2018)
「現代世界文学人名事典」(2019)

(8)「オリンピック記録総覧―メダリスト＆日本選手」(2020)、その他各種年鑑類、および本書初版刊行時のオンライン・データベース「ＷＨＯ」など

【 A 】

Aa アア
Aab アーブ
Aabel アーベル
Aaberg アーバーグ
Aaboe アーボー
Aabye
　オービエ
　オービュ
　オービュイ
　オービュエ
Aach アーハ
Aachen アーヘン
Aacin アーチン
Aad ア
Aadland アードランド
Aadne オドネ*
Aadnevik
　オードネヴィーク
Aafjes
　アーフィエス*
　アフェス
Aaftab アフタブ
Aagaard
　アーガルド
　オーゴード
Aage
　アウゲ
　アーゲ
　オー
　オーイェ
　オーエ*
　オーゲ**
Aagesen オーゲセン
Aagot オーガット
Aah
　アアフ
　アフ
Aah-mes
　アアフ・メス
　アアフメス
　アフ・メス
　アフメス
　アーメス
　アーモス
Aahotep アーホテプ
Aakaatdamkoeng
　アーカートダムクーング
Aaker
　アーカー*
　エイカー
Aakeson
　オーカソン
　オーケソン
Aakhus オークス*
Aakjaer
　オーケァ
　オーケア
　オケア
　オーケール
Aakor アーコン
Aalbers アーベルス
Aaliyah アリーヤ*

Aall
　アール**
　オール
Aallison アリスン
Aalst アールスト
Aalto
　アアルト*
　アールト**
　アールトー
Aaltonen
　アアルトネン
　アールトーネン
　アールトネン
Aaly アアルイ
Aamara アーマラ
Aames
　アーメス
　エイムス*
　エイムズ**
Aamir アーミル*
Aamodt
　アーモット
　オーモット**
Aananda アナンダ
Aandria
　アンドリア
　アンドリヤ
Aanei アーネイ
Aanen アーネン
Aangeenbrug
　アーンゲーンブルグ
Aanholt アーンホルト
A-anni-padda
　アアンニパッダ
　アアンネパッダ
Aapo アーポ
Aarab アーラブ
Aardema
　アーダマ**
　アーディマ
　アールデマ
Aarden アールデン
Aardewijn
　アーデウィーン
Aarne
　アールネ*
　アーン
Aarnes アーンズ
Aarnio アールニオ
Aarnivaara
　アールニヴァーラ
Aaro アーロ
Aarø オーロ
Aarom アーロム
Aaron
　アアロン
　アーロン***
　アロン**
　エーアロン
　エアロン*
Aaronovitch
　アーロノヴィッチ*
　アーロノビチ
　アーロノビッチ**
Aarons
　アーロン
　アーロンズ*

Aaronsohn
　アーロンゾーン
　アーロンソン
Aaronson
　アーロンソン
Aaroy オーロイ
'Aarpakṣad
　アルパクシャド
Aarre アーレ
Aars オーシュ
Aart
　アート
　アートゥ
　アールト
　アルト
Aart-Jan アールトヤン
Aartsen アートセン
Aas アース*
Aase
　アーサ
　オーゼ*
Aasen
　アーセン
　オーセン
Aaseng アーセング*
Aaserud オーセルー
Aasland オースラン
Aasmund
　オースムン
　オスムン
Aasrud オースルード
Aatif アーティフ
Aav アーヴ
Aaviksoo アービクソー
Ab
　アブ
　アブ
Aba アバ
Ababar アババル
Ababel アババベル
Ababii アババビ
Ababu アババブ
Abacha アババチャ*
Abad
　アバッド
　アバド*
'Abada アババダ
Abade アババデ
Abadi アババディ*
Abadía アババディア
Abadie アババディ*
Abadilla
　アババディーリャ
Abadula アババドゥラ
Abaelardus
　アベラアル
　アベラール
　アベラルドゥス*
Abaev アバーエフ*
Abāghā
　アーバーカー
　アババカ
　アババーカー
　アババーガー
　アババ

Abagnale
　アババグネイル

Abagnēru
　アババグネール
Abaniāre
　アババニャーレ
Abaneiru
　アババネイル*
Abah Abah アババアババ
Abai アババイ
Abaï アババイ
Abaire アベイア
Abaitua アベイトゥア
Abajo アババホ
Abakaka アババカカ
Abakanowicz
　アババカノヴィチ
　アババカノヴィッチ**
　アババカノビチ
　アババカノビッチ
Abakar アババカル
Abakarova アババカロワ
Abakumov
　アババクーモフ
Abakumova
　アババクモワ*
Abal アババル
Abala アババラ
Abalakov アババラーコフ
Abalbero アババルベロ
Abalkin アババルキン**
Aballéa アババレア
Abal Medina
　アババルメディナ
Abana アババナ
Abanda アババンダ
Abanes アババンズ
Abango アババンゴ
Abani アババニ
Abanīndranāth
　オボニンドロナト
Abano
　アババーノ
　アババノ
Abaraca アババルカ
Abarbanel
　アババルバネル
　アババルバネル
Abarbanell
　アババルバネル
Abarca アババルカ
Abardonado
　アババルドナド
Abaris アババリス
Abart アババルト
Abary アババリ
Abas アババス*
Aba Sadou アババサドゥ
Abascal アババスカル
Abashidze
　アババシーゼ*
　アババシゼ
　アババシッゼ
Abasiyanik
　アババスヤヌク
Abasov アババゾフ
Abassalah
　アババッサラー
Abasse アババッセ
Abassova アババゾワ

Abastenia
　アババステニア
Abate
　アババーテ**
　アベート
Abatino アババティノ
Abauzit
　アボジ
　アボージット
Abay アババイ
Abaya アババヤ**
Abayev アババエフ
Abayomi アババヨミ
Abaza アババーザ
Abazović
　アババゾヴィッチ
Abba
　アッババ*
　アババ***
Abbad アババド
'Abbād アッババード
Abbadi
　アババーディ
　アババディ
Abbadie
　アババーディ
　アババディ
　アババディー
Abbado
　アッババード*
　アババード
　アババド**
Abbadula アババドゥラ
Abba-Gana アババガナ
Abbagnale
　アババニャーレ
Abbagnano
　アッババニャーノ
Abbahu
　アババフ
　アババフー
Abbar アッバール*
Abbär アッバール
Abbas
　アッバース**
　アッバス***
　アババス**
Abbās
　アッバース*
　アッババス
　アッバス
　アババス
'Abbas アッバース*
'Abbās
　アッバース*
　アッバース−
　アッバース−イー
Abba Sadou
　アババサドゥ
'Abbāsah アッバーサ*
Abbasi
　アッバーシー
　アッバーシ*
　アババシ**
'Abbāsī
　アッバーシ
　アッバース−イー
Abbasof アッバソフ
Abbasov アババソフ

Abbass アッバス
Abbassi アバッシ
Abbāssi
　アッバーシー
　アッバースィー
Abbaszadegan
　アバサデガン
Abbate
　アッバーテ
　アッバテ
　アバーテ
　アバテ
Abbati アッバーティ
Abbatiello
　アッバティエロ
Abbatini
　アッバティーニ
Abbator アブバトール
Abbay
　アッベイ
　アバイ
Abbaye アバイエ
Abbe
　アッビ
　アッベ*
　アッベ
　アビ
　アビー*
　アブ
　アーベ
　アベ
Abbé
　アベ*
　アベー
Abbensetts
　アベンセッツ
Abberley アバリー
Abbes アベス
Abbett アベット
Abbey
　アッビ
　アッビー
　アビー***
　アビイ
　アビィ
　アベイ
Abbi アビー
Abbiate アビアット
Abbiati
　アッビアーティ
Abbie
　アビ
　アビー**
Abbing アビング
Abbink アビンク
Abbo
　アッボ
　アッボー
　アボウ
Abbon アッボン
Abbondio
　アッボンディオ
Abbos アボス
Abbosh アボッシュ
Abbot
　アッボット
　アボット***
Abbott アボット***

Abbou アブー
Abboud
　アブード*
　アブードゥ
　アボード
Abbrederis
　アブリーデリス
Abbring アブリング
Abbruzzese
　アブルジーズ
Abbt アブト
Abbu アブ
Abbullahi アブドラヒ
Abbum アブン
Abby
　アッビ
　アビー***
　アビィ*
Abd アブド***
'Abd
　アビド
　アブト
　アブド*
　アブドゥ
Abd al
　アブドゥール
　アブドゥル
　アブドル
Abdal アブドゥル
'Abd al
　アブダル
　アブデュル
　アブデル
　アブドゥ
　アブドゥル*
　アブドュル
　アブドル*
'Abd-al アブドル
'Abd al
　アブデル
　アブドゥ
　アブドゥル
　アブドル
Abdalá アブダラ*
Abdalaati
　アブデラーティ
Abd al-Aziz
　アブドルアジズ
'Abd al-'Azīz
　アブドゥルアジーズ
　アブドゥルアズィーズ
'Abd al-Bāsit
　アブドゥルバースィト
'Abd al-Ghanī
　アブドゥルガニー
'Abd al-Ḥakam
　アブドゥルハカム
'Abd al-Ḥalīm
　アブドゥルハリーム
'Abd al-Ḥamīd
　アブデルハミド
'Abd al-Ḥayy
　アブドゥルハイイ
Abd al-Hussein
　アブドルフセイン
'Abd al-Jabbār
　アブドゥルジャッバール

Abd al-Karim
　アブドルカリム
Abd al-Karīm
　アブデルクリム
'Abd al-Karīm
　アブドゥルキャリーム
Abd al-Karim al
　アブドルカリム
'Abd al-Khālik
　アブドゥルハーリク
Abdalla
　アブダッラ
　アブダラ*
　アブドラ
Abd Allah
　アブダッラー
　アブドゥッラー
Abd Allāh アブドラ
Abdallah
　アブダッラ
　アブダラ***
　アブダラー
　アブダッラーフ
　アブドラ
'Abd Allah
　アブダラー
　アブドゥラー
　アブドゥッラー
　アブドゥッラーヒ
　アブドゥラー
　アブドゥラ
　アブドラ
'Abd Allāh
　アブダラー
　アブドゥッラー
　アブドゥラー
　アブドゥッラーヒ
　アブドゥラー
　アブドゥラ
　アブドラ
'Abdallāh
　アブダラー
　アブドゥッラー
Abdallahi
　アブダッラーヒ
　アブダライ
　アブドラヒ
　アブドライ**
Abdallah Nassour
　アブダラーナスール
'Abd al-Latīf
　アブドゥッラーティーフ
'Abd al-Latīf
　アブドゥッラティーフ
Abd Al-Mahdi
　アブドゥルマハディ
Abd al-Malik
　アブドルマリク
'Abd al-Mu'min
　アブドゥルムウミン
'Abd al-Muttalib
　アブドゥルムッタリブ
Abd al-Nabi
　アブドルナビ*
'Abd al-Nāsir
　アブドゥルナースィル
Abd-al-Qadir
　アブドルカディール
Abdalqadir
　アブダルカディル
'Abd al-Qādir
　アブデルカーデル

　アブドゥルカーディル
'Abd al-Qāhir
　アブドゥルカーヒル
'Abd al-Quddūs
　アブドゥルクッドゥース
Abd al-Rahaman
　アブドゥラハマーン
'Abd al-Rahman
　アブドゥラハマーン
　アブドゥラハマン
　アブドゥラーマン
'Abd al-Rahmān
　アブドゥッラフマーン
　アブドゥラフマーン
　アブドゥラフマン
　アブドゥラーマン
'Abd al-Raḥmān
　アブドゥッラフマーン
　アブドゥラフマーン
'Abd al-Rahman
　アブドゥッ・ラフマーン
Abd-al-Raman
　アブダラマン
'Abd al-Rāziq
　アブドゥッラーズィク
'Abd al-Razzāq
　アブドゥッラッザーク
　アブドゥルラッザーク
'Abd Allāh
　アブダラー
　アブトゥッラー
　アブドゥッラー
　アブドゥッラーヒ
　アブドゥラー
　アブドゥラ
　アブドラ
'Abdallāh
　アブダラー
　アブドゥッラー
Abdallahi
　アブダッラーヒ
　アブダライ
　アブドライ**
Abd al-Salam
　アブデッサラム
Abd al-Salām
　アブデッサラム
　アブドゥサラーム
'Abd al-Salām
　アブドゥッサラーム
'Abd al-Samad
　アブドゥッサマド
Abd-al-Wahab
　アブダルワハブ
Abd al-Wahhab
　アブドルワハブ
'Abd al-Wahhāb
　アブドゥル・ワッハー
ブ
　アブドゥル・ワッハーブー
　アブドゥルワッハーブ
Abd al-Zahra
　アブドルザフラ*
Abdank アブダンク
Abd ar-Rabbuh
　アブドラボ
Abd Diab
　アブドディアブ
Abdel
　アブデュル
　アブデル
　アブデル***
　アブドゥル
　アブド・エル
　アブド**
Abdel-aal
　アブデルアール
Abdelaal アブデラール
Abdel Aati
　アブデルアーティ
Abdelaoui
　アブデラウイ

Abdelatif
　アブデラティフ
　アベデラティフ
Abdel-Atti
　アブデルアッティ
Abdelazim
　アブデルアジム
Abdel Aziz
　アブデルアジズ
　アブデルアジズ*
Abdel-Aziz
　アブデルアジズ
Abdelaziz
　アブデラジズ
　アブデルアジズ**
　アブドゥルアジズ*
Abdelbaki
　アブデルバキ
Abdel Bari
　アブドルバーリ
Abdel-Basit
　アブデルバシト
Abdel Fattah
　アブデルファタフ*
　アブドゥルファッターハ
Abdel-Gabbar
　アブドゥルガッバール
Abdel-Gader
　アブデルカデル
Abdel Ghafar
　アブデルガファル
Abdel-Ghafur
　アブデルガフル
Abdelghafur
　アブデルガフル
Abdelghani
　アブデルガニー*
　アブドルガニ
Abdel-Hady
　アブデルハディ
Abdelhafid
　アブデルアフィド
　アブデルハフィド
Abd al-Wahhab
　アブドルワハブ
'Abd al-Wahhāb
　アブドゥル・ワッハーブ
Abdelhafidh
　アブデルハーフィズ
Abdelhafiz
　アブデルハフェズ
Abdelhak アブデラク
Abdelhakim
　アブデルハキム
Abdel-halim
　アブデルハリム
Abdel-Hamid
　アブデルハミド
Abdelhamid
　アブデルハミド**
Abdelilah
　アブデリラー
　アブドラ
Abdel-Jaleel
　アブデルジャリール
Abdeljalil
　アブドゥルジャリル
Abdeljilil アブデルジリ
Abdel-Kader
　アブデルカデル
Abdelkader
　アブデルカデル
　アブドルカデル
　アブドルカデル

Abdel Karim
アブデルカリム
アブドルカリーム
Abdelkarim
アブデルカリム
アブドルカリム
Abdel Kawy
アブデルカウィ
Abdelkebir
アブデルケビル*
Abdelkébir
アブデルケビール
アブデルケビル
Abdelkefi
アブデルケフィ
Abdelkerim
アブデルケリム
アブドゥルケデム
Abdel Khalek
アブドルハリク
Abdelkhaleq
アブドルハーレク
Abdelkhaliq
アブドルハリク
Abd el-Krim
アブデルクリム
Abdelkrim
アブデルカリム
アブデルクリム
Abdella
アブデッラ
アブデラ
Abdellah アブデラ
Abdellahi
アブダライ
アブデライ
アブドライ
Abdellaoui
アブデラウィ
Abdel-Latif
アブデララティフ
Abdellatif
アブデラティフ*
アブデラティフ**
Abdelmadjid
アブデルマジド*
Abdel-Majed
アブデルマジェド
Abdelmajid
アブデルマジド
Abdel Malek
アブデルマレク
Abdelmalek
アブデルマレク*
Abdel Maqsood
アブデルマクスード
Abdel Mo'men
アブデルムウミン
Abdel-Moneim
アブデルモネイム
Abdelmonem
アブデルモネム*
アブデルモネム
Abdelmottaleb
アブデルモタレブ
Abdelmoumene
アブデルムーメヌ
アブデルムーメンヌ
Abdel Muneim
アブドゥルムネイム

Abdelmunim
アブデルムニム
Abdelnasser
アブデルナセル
Abdel Nour
アブデルヌール
Abdelouahab
アブデルワハブ
Abdelouahed
アブデルワヘド
アブドゥルアヘド
Abdelqader
アブデルカデル
Abdel-Raheem
アブデルラヒーム
Abdelrahim
アブデルラヒム
アブデルラヒム
Abd-el-Rahman
アブデルラハマン
Abdel Rahman
アブドルラフマン
Abdel-Rahman
アブデルラフマン
アブドルラフマン
Abdelrahman
アビルアブデルラハマン
アブデルラフマン
アブデルラーマン
Abdel-Rasoul
アブデルラスール
Abdelrazig
アブドラジク
Abdelrazzaq
アブデルラザク
Abdel-Reda
アブデルレダ
Abdel-safi
アブデルサフィ
Abdel Salam
アブドルサラム
Abdel-Salam
アブデルサラム
Abdelsalam
アブデルサラーム
Abdel Shafi
アブデルシャフィ*
Abdelwahab
アブデルワハブ
アブドゥルワッハーブ
アブドルワッハーブ
Abdelwaheb
アブデルワヘブ
Abdelwahed
アブデルワーヘド
アブデルワヘド
Abdelwahid
アブドルワヒド
Abdenagō
アベデナゴ
アベド・ネゴ
Abdennour
アブデヌール
Abdenov アブデノフ
Abder アブデル
Abderahim
アブデラヒム
アブドゥライム

Abderahman
アブデラマン
Abderahmane
アブデラマン
Abderaman
アブデラマン
Abderamane
アブデラマネ
アブデラマン
Abderassoul
アブデラスル
Abderemane
アブデラマン
アブデレマン
Abderhalden
アブデルハルデン
アブデルハルデン*
Abderhamid
アブデルハミド
Abderkebir
アブデルケビル
Abderrachid
アブデラシド
Abderrahim
アブデルラヒム
Abderrahman
アブデルラーマン
Abderrahmane
アブデラーマン
アブデラマン
Abderrahmanu
アブデラマンヌ
アブデルラハマン**
アブデラマン
Abderraouf
アブデッルーフ
アブデラウフ
Abderrazak
アブデラザック
Abdeslam
アブデスラム
Abdesmad
アブデスマッド
Abdessadek
アブデサデク
Abdessadki
アブデサドキ
Abdessalam
アブデサラム*
Abdessalem
アブデサレム
アブデッサラーム
Abdessamad
アブデッサマド
Abdesselem
アブデルサラム
Abdesslam
アブデサレム
アブデスラム
Abdevali アブドバリ
Abdi
アブディ*
アブディ
Abdi-al-Aziz
アブディアルアジズ
Abdias アブディーアス
Abdiaziz
アブディアジズ
Abdid アブディク
Abdi Farah
アブディファラー

Abdiguled
アブディグレド
Abdihakim
アブディハキム
Abdihakin
アブディハキン
Abdiirizak
アブディリザク
Abdikarim
アブディカリム
Abdil アブディル
Abdilaqim
アブディルアキム
Abdilatif
アブディラティフ
Abdillahi アブディラヒ
Abdillahimiguil
アブディラヒミギル
Abdin アブディン
Abdinur
アブディヌール
Abdiqadir
アブディカデイル
Abdiqassim
アブディカシム*
Abdirahman
アブディラフマン
アブデラフマン
アブデラマン
Abdirashid
アブディラシッド
アブディラシド
Abdirisak
アブディリサク
Abdisalam
アブディサラム
Abdishakur
アブディシャクール**
'Abdīso
アブディショー
Abdiweli
アブディウェリ
アブディリウェリ
'Abd l アブドル
Abdo アブド*
Abdoel
アブドゥール
アブドゥル
Abdoelgafoer
アブドールガフール
Abdo l アブドル
Abdol アブドル
Abdol-Alizadeh
アブドルアリザデ
Abdollah アブドラ*
Abdollāh アブドッラー
Abdolrazzagh
アブドラッザグ
Abdolreza
アブドルレザ
Abdol-wahed
アブドルワヘド
Abdon アブドン
Abdool アブドゥル
Abdou
アブド**
アブドー
アブドゥ

Abdoud アブード
Abdou Dossar
アブドードッサル
Abdoudrahmane
アブドゥラマン
Abdoul
アブドゥール
アブドゥル
Abdoulahi
アブドゥライ
Abdoulay
アブドゥレイ
Abdoulaye
アブドゥライ
アブドゥライエ
アブドゥライエ**
アブドゥラエ**
アブドゥレイ
アブドライ
アブドラエ
Abdoulbastoi
アブドゥルバストワ
Abdoulfatah
アブドゥルファタ
Abdoulhamid
アブドゥルハミド
Abdoulie アブドゥライ
Abdoulkadar
アブドゥルカダル
Abdoulkadari
アブドゥルカダリ
Abdoulkader
アブドゥルカデル
Abdoul Karim
アブドゥルカリム
Abdoulkarim
アブドゥカリム
アブドゥルカリム
Abdoullaye
アブドゥライ
Abdoulwahid
アブドゥルワヒド
Abdourahamane
アブドゥラハマネ
アブドゥラハマン
アブドゥラフマン
Abdourahim
アブドゥライム
アブドゥラヒム
Abdourahman
アブドゥラマン**
Abdourahmane
アブドゥラマヌ
Abdouramane
アブドゥラマヌ
Abdourhamane
アブドゥラマヌ
Abd-Rabbo
アブドラボ*
Abd Rabbuh
アブドラボ
Abd Rabo アブドラボ
Abdrakhmanov
アブドラクマノフ
アブドラフマノフ
Abdrazakov
アブドラザコフ
'Abd-r-Rahmān
アブドッラフマーン

A

Abdu
アブド
アブドゥ
Abdú アブドゥ
Abdudzhalol
アブドジャロル
'Abduh
アブドゥ
アブドゥー
アブドゥフ
アボドゥフ
Abdujabbor
アブドゥジャボル
Abdukakhir
アブドカヒル
Abdukhakimov
アブドゥハキモフ
Abdul
アブダル*
アブデュル
アブデル
アブドゥール
アブドゥル***
アブドウル
アブドラ
アブドラ**
アブドルアジズ
Abdu'l
アブドゥル
アブドル
Abdül
アブデュル
アブドゥル
'Abdu'l
アブデュル
アブドゥル
Abdula アブドゥーラ
Abdulahi
アブダラヒ
アブドゥラヒ
Abdularahman
アブドラマン
Abdulatif
アブドラティフ
Abdulatipov
アブドゥラチポフ*
アブドラチポフ
Abdulaye
アブドゥライ
Abdul Aziz
アブドルアジズ*
Abdul-Aziz
アフドルアジズ
アブドルアジズ**
Abdulaziz
アブドゥラジス
アブドゥラジズ**
アブドゥルアジズ
アブドルアジズ*
Abdul-Bagi
アブドルバギ
Abdul Bari
アブドゥルバーリー
アブドルバリ
Abdulbari
アブドルバリ
Abdul Basir
アブドルバシル
Abdulbekov
アブドルベコフ

Abdulelah アブドレラ
Abdul-Falah
アブドルファラハ
Abdul Fattah
Abdul-Fattah
アブドルファタハ
Abdulfetah
アブドゥルフェタ
Abdul-Fittah
アブドルファタフ
Abdul-Gafar
アブドルガファル
Abdul-Gafoor
アブドルガフール
Abdulgani
アブドゥルガニ*
Abdulghadir
アブドルカデイル
Abdul-Ghaffar
アブドルガファル
Abdul-Ghani
アブドルガニ
アブドルガニー
Abdulghani
アブドルガニ**
Abdul-Hadi
アブドルハーディ
Abdul-Hafeed
アブドルハフイド
Abdul-Hafez
アブドルハフェズ
Abdul-Hak
アブデュルハク
アブデュルハック
アブドルハック
Abdülhak
アブデュルハク
アブデュルハック
Abdul-Halim
アブドルハリム
Abdülhalīm
アブデュルハリーム
Abdul Hamid
アブドルハミド
Abdul-Hamid
アブドゥルハミド
アブドルハミド
Abdulhamid
アブダルハミード**
アブドルハミド
'AbdulHamīd
アブドゥルハミード
'Abdu'l Hamit
アブデュルハミト
Abdul-Hay
アブドルハイ
Abdul-Hussain
アブドルフセイン
Abdulhussain
アブドルフセイン
Abdul-Hussein
アブドルフセイン
Abdulina アヴドゥリナ
Abdul-Jabal
アブドルジャバル
Abduljaleel
アブドルジャリル
Abdul Jalil
アブドルジャリル*

Abdul Jelili
アブドゥルジェリリ
Abdul-Kabeer
アブドルカビル
Abdul Kader
アブドルカデル
Abdul Kadir
アブドルカデイル
Abdulkadir
アブデュルガデイル
アブドゥルカデイル
アブドルカデイル
Abdul-Kareem
アブドルカリム
Abdulkareem
アブドゥルカリーム
Abdul Karim
アブドルカリム
Abdul-Karim
アブドルカリム
Abdulkarim
アブドルカリム
'Abdu'l-Kerim
アブデュルケリム
Abdulkhakim
アブドルハキム
Abdul-Khalid
アブドルハリド
Abdulla
アブダッラー
アブダラ
アブドゥッラ
アブドゥラ*
アブドラ**
Abdullaev
アブドゥラエフ*
アブドラエフ
Abdullah
アブダッラ
アブダッラー
アブダラ
アブダラー
アブデュラ
アブドアッラー
アブドゥラー*
アブドゥーラ*
アブドゥラ***
アブドゥラー*
アブドゥルラ
アブドゥラー*
アブドラ
アブドーラ*
アブドラ***
アブドラー
Abdullāh
アブド・アッラーフ
アブドゥッラー
アブドゥラ
アブドゥラー
アブドゥラー
アブドラー
'Abdullâh
アブドゥッラー
'Abdullāh
アブド・アッラーフ
アブドゥッラー*
アブドゥッラーヒ
アブドラ
'Abdu'llāh
アブドッラー

Abdullahi
アブダライ
アブドゥライ
アブドゥラヒ
アブドラ
アブドラヒ**
Abdullar アブドゥラー
Abdul-Lateef
アブドルラティフ
Abdul Latif
アブドゥルラティフ
Abdul-Latif
アブドルラティフ
Abdullatif
アブドラティフ
アブドルラティフ
Abdullayev
アブドゥラエフ
アボドゥラエフ
Abdullayeva
アブドゥルラエワ
Abdulle
アブドゥル
アブドゥレ
'Abdulle アブドゥッレ
Abdullh アブドラ
Abdullo
アブドロ**
アブドロ
Abdul-Mahdi
アブドルマハディ
Abdul Majid
アブドルマジド
Abdul-Majid
アブドルマジド
Abdul-Malek
アブドルマリク
Abdul-Malik
アブドルマリク
Abdulmalik
アブドルマリク
'Abdulmasīh
アブドゥルマスィーフ
Abdülmecid
アブデュルメジト
Abdulmihsen
アブドルムフシン
Abdulmohsen
アブドルムフシン
アブドルムフスイン
アブドルモフセン
Abdulmohsin
アブドルモフシン
Abdul-mouti
アブドルムーティ
Abdulmunim
アブドルムニム
Abdul-Mustapha
アブドルムスタファ
Abdul Muttaleb
アブドルムッタレブ
Abdul-Nabi
アブドルナビ
Abdul-Nasser
アブドルナセル
Abdulov アブドゥロヴ
Abdulovich
アブドゥロヴィチ

Abdul-Qader
アブドルカデル
Abdul-Qadir
アブドルカデル
アブドルカディル*
アブドルカデル
Abdulqadir
アブドルカデル
'Abdu'l-Qādir
アブドゥル・カーディル
'Abdulquddūs
アブドゥルクッドゥース
Abdul-raheem
アブドルラヒーム
Abdul Rahim
アブデルラヒム
Abdul-Rahim
アブドルラヒム
Abdul Rahman
アブドルラハマン
アブドルラーマン
Abdul-Rahman
アブドルラハマン
アブドルラフマン
Abdulrahman
アブドラフマン
アブドルラハマン
アブドルラフマン
アブドルラーマン
Abdulrakib
アブドルラキーブ
Abdul-Raouf
アブドルラウフ
Abdul-Raqib
アブドルラキブ
Abdul Rashid
アブドルラシド*
Abdulrashid
アブドルラシド
Abdulrazak
アブドゥルラザク
Abdul Razaq
アブドルラザク
Abdul Razeq
アブドルラゼク
Abdul-razeq
アブドルラゼク
Abdul-raziq
アブドルラジク
Abdul Razzaq
アブデルラザク
Abdul-Razzaq
アブドルラザク
Abdulreza
アブドルレザ
Abdul-Salaam
アブドルサラム
Abdul Salam
アブドルサラム
Abdul-Salam
アブドルサラーム
アブドルサラム
Abdulsalam
アブドルサラー
アブドルサラーム
アブドルサラム
Abdulsalami
アブドルサラム*

ABI

Abdul-Samad アブドルサマド
Abdul Satar アブドルサタル
Abdul-Sattar アブドルサッタル
Abdul-sukhni アブドルスフニ
Abdul Tawwab アブドルタワブ
Abdul-Wahab アブドルワハブ
Abdulwahab アブドゥルワハブ
Abdul Wahed アブドルワヒド
Abdur アブデュル／アブドゥッ／アブドゥル
'Abdu'r アブドゥル／アブドル
Abdurahaman アブドラハマン
Abdurahim アブドゥラヒイム／アブドゥラヒム
Abdurahimovich アブドゥラヒーモビッチ
Abdurahman アブドラマン
Abdurakhim アブドゥラヒム
Abdurakhimov アブドラヒモフ
Abdurakhman アブドゥラフマン*／アブドゥルアハマン
Abdurakhmanova アブドゥラフマノワ
Abdurakhmon アブドゥラフモン
Abdurakhmonov アブドゥラフモノフ
Abdurauf アブドルウーフ
Abdurehim アブドゥレイム／アブドゥレヒム
Abdurrahim アブドラヒム**
Abdürrahim アブドゥレヒム
Abdurrahman アブドゥルラッハマン／アブドゥルラフマン***
Abdurremane アブドゥレマネ
Abdürreşid アブデュルレシト
Abdürreşid アブデュルレシト
Abdus アブダス*／アブドゥス／アブドス

Abdusalam アブドゥサラム
Abdusalom アブドゥサロム
Abdusalomov アブドゥサロモフ
Abdusamad アブドゥサマド
Abduvaliev アブドワリエフ*
Abduxaliq アブドゥハリク
Abduzhalil アブドゥジャリル*
Abdvali アブドバリ
Abdy アブディ
Abdykalikova アブディカリコワ
Abdykalykov アブディカリコフ
Abdyldaev アブディルダエフ
Abdylhekimov アブドゥルヘキモフ
Abdyrakhman アブディラフマン
Abdyrakhmanov アブドイラフマノフ
Abe アベ*／エイブ*／エーブ*／エブ
Abé エイブ
Abeba アベバ*
Abebe アベベ**
Abecasis アベカシス
Abecassis アベカシス*
Abécassis アベカシス*
Abed アーベッド／アベッド*／アベデ／アベド
Abedi アベディ**
Abediang アベディアン
Abedin アベーディン／アベディン*
'Ābedīn アーベディーン
Ābedīn アーベディーン
Abedini アベディニ*
Abednego アベドネゴ
Abednigo アベドニゴ
Abed-rabbo アベドラボ
Abeel アビール*
Abeele アベール
Abeer アビール*
Abegasu アベガス
Abegg アベグ／アベック*／アベッグ*

Abegglen アベグレン**
Abeid アベイド
Abeidna アベイドゥナ
Abel アーベル**／アベール／アベル***／エイブル／エイベル**／エーベル*
Abela アベーラ*／アベラ
Abelar エイブラー
Abélard アベラール*
Abelardo アベラルド*
Abele アベル*
Abeles アーベレス
Abelgazy アベリガズイ
Abelin アーベリン*
Abell アーベル*／アベル**／エイブル*／エイベル*／エーブル／エーベル*
Abella アベラ／アベリャ
Abellán アベジャン
Abellio アベリヨ
Abello アベジョ
Abells アベルス*
Abelly アベリ
Abels アーベルス／エイベルズ
Abelshauser アーベルスハウザー*
Abelson アベルソン／エイブルソン／エイベルソン*／エーブルソン／エーベルソン
Abena アベナ
Abend アーベント／アーベンド／アベンド
Abendanon アベンダノン
Abendroth アーベントロート**
Abene エイビン
Abensour アバンスール*
Aber アーバー／エイバー
Abera アベラ*
Aberaldo アベラルド*
Abercrombie アバクランビ／アバークロムビー

Abegglen アベグレン**
アベグレン**
Abeid アベイド
Abeidna アベイドゥナ
Abel アーベル**／アベール／アベル***／エイブル／エイベル**／エーベル*
Abela アベーラ*／アベラ
Abelar エイブラー
Abélard アベラール*
Abelardo アベラルド*
Abele アベル*
Abeles アーベレス
Abelgazy アベリガズイ
Abelin アーベリン*
Abell アーベル*／アベル**／エイブル*／エイベル*／エーブル／エーベル*
Abella アベラ／アベリャ
Abellán アベジャン
Abellio アベリヨ
Abello アベジョ
Abells アベルス*
Abelly アベリ
Abels アーベルス／エイベルズ
Abelshauser アーベルスハウザー*
Abelson アベルソン／エイブルソン／エイベルソン*／エーブルソン／エーベルソン
Abena アベナ
Abend アーベント／アーベンド／アベンド
Abendanon アベンダノン
Abendroth アーベントロート**
Abene エイビン
Abensour アバンスール*
Aber アーバー／エイバー
Abera アベラ*
Aberaldo アベラルド*
Abercrombie アバクランビ／アバークロムビー

Abercromby アーバークロンビー／アバークロンビー／アバクロンビ／アバクロンビー
Aberdare アバダーア
Aberdeen アバディーン*
Aberdovey アバダヴィ
Åberg オーベリ／オーベリー／オーベルイ
Aberhart アーバハート／アバハート／エイバハート
Aberkane アベルカヌ／アベルカン
Abérkios アベルキオス
Aberle アーベルレ
Aberli アベルリ
Aberly エイバリー*
Abernathy アバーナシー*／アバナシー*／アバーナシィ
Abernethy アバネーシ／アバネシ／アバネシー
Aberson アバーソン
Abert アーベルト*／オベール
Abes エイブス*
Abeso Fuma アベソフマ
Abessa アビシャイ
Abessallah アベサラ
Abessalōm アブサロム
Abessole アベソル
Abeti アベッチ／アベッティ
Abetti アベッチ
Abetz アベッツ*
Abeylegesse アベイレゲッセ
Abeysinghe アベイシンハ
Abeywardena アベイワルダナ
Abezgauz アベズガウス
Abgar アブガル
Abgari アブガリ
Abgaryan アブガリャン
Abharvēz アバルヴェーズ
Abhay アバイ

Abhaya アバヤ／アバヤー
Abhayākaragupta アバヤーカラグプタ
Abhayamatār アバヤマーター
Abheek アビーク
Abhi アビ
Abhibhūta アビブータ
Abhijit アビジット*
Abhinav アビナーヴ／アビナブ*
Abhinavagupta アビナヴァグプタ／アビナバグプタ
Abhirūpa アビルーパ
Abhishek アビシェーク
Abhisit アビシット／アビシット**
Abhyankar アビヤンカー
Abhyanker アビヤンカー
Abi アビ*／アビー／アブー
Abī アビ／アビー*
Abia アビア
Abiá アビヤ
Abia Biteoborico アビアビテオボリコ
Abī al アビル
Abī al-khayr アビル・ハイル
Abī al-Qāsim アビル・カースィム
Abian アビアン
Abi Assi アビーアッシ
Abiathar アビアタル
Abiáthar アビアタル／アビヤタル
Abibilla アビビラ
Abiboulaye アビブラエ
Abich アービッヒ*／アビッヒ*
Abid アビド
'Abīd アビード
Abidal アビダル**
Abidallah アビダラー
Abidas アビダス
Abidi アービディー／アビディ*
Abidin アビディン**
'Ābidīn アービディーン／アビディン
'Ābidīn アービディーン

A

Abidine
アビディ
アビディン*
Abidov アビドフ
Abie アビー
Abiel アビエル
Abiertas アビエルタス
Abiezer アビーザー
Abigaia アビガイル
Abigail
アビガイル
アビゲイル
アビゲイル**
アビゲール*
Abigayl アビー
Abigel アビゲル
Abijah
アビア
アビヤ
アビヤム
Abi Khalil
アビーハリル
Abil アビル*
Abīlay アブライ
Abildayev
アビルダエフ
Abildgaard
アビルゴール
Abilgaard
アビルゴール
アビルゴール
Abílio アビリオ
Abilov アビロフ
Abimael アビマエル*
Abimbola アビモラ
Abimeleck アビメレク
Abimiku アビミク*
Abina アビナ
Abinadab アビナダブ
Abinader アビナデル
Abinan アビナン
Abineri アビネリ
Abington
アビングトン
アビントン
Abiola アビオラ
Abioseh
アビオセ
アビオヤ
Abir アビール
Abir Abdelrahman
アビルアブデルラハマン
Abirached
アビラシェド
Abiram アビラム
Abi-sare アビサレー
Abish アビッシュ**
Abishag アビシャグ
Abishai アビシャイ
Abi'ṣ-Ṣalt
アビーッ・サルト
Abiteboul アビトボー
Abitova アビトワ**

Abī Waqqās
アビーワッカース
Abīwardī
アビーワルディー
Abiy アビー
Abiye アビイエ
Abiyev アビエフ
Ablabius アブラビウス
Ablah アブラフ
Ablaikhan
アブライハン
Ablan
アブラン*
エイブラン
Ablein アブレイン
Ableman エイブルマン
Ablesimov
アブレーシモフ
Ableson アブルソン
Ablett アブレット
Abley エイブリー
Abliazin アブリャジン
Abli-bidamon
アブリビダモン
Ablizer アブリゼル
Abloh アブロー*
Ablon アブロン
Ablow アブロウ**
Ablowitz アブロビッツ
Ablyazin
アブリャジン**
Abma アブマ
Abmayr アブマイアー
Abner
アビネル
アブナー**
アブナー
アブネル
エイブナー*
Abnett アブネット
Abney
アブニ
アブニー
アベニー
エブニー*
Abnur アブヌル
Abo アボ
Aboab アボアブ
Abodaher アバダー
Abogo Nkono
アボゴヌコノ
Abo-hadid
アブハディド
Aboites アボイテス*
Abokor アボコル
Abo l アボル
Abol アボル
Abolaffio
アボラッフィオ
Abolafia
アブルアフィヤ
Abo l-Faraj
アボル・ファラジ
Abolfazl
アボルファズル*

Abol-Hassan
アボルハサン
Abolhassan
アボルハッサン
Aboltin
アボルチン
アボルティン
Aboltina
アボルティニャ
Abon アボン
Abondio アボンディオ
Abood アブード
Abott アボット
Abou
アバウ
アブ*
アブー*
エイボー
Abouaf アブーアフ
Abouba アブバ
Aboubacar アブバカル
Aboubacary
アブバカリ
Abou-Bakar
アブバカル
Aboubakar アブバカル
Aboubakary
アブバカリ
Aboubaker
アブバケール
Aboubekr アブベクル
Aboubekrine
アブベクリン
Aboud アブード
Aboudou アブドゥ
Aboudramane
アブドラマン
Abouelkassem
アブエルカセム
Abou El-naga
アブルナガ
Abou Jamra
アブジャムラ
Aboul アブル
Aboulafia
アブーラフィア
Abouna アブナ
Abouo アブオ
Abouo-n'dori
アブオヌドリ
Abouseif アブーセイフ
Aboushi アボーシ
About アブー
Abou-zeid アブゼイド
Abouzeid アブゼイド
Abovyan
アボヴャーン
アボヴャン
Aboye アボイエ
Abra
アブラ*
エイブラ
Abraám アブラハム
Abrão アブラウン
Abrabanel
アブラヴァネール
アブラバネル

Abraben アブラベン
Abragam アブラガム
Abraha
アブラハ*
アブラハー
Abraham
アヴラハム
アブラアム**
アーブラハーム
アーブラハーム
アブラハム***
アーブラム
アブラーム
アブラム
エイヴラム
エイブラハム
エイブラハム***
エイブラム
エイブラム*
エーブラハム
エブラハム*
Ábrahám アブラハム
Abrahami アブラハミ
Abrahamian
アブラハミアン
アブラハミャン
Abrahams
アブラハム
アブラハムス*
アブラハムズ
エイブラハム
エイブラハム
エイブラハムズ***
エブラハムズ
Abrahamsen
アブラハムゼン
Abrahamsohn
アブラハムソン
Abrahamson
アブラハムソン
エイブラハムソン*
Abrahamsson
アブラハムソン*
Abrahamsz.
アブラハムスゾーン
Abrahamyan
アブラハミャン
Abrahim エイブラヒム
Abrahm アブラム
Abrahms
エイブラムズ*
Abram
アヴラム
アブラム***
エイヴラム
エイブラム**
エーブラム
Abramchuk
アブラムチュク
Abramenko
アブラメンコ*
Abramo
アブラーモ
アブラモ
Abramov
アブラーモフ**
アブラモフ
Abramovic
アブラモーヴィチ

アブラモヴィッチ
Abramović
アブラモヴィッチ*
アブラモビッチ
Abramovich
アブラモヴィチ
アブラモーヴィチ
アブラモヴィッチ*
アブラモヴィッチ
Abramovitch
アブラモヴッチ
Abramovitz
アブラモヴィッツ
アブラモヴィッツ
Abramowicz
アブラモヴィッチ
アブラモビッツ
Abramowitz
アブラモヴィッツ
アブラモヴィッツ*
Abramowski
アブラモフスキー
Abrams
アブラムス*
エイブラム
エイブラムス**
エイブラムズ**
エーブラムス
エーブラムズ
Abramson
アブラムソン
エイブラムソン*
エブラムソン
Abranches
アブランチェス
Abranson
アブランソン
Abrantovich
アブラントヴィチ
Abrányi アーブラーニ
Ábrányi
アーブラーニ
アーブラーニー
アーブラーニイ
Abraoua アブラワ
Abrar アブラル
Abraş アブラス
Abrash アブラシュ
Abrashev
アブラシェフ
Abrashi アブラシ
Abrashkin
アブラスキン
Abrashoff
アブラショフ
Abrasimov
アブラシモフ
Abravanel
アブラヴァネール
アブラヴァネル
アブラバネル
Abravani
アブラヴァニ
アブラバニ
Abrehe アブレヘ
Abreu
アブル
アブレイユ**
アブレウ***

A

エイブリュー*
Abrha アブラハ
Abrham アブラハム
Abrhám アブルハーム
Abri アブリ*
Abriel アブリエル
Abrikosov
　アブリコソヴ
　アブリコーソフ
　アブリコソフ*
Abril
　アブリル*
　エイブリル
Abrines アブリネス
Abrizal アブリザル
Abrolat アブロラット
Abromavicius
　アブロマビチュス
Abrosimova
　アブロシモワ
Abrosova アブロソワ
Ābrū
　アーブルー
　アブルー
Abruzzi アブルッツィ
Abruzzo
　アブルッツォ*
Abry エイブリー
Abs アブス*
Absaidov アブサイドフ
Absalom アブサロム*
Absalon
　アブサロン**
　アブサロン
Absamat アブサマト
Abse
　アブジ*
　アブセ
Abshagen
　アブスハーゲン
Abshir アブシール
Abshire
　アブシャー
　アブシャイア*
　アブシャイアー
　アブシャイヤー
Absieh アブシエ
Absil アブシル
Abssi アブシ
Abt
　アブト
　アブト
Abtahi アブタヒ
Abtan アブタン
Abtew アベタオ
Abts アブツ
Abu
　アブ***
　アブー***
Abū
　アブ*
　アブー*
Abū al
　アブール
　アブル
　アボル
　アボン

Abū al-'Alā'
　アブル・アラー
Abū al-Faraj
　アブール・ファラジ
Abū al-Ḥasan
　アブル・ハサン
　アボル・ハサン
　アブルハサン
Abu-al-hommos
　アブルホムス
Abu-al-hommus
　アブルホムス
Abu al-Hussin
　アブフセイン
Abu Ali アブアリ
Abū al-Khayr
　アブルハイル
'Abu Allāh
　アブドゥラー
Abū al-Majd
　アボル・マジド
Abū al-Najm
　アボン・ナジム
Abū al-Qāsem
　アボルカーセム
Abū al-Qāsim
　アブル・カースィム
Abū-al-Qāsim
　アブル・カーシム
Abū al-Walīd
　アブール・ワリード
Abuamer アブアメル
Abu Amr アブアムル
Abu Arafeh
　アブアラフェ
Abubacar アブバカー
Abubacer アブバケル
Abu Bakar アブバカル
Abubakar
　アブバカル**
Abubakari アブバカリ
Abu Bakarr
　アブバカル
Abubakarr
　アブ・バカー
　アブバカル
Abu-Baker
　アブバケル
　アブバケル
Abubaker アブバクル
Abu Bakr アブバクル*
Abu-Bakr アブバクル
Abū Bakr アブバケル
Abu Bakr al
　アブバクル
Abu-Bakur アブバクル
Abu Baseer
　アブバシール
Abu Basutu
　アブーバスツ
Abud アブド
Abu Daqqa アブダッカ
Abudi アブディ
Abu Diyak
　アブディヤーク
Abudo アブド

Abudogupur
　アブドブル*
Abudokirim
　アブドブル
　アブドキリム*
Abudoul アブドゥル
Abudul アブドゥル
Abudul-hamid
　アブドゥルハミド
Abudulla アブドラ
Abudullah アブドラ
Abudurrahman
　アブドゥールラフマン
　アブドゥルラフマン
　アブドラーマン
　アブドルラフマン
Abudus アブドゥス
Abu Eisheh
　アブアイシャ
Abu Eitta アブイータ
Abu-eitta アブイータ
Abuelaish
　アブエライシュ*
Abu Faour
　アブファウル
Abufunas アブフナス
Abu-garda アブガルダ
Abu-ghanem
　アブガネム
Abughaush
　アブガシュ*
Abu Hammour
　アブハムル
Abu Hasan アブハサン
Abu Hassan
　アブハッサン
Abu Hdeib
　アブハデイブ
Abu Ibrahim
　アブイブラヒム
Abujamra
　アブジャムーラ
Abuk アブク
Abu-karaki アブカラキ
Abu-kashawa
　アブカシャワ
Abu Khalaf
　アブハラフ
Abu Kraa アブクラア
Abu l アブル
Abu-l アブ・ル
Abul
　アブール
　アブル
Abū'l
　アブー
　アブー・アル
　アブ・ル
　アブール
　アブル
Abū'l-'Abbās
　アブール・アッバース
　アブル・アッバース
　アブル・アッバス
Abuladze アブラーゼ*
Abulafia アブラフィア

Abu Laith アブライス
Abul Ala
　アブルアラー
Abū'l-'Alā'
　アブール・アラー
　アブル・アラー
Abū'l-Aswad
　アブー・アルアスワド
　アブール・アスワド
Abū'l-Atāhiya
　アブール・アターヒヤ
　アブール・アターヒヤ
　アブル・アターヒヤ
　アブル・アターヒヤ
Abul-Athem
　アブルアセム
Abū'l-Faraj
　アブー・アルファラジュ
　アブール・ファラジ
　アブール・ファラジュ
　アブルファラジュ
Abulfaz
　アブリファズ
　アブルファズ**
Abū'l-Fazl
　アブール・ファズル
　アブル・ファズル
　アブルファズル
Abū'l-Fidā'
　アブー・アルフィダー
　アブール・フィダー
　アブル・フィダー
　アブルフィダー
Abulgaziev
　アブルガジエフ
Abū'l Ghāzī
　アブル・ガージ
　アブル・ガジ
　アブル・ガーズィー
Abul Gheit
　アブルゲイト
Abul-Gheit
　アブルゲイト*
Abū'l Hasan
　アブル・ハサン
Abul Hassan
　アブルハサン
Abul-humus
　アブルフムス
Abū'l-Husain
　アブール・フサイン
Abu Libda アブリブダ
AbulKalam
　アブルカラム
Abulkalam
　アブルカラム
Abul Leil アブルレイル
Abul Nasr アブナスル
Abū'l Qāsim
　アブル・カーシム
Abulsamin
　アブルサミーン
Abu-Lughod
　アブルゴッド
Abū'l-Wafā

アブル・ワファー
Abū'l-Walīd
　アブール・ワリード
Abum アブム
Abumeddain
　アブミデン
Abu Moghli
　アブモグリ
Abur アブル
Abu-rass アブラス
Aburdene
　アバディーン
　アバーデン
Aburish アブリッシュ
Aburizal アブリザル*
Abu Saab アブサーブ
Abusaad アブサアド
Abu Safiyeh
　アブサフィーエ
Abu Sahmain
　アブサハミーン*
Abu Saud
　アブサウード
Abusch
　アブシュ
　アブッシュ
Abu Shahla
　アブシャハラ
Abu Shanab
　アブシャナブ
Abushev アブシェフ
Abū'sh-Shīṣ
　アブーッ・シース
Abu-sneineh
　アブスネイネ
Abū's-Sāj
　アブーウッ・サージ
Abu Ujayl
　アブウジャイル
Abu Ujaylah
　アブウジャイラ
Abu Yosuf アブユスフ
Abu-Zaid アブザイド
Abu-zeid アブゼイド
Abu-Ziad アブジアド
Abvabi アブヴァビ
Aby
　アビ*
　アビー
　アビイ
Abyadh アブヤドハ
Abyan アブヤン
Abylai アブイライ
Abytov アブイトフ
Abyzov アブイゾフ
Abyzova アビゾワ
Abzug
　アブザグ
　アブズグ
　アブツーク
Acácio
　アカシオ
　アカスイオ
Acacius
　アカキウス
　アカキオス

A

Acamapichtli アカマピチトリ
Acampora アカンポーラ*
Açan アチャン
Acarie アカリ / アカリー
Ācārya アーチャリヤ
Acca アッカ
Accaoui アカウイ
Accardi アカルディ*
Accardo アカード / アカルド / アッカード / アッカルド*
Accawi アッカウィー
Accetto アッチェット
Acchile アッキーレ
Acciarito アッチャリート
Accili アッシリ
Accius アッキウス
Accoce アコス*
Accola アコラ / アッコラ*
Accolla アッコラ
Accolti アッコルティ
Acconci アコンチ
Accoramboni アッコラムボニ / アッコラムボーニ
Accorsi アコーシ
Accum アックム
Accursio アックルシオ
Accursius アックルシウス / アッコルシオ
Ace エイス / エース**
Acebes アセベス
Acedo アセド
Acela アチェーラ
Acelino アセリノ*
Acemoglu アセモグル*
Aceña アセニャ
Aceng アセング
Acerbi アチェルビ
Aceto アセート*
Acevedo アセヴェド / アセベド*
Aceves アセベス
Aceyalone エイシー・アローン
Acfrid アクフリド
Ach アッハ*
Acha アチャ
Achá アチャ
Achaan アーチャン / アチャン
Achaari アシャーリ
Achab アクハブ
Achach アチャチ
Achacollo アチャコジョ
Achad アシャド / アハト / アハド / エイカド*
Achaikós アカイコ
Achaimenēs アカイメネス
Achaios アカイオス
Acham アッハム
Achan アチャン
Achanta アチャンタ
Achar アカン / アチャー
Achard アシャー / アシャアル / アシャール** / アシャル
Achardus アカルドゥス
Acharya アチャリア* / アチャリヤ / アチャリヤ / アチャーリャア / アーチャールヤ
Achates アカテス
Achaz アハツ
Achbar アクバー
Achcar アシュカール / アシュカル*
Achdiat アフディアット*
Ache アッシュ
Aché アシェ
Acheampong アチャンポン
Achebe アチェベ*** / アチュベ
Achelis アカエリス / アヘーリス
Achen アーヘン
Achenbach アカンバーク* / アッヘンバッハ* / アッヘンバハ
Achenbaum アッカンバウム
Achenwall アッヘンヴァール / アッヘンヴァル / アッヘンワル / アーヘンヴァル
Acher アッシャー
Achery アシュリ
Achéry アシェリ / アシェリー
Acheson アチェソン / アチソン**
Achi アシ / アチ
Achia アヒヤ
Achiácharos アヒアカロス
Achiel アシル
Achik アシク
Achikam アヒカム
Achike アキク / アチケ
Achikwe アチク
Achila アキラ
Achilbay アチルバイ
Achille アキッレ*** / アキルレ* / アキーレ** / アキレ* / アキレー / アシェル / アシール / アシル* / アチル
Achilleos アキレオス
Achilles アキレウス / アキレス / アヒレス
Achilleus アキッレウス / アキレウス
Achillini アキッリーニ / アキリニ
Achim アキム / アッヒム / アーヒム / アヒム**
Áchim アーヒム
Achimaş-cadariu アキマシュカダリウ
Achinaam アヒノアム
Achiraff アシラフ
Achitophel アヒトフェル / アヒトペル
Achleitner アクライトナー
Achmad アフマッド
Achmed アクメッド / アクメド
Acho アチョー
Achólios アコリオス
Achong アチョン
Achor エイカー
Achour アシュール
Achron アクロン
Achs アックス
Achsel アクセル
Achtemeier アクティマイアー
Achten アクテン
Achter アクター
Achterberg アフテルベルフ / アフテルベルフ
Achtereekte アクテレークテ
Achterfeld アヒタフェルト
Achternbusch アハターンブッシュ / アハテルンブッシュ*
Achtert アクタート
Achucarro アチュカロ
Achúcarro アチューカルロ / アチューカロ / アチュカロ
Achuil アクイル
Achurch アチャーチ / エイチャーチ
Achva アクバ
Achyuta アチュタ
Acidini アチディーニ
Acier アシエ
Acierno アシエルノ / アシルノ
Acilius アキーリウス / アキリウス
Aciman アシマン
Acisclo アシスクロ
Acitelli アシテリ
Acito アシート**
Acker アッカー*** / アッケル
Ackeren アッケレン
Ackeret アッケレート
Ackerknecht アッカークネヒト*
Ackerley アッカーリー
Ackerly アッカーリー
Ackerman アカーマン / アッカーマン*** / アッカーマン / エイカーマン / エッカーマン
Ackermann アケルマン / アッカーマン*** / アッケルマン*
Ackermans アッカーマン
Ackland アクランド / アックランド
Acklen アクレン
Ackles アクルズ / アクレス / アックルズ
Ackley アクリー* / アクレー
Acklin アクリン* / エークリン
Ackman アックマン
Ackoff アーコフ / アコフ / エイコフ
Ackrill アクリル
Ackroyd アクロイド** / アックロイド
Ackson アクソン
Acksyonov アクショーノフ
Akté アクテ
Acky アッキー
Acland アクランド
Aco アツォ
Acocella アコチェラ
Acock アコック / エイカック
Acollas アコラス*
Acoming アカミング
Aconcio アコンチオ / アコンツィオ
Acord アコード*
Acosta アコスタ** / アスコタ
Acosta Duarte アコスタドゥアルテ
Acosta Valdez アコスタバルデス
Acouetey アクエティ
Acovone アコヴォーネ
Acquafresca アックアフレスカ
Acquah アクアー
Acquanetta アックアネッタ
Acquaviva アクアヴィーヴァ
Acquista アクィスタ*
Acquisti アックイスティ
Acquisto アクイスト
Acredolo アクレドロ*
Acrelius アクレーリウス
Acres エイカーズ
Acrotatus アクロタトス
Acsinte アクシンテ
Acta アクタ
Acte アクテ
Actis アクティス
Acton アクトン***
Actor アクター
Acuff アカッフ

エイカフ*
エーカフ**
Acuil アチュイル
Acuna アクーニャ*
Acuña
　アクーナ
　アクーニャ*
　アクニャ
Acunña アクニャ
Acworth
　アクワース
　アックウォース
Acy エイシー
Acyl アシル
Acyutadeva
　アチュタデーヴァ
Aczel アクゼル*
Ad
　アッツ
　アト
　アド**
　エート
Ada
　アーダ*
　アダ**
　エイダ**
Adabash'yan
　アダバシャン
Adac アダック
Adach アダチ
Adachi アダチ
Adad
　アダト
　アダド
　ハダデ
　ハダド
Adada アダダ
Adade アダデ
Adad-nirāri
　アダドニラリ
Adah
　アダ
　エイダ
Adailton アダイウトン
Adair
　アデーア
　アデア***
　アデイア*
　アデール**
　エイデア
Adairius アダイリアス
Adak
　アダック
　アバク
Adalar
　アダラール
　アダラル
Adalbald アダルバルト
Adalbero アダルベロ
Adalbéron
　アダルベロン
Adalbert
　アーダベルト
　アダルバート
　アダルベール*
　アダルベルツス
　アーダルベルト*
　アダルベルト*

アダルベルトゥス
アーデルベルト
アデルベルト
アルドゥイーノ
Adalberto
　アダルベルト**
Adaldag
　アーダルダーク
Adalet アダレト
Adalgis アダルギス
Adalhard
　アダラール
　アダラルド
　アーダルハルト
Adalwald
　アダルヴァルト
　アダルヴァルド
Adam
　アダ
　アーダーム
　アーダム*
　アダム***
　アダムス
　アタン
　アダン**
Ádám
　アーダーム
　アーダム
　アダム*
Ādam
　アーダム
　アダム
Adama アダマ**
Adamantios
　アザマンディオス
　アダマンティオス
Adamántios
　アダマンティオス
Adamantius
　アダマンチウス
Adamberger
　アダムベルガー
Adamcak アダムカック
Adamchak アダムシャ
Adamczak
　アダムザック
Adamczewski
　アダムチェフスキ
Adamczyk アダムチク
Adame アダメ
Adamec
　アダメツ
　アダメック*
　アダメッツ**
Adames アダメズ
Adametz アーダメッツ
Adami
　アダーミ*
　アダミ***
Adamiak アダミャク
Adamian
　アダミアン
　アダミヤン
Adamic アダミック*
Adamkus
　アダムクス**
Adamnan
　アダムナヌス

アダムナン
Adamo
　アダーモ
　アダモ**
Adamoli アダモーリ
Adamou
　アダム
　アダモ
Adamov アダモフ**
Adamovich
　アダモーヴィチ
　アダモヴィチ
　アダモヴィッチ
　アダーモビチ
　アダーモビチ
Adamóvich
　アダモーヴィチ
Adámovich
　アダマヴィチ
Adamovitch
　アダモビッチ
Adamovská
　アダモヴスカー
Adamovsky
　アダモフスキ
　アダモフスキー
Adamowicz
　アダモヴィッチ
　アダモビッチ
Adamowski
　アダモウスキ
Adams
　アダム
　アダムス***
　アダムズ***
　アダン
Adam Schall
　アダムシャール
Adamse アダムス
Adamski
　アダムスキ
　アダムスキー*
Adamson
　アダムスン**
　アダムソン***
Adamsson アダムソン
Adamu アダム
Adamus アダムス
Adamy アダミー
Adamzik アダムツィク
Adan アダン*
Adán アダン
Adanan アダナン
Adánez アダネス
Adani
　アダーニ
　アダニ
Adanmayï アダンマイ
Adanson アダンソン
Adão アダン
Adapa アダパ
Adar アダル
Adarabioyo
　アダラビオヨ
Adarius アダリアス
Adarkar アダーカー
Adas アダス

Adashev
　アダーシェフ
　アダーシェフ
　アダシェフ
　アダシェフ
Adasi アダシ
Adatia アダチア*
Adatto アダット
Adauctus
　アダウクトゥス
Adauto アダウト
Adawi アダウィ
'Adawīya
　アダウィーヤ
　アダウィヤー
Adbâge アードボーゲ
Adbul アブデル
Adbulmalik
　アブドルマリク
Adburgham
　アドバーガム
Adcock アドコック**
Adda アダ*
Addabbo アダボ
Addad アダ
Addae アディー
Addai
　アダイ
　アッダイ
Ad-Damīrī
　アッ・ダミーリー
Addams
　アダムス*
　アダムズ**
Addanki アダンキ
Ad-Dārānī
　アッ・ダーラーニー
Addari アダリ
Addario アダリオ
Adderley
　アダリー*
　アダレー
　アダレイ**
　アッダーレー
Adderly アダリー
Adderson アダーソン*
Adderton アダートン
Addey アディ
Addhakāsī
　アッダカーシー
Addica アディカ
Addie
　アッディー
　アディー
Ad-Dīn ウッディーン
Addin アディン
Addington
　アッディントン
　アディングトン
　アディントン**
Addinsell
　アディンセル
Addis
　アジス
　アディス
Addison
　アジソン*

アディスン*
アディソン***
アド
Addiss アディス
Addisu アディス
Addo
　アッド
　アド**
　アドゥ
Addobbati
　アッドッバティ
Addo-Kufour
　アドクフォー
Addo-kufuor
　アクフォー
Addoum アドゥーム
Addy
　アッディ
　アディ
Addyman アディマン
Ade
　アデ
　エイド*
　エード
Adé アデ
Adea アデア
Adeang アデアン
Adebayo アデバヨ*
Adebayor アデバヨル
Adebowale アデボワレ
Adéboyo アデバヨ
Adedjouma
　アデジューマ
Adee エーディー
Adeeb
　アディーブ
　アデーブ
Adeed アディード
Adeimantos
　アデイマントス
Adeiny アデイニー
Adeishbili
　アデイシビリ
Adeishvili
　アデイシビリ
Adekamni アデカムニ
Adekola アデコラ*
Adekpedjou
　アデクペジュ
　アデペジュ
Adekuoroye
　アデクロイエ
Adel
　アーデル**
　アデル*
Adela
　アデーラ
　アデラ***
Adelaar アデラール
Adelaid アデレイド
Adelaida アデライダ**
Adelaide
　アデライデ*
　アデライド*
　アデレイド
　アデレイド**
　アデレード*

Adelaïde
　アドライド
　アドレイド
Adélaide
　アドライド
　アテレイド
　アデレード
Adélaïde
　アデライード*
　アデライド
　アデレード
Adelaja アデラジャ
Adelard
　アデラード
　アデラルドゥス
Adelbelt
　アーダルベルト
Adelbert
　アデルバート**
　アーデルベルト*
　アデルベルト
Adelborg
　アーデルボリ*
Adele
　アディール
　アデール
　アデル***
　アデーレ*
　アデレ*
　エイデル
Adèle
　アデール
　アデル*
　アデーレ
Adeleide アデレイド
Adelgunde
　アデルグンデ
Adelgundis
　アーデルグンディス
Adelheid
　アデライデ
　アーデルハイト
　アデルハイト
Adelheit
　アーデルハイト
　アデルハイト
Adeli アデリ*
Adelia アデリア
Adelina
　アデリーナ*
　アデリナ*
Adelinde アデリンデ
Adeline
　アディリーン
　アデライン*
　アデリーナ
　アデリーヌ*
　アデリーン
　アデリン*
　アトゥリーヌ
　アドリーヌ
Adelino
　アシェンソ
　アデリノ
Adeliza アデリザ
Adelizzi アデリッツィ
Adell アデル
Adella アデラ
Adelly アデリー

Adelman
　アデルマン*
　エイデルマン
　エーデルマン*
Adelmann
　アーデルマン
Adelmannus
　アーデルマンヌス
Adelnburg
　アーデルンブルク
Adelo アデロ
Adelqui アデルキ
Adelsohn アーデルソン
Adelson アデルソン*
Adelstein
　アーデンスタイン
Adelung アーデルング
Adem
　アデム
　オスマン
Adema アデマ*
Ademar アデマール
Adémar アデマール
Ademaro アデマロ
Ademi アデミ
Ademir
　アデミール
　アデミル*
Ademola アデモラ*
Ademollo アデモッロ
Aden アデン*
Adena
　アディーナ*
　アデナ
Adenan アデナン
Adenauer
　アーデナウアー
　アデナウアー*
Adenet アドネ*
Adeney アデニー
Adenhart
　エイデンハート
Adeniji アデニジ
Adeniran アデニラン
Adeniyi アデニイ
Adeodato
　アデオダート
Adeodatus
　アデオダートゥス
　アデオダトゥス
Adeosun アデオスン
Adepoju アデポジュ
Ader
　アーダー
　アデール
Áder アーデル*
Aderemi アデレミ
Aderhold アデルホルト
Aderin アデリン
Aderlian アデルラン
Aderogba アデログバ
Ades
　アデス*
　エイズ
Adès アデス

Adeseye アデセイエ
Adesh アデシュ
Adesina アデシナ
Adesiyan アデシヤン
Adesogan アデソガン
Adetokunbo
　アデトクンボ
Adeva アデバ
Adewale
　アデウェール
　アデワレ
Adewole アデウォレ
Adewumi アデウミ
Adey
　エイディ
　エイディー*
Adeyemi アデイェミ
Adham アドハム
Adhamy アダミー
Adhanom アダノム
Ādhar アーザル
Adharanand
　アダーナン
Ādharī アーザリー
Adhe アデ
Adheeb アディーブ
Adhel アデル
Adhemar
　アデマー
　アデマール
　アデマル*
Adhémar
　アデマール*
　アデマル
Adherbal アドヘルバル
Adhikari アディカリ**
Adhimutta
　アディムッタ
Adhin アディーン
Adhirājéndra
　アディラージェーンドラ
Adhonay アドナイ
Adhyaksa
　アディヤクサ
Adi
　アーディ
　アディ*
'Adī アディー
Adiahenot
　アディアエノ
Adiato
　アジャト
　アディアト
Adiatu アディアトゥ
Adib
　アディーブ
　アディブ
Adīb アディーブ
Adibah アディバ**
Adib-e アディーベ
Adibekov
　アジベーコフ
　アディベコフ
Adichie
　アディーチェ**

Adickes
　アディケス
　アディッケス
'Ādid アーディド
Adidja アディジャ
Adidjatou
　アディジャトゥ
Adie
　アディー
　エイディ
Adiga アディガ**
Adigard アディガール
Adigun アディグン
Adihou アディウ
Adij
　アジ*
　アディー
Adiki アディキ
Adil アディル**
'Ādil
　アーディ
　アーディル
　アーデル
Ādil アーディル
Adila
　アーディラ
　アディラ
Adilah アディラ
Adilbek
　アディリベク
　アディルベク
Adili
　アディリ
　アディル
Adilson
　アジウソン*
　アディルソン
Adimado アディマド
Adimi アディミ
Adin アディン**
Adina
　アディーナ
　アディナ*
Ading アディング
Adini アディーニ
Adinolfi
　アディノルフィ
Adireksarn
　アディレークサーン
　アディレクサーン**
　アディレクサン
Adirekusarn
　アディレクサーン
Adirex アディレックス
Adiri アディリ
Adirim アディリム
Adis アジス
Adisai アディサイ
Adiseshiah
　アディセシアー
Adishakti
　アディシャクティ*
Adisson アジソン
Adisu アジス
Aditi アディティ

Aditya
　アディティア
　アディティヤ
Āditya
　アーディティヤ
　アーディティヤ
Ādityawarman
　アーディティヤワルマン
Adivar
　アディヴァル
　アディバル
　アドゥヴァル
　アドゥバル
Adiyasambuu
　アディヤサンブー
Adizes アディゼス
Adjai アジャイ
Adjani アジャーニ*
Adjaoud アドジョー
Adjapong
　アジャポング
Adjaye アジャイ
Adjei
　アジェイ*
　アッジェイ
Adjeidarko
　アジェイダーコ
Adjemián
　アドヘミアン
Adjeng
　アジェン
　アジェング
　アジュン
Adjeoda アジェオダ
Adji アジ
Adjmi アジミ
Adjobi アジョビ
Adjoudi アジュディ
Adjoumani アジュマニ
Adjovi アジョビ
Adju
　アジュ
　アジュル
Adjubey アジュベイ
Adjung アジュン
Adkham アドハム
Adkins
　アドキンス**
　アドキンズ*
Adkinson
　アドキンソン
Adkison アドキソン
Adkoli アドコリ*
Adl アドル
Adlai アドレイ*
Adlan アドラン**
Adlard アドラード*
Adleman
　アデルマン
　アドルマン
　エイドルマン
Adlene アドレーヌ
Adler
　アードラー*
　アドラ

アドラー***
アドレール
アドレル
エーズラ**
Adlerstrahle
　アドラーストレール
Adlerz アドラーツ
Adlešič アドレシチ
Adley アドリー
Adlgasser
　アードルガッサー
　アドルガッサー
Adlin アドリン
Adlington
　アドリントン**
Adloff アドロフ
Adlon
　アードロン
　アドロン*
Adlung アードルング
Adly
　アドリ
　アドリー*
Admasu アドマス
Admati アドマティ
Admētos アドメトス
Admir アドミル
Adna アドナ*
Adnan
　アドナーン
　アドナン**
'Adnān アドナーン
Adner アドナー
Adnes アドネス
Adnet アドネ
Adni アドニ
Adnum アドナム
Ado
　アド**
　アドー
Adoff アドフ
Adoian アドイアン
Adok アドック
Adoke アドケ
Adolf
　アードルフ**
　アドルフ***
　アードルフス
Adolfas アドルファス*
Adolfe アドルフ
Adolfi アドルフィ
Adolfo
　アドルフ
　アドルフォ***
Adolfovich
　アドルフォヴィチ
Adol'fovich
　アドリフォヴィッチ
Adolfsson
　アドルフソン
Adolh アドルフ
Adolph
　アドール
　アードルフ
　アドルフ***
　エードルフ

Adolphe
　アードルフ
　アドルフ***
　アドルフィ
Adolphson
　アドルフソン
Adolphus
　アードルフ
　アドルファス
　アドルフス
　アドルフュス
Adomaitis
　アドマイティス
Adomakah アドマコー
Adomeit アドマイト
Adonal アドナル
Adoni
　アドニ
　アドニー
Adonias アドニアス**
Adonijah アドニア
Ādonijah
　アドニア
　アドニヤ
Adoniram
　アドナイラム
　アドナイラム
　アドニラム
Adoniran アドニラン
Adonis アドニス***
Adoor
　アドゥール
　アドール
Adoptive アドプティブ
Adora アドーラ
Adoranti アドランティ
Adorastos
　アドラストス
Adoratskii
　アドラスキー
　アドラーツキー
　アドラッキー*
　アドラーツキィ
　アドラッキィ
　アドラツキィ*
　アドラトスキー
Adoratskiy
　アドラスキー
　アドラッキー
　アドラッキィ
Adorée アドレ
Adorf
　アードルフ
　アドルフ
Adorján
　アドリアーン
　アドリヤン
　アドルヤーン
Adorno アドルノ*
Adou アドゥ
Adoum
　アドゥム
　アドゥム
　アドゥン
Adowok アドック
Adraazar
　ハダデゼル

　ハダドエゼル
Adraen アドリアーン
Adrea アドリア
Adrees アドリース*
Adreian エイドリアン
Adreon エイドリアン
Adret アドレト
Adrevaldus
　アドレヴァルドゥス
Adri アドリ
Adria アドリア*
Adriá アドリア
Adrià アドリア*
Adriaan
　アドリアーン*
　アドリアン
　エイドリアン
Adriaans
　アドリアーンス
Adriaanszoon
　アドリアーンスゾーン
Adriaen
　アドリアエン
　アドリアーン
　アドリアン
　アドリエン
　エイドリアン
Adriaensen
　アドリアーンセン
Adriaenssens
　アドリアーンセンス
Adriaensz.
　アドリアーンスゾーン
Adriaenszoon
　アドリアーンスゾーン
Adrian
　アディー
　アドリアーヌス
　アドリアヌス
　アドリアーノ
　アードリアーン
　アードリアン
　アドリアーン
　アドリアン***
　エイドリアン**
　エイドリアンヌ
　エイドリエン*
　エイドリエンヌ
　エードリアン
　エードリエン
　エードリエンヌ
Adrián
　アドリアン
　エイドリアン
Adriana
　アドリアーナ**
　アドリアナ**
　アドレアナ*
　エイドリアナ
Adriance
　エイドリアンス
Adriane
　アドリアーニ
　アドリアーネ
　エイドリアン*
　エードリアン
Adrian Edward
　アドリアンエドバルト
Adriani
　アドリアーニ*
　アドリアニ

Adrian Ignacio
　アドリアンイグナチョ
Adrianne
　アドリアンヌ
　エイドリアン
　エイドリアンヌ
Adriano
　アドリアーノ***
　アドリアノ
Adrianós アドリアノス
Adrianus
　アードリアーニュス
　アドリアーニュス
　アドリアーヌス
　アドリアヌス
　アドリヤン
　アンドリアーヌス
Adrianza アドリアンザ
Adrichem アドリヘム
Adriean アドリアン
Adriel アドリエル
Adrieme アドリーメ
Adrien
　アイドリアン
　アドリアーン
　アドリアン**
　アドリエン
　アドリヤン
　アンドリアン
　エイドリアン***
　エードリアン
Adrienne
　アドリアンヌ*
　アドリーエン
　アドリエン
　アドリエンヌ***
　アドリエンネ
　アドリーヌ
　アドリンヌ
　エイドリアン**
　エイドリアンヌ
　エイドリエン*
　エイドリエンヌ
　エードリアン
　エードリエン
　エードリエンヌ
Adrion アドリオン*
Ad Rock アドロック
Ad-Rock アドロック
Adrogue アドログェ
Adruitha アドルイーサ
Adshade アドシェイド
Adshead アズヘッド
Adshed アドシェッド
Adsit アジット
Adso
　アソ
　アゾ
Adu アドゥー*
Aduarde アドゥアルデ
Aduarte アドゥアルテ
Aduayom
　アデュアヨム
　アドゥアヨム
'Adud
　アズド
　アズドゥ

アドゥド
'Adud al-Dawla
　アズドゥッ・ダウラ
　アズドッ・ダウラ
　アドゥドゥッダウラ
Aduke アドゥーケ
Adul アドゥン
Adulyadej
　アドゥンヤデート**
　アドンヤデート
Adulyanukosol
　アドゥンヤヌコソン
Adun アドゥン
Adundetcarat
　アドゥンデーチャラット
Adūnīs アドニス
Aduriz アドゥリス
Advani アドバニ**
Advayavajra
　アドヴァヤヴァジュラ
Adventus
　アドウェントゥス
Advocaat
　アドフォカート*
'Adwānī アドワーニー
Adwok アドウォク
Ady アディ**
Adyashanti
　アジャシャンティ
Adylbek アディルベク
Adylbek Uulu
　アディルベクウール
Adzhbei アジュベイ
Adzhubei アジュベイ*
Adzic アジッチ*
Aebersold
　エイバソールド
Aebi
　アービィ*
　アービ
Aebischer
　アービッシャー
Aed エド
Áed エー
Aedesius アイデシオス
Aedilburga
　アエディブルガ
Ædilburh
　アエディブルガ
Aëdon アエドン
Aegidius
　アエギディウス
　エギディウス
Aegil アエギル
Aegina アイギナ
Aegineta アエギネタ
Ægisdóttir
　アイイスドッティル
Aehlert エラート
Aehrental
　エーレンタール
Aeindra エインドゥラ
Aelders
　アールデルス
　エルデルス

A

AEleen アイリーン
Aelfheah アルフヘア
Aelfric
 アエルフリク
 アルフリック
 エルフリック
Aelfwald エルフワルド
Aelfweard
 エルフウェアード
Aelfwyn エルフウィン
Aelgifu イールギフ
Aelia アエリア
Aelianus
 アイリアノス
 アエリアヌス
Aelius
 アイリオス
 アエリウス*
Aelle エレ
Aellen アレン
Aelredus
 アエルレドゥス
Aelst
 アールスト
 アルスト
Aeltsen
 アールツェン
 アールツセン
 アールトセン
Aelvoet アルブット
Aemilia エミリア
Aemilianus
 アイミリアヌス
 アエミリアーヌス
 アエミリアヌス
Aemilius
 アイミリウス
 アエミウス
 アエミーリウス
 アエミリウス
Aen エン
Aeneas
 アエネーアス
 アエネアス
 イーニアス
Aenēās アエネアス
Aengenendt
 エンゲネント
Aengus アエングス
Aenne アエンヌ
Aepinus
 アエピヌス
 エピヌス
Aeppli エプリ
Ae-ran
 アイラン
 エラン*
Aeran エラン
Aerden エールデン
Aereboe
 アーレボー*
 エーレベ
 エーレボー*
 エレーボー
 エレボー
Aerents アレンツ
Aerios アエリオス
Aerius アエリウス

Aero アエロ
Aeron アーロン
Aëropus アエロポス
Aershorn エールション
Aert
 アールト
 アールナウト
Aerts
 アエルツ
 アーツ*
 アールツ
Aertssen アールセン
Aeschbacher
 エッシュバッハー
Aesculapius
 アスクレピオス
Aescwine エスクウィン
Aesop
 アエソップ
 イソップ*
AEsopus
 アイソーポス
 アイソポス
 イソップ
 エソポ
Aesopus アエソプス
 アーファーシェフ
 アファナシェフ
 アファナシエフ**
Æsopus
 アイソーポス
 アイソポス
 イーソップ
 イソップ
 エソップ
 エソポ
Aethelberg
 エセルベルグ
Aethelberht
 エセルバート
 エセルベルト
Aethelbert
 エセルバート
Aethelflaed
 エゼルフラッド
 エセルフレアド
 エセルフレダ
 エセルフレッド
Aethelfrith
 エセルフリス
Aethelheard
 エセルハード
Ætheling アセリング
Aethelred
 エセルレッド
Aethelric エセルリック
Aethelstan
 エセルスタン
Aethelwald
 エセルワルド
Aethelwold
 エセルウォルド
Aethelwulf
 エセルウルフ
Aetion アエティオン
Aetios アエティオス
Aëtios アエティオス
Aetius
 アイティウス
 アエチウス
 アエティウス

Af
 ア
 アフ**
 アブ
Afable アファブレ
Afaf
 アファフ
 アファフ
Afanaseevich
 アファナーシエヴィチ
Afanasev
 アファナーシェフ
Afanas'ev
 アファナーシェフ
 アファナーシェフ*
 アファナシェフ
Afanas'evich
 アファナシエヴィチ
 アファナシエヴィチ
 アファナシエヴィチ*
 アファナシエヴィッチ
 パナーソヴィチ
Afanasie アファナシエ
Afanasiev
 アファナーシェフ
 アファナシェフ
 アファナシエフ**
Afanasievich
 アハナシェビッチ
 アファナーシェヴィチ
 アファナシエヴィチ
Afanasii
 アハナシイ
 アファナーシー
 アファナシー*
Afanásii
 アファナーシー
Afanassiev
 アファナシエフ
 アファナシェフ*
 アファナシエフ
Afanasiyev
 アファナシエフ
Afanasy
 アファナーシー
 アファナシー
Afanasyev
 アファナシェフ
Afanasyeva
 アファナセワ
Afano アファノ
Afanou アファヌ
Afaq アファク
Āfāq
 アーファーク
 アファク
Afara アファラ
'Afarīz
 アーファリーズ
 アファリーズ
Afatia アファティア
Afdal アフダル
Afdal ad-dīn
 アフザロッディーン
Afeaki アフェアキ
Afeef アフィーフ
Afellay アフェライ

Afemai アフェマイ
Afer
 アーフェル
 アフェル
Afergan アファガン
Afewerki
 アフェウェルキ**
Afeworki アフォワキ
Affabee アファビー
Affan アファン
'Affān アッファーン
Affandi アファンディ
Affanni アッファンニ
Affe アッフ
Affeldt アフェルト
Affi アフィ
Affinity アフィニティ
Afflalo アフラロ
Affleck
 アフリック
 アフレック**
Affligemensis
 アフリゲメンシス
Affo アフォ
Affolter
 アッフォルテル
 アフォルター
Affonso アフォンソ*
Afford アフォード*
Affoussatou
 アフサトゥ
Affoussiata アフシアタ
Affre
 アッフル
 アフル
Affré アフレ
Affron アフロン
Afghan アフガン
Afghani アフガーニー
Afghānī アフガーニー
Afi アフィ
Afia アフィア**
Afif アフィフ
Afiff アフィフ
Afifi アフィフィ
Afinius アフィニウス
Afinogenof
 アフィノゲーノフ
Afinogenov
 アフィノゲーノフ*
Afkari アフカリ
Afkhami アフカミ
Aflah アフラフ
Aflanas'ev
 アファナーシェフ
 アファナシエフ
Aflaq アフラク
Afobe アフォベ
Afognon アフォニョン
Afolabi アフォラビ
Afolayan
 アフォラヤン*
Afonso
 アッフォンソ

 アフォンス
 アフォンソ*
Afra アフラ
Afrah アフラ
Afraitane
 アフレイテン
Afranius アフラニウス
Afrasiabi アフラシアビ
Afrāsiyāb
 アフラーシヤーブ
Africa アフリカ
Africainus
 アフリカヌス
Africano アフリカーノ
Africanus
 アフリカーヌス
 アフリカヌス
Africo アフリコ
Afridi
 アフリディ
 アフリディー
Afrifa アフリファ
Afrika アフリカ
Afrikaner
 アフリカーナー
Afriyie
 アフリィエ
 アフリエ
Afrizal アフリザル
Afrojack
 アフロジャック
Afroman アフロマン
Afsaneh アフサネ*
Afsarul アフサルル
Afsatu アフサツ
Afshar アフシャール
Afshin アフシン**
Afshín アフシーン
Afshīn アフシーン
Aft アフト
Aftab
 アーフターブ
 アフターブ*
 アフタブ
Aftalion
 アフタリオン**
 アフタリヨン
Aftel アフテル
Aftergood
 アフターグッド
Afton アフトン
Afu アフー
Afualo アファロ
Afzal アフザル
Afzal アフザル
Afzali アフザリ
Afzelius アフセリウス
Ag アグ*
Aga
 アーガー
 アガ***
Āgā アーガー
Agabi アガビ
Agabiti アガービティ
Agabos アガボ

Agache アガケ
Agacinski アガサンスキー
Agadazi アガダジ
Agadinquor アガディンクオール
Agadjanian アガジャニアン
Agaf'ia アガーフィヤ
Agafonov アガフォーノフ／アガフォノフ
Agafoshin アガフォーシン
Agag アガグ
Agageldy アガゲリディ／アガゲルドイ
Agagianian アガジアニアン
Agagu アガグ
Āgā Khān アーガーハーン
Ag Alassane アグアラサヌ
Agali アガリ
Agam アガム*
Agamben アガンベン*
Agamemnon アガメムノン
Agamemnōn アガメムノーン／アガメムノン
Agamyradov アガムイラドフ
Aganbegian アガンベギャン
Aganbegyan アガンベギャン*
A-gang ア・ガン
Aganga アガンガ
Agani アガニ
Aganice アガニキ／アガニス
Aganippe アガニッペ／アガニッペー
Aganoor アガノール
Agans エイガンズ
Agaoglu アーオール／アガオグル
Ağaoğlu アアオール／アガオル
Agape アガペ
Agápē アガペー
Agapetus アガペツス／アガペトゥス
Agapios アガピオス
Agápios アガピオス
Agapito アガピト**
Agapitus アガピトゥス

Agar アガル／エイガー*
Agârbiceanu アグルビチャヌ
Agard アガード／アガール／エイガード／エガード
Agardh アガード／アガール／アガルド
Agaristē アガリステ
Agarwal アガルウォル／アガルワル／アガーワル
Agashe アガシェ
Agasias アガシアス
Agasicles アガシクレス
Agasse アガス／アガセ／アガッス
Agassi アガシ**
Agassiz アガシ／アガシー／アガッシー／アケシー
Agasso アガッソ
Agasthiya アガスティア
Agastya アガスティヤ
Agata アガータ／アガタ
Àgata アガタ
Agate アガット／アゲイト／エイガット／エイゲット／エーガット*
Agatea アガテーア
Agatha アガサ**／アガタ**
Agathane アガタヌ
Agathángelos アガタンゲロス
Agatharchides アガタルキデス
Agatharchos アガタルコス
Agatharkhidēs アガダルキデス
Agatharkhos アガタルコス
Agathe アガタ／アガット／アガーテ*／アガテ／アガート
Agathias アガティアース

Agatías アガティアス*
Agatho アガト
Agathoklēs アガトクレース／アガトクレス
Agathon アガトン*
Agathōn アガトーン／アガトン
Agathoníkē アガトニケー
Agati アガーティ
Agatston アガツトン*
Agauē アガウエ
Agawu アガウ
Agazadeh アガザデ
Agazarian アガザリアン
Agazio アガツィオ
Agazzari アガッツァーリ
Agazzi アガシ／アガッツィ
Agba アグバ
Ağbal アーバル
Agbayani アグバヤニ*
Agbegnenou アグベニェヌ*
Agbenonci アベノンシ
Agbetomey アグベトメイ
Agbéviadé アグベビアデ
Aggarwal アガワル*
Aggerholm アゲルホルム
Aggett アゲット
Agghazy アッガージ
Aggidatta アッギダッタ
Aggie アギー*
Aggika アッギガ／アッギカ
Aggrey アグリ／アグレイ
Aggs アッグス*
Agha アーガ／アーガー／アガ
Aghā アガ
Āghā アーガ／アーガー／アガ
Aghajan アガジャン
Aghali アガリ
Aghayev アガエフ
Aghbari アグバリ
Aghdashloo アグダシュルー

Ageladas アゲラダス
Agelink エイジリンク
Agem アゲム
Agena アゲナ
Ageng アグン
Agenin アジュナン
Agenor アジェノル
Agénor アジェノール／アジェノル
Agēnōr アゲノール
Agenore アゲノレ
Agentov アゲントフ
Ageorges アジュオルジュ
Ager アジェル／アヘル／エイジャー／エージェル
Ageron アージュロン／アジュロン
Agesandros アゲサンドロス
Agēsilaos アゲーシラーオス／アゲシラオス
Agesilaus アゲシラオス
Agesipolis アゲシポリス
Agēsipolis アゲシポリス

Aghion アギオン／アギョン／アギヨン
Aghlab アグラブ
Ahmani アフマニ
Agholor アグホロー
Aghvan アグバン
Agide アジーデ
Ägidius エギーディウス／エギディウス
Agier アジエ
Agikimua アギキムア
Agilbert アギルベルト
Agillofus アギロルフス
Agilulf アギルルフ
Agim アギム
Agincourt アジャンクール
Agins エイギンス*
Agio アジオ**
Agirre アヒーレ
Agirretxe アギレチェ
Agis アーギス／アギス
Agís アヒース
Agius アギウス／エイジアス*
Agladze アグラジェ
Aglaé アグラエ
Aglaja アグラーヤ
Aglen アグレン
Agliardi アリアルディ
Aglietta アグリエッタ**
Aglio アーリオ
Aglipay アグリパイ*
Aglo アグロ
Aglovale アグロヴァル
Aglukark アグルカーク
Aglukkaq アグルカック
Agman アグマン
Agmon アグモン
Agnar アグナル
Agnás アニエス
Agne アグネ／アニュ
Agnel アニエル**
Agnelli アニエッリ／アニエッリ／アニエリ***／アニエリ
Agnello アニエッロ／アニエルロ／アニエロ
Agnellus アグネルス

A

Agnelo アグネロ
アニェロ
Agne-pouye アニュプイェ
Agner アグナー
アグネル
Agnes アグニス
アーグネシュ
アグネシュ*
アクネス
アグネス***
アニエス
アニエス*
アニュエス
エイネス
Agnés アニエス
Agnès アグネ
アグネス
アニエス*
アニエス***
アニュエス*
Ágnes アーグネシュ*
アグネシュ
アグネス
アニエス
Agnès b. アニエスベー*
Agnese アグネス
アニェーゼ
Agnesi アニェージ
アニェシ
アーネシー
アネージ
Agneta アグニェッタ
アグネータ
アグネッタ
Agnete アウネータ
アグネテ
アニタ*
Agnetha アグニェッタ
アグネタ
アグネッタ*
Agnew アグニュー***
エグニュー
Agni アグニ
Agnieszka アグニェシカ
アグニェシュカ
アグニェシュカ**
アグネシカ
アグネス
アニエスカ*
Agniia アグニヤ
Agnijo アグニージョ
Agniya アグニア
Agnodice アグノディケ
アグノディチェ

Agnoletti アニョレッティ
Agnoli アンニョリ
Agnolo アーニョロ*
アニョロ
Agnon アグノーン
アグノン**
Agnos アニュエス
Agnus アグナス
Ago アゴ
Agobard アゴバール
アゴバルド
アゴバルドゥス
Agócs アゴーチ
Agoes アゴス
Agol アゴル
Agolli アゴリ
Agon アゴン*
Agoncillo アゴンシリオ
アゴンシリョ**
アゴンシルリョ
Agong アゴン
Agor エイゴー*
Agorakritos アゴラクリトス
Agoratos アゴラトス
Agosín アゴシン
Agossou アゴス
Agosta アゴスタ*
Agosti アゴスティ*
Agostin アゴスティン*
Agostina アゴスティーナ
アゴスティナ
Agostinelli アゴスティネリ*
アゴスティネルリ
Agostinho アゴスティーニョ
アゴスティニオ
アゴスティーノ
アゴスティノ
Agostini アゴスチーニ
アゴスティーニ**
アゴステニ
Agostino アコスチーヌ
アゴスチノ*
アゴスティーニョ
アゴスティニョ
アゴスティーノ*
アゴスティノ
アゴスティーノ
Agosto アゴスト**
Agoston アゴストン*
Agostoni アゴストーニ
Agota アゴタ*
Ágota アゴタ*
Agoult アゴー

Agoundoukoua アグンドゥクア
Agouta アグタ
Agovaka アゴバカ
Agpaoa アグパオア
Agra アグラ
Agraa アグラ
アグラァ
アルガ
Agrama アグラマ
Agramont アグモント
Agramonte アグラモンテ
Agramontey アーグラモンテー
Agran アグラン
エイグラン
Agranat アグラナート
Agras アグラス
Agravain アグラヴェイン
Agravāl アグラワール
Agrawal アグラワール
アグラワル
Agrawala アグラワラ
Agre アグレ
Agreda アグレダ
Agrell アグレル
Agren アグレン
Agrest アグレスト*
Agresta アグレスタ**
Agresti アグレスティ*
Agricola アグリーコラ
アグリコラ
アグリコラ*
Agrigento アグリジェント
Agrippa アグリッパ*
Agrippas アグリッパ
アグリッパス
Agrippina アグリッピーナ
アグリッピナ**
Agrippinus アグリッピーヌス
Agron アグロン
Agroti アグロトゥ
Agrotou アグロトゥ
Agt アフト*
Agte アグテ
Agtmael アットマール*
Agu アグ
Aguad アグア
Aguado アギュード
アグアード
アグアード
Agualusa アグアルーザ

Aguar アグアー
Aguayo アグアヨ*
アグエイヨ
Agucchi アグッキ
Aguda アクダ
アグダ
Agudo アグード
アグド
Aguéli アゲエーリ
Aguero アグエロ*
Agüero アグエロ
Agüeros アゲエロス
Aguerre アゲレ
Aguesseau アゲソー
Aguglia アググリア
A-gui アグイ
Agūi アグイ
Aguiar アギアール
アギアル*
アギヤル
Aguiar-branco アギアールブランコ
Aguiari アグヤーリ
Aguigah アギガ
Aguiguah アギグア
Aguilar アギィラー
アギュラー
アギラ
アギラー
アギラール**
アギラル**
アギィラー
Aguilar Zinser アギラシンセール
Aguilera アギュララ
アギレーラ**
アギレラ**
アギレア
Aguinaga アギナガ
Aguiñaga アギニャガ
Aguinaldo アギナルド*
Aguinis アギニス**
Aguirre アギアリー
アギアレイ*
アギルレ
アギーレ***
アギレ**
アギレー
アギィーレ
Aguirrezabala アギレサバラ
Aguiton アギトン
Aguiyi-ironsi アギュイイロンシ
Agujeta アグヘータ
Agulashvili アグラシビリ
Agulhon アギュロン

Agulla アクージャ
Agum アグム
Agung アグン*
Agunloye アグンロエ
Agur アガー
アグル
Agurrhios アギュリオス
Agus アグス**
エイガス
Agust アグスト
Agustarello アギュスタレロ
Agustí アグスティ*
Agustiani アグスティアニ
Agustin アウグスティン
アグスチン
アグスティン**
Agustín アウグスティン
アグスティン**
Agustina アグスティーナ**
アグスティナ
Agustini アグスティーニ
アグスティニ
Agustoni アグストーニ
Agustsson アウグストゥソン
Aguta アグタ*
Agutter アグタ
アガター
アガッター
Aguzin アグジン
Agyapong アグヤポング
Agyei-Baah アギイーバー
Agyekum アジェクム*
Agyeman アギマン
アーギュマン
アジェマン
アジェマン
Agyemang アギェマン
アギマン
アジェマン
Agyemang-mensah アジマンメンサ
Agyey アゲーヤ
アッギェーエ
アッギェーエ*
Agyeya アッギェーヤ
Agyl アシル
Ah アー*
Aha アハ
Ahab アハブ
アハアブ

Ahad アシャド/アハッド/アハト/アハド*	Ahheshu アッヘシュ	Ahlund アールンド/オールンド	Ahmatjan アフメットジャン	Aholah オホラ
Ahadi アハーディ	Ahhiya アヒヤ	Ahluwalia アルワリア*	Ahmätjan アフメトジャン	Aholibah オホリバ
Ahady アハディ	Ahi アヒ	Ahmad アハマ	Ahmed アハマド	Ahonen アホネン**
Ahai アハイ	Ahidjo アヒジョ			Ahoomey-zunu アオメイズニュ
Ahala アハラ	Ahijo アヒジョ	アハマット	アハメド	Ahouanto アウアント
Ahalya アハリヤー	Ahil エヒル	アハマッド***	アハメド***	Ahoueke アウェケ
Ahamad アハマド**	Ahimaaz アヒマアズ/アヒマアツ	アハマッド**/アハメド/アフマ	アフマド/アフマド*	Ahoure アウール
Ahamada アハマダ/ハーマダ	Ahimeir アヒメイール	アフマッド**/アフマッド***	アフメッド/アフメッド***	Ahoussou アウス
Ahamadi アハマディ	Ahimelech アヒメレク	アーマッド***	アホメッド/アホメド	Ahpornsiri アポンシリ
Ahamady アハマディ	Ahimsa アヒムサ	アーマド*/アマド	アメ	Ahrār アフラール
Ahamat アハマット/アハマト	Ahithophel アヒトフェル	アマハド/アーメド	アーメッド*/アメッド	Ahrend アーレント/アーレンド
Ahamed アハメド/アハメド*	Ahizi アイジ	アルマド	アーメド***/アメド	Ahrendt アーレント*
Āhameda アーメド	Ah-Koon アークーン	Aḥmad アハマッド/アハマド	アメハド	Ahrendts アーレンツ*
Ahanfouf アハンフォーフ	Ahl アール*	アフマッド/アフマド*	Ahmedî アフメディー	Ahrens アーレン/アーレンス**/アレンス
Ahangamage アハンガマジー*	Ahlberg アールバーグ*/アルバーグ**	アーマッド/アーマド/アマド	Ahmedou アハメド/アハメドゥ/アフメド/アフメドゥ	Ah-reum アルム
Ahanhanzo Glele アハンハンゾグレレ	Ahlbom アールボム*	Aḥmād アハマッド/アフマッド/アフマ	Ahmet アハメット/アフメット***/アフメッド/アフメット***/アーメット*	Ahringer アーリンガー
Aharon アハーロン/アハロン***/アーロン*/アロン	Ahlburg アールブルク/アールブルグ/アールブルヒ	Ahlers アーラーズ	Ahmet アフメット/アフメト	Ahrne アーネ*
Aharoni アハロニ*/アハロニー	Ahle アーレ	Ahlersmeyer アーラースマイア/アーラースマイヤー	Ahmadaye アフマダイエ	Ahronheim アーロンハイム
Aharonovitch アハロノビッチ	Ahler アーラー	Ahlfeld アールフェルト	Ahmadi アハマディ/アフマディ	Ahronovich アーロノヴィッチ
Aharony アハロニー	Ahlfors アールフォシ/アールフォース/アールフォルス**	Ahmadī アフマディ/アフマディー	Ahmetaj アフメタイ	Ahrons アーロンズ
Ahasan アッサン	Ahlgren アールグレン/アルグレン	Ahmadinejad アフマディネジャド*	Ahmeti アフメティ*	Ahrveiler アーヴェラー/アーベラー
Ahasueros アハシュエロス	Ahlgrimm アールグリム	Ahmadipour アハマディプール	Ahmetov アヘメトフ	Ahrweiler アールヴァイラー/アルヴェレール
Ahasverus アハスヴェールス	Ahlhabo アハルハボ	Ahmadou アハマド*/アハマドゥ/アマドゥ**	Ahmetović アフメトビッチ	Ahsā'ī アハサーイー/アフサーイー
Ahaz アハズ	Ahlin アーリン/アリーン*	Ahmadov アハマドフ	Ahmmadollah アフマドラ	Ahsan アーサン/アフサン
Ahaziah アハジア	Ahlmann アールマン*	Ahmad Shabery アフマドシャベリー	Ah Mon アモン	Ahsian アーシャン
Aḥbār アハバール/アフバール	Ahlmark アールマーク*	Ahmadu アハマドゥ	Ahmose アハメス/アハモス/アマシス	Ahti アハチ
Ahbe アーベ	Ah Loy アーロイ/アロイ	Ahmadyar アマディアール		Ahtiainen アーティアイネン
Ahearn アハーン*/アヒーン/エイハーン	Ahlquist アールクイスト	Ahman アーマン	Ahn アーン*/アン***	Ahtila アハティラ
Ahearne アハーン*	Ahlqvist アークビスト	ÅHMAN アーマン	Aḥnaf アフナフ	Ahtisaari アハティサーリ**
Ahed アヘド	Ahlstedt アールステッド	Ahmann アーマン	Ahnazarian アナザリャン	Ahtyba アータイバ
Ahenobarbus アヘノバルブス	Ahlstrand アルストランド	Ahmann-Leighton アーマンレイトン	Ahnert アーネルト	Ahuizotl アウィソトル/アウィツオトル
Ahern アハーン***/エイハーン**	Ahlstrom オールストローム	Ah Mar アマー	Ahnhem アーンヘム**	Ahuja アフージャ/アフジャ
Aherne アハーネ/アハーン*	Ahlström アールストレーム/アールストローム	Ahmar アハマル/アフマル/アマー*	Ahnji アンジ	Ahum アフム
Ahhe アッヘ/アブリ	Åhlström オールストレム/オールストローム	Ahmat アハマット/アハマト/アフマト/アーマット	Ahnlund アーンルンド*	Ahumad アフマド
			Aho アオ/アホ***/エイホ/エイホー*	Ahumey-zunu アフメイズヌ
			'Aho アホ	Ahvenainen アヴェナイネン
			'Aho アホ	Ahvo アフヴォー
			Ahoéfa アオエファ	Ahwany アハワニー
			Ahola アホラ	Ahwoi アフウォイ
				Ahya アヤ
				Ahye アイエ

Ahzam アザム	Aidesios アイデシオス	Aikins エイキンズ	エメイ	Ainslie エインスリー*	
Ai アイ**	Aïdi アイディ	Aikman アイクマン／エイクマン*	Aimeric アイメリック／エメリック	エインスリ／エインスリー／エインスリー**／エインズレー／エンスリー	
Aiaal アイアル	Aidid アイディド*	Aiko アイコ	Aimery アモーリー	Ainsmith エインスミス	
Aiakos アイアコス	Aidit アイジット／アイディット／アイデット	Aileen アイリーン*	Aimi アイミ	Ainsworth アインスワース／エインスウォルス／エインズワース***／エインズワス／エインワース／エーンズワース／エンズワース／エーンゾルス	
Aiās アイアス	Aído アイド	Aileene アイリーン	Aimilia エミリア		
Aibak アイバク／アイバック	Aidogdyev アイドグディエフ／アイドグドイエフ	Ailes エイルズ	Aimo アイモ		
Aiban アイバーン		Ailey アリー／エイリー*	Aimoin エモワン		
Aibek アイベク*	Aidoo アイドー／アイドゥ／アイドゥー／アイドゥ*／エイドゥ／エドゥ	Aili アイリ*	Aimos エモー／エーモス		
Aibel エイベル		Ai-lian アイレン	Aims アミ		
Aiblinger アイブリンガー		Ailianos アイリアーノス／アイリアノス*	Ain アイン		
Aicard エーカール*／エカール／アイドゥ／エドゥ		Ailie アイリー／エイリー	Aina アイナ	Aiolos アイオロス	
Aicardi アイカルディ	Aie アイエ	Ailill アリル／アレル	Ainamo アイナモ	Ai-ping アンピン	
Aicha アイシャ／アイチャ	Aiello アイエロ*／エイロ	Ailinani アイリナニ	Ainars アイナルス	Air エアー	
Aïcha アイチャ	Aielo アイエッロ／アイエロ	Ailio アイリオ	Ainārs アイナルス	Aira アイラ**	
Aichatou アイシャトゥ／アイチャトゥ／アイチャトゥ	Aiētēs アイエテス	Ailios アイリオス	Aine アーニェ	Airaldi アイラルディ	
Aïchatou アイシャトゥ	Aie-yung エヨン	Aílios アイリオス	Ainé エーネ／エネ	Airapetian アイラペチャン	
Aichel アイチェル／アイヒェル／アイヘル	Aichel アイチェル	Aillagon アヤゴン	Ainé エネ	Airas アイラス	
Aichelburg アイヘルブルク	Aife オイファ	Ailleret アイユレ	Aineas アイネア／アイネヤ	Airasian アイラシアン	
Aichele アイヒェレ	Aiga アイガ	Ailly アイイ／アイエ／エーイ	Aineias アイネイアス	Airay エレイ	
Aicher アイヒャー**	Aigars アイガルス*	Ailm エイルム	Ainesidēmos アイネシデモス	Aird アード／エアード**	
Aichhorn アイヒホルン*／アイヒホーン	Aigen エイゲン	Ailnoth アイルノース	Ainge エインジ	Aires アイレス	
Aichinger アイヒンガー***	Aigeus アイゲウス	Aílouros アイルロス	Aingelda エインゲルダ／エインジェルダ／エーンジェルダ	Airey エイリー	
Aicia アリシア	Aigi アイギ***	Ailred アイルレッド／エルレッド	Aingimea エニミア	Airhart エアハート*	
Aicil アイシル	Aigistos アイギストス	Ailsa アイルサ	Ainhoa アイノア	Airi アイリ	
Aick アイク	Aigner アイグナー*／アイヒナー	Ailton アイウトン*	Aini アイニ**／アイニー	Airine アイリネ	
Aickman エイクマン*	Aigon エゴン	Ailu アイル*	Ainí アイニ／アイニー	Airlangga アイルランガ／エルランガ	
Aid エイド	Aigrain エグラン	Aimaq アイマク	Ainianos アイニアノス／エニアノス	Airoff アイロフ	
Aida アイーダ**／アイダ	Aiguebelle エグベル	Aimar アイマール**	Ainina アイニーナ	Airola エイローラ／エーローラ	
Aída アイダ	Aihwa アイファ	Aimard エマール*	Ainissa アイニッサ	Airth エアース**	
Aïda アイーダ／アイダ	Aijaz アイジャズ	Aimat アイマット	Ainiu アイニウ	Airy アイリー／エアリ／エアリー／エヤリ	
Aïdam アイダム	Aikaterini アイカテリニ／エカテリーニ／エカテリーニー	Aime エメ	Ainlay エインレイ		
Aidan アイダン**／エイダン***／エーダン		Aimé エーメ*／エメ***／エメー／エメイ／エメェ	Ainley エインリ／エインリー	Aisake アイサケ	
Aidarbekov アイダルベコフ	Aiken アイケン／エイキン*／エイケン／エイケン***／エーキン		Ainmiller アインミラー	Aisatou アイサトウ	
Aidarous アイダルス／アイダロウス		Aimè エメ	Ainmire アインミレ	Aisattou アイサトゥ	
Aidarov アイダロワ	Aikenhead エイケンヘッド／エークンヘッド	Aimee エイミー／エイミー**／エイミー／エーメ／エメ	Aino アイノ**	Aisberg アイスバーグ	
Aidarova アイダロワ	Aikens エイキンス*／エイキンズ		Aíno アイノ	Aisbett エイズベット*	
Aideed アイディード		Aimeé エメ	Ainsberg アインスバーグ	Aischines アイスキネス／アイスキネース／アイスキネス	
Aiden アイデン／エイデン	Aikhenvald アイヘンヴァルド／アイヘンワリド	Aimée エメ／アイメー／エイミー**／エイメ／エメ**／エメ*／エメー	Ainsbury アインスバリー		
	Aikhenval'd アイヘンバリット／アイヘンワリド		Ainscow エインスコー／エインスコウ	Aischylos アイスキュロス*／アイスキロス	
	Aikhenvalid アイヘンワリド		Ainsley エインスレー	Aisea アイセア	
	Aikin エイキン*			Aisen エイセン	
				Aisha アーイシャ／アイシャ*	
				'Ā'isha アーイシャ	

Aishah アイシャ
A'ishah アーイシャ
'Ā'ishah
　アーイシャ
　アイシャー
Aishat アイシャト
Aishath
　アイシャタ
　アイシャット
　アイシャト
Aishwarya
　アイシュワリヤ
Aiskhulos
　アイスキュロス
Aiso アイソ*
Aison アイソン
Aisōpos
　アイソーポス
　アイソポス*
　イソップ
Aissa アイサ
Aissah エッサー
Aissata アイサタ
Aïssata アイサタ
Aïssel エセル
Aistulf アイストゥルフ
Aisuluu アイスルー
Ait アイト
Aït アイト
Aita アイタ
Aitbayev アイトバエフ
Aitchison
　エイチスン
　エイチソン*
　エッチソン
Aithra アイトラ
Aitikeyeva
　アイチケエワ
Aitimova アイチモワ
Aitken
　アイトケン
　アトキン*
　エイケン**
　エイトキン*
　エイトクン
　エイトケン**
Aitkin エイトキン
Aitkul アイトクリ
Aitmatov
　アイトマートフ***
　アイトマトフ
　アイマートフ
Aitōlos アイトロス
Aiton エイトン
Aitor アイトール*
Aitzhanova
　アイトジャノワ
Aiuba アイウバ
Aiuurzana アヨルザナ
Aivaliotis
　アイヴァリオティス
Aïvanhov アイバノフ
Aivar アイバル
Aivaras アイバラス
Aivars アイバルス

Aivasovskii
　アイヴァソフスキー
　アイヴァゾーフスキー
　アイヴァゾフスキー
　アイヴァゾーフスキィ
　アイバゾフスキー
Aivazian アイワジアン
Aivazovskiy
　アイワゾスキー
Aivelo アイヴェロ
Aivis アイビス
Aixinjueluo
　アイシンジュエルオ
Aiyappankutty
　アヤパンクティ
Aiyar
　アイヤール
　アイヤル
Aiyaz アイヤズ
Aiyegbusi
　アイエグブシ
Ai-yu アーユー
Aiyza アイヤズ
Aizenberg
　アイゼンベルク
　アイゼンベルグ
Aizenman
　アイゼンマン
Aizerman
　アイゼルマン
Aizpili アイズピリ*
Aizpiri アイズピリ
Aïzpiri アイズピリ
Aizpurua アイスプルア
A.J. エイジェイ
Aja
　アジャ
　エイジャー
Ajada アザド*
Ajagba アジャグバ
Ajahn
　アジャン
　アーチャン
Ajaj アジャジ
Ajak アジャク
Ajalbert
　アジャルベール*
Ajam アジャム
Ajami アジャミー
Ajani アジャニー
Ajao アジャオ
Ajar アジャール
Ajarmah アジャルメ
Ajātaśatru
　アジャータサットゥ
　アジャータシャトル
Ajawin アジャウィン
Ajay
　アジェイ*
　アジャイ
Ajaya アジャヤ
Ajaye アジェイ
Ajayi エイジェイ
Ajaz アジャズ
Ajdini アジニ

Ajdukiewicz
　アイドゥキェーヴィチ
　アジュキェヴィチ
　アジュキエヴィッチ
　アジュキエヴィッツ
Ajeetha アジータ
Ajemian
　エージュミアン
Ajeti アイエティ
Ajhar アジャール*
Ajidarma アジダルマ*
Ajige アジゲ
Ajili アジリ
Ajinca アジャンサ
Ajioka アジオカ
Ajip
　アイップ**
　アイプ
Ajit
　アジット**
　アジト*
Ajita アジタ
Ajith アジス
Ajiu アジウ*
Ajivako アジーヴァコ
Ajjuna アッジュナ
Ajmal アジマル
Ajodhia アヨジャ
Ajok アジョック
Ajou アジョー
Ajrami アジュラミ
Ajtbaef
　アイトバーエフ
Ajumogobia
　アジュモゴビア
A-jung アジュン*
Ajunwa アジュンワ*
Ajvaz アイヴァス**
Ajvide アイヴィデ*
Ajzen エイゼン
Ak
　アク
　アック
Aka アカ
Akaahizi アカアイジ
Akabusi アカブシ
Akademos アカデモス
Akadiri アカディリ
Akaev アカエフ
Akaga Mba
　アカガムバ
Akaka アカカ*
Akaki アカキ
Akakios アカキオス*
Akákios アカキオス
Akalanka アカランカ
Akamas アカマス
Akamatsu アカマツ
Akame アカメ
Akan アカン
Akane アカネ
Akani アカニ

Akanji アカンジ
Akapito アカビト
Akapusi アカプシ
Akar アカール
Akaranga アカランガ
Akare アカレ*
Akash
　アカシュ
　アカッシュ
Akass アカス
Akastos アカストス
Akatdamkoeng
　アーカートダムクーン
Akauhor アカウホル
'Akauwak
　アカウワク
　アカッワク
Akawilou アカウィル
Akayev
　アカーエフ
　アカエフ**
Akbar
　アキバ
　アクバー
　アクバール
　アクバル***
Akbarābādī
　アクバラーバーディー
Akbarova アクバロワ
Akbas アクバシュ
Akbat アクバト
Akber アクバル
Akbulut アクブルト**
Akca アッカ
Akcakaya
　アクチャカヤ
Akçalı アクチャル
Akcan アクジャン
Akçura アクチュラ
Akdag アダガ
Akdağ アクダー
Akdoğan アクドアン
Ake
　アイク
　アキ
　アケ
　オケ
　オーケ**
Aké アケ
Åke オーケ*
Akec アケック
Akech アケチ
Aked エークド
Akeel アキール
Akeem アキーム
Akef アーキフ*
Akefal アケフ
Akehurst
　エイクハースト
Aksandrovna
　アレクサンドロウナ
Akeley エイクリー*
Akem アケム
À Kempis アケンピス

Aken アーケン
Ake N'gbo アケンボ
Akenine アケニン
Akenside
　エイキンサイド
　エイケンサイド
Aker エイケル
Akeratos アケーラトス
Akerberg
　オーケルベリ
Åkerberg
　エイケルベルグ
Akerbergs
　エイカーバーグス
　エーカーバーグス
Akerboom
　アケルボーム
Akeret アカレット
Akerley
　アカーレイ
　エーカリー
Akerlind
　エイカーリンド
Akerlof
　アカーロフ
　アカロフ**
Akerlund
　アカーランド*
　オーケルンド
Åkerlund アケルンド
Akerman
　アケルマン*
　アッカーマン
　オカアマン
Åkerman オカーマン
Akeroyd アケロイド
Akers
　エイカース
　エイカーズ**
　エーカーズ
Akerson エイカーソン
Akerstrøm
　アクレルストロム
Akeson エイクリン
Akesson アケソン
Åkesson
　アケッソン
　オーケソン
　オケッソン
Aketxe アケチェ
Akezhan アケジャン*
Akgul アクギュル
Akgül アクギュル
Akhadova アハドワ
AKhaios アカイオス
Akhaios アカイオス
Akhalaia アハラヤ
Akhali アクハリ
Akhannouch
　アハヌッシュ
Akhatova アハトワ
Akhatovna
　アハートヴナ
Akhavān アハヴァーン
Akhavān-e
　アハヴァーネ

A

A

Akhbārī アフバーリー
Akhbārī
　アハバーリー
　アフバーリー
Akhchichine
　アシシンヌ
Akhenamun
　アクエンアメン
Akhenaten
　アクエンアテン
　アクンアトン
Akhenaton アケナトン
Akhenre アクエンラー
Akheperenre
　アアケペルエンラー
Akheperkare
　アアケペルカーラー
Akheperre
　アアケブルラー
　アアケペルラー
Akheprure
　アアケペルウラー
Akhfash アフファシュ
Akhiezer
　アヒェゼール
　アヒエゼル
　アヒーゼル
Akhil
　アキール*
　アキル
Akhlaghi アフラギ
Akhlibininskii
　アフリビニンスキー
Akhmad アフマド
Akhmadaliev
　アフマダリエフ
Akhmadov
　アフマードフ
　アフマドフ
Akhmadulina
　アフマドゥーリナ**
Akhmatova
　アフマートヴァ*
　アフマトヴァ
　アフマートバ
　アフマートワ**
　アフマトワ
Akhmed
　アハメド
　アフマト**
　アフメド*
Akhmedbaev
　アフメドバエフ
Akhmedov アフメドフ
Akhmerov
　アフメーロフ
Akhmetov アフメトフ
Akhmetzhan
　アフメトジャン
Akhol アホル
Akhond アコンド
Akhoundi
　アホウンディ
Akhromeev
　アフロメーエフ*
Akhsharumov
　アフシャルーモフ

Akhtal
　アクタル
　アハタル
　アフタル
Akhtar
　アクター
　アクタル**
　アフタル*
Akhterruzzaman
　アクタルッジャマン
Akhtoy アクトイ
Akhund アクンド
Akhúndov
　アフンドフ
　アーホンドザーデ
Akhundzada
　アクンザダ
Akhurst アクハースト
Akhyalīya
　アハヤリーヤ
Akhzouri アフズーリ
Aki アキ*
Akia アキア
Akiba アキバ*
Akiem アキーム
Akif
　アーキフ
　アキフ**
Âkif アーキフ
Akiga アキガ
Akii-Bua アキイブア
Akiko アキコ*
Akil アキル
Akila アキラ
Akila-Esso アキラエソ
Akilisi アキリシ
'Akilisi アキリシ
Akiljon アキルジョン
Akillino アキリノ
Akilov アキロフ
Akilzhan アキルジャン
Akim
　アキーム
　アキム*
　エイキム
　エーキム
Akimenko
　アキーメンコ
　アキメンコ
Akimov
　アキモヴ
　アキーモフ
　アキモフ*
Akimushkin
　アキームシキン
　アキムシキン
Akin
　アキン*
　エイキン*
　エーキン
Akinbi アキンビ
Akinci アクンジュ*
Akindes アキンデス
Akindynos
　アキンデュノス

Akíndynos
　アキンデューノス
Akinfeev
　アキンフェエフ
Akinlabi アキンラビ
Akinlolu アキンロル
Akinradewo
　アキンラデウォ*
Akins
　エイキンス
　エイキンズ
　エーキンズ*
　エキンズ
Akinsanya
　アキンサーニャ
Akinsha アキンシャ*
Akintla アキントラ
Akintola アキントラ
Akintúndé
　アキントゥンデ
Akinwumi アキンウミ
Akinwunmi
　アキンウンミ
Akinyele アキネリ
Akira-Esso アキラエソ
Akis アキス
Akishina アキーシナ
Akiskal アキスカル
Akissa アキーサ
Akita アキタ
Akiva
　アキヴァ*
　アキバ*
Akiya アキア
Akiyama アキヤマ
Akkad アッカド**
Akkaev アカエフ
Akkas アッカス
Akkelidou アケリドゥ
Akker アッカー
Akkerman
　アッカーマン*
Akkosaka
　アッコーサカ
Akkuratov
　アクラートフ
Akl アクル
Aklilu アクリル
Akmal アクマル
Akmamed アクマメド
Akmammedov
　アクマメドフ
　アクマンメドフ
Akmatuliev
　アクマタリエフ
Akmataliyev
　アクマタリエフ
Akmyradov
　アクムイラドフ
Akmyrat アクムイラト
Aknazarova
　アクナザロワ
Aknin アクニン
Ako アコ
Akobi アコビ

Akoev アコエフ
Akofodji アコフォジ
Akoimētēs
　アキメテス
　アコイメーテース
Akoimētos
　アコイメートス
Akoitai アコイタイ
Akoko アココ
Akol アコル
Akoli アコリ
Akolo アコロ
Akologo アコロゴ
Akominatos
　アコミナトス
Akon
　アコン
　エイコン
Akonnor アコノール
Akos
　アーコシュ*
　アコス
Ákos
　アーコシュ*
　アコシュ
Akotey アコテ
Akouala Atipault
　アクアラアティポー
Akouavi アクアビ
Akour アクル
Akousilaos
　アクシラオス
Akousoulèlou
　アクスレル
Akōzer アクオゼル
Akpan アクパン
Akplogan
　アクプロガン
Akpom アクポム
Akram アクラム*
Akramian
　アクラミアン
Akrapovic
　アクラポビッチ
Akrasanee
　アクラサニ
　アクラサネー
　アッカラセーニー
　アックラッセーニー
Akrisios アクリシオス
Akropolítēs
　アクロポリテース
　アクロポリテス
Akroyd アクロイド
Aks エイクス
Aksakov
　アクサーコフ*
Aksana アクサナ*
Aksarina アクサリナ
Aksel アクセル*
Akseli アクセリ
Aksel Lund
　アクセルルント
Akselrod
　アクセリロート
　アクセリロード

Aksel'rod
　アクセリロード
　アクセリロド
Akselsen アクセルセン
Aksenenko
　アクシォーネンコ
　アクシォネンコ**
Aksenoff
　アクシォーノフ*
　アクシォノフ
　アクセノフ
Aksenoks
　アクセノクス
Aksenov
　アクシォーノフ**
Aksënov
　アクシォーノフ
Akshat アクシャート
Aksit
　アクシット
　アクシト
Akst アクスト
Aksu アクス*
Aksyonov
　アクシォーノフ*
Aktaiōn
　アクタイオーン
　アクタイオン
Aktam アクタム
Aktan アクタン
Aktipis アクティピス
Aku アク*
Akua アクア
Akucura アクチュラ
Akufo
　アカフォ
　アクフォ*
　アクフォー
Akufo-Addo
　アクフォアド*
Akuku アクク
Akúla
　アキラ
　アクラ
Akumār クマール
Akumfi アクムフィ
Akunin アクーニン**
Akunis アクニス
Akunler アキュンレル
Akunne アカン
Akunov
　アクーノフ
　アクノフ*
Akunyili アクニイリ
Akuong アクオン
Akurgal アクルガル
Akusilaos
　アクシラオス
Akwa アクワ
Akwa'a
　アクワ
　アクワア
Akwasi アクワシ*
Akylas アクラ
Akylbek アクイルベク

Al ア アッ** アリ アール アル*** アーレ* アン* エ エル ル*	Alagappa アラガッパ Alage アラジ Alagic アラジック Alagille アラジル Alagiri アラギリ Alagna アラーニャ* Alahapperuma アラハペルマ Alahassa アラアッサ Al-Aḫbār アルアフバール Al-Ahmad アハマド Alahuhta アラフフタ Alaia アライア* Alaimo アライモ アレイモウ Alain アライン* アラン*** アレイン アレン Alaina アライナ Alajalov アラヤーロフ Alajouanine アラジュアニヌ Alak アラク Alakare アラカレ Al-'Akauwak アル・アカウワク Alakbarov アラクバロフ アレクベロフ Al-Akhfash アハファシュ アル・アハファシュ Alakhverdiyev アラクベルディエフ Al-Akhyalīya アハヤリーヤ アラアフヤリーヤ Alakija アラキージャ アラキジャ** Alaleona アラレオーナ Alam アーラム アラム** アレム 'Alam アーラム 'Alâma アラーマ Alamán アラマーン アラマン Alamanne アラマンヌ Alamanni アラマンニ Alamanno アラマンノ Alamara アラマラ Alameda アラメダ Alamelu アラメル Alameri アルアメリ Alamgir アラムギル 'Ālamgīr アーラムギール Alami アラミ	アラミー 'Alami アラミ アラミー Alamichel アラミシェル Alamilla アラミラ Al-Amin アルアミン Alamine アラミヌ Alamiyan アラミヤン Alamjah アラムシャ Alamkhon アラムホン Alamo アラモ Álamo アラモ* Alamsjah アラムシャ Alamsyah アラムシャ Alamuddin アラムディン Alamy アラミ Alan アラン*** アル アレン* Alana アラーナ アラナ Alanbrooke アランブルック Aland アーラント* Alandy アランディ Alane アラーヌ アレイン Alanen アラネン A-lang アラン* Alänge オーレンゲ Alango アランゴ Alani アラニ Alanis アラニス* Alaniz アラニッツ Alanna アラナ* アランナ Alannah アランナ Alanne エレン Alanson アランスン Alanus アラーヌス アラヌス アラン Alaoda アルアウダ Alaoui アラウイ Alapati アラパティ Alaphilippe アラフィリップ Al-Aqqād アルアッカード Alaquš アラクシュ Alar アラー アラル Ālara アーラーラ Al-A'rabī アアラービー	Al-'Arabī アルアラビー Alarcon アラルコン** Alarcón アラールコン アラルコン*** Alard アラール Alarek アラレック Alari アラリ Alaria アラリア Aric アラリクス アラリック* アラリヒ Alaricus アラリクス Al-Arqam アル・アルカム Alart アラート Alarza アラルサ Al-'Āṣ アル・アース アルーアス アルアース Alas アラス Alasania アラサニア Alasdair アラスター*** アラスダイア アラスデア* アラスディア アリスター アレスデア* Alasko アラスコ Alassane アラサヌ アラサン* アラッサース アラッサン Alastair アラスター* アラステア* アラステア** アラステア アラステール アリスター アル アレステア** Alastàir アレステア Al Aswany アルアスワーニー* Alaszewska アラシェフスカ Alaszewski アラシェフスカ Alatas アラタス** Al-athba アルアトバ Al-Athīr アルアシール アルアスィール Alatorre アラトーレ Al-Atrash アリアトラシュ アルアトラシュ Al-Aṭrash アルアトラシュ Al-Attar アッタール Al-Attiyah アルアティア	'Alā'u'd アラーウツ Alauddin アラウッディン 'Alā'u'd-Dīn アラー・ウッディーン アラーウッ・ディーン Alaungpaya アラウンパヤ アラウンパヤー Alaungsithu アラウンスィートゥー Alausa アラウザ Alaux アロー Alava アラバ Álava アラバ Āḷavaka アーラヴァカ Álaverez アルバレス Alavi アラヴィ アラビ アルヴィー Alavī アラービー 'Alavī アラヴィー アラビー* Alavidze アラビゼ Alaw アラウ Alawad アルアワド Alawi アラウィ** 'Alawī アラウィー Alawōma アローマ Alawou アラウ Al-'Awwān アルアッワーム Al-'Azīz アルアジーズ アルアズィーズ Alba アルバ** Albacasis アルバカシス Albach アルバッハ* Al-Badawī アルバダウィー Albadé アルバデ Albaek アルベック Al-Baghdādī アルバグダーディ アルバグダーディー アルバグワーディー Al-Bahā アル・バハー Albahari アルバハリ アルバーリ Al-Baitār アル・バイタル アルバイタール Al-Bakri アル・バクリ アル・バクリー Al-Baksami アルバクサミー Albala アルバーラ Albaladejo アルバラデホ Albalagh アルバラグ Al-Balkhī アルバルヒー

A

Al-Ballanūbī アル・バッラヌービー
Albam アルバム
Alban
　アルバヌス
　アルバーン
　アルバン**
　オールバン
Albán アルバン
Albanel アルバネル
Albanese
　アルバニージー
　アルバニーズ
　アルバネーゼ***
Albanèse アルバネーズ
Albani
　アルバーニ*
　アルバニ
Al-Bannā
　アルバンナー
Albentosa
　アルベントサ
Albano
　アルバーノ
　アルバノ
　オルバノ
Al'banov アルバーノフ
Albans
　アルバンス
　オールバンズ
Albanus
　アルバーヌス
　アルバヌス
Albany
　アルバニー
　オーバニー
　オールバニー
Albar アルバル
Albarelli アルバレリ
Albarello アルバレロ
Albaret アルバレ
Al-Barmakī
　アルバルマキー
Albarn アルバーン*
Albarracin
　アルバラシン
Albarran アルバラン
Albarrán アルバラン*
Albasha アルバシャ
Albasini アルバジーニ
Al-Baṣrī
　アルバアスリー
　アルバスリー
Albategnius
　アルバテグニウス
Albatenius
　アルバタニウス
Albath アルバート
Albaugh オールバー
Al'baum
　アリバウム
　アルバウム
Al-Bawwāb
　アルバッワーブ
Albayrak アルバイラク
Al-Bayṭār
　アル・バイタール
　アルバイタール
Albbie アルビー

Albeck オールベック
Albee
　アルビー*
　オールビー***
　オルビー
Albegov アルベゴフ
Albelo アルベロ
Albelshauser
　アーベルスハウザー
Alben アルベン
Albena アルベナ*
Albéna アルベナ
Albengrin
　アルベングリン
Albeniz アルベニス
Albéniz
　アルベーニス
　アルベニス*
Alber
　アリベール
　アルバー
　アルベール*
Alberdi アルベルディ
Alberdingk
　アルベルディンク
Alberegno
　アルベレーニョ
Alberes アルベレス
Albérès
　アルベレース
　アルベレス*
Albergati
　アルベルガーティ
Alberghetti
　アルベールゲッティ
　アルベルゲッティ
Alberghetto
　アルベルゲット
Alberi アルベーリ
Alberic
　アルベリク
　アルベリクス
　アルベリック
　オーブレイ
Albéric
　アルベリク
　アルベリック
Albericus
　アルベリクス
Alberigo
　アルベリーゴ*
Alberik アルベルク
Alberini アルベリーニ
Alberione
　アルベリオーネ
Alberni アルベルニ
Albero
　アルベーロ
　アルベロ
Alberola
　アルベローラ*
　アルベローラ
Alberoni
　アルベローニ***
Albers
　アルバース*

アルバーズ
アルバーツ
アルベール
アルベールズ
アルベルス
Alberstone
　アルバーストーン
Albert
　アブル
　アリベルト*
　アル*
　アルバー
　アルバアト
　アルバート***
　アルビー
　アルベー
　アルベェル
　アルベース
　アルベット
　アルベール***
　アルベル
　アールベルト
　アルベールト***
　アルベーロ
　オルブラフト
Albért アルベール
Al'bert アリベルト
Alberta
　アルベルタ**
　アルベルタ*
Albertalli
　アルバータリ
Albertazzi
　アルベルタッツィ**
Albertazzie
　アルバタッジー*
Albertelli
　アルベルテッリ
Alberthal
　アルバーサル
Alberti
　アルバーティ
　アルベルチ*
　アルベルティ***
Albertieri
　アルベルティエリ
Albertina
　アルバーティーナ
　アルバティーナ
　アルバティーナ*
　アルベルティナ
Albertine
　アルバータイン
　アルバーティン
　アルベルティーヌ*
　アルベルティーン
Albertinelli
　アルベルティネッリ
　アルベルティネリ
　アルベルティネルリ
Albertini
　アルベルティーニ*
Albertino
　アルベルティヌ
　アルベルティーノ
Albertis
　アルベルティス
Albert Kibichii
　アルバートキビチ
Alberto
　アウベルト

アリベルト
アルバート**
アルベール***
Albertolli
　アルベルトッリ
Albertoni
　アルベルトニ
Alberts アルバーツ*
Albertson
　アルヴァートソン
　アルバートソン*
Albertsson
　アルバートソン
　アルベルトソン
Albertus
　アルバータス
　アルベルチュー
　アルベルツス
　アルベルテュス
　アルベルト
　アルベルトゥス*
Alberty アルバーティ
Albertz アルベルツ
Albērūnī
　アルベールーニー
Alberus
　アルバー
　アルベルス
Albery
　アルベリー
　オールバリー*
　オールベリー
Albet アルベット
Albgés アルゲス
Albicastro
　アルビカストロ
Albie アルビー
Albies アルビーズ
Albiev アルビエフ**
Albin
　アルバン*
　アルビーン
　アルビン***
Albina アルビナ*
Albing アルビング
Albini
　アルビーニ
　アルビニ
Albino
　アルビーノ
　アルビノ
Albinoni
　アルビノーニ*
Albinos
　アルビーノス
　アルビノス
Albinovanus
　アルビノウァヌス
Albinus
　アルビーヌス
　アルビヌス
　アルビノス
Albiol アルビオル
Albion アルビオン**
Albisetti
　アルビセッティ
Albisson
　アルビッソン*

Albiston アルビストン
Albitz アルビッツ
Albius アルビウス
Albizzati アルビザッチ
Albo アルボ
Albohm アルボーム
Alboin アルボイン
Albom アルボム**
Albomasar
　アルブマザル
Albon アルボン
Albone アルボーン
Alboni アルボーニ
Alborch
　アルボーチ
　アルボルク*
Alboreto
　アルボレート**
Albornoz
　アルボルノース
　アルボルノス*
　アルボルノッツ
Alborough
　オールバラ*
Alborta アルボルタ
Albou アルブ
Albrechit
　アルブレヒト
Albrecht
　アルバート
　アルブレクト
　アルフレッド
　アルブレヒト***
　アルブレヒト*
　アルベルヒト
Albrechtsberger
　アルブレヒツバーガー
　アルブレヒツベルガー
Albrechtsen
　アルブレッチェン
Albrechtson
　アルブレヒトソン
Albrechtszoon
　アルブレヒツゾーン
Albrekt アルブレクト
Albrektsson
　アルブレックソン
Albrici アルブリチ
Albright
　アルブライト*
　オブライト*
　オールブライト**
　オルブライト***
Albrighton
　オルブライトン
Albritton
　アルブリットン**
　アルブリトン
Albrizzi
　アルブリッツィ
Albrow
　アルブロウ
　オルブロウ*
Albucasis
　アルブカシス
Albucher
　アルブッチャー
Albul アルバ

Albulescu アルブレスク
Albumazar アルブマザル
Albuquerque アルバカーキ／アルブケルク／アルブケルケ
Alburey アルバレイ
Alburo アルブロ
Alburquerque アルバカーキー／アルブケルケ
Albury オルバリー
Albus アルバス*
Al-Bustānī アルブスターニー
Albuzjani アルブジャニ
Alcacer アルカセル
Alcaceva アルカセヴァ
Alcáçeva アルカソヴァ
Alcáçova アルカソヴァ
Alçada アルサダ
Alcaide アルカイディ
Alcala アルカラ
Alcalá アルカラ*
Alcalay アルカライ*／アルカレイ*
Alcamenes アルカメネス
Alcantara アルカンターラ／アルカンタラ**
Alcántara アルカンターラ／アルカンタラ*
Alcãntara アルカンタラ
Alcaraz アルカラス*
Alcátara アルカンタラ
Alcayaga アルカヤガ
Alcazar アルカサール*
Alcázar アルカーサル／アルカザール
Alcedo アルセード
Alceo アルチェーオ
Alcetas アルケタス
Alcher アルシェル
Alchevskaia アルチェフスカヤ
Alchian アルキャン／アルチィアン
Alchon アルチョーン
Alchouron アルチョウロン*
Alciati アルチャーティ*
Alciato アルチャート*
Alcibiades アルキビアデス／アルシビアデス

Alcide アルシッド
Al-daradji アルチーデ
Alcides アウシデス／アルシデス*
Alcidez アルシデス
Alcido アルシド
Alcimus アルキムス
Alcina アルシナ
Alcinda アルシンダ
Alcindo アルシンド*
Alcino アルシーノ
Alcinous アルキヌス／アルキノオス
Alcir アルシール*
Alcmaeon アルクミーオン／アルクメオン
Alcman アルクマン
Alcobé Font アルコベフォン
Alcocer アルコセール
Alcock アルコック**／オールコック*／オルコック*
Alcoff アルコフ*
Alcoforado アルコフォラード／アルコフォラド
Alcón アルコン
Alcoriza アルコリサ*
Alcorn アルコーン*／オールコーン
Alcott アルカット／アルコット／ウォルコット／オルカット／オルコット*／オルコット**
Alcotto オルコット
Alcover アルコヴェール
Alcuin アルクィン／アルクイン
Alcuinus アルクィヌス／アルクイヌス*
Alcyone アルキュオネ
Alda アールダ／アルダ***
Aldabergenova アルダベルゲノワ
Aldair アウダイール*
Aldama アルダマ
Aldamuy アルダムイ
Aldan アルダン
Aldanazarov アルダナザーロフ
Aldani アルダーニ

Aldanov アルダーノフ*
Al-Darajāt アルダラジー*／ウッダラジャート
Aldashin アルダシン
Aldatov アドラトフ*
'Al-Daula ウッダウラ
Al-Dawla アッダウラ／ウッダウラ
Aldcroft オルドクロフト
Aldean アルディーン
Aldebert アルデバート／アルデベルト／アルデベール
Aldebron アルデブロン*
Aldecoa アルデコア
Aldeed アイディード
Aldeehani アルデハニ
Aldefonsi アルフォンシ
Aldegani アルデガーニ
Aldegrever アルデグレーヴァー／アルデグレーファー／アルデグレファー
Aldemar アルデマール
Alden アーデン／アルデン**／オールデイン／オールデン**／オルデン***
Aldendorff アルデンドルフ
Aldene アルデン／オルディーン
Aldenhoff アルデンホフ
Aldenkamp オールデンカンプ
Alder アルダ／アルダー**／オールダー
Alderete アルデレッテ／アルデレテ
Alderighi アルデリギ
Alderman アルダーマン／オルダーマン*
Alderotti アルデロッティ
Alderotto アルデロット—
Aldersey オールダーシー／オールダージー
Alderson アルダーソン／オールダスン*／オルダースン／オールダソン

オルダーソン*
Aldert アルダート
Alderton アルダートン*／オールダトン／オールダートン*
Alderweireld アルデルヴァイレルト
Alderwish アルドウィッシュ
Aldfrith アルドフリス
Al-Dhaki アル・ダーキー
Aldhelm アルドヘルム／オールドヘルム
Aldhouse オルドハウス
Al-Din アッ・ディーン／アッディーン／ウッディーン
Al-Dīn アッディーン*／ウッ・ディーン／ウッディーン／ウッディン／エディン
Aldine アルディーヌ
Aldington オールディングトン／オールディントン**／オルディントン
Aldini アルディーニ
Aldis アルジス
Aldiss オールディス***
Aldo アルド***
Aldobrandini アルドブランディーニ
Aldobrandino アルドブランディーノ
Aldom アルダム
Aldomar アルドマール
Aldon アルドン*／オルドン
Aldor アルドール*
Aldouby オールドビー
Aldous オールダス*／オルダス**
Aldovini アルドヴィーニ
Aldrá アルドラ
Aldred アルドレッド
Aldredge アルドリッジ*／アルドレッジ
Aldren オールドレン
Aldrete アドリード／アルデレーテ
Aldrich アルドリッジ／アルドリッチ**／オードリッチ／オールドリチ

オルドリチ
オールドリッチ**
オルドリッチ**
Aldrick オルドリック
Aldricus アルドリクス
Aldridge アルドリッジ*／オールドリッジ**／オルドリッジ***
Aldrin アルドリン／オールドリン／オルドリン**
Aldringen アルトリンゲン
Aldrovandi アルドロヴァンディ／アルドロバンディ
Aldrovandini アルドロヴァンディーニ
Al-Dunyā アッドゥンヤー
Al-Durr アッドゥッル／アッドゥル
Aldus アルド／アルドゥス
Alduy アルデュイ
Aldworth アードワース
Āl-e アーレ
Alea アレア*
Aleaksandr アレクサンドル
Aleandro アレアンドロ
Aleandri アレアンドリ
Aleandro アレアンドロ
Aleardi アレアルディ
Aleardo アレアルド
Aleas エイリアス*
Alebua アレブア／アレブア*
Alec アリック／アレク／アレック***
Alechinsky アレシンスキー**
Alecia アレシア
Alecksey アレクセイ
Alecos アレコス
Alecsandri アレクサンドリ
Alecxih アレクシー
Aled アレッド*
Aledmys アレドミーズ
Aleemi アリーミ
Aleesami アレーサミ
Alef アレフ
Alefeld アールフェルト
Alegiani アレジャーニ
Alegra アレグラ

A

Alegre アレグレ*	Aleko アレコ	Aleksandrovich	アレクセーイ	Alene アレン
Alègre アレーグル	Alekos アレコス	アルカジェヴィチ	アレクセイ***	Aleni
Alegret アレグレ	Alekperov	アレキサンドロヴィチ	Alekseí アレクセイ	アレーニ*
Alegretti	アレクペロフ	アレクサーンドロヴィチ	Alekseï アレクセイ	アレニ
アレグレッティ	Aleks アレクス	アレクサンドロヴィチ**	Alekséi アレクセイ	アレニー
Alegria	Aleksa アレクサ	アレクサーンドロヴィチ*	Aleksej	Alenitchev
アレグリーア	Aleksandar	アレクサーンドロビチ	アレクセーイ	アレニチェフ
アレグリア	アレクサンダー	アレクサンドロビッチ*	アレクセイ*	Alenka アレンカ**
Alegría	アレクサンダル***	Aleksándrovich	Aleksejs アレクセイス	Alentova
アレグリーア	アレクサンデル	アレクサンドロヴィチ	Aleksey アレクセイ*	アレントーヴァ
アレグリア*	アレクサンドル	Aleksandrovici	Alekseyev	アレントワ
Alegria Pena	Aleksandâr	アレクサンドロヴィチ	アレクセイエフ	Aleo アレオ
アレグリアペニャ	アレクサンダル	Aleksandrovna	アレクセーエフ	Aleonard アレオナール
Aleh アーレ**	Aleksandăr	アレクサンドロヴナ*	Alekseyeva	Aleong アレオン
Aleichem	アレキサンダー	Aleksándrovna	アレクセイエワ	Aleotti アレオッティ
アライヘム	Aleksander	アレクサンドロヴナ	Alekseyevich	Aleqsandre
アレイヒェム	アレキサンダー*	Aleksandrovskaia	アレクセイヴィチ	アレクサンドレ
アレイヘム**	アレキサンデル	アレクサンドロフスカヤ	アレクセイヴィッチ	Aleqsanyan
Aleida	アレクサンダー	Aleksándrowicz	Aleksi アレクシ	アレクサンヤン
アライダ	アレクサンデル***	アレクサンドロヴィチ	Aleksici アレクシッチ	Aler アラー
アレイダ*	アレクサンドル***	Aleksandrs	Aleksidze	Aléra アレラ
Aleijadinho	Aleksandër	アレクサンデルス	アレクシーゼ	Aleramo
アレイジャディーニョ	アレクサンデル	アレクサンドルス	Aleksievich	アレラーモ
Aleikhem	Aleksandor	Aleksanyan	アレクシエーヴィチ*	アレラモ
アライヘム	アレクサンデル	アレクサニャン	アレクシエヴィチ	Alerme アレルム
アレイヘム*	Aleksandorov	アレクサンヤン*	アレクシエーヴィッチ**	Alerrandro
Aleine アレーヌ	アレクサンドロフ	Alekseev	アレクシエービチ	アレッサンドロ
Aleinikov	Aleksandorovich	アレキセーエヴ	アレクシエービッチ	Alert アラート
アレイニコフ	アレクサンドロヴィチ	アレクセーエフ***	Aleksii	Ales
Aleister	Aleksandr	アレクセエフ	アレクシー	アレシ
アレイスター*	アラクサンドル	アレクセーフ	アレクシーイ	アレシュ*
アレスター	アリェクサンドル	Alekseeva	Aleksin	アレス
Aleix	アルクサンドル	アレクセーエヴァ	アレークシン*	エイルズ
アレイクス	アレキサンダー*	Alekséeva	アレクシン	Ales' アレーシ
アレクス	アレキサンドル*	アレクセーエワ	Aleksis アレクシス	Aleš
Aleixandre	アレクアンドル	Alekseevich	Aleksiun アレクシウン	アーレシュ
アレイクサンドレ**	アレクサンダー*	アレキセエヴィッチ	Aleksiy	アレシュ*
Aleixo アレイショ	アレクザンダー	アレクシェーヴィチ	アレクシー	アレス
Alejandoro	アレクサンダル	アレクセイヴィチ	アレクセイ	Alès アレス
アレハンドロ	アレクサンデル	アレクセイビッチ	AleLama アレ・ラマ	Alesana アレサナ**
Alejandra	アレクサーンドル	アレクセーヴィチ**	Alem アレム	Alesch アレッシュ
アレハンドラ	アレクサンドール	アレクシェーヴィチ	Alemagna	Aleshkóvskii
Alejandrina	アレクサンドル***	アレクセイヴィチ	アレマーニャ	アレシコフスキー
アレハンドリナ	Aleksándr	アレクセイビッチ	Aleman アレマン**	Alesi
Alejandro	アリャクサンドル	アレクセーヴィチ**	Alemán アレマン*	アレーシ
アルジェンドロ	アレクサンドル	アレクセーエヴィチ	Alemanno	アレジ*
アレジャンドロ	Aleksandra	アレクセーエヴィチ	アレマノ	Alesio アレシオ
アレハンドロ***	アレキサンドラ	アレクセエヴィチ	アレマンノ**	Alesius アレシウス
アンハンドロ	アレクサンドラ	アレクセーエヴィッチ	Alemany	Aless アレス*
Alejandro Enrique	アレクサンドラ***	アレクセエヴィッチ	アレマニ	Alessandoro
アレハンドロエンリケ	Aleksandre	アレクサンドル*	アレマニー	アレッサンドロ
Alejnikov	アレクサンドル*	アレクセーエビッチ	Alemao アレモン	Alessandra
アレイニコヴ	Alek'sandre	アレクセービチ	Alemayehu アレマイユ	アレサンドラ*
Alejo	アレクサンドレ	アレクセービッチ*	Alembert	アレサンドラ***
アレッホ	Aleksandrobits	Alekséevich	アランベール	アレッサンドラ
アレーホ	アレクサンドロビチ	アレクセーヴィチ	Alemdar アレムダル	Alessandrello
アレホ**	Aleksandros	Alekseevna	Alemi アレミ	アレッサンドレッロ
Alejos アレホス	アレクサンドロス	アレクセーヴナ	Alemu アレム*	Alessandrescu
Alek	Aleksandrov	アレクセーエヴナ	Alen アレン*	アレッサンドレスク
アレク	アレキサンドロッフ	アレクセエヴナ	Alena	Alessandri
アレック	アレキサンドロフ	アレクセーエブナ	アリーナ	アレサンドリ*
Aleka アレカ	アレクサンドル	アレクセブナ	アリョーナ*	アレスサンドリ
Alekan アルカン	アレクサンドルフ	Alekséevna	アレナ	アレッサンドリ
Aleke アレケ	アレクサンドロヴ	アレクセーヴナ	Alencar	Alessandrin
Alekhin アレーヒン	アレクサンドロフ*	Aleksei	アレンカ	アレッサンドラン
Alekhina アリョーヒナ	Aleksandrova	アリエクセイ	アレンカール***	Alessandrini
Aleki アレキ	アレクサンドロヴァ*	アレキセイ		アレッサンドリーニ**
Alekna アレクナ**	アレクサンドロワ	アレクシー		
	Aleksandrovič	アレクシーイ		
	アレクサンドロヴィチ	アレクシス		

Alessandro
アレクサンドロ
アレサンドロ**
アレスサンドロ
アレッサドロ
アレッサンドロ***
Al'essandro
アレッサンドロ*
Alessi
アレッシ
アレッシィ**
Alessia
アレシア
アレッシア**
Alessio
アレシオ
アレッシオ**
Alesso
アレッショ
アレッシオ
アレッソ
Aleta アレタ
Alethea アレシア
Aletraris アレトラリス
Aletrino アレトリノ
Aletta アレッタ*
Aletter アレッター*
Aleu アレウ
Alev
アルヴ
アレヴ
アレフ
アレブ
Alewa アレワ
Alewyn
アーレヴィン
アレヴィーン
アレヴィン*
Alex
アレクス
アレックス***
Álex アレックス*
Àlex アレックス
Alexa アレクサ*
Alexan
アレグザーン
アレグザン
Alexandar
アレクサンダー
Alexander
アエグザンダー
アサクサンダー
アリグザーンダ
アリグザンダー*
アリスター
アルグザンダー
アレキサンダ
アレキサンダー**
アレギザンダー
アレキザンデル*
アレキサンドル**
アレキサンダー***
アレクザンダー
アレグザンダー*
アレグザンダ
アレグザンダ
アレグザンダ
アレグザンダー***
アレクサンダル
アレクサンデル***

アレクサンデルス
アレクサンドラ*
アレクサンドル***
アレクサンドロス
アレックス*
オレクサンドル
Alexanders
アレグザンダーズ
Alexanderson
アレキサンダーソン
アレクサンダーソン*
アレグザンダーソン
アレクサンデルソン
Alexandersson
アレクサンダーション
アレクサンダーソン
アレクサンデション
アレクサンデルソン
Alexandor
アレクサンドル
Alexandorovich
アレキサンドロヴィッチ
Alexandovich
アレクサンドヴィチ
アレクサンドロヴィチ
Alexandr
アレクサンドル**
Alexandra
アレキサンドラ*
アレキサンドラ***
アレクザーンドラ
アレクザンドラ
アレグザンドラ**
アレクサンドル
アレハンドラ
Alexandratos
アレクサンドラトス
Alexandre
アレキサンダ
アレキサンダー
アレキサンダア
アレキサンダー**
アレキサンドル
アレクサンダー***
アレグザンダー
アレクサンデル
アレクサンドラ
アレクサントル
アレクサンドル***
アレグザンドル
アレクサンドレ*
アレクサンドロス
アレサンドル
アレック
アレッサンドル*
アレッシャンドレ
Aléxandre
アレクサンドル
Alexandreia
アレクサンドレイア
Alexandrescu
アレキサンドレスク
アレクサンドレスク
Alexandria
アレキサンドリア*
アレクサンドリア*

Alexandrian
アレクサンドリアン
Alexandrina
アレクサンドリナ
アレクサンドリーナ
Alexandrine
アレクサンドリーヌ
アレクサンドリーネ
アレクサンドリン
Alexandrinus
アレクサンドリア
Alexandro
アレクサンドロ
アレハンドロ**
Alexandros
アレキサンダー
アレキサンデル
アレキサンドル
アレクサンドロ
アレクサンドロス**
Aléxandros
アレクサンドロス
Alexandrov
アレサーンドロフ
アレクサンドロフ**
Alexandrova
アレクサンドロヴァ
アレクサンドロワ*
Alexandrovich
アレクサンドロヴィチ
アレクサンドロー
ヴィッチ
アレキサンドロヴィッチ
アレクサンドロヴィチ
アレクサンドロヴィッチ
Alexandrovitch
アレクサンドロー
ヴィッチ
Alexandrovna
アレキサンドロヴナ
Alexandrowicz
アレクサンドロヴィッチ
Alexandru
アレクサンドゥル
アレクサンドル**
Alexanian
アレクサニアン
Alexashkin
アレクサーシキン
Alexe アレクセ
Alexeev
アレクセイエフ
アレクセーエフ
Alexeevich
アレクセヴィチ
Alexei アレクセイ***
Alexeieff
アレクセイエフ
Alexeievna
アレクセーエヴナ
Alexej
アレクセーイ
アレクセイ*
Alexey アレクセイ**
Alexeyev
アレクセイエフ

Alexeyeva
アレクセイエワ
アレクセーエワ
Alexeyevich
アレクセーヴィチ
アレクセーエヴィチ
Alexi
アレクシ
アレクシー
Alexia アレクシア*
Alexie
アレクシー**
アレクシス
Alexievich
アレクシェーピッチ
Alexina アレクシナ
Alexinsky
アレグザンスキー
Alexios アレクシオス
Aléxios
アレクシウス
アレクシオス
Alexiou アレクシーウ*
Alexis
アレキシ
アレキシー
アレキシス**
アレキス
アレクシ**
アレクシー*
アレクシス***
アレクセイ
アレックシス
アレックス
Alexis-bernadine
アレクシスバーナディン
Alexishvili
アレクシシビリ
Alexits アレクシチ
Alexius
アレクシウス
アレクシオス
Alexjev
アレクセーエフ
Alexopoulos
アレクソプロス
Alexs アレックス*
Alexsander
アレキサンデル
アレクサンダー
アレクザンダー
アレクサンドル*
Alexsandrovna
アレクサンドロヴナ
Alexsey
アレクシー
アレクセイ
Alexsidze
アレクシーゼ
Alexuc アレクスク
Alex William
アレックスウィリアム
Alexy
アレクシー
アレクセイ**
Aleya アレイヤ
Aleynik アレイニク
Alf アルフ**

Alfa アルファ
Alfaga アルファガ
Alfani アルファーニ
Alfano
アルファーノ*
アルファノ
Al-Faqīh
アルファキーフ
Al-Faraḍī
アルファラディー
Al-Faraj
アル・ファラジュ
Alfarano
アルファラーノ
Al-Farazdaq
アル・ファラズダク
アル・ファラズダック
Alfaric
アルファリク
アルファリック
Al-Fārid
アルファーリド
Alfaro
アルファロ**
アルファロー
Al-Fāsī アルファーシー
Alfasi
アルファーシー
アルファシ
アルファスィ
Alfassy アルファッシー
Alfau アルファウ**
Al Fayed
アルファイド**
Alfazema アルファゼマ
Alfeev アルフェーエフ
Alfeeva アルフェーワ
Alfeevskii
アルフェーフスキー
Alfeevskij
アルフェーエフスキー
Alfeld アールフェルト
Alfēnus アルフェヌス
Alferi アルフェリ
Alferio アルフェリオ
Alferov
アルフェロフ
アルフョーロフ
アルフョロフ**
Alfi アルフィ
Alfian アルフィアン**
Alfie
アルフィ**
アルフィー*
アルフィエ
Alfieri
アルフィエーリ*
アルフィエリ
Alfin アルフィン
Alfio アルフィオ
Alfius アルフィウス
Alfivason
アルフィヴァソン
Alfred
アルフレッド*
アルフレド
Alfren アルフレン

Alföldi アルフェルデイ	アルフレドヴィチ	Algotsson Ostholt アルゴットソンオスルト	Alhir アルヒア* アルヒール	Aliaga アリアーガ Ali-Ahmad アリアフマド
Alfonnso アルフォンソ	Alfredson アルフレッドソン* アルフレードソン	Algra アルグラ	Alhoussein アルセイン	Ali-ahmadi アリアハマディ
Alfons アルファンス アルフォン アルフォンス**	Alfredsson アルフレッドソン**	Algren アルグレン オルグレン**	Alhousseini アルフセイニ	Ali-Akbar アリアクバル
Alfonsas アルフォンサス	Alfric アルフリック	Alguacil アルグアシル	Alhred アルフレッド	Aliakbar アリアクバル
Alfonse アルフォンス*	Alfried アルフリート	Algué アルゲ	Al-Hudā アルフダー	Ali Akbari アリアクバリ
Alfonseca アルフォンセカ	Alfsen アルフセン	Alguire アルガイア	Al Hunnud アルフヌード	Aliaksandr アレクサンドル*
Alfonsi アルフォンシ** アルフォンスイ	Al-Furāt アルフラート Al-Futaih アルファティーフ	Al-Haaj アルハジ	Al-Husayn アル・フサイン	Aliaksandra アリアクサンドラ* アリャクサンドラ
Alfonsin アルフォンシン*	Alfvén アルフヴェーン** アルフヴェン アルフベン アルベーン	Alhadeff アルハデフ Al-Hadi アルハーデイ アルハディ*	AlHusayn アルフサイン Al-Husayni アルフサイニー	Alias アライアス* Aliasbek アリアスベク
Alfonsín アルフォンシン*	Algar アルガー	Al-Hādī アルハーディー	Al-Husaynī アルフサイニー	Aliasqar アリアスガル
Alfonsina アルフォンシーナ アルフォンシナ	Algardi アルガルディ	Alhadj アルハジ	Al-Husrī アルフスリー	Alib アリブ
Alfonso アフォンソ アル アルファンソ アルフォンス アルフォンソ*** アルフォンゾ* アルフホンソ	Algarín アルガリン	Al-Hafiz アルハフィーズ	Al-Hussein アルフセイン*	Alibaba アリババ
	Algarotti アルガロッティ	Al-Haj アルハジ	Al-husseiny エルフサイニ	Alibar アリバー Alibazah アリバザ
	Algazel アルガゼル	Alhaj アルハジ	Ali アーリ アリ*** アリー** エリ	Alibeaj アリベアイ
	Algazi アルガジ	Alhaji アラジ アルハジ		Alibegović アリベゴビッチ
	Algeo アルジェロ アルジオ	Al-Hajjāj アル・ハッジャージ		Alibek アリベック* Aliber アリバー
	Alger アルガー アルジャー アルジェー アルジャー**	Al-Hājjī アルハジ アル・ハッジ	Alí アリ** アリー	Alibert アリベール** Aliberti アリベルティ**
Alfonso Antonio アルフォンソアントニオ		Al-Hakam アル・ハカム アルハカム	Alī アリ アリ* アリー**	Aliberty アリベルティ Alibrandi アリブランディ
Alfonz アルフォンス*	Algerine アルジェリン Algermissen アルガミッセン	Al-Hakim アル・ハキーム アルハキーム		Alibux アリブクス*
Alfonzo アルフォンソ アルフォンゾ*	Algernon アルガーノン* アルゲルノン アルジャーノン アルジャナン* アルジャーノン** アルジャノン*	Al-Hamad アフマド アルハマド	'Ali アリ アリー	Alic アーリク Alican アルジャン
Alford アルフォード** オールフォード オルフォード		Al-Hamadhānī アルハマダーニー	'Alī アーリー アリ* アリー** アリス	Alicarte アリカルテ A-li-ce ア・リ・ス Alice アリス*** アリセ* アリーチェ* アリチェ アリツェ
Alfort アルフォール		Alhamamy アルハマミー		
Alfre アルフレ		Al-Hamawi アルハマウィー	'Ali アリ アリー	
Alfred アリフレド アル アルフリッド アルフリート アルフレ* アルフレー* アルフレズ アルフレツ アルフレッド* アルフレッド*** アールフレド アルフレート*** アルフレード* アルフレト アルフレード** アルベール	Algerus アルゲルス Al-Ghāfiqī アル・ガーフィキー Al-Ghawrī アルガウリー Al-Ghazālī アルガゼル Alghisi アルギージ Algie アルジー Algimanta アルギマンタ Algirdas アリギルダス アルギルダス*** アルジルダス*	Al-Hamīd アル・ハミード Al-Hārith アル・ハーリス Alharthi アル・ハーリスィー Al-Hasan アル・ハサン Al Hassan アルハサン Alhassan アルハッサン Alhassane アラサンヌ アルハッサン	'Alī アリ Àli アーリー Âli アーリ アーリー アリ Alia アリーア アリア*** Ali Abadi アリアバディ Aliabadi アリアバディ Aliabyev アリャービエフ アリヤビエフ	Alicea アリセア Alicen アリセン Aliceres アリセレス Alicia アリーシア* アリシア*** アリス アリスィア Alicja アリチャ アリツィア Alick アリク アリック
Alfréd アルフレッド Al'fred アルフレド Alfredas アルフレダス Alfredo アウフレド アルフレド** アルフーレド アルフレード*** アルフレッド**	Algis アリギス アルギス アルジス* Algoe アルゴ Algora アルゴラ Algot アルゴット Algotsson アルゴットソン*	Al-Haytham アルハイサム Alhazen アル・ハイサム アルハイサム アルハーゼン アルハゼン Al-Helmy アルヘルミ Alhilal アルヒラル Al-Hillī アル・ヒッリー	Aliadeire アリアディエール Aliadiere アリアディエール Aliadière アリアディエール	Alida アリーダ アリダ*** Alidina アリディナ Alidoosti アリドゥスティ Alie アリー
Al'fredovich アリフレードヴィチ				

Alieen アイリーン／アイリン	Alimkhanuly アリムハヌリ	Alisal アリサル	Al-Jazzār アルジャッザール	Al-Kinānī アルキナーニー
Aliénor アリエノール／エレオノール／エレナー	Alimo アリモ*	Alisauskas アリシャウスカス	Alje アリエ	Alkinoos アルキノオス
	Ali-Mohammadi アリモハンマディ*	Alisbah アリスバー	Aljean アルジーン	Alkiphrōn アルキフロン／アルキプローン／アルキプロン
Aliense アリエンセ	Alimorad アリモラド	Alisdair アリスダー	Al-Jīlānī アッジーラーニー／アルジーラーニー	
Alienus アリエヌス	Ali Moussa アリムサ	Alise アリーズ		Alkmaion アルクマイオーン／アルクマイオン
Alier アリエ*	Alimov アリーモフ／アリモフ	Al-Iṣfahānī アル・イスバハーニー／アル・イスファハーニー／アルイスファハーニー	Al-Jinn アルジン	
Ali Eren アリエレン			Aljohani アルジョハニ	Alkman アルクマーン／アルクマン
Aliero アリエロ	Alin アリン		Aljona アルヨナ	
Alies アリス	Alina アリーナ**／アリナ**	Alisher アリシェール／アリシェル*	Aljoscha アリョーシャ	Alkmán アルクマアン／アルクマン
Aliette アリエット**			Al-jothery アルジョゼリー	
Alieu アリュー	Alinari アリナーリ	Alisjahbana アリシャバナ*	Aljovín アルホビン	Alkmēnē アルクメネ
Aliev アリエフ*	Alinder アリンダー	Aliske アリスク*	Al-Jubbā'ī アル・ジュッバーイー	Alko アルコー
Alifei アリフェイ	Aline アライン*／アリーヌ*／アリヌ／アリーネ／アリネ／アーリーン*／アリーン*／アリン*	Alison アリ／アリスン***／アリソン***	Aljufri アルジュフリ	Alkon アルコン
Aliff アリフ			Alkabez アルカベツ	Alksnis アルクスニス
Alifirenka アリフィレンカ			Alkaios アルカイオス	Alkyer アルカイヤー
Alifirenko アリフィレンコ*		Alison-madueke アリソンマドゥエケ	Alkalai アルカライ	Alkyonē アルキュオネ
Aliger アリーゲル／アリゲール**／アリゲル			Alkalaj アルカライ*	Alla アッラ／アーラ*／アラ***
	Alin George アリンゲオルゲ*	Alisova アリソヴァ	Al-Kalbī アルカルビー	
	Alinger アリンジャー	Alissa アリッサ	Al-Ḵalīl アル・ハリール	
Alighieri アリギエーリ／アリギェリ／アリギエーリ*／アリギエリ*／アレグリイス	Alington アリントン*	Alisson アリソン	Alkamenes アルカメネース／アルカメネス	Allaby アラビー*
	Alingue アラング／アリンゲ	Alistair アラスター／アリスター**／アリステア***／アリステアー／アリステイア		Allacci アラッチ
			Alkan アルカン*	Alladi アラディ
Alighiero アリギエロ	Alinska アリンスカ		Al-Karīm アルカリーム*	Allaedin アラウディン
Aligny アリニー	Alinsky アリアンスキー／アリンスキー	Alistar アリスター	Al-Karkhī アルカルヒ	Allaert アラルト
Alii アリー		Alister アリスター*	Al-Kātib アル・カーティブ／アルカーティブ	Allag アラーグ
Aliibn アリー・ブン	Alion アリオン	Alito アリート*		Allagbe アラベ
Alija アリヤ**	Aliona アリオナ*／アリョーナ	Aliu アリウ	Alkatiri アルカティリ*	Allagui アラギ
Alijawed アリジャベド		'Alī Vardī アリーヴァルディー	Al-Kawākibī アル・カワーキビー	Allaguliyev アッラグリエフ
Alik アリク*	Alios アロイス	Aliverti アリベルティ	Al-Kāẓim アル・カージム	All āh アッラーフ
Alikbek アリクベク	Aliotta アリオッタ	Alivisatos アリヴィサトス／アリビサトス		Allah アッラー／アッラーフ／アラー
Ali Khamis アリハミス	Aliou アリウ／アリュ／アリュー		Alkemade オークメイド**	
Alikhan アリハン			Alken アルケン／オールケン	
Alikhani アリカーニ	Alioua アリウア	Alix アリックス***	Alker アルカー	Allāh アッラー*／アッラーフ／アラー／ウッラー
Alikhanov アリハーノフ	Alioum アリウーム	Aliya アリーヤ*	Alkēstis アルケスティス	
Aliki アリキ**	Alioune アリウーヌ／アリウン／アリュン	Aliyev アリエフ**	Alkhalil アルカリル	'Allāh アッラー
Alikin アリキン		Aliyevich アリエヴィッチ*	Alkhanov アルハノフ*	Allāhābādī アラーハーバーディー
Aliko アリコ	Alip アリップ*	Aliyow アリヨウ	Al-Khaṭīb アルハティーブ	Allahou アラウ
Alim アーリム／アリム*	Alipate アリパテ	Aliyu アリュ／アリュウ	Al-Khatim アルハティム	Allain アラン*
'Ālim アーリム	Alipius アリピウス	Alizadeh アリーザーデ／アリザデ	Al-Khayr アルハイル	Allaire アレア／アレアー／アレール
Alima アリマ	Alipov アリポフ**		Alkhuli アルクーリ	
Alimamy アリマミ／アリマミー	Al-'Irāqī アル・イラーキ	Alizadeh Zenoorin アリザデゼヌリン	Al-Khūrī アルフーリー	Allais アレ***／アレー*／アレイ／アレエ
Alimardon アリマルドン	Ali-Reza アリレザ	Alizart アリザール	Alki アルキ／アレキ	
Alimata アリマタ	Alireza アリレザ**	Alizatou アリザトゥ	Alkibiades アルキビアデス	Allāl アッラール
Alimenti アリメンティ	Alireza Mohammad アリレザモハンマド	Alize アリーゼ	Alkidamas アルキダマス	'Allāl アッラール
Alimentus アリメンツス／アリメントゥス	Alirio アリリオ	Alizée アリゼ	Alkidas アルキダス	Allalou アラルー
Alimi アリミ*	Alis アリス	Aljaleel アルジャリール	Al-Kīlānī アル・キーラーニー	Allam アラム
Alimin アリミン	Alisa アリーサ／アリサ**	Al-Jasser アルサヤーリ		'Allāma アッラーマ
		Al-Jawzī アルジャウズィー	Álkimos アルキモス	Allamand アラマン

アラモン
Allamano アラマーノ
Allamaraju
　アラマラジュ*
Allambeye
　アランベイエ
Allam-mi アラミ
Allan
　アラム
　アラン***
　アル
　アルラン
　アーレン
　アレン
Allán アローン
Allana アランナ
Alland オールアンド
Allandh アランド
Allane アレン
Allaouchiche
　アラウシシ
Allaoui アラウイ
Allar アラル
Allard
　アラード**
　アラール**
Allardice アラダイス*
Allardt
　アッラルト
　アラート
　アラールド
　アラルト
Allardyce
　アラーダイス
　アラダイス
Allart
　アラールト
　アラルト
Allasāni アッラサーニ
Allasio アッラシオ
Al-Laṭīf
　アッラティーフ
　アル・ラティーフ
Allatius アラティウス
Alla uddin
　アラーウッディーン
Allaway アラウェイ
Allawi アラウィ*
Allback アルバック
Allbeck オルベック
Allbert アルバート
Allbeuly
　オーブリィ
　オールビューリー
　オールビュリー
Allbeury
　オールビュリー
Allbright
　オールブライト
Allbritton
　オールブリットン
　オールブリトン
Allbutt オールバット
Allchin
　オールチン*
　オルチン
Allcock オールコック

Allcott アルコット
Allcroft
　オールクロフト*
Alldis オールディス
Alldredge
　オールドリッジ
Alleborn アレボーン
Allectus アレクトゥス
Allee アリー*
Alleg アレッグ
Allegra アレグラ**
Allegrain アルグラン
Allegrante
　アレグランテ
Allègre
　アレーグル**
　アレグレ
Allégret アレグレ*
Allegretto
　アッレグレット
　アレグレット*
Allegri
　アッレーグリ**
　アッレグリ
　アレーグリ
　アレグリ
Allegro アレグロ
Alleine アリーン
Allely アレリー
Allem アレン
Alleman
　アレマン*
　オールマン
Allemand アルマン*
Allemane アルマーヌ
Allemang アルマン
Allemann アレマン
Allémonière
　アレモニエール
Allen
　アラン**
　アリン
　アル
　アルレン
　アーレン
　アレン***
Allén アレン
Allenbaugh アレンボー
Allenberg
　アレンベルグ*
Allenby
　アレンビ
　アレンビー**
Allende
　アイェンデ
　アジェンデ**
　アリェンデ
Allender アレンダー
Allendoerfer
　アーレンデルファー
Allene アレン
Allenmark
　アレンマーク
Alléno アレノ
Allepuz アレプス
Aller アラー

Allerheiligen
　アラーハイリゲン
Allers
　アラーズ*
　アレルス
Allerslev アレスレップ
Allerson アラーソン
Allerstorfer
　アレルストルファー
Allert アラート
Allerton
　アラートン
　アラトン
Alles アレス
Allestree アレストリー
Alletzhauser
　アレツハウザー*
Alexandroff
　アレクサンドロフ
ALley アレイ
Alley
　アリ
　アリー**
　アレー*
　アーレイ
　アレイ*
Alleyn アレン
Alleyne
　アジェイネ
　アラン
　アリン
　アレイン
　アレン
Alleyne-toppin
　アレイントピン
Allfrey
　アルフライ
　オルフレイ
Allgeier
　アルガイアー
　アルガイヤー
Allgood
　オールグッド
　オルグッド
Allhoff オルホフ*
Allhusen
　アルーセン
　アルフセン
Alli アリ
Allia アリア*
Allibert
　アリベール
　アリリベール
Allibone アリボーン*
Allice アリス
Allicock アリコック
Allie アリー
Allières アリエール
Allies アライズ
Allieu
　アリウ
　アリュー
Allievi アリエビ
Alliez アリエズ*
Alligator アリゲータ
Alligood アリグッド*
Allik アリク

Allikmaa アリクマー
Allilaire アリレール
Allilueva
　アリルーエヴァ
　アリルーエワ
Alliluyeva
　アリルーエワ
Allin
　アリーン
　アリン*
　オーリン
Alline アライン
Alling アリング
Allinger アリンジャー
Allingham
　アリンガム***
　アリンガム
Allington
　アーリントン
　アリントン
Allinson アリンソン
Allio
　アッリオ
　アリオ
Allioli アリオリ
Allione アリオーネ*
Alliot
　アリオ
　アリオー
　アリオット
　アリヨ
Alliot-Marie
　アリオマリ
　アリヨマリ*
Alliott アリオット
Allioux アリュー**
Allis アリス**
Allisen アリセン
Allisha アリッシャ
Allison
　アリスン**
　アリソン***
Allison-madueke
　アリソンマドゥエケ
Allisop アリソプ
Alliss アリス
Allister アリスター**
Allix
　アリクス
　アリックス
Allman オールマン**
Allmayer アルマイアー
Allmen アルメン*
Allmers アルマース
Allner アルナー
Allness オールネス
Allnutt オルナット*
Allo アロ
Allocca アロッカ
Allock アロック
Allon アロン**
Allor アロア
Allora アローラ
Allori
　アッローリ
　アローリ

Allotey
　アロテ
　アロティ
Allott アロット*
Allou
　アユー
　アリュ
　アルー
Allouache
　アルーアシュ
Allouez アルーエ
Alloway アロウェイ*
Allport
　オールポート*
　オルポート*
　オルポルト
Allred
　オールレッド
　オルレッド
Allsburg
　オールスバーグ*
　オールズバーグ**
Allsebrook
　アルスブルック*
　オールスブルック
Allson オルソン
Allsop
　オールソップ
　オルソップ*
Allsopp
　アルサップ
　オールソップ*
　オルソップ
Allspaw
　アレスポー
　オルスポー
Allston
　オールストン**
Allsuch オールサッチ
Allu アッルー
Allucquere アルケール
Allum アラム
Alluri アルリ
Alluru アリュール
Alluwamna アルワムナ
Allvar
　アルヴァー
　アルヴァル
Allwin アルヴィン
Allwine オールウィン
Allwood オールウド
Allworth アルワース
Allwright
　オールライト
Allwyn オールワイン
Ally
　アリ
　アリー***
Allyn
　アーリン
　アリーン
　アリン**
　アレン
　オーリン
Allyne オライン
Allyson
　アリスン
　アリソン***

Allyssa アリッサ	アルマザン	Almossawi	Al-Nasrawi	Alonso	
Alma アルマ**	Almazán アルマザン	アルモッサウィ	アン・ナスラーウィー	アルフォンソ	
Al-Ma'arrī	Almazbek	Almou アルモ	Al-Nayrīzī	アロンソ***	
アル・マアッリー	アルマズベク*	Almoustapha	アン・ナイリーズィー	アロンゾ*	
アルマアッリー	Almedina	アルムスタファ	Al-Nazzām	Alonto アロント	
Almachius	アルメディーナ	Almquist	アン・ナッザーム	Alonza アル	
アルマキウス	Almedingen	アルムクィスト	Alniaçik	Alonzo	A
Almack オールマック	アールマディンゲン	Almqvist	アルニアチーク	アロンソ	
Almada	アルマディンゲン	アルムクヴィスト	Alnodus	アロンゾ***	
アルマーダ*	Al'medingen	アルムクビスト	アルノードゥス	アロンゾウ	
アルマダ	アリメディンゲン	Almroth アルムロトフ	Alnoor	Alora アロラ	
Almaer アルマー	Almeida	Almsick アルムジック*	アル	Alorites アロリテス	
Almagia	アウメイダ	Al-M'tazz	ヌア	Alorna アロルナ	
アルマギア	アルメイダ***	アル・ムウタッズ	Alnoridge	Alotaibi アロタイビ	
アルマジア	アルメーダ	Al-Mubarrad	アルノリッジ	Alou	
Almagro アルマグロ**	アルメダ	アル・ムバッラド	Alnoth アルノース	アル	
Almaguer	Almen アルメン	Almudena	Al-Nu'mān	アルー**	
アルマゲヤー	Almendoros	アルムデナ*	アルヌウマーン	Aloulou アルル	
Al-Mahdi	アルメンドロス	Almudhaf アルムダフ	アンヌーマーン	Aloun アルーン	
アルマフディ	Almendras	Al-Mufaddal	Al-Nūn アンヌーン	Aloung アロン	
Al-Mahdī	アルメンドラス	アル・ムファッザル	Alnutt アルナット	Alov アーロフ	
アルマフディ	Almendros	アル・ムファッダル	Al-Nuwayrī	Aloveita アロベイタ	
アルマフディー	アルメンドロス*	Al-Mukaffa'	アン・ヌワイリー	Aloyan アロイアン	
Al-Mahrī	Almerino アルメリノ	アル・ムカッファ	Aloe アローエ	Aloys	
アル・マハリー	Almes アルメス	Al-Mulk	Alogo アロゴ	アロイ	
アル・マフリー	Almeyda	アルムルク	Alogoskoufis	アーロイス	
アルマフリー	アルメイザ	ルムルク	アロゴスクフィス	アロイス*	
Almain	アルメイダ*	Al-Mulūk	Aloha アロア	Aloysia	
アルマン	Almgren	アルムルーク	Aloi アロワ	アロイシア	
アルメン	アルムグレン*	Al-Mu'min	Aloia アロイア	アロイジア	
Al-Majūsī	オルムグレン	アルムウミン	Aloian アロイアン	Aloysio	
アル・マジュースィ	Almina アルミナ	Al-Muqaffa'	Alois	アロイージオ	
Al-Makīn	Almir	アル・ムカッファ	アル	アロイジオ*	
アル・マキーン	アウミール	アルムカッファー	アロア	Aloysius	
Almaktoum	アルミル	アルムカッファウ	アーロイス*	アル	
アリマクトウム	Almira アルミラ	Al-Muqanna'	アロイス***	アロイシアス*	
アルマクトゥーム	Almirall アルミライ	アル・ムカンナ	アロワ	アロイジアス	
Al-Malik アルマリク	Almirante	Al-Murtadā	Aloïse アロイーズ	アロイシウス*	
Almambet	アルミランテ*	アルムルタダー	Aloisi アロイージ*	アロイジウス	
アルマムベト	Almiron アルミロン	Al-Musta'simī	Aloisio	アロイシャス***	
Almamy アルマミ	Al-Misri アルミスリー	アルムスタアスィミー	アルヴィシオ	アロイジュス*	
Alman	Al-Misrī アルミスリー	Almut アルムート	アロイージオ	アロイジュス	
アルマン	Almlöf アルムレーブ	Al-Mutawakkil	アロイジオ	アロウシアス	
オールマン	Almodovar	アル・ムタワッキル	Aloizio アロイジオ	Aloÿsius	
Almans アルマンス	アルモドヴァル	Al-Mu'tazz	Alojz アロイズ	アロイジウス	
Al-Mansūr	アルモドバル	アル・ムウタッズ	Alojzije	アロイジュス	
アルマンスール	Almodóvar	アルムータッズ	アロイジーア	Alozie アロジー*	
Almanzar	アルモドヴァル*	Al-Nābighah	アロイジイェ	Alp アルプ	
アルマンザール	アルモドーバル	アン・ナービガ	Alojzy アロイズィ*	Alpaerts アルパールツ	
Almanzo アルマンゾ	アルモドバル*	Al-Nadīm	Alok	Alpar アルパー	
Al-Maqtūl	Almog アルモグ	アン・ナディーム	アローク	Alpari アルパリー	
アルマクトゥール	Almogáver	アンナディーム	アロック	Alparslan	
Almario	アルモガベル	Al-Nadr アン・ナズル	Aloke アローク	アルパルスラン	
アルマーリオ	Almon	Alnaes アルネス	Aloma アロマ	Alpatov アルパートフ*	
アルマリオ	アーモン**	Al-Nafīs	Alomar アロマー*	Alpaydin	
Almas アルマス	アルモン	アン・ナフィース	Alomari アロマリ*	アルペイディン	
Almasbek	Almond	アンナフィース	Alon	Alpen アルペン	
アルマスベク	アーモンド***	Al-Nagem アルナジム	アーロン	Alper	
Al-Masri アルマスリ	Almonte	Al-Nāqid アンナーキド	アロン*	アルパー*	
Almasy アルマーシ	アルモンテ**	Al-Narshakhī	Alona	アルベル	
Almat アルマト	アロマンテ	アン・ナルシャヒー	アローナ	Alpern	
Almatov アルマトフ	Almora アルモーラ	Al-Nasa'i	アロナ	アルパーン	
Al-Mawsilī	Almorós アルモロス	アン・ナサーイー	Alondra アロンドラ*	アルパン	
アルマウシリー	Almorth	Al-Nasavī	Alongi アロンギ	Alperovitz	
アルマウスィリー	アルムロース	アン・ナサヴィー	Aloni	アルペロヴィッツ	
Almaz アルマズ	アルムロス	Al-Nāsir	アロニ**	アルペロビッツ*	
Almazan	Almosnino	アッナースィル	アロニー		
アルマサン	アルモスニーノ	アッナーシル			

Alpers アルパース / アルパーズ**	Alpini アルピーニ*	Al-Ruqayyāt アッルカイヤート	Alsogaray アルソガライ	Al-Ṭayyib ウッタイブ	
Alperson アルパーソン	Alpizar アルピサル	Als アルス	Alson アルソン	Altbach アルトバック*	
Alpert アルパート**	Alpt アルプ	Al-sabah アルサバーハ / アルサバハ	Alsop アルソップ / オールソップ* / オルソップ**	Altbacker アルトバッカー*	
Alperten アルベルテン	Alptekin アルプテキン			Altdorfer アルトドルファー	
Alpha アルファ**	Alptigīn アルプギーン / アルプティギーン / アルプ・テキン / アルプテギン	Al-Ṣābī アッサービー		Alte アルテ	
Alphaeus アルバイオス		Al-Sadat エルサダット	Alspach アルスパッチ	Altea アルテア	
Alphaios アルファイオス		Al-Ṣādiq アッサーディク	Alspaugh アルスポー	Altemyat アル・テムヤト	
Alphaîos アルパヨ	Al-Qādir アル・カーディル / アルカーディル / アルカーデル	Alsadir アルサディール	Alstedt アルシュテット / アルステッド		
Alphand アルファン*		Al Sa'doun アルサドゥーン		Alten アルテン / アレン / オルテン**	
Alphandery アルファンデリ		Al Saeed アルサイエド	Alstein アレスティン		
Alphandéry アルファンデリ*	Al-Qā'im アッカーイム / アル・カーイム	Al-Said アル・サイド	Alsterdal アルステルダール*	Altenberg アルテンベルク** / アルテンベルヒ	
Alphege アルフェギウス / アルフェジ	'Alqama アルカマ	Al-Sa'īd アッサーイード / アッサイード	Alstevis オルステビス		
Alpheios アルペイオス	Al-Qāsim アッカースイム / アルカーシム / アルカシーム / アルカースィム	Al-Ṣāliḥ アッサーリフ	Alston アルストン* / オールストン* / オルストン*	Altenbourg アルテンボルク	
Alphen アルフェン		Al-Ṣalt アッ・サルト		Altenburg アルテンブルク*	
Alpher アルファー*		Al-Saltanah アッサルタネ	Alstyne アルスタイン	Altenburger アルテンブルガー	
Alpherts アルファーツ	Al-Qiftī アル・キフティー / アル・キプティー	Al-Samad アル・サマド	Al-Suhrawardī アッ・スフラワルディー / アル・スフラワルディー		
Alpheus アルフェウス / アルフェース / アルフュース / アルフユース		Al-Samarqandī アルサマルカンディー		Altendorf アルテンドルフ	
	Alquié アルキエ*	Al-Samaw'al アル・サマウアル	Al-Sulamī アッ・スラミー	Alteneck アルテネック	
	Alquier アルキエ	Al-Sanūsī アッサヌーシー / アッサヌースィー		Altenmüller アルテンミューラー	
	Al-Qūṭīya アルクーティーヤ		Al-Sulh アッスルフ	Altenstaig アルテンシュタイク	
Alphey アルフェイ	Al-Rādi アッラーディ	Alsar アルサル*	Alsworth アルスウォース	Altenstein アルテンシュタイン	
Alphin アルフィン	Al-Rāfi'ī アッラーフィイー	Al-Sayyad アッサッヤード	Alt アルト** / オルト	Altepost アルテポスト	
Alphona アルフォナ	Al-Rahmān アッラハマーン / アッ・ラフマーン / アッラフマーン	Al-Sayyid アッサイイド	Alta アルタ	Alter アルター* / アルテール / オールター** / オルタ / オルター**	
Alphonce Felix アルフォンスフェリックス		Alschuler アルシューラ	Altaba アルタバ		
	Al-Raḥmān	Alsdorf アルスドルフ	Altaev アルターエフ		
Alphones アルフォンス**		Alsen アルセン	Altaf アルタフ		
Alphons アルフォンス**	Al-Rashīd アッ・ラシード / アッラシード	Alseny アルセニー	Alṭāf アルターフ	Alterio アルテリオ*	
Alphonsa アルフォンサ		Alsgaard アルスゴール*	Altagracia アルタグラシア	Alterman アルターマン / アルテルマン*	
Alphonse アル / アルフォン / アルフォーンス / アルフォンス*** / アルフォンソ / アルフホンス / アルホンス	Al-Rāshid アッラーシド	Alshaad アルシャード	Al-Ṭā'i アッターイー		
	Al-Rāshīd アッラシード	Alshammar アルシャマー* / アルシャマール / アルスハマー	Altamira アルタミラ	Altero アルテロ	
	Alrashidi アルラシディ		Altamíra アルタミーラ / アルタミラ	Alterraun アルタローン	
	Al-rawi アルラウィ	Al-Sharekh アッシャリク	Altamirano アルタミラーノ / アルタミラノ	Altés アルテス	
	Al-Rāwiya アッラーウィア	Al-Sharīf アッシャリーフ		Altès アルテ	
Alphonsi アルフォンシ	Al-Rayḥānī アッライハーニー / アル・ライハーニー	Alshon オルション	Altamura アルタムーラ	Altet アルテ	
Alphonsine アルフォンシーヌ		Al-Sijistānī アッ・スィジスターニー	Altan アルタン***	Altfest アルトフェスト	
Alphonso アル / アルフォンス / アルフォンソ** / アルホンス / アルホンソ	Al-Rāziq アッラージク		Altaner アルターナー	Altgeld アルトゲルト / オールトゲルド	
	Al-Razzāq アッラッザーク	Al-Sīrafī アッシーラーフィー / アッ・スィーラーフィー / アッスィーラーフィー	Altangerel アルタンゲレル*	Althaia アルタイア	
	Alred アルレッド		Altanhuyag アルタンホヤグ	Altham オールサム	
	Alrich アルリッシュ		Altani アルタニ	Althamer アルトハマー / アルトハメル	
Alphonss アルフォンス	Alrici アルリーチ	Alskii アルスキー	Altankhuyag アルタンホヤグ*		
Alphonsus アルフォンサス / アルフォンスス	Al-Riḍā アッリザー / アッリダー	Alsloot アルスロート	Altantsetseg アルタンツェツェグ	Althammer アルトハマー	
Alphred アルフレッド		Alsnes アルスネス	Altariba アルタリーバ	Al-Thani アッサーニ*	
Alphus アルフィアス	Al Rifai アリリファイ	Als-Nielsen アルスニールセン	Altarriba アルタリーバ	Althaus アルトハウス**	
Alpi アルピ	Al Rifai アリリファイ		Altavilla アルタビラ	Althea アルシーア / アルシア*	
Alpian アルピアン	Alroy アルロイ	Alsobrook アルソブルック	Altavista アルタヴィスタ		
Alpine アルパイン	Al-Rūmī アッルーミー			Altheim アルトハイム*	
	Al-Rumma アッルンマ				

Altheman アルトマン
Althen アルセン*
Alther オルサー
Altherr
 アルテール
 アルトヘル
 オルトヘアー
Althoff
 アルソフ
 アルトホーフ
 アルトホフ**
Althouse アルトハウス
Althusius
 アルトゥジウス
 アルトジウス
 アルトフージウス
Althusser アルチュセール**
Alti アルティ
Altichiero
 アルティキエーロ
 アルティキエロ
Altick オールティック
Altidore アルティドール*
Altier アルティエ*
Altieri アルティエリ
Altiero
 アルティエーロ
 アルティエロ
Altimani アルティマーニ
Altin アルティン
Alting アルティング
Altīnsarin
 アルトゥンサリン
Altintop
 アルティントップ
Al-Tiqtaqa
 アッティクタカー
Al-Ṭiqṭaqā
 アッティクタカー
Altissimo
 アルティッシモ
Altizer
 アルタイザー
 オールタイザー
Altkorn
 オールトカーム
Altland アルトランド
Altmaier
 アルトマイヤー
Altman
 アルトマン***
 オールトマン*
 オルトマン
Altmann アルトマン**
Altmeyer
 アルトマイアー
 アルトマイヤー
 アルトメイヤー
Altnikol アルトニコル
Alto
 アルト
 アルトー
Altobelli
 アルトベリ
 オルトベリ

Altobello アルトベッロ
Altolaguirre
 アルトラギッレ
 アルトラギレ*
Altomonte
 アルトモンテ
Alton
 アートン
 アル
 アルトン*
 オールトン*
 オルトン
Altpeter
 アルトペーテル
Altringham
 オルトリンガム*
Altrock アルトロック
Altschewsky
 アルチェフスキー
Altschul
 アルチュール
 アルトシュル
Altschuler
 アルツシューラー*
Altsheler
 オールトシェラー
Altshuler
 アルトゥシュラー
 アルトシュラー
Al'tshuller
 アリトシュルレル
 アルトシューラー
Altucher
 アルタッカー
 アルタッチャー
Altug アルトゥーグ
Altukhov アルチュコフ
Altunyan
 アルトゥニヤン
Altura アルトゥーラ
Al-Ṭūsī
 アットゥーシー
Altuve アルトゥーべ*
Altuzarra
 アルチュザラ*
Altvater
 アルトファーター
Altwegg
 アルウェッグ
 アルトウェグ
 アルトヴェーク
Altwein
 アルトヴァイン
Altwies
 アルトウィース
Alty アルティ
Altynai アルティナイ*
Altynbayev
 アルトインバエフ
Altynbek
 アルティンベク
 アルトインベク
Altyyev アルティエフ
Alu アル*
Alù アリュ
Alualu アルアル
Aluas アルアス

Aluattēs
 アリュアッテス
Alubomulle
 アルボムッレ
Alucard アルカード*
Alughu アルグ
Aluízio アルイジオ
Aluko アルコ*
Aluis アルリス
Alum アラン
Al-'Umar アルウマル
Alun
 アラン*
 アリン
Alunno アルンノ
Alupei アルペイ*
Alupo アルポ
Alur アラー
Al-Urayed アライエド
Alush アルシュ
Alūsī アールースィー
Aluthgamage
 アルトゥガマゲ
Aluthugamage
 アルトゥガマゲ
Aluvihare アルビハレ
Alva
 アル
 アルヴァ**
 アルバ**
 アルベ
Alvah
 アルヴァ
 アルバ
Alvalez アルバレス
Alvaliotis
 アルバリオティス
Alvan アルヴァン
Alvar
 アルヴァ*
 アルヴァー
 アルヴァル
 アルバー
 アルバール
Alvarado
 アルヴァラード*
 アルバラード**
 アルバラド**
Alvaredo アルヴァレド
Alvarenga
 アルバレンガ*
Alvares アルヴァレス*
Alvarès
 アルヴァレス
 アルバレス
Álvares
 アルヴァレス*
 アルバレス
Alvarez
 アルヴァレス*
 アルヴァレズ*
 アルバレ
 アルバレス***
 アルバレズ**
 アルバレツ
Álvarez
 アルヴァレス

 アルヴァレズ
 アルバレス***
Álvarez-cascos
 アルバレスカスコス
Álvarez-correa
 アルバレスコレア
Alvarezmarfany
 アルバレスマルファニ
Alvaro
 アルヴァーロ*
 アルヴァロ***
 アルバーロ
 アルバロ***
Álvaro
 アルヴァロ*
 アルバロ***
Álvarrez アルヴァレス
Alvear アルベアル**
Alveldt アールフェルト
Alver アルヴェル
Alver'a アルベーラ
Alverdes
 アルウェルデス
 アルヴェルデス
 アルファーデス
 アルフェデス
 アルフェルデス*
Alvernia オヴェルニュ
Alverson アルヴァスン
Alves
 アウヴェス
 アウベス**
 アルヴィス
 アルヴェシュ
 アルヴェス**
 アルベス*
Alvesson アルベッソン
Alvez
 アルヴェス
 アルベス
Alvi アルビ*
Alvin
 アーヴィン
 アービン
 アルヴァン
 アルヴィン**
 アルビン***
Alvina
 アルヴィナ*
 アルビナ
Alvinczi アルヴィンチ
Alvinczy
 アルビンツィー
Alvinio
 アルヴィニオ
 アルビニオ
Alvino
 アルヴィーノ
 アルビノ
Alvis
 アルヴィス*
 アルビス
Alvise
 アルヴィーゼ**
 アルビーゼ
Alvord
 アルヴォード
 アルボード

Alvtegen
 アルヴテーゲン**
Alvy アルヴィー
Al-Wafā アルワファー
Al-Wahhāb
 アルワッハーブ
Al-Walīd
 アル・ワリード
 アルワリード
Alwan アルワン
Alwang オルワン
Al-Ward アルワルド
Alward
 アルウォード
 アルワード
Al-Wardī
 アルワルディー
Alwata アルワタ
Alwayn アルウェイン
Al-Wazzān
 アルワッザーン
Alweiss アルワイス
Alwi アルウィ**
Alwida アルビダ
Alwin
 アルヴァン
 アルヴィン
 アルヴィン*
 アルビン
Alwis アルウィス
Alwyn
 アーウィン*
 アルウィン*
 オルウィン
Alxenor アルクセノル
Aly
 アリ*
 アリー**
Alyabyev アリャビエフ
Alyanak アルヤナーク
Alyattes
 アリアッテス
 アリアテス
 アリュアッテス
Al-Yāzijī
 アルヤージジー
 アルヤーズィジー
Alyce アリス*
Alycia
 アリシア*
 アリシア
Alyea アルイ
Alymkulov
 アルイムクロフ
Alyn
 アイリン
 アラン*
 アリン
 エリン
Alyne アリン
Alyoshin
 アリョーシン*
Alȳpios アリュピオス
Alypius
 アリピウス
 アリュピウス
Alyrio アリリオ

Alÿs アリス*
Alyson アリソン**
Alyssa
　アリサ*
　アリッサ*
Alysse アリス
Alyxandria
　アリクサンドリア
Al-Ẓāfir
　アッザーフィル
Al-Ẓāhir アッザーヒル
Al-Ẓāhirî
　アッザーヒリー
Al-Za'īm アッザイーム
'Al-Zamān
　アッザーマン
Al-Zamil アルザミル
Alzamora アルサモラ*
Al-Zarqālī
　アッザルカーリー
　アルザケル
Al-Zayn アル・ザイン
Al-Zayyātī
　アッザイヤーティー
Alzbeta アルズベタ
Alzeer アルジール
Alzheimer
　アルツハイマー
Alzin アルジン
Alzina
　アルシナ
　アルジナ*
Alzmann アルズマン
Alzog
　アルツォーク
　アルツォク
Alzon アルゾン
Alzona アルソナ
Al-Zubayr
　アッズバイル
　アルズバイル
Alzugaray
　アルスガライ
Am アム**
Ama アマ**
A'mā アアマー
Amabile アマビール
Amabilino アマブリノ
Amable アマーブル
Amacher アマチャー
Amada アマダ
Amadas アマダス
Amadasi アマダジ
Amadei
　アマーデイ
　アマデイ*
Amadeo
　アマデーオ
　アマデオ*
　アメデーオ
　アメデオ
Amadeus
　アマデイーアス
　アマデイアス
　アマデウウス
　アマーデウス

アマデーウス*
アマデウス
アマデウス**
アマデス
アマドイス
アマデーオ
Amadi アマディ**
Amadio
　アマーディオ
　アマディオ*
Amadis アマディス
Amadito アマディート
Amado
　アマード***
　アマド*
Amadokos アマドコス
Amador
　アマダー*
　アマドール*
　アマドル
Amador Bikkazakova
　アマドルビカザコバ
Amadou
　アマドゥ***
　アマドゥー
　アマドゥ*
Amadoud Jibril
　アマドゥジブリ
Amadour
　アマドゥール
Amadu アマドゥ
Amady アマディ
Amaechi
　アマエチ
　アミーチ
Amaël アマエル
Amafo アマフォ
Amagat
　アマガ
　アマガー
Amagoalik
　アマゴアリク*
Amah アマ
Amai アマイ
Amaia アマイア
Amal
　アーマール
　アマール*
　アマル
Amaladoss アマラドス
Amalaric
　アマラリクス
　アマラリック
Amalaricus
　アマラリクス
Amalarius
　アマラーリウス
　アマラリウス
Amalasuntha
　アマラスンタ
Amalaswintha
　アマラスヴィンタ
Amalberga
　アマルベルガ
Amalberti
　アマベルティ
　アマルベルティ
Amaldi アマルディ

Amalek アマレク
Amalia
　アマーリア
　アマリア**
Amália アマリア
Amalie
　アマーリー
　アマリー**
　アマリエ*
　アマリエ
Amalorpavadass
　アマロルパヴァダス
Amalric
　アマルリック**
　アモーリー
Amalrici アマルリキ
Amalricus
　アマルリク
　アマルリクス
　アマルリック
Amalrik
　アマルリク
　アマルリク
Amal'rik
　アマルリク
　アマルリク
Amalteo アマルテーオ
Amam ハマン
Amama
　アマーマ
　アママ
Amama Amama
　アマナアマナ
Aman
　アマン**
　アマンヌ
Amān アマーン
Amana アマーナ
Amanaki アマナキ
Amān Allāh
　アマヌッラー
Amanar
　アマナー
　アマナール*
Amanat
　アマナット*
　アマーナト
Amancio アマンシオ*
Amand
　アマン
　アマンダ
Amanda アマンダ***
Amandine
　アマンディーヌ*
　アマンディンヌ
Amando アマンド*
Amandus
　アマンダス
　アマンドゥス
　アマンドス
Amangeldy
　アマンゲリディ
　アマンゲルディ
　アマンゲルドイ
Amangku アマンク
Amangkurat
　アマンクラット
Amani アマニ

Amani N'guessan
　アマニヌゲサン
Amanj アマンジ
Amankwa アマンクワ
Amanmyradov
　アマンムイラドフ
Amann
　アーマン
　アマン**
Amannepesov
　アマンネペソフ
Amann-marxer
　アマンマルクサー
Amanor アマノ
Amanov アマノフ
Amanpour
　アマンプール*
Amans アマンズ
Amanshauser
　アマンスハウザー*
Amant アマン
Amantakun
　アマンタクン
Amante アメンテ
Amantle アマントル*
Amantova アマントワ
Amanullah アマヌラ
Amanu'llāh
　アマーヌッラー
　アマヌッラー
　アマヌラー
　アマーン・アッラー
Aman'ullah
　アマヌッラー
Amānullāh
　アマーヌッラー
　アマヌッラー
Amanya アマニャ
Amanza アマンザ
Am'aq アムアク
'Am'aq アムアク
Amar
　アマー**
　アマール*
　アマル*
Amara
　アマーラ**
　アマラ**
Amaral
　アマラウ*
　アマラオ*
　アマラル***
Amarante
　アマランテ**
Amarante Baret
　アマランテバレ
Amarasēkara
　アマラセーカラ
Amarasēkera
　アマラセーカラ
Amarasimha
　アマラシムハ
　アマラシンハ
Amarasingham
　アマラシンハム
Amarasinghe
　アマラシンゲ
Amarasiri アマラシリ

Amarathunga
　アマラトゥンガ
Amaraweera
　アマラウィーラ
Amarbileg
　アマルビレグ
Amare アマレ*
Amarello-williams
　アマレロウィリアムス
Amarenco アマレンコ
Amargo アマルゴ*
Amarhajy アマルハジ
Amari
　アマーリ
　アマリ
Amariglio
　アマリーリォ
Amarilis
　アマリ
　アマリリス
Amarilla
　アマリージャ*
Amarilys アマリリス
Amarin アマリン
Amaringo アマリンゴ*
Amarista アマリスタ
Amarjargal
　アマルジャルガル**
Amarjeet
　アマルジート
Amarlic
　アマルリック
　アモーリー
Amarlo アマーロ
Amarnat アマーナト
Amaro アマロ*
Amarpal アマルパル
Amartey
　アマーティ
　アマルティ
Amartuvshin
　アマルトゥベシン
Amartya
　アマーチャ
　アマーティア
　アマルティア**
Amaru
　アマル*
　アマルー
Amaryllis アマリリス
Amas アマス
Amasa アマサ
Amasea アマセア
Amāsī アマースィー
Amasis
　アマシス
　アーモス
Amason アマソン
Amat
　アマ
　アマー
　アマット*
　アマート
　アマト
Amata
　アマータ
　アマタ*

Amataga アマタガ
Amatea アマティー
Amatenstein
 アモテンスティーン*
Amath アマト
Amathila アマティラ
Amati
 アマチ
 アマーティ
 アマーティー
 アマティ*
Amato
 アマート***
 アマト*
Amatong アマトン
Amator アマトール
Amatori アマトーリ
Amatriain
 アマトリアイン*
Amatus
 アマトゥス
 エメー
Amatuzio
 アマトゥーゾ
Amatya アマティア
Amaty Léon
 アマトイレオン
Amauri アマウーリ
Amaury
 アモーリ
 アモリ**
Amavisca
 アマヴィスカ
Amawi アマウィ
Amaya
 アマージャ
 アマーヤ
 アマヤ*
Amaziah アマージア
Ambacher アンバシェ
Ambachew アンバチョ
Ambachtsheer
 アムバクシア*
 アンバクシア
Amback アンバック
Ambady アンバディ
Ambani アンバニ*
Ambapali アムババリ
Ambapāli
 アンバパーリー
Ambar アンバル
'Ambar アンバル
Ámbar アンバール
Ambartsumian
 アムバルツミャン
 アンバルツイミヤン
Ambartsumov
 アムバルツーモフ
 アンバルツーモフ
Ambartsumyan
 アムバルツミャン
 アンバルツムヤン
Amba Salla
 アムバサラ
Ambase
 アーンバス
 アンバース

Ambassa アンバサ
Ambasz
 アーンバス
 アンバース
 アンバス
Ambatombe
 アンバトンベ
Ambatsumian
 アンバツミアン
 アンバルツミヤン
Ambaye アンバイェ
Ambedkar
 アムベードカル
 アーンベードカル
 アンベードカル*
 アンベドカル
Amber アンバー**
Amberger
 アムベルガー
 アンベルガー
Amberoti アンベロシ
Ambert アンベール
Ambesi アンベージ
Ambesse アンベッセ
Ambeth アンベス
Ambhorn アムホーン
Ambiela アンビエーラ
Ambika アンビカ
Ambille アンビーユ
Ambiorix
 アンビオリクス
Ambler アンブラー**
Amboise
 アンボアーズ
 アンボワーズ
Ambolt アムボルト
Ambra アンバー
Ambree アンブレー
Ambrière
 アンブリエール*
Ambris アンブリス
Ambro アンブロ*
Ambrogetti
 アンブロジェッティ
Ambrogini
 アンブロジーニ
Ambrogio
 アムブロジオ
 アンブロージオ
 アンブロジオ
 アンブロージョ
Ambroise
 アンブロワーズ
 アムブロワズ
 アンブロアーズ
 アンブロイセ
 アンブロワーズ*
 アンブロワーズ
 アンブワーズ
Ambros
 アムブロオス
 アムブロス
 アンブロース
 アンブロース*
Ambrose
 アムブローズ

アムブロス
アンブロウズ*
アンブロース*
アンブローズ***
アンブロワーズ
Ambroselli
 アンブロセリ
Ambrosetti
 アンブロゼッティ
Ambrosi
 アムブローズィ
 アンブローシ
 アンブロージ*
Ambrosiani
 アンブロシアーニ
Ambrosine
 アンブロースィン
Ambrosini
 アムブロジーニ*
 アンブロジーニ*
Ambrosio
 アンブロシオ
 アンブロジオ
 アンブロージョ
Ambrósios
 アンブロシオス
Ambrosis
 アンブロシス
Ambrosius
 アムブロジウス*
 アンブロージウス
 アンブロシウス*
 アンブロジウス
 アンブロスィウス*
Ambrož アンブローズ
Ambrozek
 アムブロゼク
Ambrózy アンブロジィ
Ambruas アンブラス
Ambrus
 アンブラス*
 アンブルシュ
Ambullai アンブライ
Ambunda アンブンダ
Amburg アンバーグ
Amburn アンバーン
Ambury アンベリ
Ambustus
 アンブスッス
Ambuter アンビュター*
Amcazâde
 アムジャザーデ
Amcuvarman
 アムシュヴァルマン
'Amda アムダ
Amdahl アムダール**
Amdré アンドレ
Amdur
 アムダ
 アムダー**
Ame
 アメ
 エイミー
Amé エイム
A'me エイミー
Ameche
 アミーチー
 アメチー*

Amed
 アーメッド
 アメド
Amedee アメデー
Amédée
 アメデ*
 アメデー
 アメディー
 アメデエ
Amëdée アメデ
Amedeo
 アマデオ
 アメディオ
 アメーデオ
 アメデーオ
 アメデオ**
Amedi アムディ
Amedick アメディック
Amedjogbe
 アメジョグベ
Amedjogbekouevi
 アメジョグベクエビ
Ameen
 アミーン
 アミン
Ameenah アミーナ*
Ameer
 アミア
 アミール
 エイミール
Ameerali アメラリ
Ameeruddin
 アメールディン
Ameghino
 アメギーノ
 アメギノ
A-MEI アーメイ
Ameipsiās
 アメイプシアス
Ameir アメーリ
Ameisen
 アーマイゼ
 アメイセン
Amekan アメカン
Amel
 アメール*
 アメル*
Amēl アメール*
Amelia
 アミーリア*
 アミリア*
 アメリーア
 アメリア***
Ameliach アメリアチ
Amelianovich
 アメリヤノビッチ
Amelie
 アメリ
 アメリー*
 アメリエ**
Amélie
 アメリ**
 アメリー***
Amelina アメリーナ
Ameline
 アムリン
 アメリン
Ameling
 アメリンク*

アメリング*
Amelio アメリオ**
Amelita アメリータ
Amelius
 アメリウス
 アメリオス
Ameliyanovich
 アメリヤノビチ
Amel'kin アメリキン
Amelko アメリコ
Ameln アメルン
Amelsvoort
 アメルスフールト
Amelung
 アメルンク
 アメルング*
Amen
 アーメン
 アメン
 エイメン*
Amenabar
 アメナーバル
 アメナバール
Amenábar
 アメナーバル*
 アメナバール
 アメナバル
Amenardais
 アメナルダイオス
Amend アメンド
Amende アメンデ
Amendola
 アメンドーラ
 アメンドラ**
Amenemhat
 アメンエムハト
Amenemhatsonbef
 アメンエムハトセネブ
 エフ
Amenemhet
 アメネムヘット
 アメンエムハト
 アメン・エム・ヘト
 アメンエムヘト
Amenemnisu
 アメンエムニスウト
 アメンエムネス
Amenemope
 アメンエイペ
 アメンエムオベト
Amenhotep
 アメンヘテプ
 アメン・ホテップ
 アメン・ホテプ
 アメン・ホテプ
 アメンホテプ
Ameni アメニ*
Amenmesses
 アメンメセス
Amenophis
 アメノフィス
Amenothes
 アメノーテス
Amenrud アメンルド
Amenson
 エイメンソン*
Ament
 アメン
 アメント

エイメント　アメリイ　Amicus アミカス　Aminat アミナット　Amis アミス
Amenta アメンタ　A mes アメ　Amida アミダ　Aminata アミナタ*　エイミス**
Amentet アメンテト　Ames　Amidano アミダーノ　Aminate アミナテ　エーミス*
Amenyo アメニオ　アメス　Amidei アミデイ　Aminath　Amisaah
Ameobi アメオビ　エイムス*　Āmidī アーミディー　アミナット　アミサ
Amer　エイムス**　Amidou　アミナト　エミサ
アミル　エイメス　アミドゥ　Aminatou アミナトゥ　Amisi アミシ
アーメル　エームス　アミドゥー　Aminatta アミナッタ　Amissah-arthur
アメール*　エームズ*　Amidu アミドゥ　Amine　エミッサーアーサー
アメル　Amescua アメスクア　Amie　アミーネ　Amit
Amerasinghe　Amesias　エィミー　アミン　アミット**
アメラシンゲ　アマジア　エイミー*　Amini アミニ*　アミト*
Amerbach　アマジヤ　Amieiro アミエイロ　'Amini アミニ　Amita アミタ
アマバハ　アマスヤ　Amiel　Aminoff アミノフ　Amitabh
アーメルバッハ　アマツヤ　アミエル***　Aminou アミヌ　アーミターブー
アーメルバハ　Amesius アメシウス　エイミエル*　Aminta アミンタ　アミターブ*
アメルバハ　Amess エイメス　Amien アミン*　Amintore　アミタブ
Amerentske　Amessai アメサ　Amies エイミス**　アミントーレ*　Amitagati
アーメレンツケ　Amestris アメストリス　Amiet　アミントレ*　アミタガティ
Ameria アメリア　Amet アメト　アミエ　Aminu アミヌ　Amitai アミタイ*
Améria アメリア　Améte アメット　アミエト　Aminuddin　Amitav
America アメリカ*　Amethyst アメシスト　Amiez　アミヌディン　アミターヴ
América アメリカ　Ameti アメティ　アミェ　Aminul アミヌル　アミタヴ**
Americo アメリコ*　Amette アメット**　アミエ　Aminurrashid　アミタブ
Américo アメリコ*　Ameur アムール　Amigetti アミゲッティ　アミヌルラシッド　Amitava アミタヴァ
Amerie　Ameyaw アメヤウ　Amighetti アミゲティ　Aminzadeh アミンザデ　Amitodana
エイメリー　Ameyë アメイエ　Amigo アミーゴ*　Amion アミオン　アミトーダナ
エメリー　Amfiteatrov　Amigoni アミゴーニ　Amiot　Amitrano
Amerigo　アムフィテアトロフ　Amigorena アミゴレナ　アミオ*　アミトラーノ
アメリーゴ　アンフィテアートロフ　Amihud アミフド　アミオー　Amitsur アミツール
アメリゴ*　アンフィテアトロフ　Amii エミー　アミヨ　Amity アミティ
Amerikaner　Amfrie アンフリー　Amiin アミン　アミヨー　Amiy アミー
アメリカーナー　Amgélique　Amiira アミラ　Amir　Amiya オミヨ
Amering アメリング　アンゲリーク　Amik アミク　アーミーア　Amjad アムジャド
Amerio　アンジェリック　Amil　アミーア　Amladi アムラディ
アミリオ　Amget アムゲット　アーミル　アミアー　Amlak アムラク
アメリオ　Amherst アマースト　アミル　アミール***　Amled アムレズ
Améris アメリス*　Ami　Amīl　アミル**　Amleto
Amerita　アミ*　アミール*　エミール　アムレート*
アメリータ　アミー**　エミール　Amīr　アムレトー
アメリタ　アリ　Amilcar アミルカル　アミール　Amling アムリング
Amerkhanov　エイミ　Amilcare　アミール　Amlung アムルンク
アメルハノフ　エイミー　アミルカーレ　アミーレ　Amman
Amerlia エーミー　'Ami アミ　アミルカレ　'Āmir アーミル　アマン
Amerling　Amia アミア*　'Amilī アーミーリー　Āmir アーミル　アムマン
アーマーリング　Amiable アミアーブル　'Āmilī アーミーリー　Amira　アンマン
アメルリング　Amialiusik　Amimour アミムール　アーミラ　Ammanati
Amerman　アミアリュシク　Amin　アミーラ*　アムマナティ
アママン　Amianesis　アミーン*　アミラ*　アンマンナティ
アメルマン*　アミアネシス　アミーン***　Amirahmadi　アンマンナーティ
エイマーマン　Amianos アミアーノス　Amīn　アミラマディ　Ammanda アマンダ
Amero　Amichai アミハイ***　アミーン*　Amiran アミラン*　Ammaniti
アメロー　Amichia アミシア　アミン　Amīre アミーレ　アンマーニーティ**
アメロウ　Amici　エミン　Amiri アミリ**　Ammann
Amerongen　アミシ　'Amîn　Amīrī アミーリー　アマン***
アメロンゲン　アミーチ　アーミン　'Āmirī アーミリー　アマン
アメロンヘン　Amicis　アミーン　Amiria アミリア　アンマン*
Amerson　アミイチス　Amina　Amir Mansour　Ammar
アメルソン　アミーチイス　アミーナ　アミールマンスール　アマー
エマーソン　アミーチス*　アミナ**　Amirov　アマール**
Amery　アミチース　Aminabhavi　アミーロフ　アマル*
アメリー*　アミチス　アミナバビ*　アミロフ　アンマール
エイムリー　アミーティス　Aminah アミナー　Amir-tahmasseb　アンマル
エイメリー　Amick　'Amīnah アミーナ　アミルタマセブ　'Ammār
エーメリー　アミック　Aminashvili　Amirtham アミルサム　アムマール
エーメリー　エイミック　アミナシビリ　Amiryan アミリヤン　アンマール
Améry　Amico アミーコ　　　Amirzai アミールザイ　Amme アミー
アメリー**

Ammelrooy
　アーメルローイ
　アメローイ
Ammer　アマー
Ammeraal
　アメラール
　アンメラール*
Ammerbach
　アマーバハ
　アンマーバッハ
Ammerlaan
　アマーラーン
Ammers　アンメルス
Ammi
　アミ
　アムミ
　アンミ
Ammiano　アミアーノ
Ammianus
　アミアーヌス
　アミアヌス
　アンミアーヌス
　アンミアヌス
Ammirata　アミラタ
Ammirato
　アンミラート
Ammon
　アモーン
　アモン**
　アンモン
Ammonios
　アンモニオス
Ammōnios
　アンモニオス
　アンモーニオス
　アンモニオス
Ammonius
　アンモーニウス
Ammons　アモンズ**
Ammous　アモウス
Ammuna　アンムナ
Ammundsen
　アムンセン
Amna　アムナ
Amnat
　アムナート*
　アムナト
Amner　アムナー
'Āmng　アング
Amnon　アムノン**
Amnōn
　アミノン
　アムノン
Amnuay　アムヌアイ*
Amo　アモー
Amoah　アモアー
Amod　アモド
Amodio
　アモーディオ
　アモディオ
Amofo　アモフォ
Amo-ghavajra
　アモーガヴァジュラ
　アモーガバジュラ
Amoghavarsha
　アモーガヴァルシャ
Amol
　アモール

アモル
Amole　アモール*
Amon
　アーマン
　アモン*
　エイモン*
　エーモン
Amongi　アモンギ
Amonn　アモン*
Amont　アモン
Amontons　アモントン
Amoore
　アムーア
　アモア
Amor
　アモール*
　アモル
　エイモア
Amorah　アモラ*
Amore　アモレ*
Amorebieta
　アモレビエタ
Amoretta　アモレッタ
Amoretti　アモレッティ
Amorey　エイモリー
Amorim
　アモリム
　アモリン**
Amorín　アモリン
Amorini　アモリーニ
Amoros
　アモロース
　アモロス*
Amorös　アモロス
Amorosi
　アモロージ
　アモロッシ
Amorosino
　アモロジーノ
Amoroso
　アモローゾ*
　アモロゾ*
　アモロゾ
Amorossi　アモロッシ
Amorsolo　アモルソロ
Amort　アモルト
Amorth　アモース
Amoruso
　アモルーソ
　アモルーゾ
Amory
　エイモリ*
　エイモリー**
　エーモリ
　エモリー*
Amos
　アーモス
　アモース
　アモス***
　エイモス**
　エーモス**
　エモス
Ámos　アーモス
Amosov
　アモーソフ*
　アモソフ
Amots　アモツ
Amoudkpo　アムドポ

Amoughe Mba
　アムゲンバ
Amour　アムール
Amoureux　アムルー
Amouroux　アムールー
Amoussou　アムス
Amoussouga　アムスガ
Amouzegar
　アムゼガル*
Amouzou-djake
　アムズジャケ
Amoyal
　アモイヤル
　アモワイヤル
Amoyan　アモヤン
Amparo
　アムパーロ
　アンパロ*
Ampel　アンペル
Ampelius
　アンペリウス
Ampère
　アンペア
　アンペール
Ampferer
　アンプフェラー
Amphiaraos
　アンフィアラオス
Amphiktyon
　アンフィクテュオン
Amphilochios
　アンフィロキオス
Amphilóchios
　アンフィロキオス
Amphion
　アンピオン
　アンフィオン
Amphitrite
　アンフィトリーテー
　アンフィトリテ
Amphitryōn
　アンフィトリュオン
Amphut　アムプット
Ampion　アンピオン
Ample　アンプル
Ampofo　アンポフォ
Amporn　アムポーン
Ampthill
　アムティル
　アンプティル
Ampuero
　アンプエロ**
Amr
　アムル**
　アレム
'Amr　アムル
Amrabat　アムラバト
Amram　アムラム***
Amran　アムラン
Amranand　アマラナン
Amrani　アムラニ
Amraphel
　アムラフェル
Amrei　アムライ
Amri　アマリ
Amrine　アムライン

Amrish
　アムリーシュ
　アムリッシュ
Amrit
　アムリット
　アムリト
Amrita
　アムリータ
　アムリタ
Amritā　アムリター
Amritāl
　アムリットラール
Amritanandamayi
　アムリターナンダマ
　イー*
Amritaswarupananda
　アムリタスワルーパー
　ナンダ
Amrith　アムリス
Amritlāl
　アムリットラール
Amro　アムル
Amrouche
　アムルーシ
　アムールシュ
　アムルーシュ
　アムルシュ
'Amrū
　アムル
　アムルー
'Amrūs　アムルース
Amry
　アマリ
　アムリ
Amryl　アムリル
Amschel
　アムシェル
　アンセルム
Amschl　アムシュル
Amsden　アムスデン
Amsdorf　アムスドルフ
Amsel　アムゼル
Amsellem　アンセレム
Amsette　アンセット
Amsler
　アムスラー*
　アムスレール
　アムスレル
Amson　アムソン
Amstel　アムステル
Amster　アムスター
Amsterdam
　アムステルダム
Amstrup
　アムストラップ
Amstuts　アムスタッツ
Amstutz　アムスタッツ
Amśuvarmā
　アンシュ・ヴァルマー
Amte　アムテ*
Amthor　アムサー
Amu　アム
Amuchastegui
　アムチャステギ
Amudi　アムディ
Amukamara
　アムカマラ

Amukowa　アムコワ
Amulī　アームリー
Āmulī　アームリー
Amun　アムン
Amundsen
　アームンセン
　アムンセン*
　アムンゼン**
　アームンドソン
Amundson
　アムンゾン
　アムンドソン
Amunuai　アムヌアイ
Amunugama
　アムヌガマ
Amurane　アムラーネ
Amursanā
　アムルサナ
　アムルサナー
Amurskii
　アムールスキー
　アムルスキー
　アムールスキィ
Amussat　アミュサ
Amuzgar
　アームーズガール
Amvrosy
　アムヴローシー
Amweelo　アムウィーロ
Amy
　アミ*
　アミー*
　アミィ
　エイマー
　エイミ**
　エイミー*
　エイミ*
　エイミー***
　エイミィ*
　エーミー*
　エミ
　エミー**
　エミィ
　エミイ*
Amyas　エイミアス
Amykos　アミュコス
Amyl　アミル
Amymonē　アミュモネ
Amynandros
　アミュナンドロス
Amyntas
　アミュンタス
　アミンタス
Amýntas　アミュンタス
Amyot
　アミョ*
　アミヨ
　アミヨ
　アムヨット*
Amyr　アミール
Amyraut　アミロー
AmyWilson
　エイミウィルスン
Amyx　アミックス
Amza　アムザ
Amzalag　アムザラグ
Amzi　アムジ

A

A

Amzica アムジカ
Amzie アムジー
Amzine アムジネ
AN アン
An アン***
Ana
　アナ***
　アンナ
Anabel アナベル**
Anabela アナベラ
Anabella アナベラ
Anabelle アナベル
Anabeth アナベス
Anable アネイブル
Anacáona
　アナカオーナ
Anacharsis
　アナカルシス
Anachoutlou
　アナコウトロウ
Anaclet アナクレ
Anacleto アナクレト*
Anacletus
　アナクレートゥス
　アナクレトゥス
Anadkat アナドカット
Anado アマード
Ana Dulce
　アナドゥルス
Anael アナエル
Anagālika
　アナガーリカ
Anagarika
　アナガリカ*
Anagārika
　アナガーリカ
Anagnostes
　アナグノーステース
Anagnostou
　アナグノストウ
Anahí アナイ
Anahit アナヒット
Anahita
　アナーヒター
　アナヒタ*
Anaïk アナイク
Anailson アナイウソン
Anais アナイス
Anaïs アナイス**
Anäis アナイス*
Anait アナイート
Anaitis アナイティス
Anaitz アナイツ
Anak
　アナク
　アナック
Anakiev アナキエフ
Anakreón
　アナクレオーン
　アナクレオン
Anakreōn
　アナクレオーン
　アナクレオン
Anaky アナキ
Ana Luiza アナルイザ

Ana Marcela
　アナマルセラ
Anamari アナマリ
Ana Maria アナマリア
Ana María アナマリア
Anamaria アナマリア
Anamarija アナマリヤ
Anami アナミ
Anamoh アナモー
Anan アナン
'Anan アナン
Ananasova アナナソワ
Anand
　アナン*
　アーナンド**
　アナンド**
　アンナ
Ānand
　アーナンダ
　アーナンド
　アナンド
Ananda
　アーナンタ
　アーナンダ*
　アナンダ
Ānanda アーナンダ*
Ānandagarbha
　アーナンダガルバ
Ānandagiri
　アーナンダギリ
Anandajayasekeram
　アナンダジャヤセケラム
Ānandavardhana
　アーナンダヴァルダナ
Anandra アナンドラ
Anane
　アナネ
　アナン
Anan'ev アナニェフ
Anaṅgavajra
　アナンガヴァジュラ
Anangwe アナングウェ
Anani アナニ
Ananias
　アナニア
　アナニアス
　アナニヤ
　ハナニヤ
　ハナンヤ
Ananiashvili
　アナニアシヴィリ*
　アナニアシビリ
Ananich アナニチ
Ananiev アナニエフ
Ananiia アナニア
Ananios アナニオス
Anant アナント*
Ananta アナンタ***
Anantanasuwong
　アナンタナスウォン
Anantaporn
　アナンタポーン
Ananth アナン
Ananthaswamy
　アナンサスワーミー
　アナンサスワミー

Ananthkumar
　アナントクマール
Anany アナニー
Ananyeva
　アナニェヴァ
Ana Paula アナパウラ
Anapol アナポール*
Anappara
　アーナパーラ
'Anāq アナーク
Anarawd アナラウド
Anargyros
　アナルジロス
Anarina アナーリナ*
Anas
　アナス**
　エナース
Anasii アナシイ
Anastacia
　アナスタシア*
Anastacio
　アナスタシオ
Anastácio
　アナスタシオ
Anastas アナスタス**
Anastase アナスタズ
Anastas'ev
　アナスタシェフ
Anastasi
　アナスタシ
　アナスタシー
　アナスタシャ
Anastasia
　アナスターシア
　アナスタシア***
　アナスタジア
　アナスターシャ*
　アナスターシャ
　アナスターシア
Anastasiades
　アナスタシアディス*
Anastasiia
　アナスタシア
　アナスタシヤ
　アナスターシャ
　アナスターシャ
　アナスタシヤ
Anastasija
　アナスタシア
　アナスタシヤ
Anastasio
　アナシスオ
　アナスタシア
　アナスタシオ*
　アナスタジオ
Anastasion
　アナスタシオン
Anastasios
　アナスタシアス
　アナスタシオス
Anastásios
　アナスタシウス
　アナスタシオス
Anastasiou
　アナスタシオウ
Anastasis
　アナスタシス
Anastasius
　アナスターシウス

アナスタージウス
アナスタシウス
アナスタジウス
アナスタシオス
Anastasiya
　アナスタシーア
　アナスタシア**
　アナスターシャ
　アナスタシヤ
Anastasov
　アナスタソフ
Anastassija
　アナスターシャ
Anastazia
　アナスタシア*
Anastopoulos
　アナストプロス
　アナストポウロス
Anastos アナストス
Anasuyaben
　アナスヤベン
　アヌシュアベーン
Anat
　アナット*
　アーナート
　アナト*
Anaté アナテ
Anath アナト
Anāthapiṇḍika
　アナータピンディカ
Anatol
　アナトーリ
　アナトール*
　アナトル
Anatole
　アナトオル
　アナトーリ
　アナトール***
　アナトル
Anatoli
　アナトーリ
　アナトリ*
　アナトリー
Anatolia アナトーリア
Anatolie アナトリエ
Anatolievich
　アナトリエヴィチ
Anatolii
　アナトーリ*
　アナトーリー**
　アナトリー***
　アナトーリイ
　アナトル
Anatolii
　アナトーリイ
　アナトリイ
Anatoliĭ
　アナトーリー
　アナトリー
　アナトーリイ
Anatólii
　アナトーリー
　アナトリー
Anatoliis アナトリー*
Anatolij
　アナトーリー*
　アナトーリイ
　アナトーリイ
Anatolijs アナトリイス

Anatolio アナトリオ
Anatolios
　アナトリオス*
Anatólios
　アナトリオス
Anatoliy
　アナトーリ
　アナトーリー
　アナトリー*
Anatoly
　アナートーリー
　アナトーリ
　アナトーリー*
　アナトーリー**
　アナトーリイ
　アナトーリイ
Anatorii アナトリー
Anatsui アナツイ*
Anaukpetlun
　アナウッペルン
Anavian アナビアン*
Anawalt アナワルト
Anawati
　アナワーティ
　アナワティ
Anawrahta
　アノウラータ
　アノラター
　アノーヤター
　アノーラータ
Anaxagoras
　アナクサゴラース
　アナクサゴラス
Anaxander
　アナクサンデル
Anaxandridas
　アナクサンドリダス
Anaxandridēs
　アナクサンドリデス
Anaxarchos
　アナクサルコス
Anaxarkhos
　アナクサルコス
Anaxilas アナクシラス
Anaxilaus
　アナクシラオス
Anaximandros
　アナクシマンドロス
Anaximenes
　アナクシメネス
Anaximenēs
　アナクシメネス
Anaya
　アナーヤ*
　アナヤ**
Anbäcken
　アンベッケン
Anbaree アンバリー
Anbari アンバリ
Anbārī アンバーリー
An-bo アンボー
Anbrus アンブラズ
Anbumani アンブマニ
Anca アンカ
Anca-Daniela
　アンカダニエラ
Anceau アンソー

Ancel アンスル / アンセル*
Ancelot アンスロ
Ancelotti アンチェロッティ**
Ancentus アセントゥス
Ancerl アンチェル / アンチェルル
Ančerl アンチェル / アンチュルル
Anceschi アンチェスキ
Anchan アンチャン
Anchee アンチー*
Anchen アンシェン
Anchia アンシア
Anchieta アンシエタ / アンチエタ
Anchise アンキーゼ
Anchisēs アンキセス
Anchordoguy アンチョルドギー
Anchóriz アンコリス
Ancic アンチッチ
Ančić アンチッチ
Ancil アンシル
Ancilla アンシラ
Ancillon アンション / アンシヨン / アンツィロン
Anckarsvard アンケルスヴァルド
Ancoli アンコリ / アンコリー
Ancona アンコーナ* / アンコナ
Anconina アンコニーナ
Ancowitz アンコヴィッツ
Ancre アンクル
Ancus アンクス
Ancuta アンクツァ
And アンド
Anda アンダ**
Andahazi アンダーシ*
Andakānī アンダカーニー
Andalo アンダロー
Andamion アンダミオン
Andar アンダル
Andasarov アンダサロフ
Anday アンダイ
Andaya アンダヤ
Ande アンデ
Andeé アンドレ
Andel アンデル**
Andelin アンデリン*

Andelko アンジェルコ
Andelkovic アンデルコヴィッチ
Andelman アンデルマン
Andely アンドリー
Andemicael アンデミカエル
Andenaes アンデナイス
Andenstam アルデンスタム
Andeol アンデオル
Andéol アンデオル
Ander アンダー* / アンデル
Andera アンドレーア
Anderberg アルデンベルリ / アンダーバーグ / アンデルベリー / アンデルベルイ
Anderbouhr アンデルブール
Andere アンデレ
Anderé アンドレ
Anderegg アンデレッグ / アンデレグ*
Anderer アンドラ*
Andergast アンダーガスト
Anderhub アンダーハブ
Anderiman アンデリマン
Anderl アンデルル / アンデレル
Anderla アンダーラ
Anderledy アンデレディ
Anderlik アンデリック
Anderloni アンデルローニ
Andermahr アンダマール
Andermann アンデルマン
Andermatt アンデルマット
Anders アーナス** / アナース* / アナス* / アネルス / アンダシュ* / アンダース** / アンダーズ / アンダッシュ* / アーンデシュ / アンデーシュ* / アンデーシュ*** / アンデッシュ* / アンデルス** / アンデレス / アンドレアス / アンドレス

Annesche*
Andersch アンデルシュ**
Andersen アナサン / アナセン*** / アネルセン / アンエルセン / アンダァゼン / アンダアセン / アンダースン / アンダーセン*** / アンダセン / アンデーセン / アンダーソン* / アンダソン / アンダルセン / アンデシェン / アンデーセン*** / アンデルゼン / アンデルセン / アンネシェン / アンネルセン
Anderson アンダーション / アンダション / アンダース / アンダースン** / アンダスン* / アンダーセン / アンダーソン*** / アンダソン* / アンデェション / アンデション** / アンデルソン** / エンダーソン
Andersonn アンデルソン
Andersson アンデルセン
Andersson アンダーショーン / アンダーション / アンダション / アンダーセン / アンダーソン*** / アンデーション* / アンデション* / アンデルソン***
Anderszewski アンデジェフスキー / アンデルシェフスキ / アンデルジェフスキ
Andert アンデルト
Anderten アンデルテン
Anderton アンダートン* / アンダトン
Anderzon アンダーソン
Andes アンディーズ / アンデス
Andeweg アンデウェグ
Andhonēs アンドニス
Andi アンディ**
Andie アンディ** / アンディー
Andimba アンディンバ*

Andimuthu アンディムス
Andino アンディーノ / アンディノ
Andiyev アンディエフ
Andjaparidze アンジャパリゼ
Andjo アンジョ
Andlau アンドラウ
Andlaw アンドラウ
Andleigh アンドレイ
Andnor アンドノール
Ando アンドゥ
Andojo アンドヨ
Andokides アンドキデス
Andokidēs アンドキデス
Andolfi アンドルフィー*
Andolina アンドリーナ
Andon アンドン
Andone アンドネ
Andon'ev アンドニエフ
Andoni アンドニ
Andonian アンドニアン
Andor アンドール* / アンドル
Andorai アンドライ
Andorea アンドレア*
Andoreev アンドレーエフ
Andoyer アンドワイエ / アンドワエ
Andra アンドラ*
Andrä アンドレ
Andraca アンドラーカ
Andrada アンドラーダ / アンドラダ / アンドラーデ / アンドラデ
Andrade アンドラージ / アンドラーデ** / アンドラデ** / アンドラディ / アンドラード / アンドラド / アンドレイド / アンドレード*
Andradina アンドラジーニャ
Andrae アンドレ* / アンドレー
Andraka アンドレイカ
Andral アンドラル
Andranik アンドラニク*
Andrannik アンドラニク

Andras アンドラーシュ** / アンドラス
András アンドラシ / アンドラーシュ** / アンドラース / アンドラス* / エンドレ
Andrasch アンドレアシュ*
Andraski アンドラスキー*
Andrassy アンドラーシ / アンドラシー
Andrássy アーンドラシ / アンドラーシ / アンドラシー / アンドラッシー
Andraz アンドラジュ
Andre アンドル / アンドレ*** / アンドレー / アンドレイ
Andre' アンドレ
André アンドゥレ / アンドル / アンドレ*** / アンドレー / アンドレア / アンドレイ
Andrè アンドレ
Andrea アンドリア* / アンドレ / アンドレーア*** / アンドレア*** / アンドレアイ / アンドレーエ
Andreä アンドレアエ / アンドレーエ / アンドレエ
Andréa アンドレア**
Andreades アンドレアデス
Andreadés アンドレアデス / アンドレアーデス
Andreadis アンドレアディス
Andreae アンドリエ / アンドレ / アンドレー / アンドレア* / アンドレアエ* / アンドレイ / アンドレーエ*
Andreani アンドレアーニ
Andreano アンドレアノ
Andreas アンデレ / アンドレア / アンドリアス**

AND

アンドリース*
アンドリュー
アンドレア**
アンドレーアス**
アンドレアス***
アンドレス
Andréas
アンドレア
アンドレアス
Andreasen
アンドリアセン*
アンドリーセン
アンドリーゼン
アンドレアセン*
アンドレイアセン*
アンドリーゼン
Andreasi
アンドレアージ
Andreassen
アンドレーアセン
アンドレアセン
Andreassi
アンドレアッシ
Andréasson
アンドレアソン
アンドレッセン
Andreatta
アンドレアッタ*
André-Dieudonné
アンドレデュードネ
Andree
アンドレ*
アンドレー*
Andrée
アンドレ**
アンドレー*
Andreea
アンドリーア
アンドレーア*
アンドレア
Andreen アンドレーン
Andreescu
アンドレエスク
Andreessen
アンドリーセン*
アンドレーセン
Andreev
アンドリエーフ
アンドレーイェフ
アンドレイエフ
アンドレエフ
アンドレーエフ***
アンドレエフ
アンドレーフ
アンドレフ
Andreeva
アンドレーエヴァ*
アンドレーエワ
アンドレエワ
アンドレーワ
Andreevh
アンドレーエフ
Andreevich
アンドレイヴィチ
アンドレエヴィッチ
アンドレエヴィチ
アンドレーヴ
アンドレーヴィチ*
アンドレーヴィッチ
アンドレヴィッチ

アンドレーエヴィチ
アンドレエヴィチ
アンドレーエヴィッチ
アンドレエヴィッチ
アンドレーヴィチ
アンドレービチ
アンドレービッチ
Andréevich
アンドレーヴィチ
Andreevitch
アンドレエヴィッチ
Andreevna
アンドレーヴナ*
アンドレエヴナ
Andreevski
アンドレエフスキ
Andreevskii
アンドレエフスキー
アンドレーフスキ
Andreff
アンドレーフ*
アンドレフ
Andrei
アンドレ*
アンドレーイ*
アンドレイ***
アンドレイバシレ
Andreí アンドレイ
Andreï アンドレイ
Andreï アンドレイ
Andréi アンドレイ
Andréï アンドレイ
Andreia
アンドレイア
Andreianova
アンドレヤーノヴァ
Andreichenko
アンドレイチェンコ
Andreina
アンドレイーナ
アンドレイナ
Andreína アンドレイナ
Andreini
アンドレイーニ
アンドレイニ
Andreis アンドレイス
Andrej
アンジェイ
アンドリェイ
アンドレイ**
Andreja アンドレヤ
Andrejczyk
アンドレイチク
Andrejew
アンドレーエフ
Andrejs アンドレイス*
Andrelton
アンドレトン
Andreoli
アンドレオーリ
アンドレオリ
Andreolli
アンドレオッリ
Andreopoulos
アンドレオポーロス
Andreotti
アンドレオッチ
アンドレオッティ**

Andreou
アンドリュー
アンドレウ
Andres
アンドリア
アンドリアス
アンドレ*
アンドレース
アンドレス***
Andrés
アンドレ
アンドレース
アンドレス***
Aǹdres アンドレス*
Andresen
アンドレスン
アンドレセン**
アンドレゼン
Andrésen
アンドレーゼン
Andreski
アンドレスキー
Andres Roberto
アンドレスロベルト
Andress
アンドリアス
アンドレス*
Andretta
アンドレッタ*
Andretti
アンドレッティ**
Andreu
アンドリュー
アンドルー*
アンドレウ*
Andreus アンドレウス
Andrevi アンドレビ
Andrew
アンディ*
アンディー
アンデリュー
アンデレ
アンドゥルー
アンドラーシュ
アンドリュ
アンドリュー
アンドリュー***
アンドリュウ*
アンドール―
アンドル
アンドルー***
アンドルウ
アンドレ*
アンドレー
アンドレア
アンドレアス
アンドレイ
アンドレウ
アンドロー
Andre Wells
アンドレウェルス
Andrewes
アンドリューズ
アンドルーズ
Andrews
アンドリウス
アンドリュー
アンドリュース***
アンドリューズ**
アンドルー

アンドルース**
アンドルーズ***
アンドレウス
Andrey アンドレイ***
Andreyanova
アンドレヤノワ
Andreychin
アンドレイチン
Andreyev
アンドリーエフ
アンドレイェーヴ
アンドレーエフ
アンドレエフ
Andreyevich
アンドレーエヴィチ
アンドレエヴィチ
Andreyevna
アンドレエヴナ
Andréyor
アンドレイオール
アンドレヨール
Andrzej アンジェイ
Andrzejewski
アンジェイエフスキー
Andri アンドリ**
Andria アンドリア
Andriakopoulos
アンドリアコポーロス
Andriamahazo
アンドリアマハゾ
Andriamanarivo
アンジアマナリボ
Andriamanjato
アンジアマンジャト
Andriambelomasina
アンドリアンベルマシナ
Andriamiseza
アンドリアミセザ
Andriamosarisoa
アンジアモサリソア
Andriampanjava
アンドリアンパンジャバ
Andriamparany
アンジアンパーラニ
アンジアンパラニ
Andrian
アンドリアン***
Andrianainarivelo
アンドリアナイナリベロ
Andrianampoinimerina
アンドリアナンプイニメリナ
Andrianarison
アンジアナリスン
Andrianarivo
アンドリアナリブ
Andrianasandratriniony
アンドリアナサンドラトリニオニ
Andriane
アンドリアーネ
Andriani
アンドリアーニ*
Andrianiaina
アンジアニアイナ

Andrianirina
アンドリアニリナ
Andrianjafy
アンドリアンザフィ
Andrianjato
アンジアンジャト
Andrianov
アンドリアノフ
アンドリアーノフ
アンドリアノフ**
Andrianova
アンドリアノワ
Andriantiana
アンジアンティアナ
Andriantsimitoviamiinandriana
アンドリアンツィミゥトヴィアミナンドリアナ
Andriatavison
アンジアタビソン
Andric アンドリッチ
Andrić
アンドリチ
アンドリッチ**
Andrica アンドリカ
Andries アンドリース*
Andriese アンドリース
Andriesse
アンドリーセ*
Andriessen
アンドリエッセン
アンドリーセ
アンドリーセン**
Andrieu
アンドリュー*
アンドルー
Andrieux
アンドリオ
アンドリュー
Andriev アンドリエフ
Andrievskii
アンドリエフスキー
Andrii
アンドリ
アンドリー
Andriĭ アンドリー
Andriiasevic
アンドリヤセビッチ
Andriitsev
アンドリツェフ
Andrij アンドリイ
Andrija
アンドリア
アンドリヤ
Andrijana
アンドリヤナ
Andrijauskas
アンドリャウスカス
Andrike アンドゥリケ
Andrikopoulos
アンドリコプロス
Andrinof アンドリノフ
Andriolo
アンドリオーロ
Andriopoulos
アンドリオプロス
Andriot アンドリオ
Andrique アンドリケ

Andris アンドリス**	**Andronov** アンドローノフ	**Andy** アンディ	**Anezi** アネジ	アンヘレス**
Andrisani アンドゥリザーニ* アンドリサーニ アンドリザーニ	**Andropov** アンドロポフ*	アンディ*** アンディー**	**Anezka** アネシュカ	エンジェルス
		Andzhaparidze アンジャパリーゼ	**Anfernee** アンファーニー	**Ángeles** アンヘレス
Andrisen アンドリーセン*	**Andros** アンドロス	アンジャパリゼ	アンファーニー*	**Angeletti** アンジェレッティ
Andriskos アンドリスコス	**Androsch** アンドロシュ	**Ane** アネ エーネ*	**Anfilov** アンフィロフ	**Angeli** アンジェリ*
Andriukaitis アンドリュウカイティス	**Androtiōn** アンドロティオン	**Aneau** アノー	**Anfinsen** アンフィンセン アンフィンゼン*	**Angelia** アンゲリア
	Androuet アンドルーエ	**Anecy** アネスィ	**Anfissa** アンフィサ	**Angelica** アンゲリカ* アンジェリカ**
Andrius アンドリウス アンドリュス	**Androuët** アンドルウエ	**Anedda** アネッダ	**Anfortas** アンフォルタス	**Angélica** アンジェリカ
Andriy アンドリー* アンドリイ アンドレイ**	**Androula** アンドゥラ	**Anedjib** アネジブ	**Anfossi** アンフォッシ	アンヘリカ
	Androutsopoulos アンドルチョプロス*	**Aneel** アニール	**Anfredus** アンフレードゥス	**Angelich** アンゲリッシュ*
	Androûtsos アンドルツォス	**Aneerood** アネルード	**Ang** アァン	**Angelico** アンジェーリコ アンジェリコ*
Andro アンドロ	**Androvskaia** アンドロフスカヤ	**Anees** アニーズ*	アン** アング	**Angelides** アンヘリデス
Androcles アンドロクレス	**Androwich** アンドロウィッチ	**Aneesa** アニーサ	**An-gang** アンガン	**Angelika** アンゲーリカ*
Androclus アンドロクロス	**Andrs** アンドルス	**Anefal** アネファル	**Anganika** アンガニカ	アンゲリーカ アンゲリカ*
Androdias アンドロディア アンドロディアス	**Andruetto** アンドルエット	**Aneirin** アナイリン	**Angara** アンガラ**	アンジェリカ*
		Aneiros アネイロス	**Angaramo** アンガラモ	**Angeliki** アンゲリキ
Androff アンドロフ	**Andrus** アンドゥルース	**Aneja** アネジャ	**Angari** アンガリ	アンジェリキ
Androgeōs アンドロゲオス	アンドゥルス アンドラス** アンドリュース	**Anek** アネーク	**Angarita** アンガリータ	**Angélil** アンジェリル
Androgynos アンドロギュノス	アンドルス** アンドロス	**Anel** アネル	**Angas** アンガス	**Angelin** アンジェリン アンジュラン*
Androkleidas アンドロクレイダス		**Anelka** アネルカ**	**Angass** アンガス	**Angelina** アンジェリーナ**
Androkydes アンドロキュデス	**Andruw** アンドリュー アンドルー**	**Anell** アネル	**Angban** アングバン	アンジェリナ* アンヘリーナ
		Anelli アネッリ	**Ange** アンジェ*	エンジェリーナ
Andromache アンドロマケ アンドロマケー	**Andry** アンジ アンドリー**	**Anello** アネッロ アネロ	アンジェ***	**Angeline** アンゲリーネ*
Andromeda アンドロメダ アンドロメダー	**Andrysek** アンドリィスク	**Anémone** アネモーヌ* アネモーネ	**Angehrn** アンゲールン	アンジェリーヌ アンジェリン
Andrōn アンドロン	**Andrzei** アンジェイ	**Anenih** アネニ アネニイ	**Angel** アンゲル* アンジェル	**Ángel** アンヘル
Andronescu アンドロネスク	**Andrzej** アンジェイ*** アンドルス アンドレ* アンドレイ**	**Anénklētos** アネンクレートス	アンヘル** エンジェル* エンゼル*	**Angéline** アンジェリーヌ
Andronico アンドロニコ		**Aner** アーナー	**Ángel** アンヘル***	**Angelini** アンジェリーニ
Andronicos アンドロニコス	**Andrzejewska** アンジェイェヴスカ	**Anerio** アネーリオ アネリオ	**Angela** アンゲラ** アンジェラ***	**Angelino** アンジェリーノ アンヘリノ
Andronicus アンドロニークス アンドロニクス アンドロニコス	**Andrzejewski** アンジェイェフスキ** アンジェイェフスキー アンジェイェフスキー アンジェエフスキ	**Aneta** アネタ	**Angelababy** アンジェラベイビー*	**Angelique** アンゲリク アンジェリーク* アンジェリク* アンジェリック*
Andronīcus アンドロニコス		**Anete** アネテ	**Angelakis** アンジェラキス	
Andronik アンドロニク		**Anett** アネッテ** アネット*	**Angelakos** アンジェラコス	**Angélique** アンジェリカ アンジェリーク** アンジェリック**
Andronikashvili アンドロニカシュヴィリ	**Andsnes** アンスネス**	**Anette** アネッテ** アネット*	**Angelbert** アンジェルベール	
Andronikos アンゾロニコス アンドロニコス	**Andu** アンドゥ	**Aneurin** アナイリン アネイリン	**Angele** アンジェル*	**Angelis** アンゲーリス アンジェーリス アンジェリス** アンゼリス
	Andujar アンドゥーハー アンドゥハル*		**Angèle** アンジェール アンジェル*	
Andrónikos アンドロニークス アンドロニコス	**Andung** アンドゥン	**An Du'o'ng** アンズオン	**Angeleita** アンジェリータ	**Angelius** アンゲリーウス
Andrónnikov アンドローニコフ	**Andur** アンドゥル*	**Andusic Maksimovic** アンドゥシチマクシモビッチ	**Angeleri** アンジェレーリ	**Angelkova** アンゲルコバ
Andronius アウドロニウス		**Anew** アニュー	**Angeles** アンジェレス* アンヘレス	**Angell** アンジェル エインジェル エーンジェル
		Áñez アニェス		

Angella アンジェッラ
Angelloz アンジェロス
Angelo
 アンゲロ
 アンジェル
 アンジェロ***
 アンゼロ
 アンヘロ
Angélo アンジェロ
Ângelo アンジェロ
Angeloni
 アンジェローニ
Angelopoulos
 アンゲロプロス**
 アンゲロポウロス
Angelopoulou
 アンゲロプル
Angelos
 アンゲルス
 アンゲロス*
 アンジェロス
Angelou
 アンゲールゥ
 アンジェロウ***
Angelov
 アンゲロフ
 アンジェロフ
Ángels アンヘレス
Angelsen アンゲルセン
Angelucci
 アンジェルッチ*
Angelus
 アンゲルス*
 アンジェラス
 アンジェルス
Angel Valodia
 アンヘルバロディア
Angelyn アンジェリン
Angenent
 アンヘネント
Anger アンガー***
Angera アンジェラ*
Angere アンジェレ
Angerer
 アンゲラー**
 アンゲレル
Angerhofer
 アンゲルホーファー
Angerina アンゲーリナ
Angermeyer
 アンガーマイヤー
Angermüller
 アンガーミューラー
 アンガーミュラー
Angero アンジェロ*
Angerona
 アンジェローナ
Angers アンガース
Ánges アーグネシュ
Änggård エングゴード
Angger アンゲル
Anggun アングン

Angharad
 アンガラッド
 アンガルド
Anghelopoulos
 アンゲロプロス
Anghiera
 アンギエーラ
 アンギエラ
Angie
 アンギー
 アンジー**
Angier
 アンジア
 アンジアー
 アンジェ
 アンジャー
 エインジャー*
Angilbert
 アンギルベルト
Angilram
 アンジルラム
Angiolello
 アンジオレッロ
Angiolieri
 アンジョリエーリ
Angiolillo
 アンジョリッロ
Angiolina
 アンジョリーナ
Angiolini
 アンジョリーニ
Angiolo
 アーニョロ
 アニョロ
 アンジョロ
Angione アンジョーネ
Angis アンギス
Angjeli アンジェリ
Angkhaan アンカーン
Angkhan アンカーン*
Anglada アングラーダ
Anglade
 アングラード*
Angle アングル**
Angleberger
 アングルバーガー*
Angleria
 アングレリーア
Angles アングルス
Anglés アングレス
Anglès アングレス
Anglesey アングルシー
Angleterre アン
Angleton アングルトン
Anglia アングリア
Anglicas アングリカス
Anglicus
 アングリクス*
Anglim アングリム
Anglin
 アングラン
 アングリン
Angliss アングリス*
Angliviel
 アングリヴィエル
Anglo アングロ*

Anglund
 アングランド*
 アングルンド
Angmar-Mánsson
 アングマーマンソン
Angna
 アーングナ
 アンジナ
Ango アンゴ
Angoletta
 アンゴレッタ
Angot アンゴー*
Angouin アングアン
Angoulême
 アングーレーム
 アングレーム
Angoulvent
 アングールヴァン
Angrand アングラン
Angrisano
 アングリサーノ
Angrist アングリスト*
Angrnar アンガナル
Angrok
 アロ
 アンロク
 アンロック
Angrosino
 アグロシーノ
 アングロシーノ
Angst
 アンクスト
 アングスト*
Ångström
 オングストレーム
 オングストローム
Anguel アンゲル*
Anguier アンギエ
Anguimaté アンギマテ
Anguis アンギス
Anguissola
 アンギッソラ
 アングィッソラ
 アングイッソラ
 アングィッソーラ
 アングイッソラ*
Angul アングル
Angula アングラ
Aṅgulimāla
 アングリマーラ
Angulo
 アングーロ
 アングロ
Angus
 アンガス***
 アングス*
Angust アウフスト
Anguste アウグステ
Angwin アングウィン
Angyal アンギャル*
Angyalossy
 アンギャロッシー
Angyne アンジン
Anh
 アイン*
 アイン**

アーン
アン**
Ánh
 アイン
 アイン*
Anhalt
 アーンハールト
 アンハルト
Anheier アンハイアー
An-hi アンヒ
Anholt
 アンホールト**
 アンホルト*
Ani
 アーニ
 アーニー*
 アニ*
 アニー
Ania
 アニア
 アーニャ
Anibaba アニババ
Anibal アニバル**
Aníbal
 アニーバル
 アニバル
Anic アニツ
Anicee アニセー
Anicet アニセ
Aniceto アニセト**
Anicet-Parfait
 アニセパルフェ
Anicetus
 アニケツス
 アニケトゥス
Anichebe アニチェベ*
Anichkov
 アニーチコフ
 アニチコフ
 アニツコーフ
Anicius アニキウス
Aniciuss アニキウス
Anicka アニカ
Anidjar アニジャール
Anido アニード
Aniela アニエラ
Anielewicz
 アニエレヴィチ
 アニレヴィッツ
Aniello
 アニエッロ
 アニエルロ
Anier
 アニア
 アニエル*
Anies アニース
Anievas アニエヴァス
Anifah アニファ*
Anika アニカ
Anike アニケ
Anikeeva アニキエヴァ
Anikievich
 アニキエヴィチ
Anikin
 アニーキン
 アニキン
Anikó アニコー

Anikst
 アーニクスト
 アニクスト*
Anikulapo アンクラボ
Anil
 アニール
 アニル**
Anila アニラ
Anima アニマ
Animal アニマル**
Animi アニミ
Animuccia
 アニムッチア
 アニムッチア
 アニムッチャ
Animul アニムル
Anindya
 アニンディア
 アニンディヤ
Aniolowski
 アニオロフスキ
 アニオロフスキー
Anirban アニルバン
Aniruddha
 アニルダ
 アニルッダ
Anis
 アニ
 アニス*
Anīs アニース
Anisa アニーサ
Anish
 アーニッシュ
 アニッシュ*
Anishchanka
 アニシュチャンカ
Anisi アニシ
Anisimov
 アニーシモフ
 アニシモフ
 アニシモフ
Anisimova
 アニシモーヴァ
 アニシモワ
Anisimovich
 アニシモヴィチ
Anissa
 アニサ
 アニッサ
Anissi アニシ
Anissina アニシナ*
Aniston アニストン*
Anisul アニスル
Anita
 アーニタ
 アニータ***
 アニーター
 アニタ***
 アニター
Anitā アニーター
Anītā アニタ
Anitra アニタ
Anitta アニッタ
Anitúa アニトゥア
Aniuar アニュアル
Aniushina アニシナ
Aníval アニバル

Anja アニア／アーニャ／アニャ*／アニヤ*／アンジャ／アンニャ*／アンヤ*
Anjali アンジャリ
Anjan アンジャン*
Anjana アニヤナ／アンジャナ
Anjanette アンジャネット
Anjelica アンジェリカ*
Anjos アンジョス*
Anjou アンジュー／アンユー
Anjum アンジュム／アンユム
Anka アンカ***
Anke アンケ**
Ankeney アンケニー
Anker アンカー**／アンカア／アンケル
Ankermann アンカーマン
Ankers アンカース／アンカーズ
Ankersen アンカーセン
Ankersjö アンカージョ
Ankh アンク
Ankhesenamen アンケセナーメン
Ankhi アンキ
Ankhkaenre アンクカーエンラー
Ankhkheprure アンクケプルラー
Ankhtsetseg アンフツェツェグ
Anki アンキ
Ankie アンケ
Ankiel アンキール*
Ankit アンキット
Ankoma アンコマ
Ankrah アンクラ
Ankrum アンクラム
Ankur アンクール
Ankvab アンクワブ*
Anky アンキー**
Anlezark アンレザーク
Anliane アンリアンヌ
Anm アン
Anmers アンメルス
Ann アイン／アン***

Anna アンナ／アンネ
Anna アナ***／アン／アンア／アーンナ／アンナ***
Aññā アンニャー
Ánna アンナ
Annaamanov アンナアマノフ
Annabayramov アンナバイラモフ
Annabel アナベル**
Annabella アナベラ**／アン・イザベラ／アンナベッラ
Annabelle アナベラ／アナベル*
Annaberdy アンナベルディ
Annabeth アナベス
Anna carin アンナカリン
Annacondia アナコンディア
Annadif アナディフ
An-Naḍr アン・ナズル
Annadurai アンナードゥライ／アンナドライ
Annaeus アナエウス／アンナエウス*
Annafi アナフィ
Annageldi アンナゲリディ／アンナゲルディ
Annaguly アンナグルイ
Anna Jenny アンナイエンニュ
Anna-Karin アンナカーリン
Annakin アナキン*
AnnaLee アナリー*
Annalee アナリー／アンナーリー
Annaleigh アナリー
Anna-Lena アンナレナ
Annalena アンナレーナ
Annalisa アナリサ／アンナリーサ
Annalise アナリーズ
Annaloro アンナローロ
Annalyn アナリン
Annam アンナム
Annamalai アナマライ
Anna Malvina アナマルビナ

AnnaMaria アンナマリア
Annamaria アンナ・マリア／アンナマリア*
Annambhaṭṭa アンナムバッタ
Annameredov アンナメレドフ
Annamirl アンナミルル
Annamuhammet アンナムハメト
Annan アナン***
Annandale アナデイル
Annani アンナニ
Annapia アンナピア
Annaratone アナラトーネ
Annarita アンナリータ
Annas アナス*／アンナス
Annat アナ
Annaud アノー**
Annbel アナベル
Ann-Christin アンクリスティン
Anne アナ／アニー／アネ*／アーン／アン***／アンナ*／アンヌ***／アンネ***
Änne エンネ
Anne-Caroline アンヌカロリン*
Annechild アンチャイルド*
Annedore アンネドーレ
Annegert アネゲルト／アンネゲルト**
Annegret アンネグレット／アンネグレート
Anne-Grete アンネグレーテ
Annekatrin アンネカトリン
Anneke アネカ／アーネケ／アネケ
Annekei アンナケイ
Anneli アネリ*／アンネリ
Annelies アナリス／アネリース*／アンネリース*／アンネリーズ
Anneliese アナリーセ

アネリーゼ／アンネリーゼ**
Annelise アネリス／アネリーゼ／アンヌリーズ
Anneloes アンネローズ
Anne Lolk アンネロルク
Anne-Marie アンマリー
Annemarie アネマリー／アネヌマリー／アンネーマリー／アンネマリー**／アンマリー
Annemie アネミ／アネミー
Annemiek アネミーク／アネミック／アンネミーク／アンネミケ
Annen アネン
Annenberg アンネンバーグ**
Annenkov アーンネンコフ／アンネンコフ*
Annenkova アンネンコヴァ
Annenskii アンネンスキー
Anner アネル／アンナー**／アンネル
Annerose アンネローゼ*
Annesley アネスリー*／アンズリ／アンズリー
Annet アネット**
Annete アネット
Anneth アネス
Annett アネット*
Annette アネッタ*／アネッテ**／アネット***／アンネッテ*／アンネット*
Annéus アネユス
Anne-Valérie アンヴァレリー
Anni アニ*／アニー／アンニ**
Annia アニア／アンナ／アンニア
Anniānus アンニアヌス
Annibal アニバル

Annibale アニーバレ／アニバーレ／アンニバル／アンニーバレ／アンニバーレ／アンニバレ*
Annibali アニバリ
Annica アニカ
Annicelli アンニチェッリ
Anniceris アンニケリス
Annichiarico アンニキアリーコ
Annick アニク／アニック*
Annie アーニー*／アニ／アニー***／アン／アンニー*／アンニエ*
Annik アニーク
Annika アニカ**／アンニカ**
Anniken アニケン／アンニケン
Annikeris アニケリス
Anning アニング*
Annis アニス**
Annise アニース*
Annius アニウス／アンニウス
Ann-Mari アンマリー
Ann-Marie アンマリー
AnnMarie アンマリー
Anno アノ／アンノ／アンノー
Annonciata アノンシアタ
Annoni アンノーニ
Annou アヌー
Annour アヌール
Ann-ping アンピン
Annsert アンサート
Anntoinette アントワネット*
Annu アンヌ
Annukka アヌッカ
Annuncio アヌンチオ
Annunziata アヌンチアート
Annunzio アヌンツィオ
Annus アヌシュ
Anny アニー**
Ano アノ
Anoaro アノアロ

Anodea アノデア	Ansari アンサリ**	Anskar アンスカル	Antébi アンテビ	Anthonisz アントニス
Anokhin アノーヒン / アノヒン	Ansārī アンサーリー	An-Ski アンスキー	Antegnati アンテニャーティ	Anthonisz. アントーニスゾーン
	Ansārī アンサーリー	Ansky アンスキー	Antei アンテイ	Anthony アンソニ / アンソニー*** / アンソニィ / アンソニイ* / アントーニー / アントニ / アントニー*** / アントニイ*
Anokye アノキエ	Ansart アンサール**	Anslinger アンスリンガー	Antel アンテル	
Anomeritis アノメリティス	Ansary アンサーリー / アンサリー	Anslow アンスロー	Antelami アンテーラミ / アンテラミ	
Anong Adibime アノンアディビメ	Ansay アンセイ	Anslyn アンスリン		
Anonimo アノニモ	Ansbach アンズバック	Ansoff アンソフ / アンゾフ**	Antelme アンテルム*	
Anonis アノニス	Ansbacher アンスバッハー	Anson アンスン / アンソン**	Antelo アンテロ	
Anonymous アノニマス	Ansbert アンスベルト		Antena アンテナ	
Anoop アヌープ	Anscheidt アンシャイト	Ansorge アンゾルゲ*	Antenor アンテーノール / アンテノール / アンテノル	Anthrop アンスロップ
Anoro アノロ	Anschuetz アンシュッツ	Ansovich アンソヴィチ		Anthusa アントゥーサ
Anōsharvān アノーシャルヴァーン	Anschüts アンシュッツ	Anspach アンスパック** / アンズパック / アンスパッチ* / アンスパッハ / アンスパハ	Antēnōr アンテノル	Anti アンティ*
			Antenoreo アンテノレオ	Antias アンチアス / アンティアス
Anoshkin アノシュキン	Anschutz アンシューツ		Antequera アンテケーラ	Antibo アンチボ / アンティボ
Anoškinovà アノシキノヴェー			Antero アンテーロ / アンテロ*	
Anosov アノーソフ*	Anschütz アンシュッツ	Ansprand アンスプラント		
Anote アノテ*	Anscombe アンスクーム / アンスコム**	Ansseau アンソー	Ántero アンテロ	Antić アンティッチ
Anouar アヌワール* / アンワール		Anssi アンッシ	Anterus アンテルス	Antičevič アンティチェビッチ
Anouchka アヌーシュカ	Ansdale アンスデール	Anstee アンステー / アンスティ* / アンスティー*	Antes アンテス**	Anticho アンティーコ
	Ansdell アンスデル		Antes Castillo アンテカスティージョ	Antico アンティーコ
Anouck アヌック	Anseele アンセール			Antide アンティド
Anouilh アヌイ** / アヌイユ	Ansegis アンセギス	Anstei アンステイ	Antetokounmpo アデトクンボ	Antie アンティエ
	Ansel アンセル*	Anstell アンセル*		Antieau アンティーオ / アンティオー
Anousaki アヌーサキ	Ansell アンセル*	Anstett アンステット	Antezana アンテサナ	
Anoushiravani Hamlabad アノウシラバニハムラバド	Ansello アンセロ	Anstey アンスチー / アンスティ / アンスティー* / アンステイ*	Anthea アンシア / エンシーア	Antier アンチエ / アンティエ
	Anselm アンセルム*** / アンゼルム** / アンセルムス		Antheil アンセイル / アンタイル	Antieres アンティアレス
Anoushka アヌーシュカ*		Anstine アンスタイン	Anthelm アンテルム	Antiga アンティガ
Anovelo アノヴェーロ	Anselme アンセルム	Ansu アンス	Anthelme アンテルム*	Antigonē アンティゴネ
An-qing アンチン	Anselmi アンセルミ*	Ansuino アンスイーノ	Anthelmi アンテルミ	Antigonos アンチゴノス / アンティゴノス
Anquan アンクワン	Anselmini アンセルミニ	Ant アント*	Anthemius アンテミウス / アンテミオス	
Anquetil アンクティーユ / アンクティル	Anselmo アンセルモ***	Anta アンタ		Antigomus アンティゴヌス / アンティゴノス
	Anselmus アンセルム / アンセルムス*	Antadze アンタゼ	Anthenor アンテノル	
		Antagorās アンタゴラス	Antherjanam アンゼルジャナム*	Antikarov アンティカロフ*
Anquetin アンクタン	Ansen アンセン	Antaki アンタキ		Antikleidēs アンティクレイデス
Anquez アンケ	Ansermet アンセルメ* / アンセルメー / アンセルメット	Antākī アンターキー	Anthes アンテス*	Antila アンティラ
Anreus アンレウス		Antal アンタール** / アンタル**	Anthi アンシ	Antill アンティル
Anrich アンリヒ			Anthime アンティーム	Antillón アンティジョン / アンティリョン
Anrig アンリ	Ansgar アンスガー / アンズガー / アンスカリウス / アンスカル / アンスガール / アンスガル	Antalkidas アンタルキダス	Anthimos アンティモス	Antimachos アンチマコス / アンティマクス / アンティマコス
Anrijs アンリジス		Antall アンタル*	Ánthimos アンティモス	
Anring アンリグ		Antanas アンターナス / アンタナス*	Anthoine アントアーヌ / アントアン / アントワーヌ*	
Anrooy アンローイ*		Antangana アンタンガナ		Antimo アンティーモ
Ansa アンサ	Anshaw アンショー	Antao アンタオ	Anthon アンソン / アントン	Antin アンティン
Ansah アンサー*	Anshen アンシェン* / アンジェン	Antar アンタル*		Antink アンティンク
Ansaldi アンサルディ	An-sheng アンセン	Āṇṭār アーンダール	Anthoni アンソニー / アントーニ	Antinoff アンティノフ
Ansaldo アンサルド	Anshu アンシュー*	'Antara アンタラ		Antinoos アンティノオス
Ansalone アンサローネ	Ansi アンシ	Antares アンタレス	Anthoine アントーヌ	Antinori アンティノーリ / アンティノリ
Ansani アンサーニ	Ansil アンシル	Antasari アンタサリ	Anthonioz アントニオズ*	
Ansara アンサラ*	Ansip アンシプ*	Antawn アントワン	Anthonis アントニス	Antinous アンチノウス
		Antczak アントザク		
		Ante アンテ***		

Antiochos
アンチオコス
アンティオコス
Antiochus
アンティオクス
アンティオコス
Antiokh
アンチオーフ
アンチオフ
Antiokhos
アンティオコス
Antiope
アンティオペ
アンティオペー
Antipas
アンチパス
アンティパ
アンティパス
アンテパス
Antipás
アンティパス
アンテパス
Antipater
アンチパテル
アンティパテル
アンティパトロス
Antipatros
アンティパトロス*
Antípatros
アンティパトロス
Antipenko
アンティペンコ
Antiphanēs
アンチファネス
アンティパネース
アンティパネス
アンティファネス
Antiphilos
アンティフィロス
Antiphon
アンチフォン
アンティフォーン
アンティフォン
Antiphōn
アンチフォン
アンティフォーン
アンティポーン
アンティポン
Antipovich
アンチーポヴィチ
Antípovich
アンチーポヴィチ
Antisell
アンチセル
アンティセル
Antisthenēs
アンチステネス
アンティステネス
アンティステネス
Antiveduto
アンティヴェドゥート
Antje
アンチェ*
アンツェ
アンテ
アンティエ*
アンティジェ
Antjie アンキー

Antkiewicz
アントーキビック
Antley
アントリー
アントレー*
アントレイ
Anto アント
Antoaneta
アントアネタ
Antoccia アントッチャ
Antoine
アンソニー
アントアーヌ
アントアヌ
アントアヌス
アントイン
アントゥアヌ
アントナン
アントニー
アントニオ
アントワアヌ
アントワーヌ***
アントワヌ*
アントワン**
アントワンヌ
アントン
Antoíne アントワーヌ
Antoinette
アントアネット*
アントワーネット
アントワネット**
Antoino アントニオ
Antokiewicz
アントキェビチ
Antokolískii
アントコーリスキー
アントコリスキー
Antokolskii
アントコルスキー
Antokol'skii
アントコーリスキー
アントコリスキー
Antokolsky
アントコルスキー
Antokol'sky
アントコーリスキー
アントコリスキー
Antolici アントリッチ
Antolín アントリン
Antolinez
アントリーネス
Antolini アントリーニ
Antomero アントメロ
Antommarchi
アントンマルキ
Anton
アンソニー
アントア
アントアヌ
アントニ
アントニーン
アントーヌ
アントーン
アントン***
Antón アントン*
Antonacci
アントナッチ
Antonakos
アントナコス*

Antone
アントワーヌ
アントーン
アントン*
Antonelius
アントネリウス
Antonella
アントネッラ**
アントネラ**
アンドレア
Antonelle アントネレ
Antonelli
アントネッリ***
アントネリ*
アントネルリ
Antonello
アントネッロ**
アントネルロ
アントネロ
Antonenko
アントネンコ
Antonenkov
アントネンコフ
Antônes
アントーニス**
アンドーニス
アンドニス
Antōnēs アドニス
Antonescu
アントネスク*
Antonette
アントネット
Antonetti
アントネッティ*
AntonGionata
アントンジョナータ
Antongionata
アントン・ジョナータ
アントンジョナータ
Antoni
アントーニ**
アントニ***
アントニー**
アントン
Antoní アントニ
Antonia
アントーニア*
アントニア***
アントニーア*
Antónia アントニア
Antônia アントニア
Antoniadi
アントニアディ
Antonian アントニャン
Antonianos
アントニアノス
Antoniazzo
アントニアッツォ
Antonicek
アントーニチェク
アントニーチェク
アントニチェク
Antonicelli
アントニチェルリ
Antonie アントニー*
Antonieta
アントニエタ*
Antonietta
アントニエッタ**

Antonii
アントニー
アントーニイ
アントニイ
Antoniĭ アントーニイ
Antonij アントーニイ
Antonije アントニイェ
Antonin
アントナン**
アントニーン
アントニン***
Antonín
アントニーン*
アントニン*
Antonina
アントーニナ
アントニーナ*
アントニナ
Antonine
アントニーヌ*
Antoninho
アントニーニョ
Antonini
アントニーニ*
Antonino
アントニオ
アントニーノ**
Antoninus
アントニウス
アントーニーヌス*
アントニヌス*
アントヌス
Antōnīnus
アントニヌス
Antonio
アンテニオ
アントニ*
アントニー
アントニア
アントニオ***
アントニーオ
アントニオ***
アントニーヨ
アントニョ
Antónío
アントニオ
アントニオ***
Antònio
アントニオ
アントniô**
アントニーオ
アントニオ***
Antonioli
アントニオーリ
Antonioni
アントニオーニ**
Antonios
アントニオス
アンドニオス
Antoniou
アントニウ
アントニユー
Antonioz アントニオズ
Antonis
アントニス**
アンドニス
Antoñita
アントニュイータ
Antoniucci
アントニウス
アントニッチ

Antonius
アントーニウス
アントニウス**
アントーニオス
アントニオス
アントニヌス
Antono アントニオ
Antonopoulos
アントノプロス
Antonov
アントーノヴ
アントーノフ*
アントノフ*
Antonova
アントーノヴァ
アントーノバ
アントーノワ
アントノワ*
Antonovich
アントーノヴィチ
アントーノーヴィチ
アントノヴィチ*
アントノビッチ
Antonovskaia
アントーノフスカヤ
Antonovsky
アントノフスキー*
Antonsen
アントンセン
Antonsson
アントンソン
Antonucci
アントヌッチ
Antonutti
アントヌッティ*
Antony
アンソニー*
アントーニー
アントニ
アントニー***
アントーニイ
アントニイ
アントニイ
アントニウス
Antonya アントーニャ
Antoon
アントゥーン*
アントーン**
アントン*
Antorini アントリーニ
Antosii アントシ
Antosova アントソバ
Antov アントフ
Antroubus
アントロウバス
Antschel アンチェル
Antson アントソン
Antsyferov
アンツイフェロフ
Antsyferova
アンツイフェーロワ
Antti
アンチ
アンッティ
アンティ**
Anttila
アンティラ*
アンテラ

A

Antulay アンチュライ / アントゥライ
Antulio アントゥリオ
Antun アントゥン* / アントン
Antūn アントゥーン
Antūn アントゥーン
Antunes アントゥネス / アントゥーネス / アントゥネス**
An-t'ung アントン
Antūniwus アントーニウス
Antunović アントゥノビッチ
Antwan アントワン
Antwane アントウェイン
Antwaun アントワン
Antwerp アントワープ
Antwione アントウィオン
Antwon アントウォン
Antwone アントワン*
Anty アンティ
Antyllus アンチルス
Antyukh アントユフ**
Anu アニュ / アヌ*
Anuchin アヌーチン / アヌチン
Anudit アヌディット
Anufriyev アヌフリエフ
Anugo アヌゴ
Anuj アヌージ
Anula アヌラー*
Anullinus アヌリーヌス / アヌリヌス
Anuman アヌマーン
Anuman Rajadhom アヌマーンラーチャトン
Anuman Rajadhon アヌマーンラーチャトン
Anumanratchathon アヌマーンラーチャトン
Anunciación アヌンシアシオン
Anunciada アヌンシアーダ
Anunciade アヌンチアータ / アヌヌンチャータ
Anund アヌンド
Anundsen アヌンセン
Anunoboy アナンノビー / アヌノビー

Anup アヌップ
Anupam アヌパム
Anūpama アヌーパマ
Anûpchatar アヌープチアタル
Anupong アヌポン*
Anuqet アヌケト
Anura アヌラ*
Anuradha アヌラダ
Anurādha アヌラーダ
Anurag アヌラーグ*
Anurak アヌラック
Anureev アヌレーエフ
Anuruddha アヌルダ / アヌルッダ*
Anuruttha アヌルッサ
Anushay アヌシェイ
Anushka アヌシュカ*
Anushtigīn アヌシティギーン / アヌーシュティギーン / アヌシュテギン
Anuska アヌスカ
Anuskiewicz アヌスケウィッツ
Anuszkiewicz アナスケイヴィッチ / アヌスキェウィッツ
Anutē アニュテ
Anutos アニュトス
Anvar アンバル / アンワル
Anvār アンヴァール
Anvelt アンフルト / アンベルト
Anvery アンベリー
Anvil アンヴィル / アンビル
Anville アンヴィル
Anvret アンブレット
Anwar アヌワル / アンウォー* / アンワー* / アンワール / アンワル***
Anwari アンワリ
Anwarī アンヴァリー / アンワリ / アンワリー
Anwarul アンワルル**
Anwei アンウェイ
Anweiler アンヴァイラー* / アンワイラー
Anwer アンワー
Anya アーニャ** / アニャ / アニャ*

Anyang アニャン
Anyen アニェン
Anyika アニーカ
Anys アニー
Anysios アニュシオス
Anyte アニュテー / アニュテエ
Anytē アニュテ
Anytos アニュトス
Anytus アニュトゥス
Anyu アニュ
Anyuru アニュル
Anyz エニーズ
Anzaldua アンサルドゥーア
Anzaldúa アンサルドゥーア
Anzalone アンザロン
Anzelewsky アンツェレフスキー
Anzell アンゼル
Anzelon アンゼロ / アンゼロン
Anzengruber アンツェングリューバー / アンツェングルーバー / アンツェングルーベル
Anzer アンツァー
Anzhaparidze アンジャパリッゼ
Anzhelika アンゼリカ*
Anzia アンジア / アンツィア
Anzieu アンジュー**
Anzilotti アンチロッチ / アンツィロッティ / アンツィロッテイ
Anzorena アンソレーナ
Anzoumana アズマナ
Anzueto アンスエト
Ao アオ
Aogo アオゴ
Aondoakaa アオンドアカ
Aonio アオーニオ
Aosta アオスタ
Aoua アオウア
Aouad アウワド
Aoudou アウド
Aouita アウィータ* / アウイタ
Aoun アウン**
Aozaraza アオザラザ
Ap アプ
Apa アハ
Apáczai アパーツァイ
Apaffy アパフィ

Apafy アパフィ
Apai アパイ
Apak アパク
Apaka アパカ
Apakark アパカルク
Apani アパニ
Aparecido アパレシド
Aparicio アパリシオ* / アパリスィオ
Aparisi アパリシ
Aparna アパルナ
Aparo アパロ
Apasov アパサ
Apata アパタ
Apaydın アパイドゥン
Apdal アブダル
Apei アペイ*
Apel アーベル* / アペル*
Apeland アーベラント
Apelgren アベルグレン
Apell アベル
Apelles アペーレース / アペレス
Apellēs アペルレス / アペレース / アペレス
Apelman アッペルマン
Apeloig アペロワ
Apelt アーベルト
Aper アベル
Aperghis アペルギス
Aperlo アペロー
Apéry アペリ
Apesos アペソス
Apess エイプス
Apestyles エイプスタイルズ
Apfel アプフェル
Apfelbacher アプフェルバハー
Apgar アプガー
Aphaiwong アパイウォン
Aphatsara アーパッサラー
Aphex エイフェックス
Aphibarnrat アフィバーンラト
Aphichatphong アピチャートポン
Aphing Kouassi アファンクアシ
Aphra アフラ*
Aphraates アフラーテス
Aphra'ates アフラアテス
Aphrahat アフラハト

Aphrodite アフロダイテ / アフロディテ / アプロディナ
Api アビ
Apianus アビアヌス / アビアン
Apiarius アピアーリウス
Apichatpong アビチャッポン*
Apicius アピーキウス / アビキウス
Apīcius アピキウス
Apil アウェール / アバル / アビル
Apil-Ešarra ピレセル
Apin アピン
Apinsa アピンサ
Apion アピオス / アピオン
Apiōn アピオン
Apíōn アピオーン
Apiradi アピラディー
Apirana アピラナ
Apisai アピサイ**
Apisak アピサック
Apithy アピチ*
Apitz アーピッツ*
Apivatthakakul アピヴァッタカクル
Apker アブカー
Apl アブル
Apla アブラ
Apley アプレイ
Apli アプリ
Aplin アプリン
Aplogan-djibode アプロガンジボデ
Apodaca アポダカ*
Apokaukos アポカウコス
Apokrisiarios アポクリシアリオス
Apolinare アポリネール
Apolinario アポリナリオ
Apolinário アポリナリオ
Apolinary アポリナリー
Apollinaire アポリネル / アポリネール** / アポリネル
Apollinarios アポリナリオス
Apollinários アポリナリウス / アポリナリオス

Apollinaris
アポッリナリス
アポリナリス
アポリナリオス
アポリナーリス
アポリナリス
Apollināris
アポッリナリス
Apollo アポロ*
Apollodoros
アポロドーロス
Apollodōros
アポッロドロス
アポロドルス
アポロドーロス*
アポロドロス
Apollodorus
アポロドロス
Apollon アポロン*
Apolloni アポローニ
Apollonia
アポッロニア
アポローニア
アポロニア
Apollōnía
アポローニア
アポロニア
Apollonio
アッポローニオ
アポロニオ
Apollonios
アポッロニオス
アポロニオス
Apollōnios
アポッロニオス
アポロニウス
アポローニオス
アポロニオス
Apollōnis アポロニス
Apollonius
アポロニーウス
アポロニウス
アポロニオス
Apollonovich
アポローノヴィチ
アポロノヴィチ
アポロノビッチ
Apollōs' アポロ
Apolo アポロ**
Apolonia アポロニア
Apong アポン
Apoorva アブルーヴァ
Apophis アポフィス
Apopi
アポピ
アポピス
Apor アポル
Aportanus
アポルターヌス
Aporti アポルティ
Aposta アポスタータ
Apostel アポステル
Apostol
アポーストル
アポストル*
Apostóles
アポストリス

Apostolescu
アポストレスク
Apostolides
アポストリデス
Apostolidès
アポストリデス*
Apostolidis
アポストリディス
Apostolo アポストロ*
Apostolof
アポストロフ
Apostolos
アポストロス**
Apóstolos
アポストロス
Apostolou アポストル
Apostolov
アポストロフ
Apostoloy
アポストルー
アポストロイ
App アップ
Appa アパ*
Appadorai アパドライ
Appadurai
アパデュライ
アパドゥライ
Appakova
アパーコヴァ
Appal-iddin
バラダン
バルアダン
Appanah アパナー
Appar アッパル
Appasamy
アパサミー*
Appayadīksita
アッパヤディークシタ
Appel
アッペル
アピル
アベル**
エイベル
Appelbaum
アッペルバウム*
アッペルボーム*
アベルバウム
アベルバーム
Appelcline
アペルクライン
Appelfeld
アッブルフェルド
アッペルフェルト
アッペルフェルド***
Appelhof アッペルホフ
Appelius
アッペリュウス
Appell
アッペル
アペル
Appelmann
アッペルマン
Appelo アペロ
Appels
アッペルス
アペル
Appelt
アッペルト

アベルト*
Appen アッペン
Appenzeller
アッペンゼラー
アッペンツェラー
アペンツェラー
Apperley
アパーリー
アパリー*
アパレー
Apperry アペリ**
Apperson アパーソン
Appert
アッペール
アペール
Appia
アッピア
アピア
Appiah
アッピア*
アッピアー
アピア
Appiah Kabran
アピアカブラン
Appiahoppiong
アッピアオポン
Appiani
アッピアーニ
アッピアニ
Appianos
アッピアーノス
アッピアノス
Appier
アピアー
エイピア
エイピアー*
Appignanesi
アッピグナネッセイ
アピネネシ
アピニャネジ
Appius アッピウス
Applbaum
アブルバウム
Apple
アップル**
アプル
Applebaum
アップルバウム
アブルバウム*
アブルボーム*
Applebee
アップルビー*
Appleby
アップルビー**
アップルビィ
Applegarth
アップルガース*
Applegate
アップルゲイト*
アップルゲート**
アプルゲイト
Applegath
アップルガス
Appleman
アップルマン*
アプルマン
Appleoff アップルオフ
Appleseed
アップルシード

Appleton
アップルトン**
アブルトン
アブルトン**
エイブルトン
Applewhite
アップルホワイト
Appley アプレー
Appleyard
アップリヤード
アップルヤード*
Appling
アッブリング
アプリング*
Appold アッポルド
Appollonius
アポロニウス
Apponyi
アポニ
アポニー
Apra アプラ*
Aprahamian
アブラーミアン
Apraksin
アブラークシン
Apraku アブラク
Aprea アブレア
Apresian
アブレシアーン
Apries アプリエス
April
エイブリル**
エーブリル
Aprile アプリーレ**
Aprill エイブリル
Aprille アップライル*
Aprilov アブリロフ
Apringius
アプリンギウス
Apriyani アプリヤニ
Apriyantono
アプリヤントノ
Apro アブロー
Apruzzese
アブルゼッシ
Aps アプス
Apsaras アブサラス
Apsey アプシー
Apsimar アブシマール
Apsley
アプスレイ
アプスレイ*
Apt アプト*
Apte アプテ
Āpte アープテー
Apted アプテッド**
Apteker アプテカー
Apter アプター**
Aptheker
アプセーカー*
アプチーカー
アプテカー
Apthorp アプソープ
Aptidon
アプティドン**

Aptsiauri
アブツィアウリ
Apuhtin アブーフチン
Apukhtin
アブーフチン
Apuleius
アープレーイウス
アプレーイウス
アプレイウス*
アープレーイユス
アプレイユス
アプレウス
アープレーユス
Apuleyo アブレーヨ
Apulu アブル
Apurvi アプルビ
Aqa アカ
Āqā アーカー
Aqazadeh アガザデ**
Aqeel アキール
Aqel アケル
Aqhat アクハト
Aqib アキブ
Aqiel アキエル
Aqil アキル
'Aqīl アキール
Aqqād アッカード
'Aqqad アッカード
Aquapendente
アクアペンデンテ
Aquash アクウォシ
Aquaviva
アクアヴィーヴァ
Aquila
アキラ
アークイラ
アクィラ
アクイラ
アークヴィラ
Aquilani アクイラーニ
Aquilano アクイラーノ
Aquiles アキレス
Aquilia アクィリア
Aquilino
アキリーノ
アキリノ
Aquilinus
アクィリーヌス
アクィリヌス
アクイリヌス
Aquilīnus
アクウィリヌス
Aquillius アクィリウス
Aquin アカン
Aquina アクィウィナ
Aquinas
アキナス
アクィナス*
アクイナス
Aquinatis アクィナス
Aquino
アキーノ*
アキノ***
Ar アル*
Ara アラ*

Arab アラブ*
Arabacioglu アラバジオウル
Arabell アラベル
Arabella アラベラ**
Arabelle アラベル
Arabi アラビー
'Arabi アラビ／アラビー
'Arabī アラービー／アラビ／アラビー
Arabian アラビアン
Arabie アラビ
Arabiyat アラビヤト
Arabo アラボ
Arabs アラブス／アラブス
'Arabshāh アラブシャー
Araby アラビ*
Arac アラック
Arachnē アラクネ／アラクネー
Aracic アラチッチ
Arad アラッド／アラド*
Aradeon アラデオン
Aradhna アラドナ
Arafat アラファト**
Arafāt アラファト
'Arafāt アラファート／アラファト
Arafi アラフィ
Aragall アラガル*
Aragao アラガン
Aragelyan アラケリャン
Araghi アラギ
Aragna アラーニャ
Arago アラゴ／アラゴー
Aragon アラゴン***
Aragón アラゴン*
Aragones アラゴネス**
Aragüés アラグエス
Arahan アラハン
Araïta アライタ
Araiz アライス／アライツ
Araiza アライサ*／アライザ
Araj アラジ
Araja アラヤ

Arajarvi アラヤルヴィ
Araji アラジ
Arakcheev アラクチェーエフ／アレクチェーエフ
Arakelyan アラケリャン
Arakh アラフ
Araki アラキ
Arākī アラーキー
Aral アラル
Araldi アラルディ
Arale アラレ
Aralov アラロフ
Aram アラム***
'Āram アーラム
Ārām アーラーム
Arama アラーマ
Aramanovich アラマノヴィチ
Aramayo アラマヨ
Aramberri アランベルリ
Arambourg アランブール
Arambulet アランブレット
Aramburu アラムブル／アランブル*
Arame アラム
Aramis アラミス*
Aramnau アラムナウ**
Aramu アラム
Aramyan アラミャン
Aran アラン
Arana アラーナ*／アラナ*
Araña アラーニア*
Aranaldus アルナルドゥス
Aranaz アラナス
Aranda アランダ*
Arande アランド
Arandell アランデル
Arandi アランディ
Araneta アラネタ
Arangi アランジ
Arangis アレンジス
Arango アランゴ*
Aranguiz アランギス
Aranguren アラングレン
Aranha アラーニャ／アラニャ
Arani アラニ
Aranibar アラニバル
Aranka アランカ
Aranos アラノス
Aranovich アラノヴィッチ／アラノビッチ

Arantes アランチス／アランテス
Arantius アランティウス
Arantxa アランチャ*
Arany アラニ／アラニュ／アラン
Aranyi アラニ
Arányi アラーニー
Aranzadi アランサディ
Aranzubia アランスビア
Araouzou アラウズ
Araoz アラオス／アローズ*
Aráoz アラオス
Arap アラップ**／アラブ
Arapovic アラポビッチ
Araptan アラブタン／アラブタン
Araptany アラブタニー
Arapu アラブ
Ararat アララト
Arārōs アラロス
Aras アラス*
Arash アラシュ*／アラッシュ
Arashani アラシャニ
Arasin アラジン
Araskog アラスコッグ*
Arason アラソン
Arasse アラス*
Arastoo アラスト*
Arastui アラストゥーイ
Arasu アラス
Arat アラト
Aratani アラタニ
Arati アラティ*
Arator アラートル／アラトル
Aratos アラトゥス／アラートス／アラトス*
Aratsilov アラチロフ
Aratus アラトゥス／アラトス
Arau アラウ*
Araujo アラウージョ*／アラウジョ*／アラウホ*／アラウヨ／アロージョ

Araújo アラウジュ／アラウージョ*／アラウジョ*／アラウホ
Arauxo アラウホ
Arauz アラウス／アラウズ
Araúz アラウス
Arauzo アラウソ*
Aravamudan アラヴァムダン
Āraviḍu アーラヴィードゥ
Aravind アラヴィンド**
Aravindan アラヴィンダン／アラビンダン
Arawan エラワン
Arazi アラジ*／アラーツィー
Arazov アラゾフ
Arba アルバ
Arbab アルバーブ
Arbachakov アルバチャコフ
Arban アルバン
Arbarbanel アルバルバネル
Arbás アルバス
Arbasino アルバジーノ**
Arbatov アルバートフ／アルバトフ**
Arbaugh アルボー
Arbeau アルボー
Arbeiter アルバイター
Arbel アーベル*
Arbelaez アルベレツ
Arbelet アルブル
Arbellot アルベロ
Arbeloa アルベロア
Arben アルベン
Arbenz アルベンス／アルベンス
Arber アーバー*／アルバー*
Arberry アーベリー
Arbertine アルベルチーヌ
Arberto アルベルト
Arbes アルベス
Arbessier アルベシエール
Arbia アルビア
Arbib アービッブ／アービブ*／アルビブ
Arbie アービー*

Arbilla アルビージャ
Arbin アービン
Arbiter アルビテル
Arbitio アルビティオ
Arbitman アルビトマン
Arblaster アーブラスター*
Arblay アーブレイ
Arbo アルボ*
Arbó アルボ
Arbogast アルボガー／アルボガステス／アルボガスト
Arbois アルボア
Arboix アルボワ
Árbol アルボル
Arboleda アルボレーダ／アルボレダ*
Arboleya アルボレヤ
Arbon アーボン
Arbor アーバー
Arborelius アーボレリウス
Arborio アルボリオ
Arbos アルボス
Arbós アルボース／アルボス
Arbour アルブール*
Arbousse アルブース
Arbov アラボフ
Arbr アルブル
Arbuckle アーバクル／アーバックル*／アルバクル
Arbués アルブエス
Arbuleau アルビュロー
Arbulu アルブル
Arbus アーバス*
Arbusow アルブーゾフ
Arbuthnot アーバスナット／アーバスノット*／アーブスノット
Arbuthnott アーバスノット*
Arbuzov アルブーゾフ**／アルブゾフ
Arca アーカ／アルカ
Arcade アーケイド
Arcadelt アルカーデルト／アルカデルト
Arcadi アルカディ*
Arcadio アルカディオ**
Arcadius アルカディウス

Arcady アーカディ / アーケディ / アルカディ	**Archelaos** アケラオ / アルケラオ / アルケラオス	**Archinto** アルキント	**Ardelia** アーデーリア	**Ardzinba** アルジンバ**
Arcalli アルカッリ	**Archelaus** アケラオ / アルケラオ / アルケラオス	**Archipenko** アーキペンコ / アルキペンコ* / アルヒペンコ	**Ardem** アーデム	**Are** アレ
Arcan アルカン*		**Archipoeta** アルキポエータ / アルヒポエータ	**Ardemagni** アルデマーニ	**Areco** アレコ*
Arcand アーカンド / アルカン*	**Archem'ev** アルチェミエフ		**Ardemáns** アルデマンス	**Aree** アリ
Arcane アーケイン	**Archenholz** アルヘンホルツ	**Archipowa** アルヒポーワ	**Arden** アーデン*** / アルデン*	**Areen** アリーン
Arcanel アルカネール	**Archer** アーチャー*** / アルシェル	**Archippos** アルキッポス / アルキポ	**Ardener** アードナー	**Aref** アレフ**
Arcangeli アルカンジェリ	**Archera** アルセラ	**Archytas** アーキタス / アルキタス / アルキュタス	**Ardengo** アルデンゴ*	**'Āref** アーレフ* / アレフ
Arcangelo アルカンジェロ	**Archerd** アーチャード		**Ardenne** アルデンヌ*	**Arefaine** アレファイネ
Arcângelo アルカンジェロ	**Archermus** アルケルモス		**Ardens** アルデンス	**Aregawi** アレガウィ**
Arcanjo アルカンジョ	**Archestratos** アルケストラトス	**Arcia** アルシア	**Ardenstam** アンデンシュタム	**Aregger** アレッガー
Arcara アルカラ	**Archette** アーチェット	**Arcidiacono** アーチディアコノ	**Ardenti** アルデンティ	**Arégui** アレギ
Arcari アーカリ	**Archetto** アルチェット	**Arcier** アルシエ	**Ardern** アーダン*	**Areios** アレイオス
Arcaro アーカロ / アーキャロ	**Archey** アーチ / アーチー	**Arcilesi** アルシレシ	**Ardi** アレク	**Arek** アレク
Arcața アルチャタ		**Arcimboldi** アルチンボルド	**Ardian** アルディアン	**Areksievich** アレクシエーヴィッチ
Arce アルセ**	**Archias** アルキアス	**Arcimboldo** アルチンボルド	**Ardigo** アルディーゴ / アルディゴ	**Arelind** アレリンド
Arcel アーセル*	**Archibald** アーキバルト / アーキバルド / アーキボールド / アーチバード / アーチバルト / アーチバルド* / アーチボールド / アーチボールド** / アーチボル***		**Ardika** アルディカ	**Arellano** アレジャーノ / アレヤーノ / アレリャーノ / アレリャノ
Arcelia アルセリア*		**Arciniegas** アルシニエーガス / アルシニエガス* / アルシニエガス*	**Ardila** アーディラ	
Arcellana アルセリャーナ			**Ardiles** アルディレス**	**Arelo** アリーロ*
Arcelus アーセラス*		**Arco** アルコ	**Ardis** アーディス	**Arely** アレリ
Arceo アルセオ** / アルセヨ		**Arcos** アルコス**	**Ardisson** アルディソン / アルディッソン	**Arem** アーレム
Arcero アルセロ		**Arcuccio** アルクッチョ	**Arditi** アルディスィ / アルディッティ* / アルディーティ	**Aren** アレン
Arcesilas アルケシラス	**Archibek** アーチベック	**Arcudi** アークディ / アルカディ		**Arena** アリーナ** / アレーナ / アレナ
Arch アーク / アーチ***	**Archibold** アーチボルド* / アルチボルド	**Arcy** アルシイ	**Ardito** アルディート / アルディト**	
Archainbaud アーシェインボー	**Archibugi** アーキブージ* / アルキブージ / アルキブジ*	**Ard** アルト	**Arditti** アーディティ / アルディッティ	**Arenado** アレナード / アレナド
Archakov アルチャコフ		**Arda** アルダ	**Ardizzone** アーディゾーニ*	**Arenal** アレナル
Archalaus アルカラウス		**Ardabili** アルダビリ		**Arenas** アリーナス / アリナス* / アレーナス* / アレナス**
Archambault アーシャンボウ* / アーシャンボルト		**Ardabīlī** アルダビーリー / アルダビリ	**Ardjo** アルジョ	
Archambeau アーシャンボー	**Archidamos** アルキダーモス / アルキダモス	**Ardagh** アーダ / アーダー*	**Ardley** アードリー / アードレー / アードレイ	**Arenca** アレンツァ
Archambeault アーシャンボー	**Archie** アーチ / アーチー** / アルチー	**Ardai** アーディ / アルダイ	**Ardo** アルド*	**Arencibia** アレンシビア
Archana アルチャナ / アルチャナー	**Archil** アルチル	**Ardail** アルダイ	**Ardoin** アードイン* / アルドイン	**Arend** アラン* / アレンド*
Archange アルシャンジュ*	**Archila** アルチラ	**Ardalan** アルダラン*	**Ardoino** アルドワノ	**Arendet** アーレント
Archanun アーチャナン	**Archilei** アルキレーイ / アルキレイ	**Ardamatskii** アルダマツキー / アルダマトスキー	**Ardon** アルドン	**Arends** アレンズ / アレンツ / アレンド
Archard アーチャード	**Archilochos** アルキロコス*	**Ardan** アルダン	**Ardone** アルドーネ	**Arendsee** アレントゼー
Archbald アーチバルド / アーチボルド	**Archimbaud** アルシャンボー	**Ardant** アルダン*	**Ardouin** アルドゥアン	**Arendt** アーレント* / アーレンド / アレント** / アレンド
Archbold アーチボルト / アーチボルド	**Archimede** アルキメデ	**Ardashir** アルダシール*	**Ardov** アールドフ*	
Archbutt アーチバット	**Archimedes** アルキメデス	**Ardashīr** アルダシール / アルデシール / アルデシルー	**Ardrey** アードレイ / オードリー	**Arène** アレーヌ
Archdeacon アーチディコン	**Archimèdes** アルキメデス	**Ardath** アーダス	**Ardron** アードロン	**Arenius** アレニウス
	Archimēdēs アルキメデス	**Ardavín** アルダヴィン	**Arduin** ハルトヴィン	**Arenkov** アレンコフ
		Ardebili アルデビリ	**Arduino** アルデュイノ / アルドゥイーノ	**Arens** アーレンス / アレンス** / アレンズ
		Ardee アルディー	**Ardy** アーディ	
		Ardehali アルデハーリ	**Ardys** アルデュス	

Arensberg アレンスバーグ／エアレンスベルグ
Arenskii アレンスキー*／アレーンスキィ
Arensman アーレンスマン
Arenson アレンソン
Arent アーレント／アレント*
Arentsz. アーレンツゾーン
Areola アレオラ
Areopagites アレオパギタ／アレオパギーテース／アレオパギテース／アレオパギテス
Areopagitēs アレオパギーテース／アレオパギテス
Arepalli アリパリー
Arepina アレピーナ
Arero アレロ
Ares アレス
Aresson アレソン
Arestides アレスティデス
Arestrup アレストリュ
Aretaeus アレタイオス
Aretas アレタ
Arétas アレタ
Arete アレテ
Aretha アリーサ／アリサ／アレサ**
Arethas アレタス
Arethousa アレトゥサ
Aretin アーレティン／アレティーン／アレティン
Aretino アレタン／アレティーノ*
Aretius アレーティウス
Aretkulova アレットクーロヴァ
Aretz アレッツ
Areus アレウス／アレオス
Arevalo アレバロ
Arévalo アレヴァロ／アレーバロ／アレバロ**
Arexander アレクサンダー
Arey アレイ
Arfa アルファ
Arfaoui アルファウイ
Arfe アルフェ

Arfield アーフィールド
Arfin アリフィン*／アリフィン
Arfken アルフケン*
Arfred アルフレッド
Arfvedson アフェドソン／アルフヴェドソン／アルフェドソン
Argaeus アルガイオス
Argall アーガル
Argan アルガン*
Argand アーガン／アルガン
Argea アージア
Argelander アルゲランダー
Argemiro アルジェミロ
Argeñal アルヘニャル
Argens アルジャーンス／アルジャンス
Argensola アルヘンソーラ／アルヘンソラ
Argenson アルジャンソン
Argenta アルジェンタ／アルヘンタ
Argentarius アルゲンターリウス／アルゲンタリオス
Argenti アージェンティ*／アルジェンティ*
Argentina アルゲンティーナ／アルジェンティーナ*／アルヘンチーナ／アルヘンティーナ*／アルヘンチナ
Argentine アルゼンタイン
Argentinita アルヘンチニータ／アルヘンティニータ／アルヘンティニタ*
Argento アージェント／アルジェント*
Argenton アルジェントン
Argentré アルジャントル／アルジャントレー
Argenville アルジャンヴィーユ
Argenziano アルジェンツィアーノ
Argeo アルジェーオ／アルジェオ
Argerich アルゲリッチ*

アルヘリチ／アルヘリッチ
Argernon アルジャーノン
Arghandiwal アルガンディワル
Arghezi アルゲージ**／アルゲジ
Arghūn アルグーン／アルグン
Argilagos アルヒラゴス
Argilli アルジッリ**
Argimon アルジモン
Argir アルギール
Argišti アルギシュティ／アルギシュティシュ
Argo アーゴゥ*／アルゴ
Argof アーゴフ
Argos アルゴス
Argote アルゴーテ／アルゴテ
Argov アーゴフ*／アルゴブ
Argue アーギュ／アーギュー
Arguedas アルゲーダス*／アルゲダス**
Arguelles アーグエイエス／アルグウェジェス
Argüelles アグエイアス*／アーグエイエス／アルヘリェス／アルゲリェス
Arguello アルヘジョ／アルゲリョ
Argüello アルゲヨ／アルクエーリョ／アルゲーリョ／アルゲリョ
Argueta アルゲタ
Arguilla アルギーリャ
Argula アーギュラ*／アルグーラ
Arγun アルグン
Argunov アルグノーフ
Argus アーガス／アルグス
Argy アージィ
Argyle アーガイル*／アージル／アルギール

Argyll アーガイル
Argynbek アルギンベク
Argyriades アルジリアド
Argyriadis アルギリアディス
Argyris アージリス*／アルギリス
Argyropoulos アルギュロブロス／アルギロブーロス
Argyropulos アルギュロブロス
Árgyros アルギュロス
Argyrus アルギュルス
Arhabi アルハビ
Arhin アーヒン
Arhinmäki アルヒンマキ
Arhipov アルヒーポフ
Ari アーリ／アリ***
Aria アリア
Ariadna アリアドーナ／アリアドナ
Ariadne アリアドネ
Ariadnē アリアドネ／アリアドネー
Ariail エリアル
Arialdus アリアルドゥス
Arian アリアン*
Ariana アリアーナ／アリアナ**
Arianda アリアンダ
Ariane アリアーヌ**／アリアン*／アリアンヌ／エアリアン*／エーリアン
Arianna アリアーナ*／アリアナ／アリアンナ*
Arianne アリアンヌ
Arianrhod アリアンロッド
Arians アリアンズ
Ariantho アリアント
Ariarajah アリアラジャ
Ariaramnes アリアラムネス
Ariarathes アリアラーテス／アリアラテス
Ariarne アリアーン
Arias アリアス***／アリャス

Arias Cañete アリアスカニェテ
Ariaz アリアス
'Arīb アリーブ
Aribau アリバウ
Aribert アーリベルト／アリベルト*
Aribo アリボ
Aribot アリボ／アリボット
Arice アリス
Aricha アーリチャ*
Arick エリック
Aridi アリディ
Aridjis アリディヒス*／アリヒス
Arie アーリー*／アリー***／アリエ*
Arief アリフ*
Arieh アリー*／アリエ
Ariel アリエール*／アリエル***／エアリアル／エーリアル／エリエル／エリエル
Arieli アリエリ
Ariella アリエラ
Arielle アリエール*／アリエル**
Ariely アリエリー*
Ariëns アリエンス
Arienti アリエンティ*
Aries アリエス**
Arièes アリエス**
Ariet アリエット
Arieti アリエティ／アリエティ**
Ariew アリュー
Arif アリフ*
'Ārif アーリフ／アーレフ
Arifa アリファ
Arifari アリファリ
Ariff アリフ
Arifi アリフィ
'Ārifī アーリフィー
Arifin アリフィン*
Arigoni アリゴニ
Arigrudici アリグルディッチ
Ariguzo アリグゾ
Arijon アリホン
Arik アリク*

アルク*
Arika アリカ
Arikbuge
　アリクブカ
　アリクブガ
　アリク・ブケ
　アリクブハ
Arikha アリハ
Ariki アリキ
Arild
　アーリル
　アーリルド**
　アリルト
　アリルド
Arimbi アリンビ
Arimondi
　アリモンディ*
Arimont アリモント
Arina アリーナ
Arinç アルンチ
Arinda アリンダ
Arindam アリンダム
Arini アリニ
Ariṅjaya アリンジャヤ
Arinna アリンナ*
Arinos アリーナス
Arinowitz
　アロノウィッツ
Arintero
　アリンテーロ
　アリンテロ
Arinze アリンゼ
Ario アリオ
Ariobarasanes
　アリオバルザネス
Ariobarzanes
　アリオバルザネス
Ariobarzanēs
　アリオバルザネス
Ariola アリオラ
Arioli アリオリ
Ariōn
　アリオーン
　アリオン
Ariosa アリオサ
Ariosti アリオスティ
Ariosto アリオスト*
Ariovistus
　アリオウィッスス
　アリオウィストゥス
　アリオヴィストゥス
Aripert アリペルト
Aripgadjiev
　アリプガジエフ
Ariphajiyev
　アリプガジエフ
Ariphrōn
　アリフロン
　アリプロン
Aripov アリポフ
Ariq アリク
Aris
　アリス**
　エアリス
Āris アリス
Ariscola アリスコラ

Arisha アリーシャ
Arisika アリシカ
Arisman アリスマン
Arismendi
　アリスメンディ*
Arismendy
　アリスメンディ
Arismunundar
　アリスムナンダル
Arison アリソン
Arista アリスタ
Aristagoras
　アリスタゴラス
Aristaios
　アリスタイオス
Aristarchos
　アリスタルコ
　アリスタルコス
Aristarco
　アリスタルコ
Aristeas アリステアス
Aristeās アリステアス
Aristeides
　アリステイデス
Aristeidēs
　アリステイディス
　アリステイデース
　アリステイデス
Aristeídēs
　アリステイデス
　アリステイデース
　アリステイデス
Aristeus アリステウス
Aristide
　アリスタイド*
　アリスティッド
　アリスティーデ
　アリスティード*
　アリスティド***
Aristides
　アリステイディス
　アリステイデス**
　アリステイデス
Arístides
　アリステイデス**
Aristidou
　アリスティド
Aristiōn
　アリスティオーン
　アリスティオン
Aristippos
　アリスティッポス
　アリスティッポス
Aristippus
　アリスティップス
Aristoboulos
　アリストブロス
Aristobulo
　アリストブロ
Aristóbulo
　アリストブロ
Aristobulus
　アリストブルス
　アリストブロス
Aristodemo
　アリストデモ

Aristodēmos
　アリストデモス
Aristogeiton
　アリストゲイトン
Aristoklēs
　アリストクレス
Aristokratēs
　アリストクラテス
Aristomachos
　アリストマコス
Aristomenes
　アリストメネース
Aristomenēs
　アリストメネス
Ariston アリストン
Aristōn
　アリスト
　アリストン
Arístōn アリストーン
Aristonicus
　アリストニコス
Aristonikos
　アリストニコス
Aristonoos
　アリストノオス
Aristonothos
　アリストノトス
Aristophanes
　アリストパネース
　アリストパネス
　アリストファネス
Aristophanēs
　アリストパネース
　アリストパネス*
　アリストファーネス
　アリストファネス
Aristeus アリステウス
Aristide
　アリスタイド*
　アリスティッド
　アリスティーデ
　アリスティード*
　アリスティド***
Aristophon
　アリストフォン
Aristos アリストス
Aristoteles
　アリストテレス
Aristotelēs
　アリストテレース
　アリストテレス*
Aristoteli
　アリストーティレ
　アリストティレ
Aristotelis
　アリストテリス
　アリストテレス
Aristotle
　アリストテレス
　アリストトゥル*
　アリストートル
Aristouy アリストゥイ
Aristov
　アーリストフ
　アリストフ
Aristoxenos
　アリストクセノス
Aristoxenus
　アリストクセノス
Aritha アリサ
Aritomi アリトミ
Ariton アリトン
Aritz アリツ

Ariunbaatar
　アリウンバートル
Arius
　アリウス
　アリオス
　アレイオス
Ariwald アリヴァルト
Ariy アリー
Ariya アリヤ
Ariyan アリヤン
Ariyaratne
　アリヤラトネ**
Ariyoshi アリヨシ
Ariza
　アリーサ
　アリーザ
　アリサ
Arja アルヤ*
Arjaoui アルジャウイ
Arjava アジャバ
Arjavirta
　アルヤヴィルタ
Arje アルジェ
Arjen
　アーエン
　アージェン
　アリエン*
Arjo アリオ
Arjona アルホーナ
Arjouni
　アルユーニ***
Arjun
　アージャン
　アルジャン
　アルジュン**
Arjuna アルジュナ
Arjunwadkar
　アルジュンワドカル
Ark アーク
Arkad'ev
　アルカデーエフ
Arkad'eva
　アルカーディエヴァ
Arkad'evich
　アルカジエヴィチ
Arkadi
　アルカージー
　アルカージ
　アルカディ
Arkadie アルカディー
Arkadiev
　アルカーディエフ
Arkadievich
　アルカジエヴィチ
　アルカジエビッチ
Arkadii
　アルカージ
　アルカージー***
　アルカジー**
　アルカージイ
　アルカジ
　アルカーディ
Arkadiĭ アルカディ
Arkádii アルカージー
Arkadiusz
　アルカディウシュ*
Arkadiy アルカージー

Arkady
　アーカディ
　アルカジー*
　アルカジイ
　アルカディ*
　アルカディー
Arkas アルカス
Arkel アルケル
Arkell アークル
Arkesilaos
　アルケシラーオス
　アルケシラオス
Arkhangeliskii
　アルハーンゲリスキー
　アルハンゲリスキー
　アルハーンゲリスキィ
Arkhangelskii
　アルハンゲリスキー
Arkhangel'skii
　アルハンゲリスキー*
　アルハーンゲリスキィ
　アルハンゲリスキー
Arkhangelsky
　アルハンゲリスキー
Arkhangel'sky
　アルハンゲリスキー
　アルハンゲルスキー
Arkhelaos
　アルケラオス
Arkhias アルキアス
Arkhidamos
　アルキダモス
Arkhilokhos
　アルキロコス
Arkhinos アルキノス
Arkhipenko
　アルヒペンコ
Arkhipoff
　アーキーポフ
Arkhipov
　アルヒーポフ
　アルヒポフ
Arkhipova
　アルヒーポヴァ
　アルヒポワ
Arkhom アーコム
Arkhurst アーカースト
Arkhutas アルクタス
Arkie アーキー
Arkin
　アーキン**
　アルキン
Arking アーキング*
Arkle アークル
Arkless アークレス
Arkley アークリー
Arkoff アーコフ
Arkom アルコム
Arkoudeas
　アルコデアス
Arkoun アルクーン
Arkowitz
　アーコウィッツ
Arkūn アルクーン
Arkus アルクス
Arkush アーカッシュ

A

Arkwright アークライト	**Arlove** アーラブ	**Armellada** アルメリヤダ*	**Armijo** アルミホ	**Árnadóttir** アーナドッティル
Arky アーキー	**Arlt** アールト	**Armellade** アルメリヤーダ	**Armiliato** アルミリアート*	アルナドッティル
Arlacchi アルラッキ*	アルト**	**Armelle** アーメル	**Armin** アーミン***	**Arnáiz** アルナイス
Arland アルラン**	アルルト	アルメール	アミン	**Arnal** アルナル
Arlandi アルランディ	**Arłukowicz** アルウコビチ	アルメル*	アルマン	**Arnaldo** アーノルド
Arlaud アルロー*	**Arlyn** アーリン	**Armellini** アルメッリーニ	アルミニウス	アルナルド**
Arlauskis アルラウスキス	**Arma** アルマ*	アルメリーニ	アルミーン	**Arnaldur** アーナルデュル**
Arlaux アルロー	**Armack** アルマック	**Armellino** アルメジノ*	アルミン***	**Arnaldus** アルナルドゥス
Arledge アーリッジ	**Armacost** アーマコスト	**Armen** アーメン*	**Arminda** アーミンダ	**Arnall** アーナル
アーレッジ	アマコスト**	アルメン**	**Armindo** アルミンド	**Arnar** アルナー
Arleen アーリーン*	**Armah** アーマ	**Armenault** アルムノー	**Armine** アーマイン	アルナール
アーリン	アーマー*	**Armendariz** アルメンダリス*	**Arming** アルミンク*	アルナル*
Arleigh アーレイ	**Armah-Kofi** アマコフィ	アルメンダリズ	**Armington** アーミントン	**Arnardo** アルナルド
Arlen アルレン	**Armaiz** アルマイズ	**Armendáriz** アルメンダリス	**Arminio** アルミニオ	**Arnarson** アーナールソン
アーレン***	**Arman** アーマン*	**Armendi** アルメンディ	**Arminius** アルミニウス	アルトナルソン
アレン*	アルマン***	**Armengaud** アルマンゴウ	**Arminjon** アルミニヨン*	**Arnason** アウルナソン
Arlene アイリーン*	**Armand** アーマン	**Armenian** アルメニアン	**Armino** アルミーニョ	アーナスン
アーリーン**	アーマンド**	**Armenini** アルメニーニ	**Armisen** アルミセン	アーナソン
アーリン**	アルマン***	**Armenovich** アルメノビチ	**Armistead** アーミステッド**	アルナソン
アリーン	アルマーンド	アルメノビチ	**Armitage** アーミティージ	**Árnason** アウトナソン
アーレーネ	アルマント	**Armentano** アーメンターノ	アーミテイジ*	アウルトナソン
Arles アルル	アルマンド**	アルメンタノ	アーミテイジ	アウルナソン
Arleta アリータ**	**Armande** アルマンド	**Armenteros** アルメンテロス	アーミテージ***	アルナソン
Arlette アルレッテ*	**Armando** アーマンド*	**Armenti** アーメンティ	アーミテジ	**Arnatt** アーナット
アルレット*	アルマンド***	**Armentia** アルメンティア	アミテージ	**Arnau** アルナウ
アーレット	**Armani** アルマーニ**	**Armentrout** アーマントラウト	アルミタージュ	アルノー
Arletty アルレッティ*	**Armanini** アルマニーニ	**Armer** アーマー**	**Armitstead** アーミステッド	**Arnaud** アルナー
Arley アルレー**	**Armanni** アルマンニ	**Armantrout** アーマントラウト	アーミテステッド	アルノ
アルレェ	**Armano** アルマーノ	**Armaran** アルマラン	**Armleder** アームレーダー	アルノー***
Arli アルリ	**Armansperg** アルマンスペルク	**Armas** アーマス	**Armodio** アルモディオ	アルノオ
Arlidge アーリッジ	**Armantrout** アーマントラウト	アームス	**Armond** アーモンド	**Arnaudov** アルナウドフ
Arlie アーリー*	**Armauer** アルマウエル	アルマス***	**Armontel** アルモンテール	**Arnauld** アルノー*
Årlin オーリン	**Armbrester** アームブレスター	**Armashu** アルマシュ	**Armonty** アーモンティー	**Arnault** アルノー**
Arlina アーリナ*	**Armbrister** アームブリスター	**Armbrester** アームブレスター	**Armour** アーマー**	アルノオ
Arlincourt アルランクール	アンブリスター	**Armbrister** アームブリスター	**Arms** アームズ*	**Arnaut** アルノー
Arlind アルリンド	**Armbruster** アームブラスター	**Armbruster** アームブラスター	**Armstead** アームステッド	**Arnautovic** アルナウトヴィッチ
Arlinda アルリンダ	アムブルステ	**Armbfelt** アルムフェルト	**Armster** アルムスター	**Arnaz** アーナズ*
Arlindo アーリンド	アームブルステル	**Armfield** アームフィールド	**Armstrong** アアムストロング	アーナッツ
アリンド	アルムブルスター*	**Armgaard** アームガード	アームストロング***	アルナス
アルリンド	アルンブリュステ	**Armgard** アルムハルト	**Armus** アームス	**Arnd** アルント*
Arline アーライン	**Armeda** アルミダ	**Armhel** アーメル	**Army** アーミー	アルンド
アーリーン	**Armel** アーメル	**Armi** アルミ	**Armyn** アルメイン	**Arndt** アルント***
Arlinghaus アーリンハウス	アルメル**	**Armida** アルミーダ	**Armytage** アーミティジ	アーント**
Arlington アーリー	**Armelagos** アーメラゴス	アルミダ	アーミティッジ	**Arndts** アルンツ
アーリングトン		**Armie** アーミー*	アーミテッジ	**Arne** アーナ*
アーリントン**		**Armijn** アルミイン	**Arn** アーン	アーニー
Arlis アーリス		アルメイン	**Arna** アーナ**	アーネ***
Arliss アーリス			アルナ	アーン**
Arlo アルロ			**Arnab** アーナブ	アン
アルロ*			**Arnac** アルナック	アンヌ
アーロ*			**Arnadottir** アルナドッティル	
Arlosoroff アルロソロフ				
アルロゾロフ				

Arnel
アーネル*
アルネル
Arnell アーネル**
Arner アーナー
Arnér
アネール
アルネール
Arnerić アーネリック
Arnes アーネス*
Arnesen
アーネセン
アルネセン
Arneson
アーナソン
アーネソン
Arness アーネス
Arnet アーネット
Arneth
アルネート
アルネト
Arnett アーネット**
Arnette アーネット
Arnetzl アルネッツル
Arney アーニー
Arnezeder
アルネゼデール
Arnfinn アルンフィン
Arnfried
アルンフリート
Arnheim
アルンハイム*
アーンハイム
Arnhim アーンヒム*
Arnhold アルンホルト
Arni
アーニ*
アルニ
アルニー
Árni アウトニ
Arnica アルニカ*
Arniches
アルニーチェス
アルニチェス
Arnie アーニー*
Arnim
アーニム
アルニム**
Arning アーニング
Arnkil アーンキル
Arnndts アルンツ
Arno
アーノ*
アーノウ
アルノ**
アルノー**
Arnobius アルノビウス
Arnodin アルノダン
Arnoff
アーノッフ
アーノフ
Arnola アルノラ
Arnold
アアノルド
アーノウルド
アーノル*
アーノールド

Arnolt
アーノルト*
アーノルド***
アーノルド
アルノールド
アルノル
アルノルト***
アルノルド***
Arnol'd
アーノルド
アルノリド
Arnoldi
アーノルディ*
アルノルディ
Arnoldo
アーノルド
アルノルド**
Arnolds アーノルズ
Arnoldson
アーノルドソン
アルヌルドソン
アールノルドソン
アルノルドソン
Arnoldus
アルナルド
アルナルドゥス
アルヌルドゥス
アルノルド
アルノルドゥス
Arnolfina
アルノルフィーナ*
Arnolfo アルノルフォ
Arnolid アーノルド
Arnolt
アーノルト
アルノルト*
Arnon
アーノン*
アルノン**
Arnord
アーノルド
アルノルト
Arnys アルニス
Arnost
アルノシュト**
アルノスト
Arnošt アルノシュト
Arnot アーノット*
Arnothy
アルノッティ
アルノッティー
Arnott
アーノット**
オーノット*
Arnoud アーノウド*
Arnoudse
アーノウドス
Arnoul
アルヌール***
アルヌル
Arnould
アーノルド
アルヌー
アルノー
Arnoult
アルヌー
アルヌール
Arnous アルヌース*
Arnout アーノウト*
Arnoux
アルヌー**

アルヌウ
Arnova アルノーヴァ
Arnove アーノブ
Arnow
アーナウ
アーノー
アーノウ
Arnowitz
アーノウィッツ
Arns アルンス*
Arnson アーンソン
Arnstad
アルンスタッド
Arnsteen
アーンスティン
Arnstein
アルンシュタイン
アーンスタイン*
アーンスティン
Arnston アーンストン
Arnswaldt
アルンスヴァルト
Arnt
アルント
アーント
Arntfield
アーントフィールド
Arntz アーンツ
Arntzen アルンツェン
Arntzenius
アルントゼニウス
Arnul アーヌウル
Arnulf アルヌルフ*
Arnulfo アルヌルフォ*
Arnuwanda
アルヌワンダ
Arnuwandaš
アルヌワンダ
アルヌワンダシュ

Aroasiiss
アロアジュース
Aroca アロカ
Arocha アロチャ
Arodin アローディン
Arodys アロディス
Aroesty アロスティ
Arogno アローニョ
Arogyaswami
アロギャスワミ
Arolas アローラス
Aroldingen
アロルディンゲン
Aroldis アロルデイス*
Aroldo アロルド
Arom アロム
Aromari アロマリ
Aromatico
アロマティコ
Aromshtam
アロムシターム
Aron
アールン
アーロン**
アローン
アロン**

アーロン**
アロン
Aronberg
アロンバーグ*
Aronda アロンダ
Arone アローン*
Aronhold
アロンホルド
Aronica アロニカ
Aronin アローニン
Aronoff アロノフ*
Aronofsky
アロノフスキー**
Aronov アロノフ
Aronovich アー
Arónovich
アローノヴィチ
Aronow アーノウ
Aronowitz
アロノウィッツ*
Arons アロンズ
Aronsohn アロンソン
Aronson
アランスン
アーロンソン
アロンソン**
Aronstein
アロンシュタイン
Arop
アロップ
アロプ
Arora
アローラ*
アローラー
Arore アロレ
Aros アロス
Arosemena
アロセメナ**
Arosenius
アロセニウス**
Aroskar アロスカー
Arostegui アロステギ*
Aróstegui アロステギ
Arouet
アルーエ
アルエ
Aroun ハルーン
Arouna アルナ
Arounna アローナ
Arous アルー
Arova アロワ
Arp
アープ*
アルプ*
Arpa アルパ*
Arpad
アーパッド
アーパッド*
アールパード
アルパード
アルパド
Árpád
アーパド
アルパッド
アールパード

Árpád
アールパード*
アルパード
アルパード***
アルパド
Arpan アーパン
Arpe アルペ
Arpel アーベル
Arpenik アルペニーク
Arper アルパー
Arphaxad
アルパクサデ
Arphaxed アルフェサ
Arpi アルピ*
Arpine アルビネ
Arpino
アルピーノ**
アルピノ*
Arpón アルポン
Arqam アルカム
Arquette
アークェット
アークエット**
Arrabal
アラバール**
アラバル
Arrabito アラビト
Arraga アラガ
Arrahe アラヘ
Arral アラル
Arran アラン
Arrants アーランツ
Arraras アララス
Arras アラス
Arrau
アーラウ
アラウ*
Arrayás アラジャス
Arrazola アラゾーラ
Arreaza アレアサ
Arredondo アレドンド
Arree アリー
Arrelious アーレリアス
Arren アレン
Arreola アレオラ**
Arrese アレセ
Arrest アレスト
Arresti アッレスティ
Arrhenius
アリアニウス
アルヘニウス
アーレニウス
アレニウス*
Arrhianos アリアノス
Arri アリ
Arria アリア
Arriaga
アリアーガ
アリアガ**
Arrianus
アッリアヌス
アッリアノス*
アリアヌス
アリアーノス
アリアノス

A

Arribage アリバジュ
Arribas アリーバス*
Arrick アーリック
Arrien アライエン*
Arrieta
　アリエータ
　アリエタ
　アリエッタ
Arrieu アリュー
Arrighi
　アッリギ
　アリーギ
　アリギ
　アリジ
Arrignon アリニョン
Arrigo
　アッリーゴ*
　アッリゴ
　アリーゴ***
　アリゴ*
　アルリーゴ
Arrington
　アーリントン**
Arriola アリオラ
Arrison アリソン
Arrius アリウス
Arrivet アリヴェー
Ar-Riyāshī
　アッ･リヤーシー
Arrizabalaga
　アリサバラガ
Arro アッロ
Arrocha アロチャ
Arrojo アローホ*
Arrol アロル
Arron
　アーロン
　アロン*
Arrou アルー
Arrour アルール
Arrow
　アロー**
　アロウ
Arrowood アロウッド
Arrowsmith
　アロースミス*
Arroyo
　アロジョ
　アーロヨ
　アロ一ヨ**
　アロヨ***
Arroyo Valdez
　アロヨバルデス
Arruda アルーダ
Arrué アルエ
Arrufat アルファト
Arruntius
　アッルンティウス
　アルンティウス
Arrupe アルペ*
Arrupé アルペ
Arruzza アルッザ
Arsa
　アーサ*
　アーサー
Arsaces アルケサス

Arsacius
　アルザーキウス
Arsakes
　アルサケース
　アルサケス
Arsakios アルサキオス
Arsala アルサラ
Arsamakov
　アルサマコフ
Arsan アルサン*
Arsana アルサナ
Arscott アースコット
Arsen
　アーセン
　アルセン**
Arsenault アルスノー
Arsene アーセン
Arsène
　アーセン**
　アルセエヌ
　アルセーヌ*
　アルセンヌ
Arsen'ef アルセニエフ
Arsenev
　アルセーニエフ
Arsen'ev
　アルセーニエフ*
　アルセニエフ
　アルセーネフ
Arsenia アルセニオ
Arseniev
　アルセーニエフ*
Arsenievich
　アルセニエヴィチ
Arsenii
　アルセーニー*
　アルセニイ
Arseniĭ アルセーニイ
Arsénii アルセーニー
Arsenij アルセニイ
Arsenin アルセニン
Arsenio
　アーセニオ
　アルセニオ
Arsénios アルセニオス
Arsenis アルセニス**
Arsenishvili
　アルセニシビリ
Arsenius アルセニウス
Arseniy アルセニー*
Arsenova アルゼノワ
Arsent'ev
　アルセンチエフ
Arses アルセス
Arshad アルシャド*
Arsham アーシャム
Arshavin
　アルシャヴィン*
Arshi アルシー
Arshile
　アーシル*
　アルシール
Arshinov
　アルシノフ
　アルシノフ
Arsi アルシ*
Arsim アルシム

Arsinoe
　アルシノエ
　アルシノエー
Arskii アルスキー
Arslan
　アルスラーン
　アルスラン**
Arslān
　アルスラーン*
　アルスラン
Arslanagic
　アルスラナギッチ
Arslanshāh
　アルスラーン･シャー
Arsonval
　アーソンヴァル
　アルソンヴァル
Arsovic アルソビッチ
Arsovska アルソフスカ
Arsovski アルソフスキ
Arsuaga アルスアガ
Arsūzī アルスーズィー
Arswendo
　アルスウェンド
Art
　アート***
　アール
Arta アルタ
Artabanos
　アルタバヌス
　アルタバノス
Artabanus
　アルタバヌス
Artabazos
　アルタバズス
　アルタバゾス
Artaev アルタエフ*
Artale アルターレ
Artamonov
　アルタモーノフ
Artamonova
　アルタモノワ
Artaphernēs
　アルタフェルネス
　アルタフレネス
Artauasdes
　アルタウアスデス
Artaud
　アルトー**
　アルトオ
Artavasdes
　アルタウァスデス
　アルタバスデス
Artavasdus
　アルタウァスドス
Artavazd
　アルタヴァズド
Artaxerxes
　アルタクセルクセース
　アルタクセルクセス
Artayev アルタエフ
Artaza アルタサ
Arte
　アート
　アルテ
Arteaga アルテアガ
Artedi アルテディ
Artega オルテガ

Artem
　アルチョーム
　アルチョム*
　アルテム**
Artemas アルテマス
Artemev アルテメフ
Artem'ev
　アルテーミエフ
　アルテミエフ
Artem'eva
　アルテミエヴァ*
Artemidoros
　アルテミドーロス
　アルテミドロス
Artemidōros
　アルテミドロス
Artemidorus
　アルテミドロス
Artémievich
　アルテミエヴィチ
Artemievna
　アルテーミエヴナ*
Artemiĭ アルテミー
Artemio アルテミオ
Artemios アルテミオス
Artemis
　アーテミス
　アルテミス
Artemisia
　アルタミシア
　アルテミージア
　アルテミシア
　アルテミジア
Artemon アルテモン
Artemov
　アルチョーモフ
　アルティモフ
Artemus アーティマス
Artemy アルテーミー*
Artemyev
　アルテミエフ
Arter アーター
Artest
　アーティスト
　アーテスト
Arteta アルテタ
Artevelde
　アルテヴェルデ
　アルテフェルデ
　アルテベルデ
Artful アートフル
Arthaud アルトー
Arthenia アーシーニア
Arther
　アーサー**
　アーチャー
Arthit
　アチット**
　アーティット
　アテイット
Arthour アーサー
Arthuis アルチュイス
Arthur
　アアサア
　アーサ
　アーサー***
　アーザー
　アサ

アーサア
アサア
アーサル
アーチャー
アーツォル
アーテュア
アート*
アートゥア
アートゥル
アルサル
アルザル
アルシュール
アルター
アルチュウル
アルチュール***
アルチュル
アルチュル
アルツウル
アルツール***
アルツル
アルテュウル
アルテュール**
アルテュル
アルトゥーア*
アルトゥア
アルトゥウル
アルトゥール***
アルトゥル**
アルトール
アントゥル
オーサー
Arthure アーサー*
Arthurton
　アーサートン
Arthus
　アルチュス
　アルテュ
　アルテュス*
Arthus-Bertrand
　アルテュベルトラン
Artibald アーチバルド
Artie
　アーティ**
　アーティー*
Artigas
　アルチガス
　アルティガス*
Artignan
　アルティニャン
Artigue
　アルティーギュ
Artiles アルティレス
Artin
　アルチン
　アルティン*
Artinian
　アルティニアン
Artino アルティノ
Artiom アルティオム
Artis
　アーティス
　アルティ
　アルティス
Artiukhina
　アルチューヒナ
Artjoms アルチョムス
Artley アートリー*
Artman アルトマン
Artmann
　アルトマン**

Artner アルトナー
Artno アルノ
Arto
　アート
　アルト***
Artobolevskii
　アルトボレフスキー
Artom アルトム
Artopé アルトーペ*
Artot アルトー
Artôt アルトー
Artress アートレス
Artru アーシュ
Arts アルツ
Artschibatscheff
　アルツィバチェフ
Artsikhovsky
　アルツィホフスキー
Artsimovich
　アルチモビッチ
　アルツィモヴィチ
Artstein
　アーテシュテイン
Artsvik アルツビク
Artsybashev
　アルチバシエツフ
　アルチバシーフ
　アルツィバアシェフ
　アルツィバセフ
　アルツィバシエヴ
　アルツィーバーシェフ
　アルツィバーシェ
　　フ**
　アルツィバーシェフ
　アルツィバーシェフ*
　アルツィバーシェフ
　アルツィバーセフ
Artturi アルトゥーリ
Artuc アルトゥチ
Artur
　アーター
　アーチャー*
　アットゥール
　アートゥル*
　アルチュール
　アルツ
　アルツール**
　アルツル
　アルトゥート
　アルトゥール***
　アルトゥール**
　アルトゥール
　アルトゥル
Artúr アルトゥール
Arturo
　アタロ
　アーテューロ
　アート
　アルツーロ*
　アルツーロ**
　アルトゥーロ***
　アルトゥロ***
　アルトーロ
　アルトロ*
　アロトゥーロ
　アントゥーロ
Arturs アルツルス
Artus
　アウテス

アルツス
アルテュス
アルトゥス
Artuš アルトゥシ
Artusi アルトゥージ
Artusio アーツィオ
Artuur アルトゥール
Artuzov アルトゥゾフ
Artykov
　アルティコフ
　アルトイコフ
Artymowska
　アーティーモウスカ
Artyom
　アルチョーム
　アルチョム*
Artyomov
　アルチョーモフ
Artyr アルトゥール
Artyukhov
　アルチュホフ
Artyukhova
　アルチューホワ
Artz
　アーツ
　アルツ
Artzberger
　アルツバーガー
Artzibaschew
　アルチバシェフ
Artzt アーツト
Aru アル
Aruego
　アルエーゴ
　アルエゴ*
Aruffo アルッフォ
'Arūj アルージュ
Arulpragasam
　アルプラガサム
　アルールプラガサム
Arum アラム*
Arumäus
　アルーメーウス
Arumugan アルムガン
Arun
　アルム
　アルン***
Aruna
　アルーナ*
　アルナ
　アルナー
Ar-unas アルナス
Arunas アルナス
Arūnas アルーナス
Arundale アランデール
Arundel アランデール*
Arundell アランデル*
Arundhati
　アルダティー
　アルンダティ**
　アルンドハティ
Arung アルン
Āruṇi アールニ
Arunovic アルノビッチ
Aruoma アローマ

Arup
　アラップ
　アルプ
　アーロプ
Arupa アルパ
Arus アルス
Arusaar アルサール
Arusi アルーシ
Arutiunian
　アルチュニアン
Arutul アルトゥール
Arutunian
　アルトゥニャン
Arutyun アルチュン
Arutyunov
　アルチューノフ*
Arutyunyan
　アルチュニャン*
　アルテュニャン*
Arūzī アルーズィー
'Aruzī アルーズィー
Arvan アーヴァン
Arvandus
　アルワンドゥス
Arvanitas
　アルヴァニタ
　アルバニタ
Arvanitopoulos
　アルバニトプロス
Arvay アルヴァイ
Arve
　アルヴェ
　アルベ
Arveladze
　アルベラーゼ
　アルベラゼ
Arvell アーベル
Arvers アルヴェール
Arvesen アルヴェセン
Arvi アービ*
Arvid
　アーヴィッド
　アーヴィド**
　アービッド
　アービド
　アルヴィット
　アルヴィッド
　アルヴィド*
　アルビッド
　アルビド
　アルフイド
Arvidson
　アルビトソン
　アルビドソン
Arvidsson
　アルビドション
　アルビドソン
Arvin
　アーヴィン
　アービン*
　アルビン
Arvind
　アーヴィンド
　アービント
　アービンド**
　アルビンド
Arvo
　アルヴォ*
　アルボ

Arvon アルヴォン
Arvonne アーヴォン
Arvydas
　アルヴィダス
　アルビダス
Arwā
　アルワ
　アルワー
Arwaa アルワ
Arwady アーワディ
Arwed アルヴェット
Arwel アーウェル
Arwidson
　アルビドソン
Arx アース
Ary
　アリ*
　アリー*
Arya
　アーヤ
　アーリア
Ārya
　アーリヤ
　アールヤ
Āryabhaṭa
　アアヤバータ
　アーリヤバタ
　アリアバータ
　アーリアブハタ
　アーリヤバーター
　アリヤバータ
　アリヤバーター
　アーリヤバッタ
　アールヤバータ
　アーリヤバーター
　アールヤバタ
Āryadeva
　アーリヤデーヴァ
Aryal アリヤル
Aryaman アリヤマン
Aryasinghe
　アリヤシンギエ
Aryasura
　アーリャシューラ
Āryaśūra
　アーリヤシューラ
Arye
　アリー*
　アリエ
Aryeh
　アリー
　アリエ
Aryel アリエル
Arystanbek
　アルイスタンベク
Arzac アルザック
Arzallus アルサリュス
Arzamasova
　アルザマソワ
Arze アルセ
Arzelá アルツェラ
Arzemiro アルゼミロ
Arzet アルツェット
Arzhakova
　アルジャコワ
Arzhanov アルザノフ
Arzika アージカ

Arzilli アルジッリ
Arzimanoglou
　アージマノグロー
Arzner
　アーズナー
　アルズナー
Arzu
　アルス**
　アルスー
Arzú アルス
Arzumanian
　アルズーマニャン
　アルズマニャン
Arzybek アルズィベク
Arzymat アルゾイマト
As
　アス
　アッス
'Aṣ アース
Ås オース
Asa
　アーサ
　アサ*
　アシャ*
　エイサ**
　エイザ
　オーサ**
Åsa オーサ*
Asaad
　アサード
　アサド
Asachi アサキ
Asad アサド**
As'ad アスアド
As'ad アサド
Asadata アサダタ
Asadauskaite
　アサダウスカイテ**
Asadauskaitė
　アサダウスカイテ
Asadi アサディ
Asadī アサディー
Asadov アサドフ
Asadulla アサドラ
Asadullāh
　アサドゥッラー
Asadullo アサドゥロ
Asaduzzaman
　アサドゥザマン
Asaël アサヘル
Asaeli アサエリ
Asaf
　アーサフ
　アサーフ
　アサフ**
　アザフ
Āsaf アーサフ
Asafa アサファ*
Asaf'ev アサフィエフ
Asafiev
　アサーフィエフ
　アサフィエフ
Asaga アサガ
Asagaroff アサガロフ*
Asahel
　アサエル
　アサヘル

A

Asai アサイ
Asajiro アサジロー
'Asākir アサーキル
Asali アサリ
Asam
　アーザム
　アサム
　アザム
Asamoah アサモア**
Āśān アーシャーン
Asanau アサナウ
Asander アサンデル
Asang アサン
Asanga アサンガ
Asaṅga アサンガ
Asangono アサンゴノ
Asanidze アサニゼ*
Asanin アサニン
Asano アサノ
Asanova アサーノヴァ
Asanovich
　アサノビッチ*
Asante
　アサンテ**
　アサンティ
Asantewaa
　アサンテイワー
Asanti アサンティ
Asaph アサフ
Āṣāpūrṇā
　アシャプルナ
Asar アーサル
As'ar アサール
Asara アサラ
Asare
　アサール
　アサレ
　エイサー
Asaria アザリア
Asaro アサロ**
Asatiani
　アサティアーニ
Asato アサト
Asatryan
　アサトリアン
　アサトリャン
Asavaphokin
　アッサワポーキン
Asavaroengchai
　アサワルーンチャイ
Asavinvicitr
　アッサウィンウィチット
Asawa アサワ
Asayonak
　アサウォナク
Aṣba' アスバア
Asbach アスバッハ
Asbahi アスバヒ
Asbel アスベル*
Asbell アスベル*
Asberg アスベルグ
Åsberg アスベルグ
Asbjorn
　アスビヨルン

アズビヨルン
Asbjørn
　アスビャーン
　アズビヨン
Asbjornsen
　アスビョルンセン
Asbjørnsen
　アスビョルンセン*
　アスビヨルンセン
　アスビョーンセン
Asbjornson
　アズビョンソン
Åsbrink オスブリンク
Asbroeck アスブロ―ク
Asbury
　アスベリ
　アスベリ
　アズベリー*
　アズベリイ
Ascalone アスカロ―ネ
Ascanio
　アスカーニオ
　アスカニオ
Ascanius アスカニウス
Ascari
　アスカーリ
　アスカリ
Ascasubi アスカスビ
Ascelin アスラン
Ascencio アセンシオ
Ascension
　アサンシオン
　アッセンシオン
Ascensión
　アセンシオン
Ascenso アデリノ
Ascentis
　アシェンティス
Asch
　アーシュ
　アシュ*
　アッシ
　アッシュ**
Aschaffenburg
　アシャッフェンブルク
　アシャッフェンブルヒ
Ascham アスカム
Aschbacher
　アッシュベッカー
Asche
　アッシ
　アッシュ
Aschenbach
　アッシェンバッハ
Aschengreen
　アスケングレン
Ascher
　アシェル
　アッシャー
Aschheim
　アッシュハイム
Aschhoff アシュホフ*
Aschner アシュナ―
Aschoff
　アショッフ
　アショフ*
Aschon アッシャン

Aschwanden
　アシュワデン
　アシュワンデン
Ascione
　アシオーン
　アショーネ
Asclepiodotus
　アスクレピオドトゥス
Ascofare アスコファレ
Ascoli アスコリ*
Asconius
　アスコーニウス
　アスコニウス
Ascōnius アスコニウス
Ascott アスコット**
Ascough アスコ―
Ascri アスクリ
Ascues アスクエス
Ascuy
　アスキュ―
　アスクイ
Asdreni アズドレニ
Asdrubal
　アズドゥルバル
　アスドルバル
　アズドルバル*
Asdrúbal
　アスドゥルバル
Aseem アジ―ム
Aseev アセーエフ*
Asefa アセファ
Asefi アーセフィ
Asegidie アセギディエ
Asehre
　アアセフラー
　アセラー
Aselin アゼリン
Asell アセル
Aselli
　アセリ
　アセルリ
Aselliō アセッリオ
Asemani アセマニ
Asen
　アセン
　アッセン
Asenaca アセナザ
Asenath
　アシナス
　アセナス
　アセナト
　エイゼナス
Asenathi アセナティ
Asencio アセンシオ
Asenjo アセンホ
Asenkova
　アセンコヴァ
Asenov アセノフ
Asensi アセンシ*
Asensio アセンシオ*
Aser
　アシェル
　アセル
'Ašer アシェル
Ašera アシェラ
Ašerat アシェラト

Asfa アスファ
Asfaha アスファハ
Asfaw
　アスファウ
　アスフォ
Asfour アスフ―ル
Asgarov アスガロフ**
Asgeir
　アスゲイル
　アスゲール
Ásgeir
　アウスゲイル
　アスゲール
Asgeirsson
　アスゲ―ルソン
Ásgeirsson
　アスゲ―ルソン
Asger アスガ―
Asghar
　アスガ―*
　アスガル
Asgharzadeh
　アスガルザデ
Asgrimsson
　アスグリムソン
Ásgrímsson
　アウスグリムソン*
　アスグリムソン
Asgrímur
　アウスグリーミュル
Ash
　アシュ
　アッ
　アッシュ***
Asha
　ア―シャ
　アシャ*
A'shā
　アアシャー
　ア―シャー
Ashaad アシャ―ド
Ashamarae
　アシェイマリ
Ashanti アシャンティ*
Ashapurna
　アシャブルナ*
Ashared
　アシャリ―ド
　アシャレド
Ash'ari アシュアリ―
Asha-rose
　アシャローズ
Ashaunta
　アシャウンタ
A'Shawn アショ―ン
Ashbé アシュベ
Ashbee アシュビー*
Ashbel アシュベル
Ashbery
　アシュベリ
　アシュベリー*
　アッシュベリー***
Ashbey アシュビ
Ashbless アシュブレス
Ashbolt
　アッシュボルト

Ashbrook
　アッシュブルック**
Ashburn
　アショバーン
　アッシュバーン*
Ashburner
　アシュバーナー
　アッシュバーナー
Ashburton
　アシュバートン
Ashby
　アシュビー***
　アシュビィ
　アッシュビー
Ashcraft
　アシュクラフト*
Ashcroft
　アシュクロフト**
　アシュロフ
　アッシュクロフト**
Ashdown
　アシュダウン**
Ashe アッシュ**
Asheem アーシム
Asheley アシュレー
Ashenburg
　アシェンバーグ
Ashenden
　アシェンデン
Ashenfelter
　アッシェンフェルター
Asher
　アシェル*
　アシャー**
　アッシャー***
'Asher アシェル
Asheron アシャロン*
Asher-smith
　アシャースミス
Asherson
　アシャーソン
　アッシャーソン
Ashfaq アシュファク
Ashfield
　アシュフィールド
Ashford
　アシュフォード**
　アッシュフォード
Ashforth
　アッシュフォース
Ashi アシ
Âshik
　アーシク
　アシク
　アーシュク
　アシュク
Åshild オースィル
Ashimov アシモフ
Ashin アシン*
Ashiq アシク
Ashira アシラ
Ashirgeldi
　アシルゲルディ
Ashirmukhammedov
　アシルムハメドフ
Ashiru アシル
Ashis
　アシシュ

アシース
アシス
Ashish アシシュ
Ashit アッシット
Ashk アシュク*
Ashkan アシュカン
Ashkenas
　アシュケナス*
Ashkenazi
　アシュケナージ*
　アシュケナジ
Ashkenazy
　アシケナージ
　アシュケナージ*
Ashkin アシュキン
Ashkir アシュカル
Ashkur アシュクール
Ashlee アシュリー*
Ashleigh アシュリー*
Ashley
　アシェリー
　アシュリ
　アシュリー***
　アシュレー*
　アシュレイ**
　アシレイ
　アッシュリー
　アッシュレー
　アッシレー
Ashlinn
　アシュリーン
　アシュリン*
Ashlock アシュロック
Ashly アシュリー
Ashlyn アシュリン
Ashman
　アシュマン*
　アッシュマン*
'Ashmāwī
　アシュマーウィー
Ashmeade
　アシュミード
Ashmole
　アシュモウル
　アシュモール
Ashmore
　アシュモア**
　アッシュモア
Ashmun アシュマン
Ashner アシュナー*
Ashni アシュニ
Ashock アショック
Ashok
　アショーカ**
　アショク*
　アショック
　アッシュ
Ashot
　アショット
　アショト
Ashotyan
　アショチャン
Ashour アシュール
Ashraf アシュラフ**
Ashraf Amgad
　アシュラフアムガド
Ashraff アシュラフ

Ashraful アシュラフル
Ashram アシュラム
Ashrawi
　アシュラーウィ
　アシュラウィ**
Ashrozo アシュロゾ
Ashry アシュリー
Ash-Shanfarā
　アッ・シャンファラー
Ashtar
　アシュター
　アシュタール
Ashtart アシュタート
Ashton
　アシュトン***
　アストン
Ashu アシュ*
Ashumova アシュモワ
Ashur
　アシュア
　アシュール
　アッシュール
'Āshūr アーシュール
Ashuraliyev
　アシュラリエフ
Ashurst
　アシャースト
　アッシャースト
Ashvin
　アシュウィン
　アシュヴィン
Ashwal
　アシュワル
　アッシュウォール
Ashwani アシュワニ
Ashwarth
　アシュワース
Ashwatthama
　アシュヴァッターマン
Ashwell
　アシュウェル*
　アシュウェル
Ashwin アシュウィン
Ashwini アシュウィニ
Ashwood アシュウッド
Ashworth
　アシュウォース
　アシュワース*
　アッシュワース*
Asia
　アーシア
　エイジア
Asiagenus
　アシアゲヌス
Asiain アシアイン
Asiata アシアータ
Asiaticus
　アジアチカス
　アジアチクス
　アシアティクス
Asiatikos
　アジアティコス
　アジアティコス
Asibandhakaputta
　アシバンダカプッタ
Asier アシエル
Asieshvili
　アシエシヴィリ

Asif
　アシーフ
　アシフ*
Asik アシク
Âşık アーシュク
Asikainen
　アシカイネン
Asim
　アーシム
　アシム*
Âsım アースム
Asimakopulos
　アシマコプロス*
Asimor アシモル
Asimov
　アシモフ**
　アジモフ
Asín アシン
Asinius アシニウス
Asinof
　アシノフ
　アジノフ
Asinum アシヌム
Asioli アジオーリ
Asios アシオス
Asis アシス
Asistent
　アシスタント*
Asit アシット
Asita アシタ
Āsiya アーシイヤ
Asjadī アスジャディー
Asjari アシャリ
Ask アスク
Aśk アシュク
Askalaphos
　アスカラフォス
Askalonov
　アスカロノフ
Askalu アスカル
Askanbek
　アスカンベック
Askanius アスカニウス
Askar アスカル**
Askarbek
　アスカルベク
Askari アスカリ*
'Askari アスカリー
Askarian
　アスカリアン*
Aske アスク
Askeladden
　アスケラッデン
Askenase アスケナーゼ
Askenazy
　アシュケナージ
　アシュケナージィ
Asker アスカー
Askew アスキュー***
Askey アスキー
Askgaard アスクゴー
Askham アスカム
Askia アスキア
Askidâs アスキダス
Askin アスキン

Askins
　アスキンス
　アスキンズ*
Asklēpiadēs
　アスクレーピアデース
　アスクレピアデス
Asklēpiodotos
　アスクレピオドトス
Asklöf アスクレーフ
Asko アスコ
Askola アスコラ
Askold アスコリド
Askoldov アスコリドフ
Askolid アスコリド
Askr アスク
Askren アスクレン
Askwith アスクウィズ
Aslam
　アスラ
　アスラム
Aslamazov
　アスラマゾフ
Aslan アスラン***
Aslanbeigui
　アスランベイグイ
Aslanbek
　アスランベク*
Aslani アスラニ*
Aslanikashvili
　アスラニカシュヴィリ
Aslanov アスラノフ
Áslaug アウスロイグ*
Åslaug オースラウグ
Aslett アスレット*
Asley アスレイ*
Asli アスリ*
Aslihan アスルハン
Aslin アスリン
Aslo アスロ
Asloum アスローム*
Aslov アスロフ
Aslund オスルンド*
Åslund オスルンド
Asm アスム
Asma アスマ*
Asmā アスマー
'Asma アスマ
Asmah アスマ
Asmahān アスマハーン
Aṣmaʿī アスマイー
ʿAṣmaʿī アスマイー
Asmal アズマル
Asman
　アスマン
　アズマン
Asmane アスマヌ
Asmar アスマール
Asmat アスマット
Asmel アスメル
Asmerom アスメロン
Asmik アスミーク
Asmir アスミル
Asmis アスミス

Asmundson
　アスムンドソン
Asmus アスムス**
Asmussen
　アスムセン
　アースムッセン
　アスムッセン*
Asnaani アスナーニ
Asnage アスナゲ
Asne アスネ*
Åsne
　アスネ*
　オスネ
Asner
　アスナー*
　アズナ
　アズナー
Asnyk アスニク
Aśoka
　アショーカ
　アショカ
Asomugha アソムハ*
Ason アーソン
Asooksin アソークシン
Asor
　アーゾル
　アゾール
Asoro アソロ
Asot アソット
Asoumanaki
　アソウマナキ
Asozoda アソゾダ
Asp アスプ*
Aspaker アスパーケル
Aspar アスパル
Asparagus
　アスパラガス
Aspari アスパーリ
Asparuh アスパルフ
Aspas アスパス
Aspasia アスパシア
Aspasios アスパシオス
Aspden アスプデン
Aspdin
　アスプディン
　アスプディン
Aspect アスペ
Aspelin
　アスペリーン
　アスペリン*
Aspelmayr
　アスペルマイア
　アスペルマイヤー
Aspen アスペン
Aspenström
　アスペンストレム
Asper アスパー*
Asperen アスペレン
Asperger
　アスペルガー*
Aspernicus
　アスペルニクス
Aspertini
　アスペルティーニ
Aspetti アスペッティ

Asphaug アスフォーグ	アサジョーリ*	Assem アセム	Assogba アソバ	Astakhov アスターホフ／アスタホフ
Aspholm アスフォルム	As-Sa'īd アッ・サイード／アッサイード	Assemani アッセマーニ／アッセマニ	Assouline アスリーヌ*	
Aspilcueta アスピルクエタ	Assailly アッサイー	Assemat アスマ	Assouma アスマ	Astakhova アスタホワ
Aspin アスピン*	Assaji アッサジ	Assémat アスマ／アセマ	Assoumana アスマナ	Astan アスタン
Aspinall アスピナール／アスピナル／アスピノール*	Assakalov アサカロフ	Assen アセン／アッセン*	Assoumane アソマネ	Astangov アスタンゴヴ
	Assal アサール／アサル		Assoumani アスマニ**	Astaphan アスタファン
Aspinwall アスピンウォール	'Assāl アッサル	Assendelft アッセンデルフト	Assoumany アスマニ	Astapkovich アスタプコヴィッチ*／アスタプコビッチ
Aspley アスプレイ	Assali アサリ	Assenmacher アッセンマッカー	Assoun アスン	
Asplund アスプランド／アスプルント／アスプルンド**	Assall アサール	Asséo アセオ*	Assounan アスアン	Astapov アスタポフ
	Assam アサム	Aser アセル／アッサー／アッセル*	Assous アスス	Astarābādī アスターラーバーディー
Asplundh アスプランド	Assamba アサンバ		Assr アスル	
	Assanami アサナミ		Assteas アッステアス	Astarte アスタルテ
Aspord アスポール	Assane アサン／アッサン		Assuerio アスエリオ	Astbury アストバリー／アストベリ／アストベリー
Aspray アスプレイ		Assereto アッセレート	Aṣ-Ṣūfī アッ・スーフィー	
Asprey アスプリー	Assange アサンジ*	Asset アセト／アッセ	As-Suhrawardī アッ・スフラワルディー	
Asprilla アスプリージャ*	Assani アサニ		Assumani アスマニ	Astedt オーステット*／オーステッド
Asprin アスプリン**	Assante アサンテ	Assétou アセトゥ	Assumpta アスンプタ／アッスムプータ	
Aspromonte アスプロモンテ／アズプロモンテ	Assar アサー*／アサール／アサル*／アッサール／アッサル	Asshaikh シェイフ		Astell アステル*
		Assi アーシ／アシ／アッシ*	Assuncao アスンサン／アスンソン	Astels アステル／アステルス
Asprucci アスプルッチ				
'Asqalānī アスカラーニー	Assaraf アサラフ	Assia アシア**／アッシア	Assunção アスンソン	Astemirova アステミロワ
	Assarakos アッサラコス		Assunção アスンサオン／アスンサン	Aster アスター*／アステル
Asquerino アスケリーノ	Assarsson アサーソン	Assi-assoue アシアスエ		
Asquith アキレス／アスキース／アスキェス***／アスクィス*	Assati アサッティ	As-Sibai アッスィバーイー	Assunto アッサント	Astere アンテロ
	Assavahem アッサワヘム	Aššur アシュール／アッシュール／アッシュル	Assur アシュール／アッシュール／アッシュル	Asterios アステリオス
Asrabaev アスラバエフ	Assayas アサイアス／アサイアス**／アサヤス	Assidik アシディク		Astérios アステリオス
Asraf アスラフ		Assifat アシファト	Aššurbanipal アシュールバニバル／アッシュール・バニバル／アッシュールバニバル／アッシュール・バニバル／アッシュルバニバル／アッシュール・バーン・アプリ	Asthana アシュタナ
Asrani アスラニ*		Assil アシル		Asther アザー／アスター
Asrar アスラー	As-Sayyid アッ・サイイッド	Assilem アシレム／アスリム		Asti アスティ
Asrat アスラット	Assche アスシュ／アッシュ*	Assimaidou アシマイドゥ		Astica アスティカ*
Asratian アスラチャン	Asscher アッシャー／アッスル	Assimi アシミ		Astier アスティエ
Asri アスリ		Assing アシンク	Aššur-nāsir-pal アシュールナシルパル	Astin アスティン／オースティン
Asrori アスロリ	Asseburg アッセブルク	Assingambi アシンガンビ		
Asrul アスルル*	Assefa アセファ*	Aṣ-Ṣiqillī アッ・スィキッリー	Ast アスト	Astington アスティントン
Assa アッサ	Assegnini アセニニ	Assis アーシス／アシース／アシス**／アジス	Asta アウスタ／アスタ	Astle アストル／エースル
Assaad アスアド	Asseid アシード		Astacio アスタシオ*	Astleford アストルフォード
Assaba アッサバ	Asselborn アッセルボルン／アッセルボーン		Astafei アスタフェイ	Astley アストリ／アストリー／アストレイ／アスリー
Assad アサド***			Astaf'ev アスターフィエフ	
Assadaathr アッサダートン	Assele アッセレ	Assisi アッシージ／アッシジ	Astafiev アスターフィエフ**	
Assadi アサディ	Asselijn アセリン／アセレイン／アッセレイン	Assisiensis アッシージ	Astafieva アスターフィエヴァ／アスタフィエーヴァ／アスタフィエヴァ／アスタフィエヲ	Astolfo アストルフォ
Assado アサド		Assmaa アスマー		Aston アシュトン／アストン***
Assadullah アサドゥラ／アサドラ	Asselin アスラン／アッスラン	Assmann アスマン**／アッスマン		Astone アストーネ
Assael アセール	Asseline アスリーヌ*	Assne アサン	Astaire アステア**／アステアー	Astor アスター**／アストール／アストル**
Assaf アサフ／アッサーフ	Asselineau アスリノー／アセリノー	Asso アソ／アゾ	Astaix アステックス*	
As-Saffāḥ アッサッファーフ	Asselt アッセルト	Assoa アソア		Astorch アストルシュ
Assagioli アサジオリ				Astorga アストルガ*

ATH

Astori
　アストーリ
　アストリ
Astra　アストラ*
Astraia　アストライア
Astrain　アストライン*
Astrampsȳchos
　アストランプシュコス
Astrand　オストランド
Astriab　アストリャブ
Astrid
　アストリット*
　アストリッド***
　アストリート**
　アストリド
Astro　アストロ*
Astrom　アストローム
Aström
　アストローム
　オーストレム
Åström　アストローム
Astrop　アストロップ*
Astruc
　アストリュク
　アストリュック**
Astrud　アストラッド
Astrup
　アストラップ
　アストループ
Astuokhos
　アステュオコス
Asturaro　アスツラロ
Asturias
　アスツリアス
　アストゥリアス**
　アストリアス
Asturius
　アストゥリウス
Asturlābī
　アストゥルラービー
Astyagēs
　アスツアゲス
　アスティアゲス
　アステュアゲース
　アステュアゲス
　アストゥアゲス
Astyanax
　アステュアナクス
Astydamās
　アステュダマス
Astyr　アスティール
Asuaje　アスアヘ
Asuar　アスアール
Asue Mangue
　アスエマンゲ
Asugiba　アスギバ
Asukiya　アスキヤ
Asum-ahensah
　アスムアヘンサ
Asumu Mum Munoz
　アスムムンムノス
Asun　アスン*
Asuncion　アスンシオン
Asunción　アスンシオン
Asunta　アスンタ
Āsuri　アースリ

Asurindaka
　アスリンダカ
Asuton　アストン
Asvabhāva
　アスヴァバーヴァ
Asvaghosa
　アシヴァゴーシャ
　アシュヴァゴーシャ
Aśvaghoṣa
　アシヴァゴーシャ
　アシュヴァゴーシャ
　アシュバゴーシャ
Asvall　アシュヴァル
Asvestas　アスペスタス
Aswab　アスワブ
Aswad　アスワド
Aswadi　アスワディ
Aswany　アスワーニー
Aswath　アスワス*
Asya　アーシャ
Asyari　アシャリ
Asy'ari　アシャリ
Asylmuratova
　アシルムラートワ*
　アスィルムラートワ
Asylzhan　アシルジャン
Asyrgeldy
　アスイルゲルディ
Aszema　アゼマ
Ata　アタ**
Atā　アター
'Aṭā'　アター
'Aṭā' Allāh
　アターウッラー
Atack　アタック
Ataev　アタエフ
Atagulyyev
　アタグルイエフ
Atahanov　アタハノフ
'Atāhiya
　アターヒヤ
　アルアターヒヤ
Atahualpa
　アタウアルパ**
　アタワルパ
Atahuarpa
　アタウアルパ
Atai　アタイ
Atâ'i　アターイ
Atairangikaahu
　アタイランギカーフ*
Atak　アタク
Atakhai　アタハイ
Atal　アタル**
Atala　アタラ
Atalantē
　アタランタ
　アタランテ
　アタランテー
Atalay
　アタライ
　アータレイ
　アタレイ
Atalifo　アタリフォ
Atallah
　アターッラー

アタラ
Atama　アタマ
Atamaniuk
　アタマニアック
Atamanov
　アタマーノフ
　アタマノフ
Atama Tabe
　アタマタベ
Atambayev
　アタムバエフ*
Atamkulov
　アタムクロフ
Atamurad　アタムラド
Atamuradov
　アタムラドフ
Atamyrat
　アタミラト
　アタムイラト
Atan　アタン
Atanasie　アタナジェ*
Atanasio　アタナジオ
Atanásio　アタナジオ
Atanasiu　アタナシウ
Atanasof　アタナソフ
Atanasoff　アタナソフ*
Atanasov　アタナソフ*
Atanasova
　アタナソヴァ
　アタナソバ
Atanassoff　アタナソフ
Atanassov　アタナソフ
Atanelov　アタネロフ
Atangana Kouna
　アタンガクナ
Atangana Mebara
　アタンガナメバラ
Ataol　アタオル
Ataollah　アタオラ*
Atar　アタール
Atarake　アタラケ
Atares　アターレス
Atargatis
　アタルガティス
Atarov　アタロフ
Atasi
　アターシ
　アターシー
　アタシ*
　アタースィー
Atāsī
　アターシー
　アタースィー
Atassi　アタッシ
Atāssī　アターシー
Atatürk
　アタチュルク
　アタテュルク
Ataulf
　アタウルフ
　アタウルフス
Ataúlfo　アタウルフォ
Ataūlfo　アタウルフォ
Ataullah　アタウラー
Atay　アタイ
Atayev　アタエフ

Atayeva　アタエワ
Atayi　アターイー
Atcha　アチャ
Atchabahian
　アチャバヒアン
Atchaka　アチャカ
Atcheson
　アチスン
　アチソン*
Atchimon　アキモン
Atchison
　アチソン
　アッチソン
Atchley
　アチュリー*
　アチリー
　アッチェリー
Atchugarry
　アチュガリー
Atdayev　アッダエフ
Ateek　アティーク
Atef
　アーティフ
　アティフ
　アーテフ*
　アテフ**
Ateib　アテイブ
Ateius　アテイウス
Atelier
　アテリア
　アトリエ
Atema　アテマ
Aten　アテン
Atencio　アテンシオ
Ateng　アテン
Atenógenes
　アテノヘネス
Ates
　アテス
　エーテス
Ateshkadi
　アテシュカディ
Ateyatala
　アティヤタッラー
Atget
　アジェ*
　アッジェ*
　アッツジェ
Athalaricus
　アタラリクス
　アタラリック
Athaliah
　アタリア
　アタリヤ
　アタルヤ
Athalya　アタルヤ
Athamas　アタマス
Athamās　アタマス
Athan　エイサン
Athana　アスターナ
Athanagild
　アタナギルド
Athanaric
　アタナリック
Athanas　アサーナス
Athanase
　アタナース

アタナーズ
アタナズ
アタナセ
Athanasia　アサナシア
Athanasie　アタナジー
Athanasios
　アサナシオス
　アタナシアス*
　アタナシオス
Athanásios
　アタナシオス
Athanasiou
　アサナショー
　アタナシウ
Athanasious
　アサナシウス
　アタナシウス
Athanasius
　アサネイシアス
　アサネイシャス
　アタナージウス
　アタナシウス*
　アタナジウス
　アタナシオス
Athanassiades
　アナスタシアディス
Athánatos　アタナトス
Athanodoros
　アタノドロス
Athauda　アタウダ
Athaulfus
　アタウルフス
Athaulla　アタウラ
Athavale
　アタヴァレー*
　アタバレー
Athayde　アタイデ*
Athearn
　アサーン
　アツサルン
Atheling　アセリング
Athelstan
　アセルスタン
　アゼルスタン
Athelweard
　エセルウェルド
Athena
　アシーナ
　アテナ*
　アテネ
Athenaeus
　アテナイオス*
Athenagoras
　アテーナゴラース
　アテナゴラス
Athénagoras
　アシナゴラス
　アテーナゴラース
　アテナゴラス
Athēnagoras
　アテナゴラス
Athēnai　アテーナイ
Athēnaios
　アテーナイオス
　アテナイオス
Athenais　アテナイス
Athēnaïs
　アテナイース
　アテナイス*

Athenase アテナゼ
Athene アスィーニ
Athenion アテニオン
Athenis アテニス
Athenodoros アテノドロス
Athēnodōros アターノドーロス／アタノドロス／アテノドロス
Atherton アサートン**／アサトン*／アザートン*
Athimalaipet アティマライペット
Athing アシング
Athīr アシール／アスィール
Athirson アチルソン
Athitapha アーティットアーパー
Athni アッティニ
Athol アソール**／アソル*
Atholl アソール／アソル*／アトゥル
Athorbei アトルベイ
Athos エイソス
Athoumani アスマニ
Athreya アスレヤ
Ath-Tha'ālibī アッ・サアーリビー
Athukorala アトゥコララ
Athy アティー
Atias アティアス
Atiba アティバ
Atici アトゥジュ
Atie アティ
Atienza アティエンサ／アティエンザ
Atif アティフ／アーテフ
Atifete アティフィテ／アティフェテ*
Atik アティク／アティック
Atika アッティカ／アッチカ
Atikal アディハル
Aṭikaḷ アディハル／ヴァディハル
Atiku アチク
Atilio アティリオ
Atilius アティリウス
Atīlius アティリウス

Atilla アティラ
Atiman アティマン
Atimeng アティメン
Atina アティナ
Atinc アティンク／アティンチ
Atinuke アティヌーケ
Atiq アティーク**／アティク*／アテック
Aṭīqī アチキ／アティーキー
Atiqul アティキル
Atir アティル*
Atis アティス
Atīśa アティーシャ／アティシャ／アティシャ
Atisanoe アティサノエ
Ātish アーティシュ
Ativor アティボ
Atiya アティーヤ
Atiyafa アティヤファ
Atiyah アタイヤ**／アティーア／アティア／アティヤ*／アティヤー**
Atiyeh アチエ
Atkeson アトキソン
Atkin アットキン*／アトキン**
Atkine アトカン
Atkins アトキンス***／アトキンズ**
Atkinson アッキンソン／アットキンソン／アトキンソン*／アトキンソン***
AtKisson アトキソン*
Atkisson アトキソン
Atkyns アトキンス
Atl アトル
Atlan アトラン*
Atlani アトラニ
Atlanta アトランタ*
Atlantique アトランティック
Atlantov アトラーントフ／アトラントフ*
Atlas アトラス*
Atlasov アトラーソフ／アトラソフ
Atle アトル**／アトレ

Atlee アトリー
Atli アトリ
Atmar アトマール
Ato アト*
Atoev アトエフ
Atom アトム*
Aton アトン
Atondo アトンド
Atonio アトニオ
Atopare アトパレ
Atos アトス
Atossa アトッサ
Atra アトラ
Atras アトラス
Atrash アトラシュ
Aṭrash アトラシュ
Atreidēs アトレイデス
Atreus アトレウス
Atreya アートレーヤ／アトレーヤ*
Atsız アトスィーズ／アトスイズ
Atsīz アトスィーズ／アトスズ
Atsız アトスズ
Atso アツォ
Atta アタ*／アッタ***
Attaberry アッタベリー
Attaff アタフ*
Attaignant アテニャン
Attal アタル
Attala アッタラ
Attalah アタラ
Attaleiates アッタレイアテス
Attali アタリ**
Attall アタル
Attallah アタラー
Attalos アッタロス
Áttalos アッタロス
Attalus アッタルス／アッタロス
Attanasio アタナシオ／アタナジオ
Attanasso アタナソ
Attanayake アタナヤケ
Attané アタネ
Attaochu アタオチュー
Attapon アタポン
Attar アッタール／アッタル
Attār アッタール
'Aṭṭār アッタール
Aṭ-Ṭarābulsī アッ・タラーブル

スィー
Attas アタス／アッタース／アッタス**
'Aṭṭāsh アッターシ／アッターシュ
Attavante アッタヴァンテ
Attavanti アッタヴァンティ
Attaway アタウェイ*
Attayyib アッタイーブ
Attebery アトベリー
Attefall アッテファール
Attel アッテル
Attenborough アッテンボロー**／アテンボロー
Attenbury アッテンベリー
Attendolo アッテンドロ
Attenhofer アッテンホーファ／アッテンホーファー
Atterberg アッターベリー／アッテルベリ／アッテルベリー／アテルベリ
Atterbom アッテルブム／アッテルボム
Atterbury アタベリ／アタベリー／アッテベリ
Atteridge アタリッジ
Atterton アタートン
Atteshli アテシュリ
Atteshlis アテシュリ／アテシュリス
Atteslander アッテスランダー
Atthaya アタヤ
Attia アッテア／アッティア
Attica アッティカ**
Atticus アッチカス／アッチクス／アッティカス／アッティクス／アッティコス
Attig アティッグ
Attikos アッティコス
Attikós アッティコス
Attikpa アティパ
Attila アッチラ／アッティラ***／アッテイラ*

アッテラ
アティッラ
アティラ**
Attilio アッチーリオ／アッティーリオ**／アッティイリオ**／アッティーリョ／アッテリオ／アティリオ*
Attilo アッティロ
Attin アタン
Attinat アティナット
Attinello アティネロ
Attiogbé アッティオグベ
Attipoé アチポエ
Attiret アッチレ／アッティレ／アティレ／アティレー
Attis アッティス
Attisso アティッソ
Attius アッティウス
Attiya アティーヤ／アティヤ
Attiyah アティーヤ
Attiyeh アティエ
Attlee アトリー*／アトレー
Attmore アットモア
Attneave アトニーブ
Atto アット／アットー／アト
Attoumane アトゥマネ／アトゥマン／アトーメン
Attoumani アツマニ
Attracta アトラクタ
Attram アットラム
Attri アットリ
Attridge アトリッジ
Attström アトシュトレーム
Attucks アタックス
At-Tustarī アッ・トゥスタリー／アットゥスタリー
Attwater アットウォーター*／アトウォーター
Attwell アトウエル／アトウエル*
Attwood アットウッド*／アットウッド**
Atubo アトゥボ
Atukorala アツコラレ
Atukwei アトゥクェイ*

Atul アテュール／アトゥール／アトゥル*
Atuona アトゥオナ
Atupele アトゥペレ
Atwal アトウォル
Atwan アトワーン／アトワン
Atwater アットウォーター／アトウォーター**／アトワータ
Atwell アトウェル*
Atwill アットウィル／アトウィル
Atwood アットウッド／アトウッド***
Atxaga アチャーガ**／アチャガ
Atzberger アッツベルガー／アツベルガー
Atzert アトゥツェルト
Atzili アツィリ
Atzmon アッツモン／アツモン*
Atzo アッツォ
Atzori アッツォーリ
Atzorn アットツォルン
Au アウ***／ウー／オウ*
Aub アウブ*
Aubal オバル
Aubameyang オーバメヤン
Aubanel オオバネル／オーバネル*
Aubart アウバート
Aubeaux オーボー
Aubel オーベル
Aubeli アウベリー
Auber オーバー／オーベール／オーベル／オベール
Auberjonois オーバージョノー／オーバジョノス／オーベルジョノア／オベルジョヌワ／オーベルジョノア
Auberjunois オーベルジュノア
Auberlen アウバレン
Auberon オーベロン
Aubert オーバート／オーベア

Aubertin オーベルタン
Aubery オーベリー
Aubespine オーベスピーヌ
Aubier オービエ*
Aubignac オービニャック*
Aubigné オービニェ／オビニェー
Aubin アービン／オーバン*／オバン／オービン*
Aubineau オビノ
Aublet オーブレー
Auboyer オーボワイエ
Aubrac オブラック
Aubrat オーブラー
Aubree オーブリー
Aubréville オーブレヴィーユ
Aubrey アウブリ／アウブレー／オウブレイ／オーブリ*／オーブリー***／オブリー／オーブリイ／オーブレ／オーブレー*／オーブレイ
Aubri オーブリ
Aubrière オーブリエール
Aubriot オーブリオ
Aubrun オーブラン
Aubry オウブリ／オーブリ**／オーブリー／オブリ***
Aubuisson オービュイソン
Auburn オーバーン
Aubusson オビュソン／オブソン
Aubyn オービン*
Auch アウク／オーク／オーシュ*／オーチ*
Auchincloss オーキンクロウス／オーキンクロース／オーキンクロス**／オーチンクロス
Auchinleck オーチンレック
Auckett オーケット*

Auckland オークランド
Auclair オークレール*／オクレール
Auclert オークレール
Au-Co アウコー
Aucoin オークイン
Aucott オーコット
Aucouturier オクチュリエ
Auctor アウクトル
Auctus アウクトゥス
Aud アウド*／オウド
Audaeus アウダエウス
Audard オダール
Aude オード*／オド
Au-Deane オウディーン／オーディーン
Audebrand オードブラン
Audefroi オドフロワ
Audeguy オードギー
Audel オーデル
Auden オーデン**
Audenaerde アウデナールデ
Audero アウデロ
Auders アウデルス
Audery オードリー
Audet オーデット
Audette オーデット
Audi アウディ／オーディ
Audiard オーディアール／オディアール**
Audiat オーディア
Audibert オディベール
Audiberti オーディベルチ／オーディベルティ**／オーディベルディ
Audie オーディ／オーディー*
Audin オーディン
Audina アウディナ
Audisio アウディシオ／オーディジォ／オーディジオ*／オーディジョ
Audius アウディウス
Audley オードリ／オードリー**／オードリィ*／オードレイ
Audoa アウドア
Audoin オードワン

Audouard オドゥアール*
Audouin オードゥアン／オドゥワン**／オードワン
Audoux オオドゥ／オード／オードー*／オードゥ**
Audouze オドゥーズ
Audra オードラ*
Audrain オードラン／オードレイン
Audran オードラン*／オドラン
Audre オードリ／オードリー**／オードル
Audrerie オドルリ
Audret オードレ*／オドレ
Audrey オードリー***／オードリィ／オードレ*／オードレー／オードレイ*／オドレイ**
Audronė アウドロネ
Audry オードリ／オードリー*
Aubudon オージュボン／オーズボン／オーダボン／オーデュボン*／オードゥボン
Audulomi アウドゥローミ
Audun アウドゥン
Audunson アウダンソン
Auður オイズル
Audus オーデュス
Audy オウディ
Aue アウエ*
Auel アウル**
Auenbrugg アウエンブルック
Auenbrugger アウエンブルガー／アウエンブルッガー／アウエンブルッゲル
Auer アウァー／アウア／アウアー***／アウェル／アウエル**／アワー*／オーア

Auerbach アウアバック／アウアーバッハ／アウアバッハ／アウアーバッハ／アウェルバッハ／アウエルバッハ**／アウエルバハ／アーバック／アワーバック／オーアーバック／オウエルバッハ／オーバック*
Auerbacher アウエルバッハー／アウワーバッハー*
Auerhahn アウエルハーン
Auerhan アウエルヘン
Auernheimer アウエルンハイマー*
Auersperg アウエルスベルク
Auerswald アウアースバルト／アワースバルト
Auestad オースタッド
Auezov アウエーゾフ*／アウエソフ／アウエゾフ
Auf アウフ
Aufdenblatten アウフデンブラッテン
Aufderheide アウフデルハイデ
Aufenanger アウフェンアンガー
Auffarth アウファルト／オイフェルス
Auffray オーフレ／オフーレ／オフレ／オフレー
Auffret オフレ
Aufgang アウフガング*
Aufi アウフィ
'Aufi アウフィー／オウフィー
Aufidius アウフィディウス
Aufles アウフレス
Aufrecht アウフレヒト
Aufsatz アウフザッツ
Auga アウガ
Augarde オーガード
Auge オージェ／オージエー／オージュ
Augé オジェ*
Augello アウゲロ／オージェロ

Augendre
　オジャンドル*
Augenthaler
　アウゲンタラー
Auger
　オーガー
　オージェ***
　オジェ
Augér
　オージェ*
　オジェー
Augereau
　オージュロー
　オジュロ
　オジュロー
Augeri オウジェリー*
Augestad
　オーゲスタッド
Augie オージー
Augier
　オージェ
　オージェ
　オジェ
Augis オジズ
Augmon オーグモン
Augouard オグアール
Augoustides
　アウグスティデス
Aúgoustos
　アウグストゥス
Augros
　アウグロス
　オークローズ
Augsburger
　アウグスバーガー
　アウスベルジェ
Augspurg
　アウクスプルク*
　アウグスプルク
Augst アウグスト
Augstein
　アウクシュタイン**
　アウグシュタイン
Augstus オーガスタス
Augulis アウグリス
Augurinus
　アウグリヌス
Augurīnus
　アウグリヌス
Augusseau オグソー
August
　アウガス
　アウグスト
　アウグスト***
　アウゴスト
　アーガスト
　オウガスト
　オーガスト***
　オーギー
　オーギュスト*
　オギュスト
Augusta
　アウグスタ**
　アヴグスタ
　オーガスタ**
　オーギュスタ*
　オギュスタ

Augustanus
　アウグスタヌス
Augustas
　オーガスタス
　オーガストス
Augustat
　アウグスタット
Auguste
　アウギュスト
　アウグステ*
　アウグスト*
　オウギュスト
　オーガスチ
　オーガスト
　オーギュスタン
　オーギュスト***
　オギュスト*
　オギュスト
Auguste-Denise
　オギュストデニズ
Augustein
　アウガスタイン
Augusten
　オーガステン*
Augusti アウグスティ
Augustin
　アウグスチノ
　アウグスティーン
　アウグスティン**
　オウグスタン
　オウグスティン
　オオギュスト
　オーガスタン
　オーガスティン
　オーギュスタイン
　オーギュスタン**
　オギュスタン**
　オーギュスト
　オルギュスタン
Augustine
　アウグスティーヌ
　アウグスティヌス
　アウグスティーノ
　アウグスティン
　オウガスチン
　オーガスチン**
　オーガスティン**
　オーギュスタン
　オーギュスティーヌ
　オーギュスティン
　オーグスチン
　オーグスチン
Augustino
　アウグスティノ
Augustinus
　アウガスチン
　アウガスチヌス
　アウグスチヌス
　アウグスチヌス
　アウグスチンス
　アウグスティヌス
　アウグスティーヌス
　アウグスティヌス*
　オウガスチン
　オーガスチン
Augustiny
　アウグスティーニ
Augusto
　アウグスト***
　オーガスト

オギュースト
Augustodunensis
　アウグストドゥネーン
　シス
　アウグストドゥネンシ
　ス*
Augustsson
　オーガストソン
Augustulus
　アウグスツルス
　アウグストゥルス
Augustus
　アウグスツス
　アウグスト
　アウグストゥス*
　オーガスタス**
　オーギュステュス
　オーグストゥス
Augustyn
　オーガスティン*
Augustyniak
　アウグスティニアク
　オグスティニアック
Augusutin
　オーグスティン
Auhad オウハド
Auhad al-Dīn
　オウハドッディーン
Auhadī アウハディー
Auhadu'd-Dīn
　アウハドゥッ・ディー
　ン
Aujame オージャム
Aujjar アウッジャル
Aukamp オーカンプ
Aukanush アウカヌシ
Aukburg オークバーグ
Auken アウケン*
Auker オーカー*
Aukerman
　オーカーマン
Aukhadov オウハドフ
Aukin オーキン
Aukland アウクラン*
Aukrust アウクルスト
Aukstakalnis
　オークスタカルニス
Aul オウル
Aulagnier オラニエ
Aulard
　オーラール
　オーラル
　オラール
Auld オールド**
Aulen
　アウレーン
　アウレン*
Aulén アウレン
Aulenti
　アウレンティ**
Aulerius アウレリウス
Aulestia
　アウレスティア
Aulet オーレット
Aulētēs アウレテス
Auletta
　アウレッタ

オーレッタ**
Auliček アウリチェク
Aulich
　アウリッヒ
　アウリヒ
Aulika アウリカ
Aulikki アウリッキ
Aulin
　アウリン
　オーリン
Aulinger オーリンガー
Aulis アウリス
Aulisio オーリシオ
Auliyā
　アウリヤー
　オーリーヤー
Aulnoy
　オーノア
　オーノワ
　オールノワ
Aulotte オーロット
Ault
　オールト*
　オルト
Aultman
　オールトマン
　オルトマン
Aulus
　アウルス
　アウレス
Auma アウマ
Aumale
　オーマール
　オーマル
　オマール
Auman
　アウマン
　オーマン
Aumann オーマン*
Aumasson オーマソン
Aumer オーメール
Aumiller
　アウミレル
　オーミラー*
Aumoitte
　アウモイット
Aumonier
　オゥモニヤー
　オウモニヤ
　オーモウニア
　オーモニア
　オモニアー
Aumonnt オーモン
Aumont オーモン***
Aun
　アウン
　オウン
Aune アウネ
Aung
　アゥン
　アウン***
Aung Bala アウンバラ
Aunger アンジェ
Aungerville
　オーンジャーヴィル
Aung Gyi アウンジー
Aung Kyaw
　アウンジョー

Aung San アウンサン
Aung San Suu Kyi
　アウンサンスーチー*
Auni アウニ
Aunli アウンリ
Aunor
　アウノール
　オーノール
　オノール
Auntie アンティ
Auntie Yaka
　アンティーヤカ
Aura
　アウラ
　オーラ
Aurand オーランド
Aurangzēb
　アウラングセーブ
　アウラングゼーブ
　アウランジーブ
　アウランゼーブ
　アウランゼブ
Aurdal アウルダル
Aure オーレ*
Aureggio オーレジョ
Aurel
　アウレル
　オーレル**
Aurel Constantin
　アウレルコンスタン
　ティン
Auréle
　オーレル
　オレル
Aurèle
　オーレール
　オーレル**
　オーレル
Aureli
　アウレーリ
　アウレリ
Aurelia
　アウレリア*
　オーレリア
　オレリア
Aurélia
　オーレリア
　オレリア
Aurelian
　アウレリアヌス
Aureliano
　アウレリアーノ
　アウレリアノ*
Aurelianus
　アウレーリアーヌス
　アウレリアヌス
Aurelie
　オレリ
　オレリー
Aurélie
　オーレリ*
　オーレリー
　オーレリー
　オーレリー*
Aurélien
　オウレリアン
　オーレリアン*
　オレリアン
Aurélien Simplice
　オレリアンサンプリス

Aurelio
アウシリオ
アウレーリオ
アウレリオ***
オウレリオ
オーレリオ

Aurelius
アウレリアス
アウレリアヌス
アウレーリウス*
アウレリウス*
アエリウス
オーリリアス*
オーレリアス*

Aurelle オーレル
Auren オーレン
Aurenche
オーランシュ
オランシュ

Aureoli
アウレオーリ
アウレオリ*
アウレオールス
アウレオルス

Aureolus
アウレオールス
アウレオルス

Aurescu アウレスク
Auretta オーレッタ
Auri アウリ
Auriac オーリアク
Auriacombe
オーリアコンブ
オリアコンブ

Auric
オーリック*
オリック

Auriel オーリエル
Aurientis
オーリアンティス
オリアンティス

Aurier オーリエ
Aurifaber
アウリファーバー

Aurilia
オーリリア
オリーリア

Aurimas アウリマス
Auriol
オーリオール
オーリオル
オリオール*
オリオル

Auriole アウリオル
Aurispa アウリスパ
Aurita オリタ
Auriti
アウリーティ
アウリティ

Aurness オルネス
Aurobindo
オーロビンド**
オーロビンドー
オロビンド

Aurogallus
アウロガルス

Auroomooga Putten
オルームーガビュッテン

Aurora
アウローラ
アウロラ
オーローラ
オーロラ*

Aurore
オーロール**
オロール

Aurousseau
オールソー
オルソー

Aurrecoechea
アウレコエチェア

Aursnes アウルスネス
Aury
オーリ
オーリー
オリ
オーリイ

Auryn アウリン
Aus アウス
Ausbert アウスベルト
Ausbourne オズボーン
Auscher アウシャー
Ausejo アウセジョ
Auserre
アアウセルラー
アウセルレー

Aushev アウシェフ*
Aushor アーサー
Ausiàs
アウシアス
アウジアス

Auslander
アウスランダー
アウスレンダー

Ausländer
アウスレンダー*

Auslin オースリン
Ausman オースマン
Ausmus
アースマス
オースマス*

Ausonia アウソニア
Ausonius アウソニウス
Auspitz アウスピッツ
Ausseil オッセイユ
Außendorfer
アウセンドルファー

Aussey オッセー
Aussi アウシ
Aust アウスト*
Austad オースタッド*
Austan オースタン
Austen
オオスティン
オースタン
オースチン
オースティン**
オースティン
オーステン

Auster オースター**
Austerlitz
アウステルリッツ

Austern オウステルン
Austin
アウスティン
オウスチン

オウスティン
オウステン
オースティン**
オースティン***
オスティン

Austral オーストラル
Austregésilo
アウストレジェジロ

Austria アウストリア*
Austrie オーストリー
Austyn オースティン*
Ausubel
オースベル*
オーズベル

Aut アウト
Autagavaia
アウタガバイア

Autain オータン
Autant オータン*
Autbertus
アウトベルトゥス

Auten オーテン
Autenheimer
アウテンハイメル

Autenrieth
アウンテンリーツ

Auteuil
オートゥイユ*
オートゥーユ
オートュイユ

Auth オース*
Authari アウタリ
Authur アーサー
Autio
アウティオ
オウティオ

Autissier オティシエ
Autolukos
アウトリュコス

Autolycos
アウトリュコス

Autolykos
アウトリュコス

Automedon
アウトメドーン
アウトメドン

Automedōn
アウトメドン

Automne オトンヌ
Autōreianós
アウトレイアノス

Autori アウトーリ
Autpertus
アウトペルトゥス

Autran アウトラン
Autrêau オトレオー
Autrey オートリー
Autry
オートリ
オートリー*

Autti アウティ
Autumn オータム*
Autuori アウトゥオリ*
Auturo アルトゥーロ
Auvaiyār
アウヴァイヤール

Auvergne
オーヴェルニュ
オヴェルニュ

Auvini アオヴィニ*
Auw オー*
Auwärter
アウヴェルター

Auweele オウェール
Auwers
アウヴェルス*
アウベルス
アウワース

Aux オ
Auxentius
アウクセンティウス

Auxer オークセール
Auxier オージエ
Auxiliadora
アウキシリアドラ

Auxilius
アウクシリウス

Auxtabours
オクスタブール

Auzary オーザリー
Auzelle オーゼル
Auzi アウジ
Auzmendia
オーズメンディア

Auzou オーゾ
Auzout ウーズ*
Auzoux オーズウ
Auzury オザリー
Av アヴ
Ava
アーヴァ
アヴァ*
エヴァ*
エバ

Avabai アヴァバイ
Avagyan アバギャン
Avakian
アバキアン
アバキャン

Avakov アバコフ
Avallone
アヴァッローネ**
アヴァロン

Avalokitavrata
アヴァローキタヴラタ

Avalon アヴァロン
Avalonne アヴァロン
Avalos
アヴァロス
アバロス*

Avamagalo アバマガロ
Avan アヴァン
Avancini
アヴァンチーニ
アバンシーニ

Avanesov
アヴァネーソフ

Avanesyan
アヴァネシアン*

Avant アバント
Avants アバンツ
Avanzi アヴァンツィ

Avanzini
アヴァンツィーニ**

Avanzolini
アヴァンツォリーニ

Avar アヴァル
Avarin
アヴァーリン
アヴァリン
アバリン

Avaronn
アヴァロン
アバロン

Avary エイヴァリー
Avasarala
アバサラーラ
アバサララ

Avasthi
アヴァスティー

Avati
アヴァーティ
アヴァティ
アバティ

Avault アヴォールト
Avazjon アワズジョン
Avchenko
アフチェンコ

Avci アブジュ
Avdalyan
アブダリャン

Avdeenko
アウデエンコ
アヴデーエンコ
アブディエンコ

Avdéenko
アヴジェーエンコ

Avdeev アブデーフ
Avdeeva
アヴデーエワ*

Avdeyev アブデーエフ
Avdijaj アヴディヤイ
Avdot'ia アヴドーチヤ
Avdotiia アヴドーチヤ
Avdulina アヴドゥリナ
Avdullah アブドゥラ
Avdyushko
アヴディウシュコ

Ave アヴェ
Avé アヴェ
Aveau アベアウ
Avebury
アヴェブリー
アベヴリイ
エイヴベリー
エイバリー
エーヴバリー
エーヴベリ
エーヴベリー
エーヴベリイ
エーブリー
エーベリ
エベリー

Aved
アヴェ
アヴェド

Avédikian
アヴェディキアン

Avedis アワディス

A

Avedon
アヴェドン
アベドン**
Avei
アヴェイ
アベイ
Aveira アベイラ
Avelar アヴェラール
Avelina アヴェリーナ
Aveline
アヴリーヌ**
アブリーヌ
Aveling
アーヴェリング
エイヴリング
エーヴリング
Avelino
アベリーノ
アベリノ
Avell アヴェラ
Avellana
アヴェリャーナ
Avellaneda
アヴェラネダ
アヴェリャニェダ
アベジャネーダ
アベヤネーダ
アベリャネーダ
アベリャネダ
Avellino アヴェリーノ
Avelluto アベルト
Avemanay
アヴェマナイ
Avenarius
アヴェナーリウス
アヴェナリウス
アベナリウス*
Avendano
アヴェンダーノ
Avendaño
アベンダーニョ
Avenel
アヴァネル
アヴネル*
Avenhaus
アーヴェンハウス
アーベンハウス
Aveni
アヴィーニ
アヴェニ
エイヴニ
Avenpace
アベンパーケ
Avens
エイヴァンズ
エイヴンス*
Avent エイヴェント
Aventin アヴァンタン*
Aventinus
アウェンティヌス
アヴェンティーヌス
アヴェンティヌス
アベンティヌス
Avenzoar
アヴェンゾア
アヴェンゾアル
アベンゾア
Averbakh
アウェルバク
アヴェルバッハ*

アウェルバハ
アヴェルバーフ
アヴェルバフ
Averbukh
アヴェルブフ*
アベルブフ
Avercamp
アーヴェルカンプ
アーフェルカンプ
アベルカンプ
Averchenko
アヴェルチェンコ*
アベルチェンコ
Averdieck
アヴェルディエク
Averdijk
アフェルディク
Averell
アヴェレル
アベレル*
エベリル
Averescu アヴェレスク
Averianov
アベリヤノフ
Aver'ianov
アベリヤノフ
Averill
アヴェリル
アベリル**
エイヴリル*
エイブリル
Averin アヴェリン
Averina アベリナ
Averiss
アーヴェリス
アヴェリス
Averitt アベリット
Averkamp
アヴェルカンプ
Averkii
アヴェルキー
アヴェルキイ
Avermaet アバマート
Averof アベロフ
Averoff
アヴェロフ*
アベロフ
Averous エイヴルス
Averroes アヴェロエス
Averroës
アヴェロイス
アヴェロエス
アベロイス
アベロエス
Avers アヴァース
Aversano アベルサノ
Avery
アヴェリー
アヴェリイ
アベリー*
エイヴァリー*
エイヴェリー
エイヴリ*
エイヴリー**
エイバリ
エイバリー
エイブリ
エイブリー***

エイベリー
エヴァリー
エーヴリ
エーヴリー
エヴリ
エーブリー**
エーベリー
Aves アヴェス
Avest アフェスト
Avetik アヴェチク
Avetik' アヴェチク
Aveyard エイヴヤード
Avez アベズ
Avgoustiniatos
アヴゥゴスティニアトス
Avi
アヴィ*
アビ**
Aviado アヴィアド
Aviānus アウィアヌス
Aviat アヴィア
Avicdor アヴィグドル*
Avicebron
アヴィケブロン
アヴィセンヌ
アヴィチェブロン
Avicenna
アヴィケンナ
アヴィセンナ
アヴィチェンナ
アビケンナ
アビセンナ
Avichail アビハイル
Avicii アヴィーチー
Avidan
アヴィダン
アビダン
Avidius
アウィディウス
Avidom アヴィドム
Avienius
アウィエニウス
Avienus アウィエヌス
Aviēnus アウィエヌス
Avieson
アヴィーソン*
アビーソン*
Avigad アヴィガド
Avigdor
アヴィグドール*
アヴィグドル*
アビグドール
アビグドル
Avigur アビグル
Avil
エイヴリル
エイブリル
Avila
アヴィーラ
アビーラ
アビラ**
Ávila
アヴィラ
アビラ*
Avilan アビラン
Avildsen
アヴィルドセン

アビルドセン*
Aviles アビレス
Avilés
アビレース
アビレス
Avilov アビロフ
Avilova
アヴィロヴァ
アヴィーロワ
Avinash
アヴィナーシュ
アビナッシュ*
Avineri アヴィネリ
Avioutskii
アヴュツキー
Aviram アヴィラム
Aviruddhako
アヴィルッダーコ
Avis
アヴィス
エイヴィス*
エイビス**
エーヴィス
エービス
Avisail アビザイル
Avise
エイバイズ
エイビス
Avishag アヴィシャグ
Avishai アヴィシャイ
Avison
アヴィソン
アビソン
エイヴィスン
エイヴィソン
エイヴソン
エーヴィソン
Avitabile
アヴィタービル
Avital
アヴィタル
アビタル
Avitia アビティア
Avitus
アウィートゥス
アウイトゥス
アウィートゥス
アヴィトゥス
Avītus アウィートゥス
Avius エイビアス
Aviv アヴィヴ
Aviva アヴィヴァ
Avlonitis
アヴロニティス
Avluca アブルカ
Avner
アヴナー
アヴネル
アブナー*
エーヴナー
Avnery
アヴネリ
アブネリ
Avnet
アヴネット
アブネット
Avni
アヴニ
アブニ

Avo
アヴォ
アボ
Avocat アヴォカ
Avocksouma
アボクスマ
Avogadoro
アヴォガードロ
Avogadro
アヴォガードロ
アヴォガドロ
アボガドロ
Avoka アボカ
Avola アボラ
Avolio アボリオ
Avon エイボン
Avondo アヴォンド
Avorn エイボン
Avot
アヴォット
アボット
Avra
アヴラ*
アブラ
Avraamii
アヴラアーミイ
Avraamij
アヴラアーミイ
Avraham
アヴラハム
アブラハム**
エイブラハム*
Avral アヴラール
Avram
アヴラム*
アブラム*
エイヴラム
エイブラム*
Avramenko
アフラメンコ
Avramis アバラミス
Avramopoulos
アブラモプロス
Avramov
アヴラモフ
アブラモフ*
Avramovic
アヴラモーヴィチ
Avranas アブラナス
Avrett アヴレット
Avrich アヴリッチ
Avril
アヴィル
アヴリール
アヴリール**
アブリール
アブリール**
エイヴリル
エブリル
Avrillon アヴリヨン
Avron
アヴロン*
エブロン
Avroy エイブロイ
Avshalom
アブシャロム*
Avshalomov
アフシャロモフ

Avtandil アフタンジル アフタンディル**	**Awibre** アウトイブラー	**Axford** アクスフォード アックスフォード	**Ayassor** アヤソル	**Ayestaran** アジェスタラン
	Awiti アウィティ		**Ayat** アヤト	**Ayéva** アイエバ
Avtandili アフタンディリ	**Awkward** オークワード	**Axi** アクシ	**Ayaz** アヤズ*	**Ayew** アイェウ アイユー
Avtorkhanov アフトルハーノフ アフトルハノフ*	**Awlaki** アウラキ*	**Axilrod** アキシルロッド	**Ayāz** アヤーズ	
	Awlaqi アウラキ		**Ayazi** アヤーズィー	**Aygektsi** アイゲクツィ
Avui アブイ	**Awlinson** オーリンソン	**Axinia** アクシニア	**Aybak** アイバク	**Aygun** アイギュン
Avunduk アバンドゥック	**Awliyā** アウリヤー	**Axionikos** アクシオニーコス アクシオニコス	**Aybar** アイバー*	**Ayham** エイハム
	Awn アウン*		**Aybek** アイベク	
Avuyah アブヤ	**Awodey** アウディ	**Axioti** アヒオティ	**Ayberk** アイベルク	**Ayi** アイ*
Avvakum アヴァクーム ヴァクム アバクーム アバクム	**Awolowo** アウォロウォ	**Axl** アクセル*	**Ayboga** アイボーア	**Ayib** アーイブ
	Awoonor アウーノー** アウーノ	**Axline** アクスライン	**Ayca** アイカ	**Ayieny** アイェン
		Axling アキスリング アクスリング	**Ayckbourn** エイクボーン**	**Ayii** アイー
Awa アワ*	**Awori** アウォリ		**Aycock** アイコック エイコック**	**Ayik** アイ アイク
Awad アウドゥ アワド* イワド	**Awrey** オーレイ	**Axmann** アクスマン		
	Aws アウス	**Axmatoba** アフマートワ	**Aydaraliev** アイダラリエフ	**Ayikoe** アイコエ
	Awschalom オーシャロム	**Axon** アクソン	**Aydaraliyev** アイダラリエフ	**Ayikwei** アイクエイ
Awadagin アワダジン	**Awuni** アウニ	**Axouchos** アクソウコス	**Aydemir** アイデミール	**Ayissi** エイシ
Awadalla アワダッラー	**Awut** アウット	**Axt** アクスト*	**Aydi** アイディ	**Ayitey** アイテイ
Awad-Allah アワドアラー	**Awwad** アウワド	**Axtell** アクステル	**Aydid** アイディド	**Aykac** アイカク
Awadallah アワダラ アワダラー*	'Awwām アウワーム 'Awwān アッウーム アッウーン	**Axthelm** アクストヘルム	**Aydin** アイディン* アイドゥン アイドン エイディン	**Aykroyd** アイクロイド アクロイド エイクロイド*
Awadh アワド	**Ax** アックス**	**Axton** アクストン*		**Ayla** アイラ
Awadhi アワドヒ	**Axat** アシャット	**Axular** アシュラル		**Aylen** アイレン
'Awaḍī アワディー	**Axayacatl** アシャヤカトル	**Axun** アホン	**Aydogan** アイドガン エイドガン	**Ayler** アイラー
Awais アワイス	**Axberg** アクスベルイ	**Axundzadə** アフンドザーデ		**Aylesa** アリーサ
Awaleh アワレ	**Axchioglou** アクチオグル	**Axworthy** アクスワージー*	**Aydogdyev** アイドグディエフ	**Aylesworth** アイルスワース エイルズワース
Awalt エイワルト	**Axe** アクセ アックス	**Ay** アイ	**Aydogdyyev** アイドグディエフ	**Aylett** エイレット
Awaluddin アワルディン		**Aya** アヤ	**Ayduk** アイダック	**Ayleward** エイルワード
Awan アワーン アワン	**Axel** アクセル*** アッシェル アルセル エクセル	**Ayaan** アヤーン*	**Aye** アイ アイエ エー エイ**	**Ayliffe** アイリッフェ アイリフ エイリフ
Awana アワナ**		**Ayache** アヤシュ		
Awang アワン*		**Ayachi** アイヤシ		**Ayling** アイリング エイリング
Awangjinmei アワンジンメイ*	**Axelbank** アクセルバンク	**Ayacko** アヤコ		
		Ayad アヤド** イヤド	**Ayed** アイェド アイド	**Ayllon** アイリョン
Awapara アワパラ	**Axell** アクセル	**Ayadi** アヤディ	**Ayele** アイエレ	**Ayllón** アイジョン アイヨン アイリョン
Awar アワル	**Axelle** アクセル	**Ayala** アジャーラ アジャラ アヤーラ*** アヤラ*	**Ayelet** アイアレット* アイェレット* アイェレト	
Awashonks アワションクス	**Axelos** アクセロス			**Aylmer** アイルマー エイルマー エールマー
Awazu アワズ	**Axelrad** アクセルラ アクセルラッド			
Awbrey オーブリー*	**Axelrod** アクセルロッド** アックスロッド*	**Ayales** アジャレス	**Ayemona** アエモナ	
Awdah アウダ		**Ayalew** アヤレウ	**Ayeni** エイニ	
Awdry オードリ オードリー** オードレ		**Ayalon** アーヤロン アヤロン	**Ayensu** アイエンス	**Aylott** アイロット エイロット
	Axelsen アクセルセン*	**Ayame** アヤメ	**Ayer** アイアー エア エアー** エイアー** エーヤー	**Aylward** エイルウォード* エイルワード*
	Axelson アクセルソン	**Ayana** アヤナ*		
Awe アー	**Axelsson** アクセルソン**	**Ayanleh** アヤンレ		**Aylwin** エイルウィン***
Aweau アウエアウ	**Axelvall** アクセバル アクセルバル	**Ayaovi** アオヤビ	**Ayers** アイヤーズ エアーズ** エアズ エイアーズ	**Ayma** アイマ
Aweeka アウィーカ				**Ayman** アイマン*** エイマン*
Awerika アウェリカ アベリカ	**Axeman** アクスマン	**Ayar** アヤル		
	Axen アクセン	**Ayares** アジャレス		
Awes アウェイス	**Axén** アクセン	**Ayari** アヤリ		**Aymaq** アイマク
Awesa アウェサ	**Axenfeld** アクセンフェルト**	**Ayariga** アヤリガ	**Ayerza** アジェルサ	**Aymard** エマール
Aweys アウェイス		**Ayars** エアーズ	**Ayesha** アーイシャ*	
'Awfi アウフィー		**Ayas** アヤス		
Awhadī アウハディー	**Axentowicz** アクセントヴィッ	**Ayass** アヤス		

Ayme エイメ／エーメ
Aymé エイメ／エーメ**／エメ*
Aymen アイメン
Aymer エメー
Aymeric アイメリク
Aymon アイモーネ／エイモン
Aymonier エーモニエ
Aymonino アイモニーノ
Ayn アイン**／エイン
'Ayn アイン／エイン
Aynabat アイナバット
'Ayn al アイヌル
Aynte アインテ
Ayo アーヨ*／アヨ
Ayoade アイオアディ*
Ayonika アヨニカ
Ayoub アイオウブ／アユーブ
Äyräpää エイレペーエ
Ayrapetyan アイラペティアン／アエラペティアン
Ayrault エロー*
Ayre エヤー
Ayrenhoff アイレンホフ
Ayrer アイラー
Ayres アイレス／エアーズ*／エアズ*／エイヤース*／エイヤーズ／エイレス／エヤーズ
Ayrton アイルトン**／エアトン／エルトン
Ayscough エイスコー
Ayse アイシェ
Ayşe アイシェ
Ayşenur アイシュヌル
Āyt アイト
Aytac アイタク
Aytaç アイタッチ
Aytekin アイテキン
Aythami アイタミ
Aytmurzayev アイトムルザエフ

Ayto エイト*／エイトー／エイトゥ
Ayton アイトン**／エイトン
Aytoun エイトゥーン／エイトン／エートン
Ayu アユ**
Ayub アイユーブ／アユーブ**／アユブ
Ayūb アユーブ／アユブ
Ayúcar アユカル
Ayudhaya アユタヤ
Ayudhya アユッタヤー*
Ayume アユメ
Ayupova アユポワ
Ayurbarwada アユルバルワダ
Ayurširidara アイユシリダラ／アユルシリダラ
Ayurzanyn アユルザンイーン
Ayushiin アユシン
Ayuuki アユーキ
Ayuush アヨーシ
Ayvalli アイワッル
Ayvaz アイワズ
Ayvazian アイバジャン
Ayvazyan アイバジャン／アイワジアン*
Ayyana アイヤナ
Ayyangar アイアンカー
Ayyub アイユーブ
Ayyūb アイユーブ
Ayyubi アイユービー／アユビ
Ayzanoa アイサノア
Aza アサ
Azab アザブ
Azaceta アザセタ
Azad アーザード／アサド／アザード／アザト／アザド*
Azād アーザード*／アザド
Āzād アーザード
Azadovskij アザドフスキー
Azahara アサハラ

Azahari アザハリ／アズハリ
Azais アザイス
Azaizeh アザーイザ
Azal アザル
Azalea アゼリア
Azali アザリ*
Azalina アザリナ
Azam アーザム／アザム
A'zam アザム
A'ẓam アザム
Aẓam アーザム
Azama アザマ
Azaña アサーニャ／アサニャ
Azaña アサーニャ／アサニャ／アザーニャ
Azanchevskii アザンチェフスキー／アザンチェーフスキィ
Azandé アサンデ
Azannaä アザナイ
Azar アザー／アーザル／アサール／アザール／アザル
Āzar アーザル／エイザー
Ᾱzar アーザル
Azareen アザリーン
Azarenka アザレンカ**
Azargin アーザルギン
Āzarī アーザリー
Azaria アザリア
Azariah アザライア／アザリア
Azaria Hounhoui アザリアウンウイ
Azarian アゼアリアン*
Azarias アザリアス／アザリヤ／アザルヤ
Āzarmēdukht アーザルメードゥフト
Azarov アザロフ*
Azaryan アザリアン
Azatyan アザチャン
Azayzah アザイゼ
Azbe アジュベ
Ažbe アジュベ
Azby アズビー*
Azcargorta アスカルゴルタ
Azcona アスコナ**

Azcuy アズキュー／アスクイ*
Azeddine アズディン**／アズディンヌ*
Azedine アズディンヌ*
Azeev アズィーヴ
Azef アゼーフ／アゼフ
Azeglio アゼーリオ*／アゼリオ／アゼリョ**
Azéma アゼマ
Azenberg アゼンバーグ
Azencot アザンコー
Azer エイゼル
Azeredo Lopes アゼレードロペス
Azerrad アゼラッド
Azes アゼース
Azev アゼフ*
Azevado アゼバード
Azevedo アゼヴェード／アゼヴェド**／アゼヴェドゥ／アゼヴェドオ／アセベード／アゼベード／アゼベド*
Azevêdo アゼベド*
Azghadi アズガディ
Azgur アズグル
Azhaev アジャーエフ*
Azhar アザール
Azhari アズハリ*／アズハリー
Azharī アズハリー
Azhary アズハリ
Azhdar アジダール
Aziez アジエ
Azikiwe アジキウェ*／アジキウェ
Azile アジール
Azim アジム／アズィーム
Azīm アジーム
Azima アジマ
Azimi アジミ
Azimjan アジムジャン
Azimov アジモフ
Azimzhon アジムジョン
Azīn アーズィーン
Azinger エイジンガー／エージンガー*
Aziru アジル
Azitawanda アジタワンダ

Aziz アジーズ／アジス／アジズ***／アズィズ**／アル
Azīz アズィーズ
'Azīz アジーズ／アジズ／アズィーズ／アズィズ
Aziza アジーザ／アジザ
Azizah アジザ*
Azizi アジジ**
Äzizi エズィズィ
Azizkhodzhayev アジズホジャエフ
Azizou アジズ
Azizov アジゾフ
Azizova アジゾワ
Azizul アジズル
Azizulhasni アジズルハスニ
Azkue アスクエ
Azlam アズラン*
Azleen アズリーン
'Azma アズマ
Azmi アーズミー／アズミ
Azmoodeh アズムーデ
Azmy アズミ
Aznar アスナール**
Aznavour アズナヴール**／アズナブール*
Azo アーゾ／アソ／アゾ
Azofeifa アソフェイファ
Azón アソン
Azor アゾール
Azorin アソリン
Azorín アソリン*
Azou アズー*
Azoulay アズライ／アズーレ／アズレ*
Azour アズール
Azouz アズーズ／アズズ
Azpeitia アスペイティア*
Azpilicueta アスピリクエタ
Azpitarte アスピタルテ
Azra アズラ*
Azrael アズラエル

Azraq アズラク	アッツォバルディ**	バートル	Babatounde ババトンデ	Babicz バビッチ	
Azraqī アズラキー	Az-Zubaidī アッ・ズバイディー	Baatarsukh バータルスフ	Babatunde ババトゥンデ**	Babii バビー	
Azria アズリア	Azzurri アッズッリ	Baataryn バータリーン	Babaud パボ	Babiker バビキル	
Azriel アズリエル		Baatsch バーシュ	Babauta バーボータ	Babikov バビコフ	
アズリール	【 B 】	Baayokisa Kisula バヨキサキスラ	Bābawaih バーバワイ	Babilée バビレ	
Azriela アズリエラ*		Baayork バイオーク	バーバワイヒ	Babin ババン**	
Azrin アズリン	Ba バ***	バーヨーク	Babayaro ババヤロ	バビン*	
Azúa アズーア	バー***	Bab バブ	Babayev ババエフ	Babineau バビノ	
Azuaje アスアヘ	Bá バー	バップ	Babb バップ	Babineaux バビノー	
Azuba アズバ	Bà バー	バーブ	バブ	Babinet バビネ	
Ažubalis アジュバリス	Bâ バ	バーブ	Babbage バッベイジ	バビネー	
Azubuike アズブイケ	バー*	バブ	バビジ	Babinger バービンガー	
Azucena アスセナ	バア	ボブ	バビッジ	Babington バビントン*	
Azuela アスエーラ	Baab バーブ	Bāb バーブ	バベージ	Babinski ババンスキー	
アスエラ**	Baade バーデ*	Baba バーバー	バベジ	バビンスキー	
Azula アズーラ	Baader バーダー*	ババ***	バベッジ	Babior バビオー*	
Azumah アズマ	Baad-Hansen バードハンセン	Bābā バーバー	Babbar バッバール	Babiš バビシュ*	
Azurara アズララ	Baah バー	Baba Ahmed ババアハメド	Babbel バッベル	Babita バビタ	
Azurduy アズルドゥイ	Baah-wiredu バーウィレドゥ	Babacan ババジャン*	Babbi バッビ	Babits バビッチ*	
ʻAzūrī アーズーリー	Baak バーク	Babacar ババカール*	Babbie バビー*	Babiuk バビアック	
アズーリー	Baal バアル	ババカル	Babbin バビン	Babka バブカ	
ʻĀzūrī アーズーリー	バール**	Babadzhan ババジャン*	Babbit バビット	Babkine バブキン	
Azurmendi アスルメンディ	Baala バーラ	Babadzhanian ババジャニヤン	Babbitt バビット***	Babloian バブロヤン	
Azuyuta アズユタ	Baʼalbaki バアルバキイ	Babaeva ババエワ	Babbott バボット	Babloyan バブロヤン*	
Azyrankulov アズイランクロフ	Baalu バアル	Babaevskii ババエフスキー**	Babb-Sprague バブスプレーグ	Babo バーボー	
Azyumardi アジュマルディ*	Baan バーン	Babageldy ババゲルディ	Babbush バブシュ	バボ	
Azz アズ	Baanah バアナ	Babai バーバイ	Babcock バブコク	Baboccio バボッチョ	
Azza アザ	Baar バール	Bābai バーバイ	バブコック**	Babochkin バーボチキン	
Azzag アザッグ	Baard バールト	Babajanzadeh ババジャンザデ	Babe バーブ	Babodi バボディ	
Azzai アザイ	Baarda バーダ	Babak ババク*	ベイブ*	Baboo バブー	
Azzaiolo アッザイオーロ	Baardsen バールドセン	Bābak バーバク	ベーブ**	Babor ベイバー	
Azzali アザリ	Baare バーレ	Babakir ババキル	Babel バーベリ	Baborak バボラク	
Azzam アザム	Baaré バアレ	Babakova ババコワ*	バベル	Baborák バボラーク*	
アッザーム	Baaren バーレン	Babalola ババロラ	Babel' バーベリ*	バボラク	
アッザム	Baargeld バールゲルト	Baba-moussa ババムサ	Babeli バーベリ	Babos バボシュ	
ʻAzzām アッザーム	Baarlink バールリンク**	Babamuratova ババムラトワ	Babell バベル	Babou バブ	
ʻAzzān アッザーン	Baarova バーロヴァ	Babamyrat ババムイラト	Babelon バブロン	Baboucarr バブカール	
Azzaoui アザウィ	バーロヴァー	Baban ババン	Babenco バベンコ*	Baboucarr-Blaise バブカルブレーズ	
Azzarello アザレロ	Baars バース	Babana ババナ	Babenko バベンコ*	Baboulène バブレーヌ	
Azzarito アザリート	バールス	Babangida ババンギダ*	Baber バーバー	Babrak バブラク*	
Azzarto アザート	Baarslag バールスラーグ	Babanina ババニナ	バーバー	Babrios バブリオス*	
Azzawi アザウイ***	Baas バース*	Babaniyaz ババニヤズ	ベイバー	ʼBab rom pa バブロムパ	
Azzedine アズディン	Baasansuren バーサンスレン	Babanov ババノフ	Babers バーバース	Babs バブス	
アゼディヌ	Baase バース	Babanova ババーノヴァ	Babes バーベス	バブス*	
アゼディン	バーズ*	Babar バーバル	バベス	バブズ	
Azzi アッシ	Baasha バアシャ	ババル	Babette バベット***	Babson バブスン	
アッチ	Baasher バーシャー	Babara バーバラ*	Babeuf バブーフ	バブソン**	
Azziman アジーマン	Baasir バアシル	Babashoff ババショフ	Babi バビ	Babu バブ	
Azzo アッツォ	Baʼasyir バアシル*	Babasin ババシン	Babiak バビアク	Babubhai バブバイ	
Azzoli アゾリー	Baatar バアアター	Babata ババタ	Babic バビチ	Babuc バブク	
Azzone アッツォーネ			バビッチ	Baballah バーブ・ウラー	
Azzoni アッツォーニ*			Babić バビッチ*	Babún バブン	
Azzopardi アゾパルディ			Babich バビック		
アッゾパルディ			Babichev バビチェフ		

Babunski バブンスキー*
バブンスキー*
Babur バーブル
Bābur
バーブル
バブル
バベル
Baburam バブラム*
Baburao バブラーオ
Baburen
バビューレン
バブレン
Baburin バブーリン*
Babushkin
バーブシキン
バブシキン
Babuu バボー
Babuu-yin
バボーギーン
Baby
バービー
バビ
バビー
バビイ
ベイビー**
ベービー
BabyFace
ベイビーフェイス
Babyface
ベイビーフェイス
ベビーフェイス
Babylas バビュラス
Babýlas バビュラス
Bac
バク
バック
Baca
ヴァカ
バカ*
Bacaër バカエル
Bacai バカイ**
Bacal バカル
Bacall バコール***
Bacalov バカロフ
Bacanu ベカノ
Bacar
バカール
バカル
バカール
Bacarisse
バカリーセ
バカリッセ
Bacary バカリ
Bacca バッカ*
Baccalario
バッカラリオ*
Baccaloni
バッカローニ
Baccani バッカーニ
Baccar バッカール
Baccara バッカラ
Baccelli
バチェリ
バッチェッリ
Bacchelli
バッケッリ**
バッケリ
バッケルリ

Bacchiacca
バッキアッカ
Bacchiani
バッキアーニ
Bacchin バッキン
Bacchiocchi バキオキ*
Bacchus
バッカス
バックス
Bacci バッチ
Bacciagaluppi
バッチガルッピ
Bacciarelli
バッチャレッリ
Baccini バッチニ
Baccio
バッチオ
バッチョ
Baccouche バクーシュ
Baccus バッカス
Bačević バチェビッチ
Bacevich
ベイセヴィッチ
Bacewicz
バセヴィッツ
バツェヴィチ
Bach
バーク
バク*
バック***
バッシュ
バッハ
バッハ***
バハ
Bách バック
Bạch バック
Bacha
バシャ*
バッチャ
Bachalo バチャロ*
Bachana バチャナ
Bachar バシャール
Bacharach
バカラク
バカラック**
Bacharan バシャラン
Bacharuddin
バハルディン*
Bachau バコー
Bachauer
バッカウアー
バハウアー
Bachaumont
バショーモン
バショモン
Bachchah-e
バッチャエ
Bachchan
バーチューチャン
バッチャン
Bache
バチェ
ベイシュ
ベイチ
ベーチ
Bachehu バッチュー
Bachel ベイチェル*

Bachelard
バシュラール*
Bacheler バチェラー
Bachelet
バシュレ**
バチェレ*
Bachelie バシェリエ
Bachelier バシュリエ
Bacheller バチェラー*
Bachellet バシェレ
Bachelor バチェラー
Bachelot-narquin
バシュロナルカン
Bachem バッヘム
Bacher
バチャール
バッハー
バッヒャー
Bachér
バヒェーア*
バヘーア
Bachet バシェ
Bachfeld
バッハフェルト
Bachfischer
バッハフィッシャー
Bachhofer
バッハホーファー
バハホーファー
Bachi バチ
Bächi ベッキ
Bachiarius
バキアリウス
Bachin
バチン
バッチン
Bachini バキーニ
Bachir
バシール
バシル
Bachirou バチロウ
Bachkirova バキロヴァ
Bachkov バチコフ
Bachleda-curus
バフレダツルシ
Bachler
バッハラー*
バッヘラー
Bächler ベヒラー
Bachman
バックマン***
Bachmann
バックマン**
バッハマン**
バハマン
Bachmeier
バクマイヤー
Ba Choe バチョー
Bachofen
バコーフェン
バコフェン
バッハオーフェン*
バッハオーヘン
バッハホーフェン
バハオーフェン*
バホーフェン
Bachofner バホフネル
Bachoo バチュー

Bachop バショップ
Bachovzeff
バチョフゼフ
Bachrach
バクラク
バックラック
バハラハ
Bachruddin
バハルディン*
Bachrudin
バハルディン
Bachs バックス
Bachstrom
バッハシュトローム
Bachtiar
バクティアル*
Bachus バックス
Bachvarova
バチェバロバ
Bachya バヒヤ
Bačić バチッチ
Baciccio
バチッチア
バチッチオ
バチッチャ
Bacigalupi
バチガルピ**
Bacílek バツィーレク
Bacilly バシイ
Baciocchi
バッチョッキ
Baciolini バチョリーニ
Baciro バシロ
Baciu バシウ
Back
バック***
ベック
Bäck ベック
Backe バッケ
Backer
バケル
バッカー**
バッケル
Backes
バックス*
バッケス
Backès
バケ*
バッヘラー
Backéus バッケウス
Backhaus
バックハウス*
Backhouse
バックハウス*
Backhuysen
バックハイゼン
バックホイセン
Backker バッカー*
Backley
バックリー*
バックレー
ベグレー
Backlin バックリン
Backlinie バックリニー
Backlund バックルンド
Backman
バックマン*
ベックマン

Bäckman バックマン
Backmann バックマン
Backofen
バッコーフェン
Backoffen
バックオッフェン
バックオーフェン
Bačković バツコビッチ
Backs バックス
Backster バクスター
Bäckström
バックストロム*
Backus
バッカス***
バックス
Backwell バックウェル
Backx バックス**
Backy バッキー
Baclanova
バクラーノヴァ
バクラノヴァ
Baco バーソ
Bacom ベイコム
Bacon
バコン
ベイコン*
ベーコン***
Baconschi バコンスキ
Baconthorpe
ベイコンソープ
ベーコンソープ
Bacosi バコシ*
Bacot
バコ
バコー
Bacote ベコート
Bacou バクー
Bacovia
バコヴィア
バコビア
Bacow バコウ
Bacque
バクー
バッキー*
Bacqué
バケ
バッケ
Bacquelaine
バクレーヌ
Bacquere バケール
Bacquet バケ
Bacquier
バキエ
バックキエール
Bacri バクリ*
Bacsányi
バチャーニュイ
Bacsi バーチ
Bacsik
バクシック
バクチック
Bacsinszky
バシンスキー
Bacteria バクテリア
Baculard バキュラール
Baculis バカリス
Baczakó バツァコ

Baczko バスコ/バチェコ/バチコ*/バツコ
Baczyński バチンスキー*
Bad バッド
Bada バーダ/バダ
Badaev バダーエフ
Badajoz バダホス
Badal バダル
Badalocchio バダロッキオ
Badalovich バダロヴィチ
Badamassi バダマシ
Badamjunai バダムジュナイ
Badano バダノ
Badaracco バダラッコ*
Bādarāyaṇa バーダラーヤナ
Badarch バダルチ
Badarchiin バダルチーン
Badari バダリ
Bādari バーダリ
Badaruddin バダルディン
Badar-Uugan バダルウガン*
Badarzewska バダジェフスカ*/バダルジェフスカ/ボンダジェフスカ
Badarzewski バダジェウスキ
Badas バダス
Badā'ūnī バダーウーニー/バダウニー
Badawi バダウィ**/バドウィ
Badawī バダウィー
Badawy バダウィ*
Badby バドビ
Badcock バドコック
Baddaghi バッダギ
Baddar バダー
Baddegama バッデガマ
Baddeley バッデリ/バッデリー/バッドリー/バッドレー/バッドレイ*/バデリー**/バドリー*/バドレー
Baddou バドゥー
Bade バーデ

Badé ビュデ
Badea バデア*
Badel バデル*
Badelj バデリ
Badell バデル
Badelt バデルト
Bademosi バデモーシ
Baden バーデン**/ベイデン**/ベイドゥン/ベイドン/ベーデン*
Badeni バデーニ
Badenier バデニエル
Badenoch バデノック
Badenov バデノフ
Baden-Powell ベーデンパウエル
Badenski バデンスキー
Bader バーダー**/バダー/バデール/バデル/ベイダー*/ベーダー**
Baderaldien バドルッディーン
Badescu バデスク
Bádescu バデク/バデスキュー*
Badessi バデッシ
Badger バジャー*
Badgett バジェット
Bādghīsī バードギースィー
Badgley バッドグレイ
Badham バダム**
Badhiutheen バディユティーン
Badi バディ
Badī バディー
Badi' バディー/バディーウ
Badia バディーア/バディア**
Badía バディア
Badiali バディアーリ
Badi' al-Zamān バディーウッザマーン
Badiashile バディアシル
Badibanga バディバンガ
Badie バティ/バディ*
Badiella バディエリア
Badigin バディーギン

Badii バディイ
Badīl バディール
Badile バディーレ
Badin バディン
Badings バーディンクス/バーディングス/バディングス*
Badini バディーニ*/バディニ
Badinter バダンテール**/バダンテル
Badiou バジュー/バディウ*
Badir バディル
Bādīs バーディース*
Badjam バジャム
Badje バジェ
Badji バジ
Badjie バッジ/バドジェ
Badjo バジョ
Badley バドリー/バードレー/バドレー
Badloe バドルー
Badmaanyambuugiin バドマーニャムブーギ
Badman バッドマン
Badner バードナー
Bad News バッドニュース
Badó バドー
Badoaro バドアーロ
Badoer バドエル
Badoglio バドーリオ/バドリオ*
Badoni バドーニ**
Badour バドゥー
Badowski バドゥスキー*
Badoz バドス
Badr バダ*/バドー/バドル**
Badra バドラ
Badraagiin バドラーギン
Badr al-Dīn バドルッディーン
Badran バドラン*
Badreddine バドルディヌ/バドルディン
Badri バドリ
Badrika バドリカ
Badrising バドレイシン

Badrīya バドリーヤ
Badrocke バドロック
Badruddoza バドルドーザ*
Badstuber バトシュトゥバー
Badt バット
Badu バドゥ*
Badú バドゥー
Baduel バドゥエル
Badulescu バドゥレスク
Badura バドゥーラ*/バドゥラ**
Badzjov バジョーフ
Bae ベ*/ベー*/ペ*
Baechle ビークル/ベックレー
Baechler バチュラー/ベシュレル*
Baeck ベーク/ベク/ベック
Baecker ベッカ/ベッカー
Baecque ベック
Baeda ベーダ
Ba'eda バエダ
Baedeker ベーデカー
Baegert ベーゲルト
Baegner ベグネル
Baehr ベアー/ベーハー
Baehrel ベレル
Baehring ベーリング
Baek ベク*/ベク*
Baekeland ベイクランド/ベークランド/ベーグランド
Baekelmans バークルマンス/バーケルマンス
Baeken バーケン
Baek-ryong ベクリョン
Baeksted ベクステッズ
Baek-Yeop ベギョプ
Baelum ベルム
Baelz ベルツ*
Baena バエナ**
Baenre バーエンラー/バエンラー
Baenziger ベンジガー

Baer ベーア**/ベアー**/ベアー**/ベイア/ベイアー*/ベイヤー*/ベヤー/ベール*

Baerends ベーレンツ
Baerga バイエガ
Baerger バーガー
Baerheim ブラハム
Baermann ベルマン
Baert バート
Baerwald バーウォード/ベーアウォルド/ベアワルド*/ベアワルド*
Baerwaldt ベアウォルト
Baesens バエセン/ベセンス
Báetán ベートァン
Baeten バータ*/ベーテン
Baetens ベイテンス
Baetge ベトゲ
Baethgen ベートゲン
Baetz ベイツ
Baeumker ボイムカー
Baeumler ボイムラー/ボイムレル
Baev バエフ
Baeva バーエワ*
Baevskii ベェフスキー
Baeyens バーイエンス
Baeyer バイアー/バイエル/バイヤー**/ベイヤー/ベーエル
Baez バイエズ/バエス/バエズ**
Báez バイアス/バエス*
Baeza バエサ/バエザ*
Bafaloukos バファルコス
Bafaqef バーファキーフ
Baffert バファート*
Baffin バッフィン/バフィン
Bāfqī バーフキー*
Bagaão バガン

Bagabandi バガバンディ**
Bagach バガチ
Bagadion バガディオン
Bagão バガン
Bagaporo バガポロ
Bagapsh バガプシュ**
Bagaric バガリッチ
Bagashvili バガシュヴィリ
Bagasra バガスラ
Bagastra バガスラ
Bagatti バガッティ
Bagatur バガトゥール
バガトール
バガトル
Bagaturiia バガトゥーリヤ
Bagay バガイ
Bagayoko バガヨコ
Bagaza バガザ**
Bagbiegue バグビエゲ
Bagbin バグビン
Bagby バグビー*
バグビイ
Bagchi バグチ
Bagdade バグデード
Bagdadi バグダーディ
Bagdasar'ian バグダサリヤン
Bagdasarov バグダサルフ
Bagdikian バグディキアン
ベグディキャン
Bagdonas バグドナス
Bage ベイジ
Bagehot バジオット
バジョット*
バゼオット
バゼホット
ベイジホット
ベージホット
Bagenal バグナル
Bågenholm バーゲンホルム
Bager ベーガー
Bagford バッグフォード
Baggaley バガリー
Bagge バゲ
バッゲ
Bagger バガー
Baggesen バゲセン
バッゲセン
Baggett バゲット
Baggetta バゲッタ
Baggini バジーニ

Baggio バッジーニ
Baggio バージョ
バッジオ
バッジョ**
Baggiolini バッジョリーニ
Baggioni バッジオーニ
Baggot バゴット
Baggott バゴット
Bagh バーグ
Baghadadi バグダディ
Baghai バグハイ
BaGhatur バートル
Baghdadi バグダディ
バグダーディー
バグダディ**
Baghdādī バグダーディー
Bāghdādī バーグダーディー
Baghdāsh バグダーシュ
Bagheri バゲリ
Bagherilankarani バゲリランキャラニ
Bagheri Motamed バゲリモタメド
Baghetti バゲッティ
Baghirov バギロフ
Bagieu バジュー
Baginda バギンダ
Bagini バジーニ
Baginski バギンスキー
Baginsky バギンスキー
Bagirov バギロフ
Bagirova バギーロヴァ
Bağış バウシュ
Bagla バグラ
Bagley バグリ*
バグリー***
バグリイ*
バグレー
バグレイ
Baglio バグリオ
バリオ
Baglione バリオーネ
Baglioni バリオーニ*
Baglivi バリーヴィ
バリービ
Ba Gyan バジャン
Bagnacani バナカーニ
Bagnacavallo バニャカヴァッロ
バニャカヴァロ
バニャカバロ
Bagnall バグナル*
バグノール
Bagnan バニャン
Bagnara バニャーラ
Bagnardi バグナルディ

Bagnarello バニャレロ*
Bagnell バグネル
Bagner バグナー
Bagneris バニェリス
Bagno バーニョ
Bagnola バグノーラ
Bagnold バグノールド
バグノルド
Bagnoli バニョーリ
Bagoas バゴアス
Bagolini バゴリーニ
Bagoro バゴロ
Bagot バゴ
バゴット
Bagouet バゲ
Bagram バグラム
Bagration バグラチオーン
バグラチオン
バグラティオン
Bagrationi バグラティオニ
Bagrationovich ヴァグラチオーノヴィチ
バグラチオノヴィチ
Bagratyan バグラチャン*
Bagri バグリ
Bagrit バグリット
Bagritskii バグリツキー*
バグリツキイ
バグリツキィー
Bagryana バグリャナ
バグリヤーナ
Bagryantseva バグリヤンツェワ
Bagshawe バグショー
バグショウ*
Bagster バグスター
Báguena バゲナ
Baguez バゲス
Bagulesco バグレスコ
Baguley バグリー
Baguška バグシュカ
Bagwell バグウェル**
バッグウェル
Bagyidaw バジード
バジードー
バジドー
バジードゥ
Bah バ
バー
バフ
Baha バハ
Bahá バハ

Bahâ バハ
Bahā バハー
Bahaa バハー
バハア
Bahā' al-Dīn バハーウッディーン
Bahā'al-Dīn バハー・アッディーン
Bahā' Allāh バハー・オッラー
Bahadeli バハデリ
Bahador バハドル
Bahadur バハダル
バハデゥル
バハドゥーア
バハドゥール**
バハドゥル
バハドール**
バハドル**
Bahādur バハードゥル
バハドゥル
Baha El-din バハアディン
Bahah バハーハ
Baham バハム
Bahamadia バハマディア
Bahaman バハマン
Bahamdan バハムダン
Bahamonde バアモンデ
バハモンデ
バハモンド
バヤモンデ
Bahan バーハン
バハン
Bahar バハ
バハル
Bahār バハール
Baharam バハラーム
Baharām バハラーム
Bahari バハリ
Baharna バハルナ
Baharuddin バハルディン*
Bahat バハト*
Bahati Lukwebo バハティルクウェボ
Bahâuddîn バハーウッディーン
Bahā'u'd-Dīn バハー・アッディーン
バハーウッ・ディーン
バハーウッディーン
Baha Ullah バハオラ
Bahâ Ullâh バハオラ
Bahā'u'llāh バハーウッラー
Bahawi バハウィ
Bahcall バーコール
バコール
Bahceli バフチェリ

Bahdanovich バダノヴィッチ*
バダノビッチ
バフダノーヴィチ
Bahdon バードン
Bahebeck バエベック
Ba Hein バヘイン
Bahekwa バエクワ
Baher バハ
Bahgirov バギロフ
Bahia バーヒヤ
バヒヤ
Bahiat バヒア
Bahill ベイヒル
Bāhiya バーヒヤ
Bahk バク
Bahl バール
Bahlöl バハルール
バハロール
Bahlsen バールセン
Bahman バハマン
バフマン**
バーマン
Bahmanī バフマニー
Bahmann バーマン
Bahmanyar バフマンヤール
Bahmet'ev バフメーチェフ
バフメーチエフ
Bahn バーン*
Bahna バーナ
Bahnini バフニーニ
Bahnsen バーンセン
バーンゼン
ボーンセン
Bahnson バーンソン*
Bahodir バホディル
Bahoken バオケン
Baholyodhin バホリヨディン
Bahorun バホルン
Bahoui バホウィ
Bahr バー
バーア
バアル
バハル
バール***
ベーア
ベール
Bahr バフル
Bähr ベーア*
ベール*
Bahram バハラーム
バフラーム
バフラム
Bahrami バハラミ

バーラミ
Bahrāmshāh バフラーム・シャー
Baḫrānī バフラーニー
Bahrdt
　バーアト
　バールト
Bahreman バフレマーン
Bahrenburg バーレンバーグ
Baḥrī
　バハリー
　バフリー
Bahrin
　バーリン
　バリン
Bahrke バーク
Bahro バーロ*
Bahrom バフロム
Bahta バータ
Bahude バフデ
Bahunek ボーネック
Bahya
　バハヤ
　バフヤ
Bai
　バーイー
　バイ**
　バイ
　べ
Baī
　バーイ
　バーイー
Baiano バイアーノ*
Baiar バヤール
Baiardi バイアルディ
Baias バイアシュ
Baiasu バイアス
Baiba バイバ*
Baibakov バイバコフ*
Bai-bing バイビン
Baiburov バイブロフ
Baich バイヒ
Baicheva
　バイチェヴァ
　バイチェバ
Baichtal バイクタル
Baicker ベイカー
Baid ベイド
Baida バイダ
Baiḍāwī
　バイザーヴィー
　バイダーウィー
Baidi バイディ
Baido ベイドー
Baidū バイドゥ
Baidya バイデャ
Baier
　バイアー**
　バイエル
　バイヤー
Baiev バイエフ*
Baïf
　バイーフ
　バイフ

Baig ベーグ*
Baigell ベイゲル
Baigelman ベイグルマン
Baigent ベイジェント**
Baigio ビアジオ
Baigneres ベニエール
Baij バイジュ
Baiju バイジュ
Baik ペク
Baikauskaite バイカウスカイテ
Baikie
　バイキー
　ベイキー
　ベーキー
Baikov
　バイコーフ
　バイコフ**
Bail ベイル**
Bailar
　ベイラー*
　ベーラー
Baildam ベイルダム
Baile バイル
Bailenson ベイレンソン
Bailes ベイルズ
Bailetti バイレッティ
Bailey
　バイリー
　バイレイ
　ベイリー
　ベイリー*
　ベイリー***
　ベイリィ
　ベイレー
　ベーリ
　ベーリー**
　ベーレー
Bailhache ベラシュ
Bailie ベイリー**
Bai-lin バイリン
Bailin
　バイリン
　ベイリン
Bailit バイリット
Baillargeon ベラールジョン
Baillarger
　バイヤルジェ
　バイヤルジェル
Baillén バイヤン
Baillet バイエ*
Bailleul
　バユール
　ベイロイル
Bailleux バイユー
Baillie
　バイリー
　ベイリー
　ベイリ
　ベイリー***
　ベイレー
　ベーリ
　ベーリー

Baillieu
　ベイリー
　ベイリュー
Baillon バイヨン
Baillot
　バイヨ
　バイヨー
Baillou バイヨー
Bailly
　バイイ*
　バイリー
　バリー
　ベイリー*
　ベイリィ
　ベリー
Bailo バイロ
Bailodji バイロジ
Bailón バイロン
Bailor ベイラー
Baily
　ベイリ
　ベイリー*
　ベーリー
Bailyn ベイリン*
Baim ベイム
Baimaganbetov バイマガンベトフ
Baime ベイム
Baimukhammet バイムハメト
Bain
　ベイン**
　ベーン
Bainbridge
　ベインブリジ
　ベインブリッジ***
Baindurashvili バインドゥラシビリ
Baine ベイン*
Baines
　ベイン
　ベインズ***
Baing バイング
Bain-horsford ベインホースフォード
Baini バイーニ
Bainimarama バイニマラマ*
Bainmarama バイニマラマ
Bains ベインズ
Bainter ベインター
Bainton
　バイントン
　ベイントン*
Bainvel バンヴェル
Bainville
　バンヴィル*
　バンビル
Baio
　バイオ**
　ベイオ
Baiocco バイオッコ
Baiodis バイオディス
Baione バイオン
Baiov バイオフ

Bāiqarā
　バーイカラー
　バイカラ
Bair
　ベア
　ベア
Bairaktar バイラクタル
Bairam バイラム
Baird
　バイルト
　バイルド
　バード*
　ビアード
　ベアード**
　ベアド
　ベイアード
　ベイルド
Baire
　バイレー
　ベール
Bairstow ベアストー
Bairy ベーリー
Bais バイス
Baiseitova バイセイートヴァ
Bā'isunqur
　バーイスングル
　バイソンゴル
Baitār バイタール
Baitch ベイチ
Baitogogo バイトゴゴ
Baitova
　バイトヴァ
　バイトワ
Baitullah ベイトゥラ
Baitz ベイツ
Baiul バイウル
Baius
　バーユス
　バユス
Baiwong バイウォン
Bai-yu バイユイ
Baj
　バイ
　バーユ
Bajac バジャック*
Bajaj バジャイ
Bajammal バジャンマル**
Bajani バジャーニ
Bajardi バヤルディ
Bajc バイツ
Bajcicak バイチチャク
Bajcsy バイチ
Bajenov
　バジェーノフ
　バジェノフ
Bajer
　バイア
　バイアー
　バイエル
　バイヤー
　バヘール
Baji バジ
Bājī
　バージ

バージー
Ba-jin バージン
Bajin バイン
Bājī Rāo バージーラーオ
Bajjah バージッヤ*
Bajjaly バッジャーリー
Bajjoka バジョカ
Bajkó
　バイコ
　バイコー
Bajnai バイナイ*
Bajo
　バジョ
　ベイジョー*
Bajohr バヨール
Bajpai バジパイ
Bajracharya バジラチャーヤ
Bajram バイラム
Bajrami バイラミ*
Bajramovic バイラモビッチ
Bajs バイス
Baju バジュ
Bajuk バユク
Ba-junaid バージュナイド
Bajwa バーワ
Bajza バイザ
Bak
　バーク
　バク*
　バク*
　バック*
　ペク
Bakaa バカア
Bakacs ボコチ
Bakafwa Nsenda バカフワヌセンダ
Bakal ベイカル
Bakala バカラ
Bakalar バカラー
Bakalawa バカラワ
Bakale Angüe バカレアングエ
Bakaleinikoff バカレイニコフ
Bakaleinikov バカレイニコフ
Bakale Obiang バカレオビアング
Bakalyan バカルヤン
Bakambu バカンブ
Bakan
　バカン
　ベイカン
Bakana バカナ
Bakandeja バカンデジャ
Bakang バカン
Bakang Mbock バカンムボック
Bakanosky バカノスキー

Bakar
　バカール**
　バカル
　ベーカー
Bakardjieva
　バカルジエヴァ
Bakare バーカーラー
Bakari バカリ
Bakary バカリ
Bakasova バカソーヴァ
Bakatin バカーチン*
Bakatyuk バカチュク
Bakay
　バカイ
　バーケイ
Bakayoko バカヨコ*
Bakcheios
　バクケイオス
Bakchylides
　バッキュリデース
Bakchylidēs
　バキュリデース
　バキュリデス
　バキリデス
　バッキュリデス
Bakdash
　バクダシ
　バクダーシュ
Bakdāsh
　バクダーシ
　バクダーシュ
　バクダシュ
Bake
　バーケ
　ベイク
Bakeland ベーグランド
Bakeless ベークレス
Bakels バークルス*
Bakenranef
　バクエンラネフ
Baker
　バカル*
　バケル
　ベイカー***
　ベーカ
　ベーカー***
Bakery ベーカリー
Bakevyumusaya
　バケビュムサヤ
Bakewell
　ベイクウェル
　ベークウェル
Bakey ベイキー
Bakfark バクファルク
Bakh
　バッハ
　バッフ
　バーフ
Bakhadyr バハドイル
Bakhareva バーハレワ
Bākharzī
　バーハルズィー
Ba Khin バキン
Bakhit
　バキ
　バヒート*
　バヒト
Bakhita バキタ

Bakhityar
　バフティヤル
Bakhmetev
　バフメーチェフ
Bakhmeteva
　バフメテワ
Bakhodir バホディル
Bakhrushin
　バフルーシン*
Bakhrusin
　バフルーシン
　バブルーシン
Bakhsh バクシ
Bakhsh バフシュ
Bakhshandeh
　バクシャンデ
Bakht
　バクト**
　バフト
Bakhtamyan
　バクタミヤン
Bakhti バクティ
Bakhtiar
　バカティアル
　バクチアル*
　バフティアル
Bakhtiari
　バクティアリ
　バフティアリ*
Bakhtijar
　バフティヤル*
Bakhtin
　バフチーン
　バフチン*
Bakhtine バクティン
Bakhtiyar
　バフチヤル*
　バフティヤル
Bakhtiyār
　バフティヤール
Bakhuis
　バクウィ
　バックハウス
Bakhuizen
　バクホイゼン
Bakhutashvili
　バフタシヴィリ
Bakhvalov
　バフヴァーロフ
Bakhyt
　バヒト*
　バフイト
Baki バキ
Bâkî バーキー
Bākī
　バーキー
　バキ
Bakili バキリ**
Bakin バーキン
Bakir バキル**
Bakirdin バキルジン
Bakis バキス
Bakiyev バキエフ**
Bakkali バカリ
Bakkati バッカティ
Bakke
　バーキ
　バッキ

　バッキー
　バック
　バッケ
Bakken バッケン*
Bakkenist
　バッケンニスト
Bakker
　バッカー*
　ベーカー
Baklai バクライ
Baklanov
　バクラーノフ**
　バクラノフ
Baklarz バクラーズ
Bako バコ*
Bakó バコ
Bakoa バコア
Bakogiani バコヤンニ
Bakogianni バコギアーニ
Bakoglu バコグル
Bakoko バココ
Bakolalao バコララオ
Bakonga バコンガ
Bakonyi バコニ
Bakore バコレ
Bakoru バコル
Bakos バコス
Bakoyannis
　バコヤンニ*
Bakoyianni バコヤンニ
Bakr
　バクル***
　ベクル
Bakradze バクラゼ
Bakri
　バークリ
　バクリ
Bakrī
　バクリ
　バクリー
Bakrie バクリ*
Bakru バクル
Bakrykozha
　バクトイコジャ
Baksami バクサミー
Baksay バクシャイ
Baksh
　バクシ
　バクシュ
Bakshi バクシ*
Baksieev
　バクシェーエフ
Bakst
　バクスト**
　ベイクスト
Bakula バクラ
Bākula バークラ
Bakulev バクーレフ
Bakulin
　バクーリン
　バクリン*
Bakumanya
　バクマニヤ
Bakunin
　バクーニン*

　バッキー
　バック
　バッケ
Bakur
　バクル
　ベイカー
Bakwin バックウィン
Ba Kyi バチー
Bakytbek
　バクイトベク
Bakytzhan
　バクイトジャン
Bal
　バール
　バル*
Bala バラ
Balaám バラム
Bal'aam バラーム
Balaban バラバン*
Balabanoff
　バラバーノフ
Balabanov
　バラバーノフ
　バラバノフ*
Balabanova
　バラバーノヴァ
Balabanovich
　バラバノーヴィチ
　バラバノヴィチ
Bālacanda
　バールチャンド
Balachander
　バラチャンダー*
Balachandran
　バラシャンドラン
Balacs バラシュ
Baladan バラダン
Baladandayuthapani
　バラダンダユタパニ
Balādhurī
　バラーズリー
Balādhurī
　バラーズリー
Balado
　バラード*
　バラド*
Balafrāj
　バラフラージ*
　バラフレイジ
　バラフレージ
　バラフレジ
Balaga バラガ
Bala-gaye バラゲイ
Balagtas バラグタス
Balagué バラゲ
Balaguer
　バラガー
　バラグエル
　バラゲー
　バラゲール**
　バラゲル*
Balai バライ
Balail バライル
Balaize バレーズ
Balaji
　バラージ*
　バラジ
Bālājī
　バーラージ
　バーラージー

Balak
　バラク
　バラック
Balakan バラカン
Balakas バラカス
Balake バラカ
Balakhonova
　バラホノワ
Balakian バラキアン
Balakirev
　バラーキレフ
　バラキレフ
Balakoff バラコッフ
Balakov バラコフ
Balakrishnan
　バラクリシュナン
Balakshin バラクシン
Balala バララ
Balam バラム
Balamage
　バラマージュ
Bal'amī バルアミー
Balamir バラミル
Balan バラン*
Balán バラン
Balanc ブラン
Balanche バランシュ
Balanchine
　バランシーン
　バランシン*
　バランチャイン
　バランチン
Balanchivadze
　バランチヴァーゼ
　バランチヴァゼ
Balanda バランダ
Balandier バランディエ**
Balandin
　バランジン*
　バランディン*
Balanos バラノス
Balanovskaia
　バラノフスカヤ
Balansī バランスィー
Balanskii バランスキー
Balanta バランタ
Bālaputra
　バーラプトラ
Balard バラール
Balart
　バラード
　バラールト
　バラルト
Balas
　バラシュ
　バラス
Balaş バラシュ
Balasahib バラサヒブ
Balasaraswati
　バラサラスワティ
Balāsh バラーシュ
Balashov
　バラショヴ
　バラショフ
Balāsim ブラーシム

BAL

Balasingham バラシンガム
バラシンガム
Balaskas バラスカス*
Balaski バラスキー
Balasko バラスコ
Balassa
バラッサ
バラッシ
バラッシャ
Balassu バラッス
Balasubramanian
バラスブラマニアン**
Balasubramanyam
バラスブラマニヤム
Balasuriya バラスリヤ
Balat バラ
Balatsch バラッチュ
Balatu バラトゥ
Balavadze バラワーゼ
Balavoine
バラヴォワーヌ
Balawi バラウィ
Balay バレー
Balayogi バラヨギ*
Baláz バラーシュ
Balazova バラゾバ
Balazs
バラシ*
バラーシュ
バラージュ*
バラシュ
Balázs
バラージ
バラージュ**
バラース
ボラージュ
Bálazs
バラージュ
ボラージュ
Balázsovits
バラージョヴィトシュ
Balázsy バラージ
Balbach バルバッハ
Balban バルバン
Balbastre
バルバストル
バルバートル
バルバトル
Balbernie バルバニー
Balbi バルビ
Balbilla バルビラー
Balbin バルビン
Balbín バルビーン
Balbina バルビナ
Balbinus バルビヌス
Balbo バルボ*
Balboa バルボア
Balboni バルボニ
Balboshin ボルボシン
Balbuena バルブエナ
Balbul バルブル
Balbulus バルブルス
Balbus バルブス
Balbusso バルブッソ*
Balcácer バルカセル

Balcarres バルカリス
Balcázar バルカサール
Balceiro バルセイロ
Balcer バルサー*
Balcerowicz
バルツェロヴィチ*
バルツェロヴィッチ**
バルツェロビチ
バルツェロビッチ
Bălcescu
バルチェスク
ベルチェスク
Bălcescu バルチェスク
Balch
バルク
バルチ
ボールチ
ボルチ
Balchin
バルチン
ボールチン*
Balchum バルチャム
Balci バルキ
Balcombe バルコム
Balcon バルコン
Balcytis バルチティス
Balčytis バルチティス
Balczo バルツォ
Bald ボールド*
Baldacchino
バルダッチノ
Baldacci バルダッチ**
Baldaccini
バルダッチーニ
Baldad
ビルダド
バルダド
Baldan バルダン
Baldangiin
バルダンギン**
Baldassare
バルダサール
バルダッサーレ*
バルダッサーロ
Baldassari
バルダサーリ
バルダサリ*
Baldassarre
バルダッサッレ*
バルダッサルレ
Baldauf バルダウフ
Balde
バルデ
バルド
Baldé バルデ
Baldelli バルデリ
Baldensperger
バルダンスペルジェ
バルデンスペルジェー
Baldeon バルデオン
Baldeón バルデオン
Balderamos
バルデラモス
Balderas バルデラス
Baldermann
バルダーマン

Baldersheim
ボルデシュハイム
Balderston
バルダーストン
Balderstone
バルダーストーン
Baldes バルデス
Baldese バルデーゼ
Baldessari
バルデサーリ
バルデッサリ
Baldessarini
バルデサリーニ
バルデサリニ
Baldetti バルデッティ
Baldev
バルデーオ
バルデフ
Baldeweg
バルデューグ
Baldhild バルドヒルド
Baldi
バルジ
バルディ
Baldiccini
バルディッチーニ
ベルデチーニ
Baldick
バルディック*
ボルディック**
Baldinger
バルディンガー
Baldini
バルディーニ*
バルディニ**
Baldinucci
バルディヌッチ
バルディヌッチー
Baldiris バルディリス
Baldivieso
バルディビエソ*
Baldock
バルドック*
ボールドック
Baldomero
バルドメロ**
Baldomir バルドミール
Baldonero バルドネロ
Baldoni バルドーニ*
Baldor ボールダー
Baldorj バルドルジ
Baldovici バルドビッチ
Baldovinetti
バルドヴィネッティ
バルドビネッティ
Baldovino
バルドヴィーノ
バルドビーノ
Baldoz バルドス
Baldred ボルドレッド
Baldrian バルドリアン
Baldridge
ボールドリッジ
バルドリッジ
Baldrige
ボールドリッジ
バルドリッジ*

Baldry
ボールドリ
ボールドリー*
ボルドリー
Balducci
バルダッチ
バルデューチ
バルドゥッチ*
Balduccio
バルドゥッチョ
Balduin
バルドイン
バルトウィン
バルドゥイーン
バルドウィン
Balduinus
バルドゥイーヌス
バルドゥイヌス
Baldung
バルドゥンク
バルドゥング
Baldur
バルデウール
バルドゥール
バルドゥル
Baldursdottir
バルドルスドッティル
Baldursdóttir
バルドルスドッティル
Baldus
バルダス
バルドゥス
Balduzzi バルドゥッツィ
Baldvin バルドビン*
Baldwin
バルドウィン
バードゥアン
バードワン
ボールドイン
ボールドウィン***
ボールドウイン
ボルドウィン*
Baldwinin
ボルドウィン
Baldycheva
バルジチェワ
Baldyga バルディガ
Bale
バル
バレ
ベイル**
ベール**
Baledzi バレジ
Baleegh バリーク
Baleka バレカ
Balen バーレン
Balena
バレナ*
バレーナ
Balenciaga
バレンシアーガ
バレンシアガ
バレンシャガ
Balentien
バレンティン
Balentine
バレンタイン
Balenziaga
バレンシアガ
Balint
バリント*

Baleri バレリ
Bales
ベイルズ
ベールズ**
Balesar バレサル
Balestier バレスティア
Balestra バレストラ
Balestracci
バレストラッチ
Balestre バレストル*
Balestrieri
バレストリエーリ
Balestrini
バレストリーニ***
Balet
バレー
バレット
Baletas バレータス
Balette バレット
Balew バレウ
Balewai バレワイ
Baley
ベイリー
ベーリー
Balfe バルフ*
Balfoort
バルフォールト
Balfour
バルフォー*
バルフォア*
バルフォール
バルフール
Balghunaim
バルグナイム
Balgimbayev
バルギムバエフ
バルギンバエフ**
Balgley バルグリー
Balguerie バルゲリー
Balguy バルガイ
Balhaus バルハウス
Bali バリ*
Balia バーリア*
Balian バリアン*
Baliardo バリアルド
Balibar バリバール**
Balibaseka バリバセカ
Balic バリッチ
Balicevic
バリセヴィック
Balicki バリツキ
Baliles バライルズ
Balilla バリッラ
Balimont
バーリモント
バリモント
Balin
バラン
バリン*
ベイリン
Bālina バーリニャ
Baliño バリーニョ
Balinski バリンスキー
Balinsky バリンスキー

B

ファリント
Bálint
　バーリント*
　バリント
Baliol ベリオール
Balisacan バリサカン
Balit
　バリ
　バリット
Balitsch バリッシュ
Balitung バリトゥン
Balitzer バリツァー
Baliyeva バリエワ
Balje バルジェ
Baljinder バルジンダー
Baljon バルヨン
Balk
　バーク
　バルク*
　ボーク*
Balka バウカ
Balkany バルカニー
Balke バルケ*
Balkenende
　バルケネンデ*
Balkenhol
　バルケンホール*
　ベルケノール
Balkhausen
　バルクハウゼン*
Balkhi バルヒ
Balkhī バルヒー
Balkhy バルヒ
Balkin バルキン
Balkissoon
　バルキスーン
Balkom バルコム
Balkovski
　バルコフスキ
Balkrishan
　バルクリシャン
Balkrishna
　バルクリシュナ
Balkwill
　バルクウィル
　ボークウィル**
Ball
　バル*
　ベイル
　ボール***
Balla
　バッラ*
　バラ*
　バルラ
Ballaban バラバン
Ballack バラック*
Balladares
　バジャダレス*
Balladur
　バラデュール**
Ballagh
　バラ*
　バラー
Ballake バラケ
Ballāla バルラーラ
Ballance バランス

Ballanche バランシュ
Balland バラン*
Ballande バランド
Ballanger バランジェ*
Ballangrud
　バランクルード
Ballantine
　バランタイン*
Ballantyne
　バランタイン**
　バレンチン
Ballanūbī
　バッラヌービー
Ballard
　バラード***
　バラール
Ballardini
　バッラルディーニ
Ballarín バリャーリン
Ballas バラス
Ballasiotes
　バラシオテス
Ballauff バラウフ*
Ballaz バジャス
Balldin ボールディン
Balle バル
Ballé バレ
Ballen
　バジェン*
　ボーレン
Ballén バジェン*
Ballenger
　バレンジャー
Ballentine
　バレンタイン
Ballentyne
　バレンタイン
Balleri バッレーリ
Ballerini バレリーニ*
Ballescas バレスカス*
Ballester
　バリェステール
　バリエステル*
　バリエステル
　バレステル*
Ballesteros
　バッレステロス
　バリエステロス
　バレステロス***
Ballet バレ
Ballew
　バリュー
　バルー
Balleyguier バレギエ
Ballhatchet
　ボールハチェット*
Ballhaus バルハウス**
Ballheimer
　ボールハイマー
Balliett バリエット*
Ballin
　バーリン
　バリーン
　バリン*
　ボーリン
Balling
　バリンク

バリング
ベリング
ボーリング
Ballingall
　バリンガル
　ボーリンガル
Ballinger
　バリンガー
　バリンジャー***
Ballington バリントン
Balliol
　ベイリオル
　ベリアル
　ベーリヤル
Ballista
　バッリスタ
　バリスタ
Ballivián バリビアン
Ballmann バルマン
Ballmer バルマー**
Ballo バッロ*
Ballock バロック*
Ballon バロン**
Ballonga バロンガ
Ballor バロー
Ballore バロール
Ballot
　バロー
　バロット
Ballou
　バルー*
　バーロウ
　バロウ
Balls ボールズ*
Ballschmieter
　バルシュミッター
Ballu バリュ
Ballús バジュス
Ballve バイベ
Bally バイイ**
Balm バーム
Balmaceda
　バルマセーダ**
　バルマセダ
Balmain
　バルマン
　バルメイン
　バルメーン
　ボールメイン
Balmary バルマリ
Balme
　バルミ
　バルム
　バルメ
Balmer
　バーマー
　バルマー*
　バルメール
Balmerino バルメリノ
Balmes バルメス
Balmir バルミル
Balmis バルミス
Balmond
　バーモンド*
　バルモンド*
Balmont
　バーリモント

バリモント
バルモン
Bal'mont
　バーリモント*
　バリモート
　バリモント*
　バリモンド
Balmori バルモリ
Balmos バルモシ
Balmy バルミ
Balnaves バルナヴィス
Balner バルネル
Baloch
　バロチ
　バロック
Balodis バロディス*
Balog
　バローグ*
　バログ
　バロッグ
Baloga バロガ
Balogh
　バロー
　バローグ*
　バログ**
　バローフ**
　ベイログ
　ベーログ
Balogun バログン
Baloh バロー
Balói バロイ
Baloković
　バロコヴィチ
　バロコビチ
Balotelli バロテッリ*
Balov バロフ
Baloyi バロイ
Balpêtrê バルペートレ
Balraj
　バルラージュ
　バルラジュ*
Balsa バルサ
Balsam バルサム
Balsamo バルザモ
Balsamōn
　バルサモーン
　バルサモン
Balsara バルサラ
Balsdon ボールスドン
Balsekar
　バルセカール*
Balsells バルセルス
Balsemao バルセマン*
Balser バルサー
Balsham バルシャム
Balsiger バルジゲル
Balsley
　バルズリー
　バルスレイ
Balsola バルソーラ
Balson バルソン
Balta バルタ
Baltard バルタール
Baltas バルタス
Baltasar
　バルターサル

バルタサール*
バルタサル
バルタザール**
Baltazar
　バルタサール
　バルタザル
Baltazara
　バルタザーラ
Balter
　バルター*
　ボルター
Baltes バルテス
Balthasar
　バルサザー
　バルターザル
　バルタサール
　バルタザール
　バルタザール**
　バルタザル
Balthassar
　バルターザル
Balthazar
　バルサザール
　バルタサル
　バルタサール
　バルタザル
Balthild バルティルド
Balthoff バルトフ
Balthus
　バルチュス*
　バルテュス***
Balticus バルティクス
Baltimora
　バルティモラ
Baltimore
　バルチモア
　バルティモア
　ボルチモア*
　ボールティモア*
　ボルティモア
Baltina バルティナ
Baltodano バルトダノ
Baltolomé バルトロメ
Baltraitienė
　バルトライティエネ
Baltrusaitis
　バルトルシャイティス*
Baltrušaitis
　バルトルシャイチス
　バルトルシャイティス
Baltrusch
　バルトルッシュ
Baltsa バルツァ*
Baltscheit
　バルトシャイト
Baltus
　バルテュ
　バルテュス
Baltusz バルテュス
Baltz ボルツ
Baltzar バルツァー
Baltzer
　バルツァー
　バルツェル
Balu バルー
Baluchi バルーチ
Baluffi バルッフィ
Balulu バルル
Balushi バルシ

BAN

Baluze バリューズ
Balvinder
　バルビンダー
Balvino
　バルビーノ
　バルビノ
Balwin ボールウィン
Baly
　バーリィ
　ベイリー
Balz
　バルツ*
　ベルツ
Bälz ベルツ
Balzac バルザック**
Balzani バルザーニ
Balzaretto
　バルツァレット
Balzer
　バルザー
　バルツァー
Balzico バルツィコ
Balzola
　バルソーラ
　バルソラ*
　バルゾーラ
Bamakhrama
　バマクラマ
Bamanyirue
　バマンイルエ
Ba Maw
　バーモ
　バーモー
　バモー
　バモ
Bamba バンバ*
Bambaataa バンバータ
Bambach バーンバック
Bamba Hamza
　バンバハンザ
Bambaia バンバイア
Bam Bam バンバン
Bambang バンバン**
Bambara
　バンバーラ
　バンバラ*
Bambaren
　バンバーレン*
Bamber バンバー
Bamberger
　バンバーガー**
　バンベルガ
　バンベルガー**
　バンベルゲル
Bambi バンビ*
Bambinganila
　バンビンガニラ
Bambini
　バンビーニ
　バンビニ
Bambino バンビーノ
Bambirra バンビーラ
Bambiza バムビザ
Bamboka バンボカ
Bamboschek
　バンボシェク
Bamdev バムデブ

Bamdobadhyay
　ボンドパッダエ
Bamert バーメルト
Bamford
　バムフォード*
　バムフォルト
　バンフォード*
Bamforth
　バムフォース
Bamiedakis
　バミダイキス
Bamina バミナ
Bamir バミル*
Bamlett バムレット
Bamm バム
Bammel バンメル*
Bammel'
　バムメリ
　バム メル
Bammer バンマー
Bammes バメス
Bamnante
　バンナンテ
　バンナント
Bamogo バモゴ
Bamps バンプス
Bampton バンプトン*
Bamrungphong
　バムルンポン
Bamsey バムゼイ*
Bamulangaki
　バムランガキ
Bamunugama
　バムヌガマ
Bamvuginyumvira
　バブギンユンビラ
Ban
　バン**
　バン*
　ファン
Bán バーン
Bana バナ*
Bāṇa バーナ
Banabas バナバス
Banach
　バナック
　バナッチ
　バナッハ
　バーナハ
　バナハ
Banahan バナハン
Banaji
　バナージ
　バナジ
Banākatī
　バナーカティー
Banamchon
　バナムチョン
Banamuhere
　バナムヘレ
Banamuhere Baliene
　バナムエレバリエネ
Banana バナナ**
Banarjī バナルジー
Banaschewski
　バナシェフスキ
Banastre バナスター

Banatao バナタオ
Banayan バナヤン
Banbery バンベリー
Banbi バンビ
Banbis バンビス
Banbury
　バンブリー
　バンブリィ*
Bancal バンカール
Bancel バンセル*
Bances バンセス
Bancha バンチャー
Banchan
　バンチェン
　バンチェン
Banchi
　バンキ
　バンシ
Banchieri
　バンキェリ
　バンキエーリ
Banchini バンキーニ*
Banchoff
　バンコフ
　バンチョフ*
Bancila バンキラ
Banco バンコ
Bancon バンコン
Bancquart バンカール
Bancroft
　バン
　バンクロフト***
Band
　バント
　バンド**
Banda バンダ**
Bandak バンダク
Bandaman バンダマン
Bandar バンダル*
Bandara バンダラ
Bandaranaike
　バンダラナイケ**
　バンダーラナーヤカ
Bandārānāyaka
　バンダラナイケ
　バンダーラナーヤカ
Bandaru バンダル
Bandas バンダス
Banday バンデイ*
Bandazhevski
　バンダジェフスキー
Bandazhevskiĭ
　バンダジェフスキー
Bande バンデ
Bandeira
　バンディエラ
　バンデイラ*
Bandel バンデル
Bandele バンデリ
Bandelier
　バンデリア
　バンデリール
Bandello
　バンデッロ*
　バンデルロ

バンデロ
Bandera バンデーラ
Banderas バンデラス*
Bandholtz
　バンドホルツ
Bandhu バンドゥ
Bandhura バンドゥラ
Bandi バンディ*
Bandiera
　バンディエーラ
　バンディエラ
Bandinelli
　バンディネッリ
　バンディネリ
　バンディネルリ
Bandini
　バンディーニ*
　バンディニ
Bandion-ortner
　バンディオンオルト
　ナー
Bandit バンディット
Bandita バンディタ
Bandler バンドラー
Bandman バンドマン
Bando バンドー
Bandopadhyay
　バンドパジャイ
Bandow バンドゥ
Bandrovska
　バンドロフスカ
Bandrowska
　バンドロフスカ
Bandrowski
　バンドロフスキ
Bandula
　バンドゥーラ
　バンドゥラ
Bandur バンデュ
Bandura
　バンデューラ**
　バンデュラ
Bandy バンディ*
Bandyapadhyay
　バンドバダヤイ
Bandyopadhyay
　バンドパッダエ
Bandyopádhyáy
　ボンドパッダエ
Bandyopādhyāy
　ボンドパッダエ
Bandyopādhyāya
　ボンドパッダエ
Bandyopandhyaya
　ボンドパッダエ
Bane ベイン*
Banega バネガ
Baneham バネハム
Banér バネール
Banerjea
　バナジー*
　バナルジー
　バネルジー
　バノルジー
Banerjee
　バナジー**

バーネルジー
　バネルジー**
　バーネルジェー
Banerji
　バナージ
　バナジー
Banerjī バネルジー
Banes ベインズ
Banesh
　バネシュ*
　バーネッシュ
Bañez バニェス
Bánez バニェス
Bāñez バニェス
Bánffy バーンフィ
Banfi バンフィ*
Banfield
　バンフィールド*
　ベンフィールド
Bang
　バン*
　バン
　バンク
　バング**
Banga バンガ
Bangalorewala
　バンガロレワラ*
Bangalter
　バンガルテル*
Bangay バンギ
Bang Chan バンチャン
Bangdel バンデル
Bangemann
　バンゲマン
Bangert バンガート*
Bang-guo バングオ
Bangle バングル
Bangoura バングラ
Bangov バンゴフ
Bangre バングレ
Bangs
　バングス**
　バングス*
　バンズ
Bangsbo バングスボ
Banguli バングリ
Bangura
　バングーラ
　バングラ
Bangxin バンシン
Banh
　バイン
　バン*
Banham
　バナム*
　バンハム
Banharn バンハーン**
Bani
　バーニ
　バニー
　バニ***
Banī バニー
Bāni バーニ
Bania バニア
Bănicioiu バニチョイユ

Banick バニック
Baniel バニエル
Banier バニエ*
Banietemad バニエッテマード
Banik バニク
Banim ベイニム
Banin バニン
Banine バニーヌ
Banionis バニオーニス / バニオニス*
Banipal バニ・パル / バニパル / バーン・アプリ
Banis バニス
Banisadr バニサドル*
Banī Ṣadr バニサドル
Banister バニスター*
Banjaci バンヤッチ
Banjai バンジャイ
Banjamin バンジャマン
Banjo バンジョー
Banjong バンジョン*
Bank バンク**
Bánk バーンク
Bańka バンカ
Banke バンク
Banker バンカー**
Bankes バンクス
Bankhead バンクヘッド**
Bánki バーンキ
Bankie バンキー
Bankier バンキア / バンキアー
Bankim バンキム / ボンキム
Baṅkimcandra ボンキムチョンドロ
Bankim Chandra バンキムチャンドラ / ボンキムチョンドロ
Bankl バンクル
Bank-Mikkelsen バンクミケルセン
Bankovic バンコビッチ
Bankroll バンクロール
Banks バンクス***
Bankson バンクソン
Bankston バンクストン
Banksy バンクシー*
Bankumukunzi バンクムクンジ
Banky バーンキー / バンキー*
Bann バン
Banna バンナ*
Bannā バンナー

Bannatyne バナタイン
Bannawat バンナワット
Banneker バナカー
Bannen バネン
Bannenberg バンネンベルク
Banner バナー / バンナ*
Bannerjee バーネルジェー
Bannerman バナーマン* / バナマン** / バンナーマン*
Bannert バナート
Bannick バニック
Banning バニング
Bannink バニンク
Bannis-roberts バニスロバート
Bannister バニスター***
Banno バンノ
Bannock バノック
Bannon バノン*
Banny バニー
Bannykh バニフ / バンニフ
Bano バーノ / バノ
Bánóczy バノーツィ
Banoob バヌーブ
Baños バーニョス
Banoun バヌン
Banovetz バノヴェッツ
Banovic バノビッチ
Banowetz バノウェツ
Banqueri バンクエリ
Bánsági バーンサーギ
Bansal バンサル*
Bansarn バンサーン
Bansch バンシュ
Banscherus バンシェルス
Banse バンセ / バンゼ
Ban Seng バンセン
Bansha バンシャ
Bansi バンシー
Banskota ボンサコタ
Bansley バンスリー
Banson バンソン
Banta バンタ*
Bantal バンタル
Bantama バンタマ
Banteaux Suarez バンテアクススアレス
Banti バンティ**
Bantigny バンティニ

Banting バンティング*
Bantock バントク / バントック**
Banton バンタン / バントーン / バントン
Bantu バンツ
Bantz バンツ
Banu バーヌ / バヌ
Banū バヌー
Bānū バーヌー
Banuelia バヌーエリア
Banuelos バニュエロス
Banumbir バナンバー
Banus バヌシ
Banville バンヴィル** / バンビル**
Banwari バン
Banwart バーンワート
Banya バニヤ
Banyacya バニヤッカ
BANYAI バンヤイ
Banyai バンニャイ** / バンヤイ
Ba Nyan バニャン
Banyard バニアード / バンヤード
Ba Nyein バニェイン
Banyong バンヨン
Banz バンツ
Banza バンザ
Banzarov バンザロフ
Bánzer バンセル**
Banzet バーレット / バンゼット
Banzhaf バンツァフ
Banzi バンジ
Banzie バンジー / バンズィー
Banzio バンジョ
Banzragch バンズラグチ
Bao バオ*** / バオ
Báo バオ**
Bào バオ
Bao Dai バオダイ
Bao-jiu バオジウ / パオチュウ
Bao-ligao ボラグ
Baour バウール
Ba Pe バペー
Bapès Bapès バペバペ
Bappou バプー

Bapsy バプシ
Baptist バティスト / バブチスト / バブティスタ / バブティスト / バプティスト*
Baptista バウチスタ / バウティスタ / バチスタ** / バティスタ / バディスタ / バブチスタ / バブティスタ* / バプテスマ
Baptistao バチストン
Baptiste バチスト* / バティースト / バティスト*** / バティスト / バディスト / バブチステ / バブチスト** / バブティステ / バブティスト*** / バブテセ
Baptiste-cornelis バプティストコーネリス
Baptiste-primus バプティストプリマス
Baptistin バティスタン
Bapurao バプラオ
Baqaei バガイ
Baqer バケル
Bāqer バーケル
Baqil バキル*
Bāqillānī バーキッラーニー
Baqir バーキル / バキル / バーキルッ
Bāqir バーキル
Baqr バクル
Baquedano バケダーノ
Baquerizo McMillan バケリソマクミラン
Baquero バケロ
Baquet バケ / バケー* / バケット
Bar バー*** / バール** / バル***
Bär ベーア* / ベアー / ベール
Bär バール
'Bar バル
'Bar バル
Bara バラ**

'Ba'ra ba バラワ
Barabas バラバス
Barabashev バラバシェフ
Barabási バラバシ*
Barabba バラッパ
Barabbas バラバ
Barabino バラビーノ
Barac バラック*
Baracca バラッカ
Baracchi バラッキ
Barach バラク / バラチ / バラック
Barachin バラシャン
Barack バラク**
Baraclough バラクロー
Barádaios バラダイオス
Baradar バラダル
Baradaranshoraka バラダランショラカ
Baradine バラディン
Baradino バラディーノ / バラビーノ
Baradulin バラドゥーリン**
Baraga バラガ
Baragona バラゴナ
Baragrey バラグレイ
Baraguay バラゲー
Barahona バラオーナ / バラオナ*
Barahowie バラフィ
Barai バライ
Barajas バラハス
Bārājī バーラージー
Barak バラク*** / バラック*
Baraka バラカ**
Barakan バラカン
Barakat バラカット / バラカート* / バラカト
Barakāt バラカート**
Barakatt バラカット
Barakauskas バラカウスカス
Barake バラケ
Baraki バラキ
Baraldi バラルディ
Bar-Am バーアム
Baram バラム
Baramidze バラミゼ
Baramishvili バラミシヴィリ
Barampama バラムパマ
Baran バラン***

Barañao バラニャオ
Baranauskas
　バラナウスカス
Barancira　バランシラ
Barańczak
　バランチャク*
Barandagiye
　バランダギエ
Barandereka
　バランデレカ
Barandoni
　バランドーニ
Bárándy　バーランディ
Baranek
　バラネク
　バラネック
Baranger　バレンジャー
Barangueras
　バランゲラス
Baranī　バラニー
Baranick　バラニック
Baraniko　バラニコ
Baranivsky
　バラニフスキー
Barankiewich
　バランキエヴィッチ*
Barankova
　バラーンコヴァー
　バランコヴァ
Baránková
　バラーンコヴァー
　バランコヴァ
Barannikov
　バランニコフ
　バランニコフ*
Baranov
　バラーノフ*
　バラノフ
Baranova　バラノワ
Baranović
　バラノヴィチ
　バラノヴィッチ
　バラノビチ
Baranovskaia
　バラノフスカヤ
　バラノフスカヤ
Baranovskii
　バラノウスキー
　バラノヴスキー
　バラノウスキイ
　バラノーフスキー
　バラノフスキ
　バラノフスキー*
　バラノフスキイ
Baranovskiĭ
　バラノフスキー
Baranowsa
　バラノウスカ
Baranowska
　バラノウスカ
Baranowski
　バラノフスキ
　バラノフスキー
Baranowsky
　バラノウスキー
Baranskaia
　バランスカヤ
Baránskaya
　バランスカヤ

Baranski　バランスキー
Baranskii
　バランスキー
　バランスキイ
Baranson　バランソン
Barante　バラント
Baranto　バラント
Barantsevich
　バランツェーヴィチ
　バランツェヴィチ
Barantsévich
　バランツェーヴィチ
Bárány
　バーラーニ
　バーラーニー
　バラーニー
　バラニ
　バラニー*
　バラニイ
Baraq　バラク
Barari　バラリ
Baras　バラス*
Barasch
　バラシュ
　バリシュ
Barash　バラシュ*
Barasi
　バラアシ
　バラシ
Barassi　バラッシ
Barastole　バラストル
Baraszkiewicz
　バラシュキエビッチ
　バラシュキエビッツ
Barat
　バラ
　バラー
　バラット
Baraṭashvili
　バラタシヴィリ
Baratay　バラテ
Barath　バラート
Baráth　バラート
Baratham　バラタム*
Barathay　バラテー
Baratier　バラティエ
Baratieri
　バラティエーリ
　バラティエリ
Baraton　バラトン*
Baratta　バラッタ*
Barattini　バラッティニ
Baratynskii
　バラティーンスキー
　バラティーンスキイ
　バラティンスキー
　バラトインスキー
　バラトインスキー
　バラトゥインスキー
Baratz
　バラツ
　バラッツ**
Barauderie
　バロードリー
Barawi　バラウィ
Barazé　バラゼ
Barazzone　バラゾーネ

Barb　バーブ
Barba
　バーバ
　バルバ**
Baranski　バランスキー
'Bar ba　バルワ
Barbaccia　バーバチー
Barbach　バーバック
Barbachan
　バルバシャン
Barbadillo
　バルバディーリョ
　バルバディリョ
Barbagallo　バルバガロ
Barbagelata
　バルバゲラータ
　バルバジェラータ
Barbaglia
　バルバーリア
Barbaja　バルバーヤ
Barbal　バルバル
Barbalho　バルバリョ
Barban　バーバン
Barbanell
　バーバネール
　バーバネル*
Barbanson
　バルバンソン
Barbar　バーバー*
Barbara
　バーバーラ
　バーバラ***
　バルバーラ*
　バルバラ***
　ワルワーラ
Barbaras　バルバラス
Barbaree　バーバリー
Barbareschi
　バルバレスキ
Barbarez　バルバレス
Barbari
　バルバーリ
　バルバリ
Barbaric　バルバリッチ
Barbarigo
　バルバリーゴ
Barbarin
　バーバリン
　バルバリン
Barbarina
　バルバリーナ
Barbarino
　バルバリーノ
Barbaro
　バーバロー
　バルバロ**
Barbaros　バルバロス
Barbarossa
　バルバロッサ
Barbash　バーバッシュ
Barbastro
　バルバストロ
Barbato　バーバト
Barbatus
　バルバツス
　バルバトゥス
Barbaud　バルボー

Barbauld
　バーボウルド
　バーボールド
Barbault　バルボー
Barbe
　バーブ
　バルブ*
Barbeau
　バーボー*
　バーボー
Barbee　バービー*
Barbeiro　バルベイロ
Barbel
　ベアベル*
　ベルベル
Bärbel
　ベアベル
　ベーベル
　ベルベール
　ベルベル*
Barbella　バルベッラ
Barbellion
　バーベリオン
Barbenel　バーブネル
Barber
　バーバ
　バーバー***
　バーバー
　バーバラ
　バーベラ*
　バーベラ
　バルベル*
Barbera
　バーバラ
　バーベラ*
　バルベーラ
Barberi
　バルベーリ
　バルベーリー
Barberiis　バルベリイス
Barberina
　バルベリーナ
Barberini
　バルベリーニ*
Barberino
　バルベリーニ
　バルベリーノ
Barberis
　バーベリス
　バルベリス*
Barbéris　バルベリス
Barbero　バルベーロ
Barbery
　バーベリ
　バーベリ**
Barbes
　バルベ
　バルベス
Barbet
　バーベット
　バルベ
Barbetta　バルベッタ
Barbetti　バルベッティ
Barbey
　バルベ
　バルベー*
　バルベイ*
　バルベエ
Barbeyrac
　バルベーラック
　バルベラック

Barbi　バルビ
Barbia　バルビア
Barbie
　バービー
　バルビー*
Barbier
　バービア*
　バービアー
　バルビエ**
Barbiere　バルビエーレ
Barbieri
　バービエリ
　バルビエリ
　バルビエーリ***
　バルビエリ*
Barbin　バルバン
Barbingant
　バルバンガン
Barbir
　バーバー*
　バービー
Barbira　バービラ*
Barbireau
　バルビロー
Barbirolli
　バービロリ
　バルビローリ
　バルビロリ*
Barbitherlant
　バルビテルラン
Barbizet
　バルヴィゼー
　バルビゼ*
Barblan　バルブラン*
Barbo　バルボ
Barbon
　バアボン
　バーボン
　バルボン
　ベアボーン
Barboo　バルボー
Barbora　バルボラ**
Barborini
　バルボリーニ
Barbosa
　バルボウサ*
　バルボーサ*
　バルボーザ*
　バルボザ*
　バルボザ***
Barbosa Vicente
　バルボザビセンテ
Barbot
　バルボ
　バルボー
Barboteu
　バルボトゥー
Barboulova
　バルブロバ
Barbour
　バーバー***
　バーボー
　バーボウアー
Barboza
　バーボザ*
　バルボーサ
　バルボザ*
Barbra
　バーバラ
　バーブラ**

バルブラ
Barbre バーブリー
Barbro
　バーブロ
　バールブロー*
　バルブロー**
　バルブロー
Barbrooke
　バーブルーク
Barbu
　バルブ
　バルブー
Barbucci バルブッチ
Barbulée バルビュレー
Barbusse
　バルビウス
　バルビューウ
　バルビューズ
　バルビュス**
　バルビュッス
Barbuti バーブチ
Barca
　バールカ
　バルカ*
Barcas
　バルカ
　バルカス
Barcel バルセル
Barcellona
　バルチェローナ
Barcelo バルセロ
Barcewicz
　バルツェヴィチ
Bar-Chama
　バーチャマ
Barcher バーチャー
Barchuk バルチューク
Barcia バルシア
Barcikowski
　バルチコフスキ
Barcilon
　バルシロン*
　バルチーロン
Barclay
　バークリ
　バークリー*
　バークレー**
　バークレイ**
　バルクライ
　バルクライ
Barco バルコ*
Barcomb
　バーカム**
　バーコム
Barcos バルコス
Barcroft
　バークロフト
　バルクロフト
Barcsay
　バーチャイ
　バルチャイ
Barczewski
　バーチェフスキー
Bard
　バード**
　ボード
Barda バルダ*

Bardach
　バーダック
　バルダチ
Bardacke バーデキー
Bar-Daisān
　バルダイサン
Bardaisān
　バルダイサン
Bardaji バルダヒ
Bardal
　バーダル*
　バルダル
Bardanes バルダネス
Bardas バルダス
Bárdas バルダス
Bardāyī バルダーイー
Bardbury
　ブラドベリー
Bardeen
　バーディーン**
　バーディン
Bardel バルデル
Bardeleben
　バルドレーベン
Bardeli
　バーデリー*
　バルデリ
Bardelli
　バルデッリ
　バルデルリ
Bardellino
　バルデッリーノ
Bardem バルデム**
Barden バーデン**
Bardenheuer
　バーデンホイヤー
Bardenhewer
　バルデンホイヤー
Bardens
　バーデンス*
　バーデンズ
Bardesanes
　バルデサーネス
　バルデサネス
Bardēsánēs
　バルデサネス
Bardet バルデ*
Bardette バーデット
Bardey バルデー
Bardgett バージェット
Bardhan
　バーダン
　バルダン*
Bardi バルディ**
Bardí バルディ
Bardia バルディア
Bardies バルディ
Bardili バルディーリ
Bardin
　バーディン*
　バールジン
　バルダン*
　バルディン
Bardina
　バールジナ
　バールディナ
Bardinet バルディネ

Bardini
　バーディーニ*
　バーディーニ
Bardish
　バーディッシュ
Bardiya バルディア
Bardo
　バード
　バルドー
Bardoe バードー
Bardolle バルドル
Bardon
　バードン*
　バルドン
Bardone
　バルドーヌ
　バルドン*
Bardorf バードルフ
Bardosi バルドシ
Bardot バルドー**
Bardotti バルドッティ
Bardouil バルドウイレ
Bardoux バルドゥ
Bardow バルドー
Bardsley バーズリー
Bardugo バーデュゴ*
Bardulis バルデュリス
Bardwell
　バードウェル*
Bardwick
　バードウィク
　バードウィック
Bardy バルディ
Bárdy バールディ
Bardzell バーゼル
Bare
　バレー
　ベア
　ベアー
Barea
　バレーア
　バレア*
Bareacey バランシェ
Bareau バロー
Barebone
　バーボン
　ベアボーン
Bared バレド
Barefield
　ベアフィールド
Barefoot ベアフット
Barega バレガ
Bareigts バレッツ
Bareiro バレイロ
Bareket バレケット
Barel
　バレエル
　バレル
Barelds バレルズ
Barella バレッラ
Barelli バレッリ
Barellion バーベリオン
Barēlvī
　バレールヴィー
　バレールビー

Barenberg
　バレンバーグ
Barenboim
　バレンボイム**
Barenboïm
　バレンボイム
Barencey バランセ
Barend
　バーラント
　バーランド
　バーレント
　バレント**
Bärend ベーレント
Barendrecht
　バレンドレクト
Barendsz バーレンツ
Barendt
　バーレント
　バレント
Barenhort
　ベレンホルツ
Barenie バレニー
Barent バレント
Barents
　バーレンツ
　バレンツ
Barer ベアラー
Barere バレール
Barère バレール
Bares バレシュ
Baresi
　バレージ*
　バレシ
Baret
　バレ
　バレット
Barets バレー
Baretti バレッティ
Barey バーレイ*
Barez バレツ
Barféty バルフェティ
Barfield
　バーフィールド**
Barfoed バーフォード
Barfoot バーフット
Barford バーフォード
Barfuss バーフュス
Barg バルク
Bargar バーガー
Bargash バルガシュ
Bargati バルガシ
Barge
　バージ
　バルゲ
　バルジュ
Bargeld バーゲルト
Bargellini
　バルジェッリーニ
Bargeloni バルヘロニ
Bargemont
　バルジュモン
Barger
　バーガー
　バージャ
　バージャー*
　ベルガー

Bargfrede
　バルクフレーデ
Bargh バージ
Barghouthi
　バルグーティ
Barghouti
　バーグチン
　バルグーティ
Bargiel バルギール
Bargman バーグマン
Bargmann バーグマン
Bargnani バルニャーニ
Bargone バルゴーヌ
Bargouthi
　バルグーティ
Bargue バルグ
Barham
　バーラム*
　バラム*
　バルハム
Barharty
　バルハートゥイ
Bar Hebraeus
　バルヘブラエウス
Barhebraeus
　バル・ヘブライウス
　バル・ヘブライオス
　バル・ヘブラエウス
　バルヘブラエウス
　バルヘブレーウス
Barhydt バーハイト
Bari
　バーリ
　バリ**
　バリー
　バリ
Baria バリア
Baric バリック
Barić バリチ
Baricco バリッコ**
Barich
　バリック
　バリッシュ
Barichello バリチェロ
Barichnikoff
　バリシュニコフ
Bariësous バルイエス
Bariev バリエフ
Barigioni バリジョーニ
Barile バリーレ
Barili バリーリ
Barilier バリリエ**
Barilla
　バリッラ
　バリラ*
Barillas バリジャス
Barille バリエ
Barilli
　バリッリ
　バリルリ
Barimah
　バリマ
　バリマー
Baring
　バアリング
　バーリング*
　バリング

ベアリン
ベーアリング
ベアリング***
ベイリング
ベヤリング
Baring-Gould ベアリングールド*
Baringhorst
バーリングホルスト
バーリンホースト
Barinov バリノフ
Barion バリオン
Barioni バリオーニ
Baris バリス
Bariša
バリシア
バリシャ
Barisano
バリサヌス
バリザーノ
Barish バリッシュ
Barišić バリシッチ
Baritz バーリッツ
Barius バリウス
Barizza バリッツア
Barjavel
バルジャヴェル
バルジャベル
Barjees バルジース
Barjillai バルズィライ
Barjini バルジーニ
Barjon バリヨン
Bark
バーク
バク*
Barka バルカ*
Barkad Daoud
バルカドダウド
Barkai バルカイ
Barkaï バルカイ
Barkakati
バーカカティ
バルカカティ
Barkan
バーカン
バルカン
Barkas バーカス
Barkat
バルカ
バルカット
バルカト
Barkat Abdillahi
バルカトアブディラヒ
Barkat Daoud
バルカダウド
Barkatullah
バルカトゥッラー
Barkauskas
バルカウスカス
Barkdull バークダル*
Barke
バーク
バルケ
Barkel バルケル
Barkema バーケマ
Barker
バーカ
バーカー***
バーガー
ベイカー
ベーカー
Barkevious
バークビアス
Barkhah バルカー
Barkham バーカム
Barkhatova
バルハートヴァ
バルハトヴァ
Barkhausen
バークハウゼン
バルクハウゼン
Barkhoff バルクホフ
Barkhordarian
バークホーダリアン
Barkhorn
バルクホルン
Barkhuizen
バークフイツェン*
Barkin バーキン**
Barkindo バーキンド
Barking バーキング
Barkl バークル*
Barkla バークラ*
Barklai バルクライ
Barklem バークレム**
Barkley
バークリ
バークリー*
バークレー**
バークレイ*
Barkman バークマン
Barkmann バルクマン
Barkmeier
バークマイヤー
Barkoulis バルクリス
Barkov
バルコーフ
バルコフ
Barkow バーコウ
Barks バークス
Barksdale
バークスデイル
バークスデール
Barkun
バーカン
バークン
Barkwill バークウィル
Barkworth
バークワース
Barlaam
バルラアム
バルラーム
Barlach
バールラッハ
バルラッハ
バールラハ
バルラハ
Barlas バーラス
Barlatier バルラチエ
Barlés バルレス
Barlett
バートレット
バーレット*

Barletta
バルレタ*
バーレッタ
バレッタ
Barlettani
バルレッターニ
Barletti バルレッティ
Barlev バーレブ
Barley バーリー**
Barlick バーリック
Barloewen
バルレーヴェン
Barlois バルロワ
Barlough バーロフ
Barlow
バーロ
バーロー***
バーロウ**
バーロウ
Barlowe バロウ
Barloy バルロワ
Barltrop
バールトロップ
Bärlund ベルルンド
Barmak バルマク
Barmakī バルマキー
Barmakiyya
バルマキヤ
Barman
バーマン
バルマン
Barmann バーマン
Barmas バルマス
Barmasai バルマサイ
Barmash
バーマシュ
バーマッシュ
Barmby バーンビー
Barmé バーメー
Barmeyer
バーマイヤー*
Barmine バルミン
Barmou バルム
Barna
バーナ
バルナ*
Barnaba バルナバ
Barnabas
バーナバス
バルナバ
Barnabás バルナバス
Barnabe
バーナビー
バーナベ
バーネイブ
バーナベ
Barnabé バルナベ
Barnabei バーナベイ
Barnabò バルナーボ
Barnaby
バアナビイ
バーナビ
バーナビー**
バーナビイ
Barnao バーノオ
Barnard
バーナード***
バルナルド

Barnardo
バーナード
バーナードー
バナード
バーナードゥ
Barnas バーナス
Barnathan バーナサン
Barnato
バーナートー
バルナト
Barnatt バーナット
Barnauw バーナウ
Barnave
バルナーヴ
バルナーブ
Barnay バルネイ*
Barnbaum
バーンバウム
Barnbrook
バーンブルク
Barnby
バーンビ
バーンビー
Barnden バーンデン
Barndorff
バルンドルフ
Barndorff-Nielsen
バルンドルフーニールセン
Barne バーン
Barnebey バーンベイ
Barneda バルネダ
Barnejee ヴァナージー
Barnekov バルネコフ
Barner バーナー
Barnes
バアネス
バアネス
バーアンス
バアンス
バーネス
バールンス
バルンス
バーンス
バーンズ***
Barnes-Murphy
バーンズマーフィー
Barness バーネス
Barnet
バーネット**
バーネー
バーネット
Barneto バーネト
Barnett
バーネット***
バネット
Barnetta バルネッタ*
Barnette バーネット*
Barneveld
バルネヴェルト
Barneveldt
バルネフェルト
Barnevik
バーネヴィク*
バーネビク
バーネビック
Barneville
バルヌヴィル

Barnewolt
バーンウォルト
Barney
バーニー***
バルネ*
バルネー
Barnfield
バーンフィールド
Barnhardt
バーンハート
Barnhart
バーンハート*
Barnhill バーンヒル
Barnholt バーンホルト
Barnhouse
バーンハウス
Barni バルニ
Barnica バルニカ
Barnice
バーニース
バーニス
Barnicoat
バーニコート*
Barnidge バーニッジ
Barnie バーニー
Barnier バルニエ*
Barnitt
バーニット
Barnitzke バルニツケ
Barnlund
バーンランド
Barnnet バーネット
Barnouin バーノウィン
Barnouw
バーナウ
バルノウヴ
Barnoya バルノヤ
Barns バーンズ*
Barnsley バーンスレイ
Barnuevo バルヌエボ
Barnum
バーナム*
バルナム
Barnwell バーンウェル
Baro
バロ*
バロー
バーロウ
Baró バロ
Barocci
バロッチ
バロッチョ
Barocco バロッコ
Barodet バロデ
Baroev バロエフ**
Baroin バロワン**
Baroja
バロッハ*
バロー**
バロハ*
Barold バロルド
Barolini バロリーニ
Barolsky
バロルスキー*
Baromeo バロメオ
Bar-On バルオン
Bar-on バロン

Baron バローン / バロン*** / ベルント
Barón バロン*
Baronceli バロンセリ
Baroncelli バロンセリ / バロンチェッリ
Barondes バロンデス*
Barone バローネ* / バロネ / バロン
Baroness バロネス*
Baroni バローニ*
Baronian バロニアン*
Baronio バローニオ / バロニオ*
Baronius バローニウス / バロニウス
Baronov バラノーフ
Baronova バロノワ*
Baronsky バロンスキー*
Baronzio バロンツィオ
Baróon バロン
Bar-Or バーオー
Baros バロシュ*
Baross バロス
Barot バロ
Baroti バロティ*
Barou バルー / バロウ
Barouch バロウチ*
Baroud バルード / バルド
Baroudi バローディ
Barough バロウ
Barouh バルー**
Baroumi バロミ
Baroux バルー / バレー
Barova バロヴァ
Barovier バロヴィエル / バロビエ
Barow バロウ
Baroyan バロヤン
Barozzi バロッツィ
Barozzio バロッツィ
Barquero バルケロ
Barquin バーキン
Barquín バルキン
Barqūq バルクーク
Barr バー*** / バール**
Barra バッラ / バーラ*

バラ
Barracco バッラッコ
Barrachina バラチーナ
Barraclough バラクラフ** / バラクロウ
Barrado バラッド
Barrae バーレ
Barragan バラガン*
Barragán バラガン**
Barrager バラガー / バラジャー
Barraine バレーヌ
Barrak バッラーク / バラク
Barral バラール* / バラル
Barrande バランド
Barrante バラント
Barrantes バランテス
Barraque バラケ
Barraqué バラケ
Barras バラス
Barrass バララス
Barrat バーラット / バラット*
Barratier バラティエ*
Barratt バーラット / バラット***
Barrau バラウ / バロー* / バロオ
Barraud バロ / バロー / バロード
Barrault バロー** / バロオ / バロール
Barrax バラックス
Barray バレ
Barraza バラサ / バラッザ
Barre バリー / バール*** / バーレ* / バレ**
Barré バーレ / バレ** / バレー
Barreau バロー
Barreaux バロー
Barreca バッレーカ / バレッカ
Barreda バレーダ

Barredo バレド
Barreh バレー
Barreira バレイラ
Barreiro バルヘイロ / バレイロ
Barrelet バールレ
Barrell バレル*
Barrely バレリー
Barrême バレーム
Barreneche バレネチェ
Barrenetxea バレネチェア
Barreno バレノ
Barrera バレーラ / バレラ**
Barrere バレア
Barrère バレール
Barres バレス
Barrès バレース / バレス*
Barresi バルレシイ
Barré-Sinoussi バレシヌシ
Barret バーレ / バレ* / バーレット / バレット*
Barreto バレット** / バレート* / バレト* / バレトゥー
Barrett バッレット / バーレット* / バレット*** / ブレット
Barretta バレッタ
Barrette バレット*
Barretto バレット*
Barreveldt バアレヴェルト
Barri バッリ / バリ
Barría バリア
Barrias バリアス
Barrica バリーカ
Barrichello バリチェロ*
Barrie バアリイ / バーリー / バリ* / バリー*** / バーリィ / バリィ / バリエ
Barrientos バリアントス / バリエントス*

Barrier バリアー / バリエール
Barriere バリアー
Barrière バリエール
Barringer バリンジャー*
Barrington バリトン / バーリントン* / バリントン***
Barrio バリオ* / バルリオ
Barrionuevo バリオヌエーボ
Barrios バリオス*** / バーリョス / バリョス
Barris バリス*
Barriscale バッリスケイル / バーリスケイル / バリスケイル
Barritt バーリット / バリット
Barro バーロ / バロー**
Barro-chambrier バロシャンブリエ
Barrois バロワ
Barron バーロン / バロン***
Barrondo バロンド
Barrons バロンズ
Barros バールシュ / バルシュ / バロ / バーロス* / バロス**
Barroso バホーゾ / バーローゾ / バロー*ゾ* / バロソ / バロゾ* / バロッソ
Barrot バロー
Barrott バロット
Barroux バルー
Barrow バーロー / バロー*** / バロウ***
Barrowcliffe バロウクリフ**
Barrowe バロー / バロウ
Barrowman バローマン
Barrows バーロー / バロウス

Barrs バース / バーズ
Barrueco バルエコ*
Barruel バリュエル
Barry バーリ / バーリー* / バリ* / バリー*** / バリイ / バーレー / ベアリー / ベーリ* / ベリー*
Barrymore バリモーア / バリモア***
Bars バース
Barsa バルサ
Barsabas バルサバス
Bar Sabba'e バルサバ
Barsacq バルサック
Barsam バーサム
Barsamian バーサミアン*
Barsanoúphios バルサヌフィオス
Barsanti バルサンティ*
Barsbay バルスバイ
Barsbaȳ バルスバーイ
Barsbold バルスボルド
Barsch バルシェ / バルシュ
Barschel バルシェル
Barsh バーシュ / バルシュ
Barshai バルシャイ*
Barshaman バルサマン
Barshay バーシェイ*
Barshefsky バーシェフスキ / バシェフスキ / バシェフスキー**
Barshim バルシム*
Barsi バルシ
Barsimon バルシモン
Barsinē バルシネ
Barskaia バールスカヤ
Barski バルスキ
Barskii バースキー / バルスキー
Barsky バースキー / バルスキー
Barsley バーズリー / バースレイ
Barslukova バルスコワ

Barsocchini バルソッシーニ
Barsom バーソム
Barson バーソン
Barsony バルソニー
Bársony バールショニ / バールショニー
Barsouk バルスク
Barsoum バーサム
Barsoux バルスー
Barsova バールソヴァ / バルソヴァ / バルソワ
Barss バース
Barstow バーストー / バーストウ*
Barsuk バースク / バルスク
Barsukov バルスコフ
Barsukova バルスコバ / バルスコワ*
Barsumas バルスマス
Bart バート*** / バール* / バルト**
Barta バルタ*
Bárta バールタ
Bartabas バルタバス*
Bartak バータク / バルタック
Bartalos バルタロス
Bartalus バルタルス
Bartas バルタス
Bartasal バルタザール
Bartee バーティー*
Bartei バルテーイ
Bartekova ベルテコバ
Bartel バーテル** / バルテル
Barteld バーテルド
Bartelem バルテレミ
Bartell バーテル*
Bartelme バーテルメ
Bartels バアーテルス / バアトル / バーテル / バーテルス / バーテルズ / バートル / バルテル / バルテルス*
Bartelski バーテルスキー
Bartelsman バーテルスマン
Bartelson バーテルソン
Barten バーテン

Barteneva バルテーネヴァ
Bartens バルテンス
Bartenstein バルテンシュタイン
Barter バーター*
Bartewe バーテュー
Bartfai バートファイ
Bártfai バルトファイ
Bartges バージュ
Barth バース** / バート / バールト* / バルト*** / バルトー
Bartha バーサ / バータ / バルタ / ベルサ / ベルタ
Bartham バーハム
Barthasar バルタザール / バルタザル
Barthe バルト
Bartheel バルテール
Barthel バーテル / バルテル*
Barthélemon バルテレモン
Barthelemy バーセレミー / バーテルミー / バルテルミ / バルテミ
Barthélemy バルテルミー*
Barthélémy バーテルミ* / バーテルミー / バルテルミイ / バルテミ / バルテミー
Barthélémy バルテルミ / バルテルミー
Barthelme バーセルミ** / バーセルミー
Barthelmess バーセルメス
Barthelmie バーセルミー
Barthes バルト**
Barthez バルテス / バルテズ*
Barthold バルトルト / バルトルド**
Bartholdi バルトルディ
Bartholdy バーソルディ / バルトルディ*

Bartholi バルトーリ
Bartholinus バルトリヌス / バルトリン
Bartholmew バーソロミュー
Bartholomaens バルトマエウス
Bartholomaeus バルトマエウス / バルトメウス
Bartholomaios バルトマイ*
Bartholomäus バルテル / バルトメーウス / バルトメウス / バルトモイス
Bartholomé バルトメ
Bartholomea バルトメーア / バルトメア
Bartholomee バルトメー
Bartholomeu バルトメウ / バルトメウス
Bartholomeus バルトマーウス / バルトメウス
Bartholomew バーソロミュー*** / バルソロミウ / バルトマイ
Bartholow バルソロウ
Bartholus バルトルス
Barthorp バーソープ
Barthou バルツー / バルトゥー
Barthromae バルトマイ / バルトメー
Bartimaeus バルティマイ
Bartimaîos バルティマイ / バルテマイ
Bartin バルタン
Bartine バーティン
Bartko バルトコ**
Bartkowiak バルトコヴィアク
Bartkus バルトクス
Bartl バートル
Bartle バートル
Bartlet バートレット
Bartlett バートレット**
Bartley バートリー* / バートレイ*
Bartlomiej バルトゥオミ / バルトウォミエイ / バルトミエ
Bartłomiejczyk バルトウォミエイチ

Bartlotta バートロッタ
Bartlow バートロー
Bartmann バルトマン*
Bartnik バルトニク
Bartning バルトニング
Barto バルト / バルトー*
Bartoiucci バルトイウッチ
Bartok バルトーク*
Bartók バルトーク**
Bartol バートル
Bartolaia バルトライア
Bartold バートールド
Bartol'd バールトリド / バールトーリド / バルトリド*
Bartolena バルトレーナ
Bartoletta バートレッタ*
Bartoletti バートレッティ / バートレッティ*
Bartoli バルトーリ* / バルトリ*** / バルトロ
Bartolini バルトリーニ**
Bartolino バルソロウ
Bartolino バルトリーノ*
Bartolli バルトッリ
Bartolmeo バートロメーオ
Bartolo バートロ** / バートロー / バートロ*
Bartolomasi バルトロマージ
Bartolome バルトロメ
Bartolomé バートロメ / バルトロメ / バルトロメ* / バルトロメー
Bartolomei バルトロメイ
Bartolomeo バルトローメオ / バルトロメーオ* / バルトロメオ*
Bartolomeu バルトロメ / バルトロメウ
Bartolomeus バルトロメウス
Bartolomey バルトロメイ
Bartolommeo バルトロメーオ

バルトロメオ / バルトロメーテ / バルトロンメオ
Bartolone バルトローヌ
Bartoloni バルトローニ*
Bartolosch バルトロッシュ
Bartolotti バルトロッティ
Bartolozzi バルトロッチ / バルトロッツィ
Bartolucci バルトルッチ*
Bartolus バルトルス / バルトーロ
Barton バアトン / バートン***
Bartón バルトン
Bartone バートン
Bartoníček バートニチェク
Bartoov バートブ
Bartorozzi バルトロッツィ
Bartos バルトス**
Bartoš バルトシュ
Bartoş バルトシュ
Bartosch バルトーシュ
Bartoshuk バルトシュク
Bartosik バートシック
Bartoska バルトスカ
Bartosz バルトシュ**
Bartoszewski バルトシェフスキ**
Bartow バートー / バートウ / バルトオ
Bartowna バルトヴナ
Bartra バルトラ
Bartram バートラム*
Bartrow バルトロウ
Bartsch バーチ* / バルチュ*
Bartu バートゥ* / バルツ
Bartusiak バトゥーシャク
Barty バーティ** / バーティー
Barty-King バーティキング
Bartynski バーティンスキ / バーティンスキー
Bartz バーツ**
Baru バル*
Barua バルア

Barucci バルッチ**
Baruch
　バラック
　バールーク
　バルーク***
　バルク*
　バルーチ
　バルチ
　バールック
　バルック
　バールフ
　バルフ
　バルフ*
　ベネディクトゥス
Baruchel バルチェル
Baruchin バルヒン
Barudi バルディ
Bārūdī バールーディー
Baruj
　バル
　バルージ*
　バルーフ
Baruja バルハ
Baruk
　バリュク
　バリュック
　バルク
Barul バルル
Barusch バルシュ
Baruti バルティ
Baruzi バリュジ
Baruzzi
　バルッジ
　バルッツィ*
Barwahser
　バルワーザー
Barwane バルワネ
Barwari バルワリ
Barwell バーウェル*
Barwich バーウィッチ
Barwick
　バーウィック**
Barwin バーウィン
Barwise バーワイズ*
Bary
　バーリ
　バリ
　バリー*
Baryatinski
　バリャチンスキー
Barye
　バリ
　バリー
Barylak バリラック
Barylli
　バリッリ
　バリリ**
Barysheva バリシェワ
Baryshnikov
　バリシニコヴ
　バリシニコフ*
Baryshnikova
　バリシニコワ
　バルイシニコヴァ
Barzaeus バルザエウス
Barzaga バーザガ
Barzaghi バルツァーギ

Barzagli バルザーリ
Barzakov バルザコフ
Barzakovskii
　バルザコフスキー
Barzana
　バルサーナ
　バルサナ
Barzani バルザニ*
Barzānī
　バルザーニー
　バルザニ
Bārzdinš
　バールズディンシュ
Barzegar バルゼガル
Barzel
　バーゼル*
　バルツェル**
Barzelle ベルゼ
Barzellotti
　バルツェロッティ
Barzi バルジ
Barzilai バルジライ
Barzillai バルジライ
Barzini
　バルジーニ*
　バルツィーニ
Barzun
　バーザン**
　バルサン
　バルザン
Barzycka バシツカ
Bas
　バ
　バース
　バス*
Basadre バサドレ*
Basaev バサエフ
Basaglia
　バザーリア
　バザリア
　バザーリャ
Basagni バサニ
Basaiti
　バサーイティ
　バザイティ
Basak バサク
Basalamah バサラーマ
Basalenque バサレンケ
Ba-salma バーセルマ
Ba Samb バサム
Basanavicius
　バサナビチュス
Basanavičius
　バサナーヴィチュス
　バサナビチュス
Basáñez バサネズ
Basanti バサンティ
Basar バザール
Basarab バサラブ
Basaraba バサラバ
Basargin バサルギン
Basauri バサウリ
Basava バサヴァ
Basāvana バサーワナ
Basāwan バサーワン
Basayev バサエフ*

Basbanes バスベインズ
Basbous バスブース
Bascelli バシェリ
Basch
　バシュ
　バッシ
　バッシュ*
Baschenis
　バスケーニス
Baschet バシェ
Baschieri バスキエーリ
Baschwitz
　バシュヴィツ
　バシュビツ
　バッシュビッツ
Bascio
　バシオ
　バショ
　バッシ
　バッショ
Basco バスコ**
Bascom
　バスカム
　バスコム*
Bascomb バスコム*
Bascou
　バスク
　バスコウ
Basden バスデン
Basdeo バスデオ**
Base ベイス
Baseches バセチェス
Basedow
　バーセドー
　バーゼドー
　バセドー
　バーゼドゥ
　バゼドゥ
　バセドゥ*
　バゼドゥ
　バゼドゥ
Baseggio バセッジオ
Basehart
　ベイスハート
　ベースハート
Ba Sein バセイン
Basel
　バーゼル
　バセル
Baseler バーセラー
Baselitz バゼリッツ*
Baselli バゼッリ
Baselski バセルスキ
Baselt バーゼルト
Basem バセム
Basengezi バゼンゲジ
Basescu バセスク
Băsescu バセスク
Bășescu バセスク
Başeşgioğlu
　バシェスギオウル
Baset バセット
Basevi
　バーセイヴィ
　バセヴィ
Basford バスフォード

Basger バスガー
Bash
　バァッシュ
　バシ
　バッシュ
Basha バシャ
Basham バシャム
Bashani
　バシャニ
　バシャニー
Bashar
　バシャル
　バッシャール**
Bashara バシャラ
Ba-shareef
　バーシャリーフ
Bashari バシャリ
Bashaud バショード
Bashe バシェ
Basheer バシール
Bashenina
　バシェニーナ
Basher バシャー
Bashev バシェフ
Bashevis
　バシヴィス
　バーシェヴィス
　バシェヴィス*
　バシェビス**
　バシュヴィス
Bashford
　バシュフォード*
Bashikarov バシカロフ
Bashimklych
　バシムキリチ
Bashir
　バシャー
　バシール*
　バシル**
　バッシャー*
Bashīr バシール
Bashiri バシリ
Bashiruddin
　バシールッディン
Bashkim バシュキム**
Bashkin バシキン
Bashkirtseva
　バシキールツェヴァ
　バシキルツェヴァ
　バシキールツェワ
　バシュキルツェフ
Bashkuāl
　バシュクアール
　バシュクワール
Bashmakova
　バシマコーワ
　バシュマーコヴァ
Bashmet
　バシュメット**
　バシュメト
Bashor バショア
Bashshār バッシャール
Basia
　バーシア*
　ベイシア
Basiakos バシアコス
Basic
　バシク

バシッチ
Basici バシッチ
Basie
　ベイシー
　ベーシー*
Basil
　ヴァシリス
　バシリウス
　バージル
　バシル**
　バジール
　バジル***
　バズル*
　バーゼル*
　バゼル
　ベイザル
　ベイジル
　ベイシル
　ベイジル*
　ベエジル
　ベーシル
　ベージル*
　ベシル
　ベジル
　ワシーリイ
Basilashvili
　バシラシヴィリ
　バシラシュヴィリ
Basile
　バーシル
　バシル
　バジール
　バジル*
　バシーレ
　バジーレ*
　バジレ
　バッチレ
Basilea バジレア
Basileidēs
　バシレイデース
　バシレイデス
Basileios
　バシレイオス*
Basíleios バシレイオス
Basiletti バジレッティ
Basili
　バシリ
　バジーリ
Basilides バジリデシュ
Basilikós バシリコス
Basilikus バシリクス
Basilio
　バシリオ
　バジーリオ*
　バジリオ
　バジリオ
Basílio バジリオ
Basiliscus
　バシリスクス
　バシリスコス
Basilius
　バシリウス*
　バジル
　バシレイオス
Basilla バシラ
Basilova バシロワ
Basily バジーリイ
Basim バーシム

Basin
 バサン
 バザン
Basindwa バシンドワ
Basinger
 バージンガー
 ベイジンガー
 ベイスィンガー
 ベーシンガー*
Basino バシノ
Basinsky バシンスキー
Basiola バジオーラ
Basir バジール
Basire バサイア
Basirou バシル
Basit
 バシット
 バシト
Basitkhanova
 バシトハノワ
Basiuk バシック
Baška バシュカ
Baskakov バスカーコフ
Basker バスカー
Baskervill
 バスカヴィル
Baskett バスケット
Baskin バスキン**
Baškin バシュキーン
Basko バスコ
Baskut
 バシクット
 バシュクット
Basler バスラー
Basly
 バスリ
 バスリー
Basmajian
 バスマジアン
 バスマジャン
Basmanova
 バスマーノヴァ
Basnage バナージュ
Basnet
 バスネット
 バスネト
Ba so バソ
Basoga バソガ
Basoli バーゾリ
Basolo バソロ
Basombrío
 バソンブリオ
Basov
 バーソフ
 バソフ**
Basova バソワ
Basquette バスケット
Basquiat バスキア**
Basquin バスカン
Basri バスリ
Basrī バスリー
Bass
 バース***
 バス***
 ベイス
 ベース

ボス
Bassa
 バアシャ
 バシャ
 バサ
Bassabi バサビ
Bassam
 バッサーム
 バッサム*
Bassām バッサーム
Bassandyne
 バサンダイン
Bassani バッサーニ***
Bassanini バサニニ
Bassano バッサーノ
Baššār バッシャール
Bassarelli
 バッサレッリ
Bassari バサリ
Bassas バサス
Bassedas バセーダス
Bassée バッセ
Bassegoda
 バセゴーダ
 バセゴダ
Basselin バスラン
Bassem
 バーシム
 バセム
Bassendyne
 バサンダイン
Bassens バッセンス
Bassermann
 バッサーマン
 バッサマン
 バッセルマン
Basset
 バセ**
 バセー
 バセット
 バッセ
Bassett バセット**
Bassetti
 バセッティ
 バッセッティ
Bassetto バッセット
Bassevi
 バシェヴィ
 バッセビ
Bassey
 バシィ
 バッシー*
Bassford
 バスフォード*
Bassham
 バスハム
 バッシャム
Bassi
 バッシ*
 バッシー
 バッスィ*
Bassianós バシアノス
Bassianus
 バシアヌス
 バッシアヌス
Bassiere バシエレ
Bassil バシル
Bassila バシラ

Bassile バジル
Bassima バッシマ
Bassinden
 バサンダイン
Bassini バッシーニ
Bassir バシール
Bassis バシス
Bassitt バシット
Basskin バスキン
Bassler バスラー
Bassnett バスネット
Basso
 バソー
 バッソ**
 バッソー*
Bassoe バッソー
Bassøe バッソ
Bassoff バソフ*
Bassolet バソレ
Bassolis バッソリス
Bassols バソルス
Bassom
 バソム
 バッソン
Bassompierre
 バソンピエール
 バッソンピエール
 バッソンピエール
Basson バソン
Bassow バッソウ*
Bassuk バサック
Bassus バッスス
Bassville バスビル
Bast
 バースト*
 ベエイスト
Basta バスタ
Bastable
 バスターブル
 バスタブル
 バステーブル
Bastāmī バスターミー
Bastani バスターニ
Bastard バスタード*
Bastardo
 バスタード
 バスタルド
Bastareaud
 バスタルロー
Bastart バスタール
Basten
 バスタン
 バステン*
Bastert バスタート
Bastet バステト
Bastholm
 バストホルム
Basti バスティ
Bastiaan バスティアン
Bastiaans
 バスティアンス*
Bastian
 バスチアン
 バスチャン
 バスティアン***

Bastiani
 バスティアーニ
Bastianini
 バスティアニーニ
Bastiano
 バスティアーノ
Bastianoni
 バスティアノーニ
Bastiat
 バスチァ
 バスチア
 バスチアー
 バスティア
Bastida
 バスティーダ
 バスティダ
Bastidas バスティダス
Bastide
 バスィード
 バスチード
 バスチド*
 バスティード*
Bastié バスティエ
Bastien
 バスチアン
 バスチャン
 バスティアン**
 バスティン
Bastienne
 バスティーンヌ
Bastier バスチエ
Bastijaan ベー
Baštiks バシュティクス
Bastille バスティーユ*
Bastin
 バスタン*
 バスティン**
Basto バスト
Bastola バストラ
Baston バストン
Bastone バストン
Bastos バストス**
Basturk バストゥルク
Bastyra バスティラ
Basu
 バス*
 バスー*
 ベイシュ
 ボシュ
Basua バスア
Basuki バスキ*
Basura バスラ
Basurto バスルト
Ba Swe バスェー
Baswedan
 バスウェダン
Basya バシア
Basyuni バシュニ
Baszanowski
 バジャノフスキー
Bat バット*
Bat'a バチャ
Batagelj バタゲーリ
Bataille
 バタイエ
 バタイユ
 バタイユ***

バダユ
バターユ
Bataillon
 バタイヨーン
 バタイヨン
 バタヨン
Batalden バタルデン
Batalin バターリン
Batalov
 バターロヴ
 バターロフ**
 バタロフ
Bataly バタイ
Batani バタニ
Batanides バタニデス
Batash バタシュ
Batayneh
 バタイネ
 バタイネハ
Batbayar バトバヤル*
Batbayiar バトバヤル
Batbie
 バトビ
 バトビー
 バドビー
Batbold バトボルド*
Batcheff
 バチェフ
 バトシェフ
Batchelder
 バチェルダー
 バッチェルダー
Batcheldor
 バチェルダー
Batcheller
 バチェラー*
Batchelor
 バチェラー**
 バチェラ
 バチェラー*
 バチラー*
 バッチェラー*
Batchen バッチェン
Batdalai バトダライ
Batdorff バットドーフ
Bate
 バーテ
 ベイト**
 ベート
Bateer バタア
Bategnius
 バテグニウス
 バテニウス
Bateham ベイトハム
Bateman
 ベイトマン**
 ベートマン
Batemon ベイトマン
Baten ベイテン
Bat-erdene
 バトエルデネ
Baterdene
 バトエルデネ
Bateriki バテリキ
Bates
 バテス
 ベイツ**
 ベーツ***

B

Bateson ベイツスン／ベイトスン／ベイトソン*／ベーツソン／ベートスン／ベートソン**／ベトソン	**Batifoulier** バティフリエ	**Batres** バトレス	**Batterson** バターソン	バトゥー*
	Batigne バティーヌ	**Bátrice** ベアトリス	**Batteux** バトゥー*	**Battuta** バットゥータ
	Batiin バティン	**Baṭrīq** バトリーク	**Battey** バッティ	**Baṭṭūṭah** バッツータ／バットゥータ／バトゥータ
	Batikoto バティコト	**Batrouni** バトローニ	**Batthyány** バチャーニ／バチャーニュ／バッチャーニ／バッチャーニュ	
	Batin バティン	**Batsaikhan** バトサイハン		**Battuz** バトゥーツ
Batey ベイティ*／ベイティ／ベイティー／ベーティ	**Batinkoff** バティンコフ	**Batsarashkina** バツァラシュキナ*	**Battiata** バッティスタ	**Batty** バッティ／バティ／バティー
	Batio バティオ	**Batschelet** バッチェレット	**Battiato** バッティアート*	
	Batir バチル／バティル	**Bätschmann** ベッチュマン	**Battie** バティ／バティー	**Batu** バツ／バートゥー／バトゥ／バドゥ
Batge ベトゲ	**Batirov** バチロフ*／バティロフ	**Batsford** バッツフォード	**Battier** バティエ*／バティエー	
Bath バース／バス／バート／バト	**Batista** バチスタ*／バティスタ**	**Batsheva** バットシェヴァ	**Battiferri** バッティフェッリ／バティフェッリ	**Batuhan** バトゥハン
		Batshu バツ		**Batum** バテュム
	Batiste バチスト／バティスタ	**Batshuayi** バチュアイ	**Battikh** バティーフ	**Batumike** バツミケ
Bathabile バサビレ		**Batsiua** バツイウア		**Batumubwira** バトゥムビラ
Ba Than バタン	**Batistuta** バティステュータ／バティストゥータ*	**Batsiushka** バチューシュカ	**Battilana** バッティラーナ	**Batunbakal** バトゥンバカル
Bathe バーゼ		**Batson** バトスン／バトソン*	**Battin** バッティン*	**Batuner** バツネル
Bathein バテイン	**Batiushkov** バーチュシコフ	**Batstone** バットストーン	**Battishill** バッティシル／バティシル	**Batungbakal** バトゥンバカル
Bather バサー	**Batiz** バティス			**Baturin** バトゥーリン／バトゥリン／バトーリン
Bathia バティヤ	**Batizi** バティジ	**Batsuuri** バトスーリ	**Battista** バチスタ／バッチスタ／バッティスタ**／バティスタ**	
Bathib バシブ	**Batjargal** バトジャルガル	**Batt** バット*／バート		
Bathie バシー	**Batjes** バジェス／バジェス	**Battaggion** バタジオン	**Battaggia** バタジア	**Batuta** バットゥータ
Bathilde バチルデ／バティルデ／バティルディス		**Battagio** バッタージョ	**Battiste** バティスト	**Baty** バチ／バティ*／ベイティ**／ベイティ
	Batka バトカ	**Battaglia** バタグリア*／バターリア*／バターリャ／バッタッリア／バッタリア***	**Battistella** バッティステッラ	
Bathily バシリ／バチリ	**Batker** バトカー		**Battistelli** バチステリ	**Batya** バチヤ*
Bathiudeen バティユディーン	**Batkhuu** バトフー		**Battisti** バッティスティ／バティスティ*	**Batylda** バティルダ
Batho バト	**Batki** バツキ			**Batyr** バティル／バトイル
Bathori バトリ*	**Batler** バトラー*	**Battagline** バッタグライン	**Battistini** バッティスティーニ*／バティスティーニ	
Bathory バーソリー／バトリ	**Batlett** バートレット	**Battalia** バタリア		**Batyraliev** バティラリエフ
Báthory バソリー／バートリ／バトーリ／バトリ	**Batliwalla** バトリワラ	**Battan** バタン	**Battistoni** バッティストーニ	**Batyrchina** バティリチナ／バティリシナ*
	Batle バジェ***／バツィエ／バッジェ／バトリェ／バトレ	**Battānī** バッターニ／バッターニー／バッタニ	**Battle** バトル**	
			Battlecat バトルキャット	**Batyrev** バトゥーイレフ
Bathrick バスリック		**Battel** バテル*	**Battles** バトユ／バトルズ*	**Batyrgaziyev** バティルガジエフ
Bathsheba バスシェバ／バテシバ／バト・シェバ	**Batman** バトマン	**Battell** バッテル		
	Batmanghelidji バトマンゲリジ	**Battelle** バッテル／バテル	**Battley** バットレイ	**Batyrov** バティロフ
Bathshua バスシュア／バトゥシュア	**Batmanglij** バトマングリ		**Battogtohyin** バトクトヒン	**Batyshev** バトゥイシェフ
	Batmunkh バトムンフ*	**Battels** バーテルズ	**Batton** バトン	
Bathurst バサースト	**Batnick** バトニック	**Batten** バッテン**／バットゥン／バットン／バトン*	**Battos** バットス	**Batz** バツ／バッツ
Bathykles バテュクレス	**Bato** バト*		**Battre** バトル	
Bati バーティ／バティ	**Batochiryn** バトオチルイン	**Battenberg** バッテンバーグ／バッテンベルク	**Battric** バトリック	**Batzel** バーツェル
	Batoko バトコ		**Battrick** バトリック*	**Batzer** バッツァー*
Batiashvili バティアシュヴィリ*	**Baton** バトン	**Battenberg** （続）	**Battro** バットロ	**Batzín** バツィン
Batić バティッチ	**Bâton** バトン		**Battsereg** バツェレグ	**Bau** バウ
Batica バチカ	**Batoni** バトーニ	**Battersby** バターズビー*／バターズビー／バタスビー	**Battsetseg** バツェツェグ	**Bauberot** ボベロ
Baticle バティクル	**Bat-Or** バートル		**Battulga** バトトルガ*	**Baubérot** ボベロ
Batienne バティエンヌ	**Bator** ベーター	**Batorova** バトロバ	**Battut** バッチュ／バテュ／バテュー	**Bauby** ボービー
Batiffol バティフォル	**Batorova** バトロバ			**Bauc** バウツ
	Batov バトフ			**Baucardé** バウカルデ
	Batra バトラ*	**Battershill** バターシル		**Bauch** バウチ*

バウフ*
バウホ*
ボイヒ
Bauchant ボーシャン*
Bauchau ボーショー**
Bauche ボーシュ
Bauchens
　ボーチェンズ
Baucher ボーシェー
Baucheron ボシュロン
Bauchesne ボーシェン
Bauck バック
Bauckham ボウカム
Baucom
　バウカム
　バウコム
Baucus
　ボーカス
　ボーカス**
Baud
　ボー*
　ボオ
Baudarbek
　バウダルベック
Baude
　バウデ
　ボード
Baudeau ボードー
Baudel ボーデル
Baudelaire
　ボォドレル
　ボードレール
　ボードレエル
　ボドレエル
　ボドレエル
　ボードレール*
　ボドレール
Baudelocque
　ボードロック
Baudelot ボードロ
Baudendistel
　ボーデンディステル
Bauderlique
　ボードリック
Baudert バウデルト
Baudet
　バウデ
　バウデート
　ボーデ
Baudez ボーデ
Baudic ボーディック
Baudilio ボー
Baudin
　ボーダン*
　ボダン
Baudiot ボーディオ
Baudis バウディス
Baudissin
　バウディシーン
　バウディッシーン
　バウディッシン
Baudo
　バウド
　ボード
　ボド
Baudoin ボードワン
Baudot
　ボード

ボードー
ボド*
ボドー
Baudou ボドゥ
Baudouin
　ボードアン*
　ボードゥアン*
　ボドゥアン
　ボードゥワン
　ボードワン*
　ボドワン
Baudoux ボドゥ
Baudouy ボードゥイ*
Baudrexel
　バウドレクセル
Baudri ボードリ
Baudrier
　ボードリエ
　ボドリエ
Baudrillald
　ボードリヤール
Baudrillard
　ボードリヤール**
Baudrillart
　ボードリヤール
　ボードリヤール
　ボドリヤール
Baudry
　ボードリ*
　ボードリー
　ボドリ
　ボドリー
　ボドリイ
Baudu ボーデュ
Bauduc ボデュック
Bauduin
　バウドイン
　バウドイン
　ボードイン
　ボードゥアン
　ボードゥイン
　ボードウィン
Baudy ボディ
Bauer
　バウァー
　バウア
　バウアー***
　バウイル
　バウエル
　バウエル*
　バウワー*
　ボーアー
　ボウエル
　ボーエル
Bäuerl ボイエルル
Bauerle バウアーリー
Bäuerle ボイエルレ*
Bauerlein
　バウアーライン
Bauermeister
　バウアーマイスター
Bauernfeind
　バウエルンファイント
　バーンファインド
Bauernfeld
　バウエルンフェルト
　バウエルンフェルト
Bauernschmidt
　バウアンシュミット

Bauers バウアーズ
Bauerschmidt
　バウアーシュミット
Bauersima
　バウアージーマ**
Baues バウス
Bauge ボージュ
Baugé ボジェ*
Baugh
　ボー**
　ボウ
Baughan
　ボーガン
　ボーン
Baughley バーレー
Baughman
　ボウマン
　ボーマン
Baugin ボージャン*
Baugniet
　バウニー
　ボーニエ
Ba U Gyi バウージー
Bauhaus バウハウス
Bauhin ボーアン*
Bauk バウク
Bauke バウケ
Baul バウル
Baulcombe
　バウルクーム
Bauld ボールド
Bauldie ボールディ
Bauldry ボルドリー
Baulenas バウレナス
Baulieu ボリウ
Baulig ボーリ*
Baulin
　バウリン
　ボーラン
Bauling ボーリング
Baum
　バウム***
　バーム
　ボウム
　ボーム**
　ボム
Bauma バウマ
Bauman
　バーウマン
　バウマン***
　ボーマン
Baumann
　バウマン***
　バオマン
　ボウマン
　ボーマン**
　ボマン*
Baumans バウマンス
Baumbach
　バウムバッハ
　バウムバハ
　バーム バック
Baumbich
　ボーンビッチ*
Baume ボーム**
Baumé ボーメ

Baumeister
　バウマイスター**
Baumer
　バウマー*
　ボイマー
Bäumer バウマー
Bäumer
　バウマー
　ボイマー**
Baumert
　バウマート*
　バウメルト
　ボーメール
Baumgardner
　バームガードナー
Baumgardt
　バウムガルト
　ボームガール
Baumgart
　バウムガート
　バウムガート**
Baumgartel
　バウムガルテル
Baumgarten
　バウムガルテン*
　バウムガルデン
　ボームガルテン
Baumgarthuber
　ボームガースバー
Baumgartl
　バウムガルトル
Baumgartlinger
　バウムガルトリンガー
Baumgartner
　バウムガートナー**
　バウムガルトナー**
　ボームゲルトナー
　ボームガルトネール
Baumgärtner
　バウムゲルトナー
Baumgradner
　バームガードナー
Baumholtz
　バウムホルツ
Baumier
　ボーミエ
　ボミエ
Baumjohann
　バウムヨハン
Bäumker ボイムカー
Bäumler バウムラー
Baumli バウムリ*
Baumann
　バウマン
Baumol
　バウモル
　ボウモル
　ボーモル**
Baumont ボーモン
Baumrind
　バウムリンド
Baumrock
　バウムロック
Baumslag
　バウムスラグ
　ボームスラグ
Baumstark
　バウムシュタルク
Baun バウン

Baunsgard
　バウンスゴール
　バウンスゴールド
Bauny ボニー
Baup バウプ
Baur
　バウア
　バウアー
　バウル*
　バワー
　ボール
Bauriedel
　ボーリエデル
Baurmann バウルマン
Bauro バウロ
Baurzhan
　バウルジャン
Baus
　バウス
　バウズ
　ボー
Bausani バウサーニ
Bausby ボースビー
Bausch
　バウシュ**
　ボーシュ**
　ボシュ*
Bausell バウセル
Bausenwein
　バウゼンヴァイン
Baushcke バウシュケ
Bausinger
　バウジンガー
Baussan ボーサン*
Bausset ボーセ
Baussier ボシエ
Bautain
　ボータン
　ボテン
Bautinsta
　ボーティンスタ
Bautista
　バウチスタ
　バウティスタ**
　バティスタ*
Bauto バウト
Butts バウツ
Ba-u'um バーウー
Bauval
　ボーヴァル*
　ボウヴァル
　ボーバル
Bauvalre ボーヴァルレ
Bauwen ボーウェン*
Bauza バウサ
Bava
　バーヴァ
　ババ
Bavadra ババンドラ
Bavan ベバーン
Bavarel ババレル
Bāvari バーヴァリ
Bavaria バーバリア
Bavaro バヴァロ
Bavasi
　バヴェージ
　ババージ

バベシ
Bavaud バヴォー
Bavčar バウチャル
Bavelas
　バヴェラス
　バベラス
Bavelier バヴリエ
Baver
　ベイバー
　ベーバー
Baverel バベレル
Baverel-Robert
　バベレルロベール*
Baverstock
　ババーストック
Baveystock
　バベストック
Bavier
　バヴィエ
　バビエ
Baviera バヴィエラ
Bavière
　バヴィエール
　バビエール
Bavin
　バヴィン
　ベイビン
Bavinck
　バヴィンク
　バフィンク
Bavink
　バーヴィンク
　バヴィンク
　バーフィンク
Bavo
　バーヴォ
　バヴォ
Bavon バボン
Bavosi バヴォージ
Bavuudorj バヴウドリ
Bavuugiin
　バボーギーン
Bawa バワ*
Bawanganio
　バワンガニオ
Bawara バワラ
Bawatneh バワトネ
Bawcutt バウカット
Bawden ボーデン***
Bawendi バウェンディ
Bawerk
　バーヴェルク*
　バウェルク*
　バヴェルク*
　バベルク
Bawin バーウィン
Bawly ボーリー
Bawoyen バウオエン
Bawr ボウル
Bawwāb
　バウワーブ
　バッワーブ
　バワーブ
Bax
　バクス*
　バックス*
Baxandall
　バクサンドール**

Baxendale
　バクセンデイル
Baxes バクシーズ
Baxi
　バクシ
　バクシー
Baxley バックスレイ
Baxt バクスト
Baxter
　バクステル
　バキストル
　バクスター***
　バックスター
Bay
　バイ
　ベイ***
Baya バヤ
Bayakhmetov
　バヤフメトフ
Bayakissa バヤキッサ
Bayal バヤル
Bayan バヤン*
Bayani バヤニ
Bayanmunk
　バイアンムンク
Bayanselenge
　バヤンセレンゲ
Bayar
　バヤール
　バヤル**
Bayarbaatar
　バヤルバータル
Bayard
　バイアルド
　バイヤード
　バイヤール*
　バヤード
　バヤール
　ベイヤード**
　ベイヤド
　ベーヤード
Bayardi バヤルディ
Bayarsaihan
　バヤルサイハン
Bayarsaikhan
　バヤルサイハン*
Bayartsaihan
　バヤルトサイハン
Bayartsogt
　バヤルツォグト
　バヤルツォグド
Bayati バヤティ
Bayātī バヤーティー
Bayazit
　バヤジット
　バヤジト
　バヤジド
　バヤズィト
　バヤズィド
Baybars バイバルス
Baydāwī
　バイダーウィー
Baydoun
　バイドン
　ベイドゥーン
Baye
　バイ**
　ベー

Bayer
　バイア
　バイアー*
　バイエ
　バイエル
　バイエルン
　バイヤー**
　ベイヤー**
Bäyer バイエル
Bayerl バイエル
Bayerlein
　バイヤーライン
Bayern バイエルン
Bayertt バイエルト
Bayertz バイエルツ*
Bayes
　バエズ
　ベイス
　ベイズ
　ベーズ
Bayés バイエス
Bayet
　バイエ
　ベイエ
Bayeu
　バイェウ
　バイユー
Bayeux バユー
Bayev バイエフ
Bayh バイ*
Bayhaqī バイハキー
Bayi バイ
Bayigamba バイガンバ
Bayiha バイーア
Bayinnaung
　バインナウン
Bayissa バイエサ
Baykal バイカル*
Baykara バイカラ
Baykov バイコフ
Baykurt バイクルト
Baylan バイラン
Bayldon ベイルドン
Bayle
　バイレ
　ベイル
　ベール*
Bayles
　ベイルズ
　ベールズ
Bayless ベイレス
Baylet バイレ
Bayley
　ベイリ
　ベイリー***
　ベイリイ
　ベーリ
　ベーリー
　ベリー
Baylis
　バイリス
　ベイリス**
　ベーリス
Bayliss
　ベイリス*
　ベーリス

Baylon ベイロン
Baylor
　ベイラー***
　ベーラー
Baylosis バイロシス
Bayly
　ベイリ*
　ベイリー**
Baym ベイム
Baymenov バイメノフ
Baymyrad
　バイムイラト
Baynard ベイナード**
Bayne ベイン*
Baynes
　ベインズ***
　ベーンズ
Baynham ベイナム
Bayno ベイノ
Baynosa ベイノサ
Baynton ベイントン*
Bayo バヨ
Bayona バヨナ*
Bayona Pineda
　バヨナピネダ
Bayoumi
　バユミ
　バヨウミ
Bayrak バイラク
Bayraktar
　バイラクタル
Bayram バイラム
Bayramgeldi
　バイラムゲルディ
Bayram-i バイラム
Bayrammyradov
　バイラムイラドフ
Bayramov
　バイラモフ**
Bayramukov
　バイラムコフ
Bayreuth バイロイト
Bayrle バイルレ*
Bayrou
　バイル
　バイルー**
Bayryakov
　バイリャコフ
Bays
　ベイス
　ベイズ*
Baysaa バイサー
Bāysunqur
　バーイスンクル
　バーイスングル
Baytār バイタール
Baytār バイタール
Baytop バイトプ
Baytŭrsĭnov
　バイトゥルスノフ
Bayvel バイヴェル
Baz
　バス
　バズ**
Bāz バーズ

Bazac バザック
Bazaine バゼーヌ**
Bazaldua バザルデュア
Bazaldur バザルデュア
Bazaleel バザリール
Bazalgette
　バザルゲティ
　バザルジェット
Bazan
　バサン*
　バザン*
Bazán
　バサーン
　バサン*
　バザン
Bazanka バサンカ
Bazarbaev
　バザルバエフ
Bazarbayev
　バザルバエフ
Bazard バザール
Bazargan
　バーザルガーン
　バザルガン*
Bazarguruev
　バザルグレエフ
Bazarian バザリアン
Bazarov バザロフ
Bazarova
　バザーロワ
　バザロワ
Bazarsadyn
　バザルサジーン
Ba Zaw バゾー
Bazaya
　バサーイ
　バザヤ
Bazaz バザーズ*
Bazelaire バズレール
Bazell バゼル*
Bazelon バゼロン
Bazemore ベイズモア
Bazer バザー
Bazerman
　ベイザーマン
Bazhan バジャン*
Bazhanov
　バジャーノフ
　バジャノフ
Bazhanova
　バジャノワ*
Bazhov
　バジョーフ**
　バジョフ*
Bazhukov バツコフ
Bazibuhe バジブヘ
Bazile バジル
Bazilevich
　バジレーヴィッチ
　バジレービッチ
Bazilevs バジレブス
Bazili バジーリイ
Bazille
　バジーユ
　バジール
Bazin
　バザン***

バゼン
Baziotes
バジオティーズ
バジオーテス
Bazivamo バジバモ
Bazlen バズレン
Bazlur バズルル
Bazoer バズール
Bazoft バゾフト
Bazombanza
バゾンバンザ
Bazoum バズム
Bazuka バズカ
Bazyli バズィリ
Bazzana バザーナ*
Bazzani
バッザーニ
バッツァーニ
Bazzaro バッザロ
Bazzaz バザーズ
Bazzi バッツィ
Bazzini バッジーニ
Bazzoni バゾニ
B.B.King
ビービーキング
Bbum ブルム
Bbumba ブブンバ
Bchara バシャラ
Bćhvarova
バチヴァロワ
Bde gśegs デシェク
Bdlr バドル
Bdolak ブドラ*
Bdzechwa ブジェフバ
Bea
ビー
ベア**
Beable ビーブル
Beabout
ビアバウト
ビヤバウド
Beach
バァーチ
ビーチ***
Beacham ビーチャム*
Beachcroft
ビーチクロフト*
Beache ビーチェ
Beachel ビーチェル
Beachem ビーチム
Beachum ビーチャム
Beachy ビーチー
Beacon ビーコン
Beaconsfield
ビーコンスフィールド
ビーコンスフィルド
Beadle ビードル**
Beadles
ビードルズ
ビードレス
ベドレス
Beadman ビードマン
Beadsley
ビアーズリー
ビアズリ

ビアズリー
Beagan ビーガン
Beagle ビーグル**
Beaglehole
ビーグルホール
Beagles ビーグルズ
Beah
ビー
ビーア
ベア*
Beahan ビーハン
Beahm ビーム
Beak
バク
ビーク*
ベック
Beake ビーク
Beal ビール*
Beale ビール**
Bealer ビーラー*
Beales ビールズ
Beall
ビーオール
ビール***
Beals
ビールス**
ビールズ*
Bealu ベアリュ
Béalu
ベアリ
ベアリュ*
Beam ビーム*
Beaman ビーマン
Beame ビーム**
Beament ビーメント
Beamer ビーマー*
Beamis ビーミス
Beamish ビーミッシュ
Beamon ビーモン*
Bean ビーン***
Beána ベアーナ
Beane ビーン*
Beanie ビーニー
Beanland ビーンランド
Beanny ビーニー
Beant ビーント
Bear
ベア***
ベアー
ベェイヤー
Bearcley バークレイ
Beard
ビアド
ビーアド*
ビーアト
ビアード***
ビヤド
ビャード
ベアード*
ベアール
Bearden
バーデン
ビアーデン
ベアーデン
ベアーデン*
Beardon ベアドン

Beardow ビアードゥ
Beardshaw
ビアードショー
Beardslee ビアズリー*
Beardsley
バーズレー
バーズレイ
ビアズリ
ビアズリー**
ビアーズレー
ビアーズレー
ビアーズレイ
ビアズレイ
ビアズレエ
ビヤズレイ
ベアズレイ
Beardwood
ビアドウッド*
Beare ビーア
Bearse ベアーズ
Bearsted ベアステッド
Beart バート
Béart ベアール*
Bearzot
ベアルツォット
Beasant ビーサンド
Beaser ビーサー*
Beashel ビーシェル
Beasley
ビアスレイ
ビーズリー
ビーズリー**
ビースレイ
Beason
ビースン
ビーソン*
Beasse ベアス
Béasse ベアス
Beat
ビート*
ビート*
ベアート
ベアト*
Beata
ベアタ**
ベータ
Beate
ビート
ベアーテ*
ベアテ**
ベアテ
Beath ビース
Beatie ベアティー
Beatis ベアティス
Beatman ビートマン
Beato
ベアート
ベアト*
Beaton
ビートゥン
ビートン***
Beatrice
ビアトリア
ビアトリース
ビアトリス***
ビートライス
ビートリス
ベアトリス
ベアトリス***

ベアトリーチェ*
ベアトリーツェ
Béatrice
ベア
ベアトリス**
ベアトリーチェ
Beatrix
ビアトリクス**
ビアトリックス
ベアトリ
ベアトリクス**
ベアトリックス
Béatrix ベアトリ**
Beatriz
ビアトリス*
ベアトリス***
ベアトリツ
Beats ビーツ
Beattie
ビアッティ
ビーティ**
ビーティー***
Beatty
ビアティ
ビーティ***
ビーティー*
ベイティ*
ベティ
Beatus
ベアートゥス
ベアトゥス
Beaty
ビーティ*
ビーティー*
ベイティー
Beatz ビーツ
Beau
ビュー
ボー***
ボウ
Beaubien
ビービエン
ボービアン
Beaubrun ボーブラン
Beaucaire ボーケア
Beaucé
ボーセ
ボッセ
Beauchamp
ビーチャム**
ボーシャム
ボーシャン*
ボーション
ボーチャン
Beauchemin
ボーシュマン*
Beauchemin-nadeau
ボーシュマンナドー
Beauchemin-pinard
ボシェマンピナール
Beauchesne
ボーシェーヌ
Beauclair ボークレア
Beaud ボー*
Beauden ボーデン*
Beaudin ボダン
Beaudine
ビューダイン

ボーダイン
Beaudoin
ボードイン
ボードワン
Beaudouin
ボードアン
ボードウィン
Beaudry ボードリ
Beaudry-Somcynsky
ボードリソムシンス
キー
Beauduin
ボーデュアン
ボデュアン
Beaufait ビューフェ
Beauford
ビューフォード
Beaufort
ビューフォート
ビューフォルト
ボウフォート
ボーフォート
ボーフオート
ボフォール
Beaufoy
ビューフォー
ビューフォイ
Beaufrand ボーフラン
Beaufre ボーフル
Beaufret ボーフレ
Beaugier ボージェ
Beaugrand ボーグラン
Beaugrande
ボウグランド
Beauharnais
ボーアルネ
ボーアルネー
ボアルネ
Beaujean ボージャン
Beaujeu
ボージゥ
ボージゥー
ボージュ
ボージュー
Beaujon ボージョン
Beaujouan
ボージュアン
ボジョン
Beaujour ボージュール
Beaujoyeulx
ボジョアイユー
ボージョワユー
Beaulac ボーラック
Beaulaurier
ボーローリエ
Beaulieu
ビューリー*
ブールー
ボゥリュー
ボーリゥー
ボーリュ
ボーリュー**
ボーリユー
ボリュー*
ボーリユー
ボーリュウ
Beaulieu-Marchand
ボーリウマルシャン

Beauman ボウマン**	Beaven ビーヴェン / ビーバン	Beccadelli ベッカデリ / ベッカデリリ	Bechtolsheimer ベクトルシェイマー	Becklund ベックランド*	
Beaumanoir ボーマノアール / ボーマノワール / ボマノワール	Beaver ビーヴァー / ビーヴァ / ビーバー*	Beccafumi ベッカフーミ	Beci ベーチ	Beckman ベックマン**	
Beaumarchais ボオマルシェエ / ボオマルセイ / ボオマルシェ / ボーマルシェ* / ボーマルシェー / ボーマルシエ / ボマルシェ*	Beaverbrook ビーヴァーブルック / ビーヴァブルック / ビーバーブルック**	Beccali ベッカリ	Becík ベチック	Beckmann ベックマン / ベックマン**	
		Beccali ベッカリ	Bećirović ベチロヴィッチ		
		Beccaria ベッカリーア* / ベッカリア / ベッカリヤ	Beck ベック***	Becknell ベックネル	
			Beckage ベッケージ	Beckner ベックナー	
	Beavers ビーヴァーズ / ビーバース / ビーバーズ	Beccarie ベッカリー	Beckah ベッカー	Beckon ベッコン	
Beaumelle ボーメル		Beccat ベカ	Becke ベッケ	Becks ベックス	
Beaumont バーモント / ビューモント* / ボウマン / ボウモント* / ボーモン** / ボーモント***	Beavin ベヴン / ベブン	Becchi ベッキ*	Beckedorff ベッケドルフ	Beckstrom ベックストローム	
		Becciu ベッチウ	Beckel ベッケル*	Beckström ベクストローム / ベックストローム	
	Beazley ビーズリ / ビーズリー***	Becerra ベセーラ / ベセラ***	Beckenbach ベッケンバッハ	Beckurts ベックルツ	
		Bech ベック*	Beckenbauer ベッケンバウアー**	Beckwith ベックウイス** / ベックウィス**	
Beaumount ボーモン	Beb ベブ	Bechamp ビーチャンプ	Beckenstein ベッケンスタイン		
Beaune ボーヌ*	Beba ベバ	Bechdel ベクダル	Becker ベッカー*** / ベッケール* / ベッケル**	Beckwourth ベックワース	
Beauneveu ボーヌヴ / ボーヌヴー / ボーヌブー	Bebak ビーバック	Bechdolt ベクドルト*			
	Beban ベバン	Beche ベーシュ		Beckx ベクス / ベック / ベックス	
	Bebawi ビバウィ	Becher ビーチャー / ベッハー / ベッヒャー*** / ベッヘル / ベヒャー	Beckerath ベッケラート* / ベッケラートゥ		
Beaunier ボーニエ	Bebb ベッブ / ベブ*			Becky ベッキー**	
Beaunoyer ボーノワイエ			Becker-Dey ベッカーデー	Béclard ベクラール	
Beaupommier ボーポミエ	Bebber ベバー		Beckerman ベッカーマン	Becnel ベクネル	
	Bebbington ベッビントン	Becheru ベケル	Beckers ベッカーズ	Becoba ベコバ	
Beauquier ボーキエ	Bebchuk ベブチャック	Becherucci ベケルッチ	Beckert ベッカート*** / ベッケルト*	Becon ビーコン	
Beauregard ボーリガード* / ボールガール* / ボルガール / ボーレガード*	BeBe ビービー	Bechet ベケット / ベシェ		Beconsall ビコンサル	
	Bebe ビービー / ビビ*** / ビーブ / ベベ		Becket ベケット	Becourt ベクール	
		Bechhoefer ベックヘファー	Beckett ベケット***	Becque ベック	
Beaurepaire ボーペア / ボールペール / ボルペール		Bechhofer ベックホファー	Beckford ベックフォード** / ベッグフォード	Becquer ベッケル	
	Bébéar ベベアール*	Bechi ベーキ*	Beckh ベック*	Bécquer ベッケル*	
	Bebek ベベック	Bechir バシール / ベシール / ベシル	Beckham ベッカム**	Becquerel ベクレル* / ベックレル* / ベックレルー	
Beaurgard ボルガール	Bebel ベーウェル / ベベウ / ベーベル*	Béchir ベシル	Beckhard ベカード / ベックハード		
Beauseigneur ボーセニュー*		Bechke ベチケ	Beckhart ベックハート / ベックハルト	Becu ベグー	
Beausobre ボソーブル	Bebelle ビーベル*	Bechler ベックラー / ベヒラー		Bécue ベキュー	
Beausoleil ボーソレイユ	Bebergal ビーバガル	Bechlerowa ベフレロバ	Beckie ベッキー	Becy ベッシイ	
Beaussant ボーサン	Bebeto ベベット* / ベベート / ベベト	Bechmann ベックマン / ベヒマン	Becking ベッキング	Beczala ベチャワ* / ベツァワ	
Beauvais ボーヴェ* / ボーヴェイ	Bebington ベビングトン	Bechstein ベックシュタイン / ベッヒシュタイン / ベヒシュタイン*	Beckington ベキントン	Beda ビード / ベーダ* / ベダ / ベード	
			Beckinsale ベッキンセイル / ベッキンセール*		
Beauvallet ボヴァレ	Beblawi ベブラウィ*			Béda ベダ	
Beauvarlet ボヴァルレ	Bebo ベボ		Becklake ベックレイク / ベックレーク	Bedan ビダン	
Beauvilliers ボーヴィリエ	Beboarimisa ベボアリミサ	Becht ベヒト	Becklén ベックレン	Bédan ベダン	
Beauvoir ボヴァール / ボーヴォアール / ボーヴォアル / ボーヴォワール** / ボーボアール / ボーボワール	Bebop ビバップ	Bechtel ブクテル / ベクテル** / ベシュテル / ベヒテル* / ベッチェル / ベヒテル	Beckles ベクレス / ベックルズ	Bedard ビダード* / ベダード* / ベダール*	
	Bec ベック		Beckley ベクリー* / ベックリー* / ベックレー / ベックレイ		
	Becanovic ベカノビッチ			Bédard ベダール*	
	Becanus ベカーヌス			Bédat ベダ	
Beauvois ボーヴォワ*	Becas ベカス	Bechtle ベヒトレ	Becklin ベックリン	Bedbrook ベッドブルック	
Beauvue ボーヴュ	Bécaud ベコー**	Bechtler ベヒトラー*	Beckloff ベックロフ*	Bedbury ベドベリ*	
Beaux ボー	Becaye ベカイエ	Bechtold ベヒトールト		Bedde ベッデ	
Beauzée ボーゼ	Bécaye ベカイエ			Bedder ベッダー	
Beavan ビーヴァン	Becca ベッカ*				

Beddford ベッドフォード
Beddingfield ベディングフィールド
Beddington
　ベッディントン
　ベディントン*
Beddoe
　ベッドー
　ベドー
　ベドウ
Beddoes
　ベドウス
　ベドウズ
　ベードーズ
　ベドーズ
Beddows ベドウズ*
Bede
　ビード
　ベーダ*
　ベーデ
　ベデ
Bedecker ベデッカー
Bedel ブデル
Bedeli ベデリ
Bedelia ベデリア
Bedell
　ビーデル
　ベデル
Bedells ベデルス
Beder
　ビーダー
　ビダー
Bederian ベデリアン
Bedford
　ベットフォード
　ベッドフォード**
　ベドフォード*
Bedggood
　ベッドグッド
Bedi ベディ
Bēdī ベーディー
Bedia ベディア
Bedie ベディエ*
Bedient ベディエント
Bedier ベディエ
Bédier ベディエ*
Bediha ベディハ
Bedik ベディク
Bedin
　ベダン
　ベディン
Bedingfield
　ベディングフィールド
Bedingham
　ベディンガム
　ベティングハム
Bedivere ベディヴィア
Bedjan ベドヤン
Bedjaoui ベジャウィ
Bednar ベドナー*
Bednár
　ベドゥナージ
　ベドナール*
Bednarczuk
　ベドナルチュク

Bednarczyk
　ベドナルツィク
Bednarik
　ベドナリク
　ベトナリック
Bednárová
　ベドナージョバー
Bednárová
　ベドゥナージョヴァー
Bednarski
　ベドナルスキー
Bednorz
　ベトノーツ
　ベトノルツ
　ベドノルツ*
Bedny
　ベードヌィ
　ベードヌイ
　ベードヌイ
Bednyi ベードヌイ
Bedoli ベドーリ
Bedopassa ベドパサ
Bedos ベドス
Bedouet ブドゥエ
Bedoui ベドゥイ
Bédouin ベドゥアン
Bedouma ベドゥマ
Bédouma ベドゥマ
Bedoumra ベドゥムラ
Bedova
　ベドーヴァ
　ベドワ
Bedoya
　ベドジャ*
　ベドーヤ
Bédoyère
　ベドワイエール
Bedreddin
Bedredin ベドレディン
Bedri ベドリ
Bedrich
　ベジュリフ
　ベドリフ
Bedřich
　ベドジヒ
　ベドジフ
　ベトルジハ
　ベドルジヒ
　ベドルジフ
Bedrosian
　ベドロージアン
　ベドロシアン
Bedrossian
　ベドロシアン
Bedson ベッドソン
Bedu ブデュ
Bedwell ベッドウェル
Bee ビー**
Beeban ビーバン*
Beebe
　ビービ**
　ビービー*
　ビーブ
　ベブ
Beebee ビービー
Beebeejaun
　ビービージョン

Beeber ビーバー
Beeby
　ビーバイ
　ビービー
　ビービイ
Beech ビーチ*
Beecham
　ビーチャム**
　ビーアー
Beechen ビーチェン
Beecher
　ビー
　ビーチャー***
　ビーチャル
　ビーチル
Beechey
　ビーチ
　ビーチー
　ビーチィ
Beeching ビーチング
Beechwood
　ビーチウッド
Beeck ベーク
Beecke ベーケ
Beecken ビーケン
Beeckman ベークマン
Beecroft
　ビークロフト**
Beedham ビーダム
Beeding ビーディング
Beedle ビードル*
Beedon ビードン
Beefheart
　ビーフハート*
Beegel ビーゲル
Beegie ビージー*
Beehler ビーラー
Beek
　ビーク*
　ベーク*
Beeke
　ビーク*
　ベーケ
Beeken ビーケン
Beeker ビーカー
Beekman
　ビークマン*
　ベークマン
Beekmann ベークマン
Beeks ビークス
Beel ベール
Beeland ビーランド*
Beelen
　ビーレン
　ベーレン
Beelenkamp
　ベーレンカンプ
Beeler ビーラー*
Beem ビーム
Beeman ビーマン
Beemer ビーマー
Beemyn ビーミン
Beene ビーン**
Beenhakker
　ベーンハッカー*
Beenie ビーニー

Beer
　ビーア*
　ビア***
　ビア-*
　ビール
　ベーア**
　ベーアー
　ベア**
　ベアー
　ベエヤア
　ベール**
Beer ベア
Béer ベエール
Beerbaum
　ベールバウム**
Beerblock
　ベールブロック
Beerbohm
　ビーアバウム
　ビアボウム*
　ビアボーム**
　ビアボム
Beerbohn ビアボウム*
Beere ビーア
Beeren ベーレン
Beerens ビーレンス
Beeri ベレル
Be'eri ベーリ
Beerli ベーリ
Beerling
　ビアリング
　ベアリング
Beernaert
　ベールナール
　ベールナールト
　ベルナールト
　ベールネール*
Beers
　ビーアス
　ビーアズ
　ビアーズ
　ビアーズ**
　ビールズ
Beery
　ビアリー
　ビーリー
Beesing ビーシング
Beesley
　ビーズリー
　ビースレー
Beeson
　ビースン
　ビーソン*
Beeston ビーストン*
Beet ビート
Beeth ベート
Beetham ビーサム
Beethoven
　ベエトウェン
　ベートーヴェン*
　ベートヴェン
　ベートオヴェン
　ベートフェン
　ベートーベン*
　ベートホーヴェン
Beeton ビートン*
Beets ベーツ
Beetz ビーツ

Beevers
　ビーヴァーズ
　ビーバーズ
Beevor
　ビーヴァー
　ビーバー*
Bee-Young ビヨン
Beez ビーツ
Beezer ビーザー
Beffara ベファラ
Befu ベフ**
Beg
　ベイ
　ベーク
　ベーグ
　ベク
　ベグ*
Bēg
　ベーグ
　ベグ
Bega
　ベガ
　ベーハ
Begadze ベカゼ
Begag
　ベガーグ
　ベガグ
Begaj ベガイ
Begaliev
　バガリェフ
　バガリエフ
Begarelli ベガレッリ
Begarhā ベーガラー
Begas
　ベーガス
　ベガス
Bégaudeau
　ベゴドー**
Begay ベゲイ
Begbie ベグビー
Begemann
　ベーグマン
　ベーゲマン
Begench ベゲンチ
Begg ベッグ**
Beggarstaff
　ベガスタッフ
Beggs ベッグス*
Begg-Smith
　ベッグスミス
Begha ベガ
Beghe ベギー
Begheni ベグニ
Beghetto ベゲット
Béghin ベジャン
Begich ベギーチ
Begichev
　ベーギチェフ
　ベギチェフ
Begin
　ビギン
　ベギン**
Begje-yin
　ベグズィーン
Beglaryan
　ベグラリャン

Begley
　ビグレー*
　ベグリー**
　ベグリィ
　ベグリイ
　ベグレイ*
Begliatti ベリアッティ
Beglyakova
　ベグリャコワ
Begmuradov
　ベグムラドフ
Begmyrat
　ベグムイラト
Bēgne
　ベーグ
　ベーニュ
Bego
　ビーゴ
　ビゴ
　ベゴ
　ベゴウ
Begon ベゴン*
Begona
　ベゴナ*
　ベゴーニャ
Begoña
　ベゴーニャ
　ベゴニャ
Begos ベゴス
Bégou ベグー
Bégouën ベグエン
Begoun
　ビーゴン
　ビゴーン*
Begovic ベゴヴィッチ
Begovici ベゴヴィッチ
Begu ベグ
Begue ベギュエ
Béguec ベギュ
Béguin ベガン*
Beguiristain
　ベギリスタイン*
Begum
　ベーガム
　ベガム
Begun ビガン
Beguyer ベギエ
Begziin ベグズィーン
Beh ベフ
Behaghel ベハーゲル*
Behagle ベアグル
Béhague
　ベーアグ
　ベアーグ
Behaim
　ベーハイム
　ベハイム
Behaine
　ベエーヌ
　ベエヌ
　ベーヌ
Béhaine ベーヌ
Behajaina
　ベアジャイナ
Beham
　ベーハム
　ベハーム

Behan
　ビーアン*
　ビーハン**
　ベアン
　ベーハン
Behanan ベハナン
Behanzin ベアンザン
Behar
　ビーハー
　ベアール**
　ベハール*
Béhar ベアール*
Beharall ベハラル
Behari ビハリ
Beharrie ベハリー
Behary ビヘイリー
Behbahani
　ベフバハーニー
　ベフバハニ
Behbahānī
　ベフバハーニー
Behbudiy
　ベフブーディー
BehÇet ベフチェット
Behçet ベーチェト
Behdad ベフダド*
Behe ベーエ*
Beheida ベヘイダ
Beheim ベーハイム
Behemb ベーム
Behera ベヘラ
Beherangi
　ベヘランギー
Beherman
　ベヘールマン
Beheshti ベヘシュチ
Beheshtī
　ベヘシュティー
Behets ビーツ
Behgjet ベジェット
Behic ベヒッチ
Behiels ビーヒルズ*
Behl ベール
Behle ベーレ*
Behlendorf
　ベーレンドルフ
Behlens ベーレンス
Behler ベーラー
Behling ベーリング
Behm
　ビーム
　ベイム
　ベーム
Behman バーマン
Behmer ベーマー
Behn
　ベイン*
　ベーン**
Behnam ベナム
Behncke ベーンケ
Behning ベーニング*
Behnisch
　ベーニッシュ*
Behnke
　ベーンケ*

　ベンケ
Behoriam ベホリアム
Behounek
　ビェホウネク
Behr
　バー
　ベー
　ベーア***
　ベア
　ベアー
　ベール*
Behrami ベーラミ
Behramoğlu
　ベフラムオウル
Behrangī ベフランギー
Behrend
　ベーレン
　ベーレント*
Behrends ベーレンツ
Behrendsen
　ベーレンドゼン
Behrendt
　ベーレント**
Behrens
　ベエレンス
　ベーレンス***
　ベーレンズ
Behrent ベーレント
Behring ベーリング*
Behringer
　ベーリンガー
　ベーリンジャー
Behrman
　バーマン**
　ベーアマン*
　ベアマン
　ベーマン
　ベールマン
Behrmann
　バーマン
　ベールマン
Behrooz ベフルーズ
Behzad ベザット
Behzād
　ベーザド
　ベフザード
Bei ベイ*
Beibut
　ベイブット*
　ベイプト
Beichman
　バイチマン
　ベイクマン
Beidaghi
　ベイダーギー*
Bei-dao ベイタオ
Beidel バイデル
Beidelman
　バイデルマン
Beiderbecke
　バイダーベック*
Beidi ベディ
Beier
　バイアー
　バイエル
　バイヤー
　ベーア
　ベイアー

Beierle バイアーレ
Beierwaltes
　バイアーヴァルテス
Beigbeder
　ベークブデル
　ベーグブデル
　ベグベデ**
Beigel ベジェル
Beigelman
　ベイグルマン
Beiger バイガー
Beighley ベイフリー
Beighton ベイトン
Beigi Harchegani
　ベイギハルチェガニ
Beijerinck
　バイエリンク
　バイヤインク
　ベイエリンク*
Beijnen ベイネン
Beijnum
　バイナム
　ベイナム
Beil バイル
Beilby
　バイルビー
　ビールビー
　ビールビー
　ベイルビ
　ベイルビー
　ベールビ
　ベルビ
Beilen ベイレン
Beilenson
　ベイレンソン
Beilharz バイルハルツ
Beilis ベイリス
Beillevaire
　ベイヴェール
Beilock バイロック
Beilshtein
　バイルシュタイン
　ベイリシテイン
Beilstein
　バイルシュタイン*
Beimel バイメル
Bein
　バイン
　ビーン
Beineix ベネックス*
Beineke バイネケ
Beinemann バイネマン
Beiner ベイナー
Beinert バイネルト
Beinet
　ベイネ
　ベイネー
Beinex ベネックス
Beinhart
　バインハート**
Beinhocker
　ベインホッカー
Beinlich バインリヒ
Beinum ベイヌム
Beir ビアー
Beirab ベーラブ
Beirach バイラーク**

Beireis バイライス
Beirer バイラー*
Beirne
　ビアーン
　ビアン
　ベアン
　ベイルネ
Beischer バイシャー
Beisel
　バイゼル
　ビーゼル
　ベイゼル*
Beiser
　バイサー
　バイザー
　バイゼル
Beishenaliyeva
　ベイシェナリエワ
Beishon ベイション
Beisner バイスナー
Beissat ベイサット*
Beissel
　バイセル
　ビーセル
Beisser ベイサー
Beissner バイスナー
Beißwenger
　バイスヴェンガー
Beiswanger
　バイスワンガー
Beit
　バイト
　ベイト
Beitel ベイテル
Beith ベイス
Beitia ベイティア*
Beitman ベイトマン
Beittel バイテル
Beitz
　バイツ**
　ベイツ
Beitzel バイツェル
Bei-xing ベイシン
Beizer バイザー*
Beja ベヤ
Bejan ベジャン
Bejarano ベハラノ
Bejart ベジャール
Béjart ベジャール**
Bejart ベジャール
Bejbl ベイブル
Bejenke ベジェンク
Bejerano ベヘラノ
Beji ベジ
Béji ベジ*
Bejo ベジョ
Béjoint ベジュワン
Bejsembinov
　ベイセムビーノフ
Bejta ベイタ
Bejtaj ベイタイ
Bek
　ベーク
　ベク
　ベック*

Beka ベカ	Bekkers ベッケルス	Belalcazar	Belesovskii	Bélin ベラン	
Bekaert ベカルト	Békkos ベッコス	ベラルカサル	ベレゾフスキー	Belina	
Bekai ベカイ	Bekkum ベックム	Belan ベラン	Belete ベレテ	ベリーナ	
Bekassy ビカッスィ	Bekky ベキィ	Béland	Beletskii ベレーツキイ	ベリナ	
Bekatorou ベカトル**	Beklemesheva	ベラン	Beletsky ベレツキー	Belinco ベリンコ	
Bekauri ベカウリ	ベクレメシェヴァ	ベランド	Belēvičs ベレービッチ	Belinda ベリンダ**	
Bekboev ベクボエフ	Bekleshev	Belanger	Belevitch ベルヴィッチ	Belineli ベリネリ*	
Bekbulatovich	ベクレシェフ	ベランガー	Belew	Belinelli ベリネッリ	
ベクブラートヴィチ	Bekmambetov	ベランジャー	ブリュー	Beling ベーリング*	
Bekchurin	ベクマンベトフ	Bélanger ベランジェ*	ベリュウ	Bélingard	B
ベクチューリン	Bekmurod ベクムロド	Belani ベラーニ	ベルー*	ベランガール	
Beke	Bekmyrat	Belanoff ベラノフ	Beleze ベレエズ	Belinky ベリンキ*	
ビーク	ベクムイラト	Bělař ベラー	Belfield	Belinskii	
ベーケ	Bekoe ベーコ	Belarbi ベラルビ	ベルフィールド	ベリンスキー	
Bekederomo	Bekoff	Belasco ベラスコ**	Belfiore	ベリーンスキイ	
ベケデレモ	ビーコフ	Belaṭṭhasīsa	ベルフィオール	ベリーンスキイ	
ベケデロモ	ベコフ*	ベーラッタシーサ	Belford ベルフォード	ベリンスキイ	
Bekele ベケレ**	Bekov ベコフ	Belaṭṭhiputta	Belfort ベルフォート	Belinsky ベリンスキー	
Beken ビーケン	Bekovich	ベーラッティプッタ	Belfrage	Belios ベリオス	
Bekenstein	ベコーヴィチ	ベーラティプッタ	ベルフレージ*	Belisario	
ベッケンシュタイン	ベコヴィチ	Belgado ベルガード	ベリサリオ**		
Bekerian ベカリアン	Beksiak ベクシャク	Belatti ベラッティ	Belgassem	ベリザーリオ	
Bekes	Beksinski	Belaubre ベローブル	ベルガッセム	Belisarius	
ビーケズ	ベクシンスキ	Belaud ベロ	Belges ベルジュ	ベリサリウス	
ベケシュ	ベクシンスキー	Belaunde ベラウンデ	Belgrade ベルグラード	ベリサリオス	
Békeš ベケシュ	Beksiński	Belaúnde ベラウンデ*	Belgrand ベルグラン	Belisha ベリシャ	
Békesi ベーケシ	ベクシンスキ	Belaval	Belgrano	Belisle ベライル*	
Bekessy ベケシー	Bektas ベクターシュ	ブラヴァール	ベルグラーノ	Belita ベリタ	
Békesy	Bektāsh	ベラヴァル	ベルグラノ	Belits ベリツ	
ベーケーシー	バクタシュ	Bélaval ベラバル	Belgrave	Belitz ベリッツ	
ベケーシー	ベクターシュ	Belavin ベラーヴィン	ベルグレイヴ	Beliukin ベリューキン	
ベケッシー	ベクタシュ	Belay ベライ	ベルグレーベ	Beliveau ビリヴァウー	
Békésy	Bektemir ベクテミル	Belayneh ベライン*	Belhaif ビルハイフ	Belizaire ベリゼール	
ベーケーシ	Bekturganov	Belaza ベラザ*	Belhaj	Beljaev ベリャーエフ	
ベーケシー	ベクツルガノフ	Belbase ベルバシ	ベラ*	Beljan ベルジャン	
ベケシ	Bekwark ベクヴァルク	Belbello ベルベッロ	ベルハージ	Belk ベルク*	
ベケシー	Bekynton ベキントン	Belben ベルベン	ベルハジ	Belka ベルカ**	
Beketayev ベケタエフ	Bekzat ベクザット*	Belbéoch ベルベオーク	ベルハジュ	Belkacem ベルカセム*	
Beketov	Bekzod ベクゾド	Belber ベルバー	Belhasen ベルハッセン	Belkayat ベルカヤト	
ベクトフ*	Bel	Belbey ベルベイ	Belhassen ベルハセン	Belker ベルカー	
ベーケトフ	ベール	Belbin ベルビン**	Belhaven ベルハーベン	Belkhadem	
Bekey	ベル***	Belbruno ベルブルーノ	Belhomme	ベルハデム**	
ベーキー	Bél ベール	Belce ベルツェ	ヴェルオーム	Belkic ベルキッチ	
ベケイ	Bēl ベル	Belcher	ベロム	Belkić ベルキッチ*	
Bekh ベフ	Bela	ベルチャー***	Belhoste ベロスト	Belkin	
Bekhbayar ベフバヤル	ベーラ**	ベルヒャー	Beliaev	ベールキン	
Bekhterev	ベラ**	Belchikov ベリチコフ	ベリャーエフ*	ベルキン**	
ベクテレフ	Béla	Belchior ベルキオル	ベリャエフ	Bel'kind ベリキンド	
ベヒティーリフ	ベエロ	Belcompo ベルカンポ	Beliakova ベリアコワ	Belkis ベルキス	
ベヒテレフ	ベーラ**	Belcredi ベルクレディ	Belibasakis	Belknap	
ベーフテレフ	ベラ***	Belda ベルダ	ベリバサキス	ベルナップ***	
ベフテレフ	Bèla ベラ	Beldemandis	Belić ベリッチ	Belkom ベルコム	
Beki ベキ	Belachew ベラチョウ*	ベルデマンディス	Belich ベリッチ	Bel'kovich	
Bekim ベキム	Belafonte	Belden ベルデン**	Belichick ベリチック*	ベリコビッチ	
Bekir ベキル	ベラフォンテ**	Belding ベルディング	Bélidor ベリドール	Bell ベル***	
Bekiri ベキリ	ベラフォント	Beldo ベルドー	Belied ベルイード	Bella	
Bekit ベキト	Belafsky ベラフスキ	Belen ベレン*	Belien ベリーン	ベッラ	
Bekkar ベッカー	Belaib ベライブ	Belén ベレン*	Beligan ベリガン	ベッラー	
Bekkemellem	Belaid	Beleniuk ベレニュク*	Belikov ベリコフ	ベーラ	
ベッケメレム	ベライド	Belenki ベレンキ	Belikova ベリコワ	ベラ***	
Bekken ベッケン*	ベレイド	Belenkiy ベレンキ*	Beliles ベリーズ	Bélla ベーラ	
Bekker	Belaïd ベルイード**	Belenko ベレンコ*	Belime	Bellac ベラック	
ベッカー**	Belain ブラン	Beleoken ベレオケン	ベリーム	Bellack ベラック	
ベッカア	Belair ベレール		ベリム	Bellafiore	
ベッケル	Belaiz ベライズ		Belin ブラン	ベラフィオーレ	
Bekkering	Belak ベラク*				
ベッカーリンク					

Bellah ベラー**
Bellaigue ベレーグ
Bellaire
　ベレア
　ベレヤー
Bellairs ベレアーズ**
Bellak ベラック
Bellal ベラル
Bellali ベラリ
Bellamy
　ベラミ*
　ベラミー***
　ベラミイ
Bellan ベラン
Bellange ベランジュ
Bellano ベッラーノ
Bellantoni
　ベラントーニ
Bellany ベラニー*
Bellar ベラール
Bellarabi ベララビ
Bellard ベラール
Bellarmine
　ベラルミヌス
Bellarmino
　ベッラルミーノ
　ベラルミーノ*
　ベラルミノ
　ベラルミン
Bellarminus
　ベラルミーノ
Bellas ベラス
Bellasis ベラシス
Bellat ベラ*
Bellati ベラッティ
Bellavance ベラバンス
Bellaver ベラヴァー
Bellavere
　ベッラヴェーレ
Bellavia ベジャビア
Bellavitis
　ベラヴィティス
Bellay
　ベレ
　ベレー*
　ベレイ
　ベレエ
Bellchick ベリチック
Belle
　ベリール
　ベル***
　ベレ
Belleau
　ベロ
　ベロー
Bellechose
　ベルショーズ
Bellecour ベルクール
Bellecourt ベルクール
Belleforest ベルフォレ
Bellegambe
　ベルガンブ
　ベルガンブ
Bellegarde ベルガルド
Belleguie ベルギーイ
Belle-Isle ベリール

Belleli ベレリ
Bellelli
　ベレッリ
　ベレリ
Bellemare
　ベルマール
　ベルマーレ
Bellemin ベルマン
Bellenden
　ベレンデン
　ベレンドン
Bellenger ベランジェ
Bellenghi ベレンギ
Bellenson ベレンソン
Beller
　ベラー*
　ベレ
Bellerby ベラビイ
Bellerin
　ベジェリン
　ベルラン
Bellerive ベルリーブ
Bellermann
　ベラーマン
Bellerofonte
　ベルレロフォンテ
Bellerophōn
　ベレロフォン
Bellers
　ベラース
　ベラーズ*
Belleruth ベルルース
Bellesheim
　ベレスハイム
Bellesort ベルソール
Bellessort
　ベルソール*
　ベレソール
Bellet ベレット
Bellett ベレット
Belletti ベレッティ
Bellettini
　ベレッティーニ
Belletto ベレット*
Belleuse ベルーズ
Belleville
　ベルヴィユ
　ベレヴィル
Bellew ベルロー*
Bellezza
　ベッレッツァ
　ベルレッツァ
　ベレッツァ
Belli
　ベッリ*
　ベリ*
　ベルリ
Belliard
　ベリアード
　ベリヤード
Bellido
　ベジド
　ベリド
Bellído ベリド
Belliere ベリエール
Bellière ベリエール
Bellillo ベリロ

Bellin ベリン*
Bellincioni
　ベッリンチョーニ
　ベリンチォーニ
　ベリンチオーニ
Belling ベリング
Bellinger
　ベリンガー
　ベリンジャー
Bellingham
　ベリンガム*
Bellingrodt
　ベリングロート
Bellini
　ベッリーニ*
　ベリーニ**
　ベルリーニ
　ベルリニ
Bellininano
　ベッリニアーノ
Bellino ベリーノ
Bellinsgauzen
　ベリングスハウゼン
　ベリンスガーウゼン
　ベリンスガウゼン
　ベルリンスガウゼン
Bellinzani
　ベッリンツァーニ
Bellion ベリオン
Bellis ベリス
Bellisario ベリサリオ
Bellison ベリソン
Bellissimo ベリッシモ
Belliustin
　ベーリュスチン
Bellivier ベリヴィエ
Bellman ベルマン**
Bellmer ベルメール*
Bellmore ベルモア
Bello
　ベージョ
　ベジョ
　ベッロ
　ベーリョ
　ベリョ
　ベリョー*
　ベロ**
　ベロー
　ベロウ
Bello Bouba
　ベロブーバ
Belloc ベロック**
Bellocchio
　ベッロッキョ
　ベロッキオ*
Bellon ベロン**
Bellonci
　ベッロンチ
　ベロンチ**
Belloni ベローニ
Bellore ベロアー
Bellori
　ベッローリ
　ベローリ
Bellos ベロス*
Bellosi ベッローシ
Bellot
　ベロ

Bellotto
　ベッロット
　ベルロット
　ベロット
Bellour ベルール*
Bellová ベロヴァー
Bellovin ベロヴィン
Bellow
　ベロー***
　ベロウ*
Bellows
　ビローズ
　ベロウズ*
　ベローズ**
Belloy ベルロワ
Bells ベルズ
Bellson ベルソン*
Bellstorf ベルストルフ
Bellucci
　ベッルッチ
　ベルーシ
　ベルッシ
　ベルッチ*
Bellugi ベルギ
Bellusci ベッルッシ
Bellutti
　ベルッチ
　ベルッティ*
Belluzzi
　ベッルッツィ
　ベルッツィ
Belluzzo ベルーゾ
Bellver ベリュベール
Bellvís ベルビス
Bellwood
　ベルウッド**
Belly ベリー
Belmadi ベルマディ
Belmaker
　ベルメーカー
Belmas ベルマス
Belmokhtar
　ベルモフタール
　ベルモフタル*
Belmondo
　ベルモンド**
Belmont
　ベルモ
　ベルモン*
　ベルモント**
Belmonte
　ベルモンテ**
　ベルモント
Belmonte Garcia
　ベルモンテガルシア
Belmontet ベルモンテ
Belo
　ベロ**
　ベロウ
Bělobrádek
　ベロブラーデク
Beloch
　ベロッホ*
　ベロホ
Belodedici
　ベロデディチ
Belof ベロフ

Beloff ベロフ*
Belofsky ベロフスキー
Beloglazov
　ベログラーゾフ
　ベログラゾフ
Bělohlávek
　ビエロフラーヴェ
　ク**
　ビエロフラーベク
Belokhvostikova
　ベロフヴォスティコー
　ヴァ
Belokhvostov
　ベロフウォストフ
Belokur ベロクール
Belomlinskij
　ベラムリーンスキー
Belomoina ベロモイナ
Belon
　ブロン
　ベロン
Beloni ベローニ
Belonogoff ベロノゴフ
Belopolskaya
　ベロポリスカヤ
Belopolski
　ベロポルスキ
Belopolskii
　ベロポリスキー
　ベロポーリスキィ
　ベロポルスキ
　ベロボルスキー
Beloqui ベローキ
Belorukova ベロルコワ
Beloselskiy
　ベロセルスキー
Belot
　ブロー
　ベロ
　ベロー
Belote ベロート
Belotserkovskii
　ベロツェルコオフスキ
　イ
　ベロツェルコフス
　キー*
　ベロツェルコーフスキ
　イ
Belotserkovsky
　ベロツェルコフスキー
Belotti ベロッティ
Beloum ベルム
Beloumouedraogo
　ベルムウエドラオゴ
Belous ベロウス
Beloushi ベルシ
Belousov
　ベルソフ
　ベロウーソフ*
　ベロウソフ*
Belousova
　ベルソワ*
　ベロウーソヴァ
Belov
　ベローヴ
　ベローフ***
　ベロフ*
Belova ベロワ

Belove ビラブ	Beltratti	Bembo	Ben-Amotz	Ben-Bava ベンババ
Below	ベルトラッティ	ベンボ	ベンアモツ	Benbaziz ベンバジズ
ベーロ	Beltre	ベンボー	Benamou ベナモウ	Ben Bella ベンベラ
ベロー*	ベルトレ*	Bembry ベンブリー	Benan ベナン*	Benbihy ベンビイ
ベロウ	ベルトレイ	Bemdtsen ベンセン	Benanav ベナナフ	Benboudaoud
Belozerov ベロツァフ	Beltz ベルツ	Bemelmans	Benani ベナニ	ベンブダウ
Belozoglu ベロゾグル	Beltzer ベルツァー	ビーメルマンズ	Benanti ベナンティ	Benbouzid
Belpaire	Belu	ベーメルマンス**	Benarbia ベナルビア	ベンブジット
ベルペア	ベール	Bement ベメント	Benard	ベンブジド
ベルペアー	ベル	Bemersyde	ベナード	Benbow
Belpoliti	Belushi ベルーシ*	ビマーサイド	ベルナール	ベンボー
ベルポリーティ*	Belusov ベルーソフ	Bemetzrieder	Bénard	ベンボウ
Belqasem	Beluzzi ベルッツィ	ベメツリーデール	ベナール	Ben-Bundar
バルガーシム	Belva	ベメツリーデル	ベルナナル	ベンブンダル
ベルカーシム	ベルヴァ*	Beming ベミング	Benarde ベナード	Bence
Bēl-šarra-uṣur	ベルバ	Bemister ベミスター*	Benardos	ベンス
ベルシャザル	Belvawx	Bemjámin	ベナルドース	ベンチェ
ベルシャッザル	ベルヴォー	ベンヤーミン	ベナルドス	ベンツェ
Belser	ベルボー	Bemmann ベンマン*	Benardot ベナードット	Bench ベンチ*
ベルサー	Belvedere	Bémol ベモル	Benardrick	Benchabla ベンカブラ
ベルザー	ベルヴェデーレ	Bémont ベモン	ベナードリック	Benchallal
Belševica	Belvin ベルヴィン	Bemporad ベムポード	Benario ベナリオ	ベンシャラル
ベルシェヴィッツァ	Belviso ベルヴィソ	Ben	Benarrivo	Ben-Chaninai
Belsey	Belwin ベルウィン	ビン	ベナリーヴォ	ベンハニナイ
ベルシー*	Bely ベールイ*	ブン	Benarroch ベナロッハ	Bencherif
ベルジー	Belyaev	ベン***	Ben Artzi	ベンシェリフ
Belsham ベルシャム	ベリャーエフ*	Bèna ベーヌ	ベンアルツィ	Benchimol ベンチモル
Belshaw ベルショー	ベリヤエフ	Ben-Abba ベンアバ	Benary ベナリー	Benchley
Belshazzar	ベリヤーエフ	Ben Abdallah	Benasayag	ベンチリー***
ベルシャツァル	ベリヤエフ	ベンアブダラ	ベナサジャグ	ベンチレイ
Belsher ベルシャー	Belyaeva ベリャーエワ	Benabdellah	Ben-Asher	Benci ベンチ
Belsinger ベルシンガー	Belyakov	ベンアブドラ	ベンアシェル	Bencic ベンチッチ
Bel'skaia ベリスカヤ	ベリャコフ	Benabid ベナビッド	Benassai ベナッサイ	Bencich ベンチック
Belsky	ベリヤコフ	Benacerraf	Benassi ベナッシ	Bencin ベンシン
ベリスキー	Belyakovich	ベナセラフ**	Benassy ベナシー	Bencini ベンチーニ
ベルスキー	ベリャコーヴィッチ*	Benachenhou	Benat ベニャ	Benciolini
ベルスキー**	Belyankin	ベナシュヌー	Benatar	ベンチョリーニ
ベルスキイ	ベリヤーンキン	Ben Achour	ベナター	Benck ベンク
Belsley ベルスレー	Belyantseva	ベンアシュール	ベネター*	Benckendorf
Belson ベルソン	ベルヤンセバ	Benachour ベナシュル	Benati ベナティ	ベンケンドルフ
Belt ベルト	Belyavev	Beňačková	Benatia ベナティア	Benckhard
Beltagi ベルタギ	ベリャエフ	ベニャチコヴァ	Benatzky ベナツキー	バンクアール
Beltagy ベルターギ	ベリヤエフ	Benacquista	Benaud ベノー	Bencovich
Belting	Belyavskiy	ブナキスタ**	Benavente	ベンコヴィッチ
ベルティンク	ベリャフスキー	ベナキスタ**	ベナベンテ**	Benda
ベルティング**	Belyavsky	Benade ベナード	Benavides	バンダ*
Beltoise ベルトワーズ*	ベリアヴスキー	Benaduci ベナドゥーチ	ベナビディス	ベンダ**
Belton ベルトン*	Belyayev ベリアエフ	Benaerts ベナエルト	ベナビーデス	Bendall
Beltram ベルトラム	Belyayeva	Benage ビネジ	ベナデス	ベンダル
Beltrame	ベリャーイェヴァ	Bénaglia ベナグリア	ベネビデス	ベンドール*
ベルトラーメ	Belyea ベライー	Benaglio	Benavidez	Bendaña
ベルトラメ	Belyi	ベナッリオ	ベナヴィデス	ベンダーニャ
Beltramelli	ベールイ	ベナリオ	ベナビデス	ベンダニャ
ベルトラメッリ*	ベールイ**	Benahmed	Ben-Avuyah	BenDaniel
ベルトラメリ	Belytschko	ベンアハメド*	ベンアブヤー	ベンダニエル
Beltrami	ベルイチュコ	Benaiah ベナヤ	Bénazéraf ベナゼラフ	Bendaniel
ベルトラーミ	Belz ベルツ	Benaim ベナイム	Benazir	ベンダニエル
ベルトラミ*	Belzacq ベルザック	Benaindo ベナインド	ベーナジール	Bendann ベンダン
Beltramini	Belzu ベルス	Ben Aïssa ベンアイサ	ベナージル	BenDasan ベンダサン
ベルトラミーニ	Bem ベム*	Benaissa ベナイサ	ベナジール*	Bendat
Beltramo ベルトラーモ	Bemba ベンバ	Benalcázar	ベナジール**	ベンダット
Beltran	Bembamba ベンバンバ	ベナルカーサル	ベーナズィール	ベンダート
ベルトラーン	Bembe ベンベ	Ben Ali ベンアリ	Benazzi ベナジ	Ben-David
ベルトラン**	Bemben ベムベン	Benali ベナーリ	Benbada ベンバダ	ベンダビッド
Beltrán ベルトラン*	Bembenutty	Benalouane	Ben Bādīs	Bendavid
Beltrand ベルトラン	ベンベヌティ	ベナルアン	ベンバディス	ベンダヴィッド
Beltrão ベルトラン	Bemberg ベンベルク		Benbasat ベンバサート	ベンデービッド
				ベンデビット

BEN

B

ベンデビッド
Bendazzoli
　ベンダッツォーリ
Bendeguz ベンデグス
Bendek ベンデック
Bendel ベンデル
Bendemann
　ベンデマン
Bender
　ベンター
　ベンダ
　ベンダー***
Benderly ベンダリー
Bendersky
　ベンダースキー
Bendett ベンデット
Bendfeldt
　ベンドフェルト
Ben Dhia ベンディア
Ben Dhiaa ベンディア
Bendiaev
　ベンジャーエフ
Bendick ベンデイック
Bendig ベンディク
Bendik
　ベンジク
　ベンディク
Bendis ベンディス
Bendish ベンディシュ
Bendisn ベンディスン
Bendit
　バンディ
　ベンディット*
Bendito
　ベンディット
　ベンディト
Bendix
　ベンディクス*
　ベンディックス*
Bendixen
　ベンディクセン*
Bendixson
　ベンディクソン*
Bendjaballah
　ベンジャバラー
Bendjedid
　ベンジェディド**
Bendjelloul
　ベンジェルール*
Bendl ベンドル
Bendle ベンドル
Bendlin ベンドリン
Bendow ベンドヴ
Bendrik ベンドリック
Bendt ベント
Bendtner ベントナー*
Bendtsen ベンセン
Bendukidze
　ベンズキッゼ
Bendure
　ベンデュレ
　ベンドゥル
Bendusi ベンドゥージ
Bene ベーネ**
Bene' ベネ
Béné ベネ

Benebell ベネベル
Benecke
　ベネケ
　ベネッケ
Benecken ベネッケン
Beneckendorff
　ベネッケンドルフ
Beneddine
　ベネッディネ
Benedek
　ベイネイデック
　ベイネデク
　ベネデイック
　ベネデェック
　ベネデク**
　ベネデック
　ベーネデック
　ベーネデック
Beneden
　ベネーデン
　ベネーデン
Benedetta
　ベネデッタ
　ベネデッタ
Benedetti
　ベネディッティ
　ベネディティ*
　ベネディッティ***
　ベネデッテイ
Benedetto
　ベネデット**
　ベネデットー
　ベネデート
　ベネデト
Benedicenti
　ベネディチェンティ
Benedick
　ベネディック*
Benedicks
　ベネディック
Benedico ベネディコ
Benedict
　ベネイクト
　ベーネディクト
　ベネディクト***
　ベネディクトゥス
　ベン
Bénédict ベネディクト
Benedicta
　ベネディクタ
Benedicte
　ベネディクト*
Bénédicte
　ベネディクト*
Benedicto
　ベネディクト*
Benedictsson
　ベーネディクトソン
　ベネディクトソン
Benedictus
　ベネディクタス
　ベネディクツス
　ベネディクト
　ベネディクトゥス**
　ベネディクトス
Bénédictus
　ベネディクトゥス
Benedikt
　ベーネディクト
　ベネディクト***
Benedíkt ベネジクト

Benedikte
　ベネディクテ
Benediktov
　ベネジークトフ
　ベネジクトフ
　ベネディクトフ
Benediktsson
　ベーネディクトソン
　ベネディクトソン**
Benedito
　ベネジット
　ベネディット
　ベネデイト
Benedix
　ベネディクス
　ベーネディクト
　ベネディックス
Benedon ベネドン
Beneduce
　ベネデュース
　ベネドゥーチェ
Benefial ベネフィアル
Benefield
　ベネフィールド
Beneforti
　ベネフォルティ
Benegal ベネガル
Benegui ベネギ
Bénégui ベネギ
Beneich ベネク
Benéitez ベネイテス
Beneke
　ベイネケ
　ベネキ
　ベネキー
　ベネケ
Bèneke ベーネケ
Ben-Eliezer
　ベンエリエゼル*
Ben-Elijah ベンエリヤ
Ben-Elisha
　ベンエリシャ
Benelli
　ベネェリ
　ベネッリ*
　ベネリ**
　ベネリ
Beneman ベネマン
Benenate ベネネイト
Benenoch ベニノック
Benenson ベネンソン*
Benenti ベネンティ
Bener ベーナー
Benero ベネロ
Benes
　ベネシ
　ベネシュ*
　ベーネス
　ベネス*
Beneš ベネシュ
Benesch ベネシュ*
Benesh ベネッシュ
Benešová
　ベネショヴァー
Benestad ベネスタッド

Benet
　ビネー
　ベネ
　ベネー*
　ベネイ
　ベネット*
Benét
　ベネ**
　ベネー
　ベネット
Benett ベネット*
Benetti ベネッティ
Benetton ベネトン**
Benevelli
　ベネヴェッリ
　ベネヴェリ
　ベネベッリ*
Benevoli
　ベネーヴォリ
　ベネヴォーリ
　ベネヴォリ
　ベネボリ
Benevolo
　ベネーヴォロ
　ベネヴォロ*
Beneyton ベネトン
Benezet
　ベネゼー
　ベネゼット
Benfari ベンファーリ
Benfatto ベンファット
Benfeito ベンフィート
Benfenati
　ベンフェナティ
Benfer ベンファー
Benfey
　ベンファイ
　ベンフィー
　ベンフェイ
Benfield
　ベンフィールド
Benflis ベンフリス**
Benford
　ベンフォード**
Beng
　ベン*
　ベング
Bengali ベンガリ
Ben-Gamaliel
　ベンガマリエル
Ben-Gan ベンガン
Bengarbia
　ベンガルビーヤ
Benge ベンジ*
Bengel ベンゲル*
Bengell ベンゲル
Benger ベンガー
Ben-Gershom
　ベンゲルショム
Bengescu ベンジェスク
Bengesla ベンゲスラ
Benghebrit ベンゲブリ
Bengie ベンジー
Bengio ベンジオ*
Benglis ベングリス
Bengo ベンゴ

Bengoa ベンゴア
Bengsch ベングシュ
Bengt
　ベンクト***
　ベングト**
　ベント*
Bengtson
　ベンクトソン
　ベングトソン
Bengtsson
　ベングトション
　ベンクトソン
　ベングトソン**
　ベンソン
　ベンツソン
　ベントソン**
Benguigui ベンギギ
Ben-Gurion
　ベングリオン
　ベングリーン
Benh ベン*
Benhabib ベンハビブ*
Benhabyles
　ベンハビレス*
Benhadad
　ベン・ハダド
　ベンハーダド
Ben-Haim ベンハイム
Ben-Halafta
　ベンハラフタ
Benham
　ベナム
　ベンハム
Ben-Hama ベンハマ
Benhamadi
　ベンハマディ
Benhamou ベナム
Benhamous
　ベンハモス
Ben Hamza
　ベンハムザ
Ben-Hananiah
　ベンハナニア
Ben-hang ビンホアン
Ben-Hanina
　ベンハニナ
Benhassi ベンハシ
Benhida ベンヒーダ
Ben-Hillel ベンヒレル
Ben Hmidane
　ベンフミダン
Ben Hnia ベンニア
Ben-Holin ベンホリン
Ben-Hur ベンハー
Beni
　ベニ*
　ベニー
Beniamín ベニヤミン
Beniamina ベニアミナ
Beniamino
　ベニアミーノ*
　ベニアミノ
　ベニャミーノ*
Beniato ベニアト
Benic ベニック
Bénichou
　ベニシュ

ベニシュー*
Benicio
ベニシオ*
ベニチオ*
ベネチオ
Benida ベニダ*
Bénigne
ベニーニュ
ベニニュ
Benigni ベニーニ**
Benigno
ベニグノ**
ベニーニョ
Benignus
ベニグヌス
ベニーニュ
ベニニュス
Benik ベニク
Benikhlef ベニハレフ
Bénilde ベニルド
Benin ベニン
Benincasa
ベニンカーサ*
Bening ベニング**
Benintendi
ベニンテンディ
Benioff ベニオフ**
Beniquez ベニケス
Benis
ビーニス
ベニス*
Ben-Isaac ベンイサク
Benison
ベニスン*
ベニソン
Ben Israel
ベンイスラエル
Ben-Israel
ベンイスラエル
Benissad ベニサド
Benisty ベニスティ
Benita
ベニータ*
ベニタ*
Benite ベニテ
Benites ベニテス
Benitez
ベニテス***
ベニテズ*
Benítez ベニテス
Benito
ベニート**
ベニト***
ベニトー
Benitz ベニッツ
Beniuc ベニュク
Benivieni
ベニヴィエーニ
Benizi
ベニチ
ベニーツィ
Benizri ベニズリ
Ben Jacob ベンヤコブ
Ben-Jacob ベンヤコブ
Benjamin
バンジャマン***
ビンヤミン

ベニー
ベニアミン
ベニヤミン
ベン*
ベンジー
ベンジャマン*
ベンジャミ
ベンジャミン***
ベンハミン*
ベンヤミーン
ベンヤミン***
Benjamín
ベンジャミン
ベンハミン
Benjamina
バンジャミナ
ベンジャミナ
Benjamin Didier
ベンジャマンディディエ
Benjamins
ベンジャミンズ
Ben-Japheth
ベンヤフェト
Benjes ベンチェス
Benji
ベンジ
ベンジー
Benjo ベンヨ
Ben Jonah ベンヨナ
Benjor ベンジョール*
Ben-Joseph
ベンヨセフ
Ben Judah ベンユダ
Ben-Judah ベンユダ
Benk ベンク
Benkan ベンカン
Benkard ベンカアト
Benke
ベンケ*
ベンケ
Benken ベンケン
Benkendorf
ベンケンドールフ
ベンケンドルフ
Benkert ベンカート
Benkhadra ベンハドラ
Benkhelfa
ベンケルファ
Benkirane ベンキラー
Benkler ベンクラー
Benko ベンコ*
Benkoski ベンコスキー
Benkovic ベンコビック
Benkovski
ベンコフスキー
Benl ベンル
Ben-Lakish
ベンラキシュ
Ben-Levy ベンレヴィ
Benlloch ベンリョヒ
Ben-Maimon
ベンマイモン
Benmansour
ベンマンスール
Ben Massoundi
ベンマスンディ

Ben Meïr
ベンメイヤー
ベンメイル
Benmeradi
ベンメラディ
Ben Mohadji
ベンモハジ
Benmosche
ベンモシェ*
Ben Moses
ベンモーゼス
Ben-Moses
ベンモーセ
ベンモーゼス
Ben Moubamba
ベンムーバンバ
Benmoussa ベムーサ
Benn ベン***
Bennahum ベナハム
Bennar
ベナー
ベンナール
Bennardo ベナルド
Bennassar
ベナサール*
Ben-Natan ベナタン
Bennatan ベナタン
Benndorf ベンドルフ
Benne
ベネ
ベン
Benneckenstein
ベネケンシュタイン
Bennedict
ベネディクト
Bennell ベネル*
Bennent ベネント
Benner
ベナー*
ベンナー*
Bennet
ベネット**
ベンネット
Benneteau ベネトー
Bennett
ベネット***
ベンネット
Bennettetal
ベネテッタル
Bennetts ベネッツ
Bennhagen
ベンハーゲン
Bennholdt
ベンホルト*
Benni
ベニ
ベンニ**
Bennia ベニア
Bennie ベニー*
Bennigsen
ベーニグセン
ベンクセン
ベンニヒゼン
ベニヒゼン
Benning ベニング*
Benninga ベニンガ*
Benninghoff
ベニンホフ

Benningsen
ベンニングセン
Bennington
ベニントン**
Bennink ベニンク
Bennion
ベニオン
ベニヨン
Bennis ベニス**
Bennison ベニソン
Benno
ベノ*
ベノウ
ベンノ**
ベンノー**
Bennu ベヌ*
Benny
ベニ*
ベニー***
ベニイ
Beno
ベイノ
ベーノ
ベノ
Benoir ブノア
Benois
ブノア*
ブノワ
ベヌア
ベノア
Benoist
ブノア**
ブノワ*
ベノイスト
ベノワ
Benoist-Méchin
ブノアメシャン
Benoit
ブノア***
ブノワ**
ベネット
ベノー*
ベノア*
ベノイト**
ベノワ**
ベンワー*
Benoît
ブノア*
ブノワ**
ベノワ
Bénoît ベノワ
Benoite
ブノワット
ブノワト
Benoîte
ブノワット**
ブノワ
Benokraitis
ベノクレイティス
Benoliel ベノリエル
Benon ベノン
Benoni ベノーニ
Benot ベノー
Benoytosh
ベノイトシュ
Benozzo ベノッツォ**
Ben-Pedat
ベンペダット
Benqt ベンクト

Benquassmi
ベンクアッシミ
Benquet バンケ
Benrath ベンラート
Benrei ベンレイ
Ben Romdhane
ベンロムダーネ
Benrouge
ベンルージュ
Benrubi ベンルービ
Bens ベンス
Bensa
ベンサ
ベンザ
Bensadon バンサドン
Bensaïd
ベンサイド
ベンセード
Ben Salem ベンサレム
Bensalem ベンサレム
Ben Samuel
ベンサムエル
Ben-Samuel
ベンサムエル
Ben-Sasson ベンサソン
Bensberg
ベンスバーグ
Benschop
ベンショップ
Bensdorp
ベンスドープ
Bense ベンゼ*
Bensel ベンセル
Bensen ベンセン*
Benserade
バンスラード
BenShea ベンシー
Ben-Sheshna
ベンシェシナ
Benshoof ベンシューフ
Bensid ベンサイド
Bensignor
ベンシニョール*
Ben-Simchah
ベンシムハー
Bensing
ベンジンク
ベンジング
Bensinger
ベンシンガー
ベンジンガー
Bension ベンシオン
Benslama ベンスラマ
Bensley
ベンズリー
ベンズレー
Benso ベンソ
Ben Solomon
ベンソロモン
Ben-Solomon
ベンソロモン
Benson
ベンスン*
ベンソン***
Bensone ベンソン*
Benson-pope
ベンソンポープ

Bensouda ベンソーダ*
Bensouilah ベンスイラ
Bensoussan
　ベンスーサン*
　ベンスサン
　ベンスッサン
Benstead ベンステッド
Benstock ベンストック
Benston ベンストン
Benstrong
　ベンストロング
Bensussan
　ベンスーサン
Bent
　ベンツ
　ベント**
Bentaleb ベンタレブ
Bente ベンテ**
Benteke ベンテケ
Bentele
　ベンテレ
　ベントゥレ
Benter ベンター
Ben-Teradyyon
　ベンテラディオン
Benthall
　ベンソール
　ベントール
Bentham
　ベスナム
　ベンサム*
　ベンザム
　ベンタム*
Benthien ベンティーン
Benti ベンティ
Bentil ベントル
Bentin ベンティン
Bentinck
　ベンチンク
　ベンティク
　ベンティング
　ベンディンク
Bentinho ベンチーニョ
Bentivegna
　ベンティヴェーニャ
Bentivoglio
　ベンティヴォリオ*
　ベンティヴォーリョ
　ベンティボリオ
Bentley
　ベントリ
　ベントリー***
　ベントリィ
　ベントレー*
　ベントレイ
　ベントレイ*
Bently ベントリー
Bento
　ベント*
　ベントー
Bentoiu ベントイウ
Benton
　ベンタン
　ベントン***
Bentonelli
　ベントネリ
　ベントネッリ

Bentounès
　ベントゥネス
Bentov ベントフ*
Bentovim
　ベントヴィム
Bentow ベントー*
Bentsen
　ベンツェン**
　ベントセン
Bentson ベントソン
Benttsl' ベンツェル
Bentwich
　ベントウィッチ
Bentyne
　ベンティーン*
Bentz ベンツ*
Bentzon ベンソン
Benua
　ブノア
　ベヌア*
　ベヌアー
　ベノア
Benucci ベヌッチ
Benus ベニュシュ
Benussi
　ベヌシ
　ベヌッシ
Benvenida
　ベンヴェニーダ
Benveniste
　バンヴェニスト*
　バンブニスト
　バンベニスト
　ベンヴェニスト
　ベンベニスト
Benvenuti
　ベンヴェヌーティ**
　ベンベヌーチ
　ベンベヌーティ
Benvénuti
　ベンヴェヌーティ
Benvenuto
　ベンヴェヌウト
　ベンヴェヌート**
　ベンベヌート
　ベンベヌト
Benvenutti
　ベンヴェヌッティ
Benvinda ベンビンダ
Benwell ベンウェル
Benwikere
　ベンワイケレ
Beny ベニ
Benya ベンヤ
Ben Yahia
　ベンヤヒア
　ベンヤヒヤ*
Ben Yair ベンヤイル
Ben-Yair ベンヤイル
Benyamin
　ベンジャミン
　ベンヤミン
Ben Yedder
　ベンイエデル
Ben-Yehuda
　ベンエフダ
Benyi ベニー

Ben Yizri ベンイズリ
Ben-Yohai バルヨハイ
Benyounes ベンユネス
Benyovszky
　ベニョフスキー
Benyovzky
　ベニョフスキ
　ベニョフスキー
Benyowsky
　ベニオフスキー
　ベニョフスキー
　ベニョフスキー
Benyus ベニュス
Benz
　ベンズ
　ベンツ**
Ben-Zakkai ベンザカイ
Benzaquen
　ベンザケン
Benzel ベンゼル
Benzema ベンゼマ*
Ben-Zemah
　ベンツェマフ
Benzenberg
　ベンツェンベルク
Benzenhöfer
　ベンツェンヘーファー
Benzer ベンザー**
Benzi ベンツィ*
Benzian ベンジアン
Benzien ベンツァイン
Benziger ベンジガー
Benzinberg
　ベンツィンバーグ
Benzinger
　ベンツィンガー
Benzino ベンジーノ
Ben-Zion ベンジイオン
Benzion ベンジョン
Benzon ベンゾン
Ben Zvi ベンツビ
Beolco ベオルコ
Beom ボム
Beom-chan ハンチャン
Beom-seok ボムソク*
Beonio
　ベオーニオ
　ベオニオ*
Beop Jeong
　ボブチョン*
Beornred
　ベオーンレッド
Beornwulf
　ベオルンウルフ
　ベオーンウルフ
Beöthy ベーティ
Beowulf
　ベーオウルフ
　ベオウルフ
Bepko ベプコ
Beppe
　ベッペ**
　ベペ
Beppo
　ベッポ
　ベッポー

Beqaj
　ベチャ
　ベチャイ
Beqiri ベチリ
Bequai
　ベクエイ
　ベックウェイ
Ber
　バール
　ビーア
　ベヴ
　ベール
　ベル
Berab ベーラブ
Beradino ベラディーノ
Beradt ベラート
Berahino ベラヒーノ
Bérain ベラン
Beraki ベラキ
Beran ベラン*
Béran ベラン
Beranek
　ベラネク
　ベラネック
Bérangelle
　ベランジェル
Beranger ベランジャー
Béranger ベランジェ*
Bérangère
　ベランジェール
Berankova
　ベランコバ
　ベランコワ
Beránková
　ベラーンコヴァー
Berann ベラン*
Berao ベラオ
Berard ベラール
Bérard ベラール*
Berardesca
　ベラルデスカ
Berardi
　ベラーディ
　ベラルディ**
Bérardini
　ベラルディニ
Berardinis
　ベラルディニス*
Berardino
　ベラディーノ
　ベラルディーノ
Berardo ベラルド
Berardus
　ベラルド
　ベラルドゥス
Berardy
　ベラーディ
　ベラディ
Berashova
　ベラショーヴァ
Berat ベラト
Bérat ベラ
Beratlis ベラトリス
Beraud ベロー
Béraud ベロー*
Bérault ベロール
Berbara バーバラ

Berbatis バーバティス
Berbatov
　ベルバトフ**
Berber
　バーバー
　ベルバ
　ベルバー
　ベルベール
　ベルベル
Berberian
　バーベリアン*
　ベルベリアン
Berberova
　ベルベーロヴァ
　ベルベーロバ
　ベルベロバ
　ベルベーロワ*
Berbérova
　ベルベーロヴァ
　ベルベーローヴァ
　ベルベーロワ
Berbick バービック
Berbié ベルビエ
Berblinger
　バーブリンガー
Bercastel ベルカステル
Bercé ベルセ**
Berceanu
　ベルセアヌ
　ベルチェアヌ
Berceci ベルツェッチ
Berceli バーセリ
Berceo
　ベルセーオ
　ベルセオ
Bercheid バーシェイド
Berchem
　ベルヒェム
　ベルヘム
Berchesi ベルチェシ
Berchet
　ベルケト
　ベルシェ
Berchiche
　ベルシシェ
　ベルチチェ
Berchlingen
　ベルリンゲン
Berchmans
　ベルフマンス
Berchtold
　ベアハトルト
　ベールシュトルド
　ベルヒトールト*
　ベルヒトルト*
Berci ベルシー
Bercik バーキック
Berck
　バーク*
　ベルク
Berckhan ベルクハン*
Berckheyde
　ベルクハイデ
　ベルクヘイデ
Berckman パークマン
Bercot ベルコ
Bercovici
　バーコビチ
　ベルコヴィシ**

Bercovitch バーコビッチ
　バーコヴィチ
　バーコヴィッチ*
　バーコビチ
Bercovitz バーコヴィッツ
Bercuson バーカソン*
Berczelly ベルツェリー
Berczuk バーチャック
Berd ベール
Berdahl バーダール
Berdal ベルダル
Berdaniel バーダニエル
Berde バーデ
Berdeana バーディアナ
Berder ベルデ
Berdi ベルディ
Berdiaev ベルジャエフ
　ベルジャーエフ*
　ベルジャエフ
　ベルジャクエフ
Berdibek ベルジベク
Berdichevsky ベルディチェヴスキー
Berdiev ベルディエフ
Berdik バーディック
Berdimirat ベルジミラト
Berdimuhamedov ベルドイムハメドフ*
Berdin ベルダン
Berdiyev ベルディエフ
Berdnikov
　ベールドニコフ
　ベルトニコフ
　ベルドニコフ
　ベルドロニコフ
Berdrow
　ベルドロー
　ベルドロウ
Berdugo ベルドゥーゴ
Bérdy ベルドゥイ
Berdyaev ベルジャーエフ
Berdych ベルディハ
　ベルディヒ*
Berdychová ベルディホヴァー
Berdyczewski ベルディチェフスキー
Berdyev ベルディエフ
　ベルドイエフ
Berdymukhammedov ベルドイムハメドフ
Berdyyev ベルディエフ
Bere バレイ
　ベレ
Bère ベレ
Bereano ベリアーノ

Bereau ベロオ
Berechet ベレチェット
Berecz ベレツ
Bereday ベレディ
Berefelt ベーレフェルト
Beregi ベレジ
Bérégovoy ベレゴヴォワ*
　ベレゴボワ
Bereiter ベライター
　ベレント*
Berek
　ベレーク
　ベレク
Bereket
　ベレケ
　ベレケト
Berelson ビアルソン
　ベレルソン
Berenato ベレナト
Berenbaum バレンバウム
　ベーレンバウム*
　ベレンバウム
Bérence ベランス
Berend
　ベレント
　ベレンド**
Berendsen ベレンドセン*
Berendt ベーレント*
　ベレント*
Berendzen ベレンゼン
Berengar
　ベレンガリオ
　ベレンガーリョ
　ベレンガール
　ベレンゲル
Berengaria ベレンガリア
Berengario
　ベレンガリウス
　ベレンガーリオ
　ベレンガリオ
　ベレンガーリョ
Berengarius ベレンガリウス
Berenger
　ベレンガー
　ベレンジャー*
Bérenger
　ベランジェ
　ベレンガー*
Bérengère ベランジェール
Berengo ベレンゴ
Berenguer バランゲー
　ベレンゲール
　ベレンゲル
　ベレンゲル*
Berenholtz ベレンホルツ*
Berenice ベレニケ
　ベニス**
Bérénice ベレニス

ベレニーチェ
Berenike ベレニケ
Berens ベレンズ*
Berenson ベレソン
　ベレンスン**
　ベレンソン**
Berenstain ベレンスティン*
Berent ベーレント
　ベレント*
Beres ビアズ
　ベアーズ
Béres ベレシュ
Beresdorf ベレスドーフ
Beresford ベリスフォード*
　ベリズフォード
　ベルスフォード
　ベルスフォルド
　ベレスフォード***
　ベレスフォード
　ベレズフォード*
Beresh ベレシュ
Beresniewicz ベレスニューウィッツ
Beresnyeva ベレスニエワ
Beresovskii ベレゾフスキー
Berest ベレスト
Berestain ベレスティン
　ベレスタイン
Berestetskii ベレステッキー
Berestov ベレストフ**
Berett ベレット
Beretta ベレッタ**
Bereuter ビーライター
　ビライター
　ベルーター
Berewa ベレワ
Berez ベレズ
Berezhkov ベレジコフ
　ベレズホフ
Berezhnaya ベレズナヤ*
Berezin ベランジン
　ベレジン
　ベレズイン
Berezova ベリョーゾワ
　ベレゾワ
Berezovskii ベレゾーフスキー
　ベレゾーフスキー*
Berezovsky ベレゾフスキ
　ベレゾフスキー
Berezowski ベレゾフスキー
Berezutski ベレズツキ

Berg バーク
　バーグ***
　ベリ
　ベリイ
　ベール*
　ベルイ
　ベールク
　ベルク**
　ベルグ**
　ベルフ
Berga ベルグ
Bergaigne ベルゲーニュ
Bergala ベルガラ
Bergaman バーガマン
Bergamaschi ベルガマスキ
Bergamasco ベルガマスコ
Bergamasti ベルガマスチ
Bergamín ベルガミン
Bergamini バーガミニ*
　ベルガミーニ*
Bergan バーガン*
Bergant ベルガント
Bergantinos ベルガンティニョス
Berganza ベルガンサ**
Bergara ベルガラ
Bergasse ベルガス
Bergbom ベルクボーム
Bergdolmo ベルグデルモ
Bergdolt ベルクドルト
Bergdorf バーグドルフ*
Berge ヴェルジェ
　ヴェルジュ
　ベルゲ*
　ベルジュ
　ベルジュ*
Bergé ベルジェ**
Bergeat ベルゲアト
Bergel バージル
　ベルゲル
Bergeland バーグランド
Bergelson ベルゲルソン
Bergem バージェム
Bergemann
　ベルクマン
　ベルグマン
　ベルゲマン*
Bergen バーゲン***
　バージェン
　ベルゲン*
　ベルヘン
Bergendahl ベルゲンダール

Bergengren ベルイェングレン
Bergengruen ベルゲングリューン*
　ベルゲングリュン
Bergenholtz バージェンホルツ
Bergentz ベルゲンツ
Berger バーガー***
　バージャー***
　バジャー
　ベリエル
　ベルイェル
　ベルガー***
　ベルゲル**
　ベルシェ*
　ベルジェ**
　ベルジェー
　ベルジェエ
　ベルジュ
　ベルハー
Bergerac ベルジュラック**
Bergerat ベルジュラ
Bergere バーガー*
Bergère ベルジェール*
Bergerhausen ベルガーハウゼン
Bergeron バージェロン**
　バージャロン*
　ベルシェロン
　ベルジェロン*
　ベルジャロン
　ベルジュロン*
Bergerotti ベルジェロッティ
Bergerud ベーゲルード
Berges バージェス
Berget ベルゲ*
Bergethon ベルゲソン
Bergey バーギー*
Berggolits ベリゴリツ
　ベルゴーリツ
　ベルゴリッツ
Berggol'ts ベルゴーリツ
Berggrav ベルググラーフ
Berggreen ベルグレーン
Berggren バーグリン
　ベリィグレン*
　ベリグレン**
　ベルイグレン
　ベルグレン
Berggruen ベルグラン*
Bergh バーグ*
　ベリ*
　ベルク
　ベルグ*
　ベルフ

Berghahn ベルクハーン*
Berg-hansen バルグハンセン
Berghaus ベルクハウス / ベルゴース
Berghe ベルゲ / ベルヘ
Berghen ベルゲン
Berghmans ベルグマンズ
Berghof バーガフ / バーグホフ / バーゴフ
Berghuis バーグハウス / ベルフイス
Berghvist ベルイクヴィスト / ベルイビスト
Bergier ベルジェ* / ベルジエ / ベルジュ
Bergin バーギン* / バーゲン / バージン
Bergiron ベルジロン
Bergit ベルギット
Bergius ベルギウス*
Bergk ベルク
Bergkamp ベルカンプ**
Bergkvist ベルグヴィスト
Bergland バーグランド**
Bergler バーグラー
Berglind ベリィリンド
Berglund バーグランド / ベリルンド* / ベルグルンド
Berglundh バーグランド
Bergman ハーグマン / バークマン* / バーグマン** / バルイマン* / ベイルマン / ベリイマン* / ベリーマン / ベリマン / ベルイマン / ベルイマン*** / ベルクマン* / ベルクマン**
Bergmanis ベルグマニス
Bergmann バーグマン** / ベルクマン*** / ベルグマン*

Bergman ベルヒマン / ベルフマン
Bergmeyer ベルグマイヤー
Bergner バーグナー / ベルクナー / ベルグナー*
Bergoffen ベルゴフェン
Bergognone ベルゴニョーネ
Bergonzi バーガンジ / バーガンジィ / バーゴンジー / ベアゴンツィ / ベルゴンズィ / ベルゴンツィ** / ベルゴンツィ
Bergonzoni ベルゴンツォーニ
Bergoust ベルゴースト*
Bergquist ベルグクエスト
Bergqvist ベリークヴィスト* / ベリクビスト / ベリュクイスト / ベルクヴィスト
Bergrand バーグランド
Bergreen バーグリーン / ベルグレーン
Bergrem ベルグレム
Bergren バーグレン*
Bergsagel バーグセーゲル
Bergsma バーグスマ / ベルグスマ* / ベルフスマ*
Bergson バーグソン** / ベルクソン** / ベルグソン* / ベルグソン
Bergsson ベルグション
Bergstedt ベルグステット
Bergstein ベルグスタイン
Bergsten バーグステン**
Bergstöm ベリストレーム
Bergsträsser ベルクシュトレーサー / ベルクシュトレッサー
BergStröm ベルグストレーム
Bergstrom バーグストーム / バーグストローム / バーグストロム / ベリストレーム / ベリストレム

Bergström バーグストローム / バリストレーム / ベリィストレーム / ベリィストローム / ベリストレーム* / ベリストレム / ベリストローム / ベリストロム / ベルイストレム / ベルイストローム / ベルグストローム* / ベルストレーム
Bergum バーガム
Berguman ベルイマン
Bergvall ベルクバル
Bergwijn ベルフワイン
Berhalter バーハルター
Berhan ベルハン
Berhane ベルハネ
Berhanu ベルハヌ
Berhard ベルハルト
Berhe バーヘ / ベルヘ
Berhnard ベルンハート
Berhtric ベルフトリック
Berhtwulf ベルトウルフ
Beri ベリ
Beria ベリア / ベーリャ / ベーリヤ / ベリヤ
Berian ベリアン
Berianidze ベリアニゼ
Beriat ベルヤット
Berido ベリド
Berigan ベリガン*
Berik ベリク
Běrikhâ ベリカ
Berikjesu ベリクイエス
Beril ベリル
Bérimont ベリモン*
Berinato ベリナート
Berinchyk ベリンチェク
Bering ベーリング / ベリング
Beringen ベリンゲン
Beringer ベーリンガー* / ベリンガー
Berinstein ベリンスタイン
Berio ベリオ**
Beriosova ベリオソワ / ベリオゾワ

ベリョーソヴァ / ベリイストローム
Bériot ベリオ
Beriozoff ベリオゾフ
Berisha ベリシャ**
Berislav ベリスラフ
Beristaín ベリスタイン
Berit ベリット
Beritashvili ベリタシヴィーリ / ベリタシュビリ
Beritov ベリトフ
Beriya ベリア / ベーリャ / ベーリヤ / ベリヤ
Beriz ベリズ*
Berizè ベリゼ
Beriziky ベリジキ
Berizzo ベリッソ
Berk バーク* / ベルク
Berkane ベルカン
Berkant ベルカン
Berke バーク / バークリ / ベルケ*
Berkel ベルケル
Berkeley バアクリ / バアクレイ / バークリ** / バークリー*** / バークリイ / バークリ / バークレー / バークレイ*
Berkeliev ベルケリエフ
Berken ベルケン
Berkenhead バーケンヘッド
Berkenkamp バーカンキャンプ*
Berkes バークス
Berkey バーキー*
Berkhin ベールヒン
Berkhof バーコフ / ベルコフ
Berkhout バークハウト / ベルクート / ベルクハウト
Berki バーキー / ベルキ**
Berkimbaeva ベルキムバエワ
Berkin バーキン
Berkley バークリー / バークレー* / バークレイ
Berkman バークマン**

Berkmoes バークモーズ
Berkner バークナー
Berkoff バーコフ / バーコフ**
Berkouwer ベルカウワー / ベルコーウェル
Berkov バーコフ*
Berkovic ベルコビッチ
Berkow バーカウ* / バーコウ
Berkowits バークウィッジ
Berkowitz バーコウィツ / バーコウィッツ / バーコヴィッツ / バーコビッツ / ベルコビッツ
Berkson バークソン
Berkum ベルクム**
Berkun バークン
Berkutov ベルクトフ
Berkvens バークヴェンズ
Berkwitt ベルクウィット
Berkyaruq バルキヤールク
Berl バレル / ベール / ベルル* / ベレル
Berlack バーラック
Berlage バーレージ / ベルラーゲ / ベルラーヘ*
Berlak バーラック
Berlakovich ベルラコビッチ
Berland バーランド*
Berlanga ベルランガ*
Berlant バーラント
Berlau ベアラウ / ベルラウ
Berle バーリ* / バーリー / バール* / バーレ
Berleand ベルリアン
Berlejung ベルレユング
Berlekamp バーリカンプ / バーレカンプ / バーレキャンプ*
Berlepsch ベアレプシュ / ベルレプシュ
Berlewi バーレヴィ

Berliand ベリヤンド
Berlichingen
　ベルリッヒンゲン
　ベルリヒンゲン
Berlie
　バーリー**
　バリー
Berlin
　バーリン**
　ベッリーン
　ベルリン**
Berliner
　バーリナー*
　ベアリナー
　ベリネール
　ベルリーナー
　ベルリナー
　ベルリネール
　ベルリネル
Berling
　バーリング
　ベルリンク
　ベルリング
Berlinger
　バーリンジャー
　ベルリンガー
Berlinghieri
　ベルリンギエーリ
　ベルリンギエリ
　ベルリンギエーロ
　ベルリンギエーロ
Berlinghiero
　ベルリンギエーロ
Berlinguer
　ベルリングェル
　ベルリングエル*
　ベルリンゲル
Berlinski
　バーリンスキ*
　ベルリンスキ
Berlioz
　ベルリオ
　ベルリオース
　ベルリオーズ**
　ベルリオズ
Berlitz
　バーリッツ*
　ベルリッツ***
Berlo バーロ
Berloni ベルローニ
Berloquin ベルロカン
Berlusconi
　ベルルスコーニ**
Berluti ベルルッティ*
Berlyne バーライン
Berman
　バーマン***
　ベールマン
　ベルマン**
Bermant
　バーマント*
　ベルマント
Bermejo
　ベアメイホウ
　ベルメーホ
　ベルメホ*
Bermeo ベルメオ
Bermont バーモント
Bermoy ベルモイ**

Bermudez
　バーミューデス
　バーミューデッツ*
　ベルムデス**
Bermúdez
　ベルムデス*
Bermudo ベルムード
Bermujo
　ベルメーホー
　ベルメモ*
Bern ベルン
Berna
　バーナ
　ベルナ*
Bernabe
　バーナーブ
　ベルナーベ
　ベルナベ*
Bernabé ベルナベ
Bernabei
　ベルナベーイ
　ベルナベイ
Bernabeu ベルナベウ
Bernabó ベルナボ
Bernabō ベルナボ
Bernac ベルナック*
Bernacchi ベルナッキ
Bernád ベルナード*
Bernadac
　ベルナダク
　ベルナダック*
Bernadeau
　バーナデュー
Bernadene
　バーナディーン
Bernadetta
　ベルナデッタ
Bernadette
　バーナディット
　バーナデッテ
　バーナデット**
　バーナデッド
　バーナデッタ*
　ベルナデッテ
　ベルナデット***
　ベルナデットゥ
　ベルナデテ
　ベルナンデッテ
Bernadi バーナーディ
Bernadine
　バーナディン*
　ベルナディンヌ
Bernadotte
　バーナドット
　ベルナッド
　ベルナドッテ**
　ベルナドット*
Bernaert
　バレント
　ベルナールト
Bernage ベルナージュ
Bernagenel
　ベルナジネル
Bernal
　バーナル*
　バナール*
　ベルナール
　ベルナル*

Bernald バーナード

Bernall バーナル
Bernand ベルナン*
Bernanke
　バーナンキ**
　バーナンケ
　バーナンケ
Bernanos
　ベルナノス**
Bernár ベルナール
Bernard
　バアナアド
　バァナード
　バアナド
　バァナド
　バナアド
　バーナード***
　バーナド*
　バナド
　バーニー*
　バンド
　ベルナアル
　ベルナード*
　ベルナール***
　ベルナル
　ベルナールド
　ベルナルト***
　ベルナール*
　ベルナーレ
　ベルンド
Bernarda
　バーナーダ
　ベルナルダ*
Bernardes
　ベルナルデス
Bernardeschi
　ベルナルデスキ
Bernardi
　バーナルディ
　ベルナード
　ベルナルディ*
Bernardica
　ベルナルディツァ
Bernardim
　ベルナルディン
Bernardin
　バーナーディン*
　バーナディン
　ベルナルダン*
　ベルナルディン
Bernardina
　バーナディナ
Bernardine
　ベルナルディヌ
Bernardini
　ベルナルディーニ
Bernardin Ledoux
　ベルナルダンルドゥ
Bernardino
　ベルナディーノ
　ベルナルディーノ**
　ベルナルディノ
Bernardinus
　ベルナルディーヌス
　ベルナルディヌス
Bernardo
　バーナード*
　バーニー
　ベルナード
　ベルナード***
　ベルナールドゥ
　ベルナンド

Bernardovich
　ベルンガルドヴィチ
Bernardus
　ベルナード
　ベルナードゥ*
Bernari ベルナーリ*
Bernarr ベルナール
Bernart ベルナール
Bernasconi
　ベルナスコーニ
Bernat
　ベルナー
　ベルナット
　ベルナート*
　ベルナト*
Bernath ベルナス
Bernáthová
　ベルナートヴァー
Bernatonis
　ベルナトーニス
　ベルナトニス
Bernatzik
　ベルナチク
　ベルナツィーク*
Bernau
　バーノウ
　ベアナウ*
　ベルナウ
Bernauer
　バーナウアー
　ベルナウアー*
Bernays
　バーネイズ*
　ベルナイス**
Bernaz ベルナズ
Bernazard
　バーナザード
　バナザード
Bernbach
　バーンバック
Bernbaum
　バーンバウム
Bernbeck
　バーンベック
Bernby バーンビー
Bernd
　バーンド**
　ベアント
　ベルン*
　ベルント***
　ベルンド**
Berndes ベルンデス
Berndl ベルンドル
Berndorff
　ベルンドルフ
Berndt
　バーント*
　ベアンテ
　ベルント**
Berndtson
　ベルントソン
Berne
　バーン**
　ベルネ
Bernede
　ベルネーデ
　ベルネード
Berneker ベルネカー*

Berner
　バーナー
　バーナー*
　ベルネル
Bernerdo ベルナルド
Berneri ベルネリ
Bernero ベルネーロ
Berners
　バーナース
　バーナーズ**
Bernert ベルネール
Bernet ベルネ
Bernett
　バーネット
　ベルネット
　ベルネト*
Bernette バーネット
Bernetti ベルネッティ
Berneux ベルヌー
Berneval ベルヌヴァル
Berneveld
　ベルネフェルト
Bernewitz
　バーネウィッツ
Berney バーニー*
Bernfeld
　ベルンフェルト
Berngardovich
　ベルンガールドヴィチ
　ベルンガルドヴィチ
Bernger ベルンガー
Bernhad ベルンハルト
Bernhard
　バーナード**
　バールンハルド
　バーンハー
　バーンハード*
　ベアナート
　ベアンハート
　ベアンハード
　ベルナルト
　ベルニハルト
　ベルハルト
　ベルンハート*
　ベルンハード*
　ベルンハルズ
　ベルンハルト***
　ベルンハルド
　ベルンハルドゥス
　ベルンハント
Bernhardi
　ベルンハルディ*
　ベルンハルディー
Bernhardine
　ベルンハルディーネ
Bernhardt
　バーンハート*
　バーンハルト*
　ベルナール*
　ベルンハルト*
　ベルンハルド
Bernhardy
　ベルンハルディ
Bernhart
　バーンハート
　ベルンハルト
Bernheim
　ベルナイム*
　ベルネーム
　ベルネム

ベルンハイム**
ベルンヘイム
Bernheimer
バーンハイマー
Bernholz バーンホルツ
Berni
バーニ
ベルニ*
Bernice
バーニーズ
バーニス***
バニス*
バーンス
ベルニス*
ベルニーチェ
Bernick バーニック
Bernicke ベルニック
Bernie
バーニー***
ベルニー
Berniece バーニース
Bernier
バーニアー
バーニヤー
ベルニエ***
ベルニエール
Bernieres
ベルニエール*
Berniéres
ベルニエール
ベルニエレス
Bernières
ベルニエール*
Bernies ベルニー
Bernigaud
ベリニョー
ベルニゴー
Berníkē ベルニケ
Berniker バーニカー
Bernikow バーニコウ*
Berning
バーニング
ベルニング
Berninger
バーニンガー
Bernini
ベルニーニ
ベルニニ
Bernis
ベルニ
ベルニス*
Bernius ベルニウス
Bernlef ベルンレフ*
Bernnard
ベルンナルド
Berno
ベルノ
ベルノー
Bernocchi ベルノッチ
Bernoff バーノフ
Bernolák ベルノラーク
Bernold ベルノルド
Bernoldus
ベルノルドゥス
Bernon バーノン
Bernos ベルノス
Bernot ベルノット

Bernotas
バーノータス
バーノタス
Bernoulli
ベルヌーイ
ベルヌイ
ベルヌーリ
ベルヌリ
Bernoville
ベルノヴィル
Berns バーンズ*
Bernsee ベルンゼー
Bernsen
バーンセン
ベルンセン
Bernshtam
ベルンシュタム
Bernshtein
ベルンシテーイン
ベルンシテイン*
ベルンシュタイン*
ベルンシュテーイン
ベルンシュテイン
Bernspång
バーンパング
Bernstain
バーンスタイン
Bernstein
バースタイン
バーンシュタイン
バーンスタイン***
バーンスティーン
バーンスティン*
バーンスティン
バーンステイン
ベルンシュタイン**
ベルンシュテイン
ベルンスタイン
ベルンスタン*
ベルンステーン
ベルンステン
ベルンシュスタイン
Bernstorff
ベアンストーフ
ベルンシュトルフ
Bernt
バーント
ベァーント
ベルント**
Bernthal バーンサル
Bernthsen
ベルントゼン
Berntorp バーントープ
Berntsen
ベアントセン
ベルントセン*
Berntzen バーンツェン
Bernulf ベルヌルフ
Bernus ベルヌス
Bernward
ベルンヴァルト
ベルンワルト
Berny バーニー
Béroalde ベロアルド
Béroff ベロフ*
Beroian ベロヤン
Beroldingen
バロルディンゲン
Berolzheimer
ベロツハイマー

ベロツハイマー
Beronogov ベロノゴフ
Bērōsos
ベロースス
ベーローソス
ベロソス
ベロッソス
Béroul ベルール
Berounský
ベロンスキー
Berov ベロフ**
Berova
ベローヴァ
ベローワ
Berque ベルク**
Berquet ベルケ*
Berquin ベルカン
Berr
ベール*
ベル
Berra
バーラ
ベラ**
Berrall ベラル
Berran ベラン
Berre
ベール
ベーレ
Berreby
ベルビー
ベレビー
Berreiro ベレイロ
Berreman ベリマン
Berrenni ベレンニ
Berresford
ベアレスフォード
ベレスフォード*
Berretoni
ベルレットーニ
Berrett
バレット
ベレット
Berretta ベッレッタ
Berrettoni
ベッレットーニ
Berretty ベッレッティ
Berrezueta ベレスエタ
Berri ベリ**
Berriat ベリアー
Berriault
ベリオー
ベリオールト
Berridge
バーリッジ
ベリッジ*
Berrie ベリー
Berriedale
ベリデイル*
Berrigan
ベリガン***
ベリンガム
Berrill ベリール
Berrio ベッリオ*
Berrios ベリオス
Berriot ベリオ
Berrit ベリット

Berroa
ベローア
ベロア
Berrocal ベロカル
Berroterán ベロテラン
Berrow ベロウ*
Berruguete
ベルゲーテ
ベルゲテ
Berrut ベルー
Berruti
ベッルーティ
ベルッチ
Berrutti ベルティ
Berruyer ベリュイエ
Berry
バリー
ベイリー
ベーリー
ベリ*
ベリー***
ベリィ
ベルリ
Berryer ベリエ
Berryman
ベリーマン*
ベリマン**
Bers
バース
ベアス
Bersa ベルサ
Bersanau ベルサナウ
Bersani ベルサーニ**
Berscheid
バーシャイド
Berse ベルゼ
Berselli ベルセッリ
Berset ベルセ*
Bersezio ベルセジオー
Bershadskii
ベルシャドスキー
Bershawn
バーショーン*
Bersier
ベルジェ
ベルジェ
Bersin バーシン
Bersini ベルシーニ
Bersinic バーシニック*
Bersma ベルスマ*
Berson
バースン
バーソン
ベルソン
Bersot バーソット
Berst バースト
Berswordt
ベルスヴォルト*
Bert
バート***
ベール*
ベル
ベルト***
Berta
バータ
ベルタ**
Bertacco ベルタッコ

Bertaggia
ベルタッジア
Bertagna
ベルターニャ*
Bertaina ベルタイナ
Bertalanffy
ベアタランフィー
ベルタランフィ*
ベルタランフィー
Bertali ベルターリ
Bertana ベルタナ
Bertand
ベルタン
ベルタンド
Bertani ベルターニ
Bertans バルタンズ
Bertarelli ベルタレリ
Bertati ベルターティ
Bertaud ベルト
Bertauld ベルトール
Bertaut
ベルトー
ベルトゥ
ベルトオ
Bertaux ベルトー*
Berte
バート
ベルテ
Berté ベルテ
Berteau ベルトー
Berteaut ベルトー*
Bertel
バーテル
ベアテル
ベルテル
Bertela ベルテラ
Bertelé ベルトレ
Bertell バーテル
Bertelle
ベルテッレ
ベルテレ
Bertelli ベルテッリ**
Bertelmann
バーテルマン
Berteloot
ベルトゥルー
Bertelot ベルトロー
Bertels バーテルス*
Bertelsen
バーテルセン
ベアテルスン
ベルテルセン
Bertens ベルテンス
Bertenshaw
バァテンシャウ
Berterand
バートランド
Berth バース
Bertha
バアサ
バーサ**
ベルタ*
Berthaud ベルトー*
Berthault ベルトー
Berthaut ベルトー
Berthe
ベルテ*

ベルト*
Berthé ベルテ
Bertheau ベルトー
Bertheaume
　ベルテオーム
Berthelier ベルテリエ
Berthelin ベルテラン
Berthelot
　ベルテロー
　ベルトゥロ*
　ベルトロ
　ベルトロー
Berthelsen
　ベルテルセン*
Berthenet ベルテネ
Berthier
　ベルチエ
　ベルティエ**
Berthieu ベルテュー
Berthil
　ベッティル
　ベルティル
Berthod
　ベルトッド
　ベルトート
Berthoff バーソフ
Berthoin ベルトワン
Berthois ベルトワ
Berthold
　バーソルド*
　バートルド*
　ベルトホルト
　ベルトールト
　ベルトルード
　ベルトルト***
　ベルトルド
Bertholdi
　ベルトルディ
Bertholdus
　ベルトルド
　ベルトルドゥス
Bertholet
　ベルトレ
　ベルトレー
　ベルトレート
Bertholle ベルトール
Berthollet
　ベルトーレ
　ベルトレ
　ベルトレー
Bertholon ベルトロン
Bertholt ベルトルト
Berthomé ベルトメ
Berthon
　ベルソン
　ベルトン
Berthoud
　バーサド
　ベルトゥ
　ベルトゥー*
Berti
　バーティ
　ベルスィ
　ベルティー**
Bertice バーティス
Bertie
　バーティ***
　バーティー*

Bertier ベルティエ*
Bertil
　バーチル
　バーティル
　ベアティル
　ベルスィル
　ベルティル
Bertilla ベルティラ
Bertille ベルティーユ
Bertillon ベルティヨン
Bertilsson
　バーティルソン
Bertin
　ベルタン*
　ベルティヌス
　ベルティン
Bertina ベルティーナ*
Bertinelli
　バーティネリ
　ベルティネッリ
Bertinet
　バーティネット
Berting ベルティング
Bertini
　ベルチーニ
　ベルティーニ***
　ベルティニ
Bertinoro
　ベルディノロ
Bertjens
　ベルティエンス
Bertl ベルトール
Bertle ベルトレ
Bertleff ベルトレフ
Bertley バートリー
Bertling バートリング
Bertman ベルトマン
Bertness バートネス
Berto ベルト***
Bertocci ベルトッチ*
Bertoglio ベルトグリオ
Bertoia ベルトイア*
Bertola ベルトーラ*
Bertolacci
　ベルトラッチ
Bertolacini
　ベルトラチーニ
Bertolasi ベルトラシ
Bertold
　ベルトールト
　ベルトルト
Bertoldi バートルディ
Bertoldo ベルトルド
Bertolet バートレット
Bertoli ベルトーリ
Bertolini
　ベルトリーナ
　ベルトリーニ
Bertolo ベルトロ
Bertolote
　ベルトローテ
Bertolotti
　ベルトロッティ
Bertolt
　ベルト
　ベルトオルト
　ベルトル

Bertier ベルティエ*
ベルトルト**
Bertolucci
　ベルトリッチ*
　ベルトルッチ***
Berton
　バートン**
　ベルトン*
Bertone ベルトーネ
Bertonèche
　ベルトネシュ
Bertoni ベルトーニ*
Bertot バートット
Bertoti ベルトティ
Bertotti
　ベルトッティ
　ベルトティ
Bertotto ベルトット
Bertow ベルトフ
Bertozzi
　ベルトッジ
　ベルトッツィ
Bertrad ベルトラン
Bertram
　バートラム***
　ベトラム
　ベルトラム**
　ベルトラン*
Bertran ベルトラン
Bertrán
　ベルトラーン
　ベルトラン*
Bertrand
　バァトランド
　バートランド**
　ベルトラン***
　ベルトランド*
　ベルラン
Bertrando
　ベルトランド
Bertsch
　バーチュ
　ベルチュ
Bertschinger
　バーチンガー
Bertsekas
　バートセカス
Bertsh バーチュ
Bertuccelli
　ベルトゥチェリ
Bertucci ベルトゥッチ
Bertuccio
　ベルトゥッチョ
Bertucelli
　ベルトゥチェリ*
Bertuch ベルツフ
Bertulf ベルトゥルフ
Bertus
　ベルタス
　ベルトゥス*
Berube
　ベアビー
　ベルーベ
Berucci ベルッチ
Beruchashvili
　ベルチャシビリ
Beruete
　ベルエーテ
　ベルエテ

Bérulle ベリュル
Berund ベルント*
Berungardovich
　ベルングラドビッチ
Berval
　ベルヴァール
　ベルヴァル*
　ベルバル
Berve ベルフェ
Bervi
　ベールヴィ
　ベルヴィ
　ベールビ
Bervic ベルビック
Berwald
　ベアバルト
　ベールヴァルト
　ベルヴァルト
　ベルヴァルド
　ベルワルト
Berwanger
　バーワンガー
Berwick
　バーウィック*
　ベリック
　ベルヴィック
Berwind バーウィンド
Bery ベリー
Beryakovich
　ベリャコーヴィチ
Beryl
　ビライル
　ベリル***
Beryllos ベリロス
Bēryllos ベーリュロス
Berys ベリーズ
Berzelius
　ベルセーリウス
　ベルセリウス
　ベルツェーリウス
　ベルツェリウス
Berzicza ベルジツァ
Berzin ベルズィン
Berzini ベルジーニ
Berzins
　ベルジンシ
　ベルジンシュ
Berzinš ベルジンシ
Bērzinš
　ベルジンシ*
　ベルジンシュ
Berzoini ベルゾイーニ
Berzon バルゾン
Berzsenyi
　ベルジェニ
　ベルツセニー
Berztiss ベルッティス
Bes ベス*
Bès ベス
Besa ベサ
Besacier ブザシェ
Besag ビサッグ
Besalel ベサレル
Besancenot
　ブザンスノ*
Besancon ブザンソン
Besançon ブザンソン

Besanko ベサンコ
Besant
　ベサント*
　ベザント
Bēsantīnos
　ベサンティノス
Besanzoni
　ベサンツォーニ
Besar ブサール
Besard ブザール
Besbes ベスベス
Besby ベスビー
Besch
　ベシュ
　ベッシュ
Beschaouch
　ベシャウシュ*
Bescher ベッシャー
Beschi ベスキ
Beschloss ベシュロス
Besco ベスコ
Bescond ベスコン
Besdine ベスダイン
Besebes ベセベス
Besedovskii
　ベセトフスキー
　ベセドフスキー
Beseler
　ビーズラー
　ベーゼラー
Beselov ヴェセーロフ
Besen ベセン
Besher ビシェル
Beshers ビッシャーズ
Beshr ビシュル
Besic ベシッチ
Besicovich
　ベシコヴィッチ
Besicovitch
　ベジコヴィチ
　ベシコビッチ
Besier ベジーア
Besik ベシク*
Besikci ベシクチ
Besikçi ベシクチ
Besim
　ベシーム*
　ベシム
Besimi ベシミ
Besineau ベジノ
Bésineau
　ベジノ
　ベジノー*
Beşir ベシル
Beskaravajny
　ベスカラヴァイヌイ
Beskov ベスコフ
Beskow
　ベスコーヴ
　ベスコウ
　ベスコフ
　ベスコフ**
Besl ベスル
Beslan ベスラン
Beslay ベスレー
Besler ベスラー*

Besley ベズリー	Bessieux ベッシュー	Betanzos	Bethune	Bette
Besly ベスリー	Bessis ベシス	ベタンソス	バツーン	ベッテ**
Besmond ベスモンド	Bessman ベスマン	ベタンゾス	ビートゥン	ベッティ
Besnard	Bessmertnova	ベタンゾスモロ	ビートン	ベット**
ベスナール*	ベススメルトノワ	Betawell ベタウェル	ベシューン	ベーテ
ベナール*	ベススメルトノーヴァ	Betbèze ベトベーズ	ベスューン**	ベティ**
ベルナール	ベスメルトノワ	Betchelor バチェラー	ベスン	Bettel ベッテル*
Besnier ベズニエ	Bessmertny	Betcher ベッチャー	ベチューン*	Betteley ベットリー
Besnik ベスニク	ベスマートニー	Betel ベテル	Béthune	Bettelheim
Besobrasov	Bessmertnykh	Betemit ベテミット	ベチューヌ	ベッテルハイム***
ベソブラソフ	ベススメルトヌイフ*	Beterbiev	ベチューヌ	ベテルハイム
Besobrasova	ベスメルトニフ	ベテルビエフ	ベテューン	ベトルハイム
ベゾブラゾヴァ*	Bessner ベスナー	Beteta ベテタ	Bethurum ベサラム	ベートゥレーム*
Besoiu ベソーユ	Bessolé バソレ	Betetto ベテント	Beti ベティ	ベトゥレーム
Besold ベゾルト	Besson	Beth	Béti	ベトルハイム
Besom ベソム	ベソン	ベス**	ベチ	ベトレーム
Besov ベソフ	ベッソン**	ベート	ベティ**	Betteloni ベッテローニ
Besozzi	Bessón ベソン	Betham	Beti Assomo	Bettembourg
ベソッツィ	Bessonova	ベイサム	ベティアソモ	ベテンボーリ
ベゾッツィ	ベッソノワ**	ベタム	Beti-marace	Betten ベテン
Besozzo ベゾッツォ	Bessos ベッソス	Bethan	ベティマラス	Bettenay ベッテネイ
Besredka	Bessudo ベスド	ベサン	Betina	Bettencourt
ベスレッカ	Bessy	ベッサン	ベチナ	ベタンクール
ベスレトカ	ベシー	Bethancourt	ベティーナ	ベッテンコート**
ベスレドカ*	ベッシー*	ベタンクール	ベティナ	Bettendorf
Bess ベス**	ベッシィ	ベタンコート	Beting ベティング	ベッテンドルフ
Bessa ベッサ**	Best ベスト***	Béthancourt	Betinho ベッチーニョ*	Bettenson
Bessaiso ベセーソ	Bestaev ベスタエフ	ベタンクール	Betjeman	ベッテンソン
Bessala ベサラ	Bestaeva ベスタエワ	Bethânia ベターニア	ベチェマン	Bettera ベッテーラ
Bessallah ベッサラー	Bestall ベストール	Bethanie ベサニー	ベチャマン	Betteridge
Bessant ベサント	Bestandig	Bethanis ベサニス	ベッチェマン*	ベターリッジ
Bessarab ベサラブ	ベスタンディグ	Bethanne ベサニー	ベッチマン	ベタリッジ
Bessarion	Bestandigova	Bethany ベサニー*	Betke ベートケ	ベテリッジ
ベッサリオン	ベスタンディゴワ	Bethards	Betle ベーテ	Bettermann
Bēssaríōn	Bestard ベスタルド	ベサーズ*	Betlem ベトレム	ベターマン
ベッサリオン	Beste ベステ	ベザース	Beto ベト	Betterridge
Besse	Besteiro ベステイロ*	Bethe ベーテ***	Betocchi ベトッキ*	ベットリッガー
ベシー	Bestemianova	Bethea	Betro ベトロ*	Betterson ベターソン
ベス**	ベステミアノワ	ベシア	Betrone	Betterton ベタートン
ベセ	Bester ベスター**	ベセア	ベトローネ	Bettes ベッテス
Bessel	Besterman	Bethel	ベドローネ	Bettetini
ベセル*	ベスターマン	ベシール	Betsey ベッチー	ベッテティーニ
ベッセル*	ベスタマン	ベセル	Betsimifira	Bettez ベテ
Besseler ベッセラー	Beston ベストン*	Bethell	ベチミフィラ	Bettger
Besseli ベッセリ	Bestor	ベサル	Betsky	ベットジャー
Besselink ベッセリンク	ベスター**	ベセル**	ベッキー	ベトガー*
Bessemer ベッセマー	ベストウル	ベセル	ベッキー	Betthäuser
Bessen ベッセン	Bestuzhev	Bethenia ベセニア	Betsy	ベットホイザー
Bessenyei	ベストゥージェフ	Bethge	ベツィ*	Betti
ベシェニェイ	Besty ベッシィ	ベスゲ	ベツィー*	ベッティ***
ベッシェニェイ	Besu ベス	ベッケ*	ベッシー	ベティ
Besser	Beswick	ベートゲ	ベッツィ**	Bettie
ベセル*	ベスウィック*	ベトゲ	ベッツィー**	ベッツィ
ベッサー*	ベズウィック	Bethke	ベッツイ**	ベティ**
Besserat ベッセラ	Beswicke ベスウィック	ベスキ	ベットシー	Bettignies
Besserie ベスリー	Bet	ベスキー*	Bett ベット*	ベッティニー
Besset ベセ	ベット	ベトケ	Betta ベッタ	ベッティニィエ
Bessette ベセット*	ベト	Bethléem ベトレエム	Bettah ベター	Bettin
Bessey ベッスィー	Betáki ベターキ	Bethlen	Bettaieb ベッタイエブ	ベッティン
Bessie	Betances ベタンセス	ベスレン	Bettane ベタンヌ	ベティン
ベシー*	Betancor ベタンコール	ベテーレン	Bettany ベタニー**	Bettina
ベッシー**	Betancourt	ベトレン	Bettari ベッターリ	ベッティーナ***
Bessière	ベタンクール**	Bethmann	Bettarini ベッタリーニ	ベッティナ**
ベシエール	ベタンコート*	ベートマン*	Bettati	ベティーナ*
ベッシェール	Betancur ベタンクール	Bethsabee ベスビー	ベタッティ*	ベティナ*
Bessières ベッシエール	Betancurt	Bethsabée ベサビー	ベッターティ	Bettinelli
	ベタンクール*	Bethuel ベトエル	Bettcher ベッチャー	ベッティネッリ
				ベッティネリ

Bettinghaus ベッティングハウス
Bettini ベッティーニ**
Bettinna ベッティーナ
Bettino ベッチーノ / ベッティーノ**
Bettiol ベッティオル
Bettis ベッティス / ベティス*
Bettmann ベットマン
Betto ベット
Bettoia ベットイーア
Bettoli ベットーリ
Betton ベットン
Bettoni ベットーニ
Bettridge ベトリッジ*
Betts ベッツ**
Betty ベッティ* / ベティ*** / ベティー** / ベティ
Bettye ベティ
Betuel ベテュエル
Betul ベトゥル
Betune ベテューヌ
Bety ベティ
Betz ベッツ*
Betzabeth ベツァベス
Betzig ベツィグ*
Beuckelaer ブッケラール / ベーケラール
Beuckelszoon ブーケルゾーン
Beudant ベウダン
Beuf ブーフ / ベウフ
Beukeboom ブーカブーム
Beukelaer ブーケラー
Beukelaers ブークレール
Beukelman ビューケルマン
Beukema ブッケマ*
Beuker ボイカー
Beukering ベウケリンフ
Beukers ビューケルス / ボイケルス*
Beukes ビューケス**
Beulah ベウラ
Beulé ブーレ
Beumann ボイマン
Beumer ビューマー
Beunen ビューナス
Beuningen ベーニンゲン
Beuno ベウノ

Beurdeley ブールドレー
Beuret ブーレ
Beureueh ブルエ / ブレエ
Beurier ブリエ
Beurlin ボイルリーン
Beurling ブーリン
Beurse ビュールス
Beus ビュス / ブース / ベウス
Beuscher ボイシャー
Beust ビュースト* / ボイスト
Beutel ビューテル* / ボイテル
Beutelspacher ボイテルスパッハー* / ボイテルスパッヒャー
Beuth ボイト
Beutin ボイティン
Beutler ボイトラー*
Beuve ブーヴ* / ブウヴ / ブウブ / ブーブ
Beuve-Méry ブーブメリ
Beuvkels ブーケルス
Beuys ボイス**
Beuzelin ベウゼリン
Bev ベヴ* / ベブ**
Bevan ビーヴァン / ビーヴァン / ベバン / ベーヴァン / ベーバン / ベバン*
Bevanda ベバンダ
Bevanmogg ベヴァンモッグ
Bevarly ベヴァリー / ベバリー
Bevell ベベル
Bever ビーヴァー / ビーバー / ブヴェール
Bevere ビビア
Beveridge ビヴァリッジ / ビヴァリッジ* / ビーバリッジ / ビバリッジ / ベヴァリッジ / ベヴァリッジ* / ベヴァリッジ / ベヴェリッジ

ベバリジ / ベバリッジ**
Beverland ベバランド
Beverley ビヴァリー* / ビバリイ / ビバリー** / ビバリィ / ベヴァリ / ベヴァリー* / ベバリー / ベブリー
Beverly ビーヴァリー / ビヴァリ / ビヴァリー* / ビーバリー / ビバリー*** / ベヴ / ベヴァリー* / ベヴェリー* / ベバリー* / ベバリィ / ベバリィ* / ベーベリー / ベベリー / ベベリィ
Bevers ベヴァーズ
Beverton ベヴァートン
Bevery ベバリー
Bevi ベヴィ
Bevier ベヴィアー*
Bevignate ベヴィニャーテ
Bevilacqua ベヴィラックァ*** / ベヴィラッククワ / ベヴィラックワ
Beville ベビル
Bevin ベヴァン / ベヴィン / ベビン
Bevington ベヴィングトン
Bevins ベヴィンス
Bevir ベビア
Bevis ベヴィス / ベービス / ベビス
Bevlyn ベヴリン
Bewa-Nyong ベワニョン
Bewdley ビュードリー*
Bewer ベーヴァー
Bewersdorff ベーベルスドルフ
Bewes ビーウェス
Bewick ビウィック / ビューイック / ビュイック / ビュウイック
Bewkes ビュックス*
Bewley ビュウリイ / ビューリー

Bexell ベクセル**
Bexheti ベジェティ
Bexigas ベクシガス
Bey バイ / ベー / ベイ*** / ベク / ベグ / ベッグ
Beyaert ベイヤール / ベヤール
Beyala ベヤーラ* / ベヤラ
Beyatli ベヤトル
Beydts ベート
Beye ベエ
Beyeler バイエラー / ベイヤラー
Beyene ベイエナ
Beyer バイアー** / バイエル** / バイヤ / バイヤー** / ベイアー / ベイエル* / ベイヤー* / ベヤー
Beyerchen バイエルヘン
Beyeren ベイエレン
Beyerle バイエルレ / ベヤール
Beyermann バイエルマン
Beyers バイアーズ / ベイヤーズ
Beyersdorff バイエルズドルフ
Beyerstein バイアースタイン
Beyfus ベイファス
Beylal ベイラル*
Beyle ベイエレ / ベイル* / ベル
Beyleroglu バイレログル
Beyleveld ベイルベルド
Beylkin ベイルキン
Beyme バイメ
Beymer ベイマー
Beynen ベイネン
Beynnon ベインモン
Beynon ベイノン**
Beyonce ビヨンセ
Beyoncé ビヨンセ*
Beyrouty ビールーティ

Beyruth ベイルース
Beys ベイス
Beyschlag バイシュラーク**
Beyshenbay ベイシェンバイ
Beysolow ベイソロー
Beyssade ベサード
Beyzâde ベイザーデ
Bez ベズ
Bézagu ベザギュ
Bezaleel ビザリール / ベツァルエル
Bezalel ベツァレル
Bezaly ベザリー*
Bezanilla ベサニーリャ
Bezbaruā ベーズバルアー
Bezborodova ベズボロードワ
Bezchastnaya ベズチャスナヤ
Bezdek ベスデック
Bezdekova ベズジェコバー
Bezdeková ベズジェコバー
Bezdružic ベズドルジツ
Bezduz ベジューズ
Bèze ベザ / ベーズ
Bezek ベゼク
Bezekirsky ベジェキルスキー
Bezerra ベゼラ*
Bezhinov ヴェージノフ
Bezhuashvili ベズアシビリ
Bezilla ベジーラ
Bezjak ベジャク
Bezmalinovic ベズマリノヴィック
Bezmozgis ベズモーズギス**
Beznosiuk ベズノシウク / ベズノシューク
Bezobrazov ベソブラーゾフ / ベゾブラゾフ / ベゾブラーゾフ*
Bezoen ビゾーン
Bezold ベーツォルト / ベツォルト
Bezos ベゾス**
Bézout ベズー
Bezruc ベズルチ
Bezruč ベズルチ* / ベズルッチ
Bezrukova ベズルコーワ

Bezsmertny ベスメルトヌイ	Bhajan バジャン	Bhartelemy バルテレミ*	Bhatti バッティ** バッティー	Bhosle ボースレー
Bezuidenhout ベザイデンホウト	Bhajju バッジュ	Bhārtendu バーラテーンドゥ	Bhaṭṭi バッティ	Bhote ボウト
Bezukhov ベズーホフ	Bhakdi バクディ	Bharti バーティ バルティ	Bhavabhūti バーヴァブーティ バヴァブーティ パバブーティ	Bhownagary ボーナガリ
Bezwada ベズワダ	Bhakti バクティー* Bhaktivedanta バクティヴェーダンタ*			Bhramar ブラマー
Bezymenskii ベジュメンスキ ベズィミョンスキー ベズィメンスキー ベズィーメンスキー ベズィメンスキー	Bhala バラ Bhalakula ボラクン Bhalendra バリンドラ	Bhartia バルティア Bhartrhari バルトリハリ バルトリハリ	Bhavānīprasād パワーニープラサード	Bhugra ブグラ Bhuiyan ブイヤン* Bhujun ブジュン Bhuka ブカ
	Bhalla バラ Bhalliya バッリヤ	Bhartṛhari バルトリハリ バルトルハリ	Bhavavarman バウァヴァルマン Bhāvaviveka バーヴァヴィヴェーカ	Bhumibol ブーミボン* ブミポン**
Bezzai ベザイ Bezzel ベッツェル Bezzenberger ベッツェンベルガー	Bham バーン Bhāmaha バーマハ Bhambra バンブラ	Bhartṛprapanca バルトリプラパンチャ	Bhave バーヴェ バーヴェー	Bhupathi ブパシ** Bhupathiraju ブパティラジュ
Bezzerides ベゼリデス*	Bhandari バンダーリー バンダリ**	Bharucha バルーチャ Bhāsa バーサ	バーベ* ブハーベ	Bhūpi ブーピ Bhuria ブリア
Bezzi ベッツィ Bezzuoli ベッツオーリ	Bhandārī バンダーリー Bhandarkar バーンダールカル バンダルカル*	Bhāshānī バーシャーニー バシャニ	Bhāvē バーベー Bhavnani バブナニ	Bhusal ブサル Bhūṣaṇ ブーシャン Bhūṣaṇa ブーシャン
Bhaarat バーラト Bhabani バーバーニ Bhabha バーバ* バーバー	Bhangal バンガル* Bhāñja バーンジャ Bhanji バンジ	Bhasi バーシー Bhaskar バスカー** Bhāskara バースカラ	Bhavya バーヴィヴェーカ バヴィヤ Bhawani バワニ	Blusdee ブッサディー* Blushan ブーシャン ブシャン
Bhadain バダイン	Bhansali バンサーリー	バスカラ	Bhêly ベリー	Bhusri ブースリ
Bhadanta バダンタ Bhadda バッダ Bhaddā バッダー	Bhante バンテ Bhānubhaktācārya バーヌバクタ・アーチャーリヤ	ブハースカラ Bhāskarācārya バースカラ	Bhend ベント Bheri ベリ Bhichai	Bhūta ブータ Bhuteśānanda ブーテーシャーナンダ
Bhaddaji バッダジ Bhaddiya バッディヤ	Bhāradvāja バーラドヴァージャ	Bhaskaran バースカラン	ビチャイ ビチャイ*	Bhuthong ブートン Bhutia ブティア
Bhadra バドラ Bhadrā バドラー	Bharadwaj バラディワジ	Bhasker バスカー Bhat	Bhikshu ビクシュ ビクシュー	Bhutiani ブティアニ
Bhadravarman バドラヴァルマン	バラドワージ Bharadwaja バラドワジャ	バート バト Bhatia バティア	Bhiksu ビクシュ Bhīm ビム	Bhutto ブット** ブットー
Bhadrāvudha バドラーウダ	Bharaj バラジ Bharara バララ	Bhātkhaṇḍe バートカンデ	Bhīmācārya ビーマーチャールヤ	Bhuva ブーワ Bi
Bhaduri バドゥーリ* バドゥリ*	Bharata バーラタ バラタ	バートカンデー Bhatnagar バトナーゲル	Bhimani ビマーニ ビマニ	ビ ビー
Bhaerman ベヘアーマン	Bhatt バット* Bhāratchandra	バトネイガー	Bhīmrao ビームラーオ Bhimsain ビームサイン	Bí ビー Bia ビア
Bhagat バガット Bhagavan バガヴァン	バーラトチャンドラ Bhāratendu	Bhatta バタ Bhaṭṭa バッタ	Bhindranwale ビンドラーンワレー ビンドランワレ	Biabaud ビアボー Biabiany ビアビアニー
Bhagiratha バギーラタ Bhagu バグ	バーラテーンドゥ Bharath バラス	バット Bhattacha	ビンドランワレー Bhiri バヒリ	Biadillah ビアディラ Biafra ビアフラ*
Bhagvatīcaraṇ バグワティーチャラン	Bharathi バラシィ* Bharati	バッタチャリヤ Bhattacharjee	Bhirombhakdi ビロムバックディー	Biaggi ビアッジ* Biaggio ビアジオ
Bhagvaticharan バグワティーチャラン	バーラティ** バラティ	バッタチャヤ Bhattacharya	Bhisham ビーシュム** Bhishm ビーシュム	Biaggioni ビアッジョーニ
Bhagvatīcharan バグワティーチャラン	Bhārati バーラティー Bhāratī	バタチャリア* バタチャーリヤ	Bhīṣm ビーシュム Bhoendradatt	Biagi ビアージ* ビアジ
Bhagvatiprasad バグワティーブラサード	バーラティ バーラティー*	バタチャーリヤ バタチャヤ	ボエンドラダット Bhoil ボイル	Biagini ビアジーニ Biagio
Bhagwan バクワン バグワン	Bharatsinh バラトシン Bhāravi	バッタチャーリヤ バッタチャーリャー	Bhoja ボージャ Bhōja ボージャ	ビアージョ* ビアジョ
バーグワンダス Bhagwat バグワット	バーラヴィ バーラビ Bhardwaj	バッタチャリヤ バッタチャルヤ Bhattacharyya	Bhojwani ボージャニ Bhokin ポーキン	Biagiotti ビアジョッティ Bialaski
Bhagwati バグワッティ バグワティー** バグワティー	バードワジ バルドワジ Bhargava	バタチャリア バタチャリヤ バッタチャリヤ	Bhola ボーラ* ボラ	バイアラスキー* Biale ビアール Bialecka ビアレツカ
Bhāī バーイー	バーガバ バルガヴァ バルガバ*	Bhattarai バタライ** バッタライ*	Bholah ボラー Bhonsle ボーンスレー	Bialiatski ビャリャツキ
	Bharrat バラト**	Bhattasali バッタサリ	ボンスレー	

Bialik ビアーリク／ビアーリク／ビアリック**／ビアリック*／ビャーリク	Biao ビアオ／ピョウ*	Bibiane ビビアンヌ	Bickell ビッケル	ビーデルマン
	Biaou ビアウ	Bibiano ビビアーノ	Bickels ビッケルス	Bidermanas ビーデルマナス
	Biar ビアル	Bibiena ビビエーナ／ビビエナ	Bickenbach ビッケンバッハ／ビッケンバッハ	Bidermann ビーダーマン
Białkowski ビャウコウスキー	Biard ビアール*／ビアール	Bibikov ビービコフ／ビビコフ	Bickerdyke ビッカーダイク	Bidet ビデ
Bialobos ビアロボス*	Biardeau ビアルドー	Bibin ビービン	Bickers ビッカーズ	Bidez ビデー
Bialobzheskii ビヤロブジェスキー	Bias バイアス／ビアス	Bibitach ビビタチ	Bickerstaffe ビッカースタッフ／ビッカースタフ	Bidgood ビドグッド
Bialoguski ビアログスキー	Biās ビアス	Bibl ビーブル		Bidhan ビドハン
Bialosky ビアロスキー	Biasetton ビアゼットン	Bible バイブル	Bickerstapp ビッカースタッフ	Bidhya ビドヤ*
Białostocki ビャウォストツキ	Biasi ビアージ／ビアシ	Bibliander ビブリアンダー	Bickersteth ビカーステス／ビカステス	Bidikar ビディカー
Białostocki ビアウォストッキ	Biasini ビアシーニ	Bibliothecarus ビブリオテカルス	Bickert ビッカート	Bīdil ビーディル
Bialoszczynski ビアロシチンスキー	Biasio ビアシオ	Biblís ビブリス	Bickerton ビッカートン*	Bidlack ビドラック
Bialoszewski ビャウォシェフスキ	Biaudet ビアウデ	Bibó ビボー	Bicket ビケット	Bidlisî ビトリシー
Bialou ベロフ	Biaussat ビオーサ	Bibras ビブラス	Bickford ビックホード／ビックフォード*	Bidloo ビドロー
Bialy ビアリー	Bib ビブ	Bibsy ビブシイ*		Bido ビド
Bialystok ビアリストク	Biba ビーバ	Bibulus ビブルス	Bickham ビッカム	Bidochka ビドッカ
Biamonti ビアモンティ	Bibāculus ビバクルス	Bic ビック	Bickle ビックル	Bidouane ビドゥアン
Bian ビエン	Bibajna ヴィヴァチャナ	Bicakcic ビチャクチッチ	Bickleen ビックリーン	Bidoung ビドゥン
Bianca ビアンカ***	Bibang ビバン	Bicci ビッチ	Bickley ビックリー	Bidoung Kpwatt ビドゥンクブワット
Biancalana ビアンカラナ	Bibard ビバール	Bice バイス／ビーチェ／ビチェ	Bickmore ビックモア*	Bidstrup ビストロブ
Biancalani ビアンカラニ	Bibata ビバタ		Bicknell ビックネル	Bidu ビドゥ
Biancarelli ビアンシャレッリ	Bibaud ビボー	Bicet ビセ	Bickston ビックストーン	Biduino ビドゥイーノ
Biancheri ビアンケリ*	Bibb ビッブ／ビブ*	Bich ビック*／Bích ビック	Bicouvaris ビコーヴァリス／ビコーバリス	Bidwell ビッドウェル／ビドウェル
Bianchessi ビアンケシ／ビアンケッシ	Bibbe ビッベ	Bichacho ビチャーチョー	Bictogo ビクトゴ	Bidyāsāgar ビッタシャゴル
Bianchetti ビアンケッティ／ビアンケッティ	Bibbero ビベロ	Bichara ビシャラ／ビチャラ	Bid ビド	Bidzina ビジナ*
Bianchetto ビアンケット	Bibbia ビッビア	Bichat ビシァ／ビシャ／ビシャー	Bidal ビダール*	Bie ビー**／ビイ／ビエ
Bianchi ビアンキ***／ビアンシー／ビアンチ**／ビヤンキ	Bibbiena ビッビエーナ	Bichell ビッチェル	Bidandi ビダンディ	
	Bibbs ビブス	Bichelmeyer ビチェルマイヤー	Bidar ビダール	Biebel ビーベル
	Bibby ビビー**／ビビィ	Bicheno ビシェノ	Bidart ビダート／ビッダルト	Bieber ビーバー**
Bianchin ビアンチン**	Bibeau ビボー	Bichette ビシェット*	Bidassoa ビダソア	Bieberbach ビーベルバッハ／ビーベルバハ
Bianchini ビアンキーニ／ビアンチニ	Bibeault ビボー	Bichevskaya ビチェフスカヤ	Bidault ビドー**	Bieberstein ビーバーシュタイン／ビーベルシタイン／ビーベルシュタイン／ビーベルシュテイン
Biancini ビアンチーニ	Bibehe ビベ	Bichinashvili ビチナシュビリ	Bidaya ビダヤ*	
Bianciotti ビアンショッティ**	Biber バイバー／ビーバー	Bichir ビチール／ビチル	Biddell ビッデル／ビデル	
Bianco ビアンコ***	Biberman ビーバーマン／ビバーマン	Bichler ビッヒラー*	Bidder ビダー	Biebl ビーベル
Biancolli ビアンコリ	Biberson ビベルソン	Bichonnier ビショニエ／ビショニエル	Biddle ビッドル／ビドル**	Biebuyck ビーブイック
Bianconi ビアンコーニ	Biberti ビベルティ	Bichowsky バイコフスキー	Biddulph ビダルフ*／ビドルフ	Biechele ビヘーレ／ビヘレ
Biancotti ビアンシオッティ	Bibesco ビベスコ	Bichsel ビクセル**	Biddy ビディ*	Bieda ビエダ／ビーダ
Biancuzzi ビアンクッチ	Bibescu ビベスク／ビベスクー	Bichu ビチュ	Bideau ビドー	Biedenkopf ビーデンコプ
Biando ビアンド	Bibhutibhusan ビブティブション	Bichurin ビチューリン	Bidel ビデル	Biederman ビーダーマン
Bianka ビアンカ*	Bibhūtibhūsan ビブティブション	Bichyk ビチュイク	Bīdel ビーデル／ベーディル	Biedermann ビーダーマン*／ビーダマン／ビーデルマン**
Bianki ビアーンキ／ビアンキ*	Bibhūtibhūṣaṇ ビブティブション	Bick ビック**	Biden バイデン***／ビッデン	
	Bibi ビビ**	Bickel ビッケル**	Bident ビダン	Biederstaedt ビーデルシュテット
	Bībī ビービー		Biderman ビーダーマン	Biedert ビーデルト
	Bibiana ビビアナ			Biederwolf ビーダウルフ

B

Biedma ビエドゥマ / ビエドマ	**Biendi** ビヤンディ	**Bierman** ビアマン / ビエールマン / ビヤマン	**Bietti** ビエティ	**Bieu** ビェウ / ビエウ	ビガスタフ
Biedny ビェドニー / ビュドニー	**Bienek** ビーネク* / ビーネック	**Biermann** ビーアマン** / ビーアマン / ビアマン / ビールマン	**Bieuzen** ビューゼン	**Bièvre** ビエーヴル	**Biggins** ビッギンス
Bief ビエフ	**Bienen** ビーネン		**Biew** ビェフ		**Biggio** ビジオ**
Biefve ビエーフ	**Bienert** ビーネルト		**Biewald** ビエワルド		**Biggle** ビッグル*
Bieganski ビェガンスキ	**Biengi** ベンギ		**Biewener** ビューナー		**Biggs** ビックス / ビッグス** / ビッグズ***
Biegel ビーゲル* / ビーヘル**	**Bieniek** ビエニェック	**Biermans** ビアマンズ	**Biewenga** ビウェンガ		**Bigham** ビッグハム
	Bieńkowska ビエンコフスカ	**Biermer** ビールマー	**Biezunski** ビーズンスキー		**Bigiaretti** ビジャレッティ*
Biegeleisen ビーゲライゼン / ビゲリセン	**Bieńkowski** ビエンコウスキ	**Biernacki** ビエルナツキ			**Bigiev** ビギエフ
Biegelsen ビーゲルセン	**Biensan** ビヤンサン	**Biernat** ビエルナト	**Bifet** ビフェト		**Bigirimana** ビギリマナ
	Bienstock ビィーンシュトック / ビーン・シュトック / ビエンストック	**Bierofka** ビーロフカ	**Biff** ビッフ / ビフ		**Bigita** ビギータ
Bieger ビーガー		**Biersack** ビアサック			**Bigler** ビグラー*
Biegun ビーガン		**Biersdorfer** ビアズドルファー*	**Biffen** ビッフェン**		**Biglia** ビリア
Biehl ビエール / ビール*	**Bienvenida** ビエンヴェニーダ	**Bierstadt** バイアスタット / ビーアスタット / ビアスタット / ビールシュタット / ビールスタット	**Biffi** ビッフィ*		**Biglieri** ビリエリ
	Bienvenido ビエンベニド		**Biffin** ビフィン		**Bigne** ビーニェ / ビーニュ*
Biehler ビーラー	**Bienvenu** ビアンビニュ / ビアンブニュ		**Biffle** ビッフル		**Bignell** ビグネル
Biehn ビーン*			**Bifo** ビフォ		**Bignens** ビグネンス
Biel ビエル / ビュール / ビール**	**Bienvenue** ビアンヴニュ	**Bierstedt** ビーアステット / ビアステッド	**Bifulco** ビフィルコ		**Bignone** ビニョーネ*
	Bienville ビアンヴィル / ビヤンヴィル	**Biersteker** ビアスティカー / ビアステッカー	**Big** ビック / ビッグ**		**Bignon** ビニョン
Biela ビエラ / ビーラ					**Bigod** ビゴット
Bielecki バイレッキー / ビエレツキ*	**Bier** ビーア* / ビア* / ビエール / ビーヤ / ビール*		**Bigagli** ビガリ		**Bigon** ビゴン
			Bigaglia ビガーリャ		**Bigongiari** ビゴンジャーリ*
Bieler ビエレール / ビーラー		**Bierut** ビェルート / ビェルト / ビエールト / ビエルート / ビエルト	**Bigandet** ビガンデ / ビガンデー / ビガンド		**Bigonzetti** ビゴンゼッティ
Bielfelt ビールフェルト	**Bierbauer** バイアーバウアー				**Bigordi** ビゴルディ
Bielicki ビエリッキー	**Bierbaum** ビーアバウム* / ビールバウム		**Bigard** ビガード / ビガール		**Bigot** ビゴ** / ビゴー**
Bieling ビーリング		**Bierwag** ビルワッグ / ビルワッグ	**Bigari** ビガーリ		
Bielinsky ビーリンスキー**	**Bierbichler** ビールビヒラー	**Bierwisch** ビーアヴィッシュ	**Bigas** ビガス**		**Bigottini** ビゴッティニ
	Bierbrier ビアブライヤー*	**Biery** ビアリー	**Bigasu** ビガス		**Bigsby** ビグズビー
Bielsa ビエルサ*	**Bierbrodt** ビーアブロット	**Bieryt** ビエリト	**Bigatello** ビッガーテロ		**Bigshow** ビッグショー
Bielschowsky ビルショウスキー / ビルショウスキイ / ビールショフスキー / ビルショフスキー / ビルショフスキー	**Bierce** ビアース / ビアース* / ビアス* / ビヤース	**Bies** ビエス	**Bigazzi** ビガッツィ*		**Bigus** ビーガス
		Biesalski ビーザルスキ	**Big Bang** ビッグバン*		**Big Van** ビッグバン
		Bigel ビーゲル			**Bih** ビ
		Biesbroeck ビーズブロック	**Bigbee** ビグビー		
Bielski ビールスキ		**Biese** ビーゼ	**Bigeleisen** ビゲライゼン*		**Bihalji** ビハリ*
Biely ビアリー	**Bierdiajew** ビアディアジェフ	**Biesen** ビーゼン			**Bihan** ビアン
Biem ビーム		**Biesheuvel** ビースヒューヘル*	**Bigelisen** ビゲライゼン		**Bihari** ビハリ***
Biema ビーマ	**Bierens** ビーレンス*	**Bieshu** ビエッシュ	**Bigelmair** ビーゲルマイア		**Bihārī** ビハーリー
Biemel ビーメル	**Bierer** ビエラー	**Bie-shyun** ビーシュン			**Bihārīlāl** ビハーリーラール / ビハリラル
Biemma ビーメル	**Bierge** ビエルジュ	**Biesmann** ベスマン	**Bigelow** ビガロ / ビギロウ / ビグロー** / ビゲロウ / ビゲロ / ビゲロー* / ビゲロウ* / ビッグアロー		
Bien ビアン / ビエン	**Bierhoff** ビアホフ* / ビエルホフ	**Biessels** ビッセルス			**Bihbahānī** ビフバハーニー
		Biesta ビースタ			**Bihire** ビヒレ
	Bierhorst ビアホースト	**Biestek** バイステック			**Bihlmeyer** ビールマイアー
	Bieri ビエリ / ビーリ	**Biesterfeld** ビースターフェルト*			**Bihun** ビフン
Bien-aime ビエンエメ		**Biesty** ビースティ / ビースティー**	**BigFoot** ビッグフット		**Bihzād** ビヒザード / ビフザード
Bien-aimé ビアンエメ	**Bieritz** ビーリッツ*		**Bigg** ビッグ		
Bienaimé ビアネメ / ビアンエイム	**Bierla** ベルラ	**Bieszk** ビースク	**Biggar** ビガー		**Biittner** ビットナー
Bienaymé ビエナメ / ビエネーメ	**Bierley** バイアリー*	**Biet** ビエ / ビエット*	**Biggers** ビガアス / ビガース / ビガーズ**		**Bijak** ビジャック
Bien Bien ビエンビエン	**Bierma** ビエルマ	**Bietags** ビータグス	**Biggerstaff** ビガースタフ		**Bijan** ビージャン / ビジャン*
					Bijarani ビジャラニ
					Bijay ビゼイ

Bijaya
　ビザヤ
　ビジャヤ
Bijedic
　ビエジッチ
　ビエジッチ
Bijedić ビエジッチ
Bijelici ビエリッチ
Bi-jian ビージェン
Bijlert ベイレルト
Bijleveld
　バイレフェルト
　ベイレフェルト
Bijlsma ビルスマ*
Bijman ベイマン
Bijnens ビイネンス
Bijns バインス
Bijon ビジョン
Bijou
　ビジュ
　ビジュー
　ビジュー
　ビジョー**
Bijoux ビジュー
Bijoy ビジョイ*
Bijsterbosch
　ビスタボシュ
Bijvoet バイフート
Bik
　ビク
　ビック
Bikbulatova
　ビクブラートヴァ
Bikcin ビクチン
Bikel バイケル*
Bikenibeu
　ビケニベウ**
Bikert ビケルト
Bikila ビキラ
Bikkembergs
　ビッケンベルグ
Biklé ビクレー
Biklen ビクレン
Biko
　ビコ
　ビーコウ
Bikoro ビコロ
Bikov ビコフ
Bikram ビクラム***
Bikramaditya
　ヴィクラマーディティヤ
Biktashev
　ビクタシェフ
Biktor ビクトル
Bil ビル*
Bilâ ビラ
Bilac ビラック*
Bilal
　ビラール*
　ビラル*
Bilāl ビラール
Bilali ビラリ
Bilancia ビランチア
Bilaniuk ビラニウク

Bilardo ビラルド*
Bilas バイラス
Bilawal ビラワル*
Bilbao ビルバオ
Bilbay ビルバイ
Bilbo ビルボー
Bilby ビルビー
Bilclough ビルクロウ
Bilczewski
　ビルチェフスキ
Bildad ビルダド
Bildahl ビルダール
Bilderdijk
　ビルデルデイク
　ビルデルデーク
Bildstein
　ビルドスタイン
Bildt ビルト**
Bile ビレ
Bilek
　ビレク
　ビレック
Bilel ビレル
Bilenchi ビレンキ*
Bilenko ビレンコ
Biles
　バイルス*
　バイルズ*
　ビルズ
Bilet ビレット
Biletić ビレティチ
Bilewski ビレヴスキー
Bilfinger
　ビルフィンガー
Bilgä
　ビルグ
　ビルゲ
Bilge ビルゲ*
Bilgen ビルゲン
Bilgin ビルギン
Bilginer ビルギナー
Bilhah ビルハ
Bilhana ビルハナ
Bilhaṇa ビルハナ
Bi-l-Ḥaqq ビルハック
Bilharz ビルハルツ
Bilheux ビルー
Bilhildis
　ビルヒルディス
Biliak ビリャク
Biliana ビリアナ
Biliben ビリービン
Bilibin ビリービン
Bilic ビリッチ
Bilica ビリカ
Bilicsi ビリチャイ
Bilie By Nze
　ビリビンゼ
Bililis ビリリス
Bilimovich
　ビリモヴィチ
Bilinger ビリンガー
Bilio ビーリオ

Biliotti ビリオッティ
Bilis ビリス
Biliskov ビリスコフ
Bilitewski
　ビリテフスキー
Bilivert ビリヴェルト
Biljana
　ビリアナ*
　ビリヤナ
Bilk ビルク*
Bilkey ビルキー
Bill ビル***
Bill'
　ビーリ
　ビリ*
Billa ビリャ
Billac ビラック*
Billah ビラ
Billard ビヤール*
Billaud ビヨー*
Billcliffe ビルクリフ
Bille
　バイル
　ビィエ
　ビル
　ビレ*
Billeaudeaux
　ビルアドゥ
Biller ビラー**
Billerbeck
　ビラベック
　ビラーベック*
　ビレルベク
Billerey ビーユレ
Billeskov
　ビレスコウ
　ビレスコフ
Billet ビエ
Billetdoux
　ビエドゥー**
Billeter
　ビルテール*
　ビルター
　ビレテール
Billi
　ビッリ
　ビリ
Billiard ビリアー
Billiart ビリヤール
Billicanus
　ビリカーヌス
Billick ビリク
Billie ビリー***
Billig ビリッグ*
Billigmann
　ビーリッヒマン
Billing
　ビッリング
　ビリング*
Billinger ビリンガー
Billingham
　ビリンガム*
Billings
　ビリング
　ビリングス**
　ビリングズ*

Billingsley
　ビリングスリー
　ビリングズリー
　ビリングスレイ*
　ビングスレイ
Billington
　ビリングトン
　ビリントン***
Billisich ビリズィッヒ*
Billman ビルマン
Billmark ビルマーク
Billmeier ビルマイヤー
Billmer ビルメル
Billmeyer
　ビルマイヤー
Billon
　ビヨン
　ビロン
Billong ビロング
Billopp ビロップ
Billot
　ビヨ
　ビヨー
Billout ビルー
Billow ビロウ
Billows ビローズ
Billquist
　ビルクヴィスト
Billroth ビルロート
Bills ビルズ
Billson ビルソン
Billström
　ビルストローム
Billuart
　ビリュアール
　ビルアール
Billups ビラップス**
Billy
　ビイ
　ビイー*
　ビリ
　ビリー***
Bilmes ビルムズ
Bilney ビルニ
Bilodeau ビロドー**
Bilodid ビロディド
Bilonog ビロノク*
Bilony ビロニ
Bilopavlović
　ビロパヴロヴィチ
Bilour ビロウル
Bilous ビロウス
Bilozerchev
　ビロゼールチェフ
　ビロゼルチェフ
　ビロツェルチェフ
　ベロツェルチェフ
Bilozertsev
　ビロゼルチェフ
　ビロツェルチェフ
　ベロツェルチェフ
Bilozir ビロジル
Bilsel
　ビルセル
　ビルゼル
Bilsen
　ビルセン*

ビルゼン
Bilsland ブリスランド
Bilson ビルソン*
Bilstein ビルスタイン
Bilstin ビルスティン
Bilston ビルストン*
Biltaji ビルタジ
Biltgen ビルツェン
Bilton ビルトン
Bilyal ビルヤル
Bilyarta ビルヤルタ
Bilyatra ビリヤトラ
Bilzer ビルザー
Bimal ビマル
Bimalendra
　ビマレンドラ
Bimba ビンバ**
Bimbalov ビンバロフ
Bimbasuren
　ビャムバスレン
　ビャンバスレン
Bimba-yin
　ビャムビーン
Bimbi ビンビ
Bimbisāra
　ビンビサーラ
Bimbo ビンボー
Bimbola ビンボラ
Bimboni ビンボーニ
Bimha ビマ
Bimis ビミス*
Bimmer ビマー
Bin
　イブン
　ビィン*
　ビン***
　ブン
Binago ビナーゴ
Binagwaho ビナグワホ
Binaisa ビナイサ**
Binali ビナリ*
Binard ビナード*
Binay ビナイ
Binbola ビンボラ
Binchois
　バンショア
　バンショワ
　バンショワー
Binchy
　ビンキー
　ビンチー***
Binci ビンチ
Binczycki ビンチッキ
Binda ビンダ
Bin Daghr ビンダグル
Bindé バンデ
Bindeballe ビネバレ
Binder
　バインダー*
　ビンダー**
Binderman
　ビンダーマン
Bindernagel
　ビンダーナーゲル

B

Bindesbøll ビネスベル／ビーネスボル	Binh ビン***	Bint ビント／ビント*／ブント	ビラ	Birender ビレンデル	
Bindeshwar ビンデシュワル	Bini ビーニ／ビニ	Birabhongse ビラポン／ビラボン	Biraben ビラバン	Birendra ビレンドラ**	
Bindesøll ビンデソル	Binički ビニチキ／ビニツキ	Binta バンタ／ビンタ	Birad ビラード	Biret ビレット	
Bindewald ビンデバルト	Biniez ビニエス	Bintang ビンタン	Biraghi ビラーギ	Birett ビレット	
Bindi ビンディ	Bininga ビニンガ	Binterim ビンテリム	Birago ビラーゴ／ビラゴ	Birge バージ**	
Binding バインディング／ビンディング／ビンディング**／ビンデング	Binjamin ビンヤミン	Binti ビンティ**	Birahima ビラヒマ	Birgel ビルガー／ビルゲル	
	Binkenstein ビンケンスタイン	Bintley ビントリー*	Biral ビルアール	Birger ビリイエル／ビリエル／ビルイェル*／ビルガー**／ビルゲル	
Bindl ビンダル	Binkley ビンクリー／ビンクレー	Bintord ビントード	Biram ビラム		
Bindloss ビンドロス		Binunsky ビニヨンスキ	Birame ビラメ		
Bindon ビンドン	Bin Laden ビンラーディン／ビンラディン**／ビンラーデン	Binyamin ビンヤミン*	Biran ビラン*		
Bindoumi ビンドゥーミ		Bin-yan ビンイェン	Birarelli ビラレッリ	Birgisson バーギッソン*／ビルギッソン	
Bindra ビンドラ**		Binyavanga ビニャバンガ	Biraschi ビラスキ		
Bindrich ビンドリヒ	Bin Ladin ビンラディン	Binyon ビニアン／ビニオン／ビニョン**／ビニョン*／ビニョン	Biraud ビロー	Birgit ビアギット／ビアギト／ビリット／ビルイット／ビルギット***／ビルギト／ビルジト	
Bindseil ビンドセイル	Binlin バンラン		Birbal ビールバル		
Bindslev ビンズレヴ／ビンドスレウ	Binmoeller ビンメラー		Birbeck ビルテック*		
	Binmore ビンモア		Birbili ビルビリ		
Bindu ビンドゥ	Binn ビン	Binyuyu ビニュイ	Birch バーク／バーチ***／ビルク／ビルヒ		
Bindusāra ビンドゥサーラ	Binnendijk ビネンダイク	Binzel ビンゼル			
		Bio ビオ*			
Binello ビネッロ	Binnes ビンス	Biolat ビオラ	Birchall バーチャル*	Birgitha ビルギッタ*	
Binet ビネ***／ビネー**／ビネ	Binney ビニ／ビニー*／ビニ／ビンネー	Biolcati ビオルカーテ	Birchard バーチャード*	Birgitta ビルイッタ／ビルギッタ***／ビルジッタ	
		Bioletti ビオレッティ	Bircher バーチャー／ビルヒー／ビルヒア／ビルヒャー		
Bineta ビネタ		Biolley ビオレ			
Binétruy ビネトリュイ	Binni ビンニ	Bion バイオン／ビオン**		Birgitte ビアギッテ／ビルギテ	
Binette ビネッテ*	Binnie ビニー*				
Biney ビニー	Binnig ビニック／ビーニッヒ	Biōn ビオーン／ビオン	Bircher バーチラー	Birgmark ビリマーク	
Binford ビンフォード**			Birchwood バーチウッド	Birhane ベルハネ	
Bin Futtais ビンフッタイス	Binning ビーニッヒ	Biondi ビオンディ**	Birckhead パークヘッド	Birhanu ビルハヌ	
	Binnington ビニングトン	Biondini ビオンディーニ	Birckhead バークヘッド	Birhkhoff バーコフ	
Bing ビン*／ビング***	Binns ビンス／ビンズ	Biondo ビオンド／ブロンド	Bird バァード／バード***／ビルト	Biribin ビリービン*	
		Biondò ビオンド		Birighitti ビリギッティ	
Bingaman ビンガマン*	Binny ビニー	Biong ビオン	Birde ボーデ	Birin ビリン	
Bing-bing ビンビン*	Binnya Dala ビンニャダラ	Biong-hak ビョンハク	Birdie バーディ／バーディー	Birindelli ビリンデッリ	
Bingea ビンゲイ		Bioni ビオーニ			
Bingel ビンゲル	Binoche ビノシュ*／ビノッシュ	Biossey ビオセイ／ビオッセイ	Birdman バードマン	Biringuccio ビリングチオ／ビリングッチオ／ビリングッチョ	
Bingemer ビンゲマー			Birdsall バーズオール*／バーゾール*／バードサル		
Bingen ビンゲン*	Binois ビノワ	Biot ビオ／ビオー		Birinus ビリヌス	
Bingenheimer ビンゲンハイマー	Binotto ビノット			Birir ビリル	
	Binoua ビヌア	Bio-Tchane ビオチャネ	Birdseye バーザイ／バーズアイ	Biriukov ビリューコフ／ビリュコーフ／ビリュコフ／ビルコフ	
Binger バンジェ／バンジェー／ビンガー	Binous ビヌース	Bioy ビオイ**			
	Binoy ビノエ	Bip ビップ	Bird-Smith バードスミス		
Bing-guo ビングオ／ビンクオ	Binsalama ビンサラマ	Bipan ビパン	Birdwell バードウェル	Birk ビルク*	
Bingham バインガム*／ビンガム**／ビングハム／ビンハム	Binsar ビンサル	Bipin ビピン／ビピン	Birdwhistell バードウィステル	Birkavs ビルカフス*	
	Bin Shetwan ビンシャトワン		Birdwood バードウッド	Birkbeck バークベック	
	Binsted ビンステッド	Biquard ビカール		Birkby バークビイ	
	Binstock ビンストック	Bir ビール*／ビル**	Bire ビレ	Birke ブルケ	
Bin-gou ビング	Binswanger ビンスヴァンガー*／ビンズヴァンガー／ビンスバンガー／ビンスワンガー*		Biré ビレ	Birkedal ビヤケダール	
Bing-sen ビンセン		Bira ビラ*	Birell ビレル	Birkeflet バークフレト	
Bingu ビング**			Birenbaum ビレンバウム	Birkeland ビアケラン／ビークランド*／ビルケラン*／ビルケランド	

Birken バーキン*
Birkenfeld
　バーケンフェルド
　ビルケンフェルト
Birkenhead
　バークンヘッド
　バーケンヘッド
Birkenmeier
　ビルケンマイヤー
Birkert バーカーツ
Birkerts バーカーツ
Birket
　ビルケット
　ビールケット
　ビルケット
Birkett バーケット
Birkey バーキー
Birkhäuser
　ビルクホイザー
Birkhead
　バークヘッド*
Birkhed バークヘッド
Birkhoff バーコフ*
Birkin バーキン**
Birkinhead
　バーキンヘッド
Birkinshaw
　バーキンショー
Birkir ビルキル
Birkmayer
　ビルクマイヤー
Birkmeyer
　ビルクマイアー
　ビルクマイヤー
Birkner ビルクナー
Birks バークス*
Birla
　ビルラ*
　ビルラー
Birlā ビルラー
Birladeanu
　ビルラデアヌ
Birley バーリー
Birlova ビルロワ
Birmajer ビルマヘール
Birman
　バーマン
　ビールマン
　ビルマン
Birmann ビルマン
Birmingham
　バーミンガム***
　バーミングハム*
Birn バーン
Birnbach バーンバック
Birnbacher
　ビルンバッハー
Birnbaum
　バーンバウム*
　バーンボーム
　ビルンボーム**
　ビルンボーム
Birndorf バーンドーフ
Birnes バーンズ
Birney
　バーニー***
　バーニィ

Birnie バーニー*
Birns バーンズ
Birnsteel
　バーンスティール
Birnstill
　ビルンスティル
Biro
　バイロー
　ビロ
　ビーロウ*
Biró ビロー
Birol ビロル
Biron
　バイロン
　ビローン
　ビロン
Birot
　ビロ*
　ビロー
Birou ビル
Birraux ビロー
Birrell ビレル*
Birren
　ビラン
　ビリン
　ビレン
Birrenbach
　ビルレンバッハ
Birrenkoven
　ビレンコーフェン
Birrer ビルラー
Birrī ビッリー
Birru ビル
Birsa ビルサ
Birsel ビルセル
Birt
　バート*
　ビルト
Birtalan ビルタラン
Birtchnell バーチネル
Birte
　バート
　ビルテ
Birtha バーサ
Birthe
　ビアテ
　ビルテ
　ベアーテ
Birtsch ビルチュ
Birtwistle
　バートウィスル*
Birulés ビルレス*
Bīrūnī
　ビールーニ
　ビールーニー
　ビールニー
　ビルニ
Birus ビールス
Biruta ビルタ
Birute ビルーテ*
Birutė ビルーテ
Birutis ビルティス
Biryukóv
　ビリューコーフ
Biryukova
　ビリウコワ

ビリュコワ
Biryuzov ビリューゾフ
Birzhan ビルジャン
Birzniak
　ビルズニヤーク
Birznieks
　バージニックス*
Bisacco ビサッコ
Bisaillon ビサイロン
Bisaland ビスランド
Bisanda ビサンダ
Bisang ビザング
Bisanz ビザンツ*
Bisazza ビザッツァ*
Bisbal ビスバル*
Biscaia ビスカイア
Biscaino ビスカイーノ
Biscan
　ビスカン
　ビスチャン
Biscarini ビスカリーニ
Bisceglia ビセグリア
Bisch ビッシュ
Bischel ビスケル
Bischof
　ビショッフ*
　ビショーフ
　ビショフ**
　ビジョフ
Bischofberger
　ビショフベルガー
Bischoff
　ビショフ**
　ビショフ***
　ビスチョフ
Bischop ビスコップ
Biscoe ビスコー
Bisconti ビスコンティ
Biscop
　ビショップ
　ビスコップ
　ビスコプ
Biscot ビスコー
Bisdikian
　ビスディキアン*
Bisel バイセル
Bisera ビセラ
Bisesi ビセーシ
Biset ビゼ
Bish
　ビイシュ
　ビッシュ
Bishan ビシャン
Bishara ビシャラ**
Bishāra ビシャーラ
Bishari ビシャリ
Bishikwabo
　ビシクワボ
Bishnu ビシュヌ
Bishok ビショック
Bishop
　ビーショップ
　ビショップ***
　ビジョプ

ビリュコワ
ビショブ
Bishwendra
　ビシュウェンドラ
Bisi ビージ
Bisignano
　ビジニャーノ
Bisimwa ビシームワ
Bisk ビスク
Biskind ビスキンド
Biskobing
　ビスコビング
Biskup
　ビスカップ
　ビスクープ
Biskupek ビスクペク*
Biškupić
　ビシュクピッチ
Bisky ビスキー*
Bisley
　ビズリー
　ビスレー
　ビスレイ
Bismack ビスマック
Bismarck
　ビスマーク
　ビスマルク*
Bismark ビスマルク*
Bismila ビスミル
Bismillah
　ビスミラ
　ビスメッラ
Bismuth
　ビスマス
　ビスミュット
Bisnauth ビスノース
Bisno ビスノ
Bisnu ビシュヌ
Bi-soku ビソク
Bison
　バイソン*
　ビソン
　ビゾン
Bispham ビスファム
Biss ビス**
Bissada ビサーダ
Bissainthe ビセント
Bissaro ビッサロ
Bisschop
　ビショップ
　ビスコップ
Bissdorf ビスドルフ
Bissel ビッセル
Bissell ビッセル**
Bisserier ビザリア
Bissert ビサート
Bisset
　ビセット**
　ビゼット
Bissett ビセット
Bissette ビセット
Bissière
　ビシェール
　ビシエール
Bissing ビッシング
Bissinger
　ビッシンガー*

Bissolati
　ビッソラーティ*
Bissolo ビッソーロ
Bisson
　ビソン
　ビッスン*
　ビッソン**
Bissonnette
　ビソネット*
Bissoondath
　ビスーンダス
　ビッスンデイス
Bissoune ビスヌ
Bist ビシュト
Bista ビスタ**
Bistāmī ビスターミー
Bisticci ビスティッチ*
Bistner ビストナー
Bistoletti
　ビストレッティ
Bistolfi ビストルフィ
Bisutti ビズッティ
Biswanger
　ビシュヴァンガー
Biswas
　ビスワース
　ビスワス***
Bisweswar
　ビシュエシュワル*
Bitamazire ビタマジレ
Bitani ビタニ
Bitar
　ビタール
　ビタル
Bitār
　ビータール
　ビタール*
Bitaraf ビータラフ
Bitaud ビトー
Bitbol ビトボル
Bîtca ブトカ
Bitcha ビチャ
Bitek ビテック
Bitenc ビテンツ
Biteo ビテオ
Bitetti ビテッティ
Bitežnik ビテズニック
Bithell ビセル
Biti
　ビティ
　ビディ
Bititci ビティッチ
Bitner ビトナー
Bitok ビトク
Bitōn ビトン
Bitonio バイトニオ
Bitougat ビトウガ
Bitov ビートフ***
Bitrán ビトラン
Biṭrīq ビトリーク
Biṭrūjī
　ビトルージ
　ビトルージー
Biṭrūjī ビトルージー
Bitsadze ビツァージェ

Bitsch ビッチ
  ビッチ
  ビッチュ
Bitsenko ビツェンコ
Bitsilli ビツィーリ
Bitsindou
  ビツィンドゥ
Bitskoff ビツコフ
Bittaker
  ビットエイカー
Bittante ビッタンテ
Bittar ビタール
Bittel ビッテル*
Bittencourt
  ビッテンコート
  ビテンクール
Bitter
  ビター
  ビッター
  ビッテル
Bitterlich
  ビッターリヒ
Bitterman
  ビッターマン
Bittermann
  ビッターマン
Bitti ビッティ
Bittino ビッティーノ
Bittl ビットル
Bittler ビットラー
Bittleston
  ビトルストン
Bittlingmayer
  ビットリングメイヤー
Bittman ビットマン
Bittner
  ビットナー**
  ビトナー
Bitton ビトン*
Bittová
  ビトヴァ
  ビトバ
Bittrich ビットリッヒ
Bittrof ビットロフ
Bitz ビッツ
Bitzer ビッツァー
Bitzius ビツィウス
Biuso ビューソ
Bivar ビバール
Biven
  ビヴン
  ビブン*
Bivens ビヴェンズ
Biver
  ビヴァー
  ビバー*
Bivin
  ビヴィン*
  ビビン*
Bivol ビボル
Bivona ビボナ
Biwott
  ビウォット
  ビオット
Bix ビックス**
Bixby
  ビクスビー*

Bixbee ビックスビー
Bixente ビセンテ*
Bixio
  ビクシオ
  ビクスィオ
Bixler
  ビクスラー*
  ビックスラー
Bixley ビクスレー
Biya ビヤ**
Biyama ビヤマ
Biyarslanov
  ビヤルスラノフ
Biyiti ビエティ
Biyoghe Mba
  ビヨゲンバ
Biyombo ビヨンボ
Biz ビズ*
Bizaguet ビザゲ
Bizarelli ビザレリ
Bize ビーズ
Bizer
  バイツァー
  ビーツァー
  ビツァー
Bizet
  ビゼ
  ビゼー*
  ビゼエ
Bizette ビゼット
Bizimana ビジマナ
Bizimungu
  ビジムング**
Bizindavyi
  ビジンダヴィ
  ビジンダビィ
Bizinjo バザンジョ
Bizjak
  ビジャク
  ビズジャック
  ビズヤク
Bizony ビゾニー*
Bizot ビゾ*
Bizouerne ビズエルヌ
Bizup ビズアップ
Bizwick ビズウィック
Bizzarri
  ビサーリ
  ビッザーリ*
  ビッザルリ
Bizzo ビゾ
Bizzocchi
  ビッツォッキ
Bizzozero
  ビッツォツェロ
  ビッツォツェーロ
BJ ビージェイ
Bjarke ビャルケ
Bjarkman
  ブジャークマン
Bjarnason
  ビャッナソン
  ビャルナソン
Bjarne
  ビャーネ*
  ビャルネ

ビヤーン
ビョーン**
Bjärne ビャーネ
Bjarnhof ビャンホフ
Bjarni
  イヤル
  ビャルニ**
  ブヤルニー
Bjarte
  ビャルテ*
  ブャーテ
Bjartmarz
  ビャルトゥマルツ
Bjartnes
  ビヤットネス*
Bjedov ビエドフ
Bjelica ビェリッァ
Bjelke ビエルケ*
Bjell ビェル
Bjerendal
  ビョレンダル
Bjerg ビャーグ
Bjergsø ビャーウス
Bjerke ビャルケ
Bjerklie
  ビエルクリー
  ベルクリー
Bjerkners
  ビェルクネス
  ビャークネス
Bjerknes
  ビェルクネス*
  ビエルクネス*
  ビャークネス
  ビャルクネス
  ビヤルクネス
Bjerre ビェル
Bjerregaard
  ビエルゴー
Bjerregrav
  ビェアアグラウ
Bjerrum
  ビエラム
  ビェルム
  ビエルム
  ビャーロム
Bjlelica ビェリカ
Bjoergen ビョルゲン
Björling
  ビョーリング
  ビョルン**
  ビョーン
  ビョーン
Bjoerndalen
  ビョルンダーレン**
Bjøerndalen
  ビョルンダーレン
Bjoernlund
  ビョルンルンド
Bjoner
  ビョーナー
  ビョーネル
Bjonstrom
  ジョーンツストロム
Bjordal ビョルダル
Björg ビョルク

Bjorgen ビョルゲン*
Bjørgen ビョルゲン
Bjorgo ビョーゴ
Björgvinsdóttir
  ビエルグヴィンスドゥ
  チール
Bjork
  ビョーク
  ビョルク*
Björk
  ビョーク*
  ビョルク**
  ビヨルク
Björk ビョルク
Bjørke ビョルケ
Bjorken ビョルケン
Bjorkgren
  ビョークレン
Björkgren
  ビョルクグレン
Björklöf ビョルクロフ
Bjorklund
  ビョークランド
  ビョルクンド
Björklund
  ビョルクルンド
Bjorkman
  ビエルクマン
  ビオークマン
  ビョークマン
  ビョルクマン*
Björkman
  ビョークマン*
  ビョルクマン
Björkstén
  ビョルクステン
Bjorkström
  ビョークストローム
Björkström
  ビョークストローム
Björkum ビョルクム
Bjorkuman
  ビョルクマン
Bjorkvold
  ビョルクヴォル
Bjørkvold
  ビョルクヴォル
Björlin ビェルリン
Bjorling ビョリング
Björling
  ビョーリング
  ビョールリング
  ビョリリング
Bjorn
  ビェルン
  ビエルン
  ビョアン
  ビョルン**
  ビョーン
  ビヨン
Bjor̈n ビョーン
Björn
  ビェールン
  ビョールン
  ビョルン**
  ビヨルン
  ビョーン**

Bjöyon*
  ビヨン
Bjørn
  ビャーン
  ビョルン*
  ビョーン
Bjørndal ビョルンダル
Bjørneboe
  ビョルネボー
Bjornebye
  ビョルンビー
Bjornerud
  ビョーネルード
Bjornkaer ビョンケア
Bjornkjaer ビョンケア
Bjørnøy ビョルンオイ
Bjornson
  ビョルンソン
  ビョーンソン
Bjørnson
  ビエルンソン
  ビョルソン
  ビョルンソン**
  ビヨルンソン
  ビョーンソン
  ビヨルンソン
Björnsson
  ビョソン
  ビョッソン
  ビョルトンソン
Bjørnsson
  ビョーンソン
Bjørnstad
  ビョーンスタッド
Bjornsterne
  ビョルンスターン
Björnstjerna
  ビョルンシェーナ
Bjørnstjerne
  ビョルスチェルネ
  ビョルンシチェルネ
  ビョルンスターン
  ビョルンスチェルナ
  ビョルンスチェルネ*
  ビョルンスチャーネ
  ビョルンスティエルネ
  ビョルンステルネ
  ビョーンスチェーネ
Bjornstrand
  ビョルンストランド
Björnstrand
  ビョルンストランド
  ビョーンストランド
Björntorp
  ビヨルントルプ
Bjornvig
  ビョルンヴィ
  ビョルンヴィー
  ビョーンヴィ
Bjørnvig
  ビョルンヴィ*
  ビョーンヴィ
Björt ビョルト
Bjovich ヴヨヴッチ
Bjrneboe ビョルネボ
Bjur ビュール
Bjurklid
  ビョルクリット

Bjurstedt ビュルステット
Bjurström ビュルストローム
Bjurstrøm ビュルストロム
BKra śis タシ
Bkra-sis タシ
Bkra śis dpal ldan タシペルデン
Blaabjerg ブラバーグ
Blaan ブラーン
Blaatand ブラータント
Blab ブラーブ / ブラーブ*
Blabey ブレイビー
Blacé ブラーシェ
Blach ブラック
Blacharski ブラカースキー
Blache ブラーシュ* / ブラシュ
Blaché ブラシェ
Blacher ブラッハー* / ブラッヒャー
Blachman ブラックマン
Blachon ブラション
Blachowicz ブラホビッチ
Blachut ブラハト / ブラフト
Black ブラック*** / ブロック
Blackaby ブラッカビー
Blackadder ブラッカダー*
Blackah ブラッカー
Blackall ブラックオール / ブラッコール
Blackard ブラッカード
Blackbourn ブラックボーン
Blackbum ブラックバーン
Blackburn ブラックバーン
Blackburn ブラックバーン***
Blackburne ブラックバーン
Blackeby ブラッケビィ
Blackenbury ブラッケンベリー
Blacker ブラッカー**
Blacket ブラケット
Blackett ブラケット* / ブラッケット
Blackford ブラックフォード*
Blackham ブラッカム
Blackheath ブラックヒース
Blackhole ブラックホール
Blackhurst ブラックハースト
Blackie ブラッキー / ブラッキイ / ブラッケー / ブラッキー
Blacking ブラッキング*
Blackjack ブラックジャック
Blackledge ブラックリッジ
Blackler ブラックラー
Blackman ブラックマン***
Blackmar ブラックマー
Blackmon ブラックモン
Blackmoore ブラックムーア
Blackmore ブラックモア***
Blackmun ブラックマン
Blackmur ブラックマー*
Blackshaw ブラックショー* / ブラックショウ
Blackshear ブラックシア
Blacksmith ブラックスミス
Blackson ブラックスン / ブラックソン
Blackstaffe ブラックスタッフ
Blackstone ブラックストン / ブラックストーン* / ブラックストン
Bláhová ブラーホヴァー
Blackton ブラックトン
Blackwelder ブラックウェルダー
Blackwell ブラックウェル***
Blackwill ブラックウィル
BlackWolf ブラックウルフ
Blackwood ブラックウッド***
Blacmer ブラックマー
Blade ブレイド / ブレード*
Blades ブラデス / ブレイズ* / ブレーズ*
Bladier ブレーディア
Bladley ブラッドレイ
Bladström ブラドストレーム
Blaedel ブレーデル*
Blædel ブレーデル
Blaeholder ブレイホルダー
Blaese ブレーズ
Blaeser ブレーザー*
Blaeu ブラーウ / ブラウ
Blaffer ブラッファー / ブラファー
Blaga ブラガ*
Blagden ブラグデン*
Blagen ブラゲン
Blagg ブラッグ*
Blagidze ブラギーゼ
Blagodarova ブラゴダーロワ*
Blagoev ブラゴーエフ / ブラゴエフ
Blagoeva ブラゴエワ
Blagoi ブラゴーイ / ブラゴイ
Blagoje ブラゴイエ
Blagonravov ブラゴヌラーヴォフ / ブラゴヌラヴォフ / ブラゴヌラボフ
Blagovest ブラゴヴェスト*
Blagovolin ブラゴボリン / ブレーゴボリン
Blah ブラー
Blaha ブラハ*
Blahnik ブラニク
Blahoslav ブラホスラフ
Blakenham ブレイクナム** / ブレークナム
Blahut ブラハート
Blaiberg ブレイバーグ
Blaik ブレイク
Blaikie ブレーキ
Blaikley ブレイクリー
Blain ブライン / ブラン** / ブレイン / ブレーン
Blaine ブレイン** / ブレーン**
Blainey ブレイニー / ブレイニー
Blainville ブランヴィル / ブレーンビル
Blair ブライアー / ブレア*** / ブレアー* / ブレイア / ブレイアー / ブレヤー
Blairfindie ブレアフィンディ
Blairman ブレアマン
Blairo ブライロ
Blais ブライス / ブレ** / ブレー
Blaisdell ブレイスデル / ブレイズデル
Blaise ブレイス / ブレイズ* / ブレエズ / ブレーズ*** / ブレズ
Blaisse ブレイス
Blaivas ブレイヴァス / ブレイバス
Blaize ブレーズ*
Blajan ブライヤン
Blake ブラケ / ブレイク / ブレイク*** / ブレーク***
Blakeley ブレイクリー
Blakelock ブレークロック
Blakely ブレイクリー* / ブレークリー** / ブレークリィ
Blakemore ブレイクモー / ブレイクモア*
Blakeney ブレイクニー* / ブレークニー
Blakenham ブレイクナム** / ブレークナム
Blaker ブラーカー / ブレイカー / ブレーカー*
Blakeslee ブレイクスリー** / ブレークスリ / ブレークスリー*
Blakeway ブレイクウェイ
Blakey ブレイキー / ブレーキー**
Blakiston ブラキストン / ブレイキストン / ブレーキストン
Blakley ブレイクリー*
Blair ブライアー / ブレア*** / ブレアー* / ブレイア / ブレイアー / ブレヤー
Blalock ブロック* / ブレイロック / ブレーラック / ブレーロック
Blaman ブラーマン / ブラマン
Blamey ブレイミー / ブレーミー
Blamire ブラミア
Blamly ブラムリー*
Blamo ブラモ
Blamont ブラモン
Blampin ブランパン
Blanar ブラナー
Blanc ブラン*** / ブランク**
Blanca ブランカ*
Blancan ブランカン
Blancanieve ブランカニエベ
Blancard ブランカール
Blancas ブランカス
Blanch ブランチ
Blanchaert ブランチャート
Blanchan ブランチャン
Blanchar ブランシャール
Blanchard ブランシャール*** / ブランチャード**
Blanchart ブランシャール / ブランチャール
Blanche ブランカ / ブランシ / ブランシェ / ブランシュ*** / ブランチ** / ブランチェ
Blanché ブランシェ
Blanchet ブランシェ*
Blanchett ブランシェット* / ブランジェット
Blanchette ブランシェット* / ブランチェット
Blanchfield ブランチフィールド
Blanchin ブランシャン
Blanchon ブランション
Blanchonnet ブランショネ
Blanchot ブランショ*
Blanck ブランク*
Blanckenburg ブランケンブルク
Blanco ブランコ***
Bland ブラン

Blanning ブラニング/ブランニング
Blanpain ブランパン**
Blanquat ブランカ
Blanque ブランケ
Blanquet ブランケ**
Blanqui ブランキ*
Blanquin ブランキャン
Blänsdorf ブレーンスドルフ
Blanshard ブランシャード
Blant ブラン
Blanter ブラーンテル/ブランテル*
Blanton ブラントン**
Blaq ブレイク
Blaque ブラック
Blaquière ブラキエール
Blarcom ブラーコム
Blardone ブラルドネ
Blarer ブラーラ/ブラーラー
Blas ブラス***
Blasberg ブラスバーグ**/ブラスベルク
Blaschke ブラシケ/ブラシュケ
Blasco ブラスコ***
Blasdale ブラスダーレ
Blasdel ブレイズデル/ブレイズデル
Blaser ブレイザー*/ブレーザー
Blasetti ブラセッティ/ブラゼッティ*
Blasey ブレーシー
Blash ブラッシュ
Blashfield ブラシュフィールド/ブラッシュフィールド
Blashford ブラッシュフォード
Blashow ブラショー
Blasi ブラーシ/ブラージ*
Blasim ブラーシム*
Blasingame ブラシンゲイム/ブレイザー
Blasis ブラシス/ブラジス
Blasius ブラシウス/ブラジーウス

Blask ブラスク
Blaska ブラスカ
Blasko ブラスコ*
Blaskower ブラスコワ
Blaskowitz ブラシュコヴィッツ
Blasor ブレーザー
Blasov ヴラーソフ
Blass ブラース/ブラス***
Blaß ブラス
Blasselle ブラセル
Blassie ブラッシー*
Blåstand ブラータント
Blástaris ブラスタリス
Blastland ブラストランド
Blaszak ブラザック
Blaszczak ブラジュザック
Błaszczak ブワシュチャク
Blaszczyk ブワシュチク
Blaszczykowski ブワシュチコフスキ
Blaszczynski ブラッチンスキー
Blaszka ブラシュカ
Blatch ブラッチ
Blatchford ブラッチフォード*
Blatchley ブラッチュリー
Blathmac ブラーマッハ
Blathwayt ブラスウェイト*
Blatner ブラットナー
Blatnick ブラトニック
Blatsis ブラトシス
Blatt ブラット*
Blattau ブラッタウ
Blattberg ブラットバーグ*
Blatter ブラッター**
Blattman ブラットマン
Blattmann ブラットマン
Blattner ブレットナー
Blättner ブレットナー
Blatty ブラッティ***
Blatz ブラッズ
Blau ブラウ***/ブラオ/ブロー*
Blauer ブラウアー
Blauert ブラウエルト
Blaug ブラウグ*/ブローグ*

Blauhorn ブラウホルン
Blaukopf ブラウコップ
Blaukopff ブラウコップフ/ブラウコプフ*
Blaumanis ブラウマニス
Blauner ブラウナー*/ブローナー**
Blaurer ブラウラー
Blaurock ブラウロク
Blauser ブラウザー
Blaustein ブラウシュタイン/ブラウスタイン/ブロウステイン
Blauth ブラウト
Blauvelt ブローヴェルト/ブロウベルト
Blauw ブラウ
Blavatnik ブラバトニック
Blavatsky ブラヴァーツカヤ/ブラヴァツキー*/ブラヴァツキィ/ブラヴツキー/ブラバツキー/ブラバツスキイ/ブラワツキー
Blavet ブラヴェ
Blavett ブラヴェット
Blavier ブラヴィエ
Blavk ブラグ
Blawley ブローリー
Blaxill ブラキシル
Blaxland ブラックスランド
Blaxter ブラクスター
Blay ブライ/ブレイ**
Blaye ブライユ
Blayer ブレーヤー
Blaylock ブレイロック**
Blayne ブレイン
Blayney ブレイニー
Blaze ブラーズ/ブレイズ
Blaže ブラジェ*
Blažej ブラジェイ
Blazejewski ブラツィイェフスキ
Blazek ブラゼク/ブレイゼック
Blažek ブラジェク
Blazenka ブラゼンカ
Blažennyj ブラジェーンヌイ
Blazenta ブラゼンタ
Blazer ブレーザー*

Blazevic ブラゼヴィッチ
Blazewicz ブレズウィック
Blazhennyi ブラジェンヌイ
Blazhko ブラジコー/ブラツコ
Blazon ブラジョーン*
Blazquez ブラスケス
Blazucki ブラズッキ
Blazwick ブラズウィック
Blazy ブラジ/ブラジー
Blazynski ブアジンスキ/ブラジンスキー
Bleach ブリーチ
Bleackley ブリークレイ
Blears ブリアーズ/ブレアース
Bleasdale ブラッドショー/ブリーズデイル/ブリーズデール/ブレスデール
Bleathman ブレスマン*
Blech ブレック/ブレッヒ*/ブレッヘ/ブレヒ
Blechacz ブレハッチ*
Blecharczyk ブレチャージク
Blechen ブレチェン/ブレッヒェン/ブレッヘン
Blecher ブレッチャー/ブレヒャー
Blechman ブレックマン*/ブレックマン/ブレヒマン
Blechner ブレッシュナー
Blechta ブレヒタ
Blecic ブレシック
Bleck ブレック
Bleckner ブレックナー*
Bled ブレッド
Bleddyn ブレディン*
Bledi ブレド
Bledman ブレドマン
Bledowski ブレドゥスキー
Bledsoe ブレッソー/ブレッドソー**/ブレドソー*

Blee ブリー*
Bleecker ブリーカー
Bleek
　ブリーク
　ブレーク**
Bleeth ブリース
Blefary ブレファリー
Blegen
　ブレーゲン
　ブレゲン*
Blegvad
　ブレグヴァード
　ブレグヴァド
　ブレグバッド
　ブレグバード
　ブレグバド
Blei
　ブライ*
　ブレイ
Bleibtreu
　ブライブトロイ
　ブライブトロイ*
Bleibtrey
　ブレーブトリー
Bleich
　ブライシュ
　ブライヒ
　ブラヒ
Bleichroeder
　ブライヒレーダー
Bleicken ブライケン
Bleidelis ブレイデリス
Bleifer
　ブライファー
　ブレイファー
Bleiler ブライラー*
Bleimeister
　ブライマイスター
Blejer ブレヘル
Blé Joseph
　ブレジョセフ
Bleker ブリーカー*
Blemmydēs
　ブレミュデース
　ブレミュデス
　ブレンミュデス
Blémont ブレモン
Blencowe ブレンコウ
Blendi ブレンディ
Blengio ブレンヒオ
Blenkinsopp
　ブレンキンソップ
Blennow ブレンナウ
Bleou ブルウ
Blerand ブレランド
Blerim ブレリム
Blériot
　ブレリオ*
　ブレリオー
Blerk ブレルク
Bles ブレス
Blesh ブレッシュ
Blesilla ブレシラ
Blessed ブレスド
Blesser ブレッサー
Blessig ブレッシヒ
Blessing
　ブレッシング*
Blessington
　ブレシントン
　ブレッシングトン
　ブレッシントン
Blest ブレスト
Bletcher ブレッチャー
Blethyn ブレッシン*
Bletschacher
　ブレッチャッハー
Bleu ブルー
Bleuel ブロイエル
Bleu-lainé ブルレネ
Bleuler
　ブリューラー
　ブロイラー**
Bleustein
　ブルースタイン*
Blevins
　ブレヴィンス
　ブレビンス
Blew ブルー
Blewett
　ブリュエット
　ブルーエット
Bley
　ブライ
　ブレイ***
Bleyer
　ブライヤ
　ブライヤー
　ブレヤー
Bleyl ブライル
Bliah ブリア
Blicher
　ブリカー
　ブリッカ
　ブリッカー
　ブリッケル
Blickensdörfer
　ブリッケンスデルファー
Blickhan ブリッケン
Blickle ブリックレ
Blickman ブリックマン
Blidi ブリディ
Blidner ブリドナー
Blie ブリエ
Bliecher ブライヘル
Blier ブリエ*
Bliese ブリーゼ
Blif ブリフ
Blige ブライジ*
Bligger ブリッガー
Bligh ブライ**
Blight ブライト
Blij ブレイ
Blik ブリック
Blilie ブライリー
Blilova ブリリョヴァ
Blin
　ブラン**
　ブリン
Blinchevskii
　ブリンチェフスキー
Blincoe ブリンコウ**
Blind
　ブラインド*
　ブリント
　ブリンド
Blinder
　ブラインダー**
Blinderman
　ブラインダーマン
Blinken ブリンケン
Blinker ブリンカー
Blinkeviciute
　ブリンケビチウテ
Blinkevičiūtė
　ブリンケビチウテ
Blinkhorn
　ブリンクホーン
Blinn ブリン*
Blinov
　ブリーノヴ
　ブリノフ*
Blinova ブリノワ
Blinzler ブリンツラー
Blish ブリッシュ**
Blishen ブリッシェン*
Bliss
　ブリス**
　ブリッス
Blissett プリセット*
Blistanov ブリスタノフ
Blitheman
　ブライズマン
Blithman ブライズマン
Blitz ブリッツ*
Blitzblau
　ブリッツブロウ
Blitzer ブリッツァー
Blitzstein
　ブリッツスタイン
Bliumental'
　ブリューメンターリ
Bliumin ブリューミン
Blix
　ブリクス**
　ブリックス
Blixa ブリクサ
Blixen ブリクセン**
Bliznakov
　ブリズナコフ
Bliznyuk ブリズニュク
Blizzard ブリザード
Blobel ブローベル**
Blobsantinlai
　ロブサンティンレー
Blo-bzain ロブサン
Blo-bzain-bstan-hdzin
　ロブサンダンジン
Blo-bzan ロサン*
Blo-bzaṅ
　ロサン
　ロブサン
Blo bzang
　ロサン
　ロブサン
Blobzan grags-pa
　ロサンタクパ
Bloch
　ブロツォ
　ブロック***
　ブロッグ
　ブロッシュ*
　ブロッホ***
Blocher
　ブロッカー
　ブロハー
Blochet ブロシェ
Blochman
　ブロックマン*
Blochmann
　ブロッホマン
Blochwitz
　ブロホヴィッツ*
　ブロホビッツ
Block
　ブロク
　ブロック***
Blocker ブロッカー
Blöcker ブローカー
Blockey ブロッキー
Blockhuys
　ブロックホイス
Blocki ブロツキ
Blocklandt
　ブロックラント
Blockley
　ブロックリー*
Blocksma ブロクスマ
Blockx ブロックス
Blodget ブロジット
Blodgett
　ブロジェット*
Bloedhorn
　ブレードホルン
Bloem ブルーム*
Bloemaert
　ブルーマール
　ブルーマールト
　ブロエマエルト
Bloembergen
　ブルームバーゲン*
Bloeme ブルーム*
Bloemen ブルーメン*
Bloemendal
　ブレーメンダール
Bloesch ブローシュ
Blofeld ブロフェルド
Blogel ブローベル
Blo gros ロドェ
Blo-gros ロテ
Blo gsal ロセル
Blohm ブローム
Blois
　ブロア
　ブロワ
Blok
　ブロォク
　ブローク**
　ブロク
　ブロック**
Blokhin
　ブルーヒン
　ブローヒン
　ブロヒン**
Blokhintsev
　ブロヒーンツェフ
　ブロヒンツェフ
　ブロフィンツェフ
Blokhuijsen
　フロクハイゼン
　ブロクハイゼン
Blokker ブロッケ*
Blokland
　ブロックランド
Blo ldan ロデン
Blom
　ブラム
　ブルム*
　ブローム
　ブロム*
Blomberg
　ブルンベルク
　ブロムベリ
　ブロムベルイ
　ブロムベルク
　ブロンベリ
　ブロンベルク
Blomdahl
　ブルムダール
　ブロムダール
Blome ブローメ*
Blomfield
　ブロムフィールド
Blomgren
　ブロムグレン
　ブロングリアン
Blomhoff
　ブロムホッフ
　ブロムホフ
　ブロンホフ
Blomkamp
　ブロムカンプ*
Blomkvist
　ブルムクビスト
　ブロムクビスト
Blomly ブロムリー
Blommaert
　ブロマールト
　ブロムマート
Blommers
　ブロマーズ*
Blomquist
　ブロムクヴィスト
Blomqvist
　ブロムクヴィスト
　ブロンクビスト
Blomstedt
　ブルムステット
　ブロムシュテット**
Blomstrom
　ブロムストロム
Blon ブロン
Blond ブロン**
Blöndal ブリョンダル
Blonde ブロンド
Blondeau
　ブロンド
　ブロンドー
Blondeel ブロンデール
Blondel
　ブロンデ
　ブロンデル**

Blondell ブロンデル
Blondelle ブロンデル
Blondet ブロンデ
Blondi ブロンディ
Blondie ブロンディー
Blondin
　ブロンダン***
　ブロンデン
Blondis ブロンディス
Blondlot ブロンロー
Blondy ブロンディ
Błoński ブロンスキ
Blonskii ブロンスキー
Blonskiĭ ブロンスキー
Blonskij
　ブロンスキー
　ブローンスキィ
Blonsky ブロンスキー
Blood ブラッド***
Bloodstone
　ブラッドストーン
Bloodworth
　ブラッドワース*
　ブラッドワス
Blook ブロック
Bloom ブルーム***
Bloombaum
　ブルームバウム
Bloomberg
　ブルームバーク
　ブルームバーグ*
Bloome ブルーム*
Bloomer ブルーマー*
Bloomfield
　ブルウムヒールド
　ブルームフィールト
　ブルームフィールド**
　ブルムフィールド
Bloomingdale
　ブルーミングデイル*
Bloomquist
　ブルームクイスト
Bloomstone
　ブルームストーン
Bloor
　ブルーア*
　ブルア*
Blore ブロー
Blos ブロス*
Bloshenko
　ブロシェンコ
Blosius ブロシウス
Blossius
　ブロシウス
　ブロッシウス
Blossom ブロッサム*
Blossomgame
　ブロッサムゲーム
Blot
　ブロ
　ブロット
Bloth
　ブロート
　ブロード
Blotnick ブロトニク
Blott ブロット

Blottner ブロットナー
Blotzer ブロッツァー
Blouet ブルーエ
Blouët ブルーエ
Blough ブロウ
Blouin
　ブルーアン
　ブルーイン
Blount
　ブラウント*
　ブラント*
　ブルント
　ブロント
Blousson ブルーソン
Blovsky ブロフスキー
Blow
　ブロー*
　ブロウ**
Blowers ブロワーズ*
Blowey
　ブローウィ
　ブローウェイ
Blowitz
　ブローウィッツ
　ブロヴィッツ
Bloxam ブロクサム
Bloxham ブロクハン
Bloy
　ブロア*
　ブロイ*
　ブロワ*
Bloye ブロイ
BLU ブルー
Blubaugh ブレバウ
Bluche ブリュシュ
Blücher
　ブリュッハー*
　ブリュッヒャー*
　ブリュッヘル
　ブリュヒャー
Bluck ブラック
Blue ブルー***
Bluebond
　ブルーボンド
Bluege ブルーギー
Bluemel ブルーメル*
Bluemke ブルームク
Bluestein
　ブルースタイン
Bluestone
　ブルーストーン*
　ブルーストン
Bluey ブルーイ
Blüher ブリューアー
Bluhm ブルーム*
Blühm ブリューム
Bluiett ブルーイット*
Blum
　ブラム**
　ブリュム
　ブルーム**
　ブルム***
Blüm ブリューム
Bluma ブルーマ

Bluman ブルーメン
Blumberg
　ブラムバーグ
　ブランバーグ**
　ブルームバーグ
Blume
　ブラム
　ブリューム
　ブルーム***
　ブルメ**
　ブルメ*
Blumenbach
　ブルーメンバッハ
　ブルーメンバハ
Blumenberg
　ブルーメンベルク*
Blumencron
　ブルーメンクローン
Blumenfeld
　ブルメンフェリト
　ブルーメンフェルト*
　ブルーメンフェルド
　ブルーメンフェルド*
Blumenfield
　ブルーメンフィールド
Blumenkranz
　ブルーメンクランツ
Blumenschein
　ブルーメンシェイン
　ブルーメンシャイン*
Blumenson
　ブルーメンスン
　ブルーメンソン
Blumenstein
　ブルーメンシュタイン
Blumental
　ブルメンタール
Blumenthal
　ブラメンソール
　ブルーメンソール*
　ブルーメンソール
　ブルーメンソール**
　ブルメンタール
　ブルメンタール*
Blumenthaul
　ブラメンソール
Blumer
　ブラマー
　ブルーマー**
　ブルマー
Blumgart
　ブルームガルト
Blumhardt
　ブルームハルト*
　ブルムハルト
Blumlein
　ブラムライン
　ブルームライン
Blumler ブルムラー
Blummenfelt
　ブルンメンフェルト
Blümner ブリュムナー
Blumrich ブルームリヒ
Blumstein
　ブルーメスティーン
Blunck
　ブランク
　ブルンク**
Blund ブランド
Blundell ブランデル*
Blunden ブランデン**

Blunkett
　ブランケット**
Blunsden
　ブランズデン
　ブランデン
Blunston
　ブランストーン
Blunstone
　ブランストーン
Blunt
　ブラント**
　ブルント
Bluntschli
　ブルンスェリー
　ブルンチェリー
　ブルンチュリ
　ブルンチュリー
　ブルンツリー
Blurton ブラートン
Blush ブラッシュ
Blushi ブルシ
Blussé ブリュッセイ*
Blustein
　ブルースタイン
　ブルースティン
　ブルスティン
Blutch ブリュチ
Blute ブルト
Bluteau ブリュトー*
Bluth ブルース**
Bluthal ブルーサル
Blüthner
　ブリュートナー
Bluttman
　ブルートマン
Bly ブライ**
Blyden
　ブライデン*
　ブリーデン
Blye ブライ
Blyleven
　ブライレヴン
　ブライレブン
Blyskal ブリスカル
Blystone
　ブライストーン
Blyth
　ブライス**
　ブライト*
　ブリース
Blythe
　ブライス**
　ブライズ**
　ブリース
　ブリス
Blyton ブライトン**
Blyukher
　ブリュッヘル*
　ブリューヘル
Bn
　イブン
　ビン
　ブヌ
　ブン*
Bo
　ブー**
　ボ***
　ボー***

ボウ**
Bø
　ベー
　ボー
BoA ボア
Boa ボア*
Boabdil ボアブディル
Boadella ボーデッラ
Boaden ボーデン
Boadicea
　ブーディッカ
　ボーアディケア
　ボアディケア
　ボウディッカ
　ボウディッカ
Boadway ボードウェイ
Boag ボーグ
Boagiu ボアジウ
Boagno ボアーニョ
Boahen ボアヘン
Boak ボーク*
Boakai ボアカイ
Boake
　ボウク
　ボーク
Boakes ボークス
Boakye ボアチ
Boal
　ボアール*
　ボアル*
　ボウル
　ボール
Boaler ボアラー
Boals ボールズ
Boalt ボアルト
Boamah ボアマ
Boar ボア
Board ボード*
Boardman
　ボードマン***
Boari ボアリ
Boas
　ボーアス
　ボーアズ
　ボーアス
　ボーアズ
　ボアス**
　ボアズ*
　ボウアズ
Boase
　ボーアズ
　ボウズ
　ボーズ
Boata ボアタ
Boateng
　ブーテン
　ボアティン
　ボアテング
　ボアテング*
　ボートン
Boatman ボートマン
Boatright
　ボートライト
Boatswain
　ボーツウェイン
Boatwright
　ボートライト

Boaventura ボアベントゥラ
Boavida ボアビダ
Boaz ボアズ** ボウツ
Bob ボッブ ボビー ボブ***
Bobadilla ボバジリャ ボバディジャ ボバディリャ
Bo-bae ボベ*
Boban ボバン*
Bobana ボバナ
Bobath ボバース
Bobb ボブ
Bobbe ボビー
Bobbi ボビー* ボビィ ボビイ
Bobbie ボビー***
BobbieJean ボビージーン
Bobbin ボビン*
Bobbio ボッビオ** ボビオ
Bobbit ボビット
Bobbito ボビート
Bobbitt ボビット*
Bobby ボビー*** ボブ
Bobcat ボブキャット
Bobcelli ボブチェッリ
Bobe ボブ
Bobek ボベック
Bobel ボベル
Bober ボベール
Boberfeld ボベルフェルト
Boberg ブーベリ ボーベリ
Bobermann ボベルマン
Bobertag ボーベルターク
Bobes ボーブス
Bobesco ボベスコ*
Bobescu ボベスク
Bobet ボーベー ボベ
Bobi ボビ
Bobic ボビッチ*
Bobillier ボビリエ
Bobillo ボビーロ
Bobillot ボビヨ
Bobin ボバン ボビン

Bobinski ボビンスキー
Bóbis ボビス
Bobková ボブコヴァー
Böblinger ベーブリンガー
Bob Log ボブログ
Bobneva ボブネーヴァ
Bobo ボボ*
Bo Bo Aung ボーボーアウン
Boboch ボボック
Boboev ボボエフ
Bobokalonov ボボカロノフ
Bobola ボボラ ボボラ
Bobòla ボボラ
Boborykin ボボルイキン
Boboto ボボト
Bobozoda ボボゾダ
Bobri ボブリ
Bobrick ボブリック*
Bobridge ボブリッジ
Bobritsky ボブリツキー
Bobro ボブロ
Bobrov ボブローフ
Bobrova ボブロワ
Bobrove ボブローヴ
Bobrovskaia ボブロフスカヤ
Bobrovskii ボブロフスキイ
Bobrow ボブロー ボブロウ*
Bobrowski ボブロウスキ ボブロウスキー ボブロフスキ ボブロフスキー**
Bobrzyński ボブジンスキ
Bobs ボブス
Bobson ボブスン ボブソン
Bobylev ボブイリョフ
Bobynin ボブイニン
Boc ボック**
Boca ボカ
Bocachika ボカチカ
Bocage ボカージェ ボカージュ* ボケージ
Bocanegra ボカネグラ
Bocar ボカール ボカル
Bocary ボカリ
Bocca ボッカ*

Boccaccino ボッカッチーノ
Boccaccio ボッカシオ ボッカース ボッカス ボッカーチオ ボッカチオ ボッカチョ ボッカッチョ* ボッカッチョ*
Boccacini ボッカチーニ
Boccadoro ボッカドーロ
Boccalini ボッカリーニ
Boccard ボッカルド
Boccardi ボッカルディ
Boccardo ボッカルド
Boccarius ボカリウス
Boccassini ボッカシーニ*
Boccati ボッカーティ
Boccazzi ボッカッツィ
Boccellari ボッチャラリ
Boccherini ボッケリーニ
Bocchi ボッキ
Bocchino ボッキーノ
Bocchus ボッカス ボックス
Bocci ボッチ
Boccioni ボッチォーニ ボッチオーニ ボッチョーニ*
Bocco ボッコ
Boccolini ボッコリーニ
Boccrdo ボッカルド
Bocelli ボチェッリ** ボチェリ
Bocevski ボツェフスキ
Bocharov ボチャロヴ ボチャロフ
Bocharova ボチャロワ
Bochart ボシャール
Bochatay ボシャタイ
Bochco ボチコ**
Bochenek ボシュネク ボチェネック
Bochenski ボヘンスキー
Bocheński ボヘンスキ ボヘンスキー
Bochénski ボヘンスキー
Bôcher ボッシャー
Bochicchio ボキッキョ
Bochina ボチナ
Bochinski ボチンスキー

Bochkareva ボチカリョーヴァ ボチカレヴァ
Bochkov ボチコフ
Bochmann ボックマン ボッホマン ボフマン
Bochner ボクナー ボシュナー* ボックナー* ボッホナー ボホナー**
Bocholt ボッホルト
Bochsa ボクサ
Bochte ボクティ
Bochtler ボチトラー
Bochy ボウチー* ボーチー
Bociek ボシェク
Bock ボック***
Böck ベック ビェック
Bocka ボカ*
Bockarie ボカリエ
Bockelman ボッケルマン
Bockelmann ボッケルマン
Bockemühl ボッケミュール
Bocken ボケン
Bockenforde ベッケンフェルデ
Böckenförde ベッケンフェルデ
Bockermann ボッカーマン
Böckh ベック
Bock-hee ボクヒ
Bockholt ボックホルト
Böckl ベックル
Böckle ベックレ
Böckler ベックラー*
Böcklin ベックリーン ベックリン
Böckmann ベックマン
Bockmühl ボックミュール
Bockoven ボッコーヴェン ボッコーヴン
Bockris ボクリス* ボックリス
Bockstahler ボックシュターラー
Bockstette ボックステトル
Bockus ボッカス
Bockwinkel ボックウィンクル
Boco ボコ

Bocobo ボコボ*
Bocock ボコック
Bocquet ボケ
Bocquillon ボキロン
Bocskay ボチカイ
Boctor ボクター
Bocuse ボーキューズ ボキューズ**
Boczko ボツコ
Bod ボド
Bodaken ボダケン
Bódalo ボダーロ
Bodamer ボーダマー
Bodanis ボダニス
Bodansky ボダンスキー*
Bodanzky ボダンツキー ボダンツキー
Bodard ボダール**
Bodart ボダルト*
Bodawpaya ボウドーバヤー ボドウバヤー ボドゥバヤー ボードーバヤー
Bodda ボッダ
Bodde ボッデ ボッド
Böddecker ベデッカー
Böddeker ベデカー
Bodden ボッデン
Boddewyn ボドウィン ボドウィン
Boddey ボッディ
Boddicker ボディッカー*
Boddie ボッディ ボディ
Bodding ブッディング
Boddy ボディ ボディー
Bode ボウド ボーダ ボーデ ボーデ** ボデ ボディ* ボード**
Bodecker ボウデカー ボーデッカー
Bodeen ボディーン
Bodeghem ボデゲン ボーデヘム
Bodeh ボデ
Bodeker ボーデカー
Bödeker ベーデカー
Bodel ボーデル

ボデル
Bodell ボデル
Bodelschwingh
　ボーデルシュヴィンク
　ボーデルシュヴィング
Bodelsen
　ボーゼルセン
　ボーデルセン**
Boden ボーデン*
Bodenburg
　ボーデンブルク**
　ボーデンブルグ
Bodenham ボーデナム
Bodenhamer
　ボーデンハマー
Bodenhausen
　ボーデンハウゼン
Bodenheimer
　ボーデンハイマー*
Bodenmann
　ボーデンマン
Bodenschatz
　ボーデンシャッツ
Bodenstedt
　ボーデンシュテット
Bodenstein
　ボーデンシュタイン*
Bodenwieser
　ボデンヴィーザー
Bodet
　ボーデー
　ボデ
　ボデー
Bodewig ボーデウィヒ
Bodfish
　ボドフィッシュ
Bodha
　ブッダ
　ボダ
Bodharamik
　ボタラミク
Bodhāyaṇa
　ボーダーヤナ
Bodhibhadra
　ボーディバドラ
Bodhisattwa
　ボーディサットヴァ
Bodian
　ボーディアン
　ボディアン
Bodias ボディアス
Bodichon
　ボーディコン
　ボディション
　ボディチョン
Bodie
　ボーディー
　ボディ*
　ボディー
Bodil
　ボーディル*
　ボディル*
Bodin
　ボーダン
　ボダン*
　ボーディン
　ボディン
Bodine
　ボーディン

ボディーン
ボディン
Bodini ボディーニ*
Bodinus ボーディヌス
Bodio ボダイオ
Bodiroga ボディロガ*
Bodisteanu
　ボディシュチャヌ
Bodjona ボジョナ
Bo dker ボトカー
Bodker
　ベズカー
　ボトカー
Bødker
　ブトカ
　ベズカー
　ベトカー
　ボトカー
Bodkin ボドキン
Bodky
　ボートキー
　ボドキー
Bodländer
　ボードレンダー
Bodley
　ボドリ
　ボドリー
Bodlund ボドランド
Bodman ボドマン**
Bodmer
　ボートマー
　ボードマー
　ボドマー*
Bodnar
　バドナー
　ボドナー*
　ボドナル
Bodnár ボドナール
Bodner ボドナー
Bodnieks ボドニークス
Bodo
　ボウドゥ
　ボード**
　ボードー*
　ボド*
Bodó ボード
Bodoc ボドック**
Bodoff ボドフ
Bodoni ボドーニ
Bodoronneferd
　ボドロンネフェルド
Bodrov ボドロフ**
Bødskov ブドスコウ
Bodson ボドゥソン
Bodstrom
　ボトストレーム
Bodström
　ボトストレーム
　ボドストレム*
Bodsworth
　ボズワース
　ボズワーズ
Bodt ボド
Bodua ボドー
Bodurka ボドゥルカ
Bodurtha ボダーサ

Bodvarsson
　ボズバルソン
Bodyul ボデュール
Boe
　ベー**
　ボー*
Boë ボエー
Bøe ビョー
Boece ボイス
Boeck
　ブーク
　ベック
Boeckenhaupt
　ベッケンハウプト
Boecker ベッカー
Boeckh ベーク
Boeckman ベックマン
Boeckmann
　ベークマン
　ボエックマン
Boeckx ブックス
Boecler ベークラー
Boedecker ベデッカー
Boedeker ベデカー
Boeder ボーダー
Boedhoe ブードゥー
Boediono ブディオノ*
Boedoro ボエドロ
Boegehold
　ボガホールド
Boegendorff
　ベーゲンドルフ
Boeghem ブーゲン
Boegner ベグネル
Boehe ベーエ
Boehler ベーラー
Boehly ベーリー
Boehm
　ベイム
　ベーム**
　ボエーム
　ボエム
　ボーフム
　ボーム
Boehme
　ベーム
　ベーメ
　ベーメー
Boehmer
　ベーマー*
　ボーマー
Boehmerle ベーメルレ
Boehn ベーン*
Boehncke ベーンケ
Boehner ベイナー*
Boehnke ベーンケ
Boehringer
　ボーリンガー
Boeijen ブイエン
Boeing ボーイング
Boekaerts ボーカーツ
Boeke
　ブーケ*
　ブッケ
　ボーク
Boekel ボーゲル

Boel ボエル*
Boelcke ベルケ
Boelen ブーレン
Boelitz ベーリッツ
Boell ベル
Boëllmann ボエルマン
Boelstler ブルストラー
Boelté ベールテ
Boelts ボルツ
Boëly ボエリ
Boeminghaus
　ベーミングハウス
Boemondo ボエモンド
Boen ボーン
Boenisch
　ベニシュ*
　ボーニッシュ
Boenisz ボエニシュ
Boënnec ボエンネック
Boepple ベップレ
Boer
　ブア
　ブール**
　ボーア
　ボア
　ボイアー*
　ボーエル
Boere ブーレ*
Boerge ブルゲ
Boergeling
　ベルゲリンク
Boerger バーガー
Boerhaave
　ブールハーヴェ
　ブールハーフェ
Boericke ボーリッケ
Boerio ベリオ
Boerma ブールマ
Boerner
　ビヨルネル
　ベールナー
　ベルナー
Boerre ボッレ
Boers
　ボアズ
　ボウア
Boersch ベルシュ
Boersma
　ボエルスマ
　ボースマ
Boertien
　ボーアティーン
Bóes ボアズ
Boesak
　ブサーク
　ブサク
　ブーサック
Boese ボーザ
Boeselager
　ベーゼラガー
Boeser ベーザー
Boesiger
　ベージガー
　ボジガー
Boesje ブーシェ*
Boesky ボウスキー

Boesler ベスラー
Boespflug
　ベスフルグ
　ボエスフルグ
Boësset ボエセ
Boestamam
　ブスタマム
Boesten ボーステン
Boetcher ベチャー
Boethius
　ボエチウス
　ボエーティウス
　ボエティウス
Boëthius ボエティウス
Boëthos ボエトス
Boetianus
　ボエティアヌス
Boétie
　ボエシ
　ボエシー
Boetius
　ボエチウス
　ボエティウス
Boëtius ボエティウス*
Boettcher ベッチャー
Boetticher
　ベティカー*
　ボエッヒャー
　ボッティチャー
Boettner
　ベットナー
　ボエトナー
　ボエトナァ
Boetto ボエット
Boetzelen
　ベッツェレン
Boeuf
　ブウーフ
　ブーフ
　ブフ
Bœuf ブーフ
Boev ボエフ
Boevé ボーブ
Boever
　ベイヴァー
　ベエバー
　ボーバー
Boevski ボエフスキ*
Böewering
　ベーヴェリング
Boex
　ボエクス
　ボエス
Boeynants
　ボイナンツ**
Boezaart ボーザート
Bofarull ボファルイ
Boff
　ボッフ
　ボフ**
Boffa ボッファ*
Boffard ボッファード
Boffey ボッフェイ
Boffi ボッフィ
Boffito ボフィット
Boffrand
　ボッフラン
　ボフラン

Bofill
ボフィリィ
ボフィール**
ボフィル
Bofinger
ボーフィンガー*
Boga ボガ
Bogachenko
ボガチェンコ
Bogacka
ボガチカ
ボガツカ
Bogacki
ボガッキ
ボガツキー
ボガツキ*
ボガツキー
Bogaerd ボガード
Bogaert
ボガー
ボガエール
ボガート
ボガルト
Bogaerts ボガーツ
Bogalho ボガリョ
Bogaliy ボガリl*
Bogan
ボウガン
ボーガン*
Boganova ボガノワ
Bogar ボガー
Bogard ボガード
Bogarde
ボガード**
ボハルデ
Bogardus
ボガアダス
ボガーダス*
Bogarín ボガリーン
Bogart
ボーガード
ボーガト
ボーガート***
ボガード
Bogason
ボガソン
ボゲーソン
Bogataj ボガタイ
Bogati ボガティ
Bogatin
ボガーチン
ボガティン
Bogatureva
ボガティレバ
ボガティレフ
Bogaty ボガティ*
Bogatylyov
ボガティリョヴ
ボガトゥイリョフ
Bogatyrev
ボガチレフ
ボガトゥイリョーフ
ボガトゥイリョフ*
Bogatyryov
ボガトゥイリョーフ
ボガトゥイリョフ
Bogatzky ボガツキー

Bogayevicz
ボガエヴィッチ
Bo︎γda ボグド
Bogdan
ボグダム
ボグダン*
ボグダン***
Bogdanar ボクダノア
Bogdanich
ボグダニッチ
Bogdanoff ボグダノフ
Bogdanor ボグダナー
Bogdanos ボグダノス
Bogdanov
バグダーノフ
ボグダーノフ**
ボグダノフ**
Bogdanova
ボグダーノヴァ
ボグダノーヴァ
ボグダノヴァ*
Bogdanovic
ボグダノヴィッチ
ボグダノビッチ*
Bogdanović
ボグダノヴィッチ
ボグダノビッチ
Bogdanovič
ボグダノヴィチ
Bogdanovich
ボグダノーヴィチ
ボグダノヴィチ
ボグダノヴィッチ*
ボグダノービチ
ボグダノヴィッチ*
Bogdanóvich
バグダノーヴィチ
Bogdanovsky
ボクダノフスキー
Bogdanowicz
ボグダノヴィッツ
Bogden ボグデン
Bogdesko
バグディエスコ
Bogdo ボグド
Bogdonoff ボグドノフ
Bogduk ボグドゥク
Bögels ボーゲルズ
Bogelund ベゲルンド
Bogen ボーゲン
Boger
ボーゲル
ボージャー
Bogermann
ボーヘルマン
Bogert
ボガート
ボーゲルト
Bogerts ボガーツ
Bo-geun ボグン
Bogg ボッグ
Boggess ボッジス
Boggiatto ボジャット
Boggini ボギーニ
Boggio ボッジオ

Boggs
ボグス
ボッグス*
ボッグズ*
Boghen ボーゲン
Bøgholm
ベークホルム
ベーグホルム
Boghossian
ボゴシアン*
ボゴシャン
Boghra ボグラ
Bogianckino
ボジャンキーノ
Bogiev ボギエフ*
Boginskaya
ボギンスカヤ*
Bogiyev ボギエフ*
Boglarka ボグラルカ
Bogle ボーグル***
Bögli ボーグリ
Boglioli ボグリオリ
Bogna ボグナ
Bognanni ボクナニ
Bognar
ボグナー
ボグナル
Bognár ボグナール
Bogner
ボクナー
ボグナー**
Bogoch ボゴフ
Bogoev ボゴエフ
Bogoiavlenskii
ボゴヤブレンスキー
Bogojevic
ボゴジェヴィッチ
Bogojević
ボゴイヤビッチ
Bogolepov
ボゴレーポフ*
ボゴレホフ
Bogoliubov
ボゴリーポフ
ボゴリューボフ*
Bogoljub ボゴリュブ
Bogollagama
ボゴラガマ
Bogolyubov
ボゴリューボヴ
ボゴリューボフ
ボゴリュボフ
Bogolyubskii
ボゴリューブスキー
ボゴリュブスキー
Bogomil
ボグミール
ボゴミール
Bogomila ボゴミラ
Bogomilova
ボゴミロバ
Bogomolets
ボゴモーレツ
ボゴモレッツ
Bogomolov
ボゴモーロフ
ボゴモロフ**

Bogomyakov
ボゴミャコフ
Bogoraz
ボゴラーズ
ボゴラス*
ボゴラズ
Bogorodsky
ボゴロドスキー
Bogosavljević
ボゴサブリェビッチ
Bogosian
ボゴシアン
ボゴジアン
Bogoslovskij
ボゴスロフスキー
Bogousslavsky
ボゴスラフスキー
Bogovič ボゴビチ
Bogra ボグラ
Bograd
ボグラッド
ボグラド
Bograshov
ボグラショフ
Bogrov ボグロフ
Bogsh ボッシュ
Bogsnes ボグネス
Bogud ボーグド
Bogue ボーグ
Boguena ボゲナ
Bogues ボーグス*
Boguet ボゲ
Bogumił ボフミル
Bogumill ボーグミル
Bogusevic
ボグセビッグ
Boguslavskii
ボグスラフスキー
Boguslavsky
ボグスラフスキー
Boguslaw
ボグスラヴ
ボーグスロー
ボグスワフ*
Bogusław ボグスワフ*
Boguslawski
ボグスラウスキー
Bogusławski
ボグスワフスキ
Bogusz ボグシュ
Bogut ボーガット*
Bogutskyi ボグツキー
Bogza ボグザ*
Bohác ボハーツ
Boháčková
ボハーチコヴァー
ボハーチコバー
Bohan ボアン**
Bohannan ボハナン
Bohannon ボハノン
Bohanon ボハノン
Bohara ボハラ
Bohardus ボガーダス
Bohatec ボハテク
Bohatta ボハッタ

Bohatyriova
ボガティリョワ
Bohbot ボーボ
Bohdal ボーダル
Bohdalová
ボフダロヴァー
Bohdan
ボグダン
ボーダン**
ボフダン*
Bohdanowicz
ボフダノヴィッチ
Bohem ボーエム
Bohemond
ボエーモン
ボエモン
ボヘムント
Bohemund
ボエーモン
ボヘムント
ボヘムンド
Bohen ボーレン
Bo-hi ボヒ
Bohidar ボーハイダー
Bohigas
ブイガス
ボイーガス*
Bohigian ボヒジャン
Bohinc ボヒンツ
Bohinski ボヒンスキー
Bohjalian
ボジャリアン
Bohl ボール
Böhl ベール
Bohlau ベーラウ
Böhlau ベーラウ
Bohle ボーレ
Bohlen ボーレン*
Böhlen ボーレン
Bohler ボレール
Bohley ボーライ*
Bohlin
ブリーン
ボーリン*
Böhling ボーリング
Böhlke ベールケ
Bohlman ボールマン*
Bohlmann ボールマン
Bohls ボールズ
Bohm
ベーム
ボェーム
ボーム**
Böhm
ビョーム
ベェーム
ベーム***
ベーム*
Bohman ボーマン**
Bohmdorfer
ベームドルファー
Böhmdorfer
ベームドルファー
Bohme
ベエメ
ベーメ
ボメ

Böhme ベーム* ベーメ**
Bohmeier ボーマイアー
Böhmeke ベーメケ
Bohmer ボーマー
Böhmer ベーマー*
Böhmer ベーマー
Böhmert ベーメルト
Bohn ボウン ボーン**
Bohnacker ボーナッカー
Bohne ボーネ*
Bohnen ボーネン
Bohnenberger ボーネンベルガー
Bohner ベーナー ボーナー ボナー ボーネル
Böhner ベーナー*
Bohnet ボーネット ボネット
Bohnke ボーンケ
Bohn-young ボンヨン
Boho ボホ
Bohonnon ボホノン
Bohoun ボウン
Bohr ベール ボーア**
Böhr ベール
Bohren ボーレン*
Bohrer ボーラー**
Bohringer ボーランジェ**
Bohrnstedt ボーンシュテット
Bohrs ベールス
Bohte ボーテ
Böhtlingk ベートリンク
Bohumil ボーフミル ボフミル***
Bohumír ボフミール
Bohun ボーン
Bohus ボフス
Bohuslav ボスラフ ボフスラヴ ボフスラフ**
Bohuslaw ボフスラフ
Bohuszewiczowna ボフシェウィツォウナ
Bohutsky ボフツキー
Bohyun ボヒョン
Boi ボーイ ボイ**
Boiardi ボヤルディ
Boiardo ボイアルト ボイアルド
Boiarskii ボヤルスキー
Boice ボイス
Boi Chau ボイチャウ
Boideffre ボアデフル
Boidin ボアダン
Boido ボイド
Boie ボイエ**
Boie-kamara ボアカマラ
Boieldieu ボアエルデュー ボアデルデュー ボイエルデュー ボワエルデュー ボワルディウ
Boies ボイス
Boig ベイク
Boigelot ボアジュロ
Boiger ボイガー
Boigny ボワニ*
Boije ボイイエ
Boik ボイク
Boiko ボイコ*
Boila ボイラ
Boileau ボアロー* ボワロ ボワロー***
Boilet ボワレ*
Boilil ボイリール
Boillet ボワレ
Boillot ボワロ*
Boilly ボワイー ボワリー
Boim ボイム
Boima ボイマ
Boimah ボイマ
Boime ボイム
Boin ボワン
Boina ボイナ
Boine ボアヌ ボーイネ ボイネ
Boinet ボワネ
Boinot ボワノ
Boinville ボアンヴィル ボアンビル ボワンビル
Boiō ボイオー
Boionius ボイオニウス
Boiry ボワリ
Bois ボア ボア* ボアー ボイス* ボワ*
Boisbaudran ボアボードラン ボアボドラン

ボワボードラン
Boisdeffre ボアデフル ボワデフル ボワデフル*
Boisdon ボアドン
Boise ボイズ
Boiselle ボイゼル
Boisen ボイセン
Boisgel ボワスジェル
Boisgelin ボアジュラン ボワジュラン
Boisgobey ボアゴベ* ボアゴベー ボアコベイ ボアゴベイ ボワコベイ ボアスゴベ
Boisguillebert ボアギーユベール ボアギュベール ボアギュベール ボアギルベル ボワギュベール ボワギルベール
Boislisle ボアリール
Boislond ボワロン
Boismard ボアマール
Boismenu ボアムニュ
Boismier ボアミエ
Boismortier ボアモルティエ ボワモルティエ
Boisnard ボワナール
Boisredon ボワルドン
Boisrobert ボアロベール ボワロベール*
Boisrond ボワズロン ボワロン
Boissard ボアサール ボワサール
Boisse ボワス
Boisseau パッソー ボワソー
Boissel ボアセル
Boisselier ボワスリエ* ボワセリエ
Boisserée ボアスレ ボイザーリー ボワスレ ボワスレー
Boissevain ボワスヴァン ボワセヴァン
Boissier ボアシエ ボアシエ ボワシエ*
Boissiére ボワシエ
Boissière ボワシエール
Boisson ボワソン ボワッソン
Boissonade ボアソナード* ボワソナード*
Boissy ボアシ ボアシー
Boistel ボワステール ボワステル
Boister ボアステル ボイスター
Boisvert ボイスヴァート
Boit ボイト*
Boitani ボアターニ
Boitano ボイタノ*
Boitard ボアタール
Boitel ボアテル ボワテル
Boiteux ボアトー ボワトー
Boito ボーイト* ボイト ボイト*
Boivin ボワヴァン** ボワバン
Boix ボア
Bojan ボージャン* ボーヤン* ボヤン*
Bojang ボジャン
Bojani ボヤーニ
Bojanic ボハニック
Bojanowski ボジャノウスキ*
Bojar ボージャー ボヤール
Bojaxhiu ボヤヒュー
Boje ボイエ
Bojer ボーイエル* ボーイエル* ボイエル* ボーエル ボーヤー ボーヤル
Boji ボジ
Bo-jiang ボーチアン
Bojidar ボジダル
Bojorge ボホルヘ
Björklund ビヨルクルンド
Bojowald ボジョワルド
Bojrab ボイラブ
Bojsen ボイセン
Bojunga ボジュンガ

Bok ボーク* ボク** ボック**
Boka ボカ
Bokar ボカー ボカール
Bokassa ボカサ**
Bok-chang ボクチャン
Bok-dong ボクトン ボクドン
Bokel ボケル
Bokelmann ボッケルマン*
Bokemeyer ボーケマイヤー
Bokenkotter ボーケンコッター
Boker ボウカー ボーカー
Bökeykhan ボケイハン
Bokhane ボハネ
Bokii ボーキー ボーキィ
Bokinsky ボキンスカイ
Bokko ベッコ
Bekko ベッコ ボッコ*
Boko ボコ ボコ
Bokole ボコレ
Bokolo ボコロ
Bokor ボコル
Bokova ボコヴァ* ボコーワ
Boksberg ボクスベルク
Boksenberg ボクセンバーグ
Boksic ボクシチ ボクシッチ
Bok-sin ボクシン
Bokun ボークン
Bokung Asumu ボクングアスム
Bok-yong ボクヨン
Bo-kyung ボギョン*
Bol ボル***
Bola ボラ*
Bolad ボラト
Bolaji ボラジ
Bolam ボーラム ボラム*
Bolamba ボランバ
Bolan ボラーン ボラン*

Boland
ボラーン
ボーランド*
ボーランド
ボランド
Bolander ボーランダー
Bolani ボラニ
Bolano ボラーニョ
Bolaño ボラーニョ*
Bolaño ボラーニョ
Bolaños ボラニョス**
Bolanus ボラヌス
Bolas ボラス
Bolasie ボラシエ
Bolat ボラト
Bolch ボルヒ
Bolchakov
ボルチャコフ
Bolchover
ボルコーヴァー
Bolcom ボルコム
Bold
ボールド*
ボルド
Boldemann ボルデマン
Bolden ボールデン***
Bolder
ボールダー
ボルダー
Bolderman
ボルダーマン
Bolderwood
ボルダーウッド
Boldin
ボルジン
ボルディン*
Bolding
ボールディング
Boldingbroke
ボーリングブック
ボーリングブローク
Boldini ボルディーニ
Boldon ボルドン*
Boldorini ボルドリーニ
Boldrewood
ボールダーウッド
ボルダーウッド
Boldrin
ボールドリン
ボルドリン
Boldrini
ボルドリーニ*
ボルドリニ*
Boldrino ボルドリーノ
Boldt ボルト*
Boldù ボルドゥー
Bolduc
ボルダック
ボルデュク
Boldwin
ボールドウィン*
Boldykova
ボルディコワ
Boldyrev
ボルディレフ
ボルドイレフ
ボルドウィリョフ

ボルドゥイレフ
Boldzhurova
ボルジュロワ
Bole
ボール
ボレ
Bolea
ボレーア
ボレア
Bolechowski
ボレホフスキ
Bolen
ボーレン*
ボレン
Bolender ボレンダー*
Bolenga ボレンガ
Bolengetenge Balela
ボレムンゲテンゲバレラ
Bolero ボレロ
Boles
ボウルズ
ボールス
ボールズ*
ボーレス
ボレス
Bolesch ボレシュ
Boleslav ボレスラフ
Boleslavski
ボレスラフスキー
Boleslavsky
ボレスラフスキー
Boleslaw
ボレスラヴ
ボレスラフ*
Bolesław
ボレスワフ
ボレスラウ
ボレスラフ
ボレスロー
ボレスワウ
ボレスワフ**
Bolesta ボレスタ
Bolet
ボレー
ボレット*
Boletzky ボレツキー
Bolewski ボレフスキー
Boley ボーレイ
Boleyn
ブーリン
ブリーン
ブリン
ブーレン
Bolfarine ボルファリン
Bolγai ボルガイ
Bolger
ボルガー
ボールジャー
ボルジャー**
Bolgi ボルジ
Bolhuis ボルフイス
Boli
ボリ
ボル
Bolick ボーリック**
Bo-lin ボーリン*

Bolin
ボーリン*
ボリン*
Bolinches
ボリンチェス*
Boling
ボーリン
ボーリング
ボリング
Bolingbroke
ボリングブルク
ボーリングブルック
ボーリングブルック
ボーリングブローク
Bolinger ボリンジャー
Bolingoli ボリンゴリ
Bolis ボリス**
Bolishev ボーリシェフ
Bolitho
ボライソ
ボライソー*
ボリソー
Bolivar
ボリヴァー
ボリバー
Bolívar
ボリーバル
ボリバル
Bolk
ボルク
ボルグ
Bolkan ボルカン*
Bolker ボルカー
Bolkiah ボルキア**
Bolko ボルコ*
Bolks ボルクス
Bolkvadze ボルクバゼ
Boll
ベル
ボール
ボル**
Böll ベル**
Bollaert ボラールト
Bollaín ボルライン
Bolland
ボラント
ボランド
ボランドゥス
Bollandus
ボランドゥス
Bollapragada
ボーラプラガーダ
ボラプラガダ
Bollardiere
ボラルディエール
Bollas ボラス
Bolle
ボッレ*
ボルレ
ボルレー
Bollegala ボレガラ
Bollella ボレラ
Bollen ボレン
Boller ボラー
Bolles
ボウルズ
ボウルス
ボールズ
ボールス

Bollet ボレット
Bollettieri
ボレッティエリ
ボレテリ*
ボレテリー**
Bollier
ボリアー
ボリエー
Bollig ボリグ
Bolliger
ボリガー**
ボリゲル
Bolling
ボリン
ボーリング*
ボリング*
Bölling ベリング
Bollinger
バリンジャー*
ボリンジャー*
Bollini ボリニ
Bollman ボールマン
Bollmann ボルマン*
Bollnow
ボルノー**
ボルノウ*
Bollo ボジョ
Bollobás
ボロバシュ
ボロバッシュ
Bollon ボロン*
Bolloten ボロテン*
Bolls ボウルズ
Bollstädt
ボルシュテット
Bollwahn ボルバーン*
Bolm ボルム
Bolman ボールマン*
Bolme ボルメ
Bolmont ボルモン
Bolnick ボルニック
Bolo ボロ
Bolod ボロト
Bolodeoku ボロデオク
Bologna
ボローナ*
ボローニア
ボローニャ*
Bologne ボローニュ
Bolognese
ボウロニーズ
ボロニェーゼ
Bolognesi ボロネージ
Bolognini ボロニーニ
Bolomboy ボロンボイ
Bolon ボロン
Bolongo ボロンゴ
Bolongongo
ボロンゴンゴ
Boloni ベレニ
Bölöni ボローニ
Bolonik ボロニク

Bolor ボロル
Bolormaa ボロルマー
Bolot ボロト
Bolotbek ボロトベク
Bolotin
ボロチン
ボロティン
Bolotnikov
ボロートニコフ
ボロトニコフ
Bolotov ボーロトフ
Bolotova ボロトヴァ
Bols ボルス
Bolsche ベルシェ
Bölsche ベルシェ
Bolsec ボルセク
Bolshakoff
ボルシャコーフ
Bolshakov
ボリシャコフ*
ボルシャコフ
Bol'shakov
ボリシャコフ
Bol'shchinskii
ボルシンスキー
Bolshunov
ボルシュノフ
Bolsinger
ボルシンガー
Bol'ska ボリスカ*
Bolsky ボルスキー
Bolsonaro ボルソナロ
Bolsover
ボルソーヴァー
ボルソヴァー
Bolstad ボルスタッド*
Bolster ボルスター
Bolstorff ボルストフ
Bolswert
ボルスヴェルト
Bolt
ボールト*
ボルト**
Boltanski
ボルタルスキー
ボルタンスキー
ボルタンスキー**
Boltasseva
ボルタッセヴァ
Bolte
ボルテ
ボルト
Bolté ボルト
Bolten ボルテン*
Boltenstern
ボルテンシュテルン
Bolter
ボールター
ボルター*
Boltianskii
ボルチャンスキー
Boltin
ボールチン
ボルチン
Bolton
ボウルトン
ボールトン
ボルトン***

Boltraffio ボルトラッフィオ／ボルトラッフョ	Bombois ボムボア／ボンボア／ボンボワ	Bonami ボナーミ	Bonazza ボナッツァ	Bone ボウン／ボーン**
Boltwood ボールトウッド／ボルトウッド／ボルドウッド	Bomboland ボンボランド	Bonamico ボナミーコ	Bonazzoli ボナッツォーリ	Bonebrake ボーンブレイク
Boltyanskii ボルチャンスキー	Bomdelli ボンベッリ	Bonamna ボナムナ	Bonch ボンチ	Bonechi ボネキ
Boltzius ボルツィウス	Bo-mee ボミ	Bonamy ボナミ	Bonchamp ボンシャン	Bonehkohal ボネコハル*
Boltzmann ボルツマン*	Bomer ボマー	Bonanet ボナネ	Bon-chan ボンチャン	Bonekemper ボーネケンバー
Boluarte ボルアルテ	Börner ベーマ	Bonang ボナン	Bonci ボンチ	Bonelli ボネッリ／ボネリ*／ボネルリ
Bolukbasi ボルクバシ	Bomford ボムフォード／ボンフォード	Bonanni ボナンニ	Boncodin ボンコディン	Boner ボーナー／ボナー
Bolum ボルム	Bommarito ボマリト	Bonanno ボナーノ／ボナノ／ボナノ**	Boncompain ボンコンパン*	Bonera ボネーラ
Bolund ボルンド	Bommel ベンムルー／ボメル**	Bonano ボナノ	Boncour ボンクール	Bonerius ボネリウス
Bolus ボウラス	Bommelius ボメリウス	Bonanos ボナノス	Bond ボンド***	Bonerz ボナーズ
Bolvary ボルファリ	Bommer ボムメル／ボンメル	Bonanotte ボナノッテ*	Bonda ボンダ	Bondarchuk ボンダルチューク／ボンダルチュク
Bolváry ボルヴァーリ	Bommersbach ボーマズバック	Bonanova ボナノヴァ	Bondar ボンダル	Bones ボーンズ*
Bolwell ボールウェル*	Bomo ボモ	Bonansinga ボナンジンガ**	Bondarenko ボンダレンコ**	Bonestell ボネステル
Boly ボリ	Bompa ボンパ	Bonaparte ボナパート／ボナパルト／ボナパルト**	Bondarev ボンダレフ**	Bonet ボネ／ボネット*／ボネト
Bolyai ボーヤイ／ボヤイ／ボリアイ／ボリャイ／ボリョイ	Bompas ボンパス	Bonar ボーナー*／ボナ／ボナー*／ボナア／ボナール／ボナル	Bondaruk ボンダルク	Bonete ボネテ
Bolyard ボウヤード	Bompiani ボンピアーニ／ボンピアニィ	Bonas ボナス*	Bonde ボンデ	Bonetti ボネッティ*
Bolz ボルツ**	Bom-sok ボムソク	Bonascia ボナーシャ	Bondeli ボンデリ	Bonetto ボネット
Bolza ボルザ／ボルツァ	Bom-son ボムソン	Bonasone ボナゾーネ	Bondeson ボンデソン	Boneva ボネバ
Bolzano ボルツァーノ／ボルツァノ	Bom-song ボムソン	Bonassar ボナサール	Bondestam ボンデスタム	Bonewitz ボネウィッツ
Bolzoni ボルツォーニ	Bomsori ボムソリ	Bonath ボナス	Bondevik ボンデヴィック**／ボンデビク／ボンネヴィーク／ボンネビク	Bonfa ボンファ*
Bom ボム／ボン	Bomtempo ボルテンポ／ボンテンポ	Bonati ボナーティ*／ボナッチ／ボナッティ**	Bondeville ボンドヴィル	Bonfadelli ボンファデッリ
Boma ボマ	Bon ボン***	Bonatz ボーナッツ／ボナッツ	Bondfield ボンドフィールド／ボンフィールド	Bonfante ボンファンテ*
Boman ボーマン*	Bôn ボン	Bonaventura ボナヴェンチュラ／ボナヴェンツゥラ／ボナヴェンツラ／ボナヴェントゥーラ**	Bondi ボンジ／ボンディ**	Bonfanti ボンファンスィ／ボンファンティ*
Bomann ボーマン	Bona ボーナ／ボナ**	Bonabeau ボナボー	Bondino ボンディーノ	Bonfatti ボンファッティ
Bomar ボマー	Bonacchi ボナッキ	Bonaventura ボナヴェントゥーラ*／ボナヴェントゥラ／ボナベンツラ／ボナベントゥーラ／ボナベントゥラ	Bondireva ボンディレーヴェ	Bonfield ボンフィールド*
Bomba ボンバ*	Bonacelli ボナチェッリ	Bonaventure ボナヴァンチュール／ボナヴァンテュール／ボナヴァントゥル／ボナベントゥーレ	Bondjol ボンジョール／ボンジョル	Bonfiglio ボンフィリオ*
Bomback ボンバック	Bonacic ボナチッチ	Bonavia ボナヴィーア／ボナヴィア／ボナビア	Bondjor ボンジョル	Bonfiglioli ボンフィグリオリ／ボンフィリオリ*
Bombal ボムバル／ボンバル	Bonafonte ボナフォンテ	Bonavoglia ボナヴォーリア*	Bondoc ボンドック	Bonfil ボンフィリ
Bombard ボンバール	Bonafoux ボナフ*／ボナフー	Bonavolontà ボナボロンタ	Bondol ボンドル	Bonfils ボンフィス*
Bombardieri ボンバルディエーリ	Bonagiunta ボナジュンタ	Bonawentura ボナヴェントゥラ	Bondolfi ボンドルフィ	Bonfim ボンフィム
Bombastus ボンバストゥス	Bonaguida ボナグイーダ	Bonaya ボナヤ	Bondone ボンドーヌ／ボンドーネ／ボンドネ	Bonfrère ボンフレール
Bombay ボンベイ	Bonagura ボナグーラ／ボナグラー		Bondoux ボンドゥ／ボンドゥー*	Bong ボン**／ボン*／ボング
Bombeck ボンベック**	Bonaiti ボナイティ		Bondroit ボンドロイト	Bông ボン
Bombelli ボンベッリ／ボンベリ	Bonal ボナル		Bonds ボンズ***／ボンド	Bồng ボン
Bomberg ボンバーグ／ボンベルク	Bonàl ボナル		Bondt ボント	Bonga ボンガ
Bomberry ボンバリー	Bonald ボナール／ボナルド*		Bondue ボンデュ	Bongaarts ボンガーツ
Bombieri ボンビエーリ／ボンビエリ*	Bonallack ボナラック		Bondurant ボンデュラント**	Bongár ボンガール
	Bonaly ボナリー*		Bondy ボンディ*	Bongard ボンガード
	Bonameau ボナモー			Bongartz ボンガルツ
				Bongcheol ボンチェオル

Bongchol ボンチョル
Bongeli ボンジェリ
Bonger ボンゲル
Bongers ボンジャース
Bong-gil ボンギル
Bong-heum ボンフム
Bonghi ボンギ
Bong-ho ボンホ
Bong-hyuk ボンヒョク
Bongianni ボンジャンニ
Bongibault ボンジボー
Bongini ボニーニ
Bongiorni ボンジョルニ
Bongiorno ボンジョルノ
Bongiovanni ボンジョヴァンニ
Bongizizwe ボンギジィズウェ
Bong-jin ボンジン
Bong-jo ボンジョ
Bong-ju ボンジュ
Bong-koo ボング
Bong-kuen ボングン
Bong-kun ボングン
Bong-kyun ボンギュン*
Bong-lok ボンロク
Bong-mo ボンモ
Bongnessan ボンニェッサン
Bongo ボンゴ**
Bongonda ボンゴンダ
Bongongo ボンゴンゴ
Bongrand ボングラン*
Bong-shik ボンシク
Bong-soo ボンス
Bongsoo ボンス
Bong-sook ボンスク
Bongsprabandh ボンプラパン
Bong-won ボンウォン
Bonhage ボンハーゲ
Bonham
　ボーナム*
　ボナム**
　ボンハム
Bonheur ボヌール
Bon-ho ボンホ
Bonhoeffer
　ボネッファー
　ボンヘッファー*
　ボンヘファー*
Bonhomme
　ボノーム
　ボノム
　ボノンム*
Bonhote ボンホート
Boni
　ボナイ*
　ボーニ*

ボニ***
ボニー
Bonie ボニー
Boniface
　ボニファキウス
　ボニファス*
　ボニファチオ
　ボニファツイオ
　ボニファーティウス
　ボニファティウス
　ボニフェイス
　ボニフェース
　ボニフェスムチェル
Bonifacia ボニファシア
Bonifacino
　ボニファチーノ
Bonifacio
　ボナファシオ
　ボニファシオ*
　ボニファーチオ
　ボニファチオ
　ボニファーチョ
　ボニファツイオ
Bonifácio ボニファシオ
Bonifacius
　ボニファキウス
　ボニファチウス
　ボニファーティウス
　ボニファティウス
Bonifas ボニファ
Bonifatii ボニファチイ
Bonifatios
　ボニファティオス
Bonifatius
　ボニファキウス
　ボニファチウス
　ボニファーツイウス
　ボニファーティウス
　ボニファティウス
　ボニファティス
Bonifaz ボニファス
Bonifazio
　ボニファッツイオ
Bonilla
　ボニージャ***
　ボニジャ
　ボニーヤ*
　ボニヤ
　ボニーラ
　ボニリア
　ボニーリャ**
　ボニリャ
Bonillas ボニラス
Bonime ボニーム
Bonin
　ボナン
　ボーニン
Bonina ボニーナ
Bonington
　ボニントン**
Bonini ボニーニ*
Bonino ボニーノ**
Boninsegna
　ボニンセーニャ
Boninus ボニーヌス
Bónis ボーニシュ
Bonisch ベニシュ
Bönisch ベーニッシュ
Bonisolli ボニゾッリ*

Bonissone ボニソン
Bonita
　ボニータ*
　ボニタ*
Bonito ボニート*
Bonitz
　ボーニツ
　ボーニッツ
　ボニッツ
Bonitzer
　ボニゼール
　ボニツェール*
Bonivard
　ボニーヴァール
Boniver ボニヴァー
Boniwell ボニウェル
Bonizzi ボニッツィ
Bonja ボンジャ
Bonjasky
　ボンヤスキー*
Bonjean ボンジャン
Bonjol ボンジョル
BonJour バンジュー
Bonjour ボンジュール*
Bon Jovi ボンジョビ
Bon-ju ボンジュ
Bonk ボンク
Bonkoungou-balima
　ボンクングバリマ
Bonlieu ボンリュー
Bonmann ボンマン
Bonmarchand
　ボンマルシャン
Bon-moo ボンム*
Bonn ボン
Bonna
　ボナ
　ボンナ
Bonnafé ボナッフェ
Bonnaffé ボナフェ
Bonnaire ボネール*
Bonnal ボナル
Bonnamy ボナミー
Bonnand ボナン
Bonnard
　ボナアル
　ボナード
　ボナール**
　ボンナルド
Bonnat
　ボナ
　ボンナ
Bonnaure ボノール*
Bonne
　ボンヌ*
　ボンネ
Bonné ボンネ
Bonneau
　ボノー*
　ボノオ
Bonnecarrère
　ボンヌカレール
Bonnecase
　ボンヌカーズ

Bonnechose
　ボンヌショーズ
Bonnée ボンネ
Bonnefoit
　ボンヌフォア
　ボンヌフォワ
Bonnefond
　ボンヌフォン*
Bonnefoux ボンフー
Bonnefoy
　ボヌフォア
　ボヌフォワ*
　ボンヌフォア
　ボンヌフォワ**
Bonnejoy ボヌジョワ
Bonnelame
　ボンラム
　ボンレム
Bonnell
　ボーネル*
　ボネル
Bonnema ボンネマ
Bonnemaison
　ボンメゾン
Bonnemère
　ボヌメール
Bonner
　ボナー***
　ボンナー
　ボンネル**
Bonnerjea
　ボンネルジャ
Bonne Rodriguez
　ボネロドリゲス
Bonners ボナーズ*
Bonnes ボンヌ
Bonnet
　ボネ**
　ボネー
　ボネット*
　ボノ
　ボンヌ
　ボンネ
Bonnetain ボンヌタン
Bonnett ボネット*
Bonnetty ボネッティ
Bonneuil
　ボヌイユ
　ボンヌイユ
Bonneval ボヌヴァル
Bonnevie
　ボヌヴィ
　ボンネヴィー
　ボンビー
Bonneville
　ボネビル*
　ボンヌヴィル
　ボンヌビル
Bonney ボニー***
Bonnice ボニス
Bonnici
　ボニチ*
　ボニッチ
　ボンニーチ
　ボンニチ
Bonnie
　バニー
　バーン
　ボニー**

Bonniec ボニエック
Bonnier
　ボニエ*
　ボニエー
　ボニーヤ
Bonnin
　ボナン
　ボーニン
　ボニン
Bonning ボニング*
Bönninghausen
　ボーニングハウゼン
Bonnissel ボニセル
Bonnke ボンケ*
Bonnome ボノム
Bonnot
　ボノ*
　ボノー
　ボンノー
Bonnoure ボヌール
Bonnsetter
　ボンセッター
Bonnus ボヌス
Bonny ボニー*
Bonnyman ボニーマン
Bono
　ボーノ*
　ボノ**
Bonoan ボノアン
Bonobo ボノボ
Bonod ボノド
Bonoff ボノフ
Bonoli
　ボノーリ
　ボノリ
Bonomelli ボノメリ
Bonomi
　ボノーミ*
　ボノミ*
Bonomini ボノミーニ
Bonomo
　ボノーモ
　ボノモ
Bononcini
　ボノンチーニ
Bononge ボノンゲ
Bononi ボノーニ
Bonos ボノス
Bonosus
　ボノースス
　ボノスス
Bonou ボヌ
Bonpland ボンプラン
Bonporti ボンポルティ
Bonsack ボンサック
Bonsall
　ボンサル
　ボンソール
　ボンソル
Bonsanti ボンサンティ
Bonsels
　ボンゼルス
　ボンセルス
　ボンゼルス**
Bonsen ボンゼン
Bonsenyor
　ボンセニョール

Bonser ボスナー	Bony ボニー*	Boom Soo ボムス	ブアマン**	ボル*
Bon-shik ボンシク	Bonyi ボニイ	Boon	ボアーマン	Bora
Bonsi ボンシ	Bonynge ボニング*	ブーン**	Boorstein	ボーラ
Bonsignore	Bon-young ボンヨン	ボーン	ブーアスタイン	ボラ*
ボンシニョーリ	Bonzanigo	ボン	ブアスタイン	Borah
Bonsignori	ボンツァニーゴ	Boonchai ブンヤシット	Boorstin	ボーラ
ボンシニョーレ	Bonze ボンゼ	Boonchaisuk	ブーアスティン	ボーラー
Bonsignour	Bonzel ボンゼル	ブンチャイスック	ブアスティン**	ボラー
ボンシニュール	Bonzi ボンジィ	Boonchalaksi	ブースティン	Boraine
Bonsirven	Bonzon ボンゾン**	ブーンチャラクシ	Boos	ボレイン
ボンシルヴァン*	Boo ブー**	Boond ボンド	ボース	ボレーヌ
Bonson ボンソン	Boobyer ブービヤー	Boondicharoen	ボス	Boralevi
Bonstell ボンステル	Booch	ブーンティチャローン	Boosh ブース	ボラレーヴィ**
Bonstetten	ブーチ*	Boone	Boosinger	Boram ボラム*
ボンシュテッテン	ボーシュ	ブーン***	ブージンガー	Bōrān ボーラーン
ボンステッテン	Boocock ブーコック	ボーネ	Boot	Borana ボラナ
Bonsu ボンス	Boodin ボーディン	Boonen	ブート**	Boranian ボレニアン
Bon-sung ボンソン	Boodman ブードマン	ブーネン	ボート	Boras ボラス*
Bont ボン*	Boog	ボーネン*	Bootan ボータン	Borasi ボラーシ
Bonta ボンタ	ブーグ	Boong-ang ブンアン	Bootee ブーティ	Borasio
Bon-tae ボンテ	ボーグ	Boongo ボオンゴ	Bootes ブーツ	ボラージオ
Bontas ボンタシュ	Boogaerts ボガート	Boon Heng ブンヘン	Booth	ボラジオ
Bontecou ボンテクー	Boogerd ボーヘルト	Boon Heong ブンホン	ブース***	Boratto ボラット
Bontekoe ボンテクー	Boogert ボーグルト	Boon-hwee ブンフィー	ブーズ	Boratynski
Bontempelli	Booher ブーハー	Boonin ブーニン	ボース	ボラティンスキ
ボンテムペッリ	Book	Boonjumnong	ボーズ	ボラティンスキー
ボンテムベルリ	ブック	ブンジャムノン	Boothby ブースビー**	Boratyński
ボンテムペッリ**	ベック	ブンチュムノン*	Boothe	ボラチンスキー
ボンテンペリ	Böök ベーク*	Boonlong ブーンロン	ブース**	ボラティンスキー
ボンテンベルリ	Bookbinder	Boonmee	ブーズ	Borau ボラウ
Bontempi ボンテンピ	ブックバインダー	ブンミ	Boothman	Boravac ボロバッツ
Bontemps	Bookchin	ブンミー	ブースマン*	Borax ボラックス
ボンターム	ブクチン*	Boonnie ボニー	Boothroyd	Borba ボーバ
ボンタム	ブックチン	Boonow ブーナウ	ブースロイド**	Borbalan ボルバラン
ボンタン**	Booke ブック	Boonpala ブンパラ	Bootie ブーティ	Borbely ボルベリ
ボンテムプス	Boo-kee ブギ	Boon Ping ブンピン	Bootle ブートル*	Borben ボルベン
Bontine	Booker	Boonrawd ブンロート	Booton ブートン	Borbéy ボルベイ
ボンタイン	ブーカー*	Boonsak ブーンサック	Boots	Borbiyev ボルビエフ
ボンティン	ブカー	Boonsithi	ブーツ**	Borbon ボーボン*
Bontje ボンジェ	ブッカー**	ブンヤシット*	ボーツ	Borbón
Bonto ボント	Bookhout	Boonsong	Booty	ブルボン
Bonucci ボヌッチ	ブックアウト	ブーンソン	ブーティ	ボルボン
Bonull ボヌル	Bookman ブックマン*	ブンソン	ブーティー	Borboni ボルボーニ
Bonura ボヌラ	Bookstaber	Boonsongpaisal	Bootzin ブーチン	Borboroglu
Bonus ボーヌス	ブックステイバー	ブンソンパイサーン	Boo-young ブヨン	ボルボログ
Bonutti ボヌッティ	ブックステーバー*	Boonstra ブーンストラ	Booz	Borbúa ボルブア
Bonutto ボヌート	Booksteijn	Boontje ボーンチェ*	ブーズ	Borc ボルク
Bonvalot ボンヴァロ	ボークスタイン	Boon Wan ブンワン	ボース	Borch
Bonvesin ボンヴェシン	Bookwalter	Boonyakiat	Boozer ブーザー**	ボーチ
Bonvicini	ブックウォルター	ブンヤキアット	Bopanna ボパンナ	ボルク*
ボンヴィシニ	Boo-kyum ブギョム	Boonyanan	Bopha	ボルシュ
ボンヴィチーニ*	Boole ブール*	ブーンヤナン	ボパ	ボルチ
Bonvillain	Boolell ブーレル	Boon Yang ブンヤン	ボファ	ボルヒ
ボンビレイン	Booles ブールス	Boonyapredee	Bopp ボップ**	ボルフ*
Bonville ボンヴィル	Boolos ブーロス	ブーンヤプレデ	Bopper ボッパー	Borchard ボルヒャルト
Bonvin	Boolpakdee	Boonyaratglin	Bo-qi ボーチー	Borchards
ボンヴァン	ブーンパクディー	ブンヤラガリン*	Boqiev ボキエフ	ボーチャーズ
ボンバン	Boom	Boor ボーア	Boqor ボコー	Borchardt
ボンビン	ブーム	Boorapolchai	Boquel ボケル	ボーチャード
Bonvouloir	ブーン	ボーラポルチャイ	Boquin ボカン	ボルハルト
ボンヴーロワール	ボーム*	Boore ブーア	Boquinus ボクィヌス	ボルヒャルト
Bonwell ボンウェル	Boomer ブーマー*	Boorer	Boqumu ブクム	ボルヒアルト
Bonwetsch	Boometswe	ブアラー	Bor	ボルヒャルト**
ボンヴェチ	ボーメツェ	ブーラー	ボー	Borchelt ボルヘルト
ボンヴェチュ	Boomsma ブームスマ	Boorman	ボア	Borcherds
Bonwill ボンウィル		ブーアマン	ボオル	ボーチャーズ
			ボル	

Borchers ボーチャーズ*, ボルヒャース, ボルヒャーズ, ボルヒャルス
Borchert ボーチャート, ボルヒェルト**, ボルヒャート, ボルヘルト
Borchgrave ボルグラーヴ, ボルシュグラーヴ, ボルシュグラーブ
Borchgrevinck ボーグレーヴィンク
Borchgrevink ボルクゲルウィンク, ボルシュグレヴィンク
Borchin ボルチン**
Borchling ボルヒリング
Borchsenius ボルフゼニウス
Borckink ボルキンク
Bord ボード
Borda ボルダ*
Bordaberry ボーダベリー, ボルダベリ*, ボルダベリー*
Bordage ボダージュ
Bordallo ボダリオ, ボルダーリョ
Bordans ボルダンス
Bordas ボルダス
Borde ボルド
Bordeaux ボルドー**, ボルドオ
Bordeianu ボルデュー
Borden ボーデン***, ボードン, ボルデン
Border ボーダー, ボルデ, ボルデー
Borders ボーダース, ボーダーズ*
Bordes ボルデ, ボルド
Bordet ボルテ, ボルデ*, ボルデー
Bordeu ボルドゥ, ボルドー
Bordewijk ボルデワイク
Bordicchia ボルディッキャ
Bordick ボーディック
Bordier ボルディエ

Bordiga ボルディーガ
Bordignon ボルディニョン
Bordin ボーディン, ボルディン
Bordjug ボルジュク
Bordman ボードマン
Bordo ボルト, ボルド*
Bordon ボーデン, ボルドン
Bordone ボルドーネ
Bordoni ボルドーニ, ボルドニ
Bordowitz ボードウィッツ
Borduin ボーディン
Bordwell ボードウェル
Bordyuzha ボルジューシャ, ボルジュジャ*
Borec ボレツ
Boreham ボレハム
Borek ボレク
Borel ボレル***
Borell ボレル
Borella ボレッラ
Borelli ボレッリ, ボレリ, ボレルリ
Borello ボレロ
Borély ボレリー
Boreman ボアマン
Boren ボーレン
Boreng ボレン
Borenstein ボレンスタイン
Borer ボレル
Boreslaw ボレスワフ
Boreth ボレス
Boretti ボレッティ
Boreum ボルム
Borev ボーレフ
Borevich ボレビッチ
Boreyko ボレイコ, ボレイコウ*
Borg ボーグ**, ボリ, ボリィ, ボルイ*, ボルグ**, ボルジ
Borgal ボルガル
Borgardt ボガート
Borgas ボルガス
Borgatta ボーガッタ
Borgatti ボルガッティ

Borge ボルゲ*, ボルヘ*
Börge ベリエ**
Børge ビョーエ, ブルゲ, ボルヘ
Borgeaud ボルゴー
Borgelt ボルゲルト*
Borgen ボルゲン*
Borgenichit ボーゲニクト
Borgenicht ボーゲニクト*
Borgenstam ボルゲンステイム
Borger ボルガー
Borgerson ボーガーソン
Borges ボルゲス*, ボルジェス*, ボルヘス***
Bórges ボルヘス
Borgese ボージューザ, ボルゲーゼ**, ボルジェーゼ*
Borgford ボーグフォード*, ボルグフォルド
Borghero ボルゲーロ
Borghese ボーゲス, ボルゲーゼ**
Borghesi ボルゲージ, ボルゲージ
Borghi ボルギ
Borghild ボーグヒルド
Borghini ボルギーニ
Borght ボルヒト
Borgia ボージャ, ボルジア, ボルジア*, ボルジャ
Borgianni ボルジャンニ
Borgioli ボルジョーリ, ボルジョリ
Borglum ボーグラム
Borgman ボーグマン, ボルグマン*
Borgmann ボーグマン
Borgnine ボーグナイン**
Borgo ボルゴ*
Borgognone ボルゴニョーネ
Borgoña ボルゴーニャ
Borgonha ブルゴーニャ, ボルゴーニャ

Borgonovo ボルゴノーヴォ, ボルゴノーボ
Borgonzoni ボルゴンゾーニ
Borgstrom ボルグストローム
Borgström ボルイストレム
Borgundvaag ボーグンドヴァーグ
Bori ボーリ
Boria ボリア*
Boric ボリッチ
Borico ボリコ
Borico Moisés ボリコモイセス
Borie ボリー
Bories ボリ
Boright ボライト
Boril ボリル
Borilin ボリリン
Borimirov ボリミロフ
Borin ボラン, ボーリン, ボリン*
Boring ボアリング, ボウリング, ボーリング*
Borini ボリーニ
Boris ボリシュ*, ボーリス**, ボーリス*, ボリス***, ボレス
Borís ボリス
Borisav ボリサウ*, ボリサブ
Borisenok ボリセノーク
Borisevich ボリセヴィチ
Borish ボーリシュ
Borishade ボリシャデ, ボリシャド
Borislav ボリスラヴ, ボリスラフ*, ボリスラブ
Borisoglebsky ボリソグレフスキー
Borisoglevskaia ボリソグレフスカヤ
Borisov ボリソヴ, ボリーソフ*, ボリーソフ***
Borisova ボリソヴァ, ボリソワ
Borisovich ボリーソヴィチ, ボリソヴィチ*

ボリーソヴィッチ, ボリソヴィッチ, ボリソービッチ
Borísovich ボリソヴィチ
Borisovitch ボリソヴィッチ
Borisovna ボリーソヴナ
Borissov ボリソフ
Boritt ボリット
Boritzer ボリツァー
Borivoj ボジボイ, ボリヴォイ
Bořivoj ボジヴォイ*
Borja ボージャ, ボーハー, ボルジア, ボルハ**
Borjas ボージャス, ボーハス
Borje ボージュ, ボーリー, ボルジェ
Börje ビョリィエ, ビョルイエ, ベリエ, ボリエ
Börjes ベルエス
Borjesson ボージェソン
Borjigin ボルジギン
Börjlind ボリリンド
Bork ボーク, ボルク
Borkai ボルカイ
Borkan ボーカン
Borkenau ボルケナウ*
Borker ボーカー
Borkh ボルク
Borkin ボーキン
Borkman ボルクマン
Borkowf ボルコフ
Borkowski ボルコヴスキー, ボルコウスキー, ボルコフスキー, ボルコフスキイ
Borkowsky ボルコフスキー
Borksand ボァクサン
Borland ボーランド*
Borlaug ボーローグ**
Borle ボール
Borlee ボルレー
Borlenghi ボーレンギー
Borlet ボルレ
Borley ボーレイ
Borlin ボルラン

Borlone ボルローネ
Borloo ボルロー
Borm ボーム
Bormaa ボルマー
Borman
　ボーマン**
　ボルマン
Bormann
　ボアマン
　ボーマン*
　ボールマン
　ボルマン*
Bormans ボルマンス
Borms ボルムス
Born
　ボールン
　ボルン**
　ボーン*
Borne
　ボルヌ**
　ボルネ
　ボーン*
Börne
　ベールネ
　ベルネ*
Borneil
　ボルネイユ
　ボルネーユ
Bornelh
　ボルネイユ
　ボルネーユ
Bornemann
　ボーネマン
　ボルネマン
Bornemark
　ボーネマルク*
Bornemisza
　ボルネミッサ*
Borneo ボルネオ
Borner ボルナー
Börner ベルナー
Bornet ボルネ
Borngässer
　ボルンゲッサー
Borngräber
　ボーングレーバー
Bornhak
　ボールンハク
　ボルンハーク*
　ボルンハック
Bornhausen
　ボルンハウゼン
Borniche
　ボーニッシュ
　ボルニッシュ*
Bornier ボルニエ
Borning ボーニング
Bornito ボルニト
Bornitz ボルニッツ
Bornkamm ボルンカム
Bornstein
　ボルンシュタイン
　ボーンシュタイン
　ボーンスタイン**
　ボーンステイン
Boro ボロ
Borobský
　ボロフスキー

Borochov
　ボロチョフ
　ボーロホフ
　ボロホフ
Borodakova
　ボロダコワ*
Borodavkin
　ボロダフキン*
Borodavko ボロダフコ
Boroden ボロディン
Borodin
　ボロジーン
　ボロジン*
　ボローディン
　ボロディーン
　ボロディン**
Borodina ボロディナ*
Borodulina
　ボロドゥリナ
Boroff ボロッフ
Borofsky ボロフスキー
Boroian ボロイアン*
Borok ボロク
Boromaraja
　ボロマラジャ
Borommakot
　ボーロママコート
Boromracha
　ボロムラーチャー
Boromtrailokanat
　ボロムトライロカナー
　ト
Boron ボロン
Boronat
　ボロナット
　ボロナート
Borong ボーロング
Boronov ボロノフ
Boronovskis
　ボロノブスキス
Boros
　ボロシュ
　ボロス
Boroski ボロスキー
Boroson ボロソン
Boross ボロッシュ*
Borotra ボロトラ*
Borough バロ
Borovansky
　ボロヴァンスキー
Borovik ボロビック
Borovikov ボロビコワ
Borovikovsky
　ボロヴィコフスキー
　ボロビコフスキー
Borovkov ボロフコフ
Borovleva
　ボロヴレヴァー
Borovoy ボロウォイ
Borovskii
　ボロフスキー
Borovsky
　ボロフスキー*
Borowczyk ボロフチク
Borowiak
　ボロヴィアック

Borowski
　ボロウスキ
　ボロウスキー
　ボロヴスキー
　ボロフスキ*
　ボロプスキー
Borowsky
　ボロウスキー
Borowy ボロウィ
Borozdin ボロスデイン
Borra
　ボッラ
　ボラ*
Borradori ボッラドリ
Borralho ボラーリョ
Borrani ボッラーニ
Borras ボラス
Borrás ボラス
Borrassá
　ボラサ
　ボラサー
Borre ボレ
Borré ボレー
Borrego ボーレゴ
Borrel ボレル*
Borrell
　ボイル
　ボレル
Borrelli
　ボレッリ
　ボレリ*
Borren
　ボラン
　ボレン
Borrero
　ボレーロ
　ボレロ*
Borrero Molina
　ボレロモリナ*
Borrhaus ボルハウス
Borri
　ボッリ
　ボリ
Borrie
　ボーリー
　ボリー
Borriello
　ボッリエロ
　ボリエロ
Borries ボリエス
Borris ボリス
Borrmann ボルマン*
Borromeo
　ボッロメーオ
　ボルロメオ
　ボロメウス
　ボロメーオ
　ボロメオ
Borromini
　ボッロミーニ
　ボロミーニ
　ボロミニ
Borroni ボローニ
Borrono ボッローノ
Borror ボロー
Borrow
　ボロー
　ボロウ

Borrozzino
　ボッロツィノ
Borrus ボーラス*
Bors ボールス
Borsa ボルサ
Borsan ボルサン
Borsarello ボルサレロ
Borsboom
　ボースブーム
Borsch ボルシュ
Borsche ボルシェ
Borsdorf ボルスドルフ
Borse ボース
Borshoff ボルショフ
Borsig
　ボルジッヒ
　ボルジヒ
Borský ボルスキー
Borso ボルソ
Borsody ボルソディ
Borson ボルソン
Borsook
　ボースーク
　ボールスーク
Borsos ボーソス*
Borssen ボルセン
Borssén ボッシェン
Borst
　ボースト
　ボルスト*
Borstdt ボールスディ
Borsuk ボルスク
Borsus ボルスス
Bort
　ボー
　ボール*
Börte ボルテ
Borten
　ボッテン
　ボーテン
　ボルテン**
Borth ボルト
Borthwick
　ボースウィク
　ボースウィック
　ボスウィック
Bortimore バルチモア
Bortkiewicz
　ボルトキウィッチ
　ボルトキウィッツ
　ボルトキエーヴィチ
　ボルトキエヴィチ
　ボルトキエヴィツ
　ボルトキエヴィッチ*
　ボルトキエビチ
　ボルトキエビッチ
Bortles ボートルズ
Bortman ボートマン
Bortnianskii
　ボルトニャンスキー
　ボルトニャーンスキイ
　ボルトニャーンスキイ
Bortnik ボルトニク
Bortnyik
　ボルトニュイク
Bortoli ボルトリ

Bortolin ボートリン
Bortolotti
　ボルトロッティ
Bortoluzzi
　ボルトルッツィ
Borton ボートン**
Bortone ボルトーネ
Borts ボーツ
Bortz ボルツ*
Boru
　ボルー
　ボルーア
Boruc ボルツ*
Boruchov ボルショフ
Borucki
　ボルキ
　ボルッキ
Boruinov ボルイノフ
Borüjerdī
　ボルージェルディー
Borum ヴォーロム
Boruń ボルニ
Borunda ボルンダ
Borut ボルト*
Borwein
　ボールウェイン
Borwick ボリック
Borwin ボルウィン
Bory
　ボリ
　ボリー
Borys ボリス*
Borysenko
　ボリセンコ*
Borysewicz
　ボリセヴィチ*
　ボリセビチ
Borysik ボリュシク
Borzaga ボルザガ*
Borzage
　ボーザギ
　ボザーギ
　ボーザージ
　ボーゼイギ
　ボーゼイジ
　ボーゼーギ
　ボーゼージ
Borzakovskii
　ボルザコフスキー*
Borzakovskiy
　ボルザコフスキー
Borzillo
　ボルツィ
　ボルツィロ*
Borzov ボルゾフ
Borzym ボジム
Borzymski ボジムスキ
Bos
　ボス***
　ボッス
Bosa ボーサ
Bosaikham
　ボーサイカム
Bosakova ボサコワ
Bosan
　ボーサン
　ボサン

Bo-sang ボサン
Bosanquet
　ボウズンキット
　ボーザンケー
　ボサンケー*
　ボサンケー
　ボザンケ
　ボーサンケット
　ボーザンケット
　ボサンケット
　ボザンケット
　ボーサンケット
　ボーザンケト
　ボサンケト
　ボザンケト
　ボーズンキット*
Bosboom ボスボーム
Bosc
　ボザック
　ボスク
Bosca ボスカ
Boscán ボスカン
Boscardin
　ボスカルディン
Boscaro ボスカロ
Boscawen
　ボスコーエン
Bosch
　ボシュ*
　ボス**
　ボスク
　ボッシュ***
　ボッス
Boschero ボスケーロ
Boschesi ボスケージ
Boschetti
　ボスケッティ
Boschi ボスキ**
Boschilia ボスキリア
Boschini ボスキーニ
Boschker ボシュケル
Boschot
　ボショ
　ボスコ
Bosco
　ボスコ***
　ボスコー
Boscoli ボスコリ
Boscolo ボスコロ
Boscovich
　ボシュコヴィッチ
　ボスコヴィチ
　ボスコーヴィッチ
　ボスコーヴィッチ
　ボスコビチ
　ボスコビッチ
Bose
　ベーゼ
　ボウズ
　ボシュ
　ボース**
　ボーズ**
　ボーゼ
Bosé
　ボーセ
　ボセ
　ボゼ
　ボゼー
Böse ベーゼ

Böse ボース
Bösel ボゼル
Boselli ボセッリ
Boseman ボーズマン
Bo Seng ボーセン
Bosengkham
　ボーセンカム
Bo-seong ボソン
Boser
　ボーザー
　ボゼ
Boserup
　ボーズラップ
　ボズラップ
　ボセロプ
Boseto ボセト
Bosetti ボセッティ*
Bosetzky ボゼツキー
Bosh
　ボッシ
　ボッシュ*
Boshab ボシャブ
Boshell ボシェル
Bosher
　ボーシャー
　ボシャー*
Boshers ボシャーズ
Bosheth
　ボシェト
　ボセテ
Boshikov
　ボシコフ
　ボシュコフ*
Boshinski
　ボウシンスキー
Boshniakov
　ボシュニャコヴ
Boshnyakovich
　ボシュニアコーヴィチ
Boshoff ボショフ*
Boshouwers
　ボスハウヴェルス
Bosic ボシック
Bösiger ベージガー
Bosilek ボシーレク
Bosing ボージンク
Bosinski
　ボジンスキー*
Bosio
　ボージオ
　ボシオ*
　ボジオ
　ボージョ
Bosken ボスケン
Bosker ボスカー
Boskey ビスキー
Boskin ボスキン**
Boskind ボスキンド*
Bosko ボスコ
Boskov ボスコフ
Boškov ボスコフ
Boskovic ボスコビッチ
Bošković
　ボシュコビッチ
Boskovsky
　ボスコフスキー*

Bosl
　ボーズル*
　ボスル
Boslak ボスラク
Bosland ボスランド
Boslaugh ボスラフ
Boslet ボスレット
Bosley
　ボズリ*
　ボスレー
　ボズレー*
　ボスレイ
Boslough
　ボズロー
　ボスロウ
Bosma
　ボースマ
　ボスマ
Bosman
　ボスマン**
　ボズマン
Bosmans ボスマンス*
Bosnak
　ボスナク
　ボスナック*
Bosner ボスナー
Bosnia ボスニア
Bosnich ボスニッチ
Bosnjak ボスニャク
Bošnjaković
　ボスニャコビッチ
Boso ボーゾ
Bospoort ボスポート
Bosque ボスケ**
Bosquet ボスケ**
Boss ボス**
Bossak
　ボサク
　ボサック
Bossam ボサム
Bossan ボサン
Bossard
　ボサード
　ボッサード
Bosschaart
　ボスシャールト
Bosschaert
　ボッスハールト
Bosse
　ボス*
　ボッセ**
Bossen ボッセン
Bossenga ボセンガ
Bosser ボセ
Bossert
　ボサート
　ボッサート
　ボッセルト
Bosseur ボスール
Bosshard ボスハルト
Bosshardt ボシャード
Bosshart
　ボスハート
　ボッサート

Bossi
　ボッシ**
　ボッシー
Bossick ボシック
Bossidy ボシディ*
Bossiére ボシエール
Bossinensis
　ボッシネンシス
Bossini ボッシーニ
Bossis ボッシ
Boßlet ボスレット
Bosso ボッソ
Bossoli ボッソリ
Bosson
　ボソン
　ボッソン
Bossu ボシュ*
Bossuat ボシュア
Bossuet
　ボシュエ
　ボシュエー
　ボスエ
Bossut ボシュ
Bossy ボッシー
Bost ボスト**
Bostan ボスタン
Bostancioglu
　ボスタンジオール
Bostic ボスティック**
Bosticco ボスティコ
Bostick ボスティック
Bostius ボスティウス
Bostjan
　ボシュチャン
　ボシュティアン
Böstman ベストマン
Bostock
　ボストク
　ボストック
Boston ボストン***
Bostridge
　ボストリッジ**
Bostrom ボストロム*
Boström
　ブーストレム
　ブストレーム
　ボーストレム
　ボストロム
Bostrup ボーストロプ
Bostwick
　ボストウィック*
Bo-sun ボソン
Bosustow ボサストウ
Bosvelt ボスフェルト*
Boswarthick
　ボスワーシック
Boswell
　ボーズウェル
　ボスウェル*
　ボスウェル***
Boswood ボスウッド
Bosworth
　ボスワース
　ボズウォス
　ボスウォルス
　ボスワース*

Bosz ボス*
Boszdorf ボスドルフ
Bot
　ボ
　ボット
　ボト
Botallo ボタロ
Botan ボータン**
Botaneiates
　ボタニアテス
Botash ボタシュ
Botche ボッチ
Botchin ボッチン
Bote ボーテ
Boteach ボテアック*
Bötel ベーテル
Boteler
　ボテラー
　ボトラー
Botelho
　ボテーリョ
　ボテリョ
　ボテロ
　ボトロ
Botella ボテラ
Botenhagen
　ボテンハーゲン
Botenlauben
　ボーテンラウベン
Boterdael
　ボーテルダール
Botermans
　ボタマンズ*
Botero
　ボッテーロ
　ボテーロ
　ボテロ***
Botetourt ボテトート
Botev
　ボチェフ
　ボチョフ
　ボーテフ
　ボテフ*
Botey ボテイ
Botezatu
　ボテザートゥ
　ボテザトゥ
Both
　ボート
　ボト
Botha
　ボサ
　ボータ**
　ボタ**
Botham ボサム*
Bothe ボーテ*
Bothma ボスマ
Botho
　ボート**
　ボートー
Bothorel ボトレル*
Bothra ボスラ
Bothroyd ボスロイド
Bothwell ボスウェル
Boti ボティ
Botia ボティア

Botiaux ボティオー
Botín ボティン
Botir ボティル
Botiş ボティシュ
Botkin
　ボートキン
　ボトキン**
Botma ボトマ
Botnari ボトナリ
Boto ボト
Botolph
　ボトゥルフ
　ボトルフ
Botomanovatsara
　ブトゥマヌバツァラ
Botoner ボトナー
Botoro ボトロ
Botos ボトス
Botosso ボトッソ
Botozaza ブトゥザザ
Botralahy
　ボトゥラライ
Bots ボーツ
Botsaris ボツァリス
Botschinsky
　ボッチンスキー
Botsford
　ボッツフォード
　ボッフォード
　ボツフォード*
　ボトスフォード
Botsman
　ボッツマン
　ボツマン
Botstiber
　ボートシュティーバー
Botswali ボツワリ
Bott
　バット*
　ボット*
Botta ボッタ**
Bottai
　ボッターイ
　ボッタイ
Bottalico
　ボタリコ
　ボッタリコ
Bottari ボッターリ
Bottazzini ボタチーニ
Bottazzo ボタッツォ
Bottcher ベッチャー
Böttcher ベットヒャー
Botte
　ボッツ
　ボット
Bottée ボテ
Bottegari
　ボッテガーリ
Bottel ボッテル
Bottelin ボットリン
Bottenfield
　ボッテンフィールド
Botterill ボタリル
Bottero ボテロ
Bottéro
　ボッテロ

ボテロ*
Botteron ボッテーロン
Bottesini
　ボッテシーニ
　ボッテジーニ
Bottet ボッテ*
Böttger
　ベットガー
　ベートガー
　ベトガー
　ボットゥガー
Botti ボッティ*
Botticelli
　ボッチチェリ
　ボッティチェッリ*
　ボッティチェリ**
　ボッティチェルリ
　ボティチェリ
Bötticher
　ベッティハー
　ベッティヒャー
Botticini
　ボッティチーニ
Bottieau ボティア
Bottigelli
　ボッティジェリ
Bottiger ベッティガー
Böttiger
　ベッティガー
　ベッティゲル
Bottigheimer
　ボティックハイマー
Bottineau ボティノー
Botting
　ボッティング
　ボティング
Bottino ボティノ
Bottion ボッティオン
Bottley ボトリー*
Bottner ボットナー
Botto ボト
Bottom ボトム*
Bottome ボトム*
Bottomley
　ボトムリ
　ボトムリー**
　ボトンリー
Bottomore
　ボットモア*
Bottoms ボトムズ*
Botton ボトン*
Bottone ボットーネ
Bottrall
　ボットロール
　ボトラル*
　ボトロール
Bottrell ボートレル
Bottrigari
　ボットリガーリ
Botts ボッツ*
Bottura ボットゥーラ
Botulf ボトゥルフ
Botulph ボトゥルフ
Boturini ボトゥリーニ
Botvinnik
　ボトビンニク
Botvinov ボトビノフ

Botwin ボトウィン
Botwinick
　ボトウィニク
　ボトウィニック
Botzakis ボツァキス
Botzenhart
　ボッツェンハート
Bou
　ブー
　ボウ
Bouabdellah
　ブアブデラ
Bouabid ブアビド*
Bouabre ブアブレ
Bouabré ブアブレ
Bouajila ブアジラ
Bouajira ブラジラ
Bouakham ブアカム
Boualem ブアレム*
Boualy ブアリー
Bouamour
　ブーアムール
Bouare ブアレ
Bouasone ブアソン*
Bouathong ブアトン*
Bouba ブバ*
Boubacar
　ブーバカル
　ブバカール
　ブバカル
Boubakary ブバカリ
Boubakeru ブバケル
Boubakri ブバクリ
Boubal ブバル*
Boubat ブーバ*
Boubekeur ブブクール
Boubert ブベール
Boubey
　ブーヴィ
　ブウヴエー
Boubeye ブビエ
Boubez
　ブーベ
　ブーベズ
Boubka ブブカ*
Boublil ブウブリル
Boubou ブブ
Boubouli ブブリ
Bouboulina
　ブーブリーナ
　ブブリーナ
　ブブリナ
Boubryemm
　ブーブリエム
Boucek ブーチェック
Bouchard
　ブシャール
　ブシャー
　ブシャード
　ブシャール**
Bouchardeau
　ブシャルドー*
Bouchardon
　ブーシャルドン*
Bouchaud ブショー

Bouche
　ブーシェ
　ブシェ
Bouché ブーシェ
Boucheljon
　ブシェリオン
　ブーヘリオン
　ボヘリオン
Boucher
　バウチャー**
　バーチャ
　ブーシェ*
　ブシェ
　ブシェー
　ブッチャー
Boucherett
　バウチャレット
　ブシュレット
Boucheron
　ブシェロン
　ブシュロン
Bouchery
　ブッショリー
Bouchet
　ブーシェ***
　ブシェ*
　ブッシェ*
　ボーチェット
Bouchey ボーチェイ
Bouchez
　ブーシェ
　ブシェ
　ブーシェズ
　ブシェーズ
　ボーチェ
Bouchiba ブーチバ
Bouchier バウチャー
Bouchikhi ブーチキー
Bouchitey ブシテー
Bouchon
　ブションョン
　ボウチョン
Bouchor
　ブーショール*
Bouchouareb
　ブシュアレブ
Bouchra ブーシュラ
Bouchy
　ブッシー*
　ブッシィ
　ブッシイ
Boucicault
　ブーシコー
　ブシコー
　ブーシコート
Boucicaut
　ブーシコー
　ブシコー
Bouciquaut ブシコー
Bouckaert
　ブカート
　ブーカールト
　ブカールト
　ブッカート*
　ブッカート
Boucke ブーケ
Bouckoms ボッコムス
Boucourechliev
　ブークーレシュリエフ

ブクレシュリエフ*
Boucq ブック
Bouda
　ブダ
　ボウダ
Boudalika ブダリカ
Boudard
　ブーダール**
　ブダール
Boudarene
　ブーダラヌ
　ブダレヌ
Boudat ブダ
Boudehen ブドヘン
Bouden ブデン
Bouder ボーダー*
Boudet
　ブーデ
　ブデ
Boudeville
　ブードビル
Boudewijn
　バウデウェイン
　バウデベイン
　ブーデヴィーン
　ブーデビーン
　ボウデビン*
Boudia ボウディア**
Boudiaf
　ブーディアフ
　ブディアフ*
Boudier ブーディエ*
Boudigues ブディーグ
Boudin
　ブーダン
　ブダン
Boudinot
　ブーディノ
　ブーディノー
Boudjedra
　ブーシェドラ
　ブージェドラ
Boudjema ブジェマ
Boudjemaa
　ブジェマ
　ブジェマー
Boudjemline
　ブージェムリン
Boudleaux ブードロウ
Boudmani
　ブードゥアニ*
Boudon
　ブードン*
　ブドン
Boudou ブドゥ
Boudouani ボウドアン
Boudoul ブドゥル
Boudouris
　ブドゥリス*
Boudreau
　ブードロー**
　ブドロー
　ブードロウ
Boudreau Gagnon
　ブドローガニョン
Boudreault ブドロー
Boudreaux ブードロー
Boudria ブドリア

Boudrieau ボードリー
Bouée ブエ
Bouet ブエ
Bouez ブエズ*
Boufal ブファル
Bouffard ボウファード
Bouffiers ブフレール
Bouffleurs
　ボーフルール
Bouga ブガ
Bougaeva ボウガエバ
Bougainville
　ブーガンヴィル*
　ブーゲンヴィル
　ブーゲンビル
Bougaud ブーゴー
Bougen ブーゲン
Bougerol ブージュロル
Boughedir
　ブーゲディール
Boughey ボウヒー
Boughton
　バウトン
　ボウトン
　ボートン
Bougie ブジー
Bougle ブーグレ
Bouglé
　ブーグレ*
　ブグレ
Bougnol ブールノール
Bougnoux ブーニュー
Bougouma ブグマ
Bouguer
　ブーゲ
　ブーゲー
　ブーゲール
　ブゲール
Bouguereau
　ブーグロー
　ブグロー
Bouguerra ブゲラ
Bouh ブー
Bouhail ブーアイ**
Bouhdiba ブーディバ
Bouhélier ブーエリエ*
Bouhired ブイレ
Bouhlal ブフラル
Bouhler ボウラー
Bouh Odowa
　ブーオドワ
Bouhours
　ブーウール
　ブウール
Bouhuys バウハウス*
Bouhy ブーイ
Boui ブイ
Bouilhet
　ブーイエ
　ブイレ
Bouillard ブイヤール
Bouillaud
　ブイヨ
　ブイヨー
　ブーユオー

Bouillē ブイエ
Bouiller ボーリエ
Bouillet ブイエー
Bouillevaux
　ブイユヴォー
Bouillier ブイエ
Bouillon
　ブーイヨン
　ブイヨン*
　ブーユオン
　ブーロン
Bouilly ブイイ
Bouin ブワン
Bouir ブール
Bouise ブイーズ
Bouissac
　ブーイサック*
Bouissou
　ブイス
　ブイスー
Bouix
　ブイ
　ブイックス
Boujenah
　ブージュナー
Boujoid ビジョルド
Boujon ブージョン*
Boujoukos
　ボージョウコス
Bouju
　ブージュ
　ブジュ
Bouka ブーカ
Boukar ブカル
Boukari ブカリ**
Boukary ブカリ
Boukerzaza
　ブケルザザ
Boukhalov ブカロフ
Boukhari ブカリ
Boukine ブキン
Boukolowski
　ボウコロヴスキー
Boukossou ブコス
Boukoubi ブクビ
Boukpessi ブクペッシ
Boukpeti ボクペティ
Boukreev
　ブクレーエフ
Boukrouh
　ブークルー
　ブークルーハ
Boula ブラ
Boulaine ブレーヌ
Boulainvilliers
　ブーランヴィーエ
　ブーランヴィリエ
　ブランヴィリエ
　ブーランビリエ
Boulais ボーライス
Boulama ブラマ
Boulami ブラミ
Boulanger
　ブーランジェ***
　ブランジェ
　ブーランゼー

ボーランガー
Boulay
　ブーレー*
　ブレ*
　ブレー
　ブーレイ*
Boulbès ボールベス
Boulden
　ボウルディン
Boulding
　ボウルディング
　ボールディング**
Boule ブール
Bouleau ブーロー*
Boulenger
　ブウレンジャー
　ブーランジェ*
Boulet
　ブーレ
　ブレ
Bouley ブレー
Boulez
　ブーレーズ**
　ブレーズ
Boulger ブルガー
Boulhan Houssein
　ブルハンフセイン
Boulier
　ブーリエ
　ブリエ
Bouligand ブーリガン
Boulin
　ブーラン
　ブーリン
Boullata ボーラタ
Boullaye
　ブライエ
　ブレ
Boulle ブール***
Boullée
　ブーレ
　ブーレー
　ブレー
Boulliau ブーリオー
Boullier
　ブリアー
　ブーリエ
Boulmerka
　ブールメルカ*
Boulnois ブルノア
Bouloc ブロック
Boulogne
　ブーローニュ*
　ブローニュ
Bouloiseau
　ブウロワゾ
Boulongne
　ブーロンニュ
Bouloudinats
　ブルディナツ
Bouloumpasēs
　ブルバシス
Bouloux ブーレー
Boulpaep
　ブールペープ

Boult ボールト*
Boulter ボウルター*
Boulting
　ボールティング*
Boultinghouse
　ボウルティングハウス
Boulton
　ブルトン
　ボウルトン***
　ボルタン
　ボールトン*
　ボルトン*
Boum ボーム
Bouma
　ブーマ
　ボウマ*
　ボーマ
Bouman
　バウマン
　ブーマン
　ボウマン**
　ボーマン
Boumann バウマン
Boumedienne
　ブーメディエン
Boumédienne
　ブーメディエン
Boumnijel
　ブームニエル
Boumphrey
　バムフリー
　バンフリー*
Boumsong ブームソン
Boumtje ブンチ
Boun ブン**
Bouna ボウナ
Bounandele
　ブナンデレ
Bounchanh ブンチャン
Boundono ブンド
Boundono Simangoye
　ブンドノシマンゴイ
Bounds
　バウンズ*
　バウンツ
Boundy バウンディー
Bounekraf
　ブネクラフ
Bounford
　バウンフォード*
Boungnang ブンニャン
Bounkeut ブンクート
Bounkham ブンカム
Bounkong ブンコーン
Bounmy ブンミー
Bounnaphonh
　ブンナポン
Bounnhang
　ブンニャン
Bounni ブンニ
Bounnyang
　ブンニャン*
Bounoure ブースール
Bounpheng
　ブーンペーン
Bounpone ブンポン
Bounthong ブントーン

Bountiem
　ブンティアム
Bounty バウンティー
Bounxouei
　ブンスアイ*
Bounyang ブンニャン
Bounyavong
　ブンニャヴォン
Bououni ブーニ
Boupacha ブパシャ
Boupha
　ブッパ
　ブッパー
Bouphanouvong
　ブッパーヌウォン
Bouphavanh
　ブパワン*
Bouquet
　ブーク
　ブーケ**
　ブケ
　ブーケー
　ブーケイ
Bouquier
　ブキェ
　ブキエ
Bouquillat ブキア*
Bouquin ブッカン*
Bour
　ブール*
　ボーア
Bouraïmadiabacte
　ブライマディアバクテ
Bouran ブーラン
Bouraoui ブーラウイ
Bouras
　ブーラ*
　ブラス
Bourassa
　ブーラサ
　ブラサ
　ブーラッサ*
　ボーラサ
Bourbaki
　ブールバキ
　ブルバキ*
Bourbeau ブルボー
Bourbon ブルボン***
Bourbon Busset
　ブールボンビュッセ
Bourboulon
　ブールブーロン
Bourbourg
　ブールブール
　ブルブール
Bourcart ブルカール
Bource ブールス
Bourchier
　バウチャー
　ブーシェイ
Bourcier ブルシェ*
Bourdaghs
　ボーダッシュ
Bourdain
　ボーデイン**
Bourdaloue
　ブールダルー
　ブルダルー

B

B

Bourday ブールデー
Bourde ブールド
Bourdeau ブルドー
Bourdeaut ブルドー*
Bourdeilles
　ブールデイユ
　ブルデーユ
Bourdelle
　ブールデル**
　ブールデル
　ブルデル
Bourdelot
　ブルドロ
　ブルドロー
Bourdet
　ブールデ*
　ブルデ
Bourdichon
　ブールディション
　ブルディション
Bourdier ブルディエ
Bourdieu
　ブルデュ
　ブルデュー**
Bourdil
　ブルディル
　ブルデュー
Bourdillon
　ブーディロン
　ボーディロン
Bourdin
　ブールダン
　ブルダン
Bourdiol
　ブルディオール
Bourdon
　バードン
　ブールドン*
　ブルドン*
　ボードン*
Bourdonnais
　ブールドネー
　ブルドネ
Bourdoux
　ブウルドゥー
Bourdow ブールドー
Bourdy ブルディ
Boure ブーレ
Boureau ブーロー*
Boureima
　ブレイマ
　ブレマ
Bourel ブレル
Bourelle ブレル
Bouretz ブーレッツ
Bourg
　ブール
　ブルグ
　ボーグ
Bourgain ブルガン*
Bourgat ブルガ
Bourgault
　ブルゴー
　ブルゴール
Bourgeade
　ブルジャッド*
Bourgeat ブルジャ

Bourgeau
　バーゴー
　ブルゴー
　ブルジョ
Bourgeault ブルジョ
Bourgelat ブルジュラ
Bourgeois
　ブールジョア
　ブルジョア**
　ブルジョワ***
Bourgeon ブルジョン
Bourgeoys
　ブルジョア
　ブルジョワ
Bourges
　ブルジェス
　ブルジュ**
Bourgés-Maunoury
　ブルジェスモヌーリ
Bourget
　ブウルジェ
　ブルゼェ
　ブルジェ**
　ブルジェ
Bourgin
　ブールジャン*
　ブルジャン
Bourgogne
　ブールゴーニュ
　ブルゴーニュ
Bourgoin ブルゴワン*
Bourgoing
　ブルゴアン
　ブルゴワン**
Bourgondien
　ブーゴンディエン
　ブルゴルディン
　ブルゴンデン
Bourgue
　ブールグ
　ブルグ*
Bourguiba
　ブルギーバ
　ブルギバ*
Bourguignon
　ブールギニョン
　ブルギニョン**
　ブルギニョン
Bourhan ブルハン
Bourhane ブランヌ
Bourhani ブルアニ
Bourignon
　ブリニョン
　ブリニョン
Bourin ブーラン**
Bouris ボーリス*
Bourjaily
　ブアジェイリ
　ブアジェイリー**
　ブージェイリ
　ボアジェイリー
Bourjos ボージャス
Bourkamsri
　ブアカムシー
Bourke
　バーク**
　ブーク
　ブルク
　ボーク

Bourke-White
　バークホワイト
Bourla
　ブーラ
　ブルラ
Bourland ボーランド
Bourlès ブールレス
Bourliaguet
　ブールリアゲ*
Bourlière
　ブーリエール
Bourloton ブーロトン
Bourmeister
　ブルメイステル
Bourmont
　ブールモン
　ブルモン
Bourn ボーン**
Bourne
　バーン
　ブーアン
　ブールン
　ボルン
　ボーン***
Bourneton
　ブールヌトン
Bourneuf
　バーネウフ
　ブルヌフ
　ボウルノイフ
Bourneville
　ブルヌヴィル
Bourniquel
　ブールニケル*
Bournonville
　ブルノンヴィル
　ブルノンヴィル
　ブールノンビル
　ブルノンビル
Bournoutian
　ブルヌティアン
Bourqeie ボルゲイ
Bourque
　バーク
　ブルク*
　ブルケ
Bourquin ブールキン
Bourrada ブーラダ
Bourre ブール
Bourret ブーレット
Bourriaud ブリオー
Bourricaud
　ブリコ
　ブリコー
Bourrie ブーリエ
Bourrienne
　ブーリエンヌ
　ブリエンヌ
Bourrier ブリエ
Bours ボース
Boursault ブルソー
Bourseiller
　ブルセイエ
　ブールセイユエール
　ブルセーユ
Boursicot ブルシコ
Boursin
　ブールサン

　ブルサン
Boursse
　ブルス
　ブルセ
Bourvil ブールヴィル
Bourykine
　ブーリキネ*
Bourzat ブルザ
Bousbib ドウスビブ
Bouset ブーセット
Bousfield
　ボスフィールド
Boush ブッシュ
Boushell ボシェル
Boushey ブーシェイ
Bousingen
　ブザンジャン
Bouskova
　ボウシュコヴァ
Bousman バウズマン
Bousmanne
　ブースマン
Bouso ボウソ
Bousono ボウソニョ
Bousoño ボウソーニョ
Bousquet
　ブーケ*
　ブースケ
　ブスケ**
　ブスケー
　ブースケット
Boussac ブーサック
Boussaid ブーサイド
Boussard ブウサール
Boussatta ブーサッタ
Boussena
　ブスナ
　ブセナ
Bousser ボウサー
Bousset
　ブウセット
　ブーセ
　ブセ
　ブセー
　ブーセット
　ブセット*
　ブッセ
　ブッセット
Boussignac
　ブシニャック
Boussinesq
　ブシネ
　ブシネスク
Boussingault
　ブサンゴー
　ブッサンゴー
Bousso ブソ
Boussoukouboumba
　ブスクブンバ
Boustani ブスタニ*
Boustany ブースタニ
Boutal ブータル
Boutaleb ブタレブ
Boutamba ブタンバ
Boutan ブータン
Boutang ブータン

Boutarfa ブーテルファ
Boutaric ブータリック
Boutavant
　ブタヴァン*
Boutayeb ブタイブ
Bouteflika
　ブーテフリカ**
Bouteielle ブテイユ
Bouteille ブーテーユ
Bouteiller
　ブーテイエ
　ブテイエ
Bouteillier ブテリエル
Boutel ブーテル
Boutell
　バウテル
　ボウテル
Boutelle ブウテール
Boutelleau ブーテロー
Bouteloup ブートルー
Boutenko ブーテンコ
Boutens
　バウテンス
　ボーテンス
Bouterse
　ボーターセ**
Bouterwek
　ブーテルウェク
　ブーテルヴェク
Boutet
　ブウテ
　ブーテ*
Boutflower
　ボウフラウアー
　ボーフラワー
Bouthaynah
　ブーサイナ
Bouthier ブティエ
Bouthillier
　ブチリエ
　ブティリエ
Bouthoul ブートゥール
Boutiba ブティバ
Boutier ブーチエ
Boutiette
　ブーティエット
Boutigny ブティニー
Boutin
　ブタン
　ブーティン
Boutle ブトル
Boutmy
　ブートミー*
　ブトミー*
　ブーミー
Boutni ボウトニ
Boutoille ブトワーユ
Bouton
　バウトン**
　ブートン*
　ブトン
　ボウトン
Boutonier ブートニェ
Boutonnet ブトネ
Boutouyrie
　ブートウーリー

Boutron
 ブートロン
 ブトロン
Boutros ブトロス**
Boutroux
 ブツトルウ
 ブートゥルー*
 ブトルー*
 ブトル
 ブトルウ
Bouts
 バツツ
 ブーツ
 ボウツ
Boutsen ブーツェン
Bouttanavong
 ブッタナウォン
Boutte ブッテ
Boutteville
 ブートヴィル
Bouttevin ブトヴァン
Boutu ボウス
Boutwell
 ブーツウェル
 ブートウェル
Bouvard
 ブーヴァル
 ブヴァール
Bouveresse
 ブーヴェレス
 ブーヴレス**
 ブーブレス
Bouveret ブーベレ
Bouverie
 ブーヴェリ
 ブーヴェリー
Bouvet
 ブーヴェ*
 ブーヴェー
 ブヴェ
 ブヴェー
 ブーベ*
 ブベ
Bouvier
 ブーヴィエ**
 ブーヴィエール
 ブビエ
 ブービエー
Bouvy
 ブーヴィ
 ボーヴィ
Bouw バウ
Bouwer バウワー
Bouwman バウマン
Bouwmeester
 バウミースター
 ボウメスター
 ボウンメスター*
Bouwsma
 バウスマ
 バウズマ
 ブースマ
Bouy ブーイ
Bouya ブヤ
Bouyacoub
 ブーヤクーブ
Bouye ボウイ

Bouyer
 ブイエ
 ブイヨン
Bouygues ブイグ*
Bouyiki ブイキ
Bouzar ブザール
Bouzat ブーザ
Bouzereau
 ブーゼロウ
 ブーゼロー
 ボーザルー
Bouzignac
 ブージニャック
 ブジニャック
Bouzlov ボウズロフ
Bouzoubaa
 ブーズーバー
Bouzout ブスゥ
Bova
 ボーヴァ
 ボヴァ
 ボーバ*
 ボバ
Bovaird
 ボヴェアード
 ボベール
Bovard
 ボヴァード
 ボバード
Bovasso ボヴァッソ
Bove
 ボーヴ*
 ボウヴ
 ボウブ
 ボーブ
 ボブ
Bové ボヴェ**
Boveda ボベダ
Bovee ボヴェー
Bovée
 ボーヴィ
 ボヴェ
 ボベー
Bovell
 ボーヴェル
 ボヴェール
 ボヴェル
 ボベル
Boven
 ボーヴェン
 ボーベン
Bovens ボヴェンス
Bovenschen
 ボーヴェンシェン
Bovensiepen
 ボーフェンジーペン
Bover ボベール
Boveri
 ボーヴェリ
 ボヴェリ*
 ボベリ
Bovet
 ボヴェ**
 ボヴェー*
 ボベ
 ボベット*
Bovetti ボベッティ

Bovey
 ボーヴェイ
 ボビー
Bovicelli
 ボヴィチェッリ
Boviengkham
 ボービエンカム
Bovier ボヴィエ*
Bovill
 ボーヴィル
 ボービル
Bovin
 ボーヴィン*
 ボービン
Bovio ボヴィオ
Bovis ボヴィス
Bovo ボヴォ
Bovolenta ボボレンタ
Bovy
 ボヴィ
 ボビ
Bow
 バウ
 ボー
 ボウ
Bowa ボーワ*
Bowanko ボワンコ
Bowao ボワオ
Bowbeer ボーバー
Bowcott
 バオカット
 ボウコット
Bowden
 バウデン
 ボウデン*
 ボーデン*
Bowder パウダー
Bowditch
 バウジッチ
 バウディッチ*
 ボウディチ
Bowdler
 バウドラー
 ボウドラー
Bowdon
 バウドン
 ボードン
Bowe
 バウ
 ボーウ
 ボウ*
Bowell ボーエル
Bowels
 ボウルズ
 ボールズ
Bowen
 バウエン*
 ボウイン
 ボウエン*
 ボエン
 ボウエン
 ボウエン**
 ボーエン***
Bower
 バウアー
 バウア*
 バウアー***
 バウワー*
 パワー

ボウアー*
ボウェル
ボウアー
Bowering バウリング
Bowerman
 バワーマン
 ボウエルマン
 ボワーマン
Bowermaster
 バウアマスター
 バウアマスター
Bowers
 バウアーズ*
 バウアース
 バウアーズ
 パワース
 パワーズ**
 ボウアーズ
 ボウアーズ
Bowersock
 パワーソック
Bowersox
 パワーソクス*
 パワーソックス
Bowes
 バウズ
 ボウズ
Bowhay ボーヘイ
Bowie
 バウイ
 ブーイ
 ブウイ
 ボーイ
 ボウイ
 ボウイ***
 ボーイー
Bowker
 バウカー*
 ボウカー*
 ボーカー
Bowkett ボウケット*
Bowlby
 ボウルビー*
 ボウルビィ*
 ボールビー
Bowler
 バウラー
 ボウラ
 ボウラー**
 ボーラー*
Bowles
 ボウルズ
 ボールズ
 ボウルズ***
 ボールス
 ボールズ**
Bowley
 バウリ
 バウリー
 ボウリー
 ボーリー*
 ボーレー*
 ボーレイ
Bowling
 ボウリング*
 ボーリング
Bowlt ボウルト
Bowman
 バウマン*

ボウマン**
ボーマン***
Bown
 バウン
 ボウン*
 ボーン
Bownas ボーナス**
Bowne
 バウン
 バオン
Bowness ボネス*
Boworadet
 ボーウォーラデート
Bowra バウラ*
Bowring
 バウリング
 ボウリング**
 ボウリング
 ボーリング
Bowsher
 バウシャー
 ボウシャー
Bow Tan ボータン
Bowyer
 ボイヤー*
 ボウヤー
 ボーヤー
Box ボックス***
Boxall
 ボクスオール
 ボクソール
Boxberger
 ボックスバーガー
Boxer ボクサー**
Boxhill ボクシル*
Boxhorn
 ボックスホルン
Boxleitner
 ボクスレイトナー
 ボックスライトナー
Boxsel ボクセル
Boxtel ボクステル
Boxwell ボクスウェル
Boy
 ボーイ**
 ボイ***
 ボウイー
Boyadzhiev
 ボヤジェフ
Boyan
 ボイヤン
 ボヤン
Boyar
 ボイアー
 ボイヤー
Boyarchikov
 ボヤルチコフ**
Boyarin ボヤーリン
Boyarskikh
 ボヤルスキフ
Boyatzis ボヤツィス*
Boyce ボイス***
Boyceau ボワソー
Boychuk ボイチュク
Boycott ボイコット
Boyd
 ボイト*

ボイド***	ボワネ	Bozumbayev	Braccio ブラッチオ	Braconnier
Boyde ボイデ	Boynton ボイントン**	ボズムバエフ	Bracciolini	ブラコニエ*
Boydell ボイデル	Boyon ボワイヨン	Bozyk ボジク	ブラッチョリーニ	Braconnot
Boyden ボイデン	Boyoti ボヨティ	Bozza	Bracco ブラッコ*	ブラコノ
Boydiel ボイディエル	Boys	ボザ*	Brace	ブラコノー
Boye	ボイス*	ボッザ	ブレイス**	Bracquemond
ボーイ	ボイズ	Bozzacchi ボッザッキ	ブレース	ブラクモン
ボイ	Boysen	Bozzano ボッザーノ	Bracebridge	ブラックモン
ボイエ**	ボイセン*	Bozzetti	ブレイスブリッジ	Bracton
ボエ	ボイゼン	ボッツェッティ	Bracegirdle	ブラクトン
ボジェ	Boyssembe ボイゼンベ	Bozzetto	ブレイスガードル	ブラックトン
Boyen ボイエン	Boysset ボワセ	ボゼット	ブレースガードル	Bracy ブレイシー
Boyens	Boysson	ボゼト	Bracelli ブラチェッリ	Brad
ボウエン	ボワソン	ボッツェット	Bracewell	ブラット*
ボーエンズ	ボワッソン	ボッツェト	ブレイスウェル	ブラッド***
Boyer	Boytac ボイタック	Bozzi ボッツィ	Bracey	Bradach ブラダック
ボアイエ	Boyte ボイト*	Bozzio ボジオ*	ブレイシー	Bradberry
ボアイエー	Boytler ボイトラー	Bozzo ボッズォ	ブレーシー	ブラドベリ
ボイアー	Boyvin ボワヴァン	Bozzolla	Brach	ブラッドベリー
ボイヤー***	Boz ボズ**	ボッツォーラ*	ブラック*	Bradbrook
ボワイエ**	Boza ボサ	Bozzufi	ブラッシュ	ブラッドブルク*
Boyers ボイヤーズ*	Bozán ボサン	ボズッフィ	ブラハ	ブラッドブルック
Boyes	Bozart ボザート	ボッズッフィ	Bracha	ブラドブルック
ボイエス	Bozay ボザイ	Braach ブラーハ	ブラチャ	Bradbury
ボーイズ*	Bozdağ ボズダー	Braak ブラーク*	ブラーハ	ブラットバリー
ボイス	Boze ボーゼ	Braam ブラーム	Bracharz	ブラッドバリー*
Boyesen	Bozeat ボジート	Braas ブラース	ブラハルツ**	ブラッドベリー***
ボイエセン	Bozec ボゼック	Braatan ブローテン	Brache	ブラッドベリイ
ボエーゼン	Bozek ボゼック	Braaten	ブラーエ	ブラドベリ
Boyet ボワイエ	Bozeman ボーズマン	ブラーテン	ブレーシュ*	ブラドベリー
Boyett ボイエット*	Bozena ボジェナ	ブローテン*	Bracher ブラッハー**	Bradby ブラッドビー
Boyette ボイエット	Božena ボジェナ	Braath ブラース	Brachet	Braddan ブラダン
Boyington	Bozhanov ボジャノフ	Braatøy ブラトイ	ブラーシェ	Braddick ブラディック
ボイントン*	Bozhidar ボジダル	Braband ブラバント	ブラシェ	Braddock ブラドック*
Boykin	Bozhidere	Brabander	ブラシェー	Braddon
ボイキン*	ボジデール	ブラバンダー	ブラッシェ	ブラッドン**
ボイキン	Bozhilov ボジロフ	Brabandere	Brachi Garcia	ブラドン
Boykins ボイキンス	Bozhinov ボジノフ	ブラバンデール	ブラチガルシア	ブレドン
Boyko ボイコ*	Bozhko ボシコ	ブラバンデレ	Bracho	Braddy ブラッディ
Boykoff ボイコフ	Bozhok ボゾーク	Brabant ブラバン*	ブラーチョ	Brade
Boylan ボイラン**	Bozhyev ボギエフ	Brabants	ブラチョ	ブラーデ
Boyle ボイル***	Bozi ボッツィ	ブラバンツ**	Brachvogel	ブレード
Boylen ボイレン	Bozic	Brabazon ブラバゾン	ブラッハヴォーゲル	Bradecki ブラデッキ
Boyles	ボジク	Brabban ブラバン	ブラッハフォーゲル	Braden
ボイル	ボジッチ	Brabec	Bracigliano	ブラーデン*
ボールズ	Božič ボジッチ	ブラベツ	ブラシリアーノ	ブラデン
ボイルス*	Bozidar ボジダール	ブラーベック	Brack	ブレイデン**
Boylesve	Božidar ボジダル	Brabeck ブラベック	ブラク	ブレーデン**
ボアレーヴ	Bozidarka	Brabham ブラバム**	ブラック**	Bradenbaugh
ボアレーブ*	ボジダルカ	Brabin	Brackbill ブラックビル	ブランデンバー
ボワレーヴ	ボツェーナ	ブラビン	Brackburn	Brader ブレイダー
Boyling ボイリング	Bozimo ボジモ	ブレイビン	ブラックバーン	Bradfield
Boyll ボイル	Bozinovic	Brabourn	Brackeen ブラッキーン	ブラッドフィールド**
Boylstein	ボジノヴィク	ブレイバーン	Bracken ブラッケン**	Bradford
ボイルスタイン	Božinović	Brabourne	Brackenridge	ブラッド
Boylston	ボジノビッチ	ブレイバーン	ブラッケンリッジ	ブラッドフォード***
ボイルストン*	Bozio ボッツィ	Braby ブラビー	Bracker ブラッカー	ブラホード
Boym ボイム	Bozizé ボジゼ*	Brac ブラック*	Brackett	Bradham ブラッドハム
Boymans ボイマンス	Bozkir ボズクル	Braccesco	ブラケット**	Bradić ブラディッチ
Boymel ボイメル	Bozman ボズマン	ブラッチェスコ	ブラケット	Bradin ブラダン
Boyne	Bozo ボジョ	Bracci ブラッチ	Brackin ブラッキン	Bradis
ボーイン	Božo ボジョ	Braccia ブラッキア	Brackman	ブラシス
ボイン**	Bozon ボゾン	Bracciali ブラッチアリ	ブラックマン**	ブラジス
Boynes ボインス	Bozorg ボゾルグ*	Braccialini	Brackmann	Bradja ブラジャ
Boynet	Boztaev ボズタエヴァ	ブラッチァリーニ	ブラクマン	Bradlaugh
ボアネ		ブラッチャリーニ	ブラックマン	ブラッドラフ
			Bracks ブラックス	ブラッドロー
			Braco ブラコ	

Bradlee
　ブラッドリー*
　ブラドリー
Bradley
　ブラッド
　ブラッドリ*
　ブラッドリー***
　ブラッドリィ*
　ブラッドレー**
　ブラッドレイ*
　ブラドレー*
　ブラドレー
　ブラドレイ
Bradlow　ブラッドロー
Bradly　ブラッドリー
Bradman
　ブラッドマン*
Bradna　ブラドナー
Bradner　ブラドナー
Bradock　ブラドック
Bradshaw
　ブラッドシャー
　ブラッドシャウ
　ブラッドショー**
　ブラッドショウ*
Bradsher
　ブラドシャー*
Bradshow
　ブラッドショウ
Bradski
　ブラッドスキー
Bradstreet
　ブラッドストリート*
　ブラドストリート
Bradtke　ブラドケ
Bradwardine
　ブラッドウォーディン
　ブラッドワーディン*
　ブラッドワーディン
　ブラッドワーディーン
　ブラドワディーン
Bradway
　ブラッドウェイ*
Bradwell
　ブラッドウェル
Brady
　ブラディ*
　ブラディー
　ブレイディ**
　ブレイディー
　ブレーディ**
　ブレーディー
　ブレディ
Brae　ブレイ
Braeckman
　ブレックマン*
Braeden　ブレーデン
Braederlam
　ブレーダラム
Braedon　ブリードン
Braegger　ブレーガー
Braein　ブレーン
Braekeleer
　ブラーケレール
Braekhus　ブレイカス
Braen　ブレーン
Braend　ブレント

Braendgaard
　ブレンゴー
Braestrup
　ブレイストラップ
Braff　ブラフ*
Brafman　ブラフマン
Braga
　ブラーガ
　ブラガ**
Bragadottir
　ブラガドッティル
Braganca　ブラガンサ
Bragança　ブラガンカ
Bragance　ブラガンス
Braganza
　ブラガンサ
　ブラガンザ
Bragdon　ブラグドン*
Brage　ブレイジ
Bragg
　ブラグ
　ブラック
　ブラッグ***
Brägger
　ブラッガー
　ブレッガー
Braggiotti
　ブラッジョッティ
Braggo　ブラッゴ
Braggs　ブラッグス
Braghis　ブラギシュ
Braght　ブラッハト
Bragina　ブラギナ
Braginski
　ブラジンスキー
Braginskii
　ブラギンスキー
Braglia　ブラグリア
Bragoeva　ブラゴエヴァ
Bragonier　ブラゴニア
Bragowidow
　ブラゴウィドウ
Bragstad
　ブラグスタッド
Bragt　ブラフト*
Braham
　ブラハム*
　ブラーム*
　ブレーアム
Brahami　ブラアミ
Brahe
　ブラーエ
　ブラーヘ
Brahi　ブラー
Brahic　ブラヒック
Brahim
　ブライム
　ブラヒム**
Brahima　ブラヒマ
Brahimi　ブラヒミ**
Brahm
　ブラーム**
　ブラム
Brahmabandhav
　ブラマバンダヴ

Brahmadatta
　ブラフマダッタ
Brahmāgupta
　ブラフマーグプタ
　ブラフマグプタ
　ブラーマグプタ
Brahmāli　ブラフマーリ
Brahmanand
　ブラフマナンド
Brahmananda
　ブラフマーナンダ
Brahmann　ブラーマン*
Brahmavan
　ブラウマン
Brahmāyu
　ブラフマーユ
Brahms
　ブラームス***
Brahoye　バラウィ
Braian　ブライアン*
Braibant　ブレバン
Braichenko
　ブライチェンコ
Braid
　ブレイド*
　ブレード
Braidot　ブライドット
Braidotti
　ブライドッチ
　ブレイドッティ
Braidwood
　ブレイドウッド*
　ブレードウッド
Braig　ブレイク
Braij　ブラーイ
Braikenridge
　ブレイケンリッジ
Braiker
　ブイレカー
　ブレイカー
Brailer　ブライラー
Brailes　ブレイルズ
Braille
　ブライユ
　ブラーユ
　ブレーユ
Brailovsky
　ブライロフスキー
Brailowsky
　ブライロフスキー
　ブレイロウスキー
Brailsford
　ブレイルズフォード
　ブレールスフォード
Braim　ブレイム
Braima　ブライマ
Braimbridge
　ブレイムブリッジ
Brain
　ブライアン
　ブレイン**
　ブレーン
Brainard
　ブレイナード**
Braine　ブレイン**
Brainerd
　ブレイナード**
Braines　ブライネス

Brainin　ブライニン*
Brainina　ブライニーナ
Brainville
　ブレンヴィーユ
Braisaz　ブレザーズ
Braitenberg
　ブライテンベルク
Braith
　ブライス
　ブレイス
Braithwaite
　ブライスウェイト
　ブライスウェイト***
　ブレイスウェート
　ブレイスエイト
　ブレイスワイト
　ブレースウェイト
　ブレースウェート
Braithwaith
　ブレイスウェイト
Braitman
　ブライトマン
Braitmichel
　ブライトミヒェル
Brajovic
　ブラオビック*
Brajović　ブラヨビッチ
Brake　ブレイク*
Brakeen　ブラッキーン
Brakel
　ブラーケル
　ブラケル*
Brakelond
　ブレークロンド
Brakeman
　ブレイクマン
Bräkenhielm
　ブラッケンヒルム
Braker　ブレーカー
Bräker　ブレーカー
Brakhage
　ブラッケイジ
　ブラッケージ*
Brakle　ブレイクル
Brakni　ブラクニ
Braley
　ブラレィ
　ブラレイ*
Brallier　ブロウヤー
Bralon　ブラロン
Bram
　ブラム***
　ブラン
Bräm　ブレーム
Bramah
　ブラーマ
　ブラーマー
　ブラマ*
　ブラマー
Braman　ブラマン
Bramani　ブラマーニ*
Bramante　ブラマンテ*
Bramantino
　ブラマンティーノ
Brambach
　ブランバッハ
Brambatti
　ブラムバッティ

Brambell　ブランベル
Brambilla
　ブランビッラ*
　ブランビラ
　ブランビーリャ
Bramble　ブランブル
Brambs　ブラムブス
Brame　ブラム
Brameld　ブラメルド*
Bramer
　ブラーメル
　ブレイマー
　ブレーマー
Bramesfeld
　ブラメスフェルト
Bramhal　ブラムホル
Bramham　ブランハム
Brami　ブラミ
Bramieri　ブラミエリ
Bramlett　ブラムレット
Bramley　ブラムリー
Bramly
　ブラムリー
　ブランリ
Brammer　ブラマー
Bramorski
　ブラモルスキー
Brams　ブラムス**
Bramsen　ブラムセン
Bramson
　ブラムソン**
Bramstedt
　ブラムシュテット
Bramwell
　ブラムウェル*
Bran　ブラン*
Brana　ブラーナ
Braña　ブラーニャ
Branagan　ブラナガン
Branagh
　ブラナー*
　ブレイナ
Branberger
　ブランベルゲル
Branca　ブランカ**
Brancaccio
　ブランカッチオ
　ブランカッチョ
Brancati
　ブランカーティ**
　ブランカティ
Brancato
　ブランカート
　ブランカトー
Branch　ブランチ**
Branchard
　ブランチャード
Branches　ブランシェス
Branchini
　ブランキーニ*
Branco
　ブランク
　ブランコ***
Brancusi
　ブランクーシ**
　ブランクージ
　ブランクーシュ

Brand
ブラン
ブラント**
ブランド***
Brandan ブランデン
Brandān ブランドン
Brandani ブランダーニ
Brandanus
ブランダーヌス
Brandão
ブランダウン
ブランダン*
Brandão Rodrigues
ブランダンロドリゲス
Brandauer
ブラウンダウアー
ブランダウアー
Brandchaft
ブランチャフ
Brande ブランド*
Brandeau ブランドー
Brandegee
ブランデジー
Brandeis
ブラマンディス
ブランダイス**
ブランデイス*
Branden ブランデン*
Brandenberg
ブランデンバーク
ブランデンバーグ**
ブランデンベルク*
Brandenbuger
ブランデンバーガー
Brandenburg
ブランダンブルグ
ブランデルブルク
ブランデンバーグ**
ブランデンブルク*
ブランデンブルグ
ブランデンブルヒ
Brandenburger
ブランデンバーガー
ブランデンブルガア
Brander ブランダー*
Brandes
ブランズ
ブランデス**
Brandewyne
ブランドワイン
Brandfonbrener
ブランドフォンブレナー
Brandhorst
ブラントホルスト
Brandi ブランディ*
Brandian
ブランディアン
Brandie
ブランディ
ブランディー
Brandin
ブランディン
ブランデイン
Brandis
ブランディス**
ブランデス
Brandl ブランドル**
Brändle ブレントレ

Brändlein
ブレンドライン
Brandler ブランドラー
Brandley ブランドレイ
Brandli ブレンドリ
Brändli
ブランドリ
ブレンドリィ
Brandlmeier
ブランドルマイヤー
Brandner
ブランドナー*
ブランナー
Brando ブランド**
Brandolini
ブランドリーニ*
Brandom ブランダム
Brandon
ブランダン
ブランド
ブランドン***
Brandoni ブランドーニ
Brandow
ブランドー
ブランドウ
Brandreth
ブランドレス
Brandriet
ブランドリット
Brandrud
ブランリュード
Brandrup
ブランドルップ
Brands ブランズ**
Brandsma ブランズマ
Brandstaetter
ブラントステッテル
Brandstatter
ブラントシュテッター
Brandstätter
ブラントシュテッター
Brandstetter
ブラントシュテッター
ブランドステッター
Brändström
ブレンドストレーム
Brandstrup
ブランドストラップ
Brandt
ブラーント
ブラント***
ブランド
Brandtzäg
ブランツェク
Brandukov
ブランドゥコフ
Brandwein
ブランドウェイン
ブランドウエイン
Brandy
ブランディ
ブランディー*
Brandys
ブランディス*
Brånemark
ブローネマルク
Branfield
ブランフィールド

Branfman
ブランフマン
Branford
ブランフォード*
Branges
ブラックンジュ
ブランジェ
Brangoccio
ブランゴチオ
Brang Seng
ブランセン
Brangwyn
ブランギン
ブラングイン
ブラングィン
ブラングウイン
ブラングヴィン
Branham
ブラナム
ブランハム
Brani ブラニ
Branigan ブラニガン*
Branimir
ブラニマー
ブラニミール*
ブラニミル*
Branislav
ブラニスラヴ
ブラニスラフ
ブラニスラブ
Branisrav
ブラニスラブ
Branka ブランカ
Branko ブランコ***
Branković
ブランコヴィチ
ブランコヴィッチ
Brankston
ブランクストン
Branlat ブランラト
Branley
ブランリー
ブランレー
Branly
ブランリ
ブランリー
Brann ブラン
Brannagan ブラナガン
Brannaman
ブラナマン
Brannan ブラナン*
Brannen
ブラネン*
ブランネン
Branner
ブラナー
ブランナー*
Brannick ブラニック
Brannigan
ブラニガン*
Brannon
ブラノン*
ブランノン
Brännström
ブランストロム*
ブレンストレム*
Branom ブラノム
Branquinho
ブランキーニョ

ブランキーノ
Branrey ブランリー
Brans ブランズ
Branscomb
ブランスカム
ブランスコム
Branscombe
ブランスコム
Branscum
ブランスカム*
Bransfield
ブランスフィールド
ブランズフィールド
Bransford
ブランスフォード
Bransom ブランソン
Branson
ブランスン
ブランソン**
Branstad
ブランスタッド**
Branston ブランストン
Brant ブラント**
Brantford
ブラントフォード
Branting
ブランティング*
Brantley
ブラントリー**
ブラントレイ
Brantlinger
ブラントリンガー
Brantly
ブラントリー**
Brantmark
ブラントマーク
Brantome
ブラントーム
Brantôme
ブラントーム
Branton ブラントン*
Brants ブランツ
Branvold
ブランヴォルド
Branwell ブランウェル
Branwen ブランウェン
Branwyn ブランウィン
Branyan
ブラニアン
ブラニヤン
Branza ブランザ
Branzei ブランゼイ**
Branzell ブランツェル
Branzi ブランジ*
Braose ブローズ
Braoude
ブラウデ
ブラウド
Brāp ブリアプ
Braque ブラック*
Brargin ブラーギン
Bras
ブラ*
ブラーズ
ブラス*
Brasanac ブラサナツ

Brasch
ブラシュ
ブラッシュ**
Braschi
ブラスキ
ブレスキ
Brascia ブラシカ
Brase ブレーズ
Brasel ブラゼル
Braselton
ブレイセルトン
Brasey ブラゼー
Brash ブラッシュ
Brashares
ブラッシェアーズ**
Brashear
ブラシア
ブラッシア
ブラッシャー
ブレイシャー
ブレイジャー
Brasher
ブラッシャー
ブレイシャー
ブレイシャー
Brashers ブラシャーズ
Brashinskii
ブラシンスキー
Brashler
ブラッシュラー
Brashman
ブラッシマン
Brasidas ブラシダス
Brasier
ブラジェ
ブレイジャー
Brasilia ブラジリア
Brasilier ブラジリエ*
Brasillach
ブラジアック*
ブラジャック
ブラジャック*
Braslau
ブラスラウ
Braslavets
ブラスラベッツ*
Brasme ブラスム**
Braspennincx
ブラスペニンクス
Brass
ブラス**
ブラッス
Brassai
ブラシャイ
ブラッサイ
Brassaí ブラッサイ
Brassaï ブラッサイ**
Brassard
ブラサード*
ブラッサール*
Brassart ブラッサール
Brasselle ブラッセール
Brassens
ブラサンス
ブラッサン
ブラッサンス*
Brassert ブラッセルト

Brasseur ブラスール／ブラッスール**
Brassey ブラッシー／ブラッセー
Brassier ブラシエ
Brastberger ブラストベルガー
Braswell ブラスウェル
Brasz ブラーズ
Brat ブラット
Bratan ブラタン
Bratanovic ブラタノビック*
Brate ブレイト
Bråten ブローテン
Brater ブラーター／ブレイター／ブレーター
Bratescu ブラテスク
Brath ブラアス
Brathwaite ブラスウェイト**／ブレイスウェイト／ブレイスウェート／ブレースウェイト**
Bratianu ブラチアヌ／ブラティアヌ*
Brătianu ブラチアヌ／ブラティアヌ
Brătianu ブラティアヌ
Bratislav ブラティスラフ／ブラティスラブ
Bratislava ブラティスラヴァ／ブラティスラバ
Bratko ブラツコ／ブラトコ
Bratman ブラットマン
Bratovic ブラトーヴィッチ
Bratt ブラット*
Brattain ブラッタン*／ブラッティン／ブラッテン／ブラティン／ブラテン
Bratteli ブラッテリ／ブラテリ
Brattinga ブラティンガ
Bratton ブラットン／ブラテン
Bratu ブラトゥ
Bratun ブラタン
Bratuşek ブラトゥシェク*
Bratvold ブラットヴォルド／ブラッドフォルド

Bratzke ブラッケ*
Bratzler ブラッツラー
Brau ブロー
Brauch ブローチ
Brauchitsch ブラウヒッチュ*
Brauchle ブラウフレ／ブラオホレ
Brauchli ブラウシリ
Braud ブラウド*
Braude ブロディ
Braudel ブローデル**／ブロデル
Braudo ブラウド
Braue ブラウアー
Bräuel ブロイエル
Brauen ブラウエン*
Brauer ブラウァー／ブラウア／ブラウアー**／ブロイアー／ブロイエル
Bräuer ブロイエル
Braufman ブラウフマン
Braugher ブラウアー
Braulio ブラウリオ**
Brault ブロー*／ブロート
Braum ブラウン
Brauman ブローマン*
Braumüller ブラウミュラー
Braun ブラウン***／ブローン*／ブロン
Brauna ブラウナ
Braunbeck ブラウンベック
Braunberger ブローンベルジェ／ブロンベルジェ
Braunburg ブラウンブルク*
Braund ブラウント／ブラウンド
Braune ブラウネ
Braunecker ブローネカー
Brauneis ブラウナイス
Braunek ブラウネク
Brauner ブラウナー*／ブラウネル*／ブローネ／ブローネル
Braunfels ブラウンフェルス*／ブラウンフェルズ
Braungart ブラウンガート

Braunias ブラウニアス
Braunius ブラウニウス
Bräunl ブラウンル
Braunmühl ブラウンミュール
Brauns ブラウンス／ブラウンズ*
Braunsberger ブラウンスベルガー
Braunschvig ブロンシュヴィク
Braunschweig ブラウンシュヴァイク*／ブラウンシュヴァイグ*／ブラウンシュバイク
Braunschweiger ブランシュヴァイガ
Braunstein ブラウンシュタイン*／ブラウンスタン
Braunsteiner ブラウンシュタイナー
Braunsweg ブラウンスウェグ
Braunthal ブラウンタール
Braunwald ブラウンワルト／ブラウンワルド
Braure ブロル
Brausewetter ブラウゼヴェッター
Brauss ブラウス*
Brautigam ブラウティハム／ブロイチガム
Brautigan ブローティガン**／ブロティガン
Bravais ブラヴェ／ブラベ
Bravatska ブラヴァツカ／ブラバッカ
Brave ブレーヴ
Braveman ブレイブマン／ブレーブマン
Braven ブレーブン*
Braver ブレイヴァー／ブレイバー
Braverman ブレイヴァーマン／ブレイヴァマン*／ブレイバーマン／ブレーヴァーマン／ブレーバーマン*
Bravi ブラーヴィ／ブラヴィ
Bravig ブラヴィック
Bravo ブラーヴォ*

ブラヴォ*／ブラヴォー*／ブラーボ／ブラボ*／ブラボー**
Braw ブラウ**
Brawe ブラーヴェ
Brawer ブラウワー／ブラワー／ブローワー
Brawijaya ブラウィジャヤ
Brawley ブラウリー／ブローリー／ブローリイ
Brawn ブラウン**
Brawner ブラウナー
Brax ブラクス
Braxton ブラクストン**／ブラックストン／ブラッグストン
Bray ブレ／ブレー*／ブレイ**
Brayben ブレイベン
Braybrooke ブレイブルック
Brayer ブライエー／ブレイエ*／ブレイエル
Brayley ブレイリー／ブレーリー
Brayman ブレーマン
Bray-Moffat ブレイモファット
Brayson ブライソン
Brayssing ブレサン
Brayton ブレイトン*
Braz ブラース／ブラス*／ブラズ
Braza ブラザ
Brazauskas ブラザウスカス**
Brazell ブラゼル／ブレイゼル
Brazelton ブラゼルトン／ブレイゼルトン
Brazi ブラジ
Brazier ブラジエ／ブレイジャ*／ブレイジャー／ブレージャー
Brazil ブラジル**／ブレージル
Brazile ブラジル*
Brazoban ブラゾバン

Brazza ブラザ
Brazzi ブラッツィ／ブラッツイ
Brdaric ブルダリッチ
Brdečka ブルデチュカ
Brea ブレーア／ブレア
Breadalbane ブレドオルベン
Breaden ブレーデン
Bready ブリーディ／ブレディー
Breakefield ブレックフィールド
Breakenridge ブレーケンリッジ
Breakey ブリーキー
Breakston ブレイクストン
Breal ブレアル
Bréal ブレアル
Brealey ブリーリー／ブレアリー／ブレーリー*
Bream ブリーム**
Breamer ブリーマー
Brean ブリーン*
Breandán ブランダン
Bréard ブレアール
Brearley ブリアリィ／ブレアリー／ブレヤリー
Breary ブリアリー
Breashears ブレッシャーズ
Breasted ブレスティッド／ブレステッド*／ブレステド
Breathed ブレスエット**
Breathnach ブラナック*／ブレスナック
Breau ブロー
Bréau ブレオー
Bréaud ブレオー
Breault ブレオー
Breaux ブロー**
Breazeal ブリジール
Breazeale ブリージール
Brebbia ブレビア
Brébeuf ブレブーフ／ブレブフ
Brebeut ブレベフ
Brebis ブレビス
Brébisson ブレビソン
Brebner ブレブナー
Breccia ブレッチャ

Brecciaroli ブレッチアロリ	Brederode ブレデローデ	ブレーエンダール ブレーゲンダール*	Breitbarth ブライトバルト	Brellreich ブレルレイヒ
Brecely ブレツェリ	Bredes ブリーデス*	Bregeon ブレジオン	Breitenbach ブライテンバッハ	Breloer ブレロア ブレロアー
Brech ブレック	Bredesen ブレーデセン ブレデセン	Brégeon ブレジオン	Breitenfeld ブライテンフェルト	Brelot ブルロ
Brechbühl ブレッヒビュール ブレヒビュール*	Bredeson ブレッソン	Breger ブレーガー	Breitenreiter ブライテンライター	Brem ブレム*
Brecheen ブレッキーン	Brédif ブレディフ*	Bregerie ブレジェリー	Breitenstein ブライテンシュタイン	Brema ブレマ
Brecher ブリッチャー ブレシャー* ブレッカー* ブレッチャー ブレッヒャー	Bredig ブレーディッヒ ブレディッヒ ブレーディヒ*	Breggen ブレーヘン	ブライテンスタイン	Breman ブレマン
		Bregman ブレグマン*	Breiter ブレイター	Brémaud ブレモー
		Bregnhøi ブラインホイ	Breithaupt ブライトハウプト*	Brembilla ブレンビラ
	Bredikhin ブレジーヒン ブレディーヒン ブレディーヒン	Bregno ブレーニョ	Breitinger ブライティンガー	Breme ブレム ブレーメ
Brecheret ブレシェレト		Bregović ブレゴヴィチ		
Brechet ブレシェ		Bregu ブレグ		Břeme ブレーム
Brechin ブリーヒン ブレチン	Bredin ブレディン*	Bréguet ブレゲ ブレゲー	Breitkopf ブライトコプ ブライトコプフ	Bremen ブレーメン*
	Bredius ブレディウス	Bregvadze ブレグヴァゼ		Bremer ブレマー**
Brechner ブレックナー	Bredni ブレドニ	Bréhier ブレイエ**	Breitkreutz ブライトクロイ	ブレーメル ブレメール
Brechot ブレコット	Brednich ブレードニヒ*	Bréhima ブレヒマ	Breitling ブライトリンク	
Brecht ブレクト ブレヒト**	Bredon ブリドン ブレドン*	Brehm ブレーム* ブレーン	Breitmaier ブライトメイヤー	Bremerman ブレメルマン
		Brehme ブレーメ		Bremermann ブレメルマン
Brechtlein ブレックライン	Bredow ブレドー ブレドウ	Brehmer ブレーマー	Breitman ブライトマン* ブレイトマン*	Bremers ブレーマーズ
Breck ブレック**		Brehovszky ブレホフスキー		Bremi ブレミ
Breckbill ブレックビル	Bredsdorff ブレスドーフ ブレスドルフ	Breidenbach ブライデンバッハ	Breitmann ブレイトマン	Bremiker ブレマイケル ブレミカー
Breckenridge ブレクンリッジ ブレッケンリッジ	Bredsoe ブレッドソー	Breidert ブライデルト	Breitner ブライトナー* ブレイトナー ブレイトネル	Bremmer ブレマー*
Brecker ブレッカー**	Bredt ブレット	Breiding ブライディング		Bremner ブレムナー* ブレンナー*
Breckinridge ブレッキンリジ ブレッキンリッジ	Bree ブリー		Breitscheid ブライトシャイト	
	Brée ブレ ブレー	Breidlid ブライリィ		Bremness ブレムネス ブレンネス*
		Breiehagen ブライハーゲン	Breitschwerdt ブライトシュヴァルツ	
Breckle ブレックル	Breed ブリード*	Breien ブライエン		Bremond ブレモン*
Breckling ブレクリング	Breeden ブリーデン**	Breier ブライアー*	Breitung ブライトゥング ブライトン	Brémond ブレモン
Breckner ブレックナー	Breeding ブリーディング	Breillat ブライア		Brems ブレムス
Brecoulaki ブレクラキ	Breedt ブリード	Breiman ブレイマン	Breitzman ブリッツマン	Bren ブレン
Brécourt ブレクウル	Breel ブリール			Brena ブレナ
Breda ブレーダ ブレダ*	Breeland ブリーランド	ブレイヤ* ブレイヤー	Breivik ブレイビク	Breña ブレーニャ
	Breemen ブレーメン	Breinbauer ブレインバウアー	Bréjan ブレジャン	Brenaa ブレナー
Bredael ブレダエル	Breen ブリーン*** ブレーン		Brejchová ブレイホヴァ ブレイホヴァー ブレイホバ	Brenan ブレナン***
Bredau ブレダウ		Breiner ブレイナー		Brenard バーナード
Bredberg ブレッドバーグ	Breenberch ブレーンベルフ	Breinersdorfer ブライナースドルファー		Brence ブリンス
Bredefeldt ブレデフェルト			Brejnholm ブレインホルム	Brench ブレンチ
	Breer ブリア* ブリアー	Breines ブライネス ブラインズ ブラナネス		Brenčič ブレンチッチ
Bredekamp ブレーデカンプ** ブレデカンプ ブレデキャンプ			Brejon ブルジョン	Brend ブレンド
	Brees ブリーズ*		Brekalo ブレカロ	Brenda ブレンダ***
Bredel ブルデル	Breese ブリース ブリーズ	Breinholst ブラインホルスト ブレインホルスト ブレイホルスト ブレインホスト ブレインホルスト	Brekelenkam ブレーケレンカム	Brendan ブランダン ブランドン ブレンダン** ブレンデン
			Breker ブレーカー ブレカー	
Bredell ブレデル	Breeze ブリーズ			
Bredella ブレデラ	Breezy ブリーズィ		Brekhman ブレフマン	Brendanus ブレンダーヌス ブレンダヌス
Bredenkamp ブレデンカンプ	Breffault ブリッフォルト ブリスフォルト	Breisbach ブライザッハ ブライスバッハ	Brekilien ブレキリアン Brékilien ブレキリアン	
Bredero ブレーデロ ブレーデロー ブレデロ ブレデロー	Brefni ブレフニー	Breisky ブライスキー	Brekk ブレック	Brendborg ブレンボー
	Brega ブレガ	Breit ブライト** ブレイト	Brekke ブレッケ*	Brende ブレンデ ブレンディ
	Bregel' ブレーゲリ ブレーゲル	Breitbart ブライトバート ブレイトバート	Brekne ブレクネ	
			Brel ブレル**	Brendel ブレンデル***
	Bregendahl ブレイエンダール ブレェンダール		Breland ブレランド	
			Brelet ブルレ*	Brenden ブレンデン*
			Brelles ブレル	

Brendenberg ブレンデンバーグ	Brenowitz ブレノウィッツ	Bresjack ブレジャック	Brethower ブレソワー	Breuss ブレウス	
Brendengen Jensen ブレンデンゲンイエンセン	Brenson ブレンソン	Bresinsky ブレジンスキー	Bretislav ブジェスラフ / ブシェティスラフ / ブレチスラフ	Breusch ブロイシュ	
Brender ブレンダー** / ブレンデール	Brent ブレント*** / ブレンド	Breskin ブレスキン	Břetislav ブジェチスラフ / ブジェティスラフ / ブルジェティスラフ	Breuvart ブローバート	
Brendon ブランドン / ブレンドン**	Brenta ブレンタ	Breskvar ブレスクヴァール		Bréval ブレヴァル	
	Brentano ブレンタノ / ブレンターノ** / ブレンターノー / ブレンタノ* / ブレンタノー	Breslau ブレスラウ / ブレスロー		Brevard ブレヴァード / ブレバード	
Brendt ブレント*		Bresler ブレスラー* / ブレスレル	Bretlau ブレトラウ	Brevé ブレベ	
Brendtro ブレントロ / ブレンドロー		Breslin ブレスリン* / ブレズリン**	Bretnor ブレットナー	Breverton ブレヴァートン	
Brené ブレネー	Brentjens ブレンティエンス* / ブレントエンス		Breton ブルトン** / ブレトン*	Brevett ブレベット	
Breneman ブレネマン*		Breslow ブレスロー / ブレズロー* / ブレスロウ* / ブレスロウ	Bretón ブレトン	Breviario ブレヴィアリオ / ブレビアリオ	
Brener ブレナー	Brentjes ブレンチェス		Bretonne ブルトンヌ* / ブルドンヌ	Bréville ブレヴィル	
Brenes ブレネス	Brenton ブレントン**			Brevin ブレビン	
Brenet ブルネ / ブレネ	Brentz ブレンツ	Bresman ブレスマン	Bretonneau ブルトノー / ブレトノー	Brew ブリュー / ブルー	
	Brenyah ブレニヤー	Bresnahan ブレスナハン / ブレスナーン	Bretonnière ブルトニエール	Breward ブリュワード	
Brenez ブルネーズ	Brenz ブレンツ	Bresnan ブレズナン	Bretscher ブレッチャー	Brewbaker ブリューベーカー	
Brengle ブレングル	Breo ブレオ	Bresnick ブレズニック	Bretschneider ブレットシュナイダー / ブレットシュネイデル / ブレートシナイダー / ブレートシュナイダー / ブレットシュナイダー	Brewer ブリューア / ブリューアー / ブリュア / ブリュアー / ブリューワ* / ブリューワー** / ブリュワー / ブルーア* / ブルーアー / ブルアー / ブルーワ / ブルーワー*** / ブルワー** / ブレーワー	
Brengola ブレンゴラ	Breon ブレオン	Bresnitz ブレスニッツ			
Brenguier ブランギエ	Bréon ブレオン	Bresola ブレソーラ			
Brenie ブレニエ	Brereton ブリアートン / ブリアトン / ブレアートン / ブレアトン* / ブレレトン	Bressan ブレッサン			
Brenifier ブルニフィエ		Bressand ブレッサン*			
Brenig ブレニック		Bressane ブレサネ			
Brenko ブレンコ		Bressart ブレサールト	Bretshneider ブレトシネイデル		
Brenkus ブレンカス	Brès ブレー / ブレス	Bresser ブレッセル	Brett ブレット*** / ブレッド		
Brenly ブレンリー		Bressers ブレッサーズ			
Brenman ブレンマン	Bresc ブレスク*	Bresset ブレセ**	Bretta ブレタ		
Brenn ブレン	Bresch ブレッシュ	Bresslau ブレスラワ	Brettakos ブレターコス		
Brenna ブレンナ*	Breschan ブレッシャン*	Bresslaw ブレスロー	Bretteville ブレットヴィル		
Brennan ブレナン*** / ブレンナン	Breschliebe ブレッシュリーベ	Bressler ブレスラー*	Bretton ブレットン*		
Brennauer ブレナウアー	Brescia ブレシア** / ブレーシャ / ブレッシア	Bresson ブレッソン***	Brettschneider ブレットシュナイダー / ブレットシュネイダー		
Brennecke ブレネケ / ブレネッケ* / ブレンネッケ* / ブレンネッケ		Bressoud ブラースー / ブレッソード			
	Bresciani ブレシャーニ / ブレッシアーニ / ブレッシャーニ	Brest ブレス / ブレスト	Bretz ブレッツ	Brewin ブレーウィン	
Brenneman ブレネマン*			Bretzke ブレッケ	Brewitz ブレヴィッツ	
Brennen ブレネン	Brescianino ブレシャニーノ	Bret ブレ** / ブレー / ブレット*** / ベレット	Breu ブロイ	Brewster ブリュスター / ブリュースター* / ブルースター***	
Brenner ブレナー** / ブレネール* / ブレンナー*** / ブレンネル	Bresdin ブレスダン / ブレズダン / ブレダン		Breuel ブロイエル		
			Breuer ブリューア / ブリュアー / ブルーア / ブロイア* / ブロイアー* / ブロイエル* / ブロイヤー*		
Brennus ブランナス / ブレンヌス / ブレンノス	Bresgen ブレスゲン	Bretagne ブルターニュ		Brewton ブルートン*	
	Breshad ブレシャド	Bretan ブレタン		Brey ブレイ**	
Brennwald ブレンワルド	Breshears ブレッシャーズ	Bretécher ブレテシェール		Breyer ブライヤー* / ブレイヤー	
Brenny ブレニー		Bretel ブルテル	Breugel ブロイゲル*	Breyfogle ブレイフォーグル	
Breno ブレーノ / ブレノ	Bresheeth ブレシース	Bretenières ブルトニエール	Breuil ブルイユ* / ブルーユ / ブレイユ	Breymann ブレイマン	
Brenon ブレノン / ブレノン	Breshko ブレーシコ / ブレシコ	Breteuil ブルトイユ / ブルトゥイユ	Breuker ブロイカー	Breyner ブレイネル	
	Breshkovskaia ブレシコーフスカヤ / ブレシコフスカヤ	Bretherick ブレザリック / ブレスリック	Breuning ブルーニング / ブロイニング	Breysig ブライジヒ	
		Bretherton ブレザートン	Breur ブルウアー	Breysse ブレイス	
	Brešić ブレシッチ		Breus ブルース	Breyten ブライテン / ブレイテン*	
	Brésillac ブレジヤック			Breytenbach ブライテンバッハ / ブレイテンバッハ*	
				Breyvic ブレイビック	
				Breza ブレサ / ブレザ*	
				Brězan ブリザン / ブレジャン	
				Brezec ブレゼック	

Brezet ブレツェット
Brézet ブレゼ
Brezhnev ブレジネフ*
Brezhneva
　ブレジネヴァ
Brézillon ブレジョン
Brezina
　ブジェジナ
　ブレジナ
　ブレツィナ**
Březina
　ブジェジナ
　ブレツィナ
Brezinka
　ブレイツィンカ
　ブレツィンカ*
Brézis ブレジス
Brezzo ブレッソ
Bria ブリア
Brialmont
　ブリアルモン
Brialy ブリアリ**
Brian
　ブライアイン
　ブライアン
　ブライアン***
　ブリーアン
　ブリアン**
　ブレイン
Briana ブリアナ
Brianchon
　ブリアンション*
Briand ブリアン*
Briane ブライアン
Brianna
　ブライアナ
　ブリアナ*
　ブリアンナ
Brianne ブリアンヌ
Briant
　ブライアント
　ブリアン*
Briante ブリアンテ
Brianza ブリアンツァ
Briar ブライアー
Briard ブリアール
Briata ブリアータ*
Briati ブリアーティ
Briatte ブリアット
Briazack ブリアザック
Bribiescas
　ブリビエスカス
Bricaud ブリコウ*
Bricceau ブリッショー
Briccetti ブリセッティ
Brice
　ブライス**
　ブリース
　ブリス***
　ブリス
Briceño ブリセーニョ
Briceño
　ブリセーニョ
　ブリセニョ
Brichkina
　ブリーチキナ
Bricis ブリチス

Brick ブリック*
Brickdale
　ブリックデイル
Brickell
　ブリケル
　ブリッケル*
Bricken ブリッケン
Bricker ブリッカー*
Brickhill
　ブリックヒル*
Brickhouse
　ブリックハウス
Bricklin ブリックリン
Brickner ブリックナー
Brickyard
　ブリックヤード
Bricmont ブリクモン
Brico
　ブライコ
　ブリコ
Briçonnet
　ブリソネ
　ブリソンネー
Bricout ブリク
Bricq ブリック
Bricriu ブリクリウ
Bricusse
　ブリカス
　ブリッカス
Brid ブリッド
Bridaine ブリデーヌ
Bridal ブリダル
Bridavsky
　ブライデイヴスキー
Bride ブライド
Bridel
　ブリーデル
　ブリデル*
Bridenne ブリデン
Bridenthal
　ブライデンソール
Bridge ブリッジ*
Bridgeman
　ブリッジマン
Bridgens
　ブリジェンス
　ブリジンス
Bridgeport
　ブリッジポート
Bridger
　ブリジャー
　ブリッジャー*
Bridgers
　ブリッジャーズ
Bridges
　ブリジェス
　ブリジェス**
　ブリジス
　ブリッジ
　ブリッジェス
　ブリッジェズ*
　ブリッジス**
　ブリッジズ***
Bridget
　ブリギッド
　ブリジェット*
　ブリジット**
　ブリジド

Bridgetower
　ブリッジタワー
Bridgett ブリジェット
Bridgette ブリジット*
Bridgewater
　ブリジウォーター
　ブリッジウォーター**
Bridgman
　ブリジマン
　ブリッグマン
　ブリッジマン**
Bridich ブライディッチ
Bridie
　ブライディ*
　ブライディー
Bridigum
　ブリディガム
Bridle ブライドル
Bridport
　ブリッドポート
Bridwell
　ブリッドウェル**
　ブリドウェル
Brie ブリー
Briean ブリーアン
Brieditis
　ブリーディティス
Brief ブリーフ
Briefel ブライフェル
Briefs ブリーフス
Briegel
　ブリーゲル
　ブリゲール
Brieger ブリーガー*
Briel ブリエル
Brielmaier
　ブリルメイアー
Brienne ブリエンヌ
Brier
　ブライアー*
　ブリエ
Briere ブリエール
Brière ブリエール*
Brierley
　ブライアリ
　ブライアリー*
　ブリーアリイ
　ブリアリイ
Brierly
　ブライアリ
　ブライアリー*
Brierre ブリエール
Briers
　ブライアーズ*
　ブリアーズ
Briesbois ブリースボワ
Briese ブリーゼ
Briesemeister
　ブリーゼマイスター
Briesen ブリーゼン
Briesenick
　ブリーゼニク
Brieskorn
　ブリースコルン

Briesmann
　ブリースマン
Briesmeister
　ブリースマイスター
Briessen ブリーセン
Brietz ブリッツ
Brietzke ブリエツケ
Brieuc ブルオク
Brieux
　ブリウ
　ブリウー
　ブリュー**
　ブリュー
　ブリュウ
Brifaut ブリフォー
Briffa ブリファ
Briffault
　ブリッフォート
　ブリッフォールト
　ブリフォート
　ブリフォールト
　ブリフォルト
　ブレフォー
Brig ブリグ
Brigadin ブリガジン
Brigagão ブリガガン
Briganti ブリガンティ
Brigantino
　ブリガンティノ
Brigette
　ブリジェット
　ブリジット
Brigg ブリッグ
Brigges ブリッグス
Briggs
　ブリグス
　ブリグズ
　ブリッグス**
　ブリッグズ***
Brigham
　ブリガム*
　ブリッガム
Brighelli ブリゲリ
Brighenti
　ブリヘンティ
Brighi ブリーギ
Brighouse
　ブリッグハウス*
Bright
　ブライト***
　ブライド
Brightfield
　ブライトフィールド
Brighthope
　ブライトホープ
Brightling
　ブライトリング
Brightman
　ブライトマン**
Brighton ブライトン
Brightwell
　ブライトウェル*
Brightwen
　ブライトウェン
Brighty
　ブライティ
　ブライティー

Brigi ブリジ
Brigid
　ブリギッド
　ブリジット*
　ブリジッド***
　ブリジド
Brigida
　ブリギッタ
　ブリジーダ
　ブリジッタ
Brigido ブリヒド*
Brigit
　ビルジット
　ブリジット
Brigita
　ブリギタ
　ブリギッタ
Brigitha ブリギッタ
Brigitta
　ビルイッタ
　ブリギイタ
　ブリギッタ
　ブリギット*
Brigitte
　ビルギッテ
　ビルヒッテ*
　ブリギッテ**
　ブリギット*
　ブリギテ
　ブリジッテ
　ブリジット
　ブリジット***
　ブリジド
Brigman
　ブリッグマン*
Brignac ブリニャック
Brignetti
　ブリニェッティ
Brignola
　ブリグノラ
　ブルグノラ
Brignoli ブリニョーリ
Brignone
　ブリニョーネ
　ブリニョネ
Brignull ブリヌル
Briguier ブランギエ
'Bri gung ディグン
Brihadratha
　ブリハドラタ
Brij ブリジ*
Brik ブリーク*
Briken ブリケン
Briki ブリキ
Brikner ブリークネル
Bril ブリル
Briles ブライルズ*
Briley ブライリー
Brilioth ブリリオート
Brill ブリル**
Brillant ブリヤン
Brillante ブリランテ
Brillantes
　ブリヤンテス**
Brillat
　ブリア
　ブリヤ
Brillhart ブリルハート

Brilliant ブリリアント	Brinkley ブリンクリ* ブリンクリー*** ブリンクリィ	ブリスコー*	ブリート ブリト ブリトー*	Brizendine ブリゼンディーン
Brillinger ブリリンガー		Brise ブライス		Brizeux ブリズー
		Brisebarre ブリズバール	Briton ブリトン	Brizola ブリゾラ
Brillouin ブリュアン* ブリュアン ブルアン**	Brinkly ブリンクリー		Britos ブリトス	Brizon ブリゾン
	Brinkman ブリンクマン**	Briseis ブリセイス	Brits ブリッツ	Brizuela ブリスエラ
		Briske ブリスク	Britsch ブリッチュ	Brizzi ブリッツィ*
Briloff ブリロフ	Brinkmann ブリンクマン** ブリングマン	Briski ブリスキ	Britt ブリット**	Brjančaninov ブリャンチャニーノフ
Brim ブリム		Briskin ブリスキン	Britta ブリッタ**	
Brima ブリマ		Brisley ブリスリー* ブリズリー	Brittain ブリテイン ブリテイン ブリテェイン ブリテン** ブリトゥン ブルーテン ブルテン	Brkic ブルキッチ
Brimacombe ブライメーコム	Brinktrine ブリンクトリネ			Brkić ブリキック
	Brinkworth ブリンクワース	Brison ブライソン*		Brković ブルコヴィッチ
Brimah ブライマー		Briss ブリス		Brlić ブルリッチ
Briman バーマン	Brinn ブリン	Brissac ブリサク ブリサック		Brnabić ブルナビッチ*
Brimblecombe ブリンブルコーム ブリンブルコム	Brinnin ブリニン**			Bro ブロ*
	Brinquin ブリンクイン	Brissaud ブリソ ブリソー	Brittainy ブリタニー	Broach ブローチ*
Brimhall ブリムホール	Brinsko ブリンスコ		Brittan ブリタン** ブリッタン ブリテン	Broackes ブロークス
Brimilo ブリミロ ブロミロ	Brinsley ブリンズリ ブリンズリー*	Brisseau ブリソー*		Broad ブロウド ブロード**
		Brissenden ブリッセンデン		
Brimin ブリミン*	Brinsmead ブリンズミード*	Brisset ブリセ** ブリッセ	Brittanie ブリッターニ	Broadbelt ブロードベルト
Brimin Kiprop ブリミンキプロプ	Brinson ブリンソン*		Brittany ブリタニー*** ブリッタニー	Broadbent ブロートベント ブロードベント**
Brimley ブリムリー* ブリムレイ	Brinster ブリンスター	Brissett ブリセット		
	Brint ブリント	Brissette ブリセット	Britten ブリッテン ブリテン ブリトゥン ブリトン	Broaddus ブローダス*
Brimmer ブリマー	Brinton ブリントン**	Brisson ブリソン ブリッソン*		Broadfield ブロードフィールド
Brimner ブリマー*	Brinvilliers ブランヴィリエ ブランビリエ			Broadhead ブロードヘッド*
Brimson ブリムソン		Brissot ブリソ ブリソー ブリッソ ブリッソー	Brittenham ブリテナム	Broadhurst ブロードハースト ブロードハースト*
Brin ブリン**	Brinz ブリンツ			
Brincat ブリンカット	Briody ブリオディ*		Brittin ブリティン	Broadie ブローディ
Brinchmann ブリンチマン	Briohny ブライオニー	Bristol ブライオン ブリオン ブリヨン**	Britting ブリッティング*	Broadrick ブロードリック ブロードリック*
Brinckmann ブリンクマン*	Brion		Brittle ブリトル*	
Brind'Amour ブランダムール			Brittney ブリトニー**	Broadus ブロウダス ブローダス*
		Bristow ブリストール ブリストル**	Britto ブリット ブリト	
Brindle ブリンドル	Briones ブリオネス			Broadway ブロードウェイ
Brindley ブラインドリー ブリンドリ ブリンドリー	Briony ブライオニー ブリオニー	Bristowe ブリスト— ブリストウ*	Britton ブリトン* ブリトン***	Broadwell ブロードウェル
	Brios ボリオス	Brisville ブリスヴィル*** ブリスビル		Broadwood ブロードウッド
	Brioschi ブリオスキ ブリョースキ		Britvić ブリトヴィッチ	Broatch ブローチ
Brindlmayer ブリンドルマイアー			Britz ブリッツ	Broback ブロバック
	Briosco ブリオスコ	Briswalter ブリスバルター	Britzman ブリッツマン	Brobeck ブロベック
Brinell ブリネル	Briot ブリオ	Brit ブリット*		Brobeil ブロバイル
Briner ブライナー	Briquel ブリケル	Brita ブライタ ブリタ*	Briuchanov ブリュハノフ	Broben ブロベン
Brines ブラインズ* ブリネス	Briquet ブリケ		Briusov ブリューソフ	Broberg ブロバーグ ブロベルウ
	Bris ブリ	Britain ブリテン*	Briusova ブリューソヴァ	
Briney ブライニー	Brisac ブリザック	Britannicus ブリタニクス ブリタンニクス	Brivio ブリーヴィオ ブリヴィオ	Broca ブローカ ブロカ*
Bring ブリング	Brisard ブリザール*			
Brini ブリニ	Brisay ブリセー	Brite ブライト**	Brix ブリクス ブリックス**	Brocail ブロケイル
Brinig ブリニッグ	Brisbane ブリスベーン ブリスベン ブリズベーン ブリズベン	Britell ブライテル		Brocard ブロカール
Brink ブリンク***		Brites ブリテス	Brixi ブリクシ	Brocardus ブロカルド ブロカルドゥス
Brinkbäumer ブリンクボイマー		Brith ブリート	Brixiensis ブレシア ブレッシア	
		Brithwald ブリスウォルド	Britland ブリットランド	Brocchi ブロッキ*
Brinke ブリンケ	Brisbin ブリズビン	Britius ブリティウス		Brocchieri ブロッキー ブロッキエーリ*
Brinker ブリンカー*	Brisch ブリッシュ		Britnell ブリットネル	
Brinkerhoff ブリンカホフ ブリンケーホフ	Briscione ブリシオーネ		Britney ブリトニー*	
	Brisco ブリスコ* ブリスコー		Brito ブリット*	Brize ブリーズ	Brocco ブロッコ
Brinkhaus ブリンクハウス	Briscoe ブリスコ			
Brinkhorst ブリンクホルスト				

B

Broccoli ブロコリ／ブロッコリー	Brockovich ブロコビッチ	Brodine ブロディン	Broekman ブロークマン	Broke ブルック／ブローク	
Broch ブロッホ**	Brockow ブロッコウ	Brodjonegoro ブロジョネゴロ	Broekstra ブロークストラ	Brokenshire ブロークンシャー	
Brochard ブロシャール*	Brockschmidt ブロックシュミット／ブロックスクミッド	Brodka ブロドカ	Broer ブロアー	Broker ブロッカー	
Broche ブロッホ	Brocksmith ブロックスミス*	Bródka ブロドカ*	Broers ブロアーズ	Brokering ブロウカリング	
Brocher ブローシェー／ブロシェー	Brockway ブロックウェー／ブロックウェイ*	Brodkey ブラドキー／ブロドキー**	Broersen ブルールセン／ブロアーゼン	Brokoff ブロコフ	
Brochero ブロチェーロ	Brockwell ブロックウェル*	Brodkin ブラドキン	Broes ブローズ	Brokos ブロコス	
Brochet ブロシェ*	Brocoli ブロコリ	Brodman ブロッドマン	Broetzmann ブロッツマン	Broks ブロクス／ブロックス	
Brochier ブロシエ	Brocquy ブロッキー*	Brodmeier ブロドマイヤー	Broeucq ブルック	Brol ブロル	
Brochmand ブロクマンド	Brod ブロッド／ブロート**／ブロード*	Brodner ブレードナ	Brofferio ブロフェーリョ	Brolenius ブロレニウス	
Brochmann ブロックマン	Broda ブローダ	Brodovitch ブロードヴィチ／ブロドヴィチ	Brofos ブロフォス	Brolin ブローリン*／ブロリン	
Brøchner ブレクナー	Brodahl ブロダール	Brodow ブラドー	Brogan ブローガン	Brollo ブロロ	
Brochu ブロシュー	Brodal ブローダル	Brodribb ブロドリブ	Brogden ブローデン*	Brom ブロム	
Brochwitz ブロホヴィツ	Brodaty ブロダティ	Brodrick ブロドリク／ブロドリック	Brogdon ブログドン／ブローデン	Bromage ブロメージ	
Brocio ブロシオ	Brodbeck ブロッドベック／ブロドベック	Brodskaia ブロツカヤ	Broger ブレーガー	Bromaghim ブロマヒム	
Brock ブロック***	Brodbelt ブロドベルト	Brodski ブロッキー	Bröger ブレーガー*／ブローガー	Broman ブローマン／ブロマン	
Brocka ブロッカ*	Brodber ブロドバー	Brodskii ブローツキー／ブロッキー／ブローツキィ／ブロドスキー／ブロドスキイ	Brogger ブローガー	Bromberg ブロンバーグ*	
Brockbank ブロックバンク	Brodbin ブロドビン		Brögger ブレガー／ブレッガー／ブレッゲル	Bromby ブロンビー	
Brockden ブロックデン*	Broddadóttir ブロッダドッティル	Brodsky ブロッキー***／ブロツキイ／ブロードスキー／ブロードスカイ／ブロートスキー／ブロードスキー*	Brogger ブルッゲル／ブレガー*／ブローガー	Brome ブルーム*／ブロウム	
Brockdorff ブロックドルフ	Brode ブロード*		Broggi ブロッジ／ブロッチ	Bromell ブロメル	
Brockelbank ブロッケルバンク	Brodek ブロデック		Broggia ブロッジャ	Bromer ブローマー／ブロマー	
Brockelman ブロックルマン	Broder ブローダー**／ブロダー	Brodský ブロドスキー	Broggini ブロッジーニ	Bromet ブロメット	
Brockelmann ブロッケルマン*	Broderick ブローデリック*／ブロデリック**／ブロドリック	Brody ブラディ／ブローディ*／ブローディー／ブロディ**／ブロディー*	Brogi ブロージ	Bromfield ブロムフィールド**／ブロムフイルド	
Brockenbrough ブロッケンブロー	Broderip ブローデリップ／ブロデリップ	Bródy ブローディ**／ブローディ	Brogle ブログレ	Bromhall ブロムホール	
Bröcker ブレッカー	Brodersen ブローダセン／ブロダーセン	Brodzisz ブロジス	Broglie ブローイ*／ブローイ／ブロイ**／ブロフスカ	Bromiley ブロミレイ／ブロムリ	
Brockers ブロッカーズ	Brodetsky ブロデッキー／ブロデッキー	Broeck ブルーク／ブルック	Broglio ブローリオ	Bromilow ブロミロー	
Brockes ブローケス／ブロッケス	Brodeur ブローダー*／ブローデュアー／ブロデュアー*／ブロデュウァ／ブロデュール	Broecker ブレッカー*／ブロッカー**	Brogna ブローニャ	Bromlei ブロムレイ	
Brockett ブロケット／ブロッケット	Brodfield ブラッドフィールド	Broeckhoven ブロックホーベン	Brognara ブロニャーラ	Bromley ブロムリ／ブロムリー／ブロムレー／ブロムレイ	
Brockette ブロックケット	Brodhead ブロッドヘッド	Broederlam ブルーデルラム／ブレーデルラム	Brogno ブログノ	Bromly ブロムリー	
Brockhaus ブロックハウス*	Brodhun ブロデュン／ブロートフン	Broedner ブレードナー	Brohäll ブロホール	Bromm ブロム	
Brockhoff ブロックホッフ／ブロッコフ	Brodie ブロディ*／ブローディー*／ブロディ**／ブロディー*	Broek ブルーク／ブルク／ブルック***	Brohamer ブロハマー	Bromme ブロムメ	
Brockhouse ブロックハウス**	Brodin ブロディン	Broecker ブレッカー*／ブロッカー**	Brohan ブローアン	Broms ブルムズ	
Brockie ブロッキー			Brohard ブロアール	Bröms ブルムズ	
Brockington ブロキントン／ブロッキントン			Brohly ブローリ	Brömssen ブレムセン	
Brocklehurst ブロックルハースト			Brohm ブローム	'Brom ston ドムトン	
Brockman ブロックマン**			Broicher ブロイチャー	Bromwich ブラミッチ／ブロームウィック／ブロムウィチ／ブロムウィッチ	
Brockmann ブロックマン*			Broido ブロイド		
Brockmeier ブロックマイヤー**			Broinger ブロインガー		
Brockopp ブロコップ			Broinowski ブロイノウスキ	Bron ブロン*	
			Brokaw ブロコー／ブロコウ*	Bronäs ブロナス	

Bronaugh ブロナー／ブロノー
Broncard ブロンカード
Bronckhorst ブロンクホルスト
Brondal ブレナル
Brøndal ブレンダル
Brondani ブロンダニ
Brondel ブロンデル
Bronder ブロンダー
Brondi ブロンディ
Brondos ブロンド／ブロンドス
Brondsted ブレンステッズ
Brøndum ブレヌム
Broner ブローナー*
Bronfen ブロンフェン
Bronfenbrenner ブロンフェンブレナー／ブロンフェンブレンナー*
Bronfman ブロンフマン**
Brongniart ブロニャール／ブロンニアール／ブロンニャール
Bronia ブロニャ
Broniewska ブロニェフスカ／ブロニエフスカ
Broniewski ブロニェフスキ／ブロニエフスキ*
Bronilyn ブロニィリン
Bronisch ブローニッシュ
Bronislava ブロニスラヴァ／ブロニスラワ／ブロニスワヴァ
Bronislaw ブロニスラフ**／ブロニスロー／ブロニスロウ／ブロニスワフ*
Bronisław ブロニスラウ／ブロニスワフ**
Bronitt ブローニット
Bronja ブロンヤ
Bronk ブロンク*
Bronkhorst ブロンクホルスト*
Brönmark ブレンマルク
Bronn ブロン
Bronnen ブロネン／ブロンネン*
Bronner ブロナー／ブロンナー*
Brönner ブレナー*

Bronnie ブロニー
Bronowski ブロノスフスキー／ブロノフスキー*
Bronowsky ブロノウスキー／ブロノフスキー
Brons ブロンズ
Bronsart ブロンサルト／ブロンザルト
Bronsgeest ブロンスヘースト
Bronshtein ブロンシテイン／ブロンシュテイン
Bronskaja ブロンスカヤ
Bronsky ブロンスキー*
Bronson ブロンスン*／ブロンソン***
Brönsted ブレーンステス／ブレーンステズ／ブレンステズ／ブレンステッド
Brønsted ブレーンステス／ブレーンステズ／ブレンステズ／ブレンステッド／ブレンステド
Bronstein ブロンシュテイン／ブロンスタイン
Bronston ブロンストン
Bronswijk ブロンスウィック
Bronte ブロンテ**
Brontë ブロンテ*／ブロンティ／ブロンティー
Bronterre ブロンテア
Brontis ブロンティス
Bronwell ブロンウェル
Bronwen ブロンウェン
Bronwyn ブラウンウィン*／ブロンウィン
Bronze ブロンズ
Bronzetti ブロンゼッティ
Bronzini ブロンジーニ／ブロンツィーニ*
Bronzino ブロンジーノ／ブロンズィーノ／ブロンツィーノ
Bronzit ブロンジット
Broocks ブルークス
Brooder ブローダー
Broodthaers ブロータース
Broohm ブローム

Brook ブルック***
Brooke ブルーク*／ブルック***
Brookeborough ブックバラ
Brookens ブルッケンズ
Brooker ブルーカー／ブルッカー**
Brookes ブルークス／ブルーケス／ブルックス***
Brookesmith ブルックスミス*
Brookfield ブルックフィールド
Brookfield ブルックフィールド
Brookhuis ブルックヘイス
Brooking ブルッキング**
Brookings ブルーキングズ／ブルッキングス
Brookins ブルッキンス／ブルッキンズ
Brookmeyer ブルックマイヤー
Brookmyre ブルックマイア**
Brookner ブルックナー***
Brooks ブックス／ブルーク／ブルークス**／ブルクス／ブルック／ブルックス***／ブロックス
Brooksbank ブルックスバンク
Brooksby ブルックスビー
Brookshear ブルックシャー
Brookshier ブルックシェアー
Brookshire ブルックシェアー
Brooksmith ブルック・スミス
Broom ブルーム***
Broomall ブルームオール
Brooman ブルーマン
Broome ブルーム**
Broomé ブルメー
Broomes ブルームス
Broomfield ブルームフィールド*
Broomhall ブルームホール
Brooner ブルーナー

Broonzy ブルーンジー／ブルーンジィ
Broose ブローズ
Brophy ブロウフィ／ブローフィ**／ブローフィー／ブロフィ*／ブロフィー／ボロフィー
Bropleh ブロブレ
Broquard ブロカード*
Broquedis ブロクディス
Broqueville ブロックヴィル*／ブロックビル
Bror ブロル
Bröring ブロリング
Brorson ブローソン／ブロルソン
Brosa ブローザ
Brosbøl ブロスボル
Brosgol ブロスゴル
Brosh ブロッシュ
Broshi ブロシ
Brosinski ブロジンスキ
Brosio ブロージオ／ブロシオ／ブロジオ
Brosius ブロシアス／ブローシャス*
Brosmann ブロスマン*
Brosnahan ブロズナハン*
Brosnan ブロズナン**／ブロズナン
Brosnatch ブロスナッチ
Bross ブロス*
Brossard ブラサード*／ブロサール*／ブロッサール
Brossat ブロサ／ブロッサ
Brosse ブロス*／ブロッス
Brosseau ブロッソー
Brosses ブロス
Brosset ブロッセ
Brossier ブロシエ
Brossolete ブロソレット
Brossollet ブロソレ
Brost ブロスト
Broster ブロスター*
Brostoff ブロストフ
Brostrup ブロストルプ
Broteland ブロツラン

Brotelande ブロトランド
Brotha ブラザ
Brother ブラザー*
Brothers ブラザース／ブラザース**
Brotherstone ブラザーストーン
Brotherton ブラザートン*／ブラザトン
Brothier ブロチェー／ブロティエ
Brothwell ブロスウェル
Brötli ブレトリ
Brotman ブロットマン*／ブロートマン
Broto ブロト
Brott ブロット*
Brottier ブロティエ
Brottman ブロットマン
Brotton ブロットン／ブロトン
Brotzman ブロウツマン
Brötzmann ブロッツマン
Brou ブル／ブルー／ブルウ
Broucke ブルーク
Broude ブルード
Broudic ブルディック*
Broudie ブロディ
Broudy ブラウディ
Broue ブルーエ
Broué ブルーエ*
Brouette ブロエット
Brough ブラフ*／ブロー／ブロウ
Brougham ブルーアム*／ブルーム／ブロアム／ブローム
Brougher ブロウアー
Broughton ブラウトン／ブーロトン／ブロートン**
Brouillard ブルイヤール*
Broumas ブローマス
Broun ブラウン*
Brouncker ブラウンカー／ブランカー
Brouns ブラウンス

B

Brount ブラウント
Broussais
　ブルーセ
　ブルセ
　ブルッセ
Broussard
　ブルサード
　ブルサール
　ブルサール*
　ブロウサード
Brousse
　ブルース
　ブルス
Brousseau
　ブルーソー
　ブルソー
Broussel ブルセル
Brousson ブルソン
Broustis
　ブロウスティス
Brout ブルー
Brouthers
　ブルーザーズ
Broutin ブルタン
Broutsis ブルチス
Brouwenstijn
　ブラウェンステイン
Brouwer
　ブラウアー
　ブラウェル
　ブラウバー
　ブラウワー*
　ブルウェル
　ブルーエル
　ブローウァー
　ブロウェル
　ブロウェル*
　ブロウエル*
　ブローエル*
　ブローワー
Brouwers
　ブラウワーズ**
Brouwn ブラウン
Brover ブローベル
Brovetto ブロベト
Brovick ブロビック*
Bróvka
　ブロウカ
　ブロフカ*
Brovko ブロフコ
Brovold ブロボルド
Browaeys ブロウエズ
Browder
　ブラウダー*
　ブローダー*
Browe ブローヴェ
Brower
　ブラウアー**
　ブラウワー
　ブラワー
　ブロアー
　ブロウワア
　ブローワー
　ブロワー
Brown
　ブラウン***
　ブラオン

ブロウン
Brownback
　ブラウンバック*
Brownd ブラウンド
Browne
　ブラウニー
　ブラウン***
Brownell
　ブラウネル**
　ブラウンエル
　ブロウネル
Browner ブラウナー*
Brownfoot
　ブラウンフット*
Brownie ブラウニー*
Browning
　ブラウイング
　ブラウニング
　ブラウニング***
　ブラウニンング
　ブロウニング
　ブローニング*
Brownjohn
　ブラウンジョーン
　ブラウンジョン
Brownlee
　ブラウンリー**
　ブロウンリー
Brownless
　ブラウンレス
Brownley
　ブラウンリー
Brownlie ブラウンリー
Brownlow
　ブラウンロー
　ブラウンロウ
Brownmiller
　ブラウンミラー*
Brownrigg
　ブラウンリッグ
Brownscombe
　ブラウンスコム
Brownson
　ブラウンスン
　ブラウンソン*
Brownstein
　ブラウンスタイン*
　ブラウンスティン**
Brownstone
　ブラウンストーン
Brown Trafton
　ブラウントラフトン
Brown-Trafton
　ブラウントラフトン
Browse ブラウズ
Brox ブロックス*
Broxton ブロクストン
Broyard
　ブロイヤード
　ブロヤード
Broyd ブロイド
Broyelle ブロイエル
Broyles ブロイルズ
Broz ブロズ*
Brozas ブロサス
Broze ブローズ
Brozek ブロゼック

Brozman
　ブロズマン*
　ブロッズマン
Brozovic
　ブロゾヴィッチ
Brtitton ブリットン
Brtan pa テンパ
Brtson 'grus
　ツンドゥー
Brtson 'grus
　ツォンドゥ
Bru
　ブリュ
　ブルー
Bruant ブリュアン*
Brubacher
　ブルーバッハー
　ブルバッハー
Brubaker
　ブルーベイカー*
　ブルベイカー*
　ブルベーカー
Brubeck
　ブルーベック*
Brucan ブルカン*
Bručan ブルチャン*
Bruccoli
　ブラッコリ
　ブルッコリ*
Bruce
　ブライス
　ブリュース*
　ブリュス
　ブルース***
　ブルーズ
　ブルス*
　ブルセ
　ブルュース
Brucer ブルーサー*
Bruch
　ブラッチ
　ブルック
　ブルッフ**
　ブルーフ
Bruchac
　ブルチャック*
Bruchak ブルチャク
Bruche ブリュヘ
Brücher
　ブリュッヒャー*
Brüchert ブルヘルト
Bruchey ブルシェイ
Bruchfeld
　ブルッフフェルド*
Bruchman
　ブラックマン
Bruchmuller
　ブルフ・ミュラー
Brucie ブルーシー
Bruck
　ブラック
　ブリュック
　ブルック*
Brück ブリュック
Bruckberger
　ブリュックベルジェ
Brückberger
　ブルックベルジェ

Brücke ブリュッケ
Brucken ブルッケン
Brucker
　ブラッカー*
　ブリュッケル
　ブルッカー
Bruckhardt
　ブルクハルト
Bruckheimer
　ブラックハイマー**
　ブラックハイマー
Bruckman
　ブルックマン
Bruckner
　ブリュックナー
　ブリュックネール*
　ブルックナー***
　ブルックネル
　ブルュックネール
Brückner
　ブリュックナー*
　ブルックナー*
Brucks ブルック
Brudenell
　ブードネル
Bruder ブルーダー
Brüderle ブリューデレ
Brudick バーディック
Brudieu
　ブリディユ
　ブリデュー
Brue ブルー
Bruechenhein
　ブルチェンハイム
Bruecker ブレッカー*
Brueckner
　ブリュックナー*
Bruegel
　ブリューゲル*
　ブリューヘル
Brueggeman
　ブルーグマン
Brueggemann
　ブリュッゲマン
　ブルーグマン
　ブルッグマン
　ブルッゲマン
Brueggen
　ブリュッヘン
Brueghel
　ブリウゲル
　ブリューゲル*
　ブリューヘル
Bruehl ブルーエル**
Bruel ブリュエル*
Bruen
　ブルーウン**
　ブルーエン*
Bruenig ブルーニッヒ
Bruer ブルーアー
Bruera ブレラ
Brueton ブルートン
Bruevich
　ブルエーヴィチ
Brueys ブリュエス
Bruffy ブルフィー
Bruford
　ブラフォード*

ブリュフォード
　ブルーフォード*
Brugada ブルガダ
Brugeilles
　ブリュジェイユ
Brügelmann
　ブリュゲルマン
Brugère
　ブリュジェール
　ブルゲール
　ブルジェール
Bruges
　ブリュージェ
　ブリュージュ
　ブリュッヘ
Brugge ブリュッヘ
Brügge ブリュッゲ
Bruggeman
　ブラッグマン
Brüggemann
　ブリュッグマン
　ブリュッゲマン
Brüggemeier
　ブリュックゲマイアー
Bruggen
　ブルーゲン
　ブルッヘン
Brüggen
　ブリュッヘン**
Bruggenwert
　ブルッケンベルト
Brugger
　ブルガー*
　ブルッガー
Bruggmann
　ブルグマン
　ブルックマン
Brugha ブルハ
Brugière
　ブリュジエール
Brugman
　ブラグマン
　ブルグマン
Brugmann
　ブルークマン
　ブルーグマン
　ブルクマン
　ブルグマン
　ブルッグマン
Brügmann
　ブルークマン
Brugnami ブルグナミ
Brugnetti
　ブルニェッティ*
Brugnoli ブルニョーリ
Brugnon ブルニョン
Brugognone
　ブルゴニョーネ
Brugos ブリュゴス
Brugsch ブルークシュ
Bruguera
　ブルゲーラ
　ブルゲラ*
Bruguière
　ブリュギエール*
Bruhat ブリュア*
Bruhin ブルーイン

Bruhl
ブリュール*
ブリュル*
ブルール
ブリュル
ブルール
Brühl
ブリュウ
ブリュール**
Brühl Day
ブリューデイ
Brühlmann
ブリュールマン*
Bruhn
ブルーン
ブルン*
Bruhns
ブルーンス*
ブルンス
Bruice ブルース
Bruil ブロイル
Bruillard
ブリュイヤール
Bruin
ブルーイン
ブルイン
Bruïne ブルイネ
Bruins ブルーインズ
Bruinsma ブルースマ
Bruiser ブルーザー*
Brukhardt
ブルクハルト
Brukner
ブルクナー
ブルクネル
ブルックナー
Brul ブラル
Brule
ブリュレ
ブルール
Brulé
ブリュレ
ブルール
Brûlé
ブリューレ*
ブリュレ*
Bruletova ブロレトワ
Bruley ブリュレ
Brull
ブラル
ブリュル
Brüll
ブリュール
ブリュル*
Bruller ブリュレル
Bruls ブリュル
Brum ブルム
Bruma ブルマ
Brumachon
ブルマション
Brumagne ブルマン
Brumback
ブルンバック*
Brumbaugh
ブランボー
Brumberg
ブルムバーグ

Brumby
ブランビー
ブルムビー
Brume ブルーメ
Brumel
ブリューメル
ブリュメル
ブルメリ*
ブルメル
Brumfit
ブラムフィット
Brumfitt
ブラムフィット
Brumlik
ブルームリク
ブルームリック*
Brumm ブラム*
Brummel ブルメル
Brummell
ブラメル
ブランメル
Brummel-Smith
ブルメルスミス
Brummet ブラメット
Brummett ブルメット
Brummig ブルミッヒ*
Brumont ブリュモン
Brumpton
ブランプトン*
Brun
ブラン***
ブリューン
ブリュン
ブルン**
Bruna ブルーナ***
Brunache
ブリュナッシュ
Brunansky
ブラナンスキー
Brunat
ブリューナ
ブリュナー
Brunauer
ブラナウアー
Brunck ブランク
Brunckhorst
ブルンクホルスト
Brun-Cosme
ブランコム
Brundage
ブランデイジ*
ブランディッジ
ブランデージ*
Brundin ブルンディン
Brundle ブランドル*
Brundrett
ブランドレッド
Brundtland
ブルントラン
ブルントラント**
ブルントランド
Brune ブリュヌ
Brüne ブルーン
Bruneau ブリュノー*
Brunel
ブリュネル*
ブルーネル
ブルネル

Brunelin
ブリュヌラン
ブリュネラン
Brunella ブリュネッラ
Brunelleschi
ブリュネッレスキ
ブルネレスキ
ブルネレスコ
Brunelli
ブルネッリ
ブルネリ
Brunello
ブルネッロ
ブルネロ**
Bruner
ブルーナ
ブルーナー**
ブルナー*
Brunero ブルネロ
Brunet
ブリューネ
ブリュネ**
ブルネ*
ブルネー
ブルネット
Brunetière
ブリュヌチエール
ブリュヌティエール
ブリュンチュール
ブリュンチェール*
ブリュンティエール*
Brunetta ブルネッタ
Brunette ブルネット
Brunetti
ブルネッティ*
Brunetto
ブルネット
ブルネットー
Brunfels
ブルーンフェルス
ブルンフェルス
Brungardt
ブランガート
ブルンガート
Brunhammer
ブリュナメル
ブリュナメール
Brunhes
ブリューヌ
ブリュヌ
ブリューン
ブリュン
ブリュンヌ
Brunhilda
ブルンヒルダ
ブルンヒルデ
ブルンヒルト
Brunhilde
ブリュンヒルデ
ブルーンヒルデ
ブルンヒルデ
Brunhoff
ブリューノフ
ブリュノフ***
Bruni
ブルーニ**
ブルニ*
Brunier ブルニエ
Bruning
ブルーニング*

Brüning
ブリューニング*
Brunious ブルニアス
Brunis ブルニーズ
Brunius
ブリュニウ
ブルニウス
Brünjes
ブリューニェス
Brunk ブルンク
Brunkert ブルンケット
Brunkhorst
ブルンクホルスト
Brun-lie ブルンリー
Brunn ブルン*
Brunnberg
ブランバーグ
ブルンベリィ
Brunneer ブルンナー
Brunnemann
ブルネマン
ブルンネマン
Brunner
ブラナー**
ブランナー
ブルナー**
ブルンナー**
ブルンネル
Brunnermeier
ブルネルマイヤー
Brunnhuber
ブルンフーバー
Brunning
ブランニング
Brunnov
ブルーンノフ
ブルンノフ
Brunnstrom
ブルンストローム
Bruno
ブリューノ**
ブリュノ**
ブルーノ***
ブルーノー*
ブルノ*
ブルノー**
Brunold
ブリュノー
ブリュノール
Brunon ブリュノン
Brunonia ブルノニア*
Brunot
ブリュノ**
ブリュノー*
Brunovsky
ブルノフスキー
Brunoy ブリュノワ
Bruns
ブランズ**
ブルンシュ
ブルンス*
Brunschvicg
ブランシュヴィク
ブランシュヴィック*
ブランシュビク
ブランシュビック
Brunschvig
ブランシュヴィック

Brunschwicz
ブルーンシヴィツ
Brunschwig
ブルンシュウイク
ブルンシュウィッヒ
Brunsdon
ブルンスドン
Brunski ブランスキ
Brunskill ブランスキル
Brunsman
ブランスマン*
Brunson ブランソン*
Brunstäd
ブルンシュテート
Brunstein
ブランスタイン
Brunsveld
ブルンスベルト
Brunsvold
ブランスボルト
Brunswic
ブルンスウィック
Brunswick
ブランスウィック
ブランスヴィック
ブランズウィック
Brunswig
ブルンスヴィヒ
Brunswik
ブランズウィク
ブランスウィック
Brunt ブラント*
Brunton ブラントン*
Brunus ブルヌス
Brunvand
ブルンヴァン
ブルンバン
Brunzel ブルンツェル
Brus
ブルース
ブルス*
Brusa ブールザ
Brusasorci
ブルザソルチ
ブルザゾルチ
Brusatte
ブルサッテ
ブルサット
Brusaw ブルーソー
Brusca ブラスカ*
Bruscambille
ブリュスカンビユ
Bruscantini
ブルスカンティーニ*
Bruschi
ブルースキー*
ブルスキ
Bruschweiler
ブラッシュワイラー
Bruscia
ブルーシア
ブルシア*
Bruse
ブルース
ブルーズ
Brusén ブルセーン
Brusendorff
ブリュセンドルフ

B

Brusewitz ブルーセヴィッツ
Brush ブラッシュ**
Brushlinskii ブルシュリーンスキー
Brushtein ブルシティン
Brusík ブルシーク
Brusilov ブルシーロフ / ブルシロフ
Bruskotter ブラスコッター
Brusnikina ブロウスニキナ*
Bruson ブルソン / ブルゾン*
Brusoni ブルーソニ
Brusquetti ブルスケティ
Bruss ブラス*
Brussat ブラサット
Brusse ブリュッス / ブルース / ブルッセ
Brussel ブラッセル
Brussig ブルスィヒ**
Brussino ブルッシーノ
Brussolo ブリュソロ**
Brust ブラスト / ブルースト*
Brustad ブルースタ / ブルスタート
Brustolon ブルストロン
Brustowicz ブラストウィック
Brusveen ブルスベーン
Bruté ブルーテ
Brutil ブルティル
Bruto ブルート / ブルトゥス
Brutoco ブルトコ
Bruton ブラットン / ブルートン** / ブルトン
Brutsaert ブルツァールト
Brutskus ブルツクス
Bruttius ブルッティウス
Bruttmann ブリュットマン
Brutus ブリュテュス / ブルータス*** / ブルタス / ブルートゥス / ブルトゥス
Brutzkus ブルックス

Bruun ブルウン / ブルーン**
Bruvel ブルベール
Brüvenich ビュルヴェニヒ
Bruwal ブリュヴァル
Bruya ブルーヤ
Bruyck ブルイク
Bruyere ブリエール* / ブリュイエール
Bruyère ブリュイエール
Bruyéré ブリュイエエル / ブリュイエール / ブリュイエール / ブリュエル / ブルイエール
Bruyette ブリエット
Bruyn ブリュアン / ブリューン* / ブルーイン / ブルイン / ブロイン*
Bruyne ブライネ / ブリーン
Bruyneel ブリュニール
Bruyr ブリュイール
Bruzzese ブリュジーズ* / ブルッツェーゼ
Bruzzi ブルージ
Brüzzi ブルッツィ
Bruzzo ブルッソ
Bry ブライ / ブリ
Bryan ブライアン*** / ブライヤン / ブリアン*
Bryanchaninov ブリャンチャニーノフ
Bryant ブライアン / ブライアント*** / ブライヤント / ブリアント
Bryantsev ブリャンツェフ*
Bryar ブライアー
Bryars ブライアーズ / ブライヤーズ
Bryas ブリアス
Bryaxis ブリュアクシス
Bryce ブライス***
Bryceland ブライスランド
Brychkov ブリチコフ
Brychtová ブリフトヴァ
Brycz ブリッチ*

Bryden ブライデン*
Brydges ブリッジズ
Bryennios ブリエニウス / ブリエンニオス / ブリュエンニオス
Bryénnios ブリュエンニオス
Bryer ブライヤー*
Bryggare ブリュガレ
Bryggare och Nina ブリュガレニーナ
Bryggman ブリッグマン
Brygos ブリュゴス
Bryher ブライアー / ブライヤ / ブライヤー
Bryhn ブリン
Bryk ブリュック
Brykczynski ブラジンスキー*
Bryksenkova ブリクセンコヴァ
Bryleva ブリリョーワ
Brylinsky ブリリンスキー
Brylská ブリルスカ
Bryman ブライマン
Brymer ブライマー*
Brymner ブリムナー
Bryn ブライアン / ブライン / ブリン**
Bryna ブライナ
Brynden ブリンデン
Bryne バイアン / ブリン
Bryner ブライナー / ブレナー
Brynisfsson ブリニョウルフソン
Brynjolfsson ブラインジョルフソン* / ブリニョルフソン / ブリンヨルフソン
Brynjólfsson ブリニョウルフソン
Brynjulf ブリュンユルフ
Brynly ブラインリィ
Brynner ブリナー* / ブリンナー*
Bryon バイロン / ブライアン / ブライオン
Bryony ブライアニ / ブライオニー
Bryron バイロン

Bryson ブライスン / ブライソン**
Brysson ブリソン / ブリッスン
Brythe ブライズ
Bryukhankov ブリュハンコフ
Bryukhanov ブリュハノフ
Bryukhonenko ブリュホネンコ
Bryullov ブリューロフ / ブリューローフ / ブリュロフ
Bryusov ブリューソフ**
Brywczynski ブラインスキー
Bryze ブラッツェ
Bryzgina ブリズギナ
Brzák ブルザク
Brzechwa ブジェフヴァ / ブジェフバ** / ブジェフファ / ブジェーワ
Brzeska ブルゼスカ
Brzezinski ブジェジンスキ / ブジェジンスキー / ブジェツィンスキー / ブルゼジンスキー / ブレジンスキー*** / ブレンジンスキー
Brzezna ブレズナ
Brzinski ブレジンスキー*
Brzobohatý ブルゾボハティー
Brzostek ブジョステク / ブルツォシュテク
Brzostowski ブジョストフスキ* / ブジョストフスキー
Brzozowa ブジョズフ
Brzozowski ブジョゾフスキ
Bshad pa シェパ
Bsod nams ソナム
Bsod-nams シェナム / ソナム*
Bsod nams rin chen ソナムリンチェン
Bsod nams stobs rgyal ソナムブゲェ
BsTan 'dzin テンジン
Bstan-'dzin テンジン
Bstan-hdzin テンジン*
Bstan pa テンパ
Bstan-skyoń テンキョン
Btalla バタジャ*

バタリヤ
BTB ビーティービー
Btsan ツァン
Btson 'grus ツォンドゥ
Btsriukov ビリュコーフ
Bu ブ / ブ / ブー
Bū ブー
Bua ブア
Buaas ブオース
Buade ビュアド
Buades ブアデス
Buah ブア
Buainain ブアイネーン
Buakaw ブアカーオ
Bualong ブアロン
Buamaddo ブアマッド*
Bu-an ブアン
Buana ブアナ
Buari ブアリ
Buarque ブアルキ** / ブアルケ
Buassat Djonde バサトジョンデ
Buatsi バチ
Buazzelli ブアッツェッリ
Bub バブ
Buba ブバ
Bubacar ブバカル
Bubalo ブバロ
Bubat ブバット
Bubb バブ
Bubba バッバ* / ババ* / ブッパ / ボッパ
Bubber バッパー
Bubbles バブルス / バブルズ*
Bubeníček ブベニチェク*
Bubenko ブベンコ
Bubennov ブーベンノフ / ブベンーフ / ブベンノフ*
Buber ブーバー**
Buberwa ブベルワ
Bubka ブブカ*
Bublan ブブラン
Buble ブーブレ*
Bublitz バブリッツ
Bubna ブブナ
Bubner ブーブナー / ブブナー*

Bubnoff ブブノフ
ブブノフ
Bubnov ブブノフ*
Bubnova
　ブブノヴァ
　ブブノーワ
　ブブノワ*
Bubnovich
　ブブノビッチ
Bubnys ブブニース
Bubphar ブッパー
Bubumba ブブンバ
Bubunov ブブノフ
Buc ブク
Buca ブツァ
Bucala ブカラ
Bucan ブカーン
Bucannon ブキャノン
Bucanus ブカヌス
Bucar ブカール
Bucaram
　ブカラム*
　ブカラン
Bucardo ブカルド
Bucareli ブカレリ
Bucay ブカイ
Buccella
　ブッチェッラ
　ブッチェラ
Buccellato
　ブッチェラート
Bucchi ブッキ
Bucci
　ブッチ
　ブッチ*
Bucciarelli
　ブッチャレッリ
Buccleuch バックル
Bucco ブッコ
Buceatchi ブチャツキ
Bucer
　ブーツァー
　ブツァー
　ブッツァー
Bucerius
　ブツェリウス*
Buch
　バック
　バッシュ
　ビュック
　ブッシュ
　ブッフ*
　ブーフ
　ブフ
Buchan
　バカン***
　バッカン*
　バハン
　ブカン
　ブーチャン
Buchanan
　ビュカナン
　ビュキャナン
　ブカナン*
　ブキャナン***
Buchanon ブキャナン
Buchard
　ブシャール

ブヒァルド
Bucharoff ブハロフ
Buchbauer
　ブッフバウアー*
Buchberger
　ブーフベルガー
　ブフベルガー
Buchbinder
　バックバインダー
　ブッフビンダー*
　ブーフビンダー
Buchda ブッダ
Bucheister
　ブーハイスター
Buchel
　ビューヒェル
　ビュヘル
　ブッヘル
Büchel
　ビュッヒェル
　ビュヘル
Buchele ビュークリ
Büchele ビューヘル
Bücheler
　ビュッヘラー
　ビューヒェラー
　ビューヘラー
Buchell ブッヘル
Buchenau
　ブッヘナウ
　ブーヘナウ
Büchenbacher
　ビュッヘンバッハ
Buchenberger
　ブッヘンベルガー
　ブッヘンベルゲル
　ブーヘンベルガー
Buchenholz
　ブッチェンホルツ
Bucher
　バッチャー
　ビューカー
　ビュッチャー
　ビュッヒア
　ビュヒャー
　ブシェ
　ブッチャー
　ブッハー
　ブッヒャー
　ブーハー
　ブヒャー
Bücher
　ビュッヒアー
　ビュッヒヤー
　ビュッヒャー
　ビューハー
　ビュヒァー
　ビューヒャー
　ビュヒヤー
Bucherer
　ブッヘラー
　ブーヘラー
Buchet ビュシェ
Buchez
　ビュシェ
　ビュシェー
Buchfellner
　ブーフフェルナー
Buchhart
　ブッフハート

Buchheim
　ブフハイム
　ブフハイム**
Buchheit ブッフハイト
Buchhold
　バックホールド
Buchholtz
　バックホルツ
Buchholz
　バックホルツ**
　バッコルツ*
　ブックホルツ
　ブッフホルツ**
　ブフフォルツ
　ブーフホルツ*
Buchholzer
　ブーフホルツァー
Buchi
　ブーチ
　ブチ*
Büchel
　ビュッヒェル
　ビュヘル
Büchi
　ビュヒ
　ブチ
Buchignani
　ブッキグナーニ*
Buchinger ブヒンガー
Buchinski
　ブチンスキー
Büchlein
　ビューヒライン
Buchler ビュフラー
Buchli ブフリ
Buchloh
　ブークロー
　ブクロー
Buchman
　バックマン
　ブックマン*
Buchmann
　バックマン*
　ブックマン
　ブッフマン
　ブーフマン**
Büchmann
　ビューヒマン
Buchmayer ブフマイア
Buchner
　バックナー
　ビュッヒナー
　ブッフナー
　ブーフナー
　ブフナー**
Büchner
　ビュッヒナー
　ビューヒナー**
　ビュヒナー*
　ビューヒナァ
　ビューヒネル
　ビュヒネル
　ビューヒヤー
　ビュヒュナー
Bucholtz ブーホルツ
Bucholz ブヒョルツ
Buchot ビュショ
Buchowetzki
　ブコウェツキ
　ブホヴェッキー

Buc'hoz ビュショ
Buchrieser
　ブーフリーザー
Buchsbaum
　ブックスバウム
Buchser ブフサー
Bucht ブフト
Buchtel バケテル
Buchter バッター
Büchter ビュヒター
Buchthal バックサル
Buchwald
　バックウォルド***
　バックワルド
Buchwalt
　ブーフバルト*
　ブーフヴァルト
Buci
　ビュシ
　ブチ
　ブッチ
Buck
　バック***
　ブック
Buckby バックビー
Bucke バック*
Buckel
　バッケル
　ブッケル
Buckelew バクルー*
Buckell バッケル*
Buckels バックルス*
Bucken ビュッケン
Buckenberger
　バッケンバーガー
Bucker ビュッカー
Bücker
　ビュッカー*
　ブッカー
Buckeridge
　バカリッジ
　ビュカリッジ
Buckethead
　バケットヘッド
Buckett バケット
Buckham
　バッカム
　バックハム
Buckhorn
　バックホーン
Buckhout
　バックホート
Buckingham
　バキンガム
　バッキンガム**
Buckinghamshire
　バッキンガムシャー
Buckland
　バックランド**
Buckle
　バクル
　バックル*
　バックレー

　バックレー**
　バックレイ*
Bucklin バックリン
Buckman
　バックマン**
Buckmaster
　バクマスター
　バックマースタ
Buckmiller
　ブックミラー
Buckminster
　バックミンスター**
Buckner
　バークナー
　バクナー
　バックナー***
Buckoke バコーク
Bučkovski
　ブチカフスキ
Bucks バックス
Bucksbaum
　バックスボーム
Bucksey バックシー
Buckton バックトン
Buckwalter
　バックウォルター
Buckwheat
　バックウィート
Buckwitz
　ブックウィッツ
Buckworth
　バックワース
Bucky
　バッキー**
　ブッキー
Bucumi ブクミ
Bucur ブクル
Bucyanayandi
　ブチャナヤンディ
Buczacki ブチャツキ*
Buczek バチェック
Buczinski
　ブジンスキ
Buczkowski
　ブチコフスキ
Buczynski
　バッチンスキ
Bud
　バッド**
　バド***
Budaeus ブダエウス
Budagavi ブダガヴィ
Budan
　ブダン
　ブーダン
Budapest ブダペスト
Buday
　バディ
　ブダイ
Budberg ブドベルク
Budd
　バッド***
　バド**
　ブッド
Buddahadev
　ブッダデーヴ

Budde バッド / ブッデ*
Buddecke ブデッケ
Buddee バディー
Budden バッデン* / バドゥン
Buddenberg ブッデンベルク
Buddenbrock ブッデンブロック
Buddeus ブッデウス
Buddha ブッダ
Buddhabhadra ブッダバドラ / ブッダバッダラ
Buddhadasa ブッダーサ / ブッタタート
Buddhadāsa ブッダーサ*
Buddhadatta ブッダダッタ
Buddhadeb ブッダーデブ / ブッダデーブ / ブッドデブ
Buddhadeva ブーダデイヴァ / ブッダデーヴァ / ブッドデブ
Buddhaghosa ブッダ・ゴーサ / ブッダゴーサ / ブットン
Buddhaguhya ブッダグヒヤ / ブッダグフヤ
Buddhaketi ブッダケティ
Buddhapālita ブッダパーリタ
Buddhapitar ブッダピター
Buddharāja ブッダラージャ
Buddhasiṅha ブッダシンハ
Buddhaśrījñāna ブッダシュリージュニャーナ
Buddhi ブッディ
Budding バディング
Buddington バディントン
Buddy バディ*** / バディー*
Bude ビュード
Büdel ビューデル
Budelmann ブーデルマン
Budenholzer ブデンホルツァー
Budenny ブデンヌイ
Budenz ブデンツ
Buder ブーダー

Buderi ブーデリ*
Budge バッジ***/ ブッゲ
Budgell バッジェル
Budgen バッジェン
Budgett バジェット
Budhagupta ブッダグプタ
Budhasvāmin ブダスヴァーミン
Budhathoki ブダトキ
Budhiman ブディマン
Budhos ブドーズ
Budi ブディ**
Budiansky バディアンスキー / ブディアンスキー*
Budianta ブディアンタ
Budiardjo ブディアルジョ
Budikusuma ブディクスマ
Budiman ブディマン*
Budimir バディマー / ブディミール* / ブディミル
Budin ブディン
Budinger バディンジャー
Budington バディントン
Budinová ブディノヴァー
Budinsky バディンスキー
Budishchev ブディッシェフ
Budiu ブディウ
Budker ブドゥカー
Budkevich ブトケヴィチ
Budlong バドロング
Budnick バドニック
Budnik バドニック* / ブドニック
Budnitz バドニッツ**
Budoc ブドク
Budolin ブドリン
Budovskii ブドフスキー
Büdragchaagiin ブドラグチャーギン
Budragchagyn ブドラグチャーギン
Budraitis ブドライティス
Budras バドラス / ブドラス
Budrys バドリス*
Budsberg バドバーグ
Budson バドソン

Budtz ブッツ*
Budu ブドゥ
Buduma ブドゥマ
Budura ブドゥラ*
Budwig バドウィグ* / バドウィッグ
Budworth バドワース
Budyko ブディコ* / ブドゥイコ**
Budyonnyi ブジョーンヌイ / ブジョンヌイ
Budzanowski ブザノフスキ
Budziński ブジスキ
Bueche ビュッケ
Buechele ブーシェル
Buechler ビューチュラー / ブーシェラー* / ブシュラー
Buechner ビークナー* / ビュークナー / ブッヒュナー
Buechsel ビュッセル
Bueckner ビークナー / ビュークナー / ビュクナー
Buée ビュエ
Buehler ビューラー
Buehner ビーナー / ブエナー
Buehring ベーリング
Buehrle バーリー* / ビュール
Bueil ブイユ
Buell ビューエル* / ビュエル* / ブエル / ブューアル / ブエル
Buelow ビューロー
Buenaventura ブエナベントゥーラ / ブエナベントゥーラ
Buenaver ブエネイバー
Buencamino ブエンカミノ
Buendia ブエンディア
Buendía ブエンディーア
Buenet ビュルネ
Bueno ブエノ**
Buenz ベンツ
Buenzod ビュアンソ
Buergenthal バーゲンソール* / バーゲンソル

Buerger バーガー / ビュルガー
Buerk バーク / ブエルケ
Buero ブエロ**
Buers ビュルス
Buerschaper ビュアシャーパー
Bueschel ビューシェル
Buesst ビュスト
Buettner ビュイトナー / ブートナー*
Bufalino ブファリーノ**
Bufalo バファロ / ブファーロ / ブファロ
Bufanu ブファヌ
Buferd ビュフェール
Buff バフ** / ブフ
Buffa バッファ**
Buffalmacco ブッファルマッコ
Buffalo バッファロー**
Buffaloe バッファロー
Buffardin ビュファルダン
Buffarini ブッファリーニ
Buffault ビュフォー
Buffenoir ビュフノワール
Buffet バフェット* / ビュッフェ* / ビュフェ*
Buffetaut ビュフェトー
Buffet-Challié ビュッフェシャイエ
Buffett バフェット**
Buffie バフィー
Buffier ビュフィエ
Buffington バフィントン* / バフェットン / バフリントン
Buffinton バフィントン
Buffon ビュッフォン / ビュフォン / ブッフォン** / ブフォン
Buffone バフォン
Buffoni ブッフォーニ
Buffy バフィ / バフィー
Bufi ブフィ*
Bufithis ブフィジス

Bufnoir ビュフノアール / ビュフノワール
Buford ビューフォード* / ビュフォード** / ブフォード
Bufton バフトン
Bug バグ
Bugaev ブガーエフ
Bugaeva ブガーエヴァ / ブガエヴァ / ブガーエワ* / ブガエーワ
Bugai ブガーイ
Bugár ブガール
Bugarski ブガルスキー
Bugash ブガシュ
Bugatti ブガッティ
Bugatto ブガット
Bugawan ブガーワン
Bugbee バグビー
Bugeaud ビュジョ
Bugenhagen ブーゲンハーゲン
Bugental ブーゲンタール
Bugera ブゲラ
Bugg バグ* / ビュック
Bugge ブッゲ**
Buggeln バゲルン
Buggins バギンズ*
Bughici ブギッチ
Bughra ブグラ
Bugialli ブジャッリ
Bugiardini ブジャルディーニ
Bugin バギン
Buglass ビグラス / ビューグラス
Bugler バグラー
Buglio ブッリオ / ブーリオ / ブリオ
Buglioni ブリオーニ
Bugliosi バグリオーシ* / ビューグリオシー
Bugner バグナー
Bugnet ブグネ / ブニュエ
Bugnini ブニーニ
Bugnion ブニョン
Bugnle ブニュル
Bugnon ビニョン
Bugri ブグリ
Bugrimova ブグリーモヴァ

Buguet ビュゲ
Buguise バガイズ
Būh ブー
Buhan ブアン
Buhari ブハリ**
Būhīrid ブーヒルド
Buhl
　ビュエル
　ビュール
　ブール*
Buhle ビュール
Buhler
　ビューラー
　ブーラー*
Bühler ビューラー**
Buhlig ブーリク
Buhlman ブールマン
Bühlmann
　ビュールマン
　ブールマン
Buhlūl ブフルール
Bühnemann
　ビューネマン
Buhner ビューナー**
Buhot ビュオー
Buhpe ブフペ
Buhr
　ビュール
　ブーア
　ブール
Buhre ブーレ
Bührer
　ビューラー
　ブイ
Buḥturī
　ブフトゥリー
　ブフトリー
Buhtz ブーツ
Bui ブイ**
Bùi ブイ
Buialskyi ブヤルスキー
Buianov ブヤーノフ
Buica ブイカ
Buick
　ビュイック
　ブイック
Buijs ボイス
Buijsman ボイスマン
Buikevich
　ブイケビッチ
Buiko ブイコ
Buiks ブイクス
Builes ブイレス
Buin ビュアン
Buirge バージ
Buirski バースキー
Buis ビュイス
Buisan ブイサン
Buisman バウスマン**
Buisseret ビュイスレ
Buissink バイシンク
Buisson
　ビュイソン*
　ビュイッソン*

Buitelaar ビュイテラー
Buitendag
　ブイテンダーク
Buitenen バイトネン
Buiter ブイター
Buitrago ブイトラゴ*
Buja ブヤ
Bujar
　ブハール
　ブヤール*
　ブヤル
Bu-jin ブジン
Bujold
　ビジョルド**
　ビュジョルド*
　ブジョルド
Bujones
　ブフォネス
　ブホネス
Bujor ビュジョール**
Bujtýn ブイトール
Buju ブジュ
Buka ブーカ
Bukaev ブカエフ
Bukasa ブカサ
Bukele ブケレ
Bukem ブケム
Bukenya
　ブケニヤ
　ブケンヤ
Buker ブーカー
Büker ブッカー
Bukere ビュケレ
Bukh
　ブーク
　ブク
　ブック*
Bukhadhour
　ブハドール
Bukhalov ブカロフ
Bukharev
　ブーハレフ
　ブハレフ
Bukhari
　ブカーリ
　ブハーリー
Bukhāri ボハーリー
Bukhārī ブハーリー
Bukhārī ブハーリー
Bukharin
　ブハーリン*
　ブハリン
Bukhsh バクシュラ
Bukhtīshū'
　ブフティーシューア
Bukiet ビュキエ
Bukin
　ブーキン
　ブキン
Bukina ブキナ
Bukinich ブキーニッチ
Bukka ブッカ
Bukofzer ブコフツァー
Bukoshi ブコシ
Bukovac

　ブコヴァツ*
Bukovec
　ブコヴェック
　ブコベッチ
Bukovskii
　ブコフスキー*
Bukowiecki
　ブコウィツキ
Bukowska
　ブコウスカ
　ブコフスカ
Bukowski
　ブコウスキー**
　ブコースキ
　ブコフスキー
Bukreev ブークリーフ
Buksha ブクシャ
Bukshpan
　ブクシュパン
Bukstein ブクスタイン
Buksti ブクスティ
Bukureshtliev
　ブクレシトリーフ
Bukve ブークベー
Bul ブル
Bulag
　ブラク
　ボラグ
Bulaga ブラガ
Bulajic ブライッチ
Bulajich ブラジチ
Bulakov ブラコフ
Bulama ブラマ
Bulambo ブランボ
Būlān ブラン
Bulanauca ブラナウカ
Buland
　ビュラン
　ボランド
Bulanda ブランダ
Bulandra ブーランドラ
Bulane ブラネ
Bulanti ブランティ
Bularca ブラルカ
Bulard ビュラール
Bulat
　ブラート**
　ブラト
Bulatov ブラートフ*
Bulatović
　ブラトヴィチ*
　ブラトーヴィッチ
　ブラトーヴィッチ**
　ブラトービッチ
　ブラトビッチ*
　ブラトフ
Bülau ビューロー
Bulavin
　ブラーヴィン
　ブラービン
　ブラビン
Bulawayo ブラワヨ**
BulBul ブルブル
Bulcke ブルケ*
Bulcken バルケン
Buldakov ブルダコフ

Buldakova
　ブルダコーヴァ
　ブルダコワ
Bule
　ブーレ
　ブレ
Bulechek ブレチェク
Bulent ビュレント
Bülent
　ビューレント
　ビュレント**
Buley バーレイ
Bulfinch
　バルフィンチ
　ブルフィンチ*
Bulfon ブルフォン
Bulgak
　ブルガーク
　ブルガク*
Bulgakov
　ブルガーコフ**
　ブルガコフ
Bulgakova
　ブルガコーヴァ
Bulganin
　ブルガーニン*
Bulgarelli
　ブルガレッリ
　ブルガレリ
Bulgari ブルガリ*
Bulgarin ブルガーリン
Bulgarus ブルガルス
Bulger バルガー
Bulic ブリック
Bulifant バリファント
Buliga ブリガ
Buljević ブリェビッチ
Buljung バルジュン
Bulka ブルカ*
Bulkacz バルカッツ
Bulkan バルカン
Bulkeley
　バークレイ
　バルクリー*
　バルクレー
Bulkley
　バルクリ
　バルクリー
Bulkowski
　バルコウスキー
Bulkul ブンクン
Bull
　ブル*
　ブッル
　ブール
　ブル***
Bulla
　ブッラ
　ブラ*
Bullant ビュラン
Bullard
　バラード
　ブラード**

Bulle
　ビュレ
　ブーレ
　ブレ

Bullen
　バーレン
　ブーリン
　ブリン
　ブリン
　ブーレン
　ブレーン
　ブレン
Buller ブラー*
Bullet
　ビュレ
　ブレット
Bullett
　バレット
　ブリット
Bullhe ブッレー
Bullimore ブリモア
Bullinger
　ブッリンガー
　ブリンガー
　ブリンゲル
Bullington バリントン
Bullins ブリンズ*
Bullis ブリス
Bullitt ブリット
Bullivant
　ヴィーユヴァン
　ビーユバン
Bullmann ブルマン
Bullmore ブルモア*
Bulloch ブロック**
Bullock
　バロック*
　ブラク
　ブルロック
　ブロック***
Bullokar ブロウカー
Bullon ブロン
Bullough
　ブルー
　バロー
　ブーロー*
　ブロー
　ブロウ
Bullrich ブルリッチ
Bulluck ブラック
Bullwinkel
　ブルウィンケル
Bulmahn
　バルマーン
　バルマン
　ブルマーン
Bulman
　バルマン
　ブルマン
Bulmer バルマー*
Bulnes ブルネス
Bulock ブロック
Buloff ブロフ
Bulosan ブロサン*
Bulow
　ビューロ*
　ビューロー*
　ブュロウ
Bülow
　ビューロ
　ビューロー*
　ビュロー

ビューロウ
Bulpitt ブルピット
Bulstrode バルストロード
Bulteel ブルティール
Bulthaupt ブルトハウプト
Bultmann ブルトマン*
Bulūkbāshī ボルークバーシー
Bulupiy ブルピー
Bulusu ブルス*
Bulut ブルト
Bulva ブルヴァ
Bulwer
　ヴルウェー
　ブルヴァー
　ブルワ
　ブルワー*
Bulygin
　ブルイギン
　ブルイギン
Bulygina ブルイギナ
Bum ボム*
Buma ブーマ
Bumacov ブマコフ
Bumaya ブマヤ
Bumba ブンバ
Bumbali ビュバリー
Bumbalo ビュバロー
Bumblauskas
　ブンブラウスカス
Bumbry バンブリー*
Bumçi ブンチ
Bumgardner
　バンガードナー
Bumgarner
　バムガーナー*
Bumgartner
　ビュガートナー
Bum-ho ボムホ
Bumiller
　ビューミラー
　ビュミラー
Bumin ブミン
Bumke ブムケ*
Bum-keun ボムグン
Bumm バム
Bummerstaedt
　ブマーシュテート
Bum-myung
　ボムミョン
Bump バンプ
Bumpass バンパス*
Bumper バンパー
Bumpers
　バンパース
　バンパーズ*
Bumps バンプス
Bumpus
　バンパス*
　バンプス*
Bum-shin ボムシン
Bum-soe ボムソ

Bumstead
　バムステッド*
　バムステッド
Bum-suk ボムソク
Bun
　バーニー*
　バン
　ブン*
Bunam ブナム
Bunanta ブナンタ
Bunau ビュノー
Bun B バンビー
Bunce バンス**
Bunch バンチ**
Bunche バンチ
Buncher バンチャー
Bun Chhay ブンチャイ
Bunchhay ブンチャイ
Bunchuu ブンチュー
Buncombe
　バックストン
Bundār ブンダール
Bündchen ブンチェン
Bunde
　バンディ
　ブンデ
　ブンド
Bundegaard ブンゴー
Bünderlin
　ビュンダリーン
Bunderson
　バンダーソン
Bundhoo
　バンドゥー
　ブンドゥ
Bundini バンディーニ
Bundo ブンド
Bundock バンドック
Bundrage
　バンドレイジ
Bundrant
　バンドラント
Bundsgaard ブンゴー
Bundy
　バンディ**
　バンディー
Bune ブーネ
Bunel
　ビュネル
　ブネル
Buneman ブネマン
Bungaran ブンガラン
Bungay バンゲイ
Bunge
　バンジ
　ブーンゲ*
　ブンゲ
Bungei ブンゲイ**
Bungener
　バンジェナー
Bungert
　ブンガート
　ブンゲルト
Bungey バンギ
Bun Heng ブンヘーン
Bunhui ブンヒ

Buniakovskii
　ブニャコフスキー
Bunin
　ブウニン
　ブーニン***
Buning ビューニング
Bunjaki ブニャキ
Bunjevcevic
　ブニェブチェビッチ
Bunk
　バンク
　ブンク
Bunka ブンカ
Bunkasem ブンカセン
Bunke ブンケ
Bunker バンカー***
Bunkhachorn
　ブンカチョーン
Bunlakun
　ブーンラクン
Bunlet ビュンレ
Bunmi ブンミ
Bunn バン*
Bunnag
　バナッグ
　ブンナーク
Bunnage バンエイジ
Bunnak ブンナーク
Bunnell ブネル*
Bunner バナー
Bunni ブンニ
Bunnie バニー
Bunning バニング**
Bünning
　ビュニング
　ビュンニング*
Bunny バニー***
Bunoan ブノアン
Bunratat ブンラタット
Bunsen
　バンスン
　ブンセン
　ブンゼン
Bunshaft バンシャフト
Bunsithi ブンシット
Bunson
　バンソン*
　ブンスン
Bunsong ブンソン
Bunster
　バンスター
　ブンステル
　ブンステル
Bunsuk ブンサック
Bunt バント
Bunte ビュンテ
Bunthawi
　ブンタウィー
　ブンタヴィー
　ブンタビー
Buntic ブンティッチ
Buntin バンティン
Bunting
　バンチング
　バンティング***
　バンディング

Bünting
　ビュンティング
Bunton バントン
Bunty バンティ**
Bunu ブーヌー
Bunuel ビニュエル
Buñuel ビニュエル**
Bunwaree ブンワリ
Bunyamin ブニャミン
Bunyan
　バニアン*
　バニャン*
　バニヤン*
　バンヤン*
　バンヨン
Bunyaśiri ブンヤシリ
Bunye ブニエ
Bunyoni ブニョニ
Bunzel ブンツェル
Buøen ブエーン
Buol
　ビュール
　ブオール
Buon
　ブオン
　ボン
Buonaccorsi
　ブオナッコルシ
Buonaccorso
　ブオナッコルソ
Buonaiuti
　ブオナユーティ
Buonaiuto
　ブオナイウート
Buonamente
　ブオナメンテ
Buonamici
　ブオナミーチ
Buonamico
　ブオナミーコ
Buonaparte
　ボナパルト
Buonarroti
　ブオナオーティ
　ブオナッローティ
　ブオナルローティ
　ブオナロッチ
　ブオナロッテ
　ブオナロッティ
　ブオナローティ
　ブオナローティ
Buonassisi
　ブオナッシージ
　ブオナッシージ*
Buonaventura
　ブオナヴェントゥーラ
Buonconsiglio
　ブオンコンシーリオ
Buonconte
　ブオンコンテ
Buoncristiano
　ブオンクリスチアーノ
Buonfere ブオンフェレ
Buongiorno
　ボンジョルノ

Buoninsegna
　ブオニンセーニャ
　ブオニンセーニャ
Buono
　ブオーノ**
　ブオノ*
Buonocore ボノコレ
Buonomano
　ブオノマーノ
Buontalenti
　ブオンタレンティ
　ブオンタレンティ
Buonvicino
　ブオンヴィチーノ
Buot ビュオ
Buppha ボパ
Buqa ブカ
Bu-qing ブーチン
Buquet ビュケ
Buquoy ブコイ
Bur
　ブール
　ブル
Buraas ブロース*
Burack ブウラック
Burak ブラーク
Burāk ブラーク
Burakov ブラコフ
Burale ブラレ
Burali ブラリ*
Burall ビュロール
Burama ブラマ
Buran ブラン
Būrān ブーラーン
Buranaprasertsuk
　ブラナプラサラッス
Buranasilpin
　ブラナシルピン
Buranelli
　ブラネッリ
　ブラネリ
Burapha ブーラパー*
Burāq ブラーク
Buras ブラス
Burati ブラッティ
Buraves ブラーブス
Buraykān
　ブライカーン
Burba バーバ
Burbach バーバック
Burbage
　バーベージ
　バーベジ
　バーベッジ
Burbank バーバンク*
Burberry バーバリー
Burbidge
　バービジ
　バービッジ**
Burbridge
　バーブリッジ
Burbulis ブルブリス**
Burbulla バーバラ
Burby バービー
Burcea ブルチャ

Burcell バーセル**	Burdick バーディック**	Burger バージョ	Burhānu'd-Dīn ブルハーヌッ・ディーン
Burch バーチ**	Burdin ビュルダン	バーガー**	Burgis バージェス	Burhop バーホップ
Burcham バーチャム	Burdis バーディス	バージャー ビュルガー*	バージズ	Buri ブーリ
Burchard バーチャード* ブルヒャルト*	Burdisso ブルディッソ	ブルガー*** ブルゲル	Burgk ブルク	Būri ブーリ
Burchardi ブールハルディ	Burdock バードック	ブルジェ	Burgkmair ブルクマイア	Būrī ブーリー
Burchardus ブルカルドゥス	Burdon バートン バードン**	ベルガー	ブルクマイアー ブルクマイヤー	Buriam ブリアン
Burchell バーチェル*	Burdsall バードソル	Bürger ビュールガー ビュルガ	ブルクマイル	Burian ブリアン** ブリヤン
Burchenal バーチナル**	Bure ビュウ	ビュルガー* ビュルゲル	Burgman バーグマン	Buriash ブリアシュ
Burchett バーチェット**	ビュール ブレ*	Burgermeister ブルゲルマイスター	Burgmann バーグマン	Burick ビュリック
Burchfield バーチフィールド*	Bureau ビューロー ビュロー	Bürger-Prinz ビュルガープリンツ	Burgmeier バーグマイアー	Buridan ビュリダン ブリダーヌス
Burchielli ブルチエリ	Burebista ブレビスタ	Burgers バーガース	Burgmer バーグマー	ブリダヌス ブリダン
Burchiello ブルキエッロ ブルキエロ	Buregren ブーレグレーン	バーガーズ ビュルヘルス	Burgmuller ブルクミュラー ブルグミュラー	Buridanus ブリダヌス*
Burchietti ブルキエッティ	Bureh ブレー	Burges バージェス	Burgmüller ブルクミュラー	Burik ブリク ブリック
Burchill バーチル	Burell バレル ブレイ	バージェズ バージズ	ブルグミュラー	Burillo ブリジョ
Bürchler バーヒラー	Bureme ブレム	Burgess バージス	Burgo バーゴ ブルゴ	Bürinbeki ブリンベキ
Burchuladze ブリチュラーゼ	Buren バーレン ビュラン*	バーゲス バージェス***	Burgoa ブルゴア	Burincă ブルニカ
Burcica ブルチカ*	ビューレン* ビュレン*	バージェズ バージェンス	Burgon バーゴン	Buring ビュリング
Burcică ブルチカ	ビュレンヌ*	バージス バーゼス	Burgos バーゴス ブルゴス**	Buringh ブーリング
Burck バーク* ブルク	Burenhult ブレンフルト	バルジェス バルジェス	ブルゴズ	Burington バーリントン
Burckard ブルカルト	Burenina ブレニナ	バルジェズ バルゲス	Burgoyne バーゴイン* バゴーイン	Burislav ブリスラヴ
Bürckel ビュルケル	Burensain ブレンサイン	Burgevine バージヴァイン	ブルグワーネ	Burity ブリティ
Burckhalter ブルックハルター	Bures ビュレス プレシュ	バージェヴィン バージェビン	Burgred ブルグレッド	Bürja ビュルジャ
Burckhard ブルクハルト	ブレス	Burggraeve ビュルグヒュラーヴ	Burgsdorff ブルグスドルフ	Burjanadze ブルジャナゼ*
Burckhardt ブルクハルト** ブルックハルト	Bureš プレシュ	Burgh バー バーグ**	Burgstaller ブルクシュタラー ブルクスタラー	Burk バーク* ブルク
Burckle バークル	Buresh ブレッシュ	ブルフ	Burgui ブルギ	Burka ブルカ*
Burczynski ブルチンスキー	Buret ビューレ	Burghard ブルクハルト**	Burguiére ビュルギエール	Burkamp ブルカンプ
Burd バード* ブルド	Buretta ブレッタ	Burgheind バーフェインド	Burguière ビュルギエール*	Burkard バーカード ブルカルト*
Burdach ブールダッハ ブールダハ	Burette ビュレット	Burfict パーフィクト	Burguillos ブルギリョス	Burkart ブルカルト*
ブルダハ	Burfeind バーフェインド	Burford バーフォード*	Burgundio ブルグンディオ	Burkc バーク
Burde バーデ	Burfict パーフィクト	Burg バーグ ブルク*	Burgundofara ブルグンドファラ	Burke バーク*** バーグ
Burdeau ビュルドー	Burford バーフォード*	ブルグ	Burgwinkel ブルクウィンケル	バック ブルケ
Burdekin バーデキン	Burg バーグ ブルク*	Bürg ビュルグ	ブルクヴィンケル	ボルク
Burden バーデン*** バードン	ブルグ	Burgard バーガード	Burgwyn バーグウィン	Burke-Gaffney バークガフニ
Burdenko ブルデーンコ ブルデンコ*	Burgat ビュルガ	Burgat ビュルガ	Burgy ビュルギ	Burkeman バークマン
Burder バーダー	Burge バーグ バージュ	Burghausen ブルクハウゼン ブルグハウゼン	Burhan ブルハン*	Burkenya ブルケニヤ
Burdet バーデット	Bürge ビュルゲ ブルゲ	Burghauser ブルクハウザー	Burhān ブルハーン	Burker バーカー
Burdett バーデット**	Burgelin ビュルジュラン	Burghes バージェス	Burhān al-Dīn ブルハーヌッディーン	Burkert バーカート* ブリケルト
Burdette バーデット*	Burgelman バーゲルマン*	Burghley バーリー	Burhaneddin ブルハネッティン	ブルケルト**
Burdge バージ	Burgener バーゲナー	Burghoff バーグホフ	ブルハネッティン	Burket バーケット
Burdi バーディ		Bürgi ビュルギ	Burhanuddin ブルハーヌッディーン	Burkett バーケット** バケット**
		Burgin バーギン** バージン	ブルハヌッディーン ブルハヌディン**	Burkhalter バークハルター
		Burgio バージョ		ブルカルテル*

Burkhanov ブルハーノヴ	Burlingame バーリンガム バーリンゲイム バーリンゲーム*	Burnford バーンフォード* バンフォード**	Burrel バレル*	Bursik バーシック	
Burkhard ブルクハート ブルクハルト***		Burnham バーナム*** バーンハム ベーナム	Burrell バール バーレル バレル**	Bursk バースク	
	Burlingas ブルリンガス			Bursley バースリー	
	Burlingham バーリンガム バーリングハム		Burreson バーレサン	Burson バーソン*	
Burkhardt バーカート ブルクハルト*			Burrhus バーラス バラス*	Bursov ブールソフ	
		Burnic ブルニッチ		Burst バースト ブルスト	
Burkhart バークハート ブルクハルト	Burlington バーリントン	Burnie バーニー バーニィ	Burri ブッリ* ブーリ ブリ		
				Burstein バースタイン*	
Burkhead バークヘッド	Burliuk ブルリューク* ブルリュック	Burnier ビュルニエ ビュルニエール ブルニエ		Bursten バーステン	
Burkholder バークホルダー**	Burlon ブロン*		Burridge バリッジ ブリッジ	Burstin ブルスティン	
	Burloud ビュルルー	Burning バーニング		Burstiner バースティナー	
Burkholz バークホルツ*	Burlyaev ブルリャーイェヴ ブルリャーエフ	Burningham バーニンガム** バーニングガム	Burrill バーリル バリル ブリル	Burston バーストン	
Burki バーキ ビュルキ ビュルキー				Burstone バーストン	
				Burström ブルストレーム	
	Burlyuk ブルリューク	Burnite バーナイト			
Bürki ビュルキ ブルキ	Burma ビュルマ	Burnitz バーニッツ*	Burrin バーリン ビューラン	Burstyn バースティン** ブルスチイン ブルステイン	
	Burman バーマン** バルマン ビュルマン ブルマン	Burnley バーンリイ			
Burkill バーキル		Burno ブルーノ*			
Burkinshaw バーキンショー		Burnouf ビュルヌーフ ビュルヌフ	Burrini ブッリーニ	Burt バート***	
			Burris バリス ビューリス ブリス	Burtan バータン	
Burkitt バーキット**	Burmeister バーマイスター ブルマイスター ブルメイステル ブルメスター			Burtchin ブルチン	
Burkle バークル				Burte ブルテ	
Burkleo バークレオ*		Burns バアンス バアンズ バーンス バーンズ***	Burritt バーリット バリット	Burthogge バーソッグ	
Burkli ビュールクリ				Burti ブルチ	
Burklow バークロウ				Burtin ブルティン	
Bürkner バークナー	Burmester バーメスター ビューアメスター ブルメスター	Burnside バーンサイド**	Burrluck ビューラック	Burtnick バートニック	
Burkov ブルコヴ ブルコフ		Burnsilver バーンシルバー	Burro ブロ	Burtoft バートフ	
		Burnstein バーンシュタイン	Burrough バーロー* バロー* バロウ**	Burton バァートン バート バートン*** バルトン* ブルトン	
	Burn バーン***	Burnstock バーンストック			
Burks バークス**	Burna ブルナ				
Burkus バーカス	Burnaburiash ブルナ・ブリアシュ ブルナブリアシュ	Burny バーニー**	Burroughes バロウズ		
Burl バール**		Burnyeat バーニアット	Burroughs バアロー バロウズ** バローズ バロース バローズ***	Burtscher バーチャー	
Burla バーラ ブルラ	Burnaby バーナビー	Burokevičius ブロキャビチュス		Burtsev ブールツェフ ブルツェフ	
	Burnacini ブルナチーニ	Burokyavichus ブロキャビチュス			
	Burnam バーナム			Burtt バート*	
Burlak ブルラーク	Burnap バーナップ	Buron ビュロン* ブルオン ブロン		Burty バーティー ビュルティ	
Burlamaqui ビュルラマキ	Burnard バーナード				
Burland バーランド*	Burne バーン*				
Burlatskii ブルラツキー* ブルラーツキイ	Burnell バーネル***			Burtynsky バーティンスキー*	
	Burner バーナー	Buroughs バロウズ	Burrowes バロウズ バローズ*		
	Burnes バーンズ*	Burov ブーロフ ブロフ		Buruk ブルク	
Burlatsky ブルラツキー	Burness バーネス			Buruma ビュルマ ブルマ*	
Burlaud バーラウド	Burnet バアネット バーネット** ビュルネ	Burpo バーポ	Burrow バロー* バロウ		
Burle ブールレ		Bürqība ブルギーバ ブルギバ			
Burleigh バーリー*				Buruno ブルーノ* ブルノ	
Burles ビュルル			Burrowes バロウズ バローズ*		
Burleson バーリスン バールスン バールソン* バーレソン	Burnett ヴァーネット バアネット バーネット*** パネット	Burr バー** バール* バル ブール			
			Burrows バロウズ* バローズ バロース バローズ***	Burutel ブリュテル	
				Burwash バーウォッシュ	
			Burrton バートン	Burwell バーウェル*	
Burlet ビュルレ	Burnette バーネット*	Burra バラ	Burrus バラス** ビュリュス ブッルス ブルス	Burwer ブルワー	
Burley バーリ バーリー** バーレー* バーレイ	Burney バーニ バーニー* ビュルネ ビュルネー	Burrage バリッジ バレイジ*		Bury バーリー バリー ビュアリ ビュアリ ビュアリー ビューリー ビュリ**	
		Burrall バロル	Burruss バラス*		
		Burrau ブラウ	Burry バリー		
			Bursali ブルサル		
Burling バーリング**	Burnfield バーンフィールド		Bursche ブルシェ		
			Burse バース		
			Bursian ブルジアン		

Burya ブリヤ	Buschkötter ブッシュケッター	Būshnāq ブシュナク	Bussche ブッシェ	Bustin バスティン	
Buryaile ブルジャイレ	Buschkuehl ブッシュクール	Bushnell ブシネル	Busscher ビュッシェ	Bustini ブスティーニ	
Burzan ブルザン	Buschman ブッシュマン	ブッシュネル** ブッシュネル**	Busse ブッセ***	Bustinza ブスティンサ	
Burzelius ブルツェリウス	Buschmann ブッシュマン*	Bushong ブショング	Bussel バッセル	Busto ブスト	
Burzin バージン	Buschner ブッシュナー	Bushra ブシュラー	Büssel ビュッセル	Bu-ston ブトゥン ブトン	
Burzio ブルツィオ	Buschor ブショール	Bushrod バシュロッド	Bussell バッセル*	Bustorff ブストルフ	
Burzōē ブルゾーエー	ブショー ブーショル	Bushuk ブシュック	Bussemaker ブッセマーカー	Bustos ブストス*	
Bus バス ビュス	Buschschulte ブシュシュルテ	Bushunow ブッシュナウ	Bussemer ブッセマー	Bustric ブストリック	
Busà ブーザ	Busck バスク	Bushura ブシュラ	Büssenbach ビュッセンバッハ	Bustros ビューストロス	
Busacker バサッカー	Busconi ブスコニ	Bushuyev ブッシェフ	Busser ビュセール ビュッセール	Bu-sung ブソン	
Busaidi ブサイディ	Busdriver バスドライヴァー	Bushway ブッシュウェイ	ビュッセル*	Busurmankul ブスルマンクル	
Busaidiyah ブサイディヤ	Buse ビュゼ	Busi ブージ	Büsser ビュッサー	Busuttil バスティーユ	
Busairi ブセイリ	ブセ ブッセ	Busia ブジア	Bussereau ビュスロー	Buswell バスウェル	
Busath バサス	Busemann ビュースマン	Busiek ブジーク ビュシーク	Busset ビュッセ	Buszko バスツコ	
Busbecq ビュスベク ビュズベク	ブーゼマン*	Busienei ブシエネイ	Bussey バッセイ	Buszynski ブシンスキー	
Busby バスビー* バズビ バズビー** ブスビイ	Busenaz ブセナズ	Büsing バス	Bussgang バスギャング	But ビュ ブット	
	Busenbaum ブーゼンバウム	Busingye ブシンゲ	Bussi ビュッシ** ブッシ	Buta ブタ	
	Busenello ブゼネッロ ブゼネッロ	Busiri ブーズィーリー ブスィーリー	Bussières ビュスィエーレ	Butah バター	
	Busenlechner ブゼンルクナー	Būsiris ブシリス	Bussine ビュシーヌ	Butale ブタレ	
Busca ブスカ	Buser バザー ビュザー ブーザー	Busk バスク*	Bussler ブスラー	Butalia ブターリア* ブタリアー	
Buscaglia バスカーリア バスカリア* ブスカーリア* ブスカリア		Busken ビュスケン ブスケン	Bussmann バスマン ブスマン	Butany ビュタニー	
	Busetto ブゼット	Buskens ビュスケンス	Bussolati ブッソラーティ* ブッソラティ	Butaru ブタル	
	Busey バズィー ビジー* ビューシー	Buskermolen ブスケルモレン	Bussoletti バッソレッティ	Butch バッチ ブッチ***	
Buscema ビュッセマ*		Buskirk バスカーク ブスカーク* ブスクァーク	Busson ビュッソン ブッソン	Butchart ブッチャート	
Buscemi ブシェーミ ブシェミ*		Buslaev ブスラーエフ	Bussotti ブッソッティ* ブッソッティ*	Butcher ブチャー* ブッチャー***	
Busch ブッシュ*** ブッシュ	Bush ブッシュ***	Büsleh ブッシュ	Bussy ビュシ ビュシー* ブッシ ブッシー	Butdee ブットディー	
Büsch ビュッシュ ブッシュ	Busha ブッシャ	Buslenko ブスレンコ	Busta バスタ ブスタ	Bute ビュート*	
Buscha ブッシャ*	Būshanjī ブーシャンジー	Buslovych ブスロビッチ	Bustad ビュースタッド	Buteau ブトー	
Buschan ブーシャン ブシャン	Busḥaq イスハーク	Busnari ブスナリ	Bustamante ブスタマンテ**	Butel ビュッテル ビュテ* ビュテル	
Busche ブッシェ*	Bushara ブシャラ	Busnois ビュノア ビュノワ	Bustanai ブスタナイ ブスタニ	Butelle ビュテル ブテル	
Buschendorf ブッシェンドルフ	Bushati ブシャティ	Busolt ブーゾルト ブゾルト	Bustani ブスタニ	Butenandt ブーテナント* ブテナント	
Buschete ブシェート ブスケート	Bushbarak ブシュバラク	Busoni ブゾーニ ブゾーニ*	Bustānī ブスターニー	Butenhof ビュテンホフ	
Buschetto ブシェット	Bushe ブーシェ ブッシュ	Busquests ブスケツ	Bustelli ブステッリ ブステリ	Butenko ブテンコ*	
Büschgen ビュシュゲン	Bushee ブッシー	Busquets ブスケツ	Buster バスター** ブスター	Buteo ブテオ	
Buschhoff ブッシュホフ	Bushell ブッシェル**	Buss バス*** ブス	Bustetter バステッター	Butera ビューテラ	
Buschi ブッチ	Busherbak ブシェルバク	Buß ブース ブス	Busti ブスティ	Buterne ビュテルヌ	
Busching ビュッシング	Bushing ビュッシング	Bussa ブッサ	Bustī ブスティー	Buthayna ブサイナ	
Büsching ビュッシング	Bushiri ブシリ	Bussadori ブッサドーリ ブッサドリ		Buthe ブテ	
Buschius ブッシェ	Bushkin ブシュキン* ブシュキン			Büthe ブーテェ	
	Bushman ブッシュマン			Buthelezi ブテレジ**	
	Bushnaq ブシュナク			Buths ブトゥス	
				Buti ブーティ	
				Buṭī ブティー	

B

Būṭī ブーティー
Butime ブティメ
Butinone ブティノーネ
Butkevičius
　ブトケビチュス
Butkov ブトコーフ
Butković ブトコビッチ
Butkovskii
　ブトコフスキー
Butkus バットカス
Buṭlān ブトラーン
Butland バトランド
Butler
　バター
　バットラー
　バットラア
　バトラ
　バトラー***
　バトラァ
　ブツル
Bütler ビュトラー
Butlerov
　ブートレーロフ
　ブートレロフ
　ブトレーロフ
　ブトレロフ
Butlor バトラー
Butman
　バットマン
　ブットマン*
Butor ビュトール***
Butore ブトレ
Butow ビュートー*
Butoyi ブトイ
Butrick バットリック
Butrus
　ブトルス
　ブトルスル
Buṭrus ブトルス
Butrym ブトゥリム
Butschkow
　ブチュコウ*
Bütschli
　ビュチュリー
　ビュッチュリ
Butsenko ブツェンコ
Butson バトソン*
Butt
　バット*
　ブット*
Buttaravoli
　バタラヴォリ
Büttcher ブッチャー
Butte ビュート**
Buttel
　バッテル
　バトル
Buttenfield
　バッテンフィールド
Buttenshaw
　バッテンショー
Butter バター**
Butterbean
　バタービーン
Butterfield
　バターフィールド***
　バタフィールド**

Butterfly
　バタフライ**
Butteri ブッテリ
Butterick バタリック
Butterklee
　バタークリー*
Buttertfield
　バターフィールド
Butterweck
　バターウェック
Butterwick
　バタウィック
Butterworth
　バターウォース
　バタウォース
　バターワース***
　バタワース**
　バターワーズ
　バタワーズ
　バタワス
　バトワース
Buttery バテリー
Buttfield
　バターフィールド
Butti ブッティ
Buttigieg
　ブダジェジ
　ブティジェッジ
Buttiglione
　ブティリオーネ
　ブティリョネ
Büttiker
　ビュッティカー*
Butting ブッティング
Buttlar バトラー
Buttle バトル**
Buttmann
　ブットマン*
Buttner ビュトナー
Büttner
　ビュットナー
　ビュトナー
Buttolph バトルフ
Button
　バットン*
　バトン***
Buttons バトンズ*
Buttram バットラム
Buttree ブットリー
Buttrick バトリック
Butts バッツ*
Buttstett
　ブットシュテット
Buttykay
　ブッティカイ
　ブティカイ
Butu ブトゥ
Butuzova ブツゾワ
Butwell バットウェル
Butyrskaya
　ブチルスカヤ
　ブッテルスカヤ*
Butz バッツ*
Butzbach
　ブッツバッハ
　ブッツパハ
　ブーツバハ

Butzen バッツェン
Butzow ビュッツォフ
Buu
　ブー*
　ブウ
Buunsree
　ブーンスリー
Buuraphaa
　ブーラバー
　ブラバー
Buus ブース
Buvaisa ブワイサ*
Buwaih
　ブワイ
　ブワイフ
Buwono
　ブウォノ**
　ブオノ**
　ボウォノ
Bux
　バクシュ
　バックス
Buxani バクサニ*
Buxbaum
　バクスボーム
　ブックスバウム
Buxhoeveden
　ブックスヘーヴェデン
Buxil ブクジル
Buxtehude
　ブクステフーデ
　ブックステフーデ
Buxton
　バクストン**
　バックストン*
　ブックストン
Buxtorf
　ブクストルフ
　ブックストルフ
Buy ブイ
Buyan ブヤン
Buyanjav ブヤンヤフ
Buyanmanduqu
　ボヤンマンドホ
Buyannemekü
　ボヤンネメフ
Buydens
　バイデンス
　ビュイダン*
Buydyonnyi
　ブジョンヌイ
Buyea ブイエー*
Buyelwa ブイエロワ
Buyens バイエンス*
Buyne ブニエ
Buyoya ブヨヤ**
Buys
　バイス
　ボイス
Buyser ビュイゼール
Buysse
　バイス
　バイッセ
　ブゥセ
　ボイセ
Buyssens ボイセンス
Buyster バイステル

Buyten ブイテン
Buytendijk
　ボイテンダイク
　ボイテンディーク
　ボイテンディク
Buytenhem
　バイテンヘム
Buytewech
　バイテウェフ
Buyukakcay
　ブユカクジャイ
Büyüktas ブユクタシ
Buz
　バズ
　ブズ
Buza ブザ
Buzacarini ブザカリニ
Buzalski
　ブツァルスキー
Buzan ブザン**
Buzanov ブザノフ
Buzarquis ブサルキス
Buzássy ブザーシ
Buzby バズビー
Buzdar バズダー
Buzea ブツェア
Buzek
　ブゼク
　ブゼック**
Buzgalin
　ブズガーリン*
Buzingo ブジンゴ
Bužinskas
　ブジンスカス
Buzková ブスコバー
Buzlov ブズロフ
Buzo
　ブーゾ*
　ブゾー
Buzomi ブゾーミ
Buzoya ブゾヤ
Buzsáki ブザーキ
Buzuev ブズエフ
Buzurg
　ブズルク
　ブズルグ
Buzy ビジー
Buzz バズ*
Buzzanca
　ブッツァンカ
Buzzati
　ブッツァーティ**
Buzzell
　バゼル*
　ブゼル
Buzzella バゼッラ
Buzzetti
　ブッツェッティ
Buzzi ブッツィ
Buzzie バジー
Bvsakov ブサコフ
Bwakira ブワキラ
Bwana Kawa
　ブワナカワ
Byabagambi
　ビャバガンビ

Bya 'chad kha ba
　チャチェカパ
Byacheslav
　ビャチェスラフ
Byagul ビャグリ
Byalik
　ビアリーク
　ビアリク
Byam バイアム*
Byamba ビャンバ
Byambajavyn
　ビャンバジャビーン
Byambasuren
　ビャムバスレン*
　ビャンバスレン*
Byambasüren
　ビャムバスレン
Byambatsogt
　ビャムバツォグト
Byambyn
　ビャムビーン*
Byams chen
　チャムチェン
Byaṅ chub
　チャンチュブ
Byandaala
　ビャンダーラ
Byang chub
　チャンチュブ
Byang chub rgyal
mtshan
　チャンチュブゲルツェン
Byard バイアード*
Byars
　バイアーズ**
　バイアズ
　バイヤーズ**
　バイヤーズ*
Byaruhanga
　ビヤルハンガ
Byas バイアス*
Byashim ビャシム
Byashimmyrat
　ビャシムイラト
　ビャシムムイラト
Byasimova ビャシモワ
Byatt
　バイアット**
　バイヤット*
Bya yul ba チャユルワ
Bybee バイビー
Byberg ビーベル
Byblís ビュブリス
Bycel バイセル*
Bychkov
　ビシュコフ*
　ビチコフ
Bychowsky
　バイコフスキー
Byck ビク
Bydlinski
　ビドリンス
　ビドリンスキー
Bye バイ
Byeng-ku ビョング
Byeol-ah ビョラ*

Byeong-chol ビョンチョル
Byeong-do ビョンド
Byeong-guk ビョングク
Byeong-ho ビョンホ*
Byeong-Joon ビョンジュン
Byeong-ki ビョンギ
Byeong-mo ビョンモ
Byer バイヤー*
Byerly
　バイアリー
　バイヤリー
Byerman ビアルマン
Byers
　バイアース*
　バイアーズ
　バイヤース
　バイヤーズ***
Byer-suckoo
　バイヤースクー
Byfield バイフィールド
Bygate バイゲイト
Bygott バイゴット
Bygrave バイグレイブ
Bygraves
　バイグレイヴス
Byham
　バイアム
　バイハム*
Byhan ビーハン
Byington
　バイイングトン
Byju バイジュー
Byk ビク
Bykau ブイコフ
Bykhovskaia
　ビコフスカヤ
Bykhovskii
　バイコフスキー
Bykov
　ヴイコフ
　ビコフ
　ブイコヴ
　ブイコフ*
　ブイコフ***
Býkov ブイカウ
Bykova
　ブィーコワ
　ブイコワ*
Bykovskii
　ブイコフスキー
Bykovsky
　ブイコフスキー
Bykowski
　バイコウスキー
Byl バイル
Byland バイランド*
Bylczynski
　ビルチンスキー
Byleen バイリーン
Byléhn ビュレーン
Byler バイラー*
Byles バイルス

Bylin バイリン
Bylina ビリナ
Bylinsky ビリンスキー
Byllinge ビリング
Bylney ビルニ
Bylot バイロット
Bylsma
　バイルズマ*
　ビルスマ*
Bylynge ビリング
Byman バイマン
Byndom バインダム
Byne バイン
Byner バイナー
Bynes バインズ*
Byng ビング*
Bynghall
　バンバール
　ビンホール
Bynkershoek
　バインケルスフーク
Bynner
　ビナー**
　ビンナー
Bynum バイナム**
Byock
　バイアック
　バイョック
Byon ビョン
Byong-ho ビョンホ
Byong-hyon
　ビョンヒョン
Byong-hyu ビョンヒュ
Byong-hyun
　ビョンヒョン
Byong-ik ビョンイク
Byong-kyu ビョンギュ
Byong-man
　ビョンマン
Byong-sam
　ビョンサム*
Byong-seok
　ビョンソク
Byong-sik ビョンシク
Byong-soo ビョンス
Byong-sun ビョンソン
Byong-tack ビョンタク
Byonguk
　ビョンウク
　ビョンウク
Byong-wan ビョンワン
Byong-yub ビョンヨブ
Byoul ビョラ
Byoung-guk
　ビョングク
Byoung-ho ビョンホ
Byounghye ビョンヘイ
Byoung-tae ビョンテ
Byoung-wan
　ビョンワン
Byram バイラム
Byran バイラン
Byrd バード***

Byrde バード
Byrganym
　ブイルガニム
Byrne
　バイアン
　バイルン
　バーン***
　ビュルン
Byrnes
　バイネス*
　バーンズ**
Byrns バーンズ
Byrom
　バイアラム
　バイロム
　バイロン
Byron バイロン***
Bysshe
　ビィシュ
　ビシー
　ビッシ
　ビッシー
　ビッシュ*
Byster バイスター
Bystoel ビステル*
Bystøel ビステル
Bystriskaya
　ビストリスカヤ
Byström
　ビュストレーム
　ビュストレム
Bystrova ビストロワ
Bystrzycki
　ビストシツキ
Bythell バイセル
Bythewood
　バイスウッド
Byu ビュー
Byul-byul
　ビュリビュリ
Byun
　ビュン
　ビョン
　ビョン
Byung-chul
　ビョンチョル
Byung-do ビョンド
'Byung gnas チュンネ
Byung-gun ビョンゴン
Byung-hee ビョンヒ
Byung-heon
　ビョンホン
Byung Ho ビョンホ
Byung-ho ビョンホ
Byung-hoon
　ビョンフン*
Byung-hun
　ビョンホン*
Byung-hwa ビョンファ
Byung-hyun
　ビョンヒョン*
Byung-il ビョンイル
Byung-ji ビョンジ
Byung Jik ビョンジク
Byung-jin ビョンジン

Byung-joon
　ビョンジュン
Byung-kee ビョンギ*
Byung-ki ビョンギ
Byung-kuk ビョングク
Byung-kwan
　ビョングァン
Byung-kyu ビョンギュ
Byung-ok ビョンオク
Byung-ran
　ビョンラン*
Byung-ro ビョンロ
Byung-se ビョンセ*
Byung-sup ビョンソプ
Byung-Wan
　ビョンワン
Byung-woo ビョンウ
Byung-woon
　ビョンウン
Byung-young
　ビョンヨン
Byung-yul
　ビョンヨル*
Byushgens
　ビューシゲンス
Byutsov ビューツォフ
Byvanck ビュファン
Bywater
　バイウォーター**
　バイウォーター
Bywaters
　バイウォーターズ
Byzantium
　ビザンチウム
Bzań サン
Bzang bo サンポ
Bzang po
　サンポ
　サンポ
　サンポ
Bzangs po
　サンポ
　サンポ
Bzhad pa シェーパ
Bzovius ブゾヴィウス
Bzowski ブゾフスキ

【 C 】

Ca
　カ
　チャ
Caabi El-yachroutu
　カービエルヤクロートゥ
Caamaño カアマーニョ
Caan カーン*
Cab キャブ*
Caba カーバ
Caballé
　カバリェ*
　カバリエ*
Caballero
　カバイェーロ
　カバイェロ*
　カバジェロ**

　カバリェーロ*
　カバリエロ**
　カバリエロ*
　ガバリエロ*
　カバリューロ
　カバレロ
Caballeros
　カバジェロス
Caballos カバリョス
Cabaña
　カバーニャ
　カバニャ
Cabanas
　カバナス
　カバニャス
Cabane カバン
Cabanel カバネル
Cabanès
　カバネス
　キャバネ
Cabanillas
　カバニージャス
　カバニリャス
Cabanilles
　カバニリェス
Cabanis
　カバニース
　カバニス***
　カバネース
Cabanne
　カバンヌ
　カバンネ
　キャバンヌ
Cabanski カバンスキー
Cabantous
　カバントゥ*
Cabaret キャバレット
Cabarga カバーガ*
Cabarrus カバルス
Cabarrús カバルス
Cabarus カバリュス
Cabasa カバーサ
Cabasilas カバシラス
Cabaton カバトン*
Cabau カボー
Cabaud カボー
Cabaye キャバイェ
Cabban キャバン*
Cabdirixman
　アブディリフマン
Cabecinha カベシナ
Cabel カベル
Cabell
　カベル
　キャベル**
　キヤベル
Cabello
　カベージョ
　カベジョ
Cabellon キャベロン
Cabena キャベナ
Cabet
　カベ
　カベー
Cabeza
　カバサ
　カベサ

Cabezas カベサス*／カベヤス
Cabezón カベソン／カベゾン
Cabezudo カベスード
Cabi カビ
Cabianca カビアンカ
Cabibbo カビッボ*
Cabico キャビコ
Cable ケイブル**／ケーブル*
Caboclo カボクロ
Cabon キャボン
Cabore カボレ
Cabot カボット*／キャボット***
Caboto カボット／カボート
Cabra カブラ
Cabral カブラル***
Cabré カブレ
Cabrera カブレーラ／カブレラ***／キャブレラ
Cabrera Bello カブレラベロ
Cabrillo カブリージョ／カブリーリョ／カブリリョ
Cabrini カブリーニ／カブリニ／ガブリーニ
Cabrisas カブリサス
Cabrita カブリタ
Cabrol カブロル
Cabu カビュ
Čabui チャブイ
Cabut カビュ
Caca クカ
Cacapa カサパ
Cacau カカウ
Caccamo カッサーモ
Caccavello カッカヴェッロ
Cacchi カッチー
Caccia カッチャ
Cacciapuoti カッチャプオティ
Cacciari カッチャーリ*
Cacciatore カッチャトーレ
Cacciatori カッチャトーリ
Caccini カッチーニ
Caccioli カッチョーリ
Cacek カセック
Caceres カセレス*

Cáceres カセレス*
Cachaito カチャイート
Cachao カチャーオ
Cacheux カシュー
Cachin カシャン*／カッシャン
Caçhin カシャン
Cacho カチョ*
Cachon カション
Cacia カチャ
Cacialli カチャッリ
Čačić チャチッチ
Cacilda カシルダ
Cacioppo カシオポ
Cacktiong カクチョン*／カクティオン
Cacouault カクオー
Cacoyannis カコヤニス**
Cactus カクタス
Cacuk チャチュク
Cacutt カカット
Ca da カダ
Cadafalch カダファルク
Cadalso カダルスト／カダルソ
Cadamarteri カダマルテリ
Ca da Mosto カダモースト／カダモスト
Cadbury カドバリー／カドベリー／キャドバリー**／キャドベリー**
Cadd カッド
Caddick カディック
Caddy キャディ*／キャディー
Cade ケイド***／ケード*
Cadéac カデアック
Cadeau キャデュー
Cadel カデル*
Cadelinia カデーニア
Cadell カデル
Cadelo カデロ*
Cadena カデナ*
Cader カーダー／カデル
Caderousse カデルッス
Cades カーデス
Cadet カデ

カデット
Cadi カディ
Cadier カディエ
Cadière カディエール
Cadigan カディガン／キャディガン
Cadilhac カディヤック
Cadilla カディーリャ
Cadillac カディヤック
Cadine カダン
Cadiot カディオ*
Cadiou カディウ
Cadiz ケイディーズ
Cadman カドマン*／キャドマン
Cadmiel カドミエル
Cadoc カドク
Cadogan カドーガン／カドガン／キャドガン
Cadol カドル
Cadorin カドリン
Cadorna カドルナ
Cadot カド
Cadou カドゥ／カドゥー
Cadoudal カドゥーダル／カドゥダル
Cadow カドゥ
Cadwalader カドワラダー／キャドヴァラダー
Cadwaladr カドウォラドゥル／キャドウォラダー
Cadwallader カドワランダー／キャドウォーラダー／キャドワラダー
Cadwallon カドウォスィオン／カドワルン／カドワロン／キャドワロン
Cadwgan カドウガン
Cady キャディ／ケイディ*／ケイディー／ケーディ／ケディ
Caecilia カエキリア／チェチリア
Caecilianus カエキリアーヌス／カエキリアヌス
Caecilius カイキリウス／カエキリウス／カエシリウス
Caecina カエキナ

Caecus カイクス／カエクス
Caedmom キャドモン
Caedmon カイドモン／カエドモン／カドモン／キャドモン／ケドモン
Caedwalla キャドワッラ／ケドワラ
Cael カエル*
Cáel ケール
Caeleb ケイレブ
Caeles カエレス
Caelestius カエレスティウス
Caelius カイリウス／カエリウス／シーリアス／チェリウス
Caemmerer ケメラー
Caen カン*
Caenegem カネヘム
Caepio カエピオ
Caer カイル／カエール
Caerularius ケルラリウス
Caesar カイサル／カエサル*／カエザル／ケーザル／シーサ／シーザー*／セザール／チェザール／ツェーザル
Cæsar セザール
Caesari チェザリー
Caesariensis カエサリエンシス
Caesarion カエサリオン
Caesarius カエサリウス*
Caesennius カエセンニウス
Caeser シーザー*
Caesius カエシウス
Caetana カエタナ
Caetani カエターニ
Caetanio カエタニオ／カエタノ
Caetano カエターノ**／カエタノ*
Caezar ケーザル／セーザル

カファロ
Cafasso カファッソ
Cafe カフェ
Caferoglu ジャフェロール
Caffa カッファ
Caffaratti カファラッティ
Caffarel カッファレル／カファレル*
Caffarella カファレラ
Caffarelli カッファレッリ*／カファレッリ
Caffarena カファレナ
Caffentzis カフェンティス
Cafferty キャファティ
Caffery キャフェリー
Caffesse カフェッス
Caffey カフィー／キャフィ／キャフィー*
Caffi カッフィ／カフィ
Caffieri カッフィエーリ
Caffiéri カッフィエーリ／カフィエリ／キャフィエリ
Caffrey カフリー
Cafiero カフィエーロ
Caflisch カフリッシュ
Caforio カフォーリオ
Cafu カフー*
Cagan カガン／ケイガン／ケーガン／チャーアン／チャーン
Čaγan チャガン
Çağatay チャアタイ
Cage ケイジ*／ケージ**
Cagé カジェ
Cagla ジャグラ
Caglar キャグラー／チャグラル
Çağlayan チャーラヤン
Cagle ケイグル／ケーグル*
Cagli カリ
Cagliati カリャーティ
Cagliostro カリオストロ／カリョストロ
Caglioti カリオーティ／カリオティ*

CAL

Cagna カーニャ
Cagnacci カニャッチ
Cagnat カニャ
Cagnazzo
　カニャッツォ
Cagner カグナー
Cagney キャグニー**
Cagniard
　カニャール
　カニャル
　カニャール
Cagnola カニョーラ
Cagnotto カニョット
Cagol カゴール
Caguioa カグイオア
Cahalan
　カハラン
　キャハラン
Cahan
　カーハン*
　カハーン
　カハン
　カーン
Cahana カハナ
Chard カール
Cahen
　カーエン
　カエン*
　カーン
Cahensly カヘンスリ
Cahier
　カイエ
　カヒア
Cahierre カイエール*
Cahill
　カーヒル*
　カヒル
　ケイヒル*
　ケーヒル*
Cahillane
　ケイヒレイン
Cahit
　カヒート
　ジャヒト
Cahn カーン**
Cahoon カフーン*
Cahouet カウエ
Cahours カウール
Cahun カーアン
Cahusac カユザック
Cahuzac カユーザック
Cahyadi チャフヤディ
Cai
　カイ*
　ツァイ*
Caiaphas カイアファ
Caiazzo カイアッツォ
Caicara カイサラ
Caicedo カイセド*
Caid Essebsi
　カイドセブシ**
Caidin
　カイダン
　カイディン
　ケイディン***
　ケーディン

Caietaine ケタース
Caietanus
　カイエタヌス
　カエタン
Caignet ケーニェ
Cail ケイル
Cailin
　ケイリン
　ケリン
Cailina カイリーナ
Caillard カイヤール*
Caillat キャレイ*
Caillau カイヨー
Caillaux カイヨー**
Caillavet カイヤヴェ
Caille
　カイエ
　カリャ
Caillé カイエ
Caillebotte
　カイユボット
Caillet カイエ
Cailletet カイユテ
Cailleux カイユ
Cailliaud カイヨー
Caillié カイエ
Cailliet
　カイエ
　カリエ
Caillois
　カイヨア
　カイヨワ*
Caillou
　カイユ
　ケルー
Caîlte キルタ
Caimh クイーム
Caimi カイミ
Caimmi カインミ
Caimo カイモ
Cain
　カイン**
　カン
　ケイン***
　ケーン
Caine
　ケイン***
　ケエン
　ケーン
Cainelli カイネッリ
Cainer ケイナー*
Cainero カイネロ**
Caines ケインズ
Cains ケインズ
Caio カイオ**
Caioli カイオーリ
Caird
　ケードド
　ケアード**
　ケアド
　ケヤード
Cairncross
　ケアンクロス**
　ケーンクロス
Cairnes
　ケアンズ*
　ケアンネス

Cairney ケアニー*
Cairns
　ケアーンズ
　ケアンズ**
　ケインズ
　ケーンズ
Cairo カイロ**
Cairoli
　カイローリ
　カイロリ
Caironi カイローニ
Caiser カイザー
Caisne ケンス
Cait ケイト*
Caitanya
　チャイタニア
　チャイタンヤ
　チャイタンニャ
　チャイタンヤ
　チョイトンノ
Caithness ケイスネス
Caitlin
　カイトリン
　キャスリーン
　キャトリン**
　ケイトリン*
Caitlín ケイトリン*
Caitrin ケイトリン
Caiuby カイウビー
Caius
　カイ
　カーイウス
　カイウス
　ガーイウス
　キーズ
　ケーズ
Caix ケ
Cajal
　カハール*
　カハル*
Cajander カヤンデル
Cajetan カイエタン
Cajetanus
　カイエターヌス
　カエタヌス
Cajete カヘーテ
Čajkanović
　チャイカノヴィチ
Cajori カジョリ*
Cajún カユ
Cajupi チャユピ
Cajus
　カーユス
　カユース
Cajuste ケイジャスト
Čaka シャカ
Cakan チャカン
Cakir ジャキール
Çakir ジャキール*
Cakkhupāla
　チャックパーラ
Cakkraphan
　チャックラパン
Cakkraphat
　チャックラパット
Cakmak カクマック

Çakmak チャクマク
Cakmakoglu
　チャクマクオール
　チャクマコール
Cakobau ザコンバウ
Cakrabartī
　チョックロボルティ
Cakravartī
　チャクラヴァルティー
Cal
　カル**
　キャル
Cala カラ
Cālā チャーラー
Calaba カラバ
Calabi カラビ
Calabrese
　カラブレーセ
　カラブレーゼ*
　カラブレセ
　キャラブレイス
Calabresi
　カラブレイジ*
　カラブレイジィ
　カラブレージ
　カラブレシ
　キャラブレイジ
Calabria カラブリア*
Calabro カラブロ
Calabuig キャラビ
Calaby カラビー
Calacanis カラカニス
Calace カラーチェ
Caladima カラディマ
Calado カラード
Calafat カラファト
Calafato カラファト
Calaferte カラフェルト
Calafeteanu
　カラフェテアヌ
Calahan キャラハン
Calahorrano
　カラオラノ
Calaio カライオ
Calais
　カライジ
　カライス
　カレ
Calais-Germain
　カレージェルマン
Calam カラム
Calamandrei
　カラマンドレーイ
Calamatta カラマッタ
Calame
　カラーム
　カラム
Calamecca カラメッカ
Calamity カラミティ
Calamy
　カラミ
　キャラミ
Calan カラン
Calancha カランチャ
Caland カーラント
Calandra カランドラ

Calandrelli
　カランドレリ
Calandruccio
　カランドルッチオ
Calano カラノ*
Calaphates カラパテス
Calaprice カラプライス*
Calarese カラレーゼ
Calarnou カラルヌ*
Calas カラス
Calasanctius
　カラサンクティウス
　カラサンス
Calasanzio
　カラサンチョー
Calasibetta
　キャラシベッタ
Calasso カラッソ*
Calatayud
　カラタイウド*
Calatrava カラトラバ
Calbert カルバート
Calbin カルビン
Calbraith
　カルブレイス
　ガルブレイス
　カルブレース
Calcagni カルカーニ
Calcagno カルカーニョ
Calcar カルカル
Calcavecchia
　カルカベキア
　カルカベッキア*
Calce カルチェ*
Calcidise
　キャルシディス
Calcidius
　カルキディウス
Calcote キャルコート
Calcutt カルカット
Caldara
　カルダーラ
　カルダラ
Caldarelli カルダレリ
Caldarola
　カルダローラ
Caldarone カルダロン
Caldas カルダス
Caldecott
　カルディコット
　カルデコット
　コルディコット
　コールデコット*
　コルデコット
　コールドコット
Caldeira Cabral
　カルデイラカブラル
Caldelari カルデラリ
Calder
　カルダー**
　コールダー**
　コルダー*
Caldera カルデラ**
Calderano カルダノ*
Calderbank
　コールダーバンク
Calderini カルデリーニ

CAL

Calderoli カルデロリ
Calderon
　カルデロン**
　コールドロン
Calderón
　カルデロン***
Calderone カルドロン
Calderoni
　カルデローニ
Calders
　カルデース
　カルデルス
Calderwood
　カルダーウッド
　カルデルウード
　ケルダーウッド
　コールダウッド
Caldicott
　カルディコット*
　コルディコット
Caldinal カルディナル
Caldirola
　カルディローラ
Caldwell
　カルドウェル*
　コードウェル*
　コールドウェル***
　コールドウエル
　コルドウェル*
Cale
　カール
　カレ
　カレー
　ケイル
　ケール*
Calé
　カレ
　カレー
Čale ツァーレ
Caleb
　カレブ*
　キャレブ
　ケイラブ
　ケイレヴ
　ケイレブ*
　ケーレブ**
Caleel カリール
Calef カレフ
Calegari
　カレガーリ
　カレガリ
Caleia カレイア
Calenberg
　カレンバーグ*
Calenda カレンダ
Calendar カレンダー
Calendario
　カレンダーリオ
Calender カレンダー
Calenson カランソン
Calenti カレンティー
Calénus カレニュ
Calepino カレピーノ
Calero
　カレロ
　キャレロ
Calet カレ
Caletti カレッティ

Calfa
　チャルファ*
　チャルファー
Calfan カルファン
Calfhill カーフヒル
Calfield カーフヒル
Calgacus カルガクス
Calgaro カルガロ
Calhanoglu
　チャルハノール
Calhern カルハーン
Calhoon カルフーン
Calhoun
　カルフォーン
　カルフーン**
　カルフン
　カルホウン
　カルホーン**
　キャルホーン
Cali
　カリ*
　カリー
Calì カリ
Calia カリア
Caliandro カリンドロ*
Caliari
　カリアーリ
　カリアリ
Calic カリック
Caliendo カリエンド
Califano カリファノ
Califf カリフ
Califia カリフィア*
California
　カリフォルニア
Caligiuri カリジューリ
Caligula カリグラ
Calin
　カラン
　カリン*
Călin カリン*
Călin カリン
Calinescu カリネスク
Càlinescu カリネスク
Călinescu カリネスク
Calipari カリパリ
Calise カリーゼ
Calishain カリシェイン
Calisher
　キャリシャー
　キャリッシャー
Caliskan カリスカン
Calista
　カリスタ
　キャリスタ*
Calix カリクス
Calixa カリクサ
Calixt カリクスト
Calixte
　カリクスト
　カリス
　カリスト
　キャリクスティ
Calixthe
　カリクスト
　カリズ*

Calixtus
　カリクスツゥス
　カリクススト
　カリクスト
　カリクストゥス
　カリストゥス
Calja カルヤ
Calker カルカア
Calkhoven
　カークホーヴェン
Calkin カルキン*
Calkins
　カルキン
　カルキンス*
　カルキンズ*
　コールキンズ
Całko カルコ
Calla
　カジャ
　カラ
Calladine
　キャラダイン
Callagain キャラゲーン
Callaghan
　カラハン
　キャラハン***
Callahan
　カラハン*
　キャラハン**
Callamand カラマン
Callan
　カラン*
　キャラン*
　コーラン
Callanan キャラナン**
Callander
　キャランダー
Callandreau
　カランドロー
Callani カッラーニ
Callanta カリャンタ
Callaos カラオス
Callard
　カラード
　コラール
Callari カラーリ*
Callas
　カッラス
　カラス*
Callatay カラタイ
Callaway
　キャラウェイ**
　キャロウェイ*
Callcott
　カルコット
　コールコット
　コルコット
Calle
　カジェ
　カリェ
　カル**
　コール
Callegari カレガリ
Calleia キャレイア
Calleja
　カリェーハ
　カリェハ

Calleja
　カレジャ
　カレヤ*
Callejas カジェハス**
Callejon カジェホン
Calleman コールマン
Callen
　カレン
　キャレン
Callenbach
　カレンバック*
　キャレンバッハ
Callendar カレンダー
Callender
　カレンダ
　カレンダー**
　キャレンダー
Callenfels
　カレンフェルス
Callens カレンス
Calleo カレオ
Calleri カレーリ
Callery
　カレリ
　キャレリー
Calles
　カージェス
　カジェス
　カリェス
Callesen コールセン
Calle Williams
　カレウィリアムズ
Calley
　カリー
　キャリー*
Calliari カリアリ
Callias
　カーリアス
　カリアス
Callichurn
　カリチューン
Callicott
　キャリコット*
Callicrates
　カリクラテス
Callie キャリー
Callières カリエール
Callies キャリーズ
Calligaris カリガリス*
Callil カリル
Callin キャリン
Callingham
　カリンガム
Callinicos
　カリニコス*
　キャリニコス
Callinicus
　カリニクス
　カリニコス
Calliope
　カリオペ
　キャリオープ
Callippos カリッポス
Callippus カリッポス
Callis キャリス*
Callison
　カリソン
　キャリスン*

　キャリソン
　カレヤ*
Callista カリスタ
Callister キャリスター
Callisto
　カッリスト
　カリスト
Callistus
　カリクストゥス
　カリスツス
　カリストゥス
Callot
　カロ*
　カロー
Callow
　カーロウ
　カロウ**
　キャロー
　キャロウ
Calloway
　キャロウェー
　キャロウェイ**
Callowhill カロウヒル
Callsen カールセン
Callum
　カラム*
　コーラム
Callus ケラス
Cally
　カリ*
　カリー
　キャリー
Callyhan キャリハン
Calm
　カーム
　カルム
Calmac カルムイク
Calman
　カルマン
　コールマン*
Calmano
　カマノ
　カルマーノ
　カルマノ
Calmat カルマ
Calmel カルメル*
Calmels カルメル
Calmenson
　カルメンソン*
Calment カルマン
Calmer カーマー*
Calmes
　カルマス
　カルムス*
Calmet
　カルメ*
　カルメー
Calmette カルメット*
Calmettes カルメット
Calmo カルモ
Calmy-Rey
　カルミレイ*
Calmyrey カルミレイ
Calnan
　カルナン
　キャルナン
Calne カーン*
Caló カーロ
Calò カロ

Calodney
キャロドニー
Calof カロフ
Calogero カロジェロ
Calogerpoulos
カロゲロプーロス
Calogiannakis
カロギアナキス
Calojoannes
カロヨアンネス
Calonita
カロニータ
キャロニタ*
Calonius カロニウス
Calonne
カロン
カロンヌ
Calori カローリ
Calos カルロス
Calosa カローサ
Calouste カルースト
Calov
カローヴィウス
カロフ
Calow カイロ
Calpatorick
カルパトリック
Calprenède
カルプルナード
カルプルネード
Calpurnia
カルプルニア
Calpurnius
カルプルニウス
Calres カルレス
Calro カルロ*
Cals カルス
Calthorpe カルソープ*
Calthrop
カルスロップ*
Calugi カルージ
Calum カラム*
Calungsod
カルングソッド
Calusio カルージョ
Caluwe カルベ
Calva カルバ
Calvaert
カルヴァールト
カルヴァルト
カルパールト
カルファート
Calvalho カルバヨ
Calvani カルヴァーニ
Calve ケールブ
Calvé
カルヴェ
カルベ
Calvel
カルヴェル
カルベル
Calveley カルヴェリー
Calver カルバー
Calverley
カルヴァーリー
カルヴァレイ
カルバリー

Calvert
カルヴァート*
カルバート*
キャルヴァート
Calverton
カルヴァートン
カルヴァトン
カルバートン
Calvery カルバリー
Calvesi カルヴェージィ
Calvet
カルヴェ***
カルヴェー
カルベ
Calvetti
カルヴェッティ**
Calvez カルヴェ
Calvi
カルヴィ**
カルビ
Calvière
カルヴィエール
Calvimontes
カルビモンテス
Calvin
カル
カルヴァン*
カルヴィン**
ガルヴィン
カルバン**
カルビン***
キャルヴィン
キャルビン
ケルビン*
Calvino
カルヴィーノ**
カルビーノ
Calvinus
カルヴィヌス
クラウィヌス
Calvisius
カルヴィージウス
カルヴィシウス
カルヴィシウル
Calvo
カルヴォ
カルボ***
Calvó Armengol
カルボアメンゴル
Calvocoressi
カルヴォコレシ
カルヴォコレッシ*
カルヴォコレッシー
ガルボコレッシ
カルボコレッシ*
カルボコレッシー*
Calvo Gomez
カルボゴメス
Calvo Moreno
カルボモレノ
Calvus
カルウス
カルヴス
Calwell コールウェル
Calypso カリプソ
Calza カルツァ*
Calzabigi
カルザビージ
カルツァビージ

Calzada
カルサーダ
カルサダ
Calzadilla
カルサディジャ
カルサディーリャ
Calzaghe カルザゲ*
Calzavara
カルザヴァーラ
カルザヴァラ
Calzone カルゾーン
Cam
カウン
カム***
カン
キャム**
キャメロン
Camacho
カマーチョ**
カマチョ**
Camadini カマディニ
Camagni カマーニ
Camaino
カマイーノ
カマイノ
Camann
カマン
ケイマン
Camaño カマニョ
Camara カマラ**
Cámara カマラ*
Câmara
カマーラ
カマラ*
Camarasa
カマラーサ
カマラサ
Camarata キャマラタ
Camardiel
カマルディエル
Camargo
カマーゴ
カマルゴ**
Camarillo
カマリッロ
カマリロ*
Camarlench
カマルレンチ
Camarlinghi
カマルリンギ
Camarón カマロン
Camartin
カマルティン
Camassei カマッセイ
Camathewi
チャーマテーウィー
Camazine カマジン
Camba カンバ
Cambaceres
カンバセレス
Cambacérès
カンバセレス
Cambar Rodriguez
カンバルロドリゲス
Cambefort
カンブフォール*
カンブフォール
Cambell キャンベル*

Cambellotti
カンベッロッティ
Camber カムバー
Camberlin カンベラン
Cambern キャンバーン
Cambert カンベール
Cambi カンビ
Cambiagio
カンビアジョ
Cambias
キャンビアス*
Cambiaso
カンビアーソ
カンビアーゾ
Cambiasso
カンビアッソ*
Cambier カンビエ
Cambini カンビーニ
Cambio カンビオ
Cambis カンビス
Cambo カンボ
Cambó カンボー
Cambon カンボン**
Camboni カンボーニ
Cambrai カンブレー
Cambras カンブラス
Cambreling
カンブルラン
Cambrelling
カンブルラン
Cambrensis
カンブレンシス*
Cambria カンブリア
Cambridge
ケムブリジ
ケンブリッジ
Cambron キャンブロン
Camby キャンビー*
Camden
カムデン
キャムデン*
Camdessus
カムドゥシュ
カムドシュ*
カンドシュ
Camejo カメホ*
Camel カメル
Camelia カメリア*
Camelio カメーリオ
Camellion
キャメリアン
Camerarius
カメラーリウス
カメラリウス
Camerini
カメリーニ
キャメリニ
Camerino カメリーノ*
Camerlynck
カメル・リンク
Camero キャメロ
Cameron
カメロ
カメロン**
キャムロン
キャメロン***

Camesasca カメザスカ
Camescasse
カメカッス
Camezind
カメンジンド
Camfferman
カンファーマン
Camfield
カムフィールド
Camgie カムジー
Camhi カムハイ*
Cami
カミ**
キャミ
チャミ
ツァミ
Camiel カミール
Camil カミル
Camila カミラ
Camilieri カミリエリ
Camilla
カミッラ*
カミーラ***
カミラ***
カミルラ
Camille
カミユ
カミーユ***
カミール**
カミーレ
Camilleri
カミエリ
カミッレーリ**
カミッレリ
カミーレリ
カミレリ*
Camilli カミリ
Camilliani
カミッリアーニ
Camillieri カミリエリ*
Camillo
カミッロ**
カミリヨ
カミルロ
カミーロ**
カミロ*
Camillus
カミッルス
カミルス
Camilo
カミーロ**
カミロ***
Caminiti
カマネティ
カミニティ**
カミニティー
Camm
カム
キャム
Cammaerts カマルツ
Cammann
カムマン
キャマン
Cammarano
カンマラーノ*
Cammarata
カマラータ
Cammarelle
カンマレリ**

Cammas カマス
Cammell キャメル
Cammer カメロ
Cämmerer カンメラー
Cammett キャメット
Cammie
　カミー
　ケイミー
Cammile カミール
Cammillo カンミッロ
Cammins カミンズ
Cammuso カムーソー
Camnitz カムニッツ
Camo カモ
Camodeca カモデカ
Camoes カモンイス
Camões
　カモインシュ
　カモーエンス
　カモンイシ
　カモンイシュ
　カモーンイス
　カモンイス
　カモンエス
Camogli カモーリ
Camoin
　カモアン
　カモワン*
Camolese カモレーゼ
Camoletti カモレッティ**
Camon カモン
Camoranesi
　カモラネーシ
Camou カモー
Camp
　カン*
　カンプ
　キャンプ
　キャンプ***
Campagna
　カンパーニャ*
Campagnano
　カンパニャーノ
Campagnaro
　カンパニャーロ
Campagne
　カンパーニュ*
Campagnola
　カンパニョーラ
Campagnoli
　カンパニョーリ
Campan カンパン
Campana
　カンパーナ
　カンパナ
Campanari
　カンパナーリ*
Campanaro
　キャンパナロ
Campanella
　カムパネラ
　カムパネッラ
　カンパネッラ*
　カンパネラ
　カンパネッラ
　キャンパネラ*

Campaneris
　カンパネリス
Campani カムパーニ
Campanile
　カンパニーレ**
Campanini
　カンパニーニ
Campanis
　カンパニス
　キャンパニス*
Campanius
　カンパーニウス
　キャンパニアス
Campano
　カンパーノ
　カンパノ
Campantar
　サンパンダル
Campanus
　カムパヌス
　カンパーヌス
　カンパヌス
Campany カンパニー
Campau キャンボー
Campaux カンポ
Campayo カンパーヨ
Campbel キャンベル
Campbell
　カムベル
　カンベル
　キャムベル
　キャンブル*
　キャンベル***
Campe
　カムペ
　カンペ*
Campeador
　カンペアドール
Câmpeanu クンペアヌ
Campeggio
　カンペッジョ
Campegius
　カンペヒーユス
Campello
　カンペッロ
　カンペロ
Campendonk
　カムペンドンク
　カンペンドンク
Campenhausen
　カンペンハウゼン*
Campenhout
　カンパンウト
Campeny カンペニー
Camper
　カンパー
　カンペル
　キャンパー*
Campero カンペロ
Campert カンペルト
Campese
　キャンピージ
　キャンピージー
Camphausen
　カンプハウゼン
Camphijs
　カンファイス

Camphuysen
　カンプハイゼン
　カンプハウゼン
　カンプヘイゼン
　カンプホイセン
Campi カンピ
Campidelli
　カンピデッリ
Campigli
　カムピーリ
　カンピーリ
Campin
　カンパン
　カンピーン
　カンピン
Campina
　カンピーニャ
　カンピニャ
Campins カンピンス**
Campion
　カンピオン**
　カンピヨン
　キャムピオン
　キャンピアン
　キャンピオン**
Campione
　カンピオーネ*
Campioni
　カンピオーニ
Campisano カンピサノ
Campisi キャンピス
Campistron
　カンピストロン
Camplin
　キャンプリン**
Campo カンポ*
Campoamor
　カンポアモール*
　カンポアモル
Campogalliani
　カムポガッリアーニ
　カンポガッリアーニ
Campoli カンポーリ*
Campomanes
　カンポマネス
Campoosorio
　カンポォソリオ
Campopiano
　カンポピアノ
Campora カンポーラ
Cámpora カンポラ*
Camporese
　カンポレーゼ
Camporesi
　カンポレージ**
Campos
　カムポス
　カンポス
　カンポス***
Campos Fernandes
　カンポスフェルナンデス
Campoy カンポワ
Campra カンプラ
Campriani
　カンプリアーニ**
Camproux カンプルー
Camprubi カンプルビ

Camphuysen
Camps
　カン
　カンプス*
　キャン
　キャンプス
Campton キャンプトン
Camp Torres
　カントレス
Camron キャムロン*
Cam'ron キャムロン
Camryn カムリン
Camsell キャムセル*
Camu カミュー
Camuccini
　カムッチーニ
Camuncoli カムンコリ
Camus カミュ***
Camuzet カミュゼー
Camy キャミー
Can
　カーン
　カン**
　キャン*
　ジャン
Cần カン
Canaan
　カナーン**
　カナン
Canada カナダ
Canaday カナデイ
Canadell キャナデル
Canady キャナディー
Canahuati
　カナワアティ
Canal カナル**
Canale
　カナリ
　カナール
　カナーレ
　カネール
Canalejas カナレハス
Canales
　カナーレス*
　カナレス
Canaletto
　カナレット*
　カナレットー
Canali カナーリ
Canals カナルス
Canam カナム
Canan
　キャナン
　キャノン
Canaris
　カナーリス
　カナリス*
Canaro
　カナーロ
　カナロ
Canart カナート
Cañas カニャス
Canavaggio
　カナヴァジオ*
Canavan
　カナヴァン
　カナバン
　キャナヴァン

Canavasso
　カナヴァッソ
Canavesio
　カナヴェージオ
Canavilhas
　カナビリャス
Canaway キャナウェイ
Canbulatoğlu
　ジャンブラトオウル
Canby
　キャンビ
　キャンビー*
　キャンビィ*
Cancela カンセーラ
Cancellara
　カンセララ**
　カンチェラーラ
Cancellarius
　カンケッラリウス
Cancellieri
　カンチェリエリ
Cancelo カンセロ
Cáncer カンセール
Cancienne
　カンシエンヌ
Cancik カンツィク
Cancilla
　カンシラ
　キャンシラ*
Câncio カンシオ
Cancro カンクロ
Cand チャンド
Canda
　カンダ
　チャンド
Candābha
　チャンダーバ
Candace
　カンダス*
　キャンダス*
　キャンディス**
　キャンデス**
Candaele カンディール
Candamo カンダモ
Candana チャンダナ
Candapajjota
　チャンダパッジョータ
Candar チャンダル
Candau
　カンドー
　カンドゥ
　カンドゥ*
Cande カンデ
Candé カンデ
Candela
　カンデラ*
　キャンデラ*
Candelaria
　キャンデラリア
Candelario
　キャンデラリオ
Candeloro
　カンデローロ
　キャンデローロ*
　キャンデロロ
Candemir
　シャンデミル

Candi
　カンディ*
　キャンディ
Candia
　カンディア
　キャンディア
Candiano
　カンディアーノ
Candice
　カンディス
　キャンディス**
　キャンデス
Candid カンディド
Candida
　カンディダ*
　キャンディーダ
Cándida カンディーダ
Cândida カンディダ
Caṇḍīdās
　チョンディダシュ
Candide
　カンディダ
　キャンディド
Candidius
　カンディディウス
Candido
　カンディード
　カンディド*
　キャンディド
　キャンディド*
Cándido カンディド*
Cândido カンディド
Candidus
　カンディドゥス*
Candie キャンディー*
Candilis
　キャンディリス
Candinas
　カンディーナス
Candinho
　カンジーニョ
Candiotti
　キャンディオッティ*
Candis キャンディス
Candland
　キャンドランド*
Candler
　カンドラー
　キャンドラー
Candlish
　キャンドリシュ
Candoli カンドリ*
Candolle
　カンドール
　カンドル
Candra チャンドラ**
Candrabhanu
　チャンドラバーヌ
Candragomin
　チャンドラゴーミン
Candragupta
　チャンドラグプタ
Candrakānta
　チャンドラカーンタ
Candrakīrti
　チャンドラキールティ
Candrakīrti
　チャンドラキールティ

Candramati
　チャンドラマティ
Candrānanda
　チャンドラーナンダ
Candreva
　カンドレーヴァ
Candrian カンドリアン
Candu
　カンドゥ
　チャンドゥ
Canducci
　カンドゥッチ
　カンドゥッチ
Candy キャンディ**
Cane
　カーン
　カン
　ケイン
　ケーン
Canedo カネド
Canedy キャンディ
Caneele カネル*
Canek カネック
Canel カネル*
Canella
　カネージャ
　カネッラ
Canellakis カネラキス
Canelo カネロ
Canelon カネロン
Canemaker
　ケインメーカー
Cañeque カニェーケ
Caner ジャネル
Canessa
　カネサ
　カネッサ
Canet カネ*
Canete
　カネッティー
　カネーテ
Cañete
　カニェーテ
　カニェテ
Canetti カネッティ***
Caneva
　カーネヴァ
　カネヴァ
　カネバ
Canevari カネヴァーリ
Canevet カヌヴェ
Caney キャニー
Canfield
　カンフィールド
　キャンフィールド***
Canfora カンフォラ
Canga カンガ
Cangardel
　カンガルデル
Cangas カンガス
Cang-cang
　ツァンツァン
Cange
　カーンジュ
　カンジュ
Cangelosi
　カンジェロシ

　キャンジェロシ
Canguilhem
　カンギレム*
Canh
　カイン
　カイン
Canha カンハ
Canham
　カナム
　カンハム
　キャナム
　キャンハム
Canhan カンハム
Cani カニ
Caniana カニアーナ
Canibus キャニバス
Canice
　カニス
　ケニス
Canidate キャニデイト
Canidius カニディウス
Canigga カニージャ
Caniggia カニージャ
Canigia カニージャ
Caniglia
　カニッリャ
　カニーリア
　カニリア
　カニーリャ
Canikli ジャニクリ
Canin
　ケイニン*
　ケーニン*
Canina
　カニーナ
　ケニーナ
Caninius カニニウス
Canino カニーノ*
Canio
　カーニオ
　カニオ
Canis カニス
Čanishvili
　チャニシュヴィリ
Canisius
　カニーシウス
　カニシウス
　カニジウス
Canistris カニストリス
Canitilla カニティラ
Canitrot カニトロ
Canitz
　カーニッツ
　カニッツ
Cañizales カニサレス
Canizares カニサレス
Cañizares
　カニサーレス
　カニサレス*
　カニザレス
Canja カンジャ
Canjura カンフラ
Cankar ツァンカル*
Canlas カンラス
Cânm"är"ā
　チャンマーラー

Canmore キャンモア
Cann キャン
Canna カンナ
Cannabich
　カナビヒ
　カンナビッヒ
　カンナビヒ
Cannac カナック
Cannadine
　キャナダイン*
Cannan
　カナン
　キャナン*
Cannary カナリー
Cannataci ケナタッチ
Cannavale
　カナヴェイル
　カンナバーレ
Cannavaro
　カンナヴァーロ**
　カンナヴァロ*
　カンナバーロ
　カンナバロ
Cannavo カナヴォ
Canne キャン
Cannell
　カネル
　キャネル***
Cannicci カンニッチ
Cannie カンニ
Canning
　カニング***
　キャニング*
Canningham
　カニンガム*
　カニングハム
Cannino カニーノ
Cannistraro
　カニストラーロ
Cannizzaro
　カニッザーロ
　カニッツァーロ
　カニッツァロ
Cannizzo カニーゾー
Cannon
　カノン
　キャノン***
Cannonball
　キャノンボール*
Cannone
　カノヌ
　カノン
Cano
　カーノ
　カノ***
　カノー
Canó カノ*
Canobbio キャノビオ
Canon キャノン
Canonaco キャノナコ
Canonero カノネロ
Canonica
　カノーニカ
　カノニカ
Canonici カノーニチ
Canonicus カノニカス
Canosa
　カノーサ

Canoza カノーザ
Canossa カノッサ
Canot カノー
Canova
　カノーヴァ
　カノーバ
　キャノヴァ
Canovan カノヴァン
Cánovas
　カノヴァス
　カノバス
Canozi カノーツィ
Canquil カンキュル
Canrobert
　カンロヘール
　カンロベール

Canseco カンセコ**
Cansever
　ジャンセヴェル
Cansino カンシーノ**
Cansiz ジャンスズ
Canstein
　カンシュタイン
Cant カント
Canta カンタ
Cantacuzenus
　カンタクゼヌス
　カンタクゼノス
Cantacuzino
　カンタクジーノ
　カンタクジノ
　カンタクセーノ
Cantafora
　カンタフォーラ
Cantagallina
　カンタガッリーナ
Cantagrel
　カンタグレル
Cantais カンテ
Cantal カンタル
Cantalamessa
　カンタラメッサ
Cantalapiedra
　カンタラピエドラ
Cantalupi
　カンタルーピ
Cantalupo カンタルポ
Cantamessa
　カンタメッサ*
Cantanhede
　カンタニェデ
Cantarelli
　カンタレッリ
Cantarini
　カンタリーニ
Cantarow カンタロウ
Catat カンタ
Cantell カンテル
Cantellano
　カンテジャノ
Cantelli
　カンテッリ
　カンテリ
　カンテルリ
Cantelon カンテロン
Canteloube
　カントループ

Cantelupe カントループ / カントルプ / カンティリューブ / カンテループ
Canter カンター / キャンター
Canterbery カンタベリー
Canterbury カンタベリ / カンタベリー
Cantet カンテ*
Canth カント
Cantilena カンティレナ
Cantillon カンティヨン / カンティロン* / キャンタローン
Cantilo カンティロ
Cantimori カンティモーリ
Cantimpré カンタンプレー
Cantin カンタン* / カンティン / キャンティン
Cantinflas カンティンフラス*
Cantini カンティーニ
Cantius カンティウス
Cantlay カントレー
Cantley カントレイ
Cantlie カントリー
Canto カント / キャント / ケント
Cantobriensis カンタベリー
Canton カントン* / キャントン*
Cantón カントン
Cantona カントナ*
Cantone カントーネ*
Cantoni カントーニ / カントニ
Cantor カンター* / カンター / カントール* / カントル* / キャンター**
Cantrell キャントレル*
Cantril キャントリル*
Cantu カンタ / カントゥ
Cantù カントゥ* / カントゥー
Cantudo カントゥード

Cantwell カントウェル** / カントウェル***
Canty キャンティ*
Cántyp チャンドゥプ
Canu カニュ / カヌウ
Canudo カニュード / カニュド / カヌード
Canuleius カヌレイウス
Canute カヌート / クニート / クヌート
Canuti カヌーティ
Canutt カナット / カヌット
Canxue ツァンシュエ
Canyon キャニオン*
Canyong チャンヨン
Canzoneri キャンゾネリ
Cao カオ*** / ツァオ*
Cào カオ
Cão カウン
Caouette カウエット
Cap カップ / キャップ
Cáp カープ
Capa カパ / キャパ***
Cāpā チャーパー
Capablanca カパブランカ
Capac カパク / カパック
Cápac カパク / カパク / カパック
Capacchione カパチオーネ
Capacelli カパチェッリ / カパチェルリ
Capadose カパドーセ
Capadrutt カパトルット
Capaldi カポールディ / キャパルディ*
Capalini ツァパリニ
Capanna カパーナ* / カパンナ
Caparó カパロ
Capart カパール

Capasa カパサ*
Capatana カパタナ
Capatosto カパトスト
Capatti カパッティ
Capdevila カップダビラ / カプデヴィラ* / カプデビラ*
Cape ケイプ / ケープ*
Capecchi カペッキ*
Capece カペチェ
Capek カペック / チャベック**
Čapek カベク / カペック / チャペク / チャペック*
Capel カベル* / ケーベル / チャベル
Capela カペラ
Capeling ケイプリング*
Capell キャベル / ケイベル
Capella カベジャ / カペッラ* / カペラ** / カベルラ
Capellani カペラーニ / カペラニ
Capellanus カペラーヌス / カベルラヌス
Capellas カベラス
Capelle カベル / カベレ*
Capellen カベレン
Capelletti カベレッティ
Capelli カベーリ / カベリ*
Capellini カベッリーニ
Capello カベッロ*** / カベロ*
Capellos カペロス
Capellus カペルス
Capelo カペーロ
Capen カペン
Caper ケイパー
Capéran カペラン*
Capers ケイパー / ケイパーズ / ケーパース* / ケーパーズ

Capes ケイプス*
Capet カペ / カペー
Capetti カペッティ
Capezzi カペッツィ
Capgras カプグラ*
Capgrave キャップグレイヴ / キャップグレイブ
Capi キャピ
Capicchinoni カピッキオーニ
Capicik カピシク
Capie カピー / キャピー
Čapilikas チャプリカス
Capilla カピラ
Capillas カピラス / カピリャス
Capillo カピロ
Capiński ツァピンスキ
Capirola カピローラ
Capirossi カピロッシ*
Capistran キャピストラン
Capistrano カピストラーノ
Capistranus カピストラヌス / カピストラーノ
Capitan カピタン / キャピタン
Capitán カピタン
Capitanchik キャピタンチック
Capitani カピターニ
Capitanich カピタニチ* / カピタニッチ
Capitanio カピターニオ / カピタニオ*
Capitant カピタン*
Capito カービト / カピト / カピトー
Capitolinus カピトリヌス
Capizzi カピッツィ
Čapková チャプコヴァー
Caplain カプラン
Caplan カプラン* / キャプラン
Caple ケイプル / ケーブル
Caples ケイプルス / ケープルス

ケーブルズ
Caplet カプレ*
Caplin カプラン / カプリン / キャップリン / キャプリン
Caplivski キャプリンスキー
Čaplovič チャプロビチ
Caplow キャブロウ
Capmany カツマニ / カプマニ
Capo カポ
Capobianco カポビアンコ
Capodagli カポダイ / カポダグリ*
Capodaglio カポダグリオ
Capodiferro カポディフェッロ
Capo d'Istrias カポディストリアス
Capogrossi カポグロッシ
Capolino カッポリーノ
Capolupo カポルーポ
Capon カボーン / カポン / ケイポン
Capone カポネ**
Caponigro カポニーロ
Caporale カポラーレ / カポラレ
Caporali カポラーリ
Capote カボウティー / カボーテ / カーポーティ / カポーティ** / カポーティー / カポート
Capoue カプー
Capoul カブール / カブル
Capoulas カポウラス
Capoulas Santos カポウラスサントス
Capozzi カポッツィ
Capp キャップ
Cappa カッパ / カーパ
Cappadona カッパドナ
Cappadonna カパドナ
Cappaert カペール
Cappai カッパイ
Capparell キャパレル*
Cappel カベル
Cappelen カペレン

Cappell カペル カペル	Capriani カプリアーニ	カブト** カブトー	Caraher カラハー	Carbó カルボ
Cappella カペラ	Capriati カプリアティ*	Čaputová チャプトヴァ	Caraka チャラカ	Carbonaile カルボネル
Cappelletti カッペレッティ カペレッティ	Caprice カプリス* キャプリス	Capuzzi カプッツィ	Caralyn キャラリン	Carbonare カルボナーレ
Cappelli カッペッリ カッペリ カペッリ キャペリー キャペリー	Capricornus カプリコルヌス	Capuzzo カブーゾ カプッツォー	Caram カラン	Carbonari カルボナーリ
	Caprio カプリオ	Čaqundorji チャホンドルジ	Carama カラマ	Carbonaro カルボナロ
	Caproglio カプリオッリョ	Caquot カコー	Carambula Raurich カランブララウリク	Carbonchi カルボンキ
	Caprioli カプリオーリ	Car カー	Caramello カラメロ*	Carbone カーボーン* カルボーネ** カルボネ*
Cappellini カッペリーニ	Capriolo カプリオーロ**	Cara カーラ*** カラ* キャラ*	Caramitru カラミトル	
Cappellino カッペリーノ	Caprioriu カプリオリウ カプリオリウ		Caramuel カラムエル	Carboneill カルボネリ
Cappello カペッロ カベーロ* カペロ	Caprivi カプリーヴィ カプリヴィ カプリービ カプリビ	Caraballo Cabrera カラバジョカブレラ	Caran カラン	Carbonel カルボネル
		Carabao カラバオ	Caranobe カラノベ	Carbonell カルボネル**
Cappellus カペルス		Carabatsos カラバトス	Carapaz カラパス	Carbonero カルボネーロ カルボネロ
Capper カッパー カバー キャパー	Caproli カプローリ	Carabellese カラベレーゼ	Carascalao カラスカラオ	
	Capron カブロン* キャプロン* ケイプロン ケープロン ケプロン	Carabelli カラベッリ	Carascalão カラスカラオ	Carboni カルボーニ カルボニ
Cappetta カペッタ		Carabello キャラベロ	Carasik カラジック*	
Cappi カッピ キャッピー		Carabetta カラベッロ	Carasso カラッソ	Carbonnaux カルボノー
Cappiello カッピエッロ	Caproni カプローニ	Carabias カラビアス	Carassou カラスー	Carbonneau カバナー
Cappon カッポン	Capsali カプサリ	Carabillo キャラビロ	Carassus カラシュス	Carbonnier カルボニエ*
Capponi カッポーニ	Capshaw キャップショウ キャプショー*	Carabin カラバン キャラビン	Caratacus カラタクス	
Cappozzo カポッツォ		Caracalla カラカッラ カラカラ	Carathéodory カラテオドリ カラテオドリー	Carbough カーボウ
Capps キャップス** キャプス	Capsir カプシール	Caracciola カラツィオラ		Carcamo カルカモ
	Capsoni カプソーニ	Caraccioli カラッチョリ	Caratini カラティーニ	Carcani チャルチャニ*
Cappuccilli カップッチッリ カプッチッリ	Capstick キャプスティック	Caracciolo カラッチオーロ カラッチョリ カラッチョロ	Caratti カラッティ*	Carcano カルカーノ カルカノ*
	Captain カピタン キャプテン**		Carauioi カロ―イ	
Cappy キャピー			Caraun カローン	Carcasses Kalosil カルカサスカロシル
Capra カブラ カブラ** キャブラ* チャブラ	Captan キャプタン	Caraceni キャラセニ	Carausius カラウシウス	
	Captari カプタリ	Caraciollo カラチョーロ	Caravaca カラヴァカ	Carcassi カルカッシ
	Capua カープア カプア*	Caracol カラコール カラコル	Caravaggio カラヴァッジオ* カラヴァッジョ* カラバッジオ カラバッジョ	Carcaterra カルカテラ**
Caprai カブライ*				Carcavy カルカヴィ
Capranica カブラーニカ カブラニカ	Capuana カプアーナ*	Caractacus カラクタクス		Carcea カルシア
	Capuano カプアーノ	Caradec カラデック	Caravario カラヴァリオ	Carcela カルセラ
Caprara カブラーラ カブララ	Capucci カプッチ	Caradeuc カラドゥク	Caravella カラベラ	Carcelle カルセル*
	Capucciati カプチアーニ	Caradine キャラダイン	Caravelli カラヴェリ カラベリ	Carco カルコ*
Caprari カブラーリ カブラリ	Capucilli カプチーリ* カプチリ	Caradoc カラドック キャラドック	Caravita カラヴィタ	Carcone カルコン
Caprarola カブラローラ		Caradori カラドリ	Caraway キャラウェー* キャラウェイ	Carcopino カルコピーノ カルコピノ
Capreolus カブレーオルス カブレオルス	Capucine カピュスィーヌ キャピュシーヌ* キャピシーヌ	Caradosso カラドッソ*		
		Carafa カラーファ	Carax カラ カラックス**	Card カード**
Capretti カブレッティ	Capuçon カプソン*	Caraffe カラフ		Cardale カーデイル
Capretto カプレット	Capullo カプロ	Caragiale カラジアーレ カラジャーレ	Carazo カラソ** カラゾ	Cardama カルダマ
Caprez カブレッツ	Capurro カプッロ			Cardano カルダーノ* カルダノ カルダノー
Capri カプリ	Capurso カブルソ	Caraglio カラーリオ	Carbah カーバー	
Capria カプリア	Capus カピュ**	Caragulian キャラグリアン	Carbajal カーバーハール	Cardarelli カルダレッリ カルダレリ カルダレルリ
	Capusta カプスタ	Carah カラー	Carballido カルバリド	
	Caputo カブート		Carballo カルバジョ カルバリヨ	Cardell カーデル
			Carbasse カルバス	Cardella カルデッラ
			Carbaugh カーボー*	Cardellini カーデリーニ
			Carbeck カーベック*	Carden カーデン
			Carberry カーベリー	Cardenal カルデナル***
			Carbo カルボ*	Cardenas カルデナス

CAR

C

Cárdenas カルデナス**
Cardenes カルデネス
Carder カーダー
Cardew カーデュー*／カードュー
Cardi カーディ／カルディ
Cardiel カルディエル
Cardiff カーディフ**
Cardigan カーディガン
Cardijn カルディン
Cardille カーディル
Cardillo カルディッロ／カルディロ
Cardim カルディム／カルディン
Cardin カルダン**
Cardinal カーディナル*／カルディナール／カルディナル*
Cardinale カーディナル／カルディナーレ*／カルディナレ
Cardine カルディーヌ
Cardinell カーディネル
Cardini カーディニ／カルディーニ
Cardon カードン／カルドン*
Cardona カードナ／カルドーナ／カルドナ**
Cardone カーダン／カルドーネ
Cardonne カルドンヌ
Cardonnel カルドネル
Cardoso カルドーズ／カルドーソ**／カルドーゾ*／カルドソ／カルドゾ***
Cardoz カルドス
Cardoza カルドサ
Cardoze カルドーズ
Cardozo カードーゾ**／カードーゾー／カドーゾ／カルドーソ／カルドソ*／カルドゾ*／カルドゾ
Carducci カルドゥーチョ／カルドゥッチ**
Carducho カルドゥーチョ

Cardus カーダス
Cardwell カードウェル**
Care ケア
Careca カレカ／カレッカ
Careil カレイユ
Carek カレック
Čarek チャレック
Carel カーレル*／カレル*／キャレル*／シャルル
Careless ケアレス
Carell カレル**
Carelli カレッリ／カレルリ
Carelman カレルマン
Carelse ケアルス
Carême カレーム*
Caren カレン*
Carena カレーナ
Carens カレンズ
Carère カレール
Carestini カレスティーニ
Caretta キャレッタ
Carette カレット
Caretti カレッティ
Carew カーリュー／カリュー**／カルー**／ケアリ／ケアリー／ケアルー／ケルー
Carewe ケアウィー／ケアルー
Carey カーリー／カリー／カレー／カーレイ／カレイ／キャライ／キャリー**／キャリィ／キャレー／キャレイ*／ケアリ*／ケアリー***／ケイリー／ケーリー**／ケリー*／ケーレー
Carfagna カルファーニャ*
Carfantan カルファンタン
Carges カーゲス／カージェス／カージス／カルゲス

Cargile カーギル
Cargill カーギル**／カージル
Carhart カーハート**
Carher キャザァア
Cari カーリ／キャリ*／キャリー／ケアリー*
Cariani カリアーニ
Carias カリーアス／カリアス*
Carías カリアス
Caridad カリダ／カリダード
Caridia カリディア
Carie キャリー
Cariel キャリエル
Cariello カリエロ
Carigiet カリジェ*
Carignani カリニャーニ*
Carillo カリージョ／カリリョ／カリロ
Carilyn カリリン
Carimini カリミーニ
Carin カーリン**／カリン**／キャリン
Carina カリーナ**／カリナ*
Carine カリーヌ*／カリーン／キャリーヌ
Carini カリーニ*
Carinio カリニオ
Cariño カリーニョ
Cărinus カリーヌス／カリヌス
Carioca カリオカ
Cariolato カリオラート*
Carion カリオン
Carios カルロス
Cariou カリウ*／カリュー
Caris カリス
Carisi キャリシ
Carissa カリッサ
Carissimi カリッシーミ／カリッシミ
Carita カリタ
Caritat カリタ／カリター
Carius カリウス*

Carjat カルジャ
Carkeet カーキート*
Carkhuff カーカフ*
Carl カアル／カール***／カル／カルル**／シャルル
Carla カーラ***／カルラ**
Carlalberta カーラルベルタ
Carlantonio カルラントーニオ
Carlao カルロン
Carlat カーラット／カラット
Carlberg カールバーグ*
Carlhos カールベリイ
Carl Buchan カールブカン
Carle カール***／カルレ
Carlee カーリー
Carleen カーリーン*／カーリン*
Carlei カルレイ
Carleman カーレマン
Carlen カーレン
Carlén カルレン／カレーン
Carlene カーリーン**
Carles カルラス／カルル*／カルレ／カルレス**
Carlescu カルレスク*
Carlesimo カーレシモ
Carleson カールソン*／カルレソン
Carlet カルト／カルレ
Carleton カアルトン／カートン／カールトン***／カルトン／カールトン
Carletti カルレッチ／カルレッティ*
Carlevaris カルレヴァーリス／カルレヴァリス
Carlevaro カルレバーロ**
Carley カーリー*／カーレー

カーレイ
Carlfriedrich カールフレッドリッチ
Carlgren カールグレン／カルルグレン
Carli カーリ*／カルリ**
Carlijn カレイン
Carlile カーライル**
Carlin カーリン***／カルラン
Carlina カルラ
Carline カーリン*
Carliner カーライナー／カーリナー
Carling カーリング*
Carlinhos カルリーニョス
Carlini カルリーニ
Carlinsky カーリンスキー／カリンスキー
Carlir カルリール
Carlis カーリス
Carlisle カアライル／カーライル***／カーリスリー／カーリスル
Carliss カーリス*
Carlito カーリト／カルリト
Carlitos カリトス／カルリトス
Carlius カリウス
Carll カール／カルル*
Carlmann カールマン
Carlmar カールマル
Carl-Mitchell カールミッチェル
Carlo カール／カルロ***／カルロス／カーロ*／シャルル
Carlock カーロック
Carlolyn キャロリン
Carloman カールマン／カルロマン
Carlon カールローン／カーロン**
Carlone カルローネ
Carloni カルローニ
Carlos カリロス／カルルシュ／カルロ**

カロシュ
カロス***
カロス**
Carlos Alberto カルロスアルベルト
Carlos Andres カルロスアンドレス
Carlos Arturo カルロスアルトゥロ
Carlos Eduardo カルロスエドゥアルド
Carlot
　カルロ**
　カルロット
　キャロ
Carlota
　カルロータ
　カルロタ
Carlotta
　カルロッタ*
　カーロッタ
　キャルロッタ
Carlotte シャーロット
Carlotti キャロッティ
Carlovich カルロウイチ
Carlow カーロウ
Carlowicz カーロヴィッツ
Carlowitz カルロヴィツ
Carlqvist カールクヴィスト
Carlsbad カールズバッド
Carlsen
　カールセン*
　カールゼン
Carlson
　カールスン*
　カールソン***
Carlsson
　カールソン***
　カルルソン
Carlstadt カールシュタット
Carlstedt カールステット
Carlston カールストン
Carlstrom
　カールストローム**
　カールストロム
Carlton
　カアルトン
　カールトン***
Carlu カルリュ
Carlucci
　カールーチ*
　カールッチ
Carlwind カールヴィンド
Carly カーリー*
Carlye カーリー
Carlyle
　カアライル
　カーライル***
Carlyon カーライオン
Carlzon カールソン*

カールゾン
Carma カーマ*
Carmack カーマック
Carmagnola カルマニョーラ
Carman カーマン***
Carme
　カルマ
　カルム
　カルメ
Carmel
　カーメル*
　カルメル*
Carmela
　カーメラ
　カルメラ**
Carmelita
　カーメリータ
　カーメリタ*
　カルメリータ
　カルメリタ
Carmelle カルメル
Carmelo
　カーメロ**
　カルメーロ
　カルメロ***
Carmélo カルメロ
Carmel Sou カルメルス
Carmen
　カーメン***
　カルマン
　カルメン***
CarmenAlfonso カルメンアルフォンソ
Carmer
　カーマー
　カルメル
Carmet
　カルメ*
　キャルメ
Carmi
　カーミ
　カルミ**
Carmichael
　カアミカエル
　カーマイクル*
　カーマイケル***
　カーミチェル
　カーミッシェル
　カーミッチェル
　カーミハエル
Carmignola カルミニョーラ*
Carmina カルミナ
Carminati カルミナーティ
Carminati Molina カルミナーティモリーナ*
Carmine
　カーマイン**
　カーメン
　カルミネ***
Carmines カーマイン
Carminucci カルミヌッチ
Carmirelli カルミレッリ*
カルミレルリ

Carmo
　カーモ
　カルモ
Carmody
　カーモディ
　カーモディー*
Carmona
　カーモナ
　カルモナ***
Carmona Heredia カルモナエレディア
Carmontelle カルモンテル
Carmylyon カーミリヨン
Carnabuci カルナブーチ
Carnaby カーナビー
Carnahan カーナハン*
Carnap
　カルナップ*
　カールナプ
　カルナプ
Carnarvon
　カーナーヴォン
　カーナヴォン
　カーナーボン
　カーナボン
Carnavas カーナバス
Carne カーン*
Carné カルネ*
Carnec カルネック*
Carnegie
　カーネーキー
　カーネーギー
　カーネギ
　カーネギー***
　カーネギイ
　カーネギー
Carnegy カーネギー
Carneiro カルネイロ**
Carnelivari カルネリヴァーリ
Carnell
　カーネル
　コーネル
Carneo カルネオ
Carner
　カーナ
　カーナー
　カルネ
Carnera カルネラ
Carnes
　カーニス
　カーンズ**
Carnesecchi カルネセッキ
Carnesi カルネシ
Carnett カーネット
Carnevale
　カーネベール
　カーネベル
Carnevali カーニヴァリ
Carney
　カーニー***
　カーニィ
　カーネイ

Carnicer カルニセル
Carnicero カルニセロ
Carnochan カーノカン
Carnock カーノック
Carnogurský チャルノグルスキー*
Čarnogurský チャルノグルスキー
Carnot
　カルノ
　カルノー*
Carnovsky
　カーノヴスキー
　カーノフスキー
　カルノフスキー
Carnoy
　カーノイ
　カルノワ
Carns カーンズ
Carnungan カルヌーガン
Caro
　カーロ*
　カロ***
　キャロ**
Carobeth キャロベス
Carocci カロッチ
Caroe
　カロウ
　キャロー
Caroen チャルーン
Carofiglio カロフィーリオ**
Carol
　カルル
　カロル**
　キャロル***
Carola
　カローラ**
　カロラ
　キャロラ*
Carolaine キャロライン
Carolan
　カロラン
　キャロラン
Carole
　カロル*
　キャロル**
Caroli
　カーロリ
　カロリ
Caroliee キャロリー
Carolien カロリン
Carolin
　カロリン*
　キャロリン
Carolina
　カロリーナ*
　カロリナ***
　キャロライナ
　キャロリーナ*
Caroline
　カロライン*
　カロリーヌ
　カロリナ
　カロリーヌ***

カロリーネ**
カロリネ
カロリーン
カロリン*
キャロライン***
キャロリーヌ
キャロリン*
Carolis
　カーロリス
　カロリス*
Caroll キャロル*
Carollo
　キャロル
　キャロール
Carolly キャロリー
Carolsfeld
　カルロスフェルト
　カーロルスフェルト
　カルロスフェルト
Carolus
　カルロ*
　カロリュス
　カロルス*
Carolyn
　カロリン**
　キャリー
　キャロライン**
　キャロリン***
　キャロル
Carolyne
　カロリーヌ
　カロリン
　キャロライン
Carolynn キャロリン
Caron
　カーロン
　カロン*
　キャレン
　キャロン***
Carondelet カロンデレト
Carone カローヌ*
Carosati カロサティ
Caroselli
　カロゼッリ
　カロセリ
Caroso カローゾ
Carossa カロッサ**
Carotenuto カロテヌート*
Carothers
　カラザース
　カラザーズ
　カローザース
　カローザーズ
　カローザズ
　カロザース
　カロザーズ
　キャロザース*
Caroto カロート
Carotti キャロッティ
Carotti-Sha カロッティーシャ
Caroubel カルーベル
Caroutch カルーチュ
Carovillano カロヴィリャーノ
Caroz カロズ

Carozzi カロッツィ
Carp
　カープ
　カルプ
Carpaccio
　カルパッチオ
　カルパッチョ*
Carpani カルパーニ
Carpantier
　カルパンシェ
Carpeaux
　カルポー
　カルポー
Carpeggiani
　カルペジアニ
　カルペジャニ
Carpelan カルペラン*
Carpena カルペーニャ
Carpenito
　カルペニート
Carpenter
　カアペンタ
　カーペンター
　カァペンタァ
　カーペンター***
Carpentier
　カーペンティア*
　カルパンチェ
　カルペンティエ
　カルペンティエール*
　カルペンティエル**
Carpentras
　カルパントラ
Carper カーパー**
Carpi カルピ*
Carpini
　カルピーニ
　カルピニ*
Carpio
　カルピオ***
　カルピョ
Carpioni カルピオーニ
Carpo カルポ
Carpov カルポフ
Carpozi カルポジ
Carpus カルプス
Carpzov カルプツォフ
Carpzow
　カルプツォ
　カルプツォフ
Carr
　カー***
　カア
　カール
　カル
Carra
　カーラ
　カラ
Carrà
　カッラ
　カラ
　カルラ
Carracci
　カッラッチ
　カラッチ
Carrada カッラーダ
Carradine
　キャラダイン**

キャラディン*
Carragal カラガール
Carragher キャラガー
Carraher
　カラハー
　キャラハー*
Carrand カラン
Carranza
　カランサ***
　カランザ**
Carranza Saroli
　カランザサロリ
Carrara
　カッラーラ
　カラーラ*
Carrari カッラーリ
Carrarini カッラリーニ
Carraro カラロ
Carras カラス
Carrascalao
　カラスカラオ
Carrascalāo
　カラスカラオ*
Carrasco カラスコ***
Carrascosa カラスコサ
Carrasquel
　カラスケル*
Carrasquilla
　カラスキジャ
　カラスキリャ
Carrassco カラスコ
Carrau
　カロウ
　キャロウ*
Carraud カロー
Carre カレ
Carré
　カー
　カレ***
Carrega カレガ
Carreira カレーイラ
Carrel カレル**
Carrell
　カレル
　キャレル*
　キャロル
Carreno カレニョ
Carreño
　カレーニョ**
　カレニョ
Carreon
　カレオン
　カーロン
　キャリオン*
Carrer
　カッレール
　カッレル
　カレ
　カレル
Carrera
　カッレーラ
　カレッラ
　カレーラ*
　カレラ*
　キャレラ
Carreras
　カルレラス
　カレーラス**

カレラス*
Carrere
　カレーラ
　カレール
　カレル*
Carrère
　カレール***
　キャレール
Carrero
　カルレーロ
　カレーロ
Carrese キャレッセ
Carrethers カレサース
Carretier カルティエ
Carretto カレット
Carrey キャリー*
Carreyrou
　キャリールー
Carrez カレズ
Carr-Gomm カーゴム
Carri カッリ
Carricart キャリカート
Carrick
　カーリック
　カリック
　キャリック**
Carrico カリーソ
Carrie
　カリー*
　キャリー***
Carrié カリエ
Carriego カリエゴ
Carrier
　カリーア
　カリエ
　キャリア*
　キャリアー*
　キャリエ
Carriera
　カッリエーラ
　カリエーラ
　カリエラ
Carriere カリエール**
Carriére カリエール
Carrière
　カリエール***
Carrieri カリアリ
Carriero カリエロ
Carrigan
　カーリガン
　キャリガン*
Carrighar キャリガー
Carriker カーリカー
Carril
　カリール
　カルリル
　キャリル
Carrillo
　カリージョ*
　カリジョ
　カリーヨ
　カリーリョ*
　カリリョ**
　カーリロ
　カリロ
Carrin
　カリン

キャリン
Carringer
　キャリンジャー
Carrington
　カーリングトン
　カーリントン
　カリントン**
　キャリングトン
　キャリントン***
Carrion カリオン
Carrión カリオン*
Carrisi カッリージ**
Carrison キャリソン*
Carrithers カリザス
Carrizales カリサレス
Carrizo カリーソ
Carrol
　カロル
　キャロル***
Carroll
　カアロル
　カロル
　キャアラル
　キャロル***
Carron キャロン
Carroo カーロー
Carrot キャロ
Carrothers
　カラーザーズ
　カロザース
　カロザーズ
　カロゾルス
Carroto カロート
Carroué カルルエ
Carrouges
　カルージュ*
Carrozza カロッザ
Carrozzo カッロッツォ
Carruth カース***
Carruthers
　カラザース*
　カラザーズ
　カラザズ
　カラッザーズ
　カールーサーズ
　カールーザーズ
　カルーザス
　カルザース
Carruthes カルサーズ
Carruzzo カルッツォ
Carry
　カリー
　キャリー**
　ケアリー
Carryl キャリル
Cars
　カーシュ
　カール*
　キャッシュ
Carse
　カアス
　カース
Carsel カーセル
Carsey カーシー
Cársky カルスキィ
Carslaw カールスロー

Carsley カースリー
Carson
　カアスン
　カースン*
　カーソン***
　カールソン
　カルソン
Carsons カーソンズ
Carsta カルスタ
Carstairs カーステアズ
Carstares
　カーステアズ
Carstein カルシュテン
Carsten
　カーステン**
　カルシュテン
　カルスシュテン
　カールステン*
　カルステン**
Carstens
　カーステンス*
　カルステン
　カールステンス
　カルステンス**
Carstensen
　カーステンゼン
　カルステンゼン
　カルステンセン
Carston カーストン
Carswell
　カースウェル
　カーズウェル
　カールスウェル
Carta カルタ*
Cartabia カルタビア
Cartagena
　カルタゲナ
　カルタヘナ
Cartailhac
　カルタイヤック
　カルタヤック
　カルテラック
Cartaino カーティノ
Cartan カルタン*
Cărtărescu
　カルタレスク*
Cărtărescu
　カルタレスク
Cartari カルターリ
Cartaya カルタヤ
Carte
　アルテ
　カート
Cartee カルティエ
Cartelier カルトリエ
Cartellier カルテリエ
Cartellieri
　カルテッリエリ
　カルテリエーリ
Carter
　カータ
　カーター***
　カルター
Carteret
　カータレット
　カータレト
　カートレット*
　カルトレ

Carteri
カルテーリ
カルテリ
Carteron カルテロン
Carter Scott
カータースコット
Carter-Scott
カータースコット
Cartes カルテス*
Carthac カルタク
Carthage カルタグス
Carthew カーシュー
Carthy
カーシ
カーシー
Cartier
カーター
カーティエ
カルチェ*
カルチェ*
カルティエ***
Cartiér カーティエ
Cartimandua
カーティマンドゥア
カルチマンドゥア
カルティマンドゥア
Cartland
カートランド***
Cartledge
カートリッジ*
カートレッジ
Cartlidge
カートリッジ**
Cartman カートマン*
Cartmel カートメル
Cartmell
カートメリ
カートメル*
Cartmill カートミル
Cartola カルトーラ
Carton
カートン*
カールトン*
カルトン*
Cartou カルトゥ
Cartouche
カルトゥーシュ
Cartter カーター
Cartusianus
カルトゥシアヌス
Cartwright
カートライト***
Carty
カーティ*
カーティー*
Caruana カルアナ*
Carucci カルッチ
Carulla カルッラ
Carulli
カルッリ
カルリ
Carunungan
カルヌーガン
Carus
カラス
カールス
カルス
ケアラス

ケイラス
ケーラス*
ケラス
Caruso
カルーソ**
カルーソー*
カルーゾ
カルーゾー*
カルソ*
カルソー
Caruth カルース*
Caruthers
カラザーズ
カルザース*
Carvajal カルバハル*
Carvajel カルバヘル
Carvalhal
カルヴァリャル
Carvalho
カヴァリュ
カルヴァーリュ
カルヴァーリョ*
カルヴァリョ
カルヴァリヨ
カルヴァロ
カルバーリュ
カルバリョ**
カルバリヨ
カルワーリュ
カルワリョ
デカルバロ
Carve カーヴ
Carvel カーヴェル
Carvell カーベル
Carven カルヴェン
Carver
カアヴー
カアバア
カーヴァ
カーヴァー*
カーバー***
Carvey
カーヴィ
ガーヴェイ
Carvic カーヴィック
Carvilius
カルウィリウス
カルヴィリウス
Carvill カービル
Carvin カービン
Carvor カーヴァー
Carvunis カルヴニ
Carwardine
カーウォーディン*
カーワディーン
カーワディン**
Carwyn カーウィン*
Cary
カーリー
カリー
キャリー**
キャリイ
ケアリ
ケアリー**
ケイリー**
ケーリ***
ケーリー*
ケリー**

Carybé カリベ*
Caryl
カーライル
カリル*
キャリル**
Caryle
カーライル
キャロル
Caryll キャリル
Caryn キャリン
Carzan カルザン*
Carzou カルズー*
Cas カス
Casa
カーサ*
カーザ*
Casabianca
カザビアンカ
Casablancas
カサブランカス*
Casaburi カサブリ
Casaccia カサクシア
Casad カサド
Casadesus
カサデサス
カサドゥシュ
カザドゥシュ
カサドシュ**
カサドジュ
カザドジュ
カザドシュ
カサドシュス
Casadio カサーディオ
Casado カサード*
Casady カサディ
Casais カザイス
Casal
カサール
カサル*
Casaldaliga
カサルダリガ
Casaldáliga
カサルダリガ
Casale カサーレ
Casaleggio
カザレッジョ*
Casali
カサーリ
カサリ
カザーリ
Casalis カザリス
Casals
カザウス
カサルス
カザルス**
Casamassimo
カサマッシモ
Casamayor
カサマヨル**
カザマヨール
Casamayou カサマユウ
Casamiquela
カサミケラ
Casamonti
カサモンティ
Casanas カサニャス
Casañas カサナス

Casanave カザナヴ
Casandra カサンドラ
Casanelles
カサネリェス
Casani
カサニ
カサニー
Casanova
カサノーヴァ*
カサノヴァ**
カザノーヴァ
カザノーヴァ**
カサノーバ
カサノバ*
カザノーバ
カザノバ
カザノワ
Casanovas カサノバス
Casapietra
カサピエトラ
Cäsar ツェーザル
Casares
カサーレス**
カサレス
Casarès
カサレス
カザレス*
Casarett
カサレ
カサレット
Casari カサリ
Casario カサリオ
Casaroli
カサロリ
カザロリ*
Casarosa カサローザ
Casartelli カサルテリ
Casas
カーサス
カサス***
Casás カサス
Casati
カザッティ
カサーティ
カザーティ*
Casaubon
カソボン
カゾーボン
カゾボン
Casaus カサウス
Casavola カザヴォラ
Casazza
カサッツァ
カザッツァ*
Casca カスカ
Cascarino
カスカリーノ
Cascia
カーシャ
カッシャ
Casciaro
カシアロ
カッシャーロ
Casciato カシアトー
Cascio
カシオ*
カーショ
カッシオ
キャシオ

Cascioli
カシオーリ*
カショーリ
Cascone カスコーネ
Cascudo カスクード
Case
カゼ
ケイス*
ケース***
Casé カセー
Casè カゼ
Caseen カシーン
Casel
カーゼル*
カセル
Caseley ケイスリー
Caselius カゼーリウス
Casella
カセッラ
カゼッラ
カセーラ
カセラ
カゼーラ
カセリラ
カセルラ
Casellas カセーリャス
Caselli
カゼック
カセッリ
カゼッリ
カセリ
カセルリ
カッセリ
Caselmann
カーゼルマン
Caselotti
ケイスロッティ
Casely
ケイスリー
ケースリ
ケースリー
Casembroot
カセムブロート
カセンブロート
Casement
ケイスメント
ケースメン
ケースメント**
Casemiro カゼミーロ
Casentini
カセンティーニ
Casentino
カゼンティーノ
Casero カセーロ
Cases
カーズ*
カズ*
カセス
Casey
カセー
キャシー
キャシイ
キャセイ
ケイシ**
ケイシー***
ケイジ

ケージー
ケジ
ケジー
ケーシイ
Cash キャッシュ***
Cashaw キャショー
Cashdan
　キャッシュダン*
Cashen カッシュエン
Cashford
　キャシュフォード
Cashin キャッシン
Cashman
　カッシュマン
　キャッシュマン*
Cashmore
　カシュモア*
　キャッシュモア
Cashner
　キャッシュナー
Cashore カショア*
Casiano カシアノ
Casiello カシエロ
Casilda カシルダ
Casilini カシリーニ
Casilla
　カシージャ
　カシーヤ
Casillas
　カシージャス*
　カシジャス
　カシヤス
Casilli カッシーリ
Casimir
　カジマー
　カージミーア
　カシミア
　カジミェシュ
　カジミエシュ
　カシミール
　カジミル**
　カジミール*
　カジミル
Casimira カシミラ
Casimiri
　カジミーリ
　カジミーリ
Casimiro カジミーロ
Casimirus カシミルス
Casini
　カシーニ
　カジーニ
Casiraghi
　カシラギ
　カジラギ
Caskel カスケル
Casken カスケン
Caskey
　カスケイ
　キャスキー
Caskie カスキー
Caslaru カシュラル
Caslavska
　チャスラフスカ
Cáslavská
　チャスラフスカー
　チャスラフスカ

Cáslavská
　チャスラフスカ
Caslione
　キャスリオーネ
Caslon カズロン
Casmir
　カスミール
　キャス
Casnabet カナベ
Casnedi カズネーディ
Casnocha カスノーカ
Caso カソ
Casoar カゾアール
Casolino カソリーノ
Cason ケーソン
Casona
　カソーナ
　カソナ*
Casorati
　カゾラチ
　カゾラティ
　カゾラーティ
　カゾラティ
Caspal カスパル
Caspar
　カスパー*
　カスパール*
　カスパル*
　カルパン
　キャスパー*
Caspari
　カスパーリ*
　カスパリ
Casparis キャスパリス
Caspary
　カスパリー
　キャスパリー
Caspe カスペ
Casper
　カスパ
　カスパー*
　カスパル
　カスペル
　キャスパー**
Caspersen
　カスペルセン*
Caspersson
　カスペルソーン
Caspian
　カスピアン
　キャスピアン
Caspicara
　カスピカーラ
Cass
　カス*
　キャス**
Cassa カサ
Cassabois カサボア
Cassaday
　カサディ
　キャサデイ
Cassadesus カザドシュ
Cassadó
　カサード
　カサド*
　カッサド

キャサデイ
キャサディー
Cassagnac
　カサニャク
　カサニャック
Cassagrande
　カサグランデ
Cassal カサル
Cassam カッサム**
Cassama カサマ
Cassander
　カッサンダー
　カッサンドル
Cassandra
　カサンドラ**
　カッサンドラ*
Cassandre
　カサンドル
　カッサンドル*
Cannéa
　カサネア
　カッサネーア
Cassanis カッサニス
Cassano
　カッサーノ**
　カッサノ
Cassar
　カサー*
　カッサー
　ケイサー
Cassara カッサーラ
Cassard カサール
Cassatt カサット*
Cassavetes
　カサヴェテス*
　カサベテス*
　カッサヴェテス
Casse
　カス
　カッス
　カッセ
Casseda カセーダ
Cassedy キャシディ
Cassegrain
　カースグレン
　カセグレイン
　カセグレン
Cassel
　カスセル
　カセル
　カッスル
　カッセル***
　キャッセル
Cassell
　カセール
　カセル
　カッセル
　キャセール
　キャセル
　キャッセル
Cassella カッセラ*
Cassells キャッセルズ
Casselman
　カッセルマン
Cassels
　カースルズ
　カッセルズ*
　キャスルズ
　キャッセルズ

Cassem カセム
Cassen カッセン*
Casseres カッセール
Casserio カッセリオ
Casserley キャサリー
Casserly キャサリー*
Cassese カッセーゼ
Cassetti カッセッティ
Cassey ケイシー
Cassian カッシアヌス
Cassianius
　カシアニウス
Cassianus
　カシアヌス
　カッシアーヌス
　カッシアヌス*
Cassidy
　カシディー
　カッシディ
　キャシディ***
　キャシディ**
　キャッシディ
Cassie
　カッシー
　キャシー*
Cassierra カシエラ
Cassiers カシエ
Cassigneul
　カシニュール
　カシニョール*
Cassileth キャシレス*
Cassilly キャシリー
Cassim
　カシン
　カセム*
Cassimeris カシメリス
Cassin
　カサン
　カシン
　カッサン
　キャシン
Cassina カッシーナ*
Cassinari カシナリ
Cassinelli
　カシネッリ
　カッシネッリ
　カッシネリ*
Cassingham
　カッシンガム
Cassini
　カシニ
　カシニー
　カッシーニ*
　カッシニ
Cassino カッシーノ*
Cassio カッシオ
Cassiodoro
　カッシオドーロ
Cassiodorus
　カシオドルス
　カッシオードールス
　カッシオドルス
Cassirer
　カシラー
　カッシィラア
　カッシーラ
　カッシーラー**
　カッシラー*

カッシラア
カッシレル
Cassis カシス
Cassiser カッシーラ
Cassity カシティ
Cassius
　カシアス*
　カシウス
　カッシアス
　カッシウス
　カッシオス
　キャシアス
Cassivellaunus
　カシウェラヌス
　カッシウェラウヌス
Cassola カッソーラ***
Casson
　カスン
　カーソン
　カソン
　カッソン*
　キャソン
　キャッソン
Cassou
　カス—**
　カスウ
Casspi カスピ
Casssese キャセッセ
Casstevens
　キャスティーブンス
Cassuto
　カスト
　カッスート
Cast キャスト
Casta
　カスタ*
　キャスタ
Castagna
　カスターニャ*
Castagnary
　カスタニャリ
Castagnetto
　カスタニェット*
Castagno カスターニョ
Castagnoli
　カスタグノリ
Castaignède
　カステニェード
Castaignos
　カスタイニョス
Castaing
　カステン
　キャスタン
　キャスティング
Castaldi
　カスタルディ*
Castaldo
　カスタルド*
　キャスタルド
Castan カスタン
Castaneda
　カスタニェーダ*
　カスタネーダ
　カスタネダ**
　カストラニェダ
Castañeda
　カスタニェーダ
Castañeda
　カスタニェーダ*

Castanieda
　カスタニエダ
　カスタニエダ
　カスタネーダ
Castanheda
　カスタニェーダ
　カスタニェダ
Castanier カスタニエ
Castano カスターノ*
Castaño カスタニョ
Castañón カスタニョン
Castberg カストベルグ
Casteel キャスティール
Casteele カステル
Casteels カステールス
Castek キャステク
Castel カステル*
Castelao カステラオ
Castelar
　カステラール
　カステラル
Castelbajac
　カステルバジャック*
Castelen カステレン
Casteleyn
　カステレイン
Castelhun
　キャステルハン
Castell カステル
Castella
　カステラ
　キャステラ*
Castellà カステラ
Castellamonte
　カステラモンテ
Castellan
　カステラン**
　カスラン
Castellani
　カステッラーニ
　カステラーニ**
　カステラニ
　カステラニィ
Castellano
　カステジャーノ
　カステッラーノ
　カステヤーノ
　カステラーノ*
　カステリャーノ
Castellanos
　カステジャーノス
　カステジャノス
　カステヤノス
　カステリャーノス
　カステリャノス**
Castellati
　カステッラッツィ
Castellazzi
　カステッラッツィ
Castellet
　カステリェト
　カステレト
Castelli
　カステッリ*
　カステリ**
　キャステリ
Castellini
　カステッリーニ
　カステリーニ
Castellio
　カステリオ
Castellion
　カステリオン
　カステリョ
　カステリヨン
Castellion
　カステリヨン
Castellitto
　カステッリット
　カステリット
Castello
　カステッロ
　カステロ*
Castelló カステーヨ
Castellon
　カステジョン
　カステロン
Castellón カステジョン
Castells カステル**
Castellucci
　カステルーチ
　カステルッチ*
Castellvi カステルビ
Castelly キャステリー
Castelnau
　カステルノー
Castelnuovo
　カステルヌヴォ
　カステルヌーヴォ
　カステルヌオーヴォ*
　カステルヌオーヴォ
　カステルヌオーボ
　カステルヌオーボ
　カステルヌオボ
Castelo
　カステロ
　カステーロ*
　カステロ*
Castelo David
　カステロダビッド
Castelot カストロ
Castelvetro
　カステルヴェトロ
　カステルヴェートロ
Castenschiold
　カステンショルド
Castenskiold
　カステンスキールド
Caster キャスター*
Castera キャストラ*
Casterman
　カスターマン
Casterton
　カスタートン
Castery ガステリー
Castex
　カステス
　カステックス
Casti
　カースティ
　カスティ*
　キャスティ*
Castiel キャスティール
Castighlione
　カスティリオーネ
Castigliano
　カスティリアーノ
　カスティリャーノ
Castiglione
　カスチリオーニ
　カスチリオーネ
　カスチリョーネ
　カスティリオーネ**
　カスティリョーネ*
Castiglioni
　カスティグリオニ
　カスティリオーニ**
　カスティリオニ
　カスティリョーニ
Castigo カスティゴ
Castil カスティル
Castile
　カスティール
　キャスティール
Castilho
　カスティーリョ
　カスティリョ
Castilla
　カスティージャ
　カスティジャ
　カスティーヤ**
　カスティーラ
　キャスティーヤ
Castilla
　カスティージャ
　カスティーヤ
　カスティリャ
Castille カスティーユ
Castilleja
　カスティリェーハ
Castillejo
　カスティジェホ
　カスティリェホ
Castillion
　カスティリオン
Castillo
　カスティージョ*
　カスティジョ*
　カスティーヨ***
　カスティーリョ*
　カスティリョ*
　カスティーロ
　カスティロ*
　カステロ
Castillon
　カスティヨン**
Castillou カスティユー
Casting
　キャスティング
Castino カスティノ
Castioni
　カスティオーニ*
Castle
　カストレ*
　カースル***
　カスル
　カッスル
　キャスル
　キャッスル**
Castleman
　カッスルマン
　キャッスルマン
Castlemon
　カースルモン
　キャスルマン
Castlereagh
　カースルレー
Castles
　カースルレー
　カースルレイ
　カッスルリー
　カッスルレー
Castles
　カースルズ
　キャッスルズ
Castleton
　キャッスルトン
Castlin カストリン
Castner
　カストナー
　キャスナー*
Caston キャストン*
Castonzo キャストンゾ
Castor
　カスター
　カストール
　キャスター*
Castoriadis
　カストリアディス*
Castoro カストロ
Castr カストロ
Castranova
　カストロノバ
Castree
　キャストゥリー
Castrée カストレイ
Castrén カストレン
Castresana
　カストレサナ*
Castrese カストレーゼ
Castriadis
　カストリアディス
Castries
　カストリ
　カストル
　カストレ
　キャストゥル*
Castrignano
　カストリニャーノ
Castrillo
　カストリジョ
　カストリーヨ
　カストリーリョ
Castrillón
　カストリヨン
Castris カストリス
Castro カストロ***
Castrogiovanni
　カストロジョヴァンニ
Castroman
　カストロマン
Castro Mendes
　カストロメンデス
Castrone カストローネ
Castro-Neves
　カストロネヴェス*
Castronova
　カストロノヴァ
Castronovo
　カストロノヴァ
　カストロノバ*
Castroverde
　カストロベルデ
Castroviejo
　カストロビエホ
Castrucci
　カストルッチ
Castruccio
　カストルッチョ
Casty カスティ*
Casual カジュアル
Casucci カスチ
Casulana
　カスラーナ
　カズラーナ
Caswall
　キャズウォール
Caswell
　カスウェル
　カズウェル*
　キャスウェル
　キャズウェル*
Cat
　カット*
　カト
　キャット***
Cát カット
Catá カタ
Catacora カタコラ
Catala カタラ
Catalá カタラ
Catalan カタラン
Catalani カタラーニ
Catalano
　カタラーノ*
　カタラノ*
Catalanotto
　カタラノット*
　カタラノート
Cataldi カタルディ
Cataldo
　カタラード
　カタルド**
Cataletto カタレット
Catalin カタリン*
Cătălin カタリン
Catalina
　カタリーナ*
　カタリナ***
Cătălina カタリナ
Catalino
　カタリーノ
　カタリノ
Catalinotto
　カタリノット
Catana カタナ
Catanach カタナック
Catania
　カターニア*
　カタニア
Catano キャタノ
Catanoso カタノソ
Catany カタニー*
Catanzaro
　カタンザロ
　カタンツァロ
Catapano カタパーノ
Catargiu カタルジュウ
Catarina
　カタリーナ**
　カタリナ*
Catari Peraza
　カタリペラサ
Catasta カタスタ

Catchings キャッチングス*
Catchpole キャッチポール**
Catchpool キャッチプール
Cate カーテ / カテ* / ケイト** / ケート**
Catel カテル
Catelain カトゥラン / カトラン
Catena カテーナ / カテナ
Catenacci カテナッチ
Cateora カトーラ
Catephores カテフォレス
Cater カーター* / ケイター / ケーター
Cateriano カテリアノ
Caterina カタリーナ** / カテリーナ** / カテリナ* / カトゥリーナ
Caterine カテリーヌ / カテリネ / カテリーン*
Caterino カテリーノ
Caterson カターソン
Cates ケイツ*
Catesby ケイツビ / ケイツビー*
Catfish キャットフィッシュ
Catford キャットフォード
Cath カス / キャス*
Cathala カタラ
Catharina カタリーナ** / カタリナ / カテリーナ / キャサリーナ
Catharine カサリン / キャサリン**
Cathàrine キャサリン
Catharinus カタリヌス
Cathbad カトバト
Cathcart カスカート* / キャスカート*
Cathelin カトラン**
Cathelineau カトリノー
Cather カザー

キャサー / キャザー** / キャザァ
Catherall キャセロール
Cathereine キャサリン
Catherina カテリーナ
CaTherine カトリーヌ
Catherine カサリン* / カザリン / カタリーナ / カタリナ / カタリネ / カテリーヌ* / カテリーネ / カトゥリン / カトリーヌ*** / カトリーン / キャサリーン* / キャサリーン*** / キャザリン / キャシー / キャスリーン* / キャスリーン* / キャット
Cathérine カテリーナ / カテリーヌ / カトリーヌ
Catherinet カトリネ
Catherinr カサリン
Catherwood キャサーウッド** / キャサウッド / キャザーウッド
Catherynne キャサリン**
Cathey キャシー
Cathi キャシー
Cathianne キャスィアン
Cathie キャシー* / キャッシー
Cathleen カスリーン / キャサリーン* / キャスリーン*
Cathlyn キャスリン
Cathon キャソン
Cathrein カートライン / カトライン
Cathrin カトリン
Cathrine カソリン / カトリーヌ* / カトリーネ
Cathro キャスロ
Cathryn キャサリン / キャスリン
Cathy カティ / カティー* / キャサリン / キャシー** / キャシィ / キャスィー

キャッシー
Cati カーティ
Catia カティア
Catilina カチリーナ / カティリーナ / カティリナ
Catilius カティリウス
Catinat カティナ
Catino カッタン
Catius カティウス
Catlett カートレット / カトレット / キャットレット / キャトレット
Catley カトレー / カトレイ / キャトリー
Catlin カトリン** / キャスリン / キャットリン / キャットリン* / キャリトン
Catling カトリング / キャトリング
Catmull キャットマル / キャットムル*
Catnach キャトナク
Cato カート / カト / カトー* / ケイト / ケイトー / ケートー
Catoir カトイヤー
Católica カトリカ
Caton カートン / ケイトン**
Cator カトール / ケイター / ケーター
Catotti カトッティ
Catret カトレット
Catricalà カトリカラ
Catriel Andres カトリエルアンドレス
Catrien カトリーン
Catrin カトリン
Catrine キャトリーン
Catrinici カトリニチ
Catriona カトリオーナ / カトリオナ** / カトリーナ*
Catron カトロン
Catroux カトルー
Catrow キャットロウ / キャトロウ
Catrux カトルー

Catrysse キャトリッセ
Cats カッツ
Catsimpoolas キャトスィムポーラス
Catsos キャッソス
Catt カット / キャット*
Catta カッタ
Cattan カッタン
Cattanar シャッタン
Cāttaṇār サーッタナール
Cattaneo カタネオ* / カッターネオ* / カッタネオ**
Cattaruzza カッタルッツァ
Cattaui カトーイ
Catteae カテア
Cattelan カテラン*
Cattell カッテル / カテル / カトル* / キャッテル* / キャテル
Catterall カテラル* / キャットラル
Catterino カッテリーノ
Cattermole カターモール / カッターモール / キャタモール*
Cattiau キャッティオ
Cattiaux カティオ
Cattin カタン / カッティン
Catto カトー / キャトー*
Catton カットン** / キャトン
Cattoṕādhyāy チャテルジー / チャトーパーディヤーエ / チョットパッドエ
Cattoṕādhyāya チョットッパッドヤーイ
Cattral キャットラル / キャトラル
Cattrall キャットロール / キャトラル*
Catts キャッツ
Catty カティ / キャティ
Catucci カトゥッチ

Catulle カチュウル / カチュール* / カチュル
Catullus カツルス / カトゥッルス / カトゥルス / カトゥルルス
Catulus カツルス / カトゥルス
Caturla カトゥルラ
Caty カスィ / キャティ
Catz キャッツ*
Cau カウ / クア / コー*
Caubère コーベール
Caucau ザウザウ
Cauchie コーシ
Cauchon コーション* / コション*
Cauchy コーシ / コーシー*
Caudel カウデル / コーデル
Caudex カウデクス
Caudhurī チョウドゥリ
Caudill コーディル** / コードル
Caudle コードル
Cauduro カウドロ
Caudwell コードウェル**
Caudy コーディー
Cauer カウアー / カウエル* / コウアー
Cauet コウエ
Caufeynon コーフェノン
Caufield コーフィールド*
Caulaincourt コランクール / コレンクール
Caulder コールダー
Cauley コーリー
Caulfield コールフィールド**
Caulibus カウリブス
Caulkins コールキンス / コールキンズ
Caulle コール
Caullery コーリリ / コールリー

Caulton コールトン	Cavagnoli キャバニョーリ	Cavallier キャヴァリエ / キャバリエ	Cavazzoni カヴァッツォーニ
Cauly コーリー	Cavagnoud キャバニュー*	Cavallini カヴァッリーニ / カヴァリーニ / カヴァルリーニ / カバリーニ	Cavazzuti カバズッティ
Caumery コームリー	Cavaignac カヴェニャク / カヴェーニャック / カヴェニャック / カベニャック		Cave ケイヴ* / ケイブ / ケーブ
Caun カウン			Cavedone カヴェドーニ / カヴェドーネ
Cauna カウナ			Caveglia カベリア
Caune コーヌ	Cavaillé カヴァイエ / カヴァイエ	Cavallino カヴァッリーノ / カバリノ	Caveing キャヴァン
Caunes コーヌ			Cavelier カヴリエ
Caunitz コーニッツ*	Cavaillés カヴァイエス / カワイエス	Cavallo カヴァッロ / カヴァーロ / カバッロ / カバロ*	Cavelius カヴェーリウス
Caunt カウント			Cavell カヴェル* / カベル** / キャヴェル / カベル*
Cauphrayaa チャオプラヤー	Cavaillès カヴァイエス	Cavallotti カヴァロッティ / カバロッティ	
Caurroy コロア / コーロワ / コロワ	Cavalca カヴァルカ		Cavellis キャベリス
	Cavalcante カヴァルカンテ*	Cavalori ガヴァローリ	Cavelos カヴェロス* / カベロス
Caus コー	Cavalcanti カヴァルカンティ** / カバルカンティ	Cavan カヴァン	
Causey カウジー / コージー* / コーズィー		Cavanagh カヴァナー / カヴァナフ* / カバナ / カバナー* / キャヴァナッグ / キャバナ / キャバナー*	Caven カーフェン* / ケイヴン
	Cavalcaselle カヴァルカセッレ / カヴァルカゼッレ / カヴァルカセレ / カヴァルカゼレ / カバルカセレ		Cavenagh カベナー / キャベナフ
Caushaud コーショード			Cavender キャヴェンダー* / キャベンダー
Causi カウジ	Cavale カベル		Cavendish カヴェンディシュ / カヴェンディッシュ / カベンディッシュ / キャヴェンディシュ / キャヴェンディッシュ** / キャベンディシュ / キャベンディッシュ*
Causic チャウシッチ	Cavaleri カヴァレリ		
Causley コウスリー / コーズリ / コーズリー**	Cavalie カヴァリエ / カバリエ	Cavanaugh カバノフ / キャヴァノー / キャバノー	
	Cavalier カヴァリエ* / キャヴァリア		
Caussade コーサード / コサード / コッサード	Cavaliere カヴァリエーレ / カヴァリエレ / カヴァレイリー / カバリエレ / キャヴァリエ	Cavander カヴァンダー	
		Cavaness カバンス	
Causse コース* / コセ	Cavalieri カヴァリエーリ / カヴァリエーリ* / カヴァリエリ* / カバリエリ	Cavani カヴァーニ* / カバーニ	Cavenee カヴェニー
Caussin コーサン / コサン		Cavanna カヴァナ** / カヴァナ* / カバンナ	Caveney キャベニー / ケイブニー
Caute コート	Cavalla カヴァラ	Cavarnos カヴァルノス	Cavens ケイヴェンス
Cauteren コーテレン	Cavallaro カヴァッラーロ / カバラロ / キャヴァラーロ / キャヴァレロ	Cavaro カヴァーロ	Caventou カヴァントゥ / カヴァントゥー
Cauthen コーゼン		Cavarocchi カヴァロッチ	
Cauuet コエ		Cavarozzi カヴァロッツィ	Cavero カベロ
Cauvain コーヴァン	Cavallera カヴァレラ	Cavarretta キャヴァレッタ / ギャヴァレッタ	Cavers ケイヴァーズ
Cauvin コーヴァン** / コーバン	Cavalleri カヴァレッリ		Cavert カバート
	Cavallero カヴァレーロ / カヴァレロ / カバレロ / キャヴァレロ / キャバレロ	Cavasin カヴァシン	Caves ケイヴズ / ケイビス / ケイブス / ケイブズ / ケーブズ
Cauwelaert コーヴァラール* / コヴラルト		Cavatore カヴァトーレ	
		Cavaye カヴァイエ / カヴァイエ / カバイエ	
Caux コー	Cavalletti カヴァッレッティ / カヴァレッティ		Cavet カベ
Cauzinille コージンニール		Cavazos カバソス / カバゾス	Cavett カベット
Cava カーヴァ / カーヴァー / カーバー / カバ / キャバ	Cavalli カヴァッリ* / ガヴァッリ / カヴァーリ* / カヴァリ* / カバリ		Cavezas カベサス
		Cavazza カバッサ	Cavic カビッチ
		Cavazzi カヴァッツィ	Cavicchi カヴィッキ
Cavaco カヴァコ / カバコ**		Cavazzola カヴァッツォーラ	Cavicchia カヴィッキャ
Cavafy カヴァフィ / カヴァフィス			Caviezel カヴィエゼル
Cavaglià カヴァリア			
Cavagna カヴァーニャ			

Caviglioli カヴィグリオリ	
Cavillon カヴィヨン	
Cavina カヴィーナ	
Caviness キャヴィネス	
Cavit シャヴィト	
Câvit ジャービト	
Čavka チャウカ	
Cavo カボ*	
Cavoli カヴォーリ / カヴォリ / カボーリ	
Cavos カヴォス	
Cavoukian カブキアン	
Cavour カヴール / カブール*	
Cavubati カブバティ	
Cavuoto キャビュオト	
Cavusgil カブスギル	
Çavuşoğlu チャブシオール	
Cavuto カヴート*	
Cawelti カウェルティ	
Cawley カウリイ / コウリー / コーリー / コーレー	
Cawood ケイウッド	
Cawrse カワース	
Caws カウズ / カーズ	
Cawson コーソン	
Cawston コーストン	
Cawthorn カーソーン	
Cawthorne カウソーン	
Cawthra コースラ	
Cawthray コースレイ	
Caxias カシアス	
Caxton カクストン / キャクストン	
Cay ケイ	
Cayatt カイヤット	
Cayatte カイヤット	
Cayce ケイシー* / ケーシー	
Cayetana カイエタナ / カイエターナ	
Cayetano カイエタノ / カエタノ / カエタノ* / カジェターノ	
Cayeux カユー	
Cayez カイエ	
Caygill ケイギル*	

Cayla カイラ*
Cayleb ケイレブ
Cayley
　ケイリ
　ケイリー*
　ケーリ
　ケーリー
　ケーレー
Caylus
　ケイリュス
　ケラス
　ケリュス
Caymmi
　カイーミ
　カイミ*
Cayouette カユエット
Cayré ケレ
Cayrol
　ケイロール
　ケエロール
　ケーロール
　ケロール***
Cayton ケイトン
Cayvan カイヴァン
Caywood ケイウッド
Caza カザ
Cazale
　カザール
　カザル
Cazalès
　カザレ
　カザレス
Cazalet カザレット*
Cazalis カザリス*
Cazalla カサリャ
Cazals
　カサルス
　カザルス
Cazamian
　カザミアン*
　カザミヤン
Cazan カザン
Cazanciuc
　カザンチウク
Cázares カサレス
Cazden
　カズデン
　カッツデン
Caze カーズ
Cazeau カズー
Cazelles
　カザル
　カゼル
Cazenave カズナーヴ
Cazeneuve
　カズヌーヴ**
　カズヌーブ
Cazenov
　カズィーノヴ
　カゼノヴ
Cazes
　カーズ
　カズ
Cazette カゼット
Cazin カザン
Cazneau カズノー
Cazor カゾール

Cazorla カソルラ*
Cazot カゾ
Cazotte カゾット
Cazzaniga
　カッツァニーガ
Cazzati
　カッツァーティ
Cazzato カッツァート
Cazzetta カゼッタ
Cazziolato
　カッジオラト
C'de Baca セデバカ
Ce シー
Ceán セアン
Céard セアール
Ceaser シーザー
Ceausescu
　チャウシェスク**
Ceawlin セウリン
Ceballos
　セバージョス
　セバーリョス
　セバリョス
Ceballos Fuentes
　セバージョスフエンテス
Ceban チュバン
Cebanu チョバヌ
Cébazat セバザ
Cebesoy ジェベソイ
Cebi
　セビ*
　チェビ
Cebon セボン
Cebotarev セボタレフ
Cebotari
　チェボターリ
　チェボタリ
Cebrián セブリアン*
Cebulski セブルスキー
Cec チェック
Ceccaldi セカルディ
Ceccardi
　チェッカルディ
Ceccardo チェッカルド
Ceccarelli
　チェカレリ*
　チェッカレッリ
Ceccato チェッカート
Cecchele チェッケレ
Ceccherini
　チェッケリーニ
Cecchetti
　チェケッチ
　チェケッティ
　チェケッティ
Cecchi
　チェキ
　チェッキ**
　チェッキ
Cecchin チキン
Cecchinel セキネル
Cecchini
　チェキーニ
　チェッキーニ*
Cecchino チェッキーノ

Cecco チェッコ**
Ceccoli
　セコリ
　チェッコリ*
Cecconi チェッコーニ
CeCe シーシー
Cece セセ
Cecelia セシリア**
Cecere チェチェーレ
Ceceri シセリ
Cech
　セク
　チェック*
　チェフ*
　ツェフ
Čech
　チェク
　チェッヒ
　チェフ
Cechir チチル
Cechlova チェチロバ
Ceci
　セシ*
　セチ*
Cecil
　シーセル**
　シシル***
　セスル
　チェチル
Cécil セシル
Cecile
　セシール*
　セシール**
Cécile
　セシール*
　セシール***
Cecilia
　カエキリア
　ケキリア
　シッラ
　セシリア**
　セチリア
　チェチーリア**
　チェチリア**
Ceciliani セシリアーニ
Cecilie セシリエ
Cecilio
　セシリオ
　セスィリオ
Cecilius セシル
Cécille
　セシーユ
　セシール
Cecily
　セシリー**
　セシル
Cecioni チェチョーニ
Cecla チェクラ
Ceco チェコ
Cedar
　シーダ
　シーダー*
　シダー
Cedd ケッド
Cedda ケッダ
Cedenio セデニオ
Cedeno
　セデーニョ

　セデニョ*
Cedeño セデーニョ
Ceder セダー
Cederborg
　セーデルボリ
Cederholm
　セダーホルム
Cedering
　シーデリング
　セーデリング
Cederqvist
　セーデルクビスト
Cederstrand
　セダーシュトランド
Cedev ツェデブ
Cedlins チェドリンス
Cedric セドリック**
Cédric
　セドリク
　セドリック**
Cedrick セドリック
Cedugin セドゥーギン
Cee シー
Ceelen セーレン
Céelle セエル
Cee Lo シーロー
Cees
　キース
　ケース**
　セース
　セス
Ceesay
　シセイ
　セーサイ
Ceferino セフェリーノ
Cegani チェガーニ
Ceh ケー*
Cehanovsky
　ツェハノフスキー
Ceiber セイベル
Ceil シール*
Ceillier
　セイエ
　セイリエ
　セリエ
Ceita セイタ
Ceita Batista
　セイタバチスタ
Cejas セハス
Cejka チェイカ
Cejudo
　セジュード**
　セフード
Cek チェック
Cēkkilār
　セーッキラール
Çeku チェク
Cel セル
Cela
　セーラ
　セラ***
Čelakovský
　チェラコフスキー
Celal セラル
Celâl
　ジェラール

　ジェラル
　セラル
Celâleddin
　ジェラレッディン
Celâl-zade
　ジェラールザーデ
Celan
　ツェーラン
　ツェラーン*
　ツェラン**
Celano
　チェラーノ
　チェラノ
Čelanský
　チェランスキー
Celarc ツェラルツ
Celati チェラーティ
Celaya
　セラーヤ*
　セラヤ
Celdran セルドラン
Celdrán セルドラン
Celebi チェレビ
Çelebi
　チェレビ
　チェレビー
　チェレビィ
Çelebioğlu
　セレビオウグル
Çelebiouglu
　セレビオウグル
Celebrano
　チェレブラーノ
Celej セレイ
Celek セレク
Celentano
　チェレンターノ**
Celente
　セレンテ*
　セレンティ
Celenza セレンザ
Celer
　ケレル
　チェレール
Célérier セレリエ
Celerinus ケレリヌス
Celesia セレシア*
Célest セレスト
Celeste
　セレスチ
　セレステ***
　セレスト
Céleste セレスト
Celesti チェレスティ
Celestia セレスティア
Celestin
　セレスタン*
　セレスティン*
Célestin
　クレスタン
　セレスタン*
　セレスティン
Celestina
　チェレスティーナ
Celestine セレスティン
Célestine
　セルスティーヌ
　セレスティーヌ*

Celestini
　セレスティーニ
Celestino
　セレスティーノ**
　セレスティノ*
　チェレスチーノ
　チェレスティーノ*
Celestinus
　ケレスティヌス
Celestyne
　セレスティーン
Celi チェリ*
Celia
　シーリア***
　シリア**
　スィーリア
　セリア***
Célia セリア
Celibidache
　チェリビダケ
　チェリビダッケ**
Celiers セリエ
Celik チェリキ
Çelik チェリキ
Celima セリマ
Celina セリナ
Celinda セリンダ
Celine
　スリーン
　セリーヌ**
　セリーン
Céline
　セリーヌ***
　セリヌ
Cèline セリーヌ
Celinska ツェリンスカ
Celinski チェリンスキ
Celiny セリニ
Celio
　セリオ
　チェーリオ
Celis セリス
Celko セルコ
Cella チェッラ
Cellach ケルアッハ
Cellario チェラリオ
Cellerier
　セルリェ
　セレリエ
Celles セル
Celletti チェレッティ
Celli チェッリ*
Cellier
　セリアー
　セリエ**
Celliers セリエ
Cellin チェリン*
Cellini
　セリーニ
　チェッリーニ*
　チェッリニ
　チェリーニ
　チェルニ
　チェルリーニ
　チェルリニ
Cellot セロ

Cellou セル
Cellura セリューラ*
Celly セリー
Celmer セルマー
Celmins セルミンス
Céloron セロロン
Cels セルス*
Celsi チェルシ
Celsius セルシウス
Celski セルスキー
Celso
　セウソ**
　セルソ***
　セルソー
　チェルソ
Celsus
　ケルスス
　ケルソス
　セルサス
Celtis
　ツェルティス
　ツェルテス
Celum セラム
Cem
　ジェム**
　セム
Cembrzynska
　ツェムブジンスカ
Cemil
　ジェミル*
　セミル
Cemmo チェンモ
Cenac セナック
Cencetti
　チェンチェッティ
Cenci
　センシ
　チェンチ
Cencio チェンチョ
Cenckiewicz
　ツェンツキェヴィッチ
Cendes センデス
Cendrars
　サンドラール*
　サンドラル
　サンドラルス
Cendrine サンドリーヌ
Cendron サンドロン
Cendrowski
　チェンドロフスキー
Cenetti カネッティ
Cengic チェンギッチ
Cengiz ジェンギズ
Ceni セニ*
Cenitagoya セニタゴヤ
Cenival スニヴァル
Cenk ジェンク
Cennfáelad
　ケンフェルド
Cenni チェンニ
Cennick セニック
Cennini
　チェニーニ
　チェンニーニ*
Cennino チェンニーノ
Cenred センレッド

Censoni センソニー
Censorinus
　ケンソリヌス
Censu チェンス
Centa チェンタ*
Centeno
　センテーノ
　センテノ*
Center センター
Centers
　センタース*
　センターズ
Centigloria
　チェンティグローリア
Centini チェンティーニ
Centlivre
　セントリーヴァー
　セントリヴァー
　セントリーヴル
　セントリーブル
Centner センツナー
Centofanti
　チェントファンティ
Centranico
　チェントラニコ
Centrone
　チェントローネ
Centrowitz
　セントロウィッツ*
Centurelli
　センチュレリィ
Centurione
　チェントゥリオーネ
Century
　センチュリー*
Centwine
　セントウィン
Cenwalh センワルフ
Cenwulf
　ケンウルフ
　センウルフ
Ceol セオル
Ceolfrith セオルフリト
Ceolred セオルレッド
Ceolwulf セオルウルフ
Čepaitis
　チェパイティス
Cepari チェパリー
Cepceková
　チェプチェコバー
Cepeda
　セペダ*
　チェペダ
Cepede Royg
　セペデロイグ
Cephisodotos
　ケフィソドトス
Cephus シーファス
Cepko セプコ
Ceplak チェプラク
Cepollaro
　チェポッラーロ
Ceppède セペード
Ceppi
　チェッピ
　チェッピィ

Ceppitelli
　チェッピテッリ
Ceracchi チェラッキ
Ceram ツェーラム*
Cerami
　セラミ*
　チェラーミ*
　チェラミ
Cerano
　チェラーノ
　チェラノ
Cerar
　ツェラール
　ツェラル*
Cerasini
　セラシーニ
　セラシニ*
Cerasky ツェラスキー
Cerasoli
　セラソリ
　チェラゾーリ*
Cerato セラト
Ceratti セラッチ
Ceray スレ
Cercamon セルカモン
Cercas セルカス**
Cerceau セルソー*
Cerci チェルチ
Cerda
　サーダ
　セルダ*
Cerdá セルダ
Cerdà セルダ
Cerdagne
　セルダーニュ
Cerdan セルダン
Cerdic
　セルディック
　チェアディック
　チェルディック
Cerdo ケルド
Cere
　セエール
　セール
Céré セレ
Cerealis
　ケリアレス
　ケレアリス
Cereda セレダ
Cerén セレン*
Čerengdorji
　ツェレンドルジ
Cererols
　セロールス
　セロロルス
Ceresa チェレーザ
Ceresna セレスナ
Ceresoli セレソリ
Ceretino
　チェレティーノ
Cerezo
　セレーソ
　セレーゾ*
　セレーゾ**
　セレゾ
Cerf
　サーフ**

Cerfaux セルフォー
Cerfon セルフォン
Cergio
　セルジオ
　セルヒオ**
Cerha
　チェルハ
　ツェルハ
Ceri
　ケリ
　セリ
Cerialis ケリアリス
Ceriani チェリアーニ
Ceric
　ツェリチ
　ツェリッチ
Čeringwčir-un
　ツェレンオチリーン
Cerioli チェリオリ
Cerioni セリオニ
Cerisier スリジェ
Cerisola セリソラ
Cerith ケリス
Çerkes チェルケス
Cerkovski
　ツェルコフスキ
Cerkovskis
　チェルコフスキス
Cerlesi チェルレージ
Cerletti
　ツェルレッティ
Cermak
　サーマク
　セルマック
Cermák チェルマーク
Cermeno セルメニョ
Cermeño セルメニョ*
Cerminara サーミナラ
Čerminová
　チェルミノヴァー
Cerná チェルナー
Černač チェルナチ
Cernach ケルナハ
Cernan サーナン**
Cernea チェルネア*
Cerney サーニー
Cerniansky
　チェルニアンスキー
Cernik チェルニーク
Černík
　チェルニーク
　チェルニク
Černík
　チェルニーク
　チェルニク
Černin チェルニン
Cerno チェルノ
Cernogoraz
　ツェルノゴラズ**
Černohorský
　チェルノホルスキー
Cernomaz
　チェルノマズ

Cernuda
　セルヌーダ*
　セルヌダ*
Cernuschi
　チェルヌースキ
　チェルヌスキ
Cerny
　サーニー*
　セルニー
　チェルニー
Černý チェルニー
Ceroli チェローリ
Ceron セロン*
Cerone
　セローン
　チェローネ
Ceroni チェローニ
Cerovski ツェロフスキ
Cerpa セルパ
Cerqueira セルケイラ*
Cerquetti
　チェルクェッティ
　チェルクエッティ
Cerquiglini
　セルキリーニ
Cerquozzi
　チェルクウォッツィ
　チェルクオッツィ
Cerrat セラト
Cerrato セラト
Cerreto
　チェッレート
　チェレット
Cerretti
　チェッレッティ*
　チェレッティ*
Cerrie ケリー*
Cerrini チェリーニ
Cerrito
　セリート
　チェリート
　チェリト
Cerro
　セーロ
　セロ
Cerrone セローン
Cerroni
　チェッローニ
　チェルローニ
　ツェローニ
Cerruti
　セルッティ*
　チェルッティ
Cerruto セルート*
Cersifrón セルシフロン
Cersosimo
　セルソシーモ
Certain サーテン
Certeau セルトー*
Certon セルトン
Cerulli
　チェルッリ*
　チェルーリ
Cerusśeri
　チェルッシェーリ
Ceruti チェルーティ
Cerutti
　セルッティ*

　セルーティ
　セルティ
Cerutty
　セラティ
　セルッティ
Ceruzzi セルージ
Cerv サーヴ
Cerva
　サーヴァ
　チェルヴァ
Cervantes
　サーヴァンテス
　セルヴァンテス
　セルヴァンテース
　セルヴンテス
　セルバンテス*
　セルバンデス
　セルバント
Cerveau セルヴォ
Cervellati
　チェルヴェッラーティ
　チェルベッラーティ
Cervelli セベリ
Cervelliera
　チェルヴェッリエーラ
Cervelló セルベヨ
Cervellón セルベヨン
Cervenka サーベンカ
Cerventes
　セルバンテス
Červený
　チェルヴェニ
　チェルヴェニー
Cerver
　セルヴェル
　セルベール
Cervera セルベラ
Cerveri セルベリ
Cerveris セルヴェリス
Cervero サーベロ
Cervetto
　チェルヴェット
Cervi
　セルビ
　チェルヴィ*
Cervizzi セルヴィッジ
Ces セ
Cesaire セゼール
Césaire セゼール***
Cesalpino
　チェザルピーニ
　チェサルピーノ
　チェザルピーノ
　チェザルピノ
Cesana チェザーナ*
Cesar
　シーザー**
　セザー
　セーザル
　セサール**

　セザール*
　セサール**
　セザル
　チェザル
　ツェーザル
César
　シーザー

セザー
セーザル
セサール
セサル***
セザール***
セザル
チェーザリ
ツェーザル
Cesarani チェザラーニ
Cesare
　カエサル
　セザル
　セサーレ
　セザル
　チェーサレ
　チェーザレ***
　チェザーレ***
　チェザレ**
　ツェザアレ
Cesarec ツェサレツ
Cesareo セサレオ*
Cesáreo セサレオ
Cesari
　セザリ
　チェーザリ
　チェザーリ**
　チェザリ
Cesaria セザリア
Cesária セザリア*
Cesariano
　チェザリアーノ
Cesarini
　チェザリーニ*
　チェザリニ
Cesario チェザリオ
Cesário セザリオ
Cesaris
　セザリス
　チェザリス**
Césaris セザリス
Cesaro
　チェザーロ
　チェザロ
Cesarotti
　チェザロッティ
Cesati セサティ*
Cesbron
　セスブロン*
　セブロン*
Cesc セスク**
Cesco チェスコ
Ceseli セシリ
Cesen チェセン*
Ceserani
　チェセラーニ
　チェゼラーニ
Cesetti チェゼッティ
Cesi チェージ
Cesio チェージオ
Cesira チェジーラ
Česiūnas
　チェシュナス
Ceska チェスカ
Ceslaus ケスラウス
Cesna チェスナ
Česna チェスナ

セザー
セーサル
セーザル
セサル***
セサル***
セザル
チェーザリ
ツェーザル
Cesnola チェスノーラ
Cespedes セスペデス*
Céspedes
　セスペーデス
　セスペデス
　チェスペデス
Cessa セッサ
Cesselin セスラン
Cessna セスナ
Cessole
　セソール*
　セソル
Cesta セスタ
Cestari チェスターリ*
Cester セスター
Cesti
　チェスティ
　チェスティ
Cestié セスティエ
Cestius
　ケスチウス
　ケスティウス
Čestmír
　チェストミール*
Cetera セテラ
Cethegus ケテグス
Cethēgus ケテグス
Cetin チェテイン*
Cetina セティーナ
Çetinkaya
　チェティンカヤ
Cetron
　シートロン
　セトロン
Cetti チェッティ
Cetto
　セット
　ツェトー
Cettour セトゥール
Cetynki ツェトニック
Ceulen ケーレン
Ceva チェーヴァ
Céva
　チェーヴァ
　チェヴァ
　チェバ
　ツェーヴァ
Cevallos セバジョス
Cevasco チェウアスコ
Cevdet
　ジェヴデト
　ジェブデト
Cevert
　セヴェール
　セベール
Ceviscos セビスコス
Cey セイ
Ceylan ジェイラン
Cezanne セザンヌ
Cézanne セザンヌ*
Cezar
　セサール*
　セザール
　チェザル
Cézar セザール
Cezaro ツェザロ

Cezary
　ツェザーリ
　ツェザリ
Cha
　シャ
　チャ**
　チャー
Chaabane シャーバン
Chaadaev
　チャアダーエフ
　チャーダーエフ
　チャーダエフ
　チャダエフ
Chaatree チャートリー
Chaaya カーヤ
Chabal シャバル*
Chaban シャバン
Chabanceau
　シャバンソー
Chaban-Delmas
　シャバンデルマス*
Chabane チャバネ
Chabaneau シャバノー
Chabanel シャバネル
Chabani シャバニ
Chabanis シャバニス
Chabanne
　シャバヌ
　シャバンヌ
Chabanon
　シャバノン
　ジャバノン
Chabas シャバ
Chabauty シャボティ
Chabay チャベイ
Chabbert シャベール
Chabeda チャベダ
Chabert
　シャベール
　シャベル
　チェバート
Chabez チャベツ
Chabham チャブハム
Chabi シャビ
Chabildas
　チャビルダス
Chabner シャブナー
Chabod シャボー*
Chabon
　シェイボン*
　シェーボン**
Chabot
　シャボ*
　シャボー*
　シャボット*
Chaboukiani
　チャブキアーニ
Chaboussou
　シャブスー
Chabouté シャブテ
Chaboyer
　シャボイヤー
Chabrak チャブラック
Chabrias カブリアス
Chabriat シャブリア
Chabrier
　シャブリエ**

Chabris
 シャブリス
 チャブリス
Chabrol シャブロル**
Chabrun シャブラン
Chabukiani
 チャブキアーニ
Chacan チャガン
Chace チェイス*
Chacel チャセル
Chachev チャチェフ
Chachra カクラ
Chachua チャチュア
Chacin チャシーン
Chack シャック
Chackartchi
 チャッカーチ
Chacko チャッコ
Chacksfield
 チャックスフィールド
Chacon
 シャコン
 チャコーン*
 チャコン**
Chacón
 シャコン
 チャコン
Chaconas チャコナス
Chacour チャコール
Chad
 ケアダ
 シャド
 チャッド*
 チャッド***
Chadayeva
 チャダーエヴァ
Chadbourn
 チャドボーン**
Chadchart
 チャチャート
Chadd チャド
Chadda チャダ
Chaddha チャダ
Chade チャディー
Chaderton
 チャダトン
 チャデルトン
Chadha チャーダ
Chadi チャディ
Chadima ハディマ
Chadli シャドリ**
Chadlington
 チャドリントン
Chador チャドール
Chadourne
 シャドゥルヌ
Chadraabalïn
 チャドラーバリーン
Chadraabalyn
 チャドラーバリーン
Chadraavaljn
 チャドラーヴァリー
 ン
 チャドラーバリイン
Chadrycki
 チャドリッキ

Chadwick
 チャド
 チャドウイック***
 チャドウィック*
Chadzinikolau
 ハジニコラウ
Chae チェ**
Chae-gyu ジェギュ
Chae-koon ジェグン
Chae-kyum
 チェギョム
Chaelee ジェイ
Chaeles チャールズ
Chae-pil チェビル
Chaerea カエレア
ChaeRim チェリム
Chaet チート
Chaev チャエフ
Chaevsky
 チャエフスキー
Chae-won
 ジェウォン
 チェウォン*
Chae-young チェヨン*
Chafe チェイフ
Chafee チェイフィー**
Chafei チェイフィー
Chafer チェイファー
Chafetz
 チェイフェッツ*
Chaffee
 チェイフィー
 チャーフィー
 チャーフィー*
Chaffey チャフィー
Chafin チェイフィン
Chafiq シャフィク
Chafo チャフォ
Chagaev チャガエフ*
Chagall
 シアガル
 シャガール**
 ジャガール
Chaganti
 チャガンティ*
Chagas
 シャガス
 チャガス
Chagette シャジェット
Chagger チャガー
Chaghan チャガン
Chaghatai
 チャガタイ
 チャガダイ
Chagnollaud
 シャニョロー
Chagnoux シャニュー
Chags-med チャクメ
Chah チャー
Cha-hak ジャハク
Chahal チャヘル
Chahar チャハル
Chahdortt
 シャードルト*

Chahechouhe
 シャヘシュヘ
Chahed シャヘド*
Chahine
 シャイーヌ
 シャイン
 シャヒーン**
Chai
 チェ
 チャイ***
 ツァイ
Chaianan
 チャイアナン
Chaianov
 チャーヤノフ
 チャヤーノフ
 チャヤノフ
Chaibou
 シェブ
 シャイブ
Chaïbou シェブ
Chaica シャイカ
Chaide チャイデ
Chaidez チャイデス
Chaifou シャイフ
Chaigne
 シェーニュ
 シェニュ
Chaigneau
 シェニョー*
Chai-ho ジェホ
Chai-hou ツァイホウ
Chai-hyung
 ジェヒョン
Chaika チャイカ
Chaiken チャイケン
Chaikin
 シェイキン
 チェイキン**
Chaikina チャイキナ
Chaikovski
 チャイコフスキー
 チャイコーフスキイ
Chaikovskii
 チャイコフスキー
Chailakhian
 チャイラヒャン
Chaillan シャイヤン
Chaillé シャイエ
Chaillé-Beyle
 ジェレイベール
Chaillet シャイエ
Chailley
 シャイエ**
 シャイエイ
Chaillot シャロー
Chaillu
 シェーユ
 シャイユ
Chailly
 シャイー*
 シャイイ
Chaim
 カイーム
 カイム
 シャイム
 チャイム
 ハイム

ハイーム
ハイム***
Chaïm シャイム
Chain
 チェイン
 チェーン*
 チャイン
Chaipong チャイポン
Chairasmisak
 チャイラスミサック
Chairēmōn カイレモン
Chairephon
 カイレポン
Chairestratos
 カイレストラトス
Chairil ハイリル*
Chairoongruang
 チャイルンルアン
Chairul
 カイルル
 ハイルル
Chaisaeng
 チャイセーン
Chaisang チャイサーン
Chaise シェーズ
Chaisson チェイソン*
Chait
 チェイト
 チャイト
Chaitin チャイティン*
Chaitman
 チェットマン
Chaiton チェイトン
Chaitow
 シャトー
 チャイトー*
Chaiwuti チャイウット
Chaix シェクス*
Chaiyakam
 チャイヤカム
Chaiyan チャイヤン
Chaiyarose
 チャイヤロット
Chaiyasan
 チャイヤサン*
Chaiyawan
 チャイヤワン
Chaiyuth チャイユット
Chajes ハイエス
Chak チャク
Chaka チャカ
Chaka Chaka
 チャカチャカ*
Chakamas チャカマス
Chakanetsa
 チャカネツァ
Chakarov チャカロフ
Chakela チャケラ
Chaker
 シャケル
 チャカー
Chakhari シャハリ
Chakhkiev
 チャフケフ**
Chakhotin
 チャコチン
 チャコティン

Chakib
 シャキップ
 シャキブ
Chakir チャキル
Chakiris チャキリス*
Chakkalakal
 チャッカラカイ
Chakma チャクマ
Chakovskii
 チャコフスキー**
Chakra チャクラ
Chakrabarti
 チャクラバーティ
 チャクラバルティ
Chakrabarty
 チャクラバルティ
Chakraborty
 チャクラボルティー
Chakramon
 チャカモン
Chakrapong
 チャクラポン**
Chakravarthy
 チャクラバルシイー
Chakravarti
 チャクラヴァルティ
 チャクラバルティ
 チャクラワルティ
 チョクロボルティー
Chakravartī
 チャクラヴァルティー
 チャクラバルティー
 チョクロボルティー
Chakravarty
 チャクラヴァーティ
 チャクラバルティー
Chakravorty
 チャクラヴォーティ*
 チャクラヴォルティ*
Chakrawan
 チャクラワン
Chakri チャクリ**
Chaktami シャフタミ
Chakufwa チャコファ
Chakvetadze
 チャクベタゼ*
Chakwera
 チャクウェラ
Chalabala ハラバラ
Chalabi チャラビ**
Chalabiyev
 チャラビエフ
Chalamet シャラメ
Chalamwong
 チャラムウォン
Chalandon
 シャランドン
Chalayan
 チャラヤン**
Chalcidius
 カルキディウス
Chalcondylas
 カルコンディラス
 カルコンディレス
 カルコンデュレス
Chale シャーレ
Chaleb カレブ

Chaleff
シャレフ
チャレフ
Chalendar
シャレンダー
Chalenor シャレーナー
Chaleo チャリアオ
Chalerm チャルーム
Chalermchai
チャルームチャイ
Chales
チャールス
チャールズ
Chalet シャレ
Chaleumsak
チャルームサック
Chaleun チャルーン
Chalfant
チャルファント
Chalfen ハルフェン
Chalfie チャルフィー*
Chalfont
チャルフォント*
Chalgrin シャルグラン
Chalia チャリア
Chaliao チャリアオ
Chaliapin
シャリアピン
シャリヤピン
Chalice チャーリス
Chalid ハリド*
Chalier シャリエ*
Chalif シャリーフ*
Chaliha チャリハ
Chaline シャリーン
Chalk チョーク*
Chalkedonios
カルケドン
Chalker チョーカー*
Chalkfullofiove
チョークフルオブラブ
Chalkondyles
カルコンディレス
カルコンデュレス
Challamel シャラメル
Challande チャランド
Challaye
シャレー
シャレイ
Challe
シャール
シャル
Challemel シャルメル
Challender
チャレンダー*
Challenger
チャレンジャー*
Challes
シャール
シャル
Challeux シャルー
Challié シャイエ
Challier シャリエ
Challinor チャリナー*
Challis チャリス*

Challoner
シャロナー
シャロナー*
Challongen
チャロンゲン
Chalmer シャレーナー
Chalmers
カルマース
シャルマース
チャーマース
チャーマーズ**
チャーマズ
チャーマーズ
チャーマーズ**
チャールマーズ***
Chalmin シャルマン
Chalobah チャロバー
Chaloemtiarana
チャルームティアラナ
チャルームティアロ
ン*
Chalon シャロン**
Chaloner
シャロナー
シャロン
チョローナー
Chalor-u チャロユー
Chalotais
シャロッテ
シャロッテー
シャロテ
Chaloyu チャローユー
Chalsen シャルセン*
Chalumeau
シャリュモー
Chalupa
チャルパ
ハルパ
Chalupka ハルプカ
Chalvet シャルヴェ
Chaly チャリー
Chalybaeus
ハリボイス
Chalyi チャールイ
Chalykh チャルイフ
Cham
チャム*
ハム
Chama チャマ
Chamaco チャマコ
Chamaileōn
カマイレオン
Chamaiporn
チャマイポン
Chamala チャマラ
Chamales チャマレス
Chaman チャマン
Chamanand
チャマナンド**
Chamard シャーマル
Chamate シャメイト
Chamayou シャマユー
Chamba チャンバ
Chambadal
シャンバダル
Chambars
チェンバース

Chambenlain
チェンバレン
Chamberlain
チェインバレン
チェムバーレン
チャムバレン
チャンバリン
チャンバルン
チェーンバレン
チェンバレン***
チャンバーレイン
チャンバーレーン
チャンバーレン
チャンブレン
Chamberland
シャンバラン
シャンベラン
チャンバーランド
Chamberlayne
チェンバレン
Chamberlen
チェンバレン
Chamberlin
チェインバーリン
チェンバーリン
チェンバリン**
チェンバレン**
チャンバリン
Chambers
チェイムバーズ
チェインバース
チェインバーズ*
チェムブル
チェムブルス
チェーンバーズ
チェンバース***
チェンバーズ***
チャムバー
チャムバース
チャムブル
チャンバー
チャンバース*
チャンバーズ
チャンブル
チュンバーズ
Chambeshi チャンベシ
Chambiges
シャンビージュ
Chamblain
シャンブラン
シャンブラン
Chambliss
チェンブリス
チャンブリス*
Chamboko チャンボコ
Chambom シャンボン
Chambon
シャムボン
シャンボン**
ジャンボン
Chambonnières
シャンボニエール
Chambord
シャンボール
Chamboredon
シャンボルドン
Chambre シャムブル
Chambrette
シャンブレット
Chambrun
シャムブラン

Chameli チャミリ*
Chamfleury
シャンフレリ
Chamfort
シャンフォー
シャンフォール
Chami
シャミ
チャミ
Chamie シャミー
Chamier
カミエール
シャミエ
Chamillionaire
カミリオネア
Chaminade
シャミナード
シャミナド
Chamine チャミン
Chamisa チャミサ
Chamisso
シャミーソー
シャミーソオ
シャミッソー*
シャミッソウ
シャミッソオ
Chamizo Marquez
チャミゾマルケス
Chamlee チャムリー
Chamlong
ジャムロン
チャムロン**
Chammah チャマー
Chammartin
シャルマルタン
Chamo シャモ
Chamoiseau
シャモワゾー**
Chamornmarn
チャモーンマーン
Chamorro
チャモロ***
Chāmorro チャモロ
Chamot チャモ
Chamoun
シャムーン*
チャムーン
Chamoux シャムー
Chamove シャモフ
Chamovitz
チャモヴィッツ
Champ チャンプ**
Champagnat
シャンパーニャ
シャンパニャ
Champagne
シャンパーニュ*
シャンパン
シャンペイン
シャンペーン
Champaigne
シャンパーニュ
シャンペーニュ
Champassak
チャンパサク*
チャンパサック
Champe チャンプ
Champeau シャンボー

Champeaux
シャンボー
Champein シャンパン
Champenois
シャンプノワ
Champernowne
チャンパーノウン
Champetier
シャンピーター
シャンプチェ
シャンプティエ
Champfleury
シャンフルーリ
シャンフルリー
Champier シャンピエ
Champigneulle
シャンピニュール
シャンピニュル
Champigny
シャンピニィ
Champika チャンピカ
Champine
シャンパイン
Champion
シャンピオン**
シャンピヨン*
チャンピオン**
Championnet
シャンピオネ
Championniere
シャンピオンニエール
Champlain
シャンプラン
シャンプレーン
Champlin
チャンプリン*
Champlitte
シャンプリット
Champmeslé
シャンメレ
シャンメレイ
Champney
チャンプニー
Champneys
チャンプニーズ
Champollion
シャンポリオン
シャンポリヨン
Champsaur
シャンソール*
Champsavin
シャンプサビン
Champy チャンピー*
Chamrond シャンロン
Chamsidine
シャムシディン
Chamson
シャンソン**
Chamsyah チャムシャ
Chamusca
シャムスカ*
Chamussy チャムシー
Chan
チェン**
チャ*
チャヌ
チャーン
チャン***

Chana
　チャナ*
　ハナ
Chanajev
　チャナーエフ
Chānakya
　チャーナキヤ
Chanaratsopon
　チャナラソポン
Chanarin キャナリン
Chanathip
　チャナティップ
Chanatip
　チャナティップ
Chanawongse
　チャナウォン*
Chanborey チャンボリ
Chance チャンス***
Chancel シャンセル*
Chancelier
　シャンスリエ
Chancellor
　チャンスラー
　チャンセラー**
Chancourtois
　シャンクールトア
　シャンクルトア
　シャンクールトワ
Chancy シャンシー
Chand
　シャンド
　チャンド**
Chānd
　チャーンド
　チャンド
Chanda
　チャンダ**
　チャンダー
Chandak
　チャンダク
　チャンダック
Chandan チャンダン
Chandar チャンダル*
Chandara チャンダラ
Chandarpal
　チャンダルパル
Chāndbardāyī
　チャンド・バルダー
　　イー
　チャンドバルダーイー
Chande シャンデ*
Chandel チャンデル
Chandela チャンデラ
Chander チャンダー
Chandernagor
　シャンデナゴール**
Chandès シャンデス*
Chaṇḍī チャンディー
Chandidās
　チョンディダース
Chaṇḍīdās
　チャンディーダース
Chandieu
　シャンデュー
Chandima
　チャンディマ
Chandio チャンディオ
Chandlar チャンドラー
Chandler
　チャンドラ
　チャンドラー***
　チャンドラー
Chandna チャンドゥナ
Chandon シャンドン
Chandor チャンダー
Chandos チャンドス
Chandra
　シャンドラ
　チャンドラ***
　チョンドロ*
Chandragomin
　チャンドラゴーミン
Chandragupta
　サンドラコットス
　チャンドラグプタ
　チャンドラブプタ
Chandralekha
　チャンドラレカー
Chandramouli
　チャンドラモウリ
Chandran
　チャンドラン
Chandrani
　チャンドラニ
Chandrasekar
　チャンドラセカール
Chandrasekaran
　チャンドラセカラン*
Chandrasekhar
　チャンドラシューカル
　チャンドラーセカール
　チャンドラセカー
　　ル**
　チャンドラセカル
Chandrasekhara
　チャンドラセーカラ
　チャンドラセーカーラ
　チャンドラセカール
Chandrasekharan
　チャンドラセクハラン
Chandrasena
　チャンドラセナ
Chandrasiri
　チャンドラシリ
Chandrasonic
　チャンドラソニック*
Chandrer
　チャンドラー
Chandresh
　チャンドレシュ
Chandrika
　チャンドリカ**
Chandrikapersad
　チャンドリカパサード
　チャンドリカベルサッ
　　ド
Chandruang
　チャンドラン
Chanduví
　チャンドゥビ
Chane チャネ
Chanel シャネル**
Chanelet シャネレ
Chanelle シャネル
Chaney
　チェイニー*
　チェイニィ
Chenney
　チェニー*
　チャニー*
Chang
　ザン
　シャン
　ジャン*
　チアン**
　チェン
　チャン***
　チョウ
　ツアン*
Changalovich
　チャンガロヴィチ
Changarnier
　シャンガルニエ
Chang-bae チャンベ
Changbin チャンビン
Changchien
　チャンチェン*
Chang-chun
　ツアンツュン
Chang-dal チャンダル
Chang-dok チャンドク
Chang-dong
　チャンドン*
Change シャンゲ
Chang-eon チャンオン
Changeux
　シャンジュー*
Changez チャンゲズ
Chang-fun チャンフン
Chang-gyom
　チャンギョム
Chang-hee チャンヒ
Chang-hi チャンヒ
Chang Ho チャンホ
Chang-ho チャンホ*
Chang-hoon
　チャンフン*
Changhyok
　チャンヒョク
Chang-hyuk
　チャンヒョク
Chang-hyun
　ジャンヒョン
　チャンヒョン
Changhyun
　チャンヒョン
Chang-ik チャンイク
Chang-il チャンイル
Chang-in
　チャンイン**
Changizi
　チャンギージー
Chang-jae チャンジェ
Chang-jo チャンジョ
Chang-jung
　チャンジュン
Chang-keon
　チャンゲン
Chang Keun
　チャングン
Chang-kwon
　チャンゴォン
Chang-kyu チャンギュ
Chang-man
　チャンマン
Chang-min チャンミン
Changmin
　チャンミン*
Chang-o チャンオ*
Chang-pong
　チャンボン
Chang-rae
　チャンネ*
　チャンラエ
　チャンレー*
Chang-rak チャンラク
Chang-rim チャンリム
Chang-ryong
　チャンリョン
Changshi
　シンクシ
　チャンクシ
Chang-sik チャンシク
Changson チャンソン
Chang-soo チャンス
Chang-soon
　チャンスン*
Chang-sop
　チャンソプ*
Chang-su チャンス
Chang-sub チャンソプ
Chang-sun チャンサン
Chang-tac チャンテ
Chang-ting
　ツァンティン
Chang-up チャンオプ
Chang-wei
　チャンウェイ*
Chang-whan
　チャンファン
Chang-woo チャンウ
Chang-yong
　チャンヨン*
Chang-yoon
　チャンユン
Chang-young
　チャンヨン
Chang-yul
　チャンヨル*
Chanh
　チャイン
　チァイン
Chan-ho チャンホ*
Chaniago チャニアゴ
Chanin チャニン
Chanit チャニット
Chanjavanakul
　チャニャヴァナクル
Chan-jong
　チャンジョン
Chan-joo チャンジュ
Chankrachangwong
　チャンクラチャンウォ
　　ン
Chan-mo チャンモ*
Chan-mok チャンモク
Chanmugam
　チャンムガム
　チャンムーガン
Chanmyay チャンミェ
Channa チャンナ
Channareth
　チャンナレット
Channel
　チャネル
　チャンネル
Channell チャンネル
Channial シャニアル
Channing
　チェニング
　チャニング***
　チャニング
Channon
　シャノン
　チャノン**
Channukul
　チャーンヌクン
Chano
　チャーノ
　チャノ
Chan-o-cha
　チャンオーチャー*
Chan-ocha
　チャンオーチャー*
Chanoine
　シャノアーヌ
　シャノアーユ
　シャノワーヌ
Chanois シャノワ
Chan Onn チャンオン
Chanos カノス
Chanraem
　チャンレーム
Chansambath
　チャンサンバス
Chansamone
　チャンサモーン
Chanserle
　シャンスール
Chansiri チャンシリ*
Chanson
　シャンソン
　チャンソン
Chan-soo チャンス
Chansung チャンソン
Chansy チャンシ
Chant チャント
Chantal
　シャンタール*
　シャンタル***
Chantavoine
　シャンタヴォアーヌ
　シャンタヴォワーヌ
Chante シャンテ
Chantegrelet
　シャントグルレ
Chantelle
　シャンテル**
Chanteloup
　シャントルー
Chantepie
　シャントピ
　シャントピー*
Chanter チャンター
Chanthanajulaka
　チャンタナチュラカ

Chantharat チャンサラット
Chanthasone チャンタソン*
Chanthimathon チャンティマートーン
Chanthol チャントル
Chantimpré シャンタンプレー
Chantiri チャンティリ
Chantler チャントラー
Chantôme シャントーム
Chantrell チャントレル
Chantrey チャントリ／チャントリー／チャントレー
Chantry チャントリー
Chanu チャヌ
Chanu Ngangbam チャヌヌガンバム
Chanut シャヌ／シャニュート／シャニュト／シャヌート
Chan-wook チャヌク*
Chanyalath チャンニャーラート
Chan Yang チャニャン
Chan-Yong チャンヨン
Chao チャオ***／ツァオ*
Chaochen チャオチェン
Chao Chung チャオチュン
Chao-hao ツァオハオ
Chaophya チャオピア
Chao-pin チャオピン*
Chao-ren ツァオレン
Chao-shiuan チャオシュワン
Chao-tang ザオタン
Chaouch シャウシュ
Chaouech シャウエシュ
Chaouky シャウキー
Chaoul シャウル
Chaoulff チャオルフ
Chaovalit チャワリット*
Chapaêrh チャパル
Chapaev チャパーエフ／チャパエフ
Chapais シャペー
Chapanis チャパニス
Chapard チャパード
Chaparro チャパロ
Chapdelaine シャプドレーヌ

Chapeauville シャポーヴィル
Chapek チャペック
Chapel シャベル*／シャペル
Chapelain シャプラン*
Chapelier シャプリエ
Chapelle シャペール／シャペル*
Chapelon シャペロン
Chapelot シャプロ
Chaperon シャプロン
Chapey チャピー
Chapí チャピ／チャピー
Chapin チェイピン**／チェーピン*／チェピン／チャッピン／チャパン／チャピン*
Chapiro カピロ
Chaplain シャプラン
Chaples チャプルス
Chaplet シャプレ**／チャプレ
Chaplin シャプラン／チャップリン***／チャプリン*
Chaplina チャプリーナ
Chaplygin チャプルイギン
Chapman シャップマン／チャップマン***／チャプマン**
Chapo チャポー
Chapola チャポラ
Chapon シャポン
Chaponda チャポンダ
Chapone シャポウン／シャポーネ／シャポーン／チャポン
Chapot シャポ
Chapouton シャプートン**
Chapparo シャッパーロ
Chappaz シャパ
Chappe シャップ
Chappel チャペル
Chappelet シャペレ
Chappelhow チャペロウ*
Chappell チャッペル／チャベル***
Chappelle チャベル

Chappelow チャップロー
Chapple チャブル
Chappotin シャポタン
Chappuis シャピュイ／シャピュイ**
Chapra チャプラ
Chapron シャプロン
Chapsal キャプサル／シャプサル**
Chapson チャプソン
Chaptal シャプタル
Chapu シャピュ／シャピュー／シャプュ
Chapuis シャピュイ**／シャピュイ
Chapus シャピュ
Chaput シャピュウ
Chapygin チャプイギン／チャブイギン
Chaqar チャハル
Char シャー／シャリュ／シャール**／チャー
Characklis チャラックリス
Charak チャラク
Charalambous ハラランブス
Charan チャラン**
Charb シャルプ
Charbe シャルプ
Charbel シャルベル／チャーベル
Charbeneau チャパナウ
Charbin シャルパン
Charboneau シャーボノー
Charbonier シャルボニエ／シャルボーン／チャボン
Charbonneau シャーボノー／シャルボノー*
Charbonneaux シャルボノー
Charbonnel カーボネル
Charbonnet シャーボネ
Charbonnier シャルボニエ*／シャルボニエー／シャルボンニエー
Charcandrick チャーキャンドリック
Charce シャルス

Charcot シャルコ／シャルコー
Chard チャード*
Chardavoine シャルダヴォワーヌ
Chardin シャルダン**
Chardon シャルドン
Chardonne シャルドンヌ*
Chardonnet シャルドーネ／シャルドネ／シャルドンネ
Chare チェア
Chareles シャルル
Charell シャレル
Charents チャレンツ
Chareon チャレオン
Chares カレス
Charēs カレース／カレス
Charest シャレ
Charet チャレット*
Charette シャレット
Charfi シャルフィ
Charfreitag ハルフレイタグ
Chargaff シャルガフ**
Chargois チャーゴイス
Charheika チャルハイカ
Charhon シャロン
Charibert カリベルト
Charice シャリース*
Charidēmos カリデモス
Charie チャーリー
Charies チャールズ
Charif シャリフ
Charig チャーリッグ
Charignon シャリニョン
Charikov シャリコフ
Charilaos ハリラオス
Charillus カリルロス
Charinda チャリンダ
Charine チャリン
Charis シャリス／ハーリス／ハリス
Charise シャリース
Charisius カリシウス
Charisse シャリース／チャリシー*／チャリース*
Charitas カリタス
Charité チャリティ
Charito スハリート
Chariton カリトン
Charitōn カリトーン

カリトン
Charity チャリティ
Charkashyna チャルカシナ
Charke チャーク
Charkham チャーカム*
Charkiewicz チャルキェヴィッチ
Charl チャール*
Charlaine シャーレイン**
Charland チャーランド
Charlcs チャールス
Charle シャルル*
Charlemae チャールマエ
Charlemagne シャルマーニュ／シャルル・マーニュ／シャルルマーニュ
Charlene シャーリーヌ／シャーリーン**／シャーリン**／シャーリーン／シャルレーン*／シャレン／チャーリーン／チャーレン
Charles カール*／カルル／カルレス／カルロ／カルロス*／カレル／シアルル／シャアル／シャール**／シャル／シャールズ／シャルル***／シャルル／ジャルル／シャルレ／シャルレス／シャーレル／ファアルズ／チアールズ／チャルス／チャーレス／チャエルズ／チオールス／チャアルス／チャアルズ／チャアレス／チャック*／チャーリー*／チャリース／チャールズ***／チャールズ***／チャルス／チャルズ／チャルレス／チャーレ／チャーレス／チャーレス

Charlesby チャールスビー
Charles-Edouard シャレドア
Charleson チャールソン**
Charleston チャールストン
Charlesworth チャールズワース／チャールスワース／チャールズワース**
Charlet シャルレ
Charléty シャルレティ
Charlevoix シャルルヴォア／シャルルヴォワ／シャルルボア
Charley シャルレー／チャーリー**／チャーリィ
Charli チャーリー
Charlia シャルリア
Charlie シャルリー／チャーリ／チャーリー***／チャリー
Charlier カルリール／シャーリエ／シャリエ／シャルリエ*／シャルリエー
Charline シャルリーヌ／シャルリヌ
Charlip シャーリップ／チャーリップ**
Charlish チャーリッシュ*
Charlize シャーリーズ*／シャーリズ／シャリーズ
Charlos カルロス
Charlot シャルロ*／シャルロー／シャルロット*／シャーレッド／シャロー**
Charloti シャーロット
Charlott シャルロッテ／シャルロット*／シャーロット／シャロット
Charlotta シャーロッタ／シャルロッタ
Charlotte カルロッテ／カルロット／シャルロッテ**／シャルロット***／シャーロッテ***／シャロッテ*

Charlotte*
シャーロット***
シャーロットー
シャロット
ハロッテ*
Charls チャールズ
Charlton カアルトン／チャールトン***
Charly シャルリー*／チャーリー
Charlyyev シャルルイエフ
Charm チャーム
Charmaine シャマイン／シャーメイン／シャーメイン
Charman チャーマン
Charmasson シャルマソン
Charmatz シャルメッツ
Charmaz シャーマズ
Charme シャルム
Charmel チャーメル
Charmers チャーマース／チャーマーズ
Charmes シャルム
Charmian シャーミアン*／チャーミアン／チャーミャン
Charmides カルミデス
Charmond チャーモンド
Charmonne シャルモンヌ
Charmont シャルモン
Charmoy シャルモイ
Charms シャーム
Charnassé シャルナセ
Charnay シャルネー／シャルネイ
Charnchai チャーンチャイ
Charnes チャーンズ
Charness チャーネス
Charney チャーニ／チャーニー**／チャーニイ*
Charni シャルニ
Charnin チャーニン
Charnisay シャルニゼー
Charnley チャンレイ
Charnock チャーノク／チャーノック
Charnsangavej チャーンサンガヴェフ
Charnvirakul チャーンウィラクン

Charnvit チャルンヴィト／チャーンウィット*
Charnwood チャーンウッド
Charo チャーロ*
Charoemphol ジャルーンポン
Charoen チャルーン／チャローン
Charoenpura チャルーンプラ
Charoenwongsa チャロエンワンサ
Charold チャロルド*
Charon カロン／シャロン**
Charōn カローン／カロン
Charondas カロンダス
Charone シャロン／チャロン
Charonton シャロントン
Charops カロプス
Charosh キャロッシュ
Charoy シャロワ
Charpak シャルパク／シャルパック**／チャルペック
Charpentier シャルパンチェ／シャルパンチエ／シャルパンティエ**
Charpentrat シャルパントラ
Charpentreau シャルパントロー
Charpie シャービー
Charpin シャービン／シャルパン
Charpit シャルピ
Charpy シャルピー
Charques チャーク
Charral チャラル*
Charrat シャラ／シャラー
Charretie チャレティ
Charreton シャレートン
Charrett シャーレット
Charrette シュレット
Charrie シャーリー*
Charrier シャリエ
Charrière シャリエール*
Charriol シャリオール
Charron シャロン*

Charroux シャルー
Charry チャーリー
Charskaya チャールスカヤ
Charśnicki ハルシニツキ
Chart チャート
Chartchai チャーチャイ／チャチャイ／チャッチャイ
Charteris チャータリス／チャーテリス／チャートリス
Charters チャーターズ***
Chartier シャルチェ／シャルチエ*／シャルティエ／シャルティエ***
Chartishvili チハルチシヴィリ／チハルチシビリ
Chartoff チャートフ
Charton シャルトン
Chartove シャルトーヴ／シャルトーブ
Chartrand シャルトラン*／チャートランド／チャルトラン
Chartres シャルトル
Charu シャルー
Charubutr チャルプト
Charuca チャルカ
Charuel シャルエル
Charupakorn チャルパコーン
Charusathian チャルサチエン／チャールサティアン／チャールサティエン
Charushin チャルーシン**
Charusombat ジャルソムバット
Charvátová ハルバトバ
Charvet シャーベイ／シャーベット／シャルヴェ／シャルベ
Charvey シャルヴェ
Charvin シャルバン
Chary シャリー／チャルイ
Charygeldi チャルイゲルディ
Charymyrat チャルイムイラト
Charyn チャーライン／チャーリン**

Charyshina チャルーシナ
Charyyev チャルイエフ
Chas チャス*／チャズ
Chasanowich ハサノーヴィチ
Chase チェイス**／チェース***／チェーズ*
Chasek チャセク
Chasemore チェイスモア／チェースモア
Chasen チェイセン
Cha-seung チャスン
Chashemov チャシエモフ
Chasin チェイスン
Chasins チェイシンズ／チェーシンズ
Chaska チャスカ
Chaskalson チャスカルソン
Chasles シャール
Chaslin シャスラン
Chassagne シャサーニュ
Chasse チェース
Chassé シャッセ
Chasseboeuf シャスブフ
Chassell チャッセル
Chassériau シャセリオ／シャセリオー／シャッセリオ／シャッセリオー
Chasseuil シャスイユ
Chassevant シャスヴァン
Chassey シャセイ
Chassignet シャスィニェ
Chasson チェイソン
Chast チャースト／チャスト
Chastain チャスティン／チャステイン*
Chastan シャスタン
Chastanet シャスネ
Chastanie シャスタニエ
Chastant チャスタント
Chastchik チャトシック
Chastel シャステル**
Chastellain シャトラン
Chastenet シャステネ
Chastillon シャスティヨン

CHA

Chat
チャット
チャート**
Chatat シャタ
Chatauraynaud
シャトーレイノ
Chatchai
チャーチャイ
チャッチャイ*
チャトチャイ
Chatchawan
チャッチャワーン
Château シャトー
Chateaubriand
シャトリアン
シャトウブリアン
シャトウブリヤン
シャトオブリアン
シャト・ブリアン
シャトーブリアン*
シャトーブリアン
シャトーブリアン
シャトブリアン
シャトブリヤン
Chateaubriant
シャトーブリアン
シャトーブリヤン
Châteauroux
シャトールー
シャトーロー
Chatel
カテル
シャテル
Châtel シャテル
Chatelain
シャテラン
シャトラン**
Châtelain シャトラン
Chatelet シャトレ
Châtelet
シャトレ***
シャトレー
Chatelier
シャトリエ*
ジャトリエ
Chatelin シャトラン
Chatellard
シャトゥラール
Chatelus シャトリュス
Chater
チェイター
チャター
Chatfield
チャットフィールド*
チャトフィールド
Chath チェイス
Chatham チャサム
Chatichai
チャーチャーイ
チャーチャイ
チャチャイ*
Chatikavanij
チャーティカワニット*
チャティカワニット
Chatiliez
シャティリエーズ
Châtillon シャティヨン
Châtlet シャトレ

Chatman
チャトマン*
チャトマン
Cha-too チャドゥ
Chatpong チャトポン
Chatri
チャートリー
チャトリ*
Chatrian
シャトリアン*
シャトリアン*
シャトリアン
Chatrichaloem
チャートリーチャルーム
Chatron シャトロン
Chatschik
チャトシック
Chatsuman
チャッスマン
Chatt チャット
Chatten チャトゥン
Chatterjee
チャタージー*
チャタジー**
チャッタジー
チャッテルジェー
チャテルジー
Chatterji
チャタアジー
チャタジー**
チャタルジー
チャッタージ
チャッタージー
チャッタジイ
チャッテルジー
チャテルジー*
Chatterton
チャタートン*
チャタトン
チャッタートン*
Chatthip チャティプ
Chatto チャトー
Chatton チャットン
Chattopadhyay
チャットーパディヤーヤ
チャトパディヤイ
チャトーパーディヤーエ
チャトパーディヤエ
チャトパドヤヤ
チョットパッダエ
チョトパッダーエ
Chattopadhyaya
チャットーパーディヤーヤ
Chatuphum
チャトプン
Chaturon
チャトゥロン
Chaturvedi
チャターベディ
Chatwin
チャトウィン**
Chatwood
チャットウッド
Chatzidakis
ハジダキス

Chatziioannou
ハジオアヌ
Chatzikonstantinou
チャトスィコンスタンティヌ
Chatzisarantis
ハズィザランティス
Chatzopoulos
ハゾプウロス
Chau
ショー
チャウ***
チョウ*
Châu チャウ
Chaubey チョーベー
Chaucer
チョーサー
チョーサ
チョーサー*
チョーサア
Chauchard
ショーシャ
ショシャール
Chauchoin ショコワン
Chaud
ショ*
ショー
Chaude クロード
Chaudemanche
チョウデマンチェ
Chaudenson
ショダンソン
Chaudet ショーデ
Chaudhari
チョーダリ
チョーダリー
Chaudhary
チョードリー
Chaudhri チャウドリ
Chaudhry
チャウダリー*
チョードリ*
チョードリー**
Chaudhuri
ショーフリ
チョウドゥーリー
チョードリー*
チョードリー
Chaudhury
チョードリ*
Chaudron
ショードロン*
Chaudry チャウドリー
Chauffier
ショーフィエ
ショッフィエ
ショーフィエ
ショフィエ
Chauffour
ショウファー
ショフール
Chauhan チョーハン
Chaulagain
チョウラガイン
Chauliac
ショーリアク
ショリアク
ショーリアック
ショリアック

Chaulieu ショーリュー
ショーリヤック
ショーリヤック
Chaumaz ショマーズ*
Chaumely
ショームリー
Chaumes ショーム
Chaumet ショーメ
Chaumette
ショーメット
Chaumiere
ショウミエール
Chaumont ショーモン
Chauncey
チャウンシー*
チャンシー*
チョウンシー
チョーンシ
チョーンシー**
チョンシー
チョーンシイ
Chauncy
チャーンシ
チョウンシー
チョーンシー
チョーンシ
チョンシー
Chaundhry
チョードリー
Chaundler
チャンドラー
チョーンドラー
Chaundenson
ショダンソン
Chaunte チャウント
Chaunu
ショーニュ
ショーニュー*
Chaúque シャウーケ
Chaurand ショーラン
Chauray ショーレイ
Chaurette
ショーレット
Chaushu チャウシュ
Chaussée
ショーセ
ショセ
ショッセ
Chaussier ショシェ
Chaussinand
ショシナン
Chausson
ショーソン
ショソン**
Chautard
ショータール
ショータル
ショータル
Chautemps ショータン
Chauveau
ショウヴホウ
ショーヴォー
ショヴォ
ショヴォー*
ショボー

ショビネ
ジョビネ
ショープネ
ショプネー
Chauvet ショーヴェ
Chauvier ショヴィエ
Chauvin
ショーヴァン**
ショヴァン
ショーバン
Chauvineau
ショーヴィノー
Chauviré
ショーヴィーレ
ショヴィレ**
ショビレ
Chauvon ショヴォン
Chauvy シェヴィ
Chava
チャワ
ハヴァ
Chavagnac
シャヴァニャク
Chavagneux
シャヴァニュー
Chaval
シャヴァル
シャバル
Chavalit
チャワリット*
Chavan
チャヴァン
チャバン*
Chavance
シャヴァンス
シャバンス
Chavane シャバーヌ
Chavanne
シャヴァンヌ
ジャヴァンヌ
シャバンヌ
Chavannes
シャヴァンヌ*
シャバンヌ
Chavara チャヴァラ
Chavarat チャワラット
Chavarri チャバリ
Chavarria チャバリア
Chavarría
チャヴァリア**
チャヴェリア
チャバリア
Chavarro チャヴァロ
Chavasse
シャヴァス
チェバセー
チャアス
チャウアッス
Chavchavadze
チャフチャヴァーゼ
チャフチャヴァゼ
チャフチャワゼ
Chave セハーヴェ
Chaveau クラヴォー
Chavel シャヴァル
Chavero チャベロ
Chaverri チャベリ

Chaves
シャベス**
シャベス*

Cháves チャベス

Chaveyriat シャベリア

Chavez
シャベス
シャベツ
チャヴェス
チャビス
チャベス**
チャベス

Chávez
チャヴェス
チャヴェツ
チャベス***
チャベス

Chavi チャヴィ

Chaviano
チャヴィアノ**

Chavira キャビラ

Chavis チャビス

Chavo チャボ

Chavoin シャヴォアン

Chavouet シャヴエ

Chawarska
ハヴァースカ

Chaweewanakorn
チャウィーワナコン

Chawla
チャウラ
チャウラ**

Chawner
チョーナ
チョーナー

Cha-won ジャウォン

Chayanov
チャーヤノフ
チャヤーノフ

Chayefsky
チェイエフスキー
チャイエフスキー
チャエフスキー

Chayes
チェイス
チェイズ

Chayhane チャイハン

Chayka チャーカ

Chaykin チェイキン*

Chaytor
チェイター
チェーター

Chaz チャズ

Chazal シャザル

Chazarreta
チャサレータ

Chazaud シャゾー

Chaze
チェイズ
チェーズ

Chazel シャゼル

Chazelle
シャゼル
チャゼル

Chazerand シャズラン

Chazin
チェイズン**
ハージン

Chazon ハゾン

Chazov
チャーゾフ
チャゾフ*

Chazy シャジィ

Chazz チャズ*

Chbosky
チボスキー
チョボウスキー**
チョボスキー*

Che
チェ**
チュ

Ché チェ

Chế チャー

Chea
チア**
チェア*

Cheadle チードル*

Cheah
チー
チャー

Cheal チール

Cheaney チェイニー

Cheang
チェン
チョン

Cheang-wan
チャンワン

Chear チア

Chearavanont
ジアラワノン
チアラワノン
チャラワノン
チョウラワノン

Cheatham
チーサム
チーザム
チータム**

Chea Urruela
チェアウルエラ

Cheav チアウ

Cheavens チーブンス

Cheban チェバン**

Chebat シュバ

Chebbi
シェビ
シャビー

Chebel
シェベル
シュベル
チェベル

Cheboksarov
チェボクサロフ

Chebotareva
チェボタリョヴァ
チェボタリョーワ

Chebotarevskii
チェボタレフスキー

Chebotarevsky
チェボタレフスキー

Chebotaryov
チェボタリョーフ

Chebret シェブレ

Chebrikov
チェブリコフ*

Chebroux シュブルー

Chebychev
チェビシェフ
チェブイシェフ
チェブイショーフ
チビショーフ

Checa チェカ

Checchetto
ケケイト
チェチェット

Checco ケッコ

Checcoli ケッコリ

Chechetto
チェチェット

Chechevatov
チェチェワトフ

Chechi ケキ*

Chechulin
チェチューリン

Check チェック

Checkel チェッケル

Checker チェッカー

Checketts チェケッツ

Checkland
チェックランド**

Checkley チェックレー

Cheddi
チェディ*
チュディ

Chedet チェデット

Chédeville
シェドヴィユ
シェドヴィル

Chedid シェディド

Chedli シェドリ*

Chedric セドリック

Chedumbrum
チェダンブラム

Chedzoy チェゾイ

Chee チー**

Chee Beng チーベン

Chee-beng チーベン

Cheech チーチ

Chee Hean チーヒエン

Chee Heung チーフン

Chee-hwa チェンホア

Cheek
チーク**
チック

Cheeks チークス

Cheema チーマ

Cheer チア*

Cheeseborough
チーズボロー

Cheeseman チーズマン

Cheesman
チーズマン*

Cheetaham チータム

Cheetham チータム

Cheever
チーヴァ
チーヴァー*
チーバー*

Cheewa チーワ*

Cheewan チーワン*

Cheffers チェファーズ

Cheffontaines
シェフォンテーヌ

Cheftel シェフテル

Chegaray シェガレー

Chege チェゲ

Che-gnas チェネ

Chegwidden
チェグウィダン

Cheh チェー

Chehab シェハーブ

Chehak シェハック*

Chehibi シェヒビ

Cheick
シェイク
シェイク

Cheickna シェイクナ

Cheick Sallah
シェイクサラ

Cheie チェイエ

Cheiffou シェフ*

Cheik
シェイク*
シェク

Cheika チェイカ

Cheikh
シェイク*
シェイフ**
シェール
シーク

Cheikhachiraf
シェイクアキラフ

Cheikhna シェクナ

Cheikho
シェイコ
シャイホ
シャイホー

Cheikhou シェイフ

Cheikh Rouhou
チェフロウウ

Cheïkhrouhou
シェイフルーフー

Chein
チェイン
チェン

Cheiniss シェニス

Cheirel シェレル

Cheiro
カイエロ
キロ

Chekanov チェカノフ

Chekanovskii
チェカノフスキー
チェカノーフスキィ

Cheke チーク

Chekharin チェハリン

Chekhov
チェーホフ
チェーホフ**
チェーホフ
テエホフ

Chékhov チェーホフ

Chekhova
チェーホヴァ
チェーホヴァ
チェーホフ

Chekwa チェクワ

Chelaru チェラル

Chelbi シェルビ

Chelčiský
ヘルチスキ
ヘルチツキー

Cheldelin
チェルデリン

Chelebi
チェレビ
チェレビー
チェレビィ

Cheleen シェリーン

Chelghoum
シャルガム

Chelichev
チェリチェフ

Chelimo チェリモ

Chelimsky ケリムスキ

Chelios チェリオス*

Chelis ケリス

Chell チェル

Chelladurai
チェラデュライ

Chellapilla チェラピラ

Chelleri ケッレーリ

Chelles シェル

Chelli ケッリ

Chellie チェリー

Chellis チェリス*

Chellman シェルマン

Chelminski
チェルミンスキー

Chelmsford
チェムスフォード
チェムスフォード
チェルムスフォード

Chelna チェルナ

Chelo
ケーロ*
チェロ

Chelpanov
チェルパーノフ

Chelpin ケルピン*

Chelsea
チェルシー**
チェルスィー

Chelwood
チェルウッド

Chem チェム

Chema チェマ

Chemama シェママ

Chemerkin
チェメルキン

Chemero チェメロ

Chemers チェマーズ*

Chemet シュメー

Chemetoff シメトフ

Chemiakin
シュミアキン*

Che-min チェミン

Chemin シュマン*

Chemmy チェミー

Chemnitz
ケムニツ

ケムニッツ
Chemo チェモ
Chemor チェモル
Chemos チェモス*
Chemutai チェムタイ
Chen
　チェヌ*
　チェーン
　チェン***
　チャン
　チン
　ツン*
　ヘン
Ch'en チェン
Chên チン
Chenagtsang
　チェナグサング
Chenaille シュナイユ*
Chenal
　シュナール
　シュナル*
　チェナル
Chenault シュノールト
Chenavard
　シュナヴァール
Chenchik チェンチク
Chenda チェンダ
Chendi ケンディ*
Chene
　シェーヌ
　シェン*
Chéné シェネ
Chêne シェーヌ*
Chênedollé
　シェーヌドレ
Chenel シェネル
Chénel シェネル
Chenelle チェネル
Che'nelle
　シェネル*
　シャネル
Chenery
　チェナリー
　チェネリー
Chenevert
　シェネバート
Chenevière
　シュヌヴィエール
　シュヌビエール
Chenevix
　シェネヴィクス
　チニヴィクス
Cheney
　ケニー
　チェイニー***
　チェニー**
　チェニイ
　チェネエ
　チーニ
　チーニー
　チーニ
Chenez シュネ
Chen-fu ズンフー
Cheng
　チァン
　チェン**
　チャン
　チョン*

ツン
Chengappa
　チェンガッパ
Chenge チェンゲ
Cheng-gang
　チョンカン
Chenglai チャングライ
Cheng Liang
　チンリャン
Cheng-liang
　チョンリャン
Cheng Lock
　チェンロク
Cheng-ping ツンピン
Cheng-sheng
　チェンシェン
Cheng-wu ツンウー
Chengwu チョンウー
Cheng-zhi ツンズー
Chên-hai チンカイ
Chên Hê チェンホー
Chenier シェニエ
Chénier
　シェニエ
　シェニエ*
Chenieux シェニユー
Chénieux シェニユー*
Chenillo チェニーリョ
Chenitz チェニッツ
Chenjerai
　チェンジェライ**
Chenjun チェヌチュヌ
Chen-jung ズンロン
Chenkyab
　チェンキャブ
Chenn チェン
Chennault
　シェノール
　シェノールト
　シェーンノート
　シェーンノート*
　シェーンノールト
Chennevière
　シエヌヴエル
　シエヌヴィエール
Chennevières
　シュヌヴィエール
Chen Ning チェンニン
Chen-ning
　チェンニン*
Chennos
　ケノス
　ケンノス
Chennoth
　チェノットゥ
Chenon シェノン
Chénon シェノン
Chenot シュノ
Chenoune シヌーヌ
Chenoweth
　チェノウェス
Chen po チェンポ
Chente センテ
Chenu シュニュ
Chen-zer チェンザー*

Cheo チェオ*
Cheol チョル
Cheol-hee チョルヒ*
Cheol-koo チョルグ
Cheol-seung
　チョルスン
Cheol soo チョルス
Cheol-soo チョルス*
Cheon チョン*
Cheong
　チェオン
　チェン
　チョン*
　チョング
Cheong-Gi チョンギ
Cheon-seo チョンソ
Cheops ケオプス
Cheor-su チョルス*
Cheosakul
　チェオサクル
Cheow Tong
　チャウトン
Cheow-tong
　チョウトン
Chepalova
　チェパロワ*
Chepchugov
　チェプチュゴフ
Chepchumba
　チェプチュンバ*
Chepikov チェピコフ
Chepkoech
　チェプコエチ
Cheplick
　チュウブリック
Cheptegei
　チェプテゲイ
Cheptoris
　チェフトリス
Chepulis チェプリス
Chepyrenko
　チェプレンコ*
Cher
　シェール**
　チェー
　チェル
Chéradame
　シェラダム
Chérau シェロー
Cherbonneau
　シェルボノー
Cherbuliez
　シェルビュリエ
Cherbury
　チャーベリー
Cherches チャーチズ
Cherchève
　シェルシェーヴ
　シェルシェーブ
Chercot シェルコ*
Chercover
　チャーコーバー
Cherd
　チャート
　チャード
　チュート*

Cherdivara-esanu
　チェルディワラエサヌ
Chéreau シェロー**
Chérel シェレル
Cheremisinov
　チェレミシノフ
Cheremisov
　チェレミソフ
Cheren シェレン
Cherenkov
　チェレンコフ*
Cherepanov
　チェレパノフ
Cherepkov
　チェレプコフ*
Cherepnin
　チェレブニン
Cherestal
　シェレスタル*
Chéret シェレ*
Cherevkov
　チェレフコフ
Cherfas チャーファス
Cheri
　シェリ
　シェリー
Cherian チェリアン
Cherico チェリコ
Chericoff チェリコフ
Cherie
　シェリー**
　チェリー*
Chérie シェリー*
Cherif
　シェリフ**
　シェルフ
Chérif シェリフ
Cherif-abbas
　シェリフアッバス
Cherilus チェリラス
Cherilyn シェリリン
Cherissa チェリッサ
Cherith チェリス
Cherjazova
　チェルリャゾワ
Cherkaoui
　シェルカウイ
　ジェルカウイ*
Cherkasenko
　チェルカーセンコ
　チェルカセンコ
Cherkasov
　チェルカソヴ
　チェルカーソフ*
　チェルカソフ
Cherkasova
　チェルカソワ
　チェルカッソワ
Cherkasskii
　チェルカッスキー
Cherkasskiǐ
　チェルカッスキー
Cherkassky
　チェルカスキー*
　チェルカッスキー
　チャーカスキー
Cherkezov
　チェルケゾフ

Cherkin チャーキン
Cherkinskii
　チェルキンスキー
Cherkos チェルコス
Cherkovski
　チェルコフスキー
Cherles チャールズ
Chermann シャーマン
Chermayeff
　チャマイエフ
　チャマーヤフ
Chermoshanskaya
　チェルモシャンスカヤ
Chern チャーン***
Chernaik チャーネイク
Chernak
　チェルナーク
　チャーナック*
Chernatony
　チャナトニー
Cherne チャーン
Chernecky
　ケルネッキー
　チェルネッキー
Chernenko
　チェルネンコ*
Chernetskyi
　チェルネツキー
Chernetsov
　チェルネツォフ
Chernev チェルネフ
Chernevich
　チェルネヴィッチ*
　チェルネビッチ
Cherni シャルニ
Cherniack
　シャニアック
Cherniaev
　チェルニャーエフ
　チェルニャエフ
Cherniak
　カーニアック*
　チェルニャーク
　チェルニャク
　チャーニアク
Cherniakhovskaia
　チェルニヤホフスカヤ
Cherniavsky
　チェルニヤフスキー
　チェルニャーフスキイ
Chernicoff
　チェルニコフ
Cherniguin
　チェルニギン
Chernikhov
　チェルニホフ
Chernikova
　チェルニコワ
Chernin
　チェルニン
　チャーニン
Cherniss チャーニス
Chernoff
　チェルノフ
　チャーノフ
Chernogorova
　チェルノゴーロワ
Chernokov
　チェルノコフ

Chernokozova
チェルノコゾワ
Chernomordik
チェルノモルディク
Chernomyrdin
チェルノムイルジン**
Chernor チャーナー
Chernousiko
チェルナウスコ
Chernousov
チェルノウソフ
Chernov
チェルノーフ
チェルノフ*
Chernova チェルノワ*
Chernow
チェルナウ
チャーナウ*
Chernushenko
チェルナシェンコ
Cherny
チェルニー
チェルヌイ
Chernyaev
チェルニャーエフ
チェルニャエフ*
Chernyak
チェルニャーク
Chernyakhovskij
チェルニャホフスキー
Chernyi
チェルヌイ
チョールヌイ
Chërnyi チョールヌイ
Chernysh
チェルヌイシュ
Chernyshevskii
チェルヌイシェークス
キー
チェルヌイシェーフス
キー
チェルヌイシェフス
キー
チェルヌイシェーフス
キー
チェルヌイシェーフス
キィ
チェルヌイシェフスキ
イ
チェルヌイシェフスキ
イ
チェルヌヘシェーフス
キー
Chernyshevsky
チェルニシェフスキー
Chernyshova
チェルヌイショヴァ
Chernyshyov
チェルヌイショーフ
チェルヌイショフ
Cherokee チェロキー
Cheromei チェロメイ
Cheron シェロン
Chéron シェロン
Cherono チェロノ
Chéroux シェルー

Cherozamsky
チェロザムスキィ
Cherr
シェール
シェル
Cherri
シェリー
チェリー
Cherrie
シェリー
チェリー
Cherrie-Ann
チェリーアン
Cherrier シェリエ
Cherrill チェリル
Cherry
シェリー
チェリー***
チェリイ
Cherryh チェリイ**
Chersiphron
ケルシフロン
Chersiphrōn
ケルシフロン
Cherskii
チェールスキィ
Chertkov チェルトコフ
Chertkow
チェルトウ
Chertoff チャートフ*
Chertok
シェルトーク
チェルトク*
Cherubini ケルビーニ
Cherubino ケルビーノ
Cherue チェル
Chéruel シェリュエル
Cheruiyot
チェルイヨット**
Chervenak
チェルベナック
Chervenkov
チェルヴェンコフ*
チェルベンコフ
Cherviakov
チェルヴャコフ
Chervínskaya
チェルヴィンスカヤ
Chervonenko
チェルボネンコ
Cherwell チャーウェル
Cheryazova
チェルリャゾワ
Cheryl
シェリール
シェリル**
シェリロ
シェリル*
シェル
Cheryle
シェリル
シェリレ
Cheryll シェリル
Cheryshev
チェリシェフ
Chesbro
チェスブロ***
チェスブロー

チェズブロ
Chesbrough
チェスブロー
チェスブロウ
Cheseaux シェゾー
Chesebro チェスブロー
Cheselden
チェズルデン
チェセルデン
チェゼルデン
Cheshay シェネ
Cheshire
チェシア
チェシャー**
Cheska チェスカ
Cheskin チェスキン
Chesky チェスキー
Chesla チェスラ
Chesler チェスラー*
Chesley チェスリー**
Cheslock チェスロック
Cheslor チェスラー
Chesnais
シェスネ
シェネ
Chesneau シェノー*
Chesneaux シェノー
Chesney
チェスニー*
チェズニー*
Chesnokova
チェスノコヴァ
Chesnoy シェノワ
Chesnut
チェスナット*
Chesnutt
チェスナット*
Chess チェス
Chessa
ケッサ
チェッサ
Chessar チェサール
Chessell ケッセル
Chesser チェッサー
Chessex
シェセ
シェセックス**
Chessman チェスマン*
Chester
チェイスター
チェスター***
チェット
Chesterfield
チェスターフィール
ド**
チェスタフィールド*
チェストルフィールド
Chesterman
チェスターマン
Chesters チェスターズ
Chesterton
チェスタアトン
チェスタートン*
チェスタトン**
チェスタントン
Chestnov チェストノフ

Chestnut
チェストナット
チェスナッツ
チェスナット*
Cheston チェストン
Chestov チェストフ
Cheswick
チェスウィック
Chesworth
チェスワーズ
Chet
チェット***
チェト
Chetaev チェターエフ
Chetan チェタン
Chetanananda
チェタナーナンダ
Chetboul
チェトブール
Chetcuti チェトクチ
Chetham チェタム
Chethik チェシック*
Chetin チェチン
Chetkovich
チェトコヴィッチ
Chetri チェトリ
Chetrit シャトリット
Chetsadabodin
チェサダーボディン
チェッタボディン
Chettha チェッター
Chettiyappan
チェッティヤッパン
Chettle チェトル
Chetty チェティ
Chetverikov
チェトヴェーリコフ
チェトベリコフ
Chetverukhin
チェトベルヒン
Chetwynd
チェットウインド
チェトウインド
Cheuang チュアン
Cheunboran
チュンボラン
Cheung
チェン
チャン**
チューン
チュン*
チョウン
チョン**
Cheung Ping
チョンピン
Cheuni チェウニ
Cheuvront シェブロン
Cheval シュバル
Chevalerie
シュヴァリリー
Chevalier
シェヴァリア
シェヴァリエ
シュバリエ
シュヴァリエ
シュヴァリエ***
シュバリエ***
シュバリニ

Chevallaz シュヴァラ*
Chevalley
シュヴァレー**
シュヴァレイ
シュバレー
Chevallier
シェヴァリエ
シュヴァリエ*
シュバリエ*
Chevanton
チェヴァントン
Chevardière
シュヴァルディエール
Chevassus
シュヴァシュス
Chevèenement
シュベーヌマン
シュベヌマン
Chevénement
シュヴェーヌマン
シュヴェヌマン
Chevènement
シュヴェーヌマン**
シュベヌマン
Chevènement
シュヴェヌマン
Chevennement
シュベーヌマン
シュベヌマン
Cheverton
シェバートン
Cheverus
シェブリュス
シュヴリュ
Cheves チヴス
Chevieres
シュヴィエール
Chevigny
チェヴィニー
Chevillard
シュヴィヤール
Chevotet シュヴォテ
Chevreau シュヴロー*
Chevrel
シェブレル
シュヴレル
Chevreul
シェヴルール
シェブルール
シュヴルール
シュブルール
Chevreuse
シェヴルーズ
シュブルーズ
Chevrier
シェヴリエ
シュヴリエ
Chevrolet
シェヴロレー
Chevron シェヴロン
Chevy
シェヴィー*
シェビー*
チェヴィ
チェヴィー*
Chew
シュー*
チュー*
チュウ**
Chewning
チューニング

Che-woo チーウォー	キャブレーラ	Chibana チバナ	Chidoka チドカ	Chigireva チギレワ	
Chey チェ* / チェイ	キャブレラ	Chi-beom チボム	Chidozie チドジー	Chignell チグネル	
Cheyakh シェヤフ	Chia Hui チャーフイ	Chibesakunda チベサクンダ	Chie チエ	Chigozie チゴズィエ*	
Cheyassin チェヤシン	Chia-hui チャーフイ	Chibingu チビング	Chiedchai チェーチャイ / チャチャイ / チューチャイ*	Chigusa チグサ	
Cheydleur シエドラー	Chiaia キアイヤ	Chibisova チビソワ		Chigwedere チグウェデレ	
Cheyenne シェイエンヌ / シャイアン*	Chia Liang チャーリャン	Chic シック* / チック*	Chief チーフ*	Chigyri チギリ*	
Cheyfitz チェイフィッツ*	Chiambretto カンブレト	Chicago シカゴ**	Chieffo チエッフォ	Chih ジー / チー	
Cheyin チェイン	Chiang ジィアン / ジャン / チアン / チャン**	Chicares チカレス	Chieger チャイジャー	Chihab チハブ	
Cheyne シェイン / チェイニ / チェイン / チェーン		Chiccarelli チカレッリ	Chiego チエゴ	Chihakova チハーコヴァー	
	Chiangkuun チエンクーン	Chicha シシャ / チチャ	Chieh チー	Chihana チハナ	
	Chiao チアオ* / チャオ**	Chicharro チチャーロ	Chiel チール*	Chihara チハラ	
Cheyney チェイニー / チェイニィ / チーニイ	Chiapasco キアパスコ / チアパスコ	Chichava チチャバ	Chiele キエーレ	Chih-chia ズージャ	
		Chiche シーシェ* / シッシュ	Chiellini キエッリーニ*	Chih-chung チーチュン	
Cheyo チェヨ	Chiapelli キャペリ	Chichele チチェリ / チチェリー / チチェル / チチリー	Chiem チェム	Chiheb シハブ / シヘブ	
Cheyrou シェイル	Chiapello シャペロ		Chiemezie チエメジエ		
Cheyssial シェシャール	Chiappa キアッパ		Chien シアン / ジェン / チェン* / チエン	Chih-hsiang ジーシアン*	
Cheysson シェイソン**	Chiara キアーラ** / キアラ***	Chicherin チチェーリン / チチェリン / ツェーリン		Chiho チホ	
			Chieng チェン	Chi-huey チーフェイ	
Cheywa チェイワ**	Chiarabini キアラビーニ	Chicherova チチェロワ**	Chien-hui チェンフイ	Chih-Wei チーウェイ*	
Chezhina チェジナ*	Chiaradia キアラディーア	Chichester チチェスター**	Chien-ming チェンミン*	Chih-yüan チイン	
Chézy シェジー / シェゼイ	Chiaramonte キアラモンテ	Chi Chi チチ	Chien-Pai チェンパイ	Chii チイ	
	Chiarappa キアラッパ	ChiChi チチ	Chien-shiung チェンシゥン / チェンシュン	Chi-jin チジン	
Chhabi チャビ	Chiaraviglio チアラビグリオ	Chichi チー		Chijs シェイス* / シャイス	
Chhabra チャブラ	Chiarelli キアレッリ*	Chichibabin チチバービン	Chiepe チエペ		
Chhay チャイ	Chiarello チャレロ	Chi-Chih チーチー	Chiera キエラ / チエラ	Chik チク	
Chhay Ly チャイリー	Chiari キアーリ / キアリ	Chichin シシャン	Chierico キエーリコ	Chikadons チカドンス	
Chhea チア		Chichkov チーチコフ	Chierighini チエリギーニ	Chikane チカネ	
Chheang チェン	Chiarini キアリーニ* / チアリーニ	Chick チック***	Chiesa キエーザ / キエーザ** / キエザ* / チエザ	Chikaonda チカオンダ	
Chhem チェイム		Chickillo チキロ		Chikarmane チカルマネ	
Chheng チェン	Chiaro キアーロ	Chicks チックス		Chikawe チカウェ	
Chhetri チェトリ	Chiarolli キアロッリ	Chico シーコ / シコ** / シッコ* / チコ**	Chiesi チエジ	Chikelu チケル	
Chhi チイ	Chiasson チアソン		Chie-sou チス	Chikhachov チハチョーフ	
Chhibber チッバア	Chiattone キアットーネ		Chiesura キエスーラ	Chikhladze チクラゼ	
Chhim チム		Chicoine チコイン	Chieu チェウ / チュウ	Chikishev チキシェフ	
Chhin チン	Chiau チャウ / チョウ	Chicot スィコ	Chiêu チェウ / チェウ* / ティエウ	Chiklis チクリス	
Chhon チョン	Chiaureli チアウレーリ / チアウレリ	Chicoti シコティ		Chi-koan チクァン	
Chhor シン		Chidambaram チダムバラム** / チダンバラム	Chiêu Hoàng チエウホアン	Chikovani チコヴァニ	
Chhum チュム*	Chiaveri キアヴェーリ / キアヴェリ / キャヴェーリ	Chidananda チダーナンダ / チダナンダ	Chiev チーウ	Chikviladze チクビラーゼ	
Chhun Lim チュンリム			Chiewchantanakit チュウチャンタナキット	Chikwanda チクワンダ	
Chi ジ / シィ / チ*** / チー** / チャイ	Chiavistelli キアヴィステッリ	Chidester チデスター		Chikwanine チクワニネ	
	Chia-Wei チャーウェイ	Chidgey チッジー	Chiflet シフレ	Chikwe チクウェ	
	Chiazza チアザ	Chidhakwa チダクワ	Chifley チフリ / チフリー	Chikwinya チクウィニャ	
	Chib チブ	Chidi チディ		Chila シラ / チラ	
Ch'i チー	Chiba シバ	Chidiac チディアック	Chigbo シボ	Chilachava チラチャヴァ	
Chí チー	Chibamba チバンバ	Chidiock チディオック	Chigi キージ	Chilam チラム	
Chia キア* / チア* / チャ*		Chidler チドラー	Chigier シガー	Chilavert チラベルト**	
Chiabra チアブラ		Chidley チドリ		Chilcoat チルコート	
Chiabrera キアブレーラ				Chilcott チルコット	

Chilcott チルコット
Child
　チャイルド***
　チルド
Childars
　チルダース
　チルダーズ
Childe チャイルド*
Childebert
　ヒルデベルト
Childeric ヒルデリック
Childéric
　シルデリク
　シルデリック
　ヒルデリック
　ヒルデリヒ
Childerich
　ヒルデリヒ
　ヒルデリッヒ
　ヒルデリヒ
Childericus
　キルデリクス
Childers
　チルダース*
　チルダーズ*
Childre チルダー
Childress
　チャイルドレス*
　チルドレス**
Childs チャイルズ***
Chilembwe
　チレンブウェ
　チレンブエ
　チレンベ
Chilemme シレム
Chiles
　チャイルズ**
　チルズ
Chilesotti
　キレゾッティ
Chil-hwan チルファン
Chili チリ
Chiligati チリガティ
Chilima チリマ
Chi-ling チーリン*
Chilingerian
　チリンジャリアン
Chill チル*
Chillida
　チリィーダ
　チリーダ**
　チリダ
Chillingworth
　チリングワース
Chilmanov チルマノフ
Chilōn キロン
Chilova チロワ
Chilperich
　ヒルペリック
　ヒルペリヒ
Chilpericus
　キルペリクス
Chilton チルトン*
Chiluba チルバ**
Chilufya チルフヤ**
Chilumpha チルンパ

Chilvers
　シルヴァーズ
　チルヴァース
Chilwell チルウェル
Chim チム
Chimalpáin
　チマルパイン
Chimalpopoca
　チマルポポカ
Chimamanda
　チママンダ**
Chimanbhai
　チマンバイ
Chimdi チムディ
Chimed チメド*
Chimediin
　チメディーン
Chimedtseye
　チメドツェイェ
Chimegbaatar
　チメグバータル
Chimenti キメンティ
Chimes チャイムス
Chimev チメフ
Chimid チミド
Chimiddorjiin
　チミドドルジーン
Chi Minh チミン
Chi-Minh チミン
Chimishkyan
　チミシュキアン
Chimits シミッツ
Chimney チムニー
Chimombo チモンボ
Chimunthu チムンス
Chin
　ジン
　チヌ
　チン**
China チャイナ**
Chinamasa チナマサ
Chi-nan チーナン
Chinanu チナヌ
Chinard シナール
Chin-a-sen チンアセン
Chinben チンベン
Chin Beng チンベン
Chin-chang チンチャン
Chinchilla チンチジャ*
Chinchilli チンチーリ
Chin-ching ジンジン
Chinchon チンチョン
Chinchón チンチョン
Chin-Chuan
　ジンチュエン
Chin Chye チンチャイ
Chindaswinth
　キンダスヴィント
Chindori チンドリ
Chine シーヌ
Chinedu チネドゥ
Chinedum シネドゥム
Chinen チネン
Chinery チナリー*

Chinese チャイニーズ*
Chin Fatt チンファト
Ching
　チン*
　チング
Chinggis
　ジンギス
　チンギス
　チンギズ
Ching Hai チンハイ
Chinghiz チンギズ
Chingísovich
　チンギソヴィチ
Chingiz
　チンギス***
　チンギズ
Chingo チンゴ
Ching Po ジンポー
Chingunji チングンジ
Ching-wan チンワン
Ching-wen チンウェン
Chingy チンギー
Ching-yi チンイ
Ching-ying チェンイン
Chinh チン*
Chin-hui チンフィ
Chini キーニ
Chinid チミド
Chininga チニンガ
Chiniquy シニキー
Chink チンク
Chinkin チンキン
Chin Lee チンリー
Chinlun チンルン*
Chinman チンマン
Chinmoy チンモイ*
Chinn チン*
Chinnawong
　チンナウォン
Chinnaworn
　チナウォン*
Chinnery チネリー
Chinnock チンノック
Chínnov チンノフ
Chin-o ジノ
Chino チノ
Chinodya チノーデャ
Chinoy チノイ*
Chinshanlo
　チンシャンロ*
Chin-sung ジンソン
Chintamani
　チンターマニー
Chintara チンタラー*
Chintila キンティラ
Chin Tuan
　チントゥアン
Chinua
　チヌア***
　チヌワ
Chinweizu
　チンウェイズ
Chinworth
　チンウォース

Chin-youb ジンヨブ
Chinzorig チンゾリグ
Chiocca チョッカ
Chiodarolo
　キオダローロ
Chiodi キョーディ
Chiodo キオド
Chiola チオラ
Chioma チオマ*
Chion シオン*
Chiōn キオン
Chiong
　チオング
　チョン
Chiōnidēs キオニデス
Chioro キオロ
Chiossone
　キオソーネ
　キオッソーネ
　キョソーネ
　キヨネ
　キヨソーネ
　キヨネ
Chiostri キオストリ
Chiou
　チオウ
　チュウ
Chiovaro シオヴァロ
Chiovenda
　キオヴェンダ
　キヨヴェンダ
Chip チップ**
Chipashvili チパシビリ
Chipasula チパスラ
Chipchase
　チップチェイス
Chipiez シピエ
Chipman チップマン*
Chippendale
　チッペンデイル
　チッペンデール
　チペンデール
Chipper
　チッパー**
　チーパー
　チパー
Chipperfield
　チッパーフィールド**
Chippie チッピー
Chipping チッピング
Chippo シッポ
Chipps チップス
Chips チップス
Chipungu チプング
Chiquet
　シケ
　シケット*
Chiquinho シキノ*
Chira チラ
Chirac シラク***
Chiram ヒラム
Chiranan チラナン
Chiranjeevi
　チランジービ
Chiras チラス

Chirau チラウ
Chirazi チラーズィ
Chirchir チルチル
Chireh チレー
Chirhanga チルハンガ
Chiriaco キリアコ
Chiriaeff シリーアエフ
Chiriches キリケシュ
Chirico
　キーリコ
　キリコ*
Chirif チリフ
Chirikov
　チーリコフ
　チリコフ
Chirillo
　キリッコ
　チリーオ
Chirinciuc
　キリンチュク
Chirino
　キリーノ
　チリーノ
　チリノ
Chirinos チリノス
Chiris クリス
Christine
　クリスティーヌ
Chiristodoulos
　クリストゥロス
Chirivella チリベジャ
Chirkov チルコヴ
Chirlian
　チャーリアン
　チャリアン
Chirol
　キロル
　チロル
Chiron チロン
Chironis クロニス
Chirot チロット
Chirovici キロヴィッツ
Chrstiane
　クリスティアンヌ
Chirwa チルワ
Chiry チリー
Chis チス
Chisale チサレ
Chisenhall
　チゼンホール
Chishimba チシンバ
Chisholm
　クリスホルム
　チサム
　チザム***
　チショーム
　チスホルム
　チズム**
　チズラム
　チゾーム
　チゾム
　チゾルム
Chishti キシュティ
Chishtī
　チシティー
　チシュティー
Chisini チジニ

Chislett チスレット	Chiu チウ** / チュー*	Chlodovald クロードヴァルド	Chock チョック	Choiraljav チョイラルジャブ
Chisnall チスナル / チズナール	Chiume チウメ	Chlodovech クローヴィス / クロドヴェヒ	Chocolate チョコラーテ	Choirilos コイリロス
Chisnell チスネル	Chiumia チウミア		Chocron チョクロン	Choiroboskos コイロボスコス
Chisolm チザム	Chiuri キウリ	Chlodwig クロードヴィヒ	Chod ホット / ホド	Choiseul ショアズール / ショワズール / ショワズル
Chi-song チソン	Chiusano キウザーノ	Chloe クロー / クロイ / クロウイ / クロエ**	Choden チョゼン / チョデン	
Chisrett チスレット	Chivapruck チワプルーク			Choisy ショアジ / ショアジー / ショワジ / ショワジー / ショワジイ
Chissano シサノ**	Chivas キバス		Chodera チョーデラ	
Chissell チセル	Chivers シヴァーズ / シバーズ / チヴァース / チヴァーズ	Chloé クロエ*	Choderlos コデルロス / ショデルロ*	
Chistiakov チスチャコフ		Chloë クロエ*		
Chistolini キストリーニ		Chloë クロエ	Chodkiewicz ホトケーウィチ	Choizhilyn チョイジリーン
Christopher クリストファー	Chiverton シヴァートン	Chlopicki クロビツキ / フウォビツキ	Chodo コドー	Chojecka チョエツカ
Chistyakov クリスチャコフ	Chivian チヴィアン	Chlorus クロールス / クロルス	Chodoff ショドフ	Chojnacka ホイナツカ
Chistyakova チスチャコワ	Chiwaya チワヤ		Chodorow チョドロウ*	Chojnowska ホイノフスカ
Chisum チザム*	Chi-Wen チーウェン	Chlothar クロタール	Chodos カドス / チォドス	Chojoj チョホフ
Chiswell チスウェル	Chiwetel キウェテル	Chlothilde クロチルダ		Chojzhilsuren チョイジルスルン
Chit ジット / チット*	Chiyakam チャイヤカム	Chlupatý フルパティ	Chodosh チョドシュ	
	Chiyembekeza チエンベケザ	Chmakova シマコヴァ	Chodowiecki コドウィエツキー / コドヴィッキ / ホドヴィエツキ / ホドヴィエツキー	Chokachi チョカチ
Chita チタ		Chmara クマラ / チマラ		Chókan チョカン
Chitalu チタル	Chi-yong チヨン			Chokheli チョヘリ
Chitambar チタンバル	Chi-young チヨン	Chmel フメル		Chokri ショクリ**
Chitambaranathan チタンバラナタン	Chiza チザ	Chmela クメラ	Chodron チョドロン	Chokshi チョクシー
	Chizeck シヴェック	Chmelik クムリク	Chödrön チュードゥン / チョドロン	Choksy チョクシ / チョクシー
Chitara チターラー	Chizen チーゼン	Chmelnitzki クメルニッキー		
Chitaru チタル	Chizhikov チジコフ	Chmielewicz シュミーレビッチ	Chodźko コズコ	Chok Ton チョクトン / チョクトン*
Chitchian チトチア	Chizhov チジョーフ / チジョフ*	Chmielewska フミェレフスカ*	Choe チェ*** / チョウ	
Chitham チタム	Chizhova チジョワ / チゾワ	Chmielowski フミェロフスキ		Chokwatana チョクワタナー / チョークワッタナー
Chit Hlaing チッフライン		Chmura フムラ	Choeël ショエル	
Chiti キーティ	Chizmar チズマー		Choeje チョジェ	Chol チョル*
Chitilian チティリアン	Chizuko チズコ	Chnoupek フニョウペク	Choekhortshang チューコルツァン	Cholak ショーラック
Chitmany チットマニー	Chkhaidze シュハイゼ / チャイゼ	Chñoupek フニョウペク	Choeng-sook ジョンスク	Cholakov チョラコフ
Chit Maung チッマァウン / チッマウン	Chkhartishvili チハルチシヴィリ* / チハルチシビリ	Cho ジョ / チョ*** / チョー** / チョウ**		Cholawski ホラフスキー
			Choeun チューン	Choldenko チョールデンコウ*
Chitoiu キツォイユ			Choguel ショゲル	Cholesky ショレスキ
Chitotela チトテラ	Chkheidze チヘイーゼ* / チヘイゼ / ツヘイゼ		Chogyam チュギャム / チョギャム	Cholewicki チョルウィッキ
Chitra チットラ** / チトラ*		Choate チョート**	Chögyam チュギャム / チョギャム	
Chitrakar チットロコル	Chkhenkeli チヘンケリ	Choay ショーエ / ショエ		Chol-hae チョルヘ
Chitralekha チトラレカ	Chkhikvadze チヒクヴァーゼ	Chōbin チューピーン	Cho Ha チョーハ	Chol-ho チョルホ
Chittell チッテル	Chkhobadze チホバゼ	Chocano チョカーノ / チョカノ	Cho-hyan チョヒョン	Cholho チョルホ
Chittenden チッテンデン*	Chladek クラデク / フラデク		Choi チェ** / チェイ** / チョイ** / チョウイ / ツォイ	Chol-hyun チョルヒョン*
Chittick チティック	Chládek フラーデク	Chochev チョチェフ		Cho-Liang チョーリャン
Chittleborough チットルパラ	Chladni クラードニ / クラドニ	Chochinov チョチノフ		Chol Jin チョルジン
Chitty キッティ / チティ	Chlaki チラーキ	Chochishvili チョチョシビリ	Choí チェ	Chollat ショラー
Chitu キトゥ	Chlan クラン	Chochol ホホル	Choijiliin チョイジリーン	Chollet ショレ* / ショレー
Chituwo チツウォ / チトゥウォ	Chlebowski クレボウスキー	Chocholle ショショール	Choijilsuren チョイジルスレン	Cholley ショレー*
	Chlenov チレーノフ	Chochoshvili チョチョシヴィリ	Choijilsurengiyn チョイジルスレンジン	Chollot ショロ / ショロー
	Chlodomer クロドメル	Chochua チョチュア	Choimaa チョイマー	
			Choinom チョイノム	Chol-man チョルマン

CHO

Chol Min チョルミン
Cholmin チョルミン
Cholmondeley
　チャムレー
　チョルモンドレイ
Cholnoky チョーノキ
Cholodenko
　チョロデンコ*
Cholpon チョルポン
Cho'lpon チョルパン
Chol-su チョルス*
Cholsu チョルス
Choltitz ホルティッツ
Chol-ung チョルウン
Chomakov チョコマフ
Chombart
　ションバール
Chombo
　チョムボ
　チョンボ
Chomczynski
　チョムジンスキー
Chomel
　ショメイル
　ショメール
　ショメル
Chomera ショメラ
Chomet ショメ*
Chomette ショメット
Chominski ホミンスキ
Chomón チョモン
Choms チョムス
Chomsky
　チョムスキー**
Chomtawat
　ションタワッ
　チョムタワット*
Chomtawet
　チョムタワット
Chon
　コーン
　ジョン*
　チョン**
Chong-ai ジョンエ
Chongchetn
　チョンチェン
Chong-chin
　チョンジン
Chong-chol
　ジョンチョル
Chong-chul
　ジョンチュル
Chong Eu チョンユー
Chong-gug
　ジョングク*
Chong-ha ジョンハ*
Chong-ju ジョンジュ*

Chong-jun
　チョンジュン**
Chong-mi チョンミ
Chong-min ジョンミン
Chong-nam
　ジョンナム
Chong-oh ジョンオ
Chong-son チョンソン
Chong-sook
　ジョンスク
Chong Wei
　チョンウェイ*
Chong-wei
　チョンウェイ*
Chong-won
　ジョンウォン
Chong Yah チョンヤー
Chong-yah チョンヤー
Chong-yeong
　チョンヨン
Chong-yol ジョンヨル
Chon-gyun
　チョンギュン
Chong-zhi ツォンズー
Choniates
　コニアテース
　コニアテス
Chōniatēs コニアテス
Chōniātēs
　コーニアテース
Chonita チョニタ
Chonko チョンコ
Chontey チョンテイ
Chonz ヘンツ
Chönz ヘンツ
Choo
　シュー
　ジュ
　チュー*
　チュウ**
　チョー
Chooi チョーイ
Chookhvatanaa
　チョークワッタナー
Chookiat
　チューキアット*
Choomsai
　チョムサーイ
Choon
　チュン*
　チョン*
Choonee
　チューニー
　チョーニー
Choong チューン
Choong-han
　チュンハン
Choong-hoon
　ジュンフン
　チュンフン
Choong-hwan
　チュンファン
Choong-il チュンイル
Choong-jo チュンジョ
Choong-ki チュンギ

Choong-kun
　チュンコン
Choong-seek
　チュンシク
Choong-seh チュンセ
Choong-seo チュンソ
Choong-seok
　チュンソク
Choong-whay
　チュンフェ
Choong-yong
　チュンヨン*
Choonhavan
　チュンハーウォン
　チュンハワン*
Choon-ho チュンホ
Choon-hoe チュンフェ
Choon-mie チュンミ*
Choon-yul チュンヨル
Choo-soo ジュス
Chope
　チョープ
　チョペ
Chöpel チュンベル
Chophel チョベル*
Chopich チョピック
Chopin
　ショパン*
　ショピン
　チョピン
Chopinel ショピネル
Choppin
　ショパン
　チョピン
Chopra
　チョープラ
　チョプラー
　チョプラ**
Chopyak チョピアク
Choquehuanca
　チョケワンカ
Choquet
　ショケ*
　ショケー
Choquette
　コケット
　ショケット
　ショーケット
　ショケット
　チョケット*
Chor
　チョー*
　チョル
　ツォウ
Chorafas
　コラファス
　ショラファス
Chorale コーラル
Chorao
　コラオ
　シャーロー
Chorās チョラース
Choriev チョリエフ
Chorieva チョリエワ
Chorin
　コーリン
　ホリン

Chorkina ホルキナ*
Chorley
　コーリー
　チョウレイ
　チョーリー
　チョーレー
　チョーレイ
Chorlton
　チョールトン*
Chorny チョールヌイ
Chorobek チョロベク
Choroma チョロマ
Choron
　コーロン
　コロン
　シャロン
　ショロン
Chorost コロスト
Chorpenning
　コープニング
　コーペニング
Chortatsis
　ホルタツィス
Chory コーリー
Chorzempa
　コルゼンパ*
Chosak チョサック
Chos 'byor
　チョエジョル
Chos-'grub
　チュードゥプ
Chos kyi
　チューキ
　チョエキ
Chos-kyi
　チューキ
　チュキ
Chos kyi blo gros
　チューキロドゥー
Chos kyi nyi ma
　チューキニマ
Chos-phel チュンベル
Chos rdor チョエドル
Chos rje チョエジェ
Chos sku チョエク
Chossudovsky
　チョスドスキー*
　チョスドフスキー
Chotani チョタニ
Chotek ホテク
Chotjewitz
　コチェヴィッツ
Chotomska
　ホトムスカ*
Chotzinoff
　ショツィノフ
　チョツィノフ
Chou
　ジョ*
　ジョウ
　チョウ
　チュー
　チョ
　チョウ*

Chouaib シュアイブ
Chouard シュアール
Chouchan シュシャン*

Choudary
　チョーダリー
Choudhri
　チョードリ
　チョードリー
Choudhry
　ショウドリー
Choudhuri
　チョードゥリ
　チョードリ
Choudhury
　チョウドリ*
　チョードリ*
　チョードリー
Choue
　チョウ
Chough チョ
Chouhan チョウハン
Chouikh シュウィック
Chouinard
　シュイナード**
Chouk シューク
Chouket シュケット
Choukou シュク
Choulean チュリアン*
Choules チョールズ
Choulis ショーリス
Chouly シュリ
Choummaly
　チュームマリー
　チュンマリー
Choúmnos クームノス
Choung チョン
Choung-kap
　ジョンガプ
Choupo チュポ
Chouquet
　チョークウェー
Chouraqui
　シューラーキー
　シュラキ*
　シュラキ
Choureau シューロー
Chourraut コラント*
Choury ショーリー
Chousa クシャン
Chousi
　フシャイ
　ホシャイ
Choux
　シュー
　シュウ
Chouzâs
　クーザ
　クザ
Chov チョブ
Chovancova
　ショヴァンコヴァ
Chovanec ホバネツ
Chovelon ショヴロン
Chovin ショヴァン
Chow
　ショウ
　チャウ*
　チョウ**
Chowdhry
　チョードリー*

Chowdhury
チョウドゥリー
チョウドリ*
チョウドリー
チョードゥリー
チョードリ*
チョードリー
チョドリ
Chowla チャウラ
Chown
コーン
チャウン
Chowning
チョウニング
Choy チョイ*
Cho Yao チョーヤオ
Cho Yaw チョウヤウ
Choybalsan
チョイ・バルサン
チョイバルサン
Choyijab チョイジャブ
Choyiji チョイジ
Choyke チョイク
Chozen チョーズン
Chozick チョジック
Chposky クポスキー
Chraïbi シュライビ
Chrapkowski
チュラポウスキー
Chrbet フルベット
Chrea クレア
Chrēmōnidēs
クレモニデス
Chrestian
クレスチャン
Chrestman
クレストマン
Chrêstos フリストス
Chretien
クレチアン
クレティアン*
Chrétien
クレチアン
クレチェン
クレチヤン
クレティアン*
クレティエン**
Chriboga チリボガ
Chrictran
クリスチャン
Chridtopher
クリストファー
Chrilstensen
クリステンセン
Chrimes クライムズ
Chris
クリース
クリス***
Chrisanthus
クリサンザス
Chrisdell クリスデル
Chrisette クリセット
Chrisman クリスマン*
Chrisnandi
クリスナンディ
Chrisochoidis
フリソフォイディス

Chrisopher
クリストファー
Chrisostomus
クリソストモス
Chrisp クリスプ
Chriss クリス
Chrissie
クリシー*
クリッシー*
Chrissis クリシス
Chrissy
クリスィー
クリッシー*
Christ
キリスト*
クライスト
クリシュト
クリスト*
Christa クリスタ***
Christabel
クリスタベル*
Christakis
クリスタキス
Christaller
クリスタラー*
Christalyn
クリスタリン
Christan クリスタン
Christania
クリスタニア
Christe
クライスト
クリスト
Christee クリスティー
Christel クリステル**
Christelle
クリステル**
Christemeijer
クリステメイエル
クリストマイエル
Christen
クリスティアン
クリステン*
Christenberry
クリスンベリ
Christenhusz
クリステンフース
Christensen
クリサンセン
クリスチャンセン*
クリステンスン
クリステンセン***
クリステンゼン
クレスチャンスン
Christenson
クリステンソン*
Christersson
クリスターソン*
Christfried
クリスリープ
Christgau クリスゴー
Christhian
クリスチャン

Christi クリスティ
Christiaan
クリスチャン
クリスティ***
クリスティー***
クリスティアーン
クリスティアン**
Christiam
クリスチャン
クリスティアン
Chris-Tian
クリスティアン
Christian
クリス
クリスチャーン
クリスチャン
クリスチャン***
クリスチャン***
クリスティアーン*
クリスティアン***
クリスティーン
クリスティン
クリティアン
クレスチャン
フリスチャン
Christiana
クリスチアナ
クリスティアーナ
クリスティアナ**
クリスティーナ
Christiane
クリスチアーナ
クリスチアーヌ**
クリスチアヌ*
クリスチアーネ*
クリスチャーヌ
クリスチャーヌ
クリスチャヌ
クリスティアーヌ**
クリスティアヌ
クリスティアーヌ**
クリスティアネ***
クリスティアン
クリスティアンヌ*
クリスティーヌ
Christiani
クリスチャニ
Christianna
クリスチアナ*
クリスティアナ**
Christianne
クリスティアーネ
Christiano
クリスチアーノ
Christianos
クリスティアノス
Christians
クリスチャンズ
クリスティアンス*
Christiansen
クリスチャンセン*
クリスティアンセン*
クリスティアンゼン
Christianson
クリスチャンソン*
クリスティアンソン
Christianto
クリスティアント
Christianus
クリスティアヌス
Christie
クリスチ

クリスチー
クリスチィ
クリスティ***
クリスティー***
Christien クリスチャン
Christiena
クリスティナ
Christiern
クリスティアーン
Christilian
クリスティリアン
Christin
クリスタン*
クリスティン*
Christina
クリスチイナ
クリスチーナ*
クリスチナ*
クリスチーネ
クリスティイナ
クリスティーナ***
クリスティナ***
クリスティーヌ*
クリスナ
Christine
クリス**
クリスティーネ
クリスティーヌ***
クリスチヌ
クリスチーネ
クリスチーン
クリスチン
クリスティー
クリスティアーナ
クリスティナ
クリスティーヌ***
クリスティヌ
クリスティーネ***
クリスティーン***
クリスティン***
クリッシー
クリティーヌ
Christiné クリスティネ
Christinna
クリスティナ
Christion
クリスチャン
Christison
クリスティソン*
Christl クリストル*
Christlieb
キリストリープ
クリストリープ
クリストリープ
Christlob
クリストロープ
Christlyn
クリストリン
Christman
クリストマン*
Christmas
クリスマス*
Christner
クリストナー*
Christo
クリスト**
フリスト
Christóbal
クリストバル

Christobel
クリストベル
Christodoula
クリストドゥラ*
Christodoulakis
クリストドゥラキス
Christodoulidis
クリストドゥリディス
Christodoulos
クリストドゥロス
フリストドゥロス
Christodoulou
クリストドゥールー
クリストドゥル
Christof
クリストフ***
Christofano
クリストーファノ
Christofellis
クリストフェリス
Christofer
クリストファー
Christoff
クリストッフ
クリストフ*
Christoffel
クリストッフェル
クリストフ
クリストフェル
Christoffer
クリストッフェル
クリストファ
クリストファー
クリストフェル
Christoffersen
クリストファーセン
クリストファーソン
Christoffersson
クリストッフェション
Christofias
フリストフィアス**
Christofilopoulou
クリストフイロポウロウ
Christofilopourou
クリストフィロポロ
Christoforo
クリストーバル
クリストファロ
クリストーフォロ
クリストフォロ
Christoforos
クリストフォロス
フリストフォロス
Christoforou
クリストフォロウ
Christon クリストン
Christope クリストフ
Christoper
クリス
クリストファー
Christopf クリストフ
Christoph
クリシュトフ
クリストーフ
クリストフ***
クリストファー*
Christophe
クリス
クリストフ***

クリストフェル
クリフトフ
Christopher
クリシュトーフ
クリス*
クリスティ
クリストッフェル
クリストバル
クリストフ
クリストファ*
クリストファー***
クリストファア
クリストファルス
クリストフェール
クリストフェル
クリストーフォロス
クリストフハアー
クリストフワー
クリフトファ
Christophers
クリストファーズ
Christophersen
クリストファーセン**
クリストファーセン
Christopherson
クリストファースン
クリストファーソン
Christophorus
クリストフォルス
クリストフォロス
Christopoulos
クリストポウロス
クリストボロス
Christos
クリストス**
フリストス
Chrîstos フリストス
Christou
クリストゥ
クリストゥ
フリストゥ
Christout クリストゥ
Christov
クリストフ
ハリストフ
フリストフ
Christova クリストワ
Christovão
クリシュトーヴァン
クリストヴァン
Christph クリストフ
Christpher
クリストファー**
Christus
クリステュス
クリストゥス
Christy
クリスチー
クリスティ***
クリスティー
Christyan
クリスチャン
Chrobatzek
クロバツェク
Chrobot クロボット
Chrodegang
クローデガンク
クローデガング
クロデガンク

Chroeder
チューローダー
Chromatius
クロマティウス
Chromiak
クロミャック
Chronicki フロニッキ
Chronis クロニス
Chronister
クロニスター
Chronowski
フロノフスキ
Chrougha シュルーカ
Chrousos クルーソス
Chrowder
クラウダー
クローダー
Chrstophe クリストフ
Chruszczewski
フルシチェフスキ
Chrysander
クリサンダー
クリザンダー
クリュザンダー
Chrysanthius
クリュサンティオス
Chrýsanthos
クリュサントス
Chrysanthus
クリサントゥス
クリュサントゥス
Chrysaphes
クリサフェス
Chrysaphius
クリュサフィウス
Chryséis クリュセイス
Chrysippos
クリシッポス
クリュシッポス*
Chrysler
クライスラー**
Chrysoberges
クリュソベルゲス
Chrysochoïdis
クリュソホイディス
Chrysógonos
クリュソゴノス
Chrysogonus
クリュソヌス
Chrysokephalos
クリュソケファロス
Chrysologus
クリソロゴス
クリソロゴス
クリュソロゴス
Chrysoloras
クリソロラス
クリュソロラス
Chrysostom
クリゾストム
Chrysostome
クリゾストム
クリゾストーム
クリゾストム
Chrysostomides
フリストミデス
Chrysostomos
クリソストム
クリソストムス

クリソストモス
クリュソストム
クリューソストモス
クリュソストモス*
Chrysóstomos
クリソストモス
クリュソストモス
Chrysostomus
クリュソストムス
Chryssa クリッサ
Chryssicas クリシカス
Chryssides
クリサイディス
Chrystal クリスタル*
Chrystia
クライスティア
クリスティア
Chrystian
クリスティアン
Chrystina
クリスティーナ
Chrystopher
クリストファー
Chrzanowa フシャヌフ
Chrzanowski
シュルザノスキー
Chshmaritian
チシマリチャン
Chterev ステレフ
Chtereva チテレワ
Chu
シュー
チェ
チャウ
チュー**
チュー***
チョウ**
Chua チュア**
Chuah チュア
Chu-an チュアン*
Chuan
チュアヌ
チュアン**
チュワン
ツワン
Chuanfu チュアンフ
Chuang
チャン
チュアン
Chuanhua
チュアンホア
Chuan-kuang
ツワングワン
Chuanyue
チュアンユエ
Chuan-zhi チョウンチ
Chuasiriporn
シュシィルポン
チュアシリポーン*
Chuayffet
チュアイフェット
Chuba チュバ
Chubais チュバイス**
Chūbak チューバク*
Chubar'ian
チゥバリヤン
チュバリヤン

Chubb
チャップ
チャプ**
チャブ
チュブ
Chubbuck
チャバック*
チュブク
Chubby
チャッビー
チャビー*
Chubin チュービン*
Chūbīn チュービーン
Chubinskii
チュビンスキー
Chuc チュック
Chucheep チューチプ
Chuchelov
チュチェロワ
Chucho チューチョ*
Chuchro フッフロ
Chuck チャック***
Chuckwu チュク
Chucky チャッキー
Chudacoff チュダコフ*
Chudakov
チゥダコーフ
Chudgar チュドガル
Chudík フディーク
Chudin チュージン*
Chudina
チュージナ
チュディナ
Chudinov チュジノフ
Chudleigh
チャドリー
チャドレイ
チュドレイ
Chudley チュドリー
Chudnick
チュドニック
Chudovskaia
チュドフスカヤ
Chudzinski
シュジンスキー
チャジンスキー
Chueca
チュエカ*
チュエッカ*
Chueh チュエ
Chuek チョーク*
Chuembou
チューエンボウ
Chuen チュアン
Chuenrudeemol
チュエンルディーモル
Chufarov チェフアロフ
Chuff チュッフ
Chugaev
チューガエフ
チュガーエフ
Chugh チュー
Chughtai
チュグターイー
Chughtāī
チュグターイー
Chugong チュゴン

Chugoshvili
チュゴシュビリ
Chugthai
チュグターイー
Chui
チュウイ
ツオイ
Chuikov
チュイコーフ
チュイコフ
Chuillot シュイヨ
Chuiza チュイザ
Chujoy チュジョイ
Chuka チュカ
Chukarin チュカーリン
Chukhóntsev
チュホーンツェフ
Chukhrai
チュフライ**
Chukhray チュクレイ
Chukovskaya
チュコーフスカヤ
チュコフスカヤ**
Chukovskii
チュコーフスキー
チュコーフスキー
チュコーフスキィ
Chukovskiĭ
チゥコーフスキー
チュコフスキー
Chuko'vskii
チュコフスキー
Chukovskij
チュコフスキー
Chukovsky
チュコフスキー
Chuku チュク
Chu-Kuen ジュクン
Chukwu チュク
Chukwuemeka
チュクウェメカ
チュクエメカ**
Chukwumerije
チュクメリジェ
Chul チョル*
Chulabhorn
チュラポーン*
Chulainn
フーリン
フリン
Chulalongkorn
チュラロンコーン
チュラロンコン
Chūḷāmaṇivarman
チューラーマニヴァルマン
Chulanont
チュラノン*
Chulapantaka
チューラパンタカ
Chulay チュレイ
Chul-hee チョルヒ
Chul-hwan
チョルファン*
Chuliang チュリアン
Chulkov
チュルコーフ
チュルコフ

Chul-kyu チョルギュ
Chulleanáin チュイレアナイン
Chulpan チュルパン
Chul-soo チョルス
Chul-su チョルス
Chultem チュルテム
Chul-un チョルオン*
Chuluun チョローン
Chuluunbat チュルンバト
Chul-woo チョルウ*
Chuma チューマ
Chumacero チュマセロ
Chumachenko チュマチェンコ*
Chumak チュマク
Chumakov チュマコフ
Chuman チューマン
Chumándrin チュマンドリン
Chu-ming チューミン
Chumlea チャムリー
Chumley チャムリー
Chumpol チュムポン / チュンポン
Chumsai チュムサーイ
Chun クーン / ジュ / ジョン / ズン / チャン / チュン** / チョン**
Chunan-Jing チュアンジン
Chunayev チュナエフ
Chun-bok チュンボク*
Chun-chu チュンチュ
Chun-deuk チョンドゥク
Chun Dung チョンドン
Chung ジョン* / チェン* / チャン** / チャング** / チュン** / チュング / チョン*** / ツォン
Chung-cha ジョンジャ*
Chung-gil チュンギル
Chungha ジョンハ
Chung-hwa チュンファ
Chung-hyun ジョンヒョン
Chung-in ジョンイン*
Chung-kil ジョンギル*
Chung-kwon ジュングォン
Chung-lian ツォンリャン
Chungliang ツォンリャン
Chun-Goo チュング
Chung-ryoul チュンニョル
Chung-yong チョンヨン*
Chung-yum ジョンヨム
Chunhawon チュンハーウォン / チュンハワン*
Chun-hi チュンヒ*
Chun-hsiung ジュンション*
Chun-hua チュンファ
Chun Hwa チュンハ
Chunhwa チュンハ
Chunibara チャニバラ
Chunka チュンカ
Chun-keun チュングン
Chun-man チョンマン
Chun Mi チュンミ
Ch'un Ming チュンミン
Chun-moon チョンムン
Chun-nam チュンナム
ChunNyun チョンニョン
Chunovic チュノヴィック / チュノビック
Chun-qiao ツゥンチャオ
Chun-sam チュンサム
Chun Sing チュンシン
Chun-soo チョンス*
Chun-su チュンス
Chun-wang ツゥンワン
Chun-xiang ツゥンシャン
Chunykhovskaya チュニホフスカヤ
Chun-yop ジュンヨプ
Chuon チュウン / チュオン
Chuong チュオン
Chupack チュパック*
Chuphinit チューピニット
Chupkov チュプコフ
Chupong チューポン
Chupp チャップ
Chuppe チュッペ
Chuquet シューケ / シューケー / シュケ / シュケー
Churandy チュランディ
Churavy フラビ
Churbanov チュルバーノフ
Churberg シュールベリ
Church チャーチ*** / チャルチ
Churcher チャーチャー
Churchil チャーチル
Churchill チャーチル***
Churchland チャーチランド*
Churchman チャーチマン
Churchward チャーチウォード / チャーチワード
Churchyard チャーチヤード
Chureemas ジュリマート
Churikova チュリコヴァ / チュリコワ
Churkin チュルキン**
Churnin チャーニン
Churriguera チュリゲーラ
Churriguerra チュリゲーラ / チュリゲラ
Churshina チュルシナ
Chus チュス
Chushcoff シュシュコフ
Chusid チューシッド
Chusovitina チュソヴィチナ* / チュソビチナ
Chutchawal チュチャワル
Chute チュート*
Chuter チューター*
Chuth チュット
Chuti チュティ
Chutinant チュティナン
Chuvaeva チュバエバ
Chuvakin チュバキン
Chuyanov チュヤノフ
Chuyen チュエン
Chu-young チュヨン*
Chu-yu チューユイ
Chu-yuan チュユアン
Chu-yung ジュヨン
Chuzhak チュジャーク
Chvátal フバータル
Chvojková フヴォイコヴァー
Chwast クワスト* / チュウェイスト / チュウェスト
Chwe チュエ
Chwei Liang チュエイリャン
Chwistek クヴィステク / クビステク / フヴィステク
Chyam ハイアム
Chyau チャウ
Chybiński ヒビニスキ
Chychla チイチラ
Chydenius シュデーニウス
Chyka チャイカ
Chykie チャイキー
Chylak チャイラック
Chyliński ヒリンスキ
Chymnos キュムノス
Chyngysbek チンギスベク
Chyorny チオルニー
Chyr シュール
Chyrmashyev チルマシェフ
Chystiak チスティアク
Chytilová チティロヴァー / ヒチロヴァー / ヒチロバー / ヒティロヴァー** / ヒティロバ
Chyträus キトロイス / ヒュトレーウス
Chyurlenene チュルレネネ
Cia シア / チーア
Ciaconio キアコニオ
Cialdini チャルディーニ**
Ciamician チアミチアン / チャミチャン
Ciampa チャンパ*
Ciampi シアンピ / シャンピ* / チャンピ / チャンピ***
Ciampoli チャンポーリ
Cian シアン*
Cianca チアンカ
Ciancio シアンシオ* / チアンチオ
Cianciolo チャンチオロ
Cianciulli チャンチューリ
Cianfrance シアンフランス*
Cianfriglia チアンフリグリア
Ciangherotti スィアンヘロッティ
Ciani チアーニ
Ciannella チャンネッラ*
Ciannelli チアンネッリ
Ciano チァーノ / チァーノ* / チアノ / チァーノ
Ciapparoni チャッパローニ
Ciara キアラ / シアラ*
Ciarallo シアラッロ
Ciaran キアラン*** / キエラン / シアラン* / チアラン
Ciarán キアラン / スィアラン
Ciaranello チャラネロ
Ciardi キアルディ / シアルディ / チャーディ / チャルディ
Ciardiello カルディエロ
Ciari チアリ
Ciarrochi チャロキー / チャロッキ
Ciasca チアスカ
Ciaschini チャスキーニ
Ciavijo クラビホ
Cibas シーバス
Cibber シッバー / シバー
Cibert シベール
Cibot シボー
Ciboul シブール / シブル
Cibrie シブリー
Cica シカ
Cicala チカラ
Cicart シカール
Cicchetti シチェッティ
Ciccio チッチオ / チッチョ
Cicciolina チチョリーナ / チッチョリーナ*
Cicco チッコ
Ciccolini チッコリーニ**
Ciccone チコーネ / チコネ / チッコーネ
Ciccoritti チッコリッティ

Ciccotti シコッティ／チコッティ	**Cielo Filho** シエロフィリョ**	**Cih'akov'a** チハーコヴァー	**Cina** シナ	スィントラ
Çiçek チチェキ	**Ciencin** シェンシン／シエンシン	**Ciháková** チハーコーヴァー	**Cináed** キネード	**Cintron** シントゥロン／シントロン
Cicellis シセリス	**Cienfuegos** シエンフエゴス	**Cihal** チガル	**Cinalli** チナッリ	**Cintura** シントゥーラ
Cicely シシリ／シシリー**／シスリー／シセリー*／スィセリー	**Ciepielewska** チェピエレフスカ／ツィエピエレヴスカ	**Ciharean** チハリアン	**Cinar** シナー／シナル	**Cinza** チンザー
		Cihi スィー／スィーヒ	**Ciñcā** チンチャー	**Cinzia** シンジア／チンツィア*
Ciceri シセリ	**Cieplinski** チェプリンスキ	**Cik** チック	**Cinca Mateos** シンカマテオス	**Cinzio** チンツィオ
Cicero キケロ**／キケロー／シセロ／チチェロ	**Cierpinski** チェルピンスキー*／チールピンスキー	**Cikatic** シカティック*	**Cincia** シンシア	**Cioara** シアラ
		Cikatić シカティック	**Cincinnatus** キンキナッス／キンキナトゥス／キンキンナトゥス／シンシナトゥス	**Ciobanu** チョバヌ
	Cierva シエルバ	**Cikel** チケル		**Ciobo** チオボー
Cichocki チホツキ	**Ciesielski** チェセールスキー	**Cikker** ツィケル		**Cioc** シオク
Cichon チチョン／チホン	**Ciesko** チエシュコ	**Cikotić** チコティッチ	**Cinciripini** シンリッピニ	**Ciochon** ショホーン
	Ciesla チースラ	**Cikuli** チクリ	**Cincius** キンキウス	**Cioffi** サイオッフィ／チオッフィ
Cichy シッチー	**Cieslak** ツィエスラク	**Cilea** チレーア／チレア	**Cinco** シンコ	
Cicilie セシリ	**Cieslewicz** シェスレヴィッチ／シェスレビッチ／チェスレヴィチ／チェスレヴィッチ	**Cilento** シレント*	**Cincotta** シンコッタ	**Ciofi** チョーフィ*
Cicip チチップ		**Ciliberti** シリベルティ	**Cindelyn** シンデリン	**Ciofu** シオフ
Cicogna チコーニャ		**Ciliberto** チリベルト	**Cinderella** シンデレラ	**Ciogig** チオジー
Cicognani チコニャーニ／チコニャニ	**Cieślewicz** シェスレヴィッチ	**Cilic** チリッチ*	**Cinders** シンダーズ	**Ciol** チオル*
	Cieslik チースリク*／チーリク	**Ciliga** シリガ	**Cindi** シンディ	**Cioli** チョーリ
Cicognara チコニャーラ		**Cilla** シラ	**Cindie** シンディ	**Cioloş** チョロシュ
Cicognini チコニーニ	**Cieszkowski** チェシコフスキ／チェスコーフスキー／チェスコフスキー	**Cillario** チッラリオ	**Cindy** シンディ**／シンディー*／スィンディ	**Ciompi** チオンピ*
Cicolari チコラリ		**Ciller** チルレル*		**Cioncan** チオンカン
Ciconia チコーニア／チコニア		**Cillessen** シレッセン		**Cione** チオーネ／チョーネ
Cicot シコ	**Cieutat** スィユタ	**Cilley** シリー	**Cineas** キネアス／キネス	**Cionek** チョネク
Cicotte シコット	**Cieza** シエサ*	**Cillian** キリアン*		**Cioni** キオニ／チオーニ／チョーニ
Cicourel シクーレル／シクレル／シコレル	**Cifariello** チファリエッロ	**Cilo** キロ	**Cinelli** チネッリ	
	Cifire シフィレ	**Cim** シム	**Činggünzab** チングンザブ	**Cioran** シオラン**／ショラン
	Cifra シフラ	**Cima** シーマ／チーマ／ツィマ	**Cingoli** チーンゴウリー	
Cid シー／シジ／シット／シッド*／シード／シド**	**Cifrondi** チフロンディ	**Cimabue** チマブーエ*／チマブエ	**Cingrani** シングラニ	**Ciorbea** チョルベア*
	Cifu シーフー		**Çinici** チニジ	**Ciorgio** ショージオ
	Cifuentes シフエント	**Cimagalli** チマガッリ	**Ciniselli** チニセッリ／チニセルリ	**Ciornei** チョルネイ
	Çig チュー	**Cimara** チマーラ／チマラ		**Cioroslan** チオロスラン
Cidalia シダリア	**Cigada** チガーダ	**Cimaroli** チマローリ	**Cink** シンク**／ツィンク	**Ciortea** チョルテア
Cidália シダリア	**Cigala** シガーラ	**Cimarosa** チマローザ	**Činkim** チンキム	**Cipe** シーペ*
Cidenas シデナス	**Ciganda** シガンダ	**Cimatti** チマチ／チマッティ*	**Cinna** キンナ	**Cipelletti** チペレッティ
Cidraes スイドライス	**Cigarini** チガリーニ	**Ciment** シマン*／シメント	**Cinnamus** シンナムス	**Cipere** シピレ
Ciechanover チェハノーバー／チカノーヴァー／チカノーヴァー*	**Cíger** ツィーゲル	**Ciminelli** チミネッリ	**Cino** チーノ	**Ćiplić** チプリッチ
	Cigliano チリアーノ	**Ciminera** シミネラ	**Cinotti** シノッティ／チノッティ	**Ciplūnkar** チプルーンカル
	Ciglic チグリッチ*	**Cimino** チミノ**		**Cipolla** チポッラ*／チポラ
Ciechanowski チェハノフスキ*	**Cigman** シグマン	**Cimirotic** チミロティッチ	**Cinq** サン	
Ciechelski シエシェルスキ	**Cigna** シーニャ／チーニャ	**Cimmino** チミーノ	**Cinquetti** チンクェッティ／チンクエッティ**	**Cipper** チッペル
Cieco チェーコ		**Cimoli** シモリ	**Cinta** シンタ／チンタ	**Ciprelli** シプレリ*
Ciegler チェグラー	**Cignani** チニャーニ	**Cimoszewicz** チモシェウィチ／チモシェビッチ**	**Cintā** チンター	**Cipri** シプリ
Cielo チェーロ／チエーロ／チエロ	**Cignaroli** チニャロリ		**Cinteză** チンテーザ*	**Cipri** チプリ
	Cigno シグノー		**Cinthia** シンシア	**Ciprian** チプリアン*
	Cigoj チゴイ		**Cinti** サンティ	**Cipriani** シプリアニ／シプリアン／チプリアーニ*／チプリアニー／チプリアーノ
	Cigoli チーゴリ／チゴーリ	**Cîmpeanu** クンペアーヌ	**Cintio** シンティオ*	
	Čihaj チハイ	**Cin** シン／チン	**Cintolesi** シントレジ	
			Cintra シントラ	

Cipriano シピリアーノ / シプリアーノ* / シプリアノ / チプリアーノ	Cishek シーシェック	Ciufo チューフォ	Claes クラエス / クラース** / クレース / クレス** / クロウス	Clancier クランシエ
	Ciskowski シスコウスキ	Ciufolini チュフォリニ		Clancy クランシー***
	Cislak シスラク	Ciulei チュレイ		Clande クロード
	Čislák チスラーク	Ciulla キウーラ* / シウラ		Clandinin クランディニン
Ciputra チプトラ	Cisler シズラー			
Ciraathivath チラーティワット	Cisneros シスナロス / シズネロ / シスネーロス / シスネロス*** / チスネロス	Ciullo キウロ* / シウロ	Claeson クラーソン* / クレッソン	Clanricarde クランリカード
				Clante クランテ
Ciranan チラナン*		Ciurariu チウラリウ	Claessens クレーセンス	Clantica クランティカ
Ciraolo シラオロ / チラオロ*		Ciurlionis チュルリョーニス	Claesson クラーソン*	Clanton クラントン
			Claesz クラース	Clap クラップ
Cirathiwat チラーティワット	Cisney シズニー	Čiurlionis チュルリョーニス	Claesz. クラースゾーン	Claparéde クラパレード
	Cisse シセ* / シッセ	Civacankari シバサンカリ	Claeys クレイズ	Claparède クラパレード / クラパレド
Ciraulo チラウロ			Claffey クラフィ	
Circe キルケ	Cissé シセ** / シッセ	Civanyan シヴァニャン	Claflin クラフリン	
Circene チルツェネ		Civard チバルド	Claggett クラゲット*	Clapcich クラプチチ
Cirena シレーナ / シレナ		Civardi シヴァーディ / シヴァルディ / シバーディ / チヴァルディ	Claiborne クレイ / クレイボーン*** / クレーバーン / クレーボーン	Clapesattle クラッペサトル / クレイプサトル
	Cisse Bacongo シセバコンゴ			
Cirendini シロンディニ				Clapeyron クラペイロン / クラペーロン / クラペロン
	Cissie シシー	Civerchio チヴェルキオ		
Ciriaco チリーアコ / チリアコ*	Cissna シスナ	Civil シヴィル	Clair クレア** / クレアー / クレエル / クレール***	
	Cissokho シソコ	Civilius キウィリウス / キヴィリウス / キウィリス / キビリス		Clapham クラッパム** / クラッファム / クラバム* / クラファム
Ciriacus シリアクス	Cissoko シソコ			
Ciriacy シリアシー / シリアンシイ	Cissouma シスマ			
	Cistejahuda システヤフーダ		Clairaut クレイロー / クレーロー / クレロー	Clapiers クラピエ
Ciriani シリアニ*				Clapin クラパン
Ciric チリッチ	Cisternay システルニ			Clapisch クラピッシュ
Ciricu チリク	Cisthi チシュティー	Città チーヴィタ / チヴィータ / チヴィタ / チビタ	Clairbert クレルベール	Clapisson クラピソン
Ciril シリル	Cistulli シストゥーリ		Claire クエール / クララ / クリア / クレア* / クレア*** / クレアー** / クレイア / クレイアー / クレイル / クレール***	Clapp クラップ**
Cirillo シリーロ / シリロ / チリッロ	Cit チット			Clapper クラッパー
	Çitaku チタク			Clapperton クラッパートン / クラパトン
	Citeroni チテローニ			
	Citha チタ	Civitali チヴィターリ		Clapton クラプトン**
Cirilo シリロ	Citlali チットラーリ	Civitello チヴィテッロ		Clara クラーラ* / クララ*** / クレアラ / クレール
Cirincione サーインシオン / シリンシォーネ* / シリンシオーネ	Cito シト	Ciwang チワン		
	Citony シトニー	Cixous シクスー** / シクスウ / シクスス*		
	Citrin シトリン*		Clairemarie クレールマリ*	
Cirino シリノ / チリーノ / チリノ	Citrine シトリーン* / シトリン		Clairemont クレアモント	Claramunt クララムント
		Ciza シザ		Claravallensis クレルヴォー
Cirio チリオ*	Citroen シトロエン	Cizek チツェク	Clairon クレロン	
Cirjenics ツィリエニチュ	Citroën シトロエン*	Cizeron シゼロン	Clairvaux クレルヴォー	Clardi クラーディ
Cirksena カークセナ	Citron シトロン*	Cizia シジア		Clare クリア* / クレア*** / クレアー / クレール*
Cirni シーニ*	Citta チッタ / チッター	Cizinauskas シズナウスカス		
Ciro シロ** / チーロ* / チロ*		Cizmar シズマー	Claisen クライゼン	
	Cittadini チッタディーニ	C'kurui チェブクルイ	Claiton クライトン*	
	Cittaka チッタカ	Claas クラース	Clajus クラーユス	Claremont クレアモント*
Cirocco シロッコ	Citterio チッテリオ	Claassen クラーセン	Clam クラム	
Ciroma シロマ	Citters シッテルス	Clabardon クラバードン	Claman クラマン	
Cirone シローネ	Citti チッティ*	Clack クラック*	Clambey クランビー	Clarenbach クラーレンバハ
Cirri チッリ	Cițu クツ	Clackett クラケット*	Clammer クラマー	
Cisar チーサリ	City シティ	Clackstone クラックストーン	Clamor クラーモル / クラモル	Clarenbaldus クラレンバルドゥス
Císař チーサシュ / チサーシュ*	Ciuba チウバ	Clacow クラーコ / クラコー		
	Ciuča チウカ	Clad クラッド / クラド	Clampett クランペット	Clarence キラレンス / クラアレンス / クララレンス / クラーレンス* / クラレンス*** / クレアランス
Cisco シスコ	Ciucci キウッチ / チウッチ		Clampitt クランピット	
Ciseri シセリ / チーゼリ	Ciuffagni チュッファーニ		Clance クランス	
	Ciuffoletti チュフォレッティ	Cladel クラデル*	Clancey クランシー	
		Clady クレイディー	Clanchy クランチー	

クレアレンス*
クレランス
Clarendon
　クラレンドン
Clarenus
　クラレーヌス
　クラレヌス
Claressa クラレッサ*
Claret
　クラレ*
　クラレー
　クラレット
　クラレト
Claretie
　クラルシー
　クラルチイ
　クラルティ
Claretti クラレッティ
Clari
　クラーリ*
　クラリ
Claribel クラリベル*
Clarice
　クラリス*
　クラリーセ*
　クラリセ
　クラリッセ**
Clarick クラリック
Claridge クラリッジ*
Clarin クラリン
Clarín クラリン*
Clarina クラリナ
Claringbould
　クラーリングボールド
Clarins クララン*
Clariond クラリオン
Claris
　クラリ
　クラリス
Clarisa クラリサ*
Clarissa
　クラリサ*
　クラリッサ**
Clarisse
　クラリス
　クラリッセ
Clarita クラリタ
Clark
　クラアク
　クラーク***
Clarke
　クラーク***
　クラルク
Clarkeson
　クラークソン
Clarkesville
　クラークスヴィル
Clarkin クラーキン
Clarkson
　クラークスン*
　クラークスン**
　クラクソン
Claros クラロス
Clarus クラルス
Clary
　クラリー**
　クレアリー
Clasen クラーゼン

Clash クラッシュ
Clasie クラーシ
Clason
　クレイスン**
　クレイソン
　クレーソン
Class クラース*
Classen クラッセン**
Classicianus
　クラシキアヌス
Classicus クラシクス
Clastres クラストル*
Clatworthy
　クラットワージー
Clauberg クラウベルク
Claud クロード*
Claude
　クラウデ
　クラウド*
　クロオド
　クーロド
　クロード***
　クロド
Claudé
　クロオド
　クロード
Claudel
　クロオデル
　クローデル***
Claudell クローデル*
Claudemir
　クラウジミール
Claudette
　クローデット**
Claudia
　クラウディア***
　クローディア**
Cláudia クラウディア
Claudianus
　クラウディアーヌス
　クラウディアヌス
Claudie クローディ*
Claudin クロダン
Claudín クラウディン
Claudina クローディナ
Claudine
　クローディーヌ***
　クローディヌ
　クロディーヌ**
　クロディヌ
　クローディーン
　クローディン
　クロディン
Claudino クラウジノ*
Claudio
　クラウジオ*
　クラーウディオ
　クラウディオ***
Cláudio
　クラウジオ*
　クラウディオ
Claudion
　クローディオン
　クロディオン
　クロディヨン
Claudiu クラウディウ
Claudius
　クラウジウス

　クラウディアス
　クラウディウス**
　クラウディオス
　クラウデオ
　クローディアス
Claure クラウレ
Clauren クラウレン
Claus
　クラウス***
　クロウス
　クロース
Clausberg
　クラウスベルク
Clausel クローゼル
Clausell クローゼル
Clausen
　クラウセン**
　クラウゼン**
　クローセン**
　クローゼン
Clauser クラウザー
Clausetti
　クラウセッティ
Clausewitz
　クラウゼイッツ
　クラウゼーウィツ
　クラウゼウィツ
　クラウゼヴィツ
　クラウゼウィッツ
　クラウゼヴィッツ*
　クラウゼヴッツ
　クラウゼビッツ
Clausing
　クロージング**
Clausius クラウジウス
Clausnitzer
　クラウスニッツァー
Clauson クローソン
Clauss クラウス*
Claussen クラウセン*
Clausus クラウスス
Claval クラヴァル
Clavasio クラバジオ
Clavé
　クラーヴェ
　クラヴェ
　クラベ**
Claveau クラヴォー
Clavel
　クラヴェル*
　クラベル
Clavell
　クラヴェル
　クラベル**
Claveloux クラヴルー*
Claver
　クラウェル
　クラヴェル
　クラベ
　クラベール*
　クラベル
Claverhouse
　クレイヴァーハウス
　クレイヴァハウス
　クレーヴァーハウス
Claverie
　クラヴリ*
　クラヴリイ**
　クラベリー

　クラベリー
Clavier
　クラヴィエ
　クラヴィエール
　クラビエ
Clavière
　クラヴィエール
Clavigo クラビーホ
Clavijero
　クラビヘーロ
　クラビヘロ
Clavijo
　クラヴィホ
　クラビッホ
　クラビーホ
　クラビホ
Clavin
　クラヴィン*
　クラビン
Clavius
　クラーヴィウス
　クラヴィウス
　クラビウス
Clavreul クラヴルール
Clawson
　クラウソン
　クロウソン*
　クロースン*
　クローソン*
Claxton
　クラクストン***
　クラークソン
　クラクソン
　クラックストン
Clay
　クレー**
　クレイ**
Clayborn クレイボーン
Clayborne
　クレイボーン
Clayborough
　クレイバラー
Claybourne
　クレイボーン
Claybrook
　クレイブルック
Clayburgh
　クレイバーグ**
Clayden クレイデン
Clayderman
　クレイダーマン*
Claydes クレイデス
Claye クレイ
Claymond
　クレイモンド
Clayne クライン
Claypool クレイプール
Claypoole
　クレイプール
Clays クレー
Clayson クレイソン**
Clayton
　クレイ
　クレイトン***
　クレートン
Clayton-Lea
　クレイトンリー*

クラベリー
Clazomenae
　クラゾメナイ
Clea クレア
Cléa クレア*
Cleage クリージ
Clean クリーン
Cleander
　クレアンデル
　クレアンドロス
Cleanhead
　クリーンヘッド
Cleanth クリアンス**
Clear
　クリア*
　クリアー
　クレア
Clearfield
　クリアフィールド
Clearmountain
　クリアマウンテン
Clearwater
　クリアウォータ*
　クリアウォーター
Cleary
　クアリー
　クリアリ
　クリアリー***
　クリアリィ
Cleasby クリースビー
Cleator クリーター
Cleave
　クリーヴ*
　クリーブ**
Cleaveland
　クリーブランド
Cleaver
　クリーヴァー*
　クリーバー
Cleaves クリーブス*
Cleavon
　クリーヴォン
　クリーボン
Cleber クレーベル
Cléber クレーベル
Clebert クレベール
Clébert クレベール*
Clebsch
　クレープシュ
　クレブシュ
Cleckley クレックレー
Clédat クレダ
Clee クリー
Cleef クリーフ*
Cleese
　クリース
　クリーズ*
Cleethrope
　クリースロープ
Cleeton クリートン
Cleevely クリーヴリー
Cleeves
　クリーヴス*
　クリーブス*
Clegg
　クレグ
　クレッグ**

Cleghorn
　クレグホーン
　クレッグホーン
　クレホーン
Cleiton クレイトン
Cleland
　クリーランド*
　クリランド*
　クレランド*
Clelia クレリア
Clellan クレラン
Clelland クレランド
Clellon クレロン
Clem クレム**
Clémange
　クラマンジュ
Clemeau クレモー
Clemen クレーメン
Clemence
　クレマンス
　クレマンス**
Clémence クレマンス
Clemenceau
　クレマンソー
Clémenceau
　クレマンソー**
　クレマンソウ
Clémencet
　クレマンセ
　クレマンセー
Clemencic
　クレマンシック
Clemens
　クレマン
　クレーメンス**
　クレメンス***
　クレメンズ*
Clement
　クレイメント
　クレマン*
　クレム
　クレメンス
　クレメンツ
　クレメント***
Clément
　クレマン***
　クレメント
　クレモン
Clemente
　クレメンテ**
Clementi
　クレマンティ
　クレメンチ
　クレメンティ**
Clementina
　クレメンテア
　クレメンティーナ*
　クレメンティナ
Clementine
　クレメンタイン
　クレメンティーネ
　クレモンティーヌ
　クレモンティン
Clémentine
　クレマンティーヌ
　クレモンティーヌ*
Clementis
　クレメンティス
Clements
　クレメンツ***

Clemet クレメット
Cleminson
　クレミンソン
Clemmer
　クレーマー
　クレマー*
Clemmings
　クレミングス
Clemmons クレモンス
Clemo クレモー
Clemons
　クレモンス*
　クレモンズ**
Clendennin
　クレンデニン
Clendenning
　クレンデニング
Clendenon
　クレンデノン*
Clennett クレネット
Clennon クレノン
Clenow クレノー
Clenshaw
　クレンショウ
Cleo クレオ*
Cleobury
　クレオベリー
　クロウベリー
Cleofas クレファス
Cleofonte
　クレオフォンテ
Cleombrotus
　クレオンブロトス
Cleomēdēs
　クレオメデス
Cleon クレオン*
Cleona クレオナ
Cleopa クレオパ
Cleopas クレオパ
Cleopatra
　クレオパトラ*
Cleotha クレオサ
Cleph クレフ
Cler クレル
Clerambault
　クレランボー
Clérambault
　クレランボー
Clerc
　クレール***
　クレルク
Clercq
　クエルク
　クラーク
　クレール*
Clercx クレルクス
Clere クレア
Clère クレール
Cléreau クレロー
Clérel
　クレルル
　クレレル
Clergeaud
　クレルジョウ
Clergue クレルグ*
Cleri クレリ

Clerici
　クレリシ
　クレーリチ
　クレリチ
　クレリッチ
Clericus クレリクス
Clerides クレリデス**
Clerihew
　クレリヒュー*
Clerisme クレリスメ
Clérisseau
　クレリソー
　クレリッソー
Clerk クラーク*
Clerkin クラーキン
Clermont
　クラーモント
　クレールモン
　クレルモン*
Clerselier
　クレルスリエ
Clery
　クルーリ
　クレリー
Cléry クレリー
Cles クレス
Clésinger クレザンジェ
Cless クレス
Clet クレ*
Clete クリート*
Cletis
　クリート
　クレティス
Cleto クレト
Cletus クレトゥス
Cleva クレヴァ
Cleve
　クリーヴ*
　クリーブ
　クレーヴ
　クレーヴェ
　クレーフ
　クレーフェ
　クレーベ
Clève クレーヴェ
Cleveland
　クリーヴランド*
　クリーブランド***
Clevenger
　クレヴェンジャー*
　クレベンジャー*
Clever
　クレヴェール
　クレバー*
Cleverdon
　クレヴァードン
Cleverley
　クレヴァリー
Clevers
　クレヴァース
　クレバース
Cleves クリーヴズ
Clevinger
　クレビンジャー
Clewes クルーズ
Clewing
　クレーヴィング
　クレヴィング

クレビング
Clewlow クルーロー*
Clews
　クリュース
　クリューズ
Cleyer
　クライアー
　クライエル
　クライヤー
Cleyn クライン
Cleyon クレイボン
Clezio クレジオ
Clézio クレジオ**
Clias クリアス
Clibbron クリボーン
Cliburn
　クライバーン**
　クライバン
Cliby クライビー
Cliche クリシェ
Clichtovaeus
　クリヒトヴェーウス
Clichtoveus
　クリヒトヴェーウス
Clichy クリシー
Click クリック
Clicquot クリコ
Clidaras クライダラス
Clidat クリダ*
Clief クリーフ
Cliett クリート
Cliff
　クリフ***
　クリフォード
Cliffe
　クリッフ
　クリフ*
Clifford
　クリッフォード*
　クリッフオード
　クリフ
　クリフォー
　クリフォード***
　クリフオード
Cliford
　クリフォード**
Clift クリフト**
Clifton
　クリフ
　クリフォード
　クリフト
　クリフトン***
Clignet クリニェ
Clijsters
　クライシュテルス**
Clima クリーマ
Climacus
　クリーマクス
　クリマクス
　クリマコス
　クリマックス
Climent クリメント*
Climo
　クライモ
　クリモ
Clin クラン*
Clinard クリナード

Clinch クリンチ**
Clinchamp
　クランシャン
Clinchamps
　クランシャン
Cline クライン***
Clinebell
　クラインベル
　クリンベル
Clines クラインズ
Clingen クリンジェン
Clingman
　クリングマン
Clini クリニ
Clink クリンク
Clino クリノ
Clint クリント***
Cli-N-Tel クラインテル
Clinton
　クラントン
　クリントン***
Clippard クリッパード
Clippinger
　クリッピンガー
　クリッピンジャー
Cliquet クリック
Clispin クリスピン
Clissold
　クリソウド
　クリソルド
Clisson
　クリソン
　クリッソン
Clistenes クリステネス
Clitherow
　クリザロウ
　クリズロー
　クリセロウ
Clito クリト
Clive
　クライヴ*
　クライフ
　クライブ***
　クリーヴ
　クリーブ**
　クリブ
　クリーベ
Cliver クリヴァー
Clivilles
　クリヴィリス
　クリビリス
Cloake クローク
Cloan クローン
Cloarec クロアレク
Clobert クロベール
Cloche クロシェ
Cloché クロッシェ
Clodagh クローダ
Clodd クロッド
Clodia クロディア
Clodius
　クロディウス
　クロディス
Clodomiro クロドミロ
Clodovis クロドビス

Clodualdo クロデュアルド
Clodumar クロドゥマー / クロドゥマール*
Cloe クロー / クロエ
Cloé クロエ
Cloelia クロエリア
Cloete クルーテ* / クルーティ / クローテ / クロート
Cloetens クーンテンス
Cloetta クレエッタ*
Cloez クロエ
Clogg クロッグ*
Cloherty クロハティ
Clohosy クロージー
Cloitre クロアトル / クロワトル
Cloizeaux クロアゾー / クロワゾー
Cloke クローク
Clokey クローキー
Cloman クロウマン
Cloney クローニー
Cloninger クロニンガー
Clonis クロニス
Clontz クロンツ
Cloo クロー*
Cloonan クルーナン
Clooney クルーニー**
Cloos クルーズ / クロース
Cloots クローツ
Clope クロープ
Clopinel クロピネル
Cloppenburg クロッペンビュルフ
Clopper クロッパー*
Clopreis クロプリス
Cloprys クロプリス
Clopton クロプトン
Cloquet クロケ*
Clorinda クロリンダ
Cloris クロリス*
Clorivière クロリヴィエール
Clorus クロルス
Clos クロ / クロス*
Close クロウス / クロウズ / クロース** / クローズ**
Closets クロゼ

Closs クロス
Closset クローセット
Closson クロッソン
Closterman クロステルマン
Clostermann クロステルマン
Clot クロー* / クロット
Clotaire クロテール
Clote クロート
Cloteaux クロトー
Clothier クロージア / クロチーア
Clotilde クロチルド* / クロティルダ / クロティルデ / クロティルディス / クロティルド*
Clottes クロット*
Clotworthy クロトワシー
Clouard クルーアール
Cloud クラウド** / クロード
Cloude クロード
Clouder クラウダー
Cloudia クローディア
Cloudsley クラウズリー* / クラウズレイ
Clouet クルーエ / クルーエー / クルエ
Clough クラーウ / クラウ / クラフ** / クルフ / クロウ* / クロフ
Cloughen クルーヘン
Cloulas クルーラス*
Clouse クルーズ*
Clout クラウト*
Cloutier クラウティア* / クルーチェ / クルーティエ / クルティエル
Clouvel クルベル
Clouzet クルーゼ / ショワジ / ショワジイ
Clouzot クルーゾー* / クルーゾー
Clover クローヴァー / クローバー
Clovio クローヴィオ

クロヴィオ / クロビオ
Clovis クロヴィ* / クロービス* / クロヴィス* / クロービス / クロビス
Clóvis クロービス / クロヴィス*
Clow クロー / クロウ*
Clower クラウアー / クラウワー
Clowes クロウズ* / クロース / クローズ
Clowley クロウリー / クロウレー
Clowney クロウニー
Clozier クロジェ
Clu クルー
Clubb クラップ / クラブ*
Clube クリューブ
Clubok クルボック
Clucas クルーカス
CluChevskiy スルチェフスキー
Clue クルー
Cluentius クルエンチウス
Cluett クルエ
Cluff クラフ
Clugston クラグストン
Clum クラム
Clunas クルナス
Clune クルーン
Clunes クラネス / クルーンズ
Cluni クリュニー
Cluny クリューニー / クリュニー
Clurman クラーマン*
Cluseau クリュゾー / クルソー
Cluseret クリュズレ / クリュズレー
Clusius クルージウス
Cluster クラスター
Clustine クリュスティン / フリュスティン
Clute クリュト / クルート*
Cluts クルーツ
Clutsam クラッツァム

Clutter クラッター
Clutterbuck クラターバック* / クラッターバック
Clutton クラットン
Clüver クリューバー / クルヴェリウス
Cluvius クルウィウス
Cluytens クリュイタンス
Clyburn クライバーン*
Clyde クライ / クライデ / クライド***
Clydesdale クライデデール
Clyfford クリフォード
Clymer クライマー**
Clyne クライン
Clynes クラインズ*
Clytia クリティア
Cmiel カミール
Cneut クヌー / クヌート*
Cnogba クノーバ
Cnossen クノッセン
Cnu シヌ*
Cnut カヌート / クニート / クヌット / クヌート / クヌード / クヌド
Co コ** / コー / コォ / チョー
Coachman コーチマン
Coad コード
Coada コアダ
Coadic コアディク
Coady コウディ / コーディ*
Coage コージ
Coakes コークス
Coakley コークリー / コークレー / コークレイ
Coales コールズ
Coalson コールソン
Coalter コウルター
Coambs クームズ
Coar コール*
Coase コース** / コーズ

Coat コア / コート
Coata コスタ
Coatanea コートニー
Coates コアテス / コウツ / コーツ*** / コーテス
Coatman コートマン
Coatmeur コアトムール*
Coats コーツ** / コート
Coatsworth コウツワス / コーツワース* / コーツワス
Coba コバ
Cobain コバーン* / コベイン
Čobanković チョバンコビッチ
Cóbar コバル
Cobas コバス
Cobast コバスト*
Cobb カッブ** / カップ* / カーブ / カブ* / コッブ*** / コップ / コブ***
Cobban コバン
Cobbe コッブ / コブ
Cobbet コーベット / コベット
Cobbett コベット
Cobbi コビー*
Cobbing コビング*
Cobbler コブラー
Cobbold コッボウルド / コボルド*
Cobbs コップス / コッブス / コブス
Cobden コブデン*
Cobean コービン
Cobelli コベリリ
Coben コーベン**
Cobenzl コベンツル
Coberger コバーガー
Cobergher コベルゲール
Coberly コバリー
Cobert コバート
Cobet コベー

C

コベット
Cobham
 コバム
 コブハム
Cobi コビ
Cobia コービア
Cobiella コビエジャ
Cobisi コビシ
Coble コーブル
Coblentz コブレンツ
Cobley コブリー*
Cobo
 コーボ
 コボ*
Coborn コボーン
Cobos
 コボ
 コボス**
Coburg コーバーグ
Coburn
 コーバーン
 コバーン***
Coby
 コービー
 コビー*
Coca
 コウカ*
 コーカ
 コカ
Cocannouer コカヌア
Cocarico コカリコ
Coccapani
 コッカパーニ
Cocceianus
 カッシウス
 コッケイアーヌス
 コッケイアノス
Cockcroft
 クッククロフト
 コッククロフト*
 コックラウト
 コックロフト*
Cocke コック
Cockell
 コケル
 コッケル
Cocker コッカー*
Cockerell
 カックレル
 コカレル
 コカレル
 コッカレル*
 コッケレル
Cockerham
 コッケルハム
Cockerill コッカリル
Cockerton
 コッカートン
Cockett コケット
Cockfield
 コーフィールド*
Cockin コッキン
Cocking コッキング*
Cockle
 カックル
 コックル
Cockrall コックラル
Cockram コクラム
Cockran コックラン
Cockrell コックレル
Cockrill コックリル
Cocks コックス*
Cockshutt
 コックシャット
Cocles コクレス
Coclico コクリコ
Coco ココ**
Cocom ココム
Cocos ココス
Cocozza ココッツァ
Cocq コック
Cocteau
 コクトー**
 コクトォ
Cocu コクー*
Coda コーダ
Codaryl コダリル
Codax コダス
Codazzi
 コダッチ
 コダッツ
 コダッツィ
Codd コッド**
Codde コッデ
Coddington
 コッディングトン
 コーディントン
 コディントン**
Code コード*
Codell コデル
Coder コーダー
Coderch コデルク
Coderre コデール
Codet コデ*
Codie コーディー
Codina コディナ
Codjo コジョ
Codley ゴッドレー
Codling コドリング
Codman コッドマン
Codol コドル
Codreanu
 コドレアーヌ
 コドレアヌ
Codrescu コドレスク*
Codrington
 コドリングトン
 コドリントン
Codron コドロン
Codrus コドロス
Codruţ コドルツ
Coducci
 コドゥッシ
 コドゥッチ
Cody
 コーディ***
 コーディー**
 コディ***
 コディー
Coe
 コー
 コー***
 コウ**

スイー
Coecke クック
Coeckebacker
 クーケバッケル
Coeckelbergh
 クーケルバーク
Coedes セデス
Coedès
 セーデス
 セデス*
Coëffeteau
 クフトー
 コエフトー
Coehoorn
 クーホールン
 クーホルン
Coe-Jones
 コージョーンズ
Coelestin セレスタン
Coelestinus
 ケレスチヌス
 ケレスティーヌス
 ケレスティヌス
 コエレスティヌス
Coelho
 クエリュ
 クエリョ
 コエリゥ
 コエリョ
 コエーリョ***
 コエリョ**
 コエリョ
 コエロ
 コエロー
Coelius
 コエリウス
 セリウス
Coellen ツエルレン
Coelln コエルン
Coello
 コエッリョ
 コエーリョ
 コエリョ
Coen
 クーン*
 コーエン**
 コエン
Coenen クーネン
Coenenberg
 ケーネンベルク
Coenie
 クニィ
 コニー
Coenraad
 クーンラート
 ケンラード
 コンラアド
Coenraads コンラーズ
Coentrao コエントラン
Coentrão
 コエントラン*
Coerper ケルパー
Coerr
 コーア
 コア**
Coert コート
Coerver クーバー
Coester ケスター

Coetsee
 クチェ
 クツィエ*
Coetzee
 クツェー
 クッツェー**
 コーツイ
 コーツィー*
 コーツェ
Coeur クール
Cœur クール
Cofalik チョファリク
Cofer コーファー
Coffaro コファロ
Coffee コーヒー
Coffey
 コッフィ
 コーフィ
 コーフィー
 コフィ
 コフィー*
Coffi コフィ
Coffie コフィ
Coffin
 コッフィン
 コフィン
 コフィン**
Coffinet コッフィネ
Coffman コフマン*
Coffron コフロン
Coffyn コフィン
Cofie コフィ
Cofield コフィールド
Cofman コフマン
Cogan コーガン**
Cogdell
 コグデル
 コッジェル
Cogeanu コジェアヌ
Cogent コジャン
Coger コーガー
Cogeval
 コジュヴァル**
 コジュバル
Coggan
 コーガン
 コガン**
Coggeshall コギシャル
Coggi コッジ
Coggin コギン
Coggins
 コギンス
 コギンズ
Coggle コグル
Coghetti コゲッティ
Coghill
 コギル
 コグヒル
 コッグヒル*
 コッヒル
Coghlan
 コグラン**
 コフラン
Coghlin コグリン
Cogianu コジアヌ

COL

Cogidubnus
　コギドゥブヌス
Cogley　コグレー
Coglianese
　コグリアニーズ
Cogliati　コリャティ
Cognacq　コニャック
Cognet　コニェ
Cognets　コニェ
Cognetti
　コグネッティ
　コニェッティ
Cogniat
　コニア
　コニャ
Cogniot
　コニオ
　コニヨ
Cogny　コニー
Cogo　コゴ
Cogolno　コゴルノ
Cogsville　コズビル
Cogswel　コグズウェル
Cogswell
　カグスウェル
　コグスウェル
　コグズウェル**
Cohan
　コーアン
　コーエン*
　コーハン*
　コハン
Cohat　コア*
Cohen
　コーアン*
　コアン*
　コーウェン
　コウエン
　コーエン***
　コエン*
　コーハン
　コーヘン***
　コヘン*
　コーン
Cohen-Tannoudji
　コーエンタヌジ*
　コーエンタノージュ
Cohill　コヒル
Cohl　コール
Cohler　コーラー
Cohn　コーン***
Cohnen　コーネン
Cohnheim
　コーンハイム
Cohn-Sherbok
　コンシャーボク
Cohon　コーホン*
Coicaud　クワコウ*
Coie　クイ
Coifman　コワフマン
Coignard　コワニャール
Coignet
　コアニー
　コワニー
　コワニエ
　コワニエ

Čoijamču-yin
　チョイジャムツィーン
Coil　コイル
Coiley　コイリー
Coillard　コワヤール
Coimbra　コインブラ
Coincy
　コアンシ
　コワンシ
　コワンシー
Coindet　コアンデー
Coineau　コワノー
Coing　コーイング**
Cointot　コアント*
Coipel　コワペル
Coirault　コワロー
Cois　コイス
Coit　コイト
Coiter　コイター
Coixet　コイシェ*
Cojean　コジャン
Cojocaru　コジョカル*
Cojuangco
　コファンコ**
Cok　コック
Čok　チョク
Cokanasiga
　ゾカナシンガ
Coke
　クック
　コウク
　コーク
　コケ
　コック
Cokeliss　コークリス
Coker
　コゥカ
　コーカー**
　コカ
Cokins　コーキンス*
Col　コル
Cola
　コーラ
　コラ
Colabello　コラベロ
Colacce　コラチェ
Colaco　コラコ
Colacurcio
　コラカーチオ
Coladeva
　チョーラデーヴァ
Colak　チョラク
Čolak　チョーラック
Colalucci
　コラルーチ
　コラルッチ
Colamarco　コラマルコ
Colan　コラン
Colander　コランダー
Colangelo
　コランジェロ
Colani
　コラーニ
　コラニ

Colantonio
　コラントーニオ
Colapinto
　コラピント**
Colarizi　コラリーツィ
Colas
　コラ
　コラス*
Colasanto　コラサント
Colasse　コラス*
Colasuonno
　コラスオノ
　コラスオノ
Colati　コラティ
Colautti　コラウッティ
Colavito　コラヴィト
Colb　コーブ
Colbe　コルベ
Colbeck　コルベック
Colberg　コルバーグ*
Colbert
　コルバート***
　コルバード
　コルベール***
Colbie　コルビー*
Colbin　コルビン
Colborn　コルボーン**
Colborne
　カルバーン
　カルバン
　コウルボーン
Colbran　コルブラン
Colbrunn　コルブラン
Colburn　コルバーン
Colby
　コルビー**
　コルビィ
　コルビイ
Colcord　コルコード
Cold　コールド
Colden
　コールデン
　コルデン
Coldewey
　コルドウェイ
Colding　コルディン
Coldiron
　コールディロン
Colditz　コルディッツ
Coldrake
　コールドレイク
Coldren　コルドレン
Coldrey
　コールドリー
　コールドリィ
Coldwell
　コールドウェル*
　コールドウェル
Cole
　コー
　コウル*
　コオル
　コール***
Colé　コレ
Colebrook
Colebrook
　コールブルック

Colebrooke
　コールブルック
Coleby　コールビー
Colectivo　コレクティボ
Coleen　コリーン*
Colegate　コールゲイト
Colegrave
　コルグレイヴ
Colegrove
　コールグローヴ
　コールグローブ
Coleiro Preca
　コレイロプレカ
Coleite　コレティ
Colella　コレラ
Coleman
　コウルマン*
　コールマン***
　コーレマン
ColemaNesst
　コールマネセット
Colen
　コウレン
　コリン
　コーレン
　コレン
Colenbrander
　コーレンブランデル
Coleno　コレノ
Colenso
　カレンゾー
　コレンソ
　コレンゾー
　コレンゾウ
Coleoni　コレオーニ
Colepaugh　コールポー
Colepeper　カルペパー
Coleridge
　コウルリジ
　コゥルリッジ
　コゥルリッジ*
　コオリッジ
　コーリッジ
　コールリジ
　コールリッジ**
　コレリッジ
Colerus　コレルス
Coles
　コウルズ
　コールス
　コールズ**
Colesberry
　コールズベリー
Cölestin
　ケレスティーン
Colet
　コレ
　コレット
Coletta　コレッタ
Colette
　コレッタ
　コレット***
Coletti　コレッティ
Coley
　コーリ
　コーリー
　コーリー
　コーリィ
　コーリィ

コーレー
Colfavru
　コルハブリュー
　コルファヴリュ
Colfax
　コルファクス
　コルファックス
Colfer　コルファー**
Colferai　コルフェライ*
Colgan　コルガン**
Colgate　コールゲート
Colglazier
　コルグレイザー
Colgrove　コルグローブ
Colho　コエーリョ
Coli　コーリ
Colick　コリック
Colicos　コリコス
Colie
　コーリー
　コリー
Coligny
　コリニ
　コリニー
Colijn
　コライン
　コリーン
　コレイン*
Colimon　コリモン
Colin
　コラン**
　コリー
　コーリン**
　コリーン
　コリン***
Colina　コリーナ*
Colindres
　コリンドレス
Coline　コリーヌ**
Colinet　コリネ
Colini　コリーニ
Colino
　コリーノ
　コリノ
Colins　コリンズ*
Colinvaux
　コリンヴォー
Colista　コリスタ
Colker
　コールカー
　コルカー
Colkett　コルケット
Coll
　コリュ
　コール**
　コル**
Colla
　コッラ*
　コラ
Collache　コラッシュ
Collacott　コラコット
Collado
　コイヤード
　コリャード
　コリヤド
Colladon　コラドン
Collaer　コレール

Çollaku チョラク
Collange コランジュ
Collantes コリャンテス
Collard
　カラード
　コラード*
　コラール**
Collart コラール
Collasse コラス**
Collatz コラッツ
Collawn コローン
Collay コレイ
Collazo
　コジャソ
　コラーソ
　コラソ
Collbran コルブラン
Collcutt コルカット**
Colle
　コッレ
　コル
　コルレ
Collé コレ
Colleano コレアーノ
Colleary コリアリー
Colleau コルロー
Collecchi コレッキー
Colledge
　カレッジ
　コリッジ
Collee
　コーリー
　コリー
Colleen
　コーリン
　コリーン***
　コリン
Colleer コリアー
Collen
　コリン**
　コレン
Collenbusch
　コレンブシュ
Collendavelloo
　コレンダベルー
Collenette コルネット
Collenuccio
　コッレヌッチョ
Colleran コレラン*
Collery コラリー
Colles コリス
Collet
　コレ*
　コレット*
Colletet コルテ
Collett
　コルレット
　コレット**
Colletta コルレッタ
Collette コレット**
Colletti コレッティ
Colley
　コリー*
　コーレイ
Colli
　コッリ
　コリ*

コリー
Colliander
　コリャンデル
Colliard コリアール
Collick コリック**
Collie コリー*
Collier
　コーリア
　コリア***
　コリアー***
　コリアル
　コリエ
　コリヤー
　コリール
　コルリール
Colligan コリガン*
Collignon
　コリグノン
　コリニョン*
Collin
　コラン*
　コーリン
　コリーン
　コリン**
Collina
　コッリーナ*
　コリーナ
Collinder
　コリンダー
　コリンデル
Colline コリーヌ
Collinelli コリネリ*
Collinet コリネ*
Colling
　コラン
　コーリング
Collinge コリンジ*
Collinger コリンジャー
Collingham
　コリンガム
Collings
　コリングス*
　コリングズ*
　コリンズ
Collington
　コリントン**
Collingwood
　コリンウッド
　コーリングウッド
　コリングウッド**
Collini コリーニ**
Collino
　コッリーノ
　コリノ
Collins
　カリンズ
　コーリンス
　コリンス*
　コリンズ***
Collinson
　コリンソン**
Collinsworth
　コリンズワース
Collip コリップ
Collis コリス**
Collison コリソン
Colliss コリス
Collisson コリッソン
Collitz コリッツ

Colllinet コリネ
Collman コールマン
Collmenter
　コールメンター
Cölln ケルン
Collns コラーン
Collo コッロ
Collodi
　コッローディ*
　コッローディー
　コッロディ
　コッロディー
　コルロッディ
　コルローディ*
　コロッディ*
　コローディ*
　コロディ*
　コロディー
Collomb コロン
Collombin コロンバン
Collon コロン
Collonville コロンビル
Collopy コロピー
Collor コロル*
Colloredo コロレード
Collot
　コロ
　コロー
Colloton コロトン
Collovà コロヴァ
Collum コラム
Colluthus コルートス
Collyer
　コリアー
　コリヤー
Collymore
　コリーモア
　コリモア*
Collyns コリンズ
Colm
　コーム
　コルム**
Colman
　コウルマン
　コールマン**
　コールマン*
Colmán コルマーン*
Colmans コールマンズ
Colmar
　コマ
　コルマー
　コルマル
Colmenares
　コルメナレス
Colmer コーマー
Colmery コルマリー
Colmet コルメ
Colmont
　コールマン
　コルモン
Colo コロ
Colobrano
　コロブラーノ
Colodny コロドニー
Cologero カロゲロ
Cologna コロニャ**

Cologni コローニ*
Cölok ジェローク
Colom コロン**
Coloma
　コローマ
　コロマ
Coloman コロマン
Coloma Nicolas
　コロマニコラス
Colomb
　コロム
　コロンブ*
Colombani コロンバニ**
Colombara
　コロンバーラ
Colombe
　コロムブ
　コロンブ*
Cólombet コロンベ
Colombi コロムビ
Colombier コロンビエ
Colombière
　コロンビエール
Colombini
　コロンビーニ
Colombo
　コロン
　コロンブス
　コロンボ***
Colomby コロンビー
Colome コロメ
Colomé コロメ
Colomina コロミーナ*
Colon
　コローン**
　コロン**
Colón
　コローン*
　コロン*
Colonel コロネル
Colonia
　コローニア
　コロニア
Colonna
　コロナ*
　コロンナ
Colonne
　コロンヌ
　コロンネ*
Colonnello
　コロンネッロ
Colonnese
　コロンネーゼ
Colony コロ
Colorni コローニ
Coloroso コロローソ*
Colosimo
　コロシーモ
　コロシモ
Colosio コロシオ
Colot コロット
Colotka ツォロトカ*
Colovic
　コロヴィク
　コロビク**
Čolović チョロヴィッチ

Colpi コルピ*
Colpitts コルピッツ
Colpoys コルポイズ
Colquhoun
　カフーン
　コークホーン
　コフーン**
　コルクホーン
Colquitt コルキット
Colreavy コルリーヴィ
Colrn コーン
Colsaerts コルサールツ
Colson コルソン**
Colston
　コールストン
　コルストン*
Colt コルト*
Colta コルタ
Coltart コルタート*
Coltázar コルタサル
Coltellini
　コルテッリーニ
Colter
　コールター*
　コルター**
Coltheart
　コルシアート
Colting コルティング
Coltman
　コウルトマン
　コルトマン
Colton
　コールトン
　コルトン**
Coltorti コルトルティ
Coltraine
　コルトレーン
Coltrane
　コルトレイン
　コルトレーン**
Colucci コルッチ*
Coluccio コルッチョ
Coluche コリューシュ
Colum コラム**
Columba コルンバ
Columbano コルンバノ
Columbanus
　コルムバヌス
　コルンバーヌス
　コルンバヌス
Columbo コランボ
Columbus
　コルムブス
　コロンバス*
　コロンブス*
Columella
　コルメッラ
　コルメラ
Columna コラムナ
Colvig コルヴィッグ
Colville
　クールビル
　コルヴィル
　コルビル*
Colvin
　カルビン
　コルヴァン

コルヴィン*	Combley コームリー	Comins	コムネーノス	Compri コンプリ*	
コルビン*	Comblin コンブリン	カミンズ	Como	Comprix	
Colwell		コミンズ	コーモ	コンプリックス	
コールウェル**	Comboni	Comisetti	コモ**	Compson	
コルウェル**	コンボーニ	コミセッティ	Comoglio コモグリオ	カンプスン	
コールドウエル	コンボニ	Comiskey	Comolli	カンプソン	
コールドウェル	Combot コンボ	コミスキー**	コモッリ	コンプソン	
Colwill コルウェル	Combs	Comisso コミッソ	コモリ	Compston コムストン	
Colwin コルウィン*	クームズ	Comito コミト	Comonfort	Compton	
Colwyn	コウムズ	Comley カムリー	コモンフォルト	コンプトン***	
コールウィン	コームス	Comly コムリー	Comont コモン	Comrey コムリー	
コルウィン	コームズ	Comm コム	Comotto コモット	Comrie コムリー*	
Coly コリー	コムズ	Commager コマジャー	Compagnetto	Comroe	
Colyer	Comby コンビ*	Commaille コマイユ*	コンパニェット	コムロー	
コウリヤー	Comcowich	Commandant	Compagni	コムロウ	C
コリヤー	コンコヴィッチ	コマンダン	コムパーニ	Comssiona	
コリヤー	Comden カムデン*	Commandeur	コンパーニ	コミシオーナ	
コルイアー	Come コム	コマンダー	Compagnon	Comstock	
Colzani コルツァーニ	Côme	Commandino	コンパニョン	カムストック	
Comac コーマック	コーム	コマンディーノ	Compagnone	コムストック*	
Comadore コマドール	Ĉome コム	Commanville	コンパニョーネ	Comte	
Comaford	Comeau コモ	コマンヴィル	Compagnoni	コーント	
コマフォード	Comeaux コモー	Commendone	コンパニョーニ*	コント***	
Coman	Comegys	コメンドーネ	Compan コンパン	Comtois	
コーマン	コメジス	Comment	Companeez	コムトア	
コマン	コンギース	コマーン	コンパネーズ	コントワ	
Comander コマンダー	Comelade コムラード	コマン	Companéez	Comway コンウェイ	
Comandini	Comelli	Commentz コンメンツ	コンパネーズ	Comyn カミン	
コマンディーニ	コメッリ	Commenus	Compañon	Comyns	
Comaneci コマネチ**	コメリ	コムネヌス	コンパニョン	カミンズ	
Comǎneci コマネチ*	コメルリ	コムネーノス	Company	コミンズ	
Comǎnescu コマネスク	Comellini コメリーニ	コムネノス	コンパニ	Con	
Comans コマンス	Comencini	Commer	コンパニュ*	コン**	
Comarmond	コメンチーニ*	コマー	Companys	チョーン	
コマルモン	Comenius	コンマー	クンパニス	Conable コナブル**	
Comas コマス*	コメニウス*	Commère コメール**	コンパニス	Conaghan コナハン	
Comastri コマストリ	コメニュウス	Commerford	Compaore コンパオレ	Conagin コナジン	
Comay コメイ	Comensoli	コマーフォード*	Compaoré	Conahan コナハン	
Comazzi コマッツイ	コメンソーリ	Commette コメット	コンパオレ*	Conall コナル*	
Comba コンバ	Comer	Commines コミーヌ	Comparetti	Conallen コナレン*	
Combalía コンバリア	カマー*	Commings	コンパレッティ	Conan	
Combaluzier	コーマー	カミングス	Compay コンパイ*	コオナン	
コンバルジェ	コマー*	カミングズ*	Compayre	コナル	
Combarieu	Comerford	Commins	コムペーレ	コーナン	
コンバリュ	カマーフォード	カミンズ	コンペール	コナン**	
コンバリュー	Comes コメス	コミンズ	コンペーレ	Conán コナン	
Combat コンバ	Comestor コメストル	Commius コンミウス	Compayré	Conant	
Combaz	Comet コメイ	Commodianus	コムペイレ	コウナント	
コンバス	Comettant コメタン	コモディアーヌス	コンペーレ	コナン*	
コンバズ	Cometti コメッティ*	コンモディアーヌス	コンペレ	コーナント	
Combe	Comey コミー*	コンモディアヌス	コンペレー	コナント**	
クーム*	Comfort	Commodus	Compendiensis	Conard コナード	
コーム	カムフォート	コンモドゥス	コンピエーニュ	Conati コナーティ	
Combeau コンボー	カンフォート*	Common コモン**	Compenius	Conatius コナティウス	
Combefis	コンフォート***	Commoner	コンペニウス	Conaty コナティ*	
コンプフィ	コンフォルト	コモナー**	Comper コンパー	Conaway コナウェイ*	
コンブフィス	Comgall コムガル	Commons	Compere	Conca コンカ	
Comber コンバー	Comhaire コメール	コムモンズ	コンプル	Concannon	
Comberbach	Comi コーミ	コモンズ**	コンペール	コンカノン	
コンバーバッハ	Comici コミチ	コンモンズ	Compère コンペール*	コンキャノン	
Comberousse	Comín コミン	Commos コンモス	Complex	Concato コンカート*	
コンブルース	Comines コミーヌ	Comnena	コンプレックス	Conceicao	
Combes コンブ*	Comingo カミンゴウ	コムニニ	Compoint コンポワン	コンセイカオ	
Combet	Comings カミングス	コムネーナ	Comport コンポート	コンセイサン	
コンベ	Comini コミーニ	コムネナ	Compostela	コンセイソン	
コンベット		コムネヌ	コンポステーラ	Conceição	
Combi コンビ		Comnenus	Compper コンパー	コンセイソン	
		コムネヌス			

Conceição コンセイサオン / コンセイサン / コンセイソン**
Concejo コンセホ
Concepcion コンセプシオン**
Concepción コンセプシオン
Concetta コンセッタ / コンチェッタ
Concetti コンチェッティ
Concha コンシャ / コンチャ**
Conchata コンチャータ / コンチャッタ
Conches コンシ / コーンシュ / コンシュ
Conchie コンチー
Conchita コンチータ / コンチタ*
Conchobar コンフォバール / コンホヴァル
Conchon コンション**
Concilie コンシリ
Concina コンチーナ / コンチナ
Concini コンチーニ
Concone コンコーネ
Conconi コンコーニ
Condamine コンダミーヌ / コンダミン
Conde コンデ**
Condé コンデ*** / コンデー
Condell コンデル
Conder コンダー* / コンドル**
Condie コンディ**
Condillac コンジャック / コンディヤク / コンディヤック*
Condit コンディット*
Condivi コンディーヴィ / コンディヴィ
Condji コンジ
Condliff コンドリフ
Condliffe コンドリフ
Condo コンドー
Condoleezza コンドリーザ** / ゴンドリーザ / コンドレーザ

Condominas コンドミナス*
Condon カンダン / カンドン / コンドン**
Condor コンダー / コンドー / コンドル
Condorcanqui コンドルカンキ
Condorcet コンドルセ* / コンドルセー
Condorelli コンドレリ
Condoren コンドラン
Condori コンドリ
Condren コンドラン
Condron コンドロン
Condry コンドリー*
Condungua コンドゥングア
Conduto コンドゥト
Cone コーン**
Conee コニー
Conefrey コンフリー
Conegliano コカネリアーノ / コネリアーノ / コネリアノ / コネリャーノ
Conel コーネル
Conelly コネリ
Conesa コネサ
Conestabile コネスタービレ
Coney コーニー / コーニイ** / コニイ
Confaleneiro コンファレネイロ
Confalonieri コンファロニエーリ / コンファロニエリ
Confente コンフェンテ
Confer コンファー
Confessor コンフェッソル
Confiant コンフィアン**
Conford コンフォード**
Conforte コンフォルテ
Conforti コンフォーティ / コンフォルティ
Conforto コンフォート* / コンフォルト
Cong コン*** / ツォン
Công コン*
Congal コンガル
Congalach コンゴロハ

Congar コンガール**
Congboonwasana チョンブンワット
Cong-de ツォンデー
Congdon コングドン / コンドン
Conger コンガー**
Công Hoan コンホアン
Congia コンジャ
Cong-jie ツォンジエ
Congleton コングルトン / コングレトン
Cong-ming ツォンミン
Congo コンゴ
Congress コングレス
Congreve コングリーヴ* / コングリーブ / コングレヴ
Congue コング
Conh コン
Coni コニー
Coniaris コニアリス
Cönig ツェーニッヒ
Conigliaro コニグリアロ*
Conigo コニーゴ
Coninck コニンク
Conine コナイン
Coningh コーニング
Coningham カニンガム / コーニンガム
Conington コニントン
Coninx コニン / コニンクス
Coninxloo コーニンクスロー / コニンクスロー
Conkie コンキー
Conkle コンクル
Conklin コンクリン**
Conkling コンクリン / コンクリング*
Conlan コンラン*
Conlee コンリー
Conley コンリー** / コンレー
Conlin コンリン
Conlon コンロン**
Conly コンリー*
Conlyn コンリン
Conn カン / コーン / コン**
Connah コナー
Connally コナリー**
Connan コナン

Connaught コノート / コンノート
Connaughton コナフトン* / コノートン*
Connee コニー
Conneeley コネリー
Connell コーネル* / コネル** / コンネル* / コンル
Connellan コネラン*
Connelly コナリー** / コネリ / コネリー*** / コノリー / コンネリー
Conner カナー / コナー** / コンナー
Conners コナーズ
Connerton コナトン
Connery コナリー / コネリー**
Connes コンヌ**
Connett コネット
Connick コニック*
Connie カニー* / コーニー / コニー***
Conniff コニフ**
Conning コニング
Conningham カニンガム
Connington コニングトン / コニントン*
Connirae コニリー*
Connmagair ケンマギル
Connolly コナリー** / コナリイ / コノリ* / コノリー***
Connon コノン
Connop コナップ
Connor カナー / コーナー / コナー*** / コノ / コノア / コンナー
Connors コナーズ** / コノーズ
Conny コニー*
Conolly コナリー / コノリー
Conon コノン

Conōn コノン
Conor コナー***
Conort コノール
Conover カノーバー / コノーヴァー / コノヴァー / コノーバー / コノバー*
Conpayre コンペーレ
Conquest コンクェスト / コンクエスト***
Conrad コムラッド / コンラ / コンラット / コンラッド*** / コンラート*** / コンラード / コンラド
Conrad-Daóud コンラッダウド
Conrades コンレイデス
Conradi コンラーディ* / コンラディ*
Conradie コンラディー
Conradin コンラーディン / コンラディーン / コンラディン
Conrado コンラッド / コンラード / コンラド
Conrads コンラーツ
Conradus コンラドゥス / コンラドゥス
Conrady コンラーディ* / コンラディ
Conran コンラン***
Conrart コンラール
Conrat コンラート
Conrick コンリック*
Conried コンリート
Conring コーンリング / コンリング
Conrow コンロウ
Conroy コンロイ***
Cons コンズ
Consagra コンサグラ
Consalvi コンサルヴィ / コンサルビ
Consbruch コンスブルック
Conscience コンシアンス / コンシェンス / コンシエンス / コンシャーンス / コンシヤンス

Consedine
コンセダイン
コンセディーン*
Conseil
コンセイユ*
コンセーユ
Consentini
コンセンティーニ
コンセンティニ
Consentius
コンゼンツィウス
Conseslus
コンセスラス
Considérant
コンシデラン
Considine
コンシダイン*
コンスィダイン
Consigli コンシーリ
Consiglio
コンシグリオ
コンシーリオ
Consol コンソール
Consoli コンソリ
Consolini コンソリーニ
Consolo コンソロ
Consorti コンソルティ
Constable
カンスタブル*
コンスタブル
コンスタブル**
コンステーブル
Constanca
コンスタンサ
Constança
コンスタンサ
Constance
コンスタンス***
コンスタンツ
Constancia
コンスタンシア
Constanza
コンスタンツァ
Constâncio
コンスタンシオ
Constâncio
コンスタンシオ
Constanduros
コンスタンデュロス
Constans
コンスタン*
コンスタンス
Constant
コンスタン**
コンスタンタン
コンスタント*
Constanta
コンスタンタ
Constantia
コンスタンツィ
コンスタンツィア
コンスタンティア
Constantijn
コンスタンテイン
Constantin
コンスタンタン**
コンスタンチイン
コンスタンチン***
コンスタンティン***
Constantina
コンスタンティナ**
Constantine
コンスタンタイン
コンスタンチーヌ
コンスタンチン*
コンスタンティーヌ**
コンスタンティヌス
コンスタンティーン
コンスタンティン**
Constantinescu
コンスタンチネスキュ
コンスタンチネス ク**
コンスタンティネスク
Constantini
コンスタンティーニ
Constantinides
コンスタンティニデス
Constantino
コンスタンチノ*
コンスタンティー ノ**
コンスタンティノ**
Constantinos
コンスタンチノス**
コンスタンティノス**
コンスタンディノス
Constantinou
コンスタンティノー
Constantinus
コンスタンチヌス
コンスタンチノス
コーンスタンティーヌス
コンスタンティーヌス
コンスタンティーノス
コンスタンティノス
Constantius
コンスタンチウス
コンスタンティウス
Constanza
コンスタンツァ
Constanze
コンスタンツェ*
Constanzi
コンスタンツィ
Constanzo
コンスタンツォ
Constine コンスチン
Consuegra
コンスエグラ*
Consuelo
コンスエロ**
Consuero コンスエロ
Consuma コンスーマ
Cont コント
Contador
コンタドール*
Contamin コンタマン
Contamine
コンタミーヌ
Contant コンタン
Contante コンタン
Contardo コンタルド*
Contarini
コンタリーニ
Contartese
コンタルテセ
Contat コンタ
Contavalli コンタバリ
Conte
コンテ***
コンティ
コント*
Conté コンテ**
Conteh
コンテ
コンテー
Conte Helm
コンティヘルム
Conte-Helm
コンティ-ヘルム
コンティヘルム
Contenau コンテノー
Contenson
コンタンソン
Contento コンテント
Conteris コンテリース
Conterno コンテルノ
Contessa コンテッサ
Conti
コンチ
コンティ**
Conticchio
コンティッキオ
Conticello
コンディチェッロ
Contiguglia
コンティグリア
Contin コンティン
Contini
コンティーニ**
Contino コンティーノ
Contra コントラ*
Contractor
コントラクター
Contractus
コントラクトゥス
Contrada コントラダ
Contredit
コントルディ
Contreiras
コントレイラス
Contreras
コントラレス
コントレイラース
コントレーラス*
コントレラス***
Contrie コントリー
Contursi コントゥルシ
Conunova
コヌノーヴァ
Convers
カンヴァース
カンバルス
コンヴァース*
コンバース
Converse
コンヴァース*
コンバース
Conversi コンヴェルシ
Convert コンヴェルト
Convery コンヴェリー
Conville コンヴィル
Convy コンヴィ
Conway
コンウェー**
コーンウェイ
コンウェイ***
コンウェイ
Conwell
コンウェル*
コンエル
Conwentz
コンウエンツ
コンヴェンツ
Cony コニー
Conybeare
コニビア
コニーペア
コニベア
Conyers
コニヤーズ
コンヤーズ
Conyne コーニン
Conyngham
カニンガム
Conyon コンヨン
Conyth コニス
Conz コンツ
Conze
コーンズ
コンゼ
コンツェ*
Conzelman
コンツェルマン*
Conzelmann
コンツェルマン*
Cooder クーダー*
Coody クーディ
Coogam クーガン
Coogan クーガン*
Coogler クーグラー*
Coohill クーヒル
Cook
クーク
クーケ
クック***
コック*
Cook-Deegan
クックディーガン
Cooke
クーク
クッキー
クック***
コーク*
コック
Cookie
クーキー
クッキー
Cooking クッキング*
Cookridge
クークリッジ
クックリッジ
Cooks クックス
Cookson
クックスン
クックソン*
Cookworthy
クックワージー
Cool
クール*
コール
Coolbaugh
クールボー**
Coolbrith
クールブリス
Coole クール*
Coolen コーレン
Cooley
クーリ
クーリー**
クリー
クーレー*
クーレイ
コーレイ
Coolhaes コールハース
Coolhart クールハート
Coolidge
クウリッジ
クーリッジ**
Cooling クーリング*
Coolio クーリオ*
Cools
クールス
クールズ
Coolsaet
コールサート*
Coolus コーリュス
Coomaraswamy
クマーラサーミ
クーマラスワミ
クーマラスワミー
クマーラスワミー
クマラスワミ
クーマーラスワーミ
クーマーラスワーミー
Coombe クーム
Coomber クーンバー
Coombes
クームス
クームズ
クームベス
コーンビス
Coombs
クームス*
クームズ*
コームス
Coomer クーマー
Cooms クームズ*
Coon クーン*
Coonan クーナン
Cooney
クーニ
クーニー**
クーニイ*
コーネイ
Coonradt
クーンラット
Coonrod クーンロッド
Coons クーンズ
Coonts クーンツ**
Coontz クーンツ**
Coop クープ
Cooper
カッパー
クウパア
クーパー
クーパ
クーパー***

Cooperrider クーパーライダー
Coopersmith コーパースミス
Cooperstein クーパースタイン
Coops コープス
Cooray クーレイ / クレイ
Coornhert コールンヘールト / コールンヘルト
Coorput コルプト
Coorte コールテ
Coot クート
Coote クーテ* / クート / コート
Cooter クーター
Cootes クーツ
Cootie クーティ*
Coovelis クーヴェリス
Coover クーヴァー* / クーパー**
Coox クックス*
Cop コップ / チョプ
Čop チョップ
Copa コパ
Copaken コパケン
Copass コパス
Copcutt コップカット
Cope コウプ / コップ / コッペー / コープ**
Copé コペ
Copeau コポー* / コポオ
Copei コーパイ
Copel コペル
Copeland コウプランド / コプランド / コープランド***
Copello コペリョ / コペロ
Copelton コプルトン
Copen コーペン*
Copenhaver コーペンヘイヴァー / コーペンヘイパー
Coperario コペラーリオ / コペラリオ
Copernicus コペルニクス*
Copertino コペルティーノ

Copetas カピタス
Copfermann コフェルマン
Copić チョピッチ*
Ćopić チョピッチ*
Copin コパン
Copjec コプチェク
Coplan コプラン
Copland コープランド* / コプランド
Coplans コプランス / コプランズ*
Coples コプルズ
Copleston コプルストン
Copley コープリー* / コプリ / コプリー* / コープリィ / コプレー
Coplien コプリエン / コプリン*
Coplin コプリン
Coplon コプロン
Copos コポス
Copp コップ
Coppa コッパ
Coppard コッパード* / コパート / コパード
Coppe コップ / コープ
Coppedè コッペデ
Coppee コッペ
Coppée コッペ / コペ* / コペー* / コペエ
Coppeèe コッペ / コペ / コペー / コペエ
Coppel コッペル*
Coppélia コッペリア
Coppell コッペル
Coppens コパン* / コパンス / コペンズ
Copper カパー / コッパー* / コパー***
Copperfield カッパーフィールド** / カパーフィールド / コッパーフィールド

Copperman コッパーマン*
Coppersmith カッパースミス
Coppet コペット
Coppi コッピ
Coppieters コピエテルス*
Coppin コパン / コピン
Copping クッピング / コッピング*
Coppinger コッピンガー / コッピンジャー
Copple コップル
Copplestone コプルストン
Coppo コッポ*
Coppock コポック
Coppola コッポラ**
Coppolillo コッポリルロ
Coppolino コッポリーノ
Coppora コッポラ*
Copps コップス**
Coprario コペラリオ
Coprich コップリッチ*
Copronymus コプロニュムス
Copson コプソン
Copti コプティ
Copulsky コパルスキー
Coq コック*
Coquard コカール / コカル / コッカール
Coquart コカール
Coque コクー
Coquelin コクラン* / コケリン
Coquereau コクロー
Coquereaumont コクロモン
Coquerel コクレル
Coquery コクリ
Coques コクス / コック
Coquet コケ
Coquillart コキヤール
Coquin コカン
Coquiot コキオ
Cor コー / コール / コル
Cora コーラ*** / コラ**

Corace カラーチー
Corado コラード
Coraggio コラジオ / コラッジオ*
Coraghessan コラギサン / コラゲッサン**
Čorak コラク
Coral コーラル* / コラル*
Coralie コラリ
Coralli コラーリ / コラリー / コラリィ
Coralle コラール
Coralli コラーリ / コラリ / コラルリ
Coram コーラム
Coran コラン
Corapcioglu コラブシオグル
Coray コレー
Corazao コラサオ
Corazolla コラツォラ
Corazon コラソン*
Corazón コラソン*
Corazza コラッツァ
Corazzini コラッチーニ / コラッツィーニ
Corbacho コルバチョ
Corbalán コルバラン
Corballis コーバリス
Corbasson コルバッソン
Corbat コルバット*
Corbató コルバト
Corbaux コルボー
Corbeil コルベイユ* / コルベール
Corbeiller コルビーエル
Corbel コルベル
Corbella コルベッラ* / コルベラ / コルベーリャ
Corbellini コルベリーニ
Corben コーベン
Corberó コルベロ
Corbet コルベ / コルベット*
Corbét コルベ
Corbett コーベット*** / コルベット**
Corbetta コルベッタ
Corbiau コルビオ**
Corbiere コルビエール

Corbière コルビエル / コルビエール* / コルビエル
Corbijn コーバイン / コービン
Corbin コービン*** / コルバン**
Corbineau コルビノー
Corbinianus コルビニアーヌス / コルビニアヌス
Corbiniere コルビニエル
Corbino コルビーノ
Corbishley コービシリ / コルビシュレー
Corbon コルボン
Corbould コーボールド
Corboy コールボーイ
Corboz コルボ**
Corbucci コルブッチ
Corbulo コルブロ
Corbusier コルビジェ / コルビジュ / コルビュジェ* / コルビュジエ*
Corby コービー** / コービィ / コルビ / コルビー
Corbyn コービン*
Corcoran コーコラン**
Corcos コーコス* / コルコス
Corcuff コルキュフ
Corculum コルクルム
Cord コード** / コルト*
Cordan コルダ
Cordans コルダンス
Cordaro コーダロ
Cordarrelle コーダーレリ
Cordasco コルダスコ
Cordatus コルダートゥス
Corday コーディ / コーディー / コルデ / コルデー / コルデイ
Cordaz コルダツ
Corddry コージュリー / コードリー
Cordeau コルドー
Cordeilles コルデーユ

Cordeiro コルデイロ*
Cordel コーデル
Cordelia
　コーディリア*
　コーデリア*
　コーデリア*
Cordelier コルドリエ
Cordell コーデル**
Cordella コルデッラ
Cordellos コーデラス*
Cordemoy
　コルドモア
　コルドモワ
Corden コーデン
Cordeo コルドー
Corder
　コーダー**
　コールダー
Corderius
　コルデリウス
Cordero
　コーデロ
　コルデロ***
Corderoc'h
　コルドロッフ
Corderoy
　コーデュロイ
Cordes
　コーズ
　コーデス
　コルデス**
Cordesman
　コーデスマン
Cordess コーデス
Cordiale
　コルディアール
Cordie コーディー
Cordié コルディエ
Cordier
　コーディア*
　コルディエ*
　コルドレル
Cordiferro
　コルディフェッロ
Cordina コーディナ
Cordiner コーディナー
Cording コーディング
Cordingly
　コーディングリ*
Cordle コードル
Cordoba
　コードバ
　コルドバ*
Córdoba コルドバ*
Córdobés コルドベス
Cordock コードック
Cordon コルドン
Cordone コルドーネ
Cordova
　コードヴァ
　コルドバ*
　コルドヴァ
　コルトバ
　コルドバ***
Córdova コルドバ
Córdova
　コルドヴァ*

コルドバ**
Cordovero
　コルドヴェロ
　コルドベロ
Córdoves
　コルドヴェス
　コルドベス*
Cordoza コードーザ
Cordray コードレイ
Cordrey コードレイ
Cordts コーツ
Cordtz コーツ
Cordula
　コルデュラ
　コルドゥラ*
Cordura コルドゥラ*
Cordus コルドゥス
Cordwainer
　コードウェイナー*
Cordy
　コーディ**
　コーディー
　コルディ
Core コーア
Corea
　コリア**
　コレア
Corella
　コレーラ*
　コレリィア
Corelli
　コレッリ**
　コレリ*
　コレリー
　コレルリ
Coremans コレマンズ*
Coren
　コーレン*
　コレン**
Corena
　コレーナ
　コレナ
Corentin
　コランタン**
　コレンティン
Corenzio コレンツィオ
Corera コレーラ
Coressios コレッシオス
Coreth
　コレート
　コレト
Coretta コレッタ*
Coretti コレッティ
Corey
　コアリー
　コウリー*
　コーリ
　コーリー***
　コリー***
　コリィ*
　コリイ
　コリー
　コーレイ*
Corfese コーフセ
Corfield
　コーフィールド
Corfman コーフマン
Corgan コーガン*

Corgel コルゲル
Corgiat コルジア
Corgier コルジエ
Cori
　コーリ*
　コリ**
Coria コリア*
Coriat
　コリア**
　コリアー
　コーリアット
　コリアト*
Ćorić チョリッチ
Coridon コリドン
Corie コーリー
Coriell コレール*
Corigliano
　コリグリアーノ
　コリリアーノ
　コリリャーノ
Corin
　コーウィン
　コリン*
Corina
　コリーナ*
　コリナ
Corine
　コリーヌ*
　コリーネ
　コリン
Corini コリーニ
Corinna コリーナ
Corinne
　コランヌ
　コリーヌ**
　コーリン
　コリーン
　コリン**
　コリンヌ***
Corino コリーノ
Corinth コリント*
Coriolanus
　コリオラヌス
Coriolis
　コリオリ
　コリョリ
Corippus コリップス*
Corita ソリタ
Corjena コリーナ
Cork
　コーク*
　コルク
Corke コーク
Corker コーカー
Corkery
　コーカリ
　コーカリー*
　コーカリィ
Corkhill コークヒル
Corki コーキー
Corkin コーキン
Corkine
　コーカイン
　コーキン
Corkran コークラン
Corkum コーカム
Corky コーキー

Corl コール
Corlatean
　コルラツェアン
Corleone コルレオーネ
Corless コルレス
Corlet コーレット
Corlett コーレット**
Corley
　コーリー*
　コーリィ
　コーリー
　コーレイ
Corliss
　コーリス*
　コルリス
Cormac
　コーマク
　コーマック***
　コルマック
Cormack コーマック**
Corman
　コーマン**
　コルマン
Cormann
　コールマン
　コルマン
Cormany
　コーメニー
　コーメニイ
Cormega コーメガ
Cormen コルメン
Cormican コーミケン
Cormier
　コーミア***
　コーミアー
　コミアー
　コーミエ
　コルミエ*
Cormont コルモン
Corn コーン*
Cornabas コルナバス
Cornaby コーナビー
Cornacchini
　コルナッキーニ
Cornaggia コルナジア
Cornaglia
　コルナッリャ
Cornaille コルナイユ
Cornall コーナル
Cornaro
　コルナーロ
　コルナロ*
Cornaz コーナッツ
Cornbleet
　コーンブリート
Corne コーン*
Corneau コルノー**
Cornec コルネク
Corneille
　コルネイユ
　コルネイユ**
　コルネーユ
Cornejo
　コルネーホ
　コルネホ

Cornel
　コーネル**
　コルネル
Cornelia
　コーニーリア
　コーネリア*
　コーネリヤ
　コルネーリア**
　コルネリア**
Corneliade
　コルネリアド
Cornélie コルネリー
Cornelio
　コルネーリオ
　コルネリオ*
Cornelis
　コーネリス
　コルネリウス
　コルネーリス
　コルネリス**
　コルネーリーユス
　コルネルス
Cornelison
　コーネリソン
Cornelisse
　コルネリーセ
Cornelissen
　コーネリセン
　コルネリセン
Cornelisz
　コルネーリス
　コルネリス
　コルネリッス
Cornelisz.
　コルネリスゾーン
Corneliszoon
　コルネリス
Corneliu
　コーネル
　コルネリウ**
Cornelius
　コーニーリアス
　コーニリアス
　コーネリアス***
　コーネリウス
　コルネーリウス
　コルネリウス
　コルネーリウス***
　コルネリス
　コルネリュウス*
　コルネーリーユス
Cornēlius
　コルネーリウス
Cornell
　コーネル***
　コルネル
　コロネル
Cornelus コルネリュス
Cornely
　コルネーリ
　コルネリ
Cornelys コーネリス
Corneo コルネオ
Corner
　コーナー**
　コルナー
　コルネル
Corneria コーネリア
Cornes
　コルンズ

コーン*
コーンズ*
Cornet
コルネ*
コルネット*
コルネト
Cornett
コーネット*
コルネット
Cornevin
コルヌヴァン
コルヌバン
Cornfeld
コーンフェルト
Cornford
コーンフォード**
コンフォード
Cornforth
コーンフォース**
コンフォース*
Corni コルニ
Cornick コーニック*
Cornienti
コルニエンティ
Cornier
コーニア*
コルニエ
Cornies コルニース
Cornificius
コルニフィキウス
Cornill コルニル
Corning コーニング
Cornini コルニーニ
Cornis コーニス
Cornish コーニッシュ*
Cornman コーンマン
Cornnel コルニュエル
Corno コルノ
Cornog コーナッグ
Cornoldi コルノルディ
Cornthwaite
コーンスウェイト*
コーンスウエイト
Cornu コルニュ
Cornuel コルニュエル*
Cornuelle コーヌエル
Cornum コーナム
Cornutus
コルヌッス
コルヌトゥス
Cornwall
コーンウォール**
コーンウォル
Cornwallis
コーンウォーリス
コーンウオリス
Cornwall-Legh
コーンウォルリー
Cornwell
コーンウェル**
Corny
コルニ
コルニー*
Cornysh コーニッシュ
Coroama コロアマ
Corocoran コロコラン
Corolina カロリナ

Corominas コロミナス
Coron コードン
Corona
コローナ
コロナ*
Coronado
コロナード
コロナド
Coronel コロネル
Coronelli
コロネッリ
コロネリ
Corot
コロ
コロー*
Corpening
コーブニング
Corpenning
コーブニング
Corpet コルペ*
Corpora コルポラ
Corps コーブス
Corpuz
コーブス
コルブス
Corr
コー*
コアー*
コール
Corra コラ
Corrad コラード*
Corradetti
コラデッティ
Corradi コッラーディ
Corradini
コッラディーニ
コラディーニ*
コラデニ
Corrado
コッラード**
コッラド
コッラード
コラード*
コラド
コルラード
Corraface
コラフェース
Corral
コラール*
コラル
Corral Barron
コラルバロン
Corrales
コラーレス*
コラレス*
Corran コーラン
Corrario コッレール
Corre
コール*
コルレ
Correa
コヘーア
コレーア
コレア***
Corrêa コヘーア
Correa Bayeaux
コレアバエアウ
Correale コッレアーレ

Correas コレアス
Corredor コレドール
Correggio
コッレッジョ
コレッジョ
コレッジオ
コレッジョ*
Correia
コレイア**
コレイラ
Correia E Silva
コレイアイシルバ
Correira
カレイラ
コレイラ
Correll
コーレル
コレル*
Correlli コレリー
Correns コレンス
Correnti コッレンティ
Corretja コレチャ*
Corrette コレット
Correy コーリー
Corri
コッリ
コリ
Corrice コーリス
Corridan コリダン
Corrie
コーリー**
コリー
Corrieri コルリエリ
Corrigan
コーリガン*
コリガン**
Corrin コリン*
Corrina コリーナ
Corrine コリーン
Corrington コリントン
Corringwood
コリングウッド
Corrinna コリンナ
Corrinne
コーリン
コリンヌ
Corris コリス
Corrock コロック
Corrodi コローディ
Corrothers コロザーズ
Corrozet コロゼ
Corruchaga
コルチャーガ
Corruthers コルザーズ
Corry
コーリー
コリー
Corsaut コルソー*
Corse
コアス
コース
Corselli コルセッリ
Corsetti コルセッティ
Corsi コルシ*

Corsini
コーシーニ
コルシーニ*
コルシニ
コレシニ
Corso
コオソ
コーソ**
コーソー*
コルソ*
Corson コーソン**
Corssen コルセン
Corsten コースデン
Corstens コーステンス
Corstjens
コースジェンス
Cort
コート***
コルト
Cortambert
コルタムベール
コルタンブル
Cortarelo コルタレロ
Cortassa コルタッサ
Cortázar
コルターサル*
コルタサル**
コンタサル
Cortazzi
コータッチ
コータッツィ*
Corte
コルテ*
コルト
Côrte
コルテ
コルト
Corteccia
コルテッチャ
Corteggiani
コルテジアーニ
Cortellari コルトラリ
Cortellini
コルテリーニ
Cortens コルテンス
Corte-real
コルテリアル
Cortes
コート
コルテス*
Cortés コルテス**
Cortesão
コルテザウン
コルテザン
Cortese
コルテス
コルテーゼ
コルテセ
Cortesi コルテシ
Cortez
コーティズ
コーテス
コルテーズ
コルテス*
Corthis コルティス
Corthron コースロン
Corti
コルチ
コルティ*

Cortin コルタン
Cortina Lacerra
コルティナラセラ
Cortiñas
コルティーニャス
Cortines コルティネス
Cortínez コルティネス
Cortis
コーティス
コルティス
Cortizo コルティソ
Cortland コートランド
Cortlandt
コルトラント
Cortner コートナー
Cortolezis
コルトレツィス
Cortona
コルトーナ
コルトナ
コルトナー
Cortot
コルトー**
コルトオ
Coruncanius
コルンカニウス
Corvaisier
コルヴェジエ
コルベジェ
Corvalan コルバラン
Corvalán コルバラン
Corvbin コービン
Corveloni
コルヴェローニ
Corvey コルヴァイ
Corvi コルヴィ
Corvin コルヴァン
Corvino
コルヴィーノ
コルヴィノ
コルビーノ
コルビノ
Corvinus
コルウィヌス
コルヴィーヌス
コルヴィヌス
Corvisart
コルヴィサール
コルビザール
Corvisier コルビシエル
Corvo コルヴォ
Corvus コルウス
Corwin コーウィン**
Cory
コーリ
コーリー*
コリー**
コーリィ
コルリイ
コリイ*
Coryate コリアット
Corydon コリドン
Coryell
コリエル*
コルエル
Coryton コリトン

Corzine
コーザイン**
コージン
Cos コス
Cosa コサ
Cosack
コサック
コザック
Cosand
コーサンド
コサンド*
Cosandey コザンデ
Cosarciuc
コサルチウク
Cosart コザート
Cosbuc
コシュブーク
コシュブク
コジュブク
Coşbuc コシュブク
Cosby
コスビー**
コズビー
Coscarelli
コスカレリー*
Cose コーズ
Cosell
コーセル
コゼル
Cosentini コセンチニ
Cosentino
コセンティーノ
ゴゼンティーノ
Cosenza コセンサ
Coser コーザー*
Coseriu コセリウ*
Cosetta コゼッタ
Cosey コージー*
Cosgarea コスガレア
Cosgrave
コズグレイヴ
コズグレイブ
コスグレーヴ
コズグレーヴ
コスグレーブ**
Cosgriff コスグリフ
Cosgrov コスグローブ
Cosgrove
コスグローヴ
コスグローブ**
コズグローブ*
Cosgrow コスグロウ
Cosic コシッチ
Ćosić チョーシッチ
Čosić
チョーシッチ
チョシッチ*
Cosidine コスディーン
Cosima
コージマ
コジマ*
Cosimano コシマノ
Cosimo
コージモ
コシモ
コジモ*
コズメ

Cosin カズン
Cosini コジーニ
Cosío コシオ
Coskun コスカン
Coşkun ジョスクン
Coskunpinar
コスクンピナー
Coslow コスロー
Cosma コズマ
Cosman コズマン*
Cosmas コスマス*
Cosmatos コスマトス
Cosme
コスム
コスメ
コム
Cosmè コズメ
Cosmi コズミ
Cosmin
コスミン*
コズミン
Cosmina コスミナ
Cosminsky
コスミンスキー
Cosmo
コスモ
コズモ
コズモウ
Cosmopulos
コスモプロス
Cosneau コスノー
Coson コソン
Cosper コスパー*
Cossa コッサ*
Cossar コサー
Cossard コサール
Cossart コサール
Cossato コッサート*
Cosse
コス
コッセ
Cosserat コセラ
Cosseron コスロン
Cossery コスリー**
Cosset コセ
Cossett コセット
Cossey コッセイ
Cossi コシ
Cossiga コシガ**
Cossington
コシングトン
コッシントン
Cossins コシンズ
Cossio コシオ
Cosson コソン
Cossons コッソン
Cossotto
コソット
コッソット*
Cossu コッス
Cossus コッスス
Cossutius
コッスティウス
Cossutta コッスッタ

Cossy コッシー
Costa
コシュタ
コスタ***
Cósta コスタ
Còsta コスタ
Costacurta
コスタクルタ*
Costa De Boa
Esperanca
コスタデボアエスペラ
ンサ
Costa De Carvalho
コスタデカルビリョ
Costafreda
コスタフレダ
Costain
コスティン
コスティン
Costales
コスタレス
コステールス*
Costandi コスタンディ
Costandia
コスタンディア
Costante コスタンテ
Costantini
コスタンティーニ**
Costantinides
コスタンティニデス
Costantino
コスタンティーノ*
Costanza
コスタンザ
コスタンツァ
Costanzo
コスタンゾ
コスタンゾー
コスタンツォ*
コンスタンツォ
Costarino コスタリノ
Costas コスタス*
Costazza コスタッツァ
Coste
コステ
コスト**
Costea コステア*
Costedoat コステドア
Costel コステル
Costeley
コストレ
コートレ
コトレ
Costello
コステッロ
コステーロ
コステロ**
Costelloe コステロ
Costemalle
コストゥマル
Coster
コースター
コスター**
コステル
コステル*
Costère コステール*
Costerton
コスタートン

Costes コスト
Costescu コステスク
Costian コスティアン
Costie コスチー
Costigan
カスティガン
コスティガン
Costikyan
コスティキアン*
Costill コスティル*
Costilla
コスティージャ
コスティジャ
コスティリャ
Costin コスティン*
Costis
コスチス
コスティス
Costley コストリー
Costley-white
コストリーホワイト
Costner
コストナー
コスナー*
Costolo コストロ*
Costrini コストリニ
Cosway
コズウェー
コスウェイ
コスウェイ
Cot
コー
コット
Cota コタ
Cotan コタン
Cotán
コターン
コタン
Cotanch コタンシュ
Cotardière
コタルディエール
Cote
コーテ
コート**
Coté コート
Côte コート
Côté
コテ
コート
Cotelier
コテリエ
コトリエ
Cotentin コンタンタン
Cotes コーツ*
Cotesworth
コーツワース
Cotgrave コトグレーヴ
Cotgreave
コットグリーヴ
Cotgrove
コットグローヴ
Cotherine カトリーヌ
Cotillard
コティヤール*
Cotler コトラー
Cotman
コットマン

コトマン
Coto コト
Cotogni コトーニ
Coton
コートン
コトン
Cotoner コトナー
Cotran コットラン
Cotrim コトリン
Cotroneo
コトローネオ*
Cotrubas
コトルバシュ
コトルバス*
Cotrugli コトルリ
Cotruzzola コトラゾラ
Cott コット**
Cotta コッタ**
Cottafavi
コッタファーヴィ
Cottam コタム
Cottard コタール
Cottart コタール
Cottavoz
コタヴォ*
コタボ
Cotte コット*
Cotteau コトー
Cotten
コッテン
コットン*
Cottenceau
コッタンソー
Cotter コッター**
Cotterell
コッテル*
コットレル
コトレル
Cotterill
コッタリル**
コッテリル
コッティリル
Cottet コッテ
Cotti コッティ**
Cottica コッティカ
Cottie コティー*
Cottier コッティエール
Cottin
コタン
コティン
Cottingham
コッティンガム
Cottington
コッティントン
Cottle コトル
Cotto
コット*
コットー
コトー
Cottolengo
コットレンゴ
Cottom
コットム
コトム
Cotton
コットン**
コトン

Cottone コットン
Cottonwood
　コットンウッド*
Cottorau コットラウ
Cottrell
　コットレル**
　コトレル
Cottrer コットレル**
Cottret コットレ
Cottrill
　コットリル
　コトリル
Cotts コッツ
Cotugno コトゥーニョ
Coty
　コティ*
　コティー*
Cotz コッツ
Cotza コッツァ
Cou コウ
Coubertin
　クーベルタン*
　クベルタン
Coubine クビーヌ
Couch
　カウチ*
　クウチ
　クーチ**
　コウチ
　コーチ**
Couchepin
　クシュパン**
Coucher クーチャー
Couchman
　カウチマン
　クーシュマン
　クーチマン*
Couchoud クーシュー*
Couci
　クーシ
　クーシー
Coucke カウケ
Coucquyt クーカイト
Coucy
　クーシ
　クーシー
　クシー
　クスイ
Coudenhove
　クーデンホーヴェ
　クデンホーヴェ
　クーデンホーフ**
　クーデンホフ
　クーデンホーフェ
　クーデンホーベ
Couderc
　クーデール
　クデール
　クーデルク
Coudert
　クーデート
　クーデア
　クデール*
Coudray
　クードレ
　クドレ
　クードレイ*
Coudreau
　クードロー

Coudres クードル
Coudrin
　クードラン
　クドラン
Coudy クーディー
Coué
　クーエ*
　クエ
Coues クーズ
Cougar クーガー*
Coughlan
　カクラン
　カフラン
　コグラン*
　コフラン
Coughlin
　カフリン
　コーグリン**
　コクリン
　コグリン**
　コフリン***
　コーリン
Couhdri チョウハダ
Couillard コウリャード
Couinaud クイノー
Coulanges
　クウランジュ
　クーランジ
　クーランジェ
　クーランジュ
　クランジュ
　クランジュ
Coulborn クールボン
Coulbourn
　クールバーン
Couldiaty
　クルディアティ
Couldrette
　クードレット
Couldrick
　クールドリック
Couldry クドリー
Couliano クリアーノ
Coulibaly
　クーリバリ
　クリバリ
　クリバリー
Coulier クーリア
Couling クーリング
Coull クール
Coullet
　クーレ
　クーレー
Coulling クーリング
Coulman コールマン
Coulmas クルマス*
Coulomb
　クーロン*
　クローン
　クロン
Coulombe
　クーロン
　クロンブ
　コローム
Coulon
　クーロン
　クロン*

Coulondre
　クーロンドル
Coulonges
　クーロンジュ*
Couloumbis
　コルンビス*
Coulouris
　カラリス
　コロリス
Coulshed
　クールシェッド
Coulson
　カウルソン
　クールソン*
　クルーソン
　クルソン
Coulston クルストン
Coulter
　カルター
　クウルター
　クールター
　クルター
　コウルター
　コールター**
　コルター
Coulthard
　クルサード**
　クールタード
　コールサード
　コールトハード
Coulthart クルサート
Coulthurst
　コールサースト
Coulton
　クールトン
　コウルトン
　コールタン
　コールトン
Coumba クンバ
Coumert クメール
Counhaye
　クーンハイエ
Counsel カウンスル
Counsell カウンセル
Counselman
　カウンスルマン
　カウンセルマン
Counsilman
　カンシルマン
Count カウント**
Countee
　カウンティ
　カウンティー
Countée
　カウンティ
　カウンティー
　カウンテイ
Counter カウンター
Countess カウンテス
Country カントリー
Countryman
　カントリーマン
Counts カウンツ*
County カウンティー
Coup クープ
Coupechoux
　クブシュー
Coupele クベル

Couper
　クーパ
　クーパー*
Couperie クープリ
Couperin
　クープラン*
　クプラン
Couperus
　クーペラス
　クベラス
　クーベルス
　クペルース*
Coupet クーペ
Couplan
　クープラン
　クプラン
Coupland
　クープランド**
Couples
　カプルス**
　カブルズ
Couplet
　カプレット
　クープレ
　クプレ
　クプレー
Couppe クペ
Cour
　クーア
　クール*
Courage
　カーリッジ
　カレッジ*
　クラージュ
Courajod クラジョ
Courant
　クーラン*
　クラン
　クーラント*
Courau クロー
Couraud クロー
Courayer クライエ
Courbage
　クルバージュ
Courberive クルブリヴ
Courbes クルブ
Courbet
　クールベ*
　クールベー
　クルーベ
　クルベー
Courboin
　クールボアン
Courbois クールボワ
Courcel クールセル
Courcelle
　クールセェル
　クールセル
　クルセル
Courchesene
　クーチェセン
Courchesne
　クーチェスン
Courcoult クールクー
Courcy
　クルシー
　コーシー

Courdray
　コードゥライ
Courdy クルディ*
Courgeon
　クールジョン
　クルジョン
Couric
　クーリック
　コーリック*
Courier
　クウリエ
　クーリア*
　クーリエ*
　クリエ
Courlander
　クーランダー
Cournand
　カーナンド
　クールナン*
　クルナン
　コーナンド
Courneya クーニヤ
Cournot
　クールノ
　クールノー*
　クルノー
Cournoyer
　クルノワイエ
Couros
　クーロス
　コウロス
　コーロス
Courrayer クレイエ
Courreges クレージュ
Courréges クレージュ
Courrèges
　クレージュ*
Courrian クリアン
Court
　クール
　コート**
Courtad コータッド
Courtade
　クールタード
Courtauld
　コートールド*
Courtebarbe
　クルトバルブ
Courteen コーティーン
Courteille
　クールチーユ
　クルテイユ
　クルテーユ
Courteline
　クウルトリィヌ
　クウルトリイヌ
　クールトリーヌ*
　クルトリーヌ
Courtenay
　クールトゥネー
　クルトネ
　クルトネー
　コートニー**
　コトネー
　コートネイ*
Courteney コートニー
Courtet
　クールテ
　クルテ

Courthion
クウルテイヨン
クールティオン
クールテイヨン*
Courthope
コータップ
コータブ
コートーブ
Courths クルツ
Courtier コーティア*
Courtils
クウルテイルス
Courtilz
クウルティ
クールチル
Courtin
クールタン
クルタン*
Courtine
クールティーヌ
クルティーヌ*
Courtis
カーチス
カーティス*
Courtivron
クールティヴロン
Courtland
コートランド
Courtlandt
コートラント
コートランド
Courtleigh コートリー
Courtman コートマン
Courtnall コートナル
Courtnay
コートニー
コートネイ
Courtneidge
コートニジ
コートニッジ
コートネイッジ
Courtney
クルトネ
コートニー***
コートネー
コートネイ*
Courtois
クールトア
クルトゥア
クルトワ
クールトワ**
クルトワ*
クールトワス
Courtonne
クールトンヌ
クルトンヌ
Courtot クールトート
Courtrai クルトレ
Courtwright
コートライト*
Courville
カービル
クールヴィル
Courvoisier
クールヴォワジエ
クールボイジア
Coury
カーシー
クーシー

Cousar カウザー
Cousens カズンス
Cousin
カウシン
カズン**
クーザン**
クザン*
Cousineau クジノー
Cousinet クージネー
Cousins
カズンズ***
クーザン
クーシンズ
Coussemaker
クースマケール
クースマケル
クスマケール
クスマケル
Coussons クーソンズ
Coussoud-mavoungou
クスーマブング
Coustan クスタン
Coustant クスタン
Cousteau
クスト
クストー*
クストウ
Cousteaux クストー
Coustellier
クステイエ*
Coustillas
クースティアス
Coustou
クストウ
クストゥー
Custurier
クーチュリエ
クーテュリエ
Coutagne クターニュ
Coutansais クタンセ
Coutant クータント
Coutard クタール
Coutaud
クートー*
クトー
Coutaz クータ
Coutelas クートラス
Coutelle クテル
Couternay コートニー
Couteur クーター
Couthon クートン
Couthures クチュール
Coutie クーティー
Coutinho
コウチーニョ*
コウチニョ*
コウティーノ*
コーティーニョ
Couto
クート
コウト**
コート*
Coutre クトル
Coutret クートレー
Coutrier クットリル
Coutrot クトロ

Coutsocheras
クツォヘラス
Couttet
クッテ
クテ
Coutts
クツ
クーツ***
Coutu
クゥートゥー
クーツ
Couturat
クーチュラ
クーチュラー
クーテュラ
クーテュラー
クテュラ
Couture
クーチュール
クチュール
クーテュール
クテュール
クートゥア*
Couturier
クーチュリエ
クテュリエ
クトゥリエ
Couty クーティ
Couve
クーヴ*
クーブ
Couvin クーヴァン
Couvray クーヴレー
Couvreur
クーヴルール
クヴルール
クーブルール
Couwelaert
コーヴラール*
コーブラール
Coux クー
Couza クーザ
Couzens カズンズ*
Couzinou クジヌ
Couzins カズンズ
Couzyn コージン
Cova
コヴァ
コバ
Covaco コバコ
Covaliov コバリョフ
Covaliu
コバリウ
コバリウ**
Covan カヴァン
Covanis コバニス
Covarrubias
カヴァラビアス
コバルビアス*
Covarrubías
コバルビアス
Covarruvias
コバルビアス
Covay
コヴェイ
コベイ
Cove コーブ
Covel
コウヴェル

コヴル
コベル
Coveleski
コヴェルスキー
Covell
コヴェル
コヴル
コベル
Covelle コーヴェル
Covello コーウェル
Coveney
カヴニー
コーヴニー
コヴニー
コヴネイ
コブニー
コベニー
Coventon
コヴァントン
Coventry
カヴェントリ
コヴェントリ
コヴェントリー
コベントリ
コベントリー**
Cover コーヴァー
Coverdale
カヴァデイル
カヴァーデール
カヴァデール
カバーデイル
カバデル
カバデール*
Coverdell カバデール
Coveri コベリ
Coverly カヴァリー
Covernton
コヴァントン
コバントン
Covert
カヴァート
コヴァート
コバート*
Covey
コーヴィー
コヴィー
コービー
コビー**
Covic チョビッチ
Cović
チョヴィッチ*
チョビッチ
Čović チョヴィッチ
Covici コビシー
Coviello コヴィエロ
Covilhão
クーヴィリャン
クヴィリヤン
クビリヤン
コビリヤン
Covillage
コヴィラージュ
Coville
コーヴィル
コヴィル
コービル**

コヴィントン
コビントン
Cow カウ
Cowan
カゥアン
カウアン*
カウアン**
コーアン
コーウェン
コーワン**
コワン
Coward
カワード**
コワード
Cowardin
カワーディン
Cowart
カワート
コワート
Cowcher カウチャー
Cowdell カウデル
Cowden カウデン
Cowdery
カウデリー
コウデリー
コウドリー
コウドレイ
コーデリー
Cowdry コウドリー
Cowell
カウエル*
コーウェル***
コーエル
Cowen
カウエン**
コーウェン
コウエン*
コーエン*
Cowens
カウエンズ
コーウェン
コーウェンス*
コーエンス
Cowgill
カウギル
コウギル
Cowie
カーウィー
カーウィー
カウィ
カウィー*
カウィー*
コウイー
Cowin カウィン
Cowl
カウル
コウル
コヴル
Cowles
カウルス
カウルズ
コウレス*
Cowley
カウリ
カウリー***
カウリイ
カウレー
カウレイ
クーリー
コウリー

Covington
コヴィントン

Cowling カウリング / コーリング*
Cowlishaw カウリショウ
Cowman カウマン*
Cowne カウン
Cowper カウパー** / クーパー**
Cowperthwaite カウパースウェイト
Cowser カウサー
Cowsill カウシル
Cowton カウトン
Cox カックス / コックス***
Coxe コックス*
Coxeter コークスター / コクセター* / コグゼター*
Coxey コクシー
Coxhead コクスヘッド
Coxie コクシー
Coxon コクソン*
Coxwell コクスウェル / コックスウェル
Coy コイ
Coye コイ / コイー / コイエ
Coyer コワイエ
Coyet コイエット
Coyett コイエット
Coyle コイル**
Coyne コイン** / コーン
Coyner コイナー
Coyote コイオート / コヨーテ
Coyoy コヨイ
Coypeau コワポー
Coypel コアペル / コワペル
Coysevox コアズヴォ / コアズポ / コワズヴォ / コワズヴォクス / コワズヴォックス / コワズボックス
Cozad コザド / コーゼット
Cozarinsky コサリンスキイ
Cozart コザート
Cozbi コズビ

Cozens カズンス / カズンズ* / コーゼンス / コーゼンズ*
Cozette コゼット*
Cozma コズマ
Cozmâncă コズムンカ
Cozolino コゾリーノ
Cozy コージー
Cozza コッツァ
Cozzarelli コッツァレッリ
Cozzens カズンズ* / コズンズ
Cozzi コジー / コッツィ
Cozzolino コッツォリーノ*

Craag クラーフ*
Craats クラツ
Crabb クラップ / クラブ*
Crabbe クラップ* / クラッベ / クラブ*
Crabbé クラッベ
Crabeth クラベト
Crabtree クラブツリー / クラブトゥリー / クラブトリー
Crace クレイス***
Craciun クラチウン
Craciunescu クラチウネスク
Crackanthorpe クラッカンソープ
Cracknell クラックネル
Cracraft クレイクラフト*
Craddock クラドック**
Cradock クラドック***
Craemer クレーマー*
Crafford クロフォード
Crafft クラフト
Craft クラフト**
Crafti クラフティ*
Crafton クラフトン
Crafts クラフツ*
Crafts-Lighty クラフツライティー
Cragg クラッグ*
Craggs クラッグス
Cragoe クラゴー
Cragun クラガン* / クレイガン
Crahay クラエ

Craiborne クレイボーン
Craig クライグ / クレイ / クレイヴ / クレイグ*** / クレイグ / クレイッグ / クレーグ* / クレッグ**
Craigavon クレーガヴォン
Craighead クライグヘッド / クレイグヘッド*** / クレーグヘッド
Craighill クレイグヒル
Craigie クレイギー / クレイギ* / クレイギー** / クレーギ / クレーギー*
Craigmyle クレイグマイル
Craik クレイク* / クレーク
Crail クレイル
Crain クライン / クレイン*
Craine クレイン
Crainer クレイナー*
Crainic クライニク
Crais クレイス**
Crakanthorpe クラカンソープ
Cram クラム***
Cramer クラーマー* / クラマー*** / クラーメル / クラメール* / クラメル / クライマー* / クレーマー*
Cramér クラメール** / クラメル
Cramm クラム*
Crammond クラモンド*
Cramne クラムネ
Cramon クラモン
Cramoysan クラモアザン
Cramp クラムプ / クランプ*
Crampe クランプ
Crampon クランポン
Crampton クランプトン**
Cran クラン
Cranach クラーナッハ / クラナッハ

Cranage クラネージ
Crancé クランセ
Cranch クランチ
Crandall クランダール / クランダル* / クランドール* / クランドル
Crandell クランデル
Crane クレイン** / クレーン**
Cranfield クランフィールド*
Cranford クランフォード
Crangle クラングル*
Cranham クラナム / クランハム
Cranko クランコ
Crankshaw クランクショー / クランクショウ
Cranley クランレー
Cranmer クランマー*
Crannach クラナック
Crannel クラネル
Crans クランス
Cranshaw クランショウ
Cranson クランソン
Cranston クランストン***
Cranton クラントン*
Cranwell クランウェル
Cranz クランツ*
Crapanzano クラパンザーノ*
Crapo クラポ
Craponne クラポンヌ
Crapp クラップ
Crapsey クラップシ / クラプシー
Crary クレアリー* / クレイリー / クレーリ / クレーリー*
Crash クラッシュ
Crashaw クラショー* / クラッショー
Crasher クラッシャー
Craske クラスク / クラスケ
Crasnianski クラスニアンスキ
Crass クラス
Crassard クラッサード
Crasselius クラッセリウス

Crassellame クラッセラーム
Crasset クラセ / クラッセ
Crassot クラソ
Crassus クラッスス
Craste クラステ
Crasto クラスト
Craston クラストン
Cratander クラタンダー
Crater クレーター
Craterus クラテルス
Crates クラテス
Crathorn クラソーン
Crato クラート
Cratty クラッティ*
Crauford クローフォード
Craufurd クローファード
Craughwell クローウェル
Crausaz クロザ
Cravat クラヴァット
Cravath クラヴァス
Craveirinha クラヴェイリナ / クラヴェイリニャ
Cravel グラヴェル / グラベル
Craven クラーヴェン* / クレイヴァン / クレイヴェン / クレイヴン* / クレイブン** / クレーヴン* / クレーブン**
Cravens クレイヴンス / クレイブンス* / クレイベンズ
Craver クレイヴァー*
Cravid クラビッド / クラビド
Craviotto カラビオット / クラビオット**
Cravy クレイビー
Crawar クラヴァル
Crawford クラウフォード / クラッフォード / クリフォード / クロウフア / クロウフォード* / クロッフォード** / クローフォード** / クローフォド* / クローフォード***
Crawfurd クローファード / クロファード / クローフォード

Crawley クロウリー/クローリー/クローレー
Crawshaw クローショー*
Crawshay クローシェイ**
Craxi クラクシ*
Craxton クラクストン
Cray クレイ**/グレイ
Crayencour クレイヤンクール
Crayer クライエル
Crayne クレイン/クレーン
Crayton クレイトン
Craze クレイズ*
Crazy クレイジー/クレージー*
Crea クレア
Creach クリーチ
Cready クレディ*
Creager クリーガー
Creagh クレイ
Creak クリーク
Creamer クリーマー**
Crean クラーン/クリーン*
Creangă クリャンガ/クリヤンガ
Creangă クリャンガ
Creanor クレアノル
Crear クリアー
Crease クリース*
Creasey クリーシー*/クリージー*
Creason クレイソン
Creasy クリーシー/クリージー/クリシイ/クレーシー
Creator クリエイター
Crebbin クレビン
Crebell クレベル
Creber クレバー
Crébillon クレビーヨン/クレビヨン/クレビヨン
Crecine クリサイン
Crecquillon クレキヨン
Crécy クレシー*
Credaro クレダロ
Crede クリーディ*/クレーデ
Credé クレーデ/クレデ
Credi クレーディ/クレディ
Credner クレドナー
Cree クリー
Creech クリーチ**
Creed クリード***
Creedy クリーディ
Creegan クリーガン
Creel クリール/クレール
Creeley クリーリー***/クリーレイ
CreepyPasta クリーピーパスタ
Crees クリーズ
Creevey クリーヴィー
Creevy クレービ
Creg クレッグ
Cregan クリーガン/クリガン
Cregar クリーガー
Cregeen クレギーン
Crehan クレハン
Creightmore クレイトモア
Creighton クライトン*/クレイトン**/クレートン*
Creignou クレニュー
Creisseils クレイセイ
Creistine クリスティン
Creizenach クライゼナハ
Crelinsten クレリンステン
Crell クレル
Crelle クレレ
Crellius クレリウス
Crema クレーマ/クレマ
Cremata クレマタ
Crémazie クレマジ/クレマジー
Creme クレーム**
Cremencio クレメンシオ
Cremer クリーマー/クレーマー*
Crémer クルメール/クレメール*/クレメル
Cremieux クレミュー
Crémieux クレミュー/クレミウ/クレミュ/クレミュー
Cremin クレミン*/クレメン
Cremind クレマインド
Cremins クレマンス/クレミンズ
Cremo クレモ
Cremona クレモーナ/クレモナ
Cremone クレモン
Cremonesi クレモネージ*
Cremonini クレモニーニ
Cremoux クレモー
Cremutius クレムチウス
Cremūtius クレムティウス
Crenn クレン
Crenna クレンナ*
Crennel クレンネル
Crenshaw クレンシャウ/クレンショー**/クレンショウ
Creo クレオ
Crepaldi クレパルディ
Crepax クレパクス/クレパックス*
Crépin クレパン
Crépon クレポン*
Crerar クリアラー/クレーラー/クレラー
Crerend クレレンド
Cresanges クレサンジュ
Crescas クレスカス
Crescencio クレセンシオ
Crescens クレスケンス
Crescent クレセント
Crescente クレセンテ
Crescentia クレセンティア
Crescentini クレシェンティーニ
Crescenzi クレシェンツィ
Crescenzo クレシェンツォ*
Creschenzo クレシェンツォ*
Crescimbeni クレシンベーニ/クレッシンベーニ
Creser クレサー
Cresida クレシッダ*
Crespel クレスベル
Crespelle クレスベル
Crespi クレスピ*/クレスピー
Crespigny クレスピニイ
Crespin クレスパン**
Crespo クレスポ**
Crespy クレスピ*
Cress クレス*
Cressant クレサン
Cressent クレサン/クレッサン
Cressey クレッシ/クレッシー*/クレッシイ
Cressida クレシーダ/クレシダ/クレシッダ
Cresson クレソン*/クレッソン**
Cressoy クレッソワ/クロス
Cresswell クレスウェル**
Cressy クレッシー
Crest クレスト
Crestani クレスターニ
Creste クレステ
Cresté クレステ
Cresti クレスティ
Crestin クレスタン
Creston クレストン*
Creswell クレスウェル*
Creswicke クレジック/クレスウィク
Creta クレタ
Cretensis クレテンシス
Cretet クレエト
Creti クレーティ
Creticus クレティクス
Cretier クレティエ*
Cretin クルタン
Créton クルートン/クレトン
Cretzmeyer クレッツマイヤー
Cretzschmar クレッチマー
Creus クレウス
Creusa クレウサ
Creutz クロイツ
Creutzig クロイツィヒ
Creuzer クロイツァー
Crevacole クレバコーレ
Crevaux クレボー
Crevea クレヴェア/クレベア/クレベア
Crevéa クレベア/クレベア
Crèvecoeur クレヴェケール/クレーヴクール/クレヴクール/クレーブクール/クレブクール
Crevel クルヴェル*/クルベル
Creveld クレヴェルト/クレフェルト
Crevoisier クルボアジェ*
Cre'von クレボン
Crew クリュー/クルー
Crewdson クリュードソン*/クルードソン*
Crewe クリュー/クリュウ/クルー*
Crews クリューズ*/クルース/クルーズ**
Crewson クルーソン
Crezdon クレズドン
Criado クリアド
Crialese クリアレーゼ*
Cribb クリップ**/クリブ
Cribbin クリッピン/クリビン
Crichlowcockburn クリックロウコックバーン
Crichton クライトン***/クリクトン/クリチトゥン/クリチトン/クリックトン
Crick クイック/クリック**
Crickboom クリックボーム
Cricket クリケット*
Crickett クリケット
Crickmay クリックメイ
Crickmore クリックモア
Criddle クリドゥル/クリドル
Crider クライダー*

Criegee クリーギー／クリーゲー
Criel クリエル
Criger クリーガー／クリッガー
Crigler クリグラー
Crile クライル**
Criley クライレー
Crilley クリリー
Crillo シリーロ
Crillon クリヨン
Crilly クリリー
Crim クリム
Crimi クリーミ／クリミ
Criminali クリミナリ
Crimlis クリムリス
Crimmins クリミンス*
Crimp クリンプ*
Crina クリナ
Crinella クリネラ
Criner クライナー
Cringely クリンジリー*
Crinitus クリーニートゥス
Crinnion クリニオン
Crino クリーノ*
Crinon クリノン
Crippa クリッパ
Crippen クリッペン*
Cripps クリップス**
Crips クリップス
Cris クリス**
Crisafulli クリサファリ／クリサフリ
Crisan クリサン／クリザン
Crisanto クリサント
Crisara クリサラ
Crisby クリスビー
Criscuolo クリスクオーロ**／クリスクオロ
Crisetig クリセティグ
Crisfulla クリスフラ
Crisi クリシ
Crisler クライスラー／クリスラー
Crisman クリスマン
Crismanich クリスマニッチ**
Crisostomo クリストモ
Crisóstomo クリソストモ
Crisp クリスプ***
Crispe クリスプ

Crispendorf クリスペンドルフ
Crispi クリースピ／クリスピ
Crispian クリスピアン*
Crispien クリスピエン／クリスピーン
Crispin クリスパン／クリスピン***
Crispina クリスピーナ／クリスピナ
Crispinianus クリスピニアーヌス／クリスピニアヌス／クリスピーヌス／クリスピヌス
Crispino クリスピノ
Crispolti クリスポルティ
Crispus クリスパス／クリスプス
Criss クリス*
Crissman クリスマン
Crist クリスト*
Cristal クリスタル*
Cristaldi クリスタルディ*
Cristalin クリスタラン
Cristante クリスタンテ
Cristas クリスタス
Cristea クリステア
Cristhian クリスチャン／クリスティアン
Cristi クリスチー／クリスティ
Cristian クリスチャン**／クリスティアン***
Cristián クリスティアン
Cristiana クリスティーナ
Cristiani クリスチアニ／クリスティアーニ／クリスティアーニ**
Cristianini クリスティアニーニ
Cristiano クリスチアーノ／クリスティアーノ***
Cristie クリスティ**
Cristi-Ilie クリスティイリエ
Cristin クリスティン
Cristina クリスティーナ*／クリスチナ／クリスティーナ**／クリスティナ**

Cristine クリスティーネ／クリスティン*
Cristino クリスチノ
Cristo クリスト
Cristobal クリストバル**
Cristóbal クリストーバル／クリストバル***
Cristofano クリストーファノ／クリストファノ
Cristofaro クリストファロ
Cristofer クリストファー
Cristoforeanu クリストフォレアヌ
Cristofori クリストーフォリ／クリストフォリ
Cristoforo クリストーフォロ／クリストフォーロ／クリストフォロ*／クロストーフォロ
Cristóforo クリストーフォロ
Cristol クリストル*
Cristoph クリストフ*
Cristopher クリストファー
Cristovao クリストバン
Cristóvão クリストヴォン／クリストバン
Cristy クリスティ*／クリスティー
Criswell クリスウェル
Critana クリタナ
Critchell クリッチェル
Critchfield クリッチフィールド
Critchley クリッチュリー／クリッチリー**
Critchlow クリッチロウ
Crites クライツ
Critius クリチウス／クリティオス
Criton クリトン
Critser クライツァー*
Crittenden クリッテンデン／クリテンデン／クリテンドン
Crittendon クリトンドン*
Crittle クリトル
Critz クライツ
Crivella クリベラ
Crivellaro クリベラロ

Crivelli クリヴェッリ／クリヴェリ／クリヴェルリ／クリベッリ／クリベリ
Criville クリヴィーレ*
Crixus クリクソス
Crkvenac ツルクベナツ
Crnadak ツルナダク
Crnjanski ツルニャンスキ／ツルニャンスキー
Crnogorac クルノゴラッチ
Crnoja ツルノヤ
Croake クロウク
Croall クロール
Croce クロウチ／クロオチェ／クロース／クローチ／クローチェ*／クロッチェ
Crocetti クロセッティ*／クロチェッティ**
Crocetto クロチェット*
Crochet クロシェ／クロッシェ
Crochiere クロシエール
Croci クローチ
Crocifissa クロチフィッサ
Crocifissi クロチフィッシ
Crocius クローツィウス
Crocker クロッカー***
Crocket クロケット*
Crockett クロケット***
Crockford クロックフォード*
Cro Cop クロコップ
CroCop クロコップ*
Crocus クロクス
Croddy クロディー*
Croenen クローネン
Croes クルース
Crofford クロフォード
Croft クロフト***
Crofton クロフトン*
Crofts クロフツ***
Crohn クローン
Croibier クロアビエ／クロワビエ
Crois クロイス

Croiset クロアゼ／クロイセット／クロワゼ
Croisille クロワジール
Croisos クロイソス
Croissant クロアサン／クロワッサン
Croisset クロワッセ**
Croissy クロアシー
Croiter クロイター
Croitoru クロイトル
Croix クルシュ／クロア／クロイックス／クロワ**
Croiza クロアザ／クロワザ
Croizat クロイツァート
Croizette クロワゼット
Croizier クロイツァー
Croke クロウク／クローク*
Croker クローカー*／クローカー
Croll クロール*
Crols クロルズ
Croly クローリ／クローリー／クローリィ
Crom クロム
Cromartie クロマーティー／クロマティ**／クロマティー
Cromarty クロマーティ
Cromatie クロマティ
Crombac クロンバック
Crombé クロンペ
Crombie クロムビー／クロンビー**
Crombleholme クロンブルホーム
Crome クローム
Cromer クローマー*／クロマー／クローメル
Cromey クローミー
Cromie クローミー
Cromme クロンメ
Crommelin クロムメリン／クロンメリン
Crommelynck クローマランク／クロムランク*／クロムリンク／クロメリンク

クロンランク
Crompton
クロムトン
クロンプトン*
Cromwell
クロムウェル**
クロムウエル
クロンウェル
Cron クロン*
Cronaca
クローナカ
クロナーカ
クロナカ
Cronauer
クロンナウア
Cronbach
クロンバック
Cronberg
クリーンバリ
Cronce クロンス
Crone クローン*
Cronegk クローネック
Cronenberg
クローネンバーグ*
クロネンバーグ
Cronenwett
クローネンヴェット
Croner
クローナー
クローネル
クロネル
Cröner グレーナー
Cronin
クローニン***
クロニン
Cronje
クロニェ
クロンイェ
Cronk クロンク
Cronkhite
クロンカイト*
Cronkite
クロンカイト**
Cronon クロノン*
Cronos クロノス
Cronquist
クロンキスト
Cronqvist
クロンクヴィスト
Cronstedt
クルーンステッド
クルンステット
クローンステット
クロンステット
Cronwright
クロンライト
Cronyn クローニン**
Croo クロー
Crook
クルーク
クルック*
クロック
Crooke
クルーク
クルック
Crooked クルックド
Crookes
クルークス
クルックス*

Crooks クルックス*
Croome クルーム
Croonenburg
クロウネンバーグ
Cropanzano
クロパンザーノ
Cropley クロップリー
Cropp クロップ*
Cropper クロッパー*
Cropsey クロプシー
Cros
クロ*
クロォ
クロス*
Crosato クロザート
Crosbie
クロスビー**
クロスビイ
Crosby
クロスバイ
クロースビー
クロスビ
クロスビー***
クロズビ
クロズビー***
クロスビイ
Crosfield
クロスフィールド
Croshere クロウジャー*
Croskerry
クロスケリー
Crosland
クロスランド*
Crosman クロスマン
Cross
クロス***
クロッス
Crossan クロッサン*
Crosse
クロス
クロッセ
Crosser クロッサー
Crossfield
クロスフィールド
Crossick
クロシック*
クロジック
Crossingham
クロシンガム
Crossland
クロスランド*
Crossley
クロスリ
クロスリー**
クロスリイ
クロスレー**
クロスレイ
Crossman
クロスマン*
クロッスマン
Crosson クロッソン
Crosswell
クロスウェル
Croswell クロスウェル

Crotch クロッチ
Crother クラザー*
Crothers
クラザーズ
クラザズ
クローサース*
クローザーズ
クローザス
クローサーズ*
クローザス
クラザーズ*
Croton クロトン
Crotti クロッティ
Crotty
クロッティ
クロッティー
クロティ
Crotus
クローツス
クロートゥス
クロトゥス
Crotweel クロトウェル*
Crouch
クラウチ***
クロウチ
クローチ
Croucher
クラウチャー*
Croucier クルーシェ
Crough クロウ
Crouhy クルーイ*
Crousaz クルーザ
Crouse
クラウズ
クラウス
クルーズ
クローズ
Crouser クルーザー*
Croushore クルショア
Crouter クルーター
Crouthamel
クルートヘイムル
Croutier
クルーティエ*
クルティエ
Crouwel
クロウエル*
クロウエル
クロウエル
Croux クルー
Crovetto クロベット
Crow
クロー*
クロウ***
Crowby クロウビ
Crowcroft
クロウクロフト
Crowd クラウド
Crowder
クラウダー**
クロウダー
クローダー
Crowdy クラウディ
Crowe
クロー**
クロウ***
クローウェ*
クロエ

Crowell
クローウェル*
クロウェル*
Crowfoot クロウフット
Crowl クロール
Crowle クロール
Crowley
クラウリー*
クラウリイ
クロウリ
クロウリー***
クローリ
クローリー**
クローリィ
クローレイ
Crowly クローリー
Crown クラウン*
Crowne クラウン
Crownover
クラウンオーヴァー
Crowns クラウンズ
Crowquill
クロウクィル
Crowson クロウソン
Crowther
クラウサー
クラウザー**
クロウサー*
クロウザー
クローサー*
クローザー**
Crox クロックス
Croxton
クロックストン
Croy クロイ
Crozat クロザ*
Crozes クローゼ
Crozet クロゼー
Crozier
クロジア
クロジェ
クロジエ*
クロージャー**
クロジャー
Crozon クロゾン
Crstovam
クリストバン
Crubéy クルベイ
Cruce クルーチェ
Crucet クルセ
Crovetto クロベット
Cruchaga クルチャガ
Cruchon クリュション
Cruciani クルシアーニ
Cruciger
クルーツィガー
Crucy クリュシー
Crudelli クルデリ
Cruden
クルーデン
クルデン
Crudup
クラダップ*
クリューダップ

Crüger クリューガー
Cruickshank
クリュックシャンク
クリュックシャンク*
Cruickshenk
クルクシェンク
クルークシャンク
クルックシャンク
Cruikshank
クリュックシャンク
クルイクシャンク
クルークシャンク
クルクシャンク
クルックシャンク**
Cruise クルーズ***
Cruls クルールス
Crum クラム*
Crumb クラム**
Crume クルーム*
Crumey クルミー**
Crumley
クラムリー***
クルムリー
Crumlish
クラムリッシュ
Crummell クランメル
Crump クランプ**
Crumpacker
クラムパッカー*
Crumpe クランペ
Crumpler
クランプラー
Crunican クルーニカン
Crupi クルーピ
Crusat クリュザ
Cruse クルーズ
Crusell クルセル
Crusemann
クリュゼマン
Crüsemann
クリュゼマン*
Crusher クラッシャー*
Crusie クルージー**
Crusius
クルーシアス
クルージウス
クルジウス
Crusoe クルーソー
Crussi
クルッシ*
ルッシ
Crutcher
クラッチャー*
Crutchfield
クラッチフィールド**
Crute クルート
Cruttenden
クラッテンデン
Crutzen
クルッツェン**
Cruveilhier
クリュヴィエ
クリュヴェイエ
クリュベイエ
Cruver クルーバー*
Cruyff クライフ**
Cruz
クールズ

クルース**
クルーズ***
クルス***
クルズ
クルツ**
Cruz-coke クルスコケ
Cruze クルーズ
Cruzvillegas クルズヴィエガス
Crvenkovski
　ツルヴェンコフスキ
　ツルベンコフスキ**
Cryan クライアン
Cryar クライア
Cryer
　クライアー
　クライヤー*
　クレア*
Cryns クレインス
Crypton クリプトン
Crystal クリスタル**
Crystalle クリスタル
Csaba
　シャバ
　チャバ*
　チョバ
Csák
　チャーク
　チャック
Csáky
　シアケー
　チャーキ
Csampai
　チャンパイ
　チャンパイ*
Csanádi チャナディ
Csapó ツァポ
Csatári チャターリ
Csatary チャタリ
Csath チャート
Csáth チャート*
Cseh チェー**
Csehák チェハーク
Cseke チェケ
Csengödi
　チェンゲーディ
Csenkey チャンカイ
Csere
　チェーレ
　チェレ
Csergo
　クセルゴン*
　セルゴ
Cserhalmi
　チェルハルミ
Csermák チェルマク
Csérmák チェルマク*
Cserna チェルナ
Csernai チェルナイ
Csernoviczki
　チェルノビチュキー
Cservenka セルベンカ
Csete
　セテ
　チェテ

Csik
　シック
　チック
Csík チック
Csikós
　チコシュ
　チコシュー
　チコース
Csikszentmihalyi
　チクセントミハイ**
Csiky チキー
Csilla
　シラ
　チラ
Csillag チッラグ
Csipes
　シペス
　チペス
Csirke チルケ
Csizinszky
　シジンスキー
Csizmár チスマール
Csoknyai チョクニャイ
Csokonai チョコナイ
Csokor
　チョコーア
　チョコル
Csollany チョラニー*
Csollány
　クゾラニー
　チョラニー
Csoma
　チョーマ
　チョマ**
Csonka チョンカ
Csontváry
　チョントヴァーリ
　チョントバーリ
Csoóri チョーリ
Csortos チョルトシュ
Csosz チョス
Csurka チュルカ
Ctefanovna
　スチェファノブナ
Ctesibius
　クテシビオス
　テシビウス
Ctvrtek
　チトゥヴルテック*
Cu ク
Cú クー
Cù' クー
Cua クア
Cuadra クアドラ
Cuadrado
　クアドラード
Cuan クアン
Cuaron キュアロン
Cuarón
　キュアロン*
　クアロン
Cuartas クアルタス*
Cuau キュオー
Cuauhtemoc
　クアウテモク
　クアウテモック
　クアウテモック*

クウァウテモク
クワウテモク
Cuauhtémoc
　クアウテモク
　クアウテモック*
Cuauhtlatoatzin
　クアウトラトアツィン
Cub カブ
Cuba キューバ**
Cuban キューバン**
Cubas クバス*
Cubberley
　カバリ
　カバリー*
Cube
　キューブ
　クーベ*
Cubeddu キューブド
Čūbei チュベイ
Cubeiro クベイロ
Cubelli クベッリ
Cubellis キュベリス
Cubelos クベロス
Cuberli クベリリ
Cubero クベーロ
Cubilier クビリエ
Cubillan クビアン
Cubitt キュービット
Cubreacov
　カブリーコフ
Čubrilović
　チュブリロヴィチ
Çubukçu チュブクチュ
Cuby キュビ
Cuc クック*
Cucari クカーリ*
Cucchi クッキ*
Cucci クッチ
Cuccia クッチャ
Cuccinello クチネロ
Cuche
　キューシュ
　キュシュ**
Cucherat キュシェラ
Çuçi ツチ
Cucinelli クチネリ*
Cucinotta クチノッタ
Cucius クツィウス
Cuco クコ
Cucu クク
Cuculich ククーリッチ
Cucullu ククル
Cucuzzella ククゼラ
Cūdapantaka
　チューダパンタカ
Cuddihy
　カディヒー
　カディヒィ
Cuddy
　カディ
　クッディ
Cuddyer カダイアー*
Cudi
　カディ
　クディ

Cudicini クディチーニ
Cudjo クジョー
Cudjoe クジョー
Cudlipp カッドリプ
Cudmore カドモア
Cudworth カドワース
Cueff クエフ
Cuellar
　クエイヤー
　クエジャル
Cuéllar
　クエジャル
　クエヤル
Cuenca クエンカ
Cuénod キュエノー
Cuénot キュエノ
Cuènot キュエノ
Cuentas クエンタス
Cuereneia
　クエレネイア
Cuervo クエルボ
Cuesta クエスタ
Cueto クエイト
Cueva
　クエーバ
　クエバ
Cuevas
　クーヴァス
　クエヴァス
　クエバス*
Cuff カッフ
Cuffari カファリ
Cuffie カフィー
Cufi カフィ
Cugat
　クーガー
　クガート*
Cugnot
　キュニヨ
　キュニヨー
　キュニヨ
　クーニヨ
Cugny キュニー
Cuhadaroglu
　フハダルオグル
Cuhel カヘル
Cui
　カイ
　キュイ
　ツイ
　ツゥイ
Cuiminal キミナル
Cuisenier
　キュイズニエ
Cuitlahuac
　クイトラワック
Cuito クイート
Cujacius
　キュジャス
　クーヤキウス
　クヤキウス
Cuk ツーク
Cuker キューカー*
Cukier クキエ

Cukierman
　ツッカーマン
Cukor
　キューカー*
　クーカー*
Cukurs ツクルス
Culafic チュラフィッチ
Cūlagavaccha
　チューラガヴァッチャ
Cūlaka チューラカ
Cūlapanthaka
　チューラパンタカ
Culbard カルバード
Culberson
　カルバーソン
Culbert カルバート
Culberton
　クルベルトン
Culbertson
　カルバートスン
　カルバトスン
　カルバートソン
Culbreath カルブレス
Culcianus
　クルキアーヌス
Culén クレオン
Culhane カルヘーン
Culhwch キルッフ
Culi クリ
Culianez クリアネズ
Culiang チューリアン
Culianu
　クリアーヌ
　クリアーノ
Culican キュリカン
Culicover カリカヴァ
Culin キューリン
Culina カリーナ
Culioli キュリオリ
Culkin カルキン*
Cull カル
Cullberg
　カルバーグ
　クルベリ
　クルベリー
Cullen
　カリン
　カレン***
　キュラン
　クーレン
　クレン
Cullenberg
　カレンバーグ
Cullenbine
　カレンバイン
Culleo クレオ
Culler カラー**
Culleton カルトン
Culley カリー
Culligan カリガン
Cullin カリン**
Cullinan カリナン
Culling カリング
Cullingford
　カリンフォード

Cullingworth カリングウォース / カリングワース
Cullis カリス**
Culliton カリトン
Cullity カリティ
Culliver カリバー
Cullmann クルマン**
Cullor カラー
Cullors カラーズ
Cullum カラム* / コラム
Cully カリー
Culmann クールマン**
Culmell カルメル / クルメル
Culnan カルナン
Culp カルプ / カルプ** / クルプ
Culpeper カルペパー
Culpepper カルペッパー** / カルペパー*
Culpi クルビ*
Culpin カルピン
Culshaw カルショー
Culson クルソン
Culver カルヴァー / カルバー*
Culverwel カルヴァウェル
Culverwell カルヴァウェル
Culwell カルウェル
Cumalı ジュマル
Cumarraga スマラガ
Cumart チュマルト
Cumba クンバ*
Cumbaa カンバー
Cumberbatch カンバーバッチ*
Cumberland カムバーランド / カンバーランド*** / カンバランド / カンベルラント
Cumenal キュメナル*
Cumfur ジュムフル
Cumine クミン
Cumings カミングス** / カミングズ
Cumming カミング***
Cummings カミングス*** / カミングズ***
Cummins カミン / カミンス / カミンズ**

Cumont キュモン**
Cumpston カンプストン
Cumpton カンプトン
Cumrun カムラン
Cunado カナード
Cunanan クナナン
Cunard キュナード*
Cunctator クンクタトル
Cunda チュンダ
Cundall カンダル / カンドール
Cundell カンデル
Cunderlik クンダーリク
Cundey カンディ*
Cundiff カンディフ
Cundy キャンディ
Cunek チュネク
Cuneo クネオ
Cuney カニイ / キューニー
Cung クン
Cung-ga チュンガ
Cung-won チョンウォン*
Cunha クーニャ** / クーニャ / クニャ / クニャ
Cunhal クニャル**
Cuniberti クニベルティ
Cunigundis クニグンディス
Cunin クニン
Cuninguhamu カニンハム
Cunipert クニペルト
Cunitz クーニッツ
Cunlasap チュンラサップ
Cunliffe カンリッフ / カンリフ**
Cunnally カナリー
Cunnane クネイン
Cunning カニング
Cunningham カニンガム*** / カニングハム*** / カニンハム* / カンニンガム / カンニングハム / コニングハム
Cunninghame カニンガム
Cunnington カニングトン
Cunnison カニソン
Cuno キューノー

クーノ / クーノー / クノ* / クノー*
Cunobelinus クノベリヌス
Cunow クーノー* / クノー* / クーノウ / クノウ
Cunqueiro クンケイロ*
Cuntarar スンダラル
Cunxin ツンシン*
Cuny キュニー*
Cuo ツオ
Cuoco クォーコ / クオーコ / クオコ
Cuoghi クオーギ
Cuomo クオーモ / クオモ**
Cuong クォン* / クオン*
Cuonzo カオンゾ
Cupac クパチ
Cupach キューパック
Cuper クーペル
Cúper クーペル*
Cuperus クーペルス
Čupić チュピチ
Cupid キューピット / キューピッド / クビド
Cupido クピード* / クビド
Cupis キュピ / キュビス
Cupitt キューピット*
Cupp カップ*
Cupps カプス
Cuppy カッピー*
Cuq キュック
Cura クーラ*
Curaeus クレーウス
Curaj クラジュ
Curatella クラテラ
Curato クラトフ
Curäus クレーウス
Curb カーブ
Curbastro クルバストロ
Curbera カーベラ
Curbishley カビシュリー
Curcellaeus クルセラエウス
Curci クルチ*

Curcio カーシオ
Curd クルト
Curé キュレ
Curel キュレル*
Curelli キュレリ
Cureton キュアトン*
Curíace キュリアス
Curie キューリー* / キュリ / キュリー***
Curiel キュリエル
Curien キュリアン*
Curinier クリニエ
Curio クーリオ / クリオ
Curius クリウス
Curl カール**
Curland カーランド
Curle カール
Curlee カーリー
Curley カーリー*** / カーレー / カーレイ
Curly カーリィ
Curme カーム*
Curnick カーニック
Curnock カーノック
Curnonsky キュルノンスキー*
Curnow カーナウ* / カーノウ / クルノウ
Curphey カーフェイ
Curram カーラム
Curran カーラン* / カラン*** / カレン*
Currell カレル
Curren カラン
Current カレント
Currentzis クルレンツィス
Currer カラー
Currey カーリー / カリー*
Currid カリッド
Currie カーリー / カリー*** / キャリー / キューリ
Currier カリアー* / キュリア
Currimbhoy クリムボーイ
Currin カリン
Currivan カリヴァン / カリバン

Curro クーロ
Curros クロス
Currutt カラット
Curry カーリー / カリー** / カリイ / キューリ / クリ
Curschmann クルシュマン
Curson カーソン**
Cursor クルソル
Curt カート*** / クール / クルト / クルト**
Curtain カーテン
Curtan カータン
Curti カーチ / カーティ / キュルティ / クルチ / クルティ*
Curtin カーティン* / コルチン
Curtis カーチス** / カーティス*** / カート / キュルチス / キュルティス** / クルティス* / コルチス
Curtiss カーチス / カーティス**
Curtius キュルシウス / クゥルツィウス / クゥルティウス / クルシウス / クルチウス* / クルチウス / クルツィウス* / クルティウス**
Curtiz カーティス / カーティズ
Curtmantle カートマントル
Curto クルト
Curuchet クルチェット**
Curval キャルヴァル / キュルヴァル* / キュルバル
Curwen カーウェン* / コルウェン
Curwin カルウィン
Curwood カーウット / カーウッド**
Cury キュリー

クリ*
Curzi クルツィ
Curzia クルツィア
Curzio
　クルチオ
　クルツィオ**
　クルティオ
Curzon
　カーズン*
　カーソン
　カーゾーン
　カーゾン*
　キュルゾン
Cus カス
Cusa クサ
Cusack
　キューサック*
　キューザック**
　クサック
Cusanus
　クサーヌス
　クサヌス
　クザーヌス*
　クザヌス
Cuschieri カスチェリ
Cúscraid クースクリド
Cuscuna カスクーナ
Cushen カッシェン
Cushi クシ
Cushier クッシァー
Cushing
　カシング
　カッシング**
　クッシング**
　コーシン
Cushley カシュリー
Cushman
　カシュマン
　カッシュマン*
　クシュマン**
　クッシュマン
　クッシュマン*
Cushny カシュニー
Cusi クシ
Cusicanqui クシカンキ
Cusick クジック
Cusimano クシマノ*
Cusk カスク
Cusmir クシュミール
Cusrer カスラー
Cussans カッサンス
Cusset
　キュセ
　キュッセ*
Cussiánovich
　クシアノビッチ
Cussler
　カースラー
　カッスラー***
Cusson カスン
Cust カスト
Custance カスタンス
Custer カスター**
Custine
　キュスチーヌ
　キュスティーヌ

Custodi
　クストーディ
　クストディ
Custovic クストビッチ
Cusumano クスマノ**
Cusy キュージイ
Cut チュト
Cutbert カットバート
Cutchlow カチロー
Cutcliffe
　カットクリフ*
Cuthbert
　カスバート***
　カスベルト
　カーバート
　クスバート
　クスベルト
　クトベルツス
Cuthbertson
　カスバートソン*
　カスバートン
　カットバートソン
Cuthburh クスバー
Cuthman カスマン
Cuthred クスレッド
Cutlack カトラック
Cutler
　カットラー
　カトラー***
　カルター
Cutlip カトリップ
Cutner カットナー
Cutov クトフ
Cutrer カトラー
Cutrofello
　カトロッフェロ
Cutrone カットローネ
Cutshall
　カッショール
　カットホール
Cutshaw カットショウ
Cutt カット
Cuttare キュタリー
Cuttaree
　カタリ
　キュタリー
Cutter
　カッター*
　カットル
Cutting
　カッティング**
　カティング
　キューティング
Cuttino カッティーノ
Cuttler カトラー
Cutts カッツ*
Cutty カティ
Cutugno クトゥニョ
Cuu クウ
Cuvelier キュヴェリエ
Cuvellier
　キュヴェリエ**
Cuverlier キュヴリエ
Cuvier
　キュヴィエ*
　キュヴィエ
　キュビエ

Cuvillier
　キュヴィリエ
　キュヴィリエ
　キュビイエ
　キュビリエ
Cuvilliés
　キュヴィイエ
　キュヴィーエ
　キュヴィエ
　キュビイエ
　キュビエ
Cuvo クーヴォ
Cuya クヤ
Cuyeng チュエン
Cuylenburg
　サイレンバーグ
Cuyler カイラー*
Cuyp
　カイプ
　クイプ
　コイプ
Cuypers
　カイペルス
　コイペルス
Cuyvers
　カイバース*
　キュイベルス
Cuza
　クーザ
　クザ
Cuzelis クゼリス
Cuzin キュザン**
Cuzner カズナー
Cuzon クゾン
Cuzzoni
　クッゾーニ
　クッツォーニ
Cvejić
　ツヴェイチ
　ツベイチ
Cvejici ツヴェイッチ
Cvetkov ツベトコフ
Cvetković
　ツヴェトコヴィッチ
　ツヴェトコヴィッチ*
　ツベトコビッチ
Cvetkovici
　ツヴェトコヴィッチ
Cvetkovikj
　ツヴェトコヴィッチ
　ツヴェトコビッチ
　ツベトコビッチ
Cveto ツベート
Cvijanović
　ツヴィヤノヴィッチ
Cvijeta ツヴィエタ
Cvijić
　ツヴィイチ
　ツヴィーイッチ
　ツヴィイッチ
　ツビイッチ
Cvitanovic
　ツヴィタノヴィッチ
Cvitaš ツビタシュ
Cvitešić
　ツヴィテシッチ
Cvitkobich
　チヴィトヴィッチ

Cwalina ツヴァリナ
Cwele クウェレ
Cwiertka
　チフィエルトカ
Cwik ツヴィーク
Cwiklinski
　スヴィクリンスキー
Cy
　サイ***
　シイ
Cyaxarer キャクサレス
Cybéle シベレ
Cybèle シベール
Cybelle シベール
Cybi キビ
Cybill シビル
Cybulevskij
　ツィブレフスキー
Cybulski
　チブルスキ
　チブルスキー
　ツィブルスキー
Cyclone サイクロン
Cyd シド**
Cyders シダース
Cyert サイアート
Cygan シガン
Cyinthia シンシア
Cyl
　スィル
　チル
Cyma シーマ
Cymbal シンバル
Cymbala シンバラ
Cymbeline シンベリン
Cymes シメス
Cyna サイナ
Cynan
　カナン
　シナン
Cynddylan
　シンディラン
Cyndi
　シンディ**
　シンディー
　スィンディ
Cyndie シンディ
Cyndy シンディ
Cyneburg キネブルグ
Cynegils シネジルス
Cynegius キュネギウス
Cynethryth
　カネスリス
　キネスリス
Cynewulf
　キニウルフ
　キネウルフ
　キュネウルフ
　シニウルフ
Cynric シンリック
Cynrig シンリグ
Cynthea シンシア
Cynthia
　シンシア***

　シンティア*
　スィンスィア
Cyntia シンシア
Cyon
　シオン
　ショーン
Cypel
　サイベル
　シベル
Cypert サイバート*
Cypher サイファー
Cyphers
　サイファース
　サイファーズ
Cyprian
　サイプリアン
　シプリアン**
　ツィプリアーン
　ツィプリアン
Cyprianus
　キプリアヌス
　キャプリアーヌス
　キュプリアーヌス
　キュプリアヌス*
　チプリアヌス
Cyprien
　サイプリーン
　シプリアン*
　シプリヤン
Cypselos
　キプセロス
　キュプセロス
Cyr
　シュール
　シール*
　スィール
Cyran シラン
Cyrankiewicz
　チランケヴィッチ*
　チランケビッチ
　ツィランキェヴィチ
　ツィランキェビッチ
Cyrano シラノ*
Cyrén スレーン
Cyrena シレナ
Cyrene キュレネ
Cyriacus
　キュリアクス
　キリーアクス
　キリアクス
Cyriak ツィーリアクス
Cyriaque シリアック
Cyriax サイリャックス
Cyricus キュリコス
Cyriel
　シリエル
　シリール
Cyril
　サイリール
　サイリル
　シリル***
　セロ*
　チリル
　ツィリル
Cyrille
　キリル
　シドリル
　シリル*

Cyrilus キュリロス
Cyrinda シリンダ
Cyrulnik
　シリュレニク
　シリュレニック*
Cyrus
　キュルス
　キュロス
　サイラス***
　サイレス
　シールス
　シルス
Cysarz
　チサルシュ
　チーザルツ
　チザルツ
　ツィーサルシュ*
　ツィザルツ
Cysat
　シサット
　ツィザト
Cytowic
　サイトウィック
　シトーウィック*
Cytrycki チトリツキ
Cytryn サイトリン
Czaech チャエク
Czaja サージャ
Czajkowska
　チャイコフスカ
Czajkowski
　チャイコフスキ
　チャイコフスキー
Czakó ツァコ
Czapski チャプスキ
Czarnecka
　チャルネッカ
Czarnecki
　ゼナッキー*
　チャルネッキ*
Czarniak
　チャルニアック
Czarnik ツァーニク
Czarra ツァラ
Czartorska
　チャルトルスカ
Czartoryski
　チャルトリスキ
　チャルトリスキー
　チャルトルイスカ
　チャルトルイスキ
Czayka チャイカ
Czech チャヒ
Czechowska
　チェホフスカ
Czechowski
　チェホフスキ
Czekalla チェカラ
Czekanska
　チェカンスカ
Czene
　セネ
　ツェネ*
Czepko チェプコ
Czerkas ツェルカス*
Czernecki ザーネッキ
Czerner チェルナー

Czerni ツェルーニ
Czerniak チェルニアク
Czerniawski
　チェルニャフスキ
Czernin
　チェルニーン
　チェルニン
　チュルニン
　ツェルニン
Czerny
　チェルニ
　チェルニー***
　ツァーニー
　ツェルニー*
　ツェルニイ
Czerski チェルスキー
Czerwiec サーウィック
Czerwińska
　チェルヴィンスカ
Czerwinski
　ザウインスキー
　チェルウィンスキー
Czerwinskyj
　シザーヴィンスキー
Czes クゼ
Czeschin チェスチン
Czeslaw
　チェスラウ
　チェスワフ*
Czesław
　チェスラウ
　チェスワフ**
Czibulka チブルカ
Czichos チコス
Cziffra
　シフラ*
　ツィフラ
Czikszentmihalyi
　チクセントミハリー
Czimatis
　ツイマーティス
Czinkota
　ツィンコウタ
　ツィンコータ*
Czinner
　チンナー
　ツィナー
　ツィンナー
Cziommer ツィオマー*
Czitorom ジトローム
Czitrom
　ジトローム
　チトロム
Cziura チウラ
Czlonka ズロンカー
Czóbel ツォベル
Czolbe
　クツォールベ
　ショルベ
　ツォルベ
Czolgosz
　チョルゴシ
　チョルゴシュ
Czopek チョペク
Czörnig ツェルニッヒ
Czornyj チョーニー
Czövek ツェヴェク

Czuchlewski
　チャクルースキー*
Czuczor ツツオル
Czukay シューカイ
Czuma チュマ
Czyhlarcz
　シハラルシュ
Czyrek チレク*
Czyzewska
　チイゼヴスカ
Czyzewski
　クウゼウスキー

【D】

Da
　ザ
　ダ***
　ダー
　タア*
　ダア
　デ*
　ディ
Đa
　ダ
　ダー
Daa ディー
Daage ダージュ
Daal ダール
Daalder
　ダールダー
　ダールデル
Daalen ダーレン
Daalhuizen
　ダールハウゼン
Daan
　ダアン*
　ダーン
Daanaa ダアナア
Daarakanoon
　ダーラカーノン
Daarken ダーケン
D'Aassoucy ダスーシ
Daatland ダートランド
Daavoey ドーボイ
Dab ダブ
Daba ダバ
Dabadie
　ダバディ
　ダバディー**
Dabanga ダバンガ
D'Abano
　ダバーノ
　ダバノ
Dabashi ダバシ*
Dabaya Tientcheu
　ダバヤティアンチュ
Dabb ダブ
Dabba
　ダッバ
　ダバ*
D'Abbadie
　ダバディ
　ダバディー
D'Abbans ダバン

Dabbaransi
　タバランシ
Dabbas ダッバス
D'Abbeville
　ダブヴィル
Dabbī
　ザッビー
　ダッビー
Dabbs
　ダブ
　ダブス*
Dabcovich
　ダーコヴィッチ
Dabène ダベーヌ
D'Abernon ダベルノン
Dabi ダビ
Dabid ダビド
Dabie ダビエ
Dabija ダビジャ
Dabilougou ダビルグ
Da-bin ダビン
Dabin ダバン
Dabir ダビエル*
Dabīr ダビール*
Dabiša ダビシャ
Dabit
　ダビ*
　ダビット
Dabizas ダビザス
Dable デイブル
Dablon ダブロン
Dabloub ダブロウ
Dabner ダブナー
Dabney
　ダブニ
　ダブニー*
Dabo ダボ
D'Abo
　ダーボ*
　ダボ
　ダボウ
　デアボ
Dabonne ダボンヌ
Daborah デボラ
Daborg ダボルグ
Daboub ダボウブ
Dabove ダボーベ
D'abreu ダブレオ
Dabrila ダブリラ
Dabrowska
　ドンブロフスカ
Dąbrowska
　ドンブロウスカ
　ドンブロフスカ
Dabrowski
　ダブロウスキ
　ダブロウスカー
　ドンブロウスキー
　ドンブロフスキ
Dabry ダブリ
Dabscheck
　ダブスチェック
Dabu ダブ
Dabus ダブス
Dabwido ダブウィド

Dabydeen
　ダビディーン
Dabydov ダブイドフ
Dac ダク
Đac ダック
Dacascos ダカスコス
Dace ダツェ
Da Celano ダチェラノ
Dacey デイシー
Dach ダッハ
D'Ache
　ダーシュ
　ダシュ
　ダッシュ*
Dacher ダッチャー*
Dachez ダシェ
Dachler ダハラー
Dachs ダクス
Dachsbacher
　ダッシュバッハー
Dächsel デヒゼル
Dachstein
　ダッハシュタイン
Dachun ターチュヌ
Dachy ダシー
Dacia
　ダーシア
　ダーチャ**
Dacian ダチアン
Dačić ダチッチ*
Dacie ダシー
Dacier ダシエ
Dacke ダッケ
Dacko ダッコ*
Da Coasta ダコスタ
Da Conceição
　ダコンセイソン
Da Conceição E Silva
　ダコンセイサンイシルバ
Daconta ダコンタ*
Da Costa ダコスタ*
DaCosta
　ダ・コスタ
　ダコスタ*
Dacosta ダコスタ
Da Costa Tebus Torres
　ダコスタテブストレス
Dacourt ダクール
Dacre
　ダクレ
　デイカー*
Dacri ダクリ
Da Cruz ダクルス
Dacus ダカス
Dada ダダ*
Dadabaev ダダバエフ
Dadae ダダエ
Dadaian ダダヤン
D'Adamo ダダモ*
Dadan ダダン*
Dadang ダダン*
Dadashev ダダシェフ

Dadd ダッド	Dae-suh デスク	Dāgh ダーグ	Da Graca ダグラサ	Dahlén ダーレン
Daddah ダッダ**	Dae-sung デソン*	Dagher ダガー	Da Graça ダグラサ	ダレーン
Daddi ダッディ	Daevid デヴィッド	Dagi ダギ	D'Agrate ダグラーテ	Dähler デーラー
Daddo ダッド	Dae-whan デファン*	Dagincour	Dagridiabate	Dahlerup ダーラロップ
Daddore ダッドレー	Dae-won デウォン	ダジャンクール	ダグリディアバテ	Dahlgren
Daddy	Dae Woong デウォン	D'Agincour	Dagron ダグロン	ダールグレン*
ダディ**	Daeyeol デヨル	ダジャンクール	Daguerre	ダルグレン
ダディー	Dae-yeon デヨン	Dagistanli	タゲール	Dahlhaus
Dade ダデ	Dae-yun デユン	ダギスタンリ	ダゲール*	ダールハウス**
Dadelavan	Daf ダフ	Daglarca ダウラルジャ	D'Aguesseau	Dahlia
ダデラヴァン	Da Fabriano	Dağlarca ダーラルジャ	ダゲッソー	ダーリア
Dadelsen ダーデルセン	ダファブリアーノ	Daglas ダグラス	Daguet ダゲ	ダリア*
D'Adelswärd	Dafaee ダファイー	Dagleish ダグリーシュ	Dagui ダギ	Dahlin ダーリン
ダデルスワル	Daffa' ダッファ	D'Aglië ダリエ	D'Aguiar ダギア	Dahlke ダールケ*
Dadfar ダドファル*	Daffinger	Dagman ダグマン	D'Aguilers ダジール	Dahlman ダールマン
Dadhici ダディーチャ	ダッフィンガー	Dagmar	Dagur ダグル	Dahlmann
Dadi ダディ	Dafinoiu ダフィノイワ	ダグマー*	Dagvadorj	ダールマン*
Dadié ダディエ	Dafna ダフネ	ダクマール	ダグワドルジ*	Dahlmeier
Dadis ダディ*	Dafne ダフネ	ダグマール**	Dagvasuren	ダールマイアー
D'Adler ダドレール	Dafoe	ダグマル*	デイバスレン	Dahlof ダーロフ
Dadman ダドマン	ダフォー	Dagmara	Dagys ダギース	Dahlov ダーロフ
Dadnadji ダドナジ	デフォー*	タグマーラ	Dah	Dahlstierna
Dado ダド*	デホー	ダグマーラ	ダー	ダールシャーナ
Dadone ダドーネ	Da Fonseca	ダグマラ	ダウ	Dahlstrom
Dādū ダードゥー	ダフォンセカ	ダマラ	Dahaba ダハバ	ダールストレム
Dadzie ダジー*	Dafora ダフォラ	Dagnan ダニャン	Dahabi ダハビ*	ダールストローム
Dae-geun デグン	Da Forli ダフォルリ	Dagnelie ダグネリエ	Dahai ダハイ	Dahlström
Dae-heon デホン	Dafovska	D'Agnese ダグニーズ	Dahak ダハク	ダルストーム
Daehli デーリ	ダフォフスカ*	Dagnija ダグニヤ	Dahal ダハル*	Dahlvig
Daehlie ダーリ*	Dafreville ダフルビル	Dagnino	Dahalob ダハロ	ダルヴィッグ
Dæhlie ダーリ	Daft ダフト*	ダグニーノ	Dahan	ダルビッグ
Dae-ho デホ*	Da-fu	ダニノ	ダアン*	Dahm ダーム
Dae-hwan デファン	ダイフ	D'Agnolo ダーニョロ	ダーハン**	Dahmen ダーメン
Dae-hyun デヒョン*	ターフー	Dagny	ダハン	Dahmer
Daei ダエイ*	Dafydd	ダグニ	ダーン	ダーマ
Dae-in デイン	ダヴィーズ	ダグニー	Dahar ダハル	ダーマー
Dae-je デジェ	ダヴィズ	Dagobert	Daher ダヘル	Dahmke
Dae-jin デジン	Dag	ダゴベール	Dahhān ダッハーン	ダーフムク
Dae-joong デジュン	ダーク	ダゴベルト	Dahinden	ダームク
Dae-jung デジュン**	ダーグ**	Dagoberto	ダーヒンデン	Dahn ダーン*
Dae Kyun デギュン	ダク	ダゴベルト*	Dahir	Dähne
Dae-kyun テギュン	ダグ*	Dagobertus	ダイル	ダーネ
Dael	Dagan ダガン***	ダゴベルト	ダヒア	デーン
ダエル	Dagani ダガーニ	Dagognet ダゴニェ**	ダヒル	Dahntay ダンテイ
デール	Dagar ダーガル	Dagogo ダゴゴ	Dahisan ダヒサン	Dahood ダフード
Daele ダエル	D'Agata ダガタ	Dagohoy ダゴホイ	Dahl ダール***	Dahou
Dae-mo デモ	D'Agati ダガティ	Dagomar ダゴマー	Dahlan	ダウー
Daemon デーモン	Dagban-zonvide	Dagon	ダフラン	ダフ
Daems ダムス	ダグバンゾンビデ	ダゴン	ダーラン*	Dahoud ダフード
Dae-nam デナム*	Dageförde	デイゴン	Dahlander ダランダー	Dahr ダール*
Daendels ダーンデルス	ダーゲフェアデ	Dagonet ダゴネット	Dahlback ダールベック	Dahrendorf
Daeng ダエン	Dagenais ダジュネ	Dagostino	Dahlbeck	ダーレンドルフ**
Daenie ディニー*	Dagens ダジャンス*	ダゴスティーノ	ダフルベック	Dahu ダフ
Daeninckx	Dager ダガー	ダゴスティノ	ダールベック	Dahuri ダフリ
デナンクス*	Dagerman	D'Agostino	Dahlberg	Dahy ダービー
デニンクス	ダーゲルマン*	ダゴスティーノ**	ダールバーグ*	Dai
Daerden ダールデン	ダゲルマン	ダゴスティノ	ダールベリ	タイ
Daes ダイス	Dagevos ダーフホス	D'Agoult ダグー*	ダールベルク	ダイ***
Dae-shick デシク	Dagfinn ダーグフィン	Dagouret ダグーレ	ダールベルグ	Đai ダイ
Dae-Soo デス	Daggan ダガン	Dagover	Dahlbergh ダールベリ	Daia
Dae-sook デスク	Daggash ダガシュ	ダーゴヴァー	Dahlby	ダイア
Dae-soon デスン	Dagger ダガー	ダゴヴァー	ダールビー	ダザ
	Daggett ダゲット	ダゴヴェル	ダルビー	ダヤ
	Dāgh ダーグ	ダゴファー	Dahle ダーレ***	Daialoshinskii
		Dagra ダグラ	Dahlem ダーレム	ジャロシンスキー
			Dahlen ダーレン	

Daiamond ダイアモンド
Daiber ダイバー
Daiches
　ディシス
　ディシズ
　デイシス
　デイシズ
　デイシャス
　デイシュス
Daichman ダイチマン
Daicus ダイクス
Daidalos ダイダロス
Daif ダイーフ
Daifallah ディファラ
Daigaku ダイガク
Daigh ダイ
Daigle
　デイグル
　デーグル*
Daigneau デイノー
Daigoro ダイゴロ
D'Aiguebelle デグベル
Daij ダイジ
Dai-jin デジン
Dai-kang ダイカン
Dai-keu デキュ
Dailami ダイラミ
Dailey
　ディリー
　デイリー***
　デイレイ
Dailis ダイリス
Daill デイル
Daille ダイユ
Daillé ダイエ
Dailly デイリー
D'Ailly
　ダイィ
　ダイイ
Daily
　デイリー***
　デーリー
Daim ダイム**
Daimachos ダイマコス
Daimi ダイミ
Daimí ダイミ*
Daimion デイミオン
Daimler ダイムラー
Dain
　ダイアン
　デイン**
Daina ダイナ**
Daína ダイナ
Dainelli ダイネッリ
Daines
　デインス
　デインズ
Dainese ダイネーゼ
Daingerfield デインジャーフィールド
Dainius ダイニュス*
Daino ダイノ
Dains デインズ

Daintith ディンティス
Dainton デイントン
D'Ainvelle ダンヴェル
D'Ainville ダンヴィル
Daio ダイオ
Dairedziev ダイレジーエフ
Dairi ダイリ
Daisan ダイサン
Daisān ダイサン
Daisan ダイサン
Daisann ディジアン
Daish デイシュ
Daisley デイズリー
Daisne ダイスネ
Daissala ダイサラ
Daïssala ダイサラ
Daisy
　ディジー*
　デイシ
　デイジ
　デイジー**
　デージー
D'Aiuto ダイウト
Daives
　デイヴィス
　デービス
Daivid デイヴィッド
Daix
　デー
　デクス
　デックス
D'Aix デクス
Dajbukát ダイブカート
Dajer ダージャー
Dajka ダイカ
Dajomes ダホメス
Dak ダク
Daka ダカ
Dakar ダカール
Daker デイカー
Dakhau
　ダハウ
　ディホダー
Dakhil
　ダヒリ
　ダヒル
Dakhlallah ダフララ
Dakin
　デイキン*
　デーキン*
Dako ダコ
Dakole ダコレ
Dakolé ダコレ
Dakota ダコタ**
Dakoury-tabley ダグリタブレ
Dakpé ダクペ
Dakwar ダクワー
Dal
　ダーリ
　ダル***

Dala ダラ
Dalabih ダラビ
Daladier ダラディエ
Dalager ダレヤー
Dalagi ダレージ
Dalai
　ダラーイ
　ダライ***
Dalai Lama ダライラマ*
Dalakliev ダラクリエフ
Dalal ダラル*
Dalaloi ダラロイ
Dalaloy ダラロイ
Dalaras ダラーラス
Dalarun ダララン
Dalassena ダラッセナ
D'alatri ダラトリ
Dalay ダレイ
Dalayrac
　ダレーラク
　ダレラック
D'Alayrac
　ダレーラック
D'Alba ダルバ
Dal Balcon ダルバルコン
Dalban ダルバン
D'Albe ダルブ
Dalbera ダルベラ
Dalberg
　ダルバーグ
　ダールベルク
　ドルブーグ
Dalbert ダルバート
D'Albert
　ダルバート
　ダルベール
　ダンベール
Dalberth ダルバース
D'albertis
　ダルベルティス
Dalberto ダルベルト*
D'Alberto ダルベルト
Dalbiez ダルビエッツ
Dal Bo ダルボ
Dalbono ダルボーノ
D'Albret
　ダルブレ
　ダルブレー
Dalby
　ダルビー*
　ダルビィ
　ドールビー
　ドルビー
D'Alcamo ダルカモ*
Dalcher ダルチャー
Dalchow ダルヒョウ
Dalcroze
　ダルクローズ*
D'Alcy ダルシー
Dalderup ダルデロップ
Daldry ダルドリー*
Dale
　ダーレ
　ダレ
　ディール

　デイル
　デイル***
　デール***
　デル
Dalee ダーリー
Dalein
　ダーレン
　ダレン
D'Alema ダレーマ**
D'Alemagna ダレマーニャ
Dalembert ダレンバート
D'Alembert
　ダランベール*
　ダランベルト
Dalemont ダルモン
Dalen
　ダーレン
　ダレーン
　ダレン
Dalén
　ダレイン
　ダレーン
　ダレン*
Dalence ダレンセ
D'Alencon ダランソン
D'Alençon ダランソン
Dalene ダレーヌ
Dalenoord
　ダーレンオールド
Dalens ダラン*
Dale Oen ダーレオーエン**
Daler ダレル
Dales
　ダレス
　デイルズ
D'Alès ダレース
D'Alesandre ダレサンドレ
Dalessandro ダレッサンドロ**
D'Alessandro ダレサンドロ
D'Alessandro ダレッサンドロ*
D'Alessio ダレッシオ*
Daletskii ダレーツキ
Daley
　ダレイ
　デイリー**
　デーリー**
　デレイ
Dalgaard ダルガード
Dalgado ダルガード
Dalgairns ダルゲアンズ
Dalgarno ダルガーノ
Dalgas ダルガス
Dalgleish ダルグリーシュ**
Dalglish ダルグリッシュ*
Dal-gon ダルゴン
D'algy ダルジー

Dalhausser ダルハウサー*
　ダルハウザー
D'Alheim ダルハイム
Dalheimer
　ダールハイマー
　ダルハイマー
Dalhoff ダルホフ
Dalhousie
　ダルハウジー
　ダルフージ
　ダルフージー
Dali
　ダーリ*
　ダリ**
Dalí ダリ
Dalia
　ダリア**
　ダリヤ
Daliah ダリア
Dalibert ダリベル
Dalibor
　ダリバー
　ダリボー
　ダリボル
Dalic ダリッチ
Dalić ダリッチ
Dalichow デリコフ
Dalida ダリダ*
Daligga ダリガ
Dalil ダリル
Dalila
　ダリラ*
　デリラ
Dalilah ダリラ
Dalin
　ダーリン
　ダリーン
Dalins ダリンズ
Dalio ダリオ**
D'Alisa ダリサ
Dalisi ダリージ
Daljit ダルジット
Dal-joong ダルジュン
Dalke ダルケ
Dalkey ダルキー
Dalkowski ダルコウスキー
Dall
　ダール
　ダル
　ドール*
Dalla
　ダッラ*
　ダラ*
　ダルラ
　デッラ
　デラ
　デルラ
Dall'Abaco
　ダッラーバコ
　ダッラバーコ
　ダッラバコ
　ダラーバコ
Dalla Costa ダラコスタ

DAL

Dallaglio ダラーリオ
D'allaines ダレーヌ
Dallaire
　ダレール
　ドレール
Dallal ダライ
Dallan ダル
D'Allance ダランセ
D'Allancé ダランセ
Dallape ダラッペ
Dallapé ダラッペ
Dallapiazza
　ダッラピアッツァ
Dallapiccola
　ダッラピッコラ
　ダラピッコーラ
　ダラピッコラ
Dallapozza
　ダッラポッツァ
　ダラポッツァ
Dall'Aquila
　ダッラクィラ
　ダッラクイラ
Dallara
　ダッラーラ
　ダラーラ*
　ダララ
Dall'Arpa ダッラルパ
Dallas ダラス***
Dalle
　ダッレ*
　ダール
　ダル**
　デール
Dallek
　ダレク*
　ダレック*
D'Allemagne
　ダルマーニュ
Dällenbach
　デーレンバック
Dallesandro
　ダッレサンドロ
　ダレッサンドロ
D'Allest ダレスト
Dallet
　ダレ
　ダレー
Dalley
　ダリー
　ダレー
　デイリー
Dalli
　ダッリ
　ダリ
Dallier ダリエ
Dallin
　ダーリン
　ダリン*
Dalling ダリング
D'Allio ダッリオ
Dalliston ダリストン
Dallman ダルマン
Dallmayr
　ダルマイヤー*
Dallmeyer
　ダルマイアー
Dall'Oca ダッローカ

Dallocchio ダロッチオ
Dall'Oglio
　ダッローリョ
Dall'Ongaro
　ダッロンガロ
　ダロンガロ
D'Allonnes
　ダロン
　ダロンヌ
Dalloz ダローズ*
Dally ダリ
Dalma ダルマ*
D'alma ダルマ
Dalmacio ダルマシオ
Dalmais ダルメ
Dalman ダルマン
Dalmar ダルマー
Dalmas ダルマス*
Dalmasio ダルマージオ
Dalmat ダルマ*
Dalmata
　ダルマータ
　ダルマタ
Dalmaticus
　ダルマティクス
Dalmatius
　ダルマティウス
Dalmau ダルマウ
Dalmeida ダルメイダ
D'Almeida ダルメイダ
D'Almeida ダルメイダ
Dalmia
　ダールミア
　ダルミア*
Dalmorès
　ダルモレ
　ダルモレス
Dalong ダロン
Dal'Organo
　ダ・ロルガーノ
Dalos ダロス*
Dalou ダルー
Daloz ダロッツ
Dalpatrām
　ダルパトラーム
D'Alpuget
　ダルピュジェ**
　デルピージュー
　デルピュージェ
D'Alquen ダルキン
Dalric ダルリック
Dalrymple
　ダーリンプル**
　ダリンプル
　ダリンプル
　ダルリンプル**
D'Alsace ダルザス
Dal-shik ダルシク
Dalsimer ダルシマー*
Dal'skaia ダーリスカヤ
Dalson ダルソン
Dal-soo ダルス
Dalsum ダルスーム
D'Altan ダルタン
D'altÉ ダルテ

Dalto ダルト
Dalton
　ダールトン
　ダルトン**
　ドールトン*
　ドルトン***
D'Alton ダルトン
Daltrey
　ダルトリー*
　ドールトリ
　ドールトレイ
Daltrop ダルトロップ
Daluege ダリューゲ
D'Aluisio
　ダルージオ
　ダルシオ*
Da Luz ダルース
D'alva ダルバ
Dalvand ダルバンド
D'alvarez
　ダルヴァレス
　ダルバレス
D'Alviella
　ダルヴィエラ*
Daly
　ダリ
　ダリー**
　ディリー
　デイリ
　デイリー**
　デイリィ
　デーリ
　デーリー***
Dalya ダリア
Dalza ダルツァ
Dalzel-Job
　ダルゼルジョブ
Dalzell
　ダルイェル
　ダルゼル*
　デールツェル
Dalzelle ダルゼル
Dalziel
　ダルジェル
　ダルジール*
　ダルジル
Dal Zotto ダルゾット
Dam ダム**
Đam ダム
Dama ダマ
Dāmād ダーマード
Damadian
　ダマディアン*
Damagetos
　ダーマゲートス
Dāmagētos ダマゲトス
Damagio ダマジオ
Damaisin ダメシン
Damaj ダマージュ
Damaja ダマジャ
Damalooji ダマルージ
Daman ダマン
Damani ダマーニ
Damantang
　ダマンタン
Damar ダマル

Damaretē デマレテ
Damari ダマリ
Damarious ダマリアス
Damaris ダマリス
Dámaris ダマリス
Damaro ダマロ
Damas
　ダマース
　ダマス
Damascéne
　ダマスセーン
Damascenus
　ダマスケヌス
　ダマスケネース
Damaschke ダマシュケ
Damascus ダマスカス
Damase ダマーズ
Damasio
　ダマシオ
　ダマジオ*
Damásio
　ダマシオ
　ダマジオ
Damaskinos
　ザマスキノス
　ダマスキノス
Damaskios
　ダマスキオス
Damaskos ダマスコス
Damaso ダマソ**
Dámaso ダマソ***
Ďamaso ダマソ
Damasus
　ダマスス
　ダマズス
Damasusu ダマッス
Damata ダマタ
D'Amato
　ダマート**
　ダマト
Damaty ダマティ
D'amaud ダーノウ
Damba
　ダムバ
　ダンバ*
Dambach ダムバフ
Dambadorji
　ダンバドルジ
Dambadorji
　ダムバドルジ
Dambala ダムバラ
Dambazzau
　ダンバザウ
Dambendzet
　ダンベンゼ
Dambenzet
　ダンベンゼ
Damberg ダンベリ
Dambiel ダンビエール
Dambii ダンビー
Dambijangčan
　ダムビジャンツァン
Dambisa ダンビサ
Dambmann
　ダンブマン
D'Amboise
　ダンボワーズ

D'Ambra ダンブラ
D'Ambrogio
　ダンブロージョ
D'Ambrosia
　ダムブロジア
D'Ambrosio
　ダンブロージョ
　ダンブロジオ**
　ダンブロジオ一
　デ・アンブロジオ
Dambudzo
　ダンブズオ
　ダンブゾー
Dambury ダンブリー
Dambyn ダンビーン
Damcho ダムチョ
Damdin
　ダムジン
　ダムディン*
Damdingsürüng
　ダムディンスレン
Damdinsuren
　ダマディンスレン
　ダムジンスレン
　ダムディンスレン
　ダムティンシュレン
　ダムディンスレン*
　ダムデンスレン
Damdinsüren
　ダムディンスレン
Damdinsüreng
　ダムジンスレン
　ダムダインスルン
　ダムディンスレン
　ダムデンスレン
Dame
　ダメ
　ディム
　デイム*
Damè ダメ
Damehane
　ダムハヌ
　ダメアン
Damen
　ダーメン
　ダメン
Damens ダーメンス
Damer デイマー
Damerji ダメルジ
Dameron ダメロン*
Damerval ダメルバル
Da Messina
　ダメッシナ
Damett ダメット
D'Amfreville
　ダンフルヴィル
Dāmghānī
　ダームガーニー
Damhus ダムハス
Dami
　ダーミ
　ダミ
Damia ダミア*
Damian
　ダーミアン
　ダミアーン
　ダミアン***
　デイミアン*
　デーミアン*

デミアン*
Damián ダミアン*
Damiani
　ダミアーニ**
　ダミアニ*
Damiano
　ダミアーノ**
　ダミアノ
Damianos ダミアノス
Damianós
　ダミアーノス
Damianov ダミアノフ
Damianus
　ダミアニ
　ダミアーヌス
　ダミアヌス
Damiao ダミアオ
Damião
　ダミアーノ
　ダミアン
D'Amici ダミーチ
D'Amico
　ダミーコ**
　ダミコ
Damiel ダミエル
Damien
　ダミアン***
　ダミエン
　デイミエン
　ディミアン
　デイミエン
　デミアン*
Damiens ダミアン
D'Amiens ダミアン*
Damiere ダミアー
Damigella
　ダミジェルラ
Damigos ダミゴス
Damila ジャミラ
Damilano ダミラノ
Damilevil ダミレビ
Damini ダミーニ
Damion
　ダミオン*
　ディミオン
　デイミオン
Damiq
　ダーミク
　ダミク
Damir
　ダミア*
　ダミール*
　ダミル
Damira ダミラ
Damīrī ダミーリー
Damiron ダミロン
Damisch ダミッシュ**
Damisi ダミシ
Damit ダミット
Damita
　ダミータ
　ダミタ
Damjam ダムジャン
Damjan
　ダミヤン
　ダムジャン
　ダムヤン*

Damjanov ダミアノフ
　ダミアノフ
　ダミャーノフ
Damle
　ダムール
　ダムレ
Damluji ダムルジ
Damm ダム*
Damman
　ダムマン
　ダンマン
Dammann ダンマン
Damme
　ダム**
　ダンメ
Dammeier
　ダムマイアー
Dammer
　ダマー
　ダンマー
Dammerman
　ダムメルマン
Dammertz ダマーツ
Dammika ダンミカ
Dammipi
　ダミピ
　ダンミピ
Dammonis ダモニス
Dammy ダミー
Damnernchaanvanich
　ダムノーンチャーンワニット
Damnoenchanwanit
　ダムヌーンチャーンワニット
Damodar ダモダル
Damodaragupta
　ダーモーダラグプタ
Dāmodaragupta
　ダーモーダラ・グプタ
Damodaran
　ダモダラン*
Damokles ダモクレス
Damon
　ダモン*
　ディモン
　デイモン**
　デーモン*
Damōn ダモン
Damone
　ダモーン
　ダモン
　ディモン
　デーモン
Damono ダモノ**
Damophōn ダモフォン
Damoreau ダモロー
Damour ダムール
D'Amour ダムール
Damourette
　ダムレット
Dam pa
　タムパ
　タンパ
Dam-pa
　ダンパ
　ダンパ

Dampier
　ダンピーア
　ダンピア*
　ダンピアー
　ダンピエール
Dampierre
　ダンピエール*
Dampmartin
　ダンマルタン
Dampt ダン
Damrau ダムラウ*
Damree ダムリー
Damri ダムリ
Damrong ダムロン
Damrongchaitham
　ダムロンチャイタム
Damrongsouk
　ダムロンスク
Damrosch
　ダムロッシュ
　ダムロッシ
　ダムロッシュ**
Damroth ダムロース
Dams
　ダムス
　ダムズ*
Damsgård ダムスゴー
Damsma ダムスマ
Damstra ダムストラ
Dāmullā ダームーラー
Damuson ダムソン
Damyanov ダミャノフ
Dan
　ダーン*
　ダン***
　ドン
Đan ダン
Dana
　ダーナ
　ダナ***
　ディナ
　ディナ**
　デナ
　デーナ**
　デーナー
　デナ
Danaan ダナーン*
Danae
　ダナエ
　ダナエー
Danaé ダナエ
Danaeus ダナエウス
Danagogo ダナゴゴ
Danah
　ダナ
　ダナー*
Danaher ダナハー*
Danailov ダナイロフ
Danailova
　ダナイロヴァ
Danalis ダナリス
Danandjaja
　ダナンジャ
　ダナンジャーヤ
Dananir ダナニール
Danaos ダナオス
Danapan ダナパン

Danarto ダナルト
Danasouri ダナソウリ
Danby ダンビー*
Dancan ダンカン
Dance ダンス*
Dancer ダンサー**
Dancey
　ダンシー
　ダンセイ
Danchenko
　ダーンチェンコ
　ダンチェンコ*
Danchev ダンチェフ
Danchin ダンシャン
Dâncilă ダンチラ*
Dancing ダンシング
Danckaerts ダンケルツ
Danckelmann
　ダンケルマン
Danckert ダンカート
Danckerts ダンケール
Dancla ダンクラ
Danco ダンコ
D'Ancona ダンコーナ
Dancourt ダンクール
Dâncu ドゥク
Dancy ダンシー*
Dancygier ダンシジア
Dancza ダンツァ
Danczak
　ダンクザック
　ダンツァク
Danda ダンダ
D'anda ダンダ
Dan Dah ダンダ
Dandan ダンダン*
Dandelin
　ダンデリン
　ダンドラン
Dandelion
　ダンデライオン
Dandelot ダンドロ
D'Andely ダンドリイ
Dandi ダンディ
D'Andilly ダンディイ
Dandin ダンディン
Daṇḍin ダンディン
Dandjinou ダンジヌ
D'Andlau ダンドロー
Dändliker
　デントリカー
Dando ダンドー*
Dandobi ダンドビ
Dandolo ダンドロ
Dandoy ダンドイ
D'Andrade
　ダンドラーデ
Dandre ダンドレ
Dandrea ダンドレア
D'Andrea
　ダンドリア
　ダンドレア**
Dandridge
　ダンドリッジ

Dandrieu ダンドリュー
D'Andrieu
　ダンドリュー
Dandy
　ダンディ
　ダンディー
Dane
　ダネ
　ダン
　ディーン
　デイン**
　デーン***
Daneau ダノー
Danegger ダネガー
Daněk ダネク
Danel ダネル
Danelek ダネレク
Danelia ダネリア
Daneliia
　ダネリア
　ダネーリヤ
Danell ダネル*
Danella ダネーラ
Danelle ダネル*
Danenberg
　ダネンバーグ
Danermark
　ダナーマーク
Danes
　ディンズ
　デインズ
　デーンズ*
Danese ダネーゼ
Danesh ダニッシュ
Danesh Ashtiani
　ダネシュアシティアニ
Danesh Jafari
　ダネシュジャファリ
Daneshjoo
　ダネシュジュー
Dāneshvar
　ダーネシュヴァル*
Danesi
　ダネージ
　ダネシ
D'Anethan ダヌタン
Danev ダネフ
Daney ダネー*
Danfa ダンファ
Danford ダンフォード
Danforth
　ダンフォース***
Dang
　タン*
　ダン**
Đang ダン
Đăng ダン
Đặng ダン
Dangaagiin
　ダンガーギン
Dangain ダンガン
Dangalakova
　ダンガラコヴァ
　ダンガラコバ
　ダンガラコワ
Dange
　ダーンゲー

ダンゲ
Dānge ダーンゲー
Dāngē ダーンゲー
D'Angeac
　ダンジャック
Dangeau ダンジョー
Dangel
　ダングル
　ダンジェル
D'Angelo
　ダンジェロ*
　ディアンジェロ*
　デーンジェロ
Danger デンジャー
Dangerfield
　デインジャーフィールド
　デンジャーフィールド**
D'Angeri ダンゲリ
Dangermond
　デンジャーモンド
D'Angers ダンジェ
D'Angeville
　ダングヴィル
　ダンジュヴィル
D'Angicourt
　ダンジクール
Dangin ダンジャン
D'Anglas
　ダングラ
　ダングラース
　ダングラス
D'Anglebert
　ダングルベール
D'Anglejan
　ダングルジャン*
D'Angleterre
　ダングレテール
D'Anglure
　ダングリュール
Dangman ダングマン
D'Angosse ダンゴス*
Dangote ダンゴート
D'Angoulême
　ダングレム
　ダングレーム*
Dangoumau
　ダンゴウマウ
Dangour ダングール
Dangúlov
　ダングーロフ
Danguole
　ダングォーレ
Danh
　ザィン
　ザイン
　ヤン
Danhauser
　ダノゼル
　ダンノーゼル
　ダンハウザー
Danhier ダンヒエル
Dani
　ダーニー
　ダニ***
　ダニー*

Dáni ダーニ
Danial
　ダニアル
　ダニエル
Da-nian ダーニェン
Danic ダニク
Danica
　ダニカ**
　ダニサ
　ダニツァ
　ダニッツァ
Danican ダニカン
Daničić ダニチッチ
Daničič ダニチチ
Danie ダニー
Daniel
　ダイエル
　ダニー*
　ダニアル
　ダニエウ*
　ダーニエール*
　ダーニエル*
　ダニェル
　ダニエール
　ダニエル***
　ダニール
　ダン*
Daniel' ダニエル*
Daniél ダニエル
Dániel
　ダーニエル
　ダニエル**
Dāni'el ダニエル
Daniela
　ダニエーラ
　ダニエラ***
Danielá ダニエラ*
Danielarap
　ダニエルアラブ
Danielcik
　ダニエルキック
Daniele
　ダニエラ
　ダニエール
　ダニエル**
　ダニエーレ**
　ダニエル***
Daniéle ダニエル
Danièle
　ダニエール
　ダニエル**
Danielewska
　ダニエレフスカ
Danielewski
　ダニエレブスキー**
Danieli ダニエーリ
Danielian
　ダニエリアン
　ダニエリヤン
Danielis ダニエリス
Daniell ダニエル**
Daniella ダニエラ*
Danielle
　ダニエール
　ダニエル***
　ダニエレ
Danièlle
　ダニエール
　ダニエル**

Daniëlle ダニエル
Danielli ダニエリ*
Daniello
　ダニエッロ
　ダニエロ
D'aniello ダニエロ
Daniells ダニエルス
Danielmeyer
　ダニエルマイヤー
Daniélou
　ダニエル
　ダニエルー*
　ダニエルゥ
Danielov ダニエルフ
Danielovitch
　ダニエロビッチ
Daniels
　ダニエル*
　ダニエルス
　ダニエルス***
　ダニエルズ***
Danielsen
　ダニエリソン
　ダニエルセン*
Danielson
　ダニエルソン
　ダニエルソン**
Daniel'son
　ダニエリソーン
　ダニエリソン
　ダニエルソン
Danielsson
　ダニエルソン**
Danielyan
　ダニエリアン
　ダニエリャン
　ダニーリャン
Danielz ダニエルズ
Danier ダニエル
Danii ダニー
Daniil
　ダニー
　ダニイール
　ダニイル*
　ダニエル
　ダニール***
　ダニル
Danijel ダニエル*
Danik ダニー
Däniken
　デーニケン*
　デニケン
Danila
　ダニーラ
　ダニラ
Danilenko ダニレンコ
Danilevicius
　ダニレビチウス
Danilevskaia
　ダニレフスカヤ
Danilevski
　ダニレーフスキー
　ダニレフスキー
　ダニレフスキィ
Danilevskii
　ダニレーフスキー
　ダニレフスキー*
　ダニレフスキィ
　ダニレフスキイ

Danilevskij
　ダニレーフスキー
Danielli ダニエリ*
Danilin ダニリン**
Danilishin ダニリシン
Danilkin ダニールキン
Danilo
　ダニー
　ダーニーロ
　ダーニロ
　ダニーロ**
　ダニーロ***
Danilov
　ダニーロフ
　ダニロフ*
　ダニロブ
Danilova
　ダニーロヴァ
　ダニーロフ**
Danilovich
　ダニロヴィチ
Danilovski
　ダニロフスキ
Danilson ダニルソン
Danino ダニノ
Daninos ダニノス**
Dan-Ioan ダンイオアン
Daniotti ダニオッティ
Danis ダニス*
Danise ダニーゼ
Danish
　ダニシュ
　ダニッシュ
　デニッシュ
Dānish ダーニシュ
Danishefsky
　ダニシェフスキー
Dānishmendji
　ダーニシュメンジ
Danita ダニタ
Danius ダニウス
Daniyal ダニヤール
Dāniyāl ダーニヤール
Daniyar ダニヤル
Danjindorji
　ダンジンドルジ
Danjon ダンジョン
Danjou
　ダンジュ
　ダンジュー
D'Anjou ダンジュー**
Danjuma ダンジュマ
Danka ダンカ
Danker ダンカー*
Dankers ダンカース
Dankis ダンキス
Dankmar
　ダンクマー
　ダンクマール
Dankmyer
　ダンクマイヤー
Danko
　ダンコ**
　デンコ
Dan'ko ダニコ

Dankova ダンコーヴァ
Dankowski
　ダンコフスキ
Danks ダンクス**
Dankwa
　ダンクワ*
　ダンクワー
Dankworth
　ダンクワース*
Dankyi ダンキ*
Danler ダンラー
Danley ダンリー
Danlop ダンロップ
Dann ダン**
Danna ダナ
D'Anna ダンナ
Dannay ダネイ
Danne ダンネ
Danneberg
　ダンネベルク
Dannecker
　ダンネカー
　ダンネッカー
Dannell ダネル
Dannelle ダネル
Dannelley ダネリー
Danneman ダンネマン
Dannemann
　ダンネマン*
Dannen ダネン
Dannenbauer
　ダンネンバウアー
Dannenbeck
　ダンネンベック
Dannenberg
　ダネンベルク
Dannenmayer
　ダネンマイアー
　ダネンマイヤー
Danner
　ダナー*
　ダンナー*
Dannhauer
　ダンハウアー
Dannheiser
　ダンハイサー
Dannheisser
　ダンハイサー
Dannhoff ダンホッフ
Dannie ダニー***
Dannielle ダニエル
Dannii ダニー
Danning
　ダニンク
　ダニング*
Dannion ダニオン
Dannis デニス
Dannreuther
　ダンロイター
D'Annunzio
　ダヌンチォ*
　ダヌンチョ
　ダヌンツィオ**
　ダンヌチオ
　ダンヌンチオ
　ダンヌンチョ
　ダンヌンツィオ

ダンヌンツィオ＊
ダンヌンツィヨ
Danny
ダニ
ダニー＊＊＊
Dano
ダーノ
ダノ＊
Dano Djédjé
ダノジェジェ
Danois ダノワ
Danon ダノン＊＊
Da'Norris ダノリス
Danos ダノス
Dános ダーノーシュ
Danov ダノフ
Danova ダノーヴァ
Danovschi ダノフスキ
Danovskaia
ダノフスカヤ
Danowski ダノウスキ
Danqua ダンクア
Danquah
ダンクア
ダンクアー
ダンクゥアー
Dansany ダンセイニ
Dansby ダンズビー
Dansel ダンセル＊
D'Ansembourg
ダンサンブール
Dansette ダンセット
Danska ダンスカ
Danskin ダンスキン
Dansky ダンスキー
Dansokho ダンソコ
Danson
ダンスン
ダンソン＊
Dansou
ダンス
ダンソ
Dansua ダンスア
Dant ダント
Dantan ダンタン
Dantas ダンタス
Dante
ダンテ＊＊＊
ダンテス
Dantec
ダンテク
ダンテック＊
Dantes ダンテス
Danthine ダンシン
Danti ダンティ
Danticat
ダンティカ＊＊
ダンティカット
Dantidurga
ダンティグルガ
Dantikā ダンティカー
Dantivarman
ダンティヴァルマン
Danto
ダント＊
ダントー

ダントウ
Danton ダントン＊
D'Antona
ダントナ
デントナ
D'antoni ダントーニ
D'Antonio
ダントーニオ＊＊
ダントニオ
ド・アントニオ
DÁntonio
ダントニーオ
D'Anty ダンティ＊
Dantyszek
ダンティシェク
Dantzer
ダンツァー
ダンツェール
Dantzig
ダンツィーク
ダンツィク＊
ダンツィッヒ
ダンツィヒ＊
Danuel ダヌエル
Danulle ダヌレ
Danuloff
ダナロフ
ダヌロフ
Danushka ダヌシカ
Danut ダヌート
Danuta
ダニュータ
ダヌータ
ダスタ＊
Danute ダニュート
Danvers
ダンヴァース
ダンヴァーズ＊
ダンヴェール
ダンバーズ＊
Danvers-smith
ダンバーズスミス
D'Anville
ダンヴィル
ダンビル
Dany
ダニ
ダニー＊＊＊
ダニィ
Danya ダーニヤ
Danyel ダニエル
Danyi タヌイー
Danylchenko
ダニルチェンコ
Danyliuk ダニリュク
Danyon ダニオン＊
Danys ダニス
Danza ダンサ
Danzan ダンザン
Danzandarjaa
ダンザンダリア
Danze ダンツェ
Danzel ダンツェル
Danzer ダンツァー
Dänzer ダンツァー
Danzi ダンツィ

D'Anzi ダンツィ
Danziger
ダンジガー＊＊
ダンチガー
ダンチゲル
ダンツィガー＊
Dao ダオ＊＊＊
Đao ダオ
Đào ダオ
Đạo ダオ
Dao-ding ダオディン
Dao-han ダオハン
Dao-lin ダオリン
Daon ダオン
Daoud
ダーウド＊
ダウード
ダウド
Daoúd ダウド
Daouda
ダウダ
ダオダ
Daoudi ダウディ
Daoudou ダウドゥ
Daouk ダウク
Daoussa
ダウーサ
ダウス
Da Panicale
ダパニカーレ
Daphna ダフナ
Daphne
ダフニ＊＊
ダフニー＊＊
ダフネ＊＊＊
デルフィーン
Daphnee ダフネ
Daphnis ダフニス
Daphnopates
ダフノパテス
Daphrose ダフロズ
Daphue ダフェ
Dapiran ダピラン
Dapkunaite
ダプクナイテ
Dapo ダポ
Dapong ダポン
Dappa ダッパ
Dapper ダッパー
Dapra ダプラ
Daqā'eqī ダカーエキー
Daqīqī ダキーキー
DaQuan ダクアン
Daqué ダケ
D'Aquili
ダキリ
ダキリ
Daquin
ダカン
ダキン
D'Aquino
ダクィーノ
ダクィノ
D'Aquitaine
ダキテーヌ

Dar
ダー
ダール
Dara
ダーラ＊
ダーラー
ダラ＊＊＊
ドラ
Dārā ダーラー
Darabont ダラボン＊＊
Darabos ダラボシュ
Daragan ダラガン
D'Aragona ダラゴーナ
Daraji ダッラジ
Darakhvelidze
ダラフベリゼ
Daralyn デラリン
Daramy ダラミー
Daramyn ダラムイン
Dārānī ダーラーニー
D'Arányi ダラーニイ
Darar ダラール
Dararat ダララット
Dararatt ダララット
Daratista
ダラティスタ
Daravong ダラウォン
Dāraya-vahuš
ダリヨス
ドレイオス
Dāraya-vauš
ダリヨス
ドレイオス
Darazī ダラズィー
D'Arbanville
ダーバンヴィル
ダルバンヴィーユ
ダンバービル
D'Arbaud ダルボー
Darbel ダルベル
Darbelet ダルベレ
Darbinyan
ダルビニャン＊
Darblay ダルブレイ
D'Arblay
ダーブレー
ダーブレイ
Darbois ダルボワ
D'Arbois ダルボワ
Darboux ダルブー＊
Darboven
ダルボーフェン
Darboy
ダルボア
ダルボワ
Darbre ダルブル
Darby
ダービ
ダービー＊＊＊
ダービー
D'arby ダービー
Darbyshiere
ダルビシャー
Darbyshire
ダービーシャ
ダービーシャー

Darc ダルク＊
D'Arc
ダーク
ダルク
D'Arcangelo
ダーカンジェロ
ダルカンジェロ＊
Darcel
ダーセル
ダルセル
Darcet
ダルセ
ダルセー
Darcey ダーシー＊＊
Darch ダルシュ
D'Archimbaud
ダルシンボウ
Darchinyan
ダルチニアン＊
Darci ダーシー＊
Darcie ダーシー
Darclée
ダルクレ
ダルクレー
Darco ダルコ
D'Arconville
ダルコンヴィル
Darcos ダルコス
D'Arcq
タルク
ダルク
Darcy
ダーシー＊＊
ダーシイ＊
ダースィ
ダルシ
ダルシー
D'Arcy
ダーキ
ダーキー
ダーシ
ダーシー＊
ダーシィ
ダルシー
ダルシイ
Dard
ダード＊
ダール＊＊＊
ダルド
Dardai ダルダイ
Dardan ダルダン
Dardanos ダルダノス
Dardari ダルダリ
Dardas ダーダス
Darden ダーデン
Dardenne
ダルデンヌ＊＊
Darder ダルデル
Dardhishta
ダルジシュタ
Dardis ダーディス
Dare
デーア
デア＊
デアー
Dareff ダレフ
Dareios
ダリウス

ダーレイオス
ダレイオス
ダレイオスオコス
Darel ダレル*
Darell ダレル
Darell Brown
　ドレルブラウン
Daremberg
　ダランベール
Daren ダレン*
Darendeliler
　ダレンデリラー
Darenne ダレンヌ
Darensbourg
　ダーレンスバーグ
Dares ダレス
Dareste ダレスト
Daret ダレー
Dareus ダリアス
D'Arezzo
　ダレツォ
　ダレッツォ*
　ダレッツォ
Darfeuil ダールフーユ
Dargahi ダルガーヒ
Dargan ダーガン
Dargatz ダーガッツ*
D'Arge ダージュ
Dargel' ダルゲリ
D'Argenio
　ダルジーニオ
D'Argens
　ダルジャン
　ダルジャンス
D'Argenson
　ダルジャンソン
D'Argenta
　ダルジェンタ
D'Argentine
　ダルジェンティン
Darger ダーガー*
Dargies ダルジー
Dargomyzhski
　ダルゴミュジスキー
　ダルゴムイシスキー
　ダルゴムイーシスキー
　ダルゴムイシスキー
　ダルゴムイジスキー
　ダルゴムイシスキイ
Darguste ダルグスト
Daria
　ダーリア
　ダリア**
　ダーリャ
Dar'ia
　ダーリヤ
　ダリヤ
D'Aria ダーリア
Darian ダリアン**
Dariaux ダリオー
Darick ダリック
Darida ダリダ
Daridan ダリダン
Daridon ダリドン
Dariel ダリエル

Darien
　ダリアン
　ダリエン
D'Arienzo ダリエンソ
Dariga ダリガ
Darije ダリエ
Dārikapā ダーリカパー
Darikwa ダリクワ
Dārimī ダーリミー
Darin
　ダーリン*
　ダリン**
Daringer
　ダーリンガー
　ダリンジャー
Darinskii ダリンスキー
Dario
　ダーリオ
　ダリーオ
　ダリオ***
Darío
　ダーリオ
　ダリーオ*
　ダリオ**
Dariozzi ダリオッチ
Daris ダリス
Darish ダリッシュ
Daristole ダリストール
Darity ダリティ*
Darius
　ダリアス*
　ダリウス**
　ダリユス
　ダリユス
　ダレイオス
Dariush ダリウシュ
Dariusz ダリウシュ**
Dariya ダーリャ
Darja ダリャ
Darjaagiin
　ダルジャギーン
Dark ダーク***
Darke ダーク*
Darkhan ダルハン
Darkins ダーキンズ
Darko
　ダーコ
　ダルコ*
Darkoh ダルコー
D'Arkor ダルコール
Darkwa ダークワ
Darla ダーラ
Darlan
　ダーラン
　ダルラン
Darlanne
　ダーラン
　ダルラン
Darlay ダルレ
Darleen ダーリーン*
Darlene
　ダーリーン*
　ダーレン
Darley
　ダーリ
　ダーリー*

ダルレ
ダーレー
ダーレイ
Darli ダリ
Darling
　ダーニング
　ダーラン
　ダーリン*
　ダーリング***
Darlington
　ダーリントン
　ダーリントン**
Darlo サルロー
Darlton ダールトン**
Darlu ダルリュ
Darly ダルリー
Darlyn ダルリン
Darlyne ダーリーン
Dar ma タルマ
Darma ダルマ
Darmadi ダルマディ
Darman
　ダーマン**
　ダルマン
D'Armandville
　ダルマンヴィル
Darmanin ダーマニン
Dar ma rin chen
　タルマリンチェン
Darmat ダルマ
Darmesteter
　ダルムステッター
　ダルメステッテル
　ダルメステテール
　ダルメストテール
　ダルメストテル
Darmian ダルミアン
Darmin ダルミン
Darmois ダーモイス
Darmon ダルモン*
Darmond ダーモンド
D'Armont
　ダルマン
　ダルモン
Darnand ダルナン
Darnat ダルナ
Darnaud ダルノー*
D'arnaud
　ダーノウ
　ダルノー
Darnell ダーネル**
Darney ダーニー
Darnil ダルニル
Darnley
　ダーンリ
　ダーンリー
Darnovsky
　ダーノフスキー*
　ダルノフスキー
Darnton ダーントン**
Darnyi
　ダルニ*
　ダルニュイ
Daro ダロー
Da Rocha ダロシャ
Darold ダロルド*

Daron ダロン**
Da'Ron ダロン
D'Aronco ダロンコ
Da Rosa ダロザ
Darousse ダルース
D'Arpino ダルピーノ
Darquea ダルケア
Darqueze ダークジ
Darr
　ダー
　ダール*
Darra ダラ
Darrabie ダラビー
Darracq ダラック
Darragh ダラー
Darragi ダラジ
Darragon ダラゴン
Darrah
　ダーラー
　ダラー
Darran ダラン
D'Arras
　ダラース
　ダラス
D'Arrast ダラ
Darre
　ダレー
　ダレエ
Darré
　ダルレ
　ダレ
Darrel ダレル**
Darrell
　ダリル
　ダーレル
　ダレル**
Darrelle ダレル*
Darren
　ダーレン**
　ダレン**
Darrent ダレント*
Darreon ダリオン
Darret ダレ
Darrieu ダリュー*
Darrieus
　ダリゥ
　ダリュ
Darrieussecq
　ダリュセック**
Darrieux ダリュー
D'Arrigo
　ダッリーゴ
　ダリーゴ
Darrin
　ダーリン*
　ダリン*
Darrion ダリオン
Darrius ダーリアス
Darron ダロン
Darroux ダルー
Darrow
　ダーロー
　ダロー*
　ダロウ*
Darrun ダラン
Darry ダリー

Darryl ダリル**
Dars ダース
D'Ars ダール
Darsane ダルサネ
Darsono ダルソノ
Darsonval
　ダルソンヴァル
Darst ダースト
Dart ダート**
D'Arthois ダルトワ
Darthou ダルトゥ
Dartington
　ダーティントン*
Dartnell ダートネル
Darton ダートン
D'Arturo
　ダアルトゥーロ
　ダルトゥーロ
Daru
　ダリュ
　ダリュー
　ダルー
D'Aruchimbaud
　ダルシャンボー*
Dārucīriya
　ダールチーリヤ
Darvas
　ダーバス*
　ダルヴァシュ
　ダルヴァス*
Darvell ダーヴェル
Darvic ダービック
Darvill ダービル
Darville ダービル
Darvin ダービン
D'Arvor
　ダルヴォール*
　ダルボール
Darvy ダルヴィ*
Darwall ダーウォル
Darwazeh ダルワゼ
Darwell
　ダーウェル
　ダーウエル
Darwen ダーウェン
Darwin
　ダアイン
　ダアウィン
　ダーウィン**
　ダーヴィン
　ダルウィン
Darwis ダルウィス
Darwish
　ダルウィーシュ
　ダルビッシュ
Darwīsh
　ダルウィーシュ***
Darwyn ダーウィン
Dary
　ダリ
　ダリー
　デアリー
Darya
　ダリア*
　ダリヤ
Daryl
　ダーリル

Daryll デアリール
ダレル
Daryna ダリナ
Daryush ダリウーシュ
Darzhiia ダルジヤ
Darzi ダージー
Das
　ダーシュ
　ダース**
　ダス**
Dās
　ダース
　ダス
Dāś ダーシュ
Dasa ダーサ
Dāsa
　ダーサ
　ダース
Dasaad ダサアド
Dasaev ダサエフ
Dāsaka ダーサカ
Dasan ダサン
Dasananda ダサナンダ
Daśaratha ダシャラタ
Dāśarathī
　ダーシャラティ
　ダシャラティ
Dasburg ダスバーグ
Dascalescu
　ダスカレスク**
Daschle
　ダシュル**
　ダッシュル
D'Ascoli ダスコリ*
Dasdelen ダスデレン
Dasen ダーセン
Daser ダーザー
DasGupta ダスグプタ
Dasgupta
　ダースグプタ
　ダスグプタ**
Dash
　ダシュ
　ダス
　ダッシュ**
Dasha ダーシャ
Dashaun ダショーン
Dashbalbar
　ダシバルバル
Dashdavaa
　ダシダワ
　ダシダワー
Dashdondog
　ダシドンドク
　ダシドンドグ
　ダシュドンク
Dashdorj ダシドルジ
Dashdorjiin
　ダシドルジーン
　ダシドルジン
Dashdorzhiin
　ダシドルジーン
Dashe ダッシェ
Dashefsky
　ダシェフスキー

Dasher ダッシャー
Dashewski
　ダシェウスキィ
Dashidemberel
　ダシデンベレル
Dashidorjiin
　ダシドルジーン
Dashiell
　ダシェル
　ダシール**
　ダシル
Dashiin ダシン*
Dashijamsu
　ダシジャムソー
Dashinski
　ダシンスキー
Dashiyn ダシン
Dashka ダシュカ
Dashkov
　ダーシコフ
　ダシコフ
Dashkova
　ダーシコヴァ
　ダシコーヴァ
　ダシコヴァ
　ダーシコバ
　ダーシコワ
　ダシコワ
Dashner ダシュナー*
Dashnow ダッシュノー
Dashorst ダスホルスト
Dashpurèv ダシプルブ
Dashti
　ダシュティ
　ダシュティー*
Dashtseren
　ダシツェレン
Dashyondon
　ダシュヨンドン
　ダシュンデン
　ダションドン*
Dashzeveg ダンゼベグ
Dashzevegiin
　ダシゼベギーン
Dashzevegiyn
　ダシゼベギーン
Dasidongdog
　ダシドンドク
　ダシドンドグ
Da Silva
　ダシルバ*
　ダルシバ
Da Silva Ferreira
　ダシルバフェレイラ
Dasius ダシウス
Daskalos ダスカロス
Daskalov ダスカロフ*
Daskalova
　ダスカロヴァ*
　ダスカロバ
Daskein ダースキーン
Dasmann ダスマン
Dasmariñas
　ダスマリニャス
Dasmunsi ダスムンシ
Das Neves ダスネベス

Da Sol ダソル
Dasquié ダスキエ*
Dass ダス***
Dassanayake
　ダサナイカ
Dassary
　ダサリ
　ダッサリー
Dassault ダッソー*
Dassé ダッセ
Dassel
　ダセル
　ダッセル
Dassen ダッセン
Dassigli ダシグリ
Dassin
　ダーシン
　ダッシン**
D'Assisi ダッシージ
Dassler ダスラー*
D'Asson ダソン
D'Assoucy ダスーシー
D'Assumpção
　ダスンサン
D'Assunção
　ダスンサウ
Dasté ダステ
Dastès ダステス
Dastgir ダスタギール
D'Asti ダスティ
D'Astier
　ダスチエ
　ダスティエ
Dashti
Dastis ダスティス
Dasto ダスト
Daston ダストン
D'Astorga ダストルガ
Dastur
　ダスチュール
　ダスツール
　ダステュール
Dasūqī ダスーキー
Daswani ダスワーニ*
Daswanth ダスワント
Daszyński ダシンスキ
Dat
　ザット
　ダット**
Đạt ダット
Datamés ダタメス
Datan ダータン
Date
　ダーテ
　デイト
　デート
Dateno ダテノ
Dater データー*
Dathan ダタン
Dathenus
　ダテーヌス
　ダテヌス
Da Thó ダトー
Dati
　ダチ
　ダティ*

Datianus ダティアヌス
Datis ダティス
Datka ダトカ
Datlin ダトリン
Datlow ダトロウ
Datnow ダトナウ
Dato
　ダト*
　ダトー*
Dato' ダト
Da Todi ダトディ
Datone ダトン
Datoo ダトゥー
Dátra ディアトラ
Datsis ダティス
Datsun ダトサン
Datsyuk ダツック*
Datt
　ダッタ
　ダット
　ドット
Datta
　ダッタ*
　ドット
Dattani ダッターニ
Dattaro ダッタロ
Dattatreya
　ダタトレーヤ*
　ダッタトレーヤ
　ダッタトレヤ
Dattatri ダッタトリ*
Dattel ダテル*
Dattilio ダッティリオ
Dattner ダットナー
Dattoli ダットリ
Datumanong
　ダトゥマノン
Datunashvili
　ダトゥナシヴィリ
　ダトゥナシビリ
Dätwyler
　デートウィラー
Datz ダッツ
Dau ダウ
Daub ダブ
Daubach ドーバック
Daube
　ダウベ
　ドーブ
Daubechies ドブシー*
Daubenton
　ドーバントン
Daubeny ドーブニー
Dauber ドーバー*
Daubert ドーバート
D'Aubert ドベール
Dauberval
　ドゥバルバル
　ドーベルヴァル
Dauberville
　ドベルビル
Daubié
　ドービー
　ドビー
Daubier ドービエ

D'Aubignac
　ドービニャク
　ドービニャック
D'Aubigné
　ドービニェ
　ドビニェ
　ドビニエ
Daubigny
　ドービニ
　ドービニー
　ドビニー
D'Aubigny
　ドービニー
Däubler
　ドイブラー**
　ドイブラー
　ドイブレル
Däubler-gmelin
　ドイブラーグメリン
Daubney ドーブニー
Daubray ドーブレ
D'Aubray ド・オブレ
Daubrée
　ドーブレ
　ドブレ
　ドブレー
Daubresse ドブレス
Daucher
　ダウハー
　ダウヒャー
Dauchez ドーシェ
D'Aucour
　ドクウル
　ド・クール
　ドクール
Daud
　ダーウド
　ダウド*
Dā'ūd ダーウード
Dauda ダウダ
Daudel
　ドーデル
　ドデル
Daudert ドウデルト
Daudet
　ドオーデ
　ドオデ
　ドオデー
　ドオデイ
　ドオデエ
　ドーデ
　ドーデ*
　ドーデー*
　ドデエ
Daudi ダウディ
Daudt ダウチ
Dauer
　ダウアー
　ドーアー
　ドワー
Daufresne
　ドーフレスヌ
　ドーフレンス
　ドーフレンヌ*
Daugall ドゥガァール
Daughaday ダウデー*
Daugherty
　ドーアティ*
　ドーアティー

ドアティ
ドーハーティ
ドーハティ
ドハティ
ドーリィティー
Daughtey ドハティ
Daughtry ドートリー
Daugirdas
　ダーガダス
　ドーガーダス
Dauglas ダグラス
Dauglass ダグラス
Dauíd ダビド
Daujat
　ドージャ
　ドジャ
Daul ダウル
Daulah ダウラー
D'Aulaire
　ダウレア
　ドォレアー
　ドオレーア
　ドーレア*
Daulat ダウラット
Daulatābādī
　ダウラターバーディー
Daulatshāh
　ダウラットシャー
　ダウラトシャー
Daulet ダウレト
D'Aulnoy
　ドオノワ
　ドォルノワ
　ドーノワ*
　ドルノワ
　ドルノワ
Dault ダウルト
Daulton ドールトン
Daum
　ダウム*
　ドーム*
Daumain ドーマン
Daumal ドーマル*
D'Aumale ドマール
Dauman ドーマン*
Daumas ドマ
Daumer ダウマー
Daumier
　ドーミェ
　ドーミエ*
　ドーミエー
　ドミエ
Daun ダウン
D'Aunay ドネー
Dauncey ダウンシー
Daunou
　ドーヌー
　ドヌー
Daunt ドーント
Daunte ダンテ*
Daunton ドーントン
Dauper ドーパー
Dauphin
　ドーファン**
　ドーフィン

Dauphinais ドルフィネ
Dauphine ドフィーヌ
Dauphinee
　ドーフィニー
Dauphinée ダフィニー
Daura ダウラ
D'Aure ドル
Daureeawoo
　ダウレアウー
D'Aureles ドゥレル
Dauren ダウレン
D'Aurevilly
　ドオルヴィリー
　ドオルヴィリイ
　ドールヴィイ*
　ドルヴィイ
　ドールヴィリー
　ドルヴィリ
　ドルヴィリー
　ドルヴィリイ
　ドールビイ
　ドールビイイ
　ドールビリ
Daurey ダウリー
D'Auria ダウリア
Dauriac ドリアック
D'Aurillac
　ドーリャック
　ドーリヤック
Daurinda ジュリンダ
Daurio
　ダウリオ
　デュアリオ
Daurov ダウロフ
Dauser ドーザー
Dauss ドース
Dausset ドーセ**
Daut ダウト
Dauten ドーテン*
Dauterman
　ドーターマン
D'Auteroche
　ドテロシュ
Dauth ダウス
Dauthendey
　ダウテンダイ*
Dautremer
　ドートゥルメール
D'Autriche
　ドートリシュ
　ドートリッシュ
Dauval ドーヴァル
Dauvergne
　ドーヴァーニュ
D'Auvergne
　ドーヴェル
　ドーヴェルニュ
　ドーベルニュ
Daux ドー
D'Auxerre ドーセール
Dauzat ドーザ*
Dauzet ドゼ
Dav
　デイブ*
　デーヴ*

Dava
　ダバ
　デーヴァ
　デーバ
Davaa ダバー*
Davaadalai
　ダバーダライ
Davaadorj ダワドルジ
Davaagiin
　ダバァー
　ダバァーギーン*
Davaajav
　ダバージャフ
　ダワージャブ
Davaine
　ダヴァン
　ダヴェーヌ
Daval ダヴァル
Davala
　ダウァラ
　ダバラ
Davalillo ダバリーヨ
Dávalos
　ダウァロス
　ダバロス
Davan ダウン
Davanger
　ダヴァンゲル
Davānī ダヴァーニー
Davante デイバント
Davantès ダヴァンテス
Davanzati
　ダヴァンツァーティ
　ダバンツァーティ
Davanzo ダヴァンツォ
Davaux ダヴォー
Dave
　ダヴェー
　ダベ
　ディヴ
　デイヴ**
　デイヴィ
　デイヴィー
　デイブ
　デイブ***
　デーヴ*
　デービー
　デーブ***
Da Veiga ダベイガ
Daveigh デイヴィー
Daveluy
　ダヴリュイ
　ダブリュイ
Davenant
　ダヴィナント
　ダヴェナント
　ダヴナント
　ダブナント
　ダベナント
D'Aveni ダベニー
Davenier
　ダヴェニエール
Davenport
　ダヴァンポート
　ダーヴェンポート
　ダヴェンポート*
　ダヴンポート
　ダブンポート
　ダベンポート***

　ダャヴァンポート
　デイベンポート
Davenson
　ダウンソン
Daver デーバー
Da Veracruz
　ダベラクルス
Davern ダバーン
Daves デーヴス
Davey
　ダービー
　ダベイ
　ディヴィー
　デイヴィ*
　デイヴィー*
　デイビー
　デーヴィ
　デーヴィー
　デヴィー
　デービー**
Davi
　ダヴィ
　ダビ
　デヴィ
　デビ*
Daviau ダビュー
Davice
　デイヴィス
　デェヴィス
Davich ダヴィッチ
Davico ダヴィーコ
Davićo
　ダヴィチョ*
　ダビチョ
Daviċo ダヴィチョ
DAvid デイビッド
David
　ダヴィ
　タヴィッド*
　ダーヴィット**
　ダーヴィッド*
　ダウィット
　ダウィッド
　ダウィット*
　ダウィッド***
　ダヴィデ
　ダーヴィード
　ダーヴィート
　ダーヴィッド***
　ダーヴィド
　ダヴィード*
　ダヴィト
　ダヴィド***
　ダヴッド**
　ダビ
　タビッド
　ダビット*
　ダビッド**
　ダビデ
　ダービト
　ダビード*
　ダビト*
　ダビド***
　ダーフィット*
　ダフィット
　ダーフィット**
　ダーフット
　デヴ
　デイヴ*
　デイヴィー

　ディーヴィッド
　デイヴィット
　デイヴィット*
　デイヴィット*
　デイヴィッド**
　デイヴィド
　デイヴィト
　デイヴィド*
　デイウイド
　デイウィド
　デイビト*
　デイヴット**
　デイヴッド
　ディビィッド
　ディビイド
　ディビット
　デイビット*
　デイビット*
　デイビッド***
　デイビド
　デイブ*
　デーヴィット
　デーヴィッド**
　デウィット
　デヴィット*
　デウィッド**
　デーヴィッド*
　デヴィド*
　デヴイド
　デーヴィット
　デェイヴィド
　デェビット
　デゼヴィッド
　デビッド
　テビッド
　デービット**
　デービット***
　デビッド
　デビット**
　デビッド***
　デービッドティー
　デービド
　テビド
　デーブ
　ドヴィド
Davíd ダビド
DáVid デビド
Dávid ダビド
Davida
　ダヴィダ*
　ダビダ
Daviddi ダヴィッディ
Davide
　ダーヴィデ
　ダーヴィデ*
　ダーヴィド
　ダビデ
　デヴィド
Davidé ダヴィデ
Davidenko
　ダヴィデンコ*
　ダビデンコ
Davidge
　ダヴィジ
　ダヴィッジ
　ダビッジ
Davidhof ダヴィドフ
Davidi ダビド
Davidian ダビジャン
Davidis ダブイディス

Davidlee
デイヴィッドリー
デヴィッドリー
デービッド・リー
デビッドリー
Davidman
デイヴィッドマン
Davidmann
デビッドマン
David-Neel
デビッドニール
Davido ダヴィド
Davidoff
ダヴィドフ
ダビドフ
デビドフ
Davidor ダヴィドァ
Davidov
ダヴィードフ
ダビドフ
Davídov ダビドフ
Davidovic ダビドビチ
Davidovich
ダヴィッドヴィチ
ダヴィードヴィチ
ダヴィドヴィチ
ダヴィドヴッチ
ダヴィドヴッチ
ダビドビチ
ダビドビッチ*
Davidovitch
ダヴィッドヴィッチ
Davidovits
ダヴィドヴィッツ
Davidovsky
ダヴィドフスキー
Davidow
ダビドゥ
ダビドウ
デイビドー
デイビドゥ
Davidowitz
ダヴィドウィッツ
Davids
ダーヴィッツ*
ダービッツ
ダビッツ
ダビッド
デイヴィス
デイヴィッズ
デイビッズ
デーヴィズ
デーヴィッズ*
デーヴィッズ
デヴィッツ
デービズ
デービッズ*
デービッド
Davidsen
ダヴィットセン
Davidsmeyer
デヴィッドスマイヤー
Davidsohn
ダヴィドゾーン
Davidson
ダヴィッドソン*
ダーヴィドソン
ダヴィドソン
ダビソン

ダビッドソン
ダービドソン
ダビドソン
デイヴィッスン
デイヴィッドスン*
デイヴィッドスン*
デイヴィッドソン**
デイヴィドスン
デイヴィドスン
デイヴィドソン*
デイビットソン
デイビッドソン
デーヴィッドソン*
デーヴィッドソン*
デイヴィドスン
デーヴィッドスン
デイヴィドソン
デビッドスン
デビットソン
デビッドソン***
デービッドソン
デビドソン
Davidsson
ダヴィッドソン
Davidsz
ダビッツ
ダーフィッツ
Davidsz.
ダーフィツゾーン
Davidts
ダヴィッド*
ダビッド
Davidtz
ダヴィッツ
デイヴィッツ
デイヴィディッツ
Davidus ダヴィドゥス
Davidyan ダビジャン
Davidzon ダヴィドゾン
Davie
ダヴィー
ディヴィー
デイヴィ
デイヴィー*
デービー***
Daviel ダヴィエル
Davies
ダヴィス
ダウビース
ディヴィース
ディヴィース*
ディヴィス
デイヴィース*
デイヴィーズ**
デイヴィズ**
デイヴィズ*
デイビス
デイビーズ
デイビス
デービース**
デイビーズ*
デイビス**
デイワイス
デーヴィース
デーヴィーズ

デーヴィス*
デーヴィズ
デビス
デビィス
デービース**
デービーズ*
デービス***
デービス*
デビス

Davignon
ダヴィニョン*
ダヴィニョン
ダビニョン
Davila
ダヴィラ
ダビラ*
Dávila ダビラ*
Davilia ダヴィリア
Daviller
ダヴィレ
ダヴィレール
Davilson ダビルソン
Davin
ダヴィン
ディヴィン
デイヴィン
Dāvīn ディワン
Davina ダヴィーナ
Da Vinci ダヴィンチ
Davinia ダヴィニア
Davinic ダビニッチ
Davinić ダビニッチ
Davinson ダビンソン
Davioud ダヴィウ
Davis
ダヴィ
ダヴィス
ダービス
ダビス
デイヴ
デイヴィス
ディーヴィス
デイヴィス**
デイヴィス**
デイヴィズ
デイビス
デイビス*
デイビス**
デーヴィス**
デヴィス
デーヴス
デェヴィス
デェビィス
デビス
テビス
デービス***
デビス*
Davison
ダヴィソン*
ダビソン
デイヴィスン
デイヴィソン**
デイヴソン
デビソン
デヴィソン
デーヴィソン
デービソン
デビソン**

Davis-russell
デービスラッセル
Davisson
ダヴィソン
ダビソン
ダビソン
デイヴィスン*
デイヴィスン*
デヴィスン
デーヴィソン
デヴィソン
デヴィッスン
デヴィソン
デビソン
デービソン
デビソン
デビッソン
Davit
ダヴィト
ダヴィド
タビト
タビト*
Davitaia ダビタイア
Davitashvili
ダヴィタシヴィリ
ダヴィタシュヴィリ
ダビタシビリ
Davitt
ダヴィット
デイヴィット
Davitz
ダビッツ
デイビッツ
デヴィッツ
デービッツ
デビッツ*
Davlatali ダブラタリ
Davlatov ダブラトフ
Davletshina
ダヴレツィーナ
Davlin ダヴリン
Davodeau ダヴォドー
Davol ダヴォル
Davoli ダヴォリ
Davon ダボン
Davonte ダボンテ
Davor
ダヴォール**
ダヴォル*
ダボール
ダボル*
デイヴァー
Davorin
ダヴォリン
ダボリン
Davorko ダボルコ
Davot ダボ
Davoud
ダヴィッド
ダブード
Davoudi ダバーディ
Davoust ダブースト
Davout
ダヴー
ダブ
D'avout ダヴー
Dāvøy ドーボイ
DaVries ドブリース

Davrieux ダブリエ
Davson ダアブソン
Davtyan
ダフチャン
ダブチャン
ダフヤン
Davud ダウト
Davudov ダブドフ
Davut ダウット
Davutoğlu
ダウトオール*
Davutoğlu
ダウトオウル
Davy
ダヴィ*
ダヴィー
ダビ
ダビー
ダフィ
デイヴィ
デイヴィー
デイビー*
デーヴィ
デーヴィー
デビ
デービー
デビー
Davyd デヴィッド
Davydenko
ダヴィデンコ*
ダビデンコ
Davydov
ダヴィードフ
ダヴィードフ
ダヴィドフ***
ダヴィドフ
ダビドフ
ダブイドフ
Davydova
ダヴィドヴァ*
ダビドワ**
Davýdovna
ダヴィドヴナ
Davys
デイヴィス*
デーヴィス
Daw
ダウ
ドー*
Dawa ダワ
Dawači ダワチ
Dawaidson
ドワイドソン
Dawalab ダワラブ
Dawaleh ダワレ
Dawam ダワム
Dawani ダワニ
Dawānī
ダワーニー
ダワーニー
Dawber
ダウバー
ドーバー
Dawda ダウダ**
Dawe
ダーウェ
ドー*
Da-wei ターウェイ

Daweke タヴェッケ	Dax ダー ダクス ダックス	D'Ayot ダヨ	ト*** ドゥ*** ドゥ*	Deangelis ディーンゲリス
Dawel ダーウェル ドゥウエル		Da-you ダーユー		De Angelo デアンジェロ
Dawer ダワー	D'axa ダクサ	Dayras デイラス*	De' デ**	DeAngelo デアンジェロ
Dawes ダウズ ドウズ ドース ドーズ**	Day デー* デイ* デイ***	Dayre デール**	D'e デ	ディアンジェロ
		Dayrell デイレル	Dé デ*	Deanie ディーニー
		Dayrit ダイリット	Đe デ	DeAnna ディアーナ
		Dayron ダイロン*	Dea デアー** デア ディア	ディアナ*
Dawey デューイ	Daya ダヤ	Dayton デイトン** デートン		Deanna ディアナ** ディーナ
Dawg ドッグ	Dayā ダヤー			
Dawid ダウィド ダヴィド ダビト	Dayal ダイヤル* ダヤル**	Daywalt デイウォルト	Déa デア	DeAnne ディアンヌ
	Dayala ダヤラ	Dayyan ダヤン	De'Aaron デアーロン	Deanne ディアン ディアンヌ ディエン
	Dāyaman ダーヤマン	Daz ダズ	De Abreu デアブレウ	
Dawidh ダビッド*	Dayan ダイアン ダイヤン タヤン ダヤーン ダヤン***	Daza ダーサ ダサ* ダザ	Deach ディーチ	
Dawidoff ダウイドフ			Deacon ディーコン**	
Dawidowicz ダビドビッチ*		Dazanbjiya ダザンブジヤ	Deaderick デアデリック	Deans ディーンズ**
Dawidziak ダウィッドジアク		D'Azay ダゼー	Deadmarsh デッドマーシュ	De'Anthony ディアンソニー
Dawin ダーウィン	Dayananda ダヤナンダ	Daze ダーゼ	Deadmaus デッドマウス	Dear ディア
Dawisha ダウィシャ	Dayānanda ダヤーナンダ ダヤーナンダ ダヤーナンド	Dazé デーズ	Dea-eui デイ	De Araújo デアラウジョ*
Dawit ダウィト		D'Azeglio ダゼッリオ ダゼーリオ ダゼリオ ダゼーリョ ダゼリョ	Deag デッグ	Dearbhla ダーブラ
Dawkins ダウキンズ ドウキンズ ドーキンズ** ドーキンズ* ドキンズ	Dayanchi blam-a ダヤンチラマ		Deagle ディーグル	Dearborn ディアボーン*
			Deajah ディアジャ	Dearden ダーデン ダーデン デアルデン ディアダン* ディアデン
	Dayang ダヤン		Deak ディーク	
	Dayanidhi ダヤニディ	Dazieri ダツィエーリ	Deák デアーク	
Dawla ダウラ	Dayanita ダヤニータ ダヤニタ	Dazinski ダジンスキー	Deak-bardos デアクバルドシュ	
Dawlah ダウラハ		Dazo ダゾ	Deakes ディークス**	
Dawlat-Shāh ダウラトシャー	Dayanti ダヤンティ	D'Azyr ダジール	Deakin ディーキン*	Dearholt ディアホールト
	Dayārām ダヤーラーム	Dazzy ダジー	Deakins ディーキンス	
Dawley ドーリー*	Dayaratna ダヤラトナ	Dbang phyug ワンチュク	Deal ディール** デール	Dearie ディアリー
Dawling ドーリング	Dayaris ダヤリス	Dbang po ワンポ		Dearing デアリング ディアリング* デーリング
Dawlish ダーリッシュ ドーリッシュ	Dayasiri ダヤシリ	Dbang rgyal ワンギェル	De Alba デアルバ	
	Dayasritha ダヤシュリタ	Dban po ワンポ	Dealey ディーレー*	
Dawn ダウン* ダン ドーン**		Dbań-rgyal ワンギェル	De Alfaro ダルファロ	Dearlove デアラブ ディアラブ*
	Daydé ダイデ	Dbbs ドブス	De Allende デアリエンディ	
	Da-ye ダエ	Dbeibah ドベイバ		Dearmer ディアマー*
Dawna ダナ ドゥナ ドンナ*	Daye ダエ	Dbijendralāl ディジェンドロラル	Dealtry デルトリー	Dearmun ディアマン
	D'Ayen ダイアン		Dealy ディーリー	Dearstyne ディアスタイン
	Dayer ディヤー	Dbus pa ウーパ	Deamer ディーマー	
Dawnay ドーネイ	Dayes デーズ	Dbyaṅs ヤン	Dean ダン ディーン*** ディン デーン トゥアヌ	Deary ディアリ ディアリー
Dawne ドーン	Dayett デイエット	Dbyans can ヤンチェン		
Dawood ダーウッド ダーウド	Dayez ダイエツ	Dcepa ディーパ		Deas ディアス ディーズ
	Dayfallah デイファラ	D'Costa デコスタ*		
Dawoud ダウド**	Dayhoff デイホフ*	D'Cruze ド・クルーズ	De Ana デアナ	De Asis デアシス
Daws ドウズ ドーズ	Daykarhanova デイカルハノーヴァ	D'Cunha ド・キュナー	Deana ディアナ ディーナ	Deasly ディーズレー
		Dda ザー		Deason ディーソン
Dawson ダウスン ダウソン ドウスン ドウソン ドースン** ドーソン***	Daykin デイキン	De ザ ジ** ジー ダ** テ* デ*** デー ディ*** ディー* デーユー デュ**	DeAndre デアンドレ ディアンドレ	De Assuncao Carvalho デアスンカオカルバリョ
	Daylamī ダイラミー			
	Dayle デイル		Deandre ディーンドレ	
	Dayma ダイマ		DeAndrea デアンドリア**	Deat デア
	Dayna ダイナ*			Déat デア
	Dayne ダイン* ダイン		DeAndrew ディアンドリュー	De'Ath ディアス
Dawud ダウド				Deatherage デサレージ
Dāwūd ダーウード ダーヴード	Daynes デインズ		Deane ディーン***	
	Dayo ダヨ		De Angelis デアンジェリス	Deathridge デスリッジ
	Da-Yon ダヨン			Deaton ディートン*

Deau ディーン
D'Eaubonne ドーボン
Deaucourt ドクール
Deaver
　ディーヴァー*
　ディーバー**
Deavere
　ダヴィア
　ダビア
Deavers デーバーズ
Deavilés デアビレス
Deayea ディアイエ
Deayon ディーヨン
Deaza ディアザ
Deb デブ*
Débaba デババ
DeBaggio デバッジオ*
Debagha デバガ
Debailleul
　ドバイユール
Debain ドゥバン
Debaine ドゥベーヌ
Debains ドゥバン
Debajyoti
　デバジョティ
DeBakey
　ドベイキー
　ドベーキ*
Debakey ディバケイ
Debarati デバラティ
DeBarge デバージ
Debargue デバルグ
De Barillas
　デバリジャス
De Barros デバロス
De Barry ドバリー
De Bary ドバリー
Debashish デバシシュ
Debasis ドゥバシス
Debasish デバシィシュ
Débat デバ
Debatisse
　ドゥバティス
Debaty ドゥバティ
Debauve ドボーブ
Debay ドベイ
Debaye ドゥベイ
Debayle デバイレ*
Debbi
　デビ*
　デビー*
　デビィ
Debbie
　デビー
　デビ
　デビー**
　デビィ*
Debbins デビンズ
Debböra デボラ
Debborah デボラ
Debbouze ドゥブーズ
Debby
　デビ
　デビー*

デビィ
De Beaune ドボーヌ
Debeauvais
　ドゥボーヴェ
Debeaux ドゥボー*
Debec デベク
Debeche デベシュ
Debecker
　ドゥベッケール*
Debecque デベック
De Beer ドビア
Debelah デブラ
Debelak デベラク
Debeljački
　デベリヤスキー
Debeljak デベリアク
Debelka デベルカ
De Bellis デベリス
Debendranāth
　デベンドロナート
De Benedetti
　デベネデッティ
Debenedetti
　デベネデッティ
De Benedictis
　デベネディクティス
Debeney デブネ
De Berg
　ディバーグ
　ドバーグ
DeBerg ディバーグ
Debernard
　デベルナール
Deberry ドベリー
Debes デブス
DeBess デベス
Debesse ドベス
Debeuf ドゥブーフ
Debeurme ドバーム
Debeve ドベープ
Debevec
　デベベツ
　デベベッチ**
Debevoise デベボイス*
Debi
　デビ**
　デビー
　デビィ
Debī デビ
Debicka デビツカ
Debidour
　ドビドゥール
Debierne ドビエルヌ
Debile デビル
Debiprasad
　デービプラサド
De Biran ドビラン
Debison デビソン
DeBlank ドゥブランク
De Blasio デブラシオ
DeBlasio デブラシオ
Deblasio デブラシオ*
Deblinger
　デブリンジャー
Debliqui ドゥブリッキ
De Block デブロック
Deblock デブロック
DeBlois デュボア*
Debo デーボ
Deboah デボラ
De Bodard ドボダール
Deboeck ザブック
De Boer
　デブール
　デボワ
DeBoer デボア
Debois
　デボイス
　ドボア
Debolini デボリーニ
De Bono デボノ
Debono デボノ
De Boor デボアー
Debora デボラ*
Débora デボラ
Deborah
　ディボラ
　デボラ
　デボラ***
　デボラー
Debórah デボラ
Débórah デボラ*
Debord
　ディボード
　ドゥボール**
Deborin
　デーブリン
　デボーリン*
　デボリン
Deborrah デボラ
DeBorst デボースト
Debose ディボース
Debost
　デボスト*
　ドボ
De Botton ドボトン
De Bouillon
　ドブーイヨン
Debout ドゥブー
DeBowes デボワス
Debra
　ディーブラ
　デブラ***
　デボラ
Debraekeleer
　デブラーケレール
Debrah
　デブラ
　デブラー
Debray
　ドゥブレ*
　ドブレ**
Debré
　ドゥブレ
　ドブレ**
Debreczeny
　デブレクシニー
De Brem ドブラム
Debretsion
　デブレツィオン
Debrett デブレット
Debreu
　デブリュー
　デブリュー**
　ドブルー
Debrin デブリン
Debris デブリ
Debritto デブリット
Debrix ドゥブリ
DeBrock デブロック
De Broe デブレ
De Broglie
　ドブロイ
　ドブロフスカ
Debroux ドゥブルー
Debru ドゥブリュ
DeBrücke デブラック
De Bruijn
　デブルーイン*
De Bruin デブルイン
De Brum デブルム*
De Brum デブルム
Debrunner
　デブルンナー
De Bruyne デブルイネ
Debs
　デブス
　デブズ*
Debschitz
　デブシッツ
　ドゥブシッツ
De bshin テシン
Debu
　デビュー
　デビュ
Debuchy ドゥビュシー
Debucourt
　ドビュクール
Debuf デバフ
Debuigne
　デュブュイーニュ
　ドゥビュイニュ
Deburau
　ドビューロ
　ドビュロー
Deburghgraeve
　ドブルググレーブ*
Debus
　ディーバス
　デーブス
　デブス
DeBusk デバスク
DeBusschere
　デバッシャー
　デブッシャー
Debussy
　デビュッシイ
　ドビッシー
　ドビュッシー*
　ドビュッシイ
　ドビュスイ
De Buyst
　デビュイスト
Deby
　デビ*
　デビー
　デブ
Déby デビ*
Debye デバイ*
Decaë
　ドゥカエ
　ドカエ
DeCaires デカイレス
Decaisne
　ドゥケーヌ
　ドケーヌ
Decalmer デカルマー
DeCamp デキャンプ
De Campos
　デカンポス
Decamps ドカン
DeCandido
　デカンディード*
Dečanski
　デチャンスキー
De Capovilla
　デカポビジャ
DeCarlo
　デカーロ
　ドゥカーロ
　ドカルロ
DeCaro デカロ
Decarpentry
　デカルパントリー
DeCarvalho
　デカーヴァロー
　デカーバロー
De Castella
　デキャステラ
De Castilla
　デカスティジャ
De Castries
　ドカストレ
De Castro デカストロ
Decastro デカストロ
DeCatanzaro
　デカタンザロ
Decatur
　ディケイター
　ディケーター
Decaux
　ドゥコー**
　ドコー
Decazes
　ドカーズ
　ドカズ
Decazie デカジー
Decebalus
　デケバルス
　デケバレス
De Ceita デセイタ
December
　ディセンバー*
DeCenzo ディチェンゾ
Decety
　ディセティ
　デセティ
Decha デチャ
DeChamplain
　デシャンプラン
Dechamps ドシャン
De Charette
　ドシャレット*
Dechau デヒャオ
Déchelette
　デシュレット

Dechellis デシェリス*
D'Echeona デチェオナ
Dechepare デチェパレ
Dechevrens ドシュヴラン
Dechichio デチチオ
Dechow デチャゥ*
Dechy ドシー
Deci デシ
Decie ディシー
Decimus
　デキムス
　デシマス
　デシムス
DeCinces デシンセイ*
Decio デチオ
Decius
　デキウス
　デーツィウス
Deck デック
Decker デッカー**
Deckers
　デッカース
　デッカーズ*
Deckersbach デッケルバック
Deckert
　デッカート*
　デッケルト
Deckha デクハ
Deckistoll デッキストル
Deckker デッカー
Declair デクレール
DeClaire デクレア*
Declan
　ディクリーン
　デクラン**
DeClark デクラーク
De Clerck デクレルク
Declerck デクラーク
De Clercq ドクレルク*
DeClercq デクラーク
Declève デクレーブ
Deco デコ*
De Cock デコック*
Decoeur ドクール
Decoin
　デュコワン
　ドゥコワン*
　ドコワン
De Comarmond ドコマルモン
Decomble
　ドゥコンブル
　ドコンブル
De Coninck デコニンク
Deconinck デコーニンク
DeConnick デコニック
Decornoy ドコルノワ
De Corte ディコルテ
De Cospedal デコスペダル
Decosse デコス

Décosse デコス*
DeCoste デコステ
De Coteau ドゥコトゥー
Decoto デコート
Decottignies デコッテグニ
Decouflé
　ドゥクフレ*
　ドクフレ
Decoule デクール
Decoulx ドクルクス
Decour ドクール
Decourchelle ドクールシェル
Decourtray ドクルトレー
De Coury デカーシー
Decoux ドクー
Decoz デカズ
Decraene デクラーヌ
De Crem デクレム
De Cristoforo ドクリストフロ
Décrochers デクロシェ
Decroly
　ドクロリ
　ドクロリー*
De Croo デクロー
Decrosse ドゥクロス*
Decroux
　ドゥクルー*
　ドクルー
Decsey デチャイ
Decsi デチ
De Cuéllar デクエヤル**
Decugis デキュジス*
Décugis デキュジス
Ded
　デッド
　デード
Deddy デディ
DeDe ディディ
Dede
　ディディ*
　デデ**
Dédé デデ
Dedeaux
　ディードー
　デドー*
Dedecius デデチウス
Dedecker ドゥデッケール
De De Hart デデハルト
Dedekind
　デーデキント*
　デデキント*
Dedeletakis デデレタキス
Dedene デデン
Dedera デデラ
Dederer デデラー
Dederichs デデリックス

Dédériwé デデリウェ
Dedes ドゥドゥス
Dedeyan
　デディアン
　デデヤン*
De Deyne デデイン
Dédia デディア
Dedic デェディッチ
Dedić デーディチ
De Dieu
　ドディユ
　ドデュー
Dedieu
　デデュー**
　ドデュ
Dedijer
　デディ
　デディエール
　デディエル*
Dedimar デジマール*
Dedman
　デッドマン
　デドマン
Dedmon デッドモン
Dedopulos デイドブロス
Dedre デドレ
Dedrick
　デッドリック
　デドリック*
Dedumose
　デドゥメス
　デドゥモセオス
Dee
　ディー***
　デイー
Dee-Ann ディーアン
Deeb ディープ**
Deech ディーチ
Deecke デーケ
Deed
　ディー
　ディード
　デード
Dee Dee
　ディーディー
　ディディ
Deedee ディーディー
Deedes ディデス
Deedy ディーディ
Deeg ディーグ
Deegan ディーガン*
Deehan ディーハン*
Deehani ディハニ
Deek ディーク
Deeken デーケン*
Deeks ディークス
Deelchand ディールシャン
Deeley ディーレイ
Deelman ディールマン
Deely
　ディーリ
　ディーリー
Deems ディームス

Deems ディームス
Deen ディーン*
Deena ディーナ
Deeney ディーニー
Deenihan ディーニハン
Deep ディープ
Deepa ディーパ*
Deepak
　ディーパク*
　ディパク
　ディーパック*
　ディパック*
　デーパク*
Deepika ディーピカ
Deeping ディービング
Deer ディアー*
Deere
　デーア
　ディア
　ディアー
Deerfield ディアフィールド
Deering ディーリング
Dees ディーズ*
De Escobar デエスコバル
Deese ディーズ
Deess ディース
Deetah ディータ
Deeter ディーター
Deetz ディーツ*
Deevey ディーヴィ
Deevoy ディーヴォイ
Deevy ディービー
Def デフ
Defago デファゴ*
Défago デファゴ*
DeFalco デファルコ
Defalco デファルコ
Defallah デファッラ
Defant デファント*
Defar
　デファー**
　デファル
Defares デファレス
Defari デファーライ
Defauw
　ドゥフォー
　ドフォー
Defaux デュホー*
Defay
　デフェイ
　ドゥフェ
DeFelice デフェリス*
De Felitta
　デフェリータ
　デフェリッタ
Defendente デフェンデンテ
Defendi デフェンディ
Defensor
　ディフェンソー*
　ディフェンソール

デフェンソル
DeFer デファー
Deferr デフェル*
Deferre ドゥフェール
Deffand デファン
Deffayet ドゥファイエ
Deffenbacher ディッフェンバッカー
Deffer デフェル
Defferre ドフェール*
Deffeyes ディフェイス
Deffrennes デフレヌ
Defiagbon デフィアグボン
DeFigueiredo デ・フィゲイレド
De Filippis デフィリッピス
D'Efilippo デフィリッポ
Deflandre
　ドゥフランドル
　ドフランドル
DeFleur デフレー
Defliese デフリーズ
Defoe
　ディフォー
　デファー
　デフォ
　デフォー*
　デフォウ
　デフォオ
　デホー
　デュフォー
　ドゥー・フォー
　ドゥーフォ
　ドゥーフォー
DeFoliart デフォリアート
Defonseca デフォンスカ
Defontenay ドフォントネー
DeFord
　ディフォード
　デフォード
　ドフォード
Deford
　ディフォード
　デフォード**
Defore デフォー
De Forest
　デフォレスト*
　ドフォレスト
DeForest
　ディフォレスト
　デフォレスト*
　デホレスト
Deforest デフォレスト
DeForge ドフォルジュ
Deforge ドフォルジュ
Deforges
　デフォルジュ**
　ドフォルジュ*
Deforis ドフォリ
Defossez デフォッセ
Defour デフール

Defourny ドゥフルニ* ドッフルニ	Degermark デイェルマルク デーゲルマルク	DeGrom デグロム Degrom デグロム	Dehlinger デーリンガー	Deinarchos デイナルコス
Defrance デフランス ドゥフランス ドフランス	De Geus デヘウス Degeyter ドゥジェイテール	Degron デグロン De Groot ドログロート	Dehlvii デヘルヴィー Dehm デム Dehmel	Deinarkhos デイナルコス Deineka デイネーカ
De Franco デフランコ DeFranco デフランコ*	ドジェーテル Dégh デーグ	DeGroot デグルート Degroot デグルート	デエメル デーメル*	デイネカ Deininger
DeFrank デフランク Defrantz デフランツ*	Degioanni ドゥジオアニ	Degtiarëv デクチャリョフ	Dehmelt デーメルト* Dehn デーン*	ダイニンガー Deiniol
Defrasne デフラーヌ	DeGioia デジョイア* Degla デグラ	Degtiareva デグチャーレヴァ	Dehnen デーネン Dehner	デイニオル デイニョル
ドフラスン** ドフラーヌ Defrêcheux	Deglaire ドグレール Deglane デグラン	Deguara デグアラ De Gucht デフフト	デーナー デナー*	Deino ディノ Deinocrates
ドフレシュー Defregger	D'Eglantine デグランチーヌ	Deguerville デジェルビル	Dehnert デーネルト DeHoff	ディノクラテス Deinokratēs
デフレッガー De Freij ドフレージ	デグランティーヌ デグランティヌ	Deguillaume ドギョーム* De Guindos	デホフ デュホッフ	ディノクラテス ディノクラーテース ディノクラテース
Defrel デフレル Defrémery ドフレメリ	Degler デーグラ	デギンドス Deguon デゴォン	De Hollanda デオランダ	Deinostratos デイノストラトス
Defrère ドゥフレール Defretin デフレティン	デグラー Degli	Deguy ドゥギ*	Dehon ドオン De Honnecourt	Deinzer ダインツァー Dëiocēs デイオケス
DeFries ドフリース Defromont ドフロモン	デッリ デリ Degn デーグン	ドゥギー** De Guzman デグズマン	ドオンヌクール De Hoop Scheffer デホープスヘッフェル*	Deion ディオン* Deiondre' ディオンドレ
De-fu デフー Degabriele	Degna デーニャ Degnan デグナン	D'Egville デグヴィル Deh	Dehqan デフガン Dehs デース*	Deiontrez ディアイオントレス Deiotarus
デガブリエル De Gaetani	Degnen デグネン Dego デゴ	デ ド	Dehu デウー Dei	ディオタルス ディオタロス ディオタロス
デガエターニ Degaillerie ドゲイユリ	Degol デゴル Degos	De Habich デハビッチ Dehaene	ダ デ ディ	Deiphobos デイフォボス
Degain デゲイン Degair デガイル	デゴス ドゴース De Graaf	デハーネ*** ドゥアンヌ Dehan ディーハン	デイ* Deibel デイベル	デイポボス Deipser ダイプザー
Degale デゲール** De Garmo デガルモ	デグラーフ ドフラーフ De Graaff デグラーフ	Deharbe デハルベ Deharme ドゥアルム De Hart ドゥハート*	Deiber ダイベル Deibert ダイバート D'eibes デイベス	Deiq デイク Deirdre デアドラ
DeGarmo デガーモ* Degas ドガ**	Degrada デグラーダ DeGraff デグラフ	DeHart ディハート デハート	Deibler ダイブラー Deibold	デアドール デアドル ディアドラ**
De Gasperi デガスペリ De Gaulle ドゴール	Degrain デグライン Degras デグラス	De Hartog デハルトグ*	ディーボールド De Icaza デイカーサ	ディアドリ* ディアドリー
De Gavidia デガビディア	De Grasse デグラッセ ドグラース	Deharvengt デハーヴェント	Deich デーイチ Deicher ダイヒャー	ディアドリィ ディアドレ
Degbe デグベ Degbo デボ Dege デゲ	ドグラス DeGrasse ディグラス	Dehasse ドゥハッス* Dehaven デハヴェン Dehecq デュエック	Deicola デイコラ Deida デーダ Deidda デイッダ	ディアドレー ディードリ ディードル
Dégé デジェ Degeling デグリング	ドグラース De Grave	Deheeger ドエジェル Dehejia デヘージア	Deidi ダイディ Deidre	デドレ デルドレ De Irruarrizaga
Degen ディーギン デーゲン*	デフラーフェ DeGraves デグレーブス	Dehelly ドゥエリー Dehem ドゥハン	デイドラ* ディードリー	デイルアリサガ Deisenhofer
デジャン Degener デゲナー	DeGraw デグロウ* DeGrazia	Dehen デーエン Dehergne	Deifallah デイファラ Deighton デイトン**	ダイゼンホーファー* Deisler ダイスラー*
DeGeneres デジェネレス*	デグラツィア ドグラツィア*	ドゥエルニュ Dehghani ダギャニー	Deiglmeier ダイグルマイヤー	Deiss ダイス*
Degenhardt デーゲンハルト	Degrazia デグラージア Degre ドゥグレ	Dehio デヒーオ デヒオ	Deignan ダイグナン ディグナン	ディス Deisseroth ダイセロス
Degenkolb デーゲンコルブ De Gennaro	Degré デグレ	Dehkhodā デフホダー	ディナン Deikman ダイクマン	Deissler ダイスラー Deissmann
デジェンナーロ De Gennes	ドゥグレ* Degregori デグレゴリ*	デホダー Dehl デール	Deiko デイコ Deili デイリ	ダイスマン* Deitch ダイチ
ドゥジェンヌ DeGeorge	De Gregorio デグレゴリオ	Dehler デーラー Dehli デリ	Deilmann ダイルマン Deimann ダイマン	ダイッチ Deitchman ダイチマン
ディジョージ Degering デゲリング	De Grey デグレイ DeGroff デグロフ	Dehlin ディーリン	Deimel ダイメル Deimler ダイムラー Deimling ダイムリング*	Deitel ダイテル

D

デイテル*
Deiter デイター
Deiters
　ダイタース
　ダイテルス
　ディーターズ
Deitsch ディッチ
Deivi デイビ
Dej
　デジ
　デート
Deja デジャ
De Jager
　デヤガー
　デヤーヘル
Dejan
　デジャン**
　デヤン**
Dejanov デジャノフ
De Jaramillo
　デハラミジョ
Déjazet デジャゼ
DeJean
　ディジャン
　デジャン
Dejean
　デジーン
　ドジャン
　ドジャン
Dejen デジェン
De Jesus
　デゼズス
　デヘスス
De Jesús
　デヘスース
　デヘスス
DeJesus デヘスス
Dejevsky デエフスキー
Deji デヒ
De-jiang
　デージャン
　トーチアン
Dejmek デイメク**
De Johnette
　デジョネット
De Jong
　ディヤング*
　デヨン
　デヨング**
DeJong ディヤング
Dejong ディヤング
De Jonge
　デヨンゲ
　デヨンゲ
Dejounte デジョンテ
Dejours デジュール
DeJuan デワン
De Juniac
　ドジュニアック*
Dekanović
　デカノヴィチ
Deke
　ディーク*
　デューク
Deken
　ディーケン
　デケン

Dekena ディケナ
De Kerangat
　デクランガ
De Ketele デケトレ
Dekha デハ
Dekhairi ドヘイリ
Dekhil ダヒール
Dekhodā デホダー
Dekhterev
　デーハチェリョフ
Dekiss ドキス
Dekker
　ディカー
　デカー
　デッカー***
　デッケル*
Dekkers デッケルス*
De Klerk
　デクラーク***
DeKnight デナイト
Dekobra デコブラ*
Dekoda デコダ
De Kok デコック
Dekom デコム
Dekoninck デコニンク
De Koning デコニング
DeKorne デコーン
Dekorne デコーン
DeKornfeld
　デコンフェルド
De Korte デコルテ
De Koster デコスター
DeKoven デコーヴェン
Dekoven
　ドゥコーヴァン
Del
　デア
　デル***
Dela デラ
Delabar デラバー
Delaborde ドラボルド
Delabrousse
　ドゥラブルース
Delabroy ドゥラブロワ
Delabruyère
　ドゥラブリエール
Delaby ドラビー
De La Calle
　デラカジェ
Delacampagne
　ドラカンパーニュ
Delacato デラカート
Delachet
　ドゥラシェ
　ドラシェ
De la Concha
　デラコンチャ
Delacorta デラコルタ*
Delacorte デラコート*
Delacoste デラコステ
Delacôte デラコート
Delacour ドラクール
Delacourt ドラクール*
Delacourtie
　ドラクウルチー

Delacroix
　デラクルシュ
　ドラクロワ*
Delacroix
　デラクロワ*
　ドゥラクロア
　ドラクロア*
　ドラクロワ**
De La Cruz
　デラクルーズ
　デラクルス*
De Lacy ドレーシー
Deladrière
　ドラドリエール
De La Espriella
　デラエスプリエジャ
　デラエスプリエヤ
Delaet デュレット
Delaey デラエー
Delafield
　デラフィールド*
Delafon ドラフォン
Delafons デラフォン
DeLaforcade
　デラフォケード
Delafosse
　デラフォッス
　デラフォッズ
　ドゥラフォス
　ドラフォス
De La Fuente
　デラフエンテ
De la Garza
　デラガーザ
Delage
　ドゥラージュ
　ドラージュ*
De La Geniere
　デラジニエール
　ドラジュニエール
De La Guardia
　デラグアルディア
Dela Guardia
　デラグアルディア
Del Águila デルアギラ
Delahanty
　デラハンティ
Delahay デラヘイ
Delahaye
　デラヘイ*
　ドゥラエ*
　ドラエ*
　ドラエー
Delahooke デラフーク
De La Hoya
　デラホーヤ
DeLaHoya
　デラホーヤ**
De Lahunta
　ドラウンタ
DeLahunta ドラウンタ
Delahunty
　デラハンティ
Delaigue ドレーグ
Delailomaloma
　デライロマロマ
Delaine デライン

Delair ドレール
Delaire デレアー
De la Jara デラハラ
De Lalande ドララン ド
Delalande
　ドゥラランド
Delalex ドラレクス
De La Madrid
　デ・ラ・マドリ
　デラマドリ
　デラマドリード
Delamain ドラマン
Delamair ドラメル
De La Mare デラマア
Delamare ドラマール
DeLamarter
　デラマーター
DeLaMater
　デラマター
Delambre
　デランブル
　ドランブル
Delamotte
　ドラモット*
Delamuraz
　ドラミュラ*
Delancey デランシー*
DeLand ドゥラン
Deland
　ディーランド
　ディランド
　デランド*
De Landa デランダ
Delanda デランダ
Delane ディレーン
Delaney
　ディラニー*
　ディレイニー*
　ディレイニー***
　ディレイニー
　デラニー**
　デレーニ
Delange ドゥランジュ
Delangle ドゥラングル
Delanie デラニー
Delank デランク*
Delanne ドランヌ
Delannoy
　ドラノア
　ドラノワ**
　ドランノア
Delano
　ディラノ
　ドラノ***
　デラノー
　デラノウ
Delanoe
　ドゥラノエ
　ドラノエ***
Delanoë ドラノエ
Delanoue ドラヌー
Delanty デランティ
De La Nuez
　デラヌエス
Delany
　ディラニー*
　ディレイニー

ディレイニ
ディレイニー*
ディレーニ
ディレーニー**
ディレーニイ
デラニー
デレイニ
デレイニー
デレイニィ
Delap デラップ
Delaparme ドラパルム
De La Paz デラパス
De La Peña
　デラペニャ
De la Peña
　デラペーニャ
Delapierre
　ドラピエール
Delaporte
　ドラポールト
　ドラポルト**
De la Puente
　デラプエンテ
Delaquis
　デラキー
　ドラキ
De la Renta
　デラレンタ
Delarey デラリー
Delarge デラージ
Delargy デラーギー
Delarivier
　デラリヴィエ
　ド・ラ・リヴィエール
De la Rocha
　デラロチャ
Delaroche
　ドゥラロシュ
　ドラローシュ
　ドラロシュ
　ドラロッシュ
De La Rosa
　デラロサ**
Delarosa
　デ・ラ・ロザ
　デラロサ
Delarose デラローズ
Delarosiere
　ドラロジエール*
Delarozière
　ドゥラロジエール
De La Rúa デラルア**
Delarue
　ドゥラリュ
　ドラリュ**
Delas ドゥラス
De la Saussaye
　ドラソーセイ
De La Serna
　デラセルナ
Delasin デラシン*
De Las Salas
　デラスサラス
Delassus
　デラシュー*
　デラシュス
De La Torre
　デラトラ

デラトレ
Delatouche
　ドラトゥーシュ*
Delatour
　ドゥラトゥール
　ドラトゥール
De La Trobe
　デラトロベ
Delatte ドラット
Delattre
　デラットル
　ドゥラットル
　ドラットル*
Delatush デラタッシュ
Delauche ドローシュ
Delaulne ドローヌ
Delaunay
　デロネ
　デローネイ
　ドゥローネ
　ドゥロネ
　ドロナイ
　ドローネ*
　ドローネー*
DeLaune デラウーン
Delauney デラウニー
Delaunois ドロノワ
DeLauriers
　デラウライヤー
Delaval デラバル
Delavaux ドゥラヴォー
De La Vega デラベガ
Dela Vega デラベガ
Delavenay ドラヴネ
Delaveyne ドラベーヌ
Delavier ドラヴィエ*
Delavigne
　ドラヴィーニュ
　ドラビーニュ
Delavrancea
　デラブランチャ
Delawer デラワー
DeLay ディレイ*
Delay
　ディレー
　ディレイ*
　ドゥレ**
　ドゥレー
　ドレ*
　ドレー
　ドレイ*
Delaye ドゥレー
Delayne ディレイン
Delbanco デルバンコ
Delbée デルベー
Delbert
　デル
　デルバート**
　デルバート*
Delbet デルベ
Delblanc
　デルブラン*
　デルブラング
Delbo デルボー
Delboe デルボー
Delboeuf デルブーフ

Delbonis デルボニス
Delbos デルボス
Delbosc デルボスク
Delbosco デルボスコ
Del Bosque
　デルボスケ*
Delbridge
　デルブリッジ
Delbruck
　デルブリュック
Delbrück
　デルブリュック**
　デルブルック
Delcambre
　デルカンブル*
Del Carmen
　デカルメン
　デルカルメン
Del Carpio
　デルカルピオ
Delcassé
　デルカセ
　デルカッセ
Del Castillo
　デルカスティージョ*
　デルカスティージョ
　デルカスティリョ
Delčev デルチェフ
Delchar デルシャー
Del Cid デルシド
Delclos デルクロス
Delcomyn デルコミン
Delcour デルクール
Delcourt デルクール
Delcroix デルクロア
Delcy
　デルシ
　デルシー*
Delden デルデン
Delderfield
　デルダーフィールド
　デルダフィールド
Deldique デルディック
Delduwe デルドゥエ
Dele デレ
Déléage デレアージュ
Deléan ドゥレアン
Deleanu デレアヌ
Deleau ドゥロー
Delécluze
　ドレクリューズ
Deledda
　デレッタ
　デレッダ**
De Lee ドリー
De Leeuw ドレウ
DeLeeuw
　デ・リーユー
　デリュー
Deleg デレグ*
Delegage デレガゲ
Delègue ドレーグ
Delehanty
　ディールハンティー
　デレハンティ

Delehaye
　デレイエ
　ドルエー
Delek デレク
Delekat デレカート
Delens
　ディーレンス
　ドレンス
Delentai デレンタイ
De Leo デレオ
DeLeo ディレオ
De Leon デレオン***
De León デレオン
DeLeon
　デリオン
　デレオン
Deleplace
　ドゥブラス
Delerm
　ドゥレルム*
　ドレルム**
De Le Rue ドルリュー
Delerue
　デルリュー
　ドルリュ
　ドルリュー
　ドロリュ
Delescluze
　デレクリューズ
　ドレクリューズ
Delespaul
　ドルスポール
Delesse ドレス
Delessert
　ドゥルセール
　ドゥルセール*
　ドルセール
　ドレセール*
Delestraint
　ドゥレストラン
Deletaille
　ドルタイユ
Deleuse ドゥルーズ
Deleuze
　ドゥルーズ
　ドゥルーズ**
　ドルーズ
Delevoye ドルボワ
Delextrat
　デレクストラト
Delf デルフ
Delfabbro
　デルファブロ
Delfau デルフォ
Delfieux デルフィユ
Delfim
　デウフィム
　デルフィン*
Delfin デルフィン
Delfini
　デルフィーニ
　デルフィニ*
Delfino
　デルフィーノ
　デルフィノ
Delfont デルフォント
Delforge
　デルフォージュ

デルフォルジュ
Delfosse デルフォス
Delfour デルフォー
Delfs デルフス
Delft デルフト*
Delgadillo
　デルガディジョ
Delgado
　デルガード**
　デルガド**
Delhome デローム
Delhomme
　デローム
　ドゥロム
Delhommeau
　デルオモー
Delia
　ディーリア*
　ディリア*
　デリア***
D'Elia
　デリーア
　デリア
Délia デリア
Deliargyris
　デリアーギリス
Delibas デリバス
Delibasis デリバシス
Delibes
　デリーベス*
　デリベス**
　ドリーブ
Delicado デリカド
Deliège ドリエージュ
De Lies ドリース
Delight ディライト
Delignat ドリニャー
Delignat-Lavaud
　ドリニャーラヴォー
Deligne
　ドゥリーニュ*
　ドリーニュ
Deligonul デリゴナル
Delilah
　ディライラ
　デライラ
　デリラ*
Delille
　ドリール
　ドリル
　リール
DeLillo デリーロ**
Delillo デリーロ*
De Lima デリマ
Delimon デリモン
Delino デライノ*
Delinsky
　デリンスキー**
Delio
　デーリオ
　デリオ
Delion ドゥリオン
Delis デリス
DeLisa デリーサ
DeLisi
　ディリシー
　デリシ

Delisle
　デライル
　デリール
　ドゥリール*
　ドリール
　ドリル
De Lisser ドリッサ
DeLisser ドリッサー*
Delitio デリーティオ
Delitto デリット
Delitzsch
　デーリチュ
　デーリッチュ
　デリッチ
　デーリッチュ
　デリッチュ
Delius
　ディーリアス
　ディリアス
　デリアス
　デーリウス
　デリウス**
Deliwe デリウェ
DeLizia デリツィア
Delk デルク
Delker デルカー
Dell デル***
Dell' デル
Della
　デッラ**
　デ・ラ
　デラ**
　デルラ*
　ドラ
Dell'Abate
　デッラバーテ
Dellacherie
　デラシェリー
Dell'Acqua
　デッラックゥア
　デラクア
Dell'Amatrice
　デッラマトリーチェ
Dellamere デラミーア
Dell'Amico
　デル・アミーコ
Dell'Angela
　デランジェラ
Dell'anno デランノ
Dellaportas
　デラポータス
Dellaquila
　デッラクイラ
Dell'Aquila
　デッラークイラ
　デラクイラ
Dellar デラー
Dell'Ara デラーラ
Dell'Arca デッラルカ
Dell'Arpa デラルパ
Dellas デラス*
Dellasega デラセガ
Dellavedova
　デラヴェドバ
Dellavia デラヴィア
Delle
　デッレ*
　デレ

Delleani デッレアーニ	**Delmonte** デルモンテ*	**Delort** ドゥロール ドロール*	**Delprato** デルプラート
Delle Karth デレカース	**Delmore** デルモア*		**Delprot** デルポート
Deller デラー*	**Delmotte** デルモト	**Delory** デロリー ドロリー	**Delpy** デルピ デルピー**
Delli デッリ デリ*	**Delna** デルナ		
	Del Nagro デルネグロ	**Delos** デロス	**Del Real** デルレアル
Dellian デリャン	**Delnoji** デルノイ	**De Los Reyes** デロスレイエス	**Del Rey** デルリー
Delligatti デリガッティ	**Delo** デロ		**Del Rio** デルリオ
Dellin デリン	**Deloach** デローチ*	**Deloss** デロス	**Delrio** デルリオ
Delling デリンク デリング	**DeLoache** デローチェ	**Delot** ドゥロ	**Del Rocío** デルロシオ
	Delobel デロベル ドロベル*	**Delouche** ドルーシュ	**Delron** デルロン
Dellinger デリンジャー**		**Deloughery** デロウリィ	**Del Rosario** デルロサリオ
Dellis デリス	**Deloffre** ドゥロッフル		**Delrosario** デルロサリオ
Dell'Isola デリソッラ デリソーラ	**Deloge** デロージュ	**Deloumeaux** ドルモー	**Delroy** デルロイ デロイ
	Delogu デログ	**DeLoura** デローラ	
Dellmann デルマン	**DeLois** ドロア	**Deloustal** ドゥルースタル	**Delsarte** デルサルト
Dello デッロ* デロ* デロルッソ	**Delon** デロン* ドゥロン* ドロン**	**Déloye** デロワ	**Delsaux** デルソー
		De Loyola デロヨラ	**Delschaft** デルシャフト
Dello Joio デロジョイオ	**Delone** デロネー	**DeLozier** ディロージャ	**Del Socorro** デルソコロ
	Deloney ディローニー デローニー	**Delp** デルプ*	**Delsol** デルソル
Dellon デロン		**Delpech** デルペシュ* デルペッシュ**	**Del Solar** デルソラル
Dell'Opera デッローペラ	**De Long** デロング ドロング		**Delson** デルソン*
Dell'orco デッロルコ		**Delpero** デルペーロ	**Del'son** デリソン
Dello Russo デロルッソ	**DeLong** ディロン デロング ドゥロング	**Delpeuch** デルプーシュ	**Delta** デルタ*
Dell'otto デロット		**Delph** デルフ	**Deltchev** デルチェフ
Delloye デロア	**Delong** デロング	**Delphaut** デルフォー*	**Delteil** デルテイユ* デルテイル デルテーユ
Delluc デリュック	**Delongchamps** ドロンシャン	**Delphi** デルフィ	
Dellucci デルーチ		**Delphin** デルファン デルフィン	**Deltgen** デルトゲン
Dellums デラムズ* デルムズ	**De'Longhi** デロンギ*		**Deltheil** デルタイユ
	Delony デローニー	**Delphine** デルフィーヌ** デルフィヌ デルフィーン デルフィン	**Deltito** デルテイト
Delma デルマ	**Deloof** デルーフ		**Delton** デルトン*
Delman デルマン	**De Loor** デロール		**Del Toro** デルトロ*
Del Mar デルマー	**De Lopez** デロペス	**Délphlanque** デルプランク	**Del Turco** デルトゥルコ
Delmar デル デルマー	**Deloraine** ドロウレイン	**Delphy** デルフィ**	**Delubac** ドゥリュバック
		Delpiano デルピアノ	
Delmartino デルマルチノ デルマルテイノ	**DeLoras** デロラス	**Del Piero** デルピエーロ デルピエロ**	**De Luc** デリューク
	Deloras デロラス		**Deluc** ドゥリュ
Delmas デラマ デルマ** デルマス	**Delord** ドロール	**Del Pierre** デルピエール	**De Luca** デルーカ デルカ
	DeLorean デロリアン	**Delpierre** デルピエール	
	Delorean デロリアン*		**DeLuca** デルーカ* デルカ*
Del Mazza デルマッツァ	**De Lorenzi** デロレンツィ	**Del Pilar** デルピラル	
Delmedigo デルメディゴ	**Delores** デロリス デローレス デロレス ドローレス	**Del Pino** デルピノ	**Deluca** デルーカ
		Delpire デルピール	**DeLucas** デルーカス
Delmer デル デルマー*		**Delpirou** デルピルー	**De Lucca** デルッカ
	Delorge ドゥロロルジェ	**Delplace** デルプラス	**DeLuce** デルース
Delmet デルメ	**Deloria** デロリア**	**Delplancke** デルプランク	**DeLuise** デルイーズ*
Delmira デルミラ	**Deloris** デローリス デロリス	**Delplanque** デルプランク	**Delumeau** ドリュモー**
Delmon デルモン			**De Lurdes** デルルデス
Delmont デルモン デルモント	**Delorm** デローム*	**Delponte** デルポンテ*	**Delury** デラリー デルリー
	Delorme ドゥロルム* ドロルム*	**Delpopolo** デルポポロ	
		Delport デルポート	**Delusina** デリューシナ
	Délorme デロルム	**Delporte** デルポルト	**Deluy** ドゥリュイ
Del Monte デルモンテ	**Delormel** デロルメル	**Del Potro** デルポトロ	**Delva** デルヴァ
	Delors ドロール***	**Del Prado** デルプラド	
		Delprat デルプラット	

Delval デルヴァル ドルバル	
Del Valle デルバジェ	
Delvalle デルバイエ**	
Delvaux デルヴォー** デルボー ドゥルヴォー	
Delvaux-stehres デルボーステレス	
Del Vecchio デルヴェッキオ デルベッキオ	
Delvecchio デルヴェッキオ デルベッキオ	
Delvert デルヴェール*	
Delves デルヴィス デルヴス デルヴズ	
Del'vig ジェーリヴィグ デーリヴィグ デリウィグ デリヴィグ デリヴィグ デリビグ	
Delville デルヴィル	
Delvin デルビン	
Delvincourt デルヴァンクール デルバンクール	
Delvon デルボン	
Delwa デルワ	
Delwarte デルバルト	
Delworth デルワース	
Delwyn デルウィン	
Dely デリー	
Delyle ドリル	
Delyne ドゥリーヌ	
DeLynn デリン	
Delysia デリシア デリスィア	
Delyushina デリューシナ デリョーシナ	
Delyusina デリューシナ	
Delzell デルゼル	
Dem デム	
Dema デマ	
Demachy ドゥマシー ドマシー	
Dēmadēs デマデス	
DeMaestri ディメイストリー	
Demafouth デマフ	
DeMain ディメイン	
Demaine ドメイン	
DeMaio デマイオ	
Demaison ドメゾン	
De Maiziére デメジエール	

ドメジエール
De Maizière
 デメジエール
Demakova デマコワ
Demal デマル
Deman
 デーマン
 デマン
Demand デマンド*
Démanet ドマネー
Demang ドゥマン
Demange
 ドゥマンジュ
 ドマンジュ
Demangel ドマンジェ
Demangelle
 ドマンジェル
Demangeon
 ドマンジエオン
 ドマンジョン
 ドマンジヨン
De Maniglia
 デマニリア
Demanov デマノフ
Demantius
 デマンティウス
Demar
 デマー
 デマール
Demarai デマレイ
Demarais デマレイス
Dēmaratos
 デーマラートス
 デマラトス
Demaray
 デマレー
 デマレイ
Demarçay
 ドマルセ
 ドマルセ
 ドマルセー
 ドマルセイ
De Marchi デマルキ
De Marco デマルコ**
DeMarco
 デマーコ*
 デマルコ*
Demarco デマルコ*
DeMarcus
 デマーカス*
Demarcus デマーカス
Demarczyk デマルチク
Demare ドゥマール
Demaree
 ディマリー
 デマリー
Demarest デマレスト
Dēmaretē デマレテ
De Margerie
 ドマルジュリ
Demargne ドマルニュ
DeMaria デマリア
Demaria デマリア
DeMarini デマリーニ
DeMarinis ドマリニス
Demario デマリオ

Demaris デマリス*
DeMark デマーク
Demark デマーク
Demarle ドゥマルル
DeMarlo デマーロ
Demarne
 ドゥマルヌ
 ドマーヌ
Demarques ドゥマルケ
DeMarre デマーレイ
Demars ドゥマール
DeMartin
 デマーティン
Demartini
 ディマティーニ
Demaryius デマリユス
DeMarzo ディマーゾ
Dēmas デマス
DeMaster デマスター
De Mata デマタ
Dematons
 デマトーン
 デマートンス*
De Matos デマトス
Demattei ディマテイ
DeMatteis
 デマティーズ
Dematteis
 デマティーズ
De Mauro デマウロ
DeMaus ドゥモース
DeMause ドゥモース
DeMay ディメイ
Demaziere
 ドマジエール
Demazière
 ドマジエール
Demazis ドゥマーズイ
Demazure
 ドマジュール
Demba デンバ
Dembeck デンベック
Dembeegijn
 デムベーギーン
Dembele
 ダンベレ
 デンベレ
Dembélé
 ダンブレ
 デンベレ
Demberel デムベレル
Dembinski
 デムビンスキ
 デンビンスキ
Dembitz
 デンビッツ
 デンビッチ
 デンビッツ*
Demblon デンブロン
Dembo
 デンボ
 デンボー
Dembonczyk
 デンボンシク
Dembowski

デンボフスキ
Demby
 デンビー
 デンビイ
Demchak
 デムチャック
 デンチャック
Demchuk デムチュク
Demchukdongrob
 デムチュクドンロブ
Demchyshyn
 デムチシン
Demčügdungrub
 デムチュグドンロブ
Deme
 デーム
 デメ*
De Médicis
 ドメディシス
Demedjibtawy
 デメジブタウィ
Demeersman
 デメールスマン
DeMeester
 デミースター
DeMeis デマイス
Demek デメク
Demeke デメケ
Demeksa デメクサ
Demel デメル*
Demelash デメラシュ
De Mello デメロ**
DeMello
 デメッロ
 デメロ
De Menezes
 デメネゼス**
Demenok
 ディメノーク
Demenonyo
 デモノンヨ
Dement デメント**
De Mente ディメンテ
Dement'ev
 デメンチェフ
Dement'eva
 デメンチェワ
Dementiev
 デメンチエフ*
Dementieva
 デメンチエヴァ
 デメンチェワ**
Dementieva
 デメンティエワ
Dementyev
 デメンチエフ
Dementyeva
 デメンティエワ
De Meo デメオ
DeMeo デメイオ*
Demer デマー
Demerec デメレッツ
Demerouti
 デメロウティ
Demers
 デマーズ
 デマルス
Demessieux
 ドメシュー

Demessine ドメシーヌ
Demet
 デメット
 デメト
Demeter
 デミター
 デメター
 デメチェル
 デメーテル
 デメテール
 デメテル
 デメートル
Demetorio デメトリオ
Demetra デメトラ
Demetrakopoulos
 デメトラコプロス
 デメトラコポウロス
Demetral デメトラル
Demetres
 ディミートリーズ
Demetri デメトリ
Demetriades
 ディミトリアディス
 デメトリアデス
Demetrianos
 デメトリアノス
Demetrio デメトリオ*
Demetrios
 デーメートリオス
 デメトリオス**
Démetrios
 デミトリオス
Dēmētrios
 デメトリオ
 デメトリウス
 デメトリオ
 デーメートリオス
 デメトリオス
Demetriou
 ディミトリウ
 デメトリオー
 デメトリュー
Demetris
 ディミトリス**
 デメトリス
Demetrius
 ディミートリアス
 ディミトリアス
 デミートリアス
 デメトリアス
 デーメートリウス
 デメトリウス
 デメトリオ
 デメトリオス
Démétrus デメトルス
DeMets デメッツ
Demetz
 デーメッツ
 デメッツ
 ドゥメッツ
Demez ドメ
Demi デミ**
Demiachkievitch
 デミアシュケビッチ
Demian デミヤン
Demián デミヤン
Dem'ian デミヤン
Demianenko
 デミアネンコ

Dem'ianovich
 デミアノヴィッチ
DeMicco デミッコ
DeMichele
 ディミッシェル
Demicheli デミケリ
Demichelis
 デミチェリス
Demichev デミチェフ*
Demick
 デミック*
 ドゥミック
Demiddi デミディ
Demidenko
 ディミジェンコ
Demidov
 デミードフ
 デミドフ
Demidova
 ヂェミードヴァ
 デミードヴァ
 デミドーヴァ
 デミドヴァ
 デミードワ
Demidovich
 デミドウイチ
Demidowski
 デミドフスキ
Demiéville
 ドミエヴィル
 ドミエビル
Demiianovich
 デミヤノヴィチ
D'Emilia
 デミーリア
 デミリア
De Mille デミル
DeMille
 デミル**
 ドミル
Demin
 ジョーミン
 デーミン
Dëmin ジョーミン
Demina デミナ
Deming デミング**
Demio デミーオ
Demir デミル*
Demirag デミラーグ
Demirbas デミルバス
Demirbay デミルバイ
Demirci デミルジ
Demirel デミレル**
Demireva デミレワ
Demirezen デミレゼン
Demirgören
 デミルジョーレン
Demirkiran
 デミルキラン
Demirovic
 デミロヴィッチ
Demirović
 デミロヴィッチ
Demiröz デミレーズ
Demirtas デミルタス
Demirtaş デミルタシュ
Demis デミス

Démis デミス
Demisch デーミッシュ
De Mistura
　デミストゥラ*
Demitkov デミトコフ
Demitri ディミトリ
Demitu ダミトゥ
Demiyan デミヤン
Demiye ディマイ
Demko デムコ
Demleitner
　デムライトナー
Demma デンマ
Demme
　デミ**
　デム
　デンメ
Demmel デメル
Demmeni デムメーニ
Demmer デマー
Demo デモ
Dēmocharēs
　デモカレス
Demodokos
　デーモドコス
Dēmodokos
　デモドコス
Demogue ドゥモーグ
Demohonte
　デモフォンテ
Demois デモワ
De Moivre ドモアヴル
Dēmokēdēs
　デモケデス
Dēmokritos
　デーモクリトス
　デモクリトス*
Demolder ドモルデル
Démole デモル
De Molina デモリーナ
Demolins
　デモリン
　ドゥモラン
　ドモーラン
　ドモラン*
Demolli デモリ
Demolombe
　デモロンブ
　デモロンブ
Demombynes
　ドモンビヌ
Demon デーモン
Dēmōn デモン
Demonaco デモナコ
Demonax デモナクス
Dēmōnax デモナクス
Demond デモンド
Demong
　デモン*
　デモング
Demongeot
　ドモンジョ
Demonok
　ディメノーク
Demonte デモンテ

Demontfaucon
　デモンフォコン
De Montigny
　ドモンティニ
Demontre
　ディモントレ
DeMontreville
　デモントレヴィル
Demontzey デモンゼー
Dēmophanēs
　デモファネス
Dēmophilos
　デモピロス
Demophon デモフォン
De Moraes デモラエス
De Morales
　デモラレス
DeMoranville
　ドモランビル
Demorest デモレスト
De Morgan ドモルガン
De Mori デモリ
DeMornay
　デ・モーネー
　デ・モーネイ
　デモーネイ
Demory ドゥモリ
De Mos デモス
Demos デモス
DeMoss デモス
Demóstenes
　デモスティニシュ
Demosthenes
　デモステネス
Dēmosthenēs
　デーモステネース
　デモステネス
Demosthenous
　デモステヌス
DeMott
　デモット
　ドゥモット
Demotte デモット
Demougeot
　ドゥムジョ
Demoulin
　ドゥムラン
　ドムーラン
Demoulins デムレン
Demoustier
　ドゥムースティエ*
Demouy ドゥムイ
Demouzon
　ドゥムゾン
　ドムーゾン*
DeMoya デモイヤ
Demoya ドゥモヤ
Dempf
　デンプ*
　デンプフ
Demple デンプル
Demps デンプス
Dempsey
　デンプシー***
Dempster
　デンプスター**

Dempwolff
　デンプヴォルフ
Demski
　デムスキ
　デムスキー
Demsky
　デムスキー*
　デムスキィ
Demtchenko
　デムチェンコ
Demtschenko
　デムチェンコ
　デムツチェンコ
De Murias
　ディミュリアス
Demuro
　デ・ムーロ
　デムーロ**
De Murville
　ドミュルビル
Demus
　ディーマス**
　デームス**
　デムス
DeMuth デムース*
Demuth
　ディーマス
　ディームス
　デマス
　デムス
　デムート
Demy
　ドゥミ*
　ドゥミー
　ドミー
Dem'yan デミヤン*
Demyanenko
　デミアネンコ
　デミヤネンコ
DeMyer
　ディマイヤー
　デマイヤー
　ド・マイヤー
Demykina デムィキナ
Den
　ダン
　デル
　デーン*
　デン***
Dena
　ディーナ
　ディナ
　ドゥナ
Denamy ドゥナミ
Denard
　ディナード
　デナード
　ドナール*
DeNardis
　デナルディス
Denari ディナリ
Denaro デナーロ
De Navarre
　ドナヴァル
　ドナバール
Denayer デナイヤー
Denberg デンバーク

Denbigh
　デンビ
　デンビー
Denborough
　デンボロー
　デンボロウ
Denbow デンボー
Denby
　デンビ
　デンビー**
D'Encausse
　ダンコース**
Dence デンス
Dench デンチ*
Denchev デンチェヴ
Denchfield
　デンチフィールド
Dencke デンク
Dendeberova
　デンデベロワ
Den Dekker
　デンデッカー
Dendev デンデブ
Dendeviin
　デンデビーン
Dendias デンディアス
Dendy デンディ
Dene デン
Denecke デネッケ
De Neef デニーフ
Deneen
　デニーン
　デネーン
Denefville デネフビル
Denekamp
　デーネカンプ
De Nemours
　ドヌムール
Denend デネンド
Denene デニーン
Dener デーネル
Deneriaz ドヌリアズ*
Dénériaz ドヌリアズ
Deneroff デネロフ
Denes
　ディーンズ
　デニシュ
　デーネシュ
Dénes
　デーネシュ*
　デネシュ
DeNeut ディニュート
Deneuve
　ドヌーヴ**
　ドヌーブ
Deneux
　ドゥヌ
　ドヌー
Denevi デネービ
Denezhkina
　ジェーネシキナ*
Denfeld デンフェルド
Denfert ダンフェール*
Deng
　デン**
　ドン

Deng Alor
　デンアロール
Deng Deng Hoc
　デンデンホッチ
Dengel デンゲル*
Dengerfield
　デンジャーフィールド
Dengerink
　デンヘリング
Dengler デングラー*
Denham
　デナム**
　デンナム
　デンハム*
Denhard デンハード
Denhoff デーンホフ
Denholm
　デナム
　デンホーム
　デンホルム*
Den Huan デンフアン
Deni デニ*
Denia デニア
Deniau ドゥニヨー
Deniaud
　ドゥニオー
　ドニアー
Denico デニコ
DeNicola デニコラ
De Nicolo デニコロ
Denicourt
　ドゥニクール
　ドニクール
Deniece デニース**
Denifle
　デーニフレ
　デニフレ*
De Nigris デニグリス
Deniker
　デニケル
　ドニケール
　ドニケル*
Denikin
　デニーキン
　デニキン*
Denilson デニウソン*
Denina デニーナ
Dening デニング*
Deninger デニンジャー
De Niro デニーロ
Denis
　ディニス
　デニ*
　デニー*
　デニス***
　デネイス
　ドゥニ***
　ドゥニー
　ドゥニース
　ドゥニーズ
　ドニ***
　ドニー
　ドニス
　ドュニ
Dénis デニ
Denise
　デニース**
　デニーズ*

デニス**
デニズ*
デニーゼ
デニゼ
ドゥニーズ*
ドゥニズ
ドニース*
ドニーズ**
Denisenko
デニセンコ*
Denison
デニスン*
デニソン**
Denisov
デニーソフ
デニソフ**
Denisova
デニーソヴァ
デニソワ
Denisovich
デニーソヴィチ
デニソヴィチ
Deniss デニス
Denisyev デニシェフ
Denitch デニッチ
Denitz デニッツ
Deniyāye デニヤーイェ
Deniz
デニス*
デニズ*
Denjoy ダンジョワ
Denk デンク*
Denke デンケ
Denkel デンケル
Denker デンカー*
Denkinger
デンキンガー
デンキンゲ
Denko デンコ
Denkova
デンコヴァ*
デンコワ
Denktas
デンクタシュ**
Denleitner
デンライトネル
Denlinger
デンリンガー
デンリンジャー
Denman デンマン
Denmark デンマーク*
Denna デナ
Dennard デナード*
Dennas デナス
Denne デンネ
Denneboom
デンネボーム
Denneborg
デンネボルク*
Dennehy
デニー
デネヒー*
Dennell デネル*
Denneman デンネマン
Dennen デネン
Denner
デネ

デネール*
デネル
デンナー
Dennerstein
ダナシュタイン
デナスタイン
Dennery デヌリー
D'ennery デネリー
Dennett
ディネット
デネット**
デンネット
Denney
デニ
デニー*
デニイ
Dennie デニー
Dennin デニン
Denning デニング**
Dennis
ダン
デニー
デニース
デニス***
デーネシュ
デンニス
Dennison
デニスン
デニソン*
デンニソン
Denniston デニストン
Dennoth デノス
Denny
デニ
デニー***
デンニー
Denoix デノワ
Denoke デノケ
DeNomme デノーム
Denon
デノン
ドノン
De Nooy デノーイ
Denord ドゥノール
Denorfia デノーフィア
DeNormandie
デノーマンディー
Denos
ディノス
デーノス
DeNosky
ディノスキー*
Denou デノウ
Den Ouden
デンオーデン
Denoueix デノー
Denove ディノーヴィ
Denoyer ドノワイエ
Denrell デンレル
Dens ダン
Denschikoff
デンシコフ
Denselow デンスロウ*
Densham デンシャム*
Denshuck デンシュク
Densimo デンシモ*
Densley デンスリー

Denslow
デンズロー
デンスロウ*
デンズロウ
Densmore
デンスモーア
デンスモア
デンスモア**
Denson デンソン
Denswil デンスウィル
Dent デント***
Dentan デンタン
Dentatus
デンタッス
デンタトゥス
Dente
デンテ
デント
Dentemaro
デンテマロ*
Dentice
デンティーチェ
Dentinger
デンティンガー*
Dentino デンティーノ
Dentler デントラー
Denton
ダントン
デントン**
D'Entrecasteaux
ダントルカストー
Dentrecolles
ダントルコール
D'Entrecolles
ダントルコル
D'Entreves
ダントレーヴ
D'Entréves
ダントレーヴ
D'Entrèves
ダントレーヴ
Denturck ダンテュルク
Dent-zeledon
デントセレドン
DeNucci デヌーチ
Denuzière
ドニュジェール*
Denver
デニー
デンヴァー*
デンバー***
Denvers ダンヴェール
Denvir
デンヴァー
デンバー
Denworth デンワース
Deny デニイ
Denyes デニーズ
Den-yih トゥニーイ
Denys
デニー
デニス**
ドゥニ**
ドゥニス
ドニ**
Denza デンツァ
Denzal デンザル

Denzel
デンゼル**
デンツェル
Denzell デンゼル
Denzelle デンゼレ
Denzer デンザー
Denzil デンジル**
Denzin デンジン
Denzinger
デンツィンガー
Denzler デンツラー
Deo デオ
Déo デオ*
Đeo デオ
De Ocampo
デオカンポ*
Deock-ki ドクキ
Déodat デオダ
Deodato デオダート*
Deodoro デオドロ
Deogracias
デオグラシアス
Deogratias
デオグラシャス
デオグラティアス
Deog-ryong
ドクリョン
Deog Sang ドクサン
Deogun デオガン
Deok ドク*
Deok-hong ドクホン
De Olibeira
デオリベイラ
Deolindo ジオリンド
Deolis デオリス
De Oliveira
デオリベイラ
De Oliveira Ramos
デオリベイララモス
Deomampo
デオマンポ
Deon
ディオン*
デオン**
Déon デオン***
De'Ondre
ディオンドレ
Deone ディオン
Deonna デオンナ
Deontae
ディオンティー
Deonte ディオンテ
Deora デオラ
DeOrio デオリオ
De Orleans
デオルレアンス
Deossie デオジー
Deotis ディオティス
Dep デップ
De Padt デパット
Depaepe デパエペ
Depailler デパイユ
De Palacio デパラシオ
De Palma デパルマ
DePalma デパルマ

Depalma デパルマ
DePalo デパロー
DePamphilis
デパンフィリス
DePandi デパンディ
DePanfilis
デパンフィリス
De Paola デパオラ
DePaola
デ・パーオラ
デ・パオーラ
デ・パオラ*
Depaola デパオラ
De Paoli ディパオリ
Depaoli デパオリ
Depardieu
デパルデュー
ドパルデュー**
Depardon
デパルドン
ドゥパルドン
ドパルドン*
DePasquale
デパスケール
Depasse ドゥパッス
Depaule ドゥポール
DePauli デパウリ*
De Pauw デポー
Depay デパイ
Depelchin
ドゥペルシャン
Depéret ドペレ
Depero
デペーロ
デペロ
Depestre
ドゥペストル
デペストル
Depew デピュー
Depeyster
デパイスター
De Pierrefeu
デピエレフ
De-pina デピナ
D'Épinal デピナル
D'Épinay デピネー
De-ping デーピン
Depinho デピンホ
Depken デプケン
Deplace ドプラス
Deplazes デプレーゼス
Deplus
ドゥプリュ
ドプリュ
Depman デップマン
Dépo デポ
Depoele デプール
Depoitre ドゥポワトル
De Polanco デポランコ
Depondt デュポン*
DePorter
ディポーター
Depp デップ**
Deppe デッペ*

Deppermann デッパーマン	D'Eramo デーラモ*	Derendorf デレンドルフ	Derkulidas デルキュリダス	Deroin ドロワン
Deppert デッパート	Deramond デラモンド	Derenik デレニク	D'Erlanger デルランジェ	DeRoiser デロイサー
Deppisch デピッシュ	Deraniyagala デラニヤガラ	Derenne ドゥレンヌ	Derlega ダーレガ / デルレガ	Derome デローム
De Prada デプラダ	Deranja デランジャ	Derenze デランズ	Derleth ダーレス* / ダレット	Deron デロン**
Depraz ドゥプラズ	Derartu デラルツ*	Dereser デレーザー		De Roo ドルー
De Pree デプリー / ドゥプリー	Derathé ドゥラテ / ドラテ	Deresiewicz デレズウィッツ		DeRoos デルース
DePree デプリー / ドゥプリー	De Rato デラト	Deresz デレシュ		DeRooy デルーイ
	Deravy デラヴィ	De Reuck デルーク		De Ropp デロップ
Depree ドゥプリー	Deray ドレー*	Derevianko デレヴァンコ	ダレット	DeRosa デローザ / デロサ
De Preist デプリースト*	Derba デルバ	Derevyanko デレヴィヤンコ / デレヴァーンコ / デレヴァンコ / デレビヤンコ / デレビヤンコ	デルレート / デールス	Derosa デローザ
Depretis デプレーティス / デプレティス	Derbal デルバル		Derlis デルリス	DeRose デローズ
	Derbas デルバス		Derloshon ダーロション	De Rosis ドゥローシス
Deprez デプレ** / ドプレ	Derbaux デルボー		Derlugian デルルギアン	De Rosnay ドロネー
	Derbenev デルベニエフ		Derluguian デルルギアン	Derosne ドローヌ / ドロネ
Depriester デプリースター	Derber ダーバー	Derezotes ディリゾウツ		De Rossi デロッシ
	Derbez デルベス	Derewicz デレヴィッツ	Derly デルリ*	De Rosso デロッソ
DePrince デプリンス	Derbolav デアボラフ / デルボラフ*	Derfler ダーフラー / デラフレア	Derman ダーマン**	Derouard ドゥルワール
DePrisco ディプリスコ			Dermane デルマン	
Deprost ドゥプロスト	Derby ダービ / ダービー**	Derfus デルファス	DerMarr デマー	Derouesne デローヌ
De Prycker ドゥプライカー		Derganc ダーガン	Dermenghem デルマンゲム / デルメンゲム	Derouiche ダルウィーシュ
	Derbyshire ダービーシャー** / ダービシャー	Derge ダージ*	Dermit デルミット	Déroulède デルーレート / デルーレード / デルーレド
Depue デビュー / デブエ		Derham ダーラム / デーラム	Dermody ダーモディ*	
	D'Erceville デルスヴィル		Dermot ダーマット* / ダーモット***	
Depuy デビュー		Der Hart ダーハート*		De Roy ドゥロイ
D'Équainville デカンヴィル	Derckx デルックス	Deri デリ	Dermota デルモータ / デルモタ	Derozan デローザン
De Quay ドケイ	Dercy デルスィ	Deriabin デリアビン		Derozio デロウジオ / デロジオ
De Queiroz デケイロス	Derdevet デルデヴェ	Deriabina デリヤービナ	Dermott ダーモット* / デルモット	
Dequenne デュエンヌ / ドゥケンヌ*	Derdouri デルドゥリ	Derian デリアン		Derpgol'ts デルプゴリツ
	Dere デア	Deriaz ドゥリア / ドゥリアーズ	Dermoz デルモ	Derr ダー / デア**
De Quincey デクウィンシー / デケンシー / ドクインシー	Derec デレク	Déribéré デリベレ	Dern ダーン* / デーン	
	Derechkiĭ デレツキ	Deribew デリベウ	Dernburg ダンバーク / ダンバーグ	Derra デラ
Der ダ / ダー** / デ / デア* / デア** / テル / デール* / デル***	Dereck デレク / デレック	Deric デリク	Dernbulk デルンブルク / デルンブルヒ	Derre デレル
	Derefinko デレフィンコ	Derick デリック*	Dernbelk デルンベルク / デンブルク	Derreaux ドルー
	Derek ディレク / ディレック* / デリク** / デリック* / デレック*** / デレック*** / ドレク	Derie デリー		Derrek デレク**
		Deriel デリエル	Dernell ダーネル	Derrel ダーレル / デレル
		Deriglazova デリグラゾワ*	Dernesch デルネシュ	
		D'Eril デリル	Dernier ダーニアー	Derren ダレン / デーレン / デレン
Derain ドラン*		De Rincón デリンコン	Dernis デルニス	
Deraismes ドゥレーム / ドレスメ / ドレーム	Derelioglu デレリオル	Dering ディアリング / デリング	Dernovoy デルノボイ	Derrett デレット
	Dereme ドレエム / ドレーム	Deringer デリンジャー	Dérobert デロベール	Derrick デリク / デリック***
Derakhshan デラクシャン	Deréme ドレエム / ドレーム	Deripaska デリパスカ*	De Robertis デロバティス	
Derakhshandeh デラハシャンデ		Deris デリス*	De Roberty ドロベルティ	Derrickson デリクソン
Derakhshani デラカシャニ / デラクシャーニー / デラクシャニ	Dereme ドレエム / ドレーム	Derisbourg デリスブール	De Robien ドロビアン	D'Errico デリコ / デルリコ
	Derème ドレーム	DeRisi デリシ	DeRoburt デ・ロバート	Derricatt デリカット
	DeRemee デレミー	Deriugin デリューギン	Déroche デロッシュ	Derricotte デリコット
Derald デラルド	Derems デレム	Deriugina デルギナ	Derocher デロシェール	Derrida デリダ**
Derambakhsh デランバハシュ	Deren デーレン / デレン	Derjaguin デリヤーギン / デリヤギン	Deroff デロフ / ドローフ	Derrien デリアン*
	Derenbourg ドランブール	Derk ダーク*	Derog デログ	Derrill デル
		Derksen ダークセン	Derogy ドロジ	Derrin デリン
				Derringer デリンジャー

Derron デロン
Derry デリー
Derscheid デーシェイド
Dershinskaya デルシンスカヤ
Dershowitz
　ダーショウィッツ**
　ダーショヴィッツ
Dershwitz
　ダーシュウィッツ
　デルシュウィッツ
Dersi ダルスィ
DerSimonian デルシモニアン
Derthick ダーシック
Dertinger デルティンガー
Dertouzos
　ダートゥゾス
　ダートゥゾス**
　デルトゥゾー
Deru
　デュルウ
　デル
　デルー
Deruddere デリュデレ
DeRue デリュ
Deruet ドリュエ
Derullieux ドゥリュリュー
Derungs デルングス
Deruporudoten デルポルドテン
DeRuvo デルヴォ
Deruy ドリュイ
De Ruyver デルイベル*
Dervan ダーヴァン
Der Vat
　ダーヴァット
　ダーバット
Dervaux デルヴォー
Dervilla ダーヴィラ
Dervis デルウィシュ*
Derviş
　デルウィシュ
　デルビシュ*
Dervish デルヴィシュ
Dervishaj デルビシャイ
Dervishi デルビシ
Dervla ダーヴラ
Derwael デルワール
Derwall デルヴァール
Derwent ダーウェント**
Derwentwater ダーウェントウォーター
Derwinski
　ダーウィンスキ
　ダーウィンスキー*
Dery
　デーリ
　デリー*
　デリィ

Déry
　デーリ
　デリー
Deryageldi デリャゲルディ
Deryayev デリャエフ
Deryck デリック*
Derycke デレイケ*
Deryl デリル
Derys ドリース
Deryzemlya デルイゼムリャ
Derzhavin
　ジェルジャーヴィン
　デルジャーヴィン
　デルジャービン*
Derzhinskaia デルジンスカヤ
Des
　デ***
　デス**
　デズ
　ド
Des Âges デザージュ
Desaguliers
　デザギュリエ
　デザギュリエル
Desai
　デーサーイー
　デサーイー
　デサイ**
Dēsāi デーサーイー
Dēsāī
　デーサーイー
　デサイ
Desailly
　デサイー*
　ドゥサイー
　ドゥセーユ
　ドザイー
DeSain デセイン
De Saint-Sernin ドサンセルナン
Desaive ドゥゼーヴ
DeSaix デセイ
Desaix
　ディサイクス*
　デサイ
　デサエ*
　ドゥゼ
　ドゼ
　ドゼー
Desalegn デサレン*
DeSalle
　デーサル
　デサール
Desalle
　デサール
　ドゥサーレ
Desalmand デザルマン
DeSalvo
　デサルヴォ
　デサルボ*
Desan
　デサン
　デザン
De Sanctis デサンクティス

DeSanctis デサンクティス*
DeSandre デサンドル
Des Anges デザンジュ
Desani デサニ
Desanka デサンカ*
Desanti
　デザンチ
　デザンティ
　ドゥサンティ
DeSantis デサンティス
DeSanto デサント
DeSarbo デサルボ
Desargues
　デザルグ
　ドザルグ
DeSario デサリオ
Desario デサーリオ
Désaugiers
　デゾジェ
　デゾジエ
Desaulniers
　デソルニエ
　デソルニエーズ
　ドゥソルニエ
Desault
　ドソー
　ドゾー
Des Autels デ・ゾーテル
Desbois デボワ
Desbordes デボルド*
Desborough
　デズバラ
　デスボロー
Desboutin デブータン
Desboves デボーヴ
Desbrow デスブロウ
Descalso デスカルソ
Descalzi デスカルシ
Descalzo デスカルソ
Descamps
　デカン*
　デシャン
Descargues デカルグ
Descartes デカルト**
D'Escatha デスカタ*
Descaves
　デカーヴ
　デカーブ
Desch
　デシュ
　デッシュ*
Deschamp デシャンプ
Deschamps
　デシャン***
　デシャンプ
　デュシャン
Deschampsneufs デションーナーフ
Deschanel デシャネル*
Descharnes デシャルヌ*
Deschner デシュナー
Descimon デシモン

DeSanctis デサンクティス*
Desclafani デスクラファニ
Desclaux デクロー
Desclée デクレ
Desclozeaux デクロゾー
Descoeudres デクードル
Descola
　デスコーラ
　デスコラ*
Descombes デコンブ
Descombey デコンベ
Descoqs デコック
DesCôteaux デスコトー
Descotes デコート
D'Escoto デスコト**
Descouleurs デクルー
Desderi デズデーリ
DeSean デショーン
De Sena デセナ
Desertis デゼルチス
Des Essarts デ・ゼッサール
Desfontaines デフォンテーヌ
Desgabets デガベ
Desgraupes デグローブ
Desgualdo デスグアウド
Desh デッシュ
Desha デーシャ
DeShaies デシェイズ
Deshaies デシェ
Deshannon デシャノン*
Desharnais デスハーネ
Deshauterayes デゾトレ
DeShawn デショーン
Deshayes
　デエ
　デエー
　デシャイエ
　デゼーユ
De Shazer デシェーザー
Deshazer ディシェイザー
De Shazo ディシェイゾ
Deshazor デシャザー
De-sheng デーセン
Desheng ドーシュン
DeShields デシールズ
Deshields デシールズ
Deshler デシュラー
Deshmukh
　デーシムク
　デシューク
　デシュムク
Desholm デショルム
Deshon デション
Deshouliéres デズリエール

デゾリエール
Deshpande デシュパンデ**
Deshumbert デシュンベルト
Deshupande デシュパンデ
Desi
　デージ
　デシ**
　デシー
　デジ*
Dési デシ
Desider
　デシデル
　デジデル
Desideri
　デシデーリ
　デジデリ
Desiderio
　デシデリオ
　デジデーリオ
　デジデリオ
　デシデーリョ
Desidério デシデリオ
Desiderius
　デーシーデリウス
　デシデリウス*
　デジデリウス
　デシデリユス
DeSieno デシエノ
Designer デザイナー
Deśika デーシカ
De Silguy ドシルギ*
De Silva デシルバ
DeSilva
　ダシルヴァ*
　ダシルバ*
　デシルヴァ
Desimini デジミニ
DeSimone
　デシモーニ
　デジモニ
　デシモン
Desio
　デシオ
　デジオ
Desir デシアー
Désir デジール*
Desire デジレ
Desiré デジレ
Désiré
　デジル
　デジレ*
　デジレー
Désife デジレ
Desiree
　ディズリー
　デザレー
　デシリー
　デジーレ
　デジレ
　デスィリー
Desirée デシレエ
Désirée
　デシレ
　デジレ*
　デジレー

Desislava デシスラバ
De Sitter デシッテル
DesJardins
　デ・ジャルダン
　デジャルダン
Desjardins
　デジャルダン*
　デジャルディンズ
Desjours デジュール
Deslandres
　デランドル*
DesLauriers
　デラウライヤー
　ドローリェ
Deslauriers デロリエ
Desle デール
Deslouges デルージュ
Deslys デスリー
Desmaison デメゾン
Desmaizeaux
　デ・メゾー
Desmarais
　デスマレ
　デズマレ
　デマレ
Desmarest デマレ**
Desmarets
　デスマレート
　デマレ
Desmarquet デマルケ
Desmarteau デマルト*
Desmazières
　デマズィエール
Desmeules デミュール
Des Moinaux
　デスモワノー
Desmoinaux
　デスモワノー
　デムワノー
　デモワノー
Desmond
　ディズモンド
　デズマンド
　デズモンド*
　デズモンド***
Desmonde
　デスモンデ
　デスモンド
　デズンド
Desmons デモン
Desmottes デモット
Desmoulins
　デムーラン
　デムラン*
Desmurget
　デミュルジェ
Desnitskaya
　デスニツカヤ
Desnitskii
　デスニツキー
　デスニーツキィ
Desnoes デスノエス**
Desnoëttes デノエット
DeSnoo ディスノー
Desnos
　デスノー
　デスノス*

Desnoyer
　デノアイエ
　デノワイエ
Desnoyers
　デノアイエ
　デノワイエ
Desny デスニー
Desoer デソー
Desoille ドゥゾワイユ
Des Ombiaux
　デゾンビオ
Desombres デゾンブル
Desonie デソニー
Desormeaux
　デザーモ**
Désormeaux
　デゾルモー
Desormes
　デゾルム
　ドゥゾルム
Désormes デゾルム
Desormière
　デゾルミエール
De Sosa デソーサ
De Soto デソート
DeSoto デソト
Desoto デソート
Desouqi ディスーキ
De Sousa
　デソウザ
　デソウザ
　デソーザ
De Sousa Almeida
　デソーザアルメイダ
De Souza
　デソウザ
　ドソザ
DeSouza デソーザ
Desowitz
　デソウィツ
　デソヴィツ
　デソウィッツ
D'Espagnat
　デスパーニア
　デスパニア
　デスパーニャ
　デスパニャ
D'Espagnet
　デスパニエ
Despaigne
　デスパイグネ
　デスパイネ
Despard デスパード
Despatie
　ディスパティエ**
Despax デスパックス
Despeaux デスペロー
DeSpelder
　デスペルダー
Despenser
　ディスペンサー
　デスペンサー
Despentes デパント*
D'Esperey デスペレー
Despert ディスパート
Despeux デスプ

Despiau
　デスピオ
　デスピオ*
　デスピオー
Despiérre デピエール
Despièrre
　デスピエール
　デピエール
Despina デスピナ
Despinette
　デスピネット
Desplat デスプラ
Desplechin
　デプルシャン*
　デプレシャン**
Despo デスポ
Despommier デポミエ
Despond デスポンド
Despopoulos
　デスポパウルス
　デスポブロス
Desportes
　デスポルト
　デポルト*
Despotovic
　デスポトヴィッチ*
　デスポトビッチ
Despréaux デプレオー
Des Prés デプレ
Després
　デプレ*
　ドプレ
Despret デプレ
Desprez デプレ*
Desquiron デキロン
Des'ree デズリー*
Desrochers
　デスローチャース
Desroches デローシュ*
Desrosiers デロジェ*
Dessa デッサ*
Dessai デサイ
Dessaignes
　デセーニュ*
Dessain ダッサン
Dessalines デサリーヌ
Dessants デッサンツ
Dessapt デッサップ
Dessart デッサルト
Dessau
　ダッサウ
　デッサウ*
　デッソー
　デッソウ
Dessauer
　デサウアー
　デッサウ
　デッサウアー
　デッサウアー
　デッサウエル
Dessay
　デセイ*
　デッセー
Desseauve ドゥソーヴ
Dessel デッセル

Dessen デッセン**
Dessena デッセーナ
Dessenne ドゥサンヌ
Dessens
　ダーセンズ
　デセンス
Desserich デザリック
Desservetaz
　デセルヴタ
Dessi
　デッシ
　デッシー**
Dessí デッシ
Dessie デス
Dessoff デッソフ
Dessoir
　デソアール
　デソアル
　デソワール
　デッソアール
　デッソワー
　デッソワール
Dessources デスルス
Dessuart デスアール
Dessus
　デュス
　ドゥスュ
Desta デスタ
D'Estaing デスタン**
Destanne デスタンヌ*
Deste デステ
D'Este デステ*
DeStefano
　ディステファーノ
DeSteno デステノ
Destin デスティン
Destinee
　デスティニー*
Destinée デスティネ
Destinn デスティン
Destiny デスティニー
Destler デスラー*
Destouches
　デトゥーシェ
　デトゥーシュ*
　デトゥシュ
D'Estournelles
　デストゥールネイユ
Destrade
　デストラーデ*
Destrée デストレ
D'Estrée デストレ
Destrem デストレム
Destri
　ディストリ
　ディストリー
Destro デストロ
Destroy デストロイ
Destroyer
　デストロイヤー**
Destutt
　デスチュット
　デスチュト
Destutti デステュット
Desuqi デスキ
Desurmon デサーモン

Desvallées デバレ
Desvallières
　デヴァリエール*
　デバリエール
Désveaux デヴォー
Desvignes デスパイン
Detaille
　デタイユ
　ドタイユ
Detambel
　ドゥタンベル
D'Étaples デタープル
De Taramond
　デタラモン
Detelf デトレフ
Deterding
　デターディング*
　デタディング
Deterline ディターリン
Determann
　ディターマン
Detey ドゥテ
Deth デート
Dethier デティアー
Dethlefsen
　デトレフゼン
Dethloff デスロフ*
Déthoua デトゥワ
Dethurens
　ドゥテュランス
Detienne
　ドゥティエンヌ**
Detkov デトコフ
Detlaf ディエトラフ
Detlef
　デートレフ
　デトレフ*
　デレフ
Detlefsen
　デトゥルフセン
Detlev
　デットレーフ
　デートレフ***
　デトレフ**
Detmar
　デトマー
　デトマール
Detmer デトマー*
Detmers デートメルス
Detoni デトーニ
De Torres デトーレス
Detragiache
　ドトラジアシュ
Detre デトレ
Detrick
　ディートリック*
Détrie デトリー
Detring デットリング
Detroit デトロイト
Detroja デトロージャ
Detsky デッキー
Detten ディットン
Detter デッター
Detti デッティ
Dettke デッケ
Dettling デットリン

Dettloff
デットロッフ
デトロフ
Dettman デットマン
Dettmar
デットマール＊
デットマル＊
Dettmer
デットマー
デトマー
Detto デット
Detton
デットン
デトン
Dettori デットーリ＊＊
Dettwiler
デットヴィラー
Detwiler デトワイラー
Detz デッツ
Deu デウ
Deuba
デウバ＊
ドウバ
Deubel ドゥーベル
Deuchar デューカー
Deuchars デュシャーズ
Deuchler ドイヒラー
Deudney デュードニー
Deuel デューエル
D'Eugenio
デューゲニオ
Deukalion
デウカリオン
ドウカリオン
Deukmejian
デュークメジアン
Deuk-pyo ドクピョ
Deukson ダクソン
Deukumejian
デュークメジアン
デュークメージャン
Deulofeu デウロフェウ
Deum デオム
Deumer ドイマー
Deumling
ドイムリンク＊
Deurenberg
デューレンバーグ
Deuring ドイリング
Deurloo ドゥーロー
Deursen ドゥーセン
Deus デウス＊＊
Deusdeditus
デウスデディツス
デウスデーディトゥス
デウスデーディトウス
デウスデディトゥス
Deusen ドゥセン
Deusina デウシナ
Deus Lima
デデウスリマ
Deussen
ドイスセン
ドイセン
ドイッセン＊
Deusser ドイザー

Deutch
ドイチュ
ドイッチ
ドイッチュ
Deutekom ドイテコム
Deutermann
デューターマン＊
デューダーマン
Deutinger
ドイティンガー
Deutsch
ドイチ＊
ドイチェ＊
ドイチュ＊
ドイツ
ドイッチ＊
ドイッチェ
ドイッチュ
ドイッチュ＊＊
ドューシュ
ドゥッチ
Deutschbein
ドイチュバイン
ドイッチュバイン
Deutschendorf
ドイッチェンドルフ
Deutscher
ドイッチャー＊
Deutschkron
ドイチュクローン
ドイッチュクローン
Deutschkuron
ドイッチュクローン
Deutschman
ドゥッチマン＊
Deutschmann
ドイッチマン
ドイッチュマン
Deutz ドイツ
Deux ドゥ
Deuzo ドゥーゾ
Dev
デイブ
デーウ
デーヴ
デヴ
デブ＊＊
Deva デーヴァ
Devadas
ディヴァダス
デヴダス
Devadatta
デーヴァダッタ
デバダッタ
Devadhammiko
デヴァダーンミコ
Devahastin
テーワハッサディン＊
Dévai デーヴァイ
Devaki デバキ
Devakula
デバクラ
テワクン＊
Deval デバル
Devalde ドゥヴァルド
De Valera
デヴァレラ
デバレラ
Devalier デバリエ

De Valk ドフォルク
Devall デヴァル
De Valois
ドヴァロワ
ドバロワ
Devalois ドゥヴァロワ
Devalve ディバルブ
Devan デバン＊＊
Devānampiya
デーヴァーナンピヤ
Devānampiya
デーヴァーナンピヤ
Devanand デバナンド
Devananda
デーワーナンダ
DeVane
ドゥヴェーン
ドゥベーン
Devane
ディヴェイン＊
デヴェイン
Devanesen
デェヴァネッセン
Devaney
デバニー＊
デバネー
ドゥヴェイニー
Devanna ディバナ
Devanny デヴァニー
Devant デバント
DeVante ディバント
Devante ディバント
De'Vante ディバント
Devapāla
デーヴァパーラ
デーパパーラ
Devarajan
デヴァラジャン
Devarāya
デーヴァラーヤ
De Vargas デバルガス
De Varona デバロナ
Devasabba
デーヴァサッパ
Devaśarman
デーヴァシャルマン
De Vasconcelos
デバスコンセロス
Devauchelle
デヴォーシェル
De Vaucouleurs
ドゥボークルール
DeVault
デヴォールト
デボールト
Devaulx
ドゥヴォー＊＊
ドゥヴォール
DeVaunte
ディボーント
Devaux
ドゥヴォー＊
ドゥヴォー
ドボー
Devavarman
デーヴァダルマン
Devay デーヴァイ
Devčić デフチッチ

Devdatt
デーヴ
デーヴダット
Devdutt
デーヴダッタ
Deve デーベ＊
Devean デベン
De Veaux デヴォー
DeVeaux デヴー
Deveaux デュボー
Devecchi デヴェッチ
Devedjian ドブジャン
Develay ドゥレー
Develey デヴレー
Develin デベリン
Develle デイヴエール
Devellian デベリアン
Devello デヴェロ
D'Evelyn ディーヴリン
Deven デベン
Devendra
デヴェンドラ
Devendrabuddhi
デーヴェーンドラブッディ
De Venecia
デベネシア＊
Deveney デヴニー
Devenport
デブンポート
Devenski デベンスキー
Deventer
デヴェンター＊
デーフェンテル
デフェンテル
Dever
ディーバー
デバー
Deverall デヴェラル
Deveraux
デヴロー＊
デブロー＊
Devere
ディーヴァー
デヴェール
Devereaux
デヴェロー
ドヴロー
Deverell
デヴェレル＊
デバレル
デベレル
Deveren デヴァーン
Devereux
デヴァルクス
デヴェルー
デヴェロー
デヴルー＊
デヴルウ
デヴロー
デブロー
デブロー＊
デヴルー
デブリウ
Deveria
ドヴェリア
ドベリア
Devéria ドヴェリア

DeVerniero
デヴェルニエロ
Devernois
ドヴェルノア
Deveron デベロン
Devers
ディヴァース
ディーバス
ディバース＊
ディバーズ
ドヴェール
ドベール
Deverson
デヴァソン
ドベルソン
Devery デベリー
Deveson
デヴソン
デブソン
Devetzi デベツィ
De Veuster
ドゥーステル
Devey デビー
Devèze
ドヴェーズ
ドベーズ

Devi
デイビ
デーヴィー＊
デヴィ＊
デヴィー
デビ＊＊＊
Devia デヴィーア
Devid
デイヴィッド
ディビッド
デヴィッド
デービッド＊
デビッド＊
Devidas デビダス＊
Devidé
デヒデ
デビデ
De Vido
デヴィド
デビド
Devienne
ドヴィエンヌ
ドゥヴィアンヌ
ドゥヴィエンヌ
DeVier デビーア
Devigny ドヴィニ
De Villa
デビリア
デビリヤ＊
Devilla
デビリア
デビリヤ
Devillairs
ドヴィレール
Deville
ダビール
デヴィル
ドヴィーユ
ドヴイル＊＊＊
ドゥヴィル＊
ドビール
ドビル
De Villepin
ドビルパン

Devillers ドヴィレール／ドゥヴィレール	Devonshire デヴォンシャー／デボンシャー	ド・フリース	Dewen ダーウェン／デウェン／デン	Dews デューズ	Dewsbury デュースバリー／デュースバリィ
De Villiers デヴィリアス	Devonta デボンタ	Devries デヴリーズ／デブリーズ	Dewer デュアー	Dewson デューソン
Devin デヴィン＊／デビン＊＊	Devontae デボンティー	Devriès デヴリエ／デヴリース／ドゥヴリエ／ドゥブリエ	Dewes デュース	Dewynne デウィン
De Vincenti デビンチェンティ	Devonte デボンテ		D'Ewes ドゥーズ	Dex デクス
Devincentis デヴィンセンティス	Devor デヴォー	Devor デヴォー	Dewey デウィー／デュー／デュエイ／デューイ＊＊＊／デュー／デューイ／デユイ／デューウィ／デューウィー／デュウィ／デュウィー／デュウェー／デュウェイ＊／デュエー／デューエー／ドウイ	Dexel デクセル
Devine ディヴァイン＊／ディバイン＊＊／デヴァイン／デヴィン／デバイン	Devora デボラ＊	DeVrye デブリー＊	Dexeus デグセウス
	DeVore ドボア	Devuyst ドゥビュス	D'Exiles デグジール／デグジル
	DeVorkin デボーキン	Devvrat ディヴァラト	Déxios デクシオス
	DeVos デヴォス／デボス＊	Devy ドヴィ	Dexippos デクシッポス
		Devyatovskiy デビアトフスキ／デビャトフスキー		Dexippus デキシップス／デクシッポス
Devineau ドビノー	Devos デヴォス／デボス＊／ドゥヴォ／ドゥヴォス＊／ドゥボス			
DeVinney デビニー		Devyatyarov デビアチアロフ		Dexter デキスター／デクスタ／デクスター＊＊＊
Devinsky デヴィンスキー／デビンスキー		Devynck ドゥヴァンク		
		Dew デュー		
De Virgilio デヴィルジリオ	Devoti デボティ	De Waal ドヴァール		Dey ダイ／デイ＊
Devis デーヴィス	De Voto ディボート	DeWaal ドゥヴァール	Dewez ドヴェ	
DeVita デヴィータ／デ・ビタ／デビータ	DeVoto デヴォート／デボト	Dewachter ドヴァシュテール＊	Dewhirst デフィースト	Deyalsingh デヤルシン
			Dewhurst デフアースト／デュウハースト／デューハースト＊／デューハスト	Deyan ダヤン＊／デイアン／ディヤン＊
	Devoto デヴォート／デボート	Dewael デワール		
DeVito デヴィート＊／デ・ビート＊	Devoy デヴォイ	Dewaere ドゥヴェール		
	Devoyon ドヴァイオン／ドゥヴァイヨン＊	Dewald デワルト		Deyarullah デヤルッラ
Devito デビト		DeWalt デュウォルト	Dewi デウィ／デヴィ／デビ	Deybe デイビ
Devitre ディビトリー	Devra デヴラ＊／デブラ／デボラ	Dewan デューアン＊／デュアン／デュワン＊／デワン		Deyers デイエルス
Devitt デビット＊			Dewick デウィック	Deygas デガ
Devjatiarov デフジャティアロフ	Devraj デブラジ＊		De Wilde デウィルデ	Deyhimi ディヒミ
Devkīnandan デーオキーナンダン	Devred ドヴレ	Dewanand デワナンド	De Windt デビント＊	Deyn ダイン
	Devreese デフリーゼ／ドヴリース	Dewantoro デワントロ	Dewine デワイン	D'Eynac ディナク
Devkota デヴコタ／デブコタ		Dewar ジュワー／デューア＊＊／デューアー／デュア／デュアー＊／デュワー＊	Dewing デューイング	Deyo ディヨ／デヨ
Devkotā デウコタ	Devreesse ドヴレッス		De Winne ディビュナー	
Devlet デブレット	De Vreng デフレンク		Dewire ドワイヤ	Deyon デイヨン／デーヨン＊
De Vlieger デフリーヘル	Devreux ドゥヴルー＊		Dewis デヴィス	
Devlieger デヴリーガー	D'Evreux デヴルー＊	Deward デウォード	De Wit デウィット／ドウィット	Deyonta ディオンテ
Devlin デヴリン＊／デブリン＊	Devrient デヴリエント／デフリエント／デフリエント＊／デフリーント／ドゥブリアン／ドゥリアン／ドフリント	Dewasne ドゥアズネ	Dewit デウィット＊／ドウィット	DeYoung ディヤング
		Dewatripont ドゥワトリボン	De Witt デウィット＊／デウィト	Deyrolle デイロル
		Dewavrin ドゥヴァヴラン		Deysel デイゼル
Devney デヴニー		Dewayne ドゥエイン／ドウェイン	De Witt デウィット＊／デウィト	Deyssel ダイセル／ディセル／デイセル／デイッセル
De Voe デボー	De Vries ダヴリース／デヴリエス／デブリエス／デフリース＊／ド・フリース／ドフリース＊／ドフリス		DeWitt デ・ウィット／デウィット＊＊／デュウィット	
Devogelaere デヴォゲレア		Dewazien デワジエン	Dewitt デウィット／ドウィット／ド・ウィット／ド・ウイット／ドウィット／ドワイト	
Devold デーヴォル＊／デーボル		Dewberry デューベリー		Deyton ディートン
Devon デヴォン＊／デボン＊＊		Dewdney デュードニー＊／デュードニィ		Deyverson デイヴェルソン
De'Vondre ディボンドレ	DeVries デヴリース／デフリーズ／デブリーズ	Dewe ディユー／デユー／デューイ	Dewitz ドウウィッツ	Dez デズ／デズ
Devoney デボニー		De Weerd デウェールト	DeWolf ドゥウォルフ	De Zaides ドゥゼード
Devonish デボニシュ／デボニッシ		DeWeese デウィーズ	Dewolf デウォルフ／ドウォルフ	Dézamy デザミ／デザミー
		Deweese デイウィーズ		De Zayas デザイアス
				Dezède ドゥゼード
				Dezèdes ドゥゼード
				Dezei デゼイ

Deželić デジェリチ
Dezenhall デゼンホール
Dezeuze ドゥズーズ
Dezhnev
　デジニョーフ
　デジニョフ
　デージネフ
　デジネフ
De-zhu デーチュー
Dezi デジ
Deziani デジアニ
Dezman デズマン
Dezmen デズメン
Dezmin デズミン
Dezo デゾ
De Zolt デツォルト
Dezsé デージェ
Dezsi デジュイ
Dezso デジェー*
Dezső
　デジェ
　デジェー
Dezső
　デジェー*
　デジュー
Dezuniga デズニガ
De Zwaan デズワーン
Dezza デッツァ
Dga'blo ガロ
DGe ba ゲワ
DGe-ba ゲワ
DGe 'dun ゲドゥン
Dge-'dun ゲンドゥン
Dge-'dun
　ゲンデュン
　ゲンドゥン
Dge-gdun grub
　ゲンドゥンドゥプ
Dge legs ゲーレク
Dge legs dpal bzang po ゲレクペルサンボ
DGon pa ba ゴンパバ
Dgos grub ゴェドゥプ
Dhabit ダビト
Dha'en ダーイン
Dhaenens
　ダーネン
　ダーネンス
　ダーネンズ
Dhahabī ザハビー
Dhaheri ダーヒリ
Dhāhir
　ザーヒル
　ザヒーレ
Dhahiri ダーヒリ
Dhaif ドハイフ
Dhakā ザカー
Dhakal ダカル
Dhakiri ダキリ
Dhalīlī ザリーリー
Dhaliwal ダリワル
Dhall ダル
Dhameja ダメハ

Dhami ダミ*
Dhammā ダンマー
Dhammachoti タマチョート
Dhammadinnā ダンマディンナー
Dhammaloka ダンマローカ
Dhammananda ダンマナンダ
Dhammapāla
　ダンマ・パーラ
　ダンマパーラ
Dhammasava ダンマサヴァ
Dhammazedi ダンマゼーディー
Dhammika ダンミカ
Dhan ダン
Dhanabalan ダナバラン
Dhananjay ダナンジャイ
Dhanañjaya ダナンジャヤ
Dhanapala ダナパラ*
Dhanaraj ダナラジ
Dhanavajra ダナバジラ*
Dhanens ダネンス
Dhani
　ダーニ
　ダニ
Dhanin タニン
Dhaniram ダニラム
Dhaniya ダニヤ
Dhanpat
　ダンパット
　ダンパト
Dhanu ダヌ
Dhanvantari ダンパンタリ
Dhanvanthi ダンヴァンティ
Dhar
　ダー
　ダル*
Dharambeer ダラムビール
Dharaṇīndravarman ダラニーンドラヴァルマン
D'Harcourt ダルクール*
D'Hardelot ダルドロ
Dhareshwar ダレシュワー
Dharīh ザリーフ
Dharīh ザリーヒ
D'Harleville ダルルヴィル
Dharm ダルム
Dharma ダルマ*
Dharmakirti ダルマキールティ
Dharmakīrti ダルマキールティ

Dharmapala
　ダルマパーラ
　ダンマパーラ
　ダンマパーラ
Dharmapāla
　ダルマパーラ*
　ダンマパーラ
Dharm-aruci ドンマルシ
Dharmasakti ドルマサクティ
Dharmaśrī ダルマシュリー
Dharmatrāta ダルマトラータ
Dharmawaṅśa ダルマワンシャ
Dharmendra
　ダルメーンドラ
　ダルメンドーラ
　ダルメンドラ
Dharmesh ダーメッシュ
Dharmottara
　ダルモータラ
　ダルモッタラ
D'Harnoncourt ダノンコート
Dharr ザッル
Dharshini ダーシーニ
Dharsono ダルソノ*
Dhatt ダット
D'Haucourt ドークール
Dhauq ゾウク
Dhawan ダワン
Dheedene デーデン
Dheeraj ディーラジ
Dhélia デリア
Dhennin ダナン
Dhepsiri
　テプシリ*
　テープスィリ
　デープスィリ
D'Herbain デルバン
D'Herbelot デルベロ
Dherbey デルベ
D'Herbois デルボア
D'Herelle デレル
D'Hérelle デレル*
D'Hericourt デリクール
D'Hervelois デルヴロア
D'Hervey デルヴェ
D'hervilly デルヴィイ
D'Hesdin デスダン
D'Heur ダール
Dhī ズィー
Dhiabu ディアブ
Dhien ディン
Dhieu ディエウ
Dhi'l ジル

D'Hilliers ディリエ
Dhillon ディロン
Dhindsa ディンドサ
D'Hipólito ディポリト
Dhir ディア
Dhīrā ディーラー
Dhiraj ディーラージ*
Dhirubhai ディルバイ
Dhisena ディセンナ
Dhital ディタール
Dhiyāb ディヤーブ
Dhiyana ディヤナ
Dhlomo ドローモ
Dhoinine ドイニン*
Dholakia ドラキア
D'Holbach ドルバック*
Dhombres ドンブル
Dhomhnaill
　ゴーナル
　ゴーノル**
Dhomme ドンム
D'Hondecoeter ドンデクーテル
Dhonden ドゥンデン
D'Hondt ドント
Dhondy
　ドーンディ
　ドンディ
D'Honnecourt ドンクール
D'Hooge ドゥーヘ
D'Hooghe ドーヘ
Dhoore ドール
D'hoore ドール
Dhorasoo ドラソー
Dhorme ドルム
Dhotaka ドータカ
Dhotel ドーテル
Dhôtel ドーテル**
Dhotodana ドートーダナ
D'Houville ドゥーヴィル*
Dhritiman ドリティマン
Dhṛtarāṣṭra ドリタラーシュトラ
Dhruv ドゥルーブ
Dhruva ダルヴァ
Dhū
　ズー
　ズル
　ズーン
Dhu'aib ズアイブ
Dhu'ayb ズアイブ
Dhubyānī ズブヤーニー
Dhudishia デュディシア
Dhugal ドゥーゲル
Dhuhulow ドゥフロウ
Dhuibhne グウィヴナ

Dhu'l ズル
Dhūmketu ドゥームケートゥ
Dhundiraj ドゥンディーラージ
Dhungyel ドゥンゲル
Dhunnoo ドゥノー
Dhū Nūn ズヌーン
Dhuoda ドゥオダ
Dhupa ドゥーパ
Dhurata ドゥラタ
Dhurtal ドゥールタール
Dhussa ドゥサ
Di
　ジ
　ジー
　ダ
　ダイ
　デ**
　ティ
　ディ***
　ディー
　デイ
　ド*
Dì ディ
Dia
　ダイア
　ディア
Diaaeldin ディアエルディン
Diab
　ディアーブ
　ディアブ*
Dia Ba ディアバ
Diabang ディアパン
Diabate
　ジャバテ*
　ディアバテ
　ディアバト
Diabaté
　ジャバテ
　ディアバテ
Diabelli
　ディアベッリ
　ディアベリ
Diabira ディアビラ
Diable ディアブル
Diablo ディアブロ
Diabro ディアブロ*
Diaby
　ディアビ
　ディアビー
Diachenko デヤチェンコ
D'iachenko ジヤチェンコ
Diachkov ジャチコフ
D'iachkov ジャチコフ
Diack
　ダイアック
　ディアク
Diaconescu ディアコネスク
Diaconis ダイアコニス
Diaconu ディアコヌ
Diaconus ディアコーヌス

ディアコヌス*
Diacu ディアク*
Diadochos
　ディアドコス
Diádochos
　ディアドコス
Diadumenianus
　ディアドゥメニアヌス
Diafra ディアフラ
Diagana ディアガナ*
Diaghilev
　ジアーギレフ
　ジアギレフ
　ジャーギレフ
　ディアーギレフ
　ディアギレフ*
Diagne
　ディアニェ
　ディアーニュ
　ディアニュ
Diago ディアゴ
Diagoras ディアゴラス
Diah ディア
Diahann
　ダイアハン
　ダイアン*
Diahnne
　ダイアン
　ダイアーンネ
Diaios ディアイオス
Diaka ディアカ
Diakaria ザカリア
Diakite
　ジャキテ
　ディアキテ
　ディアクテ
Diakité ディアキテ
Diakonos ディアコノス
Diakov ディアコフ
Diakumpuna
　ディアクンプーナ
Dial
　ダイアル*
　ダイヤル
　ディアル
Dialdin ディアルディン
Diallo
　ジャロ*
　ディアロ*
　ディヤロ
Dialó ジャロ
Diamand
　ダイアモンド*
　ディアマント
Diamanda
　ディアマンダ
Diamandis
　ディアマンディス*
Diamant
　ディアマン
　ディアマント*
Diamante
　ディアマンテ
Diamanti
　ディアマンティ
Diamantidis
　ディアマンティディス

Diamantidou
　ディアマンティドゥー
Diamantopoulou
　ディアマントプル
Diambra ディアンブラ
Diamond
　ダイアマンド
　ダイアモンド***
　ダイヤモンド**
　ダーヤマン
Dian
　ダイアナ
　ダイアン**
　ディアン
Diana
　ダイアナ***
　ダイアン
　ディアーナ*
　ディアーナ*
Diāna ディアーナ
Dianbobo
　ディアンボボ
DiAndre ディアンドレ
Diane
　ダイアナ
　ダイアン***
　ディアーヌ**
　ディアヌ
　ディアン*
　ディアンヌ
Diané
　ディアーネ
　ディアネ
Dianeira ディアネイラ
Diangana
　ディアンガナ
DiAngelo
　ディアンジェロ
Diangelo
　ディアンジェロ
Diango ディアンゴ
Diann ダイアン*
Dianna
　ダイアナ**
　ディアナ
Dianne ダイアン***
Diante ディアンテ
Diao ディアオ*
Diaper ディアパー
Diar ディアル
Diara ディアラ
Diard ディアルド
Diare ディアレ
Diarmaid
　ディアミッド
Diarmait
　ディアルミド
　ディルミット
Diarmuid
　ダーマッド
　ディルムッド
Diarra
　ジアラ
　ジャラ
　ディアラ
Diarrassouba
　ディアラスバ

Dias
　ジアス
　ダイアス
　ディアシュ
　ディーアス
　ディアス***
　ディアズ
　ディアス
Días-canel
　ディアスカネル
Diasio ディアシオ
Diasseny ディアセニ
Diatta
　ジャタ
　ディア
　ディアタ
　ディアッタ
Diavolo
　ディアヴォロ
　ディアボロ
Diaw
　ジャオ
　ディーオウ*
Diawara
　ジャワラ
　ディアワラ
Diay ジャイ
Diaz
　ダイアズ
　ディアシュ
　ディーアス
　ディアス***
　ディアズ**
　ディアツ**
Diáz ディアス
Díaz
　ディアス***
　ディアズ
Diaz-Balart
　ディアスバラールト*
Díazcanel
　ディアスカネル
Díaz Granados
　ディアスグラナドス
Diaz Robertti
　ディアスロベルティ
Diaz Saenz Valiente
　ディアスサエンツバリ
　エンテ
Dib
　ディープ
　ディプ**
Diba ディバ
Dibaba ディババ**
Dibango ディバンゴ
DiBartola
　ディ・バートラ
　ディバートラ
Di Bartolomeo
　ディバルトロメオ
Di Bartolommeo
　ディバルトロメオ
Dibb ディブ
Dibben ディベン*
Dibble ディブル**
Dibblin ディブリン
Dibbs ディブス
Dibdin
　ディブディン***

Dibele ディベレ
Dibelius
　ディベーリウス
　ディベリウス*
Di Bello ディベジョ
DiBenedetto
　ディベネデット
Dibernardo
　ディバーナルド
Diberti ディベルティ
Dibi ディビ
Dibiasi ディビアシ
Dibich ジービッチ
Dibie ディビ*
Di'bil ディウビル
Dibley
　ディヴレイ
　ディブレイ
DiBona ディボナ
Di Borgo ディボルゴ
Dibowski ディボウスキ
Diby ディビ
Di Cambio
　ディカンビオ
DiCamillo
　ディカミロ**
DiCaprio
　ディカプリオ**
DiCapua ディカプア
Di Carli ディカルリ
Di Carlo ディカルロ
Dicarlo ディカーロ
Dicciani ディキアニ*
Dice ダイス
Dicearchus
　ディケイアルコス
Di Centa
　ディチェンタ*
DiCenta ディチェンタ
Dicenta ディセンタ
Dicey
　ダイシ
　ダイシー*
Đich ディック
Dichart ディチャート
Dichev ディーチェフ*
Dichiara ディキアラ
Dichio ディチオ
Dichler
　ディッヒラー
　ディヒラー*
Dichristina
　ディクリスティナ
Dichter
　ディクター
　ディヒター*
　ディヒテル
Dichtl ディヒテル*
Dichy ディシィ
Di Cicco ディシコ
DiCicco
　ディシコ
　ディチッコ
DiCillo ディチロ
Dicillo ディチロ

Dick
　ディク
　ディック***
　デック
Dickason
　ディカスン
　ディカソン
Dickchett
　ディッチェット
Dicke
　ディッキー
　ディック
　ディッケ
Dickel ディッケル*
Dicken
　ディケン
　ディッケン*
Dickens
　ディキンズ
　ディケンス
　ディケンズ***
　ディッキンス
　ディッケンス
　ディッケンズ*
　デッケンス
Dickenson
　ディケンソン*
　ディッケンソン**
Dicker
　ディケール**
　ディッカー
Dickerman
　ディッカーマン
　ディッケルメン
Dickerson
　ディカーソン*
　ディッカーソン
　デカルソン
Dickey
　ディキー
　ディッキ
　ディッキー***
　デッキー
Dick-forde
　ディックフォード
Dickhaut
　ディクハート
　ディックハウト
Dickheiser
　ディックハイザー
　ディックヘイザー
Dickhoff ディクホフ
Dickhut
　ディノクフート
Dickie
　ディッキー*
　デッキー
Dickins
　ディキンス
　ディキンズ*
Dickinson
　ディキソン
　ディキンスン**
　ディキンソン***
　ディケンソン
　ディッキンスン
　ディッキンソン**
　ディッケンスン
　ディッキンソン
　デッキンソン
Dickison
　ディキソン

Dickmann
ディックマン
Dickneite
ディックネイト
Dicko
ジコ
ディコ
ディッコ
Dickon ディコン*
Dickov ディコフ
Dickran ディックラン
Dicks ディックス**
Dicksee ディクシー
Dickson
ディクスン**
ディクソン**
ディックソン
Dickstein
ディクスタイン
ディックシュタイン
Dicky ディッキー
DiClemente
ディクレメンテ
Dicons ディコンス
DiConsiglio
ディコンシーリョ
DiCorcia ディコルシア
DicQie ディッキー
Dictor ディクター
Dictys
ディクティス
ディクテュス
Dicu ディチュ
Dicuil ディクイル
Dicum ディカム
Dida
ジーダ
ジダ
Didace ディダス
Didaco ディダコ
Didacus ディダクス
Didato ディダート
Didavi ディダヴィ
Diday ディデー
Diddley ディドリー**
Diddy ディディ
Didelot ディドロ*
Diderica ディデリカ
Diderichsen
ディゼリクセン
Didericus
ディーデリック
ディデリック
Diderik
ディデリク
ディデリク
ディデリック
Dideriksen
ディデリクセン
Diderot
ディデロ
ディデロー
ディドロ*
ディドロー
ディドロオ

Didi
ジジ*
ディーディー
ディディ**
Didier
ディディア*
ディディエ***
ディディエール
ディディエル*
Didierlaurent
ディディエローラン
Didion
ディディオン***
Didiot ディディオ
Didius ディディウス
Didiza
ディディサ
ディディザ
Didjob ディジョブ
Dido
ダイド*
ディド*
ディドー
DiDonato
ディドナート
Di Donna ディドンナ*
Didot
ディド
ディドー
Didrickson
ディドリクソン
Didrik ディードリック
Didriksen
ディドリクセン
Didrikson
ディドリクスン
ディドリクソン
Didsbury
ディッズベリー
Didulica ディドゥリカ
Didur
ディデュール
ディドゥル
Didymos ディデュモス
Didymus ディディムス
Didzbalis ディジバリス
Die ディエ
Diébédo ディエベド
Diebel ディーベル
Diebenkorn
ディーベンコーン
Diebitsch
ジービッチ
ディービチ
ディービッチ
Diebold
ディーボルト
ディーボルド
ディボルト
Diebow ディーボウ
Dieburg ディーブルク
Dieck ディーク
Dieckerhoff
ディーカーホフ
ディーケルホフ
Dieckhoff ディークホフ
Dieckmann
ディークマン**

Dieder
ディエデル
ディディエル
Diederen ディーデレン
Diederich
ディーデリッヒ
Diederichs
ディーデリヒス
Diederik
ディーデリク
ディデリク
Diedrich
ディードリッヒ
ディートリヒ**
Diedricksen
ディードリクセン
Dieën ディーン
Diefenbach
ディーフェンバッハ
ディフェンバッハ
Diefenbacher
ディーフェンバッハー
Diefenbaker
ジーフェンベーカー
ディーフェンベーカー
ディーンフェンベーカー
Diefenderfer
ディフェンダファ
Diefenthal
ディーファンタル
Dieffenbach
ディーフェンバッハ
ディーフェンバハ
Diego
ジエゴ*
ディエーゴ*
ディエゴ***
ディーゴ
Diegues
ジエギス*
ディエギス*
Dieguez ディエゲス
Diéguez ディエゲス
Diehl
ディエル
ディテル
ディール**
Diehm ディーム*
Diek ディエク
Diekamp ディーカンプ
Diekelmann
ディーケルマン
ディッケルマン
Diekema ディーケマ
Dieken ディーケン
Diekman ディークマン
Diekmann
ディークマン
Diekmayer
ディークメイヤー
Diekmeier
ディークマイアー
Diel ディール
Dieleman
ディエレマン
Dielette ディエレット

Diels
ディエルス
ディールス*
Dieltiens
ディールティエンス
Diem
ジェム
ジェム
ディエム
ディーム
Diêm ディエム
Điệm ディエム
Dieman ディーマン
Diemberger
ディームベルガー*
Diemen
ディエメン
ディーメン
Diemer ディーマー
Diémer
ディエメ
ディエメール
ディエメル
Dien
ジェン
ディーン
ディン
Điện ディエン
Điện ディエン
Dienderen
ディーンデレン
Diène ジェン
Dienel ディーネル
Diener ディーナー**
Dienes
ディエネス
ディーネシュ
ディーネス
ディーンズ
Dieng ジェン
Dienhart
ダイアンハート
Dienstbier
ディーンストビーア**
ディーンストビール
ディンストビール
ディーンストビーア
Dienstfrey
ディーンストフライ
Dientzenhofer
ディーンツェンホーファー
Diény
ディエニ
ディエニー
Diepenbeeck
ディーペンベーク
Diepenbrock
ディーペンブロク
ディーペンブロック*
Diepgen ディープゲン
Dieppe ディッペ
Dier ダイアー*
Dierauer
ディエラウアー
Dierdonck
ディードンク

Dieren ディーレン
Dierhekolie
ディエヘコリエ
Dierick
ティーリー
ディーリック
ディルク
Dieringer
ディーリンガー
Dierken ディールケン
Dierker
ダーカー**
ディアカー
Dierkes ディールケス
Dierking
ディアーキング
Diermeier
ディアマイアー
Diers
ディアー
ディールス
Dierssen ディールセン
Dierx ディエルクス
Dies ディース*
Diesbach
ディースバッハ
Diesbrock
ディースブロック
Diesch ディーシュ
Dieschbourg
ディシュブール
Diesel ディーゼル*
Dieskau
ディースカウ**
ディスカウ
Diesse ディッセ
Diessl ディースル
Diest ディースト
Diestel
ディーステル
ディーステル**
Diestelmeyer
ディーステルマイヤー
Diesterweg
ディースターヴェーク
ディースタヴェーク
ディーステルウェーク
ディーステルヴェーク
ディーステルヴェッヒ
ディーステルベーク
Diete ディーター
Dietenberger
ディーテンベルガー
Dieter
ダイター
ディエター
ディータ*
ディーター**
ディター
ディータァ
ディティール
ディートリッヒ
Dieterich
ディータリヒ
ディーテリッヒ
ディーテリヒ
Dieterle
ディーターリ
ディータリ

ディーターリ
ディーターレ
ディーターレ
Dieterlé ディエテルレ
Dieterlen ディテルラン
Dietger ディートガー
Diethard
　ディートハルト
Diethart
　ディートハルト
Diethe ディース
Diethelm Gerber
　ディーテルムジャー
　バー
Diether ディーター
Diethrich
　ディートリック
Dietl ディートル**
Dietlind
　ディートリント
Dietlof ディートロフ*
Dietmar
　ディートマー*
　ディトマー
　ディートマール**
　ディートマル**
　ディトマール
Dietmer
　ディトマー**
Dietram ディートラム
Dietrich
　ディエトリッチ
　ディデリック
　ディートリック
　ダイトリック
　ディートリッヒ***
　ディートリヒ***
　デートリッヒ
　デートリヒ
　ヘディートリヒ
Dietrichs
　ディートリクス
Dietrick
　ディートリック
Dietsch ディーチ
Dietsche ディーチェ
Dietschi ディーチー
Dietterlin
　ディターリーン
　ディッターリン
Dietz ディーツ**
Dietze
　ディーツェ
　ディッツェ**
Dietzel ディーツェル*
Dietzgen
　ディーツゲン
　ディツゲン
Dietzsch ディーチュ**
Dieu
　ジェウ
　ジェウ
　ジュー
　ジュウ*
　ディユ
　デュー
Đieu ディウ

Dieuchidās
　ディエウキダス
Dieudonn デュドネ
Dieudonne
　ディウドネ
　ディユドネ
　ドゥードンヌ
Dieudonné
　ディウドネ
　ディユドネ
　ディユドネ
　ディユドンネ
　デュードネ**
　デュドネ*
　デュードンネ
Dieulafoy
　デューラフォア
　デュラフォア
　デューラフォワ
Dieumegard
　ディユームガール
Dieumerci
　ディウメルシ
Dieupart デュパール
Dieux ディユ
Dieuze デウゼ
Dievendorff
　ディーヴェンドルフ
Dièye ディエイ
Diez
　ディエス*
　ディーズ
　ディーツ*
Díez ディエス*
Diezani ディエザニ
Diezi ディージ
Difazio ディファジオ
Diffenbaugh
　ディフェンバー*
Diffey ディフィ
Diffring
　ディッフリンク
　ディフリング*
Difo ディフォ
DiFonzo
　ディフォンツォ
Difonzo ディフォンゾ
Di Francisca
　ディフランチェスカ
　ディフランチスカ*
DiFranco ディフランコ
Difranco ディフランコ
Diga ディガ
DiGaetani
　ディガエターニ
Digambar
　ディガンバール
Digambaram
　ディガンバラム
Digard
　ディガー
　ディガード
　ディガール
Digby
　ディグビ
　ディグビー**
　ディグビィ
Digenēs ディゲネス

DiGennaro
　ディジェンナロ
DiGenova
　ディジェノバ
DiGeorgio
　ディジョージオ
DiGeronimo
　ディジェロニモ
Digeronimo
　ディジェロニモ
Digga ディガ
Digges
　ディグス
　ディグズ
Diggins ディギンズ*
Diggle ディグル
Diggory
　ディゴリー
　ディゴリィ
Diggs
　ディグス
　ディッグス
Digh ダイ*
Dighanakha
　ディーガナカ
Dighton ダイトン*
DiGiacomo
　ディジャコモ
DiGilio ディジリオ
DiGioia ディジオイア
DiGiovanni
　ディジョヴァンニ
Digiovanni
　ディジョヴァンニ
Digiovine
　ディジィオバイン
DiGiuseppe
　デジサッピ
Digman ディーグマン
Dignāga ディグナーガ
Digne ディニュ
Digno ディグノ*
DiGregorio
　ディグレゴリオ
Diguet ディゲ
Diguimbaye
　ディギンバイエ
Dihigo
　ディイゴ
　ディヒーゴ
Dihkhodā
　ディホダー
　デホダー
　デホダー
Dihlavī デヘルヴィー
Diikstra
　ダイクシュトゥラ
Diing
　ディーン
　ディン
DiIorio
　ディイオリオ
　ディロリオ
Dijck ディジック
Dijckman ディクマン

Dijk
　ダイク**
　ディク
　ディユク
　デック
Dijkgraaf ダイクラーフ
Dijkhuizen
　ダイクハウゼン
Dijks ダイクス
Dijk-silos ダイクシロス
Dijksma ダイクスマ
Dijksterhuis
　ディクステルホイス*
Dijkstra
　ジキストラ
　ダイクストラ**
　ディークストラ
　ディクストラ*
Dijon ディジョン
Dijs
　ディジェス
　ディジス
Dijsselbloem
　ダイセルブルーム*
Dik ディック
Dīk ディーク
Dikaiarchos
　ディカイアルコス
　ディカエアルコス
Dik al-Jinn
　ディークル・ジン
Dikan ディカン
Dikau ディカウ
Dike
　ダイク
　ディケ
Dikec ディケチュ
Dikembe ディケンベ*
Dikgakgamatso
　ディカカマツォ
Dikiciyan
　ディキチャン
Dikken ディッケン
Dikkers ディッカーズ*
Dikme ディクメ
Diko ディコ
Dikötter
　ディケーター*
Dikovskaia
　ディコフスカヤ
Diks ダイクス
Dikshit ディクシット
Dīksitar
　ディークシタール
Dikson ディクソン
Diktonius
　ディクトゥーニウス
Diktys ディクテュス*
Dikushin ジクーシン
Dilaawar ディラーワル
DiLallo ディラロ
Dilan ディラン
Dilantha ディランタ
Dilara ディララ
Dilas ジラス
DiLascia ディラシア

DiLavore ディラヴォー
Dilbar
　ジルバル
　ディルバル
Dilcock ディルコック*
Dildabekov
　ディルダベコフ
　ディルダルベコフ
Dilday ディルディ
Dildy ディルディ
Dilebo ディレボ
Dileita
　ディレイタ
　ディレタ
DiLella ディレラ*
Dilello
　ディレッコ
　ディレロ
Dilenschneider
　ディレンシュナイダー*
Dileo ディレオ*
Dileri ディレリ
Dilfer ディルファー*
Dilherr ディルヘル
Diliana ディリアナ
Diliberto ディリベルト
Dilio ディリオ
Dilip
　ディリップ*
　ディリプ
　デリップ
Dilīpa ディリープ
Diliso ディリーソ
Diliyannis
　ズィリヤニス
Dilke
　ジルク
　ディルク*
　ディルケ
Dill
　ディリ
　ディル*
　デル
Dillabough ディラボー
Dillah ディラー
Dillard ディラード***
Dillaway ディラウェイ
Dill-Bundi
　ディルブンディ
Dille
　ダイル
　ディユ
Dilleen ディリーン
Dillemann ディルマン
Dillen ディレン
Dillenberger
　ディレンバーガー
Dillenburger
　ディレンバーガー
Dillenius ディレニウス
Diller ディラー**
Dilley
　ディリー
　ディレー
　ディレイ
Dilli ディリ

Dilling ディリング*
Dillinger
　ディリンジャー
　デリンジャー
Dillingham
　ディリンガム
Dillion ディリオン
Dillis ディリス
Dillman ディルマン**
Dillmann ディルマン
Dillo ディロ
Dillon
　ジロン
　ディラン
　ディリョン
　ディロン***
　デロン
Dills
　ディル
　ディルズ
Dilma ジルマ*
Dilman ディルマン
Dilnot ディルノット
Dilok ディロック
Dilorio ディローリオ
Dilou ディロウ
Dilov ディロフ*
Dílov ディロフ
Dilshod
　ジルショド
　ディルショド
Dilshodjon
　ジルショジョン
Dilson
　ジルソン
　ディルソン
Dilthey
　ディルタイ*
　デルタイ
Diltheys ディルタイ
Dilts ディルツ
Diltz ディルツ*
Dílvar ディルバル
Dilworth
　ディルワース*
Dilwyn ディルウィン
Dilyara ディリャーラ
Dilys
　ディリス*
　デリス
Dima ディマ
Di-Maccio ディマシオ
DiMaggio ディマジオ*
Dimaggio ディマジオ
Dimahilig
　ディマイリグ
Dimanche ディマンチ
Dimaranan
　ディマラナン
DiMarco ディマルコ
Dimarco ディマルコ
Dimartini
　ディマティーニ
DiMartino
　ディマルティノ
DiMarzio ディマジオ*

Dimas ディマス**
DiMascio ディマシオ
Dimashqī
　ディマシュキー
DiMasi ディマージ
DiMattia ディマティア
Dimauro ディマウロ
Dimbleby
　ディムブレビィ*
　ディンブルビー
Dimde ディムデ
Dime ダイム
Dimebag
　ダイムバッグ*
Dimech ディメク
Dimeff ディメフ
Dimenstein
　ディメンスタイン
Diment ダイメント
Di Meola ディメオラ
DiMercurio
　ディマーキュリオ*
Dimery ディメリー
DiMicco ディミッコ
DiMichele
　ディミシェル
Dimick ディミック
Dimidjian
　ディミジアン
Dimier ディミエ
Dimitar
　ディミタール
　ディミタル**
　デミテル
　ドミタル
Dimitâr ディミータル
Dimitâr ディミタル*
Dimiter
　ディミーター*
　ディミター
　ディミテール
　ディミテル
　ディミートル
Dimitorov
　ディミトロフ
Dimitory
　ディミトリー
　ドミトリ
Dimitr ディミタル
Dimit'r
　ディミタル
　ディミトル
Dimitra ディミトラ*
Dimitrana
　ディミトラーナ
Dimitri
　ディミートリ
　ディミトリ***
　デミトリ
　ドミトリー*
　ドミトリイ
Dimitriadis
　ディミトリアディス
Dimitrie
　ディミトリー
　ディミトリエ

Dimitriev
　ディミトリエフ*
Dimitrievič
　ジミートリエヴィチ
Dimitrievich
　ディミトリービッチ
　ディミトリエヴィチ
　ドミートリヴィチ
　ドミトリエヴィチ
　ドミトリエヴィッチ
Dimitriëvna
　ディミートリーヴナ
Dimitrii
　ディミトリー
　ディミートリイ
Dimitrij
　ディミトリ
　ドミトリ*
　ドミトリー
　ドミートリイ
Dimitrije
　ディミトリ
　ディミトリエ
Dimitrijević
　ディミトリエヴィッチ
　ディミトリエビッチ
　ディミトリーエヴィチ
Dimitrijevici
　ディミトリエヴィッチ
Dimitrios
　ディミトリアス
　ディミトリオス**
　ディミトリス
Dimitris
　ディミトリオス
　ディミトリス**
　デミトリス
Dimitrius
　ディミトリアス**
　ディミトリウス
Dimitriy ディミトリー
Dimitrov
　ジミトロフ
　ディミトローフ
　ディミトロフ**
　デミトロフ
Dimitrova
　ディミトローヴァ*
　ディミトローバ
　ディミトローワ
Dimitur
　ディミタル
　ディミートル
Dimizas ディミーザス
Dimkovska
　ディムコフスカ
Dimmick ディミック
Dimmitt ディミット
Dimmock ディモック
Dimnet ディムネ*
Dimoch ディモック
Dimock
　ディモク
　ディモック*
　デモック
Dimolitsas
　ディモリツァス
Dimon ダイモン**

DiMona ディモーナ
Dimona ディモーナ*
Dimond ダイモンド
Dimondstein
　ダイモンドシュタイン
Dimont ディモント
Dimos ディモス
Dimosthenis
　ディモステニス
Dimov
　ディーモフ
　ディモフ*
Dimovska
　ディモフスカ
Dimovski
　ディモウスキ
　ディモフスキ
Dimow ディモウ
D'Imperio
　ディンペリオ
Dimsdale
　ディムズデール
　ディムズデイル
Dimski ディムスキー
Dimson ディムソン
Dimucci ディムッスィ
DiMuro
　ディミューロ
　ディミュロ
Dimuro
　ディミューロ
　ディミュロ
Din
　ディーン
　ディン***
Dīn
　ディーン
　ディン
Dina
　ジーナ
　ダイナ*
　ディーナ**
　ディナ**
Dimitriy ディミトリー
Dinadan ディナダン
Dinah
　ダイナ**
　ダイナー
　ディナ
　ディナー**
　デナ
Dinallo ディナロ**
Dinan
　ダイナン*
　ディナン
Dinanath ディナナト
Dinant
　ディナン
　ディナン
DiNapoli ディナポリ
Dīnār ディーナール
Dinara
　ディナーラ
　ディナラ**
DiNardo ディナード
Dinarello ディナレロ
Dinarkhos
　ディナルコス

Dīnawarī
　ディーナワリー
Dinçer ディンチェル
Dinchev ディンチェフ
Dincin ディンシン
Dîncu ドゥンク
Dindall ディンダル
Dindar ディンダル
Dinder ディンダー
D'India ディンディア
Di Ndinge
　ディヌディング
Dindinger
　ディンディンガー
Dindjić ジンジッチ
Dindo ディンド
Dindorf ディンドルフ
D'Indy
　ダンディ*
　ダンディー
Dine
　ダイン
　ダイン**
　ダン
Dineen ディニーン*
Dinehart ダインハート
Dinek ディネク
Dinelaris ディネラリス
Dineley ダインリー
Dines
　ダインス
　ダインズ
　ディネス
Dinesen
　ディーネセン*
　ディネーセン
　ディネセン
Dinesh
　ディニッシュ
　ディネシュ**
　ディネッシュ
Dineson ディネゾーン
Dinev ディネフ
Ding
　ティン
　ディン*
　ディング
Dinga ディンガ
Dingaan
　ディンガネ
　ディンガーン
Dinga Djondo
　ディンガジョンド
Dingamo ディンガモ
Ding-ding
　ディンディン*
Dingell ディンゲル
Dingelstedt
　ディンゲルシュテット
Dinger ディンガー
Dingiri ディンギリ**
Dingiswayo
　ディンギスワヨ
Dingle ディングル*
Dingler ディングラー
Dingley ディングリー

Dinglinger
　ディングリンガー
Dingman
　ディングマン*
Dingus ディンガス
Dingwall
　ディングウォール
Dingwell ディンウェル
Dinh
　ジン
　ティン
　ディン***
Dinh ディン
Dịnh ディン
Đinh ディン
Đình ディン
Dinh Diem ジンジェム
Dini
　ディーニ**
　ディニ***
Dinicu ディニク
Dinilu
　ディーンイル
　デン・イリ
　デーン・イル
Dinis
　ディニシュ
　ディニース
　ディニス*
Dinitia ディニシア
Diniz
　ジニス
　ディニ
　ディニシュ
　ディニーズ
Dink ディンク*
Dinka ディンカ
Dinkar ディンカル
Dinkel ディンケル
Dinkela ディンケラ
Dinkelkamp
　ケインケルカンプ
Dinkeloo ディンケルー
Dinkevich
　ディンケヴィチ
　ディンケヴィッチ
　ディンケビッチ
Dinkić ディンキッチ
Dinkin ディンキン
Dinkins
　ディンキンス
　ディンキンズ*
Dinklage
　ディンクレイジ
Dinkmeyer
　ディンクマイヤー
　ディンクメイヤー
Dinmukhamed
　ジンムハメド*
Dinn ディン
Dinna ディンナ
Dinné ディネ
Dinnebier
　ディンネビーヤ
Dinneen ディニーン*
Dinnerstein
　ディナースタイン

Dinney ディニー
Dinnie ディニー
Dinnik ディンニク
Dino
　ディーノ**
　ディノ***
Dinocrates
　ディノクラテス
Dīnōn ディノン
Dinos ディノス
Dinoša ディノシャ
Dinostratos
　ディノストラトス
DiNoto ディノト
Dinov ディノフ
Dinsdale
　ディンスデイル
　ディンスデール
　デンスデール
Dinse ディンス
Dinsha ディンシャ
Dinsmoor
　ディンズモーア
Dinsmore
　ジンスモア
　ディンズモー
　ディンスモア*
　ディンズモア
Dinter ディンター
Dinteren ディンテレン
Dintiman
　ディンティマン
Dintzis ディンツィス
Dinu ディヌ*
DiNucci ディヌッチ
Dinur
　ディヌール
　デ・ヌール
Dinwiddie
　ディンウィディ*
　ディンウィディー
Dinwiddy
　ディンウィディ
　ディンウェディ
Diny ダイニー
Dinyar ディンヤル*
Dinzelbacher
　ディンツェルバッハー*
D'inzeo ディンゼオ
Dinzulu
　ディヌズールー
　ディンズル
Dio
　ディオ**
　ディオーン
　ディオン
Diocles ディオクレス
Diocletianus
　ヂオクレチアヌス
　ディオクレチアヌス
　ディオクレティアーヌス
　ディオクレティアヌス
Diodati
　ディオダーティ
　ディオダティ
Diodato ディオダート*

Diodoros
　ディオドロス*
Diodōros ディオドロス
Diódōros
　ディオドーロス
　ディオドロス
Diodorov
　ディオードロフ*
　ディオドーロフ
Diodorus
　ディオドラス
　ディオドーロス
　ディオドロス
Diodotos ディオドトス
Diodotus
　ディオドトゥス
　ディオドトス
Diógeneos
　ディオヘネス
Diogenes
　ディオゲネース
　ディオゲネス*
Diogenēs
　ディオゲネース
　ディオゲネス
Diogenianos
　ディオゲニアノス
Diogenio
　ディオジェニオ
Diógnētos
　ディオグネートス
Diogo
　ジオゴ
　ディオーゴ
　ディオゴ***
Diokens ディケンズ
Diokles ディオクレス
Diokno ジョクノ
Diolé ディオレ
Dioma ディオマ
Diomande
　ディオマンデ
Diombar
　ディオムバール
Diome ディオム**
Diomede ディオメド
Diomedes
　ディオメデス
Diomidis
　ディオミディス
Diomidov
　ディオミドフ
Diomira ディオミラ
Dion
　ダイアン*
　ダイオン
　ディーオン
　ディオン**
Diōn ディオン
Dionatan ディオナタン
Dioncounda
　ディオンクンダ*
Dione ディオンヌ
Dionicio
　ディオニシオ*
Dionigi
　ディオーニジ
　ディオニジ

Dionigio ディオニジオ
Dionis ディオニス
Dionisi
　ディオニシ
　ディオニジ
　ディオニースィ
Dionisia ディオニシア
Dionisii
　ディオニーシー
　ディオニシー
　ディオニーシィ
Dionisij ジオニーシイ
Dionisio
　ディオニージオ
　ディオニシオ*
　ディオニジオ
Dionísio
　ディオニジオ
　ディオニスイオ
Dionisios
　ディオニシオス
Dioniso ディオニソ
Dionne
　ディオン*
　ディオンヌ**
Dionusios
　ディオニュシオス
Dionusos
　ディオニュソス
Dionys ディオニス
Dionysiatoy
　ディオニシアトス
Dionysio ディオニシオ
Dionysios
　ジオニシオス
　ディオニシウス
　ディオニシオス*
　ディオニシオス
　ディオニューシオス
　ディオニュシオス*
Dionýsios
　ディオニューシオス
　ディオニュシオス
Dionỹsios
　ディオニシオ
　ディオニュシオス
　デオヌシオ
Dionysius
　ダイアニーシアス
　ダイオニシアス
　ダイオン
　ディオニシウス
　ディオニシオ
　ディオニシヤス
　ディオニューシウス
　ディオニュシウス
　ディオン
　ドニー
Dionysos
　ディオニュソス
Dionyssis
　ディオニスイス
Dionysus
　ディオニュソス
Dionýz ディオニーズ
Diop
　ジオップ
　ジョップ*
　ディオプ**

Diopeithēs
　ディオペイテス
Diophantos
　ジオファンタス
　ジオファントス
　ディオパントス
　ディオファントス
Dior ディオール**
Diori ディオリ*
Dios ディオス**
Dioscorides
　ディオスコリデス
Dioscurus
　ディオスクルス
　ディオスコロス
Diosdado
　ディオスダド*
Diòsdi ディオズディ
Dioskorides
　ディーオスコリデース
　ディオスコリデス
Dioskoridēs
　ディオスコリデス
　ディオスコリデース
　ディオスコリデス
Dioskouridēs
　ディオスコリデス
　ディオスクリデス
Dióskoros
　ディオスコロス
Diosy ディオシー
Diotima
　ディオティーマ
　ディオティマ
Diotisalvi
　ディオティサルヴィ
Diotrephes
　ディオトレフェス
Diotréphēs
　ディオトレフェス
　デオテレペス
Diotti ディオッティ
Dioubate
　ディウバテ
　デュバテ
Diouf
　ジュフ
　ジユフ
　ディウフ***
　ディフ
　デュオフ
Diousse ディウセ
Dip ディップ
Dipa ディパ*
Dipak ディパック*
Dipankar ダイパンカー
Di Paola ディパオラ
Di Parma ディパルマ
DiPasqua ディパスカ
Di Pasquale
　ディパスカル
DiPasquale
　ディパスケル
Dipboye ディップボイ
DiPego ディペーゴ
Dipego ディペーゴ
Dipendra
　ディペンドラ*

Dipert ディパート
Dipesh ディペシュ
Diphilos
　ディーピロス
　ディピロス
　ディフィロス
Di Pietro ディピエトロ
DiPietro
　ディピエトロ*
　デピエトロ
DiPino ディピノ
DiPiro ディピロ
Dipiro ディピロ
Diplomaticus
　ディプロマチカス
Dipo ディポ
Dipoenus
　ディポイノス
Dipo Negoro
　ディポネゴロ
　ディポネゴロ
Dipoto ディポート
Dipp ディップ
Dippe
　ディッペ
　デッペ
Dippel ディッペル
Dipper ディッパー
Dippold ディポルド
Di Prampero
　ディプランペロ
Dipre ディプレ
DiPrima ディプリマ
Dipu ディプ
DiPucchio
　ディプキオ
　ディプッチオ
Dipu Moni ディプモニ
Dipuo ディプオ
Diqna ディクナ
Dir ディロ
Dirac
　ディラック**
　デイラック
DiRado ディラド
Dirado ディラド
Diran
　ディラアン
　ディラン
Dirar ディラル
Dirce ディルセ
Dirceu ジルセウ
Dirch ディルシュ
Dirck
　ディリク
　ディルク
Dircksz ディルクス
Dirda ディルダ*
Direck ディレック
Direk ディレーク
Direnzo ディレンゾ
Dirgo ダーゴ*
Diriba ディリバ

D'Iribarne
　ディリバルヌ*
Dirichlet ディリクレ
Dirie ディリー*
Diringer
　ディリンジャー
Diringshofen
　ディリングスホフェン
Dirir ディリル
Diriye ディリエ
Dirk
　ダーク**
　ディアーク
　ディーデリク
　ディルク***
Dirkē ディルケ
Dirkes ダークス
Dirks
　ダークス
　ディルクス*
Dirksen
　ダークセン
　ディルクセン*
Dirkx ディルクス
Dirlewanger
　ディレヴァンガー
Dirnt ダーント*
Diro ディロ
Di Rocco ディロッコ
DiRocco ディロッコ
Dirond ディロン
Dirr ディル
Dirrell ディレル
D'irsay ディルセー
Diruta ディルータ
Dis ディス
DiSabatino
　ディサバティーノ
DiSaia ディサイア
Disalvo ディサルボ
Disanayake
　ディサーナーヤカ
Disano ディサノ
Di Santo ディサント
Disarcina
　ディサーシナ
　ディサシーナ
Discepolo ディセペロ
Discépolo
　ディセポロ
Disch ディッシュ***
Dische ディーシェ
Dischinger
　ディッシンガー
Dishman
　ディッシュマン
Dishoeck ディシューク
Disick ディシック
Diski
　ディスキ
　ディスキー**
Diskin ディスキン
Diskul
　ディサクン
　ディスクン

ディッサクン*
Disl ディスル*
Dislam ディスラム
Disley ディズリー
Dismas ディスマス
Dismore ディスモア
Dismukes
　ディスマカス
　ディスミュークス
Disnadda ディスナダ*
Disner ディズナー
Disney ディズニー***
Dison ディション
Dispenza ディスペンザ
DiSpigna ディスピニャ
Di Spigno
　ディスピニョ
Dispot ディスポ*
Disraeli
　ジスレイリ
　ジスレリー
　ヂスレーリ
　ディスレイリ
　ディスレーリ
　ディズレーリ
D'israeli ディズレーリ
Dissa ディッサ
Dissanayake
　ディサーナーヤカ
　ディサナヤケ
　デサナイケ
Dissing ディシング
Distakul ディタクン
Di Stefano
　ディステファノ
DiStefano
　ディステファノ
Distefano
　ディステファノ
　ディステファノ
Distel ディステル*
Distelberger
　ディステルベルガー
Distin ディスタン
Distler
　ディストラー
　ディスラー*
Distria ディストリア
D'Istrias
　ディストリアス
Disturnell
　ディスターネル
Dit ディ
Dita ディタ*
Ditana ディタナ
Ditchburn
　ディッチバーン*
Di Tella ディテラ*
Diterich ディーテリヒ
DiTerlizzi
　ディテルリッジ*
Ditewig ディテビグ
Ditfurth
　ディットフルト

Dith
　ディス*
　ディット
Dithny ディトニー
Diti ディティ
DiTillio ディティリオ
Ditillio ディティリオ
Ditko ディッコ*
Ditle ディトレフ
Ditlevsen
　ディトレウセン
　ディトレフセン
Ditmar
　ディットマール
　ディトマー
Ditmarsch
　ディトマーシュ
Ditmir ディトミル
DiTomasso ディタマソ
Ditri ディトリ
D'Itri ディトリ
Ditsakun ディッサクン
Ditseng
　ディツェヴグ
　ディツェング
Ditt ディット
Ditta ディッタ
Ditte ディッテ
Dittenberger
　ディッテンベルガー
Ditters
　ディッタース
　ディッテルス
Dittersdorf
　ディッタースドルフ
　ディッテルスドルフ
Dittert ディッテルト
Dittes ディッテス
Dittman ディットマン
Dittmann
　ディットマン*
Dittmar
　ディットマール
Dittmer
　ディットマー
　ディトマー**
Ditto
　ディットー
　ディトー
　ディトウ
Ditton ディットン
Dittrich
　ディットリッヒ*
　ディトリヒ*
　ディトリッヒ*
　ディートリヒ
Dittrick ディトリック
Dittscheidt
　ディットシャイト
Dittus ディットゥス
Dityatin ディチャチン
Ditz ディッツ
Ditzel ディッツェル
Ditzen ディッツェン
Ditzion ディツィオン
Ditzler ディツラー*

Diuk デューク
Diulio デューリョ
Divac ディバッツ*
Divākarapaṇḍita
　ディヴァーカラパンディタ
Divakaruni
　ディヴァーカルニ
　ディヴァカルニー*
　ディバカルニー
Divall ディヴァル
Divanidova
　ジワニードワ
Divarkar
　ディヴァルカー
Divas ディーヴァス
Dive ダイブ
Divekar ディベカール
Divellec ディヴレック
Diver ダイヴァー
Divers
　ダイヴァース
　ダイヴァーズ*
　ダイバース
　ダイバーズ*
Diverse ダイヴァース
Divie
　ダイヴィ
　ディヴィー
Divín ディビン
DiVincenzo
　ディヴィンチェンツォ
Divine
　ディヴァイン*
　ディバイン
Diviney デイビニー
Divini ディヴィーニ
Divinyi ディビニ
Divis ディヴィシュ
Diviš ディヴィシュ
Divitis ディヴィティス
Divo ディヴォ
Divock ディヴォック
DiVona ディヴォナ
D'Ivry
　ディヴリ
　ディヴリー
Divulsky ジヴリスキー
Divungi ディブンギ
Divya ディヴィヤ
Diwan ディワン
Dīwdād
　ディーウダード
Dix
　ディクス*
　ディックス***
Dixianne
　ディキシアンヌ
Dixie
　ディキシー*
　ディクシー*
　ディクシィ
　ディクスィー
Dixit
　ディキシット**
　ディキスト
　ディークシト

Dixmier ディクスミエ	Djamkha ジャムカ	ディジャン	Djotodia ジョトディア*	ドローヒー
D'Ixnard ディクスナール	Djanfar ジャンファル	Djiar ジアール	Djoubaye Abazène ジュバイエアバゼヌ	Dlouhý ドロウヒー**
Dixon ジクソン／ジクゾン／ジグソン／ディクスン*／ディクソン***／デクソン	Djang ジャン*	Djiber ジベル	Djoudi ジュディ	Dluback ドウーバク
	Djangabaev ジャンガバエフ	Djibergui ジベルギ	Djoumbe デュムベ	Dlugoraj ドウゴライ
	Django ジャンゴ*	Djibert ジベール	D'Joun ディジョン	Długosz ドウゴシュ
	Djanka ジャンカ	Djibo ジボ*	Djourou ジュルー	Dluski ドウースキ
	Djankov ジャンコフ	Djibril ジブリル**	Djourova ジュロヴァ	Dłużewska ドウジェウスカ
Dixon-barnes ディクソンバーンズ	Djarot ジャロット*	Djibrine ジブリヌ	Djoussab ジュサブ	D'lzarny ディザルニ
Dixson ディクソン*	Djasnabaille ドジャスナバイユ	Djida ジダ	Djual ジュワル	Dmi'el ダミエル*
Dixter ディクスター	Djāṭa ディアータ	Djiguemde ジゲムデ	Djuana ジュアナ	Dmitrenko ドミトレンコ
Dixy ディキシー	Djavann ジャヴァン*	Djilas ジラス*	Djuhar ジュハル*	Dmitrevskii ドミトレフスキー
Diyab ディヤブ	Djavidan ジャビダン	Ðjilas ジラス	Djukanović ジュカノヴィチ／ジュカノヴィッチ*／ジュカノビッチ*	Dmitri ディミトリ／ディミトリー*／ドゥミトリ／ドミートリ／ドミートリー*／ドミトリー***／ドミトリー**／ドミートリイ
Diyachenko ジヤチェンコ／ディヤチェンコ	Djaya ジャヤ	Djilobodji ジロボジ		
	Djazila ジャジラ	Djimba ジンバ		
Diyakov ディヤコフ	Djebar ジェバール**	Djimet ジメ		
Diyana ディヤナ	Djebbar ジェバール	Djimi ジミ	Djukic ジュキッチ	
Diyanchi ディヤンチ	Djedankhre ジェドアンクラー	Djimnaye ジムナイ	Djulfalakian ズファラキアン	
Diyorbek ジヨルベク		Djimon ジャイモン／ディモン	Djuna ジューナ／ジュナ／デューナ**／デュナ	
Diz ディズ	Djedefre ジェデフレー／ジェドエフラー			
Dizard ディザード		Djimrangar ジムランガー		Dmitrienko ディミトリエンコ
D'izarny ディザルニ	Djedhetepre ジェドヘテプラー	Djimrangar Dadnadji ジンランガーダドナジ	Djunaedi ジュナエディ	Dmitriev ドミトリエフ／ドミートリーヴ／ドミトリーヴ／ドミートリエフ*／ドミトーリエフ／ドミトリエフ*／ドミトリエフ**
DiZazzo ディザージョ	Djedhor ジェドホル	Djina ジナ	Djupedal ユペダール	
Dizdar ディズダー	Djedje ジェジェ	Djindjić ジンジッチ*	Djuraev ジュラエフ	
Dizdarevic ジスダレビッチ／ディズダレビッチ*	Djedkare ジェドカーラー	Djinji ジンジ	Djuranović ジュラノヴィッチ*／ジュラノビッチ	
	Djedkaure ジェドカーウラー	Djiri ジリ		
Dizengoft ディゼンゴフ	Djedkhonsefankh ジェドコンセファンク／ジッドコンスエファンク	Djoenaid ジョナイド		
Dizenzo ディゼンゾ		Djogbenou ジョベヌ	Djurberg ユールベリ	Dmitrieva ドミートリエヴァ／ドミトリエヴァ／ドミトリエワ／ドモトリエワ
Diziani ディツィアーニ		Djoghlaf ジョグラフ	Djurda ジュルジャ	
Dizier ディジエ		Djohar ジョハル**	Djurdjevic ジュルジェヴィッチ	
Dizon ディソン*	Djedneferre ジェドゥネフェルラー	Djojopuspito ジョヨプスピト	Djurdjica ジュルジッツァ	
Dizzy ディジー*		Djoko ジョコ**	Djuric ジュリッチ	Dmitrievich ドミトエヴィチ／ドミトリエヴィチ*／ドミトリエヴィチ*／ドミトリエビチ／ドミトリエビッチ
Dja ジャ	Djehuti ジェフウティ	Djokovic ジョコヴィッチ*／ジョコビッチ	Djurić ジューリッチ	
Djá ジャ	Djekeidel ジュケイデル		Djuricic ジュリチッチ	
Djaaboub ジャーブーブ	Djelić ジェリッチ		Djurickovic ジュリコビッチ	
	Djelkhir ジェルキル	Djombo ジョンボ	Djuro ジューロ	
Djadallah ジャダラ	Djellab ジェラブ	Djona ジョナ	Djurovic ジューロビッチ	Dmítrievich ドミトリエヴィチ
Djaffar ジャファール／ジャファル	Djemesi ジェメジ	Djoni ジョニ	Djurović ジュロビッチ	Dmitrievna ドミートリエヴナ／ドミトリエヴナ*
	Djene ジェネ	Djonodjidou-ahabo ジョノジドゥアアボ		
	Djenontin-agossou ジェノンタンアゴス	Djordjadze ジョルジャーゼ	Djurovich ジュロビッチ	
Djaiani ジャイアニ		Djordje ジョルジェ	Djustice ディージャスティス	Dmitrievskii ドミトリエフスキイ
Djajabaja ジャヤバヤ	Djer ジェル	Djordjevic ジョルジェヴィッチ／ジョルジェビッチ	Dkar po カルボ	Dmitrii ジミートリー／ジミトリー／ジミトリイ／ディミトリ／ディミトリー／ディミートリィ／ディミトリイ／デミトリイ／ドミトリ／ドミトリー**／ドミトリ*／ドミトリー***／ドミートリィ／ドミトリィ*／ドミートリイ／ドミトリィ*／ドミトリィ*
Djajadiningrat ジャヤディニングラット	Djerassem ジェラッセム		DKon cog コンチョク	
	Djerassi ジェラシー／ジェラッシ**		DKon mchog コンチョク	
Djalil ジャリル	Djermakoye ジェル・マコイ	Djordjević ジョルジェビッチ	Dlabola ドラボラ	
Djalili ジャリリ	Djeserkare ジェセルカーラー	Djordjevska ジョルジェフスカ	D'Lacey ダレーシー**	
Djalim ジャリム	Djeserkheprure ジェセルケプルウラー	Djordjic ジョルジッチ	Dlagnev ドラグネフ	
Djalminha ジャウミーニャ		Djorkaeff ジョルカエフ*	Dlamani ドラマニ	
Djalo ジャロ		Djoser ジェセル	Dlamini ドラミニ**／ラミニ	
Djaló ジャロ	Djetou ジェトゥ	Djossou ジョス／ジョスウ		
Djama ジャマ	Djezon ジェゾン			
Djamal ジャマル	Djezy ジュザイイ		D-LITE ディライト	
Djamaloudinov ジャマルトジノフ	Djhone ジョーヌ		Dlouhy ドロウヒー*	
Djamel ジャメル*	Djian ジャン*			Dmitriĭ ドミートリー
Djamila ジャミラ				

ドミトリー
ドミトリイ
Dmitrij
ドミトリ
ドミトリー
Dmitrijewitsch
ドミトリエヴィチ
Dmitrijewskij
ドミトリエフスキー
Dmitriy
ドミトリ
ドミトリー**
Dmitriyenko
ドミトリエンコ
Dmitriyev
ドミトリィエヴ
Dmitrovich
ディミトロビチ
Dmitruk
ドミトリューク
Dmitry
ディミトリー
ドミトゥリ
ドミートリ
ドミートリー*
ドミトリ
ドミトリー**
ドミトリイ
Dmochowski
ドモホフスキ
Dmowski
ドモウスキー
ドモフスキ
Dmytrash
ドミトラシュ
Dmytro
ディミトロ
ドゥミトロ
ドミトリー
ドミトロ
Dmytryk
ドミトリク*
ドミトリック
Dnald ドナルド
Dñaneśvar
ドゥニャーネーシュワル
Dneprov ドニェプロフ
Dnes ドゥネス
DNgos grub ゴドゥプ
Dniz デニズ*
Do
ド*
ド***
ドー**
ドゥ
ドゥー
Đo ド
Đỗ ド
Độ ド
Do'a ドワ
Doak
ドゥク
ドゥク
ドーク**
Do Amaral
ドアマラル**
Doan
ゾアン

Đoan ドアン*
ドーン**
Đoan ドアン
Doane
ドーネ
ドーン*
Doanh ゾアイン
Doardo ドアルド
Doaré ドアレ*
Dob
ドヴ
ドブ
Dobadh ドバッシュ
Dobai ドバイ
Dobash ドバッシュ
Dobb
ドッブ*
ドップ
ドブ
Dobbelaere
ドベラーレ**
Dobbert ドバート
Dobbie ドビー
Dobbin ドビン
Dobbins
ドビンズ
ドビンズ
Dobbs
ダブス
ドッブ
ドップス
ドッブズ**
ドブス**
ドブズ**
Dobby ドビー
Dobbyn ドビン
Dobell
ドーベル*
ドベル*
Dobelli ドベリ
Dober ドーバー*
Dobereiner
ドーベライナー
Döbereiner
デーベライナー
デベライナー
Doberer ドベラー
Doberstein
ドバースタイン
Dobeš ドベシュ
Dobet ドベ
Dobi ドビ
Dobias ドビアス
Dobiáš ドビアーシュ
Dobiash ドビャーシュ
Dobic ドビック
D'Obici ドビチ
Dobie
ドゥビー
ドゥビー
ドビー*
Dobinick ドビニク
Dobkin
ダブキン
ドブキン
Doble ドーブル

Dobler ドブラー
Döbler
デーブラー
デブラー
Dobles ドブレス
Doblhofer
ドーブルホーファー
Doblin ダブリン
Döblin
デーブリーン*
デーブリン
デーブリーン*
デブリーン
デブリン
Dobmayer
ドブマイアー
Dobner ドブナー
Dobo ドボ
Dobosz ドボシュ
Dobrancheva
ドブランチェワ
Dobratz ドブラッツ
Dobre ドブレ*
Dobree
ドブリー
ドブレー
Dobrée ドブレー
Dobrescu ドブレスク
Dobrev ドブレフ*
Dobri ドブリ
Dobrianskii
ドブリアンスキー
Dobriansky
ドブリアンスキー
Dobrica ドブリツァ**
Dobrich デブリッヒ
Dobrilla ドブリラ
Dobrin ドブリン
Dobrindt ドブリント
Dobriskey
ドブリスキー
Dobritoiu
ドブリツォイユ
Dobrizhoffer
ドブリツホッファー
Dobrogeanu
ドブロジャーヌ
ドブロジーヌ
ドブロジャヌ
ドブロジャヌ
Dobronić ドブロニチ
Dobronravov
ドブロヌラーヴォヴ
Dobroskok
ドブロスコク
ドブロスコフ
Dobroslav
ドブロスラフ

Dobrota ドブロタ
Dobrotin ドブロチン
Dobrotvolsky
ドブロトウォルスキー
ドブロトヴォールスキィ
Dobrotvorskaya
ドブロトヴォルスカヤ
Dobrotvorsky
ドブロトヴォルスキー
Dobroven
ドブロウェン
ドブロヴェーン
ドブロヴェーン
ドブロベーン
Dobrović ドブロビッチ
Dobrovolskis
ドブロボルスキス
Dobrovský
ドブロフスキー
Dobrowolski
ドブロヴォリスキー
ドブロヴォーリスキィ
ドブロウォルスキー
ドブロヴォルスキー
ドブロヴォルスキー
ドブロボルスキー
ブロヴォルスキー
Dobrska ドブルスカ
Dobruschka
ドブルシュカ
Dobrushin
ドブルーシン
Dobruskina
ドブルスキナ
Dobrygin ドブリギン
Dobrynin
ドブルィニン
ドブルイニン**
Dobrynska
ドブルインスカ**
Dobrzyński
ドブジンスキ
Dobschütz
ドープシュツ
ドープシュツツ
ドブシュツツ
ドブシュツツ
Dobšinský
ドブシンスキー
ドブシンスキー
Dobson
ドブスン*
ドブソン***
Dobszay ドブサイ
Dobu ドボ
Doby
ドービー
ドビー**
Dobyns ドビンズ**
Dobzhansky
ドブジャンスキー
ドブジャヤンスキー
ドブジャンスキー
Dobzynski
ドブザンスキー*
ドブザンスキィ
ドブジンスキー*
Doc
ドク***

ドック*
D'Ocagne
ドカーニュ
ドカニュー*
Do Carmo
ドカルモ
ドコルモ
Docdjengar
ドクジュンガー
Docekal
ドチェカル
ドツェカル
Do Céu ドセウ
Dochao ドチャオ
Docherty
ドカティ*
ドチャーティ
ドハティ
Dochterman
ドクターマン
Dock ドック*
Dockendorff
ドッケンドルフ
Docker ドッカー
Döcker デッカー
Dockery ドッケリー
Dock-hwan ドクファン
Dockrell ドックレル
Dockrill ドックリル
Dockstader
ドックスタッダー
Dockwra ドックラ
Dockwray ドックレー
Docolomanski
ドコロマンスキー
Docter ドクター**
Doctolero ドクトレロ
Doctor ドクター*
Doctorow
ドクトロー
ドクトロウ***
Doctrow ドクトロウ
Doctson ドックソン
Docus ドーカス*
Doczi ドーチ
Dod ドッド*
Doda ドダ
Dodangoda ドダンゴダ
Dodd
ドット*
ドッド***
Doddington
ドジントン
Doddridge
ドッドリジ
ドッドリッジ
ドドリッジ
Dodds ドッズ**
Dode ドード
Doder ドーダー*
Doderer ドーデラー*
D'Oderisio
ドデリージオ
Doderlein
デーデライン

Döderlein
　デーダーライン
　デーダライン
　デーデルライン
　ドゥーダーライン
Dodewaard
　ドーデワード
Dodge
　ダッジ**
　ドッジ***
Dodgshon
　ドッジショーン
Dodgson
　ダジソン
　ドジソン*
　ドッジソン
Dodi ドディ
Dodie
　ドゥディ
　ドーディ
　ドーディー
　ドディ*
　ドディー**
Dodier ドディエ
Dodig ドディグ
Dodik
　ドディク
　ドディック*
Dodin ドージン*
Dodiya ドディヤ
Dodman ドッドマン
Dodo ドド*
Dodon ドドン*
Dodonaeus ドドネウス
Dodonova
　ドドーノヴァ
Dodovski ドドフスキ
Dodrill ドッドリル
Dodrupchen
　ドドゥプチェン
Dods ドッズ*
Dodsley
　ドズリ
　ドズリー
　ドッズリー
Dodson
　ダッドソン**
　ダドソン
　ダドリン
　ドオドソン
　ドッドスン
　ドッドソン**
　ドドスン
　ドドソン
Dodsworth ドズワース
Dodun ドダン
Dodwell
　ドッドウェル**
　ドドウェル
Doe
　ドー
　ドゥ*
　ドーエ
　ドエ
Doebbelin デッペリン
Doedens ドデンス
Doeff
　ズーフ

ズーフ
　ドゥーフ*
　ドゥフ
Doeg ドエグ
Doehring ドーリング
Doel
　ドゥエル
　ドゥール
　ドエル
Doelen ドゥーレン
Doell デル
Doelter デルター
Doenges ドーンジェス
Doenhoff デンホフ
Doepke ドゥプケ
Doepler デープラー
Doerdelmann
　デルデルマン
Doerffler ドーフラー
Doerflein デルフライン
Doerge ダーギー
Doering
　ドゥリング
　ドーリング
Doeringer
　ドーリンジャー
Doermer デルメル
Doern ドーン
Doernberg
　デルンベルク
　ドーンバーグ*
Doerne デルネ
Doerner デルナー
Doerr
　デール
　ドーア***
　ドア
　ドゥア**
Doerrfeld
　ドーフェルド
Doerry デリー
Doerschuk
　ダワーシャック
Doerum ドゥールム
Doesburg
　デースブルク
　ドゥエスブルグ
　ドゥースブルフ**.
　ドースブルク
　ドースブルグ
　ドースブルフ
Doescher ドースチャー
Doetsch
　デッチュ
　ドイッチ**
Doett ドエット
Do-eun ドウン
Doff ドフ
D'Offay
　ドフェ
　ドフェイ
Doffy
　ドフィ*
　ドフィー
Doflein
　ドーフライン
　ドフライン*

Dog ドッグ*
Doga ドガ
Dogabe ドガベ
Dogadin ドガーディン
Dogadov ドガドフ
Dogan
　ドーガン
　ドガン***
Doganis ドガニス*
Doganov ドガノフ
Dogar ドガー
Dogbe ドグベ
Dogg ドッグ*
Doggett ドゲット***
Doggie ドギー
D'Oggiono
　ドッジョーノ
Dogileva ドギレヴァ
Dogley ドグリー
Dogmatius
　ドグマティウス
Dogmid ドグミド
Dogobert ダゴベルト
Dogojo ドゴヨ
Dogolea ドゴリ
Dogonadze
　ドゴナゼ**
Dogor ドゴー
Dogou ドグ
Dogra ドグラ
Dogu ドグ
Dogue ドゲ
Doguzhiev ドグジエフ
Do-gyun ドギュン
Doha ドハ*
Dohan
　ドーハン
　ドハン
Doheny
　ドヒニー
　ドヘニー
Doherty
　ダハーティー
　ダハティ
　ドーアティ*
　ドーアティー
　ドーアティー
　ドアティ
　ドゥハーティ
　ドゥハティ
　ドーティ
　ドハーティ**
　ドハティ**
　ドハティー*
　ドハルティ
Doh-jin ドジン
Doh-keun ドグン
Dohm ドーム*
Dohmann ドーマン
Dohmen ドーメン
Dohna ドーナ
Dohnal ドーナル
Dohnanyi ドホナーニ

Dohnányi ドホナーニ
Dohnányi
　ドーナニイ
　ドホナーニ*
　ドホナーニイ
Do Ho ドホ
Do-ho ドーホー
Do-hong ドホン
Do-hoon ドフン
Dohou ドゥ
Dohrenwend
　ドーレンヴェント
Döhring
　デェリング
　デーリング
Dohrmann
　ドーマン
　ドールマン
Dohrn
　ドールン**
　ドーン
D'Ohsson
　ドウソン
　ドーソン
Do-hyeon ドヒョン*
Đoi ドイ
Doidalsas
　ドイダルサス
　ドイダルセース
Doidge ドイジ
Doig ドイグ**
D'Oignie ドニー
Doillon ドワイヨン**
Doinikova
　ドイニコヴァ
Doiron ドイロン*
D'Oisly ドイズリー
Doisneau
　ドアノー**
　ドワノー
Doisy
　ドイジ*
　ドイジー
D'Oisy ドワジー
Doje Cering
　ドジェツェリン
Dojoogiin
　ドジョーギーン**
Dokes ドークス*
Dokhturov
　ドフトゥローフ
Dokic
　ドキック
　ドキッチ**
Dokić ドキッチ
Dokiwari ドキワリ
Dokle ドクレ
Doko ドコ
Dokora ドコラ
Dokovic ジョコビッチ
Dokshitser
　ドクシツェル
Dok-sin ドクシン
Doktor ドクトル*
Dokturishivili
　ドクトゥリシビリ*

Dokturishvili
　ドクトゥリシビリ
Dokuchaef
　ドクチャエフ
Dokuchaev
　ドクチャーエフ
　ドクチャエフ
Dokukin ドクーキン
Do-kun ドクン
Doky ドーキー*
Do-kyun ドギュン
Do-kyung ドキョン
Dola ドラ**
Dolabella
　ドラベッラ
　ドラベラ
Dolahaye ドラエイ
Dolamore ドラモア
Dolan
　ドウラン
　ドーラン**
　ドラン*
Dolanc ドランツ*
Dolar ドラー
Dolbeare ドルベアー
Dolbeault ドルボー
Dolbeer ドルビア
Dolberg ドルベルグ
Dolbey ドルビー
Dolbnia ドールブニャ
Dolby
　ダルビー
　ドルビー**
　ドルビイ
Dolce ドルチェ**
Dolcebuono
　ドルチェブオーノ
Dolch ドルヒ
Dolchenko
　ドルチェンコ
Dolci ドルチ*
Dolcino
　ドルチーノ
　ドルチノ
Dold
　ドルト
　ドルド*
Doldán ドルダン
Dolder ドルダー
Dole ドール***
Doleac
　ドーリアック
　ドレアック
Dolega ドレガ
Dolen ドレン
Dolenska ドレンスカ
Dolenz ドーレンツ
Doles ドーレス
Dolet
　ドレ
　ドレー
Dolezal
　ドレジャール
　ドレジャル
Dolezelová
　ドレジェロバー

DOM

Dolf ドルフ**
Dolfen ドルフェン
Dolfin ドルフィン
Dolfini ドルフィニ
Dölger デルガー
Dolghieru ドルギエル
Dolgikh ドルギフ*
Dolgins ドルギンス
Dolgolev ドルゴレフ
Dolgopol ドルゴポル
Dolgopolova
　ドルゴポーロワ
Dolgopyat
　ドルゴピャト
Dolgor ドルゴル
Dolgorsuren
　ドルゴルスレン
Dolgorsürengiin
　ドルゴルスレン*
Dolgorukii
　ドルゴルーキー
Dolgorukova
　ドルゴルーコヴァ
Dolgov ドルゴフ
Dolgova ドルゴワ
Dolgowicz
　ドルゴビッチ
Dolgun ドルガン
Dolgushin
　ドルグーシン
Dolhov ドルゴフ
Dolidovich
　ドリドビッチ
Dolidze ドリゼ
Dolin
　ドーリン*
　ドリン
Dolina ドーリナ
Dolinar ドリナール
Doliner ドリナー
Doling ドリン
Dolinin ドリーニン
Dolinski ドリンスキ
Dolipschi ドリプスチ
Doliva ドリヴァ
D'Oliveira
　デオリベイラ
　ドリベイラ
D'oliveira Ramos
　ドリベイララモス
D'Olivet
　ドリヴェ
　ドリベ
Dolivier ドリビエ
Dolivo
　ドリーヴォ
　ドリヴォ
　ドリボ
Doljintseren
　ドルジンツレン
Dolkar ドゥルカア*
Dölken デルケン
Doll
　ドール**
　ドル*

Dollar
　ダラー**
　ドラー
Dollard
　ダラード
　ドラード
Dollbaum ドルバウム
Dollé ドレ
Dolléans ドレアン
Dolles ドレス
Dolley ドリー*
Dollezhal ドレジャリ
Dollfus ドルフュス
Dollfuss
　ドルフース
　ドルフス
Dollimore
　ダリモア
　ドリモア
Dollin ドーリン
Dolling デリング
Dollinger
　ドランジェ
　ドリンガー*
Döllinger
　デリンガー
　デーリンゲル
Dollo ドロ
Dollond ドロンド
D'Ollone ドローヌ
Dollot
　ドロ
　ドロー
Dolly ドリー***
Dolma ドルマ*
Dolman
　ドォルマン
　ドーマン
　ドールマン
　ドルマン
Dolmatoff ドルマトフ*
Dolmatovskii
　ドルマトフスキー
Dolmatóvskii
　ドルマトフスキー
Dolmetsch
　ドルメチュ
　ドルメッチ
　ドルメッチュ
Dolniceanu
　ドルニチャヌ
Dolnick ドルニック
Dolo ドロ*
Dologuele ドロゲル
Dolomieu
　ドロミュ
　ドロミュー
Dolor ドロール
Dolores
　ドロアーズ
　ドローレス
　ドロレス***
Doloribus ドロリブス
Dolors ドロルス
Dolovich ドロビッチ
Dolph ドルフ**
Dolphin ドルフィン

Dol phu pa ドゥルプパ
Dolphy
　ドルフィ
　ドルフィー*
Dol po ba トルポパ
Dolšak ドルジャーク
Dolscius ドルスチウス
Dolsen ドルセン
Dolto
　ドルト**
　ドルトー
Dolton ドルトン
Doltz ドルツ
Dolukhanova
　ドルハーノヴァ
Dolwick ドルウィック
Dolz ドルツ
Dolzycki ドウジツキ
Dom
　ドム**
　ドン*
Ḍom ドム
Doma
　ドーマ*
　ドマ*
Domagk
　ドーマク*
　ドマーク
　ドマック
Domagoj ドマゴイ
Domaguj ドマゴイ
Domalpalli
　ドーマラパッリ
Doman ドーマン**
Domani ドマニ
Domanico ドマニコ
Domaniewski
　ドマニェフスキ
Domanović
　ドマノヴィチ
Domanska
　ドマンスカ*
Domanski
　ドマンスキー
Domantas ドマンタス
Domar
　ドーマー*
　ドマール
Domarchi ドマルキ
Domarto ドマルト
Domash ドマッシュ*
Domashenko
　ドマシェンコ*
Domashova
　ドマショーヴァ
Domat
　ドーマ
　ドマ
Domata ドマタ
Domazet ドマゼト
Dombasle
　ドンバスル
　ドンバール*
Dombeck ドンベック
Dombi ドンビ**

Ḍombīheruka
　ドーンビーヘールカ
Dombovy ドンボヴィ
Dombret ドンブレット
Dombrovskii
　ドンブロフスキー*
Dombrovskis
　ドムブロフスキス*
Dombrovsky
　ドンブロフスキー
Dombrowski
　ドンブロウスキ
　ドンブロウスキー
　ドンブロフスキ
　ドンブロフスキー
Dome ドーム*
Domecq ドメック
Domela
　ドーメーラ
　ドメラ
Domenach
　ドムナク
　ドムナック**
　ドメナック
Domenech ドメネック**
Doménech
　ドメネク
　ドメネック
Domeneghini
　ドメネギーニ
Domenge ドマンジュ
Domenic
　ドミニク
　ドムニック
　ドメニック**
Domenica
　ドメーニカ*
　ドメニカ*
Domenichi ドメニキ
Domenichino
　ドメニキーノ
Domenici ドメニチ**
Domenico
　ドネーニコ
　ドメニコ*
　ド・メーニコ
　ドメーニコ***
　ドメニコ
　ドメニコ***
Doménico ドメニコ
Domeniconi
　ドメニコーニ
Domenig ドメニク
Domenikos ドメニコス
Dömer デーメル*
Domes ドメス
Domestici
　ドメスティチ
Dometti ドネッティ
Domgraf
　ドームグラーフ
　ドムグラフ
Domg-won ドンウォン
Domhnall ドンホール
Domhoff ドムホフ
Domi ドミ

Domin
　ドーミン
　ドミーン*
Dominador
　ドミナドール
Dominedo ドミネド
Dominelli ドミネリ
Domingas ドミンガス
Domingo
　ドミニコ
　ドミニコ
　ドミンゴ***
Domingos
　ドミンゴス**
Domingues
　ドミンゲス**
Dominguez
　ドミンガス
　ドミンゲス**
Domínguez
　ドミンゲス*
Dominguín ドミンギン
Domingus ドミンガス
Domini ドミニ*
Dominic
　ドニミク
　ドミニク***
　ドミニック
　ドミング
　ドム
Dominici
　ドミーニチ
　ドミニチ
Dominicis
　ドミーニチス
Dominick ドミニク**
Dominicus
　ドミーニクス
　ドミニクス*
　ドミニコ
　ドミンゴ
Dominiczak
　ドミニチャク
Dominiek ドミニエク
Dominigo ドミニコ
Dominik
　ドーミニク
　ドミニク***
Dominika ドミニカ
Dominiko ドミニコ
Dominikus
　ドミーニクス
　ドミニクス
　ドミニクス
Dominique
　ドミニク
　ドミニック***
　ドミニケ
　ドミニック***
　ドミュニック
Dominiqye ドミニク
Dominis
　ドミーニス
　ドミニス
Dominitz ドミニッツ
Domino ドミノ***
Dominque ドミニク
Dominus ドミヌス

D

Domitia ドミティア
Domitianós ドミティアノス
Domitianus ドミチアヌス
　ドミティアーヌス
　ドミティアヌス
Domitien ドミシアン
　ドミシエン
　ドミティアン
Domitila ドミティーラ
Domitilla ドミティラ
Domitille ドミティーユ
Domitius ドミチウス
　ドミティウス
Domitrii ドミトリー
Domiziana ドミツィアーナ
Domiziano ドミツィアーノ
Domjan ドムヤン
Domke ドムク*
Dömling デームリング*
Domm ドム
Dommartin ドマルタン
Dommel ドメル
　ドンメル
Dommelen ドメリン
Dommergues ドンメルグ
Dommisse ドミッセ
Domna ドムナ
Domnall ドーナル
Domnin ドムニン
Domnina ドムニナ**
Domnos ドムノス
Dómnos ドムノス
Domongeot ドモンジョ*
Domonic ドミニク
Domović ドモヴィチ
Dompert ドンペルト
Dompok ドンポック
Domracheva ドムラチェワ*
Domrose ドムローズ
Doms ドムス
Domscheit ドムシャイト
Domscheit-Berg ドムシャイトベルク*
Domson ダムソン
Domurat ドムラット
Domy ドミー
Don ダン*
　ドン***
Đon ドン
Dona デナー
　ドナ*

Donà ドナ
Doña ドーニャ
　ドニャ
Doņa ドーナ
Donabedian ドナベディアン
Donachie ドナシエ
Donadoni ドナドーニ**
　ドナドニ
Donagan ドナーガン
Donaggio ドナッジオ
　ドナッジョ
Donagh ドナー
Donaghy ダナヒー
Donahaue ドナヒュー
Donahaye ドナヘイ
Donahoe ドナフー
Donahoo ドナフー
Donahue ドナヒュー***
Donaid ドナルド
Donaint ドナン
Donaire ドネア*
Donal ジュナール
　ドーナル*
　ドナル**
Donald ドーナルド
　ドナルド***
　ドヌルド
Donalda ドナルダ
Donaldina ドナルディーナ
Donaldo ドナルド*
Donaldson ドナルドスン*
　ドナルドソン***
Donalee ドナリー*
Donalyn ドナリン
Donard ドナルド
Do Nascimento ドナシメント
Donat ドーナット
　ドナート*
　ドナト
Donata ドナータ*
　ドナテ
Donatas ドナータス
　ドナタス*
Donatella ドナテッラ*
Donatelli ドナテリ
Donatello ドナテッロ
　ドナテロ
　ドナテーロ
　ドナテロ*
Donath ドーナス
　ドーナト*

ドナート*
Donáth ドナート
Donati ドナチ
　ドナーティ***
　ドナティ*
Donatian ドナシアン
　ドナティアン
Donatien ドナシアン
　ドナシヤン
　ドナティアン
　ドナティヤン
Donato ドナート***
　ドナト**
Donatoni ドナトーニ
Donatovich ドナートヴィチ
　ドナードヴィチ
Donatus ドナツス
　ドーナートゥス
　ドナートゥス
　ドナトゥス
Donatvich ドナートヴィチ
　ドナートヴィッチ
　ドナートビッチ
Donaubauer ドナウバウアー
Donaudy ドナウディ
Donauri ドナウリ
Donavon ドナボン
Donbavand ドンバヴァンド
　ドンババンド*
Doncaster ドンカスター
　ドンキャスター
Donchenko ドンチェンコ
Donchev ドンチェフ*
Dónchev ドンチェフ
Doncic ドンチッチ
Donck ドンク
Doncker ドンカー
Donckers ドンケルス
Dondelinger ドンデリンガー
Donden ドゥンデン
Donder ドンデ
Donderer ドンデラー
Donders ドンデルス
　ドンデレス
Dondey ドンデ*
Dondgīn ドンドギーン*
Dondi ドンディ
Dondis ドンディス
Dondo ドンド*
Dondogdorj ドンドグドルジ
Dondogiin ドンドギーン*
Dondra ドンラ

ドナート*
Donáth ドナート
Dondrub トンドゥブ*
Dondukov ドンドゥコフ
Done ドーン**
　ドン
Doneau ドノー
Donefower ダンハウハー
Donegan ドネガン*
Donehower ダンハウアー
Donelaitis ドネライチス
　ドネライティス
Donella ドネラ*
Donelly ドネリー
Donelson ドネルソン
Donen ドゥンデン
　ドーネン
Doner ドウナー
　ドナー
Dones ドネス
Donev ドネフ
Doney ドウニー
　ドーニー
　ドニー
　ドネー
Donfack ドンファック
Donfried ドンフリード
Dong ゾン
　トン
　ドン**
　ドング
Dōng ドン
Đong ドン
Dongala ドンガラ*
Dongan ドンガン
Dongarra ドンガーラ
　ドンガラ
Dong-bae ドンベ
Dong-bin ドンビン
Dong-byawk ドンビョク
Dong-chea ドンチェ
Dongchu ドンチュ
Dong-chuk ドンチュク
Dongdong トントン
Dongen ドンゲン**
Döngeş デンゲシ
Dong-gee ドンギ
Dong-geun トングン
Dong-gill ドンギル
Dong-gook ドンクック
Dong-gun ドンゴン*
Dong-ha ドンハ*
Donghae ドンヘ
Dong-han ドンハン

Donghee ドンヒ
Dong-heui ドンヒ
Donghi ドンギ
Dong-ho ドンホ
Dong-hoi ドンフェ
Dong-hoon ドンフン
Donghua ドンファ*
Dong-hun ドンフン*
　ドンホン*
Dong-Hwa ドンファ*
Dong Hwan ドンファン
Dong-hyek ドンヒョク*
Dong-hyeuk ドンヒョク*
Dong-hyo ドンヒョ
Dong-hyuk ドンヒョク
Dong-hyun ドンヒョン
Dongier ドンジェ
Dong-ik ドンイク
Dong-il ドンイル*
Dong-in ドンイン
Dong-jin ドンジン*
Dong-jo ドンジョ*
Dong-joo ドンジュ*
Dong-ju ドンジュ
Dong Jun ドンジュン
Dong-ki ドンギ
Dong-kun ドングン
Dong-kwon ドングォン
Dong-Kyoon ドンキョン
Dong-kyu ドンキュ
Dongkyu ドンギュ
Donglas ダグラス
Dong-leep ドンリプ
Dong-man ドンマン
Dong Min ドンミン*
Dong-min ドンミン*
Dongmo ドングム
Dong-moon ドンムン
Dong-phil ドンピル
Dongre ドングレ
Don grub トンドゥブ
Don grub トンドゥブ
Don grub rgyal トンドゥブジャ
Don-grub-rgyal トンドゥブジャ
Dong-sheng トンション
Dong-shin ドンシン*
Dong-sok ドンソク
Dong-soo ドンス
Dong-soon ドンスン
Dong-suk ドンソク*
Dong-sun ドンソン
Dong-sung ドンスン

ドンソン
Dong-tae ドンテ
Dong-uk ドンウク
Donguzashvili
　ドングザシビリ
Dong-wan ドンワン*
Dongwan ドンワン
Dong-won ドンウォン*
Dong-wook
　ドンウク*
　ドンウック
Dong-woon
　ドンウォン*
　ドンウン
Dong-xing ドンシン
Dong-yeol ドンヨル*
Dong-yoon ドンユン
Dong-young ドンヨン*
Dong-yu ドンユィ
Dong-yul ドンヨル
Donham ドンハム
Dönhoff
　デーンホフ
　デンホフ
Don-hoi ドンフェ
Doni
　ドーニ
　ドニ
Donida ドニーダ
Donie ドニー
Donike ドニケ
Donilo ダニーロ
Doniloff ダニロフ
Donin ドニン
Doninck ドーニンク
Donington
　ドーニントン
　ドニントン
Doniol
　ドニオール
　ドニオル*
Donis ドニス
Donise ドニーズ
Donísh ドニーシ
Donisthorpe
　ドニスソープ
Donitz デーニッツ
Dönitz
　デーニッツ
　デーニッツ**
Donius ドニウス
Doniyorov ドニヨロフ
Donizete ドニゼッヒ
Donizeti ドニゼッチ
Donizetti
　ドニゼッティ*
　ドニゼッテイ
　ドニツェッティ
Donk ドンク
Donkan ドンカン
Donker
　ドンクル
　ドンケル
Donkin ドンキン*
Donkor ドンコル
Donkov ドンコフ
Donkova
　ドンコヴァ
　ドンコバ
　ドンコワ
Don-kyoun ドンキュン
Donlan ドンラン
Don-ldan トンデン
Donleavy
　ドンリーヴィー
　ドンリービー**
　ドンレヴィー
Donlevy ドンレヴィ
Donley
　ダンリー
　ドンリー
Donlin ドンリン
Donlon ドンロン
Donlyn ドンリン
Don Malabo
　ドンマラボ
Donmoyer
　ドンモイヤー
Donn
　ダン
　ドン***
Donna
　ダーナ
　ダナ**
　ドーナ
　ドーナ***
　ドーナー
　ドーナ*
Donnacha ドナチャ
Donnadieu
　ドナディウー
Donnai ドンナイ
Donnal ドナル
Donnall ドナル*
Donnan
　ドナン*
　ドナン
Donnarumma
　ドナルンマ
Donnay
　ドネ
　ドネー
　ドネー
Donnchad ドンハッド
Donne
　ダン*
　ドンネー
Donneau ドノー
Donnedieu
　ドヌディウ
Donnedieu de Vabres
　ドヌデュードバーブル
Donnel ドンネル
Donnell
　ドネル*
　ドン
Donnellan ドネラン
Donnellon ドネロン
Donnelly
　ダネリ
　ダネリィ
　ドネリ*
ドネリー***
ドネリィ
Donnels ドネルス
Donner
　ドナー**
　ドネール
　ドネル
　ドンナー
　ドンネル
Donnersmarck
　ドナースマルク*
Donnet
　ドネ*
　ドネット
Donnie ドニー**
Donniel ダニエル
Donnio ドニオ*
Donnison ドニソン
Donnithorne
　ドニソーン*
Donno ドンノ
Donnolo ドンノロ
Donny
　ダニー
　ドニー**
Dono ドノ*
Donoff ドノフ
Donofrio ドノフリオ**
D'Onofrio ドノフリオ
Donoghue
　ドナヒュー
　ドノヒュー*
Donohoe
　ドナフー
　ドナホー
　ドノホ
　ドノホー
Donohue ドノヒュー*
Donos ドノス
Donoso
　ドノーソ**
　ドノソ*
Donovan
　ドノヴァン*
　ドノバン***
　ドノファン
Donrobīn
　ドンロビーン*
Donsah ドンサー
Donska ドンスカ
Donsker ドンスカー
Donskoi
　ドンスコーイ
　ドンスコイ**
Donskoy ドンスコイ
Dont ドント
Dont'a ドンタ
Dontae ドンティー
Dontari ドンダリ
Donte ドンテ
Donteea ドンティーア
Dontrelle ドントレル*
Donus
　ドーヌス
　ドヌス
　ドムス
Dónusz ドーヌス
Donville ドンビル
Donwahi ドンワイ
Donwood ドンウッド
Dony ドニー
Donyale ダニエル
Donyell ドニエル
Don yod rdo rje
　トンユドルジェ
Donzé ドンゼ
Donzelli
　ドンゼッリ*
　ドンゼリ
Donzelot ドンズロ*
Donzo ドンゾ
Doo ドゥー*
Doob
　ドゥープ**
　ドゥブ
　ドープ
Doo-boem ドゥボム
Doodlers ドドラーズ
Doodles ドードレス
Doodnauth
　ドゥドノース
Doodson ドッドソン
Doody
　ドゥーディ*
　ドゥディ
　ドゥーディ
Doo-gwan ドゥガン*
Doohan
　ドゥーハン**
　ドーハン
Doo-hee ドゥヒ
Dooher ドーハー
Doohm ドーム
Doo-hwan ドゥファン*
Doo-hwoi ドゥフェ
Dooin ドゥーイン
Doo-jin ドゥジン
Dookeran
　ドゥークラン
Dookmaisot
　ドークマイソット
Dookunluchoomun
　ドゥカンルチュマン
Doolan ドゥーラン*
Doolen ドーレン*
Dooley
　ドゥーリー*
　ドゥーレイ
　ドーリー*
　ドーリィ
Dooling
　ドゥーリング**
　ドゥーリング
Doolittle
　ドゥーリットル
　ドゥーリットル***
　ドゥリトル
　ドーリトル
　ドリトル**
Dooly ドゥーリー
Doom ドゥーム
Doo-man ドゥマン

Dooman
　ドゥーマン
　ドーマン
Doomer ドーメル
Doomernik
　ドーメルニク
Doon ドゥーン
Doo-na ドゥナ*
Doona ドーナ
Doonan ドゥーナン*
Dooner ドゥーナー
Doore ドーア
Dooren ドーレン
Doorley ドーリー*
Doorly
　ドーリー
　ドーリィ
Doorn
　ドールン
　ドーン
Doornik ドーニック
Doory ドーリー
Doose ドゥース
Doo-shick ドゥシク
Doosub ドゥーソッブ
Doo-whan ドゥファン*
Dooyeweerd
　ドーイウェールト
Dop ヨップ
Dope ドープ
Dopfer
　ドッパー
　ドッパー*
　ドプファー
Döpfner
　デップフナー
　デブネル
Dopierała ドピエラワ
Döpp デップ
Doppelfeld
　ドッペルフェルト
Doppelmayer
　ドッペルマイアー
　ドッペルマイヤー
Doppelt ドッペルト*
Dopper ドッペル
Doppert ドベルト
Doppler ドップラー
Doppmann ドプマン
Dopsch
　ドープシュ
　ドプシュ*
DoQui ドキー
Dor
　ドゥル*
　ドール**
　ドル
Dora
　ドウラ
　ドーラ***
　ドラ***
Doragan ドラガン
Doragana ドラガナ
Dorain ドレイン
Doraine ドレイン

Dorais ドリス	ドーリーン	Dori'a ドリア	Dorleac	Dornfest
Dorakis ドラキス	ドーリン	Dorial ドリアル	ドルレアック	ドーンフェスト*
Doraldina	ドリーン**	Dorian ドリアン**	Dorléac ドルレアック	Dornford
ドラルディーナ	Dorel ドレル	Doriana ドリアーナ	Dorléans ドルレアン	ドーンフォード
Doralies ドラーリス	Dorell ドレル	Doric ドーリック	D'Orléans ドルレアン*	Dornhelm
Doran	Dorelli	Dorichenko	D'Orleans ドルレアン	ドーンヘルム*
ドーラン**	ドレッリ	ドリチェンコ	Dorleant ドーリアント	Dornier ドルニエ
ドラン**	ドレーリ	Doridi ドリディ	D'Orliac ドルリヤック	Dornin ドーニン
D'Orange ドランジュ	Dorémieux ドレミュー	Dorie ドリー	Dorliak ドルリャーク	Dorno ドルノ
Dorank ドランク	Doremus	Dorien	Dorligiin ドルリジーン	Dornseifer
Doranna ドラナ	ダリーマス	ドリアン	Dorligjav	ドルンザイファー
Dorantes	ドアマス	ドリーン	ドルリグジャブ	Dorny ドルニー
ドランテ*	ドレマス	Dōrieus ドリエウス	Dorling ドーリング*	Dörnyei ドルニェイ
ドランテス	ドレムス	Dorigny ドリニー	Dormael ドルマル**	Doro
Doraswamy	Dorémus ドレムス	Dorijan ドリヤン	Dormal ドルマル	ドーロ*
ドラスワミ	Doren	Dorin	Dorman	ドロ
Dorat ドラ	ドーリン	ドラン*	ドーマン**	Dorodjatun
Dorati	ドーレン***	ドリン	ドーメン	ドロジャトゥン*
ドラティ*	ドレン	Dorinda ドリンダ*	ドルマン	ドロジャトン
ドラテイ	Dorenbos ドレンボス	Dorine ドリーヌ	Dormán ドルマン	Dorodnitsyn
Doray ドレ	Dorensky	Dorinel ドリネル	Dormann	ドラドニーツィン
D'Orazio	ドレンスキー	Doring デーリング	ドーマン*	Dorofeeva
デ・オラジオ	Doreste ドレステ	Döring	ドルマン**	ドロフィーヴァ
ドラジオ	Doret ドレ	デューリンク	Dormans ドーマンズ	Dorofeyev
ドラッツィオ*	Doretta ドレッタ	デーリング	Dormar ドーマー	ドロフェエフ
D'Orbais	Dorey ドーレー	Dörinkel デーリンケル	Dormehl ドーメル	Doroftei ドロフティ
ドルベ	Dorf	Dorinne ドリンヌ	Dormer ドーマー	Doron ドロン**
ドルベー	ドーフ	Dorio ドリオ	D'Ormesson	Doronina ドロニーナ
Dorbani ドルバニ	ドルフ	D'Oriola ドリオラ	ドルメッソン*	Doronjski ドロニスキ
Dorbay	Dorfan ドーファン*	Dorion ドリオン*	Dormon ドーモン	Doropo ドローポ
ドルベ	Dorfer ドーファー	Doriot ドリオ	Dormont ドルモン	Doros ドロス
ドルベー	Dorff ドーフ*	Doris	Dorn	Dorosário ドロザリオ
D'Orbigny	Dörffel デルフェル	ドーリス*	ドルン***	Dorosh ドーロシ
ドービニー	Dörfler	ドリス***	ドーン**	Doroshenko
ドルビニー	デルフラー	Dorislaus ドリスラス	Dornan ドーナン**	ドロシェンコ
Dorcas ドーカス*	デェルフラー	Dorisy ドリシ	Dornaus ドナウス	Doroshev
Dorchester	Dörflinger	Dorit ドリット*	Dornberg	ドーロシェヴァ
ドーチェスター	デルフリンガー	Dorita	ドーンバーグ	Doroszewski
Dorcus ドーカス	Dorfman	ドリータ	Dörnberg	ドロシェフスキー
Dorda ドルダ	ドーフマン*	ドリタ	デルンベルク	Dorota
Dorde ジョルジェ	ドルフマン**	Dorival	デンベルク	ドロータ
Dordevic	Dorfmann	ドリヴァル	Dornberger	ドロタ*
ジョルジェヴィチ	ドーフマン	ドリバル	ドルンベルガー	Dorotea ドロテア
D'Ordoñez	ドルフマン	Dorizas ドリザス	Dornblueth	Doroteo ドロテオ
ドルドニェス	Dorfmeister	Dorje	ドルンブリュート	Dorothe
Dordoni ドルドニ	ドルフマイスター**	ドージェ	Dornburg	ドーロテ
Dore	Dorfmüller	ドルジェ	ドルンブルク	ドーローテ
ドー	ドルフミュラー	Dorjeff ドルジェフ	Dornbusch	Dorothea
ドーア**	Dorfner ドルフナー	Dorjgotov	ドーンブッシュ**	ドリー
ドア	Dorfsman	ドルヨゴトフ	Dornel ドルネル	ドロシ
ドリー*	ドーフスマン**	Dorji	Dornelles	ドロシー
ドーレ*	Dorgan	ドルジ*	ドルネーレス	ドロシーア
ドレ	ドーガン*	ドルジェ	ドルネレス	ドロシア***
Doré	ドルガン	Dorjiin ドルジーン	Dornemann	ドロセア
ドー	D'Orgeix ドルジェ	Dorjkhandyn	ドルネマン	ドローテア
ドア	Dorgelès	ドルジハンド	Dorner	ドロテーア*
ドーリ	ドルジュレス*	Dorjnyambuu	デルナー	ドロテーア**
ドーレ	Dorgon ドルゴン	ドルジニャンプ	ドーナー	Dorothee
ドレ***	Dorgoprov	Dorjsuren	ドルナー*	ドロシー*
ドレエ	ドルゴプロフ	ドリスレン	ドルネル	ドーローテ*
Doreal	Dorham ドーハム	ドルジスレン	ドルネー	ドロテ
ドウリル	Dori	Dorkás ドルカス	Dörner デルナー*	ドロテー*
ドーリル	ドーリー	Dorkenoo ドルケヌー	Dorney ドーニー	Dorothée
ドリール	ドリ**	Dorkin ドーキン	Dornfeld	ドロテ*
Doree ドレ	ドリー*	Dorl ドール	デルンフエルト	ドロテー*
Doreen	Doria			Dorotheos ドロテオス
ドゥリーン	ドーリア			Dōrótheos
ドリイン	ドリア*			ドーロテオス

Dorotheus ドロテゥス ドーロテオス	Dorset ドーセット Dorsett ドーセット** Dorsey ドーシ ドーシー*** ドージー ドーシィ ドーセイ* ドルシー*	Dositej ドシテイ Dositheos ドシテウス ドシテオス Doskaliyev ドスカリエフ Doskatsch ドスカッシュ Doskhan ドスハーン Doski ドスキ Doskin ドスキン Doskochrová ドスコチロヴァー Doskocilová ドスコチロヴァー Doskozil ドスコツィル Dosmukhanbetov ドスムハンベトフ Doson ドソン Do-soo ドス Dos Prazeres ドスプラゼレス Dos Prezeres ドスプレゼレス Dos Reis Santos ドスレイスサントス Doss ドス* Dos Santos ドスサントス Dossar ドサール Dossary ドサリ Dosse ドス ドッス* Dossehanyron ドセアニロン Dossena ドッセーナ Dossenbach ドッセンバッハ Dosser ダサー Dossetor ドセッター Dossey ドッシー* Dossi ドッシ ドッスィ ドッソ Dossier ドシェ ドシエ Dossin ドーシン Dosso ドッシ ドッソ Dossor ドッサー* Dossou ドス Dossou Naki ドスナキ Dossou Togbe ドストベ Dost ドスト** Dōst ドースト Dosta ドスタ Dostal ドスタル* Dostál ドスタール Dostaler ドスタレール Dostam ドスタム	Doster ドスター* Dostoevskaia ドストィエフスキイ ドストエーフスカヤ ドストエフスカヤ Dostoevskii ダスタエーフスキー ダスタエーフスキイ ドストィエフスキー ドストィエフスキイ ドストィエフスキー ドストィエフスキイ ドストエウスキー ドストエウスキイ ドストエーフスキー ドストエフスキー ドストエフスキー* ドストエーフスキイ ドストエフスキイ ドストエフスキー ドフトエフスキイ Dostoevsky ドストエフスキイ Dostoyevsky ドストエフスキー Dostrovsky ドストロフスキー Dostum ドスタム* Doszhan ドスジャン Dot ドット* D'Otare ドタール Dotchev ドチェフ Doté ドテ Dotel ドーテル ドテル Dothan ドタン Doti ドティ Dotres ドトレス Dotrice ドートリス ドトリスィー Dots ドッツ Dotse ドセ Dotsenko ドトセンコ Dotson ドットソン** D'ottavio ドッタビオ Dotterweich ドッターウィック Dotti ドッティ* Dottie ドッティ ドティー Dottino ドッティーノ Dotto ドット Dottori ドットーリ Doty ドゥティ ドウティ ドーティ ドティ Dotz ドッツ Dotzenko ダツェンコ Dou ダゥ ドゥ	Doua ドゥア Douady ドゥアディ Douai ドゥアイ ドゥエ Doualamou ドゥアラム Doualeh ドアレ Douangchay ドゥアンチャイ* Douangdeuane ドゥアンドゥアン Douangdy ドゥアンディー Douard ドワアール Douarin ドアラン ドーアリン Douati ドゥアティ Douaty ドゥアティ Douayoua ドゥアユア Doubane ドゥバンヌ Doubell ドーベル Doubilet デュビレ* Doubis トゥビ Doubleday ダブルデー ダブルディ ダブルデイ* Doubrovska ドゥブロフスカ Doubrovsky ドゥブロフスキー** Douceline ドゥセリーヌ Doucet デュウシエー デューセ ドゥーセ* Doucette ドゥセット* Douch ダゥチ Doucher ドゥーシェ ドゥーシェ Douchet ドゥーシェ Douchev-janic ドゥチェフヤニツ Douchev-Janics ドゥチェブヤニクシュ Douchez ドゥーシェ Doucin ドゥサン Doucoure ドゥクレ Doucouré ドゥクレ* Doucus ドゥカス Doud ダド Douda ドゥダ Doudelet ドゥドレ Doudet ドゥデ Doudna ダゥドナ Doudney ダゥドニー Dou-dou ドゥドゥ Doudou ドゥドゥ* Doueiri ドゥエイリ Douenat ドゥーナ Doufas ドーファス Douffet ドゥッフェ
Dorothie ドロシー Dorothy ドローシー ドロシ* ドロシー*** ドロシイ ドロシィー ドロシィ** ドロシイ Dorotić ドロティチ Doroty ドロシー Dorough ドロー Dorovskikh ドロフスキフ Doroyhy ドロシー Dorozynski ドロジンスキ Dorp ドープ Dörpfeld デルプェルト デルプフェルト Dörpmuller デルプムラー Dorr ドーア* ドア* ドール* ドル Dorrance ドランス Dorrans トアランズ ドアランズ ドーランズ Dörre ドーレ* Dorreh ドーレ Dorrestein ドレスタイン Dörrfuß デルフス Dorri ドリー Dorrian ダリアン ドリアン Dörrie デリー** デリエ* ドリー Dörries デリエス Dorrik ドリク Dorris ドリス** Dorrit ドリット Dorros ドロス* Dors ドアス ドース* ドーズ D'Ors ドールス ドルス Dorsainvil ドルサンビル Dorsch ドルシ ドルシュ Dorschel ドルシェル Dorsen ドーセン	D'Orsi ドルシ Dorson ドーソン Dorst ドルスト*** Dort ドール ドルト Dorta ドルタ D'Orta ドルタ Dorte ドルテ Dörte デルテ Dortier ドルティエ D'Ortigue ドルティーグ ドルティグ Dortkuli ドルトクリ Dortous ドルトゥス Dorus ドリュ Dorval ドルヴァル ドルバル Dorvault ドルヴォー Dorville ドルヴィーユ ドルヴィル Dörwald デールヴァルト Dorwin ダーウィン ドーウィン ドォウィン Dory ドリー** Dorylaeum ドリュライオン ドリュラエウム Doryssus ドリュスソス Dorzhiev ドルジエフ* Dorziat ドルジア Dos ド ドシュ ドス*** Dosa ドーサ Dosanjh ドサンジュ Dos Anjos ドスアンジョス Dosayev ドサエフ Döscher デッシャー Dosdall ドスドール Doshi ドーシ ドシ Dosi ドーシ ドシ Dōsiadās ドシアダス Dosio ドージオ ドシオ			

D

Doug
ダーグ
ダグ***
ダグラス
ダッグ
ドゥー
ドゥーグ
ドグ*

Dougal
ドゥーガル**
ドゥガル

Dougall
ダゴール
ドゥーガル

Dougan
ドゥーガン*
ドゥガン

Dougherty
ダウアティー
ダハティ
ドーアーティ
ドアティ**
ドゥアティ
ドゥアティー
ドゥーラティ
ドゥラティ
ドーハティ
ドハティ*
ドハティー*
ドーワティ

Doughty
ダウティ
ダウティー*
ドーアティー
ドーティ*
ドーティー*

Dougie
ダギー
ドギー

Dougill ドゥーギル

Douglas
ダウグラス
ダグ*
ダクラス*
ダグラス***
ダッグ
ドゥグラス
ドゥグラス*
ドゥグラス
ドオウグラス
ドーグラス
ドグラス
ドーグラッス

Douglass ダグラス***
Douglis ダグリス
Dougray ダグレイ

Douhet
ドゥーエ*
ドゥエ
ドウエ

Douillet
ドイエ*
ドゥイエー
ドウイレ

Douiri ドゥイリ

Doukantie
ドゥカンティー

Doukas
ドゥーカス

Doúkas ドゥカス
Douketis ドゥーケティス
Doukov ドコフ

Doulatābādī
ドゥラターバーディー
ドゥラトアーバーディー

Doulatshāh
ドゥラトシャー

Doull ドゥール
Doulton ドールトン
Douma ダウマ
Doumba ドゥンバ

Doumbia
ドゥンビア**

Doumbouya
ドゥンブヤ

Doumeng
ドゥーマン
ドゥーメング

Doumer
ドゥーメル
ドゥメール

Doumergue
ドゥーメルク
ドゥーメルグ
ドゥメルグ*

Doumet ドゥメ
Doumgor ドゥムゴル
Doumik ドゥーミック
Dounavska ドナフスカ
Doung-kun ドンコン
Dounia ドゥニア
Dououya ドゥーヤ

Dourado
ドーラード
ドラード

Dourgnon
ドゥールニョン

Dourif
ダリフ
ドゥリフ
ドリフ

Douris
ドゥーリス
ドゥリス
ドリス

Dourisbourse
ドゥリスブール

Dourley ドゥアリイ
Douro デューロー
Douros ダウロス

Dousa
ドゥーサ
ドーサ

Dousari ドサリ
Doussouhoui ドスフイ
Doust ダスト

Douste
ドゥスト
ドスト

Douste-Blazy
ドストブラジ*

Douthit ダウシット
Douthitt ドゥシット

Douthwaite
ダウスウェイト*

Doutre ドゥートレ

Doutreleu
ドートルロー

Doutt ドット
Douty ダウティー

Douvermann
ドウファーマン

Douville ドーヴィル

D'Ouville
ドゥーヴィル

Douvillier
ドーヴィリエ

Douwe
ダウ
ダウイ
ダウエ

Douwes ダウエス*

Douy ドゥイ
Douzable ドーザブル
Douzelet ドゥーズレ

Douzinas
ドゥズィーナス

Douzou ドゥズー*

Dov
ダヴ
ダブ*
ドヴ
ドーブ
ドフ*
ドブ*

Doval ドーバル
Dovale ドバレ
Dovaz ドヴァス

Dove
ダヴ*
ダブ*
ドーヴ
ドーヴェ
ドゥブ
ドープ
ドーフェ

Dover
ドーヴァ
ドーヴァー*
ドゥヴァ
ドゥヴァァ
ドゥバー
ドーバー**

Doverborg
ドヴェルボリ

Doveton ダヴトン
Dovgal ドブガル

Dovgalenok
ドフガレノック

Dovgalyuk
ドブガリュク

Dovgopol
ドフゴーボル

Dovgun ドフグン
Dovhal ドブハル
Dovi ドビ

Dovifat
ドヴィファット
ドヴィファト

Dovitch
ドヴィチ
ドビッチ

Dovizioso
ドヴィツィオーゾ*

Dovjak ドヴヤック

Dovlatov
ドゥラートフ*
ドブラートフ

Dovletgeldi
ドブレトゲルディ

Døvling デブリング
Dovlo ドヴロー

Dovniković
ドヴニコヴィチ

Dovonou ドボヌ
Dovran ドブラン

Dovrangeldy
ドブランゲルディ

Dovranmammet
ドブランマンメト

Dovrat ドブラット
Dovring ドヴリング
Dovydas ドビダス

Dovydeniene
ドビデニエネ

Dovzan ドブザン

Dovzhenko
ドヴジェーンコ
ドヴジェンコ
ドブジェンコ

Dow
ダウ*
ドウ*

Do-wan ドワン
Dowd ダウド***

Dowden
ダウデン*
ドウデン
ドーデン

Dowdeswell
ダウズウエル
ダウズエル
ダズウェル

Dowding
ダウディン
ダウディング

Dowdy
ダウディ
ドウディ

Dowell
ダウェル
ダウエル*
ドゥエル
ドーエル

Dower
ダウワー
ダワー**

Doweyko ドウェユ
Dowgwillo ダウウイロ

Dowie
ダーウィ
ダウィ**

Dowiyogo
ドウイヨゴ**
ドウイヨゴ

Dowlan ダウラン
Dowland ダウランド

Dowlatābādī
ドウラターバーディー

Dowling
ダウルディング

Dowley ダウリー
Dowlin ダウリン

Dowling
ダウリング**
ドウリング
ドーリング*

Dowman ドーマン

Down
ダウン
ドーン

Downe ダウン
Downer ダウナー**

Downes
ダウネス
ダウネズ
ダウンズ**
ドウンズ

Downey
ダウニー***
ダウニィ
ダウネー

Downham ダウンハム*

Downie
ダウニー
ドウニー

Downing
ダウニング**
ドウイング

Downs
ダウン
ダウンズ*

Dowrick ドーリック
Dowse ドース
Dowsett ドーセット
Dowsing ダウジング

Dowsland
ドゥスランド

Dowson
ダウスン*
ダウソン**
ドウスン
ドウソン
ドーソン

Dowswell ダウズウェル
Dowty ダウティ
Dox ドクス

Doxiades
ドクシアディス

Doxiadis
ドキアディス**
ドクシアディス*

Doyal
ドイアル
ドイヨル

Doye ドワイエ
Doyen ドワイヤン
Do-yeon ドヨン
Do-yeong ドヨン*
Doyle ドイル***
Doyley ドイリー
D'Oyly ドイリー
Doyon ドイオン

ドヨン
Do-yoon ドユン
Do-youn ドヨン*
Do-youp ドヨプ
Doz
　ドーズ
　ドズ
Dozhoogijn
　ドジョーギン
Dozier
　ドウジアー
　ドージア**
　ドジアー
　ドージャー
　ドジャー
Dozois
　ドゾア***
　ドゾワ
Dózsa ドージャ
Dozy ドージ
DPa' bo パーボ
Dpal
　ペー
　ベル
Dpal ba ペルワ
DPal byams ペーヤン
Dpal bzang ペルサン
Dpal bzang po
　ペルサンポ
Dpal ldan ペルデン
D'Qwell ディクウェル
Dr.
　ドクター**
　ドクトル
Draaisma
　ドラーイスマ
　ドライスマ
Draanen ドラーネン*
Draat ドラート
Drabas ドラバス
Drabble ドラブル**
Drabek
　ドレイベク
　ドレイベック
　ドレーベック*
Drábek ドラーベク
Drabenstott
　ドラベンストット
Drabicius
　ドラビキウス
Drabík ドラビーク
Drabkin
　ドラブキン
　ドラブキン
Drabkina
　ドラーブキナ
　ドラブキナ
Drabo ドラボ
Drabowsky
　ドラバウスキー
Drach
　ドラコニテス
　ドラッハ*
　ドラツーフ
Drache ドラーヘ
Drachkovitch
　ドラーシコヴィッチ

ドラチコヴィチ
Drachman
　ドラックマン*
　ドラフマン
Drachmann
　ドラクマン
　ドラックマン*
Drackett ドラキット
Draco ドラコ
Draconites
　ドラコニテス
Dracontius
　ドラコンチウス
　ドラコンティウス
Dracula ドラキュラ
Draculino
　ドラクリーノ
Draeger
　ドレーガー
　ドレガー
Draeseke ドレーゼケ
Draffan ドラファン
Drafts ドラフツ
Drag ドラッグ
Drąg ドゥロンク
Draga ドラガ*
Dragan ドラガン**
Dragana ドラガナ
Draganic ドラガニク
Draganja ドラガンヤ
Dragasakis
　ドラガサキス
Drager ドレイガー
Draghi
　ドラーギ
　ドラギ*
Draghici ドラジッチ
Dragi ドラギ
Dragic ドラギッチ
Dragila ドラギラ*
Dragin
　ドラギン
　ドラジャン
Dragisa ドラギシャ
Dragiša ドラギシャ**
Dragisic
　ドラジスティック
Dragman ドラグマン
Dragnea ドラグネア
Dragneva ドラグネバ
Dragnskii
　ドラグンスキー
　ドラグンスキイ
Drago
　ドラーゴ***
　ドラゴ**
　ドラゴー
　ドレイゴ
Dragoi
　ドゥラゴイ
　ドラゴイ
Dragoicheva
　ドラゴイチェヴァ
Dragoljub
　ドラゴリューブ*

ドラゴリュブ
Dragomanov
　ドラゴマーノフ
Dragomir
　ドラゴミール
Dragon ドラゴン**
Dragonet ドラゴネット
Dragonetti
　ドラゴネッティ
Dragonwagon
　ドラゴンワゴン
Dragos ドラゴシュ
Dragoslav
　ドラゴスラヴ*
　ドラゴスラブ
Dragotta ドラゴッタ
Dragoumis ゾラグミス
Dragovic
　ドラゴヴィッチ
Dragowski
　ドラゴフスキ
Dragset
　ドラグセット
　ドラッグセット
Dragt ドラフト**
Dragu ドラグ
Dragulescu
　ドラグレスク*
Drăgulescu
　ドラグレスク
Dragun ドラーグン
Dragunov
　ドラグノーフ
Dragunskij
　ドラグンスキー
Dragut ドラグーツ
Dragutescu
　ドラグテスク
Dragutin
　ドラグーティン
　ドラグティン
Dragutinović
　ドラグティノビッチ
Drahota ドラホタ
Drahotova ドラホトバ
Drahotová
　ドラホトヴァ
Drahotta ドラオッタ
Draica ドライカ
Drain
　ドラン
　ドレ
Draine ドレイン
Drais ドライス
Draja ドラジャ
Drajat ドラジャト
Drakakis ドラカキス
Drake
　ドラーケ
　ドレイク**
　ドレーク**
Drakhomanov
　ドラホマーノフ
Drakōn ドラコン
Drakoulides
　ドラクーリデス

Drakova ドラコヴァ
Draksal ドラクザル
Draksic ドラクシッチ
Drakulic
　ドラクリッチ*
Drakulić
　ドラクリッチ*
Drakulich
　ドラクリッチ
Dramane
　ドラマヌ
　ドラマネ
　ドラマン
Dramani ドラマニ**
Drame ドラメ
Drammond ドラモンド
Dramond ドラモンド
Dramund ドラモンド
Drancourt
　ドランクール
Drane ドレイン*
Draner ドラネル
Drang ドラング
Dranger ドランゲル*
Drango ドランゴ
Dranikoff ドラニコフ
Dranishnikov
　ドラニシニコフ
Dranove ドラノブ
Dranovskaya
　ドラノヴスカイア
Dransart ドランサール
Dransfield
　ドランスフィールド
Draovitch
　ドラオヴィッチ
Drape ドレイプ
Drapeau ドラポウ
Draper
　ドレイパー
　ドレイパー***
　ドレーパー
　ドレーパー***
　ドレパル
Drapier ドラピエ
Drapinska
　ドラピンスカ
Draps ドラップス
Drapšin ドラプシン
Dräseke ドレーゼケ
Drasgow ドラスゴー
Draskovic
　ドラシコビッチ
　ドラシュコビッチ
Drašković
　ドラシュコヴィッチ
　ドラシュコヴィッチ
　ドラシュコビッチ
Draskovics
　ドラシコビッチ
Drate ドレート
Dratfield
　ドラットフィールド*
Drattsev ドラツェフ
Dratwer
　ドゥラトゥウェル

Draucker
　ドラッカー
　ドロウカー
Draughn ドローン
Draunidalo
　ドラウニンダロ
Draupadi
　ドラウパディー
Drauzio ドラウジオ
Dravecky ドラベッキー
Draves
　ドレイブス
　ドレーブス
Dravet
　ドラヴェ
　ドラベ
Dravici ドラヴィッチ
Drax ドラックス*
Draxl ドラクスル
Draxler
　ドラクスラー
　ドラクスレル
Dray ドレイ
Drayden ドレイデン
Draymond
　ドレイモンド
Drayton
　デイトン
　ドレイトン**
　ドレートン
Drazen
　ドラジェン
　ドレーゼン
Dražen ドラジェン
Drazhin ドラジン
Drazin ドレイジン
Draznin ドラズニン
Drbal ドルバル
Drda
　ドルタ
　ドルダ
Drdla ドルドラ
Dre
　ドレ
　ドレー*
　ドレイ
Drea
　ドリア
　ドレー
　ドレア
Dread ドレッド
Dreamer ドリーマー*
Dreamius
　ドリーミアス
Dreares ドリアース
Dreaver
　ドリーヴァー
　ドリーバー
Drebbel
　ドレッベル
　ドレベル
Drebin ドレービン
Drechsel ドレクセル
Drechsler
　ドレクスラー*
　ドレシュラー
Drecker ドレッケル

Drecoll ドゥレコール*
　ドレコール
Dred ドレッド
Dreda ドレダ
Dreef ドレーフ
Dreelen ドレーレン
D'reen ドリーン
Dreer ドリアー
Drees ドレース*
Dreesen ドレーセン
Drège ドレージュ
Dreger ドレガー
Dregni ドレーニ
Dreher ドレーアー*
　ドレイア
　ドレイアー
　ドレハー
　ドレーヤー
Drehmel ドレーメル
Dreiblatt ドレイブラット
Dreiden ドレイデン
Dreier ドライアー*
　ドライヤー
Dreifke ドライフケ
Dreifort ドライフォート
Dreifus ドレイフィス
Dreifuss ドライフス**
　ドレフス
Dreikurs ドライカース
　ドレイカース
Dreiling ドライリング
Dreilinger ドライリンガー
Dreinhöfer ドレインフォファー
Dreisbach ドライスバッハ
Dreiser ドライサー**
　ドライザ
　ドライザー*
　ドライサア
　ドレイサア
Dreisinger ドライシンガー
Dreiskens ドレイシュケンス
Drejac ドレジャック
Drell ドレル**
Drelli ドレーリ
Dreman ドレマン
Dren ドレン
Drengson ドレングソン
Drenick ドレニック
Drennan ドレナン
Drennova ドレンノヴァ
Drenowatz ドレノワッツ

Drenth ドレント
Dréo ドレオ
Dreossi ドレッシ
Dreosti ドレオスティ
Dres ドレス
Dresch ドレッシュ
Drescher ドリーシャー
　ドレスチャー
　ドレッシャー
Dresden ドレスデン
Drese ドレーゼ**
Dresen ドレッセン
Dreshman ドレシュマン
Dresner ドレスナー
Dress ドレス*
Dressel ドレセル
　ドレッセル
Dresselhaus ドレッセルハウス**
Dressen ドレッセン
Dresser ドレッサー*
Dressing ドレッシング
Dressino ドレシーノ
Dresslar ドレスラー
Dressler ドレスラ
　ドレスラー*
　ドレスレル
Dretske ドレツキ
Dretzel ドレッツェル
Drever ドゥリーバー
　ドレーバー
Dreves ドレーヴェス*
Drevetiére ドレヴチエール
Drévillon ドレヴィヨン
Drew ドゥルー**
　ドゥルウ
　ドリュー***
　ドリュウ
　ドルー***
Drewanz ドレヴァンツ
Drewe ドゥルー
　ドルー
Drewermann ドレウェルマン
　ドレヴェルマン
Drewery ドリューリー
Drewes ドゥルーズ
Drewett ドルーエット**
Drewitt ドレウィット
Drewitz ドゥレーヴィッツ
　ドレヴィッツ
Drewnowski ドレウノウスキー
　ドレヴノフスキ
Drews ドリュース
　ドレウス*

ドレヴス
　ドレーフス
Drexel ドレクスル
　ドレクセル*
　ドレックス
Drexelius ドレクセーリウス
Drexler ドレクサー
　ドレクスラー*
　ドレクスレ
Drey ドライ
Dreyer ドライアー***
　ドライエル
　ドライヤー**
　ドレイエル
　ドレヤー
Dreyfack ドレイファック
Dreyfas ドレイファス
Dreyfus ドレイファス***
　ドレイフス*
　ドレイフュス
　ドレヒュス
　ドレーフュス
　ドレフュス**
Dreyfuss ドライファス
　ドレイファス**
　ドレフュース
　ドレフュス*
Dreyschock ドライショック
Dreyse ドライゼ
Drez ドレズ
Drèze ドレーズ
Drezen ドレーゼン
Drezner ドレズナー
Drian ドリアン
Driander ドリアンデル
Driant ダンリー
Drickamer ドリッカマー
Dridzo ドリゾー
Driedger ドリージャー
　ドリッジャー
Driedo ドリエド
Driemeyer ドリーマイヤー
Dries ドリエス
　ドリース
　ドリス*
Driesch ドゥリーシュ
　ドリーシュ**
Driesen ドリーゼン
Driessen ドリエセン
　ドリエッセン
　ドリーセン
Drieu ドリウ
　ドリュ*

Driew ドリュー
　ドリュア
　ドリュウ
Driever ドリーバー
Drife ドライフ
　ドリフ
Drifte ドリフテ*
Drigo ドリーゴ
　ドリゴ*
Driller ドリラー
Drillien ドリリアン
Drilon ドリロン
Drîmbă ドリンバ
Drimmelen ドリムレン
Drimmer ドリマー
Drinfeld ドリンフェルト
　ドリンフェルド*
Dringenberg ドゥリンゲンベルク
Drinker ドリンカー*
Drinkhall ドリンクホール
Drinkman ドリンクマン
Drinkwater ドリンクウォオタア
　ドリンクウォータ
　ドリンクウォーター*
　ドリンクウォーター
Drinnenberg ドリネンベルク
Drinov ドリノフ
Drion ドリオン
Drioton ドリオトン
Dripps ドリップス
Driscoll ドリスコール**
　ドリスコル**
Drisdelle ドリスデル
Driskel ドリスケル
Driskell ドリスケル
Driskill ドリスキー
　ドリスキル
Drisko ドリスコ
Drislane ドリスレーン
Driss ドリス*
Dritan ドリタン
Driton ドリトン
Drits ドリッツ
Dritsas ドリツァス
Driuchi ドリウッチ
Driulis ドリュース
Driulys ドリュース*
Drivas ドリバス
Driver ドライヴァー*
　ドライバー**
D'Rivera デリベラ
Drivier ドゥリヴィエ
Drizin ドリズィン
Drizo ドリゾ

Drlica デライカ
　ドルリカ
Drljevic ドルジェヴィック
Drmic ドルミッチ
Drnaso ドルナソ
Drnobsek ドルノウシェク
　ドロノブセク
Drnovsek ドルノウシェク
　ドロノブセク
Drnovšek ドルノウシェク**
Drobatz ドロバッツ
Drobiazko ドロビアズコ
Drobisch ドロビシュー
　ドロービッシュ
Droblas ドロブラス
Drobner ドローブネル
Drobnič ドロブニチ
Drobnig ドゥローブニク
Drobnjak ドロブニャク
　ドロブニャック
Drobny ドロブニー*
Drobný ドローブニィ
Drobot ドローボット
Drocella ドロセラ
Drochon ドローション
Drodah ドローラ
Droegemeier ドログマイヤー
Droegemuller ドローゲミュラー
Droese ドローゼ
Droeshout ドレースホウト
Drogba ドログバ**
Dröge ドレーゲ
Drogichina ドロギチナ
Drogin ドローギン
Drogo ドラゴ
　ドローゴ
Drogosz ドロゴス
Droguett ドロゲー
Droit ドロワ*
Droiturière ドロワチュリエール
Droke ドローク
Drolet ドロレ*
Dromberg ドロンベリ
Dromgoole ドロムグール*
Dron ドロン
Dronfield ドロンフィールド*
Dronke ドロンケ**
Dronzek ドロンゼック
Droog ドルーグ

Droogenbroodt ドルーゲンブロート／ドルーゲンブロート
Droop ドロープ
Droppers ドロッパーズ
Dropsie ドロプシー
Dror ドゥロール／ドロア／ドロール
Drori ドローリ
Drorosa ドロロサ
Dros ドロス*
Dröscher ドレシャー／ドレッシャー
Drosnin ドロズニン*
Drösser ドレッサー
Drossman ドロスマン
Drost ドロスト*
Droste ドゥロステ／ドロステ**
Droszcz ドロッシュ
Drot ドロー
Drotar ドローター
Drothea ドローテア／ドロテーア／ドロテア
Drothy ドロシー
Drotman ドロットマン
Drotter ドロッター*
Drouais ドールエ／ドルーエ
Drouant ドルーアン
Drouard ドルアール
Drouart ドルアール／ドルワール／ドルワル／ドルワールド／ドルワルド
Drouet ドルーエ**／ドルエ
Drought ドラウト／ドロート
Drouilly ドルーイー
Drouin ドゥルーアン／ドルーアン*／ドルアン／ドルーイン*
Droulers ドルーレ
Drouot ドルオ／ドルーオー
Droupadi ドロウパディー
Drousilla デルシラ／ドルシラ
Droutchinina ドルチニーナ
Droutsas ドルツァス
Drouyn ドルアン
Drovetti ドロヴェッティ
Drown ドラウン
Droysen ドロイゼン
Droz ドローズ
Drozd ドロズ*
Drozda ドロズダ
Drozdov ドロズドフ
Drozdova ドロズドワ
Drozdovskaya ドロズドフスカヤ
Drozdynski ドロズディンスキー
Drsek ドルセク
Dru ドゥルー／ドル／ドルー*
Druart ドゥアルト
Drubin ドルービン
Druce ドルース
Drucilla ドルシラ*
Drück ドゥリュック
Drucker ドゥルッケル／ドラッカー**／ドラッガー／ドリュケール
Druckerman ドラッカーマン
Druckman ドラックマン
Druckrey ドルックレー
Drude ドルーデ
Drudge ドラッジ
Druet ドルエ
Druffel ドルフェル
Druillet ドリュイエ
Druitt ドロイ／ドロイット
Drüke ドリューケ*
Druker ドラッカー*
Drulović ドルーロヴィチ
Drum ドラム
Drumev ドルメフ
Drummer ドラマー
Drummond ドゥラモンド／ドゥルモン／ドモランド／ドラムモンド／ドラモンド***／ドラモンド**
Drumonnd ドラモンド
Drumont ドリュモン
Drunvalo ドランヴァロ
Druon ドリュオン***
Drury デュルーリー／ドゥルーリー*／ドルーリー／ドルーリー**／ドルリー*
Druschky ドゥルスキー
Drüsedau ドリューゼダウ
Drusila ドルシラ
Drusilla ドルシッラ／ドルシラ*
Drusius ドリューシウス
Druskat ドリュスカット
Drusus ドルースス／ドルスス
Drut ドルー
Druță ドルーツェ
Druţa ドルーツェ／ドルツェ
Druța ドルーツェ
Druteika ドルテイカ
Druten ドルーテン
Drutse ドルツェ
Druvert ドゥルヴェール
Druviete ドゥルビエテ
Druyan ドルーヤン*
Druzhinin ドルジーニン*／ドルジニン
Druziakina ドルジャーキナ
Drvenkar ドヴェンカー**
Dry ドライ
Dryansky ドリアンスキー
Dryantilla ドリュアンティラ
Dryburgh ドライバーグ*
Dryden ドライデン***
Dryer ドライアー／ドライヤー
Drygalski ドリガルスキ／ドリガルスキー
Dryke ドライク
Drys ドリス／ドレイス
Drysdale ドライズデイル*／ドライズデイル／ドライズデール**／ドライズデール*
Dryzek ドライゼク

Drzewiecki ジェヴィエツキ／ジェビエツキ／ドゥジェビエツキ
Držić ドルジッチ／ドルジッチ
Držislav ドルジスラフ
Drzwiecki ドルジュヴィエツキ
D'Souza デ・スーザ／デスーザ／ドゥソウザ
Dśr ジェセル
Dtashower スタシャワー
Dtugosz ドゥーゴシ／ドゥゴシュ
Du ジ／ジュ／ズ／ズー／ズゥ／ダ／チュ／デ*／ディ*／デュ***／ドゥ**／トゥ／ドゥ**／ドゥ*
Du ズゥ
Dua デュア／ドア
Du'a ドワ
Duah ドゥアー
Duan ズアン*／デューン*／ドゥアン
Duân ズアン
Duana デュエイナ
Duane デュアイン／デュアン**／デューエイン／デュエイン**／デューエン／デュエン／ドゥエイン***／ドゥエイン／デュエン*／ドエイン
Duang ドゥアン
Duang Chai ドアンチャイ
Duara ドゥアラ
Duart デュアート
Duarte デュアルテ**／デュワーティ*／ドアルテ*

Duarte ドゥアルテ***／ドゥアルテ
Duat ズアット
Duato ドゥアート*
Dub ドゥブ
Dubajic ドゥバイッチ
Dubal デュバル*
D'ubaldo デュバルド
Dubamel デュアメル
Duban デュバン
Dubarbier デュバルビェ
Dubard デュバール
Dubas デュバ／ドバス
Dubbeldam デュベルダム*
Dubbels ドゥッベルス
Dubberke デュバーク
Dubberstein デュバーシュタイン
Dubbin ダビン
Dubcek ドブチェク
Dubček ドゥブチェク／ドブチェク／ドブチェク*
Dubcovsky ダブコフスキー
Dube デューブ／デュベ*／ドゥベ
Dubé デュベ
Dubee デュービー
Du Bellay デュベレー
Düben デューベン
Dubensky ドゥベンスキー
Düberg デューベリィ
Duberman ダバーマン
Duberry ダベリー
Duberstein デュバースタイン
Dubet デュベ*
Dubief デュビエフ
Dubielzig ドゥビエツィック
Dubignon デュビニヨン
Dubillard デュビヤール*
Dubin デュービン*／デュビン／ドゥビン
Dubini ドゥビニ
Dubinin ドゥビーニン／ドゥビニン**／ドビーニン／ドビニン
Dubinskij ドゥビンスキー

Dubinsky
ダビンスキー*
ドゥビンスキー
ドビンスキー
Dubiska ドゥビスカ
Dubitskaya
ドゥビツカヤ
Dublanchy
デュブランシー
Dublin ダブリン
Dubner ダブナー
Dubnic デュブニック
Dubnov ドゥブノフ
Dubnow
デュブノフ
ドゥブノフ
ドブノウ
Dubochet デュボシェ
Duboeuf デュブッフ
Dubofsky
ドボフスキー
Du Bois
デュブア
デュボア**
デュボイス*
デュボワ
DuBois
デュボア*
デュボイス
デュボイズ**
デュボワ
Dubois
デュボア***
デュボイス
デュボワ*
Du Bois-Reymond
デュボアレーモン
デュボワレーモン
Dubomb デュボム
Du Boochet
デュブーシェ
Du Bos デュボス
Dubos
ジュボス
デュボ
デュボス**
Dubosarsky
デュボサルスキー*
Duboscq デュボス
Du Bose
デュボース
デュボス
DuBose
デュボウス
デュボウズ
デュボース
デュボーズ*
ドゥボーズ
Dubose
デュボウズ
デュボーズ*
Dubost
デュボ
デュボス
デュボスト*
Du Bouchet
デュブーシェ
Du Boulay ドゥブレイ
Dubouloz デュボロス

Dubourg
デュブール
デュボーグ
Dubout
デュブ
デュブー
Dubov
デュボー
デュボフ
Dubova
デュボア
ドゥボヴァ
ドゥボバ
ドゥボワ*
Dubovaya
ドゥボバヤ
ドゥボバヤ
Dubovsky
ダボフスキー
デュボフスキー
ドゥボフスキー
Dubowitz
ドゥボヴィッツ
Dubowski
ダボウスキー
デュボウスキー
ドゥボウスキ
Dubowsky
ダボウスキー
デュボウスキー
Duboy ドゥボイ
Dubrana
ダブラナ
デュブラナ
Dubravcich
ドヴォラヴィッチ
Dubravka
ドゥブラヴカ*
ドゥブラフカ
ドゥブラブカ
Dubravko
ドゥブラヴコ
ドゥブラフコ
Dubrawsky
ダブロースキー*
Dubresson
デュブレッソン
Dubreton
デュブルトン
Dubreuil
デュブルイユ
デュブレイユ
デュブロイユ
Dubricius
ドゥブリーキウス
ドゥブリキウス
DuBridge
デュブリッジ
Dubrin ダブリン
Dubro
デュブロ*
ドゥブロ
DuBrock ダブロック
Dubrov ドゥブロフ
Dubrovic
ドゥブロヴィッチ
Dubrovshchik
ドゥブロフシック
Dubrovskii
ドゥブロフスキー

ドゥブロフスキイ
Dubrovskiy
ドゥブロフスキー
Dubrow ダブロー
Du Brul ダブラル**
DuBrul ダブルル
Dubrunfaut
デュブランフォー
Dubs
ダブズ
ドゥブス
ドゥプス
ドブス
Dubsky ドフスキー
Dubuc デュブク
Dubucq デュビュク
Dubuffet
デュビュッフェ*
デュビュフェ
Dubugnon
デュビュニョン
Dubuque デュビュク
Dubus デビュース**
Duby
デュビ
デュビー**
デュビィ
Dubyna ドゥビナ
Dubynin
ドゥビニン
ドゥブイニン
ドビニン
ドブイニン
Duc
ズク
ズック
デュク*
デュック*
ドゥク
ドゥック***
ドク
Du'c ドック
Dúc ドック
Dục
ズク
ズック
Đục ドック
Duca
ズカ
デュカ
ドゥーカ
ドゥカ
Ducaeus ドゥカエウス
Du Cange
デュカンジュ
Ducarme デュカルム
Ducasse
デュカシー
デュカス***
デュカセ
デュカッス
Ducaté デュカテ
Ducati ドゥカーティ
Ducatteau デュカトー
Ducaux デュコー

Duccio
ドゥチオ
ドゥッチオ
ドゥッチオ
ドゥッチョ**
Ducetius
ドゥケティオス
ドケチウス
Ducette ダセット
Ducey
デューシー*
デュセイ
Duch ダッチ
Duchâble
デュシャーブル
Duchamp
デュシャン**
Duchanee
ダッチャニー
Duchange
デュシャンジュ
DuCharme
ドゥシャーム
Du Chateau
デュシャトゥ
Duchateau
デュシャトー
Duchâteau
ドュシャトー
Duchatelet
ジュシャトレー
デューシャッテレー
デュシャトレ*
Duchâtelet
デュシャトレ
Duchaufour
デュシャフール
Duchaussoy
デュショーソワ*
デュショソワ
Duché デュシェ
DuChemin
ドゥチェミン
Duchen デュシェン*
Duchene
デュシェーヌ
ドゥシェン
Duchêne デュシェーヌ
Duchenne
デュシェンヌ
デュシエンヌ
Duchesnay
デュシェネー
Duchesne
デュシェーヌ
デュシェヌ
Duchesnes デュシェン
Duchet デュシェ
Duchier デュシェ
Duchin
デュチン
ドゥーチン
Duchková ダッチコワ
Duchosal
デュショザール
Duchovny
ドゥカヴニー
ドゥカブニー*
ドゥコヴニー

Duchowny
ダッチオーニー
Duchrow ドゥフロウ
Duchting
デュヒティング
Düchting
デュヒティンク
デュヒティング
Ducia ドゥシア
Ducić
ドゥーチッチ
ドゥチッチ
DuCille デュシル
Ducis
デュシ
デュシス
ドゥーチス
Duc-jin ドクジン
Duck ダック*
Duckas デュカ
Duck-choong
ドクジュン
Duckelmann
デュッケルマン
Ducker ダッカー
Duckett ダケット
Duck-goo ドクグ
Duckham ダックハム
Duck-hwan ドクファン
Duckil ドギル
Duck-jae ドクジェ
Duck-jou ドクジュ
Duck-ki ドクキ
Duck-soo ドクス*
Duck-woo ドクウ*
Duckworth
ダックワース**
Ducky ダッキー*
Duclaux
デュクロ
デュクロー
デュクロオ
Duclert デュクレール
Duclos
デュクロ*
デュクロー
Duco ドゥコ
Ducommun
デュコマン
Ducos
デュクロ
デュコ
デュコー
Ducoty デュコティ
Ducoudray
デュクードレ
デュクドレー
Ducquercy
デュクケルシー
Ducray
デュクレー
デュクレイ
Ducre デュクリ
Ducret デュクレ*
Ducrey デュクレー
Ducrocq デュクロク

Ducroquet
デュクロケット
Ducros デュクロ*
Ducrot
デュクロ
デュクロー
Ducza デュッツァ
Duczyński
ドゥチンスキ
Duda
デューダ
デュダ
ドゥーダ
ドゥダ*
Dudaev
ドゥダーエフ*
ドゥダエフ
ドダエフ
Dudamel ドゥダメル*
Dudas ドゥダシュ
Dudás ドゥーダース
Dudau ドゥダウ
Dudayev
ドゥダーエフ
ドダエフ
Duddeck デュデック
Duddell
ダッデル
ダデル
Dudden ダッデン
Duddle ダドル*
Duddley
ダッドリ
ダッドレー
ダドレイ
Dude デュード
Dudeck デュデク
Dudek
デュデク
ドゥデク
ドゥデック
Dudel デュデル
Duden ドゥーデン**
Dudeney
デュードニー
デュドニー
ドゥードニー
Dudenhausen
ドゥデンハウゼン
Duder デューダー
Duderstadt
ドゥデルスタット
Dudeva デュデバ
Dudgeon
ダジオン
ダジョン*
ダッジョン
Dudi ドゥディ
Dudich ドゥディチュ
Dudin ドゥディン
Dudinskaya
ドゥジンスカヤ*
ドゥディンスカイア
Dudintsev
ドゥジーンツェフ
ドゥジンツェフ*
ドゥディンツェフ
Dudith ドゥディチュ

Dudley
ダッドリ
ダッドリー*
ダッドレー
ダッドレイ
ダドリ*
ダドリー***
ダドレー
ダドレイ*
ドゥッドリー
ドゥドリー
Dudney ダドニー*
Dudnik ドゥドニック
Dudoit ドゥドイト
Dudok
ドゥダーエフ*
デュドク*
ドゥドック
ドゥドック
Dudon デュドン
Dudot デュド
Dudou ドゥドゥ
Dudovich
ドゥードヴィック
ドゥドヴィッチ
Dudow
ドゥドフ
ドュドオ
Dudu ドゥドゥ*
Dudukavich
ドゥドゥカヴィッチ
Dudy ダディ
Dudzenkova
ドゥジェンコワ
Dudzinski
ダジンスキー
Dudzus
ドゥドツス
ドゥドツス
Due
ズエ
デュー*
ドゥエ*
ドク
Dueball デューバル
Dueck デュエック
Dueland デューランド
Duell
デュエル
ドュエル
Duellman
デュエルマン
Duena ドゥエナ
Duenas
ジュナス
デュエナス
Dueñas
ドゥエニャス**
Duenez デュエネス
Duening
デューニング*
Duenkel デュンケル
Duensing ダンシング
Duer
デュア
ドゥアー
Duerbeck
デュルベック

Duerden デュエルダン
Duerenberg
デュエレンバーグ
Duerr
デュアー
デュール
デュル*
Duesberg
デューズバーグ*
デュスベール
Duesbury
デュスベリー
Duesenberry
デューセンベリー
デューゼンベリ
デューゼンベリー**
デューゼンベリイ
Duesing ディージング
Duess デウィス
Duester
デスター
デュースター
Duesterberg
デュスターベルク
Duewel デュウェル
Duey デューイ**
Duf ドゥフ
Dufau デュフォー
Dufaud デュフォー
Dufaure デュフォール
Dufaut デュフォ
Du Fay
デュフェ
デュフェー
Dufay
デュファーイ
デュファイ
デュフェ
デュフェー
Dufborg デュフボーグ
Dufey
デュフェイ
デュフェイ
Duff
ダッフ
ダフ***
ダフィー
Duffek デュフェック
Düffel デュッフェル**
Dufferin
ダッファーリン
ダファーリン
ダファリン
ダフェリン
Duffey
ダフィ**
ダフィー
Duffie
ダフィー
デュフィー
Duffield
ダフィールド
ダフィールド*
Duffieux ドゥフィユー
Duffin ダフィン
Duffing ダッフィング
Duffour デュフール
Duffus ダフス

Duffy
ダッフィ
ダフィ***
ダフィー***
デューフィ
デュフィ
Duflo デュフロ*
Duflos デュフロ
Duflot デュフロ*
Dufner デュフナー*
Dufour
ズウホイル
デュッフル
デュフォー*
デュフール**
Dufourcet デュフルセ
Dufourcq デュフルク
Dufour-Lapointe
デュフールラポワント
Dufourmantelle
デュフールマンテル
Dufoyer
デュフォワイエ
Dufraine
デュフレーヌ
デュフレヌ
Dufraisse デュフレス
Dufranne
デュフランヌ
Dufrechou
デュフレシュ
DuFrene デュフレーヌ
Dufrène デュフレーヌ
Dufrêne デュフレーヌ
Dufrenne
デュフレンヌ**
Dufrénoy
デュフルノア
デュフルノワ
Dufrény デュフレニ
Dufresne
デュフレスネ*
デュフレーヌ**
デュフレーヌ
Dufrésnoy
デュフレノア
デュフレノワ
Dufresny デュフレニー
Dufresse デュフレス
Duft ダフト
Dufton ダフトン*
Dufty ダフティ*
Dufuor ドゥフォー~
Dufy
デュフィ**
デュフィ
Dugain デュガン
Dugair ドゥガイル
Dugald
ダガルド
デュガルド
デュゴード
デューゴルド
ドゥーガルド
ドゥガルド
Dugan
ダガン*

デューガン*
デュガン**
ドゥーガン
ドゥガン
Dugani ダガニ
Dugard デュガード*
Dugarry
デュガリ
デュガリー
Dugas
デュガ*
デュガス
Dugasse デュガス
Dugast デュガスト
Dugatkin ドガトキン*
Dugazon デュガゾン
Dugdale
ダグダル
ダグデイル
ダグデール
ドゥグデール
Dugdall ダグダル
Dügerjab-un
ドゥゲルジャビーン
Dugersuren
ドゲルスレン*
Duggal
ダッガール
ドゥッガル
Duggan
ダガン*
ダッガン
デュガン
ドゥガン
Duggar ダッガー
Dugger ダガー
Dughet デュゲ
Dugin
デューギン
ドゥーギン
ドゥギン
Dugina
デューギナー
ドゥーギナ
ドゥギナ
Duglas ダグラス
Dugmo ドクモ
Dugmore ダグモア
Dugonics
ドゥゴニチ
ドゥゴニッチ
Dugowson
デュゴウソン
Dugrand デュグラン*
Dugrenier
ダグレニアー*
Duguchiyev
ドグチェフ
Duguet デュゲ
Duguid
ダギッド
デュグッド
ドゥグッド*
Duguit
デュギ
デュギー*
デュギイ

ドゥギー
Dugul ドゥグル
Dugundji
　デュギュンジィ
Duha デュハ
Duhachek
　ドゥハチェク
Duhaime デュエーム
Duhalde ドゥアルデ*
Du Hamel デュアメル
Duhamel
　ジュアメル
　ジュアメル
　デュアメル
　デュアメル***
Duhamelet デュアムレ
Duhan ドゥーハン
Duhazé デュハゼ
Duhem
　デューエム
　デュエム**
Duheme
　デューエム
　デュエム
Duhème
　デュエーム
　デュエム
Duhigg デュヒッグ
Duhl ドゥール
Duhm ドゥーム
Duhnke ドゥーンケ
Duhot デュオ
Duhour デュウール
Duhr ドゥーア
Duhring
　デュウリング
　デューリング
Dühring デューリング
Duhrssen
　デュールセン
Du-hyoun ドゥヒョン
Du-hyun ドゥヒョン
Duiffoprugcar
　デュイフォブリュカール
Duifhuis
　デュイフヘイス
Duignan
　ダイグナン*
　ドゥイグナン
Duijneveldt
　デュイネヴェルト
Duijnhoven
　デュインホーフェン
Du-Ik ドゥイク*
Duilhé デュイレ
Duilio
　ドゥイリーオ
　ドゥイリオ
Duiliu ドゥイリウ
Duilius
　ドゥイリウス
　ドゥリウス
Dúin ドゥーン
Duindam ダインダム
Duinlop ダンロップ

Duisberg
　デュイスベルク
　デュースベルク
　デュスベルク
　ドゥイスベルク
　ドゥイスベルク
Duisenberg
　ダウゼンベルヒ
　デューゼンバーグ
　デューゼンベルク
　ドイセンベルク*
Duishonali
　ドゥイショナリ
Duisit
　デュイジ
　デュイジット
Duissenova
　ドゥイセノワ
Duizabo ディザーボ
Dujardin
　ジュジャルダン*
　デュジャディン
　デュ・ジャルダン
　デュシャルダン
　デュジャルダン**
　デュヤルディン
Dujarric
　デュジャリック*
Duje ドゥイェ
Du-jin ドゥジン
Dujmovits
　デュモヴィッツ*
　デュモビッツ
Dujon ドゥジョン
Dujovne
　デュジョブネ
　ドゥジョブヌ
DuJuan デホアン
Du-jun ドゥジュン
Duka
　デゥーカ
　ドゥカ
Dukakis デュカキス**
Dukan デュカン
Dukanović
　ジュカノヴィッチ
Dukas
　デュ一カ
　デュカ
　デューカス
　デューカース
　デューカス*
　ドゥカス
Dukat デュカット
Dukát
　デュカート
　ドゥカート
Dukatova ジュカトバ
Duke
　デューク***
　ドゥケ
Dukelsky
　デュケルスキー
Duker デュカー
Dukes デュークス**
Dukhonin
　ドゥホーニン
Đukić ドゥキッチ

Dukkālī
　ドゥッカーリー
Dukker ドゥッケル
Duk-kyu ドクキュ
Duk-kyum ドクキョム
Dūklavs
　ドゥークラウス
Duk-min ドクミン*
Dukor ドゥーコル
Dukpa ドゥクパ
Duk-ryong ドクリョン
Duk-soo ドクス*
Duku ドゥク
Dukuga ドゥクガ
Dukuly ドゥクリィ
Dukum ドクム
Dukurs ドゥクルス
Duk-whang
　ドクファン
Duk-yung ドクヨン
Dulac
　デュラク
　デュラック*
Dulaf ドゥラフ
Dulaimi
　ドゥライミ
　ドレイミ
Dulam ドラム
Dulāma ドゥラーマ
Dulāmah ドゥラーマ
Dulamsurengiin
　ドラムスレンギン
Dulaney デュラネイ
Dulanto ドゥラント
Dulany
　デュラニー
　デュレイニー
Dulanya ドゥランヤ
Dulary デュラリー
Dulatov ドゥラトフ
Dulaurier
　デュローリエ
　デュロリエ
Dulay デュレイ
Dulbecco
　ダルベッコ**
　ダルベッコー
Dulcan ダルカン
Dulce
　ドゥルス
　ドゥルセ*
　ドルセ
Dulces ドゥルセス
Dulcidio
　ドゥルシディオ
Dulcie ダルシー
Dulcken ダルケン
Dulebohn
　デュルボーン
Dulfer ダルファー*
Dülfer デュルファー
Dulhut デュリュット
Dulić ドゥリッチ
Dulić-marković
　ジュリッチマルコビッ

チ
Dulin デュラン
Dulisch
　ドゥーリッシュ
Dulken ダルケン
Dulko ドゥルコ
Dull ドゥル
Düll ドゥル
Dullah ドラ
Dullas ダラス
Dullea
　ダリー
　デュリア
　デュレア
Dulles
　ダリス
　ダレス*
Dullin デュラン
Dulloo ドゥルー
Dully ダリー
Dulmen デュルメン
Dülmen デュルメン
Dul'nev ドゥーリネフ
Dulohery デュロヘリー
Dulon ドゥーロン
Dulong デュロン
Dulout デュルー
Dulova
　ドゥーロヴァ
　ドゥーロワ
　ドゥロワ
Dulski ダルスキー
Duluc デュリュック
Dulull ドゥリュル
Dulworth ダルワース
Duly
　デューリー
　デュリー
Duma デュマ
Dumaagiin
　ドマーギーン
Dumaagiyn
　ドマーギン*
Dumaine
　デュメイン
　デュメーヌ*
Dumais
　デュメイ
　デュメーズ
Dumala
　ドゥマウア
　ドゥマラ
Duman デュマン
Dumanoir
　デュマノワール
Dumanoski
　ダマノスキ*
　デュマノスキ
Dumanyan
　ドゥマニャン
Dumarçay
　デュマルセ*
Dumarchey
　デュマルシー
Dumas
　ジュマ
　デュウマ

　デューマ*
　デューマー
　デュマ***
　デュマス*
　ドゥーマス
　ドゥマス
Du Maurier
　デュモオリア
　デュモーリア
　デュモーリエ
Dumaux デュモウ
Dumay
　デュメー
　デュメイ*
Dumayet
　デグローブ
　デュマイエ
Dumazedier
　デュマズディエ
Dumbadze
　ダンバーゼ
　ドゥムバーゼ*
　ドゥンバゼ*
　ドムバーゼ
Dumbar ドゥンバー
Dumbaugh ダンボー
Dumber ダンバー
Dumbill ダンビル
Dumbleton
　ダンブルトン
Dumbo ダンボ
Dumbrava
　ドゥンブラヴァ
Dumbre ダンブル
Dumbreck
　ダンブレック*
Dumbrille ダンブリル
Dumbuya ドゥンブヤ
Dumcan ダンカン
Dumcheva デュムケバ
Duncius ドゥムチュス
Duncke ドゥムケ
Dunée
　デュメー
　ドゥメ
Dumenil デュメニル
Duménil
　デュメニル
　ドゥメニル
Duméril
　デュメリル
　デュメル
Dumervil
　デュマービル
Duméry デュメリ
Dumesnil
　デュメスニール
　デュメニル
Dumezil デュメジル*
Dumézil デュメジル*
Dumezweni
　ドゥメズウェニ
Duminda ドゥミンダ
Dumini ドゥミニ
Duminica ドゥニミカ
Duminil デュミニル

Dumisani
ドゥミサニ
ドミサニ
Dumitrashko
ドゥミトラシュコ
Dumitrescu
ドゥミトレスク
ドミトレスク
Dumitru
ドゥミトル**
ドミトル
Dumler ドゥムレル
Dumme デュム
Dummer ダマー**
Dummett ダメット**
Dummy ダミー
Dumo デュモ
Dumolard
デュモラール
Dumolin デュモリン
Dumon デュモン
Dumonceau
デュ・モンソー
デュモンソー
Dumond
デュモン
デュモンド*
Du Mont ドゥモント
DuMont デュモン
Dumont
デュモーン
デュモン**
デュモント
ドゥモン
ドゥモント
Dumonteil
デュモンテイユ
Dumouchel
デュムシェル*
Dumoulin
デュ・ムーラン
デュムーラン
デュムラン***
デュモリン
Dumouriez
デュムーリエ
デュムリエ
デュムリエー
Dumourin デュモリン
Dumsile ドゥムシレ
Dun
ダン***
ドゥン*
Duna ドゥナ
Dunaev
ドゥナーエフ
ドナエフ
Dunaew
デュナエヴ
ドゥナエヴ
Dunagan
ダナガン*
デュナガン
Dunahay ダナヘイ
Dunai ドゥナイ
Du-nam ドゥナム*
Dunan デュナン
Dunand デュナン*

Dunant
ジュナン
デュナー
デュナン
デュナント**
Dunash
ダナシュ
デュナシ
Dunavska ドナフスカ
Dunaway
ダナウェイ**
ドゥナウェイ
Dunayev ドゥナエフ
Dunayevskaya
ドゥナエフスカヤ
ドナエフスカヤ
Dunayevsky
ドゥナイエウスキー
Dunaytsev
ドゥナイツェフ
Dunbar
ダンバー***
デュンバー*
Dunber ダンバー
Duncan
ダンカン***
ダンガン
デュカン*
デュンカン
Duncan-cassell
ズンカンカッセル
Dunchunstang
ダンチュンスタン
Dunckel
ダンケン
デュンケル*
Duncker
ドゥンカー*
ドゥンケル
Dunckley ダンクリー*
Duncum ダンカン
Dundas ダンダス
Dundee
ダンディ
ダンディー**
Dundes
ダンダス
ダンデス
Dundley ダッドリー*
Dundon ダンドン
Dunduro
ドゥンドゥーロ
Dunell ダネル
Dunem
ドゥーネン
ドネン*
Dúnem ドネン
Dunér
デュネール
ドゥネール
ドゥネル
Dunev デュネフ
Dunfee ダンフィー
Dunford
ダンフォード**
Dung
ズオン
ズン***
ユン

Dunga ドゥンガ**
Dungalus ドゥンガルス
Dungersheim
ドゥンゲルスハイム
Dungworth ダンワース
Dungy ダンジー*
Dunham
ダナム**
ダンハム**
Dünhaupt
デュンハウプト
Dunhill ダンヒル**
Duni ドゥーニ
Dunicz ドゥニチ
D'Unienvill
デュニヤンヴィル
Dunin
ドゥーニーン
ドゥニン
Duning ダニング
Duniway ダニウェイ*
Dunja ドゥニャ
Dunk ドゥンク
Dunkan ダンカン
Dunkel
ダンケル
ドゥンケル
ドンケル*
Dunkell ダンケル
Dunkelman
ダンケルマン*
Dunker
ダンカー
デュンケル
Dunkin ダンキン
Dunkinfield
ダッキンフィールド
ダンキンフィールド
Dunkle ダンクル*
Dunkling ダンクリング
Dunkmann
ドゥンクマン
Dunlap ダンラップ**
Dunlea ダンリー
Dunleavey
ダンリービィー
Dunleavy
ダンリービー
ダンレビー
Dunlevy ダンレヴィー*
Dunlop ダンロップ***
Dunlosky
ダンロスキー
Dunman ダンマン
Dunmire ダンマイアー
Dunmore ダンモア***
Dunmur ダンマー*
Dunn
ダン***
デューン
Dunnachie ダナキー*
Dunne ダン**
Dunnett ダネット*
Dunnichay ダニチェー*
Dunnicliffe ダニクリフ

Dunnigan ダニガン*
Dunning
ダニング***
ダンニング
Dunnington
ダニングトン
Dunnock ダノック*
Dunois
デュノア
ドゥノア
Dŭnov ダノフ
Dunoyer
デュノアイエ
デュノワイエ
Dunphy
ダンフィ*
ダンフィー
Dunrea
ダンリー
ダンレイ*
Duns
ドゥンス*
ドゥンズ
ドゥンス
Dunsany
ダンセイニ**
ダンセイニイ
ダンセエニ
ダンセーニ*
ダンセーニー
ダンセニ
ダンセニー
ダンセニイ
Dunsheath ダンシース
Dunsmore ダンスモア
Dunsmuir
ダンスミュア
Dunson ダンソン
Dunst ダンスト**
Dunstable
ダンスタブル
ダンステーブル
Dunstall ダンストール
Dunstan
ダンスタン*
ドゥンスタン
Dunster ダンスター*
Dunston ダンストン
Duntemann
ダンテマン
Dunton ダントン*
Duntze ドゥンツェ*
Düntzer デュンツァー
Dunwell ダンウェル*
Dunwoody
ダンウッディ
Dunya ドゥンヤ
Dunye デュニエ*
Duo ドゥオ
Duoangchay
ドゥアンチャイ
Du-on ドゥオン
Duon ドゥオン
Duong
ズオン
ズオン***
ドゥオング

Du'o'ng ズオン
Đuong ドゥオン
Duop ドゥオップ
Dupanloup
デュパンル
デュパンルー
Dupâquier デュバキエ
Duparc デュパルク*
Duparquet デュパルケ
Dupart デュパール
DuPasquier
デュパスキエ
Dupasquier
デュパスキエ
DuPaul デュポール*
Dupe デュペ
Dupérac
デュペラク
デュペラック
Duperey
デュプレ
デュプレー*
デュペレ
Duperron
デュ・ペロン
デュペロン
Duperval デュベルバル
Dupetit デュプティ
Dupeux デュプー
Dupey デュペイ
Dupeyrat デュペイラ
Dupeyron
デュペイロン
デュペイロン*
デュペロン
Duphorn デュホーン
Dupi デュピー
Dupin デュパン***
Duplaga デュプラガ
Duplaix デュプレ
Duplantis
デュプランティス*
Dupleix
デュプレ
デュプレクス
デュプレックス
Duplessi デュプレシ
Du Plessis
デュプレッシー
Duplessis
デュプレシ
デュプレシス
デュプレッシ
デュプレッシス
Duplitzer
デュプリッツァー
Dupond デュポン**
Du Pont デュポン
DuPont
デュポン*
デュポント
Dupont
デュポン
デュポン**
ドュポン

D

Duport デュポール
Dupoux デュプー*
Duppenthaler デュペンサラー
Duprat
　デュプラ*
　デュプラー
　ドゥプラ
DuPrau デューブロ*
DuPraw デュプロー
Dupre
　デュプレ
　ドゥプレ
Dupré
　デュピュレ
　デュプレ*
Duprë デュプレ
Dupree
　デューブリー
　デュプリ
　デュプリー**
Du Preez デュプレア*
Duprey デュプレイ
Duprez デュプレ
Dupri
　デュプリ
　デュプリー
Dupriez
　ジュップリエ
　デュップリエ
Dupron デュプロン
Dupront デュプロン
Dupuis
　デュピィ
　デュピュイ*
　デュプイ
Dupuit デュピュイ*
Dupuits デュピュイ
Dupureur
　デュピュリュエ
Du Puy デュピュイ
Dupuy
　デュビ
　デュピィ
　デュピュイ**
　デュプイ*
　デュプュイ
　デュムシェル
Dupuytren
　デュピトラン
　デュピュイトラン
Du-qayr ドカイル
Duque
　デュケ*
　デュケー
　デュッケ
　ドゥケ
Duquenne デュケンヌ
Duquennoy
　デュケノワ**
Duques デューク*
Duquesne
　デュケーヌ
　デュケンヌ
Duquesnoy
　デュケノア
　デュケノワ

Duquette
　デュケット
　ドゥケット
Duquoc デュコック
Durack
　デューラック
　デュラック*
Durai ドゥライ
Duraiappah
　ドゥライアポー
Duraid ドゥライド
Duraku ドゥラク
Duraliev ドゥラリエフ
Duran
　デューラン
　デュラン***
　ドゥラーン
　ドゥラン**
Durán
　デュラン*
　ドゥラーン
　ドゥラン**
Durand
　ジュラン
　デュウラン
　デューラン
　デュラン**
　デュラーンド
　デュランド*
　ドゥラン
　ドゥランド
Durando ドゥランド**
Durandus
　デュランティス
　ドゥランドゥス
Durand-Viel
　デュランヴィエール
Durang デュラング
Durano
　デュラーノ
　ドゥラノ
Durant
　デュアラント
　デュラン*
　デューラント*
　デュラント***
　ドゥラン
　ドゥーラント
Durante
　デュランテ**
　デュラント
　ドゥランテ
Duranty
　デュランチ
　デュランチー
　デュランティ*
　デュランティー
Durão
　ドゥラウン
　ドゥラン*
Duras
　デュラ
　デュラス**
　デラ
Durayd
　ドゥライド
　ドライド
Durazzo ドゥラッツォ
Durber ダーバー

Durbešić
　ドゥルベシッチ
Durbiano
　デュルビアーノ
Durbin ダービン***
Durbrow ダーブロウ
Durcal ドゥルカル
Durcan ダーカン*
Durce ドゥルセ
Dürckheim
　デュルクハイム
Durdak デュルダク
Durden ダーデン*
Durdikova
　デュルディコーヴァ
Durdin ダーディン
Durdis ダーディス
Durdylyyev
　ドゥルデイルイエフ
Durdynets
　ドゥルデイネツ
Dureau デュロー
Durell
　ダレル
　デュレル
　ドゥレル
Duren
　デューレン
　ドュレン
　ドーレン
Düren デューレン
Durenberger
　デュレンバーガー
Durer デューラー
Dürer
　デューラー*
　デューレル
Duret
　デュレ*
　デューレ
Durey
　デュレ
　デュレー
D'Urfé デュルフェ*
Durfee ダーフィー*
D'Urfey ダーフィー
Durfor ダーフォー
Durga
　ダーガ
　ダルガ
　デュルガ
　デュンガ
　ドゥルガ
　ドゥルガー
Durgabai
　デュルガ
　ドゥルガー
Durgalālā
　ドルガ・ラール
Durgananda
　ドゥルガーナンダ
Durgin ダージン
Durham
　ダーハム
　ダーラム***
　ダラム***
　デューラム
　ドゥルハム

Du-ri ドゥリ
Dūrī ドゥリー
Durian ドゥリアン*
Duric ジューリッチ
Durić デュリック
Duričková
　ジェリチェコワ
Durie
　デューリー
　デュリー
Düriegl デュリーゲル
Duriés デュリエ
Durieu デュリュー
Durieux
　デュリュー
　デュルー
　ドゥリュー
Duriez ドゥーリエ
Durigo ドゥーリゴ
During
　デュアリング
　デューリング*
　デュリング
Düring デューリング
Düringer デュリンガー
Duris
　デュリス*
　ドゥーリス
　ドゥリス
Ďurisin デュリシン
Durivage
　ドゥリヴェージ
Durix デュリックス
Durkan ダーカン*
Durkee ダーキー*
Durken デュルケン
Durkheim
　デュルカイム
　デュルクハイム
　デュルケーム*
　デュルケム*
Dürkheim
　デュルケーム
Durkin ダーキン*
Durkoop デュルコープ
Durkovic
　ドゥルコビッチ
Durlak ダーラック
Durland
　ダーランド
　デューランド
Durlesteanu
　ドゥルレシチャヌ
Durlin ダーリン
Durm ドゥルム
Durmisi ドゥルミシ
Durmus ドルムシュ
Durmusoglu
　デュルムソギュ
Durnil ダーニル
Durning ダーニング**
Durnovo
　ドゥルノヴォー
　ドゥルノーボ
Duro
　デューロ

　デュロ
　ドゥロ
Duroc デュロック
Durocher
　デュロシェ
　デュローシャー
　デュローチャー
　ドュロシェ
　ドローチャー*
　ドロチャー
Durodié デュロディエ
Duron ダーロン
Durón ドゥローン
Durongkaveroj
　ドゥロンカウェロート
Duroselle デュロゼル
Duroussy ドロシー*
Durov
　ズーロフ
　ドゥーロフ
Durova
　ドゥロヴァ
　ドゥーロワ
Durozoi デュロゾワ
Durphy ダーフィ*
Durr ドゥル
Dürr
　デュアー
　デュル**
Durran デュラン
Durrani
　ドゥラニ
　ドラーニ
Durrānī
　ドゥッラーニー
　ドゥラーニー
Durrant
　ダラント
　デュラン
　デュラント
Durre デュレ
Durrell
　ダレル**
　デュレル
Durrenberger
　デューレンバーガー
Dürrenmatt
　デュレンマット**
Durrer
　デューラー
　デュラー
　ドゥラー
Durrett
　デュレ
　デュレット
Durrīya ドゥッリーヤ
Durrleman
　ドゥルーマン
Durron ダロン
Durruti ドゥルーティ
Durrwell デュルウェル
Durry デュリー
Durs ドゥルス**
Durschmied
　ドゥルシュミート*
Durso ダーソー*
Durst ダースト

DUV

Durston ダーストン
Durt デュルト
Durtain デュルタン*
Durtguly ドルトグリ
Duru
　デュリュ*
　ドゥリュ
　ドュリュ
Durual デュリュアル
Duruflé デュリュフレ*
Durunda ドルンダ
Durus デュリュス
Durusau ドゥルソー
Durutalo ドゥルタロ
Duruy
　ジュリー
　ジュリュイ
　デュリュイ
Duruz ダルズ
Durval ドルバル
Durvekamiśra
　ドゥルヴェーカミシュラ
D'Urville
　デューヴィル
　デュルヴィル
　ドュビル
Durward デュワード
Durwood ダワード
Dury
　デューリ
　デューリー
　デュリ
　デュリー
Durych
　ドゥリヒ
　ドゥリフ
Duryea
　ダレイア
　デュリエ
　ドゥリエー
　ドゥリェイ
Duryodhana
　ドゥルヨーダナ
Dus ダス
Dusa デューサ
Duşa ドゥシャ
Dusan
　デューサン
　デュサン
　デュザン
　ドゥサン
　ドゥーシャン
　ドゥシャン*
Dušan
　ダサン
　ドゥショ
　ドゥーシャン*
　ドゥシャン***
Dusapin デュサパン*
Dusard デュサード
Dusart デュサルト
Dusautoir
　デュサトワール
　デュソトワール*
Dusava ドゥサバ
Dusay デュセイ*

Dusch デュース
Duscher
　ドゥシェール*
　ドゥスチェル
Duschinsky
　ドゥスチンスキー
Duse
　デューゼ
　ドゥーセ
　ドゥーゼ*
　ドゥゼ
　ドーゼ
Duseigneur
　デュセニュール
Dusek ドゥセク
Dušek ドゥシェク
Dusen
　デューセン
　デュセン
　ドゥーセン
　ドゥーセン*
Dusenberry
　デュセンベリー
Dusenbery
　デューゼンベリー
　ドゥセンベリー
Dusev ドゥチェフ
Dusev-Janics
　ドゥチェブヤニクシュ
Dus gsum トゥスム
Dushebayev
　ドゥシェバエフ
Dusheck ドゥシェック
Dushev ドゥシェフ
Dushimiyimana
　ドゥシミイマナ
Dushkes ダシュクス
Dushkin
　ドゥーシキン
　ドゥシュキン
　ドシキン
Dushman
　ドゥシュマン
Dusi
　ドゥージ
　ドゥジ*
Dusica ドゥスィツァ
Dusick デューシック
Dusik デューシック
Dusík ドゥーシック
Dusikova ドゥシコウワ
Dusíková
　デュシコーヴァ
　ドゥシコウワ
Dusinberre
　デュシンベリー
Dusing デュージング
Düsing デュージング
Dûsing デューシング
Dusk ダスク*
Duskey ダスキー
Duskin ダスキン
Dusko
　ダスコ*
　デュスコ
　ドゥシコ
　ドゥシュコ

Duško ドゥシュコ*
Düskow ダスカス
Dusmatov
　ドゥスマトフ*
Dusolina ドゥゾリーナ
Dussart デュサール
Dussau デュソー
Dussaussois
　デュソソワ
Dussek
　デューセック
　ドゥシェク
　ドゥシェック
　ドゥシーク
　ドゥセック
Dussel ドゥセル
Dussenne デュセンヌ
Dussert デュセール
Dussey ドゥセ
Dussich ドゥーシッチ
Dussolier
　デュソリエ*
　デュッソリエール
　デュッソリエール
Dust ドゥースト
Dūst ドゥースト
Dustin ダスティン***
Dustmann ダストマン
Dustmurotov
　ドゥスムロトフ
Duston ダストン
Dusty
　ダスティ***
　ダスティー
Dustyn ダスティン
Duszynska
　ドゥシニスカ
Dutaillis デュタイイ*
Dutch ダッチ*
Dutcher ダッチャー*
Dutch Sam ダッチサム
Duteil デュテイユ
Duterloo デュテーロー
Dutert デュテール
Duterte ドゥテルテ*
Duteurtre
　デュトゥールトゥル
　デュトゥールトル
　デュトゥルトル
Dutfield
　ダットフィールド
Dutfoy デュフォア
Duthie
　ダシー
　デューシー
　デューティー
Duthiers
　デュティエ
　ドュチェル
Duthu デュトゥ
Dutilh デュチール
Dutilleux
　デュティーユ
　デュティユ
　デュティユー**
Dutka ダトカ

Dutkina
　ドゥトゥキナ*
　ドゥートキナ
　ドゥトキナ
Dutkowsky
　デュトコウスキー
Du Toit
　デュトイ
　デュトイト*
　デュトワ**
Dutoit
　デュトア
　デュトワ**
Dutourd
　デュトゥール**
Dutov ドゥートフ
Dutra
　ドゥートラ
　ドゥトラ**
Dutrail デュトレイユ
Dutreuil デュトルイユ
Dutrey デュトレー
Dutrochet
　デュトロシェ
Dutronc デュトロン
Dutschke
　ドゥチケ
　ドゥチュケ
Dutt
　ダッタ
　ダット**
　ドゥット
　ドット
Dutta ダッタ
Dutthagāmaṇī
　ドゥッタガーマニ
Düttmann
　デュットマン*
Dutto デュットー
Dutton
　ダットン**
　ダトン
　ドゥットン
Duttweiler
　ドゥットヴァイラー
Dutuit デュテュイ
Dutz ダッツ
Duun
　ドゥーン
　ドゥン
Duurkoop
　デュールコープ
Duus
　デュース
　デュース
　ドゥース
　ドゥース
　ドゥス**
Duva
　ドゥヴェイ
　ドュヴェイ
Duvaillie デュベリエ
Duvakin
　ドゥヴァーキン
Duval
　デュヴァル**
　デュバル**
Duvalier
　デュヴァリエ

　デュバリエ**
Duvall
　デュヴァル*
　デュヴォール
　デューバル
　デュバル**
　デュボール
Duvalon デュバロン
Duvan ドゥバン
Duvarnay デュバニー
Duvaut デュヴォー
Duve
　デュービ**
　デューブ*
　ドゥーヴ
Duveen
　デューヴィン
　デュヴィーン
　デュビーン
　デュベーン
Duveneck
　ドゥフェネク
Duvergel デュベルヘル
Duverger
　デュヴェルジェ**
　デュヴェルジュ
　デュベルゲ
　デュベルジェ*
Duvergier
　デュヴェルジェ
　デュヴェルジェ
　デュベルジェ
Duvernay
　デュヴェルネ
　デュヴェルネ*
Duverney
　デュヴェルノワ
　ドゥヴェルネ
Duvernoi
　デュヴェルノア
　デュヴェルノワ
Duvernois
　デュヴェルノア
　デュヴェルノワ
　デュベルノア
　デュベルノワ
Duvernoy
　デュヴェルノア
　デュヴェルノワ
Duverrán ドゥベラン
Duvert デュヴェール*
Duvesco デュベスコ
Duvet
　デュヴェ
　デュベ
Duveyrier デュベリエ
Duviau デュビャウ
Duvidov
　ドゥヴィードフ
　ドゥビードフ*
Duvignaud
　デュビニョー*
　デュビニョー
　ドゥヴィニョー
Du Vigneaud
　ドゥヴィニョー
Duvillard
　デュビラール

D

Duvivier
　デュヴィヴィエ
　デュヴィヴィエ
　デュビビエ
Duvoisin
　デュヴォアザン
　デュボアザン**
　デュボワサン
　デュボワザン
Duwa ドワ
Duwaihi ドワイフィ
Duwaila ドウェイラ
Düwel デューウェル
Düwell デュウェル
Duwyenie
　ドゥエイニー
Dux
　デュ
　デュックス
Duxbury
　ダクスバリ
　ダクスベリー
Duxfield
　ダックスフィールド
Duy
　ズイ***
　デュイ
　ドゥイ
Duyckinck ダイキンク
Duyen ズエン
Du-yeol ドゥヨル
Duyet ズエット
Duyn デュイン
Duysens ドイセンス
Duyster ダイステル
Duy Tân ズイタン
Duyvendak
　ドイフェンダク
Duzer ドゥーザー
Duzhin ドゥージン*
Dvags po タクポ
Dvags po lha rje
　タクポラジェ
Dvalishvili
　ドバリシビリ
D'Vari デュバリ*
D'Vauntes
　ドゥヴァンテス
Dveirin ドゥベイリン
Dvera デブラ
Dvivedi
　ドゥヴィヴェーディー
Dvivedī
　ドゥヴィヴェーディー
　ドゥビベーディー
Dvoinikov
　ドボイニコフ
Dvolaitski
　ドヴォライツキー
　ドボライツキー
Dvorak
　デボラック
　ドゥヴォラック
　ドヴォラック
　ドヴォルザーク
　ドゥボラック*
　ドボジャーク

ドボラック
ドボラック
ドボルザーク
Dvorák
　ドヴォルザーク*
　ドヴォルシャック
　ドヴォルジャック
　ドボラック
　ドボルザーク
Dvořák
　ドゥヴォルジャーク
　ドヴォジャーク*
　ドヴォルザーク*
　ドヴォルジャーク*
　ドヴォルジャク*
　ドボラック
　ドボルザーク*
　ドボルジャーク
Dvořáková
　ドヴォルジャーコ
　ヴァー
Dvoravitsch
　ドヴォラヴィチ
　ドヴォラヴィッチ
Dvorkin ドヴォルキン
Dvorkovich
　ドヴォルコヴィッチ*
Dvornik ドヴォルニク
Dvorník ドヴォルニク
Dvorovenko
　ドヴォロヴェンコ*
　ドボロベンコ
Dvorský
　ドヴォルスキ
　ドヴォルスキー
Dvortcsak
　ドボールツザーク
Dvortsevoy
　ドボルツェボイ
Dvorzhetskii
　ドヴォルジェッキー
　ドヴォルジェツキー
Dvoskin ドヴォスキン
Dwags po タクポ
Dwain ドゥエイン
Dwamena ドワメナ
Dwan ドワン
Dwane
　ドゥエイン*
　ドゥエイン
Dwars ドワルス
Dwayne
　デュウェイン*
　ドゥウェイン
　ドゥエイン
　ドゥエイン**
Dwbinsky
　ドゥビンスキー
Dweck
　ドゥエック
　ドゥエック*
Dweezil ドゥージル
Dweihi ドゥエイヒ
Dwek ドゥウェック
Dwi ドウィ
Dwier ドゥイアー
Dwiggins
　ドゥイッキングス
　ドゥウィギンズ

Dwight
　デュワイト*
　ドゥワイト*
　ドワイト***
Dwigt ドワイト
Dwijendra
　ディジェンドラ
Dwima ディマ
Dwima-bakana
　ディマバカナ
Dwinger
　ドウィンガー
　ドウィンガー**
Dwork
　ドヴォルク
　ドワーク
　ドウック*
Dworken ドワーケン
Dworkin
　ドゥウォーキン**
　ドゥオーキン***
　ドゥオーキン**
　ドゥワーキン
Dworsky
　ドゥオルスキー
Dworzcka
　ドゥウォルチャッカ
Dwoskin
　ドゥオスキン
　ドゥオスキン
Dwyane ドゥエイン*
Dwyer
　ダウヤー
　ドゥヤー
　ドゥワイアー
　ドゥワイヤー
　ドワイア
　ドワイアー
　ドワイヤー***
Dwyfor
　ドゥーイヴォー
Dy
　ジー
　ダイ
Dyachenko
　ジャチェンコ
　ディヤチェンコ**
D'yagilev ジャーギレフ
D'yakonov
　ディヤコノフ
Dyakovski
　ディアコフスキ
Dyal ダイアル
Dyalhis ダイアリス
Dyan
　ダイアン*
　ディアン
Dyanne ダイアン
Dyatchin ディヤチン
Dybala
　ディバラ
　ディバワ
Dybeck デュベク
Dybek ダイベック**
Dybkjaer デュプケア*
Dybvig
　ディヴィグ
　ディビッグ

Dybwad
　ディバット
　ディブワッド
　デュブワード
Dyce ダイス
Dyche
　ダイチェ
　ディシェイ
Dyché ディシェイ
Dychko ディチコ
Dychtwald
　ダイトワルド
Dyck
　ダイク*
　デイク
　ディック*
Dyckenhoff
　デュッケンホフ
Dyckman
　ダイクマン
　ディクマン
D'yd ディド
Dydak ダイダク
Dye ダイ***
Dyens ディアンス*
Dyer
　ダイアー***
　ダイエル
　ダイヤー**
　ディヤー
Dyfrig ディフリク
Dygasiński
　ディガシンスキ
Dygat ディガット
Dyhr デュア
Dyhrenfurth
　ディーレンファース
　ディーレンフルト
　デイレンフルト
Dyja ダイジャ*
Dyjak ダイヤーク
Dyjas ディヤス
Dyk
　ダイク
　ディク
　デュク
Dyke
　ダイク**
　ダイック
Dyken
　ダイクン
　ダイケン*
Dykens ディケンズ
Dykes ダイクス**
Dykhuizen
　ダイキューゼン
Dykstra ダイクストラ*
Dylan
　ダイラン
　ディラン**

Dylin ディリン
Dylla ダイラ
Dym ディム
Dymally ダイマリー
Dymants ディアマント
Dymek ディメク
Dyment ダイメント
Dymerski
　ディマースキー
Dymmek ディメク
Dymmoch ディモック
Dymny ディムニイ
Dymoke
　ディマック
　ディモック
Dymond
　ダイアモンド
　ダイモンド
Dymow ドウイモフ
Dymphana
　ディムファナ
Dymphna
　ディンフナ
　ディンプナ
Dympna ディムブナ
Dymshits
　ディムシツ
　ドイムシツ
　ドウイムシツ
Dymski
　ディムスキ*
　ディムスキー
Dymsza ディムザ
Dyn ディン
Dyna ディナ
Dynamite
　ダイナマイト
Dynarski
　ディナースキー
Dyne ダイン
Dyneley ディーンレー
Dynkin
　ディンキン
　ドゥインキン
Dynski ディンスキー
Dyogo ディオゴ
Dyos ダイオス
D'Youville
　デューヴィル
　ド・ユーヴィル
Dypwad デュブワード
Dyrander
　ディランダー
Dyrason
　ディラソン
　レイソン*
Dyrbye ディルビー
Dyrdyra ディルディラ
Dyrehag ディレハグ
Dyrek ディレー
Dyrendahl
　デューレンダール
　デュレンダール
Dyrløv デュアルーヴ

Dyro ダイロ
Dyroff ディロフ / デュロフ
Dyrssen ディルセン
Dyrud ディラッド
Dys ディス
Dysart ダイサート*
Dysert ダイサート
Dyskolos デュスコロス
Dyson ダイスン* / ダイソーン / ダイソン***
Dytham ダイサム
Dyudya デュドヤ
Dyulguerov ドゥルギエロフ
Dyzenhaus ダイゼンハウス
Dzaferi ジャフェリ
Džaferović ジャフェロヴィッチ
Dzagoev ザゴエフ / ジャゴエフ*
Dzaka ドザカ
Dzakhar ジョハル*
Dzanis ザニス
Dzanna ジャンナ
Dzarasov ザラソフ
Dzasokhov ザソホフ
Dzau ザウ
Dzeba ジャバ
Dzeinichenka ジェニチェンカ
Džeko ジェコ*
Dzeleznikov ジェレーズニコフ
Dzemaili ジェマイリ
Dzemal ジェマル / ジュマル
Dzemali ジェマリ
Dzeneladze ゼネラゼ
Dzenis ジェニス
Dzerasse ゼラセ
Dzerzhinskii ジェルジンスキー / ゼルジンスキー
Dzevdet ジェブデト
Dzhabaev ジャバーエフ
Dzhaksybekov ジャクスイベコフ
Dzhalil ジャリール
Dzhalil' ジャリーリ / ジャリール
Dzhalíl ジャリール / ジャリル
Dzhalolov ジャロロフ
Dzhamal ジャマル*

Dzhambul ジャンブール / ジャンプール
Dzhamilia ジャミーリャ
Dzhanysh ジャヌイシ
Dzhaparidze ジャパリーゼ
Dzhaparov ジャパロフ
Dzharty ジャルティ
Dzhasybaeva ディハツィバエワ
Dzhavakhishvili ジャワヒシヴィリ
Dzhekshenkulov ジェクシェンクロフ
Dzhemilev ジェミレフ*
Dzhermen ジェルメン
Dzhevdet ジェフデット
Dzhienbekov ジェンベコフ
Dzhim ジム
Dzhugashvili ジュガシヴィリ / ジュガシュヴィリ
Dzhuma ジュマ
Dzhumabaev ドゥジュマバーエフ
Dzhumageldi ジュマゲルディ
Dzhumanazarov ズマナザロフ
Dzhurabek ジュラベク
Dzhurayev ジュラエフ
Dzhurtchenko ジュルトチェンコ
Dzhus ズース*
Dzhyma ジマ*
Dziadzka ディアッカ
Dzialkowski ジャウコフスキ
Dzianis ジアニス
Dziechciaruk ジェフチャルク
Dziedzic ジェジック
Dzielinski ズーリンスキ
Dzierzawska ジェルジャフスカ
Dzierzek ジェジェック
Dzierzhnskii ジェルジンスキー / ジェルジーンスキィ / ゼルジンスキー
Dziezyc ディエツ
Dzifa ジファ
Dziga ジガ
Dzigar ズィガー
Dzikamai ジカマイ
Dzikunu ジクヌ
Dzingai ジガイ
Dzinotyiwei ジノティウェイ
Dzintars ジンタルス

Dziub ジューブ*
Dziwior ドジビオル
Dzmitry ドミトリー
Dzodic ゾディッチ
Dzon ドゥゾン
Dzongsar ゾンサル
Dzoni ジョニ
Dzoro ドゾロ
Dzubnar ザブナー
Dzumadilov ジュマディロフ
Dzumhur ジュムール
Dzundza ズンザ
Dzúr ズール*
D'zurilla ズリラ
Dzurinda ズリンダ*
Dzyub ジューブ

【E】

Ea エア
Eaba エアバ
Eadbald エトバルド / エドボルド
Eadberht エドベルト
Eadburga イードバーガ / エアドブーフ
Eade イード
Eades イーズ
Eadgyth エアドギス
Eadie イーディ / イーディー
Eadington エディントン
Eadmerus エアドメルス
Eadric エドリック
Eads イーズ
Eadweard エドウード / エドワード
Eadwig エアドウィ
Eadwulf エドウルフ
Eady イーディ / イーディー
Eagan イーガン
Eagar イーガー
Eagels イーグルス / イーゲルス / イージェルス
Eager イーガー*
Eagland イーグランド
Eagle イーグル**
Eagleburger イーグルバーガー**
Eaglefield イーグルフィールド

Eagleman イーグルマン
Eagles イーグルズ
Eaglesham イーグルシャム
Eaglestone イーグルストン
Eagleton イーグルトン**
Eaglin イーグリン
Eagling イーグリング
Eagon イーゴン
Eain エイン
Eaker エーカー
Eakes イークス
Eakin イーキン** / エイキン
Eakins アイキンズ / イーキンズ / エイキンズ / エーキンズ
Ealdred アルドレッド / エアルドレッド
Eales イールズ*
Ealhmund エルフムンド
Ealy イーリー / エリー
Eamens イーメンス
Eames イームス / イームズ** / イーメス / エイムズ / エームズ
Eamon イーマン / イーモン / エイモン**
Éamon イーモン
Eamonn イーモン* / エイモン / エーモン
Ean イーアン* / イアン
Eando イアンド
Eanes エアネス* / ヤーネシ
Eanflaed エアンフレド
Eanfrith エンフリス
Ean Kiam エンキム
Eannatum エアナトゥム / エアンナトゥム
Eanred エンレッド
Ear アール
Earconbert エールコンバート
Eardley アードリー / アードレー

イアドレイ
Eardwulf エルドウルフ
Eareckson エレクソン
Earey イーリー
Eargle アーグル
Earhart イアハート* / イヤハート / エアハート**
Earith アーリス
Earl アール**
Earland アーランド
Earlcott アールコット
Earle アール***
Earley アーリー* / アーリィ
Earll アール
Earlom アーロム
Earls アールズ
Early アーリ / アーリー** / アーリィ
Earnest アーネスト** / アネスト
Earnhardt アーンハート*
Earnhart アーンハート
Earnie アーニー
Earns アーンズ*
Earnshaw アーンショー / アーンショウ
Earnst アーンスト
Earp アープ*
Eartha アーサ*
Earvin アーヴィン / アービン*
Easa イーサ
Easdale イーズデイル / イーズデール
Easlea イーズリー
Easler イースラー*
Easley イースリー / イーズリー* / イースレイ
Easlick イースリック
Easmon イスモン
Eason イースン / イーソン*
Easson エアッソン
East イースト**
Eastaway イースタウェイ*
Eastburn イーストバーン
Eastcott イーストコット
Easten イーストン
Easter イースター*

E

Easterbrook イースターブルック
Easterbrooks イースターブルークス
Easterby イースターバイ
Easterday イースターデイ
Easterfield イースターフィールド
Easterling イースタリング*
Easterly イースタリー*
Easterman イースターマン*
Eastham イースタム / イーストハム*
Easthope イーストホープ
Eastlake イーストレイク* / イーストレーキ* / イーストレーク / エーステルーキ
Eastlund イーストルンド
Eastman イーストマン***
Eastment イーストメント
Eastmond イーストモンド
Easto イースト
Eastoe イースト / イーストー*
Easton イーストン*** / イートン / エーストン
Eastwick イーストウィック
Eastwood イーストウッド**
Easty イースティ
Easwaran イーシュワラン*
Easy イージー
Eatherly イーザリー
Eathipol エアシポール
Eaton イートン***
Eatton イートン
Eatwell イートウェル*
Eav イアウ
Eavan イーヴァン*
Eaves イーヴズ / イーブス / イーブズ
Eayrs エアーズ
Eazy イージー
Ebach エーバッハ
Ebadi エバーディー / エバディ*
Ebalus エバリュ

Ebamba エバンバ
Eban イーバン / エバン**
E'ban エイバン
Ebb エッブ / エブ
Ebba エッバ / エバ**
Ebbe エッベ* / エビー / エベ*
Ebbels エベルス
Ebbers エバース / エバーズ*
Ebbesen イプセン
Ebbinge エビンゲ / エビンヘ
Ebbinghaus エビングハウス*
Ebbo エッボ
Ebbutt エバット
Ebdane エブダネ
Ebe エーベ / エベ
Ebed エベド
Ebediesus エベドイエスス
Ebeid エベイド
Ebel イーベル / エーベル* / エベル
Ebele エベレ*
Ebeling エーベリンク / エーベリング** / エベリング*
Ebell エベル
Ebeltoft エベルトフト
Eben イーブン / イーベン / エーベン / エベン*
Ebendorfer エベンドルファー
Ebenezer エビニーザー / エベニーザ / エベニーザー / エベネザー
Ebénézer エベネゼ
Ebenois エベノイス
Ebenroth エーベンロート
Ebenstein エーベンシュタイン / エーベンステイン
Ebenzer エベンゼール
Eber エーバー

Eberbach エバーバック
Eberhald エーバハルト
Eberhard エーバーハート / エバーハート / エバハート / エバーハルト** / エバーハルト* / エバハルト / エーベルハルト** / エベルハルト*
Eberhardt エバーハート* / エバーハルト* / エバーハルト / エバハルト / エベラール / エーベルハルト
Eberhardus エベルハルドゥス
Eberhart エバアハート / エバーハート / エバハート**
Eberharter エベルハルター*
Eberl エーバール / エバール / エベール
Eberle エバリー* / エバール* / エバーレ / エバーレ / エベリ / エベル / エベルレ*
Eberlein エーバーライン*
Eberlin エーバーリーン / エーベルリーン / エーベルリン
Eberly エバリー
Ebermann エバーマン
Ebers エーベルス
Ebersbach エーバースバッハ
Ebersberg エーバースベルク
Ebershoff エバーショフ**
Ebersol エバソール
Ebersole エバーソール
Eberst エーベルスト
Eberstadt エバースタット*
Eberstein エバスタイン
Ebert イーバート* / イバート / イーベルト / エーバート / エバート

Eberth エーベルト* / エベルト*
Eberts エバーツ*
Eberwein エーバーヴァイン / エバウェイン / エーベルヴァイン
Eberz エーベルツ
Ebet イベット
Ebhardt エープハルト
Ebi エビ
Ebiaka Mohote エビアカモホテ
Ebiaka Muete エビアカムエテ
Ebilun エビルン
Ebin イビン
Ebina エビナ
Ebing エービング / エビング*
Ebinger エビンガー / エビンジャー
Ebke エブケ
Eble エブル
Ebling エブリング
Ebly エブリー
Ebner エエブネル / エーブナ / エーブナー* / エブナー** / エーフネル / エーブネル
Ebnöther エブノザー
Ebnoutalib エブヌタリブ
Eboch エボック
Eboki エボキ
Eboli エボリ
Ebon エボン
Ebondza エボンザ
Ebony エボニー
Eboué エブーエ
Éboué エブエ
Ebouka Babakas エブカババカス
E Braganca エブラガンサ
Ebrahim イブラヒム / エブラヒム**
Ebrāhīm エブラーヒーム
Ebrahimi イブラヒミ / エブラーヒーミー / エブラヒミ
Ebrāhīmī エブラーヒーミー
Ebrard エブラール / エーブラルト
Ebreo エブレオ

エーベルト* / エベルト*
Ebrey イブリー
Ebron エブロン
Ebsen イプセン / エプセン*
Ebstein エープシュタイン / エブシュタイン*
Ebsworth エブスワース
Ebtehaj エブテハージ
Ebtehāj エブテハージ / エブテハージュ
Ebtekar エブテカール*
Ebüssuut エビュスウット / エビュスウド / エビュスート
Ebüzziya エビュッジヤー
Eby イービ / イービー / イビ / イビー* / エビー
Ebyngdon エビングドン
Eca エッカ / エッサ
Eça エサ / エッサ*
Ecarius エカリウス
Ecaterina エカテリーナ*
Eccard エッカート / エッカルト
Eccardi エッカルディ
Eccarius エッカリウス
Ecchellensis エッケレンシス
Eccles エクルズ** / エクレス / エックルス* / エックルズ* / エックルス
Eccleshare エクルスシェア* / エクルズヘア
Eccleston エクルストン / エクレストン*
Ecdicius エクディキウス
Ecevit エジェヴィト / エジェヴィット** / エジェビト / エチェビット
Ecgfrith エグフリス / エジフリス
Echan エハン

E

Echard
　エカード
　エシャール
Echaurren
　エコーレン
　エチャウレン
Echavarri
　エサヴァリ*
　エサバリ
　エチャバリ*
Echazú　エチャス
Echegaray
　エチェガライ*
　エチュガライ
Echemendía
　エクメンディア
Echenique
　エチェニケ**
Echenoz
　エシェノーズ
　エシュノーズ**
Echestratus
　エケストラトス
Echevarria
　エシェヴァリア
　エチェヴァリア
Echevarría
　エチェバリア
Echeverri　エチェベリ
Echeverria
　エシェヴェヒア*
　エチェヴェリア
　エチェベリア*
Echeverría
　エチェベリーア
　エチェベリア**
Echeverry　エチェベリ
Echidna　エキドナ
Echikson　エチクソン*
Echo　エコー*
Echō　エコー
Echols　エコールズ
Echouafni
　エチューフニ
Echter　エヒター
Echterhoff
　エヒターホフ
Echtermeyer
　エクターマイヤー
　エクタマイヤー
　エヒターマイヤー
　エヒテルマイヤー
Eck　エック**
Eckalbar　エッカルバー
Eckard
　エカート
　エッカード
　エッカルト
　エッカルド
Eckardstein
　エッカードシュタイ
　　ン*
　エッカルトシュタイン
Eckardt
　エッカート
　エッカルト*
　エッカアルト
Eckart
　エカート*

エッカート**
エッカルト*
Eckartshausen
　エッカルツハウゼン
Eckbauer
　エックバウアー
Eckbert
　エグベルト
　エックベルト
Eckbo　エクボ
Ecke　エッケ
Eckehart　エックハルト
Eckel　エッケル**
Eckelmann
　エッケルマン
Eckemyr　エッケミール
Eckener　エッケナー
Eckenfelder
　エッケンフェルダー
Eckenhoff
　エッケンホフ
　エッケンホーフ
Eckenrode
　エッケンロード
Ecker
　エッカー*
　エッケル
Eckeren　エッケレン
Eckerle　エクリ
Eckerman
　エッカーマン
Eckermann
　エッカーマン**
　エッケルマン
Eckersberg
　エッカースベア
　エッケルスベール
　エッケルスベルク
　エッケルスベルグ
Eckersley
　エカーズリー*
　エカズリー
　エッカースリー
　エッカースリー*
　エッカズリ
　エッカースレイ
Eckert
　エッカート***
　エッケルト**
Eckertová
　エカートヴァ
Eckes　エッケス*
Eckhard
　エカード
　エクハルト
　エッカート
　エッカート
　エックハルト*
Eckhardt
　エクハード
　エクハルト
　エックハールト
　エックハルト
Eckhart
　エッカート
　エックハート
　エックハルト**
Eckhaus　エクハウス
Eckhel　エックヘル

Eckhoff
　エクホフ*
　エックホフ*
Eckholm　エックホルム
Eckhouse
　エクハウス
　エックハウス
Eckl　エクル
Eckler
　エクラー
　エックレル
Ecklund　エクルンド
Eckman　エックマン
Eckmann　エックマン*
Eckrodt　エクロート*
Ecks　エックス
Eckschlager
　エックシュラーガー
Eckstein
　エクスタイン**
　エックスタイン
　エックシュタイン
　エックスタイン
Eckstine
　エクスタイン*
Eckstorm
　エックストーム
Eckstut　エクスタット
Eckton　エクトン
Eclectus
　エクレクトゥス
Eco
　エーコ***
　エコ
Ecob
　イーコブ
　エコブ
Ecobichon
　エコビション
Ecoffey
　エコフェ
　エコフェイ
Economidis
　エコノミディス
Economo　エコノモ
Economos　エコノモス
Economy　エコノミー
Écorcheville
　エコルシュヴィル
Ecoro　エコロ
Ector　エクトル
Ed　エド***
Ed.　エド
Eda
　イーダ**
　イダ
　エダ*
　エッド
Edades　エダデス
Edan　イードン
Edberg
　エドバーグ
　エドベリ*
　エドベリィ
Edburga　エドブルガ
Edd　エド**

Edda
　エダ
　エッダ
Eddalia　エダリア
Eddé
　エッディ
　エッド
Eddeen　エディーン*
Eddery　エデリー*
Eddi
　エッディ
　エディ**
Eddie
　エディ***
　エディー***
　エド
Ed-Dīn　エッディーン*
Eddin
　エッディン
　エディン
Eddine
　エッディン
　エディーン
Eddings
　エディングス***
Eddington
　エディントン
　エディントン*
Eddison
　エディスン
　エディソン
Eddo　エド
Eddon　エドン
Eddy
　エッディ
　エディ***
　エディー*
Ede
　イード*
　エド*
Edebali　エデバリ
Edebohls
　エーデボールス
　エーデボールズ
Edeburn　エデバーン*
Edeen　エディーン
Edel
　エーデル*
　エデル
Edeleanu
　エデレアーニュ
Edelfeld
　エデルフェルド
Edelfelt
　エーデルフェルト
Edelgard
　エーデルガルト
Edelhart
　エーデルハート
　エデルハート
Edelheit
　エーデルハイト
Edelinck　エドランク
Edellsitein
　エデリシテイン
Edelman
　イーデルマン*
　エイデルマン*
　エーデルマン**

エデルマン**
Edelmann
　エイデルマン
　エーデルマン***
Edelsbrunner
　エデルスブリュンナー
Edelson
　イーデルソン
　エーデルソン
　エデルソン*
Edelstein
　イーデルスタイン
　エーデルシュタイン*
　エデルシュタイン
　エーデルスタイン
　エデルスタイン*
Edelston　エデルストン
Edeltrudes
　エデルトゥルデス
Edelwich
　エーデルウィッチ*
Edelyn　エーディリン
Edem　エデム**
Eden
　イーデン**
　エーデン
　エデン**
Edén
　エデーン
　エデン
Edenbrandt
　エデンブラント
Edenetal　エデネタル
Edenilson
　エデニウソン
Edenroth　エデンロス
Edens
　エデンス*
　エデンズ
Edensor
　イーデンサー
　イデンサー
Eder
　エーダー**
　エダー*
　エーデル*
　エデル*
Éder
　エーデル
　エデル
Ederaine　エデレイン
Ederer　エーデラー*
Ederle
　エダール*
　エデルレ
Edern　エデルン*
Edersheim
　イーダシャイム
　イーダスハイム
　イデルシャイム
Ederson　エデルソン
Edery　エデリー
Edeson　エデソン
Edey
　エディ
　エディー
Edfelt　エードフェルト

Edgar
エダグア
エディー
エド
エトガー
エドガー
エドカー
エドガ
エドガー***
エドガァ
エドガア
エトガル
エドガール***
エドガル**
エドハー*

Édgar
エドガー
エドガル

Edgaras エドガラス
Edgard エドガー
Edgardo
エドガルド***
Edgars エドガルス
Edgartovich
エドガルトヴィチ
Edge エッジ**
Edgell
エジェル*
エッジェル
Edger エドガー**
Edgers エドガーズ
Edgerton
エジャートン**
エジャトン*
エディントン
Edgewood
エッジウッド
Edgeworth
エジウォルト
エッゲウォルス
エッジオース
エッジワース*

Edghill エッジヒル
Edgil エジル
Edgin エジン
Edgington エジントン
Edginton
エジントン
エディントン
Edgman エッジマン
Edgni エジュニ
Edgren エドグレン
Edgson エッジソン
Edgü エドギュ*
Edhi エディ
Edholm エドホルム
Edi
エディ**
エディー*
Edib
エディップ
エディブ
エディブ
Edibol エディベル
Edicio エディシオ

Edie
イーディ
エディ*
Edieuson アジウソン
Ediger エディガー
Edigey エディゲイ*
Edighoffer
エディゴフェル
Edigna エディグナ
Edilberto
エディルベルト
Edileuza エディレウザ
Edilson エジウソン*
Edima エディマ
Edimilson
エジミウソン*
Edin エディン*
Edín エディン
Edina エディナ*
Edinburgh
エディンパラ**
Edinger
エディンガー**
エディンジャー
Edington エディントン
Edinson エディンソン*
Edinthonius
エディントニウス
Edip エディプ
Ediriwira
エディリヴィーラ*
Ediriwīra
エディリウィーラ
Edison
エジソン***
エディスン*
エディソン***
エディソン
Edit エディト
Edita エディタ**
Edite エディティ
Edith
イーディス***
イディス**
イーデス*
イーデズ
エディス***
エディツ
エーディット
エディット***
エディット
エーディット**
エディト*
Édith
エディット*
エディト
Editha エディッタ
Edjoa エドジョア
Edkins
エドキンス
エドキンズ*
Edla エドラ
Edlen エドレン
Edler
エードラー
エドラー*
エルダー

Edlin エドリン
Edlis エドリス
Edlow エドロウ
Edlund
エドランド**
エドルンド
Edmaier エドマイヤー
Edman
エードマン
エーマン**
Edmand エドマンド
Edmands エドマンズ
Edmans エドマンス
Edmar エドマール
Edmark エドマーク*
Edme
エドム
エドメ
Edmé エドメ
Edmée
エドメ
エドメエ
Edmer
エアドメルス
エドマー
エドメル
Edmilson
エジミウソン*
Edminister
エドミニスター
Edmiston
エドミストン
Edmon エドモン
Edmond
エドマン
エドマンド*
エドムンド
エドモン***
エドモント
エドモンド***
Edmonde
エドモンド***
Edmondo エドモンド*
Edmonds
エドマンズ
エドモンズ**
エドモンヅ
エドモンド
Edmondson
エドマンスン
エドモンドソン*
Edmonia
エドモーニア
エドモニア
Edmons エドモンズ
Edmonson
エドモンソン
Edmonstone
エドモンストン
Edmonstoune
エドモンストン
Edmont エドモン
Edmund
エディ
エド
エドゥムンド
エドマンド***
エトムント**
エドムント***

Edmund*
エドモン
エドモンド***
エマンド
エンドマンド
Edmundo
エジムンド*
エドゥムンド**
エドムンド**
エドモンド
Edmundovich
エドムンドヴィチ
Edmunds
エドマンズ*
エドムンズ
エドモンズ
Edmundson
エドマンドソン*
Edna
エドナ***
エドナー
Ednah エドナ
Edner エドナー
Edney エドニー*
Ednilson エドニルソン
Edo
エードー
エド**
Edoard エドアルド
Edoardo
エドアルド***
Edobom エードボム
Edogar エドガー*
Edoh
エド
エドー
Edols イードルス
Edomond エドモン
Edomondo エドモンド
Edona エドナ
Edou エドゥ
Edouard
エアシュアール
エデュアール*
エドアー
エドアード
エドアール**
エドアルド*
エドゥア
エドゥアール***
エドゥアル*
エドゥアルト
エドゥアルド*
エドゥアワル
エドワード**
エドワール***
Édouard
エデュワール
エドアール*
エドゥアール***
エードゥアルト
エドゥアルト
エドゥアルド
エドゥワール*
エドワード
エドワール*
Èdouard エドゥアール

Edouardo
エドゥアルド
Edouart エドゥアール
Edoward エドワード
Edred エドレッド
Edric エドリック
Edrica エドリカ
Edrice エドリス
Edris エドリス
Edroza
エドローサ
エドロサ*
Edsall
エドサル*
エドソール*
Edschmid
エトシュミイト
エートシュミット
エドシュミット
エートシュミート
Edsel
エドセル
エドゼル
Edsger
エジャー
エッズガー*
Edson
エジソン
エドソン***
Edson Isaias
エドソンイザイアス
Edstrom エズトロム
Edström
エードストレム
エドストレーム
エドストレム
エドストローム
エドストロム
Edthofer
エトホーファー
Edu エドゥー*
Edú エドゥー*
Eduard
エディ
エデュアー
エデュアード*
エデュアルド
エデュアルド*
エデュアルド
エデュアルド
エーデュワード
エドアード
エードアルト
エドアルト
エドアルド***
エドゥアール
エドゥアール*
エードゥアルト*
エトゥアルド
エトヴァルド
エトヴァルト
エドゥーアルト
エドゥアルト**
エドゥアルド***
エドゥヴァルト
エドゥヴァルト
エデュアード
エデュヴァルト
エデュワード
エドワード**

エドワール
エードワルト
エドワルト**
エドワルド*
Eduárd エドゥアルド
Éduard エドゥアルド
Eduardas
　エドゥアルダス*
Eduardo
　エデュアルド*
　エデュルド
　エドアルド**
　エドゥー
　エドゥアルト
　エドゥアルド***
　エドゥワルド*
　エデュアルド
　エドワルド*
Eduardovich
　エドゥアルドヴィチ*
　エドゥアルドヴィッチ
　エドゥアルドビチ
Eduarudo
　エドゥアルド
Edubray エデュブレイ
Educan エドゥカン
Edugyan エデュジアン
Edumundo
　エジムンド*
Edu Ndong
　エデュヌドン
Edur エデュール
Edvald エドヴァルド
Edvard
　エドアルド
　エドヴァール*
　エドヴァル
　エドヴァルト**
　エドヴァルド*
　エドバルト*
　エドワルト
　エドワルド
　エドワルド**
Edvárd
　エドゥアルド
　エドワルド
Edvardson
　エドヴァルドソン*
　エドバルドソン
Edvart
　エドヴァート
　エドバート
Edvin
　エドヴィン
　エドビン
Edvina エドヴィナ
Edvinas エドビナス
Edvinsson
　エドビンソン
Edwall エドヴァール
Edward
　イドワルド
　エデュー
　エド*
　エドアール
　エドワルド
　エドゥアール
　エドゥアルト
　エドゥアルド*

エドヴァルト*
エドヴァルド
エドウィン
エドバルト
エドワート
エッワルト**
エッツアルト
エッツワート
エドワード
エドワーズ*
エドワード
エドワード*
エドワード***
エトワード
エトーワド
エドワート
エドワード***
エドワド
エトワルト
エドワルト**
エドワルド*
Edwardes エドワーズ
Edwardo エドワルド
Edwards
　エドアール
　エドヴァール
　エドワズ
　エドワーズ***
　エドワズ
　エドワード*
　エドワール
　エドワルズ
Edwars エドワーズ
Edwidge
　エドウィージ**
　エドウィージュ
　エドウィッジ*
Edwige
　エドウィゲ
　エドウィージュ*
　エドウィジュ
　エドヴィージュ
　エドヴィジュ
Edwin
　エディー
　エド*
　エトウィン
　エトウィーン
　エトヴィン*
　エドウィン***
　エドウィン*
　エドウィン**
Edwina
　エドウィーナ
　エドウィナ*
Edwins エドウィンズ
Edword エドワード
Edworthy
　エドウォーシー
Edwy
　エドウィ*
　エドウィー*
Edwyn エドウィン**
Edy エディ*
Edye エディ
Edys エディス
Edyth
　エディス
　エディト
Edytha エディタ
Edythe
　イーディス
　エディス

Edzard
　エザード
　エツァート
　エツァート**
　エッツァルト
　エッツァート
Edzardus
　エツァルドゥス*
Edzoa エドゾア
Edzus エジュス
Ee イー
Eeckhout
　エカウト
　エークハウト
　エーコート
Eeden エーデン
Eefje エーフィア
Eeg イーグ
Eeghen イーゲン
Eekhoud
　エークハウド
　エコット
　エコット
Eekhout エカウト
Eelaabe エラベ
Eelco エルコ
Eeles
　イールス
　イールズ
Eelich エルリッヒ
Eelles イールズ
Eells イールズ*
Eeltjes エールチェス
Eemeren エイムレン
Eemil
　エーミル*
　エーミール
Eenboom エーンホーム
Eenhorn エーンホルン
Eerbauts エルボー
Eerde エールデ
Eerdmans
　エールドマンス
Eero
　イーロ
　エエロ
　エーロ*
Eeuwens エーヴェンス
Eeva エヴァ
Eevgenii エフゲニー
Eewoud エーウォウト
Efan エファン
Efe
　エフィ
　エフェ
Efendi
　エフェンディ
　エフェンディー
Efendî エフェンディ
Efendiyev
　エフェンディエフ
Efeovbokhan
　エフェオボッカン
Effa
　エッファ
　エファ

Effel エッフェル
Effelsberg
　エフェルスベルク
Effen エッフェン
Effenberg
　エフェンベルク*
Effenberger
　エッフェンベルガー
Effendi エフェンディ
Effendy エフェンディ
Effeny エフェニー
Effie エフィー
Effinger
　エフィンガー
　エフィンジャー***
Effler エフラー
Effner
　エッフナー
　エフナー
Efford エフォード
Effros エッフロス
Effugas エフューガス
Efi エフィ*
Efim
　エフィーム
　エフィム**
Efim エフィム
Efimenko エフィメンコ
Efimiia エフィミヤ
Efimov
　イェヒーモフ
　エフィーモフ**
Efimova
　エフィーモワ
　エフィモワ
Efimovich
　エフィーモヴィチ
　エフィモヴィチ*
　エフィーモヴィッチ
Efkan エフカン
Efland エフランド
Eflin エフリン
Efner エフナー
Efole エフォレ
Efosa エフォサ
Efraim
　エフライム**
　エフライン*
Efrain エフライン
Efraín エフライン
Efrayim エフライム
Efrem
　エフレム**
　エレフム
Efremov
　エフレーモフ***
　エフレモフ
Efremova
　エフレモワ
　エフレモワ
Efremovich
　エフレモヴィチ
Efren エフレン
Efrén エフレン
Efriede エルフリード
Efrikian エフリキアン

Efrim エフリム
Efron エフロン*
Efros
　エーフロス
　エフロス
Efsin エフズイン
Eftaliotis
　エフタリオティス
Eftekhar エフテッカー
Efthimios
　エフティミオス
Efthimis エフティミス
Efthymios
　エフシミオス
Efthymiou エフシミウ
Eftimiades
　エフティミアデス
Efua
　エフア*
　エフア*
Eg エッグ
Egal エガル*
Egalité エガリテ
Égalité エガリテ
Egan イーガン***
Egas エガス*
Egatta エガッタ
Egawa エガワ
Egbe Achuo
　エグベアチュオ
Egbenda エグベンダ
Egbert
　エグバート*
　エグバト
　エクベルト
　エグベルト
　エフベルト
Egberto エグベルト
Egbertus
　エグバータス
　エクベルトゥス
　エグベルトゥス
Egbor エグボ
Egbuna エブナ*
Ege エゲ
Egeberg エグバーグ
Egedacher
　エーゲダッハー
Egede
　エーゲゼ
　エーゲテ
　エーゲデ
　エーゲーデ
　エゲデ
Egedius エゲディウス
Egeland
　イーグランド
　エーゲラン**
Egelberg
　エーゲルバーグ
　エゲルベルク
Egelhoff エゲルホフ
Egell
　エーゲル
　エーゲル
　エゲル

Egelstaff イーゲルスタッフ
Egely エゲリ*
Egemen エゲメン
Egenhofer エゲンホッファー
Egenter エーゲンター
Eger
　イーガー
　エーガー
　エガー
Egeria
　エゲリア
　エテリア
Egerszegi エゲルセギ*
Egert エーゲルト
Egerton
　イーガートン
　イジャートン
　エガートン
　エジアトン
　エジャートン
　エジャトン
Egerväri エゲルバリ
Egesborg イーイスボー
Egfrith エグフリース
Egg エッグ
Eggan エガン
Eggar エッガー
Egge エッゲ
Eggebert エッゲベルト
Eggebrecht
　エゲブレヒト*
　エッゲブレヒト*
Eggeling エッゲリング
Eggen エッゲン
Eggenhofer エッゲンホッファー
Eggenschwiler エッゲンシュワイラー
Egger
　エガー
　エグジェール
　エーゲル
　エッガ
　エッガー**
　エッゲル
Eggerichs エグリッチ
Eggermann エッガーマン
Eggers
　エガース*
　エガーズ**
　エッガース*
　エッガーズ
　エッヘルス
Eggersdorfer エッガースドルファー*
Eggert
　エガート
　エッガート*
　エッゲルト*
Eggerth
　エゲルト
　エッゲルト
Eggertsson エッゲルトソン

Eggestein エッゲシュタイン
Eggiman エッギマン
Eggimann エッギマン
Eggler エグラー
Eggleston
　イグルストン
　エグルストン**
　エグレストン
　エッグルストン
　エッグルストン
Eggleton
　イーグルトン
　エグルトン*
Eggum エッグム
Egholm イーホルム*
Egica エギカ
Egid
　エーギット
　エギート
　エギト
Egide
　エギド
　エジッド
Egervári エゲルバリ
Egidi エジディ
Egidijus エギディユス
Egidio
　エギディウス
　エギディオ
　エジーディオ
　エジディオ
Egidius
　エギーディウス
　エジディウス
Egidy エーギディ
Egielski エギエルスキー*
Egil
　アエギル
　エギル
　エジル
Egill
　エイイットル
　エイイトル
　エイトル
　エイール
　エーギル
　エギル
Egils エギルス*
Egilsson
　エイイルソン
　エギルソン
Egishe エギシェ
Egist
　エギスト
　エジスト
Egisto エジスト
Egizio エジツィオ
Egk エック
Eglantina エグランティナ
Eglantyne エグランタイン

Eglau エグラウ
Egleton
　イーグルトン*
　イグルトン
Eglevsky エグレフスキー
Egli
　エーグリ
　エクリ
　エグリ*
Eglin エーグリーン
Eglinton エグリントン
Eglinus エグリヌース
Eglitis エグリティス
Egloff
　エグロッフ
　エグロフ**
Eglon エグロン
Egment エグメント
Egmond
　エグモント*
　エフモント
Egmont
　エグモント
　エフモント
Egnatius
　エグナチウス
　エグナーティウス
　エグナティウス
Egner
　エイナー
　エグネール*
Egnéus
　イグヌス
　イヌエ
Egnolff エグノルフ
Egnot エグノット
Ego エゴ
Egoff イーゴフ*
Egol エゴール
Egon
　エーゴン**
　エゴン***
Egor
　イェゴール
　イーゴリ*
　エゴール***
Egorian エゴリアン*
Egorov
　エゴーロフ*
　エゴロフ**
Egorova エゴロワ**
Egorovich
　エゴーロヴィチ
　エゴロヴィチ
　エゴロヴィッチ
Egoscue エゴスキュー
Egoyan
　エゴイアン
　エゴイヤン
　エゴヤン*
Egresi エグレシ
Egret エグレ
Egribas エリバシュ
Egstrom エグストローム

エグストロム
Eguaras エグアラス
Eguchi エグチ
Eguiagaray エギアガライ
Eguiara エギアーラ
Eguibar エギバル
Eguren エグーレン
Egutu エグトゥ
Egwake エグワケ
Egwake Yangembe エグワケヤンゲベ
Egweno エングウェノ
Egwin エグウィン
Egwu エグ
Egyptian エジプシャン
Ehab イハーブ
Ehate Tomi エアテトミ
Eheberg
　エーヘベルヒ
　エーベルヒ*
Ehelolf エーエロルフ
Ehestorf エーシュトルフ
Ehin エヒン
Ehinger エーインガー
Ehiogu エヒョーグ
Ehire イハイア
Ehle
　エイル
　エール
Ehlers
　アーラース
　エヘラース
　エーラース*
　エーラーズ
　エーラス
　エーラズ
　エヘルス
Ehlert エイラト*
Ehli エイリ
Ehm エーム
Ehmann
　アーマン
　エーマン*
Ehmcke エームケ
Ehmer エーマー
Ehmke
　アームキー
　エムキー
　エームケ
Ehnes エーネス*
Ehouzu エウズ
Ehrbar アーバー
Ehre エーレ
Ehren アーレン
Ehrenbaum エーレンバウム
Ehrenberg
　エレインバーグ
　エーレンベルグ*
　エーレンベルク**
　エーレンベルグ*
　エーレンベルヒ*

Ehrenburg
　エーレンブルグ
　エレンブールク
　エレンブールグ
　エレンブルク
　エレンブルグ*
Ehrenfeld
　アーレンフェルド
　エーレンフェルト
　エーレンフェルド
Ehrenfels
　エーレンフェルス
Ehrenfest
　エーレンフェスト*
　エレンフェスト
Ehrenfeuchter エーレンフォイヒター
Ehrenfried エーレンフリート
Ehrengard エーレンガルト
Ehrenhaft
　アーランハフト
　エーレンハフト*
Ehrenhalt エーレンハルト
Ehrenkrantz エーレンクランツ
Ehrenkranz エーレンクランツ
Ehrenpreis エーレンプライス
Ehrenreich
　アーレンライク
　エアエンライク
　エーレンライク**
　エーレンライヒ
　エーレンリック
　エレンリッチ
Ehrensaft エーレンザフト
Ehrenstein エーレンシュタイン
Ehrenstrahl エーレンシュトラール
Ehrenthal エーレンタール
Ehrenwald
　アーレンウォルド
　エレンウォルド
Ehrenzweig エーレンツヴァイク
Ehresmann エーレスマン
Ehret
　アレ
　アーレット
　エーレット
　エレット
Ehrhard
　エーアハルト
　エアハルト
　エーラール
　エールハルト
　エルハルト
Ehrhardt
　エーアハルト*
　エアハルト*
　エールハルト
Ehrhart エアハート

エールハルト
Ehrich エアリック
エーリック
エーリッヒ
エーリヒ
Ehrig エーリッヒ
エーリヒ
Ehringhaus エーリングハウス
Ehrismann エーリスマン*
Ehrl エール
Ehrle エーアレ
エールレ
Ehrlich
アーリック**
エアリク*
エーアリック
エアリック
エーアリッヒ
エーリック*
エーリック*
エーリッヒ*
エルリッヒ
エールリッヒ**
エルリッヒ
エールリッヒ*
Ehrlicher エーリッヒャー
Ehrlichman アーリックマン**
Ehrlin エーリーン
Ehrling エールリンク
エールリング
Ehrlinger エーリンジャー
Ehrman アーマン
Ehrmann アーマン
エールマン
Ehsa エーサ
Ehsan エーサン
エフサン
Eḥsān Allāh エフサーノッラー
Ehses エーゼス
Ehud エフード**
エフド**
Eiach アイアッハ
Elbādī エバディ
Eibemschuetz アイベンシュッツ
Eiben エイベン
Eibenschütz アイベンシュッツ
Eibesfeldt アイベスフェルト*
Eibl アイブル*
Eibner エイブナー
Eicca エイッカ
Eich アイヒ**
Eichar アイカー

Eichbaum アイヒバウム
Eichbaume アイヒバウム
Eichberg アイヒベルク**
Eichel アイヒェル
アイヘル**
Eichelbaum アイシェルバウム
アイヒェルバウム
Eichelberger アイケルバーガー
Eichenbaum アイケンバウム
アイヘンバウム
Eichenberg アイケンバーグ
Eichendorff
アイヒェンドルフ*
アイヘンドルフ
アイヘンドルフ
アイヘンドルフ
Eichengreen アイケングリーン**
アイヘングリーン
Eicher アイッカー
アイヒャー*
Eichfeld アイチフェルド
Eichheim アイクハイム
アイヒハイム
Eichhöfer アイホファー
Eichholz アイヒホルツ
Eichhorn アイクホーン
アイヒホルン**
Eichhorst アイヒホルスト
アイホースト
アイヒホルスト
Eichinger アイヒンガー*
Eichler アイクラー
アイヒラー**
Eichmann アイアーマン
アイヒマン**
Eichner アイクナー*
アイヒナー
Eichrodt アイヒロット
アイヒロート
Eichstätt アイヒシュテット
Eichwald アイヒヴァルト*
Eick アイック
Eicke アイク
アイケ
Eickelman アイケルマン
Eickhoff アイクホフ*

アイコフ
Eickstedt アイクシュテット*
Eid イード
エイド
Eide アイデ
アイディ
エイダ*
Eidé エイデ
エーデ
Eidelberg アイデルバーグ
Eidelman エイデルマン
Eidelson アイドルソン
Eidem エイデム
Eidemann エイデマン
Eiding アイディング
Eidinoff アイディノフ
Eidinow エーディナウ
Eidintas エイディンタス
Eidler アイドラー
Eidlitz エイドリッツ
Eidrigevicius
アイドリゲヴィチウス
エイドリゲヴィチウス
エイドリゲーヴィチュス
エイドリゲヴィチュス*
エイドリゲビウス
エイドリゲビチュス
エイドリゲビチュス
Eidrigevičius
エイドリゲビシウス*
Eidson イードスン*
イードソン**
Eidsson エイドッソン*
Eidt アイト
Eidur エイドゥル
Eidus エイドウス
Eiduson アイダソン
Eielson アイアルソン
Eiermann アイアーマン
アイエルマン
Eifel アイフェル
Eifert アイファート
Eiff エーフ
Eiffel エッフェル
Eifman エイフマン*
Eifrem エイフレム
Eig アイグ
Eigeldinger エーゲルディンゲル
Eigen アイゲン**
Eigenmann アイゲンマン*
Eigenrauch アイゲンラウフ
Eighmy エイミー
Eigil アエギル

エイギル
Eigill アイギル
Eigler アイグラー
Eigtved アイクトヴェズ
アイトヴェズ
エイグトヴェト
エイトヴェド
Eihoff アイホフ
Eihsen アイゼン
Eiht エイト
Eija エイヤ*
Eijkhout アイクホート
Eijkman アイクマン
エイクマン*
Eijs エイス
Eike アイケ**
Eikenberry アイケンベリー
エイケンベリー
Eikhenbaum エイヘンバウム*
Eiki エイキ
Eikka エイッカ
Eikov アイコブ
Eila エイラ
Eiland イーランド
Eilbacher アイルバーカー
アイルバッハー
Eilber アイルバー
Eilbertus アイルベルトゥス
エイルベルトゥス
Eilean アイリーン*
Eiléan アイリーン
Eileen
アイリーン
アイリーン***
アイリン
エイリーン
Eiléen アイリーン
Eileithyia エイレイテュイア
Eilemberg アイレンベルク
Eilenberg アイレンバーグ
アイレンベルク
アイレンベルグ
Eiler アイラー
Eilers アイラース
アイレルス
エイラーズ
Eilert アイラート
Eilertsen エイラーツセン
Eilhard アイルハルト
Eilhart アイルハルト
Eilidh エイリー
エリー
エリイド
Eilif エイリフ

Eilis エイリス
エリーシュ
エリス
Eilís エイリス
Élis エリシュ
Eilish アイリッシュ
エイリシュ
Eilla エイラ
Eilts アイルツ
Eimantas エイマンタス
EImanuel エマヌエル
Eimar イーマー
Eimbcke エインビッケ
Eimer アイマー
Eimerl エイマール
Eimers アイメルス
Eimert アイメルト
エイメルト
Eimilia エミリア
Einar
アイナー*
アイナール
アイナル**
エイナー
エイナール
エイナル**
Einars エイナルス*
Einarsen アイナースン
Einarsson
アイナルション
エイナルソン
Einat エイナット
Einaudi
エイナウディ*
エイノウディ
エイノーディ
Einecke アインエッケ
Einem アイネム*
Einenkel アイネンケル
Einfeld アインフェルド
Einhard アインハルト
Einhardus
アインハルドゥス
エインハルドゥス
Einheit アインハイト
Einhorn
アイヒホルン
アインホルン*
アインホーン**
Eino エイノ**
Einöder アイネーダー
Einojuhani エイノユハニ**
Einon
アイノン
エイノン
Einsiedel
アインジーデル
アインセイデル
Einspruch
アインシュプラッハ
エインズプラチ
Einstein
アインシュタイン***

アインスタイン*
Einthoven
アイントーヴェン
アイントーフェン
アイントーベン
アイントーホーヴェン
アイントホーフェン*
アイントホーフェン
エイントーフェン
Einwald
アインヴァルト
Einzig
アインチッヒ
アインチヒ
アインツィヒ
Einziger
アインジガー*
Eipper アイパー*
Eirēnaîos
エイレーナイオス
Eirēnē
イレーネー
エイレーネー
エイレネ
Eirik
アイリック*
エイリク**
エイリック
エーリク
エリク
Eiríkr エイリーク
Eiríksson エリクソン
Eirinberg
エイリンバーグ
Eirlys エアリス
Eis アイス
Eisa イーサ
Eisaman アイザマン
Eisbein アイスバイン
Eisberg アイスバーグ
Eisdorfer
アイスドーファー
アイスドルファー
エイスドーファー
Eisele
アイセル
アイゼレ
Eiselein アイスレイン
Eiselen アイゼレン
Eiseley アイズリー*
Eiselin アイゼリン
Eiselsberg
アイゼルスベルク
Eiseman
アイスマン
アイズマン
Eisemann アイズマン
Eisen
アイゼン*
エイサン*
エイゼン*
エザン
Eisenbart
アイゼンバルト
Eisenbarth
アイゼンバート
Eisenberg
アイゼンバーク

アイゼンバーグ**
アイゼンベルグ
アイゼンベルヒ
イーゼンバーグ
Eisenberger
アイゼンベルガー
Eisenbud
アイゼンバッド
Eisenburger
アイゼンブルガー
Eisendecher
アイゼンデッハー
Eisendrath
アイゼンドラス
アイゼンドロース
エイゼンドラス
Eisenecker
アイゼンアッカー
Eisengrein
アイゼングライン
Eisenhardt
アイゼンハート*
Eisenhart
アイゼンハート
アイゼンハルト
Eisenhauer
アイゼンハワー
Eisenhofer
アイゼンホーファー
Eisenhower
アイゼンハウアー
アイゼンハウワー
アイゼンハワー
アイゼンハワー***
Eisenhut
アイゼンフート
Eisenkolb
アイゼンコルプ*
Eisenmann
アイゼマン*
Eisenmann
アイゼマン
アイゼンマン
Eisenmenger
アイゼンメンガー
Eisenreich
アイゼンライク*
アイゼンライヒ*
Eisenschitz
エイゼンシッツ
Eisenschneider
アイゼンシナイダー
Eisenstadt
アイゼンシュタッ
ト**
アイゼンスタット
Eisenstaedt
アイゼンシュタット
アイゼンシュテット*
アイゼンステット
Eisenstat
アイゼンシュタット
アイゼンスタット
Eisenstein
アイゼンシュタイ
ン**
アイゼンステイン*
エイゼンシテイン
エイゼンシュタイン
エイゼンシュテイン

Eisenstodt
アイゼンスタット
Eisenwerth
アイゼンヴェルト
Eisenwort
アイゼンウォルト
Eiserich アイゼリッヒ
Eisinger アイジンガー*
Eisler
アイスラー***
アイズラー
Eisley
アイズリー*
アイスレイ
Eisman アイズマン*
Eismann アイスマン
Eisner
アイスナー***
アイズナー**
アイスネル
Eison エイソン
Eissa
イーサ
エイサ
Eissfeldt
アイスフェルト
Eist アイスト
Eiswert アイスワート
Eitam エイタム
Eitan
アイタン**
エイタン**
エータン
Eitberger
アイトベルガー
Eitel アイテル**
Eiteman アイトマン
Eith エディト
Eitingon
アイティンゴン
Eitner アイトナー*
Eitrem エイトレム
Eitz アイツ
Eitzen アイツェン
Eiveen アイビーン*
Eivind イヴィンド
Eiyubov エイユボフ
Eizaguirre
エイサギーレ*
Eiz al-Din イザディン
Eizenshtein
エイゼンシチューイン
エイゼンシテーイン
エイゼンシテイン
エイゼンシュタイン
エイゼンシュテイン*
エイセンステイン
Eizenstat
アイゼンスタット
Eizi イッジ
Eje エーイェ
Ejell
アジェル
アジャツル
エジェル
Ejeni エジェニ

EJFD
エージーエフデー*
Ejigu エジグ
Ejiofor イジョフォー
Ejiro エハイロ
Ejnar
アイナ
アイナール
エイナー
エジュナー
Ek
エーク
エク
エック**
Eka エカ**
Ekachai エーカチャイ
Ekadhamma
エーカダンマ
Ekaette エカエテ
Ekanayake エカナヤケ
Ekandjo エカンジョ
Ekangaki
エカンガキ**
Ekart エカート
Ekaterina
エカチェテリーナ
エカチェリーナ*
エカチェリナ
エカテリーナ***
エカテリナ
Ekaterini エカテリニ
Ekat'otsarot
エカトーツァロト
Ekberg
エクバーグ**
エクベリ
エクベルク
Ekbert エクベルト
Ekbladh エクブラッド
Ekborg エクボリイ
Ekdahl エクダール
Ekdal エクダル
Ekdawi エクダヴィ
Ekdēlos エクデロス
Édikos エクディコス
Eke
エーケ
エケ
Ekeberg
エイケベリ
エーケベリ
エーケベリー
エケベリ
Ekeblad
エーケブラード
Ekeh エケ
Ekeland
エクラン
エクランド*
Ekelöf
エーケレーヴ
エケレーヴ
エーケレーフ
Ekelund
エーケルンド
エケルンド*
Ekeng エケング

Eker
エケル
エッカー
Ekeren エカレン
Ekern エクルン
Ekerot エケロット
Ekeroth エーケロート
Ekert エカート
Ekezie イケジー
Ekhekratēs
エクラテス
Ekhembrotos
エケンブロトス
Ekhof
エークホフ
エクホーフ
エクホフ
エックホーフ
Ekholm
エクホーム
エークホルム
エクホルム
エコーム
Ekhtesari エクテサリ
Ekiel エキエル
Ekier エキエル
Ekimov エキモフ*
Ekin イーキン*
Ekins エキンズ**
Ekir エキル
Ekirch イーカーチ
Ekis エキス
Ekk エック*
Ekkachai エーカチャイ
Ekkart エカルト
Ekkehard
エッケハールト
エッケハルト*
Ekkehardt
エッケハルト
Ekkehart
エケハルト
エッケハルト
Ekker エッカー*
Ekland エクランド
Eklil エクリル
Eklund
エクランド**
エークルンド*
エクルンド*
Eklundh エクルンド
Ekman
エークマン**
エクマン**
Ekmanis エクマニス
Ekmanner エクマネル
Ekmecic エクメチッチ
Ekmečić エクメチッチ
Ek Nath エクナト
Eknath エクナット*
Eknāth エークナート
Eko エコ
Ekoku エコク
Ekong エコン
Ekonomi エコノミ

Ekoomiak エコーミャク
Ekoro エコロ
Ekoué エクエ
Ekow エコウ
Eko Yuli エコユリ
Ekphantidēs エクパンティデス
Ekphantos エクファントス
Ekpo エクポ
Ekpre エプリ
Ekramuddin エクラムディン
Ekrem エクレム
Ekren エクレン
Eksavang エクサワン
Eksell エクセル*
Ekstein エクスタイン*
Eksteins エクスタインズ*
Ekstrand エクストラント
Ekström エクストレム*／エクストローム*／エクストロム
Ekuddāniya エークッダーニヤ
Ekuma エクマ
Ekur エークル／エクル
Ekvall イークヴァル／イクヴォール／エクヴォル
Ekwensi イクェンシ／エクウェンシ／エクウェンシー／エクェンシー**
Ekzarkh エクザルフ
El アル*／アン／イル／エリ／エリ***
El' エリ
Ela エラ**
Elabe エラベ
Elachi エラチ
Elad イラッド／イラド／エラド
Eladio エラディオ
Elagin エラーギン*
Elágin エラーギン
Elagina エラーギナ
Elah エラ
Elaheh エラヘ
Elahi エラヒ*
Elahian エラヒアン

Elaine アイリーン／イレイン**／イレーヌ*／イレーネ／イレーン**／エライネ／エリーヌ／エレイナ／エレイン***／エレーヌ***／エレーン*／エレン*
El Aissami エルアイサミ
El Alami アラミー
Elam イーラム*／イーレム／エラム*
Ela Mifumu エラミフム
Elamine エラミヌ
Elan エラン*
Elana イラーナ／エラナ
Eland イーランド
Elandon エランドン
Ela Ndong エラヌドング
Elanskaia エランスカヤ
Ela Ntugu Nsa エラヌツグヌサ
Ela Oyana エラオヤナ
Elarif エラリフ
Elarton エラートン
Elashmawi エラシュマウィ
El-atfy エルアトフィ
Elatiana エラチアナ
Elattrache エラットラシェ
Elattuvalapil エラトゥヴァラピル
Elayne イレーン／エレイン
Elazar エラザール
Elazary エルアザリィ
Elba エルバ*
Elback エルバック
El-Bakh エルバフ
Elbakh エルバフ
Elbakkali エルバカリ
El-baradei エルバラダイ
ElBaradei エルバラダイ
Elbaradei エルバラダイ*
El-bary エルバーリ
El Basir エルバシル
Elbaz エルバス*／エルバズ
Elbe エルベ

Elbegdorj エルベグドルジ**
Elbein エルビーン
Elbekay エルベカイ
Elber エウベル*
Elberfeld エルバーフェルト／エルバーフェルド
Elberling エルバリング
Elberse エルバース
Elbert エルバート**
Elbethe エルベト
Elbling エルブリング*
Elbogen エルボーゲン
Elborn エルボーン
Elborough エルボラフ
Elbow エルボウ
Elbridge エルブリッジ
Elbrus エルブルス
Elbuchel エルブエル
Elburt エルビー
Elby エルビィ
Elcano エルカーノ
Elcar エルカー*
Elchanan エルハナン*
Elchasai エルカサイ
Elcheroth エルチャロス
Elchibey エルチベイ**／エルチベイ
Elchin エリチン
Elcho エルコ
Elcock エルコック
Elda エルダ*
Eldad エルダド
Eldar エリダル／エルダー／エルダル
El'dar エリダル／エルダール
Eldard エルダード
El-Dawlatly エルダラトリー
Elde エルデ*
Eldean エルディーン
Eldebrink エルデブリンク
Eldemboo エルデンボー
Elden エルデン**
Elder エルダー***
Eldering エルデリング
Elderkin エルダーキン**／エルダキン
Elders エルダース*
Eldershaw エルダーショー
El-desouki エルデスーキ
Eldholm エルドホルム

El Din アッディーン／エッディーン／エルディーン*
El-Din エルディーン
Eldin エルディン
Eldjárn エルドヤウルトン
Eldo エルド
Eldon エルデン*／エルドン*
Eldred エルドレッド*
Eldredge エルドリッジ**／エルドレジ／エルドレッジ
Eldridge エルドライド／エルドリッジ**／エルドリッチ／エルドリッヂ
Elea エレア
Éléa エレア
Elean イレーン
Eleannor エリナー／エリノア
Eleanor イリーナア／エノレア／エリアナア／エリアノーア／エリーナー／エリナ*／エリナー**／エリノア**／エルナー／エレアノール／エレーナ／エレナー***／エレノア***／エレノール／レオノール
El'dar エリダル／エルダー／エルダル
Eleanora エリアノーラ／エレアノーラ／エレアノラ
Eleanore エリノア／エレノア
Elearnor エレノア
Eleasar エレアザル
Eleazar エラサール／エリエイザー／エリエゼル／エリエツァル／エレアザル／エレアザール*／エレアザル
Eleazár エルアザル／エレアザル
Elechi エレチ**
Electra エレクトラ
Eleftheriadis エレフセリアディス

Eleftherios エレフテリオス
Eleftheriou エレフトエリウ
Elegant エレガント*
Elegbe エグベ／エルグベ
Elein エレン
Elek エレク
Elektra エレクトラ
Elem エレム
Elemba エレンバ
Elemer エルメル／エレメール
Elemér エレメール
Elémir エレミール
Élémir エレミール*
Élémire エレミール／エレーミレ／エレミーレ
Elen エレン**
Elena イェレーナ／ウェレーナ／エリアナ／エーレナ／エレーナ***／エレナ***／ヘレナ
Elengue エレンゲ
Eleni エレーニ／エレニ／エレニー
Eleniak エレニアク／エレニアック
Elenoa エレノア
Elenor エレノア
Elenore エレノア
Elénore エレノル
Eleodoro エレオドロ
Eleonor アリエノール／エレオノール
Eleonora エレオノラ／エレオノーラ**／エレオノラ*
Eleonore エレオノーレ／エレノア*
Eléonore エリノア／エレオノール
Éléonore エレオノール*／エレオノーレ／エレノア
Eleonskaia イェレオンスカヤ
Elera エレラ
Eleri エレーリ
El-Erian エラリアン*

E

Elert
 エーラト
 エラート
 エーレルト
 エレルト
Ēlerte エーレルテ
Eleston エルストン
Eleusis エレウシス
Eleuterio
 エレウテーリオ
 エレウテリオ
Eleutherios
 エレウセリオス
 エレフセリオス
Eleutherius
 エリュウテリウス
 エレウテリウス
Eleutheropulos エロイテロプロス
Eleutherus
 エレウテルス
Elevitch エレビッチ
Elewa エレワ
Eley
 イリー
 イーリィ
 エリー
Elezi エレズィ
Elezović
 エレゾヴィチ
 エレゾビチ
Elfanbaum
 エルファンバウム
Elfenbein
 エルフェンバイン
Elfenesh
 エルフィネッシュ
Elfferding
 エルファディング
Elffers
 エルファーズ*
 エルフェルス
Elfgren
 エルフグリエン**
Elfi エルフィ
Elfie エルフィー**
Elfled エルフレッド
Elfman エルフマン*
Elfont エルフォント
Elfrid エルフリッド
Elfrida
 エルフリーダ*
 エルフリダ
Elfriede
 エルフリーデ*
 エルフリード*
Elfström
 エルフストレム
Elfutina エルフチナ
Elg エルグ
Elga エルガ
Elgar エルガー**
Elgarhi エルガルヒ
Elgart エルガート
Elgeldinger
 エーゲルディンゲル
Elgene エルジン

Elger エルガー*
Elgers エルゲルス
Elgert エルゲルト
Elgey エルジイ
Elgin
 エルギン**
 エルジン**
El Gindy エルガンディ
Elgrissy エルグリシィ
El Guerrouj
 エルゲルージ*
Elguja エルグジャ
El-Had エルアド
El-Hadi エルハーディ
Elhadi
 エラジ
 エルハジ
El-hadj エルハジ
Elhadj
 エラジ
 エラハジ
 エルハジ
Elhadji
 エルアジ
 エルハジ
 エルハッジ
Elhaïk エライク
Elham エルハム
Elhamdaoui
 エルハムダウイ
Elhamy エルハミー
Elhanan エルハナン*
El Harrachi
 エルハラシ
Elhodhod
 エルハドハド
Elhuyar エルヤル
Elhuyart
 エルイヤール
 エルヤール
 エルヤルト
Eli
 イーライ***
 イライ
 イーリー
 エライ
 エーリ
 エリ***
Elia
 イーリア*
 イリア
 エーリア
 エリア**
Eliacer エリアセル*
Eliacheff エリアシェフ
Eliade エリアーデ*
Eliadé エリアーデ
Eliades
 エリアーデス
 エリアデス
Eliahou エリアハウ
Eliahu
 エリアフ*
 エリアフー
Eliakim エリアキム*
Elian エリアン

Eliana
 エリアナ*
 エリアンナ
Eliane
 イリアーヌ*
 エリア
 エリアーヌ
 エリアヌ
 エリアーネ
 エリアン*
 エリアンヌ
 エリーヌ
Éliane
 エリアーヌ
 エレーヌ
Eliaquim エリアカン
Eliardo エリアルド*
Elias
 イライアス
 イライアス**
 イーリアス
 イリアス
 イリヤス
 エライアス**
 エリア
 エーリアス
 エリーアス
 エリアス***
 エリアズ
Eliáš エリアーシュ
Elías
 エリーアス
 エリアス*
Ēlías エリアス
Eliasberg
 エリヤスベルグ
Eliasen エリアセン
Eliashberg
 エリアンシュバーグ
Eliasson
 エリーアソン
 エリアソン**
 エリアッソン
Elíasson エリアソン
Eliava エリアーヴァ
Elic エリック
Elicia エリーシア
Elicker エリッカー
Elida
 エリーダ
 エリダ
Elie
 イーリ*
 エーリ
 エリ***
 エリー***
 エリエ
Élie
 エリ*
 エリー*
 エリエ
Eliel
 イライエル
 エリエル*
Elíes エリアス
Eliette
 エリエッテ*
 エリエット**

Eliezer
 エリ
 エリー
 エリエザー*
 エリエセル
 エリエゼル**
 エリーザ
 エリーザー
 エリザー
'Eli'ezer エリエゼル
Elif エリフ*
Elif Jale エリフジャレ
Eliga イリジャ
Eligh イーライ
Eligijus エリギユス
Eligio エリヒオ
Eligius エリギウス
Elihu
 イライヒュー
 エライフ
 エイリュー
 エライヒュー
 エリフ*
 エリュー
 エリユ*
Elija
 イライジャ
 エリヤ
Elijah
 イライジャ***
 エイジャ
 エライジャ*
 エリア
 エリジャ*
 エリヤ
Elijah's エリアス
Elijhaa エリハー
Elima エリマ
Elimane エリマン
Elimar エリマル*
Elimelech エリメレク
Elimi エリミ
Elin
 エーリン
 エリン**
Elina
 エリーナ*
 エリナ*
Eline
 エリーネ
 エリーン
Eliner エリナー
Eling エリン
Elinga エリンガ
Elinoa エリノア
Elinoore エリナ
Elinor
 エリーナ
 エリナ
 エリナー**
 エリナア
 エリノー
 エリノア***
 エレノア
Elinore エリノア

Elio
 エーリオ
 エリオ***
Elío エリオ
Elioda エリオダ
Elion エリオン*
Elionor エリノア
Eliopoulos
 イリオパウロス
 エリオプロス
Eliopulos エリオポラス
Eliot
 エリオット
 エリオット***
Eliott エリオット*
Elipandus
 エリパンドゥス
Eliphalet
 エリファレット
Eliphas エリファス*
Éliphas エリファス*
Eliphaz エリファズ
Elir エリル
Elis エリス*
Elisa
 アイリーサ
 イライザ
 エライザ
 エリーサ*
 エリーザ*
 エリザ**
 エリザ**
Élisa エリザ
Elisabet
 エリザベス
 エリサベツ
 エリザベツ
 エリザベット*
 エリーザベト
 エリザベート
 エリザベット*
Elisabeta
 エリサベタ
 エリザベタ
Elisabeth
 エリサベス
 エリザベス***
 エリーサベット
 エリーサベット*
 エリーサベト
 エリーザベート
 エリーザベート***
 エリサベート
 エリザベート***
 エリザベート***
 エリザベド
 エルジェーベト
Élisabeth
 エリザベット*
 エリザベット**
 エリザベト*
Elisabetta
 エリザベッタ
 エリザベッタ*
Elisala エリサラ
Elisara エリサラ

Elisaveta エリサヴェータ / エリサヴェタ / エリザヴェータ	エリヤフ**	Elkhonon エルコーノン / エルコノン	Ellenbogen エレンボーゲン	Ellis イリス / エリース / エリス***	
Elisbeth エリザベート	Eliza イライザ** / エライザ* / エライザ / エリイゼ / エリザ**	Elkie エルキー	Ellenborough エレンボロ / エレンボーロー	Ellison エリスン* / エリソン*** / エリッソン	
Elisdottir エリスドッティル		Elkin エルキン***			
Elise イリーズ / エリース* / エリーズ** / エリス / エリーゼ** / エリゼ	Elizabeta エリザベータ*	Elkind エルカインド / エルキンド*	Ellenby エレンビー*		
			Ellender エレンダー	Elliston エリストン*	
	Elizabeth エリザヴェータ / エリーザベス / エリサベス / エリザベス*** / エリザベッツ / エリサベット / エリーザベト* / エリザベット** / エリザベト / エリッサベス	Elkington エルキントン**	Ellenn エレン	Ellix エリックス	
		Elkins エルキンス* / エルキンズ***	Ellenor エレノール	Ellizabeth エリザベス*	
			Ellenshaw エレンショウ*	Ellman エルマン*	
			Ellenson エレンソン	Ellmann エルマン*	
Elišě エリシェ		Elkjer エルクジャー	Eller イラー* / エラー***	Ellmenreich エルメンライヒ	
Élise エリーズ		El'konin エリコニン			
Elisea エリセア		El-Krim アル・カリーム	Ellerbe エラービー / エラーブ*	Ellmer エルマー	
Elisebeth エリセベート		Ell イル		Ellory エロリー	
Elisée エリゼー		Ella イラ / エッラ / エラ***		Elloumi エルーミ	
Élisée エリゼ			Ellerbek エレルベック	Ellroy エルロイ**	
Eliseev エリセーエフ	Élizabeth エリザベート		Ellerington エラリントン	Ellsberg エルズバーグ**	
Eliseevich エリセーヴィチ	Elizabetta エリザベッタ	Élla エラ	Ellers エラーズ	Ellsbury エルズブリー / エルズブリー*	
Eliseo エリー / エリゼーオ	Elizalde エリサルデ	Ellacuria エリャクリア	Ellershaw エラーショー		
	Elizarov エリザーロフ**	Ellahi エラヒ	Ellersick イラーシック	Ellsler エルスラー	
Elíseo エリゼオ	Elizarova エリザーロヴァ / エリザーロヴァ / エリザーロワ / エリザーロワ	Ellan エラン / エレン*	Ellert エラート	Ellson エルスン / エルソン	
Eliseu エリゼウ		Ellard エラード*	Ellerton エラートン		
Eliseus エリセウス		Ellas エリャス	Ellery アーリー / エラリ / エラリー** / エラリィ / エラリィ / エラリー / エラリィ	Ellston エルストン	
Elisgolits エリスゴリツ		Elle エル** / エレ / エレノール		Ellsworth エルズウォース / エルズワース*** / エルズワス / エルズワース**	
Elisha イライシア / イライシャ / エライシャ* / エリシア / エリシャ**	Elizaveta エリザヴェータ*** / エリザベータ / エリザベタ				
	Elizavéta エリザヴェータ	Ellease エリーズ*			
		Ellece エレス			
		Elleder エレデル	Ellesmere エルズミーア	Ellul エリュール* / エリュル	
Elisio エリジオ	Elizbar エリズバル	Elleen エレーン	Elleston エルストン		
Elísio エリジオ	Elizeth エリゼッチ	Ellefsæter エレフサフター		Ellwand エルワンド	
Elisja エリジア	Elizond エリゾンド	Ellefson エレフソン**		Ellwood エリウッド / エルウッド** / エルウード	
Eliska エリシュカ	Elizondo エリソンド** / エリゾンド	Ellegard エッレゴード / エレゴール	Ellet エレット* / エレト		
Eliška エリシュカ*					
Eliso エリソ	Elizur エリジャー	Ellegård エッレゴード	Ellgaard エルガード	Elly エリ / エリー**	
Elison エリソン	Elizza エリッツァ / エリッツァ	Elleinstein エレンスタイン / エレンステン	Elli エリ		
Elissa イリサ / エリッサ*			Ellice エリアス	Ellyard エリヤード	
			Ellicott エリコット		
Elissalde エリサルド	Eljakim エルヤキム	Elleman エルマン*	Ellie エリー**	Ellyn エリン	
Elisse エリス*	Eljaschoff エルヤショフ	Ellemann エルマン*	Ellies エリエ	Ellys エリス	
Elisseeff エリセーエフ*** / エリセエフ	Eljigedei イルジギデイ / イルチギタイ	Ellen エリン / エレ / エレン***	Elliman エリマン	Ellzey エルジー	
Elisso エリソ*	Eljuri エルフリ		Ellin エリン***	Elm エルム	
Elistratov エリストラトフ*	Elk エルク*	Ellena エレナ	Ellina エリーナ* / エリナ	Elma エルマ*	
Elitaş エリタシュ	Elka エルカ	Ellenbeck エレンベック	Elling エリング*	Elmaghraby エルマグラビー	
Elitsa エリッツァ	Elkan エルカン	Ellenbecker エレンベッカー	Ellinger エリンガー	Elman エルマン**	
Elitzur エリッツァ / エリツール	Elkanah エルカーナー	Ellenberg エレンバーグ / エレンベルク / エレンベルグ	Ellington エリントン**	Elmander エルマンデル	
	Elkann エルカン*		Ellingwood エリングウッド*	Elmandjra エルマンジェラ / エルマンジャ* / エルマンジュラ	
Eliud イルード / エリウド	Elkasai エルカサイ				
	Elke エルク / エルケ**	Ellenberger エランベルジェ / エレンバーガー / エレンベルガー*	Ellinwood エリンウッド	Elmansy エルマンシー	
Eliuel エリウエル	Elkerton エルカートン		Elliot エリオット***	Elmar エリマル / エルマー** / エルマル / エルマル	
Eliyâ エリヤ	Elkes エルクス	Ellenbog エレンボーク	Elliotson エリオットソン		
Eliyahu エリ	Elkesai エルケサイ		Elliott エリオット***		
	El Khomri エルコムリ		Elliotte エリオット	Elmehdi エルメフディ	

Elmendorf エルメンドルフ
Elmendorff エルメンドルフ
Elmer エルマ / エルマー*** / エルマア / エルメヤ / エルメル
Elmerine エルマリン
Elmgreen エルムグリーン
Elmhirst エルムハースト
Elmi エルミ
Elmi Bouh エルミブー
Elmiger エルミガー
Elming エルミング
El-Miniawy エルミニアウィ
Elmira エリミラ / エルミラ
Elmire エルミール
Elm-Khah エルムカン
Elmo エルモ***
El Moctar エルモクタル
Elmohamady エルモハマディ
Elmont エルモント
Elmore エルモア***
Elmosnino エルモスニーノ
El-Mostafa エルモスタファ
Elmoustaphe エルムスタフ
Elmqvist エルムクビスト
Elmsäter エルムセーター
Elmsätersvärd エルムセーテルスベード
Elmsley エルムズリ / エルムズリー
Elmslie エルムスリー* / エルムスリー
Elmurat エルムラト
Elmwood エルムウッド
Elmyr エルミール
Elna エルナ
Elneny エルネニー
ElNesr エルネサー
Elnicki エルニッキ
Elniery エルニアリー
Elnora エルノーラ / エレノラ
Elnst エルンスト
Elnur エルヌル*
Elo エロ

Elodie エロディ* / エロディー
Élodie エロディ*
Eloenore エレオノーレ
Elofsson エロフソン*
Eloge エロージュ
Eloi エロワ*
Éloi エロワ
Eloisa エロイーザ / エロイザ
Eloise エロイース / エロイーズ***
Elombe イロンベ
Elon イーロン* / エロン**
Elo Ndong Nsefumu エロヌドングヌセフム
Eloranta エロランタ
Elorde エロルデ
Elosegi エルセギ
El Ouafi エルアフィ
Elout エラウト
Elove エローヴ
Elöve エレーヴ
Elovich エロビッチ
Elovitz エロビッツ
Eloy イーロイ / エロア / エロイ*** / エロワ*
Elpēnōr エルペノル
Elphège エルフェージュ
Elphick エルフィック
Elphinstone エルフィンストーン / エルフィンストン
Elpidia エルピディア
Elpidio エルピディオ / エルピデオ
Elrick エルリック
El-rifai エルリファイ
Elrington エルリントン
Elrod エルロッド*
Elroy エルロイ*
Els エルス**
Elsa エルサ*** / エルサー / エルザ***
Elsabeth エルサベス
El-saeidi エルサエディ
Elsaesser エルセサー*
Elsas エルザス
Elsasser エルササー / エルサッサー

Elsässer エルゼサー / エルゼッサー
Elsawalhy エルサワリ
Elsayed エルサエド
Elsberg エルスベルグ*
Elsbeth エルスベス / エルスベト
Elsdale エルスデール
Elsdon エルスドン
Else エルサ / エルス* / エルセ / エルゼ*
Elsea エルシー
Elsebai エルセバイ
Elsebeth エルズベス / エルスベツ*
Elseid エルサイド
Elseify エルセイフィ
Elselius エルゼーリウス
Elsen エルセン
Elsener エルスナー
Elsenhans エルゼンハンス
Elser エルザー
Elserack エルセラック
Elsey エルジー
Elsgol'ts エリスゴリッツ / エルスゴルツ
El Shehaby エルシェハビ
Elsheikh エルシェイク
Elsheimer エルスハイマー
Elsherbini エルシリビーニ
Elsherif エルシェリフ
Elshod エルショド
Elshtain エルシュテイン*
Elsie エルシ / エルシー** / エルジー / エルシィ / エルセ
Elskamp エルスカン / エルスカンプ*
Elsken エルスケン**
Elsmann エルスマン
Els-Marie エルスマリー
Elsmore エルスモア
Elsner エルスナー** / エルスネル
Elson エルスン* / エルソン**

Elspeth エラスペス / エルスペス** / エルズペス
Elsschot エルスコット / エルスショット / エルスホット*
Elssler エルスラー
Elsta エルスタ
Elstad エルスタッド
Elster エルスター* / エルスタア / エルステル
Elstner エルストナー
Elstob エルストブ / エルストプ
Elston エルストン
Elswit エルスウィット
Eltazarov エルタザロフ
Eltchaninoff エルチャニノフ
Eltes エルテス
Elting エルチング / エルティング
Eltinge エルティング / エルティンジ
Eltingh エルティン / エルティング
Eltis エルティス*
Elton エルトン***
El Troudi エルトゥルディ
Eltz エルツ
Eltzbacher エルツバッハー / エルツバッヘル / エルツバハー
Eluard エリュアール*
Éluard エリュアール / エリュアール / エリュアル / エルアール
Eluay エルアイ**
Eluere エリューレ
Euère エリュエール
Eluli エルリ
Elulu エルル
Eluned エルンド
Elustondo エルストンド
Eluttacchan エジュッタッチャン
Elva エルヴァ*
Elvan エルパン
Elvedi エルヴェディ
Elvehøi エルヴェホイ
Elvén エルヴェン
Elver エルヴァー
Elves エルヴス

Elvey エルヴィ / エルヴィー / エルビ / エルベイ
Elvia エルビア
Elviana エルヴィアナ
Elvidge エルヴィッジ
Elvin エルヴィン* / エルビン*
Elvine エルヴィン
Elvino エルヴィーノ
Elvio エルビオ
Elvira エリヴィラ* / エリビラ / エルヴァイラ / エルヴィーラ / エルビーラ / エルビラ***
Elvire エルヴィール*
Elvis エルヴィス** / エルビス*
Elvitsky エルビットスキー
Elvstrøm エルブストレム / エルブストローム
El-Wakil エルワキル
Elway エルウェー / エルウェイ*
Elwell エルウェル / エルウエル
Elwenspoek エルベンスポーク*
Elwert エルヴァート
Elwes エルウィス* / エルウィズ* / エルウェス
Elwin エルウィン* / エルヴィン
Elwing エルヴァン / エルウィング
Elwood エルウッド***
Elworthy エルワージ / エルワージー
Elwyn エルウィン***
Elwynn エルワイン
Elxai エルケサイ
Ely イーライ* / イライ / イーリ / イーリー* / イリ / イリー* / イリィ* / イーリィ** / イリィ / エリ / エリー***

Elya エリア
Elyan エリヤン
Elyasov エリヤソフ
Elyes エリエス
Elymas
　エリマ
　エリマス
Elýmas
　エリマ
　エルマ
Elyn エリン
Elyne イーリーン
Elynia エリニヤ
Elyor エリヨル
Elyot エリオット
Elyounoussi
　エルユヌシ
Elys エリス
Elyse
　エリス
　エリーゼ
Elysee エリゼ
Elytes エリティス
Elytēs エリティス
Elytis エリティス
Elýtis
　エリティス*
　エリュティス
Elza エルザ**
Elzbieta
　エルジビェータ
　エルズビエータ
　エルズビエタ**
Elżbieta
　エルジビェータ
　エルジビエタ
　エルジビエタ
　エルジュビエタ
　エルジュビエタ
Elze
　エルゼ
　エルツェ
Elzéar エルゼアル
Elzeard エルザール
Elzer エルザー
Elzevir
　エルゼヴィル
　エルゼヴィール
Elzey エルゼー
Elzière エルジエール
Elzinga
　エルジンガ
　エルジンハ
Em
　イエム
　エム
Ema エマ
Emad
　イマッド
　エマド
Emadi エマディ
Emam
　イマム
　エマン
Emami エマミ*
Emane エマヌ**

Emans エーマンス
Emants エーマンツ
Emanual エマニュエル
Emanuel
　イマニュエル
　イマヌエル
　インマニエル
　エマーニュエル
　エマニュエル***
　エマーヌエル
　エマーヌエール*
　エマヌエル***
　エマヌエール
　エンマヌエル
Émanuel エマニュエル
Emanuela
　エマスエーラ*
　エマヌエラ
Emanuele
　エマニュエル*
　エマニュエレ
　エマヌエール*
　エマヌエル
　エマヌエーレ**
　エマヌエレ
Emanuelle
　エマニュエーレ*
Emanuelsson
　エマニュエルソン
Emanuil エマヌイル
Emara エマラ
Emard エマール
Emaz Uddin
　イマジュッディン
Embabi エンバビ
Embach エンバッハ*
Embacher
　エムバハー
　エンバッハー
Embalo
　エムバロ
　エンバロ
Embaló エンバロ
Embarak エンバラク
Embaresh
　エンバレシュ
Embas エンバス
Embden
　エムデン
　エムブデン
　エンムデン
Embel エンベル
Ember エンベル
Emberley
　エムバリー
　エンバーリー
　エンバーリー**
Emberlin エンバリン
Emberson
　エンバーソン
Emberton
　エンバートン*
Embery エンバリー
Embeth エンベス
Embiid エンビード
Embil エンビル
Embirikos
　エンビリコス

Embito エンビート
Embla エムブラ
Emblem エンブレム
Embleton
　エムブレトン*
　エンブレトン
Embley エンブレイ
Emboden
　エンボーデン
Embolo エンボロ
Emboma エムボマ*
Embrechts
　エンブレッツ
　エンブレヒツ
Embree エンブリー*
Embrey エンブレイ
Embriaci
　エンブリアーチ
Embrich エンブリッチ
Embry エンブリー*
Embury
　エムバリ
　エンバリ
　エンバリー
　エンベリ
Emcee エムシー
Emcke エムケ
Emde
　エムデ
　エムディ*
Emden エムデン*
Emdo エムド
Emecheta
　エイメシェイタ
　エメチェタ*
Emeka エメカ**
Emel
　エメール
　エメル
Emeli エミリー*
Emelia エメリア
Emelianenko
　エメリヤーエンコ*
Emel'ianov
　エメリヤノフ
　エメリヤーノワ
Emelie
　エムデン
　エムブデン
　エンムデン
Emeline エメリン
Emeliyan エメリヤン
Emeliyanov
　エメリヤノフ
Emelyanov
　エミリヤーノフ
Emel'yanovich
　エメリヤノヴィチ
Emeneau エメノー*
Emenike エメニケ
Emeny
　エメニー
　エメニイ
Emerald エメラルド*
Emeran エムラン

Emerentiana
　エメレンティアーナ
Emeric
　イムレ
　エメリック*
Émeric エムリク
Emerich
　エマリチ
　エメリック
　エメリッヒ
Emerick
　エメリク
　エメリック*
Émérigon エメリゴン
Emeril エメリル*
Emerine エメリン
Emerita エメリータ
Emerito エメリト
Emerle エマール
Emerlye エマリー
Emerman エメルマン
Emerson
　エマースン
　エマアソン
　エマースン*
　エマスン*
　エマーソン***
　エマソン**
　エマルソン
　エメルソン**
Emerton エマートン
Emery
　エマリ
　エマリー
　エマリィ
　エミリ
　エムリ
　エメリ
　エメリー**
　エメリィ
Emes エイムス
Emese
　エメシェ*
　エーメセ
Emesiochel
　エメシオール
Emeterio エメテリオ*
Emett エメット*
Emge エムゲ
Emhardt エムハード
Emi エミ*
Émié エミエ
Emig エーミッヒ
Emiglio エミーリオ
Emiko エミコ
Emil
　イーミル
　エミーリ
　エミリ
　エーミール***
　エミール**
　エミール***
　エミル***
Emil' エミーリ
Emíl エミール
Émil エミール

Emile
　アミール
　イーミル
　エミィル
　エミリー
　エミール***
　エミル*
Emíle エミール
Eníile エミール
Émile
　エミィル
　エミリー*
　エーミール
　エミール***
　エミル**
Èmile エミール
Emilee エミリー
Emil'evich
　エミリエヴィチ
　エミーリエヴィッチ
　エミレイヴィチ
　エミレイヴィッチ
Emilfork
　エミールフォーク
Emili エミーリ
Emilia
　エミリア**
　エミリヤ
Emília エミリア
Emiliani エミリアーニ
Emilianidou
　エミリアニドゥ
Emiliano
　エミリアーノ*
　エミリアノ*
　エミリヤノ
Emilie
　エイミーリア
　エミリ*
　エミリー**
　エミリエ
　エミリエ*
Émilie
　エミリ**
　エミリー
　エミール
Emilie Béatrice
　エミリーベアトゥリス
Émilien エミリアン
Emilienne
　エミリエーヌ
Émilienne
　エミリエンヌ
Emilievich
　エミリエヴィチ
　エミーリエビッチ
Emilii エミーリ
Emiliia エミリア
Emilijan エミリヤン
Emilio
　エミーリオ***
　エミリオ**
Emílio エミリオ**
Emilios エミリオス
Emilius エミリウス
Emiliyan エミリヤン
Emill エミル

Emilson エミルソン*
Emilton エミルトン
Emily
　エミリ*
　エミリー***
　エミリア
　エミリィ
Emilyevich
　エミルエビッチ
Emin
　エミーン
　エミン***
Emine エミネ
Eminem エミネム*
Eminescu エミネスク
Emir
　エミール*
　エミル
Emirzian エミルジャン
Emison エミソン
Emisum エミスム
Emitt エミット
Emizh エミジ
Emlen エムレン
Emler エムラー
Emling エミリング
Emlyn エムリン**
Emm エム*
Emma
　エッマ
　エマ***
　エマー*
　エムマ
　エンマ***
Emmalin エマリン
Emman エマン
Emmanouil
　エマヌエル
Emmanue エマヌエル
Emmanuel
　イマニュエル
　インマヌエル
　エマニュエール
　エマニュエル***
　エマーヌエル
　エマヌエル***
　エマヌエーレ
　エマニュエル
　エンマヌエル
Emmanuele
　エマニュエル
　エマニュエーレ*
　エマヌエレ
Emmanuèle
　エマニュエル*
Emmanuelides
　エマニエリデース
Emmanuell
　エマニュエル
Emmanuelle
　エマニエル
　エマニュエル**
　エマニュエレ
　エマヌエル
Emmanuelli
　エマニュエリ*
　エマヌエリ*

Emmanuil
　エマヌイル
　エマヌエル
Emmanuilovich
　エマニュイロヴィッチ
　エマヌイロヴィチ
　エンマヌイロヴィチ
Emme エミー
Emmeche エメッカ
Emmelhainz
　エンメルハインツ*
Emmeline
　エミリーン
　エメライン
　エメリーヌ
　エメリン*
Emmelkamp
　エメルカンプ
　エンメルカンプ
Emmens
　エメンス
　エンメンス
Emmer エンメル
Emmeram エメラム
Emmerich
　エムメリッヒ
　エムメリヒ
　エメリック*
　エメリッヒ**
　エメリヒ**
　エメリフ*
　エンマリヒ
　エンメリヒ
Emmerick エメリック
Emmerling エマリング
Emmerová
　エムメロバー
Emmerson
　エマスン
　エマーソン**
　エマソン
Emmert エマート*
Emmet
　エムメット
　エメット**
Emmett
　エミット
　エメット**
Emmi
　エミ
　エムミ
　エンミ**
Emmichoven
　エミショーベン
Emmie エミー
Emminger
　エミンガー*
Emminghaus
　エミングハウス
Emmins エミンズ
Emmitt エミット*
Emmons
　エモンシュ**
　エモンズ***
Emmott エモット**
Emmrich エムリヒ*
Emms
　エムス
　エムズ

Emmuska
　エマースカ
　エマスカ
　エムスカ
Emmy
　エミ
　エミー**
　エミイ
　エンミ
Emmylou
　エミールー
　エミルー
Emna
　エムナ
　エムナー*
Emney エムニー
Emo エモ
Emomali エモマリ**
Emon アモン
Emond イーモンド
Emory
　イモーリィ
　エマリ
　エモリー*
Empaytaz アンパイタ
Empecinado
　エンペシナード
　エンペシナド
Empedoklēs
　エムペドクレス
　エンペドクレース
　エンペドクレス*
Empeirikos
　エンペイリコス
Empereur
　アンプルール*
Emperger
　エンベルガー
Empey
　エムピー
　エムペイ
　エンピー
Empeytaz アンペイタ
Empiricos
　エムペイリコス
　エンピリクス
　エンピリコス
　エンピリトゥス
　エン・ベイリコス
　エンペイリコス
Empoli エンポリ
Empson
　エムプソン
　エムプソン***
Emr エムール
Emre
　エムル
　エムレ
Emrich
　エムリッヒ
　エムリヒ*
Emrys エムリス
Ems エムス*
Emsellem エムセレム
Emser エムザー
Emshoff エムショフ
Emshwiller
　エムシュウイラー***

Emsley エムズリー*
Emslie エムスリー
Emson エムソン
Emtsev エムツェフ
Emunah エムナー
Emund エムンド
Emy エミー
Emyl エミール*
Emyr
　エミアー
　エミール
En エン*
Ena
　イーナ
　エナ
Ename エナメ
Enamel エナメル
Enamul エナムル
Enander エナンデル
Enannatum
　エナナトゥム
　エナンナトゥム
Enany イナニ
Énard エナール*
Enas エナス
Enayatullah
　エナヤトラ
Enby エンビィ
Encarna エンカルナ
Encarnacion
　エンカーナシオン
　エンカナーシオン
　エンカルナシオン
Encausse アンコース
Encel アンセル
Encina
　エンシーナ
　エンシナ*
Encinas
　エンシーナス
　エンシナス
Enciso エンシーソ
Enck エンク*
Encke エンケ
Enckell エンケル
Enckelman
　エンケルマン
Encontre アンコントル
Enda エンダ**
Endacott エンダコット
Endang エンダン
Endara エンダラ**
Ende エンデ***
Endecott
　エンディカット
　エンディコット
　エンデコット
Endel エンデル*
Endelechius
　エンデレキウス
Endemann
　エンデマン*
Endenberg
　エンデンベルク
Ender エンダー*

Enderby エンダービー
Enderica エンデリカ
Enderle エンデルレ
Enderlein
　エンダーライン
　エンデルライン
Enderlin エンダリン
Enders
　エンダース*
　エンダーズ**
Endersby
　エンダースビー
　エンダースビィ
Enderton
　エンダートン
Endfield
　エンドフィールド
Endicott
　エンディコット*
Endler エンドラー**
Endlich エンドリック
Endlicher
　エンドリッハー
　エントリッヒヤー
　エンドリハー
　エントリヒヤー
Endoes エアダーシュ
Endoios エンドイオス
Endon エンドン
Endore エンドア
Endre エンドレ***
Endrekson
　エンドレクソン
Endres
　エントレス*
　エンドレース
　エンドレス**
Endrey エンドレイ
Endrèze エンドレーズ
Endriartono
　エンドリアルトノ
Endrich エンドリッヒ
Endrighetti
　エンドリゲッティ
Endrigo エンドリゴ
Endröczi
　エンドレツィ*
Endruweit
　エントルーヴァイト
Endsfeldz
　エンディスフェルディ
Endundo エンドウンド
Endy エンディ
Endymion
　エンディミヨン
Endymiōn
　エンデュミオン
　エンデュミオン
Endymios
　エンディミヨン
Endzelīns
　エンゼリーンス
Ene エネ
Enea エネーア
Enebay エネバイ
Enebish エネビシ**

Eneida エネイダ
Énekes エネケス
Eneko エネコ
Enelamah エネラマウ
Enele エネレ
Enelow
　エネロー
　エネロウ
Enemkpali エネンパリ
Enentarzi
　エネンタルジィ
Enersen エナーセン
Enerson エナーソン
Enerunga エネルンガ
Enes エネス*
Enesco
　エネスク
　エネスコ
Enescu エネスク
Enestam エネスタム
Eneström
　エネストローム
Enette エネット
Enever エネヴァー
Enevoldsen
　エネヴォルドセン
Enfantin
　アンファンタン
Enfeldt エンフェルト
Enfield
　エンフィールド*
Enfild エンフィールド
Enfinger
　エンフィンガー
Eng
　アン
　エーン
　エン
　エンク
　エング
Engammare
　アンガマル
Engan エンガン
Engbanda
　エングバンダ
Engberts エングバーツ
Engbring
　エングブリング
Engdahl
　イングドール
　エングダール**
Enge エンゲ
Engebak エンゲバック
Engebrecht
　エンゲブレヒト
Engebrechtsz
　エンゲブレヒツ
　エンヘブレヒツ
Engebretsen
　インゲブレツェン
Engebretson
　エンゲブレトソン
Engeham エンゲハム
Engel
　アンジェル
　エンゲル***

エンジェル*
Engelaar エンヘラール
Engelb エンゲルブ
Engelbart
　エンゲルバート**
Engelbelt
　エンゲルベルト
Engelberg
　エンゲルバーグ*
　エンゲルベルク*
Engelberger
　エンゲルバーガー
Engelbert
　エンゲルバート
　エンゲルベルチェス
　エンゲルベルチュス
　エンゲルベルト**
　エンヘルベルト
Engelbertus
　エンゲルベルトゥス
Engelbrecht
　エンゲルブレヒト*
Engelbrekt
　エンイエルブレクト
　エンイエルブレクト
　エンゲルブレクト
Engelbreth
　エンゲルブレッド
Engelbretsbatter
　エンゲルブレッツダッ
　テル
Engelehard
　エンゲルハルト
Engelen エンゲレン
Engelgardt
　エンゲリガールト
　エンゲリガルト
　エンゲルガルト*
Engelhard
　アンジェラール
　エンゲルハード**
　エンゲルハルト**
Engelhardt
　エンゲルハート**
　エンゲルハルト*
　エンジェルハート
Engelhart
　エンゲラール
　エンゲルハルト
Engelhaupt
　エンゲルハウプト
Engelien
　エンゲリエン
　エンゲリン
Engelke エンゲルケ
Engelking
　エンゲルキング
Engelland
　イングランド
Engellau エンゲラウ
Engelman
　アンジェルマン
　エンゲルマン*
Engelmann
　エンゲルマン**
Engelmeier
　エンゲルマイヤー
Engelmman
　エンゲルマン

Engeln エンゲルン
Engels
　エンゲルス**
　エンジールス
　エンヘルス
Engelschall
　エンゲルシャル*
Engelsing
　エンゲルジング
Engelsman
　エンゲルスマン
Engelson エンゲルソン
Engelstad
　エンゲルスタート
Engelstein
　エンゲルステーン
Engen エンゲン*
Engene ユージェン
Engénie ウージェニー
Enger
　エンガー*
　エンゲル
Engerer エンゲラー*
Engerman エンガマン
Engert エンガート
Engerth エンゲルト
Engeseth エンジェシス
Engestrom
　エンゲストローム
Engeström
　エンゲストローム
Enggartiasto
　エンガルティアスト
Enghag エングハグ
Enghaus エンクハウス
Eng Hen エンヘン
Engheta エンゲッタ
Enghien
　アンガン
　アンギアン
Engholm
　エンクホルム
　エングホルム*
Engibous
　エンジバス
　エンジボス
Engin エンゲン
Enginger
　アンジャンジェ
Engique エンリケ
Engisch エンギッシュ*
Engjell エンジェル
Englade
　イングレイド*
　イングレード
England
　イングランド**
Englander
　イングランダー**
Engländer
　エングレンダー
Englar エングラー
Englard
　イングラード
　エングラード

Engle
　アングル
　イングル
　エングル***
　エンゲル
Englebert
　アングルベール
　イングレバート
　イングレバート
　エングルベール
Engleder
　エングレーダー*
Englehart
　エングルハート
Engleman
　エングルマン
Englent イングレント
Engler エングラー**
Englert
　アングレール*
　イングラート*
　エングラート
Englich エングリッチ
Englisch
　エングリッシュ
English
　イングリシュ
　イングリッシュ***
Englmaier
　エングルマイアー
Englund
　イングランド
　イングルンド
　エングルン
　エングルンド
Englyst イングリスト
Engman イングマン
Eng-Meng エンミン
Engnell エングネル
Engonga エンゴンガ
Engonga Edjo
　エンゴンガエジョ
Engonga Ndong
　エンゴンガヌドン
Engonga Obiang
　Eyang
　エンゴンガオビアンエ
　ヨン
Engquist
　エンクイスト*
　エンクウィスト
Engqvist
　エングクビスト
Engst エングスト
Engstrom
　エングストローム
　エングストロム
Engström
　エングストレーム
　エングストレム
　エングストローム
Enguerrand
　アンゲラン
Enhager
　イエンハーゲル*
Enhco エンコ*
Enheduanna
　エンヘドュアンナ

エンヘドゥアンナ
Enid
　アニド
　イーニット
　イーニット*
　イーニッド
　エニッド
　エニード
　エニード*
　エニド*
Eniell エニール
Enik エニック
Enill エニル
Enilton エニウトン
Enis エニス
Enke エンケ**
Enkelejd エンケレイド
Enkelmann
　エンケルマン
Enkhbat
　エンクバット**
Enkhbayar
　エンフバヤル**
Enkhbold
　エンクホボルド*
Enkhjargal
　エンフジャルガル
Enkhsaihan
　エンフサイハン
Enkhsaikhan
　エンフサイハン*
Enkhtuvshin
　エンフトブシン
Enki エンキ*
Enkidu エンキドゥ
Enkin エンキン
Enkntuvshin
　エンフトブシン
Enko エンコ
Enlart アンラール
Enlil エンリル
Enloe エンロー*
Enlow
　エンロー
　エンロウ
Enlund エンランド
En-mao エンマオ
Enmebaragesi
　エンメバラゲシ
Enmerkar
　エンメルカル
Enn エン
Enna エンナ
Ennab エンナブ
Ennaoui エナウイ
Enn-Arno エンアルノ
Enneccerus
　エンネクツェルス
Ennemond
　アンヌモン
　エヌモン
　エネモン
　エンヌモン
Ennen
　エネン
　エンネン
Enneper エネッパー

Enner エネル
Ennesser エネッサー
Ennevor エンネバー
Ennew エニュー*
Ennio
　エニオ
　エンニオ***
　エンニョ*
Ennion エニオン
Ennis
　イニス
　エニス**
　エンニス
Ennis-hill エニスヒル
Ennius エンニウス
Enno
　エノ
　エンノ*
Ennodius エンノディウス
Ennor エンナー
Ennos エノス
Enns エンス
Enny エニー
Eno
　イーノ**
　エノ
　エノー
Enoch
　イーノク
　イーノック*
　イノック***
　エノ
　エノク
　エノック*
　ハノク
Enochs イノックス*
Enock イノック
Enocq エノク
Enoka エノーカ
Enokati エノカティ
Enoksen エーノクセン
Enomiya エノミヤ
Enos
　イーノス
　イノス
　エーノス
　エノス
Enōs
　エノシュ
　エノス
Enquist
　エンクイスト*
　エーンクヴィスト
　エンクヴィスト***
Enqvist エンクイスト
Enric
　アンリック
　エンリク
　エンリック
Enrica
　エリカ
　エンリーカ
　エンリカ*
Enrich
　エンリク
　エンリッチ
Enrici エンリーチ

Enrico
　アンリコ**
　エリンコ
　エンリーコ**
　エンリコ***
Enright エンライト***
Enrile エンリレ*
Enrique
　エンリク
　エンリーケ**
　エンリケ***
　エンリック
　エンリッケ
Enriques
　エンリークェス
　エンリークエス
　エンリクェス*
　エンリクエス
　エンリケス*
Enriqueta エンリケタ
Enriquetta エンリケッタ
Enriquez
　エリンク
　エンリケス**
Enríquez エンリケス
Ens エンス
Ensberg
　エンスバーグ*
Ense
　エンセ
　エンゼ
Ensel エンゼル
Ensenada エンセナダ
Ensign エンサイン*
Ensikat
　エンジカット
　エンジカート
Ensing エンサイン
Ensingen
　エンジンガー
　エンジンゲン
Ensink エンシンク
Enskog エンスコク
Ensler エンスラー*
Ensmenger
　エンスメンガー
Ensminger
　インズミンガー
Ensom エンソム
Enson エンセン
Ensor
　アンソール**
　エンサー
　エンソー*
　エンソール
　エンソル
Ensour
　エンスール
　ヌスール*
Enstedt エンステット
Enström
　エンストローム
Entcha-ebia
　エンチャエビア
Entemena エンテメナ
Entemür
　エル・テムル

　エルテムル
　エン・チムール
Enters エンターズ
Entezām エンテザーム
Entfelder
　エントフェルダー
Entine エンタイン
Entiope
　アンチオープ
　アンティオプ
Entrada エントラーダ
Entragues
　アントラーグ
Entralgo エントラルゴ
Entrecasteaux
　アントレカストー
Entrecolles
　アントルコル
Entremont
　アントルモン*
Entsminger
　エンツミンガー
Entwisle
　エンツィッスル
Entwistle
　エントウィスル*
　エントウィッスル**
　エントウィッセル*
Enukidze
　エヌキーゼ
　エヌキゼ
Enunwa エナムウェイ
Enurchus エヌルクス
Enurcius エヌルクス
Enver
　エンヴァー
　エンウェル
　エンベル
　エンパ
　エンベル*
Envo Bela エンボベラ
Envoldsen
　エンヴォルトセン
Enwezor
　エンヴェゾー*
Enya エンヤ*
Enyedi エニェディ
Enz
　エンズ
　エンツ
Enzensberger
　エンツェンスベルガー**
　エンツェンベルガー
Enzi
　エンジ*
　エンツィ
Enzinas エンシナス
Enzinger
　エンツィンガー
Enzio エンジオ
Enzler エンツラー
Enzo
　エンソ
　エンゾ**
　エンゾウ
　エンツィオ
　エンツォ***

Enzola エンツォーラ
Eoba エオバ
Eoban エオバン
Eobanus エオバーヌス
Eochaid エチャイド
Eoff エオフ
Eogan イォーガン
Eoin
　イオイン
　エオイン
　オーイン
　オーウェン
　オウェン
　オーエン**
　ヨアン
Eok エオク
Eon
　イオン
　エオン
Éon エオン
Eon-hie オンヒ
Eormenric
　エオルメンリック
Eors エオルシュ
Eörs エオルシュ
Eörsi エルシ
Eos エイオス
Eös エオス
Eosander
　エオザンダー
　エオザンデル
Eoseewong
　イオシーウォン
Eösze エウセ
Eötvös
　エートヴェシュ
　エトヴェシュ*
　エートヴェッシュ
　エートベシュ
　エトベシュ
　エートベッシュ
　エドベッシュ
Eou-nho オノ
Eovaldi イオバルディ
Ep エベ
Epaínetos
　エバネイト
　エバネト
Epalle エバル
Epam Biribe
　エバムビリベ
Epameinondas
　エパミノンダス
　エバメイノンダス
　エンメイノンダス
Epangue エバンゲ
Epanya エバンニャ
Epaphras エバフラス
Epaphroditos
　エバフロディト
　エバフロデト
Epaphroditus
　エバフロディトス
Eparchius
　エバルキウス
Epatha エバサ

Epaye エバイエ
Epée
　エベ
　エベー
Epel
　イーベル
　エベル*
Epeli エベリ**
Éphesos エフェソス
Ephialtes
　エフィアルテス
Ephialtēs
　エフィアルテス
Ephippos
　エビッポス
　エフィッポス
Ephitadeus
　エビタデウス
Ephland エフランド
Ephoros
　エフォロス
　エポロス
Ephraem
　エフライム
　エフラエム
　エフレム
Ephraim
　イーフリイム
　イーフレイム
　エーフライム*
　エフライム***
　エフレイム*
　エフレム
Éphraïm エフライーム
Ephraimos
　エフライモス
Ephram エフラム
Ephrem
　エフラム
　エフレム
Ephron エフロン***
Ephrussi エフリュッシ
Ephthimiou
　エフシミウ
Epi エピー
Epicharmos
　エピカルモス
Epicles エピクレス
Epictet エピクテートス
Epictetus
　エピクテトス
　エピクテータス
　エビクテタス
　エピクテートス
　エピクテトス
Epicurus エピクロス
Epifanij
　エピファーニイ
Epifanio
　エピファニオ
　エピフォニオ
Epifanovich
　エピファノウィチ
Epigenēs エピゲネス
Epigonos エピゴノス

Epigonus
  エピゴヌス
  エピゴノス
Epik エピック
Epikouros
  エピキュロス
  エピクーロス
  エピクロス*
Epikratēs
  エピクラテス
Epiktētos
  エピクテェトス
  エピクテータス
  エピクテトゥス
  エピクテートス
  エピクテトス
Epimachos エピマコス
Epimenes エピメネス
Epimenidēs
  エピメニデス
Epinay
  エビネ
  エピネー
Épine エピーヌ
Epiphanes
  エピファネース
  エピファネス
Epiphanios
  エピファニオス
Epiphanius
  エピファニウス
  エピファニオス
Episcopius
  エピスコピウス
Epishev エピシェフ
Epitadeus
  エピタデウス
Epitynchanós
  エピテュンカノス
Epke エプケ*
Epker エプカー
Epley エプリー
Epp
  エップ
  エプ
Eppa エッパ
Eppel エッペル
Eppenstein
  エッペンシュタイン
Epper エッパー
Epperly エパリー
Epperson
  エパスン
  エパーソン
Eppert エッペルト
Eppich エッピッヒ
Epping エッピング**
Eppinger
  エッピンガー
  エッピンジエ
  エッピンジャー
Epple エプレ
Eppler
  エップラー
  エプラー**
Eppley エプライ

Eppolit エッポリト
Eppolito エッポリト
Eppridge エプリッジ
Epps
  エップス*
  エプス
Eppstein エプスタイン
Eprime エプリーム
Eprius エプリウス
Epshtein エプシテイン
Epstain エプスタイン
Epstein
  イプシュタイン
  エプシュタイン*
  エプスタイン***
  エプスタン
  エプスティーン
  エプステイン*
  エプステーン
Epston エプストン
Eptadius
  エプタディウス
Epting エプティング
Epulo エプロ
Epworth エプワース
Eqbal イクバール
Eqbāl エクバール
Equiano
  イクイアーノ
  エキアーノ
  エクィアーノ
Equiluz エクヴィルツ
Equitius
  エクイティウス
Equord エクヴォルト
Era
  イアラ
  エラ
Eracle エラクル
Eraka エーラカ
Erakat エラカート
Eral アール
Eraldo エラルド*
Eraliev エラリエフ
Eramo エラーモ
Eran エラン*
Erandt エランド
Eranio エラニオ
Eranskaya
  エランスカヤ
Erāqī エラーキー
Erard
  エラード
  エラール
Érard エラール
Eraric エラリック
Erasistratos
  エラシストラス
  エラシストラトス
Erasmo
  エラスモ
  エラズモ
Erasmus
  エラスマス
  エラズマス

Erasmus*
Eraso エラソ
Erast エラスト
Erastoff エラストフ
Erastus
  イラスタス
  エラスタス
  エラストゥス
Erato エラト
Eratosthenes
  エラトステネース
  エラトステネス
Erauzo
  エラウソ
  エラウゾ
Eray エライ
Erazim エラジム
Erazm エラズム
Erazo エラソ
Erazum エラーズム
Erb
  アーブ
  アープ
  エルブ
  エルプ*
Erba エルバ
Erbach エルバッハ
Erbakan エルバカン**
Erbanova エルバノバ
Erbe エルベ
Erbel アーベル
Erben エルベン**
Erberfelt
  エルベルフェルト
Erberg エルベルグ
Erbermann
  エアバーマン
  エルベルマン
Erbervelt
  エルベルフェルト
Erbey アービー
Erbguth エルプグート
Erbolat エルボラト
Erbprinz
  エルププリンツ
Erbschloe
  アーブシュロー
Erbse エルプセ
Erbury アーベリ
Ercan
  エルカン
  エルジャン
Erch エーリヒ
Erche アーシュ*
Erchul アーチュル
Ercilia エルシラ
Ercilla
  エルシーリャ
  エルシリャ
Ercker エルカー
Erckmann
  エルクマン*
Ercole
  エルコール
  エルコーレ
  エルコレ

Ercoli エルコリ
Ercolini エルコリーニ
Erconwald
  エアコンウァルド
  エルコンワルド
Erdal エルダル***
Erdan エルダン
Erdberg エルドバーグ
Erdei エルデイ
Erdeli
  エルデーリ
  エルデリ
Erdély エルデーイ
Erdélyi
  エルデーイ
  エルディイ
Erdem エルデム
Erdene エルデネ**
Erdenebaatar
  エルデネバートル
Erdenebaator
  エルデネバートル
Erdenebat
  エルデネバト**
Erdenebatyn
  エルデネバティン
Erdenechimeg
  エルデネチメグ
Erdenechimegiin
  エルデネチメグ
Erdenechuluun
  エルデンチュルーン
Erdeni エルデニ
Erdenibatyn
  エルデネバティーン
Érdi エールディ
Erdman
  アードマン**
  エルドマン
Erdmann
  アードマン*
  エードトマン
  エールトマン
  エルトマン**
  エルドマン*
Erdmannsdorff
  エーアトマンスドルフ
  エールトマンスドルフ
  エルトマンスドルフ
Erdmannsdörffer
  エルトマンスデル
  ファー
Erdmute エルドムート
Erdnase アードネス
Erdniev エルドニエフ*
Erdoes
  アードーズ
  アードス**
Erdogan エルドアン*
Erdoğan エルドアン
Erdonmez
  アーダンメズ
Erdos
  エルデス
  エルドス*
Erdös
  エルデーシュ

Erdösi エルデシ
Erdossy エードッシー
Erdrich
  アードリック**
  アードリッチ
Erdt エルト
Erdtsieck
  エルツジーク
Ereateiti エレアタイシ
Erechtheus
  エレクテウス
Erecinski エレチニスキ
Ereck エレック
Erede エレーデ
Ereira エレイラ
Erekat アリカット
Erelle エレル
Erem エレム*
Eremenko エレメンコ
Eremia エレミア
Eremina エリョーミナ
Erëmina エリョーミナ
Eremitani
  エレミターニ
Erēmîtēs
  エレミーテース
Erena
  エレナ
  エレナス
Erenberg エレンバーグ
Erenburg
  エレンブルグ*
Èrenburg
  エレンブルグ
Erendzhen エレンジン
Ereng エレング
Erentreich
  エレントライヒ
Erentrudis
  エレントルディス
Ereškigal
  エレシュキガル
Eresov エレショフ
Ereyanga エレヤンガ
Erez
  イレズ
  エレーズ
  エレツ
Erfert アーファート
Er-fu アルフー
Erfurt エアフルト
Erfurth エルフルト
Ergamenēs
  エルガメネス
Ergas アーガス
Ergash エルガシ
Ergen アーゲン
Ergezen エルゲゼン
Ergian エルギン
Ergil エージル
Ergotimos
  エルゴティーモス
  エルゴティモス

Ergün エルギュン	Érico エリコ	Erivanskii エリバンスキー	Erlich アーリック アーリッヒ* ァァリッヒ エーリッヒ* エルリッヒ*	Ermenegildo エルメネジルド**	
Erguner アルグンエル	Ericson エリクスン エリクソン*	Erixon エリクソン		Ermenrich エルメンリヒ	
Erh イア イヤ	Ericsson エイリークスソン エリクソン** エリックソン	Eriya エリヤ		Ermer エルマー	
		Erizabeth エリザベス		Ermerins エルメリンス エルメレンス	
Erhald エルハルト		Erizzo エリッツオ			
Erhard エーアハルト エアハルト*** エルハルト*		Erja エリア	Erlichman アーリックマン	Ermesind エルメジンデ	
	Erigonē エリゴネ Ērigonē エリゴネ	Erjavec エリヤベツ	Erlick アーリック		
		Erk エルク	Erlih エルリ		
	Erik イーリク イーリック エーリク*** エリク*** エーリック** エリック*** エーリヒ	Erkal エルカール エルカル	Erlin アーリン	Ermete エルメーテ	
Erhardt エアハルト* エルハルト*			Erlinder アーリンダー	Ermey アーメイ	
		Erkan エルカン*	Erling アーリン* アーリング* エーリング	Ermilo エルミロ	
Erhart エーアハルト エアハルト エルハルト		Erkel エルケル		Ermilov エルミーロフ	
		Erkes エルケス		Ermin エルミン	
		Erki エルキ*	Erlinger エアリンガー	Erminia エルミニア	
Erian エリアン*	Érik エリック	Erkin エルキン	Erlinghagen エルリンハーゲン	Erminnie エルミニー	
Erias イーリアス	Erika エーリカ** エリカ**	Erkki アーキ エルキ** エルッキ**		Erminold エルミノルド	
Eriba イレーバ エリバ			Erlingsson エルリングソン エルリンソン	Ermir エルミール	
Eribam エリバム	Érika エリカ	Erla アーラ		Ermita エルミタ	
Eriberto エリベルト	Erikki エリッキ	Erlach エーラッハ エルラッハ エルラハ	Erll エアル	Ermler エルムレル*	
Eribon エリボン	Erikkson エリクソン*		Erma アーマ エルマ**	Ermlich エルムリッヒ	
Eric エーリク エリク*** エリック*** エレック	Eriks エリクス			Ermo エルモ	
	Eriksen エーリクセン エリクセン***	Erlaf エルラフ	Ermachild アーマチルド	Ermolaev エルマラーエフ	
		Erlan エルラン		Ermolaeva エルモラーエワ*	
		Erland アーランド エアラーンド エールランド エルランド**	Ermak イェルマーク イェルマク イェルマック エルマーク エルマク		
Éric エリック**	Erikson エリクスン エリクソン**			Ermolai エルモラーイ	
Erica エーリカ* エリカ***				Ermolao エルモーラオ	
	Eriksøn エーリクソン			Ermold エルモルト	
Erice エリセ*	Eriksson エーリクソン* エリクソン***	Erlande エルランド	Ermakov エルマコーフ エルマコフ	Ermolenko エルモレンコ	
EricGordon エリックゴードン		Erlander エルランダル エルランデル*		Ermolova エルモーロア エルモーロヴァ エルモーロワ	
Erich エーリク エリク エーリック エリック*** エリッチ エーリッヒ*** エリッヒ エーリッヒ*** エリーヒ エリヒ* エールリッヒ	Erim エリム	Erlandson アーランドソン	Ermakova エルマコヴァ エルマコーワ エルマコワ*		
	Erin イアリン イリン エリン***				
		Erlandsson エーランソン エルランドソン	Ermal アーマル	Ermonela エルモネラ	
	Ering エリング		Erman アーマン エルマン*	Ermos エルモス	
	Eringena エリウゲナ	Erlang アーラン		Ern エルン	
	Erinna エーリンナ	Erlanger アーランガー* アーランジャー エルランガー エルランジェ	Ermanaric エルマナリック エルマナリヒ	Erna アーナ* エルナ**	
	Ērinna エーリンナ				
	Erinor エリノア			Ernad エルナド	
	Erio エーリオ		Ermanno エルマンノ***	Ernan エルナン	
	Erion エリオン	Erlbach アールバック*		Ernani エルナーニ**	
Erichsen エーリクセン エリクセン* エリッキセン エリッセン エーリヒゼン*	Eriq エリク	Erlbruch ァァルブルッフ* エールブルック エールブルッフ	Ermanskii エルマンスキー エルマンスキイ	Ernault エルノー	
	Eris エリス			Ernaux エルノー**	
	Erisabeth エリザベス エリザベート		Ermansyah エルマンシャ	Ernback エルンバック	
				Ernblad エルンブラッド	
Erichthonios エリクトニオス	Erishum エリシュム	Erle アール*	Ermarth エルマース エルマート	Erne エルネ	
	Erislandy エリスランディー	Erlé エルレ		Ernest ァァネスト アーニー アーネスト*** アネースト アルネスト アーンスト エルネ エルネスト*** エルンスト*	
Erick エリク エリック**	Erisman エリスマン	Erlebach エルレバッハ			
	Erismann エーリスマン エリスマン	Erlen エルレン	Ermatinger エルマティンガー エルマティンゲル		
Érick エリック		Erlend アーレン*			
Ericka エリカ	Eristavi エリスタヴィ	Erlendssøn エルレンソン	Ermecke エルメケ		
Ericks エリックス	Erišum エリシュム	Erlendur エルレンドゥール*	Ermel アーメル		
Ericksen エリクセン*	Eriugena エリウーゲナ エリウゲナ エリウジェナ		Ermela Doukaga エルメラドゥカガ		
Erickson エリクスン エリックソン*** エリックソン		Erlenmeyer エルレンマイアー エルレンマイヤー		Ernesta アーネスタ エルネスタ	
			Ermelinda エルメリンダ		
Erico エリコ*	Erivan エリバン	Erler エルラー	Ermenault エメノー	Erneste アーネスト	
		Erlhoff アルホフ		Ernesti エルネスティ	

Ernestine
　アーネスタイン
　アーネスティーン
　アーネスティン**
　エルネスタイン
　エルネスタイン
　エルネスティーヌ
　エルネスティーネ
Ernesto
　アーニー
　アーネスト**
　エルネスト***
Ernestus
　アーネスタス
　エルネストゥス
Erni
　エルニ**
　エルニー
Ernie
　アーニー***
　アーニイ
　エルナ
Ernle アーンル*
Ernman エルンマン
Ernnie アーニー
Erno
　エルネー
　エルノー
Ernö
　エルネ
　エルネー
　エルノー*
Ernő
　エルネー*
　エルノー
Ernouf エルヌフ
Ernout エルヌー
Ernsperger
　アーンスバーガー
Ernst
　アーネスト*
　アーンスト*
　アンスト
　エアンシュト
　エアンスト
　エルネスト
　エルンスト***
Ernster アーンスター
Ernstér
　エルンシュテル
Ernu エルヌ
Eröd エレート*
Erofeev
　エロフェーエフ**
Eroféev
　エロフェーエフ
Erofeiev
　エロフェーエフ
Eroglu
　エロウル
　エロール
Eroğlu エロール*
Eroğlu エロール
Erokhin エロヒン
Erol
　エロール*
　エロル
Eronico エローニコ

Eronn エロン
Eros エロス**
Erōs エロス
Eroschenko
　エロシェンコ
Eroshenko
　エロシェンコ**
Erōtiānos
　エロティアノス
Erp エルプ
Erpenbeck
　エルペンベック*
Erpenius エルペニウス
Erpf
　エルプ
　エルプフ
Erpingham
　アーピンガム
Erquicia エルキシア
Erra
　イルラ
　エルラ
Errando エランド
Errani エラニ*
Errath エラート
Errázuriz
　エラースリス
　エラスリス
Erre エール*
Errett エレット
Erri エッリ
Errico エリコ
Errie エリー
Errigo
　エリーゴ
　エリゴ
Errington
　アーリントン
　エリングトン
Erro エロ
Erró
　エッロウ
　エロ
Errol
　エッロル
　エロール***
　エロール**
Erroll
　エロール*
　エロル
Errolle エロール
Errym エリム
Ersan エルサン
Ersch エルシュ
Ersever エルゼバー
Ershad エルシャド**
Ershov
　イェルショフ
　イェルショーフ
　エルショーフ*
　エルショフ
Ershova イェルショワ
Ersin エルシン
Erskine
　アースキン***
　アスキン
　アーツキン

　エルスキン
　オルスキン
Erslan アルスラン
Erslev
　エアスリウ
　エアスレウ
Ersoy エルソイ*
Erspamer
　エルスパメル
Erstad
　アースタッド*
　エルスタッド*
Ersted エルステッド
Ersumer エルシュメル
Erté エルテ**
Ertegun アーティガン*
Ertel アーテル
Erteli
　エールテリ
　エルテリ
Ertem アーテム
Ertgrul エルトゥルル
Erthal エルタール
Ertharin アーサリン*
Ertl
　エルトゥル*
　エルトル**
Ertmer アートマー
Ertugrul
　エルトゥウル
　エルトゥル
　エルトゥールル
　エルトゥルル
Ertuğrul
　エルトゥールル
Ertur エルトゥール
Ertz
　アーツ
　エルツ
Erucius エルキウス
Erudenebaatar
　エルデネバートル
Erueh エルー
Eruera エルエラ
Erugin エルギン
Erum エルム
Erusalimskii
　エルサリムスキー
Erust エルンスト
Ervandvich
　エルバンドヴィチ
Ervasti
　エバスティ
　エルヴァスティ
Erville アーヴィル
Ervin
　アーヴァン
　アーウィン
　アーヴィン**
　アービン***
　エルヴィーン
　エルヴィン**
　エルビン
Ėrvin エルヴィン
Ervina エルヴィーナ

Ervine
　アーヴィン*
　アービン
Erving
　アーヴィン
　アーヴィング*
　アービング*
Ervolini
　エルヴォリーニ
Erwan エルバン
Erwann エルワン
Erwig
　アーウィグ
　エルヴィグ
Erwin
　アーウィン***
　アルビン
　イルウィン
　エアヴィン
　エルウィン**
　エルヴィン
　エルヴィーン**
　エルヴィン***
　エルビーン
　エルビン*
Erwitt アーウィット**
Erxleben
　エルクスレーベン
Ery エリー
Eryani イリヤーニ
Erykah エリカ*
Erykios
　エリューキオス
Eryl エリル
Erysichthon
　エリュシクトン
Erzan エルザン
Erzbach エルツバッハ
Erzberger
　エルツベルガー
Erzen エルゼン
Erzinçlioglu
　エルジンチリオール
Erzsébet
　エリザベス
　エルジェーベト
Erzsi エルジ
Es エス
Esa エサ**
Esabelle イザベル
Esad
　イサド
　エサッド
　エサト
Esagui エサギ
Esai
　イーサイ
　エサイ
Esaias
　イザヤ
　エサイアス
　エザイアス
　エサイヤス
Esajas エザーヤス
Esam エサム
Esar エサル
Esarhaddon
　アサルハドン

　エサルハッドン
　エサルハドン
Esasky エサスキー
Esat エサト
Es'at
　エサット
　エサト
Esau
　エサウ*
　エソー
Esaú エサウ
Esaw エサオ
'Ēsāw エサウ
Esbaum エスバウム
Esben エスベン*
Esbernsen
　エスベアンセン
Esbjörn エスビョーン
Esbjørn エスビョルン
Escaich エスカイシェ
Escaith エスカット
Escalaïs エスカレ
Escalante
　エスカランテ*
Escalle エスカル
Escallier エスカリエ
Escalona エスカロナ
Escamilla
　エスカミーリャ
Escandell
　エスカンデル
Escardó エスカルド
Escarpit エスカルピ
Escarra
　エスカーラ
　エスカラ
　エスカルラ
Esch
　エシュ
　エッシュ*
Eschauzier
　エシャウツィアー
Eschbach
　エシュバッハ**
　エスグバク
　エスクバック
Eschen エッシェン
Eschenbach
　エシェンバッハ
　エシェンバハ
　エッシェバッハ
　エッシェンバッハ**
　エッシェンバハ*
　エッセンバッハ
　エンシェンバッハ
Eschenburg
　エッシェンブルク
Eschenmayer
　エッシェンマイアー
　エッシェンマイエル
Eschenmoser
　エッシェンモーザー*
Escher
　エシャー
　エスヘル
　エッシェー
　エッシェル
　エッシャ

エッシャー**
エッセル*
Escherich
　エシェリッヒ
　エッシェリヒ
Eschert エシェルト
Eschig エシーク
Eschler エシュラー
Eschmann
　エッシュマン
Eschmeyer
　エシュマイヤー
Escholier エスコリエ
Eschscholtz
　エッシュショルツ
Eschtruth
　エストゥルース
Eschweiler
　エシュヴァイラー
Esclangton
　エスクラントン
Escobar
　エコバル
　エスコバ
　エスコバー
　エスコバル**
Escobar Guerrero
　エスコバルゲレロ
Escobedo エスコベド
Escofet エスコフェット
Escoffier
　エスコフィアー
　エスコフィエ**
Escolástico
　エスコラスティコ
Escorza エスコルザ
Escot エスコット
Escoto エスコト
Escott エスコット
Escoubas エスクーバ
Escourolle
　エスクロール
Escriba エスクリバ
Escribano
　エスクリバーノ*
Escritt エスクリット
Escriu エスクリュー
Escriva エスクリバー
Escrivá
　エスクリバ
　エスクリバー*
Escuardo エスクアルド
Escude エスクード
Escudero
　エスクデーロ
　エスクデロ*
Escudié
　エスキュディエ
Escudier
　エスキュディエ
Escueta
　エスキュータ
　エスクイタ
Escuredo エスクレド
Esdaile
　エスデイル
　エズデイル

Esdra エスドラ
Esdras
　エスドラス
　エズラ
Ese エセ
Esebua エセブア
Esekia エセキア
Eseler エッセラー
Eselu エセル*
Esen エセン*
Esenamanov
　エセナマノフ
Esenbeck
　エーゼンベック
Esenbel エセンベル*
Esenberlin
　エセンベルリン
Esen Bukha
　エセンブカ
　エセンブハ
Esenin エセーニン**
Esenmyrat
　エセンムイラト
Eser エーザー*
Eṣfahānī
　エスファハーニー
Esfandiar
　エスファンディアル
　エスファンディヤル*
Esfandiari
　エスファンディアリ
Esfandiyar
　イスファンディヤール
　エスファンディヤール
Esfir エスフィリ
Esgaio エスガイオ
Eshaelman
　エッシェルマン*
Eshag エシャグ
Esham エシャム*
Eshaq エシャク
Esheev エシェーエフ
Eshel エシェル*
Eshelman
　エシェルマン
Esher エッショル
Esherick エシャリック
Eshet エシェット
Eshete エシェテ
Eshima エシマ
Eshimova エシモワ
Eshkol
　エシコル
　エシュコル*
Eshleman
　エシュルマン
Eshof エフソ
Eshpay エシパイ
Eshraghian
　エシュラギアン
Eshuh
　エーシュフ
　エシュフ
Esi エシ
Esimov エシモフ
Esin エーシン

Esipenok エシペノク
Esipov イェシポフ
Esipova
　エーシポヴァ
　エシポヴァ
Esisha エリーシャ
Eska エスカ
Eskandari
　エスキャンダリ
Eskdale エスクデール
Eskeles エスケルス
Eskenazi
　エスケナージ
　エスケナズィ
Eskens エスケンス
Eskerod エスケロゥ
Es'kia エスキア**
Eskil エスキル
Eskin エスキン
Esko エスコ**
Eskola
　エスコーラ
　エスコラ
Eskolin エスコリン*
Eskow エスコフ
Eskridge エスクリッジ
Eslām エスラーム
Eslanda エスランダ
Eslava
　エスラーバ
　エスラバ
Eslick エスリック
Eslinger エスリンガー
Esma エスマ*
Esmaeilpoorjouybari
　エスマイルプルジュイ
　バリ
Esmahan エスマハン
Esmail
　エスマイル
　エスメイル
　エズメイル
Esmā'īl エスマーイール
Esman エスマン*
Esmarch
　エスマルク
　エスマルヒ
Esmat エスマト**
Esme エスメ*
Esmé
　エスメ
　エズメ
　エズメイ
Esmee エスミー
Esmein
　エスマイン
　エスマン*
Esmeralda
　エスメラルダ
Esmir エズミール*
Esmon エスモン
Esmond
　エスモント
　エスモンド
　エズモンド**
Esna エスナ

Esono Ava エソノアバ
Esono Edjo
　エソノエジョ
Esono Eyang
　エソノエヨン
Esono Oworonfono
　エソノオウォロスフォ
　ノ
Espada
　エスパーダ*
　エスパダ
Espaillat
　エスパイジャット
　エスパイヤ
España エスパーニャ
Espanca
　エスパンカ
　エスパンサ
Espartaco
　エスパルタコ*
Espartero
　エスパルテーロ
　エスパルテロ
Esparza
　エスパルサ
　エスパルザ*
Espayaldo
　エスパヤルド
Espat エスパト
Espe エスペ
Espejo
　エスペーホ
　エスペホ
Espeland エスペランド
Espelid エスペリド
Espen エスペン**
Espence エスパンス
Espenschied
　エスペンシード
Espense エスパンス
Espenson
　エスペンソン
Esper
　エスパ
　エスパー*
Esperança
　エスペランサ
Esperance
　エスペランス
Esperanto
　エスペラント
Esperanza
　エスペランサ*
　エスペランザ
Espersen
　エスパーセン
　エスパセン
Espert エスペル*
Esphyr
　エスフィア
　エズフィール*
Espie エスピー
Espin エスピン**
Espín エスピン
Espina
　エスピーナ
　エスピナ

Espinal エスピナル
Espinar
　エスピナール
　エスピナル
Espinas
　アスピナス
　エスピナ
　エスピナス*
Espinàs
　アスピナス
　エスピナス
'**Espinasse**
　エスピーナス
Espinel エスピネル
Espineli エスピネリ*
Esping エスピン*
Espino エスピノ
Espínola エスピノラ
Espinosa
　エスピノーサ**
　エスピノーザ**
　エスピノサ***
Espinoza
　エスピノーザ
　エスピノサ**
　エスピノザ*
Espiritu エスピリト
Espírito エスピリト
Espiritu エスピリトゥ
Espíritu エスピリトゥ
Esplá エスプラ
Espmark エスプマルク
Esponda エスポンダ
Esposito
　エスポジイト
　エスポージト
　エスポシト
　エスポジート*
　エスポジート**
　エスポズィート
　エスポズイト
Esposti エスポスティ
Espot
　エスポ
　エスポット
Espot Zamora
　エスポットサモーラ
Espoz エスポス
Espriella エスブリエヤ
Esprit
　エスプリ
　エスプリー
Espriu エスプリウ
Espronceda
　エスプロンセーダ*
　エスプロンセダ
Espy
　エスピー
　エスピ
　エスピー*
Esquemeling
　エスケメリング
Esquerda エスケルダ*
Esquerra
　エスクェラ
　エスケーラ

Esquibel エスキベル
Esquilinus
　エスクィリヌス
Esquirol
　エスキロール
　エスキロル
Esquiros エスキロス
Esquith エスキス
Esquiú
　エスキウ
　エスキウー
Esquivel
　エスキヴェル
　エスキベール
　エスキベール***
Esra エズラ
Esraa エスラア
Esrey エズレー
Esrom エスローム
Ess エス*
Eß エス
Essa
　イーサ
　エサ
Essad
　イサド
　エッサド*
Essai エッサイ
Essam
　イーサム
　イサーム*
　イサム
　エサム
　エッサム
Essawi エサウィ
Essbaum エスバウム
Esselborn
　エッセルボルン
Esselstyn
　エセルスティン
Essen エッセン**
Essene
　エッシーン
　エッセン
Essenius エセニウス
Esser
　エセル
　エッサー**
Essers エッサース
Essex エセックス**
Essi エッシ
Essiambre
　エッサンブレ
Essid シド*
Essie エッシー*
Essien
　エシアン
　エシエン*
　エッシアン
　エッシェン*
Essig
　エシッグ
　エッシグ*
Essimi エシミ
Essimi Menye
　エシミメンイ
Essinger エッシンガー

Essipoff エシポフ
Essipova エシポワ
Essl エッスル
Esslemont
　エッセルモント
Essler エッスラー
Esslin エスリン
Esslinger エスリンガー
Essman エスマン*
Esso
　エソ
　エッソ
Essoe エソー
Essola エッソラ
Essombe Tiako
　エソンベティアコ
Esson
　エスン
　エソン
　エッソン
Essono
　エソネ
　エソノ
Essop
　エソップ
　エソプ
Essossimna エソジムナ
Essou エス
Essozimna エソジムナ
Esswein
　エッスヴァイン
Essy エシー**
Est エスト
Esta エスタ
Establet エスタブレ
Estabrook
　エスタブルック
Estaing エスタン
Estall エストール
Estang エスタン*
Estanguet
　エスタンゲ**
Estanislao
　エスタニスラオ
Estanislau
　エスタニスラウ
Estañol エスタノール
Estaugh
　エスタウフ
　エストウ
Estaunie
　エストーニエ
　エストニエ
Estaunié エストーニエ
Estauteville
　エストウトビル
Estcourt エストコート
Este エステ
Esteban エステバン**
Estébanez
　エステバネス
Estee
　エステイ
　エステー
Estée
　エステイ

Estefan エステファン*
Estefanos
　エステファノス
Estel エステル*
Estela エステラ**
Estelita エステリータ
Estella
　エステラ**
　エステリャ
Estelle
　エステール
　エステル**
Estellon エステロン
Estemirova
　エステミロワ
Esten エステン
Estenne エステンヌ
Estense エステンセ
Estenssoro
　エステンソロ**
Estenstad
　エステンスタット
Estep エステップ
Estephane
　エステファン
Ester
　エスタ
　エスター*
　エステル*
Estēr エステル
Esterbauer
　エスターバウアー
Esterhazy
　エステラジー
　エステルアジ
　エステルハージ
　エステルハージー
　エステルハージィ
　エステルハツイ
Esterházy
　エステルハージ***
Esterl エステル*
Estermann
　エスターマン
Esterow エステロウ
Esterson
　エスターソン*
Estes
　エスティーズ
　エスティス**
　エスティズ
　エステス***
Esteva エステバ
Estevan エステバン
Estêvão
　エシュテヴァン
　エシュテーバン
Estevanico
　エステバーニコ
Esteve
　エスティーヴ
　エスティヴ
　エスティブ
　エステーベ
　エステベ
Estéve エステーヴ

Estève
　エスティーヴ
　エステーヴ*
　エステーベ
Esteves
　エステーヴェス
　エステヴェス
　エステベス
Estéves エステベス
Estevez
　エステヴェス
　エステヱェス
　エステベス*
Estévez エステベス
Estey エステイ
Esthelle エステル
Esther
　イーサー
　エセル
　エスタ**
　エスター***
　エステル***
　エスフィリ
　エッシャー
Esther Nenadi
　エスターネナディ
Estiarte
　エスティアルテ
Estienne
　エスティエンヌ
　エティエンヌ
Estifanos
　エスティファノス
Estigarribia
　エスティガリビア
　エスティガリビャ
Estil エスティル**
Estin エスタン
Estius エスティウス
Estivill エスティビル*
Estlander
　エストランデル
Estleman
　エスルマン**
　エルスマン
Estlin エストリン*
Estol エストル
Estomih エストミ
Estori エストリ
Estoril エストリル
Estournelles
　エストゥールネル
　エストゥルネル
Estournellest
　エストゥルネル
Estrada
　エストラーダ**
　エストラーダ***
Estrada Falcon
　エストラダファルコン
Estrade エストラーデ
Estrades エストラード
Estrées
　エストレ
　エトレ
Estreich エストライク
Estreicher
　エストライヘル

Estrella エストレリヤ
Estrich エストリッチ*
Estridsen
　エストリッセン
Estridson
　エストリズセン
Estrosi エストロジ
Estrup
　エーストロプ
　エストロプ
Estuardo
　エストゥアルド
　エストゥアルド
Estulin エスチューリン
Estvanki
　エストヴァンキー
Estwick
　エストウィック
Esty エスティ
Esuene エスエネ
Esui エスイ
Esukārin
　エースカーリン
Esuvius エスウィウス
Eswaran エスワラン
Eswood エスウッド
Eszterhas
　エスターハス*
　エスターハズ*
Et エト
Eta
　エータ
　エタ
　エッタ
Etah エタ
Étaín
　エーダイン
　エーディン
Etaix エテックス
Étaix
　ウーテ
　エテックス*
Etampes エタンプ
Etan イータン*
Etana エタナ
Etchahun エチャフン
Etchebarren
　エッチェバーレン
Etcheberry エチェベリ
Etchécopar
　エチェコパル
Etchegoin
　エトシュゴワン
Etchelecu エチェレク
Etchells エッチェルズ
Etchemendy
　エチェメンディ
　エチメンディ*
Etchépare
　エチェパール
　エチュパール
Etcherelli エチェレリ
Etcheverry
　エチェヴェリー
　エチェベリ*
　エチュヴェリー

Etchika エチカ
Etchison
　エチスン
　エチソン
Etcoff エトコフ*
Ete エテ
Eteki エテキ*
Etel
　エティル
　エテル
Etele エテレ
Etelka エテルカ
Etem エテム
Etemad エトマッド
E'temād al-Salṭane
　エーテマードッッサル
　タネ
Etenesh エテネシュ
Eteoklēs エテオクレス
Eter エテル
E'tesāmī
　エーテサーミー
　エテサーミー
E'tesāmī エテサーミー
Etesias エテシアス
Etex
　エテクス
　エテックス
Etgar
　エットガール
　エトガー*
　エトガル
Etgen エッチェン
Ethan
　イーサン***
　イーザン
Ethbaal エトバアル
Ethel
　エセル***
　エソル
　エテーリ
　エーテル
　エテル
Ethelbald
　エセルバルド
Ethelbert
　エセルバート
　エゼルバート
　エセルベルト
　エゼルベルト
　エテルベルト
Ethelburga
　エセルバーガ
　エゼルバーガ
　エテルブルガ
Etheldreda
　エセルドレダ
　エゼルドレーダ
　エテルドレダ
Ethelfleda
　エセルフレダ
Ethelfrid
　エセルフリッド
Ethelhard
　エセルハード
　エゼルハルド
Ethell エセル*

Ethelnoth エゼルノス
Ethelred
　アイルレッド
　アエルレッド
　エセルレッド
　エゼルレッド
Ethelreda
　エセルリダ
　エセルレダ
Ethelreid エセルリード
Ethelwold
　エセルウォルド
　エゼルウォルド
　エテルウォルド
Ethelwulf
　エセルウルフ
Ethem
　エテム
　エトヘム
Etheredge イサレッジ
Etherege
　エサリッジ
　エサレジ
　エセレッジ
Etherianus
　エテリアヌス
Etheridge
　イーサリッジ
　エサリッジ*
　エスリッジ*
　エセリッジ*
Etherington
　イスリントン
　エザリントン
Ethier
　イーシア*
　イーシアー*
Ethievant
　エティヴァン
Ethlie エスリー
Ethnenn エトネン
Ethridge エスリッジ
Eti エティ*
Etiemble
　エチアンブル
　エティアンブル
　エティヤンブル*
Étiemble
　エチアンブル
　エチヤンブル
　エティヤンブル
Etiene エティエネ
Etienne
　エチアン
　エチアンヌ
　エチエヌ
　エチエンヌ**
　エティエーヌ*
　エティエンヌ*
　エティエンヌ***
　エティエンネ
　エティエ*
　エティーネ
Etiénne エティエンヌ
Étienne
　エチアヌ
　エチアンヌ
　エチエン
　エチエンヌ

エチエンヌ*
エティアンヌ
エティエン*
エティエンヌ***
エディエンヌ
Etiennes エティエンヌ
Etionne エティエンヌ
Etkin エトキン
Etkind エトキンド
Étkind エトキンド
Etna エトナ
Eto
　エトー*
　エトゥ*
Etokin エトキン
Etomonia エトモニア
Etone エトネ
Eto'o
　エトー
　エトオ**
Etoundi Ngoa
　エトゥンディヌゴア
　エトゥンディンゴア
Etow イートー
Etra エトラ
Etrit エトリト
Etro エトロ*
Etruscilla
　エトルスキラ
Etruscus エトルスクス
Ets エッツ*
Etsuko エツコ
Ett エット
Etta
　エタ**
　エッタ*
Ettaieb タイエブ
Ettedgui エテギー*
Ettel エッテル
Ettel' エッテリ
Etten エッテン
Ettenberg
　エッテンバーグ*
Etter エッター*
Etti エッチ
Ettie エティー
Ettiene エチエンヌ
Etting エッティング
Ettinger
　エッチンガー
　エッティンガー**
　エティンガー**
　エティンゲル
Ettinghausen
　エッティングハウゼン
Ettingshausen
　エティングスハウゼン
Ettlin
　エチリン
　エトリン
Ettling エッティング
Ettlinger
　エットリンガー*
Ettore
　エットゥレー
　エットーレ**

エットレ***
エットレー
Ettouhami エットハミ
Ettten エッテン
Ettus エトゥス
Ettwein
　エットヴァイン
Etty
　エッティ
　エティ*
　エティー
Etuate エトゥアテ
Etuhu エトゥフ
E'Twaun イートワン
Etxarri エチャリ
Etxebarria
　エチュバリア
Etxeita エチェイタ
Etxepare エチェパレ
Etzebeth エツベス
Etzel
　エゼル
　エッツエル
Etzen エッツェン
Etzioni
　エチオーニ*
　エツィオーニ*
Etzkowitz
　エツコウィッツ
Etzler エツラー
Eu ユー
Euagoras
　エウアゴラース
　エウアゴラス
Euagrios
　エウアグリオス
　エウアグリオース
Euágrios
　エウアグリオス
Euainetos
　エウアイネトス
Euan
　ユーアン
　ユアン*
Euander エウアンデル
Euandros
　エウアンドロス
Euárestos
　エウアレストス
Euaristus
　エウアリストゥス
Eubank ユーバンク
Eubanks
　ユーバンクス*
Eubel オイベル*
Euben ユーベン
Eubie ユービー*
Euboulides
　エウブゥリデス
　エウブリデス
Eubulidēs
　エウブリデス
Eubulos
　エウブーロス
　エウブロス
Eucario エウカリオ
Euchaita エウカイタ

Eucharius
　エウカリウス
Eucherius
　エウケリウス
Euchi ウシ
Eucken
　オイケン*
　オイッケン
Eucleidas
　エウクレイダス
Eucleides
　エウクレイデス
Euclid
　エウクレイデス
　ユークリッド*
Euclides
　エウクリージス
　エウクリーデス
　エウクリデス*
　エフクリディス
　ユークリデス
Eucratides
　エウクラチデス
　エウクラティデス
Eudamidas
　エウダミダス
Eude
　ウード
　ユード
Eudēmos エウデモス
Eudes
　ウード
　エウデス
　オド
　ユデ
　ユード
Eudo ウード
Eudocia
　エウドキア
　エウドクシア
Eudora
　ユードーラ
　ユードラ***
　ユドーラ
Eudōros
　エウドーロス
　エウドロス
Eudoxe ウードース
Eudoxia エウドクシア
Eudóxios
　エウドクシオス
Eudoxos
　エウドクソス
　ユードクソス
Euell ユール
Euēnos エウエノス
Euen-sook ウンスク
Euergetes
　エウエルゲテース
　エウエルゲテス
Eugeen ユージン
Eugelhardt
　エンゲハルト
Eugen
　エウゲニー
　エウゲーニ
　エウゲン*
　エウジェン*
　オイゲネ

オイゲネー
オイゲーン*
オイゲーン***
ユーゲン
ユジェーヌ
ユーシェン
ユージェン
ユージン
Eugèn ウーゼン
Eugene
　イゥジーン
　ウージェニー
　ウージェーヌ
　ウジェーヌ**
　ウジェンヌ
　ウジェンヌ
　ウーゼーヌ
　エウゲーヌ
　エウジェーヌ
　エウジェンヌ
　エブゲーニー
　オイゲネ
　オイゲーン
　オイゲン
　ユウジイン
　ユウジニエヌ
　ユウジン
　ユーゲーネ
　ユーゲン
　ユージェーヌ*
　ユジェーヌ
　ユージェン*
　ユージェンヌ
　ユジューヌ
　ユージーン***
　ユージン***
　ユジーン
　ユーゼーヌ
Eugéne
　ウージェーヌ
　ウジェヌ
　ユージェーヌ
　ユージン
Eugène
　ウジェーヌ
　ウージェーヌ***
　ウージェヌ
　ウジェーヌ**
　ウジェヌ
　ヴジェーヌ
　ヴェーヌ
　ウジューヌ
　エウジェンヌ
　エウゼーヌ
　ユーシイヌ
　ユジエエヌ
　ユーシェーヌ
　ユージェーヌ*
　ユージェヌ
　ユジェーヌ*
　ユーシェーヌ
　ユージェン
　ユージェンヌ
　ユージース
　ユジューン
　ユージーン**
　ユジーン
　ユーゼーヌ
　ユゼーヌ
　ワージェヌ
Eugenene ユージン

Eugeni エウジェーニ
Eugenia
　ウェヴゲニア
　エウゲニア*
　エウヘニア*
　ユージェニア
　ユージーニア*
　ユージニア***
Eugenides
　ユージェニデス**
Eugenie
　ウージェニィ
　ウージニー
　エウジニー
　オイゲーニエ
　ユージェニー
　ユジニー
　ユージニー*
Eugénie
　ウージェニー
　ウジェニー*
　エウジェニア
　ユージェニー
　ユジェニー
　ユジェニー
Eugenijus
　エウゲニウス
　ユージニアス
Eugenikos
　エウゲニコス
Eugenikós
　エウゲニコス
Eugenio
　エウゲニオ
　エウジェーニオ***
　エウジェニオ***
　エウゼニオ
　エウヘーニオ
　エウヘニオ**
　ユージェイニオウ
　ユージェニオ**
Eugénio エウジェニオ
Eugenios
　エウゲニオス
　エヴゲニオス
Eugenius
　エウゲニウス*
　ユージニアス
Eugeniusz
　エウゲニューシ
　エウゲニュシュ
　ユージーナス
Eugeniy エフゲニー*
Eugeny エフゲニー
Eugippius
　エウギッピウス
Eugster
　オイクスター
　ユーグスター
Euh オ
Euhēmeros
　エウエメロス
　エウヘーメロス
　エウヘメロス
Eui-chul イチョル
Eui-jang イジャン
Eui-joong イジュン
Eui-sang イサン

Eui-suk イソク
Eui-sun ウィソン
Eui-yong ウィヨン
Eúkairos エウカイロス
Eukleidas
　エウクレイダス
Eukleidēs
　ユークリッド
Eukleidēs
　エウクレイデス
　エウクレイデス
　ユークリッド
Eukratidēs
　エウクラティデス
Euktēmōn
　エウクテーモーン
Eula ユーラ
Eulalia エウラリア
Eulalie ユーラリー*
Eulalius
　エウラーリウス
　エウラリウス
Eulau ユーロー
Eulberg ユールバーグ
Eul-dong ウルトン*
Eulenberg
　オイレンベルク*
　オイレンベルグ
Eulenburg
　オイレンブルク*
　オイレンブルフ
Eulenspiegel
　オイレンシュピーゲル
Euler
　オイラー**
　オイレル
Euller エウレル
Eulls ユールズ
Eulmash エウルマシュ
Eulo ユーロ*
Euloge ユロージュ
Eulogio エウロヒオ
Eulógios エウロギオス
Eulogius
　エウロギウス
　オイロギウス
Eumaios エウマイオス
Eumelos
　エウメーロス
　エウメロス
Eumenēs
　エウメネース
　エウメネス
Eumenidēs
　エウメニデス
Eumenius
　エウメニウス
Eumolpos
　エウモルポス
Eumorfopoulos
　ユーモルフォプロス
Eun ウン**
Eunapios
　エウナピオス*
Eunbyul ウンビョル
Eun-chul ウンチョル

Eung-jin ウンジン
Eung-oh ウンオ
Eung-ryul ウンヨル
Eung-soo ウンス
Eung-sul ウンスル
Eungwol ウングォル
Eun-ha ウナ
Eun-hee
　ウニ
　ウンヒ
Eun-Hwa ユンファ
Eun-hye ウネ*
Eunhyuk ウニョク
Eunice
　エウニセ
　ユーナス
　ユーニス***
　ユニス***
Eunice Jepkirui
　ユニスジェブキルイ
Eunício エウニシオ
Euníkē
　エウニケ
　ユニケ
Euníkos エウニコス
Eun-ji ウンジ
Eun-joo ウンジュ
Eun-ju ウンジュ*
Eun-jung ウンジュン
Eunjung
　ウンジョン
　ウンジュン
Eun-ku ウング
Eun-kyeong
　ウンギョン*
Eun-kyoung
　ウンギョン
Eun-kyu ウンギュ*
Eun-kyung
　ウンギョン*
Eun-O ウノ
Eunomios
　エウノミオス
Eunomus エウノモス
Eunos ユノス
Eun-sang ウンサン
Eunson ユンソン*
Eun-soo ウンス
Eunsook ウンスク
Eun-sun ウンソン*
Eun-sup ウンサップ
Eunus エウヌス
Eun-yong ウニョン
Eun Young ウンヨン
Eun-young ウニョン
Eunyoung ウニョン
Euodía
　エボディア
　ユオデヤ
Euodios
　エウオディオス
Euódios
　エウオディオス
Euodos エウオドス

Eupalinos
　エウパリヌス
　エウパリノス
Eupator
　エウパトール
　エウパトル
Eupen エーベン*
Euphan ユーファン
Euphemia
　エウフェミア
　ユーフェミア
Euphēmía
　エウフェーミア
　エウフェミア
Euphemios
　エウフェミオス
Euphoriōn
　エウフォリオン
　エウポリオーン
　エウポリオン
Euphranōr
　エウフラーノール
　エウフラノル
Euphrase ユフレイズ
Euphrasia
　エウフラシア
　エウフラジア
Euphrasía
　エウフラシア
Euphrasie
　ユーフラジ
　ユフラジー
Euphrōn エウフロン
Euphronios
　エウフロニオス
　エウプロニオス
Euphrosyne
　エウフロシヌ
　エウフロスネ
Eupolemos
　エウポレモス
Eupolis エウポリス
Eupraxia
　エウプラクシア
Euqenio エウヘニオ
Euranie ウラニ
Eurell エウレル
Euren
　エウレン
　オレイン
Eurich
　エウリクス
　エウリーコ
　エウリコ
　エウリック
　エウリッヒ
　ユーリック
　ユーリッチ
Euricius
　エウリキウス
　エウリクス
Euricles エウリクレス
Euringer オイリンガー
Euripedes
　エウリッピデス
　エウリペデス
Euripides
　エウリーピデース

Euripidès エウリーピデース / エウリピデース / エウリピデス
Eurīpídēs エウリーピデース / エウリピーデース / エウリピデス / ユーリピデス
Eurípídēs エウリーピデース / エウリピデス
Eurlings ユーリングス
Eurōpē エウローペー / エウロペ
Eurotas ユロウタス
Eurudice ユーリディシー*
Eurudikē エウリュディケ
Eury ユーリー
Eurybiadēs エウリピアデス / エウリュビアデス
Euryclea エウリュクレイア
Eurycrates エウリクラテス
Eurycratidas エウリクラティダス
Eurydice ユーリディス
Eurypon エウリポン
Eurystheus エウリュステウス
Eurytos エウリュトス
Eusden ユースデン
Euse ウーズ
Eusèbe ウゼーブ
Eusebia エウセビア
Eusebio エウセビオ* / エウゼービオ / エウゼビオ**
Eusébio エウゼビオ
Eusebios エウセビオス / エウセビオス* / エウゼビオス
Eusébios エウセビオス
Eusebiosof エウセビオス
Eusebius エウセビウス / エウセビオ / エウセビオス / エスセビウス / オイゼービウス / オイゼビウス / ユシービアス
Euske エウスク
Eustace ユースタス** / ユスタス* / ユーステイス / ユーステース / ユーステス

Eustach オイスタッハ
Eustache ウスターシュ / ウスタシュ / ウスタッシュ / ユスターシュ* / ユスタシュ
Eustachio エウスターキオ / エウスタキオ / エウスターキョ / オイスタヒー / ユースタキオ / ユースターキョ
Eustachius エウスターキウス / エウスタキウス
Eustarckio ユースタキオ
Eustasio エウスタスィオ
Eustasius エウスタスィウス
Eustathios エウスタチオス / エウスタティオス
Eustáthios エウスタティオス
Eustathius エウスタティオス
Eustis ユースティス
Eustochia エウストキア
Eustochium エウストキウム
Eustratios エウストラティオス
Eustratos エウストラトス
Eustrel ユーストレル
Euthalios エウタリオス
Euthálios エウタリオス
Euthana ユータナ / ユッタナー*
Eutherios エウテリオス
Euthérios エウテリオス
Eutherius エウテリウス
Euthychios エウテュキオス
Euthydēmos エウチデモス / エウティーデーモス / エウテュデーモス / エウテュデモス
Euthydemus エウチデモス
Euthykrates エウテュクラテス
Euthymenēs エウテュメネス
Euthymides エウテューミデース / エウテュミデス
Euthymidēs エウテュミデス

Euthymios エウテュミオス
Euthýmios エウテュミオス
Euthymius エウティミウス
Eutichio エウティーキオ
Eutokios エウトキオス
Eutropius エウトロピウス
Eutychēs エウチュケス / エウテュケース / エウテュケス
Eutychianus エウティキアヌス / エウテュキアーヌス / エウテュキアヌス / エウテュキデス
Eutychides エウティキデス / エウテュキデス
Eutychidēs エウチュキデス / エウテュキデス
Eutychios エウテュキオス
Eutýchios エウテュキオス
Eutychius エウティキウス
Eútychos エウティコ / ユテコ
Eutychus エウティコ
Euwadee ユウワディー
Euwe ウーヴェ
Euwer ユウワー**
Euy-woong イウン
Euzhan ユーザン*
Euzoios エウゾイオス
Eva イーヴァ* / イヴァ / イーバ / イバ / エーヴァ** / エヴァ*** / エーバ* / エバ*** / エーファ** / エファ*
Éva エーヴァ** / エバ**
Evadne エヴァドニ
Evagoras エバゴラス
Evagrius エヴァグリウス / エヴァグリウス / エウアグリオス / エバグリウス
Evair エバイール
Evald エーバルド
Eval'd エーヴァルド
Evaldas エバルダス

Evaline イーヴリン* / イーブリン / エヴァリン / エバライン / エバリン
Evalyn イーヴァリン / エヴァリン
Evamy イヴァミー / エヴァミー
Evan イーヴァン* / イヴァン / イバン* / イワン* / エヴァン** / エバン***
Evance エヴァンス / エバンス*
Evancho エヴァンコ
Evander イヴェンダー / イベンダー** / エヴァンデル / エヴェンデル
Evandro エヴァンドロ
Evaneshko エヴァネスコ
Evang エヴァング
Evangelia エバンゲリア
Evangelina エヴァンゲリーナ / エバンゲリナ / エバンジェリナ
Evangeline エヴァンジェリン** / エバンジェリン
Evangelios エバンジェリオス
Evangelist エヴァンゲリスト
Evangelista エヴァンゲリスタ / エヴァンジェリスタ / エヴァンゲリスタ / エバンジェリスタ / エバンヘリスタ*
Evangelisti エヴァンジェリスティ** / エバンジェリスチ
Evangelos エバンゲロス*
Evanghelatos エバンゲラトス
Evanghelos エヴァンゲロス* / エバンゲロス
Evanier エヴァニア / エヴァニアー / エバニアー
Evanilson エバニウソン
Evanoff エバノフ

Evanovich イヴァノヴィッチ** / イバノビッチ
Evans イヴァンス / イバンス / エヴァン / エヴァンス*** / エヴァンズ** / エヴァンズ / エバンス*** / エバンズ***
Evanse エヴァンス
Evanson エヴァンスン / エヴァンソン / エバンソン*
Evanthia エヴァンシア
Evarett エバレット
Evarist エバリスト
Evariste エヴァリスト / エバリスト
Évariste エヴァリスト / エバリスト
Evaristo エヴァリスト* / エバリスト**
Evaristre エバリストル
Evaristus エヴァリストゥス
Evart エヴァート
Evarts エヴァーツ
Evaskus エヴァスカス
Evatt エヴァット* / エヴァット / エバット
Evcéevich エフセーヴィチ
Evdaev エフダーエフ
Evdokia エヴドキア
Evdokiia エヴドーキヤ / エヴドキヤ
Evdokimoff エフドキーモフ / エフドキモフ
Evdokimov エフドキーモフ*
Evdokímov エヴドキーモフ
Evdokimova エフドキモヴァ / エフドキモバ / エフドキモフ**
Evdokimovich エヴドキモヴィチ
Evdokiya エヴドキヤ / エブドキヤ
Eve イーヴ* / イヴ*** / イーブ / イブ*** / エーヴ* / エヴ*

エヴァ
エバ*
Ève
イヴ
エーヴ
エヴ
エーブ
Evehema エヴェヘマ
Evein
ウーヴェン
エヴァン
Evel
イーヴェル
イーベル
Eveland イブランド
Evelegh エヴレッグ
Evelina エヴェリーナ
Eveline
イーヴリン
イブリン
エヴェリーン
エヴェリン*
エヴリーヌ
エヴリン*
エベリーネ
エベリネ
エベリーン
エベリン**
Éveline エヴリーヌ
Evelio エベリオ**
Evelyn
イーヴェリン
イーヴリン*
イヴリン**
イーブリン***
イブリン**
エヴァリン
エヴェリン*
エヴラン
エヴリン*
エフェリン
エブリン**
エベリン**
エベレン
Evelyne
イーブリン
イブリン
ウヴラン
エヴリーヌ**
エヴリヌ
エヴリン*
エバリン
エブリーヌ
エブリヌ
エブリン
エベリネ*
Évelyne
エヴリーヌ
エヴリン
エブリヌ
Even
エヴァン
エバン
エブン
Evenepoel
エヴァンプール
Evenett イバネット
Evenius
エヴェーニウス

Evennett
イーヴンネット
Evens
エヴェンス
エバンス
Evensen エベンセン
Evensky エバンスキー
Evenson
エヴァンソン
エヴェンソン
エヴンソン
エブンソン**
エベンソン
Evenstad
エヴァンスタッド
Ever
エヴァー
エベル
Evera エヴェラ
Everaert
エイバラート
エフェラールト
Everall エヴァーロール
Everard
イブラード*
エヴァラード
エヴェラード
エベラード
Everardus
イヴァラーダス
Everding
エヴァーディング
エーフェルディンク
エーベルディング
Everdingen
エヴルディンゲン
エヴェルディンゲン
エーフェルディンヘン
エフェルディンヘン
Evered エヴェルド
Everest
エヴェレスト*
エベレスト*
Everett
イヴェレット
イブレット
エヴァリト
エヴァリット*
エヴェレット**
エヴリット
エヴレット
エッフェレット
エバレッツ
エバレット**
エベレット**
Everette
エヴェレット
エヴェレット
エバレット
エベレット
Evergood
エヴァグッド
Everhard
エーヴェルハルト
Everhart
エバーハート*
Everil イヴリル
Everitt
エヴァリット

エヴェリット
エブリット
Everitt-Stewart
エヴェリットステュ
ワート
Everlast
エヴァーラスト
Everleigh
エヴァーリー
Everly
エヴァーリー
エヴァリー*
エバリー*
Evermann エバーマン
Evermod エヴェルモド
Evernham
エヴァナム
エバーンハム
Everret
イヴェレット
イベレット
エヴェレット
エベレット
Evers
エヴァース
エヴァーズ
エバース
エバーズ**
エフェルス
Evershed
エヴァシェッド
エバーシェッド
エバシェット
エバシェッド
Eversmeyer
エバーズマイヤー
Eversole エバゾール
Everson
エヴァソン*
エバーソン
エフェルソン
Eversz
エヴァーツ*
エバーツ**
Evert
エヴァート*
エヴェルト*
エバート*
エーフェルト
エベルト
Everth エバース
Everton
エバートン*
エベルトン
Everts
エーヴェルツ
エバーツ
Evertson
エヴァートソン
Every
エヴリー
エブリー*
Everyn
イーヴリン
イヴリン
Eves イヴス
Evesham イーヴシャム
Evett エヴェット
Evette イヴェット

Evgeii エフゲニー
Evgen'evich
エヴゲニヴィチ
Evgen'evna
エヴゲニエヴナ
Evgeni
エフゲニ
エフゲニー*
Evgenia
エヴゲーニヤ*
エヴゲニヤ
エフゲニア
Evgenievich
エヴゲニエヴィチ
Evgenievna
エヴゲニエヴナ
Evgénievna
エヴゲニエヴナ
Evgenii
エウゲーニ
エウゲニー
エヴゲーニー**
エヴゲーニー*
エヴゲーニイ
エヴゲーニイ*
エヴゲニイ
エヴヘン
エフゲニ
エフゲニー***
エフゲーニイ
エフゲニイ
エブゲニイ
ユーゲン
Evgenii
エウゲーニー
エヴゲーニー
エフゲーニー
エフゲニー
Evgénii エヴゲーニー
Evgeniia
エウゲーニヤ
エヴゲーニヤ
エヴゲーニヤ*
Evgenij エヴゲーニー*
Evgeniy
エウゲーニー
エフゲニー
Evgeniya
エウゲニア
エウゲニヤ
エヴゲーニヤ
エフゲニア
エフゲニヤ
Evgeny
エヴゲーニー
エヴゲニー
エヴゲーニイ
エフゲーニー**
Evgheni エフゲニー
Evgraf エヴグラーフ
Evgrafovich
エフグラーフォヴィッ
チ
Evgueniya
エウゲーニヤ
Evhen エフヘン
Evi
エヴィ**
エビ

Eviatar エビエタ
Evie
イーヴィー*
エヴィー
Evil エビル
Evington
エヴィングトン
エヴィントン
エビントン
Eviota エヴィオータ
Evison
イヴィソン
エヴィソン
Evita エビータ
Evitt
エヴィット
エビット
Evjen
イウィン
エヴジェン
Evlampiev
エヴラームピエフ
Evler エヴラー
Evliya
エウリア
エウリヤ
エヴリヤ
エヴレヤ
Evlogij エヴローギイ
Evlyn
イヴリン
エフリン
Evnine
エヴナイン
エヴニン
Evno エブノ
Evo エボ*
Evodio エヴォーディオ
Evodius
エウォディウス
Evora
エヴォラ
エボラ**
Évora
エヴォラ*
エボラ
Evra エヴラ*
Evrard
エヴラード
エヴラール*
エブラール
Évrard エヴラール
Evreinoff エヴレイノフ
Evreinov
エウレイノフ
エヴレイノフ*
エフレイノフ
Evreinova
エフレイノバ
Evren
エヴレン*
エブレン
Evripidis
エブリピディス
Evry エヴリー*
Evseevich
エゼーヴッチ
エフセイエヴィチ

E

Evsej エフセイ*
エフセイビッチ
エフセエヴィチ*
Evsey エヴジー
Evslin
　エヴスリン
　エブスリン
Evstaf'evich
　エフスタフェビッチ
Evstigneevič
　エフスチグネーヴィチ
Evstignei
　エフスチグネイ
Evstratov
　イェフストラクトフ
Evstyukhina
　エフシュキナ
Evtushenko
　エフトゥシェンコ**
　エフトゥチェンコ
　エフトシェンコ
Evuna エブナ
Evurtius
　エヴルティウス
Evy
　エーヴィ
　エヴィ
Evyatar エヴヤター
Evzen エヴジェン
Ewa
　エヴァ**
　エバ**
　エワ
　ユーア
Ewald
　イーウォルド
　イウワルド
　イーワルド
　イワルド
　エーヴァル
　エヴァル
　エーヴァルト*
　エーワルド
　エワルト*
　エウォルド*
　エウハルト
　エバルト*
　エーワル
　エーワルト*
　エーワルド
　エワルト
　エワルド
Ewan
　イーワン*
　イワン*
　エイワン
　ユーアン
　ユアン**
　ユワン
Ewandro エヴァンドロ
Ewans ユアンズ*
Eward エドワード
Ewart
　エワート
　ユーアート*
　ユーアート
　ユアート
Ewaut エーヴァウト
Ewbank ユーバンク*

Eweler エヴェラー
Ewelina エベリナ
Ewell
　イーウェル*
　ユーエル
　ユール
Ewen
　イーウェン*
　ユーウィン
　ユーウェン*
　ユーエン
Ewer
　イーウェン
　エワー
Ewerbech
　エヴェルベック
Ewerhart
　エーヴェルハート
Ewers
　イワーズ
　エーヴァース
　エーウェルス
　エーヴェルス***
　エエウェルス
　エエウェルス
　エエルス
　エーベルス
　エーワース
　エワーズ
　ユーワーズ
Ewert
　エヴァート
　エーヴェット
　エーヴェルト*
　エワート
Ewerthon エベルトン*
Ewig エーヴィヒ
Ewijk エウエイク
Ewin ユーウィン
Ewing
　アーウィング
　エウィング
　ユーイング***
　ユーウィング
　ユウィング
Ewoldt エウォルト
Ewon エウォン
Eworth
　イワース
　エヴォルト
　エワース
Ewovor エウォボル
Ewry ユーリー
Ewy
　ユーイ
　ユイ
Ex エックス*
Exarchopoulos
　エグザルコプロス*
Exaudet エグゾーデ
Exbrayat
　エクスプライヤ
　エクスプラヤ
　エクスプレア
Excetre エクセター
Excoffon
　エクスコフォン
Exekias
　エクセーキアス

Exēkias エクセキアス
Exel エクセル*
Exeler エグゼラー
Exelmans
　エグゼルマンス
Exeter エクセター*
Exiguus エクシグウス
Eximeno エヒメノ
Exley エクスレイ*
Exmouth エクスマウス
Exner
　エキスネル
　エクスナ
　エクスナー**
　エックスナー*
Exon エクソン*
Expeditus
　エクスペディトゥス
Expert エクスペール
Expilly エクスピイ
Exteberria
　エチェベリア
Exter
　エクスター
　エクステル
Exum
　イグザム
　エクサム
Exuperantius
　エクスペランティウス
Exuperius
　エクスペリウス
Ey
　エー**
　エイ
Eya エヤ
Eyadéma エヤデマ**
Eyakenyi エヤケニィ
Eyal
　エヤール
　エイアル*
　エーヤル
　エヤル*
Eya Olomo エヤオロモ
Eyb アイブ
Eybechütz
　アイベシュッツ
Eybel アイベル
Eyberg アイベルク
Eybeschütz
　アイベシュッツ
Eybler アイブラー
Eybner アイブナー
Eychart エイシャール
Eychmüller
　エイミュラー
Eyck
　アイク**
　アイック
　アイク*
Eycken
　エイケン
　エッケン
Eydal アイデル

Eyde
　アイデ
　エイデ
Eydeland アイデランド
Eydelsteyn
　エイデルステイン
Eydie
　イーディ
　イーディー
Eydoux エドゥ
Eye アイ*
Eyebe エイベ
Eyebe Ayissi
　エイベアイシ
Eyeghe Ndong
　イエゲヌドン
Eyemazing
　アイメージング
Eyene エジェネ
Eyer
　アイアー
　アイヤー
Eygel エイゲル
Eygene ユージーン
Eyglo エイグロ
Eygló エイグロ
Eyih エイー
Eyitayo エイタヨ
Eyjolfur エイヨルフル
Eykman エイクマン
Eylert アイラート
Eyles アイルズ
Eymard
　エイマール*
　エマール
Eymericus
　エイメリクス
Eymieu エイミュ
Eymoy エイモイ
Eynte アインテ
Eyot エイヨ
E-young イヨン
Eyquem
　エイカン
　エイクム
　エイケム
　エーケム
Eyraud
　アイラウト
　エイロー
Eyre
　アイアー
　アイヤー*
　エア***
　エアー
　エイル
Eyring アイリング**
Eyringa エイシンハ
Eysen アイゼン
Eysenck アイゼンク**
Eysencle アイゼンク
Eyser アイザー
Eyskens
　アイスケンス

アイスケンス*
Eysler アイスラー
Eysoldt アイソルト
Eyssen アイッセン
Eystein
　エイスタイン
　エイステイン
　エイステン
Eysten エイステン
Eyster アイスター**
Eyston アイストン
Eysymontt
　エイスモント
Eytan
　イータン
　エイタン
Eyt-Dessus エーデュス
Eytelwein
　アイテルヴァイン
Eyth アイト
Eythe アイス
Eythora エイトラ
Eytinge アイティング
Eyton
　アイトン
　イートン
Eyvind
　アイヴィン*
　アイベン
　エイヴィンド
Eyving アイベン
Eyzaguirre
　エイサギルレ*
　エイサギーレ
　エイサギレ
Ezana エザナ
Ezechiel
　イゼキエル
　エツェーヒエール
Ezekias エゼキアス
Ezekiel
　イジェーケル
　イジーケル
　エスキア
　エゼキエル***
Ezekwesili
　エゼクウェシリ
Ezeli エジーリ
Ezequiel
　イゼキエル
　エセキエル
　エゼキエル*
　エゼキエル
Ezer エゼル***
Ezerskis エゼルスキス
Ezhov
　エジョーフ
　エジョフ
Ezi エジ
Ezilhaslinda
　エジハスリンダ
Ezio
　エジオ
　エズィオ
　エチオ
　エツィオ**
Ezmé エズミ

Eznik エズニク
Ezomo エゾモ
Ezor エゾール*
Ezra
　イズラ
　エスラ
　エズラ***
Ezralow エズラロー
Ezrati エズラティ*
Ezriel エズリール
Ezuttachchan
　エズッタッチャン
Ezz エズ
Ez Zahraoui
　エザラウイ
Ezzamel エザメル
Ezzaouia エザウイア
Ezzat
　エザット
　エッザト
　エッザド
Ezzatollah エザトラ*
Ezzedine エゼディン
Ezzelino
　エッチェリーノ
　エッツェリーノ
　エッツェリノ
Ezzell
　エゼル
　エッツェル
Ezzine エジーヌ
Ezzo エッツォ
Ezzone エゾーネ

【 F 】

Fa
　ファ
　ファー
Faa ファ
Faafisi ファアフィシ
Fa'afunua
　ファアフヌア
Faal ファル
Faalavaau
　ファアラヴァアウ
Faamoetauloa
　ファアモエタウロア
Fa'apale ファアッペル
Faapo ファアポ
Faas ファース**
Fa'asavalu
　ファアサヴァル
Faass ファース*
Fa'atiga
　ファアティンガ
Fa'atoina ファアトイナ
Fab ファブ
Faba ファーバ
Fabares
　ファーバーレイ
　フェイバレス
　フェブレー

Fabbri
　ファッブリ***
　ファブリ
Fabbricini
　ファッブリチーニ
Fabbrizi
　ファブリツィ
　ファブリッツィ
Fabbrizzi
　ファブリッツィ
Fabbro ファブロ
Fabe フェイブ
Fabella
　ファベーラ
　ファベリア
Faber
　ファーバー**
　ファーバー
　ファーベル
　ファベール
　ファベル
　フェイバ
　フェイバー**
　フェーバー
Fabergé ファベルジェ
Fabert ファベール
Fabes フェビス
Fabey ファベイ
Fabi ファビ*
Fabian
　ハビアン
　ファービアーン
　ファビアン***
　フェイビアン
　フェビアン*
Fabián ファビアン*
Fábián ファビアン
Fabiana ファビアナ*
Fabianelli
　ファビアネリ
Fabian Hernando
　ファビアンエルナンド
Fabiani ファビアーニ
Fabiano
　ファビアーノ**
　ファビアノ
Fabianová
　ファビアノヴァー
Fabianovich
　ファビアノヴィチ
Fabianski
　ファビアンスキ
Fabianus
　ファビアーヌス
　ファビアヌス
　ファビアノス
Fabien
　ファビアン**
　フェビアン
　フェビエン
Fabienne
　ファビアンヌ
　ファビエンヌ**
Fabijan ファビアン
Fabila
　ファビーラ
　ファビラ
Fabing
　フェイビング

フェービング
Fabinho ファビーニョ*
Fabini ファビーニ
Fabio
　ファヴィオ
　ファッビオ
　ファービオ
　ファビオ***
Fábio
　ファービオ
　ファビオ**
Fabiola
　ファビオーラ
　ファビオラ***
Fabio Luiz
　ファビオルイス
Fabios ファビオス
Fabiunke ファビウンケ
Fabius
　ファビアス
　ファービウス
　ファビウス*
Fabjan ファブヤン
Fable ファーブル
Fabo ファボ
Fabok ファボック
Fabolous ファボラス
Fabozzi
　ファッボッツィ
　ファボツィ*
　ファボッツィ
Fabra ファブラ**
Fabre
　ファーブル***
　ファブル
　ファブレ**
Fabréga ファブレガ
Fábrega ファブレガ
Fabregas ファブレガス
Fábregas ファブレガス
Fabres ファーバース
Fabretti
　ファブレッティ
Fabri
　ファーブリ
　ファブリ
Fábri ファーブリ
Fabriano
　ファブリアーノ
Fabric ファブリック
Fabricant
　ファブリカント
Fabrice
　ファブリシュ
　ファブリース
　ファブリス**
　ファブリセ*
Fabricio ファブリシオ*
Fabricius
　ファブリキウス*
　ファブリシアス
　ファブリシウス
　ファブリチウス
　ファブリチオ
　ファブリーツィウス
　ファブリツィウス

ファブリツィオ
Fabricy ファブリシー
Fabriezius
　ファブリーツィウス
Fabris ファブリス**
Fabritiis
　ファブリツィース
Fabritio
　ファブリッチオ
Fabritius
　ファブリツィウス
　ファブリテイウス
Fabrizi
　ファブリーツィ*
　ファブリツィ
Fabrizia
　ファブリーツィア
Fabrizio
　ファブリジオ*
　ファブリチオ
　ファブリーツィオ
　ファブリツィオ***
　ファブリツィオ*
Fabro ファブロ
Fabry
　ファブリ
　ファブリー
　ファブリィ*
Fabrycy
　ファブルイツィ
Fabullus ファブルス
Fabyan
　ファビアン
　ファビィアン
　フィビアン
Facchetti
　ファケッティ**
　ファッケッティ
Facchin ファッキン
Facchinetti
　ファッチネッティ
Facchini
　ファッキーニ*
　ファッチーニ
Facci ファッキ
Faccini ファッキーニ
Faccio
　ファチオ
　ファッチョ
Faccioli
　ファッチーオリ
Face フェイス
Facella ファセラ
Facenda ファセンダ
Facetti ファチェティ
Facey フェイシー
Fachi ファチ
Fachiri
　ファキーリ
　ファチリ
Faciane ファシアネ
Fackenheim
　ファッケンハイム
Facklam ファクラム
Fackrell ファックレル
Fackson ファクソン

Facoli ファコーリ
Facta ファクタ
Factor ファクター**
Facundo ファクンド
Facundus
　ファクンドゥス
Fada ファダ
Faddeev
　ファジェーエフ
　ファデーエフ*
Faddeeva
　ファジェーエバ
　ファデーエワ
Faddei ファジェイ
Fadden
　ファッデン
　ファデン
　ファルーン
Faddis ファディス*
Fadeev
　ファジェーエフ*
　ファジェエフ
　ファデエフ
　ファデーエフ*
Fadeeva
　ファジェーエヴァ
Fadejevs ファデエフス
Fadel ファデル*
Fadela ファドゥラ
Fadéla ファデラ
Faden
　ファーデン
　フェイドン
Fader フェイダー
Faderman フェドマン*
Fadeyechev
　ファジェーチェフ
Fadeyev ファデーエフ
Fadeyeva
　ファデウェーヴァ
Fadhel
　ファーデル
　ファデル
　ファドヘル
Fadhil
　ファディル
　ファデル
　ファドヒル
Fadhli ファドリ
Fadhma ファドマ*
Fadi ファディ
Fadia ファディア
Fadiga ファディガ*
Fadigua ファディグア
Fadil ファディル
Fadil
　ファズィル
　ファーズル
Fadilah ファディラ
Fadilj ファデリ
Fadillah ファディラ
Fadiman
　ファディマン*
Fadio ファービオ
Fadjimata ファギマタ
Fadl ファドル*

Faḍl ファズル／ファドル
Faḍlallah ファドララ*
Faḍl Allāh ファズルッラー／ファドルッラー
Fadlan ファドラーン
Faḍlān ファズラーン／ファドラーン
Fadley ファドリー
Faḍlu'llāh ファズルッラー
Fadoul ファドゥール
Fadul ファデル／ファドゥル
Fadwa ファドワ*
Fadwá ファドワ
Fadzaev ファザーエフ／ファザエフ
Fadzayev ファザエフ
Fadzil ファジル*
Fadzir ファジル
Fae フェイ
Faecke フェッケ
Faegre フェーガー
Faenius ファエニウス
Faensen ファエンセン
Faenza ファエンツァ*
Faerber フェルバー
Faerman ファーマン
Faesi フェージ
Faeth フェイス
Faez ファエズ
Faezul ファエズル
Fafi ファフィ
Fáfila ファフィラ
Fafinski ファフィンスキ
Fagal フェイガル
Fagalde ファガルデ
Fagan ファーガン／ファガン／フェイガン**／フェーガン
Fage ファージェ／ファージュ
Fagen フェイガン／フェイゲン*／フェーゲン**
Fagence フェイジェンス
Fagenholz ファーゲンホルツ
Fagerberg ファーゲルベリ／ファーゲルベリー
Fagereng ファガレン

Fagerhaugh ファガホー
Fagerholm ファーゲルホルム*
Fagerlid ファーゲリッド
Fagerson ファーガソン
Fagerstrom ファーガストローム／ファーゲルストローム
Fagerström ファーゲルストローム
Fages ファージュ
Faget ファゲ／ファージェ／ファジェット
Fagg ファッグ
Faggin ファギン
Faggioni ファッジョーニ
Fagiano ファジアノ
Fagin ファジン／フェイガン／フェーギン
Fagioli ファジオリ
Fagiolo ファジョーロ
Fagiuoli ファジョーリ
Fagius ファーギウス
Fagnani ファニャーニ
Fagnano ファニャーノ
Fagnoni ファニョニ
Fago ファーゴ
Fagone ファゴーニ／ファゴーネ*
Fagot ファゴ
Faguet ファーゲ／ファゲ*／ファゲー
Fagundes ファグンジス／ファグンデス
Fagunwa ファグンワ
Fagus ファギュス*
Fah ファ
Fahad ファハド**
Fahd ファード／ファハド**／ファフド
Fahdawi ファハダウィ
Faherty ファハティ*／フェハティ
Fahey ファーヒー／ファーヘイ*／ファヘイ／フェーイー／フェイ
Fahhy フェイイ*／フェイヒー

Fahid ファヒド
Fahim ファキム／ファヒーム／ファヒム*
Fahiye ファイエ／ファハイエ
Fahlberg ファールバーグ／ファールベルク
Fahlborg ファールボルグ
Fahlcrantz ファールクランツ
Fahlkvist ファールクビスト
Fahlström ファールストレム
Fahmi ファハミ／ファーミ／ファミ
Fahmī ファフミー
Fahmy ファハミ*／ファフミ／ファーミ*
Fahn ファーン
Fahncke ファンキー
Fahr ファール
Fåhraeus フォーレウス
Fahrenbach ファーレンバッハ／ファーレンバッハ
Fahrenheit ファーレンハイト／ファーレンファイト
Fahrenhorst ファーレンホースト
Fahrenkamp ファーレンカンプ
Fahrenberg ファインベルク
Fahrenkopf ファレンコフ
Fahrenkrog ファーレンクローク
Fahrettin ファフレッティン
Fahri ファハリ*
Fahrmann フェーアマン／フェアマン
Fährmann フェーアマン*／フェアマン
Fahrner ファールナー
Fahrni ファルニ
Fahrudin ファフルディン
Fahs ファーズ
Fahsel ファーゼル
Fahtullah ファフトゥラ
Fahy ファーヒー／フェイ
Fai ファイ*
Faicel ファイセル

Faid フェド
Faidherbe フェイデルブ／フェデルブ
Faid'herbe フェイデルベ
Faidit ファイディト／フェディト
Faidros フェドロス
Faiella ファイエラ
Faifield フェアフィールド
Faigenbaum ファイゲンバウム
Faigin フェイジン
Faignient フェニアン
Faiia ファイーア
Faik ファーイク／ファイク*
Faiko ファイコ*／ファイコー
Fail ファイユ
Failing フェイリング
Failla ファイッラ／フェイラ
Faille ファイユ
Failoni ファイローニ
Faimalaga ファイマラガ
Fain ファイン／ファン／フェイン*
Faina ファイナ*
Fainaru ファイナル
Fainberg ファインベルク
Faine ファイン
Fainger ファインガル
Fainlight フェインライト
Fainman ファインマン
Fainsilber フェインシルバー
Fainsod フェインソード／フェインソド
Fainstein フェインスタイン
Faiqa ファイカ
Fair フェア**
Fairbairn フェアバリン／フェアバーン*／フェアベアン*／フェアベーン*
Fairbairns フェアベアンズ
Fairbank フェアバンク*
Fairbanks フェアーバンクス／フェアバンクス***

Fairbrother フェアブラザー*
Fairburn フェアバーン*
Fairchild フェアチャイルド***／フェヤチャイルド
Fairclough フェアクラフ／フェアクロー
Faire フェア／フェイア／フェール
Fairechild フェアチャイルド
Faires フェアーズ
Fairey フェアリ
Fairfax フェアファクス*／フェアファックス*
Fairfield フェアフィールド**
Fairgrave フェアグレイヴ
Fairholme フェアホルム
Fairholt フェアホルト
Fairlee フェアリー
Fairless フェアレス
Fairley フェアリー*／フェアレイ
Fairlie フェアリー
Fairly フェアリー
Fairman ファーマン*
Fairouz ファイルーズ
Fairpo フェアルポ
Fairstein フェアスタイン**
Fairuza ファイルザ／フェアウーザ／フェアールーザ
Fairweather フェアウェザー*
Faisal ファイサル***／ファウサル
Faisal Ahmad ファイサルアフマド
Faison フェイソン*／フェゾン
Faiss フェイス
Faissler ファイスラー
Faistenberger ファイステンベルガー
Fait ファイアット／フェイト
Faitchou ファイチュウ
Faith フェイス**／フェイト
Faithful フェイスフル
Faithfull フェイスフル**

Faithorne
　フェイソーン
Faiti　ファイチ
Faïtlowitz
　ファイトロビッツ
Faitouri
　ファイトゥーリ
Faivre
　ファーブレ*
　フェーヴル
　フェーブル
Faiyaz　ファイヤズ
Faiz　ファイズ**
Fā'iz　ファーイズ
Faiza　ファイザ
Faïza　ファイーザ**
Faizal　ファイザル
Faizant　フザン
Faizer　ファイザー
Faizi　ファイジー
Faizī　ファイズィー
Faizulloyev
　ファイズロエフ
Fajans
　ファヤンス
　ファヤンズ
Fajar　ファジャル
Fajardo　ファハルド**
Fajdek　ファイデク*
Fajer
　ファジャー
　ファヘール
Fajr　ファジル
Fajt
　ファイト
　ファット
Fak　ファク
Fakafanua
　ファカファヌア
Fakahau　ファカハウ
Fakaira　ファキーラ
Fakeih　ファキーフ
Fakhari　ファハリ
Fakhfakh　ファハファフ
Fakhoury　ファフリ
Fakhr　ファフル
Fakhr al-Dīn
　ファフレッディン
Fakhr al-Turk
　ファフルットゥルク
Fakhretdinov
　ファフレッディノフ
Fakhri
　ファクリ
　ファクリー
　ファハリ
　ファフリ
Fakhrī　ファフリー
Fakhrī　ファハリー
Fakhrizadeh
　ファフリザデ
Fakhro　ファフロ
Fakhroddīn
　ファフロッディーン

Fakhroddinn
　ファハラディン
Fakhroo　ファハロ
Fakhruddin
　ファクルジン
　ファクルディン
Fakhru'd-Dīn
　ファハルツ・ディーン
Fakhru't-Turk
　ファハルツ・トゥルク
Fakhry　ファクリー
Faki　ファキ
Fakim　ファキム*
Fakir　ファキル*
Fakirah　ファキーラ
Fakodze　ファクッゼ
Fakouri　ファクーリ
Fakta　ファクタ
Fakudze　ファクゼ
Falaccus　フラックス
Falace　ファレス
Falah
　ファラハ
　ファラフ
Falahen　ファラヘン
Falaise　ファレーズ
Falakī　ファラキー
Falana　ファラナ
Falandry
　ファランドリー
Falaquera
　ファラクェラ
　ファラケラ
Falardeau
　ファラルドー*
Falassi
　ファラーシー
　ファラッシ
Falatehan
　ファラテハン
Falavigna
　ファラビーニャ
Falay　ファレ
Falca　ファルカ
Falcam　ファルカム**
Falcao
　ファルカオ**
　ファルカン**
Falcão
　ファルカオ
　ファルカン**
Falchuk
　ファルチャック
Falciani
　ファルチャーニ
Falcinelli
　ファルチネッリ
Falcioni
　ファルチオーニ
Falck　ファルク*
Falcke　ファルケ
Falckenberg
　ファルケンベルク
　ファルッケンベルク
Falckenburg
　ファルケンボルヒ

Falck Hansen
　ファルクハンセン
Falco　ファルコ**
Falcoja　ファルコーヤ
Falcon
　ファルコン*
　フォーコン
Falcón　ファルコン**
Falcone　ファルコーネ*
Falconer
　ファルコナー**
　フォークナー*
　フォールコナー
Falcones
　ファルコネス*
Falconet　ファルコネ*
Falconetti
　ファルコネッティ
Falconetto
　ファルコネット
Falconi
　ファルコーニ**
　ファルコニ
Falconí　ファルコニ
Falconieri
　ファルコニエーリ
　ファルコニエリ
　ファルコニエル
Falda　ファルダ
Faldbakken
　ファルバッケン*
Faldella　ファルデッラ
Faldo　ファルド*
Faleh
　ファリハ
　ファーレハ
Falemoe　ファレモエ
Falenciak
　ファレンチャク
Fales　フォーレス
Falesa　ファレサ
Faletau　ファレタウ
Faletti　ファレッティ**
Faletto　ファレット
Falevai　ファレバイ
Falguière
　ファルギエール
　ファルギエル
Falguières
　ファルギエール
Falier　ファリエル
Falière　ファリエール
Falieri
　ファリエーリ
　ファリエーロ
Faligot　ファリゴ*
Falin　ファーリン*
Falise　ファリーズ
Falisie　ファリジ
Falk
　ファルク**
　フォーク***
　フォルク

Falkanger
　ファルカンガー
Falkberget
　ファルクバルゲ
ファルクベルゲ
ファルクベルゲット
Falke　ファルケ*
Falkemberg
　ファルケンベルク
Falken　ファルケン
Falkenauer
　ファルケンナウワー
Falkenberg
　ファルケンバーグ*
Falkenborg
　ファルケンボーグ
Falkenburg
　ファルケンブルグ
Falkenhausen
　ファルケンハウゼン*
Falkenhayn
　ファルケンハイン*
Falkenhorst
　ファルケンホルスト
Falkenmark
　ファルケンマーク
Falkensee
　ファルケンジ
Falkenstein
　ファルケンシュタイン
Falkinham
　ファルキンハム
Falkland
　フォークランド
Falkman　ファルクマン
Falkner
　ファルクネル
　フォークナー**
Falko　ファルコ
Falkoff　フォーコフ
Falkow　ファルコー
Falkowski
　フォーコウスキー
Falkus
　ファルカス*
　ファルクス
　フォーカス*
Fall
　ファール
　ファル*
　フォール*
Falla
　ファジャ
　ファラ*
　ファリア
　ファリャ*
Fallacara
　ファッラカーラ
Fallaci
　ファッラーチ
　ファラーチ**
Fallada
　ファラダ*
　ファルラダ
Fallai　ファライ
Fallamero
　ファッラメーロ
Fallas　ファジャス
Fallat　ファラ
Fallaw　ファラー
Fälldin　フェルディン*
Falle　フォール

Faller
　ファッラー
　ファーラー
　ファラー
　ファレール
　ファレル
　フォーラ
　フォーラー
Fallersleben
　ファラースレーベン
　ファレルスレーベン
Fallet　ファレ
Fallières　ファリエール
Falligant　ファリガンド
Fallin　フォーリン*
Fallmann　ファルマン
Fallmerayer
　ファルメライアー
Fallon　ファロン***
Falloon　ファルーン*
Fallopius
　ファロッピオ
　ファロピウス
　ファロピオ
Fallot　ファロ
Fallou
　ファル
　ファロウ
Falloux　ファルー*
Fallover
　フォールオーバ
Fallowfield
　ファロウフィールド
Fallows　ファローズ*
Falls
　フォールス
　フォールズ*
Fallschüssel
　ファルシュッセル
Fallus　ファラス
Falooq　ファルーク
Falouji　ファルージ
Falque　ファルケ
Falret　ファルレ
Fals　ファルス
Falsen　ファルセン
Falsini　ファルシーニ
Falsone　ファルソン*
Falta　フェイタ
Falt'an　ファルチャン
Fälthammar
　フェルトハマー
Faltings
　ファルティンクス
　ファルティングス
Fältskog
　フェルトスコグ
Falú　ファルー*
Faludi
　ファルーディ*
　ファルディ*
Falvai　ファルヴァイ
Falvey　ファルビー
Falvo　ファルヴォ
Falwell
　ファルウェル

フォールウェル*
フォルウェル
Falx ファルクス
Falzeder
　ファルツェーダー
Falzon ファルゾン
Falzone ファルゾ
Fam ファム*
Fama
　ファーマ*
　ファマ
Famara ファマラ
Famba ファンバ
Fame
　ファム
　フェイム*
Famechon
　ファメション
Fame Ndongo
　ファメヌドンゴ
Familia ファミリア
Familiar ファミリア
Famke ファムケ*
Famose ファモス
Famy ファミー
Fan ファン**
Fanaika ファナイカ
Fanaiyan ファナイヤン
Fanaro ファナロ
Fanaroff ファナロフ
Fance ファンス
Fancelli
　ファンチェッリ
Fanch ファンシュ
Fañch ファンシュ*
Fancher ファンチャー
Fanchini ファンキーニ
Fanciulli
　ファンチュッリ
　ファンチュルリ
Fanck ファンク
Fancovic
　ファンツォヴィッチ
Fander ファンデル
Fane
　フェイン*
　フェーン
Faneca ファニーカ
Fanego ファネゴ
Fanelli
　ファネッリ*
　ファネリ
Fanetri ファネトリ
Fanetti ファネッティ
Faneuil ファニエル
Fanfan ファンファン
Fanfani
　ファンファーニ*
Fang
　ファン*
　ファング*
Fange ファンジェ
Fangen ファンゲン
Fanger ファンガー

Fanget ファンジェ
Fanghänel
　ファンガネル
　ファンゲネル
Fangio
　ファンジオ*
　ファンヒオ
Fang-ping ファンピン
Fa Ngum ファーグム
Fang-zhou
　ファンチョウ
Fani
　ファニ*
　ファニー*
Fania ファニア*
Fanibunda
　ファニブンダ
Fani-kayode
　ファニカヨデ
Fank ファンク
Fankie フランキー
Fann ファン
Fannemel
　ファンネメル
Fanni
　ファニ
　ファンニ
Fannia
　ファニア
　ファンニア
Fannie
　ファニー**
　ファンニー
Fannin ファニン
Fanning
　ファーニング
　ファニング**
　ファンニング
Fanny
　ファニー***
　ファンニ
　ファンニイ
Fano
　ファーノ
　ファノ**
Fanon ファノン*
Fanourakis
　ファノラキス
Fansaga
　ファンサーガ
　ファンツァーゴ
Fanselow ファンズロー
Fanshawe
　ファンショー*
　ファンショウ
Fansler ファンスラー
Fansten
　ファンスタン*
　ファンステン
Fanstone
　ファンストーン
Fanṣūrī
　ファンスーリー
Fant ファント*
Fanta ファンタ*
Fantappie
　ファンタッピィ

Fantasia ファンタジア
Fantaskey
　ファンタスキー
Fantasma
　ファンタズマ
Fantaw ファンタウ
Fante
　ファンテ**
　ファーント
Fanteanu ファンテアヌ
Fantela ファンテラ*
Fanthorpe
　ファンソープ
Fanti ファンティ
Fantin
　ファンタン
　ファンティン
Fantini
　ファンティーニ**
　ファンティニ
Fantino ファンティノ
Fantinus
　ファンティヌス
Fantle ファントル
Fantoli ファントリ
Fanton ファントン
Fantoni ファントーニ*
Fantourè
　ファントゥーレ
Fantuzzi
　ファントゥッツィ
Fanu
　ファニゥ
　ファニュ*
　ファニュー
　フォニュ
　フュニュ
Fănuș ファニヌシュ
Fanzo ファンゾ
Faosiliva
　ファオシリヴァ
Fa'otusia
　ファオトゥシア
Faouzi ファウジ
Faqih
　ファキー
　ファキーフ
Faqīh ファキーフ
Faqikh ファキフ
Faquih ファキフ
Faquin ファクイン
Fārābī
　ファーラービー
　ファラービ
　ファラビ
Faracy ファラシー
Faraday
　ファラデー*
　ファラディ
　ファラデイ*
Faraḍī
　ファラジー
　ファラディー
Farag ファラジ
Farage ファラージ*
Farago
　ファラゴ

ファラゴー
Farah
　ファーラー
　ファラ***
　ファラー**
　ファラハ
Faraḥ ファラフ
Farahani ファラハニ*
Farāhānī
　ファラーハーニー
Farah Assoweh
　ファラアソウェー
Farah Miguil
　ファラーミギル
Farahnaz ファラフナズ
Farahnejad
　ファラネジャド
Faraj
　ファライ
　ファラジ***
　ファラジュ
Farajben
　ファライ・ベン
Faraje ファラジュ
Faraji ファラジ
Faranak ファラナク
Faranda ファランダ
Faraone ファラオーネ
Faraoni ファラオーニ
Fararo ファラロ
Farau ファラウ
Faraut ファラウト
Faravelli ファラベッリ
Farazdaq ファラズダク
Farb ファーブ
Farba ファルバ
Farber ファーバー**
Färber フェルバー*
Farberow
　ファーブロウ
Farbring
　ファーブリング
Farbstein
　ファーブスタイン
Farchakh ファルシャフ
Farchione
　ファーキオーニ
Farchy ファーキー
Farcy ファルシ
Fard ファード
Fardeau ファルドー
Fardell ファーデル
Fardjam
　ファルジャーム
Fardouly ファドリー
Fardy
　ファーディ
　ファーディー
Färe フェール
Farebrother
　フェアブラザー
Faree ファリー
Fareed ファリード*
Farel ファレル
Farell ファレル

Faremo ファーレモ
Farentino
　ファーレンティーノ
　ファレンティーノ*
　ファレンティノ
Farentinos
　ファレンチノス
Fares
　ファリス
　ファーレス
　ファレス**
Farès ファレス
Faret ファレ
Farewell フェアウェル
Farey ファレイ*
Farfor ファーフォー
Farga ファルガ
Fargas
　ファーガス
　ファルガス
Fargason ファーガソン
Farge
　ファージ*
　ファージュ*
　ファルジュ*
Fargeau ファルゴー
Farges ファルジュ
Fargeti ファルゲティ
Farghānī
　ファルガーニー
　ファルガニ
Fargier ファルジエ
Fargis ファージス
Fargnoli ファーグノリ
Fargo ファーゴ*
Fargue ファルグ*
Fargues ファルグ*
Farguhar ファーカー
Fargus フルガス
Farhad
　ファラッド
　ファラハド
　ファルハッド
　ファルハド
Farhadi ファルハディ*
Farhan ファルハン
Farhang ファルハング
Farhat
　ファラハト
　ファルハート
　ファルハト
　フェルハト
Farhi ファーリ
Faria ファリア**
Faría ファリア
Faria Da Costa
　ファリアダコスタ
Farial フェリアル
Farias
　ファリアス*
　フェアリス
Farías
　ファリアス*
　フィリアス
Farid
　ファリード

ファリド**
Farīd ファリード
Fārid
　ファーリズ
　ファーリド
　ファリード
Farida ファリダ
Farīd al-Dīn
　ファリードッディーン
Farideh ファリード
Faried ファリード
Farigoule ファリグール
Farin ファリン
Farina
　ファリーナ**
　ファリナ
Fariña ファリーニャ
Farinacci ファリナッチ
Farinas ファリーナス
Farinati
　ファリナッチ
　ファリナーティ
Farinel ファリネル
Farinella ファリネッラ
Farinelli
　ファリネッリ
　ファリネリ
Farinetti
　ファリネッティ*
Farington
　ファーリントン
　ファリントン
Farini ファリーニ
Farinos ファリノス*
Faris
　ファーリス
　ファリス*
　フェアリス*
　フェレス
Fāris ファーリス
Farisani ファリサニ
Farish ファリッシュ*
Fariss ファリス
Farissol
　ファリスゾール
Farit ファリト**
Fariz ファリズ
Farjas
　ファージャス
　ファジャース
Farjenel
　ファルジュネル
Farjeon
　ファージョン**
　ファジョン
Farka ファルカ
Farkas
　ファーカス
　ファルカシュ*
　ファルカス**
Farkhad
　ファルクハド
　ファルハド
Farkhutdinov
　ファルフトジーノフ
Farl ファール
Farland ファーランド

Farlati ファルラーティ
Farleight ファーレイ
Farley
　ファーリ
　ファーリー***
　ファーリィ
　ファーレイ*
　フィーリィ
Farlin フワーリン
Farlow
　ファーロー
　ファーロウ**
Farlowe
　ファーロー
　ファーロウ
Färm ファルム
Farmakovskii
　ファルマコフスキイ
Farman
　ファーマン**
　ファルマン*
Farmar ファーマー
Farmborough
　ファームバラ
Farmelo ファーメロ*
Farmer
　ファーマー***
　ファルメール
Farnaby
　ファーナビー
　ファーナビィ
Farnadi ファルナディ
Farnam ファーナム
Farnan ファーナン*
Farnasov ファルナソフ
Farndon ファーンドン
Farné ファルネ
Farnell ファーネル
Farner ファーナー
Farnerud ファルネルト*
Farnese
　ファーニス
　ファルネーセ
　ファルネーゼ*
Farnesio ファルネジオ
Farneti
　ファルネーティ
　ファルネティ
Farney ファルネイ
Farnham ファーナム*
Farnie ファーニー
Farniev ファルニエフ
Farnik ファーニク
Farnivall
　ファーニヴァル
Farnol ファーノル
Farnoux ファルヌー*
Farnsworth
　ファーンズワイス
　ファーンズワース**
　ファーンズワス
　ファンスワース
　フォーンスワース
Farnum ファーナム*
Farny ファーニー
Faro ファロ

Farocki
　ファロキ
　ファロッキ
Farokh ファロック
Farokhī ファロヒー
Faron
　ファーロン
　ファロン
Farooq ファルーク**
Farooqi ファローキ
Faroughy ファルギー
Farouk
　ファルーク**
　ファルク
Faroult ファラー
Farouq ファルク
Farova ファロバ
Farquhar
　ファーカー**
　ファークアー*
　ファークワー
Farquharson
　ファーカースン
　ファーカーソン*
Farr
　ファー***
　ファール
Farrā' ファッラー
Farrachi ファラシ
Farrad ファラッド
Farragut ファラガット
Farrah
　ファーラ
　ファラ***
Farrakhan
　ファラカーン
　ファラカン**
Farrand
　ファーランド
　ファランド*
Farrant ファラント
Farrar
　ファーラー*
　ファラー**
　ファラ
　ファララ
Farre
　ファー*
　ファール
Farré ファレ
Farred ファード
Farrel ファレル*
Farrell
　ファラル*
　ファーレル*
　ファレル***
Farrelly
　ファリリー
　ファレリー**
Farren
　ファーレン
　ファレン
Farrenc ファラン
Farrer ファラー*
Farrère
　ファレエル

Farrell ファレル
ファレル*
ファレル
Farrier
　ファリア
　ファリアー
Farrimond
　ファリモンド
Farrington
　ファリングトン
　ファリントン*
　ファリントン**
Farris ファリス*
Farro ファロ
Farrokh ファロック
Farrokhī ファッロヒー
Farrokhzad
　ファッロフザード
　ファルフザード
　ファロックザード
Farrokhzād
　ファッロフザード
Farron
　ファッロン
　ファーロン
　ファロン
Farrow
　ファーロー
　ファロー**
　ファロウ*
Farrugia
　ファッルッジャ
Farrukh
　ファルーク
　ファルフ
　ファルルク
　ファーロフ
Farrukhī
　ファッルヒー
　ファッロヒー
　ファロヒー
Farrukhsiyar
　ファックシヤル
　ファッルフシヤル
Farrukhzād
　ファッルフザード
Farsari ファサリ
Farshid
　ファルシード
　ファルシド
Farshidi ファルシディ
Farshtey
　ファーシュティ
Farsi ファルシ
Farson
　ファースン
　ファーソン*
Farstad
　ファーグタッド
　ファースタッド
Farsy ファルシ
Fartak ファルタク
Fartein ファッテイン
Farthing
　ファーシング
　ファージング
Faruffini
　ファルッフィーニ

Faruk
　ファルーク
　ファルク
Farukh
　ファルク
　ファルフ*
Faruq ファルーク
Farūq ファルーク
Fārūqī
　ファールーク
　ファルーク
Fārūqī ファールーキー
Faruque ファルーク
Farvaques
　ファルヴァク
Farve ファーブ*
Farwell ファーウェル*
Fāryābī
　ファーリヤービー
　ファールヤービー
Farzad
　ファルザード*
　ファルザド
Farzana ファルザナ
Farzat ファルザト
Fasainey ファサイニー
Fasana ファザーナ
Fasani ファザーニ*
Fasano
　ファサーノ
　ファザーノ
Fasbinder
　ファスビンダー
Fasch ファッシュ
Fasella ファゼラ
Fashola ファショラ
Fāsī ファースィー
Fasianos ファシアノス
Fasick フェイジック
Faṣīḥ ファスィーフ
Faṣīḥī ファスィーヒー
Fasiladas ファシラダス
Faso ファソ
Fasoli ファソリ
Fasolo ファゾーロ
Fasquelle ファスケル
Fass ファス
Fassassi ファサッシ
Fassbaender
　ファスベンダー*
Fassbender
　ファスベンダー*
Faßbender
　ファスベンダー
Fassbinder
　ファスビンダー**
　ファスビンデル
Fassero ファセロ
Fassett ファセット*
Fassi ファシ
Fassie ファッシー
Fassi-fihri
　ファシフィフリ
Fassina ファシナ*
Fassini ファッシーニ

Fassino ファシノ
Fassler ファスラー
　　　フェスラー
Fässler フェスラー
Fassou ファスー
Fast
　　　ファースト***
　　　ファスト*
Fasth ファス
Fastidius
　　　ファスティーディウス
　　　ファスティディウス
Fasting ファスティング
Fastolf
　　　ファストーフ
　　　ファストルフ
Fastovsky
　　　ファストフスキー*
Fastrich
　　　ファストリッヒ
Fat
　　　ファ
　　　ファット
Fata ファタ
Fatah ファタ*
Fátali ファタリ
Fatboy
　　　ファットボーイ*
Fatchen ファッチェン
Fatchett ファチェット
Fate フェイト*
Fateh
　　　ファテ
　　　ファティフ
Fatehah ファテハ
Fatema
　　　ファーティマ
　　　ファテマ
Fatemeh ファテメ
Fatemi ファテミ
Faten ファーティン
Fatfat ファトファト
Fath
　　　ファット
　　　ファート
　　　ファトフ
Fath
　　　ファテ
　　　ファトフ
Fath ファトフ
Fatha ファーザ
Fathali ファザーリ
Fathallah ファサラ
Father ファーザー
Fathi
　　　ファティ*
　　　ファトヒ*
Fathimath
　　　ファティマット
Fathulla ファトラ**
Fathy
　　　ファティ
　　　ファトヒ
Fati ファティ
Fatica ファティカ

Fatih
　　　ファティ**
　　　ファティフ*
Fatim ファティム
Fatima
　　　ファーティマ*
　　　ファティマ**
Fátima ファティマ*
Fātima
　　　ファーティマ
　　　ファティマ
Fāṭima ファーティマ
Fatimah ファティマ
Fāṭimah ファーティマ
Fatime
　　　ファティム
　　　ファティメ
Fatimie ファテミ
Fatin
　　　ファーティン
　　　ファテン
Fatio ファティオ**
Fatiou ファティウ
Fatkulina
　　　ファトクリナ
　　　フォトクリナ
Fatma
　　　ファティマ
　　　ファトマ
Fatmawati
　　　ファトマワティ
Fatmir
　　　ファトゥミル
　　　ファトミール*
　　　ファトミル*
Fatos ファトス**
Fatou
　　　ファートゥー
　　　ファトゥ**
　　　ファトゥー
　　　ファトウ
　　　ファトゥー
Fatouma ファトウマ
Fatoumata
　　　ファツマタ
　　　ファトゥマタ
　　　ファトマタ
Fatran ファトラン
Fats ファッツ**
Fattah
　　　ファタ
　　　ファタフ
　　　ファッタフ
Fattahi ファタヒ
Fattal ファタル
Fatterpekar
　　　ファッターペカー
Fatthi
　　　ファタヒー
　　　ファトヒ
Fatti ファッティ
Fattoretto
　　　ファットレット
Fattori ファットーリ
Fattoruso
　　　ファトルーソ*
Fattouh ファトゥーフ

Fattoush
　　　ファットゥシュ
Fatty ファッティ
Fatuma ファツマ*
Fatus
　　　ファタス
　　　ファテュ
　　　ファトス
Faty ファティ
Fau
　　　ファウ
　　　フォー
Faubert フォベール
Faubion
　　　フォービアン
　　　フォービオン
　　　フォビオン
Faubus フォーバス*
Fauchald
　　　フォーチャルド
Fauchard
　　　フォーシャール
　　　フォシャール*
Faucher
　　　ファウチャー
　　　フォーシェ*
　　　フォーシェー
　　　フォシェ*
　　　フォーシェル
　　　フランソワ
Fauchereau
　　　フォーシュロー*
Fauchet
　　　フォーシェ
　　　フォーシェー
Faucheux フォシュー
Fauchier フォシエ
Fauchille
　　　フォシーユ
　　　フォーシル
Fauchois
　　　フォシュア
　　　フォーショワ
Fauchon
　　　フォーション
　　　フォション
Fauci ファウチ*
Faucit フォーシット
Faucompré
　　　フォコンプレ
Faucon フォコン*
Fauconnet
　　　フォーコネ
　　　フォーコンネ
　　　フォコンネ*
　　　フォコンネー
Fauconnier
　　　フォーコニエ
　　　フォコニエ**
Faugoo フォゴー
Faujas フォージャ
Faul フォール
Faulcon フォールコン
Faulds フォールズ**
Faulhaber
　　　ファウルハーバー
　　　フォールハーバー
Faulk フォーク**

Faulkner
　　　フォークナー
　　　フォークナー**
　　　フォクナー
　　　フォークナア
　　　フォルクナー
Faulknor フォークナー
Faulks フォークス**
Faullain フォーラン
Faulstich
　　　ファウルシュティッヒ*
Faumuia ファウムイア
Faumuina
　　　ファウムイナ
　　　フォーマイーナ
　　　フォームイナ
Faunce フォーンス
Fauner ファウネル
Fauntz フォーンツ
Fauoa ファウオア
Faupel フォーベル
Fauque フォーク
Faur フォール
Faure
　　　ファウレ
　　　フォール***
　　　フォーレ*
Fauré
　　　フォーレ*
　　　フォレー
Faurel フォーレル
Faurie
　　　フォーリー
　　　フォリー
Fauriel
　　　フォーリエル
　　　フォリエル
Fauroux フォールー
Faus ファウス
Fausbøll ファウスベル
Fauset フォーセット*
Fausset フォーセット
Faust
　　　ファウスト**
　　　フォースト
Fausta
　　　ファウスタ*
　　　ファウスタ
Fausti ファウスティ*
Faustin
　　　フォースタン
　　　フォスタン**
　　　フォースティン
　　　フォスティン
　　　フォーステン
Faustina
　　　ファウスチナ
　　　ファウスティーナ
　　　ファウスティナ
Faustin-Archange
　　　フォスタンアルシャンジュ
Faustine
　　　フォスティーヌ*
Faustini
　　　ファウスティーニ
Faustino
　　　ファウスティーノ*

　　　ファウスティノ*
　　　フォスティノ
Faustinus
　　　ファウスティーヌス
　　　ファウスティヌス
Fäustle ファウストル
Faustman
　　　ファウストマン
Fausto
　　　ファウスト**
　　　フォウスト
　　　フォスト
Faustos ファウストス
Faustulus
　　　ファウストゥルス
Faustus
　　　ファウスツス
　　　ファウストゥス
Faustyna
　　　ファウスティナ
Fauter ファウター
Fauth ファウト
Fautrier フォートリエ
Fauvarque
　　　フォヴァルク
Fauve フォーヴ
Fauvel
　　　フォーヴェル
　　　フォーベル
Fauvet フォベ
Faux フォークス
Fauza ファウツァ
Fauzi ファウジ
Fauzia フォージア
Fauziah ファウジア
Fauziya ファウジーヤ*
Fava
　　　ファーヴァ*
　　　ファヴァ
Favalli ファヴァッリ
Favard ファヴァー
Favaretto
　　　ファヴァレット
Favarger
　　　ファヴァージャー
Favario
　　　ファヴァリオ
　　　ファバリコ
Favaro ファヴァーロ
Favart
　　　ファヴァール*
　　　ファバール
Favazza
　　　ファヴァッサ
　　　ファヴァッツァ
Fave フェイブ
Favell
　　　ファヴェル
　　　フェイヴェル
Favera ファヴェラ
Favero ファヴェロ
Faverón ファベロン*
Favez ファベ
Favier
　　　ファヴィエ***
　　　ファビエ
Favila ファビラ

Favilla ファヴィッラ
Favilli ファヴィッリ
Favonius
　ファウォニウス
Favoreu
　ファヴォルー*
　ファボルー
Favorin ファヴォリン
Favorinus
　ファウォーリーヌス
　ファウォリヌス
　ファウォリスス
Favors フェイバーズ
Favorskii
　ファヴォルスキー
　ファウォルスキィ
Favorskiǐ
　ファヴォルスキー
Favorskij
　ファヴォールスキー
Favorsky
　ファヴォルスキー
Favory
　ファヴォリ
　ファボリ
Favre
　ファーヴ
　ファーヴル*
　ファヴレ
　ファーブル
　ファブル
　ファブレ
Favreau
　ファヴロー*
　ファブロー*
Favretto ファヴレット
Fawaz ファワズ
Fawcett
　フォウセット
　フォーセット***
　フォセット
　ホーセット
　ホフセット
Fawdah フーダ
Fawer ファウアー**
Fawkes フォークス*
Fawkner フォークナー
Fawwaz ファワズ
Fawwāz ファウワーズ
Fawzan ファウザン
Fawzi ファウジ*
Fawzī ファウジー*
Fawzia
　ファウジア*
　ファウズィア
　フォージア
Fawziya ファウジーヤ
Fawzy ファウジ
Fax ファックス
Faxel ファクセル
Faxon ファクソン*
Fay
　ファーイ
　ファイ
　フェ
　フェー
　フェイ***

Faÿ ファイ
Fáy ファーイ
Fayad ファヤド
Fayard
　フェイアード
　フェイヤード
Faycal ファイサル
Faydan ファイダン
Faydherbe
　ファイトヘルブ
　フェデルブ
Faydī ファイズィー
Faye
　ファイ*
　ファイエ
　ファイユ**
　ファーユ**
　ファユ
　フェー
　フェイ***
Fayed ファイド
Fayemi ファエミ
Fayer
　ファイエル
　フェイヤー
Fayers フェイヤーズ
Fayerweather
　フェアウェザー
　フェイヤーウェザー
Fayette ファイエット*
Fayez
　ファイズ
　ファエズ**
Fayle フェイル
Faylen フェイレン
Faymann ファイマン*
Faynot フェノ
Fayol
　ファイヨール
　ファイヨル
　ファヨール*
　フェイヨール
　フェイヨル
Fayolle
　ファイヨール
　ファイヨル*
　ファヨール
Fayrene フェイリン
Fayrfax
　フェアファクス
　フェアファックス
Fayrūz ファイルーズ
Faysal ファイサル*
Fayṣal ファイサル
Fayyad ファイヤド*
Fayza ファイザ
Fäyzullä ファイズッラ
Fazal
　ファザール
　ファザル**

Fazel
　ファゼル
　フェイゼル*
Fazenda ファゼンダ
Fazi ファツィ*
Fazil
　ファジーリ
　ファジリ*
　ファジール*
　ファジル*
　ファズル
Fazil'
　ファジーリ
　ファジリ*
Fâzıl ファズル
Fazila ファジラ
Fazilj ファジーリ
Fazio
　ファシオ
　ファジオ
　ファーツィオ
　ファツィオ*
Fazioli ファツィオリ*
Fazl ファズル
Fazl ファズルル
Fazle
　ファザル
　ファズレ*
Fazl-e ファズレ
Fazli ファズリ
Fazlić ファズリッチ
Fazliddin
　ファズリディン
Fazlul
　ファズルル
　フォズルル
Fazlullah ファズルラ
Fazy ファジー
Fazzani
　ファッツァーニ
Fazzari
　ファザリ
　ファツァーリ
Fazzi ファッツィ
Fazzini
　ファッツィーニ*
Fazzino ファジーノ
Fco. フランシスコ
Fe
　フィ
　フェ
Fea フェーア
Feagan フィーガン
Feagin フィーギン
Feagles フィーグルス
Feak フィーク*
Fealy フィーリー
Fe'ao フェアオ
Fe'aomoeata
　フェアオモエアタ
Fearer フィアラー
Fearey フィアリー*
Feargal ファーガル*
Fearing
　フィアリング*
　フェアリング

　フェアレン*
Fearn ファーン**
Fearnley
　ファーンリ
　ファーンリー*
　フィアンリー
Fearnow フィルノウ*
Fearon フィアロン
Fears
　フィアース
　フィアーズ
Feary フィーリー
Feast フィースト
Feaster フィースター*
Feather フェザー**
Featherman
　フェザーマン
Feathers フェザーズ*
Featherstone
　フェザーストーン
　フェザーストン*
Featley フィートリ
Féau フェオ
Feavearyear
　フェヴャー
Feaver
　フィーヴァー
　フィーバー
Febail フェヴィル
Febbraro フェブラロ
Febe フェーベ
Feber ファーバー
Febo フェボ
Febres フェブレス***
Febrianti
　フェブリヤンティ
Febronia フェブロニア
Febronius
　フェブロニウス
Febvre
　フェーヴル**
　フェーブル*
Fechner
　フェシュネール*
　フェッヒナー
　フェヒネル
　フェヒナー**
　フェヒネル
　フヘヒネル
Fecht フェヒト
Fechter
　フェクター
　フェヒター
Feck フェク
Feckenham
　フェクナム
　フェケナム
Fecker フェッカー
Feckes フェッケス
Feckler フェックラー
Fecteau
　フェクトー
　フェクトゥー
Fedacynski
　フェダチンスキ
Fedak フェダク

Fedchenko
　フェードチェンコ
Fedchuk フェドチョク
Feddal フェダル
Fedde フェッド*
Feddema フェダマ
Fedden フェデン
Fedder フェダー
Feddersen
　フェッダーセン
Fede
　フィード
　フェーデ
　フェデ
Fédé フェデ
Fedele
　フェーデル
　フェデーレ
　フェデレ
Fedeli フェデリ
Fedeligo
　フェデリーゴ
　フェデリゴ
Feder
　フィーダー
　フェイダー
　フェーダー*
　フェダー*
　フェーデル
Federbush
　フェダーブッシュ
Federe フェデーレ
Federer
　フェーデラー
　フェデラー**
Federi フェデーリ
Federica
　フェデリーカ
　フェデリカ**
Federici
　フェデリーチ*
　フェデリチ
Federick フェデリック
Federico
　フェデリ
　フェデリーコ*
　フェデリコ***
Federighi
　フェデリーギ*
Federigo
　フェデリーコ
　フェデリーゴ*
　フェデリコ
　フェデリゴ
Federle フェデリー
Federman
　フェダーマン*
　フェダマン***
Federmann
　フェーダーマン*
　フェーデルマン
Federn
　フェダーン
　フェーデルン
Federspiel
　フェダーシュピール
　フェダースピール
Federzoni
　フェデルゾーニ

フェデルツォーニ
Fedetskyy
フェデツキー
Fedi フェディ*
Fedicheva
フェジチェワ
Fédida フェディダ
Fedin
フェージン*
フェーディン
Fedir フェードル
Fedirico フェディリコ
Fedja フェディア
Fedkine フェドキン
Fedor
ヒョードル*
フィヨードル
フィヨドル
フェオドル
フェドー
フェードル
フェードル
フェドル
ヨードル***
ヨドール
Fëdor
フィヨドール
フェオドール
ヨードル
ヨードル
Fedora
フェドーラ**
フェドラ
Fedorčak
フェドルチャク
Fedorchek
フェドルチェフ
Fedorchenko
フェドルチェンコ
Fedorchuk
フェドルチューク
フェドルチュク*
Fedorenko
フェドレンコ**
Fedoriva フェドリワ
Fedorko フェドルコ
Fedoroff フェドロフ
Fedorov
フェオドロフ
フェドロフ**
フュドロフ
ヨードロフ**
Fëdorov ヨードロフ
Fedorova
フェドロヴァ
フェドロバ
フェドロワ
ヨードロワ
Fedorovich
フェドロヴィチ
フェードロヴィッチ
フェドロビッチ
ヨードロヴィチ
ヨードロヴィッチ
ヨードロビッチ
Fëdorovich
フェオドロヴィチ

フェードロヴィチ
ヨードロヴィチ
ヨードロヴィッチ
ヨードロヴィッチ
Fëdorovin
フェードロヴィチ
Fedorovitch
フェドロヴィチ
フェードロヴィチ
Fédorovitch
フェドロヴィチ
Fedorovna
ヨードロヴナ
Fëdorovna
ヨードロヴナ
ヨードロブナ
Fedorowicz
フェドローヴィッチ
Fedoryshyn
フェドリーシン
フェドルイシン
Fedoseev
フェドセーエフ**
フェドセーフ
Fedoseyev
フェドセーエフ
Fedoseyeva
フェドセウェーヴァ
Fedosievich
フェオドシエヴィチ
Fedosov フェドーソフ
フェールチャック*
Fedosova
フェドーソヴァ
Fedotiev
フェードチェフ
フェドチェフ
Fedotkina
フェドトキナ
Fedotov
フェドートフ*
フェドトフ
Fedotova
フェドートヴァ
フェドトワ
Fedotovich
フェドトヴィチ
Fedrov ヒョードロフ
Fedrovich
フェドローヴィッチ
Fëdrovich
ヨードロヴィチ
Fedrovitch
フェドローヴィチ
Feduccia
フェドゥーシア*
フェドゥシア
Fedulova
フェドゥロヴァ
Fedutes フェデュテス
Fedyk フェダイク
Fee フィー**
Feédégonde
フレデグンデ
フレデゴンド
Feegel フィーゲル*
Feehan
フィーアン
フィーハン*
Feehily フィーリー

Feek フィーク
Feeley
フィーリー*
フィーリイ
Feelgood
フィールグッド
Feelings
フィーリングス
フィーリングズ
Feely フィーリー
Feeman
フィーマン
フリーマン
Feenberg
フィーンバーグ*
Feeney
フィーニ
Feenstra フィンストラ
Feeny フィーニー
Feer
フィール
フェール
Feeroozeh
フィールーゼ
Feertchak
フェートチャック
フェールチャック*
Feetham フィータム
Féfer フェーファー
Feferman
フェファーマン
ヘファーマン
Feffer フェッファー*
Fefferman
フェッファーマン
フェファーマン*
Fegan フィーガン
Fegen フェーゲン
Feger フェガー
Fegerl フェガール
Fegessa フェゲッサ
Fegg フェッグ
Feghhi フェヒ
Feghouli フェグリ
Fegredo
フィグレード
フィグレド
Fegueux フグー
Fehaid フェハイド
Fehenberger
フェーエンベルガー
Feher
フェーヘル
フェヘール
フェヘル
Fehér
フェヘール
フェール
Fehily フェヒリー
Fehīm フェヒーム
Fehling フェーリング
Fehlinger
フェーリンガー

Fehlner フェールナー
Fehmi フェウミ
Fehmiu
フェーミウ
フェーミュ
Fehmy フェイミ
Fehn フェーン
Fehner フェネール*
Fehr
フェア*
フェイア
フェール
Fehrenbach
フェーレンバッハ*
フェーレンバハ
Fehri フェヘリ
Fei フェイ**
Féi フェイ
Feibel
ファイベル
フィーベル
Feibelman
ファイベルマン
Feibleman
フィーブルマン*
フェーブルマン
Feicht ファイト
Feichter ファイヒター
Feichtinger
ファイヒティンガー*
Feick ファイク
Feidelson
ファイデルスン
Feidhlim
フェイドリム*
Feidman フェードマン
Feied フェイエッド
Feierabend
ファイアーアーベント
Feiertag
フェールターク*
Feifel ファイフェル
Feifer
ファイファー*
フェイファー
Feiffer
ファイファー**
フィーファー
フェイファー
Feig フェイグ
Feigal フェイガル
Feigen フェイゲン
Feigenbaum
ファイゲンバウム**
フェイゲンバウム
Feigenberg
ファイゲンバーグ
Feight フェイト
Feigin フェイギン
Feiginson
フェイギンソン
Feigl ファイグル*
Feijen フェイエン
Feijó
フェイジョ
フェイジョー

Feijóo フェイホー
Feil
ファイル
フェイル
Feila フェイラ
Feild フィールド
Feilder フィルダー
Feiler ファイラー*
Feiling フィーリング
Feilke フェイルケ
Fein
ファイン*
フェイン
Feinberg
ファインバーク
ファインバーグ*
ファインベルク
ファインベルグ*
フェインベルグ
Feinbloom
ファインブルーム
Feindouno
フェインドゥーノ
Feindt ファイント
Feine ファイネ*
Feiner
ファイナー
フェイナー*
Feinglos
フェイングロス
Feingold
ファインゴールド**
Feinhals
ファインハルス
Feinhandler
ファインハンドラー
Feininger
ファイニンガー**
Feinleib
ファインリープ*
Feinman
ファインマン*
Feinmann
ファインマン
Feinsod
ファインソッド
Feinson フェインソン
Feinstein
ファインシュタイン*
ファインスタイン***
ファインスティーン
ファインステイン
フェインステイン
フェインステーン
Feintuch
ファインタック**
Feipel ファイベル
Feireiss ファイライス
Feirer ファイラー
Feiring ファイアリング
Feirstein
フェアスタイン
Feirtag ファイタグ
Feis
ファイス
ファイズ*
フェース
Feisal フェイサル**

Feissner ファイスナー
Feist
　ファイスト
　フィースト**
　フェイスト
Feistmantl
　フェイストマントル
　フェイスマントル
Feisty フィースティ
Feit
　ファイト
　フェイト
Feitelson
　ファイテルソン
　フェイテルスン
　フェイテルソン
Feith フェイト
Feitis フェイティス
Feitosa フェイトーザ*
Feiveson ファイブソン
Feiwel
　ファイヴェール
　ファイヴェル
　ファイベル
Feixas フェクサス
Feizoure フェイズーレ
Fejedelem
　フィージデレム
Fejér
　フェイエール
　フェイエール
　フェエール
Fejeran フェヘラン
Fejerman
　フェジェルマン
Fejerskov
　フェジェルスコフ
Fejes
　フェイエシ
　フェイエシュ*
　フェイエシュ***
　フェジェス
Fejió フェイホ
Fejkiel フェイキール
Fejos フェヨス
Fejös
　フェイエーシュ
　フェイエース
Fejsa フェイサ
Fejtö
　フェイト*
　フェジト
Fejzulahu
　フェイズラフ
Feka フェカ
Fekadu フィカドゥ
Feke フェケ
Fekete
　フェケーテ
　フェケテ
Fekir フェキル
Fekitoa フェキトア
Fekkai フェッカイ
Fekki フェキ
Feklisov フェクリソフ
Feklistova
　フェクリストワ

Fekner フェクナー
Fekter フェクター
Fela フェラ*
Felaj フェライ
Felba フェルバ
Felber フェルバー**
Felbiger フェルビガー
Felbinger
　フェルビンガー*
Felce フェルス
Felciano
　フェルチアーノ
Feld
　フェルト*
　フェルド**
Felda フェルダ*
Feldbauer
　フェルトバウアー
Fel'dbaum
　フェリドバウム
Feldek フェルデク
Feldenkrais
　フェルデンクライス
Felder
　フェルダー*
　フェルデール*
Felderhof
　フェルダーホフ
Feldes フェルデス
Feldhaus
　フェルダウス
　フェルトハウス
　フェルドハウス
Feldhoff フェルトホフ
Feldhusen
　フェルトフーゼン
Feldkamp
　フェルトカンプ
Feldman
　フェルトマン
　フェルドマン**
Fel'dman
　フェリドマン
　フェルトマン
Feldmann
　フェルトマン
　フェルドマン
Feldmeier
　フェルトマイアー
Feldon
　フェルダン
　フェルドン
Feldshuh
　フェルドシュー*
Feldstein
　フェルドシュタイン
　フェルドスタイン**
Feldt フェルト*
Feldtkeller
　フェルトケラー
Feldweg
　フェルトヴェーク
Fele フェレ
Félecien フェリシアン
Felegyhazi
　フェレジハジ
Feleti フェレティ

Felfe フェルフェ
Felfernig
　フェルファニグ
Felgenhauer
　フェルゲンハウアー
Felger フェルガー
Felgner フェルナー
Felgoise
　フェルゴワーズ
Felguérez
　フェルゲレス
Felia
　フェリア
　フェリヤ
Félia フェリア
Felias フェリアス*
Feliberto フェリベルト
Félibien フェリビアン
Felice
　フェリース**
　フェリス***
　フェリーチェ***
　フェリチェ
　フェリーツェ
Félice フェリス
Felicetti
　フェリチェッティ
Felici
　フェリーチ
　フェリチ
Felicia フェリシア**
Felician フェリシアン
Feliciani
　フェリチアーニ
Feliciano
　フェリシアーノ**
Felicianus
　フェリキアーヌス
　フェリキアヌス
　フェリチアヌス
Felicien
　フェリシアン*
　フェリシエン
　フェリシャン
　フェリシャン
Félicien
　フェリシアン*
　フェリシャン
　フェリシャン**
Felicio フェリシオ
Felicissimus
　フェリキッシムス
Felicita フェリシタ
Felicità フェリシタ
Felicitas
　フェリーキタース
　フェリキタス
　フェリシタス
　フェリチタス*
Félicité フェリシテ
Felícito フェリシト
Felicity
　フェリシタス
　フェリシティ*
　フェリシティー*
Felicja フェリチア
Feliks
　フェリクス***

フェリックス
Felimon フェリモン
Felinau フェーリナウ
Feliński フェリニスキ
Felipe
　フィリップ*
　フィーリプ
　フィリペ*
　フェリペ
　フェリーペ
　フェリペ***
Felipe Almeida
　フェリペアルメイダ
Felisa フェリサ
Felisatti
　フェリサッティ
Felisberta
　フェリスベルタ
Felisberta da Silva
　フェリスベルタダシルバ
Felisberto
　フェリスベルト
Felisie フェリジー
Felitta
　フェリータ*
　フェリッタ
Felix
　フィーリクス*
　フィリックス
　フィーリックス***
　フェリクス***
　フェリス
　フェリーチェ
　フェーリッキス
　フェーリックス
　フェリックス***
　ヘリキ
Felîx フェリクス
Félix
　フェリ
　フェリークス
　フェリックス***
　フェリス*
　フェリックス***
Fêlix フェリックス
Félixe フェリックス
Feliz
　フェリス*
　フェリツ
Féliz フェリス
Felizian
　フェリーツィアン
Felke フェルケ
Felker フェルカー
Felkin フェルキン*
Felkner フェルクナー
Felknor フェルクナー
Fell フェル**
Fella フェラ
Fellahi フェライ
Fellaini フェライーニ*
Fellay フェレー
Fellegi フェッレギ
Felleisen フェライセン
Fellenberg
　フェルレンベルク

Feller フェラー**
Fellerer フェレラー
Fellers フェラーズ*
Fellesson フェレッソン
Fellinger フェリンガー
Fellini
　フェリーニ
　フェリーニ**
Fellke フェリッカ*
Fellman フェルマン
Fellmann フェルマン*
Fellmeth フェルメス
Fellner フェルナー**
Fellowes
　フェロウズ
　フェローズ*
Fellows
　フェロウズ
　フェローズ*
Fells フェルズ
Felman フェルマン**
Felmery フェルメリ
Felmy
　フェルミ
　フェルミー
　フェルミュ
Felnandez
　フェルナンデス
Felony フェロニー
Fels フェルス
Felscherinow
　フェルシェリノ
　フェルシュエリノヴ
Felsecker
　フェルセッカー
Felsen フェルセン
Felsenbrunn
　フェルゼンブルン
Felsenstein
　フェルゼンシュタイン
Felsenthal
　フェルゼンタール
Fel'shtinskii
　フェリシチンスキー
Felshtinsky
　フェリシチンスキー
Felsing フェルシング*
Felson フェルソン
Felstead
　フェルステッド
Felstehausen
　フェルステハウゼン*
Felsztyna
　フェルシティン
　フェルシュティナ
Felt フェルト*
Felten フェルテン*
Feltham フェルサム
Feltin フェルタン
Feltkamp
　フェルトカンプ
Feltman フェルトマン
Feltner フェルトナー
Felton フェルトン**
Feltre フェルトレ

Feltrinelli フェルトリネッリ*
Felts フェルツ
Feltsman フェルツマン*
Feltwell フェルトウェル
Felty フェルティ
Feltz フェルツ
Felumb フェロム
Felzensztein フェルゼンシュテイン
Feman フェマン
Femenia フェメニア
Femi フェミ**
Femina フェミナ
Femke フェムカ*／フェムケ
Fen フェン
Fena フィーナ*
Fenady フェナディ*
Fenaroli フェナローリ
Fenby フェンビー
Fenchel フェンケル*／フェンチェル／フェンヘル
Fencl フェンツル
Fendel フェンデル
Fender フェンダー**
Fenderson フェンダーソン
Fendi フェンディ*
Fendius フェンディアス*
Fendler フェンドラー
Fendrich フェンドリヒ
Fendrick フェンドリック
Fendrock フェンドロック
Fendt フェント
Feneberg フェーネベルク
Fenech フェネク**／フェネシュ／フェネック
Fenech-adami フェネクアダミ
Feneet フェニート
Feneis フェネイス
Fenella フェネッラ／フェネラ
Fenelon フェヌロン*
Fénelon フェヌロン*／フェネロン
Fènelon フェヌロン
Fenemore フェネモー
Fénéon フェネオン
Fenestella フェネステッラ／フェネステラ

Feng フェン*／フォン**
Fenger フェンガー*
Fengming フォンミン
Fengyi フェヌ・グイ／フォジー
Feng Ying フォンイン
Fenianos フィニアノス
Fenichel フェニヒェル／フェニヘル
Fenichell フェニケル
Fenimore フェニイモアー／フェニーモア／フェニーモア*／フェニモア
Fenin フェニン*
Fenis フェーニス
Fenjves フェンジェプス
Fenley フェンレイ*
Fenlon フェンロン
Fenn フェン**
Fennand フェナンド
Fennec フェネ
Fennel フェネル
Fennell フェネル**／フェンネル*
Fennelly フェネリー／フェンリー**／フェンリイ
Fennema フェンネマ
Fenneman フェンマン
Fenner フェナー**／フェンナー*
Fenning フェニング
Fenninger フェニンガー**
Fenno フェノー／フェンノ
Fenoglio フィノグリオ／フェノッリオ／フェノーリオ／フェノリオ
Fenollosa フイノロサ／フェノローサ／フェノロサ*
Fenomeno フェノメーノ
Fensch フェンシュ*
Fensel フェンセル
Fensham フェンシャム
Fenske フェンスク
Fenster フェンスター*／フェンステル
Fensterheim フェンスターヘイン*

Fenstermacher フェンスターマッハ
Fenta フェンタ
Fentiman フェンティマン
Fenton フェントン***
Fentress フェントレス
Fenves フェンヴス
Fenwick フェニック／フェンウイク／フェンウィック**
Fenyö フェニエー
Fenyvesi フェニイベシ
Fenzi フェンツィ
Fenzoni フェンツォーニ
Feo フェーオ／フェオ
Feodor フィアドー／フェオドール／フェドール／フォードール／フョードル*
Féodor フェオドール
Feodora フェオドラ
Feodorov フョードロフ
Feodorovich フィヨドロヴィチ／フィヨドロヴィチ／フェオドロピッチ／フョードロヴィチ
Feodorovna フョードロヴナ
Feodosii フェオドシー／フェオドーシイ
Feodosiia フェオドシア
Feodosij フェオドーシイ
Feofan フェオファーン／フェオファン
Feofanov フェオファノフ
Feofanova フェオファノワ
Feofilaktovich フェオフィラクトヴィチ
Feoklitoverborever フェオクリトヴァーボレヴァ
Feoktistov フェオクチストフ
Feolde フィオルデ
Fer ファー／フェール**／フェル*
Ferand フェランド
Feraoun フェラウーン／フェラウン*
Ferard フェラード

Ferari フェラーリ
Feraru フェラル
Férat フェラ
Ferati フェラーティ
Féraud フェロー*
Féraudy フェローディ
Ferbel ファーベル
Ferber ファーバー**／フェルバー*／フェルベール／フーバー
Ferbos ファーボス*
Ferchault フェルショー／フェルショール
Ferchl フェルフル
Fercu フェルク
Ferde ファーデ／ファーディ
Ferdiad フェルジア
Ferdin ファーディン
Ferdinand ファージナンド／ファーディナン／ファーディナンド**／フェルジナント／フェルジナンド／フェルヂナン／フェルディー／フェルディナン***／フェルディナンド***／フェルディナンド***／フェルデナント／フェルデナンド／フェルナン／フェルナンド／フェルランテ／フェルランディーノ／フェンディナン
Ferdinandi フェルディナンディ
Ferdinando ファーディナンド／フェルジナンド／フェルディナン／フェルディナンド***
Ferdinnand フェルディナント
Ferdjoukh フェルジュク
Ferdousī フェルドウスィー*
Ferdowsi フェルドーシ
Ferdy ファーディ／フェルディ
Ferdynand フェルディナンド
Fere フェーレ
Féré フェレ
Fereira ヘレーラ
Ferenc フィレンツ／フェレンク／フェレンス

フェレンツ***／フェレンツェ／フランツ／フレンク
Ferenchick フェレンチック
Ferencic フェレンチック
Ferencsik フェレンチーク／フェレンチク**
Ferencz フェレンツ**
Ferenczi フェレンツィ**
Ferenczy フェレンツィ
Ferentz フェレンツ
Fereshteh フェレシュテ
Féret フェレ
Férey フェレ*
Fereydoon フェレイドゥン
Fereydoun フェレイドゥン*／フェレイドン／フレイドン／フレインドン
Fereydun フェリドゥーン
Fergadelic ファーガデリック
Fergal フィアガル／フェルガル
Ferger フェルガー
Fergie ファーギー
Fergo フェアゴ
Fergson フェルグソン
Fergus ファーガス**／フェルグス／フォーガス
Ferguson ファーガスン*／ファーガソン***／ファーグスン／ファーグソン*／ファルガスン
Ferguson-mckenzie ファーガソンマッケンジー
Fergusson ファーガスン／ファーガソン*／ファガーソン／ファーガッソン／ファーグソン／フェーグソン
Ferhan フェルハン
Ferhaoui フェルハウイ
Ferhat フェルハト
Ferhāt フェルハト
Ferholt ファーボルト
Feri フェリ*
Ferial フェリアル
Ferid フェリド*
Férid フェリッド

Ferida フェリーダ
Feridun
　フェリドゥン**
Fériet フェリー
Ferigato フェリガート
Fériquz フェリクス
Feris フェリス
Ferit
　フェリット*
　フェリト
Ferketich ファーケッチ
Ferkiss ファーキス
Ferla フェルラ
Ferland
　ファーランド
　フェルラント
Ferlendis
　フェルレンディス
Ferlin
　フェーリン
　フェリーン*
Ferlinghetti
　ファーリンゲッティ
　ファーリンゲティ***
Ferlito フェルリト
Ferlosio
　フェルロシオ***
Ferm
　ファーム
　フェルム
Ferman ファーマン
Fermand フェルマンド
Fermat
　フェルマ
　フェルマー
Fermi
　フェルミ*
　フェルミー
Fermigier
　フェルミジェ
　フェルミジエ
Fermin フェルミン*
Fermín フェルミン
Fermine
　フェルミーヌ**
Fermor
　ファーマー**
　ファーモー*
　ファーモア
Fern
　ファーン**
　ファン
　フェーン
Fernach フェルナック
Fernadez
　フェルナンデス
Fernainy フェルネイニ
Fernald
　ファーナルド
　フェルナルド
Fernan フェルナン*
Fernán フェルナン*
Fernand
　フェルナン**
　フェルナンド**
　ヘルナンド
Fernanda
　フェルナンダ**

フェルナンド
Fernandao
　フェルナンドン*
Fernandão
　フェルナンドン
Fernandat
　フェルナンダ
Fernande
　フェーナンド
　フェルナンド*
Fernandel
　フェルナンデル
Fernandes
　フェルナンデス***
Fernándes
　フェルナンデス
Fernandesdias
　フェルナンデスディア
　ス
Fernandez
　フェルアンデズ
　フェルナンデス***
　フェルナンデス
Fernández
　フェルナンデス***
　フェルナンデス
Fernàndez
　フェルナンデス
Fernández Ochoa
　フェルナンデスオチョ
　ア
Fernandez Steiner
　フェルナンデスシュタ
　イナー
Fernandi
　フェルナンディ
Fernandinho
　フェルナンジーニョ*
Fernando
　エルナンド
　ファーナンド
　フェルナルド
　フェルナンデ
　フェルナンド***
　フェルンナンド
Fernandopulle
　フェルナンドプレ
Fernanndo
　フェルナンド
Fernão フェルナン
Fernau
　フェルナウ
　フェルノー
Fernbach
　ファーンバック
Fernberg
　フェルンバーグ
Ferne フェルネ
Fernel フェルネル
Fernelius
　ファーネリウス
　フェーネリウス
Fernell ファーネル
Ferner フェルナー
Fernette ファーネット
Fernex フェルネクス
Ferney
　フェルネ*
　フェルネー

Ferneyhough
　ファーニホウ
　ファニホウ
Fernie
　ファーニィ
　フェルニエ
Fernig フェルニク
Ferniot フェルニオ
Fernkorn
　フェルンコルン
Fernon ファーノン
Fernow
　ファーノウ
　フェルノー
Ferns ファーンズ
Fernström
　フェルンストレーム
Fernyhough
　ファニーハフ
Feroci フェローチ
Feronato フェロナート
Férotin フェロタン
Feroz フェロズ
Ferozuddin
　フェロズディン
Ferra
　フェラ**
　フェラー
Ferrabosco
　フェッラボスコ
　フェラボスコ
　フェルラボスコ
Ferrada フェラーダ
Ferraday フェラデイ
Ferradaz フェラダス
Ferragamo
　フェラガモ**
Ferraguti
　フェッラグーティ
Ferraiolo フェレイオロ
Ferramola
　フェッラモーラ
Ferran フェラン**
Ferrán
　フェラン
　フェルラン
Ferrand フェラン*
Ferrandez
　フェランデス
　フェランデズ
　フェルナンデス
Ferrandis
　フェルランディス
Ferrando
　フェッランド
　フェランド*
　フェランドー
Ferrand Prevot
　フェランプルボ
Ferrandus
　フェランドゥス
　フェルランドゥス
Ferrani
　フェッラーニ
　フェラーニ
Ferrante
　フェッランテ
　フェランテ

Ferranti フェランティ
Ferrão フェラオン
Ferrar フェラー
Ferrara
　フェッラーラ*
　フェラーラ*
　フェララ
　フェルラーラ
Ferrare フェッラーレ
Ferrarella
　フェラレーラ**
Ferrarese
　フェルラレーゼ
Ferraresi フェラレージ
Ferrari
　フェッラーリ*
　フェッラーリ
　フェラーリ*
　フェラリ***
　フェルラーリ*
Ferrariensis
　フェルラリエンシス
Ferrarini フェラリーニ
Ferrario フェッラリオ
Ferraris
　フェッラーリス
　フェラーリス
　フェラリス
Ferraro
　フェッラーロ
　フェラーロ***
　フェラロ
　フェルラーロ*
Ferrarotti
　フェラロッティ
　フェロッティ
Ferrarrini
　フェラリーニ
Ferrars
　フェラース
　フェラーズ**
Ferrary フェラリィ
Ferras
　フェラース
　フェラス
Ferrat フェラ**
Ferrata
　フェッラータ
　フェラータ
Ferraté フェラテ
Feraú フェッラウー
Ferrauto フェラウト
Ferrazzi
　フェラーツィ*
　フェラッジ
　フェラッツィ
Ferre
　フェレ
　フェレー
Ferré フェレ**
Ferrein フェラン
Ferreira
　フェッレイラ
　フェヘイラ
　フェレイラ***
　フェレラ
Ferreiro フェレイロ

Ferrel
　ファーレル
　フェレル
Ferrell
　ファーレル*
　フェレル*
　フェレル**
Ferreol フェレオル
Ferréol
　フェレオール
　フェレオル
Ferreolus フェレオルス
Ferrer
　ファーラー*
　ファラー**
　フェラー**
　フェーレル
　フェレール***
　フェレル**
Ferrera フェレーラ
Ferreras
　フェレーラス**
　フェレラス
Ferreri
　フェッレーリ
　フェレーリ
Ferrerius フェレリウス
Ferrero
　フェッレーロ*
　フェレーロ
　フェレーロ**
　フェレロ*
Ferrer Obiols
　フェレオビオル
Ferrero-waldner
　フェレロワルトナー
Ferrers
　フエアラース
　フェラーズ
Ferrer-Salat
　フェレルサラト
Ferretti
　フェレッティ
　フェルレッティ
　フェレッティ**
Ferreux フェレー
Ferreyra フェレイラ
Ferreyros
　フェレイロス
Ferri
　フェッリ**
　フェーリ
　フェリ**
　フェリー*
　フェリク
　フェルリ*
　フエルリイ
Ferrie フェリー
Ferrieell フェリエル
Ferriell フェリエル
Ferrier
　ファーリアー
　フェリア
　フェリアー*
　フェリエ**
　フェリエル
Ferrière フェリエール*
Ferrigan フェリガン

Ferrigno
フェリーニョ**
フェリーノ
Ferrill フェリル*
Ferriman フェリマン
Ferrin フェリン
Ferrini
　フェッリーニ
　フェリィニ
　フェリーニ*
Ferris フェリス***
Ferriss フェリス*
Ferrizuel フェリスエル
Ferro
　フェッロ**
　フェルロ
　フェーロ
　フェロ*
　フェロー*
Ferrol ファーロル
Ferron フェロン
Ferrón フェロン
Ferronati
　フェッロナーティ
Ferrone フェローネ
Ferroni フェッローニ
Ferronnière
　フェロニエール
Ferroud フェルー
Ferroukhi フェルキ
Ferrucci
　フェッルッチ
　フェルッチ
Ferruccio
　フェッルッチオ
　フェッルッチョ
　フェルチオ*
　フェルッチオ**
　フェルルッチョ
　フェルッチョ**
　フェルルッチョ
Ferrufino フェルフィノ
Ferry
　フェリ**
　フェリー**
　フェリィ
Fersen
　フェシェン
　フェルサン
　フェルセン
　フェルゼン
Fersht ファーシュト
Fersini フェルシーニ
Fersko フェルスコ
Fersman
　フェールスマン・
　フェルスマン*
Ferson ファーソン
Ferst ファースト
Ferstel フェルステル
Ferster ファースター
Ferstl フェルストル
Fert フェール*
Ferté フェルテ*
Fertik ファーティック
Fertis フェルティス

Fertitta
　ファティータ
　フェティータ*
Ferton ファートン
Fertout
　フェルトゥート
Feruz フェルズ
Feryal フェリアル
Ferydoon フェリー
Ferzan フェルザン*
Ferzetti
　フェルゼッティ
　フェルツェッティ
Ferziger
　ファーツィガー
Ferzli フェルズリ
Fesca
　フェスカ*
　フェスカー
Fesch
　フェシュ
　フェッシュ
Feschotte
　フェショット
Fescourt フェスクール
Fesenko フェセンコ
Fesenkov
　フェセーンコフ
　フェセンコフ
Fesenmeyer
　フェーゼンマイヤー
Feser フェサー
Feshbach フェシバック
Fesik フェシク
Fesiun フェシュン
Fesler フェスラー
Fesperman
　フェスパーマン**
Fess フェス*
Fessard
　フェッサール
　フサール
Fessel フェッセル*
Fessem フェッセム
Fessenden
　フェセンデン
　フェッセンデン*
Fesser フェセル*
Fessier フェッシャー
Fessler フェスラー
Feßler フェスラー
Fest フェスト*
Festa フェスタ**
Festetics
　フェステティクス*
Festing フェスティング
Festinger
　フェスティンガー*
Festugière
　フェスチュジエール
　フェステュジエール
Festus
　ファスタス
　フェスタス**
　フェスツス
　フェステュス
　フェストゥス

Festy フェスティ
Fet
　フェット
　フェート*
　フェト
　フエト
Fetai フェタイ
Fetchit
　フェチット
　フェッチイット
Fetchko フェチコ
Fetell フェテル
Feth フェート**
Fetherling
　フェザーリング
　フェザリング*
Fetherolf フェセロルフ
Fetherston
　フェザーストン
Fetherstonhaugh
　フェザーストンホー
Fethi
　フェティ
　フェトヒ
Féthière
　フェティエール
Fethullah
　フェトフッラー*
Fétis
　フェティ
　フェティス
Fetison フェティソン
Fetisova
　フェティソヴァ
Fetjaine
　フェトジェンヌ*
Fetrás フェトラス
Fetsch フェッシ
Fetscher
　フェッチャー**
Fetter
　フェター
　フェッター*
Fetterley フェッタリー
Fetterman
　フェターマン
　フェッターマン
Fetterolf フェタロフ
Fetters フェターズ*
Fettes フェティズ
Fetti
　フェッティ
　フェティ
Fettich フェッティチ
Fetting フェチング
Fettman フェットマン
Fettmann
　フェットマン
Fettner フェットナー
Fetto フェット
Fettu フェッツ
Fetu'u フェトゥ
Fetu'utolu フェットル
Fetz
　フェツ
　フェッツ
Fetzer フェッツァー*

Fetzner フェッツナー
Feuardent
　フアルダン
　フュアルダン
Feucht フォイヒト
Feuchter フォイヒター
Feuchtersleben
　フォイヒタースレーベ
　ン
　フォイヒテルスレーベ
　ン
Feuchtmayer
　フォイヒトマイアー
　フォイヒトマイヤー
Feuchtwanger
　フォイヒトヴァン
　ガー**
　フォイヒトバンガー
　フォイヒトワンガー
　フォイヒトワンゲル
　ホイヒトワンガー
Feuer
　フィーア
　フェウアー
　フォイヤ
　フォイヤー*
　フューアー
Feuerabend
　フォイエルアーベント
Feuerbach
　フォイアバッハ
　フォイアバハ
　フォイエルバッハ
　フォイエルバッハ*
　フォイエルバハ*
　フホイエルバッフ
Feuerbaum
　ホイエルバウム
Feuerborn
　フォイアボルン
Feuerherd
　フォイヤヘアト
Feuerlein
　フォイエルライン
Feuermann
　フォイアーマン
　フォイアマン
Feuerstein
　ファイヤースタイン
　フォイアスティン
　フォイヤーシュタイ
　ン*
　フォウアスタイン*
Feuerwerker
　フォイヤーウァーカー
Feuga フェーガ
Feughelman
　フェウゲルマン
Feuillade
　フィヤード
　フイヤード
Feuillère
　フィエール
　フイエール*
　フェイエール
　フーユエール
Feuillet
　フーイエ
　フイエ*
　フェイエ

Feulner フォイルナー
Feustel フォイステル
Feuvre
　フィーヴァー
　フューヴァー
Feuz フォイツ
Féval フェヴァル
Feverman フィーバー
Févin フェヴァン
Fevre
　フィーヴァ
　フェーブル
　フェブル
　フエーブル
Févre フェーヴル
Fèvre フェーヴル
Février フェヴリエ
Fevzi
　フェヴズィ
　フェブジ
Few ヒュー
Fewell フューエル
Fewster フユースター
Fewtrell
　ヒュートレル
　フュートレル
Fexeus フェキセウス
Fey
　ファイ
　フェイ*
Feydeau
　フェイドー
　フェードー*
　フェドー**
Feyder
　フェーデ
　フェデ
　フェデー
　フェデル
　フェデル
Feyerabend
　ファイヤーベント
　ファイヤーアーベン
　ト**
　ファイヤーベント
Feyisa フェイサ
Feynman
　ファインマン**
Feyter フェイター*
Feyzioglu
　フェイズィオール
Feyzullah
　フェイズッラー
Fézensac
　フェザンサック
　フザンサック
Fezler フェズラー
Fforde フォード**
Ffoulkes フォルクス
Ffrangcon フランコン
Ffyona フィオナ
Fhertes フェアティス
Fhillippe フィリップ
Fhiona フィオナ
Fiabane フィアベーン
Fiachra フィアチラ

Fiacre フィアクル
Fiada フィアダ
Fiala フィアラ**
Fialetti フィアレッティ
Fialho
　フィアーリョ
　フィアリョ
Fialka フィアルカ
Fialkov
　フィアルコフ
　フィオーコフ
Fialkowski
　フィヤウコフスキ
Fialli フィアリ
Fiame フィアメ
Fiamengo
　フィアメンゴ
Fiamingo フィアミンゴ
Fiamma
　フィアマ
　フィアンマ
Fiammante
　フィアマンテ
Fiammenghi
　フィアメンギ
Fiammenghini
　フィアンメンギーニ
Fiammetta
　フィアメッタ
　フィアンメッタ
Fiamozzi
　フィアモッツィ
Fiandaca フィアンダカ
Fiander フィアンダー
Fiard フイアルド
Fiarman フィアマン
Fiasco フィアスコ
Fiasella フィアゼッラ
Fiat フィアット*
Fiatuwo フィアチュオ
Fiau フィアウ
Fibben
　フィッベン
　フィベン*
Fibich
　フィービヒ
　フィビヒ*
　フィビフ
Fibiger
　フィービガ
　フィービガー
　フィビガ
　フィビガー
　フィービゲル*
　フィビーゲル
　フィビゲル
Fibingerová
　フィビンゲロヴァ
Fibonacci
　フィボナッチ
Ficacci フィカッチ
Ficalora フィカローラ
Ficher
　フィシェール
　フィシェル
Fichera
　フィケラ
　フィチェラ

Fichgrund
　フィシュグランド
Fichman フィヒマン
Fichte
　フィヒテ**
　フィヒテー
Fichtel フィヒテル
Fichtelberg
　フィクテルバーグ
Ficino
　フィチーノ
　フィチノ
Fick フィック*
Ficke
　ファイッケ
　フィック
　フィッケ
Ficken フィッケン
Fickenscher
　フィッケンシャー
Ficker フィッカー*
Fickertt フィッカート
Fickes フィックス*
Fickett フィケット
Ficklin フィクリン
Fickling
　フィックリング
Fickou フィクー
Fico
　フィコ
　フィツォ*
Ficoroni フィコローニ
Ficowski
　フィツォフスキ**
Fida フィダ*
Fidā' フィダー
Fidani フィダーニ
Fidanza フィダンツァ
Fidati フィダティ
Fiddes フィデス
Fiddian フィディアン
Fideil フィデイル
Fidel フィデル***
Fidele
　フィデール
　フィデル
　フィデレ
Fidéle フィデル
Fidèle フィデル
Fidelia
　フィデーリア
　フィデリア**
　フィドリア
Fidelis
　フィデーリス
　フィデリス
Fidélis フィデリス
Fidenco フィデンコ
Fides
　フィデース
　フィデス
Fidès フィデ
Fidesser フィデッサー
Fidler
　フィードラー
　フィドラー*

Fido
　ファイドー
　フィド
Fidrych フィドリッチ
Fiebig フィービッヒ
Fiechter
　フィシュテル*
Fiechtner
　フィヒトナー
Fieder フィードラー
Fiedler
　フィートラー
　フィードラ
　フィードラー***
　フィイドラア
　フィードレル
Fiedorowicz
　フィードローウィック
　ス
Fiege フィーゲ*
Fiegel フィーゲル
Fieger ファイガー
Fieids フィールズ
Fiel
　フィーエル
　フィエル
　フィール
Fielakepa
　フィエラケパ
Field
　フィールズ
　フィールド***
Fielde フィールド*
Fielden
　フィールデン**
Fielder
　フィールダー*
　フィルダー**
Fieldhouse
　フィールドハウス*
Fielding
　フィールディ
　フィールディング***
　フィルディング
　フィールデング
Fields
　フィールズ***
　フィールド
Fielers フィーレルス
Fielitz フィーリッツ
Fiell フィール*
Fiello フィエッロ
Fiemeyer フィメイエ
Fien
　フィエン
　フィーン
Fienberg
　ファインバーグ**
Fiend フィーンド
Fienenana
　フィエネナナ
Fienieg フィーニフ*
Fiennes
　ファインズ**
　フィーンズ
　フィーンズ
Fienns ファインズ*
Fiep フィープ*

Fierheller
　フィアヘラー
Fiering フィーリング
Fierlinger
　フィアーリンジャー
　フィエルリンゲル
　フィールリンゲル
Fiermonte
　フィエールモンテ
Fiero フィエロ
Fierro フィエロ*
Fiers ファイアーズ
Fierstein
　ファイアスタイン
　ファイアスティーン
　フィアースタイン
Fierz フィールツ
Fies フィース
Fieschi フィエスキ*
Fiesco フィエスコ
Fieser フィーザー*
Fiesky フィスキー
Fiesole
　フィエーゾレ
　フィエソーレ
　フィエソレ
　フィエゾレ
Fiess フィス
Fiester フィースター
Fiete フィーテ
Fietkau フィートカウ
Fietz フィーツ
Fie Udby フィエウドビ
Fiévet フィエヴェ
Fife ファイフ*
Fifer ファイファー*
Fiffer フィアファー*
Fifi フィフィ*
Fifield
　ファイフィールド*
　フィフィールド
Fifi'i フィフィイ
Fifita フィフィタ
Fifoot フィーフット
Figal フィガール*
Figallo フィガロ
Figaredo フィガレド
Figari フィガリ
Figaro フィガロ
Figart フィガート
Figastewski
　フィガセウスキー
Figeac フィジャック
Figel' フィゲル
Figenshau
　フィゲンスハウ
Figeroa フィゲロア
Figes
　ファイジズ
　フィゲス
　フィージェス
Figg フィッグ
Figges
　フィギス

　フィッギス
Figgess フィゲス
Figgie フィギー
Figgins フィギンズ
Figgis
　フィギス*
　フィッギス
Fighānī フィガーニー
Fight ファイト*
Figi ファギー
Figini フィジーニ
Figino フィジーノ
Figl フィグル
Figlewski
　フィグレフスキー
　フィゲルスキー
Figley フィグレー
Figlin フィグリン
Figliuolo
　フィグリオーロ
Figliuzzi
　フィグルッツィ
Figner
　フィグナア
　フィーグネル
　フィグネル*
Fignon フィニョン
Figo フィーゴ**
Figueiredo
　フィギュエイレド
　フィゲイレド
　フィゲイレド
　フィゲイレド***
　フィゲレイド
　フィゲレド
Figueras
　フィゲーラス
　フィゲラス*
Figueredo
　フィギュアード
　フィゲレード
Figuereido
　フィゲレード
Figueres フィゲレス**
Figuères
　フィーゲル
　フィゲール
Figuero
　フィグエロ
　フィゲーロ
Figueroa
　フィゲロア**
　フィゲロウア
Figueroa Mosquera
　フィゲロアモスケラ
Figuerola フィゲロラ
Figues フィーグ
Figuier フィギエ
Figuli フィーグーリ
Figulus
　フィーグルス
　フィグルス
Figura フィグラ
Figurey フィギュレ
Figurovsky
　フィグロヴスキー

Fihri フィフリ
Fijal フィジャル
Fijalek フィヤレク
Fijewski フィエヴスキー
Fijneman ファイヌマン
Fikayo フィカヨ
Fike ファイク
Fikentscher フィケンチャー
Fikes ファイクス
Fikhtengolits フィフテンゴルツ
Fikile フィキレ
Fikotová フォトコワー
Fikre フィクレ
Fikret フィクレット／フィクレト*
Fikri フィリキ
Filacuridi フィラクリディ
Filali フィラリ**
Filan フィーラン／フィラン
Filangieri フィランジェーリ
Filardo フィラルド
Filaret ヒラレト／フィラレット／フィラレート
Filarete フィラレーテ／フィラレテ
Filas ファイラス
Fila Sainteudes フィランサンユード
Filastrius フィラストリウス
Filat フィラト
Filatov フィラートフ／フィラトフ***
Filatova フィラトワ*
Filbey フィルビー
Filbin フィルビン
Filbrich フィルブリヒ
Filchner フィルヒナー*
Fildebrandt フィルデブラント
Fildes フィルデス
File ファイル*
Filehne フィレーネ
Filelfo フィレルフォ
Filemon フィレモン
Filene フィリーン
Filer ファイラー
Files ファイルズ
Filesac フィルサック
Filev フィリヴ
Filho フィリオ*

フィリオ**
フィーリョ**
フィーリョ
フィリョ**
フィルォ
Fili フィリ*
Filianoti フィリィアノーティ
Filiberto フィリベルト／フェリベルト*
Filidig フィリディグ
Filie フィリー
Filiga フィリガ
Filimon フィリモン
Filimonov フィリモノフ
Filin フィーリン*
Filinto フィリント
Filion フィリオン
Filip フィリップ**／フィリプ**
Filipa フィリパ
Filipchuk フィリプチュク
Filipe フィリーペ／フィリペ**／フェリペ
Filipek フィリペック*
Filipelli フィリッペリ
Filipenko フィリペンコ
Filipepi フィリペピ
Filipetti フィリペッティ
Filip'ev フィリピエフ
Filipič フィリピッチ
Filipieva フィリピエワ
Filipjeva フィリピエワ
Filipov フィリポフ*
Filipovic フィリポヴィッチ
Filipović フィリポヴィッチ
Filipovski フィリポフスキ
Filipovský フィリポヴスキー
Filipowich フィリポヴィッチ
Filipowicz フィリポヴィッチ
Filipp フィリップ／フィリープ
Filippa フィリッパ*
Filippe フィリップ
Filippeschi フィリッペスキ
Filippetti フィリペティ
Filippi フィリッピ**／フィリッピー

Filippidis フィリピディス
Filippini フィリッピーニ*／フィリピーニ
Filippino フィリッピーノ
Filippo フィリッポ***／フィリポ
Filipolo フィリッポロ
Filippou フィリッポウ
Filippov フィリッポヴ／フィリッポフ／フィリッポフ*
Fili'ppov フィリッポフ
Fili'ppovich フィリッポヴィチ*／フィリーポビッチ
Fili'ppovich フィリッポヴィチ
Filippucci フィリップッチ
Filippuccio フィリップッチョ
Filis フィリス
Filish フィリッシュ
Filiu フィリユ
Filiz フィリス
Filizzola フィリソラ
Filkin フィルキン
Filkins フィルキンス
Fill フィル
Fillacier フィーユスィエ
Fillastre フィラートル
Fillenz フィレンツ
Filler フィラー
Filley フィリー／フィレー
Fillie-faboe フィリーファボー
Fillingham フィリンガム
Filliolet フィリオレ
Fillion フィリオン／フィリヨン
Filliozat フィリオザ*
Fillippi フィリッピ
Fillippo フィリッポ
Filliquet フィリケ
Fillis フィリス
Fillmore フィルモア*
Fillol フィヨル
Fillon フィヨン*
Filloux フィユー*／フィルー／フィロウ
Filman フィルマン
Filmer フィルマー**
Filmore フィルモア
Filmus フィルムス

Filo ファイロ*／フィロ
Filocalus フィロカルス
Filocles フィロクレス
Filofei フィロフェイ
Filofej フィロフェーイ
Filoimea フィロイメア
Filomena フィロメナ
Filomeno フィロメノ
Filon ファイロン／フィロン
Filónov フィローノフ
Filosova フィローソヴァ／フィロソーフォヴァ
Filov フィーロフ／フィロフ
Fils フィス*
Filshie フィルシー
Filshin フィリシン
Filson フィルソン
Filtz フィルツ
Filumena フィルメーナ
Fily フィリ
Filzmoser フィルツモザー
Fima フィマ
Fimbria フィンブリア
Fimple フィンプル
Fimreite フィムライテ
Fin フィン
Fina フィーナ／フィナ*
Finaldi フィナルディ
Finaly フィナリー
Finan ファイナン*／フィナン
Finance フィナンス*
Finander フィナンダー
Finando フィナンド
Finateri フィナテリ
Finazzi フィナッツィ
Finbarr フィンバル
Finberg フィンバーグ
Finbert ファンベール
Finch フィンチ***
Fincher フィンチャー**
Finchum フィンチャム
Finck フィンク*
Finckenstein フィンケンシュタイン
Finckh フィンク
Finco フィンコ
Finda フィンダ
Findariskī フィンダリスキー
Findeis フィンダイス

Findeisen フィンダイゼン
Findeizen フィンデイゼン
Finden フィンデン
Finder ファインダー／ファインダー**
Findiklili フンドゥクルル
Findlater フィンドラター／フィンドレイター
Findlay ハインドレー／ファインドレイ／フィンドリ／フィンドレー**／フィンドレー／フィンドレイ**／フィンレー
Findlen フィンドレン
Findley フィンドリー***／フィンドレー
Findliath フィンリア
Findling フィンドリング
Findsen フィンセン
Fine ファイン**／フィーヌ
Finean フィネアン
Fineasi フィネアシ
Fineberg ファインバーグ
Finecke フィネッケ
Finegan フィネガン
Finegold ファインゴールド
Finel フィネル
Finelli フィネッリ
Fineman ファインマン*
Finer ファイナー
Finerman フィネルマン
Finesilver ファインシルバー
Finesse フィネス
Finessi フィネッシ
Finestone ファインストーン
Finet フィネット
Finetti フィネッティ
Fingado フィンガドー
Fingal フィンガル／フィンゴール
Fingar フィンガー
Fingarette フィンガレット*
Fingaz フィンガーズ
Finger フィンガー*／フィンゲル

Fingeret
　フィンガレット
Fingerman
　フィンガーマン
Fingeroth
　フィンガロート
Fingers
　フィンガー
　フィンガース
　フィンガーズ*
Fingland
　フィングランド
Finglass フィングラス
Fingleton
　フィングルトン*
Fini
　フィーニ**
　フィニ**
　フィニー
　フィニ
Finidi フィニディ
Finigan フィニガン
Finiguerra
　フィニゲッラ
　フィニゲラ
Finikaso フィニカソ
Finikov
　フィーニコフ
　フィニコフ
Finis フィニス
Finisterre
　フィニステール
Fink フィンク**
Finkbeiner
　フィンクバイナー*
　フィンクベイナー
Finke フィンケ**
Finkel フィンケル**
Finkelhor
　フィンケラー
　フィンケルホー*
Finkelman
　フィンケルマン
Finkelnburg
　フィンケルンブルク
　フィンケルンブルグ
　フィンケルンベルク
Finkel'shtein
　フィンケルシュテイン
Finkelstein
　フィンケルシュタイン*
　フィンケルスタイン
　フィンケルスティーン
　フィンケルステイン
Finkenzeller
　フィンケンツェラー
Finkielkraut
　フィンケルクロート*
Finkler フィンクラー
Finkov フィンコフ
Finlay
　フィンライ
　フィンリィ
　フィンリー
　フィンレ
　フィンレー*
　フィンレー
　フィンレイ***

Finlayson
　フィンリースン
　フィンレイスン
　フィンレイソン*
Finletter フィンレター
Finley
　フィンリ
　フィンリー**
　フィンレー**
　フィンレイ*
Finmark
　フィンマーク*
Finn フィン***
Finnamore
　フィナモア*
Finnan フィナン
Finnbogadottir
　フィンボーガドウ
　　ティル
　フィンボガドチル
Finnbogadóttir
　フィンボーガドゥッ
　　ティル
　フィンボガドチル*
　フィンボガドッティル
Finnbogason
　フィンボガソン
Finne フィンネ
Finnegan
　フィニガン
　フィネガン*
Finnell フィネル
Finnemore フィンモア
Finneran
　フィナラン
　フィネラン
　フィンネラン
Finnerty
　フィナーティ
　フィナティー
Finney
　フィニ
　フィニー***
　フィーニイ
　フィニイ
　フィニイ*
Finnian フィニアン
Finnie
　フィニー*
　フィンニー
Finnin フィニン
Finnis フィニス
Finniston
　フィニストン
Finnur フィンヌル
Fino フィノ***
Finocchiaro
　フィノキアーロ
　フィノッキアーロ
　フィノッキアロ
Finocchio
　フィノッキオ
Finol フィノル
Finola フィノーラ
Finot
　フィーノ
　フィノ
　フィノー*

Finotti フィノッティ
Finsch フィンシュ
Finscher
　フィンシャー*
Finsen フィンセン
Finset フィンセット
Finseth フィンゼス
Finsler フィンスラー
Fínsnechta
　フィンシュネハタ
Finson フィンソン
Finster フィンスター*
Finsterbusch
　フィンスターブッシュ
Finsterlin
　フィンステルリン
Finsterwalder
　フィンスターヴァル
　　ダー
　フィンスターワルダー
　フィンステルヴァル
　　ダー
Finston フィンストン
Fintan フィンタン
Fintelmann
　フィンテルマン
Finuala フィスアラ
Finucane フィナケーン
Finz フィンツ
Finzen フィンツェン
Finžgar フィンジガル
Finzi フィンジ
Fio フィオ
Fiocco フィオッコ
Fiocre フィオクル
Fiodor
　フィオードル
　フィオドール
　フォードル
Fiodorov フィオドロフ
Fiodorow
　フィオドロフ
Fiona
　フィオーナ**
　フィオナ**
Fionn
　フィオン*
　フィン
Fionnuala
　フィオヌアラ
　フィオヌラ
Fionnula フィオヌラ
Fior
　フィオール
　フィオル
Fioraso フィオラゾ
Fiorato フィオラート*
Fioravante
　フィオラヴァンテ
Fioravanti
　フィオラヴァンティ
　フィオラヴァンティ
　フィオラバンティ*
Fiore
　フィオール
　フィオーレ**
　フィオレ

Fiorè フィオレ
Fiorella
　フィオレッラ
　フィオレルラ
Fiorelli
　フィオレッリ
　フィオレリ
Fiorellini
　フィオレリニィ
Fiorello
　フィオレッロ
　フィオレルロ
　フィオレロ
Fiorentini
　フィオレンティーニ
Fiorentino
　フィオレンティー
　　ノ***
　フィオレンティノ
Fiorenza
　フィオレンザ
　フィオレンツァ**
　フェオレンツァ
Fiorenzo
　フィオレンツォ*
Fiorese フィオレス
Fioretti
　フィオレッティ
Fiori
　フィオーリ*
　フィオリ*
Fiorillo
　フィオリッロ
　フィオリロ
Fiorin フィオリン
Fiorina
　フィオリーナ**
　フィオリナ
Fiorino
　フィオリーノ
　フィオリノ
Fioroni フィオロニ
Fiorucci フィオルッチ
Fiqi フィキ
Fiqué フィケ
Fir ファー
Firāq フィラーク
Firaqi フィラーキー
Firās フィラース
Firat フィラット
Firbank ファーバンク*
Firdausī
　フィルダウスィー
　フィルダウスィ
　フィルダワシ
　フィルドゥーシー
　フィルドゥシー
　フィルドゥースィー
　フィルドゥスィー
　フィルドースィー
　フィルドーシー
　フェルドゥシー
　フェルドーシー
Firdawsī
　フェルドゥスィー
Firdous フィルドス
Fire
　ファイア

　ファイアー**
Firebrace
　ファイアブレイス
Firenza フィレンツァ
Firenze フィレンツェ*
Firenzuola
　フィレンツオーラ*
Fireside
　ファイアサイド
Firestein
　ファイアスタイン
Firestien
　ファイアスティン
Firestone
　ファイアストーン*
　ファイアストン
Firin ファイリーン
Firishtah
　フィリシタ
　フィリシュタ
Firket フィルケ
Firkovitsch
　フィルコビッチ
Firkušny
　フィルクシュニー
　フィルクスニー
Firkušný
　フィルクシュニー
　フィルクスニー
Firman ファーマン**
Firmani フィルマーニ
Firmans ファーマンス
Firmansyah
　ファーマンシャ
　フィルマンシャー
Firmat フィルマ
Firmian
　フィルミアーン
Firmianus
　フィルミアーヌス
　フィルミアヌス
Firmicus フィルミクス
Firmilianos
　フィルミリアノス
Firmilianus
　フィルミリアーヌス
　フィルミリアノス
Firmin
　ファーミン*
　ファルマン
　フィルマン*
Firmino フィルミーノ
Firminus フィルミヌス
Firmo フィルモ*
Firmont フィルモン
Firmus フィルムス
Firnäs フィルナース
Firor フィラー
Firova
　フィローバ
　フィロワ
Firoz
　フィーローズ
　フィローズ
Firpo
　ファーポ
　フィルポ

Firschein フャーシャイン
Firshein ファーシエン / ファーシャイン*
Firsov フイルソフ
First ファースト*
Firstenberg ファーステンバーグ*
Firstman ファーストマン*
Firth ファース***
Firtman ファートマン
Fīrūz フィールーズ / フィルズ / フィーローズ / フィーローズー / フィローズ
Fīrūzābādī フィールーザーバーディー
Firyad フィルヤド
Fisac フィサック
Fišar フィシャール
Fisbach フィスバック*
Fisch フィッシュ**
Fischart フィシャルト / フィッシャルト*
Fischbach フィシュバフ / フィッシュバック
Fischbacher フィッシュバハー**
Fischbein フィッシュバイン
Fischel フィシェル / フィチェル
Fischer フィシェール / フィシェル* / フィシャ / フィシャー / フィシャール / フィッシェル / フィッシャー*** / フィッシャー* / フィッシャア / フィッシャアー / フィッシャー
Fischer Nielsen フィシャニルセン / フィッシャーニールセン
Fischetti フィシェッティ* / フィスキエッティ / フィセッティ
Fischhoff フィッシュホフ
Fischietti フィスキエッティ
Fischinger フィッシンガー
Fischl フィシュル / フィッシェル

Fischler フィシュラー
Fischli フィッシュリ*
Fischman フィッシュマン
Fischnaller フィシュナラー
Fischoff フィショフ
Fišer フィシェル
Fisgón フィスゴン
Fish フィシ / フィシュ / フィッシュ***
Fishacre フィシャカー
Fishback フィッシュバック
Fishbane フィッシュベイン
Fishbein フィッシュバイン
Fishburn フィッシュバーン
Fishburne フィッシュバーン*
Fishel フィシェル / フィッシェル
Fisheler フィシュラー
Fishelevich フィシェレヴィッチ
Fishelson フィシェルソン
Fisher フィシア / フィシアー / フィシャー / フィシャル / フィショル / フィッシャー / フィッシェル / フィッシャー*** / フィッチャー / フヒッシャル
Fishken フィシュケン
Fishkin フィシュキン*
Fishler フィッシャー / フィッシュラー
Fishlock フィッシュロック
Fishlow フィッシュロー
Fishman フィシュマン / フィッシュマン**
Fishta フィシタ / フィシュタ
Fishwick フィッシュウィック
Fisiak フィシャク
Fisichella フィジケラ / フィジケラ*
Fisilau フィシラウ
Fisk フィスク***

Fiske フィスク*** / フィスケ / フィスケ
Fisker フィスカ / フィスカー
Fisketjon フィスケットジョン
Fisman フィスマン
Fison ファイソン
Fiss フィス
Fisscher フィスヘル / フィッセル*
Fisse フィッセ
Fisseux フィシュー
Fisslinger フィスリンガー
Fissolo フィッソロ
Fisson フィソン / フィッソン
Fissore フィッソーレ
Fister フィスター
Fistoulari フィストゥラーリ / フィストラーリ
Fiszbach フィシバフ
Fiszer フィシュツァー
Fitch フィッチ***
Fitchen フィッチェン
Fitchett フィチェット / フィッチェット
Fite ファイト
Fitelberg フィテルベルク
Fites ファイツ*
Fitikides フィチキデス
Fitouri フィトーリ
Fitoussi フィトゥーシ* / フィトゥシ / フィトゥシ* / フィトゥスィ
Fitrat フィトラト
Fitschen フィッチェン*
Fitski フィツキ
Fitspatrick フィッツパトリック*
Fitt フィト
Fitter フィッター
Fitterling フィッタリング*
Fitterman フィテルマン
Fittig フィッティッヒ / フィッティヒ / フィッティッヒ / フィッティヒ
Fitting ヒッチング / フィッチング / フィッティング*

Fittipaldi フィッティパルディ / フィティパルディ
Fittko フィトコ*
Fitto フィット
Fitton フィットン
Fitts フィッツ
Fituri フィトリ
Fitz フィツ / フィッツ*
Fitzclarence フィッツ・カラレンス
Fitz-Earle フィッツアール
Fitzedward フィッツエドワード
Fitzek フィツェック*
Fitz-enz フィッツエンツ
Fitzerald フィッツジェラルド
FitzGerald フィッツジェラルド*
Fitzgerald フィッツジェラルド / フィッツジェラルド*** / フィッツジェラルド*** / フィッツゼラルド
Fitzgerel フィッツジェレル
Fitz Gibbon フィッツギボン
Fitz-Gibbon フィッツギボン / フィッツギボン
FitzGibbon フィッツギボン
Fitzgibbon フィッツギボン**
Fitzgibbons フィッツギボンズ
Fitz-Greene フィッツグリーン
Fitzharris フィッツハリス
Fitzhenry フィッツヘンリ / フィッツヘンリー
Fitzherbert フィッツハーバート
FitzHugh フィッツヒュー
Fitzhugh フィッチュー / フィツツ / フィッツヒュー**
Fitzinger フヒッチンゲル
Fitziu フィチュー
Fitz-James フィツジェイムズ / フィッツジェイムズ
Fitzjames フィッツジェイムズ
Fitzloff フィッツロフ
Fitzmaurice フィッツモーリス*

フィッツモリス / フィツモーリス
Fitzmyer フィッツマイアー / フィッツマイヤー
Fitzosbern フィッツオズバーン
FitzPatrick フィッツパトリック
Fitzpatrick フィッツパトリク / フィッツパトリック** / フィッツパトリック / フィリッツパトリック
Fitzpeter フィッツピーター
Fitzralph フィッツラルフ
FitzRandolph フィッツランドルフ
Fitzrandolph フィッツランドルフ*
FitzRoy フィッツロイ*
Fitzroy フィッツロイ / フィツロイ
Fitzsimmons フィッツシモンズ**
FitzSimons フィツサイモンズ / フィッツシモンズ
Fitzsimons フィッツサイモンズ / フィッツシモンズ
Fitzwalter フィッツウォルター
Fitzwater フィッツウォーター*
Fitzwilliam フィッツウィリアム
Fiulaua フィウラウア
Fiumi フィウミ
Fiuza フィウーザ
Fiúza フィウザ
Fiuzat フィウザット
Five ファイヴ / ファイブ / フィーヴェ* / フィーベ
Fives フィブ
Fivush フィバッシュ
Fix フィクス* / フィックス*
Fixel フィクセル
Fixx フィックス*
Fiyanggū フィヤング
Fiz フィス*
Fizdale フィッツデイル / フィッツデール
Fizeau フィゾー
Fizel ファイゼル
Fizer ファイザー
Fizmaurice フィッツモーリス

Fižulić フィジュリッチ	Flagstad フラグスタード	Flamur フラムル	Flatman フラットマン	Flavius
Fizuly フィズリ	Flagstead	Flanagan	Flatow	フラーウィウス
Fjæstad	フラグステッド	フラナガン***	フラトー	フラーウィウス*
フィエスタッド	フラッグステッド	Flanagin フラナギン	フラトウ	フラヴィウス
Fjeldheim	Flahault フラオー*	Flanbers フランバーズ	フレイトウ	フラーウィオス
フェルハイム	Flahaut フラオー	Flances フランセス	Flatt フラット	フラウィオス*
Fjeldstad	Flaherty	Flandars フランダース	Flatters フラターズ	フラビウス
フィエルスタード	フライハティ	Flander フランデル	Flattich	Flaxman
フィエルツター	フラーティ	Flandern フランダーン	フラッティッヒ	フラクスマン*
フィエルドスタード	フラーティー	Flanders	フラッティヒ	フラックスマン*
Fjell フィエル	フラハーティ	フランダース*	Flatts フラッツ	Flay フレイ
Fjelland フィエナンド	フラハティ*	フランダーズ	Flaubert	Flea フリー*
Fjellström	フラハティー	Flandes フランデス	フロォベエル	Flecha フレーチャ
フィエルストレム	フレアティ**	Flandin フランダン	フロォベール	Fléchier フレシエ
Fjermedal	Flaiano フライアーノ	Flandoli フランドリ	フロオベル	Flechsig フレヒジヒ
ファーマドール	Flaich'len	Flandrau フランドロー	フロベル	Flechtheim
Fjodor フョードル	フライシュレン	Flandrin	フローベール*	フレヒトハイム
Fjölnir フィヨルニル	Flaig フライク	フランドラン*	フローベル	Fleck フレック*
Fjoporovna	Flaim	Flandrois	フロベール*	Fleckenstein
フョードロヴナ	フライム	フランドロワ*	Flaujac	フレッケンシュタイン
Fjord フョルト	フレイム	Flandrus フランドルス	フロージャク	Flecker フレッカー*
Fjøstad	Flair フレアー**	Flanery	フロジャク	Fleckhaus
フジョスタッド	Flaischlen	フラナリー*	フロージャック	フレックハウス
Flaatten フラーテン*	フライシュレン*	フラネリ	フロジャック	Flecknell フレックネル
Flabiano フラビアーノ*	Flaissier フレシエ	Flanigan フラニガン	Flaum フローム	Flecknoe フレックノー
Flabouraris	Flaithbertach	Flann フラン**	Flaumane	Fledach フレダッハ
フラブラーリス	フラスバールタッハ	Flannagan フラナガン	フラウマーネ	Flederique
Flacco フラッコ*	Flajolet フラジョレ	Flannelly フラネリー	Flaumenbaum	フレデリック
Flaccus フラックス	Flake	Flanner フラナー*	フロメンボーム	Fleecs フリークス
Flacelière	フラアケ	Flannery	Flavel フラヴェル	Fleeks フリークス
フラスリエール	フラーケ**	フラナリー**	Flavell	Fleeman フリーマン
Flach	フレーク	フラネリ	フラベル	Fleeming
フラシュ	Flakoll フラコール	フラネリー*	フレイヴル	フリーミング*
フラック*	Flam フラム	フラネリィ	Flavia	フレミング
フラッシュ	Flamand	Flannes フラネス	フラーウィア	Fleener フリーナー*
フラッハ	フラマン	Flano フラーニョ	フラヴィア**	Fleeson フリーソン
Flachez フラチェズ	フラマンド	Flanquart	フラビア*	Fleet フリート**
Flacius	Flamant フラマン*	フランカール	Flavian フラビアノス	Fleetwood
フラーキウス	Flamarion	Flans フランズ	Flaviano	フリート
フラキウス	フラマリオン	Flantié フランティエ	フラウィアーノ	フリートウッド**
Flack フラック**	Flambard	Flantz フランツ	フラビアノ	フリートウド
Flacke フラッケ*	フラムバード	Flano フラーニョ	Flavianus	Fleg
Flacks	Flambert フランベール	Flapohler	フラウィアヌス	フレグ
フラックス	Flamel フラメル	フラスフェラー	フラウィアノス	フレッグ
フレイクス	Flameng フラメン	Flarup フラルップ	フラビアヌス	Flegel フレーゲル
Flacton フラクトン	Flament フラマン	Flašar フラッシャール	Flavien フラビアン	Flegenheimer
Flad フラート	Flamholtz	Flasch	Flavienne	フレゲンハイマー
Flade フレイド	フラムホルツ*	フラシュ	フラビエンヌ	フレジェンハイマー
Flag フラッグ	Flämig フレーミヒ	フラッシュ	Flavier	Flegg フレッグ
Flagello フラジェッロ	Flamini フラミニ*	Flaskamper	フラヴィエル	Flego フレゴ
Flagestad フラゲスタ	Flamininus	フラスケンパー	フラビエ	Flehmig フレーミク
Flaget フラジット	フラミニウス	Flaskerud	Flavigny フラヴィニー	Fleig
Flagg	フラミニヌス	フラスクルド	Flavin	フライク
フラグ	Flaminio	Flassbeck	フラヴィン	フライグ
フラッグ**	フラミーニオ	フラスベック	フラビン	フレイグ
Flagle フレイグル	フラミーニオ*	Flasser フルッサー*	フレイヴィン*	Fleihan フレイハン
Flagler フラグラー*	Flaminius	Flast フラスト	フレイビン**	Fleiner フライナー*
Flagor フラゴー	フラミニウス	Flaste フラスト	フレイビン	Fleisch
Flagstad	Flamm フラム	Flateau フラトー	フレヴィン	フライシュ*
フラーグスター	Flammarion	Flather フレーザー	フレビン	フライショ
フラクスタ	フラマリオン*	Flatland フラトラン	Flavio	Fleischacker
フラグスタ	Flammenberg	Flatley	フラーヴィオ	フライシャッカー
フラグスター	フランメンベルク	フラットリー	フラヴィオ***	Fleischer
フラグスタッド	Flammer フラマー	Flamsted	フラビオ*	フライシャー***
フラグスタート	Flamson フラムソン	Flamsteed フラムスチード	Flávios フラウィオス	フライシャー
	Flamsteed	フラムスチード*	Flavious フラビウス	

Fleischhauer フライシュハウアー**
Fleischman フライシュマン***
Fleischmann フライシマン フライシュマン**
Fleisher フライシャー*** フレイシャー
Fleishman フライシュマン フリスマン* フレイシュマン
Fleising フレイジング
Fleiss フライス*
Fleisser フライサー
Fleißer フライサー
Fleissnerova フレイスネロバ
Flekser フレクセル
Flem フレム*
Flémal フレマール フレマル
Flem-Ath フレマス**
Fleming フリーマン フレスミング フレミン フレーミング フレミング***
Flemmen フレムメン
Flemming フレミン* フレミング**
Flemyng フレミング
Fleras フレラス
Flerlage フレーラッジ*
Flerov フリョーロフ*
Flerovskii フレロフスキー
Flers フレール
Flerx フラークス
Flesch フレッシュ**
Flesh フレッシュ
Flesher フレッシャー
Flesjå フレショ*
Flesner フレスナー
Flessel フレセル**
Flessel-Colovic フレセルコロビク
Flesseman フレッセマン
Flessl フレスル
Fleta フレータ フレタ
Fletcher フレチャー フレッチア フレッチェル フレッチャ フレッチャー*** フレッチャヤー フレッチャア
Flete フリート

Flett フレット
Flettner フレットナー
Fleur フラー フラワー フルア フルール** フレア フロール
Fleurant フルラン*
Fleure フルーア
Fleuriot フルーリォ
Fleuron フロイロン
Fleury フルーリ フルーリー フルリ フルリー フローリー
Flew フリュー フルー*
Flewelling フルエリン**
Flex フレクス フレックス
Flexen フレクセン
Flexner フレキシナー フレキスナー フレクスナー* フレックスナー*
Fley フライ
Fliche フリシュ フリッシュ
Flichy フリッシー
Flick フリック**
Flickenger フリッケンガー*
Flickenschildt フリッケンシルト
Flicker フリッカー*
Flicket フリケット
Flickinger フリッキンガー
Fliedl フリードゥル*
Fliedner フリートナー フリードナー
Fliegauf フリーガオフ
Fliegel フリーゲル
Flieger フリーガー
Flier フリーア フリール*
Fliess フリース
Fliessbach フリースバッハ
Fliesteden フリーステデン
Flight フライト
Flii フィル
Flik フリック
Flimm フリム

Flin フィリン フリン
Flinck フリンク
Flinde フランデ
Flinders フリンダース* フリンダーズ
Flindt フリン* フリント
Flink フリンク
Flinn フリン**
Flint フリント***
Flintham フリンタム
Flintoff フリントフ*
Flip フィリップ フリップ**
Flipkens フリプケンス
Flipo フリポ
Flippen フリッペン
Flippin フリッピン
Flippo フリッポ
Flipse フリプセ*
Flisar フリサル
Flissi フリシ
Flit フリート
Flitcroft フリットクロフト*
Fliter フリッター*
Flitner フリットナー* フリートナー
Flitterman フリッタマン
Flügel フリューゲル
Flloyd フロイド
Flo フロ* フロー* フロウ
Floca フロッカ
Floccari フロッカリ
Flocel フロセル
Floch フロック フロッシュ*
Floćh フロッシュ
Flock フロック*
Flocker フロッカー*
Flockhart フロックハート*
Flocon フロコン
Flodman フロドマン
Flodoard フロドアール フロドアルド フロドール
Floeck フロック
Floeth フレス
Floethe フロース
Flöge フレーゲ
Fløgstad フレグスタ

フレグスタ
Flohn フローン
Floid フロイド
Floirac フロアラック
Flomo フロモ
Flon フロン*
Flood フラッド** フロード
Flood-beaubrun フラッドボーブラン
Flook フルック
Floórez フロレス
Floortje フロールチェ
Floquet フロケ* フロケー
Flor フロー フロール*
Flora フローラ*** フロラ***
Flòraidh フローラ
Florance フローランス
Florand フローランド
Florante フロランテ
Florath フロラート
Florbela フロルベーラ フロルベラ
Flörchinger フレルヒンガー
Flore フロール フロル
Florea フロレア*
Florelle フローレル
Flören フローレン
Florence フローランス*** フロランス** フローレンス*** フロレンス** フロレンセ
Florencia フローレンシア
Florencie フロランスィ
Florencio フロレンシオ* フロレンツィオ
Florens フローレンス* フロレンス
Florenskii フロレンスキー フロレンスキイ*
Florent フローラン*** フロラン* フローレン フロレン フローレント フロレント
Florentia フロレンツィア フロレンティア

Florentin フローランタン フロランタン フローレンティン フロレンティン
Florentina フローレンティナ フロレンティーナ フロレンティナ
Florentini フロレンティーニ
Florentino フロランティノ フロレンティノ* フロレンティーノ** フロレンティノ
Florentius フローレンティウス フロレンティウス*
Florenty フロレンティ
Florenz フローレンツ* フロレンツ
Florenzano フロレンザーノ
Florenzi フロレンツィ
Florenzuoli フロレンツオーリ
Flores フローリス フローレス*** フロレス*** フローレンス
Flores-aráos フロレスアラオス
Florescu フロレスク
Florestan フロレスタン
Florestano フローレスターノ フロレスターノ
Floret フロレ
Florey フローリ フローリー*
Florez フローレス フロレス
Flórez フローレス* フロレス*
Flori フロリ
Florian フロリアヌス フローリアーン フローリアン** フロリアン** フロリヤン
Florián フローリアン
Flórián フローリアーン フローリアン
Floriana フロリアーナ
Floriano フロリアーノ*
Florianus フローリアーヌス フロリアーヌス フロリアヌス
Florica フロリカ

Florida フロリダ**
Floridablanca
　フロリダブランカ
　フロリダブランカ
Floridi フロリディ
Floridor フロリドール
Florigerio
　フロリジェーリオ
Florijana フロリヤナ
Florijn フロライン
Florike フロリケ
Florimo フローリモ
Florimon フロリモン
Florimond フロリモン
Florin
　フローリン*
　フロリン*
Florinda フロリンダ*
Florindo フロリンド
Florine
　フローリン
　フロリン
Florinsky
　フロリンスキー
Florinus フロリヌス
Florio
　フローリオ
　フローリオー
　フロリオ*
　フロリオー
Floris
　フローリス**
　フロリス**
Florissen フロリッセン
Florit フロリー
Florizel フロリゼル*
Florkin フロルカン
Florman フローマン
Floro
　フローロ*
　フロロ
Floros フローロス
Florovskiy
　フロロスキー
Florschuetz
　フロルシュッツ
Florschüetz
　フロルシュッツ
Florschütz
　フロルシュッツ
Florsheim
　フローシャイム
Florus
　フロールス
　フロルス
Flory
　フローリ
　フローリー*
　フロリー
Flosadóttir
　フロサドッティル
Flosdorf フロスドルフ
Flosi ブロージ
Flot フロー
Flotats フロタート
Floth フロート
Flöthner フレットナー

Flötner
　フレットナー
　フレートナー
　フロェトナー
　フロットナー
Flotow
　フロート
　フロートー
　フロトー
　フロトウ
Floud
　フラウド
　フラウド*
Flounders
　フランダース
Flourens
　フルーラン
　フルラン
　フルーランス
　フルーランス
Flourentzos
　フルレンゾス
Flourez フルーレ*
Flournoy
　フラーノイ
　フラノイ
　フルールノア
　フルールノイ
　フルールノワ
　フロノイ*
Floury
　フルーリー
　フルリー
Flouzat フルザ*
Flower
　フラワー**
　フラワア
Flowerdew
　フラワーデュー
Flowers フラワーズ**
Floyd
　フロイト
　フロイド***
Floyer
　フロイア
　フロイヤー
Flu フルー
Flucher フルシェ
Fluchère
　フリュシェール
Fluck フルック
Fluckey フラッケイ
Fluckiger フルッキガー
Flückiger
　フリュキガー
　フリュッキガー
Fluckinger
　フルッキンガー
Fludd フラッド
Flue フルー
Flueck フリュック
Flueckiger
　フルッキガー
Fluegel
　フリューゲル*
　フルージュ
Flüeler フリューラー

Fluellen フルーレン
Flügel
　フリュゲル
　フリューゲル*
Flugge フリュッゲ
Flügge
　フリューゲ
　フリューゲエ
　フリュッゲ*
Fluggen フリュゲン
Flugrath フルーグラス
Flühmann フルーマン
Fluhr フルール
Fluke フルーク**
Fluker フルーカー
Flum フルム
Flume フルーメ
Flur フリューア
Flür フリューア
Fluri フルーリ
Flürscheim
　フリュールシャイム
Flury
　フラーリー
　フルーリー*
Flusberg フラスバーグ
Flusin フリューザン
Fluss フラス
Flusser
　フラッサー
　フラッシャー
　フルッサー*
　フルッサル
Flute
　フリュート
　フルート
Flutie
　フルーティ
　フルーティー*
Flutter フルター
Flutur フルトゥル
Fly フライ
Flygare
　フリィガレ
　フリガレ
Flygind フリギン
Flying フライング
Flynn フリン***
Flynt フリント**
Flyorina フルイオリナ
Fneish フネイシュ
Fo
　フォ***
　フォー
Foa
　フォー
　フォーア
　フォーア**
Foà フォア
Foakes フォークス
Foale フォール
Foat フォート
Fob フォブ
Fobes フォーブス

Fobih
　フォビ
　フォビー
Focardi フォカルディ
Focás フォカース
Foch
　フォシュ
　フォック
　フォッシュ*
Focillon
　フォシーヨン
　フォシヨン
　フォシヨン*
Fock
　フォク
　フォック**
Focke フォッケ
Focken
　フォケン
　フォッケン
Focking フォッキング
Focsa
　フォクサ
　フォクシャ
Foday
　フォダイ*
　フォディ
Fode フォデ
Fodeba フォデバ
Fodella フォデッラ
Foden フォーデン***
Foderaro フォデラロ
Fodi フォディ
Fodio フォディオ
Fodor
　フォーダー*
　フォダー
　フォダア
　フォドー
　フォドル
Foe
　フォー
　フォエ*
Foebadius
　フォエバディウス
Foecke フォーク
Foegadius
　フォエバディウス
Foege フォージ
Foehner フェナー*
Foenkinos
　フェンキノス*
Foer フォア**
Foerstel フォアステル
Foerster
　ファースター*
　フェルスター**
　フェルステル*
　フォースター
Foerstrová
　フェルストロヴァー
Foessel フッセル
Foetus フィータス
Fofana
　フォファーナ
　フォファナ
　フォフナ
Fofanah フォファナ

Fofanov
　フォーファノフ
　ホハーノフ
Fofie フォフイエ
Fogarasi フォガラシ
Fogartach
　フォーガルタッハ
Fogarty
　フォーガッティー
　フォーガティ
　フォガーティ
Fogaš フォガシュ
Fogazzaro
　フォガツアロ
　フォガッツァーロ*
　フォガッツァーロ*
Fogden フォグデン
Fogdoe フォグデ
Fogel フォーゲル**
Fogelberg
　フォーゲルバーグ*
Fogeler フォイゲレル
Fogelholm
　フォーゲルホルム
Fogelin
　フォグリン*
　フォグリン**
Fogelström
　フォイエルストローム
　フォーゲルストレム
Fogerty
　フォーガティ
　フォガーティ
　フォガティ**
　フォガティー
Fogg
　フォグ
　フォッグ*
Foggi フォッジ
Foggia
　フォッジア
　フォッジャ
Foggini フォッジーニ
Fogh
　フォー*
　フォッグ
Foght フォート
Fogle フォーグル*
Fogler フォグラー
Foglia フォグリア
Foglia Costa
　フォグリアコスタ
Fogliano フォリアーノ
Foglio
　フォグリオ*
　フォリオ
Fognini フォニーニ
Fogo フォーゴ
Fogolino フォゴリーノ
Fogoros フォゴロス
Fogus フォーガス
Foh フォ
Fohl フォール
Föhl フェール
Fohlen フォーラン

Fohler フォーラー
Fohr フォール
Föhr フェーア*
Fohrenbach フェーレンバッハ
Fohrer フォーラー
Fohström フォホストレーム
Foias フォヤシュ
Foignet フォワニエ
Foigny フォワニ／フォワニー
Foil フォワル
Foillan フォイラン
Fois フォイス**
Foissy フォアシィ／フォワシー／フォワシィ***
Foitek フォイテク
Foix フォア*／フォワ
Fok フォーク／フォック
Fokaides フォカイディス
Fokeev フォキエフ
Fokichev フォキチェフ
Fokin フォーキン**／フォキン
Fokina フォーキナ
Fokine フォーキン*／フォキーン
Fokker フォッカー
Fokkerod フォッケロート
Folan フォラン
Folard フォラール
Folau フォラウ
Folauhola フォラウホラ
Folb フォルブ
Folch フォルシュ
Folcik フォルシック
Folco フォルコ*
Folcwin フォルクウィン
Földeák フォルデアク
Foldes フォルデシュ／フォルデス*
Földes フェルデシ／フォルデス
Földessy フォルデジー
Foldevi フォルデヴィー
Foldhazi フォルハジ
Földi フェルデイ*
Folds フォールズ*
Foldy フォルディー
Folengo フォレンゴ

Foles フォールズ
Foletti フォレッティ
Foley フォウリ／フォーリー***／フォリー*／フォーレー／フォーレイ／ホリー
Folger フォルガー／フォルジャー
Folgore フォルゴーレ／フォルゴレ
Folguera フォルゲーラ
Foli フォリ
Folì フォリ
Foli-bazi フォリバジ
Folie フォリー
Folin フォーリン
Foliot フォリオット
Foljanty フォリャンティ／フォリヤンティ
Folk フォーク／フォルク
Folkard フォルカード
Folke フォルケ*
Folkenberg フォルケンバーグ
Folker フォルカー**
Folkers フォーカーズ／フォルカース
Folkerts フォルカーツ
Folkesson フォルケソン
Folkestad フォークスタッド
Folkins フォルキンス
Folkman フォークマン*／フォルクマン
Folkow フォルコウ
Folks フォークス
Follain フォラン**／フォレイン*
Folland フォランド
Follath フォラス
Follen フォリン／フォーレン／フォレン
Follereau フォルロー
Follese フォレセー*
Follett フォーリット／フォレット***
Follette フォレット*
Folliet フォリエ
Follin フォーリン
Follini フォッリーニ／フォリーニ

Follis フォリス
Follman フォールマン
Follmanne フォルマンネ
Föllmi フェルミ
Follows ファローズ／フォーローズ
Follws フォローズ
Folman フォルマン**
Folmar フォルマル
Folon フォロン**
Folorunsho フォロルンチョ
Folotalu フォロタル
Folquinus フォルクイヌス
Folscheid フォルシェー
Folse フォルス
Folsgaard フォルスガール
Fölsing フェルシング*
Folsom フォールサム／フォルサム**／フォルソム／フォルソン／ホルソム
Folsome フォルサム
Folstein フォルスタイン
Fölster フォルスター
Foltán フォルタン
Foltin フォルティン
Foltmann フォルトマン
Foltynewicz フォルティネビッチ
Foltz フォルツ
Foluke フォルケ*
Foly フォリー
Folz フォルツ*
Fombelle フォンベル**
Fombeure フォンブール**
Fombona フォンボーナ／フォンボナ
Fombonne フォンボン
Fombrun フォンブラン
Fomenko フォメンコ*
Fomičev フォミチョフ
Fomich フォミチ
Fomichev フォミチェフ
Fomichina フォミニチナ
Fomin フォーミン**／フォーミーン*／フォミン
Fomina フォミナ
Fomon フォモン
Fomundam フォンダン
Fon フォン

Fonagy フォナギー／フォナジ
Fonareva ファナリョフ
Fonay フォネイ
Fonblanque フォンブランク
Fonck フォンク
Fonconstanz フォンコンスタンツ
Fonda フォンダ***
Fondahn フォンダン
Fondane フォンダーヌ
Fondecave フォンドゥカヴ
Fonder ファンダー
Fonduti フォンドゥーティ
Fondy フォンディ
Foner フォーナー*／フォナー*
Fones フォネス
Fong フォン***／フォング／ホン
Fönhus フェーンフス
Fonkalsrud フォンカルスルード
Fonkoua フォンクア
Fono フォノ
Fonoimoana フォノイモアナ*
Fonoll フォノル
Fonotoe フォノトエ
Fonoyll フォノイル
Fons フォン*／フォンス*
Fonseca フォンセーカ*／フォンセカ***／フォンセッカ／フォンソカ
Fonseka フォンセカ
Fonsou フォンスー
Fønss フェンス
Fonst フォンスト
Fonstad フォンスタッド*
Font フォント
Fonta フォンタ
Fontaina フォンタイナ
Fontainas フォンテナ／フォンテナス*
Fontaine フォンタイネ／フォンティーヌ／フォンティーン／フォンテイン／フォンテイン***／フォンテーヌ***／フォンテン
Fontan フォンタン

Fontana フォンターナ***／フォンタナ***／フンターナ
Fontanals フォンタナルス
Fontanarosa フォンタナローザ
Fontane フォンターヌ*／フォンターネ*
Fontanel フォンタネル**
Fontanellaz フォンタネッラズ
Fontanelli フォンタネッリ
Fontanes フォンターヌ／フォンターネ
Fontanès フォンタネ
Fontanesi フォナタネージ／フォンタネージ／ホンタネジー
Fontanet フォンタネ
Fontaney フォンタネ／フォンタネー
Fontanne フォンタン／フォンタンネ
Fontanus フォンターヌス
Fontarabie フォンタラビー
Fontas フォンタス
Fontbrune フォンブリュヌ
Fontcuberta フォンクベルタ*
Fonte フォンテ
Fontebasso フォンテバッソ
Fontego フォンテーゴ／フォンテゴ
Fontella フォンテラ*
Fontelles フォンテレス
Fontenay フォントネ*
Fonteneau フォントノー*
Fontenelle フォンテネレ／フォントネル*
Fontenoy フォントノア*
Fontes フォンツ／フォンテス*／フォント*
Fontes Lima フォンテスリマ
Fontette フォンテット*
Fonteyn フォンティーン／フォンティン／フォンテイン*／フォンテーン

Fonteyne フォンテイン / フォンテーヌ	Forbstein フォーブスタイン	フォリスター / フォレスター***	Forman フォアマン / フォアマン*** / フォーマン** / フォルマン	Fornes フォルネス* / フォーンズ	
Fonteyns フォンティーンズ	Forcade フォルカード / フォルカド	Forestier フォレスティア / フォレスティエ	Formanoir ホルマノワール	Fornés フォルネス	
Fontijn フォンティン	Force フォース*	Forêts フォレ**	Formanová フォルマノワ*	Forney フォーニー	
Fonton フォントン	Forcella フォルチェッラ	Forey フォレ / フォレー / フォーレイ	Format フォーマット	Forni フォルニ	
Fontrier フォントリエール	Forcellini フォルチェッリーニ / フォルチェリーニ	Foreyt フォライト	Formby フォームビー / フォーンビー*	Fornia フォーニア	
Fonua フォウナ	Forché フォーシェ / フォーシェイ	Forfang フォルファン	Formé フォルメ	Fornovo フォルノーヴォ	
Fonvilliers フォンヴィリエ	Forchhammer フォルクハマー / フォルヒハンマー	Forgacs フォルガーチ	Formell フォルメル	Fornsete フォーンセット	
Fonvizin フォンヴィージン / フォンヴィジン / フォンウィジン / フォンビージン	Forcht フォルヒト	Forgas フォーガス	Forment フォルメント	Foromo フォロモ	
	Forchuk フォーチャック*	Forgash フォーガッシュ	Formenti フォルメンティ	Foronjy フォロンジィー	
	Forcier フォーシャー	Forge フォージ / フォージュ	Formey フォルマイ	Foroohar フォルーハー	
Foo フー	Forciniti フォルチニティ	Forgear フォルジョー*	Formica フォーミカ	Foroughi フォルギ	
Foody フーディ	Forck フォルク	Forgeard フォルジャール*	Formichetti フォルミケッティ	Forouzandeh フォルーザンデ	
Fooken フォーケン	Forckenbeck フォルケンベック	Forgelberg フォーゲルバーグ	Formichi フォルミキ	Forov フォロフ	
Fook Kwang フッククワン	Forczyk フォーチェック	Forges フォルジュ*	Formichini フォルミキーニ	Forqué フォルケー	
Foon フォーン / フーン	Ford フォード***	Forget フォルジェ	Formiguera フォルミゲーラ*	Forqueray フォルクレ / フォルクレー	
Foose フォース	Fordacq フォルダク	Forgey フォーゲイ* / フォージェイ	Formisano フォルミザーノ	Forquet フォルケ*	
Fooshee フーシー	Forde フォード** / フォルド	Forggus フォルガス	Formo フォルモ*	Forrai フォライ	
Foot フット** / フート	Forden フォーデン	Forgue フォルグ	Formosus フォルモースス / フォルモッス	Forrer フォーラー / フォーラー*	
Foote フッテ / フット* / フート**	Forder フォーダー	Forgues フォルゲ	Formstecher フォルムステッヒャー	Forrest フォレス / フォーレスト* / フォレスト***	
Footman フットマン	Forderer フォーダラー	Forgy フォーギー	Forna フォルナ	Forrestal フォレスタル	
Foppa フォッパ	Fordham フォーダム** / フォードハム	Foriers フォリエ	Fornacciari フォルナチアーリ	Forrester フォーレスター / フォレスター** / フォレステール / フォレステル	
Foppe フォッピ / フォッペ	Fordice フォーダイス*	Forinash フォーリナッシュ / フォリナッシュ	Fornals フェルナルス		
Föppl フェップル	Fordyce フォーダイス*	Forino フォリーノ	Fornalska フォルナルスカ	Forristal フォリスタル*	
Fora フォーラ	Foree フォリー	Forissier フォリシェ / フォリシエ	Fornara フォルナーラ	Forrow フォロー	
Forain フォラン	Foregger フォレッゲル	Forkbeard フォークビアド	Fornari フォルナーリ / フォルナリ	Fors フォーシュ	
Foraker フォラカー	Forehand フォアハンド / フォーハンド*	Forke フォルケ*	Fornarina フォルナリーナ	Forså フォッソ	
Foran フォーラン / フォラン	Forel フォーレル* / フォレル*	Forkel フォルケル*	Fornaris フォルナリス	Forsberg フォシュベリ** / フォースバーグ** / フォルスベリ	
Forau ファラウ / フォラウ	Forell フォレル	Forlan フォルラン	Fornaroli フォルナローリ	Forsch フォーシュ*	
Forbath フォーバス	Forelli フォレリ	Forlán フォルラン*	Fornas フォーナス*	Forsdyke フォースダイク	
Forbeck フォーベック	Foreman フォアマン** / フォーマン	Førland フィヨーランド	Fornasier フォルナシエール	Forsee フォーシー	
Forberg フォーバーグ / フォルベルク / フォルベルグ	Foren フォーレン / ホーレン	Forlanetti フォルラネッティ	Fornarina フォルナリーナ	Forsell フォシェッル / フォーシェル / フォルセル	
Forbert フォーバート	Fores フォレス	Forlani フォーラーニ / フォルラーニ* / フォルラニ	Fornbacher フェルンバッハー	Forsett フォーセット	
Forbes フォーヴズ / フォーバース / フォーブス*** / フォーブズ** / フォルブ / フォルブス	Forés フォレス	Forlanini フォルラニーニ / ホルラニーニ	Forne フォーネ	Forsey フォーセイ	
	Forese フォレーゼ	Forlaw フォーロウ	Forné フォルネ*	Forsgren フォースグレン	
Forbin フォルバン	Forest フォーリスト / フォレ / フォレス / フォレスト / フォレスト***	Forleo フォーレオ	Fornefeld フォルネフェルト*	Forsh フォルシ / フォルシ*	
Forbis フォービス	Forester フェルスター*	Forli フォルリ	Fornel フォーネル	Forshaw フォーショー / フォーショウ*	
		Forlì フォルリ	Forner フォーナー / フォルナー / フォルネル	Forslind フォッシュリンド*	
		Forlivesi フォルリヴェジ	Forneret フォルヌレ*		
		Form フォーム	Fornero フォルネロ		

Forsling フォースリング
Forslund フォルシュルンド
Forsman フォルスマン
Forssell
　フォシェッル**
　フォシェル
　フォッセル
　フォルセル
Forsslund フォーシュルンド
Forssmann フォルスマン
Forst フォルスト*
Först フェールスト
Forstater
　フォースティター
　フォステイター
　フォステーター
Forstchen フォースチェン
Förstel フェルステル
Forstemann フォルステマン
Forstenlechner フォルステンレヒナー
Forster
　フェアスター
　フェルスター
　フォースター
　フォースター***
　フォスター*
　フォスタ
　フォースタア
　フォルシュター
　フォルスター*
　フォルステール
Förster
　フェルスター*
　フェルスタア
　フェルステル
　フォルステル
Forsterling
　フェルスターリンク
　フォスターリング
Forsthofer フォルストホーファー
Forsthoff フォルストホフ
Forstinger フォルスティンガー
Forstmeier フォルシュトマイヤー
Forstner フォルストナー
Forstot フォーストット
Forstreuter フォルストロイター
Førsund フォースンド
Forsyth
　フォーサイス***
　フォーサイズ
　フォーシス
　フォルサイズ
　フォルサイト
Forsythe
　フォーサイス***
　フォーサイト

Fort
　フォオル
　フォート**
　フォール**
　フォル
　フォルト
Forta
　フォータ
　フォルタ*
Förtsch フェルチュ
Fortanasce フォーテネイス
Fortas フォータス
Fortassier フォルタシエ
Fortat フォルタ*
Forte
　フォーテ
　フォーティ
　フォート*
　フォルテ*
Forteguerri フォルテグエッリ
Forten フォーテン
Fortenagel フォルテナーゲル
Forterre フォルテール
Fortes
　フォーテス*
　フォルツ
　フォルテス
Fortescue
　フォーテスキュ
　フォーテスキュー**
Fortesque フォーテスク
Fortet フォルテ
Fortey フォーティ*
Fortgang フォートガング*
Forth フォース
Forti
　フォルチ
　フォルティ*
Fortich
　フォーティッチ
　フォルテイチ
　フォルティッチ*
Fortier
　フォーティア*
　フォーティアー
　フォティア
　フォルチェ
　フォルティエ
Fortin
　フォーティン
　フォーティンブローチュ
　フォルタン*
　フォルティン
Fortinash フォーティナッシュ
Fortini フォルティーニ***
Fortlage フォルトラーゲ
Fortner フォルトナー**
Fortney フォートニー
Fortnow フォートナウ

Fortnum フォートナム**
Forton フォルトン
Fortosis フォートシス
Fortoul フォルトゥール
Fortov フォルトフ*
Fortson フォートソン
Fortún フォルトゥン*
Fortuna フォルトナ
Fortunat フォルテュナ
Fortunati
　フォーチュナティ*
　フォルトゥーナーティ
Fortunato
　フォートナト
　フォルツナト
　フォルトゥナート**
　フォルトゥナト
　フォルトナート**
Fortunatov フォルトゥナートフ
Fortunatus
　フォルテュナトゥス
　フォルトゥナートゥス
　フォルトゥナトゥス
Fortune
　フォーチュン***
　フォルチュネ
Fortuné フォルチュネ
Fortunio
　フォルトゥーニオ
　フォルトゥニオ
　フォルトゥニーノ
　フォルトゥニオ
Fortuny
　フォルチュニー
　フォルトゥニー
　フォルトゥニ
　フォルトゥニー
　フォルトゥニ
Fortuyn フォルタイン*
Forty
　フォーティ
　フォーティー
Forugh フォルーグ
Forūgh フォルーグ
Forūghī フォルーギー
Forward
　フォーワード*
　フォワード***
Forzani フォルツァーニ*
Forzano フォルツァーノ
Fosburgh フォズバーグ*
Fosbury
　フォスベリー**
　フォズベリー
Fosca フォスカ
Foscarari フォスカラーリ
Foscari フォスカリ
Foscarini フォスカリーニ

Foschi フォシ
　フォスキ
Fosco フォスコ**
Foscola フォスコロ
Foscolo
　フォスコーロ
　フォスコロ*
　フォスコロー
Fosdick
　フォズディク
　フォズディック
　フォズディック*
　フォスデック
Fosha フォーシャ
Foshay フォシェイ*
Fosi フォシ
Fosita フォシタ
Foskett フォスケット
Fosl フォスル
Fosner フォスナー
Fosnes フォスネス**
Foss フォス***
Fossaert
　フォーセル
　フォセール
Fossani フォサーニー
Fossas フォッサス
Fossati フォッサーティ
Fossato フォッサート
Fosse
　フォス
　フォッシー*
　フォッス
　フォッセ*
Fossel フォッセル
Fossella フォッセラ
Fossen フォッセン
Fosset フォセット*
Fossey
　フォッシー**
　フォッセー
　フォッセイ
Fosshage フォサーギ
　フォッシジ
Fossi フォッシ
Fossier フォシェ
Fosslien フォスリエン
Fossombroni
　フォソンブロニ
　フォッサムブローニ
Fossoun フォスン
Fossoux フソー
Fossum
　フォサム
　フォッサム
　フォッスム*
Fosten
　フォステン
　フォッスン
Foster
　フォースター**
　フォースター***
　フォスタル
　フォステル*
　ホストル

Foster-hylton フォスターヒルトン
Fosu フォス
Foth フォス
Fothergill
　フォザーギル
　フォザギル*
　フォセルギル
Fotheringham フォザリンガム
Foti フォティ
Fotieva
　フォーチエワ
　フォティエヴァ
　フォティエワ
Fotios フォティオス
Fotiou フォティウ
Fotis フォティス
Foto フォト
Fotsis フォーティス
Fottorino
　フォトリーノ*
　フォトリオ
Fotuali'i フォトゥアリ
Fotyga フォティガ
Fou フー*
Fouad
　フアード*
　フアド**
　フォアド
　フワド
Fouard ファール
Fouassier フアシエ
Foucauld
　フーコー
　フコー*
Foucault
　フォーコールト
　フーコー**
Foucaux フーコー
Fouček フォシェク
Fouchard フシャール
Fouche フシエ
Fouché
　フーシェ
　フシェ
Foucher
　フォシェ*
　フーシェ*
　フシェ
　フルシェ
　フルケルス
Fouchet フーシェ**
Fouchy フーシー
Fouci フォーシ*
Foucquet フーケ
Foucras フークラス
Fouda フダ
Fouére フュージェ
Foufelle フフェル
Fougasse フガス
Fougeirol フージュイロル
Fougère フゲール
Fougères フジェール
Fougeret フジュレ

Fougerolles フジュロール	**Fouqué** フッケー／フーケ／フケ／フケー*	**Fouroux** フールー／フルー	**フォクスレイ／フォックスレー／フォックスレイ**	**Fradley** フラドリイ	
Fougeron フージュロン*		**Fourquet** フルケ*	**Foxon** ホクソン	**Frady** フレイディ*	
Fougeroux フージュルー		**Fourquin** フルカン	**Fox-pitt** フォックスピット	**Fráech** フロイヒ	
Fought フォート	**Fouquet** フォーテ／フーケ／フーケー*／フケー	**Fourré** フーレ	**Foxton** フォクストン	**Fraemcke** フレムケ	
Fouhy ファウヒ／フォーイ		**Fourt** フォート	**Foxwell** フォクスウェル／フォックスウェル*	**Fraenkel** フレンケル*	
Fouillee フーイェー／フィーエー／フィエー／フィエー／フォウィリー	**Fouquier** フーキェ／フキエ	**Fourtou** フルトゥ*		**Fraerman** フラエルマン	
		Fouskas フスカス	**Foxworth** フォックスワース	**Frafjord** フラーフィヨル	
		Foust ファウスト	**Foxworthy** フォックスワージー	**Fraga** フラガ**	
	Fourastié フーラスチェ／フラスチェ／フーラスティエ／フラスティエ	**Foutrier** フートゥリエ		**Fragapane** フラガパネ	
Fouillée フーイエ／フィエ／フイエ		**Fouts** ファウツ	**Foxx** フォックス**	**Fragel** フレイジェル	
		Foutsou フツゥ	**Foxxx** フォックス	**Frager** フレイジャー／フレーガー／フレージャー	
Fouillou フイユー	**Fourcade** フールカデ*／フルカード*	**Foutz** ファウツ	**Foxy** フォクシー		
Fouilloux フイユー		**Fouzi** ファウジ／フージ	**Foy** フォア／フォイ**／フォワ	**Fragiacomo** フラジャーコモ	
Fouin フアン	**Fourcroy** フゥルクロワ／フールクロア／フルクロア／フルクロワ	**Fouzia** フォージア／フージア		**Fragiadakis** フラジアダキス	
Fouke フォーク		**Fovel** フォーベル	**Foye** フォイ／フォイエ	**Fraginals** フラヒナル	
Fould フー／フールド／フルド		**Fowdar** フォーダー		**Fragonard** フラゴナール*	
	Fourdrinier フォードリニア／フードリニア	**Fowell** フォーウェル	**Foyer** フワイエ	**Fragoso** フラゴソ	
Foulds フォールズ*／フォルズ		**Fowke** フォーク	**Foyle** フォイル	**Fraguela** フラグエラ	
	Foureau フーロー	**Fowkes** ファウクス／フォークス	**Foyn** フォイン	**Frahim** フライム	
Foulger ファウルジャー	**Fourestier** フーレスティエ／フレスティエー	**Fowle** ファウル*／ファオル	**Foytack** フォイタック	**Frahm** フラーム*	
Foulk ファウルク／フォウルク／フォーク	**Fourie** フーリー*／フーリエ	**Fowler** ファウラー***／フォーラー／フォラー	**Fozia** フォージア	**Fraiberg** フライバーク／フライバーグ*／フライバーグ／フレイベルク	
Foulke フォーク／フォルク*	**Fourier** フウリエ／フーリエ*／フリエ	**Fowles** ファウルズ***／フォールス	**Fozie** フォジエ		
Foulkes フォウルクス／フォークス*／フォルクス／フォールケス／フォルケス／フークス	**Fourmont** フールモン／ファーレイ／フーリー	**Fowley** ファウリー／ファーレイ／フォーリー	**Foziljon** フォジルジョン	**Fraih** フレイ	
			Fozza フォザ	**Fraile** フライーレ／フライレ	
		Fowlie ファウリー	**Fozzy** フォジー	**Frailey** フレイリー	
Foulks フォルクス	**Fourneau** フルノー	**Fowlkes** フォークス*／フォルクス	**Fra** フラ*	**Frain** フレイン	
Foulon フォロン	**Fournel** フォーネス／フォーネル／フールネル／フルネル	**Fownes** ファルノー／フーノー	**Fraade** フラード	**Fraina** フレイナ	
Foulques フルク			**Fraanco** フランコ	**Fraineau** フレノ／フレノー	
Foulquié フールキエ／フルキエ	**Fournet** フルネ***／フルネー	**Fowsiiya** フォウシヤ	**Fraase** フレイジー		
		Fowzie ファウジー	**Fraassen** フラーセン	**Fraiser** フライザー	
Foulquier フルキエ*	**Fourneyron** フネロン／フールネイロン／フルネイロン／フールネーロン／フルネーロン／フルネロン	**Fox** ファックス／フォクス*／フォックス***／フックス／ホックス	**Frable** フラブレ	**Fraisse** フレース／フレス／フレッス	
Foumakoye フマクワイ／フマコイ			**Fracanzano** フラカンツァーノ		
Foun フン			**Fracassini** フラカッシーニ	**Fraissinet** フレッシネ	
Foundas フンダス	**Fournier** フォーニア*／フォーニアー／フォーニエ／フォルニエル／フールニエ／フルニエ／フルニエ***	**Foxall** フォックソール*	**Fracasso** フラカッソ	**Fraistat** フレイスタット	
Founé フネ		**Foxe** フォックス**	**Fracastoro** フラカストーロ／フラカストロ	**Fraits** フライツ	
Founè フーネ		**Foxell** フォクセル		**Fraiture** フレイチュア	
Fountain ファウンティン*／ファウンテン**		**Foxes** フォクシーズ	**Fraccaro** フラッカーロ*	**Fraix** フレ	
	Fournière フールニエール	**Foxhall** フォックスホール	**Fracchia** フラッキア	**Fraizer** フレイザー／フレイジャー	
Fouque フーク*／フーケ／フック	**Fournies** フォーニーズ	**Fox-Jérusalmi** フォックスジェルサルミ	**Fracci** フラッチ*		
			Frachetti フランケッティ	**Frajt** フライチ／フライト	
		Foxley フォクスリ	**Frachon** フラション	**Frake** フレイク	
			Frackelton フラッケルトン	**Fraker** フレイカー*／フレーカー	
			Frackowiak フラッツコーヴァク		
			Fraction フラクション	**Frakes** フレイクス／フレークス*	
			Fradeani フラディアーニ		
			Fradique フラディケ**		
			Fradkin フラドキン		
			Fradkov フラトコフ*		

Frakhroddīn
　ファフロッディーン
Fraleigh フレイリー
Fraley
　フラレー
　フレイリー
　フレーリー
　フレリー
Fralin フラリン
Framberger
　フランベルガー
Frame
　フレイム***
　フレーム**
Framery フラムリ
Framhein
　フラムハイン
Framingham
　フレイミンガム
Frampton
　フラムプトン
　フランプトン**
Fran フラン***
Frana フラナ
Fráńa フラーニャ
Franagan フラナガン
Franc
　フラン*
　フランク**
　フランツ
　フランツェ
Franca
　フランカ**
　フランサ*
França
　フランカ
　フランサ
Français フランセ
Françaix フランセ*
Francamaria
　フランカマリア
Francart
　フランカール
　フランカル
Francastel
　フランカステル*
Francaviglia
　フランカヴィーリャ
Francavilla
　フランカヴィッラ*
　フランカヴィラ
　フランカビラ
France
　フランス***
　フランチェ
Francè フランツェ
Francelia フランセリア
Francell フランセル
Francelyn
　フランスリン
Francen フランサン
Frances
　ファニー
　フラン
　フラーンシス
　フランシス***
　フランシスカ
　フランシスカ

フランス
フランセス***
フランセスク
Francés フランセ
Francesc
　フランセスク**
　フランチェスク
　フランチェスクス
Francesca
　フランシス
　フランシスカ
　フランセスカ**
　フランチェスカ***
　フランチスカ
Francescato
　フランチェスカート*
Francescatti
　フランシェスカッティ
　フランセスカッティ
　フランチェスカッティ*
Franceschelli
　フランチェスチェッリ
Franceschi
　フランセッチ
　フランチェスキ
Franceschini
　フランチェスキーニ
Franceschino
　フランチェスキーノ
Francesco
　フランエコ
　フランシス
　フランシスコ**
　フランセスコ
　フランチェスコ
　フランチェスコ***
　フランツエスコ
　フレスコ
Francesconi
　フランチェスコーニ
Francescuccio
　フランチェスクッチョ
Francese フランク
Franceseco
　フランチェスコ
Franceskini
　フランチェスキーニ
Francess フランシス
Francette
　フランセット*
Francey
　フランシー
　フランセ
Francfort
　フランクフォール
Franchesca
　フランチェスカ
Francheska
　フランチェスカ*
Franchet フランシェ
Franchetti
　フランケッティ*
Francheville
　フランシュヴィル
　フランシュビル
Franchi
　フランキ
　フランチ*

Franchina
　フランキーナ
　フランキナ
Franchini フランチーニ
Franchino
　フランキーノ
Franchitti
　フランキッティ**
Franchois
　フランショワ
Franchomme
　フランコム
　フランショム
Franchot
　フランチョット
Franchy フランチー
Franci フランチ
Francia
　フランシア*
　フランチア
　フランチャ
Franciabigio
　フランシャビージョ
　フランチアビジオ
　フランチャビジオ
　フランチャビージョ
Francie
　フランシー**
　フランシス
Francien フランシス
Francillo フランチルロ
Francillon
　フランシロン
Francina
　フランシーナ*
Francine
　フランシーヌ***
　フランシーン*
　フランシン
　フランスィーヌ
　フランスイン
Francini フランチーニ
Francioli
　フランチオーリ
Francione
　フランシオン
　フランチョーネ*
Franciosa
　フランシオサ*
　フランチオーザ
Francique フランシク
Francis
　フランク*
　フラーンシス
　フランシス***
　フランシズ
　フランス
　フランスィス
　フランセス
Francisc フランチスク
Francisca
　フランシスカ*
　フランチェスカ
　フランチスカ*
Franciscano
　フランシスカノ
Francisci フランシスシ
Franciscis
　フランチシス

Francisco
　フランシス
　フランシスコ***
　フランスィスコ
　フランチェスコ
　フランチスコ
　フランツ
Franciscus
　フランキスクス
　フランシスカス**
　フランシスク
　フランシスクス
　フランシスコ*
　フランシスコ
　フランチェスコ
　フランチェスクス
　フランツィスクス
FrancisDela
　フランシスデラ
Franciska
　フランチシュカ
　フランチスカ
　フランツィスカ
Francisque
　フランシクス
　フランシスク*
　フランシスコ
Franciss フランシス
Franciszek
　フランチシェク***
　フランツィシェク
Franciszka
　フランチスカ
　フランツィシュカ
Franck
　フラン
　フランク***
　フランクリン
Francke
　フランク
　フランケ
Francken フランケン
Franckenberg
　フランケンベルク
Franckenstein
　フランケンシュタイン
Franckh フランク
Francks フランクス*
Francky フランキー
Franclin フランクラン
Franco フランコ***
Francoeur
　フランクール
　フランコーア*
Francœur
　フランクール
Francoi フランソワ
Françoi フランソワ
Francoie フランソワ
François-Xavier
　フランソワザビエル
Francois
　フェレンツ
　フランク
　フランコ
　フランコイス
　フランシス*
　フランシスコ
　フランスワ

François
　ファンシュ
　フランコ
　フランコー
　フランス
　フランソア
　フランソア**
　フランソワ***
　フランソワーズ**
　フワンソア
François フランソワ*
Francoise
　フランソーズ
　フランソワーズ*
　フランソワズ
Françoise
　フランソアーズ
　フランソアーズ
　フランソーズ
　フランソワ*
　フランソワーズ***
　フランソワズ
François-Philippe
　フランソワフィリップ
Françoize
　フランソワーズ
Francomano
　フランコマーノ
Francome フランカム*
Francon フランコン
Francona
　フランコーナ
　フランコナ*
Francone フランコーン
Francos フランコ
Francotte
　フランコット
Francq フランク
Francqui フランキ
Francy フランシー
Frändfors
　フランドフォルス
Frandl フランドル
Frandsen
　フランズセン
　フランセン
　フランゼン
　フランドセン
Franees フランシス*
Franek フラネク
Franey
　フラニー
　フラネイ
Frang フラング*
Frangenheim
　フランゲンハイム
Franges フランジェス
Frangi フランギ
Frangilli
　フランジィーリ
Frangioni
　フランジオーニ
Frangoudis
　フランゴディス
Frania フラニア

Franjieh フランジーエ／フランジエ*
Franjo フラニオ**／フラーニョ／フランジョ
Franju フランジュ*
Frank フランキー／フラーンク／フランク***
Franka フランカ*
Frankaly フランカリ
Frankau フランカウ／フランコー
Frankcina フランクシナ*
Franke フランク／フランケ***
Frankel フランクル*／フランケル***／フレンケル
Fränkel フレンケル
Frankell フランケル
Franken フランケン*
Frankena フランケナ
Frankenberg フランケンバーグ*／フランケンベルク／フランケンベルグ
Frankenberger フランケンバーガー
Frankenburg フランケンバーグ
Frankenhaeuser フランケンハウザー
Frankenheim フランケンハイム
Frankenheimer フランケンハイマー**
Frankenstein フランケンシュタイン
Frankenthaler フランケンサーラー*
Frankeny フランキニー
Frankétienne フランケチエンヌ*
Frankeur ファンクール／フランクール
Frankfort フランクフォート*
Frankfurt フランクファート*／フランクフルト
Frankfurter フランクファーター／フランクフルター
Frankham フランカム／フランクハム
Frankhouse フランクハウス
Frankie フランキー***

Frankiewicz フランケビッチ
Frankl フランクル**
Frankland フランクランド**
Franklin フランキー／フランク／フランクラン*／フランクリン***
Franklin-Adams フランクリンアダムズ
Franklyn フランクリン*
Franko フランコ*／フランコー
Frankopan フランコパン
Frankovich フランコヴィッチ
Franks フランクス***
Frankston フランクストン
Frank-Walter フランクワルター*
Franky フランキー／フランク
Frann フラン
Franny フラニー
Frano フラノ*
Franqois フランソワ
Franquebalme フランクバルム
Franquemont フランケモント
Franquet フランケ／フランケト
Franqui フランキ*
Franquin フランカン*
Frans フラン／フランス***／フランツ*
Franscell フランセル
Franscoviak フランスコービアック
Fransella フランセラ
Fransesca フランセスカ
Franshawe フランショー
Fransīs フランシース
Fransisco フランシスコ*
Fransiscus フランシスコ
Fransois フランソワ
Franson フランスン
Franssen フランセン
Fransson フランション／フランソン
Fransz. フランスゾーン*
Franta フランタ*

Franticsck フランティスツク
Frantíšck フランチシェク*
Frantisek フランチェスカ／フランチシェク*／フランチセック／フランティシェク／フランティセク
František フランティシェク
František フランソワ／フランチシェク**／フランティシェク**／フランティシェック／フランティセク
Frantíšek フランチシェク／フランティシェク
Frantová フラントヴァー
Frants フランツ
Frantsov フランツォフ
Frantz フランツ**
Frantzman フランツマン
Franz フェレンツ／フラーンス／フランス*／フランズ／フランツ***
Franzelin フランツェリン
Franzen フランゼン**／フランツェン*
Franzén フランセーン*／フランセン
Franzero フランツェロ
Franzese フランゼーゼ
Franzetti フランツェッティ
Franzi フランシ
Franzini フランジーニ
Franzisca フランジスカ*／フランツィスカ
Franziska フランシスカ／フランチェスカ*／フランチスカ*／フランツィスカ***
Franzius フランチウス
Franzke フランツケ
Franzki フランツキー
Fränzl フレンツル
Franzmann フランツマン
Franz-Michael フランツミカエル
Franzoi フランツォイ
Franzoni フランツォーニ
Franzos フランツォース*

Franz-Ulrich フランツウルリヒ*
Frape フレープ
Frapie フラピエ
Frapié フラピエ*
Frappe フラッペ
Frappier フラピエ
Frare フレア
Frary フラリー／フレアリー
Frasca フラスカ
Frascani フラスカーニ
Frasch フラッシュ
Fraschini フラスキーニ
Frascino フラシーノ
Frascogna フラスコーナ
Frasconi フラスコーニ
Frase フレイズ*
Fraser フラセル／フレイザー**／フレイザ／フレーザー***／フレサー／フレザー
Fraser-holmes フレーザーホームズ
Fraser-moleketi フレーザーモレケティ
Fraser-Pryce フレーザープライス
Frash フラッシュ
Frashëri フラーシャリ／フラシャリ
Frashery フラシェリ
Frasier フレイザー／フレイジャー*
Frasnelli フラスネリ
Frasor フレイザー
Frassen フラッサン／フラッセン
Frassinello フラッシネッロ
Frassinetti フラッシネッティ
Fratello フラテッロ
Frater フラーター／フラター*／フレイター
Fratianne フラチアン
Fratica フラチカ
Fratino フラティーノ
Frattali フラッタリ
Fratti フラッティ
Frattini フラッティーニ／フラティニ**
Fratus フラトゥス
Fratzscher フラッツシャー

Fratzsher フラッシャー
Frau フラウ*
Frauchiger フラウヒガー*／フラウヒゲル／フラヒゲル
Frauenfelder フラウエンフェルダー／フローエンフェルダー
Frauenknecht フラウエンクネヒト
Frauenlob フラウエンローブ
Frauenstädt フラウエンシュテット
Frauke フラウケ
Fraungruber フラウングルーバー
Fraunhofer フラウンホーファー／フラウンホーフェル
Frautschi フラウチ
Fravel フレイヴェル
Favía フラビア
Frawley フラウリー*／フローリー／フローレイ
Fray フライ／フレイ
Frayda フレイダ*
Frayer フレイヤー
Frayling フレイリング*
Frayn フレイン**／フレン
Frayne フレイン
Frayssinous フレーシヌー／フレシヌス
Frazar フレイザー
Fraze フレイズ／フレーズ
Frazee フレイジー／フレイジョー
Frazelle フレーゼル
Frazer フレイザー*／フレーザー***
Frazetta フラゼッタ*
Frazier フレイザー*／フレイジア／フレイジアー／フレイジャー**／フレーザー／フレージア／フレージャー**／フレジャー*
Frazzi フラッツィ
Fre フレ
Freada フリーダ*
Frears フリアーズ**

Fréart フレアール
Freas フリース
Frease フリーズ
Frébault フレボー
Frēbe フレーベ*
Freber フレーバー
Freberg
　フリーバーグ
　フレバーグ
Freccero
　フレチェロウ*
Frèches フレーシュ*
Fréchet
　フレシィエ*
　フレシェ*
　フレッシェ
Frechette
　フレシェット**
　フレチェット*
Fréchette
　フレシェット**
　フレチェット*
Frechsig フレヒシヒ
Frecht フレヒト
Fred
　フレット*
　フレッド***
　フレディー
　フレート**
　フレード
　フレド
　フレンド
Freda
　フリーダ**
　フレーダ
　フレダ*
Fredberg
　フレッドバーグ
Fredbjørn
　フレドビョーン
Fred Boerre
　フレードボッレ
Fredborg
　フレッドボルグ
Freddie
　フレッディ
　フレッディー
　フレディ***
　フレディー*
Freddy
　フレディ***
　フレディー
Frede フリード
Fredegar
　フレーデガル
　フレデガール
Fredegisus
　フレデギスス
Fredegunde
　フレデグンデ
Fredelic フレデリック*
Fredelon フレドゥロン
Freder フレーダー
Frederic
　フレッド*
　フレデリック**
　フレデリック***
　フレデレック
　フレドリク
Frédéric フレデリック
Frédéric フレデリック
Fréderic
　フリデリク
　フリードリヒ
　フリードリック**
　フレデリック***
Frédéric フレデリック
Frèdèric フレデリック
Frēdēric フレデリック
Frederica
　フレデリカ**
Frederich
　フレデリック*
Frederick
　フヒリテリック
　フレッド*
　フレディー
　フレディリック
　フレデリキ
　フレデリック*
　フレデリッキ
　フレデリック***
　フレデリック
　フレデレッキ
　フレドリク
　フレドリック**
Frédérick
　フレデリック**
Fredericka フレデリカ
Fredericks
　フレデリクス**
　フレデリック
　フレデリックス*
　フレドリックス
Frederickson
　フレデリクソン*
Frederico フレデリコ
Fredericq
　フレデリク
Fredericus
　フレデリクス
Frederieke
　フレデリーケ
Frederik
　フリードリヒ
　フレズリク
　フレゼリク
　フレーデリク
　フレデリック***
　フレデリック***
　フレドリク
Frederiksen
　フレデリクセン*
Frederique
　フレデリック*
Frédérique
　フレデリック**
Frédérix フレデリクス
Fredersdorff
　フレデルスドルフ
Fredesman
　フレデスマン
Fredette フレデッテ
Fredholm
　フレッドホルム
　フレードホルム
　フレドホルム
Fredi
　フレーディ
　フレディ**
Fredie フレッド
Fredinand
　フェルディナント
Fredinburg
　フレディンバーグ
Fredis フレディ
Fredland
　フレッドランド
Fredlica フレドリカ
Fredlund
　フレッドルンド
Fredman
　フレッドマン*
Fredo フレド
Fredric
　フレデリック**
　フレドリック
　フレドリック***
Fredrich
　フレドリク
　フレドリック
Fredrick
　フレデリック
　フレドリク
　フレドリック*
Fredricks
　フレドリックス*
Fredrickson
　フレデリクソン
　フレデリック
　フレドリクソン
　フレドリックソン
Fredricson
　フレドリクソン
Fredrik
　フレイドリク
　フレデリック**
　フレードリク
　フレドリック**
　フレドリック***
Fredrika
　フレドリーカ
　フレドリカ*
Fredrike フレドリケ*
Fredriksson
　フレデリクセン*
　フレデリクソン
　フレードリクソン
　フレドリクソン**
Fredro フレドロ
Fredson フレドソン
Fredsti フレスティ*
Fredun フレドゥン*
Fredy フレディ
Frédy フレディー
Free フリー**
Freear フリーアー
Freeborn フリーボーン
Freeborough
　フリーボロー
Freeburg
　フリーバーク
　フリーバーグ
Freed フリード**
Freeda フリーダ
Freeden フリーデン
Freedheim
　フリードハイム*
Freedkin フリードキン
Freedland
　フリードランド*
Freedley
　フリードリー
　フリードレー
Freedman
　フリードマン***
　フリーマン
Freeh フリー**
Freehan フリーハン
Freek
　フリーク
　フレーク
Freel フリール*
Freeland
　フリーランド*
Freeling
　フリーリング***
Freely フリーリ
Freeman
　フリイマン
　フリーマン***
Freemantle
　フリーマントル**
Freeney フリーニー*
Freeny フリーニー
Freer
　フリーア
　フレア
Freericks
　フレーリックス
Frees フリース
Freese
　フリース*
　フリーズ
　フレーゼ
　フレーゼー
Freestone
　フリーストーン*
Freeth フリース*
Freethy フリーシー
Freeway フリーウェイ
Freezailah
　フリーザイラー
Freeze フリーズ*
Frega フレガ*
Frege フレーゲ**
Fréger フレジェ
Fregert フレゲルト
Fregly フレグリー
Fregolent
　フレゴレント
Fregonese
　フレゴニーズ
Fregoni フレゴーニ
Fregosi フレゴシ**
Fréhel フレール
Frehley フレーリー
Frei
　フライ**
　フレー
　フレイ***
フレエ
Freia フライア*
Freiberg
　フライバーグ*
　フライベルク
Freiberga
　フレイベルガ
Freiberger
　フライバーガー
　フリーバーガー
Freida フリーダ*
Freidank フライダンク
Freidberg
　フリードバーグ
Freidel フレデル
Freiden フライデン
Freidenberg
　フレイデンベルグ
Freidheim
　フリードハイム*
Freidin フライディン
Freidkina
　フレイドキナ
Freidman
　フリードマン
Freidrich フリードリヒ
Freidson フリードソン
Freidzon フレーソン
Freiedrich
　フリードリヒ
Freienfels
　フライエンフェルス
　フライエンフェルズ
Freier
　フライヤー
　フレアー
　フレイヤー
Freiesleben
　フライエスレーベン
Freifelder
　フライフェルダー
Freifeldt
　フライフェルト
Freifrau
　フェリーチェ
　フェリーツィエ
Freigang フライガング
Freiher フライヘル
Freiherr
　フライヘア
　フライヘール
　フライヘル*
　フライヘルン
Freij フレイジ
Freiligrath
　フライリヒラート
Freiman
　フライマン
　フライマン*
Freimarck
　フライマーク
Freimut フライムト
Freimuth フライムート
Freinademetz
　フライナーデメッツ
　フライナデメッツ
Freindrikh
　フレインドリフ

FRI

Freinet フレネ*
Freinga フェリンハ
Freinsnerg
　フランベール
Freire
　フレイリ
　フレイル
　フレイレ***
　フレーレ
Freìre フレイレ
Freirich フライリッヒ*
Freishtat
　フライシュタート
　フレイシュタット
Freising フライジング
Freisinger
　フレージンガー
Freisler
　フライシュラー
Freitag
　フライターク**
　フライターグ
　フライタク
Freitak フライターク
Freitas
　フレイタシュ
　フレイタス***
　フレータス*
Freitas Da Silva
　フレイタスダシルバ
Fréitez フレイテス
Freivalds フレイバルス
Freiwald
　フライヴァルト
Frejková
　フレイコヴァー
Freke フリーク
Freleng
　フリーレング
　フレーリング
　フレレング
Frelich フレリック
Freligh フレライ
Frelinghuysen
　フリーリングハイゼン
　フリリングヒューゼン
Frémart フレマール
Frémaux フレモー*
Fremeyer
　フレマイヤー
Fremiet フルミエ
Frémiet
　フルミエ
　フレミエ
Fréminet フレミネ*
Freming フレミング
Frémiot フレミオ*
Fremlin フレムリン**
Fremolle フレモル
Fremont
　フリーモン
　フリーモント*
　フリモント
　フレモント*
Frémont
　フリーモント
　フレモン

フレモント
Fremstad
　フレムスタッド
　フレムスタード
Fremura フレムラ
Frémy
　フレミ
　フレミー
Frémyot フレミヨ
Frenais フレネ
Frénaud
　フレノー**
　フレノオ
Frenay フレネ*
French フレンチ***
Frenchen フレンチェン
Frenchy
　フレンチ
　フレンチー
Frenck フレンク
Frend フレンド
Frendl フレンドル
Frendo フレンド
Frendsdorff
　フレーンズドルフ
Frêne フレーン
Freneau
　フリノー*
　フレノ
　フレノー
　フレノオ
Frenet フルネ
Freney フレネ*
Freni フレーニ**
Frénicle フレニクル
Frenk フレンク
Frenkel
　フレンケリ
　フレンケル**
Frenkel'
　フレンケリ
　フレンケル
Frenkeva フレンケバ
Frenkie フランキー
Frenkler フレンクラー
Frensdorff
　フレンズドルフ
Frenssen フレンセン
Frentzen
　フレンツェン*
Freny フレニイ*
Frenz フレンツ*
Frenzel
　フレンゼル*
　フレンツェル**
Freppel
　フレッペル
　フレベル
Frercks フレルクス
Frere
　フリーア
　フリア
　フリエ
　フレアー
Frère フレール*

Frère フレール*
Fréret フレーレ
Freri フレーリ
Frerichs
　フレリックス
　フレリッチ
　フレリヒス
Fréron フレロン
Fresán フレサン
Freschet フレシェット
Freschi フレスキ
Fresco フレスコ*
Frescobaldi
　フレースコバルディ
　フレスコバルディ
　フレスコバルディ
Frese
　フリース
　フリーズ
　フレーゼ
Fresedo フレセド
Fresenius
　フレセニュス
　フレゼーニュス
　フレゼニュス
　フレセニュス
Fresh フレッシュ*
Freshfield
　フレシュフィールド
　フレッシフィールド
　フレッシュフィール
　ド*
Freshney フレシュニー
Fresi フレージ
Fresle フレスレ
Fresnay フレネー*
Fresnaye
　フレエネ
　フレネ
　フレネー
　フレネエ
Fresne フレーヌ
Fresneau フレノー
Fresneda フレスネダ
Fresnel フレネル
Fresneuse フレヌーズ*
Fresney フレズネ
Fresno フレスノ*
Frešo フレショ
Freson フレソン
Fresquet フレスケ
Fressange
　フレサンジュ*
Fresson フレッソン*
Fressoz フレソズ
Freston フレストン
Fresu フレズ
Fretard フレタール
Fretheim
　フレットハイム
Frétigny フレティニ
Frettlöh フレットレー
Fretwell
　フレットウェル*
Fretz フレッツ

Freuchen
　フロイゲン
　フロイヘン
Freud
　フロイト***
　フロイド*
Freude フロイデ
Freudenberg
　フロイデンバーグ
　フロイデンベルク
Freudenberger
　フロイデンバーガー
　フロイデンベルガー*
　フロウデンバーガー
Freudenstein
　フロイデンシュタイン
Freudenthal
　フリューデンタール
　フロイデンタール*
　フロイデンタル
Freudiger
　フロイトガー
Freuler
　フロイラー
　フロイレル
Freund
　フロイント***
　フロインド*
Freundel
　フローンデル*
Freundlich
　フロイントリッヒ
　フロイントリッヒ*
　フロイントリヒ
Frevel フレーフェル
Frevert
　フレバート
　フレーフェルト
Freville
　フレヴィル
　フレビル
Fréville フレヴィル
Frewer
　フリューワー
　フルーアー
Frewin フレウィン
Frey
　フライ***
　フレー
　フレイ
　フレイ***
　フレユ
Freya
　フライア*
　フライヤ
　フレーア
　フレイア
　フレイヤ
　フレヤ**
Freybe フライベ
Freyberg フライバーグ
Freycinet
　フレーシネ
　フレーシネー
　フレシネ
Freyd
　フレー
　フレイド
Freydier フレディエ

Freydont
　フレイドント*
Freyeisen
　フライアイゼン
Freyer
　フライアー
　フライヤー*
　フライヤア
　フライヤー
Freyhold フライホルト
Freyle フレイレ
Freylinghausen
　フライリングスハウゼ
　ン
　フライリングハウゼン
Freymann
　フライマン*
　フレイマン**
Freymiller
　フライミラー
Freymond フレイモン
Freyre
　フレイ
　フレイレ**
　フレーレ
Freyssinet
　フリッシネ
　フレシネ
　フレッシネ
Freytag
　フライターク*
　フライタッハ
　フライターハ
Freze フレズ
Frezzolini
　フレッツォリーニ
Frgic フルギッツ
Frhr. フライヘル
Friaa フリアー
Friaca フリアカ
Friant フリアン
Friary
　フライアリ*
　フレーリー
Frias フリアス
Frías
　フリーアス
　フリアス
Fribault
　フリーボー
　フリボー
Friberg
　フライバーグ
　フライベルグ
　フリーベリ
Fribo フリボ
Friboulet フリブーレ
Fricchione
　フリッキオーネ
Friche
　フリシュ
　フリーチェ
Frichot
　フリショ
　フリショー
Frick フリック***
Fricke フリッケ*
Fricker フリッカー**

Frickhinger フリックヒンガー
Fricsay フリッチャイ*
Friction フリクション
Fricton フリクトン
Frid フリッド*
Frida フリーダ** / フリダ*
Friday フライデー / フライディ
Fride フリーデ
Frideburg フリーデブルク
Fridegård フリーデゴード
Fridell フリデル
Fridelli フリデリ
Frideman フリードマン
Friden フレーデン
Fridenson フリダンソン / フリデンソン
Friderica フリデリカ
Friderici フリデリーツィ
Frideswide フライズワイド / フリデスウィデ / フリデスヴィーデ
Fridheim フリドハイム
Fridleifsdottir フリズレイフスドッティル
Fridlender フリドレーンジェル
Fridlénder フリードレンデル
Fridliand フリードリヤンド
Fridman フリードマン* / フリドマン
Fridmann フリッドマン / フリードマン
Fridolf フリドルフ
Fridolfs フライドルフス
Fridolin フリドラン / フリードリーン / フリードリン / フリドリン
Fridono フリドーノ
Fridovich フリドヴィッチ
Fridrichsen フリードリクセン / フリドリクセン
Fridrik フリドリック* / フレドリック
Fridrikh フリードリッヒ* / フリードリヒ

Fridrikson フリドリクソン / フレデリクソン
Fridriksson フリドリクソン
Fridtjof フリチョフ / フリッチョフ*
Fridugis フリドゥギス
Frie フリー
Friebel フリーベル
Friebolin フリーボリン
Fried フライド / フリート* / フリード**
Frieda フリーダ**
Friedan フリーダン**
Friedbacher フリードバッカー
Fried-Bánfalvi フリードバンファルビ
Friedberg フリードバーグ* / フリートベルク / フリードベルク* / フリードベルグ*
Friedberger フリードベルゲル
Friedbichler フリードビヒレル
Friedeberg フリーデベルク
Friedebert フリーデベルト
Friedeburg フリーデブルク
Friedek フリーデク*
Friedel フリーデル* / フリデル / フリードル
Friedelind フリーデリント
Friedell フリーデル*
Friedemann フリーデマン** / フリーデマン*
Frieden フリーデン**
Friedenberg フリーデンバーグ / フリーデンベルグ
Friedenreich フリーデンライヒ
Friedensburg フリーデンスブルク / フリーデンスブルヒ / フリーデンスベルク
Friedensreich フリーデンスライヒ**
Friedenthal フリーデンタール*
Frieder フリーダー* / フリーデル
Friederich フリーデリッチ / フリードリヒ

Friederichs フリーデリヒス
Friederici フリーデリーツィ
Friederike フリーデリーケ / フリーデリケ* / フリーデリーケ / フリデリカ / フレデリーケ
Friedfertig フリードファチーグ
Friedheim フリートハイム / フリードハイム
Friedhelm フリートヘルム / フリードヘルム*
Friedhofen フリートホーフェン
Friedjung フリートユンク / フリートユング
Friedkin フリードキン**
Friedl フリートル / フリードル*
Friedlaender フリートレンダー / フリードレンダー / フリードレンデル
Friedland フリードランド
Friedlander フリートレンダー** / フリードレンデル
Friedländer フリートレンダー / フリートレンダー* / フリードレンダー
Friedlich フリートリッヒ / フリードリヒ
Friedlieb フリードリープ
Friedman フリートマン / フリードマン***
Friedmann フリートマン* / フリードマン**
Friedmar フリートーマル
Friedolin フリードリーン
Friedrchich フリードリヒ
Friedreich フリートライヒ / フリードライヒ
Friedrich フィリードリヒ / フォンフリードリヒ / フードリヒ / フリイドリッヒ / フライドリヒ / フリーズリク / フリデリク / フリードリヒリ

Friedrik フリードリク / フリードリック / フリードリッシュ / フリードリッヒ* / フリードリッヒ*** / フリードリッヒ / フリートリヒ* / フリードリヒ*** / フリードリヒ / フリードルヒ / フルードリヒ / フルードリヒ / フレディリック / フレデリッキ / フレデリック / フレデリッヒ / フレドリック / フレドリッチ / フレドリッヒ / フレドリヒ / フレンドリッチ / フレンドリッヒ
Friedrichs フリードリクス* / フリードリックス / フリードリッヒス / フリードリヒス
Friedrike フレーデリケ
Friel フリエル* / フリール***
Frieling フリーリンク
Friell フリール
Friels フリールズ
Frieman フリーマン*
Friend フリーンド / フレンド**
Friendly フレンドリー**
Frier フライヤー / フリーアー / フリエル
Frieros フリエロス*
Fries フライズ / フリース* / フリーズ*
Friese フリーズ* / フリーゼ
Friesel フリーゼル
Friesen フリーセン / フリーゼン*
Friesenhahn フリーゼンハーン
Frieser フリーザー*
Friesike フリージケ
Friesinger フリージンガー**
Friesmann フリーズマン
Friesner フライスナー / フリーズナー / フリスナー

Friestad フリースタッド
Friesz フリエス / フリース
Frietschie フリーッチー
Friev Naskidaeva フリエフナスキダエワ
Frieze フリーズ / フリーゼ
Friga フリガ*
Frigast フリガスト
Frigeni フリジェーニ
Frigerio フリゲリオ / フリジェリオ / フリヘリオ
Frigg フリッグ
Frigimelica フリジメーリカ
Frigues フリガス
Frigyes フリージェシ / フリジェシ / フリジェシュ** / フリジェス / フリジス
Friis フリース*** / フリス*
Frijda フレイダ
Frijns フラインス* / フリンス
Frijsh フリーシュ
Frijters フリテルス
Frillmann フリルマン
Frim フリム
Friman フリマン
Frimann フリーマン / フリマン
Frimansson フリマンソン**
Friml フリムル
Frimmel フリメル
Frimmer フリマー
Frínda フリーダ
Fringeli フリンゲリ
Frings フリングス*
Frink フリンク*
Frint フリント
Frintova フリントワ
Fripp フリップ*
Fris フリス
Frisby フリスビー / フリスビィ
Frisch フリッシェ / フリッシュ**
Frischauer フライシャワー / フリッシャウアー

Frischeisen フリッシュアイゼン	Fritta フリッタ	Frodl フロドゥル*	フローリック フローリッヒ	Fronto フロント フロントー
Frischknecht フリシュクネヒト	Fritthum フリットフム*	Frodobertus フロドベルトゥス	Frölich フレーリヒ	
Frischlin フリッシュリーン フリッシュリン	Frittoli フリットリ**	Frodon フロドン*	Frölicher フレーリヒャー	Fronton フロントン
	Fritts フリッツ	Froeb フローブ	Fröling フレーリング	Frontoni フロントーニ フロントニ
Frischman フリシュマン フリッシュマン	Fritz フィリッツ フランツ フリイツ フリッツ***	Froebel フレーベル フローベル	Frolov フローロフ フロロフ*	Frontonianus フロントニアヌス
Frischmann フリッシュマン		Froede フレーデ	Frolova フロロバ フロロヴァ フロロワ*	Fronty フロンティ
Frischmuth フリッシュムート フリッシュムート	Fritze フリッツェ*	Froehlich フレーリッヒ フローリッヒ		Froom フルーム*
	Fritzhand フリッツハント フリッツハンド	Froelander フレランダー*	Froma フロマ	Froome フルーム**
Frisé フリゼー*			Froman フローマン* フロマン*	Froot フルート
Frisell フリゼール* フリッセル	Fritzi フリッツィ	Froelich フレーリッヒ		Froriep フロリープ
	Fritzie フリッツィ	Froelicher フローリッチャー	Fromberg フロムバーグ* フロンバーグ**	Frosch フロシュ
Frish フリッシュ	Fritzner フリッツネル	Froemel フレーメル		Froschammer フローシャマー フロッシュアンマー
Frishman フリッシュマン*	Fritzon フリッツォン	Froeschels フローシェルズ	Frome フルーム フローム フロム	
Frisi フリズイ	Fritzsch フリッチ			Froschauer フロシャウアー
Frisius フリシウス	Fritzsche フリッチェ* フリッチェ	Froese フローゼ		Froshaug フロスホー
Frisken フリスケン	Fritzson フリッツソン	Froest フロースト	Froment フロマン**	Frosina フロシナ
Friskin フリスキン	Frixos フリクソス	Froez フロエス	Fromental フロマンタル* フロメンタル	Frossach フロサッハ
Friso フリソー	Friz フリッツ	Froger フロジェ		Frossard フロッサール*
Frison フリゾン	Frize フリーズ	Froget フロジェ	Fromentin フロマッタン フロマンタン*	Frossati フロサッチ
Frisoni フリゾーニ	Frizelle フリッツェル	Froggatt フロガット フロガート*		Frost フロスト***
Friss フリッシュ	Frizot フリゾ		Fromet フロメ	Fröst フロスト
Frissell フリゼール	Frizzell フリゼル フリッゼル フリッツェル	Frogman フロッグマン	Fromholt フロムホルト	Frostee フロスティー
Frissen フリッセン		Froh フロウ	Fromkin フロムキン*	Frostig フロスティッグ フロスティヒ
Frissoni フリッソーニ		Frohde フローデ**	Fromm フロム**	
Frist フリスト*	Frjiters フリテルス	Frohlich フレーリッヒ フロエリッヒ	Frommann フロマン フロンマン	Frostman フロストマン
Friston フリストン	Frlec フルレツ* フルレッツ			Frosty フロスティ
Frisvold フリスボールド		Fröhlich フレーリッヒ	Frommberger フロムベルガー	Frote フロッテ
	Frlipe フェリペ	Fröhlich フレーリッヒ* フレーリヒ* フローリッヒ		Frothingham フロシンガム
Fritchie フリッチ フリッチー	Frllmann フルマン		Fromme フロム	
Frith フリス**	Frobel フレーベル フレョエベル フローベル	Frohman フローマン*	Frommel フロオンメル フロメル フロンメル*	Frotscher フローチャー フロッチャー
Frithiof フリチオフ フリッチョフ フリティオフ		Frohner フレーネル		Frottier フロッティア
	Fröbel フレーベル*	Frohock フロゥホック フロホック*	Frommelt フロンメル	Frotz フロッツ
Frithjof フリッチョフ フリートホッフ	Froben フローベン		Frommer フローマー フロマー フロンマー	Froud フラウド** フルード フロウド
	Frobenius フロベーニウス フロベニウス	Froid フロア		
Frithuwald フリスワルド		Froideville フロワドヴィーユ	Frommhold フロムホルド	Froude フルード
Fritigern フリチゲルン フリティゲルン	Froberger フローベルガー	Froidmont フロワモン	Froug フルーグ
	Fröbes フレーベス	Froilan フロイラン フロワラン	Fron フロン	Froumenty フルマンティ
Fritiof フリティオフ	Frobisher フローピッシャー フローピッシャー フロビッシャー		Fronc フロンツ	Frova フローヴァ* フローバ
Fritjof フリチョフ フリッチョフ*		Froines フロイネス	Froncek フロンチェク	
		Frois フロイス*	Frondizi フロンディシ*	Froydis フロイディス
Frits フリーツ フリッツ**	Froboess フローベス	Fróis フロイス	Fronefield フロンフィールド	Froyliche フロイリシェ
	Froböss フローベス	Froissart フロアサール フロワサール**		Froymovich フロイモビッチ
Fritsch フリッチ* フリッチェ フリッチェ**	Froch フローチ*	Froitzheim フロイツハイム	Fronius フローニウス	Fruchaud フリュショー
	Frode フレデ フローデ**	Frölander フレランダー	Front フロント	Fruchterman フルヒテルマン
Fritsche フリッチェ	Frodeno フロデノ**	Frolenkov フローレンコフ	Frontenac フロンテナク フロントナック	Fructuoso フルクトゥオッソ
Fritschler フリッチュラー	Fröding フリューディング フリョーディング フレーディング フローディング	Frolich フレリッヒ フレーリヒ フローリク	Frontera フロンテラ	
Fritschner フリッチナー			Frontinus フロンチヌス フロンティーヌス	

Fructuosus
　フルクトゥオーススス
　フルクトゥオーズス
　フルクトゥオスス
Frude フルード
Frueauf
　フリューアウフ
Fruechte フルーチト
Fruela フルエラ
Frug
　フールグ
　フルグ
Frugi フルギ
Frūgī フルギ
Frugoni フルゴーニ**
Fruhbeck フルーベック
Frühbeck
　フリューベック**
Fruhling フルーリング
Frühling
　フリューリング
Frühstück
　フリューシュトゥック
Frühwirt
　フリューヴィルト
Fruin
　フライン
　フルーイン
　フロイン
Fruit フルーツ*
Fruitós フルイトス
Frulla フルラ
Frumentius
　フルメンチウス
　フルメンティウス
　フルメンティオス
Frumerie フルメリー
Frumker フランカー
Frumkin
　フラムキン
　フルームキン
　フルムキン
Frumkina
　フルームキナ
Frundsberg
　フルンツベルク
Frunzăverde
　フルンザベルデ
Frunze
　フルーンゼ
　フルンゼ
Frusciante
　フルシアンテ*
Frush フラッシュ
Frusoni フルゾーニ
Frutas フルータス
Fruth フルート*
Frutiger
　フルティガー
　フルティーゲル
Frutolf フルトルフ
Fruton
　フルートン
　フルトン
Frutos フルトス*
Fruttero
　フルッテーロ

Fruwirth
　フルーヴィルト
Fruzzetti
　フォレンゼティ
　フルゼッティ
　フルツェッティ
Fry フライ***
Fryar フライヤー
Frycz
　フリチ
　フリッチュ
Frydenberg
　フライデンバーグ
　フライデンベルグ
Frydenlund
　フリデンルント
Frydlewicz
　フリードレヴィッツ
Frydman フリードマン
Frydrych フリドリヒ
Frydtberg
　フリュトベルク
Frye
　フライ***
　フライア
Fryer
　フライア
　フライアー**
　フライヤー**
Fryers フライアーズ
Fryhle フライル
Fryk フリュク
Fryklund
　フリックランド
Fryland
　フリーラント
　フリーランド
Fryman フライマン**
Frymark フライマーク
Frymer フライマー
Fryn フリン
Frynta フリンタ
Fryś フリシ
Fryxell フリュクセル
Fťáčnik フタチュニク
Fu
　フー*
　フゥ
　フュ
Fua ファ
Fuad
　ファード*
　ファド*
　フアト
　フアド**
Fu'ād
　ファッド
　ファッド
　ファード
　ファード
　ファト
Fuád ファド
Fuād ファード
Fualaau ファラウ
Fuang フアン

Fuat
　フアト
　フアド
Fubini
　フビーニ*
　フビニ
Fuca フカ
Fuche フシェ
Fu-cheng フーチェン
Fuchs
　ファックス
　ファッチ
　フクス*
　フッカス
　フックス***
　フッチス
　フークス
　フックス*
Fuchsberger
　フックスベルガー*
Fuchshuber
　フクスフーバー
　フクスフーベル
　フックスフーバー**
Fuchsia ヒューシャ
Füchtbauer
　フューチュバウアー*
Fucik
　フゥチーク
　フーチク
　フーチーク
　フチック
Fučik フチーク
Fučík フチーク
Fucini
　フチーニ
　フッチニ
Fucito フチート
Fuck フック
Fucks フックス
Fud ファッド
Fudel' フーデリ
Fudenberg
　フーデンバーグ
Fudge ファッジ
Fu-dong フードン*
Fudut フドゥトゥ
Fuego フエゴ
Fuehne フューン
Fuenllana
　フエンリャーナ
　フエンリャーナ
　フエンリャナ
Fuente
　フェンテ
　フェンテ*
Fuentes
　フェンテス**
　フエンテス***
　フエンテス
Fuentes-pila
　フエンテスピラ
Fuenzalida
　フエンサリーダ
Fuerboeck
　フュールベック
Fuerst フエアースト

Fuerstenberg
　フュルステンベルク
Fuertes フエルテス*
Fuerth ファース
Fuessli フューズリ
Fuest フュースト
Fueter
　フュエーター
　フューター
Fűetrer フュエトラー
Fuetterer
　フュッテラー
Fuga フーガ
Fugain フガイン
Fugard
　フーガード
　フガート
　フガード**
　フュガード
Fugaro フガロ
Fuge フュージ*
Füger フューガー
Fugère
　フジェール
　フュジェール
Fugger フッガー
Fuggerer フッゲラー
Fuggetta フュジェッタ
Fugh
　フー
　フュ
Fugier
　フジエ
　フュジエ*
Fugit フュジット
Fugitt フューギット
Fuglede フーグリード
Fugller フグラー
Fuglø フーレー
Fuglsang フグルサング
Fuglsig フルシー
Fugmann フーグマン
Fügner ヒグナー
Fugui フグイ
Fu-hai フーハイ
Führmann フューマン*
Fuhr
　ファー
　フュール
　フール
Führ フュール*
Fuhrer フーラー
Führer フューラー
Führich フューリヒ
Fuhrken フーケン
Fuhrman
　ファーマン*
　フールマン
Fuhrmann
　フーアマン
　ファーマン
　フールマン*
Fui フゥイ
Fui-on フイオン

Fuja フジャ
Fuji フジ*
Fujii フジイ
Fujikawa フジカワ*
Fujiko フジコ*
Fujimori フジモリ*
Fujimoto フジモト
Fujio フジオ
Fujita フジタ*
Fujitani フジタニ
Fujiwara フジワラ
Fukacova
　フカチョヴァ
　フカチョーバ
　フカチョバ
Fukal フカル
Fukangga フカンガ
Fuks
　フクス
　フックス*
Fuksa フクサ
Fuksas フクサス*
Fukuda フクダ
Fukuhara フクハラ
Fukunaga フクナガ*
Fukushima フクシマ
Fukuyama フクヤマ
Fularczyk
　フラルチク
　フラールチック
Fularton フラートン
Fulbert フュルベール
Fulbertus
　フルベルツス
　フルベルトゥス
Fulbright
　フルブライト**
Fulbrook
　フルブルック
　フルブロック
Fulcanelli フルカネリ
Fulcher フルチャー
Fulchignoni
　フルチグノニ
Fulci フルチ*
Fulco フルコ
Fulcoius フルコイウス
Fulcrain フルクラン
Fuld
　ファルド
　フルド*
Fulda
　フュルダ
　フルダ**
Fulder フルダー*
Fulenwider
　フーレンワイダー
Fulford
　フルフォード**
Fulgance フルガンス
Fulgence フルジャンス
Fulgencio
　フルゲンチオ
　フルヘンシオ

Fulgentius フルゲンチウス／フルゲンティウス
Fulger フルガー
Fulghum フルガム*
Fulginiti フルギニティ／フルージニティ
Fulhame フラム
Fulignati フリニャーティ
Fulk フールク／フルク
Fulke ファルク／フルク／フルケ
Fulkerson フルカーソン
Fullam フラム
Fullan フラン
Fullana フリャナ
Fullarton フラートン
Fullbert フルベール
Fullenwider フレンワイダー
Fuller ファーラー／ファラー／フューラー／フュラー／フラー／フラー***／フルラー
Fullerton フラートン***
Fulleshurst フルズハースト
Fullick フリック
Fullilove フリラブ
Fullington フリントン
Fullman フルマン
Fullmer フルマー
Fullo フロ
Fullwood フルウッド
Fulmer フルマー**
Fulong フーロン
Fulop ファロップ／フューロップ
Fülöp フュロップ
Fulrad フルラド
Fulscher フルシャー
Fulson フルソン
Fulst フルスト
Fulton フルトン***
Fultz ファルツ／フルツ
Fulvia フルウィア／フルヴィア
Fulvimari フルビマーリ*
Fulvio フルビオ*／フルビオ
Fulvius フルウィウス／フルヴィウス
Fulvus フルヴス
Fulwiler フルイラー
Fulzen フルゼン
Fumagalli フマガッリ*
Fumanti フマンティ
Fumaroli フュマロリ**
Fumasoni フマゾーニ
Fumerton フマトン
Fumet フュメ
Fumey フュメイ
Fumiani フミアーニ
Fumic フミッチ
Fumilayo フミラヨ／フンミラヨ
Fun ファン
Funaki フナキ
Funaro フナロ
Funchess ファンチェス
Funcia フンシア
Funck ファンク／フンク*
Funcke フンケ**
Fundanus フンダーヌス
Funder ファンダー*／フンデール
Funderburke ファンダーバーク
Fundora フンドラ
Funduq フンドゥク
Funegra フネグラ
Funeriu フネリウ
Funes フネス**／フューネー／フュネス
Funès フュネー
Fung ファン*／ファング／フン*
Fungai フンガイ
Fung-bong フンボン
Fun-gil フンギル
Fung-on フンゴン
Fung-yun フンユン
Funhof フンホーフ
Funi フィニ
Funicello ファニセロ*／フニチェッロ
Funk ファンク***／フンク*
Funke フンケ**
Funkel フンケル
Funkenhauser フンケンハウザー
Funkhouser フンクハウザー
Funkmaster ファンクマスター
Funky ファンキー
Funminalayo フンミラヨ
Funnell ファンネル*
Fun-sok フンソク
Funston ファンストン*
Funt ファント
Funtek フンテク
Funtom ファントム
Funtowicz フントウィックス
Fuoco フェオーコ
Fupz フォップス／フプス
Fuqua フーカ／フーカア／フクア／フューカア
Fur フェール*
Für フュール*
Furank フランク
Furber フーバー
Furberg ファーバーク／ファーバーグ／フルベルク
Furbish ファービッシュ
Fürbringer フュールブリンガー／フュルブリンガー
Furcal ファーカル／フルカル
Furche フルチェ
Furchgott ファーチゴット**
Fürchtegott フュルヒテゴット
Furcolowe ファーコロウィ
Furdan フルダン
Fu-reng フーレン
Fürer ヒューラー／フューラー
Furet フューレ／フュレ**／フュレー
Furetière フュルチェール／フルチエール／フルティエール
Furey ファーリー／フューレイ*
Fürhauser フュルハウザー
Furht フルート
Furia フリア
Furick フューリック
Furijan フリヤン
Furillo フリッロ／フリロ
Furini フリーニ
Furio フーリオ*／フリオ**
Furius フーリウス／フリウス
Fūrius フリウス
Furkan フルカン
Furlan フルラン
Furlanetto フルラネット**
Furley ファーリー
Furlong ファーロン／ファーロング**／フルロング
Fürlová フェルロヴァー
Furman ファーマン**
Furmanavičius フルマナビチウス
Furmanov フールマノフ*／フルマーノフ／フルマノフ
Furmanovsky ファーマノフスキー
Furnas ファーナス*
Furnberg フュルンベルク
Furneaux フルノー
Furness ファーネス**
Furnham ファーナム／ファーンハム／ファーンファム
Furnish ファーニッシュ／ファニッシュ
Furniss ファーニス*
Fürniss フルニス
Furnival ファーニヴァル
Furnivall ファーニヴァル／ファーニバル
Furnley ファーンリー
Furno フルノ
Furnò フルノ
Furphy ファーフィ*
Furr ファー／フウ
Furrer フラー
Furry ファーリー
Furs ファース
Fursa フルサ
Fursch フルシ
Furse ファース**

Fursenko フルセンコ
Fursey ファーシー
Furst ファースト*／フェルスト／ブッソー／フルスト
Fürst フュッスト／フュルスト*
Fürstenau フェルステナウ
Furstenberg ファーステンバーグ／ファステンバーグ／フュステンベルク／フルステンベルク*／フルステンベルク
Fürstenberg フルステンベルク*
Furtado ファータド／ファタードー／ファルタード／フォルタード／フルタード*／フルタド
Furtenagel フルテナーゲル
Furth ファース**
Furthman ファーズマン
Furtmuller フルトミューラー
Furtseva フルツェヴァ／フールツワ
Furtschellas フルツェンベルク
Furttenbach フルテンバッハ／フルテンバハ
Furtwangler フルトヴェングラー
Furtwängler フルトウェングラー／フルトヴェング ラー**／フルトヴェングレル／フルトベングラー
Furughi フルギー
Furūghī フルーギー
Furughllha フルグラ
Furuhjelm フールイェルム／フルイェルム／フルジヘルム
Furuseth フールセット*／フルセト
Furutani フルタニ
Füruzan フルーザーン
Fürweger ヒュアヴェーガー
Fury フェアリー**／フューリー
Furyk フューリク**／フューリック

Fus フス
Fusani フサーニ
Fusar フーザル
Fusaro フサロ**
Fusati フザーティ
Fuscararius フスカラリウス
Fusco フスコ*
Fuscus フスクス
Fusée フュゼ
Fusein フサイン
Fuseini フセイニ
Fuseli フューズリ
Fuser
　フーゼル
　フゼール
Fusfeld フスフェルト
Fusi フシ
Fusilli
　フジッリ*
　フジーリ
Fusina フジーナ
Fuss フス
Fussein フセイン*
Füssel フュッセル
Fussell ファッセル**
Fussenegger
　フーセネッガー
　フッセネガー
Fussey フュッシー
Fussler フスレ
Füssli
　フュースリ
　フューズリ
　フュスリ
　フューゼリ
　フュッスリ
Fust
　フスト
　フュシュト
Füst フュシュト
Fustel
　フステル
　フュステル
Fuster
　フスター
　フュステール
Fusu フス
Futa フタ*
Futaih ファティーフ
Futaisi フタイシ
Futch ファッチ*
Futerman
　ファターマン
Futia フティーア
Futran フトラン
Futre フットレ
Futrell ファトレル
Futrelle
　フットレル*
　フッドレル
　フトレル
Futterman
　ファッターマン
　フッターマン
Futuhi フトゥーヒー

Futur フツル
Futuyma フツイマ*
Fux フックス*
Fuzée フュゼ
Fuzelier フュズリエ
Fuzesi フゼジー
Fuzuli フズーリー
Fuzulî
　フズーリー
　フズリ
Fuzûlî フズーリー
Fuzzy ファジー*
Fwa フワ
Fwyall フウィオール
Fyfe ファイフ
Fyffe
　ファイフ
　フィッフェ
Fyfield
　ファイフィールド**
Fygi フィジィ
Fyhrie フィアリー
Fyk フューク
Fyleman
　ファイルマン*
Fynes ファインズ
Fynn フィン
Fyodor
　ヒョードル
　フィオドール
　フョードル**
Fyodorov
　フィオドローヴ
　フョードロフ*
Fyodorova
　フョードロワ
Fyodorovich
　フィヨドロヴィッチ
　フョードロヴィチ
Fyodorovitch
　フョードロヴィチ
Fyodorovna
　フョードロヴナ*
Fyodoruvich
　フョードロヴィチ
Fyodrovich
　フョードロヴィチ*
Fyodrovna
　フョードロヴナ*
　フョードロブナ
Fyrstenberg
　フィルステンベルグ
Fyson
　ファイスン
　ファイソン
Fyssoun フィッスン
Fyt フェイト
Fyvel ファイヴェル
Fyzee ファイズィー

【 G 】

Gaa ガー*
Gaadamba ガーダムバ

Gaafar ガファル**
Gaag ガーグ**
Gaal
　ガエル
　ガール*
　ハール**
Gaál ガアール
Gaalen ガーレン
Gaalyah ガーリャ
Gaar ガー
Gaarder ゴルデル**
Gaardsoe ガードセー
Gaba ガバ
Gabaccia ガバッチア*
Gabaglio ガバグリオ
Gabai ガバイ
Gabain
　ガバイン
　ギャバン
Gabaix ガバイ
Gabaldon
　ガバルドン**
Gabaldón ガバルドン
Gaballa ガバーラ
Gabaly ガバリ
Gabán ガバン*
Gabanes ギャバン
Gabas ガバス
Gabashvili ガバシビリ
Gabay ギャベイ
Gabbai ガバイ
Gabbana ガッバーナ*
Gabbard
　ガバード
　ギャバード
Gabbay ギャベイ*
Gabbe ガッベ
Gabbert ギャバート
Gabbett ギャベット
Gabbey ギャビー
Gabbiadini
　ガッビアディーニ
Gabbiani ガッビアーニ
Gabby
　ガビー
　ギャビー
Gabdulla ガブドゥッラ
Gabe
　ガベ
　ゲイブ*
　ゲーブ*
Gabel
　ガベル**
　ギャベル
　ゲイブル
Gabele ガーベレ
Gabelentz
　ガブレンツ
　ガーベレンツ
　ガベレンツ
Gabelli ガベリ
Gabellini ガベリーニ
Gabelsberger
　ガーベルスベルガー
　ガベルスベルガー

Gaber
　ガービル
　ガベル
　ゲイバー
　ゲーバー
Gaberson
　ゲイバーソン
Gabert ガーベルト
Gabet
　ガベ
　ガベー
Gabetta ガベッタ*
Gabetti ガベッチ
Gabhardt
　ゲープハルト
Gabhart
　ガバート*
　ガブハート
Gabheni ガブエニ
Gabi
　ガービ
　ガービー
　ガビ
　ガビー
　ギャビ
Gabia ガビア
Gabier ガビエ*
Gabilliet ガブリエ
Gabilondo ガビロンド
Gabin
　ガバン
　ギャバン*
Gabinius ガビニウス
Gabirol
　カビロール
　カビロール
　ガビーロール
　ガビロール
　ガビロル
Gábit ガビト
Gabitov ガビトフ
Gabl ガーブル
Gable
　ゲイブル
　ゲーブル*
Gablenz
　ガーブレンツ
　ガブレンツ
Gabler
　ガーブラー*
　ガブラー
　ギャブラー*
　ゲイブラー**
Gäbler ゲブラー
Gablik ガブリク
Gabo ガボ
Gabobe ガボベ
Gaboimilla ガボイミラ
Gabor
　ガボー
　ガーボーア
　ガーボア
　ガーボーア
　ガボール**
　ガボル*
　ゲイバー
Gábor
　ガーボル*
　ガボル

ガボル
Gaboriau
　ガブリオ
　ガボラー
　ガボラア
　ガボリオ*
　ガボリオー
　ガボリオウ
　ガボリヨ
　ガボロー
Gaborit ガボリ
Gabos ガボシュ
Gabo Sabo ガボサボ
Gabourd ガブール
Gabourey ガボレイ
Gaboury ガボウリー
Gabova ガボワ
Gabovich ガボヴィチ
Gabree ギャブリー
Gabrehiwet
　ゲブレヒウェト
Gabri ガブリ
Gabrice カブリス
Gabrichevskii
　ガブリチェフスキー
　ガブリチェーフスキィ
Gabriel
　ガーブライエル
　ガブリエウ
　ガブリエリ
　カブリエル
　ガーブリエール
　ガーブリエル*
　ガブリエル
　ガブリエル***
　ガブリール
　ギャブリエル
　ゲイブ
　ゲイブリエル***
　ゲーブリエル
　ゲブリエル
　ハブリエル
Gabriël ガブリエール
Gabriela
　ガブリエラ***
　ガブリエル
Gabriele
　ガブリエエル
　ガブリエレ
　ガブリエッレ
　ガブリエラ*
　ガブリエル*
　カブリエーレ
　カブリエレ
　ガブリエーレ***
　ガブリエレ***
　ゲイブリエル
Gabrielevich
　ガブリエーレヴィチ
　ガブリエーヴィチ
Gabrieli
　ガブリエッリ
　ガブリエーリ
　ガブリエリ
Gabriella
　ガブリエッラ*
　ガブリエラ**
　ガブリエルラ
　ゲイブリエラ

Gabrielle ガブリエッレ / カブリエル / ガブリエル*** / ガブリエーレ / ガブリエレ / ギャブリエル / ゲイブリエル
Gabrièlle ガブリエル
Gabrielli ガブリエッリ / ガブリエーリ / ガブリエリ*
Gabriellini ガブリエリーニ
Gabriello ガブリエッロ / ガブリエロ
Gabriels ガブリエル
Gabrielse ガブリエルス
Gabrielsen ガブリエルセン
Gabrielson ガブリエルソン / ゲイブリルセン
Gabrielsson ガブリエルソン
Gabriely ガブリエリ
Gabrielyan ガブリエリャン
Gabriera ガブリエラ*
Gabrijela ガブリエラ
Gabrill ガヴリール / ガブリエル
Gabrilovich ガブリローヴィチ / ガブリロヴィッチ
Gabrio ガブリオ
Gabrjela ガブリエラ
Gabuniya ガブーニャ / ガブニャー
Gabus ガビュス
Gabuza ガブーザ
Gaby ガービー / ガビ / ガビー* / ギャビー** / ギャビイ / ゲイビー* / ゲービー / ハビー*
Gaccione ガッチョーネ
Gace ガース / ガス
Gachard ガシャール
Gachchhadar ガッチャダール
Gachechiladze ガチェチラゼ
Gaches ガッチーズ
Gachet ガシェ / ガシュ / ガッシェ

Gáchev ガーチェフ
Gacheva ガーチェヴァ
Gachhedar ガッチャダール
Gachkar ガチカー
Gachot ガショー
Gacian ガシアン
Gacina ガチーナ
Gacinovic ガチノヴィッチ
Gacioch ガイソッチ
Gaciyubwenge ガシユブウェンゲ
Gack ガック
Gackenbach ガッケンバッハ
Gacogne ガコーニュ
Gacroglou ガブログル
Gacy ゲイシー
Gad ガズ / ガッド* / ガド / ギャッド
Gada ガダ
Gadabadze ガダバゼ
Gadai ガダーイー
Gadalla ガダラ
Gadamba ガーダムバ
Gadamer ガーダマー / ガタマー / ガダマー**
Gadanov ガダノフ
Gadd ガッド**
Gadda ガッダ*
Gaddam ガダム
Gaddi ガッティ / ガッディ
Gaddiano ガッディアーノ
Gaddis ガディス / ギャディス***
Gaddo ガッド
Gaddor ガッドール
Gaddy ガディ
Gade ガーゼ / ガーデ* / ゲーゼ / ゲーデ / ゲード
Gadea ガデア
Gadeke ゲーデケ
Gadeleva ガデレワ
Gadenne ガデンヌ
Gadermann ガーデルマン*
Gades ガデス**
Gadet ガデ*
Gadgil ガドギル
Gādgīl ガードギール
Gadi ガディ

Gadian ガーディアン
Gadiel ガディエル
Gadier ガディエ
Gadiesh ガディーシュ / ガディッシュ*
Gadio ガーディオ / ガディオ
Gadjah ガジャ
Gadjah Mada ガジャマダ
Gadkari ガドカリ
Gadney ギャドニー*
Gadnon ガニオン
Gado ガド
Gadol ガドル*
Gadolin ガドリン
Gadotti ガドッチ
Gadour ガドール
Gadow ガドウ
Gadrey ギャドレ
Gadsby ガスピー
Gadsden ガスデン / ガズデン / ガッツデン / ガドスデン
Gadski ガツキ / ガードスキ / ガトスキ / ガドスキ
Gadzhi ガジ
Gadzhibekov ガジベーコフ
Gadzhiev ガジエフ
Gadzić ガジッチ
Gadzik ガジック*
Gadzina ガジーナ
Gae ガエ** / ゲイ
Gaebelein ゲーベライン
Gaebler ゲーブラー
Gaede ゲーデ*
Gaedel ガデル
Gael ガエル* / ガイル / ゲール*
Gaël ガエル** / ゲール
Gaelen ガーレン
Gaelle ガエル
Gaëlle ガエル
Gaely ゲーリー
Gaelyn ゲイリン
Gae Mi ガエミ
Gaemperle ガエムペルレ
Gaens ガーンス
Gaensler ゲンスラー

Gaertner ガートナー / ガルトネル
Gaertringen ゲルトリンゲン
Gaes ゲイズ*
Gaessler ゲスラー
Gaeta ガエータ / ガエタ / ゲイター
Gaetan ガエタン / ゲータン / ゲタン
Gaétan ガエタン
Gaëtan ガエタン*
Gaetana ガエターナ / ガエタナ
Gaëtane ガエターヌ
Gaetani ガエターニ*
Gaetano ガエターノ / ガエターノ* / ガエタノ**
Gaetjen ゲージェン
Gaetti ガイエティ*
Gaetulicus ガエティルクス
Ga-eun ガウン
Gaevernitz ゲーヴァニッツ / ゲーバニッツ / ゲーファーニッツ / ゲーファニッツ
Gafa ガファ
Gafaïti ジャファイティ
Gafaranga ガファランガ
Gaff ガフ
Gaffar ガッファール / ガファール / ガファール*
Gaffār ガッファール / ガファール
Gaffari ガファリ
Gaffen ガッフェン
Gaffey ギャフィー
Gaffield ガフィールド
Gaffin ガフィン
Gaffky ガフキ / ガフキー
Gaffney ガフニ / ガフニー* / ギャフニ / ギャフニー*
Gafgen ゲフゲン
Gafner ガフナー
Gafni ガフーニ / ガフニ
Gafori ガフォーリ

Gafter ガフター
Gafuri ガフリ
Gag ガアグ
Gág ガァグ / ガアグ* / カーグ / ガーグ
GAGA ガガ
Gaga ガガ*
Gagan ガガン / ギャガン
Gaganova ガガーノワ
Gagarimabu ガガリマブ
Gagarin ガガーリン**
Gagauzov ガガウゾフ
Gage ゲイジ* / ゲージ**
Gager ゲイジャー
Gagern ガーゲルン
Gagey ガジェ
Gaggini ガッジーニ
Gaghan ガガン / ギャガン / ゲイガン
Gagik ガギーク / ガギク
Gagin ガガン
Gagini ガジーニ
Gagliani ギャグリアーニ
Gagliano ガグリアーノ / ガグリアノ / ガリアーノ / ガリアーノ
Gagliardi ギャグリアルディ / ガリアルディ
Gagliardini ガリャルディーニ
Gagliardino ガリアルディノ
Gagliardo ガリアルド
Gaglione ガグリオーネ
Gagman ガグマン
Gagnaire ガニエール
Gagne ガニア* / ガニエ* / ガンエー / ギャギニー / ギャグニー*
Gagné ガーニェ / ガニェ / ガニエ / ギャグネ
Gagnebin ガニュバン
Gagnepain ガニュバン
Gagneraux ガニュロー

Gagneur ガニュール
Gagnon
　ガニオン*
　ガニョン**
　ギャニオン*
Gago
　ガーゴ
　ガゴ
Gagoshidze ガゴシゼ
Gagosian ガゴシアン
Gaguin ガガン
Gahagan ガーガン
Gahakwa ガハクワ
Gahan
　ガーハン
　ガーン
　ゲイアン*
Gaheris ガヘリス
Gahiru ガイル
Gahit
　ジャヒット
　ジャヒト
Gahl ガール
Gahm ガーム
Gahmig ガーミッヒ
Gahn ガーン
Gahoun ガウン
Gahr
　ガー
　ガール*
Gahse ガーセ
Gahungu ガフング
Gai ガイ
Gaia ガイア*
Gaiana ガイアナ
Gaiardoni
　ガイアルドーニ
Gaiba ガイバ
Gaibnazarov
　ガイブナザロフ
Gaiciuc ガイチュク
Gaidar
　ガイダール*
　ガイダル***
Gaidarov ガイダロフ
Gaidi ガイディ
Gaidinliu
　ガイディンリュー
Gaidis ガイディス
Gaidoz ゲド
Gaiduk ガイドク
Gaidzik ガイジック
Gaieey ガイ
Gaier ゲイール
Gaigerova
　ガイゲロヴァ
Gaignault ガイニョー
Gaik ガイク
Gaikwad ガイクワード
Gail
　ガイユ
　ガイル
　ゲイル***
　ゲール*

Gailan
　ゲイアン
　ゲイハン
Gailani
　キーラーニー
　ゲイラーニー
Gailey ゲイリー**
Gailhac ガヤック
Gailhard ガイヤール
Gaillard
　ガイヤー
　ガイヤード
　ガイヤール**
　ガイラルト
　ギャラード
　ゲイヤール
　ゲイラード
　ジェラール
Gaillardet ガイヤルデ
Gaillemin ガイユマン
Gaillot
　ガイヨー
　ガロ
Gailly
　ガイ
　ガイイ**
　ゲイリー
Gaiman ゲイマン**
Gaimisi
　ガイミシ
　ガイミシュ
Gain ガイン
Gaina ガイナ
Gainas ガイナス
Gaine ゲイン
Gaines
　ゲイン
　ゲインズ***
　ゲーンズ
Gains ゲインズ
Gainsborough
　ゲインズバラ*
　ゲインズボロ
　ゲーンズバラ
　ゲーンズバロ
　ゲーンズボラ
　ゲーンズボロ
　ゲーンズボロー
　ゲーンズボロ
Gainsbourg
　ゲーンズブール
　ゲンズブール*
　ゲンズブール**
　ゲンズブルグ
Gainutdin
　ガイヌッディン
Gainza ガインサ
Gaio ガイオ
Gaioni ガイオーニ
Gaios ガイオ
Gaipov ガイポフ
Gair
　ゲア
　ゲイアー
Gairat ガイラト
Gairdner ゲアドナー*
Gairí ガイリ

Gairin ゲラン
Gairy ゲーリー
Gaisah ガイサー
Gaiser ガイザー*
Gaiseric ガイセリック
Gaisford
　ゲイスフォード
　ゲイズフォード
　ゲーズフォード
Gaismaier
　ガイスマイアー
　ガイスマイヤー
Gaisser ガイサー
Gait ゲイト
Gaitan ガイタン
Gaitán ガイタン
Gaitano ガイターノ
Gaite ガイテ**
Gaiter ゲイター
Gaith ガイス
Gaither
　ガイサー
　ゲイサー
Gaito ガイト
Gaitó ガイトー
Gaitskell
　ゲイッケル
　ゲイツケル
　ゲーツケル
Gaitskill ゲイツキル**
Gaiuot ガイヨー
Gaius
　ガーイウス*
　ガイウス*
　ガイユス
　ガーユス
　ゲヤス
Gāius ガイユス
Gaizka
　ガイスカ*
　ガイスカ
Gaj
　ガーイ
　ガイ
Gaja ガジャ
Gajadeera
　ガジャディーラ
Gajan ガジャン
Gajanan ガジャーナン
Gajānan ガジャーナン
Gajapathi
　ガジャパティ
Gajard ガジャール
Gajayāna
　ガジャヤーナ
Gajda ガジャ
Gajdarov ガイダロヴ
Gajdoš ガイドシュ
Gajdusek
　ガイジュセク**
　ガイジュセック
　ガイダーシェク
Gajek ガイェック
Gajentaan
　ガジェンタン
Gajic ガイッチ

Gajiyev ガジエフ
Gajo
　ガーヨ
　ガヨ
Gajraj ガジラジ
Gajski ガイスキー
Gajurel ガジュレル
Gakharia ガハリア
Gakhokidze
　ガコキーゼ
Gak-kyu カクギュ
Gakosso ガコソ
Gakou
　ガク
　ガクー
　ガコ
Gakpe ガクペ
Gak-su
　ガクス*
　カクスウ*
Gakwaya ガクワヤ
Gal
　ガル***
　ハル
Gál ガル
Gala ガラ**
Galab ガラブ
Galabin ガラビン*
Galabru
　ガラブーリュ
　ガラブリュ
Galaburda ガラバルダ
Galaction
　ガラクチオン
　ガラクティオン
Galadriel ゲラドレル
Galahad
　ガラハッド
　ガラハド
　ギャラハッド
Galai
　ガライ*
　ギャライ
Galaid ガライド
Galaktionov
　ガラクチオノフ
　ガラクチノフ
　ガラクティオノフ
Galaktionova
　ガラクチオノワ
　ガラクチノワ
Galaktionovich
　ガラクチオーノヴィチ
　ガラクチオノヴィチ
　ガラクティオノヴィチ
Galaktopoulos
　ガラクトポロス
Galal
　ガラール
　ガラル
Galambos
　ガラボス
　ガラムボ
　ガランボス*
　ギャランボス
Galamian ガラミアン*
Galamison
　ギャラミスン

Galan ガラン
Galán ガラン*
Galandarov
　ガランダロフ
Galanini ガラニーニ
Galanis ガラニス
Galano ガラーノ
Galanski ガランスキ
Galanskóv
　ガランスコーフ
Galant
　ガラン
　ガラント
Galantara
　ガランターラ
Galantay ガランタイ
Galante
　ガランテ*
　ガラント
Galanter ギャランタ
Galantini
　ガランティーニ
Galapo ガラーポ
Galarraga
　ガラーラガ
　ガララーガ*
Galarza ガラルサ
Galas ガラス
Galás ギャラス
Galasek ガラセク
Galassi ガラッシ
Galasso
　ガラッソ
　ガラッソー
Galateia ガラテイア
Galateo ガラテーオ
Galati
　ガラチ
　ガラティ
Galatopoulos
　ガラトプーロス
Galaup
　ガロ
　ガロー
Galaxy
　ギャラクシー**
Galba ガルバ*
Galbadrakh
　ガルバドラフ
Galbadrakhyn
　ガルバドラフ
Galbally ガルバリー
Galbán ガルバン*
Galbert ガルベール*
Galbiati
　ガルビアーティ
Galbó ガルボ
Galbraith
　ガルブレイス**
　ガルブレイズ
　ガルブレース
Galbreath
　ガルブレイス
　ガルブレス
Galbur ガルブル
Galbusera ガブセラ

Gal'chenko ガリチェンコ
Galcia ガルシア
Galczyński ガウチンスキ
Gałczyński ガウチンスキ
Galdámez ガルダメス
Galdan ガルダン
Galdan Tseleng ガルダンツェレン
Gal Denis ガルドニ
Galdikas ガルディカス*
Galdino ガルディーノ
Galdone ガルドーン* / ガルドン*
Galdorisi ガルドリシ
Galdos ガルドス
Galdós ガルドース / ガルドス*
Galdston ガルドストン
Galduf ガルドゥフ
Gale ガレ / ゲイル** / ゲール***
Galea ガリア / ガレア
Galeano ガレアーノ*** / ガレアノ
Galeazzi ガレアッツィ / ガレアッツイ
Galeazzo ガレアッツォ* / ガレアッツオ
Galeen ガレーン
Galef ガレフ
Galeffi ガレッフィ
Galehouse ゲイルハウス
Galema ガレマ
Galen ガーレン* / ガレン* / ギャレン / ゲイラン* / ゲイレン / ゲーリン / ハレン
Galenos ガレノス
Galēnos ガレーヌス / ガレヌス / ガレーノス / ガレノス
Galenson ガレンソン / ギャレンソン / ゲーレンソン
Galeota ガレオータ
Galeotti ガレオッティ*

Galeria ガレリア
Galerius ガレーリウス / ガレリウス
Galeron ガルロン / ガレロン / ギャルロン
Gales ゲイルス / ゲイルズ / ゲールズ
Galetovic ガレトビッチ
Galey ガレー / ギャレイ
Galfard ガルファール
Galfetti ガルフェッティ
Galfione ガルフィオン*
Galford ガルフォード / ギャルフォード
Galfridus ガルフリドゥス
Galgacus ガルガクス
Galgani ガルガーニ / ガルガニ
Galgario ガルガーリオ
Galhia ガルヒア
Gali ガリ
Galí ガリ
Galia ガリア
Galiani ガリアーニ / ガリアーニ / ガリアニ / ガリャーニ
Galiano ガリアーノ / ガリアノ
Galiardo ハリアルド
Galiazzo ガリアッツォ**
Galib ガーリブ / ガーリブ / ガリブ
Galiber ガリバー
Galibert ガリバート
Galibour ガリブール
Galich ガーリチ
Galichet ガリシェ
Galie ガリエ
Galien ガリアン
Galiena ガリエナ*
Galienne ガリエンヌ
Galiev ガリエフ
Galigaï ガリガイ
Galignani ガリグナニイ / ガリニャーニ
Galigo ガリゴ

Galik ガーリック / ガリック
Galila ガリラ
Galilah ガリラ
Galilea ガリレア
Galilei ガリレー / ガリレーイ / ガリレイ* / ガリレオ
Galileo ガリレーオ / ガリレオ*
Galili ガリリ
Galimberti ガリムベルティ / ガリンベルティ*
Galin ガラン / ガーリン**
Galina ガリーナ*** / ガリナ
Galína ガリーナ
Galina Pavlovna ガリーナパヴロヴナ
Galindev ガリンデヴ
Galindo ガリンド*
Galinkin ガリンキン
Galinski ガリンスキ
Galinsky ガリンスキー*
Galiot ガリオ
Galiou ガリウ
Galison ギャリソン
Galissard ガリッサール
Galisteu ガリステウ
Galit ガリト
Galite ガリット*
Galitskaya ガリツカヤ
Galitskii ガリツキー
Galitz ガリッツ
Galitzen ガリツェン
Galitzine ガリツィン
Galizia ガリチア / ガリーツィア
Galjdjaev ガリジャーエフ
Galkin ガルキン
Galkina ガルキナ**
Galko ガルコ
Galkoma ガルコーマ
Galkov ガルコフ
Galkovich ガルコーウィチ
Gall ガール / ガル* / ギャル* / ゴール*
Galla ガッラ / ガラ
Gallaccio ガラッチオ*

Gallacher ギャラハー
Gallaga ガリアーガ
Gallager ギャラガー*
Gallagher ガラガ / ガラガー / ガラッガー / ガラハー* / ギャラガー*** / ギャラハー* / ギャラファー*
Gallahcer ギャラハー
Gallaher ガラハー / ギャラハー
Gallahue ガラヒュー
Gallait ガレ / ガレー
Gallamallah ガラマラ
Galland ガラン** / ガーラント / ガーランド / ガラント / ガランド / ギャランド
Gallandi グランディ
Gallani ギャラニ
Gallant ガラント / ギャラント*
Gallantree ガラントリー
Gallarati ガララーティ
Gallard ガラール* / ギャラード
Gallardo カジャルド / ガジャルド / ガジャルド** / ガヤード / ガヤルド* / ガリャルド
Gallardón ガリャルドン
Gallas ガラス / ガルラース
Gallasch グラッシュ
Gallassi ガラッシー
Gallatin ガラティン / ギャラティン*
Gallaudet ガロデト / ギャラデット / ギャローデット
Gallay ガリャイ / ガレ
Gallays ギャレイズ
Gallazz ガッラス / ガラーツ*
Galle ガッレ / ガレ

Galle ガレ
Gallé ガレ* / ガレー
Gallea ガッレア / ガレア
Gallegati ガレガティ
Gallego ガイエゴ / ガジェゴ** / ガリェーゴ / ガリェゴ / ガレゴ* / ギャリゴ
Gallegos ガエーゴス / ガジェーゴス / ガジェゴス* / ガリェーゴス / ガリェゴス / ガレゴス
Gallehugh ギャラハグ*
Gallen ガッレン / ガリェン / ガレン* / ギャレン
Gallén ガレン
Gallenberger ギャレンバーガー
Gallenga ガレンガ
Gallenkamp ガレンカンプ
Galler ガルラー / ゲラー
Gallerstein ギャレーシュタイン
Gallery ギャラリー
Gallès ガリェス
Gallese ガレーズ
Gallet ガレ
Galletly ガレットリー
Galletti ガッレッティ / ガルレッティ / ガレッティ
Gallettis ガレティス
Galley ガライ / ガレイ
Gallezot ガルゾ
Gallhuber ガルフーバー
Galli ガッリ** / ガリ** / ガリー* / ガルリ
Gallian ガリアン
Galliano ガッリアーノ / ガリアーノ** / ガリヤーノ
Galliard ガリアルド
Galliari ガッリアーリ

GAL

Gallibour ガリブール
Gallicchio ガリキオ
Gallichan
　ガリカン
　ガリチャン
　ゴリカン
Gallico
　ガリコ
　ガリュコ
　ギャリコ**
Galliculus ガリクルス
Gallicus ガリクス
Gallien ガリヤン
Gallieni ガリエニ
Gallienne
　ガリエンヌ**
　ギャリエン
　ギャリエンヌ
Gallienus
　ガッリエヌス
　ガリエーヌス
　ガリエヌス
Galliera ガッリエーラ
Galliez
　ガリエズ
　ギャイエ
Galliffet ガリフェ
Galligan ギャリガン*
Gallik ガリク
Galliker ガリケ
Gallilei ガッリレーイ
Gallimard ガリマール
Gallin
　ガリン
　ギャリン
Gallina ガッリーナ
Gallinari
　ガッリナーリ
　ガリナリ
Galling
　ガーリンク
　ガリング
Gallinger ガリンジャー
Gallio
　ガリオ
　ガリオン
Gallion ガリオン
Gallis ガリス
Gallissot ガリソ
Gallistel ガリステル
Gallitzin
　ガリーツィン
　ガリツィン
Galliussi ガリウッシ
Gallizugaro
　ガッリズガロ
Gallman ゴールマン
Gallmann ギャルマン
Gallo
　ガジョ*
　ガッロ*
　ガリオ
　ガリオン
　ガーロ
　ガロ***
　ギャロ**

Gallogly
　ギャログリ
　ギャログリー
Gallois
　ガロア
　ガロワ***
Gallon
　ガロン
　ギャロン
Gallone ガッローネ
Galloni ガッロニ
Gallop ギャロップ*
Gallopin ガロピン*
Gallos ガロス
Gallot ガロ
Gallott ガロット
Gallotta ガロッタ*
Galloux ガルウ
Galloway
　ガッロウェイ
　ガローウェー
　ガロウェー
　ギャラウェー
　ギャラウェイ
　ギャロウェー*
　ギャロウェイ***
Gallucci ガルーチ*
Gallum ガラン
Gallup ギャラップ**
Gallupe ギャループ
Galluppi
　ガッルッピ
　ガルッピ
Gallus
　ガッルス
　ガルス*
　ガルス
Galluzzi ガルッツィ
Gallway ゴールウェイ
Gallwey
　ガルウェイ*
　ガルウエイ
Gallwitz ガルビッツ
Gally ギャリ
Galman ゲーリマン*
Galmarini
　ガルマリーニ*
Galnoor ガルヌール
Galo ガロ*
Galois
　ガロア*
　ガロワ
Galon ガロン
Galor ガロー
Galorath ギャロラス
Galot ガロ
Galouye ガロイ
Galouzine ガルージン
Galoyan ガロヤン
Galper
　ガルパー
　ギャルパー
Galperin ガルペリン**
Gal'perin ガリペリン

Gal'pershtein
　ガリペルシュテイン
Galpin
　ガルピン*
　ギャルピン*
Galsan ガルサン
Galsansükh
　ガルサンスフ
Galster ガルスター
Galston
　ガルストン
　ゴールストン
Galstyan
　ガルスチャン
　ガルストヤン**
Galsworthy
　ゴウルズワージイ
　ゴオルスワージー
　ゴオルズワージ
　ゴオルズワアジ
　ゴルスゥァージ
　ゴルスウオージー
　ゴルスウオシイ
　ゴルスワアジイ
　ゴルズワアジイ
　ゴルズワージー
　ゴールズワージ*
　ゴールズワージー**
　ゴルズワージー
　ゴルズワージ
　ゴルズワージイ
　ゴルズワージイ
　ゴルズワシイ
　ゴルズワージイ
Gálszécsi ガールセーチ
Galt
　ガルト
　ゴールト*
　ゴルト
Galtarossa
　ガルタロッサ
Galter
　ガルター
　ガルテ
Galtier ガルティエ*
Galtieri
　ガルチエリ
　ガルティエリ*
Galton
　ガルトン
　ギャルトン
　ゴートン
　ゴールトン*
　ゴルトン
Galtung
　ガルトゥング**
Galuinadi
　ガルイナンディ
Galupo ギャルーポ
Galuppi ガルッピ
Galuppini ガルピーニ*
Galura
　ガルーラ
　ガルラ
Galusca ガルスカ
Galushka ガルシカ
Galustian
　ガルスチャン

　ガルスティアン
Galustyan
　ガルスチャン
Galuzin ガルージン*
Galvagno ガルバーニョ
Galván ガルバン*
Galvani
　ガルヴァーニ
　ガルヴァニ
　ガルバーニ**
Galvano
　ガルヴァーノ
　ガルヴァノ
　ガルバノ
Galvao ガウヴォン
Galváo ガルバン
Galvão
　ガルヴァン
　ガルバウン
　ガルバン
Galvez ガルベス**
Gálvez ガルベス*
Galvin
　ガルヴァン
　ガルヴィン*
　ガルビン**
　ギャルヴィン
　ギャルビン
Galvis ギャルビス
Galwak
　ガルワ
　ガルワク
Galway
　ゴールウェイ***
Galwey ガルウェイ*
Galyani ガラヤニ
Galyean ガリアン
Galym ガルイム
Galymzhan
　ガリムジャン
Galyorkin
　ガリョールキン
Galysheva ガリシェワ
Gam ガム
Gama
　ガーマ
　ガマ
　ジャイメ
Gamache ガマシュ
Gamaches ガマシュ
Gamage
　ガマゲ
　ガマゲー
　ギャミジ
Gamal
　ガマール
　ガマル
　ジャマル
Gamaleya ガマレーヤ
Gamaliel
　ガマリエル
　ガメイリエル
　ガメリエル
Gamaliēl ガマリエル
Gaman ゲイマン
Gamani ガマニ
Gamar ガマル

Gamarnikow
　ガマーニコフ
Gamarra
　ガマーラ
　ガマラ
Gamarro ガマロ
Gamas ガマス
Gamassi
　ガマーシー
　ガマシー*
Gamatié ガマティエ
Gamawan ガマワン
Gamba ガンバ*
Gambaccini
　ガンバチーニ
　ガンバッチーニ
Gambacorta
　ガンバコルタ
Gambale ギャンバレ*
Gambara ガンバラ
Gambardella
　ガンバーデラ
　ガンバルデッラ
Gambari ガンバリ**
Gambarini
　ガンバリーニ*
Gambaro ガンバロ
Gambaroff ガムバロフ
Gamberini
　ガンベリーニ
Gambetta
　ガンベッタ
　ガンベッター
Gambi ガンビ
Gambier
　ガンビア
　ガンビィア
Gambill ガンビル
Gambini
　ガムビーニ
　ガンビーニ
　ギャンビニ
Gambino
　ガンビーノ**
Gambke ガンブケ
Gamble
　ガンブル
　ギャムブル
　ギャンブル**
Gamblin
　ガンブラン*
　ギャムリン
Gambling
　ギャンブリング
Gambo ガンボ
Gamboa ガンボア***
Gambold
　ギャンボウルド
Gambon ガンボン**
Gamboni ガンボーニ
Gambordella
　ガンボーデラ
Gamborena
　ガンボレナ
Gambrell ガンブレル
Gambrelle ガンブレル

G

Gambs ガンブス/ギャムズ
Game ガム
Gamedze ガメゼ/ガメッゼ
Gameiro ガメイロ
Gamel ガメル/ギャメル
Gamelin ガメラン
Gamera-shmyrko ガメラシュムイルコ
Gamerman ゲーマーマン
Gamero ガメロ
Gamerra ガメッラ/ガメルラ
Games ゲイムス/ゲイムズ
Gamewell ゲイムウェル
Gamez ガメス
Gamil ガミル
Gamila ガミラ
Gamillscheg ガミルシェーク/ガミルシェク
Gaminara ガミナラ
Gamini ガミニ
Gāmini ガーミニ
Gamio ガミオ
Gamir ガミル
Gamkrelidze ガムクレリーゼ/ガムクレリゼ
Gamlen ガムレン
Gamliel ガムリエル
Gamm ガム*
Gamma ガンマ
Gammaché ガマシュ
Gammel ガメル/ギャンメル
Gammell ガメル
Gammelsaeter ガメルセーテル
Gammeltoft ガメルトフト
Gammill ガミル
Gammon ガモン/ガンモン
Gammond ガモンド
Gammoudi ガムーデイ
Gamon ギャモン*
Gamoneda ガモネダ
Gamos ガモス*
Gamova ガモワ*
Gamow ガモウ/ガモフ*
Gampp ガンプ

Gamroth ガムロス
Gams ガムス
Gamsakhurdia ガムサフルジア/ガムサフルディア**
Gamson ガムソン/ギャムソン
Gamurari ガムラリ
Gamurrini ガムッリーニ
Gamzatov ガムザートフ***
Gamzatovich ガムザートヴィチ
Gan ガン**
Gana ガナ*
Ganaka ガナカ
Gananath ガナナート*
Ganapathy ガナパシ
Ganapes ガナピス
Ganascia ガナシア
Ganassi ガナッシ*
Ganatta ガナッタ
Ganbaatar ガンバータル/ガンバートル
Ganbar ガンバー
Ganbat ガンバット/ガンバト
Ganbold ガンボルド
Gancarz ガンカーズ
Gance ガンス*
Ganchev ガンチェフ
Ganci ガンシー
Gancos ガンコス
Gand ガン
Ganda ガンダ/ギャンダ
Gandalovic ガンダロビッチ
Gandara ガンダラ
Gándara ガンダラ
Gandarāditya ガンダラーディティヤ
Gandarillas ガンダリージャス
Gandash ガンダシュ
Gandasubrata ガンダスブラタ
Gandavo ガンダーボ
Gandee ガンディ
Gandega ガンデガ
Gandel ガンデル
Gandelsman ガンデルスマン
Gander ガンダー*
Gandersheim ガンデルスハイム
Ganderton ガンダートン*
Gandhi ガンジー***/ガーンディー*

ガンディ*/ガンディー*
Gāndhī ガンジー/ガーンディー/ガンディ/ガンディー
Gandi ガンディ
Gandil ガンディル/ギャンディル
Gandillac ガンディヤック
Gandillot ガンディヨ
Gandin ガイディン
Gandini ガンディーニ*
Gandiol ガンディオル
Gandler ガントラー
Gandlevsky ガンドレフスキー
Gando ガンド
Gandolefini ギャンドルフィーニ
Gandolfi ガンドルフィ***
Gandolfini ガンドルフィーニ*
Gandolfino ガンドルフィーノ
Gandolfo ガンドルフォ
Gandolphy ガンドルフィ
Gandon ガンドン
Gandotra ガンドトラ
Gandow ガンドウ
Gandring ガンドリン
Gandt ガンツ*
Gandulam ガンドラム
Gandulphus ガンドゥルフス
Gandus ガンドゥス
Gandy ガンジー/ガンディ/ガンディー
Gandymov ガンドイモフ
Gane ガネ/ゲイン
Ganeberg ガーネベルク/ガンスベルク
Ganeles ガネレス/ゲインレス
Ganem ゲイネム
Gan-Erdene ガンエルデネ
Ganeri ガネリ*/ガネリー
Ganesan ガニサン**/ガネーサン*/ガネサン*/ガネーシャン

Ganesh ガネシュ
Ganeshkoemar ガネシュクマール
Ganeshram ガネシュラム
Ganev ガネフ**
Ganey ゲイニー/ゲーニー
Ganeyev ガネーフ
Ganfoud ガンフード
Gang カン*/ガン**/ギャング
Gäng ゲング
Ganga ガンガ*
Gangaji ガンガジ
Ganganath ガンガーナート
Gangapersand ガンガペルサンド
Gangarampanday ガンガラムパンデイ
Gaṅgātīriya ガンガーティーリヤ
Gangbo ガンボ
Gange ギャンジ
Gangemi ガンゲミ
Gaṅgeśa ガンゲーシャ
Gang-ho ガンホ*
Ganghofer ガングホーファー
Gangjee ガンジー
Gangler ガングレール
Gangloff ガングロフ/ギャングロフ
Gangnus ガングヌス
Gangopadhyay ガンゴパッデー
Gaṅgopādhyāy ゴンゴパッデエ
Ganguillet ガンギレ
Gangulee ガングリー
Ganguly ガングリー*
Gangwish ギャングウィッシュ
Gangwu ガンウー
Gani ガニ
Ganiban ガニバン
Ganilau ガニラウ**/ガニンラウ
Ganio ガニオ*
Ganis ガニス
Ganivācaka ガニヴァーチャカ
Ganivet ガニベ/ガニベー/ガニベート/ガニベト
Ganiyev ガニエフ

Ganiyu ガニユイ
Ganja'i ガンジャイー
Ganjalzoda ガンジャルゾダ
Ganjarerndee ガンチャルンデイ
Ganjawī ガンジャ/ガンジャヴィー
Ganji ギャンジー
Ganjzadeh ガンジザデ
Ganka ガンカ
Gankhuu ガンフー
Gankhuyag ガンフヤグ/ガンホヤグ/ガンホヤッグ
Gankhuyagiin ガンフヤグ
Gankou ガンク
Ganley ギャンリー
Ganly ガンリー
Gann ガン*/ギャン*
Ganna ガンナ/ハンナ*
Ganne ガヌ/ガンヌ
Ganneau ガノー
Gannes ガンネス
Gannet ガネット
Gannett ガネット**/ガンネット
Gannon ガノン/ギャノン*
Gannushkina ガンヌシキナ
Gannys ガンニュス
Gano ガーノ/ギャノ
Ganong ギャノン/ギャノング
Ganongo ガノンゴ
Ganoo ガヌー
Ganor ガノール*
Ganot ガノー
Gans ガンス*/ガンズ*
Gansa ガンサ
Gansauge ガンサウゲ
Gansberg ガンスベルク
Gansch ガンシュ*
Ganschow ガンショー
Gansemans ガンゼマンス
Gansfort ガンスフォルト

G

Ganshina ガンシナ
Ganshof ガンスホーフ / ガンスホフ
Gansky ガンスキー*
Gansler ガンスラー
Gansner ガンスナー
Ganso ガンソ
Gansovskiy ガンソフスキー
Gansser ガンサー*
Gansukh ガンスフ
Ganszen ガンセン
Gant ガント / ギャント
Gantar ガルタル / ガンタル
Gante ガンテ
Gantenbein ガンテンベイン
Gantert ガンテルト
Gantez ガンテーズ
Ganthony ガントニー
Gantier ガンティエ
Gantillon ギャンチョン
Gantimur ガンティムール
Gantin ガンティン
Gantmakher ガントマッヘル
Gantman ガントマン
Gantner ガントナー* / ガントネル* / ギャントナー
Gantois ガントワ
Gantos ガントス / ギャントス
Gants ガンツ
Gantschev ガンチェフ**
Gantt ガント* / ギャン
Gantugs ガントグソ
Gantumur ガントゥムル
Gantz ガンツ*
Ganus ギャナス
Ganwar ガンワール
Ganymēdēs ガニメデス / ガニュメーデース / ガニュメデス
Ganz ガンズ / ガンツ***
Ganza ガンザ
Ganzarain ガンザレイン**
Ganzberg ガンツバーグ
Gan-zhi ガンズー

Ganzo ガンゾ
Ganzorig ガンゾリグ
Ganzorigiin Mandakhnaran ガンゾリグマンダフナラン
Ganzuri ガンズーリ*
Gao カオ / ガオ**
Gaojia ガオジア
Gaolathe ハオラテ
Gao-li カオリー / ガオリー
Gaombalet ガオムバレ
Gaon ガオン
Gaona ガオナ
Gaood ガウード
Gaoqi カオチー
Gaos ガオス
Gaositwe ガオシトウェ
Gao-tang ガオタン
Gaou ガウ
Gaoussou ガウス
Gaowa ガオワ / ガオワー
Gapaillard ガパイヤール
Gapchenko ガプチェンコ
Gapeev ガペエフ
Gapençois ガパンソワ
Gapon カポン / ガポーン / ガポン
Gaponenko ガポネンコ*
Gaposchkin ガポシキン / ガポシュキン
Gappah ガッパ**
Gap-su ガプス
Gap-tae カプテ
Gapurberdi ガプルベルディ
Gar ガー**
Gara ガラ
Garabedian ガラベディアン
Garabegian ガラベージャン
Garabet ガラベト
Garafola ガラフォラ
Garagiola ガラジオラ*
Garagnani ガラニャーニ
Garagnon ギャラニョン
Garagnoux ガラニュー
Garaguly ガラグリー
Garai ガライ*

Garaikoetxea ガライコエチェア
Garaizabal ガライサバル
Garajayev ガラジャエフ
Garamond ガラモン
Garampi ガランピ
Garana ガラーナ
Garanča ガランチャ*
Garance ギャランス
Garang ガラン** / ギャラン
Garanger ガランジェ
Garanichev ガラニチェフ
Garanin ガラニン
Garano ガラーノ / ガラノ
Garapick ギャラピック
Garapon ガラポン*
Garard ガラード
Garas ガラシュ / ガラス
Garaschanin ガラシャーニン / ガラシャニン
Garasse ガラース / ガラス
Garassino ガラッシーノ
Garat ガラ / ギャラ
Gárate ガラテ
Garatti ギャラッティ
Garaud ガロー
Garaudy ガローディ / ガロディ** / ガロディー
Garavaglia ガラヴァリア
Garavani ガラヴァーニ / ガラバーニ
Garavano ガラバノ
Garaventa ガラヴェンタ
Garavoglia ガラヴォッリャ
Garay ガライ / ガレイ
Garayev カラエフ
Garayeva ガラエワ
Garb ガーブ
Garba ガルバ*
Garba-jahumpa ガルバジャフンパ
Garbarek ガルバレク*
Garbarini ガルバリーニ

Garbarino ガーバリーノ / ガルバリーノ*
Garbarski ガルバルスキ
Garbarz ガルバーズ
Garbassi ガルバッシ
Garbe ガーブ / ガルベ
Garben ガーベン*
Garber ガーバー**
Garbera ガーベラ*
Garbers ガルベルス
Garbett ガーベット*
Garbey ガルベイ
Garbi ガルビ
Garbin ガルビン
Garbine ガルビネ
Garbis ガービス / ガルビス
Garbo ガーボー / ガーボウ / ガルボ***
Garborg ガーボルグ / ガルボリ / ガールボル / ガールボルク / ガールボルグ / ガルボルク / ガルボルグ
Garbousova ガルボウーソヴァ
Garbrecht ガルブレヒト
Garbus ガーバス / ガルバス
Garbuzov ガルブーゾフ / ガルブゾフ
Garção ガルサウン
Garcea ガルシア
Garces ガースズ / ガルーセス / ガルセス*
Garcés ガルセース / ガルセス*
Garcetti ガルセッティ
Garci ガルシ
Garcia ガーシア / ガルーシア / ガルシーア* / ガルシーア*** / ガルスィア
García ガルーシア / ガルシーア** / ガルシーア*** / ガルシャ
Garcìa ガルシア

Garcia Brito ガルシアブリト
Garcia Correia ガルシアコレイア
García-margallo ガルシアマルガリョ
Garcia Mendoza ガルシアメンドーサ
Garciaparra ガルシアパーラ*
García Sayán ガルシアサヤン
Garcilaso ガルシラーソ* / ガルシラソ
Garcin ガルサン**
Garcon ガーコン
Garçon ガルソン / ギャルソン
Gard ガアル / ガード / ガール**
Gardam ガーダム*
Gardano ガルダーノ
Gardavsky ガルダフスキ
Garde ガーゼ / ガーデ* / ガード / ガルデ / ギャルド / ゲルダ
Gardeck ガーデック
Gardeil ガルデイユ / ガルデイル
Gardel ガルデール / ガルデル*
Gardella ガーデラ / ガルデラ
Gardelli ガルデッリ
Gardels ガーデルズ*
Garden ガーデン** / ガルデン
Gardener ガーデナー / ガードナー**
Gärdenfors ヤーデンフォシュ
Gardenhire ガーデンハイアー*
Gardenia ガーデニア*
Gardenier ガーデニーア
Gardenswartz ガーデンシュワルツ
Gardent バルダン
Gardère ガルデレ
Gardères ガルデル
Garderud ヤーデルード
Gardes ギャルドゥ

Gardet ガルデ
Gardev ガルデフ
Gardi ガルディ
Gardie ガルディ
Gardien ガルディアン
Gardin ガールディン / ガルディン
Gärdin ガーディン
Gardinar ガーディナー
Gardiner
　ガアディナー
　ガージナー
　ガーディナ
　ガーディナー***
　ガーデナ
　ガーデナー
　ガーデナア
　ガードナー**
Gardiners ガーディナー
Garding ゴルディング
Gardini ガルディーニ**
Gardinier ガーディナー
Gardjev ガルジェフ
Gardkhuu ガリドフー
Gardner
　ガアドナー
　ガートナー
　ガードナ
　ガードナー***
Gardner's ガードナーズ
Gardom ガードム
Gardony ガールドニ
Gárdonyi
　ガールドニ*
　ガールドニュイ
Gardos
　ガルドシュ
　ガルドス
Gardot ガルドー
Garduño ガルドゥーニョ
Gareau ガロー
Garegin ガロジャン
Garegnani
　ガレニャーニ
　ガレニャーニ
Gareis ガーライス*
Garel ギャレル
Garelin ガレリン
Garelli
　ガレリ
　ギャレリ
Garenne ガレンヌ
Gareppolo ガロポロ
Garesche ガルシェ
Gareché ガルシェ
Garet
　ガレー
　ガレット
Gareth
　ガリース
　ガレス***

ガレート
ギャリス
ギャレス**
ゲリス*
Garetius ガレティウス
Garett ギャレット
Garetto ギャレット
Garety ガレティ
Gareyev ガレエフ*
Garfa ガルファ
Garfein ガーファイン
Garff ガルフ
Garfias ガルフィアス
Garfield
　ガーフィールド***
　ガーフィルド
Garfinkel
　ガーファンケル
　ガーフィンクル
　ガーフィンケル**
Garfinkle
　ガーフィンクル
Garfitt ガーフィット
Garfoot ガーフット
Garfunkel
　ガーファンクル*
　ガーファンケル
Garg
　ガーグ
　ガルグ
Gargallo ガルガリョ
Gargan
　ガーガン
　ガーギャン
Gargano
　ガルガーノ
　ガルガノ
Gargarian ガーガリアン
Gargash ガルガーシュ
Gargaud
　ガルガウ
　ガルゴー
Gargaud Chanut ガルガウシャヌ
Gargiani ガルジャーニ
Gargilius ガルギリウス
Gargiulo ガルジューロ
Gargo ガルゴ
Gargoum ガルグム
Garguille ガルギーユ
Garhammer ガーハマー
Gari ガリ
Garia ガリア*
Gariazzo ガリアッツォ
Garibal ガリバル
Garibald ガリバルト
Garibaldi
　ガリバルジ
　ガリバルジー
　ガリバルディ
Garibashvili
　ガリバシヴィリ
　ガリバシビリ*

Garibay
　ガリバイ
　ガリバラ
Garibov ガリボフ
Garicoïts ガリコイ
Gariff ガリフ
Garilhe
　ガリール
　ガリル
　ガリルヘ
Garilli ガリッリ**
Garin
　ガーリン
　ガリン*
　ガレン**
　ギャリン
Garino ガリーノ
Garioch ギャリオッホ
Garisch-Culmberger-Boy ガリシュクルンベルガーボーイ
Garitano ガリターノ
Garko ガルコ
Garlake ガーレイク
Garlan ガーラン
Garland
　ガーラン
　ガーランド***
　ギャーランド
　ジャーランド
Garlandia ガルランディア
Garlando ガルランド
Garlaschi ガーラスキ
Garlick ガーリック*
Garlicki
　ガルリッキ
　ガルリツキ
Garlin
　ガーリン
　ガーラン
Garliner ガルリナ
Garling ガーリンク
Gärling ゲアリング
Garlock ガーロック
Garmaa ガルマー
Garman ガーマン
Garmany ガーマニー
Garmash ガルマシュ
Garmendia
　ガーメンディア
　ガルメンディア
Garment ガーメント
Garmes ガームス
Garmo
　ガーモ
　ガルモ
　ガルモー
Garms ガームズ
Garmus
　ガーマス
　ガームス
Garn ガーン*
Garnasih ガルナシ
Garnaut ガーノー

Garnbret ガルンブレト
Garneau
　ガーノウ
　ガルノー*
Garner ガーナー***
Garnerin ガルヌラン
Garnerius ガルネリウス
Garnet ガーネット*
Gârnet ガーネット
Garnett ガーネット***
Garnette ガーネット
Garney ガーニー
Garnham ガーンハム
Garnick ガーニック
Garnier
　ガーニアー
　ガルニー
　ガルニェ
　ガルニェー
　ガルニエ*
　ガルニエー
　ガルニエル
　ガルニール
Garnik ガルニク
Garnir ガーニール
Garniss ガーニス
Garnot ガルノー
Garnsey ガーンジィ
Garny ガルニー
Garo ガロ*
Garobbio ガロッビオ
Garoche ガローシュ
Garofalo
　ガローファロ
　ガロファロ**
　ガロファロー
　ガロファロ
　ギャロファロ
Garofano ガロファノ
Garófoli ガロフォリ
Garon ガロン*
Garopan ガロパン
Garosi ギャロッシー
Garoua ガルア
Garouste ガルーステ
Garove ガローヴェ
Garozzo ガロッツォ*
Garr
　ガー**
　ガール*
　ゲール
Garrabé ギャラベ
Garrad ガラッド
Garraghan ギャラガン
Garrahan ギャラン
Garralda ガラルダ
Garralon ガラロン
Garrani ガッラーニ
Garrard
　ガラード*
　ガラド
　ギャラード

Garratt
　ガラット
　ギャラット*
Garraty ギャラティ
Garraud ガロー
Garraway ガラウェイ
Garré ガレ
Garreau
　ガロー
　ガロウ
Garred ガレッド
Garrel ガレル*
Garrells ギャレルズ
Garrels
　ギャレルス
　ギャレルズ
Garrelts ギャレルツ
Garret
　ガレット
　ガレット
　ガレト
　ギャレット***
Garréta ガレタ*
Garretson
　ガアレットソン
　ギャレットソン
Garrett
　ガーレット
　ガレット**
　ガレート
　ガレト
　ギャルット
　ギャレット***
Garrettson ギャレットスン
Garrey ガリィ
Garri
　ガリ
　ガルリ*
　ゲーリー**
　ゲリ
　ゲリー
Garrick
　ガーリック
　ガリック*
　ギャリック**
Garrido
　ガヒード
　ガリード
　ガリド
Garrido Lecca ガリドレカ
Garrier ガリエ
Garrigan ギャリガン
Garrigou
　ガリグ
　ガリゴー
Garrigoú
　ガリグ
　ガリゴー
Garrigue
　ガリーグ
　ガリク
　ガリグ*
　ガリッグ
　ギャリーグ
Garrigues
　ガリギューズ
　ガリグエー

Garrigus ガリガス
Garrincha ガリンシャ
Garriott
　ギャリオット*
Garris ギャリス
Garrison
　ガリソン**
　ギャソン
　ギャリスン*
　ギャリソン***
Garriss ガリス
Garrity
　ギャリィティ
　ギャリティ*
Garrix ギャリックス
Garrn ガルン
Garro
　ガーロ**
　ガロ
Garrod
　ガロッド
　ガロド
　ギャロッド*
Garrofé ガロフェ
Garrone
　ガッローネ
　ガローネ*
　ガロンヌ
Garrot ギャロット*
Garrow ギャロウ
Garrucci ガルッチ
Garry
　ガリー
　ギャリー**
　ゲイリー*
　ゲーリー**
　ゲリー*
　ハリー
Garryyev
　ガルルイエフ
Garscadden
　ガースカッデン
Garshasp
　ガルシャースプ
Garshin
　ガールシン
　ガルシン*
Garside ガーサイド
Garske ガースク
Garson
　ガースン*
　ガーソン**
　ギャルソン
Garst
　ガースト
　ガルスト*
Garstang ガースタング
Garştea ガルステア
Garstin
　ガースティン
　ガルスティン
Garstka ガルスカ
Gart
　ガート
　ガルト
Gartell ガーテル
Garten
　ガーテン*

ガルテン
Gartenaere
　ガルテナーレ
　ガルテネーレ
Gartenberg
　ガーテンバーグ
Gartenfeld
　ガーテンフェルド
Garth ガース**
Garthe ガーテ
Gartley ガートレー
Gartman ガートマン
Gartner
　ガートナー
　ゲルトナー
　ゲルトネル
Gärtner ゲルトナー*
Garton
　ガートン*
　ガードン
Gartside
　ガートサイド*
Garu ガル
Garucci ガルッチ
Garun ガルン
Garvan ガーヴァン
Garvarentz
　ガルヴァレンツ
Garve
　ガーヴ*
　ガーブ**
　ガルヴェ
　ガルベ
Garver
　ガーヴァー
　ガーバー
Garvey
　ガスコイン**
　ガーヴィ
　ガーヴィー
　ガーヴェイ*
　ガービー*
　ガーベー
　ガーベイ
Garvican ガルビカン
Garvice ガーヴィス
Garvie ガーヴィ
Garvin
　ガーヴィン*
　ガービン**
　ガルビン
Garweh ガルヴェー
Garwin ガーウィン
Garwood ガーウッド*
Gary
　ガーリー
　ガリ**
　ガリー***
　ガーリィ
　ガレイ
　ギャーリー
　ギャリ
　ギャリー***
　ギャリィ
　ギャリィー
　ギャレイ
　ゲァリー
　ゲアリ
　ゲアリー**
　ゲアリィ

ゲイリー
ゲイリー**
ゲアリー
ゲーリー***
ゲリ
ゲリー**
ゲーリィ
Garza
　ガーザ*
　ガルサ**
　ガルザ
　ガルツァ
Garza-Aldape
　ガルサアルダペ
Garzarelli ガーザレリ
Garza-Valdes
　ガルツァバルデス*
Garzena ガルツェナ
Garzo ガルソ
Garzon ガルソン
Garzón ガルソン**
Garzya ガルシア
Gas ガス
Gasca ガスカ
Gascar
　ガスカール**
　ガスカル
Gasch ガッシュ
Gasché ガシェ
Gaschen
　ガシェン
　ガスチェン
Gaschütz ガシュッツ
Gaschy ガシー
Gasco ガスコ
Gascoigne
　ガスコイン**
　ギャスコイン
Gascoine ガスコイン
Gascoing ハスコイング
Gascon ガスコン*
Gascón ガスコン*
Gascoyne
　ガスコイン
　ギャスコイン**
Gasdaska ガスダスカ
Gasdby-dolly
　ギャツビードリー
Gasdia
　ガスディア*
　ガズディア
Gase ゲース
Gasemann ガーゼマン
Gash ギャッシュ
Gashé ガッシュ
Gashi
　ガーシ
　ガシ
Gashumba ガシュンバ
Gashyna ガシャイナ
Gašić ガシッチ
Gasienica ガシェニカ
Gasim ガシム
Gasimov ガシモフ
Gasinzigwa
　ガシンジグワ

Gasiorowicz
　ガシオロウィッツ
Gasiorowski
　ゴンショロフスキ
Gaskarth ガスカース
Gaske ガスク
Gaskell
　ガスケル*
　ギャスケル**
Gaskill ギャスキル
Gaskin
　ガスキン
　ギャスキン
Gaskins
　ガスキンズ
　ギャスキンズ
Gaslini ガスリーニ
Gasnier ガスニエ
Gašo ガショ
Gasoara ガスパラ
Gasoi ガソイ
Gasol ガソル**
Gaspais ガスペ
Gaspal ガスパル**
Gaspale ガスパレ
Gaspalo ガスパロ
Gaspar
　ガスパー
　ガスパール
　ガスパール**
　ガスパル*
　ギャスパー**
Gáspár
　ガーシュパール
　カスパル
Gaspard
　ガスパード*
　カスパル
　ガスパール*
　ガスパル
　ギャスパー*
　ギャスパール
Gaspardone
　ガスパルドーヌ
Gàspàrdy
　ギャスパーディ
Gaspare
　ガスパール
　ガスパーレ
　ガスパレ*
　ガスパロ
Gasparella ガサレラ
Gasparetto
　ガスパレット*
Gaspari
　ガスパーリ
　ガスパリ*
Gasparin
　ガスパラン
　ガスパリン
Gasparini
　ガスパリーニ
　ガスパリーニ
Gasparino
　ガスパリーノ*
Gasparo
　ガスパーレ
　ガスパレ

ガスパーロ
ガスパロ
Gašparovič
　ガシュパロヴィッチ*
　ガスパロヴィッチ
Gasparre ガスパルレ
Gasparri
　ガスパッリ
　ガスパリ*
Gasparyan
　ガスパリアン
Gaspé ガスペ
Gasperi ガスペリ
Gasperini
　ガスペリーニ*
Gaspero ガスペロ
Gašperšič
　ガシュペルシッチ
Gaspiral
　ガスピラル
　ガスプラル
Gasprinskii
　ガスプリンスキー
Gasqoin ガスクォイン
Gasquet
　ガスクェット
　ガスケ***
　ギャスケ
　ギャスケイ
Gass
　ガス
　ギャス***
Gaß ガス
Gassama ガサマ
Gassama Dia
　ガサマディア
Gassan ガッサーン
Gasse
　ガゼー
　ガッセ
Gassée ガセ
Gassendi
　ガサンディ
　ガッサンディ
　ガッセンディ
Gasser
　ガサー*
　ガッサー*
　ギャッサー
Gasset
　ガセ
　ガセー*
　ガセット*
　ガゼット
　ガセート
　ガセト
Gassier ガッシエ
Gassion
　ガション
　ガッシオン
Gassman
　ガスマン*
　ガッスマン
　ギャスマン
Gassmann ガスマン**
Gassner ガスナー
Gaßner ガスナー
Gasson ガッソン

Gasston ガストン
Gast ガスト*
Gastaldelli ガスタルデッリ
Gastaldello ガスタルデッロ
Gastaldi ガスタルディ*
Gastao ガスタン
Gastão ガスタン
Gastaut ガスト／ガストー
Gaste ガステー
Gasté ガステ
Gasteazoro ガステアソロ
Gasteier ガスタイガー
Gasteiger ガスタイガー
Gastel ガステル
Gaster ガスター*
Gasteren ハステレン
Gastev ガースチェフ
Gasteyger ガスタイガー
Gastfriend ガストフレンド
Gastiglioni カスティリオーニ
Gastil ガスチル／ガステイル／ギャステイル
Gastineau ガスティノ
Gastmann ガストマン
Gastoldi ガストルディ
Gaston ガイトン／ガストン***／ギャストン
Gastone ガストーネ*／ガストン
Gastoni ガストーニ
Gastou ガストゥ
Gastoué ガストゥエ
Gastright ガストライト
Gastrow ガストロー
Gasztold ガストルド
Gaszyński ガシンスキ／ガスチニスキー
Gat ガット
Gát ガート
Gata ガタ
Gatare ガタレ
Gataullin ガタウリン
Gatchel ギャッチェル*
Gate ゲート
Gateau ガトー
Gâteaux ガトー
Gatell ガテル
Gately ゲイトリー

Gatemouth ゲイトマウス
Gateno ガテノ
Gater ゲイター
Gaters ガテルス
Gates ギャテ／ゲイズ／ゲイツ***／ゲーツ***
Gateson ゲイトソン
Gatete ガテテ
Gatewood ゲイトウッド
Gatford ガットフォード
Gathen ガテン
Gathercole ギャザコール
Gathers ギャザーズ
Gathright ギャスライト
Gathuessi ギャテュエスシ
Gáti ガーティ
Gatien ガシアン／ガシヤン／ガチアン／ガティアン
Gatignon ガティノン
Gatins ゲイティンズ
Gatiss ゲイティス
Gatius ガティウス
Gatkuoth ガトクオス
Gatland ガットランド／ガトランド
Gatlif ガトリフ*
Gatlin ガトリン**
Gatling ガットリング／ガトリング／ギャトリング
Gatluak ガトゥルアク
Gatmaitan ガットマイタン／ガトマイタン
Gato ガトー
Gatoloaifaana ガトロアイファアナ
Gatos ガトス
Gatot ガトット
Gatrell ガトレル
Gatsalov ガツァロフ**
Gatsha ガチャ
Gatsi ガツィ
Gatsinzi ガチンジ
Gatson ガットソン
Gatsos ガッツォス*／ガトソス
Gatt ガット
Gatta ガッタ

Gattamelata ガッタメラータ
Gattapone ガッタポーネ
Gattaz ガタズ
Gattefosse ガットフォセ
Gattegno ガッテーニョ*／ガテーニョ
Gattégno ガッテーニョ*／ガッテニョ
Gattelli ガタリ／ガテリ
Gattengo ガテーニョ
Gatter ガッター
Gatterer ガッテラー
Gatterman ガッターマン
Gattermann ガッターマン*／ガッテルマン
Gattet ガテ
Gatti ガッティ***／ガティ
Gattiker ガッティカー*
Gattinara ガッティナラ
Gattini ガティニ
Gattis ギャティス
Gatto ガット*
Gattorna ガトーナ
Gattsiev ガツィエフ
Gattung ガットゥング*
Gattuso ガットゥーゾ**／ガトゥーソ
Gatty ガッティ／ガティ／ギャッティ／ギャティ
Gatura ガトゥラ
Gatz ガッツ*／ギャッツ
Gatzert ガッツァート
Gatzoulis ガトゾウリス
Gau ガウ*／ゴー
Gaubert ゴーベール*／ゴベール*
Gaubil ゴービル／ゴビル
Gaucelm ガウセルム／ゴーセルム

Gauch ガウチ*／ゴーチ
Gauchan ゴーチャン
Gaucher ゴーシェ／ゴシェ／ゴッシェ
Gaucheron ゴーシュロン
Gauchet ゴーシェ**
Gauchi ガウチ
Gauchon ゴーション
Gauck ガウク**
Gauckler ゴクレール
Gaucquier ゴキエ
Gaud ゴー
Gauda ガウダ
Gaudapāda ガウダパーダ
Gaudasińska ガウダシンスカ
Gaudassinskii ガウダシンスキー
Gaude ゴデ*
Gaudé ゴデ
Gaudefroy ゴドフロア
Gaudel ゴーデル
Gauden ゴードン
Gaudens ゴーデンス／ゴーデンズ／ゴードンズ
Gaudentia ゴーデンシア
Gaudentius ガウデンティウス
Gaudenzio ガウデンチオ／ガウデンツィオ／ガウデンツイオ
Gauder ガウダー**
Gauderichus ガウデリクス
Gaudesi ガウデシ
Gaudet ゴーデー／ゴーデット
Gaudette ゴーデット
Gaudeuille ゴドゥユ
Gaudi ガウディ
Gaudí ガウディ**
Gaudiano ガウディアーノ／ガウディアノ
Gaudier ゴディエ
Gaudig ガウディッヒ／ガウディヒ
Gaudin ゴーダン**／ゴーディン
Gaudinez ガウディネス
Gauding ゴーディング
Gaudini ガウディーニ
Gaudino ガウディーノ

Gaudio ガウディオ*
Gaudiosi ガウディオージ
Gaudrat ゴードラ／ゴドラ*
Gaudreau ゴードゥロー／ゴードロー
Gaudreault ゴドロ
Gaudreaux ゴードゥロー／ゴードロー
Gaudry ゴードリー
Gauek ガウク
Gauer ゴエール
Gauffier ゴーフィエ
Gaufridus ガウフリドゥス
Gauger ガウガー
Gaugh ゴーグ*
Gaughan ゴーガン／ゴーン
Gaugler ガウクラー／ガウグラー
Gauguin ゴオガン／ゴーガン*／ゴガン／ゴーギャン*
Gauhar ガウアー／ガウハル
Gauk ガーウク／ガウク
Gaul ガウル*／ゴール
Gauland ガウラント*
Gauld ゴールド*
Gaulden ゴールデン*
Gaule ゴール
Gaulke ガウルケ／ゴールキイ
Gaulle ゴール**
Gault ゴー*／ゴールト*
Gaultier ゴーチエ／ゴーティエ／ゴティエ／ゴルチエ*／ゴルティエ
Gaulunic ゴルニック
Gaumata ゴウマータ
Gaume ゴーム／ゴム
Gaumont ゴーモン
Gaun ガウン
Gaung ガウン
Gaunilo ガウニロ

Gaunt ゴーン ゴーント*	Gautschi ガウチ ゴーチ	Gavin ガウィン ガヴィン* ガビン** ギァヴィン ギャヴィン* ギャビン*** ゲイヴィン* ゲーヴィン ゲヴィン	Gavryliouk ガブリリュク*	Gaydos ゲイドス	
Gauntlett ガントレット* ゴーントレット	Gauty ゴーティ		Gavrylyuk ガヴリリュク ガブリリュク*	Gaye ガーイェ ゲイ**	
	Gauvin ゴバーン			Gayelord ゲイロード	
	Gauvreau ゴヴロー ゴーブロー		Gavshon ガブション	Gayer ガイアー ガイエル ゲイヤー	
Gauntner ゴントナー*			Gavsie ガブシー		
Gaupp ガウプ*	Gauzit ゴージ		Gavy ギャヴィー		
Gaur ガウアー	Gauzner ガウズネル	Gaviniés ガヴィニエス	Gaw ゴー		
Gaurav ガウラヴ ガウラフ ガウラブ	Gauzy ゴズィー	Gavino ガヴィーノ**	Gawain ガーウェイン* ガワイン ゴーウェン	Gayflor ガイフロー ゲイフロー	
	Gav ガヴ	Gavins ゲイヴィンス			
	Gavaagiin ガバーギーン	Gavioli ガビオリ		Gayford ゲイフォード	
Gauri ガウリ* ゴウリ* ゴーリ	Gavaggio ガバジオ	Gavira Collado ガビラコリャド	Gawaine ガウェイン	Gayheart ゲイハート	
	Gavalda ガヴァルダ**		Gawan ガワン	Gaykhātū ガイハトゥ ガイハトゥー	
	Gavaldón ガヴァルドン ガバルドン	Gaviria ガビリア**	Gāwān ガーワーン		
Gaurico ガウリコ		Gaviria Rendon ガビリアレンドン	Gawande ガワンデ		
Gauricus ガウリクス	Gavampati ガヴァンパティ	Gavit ガビット	Gawara ガヴァラ	Gayl ゲイル	
Gaus ガウス		Gavius ガウィウス	Gawdat ガウダット	Gaylani ガイラーニ	
Gausche ゴーシェ	Gavan ガヴァン ガバン** ギャヴァン ゲイヴァン	Gavnholt ガフンホルト	Gawer ガワー	Gaylānī ガイラーニー	
Gausden ゴースデン		Gavoille ガヴォワイユ	Gawesworth ゴーズワース	Gaylard ゲイラード	
Gause ガウゼ ゴース ゴーズ*		Gavon ガヴォン		Gayle ゲイル***	
		Gavoty ガヴォティ	Gawin ガワイン	Gaylen ゲイリン	
	Gavander ガヴァンデル	Gavran ガヴラン	Gawler ゴウラー*	Gayler ガイラー ゲイラー	
Gausman ゴースマン	Gavanon ガバノン	Gavras ガヴラス* ガブラス	Gawlick ガウリック ゴーリック		
Gauss ガウス*	Gavanti ガヴァンティ		Gawlikowski ガフリコフスキー	Gaylin ゲイリン**	
Gaussen ゴサン	Gavardi ガヴァルディ	Gavric ガヴリッチ		Gaylon ゲイロン*	
Gaussin ゴサン	Gavarini ガヴァリーニ ガヴァリニ	Gavriel ガヴリール ガブリエル* ゲイブリエル	Gawriloff ガヴリロフ	Gaylor ゲロール	
Gaustad ガウスタッド			Gawsworth ゴーズワース	Gaylord ゲイロート ゲイロード**	
Gaut ゴート					
Gautam ゴータム*			Gaxiola ガシオラ	Gay-Lussac ゲーリュサック	
Gautama ガウタマ ゴータマ	Gavarni カヴァルニ ガヴァルニ ガバルニ	Gavrielle ガヴリエラ	Gaxotte ガクソット		
		Gavriil ガヴリイル* ガブリエル ガブリール	Gay ガイ* ゲ* ゲー* ゲイ***	Gaylyn ゲイリン	
Gautamī ガウタミー				Gaymard ゲマール	
Gautamīputra ガウタミープトラ	Gavashvili ガヴァシヴィーリ ガバシヴィーリ			Gayn ゲイン**	
Gaute ゴーテ ゴート		Gavriilidis ガブリリディス	Gaya ガーヤ ガヤ*	Gaynor ゲイナ ゲイナー**	
	Gavathas ガヴァサス				
	Gavazzeni ガヴァッツェーニ* ガバッチェーニ	Gavrila ガヴリーラ ガヴリラ	Gayā ガヤー	Gayo ガヨ	
Gauthier ゴージェ ゴーチェ ゴーチェ* ゴチエ ゴーティエ ゴーティエ* ゴティエ*			Gayan ガイヤン ガヤン	Gayomart ガヨーマルト	
		Gavrilenko ガブリレンコ			
	Gavazzi ガヴァッツィ	Gavrilescu ガブリレスク		Gayoom ガユーム**	
	Gaveau ガヴォー	Gavriljuk ガブリリュク	Gayantha ガヤンタ	Ga-yoon ガユン	
	Gaveaux ガヴォー	Gavelos カヴェロス	Gayarre ガヤーレ ガヤレ	Gayoso ガイオソ	
	Gaven ガヴァン			Gayot ガイヨト	
Gauthiot ゴーティオ	Gaventa ガヴェンタ	Gavrilo ガヴリロ	Gayatori ガヤトリ	Gayrard ゲラール	
Gautier ゴチエ ゴオティエ ゴオティエー ゴーチェ** ゴーチェー* ゴーティエ** ゴーティエー* ゴーディエ ゴティエ ゴティエル	Gaver ゲイヴァー	Gavrilov ガヴリーロフ* ガブリーロフ ガブリロフ	Gayatri ガーヤットリー ガーヤトリー ガヤトリ**	Gayrat ガイラト	
	Gaverdovskii カベルドフスキー			Gayraud ゲイロー ゲロ	
	Gävernitz ゲヴァーニッツ ゲヴェルニッツ ゲファーニッツ	Gavrilova ガヴリーロヴァ ガブリロワ		Gayry ギャリー	
			Gaybnazarov ガイブナザロフ	Gaysford ゲイスフォード	
	Gaveston ギャヴェストン	Gavrilovich ガヴリーロヴィチ ガヴリロヴィチ ガヴリロ―ヴィッチ ガブリーロヴィチ ガブリロヴィッチ	Gayda ガイダ	Gayson ゲイソン	
	Gavezou ガベソウ		Gaydar ガイダール	Gayssot ゲソー	
Gautieri ガウティエリ			Gaydarbek ガイダルベク	Gaythwaite ゲイスウエイト	
Gautrand ゴートラン	Gavi ガヴィ ガビ		Gaydarbekov ガイダルベコフ	Gayton ゲイトン	
Gautreau ガウトリュー	Gavilan ガビラン	Gavron ガブロン* ギャブロン	Gaydarski ガイダルスキ	Gaywood ゲイウッド	
Gautreaux ガトロー	Gavilán ガビラン		Gayday ガイダイ	Gaz ギャズ* Gaza ガザ	

ガゼ
Gazak ガツァーク
Gazala ガザラ
Gazale ガザーレ*
Gazalé ガザレ*
Gazalwin ガザルウィン
Gazard ガザル
Gazarek ガザレク*
Gazdanov
　ガズダーノフ
Gazdánov
　ガズダーノフ
Gaze ゲイズ
Gazebo ガゼボ
Gazerani ガゼラニ
Gazes
　ガーゼ
　ゲイジズ
Gazēs ガゼース
Gazi ガジ
Gaziadis ガジアディス
Gazielly ガジーリー
Gazier ガジエ
Gazizullin
　ガジズーリン
　ガジズリン**
Gazmend ガズメンド
Gazmere ガズメル
Gazmin ガズミン
Gazo ガゾ
Gazobi ガゾビ
Gazov ガゾフ
Gazoz ガゾズ
Gázquez ガスケス
Gaztanaga
　ガスタニャガ
Gaztelu ガステル
Gáztelu ガステル
Gazumov ガジュモフ*
Gazyumov ガジュモフ
Gazza ガッザ
Gazzani ガッサニ
Gazzaniga
　ガザニガ**
　ガッザニーガ
　ガッツァニーガ
　ガッツァニガ
Gazzara
　ガザーラ
　ギャザーラ**
Gazzarra ギャザラ
Gazzaway ガザウェイ
Gazzelloni
　ガッゼッローニ
　ガッゼルローニ
　ガッゼローニ
　ガッツェッローニ
　ガッツェローニ*
Gazzi ガッツィ
Gazzo ガッツォ
Gazzola
　ガッゾーラ
　ガッツォーラ
Gazzolo ガッツォーロ
Gbagbi グバグビ

Gbagbo バグボ**
Gbamin グバミン
Gbedji ベジ
Gbedo ベド
Gbénoukpo ベヌクポ
Gbessi ベッシ
Gbevegnon ベベニョン
Gbezera-bria
　グベゼラブリア
Gbian ビアン
Gbinije ビニジェ
Gbowee ボウイー**
Gbujama グブジャマ
Gbur グバー
Gcina
　グシナ
　チナ
Gcokoma ゴコマ
Gdal グダル
Gde グデ
G-DRAGON
　ジードラゴン
Ge
　グー
　ゲー
　ゴー
Gé ゲー
Gea ヘア
Geach ギーチ**
Geal ゲイル
Geanta ジェアンタ
Gear
　ギア
　ギャ
Géard ジェラール
Gearhart ギアハート
Gearheart ギアハート
Gearin ギアリン*
Gearrin ギアリン
Gearty ギアーティ
Geary
　キアリー
　ギアリ
　ギアリー*
　ギリー
　ゲアリー
　ゲーリー
　ゲリー
Geasland
　ギースランド*
Geathers ギーサーズ
Gebas ゲバス
Gebauer
　ゲバウアー
　ゲバウェル
　ゲバウエル
　ジュボエ
Gebbia ゲビア
Gebel
　ゲーベル
　ゲベル
Geber
　ゲーバー
　ゲーベル
　ゲベル

Gebert
　ゲバート
　ゲーベルト
　ジェバート
Gebeyehu ゲベイウ
Gebharat
　ゲープハルト
Gebhard
　ゲバート
　ゲバード
　ゲープハート
　ゲープハード
　ゲープハルト
　ゲブハルト**
Gebhardi
　ゲブハルディ
Gebhardt
　ゲッパート
　ゲバート
　ゲーバルト
　ゲブアルト
　ゲープハート
　ゲープハルト
　ゲブハルト
Gebicki ゲビッキ
Gébler ゲブラー
Gebow ジェボー
Gebran ジブラン
Gebre ゲブレ
Gebreab ゲブレアブ
Gebremariam
　ゲブレマリアム
Gebremedhin
　ゲブレメディン
Gebremeskel
　ゲブレメスケル
Gebremichael
　ゲブレミカエル
Gebreselassie
　ゲブレセラシエ
Gebrhiwet
　ゲブルヒウェト
Gebrselassie
　ゲブレシラシエ**
　ゲブレセラシエ
　ゲブレセラシェ
Gebsattel
　ゲープザッテル*
Gebühr
　ゲビューア
　ゲビュール
Gecan ジェキャン
Gecht ゲヒト
Geck ゲック*
Gecsei ゲッセイ
Géczy
　ゲーチ
　ゲーツィ
　ゲッツィ
Geda
　ゲダ
　ジェーダ
Gédalge ジェダルジュ
Gedaliah
　ゲダリア
　ゲダリアー
　ゲダリヤ

Gedalya ゲダルヤ
Gedaly ゲダリー
Gedda
　イェッダ
　ゲッダ
Gedde
　ゲディ
　ジェデ
Geddel ジェデル
Geddert ゲダート
Geddes
　ゲッディーズ
　ゲッディス
　ゲッデイズ
　ゲッデズ**
　ゲッデズ*
　ゲディス*
　ゲデス**
　ゲデズ
Geddie ゲディ
Geddis ゲッディス
Geddy
　ゲディ
　ゲディー
Gedeck ゲデック
Gedeon ジュデオン
Gedeōn ギデオン
Gédéon
　ジェデオン*
　ジュデオン
Gedi ゲディ
Gedicke
　ゲディケ
　ゲディッケ
Gedik ゲディク
Gediman ゲディマン
Gediminas
　ゲジミーン
　ゲディミナス**
Gedis ゲディス
Gedman ゲドマン
Gedo ゼド
Gedó ジェド
Gedovari ゲドバリ
Gedoz ジェドス
Gedrick ゲドリック
Gedroits ゲドローイツ
Geduev ゲドゥエフ
Gedün ゲンドゥン
Gee
　ギー**
　ジー***
Gee Hee ギーヒー
Gee-heung キフン
Geehl ギール
Geekie ギーキー
Geel ヘール
Geelen
　ギーレン
　ゲーレン*
　ヘーレン*
Geelhaar ゲールハール
Geelhoed ギルホード
Geelkerken
　ヘールケルケン
Geen ギン

Geena ジーナ*
Geens
　ヒーンス
　ヘーンズ
Geer
　イェール*
　ギーア
　ギア
　ジェール
　ジール
　ヘール
Geerat ヒーラット*
Geerds ゲールツ
Geerdts ゲールツ
Geerinckx
　ヘーリンクス
Geerligs
　ヘアリッヒ
　ヘヤリッヒ
　ヘーリッヒ
Geers
　ギアーズ*
　ゲールス
Geert
　キーツ
　グリート
　ゲールト*
　ヒールト
　ヘールト**
　ヘルト
Geertgen
　ゲールトゲン
　ゲールトヒェン
　ヘールチェン
　ヘールトヘン
Geerts
　ゲールツ
　ヘールツ
Geertuida
　ヘールタイダ
Geertz
　ギーアツ
　ギアーツ*
　ギアッツ**
　ゲールツ
Gees ゲース*
Geesink ヘーシンク**
Geeslin ギースリン
Geeson
　ギースン
　ギーソン
Geest
　ギースト
　ヘースト
Geeste ゲーステ
Geesteranus
　ヘーステラヌス
Geeta
　ギータ
　ジータ
Gee-tae ジテ
Geetapersad
　ギータパサド
Geete ギーテ
Geewax ジーワックス
Gefen ジュファン
Gefenas ゲフェナス
Geffcken
　ゲッフケン

ゲフケン
Geffen ガフィン
ゲッフェン
ゲフィン
ゲフェン
Geffenblad
ゲッフェンブラード
Geffin ゲフィン
Geffrard
ジェフラール
ジュフラール
Geffrey ジェフリー
Geffrotin ジュフロタン
Geffroy
ジェフロア
ジェフロワ*
Gefter ゲフテル*
Gegam ゲガム*
Gegauff
ジェゴーフ
ジェゴフ
Gege ゲーゲ
Gegen ゲゲン
Gegenbauer
ゲーゲンバウアー
Gegenbaur
ゲーゲンバウアー
ゲーゲンバウエル
ゲーゲンバウル
Gegenhuber
ギゲンフーバー
Gegeshidze ゲゲシゼ
Geghamyan
ガガニャン
Gehani
ゲハーニ
ゲハニ*
Gehazi ゲハジ
Geheeb ゲヘープ*
Geherels ゲーレルス
Gehl ゲール*
Gehlen ゲーレン*
Gehler ゲーラー
Gehlot ゲロート
Gehman
ゲェーマン
ゲーマン
Gehna ゲーナ
Gehrcke ゲールケ
Gehre ゲーレ
Gehred ゲレド
Gehrer ゲーラー
Gehret ジェーレ
Gehri ゲーリ
Gehrig
ゲーリック
ゲーリッグ**
Gehring
ゲーリンク
ゲーリング**
Gehringer
ゲーリンジャー
ゲリンジャー*
Gehrke ゲールケ
Gehrman ゲアマン

Gehrmann
ゲーアマン*
Gehrts ゲールツ
Gehry ゲーリー*
Gehtland
ガートランド
ゲットランド
Geibel ガイベル*
Geibprasert
ガイブプラサート
Geidar
ゲイダー
ゲイダル
Geidman ゲイドマン
Geier ガイヤー
Geiersberger
ガイアースベルガー
Geig ゲイグ
Geigel ゲイゲル
Geiger
ガイガ
ガイガー**
Geijer
イェイェル
イェイエル
イェイエル
Geijerstam
イェイェルスタム
イェイエルシュタム
イェイエルスタム
Geijssen ヘイセン
Geikie
ガイキー
ゲイキ
ゲイキー
ゲーキ
ゲーキー
Geil
ガイル
ゲイル
Geiler ガイラー
Geils ガイルズ
Geim
ガイム*
ハイム
Geimaert
ジェイメール
Geiman ゲイマン
Gein ゲイン
Geingob
ガインゴブ*
ゲインゴブ
Geir
ガイ
ゲア
ゲイル**
ゲール
Geiringer
ガイリンガー*
ガイリンガア
Geis
ガイス*
ガイズ
ゲイズ
Geisbauer
ガイスバウワー
Geisel
ガイセル

ガイゼル*
ギーゼル
ゲイゼル
ジーセル*
Geiselman
ガイゼルマン
Geiselmann
ガイゼルマン
Geisen ガイゼン
Geisenberger
ガイゼンベルガー*
Geiser ガイザー*
Geiseric
ガイセリク
ガイセリック
ガイゼリック
ガイゼリヒ
ゲイセリクス
ゲイセリック
Geisericus
ゲイセリクス
Geisert ガイサート**
Geishauser
ゲイスハウザー
Geishtor ガイシュター
Geisinger
ガイシンガー
Geisler
ガイスラー***
ガイスレル
ゲイズラー
Geismar ガイスマー*
Geison ギーソン
Geisreiter
ガイスライター
Geiss ガイス
Geissbuhler
ガイスビューラー
Geisse ガイセ
Geissel ガイセル
Geissendörfer
ガイセンデルファー
Geissinger
ガイシンガー
Geissler
ガイスラー***
ガイスレル
Geißler ガイスラー
Geissman ガイスマン
Geissmann ガイスマン
Geissmar ガイスマー
Geisst ガイスト
Geist ガイスト*
Geiszler ガイスラー
Geitel ガイテル*
Geithner
ガイトナー**
Geitler ガイトラー
Geiwald ゲイワルド
Gejshtor
ギェイシュトル
Gek ゲク
Geke ジーク
Gekeler ゲケラー*
Gekić ゲキチ*
Gekiere ゲキエア

Gekker ヘッケル
Gekler ゲクラー
Gekoski ゲコスキー
Gela ゲラ
Gelabert
ギルバート
ヘラベール
ヘラベルト
Gelabert Fàbrega
ゲラベルファブレガ
Gelais ジュレ
Gelana ゲラナ**
Gelant ゲラント
Gelard ジェラルド
Gelardi ジェラルディ
Gelasio ジェラシオ
Gelasios ゲラシオス
Gelásios ゲラシオス
Gelasius
ゲラーシウス
ゲラシウス
Gelatt
ゲラット
ジェラット
Gelaye ガライヤ
Gelb ゲルプ**
Gelbart ゲルバート*
Gelbaum ゲルバウム
Gelbert ゲルバート
ゲルバー**
ヘルベル
Gelbert ゲルバート
Gelbier ゲルビエ
Gelbke ゲルプケ
Gelcer ゲルサー
Geld ゲルト
Geldard ジェルダード*
Geldart ゲルダート*
Geldenhauer
ヘルデンハウアー
Geldenhuys
ゲルデンハウス
ゲルデンヒューズ
ゲルデンフイス
Gelder
ゲルダー*
ヘルダー*
ヘルデル
Gelderen
ゲルダーレン
ヘルデレン
Geldern ゲルデルン
Geldi ゲルディ
Geldimyradov
ゲルディミラドフ
Geldner ゲルトナー*
Geldof
ゲルドフ*
ジェルドフ
Geldreich
ゲルトライヒ
Geldymukhamed
ゲルディムハメド
Geldzahler
ゲルツァーラー*
Gelée ジュレ

Gelegbalsang
ゲレクバルサン
Gelehrter ゲレーター
Gelena ゲレーナ
Gelenbe ゲレンベ*
Gelernter
ガランター
ゲランター
ゲレルンタ
ゲレーンター
Gelete ゲレテ
Gelett
ゲレット
ジェレット
Geletzki イレツキー*
Gelfand
ゲルファント**
ゲルファンド
Gel'fand
ゲリファント
ゲリファンド
ゲルファント
ゲルフォント
Gelfant ゲルファント*
Gel'fer ゲリフェル
Gelfert ゲルファート*
Gel'fond ゲリファント*
Gelhorn ゲルホーン
Gelifond ゲルフォント
Geliman ゲリマン
Gelimer ゲリメル
Gelin ジュラン
Gélin ジェラン*
Gelinas ジュリナス
Gélinas ジェリナス
Gelindo ジェリンド
Gelineau ジェリノー
Gélinet ジェリネ
Geling ゲリン
Gelinier ジェリニエ
Gelios ゲリオス
Geliot ゲリオット
Gelis
ゲリス
ジェリス
Gelisio
ジェリシオ
ジュリジオ
Gelisse ゲリッセ
Gelissen ゲリッセン
Gell
ゲール
ゲル**
Gellar ゲラー*
Gellately
ジェラテリー
ジェラトリー
Gellatly ゲラトゥリ*
Gelle ゲレ
Gellée ジュレ
Geller ゲラー**
Gellerman
ゲラーマン
ゲラマン*
Gellert
ゲッラート

ゲラート*	Gelwick ゲルウィック	Genaro	Generali ジェネラーリ	Geng ゲン
ゲレルト	Gelzer ゲルツァー*	ゲナロ	Generalić	ゲング
ジェレット	Gema ヘマ*	ヘナロ**	ゲネラリッチ	コン
Gellért ゲレールト	Gemai クーマイ	Genatios ヘナティオス	Genereux ジェネロウス	Genga ジェンガ
Gelles ゲルス	Geman ジュマン	Genäuß ヘナウス	Generose ジェネローズ	Genge ゲンゲ
ゲレス*	Gemayel ジェマイエル**	Genaux ジュノー	Generoso ジェネローゾ	ゲンジ*
Gellhorn ゲルホーン**	Gemblaco ヘンブラーコ	Genazino ゲナツィーノ	ゲネローゾ	ジェンガ
ゲルホン	Gembris ゲンブリス	Genberg ゲンバーグ**	ヘネロソ	Gengenbach ゲンゲンバハ
Gelli ジェッリ	Geme ジェーム	Genc ジェンツ	Genesee ジェニシー	ジャンジャンバック
ジェリ	Gemeda ゲメダ	Gencalp ゲンカルプ	Geneser ゲネサー	Gengou ジャングー
Gellibrand ゲリブランド	Gemedo ゲメド	Gencer ギンサー	Genesereth ゲネセレス	Geni ジェーニ
Gelling ゲリング	Gemeinder ゲマインダー	ジェンチェル	Genesio ジェネシオ	Genia グニア
Gellius ゲッリウス	Gemelli ジェメッリー	ジャンサー	Genesis ジェネシス	ゲニア
ゲリウス	ジェメリ	Genco ゲンコ	Genesius ゲネシウス	Genica ジェニカ
ゲルリウス	Gemenne ジュメーヌ	ゲンジョ	Genest ジェネスト	Genicot ジェニコ
Gellman ゲルマン*	Gemes ギーメシュ	Gendi ジェンディ	ジュネ*	ジェニコット
Gell-Mann ゲルマン*	Gémes ゲーメシュ	Gendle ジェンドル	Geneste ジュネステ	Génicot ジェニコ
Gellner ゲルナー**	Gemici ケミシ	Gendler ジェンドラー	Genet ゲネト	ジェニコット
Gellock ゲロック	Gémier ジェミエ	Gendlin ゲンドリン	ジュネ*	Genie ジェニー
Gellrich ゲルリッヒ	Gemili ジェミリ	ジェンドリン*	Genetski ジェネトスキー	ジニー
Gells ジェルズ	Gemini ジェミニ	Gendre ジャンドル*	Genett ジェネット*	Geniesse ジェニス*
Gelly ゲリー	Geminiani ジェミニアーニ	ゼンドル	Genette ジュネット**	Geniet ジェニエ
Gelman ゲルマン*	Geminiano ジェミニアノ	ゼンドル	Geneus ジュネユス	Genieva ゲニエヴァ
	Gemīnos ゲミーヌス	Gendrel ジェンドレル	Geneva ジェネヴァ	Genin ジェナン
ヘルマン**	ゲミノス	Gendron ゲンドロン	ジェネバ	Genina ジェニーナ
Gel'man ゲリマン*	Gemistos ゲミストス	ジャンドロン**	ジュニーヴァ	ジェニナ
Gelmetti ジェルメッティ**	Gemiti ゲミティ	Gendrop ジャンドロ	Genevie ジェネビー	Genis ゲニス*
Gelmini ジェルミニ	Gemito ジェーミト	Gendt ゲント	ジュヌヴィ	ジェニー
Gelmo ゲルモ	Gemkow ゲムコー	Gene ジェーヌ	ジュヌビ	Genís ジェニス
Gelmon ゲルモン	Gemma ゲンマ	ジェーン	Geneau ゲノー	Genista ジェニスタ
Gelmont ゲルモント	ジェマ**	ジュネ	Génébrard ジェネブラール	Geniušas ゲニューシャス
Gelon ゲロン	ジェンマ***	ジーン***	Genechten ヘネヒテン*	Genjac ゲニャツ
Gelós ヘロス	ヘマ	ジン	Geneder ジェネダ	Genkin ゲンキン
Gelotte シェロット*	Gemme ジェム	Geneau ゲノー	Genee ジェニー	Genlis ジャンリース
Gel'perin ゲリペリン	Gemmel ゲンメル	Génébrard ジェネブラール	ジェネー	ジャンリス
Gelpi ジェルピ	Gemmell ゲムル	Genechten ヘネヒテン*	ジュネ	Genn ゲン
ヘルピ	ゲメル	Geneder ジェネダ	Gemmill ゲミル	ジェン
Gelrev ジェルレヴ	Gemora ジェモーラ	Genee ジェニー	Gemora ジェモーラ	Genna ジェンナ*
Gelsanliter ゲルサンライター*	Gempt ゲンプト	ジェネー	Gempt ゲンプト	Gennadi ゲンナジー
Gelsey ゲルシー	Gems ジェムズ	ジュネ	Gems ジェムズ	ゲンナディ
ジェルシー	Gemser ジェムセール	Genée ジェニー	Gemser ジェムセール	Gennadie ジェンナディエ
Gelsinger ゲルシンガー*	Gemünden ゲミュンデン	ジェネー	Gemünden ゲミュンデン	Gennadievich ゲンナジエヴィチ
Gelske ヘルスケ	Gemuseus ジェミュシューズ	ジュネ	Gemuseus ジェミュシューズ	Gennadii ゲンナジ
Gelso ジェルソー	Gena ジーナ**	Geneen ジェニーン**	Gena ジーナ**	ゲンナージー
Gelson ジェルソン	Genady Ya ジェナディヤ	Genefke ゲネフケ	Genady Ya ジェナディヤ	ゲンナジ
Gelsted ゲルステズ	Genagino ジェナジーノ	Genefort ジュヌフォール	Genagino ジェナジーノ	Gennadij ゲンナジー***
Geltemeyer ゲルテマイアー	Genahr ゲナール	Genelin ジェネリン*	Genahr ゲナール	ゲンナジイ*
Geltman ゲルトマン	ゲナール	Genell ジェネル	ゲナール	ゲンナディー
Geltner ゲルトナー	Genähr ゲネール	Genelli ゲネルリ	Genähr ゲネール	Gennadiĭ ゲンナジー
Gel'tser ゲリツェル	Genald ジェラルド	ジェネリ	Genald ジェラルド	Gennadij ガナディ
Geltzer ゲルツァー		Genender ジェネンダ		ゲンナージー
Gelūnas ゲルーナス		Genenger ゲネンゲル		ゲンナージイ
Gelven ゲルヴェン*		Genenz ゲーネンツ		
ゲルベン		Geneo ジェニオ		
		General ジェネラル	Genevra ジェネバラ	

Gennadios ゲンナディオス
Gennádios ゲナディオス／ゲンナディオス
Gennadius ゲンナーディウス／ゲンナディウス
Gennadiy ゲンナジー
Gennady ゲナディ*／ゲンナージー／ゲンナジー**／ゲンナディ
Gennaioli ジェンナイオーリ
Gennajii ゲンナジー
Gennardii ゲンナジー
Gennardy ゲンナーディ
Gennari ゲナリ／ジェンナーリ
Gennaro ジェンナーロ／ジェンナーロ***／ジェンナロ
Gennäs イェンナス
Genndy ゲンディ
Gennenwein ゲンネワイン／ゲンネンヴァイン
Gennep ゲネップ／ジェネップ*／ジェネプ／ジュネップ*／ヘネップ*
Gennes ゲネス／ジェンヌ*／ジャン／ジャンヌ**
Gennett ジェネット
Gennick ジェニック
Gennifer ジェニファ*／ジェニファー*
Gennimatas ゲニニマタス
Gennis ゲニス
Gennser ジェンザー
Genny ジェニー
Geno ゲーノ**／ゲノ／ジーノ
Genosko ジェノスコ
Genot ジュノ
Genoud ジュヌー
Genouillac ジェヌイヤック
Genov ゲノヴ
Genova ジェーノヴァ／ジェノヴァ
Genovès ヘノベス

Genovese ジェノヴィーズ／ジェノヴェーズ／ジェノヴェーゼ
Genovesi ジェノヴェーシ／ジェノヴェージ／ジェノヴェジ／ジェノベージ
Genoveva ゲノヴェーヴァ／ジェノベバ／ヘノベバ**
Genoways ジェノウェイズ
Genrich ゲンリヒ／ハインリヒ
Genrietta ゲンリエッタ*
Genrihovich ゲンリホヴィチ
Genrihovitch ゲンリホーヴィッチ
Genrikh ゲンリック／ゲンリッヒ／ゲンリッフ
Genrikhovich ゲンリホヴィチ
Génrikhovich ゲンリホヴィチ
Genrikhovna ゲンリホーヴナ／ゲンリホヴナ
Genro ジェンロ
Gens ゲンス／ゲンズ／ジャンス
Genscher ゲンシャー**
Genschorek ゲンショレク
Gensfleisch ゲンスフライシュ
Gensichen ゲンジヘン
Gensicke ゲンズィッケ
Gensler ゲンスラー*
Gensonné ジャンソネ
Gensous ジャンスース
Gent ゲント／ジェント／ヘント
Genta ジェンタ
Genté ジャンテ
Gentele イェンテレ
Gentempo ジンテンポ
Gentenaar ヘンテナール
Genter ジェンター
Genth ゲント
Gentianus ゲンティアーヌス
Gentil ジャンティ*
Gentile ジェンタイル／ジェンチーレ

ジェンティール／ジェンティーレ***／ジェンティレ／ジャンタイル／ゼンチーレ／ヘンティレ
Gentileschi ジェンティレスキ／ジャンティレスキ
Gentiletti ヘンティレッティ
Gentili ジェンティーリ
Gentilini ジェンティリーニ
Gentilis ゲンチリス／ゲンティリス／ジェンティーリ
Gentilomo ジェンティローモ
Gentiloni ジェンティローニ**
Gentl ジェントゥル
Gentle ジェントル
Gentleman ジェントルマン*
Gentner ゲントナー／ゼントナー
Gento ヘント
Genton ジェントン
Gentry ジェントリー**／ジェントリィ
Genty ジャンティ*
Gentz ゲンツ
Gentzel ゲンツェル
Gentzen ゲンツェン
Genucius ゲヌキウス
Genuin ジェヌイン
Genuit ジュヌイ
Geny ジェニ
Gény ジェニ／ジェニー
Genz ゲンツ
Genzebe ゲンゼベ
Genzel ゲンゼル／ゲンツェル*
Genzken ゲンツケン
Genzling ジャンスラン*
Genzmer ゲンツマー／ゲンツメル
Geo ゲオ／ジェーオ／ジェオ*
Geoana ジョアナ*
Geoană ジョアナ
Geof ジェフ
Geoff ジェフ***／ジオフレイ

ジョフ**
Geofferey ジェフリ
Geoffery ジェオフリー／ジェフリ
Geoffey ジェフ
Geoffray ジョフリー
Geoffrey ゴドフロア／ジェオフリー／ジェオフリイ／ジェッフリ／ジェフリー／ジェッフレー／ジェフ*／ジェフェリー／ジェフリ*／ジェフリー***／ジェフリィ／ジェフリイ*／ジェフレー／ジェフレイ／ジョーフリー／ジオフリ／ジョッフリ／ジョッフリー／ジョフ／ジョフリ／ジョフリー***／ジョフリィ／ジョフレー／ジョフレイ*／ジョフレイ／ジョフロワ
Geoffrin ジョフラン*
Geoffrion ジェフリオン
Geoffroi ジョフロア／ジョフロワ*
Geoffron ジョフロン
Geoffroy ジェフロア／ジェフロワ*／ジオフロワ／ジョフロア*／ジョフロワ*
Geofrey ジェフ
Geogaris ゲオルガリス
Geoge ジョージ
Geoghegan ゲイガン／ゲーガン*／ゲヘーガン
Geok ガーク／ギャク／ギョク
Geok-choo ギョクチュー
Geoklenova ゲオクレノバ
Geolgievich ゲオルギエヴィチ
Geon-il ゴニル
Geordie ジョーディ／ジョーディー
Georffrey ジェフリー

Georg イェーオリー／イェオリ**／イェーオルィ／イェオルイ／ゲーオア／ゲオア／ゲーオウ／ゲオウ／ゲーオル／ケオルク／ゲーオルク／ゲオルグ／ゲオルク***／ゲオルグ***／ゲオルジ／ゲオルヒ／ジョージ**／ヒョルフ／ヨーリ／ヨーン
Georgakopoulos ゲオルガコプロス
Georgakopoulou イェルガコポロ
Georgann ジョーガン
Georgano ジョルガノ*
Georgantas ゲオルダンカス
Georgaris ジョーギャリス
Georgatos ゲオルガトス
Georgatou ヨルガトゥ
George ゲオー／ゲオールギー／ゲオールギー***／ゲオルグ**／ゲオルク**／ゲオルゲ***／ゲオルゲー／ジェオルジ／ジェルジ／ジョージ／ジョルジ／ジョウジ／ジョオジ／ジョオジ／ショージ／ショージ／ジョージ／ジョージ***／ジョージー／ジョージェ／ジョールジ／ジョルジ／ジョルジェ*／ジョルジュ***／ヨルゴス
Georgeanna ジョージアナ
Georgeanne ジョージアン／ジョージアンヌ
Georgel ジョルジェル*
Georgen ジョルジャン
Georgene ジョージーン
Georger ジョルジェ

Georges
ギョルギイ
ゲオリーガス
ゲオルギー
ゲオルゲス**
ジェラルジ
ジョルジュ
ジュオルジュ
ジュルジュ
ジョジ
ジョオルジ
ジヨオルジ
ジョージ**
ジョージス*
ジョージズ
ジョリジュ
ジョルジ*
ジョルジェ
ジョルジス
ショルジェ
ジョールジュ
ジョルジュ***
ジョルジョ
ヘオルヘ

Georgès ジョルジュ
Georges-Andre
ジョルジュアンドル*
Georgescu
ギョルゲスク
ジェオルジェスク
ジョージェスク**
ジョルジェスク
Georgeson
ジョージスン
ジョールジソン
Georgess ジョージス
Georget
ジョルジェ*
ジョルジュ
Georgeta
ゲオルゲタ*
ジェオルジェタ
Georgette
ジョージェット**
ジョルジェット*
ジョルジュエット
Georgevic
ゲオルゲヴィッチ
Georghe
ゲオルグ
ゲオルゲ*
Georghiu ゲオルギウ
Georgi
ギョルギ
ゲオールギー
ゲオルギ***
ゲオルギー*
ゲオルギイ
ゲンナジ
ジョージャイ
Georgia
ジョージア
ジョージア***
ヨルギア
Georgiade
ジョージェイド
Georgiades
ゲオルギアーデス
ゲオルギアデス
ヨルガアデス
ヨルヤディス

Georgiadis
ゲオルギアデス
ジョージアディス
Georgiadou
ジョルジアドー
Georgian
ジョージアン*
Georgiana
ジョージアナ
Georgianna
ジョージアナ
Georgianne
ジョルジアン
Georgie
ジョージ*
ジョージー*
ジョージィ*
Georgieff ジョージェフ
Georgien
ジョージーン**
Georgiev
ゲオルギーエフ
ゲオルギエフ*
Georgieva
ゲオルギエヴァ
ゲオルギエバ
Georgievich
ゲオルギーヴィッチ
ゲオールギエヴィチ
ゲオルギエヴィチ*
ゲオルギエビッチ
Geórgievich
ゲオルギエヴィチ
Georgievna
ゲオルギエヴナ
Georgievski
ゲオルギエフスキ**
Georgii
ゲオールギー
ゲオルギ
ゲオルギー***
ゲオールギイ
ゲオルギイ
ゲオルグ
Georgii ゲオルギイ
Geórgii
ゲオールギー
ゲオルギー
Georgij ゲオルギー
Georgije ゲオルグ
Georgina
ゲオルギナ
ジョージーナ*
ジョージーナ**
ジョルジナ
ヘオルヒーナ*
ヘオルヒナ
Georgine
ジョージャイン
Georginio
ジョルジニオ
Georgios
イェオールイオス
イェオルイオス*
ゲオルギアス
ゲオルギオス
ゲオルギオス***
ゲナディオス

ジョルジオ**
ヨーゴス
ヨルギオス*
ヨルゴス
Geōrgios
ゲオールギオス
ゲオルギオス
Georgitsis
ゲオルギツィス
Georgiu ジョルジュ
Georgius
ゲオルギウス
ゲオルギウス
ゲオルギオス
Georgiy
ゲオールギー
ゲオルギー
Georgiyevich
ゲオルゲヴィチ
Georgos イオルゴス*
Georgschelling
ゲオルグシェリング
Georgy
ゲオルギ
ゲオルギー*
ジョルジー
Geork ゲオルク
Geossel ゲッセル
Geovanni ジョバンニ*
Geovany
ジオバニー
ジョバニー*
Gephardt ゲッパート*
Geppert ゲッペルト*
Ger
ジャー
ヘール
Gera ゲラ
Gerace ゲラーチェ
Geraci ジェラーシ
Gerads
ゲラッズ
ジェラッズ
Geradts ジェラッツ
Geraei グレエイ
Geraerd ヘラルト
Geraghty
ゲラーティ
ジェラーティ
ジェラティ
ジェラティー*
Geragos ゲラゴス*
Geraint
ゲレイント*
ジェレイント
ジェレイント**
Gerald
ゲーラルト
ゲラルト**
ゲラルド
ゲラルドゥス
ジェラアル
ジェラルド
ジェラルド***
ジェリー*
ヘラルド

Gérald
ジェラール**
ジェラルド*
Geraldin
ジェラルディン
Geraldine
ゲーラルディネ
ゲラルディーネ
ジェラルディン
ジェラルダイン
ジェラルディーン*
ジェラルディン***
Géraldine
ジェラルディーヌ
ジェラルディヌ
ジェラルディンヌ
Geraldini
ジェラルディーニ
Geraldo
ジェラウド
ジェラルド*
ヘラルド*
Geraldus ゲラルドゥス
Géraldy
ジェラルディ*
ジェラルディイ
Geralyn
ゲラリン
ジェラリン*
Gérando ジェランド*
Gerard
イェラード
ゲラード*
ゲラルト*
ゲラルド*
ジェラド
ジェラード***
ジェラール***
ジェラルド***
ジラード*
ゼラード
ゼラール
ヘーラルト*
ヘラルト*
ヘラルド*
ヘリット
ヘリト
Gérard
ジェラルド
ジェラアル
ジェラール
ジェラール***
ジェラルド*
ジュラール
ジラール
ジラール
ヘラルド
Gerarda ゲラルダ
Gerardi ジェラルディ
Gerardin ジェラルダン
Gérardin ジェラルダン
Gerardine
ジェラルディン*
Gerardo
ゲラルドゥス
ジェラルド
ジェラール
ジェラルド***
ヘラルド**
Gerardus
ゲラルド
ゲラルドゥス

ジェラルドゥス
ヘラドゥス
ヘラルデュス*
ヘラルドス
Gérardy ジェラルディ
Gerarld ジェラルド
Gérart ジェラルド
Geras ジェラス
Gerashchenko
ゲラシチェンコ*
Gerasim ゲラシム
Gerasimenko
ゲラシメンコ
Gerasimenok
ゲラシメノフ
Gerasimenya
グラシメニャ
Gerasimos
ゲラシモス**
Gerásimos
ゲラシムス
ゲラシモス
Gerasimov
ゲラシモヴ
ゲラーシモフ
ゲラーシモフ
ゲラシモフ*
ゲラシモワ
Gerasimovich
ゲラシモヴィチ
ゲラシモヴィッチ
Geraskov グラスコフ
Gerasshimchuk
ゲラシムチューク
Géraud ジェロー*
Geray ジェレイ
Gerba ジェルバ
Gerbarg ゲルバーグ
Gerbeau ジェルボオ
Gerbeaux
ジェルヴォー
Gerbelle ジェルベル
Gerben ガーベン
Gerber
ガーバー***
ゲルバー*
ヘルバー
Gerberding
ガーバーディング*
ガーバーディング
Gerberg ジャーバーグ
Gerber-Hess
ゲルバーヘス
Gerberon
ゲルベロン
ジェルブロン
Gerbershagen
ゲルバースハーゲン
Gerbert
ガーバート*
ゲルベルト*
ゲルベルトゥス
ジェルベール
Gerbet
ジェルベ
ジェルベー
Gerbi ジェルビ
Gerbier ガービア

G

Gerbillon ジェルビヨン
Gerbino ゲルビノ
Gerbner ガーブナー
Gerbod ジェルボ
Gerboth ゲルボート
Gerbrand ゲルブラント／ヘルブラント
Gerbrandy ヘルブランディ
Gerçek ゲルセック
Gerchak ゲルチャク
Gerchunoff ゲルチュノフ
Gercke ゲルケ
Gerd イェード／ガード／ゲールト／ゲルト***／ゲルド**／ジャード／ヘルト／ヤード
Gerda イェーダ／ガーダ／ゲルダ***／ヘルダ

Gerdes ゲルデス*
Gerdil ジェルディル
Gerdner ゲードナー
Gerdom ゲルドム*
Gerdorp ヘルドルプ
Gerdt ゲルト／ジェルト
Gerdtell ゲルテル
Gere ギア*／ギアー／ギャー／ゲリエ／ゲール／ゲレ
Géré ジェレ*
Gerea ジェレア
Gered ジェレド
Gerek ゲレク／ゲレック
Gerell イェレル
Gerelmaa ゲルマー
Geremek ゲレメク***
Geremi ジェレミ*／ジェレミー**
Geremia ジェレミーア
Geremie ジェレミー
Geremy ジェレミ*／ジェレミー
Geren ゲレン*
Gerend ジレンド
Gereon ゲレオン*
Gerét ジェレ

Gerets ヘレツ
Geretschlager ゲレトシュレーガー
Geretschläger ゲレトシュレーガー*
Geretsegger ゲレーツェッガー
Gerety ゲレッティ
Gerevich ゲレビッチ
Gerevini ジェレヴィーニ**
Gerez ゲレツ*
Gerezgiher ゲレツガイアー
Gerg ゲルク*
Gergana ゲルガナ
Gergawi ガルガーウィ
Gerge ジョージ*
Gergely ゲアゲリー／ゲルゲイ*
Gergen ガーゲン**
Gerges ジョージ*
Gergiev ゲルギエフ*
Gergieva ゲルギエワ
Gergijev ゲルギエフ
Gergonne ジェルゴンヌ
Gergov ゲオルギエフ
Gergova ゲルゴーヴァ／ゲルゴヴァ
Gerhaert ゲルハエルト／ゲルハールト／ヘルヘルト
Gerhaher ゲルハーヘル*
Gerharat ゲルハルト
Gerhard イェルハルト／ゲアハート／ゲアハート*／ゲアハード*／ゲーアハルト**／ゲアハルト***／ゲハート／ゲハルト／ゲハルド／ゲアハルト／ゲラード／ゲラルド*／ゲルショム／ゲルハート／ゲルハード／ゲールハルト***／ゲルハルト***／ゲルハルド／ゲルハルム／ジェラード*／ジェラルド／ジェルハード／ヘーラルト／ヘラルト／ヘラルド／ヘールト／ヘルハールト

Gerhardie ジャーハーディ
Gerhardinger ゲルハルディンガー
Gerhards ゲルハルツ／ゲルハルドゥス／ジェラール
Gerhardsen イェルハルドセン／ゲルハッセン／ゲルハルセン*／ゲルハルゼン／ゲルハルツェン／ゲルハルトセン
Gerhardt ゲーアハルト／ゲアハルト**／ゲルアルト／ケルハルト／ゲールハルト*／ゲルハルト**／ジェラール／ゼルハルト／ゼルバルト
Gerhardus ゲラルドゥス／ゲルハルドゥス／ヘラルドゥス
Gerhart ゲアハート／ゲーアハルト／ゲアハルト／ゲーアハルト**／ゲーハート／ゲルハート／ゲールハルト／ゲルハルト***／ジェラート／ジャーハート
Gerhoh ゲルホー
Gerhold ガーホールド／ジャホールド
Geri ゲイリ／ゲリ／ジェリ**／ジェリー
Gericault ジェリコー
Géricault ジェリコ／ジェリコー
Gerich ゲーリッヒ
Gericke ゲーリケ／ゲーリッケ*
Gerima ゲリマ
Gerin ジェラン／ジレン
Gérin ゲラン
Gerina ジュリーナ
Geringas ゲリンガス*
Geringer ゲリンジャー*
Gerini ジェリーニ
Gerion ゲリオン*
Geris ジェリス

Gerisch ゲーリッシュ
Geritt ゲリット
Geritzer ゲリツァー
Gerkan ゲルカン
Gerke ゲールケ
Gerken ガーケン*
Gerkey ゲールケ
Gerkin ガーキン
Gerlach ガーラック／ゲアラッハ*／ゲアラッハ**／ゲルラッハ**／ゲルラハ*
Gerlache ジェラシュ
Gerland ガーランド／ゲルランド
Gerle ゲルレ
Gerli ゲルリ／ジェルリ
Gerlich ゲルリヒ
Gerlier ジェルリエ
Gerlin ジェルラン／ジェルリン
Gerlinde ゲルリンデ
Gerloff ガーロフ／ゲルロフ
Germain ガーマイン／ガーメイン／ジェルマン***／ジェルメ／ジェルメーヌ／ジャーマン／ジャーメイン*／ジャメイン
Germaine ジェルメーヌ***／ジェルメン／ジャーメイン**／ジャーメン／ジュルメーヌ
Germain-Thomas ジェルマントマ
German ゲルマン**／ジェルマン／ジャーマン**／ハーマン／ヘルマン**
Germán ゲルマン／ジャーマン／ヘルマン***
Germana ジェルマーナ
Germane ジャーメイン
Germani ゲルマニ／ジェルマーニ
Germanicus ゲルマニカス／ゲルマーニクス／ゲルマニクス
Germanika ゲルマニカ
Germann ゲルマン

Germano ゲルマノ／ジェルマーノ／ジェルマノ／ジャーマノ*
Germanos ゲルマノス
Germanós ゲルマノス
Germanovich ゲルマノヴィチ*／ゲルマノビッチ
Germanus ゲルマーヌス／ゲルマヌス
Germany ジャーマニー*
Germar ゲルマール／ゲルマル
Germer ガーマー／ジャーマー
Germeshausen ジャーメスハウゼン
Germi ジェルミ
Germinal ジェルミナル
Germinet ジェルミネ
Germino ジェルミイノ
Germogen ゲルモゲーン
Germon ジェルモン／ジャーモン
Germot ジェルモー
Gerndt ゲルント
Gerner ギャルネール／ゲーナー／ゲルナー／ジェルネール
Gernert ガーナート
Gernet ゲルネート／ゲルネト／ジェルネ**
Gerneth ゲルネート
Gernhardt ゲルンハート*／ゲルンハルト
Gernler ゲルンラー
Gernon ガーノン*
Gernot ゲルノット*／ゲルノート**／ゲルノト
Gernsback ガーンズバック*
Gernsheim ガーンズハイム／ゲルンシャイム／ゲルンスハイム**
Gero ゲーロ／ゲロ*／ゲロー*／ジェロ
Gerö ゲレ*
Gerő ゲレー

Géro ジェロ
Geroch ゲロック
Geroge ジョージ
Gerok
　ゲーロク
　ゲーロック
　ゲーロック
Gerola ジェローラ
Gérolami ジェロラミ
Gerolamo
　ジェローラモ*
　ジェロラモ
Gerold
　ゲーロルト
　ゲーロルド
　ゲロルト
　ゲロルド*
　ジェラルド
　ジェロルド
Gérold ジェロール
Gerolf ゲロルフ
Gerome ジェローム
Gérome ジェローム
Geron
　ジェロン
　ジュロン
Géron ジュロン
Gerona ヘローナ
Gérondeau
　ジェロンドー
Geronimo
　ジェローニモ
　ジェロニモ***
　ヘローニモ
　ヘロニモ*
Gerónimo ヘロニモ
Gerontios
　ゲロンティオス
Geróntios
　ゲロンティオス
Gerosa ゲロサ
Gerou ゲルー
Geroudet ゲルーデ
Geroulanos ゲルラノス
Gerould
　ゲロールド
　ジェラルド
　ジェロールド
Gerov ゲーロフ
Gerovski ゲロフスキー
Gerow
　ジェロー*
　ジェロウ
Gerrald ジェラルド
Gerrand ジェランド
Gerrard
　ゲラルド*
　ジェラード**
　ジェラルド
Gerratana
　ジェルラターナ
　ジェルラッターナ
Gerrell
　ガーレル
　ゲレル

Gerretson
　ヘレットソン
Gerri
　ジェリ*
　ジェリー
Gerrie
　ゲリー
　ヘル
Gerring ゲリング
Gerrish
　ゲリッシュ
　ジェリッシュ
Gerrit
　ゲーリッツ
　ゲリット**
　ゲルトイット
　ジェリット
　ヘリット**
　ヘリト
Gerrits ゲリッツ
Gerritsen
　ガリットソン
　ゲリッツェン
　ゲリットソン
　ジェリッツェン**
　ヘリッツェン
　ヘリットセン
Gerritsz
　ヘリッツ
　ヘリッツス
Gerritsz.
　ヘリッツゾーン
　ヘリットゾーン
Gerrold
　ジェラルド
　ジェロルド**
Gerron ゲロン
Gerry
　ゲーリー*
　ゲリー***
　ジェリー***
　ジュリー
Gerryts ヘリッツ
Gersch ガーシュ
Gerschenkron
　ガーシェンクロン*
Gerschwiler
　ゲルシュビラー
Gersdorff
　ゲルスドルフ
Gershator
　ゲイシャイトー*
Gershe ガーシュ
Gershen ガーシェン
Gershenfeld
　ガーシェンフェルド*
Gershenson
　ガーシェンソン
Gershenzon
　ゲルシェンゾーン
　ゲルシェンゾン
Gershevitch
　ゲルシェーヴィッチ
Gershgorn
　ゲルゴルン
Gershkovich
　ゲルシコヴィチ
　ゲルシコビチ
　ゲルシコビッチ

Gershkovitch
　ゲルシュコヴィチ
　ゲルシュコビチ
Gersho ガーショ
Gershoff ガースホフ
Gershom
　ガーショム
　ゲルショム**
　ゲルハルト
Gershon
　ガーション**
　ゲルショム
　ゲルション*
Gershuni
　ゲルシューニ
　ゲルシュニ
　ゲルシュニー
Gershuny
　ガーシャニー
　ガーシュニィ
　ガーシュニイ
Gershwin
　ガーシュイン*
　ガーシュウィン*
Gersick ガーシック
Gerson
　ガースン
　ガーソン**
　ゲルソン*
　ゲルゾン
　ジェルソン*
　ジャーソン
　ゼールソン
　ヘルソン
Gersonides
　ゲルソニデス
　ゲルソン
Gerstäcker
　ゲルサッカー
　ゲルシュテッカー
　ゲルステッカー
　ゲルストエッカー
Gerstad ガースタッド*
Gerstein
　ガーシュタイン
　ガースティン
　ゲルシュタイン
Gerstel ゲルステル
Gerstell ジャーステル
Gersten
　ガーステン
　ゲルステン
Gerstenberg
　ガーステンバーグ
　ゲルステンベルク
Gerstenberger
　ゲルステンベルガー
Gerstenbüttel
　ゲルステンビュッテル
Gerstenfeld
　ガーステンフェルド
Gerstenmaier
　ゲルシュテンマイアー
　ゲルステンマイアー
Gerster
　ゲルシュテル
　ゲルスター**
Gerstl ゲルストル
Gerstlauer
　ゲルストラウナー*

Gerstle ガーストル
Gerstlé ジルストレ
Gerstman
　ジャーストマン*
Gerstner
　ガーストナー
　ガースナー**
　ゲストナー
　ゲルストナー**
Gert
　イエルト
　ガート
　ゲート
　ゲルト**
　ヘルト*
Gerta ゲンタ
Gerteis
　ガータイス
　ゲルタイス
Gertel ガーテル
Gertenbach
　ゲルテンバック
Gerth ガース
Gerti ゲルティ
Gertie
　ガーティ
　ガーティー
Gertjan ヘルトヤン
Gertler
　ガートラー*
　ゲルトレル
Gertner ガートナー
Gertraud ゲルトラウト
Gertrub ゲルトルート
Gertrud
　ガートルード
　ガートルド
　ゲトルート
　ゲルトルーデ
　ゲルトルート***
　ゲルトルート*
　ヤットルッド
Gertrude
　ガトルード
　ガートルード***
　ゲルトルーデ
　ゲルトルート
　ゲルトルート*
　ジェルトルーデ
　ジェルトルード
Gertrudis
　ゲルトルーディス
　ゲルトルディス
　ゲルトルード
　ヘルトゥルディス
　ヘルトルディス
Gertsen
　ゲールツェン
　ゲルツェン**
Gertsenstein
　ゲルトセンステン
Gertsenzon
　ゲルツェンゾン
Gertsev ゲルツェフ
Gertude ガートゥード*
Gerty
　ガーティ*
　ガーティー
　ゲルティ

ジャーティ
Gertz
　ガーツ*
　ヘルツ
Gerum ゲルム
Gervais
　ガーベ
　ゲルバ
　ジェルヴェ*
　ジェルヴェー
　ジェルベ*
　ジェルベー
　ジャーヴェイス
Gervaise
　ジェルヴェーズ
Gerval ジェルヴァル*
Gervase
　ゲルヴァシウス
　ゲルバズ
　ジェルヴァーズ
　ジャーヴァス
　ジャーバス
　ジャルヴァース
Gervasi ガバシ*
Gervasii
　ゲルヴァシウス
Gervasio
　ゲルバシオ*
　ジェルヴァシオ
　ジェルバジオ
　ヘルバシオ*
Gervásio ゼルバジオ
Gervasius
　ゲルヴァーシウス
　ゲルヴァシウス
Gervaso
　ジェルヴァーゾ
　ジェルバーゾ
Gerville
　ジェルヴィユ
　ジェルヴィル
　ジェルビュ
Gervin ゲルビン
Gervinho
　ジェルヴィーニョ*
Gervinus
　ゲルヴィーヌス
　ゲルヴィヌス
　ゲルビーヌス
　ゲルビヌス
Gervrey ジュヴレー
Gerwarth
　ゲルヴァルト
Gerwazy
　ゲルヴァーズィ
　ゲルヴァツィ
Gerwien
　ゲルヴィエン
　ゲルウィーン
Gerwig
　ガーウィグ
　ゲルヴィック
　ゲルヴィヒ
　ゲルビヒ
Gerwin ゲルウィン
Gerz ゲルツ
Gerzema ガーズマ
Gerzmava
　ゲルズマーワ*

G

Gerzmawa ゲルズマヴァ / ゲルズマバ / ゲルズマワ
Gerzon ガーゾン**
Gesalic ゲサリック
Gesang グサン** / ゲサン
Ge sar ケサル
Gesar ケサル
Gesbert ゲシュベルト
Gescheider ゲシャイダー
Geschke ゲシキ / ゲシュケ**
Geschonneck ゲションネック
Geschwind ゲシュヴィント* / ゲシュヴィンド
Geselbracht ゲーゼルブラハト
Gesell ゲゼル**
Gesellius ゲセッリウス
Gesenius ゲゼーニウス / ゲゼニウス
Geshe ゲシェ / ゲシェー*
Geshé ゲシェー
Gesheva ゲシェバ
Gesicka ゲンシツカ
Gesine ゲジーネ
Gesius ゲージウス / ゲジウス
Geske ジェスク
Geslin ジェスラン
Gesmankit ゲスマンキット
Gesner ゲスナー / ゲスネル
Gessain ジュサン
Gessel ゲッセル
Gessen ガッセン / ゲッセン / ヘッセン
Gessi ジェッシ
Gessler ゲスラー**
Gessner ゲスナー* / ゲッスナー / ジェスナー
Gesswein ゲスヴァイン
Gest ゲスト / ジェスト
Gestakovski ゲスタコフスキ
Geste ゲスト

Gestefeld ゲステフェルト
Gestel ヘステル
Gestetner ゲステトナー
Gesthuizen ゲシュイゼン
Geston ゲストン
Gestring ゲストリング
Gestur ギェストゥル / ギェストル
Gesualda ジェズアルダ
Gesualdo ジェスアルド / ジェズアルド**
Geszti ゲスチ
Geszty ゲスティ
Geta ゲタ
Getachew ガタチュ / ゲタチョウ
Getahun ゲタフン
Getalova ゲターロワ
Getchell ゲッセル / ゲッチェル
Gete ゲテ*
Gethers ゲザース / ゲザーズ**
Gethin ゲシン* / ゲッシン / ゲッチン
Gething ゲッチング
Gethmann ゲートマン*
Gethmmann ゲートマン
Getreuer ゲトロイヤ
Getsevich ゲツェヴィチ
Getsov ゲツォーヴ
Gett ゲット
Gettel ゲッテル
Gettelman ゲッテルマン
Gettens ゲッテンス*
Getter ゲッター
Gettier ゲティア
Getting ゲッチング / ゲティング
Gettings ゲティングス / ゲティングズ
Gettis ゲティス
Gettlin ゲトリン
Getto ジェット
Getty ゲッティ* / ゲッティー / ゲッティ / ゲティ* / ゲティー*
Getúlio ジェトゥリオ

Getz ゲッツ**
Getzels ゲッツェルズ
Getzien ゲッツェン
Getzler ゲツラー
Getzov ゲツォフ
Geubels ゲーベルス
Geuis ジュニー
Geulen ゴイレン
Geulincx ゲーリンクス / ジューランクス / ヘーリンクス
Geum Jin グムジン
Geun-chol グンチョル
Geun-hong グンホン*
Geun-hye クネ* / クンヘ
Geun-mo クンモ
Geun-shik グンシク
Geun-tae クンテ**
Geun-young グニョン*
Geurrero ゲレロ
Geurs グアーズ
Geurts ジュルツ
Geus グース* / ヘウス*
Geuser ゴイザー
Geuss ゲス / ゴイス
Geussen ジュエン / ジュセン
Geva ゲヴァ / ゲバ / ジェーヴァ
Gevaert ゲバールト / ジュヴァール / ヘーヴァールト / ヘファールト
Geve ジーヴ* / ジーブ
Gever ゲイバー
Gevers ゲヴェルス / ジュベール
Gevinson ゲヴィンソン
Gevirtz ギバーツ
Gevorg ゲボルク
Gevorgian ゲウォルギャン
Gevorgyan ゲウォルギャン / ケボルギャン / ゲボルギャン
Gevork ゲウォルク
Gevorkian ゲウォルクヤン
Gevrise ジブリズ*
Gewartowski ゲワルトウスキー

Geweke ゲウエク
Geweniger ゲベニガー
Gewertz ゲワーツ
Gewirth ゲワース
Gewirtz ジェウィルス
Gewitz ゲウィッツ
Geworkjan ゲヴォルキャン
Geyelin ゲイリン
Geyer ガイア / ガイアー / ガイヤー* / ゲイエル / ゲイエル / ゲヤー
Geyl ガイル / ヘイル
Geyman ガイマン
Geymonat ジェイモナート
Geymond ジェモン
Geymüller ガイミュラー
Geyoushi グユーシ
Geyre ゲイール
Geyser ガイザー
Geza ゲーザ* / ゲザ**
Géza ゲェザ / ゲーザ*** / ゲザ* / ゲゾ
Gezelius イェセーリウス
Gezelle ゲゼレ / ヘゼッレ / ヘゼレ
Gezenge ゲザハン* / ゲザヘンゲ / ゲゼンゲ
Gezevich ガゼヴィチ
Gezi ゲジ
Gezim ゲジム
Gezo ゲゾ
Gfeller グフェラー
Gfrörer グフレーラー
Ggagnaire ガニェール*
Gguen グエン
Ghaban ガバン
Ghabban ガッバーン
Ghada ガーダ** / ガダ
Ghadairī ガダイリー
Ghadhban ガドバーン*
Ghadirian カディリアン
Ghaemi ガミー
Ghaesalli ガルッサリ

Ghafar ガファール
Ghaffār ガッファール
Ghaffari ガファリ
Ghaffarī ガッファーリー
Ghāfiqī ガーフィキー
Ghāfiqī ガーフィキー / ガフキー
Ghafis ガフィス
Ghafoor ガフール
Ghafri ガフリ
Ghafur ガフール
Ghafūr ガフール
Ghafurov ガフロフ
Ghai ガイ
Ghaith ガイス
Ghalamallah ガラマラ
Ghalawanji ガラワンジ
Ghali ガーリ / ガーリー / ガリ**
Ghālī ガーリー
Ghalib ガーリブ / ガリブ
Ghālib ガーリブ
Ghaliyah ガリヤ
Ghaly ガリ
Ghan ガーン / ガン
Ghandhi ガンジー
Ghandour ガンドゥール
Ghanem ガーニム / ガネム**
Ghani ガニ**
Ghania ガニア
Ghanim ガニム / ガネム**
Ghannam ガンナーム
Ghannî ガンニー
Ghannouchi ガンヌーシ**
Ghannūshī ガンヌーシー
Ghansyam ガンシャム
Gharaira ガライラ / カリール
Gharbi ガルビ
Ghardēzī ガルデージー
Ghardīzī ガルディーズィー
Gharib ガリーブ / ガリブ**
Gharibi ガリービー
Gharīd ガリード
Ghartey ガーティ

Ghasem ガセム
グハセム*
Ghasemi ガセミ
Ghassam ガッサム
Ghassan ガッサン**
Ghassān
ガッサーン
ガッサン*
Ghassemi ガセミ
Ghatak ゴトク
Ghatotkacha
ガトートカチャ
ガトートカチャグプタ
Ghatowar ガトワール
Ghattas ガッタス
Ghaul ガウル
Ghauri ガウリ
Ghaus ガウス
Ghavajra ガヴァジュラ
Ghawrī ガウリー
Ghawwāṣī
ガッワースィー
Ghayath ガヤス
Ghaydarbekov
ガイダルベコフ
Ghayour ガユル
Ghazal
ガザル
ジャザル
Ghazali ガザリ**
Ghazālī
カザーリ
ガーリ
ガザーリー*
ガゼル
ガッザーリー
Ghāzān
カザン
ガーザーン
ガザーン
ガザン
Ghazanfar
ガザンファ
ガザンファル
Ghazanfari
ガザンファリ
Ghazara ガザラ
Ghazarian
グハザリャン
Ghazaryan
ガザリャン
グハザリャン
Ghazāyerī
ガザーエリー
Ghazi
ガージ
ガージー
ガジ**
ガーズィー
Ghāzī
ガージ
ガージー
ガジ
ガーズィー
Ghaznawī
ガズナヴィー
Ghazouani ガズワニ

Ghazwan ガズワン
Ghazwān ガズワーン
Ghazzali ガザーリー
Ghazzālī
ガザーリー
ガッザーリー
Ghdafna ガダフナ
Gheast ゲスト
Ghebre ゲブレ
Ghebreslassie
ゲブレスラシエ
Ghedina ゲディーナ*
Ghedini ゲディーニ
Ghedira ゲディラ
Gheer ギール
Gheeraerts ゲラールツ
Gheerbrant
ゲールブラン*
Gheete ギーテ
Gheida ゲイダ
Ghelderode
ゲルデロード
ゲルドロード*
ジェルドロード
Gheldrohde
ゲルドロード
Ghelfi ゲルフィ*
Ghella ゲラ
Ghellab ゲラブ
Ghellinck ヘリンク
Ghemawat
ゲマワット*
Ghena ゲーナ
Ghent ゲント*
Ghéon ゲオン**
Gheorghe
ギョルゲ
ゲオルク
ゲオルゲ**
ジョルジュ
Gheorghitoaia
ゴルギトイア
Gheorghiu
ゲオルギュ
ゲオルギュ***
ゲオルギュ
ゲオルギュー
Ghéquier ゲキエ
Gher ゲル
Gherardello
ゲラルデッロ
Gherardesca
ゲラルデスカ
Gherardi
ゲラルディ
ジェラルディ
Gherardini
ゲラルディーニ
Gherardo
ゲラルド***
ゲラルドゥス
ジェラルド
ヘラルド
Gherea
ゲリャ
ゲルア
ゲレア

Gereya ゲレヤ
Gherghel ゲルゲル
Gherlinzoni
ゲルリンツォーニ
Gherman ゲルマン*
Ghermanescu
ゲルマネスク
Ghesquiere
ゲスキエール
Ghesquière
ジェスキエール
Ghester ゲステル
Ghetaldi
ゲタールディ
ゲタルディ
Gheyn ヘイン
Ghez
ゲズ*
ゲズ
Ghezawi ガザウィ
Ghezzal ゲザル
Ghezzi
ゲッシ
ゲッチ
ゲッツィ
Ghffar ガファー
Ghhiselin ギーズリン
Ghiannis ギアニス
Ghiasuddin
ギアスディン
Ghiaurov ギャウロフ*
Ghiberti
ギベルチ
ギベルティ
Ghidini ギディーニ
Ghielmi ギエルミ
Ghiggia ギジャ
Ghiglia ギーリア
Ghiglieri ギグリエリ*
Ghiglione ギリオーニ*
Ghigna ギニャ
Ghika ギカ*
Ghil ギル
Ghil-boo キルブ
Ghilean ギリアン
Ghillean ギリアン*
Ghim Seng ギムセン
Ghini ギーニ
Ghione ギオーネ
Ghiotto ギオット
Ghiraldini
ギラルディーニ
Ghirardini
ギラルディーニ
Ghiretti ギレッティ
Ghiringhelli
ギリンゲッリ
Ghirlanda ギルランダ
Ghirlandaio
ギルランダイオ
Ghirlandajo
ギルランダイオ
ギルランダイヨ
ギルランダーヨ
ギルランダヨ

Ghirmay ギルメイ
Ghirmazion
ギルマジオン
Ghiro ギロ
Ghiron ギロン*
Ghirri ギッリ
Ghirshman
ギルシュマン
Ghiselin
ギズラン
ギースリン
Ghiselli
ギセリー
ギゼリ
Ghishan ギシャン
Ghisi
ギーシ
ギージ
Ghislain
ギスラン
ギラン
ジスラン*
Ghislaine ギレーヌ
Ghislandi
ギスラーンディ
ギスランディ
Ghislanzoni
ギズランツォーニ*
Ghissi ギッシ
Ghista ギスタ
Ghita ギタ
Ghito ギトー
Ghitza ギザ
Ghiuselev ギュゼレフ
Ghiyas ギャス
Ghiyās al-Dīn
ギヤースッディーン
Ghiyāṣ al-Dīn
ギヤースッディーン
Ghiyas al-Dīn
ギヤースッディーン
Ghiyas Uddin
ギャスディン
Ghiyasuddin
ギャスディン
Ghiyāth ギヤース
Ghiyāth ギヤート
Ghiyāth al ギヤースッ
Ghiyāth al-Dīn
ギヤースッディーン
Ghiyathu'd-Din
ギヤース・アッディーン
ギヤースッ・ディーン
ギヤースッディーン
Ghiyāthu'd-Dīn
ギヤースウッディーン
ギヤースッディーン
ギヤースッ・ディーン
ギヤースッディーン
Ghizeghem ギゼゲム
Ghizzolo ギッツォーロ
Ghlamallah グラマラ
Ghnassia グナッシア*
Ghneim グネイム
Gho ゴー

Ghobadi ゴバディ*
Ghoch ゴッチ
Ghodbane ゴドバン
Ghodsee ゴドシー
Ghodsi ゴディシ
Gholām ゴラーム
Gholam-Ali
ゴラムアリ
Gholamhossein
ゴラムホセイン*
Gholamreza
ゴラムレザ**
Gholī ゴリー
Gholizadeh ゴリザデ
Gholson
ゴウルスン
ゴウルソン
ゴールスン
ゴールソン
ゴルソン
Gholston ゴールストン
Ghoneim ゴネイム
Ghoneum ゴーナム
Ghorayeb ゴライエブ
Ghorbani ゴルバーニ
Ghori ゴーリ
Ghoș ゴーシュ
Ghoṣaka ゴーシャカ
Ghosal ゴーサル
Ghosananda
コーサナンダ*
ゴサナンダ
Ghose
ゴウス*
ゴーシュ
ゴース*
ゴーズ
ゴーセ
Ghosh
ゴウス
ゴーシュ***
ゴーセ
ゴッシュ
Ghoshal ゴシャール
Ghosheh ゴシェハ
Ghosn
ゴスン
ゴーン**
Ghostface
ゴーストフェイス
Ghostley ゴーストレイ
Ghotbi ゴトビ**
Ghoul グール
Ghoulam グラム
Ghozali
ゴザーリー
ゴザリ*
Ghozland ゴズラン
Ghribi グリビ
Ghubash グバーシュ
Ghuiselev ギゼレフ
Ghukasian グカシャン
Ghukassian グカシャン
Ghulam
グーラム**
グラーム*

グラム*
Ghulām グラーム
Ghulām
　グラーム
　グラム
Ghuman ギューマン
Ghunaim ゴネイム
Ghūrī
　グーリー
　ゴーリー
Ghūrī
　グーリー
　ゴーリー
Ghurki グルキ
Ghwell グウェル*
Ghyczy ギーツィー*
Ghyka ギカ
Ghylaine ギレーヌ
Ghyn キン
Ghysbrecht
　ガイスブレヒト
Ghyslaine
　ギレーヌ*
　ジスレーヌ
Gi
　キ
　ギ
　ジ
Gia
　ザ
　ザー*
　ジャー
Giac ザック
Giaccherini
　ジャッケリーニ
Giacchetti
　ジャッケッティ
Giacchino
　ジアッキノ
　ジャッキーニ
Giacco ジャッコ
Giacconi
　ジャッコーニ
　ジャコーニ*
　ジャッコーニ*
Giaches
　ジャッケス
　ジャッシュ
Giachetti ジャケッティ
Giachritsis
　ギアクリトシス
Giacinta ジャチンタ
Giacinto
　ジアチント
　ジャシント**
　ジャチント*
Giacobazzi
　ジャコバッツィ
Giacobbe ジャコッペ
Giacobbi ジャコッビ
Giacobetti
　ジャコベッティ
Giacobini
　ジアコビーニ
Giacobone
　ヒアコボーネ

G

Giacomazzi
　ジャコマッツィ
Giacomelli
　ジャコメッリ
　ジャコメリ*
Giacometti
　ジャコッメッティ
　ジャコメッティ**
Giacomini
　ジャコミニ
　ジャコミーニ
Giacomino
　ジャコミーノ
Giacomo
　ジァーコモ
　ジアコモ*
　ジャーコモ*
　ジャコーモ
　ジャコモ***
　ジャック
　ジャッコモ
Giacomuzzo
　ジャコムッツォ
Giacosa
　ジアコーザ
　ジアコザ
　ジャコーサ
　ジャコーザ*
　ジャコサ
Giaever
　イエーヴァー
　ギェヴァー
　ゲーヴァー
　ジェイヴァー
　ジェヴァー
　ジェーバー
　ジェーバー
Giai ザイ
Giaime ジャーイメ
Giai Pron
　ジャイブロン
Giallelis
　ジャイアレリス
Giallini ジャッリーニ
Gialloreto
　ギャロレット
　ジャロレット*
Gia Long ザーロン
Giamatti
　ジアマッティ*
Giambagli ジャンバリ
Giambalvo
　ジャンバルヴォ
Giambanco
　ジャンバンコ*
Giambattista
　ジャム・バッティスタ
　ジャンバチスタ
　ジャンバッチスタ
　ジャンバッティスタ*
　ジャンバティスタ*
Giambertone
　ジャンベルトーネ
Giambettino
　ジャンベッティーノ
Giambi
　ジアンビ
　ジアンビー**
　ジオンビ
　ジオンビー*

Giambologna
　ジャンボローニャ
Giambono
　ジャンボーノ
Giammalvo
　ギアンマルヴォ
Giammarco
　ジャンマルコ
Giammaria
　ジァムマリア
　ジャンマリア
Giammattei
　ジャマテイ
Giammatteo
　ジアマッテオ
Giammatti
　ジアマッチ
　ジアマッティ*
Giampaglia
　ジャンパグリア
Giampaolo
　ジャンパオロ*
Giampiero
　ジアンピエロ
　ジャンピエロ
Giampietri
　ジャンピエトリ*
Giampietrino
　ジャンピエトリーノ
Giampietro
　ジャンピエートロ
　ジャンピエトロ
Giampino ジャンピノ*
Gian
　ギアン
　ザン
　ジアン*
　ジャイアン
　ジャン***
　ジョヴァン
　ジョヴァンニ
Giana ジャーナ*
Gianandrea
　ジャナンドレア
　ジャナンドレア*
Gianassi ジャナシー
Gianbattista
　ジャンバッティスタ
GianBeppe
　ジャンベッペ
Giancalro
　ジャンカルロ
Giancana
　ジアンカーナ*
Giancarlo
　ジャンカルロ**
　ジャンカーロ
Giancola
　ジアンコラ
　ジャコラ
Giancristoforo
　ジャンクリストーフォ
　ロ
Giandomenico
　ジャンドメーニコ
　ジャンドメニコ*
Gianelli ジャネリ
Gianelly
　ジャイアネリー

Gianette ジャネッテ
Gianetti
　ジャネッティ*
Gianettini
　ジャネッティーニ
Gianferrari
　ジャンフェラーリ
Gianfilippo
　ジャンフィリッポ
Gianforte
　ジアンフォルテ
Gianfrancesco
　ジャンフランチェスコ
Gianfranco
　ギアンフランコ
　ジアンフランコ
　ジャンフランコ***
Giang
　ザン*
　ジャン
Giangaleazzo
　ジャンガレアッツォ
Giangiacomo
　ジャンジャーコモ
　ジャンジャコモ
Giangiorgio
　ジャンジョルジョ
Giangreco
　ジャングレコ
Giani
　ギアニ*
　ジャーニ
Gianighian
　ジャニギアン
GianLuca ジャンルカ
Gianluca
　ジャンルーカ*
　ジャンルカ***
Gianluigi
　ジャンルイージ**
　ジャンルイジ***
Gianmarco
　ジャンマルコ
Gianna
　ジアナ
　ジアンナ
　ジャンナ**
Giannecchini
　ジャネッキーニ
Giannella
　ジャンネッラ
Giannelli ジャネリ
Giannēs ヤニス*
Giannetasio
　ジャネタシオ
Giannetti
　ジアネッティ*
　ジャンネッティ
Giannettini
　ジャネッティーニ
Gianni
　ジアンニ*
　ジャンニ***
　ジョバンニ
Giannichedda
　ジャンニケッダ
Giannicola
　ジャンニコーラ
Giannina ジャンニーナ

Giannini
　ギアニーニ
　ジアニーニ*
　ジャニーニ
　ジャンニーニ**
Gianniotis
　ヤイノティス*
　ヤニオティス
Giannis
　ジャニス
　ヤニス*
Giannoli ジャノリ*
Giannone
　ジァノネ
　ジャノネ
　ジャンノーネ
Giannotti
　ジャンノッティ*
Giannou ギアヌー
Gianoli
　ジャノーリ
　ジャノリ
Gianon ジャノン
Gianoncelli
　ジャノンチェッリ
Gianotti
　ギアノッティ
　ジアノッティ
　ジャノッティ*
　ジャンノッティ
Gianozzo
　ジャンノッツォ
Gianpaolo
　ジャンパオロ*
Gianrico
　ジャンリーコ**
Gianroberto
　ジャンロベルト*
Giansanti
　ジャンサンティ
Giant ジャイアント**
Gianturco
　ジャントゥルコ
Giao ザオ
Giap ザップ***
Giáp ザップ
Giaquinto
　ジャキント
　ジャクイント
Giard ジアール*
Giardinelli
　ジャルディネッリ
Giardini
　ジャルディーニ
Giardino
　ジャルディーノ
Giarini
　ジアリーニ
　ジャリニ
Giaroli ジャローリ
Giarra ジアラ
Giatsintova
　ギアツィントヴァ
Giatti ジャッティ*
Giau
　ザウ**
　ザオ
Giaufret ジオフレット

Giauque ジオーク*	Gibram ジブラム	Giébel ジエベル		Giese ギーザ ギース*	Gigevich ギゲビッチ
Giavarini ジャバリニ	Gibran ギブラン ジブラーン ジブラン	Giebeler ギーベラー		Giesebrecht ギーゼブレヒト	Giggs ギグス ギッグス*
Giavotella ジオボテラ		Giebler ギーブラー		Giesecke ギセック	
Giazitzidou ジアジチドー		Gieck ギーク		Gieseking ギーゼキング*	Gigi ジジ**
Giazotto ジャゾット	Gibrat ジブラ	Giedion ギーディオン*		Giesel ギーゼル	Gigla ギグラ
Giazzon ジャッツォン	Gibson ギブスン* ギブソン*** ジップソン	Giedrius ギエドリウス		Giesela ギーゼラ	Gigleux ジグレクス
Gib ジブ		Giedt ギート		Gieseler ギーゼラー*	Gigli ジッリ ジーリ ジリ*
Gibaldi ジバルディ		Giefer ギーファー*		Gieselman ギーゼルマン	
Gibara ジバラ*	Gichon ギチョン ギホン	Gieg ギーグ			
Gibas ギバス		Gieger ジーガー		Giesen ギーゼン* ギーソン	Gigliana ヒグリアーナ
Gibassier ジバシエ		Giegerich ギーゲリッヒ			Giglio ギグリオ
Gibavichius キバヴィチュウス	Gichtel ギヒテル			Gieser ギーサー ギーザー	Gigliola ジリオーラ ジリオラ*
Gibb ギィブ ギップ ギッブ ギブ***	Gick ジッキ	Giehse ギーゼ			
	Giczi ジチ	Gielan ギラン			
	Gidada ギダダ**	Giele ジール		Giesler ギースラー	Giglioli ジリョーリ
	Gidal ジダル*	Gielen ギーレン*		Gieson ギースン ギーソン	Gigliotti ジグリオッティ
	Gidaspov ギダスポフ*	Gielens ジーレンス			
Gibba ギバ	Gidda ギダ	Gielgud ギールガッド ギールグッド** ギルグッド			Gigmont ジグモント
Gibban ギボン	Giddens ギデンス ギデンズ**			Giess ギス*	Gignous ジニュー
Gibbard ギバード*				Giessen ギーセン	Gignoux ジニュー
Gibbens ギベンス	Giddings ギッディングス ギッディングズ ギッテングス ギディグンス ギディング ギディングス ギディングス*			Giesser ギッサー	Gigola ジーゴラ
Gibberd ギバート ギバード		Giel-joong キルジュン		Giesy ギージイ	Gigon ジゴン
		Gielniowa ギェルニュフ		Giesz ギース	Gigor'ev グリゴリエフ
		Gien ギエン		Gietzen ジェッツェン*	Gigou ギグー ジグ
Gibbes ギブス		Gienger ギエンガー		Gieure ジウール	
Gibbie ギビー*		Giep ジェイプ*		Gieve ギーブ ジーブ	
Gibbin ギボン		Gier ギア** ギエル			Gigout ジグー
Gibbins ギッビン ギッビンス ギッビンズ ギビンス ギビンズ*					Gigoux ジグー
	Giddins ギディンス	Gierach ギーラック		Gieve ギーブ ジーブ	Gigov ジゴフ
	Giddy ギディ	Gierek ギエレク ギエレク**		Giff ギフ**	Giguére ギグレ
	Gide ジイド ジイト ジイド* ジット ジッド* ジート ジード**			Giffard ジファード ジファド ジファール	Giguère ギグレ ジゲール
Gibbon ギボン**		Gierisch ギーリシュ		Giffen ギッフェン* ヒッフェン	Giha ジハ ヒハ
Gibbons ギッボンス ギボンス ギボンズ***		Gierke ギーアケ ギールケ* ギールケ		Giffin ギフィン** ジィフィン	
		Gierkinde ギールキンデ			Gihannēs ヤニス
Gibbs ギッブス* ギップズ ギッブス ギブス*** ギブズ*	Gideon ギディアン ギディオン ギデオン** ギドン	Gierkink ギールキンク		Giffler ギフラー*	Gi-hong キホン
		Gierlich ゲーリッヒ*		Gifford ギイフォード ギッフォード* ギフォード*** ジフォード*	Gihr ギール
		Giers ギールス			Gi-hyeon ギヒョン
	Gide'ōn ギデオン	Giersz ギエルシュ			Gi-hyun キヒョン
Gibelin ジブラン	Gider ギダー*	Giertych ギエルティフ			Giill ギル
Gibelman ジベルマン	Gidikov ギディコフ	Giertz ギールツ		Giffords ギフォーズ*	Gijn ギエン ヘイン
Gibernau ジベルナウ	Gidius ギディウス	Gierycz ギィエリチュ		Giffort ギフォート	
Giberne ギバーン	Gidlow ギドロウ ジドロウ	Gierymski ギェルイムスキ		Gifftheil ギフトハイル	Gijón ヒホン
Gibert ギバート ジベール**				Gifis ジフィス	Gi-jong キジョン
		Gies ギエス ギース** ヒース**		Gift ギフト**	Gijs ハイス ヘイス
Giberti ジベルティ	Gidlund イードルンド			Gifton ギフトン	
Gibez ジーベ	Gidlunds ギドランズ			Gig ギグ	
Gibieuf ジビューフ	Gidney ギドニー	Giès ジエス*		Gigaba ギガバ	Gijsbertus ジェスバータス
Gibilisco ギビリスコ ジビリスコ	Gido ギド	Giesbert ギースベルト ジースベール ジズベール* ジズベール		Gigante ジガンテ* ヒガンテ*	Gijsen ジイセン ヘイセン
	Gidon ギドン**				
Gibin ギビン	Gidos ギドス			Gigantes ギガンテス	Gikatilea ギカティラ
Giblin ギブリン	Gidra ギドラ ヒドラ	Giesbrecht ギースブレヒト ギーゼブレヒト		Gigault ジゴー	Gikiewicz ギキェヴィツ
Gibney ギブニー** ギブニイ				Giger ギーガー** ギガー	Gikoro ギコロ
	Gidske ギデスケ				Gikow ギカウ
Gi-bok キボク* ギボク	Gie ギー**	Giebe ギーベ		Gigerenzer ギーゲレンツァー*	Gi-kwang ギグァン
	Giebel ギーベル*				

Gil
　キル
　ギル***
　ジウ*
　ジル***
　ヒル**
Gila ギラ
Gilabertus
　ギラベルトゥス
Gilad
　ギッラード
　ギラッド
　ギラード
　ギラド
　ギルアド
Gilady ギラディ
Gilani ギラニ**
Gilardi ジラルディ
Gilardino
　ジラルディーノ**
Gilauri ギラウリ
Gilb
　ギルブ
　ヒルフ*
Gilbaldi ジルバルディ
Gilbarg ギルバーグ
Gilbart
　ギルバート
　ギルバルト
Gilbaugh ギルバー*
Gilberry ギルベリー
Gilbers ギルバース**
Gilbert
　ギル
　ギルバァト
　ギルバート***
　ギルバード
　ギルバト
　ギルベール*
　ギルベルト
　ギルベルトゥス
　ジルベール***
　ジルベル
　ジルベルト*
Gilbertas ジルベルタ
Gilberto
　ギルバート
　ギルベルト
　ジゥベルト*
　ジルベルト***
　ヒルベルト*
Gilbertson
　ギルバートソン
Gilbertus
　ギルベルトゥス
Gilbey ギルビー
Gilboa ギルボア*
Gilboy ギルボーイ
Gilbreth ギルブレス**
Gilby ギルビ
Gil-chang ギルチャン
Gilcher ギルヒャー
Gil Christ
　ジルクリスト
Gilchrist
　ギルクライスト**
　ギルクリスト***
　ジルクリスト

Gild ギルド
Gilda
　ギルダ**
　ジルダ**
　ヒルダ
Gildas
　ギルダス
　ジルダ*
Gilday
　ギルデー
　ギルデイ
Gildemeister
　ギルデマイスター
Gilden ギルデン
Gilder ギルダー**
Gildersleeve
　ギルダースリーヴ
　ギルダースリーブ
　ジルダースリーヴ
Gilding ギルディング
Gildner ギルドナー
Gildo ギルド
Gilds ヒルズ
Gilduin ジルデュアン
Gile ジル
Gilels ギレリス*
Giles
　ガイルズ
　ギルス
　ギレス
　ジャイルス*
　ジャイルズ***
　ジャールズ
　ジル
Gilet ジレ
Gilewich
　ガイルウィッチ
Gilfillan ギルフィラン
Gilford ギルフォード*
Gilg ギルグ
Gilgameš ギルガメシュ
Gilgen ギルゲン
Gilger ギルジャー
Gilhouser
　ギルハウザー
Gil-hyun キルヒョン
Gili
　ギリ*
　ジリ
　ヒリ
Giliarovskii
　ギリャロフスキー
　ギリャローフスキイ
Giliarovskiĭ
　ギリャロフスキー
Gilibert ジリベール
Gilifalco ジルファルコ
Giliferding
　ギリフェルジング
Giligashvili
　ギリガシビリ
Gilij ジリー
Gilio ジーリオ
Gilkey ギルキー
Gilks ギルクス

Gilkyson
　ギルキーソン
　ジルキーソン
Gill
　イル
　ギル***
　ジル***
Gillain ジラン**
Gillam
　ギラム
　ジラン
Gillan
　ギラン*
　ジラン
Gilland
　ギランド
　ジランド
Gillanders
　ギランダース*
　ギランダーズ
Gillani ギラニ
Gillard ギラード**
Gillars
　ギラース
　ギラーズ
Gillaspie ガレスビー
Gillaumin ギョーマン
Gillberg ギルバーグ*
Gillborn ギルボーン
Gillcrist ギルクリスト
Gille
　イレ
　ジル*
　ジレ**
Gilleard ジラード
Gillen ギレン**
Giller ギラー*
Gillerman ギレルマン*
Gillert ギーレルト
Gilles
　ギリス
　ギルレス
　ギレス
　ジュ*
　ジル***
　ジルス*
　ジレ
Gillespie
　ガレスピー**
　ギャレスピー
　ギレスビー
　ギレスピー
　ギレスピー**
　ジルスピー
　ジルレスピー
　ジレスビー
　ジレスピー*
Gilless ギリス
Gillet
　ギレット
　ジレ*
　ジレー
　ジレット*
Gillete ギレット
Gillett
　ギレット*
　ジレ
　ジレット*

Gillette ジレット**
Gilley
　ギリ
　ギリー**
　ジレイ
Gillham ギラム
Gillhaus ヒルハウス
Gilli
　ジッリ
　ジリ
Gilliam ギリアム***
Gillian
　ギラン
　ギリアン**
　ジュリアン
　ジリアン**
　ジル
Gilliann ジリアン*
Gilliar ギリアー
Gilliard
　ジリヤール
　ジリヤル
Gilliat ギリアット*
Gilliatt
　ギリアット
　ジリアット
Gillick ギリック*
Gillie ギリー
Gillier ジリエ
Gilliéron ジリエロン
Gillies
　ギリース*
　ギリーズ
　ギリス
　ギリズ
　ジリース
Gilligan ギリガン**
Gilliland
　ギリーランド
　ギリランド
　ジリランド
Gillin ギリン
Gilling ギリング
Gillingham
　ギリンガム*
Gillings ギリングス
Gillingwater
　ギリングウォーター
Gillinson ギリンソン
Gillion ギリオン*
Gillis
　イリス
　ギリス**
　ヒリス
　フィリス
Gillislee ジリスリー
Gillison ギリソン
Gillispie
　ガレスピー
　ギリスピー**
Gillman ギルマン*
Gillmann ギルマン
Gillmeistar
　ギルマイスター
Gillmeister
　ギルマイスター
Gillmer ギルマー*

Gillmor ギルモア*
Gillmore ギルモア
Gillo ジッロ*
Gillock ギロック
Gillon ギロン
Gillot
　ジロ*
　ジロー*
Gillott ジロット
Gillow
　ギルロー
　ギロウ*
Gillray
　ギルレー
　ギルレイ
Gills ギル
Gillstrom
　イルストローム
Gillum ギラム
Gilly
　ギリ
　ギリー
　ジリ
　ジリー**
　ヒーリー
Gilm ギルム
Gilman
　ギルマーン
　ギルマン***
　ジルマン
Gilmar ジルマール*
Gilmartin
　ギルマーチン
　ギルマーティン*
Gilmary ギルマリ
Gilmer ギルマー*
Gilmore
　ギルモア***
　ヒルモール
Gilmour
　ギルマー
　ギルモア***
Gilo ギロ
Gilomen ジロメン
Gilot
　ジロ*
　ジロー**
Gilotaux ジロトー
Gilou ジル
Gilovich
　ギロヴィッチ*
　ギロビッチ*
Gilowska ギロフスカ
Gilpin
　ギルピン
　ギルピン***
　ジルピン
Gil Robles
　ヒルロブレス*
Gilroy ギルロイ***
Gilruth ギルラス*
Gils ヒルス
Gilse ヒルゼ
Gil-seong キルスン
Gilson
　ギルソン**
　ジルソン**

Gilster ギルスター
Gilstrap ギルストラップ**
Gil-su ギルス
Gilsu ギルス
Giltaij ヒルタイ
Giltburg ギルトブルグ
Gilton ジウトン
Giltrow ギルトロウ*
Gilvan ジルバン
Gilyarevskii ギリヤレフスキー
Gilyarovskii ギリヤロフスキー
Gilyarovskii ギリヤロフスキー
Gi-lyoong ギリユン*
Gil'zin ギリジン
Gimbel ギンベル*/ジンベル
Gimberg ギンベルク
Gimbergsson ギンバリソン
Gimbernat ギンベルナート
Gimblett ギンブレット
Gimbutas ギンバタス/ギンバタス*
Gimenez ギメネス/ジメネス/ヒメネス**
Giménez ヒメーネス/ヒメネス
Gimeno ギメノ/ヒメノ*
Gimeno-Segovia ジメノセゴビア
Gimferrer ジムフェレール/ジムフェレル
Gim-Gong ギムゴン
Gimignano ジミニャーノ
Gimingham ギミンガム
Gimmer ギンメル
Gimmler ギムラー
Gimmo ジーモ*
Gimond ジモン
Gimpel ギムベル/ギャンベル*/ギンベル*/ジャンベル/ジンベル*
Gimpell ギャンベル
Gimpera ジンペーラ/ヒムペラ
Gimsberg ギンズバーグ

Gimsburgh ギンズバーグ
Gimsing ギムシング
Gimson ギムスン/ギムソン
Gimy ジミー
Gin ジン
Gina ギーナ*/ギナ/ジーナ**/ジナ**
Ginaldi ギナルディ
Ginandjar ギナンジャール**/ギナンジャル
Ginastera ヒナステーラ/ヒナステラ
Ginckell ヒンケル
Gindekin ギンディキン
Gindely ギンデリー
Ginder ギンダー
Gindertael ギンデルタール
Gindikin ギンディキン*
Gindin ギンディン**
Gindron ジャンドロン
Gindroz ギンドローツ
Gine ジーナ/ジーヌ
Ginelli ジネリ
Giner ギナー/ヒネール/ヒネル
Gines ギネス
Ginés ヒネース/ヒネス**
Ginesta ヒネスタ*
Gineste ジネスト*
Ginestet ジネステ
Ginet ギネット
Ginette ジネット*
Ginez ヒネス
Ginga ギンガ
Gingalain ガングラン
Gingǎraş ジンガラシュ
Gingell ギンゲル/ジンジェル
Ginger ジンジャー***
Gingeras ジンジャラス
Gingerich ギンガーリッチ/ギンガリッチ*/ギンゲリヒ/ジンジャーリッチ
Gingo ギンゴ
Gingold ギンゴールド/ジンゴールド

Gingras ギングラス/ジングラス
Gingrich ギングリッチ**/ギンリック
Ginguené ジャングネ
Gini ジーニ*/ジニ*/ジニー*
Giniewicz ジニービチ
Ginisty ジニスティ
Ginka ギンカ
Ginkel ヒンケル*
Gin-ki ジンキ
Ginmardo ジンマルド
Ginn ギン/ジン**
Ginna ジーナ*
Ginneken ヒネケン*
Ginner ジンナー
Ginni ジニ/ジニー
Ginnie ジニー
Ginny ジニー*
Gino ジーノ***/ジノ**/ヒノ
Ginobili ジノビリ*
Ginola ジノラ*
Ginott ギノット/ジノー/ジノット
Ginoulhiac ギヌリヤク/ジヌイアック
Gin-pyo ジンピョ
Gins ギンス/ギンズ***
Ginsbach ギンスバッハ*
Ginsberg ギンスバーク/ギンスバーグ*/ギンズバーグ**/ギンズバーグ
Ginsbourg ギンスバーグ
Ginsburg ギンスバーグ*/ギンスバーグ**/ギンズブルク/ギンズブルグ/ゲンズブルグ
Ginsburgh ギンズバーグ
Ginsel ヒンセル
Ginster ギンスター
Gintaras ギンタラス
Gintare ギンタレ

Gintautas ギンタウタス
Ginter ギンター*
Ginther ギンサー
Gintis ギンタス*
Ginty ギンティ/ジンティ
Gintzler ギンツラー
Ginz ギンズ
Ginzberg ギンスバーグ/ギンズバーグ/ギンズベルク/ギンツベルク
Ginzburg ギンズバーグ*/ギンズブルク/ギンズブルグ/ギンズブルグ***/ギンツバーグ/ギンツブルク/ギンツブルグ*/ギンズブルグ
Ginzel ギンツェル
Ginzkey ギンツカイ
Ginzton キンツトン
Gio イオ/ジオ**
Giò ジオ
Gioacchini ジョアッキーニ
Gioacchino ジョアッキーノ/ジョアッキノ/ジョアキーノ*/ジョアッキーノ*
Gioannes ヨアンニス
Giobbi ジョビー**
Gioberti ジョベルティ/ジョベルティ/ジョベルチ/ジョベルティ
Giocante ジョカンテ*
Gioconda ジョコンダ
Giocondo ジョコンド
Gioffredo ジョッフレード
Gioia ジョイア*/ジョーヤ
Gioja ジョヤ
Giok Tjhan ギョクチャン
Giolfino ジョルフィーノ
Gioli ジョーリ
Giolito ジョリト*
Giolitti ジョリッティ/ジョリッティ
Giommi ジョンミ
Gionata ジョナータ

Gionfriddo ジオンフリッド
Gióng ゾン
Gionis ギオニス
Giono ジオノ/ジオノ**/ジョノ/ジョノ
Giora ギオラ*/ジオラ
Giordan ジオルダン*
Giordana ジョルダーナ*
Giordani ジョルダーニ/ジョルダーニ**/ジョルダニ
Giordano ジオダノ/ジョルダーノ***/ジョルダノ*/ジョルダール
Giorgadze ギオルカゼ/ギオルガゼ
Giorgelli ジョルジェリ
Giorgetti ジョルゲッティ
Giorgetto ジョルゲット/ジョルジェット/ジョルジェット
Giorgi ギオルギ***/ジョルジ/ジョルジ*
Giorgia ジョルジア*/ジョルジャ*
Giorgiana ジョルジアーナ
Giorgianni ジョルジアンニ
Giorgieri ジョルジェリ
Giorgini ジョルジーニ
Giorgio ジオージオ/ジョルジオ/ジョルジォ*/ジョルジオ***/ジョルジュ/ジョルジーヨ/ジョルジョ***
Giorgione ジェルジョーネ/ジョルジォーネ/ジョルジオーネ/ジョルジョーネ
Giorgis ギオルギス
Giorgos イオルゴス/イョールゴス/イオルゴス/ギョールゴス/ヨルゴス*
Giörgos イヨルゴス

Giōrgos ジョージ
Gíorgos イオルゴス
Giorigi ギオルギ
Giorni ジョルニ
Giornovichi
　ジョルノヴィーキ
Gioseffi
　ジョセッフィ*
　ジョーゼフィ*
Gioseffo
　ジオゼッフォ
　ジョゼッフォ
Gioseppe ジョゼッペ
Giosuè
　ジョズエ*
　ジョズエー*
Giottino
　ジョッティーノ
Giotto
　ジョットー
　ジオット
　ジオネット
　ジョット*
　ジョットー
　ジョット—
Gioura ジョウラ
Giovacchino
　ジョヴァッキーノ
Giovambattista
　ジョヴァンバッティスタ
Giovan ジョヴァン
Giovanardi
　ジョバナルディ
Giovanbattista
　ジョヴァンバッティスタ
Giovanca
　ジョヴァンカ*
Giovane
　ジョーヴァネ
　ジョヴァーネ
　ジョヴァネ
　ジョバネ
　ジョバン*
Giovanelli
　ジョヴァネルリ
　ジョブァネッリ
Giovanetti
　ジョバネッティ
Giovani
　ジョバニ*
　ジョバンニ*
Giovanli ジョヴァンリ
Giovanna
　ジャンヌ
　ジョヴァンナ**
　ジョバンナ**
Giovannelli
　ジョヴァネッリ
　ジョヴァンネッリ
Giovannetti
　ジョヴァンネッティ
　ジョヴァンネッティ
　ジョバネッティ
Giovanni
　ギオバニ
　ジョヴァンニ
　ジョヴァンニ

Giovanni ジオバニ*
　ジオバンニ**
　ジョヴァン
　ジョヴァンニ***
　ジョバンニ
　ジョバンニ***
　ジョンバニ
Giovannia
　ジョヴァンニ
Giovanni Battista
　ジャンバッティスタ
Giovannini
　ジョバンニ
　ジョバンニーニ
Giovannino
　ジョヴァンニーノ*
Giovannitti
　ギオワニティ
Giovannoli
　ジョバンノーリ
Giovannoni
　ジョヴァンノーニ
Giovanny ジオバニー
Giovantonio
　ジョヴァントーニオ
Giovènale
　ジョヴェナーレ
Giovenni ジョヴァンニ
Giovenone
　ジョヴェノーネ
Giovetti
　ジオヴェッティ
　ジョベッティ
　ジョヴェッティ*
　ジョベッティ
Giovinazzo
　ジョヴィナッツォ
　ジョビナッツォ
Giovinco ジョビンコ
Giovio
　ジョーヴィオ
　ジョビオ
Giovita ジョヴィータ
Gipe ガイプ
Gipkens ギプケンズ
Gipper ギッパー*
Gippius
　ギッピウース
　ギッピウス**
　ヒッピウス
Gipps
　ギップス**
　ギプス
Gipson
　ギブソン*
　ジプソン
Giquel ジケル*
Gira ジラ
Giraci ギラースィ
Girál ヒラル
Giraldez ヒラルデス
Giraldi ジラルディ*
Giraldin ガラジン
Giraldo ヒラルド
Giraldoni
　ジラルドーニ
Giraldus
　ギラルドゥス*

ギラルドス
ジラルダス
ジラルドゥス
Giralt ジラルト
Giram ジラン
Giran ギラン
Girard
　ギラード
　ジラード**
　ジラール***
　ジラルド
　ジロー
　ヒラール
Girardelli ジラルデリ*
Girardet
　ジラード*
　ジラルデ
　ジラルデット
Girardi
　ジラーディ
　ジラルディ**
Girardin
　ジラルダン
　ジラルディン
　ジラルデン
Girardon ジラルドン
Girardot ジラルド**
Girart ジラール
Girat ヒラルト
Giraud
　ジラウ
　ジラウード
　ジラウド
　ジロー***
　ジロード
Giraudeau
　ジロード
　ジロード**
　ジロドゥ
Giraudoux
　ジロオドゥー
　ジロオドウ
　ジロドー
　ジロドゥー
　ジロドゥ*
　ジロドゥー**
　ジロドオ
Giraudy
　ジローディ
　ジロディ
Girault ジロー*
Giraut ジロー
Girbaud ジルボー
Girbert ジルベル
Girbig ジルビッヒ
Girdler ガードラー
Girdlestone
　ガアドルストオン
　ガードルストーン
Girdley ガードレー
Gire ガイア
Girej ギレイ
Girel ジレル
Girelt ギーレルト
Girenko ギレンコ
Girerd ジレール
Giresse ジレス

Girgensohn
　ギルゲンゾーン
Girgenti
　ジジェンティ
　ジルジェンティ
Girginov ギルギノフ
Giri ギリ**
Giria ギリヤ
Giribone ジリボン
Giric ギーリック
Girija ギリジャ**
Girimānanda
　ギリマーナンダ
Girirajmani
　ギリラジマニ
Giriścandra
　ギリシュチョンドロ
Girish
　ギリシュ
　ギリシュ
Girja ギルジャ
Girke ガーク
Girkin ギルキン
Girling ガーリング*
Girlyn ガーリン
Girma ギルマ***
Girner ガーナー
Giro ジロ
Girod ジロ**
Girodet ジロデ
Girodias
　ギロディアス
　ジロディアス
Girolami
　ジローラミ
　ジローミ*
　ジロラミ
　ジロラミー
Girolamo
　ギロラモ
　ジェロニモ
　ジェローラモ
　ジェロラモ
　ジローラモ*
　ジロラーモ
　ジロラモ*
Giroldo ジロルド
Girolomoni
　ジロロモーニ
Girometti
　ジロメッティ
Giron
　ギロン
　ヒロン
Girón ヒロン
Girondo ヒロンド
Gironella ヒロネリャ*
Girotti ジロッティ
Girou ギルウ
Girouard ジルアード*
Giroud
　ジラウド
　ジルー**
Giroust
　ジルー
　ジルースト

Giroux
　ジルー**
　ジロー**
Girri ヒリ
Girt ギルト
Girtin ガーティン
Girton ガートン
Girts ギルツ
Girulio ジュリオ*
Girvan ギルヴァン
Girvin
　ガーヴィン
　ガービン
Giry
　ジリ
　ジリー
Gi-ryong キリョン
Gi-ryoung キリョン
Girzone ガーゾーン*
Gisa ギーサ
Gisbert
　ギスバート
　ジズベルト**
　ヒスベルト
Giscard ジスカール**
Giscard d'Estaing
　ジスカールデスタン
Gischia
　ギスキア
　ジスシア
Gischler ギシュラー*
Gise ギーゼ
Gisél ジゼル
Gisela
　ギーセラ
　ギーゼラ*
　ギセラ**
　ギゼーラ
　ギゼラ*
　ジゼラ
　ヒセラ
Gisele ジゼル**
Giséle
　ジゼール
　ジゼル
Gisèle
　ジゼール
　ジゼル*
Giselher
　ギゼラー
　ギーゼルヘーア
　ギゼルヘール
　ギーゼレル
Gisella ジセラ
Giselle
　ジセル
　ジゼル**
Giseppe ジュゼッペ
Gisera ギセラ
Gisevius ギゼフィウス
Gish ギッシュ*
Gishen ギッシェン
Gishford
　ギシュフォード
Gisi ギジ
Gisin
　ギザン*

ジザン
Giske ギスケ
Gíslason ギースラソン
Gisle イスレ
Gislebertus
　ギスレベルトゥス
Gisli
　ギスリ
　ギスリー
Gísli ギスリ
Gísmonde ジスモンド
Gismondi
　ギスモンディ
Gismondo ジスモンド
Gismonti
　ギスモンティ
　ジスモンチ
Gisolf ヒソルフ
Gisolfi ギソルフィ
Gisors ジゾール
Gissell ギッセル
Gissing
　ギシング
　ギッシング*
Gist
　ギースト
　ギスト*
　ジスト
Gita
　ギータ**
　ギーター
　ギタ
Gitahi ギタヒ
Gitai ギタイ*
Gitanas ギタナス
Gītānī ギーターニー
Gitanjali
　ギーターンジャリ*
　ギタンジャリ
Gitau ギタウ
Giteau
　ギタウ*
　ジトー
Gitel ギテル
Gitelman ギテルマン*
Gitelson ギッテルソン
Giteruji ギテルジ
Githa
　ギーサ
　ギサ
Githae
　ギサエ
　ギザエ
　ギタエ*
Githens ギセンズ
Githiora ギシオラ
Gitiadas ギティアダス
Gitinov ギチノフ
Gitlin ギトリン*
Gitlis ギトリス**
Gitomer ギトマー
Gitsham ギッシャム
Gitt ギット
Gitta
　ギッタ
　ジッタ

Gittard ジタール
Gitte
　ギッテ
　ヒッテ
Gittell ギッテル
Gittelman
　ギッテルマン
Gittelson
　ギトルソン
　ジッテルソン
Gittens
　ギッテンズ*
　ギトゥンズ
Gitterman
　ギッターマン
Gittines ギティンズ
Gittings
　ギッチングス
　ギッティング
　ギッティングズ
　ギティングズ
Gittins
　ギッティンズ
　ギティンス
　ギティンズ
Gittis ギティス
Gittleman ギトルマン
Gittler ギトラー
Gittoes ギトーズ
Giucca ジュッカ
Giudice
　ギディス
　ジューディージェイ
Giuseppe
　ギュセフ
　ゲイゼッペ
　ジゥゼッペ*
　ジゥセッペ
　ジュウゼッペ
　ジュゼッペ
　ジュゼップ
　ジューゼッペ
　ジュゼッペ**
　ジュゼッペ***
　ジョセピ
　ジョゼッペ
Giuffrida
　ジュフリダ
　ジュフリッダ
Giugiaro
　ジウジアーロ
　ジュジアーロ
Giuglaris
　ジュグラリス*
Giulia
　ジゥリア
　ジューリア
　ジュリア**
Giuliacci ジュリアッチ
Giuliana
　ジュリアーナ*
　ジュリアナ*
Giuliani
　ジュリアーニ***
　ジュリアニ
Giuliano
　ジウリアーノ
　ジュリアーノ***
　ジュリアノ

Giulietta
　ジュリエッタ**
Giulietto ジュリエット
Giulini ジュリーニ**
Giulio
　ギウリス
　ジィリオ
　ジイリオ
　ジゥウリオ
　ジューリオ*
　ジュリオ***
　ジュリョ
　ジュリヨ
　ユーリウス
　ユリウス
Giulioni ジュリオーニ
Giuly ジュリー
Giunta
　ジゥンタ
　ジュンタ
Giunter ギュンテル
Giunti ジュンティ
Giupponi ジュッポーニ
Giuranna ジュランナ
Giurcaneanu
　ジュルカネアヌ
Giurescu
　ジュレス
　ジュレスク
Giurgola ジォゴラ
Gius ジュース
Giuseppa ジュゼッパ
Giudici ジュディチ
Giuditta
　ジゥディッタ
　ジュディッタ
Giuffra ジウフラ
Giuffre
　ジュフリー*
　ジュフレ*
Giuffrè ジュッフレ
Giusti
　ガスティ
　ギュスティ
　ジャスティ
　ジュースティ
　ジュスティ
Giussani ジュッサーニ
Giussepe ジュゼッペ
Giuseppina
　ジュゼッピーナ*
　ジュゼッピナ
　ジョセフィナ
Giusiano
　ジュジアーノ*
Giustini
　ジャスティン
　ジュスティーニ
Giustinian
　ジュスティニアン
Giustiniani
　ジュスティニアーニ

Giustiniano
　ジュスティニアーノ
Giustino
　ジュスティーノ
Giusto
　ジュスト
　ジュスト
Giusy ジュジ
Giuzelev ギュゼーレフ
Givel ジベル
Given
　ギヴン
　ギブン
Givenchi ジヴァンシー
Givenchy ジヴァンシー
Givency
　ジヴァンシー
　ジバンシー*
　ジバンシィ
Givens
　ギヴンズ*
　ギブンス*
　ギブンズ
Giveon ギヴェオン
Givet ギブ
Givhan ギバン
Givry
　シヴリ
　ジヴリ
Giwa ギワ
Gi-won ギウォン
Giya ギヤ**
Giyasov ギヤソフ
Gi-yong
　キヨン
　ギヨン*
Giyorgis ギヨルギス
Gizenga ギゼンガ
Gizikis ギジキス
Gizycki
　ギスツキ
　ギチッキー
　ギヂツキ
Gizzi
　ギジー
　ジッツィ
Gizziello ジッツェッロ
Gjakova ジャコヴァ
Gjana ジャナ
Gjeble イェブル
Gjelland ジェラン*
Gjellerup
　ギィエロップ
　ギェラルップ
　ギェレループ
　ゲェレルプ*
　ゲーラロップ
　ゲレロプ
Gjelsvik
　ジェルスビック
Gjengedal
　キェンゲダル
Gjerdet ジェルデット
Gjergj ジェルジ*
Gjerlow ジュアロー
Gjermeni ジェルメニ

Gjerskov ゲアスコウ
Gjerstad
　イェシュタード
Gjertsen
　イェルツェン
　ギェルツェン
Gjestvang
　イエストバンク
Gjiknuri ギクヌリ
Gjoemle イエムレ
Gjokica ギョキッツァ
Gjon ジョン
Gjoni ジョニ
Gjorcev ギョルチェフ
Gjorge ゲオルギ*
Gjosha ジョシャ
Gjungjenac
　ギュンイェナツ
Gjurić ギュリッチ
Gkiokas グキオカス
Glab グラブ*
Glaber
　グラベール
　グラベル
Glaberman
　グラバーマン
Glabrio グラブリオ
Glackens グラッケンズ
Gladden グラッデン**
Gladding
　グラッディング
Gladdish
　グラディッシュ
Gladen グレイデン
Glader グレーダー
Gladfelter
　グラッドフェルター
Gladiator
　グラジエーター
Gladicux
　グラディカックス
Gladilin グラジーリン*
Gladis グラディス
Gladisheva
　グラディシェワ
Gladkoborodova
　グラドコボロードヴァ
Gladkov
　グラードコフ
　グラトコーフ
　グラトコフ*
　グラドコフ
Gladkowska
　グラドコヴスカ
Gladky グラドキー
Gladman グラッドマン
Gladney グラドニー
Gladovic グラドビチ
Gladstar
　グラッドスター*
Gladstein
　グラッドスタイン
Gladstone
　グラッドストーン*
　グラッドストン**
　グラドストーン

Gladwell グラッドウェル**
Gladwin グラッドウィン*
Gladwyn グラドウィン
Gladys グラティス / グラディス*** / グラディズ
Glaeser グレイザー / グレエザー / グレーザ / グレーザー*
Glaesser グレーサー
Glaessner グレスナー*
Glaetzer グレーツァー
Glaf グラフ
Glafcos グラフコス*
Glafkos グラフコス
Glagoleva グラゴーレヴァ / グラゴレヴァ*
Glagolin グラゴリン
Glagow グラゴウ
Glahe グレーヒ
Glahn グラーン / グラン
Glaib グライブ
Glaisher グレイシャー / グレーシャ / グレーシャー
Glaister グレイスター
Glajch グライッヒ
Glanbe グラウベ
Glancey グランシー*
Glanfield グランフィールド*
Glang ラン
Glang darma ランダルマ
Glang lung pa ランルンパ
Glangrithang pa ランリタンパ
Glangthang pa ランタンパ
Glania グラニア
Glans グランズ
Glansdorff グランスドルフ
Glanton グラントン
Glantz グランツ*
Glanvill グランヴィル
Glanville グランヴィル* / グランビル*
Glanz グランツ
Glapion グラピオン
Glappa グラパ
Glar グレアー

Glardon グラルドン
Glareanus グラレアーヌス / グラレアヌス
Glas グラース / グラス*
Glasa グラサ
Glasauer グラサウア*
Glasenapp グラーゼナップ*
Glaser グレーザー*** / グラサー / グラザー / グラセー / グラーゼル / グラッサー / グレイザー / グレイザー* / グレイザー** / グレーザー**
Gläser グレーザー
Glasersfeld グレーザーズフェルド
Glasgow グラスゴー* / グラスゴウ / グラスゴウ
Glashaw グラショー* / グラショウ
Glashow グラショー / グラショウ
Glasier グレージア
Glaskin グラスキン
Glasman グラスマン
Glasnovic グラスノビッチ
Glasnović グラスノヴィッチ / グラスノビッチ
Glasnow グラスノー
Glason グラソン
Glaspell グラスペル*
Glasper グラスパー
Glaspy グラスピ
Glass グラース** / グラス***
Glassbrenner グラスブレンナー
Glassco グラスコー
Glasscock グラスコック*
Glasse グラス / グラッセ
Glasser グラーサー / グラサー / グラッサー* / グレイサー
Glassér グラッサー
Glassey グラッシー
Glassie グラッシー*
Glassius グラシウス

Glassley グラスリー
Glassman グラスマン
Glassner グラスナー*
Glasson グラソン / グラッソン
Glasstone グラストン
Glastonbury グラストンベリー
Glastra フラストラ**
Glasziou グラシュー / グラスイオウ / グラスジオウ
Glatfelter グラットフェルター
Glatigny グラチニー
Glatin グラテン
Glatt グラット*
Glattauer グラッタウアー*
Glatter グラッター
Glattke グラック
Glatzer グラツァー / グラッツァ / グラッツァー* / グラッツェル / グレイツァー
Glaubach グラウバック
Glaube グラウベ
Glauber グラウバー** / グラウベル*
Glauberman グラウベルマン
Glaubman グローブマン*
Glaubrecht グラウブレヒト
Glaucia グラウキア
Glaucio グラウシオ
Glauco グラウコ
Glaudes グロード*
Glauert グラウエルトゥ / グロアート / グロワート
Glaukias グラウキアス
Glaukos グラウコス*
Glaum グローム
Glaus グラウス* / グロース* / グロス
Glauser グラウザー*
Glavan グラハン / グラバン
Glavany グラバニ
Glave グレイブ
Glaviano グラヴィアーノ
Glavin グラービン / グラビン

Glavine グラヴィン / グラビン*
Glavinic グラヴィニチ**
Glavtchev グラブテクブ
Glayman グレイマン
Glaze グレイズ
Glazebrook グレイズブルック*
Glazelius グランセリウス
Glazer グレイザー / グレーザー**
Glazier グラジエ / グラジール / グレイジャー
Glaziev グラジエフ*
Glazik グラジク
Glazkov グラズコフ / グラズコワ
Glazman グラズマン
Glazova グラゾーヴァ
Glazunov グラズーノフ / グラズノーフ / グラズノフ
Glazyrin グラジリン
Gleadhill グリードヒル
Gleadle グリーアドル
Glean グリーン
Gleason グリースン* / グリーソン** / グレアソン
Gleaves グリーブス
Gleazer グレイザー
Gleb グレブ / グレーブ / グレーブ / グレブ* / グレブ*
Glebas グレイバス
Glebbeek グレビーク
Gleberzon グレベルゾン
Glebov グレボヴ / グレーボフ / グレーボフ / グレボフ
Glécio グレシオ
Gleckman グレックマン
Gledhill グレッドヒル / グレドヒル
Gleditsch グレディッチ / グレディッチュ*
Gleeck グリーク
Glees クリース

Gleeson グリーソン** / グリーゾン
Glegg グレック
Glei グライ
Gleich グライヒ*
Gleichen グライヒェン / グライヘン
Gleick グリック** / グレイク
Gleim グライム
Gleirscher グライルシャー
Gleiser グライサー
Gleisi グレイシ
Gleispach グライスパハ
Gleissner グライスナー
Gleit グレイト
Gleitzman グライツマン**
Gleixner グライクスナー
Gleize グレーズ
Gleizer グレイゼル*
Gleizes グレーズ*
Glemnitz グレムニッツ
Glemp グレンプ*
Glen グルン / グレン***
Glenallen グレナレン*
Glencoe グレンコー
Glenconner グレンコナー
Glenda グレンダ***
Glenday グレンディ
Glendening グレンデニング
Glendenning グレンデニング
Glendinning グレンディニング*
Glendon グレドン / グレンドン**
Glendower グレンダウアー
Glenelg グレネルグ
Glenford グレンフォード
GlenMaye グレンメイ
Glenmullen グレンマレン
Glenn グレイン / グレン***
Glenna グレンナ
Glennan グレナン
Glennda グレンダ
Glenne グレン
Glennerster グレナスター
Glenney グレンニー

Glennie グレニー**	Glinskaya グリーンスカヤ	Gloss グロス	Glücksmann グリュックスマン	Gmuender グミュンダー
Glennon グレノン**	Glinski グリンスキー	Glossbrenner グロスブレナー	Gluckstern グルックスターン	Gmür グミュール
Glenny グレニー	Gliński グリンスキ	Glossner グロスナー	Glueck グリュック	Gmurman グムールマン
Glennys グレニス*	Glinsmann グリンスマン	Glossop グロソップ / グロッソップ	Glukhov グルホフ	Gnabry ニャブリ
Glenville グレンヴィル / グレンビル	Glint グリント	Gloster グロスター	Glukhovskiĭ グルホフスキー	Gnacadja ニャカジャ
Glenway グレンウェイ	Glinta グリンタ	Glotfelty グロトフェルティ	Glukhovsky グルホフスキー*	Gnädig グナディグ / グネーディッヒ
Glenwright グレンライト*	Glintzer グリンツァー	Glotser グロツェル	Glum グラム	Gnaeus グナエウス
Glenys グレニス*	Glinz グリンツ*	Glotz グロッツ***	Glúndub グルンドゥフ	Gnägi グネーギ
Glerum グレラム	Gliori グリオリ* / グリオリー	Glotzbecker グロッツベッカー	Gluscevic グルスチェビッチ	Gnahope ニャオレ
Glesinger グレシンガー	Glisic グリシッチ	Glouberman グローバーマン*	Glushakov グルーシャコフ	Gnahore ニャオレ
Gless グレス	Glisky グリスキー	Gloucester グロースター / グロスター** / グローチェスター	Glushchenko グルシチェンコ	Gnaizda グナイズダ
Glessner グレスナー	Glissant グリッサン***		Glushenko グルシェンコ	Gnali ニャリ
Gletle グレートレ	Glisson グリソン / グリッソン			Gnamien ニャミアン
Glew グリュー			Glushko グルシコ	Gnanadesikan ニャナデシカン
Gleyber グレイバー	Glista グリスタ	Glouchevitch グロウチェビッチ	Glushkov グルシコフ*	Gnanasekaran ニャナセカラン
Gleyre グレール	Glitch グリッチ	Glouchev グルチコフ	Glushkovsky グルシュコフスキー	Gnanasumana ニャナスマナ
Gleysteen グライスティーン / グレイスティーン**	Glitius グリチウス	Glousman グロウスマン	Gluskap グルスキャップ	Gnanhouan グナヌーアン
Glezer グレーゼル	Glitman グリットマン	Glovak グロバク	Glusker グルスカー	Gnankoye ナンコイエ / ニャンコイ
Glezerman グレーゼルマン / グレゼルマン	Glitschka グリッチカ	Glover グラヴァ / グラヴァー* / グラバー** / クローヴァー / グローヴァー* / グローバー*** / グローバー*	Gluskina グルースキナ*	Gnapheus グナフェーウス
Glick グリック*	Glitter グリッター		Glut グラット / グルート*	
Glickman グリックマン***	Glizer グリゼル			Gnassinbé ニャシンベ
Glicksberg グリックスバーグ* / グリックスベルク	Glo グロー		Glutting グルーティング	Gnassingbe ニャシンベ**
	Glob グロブ		Glváč グルバーチ	Gnassingbé グナシンベ / ニャシンベ**
Glickstein グリックシュタイン	Globke グロブケ		Glycerius グリュケリウス	
Glidden グリッデン	Globocnik グロボツニク	Glovinsky グロヴィンスキ		Gnattali ニャタリ
Glied グライド	Globokar グロボーカル / グロボカール* / グロボカル	Głowacki グウォバツキ	Glyck グリック	Gnauck グナーク
Glier グリエール / グリエル		Głowacz グロヴァッツ	Glykas グリュカス	Gnedenko グネジェンコ*
	Globus グロブス	Glowinski グロウィンスキー	Glykás グリュカス	Gnedich グネージチ / グネーディチ
Glière グリエール	Glocer グローサー*	Glowna グロヴーナ	Glykon グリュコーン / グリュコン	
Gliese グリーゼ	Glocheux グロシュ / グロシュー*	Gloy グロイ	Glymour グリムーア / グリモール	Gnédov グネードフ
Gligorić グリゴリッチ		Glubb グラッブ / グラブ*		Gneezy ニーズィー
Gligorov グリゴロフ**	Glock グロック**	Glöckler グレックラー	Glyn グライン / グリーン / グリーン***	Gneisenau グナイゼナウ / グナイセノー
Gliha グリハ	Glockner グロックナー	Glubokovskii グルボコーフスキイ		
Glik グリク	Glöckner グレックナー	Gluck グラック** / グリュック / グルック / グルック*	Glyndwr グリンデュア	Gneist グナイスト / グナイスト
Glikeriia グリケリヤ	Glockshuber グロックスバー		Glyndŵr グリンドゥール / グリンドゥル	Gnemmi グネミ
Glikeriya グリケリーヤ	Glodean グロディーン			Gnéném̄a ニェネマ
Gliksman グリックスマン	Glodell グローデル*	Glück グラック / グリュック**	Glynis グリニス*	Gnesin グネーシン
Glimcher グリムシャー	Glodomiro グロドミロ	Glückel グリュッケル / グルッケル	Glynn グリン**	Gnesina グネーシナ
Glimm グリム	Gloeden グローデン	Glucklich グロックリッチ	Glynne グリン**	Gnessen グニーセン
Glinberg グリンバーグ	Gloeersen グレルシェン	Gluckman グラックマン	Glynnis グリニス*	Gneto ニェト
Gline グライン	Gloman グローマン	Glücks グリュックス*	Gmehling グメリング	Gneuss グノイス
Gliner グリニエル	Gloor グローア	Glucksmann グラックスマン / グリュックスマン** / グルックスマン	Gmeiner グマイナー*	Gnidenko グニデンコ
Glinert グリナート*	Glori グローリ		Gmelch グメルク	Gnigla ニグラ
Glines グラインズ*	Gloria グローリア** / グローリア***		Gmelin グメーリーン / グメーリン / グメリン**	Gnilka グニルカ*
Glineux グリヌ				Gnimbere グニムベレ
Gling pa リンパ	Gloriana グローリアーナ			Gnininvi ニニンビ
Gling ras pa リンレパ	Glorieux グロリュー			Gnirck ニャク
Glinka グリーンカ / グリンカ*	Glorioso グロリオーソ			Gnissa ニッサ
Glinskaia グリンスカヤ	Glory グローリー*			
	Glos グロス			

Gnobo ノボ
Gnocchi ニョッキ*
Gnoenskii グノエンスキー
Gnofam ニョファム
Gnofame ニョファメ
Gnoli ニョーリ**　ニョリ
Gnonkonte ノンコンテ
Gnonlonfoun ニョンロンフン
Gnonsoa ノンソア
Gnosspelius グノスペリウス
Gnoukouri ニュクリ
GNubs chen ヌブチェン
GNyags ニャク
Gnya' khri btsan po ニャーティーツェンポ
GNyos ニョ
Go コ*　ゴ　ゴー*　ゴウ
G.O ジオ
Goad ゴード
Goalby ゴールビー
Goalet ゴアル
Goan ゴアン
Goar ゴアール　ゴアル
Goarin ゴアハン　ゴアラン*
Goater ゴーター
Goaz ゴアズ　ゴーズ
Goaziou ゴアジウ　ゴアズィウ
Gobat ゴバ　ゴバー
Gobatti ゴバッティ
Gobaze ゴバゼ
Gobbel ゴッベル　ホッベル
Göbbeler ゲベラー
Gobbell ゴッベル
Gobbens ゴベンス
Gobbetti ゴッベッティ
Gobbi ゴッビ**
Gobe ゴベ
Gobé ゴーベ*
Gobedishvili ゴベジシビリ
Gobel ゲーベル　ゴーベル*　ゴベル
Göbel ゲーベル

Gobelet ゴブレ
Gobelin ゴブラン
Gober ゴーバー
Gobert ゴベール*　ゴベルト
Gobertus ゴベルトゥス
Goberville ゴベービル　ゴベルビュ
Gobet ゴベット
Gobetti ゴベッチ　ゴベッティ
Gobi ゴビ
Gobien ゴビアン　ゴビヤン
Gobind ゴービン　ゴビンド
Gobineau ゴビノー
Göbl ゲーブル
Goble ゴウブル　ゴーブル*　ゴブル*　ゴブレ
Goblet ゴブレ
Goblinus ゴブリヌス
Goblot ゴブロ
Gobrecht ゴブレクト
Goburdhun ゴブルドゥン
Goby ゴビ
Gočár ゴチャール
Gochashvili ゴチャシビリ
Goche ゴチェ
Göchhausen ゲヒハウゼン
Gochyev ゴチエフ　ゴチュイエフ
Gocke ゴック
Gockel ゴッケル
Goclenius ゴクレニウス
Gocongwei ゴコンウェイ
Gocsik ゴックシク
God ゴッド
Goda ゴダ
Godagama ゴーダガマヤ
Godal グーダル**
Godana ゴダナ
Godara ゴダラ
Godard ゴダール***
Godart ゴダール
Godatta ゴーダッタ
Godawari ゴーダーワリー
Godber ゴッドバー*

Godbersen ゴッドバーセン*　ゴッドベルゼン
Godbillon ゴドビヨン
Godbout ゴドブー**
Goddamus ゴッダームス
Goddar ゴダール*
Goddard ゴダッド*　ゴダート　ゴダード***　ゴダール　ゴッダード*
Goddart ゴダート*
Gödde グーデ　ゲッデ
Goddeeris ゴッディアリス　ゴデリス
Godden ゴッズン　ゴッデン**
Goddio ゴディオ*
Goddman グッドマン
Goddon ゴッドン
Goddy ギャディ
Godeau ゴドー*
Godeaux ゴドー*
Godeberta ゴデベルタ
Godec ゴデツ
Godecharle ゴドシャルル
Godechot ゴデショ
Godeffroy ゴドフロア　ゴドフロワ
Godefridus ゴットフリート　ゴデフリドゥス　ゴドフロワ
Godefroid ゴーデフロイド　ゴドフロア　ゴドフロワ　ゴドフロワ**
Godefroot ゴーデフロート
Godefroy ゴットフリート　ゴデフロワ　ゴトフロア　ゴドフロア　ゴドフロワ　ゴドフロワ
Godehard ゴデハード　ゴーデハルト
Godek ゴデク
Godel ゲーデル　ゴデール**
Gödel ゲーデル*
Godelier ゴドリエ　ゴドリエ**

Godelieve ゴドリーブ
Godelive ゴデルヴァ
Godement ゴドマン
Godepert ゴデベルト
Goderdzi ゴデルジ
Goderich ゴドリッジ　ゴードリッチ
Godert ホーデルト
Godes ゴーズ
Godescalc ゴデスカルク
Godescalcus ゴデスカールクス
Godet ゴーデー　ゴデ　ゴデー
Godey ゴーディ*　ゴーディー
Godfather ゴッドファーザー
Godfray ゴッドフレー
Godfré ゴッドフリー
Godfred ゴッドフレッド　ゴドフレド
Godfree ゴッドフリー　ゴドフリー
Godfrey ゴッドフリ　ゴッドフリー***　ゴッドフリィ　ゴッドフレー　ゴッドフレイ*　ゴドフリー*　ゴドフリー***　ゴドフレー*　ゴドフレイ　ゴドフロア　ゴドフロワ
Godfried ホットフリート
Godfrljy ゴッドフレー
Godfroy ゴッドフロワ
Godhika ゴーディカ
Godigisel ゴディギセル
Godin ゴウディン*　ゴーダン　ゴダン**　ゴーディン*　ゴディン
Godina ゴーディナ*　ゴディナ
Godineau ゴディノー
Godinho ゴディーニョ
Godinski ゴジンスキー
Godish ゴティッシュ
Godiva ゴダイヴァ　ゴディヴァ

Godivier ゴディヴィエ　ゴディビエ
Godkin ゴドキン
Godlee ゴドリ
Godleski ゴッドレスキー
Godley ゴッドリー　ゴドリー
Godlovitch ゴッドロビッチ
Godman ゴッドマン
Godmanis ゴッドマニス　ゴドマニス**
Godmilow ゴッドミロー
Godo ゴド
Godoli ゴードリ*　ゴドーリ
Godolier ゴドリエ
Godolphin ゴドルフィン*
Godomar ゴドマール
Godon ゴードン　ゴドン*
Godono ゴドーノ
Godowski ゴドウスキー　ゴドフスキ　ゴドフスキー
Godowsky ゴドヴスキー
Godoy ゴッド　ゴドア　コドイ　ゴドイ**
Godoy Filho ゴドイフィリョ*
Godrèche ゴドレーシュ*
Godrej ゴドレジ*　ゴドレージュ
Godric ゴッドリク　ゴドリック
Godsday ゴッズデイ
Godse ゴゼ
Godsell ゴッドセル
Godsey ゴジー　ゴッドセイ
Godsiff ゴッシフ
Godson ゴッドソン
Godtfredsen ゴッツフレッセン　ゴットフレッドセン
Godunko ゴドゥンコ
Godunov ゴドノヴ　ゴトゥノーフ　ゴドゥノーフ　ゴドゥノフ*

ゴドノフ
ゴドュノフ
Godunova ゴドゥノヴァ
Godwin ゴッドウィン*
ゴドウィン***
ゴドウィン
Godzik ゴツィック
Goe ゲー
Goëb ゴエブ
Goebbeles ゲッペルス
Goebbels
　ゲッペルス**
　ゲッベルス
Goebel
　ゲイブル
　ゲーブル
　ゲーベル*
Goebels ゲーベルス
Goeben ゲーベン
Goeddel ゴッデル
Goede
　ゲーテ
　ゲーデ
Goëdec ゴエデック
Goedeke ゲーデケ*
Goedhart フーカート
Goedicke ゲディケ
Goedrich ゲドリッヒ
Goeffrey
　ジェフリー
　ジョフレイ
Goegg ゲッグ
Goehr
　ゲーア*
　ゴーア
Goei ゴーイ
Goeje フーイェ
Goeke ゴーク*
Goel ゴエル
Goeldel ゲルデル
Goellner ゴルナー
Goeminne
　ゴエミンヌ
　フーミンネ
Goenawan グナワン**
Goenjian ゲンジャン
Goennel ゴーネル*
Goens
　ゲンズ
　フーンス
Goepel ゲーペル
Goepper ゲーパー
Goeppert
　ゲッペールト
　ゲッペルト
　ゲパート
Goepppert
　ガートルード
　ゲッパート
Goerdeler
　ゲーデラー
　ゲルデラー
Goerens グーレンス

Goerg
　ゲエルグ
　ゴエルグ
Goerge ジョージ
Goergl ゲーグル**
Goering
　ゲーリング
　ゲョエリンク
　ゲーリング
Goeritz ゲリッツ
Goerke
　ゲールケ
　ゴーク
Goerlitz ゲーリッツ
Goerne ゲルネ*
Goers ゴウアーズ
Goerss ゴース
Goertz
　ガーツ
　ゲルツ*
　ゴーツ
Goertzel ゲーツェル
Goerz ゲルツ
Goerzen ガーゼン*
Goes
　グース
　ゲース**
　ゲス
　ゴーエシュ
　ゴエス
　ゴーズ*
　フース
Goesch ゴシュ
Goesta ゲスタ
Goeters ゲータース
Goethals
　ゲーサルス
　ゲータルス
　ゴーサルズ
　ゴタルス
Goethe
　ギョオテ
　ゲェーテ
　ゲテ
　ゲーテ*
　ゲヨエテ
Goethel ゲーテル
Goethem ギョオテム
Goetsch ゲチュ
Goetschel ゲッチェル
Goetschil ゲーチル*
Goetschius ゲーティアス
Goetschy
　ゲッチー
　ゲッティ
Goette
　ゲッテ
　ゲティ
Goetter ゲッター
Goetz
　ゲーツ*
　ゲッツ**
Goetze
　ゲッツ
　ゲッツェ
Goetzel ゲッツェル*
Goetzman ゲッツマン

Goeudevert
　ゴーデフェルト
Goewey ゴーイー
Goey フーイ
Goeyvaerts
　ヘーヴァールト
Goeze
　ゲーツェ
　ゲッツェ
Goff
　ガフ
　ゴッフ*
　ゴフ**
Goffe ゴフ
Goffee
　ゴーフィー
　ゴフィ
　ゴフィー
Goffen ゴッフェン
Goffette ゴフェット*
Goffey ゴフィー
Goffi ゴフィー
Goffic ゴフィック*
Goffin
　ゴファン
　ゴーフィン*
　ゴフィン*
Goffine ゴフィネ
Goffiné
　ゴフィネ
　ゴフィネー
Goffman
　ゴッフマン*
　ゴフマン**
Gofforth ゴフォース
Goffredo
　ゴッフレード**
Goffres ゴフレス
Goffridus ゴフリドゥス
Goffstein
　ゴフスタイン*
Gofman ゴフマン**
Goforth
　ゴーフォース
　ゴフォース
Gofton ゴフトン
Gog ゴグ
Goga ゴガ
Gogaert ゴゲールト
Gogarten
　ゴォガルテン
　ゴーガルテン*
　ゴガルテン
Gogarty
　ゴーガティ*
　ゴガーティ
Gogean
　ゴジェアン
　ゴージャン*
Gogel ゴーゲル
Goger ゴージェ
Gogeri ゴーゲリ
Goggi ゴッジ
Goggia ゴッジャ
Goggin ゴッディン
Goggins ゴギンズ

Gogh
　ゴォホ
　ゴッホ**
　ゴフ
　ゴーホ
　ホッホ*
Gogiashvili
　ゴジャシビリ
Gogiberidze
　ゴギベリゼ
Goginashvili
　ゴギナシュヴィリ
Gógl ゴグル
Gogna ゴーニャ
Gogó ゴゴ
Gogol
　ゴーゴリ
　ゴーゴリー
Gogol'
　ゴォゴリ
　ゴーゴリ
　ゴーゴリー
Gogoladze ゴゴラゼ
Gogoleva ゴーゴレヴァ
Gogoli ゴーゴリ
Gogorza ゴゴルツァ
Gogos ゴゴス
Gogshelidze
　ゴグシェリゼ
Goguel ゴゲル
Goguen ゴーゲン
Goh ゴー***
Gohara
　ゴーハラ
　ゴハラ
Gohary
　ゴハリ
　ゴハリー
Gohau ゴオー*
Goheen
　ゴウヒーン
　ゴヒーン
Göhler ゲーラー
Gohlke ゴールケ
Göhner ゲーナー
Gohorry ゴオリ
Göhr ゲル
Göhre ゲーレ
Goh Tong ゴートン
Goh-tong ゴートン
Goiano ゴイアーノ
Goich ゴイク
Goikoetxea
　ゴイコエチェア
Goikovich
　ゴイコビッチ
Goines ゴインズ*
Going ゴーイング
Goins
　ゴインズ
　ゴワン
Goiran ゴワラン
Goiri ゴイリ
Gois ゴワ

Góis
　ゴイシュ
　ゴイス
Goita ゴイタ
Goïta ゴイタ
Goitein ゴイテイン
Goitia ゴイティア*
Goitschel ゴワシェル
Goitz ゴイツ
Goizueta ゴイズエタ
Gojan ゴヤン
Gojislav ゴイスラフ
Gojko ゴイコ*
Gojkovic
　ゴイコヴィッチ
　ゴイコビッチ
Gojowy ゴヨヴィ
Gokalp ギョカルプ
Gökalp
　ギョカルプ*
　ギョク・アルプ
　ギョクアルプ
Gokberk ギョクベルク
Gökçenur
　ゴクチェナー
Gokel ゴケル
Gokhale
　ゴーカーレ
　ゴーカレ
　ゴーカレー
　ゴカーレ
Gokhan ギョクハン
Gokhool ゴクール*
Gokongwei
　ゴー
　ゴコンウェイ*
Göksoy ギョクソイ
Goktan ギョクタン
Gola
　ゴーラ
　ゴラ
Golab ゴラブ
Gołąbek ゴウォンベク
Golah ゴラー
Golakoti ゴラコチ
Golam ゴラム
Golan
　ゴーラン*
　ゴラン
Golant ゴラント
Golany グラニィ
Golas グラス
Golb ゴルブ
Golbarnezhad
　ゴルバルネジャド
Golbery
　ゴルベリ
　ゴルベリーエ
Golborne ゴルボルネ
Gólcher ゴルチェル
Gold
　ゴウルド
　ゴールト
　ゴールド***
　ゴルード
　ゴルト

Golda ゴルダ**	Golder	Goldner ゴールドナー	ゴールドスミット	Golembiovskii	
Goldacre	ゴールダー*	Goldobina ゴルドビナ	ゴールドスミッド	ゴレムビオフスキー	
ゴールドエイカー	ゴルダー	Goldon	Goldsmith	ゴレンビオフスキー*	
Goldaine ゴルデーヌ	Goldfaden	ゴードン	ゴウルドスミス	Goleminov ゴレミノフ	
Goldammer	ゴールドファーデン	ゴールドン	ゴードスミス	Golemis ゴレミス	
ゴルトアンマー	ゴルドファーデン	Goldone ガルドン	ゴールド・スミス	Golenishchev	
Goldan ゴルダン	ゴールドフェドン	Goldoni ゴルドーニ*	ゴールドスミス***	ゴレニーシチェフ	
Goldaniga	Gol'dfain	Goldouzian	ゴールドスミッス	ゴレニシチェフ	
ゴルドニーガ	ゴルドファイン	ゴルドゥーズィヤーン	Goldson ゴールドソン	Golestan ゴレスタン	
Gol'danskii	Goldfarb	ゴルドゥジヤン	Goldstein	Golestān ゴレスターン	
ゴルダンスキー	ゴールドファープ*	Goldovskii	ゴールドシュタイ	Golestaneh	
Goldast ゴルダスト	ゴールドファルブ	ゴルドフスキー	ン***	ゴレスターネ	
Goldbach	Goldfedder	Goldratt	ゴルトシュタイン*	Goleszowski	
ゴールドバッシュ	ゴールドフェダー*	ゴールドラット*	ゴルドシュタイン	ゴルゾウスキー	
ゴールドバッハ	Goldfeder	Goldreich	ゴールドシュティン	Goletti ゴレッティ	
ゴルトバッハ	ゴールドフェダー	ゴールドトライヒ	ゴールドスタイン**	Golfin ゴルファン	
ゴルドバッハ	Goldfield	Goldrick	ゴールドスチン	Golger ゴルガー	
Goldbacher	ゴールドフィールド	ゴールドリック	ゴールドスティーン*	Golgi	
ゴールドバッカー	Goldfischer	Goldring	ゴールドスティン	ゴールジ	
Goldbaek ゴルベク	ゴールドフィッシャー	ゴールドリング	ゴールドステイン*	ゴルジ*	
Goldbaum	Goldfish	ゴルドリング	ゴールドステーン	Goli	
ゴールドバウム	ゴールドフィッシュ	Goldsack	ゴールドステン	ゴリ	
Goldbeck	Goldfluss	ゴールドサック	Goldstine	ゴリー	
ゴールドベック	ゴールドフラス	Goldsberry	ゴールドスタイン	Goliakov ゴリャコフ	
Goldberg	Goldfried	ゴールズベリイ	Goldston	Goliath	
ゴールドバーク	ゴールドフリード	Goldsboro	ゴールドストーン	ゴリアテ	
ゴールドバーグ**	Goldhaber	ゴールズバラ	ゴールドストン	ゴリアト	
ゴールドベリ	ゴールドハーバー	ゴールズボロ	Goldstone	Goliavkin	
ゴールドベルク*	ゴールドヘイバー	Goldsborough	ゴールドストーン*	ガリヤフキン	
ゴールドベルグ**	Goldhagen	ゴールズボロー	Goldstucker	Golienewski	
ゴルトベルク	ゴールドハーゲン*	ゴールズボロウ	ゴルトシュトゥッカー	ゴリエネフスキー	
ゴルドベルク	Goldhammer	Goldsbrough	Goldstücker	Golijov	
ゴルドベルグ	ゴールドハマー	ゴールズブロ	ゴルトシュテュッカー	ゴリジョフ	
Goldberger	ゴルトハマー*	ゴールズブロー	ゴルトシュトゥッカー	ゴリホフ	
ゴールドバーガー**	Goldhawk	Goldsbury	Goldstyn	Golikov	
ゴールドベルガー	ゴールドホーク	ゴールズバリー	ゴールドスティン	ゴーリコフ	
ゴルトベルガー*	Goldhor	Goldschied	Goldswaite	ゴリコフ	
ゴルドベルガー	ゴールダー	ゴールトシャイト	ゴールドスウェイト	Golikova ゴリコワ	
Goldblat	ゴルドドール	ゴルトシャイト	Goldsworthy	Golin	
ゴールドブラット	Göldi	Goldscheider	ゴールズワーシー*	ゴーリン	
Goldblatt	ゲルディ	ゴールドゥシャイダー	ゴールズワージー**	ゴリン	
ゴールドブラット*	ゲルディー	ゴールドシャイダー	Goldthorpe	Golinkoff ゴリンコフ	
Goldblum	Goldie	Goldschlager	ゴールドソープ	Golino ゴリノ	
ゴールドブラム*	ゴールディ**	ゴールドシュレイガー	Goldthwait	Golinski ゴリンスキ	
ゴールドブルム	ゴールディー**	ゴールドシュレーガー	ゴールドスウェイト*	Golisano ゴリサーノ	
Goldc01n	ゴルディ	Goldschmidt	Goldwag ゴールドワグ	Goliszek ゴリチェク	
ゴールドコイン	ゴルディー*	ゴルシュミット	Goldwasser	Golitsyn	
Golde ゴルディ	Goldin ゴールディン**	ゴルスメット	ゴールドヴァッサー	ガリチン	
Goldemberg	Goldiner	ゴールドシュミット	ゴールドワッサー*	ゴリーツィン	
ゴールデンバーグ	ゴールディナー	ゴールドシュミッ	Goldwatar	ゴリーツイン	
Golden	Golding	ト***	ゴールドウォーター	ゴリツィン*	
ゴールデン**	ゴールディング***	ゴルドシュミット**	Goldwater	Golitzen ゴリツェン	
ゴールドン	ゴルディング	ゴールドシュミット*	ゴールドウォーター*	Golius ゴリウス	
Goldenberg	Goldingay	Goldschmit	Goldwyn	Goljts ゴーリツ	
ゴールデンバーグ**	ゴールディンゲイ	ゴルトシュミット	ゴールドウィン***	Goll	
ゴールデンベルグ*	Goldkette	Goldschneider	Goldziher	ゴオル	
ゴルデンベルグ	ゴールドケット	ゴールドシュナイダー*	ゴルツィアー	ゴル**	
Goldensohn	Goldman	Goldsen ゴールドセン	ゴールドツィーアー	Gollan ゴラン	
ゴールデンソーン	ゴルドマン	Goldsher	ゴルトツィーアー	Gollancz グランツ	
Goldenson	ゴールドマン***	ゴールドシャー	ゴルトツィーハー	Golland ゴーランド	
ゴールデンソン	ゴルトマン	Goldshtein	ゴールドツィーハー	Golledge ゴレッジ	
Goldenthal	ゴルドマン*	ゴルドシュタイン	ゴルトツィーヘル	Gollek ゴレク	
ゴールデンサール	Goldmann	Gol'dshtein	Goléa ゴレア	Gollenberg	
Gol'denveĭzer	ゴールトマン	ゴールドシュテイン	Golebiowski	ゴレンバーグ	
ゴリデンヴェイゼル	ゴールドマン*	Goldsman	ゴエンビオフスキー	Goller ゴラー*	
Goldenweiser	ゴルドマン*	ゴールズマン**	Goleizovsky	Göllerich ゲレリヒ	
ゴリデンヴェイゼル	Goldmark	Goldsmid	ゴレイゾフスキー		
ゴールデンヴァイザー	ゴールドマーク	ゴウルズミッド	Goleman ゴールマン*		
ゴールデンワイザー*	ゴルトマルク	ゴールドシュミット	Golembe ゴレムベ		
	ゴルドマルク				

Golley ガリー
Golliot ゴリオ
Golliot-legrand
　ゴリオルグラン
Golliver ゴリヴァー
Gollner ゴウルナー
Gollnish ゴルニッシュ
Gollomb ゴロム
Gollsenau ゴルセナウ
Gollub ゴラブ
Gollwitzer
　ゴルヴィツァー
　ゴールヴィッツァー
　ゴルヴィッツァー
Golmohammadi
　ゴルモハンマディ
Golo
　ゴーロ*
　ゴロオー
Golob ゴロブ
Globič ゴロビチュ
Golod ゴロド
Golodets ゴロデツ
Golodnyi ゴロードヌイ
Gologorsky
　ゴロゴルスキー
Golom ゴロム
Golomb
　ゴロム
　ゴロンブ*
Golombok ゴロンボク
Golomshtok
　ゴロムシトク
Golon ゴロン***
Goloschekin
　ゴロショーキン
Goloshchekin
　ゴロショチョーキン
Golosov
　ゴーロソフ
　ゴロソフ
Golosova ゴロソワ
Golosovker
　ゴロソフケル
Golosovskii
　ゴロソフスキー
Golota ゴロタ*
Golotsutskov
　ゴロチュツコフ**
Goloubew ゴールベフ
Golovanov
　ゴロヴァノフ
　ゴロバノフ
　ゴロワノフ*
Golovchenko
　ゴロフチェンコ
Goloveiko
　ゴロヴェイコ
Golovin
　ゴローヴァン
　ゴローヴィン
　ゴロウイン
　ゴロヴィーン
　ゴロヴィン
　ゴロービン
　ゴロビン
Golovina ゴロビナ

Golovine ゴロヴィン
Golovkin
　ゴロヴキン
　ゴローフキン
　ゴロフキン**
Golovko ゴロフコ
Golovlev ゴロヴリョフ
Golovleva
　ゴロブレーバ
Golovnin
　ガローウニン
　ガローヴニン
　ゴローヴニン*
　ゴロウニン
　ゴローヴニン
　ゴローヴニン**
　ゴローニン
　ゴローブニン
　ゴロブニーン
　ゴロブニン
Golovshchikov
　ゴロフシチコフ
Golowich ゴロウィッチ
Golowin
　ゴロウィン
　ゴロヴィン*
Golozubov ガラズボフ
Golparian
　ゴルパリアン
Golpāygānī
　ゴルパーイガーニー
Golschmann
　ゴルシュマン
　ゴルジュマン
Golshifteh
　ゴルシフテ
Golshīrī ゴルシーリー
Golson ゴルソン
Golston ゴルストン
Golstunskii
　ゴルスツンスキー
　ゴルストゥンスキー
Göltenboth
　ゲルテンボス
Goltermann
　ゴルターマン
　ゴルテルマン
Golts ゴルツ
Goltz
　コルツ
　ゴールツ
　ゴルツ*
Goltzius
　ゴルツィウス
　ホルツィウス
Goltzsche ゴルチェ
Golub
　ゴーラブ*
　ゴラブ*
　ゴルーブ
　ゴルブ**
Golubchikova
　ゴルブチコワ
Golubev ゴルベフ**
Golubinskii
　ゴルビーンスキイ
Golubitsky
　ゴルビッキー
　ゴロウビッキ

Golubkina
　ゴルブキーナ
　ゴルブキナ
Golubnichaya
　ゴルブニチャヤ
Golubnichy
　ゴルブニチー
Golubovich
　ゴルブニッチ
Golubovici
　ゴルボヴィッチ
Golubytskyi
　ゴルビツスキ
Golushko
　ゴルシコ*
　ゴルシュコ
Goluzin ゴルージン
Golvin ゴルヴァン
Golyakhovsky
　ゴリヤホフスキー
Golyakov ゴリヤコフ
Golykhovsky
　ゴリヤホフスキー
Golz ゴルツ
Gölz ゴルツ
Golzen ゴールセン
Goma ゴマ*
Gomaa ゴマー
Goman ゴーマン
Gómara ゴマラ
Gomard ゴマール*
Gomarus
　ゴマールス
　ゴマルス
　ホマルス
Gomba ゴンバ
Gombaud ゴンボー
Gombauld ゴンボー
Gombell ゴンベル
Gomberg
　ゴムバーグ
　ゴムベルク
　ゴールドベルク
　ゴンバー
　ゴンバーグ**
　ゴンベルク
　ゴンベルグ*
Gombert
　ガンバート
　ゴンベール
　ゴンベルト
Gomberville
　ゴンベルヴィル
　ゴンベルビル
Gombler ゴムブラー
Gomboc ゴムボッチ
Gombocz
　ゴムボッツ
　ゴンボツ
Gomboev
　ゴンボーエフ
Gombojavyn
　ゴムボジャビーン
　ゴムボジャビン
Gomboli ゴンボリ**
Gombos ゲムベシュ

Gömbös
　ゲムベシュ
　ゲンベシュ
Gombosi ゴンボシ
Gombosurengiin
　ゴムボスレンギン
Gombotseren
　ゴンボツェレン
Gombrich
　ゴムブリッチ
　コンブリッチ
　ゴンブリッチ**
Gombrowicz
　ゴムブロヴィッツ
　ゴンブローウィチ
　ゴンブローヴィチ**
　ゴンブロヴィチ
　ゴンブロヴィッチ
　ゴンブロウィッチ
　ゴンブロヴィッチ
　ゴンブロビチ
　ゴンブロビッチ
Gomdigue ゴンディグ
Gomel ゴメル
Gomella ゴメラ
Gomelsky
　ゴメルスキー
Gomensoro
　ゴメンソーロ
Gomer ゴメル
Gomersall
　ゴマソール**
Gomery ゴムリ
Gomes
　ゴームズ
　ゴメシュ
　ゴーメス
　ゴメス***
Gómes ゴメス
Gomes Pereira
　ゴメスペレイラ
Gomez
　ゴメス***
　ゴメズ
　ゴーメッス
　ゴーメッツ
Gómez ゴメス***
Gomezanda
　ゴメサンダ
Gómez-lobo
　ゴメスロボ
Gomez Matos
　ゴメスマトス
Gómezmont
　ゴメスモント
Gomis
　ゴマス
　ゴミス
　ゴミズ
Gomm ゴム**
Gommers ゴメルス
Gomólka ゴムウカ
Gomon ゴモン
Gomont ゴモン
Gomory
　ゴモリ
　ゴモリー
Gompe ゴンペ

Gompers
　ゴンパース*
　ゴンパーズ*
Gomperts ゴンパーツ
Gomperz ゴンペルツ
Gompf ゴンプ
Gompo ゴンポ
Gomringer
　ゴムリンガー*
Gomulka
　ゴムウカ
　ゴムルカ
Gomułka
　ゴムウカ
　ゴムルカ
Gon ゴン*
Gonalez ゴナレス
Gonalons ゴナロン
Gonatas ゴナタス
Gonbala ゴンバラ
Gon-byun ゴンビョン
González ゴンサレス
Goncalo ゴンサロ
Gonçalo
　ゴンカロ
　ゴンサロ
Goncalves
　ゴンカルブズ
　ゴンサルヴェス
　ゴンサルベス
Gonçalves
　ゴンサルヴィス
　ゴンサルヴェス*
　ゴンサルベス*
　ゴンサロ
Gonçálves
　ゴンサルヴェス
　ゴンサルベス
Gonchar
　ゴンチャール*
Goncharenko
　ゴンチャレンコ*
Goncharov
　ゴンチャローフ*
　ゴンチャロフ***
　ゴンチャロワ
Goncharova
　ゴンチャローヴァ
　ゴンチャロヴァ
　ゴンチャロワ
　ゴンチャロワ
Gonchigdorj
　ゴンチグドルジ
　ゴンチグドルジ*
　ゴンチックドルジ
Gonci ゴンツィ
Gon-coulibaly
　ゴンクリバリ
Goncourt
　ゴンクウル
　ゴンクール*
Göncz
　ゲンツ
　ゲンツ**
Gönczy ジェンツィ
Gonda
　ゴンダ**
　ホンダ

Gondal ゴンダル
Gondaphoros ゴンダフォロス
Gonder ゴンダー
Gondi ゴンディ
Gondín ゴンディン
Gondinet ゴンディネ
Gondiwa ゴンディワ
Gondjout ゴンジュウ
Gondoin ゴンドゥアン
Gondokoesoemo ゴンドクスモ
Gondopharnes ゴンドファルネス
Gondor ゴンドール
Gondorf ゴンドルフ
Gondot ゴンド
Gondre ゴンドレー
Gondry ゴンドリー**
Gondwe ゴンドウェ
Gonen ゴネン
Gonesius ゴネシウス
Gonet ゴネ
Goneva ジェノヴァ
Gong コン*　ゴーン*　ゴン**　ゴング
Gongar ゴンガー
Gongarad ゴンガラ
Gongchan ゴンチャン*
Gonggrijp ホングレープ
Gongora ゴンゴーラ　ゴンゴラ
Góngora ゴンゴーラ　ゴンゴラ*
Gongxia ゴンクシア
Goñi ゴニ
Gonich ゴーニック
Gonick ゴーニック　ゴニック*
Gonik ゴーニック
Gonikberg ゴニクベルグ
Gonikman ゴニックマン
Gonzalez ゴンザレズ
Gonin ゴナン
Gonina ゴニーナ
Gonnard ゴナール
Gonne ゴン
Gonnella ゴンネッラ
Gönnenwein ゲンネンヴァイン
Gonnet ゴネット
Gonobolin ゴノボリン
Gonon ゴノン
Gons ゴンス
Gonsalez ゴンサレス
Gonsalo ゴンサロ

Gonsalves ゴンサルヴェス*　ゴンサルベス*　ゴンザルベス*
Gonsalvus ゴンサルヴス
Gonschior ゴンシオア
Gonseth ゴンセト
Gonstalla ゴンスターラ
Gonstead ガンステッド
Gonta ゴンタ*
Gontard ゴンタール　ゴンタルト
Gontaut ゴント
Gontchar ゴンチャール　ホンチャール
Gontcharova ゴンチャロヴァ　ゴンチャロバ　ゴンチャロワ
Gonteri ゴンテーリ
Gontery ゴンテリ
Gonthier ゴンティエ
Gontier ゴンチエ　ゴンティエ*
Gontiuk ゴンテュク
Gontran ゴントラン*
Gonul ギョニュル
Gönül ギョニュル
Gonville ゴンビル
Gonxha ゴンザ
Gonza ゴンザ
Gonzaga ゴンザーガ　ゴンザカ　ゴンツァーガ
Gonzague ゴンザギュー　ゴンザグ　ゴンザッグ
Gonzales ゴンサレス*　ゴンザレス***
Gonzalès ゴンザレス
Gonzáles ゴンサレス**　ゴンザレス
Gonzalez ゴンサーレス　ゴンサレス***　ゴンザーレス　ゴンザレス***　ゴンザレズ
González ゴンサーレス*　ゴンザーレス*　ゴンザレス　ゴンザレス***
Gonzàlez ゴンザーレズ
González Bonilla ゴンサレスボニリャ*
Gonzalez Perez ゴンサレスペレス

Gonzalez Sepulveda ゴンサレスセプルベダ
González-sinde ゴンサレスシンデ
Gonzalo ゴンサルボ　ゴンサーロ　ゴンサロ***　ゴンザーロ*　ゴンザロ*
Gonzálo ゴンサロ*
Gonzalve ゴンザルヴ
Gonzi ゴンジ
Goo グー
Gooby グッビィ
Gooch グーチ**
Good グッド**
Goodacre グッデーカー　グッドエーカー
Goodale グッデイル*
Goodall グッダル　グッドール*　グドール**　ゴーダル
Goodavage グッダヴェイジ
Goodbody グッドボディ
Goodchild グッドチャイルド
Goodden グッデン　グッドン　グデン
Goode グッド**　グード*
Goodell グッデル**
Gooden グッデン**　ゴッデン
Goodenberger グッデンバーガー
Goodenough グッディナフ　グッデナフ　グッドイナフ**　グーデナウ　グーデナフ
Goodenow グッドナウ
Gooderham グッドラム
Goodes グッデス
Goodeve グッドイヴ　グーデーヴ
Goodey グディ
Goodfellow グッドフェロー*　グッドフェロウ
Goodfield グッドフィールド
Goodfriend グッドフレンド
Goodger グッドガー

Goodglass グッドグラス
Goodgold グッドゴールド
Goodhand グッドハンド
Goodhart グットハート　グッドハート**
Goodhead グッドヘッド
Goodheart グッドハート*
Goodhew グッドヒュー
Goodhope グッドホープ
Goodhue グッドヒュー
Goodier グーディア　グディアー
Goodill グッディル
Goodin グッデイン
Gooding グッディング*　グディング
Goodings グディングス*
Goodis グーディス*
Goodish グーディッシュ
Goodison グッディソン*　グディソン**
Goodkey グッドキー
Goodkind グッドカインド**　グッドキント
Goodlad グッドラッド*　グッドラード
Goodland グッドランド*
Goodley グッドリー
Goodliffe グッドリッフェ　グッドリフ
Goodluck グッドラック*
Goodman グットマン　グッドマン***　グドマン
Goodner グットナー　グッドナー
Goodnight グッドナイト*
Goodnow グッドナウ*　グッドノー　グッドノウ
Goodpasture グッドパスチャー　グッドパスチュア　グッドペスチュア
Goodrem グッドレム*
Goodrich グッドリチ

Goodrich グッドリッチ**　グードリッチ
Goodricke グッドリック
Goodridge グッドリッジ**
Goodsell グッドセル*
Goodship グッドシップ
Goodsir グッドサー
Goodson グッドサン　グッドソン**
Goodspeed グースピード　グッドスピード*
Goodstadt グッドスタット
Goodstein グッドシュタイン　グッドスタイン　グッドスティーン　グッドステイン*
Goodwill グッドウィル*
Goodwin グッドイン　グッドウィン***　グッドマン　グードウィン　ゴドウィン
Goodwyn グッドウィン*
Goody グッディ*　グディ*　グディー
Goodyear グッドイア　グッドイヤ　グッドイヤー
Googie グッギー
Googoosh グーグーシュ
Gookin グーキン　グッキン**
Gook-jin クックジン
Gool グール
Goolagong グーラゴング
Goolamali グーラマリ
Gould グールド*　ゴールド
Gooley グーリー**
Goolishian グーリシャン
Goolrick グールリック
Goolsbee グールスビー　グールズビー
Goon グーン
Goonan グーナン
Goonatilake グナティラカ*

GOR

Gooneratne グナラトゥナ
Goonesekere グナセケラ
Gooptu グープトゥ
Goor グーア／ホール
Goorwitz ゴーウィッツ
Goose グース
Goosen ゴーセン*
Goosens グーセンス
Goossaert ゴーサール／ゴーセール
Goossen グーセン*／ホーセン
Goossens グーセンス**／グーセンズ／ゴーサンス*／ゴーセン／ゴーセンス*／ゴッセンス／ホーセンス
Goosson グーソン
Gooszen ホースゼン
Goot ホート
Gootman グートマン*
Gooyer フーヤー
Goozner グーズナー*
Gopa ゴーパ／ゴパ
Gopaka ゴーパカ
Gopal ゴーパール／ゴーパル*／ゴパール*／ゴパル*
Gopāla ゴーパーラ
Gopalakrishnan ゴーパーラクリシュナン／ゴパラクリシュナン*
Gopalamenon ゴーパーラメーナン
Gopalan ゴパラン**
Gopalkrishnan ゴパラクリシュナン
Gopallawa ゴパッラワ／ゴパラワ*
Gopālprasād ゴーパール・プラサード
Gopaul ゴポール
Gopee-scoon ゴピスクーン
Gopeesingh ゴピーシン
Göpel ゲッペル／ゲーペル
Gopi ゴーピ／ゴーピー

Gopī ゴーピー／ゴーピカー
Gopinath ゴピナス
Gopner ゴプネル*
Gopnik ゴプニク*／ゴプニック
Gopo ゴポ
Gopova ゴポバ
Göppert ゲッパート
Goppold ゴッポルド
Gor ゴリ
Gora ゴーラ／ゴラ
Gorage ゴラジ
Goraïnoff ゴライノフ
Gorakhnāth ゴーラクナート
Goram ゴーラム
Go ram pa コラムパ
Goran イェーラン／イエラン／ゲラン／ゴーラン*／ゴラン**／ヤーン／ユーラン／ヨーラン／ヨラン
Göran イェーラン／イエラン*／イヨラン／イヨラン／エラン／ギョーラン／ゲラン／ジェラン／ジョーラン／ユーラン／ヨーラン**／ヨラン
Goranko ゴランコ
Goranov ゴラノ／ゴラノフ
Goranova ゴラノヴァ
Goranović ゴラノビッチ
Goransson ヨーランソン
Göransson ヨーランソン
Göranzon イェランソン
Gorard ゴラード
Gorazd ゴラズド
Gorazdowski ゴラゾウスキ
Gorbach ゴルバーチ／ゴルバッハ／ゴルバハ

Gorbachev ゴルバチョフ***
Gorbacheva ゴルバチョーヴァ*
Gorbanévskaya ゴルバネーフスカヤ
Gorbatov ゴルバートフ
Gorbaty ゴーバティ
Görbe ゲルベ
Gorboduc ゴーボダック
Gorbold ゴルボールド
Gorbovskii ゴルボフスキー*
Gorbunov ゴルブノーフ
Gorbunovs ゴルブノフ*／ゴルブノフス
Gorčakov ゴルチャコーフ
Gorce ゴルス*
Gorcey ゴーシー
Gorchakov ゴルチャコフ／ゴルチャコーフ*／ゴルチャコフ*
Gorchakova ゴルチャコヴァ／ゴルチャコワ／ゴルチャコワ
Gorchels ゴーチェル
Gorchev ゴルチェヴ
Gorczycki ゴルチツキ
Gord ゴード*
Gordan ゴルダン*
Gordana ゴルダナ
Gordeau ゴルドー
Gordeev ゴルデーエフ
Gordeeva ゴルデーワ**
Gorden ゴーデン／ゴードン*
Gordenker ゴーデンカー
Gordey ゴルデー
Gordeyev ゴルデーエフ*／ゴルデエフ
Gordhamer ゴードハマー
Gordhan ゴーダン
Gordhanbhai ゴルダンバイ*
Gordian ゴーディアン／ゴルディアン*
Gordianus ゴルディアヌス／ゴルディアーヌス／ゴルディアーヌス
Gordias ゴルディアス
Gordie ゴーディ／ゴーディー

Gordien ゴーディエン
Gordienko ゴルジェンコ
Gordievsky ゴルジエフスキー／ゴルディエフスキー
Gordigiani ゴルディジャーニ
Gordimer コーディマー／ゴーディマ***／ゴーディマー／ゴルディマー
Gordin ゴーディン／ゴルダン*／ゴルディン
Gording ゴルディング
Gordios ゴルディオス
Gordis ゴーディス／ゴルディス*
Gordiychuk ゴルディチューク*
Gordlevskii ゴルドレーフスキー
Gordlevsky ゴルドレフスキー
Gordon ガルドン／ゴオドゥン／ゴートン*／ゴードン***／ゴールドン／ゴルドン***
Gordón ゴルドン
Gordy ゴーディ*／ゴーディー*／ゴディ*
Gore ゴー／ゴーア*／ゴア***／ゴレ
Goreck ゴーレック
Gorecki グレツキ
Górecki グレツキ**
Goregliad ゴレグリャード
Goreglyad ゴレグリャード
Goreh ゴーレー／ゴレー
Görel ヨレル
Gorelick ゴアリク
Gorelik ゴレリク／ゴレリック
Goremykin グリエムキン／ゴレムキン／ゴレムイキン
Goren ゴルーン／ゴーレン*
Gorenak ゴレナック
Gorenko ゴレンコ

Gorenstein ゴレンシュタイン／ゴレンスティン
Gorer ゴアー／ゴーラ／ゴーラー
Gores ゴアーズ／ゴアス／ゴアズ***
Goreth ゴレト
Gorethnizigama ゴレトニジガマ
Goretta ゴレッタ
Goretti ゴレッティ
Goretti Alejandra ゴレッティアレハンドラ
Goretzka ゴレツカ
Goretzki ゴレツキ
Gorev ゴーレフ／ゴレフ
Gorey ゴーリー**
Ġorġ ジョルジョ
Gorgānī ゴルガーニー
Gorgas ゴーガス／ゴルガス
Gorge ジョージ*／ホルヘ
Gorgé ゴルジュ
Gorgeij ゴルゲイジ
Gorgelin ゴルジュラン
Görgens ジェルゲン
Gorgeous ゴージャス
Görger ゲルガー
Gorges ゴージズ／ゴルジュ
Görges ゲルゲス
Görgey ゲルゲイ
Gorgi ゴルギ
Gorgias ゴルギアース／ゴルギアス
Gorgidas ゴルギダス
Gorgier ゴルジエ
Gorgios ゲオールギオス／ゴルギオス
Gorgodze ゴルゴゼ
Gorgon ゴルゴン
Gorgone ゴルゴーネ
Gorgonía ゴルゴニア
Gorgonios ゴルゴニオス
Gorgónios ゴルゴニオス
Gorgonius ゴルゴニウス
Gorgui ゴーギー
Gorgulov ゴルグロフ

Gorham ゴーハム* ゴーラム ゴルハム	Görland ゲルラント Gorlatch ゴルラッチ* Görlich ゲルリッヒ ゲルリヒ	Gorovin ゴローヴィン Górowski グロフスキー Gorr ゴール* Gorrée ゴルレ	Gortzis ゴルツィス Gortzius ホルツィウス Gorvatov ゴルバートフ Goryachkin ゴリャーチキン	Gosia ゴーシャ Gosiewski ゴシェフスキ Goskevich ゴシケーヴィチ
Gorhard ゲルハルト ゲルハント	Gorlier ゴルリエ	Gorres ゲレス	Goryayev ゴラエフ	ゴシケヴィッチ ゴシケビッチ
Gori ゴーリ ゴリ	Gorlin イェルリン Gorlitz ゲルリッツ Görlitz ゲルリッツ	Görres ゲアレス ゲレス*	Goryshin ガルイシン Goryunov ゴリュノヴ	ゴシュケーヴィチ ゴスケヴィチ
Goria ゴリア* Góría グロリア Goriachkin ガリャーチキン	Gorm ゴルム* ゴルモ	Gorresio ゴッレージオ ゴレッジオ	Gorz ゴルツ*** Gorzelanny ゴーゼラニー	Goslar ゴスラー ホースラル
Goricheva ゴリチェワ Goriely ゴリアティ	Gorman ゴオマン ゴーマン***	Gorrian ゴリアン Gorriaran ゴリアラン Gorriarán ゴリアラン	Gorzynski グジュイニスキ ゴルジンスキー	Goslett ゴズレット Goslin ゴスリン Gosling
Gorikii ゴーリキー* ゴーリキイ	Gorme ゴーメ* Gormley ゴームリー**	Gorris ゴリス ホリス	Górzyński グジュイニスキ	ゴスリン* ゴスリング ゴスリング**
Gorin ゴリン Goring ゲーリング	ゴームレイ Gormly ゴームリー	Gorriti ゴリチ ゴリーティ	Gos ゴス Gosaibi ゴサイビ Gosaka ゴーシャカ	Gosman ゴスマン* Gosnell ゴズネル
ゴアリング ゴーリング*	Gorn ゴーン Görne ゲルネ	Gorroochurn ゴローシュン	Gosāla ゴーサーラ ゴーサラ	Gosney ガスニー ゴズニー
Göring ゲーリング* Gorini ゴリーニ ゴリニ	Gorner ゴーナー Görner ゲルナー Gorney	Gorry ゴーリー* Gorsa ゴルサ Gorschluter ゴアシリューター	Goscalch ゴスカルク Goscelinus ゴスケリーヌス Gosch ゴッシュ	Gosnold ゴスノールド Gosper ゴスパー* Gospodarowicz ゴスポダロヴィッツ
Gorion ゴリオン ゴリン	ゴーニー ゴーニィ Gornfelid	Gorschlüter ゴアシリューター	Goscha ゴスチャ Gosche ゴーシュ	Gospodorowicz ゴスポダロウィッツ
Gorionides ゴリオン Goris ゴリス	ゴルンフェリド Górnfeld ゴルンフェリド	Gorshcov ゴルシコフ Gorshin ゴーシン* Gorshkov	Göschel ゲシェル ゲッシェル	Goss ゴス** ゴッス
Goritz ゴリッツ Goritzki ゴリツキ Goriunov	Gornic ゴーニック Gorno ゴルノ	ゴルシコーフ ゴルシコフ** Gorshkovozov	Goschem ゴーシェン Goschen グーシェン	Gossaert ホッサールト Gossage ゴセージ*
ゴリューノフ	Gornostaeva ゴルノスターエヴァ*	ゴルシコボゾフ	グーゼン	ゴッセージ
Gorjaev ガリャーエフ Gorjanović ゴルヤノヴィチ	ゴルノスターエバ Gornshtein ゴルンシュタイン	Gorski ゴースキ ゴースキー ゴルスキ	ゴーシェン ゴスシェン ゴーセン	Gossart ゴザール Gosse ゴス*
Gorka ゴルカ Gorke ゴルケ	Gorny ゴーニィ Goro ゴーロ	ゴルスキー Gorskii ゴールスキー	ゴッシェン Göschen ゲッシェン	ゴッス* ゴッス
Gorkic ゴルキック Gorkii ゴーリキー	Gorodenco ゴロデンコ Gorodess ゴロデス	ゴルスキー Gorskiĭ ゴルスキー	Goschke ゴシュケ Goscinny	Gossé ゴッセ Gossec ゴセク
ゴーリキィ Gor'kii	Gorodetskii ゴロジェーツキー ゴロデーツキー	Gorsky ゴルスキー Gorsline	ゴシニ* ゴシニー	ゴセック Gössel ゲーセル
ゴオリキイ ゴオルキー	ゴロデツキー Gorodischer	ゴースライン ゴーズリン	Goscombe ガスコム Gosden	ゲッセル Gosselaar ゴッセラー
ゴオルキイ ゴーリキ* ゴーリキー**	ゴロディッシャー Gorodtsov ゴロツォフ	Gorsse ゴルス Gorst ゴースト*	ゴスデン* ゴズデン Gosder ゴスダー	Gosselin ゴスラン ゴスリン
ゴリキー ゴーリキィ* ゴーリキィ*	ゴロッツォーフ Gorog ゴログ	Gort ゴート ゴルド	Gose ゴーズ Gosé ゴゼ	Gossen ゴッセン* Gossens ゴッセンス
ゴリキイ ゴールキー ゴルキー*	Görög グルグ Gorokhova ゴロボワ	Gortari ゴルタリ Gortat ゴータット	Gosepath ゴーゼパート Goševe ゴシェフ	Gosset ゴゼ ゴーセット
ゴルキイ	Gorokhovskaya ゴロホフスカヤ	ゴルタット	Gosewinkel ゴーゼヴィンケル	ゴセット* ゴゼット
Gorkin ゴルキン Gor'kov ゴリコフ	Goroshchenko ゴロシェンコ	Görtemaker ゲルテマーカー	Gosewisch ゴーズウィッシュ	Gossett ゴセット Gossick ゴシック
Gorky ゴーキー* ゴーリキー ゴルキー	Gorosito ゴロシート Gorostegui ゴロステギ Gorostiaga	Gorter ゴルテル ホーター ホルテル*	Gosh ゴーシュ Gōsh ゴッシュ Goshal ゴーシャル	Gossler ゴスラー ゴスレル Gossmann ゴスマン
Gorkys ゴーキース Gorla ゴルラ	ゴロスティアガ Gorostiza ゴロスティサ	Gortner ゴートナー Gorton ゴートン***	Goshitskii ゴシチッキー Goshko ゴシュコ	Gössmann ゴスマン* Gossner ゴスナー
Görlach ゲルラッハ	Gorovachova ゴロヴァチョーヴァ	Gorty ゴーティ	Goshtāsp ゴシュタースプ	Gossolini ゴゾリーニ

Gosson
ゴソン
ゴッソン
Gossweiler
ゴスヴァイラー
Gosta
イェスタ
イエスタ
ゲスタ
Gösta
イェスタ
グスタ
ゲスタ
ヨースタ
Gøsta
イェスタ
イエスタ
Gostelow ゴストロウ
Gostev ゴステフ
Gostick ゴスティック
Gostin ゴスティン
Gostkowski
ゴスコウスキー
Gostout ゴスタウト
Goswami
ゴーシャミ
ゴスワミ*
Gosztony
ゴシュトニー*
Gosztonyi ゴシュトニ
Got
ゴー
ゴット**
Göta
イェータ
ゲータ
ヨータ
Gotaas ゴタス
Gotabhaya ゴタバヤ
Gotama ゴータマ
Gotamī ゴータミー
Gotani ゴタニ
Gotarzes
ゴータルゼース
ゴタルゼス
Gotbsadeh ゴトブザデ
Gotch ゴッチ**
Gotell
ゴーテル
ゴテル
Goter ゴター
Gotfredson
ゴトフレドソン
Gotfrid ゴトフリート
Goth
ゴス*
ゴート
Gotha
ゴーサ
ゴータ
Gotham ゴータマ*
Gothar
ゴダール
ゴダーレ
Gothard
ゴサード
ゴッタル
Gothart ゴートハルト
Gothe ゲーテ
Gothein
ゴータイン*
ゴートハイン
Gothelf ゴーセルフ
Gother ゴザー
Gothia
ゴティア
ゴティア
Gothicus ゴティクス
Gotho ゴート
Gothofredus
ゴトフレドゥス
Gotkovsky
ゴトコフスキー
Gotlieb ゴットリーブ*
Gotlin ゴトリン
Gotovac
ゴトヴァツ
ゴトヴァッツ
ゴトバツ
Gotovtseva
ゴトフツェヴァ
Götschi ゲーシ
Götschl ゲーチル*
Gotsis ゴットシス
Gott ゴット**
Gotta ゴッタ*
Gottardi ゴッタルディ
Gottardo ゴッタルド
Gotter ゴッター
Gottesdiener
ゴッテスディーナー
ゴッテスディナー
ゴテスダイナー
Gottesfeld
ゴッテスフェルド
Gottesman
ゴッテスマン**
Gottfredson
ゴットフレドスン
ゴットフレドソン
Gottfried
ゴットハルト
ゴットフライド
ゴットフリート***
ゴッドフリード***
ゴッドフレッド
ゴットフリート
Gottfries
ゴットフリーズ
Gotthard
ゴットハート
ゴットハルト
Gotthelf
ゴットヘルフ**
ゴッドヘルフ
Gotthil ゴットヘルフ
Gotthilf ゴットヒルフ
Gotthold
ゴットホールド
ゴットホルト*
ゴットホルド
Gotti ゴッティ*
Gotting ゲッチング
Gottl
コットル
Gottlein ゴドライン
Göttler ゲットラー
Gottlieb
ゴットリープ***
ゴットリーブ*
ゴットリープ*
ゴットドリープ
Gottlob
ゴットリーブ
ゴットローブ
ゴットローブ***
ゴットロブ
ゴットロブ
ゴットロブ
Gottlober
ゴットローバー
Gottman ゴットマン*
Gottmann
ゴットマン*
Gottmoeller
ゴットメラー
Gotto ゴト
Gottolengo
コットレンゴ
Gottowt ゴットヴート
Gottreu ゴットロイ
Gottrieb ゴットリーブ
Gottry ゴットリー*
Gottschalch
ゴットシャルヒ
Gottschaldt
ゴッチャルト
Gottschalk
ゴッチャーク
ゴッチョーク
ゴットシャールク
ゴットシャルク*
ゴットショーク
Gottschall
ゴットシャル*
Gottsche ゴッチェ
Gottsched
ゴットシェット
ゴットシェート
ゴットシェト
Gottschewski
ゴチェフスキ
Gottschick
ゴットシック
Gottskalksson
ゴットスカルクソン
Gottwald
ゴットヴァルト
ゴットバルト*
ゴッドバルト
ゴットワルト**
ゴットワルド
Gotye ゴティエ*
Gotz ゲッツ
Götz
ゲーツ
ゲッツ***
ゴッツ*
Gotze
ゲッツェ
ゴッツェ
Götze
ゲーツェ
ゲッツェ**
Gotzen ゴッツェン
Götzke
ゲーッケ
ゲツケ
ゲツケ
Gou
クオ
ゴオ
Gouamene グーアメヌ
Gouandja グアンジャ
Gouandjika
グアンジカ
Gouaze グアゼ
Gouazé グアゼ
Goubault グボー
Goubel グベル
Goubert
グーベール*
グベール**
ゴーバート
Goucher
ガウチャー*
グーチャー
Goud グード
Goudal ハウダル
Goudareau グダロー
Goudarzi グダルジ
Goude グード*
Goudeau グドー
Goudelock
ゴーデロック
Goudet グデ
Goudey グッディ
Goudge グージ**
Goudie グーディー
Goudimel グディメル
Goudmijn フードミン
Goudot
グード
グド
Goudou Coffie
グドコフィ
Goudriaan
ハウドリアン
Goudsblom
ハウツブロム
Goudsmit
グーズミット
ゴズミット*
ハウトスミット
Goudt ホウト
Goudy
ガウディー
クーディー
Goudzwaard
ハウツワールト
Gouffé グーフェ
Gougaloff ググロフ
Gougar グーガー
Gougaud
グーゴー
グゴー*
Gouge
ガウジ
ゲージ
Gougenot グジュノー
Gough
ガフ*
ゴー
ゴーフ
ゴフ**
Gouhier
グーイエ
グイエ**
Gouic グイック
Gouichoux
ギシュー*
グイシュー
Gouillart グイヤール
Gouin
グーアン
グアン
グワン
Gouinlock
ガウアンロック
Gouiran ギラン
Goujon グージョン
Gouk グーク
Gouker
グーカー
グーガー
Goukouni グクーニ*
Goulao-henrique
ゴウランエンリケ
Goulard
グーラール
グラール
Goulart
グーラート**
グラール
グラル
ゴラール
Goulburn
グールバーン
Gould
グウルド
グールド***
グルード
グルド
グウルド*
ゴールド
ゴールド
Goulden ゴールデン
Goulder ゴウルダー
Goulding
グールディング**
ゴウルディング
ゴールディング*
Gouldman
グールドマン
Gouldner
グールドナー*
ゴールドナー
Gouldstone
グールドストーン
Gouldthorpe
グールドソープ
Gouled グレド**
Goulet
グーレ*
グレー
グーレット
ゴーレット

G

Goulimis ゴレモス	Gourgouris グルグリス	Gouverneur ガヴァヌーア／ガヴァヌア	Govindarajan ゴビンダラジャン	Goya ゴヤ*
Goulinat グーリナ	Gourgues グルグ		Govindaraji ゴビンドラージ	Goyal ゴヤール／ゴヤル
Goullart グゥラート／グーラート／グラード	Gourhan グーラン**	Gouvion グービオン	Govindas ゴヴィンダス	Goyathlay ゴヤスレイ
	Gouri グリ**	Gouvy グーヴィ	Govindrajan ゴヴィンドラジャン	Goyau ゴヨー
Goullet ゴウレット	Gourier グリエ	Gouw ゴウ／ホウ		Goyder ゴイダー
Goulooze ガウルーズ／フールーゼ	Gourinat グリナ		Govoni ゴヴォーニ*／ゴボーニ	Goydke ゴイトケ
	Gourlay グーレイ	Gouweleeuw ハウウェレーウ		Goyeche ガヤシ
Goulson グールソン	Gourlcy ゴールシィ		Govorov ゴヴォロフ／ゴボロフ	Goyen ゴーイエン／ゴイエン／ホーイイエン／ホーイエン／ホーイエン／ホイエン
Goulston グールストン／ゴウルストン／ゴールストン	Gourley ガーリー*／グアリー／ゴーリー*	Goux グー*		
		Gouy グイ	Govorun ゴヴァルーン	
	Gourman ゴーマン*	Gouyd グード	Govou グヴォー／ゴヴ*／ゴブ	
	Gourmelin グルムラン	Gouzenko グゼンコ		
Goulter ゴールター	Gourmont グゥルモン／グウルモン／グールモン*／グルモン	Govaert ホーフェルト／ホフェルト		Goyenaga ゴジェナガ
Goulthorpe グルソープ			Govrin ゴヴリン	Goyeneche ゴジェネチェ
Goulven グルヴァン		Govaerts ホファーツ	Gow ガウ**／ゴ	
Goumba グンバ		Govan ガバン／ゴヴァン／ゴバン*		Goyer ゴイヤー／ホイエル*
Goumnerova グームネロヴァ	Gournay グールネー／グールネー*／グールネイ		Gowan グア／ガウアン／ゴーワン／ゴワン	
Gounaris グナリス		Govanna ジョヴァンナ*		Goyet ゴアイエ
Gounebana グネバナ		Govanus ガバヌス		Goyette ゴイェット／ゴエッティ
Gounelle グネル*	Gourna Zacko グルナザコ	Govar ゴーバー		
Goung ガウン		Govardhan ゴヴァルダン	Gowans ゴウワンズ／ゴワンス*	
Gounod グーノ／グーノー／グノー	Gourou グールー*／グルー			Goyke ゴイケ
		Govardhana ゴーヴァルダナ	Gowar ガワー	Goytan ゴイタン
	Gourouza Magagi グルザマガギ			Goytisolo ゴイティソーロ*／ゴイティソロ***
Gounokou グノコ		Govardhanrām ゴーヴァルダンラーム	Gowda ゴウダ*／ゴーダ	
Gounot グノー	Gourraud グロード			Goyvaerts ゴイヴァーツ
Gounou グヌ／グノー	Gourraund グロード*	Gove ゴー／ゴーブ	Gowdy ガウディ**／ゴウディー	
	Gourriel グリエル*			Gozalo ゴザロ
Goupil グービル／グビル	Goursat グールサ／グールサー／グールサ／グルサ／グルサー	Govea グヴェア／ゴヴェア	Gowelo ゴウェロ	Gozan ゴザン
		Govedarica ゴヴェダリカ	Gowen ガウエン	Gozde ギョズデ
			Gower ガワー*／ガウワー／ガワー***／ゴウワ／ゴワー	Gozelo ゴゼロ
Gourad グラド	Gourvennec グールベネック	Govender ゴヴェンダー		Gozgec ゴジェク
Gouran ガウラン		Gover ゴーヴァー		Gozlan ゴズラン
Gouranga ゴウランガ	Gous グース	Govern ガバン		Gozun ゴソン
Gourbault グルボー*	Gousios ゴシオス	Govert ホヴァート／ホーフェルト	Gowers ガワーズ**／ガワーズ*／ゴワーズ	Gozzadini ゴッツァディーニ
Gourcuff グルキュフ*／グルクフ	Gouskos ゴウスコス			Gozzano ゴッツァーノ*
	Gousse グッセ／グース	Govett ガヴェット	Gowin ゴーウィン／ゴウィン	Gozzi ゴッズィ／ゴッツィ**
Gourd グード／グール		Govia ゴヴィア		Gozzoli ゴッツォーリ／ゴッツォリ*
Gourdain グルデン	Gousset グセ*／グセー	Govier ゴヴィエ*	Gowing ガウイング／ガウイング／ゴウイング	
Gourdault グールド		Govin ゴバン		Gozzolini ゴゾリーニ／ゴッツォリーニ
Gourdault-Montagne グールドモンターニュ*	Gout グー	Govind ゴヴィンダ／ゴーヴィンド／ゴビンダ／ゴービンド	Gowland ガウランド／ゴーラント／ゴーランド*	
Gourdigou グルジグ	Goutagny グタニ			Graabak グローバク*
Gourdin ゴーディン	Goutam グータム／ゴータム*	Govinda ゴーヴィンダ／ゴヴィンダ*／ゴーヴィンダ／ゴビンダ	Gowler ガウラー*／ゴーラー	Graaf グラーフ**／グラフ／フラーフ
Gourdine ゴールディン				
Gourdon グウルドン／グールドン	Goutard グタール*		Gowon ゴウォン*	Graaff グラーフ*／フラーフ
	Gouthier ゴティエ	Govindāgraj ゴーヴィンダーグラジ	Gowreesoo ガウリスー	
Gouré グーア／グール	Gouthière グーティエール			Graafland フラーフラント／フラーフランド
	Goutier ゴーチェ	Govindan ゴーヴィンダン	Gowrie ガウリー／ゴウリー	
Gourevitch ゴルヴィッチ／ゴーレイヴィッチ*	Gouvea グヴェア	Govindānanda ゴーヴィンダーナンダ		Graarud グラールッド／グラールド
Gourgaud グールゴー	Gouvêa ゴヴェア		Goy ゴワ	
Gourgel ゴルジェル	Gouveia グーベア／ゴヴェイア／ゴウベイア			

Graas グラス	Grabow グラーボ グラボー*	Graddon グラッドン	グレーメ	Grags pa タクパ	
Graat グラート		Graddy グラディ	Graener グレーナー		
Graatkjaer グロートシェール	Grabowicz グラボヴィッツ	Grade グラーデ グレード	Graese グレーズ	Grags pa dpal タクパベル	
Graaven フラーフェン	Grabowska グラボフスカ	Gradel グラデル	Graeser グレーザー	Gragueb グラーグアップ	
Grab グラブ	Grabowski グラボウスキー* グラボフスキー*	Gradenigo グラデニーゴ	Graesser グラエッサー	Grah グラー	
Grabar グラバーリ グラバール*		Gradenwitz グラデンヴィッツ	Graettinger グレッティンガー	Graham グラハム***	
Grabarczyk グラバルチク	Grabsch グラブシュ	Gradimir グラジミール	Graetz グレーツ グレッツ	グラーム	
Grabar-Kitarović グラバルキタロヴィッチ*	Grabski グラブスキー	Gradin グラディン*	Graeub グロイブ	グラム** グレーアム*	
	Graburn グラバーン	Gradis グラディス	Graeve グリーブ	グレアム***	
Grabarnik グラバルニク	Graca グラカ グラサ*	Gradkowski グラコウスキー	グレーヴ	グレイアム* グレイハム	
Grabarz グラバーズ		Gradl グラードゥル	Graevenitz グラエベニッツ グレーヴェニッツ	グレーハム グレハム	
Grabau グラバウ	Graça グラサ グラサス* グラッサ	Gradmann グラートマン	Graf グラアフ	グレーム ゲレアム	
グレイボー グレイボウ グレーボー		Grados グラドス			
	Gracchus グラックス	Gradshtein グラッドシュタイン	ゲーラフ グラーフ***	Grahame グラハム グレーアム*	
Grabb グラブ	Grace グラース グレイス** グレース*** グレス		グラフ***		
Grabban グラバン		Gradsky グラツキー	Gráf グラーフ	グレアム***	
Grabbe グラッベ* グラッペ クラブ		Gradstein グラッドシュタイン	Gräf グレーフ	グレイアム	
	Gracey グレイシー	Gradwohl グラッドウォール	Grafe グラーフェ* グレエフエ	Grahm-douglass グラハムダグラス	
Grabbi グラッビ	Grach グラチ			Grahn グラーン*	
Grabe グラーベ	Grachev グラチェフ グラチョフ**	Grady クラディ グラディ**	Gräfe グレーフェ	Grahn-laasonen グラーンラーソネン	
Graben グラーベン			Grafen グラフェン		
Grabenstein グラベンスタイン*	Gracheva グラチョーヴァ グラチョーワ	グラディー グレイディ* グレイディー	Grafenauer グラフェナウアー	Grahs グレース	
Graber グラバー		グレーディ**		Graiai グライアイ	
	Gracia グラシア	Gradys グラディス	Grafenberg グラーフェンベルク	Graig クレイグ*	
グレイバー グレーバー**	グラスィア グラチィア グラツィア	Graebe グレーベ		グレイグ	
Gräber グレーバー		Graeber グレーバー*	Grafenfried グラフェンフリード	Graille グライユ*	
Grabham グラバム	Gracia Garcia グラシアガルシア	Graebner グレーブナー グレーブナー	Graff グラッフ グラフ***	Grain グラン グレン	
Grabhorn グラブホーン	Gracian グラチアン	Graecina グラエキーナ	Gräff グレーフ	Grainger グレインジャー***	
Grabianski グラビアンスキー グラビャンスキ	Gracián グラシアン* グラシャン	Graedel グレーデル*	グレフ	グレーンジャー* グレンジャー*	
		Graef グラーフ	Graffe グラフ		
Grabias グラビアス	Gracián グラシアン	グラフ	Gräffe グレッフェ	Graining グレイニング*	
Grabinar グラビナー	Gracias グラシアス	グレイフ* グレーフ フラエフ	Graffigny グラフィニー	Graínne グレイン	
Grabiński グラビンスキ*	Gracie グレイシー**		Graffin グラファン グラフィン	Gráinne グラーニャ グレイン グレーン	
Grabkowski グラブコフスキ	グレイスィー グレーシー*	Graefe グラーフェ グレーフェ*			
Grable グレイブル グレーブル	Graciela グラシエラ*		Graffman グラフマン	Grainville グランヴィル**	
Grabler グラブラー	Graciliano グラシリアーノ グラシリアノ*	グレフェ	Gräfin グレーフィン	Grais グレー	
		Graeff グラーフ フラーフ	グレフィン	Grajales グラハレス	
Grabmann クラーブマン グラーブマン グラーブマン*	Gracin グーシン	Graegin グラエギン	Grafira グラフィーラ	Grajkowski グライコフスキ	
	Gracis グラシス グラチス	Grael グラエル*	Grafman グラフマン	Gral グラウ	
Grabner グラブナー グレーブナー		Graeler グレーラー	Grafov グラフオフ*	Graliker グラリカー	
	Gracq グラック***	Graeme グラーム グラエム グラム**	Grafström グラフストレーム グラフストローム	Gralla グラーラ グララ*	
Gräbner グレーブナー グレーブナー	Gracyk グレイシック				
	Grad グラ グラッド グラド	グリーム	Graft グラフト	Gralnick グラニック	
Grabo グラボオ		グレアム** グレイエム	Grafton グラフトン***	Gram グラム*	
Gråbøl グロベル			Grafulla グラフラ	Gramaglia グラマグリア	
Grabovetskaya グラボベツカヤ	Gráda グラダ	グレイム* グレーム***	Gragg グラッグ	Graman グラマン	
	Gradante グラダンテ	グレム*	Gragono グラゴーノ	Gramann グラマン	
	Graddol グラッドル		Grags タク		

Gramatica グラマティカ	Granbassi グランバッシ	Grandon グランドン	Gränius グラニウス	Grappelli グラッペリ*
Gramatky グラマトキー*	Granberry グランベリー	Grandori グランドーリ	Granjon グランジョン	Grappo グラポ
Gramberg グラムベルグ／グランベルグ	Granbois グランボワ	Grandpierre グランピエール	Granju グランジュ*	Graptós グラプトス
Grame グレーム	Granby グランビ／グランビー	GrandPré グランプレ	Grankovskaya グランコフスカヤ	Gras グラ／グラース／グラス
Gramegna グラメーニャ／グラメーニャ	Grancharova グランチャロワ	Grandson グランドサン	Granlund グランルンド	Grasby グラスビー
Grames グラメス	Grancolas グランコラ	Grandstaff グランドスタッフ	Grann グラン	Grasdorff グラスドルフ*
Gramigna グラミーニャ	Grand グラン**／グラント／グランド***	Grandval グランヴァル*／グランバル	Granneman グランネマン	Grasegger グラゼッガー
Gramley グラムリー	Granda グランダ	Grandville グランヴィル／グランビル	Granner グランナー	Graser グラーザー／グラザー
Gramlich グラムリッヒ／グラムリヒ	Grandadam グランダダム	Graneau グラノウ	Grano グラノ	Gräser グレーザー
Gramm グラム*	Grandage グランディジ／グランデージ	Granek グラネック	Granö グラーネ	Grashow グラショウ
Grammat グラマ*	Grandais グランデ	Granel グラネル	Granon グラノン	Grasic グラシッチ
Grammateus グラムマテウス	Grandal グランダル	Graner グラネール	Granot グラノット*	Grasing グレイセング
Grammatica グランマーティカ	Grandazzi グランダッジ	Granero グラネロ	Granov グラノフ	Graslin グラスラン
Grammaticus グラマティクス*／グランマティクス	Grandbois グランボア／グランボワ	Granet グラネ**／グラネー	Granovetter グラノヴェター／グラノヴェッター*	Grasmann グラスマン
Grammatikos グラマティコス／グランマティコス	Grande グランデ**	Graney グレイニー	Granovskii グラーノフスキー／グラノーフスキー／グラノフスキー／グラノフスキィ	Grass グラス***／グラッス
Grammatikós グラマティコス	Grandel グランデル	Granfelt グラーンフェルト／グランフェルト／グランフェルド	Granowsky グラノフスキー	Grassa グラッサ
Gramme グラム	Granderath グランデラート	Granforte グランフォルテ	Granston グランストン	Grassberger グラスベルガー
Grammer グラマー**	Granderson グランダーソン*	Grange グランジ／グランジェ*／グランジュ*／グレインジ／グレーンジ*	Granstrom グランストローム*	Grassby グラスビー
Grammont グラモン*	Grandes グランデス*		Granström グランストローム*	Grasse グラース／グラス**
Grammorseo グランモルセーオ	Grandgeorge グランジョージ／グランジョルジュ／グランドジョージ		Grant グラン／グラント***／グランド	Grässel グレッセル
Grammozis グラモジス	Grandguillot グラングリオット	Grangé グランジェ*	Grantd グランド	Grasselli グラッセッリ／グラッセリ
Gramont グラモン	Grandi グランディ	Granger グランガー／グランジェ**／グランジャー*／グレインジャー／グレンジャー***	Grantham グランサム**	Grasser グラッサー
Gramov グラモフ	Grandin グランダン／グランディン**		Grantland グラントランド	Grasserbauer グラッセバウア―
Grampp グランプ	Grandino グランディーノ		Granval グランヴァル／グランバル	Grasserie グラスリー
Grams グラムス／グラムズ	Grandison グランディスン	Granhag ギョンゴビ	Granvelle グランヴェラ／グランヴェル／グランベル	Grasset グラセー／グラッセ**
Gramsci グラムシ**	Grandisson フランディソン	Granhagen グランハーゲン		Grasshoff グラスホフ
Gran グラン**	Grandjany グランジャニー	Granham グランハム		Grassi グラッシ**／グラッシー
Granacci グラナッチ	Grandjean グランジャン**	Granholm グランホルム	Granville グラニー／グランヴィル*／グランビル*／グランブィル	Grassiano グラシアーノ
Granach グラナッハ	Grandma グランドマア／グランマ**	Granić グラニッチ		Grassic グラシック
Granacher グラナッシャー	Grandmaison グランメーゾン／グランメゾン*	Granič グラニッチ*		Grassini グラッシーニ
Granada グラナーダ／グラナダ*	Grandmaster グランドマスター	Granich グラニッチ	Granvillebarker グランヴィルバーカー	Grassle グラッスル**
Granade グラナード	Grandmixer グランドミキサー	Granick グラニック	Granz グランツ*	Grassley グラスリー*
Granado グラナード*／グラナド	Grandmont グランモン*	Granier グラニエ*	Granziela グラツィエラ	Grasslin グレスリン
Granados グラナードス／グラナードス**	Grandmother グランドマザー	Granier-Deferre グラニエドフェール	Grape グレイプ／グレイプ／グレープ	Grässlin グレスリン
Granastein グラナスティン／グラナッティン		Granin グラーニン**／グラニン	Graper グレーパー	Grassmann グラースマン／グラスマン
Granata グラナータ		Graninger グラニンガー	Grapes グレープス	Grassmound グラスマウンド
Granatstein グラナスティン		Granit グラニット*／グラニート／グラニト	Grapheus グラフェウス	Grasso グラッソ*／グラッソー
		Granite グラナイト	Grapow グラボウ	Grassonelli グラッソネッリ
			Grappe グラップ	Grassow グラソブ

Grasu
グラス
グラスユー
Graswinckel
グラスヴィンケル
Gratama
ハラタマ
フラタマ
Gra'tama ハラタマ
Gratenau
グラーテナウ
Graterol グラテロル
Gratev グラチョーフ
Grathoff グラトホーフ
Gratia グラシア
Gratiano グラチアノ
Gratianus
グラチアヌス
グラティアーヌス
グラティアヌス
Graţiela グラツィエラ
Gratien
グラシアン
グラティアン
Gratiolet グラシオレ
Gratiot グラチオ
Gratius
グラーティウス
Gratovich
グラトヴィチ
Gratry
グラトリ
グラトリー
Gratsianov
グラツィアノフ
Grattan
グラタン
グラッタン**
Grattius
グラッティウス
Gratton
グラットン**
グラトン
Gratwicke
グラトウィック*
Gratz
グラーツ
グラツ
グラッツ*
Grätz グレーツ
Gratzel グラーツェル
Gratzer グラットザー
Grau
グラウ***
グロー**
グロウ
Graubard
グローバード
Graubert
グラウベルト
Graudan グラウダン
Grauer
グラウアー*
グラウラー
グロイアー
グロウアー
Grauert
グラウアト
グラウエルト

グラウエルト*
Graul グラウル
Graulund
グラウルンド
Grauman グローマン
Graun グラウン
Graunke グラウンケ
Graunt
グラウント
グラント
Graupner
グラウプナー
Graupp グラウプ*
Graur グラウアー
Graus グラウス
Graustein
グラウスタイン
Grauwe
グラウウェ
グラウエ
グローベ
Grava グレイバ
Grave
グラーヴ
グラーウェ
グラーヴェ*
グラーブ
グレイブ
Gravel
グラーヴェル
グラヴェル
Gravelle グラヴェル
Gravelot グラヴロ
Gravelotte
グローブロット
Graveman
グレイブマン
Gravenstein
グラーヴェンシュタイン
Gravenstijn
フラフェンステイン
Graver グレイヴァー
Graves
グレイヴズ
グレイヴズ*
グレイブス
グレイブズ
グレーヴス
グレーヴズ*
グレーヴズー
グレーブズ**
グレーブズ**
Gravesande
グラーフェサンデ
フラーフェサンデ
フラーフェザンデ
Gravesen グラベセン
Gravett
グラヴェット*
グラベット
Graveure
グラヴール
グラブール
Gravey グラヴェ
Gravier グラヴィエ
Gravière
グラヴィエール

Gravina
グラヴィーナ
グラビーナ
Graviou グラヴィオ
Gravitts グラヴィッツ
Gravitz
グラヴィッツ
グラビッツ
Gravius グラヴィウス
Grävius
グレーヴィウス
グレヴィウス
Gravlee グレーヴリー
Gravning グラヴニング
Gravone グラヴォン
Gräwe グレーヴェ
Grawitz
グラーヴィッツ
グラヴィッツ
Grax グラクス
Gray
グレー***
グレイ***
Graybill グレイビル
Graydon グレイドン*
Grayken グレイケン
Grayling
グレイリング
グレーリング
Grayshon
グレイション
Graysmith
グレイスミス*
Grayson グレイソン**
Grazer グレイザー**
Grazia
グラジア*
グラチア
グラーツィア*
グラツィア
グラツィア***
グラッジャー
グラツィア*
グレージア
Graziadio
グラツィアディーオ
グラツィアディオ
Graziani
グラジアニ*
グラチアーニ
グラツィアーニ*
Graziano
グラジアーノ
グラジアノ**
グラチアノ*
グラツィアーノ*
Graziela グラツィエラ
Graziella
グラシエリャ
グラチエラ
グラツィエッラ
グラツィエルラ
Grazier グレイジアー
Grazioli
グラツィオーリ
Graziosi
グラジオーシ
グラツィオージ

Grazioso
グラツィオーソ
Graziunas
グラシウナス
Grazizni グラジズニー
Grazyna
グラジナ
グラズィーナ
Graźyna グラジナ
Grazzani
グラッツァーニ
Grazzini
グラツィーニ
Grbac ガーバック*
Grbavčič
グルバフチッチ
Grbich ガービッチ
Grcevich
グルセヴィッチ
Grčić グルチッチ
Grdina グルジナ
Gré グレイ
Greace グリース
Grealer グレーラー
Grealish
グレーリッシュ
Grealy グレアリー
Greame グレーム
Greaney グリーニー**
Greanias
グレニーアス*
Gréard グレアール
Greasy グリーシー
Great グレート
Greathead
グレイトヘッド
Greathouse
グレイトハウス*
Greatorex
グレイトレックス
Greatrex
グレートレックス
Greaves
グリーヴス
グリーヴズ
グリーブ
グリーブス*
グリーブズ
Greavey グリービー
Greb
グレーブ
グレブ
Gréban
グルバン
グレバン**
Grebb グレブ
Grebber グレッベル
Grebe
グレーブ
グレーベ
グレベ
Grebel
グレーベル
グレベル
Grebenka
グレベンカ
フレビンカ

Grebennik
グレベンニク
Grebenshchikov
グレベンシチコフ
Greber
グリーバー
グレーバー
Grebler グレブラー
Grebmer グレンマー
Grebogi グレボージ
Grebov グレーボフ
Grebst グレプスト
Greca グレーカ
Greceanii
グレチャスイ
Grech
グレーチ
グレック
グレッチ
Grechaninov
グレチャーニノフ
グレチャニーノフ
グレチャニノフ
Grechin グレチン
Grechko グレチコ
Grechykhina
グレチヒナ
Grecian グレシアン*
Greciani グレチアニ
Greco
グレーコ*
グレコ***
Gréco グレコ**
Grecu グレク
Greder グレーダー
Gredler グレドラー
Gredt グレット
Grée
グレ
グレー
Greef
グリーフ
グレーフ
Greeff グレーフ
Greek グリーク
Greeley
グリーリ
グリーリー***
グリーリィ
グリーリイ
グリーレイ
Greely
グリーリ
グリーリー
グリーリイ
グリーンリ
Green
グリイン
グリーン***
Greenacre
グリーネーカー
グリーンエーカー
Greenaway
グリーナウェー
グリーナウェイ**
グリーンナウェー
グリーンナウェイ**

Greenbaum グリーンバウム*／グリーンボーム
Greenberg グリーン／グリーンバーク／グリーンバーグ**／グリンバーグ／グリーンベルク／グリーンベルグ*／グリンベルグ
Greenberger グリーンバーガー*
Greenbie グリーンビー
Greenblat グリーンブラット*／グリーンブラッド
Greenblatt グリーンブラット**
Greenburg クリーンバーグ／グリーンバーグ**／グリンバーグ
Greenburger グリーンバーガー
Greene グリイン／グリーン***
Grèene グリーン
Greenebaum グリーネバウム
Greener グリイナー／グリーナー**
Greenewalt グリーンウォルト
Greenfeld グリーンフェルド**／グリンフェルド*
Greenfield グリーンフィールド**／グリーンフイルド／グリンフィールド
Greengard グリーンガード**
Greenglass グリーングラス
Greengrass グリーングラス*
Greengross グリーングロス*
Greenhaff グリーンハフ
Greenhalgh グリーンハウシュ／グリーンハーフ／グリーンハフ／グリーンハルシュ／グリーンハルジュ
Greenhill グリーンヒル／グリンヒル
Greenhough グリーンハウ
Greenhouse グリーンハウス*
Greenhow グリーンハウ

Greenhut グリーンハット
Greenidge グリーニッジ／グリニッジ
Greening グリーニング
Greenland グリーンランド*
Greenlaw グリーンロー／グリーンロウ
Greenleaf グリーンリーフ***／グリンリーフ
Greenlee グリーンリー／グリンリー
Greenler グリーンラー*
Greenman グリーンマン*
Greeno グリーノ
Greenough グリーノー*／グリノ／グリーノウ
Greensmith グリーンスミス
Greenson グリーンソン*
Greenspan グリーンスパン**
Greenstein グリーンシュタイン*／グリーンスタイン／グリーンステイン
Greenstreet グリーンストリート*
Greenthal グリーンサル
Green Tregaro グレントレガロ
Greenwald グリーンウォルド**／グリーンワールド／グリーンワルド*／グリンワルド*
Greenway グリーンウェイ*
Greenwell グリーンウェル**
Greenwich グリニッチ
GreenWood グリーンウッド
Greenwood グリインウード／グリーンウッド***
Greer グリーア***／グリア**／グリアー／グレア
Greeson グリーソン
Greet グリート／フレート
Greever グリーヴァー
Greeves グリーヴズ

Gref グレフ*
Greffe グレフ
Greffet グレッフェ
Greg グレグ**／グレッグ***
Gregan グレーガン*
Gregary グレガリー
Greger グレガー
Gregerman グレジャーマン
Gregers グレゲルス
Gregersen グレガーセン*
Gregerson グレガーソン
Gregg グレグ*／グレッグ***
Greggio グレッジオ
Gregg King グレッグキング
Greggory グレゴリー／グレッグ
Grégory グレゴリー
Gregh グレエグ／グレーグ*
Gregie グレギー**
Grego グレーゴ
Gregoire グレゴアール／グレゴワール**
Grégoire グレゴアール*／グレゴイール／グレゴワール***
Gregor グレーガー／グレガー*／グレゴ／グレゴー／グレゴーア／グレゴア*／グレゴリ／グレゴリー／グレーゴル*／グレゴール***／グレゴル*
Gregoras グレーグラス／グレゴラス
Gregorčič グレゴルチチ
Gregoretti グレゴレッティ
Gregori グレゴーリ／グレゴリ／グレゴリー
Gregoria グレゴリア
Gregorian グレゴリアン*
Gregorich グレゴリッチ*
Grégorie グレゴワール

Gregorietti グレゴリエッティ
Gregorii グレゴリー
Gregorin グレゴリン
Gregorini グレゴリーニ
Gregorio グレゴーリオ／グレゴリオ***／グレゴリヨ
Gregório グレゴリオ
Gregorios グレゴリオス*
Grēgorios グレーゴリオス／グレゴリオス
Grēgórios グレゴリオス
Gregoritsch グレゴリチュ
Gregorius グレゴリアス／グレゴリウス*／グレーゴリオス／グレゴリオス
Gregorovius グレゴローヴィウス／グレゴロヴィウス／グレゴロビウス
Gregorowski グレゴロスキー
Gregory グレゴリー／グリゴーリイ／グレーゴリー／グレコリー／グレゴリー**／グレゴリー***／グレゴリイ**／グレゴリオ／グレゴリオス／グレッグ*／フリホリー／フリホリイ
Grégory グレゴリー*
Gregotti グレゴッティ
Gregr グレグル
Grégr グレーゲル／グレグル
Gregriore グレグリオル
Gregson グレッグソン*／グレッグソン*
Gregston グレッグストン
Gregus グレグス
Gregussen グレーグッセン
Greiber グライバー
Greicus グレイカス
Greider グライダー*／グレイダー／グレーダー
Greif グライフ**

Greifendorff グライフェンドルフ
Greiff グリーフ
Greiffenberg グライフェンベルク
Greig グリーグ／グレイグ*／グレッグ
Greil グリール*
Greilich グライリッヒ
Greiling グライリング
Greiller グレイラー
Greim グライム
Greiman グレイマン*
Greimas グレマス*
Grein グライン*
Greindl グラインドル
Greindle グラインドル
Greiner グライナー**／グレイナー
Greinert グライネルト
Greinke グリンキー／グレインキー*
Greis グライス**
Greisch グレーシュ*
Greiser グライザー
Greisinger グライシンガー
Greiskalns グレイシカルンス
Greisler グレイスラー
Greispach グライスバッハ
Greist グライスト／グリースト／グレイスト
Greiter グライター
Greither グライター
Greitter グライター
Greitzer グレイツァー
Greive グリーヴ*／グリーブ／グレイブ
Greivenkamp グレイブンガンプ
Greivis グレイビス
Greiwe グライベ
Grejniec グレイニェク／グレイニエツ*／グレーニィエツ*
Grek グリェク／グレーク／グレク／グレッグ
Grekin グレキン
Grekov グレーコフ／グレコフ
Grekova グレーコワ**

Greskovits グレシュコヴィッチ	Greve グリーブ / グレーヴェ*	Gribbin グリッビン / グリビン*	Grieshaber グリーシェーバー	
Greku グレク	Gresley グレズリー	Grevel グレフェル	Gribble グブブル	Griesinger グリージンガー
Grell グレル	Greslon グレロン	Greven グレヴェン / グレーベン	Gribbon グリボン	Griess グリース*
Grella グレラ	Gresnick グレスニック	Greven グレヴェン / グレーベン	Griboedov グリボイエードフ / グリボイェードフ / グリボイエドフ / グリボエドフ	Griesser グリーサー / グリセール*
Grellet グルレ* / グルレー	Gress グレス	Grever グレバー		
	Gresse グレッス	Grevers グレイバーズ**		Griessmann グリースマン* / グリスマン
Grelot グルロ	Gresser グレッサー*	Greville グレヴィル* / グレビル**		
Grelotti グルロッティ	Gresset グレッセ		Gribov グリボヴ	Griesy グリーシー
Gremaud グレモー	Gressitt グレシット	Gréville グレヴィーユ / グレヴィル	Grice グライス** / グリス	Grieve グリーヴ / グリーブ**
Gremillion グレミリオン*	Gressmann グレスマン			
	Gressor グレッサー	Grèville グレヴィーユ	Grich グリッチ	Grievitch グリエーヴィッチ
Grémillon グレミヨン*	Greste グレステ	Grevillius グレヴィリウス / グレビリウス	Grichka グリシュカ* / グリチカ	
Gremmels グレメルス	Greszkiewicz グレシュキービッチ			Griez グリーズ
Gremy グレミー		Grévin グレヴァン / グレバン	Grichnik グリジニック	Griezmann グリエーズマン / グリーズマン
Grenander グレナンデル	Gret グレト		Grichuk グリチック	
Grenard グルナール	Greta グレタ**	Grevinchoven フレヴィンホーヴェン	Gridasova グリダソワ	Griff グリフ
Grench グレンチ	Gretch グレッチ		Gridley グリッドリー / グリドリー	Griffall グリファル
Grendell グレンデル	Gretchen グレチェン / グレッチェン**	Greving グレーヴィング		Griffel グリフェル
Grene グリーン		Grévy グレヴィ / グレヴィー / グレビ	Grieb グリーブ	Griffen グリフェン
Grenenger グレネンガー	Grete グレタ** / グレーテ** / グレテ*		Grieco グリエコ / グリーコ*	Griffenfeld グリフェンフェルト
Grenerin グルヌラン		Grew グルー**		
Grenersen グレナールスン	Gretel グレーテル / グレーテル**	Grewal グレイワル / グレウォール / グレワル	Grieder グリーダー	Griffes グリフィス / グリフェス / グリフス
Grenet グルネ*	Gretelise グレーテリース*		Grieg グリーク* / グリーグ** / グリッグ	
Grenfell グレンフェル**	Grethe グレーテ*	Grewe グレーヴェ**		Griffey グリフィー**
Grenier グルニエ***	Grethel グレーテル	Grey グレー* / グレイ*** / グレエ*	Grieger グリーガー	Griffi グリッフィ
Greninger グレニンガー	Grethen グレテン	Greydon グレイドン	Griehl グリール	Griffier グリッフィエル
Grenning グレニング	Grether グレザー / グレサー	Greye グレイ	Griem グリーム	Griffin グリッヒン / グリッフィン / グリッフィン / グリファン / グリフィン*** / グリンフィン
Grenny グレニー*	Grétillat グレティーヤ	Greyford グレイフォード	Grien グリーン	
Greno グレノ	Grétry グレトリ / グレトリー	Greyling グレイリング / グレーリング	Griepenkerl グリーベンカール / グリーベンケル	
Grenon グルノン	Gretsch グレッチュ	Greyser グレイサー		
Grenot グレノット	Gretser グレッツァー*	Greyserman グレイザーマン	Griepink グリービンク	Griffing グリフィング
Grenside グレンサイド	Gretta グレッタ	Greysia グレイシア	Grier グリーア / グリア / グリアー**	Griffis グリヒス / グリフィス*
Grensted グレンステッド	Grette グレッテ	Greyson グレイソン*		
	Gretton グレットン	Grgic グルギッチ	Griera グリエラ	Griffiss グリフィス
Grente グラント	Gretz グレッツ	Grgovic グルゴビッチ	Grier-Miller グリアミラー	Griffith グリフィス*** / グリフス
Grentrup グレントゥルプ	Gretzer グレッツァー	Grgurina グルグリナ	Grierson グリアス / グリーアスン / グリアスン / グリアソン / グリアーソン / グリエルソン*	
Grenville グランヴィル / グレンヴィル* / グレンビル**	Gretzinger グレッチンガー	Griaule グリオール* / グリヨール		Griffiths グリッフィス / グリフィス*** / グリフィスス
	Gretzky グレツキー*			
Grenz グレンツ	Gretzyngier グレツィンゲル*	Grib グリップ / グリブ*	Gries グリ / グリース*	Griffith's グリフィス
Grenzmann グレンツマン		Gribachov グリバチョーフ	Griesbach グリースバッハ / グリースバハ	Griffon グリフォーン
Grepperud グレッペルー	Greubel グルーベル	Gribachyov グリバチョフ		Griffuelhes グリフュール
Greppo グレポ	Greuel グロイエル	Gribaldi グリバルディ	Griesbacher グリースバハー	Griffyn グリフィン
Grés グレ	Greul グロイル	Gribanov グリバノフ	Griese グリーゼ*	Grifin グリフィン
Grès グレス	Greulach グリューラッハ		Grieser グリーザー**	Grifith グリフィス
Gresbeck グレシュベック	Greuning グリューニング*			Griflet グリフレット
Greschat グレシャト	Greuter グライター / グロイター / グロイテル*			Grifo グリフォ
Grescoe グレスコー				Grifol グリフォル
Grese グレーゼ				Grigar グリガル
Gresh グレシュ / グレッシュ	Greuze グリューズ / グルーズ			Grigault グリゴー
Gresham グレシャム*				
Greshko グレシュコ				

Grigelionis グリゲリオニス
Grigely グリッグリー
Grigg グリッグ*
Griggs グリッグス**
グリッグズ
Grignani グリニャーニ
Grignard グリニャール
Grignion グリニヨン
Grignon
グリグノン
グリニオン
グリニョン*
グレニヨン
Grigny
グリニ
グリニー
Grigol
グリゴリー
グリゴル
Grigoletti グリゴレッティ
Grigolisdze グリゴリスゼ
Grigòlo グリゴーロ*
Grigor
グリゴール*
グリゴル
Grigoras
グリゴラシ
グリゴラシュ
グリゴラス
Grigore グリゴレ
Grigorenko グリゴレンコ
Grigorescu グリゴレスク*
Grigorev
グリゴリエフ*
グリゴレフ
Grigor'ev
グリゴーリエフ
グリゴリエフ
Grigor'eva グリゴーリエワ
Grigor'evich
グリゴーリエヴィチ
グリゴリエヴィチ
グリゴリエヴィチ*
グリゴーリェヴィッチ
グリゴーリエヴィッチ
グリゴーリエビッチ
グリゴリエビッチ
グリゴロヴィッチ
フリホロヴィチ
フルィホロヴィチ
Grigor'evna
グリゴーリエウナ
グリゴーリエヴナ
Grigori
グリゴリ
グリゴリー
グリゴリー*
Grigoriadis グリゴリアディス
Grigorian
グリゴリヤン
グレゴリアン

Grigor'ian グリゴリヤン
Grigoriev
グリゴーリエフ
グリゴリエフ**
Grigorieva
グリゴリエヴァ
グリゴーリエバ
グリゴリエバ
グリゴーリエワ
グリゴリエワ*
Grigorievich
グリゴリーヴィチ
グリゴリエヴィチ
グリゴリエヴィチ
グリゴリエヴィッチ
グリゴリスゼ
Grigoríevich
グリゴリエヴィチ
Grigorievna
グリゴーリエヴナ
Grigóriëvna
グリゴリエヴナ
グリゴーリエヴナ
Grigorii
グリゴーリ
グリゴーリー
グリゴリ
グリゴーリー***
グリゴーリイ
グリゴリイ**
グリゴーリイ
グレゴリー
グレゴーリイ
フリホリー
フリホリイ
Grigorii グリゴリー
Grigorii グリゴーリー
Grigorij
グリゴーリ
グリゴーリイ
グリゴリイ
Grigorik グリゴリク
Grigorios グリゴリオス
Grigoris グリゴリス
Grigoriy
グリゴリー**
グレゴリー
Grigorjeva グリゴリエワ
Grigorov グリゴロフ
Grigorovich
グリゴロイッチ
グリゴローヴィチ**
グリゴロヴィチ
グリゴローヴィチ
グリゴローピチ
グリゴローピッチ
グレゴロビッチ
Grigory
グリゴーリ
グリゴリ
グリゴーリー**
グリゴーリイ
グルゴーリイ
グレゴリー
グレゴーリイ
Grigoryan
グリゴリアン
グリゴリヤン

Grigoryev グリゴリエフ
Grigoryeva グリゴリエワ
Grigsby グリグスビー
Grigson
グリグスン
グリグソン*
Grijalva グリハルバ
Grilikhes グリリヘス
Grill グリル
Grillandi グリッランディ*
Grillet グリエ***
Grilli
グリッリ
グリーリ
グリリ*
グリリー
Grillitsch グリリッチュ
Grillmeier グリルマイアー
Grillner グリルナー
Grillo
グリジョ
グリッロ**
グリヨ
グリルロ
グリロ*
グリロー
Grillot グリヨ
Grillparzer
グリルパルツァー
グリルパルツァ
グリルパルツァー*
グリルパルツェル
Grilo グリロ
Grim
グリム**
フリム
Grimal
グリマール
グリマル
Grimald グリマルド
Grimaldi
グリマルディ*
グルマルディ
Grimaldo グリマルド
Grimandi グリマンディ
Grimani グリマーニ
Grimaud グリモー**
Grimault グリモー*
Grimaux グリモー
Grimbald グリンバルド
Grimbert グランベール**
Grimblat グランブラ
Grimble グリンブル
Grimby グリンビー
Grimes
グライムス**
グライムズ***
グリムス
グリムズ
Griminelli グリミネッリ*

Grimke グリムク
グリムケ
グルムケ
Grimké グリムケ
Grimley グリムリー
Grimm
グリーム
グリム***
グリンム
Grimme グリメ
Grimmel グリメル
Grimmelshausen
グリンメルスハウゼン
グリンメルスハオゼン
Grimmer
グリマー
グリンメル
Grimmett グリメット
Grimmette グリメット
Grimmie グリミー
Grimminger グリミンガー
Grimoard グリモア
Grimod
グリモ*
グリモー
Grimou グリムー
Grimpeck グリンペック
Grimpret グランプレ
Grimsdale グリムズデール
Grimsehl グリムゼル
Grimsey グリムジー
Grimshaw
グリムショー**
グリムショウ*
Grimsley
グリムスリー
グリムズリー
グリムズリー**
グリムズリィ
Grimson グリムソン
Grimsson グリムソン**
Grimston グリムストン
Grimstone グリムストン
Grimthorpe グリムソープ
Grimwald グリムヴァルト
Grimwood グリムウッド***
Grin
グリーン**
グリン*
Grinberg
グランベール*
グリンバーグ*
グリーンベルク
グリンベルグ
Grinberga グリンベルガ
Grinblatt グリンブラット

Grinchenko グリンチェンコ
Grindal グリンダル
Grinde グリンデ
Grindea グリンダ
Grindeanu グリンデアーヌ*
Grindel グランデル
Grinder グリンダー
Grindle グリンドル
Grindley
グリンドリー**
グリンドレー
グリンドレイ
Grine グリン
Griner グライナー
Grines グリネス
Grinfield グリンフィールド
Gring グリング
Gringauz グリンガウツ
Gringeri グリンゲリ
Gringolts グリンゴルツ*
Gringore グランゴール*
Grinham グリンハム
Grini グリニ
Grinioff グリニオフ
Grinker グリンカー
Grin'ko グリンコ
Grinkov グリンコフ
Grinling
グリンリン
グリンリング
Grinnan グリナン
Grinnell
グリネル
グリンネル*
Grinold グリノルド
Grinsell グリンセル*
Grinspoon グリンスプーン
Grint グリント*
Grior'evich グリオリエヴィチ
Grip
グリップ
グリープ
Gripari グリパリ**
Gripe グリーペ**
Gripenberg
グリッペンベルク
グリペンベリ
グリペンベルク
グリーンペンベリ
Grippando グリッパンド*
Grippo グリッポ
Grira グリラ
Gris
グリ
グリス*
Grisales グリザレス
Grisar
グリーザル
グリザール

GRO

Grisbrooke グリズブルック
グリザル
Grischa グリシャ*
Griscom グリスコム
Grisebach
　グリーゼバッハ
　グリゼバッハ
　グリーセバハ
　グリーゼバハ
Griselda グリゼルダ*
Grisendi
　グリセンディ*
Griset
　グリゼ
　グリセット
Grisewood
　グリスウッド
Grisey
　グリセ
　グリゼー
Grisha グリーシャ*
Grisham グリシャム**
Grishchenko
　グリシェンコ*
Grishin
　グリーシン
　グリシン**
Grishina グリチナ
Grishman
　グリシュマン
Grishuk グリシュク*
Grisi
　グリージ
　グリジ
　グリージィ
Griskevicius
　グリスケヴィシウス
Griskonis
　グリスコニス
Griškonis
　グリスコニス
Grisman グリスマン*
Grismer グリズマー
Grisolia グリゾリア*
Grisoni グリゾニ
Grisot グリソ
Griss グリス
Grissell グリッセル
Grisshammer
　グリスハンマー
Grisso グリッソ*
Grissom
　グリソム
　グリッソム**
Grist グリスト*
Gristwood
　グリストウッド
Griswald
　グリスウォルド*
Griswold
　グリズウォルド
　グリスウォルド
　グリスウォルド**
Grit グリット
Griton グリトン

Gritsenko
　グリツェンコ
Gritti グリッティ*
Gritton グリトン
Gritz グリッツ
Gritzmann
　グリッツマン
Grivas
　グリヴァス
　グリバス
Grivet グリヴェ
Grizel グリゼル
Grizivatz グリジバツ*
Grizold グリゾルド
Grizzard
　グリザード
　グリッザード
Grizzly グリズリー
Grizzuti
　グリッチ
　グリッツティ
Grmek グルメク*
Gro
　グロ**
　グロー**
Groah グロアー
Groapa グローパ
Groat グロート**
Grob
　グローブ
　グローブ
　グロブ
Groban グローバン*
Gróbarczyk
　グルバルチク
Grobbee グロービー
Grobe グローブ*
Grobel グローベル
Grober グレーベル
Gröber グレーバー
Groberg グロバーグ*
Grobert グロベルト*
Gröbl グレブル
Grobler
　グロブラー
　フロブラー
Grobman グロブマン
Grobstein
　グロブスタイン
Groce グロース*
Gröchening
　グレッヒェニング
Grocheo
　グロケイオ
　グロケオ
Grochla
　グロッホラ
　グロホラ*
Grochowiak
　グロホヴィヤク
　グロホヴャク
Grock グロック
Grocke グロック
Grocott グロコット
Grocyn
　グロウシン

グロシン
Grodas グロダス
Groddeck グロデック*
Grodecki
　グロデッキ
　グロデツキ
Grodekov グロデコフ
Groden グロードゥン
Grodin
　グローディン
　グロディン
Grodins
　グローディンズ
Grodotzki グロドッキ
Grodum グラドゥム
Grodzenskii
　グロジェンスキー
Grodzieńska
　グロジェンスカ
Grodzin グロッジン
Grodzins グロッジンス
Grodzinsky
　グロジンスキー
　グロッズィンスキー
Groe グロウ
Groehler グレーラー
Groen
　グルン
　フルーン
Groendahl
　グリュンダール
　グルンダール
Groener
　グレーナ
　グレーナー
Groeneveldt
　フルーネフェルト
Groenewald
　グレーネヴァルト
Groenewegen
　グルーネウェーゲン
　グローエネヴェーゲン
　フルーネヴェーヘン
　フルーネベーヘン
Groenewgen
　グローエネヴェーゲン
Groenewold
　フルーネヴォルト
Groenewoud
　グルーネウド
Groening
　グレーニング
Gröening グレーニング
Groenink
　グルニンク
　グルーンインク
Groensteen
　グルンステン
Groenvold
　グラエンボル
Groër グローアン
Groesbeek
　グルースベーク
Groeschel
　グローシェル
Groest グロエスト
Groethuysen
　グレトゥイゼン*

グロートホイゼン
フルートヘイゼ
Grœthysen
　グレトゥイゼン
Groetsch グロエッチュ
Groeve グローブ
Grof グロフ*
Grofé
　グローフェ
　グロフェ
Groff
　グルフ
　グロフ*
Grogan グローガン**
Grogau グローガウ
Groger グレーガー
Grogger
　グローガー
　グロッガー
Groggins グロッギンズ
Grogono グロゴノ
Groh グロー*
Gröhe グレーエ
Groher グローハー
Grohl グロール*
Grohmann グローマン
Grohmann
　グローマン*
Groht グロート
Groicki グロイツキ
Grois グロイス
Groïs グロイス
Grol
　グロル**
　フロル
Grolee グロレ
Grolemund
　グロールマンド
Grolier
　グロリエ
　グロリエー
Groll
　グロール
　グロル
Grollé グロレ
Grolleau グロロー
Groller
　グロラー
　グロラー
Grollman
　グロールマン
　グロルマン*
Grolman グロールマン
Grolnick
　グロールニック
Grom グロム
Gromaire グロメール
Gromala グロマラ
Groman グローマン
Grombach
　グロンバック
Gromek グロメック*
Gromis グロミス
Gromisch グロミシュ
Gromkovskaia
　グロムコフスカヤ

Gromoll グロモル
Gromov
　グローモフ
　グロモフ**
Gromova
　グローモヴァ
　グロモワ*
Gromyko グロムイコ*
Gron グロン
Gronau
　グローナウ
　グロナウ
Grönbech
　グレンベック
Grønbech
　グレーンベック
　グレンベック
Grönberg
　グリョンベルグ
　グレエンベリー
　グレンベルイ
Grønborg
　グリーンボーグ
Gronchi グロンキ
Grondahl
　グレンダール
　グロンダール*
Gröndahl
　グレンダール
　グロンダール
Grøndahl
　グレンダール
　グロンダール
Gröndal グレンダル
Grondeau グロンドー
Grondelaers
　フロデラールス
Grondin グロンダン*
Grondine
　グロンディン
Grondona
　グロンドーナ
Gröne グレーネ
Gronefeld
　グローネフェルト
Gronemeyer
　グロネマイアー
　グローネマイヤー*
Grönemeyer
　グレーネマイアー
Groner
　グローナー
　グロナー
Grønholdt
　グロンホルツ
Grönholm
　グレンホルム*
Gronicki グロニツキ
Gröning グレーニング
Groningen
　フローニンゲン
Gröninger
　グレニンガー
Gronkjaer グロンキア
Gronkowski
　グロンコウスキー
Grönland
　グレーンランド

Gronlund
　グロンルンド
Grönman　グロンマン
Gronmark
　グリュンマルク
Grønmark
　グリュンマルク
Gronner　グロナー
Gronning
　グローニング
Grønningen
　グロニンゲン
Gronov
　グロノヴィウス
　グロノビウス
　グロノフ
Gronowicz
　グロノヴィッツ
　グロノビチ
　グロノビッツ
Grönroos
　グルンルース
　グロンルース
Gronseth　グロンセス
Gronski　グロンスキー
Grønvold　グレンボル
Grönwall
　グレンウォール
Groocock
　グルーコック
Groom　グルーム***
Groome　グルーム
Groopman
　グループマン*
Groos
　グロース
　グロース
　グローセ
Groot
　グルート
　グロート*
　フロート*
　ホロート
Grootaers
　グロタース*
　グロタス
Groote
　グローテ
　フローテ
Grooters　グローテース
Groothoff
　グロートフ*
　グロートホッフ
Groothues
　グルートユス
Groothuis
　グルーハイス*
　フロータイシュ*
Groover　グルーバー*
Gropius　グロピウス**
Gropman
　グロプマン
Gropp　グロップ
Groppali　グロッパリ
Groppari　グロッパーリ
Groppel　グロッペル
Gropper　グロッパー*
Groppi　グロッピ

Groppman
　グロップマン
Gros
　グロ**
　グロー
　グロス
Grosan　グローサン
Grosbard
　グロスバード*
Grosbayne
　グロズベーン
Grosberg　グロスバーグ
Grosch　グロッシュ
Grosche
　グローシェ
　グロシェ
　グロッシェ
Groschel　グレシェル
Grose
　グロース*
　グロス
Groseilliers
　グロセイエ
Grosenick
　グロズニック
　グロゼニック
Groser　グローサー
Grosfilley
　グロフィレー
Grosgurin
　グロスギュラン
Grosheide
　グロシャイド
Groshev　グローシェフ
Grosholz
　グロッショルツ*
Grosics　グロシチ
Grosjean
　グロージャン*
　グロジャン**
　グロスジャン
Groskin　グロスキン*
Groslambert
　グロランベール
Groslier
　グロスリエ
　グロリエ*
Grosman　グロスマン
Grospellier
　グロスペリエ
Grospiron
　グロスピロン
Gross
　グロース**
　グロス***
　クロッス
　グロッス
Groß
　グロース
　グロス
Grossarth
　グロッサルト
Grossbach
　グロスバック*
Grossbard
　グロスバード
Grossberg
　グロスベーグ*
　グロスベルク

Grossblatt
　グロスブラット
Grosse
　グロース
　グロス
　グローセ*
　グロッセ*
Grösse　グレッセ
Grossen　グロッセン
Grosser
　グロセール*
　グロッサー*
　グロッセール
Großer　グロッサー
Grosseteste
　グロステスト
　グロステスト*
　グロステート
　グロッステスト
Grossfeld
　グロスフェルト*
Grossfield
　グロスフィールド
Großgebauer
　グロースゲバウアー
Grossi　グロッシ**
Grössing　グレージング
Grossinger
　グロッシンガー
Grössinger
　グレシンジャー
Grossklaus
　グロスクラウス
Grosskopf
　グロスコフ
　グロスコプフ
Gross-Loh　グロスロー
Grossman
　グロースマン
　グロースマン**
　グロッスマン
Grossmann
　グロースマン*
　グロスマン**
　グロッスマン
Großmann
　グロースマン
Grossmith
　グロウスミス
　グロースミス
　グロスミス
Grossnickle
　グロスニクル
Grosso　グロッソ**
Grosson　グロッソン
Gröst　グレスト
Grostz　グロッス
Grosveld
　グロスヴェルト
Grosvenor
　グロウブナー
　グローブナー
　グロブナー
Grosvold
　グロスフォルト
Groswasser
　グロスヴァッサー
Grosz
　グロース**

グロス*
グロッス*
Grósz　グロース
Groszing　グレージング
Grot　グロット
Grote
　グローテ*
　グローティ
　グロート
Grotefend
　グローテフェント
Grotell　グローテル
Groteluschen
　グロテリューシェン
Grotenfelt
　グローテンフェルト
Grotewohl
　グローテウォール
　グローテヴォール
　グロテウォール
　グロテヴォール
　グローテボール
　グロテボール
Groth
　グロース
　グロス**
　グロート**
Grothaus
　グラタウス
　グロタウス
Grothe
　グロース
　グローテ
Grotheer
　グローテア
　グロテア
Grothen　グロタン
Grothendieck
　グロタンディエク
　グロタンディエク
　グロタンディエック
　グロタンディーク*
Grothendiek
　グロタンディエク*
　グロタンディーク
Grothuss
　グロットゥス
　グロートゥス
　グロトゥス
Grotius
　グローチウス
　グロチウス
　グローティウス
　グロティウス*
Grotjahn
　グロージャン
　グロチャン
　グロトヤーン
Grötker
　グレッカー
　グロートカー
Grotowski
　グロトフスキ*
　グロトフスキー
Grott　グロット
Grotta　グロッタ
Grotte　グロット
Grottger
　グロットガー
　グロットゲル

グロドゲル
Grøttumsbraaten
　グロッタムスブラーテン
Grötzsch　グローチュ
Grou　グルー
Groucho
　グラウチョ
　グルーチョ**
Grouchy
　グルーシ
　グルーシー
　グルシ
Groucutt　グルーカット
Groueff　グルーエフ
Grouillard
　グルイヤール
Groult　グルー***
Ground　グラウンド
Grounds　グラウンズ
Groundwater
　グランドウォーター
Grousbeck
　グラウスベック
Groushko
　グラウシュコ
Groussac　グルーサック
Groussard
　グルーサール
　グルサール
Grousset
　グルセ
　グルッセ*
Grout
　グラウト*
　グルー*
　グルート
Grouw　グラウ
Groux
　グルー*
　グロウクス
Grovdal　グロブダル
Grove
　グループ
　グローヴ**
　グロウヴ
　グロウヴ
　グローヴェ
　グローブ***
Grover
　グローヴァ
　グローヴァー*
　グロヴァ
　グロヴァー
　グローバー***
Groves
　グロウヴズ
　グローヴス*
　グローヴズ
　グローブス**
　グローブズ*
Grovlez　グロヴレ
Grow　グロウ
Growick　グロウィック
Grownel　グローネル
Groy　グロイ
Groys　グロイス*

Groysberg グロイスバーグ	グルベロヴァー	Gruenner グルエンナー / グルーナー	Grummons グルモンス	グルーネバウム*	
Groysman グロイスマン	Grubeša グルベシャ	Gruenfeld グルーエンフェルド* / グルーエンフェルド / グルーンフェルド	Grun グラン / グリューン / グリュン	Grüneisen グリューンアイゼン	
Groza グローザ / グロザ	Grubesic グルベシック			Grunelius グルネリウス	
Grozavescu グロサヴェスク	Grubicy グルビチー	Gruenigen グルーニゲン	Grün グリューン* / グリュン	Grunenberg グリューネンベルク / グルーネンベルク	
Grozdanovic グロズダノヴィック	Grubin グルービン	Gruening グリューニング	Grunbaum グランバム	Grünenfelder グリューネンフェルダー	
Grozdev グロズデフ	Grubješić グルブイェシッチ	Gruenstein グルーエンスタイン / グルエンスタイン	Grünbaum グリューンバウム / グリュンバウム*	Gruner グラナー / グリュナー / グルーナー*	
Grozdeva グロジェバ**	Grübler グリューブラー				
Grozdic グロジッチ	Grub thob ドゥプトブ	Gruenther グランサー	Grünbein グリューンバイン**	Grüner グリューナー* / グルネル	
Grozinger グレツィンゲル	Gruby グリュビー	Gruet グルエ	Grunberg グルンベルグ / フルンベルク*		
Grözinger グレーツィンガー* / グレツィンゲル	Gruchala グルハラ	Gruetzner グリュツナー	Grünberg グリューンベルク / グリューンベルク / グリューンベルク	Grunes グランズ	
	Gruchman グルックマン	Gruev グルエフ		Grunewald グルーネヴァルト	
Grozon グロゾン	Gruchy グルーチー	Gruevski グルエフスキ*		Grünewald グリューネヴァルト** / グリューネワルト / グリューネワルド	
Grua グルーア	Grudem グルーデム	Gruffydd グラフィド / グリフィーズ / グリフィズ	Grunberger グランベルジェ / グルンベルガー		
Gruamonte グルアモンテ	Gruden グルーデン*				
Gruau グリュオー / グロウ	Grudet グリュデ*	Grugel グリューゲル / グルーゲル	Grund グルント* / グルンド		
	Grudin グルディン			Grunfeld グランフェルト / グリューンフェルト / グリュンフェルト	
Gruault グリュオー*	Grudina グルディーナ / グルディナ	Grugier グルギーア			
Grub グルーブ / ドゥプ / ドゥブ	Grudzielanek グラジラネック / グルジラネック* / グルゼラネック	Gruhl グルール	Gründ グリュント		
		Gruhle グルーレ*	Grundberg グランドバーグ	Grünhagen グリューンハーゲン	
Grubač グルバチュ	Grudzien グルジェン	Gruhn グルーン	Grundel グリュンデル	Grünig グルーニッヒ	
Grubauer グルーバウエル	Grudzildz グルジオンジ	Gruhne グリューネ	Grundemann グルンデマン	Grüning グリューニング	
Grubb グラップ** / グラップ / グラブ** / グルッブ	Grudzinskas グルズィンスカス	Gruijs フライス	Grunden グルンデン	Grünke グルンケ	
	Grudzinski グルジンスキ	Gruissem グルーセム	Grundfest グルントフェスト	Grunow グルーノー	
	Grudziński グルジンスキ	Gruitrooy グルートロイ	Grundheber グルントヘーバー	Grunsell グランセル / グランゼル	
Grubbs グラブス* / グラブス*	Grue グルーエ	Grujic グルイッチ / グルジッチ	Grundig グルンディッヒ / グルンディヒ	Gründgens グリューンドゲンス / グリュントゲンス / グリュンドゲンス	
Grube グラーブ / グルーベ	Gruebele グルーベル	Gruley グルーリー*			
Grubek グルベック	Grueber グルーバー / グルーベル*	Gruliow グルリオー*		Grunsky グルンスキー	
Grubel グルーベル*	Gruelle グルーエル* / グルエル	Grüll グリュール	Gründler グリュントラー	Grünspan グリューンシュバン	
Grübel グリューベル*	Gruen グリューン* / グルーエン**	Grullón グルジョン	Grundler グリュントラー	Grunstein グランスタイン* / グルンスタイン	
Grubenmann グルーベンマン	Gruenbaum グルエンバウム / グルーエンバーム	Grum グルム	Grundmann グラントマン / グルントマン / グルンドマン		
Gruber ギュルベル / グラバー / グリューバー / グリューベル / グルーバ / グルーバー*** / グルバル / グルベール	Gruenberg グリューエンバーク / グルーエンバーク / グルエンベルグ / グルユーンベルヒ / グルーンバーグ / グルンバーグ	Gruman グルマン*		Grunsven フルンスフェン**	
		Grumbach グラムバッハ / グランバック** / グルムバハ / グルンバッハ	Gründler グリュントラー	Gruntal グランタル	
				Gruntenko グルンテンコ	
		Grumberg グランベール		Gruntz グルンツ	
		Grumbkow グルムコウ	Grundmeier グルンドマイア	Gruntzel グレンツエル	
	Gruenberger グリーンバーガー / グルーエンバーガー / グレンバーガー	Grumbling グランブリング	Grundtvig グルントウィー / グルントヴィ / グルントヴィグ / グルンドヴィグ / グルントヴィヒ / グルントビ / グルントビー / グルントビグ / グロンドヴィ	Grunwald グランウォルド / グリュンヴァルト / グリュンワルト* / グルンヴァルト / グルンワルト / グルンウォールド / グルンワルド	
		Grumdwald グルントヴァルト			
		Grumeza グルメツァ			
Grüber グリューバー	Gruenecker グリュネカー	Grumiaux グリュミオー*			
Gruberg グルーバーグ	Gruenedemann グレンデマン	Grumier グリュミエ		Grünwald グリュンヴァルド / グリュンワルド	
Gruberger グルーバーガー*	Gruener グリューナー	Grumley グラムリー	Grundy グランディ		
Gruberova グルベローヴァ / グルベローバ		Grumm グリム	Grune グルーネ	Grünwedel グリューンウェーデル / グリューンヴェーデル / グリューンウェーデル / グリューンヴェーデル / グリューンベーデル	
Gruberová グルベローヴァ*		Grümmer グリュンマー	Gruneau グルノー*		
		Grummett グラメット	Grunebaum グルーネバウム		

Grunze グルンツ グルンツェ	Gry グリー	Grzybowska グジボフスカ	Guaidó グアイド	Guarbert グアルベルト
Gruoch グルオク	Grybauskaite グリバウスカイテ	Gschnitzer グシニツァー	Guaila グアイラ	Guard ガード
Gru pa ドゥパ	Grybauskaité グリバウスカイテ*	Gschwand グシュヴァント	Guaita ガイタ グアイータ グアイタ	Guardado ガーダッド グアーダッド グアルダード グアルダド
Grupe グルーペ*	Grybauskaitė グリバウスカイテ	Gschwandtner グシュワントナー	Guajardo グアハルド	
Grupello グルペッロ	Grye グリー	Gschwend グシュヴェント	Gual グアール グアル*	Guardalben グアルダルベン
Grupen グルーペン	Grygiel グリギエル	Gśegs pa シェクパ		
Grupo グルーポ	Gryglewski グリグレスキー	Gsell ゲセル ゲゼル*	Guala グアラ グアーラ	Guardasoni グワルダゾーニ
Gruppe グラップ グルッペ	Grygoriy グリゴリー			Guardi ヴァルディ グァルディ
Gruppi グルッピ	Grylack グリラック		Gualandri グアランドリ	
Gruppioni グルッピオーニ	Grylls グリルス グリルズ	Gsellman ゲセルマン	Gualazzi グアラッツィ	Guardia ガーディア* ガルディア グァルディア グアルディア
Grury グルーリー	Grymes グライムズ	Gshon-nu dpal ションヌペー ションヌベル	Gualberto グァルベルト グアルベルト	
Grus グルス	Gryn グリン	Gshon nu grub ションヌドゥプ		
Grusac グルサク	Gryna グライナ	Gshon nu 'od ションヌオェ	Gualbertus グァルベルト グアルベルトゥス	Guardiagrele グアルディアグレーレ
Grusenberg グルーセンベルク グルゼンベルグ	Grynaeus グリュナエウス			Guardini グァルディーニ* グァルディニ グアルディーニ グアルディニ
Grushevskii グルシェーフスキー	Grynäus グリュネーウス	Gsovskii グソフスキー Gsovsky グゾフスキー	Gualda グアルダ Gualdo グアルド	
Grushevsky グルシェフスキー*	Gryner グリュネーウス	Gstav グスタフ	Gualterus グアルテルス	
Grushina グルシナ	Grynet グリネット	Gstettenbaur グステッテンバウル		Guardino ガーディーノ ガーディノ* グアルディーノ
Grushinskii グルシンスキー	Grynevyč フルイネヴィチ	Gstöhl グステル	Gualtieri グァルティエーリ グアルティエーリ グアルティエリ グワルチェリ グワルチェリ グワルティエリ	
Grushkin グルシキン	Grynszpan グリューンシュパン グリュンツパン グリンシュパン	Gstöttner グストットナー		Guardiola グアルディオラ グアルディオーラ グアルディオラ**
Grushvitskii グルシュビツキー		Gstrein グシュトライン		
Grusin グルーシン*	Gryphius グリーフィウス グリフィウス グリューフィウス* グリュフィウス	GTer bdag テルダク	Gualtiero グァルティエーロ グアルティエーロ グアルティエーロ**	
Grusk グラスク		GTer bdag gling pa テルダクリンパ		Guardiora グアルディオラ
Gruska グルスカ*		Gtsang pa ツァンパ		
Gruskin グルスキン	Grypos グリポス グリプス グリュポス	Gtsan-pa ツァンパ	Guamán グァマン	Guarducci グアルドゥッチ
Gruson グルーゾン グルソン		Gtsug brtsan ツクツェン	Guami グアーミ	Guare グアー グウェア
Gruss グルース*	Gryta グリタ	Gtsug lag ツクラグ	Guan グァン グアン	
Gruszczyński グルシチニスキ	Gryter グライター	GTum ston トゥムトン		Guarente ガレンテ
Gruszka グルシュカ	Gryzlo グリズロ	Gu ク クー* グ グー*	Guana グアーナ	Guareschi グァレスキ グアレスキ ゲァレスキ
Grut グルート	Gryzlov グリズロフ**		Guanella グアネラ	
Grütter グルテル	Grzegorz グジェゴシ グジェゴジ グジェゴシェ グジェゴシュ グジェゴーシュ グジェゴジュ		Guang グワン	
Grützmacher グリュッツマハー		Gua グア	Guangchang グアンチャン	Guariento グァリエント グアリエント
Grutzner グリュツナー		Guaba グアバ	Guan-gen コワンケン	
Grützner グリュッツナー グリュツナー		Guadagni グァダーニ グワダーニ	Guang-mei グワンメイ	Guarini グァリーニ グァリニ グアリーニ グワリーニ
Gruver グルーバー		Guadagnini グァダニーニ	Guang-nian グワンニェン	
Gruwell グルーウェル		Guadagno グワダーニョ グアダーニョ	Guangxin グアンシン	Guarino グァリーノ グアリーノ グアリノー
Gruycheva グルイチェバ	Grzelonska グジェロンスカ		Guang-ya グワンヤー コワンヤー	
Gruyter グレイター グロイター	Grzesiak グジェシャク グルチェシャク	Guadalcanal グアダルカナル	Guang-yuan グワンユアン	
Gruzalski グルジャルスキー	Grzesinski グジェシンスキー	Guadalupe ガダルペ グアダルーペ グアダルーペ* グアダルペ	Guan-qiu グアンチュ	Guarisco ガリスコ
Gruzdev グルーズジェフ	Grzhimailo グルジマーイロ グルジマイロ*		Guan-wu グアンウー	Guarnacci グアルナッチ
Gruzenberg グルゼンベルグ			Guan-zheng グアンズン	Guarnaccia グアルナッシア グアルナッチャ
Gruzinski グリュジンスキー*	Grzimek クシーメック グルチメク		Guan-zhong グアンゾン	
		Guadalupi グアダルービ*		Guarneri ガーネリ ガルネリ* グアルニエリ グァルネーリ
Grva pa タパ		Guadet ガデ ガデー	Guaraldi ガラルディ* Guarana グアラーナ	

グァルネリ
グァルネーリ
グァルネリ
Guarnerius
　グアルネリウス
Guarnido ガルニド
Guarnier
　ガーニアー
　ガルニエ
Guarnieri
　ガーニエリ*
　ガルニエリ
　グァルニエリ
　グアルニエーリ*
　グァルニエリ
Guas
　ガー
　グァス
　グアス
Guaspari
　ガスパーリ*
　ガスパリ
Guastaferro
　ガスタフェロー
Guat グアット
Guatelli グァテッリ
Guat Imm
　グアットイム
Guattani グアッターニ
Guattari ガタリ**
Guay
　グアイ*
　ゲ*
　ゲイ*
Guaydier グイティエ
Guazon グアゾン
Guazzo グアッツォ
Guazzone
　グァッツォーネ
Guazzoni
　グァツォーニ
　グァッツォーニ
　グアッツォーニ
Guba
　グーバ
　グバ
Gubag グバグ
Gubaidulina
　グバイドゥーリナ
Gubalev
　グーバレフ
　グバレフ
Gubanov ガバノフ
Gubanova グバノヴァ
Gubar
　グーバー
　グーバー
Gubarev
　グバリョフ
　グーバレス
　グーバレフ
Gubaydulina
　グバイドゥーリナ
Gubbin グビン
Gubbins
　ガビンス
　ガビンズ*
Gubbio グッビオ

Gubenko グベンコ*
Guber グーバー*
Guberina グベリナ
Guberman
　ガバマン
　グーベルマン
　グベルマン
Gubernatis
　グベルナーティス
Gubert グベルト
Gubicza グーバザー
Gubijan ガビジャン
Gubin グービン
Gubitz ガビッツ
Gubler ギュブラー
Gubman ガブマン
Gubrium グブリアム
Gubser ガブサー
Gucci グッチ**
Guccio グッチョ
Guccione
　グシオネ
　グッチオーニ
　グッチオーネ
　グッチョーネ**
Guchan グチャン
Guchkov
　グチコーフ
　グチコフ
　グチュコフ
Guckenheimer
　グッケンハイマー
Güçlü ギュチュリュ
Gud グッド
Guda グダ
Gudbjartur
　グズビャルトゥル
Guðbrandur
　グヴズブランドゥル
Gudden グッデン
Gudder ガダー
Guddorf グドルフ
Gude グーデ
Gudea グデア
Gudehus グーデフス
Gudele グーデレ
Gudelj グデリ
Gudeman グーデマン
Güden ギューデン
Guder グダー
Guderian
　クデーリアン
　グーデリアン
　グデーリアン*
　グデリアン
Gudermann
　グーデルマン
Guderzo グデルツォ
Gudfinnsson
　グズフィンソン
Gudger グジャー
Gudgin ガドジン*
Gudi グディ
Gudianga
　グディアンガ

Gudiashvili
　グディアシビリ
Gudila
　グディラ
　グドゥラ
Gudiño グディーニョ
Gudiol グディオル
Gudioli グディオリ
Gudis グディス
Gudjohnsen
　グドヨンセン
Gudjons グードヨンス
Gudjonsson
　グッドジョンソン
Gudkov グドコフ
Gudmundsson
　ガドマンドソン
　グヴュズムンソン
　グズムンドソン
　グドムンドソン
Gudmundur
　ガドマンダール
　グズムンドゥル
　グドゥムンドゥル
Guðmundur
　グヴュズムンドル
Gudnaphar
　グドゥナファル
Gudnason グドナソン
Gudni
　グズニ*
　グドニ
Guðni グズニ
Gudný グズニィ
Guðný グズニィ
Gudorf グドーフ
Gudrun
　ギューデルン
　グードゥルン
　グドゥルン
　グドラン*
　グートルン
　グードルン***
　グドルン*
Gudrún
　グズルーン
　グズルン*
Guduan グッダン
Gudula グドゥラ
Gudule グデュル
Guduza グドゥザ
Gudykunst
　グディカンスト*
Gudym グディム
Gudzii
　グージー
　グージィ
Gudzineviciute
　グジネビチウテ*
Gudzius グドジウス
Gudzy グジー*
Gué ゲ
Guébriant ゲブリアン
Guebuza
　ゲブーザ
　ゲブザ**

Guécadou グエカゥド
Guedalla
　グウェダラ
　ゲダラ
Guede ゲデ
Guédé ゲデ
Guedeney ガードニィ
Guedes
　グエデス
　ゲジス
Guédez ゲデ
Guédiguian
　ゲディギアン*
　ゲディギャン
Guedioura ゲディウラ
Guedj
　グジュ
　ゲージ
　ゲジ*
　ゲージュ**
　ゲッジ*
Guedon ゲド
Guédron ゲドロン
Guégan ゲガン
Guéguen ゲガーン
Guéhenno
　ゲノ
　ゲーノ**
　ゲーノー
Guei ゲイ**
Gueida グエイダ
Gueiler ゲイレル
Guek ケーク
Guel ゲーレ
Guelbenzu ゲルベンス
Guelec ゲレック
Guelfi グエルフィ
Guelich グーリッジ*
Guell
　グエル
　ゲール
Güell
　グエル*
　ゲール
　ゲル
Guelle ゲール
Guelleh ゲレ**
Guelpa ゲルパ
Guelton ゲルトン
Gueludio ゲルディオ
Guemessou ゲムス
Guenaizia ゲナイジア
Guénard ゲナール
Guène ゲンヌ**
Guenée グネ
Guénée ゲネー
Guenette ゲネット
Guengerich
　ゲングリッチ
　ゲンゲリッチ
Gueniffer ゲニフェー
Gueniffey ゲニフェイ
Guénin ゲナン
Guenno ゲノ
Guéno ゲノ

Guénon ゲノン
Guenot ゲノ**
Guenter
　ギュンター*
　グインター*
　ゲンター
Güenter ギュンター
Guenther
　ガンサー
　ギュンター**
　グエンサー
　グンサー
　ゲンサー
Gueorgui ゲオルギィ
Gueorguieva
　ゲオルギエヴァ
　ゲオルギエバ
Guéranger ゲランジェ
Guerard ゲラール
Guérard
　ケラール
　ゲラール
Gueraseva ゲラセヴァ
Guerau ゲラウ
Guerber ガーバー
Guercino
　グエルチーノ
　ゲルチーノ
　ゲルチーノ
Guercio
　グエルシーオ
　ゲルチョ
Guerdan ゲルダン
Guerdat ゲルダ**
Guérech ゲレック
Gueree ゲール
Guerer ゲレ
Gueret ゲレ
Guéret ゲレー
Guerette ギュレット
Guergueltcheva
　ゲルグエルチーヴァ
Guericke
　グリック
　ゲーリケ
　ゲーリッケ
Guérif ゲリフ
Guerin
　グェリン
　ゲーリン
　ゲリン
Guerín ゲリン*
Guérin
　グェラン
　ゲエラン
　ゲラン**
Guerino グエリーノ
Guerlac
　ゲーラック
　ゲルラク
Guerlain
　ゲラン**
　ゲルラン
Guerlais ゲルレ
Guerman ゲールマン
Guerni ゲルニ
Guernier グルニエ

Guéron ゲロン	Guetary ゲタリー / ゲッタリー	Guggenmos グッゲンモース* / グッゲンモス	Guicciardini ギッチアルディーニ / ギッチャルディーニ / グイチアルディーニ / グイッチアルディーニ / グイッチアルディーニ / グイッチアルディー二* / グイッチアルディーニ / グイッチャルディー二* / グイッチャルディーニ / グイッチャルディーニ	Guidolotti グイドロッティ
Gueronniere ゲロニエール	Guetfreund グエトフロイント	Gugger ガガー		Guidoni グイドーニ
Gueroult ゲルー	Guetta ゲッタ / グッギィスベルク	Guggisberg グッギィスベルク / グッギスベルク		Guidonis ギドーニス
Guéroult ゲルー*	Guettard ゲタール / ゲッタール	Gugile グギレ		Guidot ギド / ギドー
Guerra グェッラ / グェッラ** / グエーラ / グエラ / グエルラ / グエラ / ゲーラ** / ゲラ**	Guettel ゲッテル	Gugino グギーノ / グギノ		Guidoux ギドゥー
	Guettier ゲチエ / ゲッティエール* / ゲティエ	Gugl グーグル		Guidry ギドリー
		Guglielemi グリエルミ		Guidubaldo グイドゥバルド
	Güettler ギュットレル	Guglielmetti ギュギールメッチィ		Guiducci グイドゥッチ
Guerrand ゲラン**	Güetzévitch ゲツェヴィチ / ゲツェビチ	Guglielmi グリエルミ*	Guiccioli グイッチョーリ	Guie ギー
Guerra Rodriguez グエラロドリゲス		Guglielminetti グリエルミネッティ	Guice ガイス	Guiel ガイエル
Guerrazzi グェッラッツイ / グエラッチ / グエラッツイ / グエラッツイ / グエルラッツイ	Gueu グー	Guglielminpietro グリエルミンピエトロ	Guichandut グイシャンドゥット	Guigma ギグマ
	Gueusquin グースカン		Guichard ガイチャード / ギシャール**	Guignard ギニャール
	Guevara ゲバーラ / ゲバラ**	Guglielmo ギュリエルモ / ギエルモ / グリエルモ / グリエルモ**		Guignebert ギニュベール
Guerre ゲール	Guèvremont ゲヴルモン		Guichemerre ギシュメール	Guignes ギーニュ
Guerreau ゲロ / ゲロー	Guey グイ*	Guglielmus ググリエルムス / グリエルムス	Guichet ギシェー / ギチェット	Guignon ギニョン
	Gueye ゲイ / ゲイエ		Guichonnet ギショネ	Guigo ギゴ / グイゴ*
Guerreiro ガーレイロ / ゲレイロ**	Guèye ゲイ / ゲイセック	Gugliotta ググリアータ / ググリアッタ / グリオッタ*	Guida ガイダ / ギダ / グィーダ / グィーダ / グイダ	Guigou ギグー**
Guerrero グェレロ / ゲッレロ / ゲルレーロ / ゲレーロ* / ゲレロ***	Gueye Seck ゲイセック			Guigu グイゴ
	Gueyfier ガイフィエ	Gugolz ゴゴルツ		Guigues グイゴ
	Guez ゲ / ゲー / ゲーズ* / ゲズ	Guha グーハ* / グハ* / グハー		Guihen ギアン*
			Guidacci グイダッチ	Guihot ギオ
Guerricus グウェリクス / グエリクス		Guhe グーエ*	Guidanian カドニヤン	Guijarro ギハーロ
	Guézennec ゲゼネック	Güher ギュエール / ギュヘル	Guidantonio グイダントニオ	Guilain ギラン
Guerrier ゲリエ / ゲリエー	Guffroy ギュフロワ		Guidarino グイダリーノ	Guilaine ギレーヌ
	Gufler ギュフラー	Guhrke ガーク	Guiddoum ギドゥーム	Guilaroff ギラロッフ
Guerrieri グリエリ	Gufman グフマン	Gui ギ / ギー / グーイ / グイー / グイ*	Guide ギドゥ / グィーディ	Guilaume ギョーム
Guerrina グェリーナ	Guga グーガ			Guilavogui ギラヴォギ / ギラボギ / ギラボギ
Guerrini グェリーニ / グエリーニ	Gugeler ガグラー		Guidé ギデ	
	Gugelev ググレフ		Guidea ギデア	Guilbaud ギルボー*
Guerrino グエッリーノ	Gugelmin グージェルミン*	Guiard ギアール / ギヤール	Guidère ギデール	Guilbaut ギルバート*
Guerritore グエッリトーレ	Gugelyk グーゲリック	Guiardus グイアルドゥス	Guidetti グイデッティ	Guilbeaux ギルボー
Guerrouj ゲルージ	Gugēs ギュゲス	Guiart ギアール	Guidetto グイデット	Guilbert ギルベール* / ジルベール
Guerry ゲーリー / ゲリー*	Gugganig グガニック	Guibal ギイバル	Guidi グィーディ / グイーディ / グイーディ**	Guilcher ギルシェ*
	Guggenberger グッゲンベルガー	Guibaud ギルボー		Guild ギルド**
Guers ゲル	Guggenbichler グッゲンビヒラー*	Guiberson ギバーソン	Guido ギード / ギード*** / ギュイド / グィード / グィード** / グイド / グイード** / グイード*** / ヒード / ヒド**	Guilday ギルデイ
Guertin ゲルタン*	Guggenbühl グーゲンヴィル / グッゲンヴュール / グッゲンビュール**	Guibert ギベール*** / ギベルト / ギベルトゥス		Guildford ギルドフォード / ギルフォード
Guertner ガートナー				
Guery ゲリー				Guile ガイル
Guesch ゲシュ	Guggenheim グゲンハイム / グッゲンハイム / グッゲンハイム**	Guibertus ギベルトゥス / ギベルトゥス	Guidobono グイドボーノ	Guilelmus グイレルムス
Guesclin グクラン / ゲクラン			Guidoccio グイドッチョ	Guiles ガイルス / ガイルズ
Guesde ゲード* / ゲド	Guggenheimer グッゲンハイマー	Guibourg ギブール*	Guidolin グイドリン	Guiley グィリー
Guesne ゲスン	Guggenmoos グッゲンモース	Guicciardi グイッチャルディ		Guilfoile ギルフォイル*
Guesnerie ゲスネリ				Guilford ガイルホルド / ギルフォード** / ギルホルド
Guest ゲスト***				Guilfoyle ギルフォイル
				Guilheiro ギルエイロ
				Guilhem ギレム

Guilherm ギルファム	ギーユマン	Guillim ギリム	Guinier ギニエ
Guilherme ギエルメ / ギリエルメ* / ギルヘルメ / ギレルミ / ギレルメ	ギユマン* / ギルマン* / ギルミン / ゲルマン	Guillois ギロワ	グイニア
		Guillon ギヨン / ギロン	Guiniforte グイニフォルテ
	Guilleminault ギーミノ	Guilloppé ギヨペ / ギロペ	Guinivere グイネヴィア
Guilhermina ギリエルミーナ / ギリエルミナ / ギレルミナ	Guillemine ギルミーヌ	Guillory ギロリー	Guinizelli グイニチェリ / グイニツェッリ / グイニツェリ / グイニツェリ / グイニツェルリ
	Guilleminot ギュミノ	Guillot ギジョ / ギーヨ / ギヨ / ギヨ*	
Guiliano ジュリアーノ	Guillemot ギルモ		
Guiliaud ギリオー	Guillen ギーエン* / ギジェン / ギリェン / ギリエン / ギレン	Guilloti グイロチ	
Guilielmus グイリエルムス		Guillotin ギヨタン / ギヨタン	Guinn ガイン / ギン / グイン / グイン*
Guilio ギリオ	Guillén ギーエン / ギエン / ギジェン / ギラン / ギリェルモ / ギリェン** / ギリエン / ギレン	Guillou ギィユー* / ギュー / ギュー** / ギルー*	
Guillain ギヤン / ギラン**		Guilloux ギュー* / ギユー / ギユー / ギロー	Guinnes ギネス
Guilland ギラン			Guinness ギニス / ギネス***
Guillaud ギヨー			
Guillaum ギヨーム		Guilly ギィリー	Guinot ギノー
Guillaumat ギヨーマ / ギヨーマー	Guillèn ギリエン	Guilmant ギルマン*	Guinovart ギノバルト
	Guillén De Bográn ギジェンデボグラン	Guilmette ギルメット*	Guiol ギオール
Guillaume ギィヨオム / ギィヨーム / ギエム / ギオーム / ギジャウメ / ギュイラーム / ギュローム / ギヨオム / ギヨーム*** / ギヨーム*** / ギヨーム* / ギロウム / ギローム / グレイルムス		Guily ギュリー	Guiomar ギオマール*
	Guilleragues ギュラーグ / ギユラーグ	Guimaraes ギマエラス / ギマラエシュ / ギマラネス / ギマランイス	Guion ガイオン / ギオン
	Guillerat ギルラ	Guimarães ギマランイス* / ギマレス	Guionet ギオネ
	Guillerey ギュレ / ギユレ / ギルレー	Guimaraes ギマランイス* / ギマレス	Guiot ギオ / ギョ / ギョー
	Guillerm ギイェルム / ギレルム	Guimard ギマール**	Guip ギップ
	Guillermaz ギエルマ	Guimberteau ギンベルトゥ	Guirado ギラド
Guillaumin ギヨオマン / ギヨーマン / ギヨーマン	Guillerme ギェルム	Guimerá ギメラ	Guiral ギラール / ギラル
	Guillermin ギラーミン	Guimet ギーメ / ギメ*	Guiraldenq ギラルダンク
	Guillermina ギエルミーナ / ギリエルミナ	Guimps ガン	Güiraldes ギラルデス / グイラルデス
Guillebaud ギュボー* / ギルボー / ギルボード	Guillermo ギエルモ / キジェルモ / ギジェルモ*** / ギジュレモ / ギリエルモ*** / ギリエルモ / ギレルモ** / グイジェルモ	Guin グイン* / グイン / グウィン**	Guiramand ギアマン / ギヤマン / ギラマン
Guillebeau ギルボー	Guillermond ギエルモン	Guinagh ギノー	Guirand ギラン
Guillelmus ギヨーム / グイッレルムス	Guillet ギエ*	Guinan ガイナン / ギナン	Guirassy ギラシ
Guillem ギエム* / ギリィエム / ギリエム / ギレム / グイレム	Guillevic ギイユヴィック / ギューヴィック / ギュヴィック / ギュイヴィック* / ギュウヴィック / ギュビック / ギルヴィック	Guinchard ガンシャール	Guiraud ギロ / ギロー*
Guillemain ギイマン / ギュマン / ギルマン		Guindi ギンディ / グインディ	Guiraudon ギルドン
Guillemard ギルマード / ギルマール		Guindo ギンド / グインド	Guiraut ギロー
Guillemet ギュメ		Guineau ギノー	Guirdham ガーダム
Guillemette ギレメッテ*		Guiness ギネス	Guirec ギレック
Guillemin ギィユマン	Guillien ギリアン	Guiney ギニー**	Guirgis ギジス
	Guilliland ギリランド	Guingona ギンゴナ**	Guirieoulou ギリエウル
			Guisado ギサド
			Guisan ギサン / ギザン
			Guiscard ギスカール / グイスカルド

グイスカルド
Guiscardo グイスカルド
Guise ガイズ / ギース / ギーズ
Guiseppe ジュゼッペ
Guisewite ガイズワイト
Guit ギット
Guitar ギター*
Guitart ギタール
Guiteras ギテラス
Guitmundus グイトムンドゥス
Guitoune ギトゥン
Guitry ギトリ* / ギトリー*
Guitta ギタ
Guittard ギタール
Guitteau ギートゥー
Guitton ギットン / ギトン**
Guittone グィットーネ / グイットーネ
Guity ギティ
Guivarc'h ギバルシュ
Guivegtchi ギベッチ
Gui-won キウォン
Guix ギス
Guiyeoni クィヨニ*
Guízar ギサル / グイーサル
Guizot キゾー / ギゾー* / ギュイザウ
Gujejiani グゼジャニ
Gujral グジュラール / グジュラル**
Guka グカ
Gukova グコーヴァ / グコーバ / グコーワ
Guk-ryol グクリョル / ククヨル
Guk-tae グクテ*
Gukuna グクナ
Gul ギュル / グル
Gul' グーリ / グール
Gül ギュル*
Gula グーラ
Gulab グラブ / ゴラブ

Gulack ガラック
Gulacsi グラーチ
Gulácsi グラクシー
Gulado グラド
Gulager ガラガー / ギャラガー
Gulamhussein ガラムフセイン
Gul-Andām グルアンダーム
Gulandām グルアンダーム
Gulanick グラニック
Gulati グラテイ
Gulazian グラジヤン
Gulbadam グルバダム
Gulbahar グルバハール
Gulbenkian グルベンキアン
Gülbeyaz ギュルベヤズ
Gulbis ガルビス* / グルビス*
Gulbransen ガルブランセン / ガルブブランセン
Gulbranson グルブランソン
Gulbranssen ガルブランセン
Gulbransson ギュルブランソン
Gulbuddin グルブディン*
Gulda グルダ**
Güldal ギュルダル
Guldberg グルトベリー / グルドベリー / グールベア / グールベリ / グルベリ / グルベル / グルベルグ
Gulde グルデ
Güldemet ギュルデメット
Gulden ガルデン / グルデン
Güldenpfennig グエルデンフェニッヒ
Guldi グルディ
Guldin ギュルダン
Güleç ギュレチ
Guled グルド / グレド
Guleghina グレギーナ*
Gulegina グレギーナ
Gülen ギュレン**
Güler ギュレル

Gulgarayev グルガラエフ
Guli グーリ
Gulia グーリア
Guliaev グリヤエフ
Gulian グリアン*
Gulick ガリック / ギュリキ / ギューリック** / ギュリック* / グーリック / フーリック
Gulielmo グリエルモ
Gulielmus グリエルムス
Guliev グーリーイェヴ / グリエフ
Gulii グーリー / グーリイ
Gulik グリク / グーリック / ヒューリック** / フーリック / フーリック*
Gulini グリーニ
Gulino ガリーノ
Gulippos ギュリッポス
Gulissāni グリッサーニ
Guliyev グリエフ
Guljit グルジット
Gull ガル / グル*
Gullan グッラン
Gulland ガランド
Gullane ガレイン
Gullatte グラッテ
Gullberg グルベリ / グルベリィ
Gulledge ガレッジ / グレッジ
Guller ギュラー
Gullett ガレット
Gulley ガリー
Gulli ガリー / グッリ
Güllich ギュリッヒ
Gullichsen グリクセン*
Gullick ガリック
Gullickson ガリクソン* / ガリックソン
Gullik ガリック
Gulliksen グリクスン
Gullit グーリット / グリット / フリット*

Gulliver ガリヴァー* / ガリバー / ギュリヴェール*
Gullstrand ガルストランド / グルストランド*
Güllice ギュルルジェ
Gulmira グリミラ
Gulmyrad グルムイラト
Gulnara グルナラ*
Gulnoza グルノザ
Gulomdzhon グロムジョン
Gulomjon グロムジョン
Gulomov グロモフ
Gulordava グローダヴァ
Gulotta グロッタ
Gulov グロフ
Gulpilil ガルピリル
Gulshara グリシャラ
Gulshat グリシャト
Gülstorff ギュルストルフ
Gultekin グルテキン
Gulussa グルッサ
Guluzade グルザデ
Guluzman グルーズマン
Gulyaev グリヤエフ
Gulyak グリャック
Gulyako グリャコ
Gulyamov グリャモフ
Gulyamova グリャモワ
Gulyás グヤーシュ
Gulyashkn グリヤシキ*
Gulyga グリガ
Gulzar ガルザー
Gulzhana グリジャナ
Gum ガム
Guma グーマ** / グマ
Gumal ガマール
Gumbel ギュンベル / グンベル
Gumbert ガンバート
Gumbley ギャンブリー
Gumbo グンボ
Gumbrecht グンブレヒト
Gumbrell ガンブレル
Gumelar グムラール
Gumer グメル
Gumi グミ
Gumilev グミリョーフ / グミリョフ
Gumilevskii グミリヨフスキイ

グミレーフスキー
Gumilyov グミリョーフ / グミリョフ
Gumira グミラ*
Gummel グンメル
Gummels グメルス
Gummer ガマー*
Gümmer ギュンマー
Gummersall ガマーソール
Gummersbach グンメルスバハ
Gummerus グンメールス / グンメルス
Gummesson グメソン
Gummett ガメット
Gummo ガモ
Gummy コミ
Gumnit ガムニット
Gumo グモ
Gump ガンプ
Gumpel ガンベル*
Gumpelzhaimer グンベルツハイマー
Gumpert ガムパート / ガンバート / グムベルト / グンベルト*
Gumperz ガンパーズ*
Gumplowicz グムプロウィッツ / グンプロヴィチ / グンプロヴィツ / グンプロヴィッチ / グンプロヴィッツ / グンプロビチ / グンプロビッチ
Gumport ガムポート / ガンポート
Gumtau グムタウ
Gumuchdjian グムチジャン
Gun ガン / ギュン / グーン / ゲン** / フン
Guna グナ
Gunaazhavyn グナーシャビン
Gunadasa グナダサ
Gunadāsa グナダーサ
Gunādhya グナーディヤ
Günaltay ギュナルタイ / ギュンアルタイ
Gunamati グナマティ
Gunānanda グナーナンダ

Gunaprabha グナプラバ
Gunaratna グナラタナ
Gunaratne グナラトナ
Gunasekara グナセカラ
Gunawan グナワン**
Gunawardane グナワルダ / グナワルダナ
Gunawardena グナワルデナ
Gunawardene グナワルダナ*
Günay ギュナイ
Gunayavedalage グナヤベダラゲ
Gunba グンバ
Gunby ガンビ / ガンビー
Gun-chun ゴンチュン
Gunda グンダ*
Gundahar グンダハール / グンダハル
Gundalai グンドライ
Gundana グンダナ
Gundaphar グンダファル
Gundaphorus グンダフォルス
Gundars グンダルス
Gundartsev グンダルツェフ
Gundavaram ガンダヴァラム / グルダパラム
Gundegmaa グンデグマー
Gundel グンデル
Gündel ギュンデル
Gundemar グンデマル
Gunder グンダー**
Gunderloy ガンダーロイ
Gunderman ガンダーマン
Günderode ギュンダーローデ / ギュンデローデ
Gundersen ガンダーセン / ガンダーセン* / グンデルセン
Gundersheimer ガンダーシーマー** / ギュンダシャイマー
Gunderson ガンダーソン
Gundert グンデルト
Gundi グンディ
Gundill グンディル
Gündisch ギュンディッシュ*
Gundissalinus グンディサリーヌス

グンディサリヌス*
グンディサルポ
グンディッサリヌス
Gundlach
　ガンドラック
　グントラハ
Gundling ガンドリング
Gundobad
　グンドバッド
　グンドバード
　グンドバト
　グンドバド
Gundobar グンドバル
Gundogan
　ギュンドアン
Gundogdu
　ギュンドードゥ
Gundogdyev
　グンドグディエフ
Gundolf グンドルフ**
Gundovech
　グンドベック
Gundry
　ガンドリー
　ガンドレー
Gundula グンドゥラ**
Gundulf ガンドルフ
Gundulic
　グンドゥリーチ
　グンドゥリチ
　グンドゥリッチ
Gundy
　ガンディ
　グンディ
Gunepin グヌパン
Güner ギュネール
Günersel ギュネルセル
Gunes
　ギネス
　ギュネシュ
　ギュネス
Gunesekera
　グネセケラ
Gunew ガネ
Guney
　ギュネイ
　グネイ
Güney ギュネイ
Gung グン
Gungaadorj
　グンガードルジ*
Gungah グナガ
Gungl グングル
Güngör ギュンギョル
Güngsangnorbu
　グンサンノルブ
Gungunum グングヌム
Gungunyane
　グングニャーネ
Gunhild
　ガンヒルド
　グンヒル
　グンヒルド
Gunilla
　グニッラ
　グニラ*

Guninder
　グニンデール
Gunkel
　ガンケル
　グンケル*
Gunlicks ガンリックス
Gunn
　ガン***
　グン**
Gunna グンナ
Gunnar
　ガナー*
　ガンナー
　グナー**
　グナール
　グナル
　グュンナー
　グルナル
　グンナー**
　グンナール
　グンナル**
Gunnarsdottir
　グンナルスドッティル
Gunnarsdóttir
　グンナルスドッティ
Gunnarson
　グンナルソン
Gunnarsson
　ガナーソン
　グンナソン
　グンナーソン*
　グンナルソン
　グンナルソン*
　グンナルッソン
Gunne グンネ
Gunnel グンネル**
Gunnell
　ガネル*
　ガンネル
Gunner グンナー
Gunnerriusson
　グンネリウソン
Gunning
　ガニング*
　ガンニング
　グニング
　グンニング
　ヒュニング
Gunnlaugr
　グンラウグル
　グンルイゲル
　グンレイグル
Gunnlaugsdóttir
　グンヌレイグスドゥッ
　　チール
Gunnlaugsson
　グンラーグソン
　グンロイグソン*
Gunno グンノ
Gunn-Rita グンリタ
Guno フノ
Gunsbourg
　ガンスブール
Gunseli ギュンセリ
Gunson ガンソン*
Gun-soo コンス
Gunston ガンストン
Gunstone
　ガストン

ガンストーン
ガンストン*
Gunta グンタ
Gun-tae クンテ
Guntars グンタルス*
Güntekin ギュンテキン
Gunten ガンテン
Gunter
　ガンター*
　ギュンター*
　グンテル
　グンター**
Günter
　ギュンタ
　ギュンター***
　ギュンター
　ギュンテル
　グンター*
Günter ギュンター
Güntert
　ギュンタート
　ギュンテルト
Gunthamund
　グンタムント
Gunthard ゲンタード
Günthard ゲンタード
Gunther
　ガンサー**
　ガンザー
　ギュンター**
　ギュンテル
　グンウサアー
　グンサー
　グンター**
　グンテル
Günther
　ギュンター***
　ギュンテル**
　グンター
Guntheroth
　ガンセロス
Guntherus グンテルス
Gunthildis
　グンティルディス
Gunthler ギュンター
Günthör ギュンター
Guntis グンティス**
Gunton ガントン*
Guntram グントラム
Guntrip ガントリップ
Guntrum グントラム
Gunts ガンツ
Gunungjati
　グヌンジャティ
Gunvald グンヴァルト
Gunvor
　ガンバー
　グンヴァル*

Gun-young コンヨン
Günzburg
　ギュンツブルク
Gunzi グンジ
Guo
　クォ
　クオ
　グォ
　グオ**
Guo-feng グオフォン
Guo-guang グオグワン
Guo-hao グオハオ
Guol グオル
Guo-qiang
　グォチャン
　グオチャン
Guppy グッピー
Gupta
　グプタ**
　グプト
Guptara グプタラ
Gupte グプテ*
Guptika グプティカ
Guptill
　ガプティル
　グプティル
Gur
　グール*
　グル
Gura
　グーラ
　グラ
Guralnick
　ギュラルニック*
　グラルニック
Gural'nik
　グラーリニク
Guralp ギュラルプ
Guram グラム*
Guramishvili
　グラミシヴィーリ
Guran グラン
Guraninja
　グラニンジャー
Guravich
　グラヴィッチ
　グラビッチ
Gurban グルバン
Gurbandurdyev
　グルバンドルディエフ
Gurbangeldy
　グルバンゲリドイ
　グルバンゲルディ
Gurbanguly
　グルバングリ*
　グルバングルイ
Gurbanmammedov
　グルバンマメドフ
Gurbanmammet
　グルバンマンメト
Gurbanmuradov
　グルバンムラドフ
Gurbanmurat
　グルバンムラト
Gurbanmyrat
　グルバンムイラト
Gurbannazarov
　グルバンナザロフ
Gurbanov グルバノフ
Gurbansoltan
　グルバンソルタン
Gurbaxś グルバクシュ
Gurbig ギュルビヒ
Gurcharan
　グルチャラン

Gurchenko
　グルチェンコ*
Gurcke グリュツケ
Gurdās グルダース
Gurden ガーデン
Gurdev グルデブ*
Gurdián グルディアン
Gurdjieff
　グールジェフ
　グルジーエフ
　グルジェフ*
Gurdon ガードン**
Gurel ガレル
Gurenko グレンコ
Gurev グレーエフ
Gurevic
　グレーウィチ
Gurevich
　グーリエビッチ
　グレイビッチ
　グーレウィチ
　グーレヴィチ
　グレーヴィチ**
　グレーウィチ
　グレーヴィッチ
　グレヴィチ
　グレビチ
Gurevitch
　グレヴィッチ
Gurewich
　グレウィッチ
　グレビッチ
Gureyev グレエフ
Gurg ガルグ
Gurgand
　ギュルガン
　ジュルガン
Gurgani グルガーニー
Gurgānī グルガーニー
Gurgen グルゲン
Gurgēn グルゲーン
Gurgulino
　グルグリーノ
Guri
　ギューリ
　ギュリー
　グーリ
　グーリー
　グリ
Guria
　グリーア
　グリア
Gurian
　ガリアン
　グリアン
Gurib
　ギュリブ*
　グリブ
Gurics グリクス
Guridi
　グリーディ
　グリディ
Guriev グーリエフ
Gurii グーリー*
Gurin グリン
Gurinder
　グリンダ

グリンダル
Gurion
クリオン
グリオン
Gurirab グリラブ
Gurjar グルヤール
Gurjewitsch
グルジェヴィチ
Gurko
グールコ
グルコ
Gurland ガーランド
Gurley
ガーリー***
ガーリイ
ガーレイ
Gurlitt グルリット**
Gurman グールマン
Gürmen ギュルメン
Gurminder ガルミンダ
Gurmit ゴーミット
Gurnah グルナ
Gurney
ガーニ
ガーニー***
ガーニィ
ガーネイ*
ジオルニ
Gurnham ガーンハム
Gurnis ガーニス
Guro グロー
Gurova グロワ*
Gurovits グロビッツ
Gurpal グルパル
Gürpinar ギュルプナル
Gürpnar
ギュルプナール
ギュルプナル
Gurpreet ガープリート
Gurr
ガー
グール
Gurragchaa
グルラグチャー
Gurrea グレア
Gurrentz グレンツ
Gurrey ガレー
Gurria グリア*
Gurría グリア
Gurriel グリエル
Gurrieri グリエリー
Gurrigue ガリグ
Gurrola
グルローラ
グロラ
Gurry
ガリ
ガリー*
ガーリィ
Gursel ギュルセル*
Gürsel
ギュルセル
ギュルセル
Gürsen ギュルセン
Gursharan
ガーシャラン

Gurski グアスキ
Gursky グルスキー*
Gurtin ガルティン
Gurtler ギュルトラー
Gürtler ギュルトラー
Gurtman グルトマン
Gürtner ギュルトナー
Gurtov
ガートフ
ガルトフ
Gurtovoy
グルトヴォイ
Guru
グール
グル*
Gurubakhsh
グルバクシ
Guruh
グル
グルー
Guruji グルジー
Gurulugōmi
グルルゴーミ
Gurung グルン*
Guruprasad
グル
グルプラサッド
グルプラサード
Guruprasād
グル・プラサード
Gurvich
グールヴィチ
グールヴィッチ
グールビチ
Gurvitch
ギュルヴィチ
ギュルヴィッチ
ギュルビッチ
グルヴィッチ
グルビッチ
Gurwin ガーウィン
Gurwitsch
ギュルヴィッチ
グールヴィッチ*
Gury
ギュリ
ギュリー
Guryev グリエフ
Gurzo グルゾー
Gus ガス***
Gusakov グサコフ
Gusakova グサコワ
Gusarov グサロフ
Gusau グソー
Guschlbauer
グシュルバウアー*
Guschwan
グシュヴァン
Gusdorf ギュスドルフ
Guséin ゲセイン
Guseinov
グセイノフ**
Gusenbauer
グーゼンバウアー*
Gusev
グーセフ**
グセフ

Guseva
グシェーヴァ
グーゼワ
Guseynov グセイノフ
Gusfield
ガスフィールド
ガスフィールド
Gush ガッシュ
Gushchin
グシチン
グーシン
グスチン
Gushchina グシチナ
Gushchinskiy
グシチンスキ
Gushee
ガシー
グッシェー
Gusheh グーシェ
Gushi グシ
Gushtūlī
グシュトゥーリー
Gusikow グシコフ
Gusinde
グシンデ
グジンデ
Gusinskii
グシンスキー*
Gusman グスマン
Gusmán グスマン
Gusmao
グスマオ
グスマン
Gusmão グスマン**
Guss ガス
Gussago グッサーゴ
Güßbacher
ギュスバッチャー
Gussenberg
グッセンベルク
Gussow ガッソウ
Gusta グスタ
Gustaaf
ギュスターヴ
ギュスターフ
Gustad ガスタッド
Gustaf
ギュスターフ
ギュスタフ
グスターヴ
グスタヴ*
グスタッフ
グスターフ
グスタフ**
Gustaffson
グスタフソン
Gustaffsson
グスタフソン
Gustafsdottir
グスタフスドティル
Gustafson
ガスタフソン
グスタフソン**
Gustafsson
グスタヴスン
グスタヴソン
グスタファソン
グスタフション

グスタフソン***
Gustano
ジュスティーノ
Gustar ガスタ
Gustas ガスタス
Gustau グスタフ
Gustav
ガスタヴ
グスタフ
ギュスターヴ
ギュスタヴ
ギュスターフ
ギュスタフ
グシュタフ
グスター
グスタアフ
グスターヴ*
グスタウ
グスタヴ
グスタッフ
グースタフ
グスターフ*
グスターブ*
グスタフ***
グスタブ
グスラウ
グリタフ
ゲスターフ
Gustáv
グスターフ
グスタフ*
Gustava
グスタヴァ
グスタファ
Gustave
ガスターブ
ガステーヴ
ギェスターヴ
ギュスターヴ
ギュスタアフ
ギュスタアブ
ギュスターヴ**
ギュスタヴ*
ギュスターヴル
ギュスターフ
ギュスターブ*
ギュスタヴ
ギュスタブ
グスタアブ
グスターヴ
グスタヴ
グスターズ
グスターフ
グスターブ
グスタフ**
グスタブ
グスターベ
グスタベ
Gustavii グスタフィ
Gustav Jacob
グスタフヤコブ
Gustavo
ガスターボ
ギュスタボ
グスターヴォ*
グスタヴォ*
グスターボ**
グスタボ***
Gustavovich
グスタヴォヴィチ

Gustavsen
グスタフセン
Gustavson
ガスタフリン
グスタフソン
Gustavsson
グスタヴソン
グスタフソン*
Gustavus
ガスターヴァス
ガスタヴァス
グスターヴァス
グスタフ
Gustaw
ギスターブ
グスタヴ
Gusterson
ガスターソン
Gusti
ガスティ
グスティ*
Gustine ガスタイン
Gustl
グステル
グストル
Guston ガストン
Gustorf グストーフ
Gustov グスタフ
Gusy グズィ
Gusztáv グスターヴ
Gut グート**
Gutas グタス
Gutberlet
グートベルレット
グートベルレート
グートベルレト
Gutbrod グトブロト
Gutch ガッチ
Gutcheon
ガッチョン
グッチョン*
Gutenberg
グーテンバーグ
グーテンベルク**
グーテンベルグ*
グーテンベルヒ
Gutenburg
グーテンブルク
Gutenmacher
グーテンマッハー
グーテンマッヘル
Guter
グーター
グーテル
Güterbock
ギュターボック
Guterl グテル
Guterres
グテーレス*
グテレス**
Gütersloh
ギューターズロー*
Guterson
グターソン**
Gutfreund
グットフロイント
Guth
ギュット*
グース*

Gus
グス
ゲート*
Guthe
グーズ
グーテ
Gutheil
ガセイル
グーテイル
グートハイル
Guthke
グートケ
グトケ
Guthlac
グスラク
グスラック
グスラク
グトラク
Güthlein
ギュートライン
Guthorm グットーム
Guthridge ガスリッジ
Guthrie
ガスリ*
ガスリー***
グースリー
グスリー
Guthrum グズルム
Guti グティ*
Gutiérez グティエレス
Gutierre
グティエーレ
グティエレ
Gutierrez
ギタレス
ギテレーツ
ギュティエレズ
グチェレス
グーティエレズ
グティエーレス
グティエレス
グティエレス***
Gutiérrez
グチェレツ
グティエルレス
グティエレ
グティエレース*
グティエレス***
Güting ギューティング
Gutkind
グトキンド
グートキント
グートキンド*
グトキンド
Gutknecht
グクネット
グートネクト
Gütling
ギュートリング
Gutman
ガットマン*
ギュツマン
グットマン**
グッドマン
グートマン**
Gutmann
ガットマン*
ガツマン
グートマン
Gutmanovich
グートマノヴィチ

Gutner グトナー
Gütner ギュルトナア
Gutowski
グトヴスキ
グトフスキー
Gutowsky
グトウスキー
Guts
ガッツ
グーツ
Gutsch ガッチ
Gutsche グーチェ
Gutschmid
グートシュミット
Gutschow グッチョウ*
Gutschreiber
グルートシュライベル
Gutsev グッセフ
Guts Muths
グーツムーツ
Gutstein
ガットスタイン
ガットステイン
Gutsu グツー
Gutt ギュット
Gütt ギュット
Gutta グッタ
Guttā グッター
Guttag グッターグ
Guttenbeil
グッテンバイル
Guttenberg
グッテンバーグ
グッテンベルク*
Guttenberger
グーテンベルガー
Gutteridge
ガターリッジ*
ガッターリッジ
ガッタリッジ
グッテリッジ
Gutterson ガターソン
Gutting ガッティング
Güttinger
ギュティンガー
ギュタンゲール
Guttler ギュトレル
Güttler ギュトラー
Guttman
ガットマン*
グットマン**
グートマン
Guttmann
グットマン*
グートマン
Guttmonn グットモン
Gutton ギュトン
Guttorm グトルム
Guttormson
ガトームソン
Guttormsson
グットルムスソン*
Guttuso
グッツーゾ
グットゥーゾ
グットゥーゾ
Gutu グツ

Gutwald ガットワルド
Gutweniger
ガトウィニガー
Gutzeit
グートツァイト
Gutzkow
グッコー
グツコー
グッツコウ
Gützlaff
ギュッツラフ
ギュツラフ
Gutzon ガツン
Gutzwiller
グッツヴィラー
グッツビラー
Guu グー
Guus
フウス*
フース**
Guusje フーシェ
Guven グーベン
Guvenisik
ギュベニシク
Guwan-ok グァンオク
Guwara グヴァラ
Guy
ガイ***
ギー**
ギー***
ギイ***
ギィー
ギイ***
ギュイ*
グァイ
グィ
グイー
グゥイ
ヒー**
Guyard
ギュイヤール*
グイヤール
グイヤール
Guyart ギヤール**
Guyatt
ガイアット*
グヤット
Guyau
ギュイヨー
ギュイヨー
ギュイヨオ
ギュヨー
ギュヨオ
ギヨー
Guy de ギイド
Guye ギィ
Guyenet ギエネ
Guyenot ギェノー
Guyénot ギョトルム
Guyer
ガイヤー
グーヤー
Guyford ガイフォード
Guy-kon クィゴン
Guynemer ギヌメール
Guyod ギュイヨ

Guyon
ガイヨン
ギュイヨン**
ギュオン
ギーヨン
ギョン
Guyot
ギイヨ
ギオ
ギュイヨ*
ギュイヨー
ギュヨー
ギョー
ギョー
グヨ
Guyotat
ギュイヨタ
ギュヨタ
ギヨタ*
Guys
ギース
ギュイ
ギュイス
Guyton
ガイトン
ギートン
ギトン
Güyük グユク
Guz グーズ
Guzan グザン
Guzanov
グザーノフ
グザノフ
Guzauski グゾウスキー
Guzdial ガズデイアル
Guze グーゼ
Guzel グゼル
Guzelian グゼリアン
Guzelimian
グゼリミアン*
Guzenbauer
グーゼンバウアー
Guzenina グゼニナ
Güzey ギュゼイ
Guzhenko グジェンコ
Guzikowski
グジコウスキ
Guzman
ガズマン
グーズマン
グスマーン
グスマン**
グズマン**
グッズマン
Guzmán
グジュマン
グスマーン
グスマン***
Guznac グズナク
Guzowski
グゾウスキ
グゾウスキー
Guzrun グズルン
Guzuman グスマン
Guzy ガジー
Guzzardi
ガザーディ

ガッツァーディ
Guzzetta ガゼッタ
Guzzo
グッゾ*
グッツォ
Guzzolini
グッツォリーニ
ゴゾリーニ
ゴッツォリーニ
Guzzoni
グッオーニ
グッツォーニ**
グッツオーニ*
Gvanteladze
グワンツラーゼ
Gvaramia グワラミア
Gviniashvili
グビニアシビリ
Gvishiani
グヴィシアニ*
グビシアニ
Gvozden
グヴォズデン
グボズデン
Gvozdenovic
グウォツデノヴィック
Gvozdenović
グボズデノビッチ
Gvozdyk グボジディク
Gwacham グワチャム
Gwadabe グワダベ
Gwajima ガジマ
Gwalther
グァルター
グヴァルター
Gwaltney
グウォルトニー
グワルトニー
Gwamile グワミレ
Gwan グァン
Gwang クァン
Gwang-jin クァンジン
Gwangsik ガンシク
Gwang-soo クァンス
Gwang-sop クァンソブ
Gwangwa
グァングワ
グワングワ
Gwan-pyo グァンピョ
Gwartney ゴートニー
Gwartzman
グワーツマン
Gwathmey グワスメイ
Gwatkin
グウォートキン
グオートキン
Gwatney グワトニー
Gwebu-dlamini
グウェブドラミニ
Gwen
グウェン***
グウェン
グエン***
Gwénaël グエナエル
Gwend グウェンド
Gwenda グウェンダ

Gwendal グウェンダル*
グェンダル
Gwendolen グウェンドーレン
グェンドリン
Gwendoline グウェンドリン
グェンドリン
Gwendolyn グウェンドリン**
グウェンドリン
グェンドリン*
グェンドリン
Gwenell ゲネル
Gweneth グェネス
Gwenett ゲネット
Gwenigale グウェニゲイル
Gwenllian グウェンリアン
Gwenn グウェン
Gwi-ja グィジャ*
Gwili グヴィリ
Gwillim グウィリム*
Gwilym グウィリム
グウィリム
Gwinear グウィニア
Gwinett グィンネット
Gwinn グイン
グウィン*
Gwinnell グイネル*
Gwinner グヴィナー
グヴィンナー
Gwinnett グィンネット
グインネット
グウィネット
グウィネット
Gwinnutt グウィナット
Gwladys グラディス
Gwonghyong グォンヒョン
Gwyn グイン
グウィン
グウィン***
Gwynedd グウィネズ
Gwyneseth グイネス
Gwyneth ギニース
ギネス*
グイネス
グウィニス
グウィネス**
グウネス
Gwynn グイン
グウィン***
グウィン
Gwynne グイン
グイン
グウィン**

Gwynyth グウィニス
Gwyther グアイザー
G-Ya' bzang ヤーサン
G-Yag phrug ヤクトゥク
Gyalpo ギャルポ*
Gyaltsen ギャルツェン*
Gyaltshen ギャルツェン
Gyamtsho ギャムツォ
Gyan ギャン*
ギャン
Gyanendra ギャーネンドラ
ギャネンドラ**
Gyāneshvar ギャーネーシヴァル
Gyare ギャレ
Gyarfas ジャーフィス
Gyarmathi ジャルマティ
Gyarmati ギャルマチ
ギャルマチ
Gyase ガセ
Gyasi ジャシ*
Gyatso ギャツォ**
ギャッツオ
ギャムツォ
Gyaw ジョー*
Gyawali ギャワリ
ゲワリ
Gyberg ジィベリリ
Gyda ギッダ
Gydal ギーダール
Gye ガイ
Gye-chung ケチュン
Gyenesei ジェネシェイ
Gyenge ギュンゲ
Gyeong Su ギョンス
Gye-wol ゲウォル
Gygax ガイギャクス
ガイギャックス
Gyges ギゲス
ギュゲース
ギュゲス
Gygi ギジ
Gyi ギィ*
ジー**
ジイ
Gyl ギル
Gyles ガイルズ
ジャイルズ
Gylfadóttir ギルバドッティ
Gylfi ギルフィ

Gyllembourg ギューレンブーウ
ギレンブルク
Gyllenborg イュレンボリ
ギレンボリー
Gyllenhaal ギレンホール*
Gyllenhammar ジレンハマー*
ユーレンハンマー
Gyllensten イェーレンステン***
イュッレンステーン
イュレンステン
Gylmar ジルマール
Gym ギム
Gynell ガイネル
Gynnild ユンニルド
Gyoerkoe ギョールコー
Györy ジェルジ
Gyok-sik ギョクシク
Gyomber ギョンベール
Gyongsi ギョンシ
Gyöngyösi ジェンジェシ
Gyöngyössz デンデジェーズ
Gyon-sik ギョンシク
Gyon-suk ギョンスク*
Gyorffy ジョルフィ
Györffy ジョルフィ
ジョルフィ
Gyorgy ギオルギー
ジェルジュ
ジョージ
ジョルジ*
ジョルジュ**
György ギュルジイ
ギョルギ
ゲオルグ
ゲオルク
ゲオルケ
ジェルジ***
ジェルジェ
ジェルジュ***
ジェルジ*
ジョージ*
ジョルジュ**
ジョルジュ**
ジョルジョ
Gyorgyi ギヨンギ
Györgyi ジェルジ*
ジェルジュ
ジェルジイ
ジョルジ
Gyori ギョリ
Gyŏri ギイェリ
Gyorko ジョーコ
Györkös ギュルケス
Gyozo ジョゾ

Gyp ジィップ
ジイプ
ジップ
ジープ
Gypsy ジプシー
ジプシー*
Gyr ジル
Gyrowetz イーロヴェツ
ギロヴェツ
ジーロヴェツ
Gys ジース
Gysbers ガイスバース*
Gyseghem ギーゼム
Gysi ギージー
ギジ**
Gyss ジス*
G-yu brag pa ユダクパ
Gyu-chil キュチョル
Gyude ギュデ
ジュデ
Gyu-ha ギュハ*
Gyu-ho ギュホ*
Gyula ギュラ
ジュラ***
ドゥラ
Gyulai ジュライ*
Gyulay ジュライ
Gyurcsány ジュルチャーニ*
Gyu-ri ギュリ*
Gyuris ジュリス
Gyurkó ジュルコー
Gyurmed ギュルメッド
Gyurovszky ギュロウスキ
Gyurta ジュルタ**
Gyu-sa キュサ
Gyu-seok ギュソク*
Gývon ゴーゾン
Gza ジザ
Gzhon nu dpal ションヌペ
Gzims khang gong ma シムカンゴンマ
Gzungs kyi スンキ

【 H 】

Ha ア
ハ**
ハー**
Hà ハ
ハー
Haab ハーブ

Haaba ハーバ
Haack ハーク
ハーック
ハック
Haacke ハーケ**
Haacken ハーケン*
Haade ハーデ
Haae ハアエ
Haafner ハーフナー
Haag ハーク
ハーグ**
ヘーグ
Haage ハーゲ
Haagen ハーゲン
ハーヘン
Haak ハーク
Haake ハアーケ
ハーク
ハーケ
ヘイク
Haakon ハーコン
ホーコン**
Haakonsen ハーカンセン*
Haakonssen ホーコンセン
Haaland ハーランド
Ha-Am ハアーム
ハアム
Haam ハアーム
ハアム
Ha'amori ハオモリ
Haan ハーン*
Haanaes ハーネス
Haanel ハアネル
Haanen ハーネン
Haanpaa ハーンパー
Haanpää ハーンパー
Haanstra ハーンストラ
Haapanen ハーパネン
Haapaniemi ハーパニエミ
Haar アール
ハール**
Haarbeck ハーアベク
Haarde ハーデ*
Haarder ホーダー
Haaren ハーレン
Haarhoff ハールホフ
Haarhuis ハールフース*
Haarlem ハールレム
Haarmann ハーマン
ハールマン*
Haas アース*
ハアス
ハース***

ハーズ
ハス
ホス
Haasan ハーサン
Haase
　ハース
　ハーセ
　ハーゼ**
　ハッセ*
Haasen ハーゼン
Haaser ハーザー
Haasis
　ハーシス*
　ハージス
Haasl ハールス
Haasler ハースラー*
Haass ハース
Haasse ハーセ*
Haastrecht
　ハーストレッチ
Haatainen
　ハータイネン
Haatveit ホートベイト
Haavelmo
　ハーヴェルモ
　ハーベルモ
　ホーヴェルモ
　ホーヴェルモー
　ホーベルモ
　ホーベルモー
Haavikko
　ハーヴィッコ**
Haavio ハーヴィオ*
Haavisto ハービスト
Hab ヘブ
Hába
　ハーバ
　ハバ
Habachi ハバシュ
Habakkuk ハバクク
Habamenshi
　ハバメンシュ
Habana ハバナ*
Ḥabaqqūg ハバクク
Habarugira
　ハバルギラ
Habas ハバス
Habash ハバシュ**
Ḥabash ハバシュ
Habashneh ハバシュネ
Habay アヴェ
Habbard ハバード*
Habbārīya
　ハッバーリーヤ
Habbash ハバシュ
Habberley ハバレー
Habberton ハバートン
Habdank ハブダンク
Habe ハーベ
Habeck ハベック*
Habeeb ハビーブ
Habek ハベック
Habel
　ハーベル
　ハベル
　ヘイベル

Haben ハーベン
Habeneck アブネック
Habenicht
　ハーベニヒト
Haber
　アベール
　アベル
　ハーバ
　ハーバー**
　ハバー
　ハーベル
　ハベール
　ヘイバー*
　ヘーバー
Haberer ハベラー*
Haberkorn
　ハーバコルン
Haberl
　ハーバル
　ハーベルル*
Haberland
　ハーバーランド
　ハバーランド
Haberlandt
　ハーバーラント
　ハーベーラント
　ハーベーランド
　ハーベルラント
Häberle ヘーベルレ
Haberler
　ハーバラー*
　ハーベラー
Häberlin
　ヘーバーリーン
　ヘーバリーン
　ヘーバーリン
　ヘーベルリーン
　ヘーベルリン
Haberman
　ハーバーマン
Habermann
　ハーバーマン
　ハーバマン
Habermas
　ハーバーマス**
　ハーバーマス
　ハーバマス
　ハバーマス
Habersack
　ハーバーサック
Habersham
　ハバーシャム
Habert
　アベール
　フーベルト
Habgood ハブグッド*
Habi ハビ
Habib
　アビブ
　ハビーブ
　ハビーブ***
Ḥabīb ハビーブ*
Ḥabīb
　ハビーブ
　ハビブ
Ḥabīb Allāh
　ハビーブッラー
　ハビブラー
Habibi ハビビ**

Habībī
　ハビービー**
　ハビビ
Ḥabībī ハビービー
Habibie ハビビ***
Habibollah ハビボラ
Habibou ハビブ
Habibullah ハビブラ
Habiburrahman
　ハビブルラフマン
Habibuz ハビブ
Habich
　ハビッヒ
　ハービヒ
　ハビヒ
Habicht ハビヒト
Habineza ハビネザ
Habington ハビントン
Habito アビト
Hablot ハブロット
Habluetzel
　ハブリュツェル
Hablützel
　ハブルツェル
Habor ハーバー
Habou アブ
Haboush ハブッシュ
Habraken
　ハブラーケン*
Habré ハブレ*
Habryka ハブリカ
Habsade ハブサデ
Habsburg
　ハプスブルク**
Habshush ハブシュシ
Habte ハブテ
Habtemariam
　ハブテマリアム
Habumuremyi
　ハバムレミ
Haby アビ
Habyarimana
　ハビャリマナ*
Hac
　ハク
　ハック
Hāc ハーイ
Hacen ハセン
Hacene ハセン
Hacenna ハセナ
Hach ハーチ
Hacha
　ハーカ
　ハッカ
　ハーハ
Hached ハシェッド*
Hacheme アシェメ
Hachemi ハシュミ
Hachette アシェット*
Hachim
　ハシム
　ハチム
Hachimou ハシム
Hachin ハチン

Hachinski
　ハチンスキー
Hächler
　ヘクラー
　ヘヒラー*
Ha-chol ハチョル*
Haci ハジュ
Hack ハック**
Hackaert
　ハッカールト
　ハッケルト
Hackathorn
　ハッカソーン
Hackathorne
　ハッカソーン
Hacke ハック**
Hackeborn
　ハッケボルン
Hackel ハッケル
Häckel ヘッケル
Hackenberg
　ハッケンバーグ
Hackenberger
　ハッケンバーガー
Hackenschmidt
　ハッケンシュミット
Hacker
　ハーケル
　ハッカー**
Hackermüller
　ハッカーミュラー*
Hackert ハッケルト
Hackethal
　ハッケタール*
Hackett
　ハケット***
　ハッケト
Hackford
　ハックフォード*
Hackfort
　ハックフォート
Hackin
　アカン
　アッカン
Hacking ハッキング**
Hackl ハックル*
Hacklander
　ハックレンデル
Hackländer
　ハックレンダー
　ハックレンデル
Hackle ハックル
Hackler ハックラー
Hackley
　ハックレイ
　ヘックレー
Hackluyt ハクルート
Hackman
　ハックマン**
Hackmann ハックマン
Hackney
　ハクニー
　ハックニー**
　ハックネイ
Hackos ハッコス
Hacks ハックス**
Hackworth
　ハックワース

Hacohen
　ハコエン
　ハコーヘン
Haczewski
　ハチェフスキ
Hadad ハダド*
Hadadi
　ハダディ
　ハダーディ
Hadady ハダディ
Hadamar ハーダマル
Hadamard
　アダマール**
Hadamovsky
　ハダモフスキー
Hadamowsky
　ハダモブスキー
Hadank ハダンク
Hadar ハダー
Hadary
　ハダリ
　ハダリィ
　ヘイダリー
Hadas
　アダス
　ハダス
Hadashi ハダシ
Hadath ハダス
Hadattan ハダッタン
Hadd ハッド
Hadda
　ハダ
　ハッダ
Haddad
　アダジ
　アダッド
　ハダッド
　ハドード
　ハドド*
　ハッダード
　ハッダド
　ヘイディド
Ḥaddād ハッダード
Ḥaddād ハッダード
Haddad-Adel
　ハッダードアデル
Haddadi ハダディ
Haddadin
　ハッダディン
Haddam ハッダム
Haddelsey
　ハッドゥルセイ
Hadden ハッデン
Hadders ハッダース
Haddi ハッディ
Haddish ハディッシュ
Haddix
　ハディックス**
　ヘディックス
Haddock ハドック*
Haddon
　ハッドン**
　ハドン*
Haddou アドゥー
Hädecke ヘーデッケ
Hadeed
　ハディード

ハディド
Hadef ハーディフ
Hadelin アドラン
Hademine
　ハデミヌ
　ハドミン*
Haden
　ハーデン
　ヘイデン***
　ヘイドン*
　ヘーデン
Hadenius ハデニウス
Hader ヘイダー
Haderack
　ハーデラック
Hadergjonaj
　ハデルジョナイ
Haders ヘイダーズ
Hadewych
　ハーデウィッヒ
　ハーデウイッヒ
　ハーデヴィヒ
　ハーデウィヒ
　ハーデヴェイヒ
Hadfi ハドフィ
Hadfield
　ハッドフィールド
　ハディフィールド
　ハドフィールド*
Hadhazy ハダジィ
Hadhri ハドリ
Hadi
　ハーディ
　ハディ**
Hādī ハーディー
Hadia ハディア
Hadiatmodjo
　ハディアットモジョ
Hadid
　ハディッド
　ハーディド
　ハディド**
Hadida ハディダ
Hadidi ハディディ
Hadidian
　ハディディアン
Hadik ハディック
Hadimuljono
　ハディムルヨノ
Hading アダン
Hadinger ハディンガー
Ḥādira ハーディラ
Hadise ハディセ*
Hadisoesastro
　ハディスサストロ
Hadithi
　ハディーシ
　ハディシ*
　ハディシィ
Hadiza ハディザ
Hadj ハジ
Hadja
　アジャ
　ハジャ
Hadjar ハジャル
Hadji
　ハジ*

ハッジ*
Hadjibekov
　ガジベーコフ
Hadjibou アジブ
Hadjidakis ハジダキス
Hadjigakis ハジガキス
Hadjimichalakis
　ハジミカラキス
Hadji-Minaglou
　アジミナグロウ
Hadjinian ハジニアン
Hadlaub ハートラウプ
Hadleigh ハドリー
Hadler ハドラー
Hadley
　ハッドレー
　ハッドレイ
　ハドリ
　ハドリー***
　ハドリィ
　ハードレー
　ハドレー**
　ハドレイ*
Hadlie ハドリエ
Hadlock ハドロック
Hadnagy ハドナジー
Hadorn ハードルン
Hadot アド
Hadow ハドー
Hadrian
　ハドリアーン
　ハドリアン
Hadrianos
　ハドリアノス
Hadrianós
　アドリアノス
Hadrianus
　アドリアヌス
　ハドリアーヌス
　ハドリアヌス
Hadriaoui ハドリウリ
Hadschieff ハチエフ
Hadwiger
　ハドワイガー
Hadwin ハドウィン
Hady ハダイ
Hadzialic ハジアリッチ
Hadžić ハジッチ
Hadzievski
　ハジェヴスキー
　ハジェブスキー
Hadzihalilovic
　アザリロヴィック
　アザリロビック
　アジヤリロヴィック
Hadzipetros
　ハディペトロ
Haebek ヘベク
Haéberlé エバール
Haeberlin
　エーベルラン
Haebler
　ヘーブラー
　ヘーブラー*
Hae-chan ヘチャン*
Haeckael ヘッケル

Haecke ヘッケ
Haeckel
　ヘッケ
　ヘッケル**
Haecker ヘッカー*
Haedrich
　エドリック
　ヘードリッヒ*
Haefel
　ハーフェル
　ヘーフェル
Haefele
　エーフル
　ヘイフェリー
Haefeli ヘフェリー
Haefelin ヘフェリン
Hæffner ヘフネル
Haefliger
　ヘーフリガー
　ヘフリガー**
Haefs ヘーフス*
Haeg ハーグ
Haegel ヘッゲル
Haegele ヘーゲレ
Haegeman ヘーグマン
Haegerstam
　ヘゲルスタム
Haegert ヘガート
Haeggman
　ハグマン
　ハッグマン
Haehling ヘーリング
Haehn ハエーン
Haehnel ヘーネル
Hae-hyo ヘヒョ
Hae-il ヘイル*
Hae-jeong ヘジョン*
Hae-jin ヘジン*
Hækkerup ヘケロップ
Haemers エメール
Haemstede
　ハムステーデ
Haën ハエン
Haenchen ヘンヒェン*
Haendel ヘンデル**
Haenel
　エネル**
　ヘーネル
　ヘンネル
Haeney ヘーニー
Haenisch
　ヘーニシュ
　ヘーニッシュ
Haenraets
　ヘインレイツ
Haensel ヘンゼル
Haentjens
　ヘンティエス
Haentjes
　ヘンティエス*
Haeran ヘアラン
Ḥā'erī ハーエリー
Haering ヘーリング
Haeringen
　ハーリンゲン*

Haeringer
　ハーリンジャー
Haertle ハートル
Haes ヘエス
Haese ヘーゼ
Haesebrouck
　ヘスブルク
Haesen ハエセン
Hae-seong ヘソン*
Haeser ヘーゼル
Hae-shick ヘシキ
Haesler
　ヘースラー
　ヘスラー*
Hae-Sun ヘサン
Ha-eun ハウン
Haeusserman
　ホイサーマン
Hafeez ハフィーズ
Hafemann ヘイフマン
Hafemeister
　ヘーフミースター
Hafenreffer
　ハーフェンレッファー
　ハーフェンレファー
Hafenrichter
　ハーフェンリヒター
Hafer ヘイファー
Haferkamp
　ハーファーカンプ
　ハフェルカンプ
Hafermaas
　ハーファーマース
Hafey ヘイフィー
Hafez
　ハーフィズ
　ハーフェズ*
　ハフェズ**
　ハーフェツ
Haff ホフ
Haffadh ハーファダ
Haffajee ハファジー
Haffenden
　ハフェンデン
Haffenrichter
　ハッフェンリヒター
Hafferty ハフェルティ
Haffke ハフケ
Haffkin ハフキン
Haffkine
　ハーフキン
　ハフキン
Haffner
　アッフネル
　ハフナー**
Hafgren ハフグレン
Hafid ハフイド
Hafidh ハフィズ
Hafiz
　ハーフィズ
　ハーフィス
　ハーフェズ
　ハーフズ
Ḥāfiz ハーフィズ

Ḥafīz
　ハーフィズ
　ハフィーズ
　ハーフェズ
Ḥāfiẓ
　ハーフィズ*
　ハフェズ
Hafize
　ハーフィズ
　ハフイゼ
Hafizuddin
　ハフィズディン
Häfliger ヘフリガー
Hafnaoui ハフナウーイ
Hafner
　ハーフナー
　ハフナー**
Häfner ヘフナー
Hafs アフス
Hafsa ハフサ
Ḥafṣa ハフサ
Ḥafṣah ハフサ
Hafsia ハフシア
Hafstad ハフスタッド
Hafstein ハフステイン
Ḥafṣūn ハフスーン
Haft ハフト*
Haftmann ハフトマン
Hafungγ-a ハーフンガ
Hag ハグ
Haga
　ハーガ
　ハガ
Hagalín ハガリーン
Hagan
　ハガン
　ヘイガン*
　ヘーガン*
　ホーガン*
Haganäs ハガナス
Hagar
　ハガル
　ヘイガー*
Hagara ハガラ**
Hagay ハガイ
Hagberg ハグバーグ
Hagbrink
　ハグブリンク*
Hage
　ハーゲ*
　ハージ**
　ヘイグ*
　ヘイジ**
Hagedorn
　ハーゲドルン
　ハーゲドーン
　ハゲドーン
　ヘッジドーン*
Hagegård
　ハーイェゴード
　ハーゲゴール
Hagège アジェージュ*
Hagel
　ハーゲル
　ヘーゲル**

Hagelaidas
　ハゲライダス
　ハゲラーダース
Hagelin ハゲリン
Hagelmann
　ハーゲルマン
Hagelstange
　ハーゲルシュタンゲ*
Hageman
　ハアゲマン
　ハーゲマン***
　ヘイゲマン
　ヘイゲマン
Hagemann
　ハアゲマン
　ハーゲマン*
Hagemaster
　ヘイグマスター
Hagemeyer
　ハーゲマイヤー
Hagemoser
　ヘイジモーザー
Hagen
　ハアゲン
　ハーゲン***
　ハーヘン*
　ヘイガン
　ヘイゲン
　ヘイジャン
　ヘーガン*
　ヘーゲン*
Hagenau ハーゲナウ
Hagenauer
　ハーゲナウ
　ハーゲナウアー
Hagenbach
　ハーゲンバック
　ハーゲンバハ
Hagenbeck
　ハーゲンベック**
Hagenberg
　ハーゲンバーグ
Hagenbuch
　ハーゲンブック
Hageneder
　ハーゲネーダー
　ハーゲネダー
Hagenhoff
　ハーゲンホフ
Hagenlocher
　ハーゲンロッハー
Hagenmaier
　ハーゲンマイヤー
Hagens ヘーゲンス
Hagenstein
　ハーゲンシュタイン
　ヘイゲンスティーン
Hager
　ハーガー**
　ハーゲル
　ヘイガー*
　ヘイジャー
　ヘーガー
Häger ヘガー
Hagerman
　ヘイガーマン
　ヘイジャーマン
Hagermann
　ヘーゲルマン

Hägerstrand
　ヘーゲストランド
　ヘーゲルシュトランド
Hägerström
　ヘーガーシュトレーム
　ヘーゲルストレーム
　ヘーゲルストレム
Hagerty
　ハガチー
　ハガーティ
　ハガティ**
Hagerup
　ハーゲルップ**
　ハーゲループ
　ハーゲルプ
Hagēsandros
　ハーゲーサンドロス
　ハゲサンドロス
Hageseth ヘイグセッツ
Hägg ヘッグ
Haggai ハガイ
Haggaj ハガイ
Haggar
　アッガー
　ハガー*
Haggard
　ハガート
　ハガード***
　ハッガード*
Haggart ハガート
Hagger ハガー
Haggerty
　ハガチー
　ハガティ
　ハガティー*
　ハジャティー
　ハッガーティ
Haggett ハゲット*
Haggins ハギンズ
Haggis ハギス*
Hägglund
　ヘグルント
　ヘグルンド
Häggström
　ハーグストローム
Hagi ハジ*
Hagin
　ヘイガン
　ヘーゲン
Hagiorites
　ハギオリテース
Haglelgam
　ハグレルガム*
Hagler ハグラー**
Haglund
　ハグランド
　ハグルンド
Hagman
　ハーグマン*
　ハグマン*
Hagmann
　ハグマン
　ハッグマン
Hagmar ハマー
Hagn ハーグン
Hagner ハーグナー*
Hagney ハグニー

Hagnōn ハグノン
Hagood
　ハグッド*
　ヘイグッド
Hagopian ハゴピアン
Hagor
　ハコリス
　ハルコ
Hagos ハゴス
Hagstrom
　ハグストレム
　ハグストローム*
Hague
　ハーグ
　ヘイグ***
　ヘーグ
Haguenau アグノー
Haguenauer
　アグノエール
　アゲノエル
Haguewood
　ヘイグウッド
Ha-guk ハグク
Hagwood ハグウッド
Hagy
　ヘイギー
　ヘイジー
　ヘギー
Ha-gyon ハギョン
Ha-gyun ハギュン*
Hah ハ
Ha Ha ハハ
Hahessy ハーシー
Hahl ハール*
Hahm ハム
Hahn
　アーン*
　ハーン**
　ハン**
　ヘーン
Hähn ヘーン
Hahne ハーン
Hahnemann
　ハーネマン
Hah-seogh ハソ
Hahu ハフ
Hai
　ハーイ*
　ハイ**
Haia ハイア
Haibach ハイバッハ
Haiber ハイバー
Haibo ハイーボー
Haibre ハアイブラー
Haich ハイチ
Haichour ハイシュール
Haid
　ハイト
　ヘイド
Haidal ハイダル*
Haidalla ハイダラ*
Haidar
　アイダル
　ハイダル**
Ḫaidar ハイダル

Haide ハイド
Haidee ハイディー
Haiden ハイデン
Haider
　ハイダー***
　ハイダル*
Haidi ハイディ
Haidinger
　ハイディンガー
Haidt ハイト*
Haiduk ガイドク
Haien ヘイン
Haifa ハイファ
Haifaa ハイファ*
Hai-feng ハイフェン
Haifi ハイフィ
Haig
　ハイク
　ハイグ
　ヘイグ***
　ヘーグ
Haigh
　ハイ*
　ヘイ
　ヘイグ*
Haight
　ハイト
　ヘイト*
　ヘート
Haigneré エニュレ
Haik ハイク
Haika ハイカ
Haikal ハイカル
Haiken ハイケン*
Häikiö ハイキオ
Hail
　ヘイル
　ヘール*
Haila ハイラ
Hailan ハイラン
Haile
　ハイレ**
　ヘイル
Hailee ヘイリー*
Hailemariam
　ハイレマリアム*
Hailes ヘイルズ*
Haileselassie
　ハイレセラシエ
Hailey
　ハイリー
　ヘイリー***
　ヘイレイ
Haillan アイヤン
Hails ヘイルズ*
Hailsham
　ヘイルシャム
　ヘールシャム**
Hai-lu ハイルー
Hailu ハイル*
Hailwood
　ヘイルウッド
Haim
　アイム*
　ハイム***
　ヘイム

Haiman ハイマン*
Haime ハイメ
Haimendorf
　ハイメンドルフ
Haimes ハイムズ*
Haimo ハイモ
Haimōn ハイモン
Haimovitz
　ハイモヴィッツ
　ハイモビッツ*
Haims ヘイムス
Haimson ヘイムソン
Hain
　ハイン*
　ヘイン
Hainaut エノー
Haindl ハインドル
Haine ヘイン
Hainer ハイナー*
Haines
　ハインズ
　ヘイネス
　ヘインス
　ヘインズ**
Haing
　ハイン*
　ハン
Hainia エニア
Haining ヘイニング**
Hainisch
　ハイニシュ
　ハイニッシュ
Hainline ハインライン
Hainmüller
　ハインミュラー
Hainstock
　ヘインストック
Hainsworth
　ヘインズワース
Hai Qing ハイチン
Hair ヘア
Hairanca ハイランチャ
Haire
　ヘアー
　ヘイア
　ヘイヤー
Hairer ハイラー*
Hairsine
　ヘアサイン
　ヘアシン
Hairston
　ハーストン*
　ヘアーストン
　ヘアストン
Hairulla ハイルラ
Hairullina
　カイルリーナ
Hais ハイス
Haisami ハイサミ
Haishi ハイシ
Haislan ハイスラン
Haislett ヘイスレット
Haislop ヘイスロップ
Haiss ハイス
Haissinsky
　アイシンスキー

Haist
ハイスト
ヘイスト
Haitam ハイタム
Haitham
ハイサム
ハイタム
Haithcox
ヘイスコックス
Haitink
ハイティンク**
Haitiwaji ハイティワジ
Haiton
ハイトン
ヘイトン
Haiveta ハイベタ
Haiyan ハイヤン
Hai Yien ハイイェン
Hai-ying ハイイン
Haj
ハジ
ハッジ
Hāj
ハージ
ハッジ
Haja ハジャ
Hajar ハジャル
Ḥajar ハジャル
Hajarr ハジャー
Hajda アジャ
Hajdaš Dončić
ハイダシュドンチッチ
Hajdinaga
ハイディナガ
Hajdu
アイドゥー
ハイデュ
ハイドゥ
ハジュー
Hajek
ハーイェク
ハエク
ハジェック
Hájek
ハーエク*
ハエック
Hajeski ハジェスキー
Haji
ハジ***
ハッジ
Haji Akhondzadeh
ハジアホンドザデ
Hajib ハージブ
Ḥajib ハージブ
Ḥājib
ハージブ
ハジブ
Hajibabai
ハージババイ
Hajifaqi ハジファキ
Ha-jin ハジン
Hajiri ハジリ
Ḥājirī ハージリー
Hajj
ハージ
ハジ

ハッジ
Hājj ハージ
Ḥājj
ハージュ
ハージッジ
ハージュ
Ḥajjāj
ハッジャージ
ハッジャージュ
ハジャージュ
Hajjar
ハッジャル
ハヤール
Hajjeh ハッジャ
Hajji ハジ
Ḥājjī
ハジ
ハージー
ハッジ
ハッジー
Hakfoort
ハクフォールト
Hajnal ハイナル
Hajo
アジョ
ハジョ
ハジョウ
ハーヨ
Ha-joon ハジュン**
Hajós
ハイヨース
ハヨース
Hajoui ハジュイ
Hajra ハジラ
Hajraf ハジュラフ
Hajredin ハイレディン
Hajri ハジュリ
Hajrovic
ハイロヴィッチ
Hajto ハイト
Hajtó ハイト
Hajtós ハイトシュ
Hajtov ハイトフ
Hak
ハク
ハック**
Hakainde ハカインデ
Hakam ハカム
Ḥakam ハカム
Hakamada ハカマダ*
Hakamies ハカミエス
Häkämies ハカミエス
Hakan
ハカン*
ホーカン*
Håkan
ホーカン***
ホカン
ホーコン
Håkan ホーカン
Hakanen ハカネン
Hakanoglu
ハカノグル*
Hakanson ハッカソン
Häkanson ヘカンソン
Hakansson
ハカンソン

ハッカンソン
Hak-chol ハクチョル
Hake
ハーケ
ヘイク**
Hakeem
アキーム*
ハキーム
Hakem ヘイケム
Haken ハーケン**
Hakenberger
ハーケンベルガー
Hakenewerth
ハーケンワース
Haker ヘイカー
Hakes
ヘイクス
ヘークス
Hakhnazaryan
ハクナザリャン
Haki ハキ
Hakim
アキム
ハキーム**
ハキム***
Hakîm ハキーム
Ḥakīm ハキーム
Ḥākim ハキム
ハーキム
Hakimi ハキミ
Hakimullah ハキムラ*
Hakizimana
ハキジマナ
Hak-joon ハクジュン
Hak-jun ハクジュン
Hakkaoui ハッカウイ
Hakki
ハッキ
ハック
Hakkila ハッキラ
Hakkinen ハッキネン*
Häkkinen ハッキネン
Hak-kyu ハッキュ*
Hak Kyung
ハッキョン
Hakluyt
ハクリート
ハクルート
ハックルート
Hak-mook ハクムク
Hakobyan アコビャン
Hakon
ハコン
ホーコン
Håkon ホーコン
Hakonen ハコネン
Hak-rim ハクリム**
Hak-seon ハクソン*
Hak-seong ハクソン
Hak-son ハクソン
Hakson ハクソン
Hak-su ハクス

Hak-sun ハクスン
Hakulinen ハクリネン
Hak-won ハクウォン*
Hal ハル***
Hala ハラ
Hāla ハーラ
Halabi ハラビ*
Ḥalabī ハラビー
Halacy
ハラシー
ハラシイ
ハレイシー
Haladyna ハラディナ
Halahmy ハラミー
Halaifonua
ハライフォヌア
Halaiko ハライコ
Halaiqa ハライカ
Halam ハラム**
Halama ハラマ*
Halamish ハラミシュ
Halamka ハラムカ
Halanay ハラナイ
Halane ハラネ
Halani ハラニ
Halapio ハラピオ
Halapoulivaati
ハラポウリバティ
Halard アラール*
Halas ハラス
Halasa ハワサ
Halaseh ハラセ
Halasy ハラジー
Halasyamani
ハラシャマニ
Halász
ハラーシ
ハラース
ハラス
Halatine アラティーネ
Halavais ハラヴェ
Halawani ハラワニ
Halawlaw ハラウラウ
Halbach ハルバハ
Halback ハルバック
Halban ハルバン*
Halbe ハルベ*
Halberg ハルバーグ
Halberstadt
ハルバーシュタット
Halberstaedter
ハルベールシュテッター
Halberstam
ハルバースタム**
ハルバスタム
Håkon ホーコン
Hakonen ハコネン
Hakonoglu ハコネン
Halbert
ハルバート
ホルバート
Halbertal
ハルバータル
Halbesleben
ハルベスレーベン
Halbi ハルビ

Halbout
アルブー
ハルブ
Halbreich
ホールブライシュ
Halbrendt
ハルブレント
Halbwachs
アルヴァクス*
アルヴァックス*
アルバックス
アルブヴァクス*
アルブヴァクス
アルブヴァックス
アルブバクス
アルブワクス
アルブヴァクス
アルブワックス
Halcomb ハルコム
Halcón ハルコン
Halcyone ハルキュオネ
Hald
ハルト*
ハルド
Haldan
ハルダン*
ホールダン
Haldane
ハルデイン
ホールデイン
ハルデイン*
ホールデーン*
ホールデーン**
ホルデーン
Haldar ハルダー
Halde アルド
Haldeman
ハルデマン
ハルドマン
ホールデマン**
Halder ハルダー**
Halderman
ハルダーマン
Haldermans
ハルデルマンス
Haldi ハルディ
Haldimand
ホールディマンド
Haldman ハルドマン
Haldsworth
ホールズワース
Haldun ハルダン
Hale
アール
エール
ハレ
ヘイル**
ヘール***
Haleakalā
イハレアカラ
Halecki ハレツキ*
Halee ハリー
Haleem ハリーム
Haleh ハーレ*
Hálek
ハーレク
ハーレック
Halen ヘイレン**

HAL

Halep
　アレ
　ハレプ
Hales
　ヘイズ
　ヘイル
　ヘイルス*
　ヘイルズ*
　ヘールズ**
Halesius
　ハレシウス
　ハレンシス
　ヘールズ
Halet　ハレット
Ha-Levi　ハレビ
Halevi
　ハ・レヴィ
　ハーレーヴィ
　ハレーヴィ
　ハレヴィ**
　ハレビ
Halévi　アレヴィ
Halevy
　アレヴィ
　ハレヴィ
　ハレビ*
　ヘイルヴィ
Halévy
　アレヴィ
　アレヴィー*
　アレヴィイ
　アレビ
　アレビー
　ハレヴィ
Haley
　ハーレー
　ハーレイ**
　ヘイリー
　ヘイリー**
　ヘイリィ
　ヘーリー**
　ヘンリー
Halfacree
　ハーフェイカー
　ハルファクリー
Halfdan
　ハーフダン
　ハールフダーン
　ハルフダン*
Halfeld　ハルフェルト
Halferty
　ハルファーティ
Halffter
　アルフター
　アルフテル*
　ハルフテル
Halfin　ハルフィン
Halfon　ハルフォン**
Halford
　ハルフォード**
Halfpenny
　ハーフペニー
　ヘイプニイ
　ヘープニー
Halhuber
　ハルフーバー
Hali　ハリ
Ḥālī　ハーリー
Haliburton
　ハリバートン

Halici　ハリシ
Halicki
　ハリツキ
　ハリツキ*
Halid
　ハーリト
　ハリト
　ハリド
Haliday　ハリディ
Halide
　ハリーデ
　ハリデ
Halidou　ハリドゥ
Halidy　アリディ
Halie　ヘイリー*
Halifax
　ハリファクス**
　ハリファックス**
Halikarnasseus
　ハリカルナッセウス
Halikimi　ハリキミ
Halil　ハリル**
Halilhodzic
　ハリホズィク
　ハリロジッチ
Halilhodžić
　ハリルホジッチ*
Halilovic
　ハリロヴィッチ
Halilović　ハリロビッチ
Halim
　ハリーム*
　ハリム***
Halīm　ハリーム*
Ḥalīm　ハリーム
Halima　ハリマ
Halimah　ハリマ*
Halimatou　ハリマトゥ
Halimi
　アリミ*
　ハリミ
Halina
　ハリーナ**
　ハリナ*
Halinardus
　ハリナルドゥス
Halíř　ハリルジュ
Halit　ハリト
Halitgarus
　ハリトガルス
Halket　ハルケット
Halkett　ハルケット
Halkia　ハルキア
Halkias　ハルキアス
Halkina　ハルキナ
Halko　ハルコ
Halkola　ハルコラ
Halkyard　ホークァード
Hall
　ハッル
　ハル*
　ホオル
　ホール***
Halla　ハーラ
Halladay　ハラデー**

Hallahan
　ハラハン***
　ホーラハン
Hallaj
　ハッラージ
　ハッラージュ
Hallam
　ハラム*
　ハラムー
　ホーラム
Hallaq　ハッラーク*
Hallas　ハラス
Hallays　アレー
Hallbeck　ハルベック
Hallberg
　ハールベルイ
　ホールパーク
　ホールバーグ*
Hallbom　ハルボム
Halldis　ハルディス*
Halldor
　ハルドール
　ハルドゥル
　ホルダー
Halldór
　ハルドゥル*
　ハルドゥル
　ハルドール*
Halldorsdottir
　ハルドールスドッティル
Halldorson
　ハルダースン
　ホールドーソン
Halle
　アール
　アル
　ハリ
　ハル*
　ハレ*
　ハレー
　ホール
Hallé
　ハレ
　ハレー
Halleck
　ハーレク
　ハレック
Hallemans
　ハーレマンス
Hallen　ハレン
Hallén
　ハレーン
　ハレン
Hallengren
　ハレングレン
Hallensleben
　ハレンスレーベン**
Haller
　ハッラー
　ハーラー*
　ハラー**
　ハレル
　ホーラー
Hallerfors
　ハラーフォース
Hallesby
　ハッレスビ
　ハレスビ
　ハレスビー

Halleslevens
　ハレスレベンス
Hallest　ホーレスト
Hallet
　アレ
　ハレット
Hallett
　ハーレット
　ハレット*
Halletz　ハレッツ
Halley
　アレ
　アレー
　ハリ
　ハリー**
　ハレー
　ハーレイ
Hallfredsson
　ハルフレドソン
Hallgarten
　ハルガルテン*
Hallgren　ハルグレン
Hallgrímsson
　ハットルグリームソン
　ハルグリームッソン
Hallgrímur
　ハットルグリームル
　ハトルグリミュル
Halliburton
　ハリバートン
Hallick　ホーリック
Halliday
　アリディ
　ハリデー**
　ハリディ*
　ハリデイ**
Hallie
　ハリ
　ハリー**
Hallier
　アリエ*
　ハリアー
　ハリーヤ*
Halligan　ハリガン
Hallin　ハリン
Hallinan　ハリナン
Halling　ホーリング
Hallion　ハリオン
Hallis　ハリス
Hallisey　ハリシー
Halliwell　ハリウェル**
Hallman　ホールマン**
Hallmann　ハルマン
Hallmon　ホールモン
Hallo　ハロー
Hallock　ハロック
Hallor　ハロー
Halloran
　ハローラン
　ハロラン**
Hallouin　ハロウィン
Halloway　ハロウェイ
Hallowell
　ハロウェル
　ハロウェル**
Hallowes　ハロウズ

Hallows
　ハロウズ
　ハローズ*
Halls
　ホールズ*
　ホルス
Hallstein
　ハルシュタイン*
Hallstrom
　ハルストレム
Hallström
　ハルストリョーム
　ハルストルム
　ハルストレーム
　ハルストレム**
　ホールシュトレーム
Hallsworth
　ホールズワース
Hallum　ハルム
Hallupp　ハルップ
Hallvard
　ハルヴァード
　ハルヴァルド
Hallwachs
　ハルヴァクス
　ハルヴァックス
　ハルバックス
　ハルバッハス
　ハルワックス
Hallward　ホルワード
Hallway　ホールウェイ
Hallworth
　ホールワース
Hally
　ハリー
　ホリー
Hallyday
　アリデー
　アリディ
　アリデイ
　ハリディ
Halm　ハルム*
Halma　ハルマ
Halman　ハルマン**
Halmay　ハルマイ
Halmos　ハルモス
Halmuth　ハルムス
Halonen
　ハローネン
　ハロネン**
Halop　ハロップ
Haloti　ハロティ
Haloui　ハルウィ
Haloun　ハルーン
Halouze　アルーズ*
Halper
　ハルパー**
　ホルパー
Halperin
　ハルパリン*
　ハルプリン*
　ハルペリン**
Halpern
　アルペルン
　ハルパーン**
　ハルバン*
　ハルペン
Halpert　ハルパート*

Halphaîos アルファイ	Haltof ハルトフ	Hamadjoda	ハンブレーウス	ヘーメル
Halphen アルファン	Halton ハルトン*	アマジョダ	ハンブレウス	ヘメル*
Halpin	Haltren ハルトレン	Hamadou	ハンベリュース*	Hämel ヘーメル
ハルビン	Halushka ハルシュカ	アマドゥ	Hambrey ハンブリー	Hamelin
ハルビン*	Halva ハルバ	ハマドゥ	Hambrick	アムラン**
Halprin ハルプリン	Halvar ハルヴァール	Hamadoun	ハムブリック	アメラン
Halqi ハラキー*	Halvard	ハマドゥーン	Hambro ハンブロ*	アメリン*
Hals ハルス	ハルヴァード	Hamady ハマディ*	Hambroech	ハムリン
Halsall ハルサル	ハルヴァルト	Ḥamā-hu ハマーフ	ハンブルーヒ	ハメリン
Halsalle アルセーユ	ハルパール*	Hamal	Hambrook	Hameline アメリン
Halsbury ホールズベリ	ハルワルド**	アマル	ハムブルック	Hamelln アメラン
Hälschner	ホールワード	ハマル	Hambüchen	Hamelman ハメルマン
ヘルシュネル	Halvdan ハルヴダン	Hamalainen	ハンビューヘン*	Hamelmann
Halsdorf ハルスドルフ	Halverson	ハマライネン	Hambuechen	ハーメルマン
Halse	ハルヴァーソン	Hämäläinen	ハンブッヘン	Hameln ハーメルン
ハルセ	ハルヴァソン	ハマライネン	Hamburg	Hamels ハメルズ*
ハルツ**	ハルバーソン*	ヘメライネン	ハンバーグ	Hamen ハーメン
ホールス	ハルファーソン	Hamama ハマーマ*	ハンブルグ*	Hamengku
Halsell ハルセル*	Halverstadt	Hamami ハマミ	Hamburger	ハムンク*
Halsema ホールシマ	ハルバースタット	Hamâmîzâde	アンビュルジェ	ハムンク**
Halsey	Halvor ハルヴォール	ハマーミーザーデ	アンブルジェ	Hamer
ハルシー*	Halvorsen	Haman	ハンバーガー	アメール
ハルスィー	ハルヴォシェン	アマン	ハンブルガー*	ハーマー
ハルゼー*	ハルヴォーセン	ハーマン	Hamby	ハマー**
ハルセイ	ハルヴォルセン**	ハマン	ハンビー	ハーメル*
ハルゼイ	ハルボーシェン	Hamane ハマヌ	ハンビイ	ヘイマー*
ハルツェ	ハルボーセン*	Hamangku	Hamciuc ハムチュック	ヘーマー
ヘルセー	ハルボルセン	ハムンク	Ḥamd ハムド	Hamerik
ホールジー	Halvorson	ハムンク	Hamdallah ハムダラ	ハメリク
ホルシー	ハーヴァーソン	Hamani	Ḥamd Allāh	ハンメリク
ホルゼイ	ハーバーソン*	アマニ	ハムドゥッラー	Hamerling
Halske ハルスケ	ハルヴァーソン	ハマニ*	Hamdan	ハーマーリング
Halsman ハルスマン	ハルバーソン	Hamann	ハムダーン	ハーメルリング
Halson ホールソン	Halweil	ハーマン***	ハムダン	Hamerly ハマーリィ
Halst ハルスト	ハルウェイル	ハマン*	Ḥamdān ハムダーン	Hamermesh
Halstead	ハルウエイル	Hamar ハマル	Hamdani ハムダニ**	ハマーメッシュ
ハルステッド	Halyburton	Hamari ハマリ*	Hamdānī ハムダーニー	Hameroff ハメロフ*
ホールステッド	ハリバートン	Hamath ハマス	Hamdi ハムディ**	Hamers ハマース
ホルステッド*	Halylov ハリロフ	Hamba ハムバ	Hamdî ハムディー	Hamerstrom
Halsted	Halyna アリナ	Hambardzumyan	Hamdillah ハムディラ	ハマーストロム
ハルステッド*	Halzen ハルツェン	ハムバルドズミャン	Ḥamdīs ハムディース	Hamerton
ホールステッド*	Ham	Hamberg ハンバーグ	Hamdok ハムドク	ハマァトン
ホルステッド	ハーム	Hamberger	Hamdollah ハムドラ	ハマートン
Halsten ハルステン	ハム**	ハンバーガー	Hamdoon	ハマトン*
Halstenberg	Hàm ハム	ハンベルイェル*	ハムドゥーン	ハメリトン*
ハルステンベルク	Ḥām ハム	ハンベルガー	Hamdou アムドゥ	Hamery アメリ
Halston	Hama ハマ**	Hambis アンビス	Hamdouni ハムドゥニ	Hames ヘイムズ
ハルストン	Hamaas ハマス	Hambissa ハンビサ	Hamdy	Hameury ハミューリー
ホルストン*	Hamacher	Hamblen ハンブレン	ハグーハムディ	Hameye ハメイ
Hälström	ハーマッハー	Hambleton	ハマディ	Hamiani ハミアニ
ヘェルストレーム	Hamad	ハンブルトン	ハムディ	Hamid
Halswelle	ハマド**	ハンブレットソン	Hamed	アミド
ハンスウェル	ハーミド	Hamblin	アーメド	ハミッド**
Halt ハルト	ハンマード	ハムブリン	アメド	ハミード
Halter	Hamada	ハンブリン*	ハメッド	ハミド***
アルテ**	アマダ	Hambling	ハメド*	Ḥāmid ハーミド
アルテール*	ハマダ	ハンブリング	Hameed ハミード**	Ḥamīd ハミード
ハルター	Hamadānī	Hambly	Hameedi ハミディ*	Ḥāmīd
ホルター*	ハマダーニー	ハムリー	Hameed Ullah	ハーミッド
Haltiner	Ḥamadānī	ハンブリー*	ハミードゥラ	ハーミド
ホールティナー	ハマダーニー	Hamblyn ハンブリン	Hameel ハメール	Hamida ハミダ
Haltiwanger	Hamadeh ハマデ	Hambourg	Hameka ハメカ	Ḥamīd al-Dīn
ハルティヴァンガー	Hamadhānī	ハンブルク	Hamel	ハミードゥッディーン
Haltmaagiin	ハマザーニー	ハンブルグ	アムル	Hamide ハミデ
ハルトマーギン	ハマダーニー	バンブルグ	アメル*	Hamidi
Haltman ハルトマン	Hamadhānī	Hamboys ハンボイズ	ハーメル*	アミディ
Haltmayr	ハマザーニー	Hambraeus	ハメル**	ハミディ
ハルトマイヤー	Hamadi ハマディ*	ハムブレウス		

Hamidou ハミディー
Hamidou
アミドゥ
ハミドゥ
Hamid-Reza
ハミドレザ
Ḥamīdu'd-Dīn
ハミード・アッディーン
ハミードゥッ・ディーン
ハミードッディーン
Hamidulla ハミドラ
Hamidullah
ハミードッ・ラー
ハミードッラー
Hamiet ハミエット*
Hamilcar ハミルカル
Hamill ハミル***
Hamillton ハミルトン
Hamilon ハミルトン
Hamilton
ハミルトン***
Hamimid ハミミド
Hamish
ハミシュ***
ハーミッシュ*
ハミッシュ**
ヘイミシュ
ヘイミッシュ**
ヘミッシュ*
Hamit
ハーミト
ハミト
Ḥâmit ハーミト
Ḥamit
ハミット
ハミード
ハミト
ハミド
Hamitouche
ハミタッシュ
Hamka ハムカ
Hamlaoui アムラウィ
Hamle ハムレ
Hamlen ハムレン
Hamlett ハムレット
Hamley
ハムレン
ハムレー
ヘンリー
Hamli ハミリ
Hamlin
アムラン
ハムリン**
Hamline ハムリン
Hamlisch ハムリッシュ
Hamlish
ハムリッシュ*
Hamlyn ハムリン
Hamm
ハム**
ハーン
Hammaad ハマド
Hammacher
ハマッヒャー
ハマハー

Hammack ハマック
Hammad
ハマド
ハンマード
Hammād
ハッマード
ハンマード
Hammadi
ハッマーディ
ハマディ**
ハンマーディ
Hammadou アマドゥ
Hammah ハマ
Hammaker
ハマカー
ハムメーカー
Hammaleser
ハマレーザー
Hammam ハマム
Hammami ハンマミ
Hamman
アマン*
ハマン
ハンマン
Hammann ハマーン
Hammar
ハマー
ハンマー*
Hammarberg
ハンマーベルグ
Hammargren
ハマグレン
Hammarqvist
ハマークヴィスト
Hammarskjold
ハマーショルド
Hammarskjöld
ハマーショルド*
ハマショールド
ハンマルシェルド
Hammarstrom
ハマーシュトロム
Hammarström
ハマーシュトロム
ハマシュトロム
Hammat ハッマート
Hammatt ハマット
Hammeken ハメッケン
Hammel ハメル
Hammell ハメル
Hammen ハーメン
Hammer
ハーマー
ハマ*
ハンマー***
ハマル
ハメル*
ハンマー*
ハンメル
Hammerbacher
ハンマーバッカー
Hammerer
ハマラー
ハンメラー
Hammerich
ハンメリク
Hammerl ハンメル
Hämmerle
ヘマール

ヘメルレ
Hämmerling
ヘンメルリング
Hammerly ハマリー
Hammerman
ハマーマン
Hammerness
ハマーネス
Hammer-Purgstall
ハンマープルクシュタル
Hammerschmid
ハマーシュミット
ハンマーシュミット
Hammerschmidt
ハマーシュミット
ハメルシュミット
ハンマーシュミット
Hammersen
ハマーセン
Hammershaimb
ハマスハイム
Hammershoi
ハマスホイ
ハンマーショイ
ハンマースェイ
ハンマースホイ
Hammersley
ハマーズリー
ハマースレイ
ハンマースリー
Hammerstein
ハマーシュタイン*
ハマースタイン**
ハマーステイン
ハンマーシュタイン
ハンマースタイン
ハンメルシュタイン
Hammerstrom
ハーマーストロンム
Hammes
ハムメス
ハンメス
Hammesfahr
ハメスファ
ハメスファール**
Hammett ハメット**
Hammick ハミック
Hammid ハミト
Hammill ハミル
Hamming ハミング**
Hammitzsch
ハミッチュ
Hammon ハモン**
Hammond
ハマンド
ハムモンド
ハモンド***
Hammonds ハモンズ*
Hammons ハモンズ*
Hammoud
ハムード
ハンムード
Hammud ハムード
Ḥammūd ハンムード
Hammurabi
ハムラビ
ハマラビ
ハンムラビ

ハンムラビ
Ḥammūya ハンムーヤ
Hamner ハムナー*
Hamnerius
ハンネリウス
Hamnett
ハムネット**
Ham-nghi
ハムギ
ハムギー
Hamo ハムー
Hamon アモン**
Hamood ハムード
Hamor ハアマー
Hamou ハムー
Hamoud
ハムード
ハムド
Hamouda ハモウダ
Hamout ハムト
Hamp
アンプ
アンプ*
ハンプ*
Hampate ハンパテ
Hampaté
アムパテ
アンパテ
ハンパテ
Hampden
ハマーシュタイン*
ハムブデン
ハンブデン
Hampe
ハンプ
ハンペ**
Hampel ハンベル*
Hamper ハンパー
Hamphries
ハンフリーズ
Hampicke ハムピッケ
Hample ハンプル
Hampole ハンポール
Hampshire
ハンプシャー*
Hampson
ハンプソン**
Hampton
ハンプトン***
Hamra ハムラ
Hamraliev
ハムラリエフ
Hamre ハムレ*
Hamric ハムリック
Hamrin ハムリン
Hamro ハムロ
Hamrokhon
ハムロホン
Hamrouche
ハムルーシュ*
Hamsen ハムゼン
Hamshaw ハムショウ
Hamsher ハムシャー
Hamsik ハムシク*
Hamstra ハムストラ

Hamsum
ハムスン
ハムズン
Hamsun
ハムスン**
ハムズン
Hamu ハム
Hamud
ハムード
ハムド
Hamūd ハムード
Ḥamūda ハムーダ
Hamukuya アムクヤ
Hamut ハムット
Hamutenya
ハムテニャ
Hamy アミー
Hamza
ハムザ***
ヘムザ
Hämzä ハムザ
Ḥamza ハムザ
Hamzah
ハムザ***
ハムザー
Ḥamzah ハムザ
Hamzaoglu
ハムザオグルー
Hamzatau ハムザタウ
Hamzawy
ハムザーウィ*
Hamzeh
ハムザ*
ハムゼ
Hamžík ハムジーク
HAN ハン
Han
アン
ハヌ
ハーン*
ハン***
Ha-na ハナ
Hana
ハナ**
ハンナ
Hanafi
ハナーフィ
ハナフィ
Hanafin ハナフィン
Ḥanafiya ハナフィーヤ
Hanahan ハナハン
Hanaialii
ハナイアリイ*
Hanak
ハナアク
ハナーク
Hanák ハナーク
Hanaka ハネイカ
Hanáková
ハナーコバー
Hanan
ハナーン
ハナン***
Hanane ハナネ
Hanani ハナニ
Hananiah
ハナニア

Hananya ハナンヤ
Hanansam ハナンサム
Ha-Nasi ハナスィ
Hanati
　ハナティ
　ハナティ
Hanau ハナウ**
Hanaumi ハナウミ
Hanawalt ハナワルト
Hanbal ハンバル
Hanbang ハンバン
Han Bi ハンビ
Hanbong ハンボン
Hanboys ハンボイズ
Hanbury
　ハンバリー**
　ハンブリー
　ハンベリ*
　ハンベリー
Hanby ハンビー*
Hanc ハンク
Hance ハンス*
Hances ヘインズ
Hanch ハン
Hanchao ハンチャオ
Hancharou
　ハンチャロウ*
Hänchen ヘンヒェン
Hancher ハンチャー*
Hancke ハンケ
Hancock
　ハンコック
　ハンコック***
Hancox ハンコックス
Hand ハンド***
Handal ハンダル*
Hándal ハンダル
Handanovic
　ハンダノヴィッチ
Handed ハンディッド
Handel
　ハンデル***
　ヘンデル*
Händel ヘンデル
Handeland
　ハンデランド
Handelman
　ハンデルマン*
Handelsman
　ハンデルスマン*
Handenhoven
　ハンデンホーフェン
Handfield
　ハンドフィールド*
Handford
　ハンドフォード**
Handforth
　ハンドフォース
Handicott
　ハンディコット
Handique ハンディク
Handisyde
　ハンディサイド

Handke
　ハンケ
　ハントケ**
Handl ハンドル
Handler
　ハンドラー***
Handley
　ハンドリー*
　ハンドレイ*
　ヘンドリ
Handlin ハンドリン
Handlo ハンドロー
Handmaker
　ハンドメーカー
Han-dong ハンドン*
Handré ハンドレ
Handreck
　ハンドレック
Handrick ハンドリック
Hands ハンズ*
Handschin
　ハンチン
　ハントシン
Handsome ハンサム
Handurdyeva
　ハンドゥルディエワ
Handworth
　ハンドワース
Handy
　ハンディ***
　ハンディー
Handysides
　ハンディサイズ
Hane ヘイン
Haneberg
　ハーネベルク
　ヘインバーグ
Hanebutt ハネブート
Hanegbi ハネグビ
Haneghan ハネハン
Hanegraaff ハネグラフ
Hanekamp
　ヘーンカンプ
Haneke
　ハーネケ
　ハネケ*
Hanekom ハネコム
Hanel ヘーネル*
Hänel
　ヘーネル
　ヘネル
Hanequin アネキン
Haner
　ハーナー
　ヘイナー*
Hanes ヘインズ*
Ha-neul ハヌル*
Hanevold
　ハーネボル**
Haney
　ハニー*
　ハネイ
　ヘイニー**
　ヘネー
Hanff ハンフ***

Hanfling
　ハンフリング*
Hanford
　ハンフォード*
Hanfstaengel
　ハンフシュテンゲル
Hanft ハンフト
Hang
　ハン**
　ハング
　ハンス*
Hangasu ハンガス
Hangauer
　ハンガウアー
Hang-duk ハンドク*
Hangeng ハンギョン
Hanges ハンジェス
Hänggi ヘンギ
Han-gil ハンギル*
Hanging ハンギング
Hang-mook ハンモク
Hanh
　ハイン
　ハイン
　ハン**
Hanhart ハンハルト
Han-hee ハンヒ
Hani ハニ**
Hāni'
　ハーニー
　ハーニウ
Haniel ハニエル
Hanif ハニフ**
Hanīfa ハニーファ
Hanifah ハニファ
Hanig ハニグ
Hanigan ハニガン
Hanighen ハニゲン
Hanika ハニカ
Hanim ハニム
Hanin アナン*
Hanina ハニナ
Hanington ハニントン
Hanink ハニンク
Hanioğlu ハーニオール
Hanisch
　ハーニッシュ*
　ハニッシュ
Hänisch ヘニッシュ
Haniya ハニヤ*
Hank ハンク***
Hanka ハンカ**
Hankar
　アンカール
　ハンカル
Hanke
　ハンキ*
　ハンケ*
Hankel
　ハンケル
　ヘンケル

Hanken ハンケン
Hankey ハンキー*
Hankin ハンキン*
Hankins
　ハンキンス
　ハンキンズ
Hankison ハンキソン
Hanks ハンクス**
Hanley
　ハンリー**
　ハンレー*
　ハンレイ
　ヘンリー
Han-liang ハンリャン
Hanlin ハンリン
Hanlon ハンロン*
Hanly ハンリー
Hanmer
　ハマー
　ハンマー*
Hann ハン*
Han-na ハンナ
Hanna
　アンナ
　ハナ***
　ハナ***
　ハナー
Hannā ハンナー
Hannachi ハンナシ
Hannafin ハナフィン
Hannaford
　ハナフォード*
　ハンナフォード
Hannah
　ハナ***
　ハナー*
　ハナー***
　ハナー
Hannak ハンナック
Hannam
　ハナム
　ハンナム*
Hanna-martin
　ハンナマーチン
Hannan
　ハナン*
　ハンナン*
Hannant ハナント
Hannas ハンナス
Hánnas アンナス
Hannawald
　ハンナヴァルト
　ハンナバルト
Hannaway ハナウェイ
Hannawi ハンナウィ
Hannay ハネイ
Hanne
　ハネ
　ハンナ*
　ハンネ*
Hannecken ハンネケン
Hannele ハンネレ**
Hannelius ハネリウス
Hannelore
　ハンネローア
　ハンネロール
　ハンネローレ*

Hanneman
　ハンネマン
　ハンネマン**
Hannemann
　ハンネマン*
Hannen ハネン
Hannequin
　アヌカン
　アンヌキャン
Hannerz ハナーズ
Hannes
　ハネス**
　ハンス
　ハンネス**
Hannesson
　ハンネスソン
Hannett ハネット
Hanni ハンニ*
Hänni エンニ
Hannibal
　ハニバル
　ハンニバル**
Hannibalianus
　ハンニバリアヌス
Hannibalsson
　ハンニバルソン
Hannie ハニー
Hannigan ハニガン*
Hannikainen
　ハンニカイネン
Hanning ハニング*
Hannington
　ハニングトン
　ハニントン
Hannink
　ハニンク
　ハンニンク
Hannity ハニティ
Hannnong ハンノング
Hanno
　アンノー
　ハノ
　ハノ*
Hannon ハノン
Hannoun アヌーン
Hannover
　ハノーヴァー
　ハノーバー
　ハノーファー
Hanns ハンス**
Hannu ハンヌ***
Hannula ハヌーラ
Hanny ハニー
Hanny-Sherry
　ハニシェリ
Hanoch
　ハノック
　ハノッホ
Hanon
　アノン
　ハノン*
Hanoomanjee
　ハノーマンジー
Hanotaux アノトー
Hanoteau アノトー
Hanotel アノテル
Hanoun アヌーン

Hanoune
　アヌーン
　ハヌーン
Hanoy　ハーノイ
Hanpeter
　ハンペーター
Hanprab
　ハンプラーブ
　ハンプラブ
Hanrahan　ハンラハン*
Hanratty
　ハンラッティ
　ハンラティ
Hanry　ヘンリ
Hans
　アンス
　ハーンス*
　ハンス***
　ハンズ
Hansard　ハンサード*
Hansawat
　ハンサワット
Hansberry
　ハンスベリー
　ハンズベリ
　ハンズベリー
Hansbrough
　ハンスブロー
Hansch　ハンシュ
Hänsch　ヘンシュ**
Hansche　ハンチェ
Hans-Dieter
　ハンスディーター
Hansdotter
　ハンスドター*
Hanse　ハンセ
Hansel　ハンセル
Hänsel　ヘンゼル
Hansell　ハンセル*
Hanselman
　ハンセルマン
　ハンゼルマン
Hanselmann
　ハンゼルマン
Han-sem　ハンセム
Hansemann
　ハンゼマン
Hansen
　ハンセン***
　ハンゼン***
　ハンソン
Hansenclever
　ハーゼンクレーヴァー
Hansenne　アンセンヌ*
Han-seon　ハンソン
Hanser
　ハンサー
　ハンザー
　ハンセル*
Hanserd　ハンサード
Hansford
　ハンスフォード*
　ハンスフォード
Han-sheng　ハンセン
Hanshew
　ハンシュー*
　ハンショー
　ハンショウ

Hans-Holger
　ハンスホルガー
Hansi
　アンシ
　ハンジ
Hansjakob
　ハンスヤーコブ*
Hansjörg
　ハンス・イェルク
　ハンスイェルク**
　ハンスイエルク
　ハンスヨルク
　ハンスヨルグ
Hans-Juergen
　ハンスユルゲン
Hans-Jürgen
　ハンスユルゲン*
Hansjürgen
　ハンスユルゲン
Hanski　ハンスキ
Hansky　ハンスキー
Hansle　ハンスル
Hansley　ハンスリー
Hanslian　ハンズリアン
Hanslick
　ハンスリック*
Hansma　ハンスマ
Hansmann
　ハンスマン
　ハンズマン
Hansmeyer
　ハンスマイヤー
Hanso　ハンソ
Hansom　ハンサム
Hanson
　ハンソン*
　ハンセン
　ハンソン***
　ヘンソン
Han-soo　ハンス
Hans Peter
　ハンスペーター
Hans-Peter
　ハンスペーター
Hanspeter
　ハンスペーター*
Hanss　ハンス
Hanssen　ハンセン*
Hanssens
　ハンセン
　ハンセンス
Hansson
　ハンスン*
　ハーンソン
　ハンソン**
Hansteen
　ハーンステイン
　ハンステーン
Hanstein
　ハンシタイン
　ハンシュタイン**
Hansten　ハンステン
Hansung　ハンスン
Hanswilhelm
　ハンスヴィルヘルム*
Hantai　アンタイ*
Hantaï　アンタイ*
Hantili　ハンティリ

Hanton　ハントン
Hantos　ハントス
Hantsch　ハンチュ
Hantuchova
　ハンチュコヴァ*
Hantzsch
　ハンチ
　ハンチュ
Hanuka　ハヌカ
Hanumant　ハヌマント
Hanun　ハヌン
Hanus
　アニュス*
　アヌス
　ハヌース
　ハヌス
Hanuš　ハヌシュ
Hanuschek　ハヌシェク
Hanussen　ハヌッセン
Hanway　ハンウェイ
Hany
　ハーニ
　ハニ*
　ハニー
Han-yu　ハンユー
Hanz　ハンス
Hanza　ハンザ
Hanzak　ハンザック
Hanzale　ハンザレ
Hanze　アンセ
Hanzelik　ハンゼリック
Hanzlik　ハンツリク
Hanzlík　ハンズリーク
Hanzo　ハンツォ
Hao
　ハーオ
　ハオ**
Haobo　ハオボー
Haocharoen
　ハオチャルン
Haomae　ハオマエ
Hao-su　ハオシュー
Haoua
　ハウーア
　ハウア
Haoulid　アウリド
Haounaye　アウナイ
Haour　アウー*
Hap　ハップ
Hape　ハーペイ
Hapgood
　ハップグッド
　ハプグッド*
Hapka　ハプカ
Hapke　ハプケ
Hapner　ハプナー
Happ　ハップ
Happach　ハッパッハ
Happart　ハッパート
Happe　ハッペ
Happé　ハッペ*

Happell　ハペル
Happer
　ハッパー*
　ハーパー
　ハーパー
Happle　ハプレ
Happonen　ハッポネン
Happy　ハッピー
Haptie　ハプティー
Haq
　ハク**
　ハック*
　ホック
Ḥaq　ハック
Haqbani　ヒクバニ
Haqeel　ハキール
Ḥaqq　ハック
Haqqani
　ハッカーニ
　ハッカニ
Ḥaqqī　ハッキー
Haque
　ハク
　ハクエ
　ハック
　ホク*
Har
　ハー*
　ハール
　ハル
Ha-ra　ハラ*
Hara　ヘアー
Harabin　ハラビン
Harach　ハラッハ
Haradinaj
　ハラディナイ*
Haradzetski
　ハラヅェツスキ
Harahap　ハラハップ*
Harak　ハラク
Harakan　ハラカン
Harakeh　ハラケー
Haraksingh
　ハラクシン
Haralambos
　ハラランボス
Harald
　ハーラル**
　ハラール
　ハラル
　ハラールト*
　ハラルト**
　ハラルト***
　ハロルド*
　ヘラルド*
Haralda　ハラルド
Haraldson
　ハラルドソン
Haraldsøn
　ハーラルソン
Haraldsson
　ハラルドソン
　ハラルドソン
Haram
　ハーマン
　ハラム
Ḥaramain　ハラマイン

Ḥaramayn　ハラマイン
Haramburu
　ハランブル
Ḥaran　ハラン*
Harand　ハランド
Harang　ハラング*
Harangi　ハランギ
Harangozó
　ハランゴゾー
Harant　ハラント
Harap　ハラップ
Harard　ハラルト
Harareet　ハラリート
Harari
　ハラーリ*
　ハラリ*
Harary
　ハラリー*
　ハラリィ
　ハラーレイ*
　ヘラーリ
　ヘラーリー
Harasanyi　ハルサニ
Harasewych
　ハラセウィッチ
Harasiewicz
　ハラシェヴィチ
Harasym　ハレイシム
Harasymowicz
　ハラシモヴィチ
Haraszti　ハラスティ
Harati　ハラティ
Haraucourt
　アロオクール
　アローケール
Haravī　ハラヴィー
Haraway　ハラウェイ**
Harawira　ハラウィラ
Harazha　ハラジャ*
Harazmi
　ハーラーズミー
Harb
　ハーブ
　ハルブ
Ḥarb　ハルブ
Harba　ハルバ
Harbach　ハーバック**
Harbah　ハルバ
Harbaugh
　ハーバー
　ハーボー**
Harbe　ハルベー
Harben　ハーベン
Harber　ハーバー*
Harberd　ハーバード
Harberger
　ハーバーガー
Harbert　ハーバート*
Harberts　ハーバーツ
Harbin　ハービン
Harbinson
　ハービンソン
Harbir
　ハービア
　ハビール

Harbison ハービソン**
Harbo ハーボ
Harbor
　ハアボア
　ハーバー
Harbord ハーボード
Harborne ハルボーン
Harborough
　アルボロー
Harbou
　ハルブ
　ハルボウ*
Harbour
　ハーバー*
　ハーボウル
Harbron ハーブロン
Harburg ハーバーグ
Harbury
　ハーバリー*
　ハーベリ
Harbus ハーバス*
Harbutt
　ハーバット*
　ハルバット
Harchand
　ハルチャンド
Harchonak ハルホナク
Harchy
　アルシー
　ハーチー
Harclerode
　ハークレロード
Harcombe
　ハーコムビー
Harcourt
　アルクール*
　ハーコート**
　ハールコルト
Harcsa ハルチャ
Harcup ハーカップ
Hard
　ハード
　ホード
Hardach
　ハルダッハ*
　ハルダハ
Hardacre
　ハーデカ
　ハーデカー
Harđarđóttir
　ハルザルドッティル
Hardash ハルダシュ
Hărdău ハルダウ
Hardaway
　ハーダウェー
　ハーダウェイ*
Hardayal ハルダヤール
Hardcastle
　ハードカースル
　ハードカッスル
　ハードキャッスル*
Harde ハルデ
Hardeby ハーデビ
Hardee
　ハーディ*
　ハーディー*
Hardeep ハーディープ

Hardeknud
　ハーデクヌーズ
　ハルディカヌート
　ハルディクヌート
　ハルデクヌート
　ハルデクヌード
Hardel アルデル
Harden
　アルダン
　ハーデン***
　ハルデン*
Hardenberg
　ハーデンバーグ
　ハルデンベルク
　ハルデンベルグ*
Hardenberger
　ハーデンベルガー*
Hardenne アーデン*
Harder
　ハーダー*
　ハーデル
　ハルダー
Hardes ハルデス
Hardesty ハーデスティ
Hardey ハーデイ
Hardi
　アルディ
　ハルディ
Hardicanute
　ハルディクヌート
Hardie
　ハーディ**
　ハーディー*
Hardie Boys
　ハーディーボーイズ
Hardie-boys
　ハーディーボーイズ
Hardieboys
　ハーディーボーイズ
Hardiman
　ハーディマン*
Hardin ハーディン**
Harding
　ハーディ
　ハーディング***
　ハールディング
　ハルディング
Hardinge
　ハーディング**
Hardinger
　ハーディンガー
Hardingham
　ハーディンガム
Hardis ハーディス
Hardison
　ハーディソン*
Hardisty
　ハーディスティ
Hardiyanti
　ハルディヤンティ*
Hardjowirogo
　ハルジョウィロゴ*
Hardle ハードル
Hardman ハードマン*
Hardon
　ハードン
　ハルドン
Hardouin
　アルドゥーアン

　アルドゥアン*
　アルドゥワン
Hardoy ハルドイ
Hards ハーズ
Hardt
　ハート**
　ハルト*
Hardtke ハートキー
Härdtle ハーテル
Hardwick
　ハアドウィク
　ハーディック
　ハードウィック***
Hardwicke
　ハードウィック**
Hardy
　アルディ***
　ハアデ
　ハーデー
　ハアデイ
　ハーアーデイ
　ハアデイイ
　ハアデイイ
　ハーデー
　ハーディ***
　ハーディー**
　ハーディ*
　ハルディ
Hardyck ハーディック
Hardyment
　ハーディメント
Hardymon
　ハーディモン*
Hare
　ヘーア
　ヘア***
　ヘアー*
Hareide
　ハーレイデ
　ハーレエイデ
Harel
　アレル
　ハルエル
　ハレル**
Harell ハレル
Haremhab
　ハルエムハブ
Haren
　ハーレン*
　ハレン
　ヘイレン
Hären ヘレーン
Harens ハレンス
Harent
　アラン
　アレン
Harerimana
　ハレリマナ
Haresnape
　ヘアズナップ
Hareven
　ハエヴェン
　ハレーヴン
　ハレヴン
　ハレーブン
　ハレブン
Harewood ヘアウッド
Harford ハーフォード*
Harfoush ハーフーシュ

Hargaden ハーガデン
Hargadon ハーガドン
Hargan ハーガン
Harger
　ハーガー
　ハージャー
Härgestam
　ヘルエスタム
Hargin ハルギン
Hargis ハーギス
Hargitay
　ハージティ
　ハージテイ
　ハルジタイ
Hargittai ハルギッタイ
Hargobind
　ハルゴーヴィンド
　ハルゴービンド
Hargrave
　ハーグレイヴ*
　ハーグレイブ
　ハーグレーヴ
Hargraves
　ハーグレイヴズ
　ハーグレーブズ
　ハーグレーブズ
Hargreaves
　ハーグリーヴス*
　ハーグリーヴズ*
　ハーグリーブス**
　ハーグリーブズ*
　ハーグレーヴス
　ハーブリーブス
Hargrove
　ハーグローヴ*
　ハーグローブ**
Hargroves
　ハーグローブス
Ha-ri ヘリ*
Hari
　アリ*
　ハーリー
　ハリ***
Haribhadra
　ハリバドラ
Haribhaw
　ハリーバーウ
Haribol ハリボル
Haribou ハリブ
Harich
　ハーリッヒ
　ハーリヒ*
Hariclea ハリクレア
Haridās ハリダース
Haridi ハリディ
Haridy ハリディ
Hariette ハリエット
Harihara ハリハラ
Hariharan
　ハリハラン*
Harik ハーリク
Harika ハリカ
Hariklia ハリクリア
Harim ハリム
Harimann ハリマン
Harin ハリン

Haring
　ハーリング
　ハリング
　ヘーリング
　ヘリング**
Häring
　ヘーリンク
　ヘーリング**
Haringa ハリンガ
Haringer ハーリンガー
Harington ハリントン
Hariphithak
　ハリピタック
Hariri
　ハリーリ
　ハリーリー*
　ハリリ**
Haris ハリス**
Harisalo ハリサロ
Hariśaṅkar
　ハリシャンカル
Hari Śaṅkara
　ハリシャンカラ
Hariścandr
　ハリシュチャンドル
Harish
　ハリシュ*
　ハリッシュ*
Harishchandra
　ハリシチャンドラ
　ハリシュチャンドラ
Harison アリソン
Harispe アリスプ*
Hariston ハリストン
Harisu ハリス
Hārita ハーリタ
Harith ハリス
Hārith ハーリト
H̱ārith ハーリス
H̱ārith ハーリス
Harithi ハリシ
Hārīti ハーリーティ
Harito ハリト
Hariton ハリトン
Harivansh
　ハリヴァンシュ
Harivarman
　ハリヴァルマン
Harizi
　ハリージ
　ハリジ
Harjit ハルジット
Harjo ハージョ
Harju ハリュ*
Hark
　ハーク*
　ハルク**
Harka ハルカ
Harkabi ハルカビ*
Härkäpää ハルカパー
Harkarvy ハーカヴィ
Harkavy ハルカビ
Harkaway
　ハーカウェイ*
Harke ハルケ

HAR

Harken
　ハーキン
　ハーケン
Harker ハーカー*
Harket ハルケット
Harkewicz
　ハークウィッツ
Harkey ハーキー*
Harkin ハーキン**
Harkins
　ハーキンス*
　ハーキンズ
Hark-Joon ハクチュン
Harkleroad
　ハークルロード
Harkless ハークレス
Harkness
　ハークネス**
Härkönen
　ハエルコーネン
　ハルコネン
Harkort ハルコルト
Harkup ハーカップ
Harl ハール
Harlan
　ハーラン***
　ハルラン
　ハーレン
Harland ハーランド**
Harlaut ハルラウト
Harle
　ハール
　ヘルレ
Harlé アルレ
Härle アルレ
Harlee ハーリー
Harleigh ハーレー
Harlem
　アルレム*
　ハルレム**
　ハーレム
Harlen ハーラン
Harlene ハーレーン
Harless ハルレス
Harley
　ハーリ*
　ハーリー**
　ハーレー*
　ハーレイ***
Harlez
　アルレ
　アルレー
Harlich ハーリヒ
Harlin ハーリン**
Harloe ハーロー
Harloff ハーロッフ
Harlond ハーロンド
Harlow
　ハーロー**
　ハーロウ*
Harlowe ハーロウ
Harm
　ハーム
　ハルム*
Härm ハルム
Harman ハーマン**

Harmann ヘルマン
Harmans ハルマンス
Harmati ハルマティ
Harmatta ハルマッタ
Harmel アルメル
Harmelen ハルメレン
Harmelink
　ハーメリンク
Harmen ハルメン**
Harmenberg
　ハルメンベルグ
Harmensz ハルメンス
Harmensz.
　ハルメンスゾーン
Harmer
　ハーマー
　ハマー
Harmetz ハーメッツ
Harmhab
　ハルムハブ
　ホルエムヘブ
Harmin ハーミン
Harmodio
　アルモディオ
Harmodios
　ハルモディオス
Harmoko ハルモコ**
Harmon ハーモン**
Harmonay ハーモナイ
Harmony
　ハーモニー**
Harms
　ハームス*
　ハームズ
　ハルムス*
Harmstorf
　ハルムシュトルフ
Harmsworth
　ハームズワース
　ハームズワス
Harn ハーン
Harna ハルナ
Harnack
　ハナック
　ハーナック
　ハルナク
　ハルナック*
Harnby ハーンビー
Harnden ハーンデン
Harne ハーン
Harnecker
　ハーネッカー
Harnedjheryotef
　ハルネジュヘルイテフ
　ハルネジュヘルイトエ
　フ
Harner ハーナー*
Harness ハーネス**
Harnest ハーネスト
Harnett ハーネット**
Harney
　ハーニー*
　ハルナイ
Harnic ハーニック
Harnik ハーニク

Harnisch
　ハーニッシュ
　ハルニッシュ*
Harnischfeger
　ハルニッシュフェガー*
Harnischmacher
　ハルニッシュマッ
　ヒャー*
Harnish
　ハーニッシュ*
　ハーニッシュ
Harno ハーノー
Harnois アルノワ*
Harnoncourt
　アーノンクール**
　アルノンクール
Harnoy ハーノイ*
Harnsberger
　ハーンズバーガー
Haro ハロー
Haróardóttir
　ハロアルドッティル
Haroche
　アロシュ*
　ハロシ
Harold
　アーノルド
　アロルド
　ハーラル
　ハラルド
　ハル
　ハルロド
　ハロイド
　ハロールド
　ハロルド***
Harolde ハロルド
Haroldo アロルド
Haroldson
　ハロルドソン
Haron
　ハルン**
　ハロン
Haroon ハルーン
Harootunian
　ハルーツニアン
　ハルトゥーニアン**
Haroq ハロク
Harouchi ハルシ
Haroun
　アルーン
　ハルーン
　ハルン
Harouna
　アルナ
　ハルナ
Harouni ハルーニ
Haroye ハロイエ
Harp ハープ*
Harpagès
　アルパジェス
Harpagos ハルパゴス
Harpalos ハルパロス
Harpe
　アルプ
　ハープ
Harpending
　ハーペンディング

Harper
　ハーパー***
　ハープル
Harpertszoon
　ハルペルスゾーン
Harpham ハーサム
Harphius ハルピウス
Harpignies
　アルビニー
　アルビニ
　アルビニー*
Harpo
　ハーポ*
　ハーボウ
Harpokration
　ハルポクラチオン
　ハルポクラティオーン
　ハルポクラティオン
Harpole ハーポール
Harpoutian
　アルプティアン
Harpprecht
　ハーブレヒト**
Harprecht
　ハルプレヒト
Harpring ハーブリング
Harpsfield
　ハーブスフィールド
Harpster ハーブスター
Harpur ハーパー*
Harr ハー
Harrach ハラッホ
Harraden ハラデン
Harragan ハラガン*
Harrah
　ハーラー
　ハラー
Harranth ハラント
Harraoubia
　ハラウビア
Harrar
　ハーラー**
　ハラ
Harrari ハーラリ
Harre
　ハーレ
　ハレ
Harré ハレ
Harrell
　ハーレル*
　ハレル**
Harrellson ハレルソン
Harrelson
　ハレルスン
　ハーレルソン
　ハレルソン*
Harren ハーレン
Harrer
　ハーラー
　ハラー**
Harrera ヘレーラ
Harri
　ハッリ
　ハリ**
　ハリー
Harridge ハリッジ
Harrie ハリー**

Harries
　ハリエス
　ハリーズ*
　ハリス
Harriet
　ハリエット***
　ハリエト
　ハリオット
　ハーリート
Harriët ハリエット*
Harriett ハリエット
Harriette
　ハーリエット
　ハリエット*
Harrigan ハリガン**
Harriman ハリマン**
Harrinarine
　ハリナライン
Harring ハリング
Harrington
　ハリングトン
　ハーリントン
　ハリントン***
Harriot ハリオット
Harriott ハリオット
Harripersaud
　ハリパソード
Harris
　ハーリス
　ハリス***
Harrish ハリッシュ
Harrison
　ハリスン**
　ハリソン***
　ハルリソン
　ハンソン
Harriss ハリス*
Harrisson ハリソン
Harrisville
　ハリスヴィル
Harro ハロー
Harrod ハロッド*
Harrold ハロルド*
Harron
　ハーロン
　ハロン**
Harrop ハロップ*
Harrow
　ハーロー*
　ハロー
　ハーロウ
　ハロウ
Harrowden ハローデン
Harrower ハロワー*
Harry
　アリ**
　アリー
　アルロ
　ハアリイ
　ハッリー
　ハーリー
　ハリ
　ハリィ***
　ハリイ**
　ハリイ
　ハリイ***
　ハレー

Harryhausen ハリーハウゼン**
Harryhousen ハリーハウゼン
Harrysson ハリソン
Hars ハース
Harşa ハルシャ
Harsány
　ハーサニー
　ハルサーニ
　ホルシャーニ
　ホルシャニ
Harsanyi
　ハーサニー*
　ハーサニー
　ハルサニ
　ハルサヌイ
　ハルシャーニ
Harsányi ハルシャーニ
Harşa-vardhana
　ハルシャヴァルダナ
Harsch ハーシュ
Harsdörffer
　ハルスデルファー
Harsent ハーセント
Harsh ハルシュ
Harsha
　ハーシャ
　ハルシャ*
Harshavarman
　ハルシャヴァルマン
Harshaw ハーショー
Harshbarger
　ハーシュバーガー
Harshit ハーシット
Harshman
　ハーシュマン
Harshra ハーシュラ
Harsimrat
　ハルシムラト
Harssel ハーサル
Harst アルスト
Harstedt ハーステッド
Härstedt
　ハールステット
Hart
　ハァト
　ハート***
　ハルト*
Hartarto ハルタルト
Hartas ハータス
Hartcher ハーチャー*
Harte
　ハーテ
　ハート**
　ハルテ
Hartel
　ハーテル
　ハルテル
Härtel
　ヘリテル
　ヘルテル
Hartelius ハルテリウス
Hartenbach
　ハルテンバッハ*
Hartendorp
　ハーテンドープ

Hartenstein
　ハーテンスタイン
　ハルテンシュタイン*
Harter ハーター
Härter ヘルター
Harteros ハルテロス*
Harteveld
　ハルテフェルト
Hartfield
　ハートフィールド
Hartford
　ハートフォード
Hartgerink
　ハルトゲリンク*
Hartglass
　ハートグラス
Harth
　ハース
　ハルト
Harther ハートナー
Harthy ハルシ
Hartig
　ハルティッヒ
　ハルティヒ**
Hartigan
　ハーティガン*
Harting
　ハーティング
　ハーティング**
Hartingh ハルティング
Hartingsveld
　ハルティンクスフェル
　ト
Hartini ハルティニ
Hartje ハルティエ
Hartke
　ハートキ
　ハルトケ
Hartl
　ハートル*
　ハルトル*
Hartland
　ハートランド**
Hartlaub
　ハルトラウプ**
Hartle
　ハートル*
　ヘルトレ
Hartleben
　ハルトレーベン
Hartley
　ハートリ
　ハートリー***
　ハートリイ
　ハートレー***
　ハートレイ**
Hartlib
　ハートリープ
　ハートリブ
Hartlieb ハルトリープ
Hartline
　ハートライン*
Hartling
　ハートリング
　ハルトリンク*
　ヘルトリング
Härtling
　ヘルトリング***

Hartman
　ハートマン**
　ハルトマン
Hartmann
　ハートマン**
　ハルトマン**
Hartmut
　ハートムット
　ハートムート
　ハルトムット
　ハルトムート**
　ハルムート
Hartmuth
　ハルトムート*
Hartnack
　ハートナック*
　ハルトナック
Hartnell ハートネル
Hartner
　ハートナー
　ヘルトナー
Härtner ヘルトナー
Hartnett
　ハートネット**
Hartnoll ハートノル
Hartog
　アルトーグ*
　ハルトーク
　ハルトーグ*
　ハルトック
　ハルトフ*
　ハルトホ
Hartogh ハルトホ
Hártogh
　ハートック
　ハルトグ
　ハルトーホ
Hartogs ハルトークス
Hartong ハートン
Hartono ハルトノ**
Hartosh ハートシュ
Hartpole ハートポール
Hartranft
　ハートランフト
Hartree ハートリー
Hart-Rossi
　ハートロッシ
Hartsel ハーツェル
Hartsfield
　ハーツフィールド
Hartshorn
　ハートショーン
Hartshorne
　ハーツホーン**
　ハーツホン
　ハートショーン
　ハルツホウルン
　ハルツホールン
　ハルツホルン
Hartsinck ハルチンク
Hartson ハートソン
Hartsough ハートソー
Hartstein
　ハルトシュタイン
Hartston
　ハーツトン
　ハートストン
Hartt ハート

Harttung ハルトゥング
Hartung
　アルタン
　アルトゥング*
　アルトング
　ハートゥング*
　ハルツング
　ハルトゥンク
　ハルトゥング**
　ハルトゥング
Hartvig
　ハートヴィ*
　ハートヴィッグ
Hartwall ハートウエル
Hartweg
　ハートウェッグ
　ハルトウェグ
Hartwell
　ハートウェル**
Hartwig
　ハートウィグ*
　ハートウィック
　ハートウィッグ
　ハートヴィッヒ**
　ハートヴィヒ
　ハルトヴィッヒ
　ハルトヴィヒ*
　ハルトビヒ
Hartwin ハルトヴィン
Harty ハーティ*
Hartz
　ハーツ**
　ハルツ
Hartzband
　ハーツバンド
Hartzell ハーツェル
Hartzema ハーツェマ
Hartzenbusch
　アルセンブスク
　ハルツェンブスク
　ハルツェンブッシュ
Hartzmark
　ハーツマーク*
Haru ハル*
Harūb ハルーブ
Haruf
　ハルーフ
　ハルフ*
Harumi ハルミ
Harun
　アルン
　ハルン
Hārūn
　ハールーン
　ハールン
　ハルーン
　ハルン
Haruna ハルナ
Hārūn al-Rashīd
　ハールーヌル・ラシー
　ド
Harunur ハルヌル
Haruo ハルオ
Harup ハルプ
Harutyun
　アルチュン
　ハルチュン
Harutyunian
　ハルチュニャン

Harutyunyan
　アルチュニャン
　ハルチュニャン
　ヘルツニヤン
Harv ハーブ
Harva
　ハルヴァ
　ハルバ
Harvard
　ハーヴァード*
　ハーバート
　ハーバード*
Harvati ハーヴァティ
Harve
　ハーヴ*
　ハーブ*
Harvé エルヴェ
Harvell ハーヴェル
Harvest ハーヴェスト
Harvey
　アルビー
　ハアヴェー
　ハアヴェイ
　ハーヴィ*
　ハーヴィー*
　ハーヴェー*
　ハーヴェイ**
　ハヴェイ
　ハービー***
　ハービィ
　ハーベー
　ハーベイ
　ハーベイ***
　ヘーベイ
Harvie
　ハーヴィ*
　ハーヴィー
　ハービー
Harvighurst
　ハーヴィガースト
　ハヴィガースト
Harviken ハルビケン
Harvill ハーヴィル
Harville
　ハーヴィル
　ハービル
Harway ハーウェイ
Harwell
　ハーウェル
　ハウェル
Harwerth ハーヴェル
Harwin ハーウィン*
Harwit ハーウィット*
Harwood
　ハーウッド***
　ハワード*
Hary ハリー
Háry ハーリ
Haryono ハルヨノ
Harzer ハーツェル
Has
　ハース
　ハス*
Hasaan ハッサン
Hasak ハサク
Hasan
　ハサーン
　ハサン***

ハッサン***
Ḥasan ハサン
Ḥasan
　ハサン*
　ハッサン
Hasanbegović
　ハサンベゴビッチ
Hasanboy
　ハッサンボーイ
Ha-sang ハサン
Hasani ハサニ*
Ḥasanī ハサニー
Hasanov ハサノフ
Hasanuddin
　ハサヌッディン
Hasanul ハサヌル
Ḥasanwaih ハサンワイ
Ḥasanwayh
　ハサンワイヒ
Hasayneh ハサイネ
Hasbach
　ハースバッハ
　ハスバッハ
　ハースバハ
Hasbani ハスバーニ
Hasbargen
　ハスバルゲン
Hasbi ハサビ
Hasbroeck
　ハスブルック
Hasbrouck
　ハスブルーク
　ハスブルック
Hasbún ハスブン
Hasby ハスビ
Hascali アスコリ
Hascall ハスカル
Hascoet アスコエト
Hascoët アスコエト
Hasdai
　ハスダーイ
　ハスダイ
Hasdell ハズデル*
Hasdeu
　ハシュデウ
　ハスデウ
　ハズデウ
Hasdrubal
　ハスドル
　ハスドルバル
Hase
　ハーセ
　ハーゼ
　ヘイス
Hasebe ハセベ
Hasebroeck
　ハーゼブルック
Hasek
　ハシェク
　ハシェック**
　ハセク
　ハセック
Hašek
　ハーシェク
　ハシェック*
　ハシエーク
Hasel ハーゼル**

Haselberger
　ジャーゼルバーガー
Haselböck
　ハーゼルベック
Haselen ヘイセレン
Haseley ハシュレイ
Hasell ハセル
Haselrieder
　ヘーゼルリーダー
Haseltine
　ハセルタイン
Haselton ヘイゼルトン
Haselwander
　ハーゼルヴァンダー
Haseman ハセマン
Hasemer ハスマー
Hasen ヘイセン
Hasenclever
　ハアゼンクレエフェル
　ハーゼンクレー
　　ヴァー*
　ハーゼンクレーバー
　ハーゼンクレーファー
　ハーゼンクレーフェ
　　ル*
Haseney ハゼネイ
Hasenfratz
　ハーゼンフラッツ
Hasenhuttl
　ハーゼンヒュットル
Hasenjager
　ハセンジャガー
Hasenkamp
　ハーゼンカンプ
Hasenöhrl
　ハセノアール
　ハーゼンエール
Hasenrader
　ハーゼンレイダー
Hasenstab
　ハセンスタブ
Häser ヘーザー
Hasford ハスフォード
Hash ハシュ
Hashagen
　ハスハーゲン
Ḥashar ハシャール
Hasheem ハシーム
Hashem
　ハーシェム
　ハーシエム
Hashemi
　ハシェミ***
　ハシミ
　ハシム
Hashemian
　ハシェミアン*
Hashemi-taba
　ハシェミタバ
Hashi
　ハシ
　ラシ
Hashil ハシル
Hashim ハシム***
Hāshim ハーシム*
Hashimi ハシミ
Hāshimī ハーシミー

Hashman ハッシュマン
Ḥāsib ハースィブ
Hasi-chaolu
　ハスチョロー
Hasid ハシッド
Hasik ヘーシク
Hasikos ハシコス
Hasil ハシル
Hasim ハシム**
Hâşim ハーシム
Hâsim ハーシム
Hâşim ハーシム
Hasin ハシン
Hasina
　ハシナ**
　ハジナ
Hasinger ヘイジンガー
Ḥasīs ハシス
Hasjim ハシム
Haskamp ハスカンプ
Haskel ハスケル**
Haskell
　ハスキル
　ハスケル***
Haskew ハスキュー
Haski アスキ*
Haskil ハスキル
Haskin ハスキン
Haskins ハスキンズ**
Haslam
　ハスラム**
　ハズラム
　ハスラン
Haslem ハスレム
Hasler
　ハースラー
　ハスラー**
　ヘスラー
Haslett
　ハスレット
　ヘイズリット*
Haslinger
　ハスリンガー*
Haslip
　ハスリップ
　ハズリップ
Hasluck
　ハスラック
　ハズラック
Haslund
　ハズランド
　ハズルンド
Hasmah ハスマ
Hasmik アスミク
Hasna ハスナ
Hasnaa ハスナ
Hasnain ハスナイン
Hasnawi ハスナウィ
Ha-sop ハソプ
Haşotti ハショティ
Hasouneh ハスーネ
Haspel ハスペル
Haspels ハスペルズ
Haspiel ハスピール

Haspinger
　ハースピンガー
Ḥasrat ハスラット
Hass
　ハース
　ハス*
Hassaballa ハサバラ
Hassabis ハサビス
Hassabo ハッサボ
Hassad ハサド
Hassager ハサジェ
Hassal ハッサル
Hassall
　ハサル
　ハッサール
　ハッサル
　ハッスル
Hassam
　ハサム
　ハッサム
Hassan
　アッサン
　アルハサン
　ハサン***
　ハッサーン
　ハッサン***
Ḥassān ハッサーン
Ḥassān ハッサーン
Hassanal
　ハサナル**
　ハッサナル
Hassanali
　ハッサナリ**
Hassane
　ハサン
　ハッサン
　ハッサンヌ
Hassanein
　ハサネイン
　ハサネイン
　ハッサネン
Hassani
　ハサニ
　ハッサニ
Hassankhan
　ハッサンカーン
Hassann ハッサン
Hassanr ハッサン
Hassanyar ハサニヤル
Hassard
　ハサード
　ハサド
Hassau ハソウ
Hasse
　ハス
　ハーゼ
　ハッセ**
Hassel ハッセル**
Hasselbach
　ハッセルバッハ
Hasselbaink
　ハッセルバインク*
Hasselbeck
　ハッセルベック
Hasselgard
　ハッセルガード
Hasselgren
　ハッセルグレン

Hasselhoff
　ハッセルホフ
Hassell ハッセル*
Hasselmann
　ハッセルマン
Hasselmans
　アセルマン
　ハッセルマン
　ハッセルマンス
Hasselqvist
　ハッセルクヴィスト
Hasselriis
　ハセリース
　ハッセルリース
Hasselt
　アッセルト
　ハッセル*
　ハッセルト
Hasseltine
　ハセルタイン
　ハッセルタイン
Hassemer ハッセマー
Hassen
　ハサン
　ハッセン
Hassenpflug
　ハッセンプフルーク
　ハッセンプルーク
Hassenzahl
　ハッセンザール*
Hassert ハッセルト
Hasset ハセット
Hassett ハセット**
Hasseveldt
　ハッセヴェルト
Hassey ハッシー
Hassi
　ハシ
　ハッシ
Hassib ハシブ
Hassiba ハシバ
Hassina ハシナ*
Hassing ハシング
Hassinger
　ハッシンガー
　ハッシンジャー
　ヘイジンガー
Hassitt ハシット
Hassler
　ハースラー
　ハスラー*
　ハッスラー
Hässler ヘスラー*
Hassli ハスリ
Hassner
　アスネル
　ハスナー
Hasso
　ハッソ**
　ハッソー
Hassoldt ハッソルト
Hasson ハソン
Hassoumi ハスミ
Hassoun ハスーン
Hassreiter
　ハスライター
Hast ハスト

Hasted ヘイステッド*
Hastert ハスタート**
Hastie
　ヘイスティ*
　ヘイスティー
Hastilow ハスティロウ
Hasting ヘースチング
Hastings
　ハスティングス*
　ヘイスティングス*
　ヘイスティングズ**
　ヘイスティングズ***
　ヘースチングス
　ヘースチングズ
　ヘスチングス
　ヘースティングズ**
　ヘースティングズ**
　ヘスティングス
　ヘスティングズ*
Haston
　ハストン
　ヘイストン
Hastreiter
　ハストレイター
Hastrup
　ハストラップ
　ハストロプ*
Hasty ヘイスティ
Hasu ハス
Hasūna
　ハスーナ
　ハッスーナ
Haswell
　ハーズウェル
　ハスウェル
Hasya ハシャ
Hasyim ハシム*
Has-Yun ハスユン
Hat ハット
Hata ハタ
Hatabu ハタブ
Hatahet ハターヘト
Hatam ハタム
Hatami
　アタミ
　ハタミ
Hatang ハタン
Hatch ハッチ**
Hatchard ハチャード
Hatcher
　ハッチャー**
　ヘッチャー
Hatcheson
　ハチェソン
　ハッチェソン
Hatchett
　ハチェット
　ハッチェット
　ハッチット
Hatchins ハッチンス
Hatem
　ハテム
　ハーテム
　ハテム**
Haterius ハテリウス
Hatfield
　ハットフィールド**
　ハットフィルド

ハトフィールド
Hathaway
　ハサウェー
　ハサウェー
　ハサウェイ**
　ハザウェー**
　ハザウェイ*
　ハタウェイ
　ハッサウェイ
Hathcock ハズコック
Hatherley
　ハサリー
　ハザレイ
Hatherly
　ハザリー
　ハッセル
Hatheway ハサウェイ
Hathorn ハソーン
Hathway ハサウェイ
Hatibovic
　ハティボヴィッチ
Hātif ハーティフ
Hātifī ハーティフィー
Hatijah ハティージャ
Hatim
　ハティム
　ハーテム
　ハテム
Hātim ハーティム
Hatira ハティラ
Hatkoff ハトコフ
Hatlaczky
　ハトラツキー
Hatle ハッスル
Hatley
　ハットリー
　ハトリー
Hatmaker
　ハットメイカー
　ハットメーカー
Hatos ハトシュ
Hatoum
　ハトゥーム
　ハトゥム
　ハトゥン*
Hatry
　ハーティー
　ハトリー
Hatschek ハチェク
Hatshepsut
　ハトシェプスト
Hatsuhi ハツヒ
Hatsushiba ハツシバ
Hatt ハット
Hatta ハッタ***
Hatteberg
　ハッテバーグ
Hattem ハッテム
Hattendorf
　ハッテンドーフ*
Hatter ハター
Hattersley
　ハタスリー
　ハタズリー
Hattestad
　ハッテスタ**
　ハッテスター

ハッテスタト
Hatthaka ハッタカ
Hatthārohaputta
　ハッターローハプッタ
Hattie
　ハティー
　ハッティ*
　ハティ*
　ハティー
Hatto
　ハット
　ハットー*
Hatton ハットン**
Hattox ハトックス
Hattstein
　ハットシュタイン
Hattushili
　ハットゥシリ
Hattušiliš
　ハットゥシリ
　ハットゥシリシュ
Hattwick
　ハットウィク
　ハトウィック
Hatwood
　ハットウッド*
Hatzfeld
　アツフェルド
　ハッツフェルト
　ハッツフェルト
Hatzfeldt
　ハッツフェルト
Hatzimichali
　ハジミハーリ
Hatzimihail
　ハツィミハイル
Hätzler ヘッツラー
Hau
　ハウ*
　ハオ
Haub ホーブ
Hauben ハウベン
Haubenstock
　ハウベンストック*
Häublein ホイブライン
Haubold ハウボルト
Haubrich
　ハウブリック*
　ハウブリッヒ
Hauch ハウク
Hauchecorne
　オーシュコルヌ
Hauck
　ハウク
　ホーク**
Haudebine オードビン
Haudek ハウデク
Haudepin
　オードゥパン
　オードパン*
Haudrère オドレール
Haudricourt
　オードリクール
　オドリクール*
Haudry オードリー
Hauer
　ハウアー***
　ホーラー

Häuer ホイアー
Hauerslev
　ハウアスレウ
Hauerwas
　ハーワーワス
　ハワーワス
Haufe ハウフェ
Hauff
　ハウフ*
　ハオフ
　ハッチンソン
Hauffe ハウフェ
Haufiku ハウフィク
Haufler ハウフラー
Haug
　オー
　ハウク
　ハウグ*
Haugaard
　ハウゴーア
　ホーガード
　ホガード**
Haugan ホーガン
Hauge ハウゲ*
Haugen
　ハウゲン**
　ホーガン
　ホーゲン
Hauger ハウガー*
Haugh ホー
Haughery
　ホーゲリ
　ホージャリー
Haughey ホーヒー**
Haught ホート*
Haughton
　ハウトン
　ホートン*
Haugilie ハウグリ
Haugland
　ハウクラン
　ハウグラン*
Haugli ハウグリ
Hauglustaine
　ホーグラステイン
Haugse ホーグズ*
Haugsgjerd
　ハウスヤード
Hauguel オーゲル
Haugwitz
　ハウクウィッツ
　ハウクヴィッツ
Hauk
　ハウク
　ホウク
　ホーク
Hauke
　ハウケ*
　ハオケ
Haukenes ハウケネス
Haukinima ハウキニマ
Haukland
　ハウクランド
Haukom ホーコム
Hauksbee
　ホークスビー

Haukur
　ハウクル
　ホイクール*
Haumann ハウマン
Haumont オーモン*
Haun
　ハウン
　ホーン
Haunani ハウナニ*
Haunstoft
　ハウンストフト
Hau'ofa ハウオファ*
Hauoli ハウオリ
Hau'oli ハウオリ
Häupl ホイブル
Haupt ハウプト***
Hauptman
　ハウプトマン**
　ハプトマン
Hauptmann
　ハウプトマン**
　ハプトマン
Hauranne
　オーランヌ
　オランヌ
Hauréau オーレオー
Hauri ハウリ
Hauriou
　オーリウ*
　オーリュー
Hauron オーロン
Haurowitz
　ハウロウィツ
　ハウロウィッツ
　ホロウィッツ
Haus ハウス*
Hausafus ホーサフス
Hausch ハオシュ
Hauschild
　ハウスチャイルド
Hauschildt ハウシルト
Hauschka ホーシュカ
Hausding
　ホイスディンク
Hausdorf ハウスドルフ
Hausdorff
　ハウスドルフ
Hause ハウゼ**
Hausegger
　ハウゼッガー
Hausen ハウゼン**
Hausenblas
　ハウゼンブラス
Hausenstein
　ハウゼンシュタイン*
　ハウゼンスタイン
Hauser
　オーゼ
　オーゼル
　オゼール
　オゼル
　ハウザー***
Hausfater
　オスファテール*
Haushofer
　ハウスホーフ
　ハウス・ホーファー

Hau Sik ハウシク
Hausiku ハウシク
Hauskeller
　ハウスケラー*
Hausknecht
　ハウスクネヒト*
Häusler ホイスラー
Hausman ハウスマン*
Hausmann
　ハウスマン**
Hausner
　ハウスナー*
　ハウズナー
　ハウスネル
Hausrath ハウスラート
Hauss ホース
Hausser ハウサー
Haussermann
　ハウサーマン
Häussermann
　ホイサーマン
Haussherr ハウスヘル
Haussleiter
　ハウスライター
Häussler ホイスラー
Haussman ホースマン
Haussmann
　オースマン
　オスマン
　ハウスマン*
Hausswirth
　ハウスワース
Hausteiner
　ハウシュタイナー
Hauswald
　ハウスワルト
Hausweiler
　ハウスバイラー
Haut オウト
Hautala
　ハウタラ
　ホータラ
Hautamaeki
　ハウタマキ
Hautamäki
　ハウタマキ*
Hautefeuille
　オートフイユ
Hauter ホーター
Hautière
　オーティエール
Hautman ハウトマン*
Hautot ハートット
Hautval オートヴァル
Hautzig
　ハウツィッヒ
　ハウツィヒ**
Hautzing ハウツィヒ
Hauvette
　オーヴェット
　オヴェット
　オベット
Hauwe ハウヴェ
Haüy
　アウイ

アユーイ
アユイ
Havard
　アヴァール
　ハーバード
　ホーヴァル
　ホーバルト
Håvard
　ハバルト*
　ホーヴァル*
　ホーバル
Havas
　アヴァス
　ハヴァシュ
Have
　ハーヴェ
　ハーフ
　ヘイブ
Havel
　ハヴェル***
　ハーフェル
　ハベル*
Havelaar ハヴェラー
Havelange
　アヴェランジェ
　アベランジェ**
Haveliwala
　ハビリワラ*
Havelka ハベルカ
Havell ハヴェル
Havelock
　ハヴァロック
　ハウェロック
　ハヴェロック*
　ハヴロク
　ハヴロック*
　ハバロック
　ハブロック
　ハベロック
Haveman
　ハーブマン
　ヘイブマン
Havemann
　ハーヴェマン*
　ハヴマン
　ハーベマン
Havemeyer
　ハヴェマイヤー
　ハヴマイアー
　ハヴメイヤー
Haven
　ハーヴェン
　ハヴェン
　ハベン
　ヘイヴァン
　ヘイヴン*
　ヘーヴン
　ヘヴン
Havenaar ハーフナー
Havener ハーフェナー
Havenga ハベンガ
Havens
　ハヴェンス
　ヘイヴンズ*
　ヘイバンズ
　ヘイブンズ
　ヘブンズ*
　ヘブンズ
Havenstein
　ハーウェンスタイン

ヘブンスタイン
Haver ハヴァー
Haverbeke
　ハーバーベーク
Havercamp
　ヘイヴァーカンプ
Havergal
　ハヴァーガル
　ハヴァガル
Haverkamp
　ハーファーカンプ
Havers
　ハヴァース
　ハバーズ
　ハーフェルス
　ヘイヴァース
　ヘイヴァーズ
　ヘーヴァース
　ヘーバース
Haversham
　ハヴァシャム
Haverstock
　ハーバーシュトック
　ハバーストック
Haverty ハヴァーティ
Havet アヴェ
Havey ハーベイ*
Havicksz.
　ハヴィックスゾーン
Havighurst
　ハーヴィガースト
　ハヴィガースト*
　ハービガースト
　ハビガースト*
Havil ハヴィル
Havilah ハヴィラー
Haviland
　ハヴィランド*
　ハビランド
Havilland
　ハヴィランド
　ハビランド*
Havinden
　ハヴィンデン
Havingha ハヴィンハ
Havivah ハビバー
Havlasa ハヴラサ
Havlíček
　ハヴリーチェク
　ハヴリチェク
　ハブリチェク
Havlicek
　ハヴリチェク
Havlíček
　ハヴリーチェク
　ハヴリチェク
　ハブリーチェク
Havlik ハヴリク
Havo ハボ
Havoc ハヴォック
Havran ハヴラン
Havret
　アヴレ
　アヴレー
　アブレ
Havukainen
　ハヴカイネン
　ハブカイネン

Haw
　ホー**
　ホウ
Hawa ハワ
Hawald ヘーワルド
Haward
　ハァド
　ハウアド
　ハワド
　ハワード**
Hawarth ハワース
Hawas ハワス
Hawass
　ハワース
　ハワス*
Hawatmeh
　ハワートメ
　ハワトメ**
Hawawine
　ハワウイン
Hawawini ハワウィニ
Hawcock
　ハンコック
　ホーコック
Hawdon ホードン
Hawe
　ハウ
　ホア
　ホウ
Haweis ホーウィス
Hawes
　ハウズ
　ホウズ*
　ホーズ**
Hawgood ホーグッド
Ḥāwī ハーウィー
Hawk ホーク**
Hawke ホーク***
Hawken ホーケン*
Hawker
　ホウカー
　ホーカー*
Hawkes
　フォークス
　ホウクス
　ホークス***
Hawkestone
　ホークストーン
Hawkesworth
　ホークスワース
Hawkey ホーキー
Hawkeye ホークアイ
Hawking
　ホーキング***
Hawkins
　ホウキンス
　ホーキンス***
　ホークンズ***
Hawks
　ハウクス
　ホークス**
Hawkshaw
　ホークショー
Hawksley
　ホークスリー**
　ホークズリー
　ホークリー

Hawksmoor
　ホークスムア
　ホークスモア
Hawkwood
　ホークウッド
Hawkyard
　ホークヤード
Hawkyns ホーキンズ
Hawley
　ハウリー**
　ハウレイ
　ホウリー
　ホーリー***
　ホーリイ
　ホーレー
　ホーレイ
Hawly ホーリー
Hawn ホーン**
Hawng ファン
Hawo ハウォ
Haworth
　ハウアース
　ハウォース
　ハース
　ハワース**
　ホーワース
　ホワース
Hawpe ハウプ
Ḥawqal
　ハウカル
　ホーカル
Hawranek
　ハウラネック
Hawrani ホーラーニー
Ḥawrānī ハウラーニー
Ḥawrānī ホウラーニー
Hawrylyshyn
　ハブリリシン
Hawryszkiewycz
　ハリシキヴィッチ
Haws ホーズ
Hawshabi ハウシャビ
Hawthorn
　ホーソーン
　ホーソン
Hawthornden
　ホーソンデン
Hawthorne
　ホウソーン
　ホウソン
　ホオソオン
　ホオソン
　ホソン
　ホーソルン
　ホーソーン*
　ホーソン***
Hawthrne ホーソン
Hawtin ホーティン
Hawton ホートン
Hawtree ホートリー*
Hawtrey
　ホオトレイ
　ホートリ
　ホートリー
　ホートレー
　ホートレイ*
Ḥawwā ハウワー
Hax ハックス*

Haxby ハクスビー
Haxhinasto ハジナスト
Haxthausen
　ハクスタウゼン
　ハクストハウゼン
Hay
　ハイ**
　ヘー
　ヘイ***
Haya
　アーヤ
　アヤ
　ハヤ
Hayakawa ハヤカワ
Hayam ハヤム
Hayashi ハヤシ
Hayat
　アヤ
　アヤット
　ハイアット
　ハヤット
　ハヤート
　ハヤト
Ḥayāt ハヤート
Hayati
　ハヤチ
　ハヤティ
Hayatou ハヤトウ*
Hayball ヘイボール
Hayboeck ハイベク
Haycox ヘイコックス
Haycraft ヘイクラフト
Hayd ハイド
Haydar
　ハイダー
　ハイダル
Ḥaydar ハイダル
Haydari ハイドリ
Haydarī ハイダリー
Haydarov ハイダロフ
Hayde ハイデ
Haydee
　アイデー
　アイディー
Haydée
　エデー
　ハイデ*
Hayden
　ハイデン**
　ハイドン*
　ヘイデン***
　ヘイドン***
　ヘードン
Hayder ヘイダー**
Haydn
　ハイドン**
　ヘイドン
Haydon ヘイドン**
Hayduke ヘイデューク
Haye ヘイ**
Hayek
　ハイエーク
　ハイエク**
　ハイエック**
　ハエック*
　ハジェク

Hayel ハエル
Hayem
　アイエム
　エイエム
Hayen アイアン
Hayer
　ハイエル
　ヘイヤー
Hayes
　ヘイエス
　ヘイス
　ヘイズ***
　ヘース
　ヘーズ
Hayez アイエツ
Hayfield
　ハイフィールド
　ヘイフィールド
Hayflick ヘイフリック*
Hayford ヘイフォード*
Haygarth ヘイガース
Haygood
　ヘイグッド*
　ヘーグッド
Hayhoe ヘイホー
Hayim
　ハイーム*
　ハイム**
　ハイム
Hayir ハイル
Haykal
　ハイカル
　ヘイカル
Haykin ヘイキン
Hayler ヘイラー
Hayles ヘイルズ
Hayley ヘイリー**
Haylie ヘイリー
Haym
　アイム
　ハイム
Haymaker
　ヘイメーカー
Hayman
　ヘイマン**
　ヘーマン
Haymanot ハイマノト
Hāymānot
　ハイマーノト
　ハイマノト
Haymer ヘイマー
Haymes
　ヘイムス
　ヘイムズ
Haymo ハイモ
Haymon ヘイモン*
Haymore ヘイモア
Hayn ヘイン
Haynau ハイナウ
Hayne
　エーヌ
　ハイネ
　ヘイン*
　ヘインズ
　ヘーン

Hayner
　ハイナー
　ヘイナー*
Haynes
　ハイネス
　ハインズ
　ヘイネス
　ヘインス
　ヘインズ***
　ヘーンズ
Haynesley
　ヘインズレー
Hayo ハーヨ*
Hayon ハヨン
Hayreddin
　ハイレッティン
　ハイレッディン
　ハイレディン
Häyry ハユリュ
Hays
　ヘイズ**
　ヘーズ
Haysbert ヘイスバート
Hayslip ヘイスリップ*
Haysom ヘイサム
Hayson
　ヘイサム
　ヘイソン
Haystead ヘイステッド
Hayt ヘイト
Hayter ヘイター**
Haythe ヘイス
Haythornthwaite
　ヘイソーンスウェイト
Hayton
　ハイトン
　ヘイトン*
Hayunga ハユンガ
Hayward
　ヘイウォード
　ヘイワード***
　ヘーワード
Haywood
　ハイウッド*
　ヘイウッド***
　ヘーウッド
Hayworth
　ヘイワース**
Hayyan
　ハイヤーン
　ハイヤン
　ハッヤーン
Hayyán ハイヤーン
Ḥayyān ハイヤーン
Ḥayyān ハイヤーン
Hayyim
　ハーイーム
　ハイーム
　ハイム*
Hayyuj ハユイ
Ḥayyūj ハイユージュ
Hayz ヘイズ
Haz
　ハス*
　ハズ*
Haza ハザ*

Ḥaza ハザ
Ḥaza ilu ハザエル
Hazair ハザイール
Hazan
　アザン
　ハザン
Hazanavicius
　アザナヴィシウス*
Hazar ハザール
Hazard
　アザアル
　アザール**
　ハザード**
Hazare ハザレ*
Hazarika ハザリカ
Hazārīprasād
　ハザーリープラサード
Hazaz ハザズ
Haze ヘイズ
Hazel
　アセル
　ハゼル
　ヘイズル
　ヘイゼル**
　ヘーゼル**
Hazelaar ハゼラー
Hazelbaker
　ヘイゼルベイカー
Hazelden ヘーゼルデン
Hazelgrove
　ヘイゼルグローブ*
Hazelhoff
　ハーゼルホフ
Hazelius ハセーリウス
Hazelkorn
　ヘイゼルコーン
Hazell ヘイゼル
Hazeltine
　ハゼルチン
　ヘイゼルタイン
Hazelton ハツェルトン
Hazelwood
　ヘイズルウッド
Hazem
　ハジム*
　ハゼム*
Hazen
　ハゼン
　ハーゼン**
　ヘイズン
　ヘイゼン*
　ヘーゼン
Hazeu ハズー
Hazewinkel
　ハゼウィンケル
　ヘイズウィンケル
Hazim ハジム
Ḥazīn ハズィーン
Haziri ハジリ
Hazlett ヘイズレット
Hazlewood
　ヘイズルウッド*
Hazlitt
　ハズリット*
　ヘイズリット
Hazm ハズム

Ḥazm ハズム
Hazony ハゾニー
Hāzrā ハズラ
Hazrat
　ハズラット
　ハズラト
Hazwan ハズワーン
Hazzan ハザン
Hazzard
　ハザード
　ハザド*
Hazzi ハッジ
H'Doubler ドゥブラー
He
　ハー
　フー
　ヘ
　ホー
Heaberht ヘアベルト
Head
　ヘアト
　ヘッド***
Headbloom
　ヘッドブルーム
Heade ヒード
Heading ヘディング
Headings ヘディングス
Headlam ヘッドラム*
Headland
　ヘッドランド
Headlee ヘッドリー
Headley
　ヘッドリー**
　ヘッドレー
　ヘッドレイ
Headly
　ヘッドレイ
　ヘドリー
Headon ヘッドン
Headrick ヘッドリク
Headstrom
　ヘッドストローム
Heady
　ヘッディ
　ヘディ
Heafford
　ヒーフォード
　ヘフォード
Heal ヒール**
Heald
　ヒールド*
　ヘルド
Healey
　ヒーリ
　ヒーリー***
　ヒリー
　ヒーレー
Healy
　ハーリー*
　ヒアリー
　ヒーリ
　ヒーリー***
　ヒーリィ
　ヒーリィ*
　ヘアリー
Heaney ヒーニー***
Heang エアン

Hean Heong
ヘアンヘオン
Heap ヒープ*
Heaps ヒープス
Heapy ヒーピー
Heard ハード**
Hearl ハール
Hearn
　ハアン
　ハーン***
　ヘルン*
Hearne ハーン**
Hearns ハーンズ*
Hearnshaw
　ハアンショウ
　ハーンショー
　ハーンショウ
Hearse ハース
Hearsey ハーシー
Hearson ハーソン
Hearst
　ハースト***
　ハーネスト
Heart ハート*
Heartfield
　ハートフィールド*
Hearth ハース*
Heartland
　ハートランド
Heaslett
　ヒーズレット
　ヘーズレット
　ヘズレト
Heasley
　ヒースリー
　ヒースリイ
Heaslip ヒースリップ
Heasman ヒースマン
Heat ヒート**
Heater ヒーター
Heath
　ハース
　ヒース***
Heathcliff
　ヒースクリフ
Heathcoat
　ヒースコート*
Heathcock
　ヒースコック
Heathcote
　ヒースコート*
Heather
　ヒーサー
　ヒーザ
　ヒーザー
　ヒーザー
　フェザー
　ヘザー**
Heatherley ヘザーレイ
Heatherton
　ヘザートン
Heatherwick
　ヘザウィック
Heathfield
　ヒースフィールド*
Heatley
　ハートリー
　ヒートリー
　ヒートリー*

Heaton ヒートン**
Heaulme オルメ
Heaven ヘブン
Heaver ヒーバー
Heaverlo ヘアバーロ
Heavin ヘヴィン
Heaviside
　ヘヴィサイド
　ヘビサイド
Heavy ヘヴィ*
Heavysege
　ヘヴィシージ
Hea-won ヘウォン
Heawood
　ヒーウッド*
　ヘエウッド
Heb ヘブ
Hebard
　ヒーバード
　ヘバード
Hebb
　ヘッブ*
　ヘブ*
Hebbel ヘッベル*
Hebbert ヘバート
Hebbl ヘッベル
Hebbler ヘブラー
Hebblethwaite
　ヘブルスウェイト
Hebborn ヘボーン*
Hebdige ヘブディジ
Hebditch ヒブディッチ
Hebel ヘーベル*
Heber
　ハーバー
　ヒーバー*
　ヘベル
Heberden ヘバーデン
Heberer ヘーベラー
Heberfeld
　ハーベルフェルド
Heberle
　エベルレ
　ヘバーレ
　ヘベルレ*
Hebern ヘバーン
Hebert
　エベール
　エベルト
　ヘバート
　ヘーベルト
　ヘルベルト
　ユベール
Hébert
　エヴェール
　エベール
　エベール***
　エベルト
　ハバート
Heberto エベルト
Hebgen ヘブゲン
Hebich ヘービヒ
Hebl ヘブル
Hebler ヘブラー
Hebner ヘブナー
Hebra
　ヘブラ
　ヘブラ

Hebraeus
　ヘブラエウス
　ヘブラエウス
Hebrang ヘブラング
Hébrard エブラール*
Hebrok ヘブロック
Hebron ヘブロン
Hecaen
　エカアン*
　エカン
Hecataeus
　ヘカタイオス
　ヘカテーオス
Hech ヘック
Hechavarria
　エチャバリア
Heche
　ヘイシュ
　ヘッシュ*
Hechelmann
　ヘッヘルマン
Hecher ヘッチェル
Hechinger
　ヘッチンガー
　ヘッチンジャー
Hechle ヘックル
Hechler
　ヘクラー
　ヘフラー
Hecht
　エシュト
　ヘクト**
　ヘヒト
Hechter ヘクター
Heck
　エック**
　ヘック***
Heckart
　ヘッカート*
　ヘックアート
Hecke
　エック
　ヘッケ**
Heckel ヘッケル*
Heckelman
　ヘッケルマン
Hecker
　ヘッカー**
　ヘッカア
　ヘッケル
Heckerling
　ヘッカリング
Heckers ヘッカース
Heckert
　ヘッカート
　ヘッケルト
Heckewelder
　ヘッケウェルダー
Hecking ヘッキング
Heckler ヘクラー*
Heckmair
　ヘックマイアー
　ヘックマイヤー
Heckman
　ヘックマン**
Heckroth ヘックロース
Heckscher
　ヘクシェル

　ヘクシャー**
　ヘックシャー
Heckstall
　ヘックストール
Hecquet
　エケ*
　エッケ
Hecther エシュテル
Hector
　エクター
　エクトゥール
　エクトール***
　エクトル**
　ヘクター***
　ヘクト
　ヘクトール*
　ヘクトル*
Heda
　ヘーダ
　ヘーダー
　ヘダ
Hedan エドン
Hedaya ヘダヤ
Hedayat
　ヘダーヤト*
　ヘダヤート
Hedâyat ヘダーヤト*
Hedāyat ヘダーヤト*
Hedayetullah
　ヘーダエートゥッラ
Hedberg
　ヘドバーグ*
　ヘードベリ
　ヘードベリー
　ヘドベリ
Hedda
　エルダ
　ヘッダ*
Hedderich ヘッデリヒ
Hedderwick
　ヘダーウィック**
Heddi ヘッディ
Heddle
　ヘッドル
　ヘドル*
Heddwen ヘッドウェン
Heddy ヘディ
Hede ヘード
Hedegaard ヘデゴー**
Hedegard ヘデガルド
Hedeid ヘデイド
Hédelin エドラン
Hedemann
　ヘーデマン*
Hedenvind
　ヘーデンヴィンド
Heder
　ヒーダー
　ヘダー
Hedera ヘデラ

Hédervary
　ヘーデルヴァーリ
　ヘーデルヴァリ
Hedge ヘッジ*
Hedgecoe ヘッジコー*
Hedgepeth ヘジペス
Hedges
　ヘッジ**
　ヘッジェス
　ヘッジス*
　ヘッジズ**
　ヘッジョス
Hedgpeth ヘッジペス
Hedi
　エディ
　ヘディ*
Hédi
　エディ
　ヘーディ
　ヘディ
Hedibert ヘディバート
Hediger ヘディガー*
Hedin ヘディン**
Hédin エダン
Hedinger
　ヘーディンガー
　ヘディンガー
Hedinn ヘジン
Hedio ヘーディオ
Hedison ヘディソン
Hedjkheperre
　ヘジュケペルラー
Hedley
　ヘッドリー
　ヘドリ
　ヘドリー**
　ヘドレー
　ヘドレイ*
Hédlin エドラン
Hedlund
　ヘッドランド
　ヘッドルンド
　ヘドランド
　ヘドルント
Hedly ヘドリー
Hedman
　ヘッドマン
　ヘードマン
　ヘドマン
Hedmann ヘッドマン
Hedqvist
　ヘドクヴィスト*
Hedren ヘドレン*
Hedrich ヘドリッヒ
Hedrick ヘドリック**
Hedricks ヘドリックス
Hedrin ヘドリン
Hedström
　ヘッドストローム
　ヘッドストレム
　ヘドストレム
Hedtke
　ヘツキ
　ヘドケ
Hedtoft
　ヒズトフト
　ヘーズトフト

Hēdulos ヘデュロス
Hedvall
　ヘードヴァル
　ヘードバル
Hedvig
　ヘドヴィグ
　ヘドヴィッヒ
　ヘドビグ
Hedwig
　ヘドヴィーク
　ヘドヴィク
　ヘドヴィッヒ
　ヘートヴィヒ
　ヘトヴィヒ
　ヘドウィヒ
　ヘドウィヒ
Hedwiga ヘドヴィガ
Hedworth ヘドワース
Hedy ヘディ**
Hedylos ヘーデュロス
Hee
　ヒ*
　ヒー
　ヘー
Hee-beom ヒボム*
Hee Cheol ヒチョル
Heechul ヒチョル
Heede ヘーデ*
Heegaard
　ヒーガード
　ヘーガード
Heeger
　ヒーガー**
　ヒーゲル
Heegun ヒゴン
Hee-ho ヒホ*
Heehs ヒース
Hee-il ヒイル
Hee-jae ヒジェ
Hee-jin ヒジン
Hee-jong ヒジョン
Hee-jung
　ヒジュン
　ヒジョン
Heejung ヒジョン
Hee-kap ヒカプ
Heekeren ヘーケレン
Heeks ヒークス
Hee-kyung ヒギョン*
Heekyung ヒギョン
Heel
　ヒール
　ヘール
Heelan ヒーラン
Heeley ヒーリー
Heely ヒーリー
Heem ヘーム
Heemskerck
　ヘームスケルク
Heemskerk
　ヘームスケルク**
Heen ヒーン
Hee-na ヒナ
Heena ヒーナ

Heenan ヒーナン
Heenández
　エルナンデス
Heffley ヘフレイ
Heeney ヒーニー
Heens ヒーンズ
Hee-oh ヒオ
Heer
　ヒーア
　ヒアー
　ヘーア
　ヘアー
　ヘール**
Hee-ra ヒラ
Heerbrand
　ヘーアブラント
Heerden
　ヒールデン
　ヘールデン
Heere ヘーレ
Heeren ヘーレン
Heerinckx
　ヘーリンクス
Heering ヘーリング
Heerkens ヘーケンス
Heermann ヘールマン
Heersink ヒアシンク
Heertje ヒァチェ
Heerwart
　ヘールヴァルト
Hee-ryong ヒリョン
Hees ヘース
Heesakkers
　ヘーサケルス
Hee-sang ヒサン*
Heeschen ヒーシェン
Heese ヒース
Hee-seon ヒソン*
Hee-sop ヒソプ
Heesters
　ヘースタース
　ヘーステールス
Hee-sun ヒソン
Hee-sung ヒソン
Hee-tae ヒテ*
Hee-yol ヒヨル
Hee-young ヒヨン
Heezen ヒーゼン
Hefele
　ヘーフェル
　ヘーフェレ
Héfer ヘファ
Heffelbower
　ヘッフルバウアー
Heffer ヘファー
Hefferlin ヘファリン
Heffermehl
　ヘッファメール
Heffernan
　ヒファーナン*
　ヘファーナン*
　ヘファナン
Hefferon ヘフェロン
Hefferren
　ヘファーレン

Heffington
　ハフィントン
Heffley ヘフレイ
Heffner ヘフナー
Heffron ヘフロン*
Heffter ヘフトル
Hefley ヘフリー
Heflin ヘフリン*
Hefner
　ヘーフナー
　ヘフナー**
Heft ヘフト*
Hefti ヘフティ
Heftlich ヘフトリヒ
Hegal ヘガル
Hegan ヒーガン
Hegar
　ヘーガー
　ヘーガル*
　ヘガール
Hegarth ヘガルト
Hegarty
　ヘガーティ
　ヘガーティー
　ヘガティ
Hegazy ヘガジ
Hegde ヘクデ*
Hegedus
　ヘゲダス
　ヘゲデュス
Hegedüs
　ヘゲダス
　ヘゲデュシ
　ヘゲデューシュ
　ヘゲデュス
　ヘゲドゥシュ
Hegedűs
　ヘゲデューシュ
　ヘゲデュシュ
Hegel
　ヘエゲル
　ヘーゲル*
Hegeler
　ヘグラー
　ヘーゲラー
　ヘゲラー
Hegelund ヘーゲロン
Hegeman ヘゲマン*
Hegemon
　ヘーゲモーン
Hēgēmōn ヘゲモン
Hegemonios
　ヘゲモニオス
Hēgemónios
　ヘゲモニオス
Hegenbarth
　ヘーゲンバルト
Hegenwalt
　ヘーゲンヴァルト
Heger
　ヒーガー
　ヒガー
　ヘーガー*
　ヘゲル
Hegerfors
　ヘーゲルフォルシュ

Hēgēsianax
　ヘゲシアナクス
Hēgēsias ヘゲシアス
Hēgēsiās ヘゲシアス
Hégésippe
　エジェジップ
Hēgēsippos
　ヘゲシッポス
Hegesippus
　ヘゲシップス
　ヘーゲーシッポス
　ヘゲシッポス
Hegetschweiler
　ヘゲッチュヴァイラー
Hegewald
　ヘーゲヴァルト
Hegg ヘッグ
Heggan ヘガン
Hegge
　ヘッグ
　ヘッゲ
Heggem ヘッゲム
Heggen ヘゲン
Heggestad
　ヘゲスタッド
Heggie ヘギー
Heggtveit
　ヘッグトバイト
Hegi ヘギ
Hegias
　ヘーギアース
　ヘギアス
Heginbotham
　ヘジンボサム
Hegius
　ヘーギウス
　ヘギウス
Hegland ヘグランド*
Hegle ヘグル*
Hegler ヘーグラー
Hegner ヘグナー
Hegnor ヘグナー
Hegre ヘグレ
Hegstad ヘグスタ
Hegsted
　ヘッグステッド
Hegt ヘクト
Hehl ヘール
Hehn ヘーン*
Hehomey ヘホメ
Hehr ヘア
Hehre ヒーリー
Hei ヘイ
Heiberg
　ハイバーグ
　ハイベア
　ハイベルク**
　ハイベルグ*
　ハイバーグ*
　ヘイベル
　ヘイベルイ
　ヘイベルグ
Heiberger
　ハイバーガー
Heichel ハイヒェル

Heick ハイック
Heid
　ハイト*
　ヘイド*
Heida ハイダ
Heidanus
　ヘイダーニュス
Heidar ヘイダル
Heidari ヘイダリ
Heide
　ハイデ**
　ハイド*
　ヘイデ
　ヘイド
Heidebrecht
　ハイデブレクト
Heidegger
　ハイデガー*
　ハイデッガー**
Heidelbach
　ハイデルバッハ*
Heidelberger
　ハイデルバーガー*
Heidelinde
　ハイデリンデ
Heidelore
　ハイデローレ
Heideman ハイデマン*
Heidemann
　ハイデマン**
Heidemarie
　ハイデマリー*
Heiden ハイデン**
Heidenberg
　ハイデンベルグ
Heidenberger
　ハイデンベルガー*
Heidenfeld
　ハイデンフェルト
Heidenhain
　ハイデンハイン
Heidenreich
　ハイデンライク*
　ハイデンライヒ**
　ハイデンリッヒ
Heidenstam
　ヘイデンスタム
　ハイデンスタム**
Heider ハイダー*
Heidergott
　ハイデルゴット
Heidersbach
　ハイダースバッハ
Heiderscheit
　ハイデルシャイト
Heidesieck
　エドシーク
　ハイドシェック
Heidfeld
　ハイドフェルト*
Heidgerken
　ヘイドガーケン
Heidhues ハイデュース
Heidi
　エディー
　ハイジ*
　ハイディ**
　ハイディー
　ヘイディ

Heidish ハイディッシュ	Heilala ヘイララ	Heime ハイメ	Heinen ハイネン*	Heinroth ハインロート*
Heidkämper ハイトケンペル	Heiland ハイラント* / ハイランド	Heimel ハイミル* / ハイメル*	Heiner ハイナー**	Heins ハインズ
Heidler ハイドラー**	Heilborn ハイルボーン	Heimendahl ハイメンダール	Heiner Hills ハイナーヒルズ	Heinschius ハインシウス
Heidmann エドマン	Heilbron ハイルブロン* / ヒールブロン / ヘールブロン	Heimerad ハイメラート	Heinerth ハイナース	Heinse ハインゼ
Heidorn ハイドルン	Heilbroner ハイルブローナー* / ハイルブローナー / ヘイルブロンナー	Heimeran ハイメラン	Heinesen ハイネセン**	Heinsius ハインシウス / ヘインシウス
Heidrich ハイドリッヒ* / ハイドリヒ	Heilbronn ハイルブロン	Heimerl ハイマール	Heiney ハイニー	Heinsohn ハインゾーン
Heidschötter ハイドシュッター	Heilbronner ハイルブロンナー	Heimeroth ハイメロート	Heini ハイニ	Heinsoo ハインソー
Heidsieck ハイドシェック*	Heilbronor ハイルブローナー*	Heimers ハイマース	Heinich エニック*	Heinst ハインスト
Heidt ハイト / ヘイト	Heilbrun ハイルブラン*	Heimert ハイマート	Heinichen ハイニヒェン / ハイニヘン	Heintel ハインテル
Heiduk ハイドゥク	Heilbrunn ハイルブラン	Heimes ハイメス	Heinicke ハイニッケ / ハイネケ	Heintje ハインチェ
Heidur ヘイドゥル	Heilbrunner ハイルブルンナー	Heimgartner ハイムガルトナー	Heiniger ハイニガー	Heintz ハインツ*
Heiduschke ハイドゥシュケ	Heilbut ヘイルバット	Heimisson ヘイミソン	Heinimann ハイニマン	Heintze ハインツェ
Heierli ハイエルリ	Heilemann ハイルマン	Heimito ハイミート	Heininger ハイニンガー	Heintzelman ハインツェルマン
Heiestad ハイエスタット	Heiler ハイラー*	Heimler ハイムラー	Heinisch ハイニシュ	Heintzen ハインツェン
Heiferman ハイファーマン	Heilermann ハイレルマン	Heimlich ハイムリック / ハイムリッヒ	Heinisch-hosek ハイニッシュホーゼク	Heinz ハインズ / ハインツ*** / ハインツー / ハンス / ヘインス / ヘインツ*
Heifetz ハイフェッツ**	Heilfort ヘイルフォルト	Heimo ハイモ	Heinitz ハイニツ / ハイニッツ	Heinz ハインツ
Heifner ハイフナー	Heilig ハイリグ / ヘイグル*	Heimovics ヘイモービックス	Heink ハインク	Heinze ハインジ / ハインゼ / ハインツェ* / ヘインツェ
Heighington ヘーイントン	Heiligenthal ハイリゲンタール	Heimpel ハインペル	Heinke ハインケ	
Height ハイト	Heill ハイル	Heims ハイムズ*	Heinkel ハインケル	
Heigl ハイグル / ヘイグル*	Heiller ハイラー	Heimsoeth ハイムゼート*	Heinl ハイヌル	Heinzel ハインツェル
Heijbel エジュベル	Heilman ハイルマン / ヘイルマン	Hein ハイン** / ヘイン*	Heinle ハイヌル	Heinzer ハインツァー
Heijden エジュデン / ハイデン*	Heilmann ハイルマン*	Heinäluoma ヘイナルオマ	Heinlein ハイライン / ハインライン**	Heinzerling ハインツァリング
Heijenoort エジュノール / ハイエノールト	Heilmeier ハイルマイヤー*	Heinänen ヘイナネン	Heinleine ハインライン	Heinzove ヘインゾーバ
Heijermans ハイエルマンス / ハイジェルマンス / ヘイエルマンス	Heilmeyer ハイルマイヤー	Heinar ハイナー*	Heino ハイノ* / ハイノー	Heip ヘイプ
Heijl エジュル	Heilpern ハイルパーン	Heinberg ハインバーグ*	Heinonen ヘイノネン*	Heir ヘアー
Heijmans ハイマンス	Heilprin ハイルプリン	Heinbuche ハインブーヘ	Heinrich ゲンリヒ / ハイツリッヒ / ハイリンヒ / ハインブーヘ / ハインリッヒ* / ハインリッヒ** / ハインリッヒ / ハインリッヒ*** / ハインリヒ*** / ヒンリヒ / ヘインリック / ヘインリッヒ / ヘンリクス / ヘンリック / ヘンリッチ / ヘンリッヒ	Heiricus ヘイリクス
Heijs ハイジス	Heily ヘイリー	Heincke ハインケ		Heirs ヘアーズ
Heikal ヘイカル*	Heim エイム / ハイム** / ヘイム	Heindel ハインデル**		Heis ハイス
Heikala ヘイカラ	Heiman ハイマン*	Heindl ハインドゥル / ハインドル		Heisbourg ヘスブルク
Heike ハイケ** / ヘイケ*	Heimann ハイマン*	Heindler ハインドラー		Heise ハイザ / ハイセ / ハイゼ** / ヘイセ
Heikel ハイケル	Heimans ハイマンズ	Heindorf ハインドーフ		
Heiki ヘイキ*	Heimbach ハイムバッハ	Heine ハイネ*** / ハイン / ヘイネ		Heisecke ヘイセック
Heikki ヘイキ** / ヘイッキ / ヘイッキ***	Heimberg ハイムパーク / ハイムバーグ / ハイムベーグ	Heineccius ハイネクツィウス	Heinrichs ハインリクス / ハインリックス / ハインリッヒ / ハインリッヒス	Heiseler ハイゼラー*
Heikkilä ヘイッキラ	Heimbucher ハイムブーハー / ハイムブーヒャー*	Heinecke ハイネキ / ハイネーケ / ハイネッケ / ハイネッケ		Heisenberg ハイゼンベルク** / ハイゼンベルグ
Heikkinen ヘイッキネン		Heineken ハイネケン** / ハイネケン		Heiser ハイザー* / ヘイザー
Heiko ハイコ		Heinel ハイネル	Heinrichsdorff ハインリヒスドルフ	Heiserman ハイゼルマン*
Heil ハイル** / ヘイル		Heineman ハイネマン*	Heinrici ハインリチ	Heisey ハイジー
		Heinemann ハイネマン**	Heinrik ヘンリック	Heishman ヒーシュマン
		Heinemeier ハイネマイヤー	Heinritz ハインリッツ	Heisig ハイジック* / ハイジッヒ
				Heiskanen ヘイスカーネン

ヘイスカネン
Heiskell ハイスケル*
Heisler
　ハイスラー*
　ハイズラー
Heisley ヘイスリー
Heiss
　ハイス**
　ハイッス
　ヘイス*
Heissenbüttel
　ハイセンビュッテル**
Heißenbüttel
　ハイセンビュッテル
Heissenhuber
　ハイセンフーバー
Heisserer ハイセラー
Heissig ハイシッヒ
Heister
　ハイスター
　ヘイステル
Heisterberg
　ヘイスターバング
Heistings
　ヘイスティングス
Heisz ハイズ
Heitger ハイトガー*
Heiting ハイティング*
Heitinga ヘイティンハ
Heitkamp
　ハイトカンプ
Heitkoetter
　ヘイトコッター
Heitler ハイトラー**
Heitmann ハイトマン*
Heitmüller
　ハイトミューラー
　ハイトミュラー
Heitner ハイトナー
Heitor
　エイトール*
　エイトル
　ハイター
Heitz
　エッツ
　ハイツ*
Heitzer ハイツェル
Heitzler ハイツラー
Heitzman ハイツマン
Heitzmann ハイツマン
Heizer ハイザー
Hejāzī ヘジャーズィー
Hejcman ヘイツマン
Hejduk
　ヘイダック*
　ヘジュック
Heje ヘジェ
Hejinian ヘジニアン
Hejl ヘイル
Hejlsberg
　ヘルスバーグ
Hejlskov ヘイルスコフ
Hejnova
　ヘイノヴァ*
　ヘイノバ

Hejnová
　ヘイノヴァ
　ヘイノバ
Hejun ヘジュン
Hejzlar ヘイツラー
Hek ヘック
Hekabe ヘカベ
Hekataios
　ヘカタイオス
Hékate ヘカテ
Hekia ヘキア
Hekimian ヘキミアン
Hekker ヘッカー
Hekking
　エッカン
　ヘッキング
Hekman ヘックマン
Hekmat ヘクマット
Hekmatpour
　ヘクマトプール
Hekmatyar
　ヘクマチアル
　ヘクマティアル*
　ヘクマティヤル
Hektor
　ヘクトール
　ヘクトル
Hela ヘラ
Héla ハーラ
Helain エラン
Helaine ヘレイン
Helakh ヘカフ
Helal ヒラル
Helali ヒラーリ
Helander ヘランダー
Hélard エラール
Helbert ヘルベルト
Helbig
　ヘルビック
　ヘルビッヒ
　ヘルビヒ**
Helbing ヘルビルク
Helbrough
　ヘルブラフ
　ヘルブロー
Helburn ヘルバーン
Helck ヘルク
Held
　エルド
　ヘルト**
　ヘルド**
Helder
　エウデル
　エルデール
　エルデル
　ヘルダー*
　ヘルデル
Hélder
　エルデル
　エルダー
　ヘルデル
Helderman
　ヘルダーマン
Helders
　ヘルダース
　ヘルデス
Helding ヘルディング

Heldiw ヘルディウ
Heldman ヘルドマン*
Heldmann ヘルトマン
Heldrich ヘルドリヒ
Heldring ヘルドリング
Heldt ヘルト*
Heldy
　エルディ
　エルディー
Hele
　エレ
　ヘレ*
Héle エール
Hélé エレ
Hélèene エレーヌ
Helem ヘレム
Helen
　イェレナ
　エレン
　ハンリ
　ヘレン***
Helena
　エレーナ
　エレナ
　ヘレーナ*
　ヘレナ*
Heléna エレナ
Helēna ヘレナ
Héléna エレナ
Hélèna エレーナ
Helene
　エレーニ
　エレーヌ**
　エレネ
　エレン
　ヘリーン
　ヘレナ
　ヘレーヌ
　ヘレーネ*
　ヘレネ*
　ヘレネー
　ヘレン**
　ヘレン**
Hélenè ヘレン
Héléne
　エレネ
　ヘレン
Hélène
　エレーヌ***
　エレヌ
　エレン
　ヘレーネ
　ヘレネ
　ヘレン
Helenius ヘレリウス
HelenKay ヘレンケイ
Heleno ヘレノ
Helenos ヘレノス
Heley ヘリー
Helfand ヘルファンド
Helfat ヘルファット
Helfen ヘルフェン*
Helfer
　ヘルファ
　ヘルファー*
Helferich
　フェルリッヒ

ヘルフェリヒ
Helfers
　ハーファーズ
　ヘルファース
Helfert ヘルファート*
Helffer エルフェ*
Helfferich
　ヘルフェリッヒ
　ヘルフェリヒ*
Helffrich
　ヘルフェリッチ
Helfgen ヘルフゲン
Helfgott
　ヘルフゴット**
Helfrich
　ヘルフリック
　ヘルフリッヒ
Helfried ヘルフリート
Helfritz ヘルフリッツ
Helga
　エルガ
　ヘルガ**
Helgadottir
　ヘルガドッティル
Helgadóttir
　ヘルガドッティル*
Helgason ヘルガソン*
Helge
　ヘリエ
　ヘリガ
　ヘルガ*
　ヘルゲ***
Helgeland
　ヘルゲランド*
　ヘルジランド
Helgenberger
　ヘルゲンバーガー
Helgerud ヘルゲルト
Helgesen
　ヘルゲセン**
Helgi
　ヘルギ*
　ヘルギー
Helgoe ヘルゴー
Helguera エルゲラ*
Helguson ヘルグソン
Heli ヘリ*
Helia エリア*
Heliade エリアーデ
Heliadore
　エリアドール
Héliadore
　エリアドール
Helibertus
　ヘリベルトゥス
Heliczer ヘリクツェル
Hélie エリー
Helier ヘリアー
Helige ヘーリゲ
Helin ヘリン
Helinandus
　エリナン
　エリナンド
　ヘリナンドゥス
Helinski ヘリンスキ
Helio
　エリオ**

ヘリオ
Hélio エリオ*
Heliodoro
　エリオドーロ
Heliodoros
　ヘリオドロス
Hēliodōros
　ヘーリオドーロス
　ヘリオドロス*
Heliodorus
　ヘリオドルス
Heliogabalus
　エラガバルス
　ヘーリオガバルス
　ヘリオガバルス
Helion エリオン
Heliopolis
　ヘリオポリス
Héliot エリオ
Helir-Valdor
　ヘリルバルドル
Helius ヘーリウス
Helix フェリクス
Heljä ヘルヤ
Heljo ヘリョ
Helke ヘルケ**
Hell
　エル*
　ヘル***
Hella ヘラ*
Hellaakoski
　ヘッラーコスキ
Helladios
　ヘッラディオス
Helland
　ヘラン
　ヘランド*
Hellanikos
　ヘッラニコス
　ヘラーニーコス
　ヘラニコス
Hellard
　ヘラード*
　ヘラルド
Hellauer ヘラウァー
Hellawes ヘラヴィーサ
Hellberg
　ヘルベリ
　ヘルベリィ
Hellborn ヘルボルン
Hellbrügge
　ハルブッケ
　ヘルブリュゲ
　ヘルブュッケ
　ヘルブリュゲ
Helldorf ヘルドルフ
Helldorff ヘルドルフ
Helle
　エレ
　ヘレ**
Hellé エレ
Hellē ヘレ
Hellebaut エルボー**
Hellebrekers
　ヘレブレッカーズ
Hellebuyck エルブイク
Helleiner ヘライナー

Helleland ヘッレラン	ヘルムス	Helmholtz ヘルムホルツ ヘルムホルツ*	Helso ヘルソ	Hemans ヒーマンズ ヘマンズ	
Hellemans ヘルマンス ヘレマンス	ヘルムート* Hellner ヘルナー** ヘルネル	Helmholz ヘレムホルツ	Helst ヘルスト Helstosky ヘルストスキー	Hemant ヘマント Hemanta ヘマンタ	
Hellen ヘラー ヘレン*	Hello エロ* エロー	Helmi ヒルミ ヘルミ	Helt ヘルト Heltai ヘルタイ*	Hemart エマール Hemasathol	
Hellēn ヘレン Hellenbart ヘレンバルト	ヘロ Hellot エロ	Helmich ヘルミク	ヘルト Heltberg ヘルトベアー	ヘーマサトン Hembree ヘンブリー	
Hellenbrand ヘレンブラント Hellendaar	Hellpach ヘリパハ ヘルパッハ*	ヘルミッチ ヘルミッヒ ヘルミヒ	Helten ヘルテン Helton ヘルトン*	Hembrow ヘムブロー Hemdani エムダニ Hemel ヘメル	
ヘレンダール Hellenga ヘレンガ*	ヘルパハ Hellquist	Helmig ヘルミック Helming ヘルミング	Helu ヘル Helva ヘルバ	Hemenway ヒーメンウェイ	
Hellens エランス エレンス ヘレンス	ヘルクヴィスト Hellriegel ヘリリーゲル	Helmkamp ヘルムカンプ Helmo ヘルモ	Helvacioğlu ヘルヴァジュオウル Helvé エルヴェ	ヘメウェイ ヘメンウェイ** Hemerling ヘマリング	
Heller エレル ヘッレル	Hellsberg ヘルスベルク* Hellsing ヘルシング**	Helmold ヘルモルト Helmolt ヘルモルト	Helveg ヘルヴェグ* ヘルベイ**	Hemery ヘメリー* Hemessen ヘーメセン	
ヘラー*** ヘルラア ヘルレル	Hellsten ヘルステン Hellstern ヘルスターン	Helmond ヘルモンド Helmont ヘルモント	Helvetius エルヴェシウス Helvétius	ヘメッセン Hemfelt ヘムフェルト	
Heller Korin ヘラーコリン	Hellstrom ヘルストリョーム ヘルストローム*	Helmore ヘルモー ヘルモア	エルヴェシウス エルヴェシュース エルヴェシユス	Hemila ヘミラ* Hemilä ヘミラ	
Hellermann ヘルレルマン Hellersberg ヘラスバーグ	Hellström ヘルシュトレーム ヘルストリョーム	Helmreich ヘルムライク Helms	エルベシウス エルベチウス Helvi	Hēmīna ヘミナ Heming ヘミング* Hemingway	
Helleseth ヘレゼス	ヘルストレム** Hellvig ヘルビグ	ヘルムス* ヘルムズ***	ヘイヴィ ヘルヴィ*	ヘミングウェー* ヘミングウェイ	H
Hellesøy ヘレソイ Helletsgruber ヘレッツグルーバー	Hellweg ヘルウェグ ヘルウェク	Helmsdal ヘルムスダル Helmsley ヘルムズリー Helmstaedter	Helvidius ヘルウィーディウス ヘルウィディウス	ヘミングウェイ*** Hemion ヘミオン* Hemleben	
Helleu エリュー エルー	Hellwich ヘルウィッヒ* Hellwig ヘルウィグ	ヘルムスタエドター Helmstetter ヘルムステッター**	Helvius ヘルウィウス Helweg ヘルウェッグ Helwerth ヘルヴァート	ヘムレーベン Hemley ヘムリ ヘムリー*	
Helleve ヘレヴェ Hellfeld ヘルフェルト Hellgren ヘルグレン	ヘルウィッグ ヘルウィッヒ ヘルヴィッヒ* ヘルヴィヒ	Helmtrud ヘルムトルート Helmut ヘルマット	Helwig ヘルウィッグ ヘルビッヒ	Hemma ヘマ Hemmati ヘンマティ Hemme エンメ	
Hellickson ヘリクソン* ヘリックソン	ヘルビッヒ* ヘルビヒ Helly ヘリー	ヘルムット ヘルムート*** ヘルムト	Helwys ヘルウィス Hely ヒーリー Helyar ヘルヤー*	Hemmer ヘマー ヘンメル*	
Hellinck ヘリンク Hellinckx ヘリンクス	Hellyer ヘリヤー Helm ヘルム*** Helma ヘルマ**	Helmuth ヘルムート*** Helmy ヘルミ Heln ヘレン	Hélyette エリエッテ Hélyot エリオ	Hemmerdinger ヘメルディンガー Hemmerle ヘンメルレ	
Helling ヘリング Hellinga ヘリンガ Hellinger ヘリンガー*	Helman ヘルマン Helmantoler ヘルマントーラー	Heloise エロイーズ ヘロイーズ	エルヨー Helzner ヘルツナー Hem	Hemmerli ヘメルリ Hemmerlin ヘメルリーン	
Hellings ヘリングス Hellison ヘリスン	Helmar ヘルマール Helmbold	Héloïse エロイーズ エロイーズ*	ハエム ヘム Hema	Hemmert ヘンマート Hemmi ヘンミ Hemmij	
Helliwell ヘリウェル* Hellman ヘルマン***	ヘルボルト ヘルムボルト	ヘロイーズ Hélory エロリ	エマ ヘマ Hemacandra	ヘンミ ヘンミー	
Hellmann ヘルマン** Hellmer ヘルマー Hellmers ヘルマース	Helme ヘルメ** Helmen ヘルメン Helmer	Hélou ヘルー* Helper ヘルパー* Helpman ヘルプマン*	ヘーマチャンドラ Hemaka ヘーマカ	ヘンメイ Hemming ヘミング** Hemmings	
Hellmesberger ヘルメスベルガー Hellmiss ヘルミス*	ヘルメル ヘルマー** Helmering	Helpmann ヘルプマン Helprin ヘルプリン*	Hemakeerthi ヘーマキールティ Hemal ヘマル	ヘミングズ*** ヘミングズ Hemmingsen	
Hellmund ヘルムント ヘルムンド	ヘルマリング* Helmers ヘルマー Helmert	Helps ヘルプス* Helquist ヘルキスト Helsby ヘルスビー	Hemamūn ヘーマムーン Hēmamūn ヘーマムーン**	ヘミングセン Hemmingsson ヘミングソン	
Hellmut ヘルムート*** Hellmuth ヘルムウト	ヘルマート ヘルメルト Helmeste ヘルメスト	Helsel ヘルセル Helsen ヘルセン Helsing ヘルジング	Heman ヒーマン ヒマン	Hemmleb ヘムレブ Hemnitzer ヘムニーツェル ヘムニッツェル	
ヘルムース*					

Hemon エモン
　ヘモン**
Hémon エモン*
Hemond ヘモンド
Hémont エモン
Hempel ヘンペル**
Hempfling
　ヘンプフリンク
Hemphill
　ヘンフィル*
　ヘンプヒル*
Hemprich
　ヘンプリッヒ
Hempstead
　ヘンプステッド
Hemptinne ハムティン
Hempton ヘンプトン
Hemrick ヘムリック
Hemsath ヘムサス*
Hemsley
　ヘムスリー
　ヘムズリー
　ヘムズリイ
　ヘムスレイ
　ヘムズレイ
Hemsoll ヘムソール
Hemstege
　エムステージュ
　ヘムステッヘ
Hemsterhuis
　ヘムスターホイス
　ヘムステルホイス
Hemstreet
　ヘムストリート
Hemsworth
　ヘムスワース
　ヘムズワース
Hēmū ヘームー
Hemus ヒーマス
Hemyng ヘミング
Hen ヘン
Hén ヘン
Hénaff エナフ
Henaghan ヘネガン
Henahan
　ヒナーン
　ヘナハン
Henana
　ヘナーナ
　ヘナーナー
Henao エナオ
Henao Montoya
　エナオモントジャ
Henard ヘナール
Hénard エナール
Henare ヘナレ
Hénart エナール
Henault エノー
Hénault エノー
Henbest ヘンベスト
Hench ヘンチ*
Henche ヘンヒェ
Henchoz エンチョズ
Henck ヘンク*
Henckel ヘンケル*

Henckell ヘンケル
Henckels ヘンケルス
Hencken ヘンケン
Henckmann
　ヘンクマン
Hende ヘンデ
Hendel ヘンデル
Henden ヘンデン
Henderson
　ヘンダアスン
　ヘンダースン*
　ヘンダスン
　ヘンダーソン***
　ヘンダソン*
　ヘンデルソン
Hendin ヘンディン*
Hendler ヘンドラー
Hendon ヘンドン*
Hendra ヘンドラ**
Hendrawan
　ヘンドラワン
Hendren ヘンドレン
Hendri ヘンドリ
Hendrian
　ヘンドリアン
Hendrichs
　ヘンドリックス
　ヘンドリヒス
Hendrick
　エンドリック
　ヘリック
　ヘンデリック
　ヘンドリック*
Hendricks
　ヘンドリクス
　ヘンドリックス***
Hendrickse
　ヘンドリクス*
Hendrickson
　ヘンドリクソン**
　ヘンドリックソン*
Hendrickx
　ヘンドリックス*
Hendricxz ヘンドリク
Hendrie ヘンドリー
Hendrik
　エンドリック
　ヘンク
　ヘンドリク**
　ヘンドリクス
　ヘンドリック***
Hendrika ヘンドリカ
Hendrikje
　ヘンドリキエ
Hendriks
　ヘンドリクス*
　ヘンドリックス
Hendriksen
　ヘンドリクセン
　ヘンドリックセン
Hendrikus
　ヘンドリカス**
　ヘンドリクス
　ヘンドリックス
Hendrix
　ヘンドリクス*
　ヘンドリックス
　ヘンドリックス**

Hendry ヘンドリー**
Hendryx
　ヘンドリクス
　ヘンドリックス
Hendy
　ヘンディ
　ヘンディー
Henedi ヘニディ
Heneghan ヘネガン**
Henenlotter
　ヘネンロッター*
Henepola ヘーネポラ
Heneri ヘネリー
Henery ヘンリー
Henes ヘネス
Henestrosa
　エネストローサ
Heng
　ヘン**
　ヘング
Heng-bo ヘンボ
Heng-chee ヘンチー
Hengel ヘンゲル*
Hengelbrock
　ヘンゲルブロック*
Hengen ヘンゲン
Hengest
　ヘンギスト
　ヘンゲスト
Hengeveld
　ヘンゲヴェルド
Hengge ヘンゲ*
Henggeler ヘンゲラー
Hengist ヘンギスト
Heng Jem ヘンジェム
Hengstenberg
　ヘングステンベルク*
　ヘンステンバーグ
Henhöfer
　ヘンヘーファー
Henican ヘニカン
Henie ヘニー
Henig
　ヘニグ
　ヘニッグ*
Heniger ヘニガア
Henik ヘーニック
Henin
　アニン
　エナン**
Heninger ヘニンガー*
Henisch ヘニッシュ*
Heniz ハインツ
Henk ヘンク**
Henke
　ヘンキー
　ヘンク
　ヘンケ**
Henkel ヘンケル***
Henkemans
　ヘンケマンス
Henkes ヘンクス**
Henki ヘンキ
Henkin
　ヘンキン*

ヘンケン
Henkind ヘンキント
Henkine ヘンキン
HenkJan ヘンクジャン
Henkle ヘンクル
Henkys
　ヘンキース
　ヘンキュス
Henle
　ヘンリー
　ヘンル
　ヘンレ
Henlein ヘンライン
Henley
　ヘンリ
　ヘンリー***
　ヘンリイ
　ヘンレー
　ヘンレイ
Henlry ヘンリー
Henman ヘンマン*
Henn ヘン*
Henna ヘンナ
Hennadii
　ヘナジー**
　ヘンナディ
Hennady ヘンナディ
Hennagan ヘナガン
Hennart ヘナート
Henne
　ヘニー
　ヘン
　ヘンネ
Henneberg
　ヘンネベルク
　ヘンネベルグ
Henneberger
　ヘネベルガー
　ヘンネベルガー
Hennebique
　アンヌビク
　エヌビク
　エンビク
Hennecart
　エンヌカール
　ヘンヌカール
Hennecke
　ヘネッケ
　ヘンネケ
Hennekinne
　エヌキヌ
　エヌキン
　エヌキンヌ
　エンキン
Hennelly
　ヘネリー
　ヘンリ
Henneman ヘンネマン
Hennen
　ヘネン
　ヘンネン
Hennenberg
　ヘンネンベルク*
Hennenhofer
　ヘネンホッファー
Hennepin エネパン
Hennequel ヘンケル
Hennequet ヘネケット

Hennequin
　エヌカン
　エネカン
　エンヌカン
　ヘンネッキン
Henner
　アンネル
　エンネル
　ヘナー
Hennerberg
　ヘンネルベリ
Hennes ヘネス
Hennessey ヘネシー
Hennessy ヘネシー***
Henney ヘニー
Hennezel エヌゼル
Hennicke
　ヘニッケ*
　ヘンニッケ
Hennicot-schoepges
　エニコシェプジェス
Hennie ヘニー
Hennig
　エニグ*
　エニッグ
　ヘニッグ
　ヘニッグ
　ヘニッヒ*
　ヘニヒ
　ヘニング
　ヘンニッヒ
　ヘンニヒ
Hennigan ヘニガン
Hennige ヘンニゲ
Henniger ヘニガー
Henning
　ヘニグ
　ヘニヒ
　ヘニン
　ヘニング***
　ヘンニング*
Henningfield
　ヘニングフィールド
Hennings ヘニングス
Henningsen
　ヘニングスン
　ヘニングセン**
Henningson
　ヘニングソン
Hennion エーニョ
Hennique エニック
Hennis ヘニス
Henny
　ヘニー**
　ヘンニ
　ヘンニー
Henoc ヘノク
Henoch
　ヘノッホ
　ヘーノホ
　ヘノホ
Hénon エノン
Henrard ヘンラルド
Henretig ヘンレティグ
Henrey
　ヘンリー
　ヘンリイ

Henri
　アシュ
　アンリ***
　アンリー**
　アンリィ
　イレネー
　ヘンライ*
　ヘンリ**
　ヘンリー***
　ヘンリクス
Henric ヘンリック
Henrich
　アンリク
　ハインリヒ
　ヘンリク
　ヘンリック**
　ヘーンリッヒ
　ヘンリッヒ**
　ヘンリヒ
Henrichs
　ヒンリヒス
　ヘンリックス
　ヘンリッツ
　ヘンリヒス*
Henrichsen
　ヘンリックセン
Henrici
　ヘンリシ
　ヘンリチ
　ヘンリーツィ
　ヘンリッシー
　ヘンリッチ*
　ヘンリッチー
Henrick ヘンリック*
Henricks ヘンリックス
Henricksen
　ヘンリクセン
　ヘンリックセン
Henri-Claude
　アンリクロード
Henricus
　ヘンリクス*
　ヘンリックス
Henrie ヘンリー
Henried ヘンリード*
Henrieta ヘンリエッタ
Henriëtt ヘンリエッタ
Henrietta
　アンリエッタ
　アンリエット
　ヘンリエッタ**
Henriette
　アンリエッタ
　アンリエット***
　エンリエッタ
　エンリオット
　ヘンリエッタ*
　ヘンリエッタ**
Henriëtte
　ヘンリエッテ
　ヘンリエッテ*
Henrik
　ヘンドリック
　ヘンリーク
　ヘンリク***
　ヘンリック***
　ヘンレク
Henrikas
　エンリカス
　ヘンリカス

Henrike ヘンリケ
Henrikh ヘンリク
Henriksen
　ヘンリクセン*
Henrikson
　ヘリクソン
　ヘンリクソン
Henriksson
　ヘンリクソン
Henrion
　アンリオン
　ヘンリオン
Henriot
　アンリオ**
　ヘンリオット
Henrique
　エンリーケ
　エンリケ***
　ヘンリ
　ヘンリー
　ヘンリク
Henriques
　エンリケ
　エンリケス*
　ヘンリクス
　ヘンリケ
　ヘンリーケス*
　ヘンリックス
Henriquez
　アンリケ
　エンリーケス
　エンリケス
Henríquez
　エンリーケス
　エンリケス*
Henritte ヘンリエッテ
Henrot アンロ*
Henrotin
　ヘンローチン
　ヘンローティン
Henry
　アンリ***
　アンリー
　アンリィ
　ハイニー
　ハリー
　ハンク*
　ハンリィ
　ヘイニー
　ヘヌリ
　ヘヌリー
　ヘンリ***
　ヘンリィ
　ヘンリイ**
　ヘンレ
　ヘンレー
Hénry ヘンリー
Henryk
　ヘンリーク*
　ヘンリク***
　ヘンリック**
　ヘンルイク
Henryson
　ヘンリスン
　ヘンリソン
Henry-wilson
　ヘンリーウィルソン
Hens アン

Hensbergen
　ヘンスベルヘン*
Henschel ヘンシェル
Henschell ヘンシェル*
Henschen ヘンシェン
Henschke ヘンシュケ
Hense オンス
Hensel ヘンゼル**
Henseler ヘンゼラー
Henselmann
　ヘンゼルマン
Henselt ヘンゼルト
Hensen ヘンゼン
Henshall
　ヘンシャル
　ヘンショール
Henshaw
　ヘンショー
　ヘンショウ
Hensher ヘンシャー
Hensleigh ヘンズレイ
Hensley
　ヘンスリー**
　ヘンズリ
　ヘンズリー*
　ヘンスレー
　ヘンズレー
　ヘンスレイ
　ヘンズレイ
Henslow ヘンズロー
Henslowe
　ヘンズロー
　ヘンズロウ
Hensman ヘンスマン
Henson
　ヘンスン*
　ヘンソン***
Hensperger
　ハンスバーガー*
　ヘンスバーガー
　ヘンスベルガー
Henssler ヘンスラー
Henstell ヘンステル
Henstock ヘンストック
Henstra ヘンストラ
Henstridge
　ヘンストリッジ*
Hent ヘント
Hentenryk
　ヘンテンリック
Henter ハンター
Hentgen ヘントゲン*
Henthome ヘンソム
Hentig
　ヘンティッヒ**
　ヘンティヒ
Hentoff ヘントフ***
Henton ヘントン
Hentsch ヘンチュ
Hentschel
　ヘンシェル*
　ヘンチェル*
Hentschtl ヘンチェル
Henty ヘンティ
Hentz ヘンツ
Hentze ヘンツェ*

Hentzen ヘンツェン
Hentzi ヘンツィ
Henwood ヘンウッド*
Henz ヘンツ*
Henze ヘンツェ**
Henzen ヘンツェン
Henzi ヘンツィ
Henzler ヘンツラー*
Heo
　ヘオ
　ホ*
Heon-jung
　ヒョンジョン
Heorhy ゲオルギー
Hepburn
　ヘッバーン
　ヘップバーン*
　ヘップバーン
　ヘバン
　ヘプバーン***
　ヘボン*
Heper
　ヘッパー
　ヘパー
Hepetipa ヘペティパ
Hephaestion
　ヘパイスティオン
Hēphaistiōn
　ヘーパイスティオーン
　ハパイスティオン
　ヘファイスチオン
　ヘファイスティオン
Hephaistos
　ヘパイストス
Hepler ヘプラー
Hepner ヘプナー
Hepp ヘップ
Heppe ヘッペ
Heppell ヘッペル
Heppennstall
　ヘプンストール
Heppenstall
　ヘッペンスタール
　ヘプンストール
Hepple ヘップル
Hepplewhite
　ヘップルホワイト
　ヘップルワイト
　ヘプルホワイト
Heppner
　ヘップナー*
　ヘプナー*
Heptaméron
　エプタメロン
Heptinstall
　ヘプティンストール
Heptulla ヘプトゥラー
Hepworth
　ヘップウォース
　ヘプウォス
　ヘプワース*
　ヘプワース*
Heqakheperre
　ヘカケペルラー
Heqamare
　ヘカマアトラー

Her
　ハー
　ヘル
Hera ヘラ
Heracleides
　ヘーラクレイデース
Heracleonas
　ヘラクレオナス
Héraclés エラクレス
Heraclianus
　ヘラクリアヌス
Heraclio エラクリオ*
Heraclitus
　ヘラクレイトス
Heraclius
　ヘラクリウス
　ヘーラクリオス
　ヘーラクレイオス
　ヘラクレイオス
Herah ヘラ
Herail エライユ
Hérail エライユ
Heraklas ヘラクラス
Hēraklâs ヘーラクラス
Hēraklēidēs
　ヘラクレイデス
Hēraklēídēs
　ヘーラクリーデス
Herakleitos
　ヘラクレイトス
Hēraklēitos
　ヘーラクレイトス
　ヘラクレイトス*
Herakleon
　ヘラクレオン
Hērakleon
　ヘーラクレーン
　ヘラクレオン
Herakles
　ヘーラクレース
　ヘラクレス
　ヘルクレス
Heraklides
　ヘラクリーデス
Herald ヘラルド*
Heraldo エラルド*
Heraly ヘラリー
Héran エラン
Herand エーランド
Herander ヘランデル
Herañnakāni
　ヘーランニャカーニ
Herard エラール
Hérard エラール
Herardus
　ヘラルドゥス
Herargi ヘラギ
Heras
　エラス*
　ヘラス*
Herashchenko
　ゲラシチェンコ
Herasimenia
　ヘラシメニア**
Herath
　ヘラ
　ヘラス
　ヘーラット

HER

ヘラット
ヘラト
Herātī ヘラーティー
Heraty ヘラティ*
Héraucourt
　エロクール
Heraud
　エラウ
　ヘロウド*
Hérault エロー
Herb
　ハーブ***
　ハーブ
　ヘルブ
Herba ヘルバ
Herbart
　ヘルバルト
　ヘルベルト
Herbauts エルボー
Herbeck ヘルベック*
Herbecq エルベック*
Herbelot
　エルブロ
　エルベロ
Herbenová
　ヘルベノバー
Herber
　ハーバー
　ヘルバー
Herberay エルブレー
Herberet ハーバート
Herberger
　ヘルベルガー
Herberigs
　エルベリック
Herbermann
　ハーバマン
Herbers
　ハーバード
　ヘルバース
Herberstein
　ヘルベルシュタイン
Herbert
　アルベルト
　エルベール*
　エルベル*
　エルベルト
　ハアバァト
　ハアバート
　ハーバット
　ハーバート***
　ハーバード**
　ハバート
　ハーブ**
　ハーベト
　ハルバルト
　ヒューバート
　ヘリベルトゥス
　ヘルバート*
　ヘルベルト***
　ヘルベルド
Herberto エルベルト*
Herbertson
　ハーバートソン
Herbertz ヘルベルツ
Herbette ヘルベッテ
Herbie ハービー***
Herbig
　ハービッグ*

ハービッグ
ヘルビッヒ
ヘルビヒ*
Herbin エルバン
Herbing ヘルビング
Herbjorg ハルビヨルグ
Herbjørg ハルビヨルグ
Herbjørn ハイルビヤ
Herbold ハーボルド
Herboly ヘルボイ*
Herborth ハーボース
Herbrand エルブラン
Herbst
　ハーブスト**
　ハーブスト
　ヘルブスト**
Herburger
　ヘルブルガー
Herc ハーク
Herclerode
　ハークレロード
Hercovicz
　ヘルコヴィッツ
Herculano
　エルクラーヌ
　エルクラヌ
　エルクラーノ
　エルクラノ
Herculanus
　ヘルクラヌス
Hercule エルキュール
Hercules
　エルキュール
　ヘルキューレス
　ヘルキュレス
　ヘルクレス
Hercun ハーカン
Herczeg ヘルツェグ
Herczog ヘルツォグ
Herd ハード
Herda ヘルダ
Herde ヘルデ
Herdeg ヘルデク
Herdegen
　ヘアデゲン
　ヘアデゲン
　ヘルデーゲン
　ヘルデゲン
Herder
　ヘルダー*
　ヘルデル
Herdert ハーバート
Herding
　ヘルディンク*
Herdman ハードマン*
Herdt
　ハート*
　ヘルト
Héré エレ
Heredia
　エレーディア
　エレディア***
　ヘレディア
Herédia
　エレディア*
　エレディヤ*

Hereford
　ヘリフォード
　ヘレフォード
Heregger ヘレガー
Heremans
　ヘーレマンス
　ヘレマンス
Heremia ヘレミア
Heren ヘレン
Hereniko ヘレニコ
Herennia ヘレンニア
Herennius
　ヘレニウス
　ヘレンニウス
Hérent エラン
Herer ヘラー
Hererimana
　ヘレリマナ
Hereward
　ヘリウォード
　ヘリワード
　ヘレワード
Herf ハーフ
Herfert ヘルファート
Herfindahl
　ハーフィンダール
Herfindal
　ハーフィンダル
　ヘンフィンダール
Herfkens ヘルフケンス
Herford
　ハーフォート
　ハーフォード
　ハーフォド
Herge エルジェ
Hergé エルジェ**
Hergenrader
　ハーゲンレイダー
Hergenröther
　ヘルゲンレーター
Herger ヘルガー
Hergert ハーガート
Herges ハージェス
Hergesell
　ヘールゲゼル
　ヘルゲゼル
Hergesheimer
　ハーゲスハイマー*
Herget ハーゲット
Hergli ヘルグリ
Herglotz ヘルグロッツ
Hergot ヘルゴット
Hergott エルゴ
Herhermaat
　ヘルウヘルマアト
Herhon ハーション
Heri ヘリ
Heriat エリア
He'riat
　エリア
　エリヤ
Hériat エリヤ
Heribert
　ヘーリベルト
　ヘリベルト**
　ヘリベルトゥス

ヘルベルトゥス
Heriberte ヘルベルタ
Heriberto
　エリベルト
　ヘリベルト
Hericourt エリクール
Hérier エリエ
Herig ヘリッヒ
Herigone エリゴン
Herik ヘリック
Herilanto エリラント
Hērillos ヘリロス
Herincx ヘリンクス
Hering
　ヘーリング
　ヘリング*
Héring
　エラン
　ヘリング
Heriot ヘリオット
Hērippidas
　ヘリッピダス
Heriques エンリケス
Héris エリス
Hérisson
　エリソン
　エリッソン
Heritage
　ヘリテイジ
　ヘリテッジ
Héritier
　エリチエ
　エリティエ
Herivelona エリブルナ
Herk ハーク
Herken ハーケン
Herkenne
　ヘーアケンネ
Herkert ハーカート
Herkimer ハーキマー
Herkner ヘルクナー
Herkomer
　ハーカマー
　ハーコマー
　ヘルコマー
Herland ハーランド
Herlands ハーランズ
Herleroy エルルロア
Herley ハーレイ
Herlie ハーリー
Herlihy
　ハーリハイ
　ハーリヒー
　ハーリヒイ**
Herlin
　ヘルリーン
　ヘルリン
Herlinde ヘルリンデ
Herling ハーリング
Herlitz ヘルリッツ
Herlitzius
　ヘルリツィウス*
Herlitzka ヘルリッカ
Herlonde ハーロンド
Herlth ヘルルト

ヘルベルトゥス
Heriberte ヘルベルタ
Herm ヘルム*
Herma ヘルマ
Hermaeus
　ヘルマイオス
Hermagoras
　ヘルマゴラス
Herman
　エルマン*
　ハーマン***
　ハーム
　ヘアーマン
　ヘアマン
　ヘルマン***
　ヘンルマン
Heřman ヘルジュマン
Hermana エルマナ
Hermand ヘルマント*
Hermanek
　ヘルマネック
Heřmánek
　ハーマネック
Hermangild
　ハーマンギルド
Hermanin エルマニン
Hermann
　エルマン
　ハーマン**
　ハルマン
　ヘルマン***
Hermanna ヘルマナ
Hermanns
　ヘルマンス*
Hermannsson
　ヘルマンソン**
Hermannus
　ヘルマヌス
　ヘルマン
　ヘルマンヌス
Hermano
　エルマノ
　ヘルマーノ
Hermanos
　エルマーノス
Hermans
　ハーマン
　ハーマンス
　ハーマンズ
　ヘルマンス**
Hermansen
　ハーマンセン*
Hermanson
　ハーマンソン
Hermansson
　ハーマンソン
　ヘルマンソン
Hermant エルマン
Hermanus
　ヘルマニュス
　ヘルマヌス
Hermarkhos
　ヘルマルコス
Hermas ヘルマス
Hermassi ヘルマッシ
Hermawan ヘルマワン
Herme エルメ
Hermé エルメ*
Hermeias ヘルミアス

Hermeiās
　ヘルメイアス
Hermeías　ヘルミアス
Hermeíou
　ヘルメイウー
Hermel
　エルメール
　エルメル
　ハーメル
Hermelin　ハームリン
Hermelinda
　エルメリンダ
Hermelink
　ヘルメリンク
Hermen
　エルメン
　ハーマン
Hermenegildo
　エルメネヒルド
　ヘルメネヒルド
Hermenegildus
　ヘルメネギルドゥス
Hermenilgido
　ヘルメニルギド
Hermes
　エルメス
　ハーミース
　ハーミーズ
　ハーミス*
　ヘルメス*
Hermés　エルメス*
Hermès　エルメ
Hermēsianax
　ヘルメーシアナクス
　ヘルメシアナクス
Hermias　ヘルミアス
Hermías　ヘルミアス
Hermida
　エルミダ
　ハーミダ
Hermida Ramos
　エルミダラモス
Hermila　ヘルミラ
Hermina　ヘルミナ*
Hermína　ヘルミーナ
Hermine
　ヘルミーネ
　ヘルミネ
Herminia
　ハーミニア*
　ヘルミニヤ
Herminie　エルミニ
Herminio　エルミニオ*
Hermione
　ハーマイアニ
　ハーマイオニ*
　ハーミオーネ
　ハーミオン
Hermionē　ヘルミオネ
Hermippos
　ヘルミッポス
Hermisson
　ヘルミッソン
Hermite　エルミート
Hermlin
　ヘルムーリン
　ヘルムリーン**
　ヘルムリン

Hermodoros
　ヘルモドーロス
　ヘルモドロス
Hermogenes
　ヘルモゲネス
Hermogenēs
　ヘルモゲネス
　ヘルモヘネス
Hermogenès
　ヘルモゲネス
Hermogenianus
　ヘルモゲニアヌス
Hermoklēs
　ヘルモクレス
Hermokratēs
　ヘルモクラテス
Hermon　ハーモン
Hermosilla
　エルモシーヤ
Hermosillo
　エルモシジョ
Hermoza　エルモサ
Herms　ハームス
Hermsen　ハームセン
Hermut　ヘルムート
Hermuth　ヘルムート
Hern
　ハーン*
　ヘルン
Hernacki
　ハーナッキー*
Hernádez
　エルナンデス
Hernadi　ヘルナーディ*
Hernaes　ヘルネス
Hernáiz　エルナイス
Hernan
　エルナン**
　ヘルナン
Hernán
　エルナン**
　エルナンド
Hernandes
　エルナンデス
Hernandez
　エルナンデス***
　フェルナンデス
　ヘルナンデス***
Hern'andez
　エルナンデス
Hernández
　エルナンデス***
　ヘルナンデス*
Hernàndez
　エルナンデス
Hernández Alcerro
　エルナンデスアルセロ
Hernández Mack
　エルナンデスマック
Hernandez Paumier
　エルナンデスパウミエル
Hernandez Rios
　エルナンデスリオス
Hernandez Uscanga
　エルナンデスウスカンガ
Hernando
　エルナンド
　ヘルナンド

Hernane　エルナーネ
Hernanes　エルナネス
Hernangomez
　エルナンゴメス
Hernani
　エルナニ
　エルナーニ
　ヘルナニ
Hernâni　エルナニ
Hernanz　エルナンス
Hernanz Agueira
　エルナンスアゲリア
Herndon
　ハーンダン
　ハーンドン**
Herne　ハーン
Herneck　ヘルネック
Hernek　エルネック
Hernes　ヘルネス
Hernesto　エルネスト
Hernits　ヘルニッツ
Hernon　ハーノン*
Hernton　ハーントン
Hernu　エルニュ*
Hero　ヒーロー*
Hērō　ヘロ
Herod　ヘロデ
Hērōdas　ヘロダス
Herodes
　ヘロデ
　ヘローデース
　ヘロデス
Hērōdēs
　ヘロデ
　ヘロデス
Hērōdianos
　ヘロディアヌス
　ヘロディアノス
Hērōdiānos
　ヘーローディアーノス
　ヘロディアノス
Hērōdias
　ヘロディア
　ヘロディアス
　ヘロデヤ
Herodikos
　ヘロディコス
Hērōdoros　ヘロドロス
Hērōdotos
　ヘーロドトス
　ヘロドトス
Herodotus
　ヘロドタス
　ヘーロドトス
　ヘロドトス
Herod's　ヘロデ
Heroepoetri
　ヘロエポエトリ
Héroët　エロエ
Hérol　エロール
Herold
　エロルド
　ヘロルト
　ヘロルド*
Hérold　エロルド

Heroles　エロレス
Heron
　ヒーロン
　ヘラン
　ヘロン***
Herón　ヘロン
Herondas
　ヘーローンダース
　ヘロンダース
Hērōndās
　ヘロダス
　ヘーローンダース
　ヘロンダス
Herophilos
　ヘロフィロス
Hérouin　ハーウィン
Héroult　エルー
Heroux　ハーロウ
Herpell　ヘルペル
Herpertz　ヘルパーツ
Herpham　ハーパム
Herpin　エルパン
Herr
　エール
　ハー**
　ヘル
Herrad　ヘルラート
Herrade　ヘラデ
Herrand　エラン
Herrath　ヘラート
Herrchen
　ハーチェン
　ヘルヒェン
Herre
　ヘア
　ヘレ
Herregods　ヘレゴッズ
Herren
　エラン
　ヘーレン
　ヘレン
Herrenkohl
　ヘレンコール
Herrera
　エレーラ*
　エレラ***
　ハーレラ
　ヘレーラ**
　ヘレラ
Herrerin　エレリン
Herrero
　エレーロ
　エレロ
　ヘレロ*
Herreros
　エレーロス
　エレロス
Herrerra　ヘレーラ
Herreweghe
　ヘレヴェッヘ*
　ヘレベッヘ
Herrgesell　ハーグセル
Herrgott　ヘルゴット
Herrhausen
　ヘルハウゼン
Herri　ヘリ
Herrick　ヘリック*

Herridge　ヘリッジ
Herrier
　ハーリアー
　ヘリアー
Herries　ヘリス*
Herrigel　ヘリゲル*
Herriman　ヘリマン
Herrin　ヘリン
Herring
　ハーリング
　ヒーリング**
　ヘーリング*
　ヘリング**
Herrington
　ヘリントン*
Herriot
　エリオ*
　エリオー
　ヘリオット**
Herriott　ヘリオット*
Herrlich　ヘアリッヒ
Herrligkoffer
　ヘルリッヒコッファー
　ヘルリヒコッファー
Herrlinger
　ヘルリンガー
Herrman
　ハーマン
　ヘルマン
Herrmann
　エルマン
　ハーマン**
　ヘアマン
　ヘルマン**
Herrndorf
　ヘルンドルフ**
Herrnschmidt
　ヘルンシュミット
Herrnstein
　ハーンスタイン
　ハーンスタイン
　ヘアンスタイン
Herron
　ハーロン
　ハロン*
　ヘロン**
Herrtage　ヘルテージ
Herrymon　ヘリモン
Hersant　エルサン
Hersart　エルサール
Hersch
　エルシュ
　ハーシュ
　ヘルシュ
Herschbach
　ハーシュバック**
　ハーシュバッハ
Herschdorfer
　ヘルシュドルファー
Herschel
　ハーシェル**
　ハーシャル
　ヘスケル
　ヘルシェル
　ヘルセル
Herschlag
　ハーシュラッグ
Herschmann
　ヘルシュマン

H

Herscovici エルスコヴィシ
Herscovitch ヘルソビッチ
Hersen ハーセン*
Hersent エルサン / ヘルセント
Herseth ハーセス*
Hersey ハーシ / ハーシー** / ハージー / ハーシィ / ハーゼー / ハーセイ / ヘルゼー
Hersfeld ヘルスフェルト
Hersh ハーシュ* / ヒルシュ / ヘルシュ
Hershberger ハーシュバーガー
Hershel ハーシェル**
Hershewe ハーシーウィー
Hershey ハーシ / ハーシー*** / ハーシェイ
Hershfield ハーシュフィールド
Hershiser ハーシャイザー / ハーシュハイザー* / ハースハイザー
Hershko ハーシュコ* / ヘルシュコ
Hershkovits ハーシュコヴィッツ
Hershkowitz ヘルシュコビッチ
Hershman ハーシュマン**
Hershner ハーシュナー
Hershock ハーショック
Hersholt ハーショルト
Hershy ハーシー
Hersi ヘルシ
Hersin エルサン
Hersko ヘルスコ
Herskovic ヘルスコビッチ
Herskovits ハースコヴィッツ / ハースコヴィッツ / ハースコビッツ / ヘルスコヴィッツ / ヘルスコヴィッツ
Herskovitz ハースコヴィッツ
Herskowitz ハスコウィッツ
Hersleb ヘルスレブ
Hersony エルソニー

Hersov ハーソフ / ハーソブ
Herstatt ヘルシュタット
Hersted ヒエストゥッド
Hert ヘルト
Herta ハータ / ヘルタ** / ヘルダ
Hertel ハーテル / ヘルテル
Hertenstein ハーテンステイン
Herter ハーター
Hertha ハータ / ハールシャ / ヘルタ**
Hertica ハーティカ
Hertig ヘルティッヒ
Herting ハーティング
Hertlich ヘルテリッヒ
Hertling ヘアトリング / ヘルトリンク / ヘルトリング
Hertmans ヘルトマンス
Hertner ハートナー
Hertog ハートッホ
Herts ハアツ
Hertsens エルッサン
Hertsgaard ハーツガード*
Herttrich ヘルトリヒ
Hertwig ヘルトヴィッヒ / ヘルトウィヒ / ヘルトヴィヒ
Herty ハートリー
Hertz エルツ* / ハーツ** / ヘアツ / ヘルツ*
Hertzberg ハーツバーグ / ヘルツベリ / ヘルツベルク
Hertzberger ヘルツベルガー / ヘルツベルハー
Hertzel ハーツェル
Hertzen ヘルツェン
Hertzfeld ハーツフィールド / ハーツフェルド
Hertzfeldt ハーツフェルト
Hertzka ヘルツカ
Hertzler ハーツラー
Hertzog エルツオグ / ヘルツォーク

ヘルツォーグ / ヘルツォホ
Hertzsch ヘルチ / ヘルチュ
Hertzsprung ヘルツシュプルング* / ヘルツスプルング
Herui ヘルイ
Heruka ヘールカー
Herumina ヘルミナ
Herunga ヘルンガ
Heruy ヘルイ
Hervaeus ヘルヴァエウス
Herve エルヴェ* / エルベ**
Hervé エルヴェ*** / エルヴェー / エルベ*
Hervé エルベ
Hervéou ヘルボー
Hervetus ヘルヴェトゥス
Herveus ヘルヴェーウス / ヘルヴェウス
Hervey エルヴェ / エルベ / ハーヴィ / ハーヴィー* / ハーヴェイ / ハーベイ**
Hervieu エルヴィウ / エルヴィーユ / エルヴィユ / エルヴィユウ / エルヴュー* / エルビュー
Hervin エルヴァン
Herwarth ヘアヴァルト / ヘルヴァルト*
Herwegen ヘルヴェーゲン
Herwegh ヘルウェーク / ヘルヴェーク / ヘルベーク
Herwerden ヘルヴェルデン
Herwig ハーヴィグ / ハーウィッグ / ヘルヴィック / ヘルヴィッヒ* / ヘルヴィヒ
Herwijnen ヘルウィネン
Hery ヘリー*
Héry エリー
Herz エルツ / ハーズ / ハーツ*

ヘルツ**
Herzberg ハーズバーグ* / ハーツバーグ / ヘルツバーグ* / ヘルツベルク / ヘルツベルグ
Herzberger ヘルツバーガー
Herzen ゲルツェン / ヘルツェン
Herzenberg ハーツェンバーグ* / ヘルツェンバーグ
Herzfeld ハーツフェルド* / ヘルツフェルト* / ヘルツフェルド
Herzfelde ヘルツフェルデ / ヘルツフェルド
Herzi ヘルジ
Herzig ハージグ / ハージッグ / ハーツイグ / ヘルツィヒ
Herzing ハージング
Herzka ヘルツカ
Herzl ヘルツェル / ヘルツル**
Herzlich エルズリッシュ / ハーツリッチ
Herzlieb ヘルツリープ
Herzlinger ヘルツリンガー**
Herzmanovsky ヘルツマノヴスキィ / ヘルツマノフスキー
Herzog エルゾーグ** / エルツォーグ* / ハーゾグ / ハーゾッグ / ハーツォーク* / ハーツォグ / ヘアツォーク / ヘアツォグ / ヘルソグ / ヘルツォーク*** / ヘルツォーグ* / ヘルツォク / ヘルツォグ* / ヘルツォッグ
Herzogenberg ヘルツォーゲンベルク
Herz-Sommer ヘルツゾマー
Herzstein ハーズスタイン / ハーツスタイン
Herzum ヘルツム
Hesba ヘスバ* / ヘブサ
Hesburgh ヘスバーグ*

Heschel ヘシェル / ヘスケル / ヘッシェル*
Hesdin エダン
Hesdorffer ヘスドルファー
Hesekiel ヘゼキール
Heselden ヘセルデン*
Heseltine ヘズルティン / ヘーゼルタイン*
Heshaam ヘシャーム
Heshko ヘシコ
Hesi ヘシ
Hesilrig ヘイズルリグ / ヘージルリグ / ヘジルリッジ / ヘーズルリッグ / ヘーゼルリッグ
Hesilrige ヘジルリッジ
Hesiodos ヘーシオドス / ヘシオドス
Hēsiodos ヘーシオドス / ヘシオドス
Hesiodus ヘシオドス
Hēsionē ヘシオネ
Hesius ヘジウス
Heska ヘスカ
Hesketh ヘスキース / ヘスキス* / ヘスケス*
Heskett ヘスケット
Heskey ヘスキー*
Heslam ヘスラム
Heslin ヘスリン
Heslinga ヘスリンガ
Heslip ヘスリップ
Heslop ヘスロップ* / ヘズロップ / ヘスロブ
Heslov ヘスロヴ / ヘスロフ
Hesnard エスナール
He-sook ヘスク
Hesook ヘスク
Hesp ヘスプ
Hespe ヘスペ
Hesperia エスペリア
Hespériès エスペリエス
Hess エス* / ヘス** / ヘッス
Heß ヘス
Hessa ヘッサ
Hessayon ヘッスィヤン
Hesse ヘス**

ヘッシ
ヘッセ***
Hessekiel ヘッセキエル
Hessel
　エセル*
　ヘッセル*
Hesselbein ヘッセルバイン*
Hesselberg
　ヘッセルベルグ
Hesselgren
　ヘッセルグレン
Hesseling ヘセリング
Hesselink
　ヘスリンク*
　ヘッセリンク**
Hessell ヘッセル
Hessels ヘッセルス
Hesseman
　ヘスマン
　ヘセマン
Hessen ヘッセン*
Hessenberg
　ヘッセンバーグ
Hessenland
　ヘッセンラント
Hesser ヘッサー**
Hessert
　ヘッサート
　ヘッセルト
Heßhus ヘスフス
Heßhusen
　ヘスフーゼン
Hessian ヘシャン
Hessing ヘッシング
Hessinger
　ヘッシンガー
Hession ヘッション
Hessler ヘスラー*
Hesslich ヘスリッヒ
Hessling
　エスラン
　ヘスリング
Hessman ヘスマン*
Hessmiller ヘスミラー
Hesso ヘッソ
Hessou ヘス
Hessus
　ヘスス
　ヘッスス
Hest ヘスト
Hestenes ヘステネス*
Hester
　ヘスタ
　ヘスター***
　ヘスタア
Hesterberg
　ヘスターベルク
Hesterly ヘスタリー
Hesting ヘスティング
Heston ヘストン***
Hestor ヘスター
Hestrie ヘストリー
Hesung ヘソン
Hesychios
　ヘシュキオス
Hesýchios
　ヘシュキオス
Hësychios
　ヘーシュキオス
　ヘシュキオス
Hesz ヘス
Het ヘット
Hetcamp ヘットカンプ
Hetemaj ヘテマイ
Hetényi ヘテニュイ
Hetep ヘテプ
Hetepheres
　ヘテプヘレス
Hetepibre
　ヘテピブラー
Hetfield
　ヘットフィールド*
Hetherington
　ヘザリングトン
　ヘザーリントン*
　ヘザリントン**
Hetherly
　ヘザリ
　ヘザリー
Hetherwick
　ヘザーウィック
Hethmon ヘスマン*
Hethum
　ハイトン
　ヘトゥム
Hetland
　ヘトラン**
　ヘトランド
Hetling ヘトリング
Hetsch ヘッチュ*
Hett ヘット
Hettche ヘッチェ
Hetterle ヘッテルレ
Hettich
　ヘチッヒ
　ヘティッヒ**
Hettie
　ヘイティ
　ヘッティ
　ヘッティー
Hettinger
　ヘッティンガー
　ヘティンガー
　ヘティンジャー*
Hettlinger
　ヘトリンガー
Hettner
　ヘットナー*
　ヘットネル
Hetto-gaasch
　ヘットガーシュ
Hetts ヘッツ
Hetty
　ヘッティ
　ヘティ*
Hetz ヘッツ
Hetzel
　エッツェル
　ヘッツェル*
Hetzenauer
　ヘッツェナウアー
Hetzer
　ヘッツァー
Hetzker ヘッツァー
ヘッツア
Hetznecker ヘツネカー
Heubach ヒューバヒ
Heubaum ホイバウム
Heuberger
　ホイベルガー*
Heuch ホイク
Heuchan フーチャン
Heuck
　ホイク**
　ホイック
Heucke ホイケ
Heudebert
　ヒューデベール
Heuer
　ヘウアー
　ホイエル
　ホイヤー
Heuerman ホイアマン
Heuermann
　ホイエルマン
Heuet ウエ
Heuft ホイフト
Heuga ヒューガ
Heugel
　ウージェル*
　ホイゲル
Heugten ヒューフテン
Heukelom フーケロム
Heukenkamp
　ホイケンカンプ
Heukrodt
　ホイクロット
Heumann
　ヒューマン
　ホイマン**
Heunen ヒューネン
Heung
　フン
　ホイング
Heung-chul フンチル
Heung-hwa フンファ
Heung-kyu フンギュ
Heung-min フンミン
Heung-Moon フンムン
Heung-soo フンス*
Heung-Soon フンスン
Heung-woo フンウ
Heunicke ホイニケ
Heureaux ウロー
Heurelho エウレリョ
Heurlie エウルリエ
Heurtaux
　ウトー
　ウルトー
Heurtebis
　ウールテビス
Heurtelou ハーテルー
Heurtin ウルタン
Heusch ウーシュ*
Heuschele ホイシェレ
Heuscher ホイシャー
Heusen ヒューゼン*
Heuser
　ハウザー
　ホイザー
　ホイゼル
Heusghem ホイスヘム
Heusinger
　ホイジンガー**
Heusken ヒュースケン
Heusler
　ホイスラー*
　ホイッスラー
Heuss ホイス*
Heussenstamm
　ホイセンスタム
Heusser ホイザー
Heussi
　ホイシ
　ホイシー
Heussner ホイスナー
Heutsz ヒューツ
Heuvel
　ヒューヴェル
　ヒューフェル
　フーベル
　ホイフェル*
　ホーヴェル
Heuvelink
　フーヴェリンク
Heuvelmans
　ユーヴェルマンス
Heuvelt フーヴェルト
Heuvers
　ホイヴェルス*
　ホイベルス
Heuwell ヒューエル
Heuwold ホイヴォルト
Heuze ウーゼ
Heuzey ウーゼー
Hevelius
　ヘヴェリウス
　ヘベリウス
Hevesi ヘヴェジィ
Hevesy
　エヴジイ
　ヘヴェシ
　ヘヴェシー
　ヘベシ
　ヘベシー
Hevey ヒーヴィー
Hevier
　ヘヴィエル
　ヘビエル
Hevín エヴァン
Hévin エヴァン*
Hevner ヘブナー
Hevron ヘブロン
Hew ヒュー
Hewald ヘワルド
Hewalds ヘワルドゥス
Heward
　ヒュアード
　ヒューワード*
　ヒュワード
Hewardt ヒューアード
Hewat ヒューワット
Hewer ヒューアー
Hewes ヒューズ*
Hewesson
　ヒュウェッソン
Hewetson
　ヒューエットソン
　ヘヴェトソン
Hewett
　ヒューイット
　ヒューウェット
　ヒュウエット
　ヒューエット*
　ヘウェット
Hewins
　ヒューインス
　ヒューインズ*
　ヒュインズ
　フィーンズ
Hewish
　ヒューイッシュ**
　ヒュイッシュ
　ヒューウィッシュ
　ヘウィッシュ
Hewison
　ヒューイスン
　ヒューイソン
Hewit ヒューイット
Hewitt
　エヴィット
　エビット
　ヒーヴィット
　ヒューイット***
　ヒュイット
　ヒューウィット*
　ヒューエット
　ヘウィット
Hew Len ヒューレン*
Hewlett
　ヒューリット
　ヒューレット**
Hewlette
　ヒューレット*
Hewley ヒューレイ
Hewlin ヒューリン
Hewllett ヒューレット
Hewson
　ヒュースン
　ヒューソン***
Hewstone
　ヒューストン
Hext ヘクスト*
Hexter ヘクスター
Hexum ヘクサム
Hey
　ハイ*
　ヘイ
Heyburn ヘイバーン
Heyck ハイク
Heyd ハイト*
Heydar ヘイダル**
Heydar ヘイダル
Heydarov ヘイダロフ
Heyde ハイデ*
Heydé ハイデ
Heydebrand
　ハイデブラント
Heydebreck
　ハイデブレック
Heydemark
　ハイデマーク

H

Heyden ヘイデン
ハイデン**
ヘイデン*
ヘーデン
Heydenreich ハイデンライヒ
Heyder ヘイダー
Heydkamp ヘイドカンプ
Heydon ヘイドン*
Heydorn ヘイデン
Heydrich ハイドリヒ
Heydron ハイドロン
Heydt ハイト
ヘイト
ホイト
Heyduck ハイドゥック
ヘイドゥク
ヘイドゥック
Heyduk ヘイドゥク
Heyel ヘイエル
ヘイル
Heyer ハイア
ハイアー
ヘイア
ヘイアー
ヘイヤー*
ヘイヤール
Heyerdahl ハイエダール
ハイエルダール
ハイヤダール
ヘイエルダ
ヘイエルダール***
Heyermans ハイエルマンス
Heyes ハイエス
ヘイズ*
Heygate ヘイゲイト
Heyhoe ヘイホー
Heykens ハイケンス
Heyl ハイル*
ヘイル
Heylen エイレン
ヘイレン
Heylin ヘイリン
Heyling ハイリング
Heylyn ヘイリン
Heym ハイム***
Heyman ハイマン**
ヘイマン**
Heymann エイマン*
エマン
ハイマン**
ヘイマン*
Heymans ハイマンス*
ハイマンズ
ヘイマン

ヘイマンス
Heymel ハイメル
Heymsfeld ヘイムスフェルド
Heymsfield ハイムズフィールド
Heyn ハイン*
ヘイン
Heynaman ヘインマン
Heynckes ハインケス*
Heyne ハイネ**
ヘイン*
Heyneke ハイネケ
Heyneman ヘインマン
Heynemann エヌマン
Heynen ヘイネン
Heynes ヘインズ
Heynicke ハイニッケ
Heyningen ハイニンゲン
Heynlin ハインリーン
Heyns ヘインズ*
He-yong ヘヨン
He-young ヘヨン
Heyoung ヘヨン
Heyrovsky ヘイロウスキー
ヘイロフスキー
Heyse ハイゼ**
Heysen ハイセン
Heytesbury ヘイツベリ
ヘーティスベリ
Heyting ハイティング
ヘイティング
Heyward ヘイワード**
ヘーワード
Heywood ヘイウッド***
ヘーウッド
Heyworth ヘイワース
Heyzer ヘイザー
Hezekia ヘゼキア
Hezekiah エゼキア
ヒゼキア
ヘジカイア
ヘゼキカイア
ヘゼキア
Hezekías エヒズキヤ
ヒズキヤ
ヒゼキア
ヒゼキヤ
Hezonja ヘゾニャ
Ḥgyur-med ギュルメ
Hi ハイ
ヒ
ヒィ
Hiaasen ハイアセン**

ハイアッセン
Hiam ハイアム*
Hian ヒアン
Hiar ヒエル
Hiarma ヒヤルマ
Hiasat ヒアサート
Hias'l ヒアスル
Hiatt ハイアット**
ヒアット
Hiawatha ハイアワサ
Hiawyn ハイアウィン*
ハーウィン*
Hibatullah ハイバトゥラ
Hibbard ヒッパード
ヒパード*
Hibben ヒッブン
ヒッベン
Hibberd ハイバード
ヒパード
ヒバド
Hibbert ヒッパート*
ヒパート***
ヒベルト
Hibbett ヒベット**
Hibbin ヒビン
Hibbler ヒブラー
Hibbs ヒッブス*
Hiber イベア
Hibert ヒパート
Hibler ハイブラー
ヒブラー
Hibra ヒブラ
Hiby ヒビー*
Hicetas イケタス
Hicham ヒシャム*
Hichens ヒチェンズ
ヒッチェンズ
Hichert ヒッヒェルト
Hichilema ヒチレマ
Hi-chull ヒチョル
Hicintuka ヒシントゥカ
Hick ヒック***
Hickam ヒッカム*
Hickcox ヒコックス
Hickel ヒッケル*
Hickenlooper ヒッケンルーパー*
Hickerson ヒッカーソン
Hickes ヒックス*
Hickey ヒッキ
ヒッキー**
ヒッキィ
ヒッケイ

Hickingbotham ヒッキンバサム
Hickling ヒックリング*
Hickman ヒックマン***
Hickmann ヒックマン
Hickok ヒコック*
ヒッコク
Hickox ヒコックス*
ヒックコックス
Hicks ヒックス**
Hickson ヒクソン**
ヒックソン
Hicock ヒコック
Hidalgo イダルゴ***
ヒダルゴ*
Hidalgó ヒダルゴ
Hidasi ヒダシ
Hidayat ヒダヤット
ヒダヤト**
Hidāyat ヒダーヤット
ヘダーヤト
Hidayatullah ヒダーヤットゥラ
Hidayet ヒダイエット
ヒディエット*
Hidde ヒッデ
ヒド
Hiddink ヒディンク**
Hiddleston ヒドルストン*
Hide ハイド
Hidegkuti ヒデクチ
Hideko ヒデコ
Hidell ハイデル
Hides ハイズ
ハイデス
ハイド
Hidilyn ヒディリン
Hidipo ヒディポ
ヒディポ
Hidley ヒンドレイ
Hidulf ヒドゥルフ
Hidulphe ヒドゥルフ
Hidup ヒイドゥップ
Hidvegi ヒドゥベギ
Hieatt ハイアット
Hiebeler ヒープラー
ヒーベラー
Hiebert ヒーパート*
Field ヒールド
Hielscher ヒールシャー
Hiem ヒエム
Hiempsal ヒエムプサル

ヒエンプサル
Hien イエン
ヒエン*
Hieneman ハイネマン
Hieng Ding ヒーンディン
Hienger ヘンガー
Hienrichs ヘンリックス
Hiep ヒエプ
ヒエプ
ヘプ*
Hiệp ヒエプ
Hieracas ヒエラカス
Hierax ヒエラクス
ヒエラックス
Hieremias ヒエレミアス
Hierl イール
Hierocles ヒエロクレース
ヒエロクレス
Hierokles ヒエロクレス
Hieroklēs ヒエロクレース
ヒエロクレス
Hieromim ヒエロニム
Hieron ヒエロン
Hierōn ヒエローン
ヒエロン
Hieronim ヒエロニム
Hieronimus ヒエロニムス
Hieronymo ヒエロニモ
Hieronymos ヒエロニムス
ヒエロニモス
ヒエロニュモス
Hieronymous ヒエロニムス
Hieronymus ヒエロニームス
ヒエロニムス**
ヒエロニュームス
ヒエロニュムス*
ヒエロニュモス
ヒーロニムス
Hieronymussen ヒロニムッセン
Hierosólyma イェルサレム
Hierotheos ヒエロテオス
Hierro イエッロ
イエロ*
Hiers ハイアース
Hiesinger ヒーシンガー
Hietamis ヒエタミエス
Hietanen ヒエタネン
Hietaniemi ヒエタニエミ

Hietbrink
ヒートブリンク
Hietpas ヒートパス
Hiett ハイエット
Hieu
ヒェウ
ヒエウ
ヒエン
ヒュー*
ヒュウ
Hifikepunye
ヒフィケプニェ**
Higa イガ*
Hi-gab ヒカブ
Higashi ヒガシ
Higbe ヒグビー
Higbee ヒグビー
Higden ヒグデン
Higdon ヒグドン
Higelin
イジュラン*
ヒゲリン
Higginbotham
ヒギンボウサム
ヒギンボタム
Higginbottom
ヒギンボトム*
Higgins
ヒギンス*
ヒギンズ***
ヒッギンス
ヒッジンス
Higginsen ヒギンセン
Higginson
ヒギンスン
ヒギンソン**
Higgott ヒゴット
Higgs
ヒグス
ヒッグス**
ヒッグズ*
High
ハーイ
ハイ*
Higham
ハイアム**
ハイガム
Highbaugh ハイボー
Highbridge
ハイブリッジ*
Highet ハイエット*
Highfield
ハイフィールド*
Highland ハイランド
Highleyman
ハイリーマン
Highmore ハイモア*
Highsmith
ハイスミス**
Hight ハイト
Hightower
ハイタワー**
Highwater
ハイウォーター**
Highway ハイウェイ*
Higini イヒニ

Higinio イヘニーオ
Higino
イジーノ
ヒギノ
Higman ヒッグマン
Higne ヒニュ
Hignett ヒグネット
Higonnet
イゴネ
ヒゴネット
Higounet
イグーネ
イグネ
Higson ヒグソン*
Higton ヒットン
Higuain イグアイン*
Higuchi ヒグチ
Higuero イゲロ
Hijazi
ヒジャージ
ヒジャジ
Hijāzī ヒジャーズィー
Hijgenaar
ヘイヘナール
Hijiya ヒジヤ*
Hijuelos
イフエロス**
ヒジュロス
Hika
ヒーカ
ヒカ
Hikádi ヒカディ
Hikam ヒカム
Hiken ハイケン
Hikmat ヒクマット**
Hikmatullozoda
ヒクマットゥッロゾダ
Hikmet
ヒクメット**
ヒクメト**
Hikmete ヒキメテ
Hila
ハイラ
ヒラ
Hilai ヒライ
Hilaire
イレール***
ヒレーア
ヒレア**
ヒレアー
ヒレール
Hilal
ヒラール
ヒラル
Hilāl ヒラール*
Hilāl ヒラール
Hilālī ヒラーリー
Hilaria ヒラリア*
Hilarianus
ヒラリアヌス
Hilarin ヒラリーン
Hilario
イラーリオ
イラリオ
ヒラリオ

Hilarion
イラリオン
ヒラリオン
Hilarión イラリオン
Hilarius ヒラリウス*
Hilarus ヒラルス
Hilary
ヒラリ
ヒラリー***
ヒラリイ
Hilayel ヒライエル
Hilb ヒルブ*
Hilbeck ヒルベック
Hilberg ヒルバーグ**
Hilbers ヒルバース
Hilberseimer
ヒルバーザイマー
ヒルバースアイマー
ヒルベルザイマー
ヒルベルスアイマー
Hilbert
ヒルバート*
ヒルベルト**
Hilbery ヒルベリー
Hilbig
ヒルビッヒ
ヒルビヒ
Hilborn ヒルボーン*
Hilborne ヒルボーン*
Hilbrand ヒルブラント
Hilburn ヒルバーン
Hild ヒルド
Hilda
ヒルダ**
ヒルダ***
ヒルド
Hildach ヒルダッハ
Hildanus ヒルダヌス
Hilde
ヒルデ**
ヒルド
Hildebad ヒルデバド
Hildebert
ヒルデベール
ヒルデベルト
ヒルデベルトゥス
Hildebidle
ヒルデビドル
Hildebrand
イルドブラン
ヒルデブラント**
ヒルデブラント
Hildebrandson
ヒルデブランズソン
ヒルデブラントソン
Hildebrandt
ヒルデブラント***
Hildegard
ヒルデガード**
ヒルデガルト***
ヒルデガルト*
Hildegarde
イルドガルド
ヒルデガード*
ヒルデガルト
Hildegardo
ヒルデガルド

Hildegundis
ヒルデグンディス
Hildemann ヒルデマン
Hildenberg
ヒルデンベルグ
Hildenbrand
ヒルデンブラント
ヒルデンブランド
Hildeprand
ヒルデブラント
Hilder ヒルダー
Hilderaldo
イルデラウド
Hilderic ヒルデリック
Hildesheim
ヒルデスハイム
Hildesheimer
ヒルデスハイマー**
Hildgartner
ヒルドガルトナー
Hildi ヒルディ
Hildick
ヒルディック**
Hilding ヒルディング
Hildmann ヒルデマン
Hildreath ヒルドレス
Hildred ヒルドレッド*
Hildreth
ヒルドレス
ヒルドレッス
ヘルドリッチ
Hildsheimer
ヒルデスハイマー
Hilduinus
ヒルドゥイヌス
Hildulphe ヒドゥルフ
Hildun ヒルダム
Hildy ヒルディ
Hile ハイル
Hileman ハイルマン
Hileo ヒレオ
Hiles ヒリス
Hiley ハイリー
Hilf ヒルフ
Hilferding
ヒルファーディング*
ヒルファディング*
ヒルファーデング
ヒルフェルディング
フィルフェルディング
Hilfiger ヒルフィガー*
Hilfiker
ヒルファイカー
Hilgard ヒルガード*
Hilgart ヒルガート
Hilgendorf
ヒルゲンドルフ*
Hilgenfeld
ヒルゲンフェルト
Hilger ヒルガー**
Hilgerdt ヒルガート
Hilgermann
ヒルガーマン
Hilgers ヒルガース*
Hilgertova
ヒルゲルトバ*

ヒルゲルトワ
Hilgertová
ヒルゲルトバ
Hilhorst
ヒルホースト
ヒルホルスト
Hilit ヒリット
Hiljemark
ヒリェマルク
Hiljus ヒルハス
Hilkamo ヒルカモ
Hilke
ヒルカ
ヒルキ
ヒルケ
Hilker ヒルカー
Hilkiah ヒルキヤ
Hilko ヒルコ
Hill
ヒール
ヒル***
ヒルズ
Hilla
ハイラ
ヒラ*
Hillage ヒレッジ
Hillaire ヒレール
Hillar ヒラー*
Hillard ヒラード
Hillary
ヒラリー***
ヒラリィ
ヒラリイ
Hillberg ヒルベリィ
Hillcourt ヒルコート
Hille ヒレ**
Hilleboe
ハイルボー
ヒルボー
Hillebrand
ヒルブラント
ヒルブラント
ヒルブラント
ヒルブラント
Hillebrandt
ヒレブラント
Hillebrecht
ヒレブレヒト
Hillegass ヒレガス*
Hillel
イレル
ヒッレル
ヒルレル
ヒレル***
Hillemacher
イルマシェル
Hilleman ハイルマン
Hillemand ヒルマン
Hillen ヒレン
Hillenbrand
ヒルレンブラント
ヒレンブラント**
ヒレンブラント
Hillenburg
ヒーレンバーグ
ヒレンバーグ
Hillenkamp
ヒレンカンプ

Hillenkoetter ヒレンケッター
Hiller
　ヒッレル
　ヒラー***
　ヒルレル
Hillerman ヒラーマン***
Hillern ヒレルン
Hillerton ヒラートン
Hillery ヒラリー**
Hillesheim
　ヒレシェイム
　ヒレスハイム
Hillestad ヒルスタッド*
Hillesum
　ヒレザム
　ヒレスム
Hillevi ヒレビ
Hilley ヒレー
Hillhouse ヒルハウス
Ḥillī ヒッリー
Hilliard
　ヒリアード*
　ヒリヤード*
Hillie ヒリー
Hillier
　ヒラー
　ヒリア
　ヒリアー***
　ヒーリエ
　ヒリヤー*
Hilling ヒリング
Hillis
　ヒリス**
　ヒルズ
Ḥilliza ヒッリザ
Hillkirk ヒルカーク
Hill-Lowe ヒルロウ
Hillman ヒルマン***
Hillmann ヒルマン*
Hillmer ヒルマー*
Hillquit
　ヒルキット*
　ヒルクィット
　ヒルクウィット
Hillrichs ヒルリッヒス
Hillringhaus ヒルリングハウス
Hills
　ヒル
　ヒルス
　ヒルズ**
Hillsborough ヒルズボロウ*
Hillsdon ヒルズドン
Hillstrom ヒルストローム
Hilly ヒリー*
Hillyard ヒルヤード*
Hillyer
　ヒリアー
　ヒリヤー*
　ヒルヤー
Hilma ヒルマ*
Hilman ヒルマン

Hilmar
　ヒルマー**
　ヒルマール
　ヒルマル
Hilmi
　ヒルミ
　ヒルミー
Hilmî ヒルミー
Ḥilmī ヒルミー
Hilmy ヒルミー
Hilpert ヒルペルト
Hilpisch ヒルピシュ
Hilprecht ヒルプレヒト
Hilroy ヒルロイ
Hilsbecher ヒルスベヒャー
Hilsberg
　ヒルスバーグ
　ヒルスベルク
Hilscher ヒルシャー*
Hilsenrath ヒルゼンラート
Hilsman ヒルスマン
Hilson ヒルソン*
Hilst イルスト*
Hilsum ヒルサム
Hilsz ヒルシ
Hilt ヒルト
Hiltbolt ヒルトボルト
Hilten ヒルテン
Hiltgunt ヒルトグント
Hilti ヒルティ
Hiltner ヒルトナー
Hilton
　イルトン
　ヒルトン***
Hiltraud ヒルトラオト
Hilts ヒルツ*
Hiltunen ヒルトゥネン
Hilty
　ヒルテー
　ヒルティ*
　ヒルティー
Hiltz ヒルツ
Hiltzik ヒルツィック*
Hilyard ヒルヤード
Him
　ヒム
　フム
Himanen ヒマネン**
Himanshu ヒマーンシュ
Himansu ヒマンスー
Himarwa イマルワ
Him-chan ヒムチャン*
Hime ハイム*
Himedi ホメイディ
Hīmerios ヒメリオス
Himerius ヒメリウス
Himes ハイムズ**
Himilco ヒミルコ
　ヒミルコン
Himlal ヒムラル

Himler
　ハイムラー**
　ヒムラー
Himley ヒムレイ
Him Mark ヒムマーク
Himmel
　ヒメル
　ヒンメル
Himmelblau ヒンメルブラウ
Himmelfarb ヒンメルファーブ*
Himmelhoch ヒメルホック
Himmelman
　ヒメルマン
　ヒンメルマン*
Himmelstein
　ヒメルシタイン
　ヒンメルシュタイン
　ヒンメルスタイン
Himmelstrand ヒンメルストランド
Himmelweit
　ヒンメルワイト
　ヒンメルワイト
Himmer ハイマー*
Himmich ヒミシュ
Himmler
　ヒムラー
　ヒンドラー*
　ヒンドレー*
　ヒンドレイ
Himpe ヒンプ
Himrod ヒムロード
Ḥimū ヒームー
Ḥimyarī ヒムヤリー
Hin ヒン
Hina
　イーナ
　ヒーナ
　ヒナ*
Hinai ヒナイ
Hinan ヒナン
Hinard イナール
Hinault イノー*
Hince ヒンス
Hinch ヒンチ*
Hinchcliffe ヒンチクリフ
Hinchley ヒンチリー*
Hinchliffe ヒンチリフ
Hinchman ヒンチマン
Hincker アンケール
Hinckfuss ヒンクフス*
Hinckley
　ヒンクリ
　ヒンクリー
　ヒンクリイ
　ヒンクレー
Hincks ヒンクス*
Hincmar
　ヒンクマール
　ヒンクマル
　ヒンクマールス
Hincmarus ヒンクマールス
Hind
　ハインド*
　ヒンド*
Hindawi ヒンダウィ

Hinde ハインド***
Hindemith
　ヒンデミット*
　ヒンデミート
　ヒンデミト
Hindenburg
　ヒンデルブルグ
　ヒンデンブルク*
　ヒンデンブルグ*
Hinder
　ハインダー
　ヒンダー
Hinderer
　アンデレ
　ヒンデラー*
Hindery ヒンドレー*
Hindes ヒンデス
Hindess ヒンデス
Hindhede ヒンドヘーデ
Hindi ヒンディ
Hinding ヒンディング
Hindle
　ヒンデル
　ヒンドル*
Hindley
　ハインドリー
　ヒンドリー*
　ヒンドレー*
　ヒンドレイ
Hindman ハインドマン
Hindmarch ハインドマーチ*
Hindmarsh ハインドマーシュ
Hindolo ヒンドロ
Hindou ヒンドゥ
Hindriks ヒンドリクス
Hinds
　ハインズ**
　ヒンズ
Hindus ヒンダス
Hindūshāh ヒンドゥーシャー
Hindustoniy ヒンドゥスターニー
Hindy ヒンディ
Hine ハイン**
Hiner ヒネル*
Hines ハインズ***
Hing ヒン
Hinga ヒンガ
Hingis ヒンギス**
Hingle ヒングル**
Hingley
　ヒングリー
　ヒングレー
Hingorani ヒンゴラニ
Hingsen ヒングセン
Hingst ヒングスト
Hingston ヒングストン*
Hinings ヒニングス
Hink ヒンク*
Hinken ヒンケン
Hinkkanen ヒンカネン

Hinkle ヒンクル*
Hinkley ヒンクリー
Hinkmar ヒンクマール
Hinks ヒンクス*
Hinkson ヒンクソン
Hinloopen ヒンローペン
Hinman ヒンマン
Hinn ヒン
Hinnant ヒンナント
Hinnāwī ヒンナーウィー
Hinne ヒンネ
Hinnebusch ヒネブッシュ
Hinnells ヒネルズ*
Hinnenthal ヒンネンタール
Hinner ヒンナー
Hinners ヒンナーズ
Hinojasa イノホサ
Hinojosa
　イノホーサ*
　イノホサ
Hinrich
　ヒンリッヒ*
　ヒンリヒ*
　ヘンリッヒ*
Hinrichs
　ヒンリクス
　ヒンリクス
　ヒンリヒス
Hinrichsen
　ヒンリクセン
　ヒンリッチセン
　ヒンリヒセン
Hinrupen ヒンルーペン
Hinschius ヒンシウス
Hinsdale
　ヒンズデイル
　ヒンズデイル
Hinshaw
　ヒンショー**
　ヒンショウ
Hinshelwood ヒンシェルウッド*
Hinshir ヒンシル
Hinshow ヒンショー*
Hinske
　ヒンスキー*
　ヒンスケ
Hinsley
　ヒンズリ
　ヒンズリー*
Hinson ヒンソン*
Hinte ヒンテ
Hinten ヒンテン
Hinterberger ヒンターベルガー**
Hinteregger ヒンテレッガー
Hinterhäuser ヒンターホイザー
Hinterkopf ヒンターコプフ*

Hinterleitner ヒンタライトナー
Hinterseer ヒンターゼア / ヒンテルゼーア
Hintikka ヒンティッカ
Hintner ヒントナー
Hinton ヒントン***
Hintum ヒントゥム
Hintze ヒンツェ*
Hintzmann ヒンツマン
Hinwood ヒンウッド
Hinz ヒンズ / ヒンツ**
Hinze ハインズ
Hinzmann ヒンツマン
Hinzpeter ヒンスペテル
Hiob ヒーオプ
Hioki ヒオキ
Hiol ヒオル
Hiort ヨルト
Hipfinger ヒフィンガー
Hipkins ヒプキンス / ヒプキンズ
Hipler ヒプラー
Hipolito イッポリート / イポリート* / ヒッポリート
Hipólito イポリト**
Hipp ヒップ
Hipparchos ヒッパルコス
Hipparchus ヒッパルクス
Hipparinus ヒッパリノス
Hippasos ヒッパソス
Hippel ヒッペル*
Hippeli ヒッペリ
Hipper ヒッパー
Hippias ヒッピアス
Hippius ヒッピウス
Hippler ヒップラー
Hippo ヒッポ
Hippocrates ヒッポクラテス / ヒッポクラテース / ヒポクラテス
Hippocratidas ヒポクラティダス
Hippodameia ヒッポダメイア
Hippodamos ヒッポダモス
Hippokratēs ヒッポークラテース / ヒッポクラテス* / ヒポクラテス*
Hippolite イポリット

Hippolyte イッポリット / イッポリート / イポリット / イポリイト / イポリット** / イポリート* / イポリト / ヒッポライト / ヒポリット
Hippolytē ヒッポリュテ
Hippolytos ヒッポリッス / ヒッポリトゥス / ヒッポリュトス / ヒッポリュトゥス / ヒッポリュトス*
Hippolytus ヒッポリトゥス
Hippōn ヒッポナクス / ヒッポン
Hippōnax ヒッポーナクス / ヒッポナクス
Hipps ヒップス
Hippys ヒッピュス
Hipson ヒプソン*
Hira ヒラ
Hirabayashi ヒラバヤシ
Hirahara ヒラハラ*
Hiraj ヒラジ
Hirale ヒラレ
Hiralius ヒラリウス
Hiram ハイラム** / ヒイラム / ヒラム*
Ḥiram ヒーラーム / ヒラム
Hīrānand ヒーラーナンド*
Hirañ̃apāṇi ヒランニャパーニ
Hirano ヒラノ*
Hirao ヒラオ
Hirary ヒラリー
Hirasuna ヒラスナ
Hirata ヒラータ / ヒラタ*
Hirawi ヘラーウィー
Hirayama ヒラヤマ
Hirbe ハーベ
Hirchson ヒルシェゾン
Hird ハード**
Hirdes ハーデス
Hirdwall ヒルドヴァル
Hire イール
Hirigoyen イリゴエン / イリゴワイアン / イルゴイエンヌ*

Hiristu リストゥ
Hirl ハール
Hirmer ハーマー
Hirn ヒルン
Hirnle ハーンリー
Hiro ヒロ
Hirokane ヒロカネ
Hirono ヒロノ*
Hiroshi ヒロシ
Hiroux イルー
Hiroyuki ヒロユキ
Hirsbrunner ヒルスブルンナー*
Hirsch イルシュ / ハーシュ*** / ヒアシュ / ヒルシュ** / ヒルッシュ
Hirsch Ballin ヒルシバリン
Hirschberg ハーシュバーク / ハーシュバーグ / ヒルシュバーグ / ヒルシュベルク
Hirschberger ヒルシュベルガー*
Hirschbiegel ヒルシュビーゲル*
Hirschel ハーチェル
Hirscher ヒルシャー**
Hirschfeld ハーシェフェルド / ハーシュフェルド** / ヒルシェフェルト / ヒルシュフェルト* / ヒルシュフェルド
Hirschfelder ハーシュフェルダー*
Hirschhausen ヒルシュハウゼン
Hirschhorn ハーシュホーン* / ヒルシュホルン
Hirschi ハージ* / ハーシー
Hirsching イルシング**
Hirschkop ハーシュコップ / ハーシュコプ
Hirschl ヒルシュル
Hirschman ハーシュマン** / ヒルシュマン
Hirschmann ヒルシュマン*
Hirschmeier ヒルシュマイア / ヒルシュマイアー / ヒルシュマイヤー
Hirschmüller ヒルシュミュラー
Hirschtritt ハーシュトリット

Hirschvogel ヒルシュフォーゲル
Hirsh ハーシュ** / ヒルシュ
Hirshbein ヒルシュバイン / ヒルシュベイン
Hirshberg ハーシュバーグ / ハーシュバグ
Hirshenson ハーシェンソン
Hirshfeld ハーシュフィールド
Hirshfield ハーシュフィールド
Hirshhorn ハーシュホーン
Hirshleifer ハーシュライファー*
Hirsi ヒルシ*
Hirsig ハーシッグ
Hirson ハーソン / ヒルソン
Hirst ハースト**
Hirszfeld ヒルシフェルト
Hirszowicz ハーツォウィツ
Hirt イルト / ハート* / ヒルト*
Hirth イルト / ハース* / ヒルト*
Hirtius ヒルチウス / ヒルティウス
Hirtle ハートル*
Hirut ヒルト
Hirvau ヒルバウ
Hirvi ヒルビ
Hirzebruch ヒルツェブルク / ヒルツェブルフ / ヒルツェブルフ*
Hirzel ハーツェル / ヒルツェル*
His ヒス*
Hisao ヒサオ
Hisashi ヒサシ
Hischám ヒシャーム*
Hiscock ヒスコック*
Hiscocks ヒスコックス
Hisda ヒスダ
Hisdai ハスダイ
Hi-se ヒセ
Hise ハイス* / ハイズ
Hisek ヒーセック
Hisel ハイゼル

Hisham ヒシャーム* / ヒシャム***
Hishām ヒシャーム
Hishammuddin ヒシャムディン
Hisila ヒシラ
Hisinger ヒーシンガー / ヒージンガー
Hiskett ヒスケエット
Hisle ハイズル
Hislop ヒスロップ**
Hispano イスパーノ
Hispanus ヒスパーヌス / ヒスパヌス
Hiss ヒス**
Hissein イセイン
Hisseine イセイン
Hissene ヒセン
Hissène ヒセーヌ*
Hissey ヒッセイ**
Hissou ヒソウ*
Histiaeus ヒスチアエウス / ヒスティアイオス
Hisyam ヒシャム
Hita イータ / イタ
Hitam ヒタム* / ヒッタム
Hitar ヒタル
Hitch ヒッチ*
Hitchcock ヒチコック / ヒチコク / ヒッチコック***
Hitchens ヒッチェンズ* / ヒッチンス* / ヒッチンズ*
Hitcher ヒチェル
Hitchfield ヒッチフィールド
Hitching ヒッチング*
Hitchings ヒッチングス* / ヒッチングズ*
Hitchins ヒッチンス
Hitchon ヒッチョン*
Hite ハイツ* / ハイト**
Hiteng ヒテン
Hiti ヒーティー
Hitil ヒティル
Hitimana ヒチマナ / ヒティマナ
Hitler ヒットラー* / ヒットラァ / ヒトラー*

Hito ヒト	Hjira フジラ	Hludzinski	ホア*	ホブズボーム***
Hitov ヒトフ	Hjördis	フルジンスキー	ホアー**	Hobsch ホーブシュ
Hitraj ヒトラジュ	ヨールディス	Hmadeh ハマーデ	Hoareau オアロー	Hobson
Hitt ヒット*	ヨルディス	Hmaing	Ho-baek ホベク	ホブスン**
Hittavainen	Hjörne ヒョルン	フマイン	Hoban	ホブソン**
ヒッタヴァイネン*	Hjort	フマイン	ホウバン	Hoburg ホーブルク
Hittelmani	ヨット	マイン	ホーバン***	Hoby
ヒッテルマーニ	ヨート	Hmeidi フメイディ	ホーベン	ホービー
Hitti ヒッティ*	ヨルト	H'meyda フメイダ	Hobana ホバナ*	ホビー
Hitting ヒッチング	Hjorth	Ḫ'-m-wśt	Hobart	Hoc
Hittinger	ヨース**	カエムウアセト	ホウバート	ホク
ヒッティンガー	ヨート*	Hnatek	ホバアト	ホック*
Hittle ヒットル	ヨルト	ハナテク	ホーバート	Hoca ホジャ
Hittorf ヒットルフ	Hjørting	フナテク	ホバート**	Hocabian ホカビアン
Hittorff	ヒョルティンク	Hnatyshyn	Hobb ホブ	Hocart ホカート*
イットルフ	Hjortsberg	ナティシン*	Hobbacher ホブバッハ	Hoccleve
イトルフ	ヒョーツバーグ***	ナティッシン	Hobbelen ホベレン	ホクリーヴ
ヒットルフ	Hkaung カウン	Hng Kiang フンキャン	Hobbema ホッベマ	ホックリーヴ
Hittorp ヒットルプ	Hla	Hnilica フニリカ	Hobbes	ホックリーブ
Hittscher	フラ**	Hnizdovski	ホッブス*	Hocedez
ヒッツヒェール	ラ*	フニズドーフスキー	ホッブズ*	オセデ
Hitz ヒッツ*	Hladik ラディック	Ho	Hobbie ホビー*	ホスデ
Hitze ヒッツェ	Hladon ラドン	ホ**	Hobbs	Hocevar
Hitzfeld	Hlady フラディ	ホー***	ハッブズ	ホチェバル
ヒッツフェルト**	Hlain フライン	ホウ	ハブズ	ホッチェヴァール
Hitzig ヒッツィヒ	Hlaing フライン**	ホオ	ホッブス*	Hoch
Hitzlsperger	Hlaing	Hoa ホア**	ホッブズ***	ホウク*
ヒッツルスパーガー	Hteikkhaungtin	Hoā ホアー	ホブス	ホーク
Hitzmann ヒッツマン	フラインテイッカウン	Hòa ホア	ホブズ	ホック***
Hiu シュウ	ティン	Hoaas ホアス	Hobby ホビー*	ホッチ
Hivju ヒヴュー	Hla Kyaw フラジョー	Hoad ホード	Hobday	ホッホ
Hix ヒックス*	Hlalele ハラレレ	Hoadley	ホブデー*	Höch
Hixon ヒクソン*	Hlangusemphi	ホードリー	ホブデイ*	ヘッヒ
Hiya ヒヤ	シュラングセンピ	ホードレイ	Hobden ホブデン	ヘーヒ*
Hi-yong ヒヨン	Hla Pe フラペ	Hoadly	Hobe ホーブ	Hochachka ホチャチカ
Hiyya	Hlasco フワスコ	ホウドリ	Hobeika ホベイカ*	Hochberg
ヒア	Hlasko	ホードリ	Hoben ホーベン	ホッホバーグ
ヒヤ	フラスコ	ホードリー	Hoberecht	Hochbrücker
Hizam ヒザム	フワスコ	Hoag	ホウブレクト	ホーホブルッカー
Hizir フズル	Hlava ラバ	ホー	ホーブライト	Hoche
Hjalmar	Hlavac ラバック	ホウグ**	Hoberg ホベルク	オシュ
ヒャルマー*	Hlavacek	ホーグ*	Hoberman	オッシュ
ヒャルマール	ラヴァチェック	Hoagland	ホバーマン**	ホッヘ*
ヤルマール**	ラバチェック	ホーグランド***	ホバマン	ホーヘ
ヤルマル**	Hlaváček	Hoagy	Hobfoll ホブフォル*	Hochenau
Hjam-dpal ジャンペル	フラヴァーチェク	ホウギー	Hobhouse	ホーヒェンアウ
Hjärne	Hlavackova	ホーギー*	ホップ・ハウス*	Ho-cheung
イァーネ	フラヴァーチコヴァ*	ホージー	ホップハウス*	ホーチョン*
イェルネ	フラバーチコバ	Hoai	ホブハウス*	Hochheimer
Hjelm	Hlaváčková	ホアイ	Hobie ホビー	ホッホハイマー
イェルム	フラヴァーチコヴァ	ホアイ**	Hobkirk ホブキーク	Hochhuth
イエルム	フラバーチコバ	Hoài ホアイ*	Hoblet ホブレット	ホーホクート
Hjelmeset	Hlavácová	Hoak ホーク	Hobley ホブレイ	ホーホフート**
イエルメセト	フラヴァーコーヴァ	Hoan ホアン**	Hoblit ホブリット	Hochleitner
Hjelmslev	Hlavec フラバチ	Hoang	Hoblitzel	ホクライトネル
イェルムスレヴ*	Hlávka フラーフカ	ホアン	ホブリッツェル	ホックライトナー
イエルムスレウ	Hlavsa ハブサ	ホアン***	Hobmen ホブマン	ホフライトネル
Hjelm-Wallén	Hlinka フリンカ**	ホアング	Hobohm ホーボム	Hochman
イェルムバレン*	Hloaele シュロアエ	ホン	Hoboken	ホックマン*
Hjelmwallen	Hlobsile シュロビシレ	Hoàng ホアン**	ホーボーケ	ホフマン*
イェルムバレーン	Hlodan フローダン	Hoanh ホアイン	ホーボーケン	Hochmann
Hjelmwallén	Hlond フロント	Hoar	Hobrecker	オックマン
イェルムバーレン	Hlongwane	ホーア*	ホブレッカー	ホーホマン
Hjerppe エルッペ	フロングワネ	ホア	Hobsbaum	Hochmuth
Hjersman	Hlothere ロセレ	ホーア*	ホブズボウム	ホッホムート
ジャースマン		Hoare	Hobsbawm	Ho-chol ホチョル*
		ホーア**	ホブズボウム	Hochreich
				ホックレイク

Hochschild
ホックシールド**
ホッホシールド
ホッホシルト

Hochschorner
ホフショネル
ホフショルネル*

Höchst ヘヒスト

Hochstadt
ホックシタット

Hochstatter
ホックステイター

Hochstedler
ホクステッドラー

Hochstein
ホッホスタイン

Hochster ホーホスター
Hochstetter
ホーホシュテター

Hochstrasser
ホックストラッサー
ホーフシュトラッサー

Hochstraten
ホーホストラーテン

Hochuli ホフリ
Hochwälder
ホッホヴェルダー
ホーホヴェルダー

Hochwalt
ホックウォルト

Hocine
ホシネ*
ホシン
ホチン

Hock
ホク
ホック**

Hockaday ホッカデイ
Hocke ホッケ**
Hocké オッケ
Hockel ホッケル
Hocken ホッケン*
Hockenos ホッケノス
Hockensmith
ホッケンスミス*

Hocker ホッカー
Höcker ヘッカー
Höckert ヘッケルト
Hockett ホケット
Hockey
ホッキー
ホッケー

Hockfield
ホックフィールド

Hockin ホッキン
Hocking ホッキング**
Hockinson
ホッキンソン*

Hockley
ホクリー
ホックリー

Hockney ホックニー**
Hock Nien ホクニエン
Hockry ホックリー
Hocq オック
Hocquard オカール*

Hocquenghem
オッカンガム

Hocutt ホカット
Hod ホッド*
Hoda ホダー
Hodaibi フダイビー**
Hodapp
ホーダップ
ホダップ

Hodder
ホダー*
ホッダー*

Hoddeson
ホジソン
ホーデスン

Hodding ホディング*
Hoddinot
ホディノット

Hoddis
ホッディス
ホディス

Hoddle ホドル
Hodeir オデール
Hodel
ホーデル*
ホデル

Hodéllinne オデリンス
Hodent ホデント
Hodes
ホーディス*
ホーデス

Hodey オデ
Hodgart ホジャート
Hodgdon
ホグドン
ホジダン

Hodge ホッジ***
Hodgen ホッジェン
Hodges
ハジス
ハジズ
ホジス
ホジズ
ホジジ
ホッジェス
ホッジース
ホッジス***
ホッジズ*

Hodgetts
ホジェッツ
ホジッツ
ホッジス

Hodgin ホジン
Hodgins
ホジンズ**
ホッジンス

Hodgkin
ホジキン***
ホッジキン

Hodgkins
ホジキンス*
ホッジキンズ

Hodgkinson
ホジキンソン**

Hodgman
ホジマン
ホッグマン

ホッジマン*

Hodgskin
ホジスキン
ホッジスキン

Hodgson
ハドソン
ホジスン**
ホジソン***
ホズソン
ホッジソン*

Hodhoaer オドエル
Hodiak
ホディアック
ホッディアック

Hodick ホディック
Hodimo ホディモ
Hodin ホーディン
Hodkinson
ハドキンソン*
ホドキンソン

Hodler
ホードラー
ホドラー**

Hodnett
ホドネット
ホーネット

Hodorovski
ホドロフスキー

Hodos ホドス
Hódos ホドス
Hodous ホウダス
Hodson
ハドソン
ホドソン**

Hody ホウディ
Hodza ホッジャ
Hodža ホジャ
Hoe
ホー
ホゥエ
ホエ

Hoë
ヘー
ホーエ

Hòe ホエ
Hoebel ホーベル
Hoeber
ホーバ
ホーバー

Hoe-chan フェチャン
Hoechstetter
ヘーヒシュテター

Hoecken ヘーケン
Hoedemaker
フーデマーケル

Hoedeman
ホードマン*

Hoedt ホード
Hoefdraad ウーフダド
Hoefer ホーファー
Hoeffding
ヘーフディング
ヘフディング

Hoefflin ヘフリン
Hoefflinger
ホフリンガー

Hoefler ホフラー

Hoeflich
ヘーフリッヒ
フリッヒ

Hoefnagel
ホーフナーゲル

Hoefs ヘフス
Hoeft ヘフト
Hoeg ホゥ*
Høeg
ホゥ
ホウ

Hoegeman ホーグマン
Hoeger
ヘーガー
ホーガー

Hoegh ホーグ
Høegh ヒュー
Hoehling ヘーリング
Hoehn ヘーン*
Hoehne ヘーネ
Hoek
フーク
フック
ヘーク

Hoekelman
ヘッケルマン

Hoekendijk
フーケンデイク
ホーケンダイク

Hoekman ホークマン
Hoeksema ホークセマ
Hoekstra
フークストラ
フックストラ
ヘクストラ

Hoel
フール
ホーウール
ホウル
ホーエル
ホール

Hoël オエル
Hoelderich
ヘルデリッヒ

Hoelscher
ヘルシャー
ホルスカー

Hoeltzenbein
ヘルツェンバイン

Hoelzel ヘルゼル
Hoelzer ホルザー**
Hoelzl ヘルツル*
Hoem ホーエム
Hoeman ホーマン
Hoemberg ホムベルク
Hoen フーン
Hoënegg
ヘーネク
ホーエネク

Hoenig
ヘーニグ*
ヘーニック
ヘーニヒ
ヘーニグ

Hoensbroech
フーンズブルーク

Hoepfner
ヘプナー
ホフナー

Hoepker ヘプカー*
Hoepner ヘプナー
Hoeppe オエップ
Hoeprich ホープリッチ
Hoérée オエレー
Hoeren ヘェーレン
Hoerlein
フェールライン
ホーエルライン

Hoerner
エルナー
ヘレナー

Hoernes ヘルネス
Hoernle
ハーンリ
ホルンル

Hoernlé ヘルンレ
Hoerster ヘルスター
Hoes ホエス
Hoesen
ホエセン
ホーセン

Hoesl ホースル
Hoe-sop フェソプ
Hoessinger
ホッシンガー

Hoesslin ヘスリン
Hoet フート**
Hoetger ヘトガー
Hoetzsch ヘッチ
Hoeveler ホーヴェラー
Hoëvell ホエーフェル
Hoeven
フーフェン
ホーベン

Hoevenaers
フベナールス

Hoey
ヘイ
ホーイ
ホエイ*

Hoeybraaten
ホイブローテン

Hoeye ホーイ*
Hof
ゴグ
ホーフ**
ホフ

Hofacker
ホーファカー
ホーフアカー
ホーフアッカー

Hofbauer
ホッフバウアー*
ホーフバウアー

Hofer
ホーファー*
ホーファー
ホフィー

Höfer ホーファー
Hofesh ホフェッシュ*
Hoff
ホッフ*

Hoffa
ホッファ***
ホッファー
Hoffbrand
ホフブランド
Höffding
ヘフディング*
ヘフデング
Hoffe ヘッフェ
Höffe ヘッフェ**
Hoffecker
ホッフェカー
Hoffenberg
ホッフェンバーグ
Hoffer
ホッファ
ホッファー**
ホファー
ホフェル
Hoffet オッフェ
Höffgen ヘフゲン
Hoffleit ホフライト
Höffler ヘフラー
Höfflin ヘフリン
Hofflund ホフランド
Hoffman
ホッフマン
ホフマン***
Hoffmann
ホッフマン
ホフマン***
Hoffmannswaldau
ホフマンスヴァルダウ
Hoffmans
ホフマン
ホフマンズ
Hoffmeister
ホッフマイスター
ホッフマイステル
ホーフマイスター
ホフマイスター*
Hoffmeyer
ホフマイヤー
Höffner ヘフナー
Hoffnung ホフヌング
Hoffpauir ホフパワー
Hoffsbakken
ホフスバッケン
Hoffstadter
ホフスタッダー
Hoffstetter
ホフシュテッター
Hofhaimer
ホーフハイマー
Hofheinz ホフハインズ
Hofinger
ホーフィンガー*
Höfl ヘッフル*
Hofland
ホフラント
ホフランド**
Hofler
ヘーフラー
ヘフラー
Höfler ヘーフラー
Höflich ヘーフリヒ
Hofling ホフリング

Höfling ヘーフリング
Höfl-Riesch
ヘフルリーシュ
Hofman ホフマン*
Hofmann
ホッフマン
ホーフマン**
ホフマン***
Hofmannsthal
ホオフマンスタアル
ホーフマンスタアル
ホーフマンスタアル
ホーフマンスター
ル**
ホーフマンスタール*
Hofmannswaldau
ホーフマンスヴァルダ
ウ
ホーフマンスワルダウ
ホフマンスワルダウ
Hofmeister
ホーフマイスター
ホフマイスター
Hofmekler
ホフメクラー
Hofmeyr
ホフマイアー
ホフメーア
Hofmiller
ホーフミラー
Hofmo ホフモー
Höfner ヘフナー
Hofschneider
ホフシュナイダー
Hofstadter
ホッフスタッター
ホフスタッター
ホーフスタッター*
ホフスタッター**
Hofstatter
ホーフシュテッター
Hofstätter
ホーフシュテッター
ホフシュテッター
Hofstede
ホフステイド
ホーフステッド
ホフステーデ
ホフステッター**
Hofstetter
ホフシュテッター
ホフステッター*
Hoft ホフト
Ho-gan ホガン
Hogan
ホウガン
ホーガン***
ホーゲン
Hogarth
ホウガース
ホーガース*
ホガース**
Hogarty
ハガティ
ホガーティ
Hogbe オグベ
Hogben
ホグベン*
ホグベン

Högberg ヘイベリ
Hogbin ホグビン*
Hoge
ホーグ*
ホッジ
Hogenberg
ホーヘンベルフ
Hogendorp
ホーヘンドルプ
Hogenkamp
ホゲンカンプ
Hogenson
ホーゲンソン
Hogentogler
ホゲントグラー
Hoger
ヘーガー
ホーガー
Höger ヘーガー
Hofmeister
ホーフマイスター
ホフマイスター
Hogerton ホガートン
Hogervorst
ホーゲルフォルスト
Hogerzeil
ホウゲルゼイル
Höges ヘーゲス
Hogg
フォッグ
ホッグ**
Hoggard
ハッガート
ハッガード
Hoggart ホガート**
Hoggett ホゲット
Hoggson ホッグソン
Hogh-Christensen
ヘグクリステンセン
ホグクリステンセン
Hoghe ホーゲ
Höglin
ヘグリーン
ホグリン
Hoglund
ヘグルンド*
ホグランド*
Höglund
ハーグルンド
ヘグルンド**
ベグルンド
Högn ヘーゲン
Hogne ホグネ
Högner
ヘーグナー
ヘグナー
Hogness ホグネス*
Høgni ホグニ
Hognon オニオン
Hogrebe
ホーグレーベ
ホグレーベ
Hogrefe ホグリフ*
Hogrogian
ホグローギアン*
ホグロギアン**
Hogshead
ホグスヘッド
ホッグスヘッド

Hogshire ホグシャー
Hogstel ホグステル
Högstrand
ヘーグストランド*
Hogue ホーグ
Hogwood
ホグウッド**
Ho-gyeong ホギョン
Ho-gyong ホギョン
Hoh ホー
Hohagen ホッハーゲン
Hohbach ホーバッハ
Hohemwarth
ホーエンバルト
Hohenadel
ホーエンアデル
Hohenbalken
ホーヘンバルケン
Hohenberg
ホーエンバーク
ホーエンバーグ
ホーエンベルク
ホーエンベルグ
ホーヘンバーク
Hohenegger
ホーネガー
Hohenfels
ホーエンフェルス
Hohenhaus
ホーエンハウス
ホーヘンハウス
Hohenheim
ホーエンハイム
ホーヘンハイム
Hohenlohe
ホーエンローエ
ホーヘンローヘ
Hohenstaufen
ホーエンスタウフェン
Hohenstein
ホーエンシュタイン
ホーヘンステイン
Hohenstin
ホーエンシュタイン
Hohenveldern
ホーヘンベルデルン
Hohfeld ホーフェルド
Hohiwein
ホールヴァイン
Hohl ホール*
Hohlbaum
ホールバウム
Hohlbein
ホールバイン**
Hohlenberg
ホーレンベーヤ
Hohler ホーラー
Hohloch ホーロック
Hohlt ホルト*
Hohmann
ホフマン
ホーマン
Hohn
ヘーン
ホーン
Höhn ヘーン
Hohne ヘーネ

Höhne ヘーネ*
Hohnen ホーネン
Hohner ホーナー
Hohoff ホーホフ
Høholdt ホーホルト
Hohri ホーリ
Hohuman ホフマン
Hohwy ホーヴィ
Hoi
ホイ
ロイ
Hoiberg ホイバーグ
Hoi-chang フェチャン*
Høie ホイエ
Hoigné ホイニェ
Hoijer ホイヤー
Höijer ヘーイエル
Hoijtema ホイテーマ
Ho-il ホイル
Hoiles ホイルズ
Hoilland ホイランド
Ho-in ホイン
Hoi-Seok フェソク
Hoisington
ホイジングトン
ホイジントン
Hoit ホイト
Hoi-wing ホイウィン
Hoj ホイ
Ho-jae ホジェ
Hojamammedov
ホジャマメドフ
Hojamuhammedov
ホジャムハメドフ
Hojamuhammet
ホジャムハメット
ホジャムハメト
Hojat ホジャト
Hojati ホジャティ
Højberg ホイビュルク
Hojbjerg ホイビュルク
Hojeda オヘダ
Hojer オーセル
Højholt ホイホルト
Hojiakbar
ホジアクバル
Ho-jin ホジン*
Hojjati ホジャティ
Hojnisz ホイニシュ
Ho-joong ホジュン
Hojs ホイス
Hojun ホジュン
Ho-jung ホジュン
Hok ホク*
Hokanson ホカンソン
Hoke
ホーク
ホーケ
Höke ヘーケ
Hokinson ホーキンソン
Ho-koon ホグン*
Hokyu ホキュ

Ho-kyun ホギュン
Hol
　ホール
　ホル*
Holabird ホラバード**
Holan ホラン
Holand ホランド
Holanda オランダ
Holbach
　オルバック
　ホルバッハ
　ホルバハ
Holbein ホルバイン*
Holbek ホルベック
Holberg
　ホルベア
　ホルベリ
　ホルベルク
　ホルベルグ
Holbert ホルバート
Holberton
　ホルバートン
Holborn
　ホルボルン
　ホルボーン
Holborne ホルボーン
Holborow ホルボロー
Holbrook
　ホルブルーク
　ホルブルック***
　ホルブロック
Holbrooke
　ホールブルック
　ホルブルック***
Holburn ホルバーン
Holcman ホルクマン
Holcomb ホルコム***
Holcombe
　ホウルコム
　ホルコウム
　ホルコム
　ホロコウム
Holcot
　ホウルコット
　ホルコット
Holcroft
　ホールクロフト
　ホルクロフト
Holczreiter
　ホルツライテル
Hold ホルト
Holdau ホルダウ
Holde
　ホルダ
　ホルデ
Holdegate
　ホウルゲイト
Höldelrin
　ヘルデルリン
Holden
　ホウルデン
　ホールデン***
Holdener ホルデナー
Holder
　オルデー*
　フェルダー
　ホールダー*
　ホルダー**

Hölder
　フェルダー
　ヘルダー
Holderby ホールダービー
Hölderlin
　ヘルダァリーン
　ヘルダーリーン
　ヘルダーリン*
　ヘルダリーン
　ヘルデルリーン
　ヘルデルリン
　ヘンデルリーン
Holderman
　ホルダーマン
Holdermann
　ホルダーマン
Holderness
　ホリダーネス
　ホールダーネス
　ホールダーネス
　ホルダーネス*
　ホルダネス
Holdgate
　ホールドゲイト
　ホールドゲート
Holdheim
　ホルトハイム
　ホルドハイム
Holding
　ホールディング*
Holdorf
　ホールドルク
　ホルドルフ
Holdren
　ホールドレン
　ホルドレン
Holdstock
　ホールドストック**
Holdsworth
　ホウルズワース
　ホールズワース**
　ホルズワース
Hole
　ホール*
　ホーレ
Holebas ホレバス
Holecek
　ホレセック
　ホレチェク
　ホレチェック
Holeček ホレチェク
Holenia ホレーニア**
Holenstein
　ホーレンシュタイン*
Holes ホウルズ
Holf ホッフ
Holford ホルフォード
Holgar ホルガー
Holgate
　ホウルゲイト
　ホールゲイト
　ホルゲイト*
　ホルゲイト*
Holger
　オルガー
　ホーガー
　ホリアー
　ホルガ
　ホルガー***
　ホルゲア

ホルゲル
Holguin ホールギン
Holguín オルギン
Holian ホリアン
Holick ホリック
Holiday
　ホリデー**
　ホリディ
　ホリデイ**
Holidis ホリディス
Holimon ホリモン
Holin ホリン
Holing ホオリング
Holinshed
　ホリンシェッド
Holinstat
　ホリンスタート
Holisová ホリソヴァー
Holitscher
　ホリッチャー
Holkar ホールカル
Holke ホルキー
Holkeri ホルケリ**
Holkham ホルカム
Holl
　ホール**
　ホル*
Höll ヘル*
Hollabaugh
　ホーラボウ
Hollace ホレス
Holladay ホラディ*
Hollaender
　ホランダー
　ホレンダー
Hollamby ホランビィ
Holland
　ホーランド***
　ホラント**
　ホランド***
Hollande オランド*
Hollander
　オランデール
　ホランダー***
　ホランダア
　ホーランダル
　ホランデル
　ホレンダー
Holländer
　ホランダー
　ホレンダー*
　ホレンナー
Hollands ホーランド*
Hollandsworth
　ホランズワース*
Hollar
　ホラー
　ホラル
Hollars ホラーズ
Hollatius ホラツィウス
Hollaz ホラーツ
Holldobler
　ヘルドブラー
Hölldobler
　ヘルドブラー*
Holle ホール

Hölle ヘレ
Holleaux オロー
Holleben
　ホレーベン
　ホレーベン
Holleeder
　ホーレーダー
Hollein ホライン*
Holleman ホレマン
Hollenbeck
　ホーレンベック
Hollender
　ホランダー
　ホーレンダー*
　ホレンダー
Hollenweger
　ホーレンウェガー
Holler
　ヘラー
　ホラー*
Höller ヘラー
Holleran ホラーラン**
Hollerbach
　ホラーバッハ
Höllerer
　ヘラー***
　ホエレラー
Hollerith ホレリス
Hollerman
　ホラーマン*
Holles
　ホリス
　ホールズ
Holleuffer
　ホルロイッフェル
Holley
　ハリー
　ホーリー*
　ホリー**
Holleyman ホリマン
Holli
　ホリー*
　ホリィ
Hollick
　ホーリック
　ホリック
Holliday
　ホリデー**
　ホリディ*
　ホリデイ**
Hollier オリエ
Hollies
　ホーリーズ
　ホリーズ
Hollifield
　ホリフィールド
Holliger ホリガー*
Hollihan ホリハン
Holliman
　ハリマン
　ホリマン*
Hollindale
　ホリンデイル*
Holling ホリング*
Hollingdale
　ホリングデール*
Hollinger ホリンガー*

Hollingham
　ホリンガム
Hollinghurst
　ホリングハースト**
Hollings ホリングズ*
Hollingshead
　ホリングスヘッド
Hollingsworth
　ホリングスワース*
　ホリングズワース*
　ホリングワース
Hollington ホリントン*
Hollingue オルイーグ
Hollingworth
　ホウリングウォース
　ホリングワース**
Hollins ホリンズ**
Hollinshead
　ホリンシェッド
　ホリンズヘッド*
Hollis
　ホーリス
　ホリス**
Hollister ホリスター*
Hollitcher
　ホリッチャー
Hollmann
　ホールマン
　ホルマン*
Hollmer ホルメル
Hollnagel ホルナゲル*
Hollnsteiner
　ホルンスタイナー
Hollo ホッロ*
Hollocher ホロチャー
Hollon ホロン*
Hollond ホロンド
Holloran ホロラン*
Hollow ホロウ
Holloway
　ハローウェー
　ハロウェイ*
　ホローウェー*
　ホローウェイ**
　ホロウエイ
Hollreiser
　ホルライザー
Höllrigl
　ヘルリグル
　ヘルリグレ
Hollstein
　ホルシュタイン**
　ホルスタイン
Höllwarth ヘルバルト
Hollway ホルウェー
Hollweg
　ホルウェーク*
　ホルヴェーク
　ホルヴェーグ
　ホルベーク
　ホルベック
Hollwich ホルヴィッヒ
Holly
　ハリー
　ホーリー*
　ホリ
　ホリー**

ホーリイ	Holmström ホルムシュトレーム ホルムストレーム ホルムストロム	ホルト*** ホルトー*	ホルブ** ホルブ
Hollý ホリー		Holtan ホルタン	Holubar ホールバー ホルバー
Hollyman ホリーマン		Holtback ホルトバック	
Hollywood ハリウッド ホリウッド	Holmstrup ホルムストラップ	Holtby ホルトビー*	Holubec ホルベック
	Holmyard ホームヤード*	Holtei ホルタイ	Holuj ホーウイ
Holm ホウム ホーム* ホルム***	Holness ホールネス ホルネス*	Holten ホルテン	Hołuj ホルイ
		Holtense オルタンス	Holum ホルム*
		Holter ホルター	Holund ホルン
Holman フールマン ホウルマン ホールマン* ホルマン***	Holoday ハラデー	Holterman ホルターマン	Holusha ホルシャ
	Holopainen ホロパイネン	Holtermann ホルターマン	Holvoet ホルボエット
			Holway ホルウェイ
	Holophérnès ホロフェルネース ホロフェルネス ホロベルネス	Holtey ホルタイ	Holweg ホルウェグ
Holmann ホルマン*		Holtfreter ホルトフレーター	Holy ホリー*
Holmas ホルモス			Holý ホリー
Holmberg ホームバーグ ホルムバーグ ホルムバリ ホルムベルイ*	Holorenshaw ホロレンショー	Höltgen ヘルトゲン*	Holyer ホーリャー
		Holtgrefe ホルツグレーフェ	Holyfield ホリーフィールド ホリフィールド**
	Holosivi ホロシビ	Holtham ホルサム*	
	Holoubek ホロウベク	Holthaus ホルタウス	Holyoak ホリオーク
	Holovko ホロフコ	Holthausen ホルトハウゼン	Holyoake ホリオーク* ホリヨーク
Holmboe ホルムボー ホルンボー	Holowaychuck ホロウェイチャック	Holthe ホルス*	
		Holthuis ホルサイス	Holyst ホウイスト
	Holowenko ホロエンコ*	Holthusen ホルトゥーゼン** ホルトフーゼン	Holz ホルツ*
Holmboë ホルンボエ	Holowka ホロフカ		Holzach ホルツァッハ ホルツァハ
Holme ホウム* ホーム* ホルム	Holpp ホルプ	Holtje ヘルツェ ホルチェ	
	Holquist ホルクイスト ホルクウィスト*		Holzapfel ホルツアップフェル ホルツアプフェル
Holmelund ホルムルント		Höltje ヘルツェ ヘルティエ	
Holmer ホルマー ホルメル	Holroyd ホルロイド*		Holzbauer ホルツバウアー
	Holroyed ホルロイド	Höltker ヘルトカー	Holzdeppe ホルツデッペ**
Holmertz ホルメルツ	Holsapple ホルスアップル	Holtman ホルトマン	
Holmes ホウムズ* ホームス ホームズ*** ホルム ホールムス ホルムス ホルムズ*		Holtmann ホルトマン	Holzel ホルツェル
	Holsberg ホルスバーグ	Holtom ホウルトム ホルトム	Hölzel ヘルツェル*
	Hölscher ヘルシャー		Holzemer ホージマー
	Holschneider ホールシュナイダー*		Holzen ヘルツェン ホルツェン
	Holsey ホルザイ ホルシー	Holton ホールトン* ホルトン*	
			Hölzen ヘルツェン
Holmès オルメス ホームズ	Holsinger ホルシンガー*	Holtschneider ホルトシュナイダー	Holzenthaler ホルゼンターラー
	Holst ホウルスト ホールスト ホルスト***		
Holmey ホルメイ		Holtshouse ホルツハウス	Holzer ホルザー ホルツァー**
Holmgren ホルムグレン***		Holtshouser ホルツハウザー	
Hölmich ヘルミッヒ	Holstege ホルステージ	Hölty ヘルティ* ヘルティー	Holzgang ホルツガング
Holmlid オルムリッド	Holstein ホルシュタイン ホルスタイン** ホルスティン		Holzhauser ホルツハウザー
Holmlund ホルムルンド		Holtz ホルツ** ホルツ	Holzhey ホルツァイ
Holmquist ホルムキスト ホルムクヴィスト			Holzing ホルツィング*
	Holsten ホルステン	Holtzapfel ホルツアッペル	Holzinger ホルツィンガー*
	Holstenius ホルステーニウス ホルステニウス		
Holmqvist ホルムクビスト		Holtzapffel ホールツアプエル	Holzknecht ホルツクネヒト
Holms ホームズ* ホルムス	Holsti ホルスティ	Holtzclaw ホルツクロー	Hölzl ヘルツル*
	Holstine ホルスタイン	Holtzendorff ホルツェンドルフ	Hölzle ヘルツル
Holmsen ホルムセン	Holstun ホウルスタン ホルスタン		Holzmair ホルツマイヤー
Holmsten ホルムステン		Holtzman ホルツマン* Holtzmann ホルツマン	Holzman ハルツマン ホールツマン ホルツマン
Holmstrom ホームストロム	Holt オルト ホゥルト* ホウルト ホールト*		
		Holub ホラブ	

Holzmann ホルツマン*	
Holzmeister ホルツマイスター	
Holzmueller ホルツミューラー ホルツムエラー	
Holznagel ホルツナーゲル	
Holzner フォルツナ ホズナー ホルズナー ホルツナ ホルツナー* ホルツネル	
Holzschlag ホルツシュラグ	
Holzschuher ホルッシューアー	
Holzwarth ホルツヴァルト**	
Holzweiss ホルズワイス	
Hom ホム	
Homa ホーマ	
Homaira ホマイラ	
Homan ホーマン*	
Homann ホーマン	
Homans ホーマンズ* ホマンズ*	
Homayoun オマユーン	
Homberg ホームベルク	
Homberger ホンベルガー	
Homburg ホムブルク ホンブルク ホンブルフ	
Homburger ハンブガー ホンバーガー ホーンブルガー ホンブルガー	
Homco ホンコ	
Home ヒューム** ホウム ホーム**	
Homeghi ホメギ	
Homeier ホマイアー ホーマイヤー メイアー	
Homeky ホメキ	
Homer オーマー ホウマー ホーマー** ホーマ	
Homero オメーロ オメロ**	
Homeros ホオマア ホーマー ホーマア ホメーロス	

HOO

Homēros ホメロス*
Homer ホーマー
　ホメーロス
　ホメロス*
Homerus ホーマー
　ホメーロス
　ホメロス
Homes ホウムズ
　ホームズ**
Homet オメ
Homewood ホームウッド*
Homfeld ホムフェルド
Homi ホーミ
　ホミ*
Homilius ホミリウス
Hommadov ホンマドフ
Hommel ホムメル
　ホメル
　ホンメル**
Hommer ホウマー
Hommes ホンメス
Hommius ホミユス
Hommola ホンモラ
Homobonus ホモボーヌス
　ホモボヌス
Homoet ホムート
Homoki ホモキ*
Homolka ホモルカ
Homolle オモル
Homologetes ホモロゲテス
Homosapien ホモサピアン
Homoud ハムード
Homs オムス
Hon ホーム
　ホン**
Honan ホーナン*
Honasan ホナサン*
Honauer ホーナウアー
　ホナウアー
Honby ホーンビー
Honchar ホンチャール
Honcharuk ホンチャルク
Honcoopova ホンコポヴァー
Hond オンド
　ホント
　ホンド
Honda ホンダ**
Hondecoeter ホンデクーテル
Honderich ホンデリック
Hondius ホンディウス

Hondros ホンドロス
Hondru ホンドゥル
Hondt オント
　ホント
Hone ホネ
　ホーン*
Honeck ホーネック*
　ホネック
Honecker ホネカー
　ホーネッカー**
　ホネッカー
Honegger オネガー
　オネゲル
　オネゲル*
　オネッゲル
　ホネッガー
Honel ホーネル
Hönen ホーネン
Honert ホナート
Honervogt ホナヴォグト
　ホナボグト
Honess ホーネス
Honestos ホネストス
Honeth ホネト
Honey ハニー*
　ハネー
　ホニー
Honeyboy ハニーボーイ
Honeycombe ハニカム
Honeycutt ハニーカット*
　ハニカット**
Honeyman ハニーマン*
Honeywell ハニーウェル
Hong フォン
　ホン***
　ホング*
Hông ホン
Hồng ホン
Hongbin ホンビン
Hongbing ホンビン
Hong-bo ホンボー
Hong-choo ホンジュ*
Höngen ヘンゲン
Honggang ホンガン
Hong-gi ホンギ
Hong-goo ホング
Hong-hi ホンヒ*
Hongi ホンギ
Hong-il ホンイル
Hongjia ホンジャー
Hong-jin ホンジン
Hong-joo ホンジュ
Hong-june ホンジュン*

Hong-jung ホンジュン
Hong-kee ホンギ
Hong-ki ホンギ
Hong-koo ホング*
Hongkoo ホング
Hong-kun ホンゴン
Hong-kyu ホンギュ
Hongladarom ホンラダロン
Hong Leong ホンレオン
Hong-man ホンマン*
Hong-nam ホンナム
Hongne オンニュ
Hong Nyeol ホンニョル
Hongo ホンゴー
Hongoltz ホンゴルツ
Hong Piow ホンピャオ
　ホンピョウ
Hong-pyo ホンギュン
Hongsakun ホンサクン
Hong-sheng ホンシュン
Hong-shick ホンシク
Hong-shin ホンシン
Hong-sik フンシク
Hong-soo ホンス
Hongtaiji ホン・タイジ
　ホンタイジ
Hong-won ホンウォン*
Hong-zin ホンジン
Honig ホーニグ
　ホーニッグ
　ホニッグ*
Honigmann ホニグマン
　ホニッグマン
　ホニヒマン
Honigsbaum ホニグスバウム
Honigsheim ホーニヒスハイム
Hönigswald ヘーニヒスヴァルト
Honius ホーニウス
Honkakoski ホンカコスキ
Honkala ホンカラ
Honkanen ホンカネン
Honnecourt オヌクール
　オンヌクール
Honnef ホネフ
　ホンネフ
Honnefelder ホネフェルダー
Honneth ホネット**
Hönnighausen ヘーニヒハウゼン
Hønningen ヘニンゲン

Honnius ホーニウス
Honnold オノルド
Honohan ホノハン*
Honolka ホノルカ
Honor オーナー
　オナー**
　ホーナー
　ホナー
Honorat オノラ
Honorato オノラート
　オノラト
Honoratus ホノーラートゥス
　ホノラトゥス
Honore オノレ*
Honoré オノル
　オノーレ
　オノレ**
　オノレイ
　オル
Honoria ホノリア
Honorine オノリーヌ
　オノリヌ
　オノリン
Honorius オノリウス
　ホノーリウス
　ホノリウス*
Honorton アノートン
Honour オナー
Honourat オノラ*
Honovich ホノヴィッチ
Honsinger ホンジンガー*
　ホンシンジャー
Hont ホント*
Hontañon オンタニョーン
　オンタニョン
Hontelez ホンテレス
Honter ホンター
　ホンテル
Hontheim ホントハイム
Honthorst ホントホルスト
　ホントルスト
Honus ホーナス*
Honwana ホンワナ*
Honyek ホニエク
　ホニエク
　ホンエク
Honywood ホニーウッド
Hoo フー
Hoobler フーブラー
Hooch ホーホ
Hoock ホック
Hood フッド***
　フード*

Hoodbhoy フッドボーイ
Hoodless フッドレス
Hoofnagle フーフナグル
Hoofr フーフル
Hooft トホーフト
　フッフト
　フーフト
　ホーフト**
Hoog オーグ*
Hoogdalem ホーフダレム
Hooge ホーゲ*
Hoogenband ホーヘンバント*
Hoogendorp ホーヘンドルプ
Hoogenkamp フーゲンキャンプ
Hoogenraad フーゲンラード
Hoogervorst フーヘルフォルスト*
Hoogerwerf ホーヘアヴェルフ
Hoogewerf フーゲワーフ
Hoogland フーグラント
Hoogma ホーフマ
Hoogstad ホッホスタット
Hoogstraeten ホーフストラーテン
　ホーホストラーテン
Hoogstraten ホーグストラーテン
　ホーフストラーテ
Hoogvelt ホーグフェルト
Hooi ホイ
Hooijdonk ホーイドンク
Hooi-ling フイリン
Hook フック**
　ホーク
Hooke フーク
　フッカー
　フック*
Hooker フーカー*
　フカー
　フッカ
　フッカー***
　ホウッカル
Hookham フッカム
Hookoom フークーム
Hooks フックス***
Hookuman ホックマン
Hookway フックウェイ*
Hool フール
Hoole フール

H

Hooley
フーリー
ホーリイ
Hoomanawanui
ホーマナワヌイ
Hoon
フーン*
フン*
Hoo-neng フーネン*
Hoon-hwan
フニョン
フンヒョン
Hoonhyun フニョン
Hoontrakul
フーンタラクン
Hoop ホープ*
Hooper
フーバー***
フーベル
Hoopes フープス
Ho'opi'i ホオピイ
Hoopmann
フープマン*
Hoops ホープス
Hoor
ホーア
ホール
Hoorn ホールン*
Hoornbeek
ホールンベーク
Hoorungruang
ホールンルアン
Hoos フース
Hoose
フース
フーズ
Hoosen フーゼン
Hooser フーザー
Hooshang
フーシャング
Hoost ホースト*
Hoo-sup フソプ
Hoot フート
Hooten フーテン
Hootkins フートキンス
Hootman フットマン
Hooton フートン*
Hoots フーツ
Höövelson
ホーヴェルソン
Hoover
フーヴァー**
フーバー**
Hooykaas
ホーイカース
Hop ホップ
Hopcke ホプケ
Hopcraft ホプクラフト
Hopcroft
ホップクロフト
Hope
ホウプ
ホオプ
ホープ***
ホーペ
Hopekirk ホープカーク

Hopeless ホープレス
Hopes ホープス
Hopewell ホープウェル
Hopf
ホップ**
ホップフ
ホプフ
Hopfen ホップフェン
Hopfenbeck
ホプフェンベック
Hopfer ホップファー
Hopffer オフェール
Hopgood
ホップグッド
ホプグッド
Hophni ホフニ
Höpken ヘプケン
Höpker ヘプカー
Hopkin ホプキン*
Hopkins
ホップキンス
ホップキンズ
ホプキンズ
ホプキンズ***
ホプキンヅ***
Hopkinson
ホプキンスン
ホプキンソン**
Hopkirk
ホップカーク**
Hopko
ホプコ
ホプコー
Hopler ヘプラー
Hopley ホプリー
Hopman ホプマン
Hopp ホップ*
Hoppal ホッパール
Hoppe
ホップ
ホッペ***
Höppe ホッペ
Hoppenberg
ホッペンベルグ
Hoppenfeld
ホッペンフィールド
ホッペンフェルド
Hoppenot オプノ
Hoppenstedt
ホッペンステット
Hopper
ホッパー***
ホパー
ポパー
Hoppichler
ホピヒラー*
Hoppin ホッピン
Hoppner
ヘップナー
ホップナー
ポップナー
ホップネル
Höppner ヘップナー
Hopps ホップス
Hopson
ホップソン

ホプソン*
Hopt ホプト
Hoptman ホプトマン
Hopton ホプトン
Hopwood
ホップウッド**
Hopyong ホピョン
Hoque
ハク
ホク
Hoquet オケ
Hor
ホー**
ホル
Hora ホラ
Horace
オラース
オラス
ホラシ
ホーラス*
ホラース
ホラス**
ホーリス
ホリス*
ホレイス*
ホレース*
ホレース**
ホレース***
Horacee ホレス
Horáček ホラチェック
Horacio
オラシオ**
オラスィオ
ホラシオ
Horaicio ホレイショ
Horak
ホーラク
ホーラク
ホラク
ホラック
Horák ホラーク*
Horan
ホーラン*
ホラン*
Horatia
ホレイシア*
ホレイシャ
Horatio
ホレイシオ
ホレイシオー
ホレイショ**
ホレイショー
ホレイショウ
ホレーショ*
ホレショ
Horatiu ホラツィウ
Horatius
ホラチウス
ホラーティウス*
ホラティウス*
ホレイシャス
Horb
ホルブ
ホルプ
Hörbiger ヘルビガー
Horbius ホルビウス
Horbowski
ホルボフスキ

Horcasitas
オルカシタス
Horchani ホルシャニ
Horche ホルヒェ
Horder ホーダー
Hordern
ホーダーン*
ホーダン
Hordvik
ホルドヴィック
Hore
ホーア
ホア
ホール
Horeau オロー
Hore-Belisa
ホールベリーシャ
Horeis ホライス
Horenbout
ホーレンバウト
Horenstein
ホレンシテイン
ホーレンシュタイン
ホレンシュタイン
ホーレンスタイン
ホーンスタイン
Horfilla ホルフィリャ
Horford ホーフォード*
Horgan ホーガン**
Horheim
ホールハイム
ホルハイム
Hori ホリ*
Horia ホリア*
Horigan ホリガン
Ho-rim ホーリム
Horin ホーリン
Horine ホーリン
Horínek ホリネグ
Hörisch ヘーリッシュ
Horishna ホリッシナ
Horkhang ホルカン
Horkheimer
ホルクハイマー*
Horle ホーレ
Horlen ホーレン
Horler
ホーラー**
ポルラア
Horlick ホーリック
Horlock ホーロック
Horm ホルン
Horma ホルマ
Hörmander
ヘルマンダー**
ホールアンデル
Hormann ホーマン*
Hörmann
ヘールマン
ヘルマン
ホルマン
Hormats ホーマッツ**
Hormayr
ホールマイアー
ホールマイル
ホルマイル

Hormberger
ホーンバーガー
Hormess ホームス
Hormidas ホルミダス
Hormidz
ホルミズ
ホルミスダス
Hormiga オルミガ
Hormigo オルミゴ
Hormisdas
ホルミスダス
Hormizd
ホルミズ
ホルミズド
Hormzd ホルムズド
Horn
フールン
ホールン
ホルン***
ホーン***
Horna オルナ
Hornacek
ホーナセック**
Hornaday ホルナディ
Hornak ホーナック
Hornbacher
ホーンバッカー
Hornback
ホーンバック
Hornbech
ホーンベック
Hornbeck
ホーンベック
Hornblower
ホーンブローアー
ホーンブロウア
Hornbogen
ホルンボーゲン
Hornbostel
ホルンポステル
Hornbrook
ホーンブルック
Hornby
ホーンビー***
ホーンビィ*
Horne
ホルネ
ホルン
ホーン***
Horneber ホルネバー
Horneck
ホーネク
ホーネック
ホルネック
Hornecken ホルネケン
Horneffer
ホルネッファー
ホルネファー
Hornejus ホルネーユス
Hornell ホーネル
Horneman ホーネマン
Hornemann
ホーヌマン
ホルネマン
Horner
ホーナ
ホーナー***
ホルナー*

Hörner ヘルナー*
Horney
　ホーナイ*
　ホーニー
　ホーニイ
　ホルナイ
　ホルネー
　ホルネイ
Hornfischer
　ホーンフィッシャー
Horngacher
　ホルンガハー
Horngren
　ホーングレン*
Hornick
　ホルニク
　ホルニック
Hornig
　ホーニッグ*
　ホーニング
　ホルニッヒ
Hornigk
　ホルニク
　ホルニッヒ
Horniman ホーニマン
Horning
　ホーニング
　ホルニング
Hornish ホーニッシュ*
Hornkohl
　ホーンコール
Hörnle ヘルンレ
Hörnlein ヘルンライン
Hornsby
　ホーンズビー*
　ホーンズビー*
　ホーンズビイ
Hornschuh ホルシュー
Hornsey
　ホーンジー
　ホーンゼイ
Hornstein
　ホーンシュタイン
　ホーンスタイン*
Hornung
　ホーナング*
　ホルヌング*
Horny ホルニー
Hornyansky
　ホーンヤンスキー
Horobin ホロビン
Horodeck ホロデック
Horodezky
　ホロデッキー
Höroldt ヘロルト
Horomia ホロミア
Horoshkovskyi
　ホロシコフスキー
Horosko ホロスコ
Horouitz オロヴィッツ
Horovitch
　ホロヴィッチ
Horovitz
　ホロヴィッツ
　ホロヴィッツ
　ホロビッツ
Horowitz
　ホロヴィッツ

　ホロウィッツ***
　ホロウィッツ
　ホロヴィッツ**
　ホロビッツ**
Horowski
　ホロウスキー
Horr ホア*
Horrabin
　ハラビン
　ハラビン*
　ホレビン
Horrebow ホレボー
Horres ホレス
Horricks ホリックス
Horrigan ホリガン
Horrobin ホロビン*
Horrocks
　ホロクス
　ホロックス*
Horrow ホロウ
Horry
　オーリー*
　ハーリー
Horsa ホルサ
Horsbrugh
　ホースブラフ
　ホースブルグ
Horsch
　ホーシュ
　ホルシュ
Horschel ホーシェル*
Horschelt
　ホルシェルト
Horse ホース**
Horsefield
　ホースフィールド
　ホースフィルド
Horsfall
　ホースフォール*
Horsfield
　ホースフィールド
Horsham ホーシャム
Horshkovozov
　ゴルシコボゾフ
Horsiesi ホルシエシ
Horsi-isi オルシシオス
Horsley
　ホースリ
　ホースリー*
　ホーズリ
　ホーズレー*
　ホーズレイ
　ホーズレイ
Horsman ホースマン
Horsnell ホースネル
Horst
　ホースト**
　ホルスト***
Hörstadius
　ヘールスタディウス
　ホシターディウス
Hørsted エルステッド
Horsting
　ホースティング
　ホルスティン*
Horstman
　ホーストマン

Horstmann
　ホーストマン
　ホルストマン*
Horszowski
　ホルショフスキ
　ホルショフスキー*
Hort
　ホート*
　ホルト*
Horta
　オルタ**
　ホルタ***
Hortalus ホルタルス
Hortefeux オルトフー*
Hortenhuber
　ヘルテンフーバー
Hortense
　オルタンス
　オルテンセ
　ホーテンス*
　ホルテンセ
Hortensia
　ホルテンシア
Hortensio
　オルテンシオ
Hortensius
　オルタンス
　ホルテーンシウス
　ホルテンシウス
Horthy
　ホルチ
　ホルティ
　ホルティー
Hortling ヘルトリング
Horton
　ホートン***
　ホルトン
Hortsang ホートサング
Hortulana
　ホルトゥラーナ
Hørup
　フーロブ
　ヘーロブ
Horus ホルス
Horvat
　ホーヴァット*
　ホーバット
　ホルヴァート
　ホルバット
　ホルバート**
Horvath
　ホーヴァス
　ホーヴァート*
　ホーバス
　ホルバート*
　ホルヴァース
　ホルヴァート*
　ホルバート
Horváth
　ホルヴァート**
　ホルヴァートフ
　ホルバット
　ホルバート*
　ホルバット
Horváthová
　ホルヴァートヴァー*
Horvatić
　ホルヴァティチ
Horvatth ホーバッス

Horvilleur
　オルヴィルール
Horvitz
　ホーヴィッツ
　ホービッツ
　ホルビッツ*
　ホロビッツ
Horwich
　ホーウィッチ*
　ホーリッジ
　ホロビッツ
Horwitch ホーウィッチ
Horwitz
　ホーウィッツ**
　ホーヴィッツ
　ホリッツ
　ホルヴィッツ*
　ホルビッツ
　ホロウィッツ
Horwood
　ホアウッド
　ホーウッド**
Hory ホーリー
Hörz ヘルツ
Horzowski
　ホルショフスキ
Hos ホス
Hosack ホサック
Hosain ホサイン
Hösch ヘッシュ*
Hoschedé オシュデ
Hose
　ホース
　ホーゼ
　ホセ
Hosea
　ホウジーア
　ホジーア
　ホシェア*
　ホセア
　ホゼア
Hōsēé
　ホシェア
　ホセア
Hosein ホセイン*
Hoseini ホセイニ
Hoselitz ホゼリッツ
Hosell ホセル
Hosemann ホーゼマン
Ho-Seon ホソン
Ho-seung ホスン*
Hoseus ホセウス
Hosey ホージー*
Hoseyn ホセイン
Hosflot ヘスフロト
Hosford ハスフォード
Hosgood ホスグッド
Ho-shik ホシク
Hoshino ホシノ*
Hoshiyar ホシヤル
Hoshowski
　ホショースキー
Hosiasson
　オジアッソン
Hosie
　ホージ
　ホージー

ホジー
Hosier ホージア
Ho-sig ホシク*
Hosius
　ホージウシ
　ホシウス
　ホジウス
Hosken ホスケン
Hoskin ホスキン
Hosking
　ホスキン
　ホスキング**
Hoskins
　ホスキンス**
　ホスキンズ*
Hoskisson ホスキソン
Hoskyns
　ホスキンス*
　ホスキンズ**
Hosl ホスル
Hösl ヘッスル
Hösle ヘスレ**
Hosler ホスラー
Hosli ホズリ
Hosmer
　ホーズマー
　ホスマー*
　ホズマー*
Hosni ホスニ**
Hosokawa ホソカワ
Ho-song ホソン
Hosotte オソット
Hosp ホスプ**
Hospers ホスパーズ
Hospinian
　ホスピニアン
Hospital ホスピタル*
Hoss
　ヘス
　ホス**
Höss ヘス*
Hossack ホサック
Hossain
　オサン
　フセイン**
　ホサイン*
　ホセイン*
Hossam
　ホサム
　ホッサム
Hossbach ホスバハ
Hossein
　オッセン**
　フセイン
　ホセイン*
Hosseini
　ホセイニ
　ホセイニー*
　ホッセイニー*
Hossell ホッセル
Hossenfelder
　ホッセンフェルダー
Hoßfeld ホスフェルト
Hossi オッシ
Hosszu
　ホッス*
　ホッスー**

Hosszú ホッスー	Hotman オットマン オトマン ホトマーヌス	Houdé ウーデ*	Houldsworth ハウルズワース	Hourlhane フリハン
Host ホスト		Houdebine ウードビーヌ	Houle ハウル	Hourmadji フルマジ
Hoste ホステ		Houdeingar ウドゥインガー フデインガル フデンガー	Houleimeta ハリーマ	Hours ウール ウルス
Hosten ホーステン	Hotson ホットソン* ホットマン		Houlette ヒューレット フォーレット	
Hostetler ホステトラー**				Hourticq ウールチック ウールティック ウルティック
Hostetter ホステッター	Hotspur ホッツパー ホットスパー	Houdenc ウーダン	Houlihan フーリハン ホウリハン	
		Houdet ウデ*		Housden ハウスデン* フーズデン
Hostettmann ホステットマン	Hotston ホットストン	Houdin ウーダン*	Houllier ウイエ ウーリエ ウリエ*	
Hostie オスティ	Hotten ホッテン	Houdini ウーディニ フーディーニ* フーディニ		Housdorff ハウスドルフ
Hostiensis ホスティエンシス	Hottenroth ホッテンロート		Houlsby ホールズビイ	House ハウス***
Hostilianus ホスチリアヌス ホスティリアヌス	Hottenrott ホッテンロット		Houlston ハウルストン	Housecroft ハウスクロフト
		Houdon ウードン ウドン	Hoult ホルト*	
Hostilius ホスチリウス ホスティリウス	Hotter ホッター** ホッファー		Houlton ホウルトン ホールトン	Household ハウスホールド** ハウスホールド
		Houdré ウードレ		
Hostin オスタン	Hotteterre オットテール オトテール	Houdremont ホウドレモン	Houma ホーマ	Householder ハウスホルダー**
Hostinský ホスティンスキー		Houdret ウドレー*	Houmadi フマディ	Housel ハウセル
	Hottinger ホッティンガー	Houdry ウドリ フードリ	Houman フーマン	Houseman ハウスマン** ハウズマン
Hostius ホスティウス			Houmanfar ハウメンファー	
Hostman ホーストマン	Hottois オトワ			
Hostmark ホストマーク	Hotz ホッツ	Houdt フート	Houmeau ウモー	Houser ハウザー**
	Hotze ハッツェ	Houej フワイジ	Houmed ウメド フメド	Housewright ハウスライト
Hostos オストス	Hotzel ホッツェル ホッツル	Houel フーエル		
Hostovsky ホストヴスキー		Hoüel ウエル	Houmeid フーメイド	Housler ヒュースラー
Hostovský ホストフスキー	Hötzendorf ヘッツェンドルフ	Houellebecq ウエルベック**	Houng ホング	Housman ハウスマン** ハウズマン
		Houelleur ウエラー*	Houngbo ウングボ フンボ	
Ho-suk ホソク*	Hou フー フォ* ホウ*	Houenipwela ホウエニプエラ		
Hot ホット			Hounkpe ウンペ	Houssat ウサ
Ho-tae ホテ		Houette ウエット	Hounkpè ウンクペ	Houssay ウーサイ ウサイ* ウーセー ウセイ ウッサイ ウッセイ フサイ
Ho-tak ホタク	Houari ウアリ ホウアリ	Houffaneh ファネ	Hounnonkpe ウノンペ	
Hotakainen ホタカイネン**		Hougan フーガン ホーガン*	Hounsfield ハウンスフィールド ハウンズフィール ド**	
Hotbauer ホフバウアー	Houas ファス			
Hotchkiss ホチキス* ホッチキス ホッチキッス	Houben ホーベン	Hougen ハウゲン		
	Houbigant ウビガン	Hough ハウ* ハフ** ホフ ホフ	Hounshell ハウンシェル*	Houssaye ウーセ ウーセー ウセ
	Houbraken ハウブラーケン フーブラーケン フーブラケン ホウブラーケン		Hounslow ハウンズロー	
Hotchner ホッチナー**			Hounsou フンスー フンスゥ	
Hotelling ホテリング		Hougham ホーム		Houssein ウセイン フセイン ホセイン
Hotep ヘテプ ホテプ ホテプ		Houghton ハウトン* ヒュートン フートン ホウトン ホートン***		
	Houbre ウーブル ウーブレ オーブル		Houot ウオ	
Hotere ホテレ			Houphouët ウフェ ウフエ	Housseïni フセイニ
Hotez ホッテス	Houchard ウシャール			Houssen フッセン
Hötger ヘトガー	Houcine フシン	Hougland ホウグランド*	Houpis ホービス	Housseynou フッセイヌー
Hoth ホート	Houck ハウク ハウック* フック ホック	Houglum ホーグラム	Houplain ウープラン	Houssin ウーサン* ウッサン フーシン
Hotham ホサム		Hougron ウーグロン	Houpt フープト	
Hothby ホスビー ホズビー		Hougue ウーグ	Hourani フーラーニー ホーラーニー	
	Houckgeest ハウクヘースト フックヘースト	Houillier ウリエ		Houssou ウス
Hotho ホート ホト ホトー		Houin ウーアン フイン	Hourcade ウルカデ	Houston ハウストン** ヒューストン*** フーストン
	Houda フーダ フダ		Hourdebaigt ウルデバイ	
Hothorn ホットホーン ホトー	Houdar ウダール	Houk ハウク ホーク		
	Houdart ウダール		Houriah フリア	Houstoun フーストン
	Houdas ウダ	Houkes フーケス**	Hourihan フーリハン	Housuton ヒューストン
Hoti ホティ	Houde ウード	Houlahan ホウラハン	Hourihane ハウリハン フリハン	
Hötker ホトケル		Houlden ホールデン		Hout ハウト フート
		Houlder ホウルダー	Houriya フーリア	

Houtart ウタール
Houten
　ハウテン
　ホウテン
Houthakker
　ハウタッカー**
Houtin
　ウータン
　ウタン
Houtman
　ハウトマン*
　ホウトマン
Houts
　ハウツ
　ホウツ
Houtsma
　ハウツマ
　フツマ
　ホウツマ
Houtteman
　ヒュッテマン
　フートマン
Houtteville
　ウートヴィル
Houtz ハウツ
Houtzager
　ハウツァハー
Houvenaghel
　ホベナゲール
Houvet ウーベ
Houwald フーヴァルト
Houwer ハウエル
Houwing ホウイング
Houwink ハウインク
Houy ヒューイ
Hou-ze ホウズエ
Houze ハウズ
Houzel アウゼル
Houzet ハウセット
Hovanessian
　ホバネシアン
Hovasse
　オヴァス
　ホーバス
Hovdey ホヴデイ
Hove
　ホーヴェ*
　ホーフェ
　ホーベ**
Hoveian ホベヤン
Hövel ヘーフェル
Hovelaque オヴラク
Hövelmann
　ヘーヴェルマン
Hoven ホーフェン
Hovenkamp
　ホベンカンプ
Höver フーバー
Hoversten
　ホーヴァーステン
Hovey
　ハーヴィ
　ホヴィ
　ホビー
　ホベイ
Hoveyda
　ホヴェイダ

Hovleder ハウドル
ホベイダ*
Hovgaard
　ホーヴガード
　ホヴガード
Hovhaness
　ホヴァネス
　ホバネス*
　ホーフハーネス
Hovhannes
　オヴァネス
　オバネス
　ホヴァネス
　ホバネス
　ホブハンネス
Hovhannisyan
　オガンネシャン
　ホバニシャン
Hovik
　オビク
　ホビク
Hoving
　ホーヴィング*
　ホービング**
　ホーフィング
Hovis
　ホーヴィス
　ホービス
Hovland
　ホヴラン
　ホヴランド
　ホブランド
Hovmand ホウマン*
Hovnanian
　ホフナニアン
Hovorova ホウォロワ
How ハウ*
Howai ホワイ
Howald
　ホーヴァルト
　ホーバルト
Howard
　オヴァール
　ハウァード*
　ハウアード
　ハウアード**
　ハウアド*
　ハウイー
　ハワアド
　ハーワード*
　ハーワード***
　ハワド
　ヒュワード
　ホアード
　ホーワード
　ホード*
Howardwolokollie
　ハワードウォロコリィ
Howarth
　ハウアス
　ハウワース
　ハウワース**
　ホワース
Howat ホワット
Howatch ハウォッチ
Howden ホーデン
Howdensmith
　ホーデンスミス
Howdeshell
　ハウデッシェル

Howdle ハウドル
Howdy ハウディー
Howe
　ハウ***
　ハオウ*
　ヒュー
　ホー*
　ホウ*
Höwedes ヘヴェデス*
Howel
　ハウェル
　ハウエル
Howell
　オーエル
　ハウウェル
　ハウエル
　ハウエル***
　ホーウェル
　ホウエル
Howells
　ハウエル
　ハウエルズ*
　ハウエルズ*
　ホーエル
Howely ホーウェーリー
Hower ハウウァ
Howerd ハワード*
Howerth ハウアルス
Howerton ハワートン
Howes
　ハウス
　ハウズ*
Howett ハウェット
Howey
　ハウイ
　ハウイー**
　ハウウェー
　ハウイ
Howgego ホージェイゴ
Howgrave
　ハウグレイヴ
Howie
　ハウイ
　ハウイー**
　ハウイ*
　ハウイー*
　ホーウイ*
　ホーウイー
Howison ハウイソン*
Howitt
　ハウィット
　ハウィット*
　ホイット
　ホーウィット
　ホウィット
Howitz ホービッツ
Howk ホーク
Howker ハウカー**
Howkins ホーキンス
Howks ホークス
Howland ハウランド**
Howlett
　ハウレット**
　ホウレット
Howley
　ハウリ
　ハウリー*

Howlin
　ハウリン*
　ホーリン
Howlin' ハウリン
Howman ハウマン
Howorth
　ハワース
　ハワーズ
　ホワース
Howry ハウリー
Hows ハウズ
Howsare ハウサー
Howse ハウス
Howser
　ハウザー*
　ホーワー
Howson
　ハウスン
　ハウソン
　ホーソン
Hoxbro ホクスブロ*
Høxbro ホクスブロ
Hoxha
　ホジャ*
　ホッジャ*
Hoxhaj ホジャイ
Hoxie ホクスィー
Hoxter ホクスター
Hoy
　ホーイ
　ホイ***
Hoya
　ホーヤ
　ホヤ
Høybråten
　ホイブローテン
Hoyde ホイド
Hoye ホウイ
Hoyer
　オワイエル
　ホイア
　ホイエル
　ホイヤー**
Hoyer-Larsen
　ホイヤーラーセン
Høyer-Larsen
　ホイヤーラーセン
Hoying ホーイング
Hoylaerts
　ホイラーツ
Hoyland ホイランド
Hoyle
　オイレ
　ホイル***
Hoyles ホイルズ
Hoynes ホインズ
Ho-yon ホヨン
Ho-yong ホヨン
Hoyos
　オジョス
　オジョス*
　ホジョス
　ホヨス
Hoyt
　ホイット*
　ホイテ
　ホイト***

Hoyte
　ホイテ**
　ホイト
Hoz
　オス
　ホズ
Hoza ホーザ
Hozack ホザック
Hoz De Vila
　オスデビラ
Hphags
　バク
　バス
Hphags-pa
　バクバ
　バスパ
Hphrin-las ティンレイ
Hrabal フラバル**
Hrabanus
　フラバーヌス
　フラバヌス
　ラバヌス
Hrabosky ラボスキー
Hrabovsky
　ラボフスキー
Hrachovy フラコヴィ
Hrachya
　フラチャ
　ラチャ*
Hradecka ハラデツカ*
Hradecká ハラデツカ
Hradecky
　フラデツキー
Hradetzky
　ハラデッキー
　フラデツキー
Hradilek フラディレク
Hrafnhildur
　フラフニルドル
Hrafnsdóttir
　フラフンスドッティル
Hrair ライル
Hrand グラント*
Hranek フラネック
Hranić ハラニチ
Hrant フラント
Hranush ラヌシュ
Hraoui
　ハラウィ
　フラウィ
　ヘラウィ*
Hrasnova ハラスノバ
Hrastic フラスティッチ
Hrastnik フラストニク
Hrawi
　ハラウィ**
　フラウィ
　ヘラウィ*
Hrazdíra
　フラズディーラ
Hrbek ハーベック*
Hrdlicka
　ハードリカ
　フルジリカ
Hrdlička
　ハードリチカ
　ハードリッチカ

フルドリチカ
ヘリチカ
Hrdlickova
ハドリチコヴァー
Hrdy
ハーディー
フルディ
Hrebejk フジェベイク
Hrebeljanović
フレベリャノヴィチ
Hrefna フレフナ
Hreidarsson
フレイダルソン
Hrgota フルゴタ
Hrgovic ウルゴビッチ
Hricak リサック
Hricik フリシィク
Hridaya フリダヤ
Hridayesh リダヤス
Hřímalý
フルジーマリー
Hringur フリングル
Hristiana
フリスティアナ
Hristic フリスティッチ
Hristić
フリースティツィ
フリスティッチ
Hristo フリスト**
Hristov フリストフ
Hristova
フリストヴァ
フリストバ
Hr-m-hb ホルエムヘブ
Hrodpert ルーペルト
Hroisman
フロイスマン*
Hromadka
フロマートカ
ロマデカ
ロマドカ
Hromádka
フロマートカ
フロマトカ
ロマドカ
Hromas フロマス
Hromkovic
ホロムコヴィッチ
Hromkovič
ホロムコヴィッチ
Hrone ホーネ
Hronec フォロニック*
Hroniss フロニス
Hronský フロンスキー
Hroswitha
フロスヴィタ
フロツヴィタ
ロスウィータ
ロスヴィータ
ロスヴィタ
ロスヴィート
ローツビト
Hrozný
フロズニ
フロズニー
Hrsg ヨール

Hruban フルーバン
Hrubin フルビーン
Hrubín フルビーン*
Hruby
ハルビー
フルービー
ルビー
Hrubý フルービー
Hrusa フルシャ*
Hruschka フルシュカ
Hrushevskii
フルシェフスキー
Hrusínský
フルシーンスキー
Hruska ハルスカ
Hrvoje
フルヴォイェ
フルボエ
Hryhoriĭ
フルイィホーリイ
Hryhoriy
グリゴリー
フルイィホーリイ
Hry-hr ヘリホル
Hrymych フルイミッチ
Hrynevych フリネビチ
Hryschenko
フリシチェンコ
Hryshchun
リシュチュン
Hrytsenko
グリツェンコ
Hsan サン
Hsi シ
Hsia シャー
Hsiang-hsiung
シャンション
Hsiao
サイア
シャオ*
Hsiao-hsien
シャオシェン
Hsiao-i シャオイー
Hsieh
シェ*
シェイ
Hsi-en シェン
Hsien シェン
Hsien Loong
シェンルン
シェンロン*
Hsien Yang
シェンヤン
Hsin シン
Hsinbyushin
シンビューシン
Hsiu-lien シウリェン
Hsiu-Ying シオウイン
Hsu
シュ
シュー**
シュイ
シュウ
スー**
スウ
ヒュー
Hsü シュー**

Hsueh シュエ
Hsueh-liang
シュエリャン
Hszieh シェイ
Htarwara ターワラ*
Htay
テー
ティ
テイ
Hteik テイッ
Htin
チン
ティン**
フティン
Htin Aung
ティンアウン
Htoo トゥー
Htun トゥン
Htun Aeindra Bo
トゥンエインドラボー
Htut トゥ
Htwa フトゥワ
Htwe トゥエ
Hu
フ*
フー**
フウ
ホウ
Hua
フー
ホア*
ホワ*
Huacac ワカク
Huaco ヒュアコ
Huai-jên カイジン
Huainigg ファイニク
Huaita ワイタ
Hua-ling ファーリン
Huallpa ワルパ
Huamam ファマム
Huaman ワマン
Huamán ウアマン
Huan
ファン
ファン*
ホアン*
Huán ホワン
Hu-ang ファン
Huang
ヒュアン
ファン**
ファン
ファング
ホァン*
ホアン**
ホゥアン
ホワン*
Hua-qing ホワチン
Huard
ウアール
ユアール
Huart ユアール
Huarte ウアルテ
Huáscar ワスカル
Hua-teng ホワトン
Huayna ワイナ

Hua-ze ホワズエ
Hub フーブ
Hubacher
フーバッカー
Hubala フーバラ
Hubart ヒューバート
Hubas ユバ
Hubay
フーバイ
フバイ
Hubaysh フバイシュ
Hubback ハバック
Hubbard
ハッバッド
ハッバート
ハッバード*
ハーバード
ハバート
ハバード***
ヒュッバード
ユバール
Hübbe ヒュッベ*
Hubbell
ハッベル*
ハブル
ハベル*
Hubber フーバー
Hubble
ハッブル*
ハブル*
Hubbs
ハッブス
ハッブズ**
Hübchen
ヒューブヒェン
Hube ヒューベ*
Hubeau ユボー
Hubel ヒューベル**
Hübel ヒューベル
Hübener ヒューベナー
Huber
ヒューバー**
ヒュバー
ヒューバート
フーバー***
フーベル
フベール
ユーベル
ユベール
Huberdeau ユベルド
Huberinus
フベリーヌス
Huberman
ヒューバーマン
ヒューバマン
フーベルマン
ユベルマン**
Hubermann
フーバーマン
フーベルマン
Hubert
ウベル
ハーバート
ハバート
ヒューバート***
ヒューバード
ヒューバート*
ヒューベー
ヒューベルト*

ヒュベルト
フーバート
フーベアト
フベール
フーベルト***
フベルト*
ユーベア
ユーベル
ユベール***
ユベル
Hubertine
ユベルチーヌ
ユベルティーヌ
Hubertus
ヒュベルタス
ヒュベルトゥス
フベタス
フベルツス
フベルテュス
フーベルトゥス**
フベルトゥス
Huberty ユベルティ
Hubie ヒュービー
Hubin
ハビン
ヒュービン
Hübl ヒューブル
Hubler
ハブラー
ユブラー
Hübler ヒュブレル
Hubley
ハブリー
ハブレイ
ヒューブリー
Hubmann フーブマン
Hubmayer
フーブマイアー
フーブマイア
フーブマイヤー
Hubner
ヒウブネル
ヒュブナー
ヒュブナー
ヒュブネル
フブナー
ユブネル
Hübner
ヒューブナー**
ヒューブナー
ヒュブナー*
ヒュブナー*
Hubrecht
ヒューブレヒト
Hubrias ヒュブリアス
Hubricht
フーブリヒト*
Hübscher
ヒューブシャー
Hübschmann
ヒュブシュマン
ヒュブシュマン
Hubschmid
フブシュミット
Huby
フービー
ユビー
Huc
ヒュク

ユク
ユック*
Hucaby
　ハカビー*
　フキャビィ
Hucbald
　フクバルト
　フクバルド
　フグバルドゥス
　フックバルト
　フックボルト
Huch
　ウック
　フッフ
　フーフ*
　フフ
　フホ
Huchel
　フーヒェル
　フーヘル**
Huchet
　ハチェット*
　ユシェ
Huchim フチン
Huchingson
　ハッチンソン
Huchinson
　ハッチンソン
Huchison ハチスン
Huchthausen
　ハクソーゼン*
Huck
　ハック**
　フック
Huckabee
　ハカビー
　ハッカビー**
Huckel ヒュッケル
Hückel ヒュッケル
Huckelbridge
　ハッケルブリッジ
Huckerby ハッカビー
Huckins ハッキンズ
Huckl ハックル
Huckle ハックル
Huckleberry
　ハックリベリー
Huckmann ハックマン
Huckstep
　ハックステップ
Hucles ウクレス
Huczko ハチコ
Hūd フード
Huda
　フーダ
　フダ
　フダー
　ホダ
Hudā フダー
Hudaibergenov
　フダイベルケノフ
Hudak フダク
Hudák フダーク
Huḍaybī フダイビー
Hudd
　ハッド
　フッド
Hudde フッデ

Huddie ハディ
Huddle ハドル*
Huddleston
　ハッドルストン
　ハドルストン**
Huddlestone
　ハドルストーン
Huddy ハディ
Hudec
　フーデック
　フデック
Hudeček フデチェク
Hudelist
　フリーデリスト
Hudepohl
　ヒューデポール
Hudes ヒュディス
Hudgens
　ハジェンス
　ハジェンズ*
Hudgeons ハジンズ
Hudgins ハドギンズ
Hudicka ハジッカ
Hudkins ハドキンス
Hudler ハドラー**
Hudlin
　ハドソン
　ハドリン*
Hudman ハッドマン
Hudnall ハドノール
Hudock ハドック*
Hudon
　ヒューデン
　ユドン*
Hudrisier
　ユドゥリジエ
Hudson
　ハドゥソン
　ハドスン**
　ハドソン***
Hudson-smith
　ハドソンスミス
Hudspeth ハズペス
Hudziec
　フドズィエーツ
Hue
　ヒュー*
　フエ**
　ユー**
Hueber ヒュベール
Huebler ヒューブラー
Huebner
　ヒューブナー*
　ヒュブナー
　ヒューブナア
　ユーブナ
Hueck
　ヒュイック
　ヒュック
　フック
Huefner ヒュフナー*
Hüefner ヒュフナー*
Huegel ヒューゲル
Huegill ヒューギル
Huehns フェーンズ
Huelle ヒュレ

Huelsenbeck
　ヒュルゼンベック*
Huemer ヒュマー
Huemura ウエムラ
Huene ヒューネ
Hueneke ハイニキー
Huenges ヒュンゲス
Huepe ウェペ
Huerta
　ウェルタ*
　ウエルタ*
　フエルタ*
　ユエルタ
Huertas ウェルタス
Huestis
　ヒュエスティス
　ヒューステイス
Huet
　ウエ
　ウエット*
　ヒュト
　フート
　ユーエー
　ユエ*
　ユエット
Huete ウエテ
Huett
　ヒューイット*
　フエット
Huette フィエット
Huettel ヒュッテル
Huey
　ヒューイ**
　ヒュエイ
Huezo ウエソ
Hufbauer
　ハフバウアー*
Hufeland
　フーフェラント
　フーフェランド
　フーヘランド
Hu'feland
　フーフェーランド
　フーフェラント
　フーフェランド
　フフェランド
　フーヘランド
Huff
　ハフ*
　ハフ**
Huffam
　ハッファム
　ハファム
　ハファン
　フファム
Huffington
　ハフィントン**
Huffins ハフィンズ
Huffman ハフマン*
Huffnagle ハフナグル
Hufford ハフォード
Huffstetler
　ハフステトラー
Hufnagel
　ハフナゲル
　ハフニゲル
　フフナーゲル*

Hufnagl
　フーフナーゲル
Hufschmidt
　ハフシュミット
　フッフシュミット
Hufton ハフトン
Hug
　ハク
　ハグ
　フーク
　フグ**
Hugault ユゴー*
Hugbel ウグベル
Huge
　ヒュー
　ヒュージ*
Hugel ヒューゲル*
Hügel ヒューゲル
Hugenberg
　フーゲンベルク
Hüger ヒューガー
Huges ヒューズ
Hugessen
　ヒューギスン
　ヒュージェスン
　ヒュージッセン
Huget ウジェ
Hugeux ユジュー
Hugfh ヒュー
Huggard ハガード
Huggenberger
　フッゲンバーガー
　フッゲンベルガー
Huggenvik
　フーゲンヴィク
　フーゲンヴィック
Huggett
　ハジェット*
　ヒューゲット
Huggins
　ハギンズ*
　ハギンズ***
　ハッギンズ
Huggler フッグラー
Hugh
　ウーグ
　ヒュ
　ヒュー***
　ヒューイー
　ヒュウ
　フーゴ
　ホフ
　ユーグ
　ユーゴー
Hughan ヒューアン
Hughart
　ヒューガート**
Hughes
　イグ
　ヒュース
　ヒウズ
　ヒュー
　ヒュウス
　ヒュース*
　ヒューズ***
　ユーグ*
Hughie ヒューイ
Hughlett ヒューレット

Hughlings
　ヒューリングス
　ヒューリングズ
Hughson
　ヒュウソン
　ヒューソン
Hughues ユーグ
Hugman ハグマン
Hugnet ユニェ
Hugo
　ウーゴ***
　ウーゴー
　ウゴ**
　ヒュウゴ
　ヒューゴ***
　ヒューゴー***
　ヒューホ***
　ヒューホー
　ヒュホ
　フゥゴ
　フーゴ**
　フーゴー**
　フゴ*
　フゴー
　フーゴオ
　フューゴ
　ユウゴオ
　ユウゴオ
　ユーグ
　ユグ
　ユーゴ**
　ユーゴー**
　ユーゴー*
　ユーゴウ
　ユーゴオ
　ユゴ
　ユゴオ
Hugó ヒューゴ
Hugoe ヒューゴー
Hugolinus フゴリヌス
Hugon ユゴン*
Hugonnai フゴナイ
Hugoson ヒューゴソン
Hugrée ユグレ
Hugsted フグステッド
Huguccio
　ウグッチョ
　フグッキオ
　フグッチョ
Hugue ユゲ
Huguenin
　フゲニン
　ユグナン
Hugueny
　ヒューグニー
　ユグニー
Hugues
　ウーグ*
　ウゲ
　フーゴー
　ユーギュ
　ユーグ***
　ユグ*
　ユーゲ
　ユーゴ
Huguet
　ウゲット
　ユゲ
　ユゲー

Huguette
　ユグット
　ユーゲット
　ユゲット**
　ユゲト
Huh ホ**
Huhbator
　フフバートル
Huheey ヒューイ
Huhn フーン
Huhne ヒューン
Huhtala
　ヒュタラ
　フータラ
Huhtamo フータモ*
Huhtanen フッタネン
Huhuṅka フフンカ
Hui
　シュイ
　フイ*
　フェイ
　フォイ
　ホイ**
　ホェイ
　ホゥイ
Huibert
　ヒューバート
　ヘイベルト
Huiberts フイベルツ
Huidobro
　ウィドブロ
　ウィドブロ*
Huie
　ヒューイ*
　ヒュイ
Huigue ユイグ
Huijing ハイジング
Huijs ハュス
Huijsing ホイジング
Huijssen ホイセン
Huikari フイカリ
Huillet ユイレ**
Huimin ケイミン
Huirne
　ヒュルネ
　ホイルネ
Huisgen フイスゲン
Huish フイシュ*
Huiskes フイスケス
Huisman ユイスマン
Huismann
　ヒュースマン
Huissoud ユイスー
Huist フイスト*
Huistra ハウストラ
Hui-sung ヒスン
Huitema ウイテマ*
Huitfeldt
　ビットフェルト
　フイトフェルト
Huitt ヒューイット
Huitzilihuitl
　ウィツィリウィトル
Hui-won ヒウォン
Huiyan ホイイェン
Hui-ying ホイイン

Hui-yong ヒヨン
Huizenga
　ハイゼンガ*
　ホイジンガ*
　ホイゼンガ
Hui-zhi フイチー
Hui-zi ホイズー
Huizinga
　ハイジンガ
　ハイジンハ**
　フイジンガ
　ホイジンガ**
　ホイジンハ*
Hujaleh フジャレ
Hujdurovic
　フイドゥロビッチ
Hujwīrī
　フジュウィーリー
Hukkanen フッカネン
Hukkinen フッキネン
Hul ハル
Hülägü フレグ
Hülāgū
　フーラーグー
　フラーグ
　フラグ
　フレグ
Hulan
　フーラン
　フラン
Hulanicki フラニッキ
Hulbek ハルベック
Hulbert ハルバート*
Hulce
　ハルス
　ハルスィー
Hulda
　ハルダ**
　フルダ
Huldah フルダ
Huldreich
　ウルリヒ
　フルドライヒ
　フルトリーヒ
　フルドリヒ
Huldrych
　フルドリク
　フルドリヒ
Huleatt
　ヒューレアット
Hülegü フラグ
Huler ヒューラー
Hulette ヒューレット
Huling ヒューリング
Huliska ハリスカ
Huljev フージェフ
Hulk
　ハルク*
　フッキ*
Hulka フルカ
Hulke ハルク
Hulkenberg
　ヒュルケンベルグ*
Hull
　ハル***
　フル
Hullah ハラー

Hulland ハランド
Hulle
　ヒュレ
　フッレ
Hüller ヒュラー
Hullessem
　フュッレッセム
Hulley ハリー
Hullfish
　ハルフィシュ
　ハルフィッシュ
Hullmandel
　ヒュルマンデル
　ユルマンデル
Hulls ハル
Hulme
　ハルム
　ヒュウム
　ヒューム**
Hulpach フルパフ
Hulse
　ハルス**
　フルス
Hulsegge フルセッヘ
Hülsemann
　ヒュルゼマン
Hulsen フルセン
Hülsen ヒュルゼン
Hülsenbeck
　ヒュルゼンベック
Hulshoff フルショフ
Hülshoff
　ヒュルスホッフ
　ヒュルスホーフ
　ヒュルスホフ*
Hulskamp
　ハルスカンプ
Hulst
　ヒュルスト
　フルスト*
　ユルスト
Hulstaert
　フルスタート
Hult フルト
Hultén
　ハルデン
　フルテーン
Hulteng ハルテン
Hulton ハルトン
Hultquist
　ハルトクイスト
Hultqvist
　フルトクビスト
Hultz ハルツ
Hültz ヒュルツ
Hultzsch
　フルチ
　フルチュ
Huluka フルカ
Hulusi フールーシ
Hulya フルヤ
Hum フム
Humado フマド
Humaid
　フマイド
　フメイド
Humaidan フメイダン

Humaidi フマイディ
Humair ユメール
Humala ウマラ*
Humam フマム
Human
　ヒューマン*
　フーマン
Humana フマーナ
Humann
　ヒューマン
　フーマン
Humardani フマルダニ
Humason
　ハマソン
　フメーソン
Humayd フマイド
Humaydi
　フマイディ
　フマイディー
Humayoon フマユーン
Humayun
　フマユーン
　フマユーン**
Humayūn
　フマーユーン
Humāyūn
　フマーユーン
Humayuna フマユン*
Humāyūna フマユン
Humbaraci
　クンバラジュ
　フンバラジュ
Humber ハンバー
Humberclaude
　アンベルクロード
Humbert
　アンベール***
　ウンベール
　ウンベルト
　フンベルト
　ユンバート
Humbertclaude
　アンベルクロード
Humberto
　ウンベルト***
　ハンベルト
　フンベルト
Humbertus
　フンベルトゥス
Humble ハンブル*
Humblet アンブレ*
Humblot アンブロー
Humboldt
　フムボルト
　フムボルド
　フンボルト*
Humburg フンブルク
Humby
　ハンビー
　ハンビィ
Hume ヒューム***
Humes ヒュームズ**
Humfrey ハンフリー*
Humfrid
　アンフリ
　フンフリッド
Humilitas フミリタス

Humiston ハミストン
Huml
　ハムル*
　フムル
Humm
　ハム
　ヒュム
Hummad フマド
Hummadi フマディ
Hummel
　ハメル*
　ハンメル**
　ヒューメル
　ヒュンメル
　フメル
　フンメル**
Hummelauer
　フメルアウアー
　フンメルアウアー
Hummels
　ヒューメルス
　ヒュメールズ
　フンメルス
Hummelsberger
　ヒュメルスバーガー
Hummerdal
　ハンマーダル
Hümmerich
　ヒュマーリッヒ
Hummus フムス
Humood フムード
Humoud
　ハムード
　フムード
Humperdinck
　フンパーディンク
　フンパーディング
　フンバディンク
　フンベルディング
Humphery
　ハンフリー*
Humpherys
　ハンフリーズ
Humpheson
　ハンフソン
Humphrey
　ハムフェリー*
　ハムフリイ
　ハムフレイ
　ハンフリ*
　ハンフリー***
　ハンフレー*
　ハンフレイ
　ホンフレー
Humphreys
　ハンフリース
　ハンフリーズ***
　ハンフレーズ
Humphries
　ハンフリー*
　ハンフリーズ***
Humphry
　ハムフリー
　ハンフリー*
　ハンフリイ
Humphrys
　ハンフリーズ*
Humpton ハンプトン
Humza ハムザ

Hun
　フン**
　ムン
Huna フナ
Hunahpu フンアフプー
Ḥunain
　フナイン
　ホナイン
Ḥunayn フナイン
Hund フント
Hundal ハンダル
Hundertpfund
　フンダートプフント
Hundertwasser
　フンデルトヴァッサー***
　フンデルトバッサー
　フンデルトワッサー
Hundeshagen
　フンデスハーゲン
Hundhausen
　フンドハウゼン
Hundley
　ハンドリー*
　ハンドレー
Hundseder
　フンツエーダー
Hundstorfer
　フンストルファー
Hundt
　ハント**
　フント*
Hunebelle ユヌベル*
Huneck ヒューネック*
Huneifat
　フネイファート
Hüneke ヒュネケ
Huneker
　ハニカー
　ハネカー*
　ヒューネカー
　ヒュネカア
Hünenberger
　ハネベルガー
Huner
　ハナー
　ヒューネル
Hunfalvy
　フンファルヴィ
Hunfried フンフリート
Hung
　ウング
　ハン**
　ハング
　フウン
　フン***
　ホン
　ユン*
　ユング
Huʼng フン
Hung Đao フンダオ
Hunger
　ハンガー
　フンガー*
Hungerford
　ハンガーフォード*
Hung-gil フンギル
Hun-gi ホンギ

Hungler ハングラー
Hung-soo フンス
Hung-Vuong
　フンヴオン
Hung-zuh フンジュ
Hunhyon フニョン
Huni
　フ
　フニ
Hüni ヒュニ
Hunia ヒューニア
Hunics フニックス
Huniehu フニエフ
Hünig ヒューニッヒ
Hunin ユナン
Hunink ハニンク
Hun-jai ホンジェ*
Hunke フンケ
Hunker ハンカー
Hun-ki フンキ
Hunkin ハンキン
Hunn フン
Hunneric フネリック
Hunnicutt
　ハニカット
　フニカット
Hunnius
　フニウス
　フンニウス
Hunnud フヌド
Hunold フーノルト*
Hunor フノル
Hunphrey ハンフリー*
Hunsaker
　ハンセイカー
　ハンセーカー
Ḥunsayn フサイン
Hunsberger
　ハンスバーガー
Hun Sen フンセン
Hunsicker
　フンジッケル
Hunsley ハンスリー
Hunt
　ウント
　ハント***
Hunte
　フンテ
　フント
Huntelaar
　フンテラール
Hünteler ヒュンテラー
Huntenburg
　フンテンブルグ
Hunter
　ハート
　ハンタ
　ハンター***
Hunthausen
　ハントハウゼン
Hunting
　ハンティング*
Huntingdon
　ハンティドン
　ハンティンダン
　ハンティンドン

Huntington
　ハンチングトン
　ハンチントン*
　ハンティング
　ハンティントン***
Huntington-Whiteley
　ハンティントンホワイトリー*
Huntinton
　ハンティントン
Huntley
　ハントリー
　ハントリィ
　ハントレー
　ハントレイ
Huntly ハントリー
Hunton ハントン*
Huntrakul
　フンタクーン
Huntrakuul
　フンタクーン
Huntress ハントレス
Huntsman
　ハンツマン**
Huntz ハンツ
Huntziger
　アンツィジェール
Hunuʼehu フヌエフ
Hunus ヒュヌス
Hunwick ハンウィック
Hunyadi
　フニャディ
　フニヤディ
　フンヤディ
Hunyady フニャディ*
Hunziker
　ハンジーカー
　フンツィカー
Hunzinger
　フンツィンガー
Huo
　フォ
　ホー
Huon
　フォン
　ユオン
Huonder フォンダー
Huong
　フォン**
　フォン***
　ホン
Huor フォー
Huot
　フーオッ
　フォット
　フォット*
　フォト
Huovi フォヴィ**
Huovinen フォビネン
Hupe フーペ
Huperbolos
　ヒュペルボロス
Hupereidēs
　ヒュペレイデス
Hupkes フプケス
Hupp ハップ

Huppe フッペ
Huppert
　ハッパート
　ハパート
　ユッペール
　ユペール*
Hupperts ユペルツ
Huq
　ハク
　ホク
Hur
　フール
　フル
　ホ
Huracan ウラカン
Huraiti ホレイティ
Hurajt フライト
Hu-rak フラク*
Hurard ユラール*
Hurayra フライラ
Hurban フルバン
Hurbans ハーバンス
Hurbut ハールバット
Hurd ハード***
Hurdalek
　フルダレック
　ヘルダレック
Hurdle ハードル*
Hurdman ハードマン
Hurdon ハードン
Hure フル
Huré ユレ*
Hureau ユロー
Hurelsuh フレルスフ
Huret ユレ
Hurewicz
　フレヴィッチ
　フレヴィッツ
Hurford ハーフォード*
Hurgronje
　ヒュルフローニェ
　ヒュルフローニエ
　ヒュルフロニエ
　フルフローニェ
　フルフローニエ
Huriet ユリエ*
Hurk
　ハルク
　ヒュルク
Hurkman ハークマン
Hurkos フルコス
Hurlbert ハールバート
Hurlburt
　ハールバート
　ハルバート
Hurlbut
　ハールバアート
　ハールバット
　ハルバット
Hurlebusch
　フールレブッシュ
　フルレブッシュ
Hurlebush
　フールレブッシュ
Hurlen ヒュールレーン

Hurley
　ハーリ
　ハーリー*
　ハーリィ
　ハーレー**
　ハーレイ*
Hurlimann
　ヒューリマン
Hürlimann
　ヒューリマン
　ヒューリーマン*
　ヒュルリマン
Hurlock ハーロック
Hurmuth ホルムート
Hurmuziadis
　フルムジアーディス
Hur-nam ホナム
Hurnard ハーナード
Hurndall ハーンダル
Hurník フルニーク
Hurns ハーンズ
Hurock ヒューロック
Hurok ヒューロック
Hurran ハラン
Hurre フレ
Hurrell ハレル**
Hürrem ヒュルレム
Hurricane ハリケーン
Hurry ハリー*
Hursh ハーシュ
Hurshid フルシド
Hurşit フルシト
Hurst
　ハァースト
　ハースト***
　フルスト
Hursthouse
　ハーストハウス
Hurstinen
　フルスティネン
Hurston ハーストン**
Hurt ハート**
Hurtad ウルタード
Hurtado
　ウァターゾ
　ウルタード*
　ウルタド**
Hurtak ハータック
Hurter フルター
Hurth ハース
Hurtt ハート
Hurum フールム
Hurvich ハーヴィッチ
Hurvits フルヴィッツ
Hurvitz
　ハーヴィッツ
　フルビッツ
Hurwicz
　ハーウィッツ*
　ハーヴィッチ
　フルヴィッツ
Hurwin ハーウィン*
Hurwitz
　ハーウィッツ**
　ハルウィッツ
　フルウィッツ

フルヴィッツ*
Huryn ヒューリン
Hürzeler
　ヒュルツェラー
Hus フス*
Husa フサ*
Husain
　フサイン*
　フセイン**
Ḥusain
　フサイン
　フセイン
　ホサイン
Husaini フサイニー
Husainī フサイニー
Ḥusainī フサイニー
Husák フサーク*
Husam フサム
Husamettin
　ヒュサメッティン
Husami フサミ
Husanov フザノフ
Husarikova
　フサリコヴァ
Husarov フサロフ
Husayn
　フサイン*
　フセイン*
　ホセイン
Ḥusayn
　フサイン*
　フセイン
　ホサイン
　ホセイン
Husayni フサイニー
Husaynī フサイニー
Ḥusaynī フサイニー
Husband
　ハスバンド
　ハズバンド*
Husbands ハズバンズ*
Hüsch ヒュッシュ*
Huschke フシュケ
Huse
　ヒューズ
　フーセ
　フーゼ*
Husein
　フサイン
　フッセイン
Ḥusein
　ヒュセイン
　フセイン
Huseingulu
　フセイングル
Huseinović
　フセイノヴィッチ
Husel フスレ
Huselid フセリド*
Husemann
　フーセマン
　フーゼマン
Husemoller
　フーズモラー
Husen フーゼン

Huseyin
　ヒュセイン*
　フセイン
Hüseyin
　ヒュセイン
　フセイン*
Hüseyin-zâde
　ヒュセインザーデ
Huseyn フセイン
Hüseyn フセイン
Huseynov フセイノフ
Hushai フシャイ
Hūshang フーシャング
Husin フシン
Hüsing ヒューズィング
Huskey ハスキー
Huskie ハスキー
Huskisson
　ハスキソン
　ハスキッソン
Huskova フスコワ
Husler フースラー
Husmann フスマン
Husmark
　ヒュースマルク
Husmenova
　ヒュスメノワ
Husni
　フスニ
　ホスニ
Husnī フスニー
Ḥusnī
　フスニー
　ホスニ
Husnoo ユスヌー
Husnu
　ヒュスニュ
　フスヌ
Hüsnü ヒュスヌ
Husodo フソド
Husović フソビッチ
Hüsrev ヒュスレヴ
Husrī フスリー
Huss
　ハース*
　フス*
Hussa フッサ
Hussain
　フサイン**
　フセイン***
Hussam フサム
Hussein
　フサイン
　フセイン***
Husseini フセイニ**
Husseinī
　フサイニー
　フセイニー
　フセイニ
　フッセイニ
Hussell フセル
Hussen フッセン
Hussenot ユスノー

Husserl
　フッサール**
　フッセール
　フッセル
　フッセルル
Hussey
　ハシー
　ハッシー**
　ハッセー*
　ハッセイ*
Hussing フッシング
Hussini フセイニ
Hussle ハッスル
Husson ユッソン
Hussong
　フソング
　フッソング*
Hussovianus
　フソヴィアーヌス
Hussung フッスング
Hussussian
　ハッスーシアン
Hustad ハスタッド
Husted
　ハスティード
　ハステッド
　ホーステッド
Huster
　フスター
　ユステール
Huston
　ヒューストン***
Hustvedt
　ハストヴェット
　ハストベット**
　フストヴェット
Hustwit
　ハストウィット
Huszagh ヒューツォー
Huszar
　ハッザー
　フサール
Huszcza フシュチャ
Huszti フルティ
Hut
　ハット
　フット
　フート
Hutagalung
　フタガルン
Ḥuṭay'a フタイア
Hutchcraft
　ハッチクラフト
Hutchcroft
　ハッチクラフト
Hutchence
　ハッチェンス
Hutchens
　ハチェンズ*
　ハチェンズ
　ハッチェンス
Hutcheon
　ハチョン
　ハッチオン*
Hutcherson
　ハッチャーソン
　ハッチャソン
Hutcheson
　ハチスン*

ハチソン*
ハッチェソン
ハッチソン*
Hutchin ハッチン
Hutchings
　ハッチング
　ハッチングス**
　ハッチングズ**
Hutchins
　ハチンズ
　ハッチン
　ハッチンス**
　ハッチンズ*
Hutchinson
　ハチンソン*
　ハッチスン
　ハッチンス
　ハッチンスン*
　ハッチンソン***
Hutchison
　ハチスン
　ハッチソン**
　ハッチスン
　ハッチソン**
　ホユチソン
Hute ウット
Huter フッター
Hüter ヒューター
Huth
　ハス
　ヒュース
　フス
　フート*
　ユット
Hutheesing
　フーシーシン
Huther ウッター
Hutin ユタン
Hutjens ハッチェンズ
Hutomo フトモ
Hutschenruyter
　フッチェンルイター
Hutsler ハスラー
Hutson
　ハトスン
　ハトソン**
Hutt
　ウット
　ハット*
Hutta ハッタ
Huttary フッタリー
Hüttel ヒュッテル
Hutten
　ハットン
　ヒュッテン
　フッテン*
Hüttenbrenner
　ヒュッテンブレンナー
Huttenlocher
　ハッテンロッカー
　フッテンロッハー
Hüttenmeister
　ヒュッテンマイスター
Hutter
　ハッター
　ヒュッター
　フッター**

Hütter ヒュッター

ハチソン*
ハッチェソン
ハッチソン*
Hüttinger
　ヒュッティンガー
Hüttl ヒュッテル
Huttmann ハットマン
Huttner ハットナー
Hüttner
　ヒュットナー
　ヒュトナー
Hutton
　ハウトン
　ハットン***
　ホットン
Huttunen
　フッツネン
　フットゥネン*
Hutyra フチラ
Hutzler ハッスラー
Huu
　ヒュー*
　ヒュウ
　フー**
　フウ*
Hữu フウ
Huub
　ヒューブ
　フーブ
Huun フーン
Huusko フースコ
Huvayda フベイダ
Huvelin ユヴラン*
Huver ユヴェール
Huvila フビラ
Huw ヒュー*
Huwaish フワイシュ
Huwart ユバール
Huws ヒューズ
Huwyler ヒュイラー
Hux ハックス
Huxham ハックスハム
Huxley
　ハクスリ*
　ハクスリー***
　ハクスレ
　ハクスレー*
　ハクスレイ
　ハックスリ*
　ハックスリー*
　ハックスリィ
　ハックスレ
　ハックスレー
　ハックスレイ
　ホクスレー
Huxly ハクスリー
Huxtable
　ハクスタブル*
　ハックスタブル
Huy
　フィ
　フイ**
　ユイ
Huyakorn フヤコーン
Huybrechts
　フイブレヒト
Huyck ヒュイック
Huyen
　フェン
　フエン

Huyett ヒューイット	Hwang ウォン** ウォング ハン* ファン** フワン ホアン ホワン* ワン	ヒュダティウス	Hyginus ヒギーヌス ヒギヌス ヒジナス ヒュギーヌス* ヒュギヌス	Hyo-jae ヒョジェ	
Huygen ヒュイゲン		Hyde ハイド***		Hyo-jin ヒョジン*	
Huygens ハイゲンズ ハイヘンス ハウヘンス ホイゲンス ホイヘンス		Hyden ヒデン		Hyo-joo ヒョージュ ヒョジュ*	
		Hydén ハイデン			
		Hyder ハイダー		Hyo-jun ヒョジュン	
		Hydulfe ヒドゥルフ	Hygnanga イニャンガ	Hyo-jung ヒョジュン*	
		Hydyr フデイル	Hygonet ヒゴネ	Hyok ヒョク	
Huyghe ユイグ** ユイージュ	Hwang-bo ファンボ	Hye ヒエ ヘ	Hygum ヒューガム	Hyok-chol ヒョクチョル	
	Hwang-joe ファンジョ		Hykade ヒュカーデ		
Huylebroeck ホイレブレック	Hwang-sik ファンシク*	Hye-bin ヘビン	Hykes ハイクス	Hyok-chu ヒョクチュ	
		Hye-Cho ヘジョ	Hyla ハイラ	Hyok-kyu ヒョクギュ	
Huyler ハイラー**	Hwang-suk ファンソク	Hye-gyo ヘギョ*	Hyland ハイランド**	Hyomin ヒョミン	
Huynh ハイン** フィン** フイン*	Hwan Kee ファンギ	Hye-Gyong ヘギョン	Hylands ハイランズ	Hyon ヒョン**	
	Hwa-song ファソン	Hyei-kak ヘカク	Hylas ヒュラス	Hyong ヒュオン	
	Hwa-sung ファソン	Hye-ja ヘジャ*	Hylda ヒルダ	Hyong-chol ヒョンチョル	
Huỳnh フイン	Hwayoung ファヨン	Hye-jeong ヘジョン	Hyldgaard ヒルドガールド		
Huynh-Ba フインバ	Hwee Hua フィーファ	Hye-jin ヘジン*		Hyong-jin ヒョンジン	
Huyo フヨ**	Hwei ウェイ	Hye Jung ヘジョン	Hyler ハイラー*	Hyong-joo ヒョンジュ	
Huysmans ハイスマンス ハイズマンス ホイズマン ホイスマン ユイスマン ユイスマンス**	Hwi フィ*	Hye-jung ヘジョン	Hylla ヒュラ	Hyong-keun ヒョングン	
	Hwu フー	Hye-kyung ヘギョン	Hylland ハイランド ヒランド		
	Hy ハイ* ヒ	Hyemeyohsts ヘェメヨースツ**		Hyong-kon ヒョンゴン	
			Hylleraas ヒレラース ヒレロース ヒレロス	Hyong-muk ヒョンムク**	
		Hyens ハイネス			
	Hyacinth ジャチント	Hyeon ヒョン*		Hyong-sik ヒョンシク	
Huyssens フューセンス	Hyacinthe イアサント イヤサント ヤサーント ヤサント	Hyeon-chul ヒョンチョル	Hyllos ヒュロス ヒロス	Hyong-sop ヒョンソプ**	
Huysum ハイスム ホイスム		Hyeong-cheol ヒョンチョル			
		Hyeong-kon ヒョンゴン	Hylton ヒルトン*	Hyong-woo ヒョウ	
		Hyeong-kyu ヒョンギュ	Hyman ハイマン**	Hyon-gyong ヒョンギョン	
Huyung フユン	Hyacinthus ヒアキントゥス ヒュアキントゥス	Hyeon-gon ヒョンゴン	Hymans ハイマンス ヘイマンス	Hyon Hui ヒョンヒ	
Huz ブズ		Hyeon ju ヒョンジュ		Hyon-hui ヒョンヒ*	H
Huzayyin ハザイン	Hyakinthos ヒアキントス ヒュアキントス	Hyeon-mok ヒョンモク		Hyon-hwak ヒョンハク*	
Huzeyfe ヒュゼイフェ		Hyeon-su ヒョンス	Hymas ハイマス*	Hyon-jung ヒョンジュン	
Huzziya フッツィヤ		Hyeon-woo ヒョウ*	Hymel ハイメル ヒメル		
Hval ヴァル	Hyam ハイアム*	Hyer ハイアー ハイヤー*		Hyonnng-mok ヒョンモク	
Hveger ベーガー	Hyams ハイアムス ハイアムズ** ハイムス ヒアムズ	Hyang Gee ヒャンギ	Hymen ハイメン	Hyon-ok ヒョノク	
Hvenegaard ヴィネゴー			Hyménaios ヒメナイ ヒメナオ	Hyon-sop ヒョンソプ	
		Hyang-hee ヒャンヒ		Hyon-sopu ヒョンソプ*	
Hvibano ユイバン		Hyangjin ヒャンジン	Hymer ハイマー		
Hvidberg ウィズベア	Hyang Mi ヒャンミ	Hyerczyk ハイアーチェク*	Hymes ハイムズ*	Hyon Suk ヒョンスク	
Hviezdoslav フヴィエズドスラウ フヴィエズドスラフ フビェズドスラフ フビェズドラード		Hye-ri ヘリ	Hymie ハイミー	Hyon-suk ヒョンスク*	
	Hyangmi ヒャンミ	Hye-rim ヘリム	Hymmen ヒュメン	Hyonsuk ヒョンスク	
	Hyang-soo ヒャンス	Hyers ハイアーズ ハイヤーズ	Hynd ハインド*	Hyon Ung ヒヨスン	
	Hyang-soon ヒャンスン		Hynde ハインド	Hyon-wook ヒョンウク	
Hviid ヴィード		Hye-ryeon ヘリョン		Hyo-sang ヒョサン	
Hvilshøj ビルスホイ	Hyatt ハイアット** ハイアト ハイヤット* ハヤット	Hyesang ヘソン	Hyndman ハイドマン* ハインドマン**	Hyo Seong ヒョソン	
Hvistendahl ヴィステンドール		Hye-seon ヘソン		Hyo Sim ヒョシム	
Hvitved ヴィトヴィ*		Hyeshin ヒェシン	Hyne ハイン	Hyosim ヒョシム	
Hvorostovsky ホロストフスキー		Hye-Song ヘソン	Hynek ハイネック ヒネク ヒネック	Hyo-sok ヒョソク	
	Hyazinth ヒヤツィント	Hye-soo ヘス*		Hyo-soon ヒョスン	
Hwa ファ*	Hybels ハイベルス* ハイベルズ	Hyesung ヘソン*		Hyo-sop ヒョソプ	
Hwai-min ファイミン		Hyeung-woo ヒョンウ	Hyneman ハイネマン	Hyo-suk ヒョソク	
Hwa-Jin ファジン		Hye-ŭn-i ヘウニ	Hynes ハインズ	Hyo-Sun ヒョソン	
Hwa-joong ファジュン*	Hybert イベール*	Hye-won ヘウォン	Hyng-boo ヒョンブ	Hyo-sung ヒョソン	
Hwa-kap ファガブ*	Hybl ヒブル	Hyewon ヘウォン	Hynman ハインマン	Hyoung-ryong ヒョンリョン	
Hwan ファン ホワン	Hybois イボワ	Hye-yoon ヘユン*	Hyock-jo ヒョクジョ	Hyoung-sik ヒョンシク*	
Hwa-nam ファナム	Hydara ヒダラ	Hye-young ヘヨン*	Hyo-hwang ヒョファン		
	Hydatius ヒダティウス				

Hyoung-sop
ヒョンソプ
Hyo-yeon ヒョヨン
Hyo-yon ヒョヨン
Hypatia
　ヒパーシア
　ヒパチア
　ヒパティア
　ヒュパチア
　ヒュパティア
　ヒュパティアー
Hypatios
　ヒュパティオス
Hypátios
　ヒュパティオス
Hyperbolos
　ヒュペルボロス
　ヒュベルボロス
Hypereides
　ヒペレイデス
　ヒュペレイデス
　ヒュペレイデース
　ヒュベレイデス
Hyperius
　ヒペーリウス
　ヒベリウス
Hypolite
　イポリト
　ハイポライト
Hypólito イポリト
Hypólito ヒポリト*
Hyppolite
　イッポリット
　イポリット*
　イポリト
Hypsiklēs
　ヒュプシクレス
Hypsipyle
　ヒュプシピュレ
Hyrcanus
　ヒルカネス
　ヒルカノス
Hyrkanos
　ヒュルカノス
Hyrkanós
　ヒュルカノス
　ヒルカノス
Hyrtl ヒルトル
Hyrum ハイラム*
Hysaj ヒサイ
Hyseni ヒセニ
Hyser ハイサー
Hyslop
　ハイスロップ
　ヒスロップ*
　ヘイスロップ
Hyson ハイソン
Hysong ハイソング*
Hyssälä ヒュッサラ
Hystaspes
　ヒスタスペス
Hytner ハイトナー
Hytönen ヒュトネン
Hyttel ヒッテル
Hyuck
　ヒュック
　ヒョク

Hyuck-chang
　ヒョクチャン
Hyuk ヒョク*
Hyukbin ヒョクビン
Hyuk-joo ヒョクジュ
Hyuk-moon
　ヒョンムン*
Hyun
　ヒャン
　ヒュン*
　ヒョン**
Hyun-a ヒョナ
Hyun-bae ヒョンベ
Hyun-bin ヒョンビン*
Hyun-chan
　ヒョンチャン
Hyun-chong
　ヒョンジョン*
Hyun-chul
　ヒョンチョル
Hyun-dae ヒョンデ
Hyung
　ヒュン
　ヒョン*
　ヒョン
Hyung-chul
　ヒュンチョル
Hyung-hwan
　ヒョンファン
Hyung-jin ヒョンジン
Hyung-joo
　ヒョンジュ*
Hyung-joong
　ヒョンジュン*
Hyung-jun
　ヒョンジュン
Hyungjun
　ヒョンジュン
Hyung-keun
　ヒョングン*
Hyung-koo ヒョング
Hyung-kook
　ヒョングク
Hyung-kwon
　ヒョングォン
Hyung-kyu ヒョンギュ
Hyungmo ヒョンモ
Hyung-o ヒョノ
Hyung-oh ヒョンオ
Hyung-pyo ヒョンピョ
Hyung-rae ヒョンレ*
Hyung-ryong
　ヒョンリョン
Hyung-seok
　ヒャンソク
Hyung Sik ヒョンシク
Hyung-sung
　ヒョンソン
Hyung-wook
　ヒョンウク
Hyung Yun
　ヒョンユン
Hyun-hee ヒョンヒ
Hyun-ja ヒョンジャ
Hyun-jae ヒョンジェ*

Hyun Jeong
　ヒョンジョン
Hyun-jin
　ヒャンジン
　ヒョンジン
Hyunjin ヒョンジン
Hyunjoo ヒュンジョ
Hyun-joon
　ヒョンジュン*
Hyun-ju ヒョンジュ*
Hyun-kyiu ヒョンギュ
HyunKyung
　ヒョンギョン
Hyunmin ヒョンミン
Hyun-myung
　ヒュンミョン
Hyun-pyo ヒョンピョ
Hyun Se ヒョンセ
Hyun-seung
　ヒョンスン*
Hyun Soo ヒョンス
Hyun-soo ヒョンス*
Hyun-su ヒョンス*
Hyun-suk ヒョンソク
Hyun-uk ヒョンウク
Hyun-woo ヒョンウ
Hyun-wook
　ヒョンウク*
Hyun-woong
　ヒョンウ
Hyvärinen
　ヒパリーネン
　ビバリネン
Hyver ハイバー
Hyvin ハイビン
Hywel
　ハイウェル
　ハウエル
　ヒゥウェル
　ヒュウェル
Hywell ハイウェル
Hyypia ヒーピア
Hyytiäinen
　フーティアイネン
Hyzy ハイジー*
Hzhov
　エジョーフ
　エジョフ

【 I 】

Ia イア
IAakovlev ヤコヴレフ
Iabin ヤビン
Iablochkina
　ヤブローチキナ
Iablochkov
　ヤーブロチコフ
　ヤブロチコフ
IAblokov ヤブロコフ
Iaccarino イアカリーノ
Iachini イアキーニ
Iachino イアキーノ
Iacob ヤコブ

Iacobello ヤコベッロ
Iacoboni イアコボーニ
Iacob-ridzi ヤコブリジ
Iacobucci
　イアコブッチ*
Iacobus ヤコブス
Iacocca
　アイアコーカ
　アイアコッカ**
　ヤコカ*
Iacone アイアコン
Iacono アイアコノ
Iacopino ヤコピーノ
Iacopo
　ヤーコポ
　ヤコポ
Iacopone ヤコポーネ
Iacovino
　イアコヴィーノ
Iacovos ヤコボス
Iacovou ヤコブ
Iadrintsev
　ヤドリーンツェフ
　ヤドリンツェフ
Iáeiros
　ヤイロ
　ヤイロス
Iaël ヤエル
Iagar イアガル
IAglom ヤグロム
Iagnocco イアグノッコ
Iago
　イアゴ
　イヤゴ
　イヤゴー
Iaia イアイア
Iain
　イアイン**
　イーアン
　イアン***
Iaïr ヤイル
Iairos
　ヤイロ
　ヤイロス
Iajuddin
　イアジュディン**
IAkhontov
　ヤーホントフ
IAkhot ヤホート
Iakimova ヤキーモヴァ
IAkir ヤキール
Iakiv イアキフ
Iakob イアコビ
Iakōb ヤコブ
Iakoba イアコバ
Iakobishvili
　イアコビシビリ
Iákōbos
　ヤコブ
　ヤコーボス
IAkobson
　ヤコブセン
　ヤコブソン
Iakono イアコノ
IAkov
　ヤコフ

　ヤコブ
Iakov
　ヤーコフ
　ヤーコブ
Iakovakis イヤコバキス
IAkovkin ヤコフキン
IAkovlev
　ヤーコウレフ
　ヤーコヴレフ
　ヤーゴウレフ
　ヤコヴレフ
　ヤコブレフ
　ヤコブレフ
IAkovleva ヤコヴレヴァ
IAkovlevich
　ヤーコウレヴィチ
　ヤコウレウィチ
　ヤーコヴレヴィッチ
　ヤコレウィッチ
Iakovlevich
　ヤコヴィチ
　ヤーコヴレヴィチ*
　ヤコヴレヴィチ
　ヤーコヴレヴィッチ
　ヤコヴレヴィッチ
　ヤーコブ
　ヤーコブレヴィッチ
Iakovlevna
　ヤーコヴレヴナ
IAkovtsevskii
　ヤコフツェフスキー
Iakubovich
　ヤクボーヴィチ
　ヤクボービチ
IAkubovskii
　ヤクボフスキー
Iakushina イアクシナ
Iakushkin
　ヤクーシキン
Ialomitianu
　ヤロミチアヌ
Iamblichos
　イアムブリコス
　イアンブリコス*
　ヤンブリコス
Iamboulos
　イアンブロス
Iames アイアムス
Iamos イアモス
IAmpol'skii
　ヤムポリスキー
　ヤンポリスキー
　ヤンポルスキー
Iams
　アイアムズ
　アイムズ
IAn ヤン
Ian
　アイアン*
　アイヤン
　イーアン
　イァン
　イアン***
　イヤン
　ヤン
Ianchovichina
　イアンコヴィッチーナ
Ianchuk イアンチュク
Iancu ヤンク

Iand ヤン
Ianes イァーネス
Ianis ヤニス
IAnkovskii
　ヤンコフスキー
Iannaccone
　アイアナコーン
Iannaco イャンナーコ
Iannella イナネッラ
Iannello イアネッロ
Iannetta アイアネッタ
Ianni
　イアーニ
　イアニィ
　イアンニ
Iannis
　イアニス*
　イアンニス
　イヤニス
　ヤニス*
Iannuzzi イアヌッツィ
IAnovskaia
　ヤノフスカヤ
Ianovskaia
　ヤノーフスカヤ
IAnovskii
　ヤノフスキー
Iansiti
　アイアンシティ
　イアンシティ
Ianthi イアンシ
Ianto イアント
Ianus ヤヌス
Iapheth
　ヤフェト
　ヤペテ
Iapoce アイアポーズ
Iaquinta イアクインタ
IArbusova
　ヤールブソヴァ
IAremich
　ヤーレミィチ
IArilova ヤリローヴァ
Iarmonenko
　ヤルモネンコ
Iaromka イアロムカ
Iaroshenko
　ヤロシェーンコ
　ヤロシェンコ
IAroshevskii
　ヤロシェフスキー
Iaroslav
　ヤロスラーフ
　ヤロスラフ*
Iaroslava イアロスラヴァ
IAroslavskii
　ヤロスラウスキー
　ヤロスラウスキィ
　ヤロスラブスキー
Iaroslavskii
　ヤロスラーフスキー
　ヤロスラフスキー
　ヤロスラフスキィ
Iarossi イアロッシ
Iartcev イアルチェフ
Iashaish
　イアシャイシュ

IAshin ヤーシン
IAshnov
　ヤシノフ
　ヤシュノフ
Iashvili
　イアシヴィリ
　イアシビリ
Iasi ヨシ
Iasif ヨシフ
Iason
　イアソン
　ヤソン
Iasōn イアソン
IAstrebova
　ヤーストレボヴァ
Iauko Iaris
　イアウコイアリス
Iavicoli
　イアヴィコリ
　イアヴィッコリ
　イアビコリ
Iavlenskii
　ヤウレンスキー
　ヤヴレンスキー
　ヤヴレンスキィ
IAvorivskii
　ヤボリフスキー
Iavorov
　ヤーヴォロフ
　ヤヴォロフ
　ヤーボロフ
　ヤボロフ
IAvorskii
　ヤヴォルスキー
Iawsiwong
　イーオーシーウォン
Iazykov
　ヤジコフ
　ヤズィーコフ
　ヤズィコフ
Ib
　イブ**
　イブ*
Ibach
　イーバッハ
　イバッハ
Ibahim イブラヒム
Ibai イバイ
Ibaka イバーカ*
Iban イバン
Ibanez
　イバーニェス
　イバニェス*
Ibañez
　イバーニェス
　イバニェス
　イバニエス
Ibáñez
　イヴァーニェス
　イヴァネス
　イバーニェス*
　イバーニエス
　イバニェス**
　イバニエス*
　イバニエス
　イバネス
　イバネツ
Ibanga イバンガ*

Ibarbourou
　イバルブール
　イバルブルー
　イバルボウロウ
Ibarguen イバルグエン
Ibargüen
　イバルグエン*
Ibargüengoitia
　イバルグエンゴイティア*
Ibarra
　イーバラ
　イバーラ**
　イバラ*
Ibarretxe
　イバレーチェ
Ibarruri イバルリ**
Ibárruri イバルリ
Ibas イバス
Íbas イーバス
Ibatoulline
　イバトゥーリン
　イバトゥリーン
　イバトーリーン
Ibau イバウ
Ibbetson イベットソン
Ibbett イベット
Ibbi
　イッビ
　イビ
Ibbitson イビットソン
Ibbotson
　イボットソン***
Ibe
　アイブ
　イベ
Ibelings イベリングス
Iben
　アイベン
　イーベン*
　イベン
Iberia イベリア*
Ibert イベール
Iberville
　イーベルヴィル
　イベルヴィル
　イベルビル
Ibi イビ
Ibisevic
　イビシェヴィッチ
Ibkowski イブコフスキ
Iblacker イブラッカー
Ibn
　イブヌ
　イブン***
　エブネ
　ビン
　ブヌ
　ブン**
　ベン
Ibn al イブヌ
Ibn al-Abbār
　イブヌルアッバール
Ibn al-'Arabī
　イブヌルアラビ
　イブヌルアラビー
Ibn al-Athīr
　イブヌルアシール

　イブン・ヌルアシール
Ibn al-Baitār
　イブヌル・バイタール
　イブヌル・バイタル
Ibn al-Sabbāḥ
　イブヌ・サッバーフ
　イブヌッ・サッバーフ
Ibn-auf イブンオウフ
Ibne イブネ
Ibn Hayyan
　ビンハイヤーン
Ibni イブニ
Ibn Muslim
　ビンムスリム
Ibn-Paquda
　イブンパクダ
Ibn Sina アヴィセンナ
Ibnu イブヌ*
Ibnul イブン・アル
Ibnu'l イブヌル
Ibnu'l-'Abbās
　イブヌル・アッバース
Ibnu'l-Abraṣ
　イブヌル・アブラス
Ibnu'l-Aḥnaf
　イブヌル・アハナフ
Ibnu'l-'Alā
　イブヌル・アラー
　ブン・アルアラー
Ibnu'l-'Arabī
　イブヌル・アラビー
Ibnu'l-Biṭrīq
　イブヌル・ビトリーク
Ibnūlemin
　イブニュルエミン
Ibnu'l-Habbārīya
　イブヌル・ハッバーリーヤ
Ibnu'l-Hajjāj
　イブヌル・ハッジャージ
　イブヌル・ハッジャージュ
Ibnu'l-Ḥajjāj
　イブヌル・ハッジャージュ
Ibnu'l-Khaṭīm
　イブヌル・ハティーム
　ブン・アルハティーム
Ibnu'l-Mu'allim
　イブヌル・ムアルリム
Ibnu'l-Qāsim
　イブヌル・カースィム
Ibnul-Walīd
　ブン・アルワリード
Ibnu'l-Walīd
　イブヌル・ワリード
　ブン・アルワリード
Ibnu'r-Rāhib
　イブヌル・ラーヒブ
Ibnu's-Sikkīt
　イブヌル・スィッキート
Ibnu'z-Zubair
　イブヌッ・ズバイル
Ibn Ziyād
　ビンジヤード
Ibold イボルド*

Ibolya イボヤ
Ibombo イボンボ
Ibormeith
　イヴィルメト
Iborra イボーラ
Ibou イボウ
Ibovi イボビ
Ibra イブラ
Ibragim イブラギム*
Ibragimov
　イブラギモヴ
　イブラギーモフ
　イブラギモフ*
Ibragimova
　イブラギモヴァ*
Ibraguimov
　イブザギモフ
Ibraheim
　アイブラヘイム
Ibrahim
　アブラハム
　イビラヒム
　イブラヒム*
　イブラハム*
　イブラーヒーム*
　イブラヘム
　イブラヒム***
　イブラフム
　イムラヒム
Ibrahim イブラヒム
Ibrāhīm
　イブラーヒーム*
　イブラヒーム
　イブラヒム
Ibrāhīm
　イブラーヒーム
　イブラヒム
Ibrāhīm
　イブラーヒーム
　イブラヒム
Íbrahim イブラヒム
İbrahim
　イブラーヒーム
　イブラヒーム
　イブラヒム
Ibrahim イブラヒム
Ibrahima
　イブライマ*
　イブラハム
　イブラヒマ
Ibrahim Houmed
　イブラヒムフメド
Ibrahimi
　イブラヒミ
　イブラヒム
Ibrahimovic
　イブラヒモビッチ
Ibrahimović
　イブラヒモビッチ
Ibrāhīmu
　イブラーヒーム
Ibrāhīmu'l
　イブラーヒームル
Ibrai イブライ
Ibrăileanu
　イブライリャヌ
　イブレアーヌ
Ibraimi イブライミ

Ibraimov イブライモフ* イブンライモフ*	**Ichinhorloo** イチンホルロー	**Ideker** イデケル	**Ids** イツ*	**Ifejiagwa** イフェジアグワ
Ibram イブラム	**Ichinhorloogiin** イチンホルローギーン	**Ideland** イデランド	**Idunn** イドゥン	**Ifeoma** イフェオマ*
'Ibrī イブリ	**Ichinnorov** イチンノロブ	**Ideli** イデリ	**Iduri** イドゥリ	**'Iffat** イッファト
Ibrohim イブロヒム	**Ichioka** イチオカ	**Idella** アイデラ	**Idvorsky** イドヴォルスキー イドボルスキー	**Iffland** イフラント
Ibrohimov イブロヒモフ	**Ichiro** イチロー	**Idelsohn** イーデルゾーン		**Ifield** アイフィールド
Ibrow イブロウ	**I Chiu** イーチウ	**Idelson** イーデルソン	**Idwal** イドウル	**Ifil** イフィル
Ibsen イブセン** イブセン*	**Ichiye** イチエ	**Idem** イデム**	**Idzard** イドザード	**Ifland** イフランド
	Ichock イショック	**Idemil** イデミル	**Idzikowski** イジコウスキ イジコフスキー	**Ifo** イフォ
Ibtihaj イブティハージ イブティハジ	**Icíar** イスィアール	**Idenburg** イデンブルフ		**Ifor** アイヴァ アイヴァー
	Icilio イチリオ	**Identici** イデンティチ	**Iehsi** イエーシ	
Ibu イブ	**Icilius** イキリウス	**Ides** イデス	**Iela** イエラ*	**Ifoto** イフォト
Ibunu イブヌ*	**Icke** アイク**	**Idesbald** イデスバルド	**Ielemia** イエレミア**	**Ifrah** イフラー
Iburahimovic イブラヒモヴィッチ*	**Ickelsamer** イッケルザーマー	**Idey** イディ	**Ielli** イエッレ	**Ifrīkī** イフリーキー
	Ickert イッケルト	**Idha** イーダ	**Iemmello** イエンメッロ	**Ifrim** イフリム
Ibya イビア イブイア	**Ickes** アイクス イッキース イッキーズ* イッキス イックス* イッケス	**Idham** イダム* イドハム	**Ien** イエン イン	**Ig** イグ
				Iga イガ
Ibykos イビコス イビュコス イービュコス イビュコス*		**Idi** イディ**	**Ieng** イエン**	**Igael** イガエル
		Idil イディル	**Ieno** イエノウ	**Igali** イガリ*
		Idi Muaneke イディムアヌケ	**Iensen** イエンセン	**Igaly** イガリ*
		Idina イディナ*	**Ieoh** イオ**	**Igar** イガール
Ica イカ	**IcKowicz** イスコウィッチ	**Idir** イディール	**Ieoh Ming** イオミン	**Igas** イガシュ
Icabalceta イカバルセタ	**Ickx** イクス*	**Idith** イディット	**Ieosiwong** イーオシーウォン*	**Igasaki** イガサキ
Icahn アイカーン* アイカン	**Iconoclast** アイコノクラスト	**Idji** イジ		**Igbineghu** イグビネク
	Icoyitungiye イコイトンギイエ	**Idle** アイドル*	**Iephtháe** エフタ	**Igbokwe** イグボグゥ
Icānavarman イーシャーナヴァルマン イシャナヴァルマン イーシャナバルマン	**Ida** アイーダ アイダ** イーダ* イダ***	**Ido** イド*	**Ieremia** イエレミア*	**Ige** イゲ**
		Idol アイドル*	**Ieremías** イェレミアス イルメヤ エレミヤス エレミヤ	**Iger** アイガー*
		Idolette イドレット		**Igga** イッガ
		Idomeneus イドメネウス		**Iggers** イッガース
Icardi イカルディ		**Idow** イドォウ	**Iero** アイエロ	**Iggulden** イグルデン
Icarus イカロス	**Idalene** アイダレーネ	**Idowu** イドゥ**	**Ieroboam** ヤラベアム ヤロブアム	**Iggy** イギー**
Icaza イカーサ* イカサ	**Idalia** イダリア	**Idranee** イドラネ		**Ighalo** イガロ
	Idalina イダリナ	**Idries** イドリース イドリーズ	**Ierousalēm** イェルサレム	**Ighbash** イグバーシュ
Icazbalceta イカスバルセータ イカスバルセタ	**Idalys** イダリス*	**Idriess** アイドリス イドリース		**Ighli** イグリ
	Idamarie イダマリー		**Ierovasili** イエロバシリ	**Ighodaro** イゴダロ
Icazuriaga イカスリアガ	**Idan** イダン		**Ierusalimschy** イェルサリムスチー	**Iginio** イジーニオ イジーノ
	Idatius イダティウス	**Idris** イドゥリス イドリース イドリス***		
Ice アイス*	**Idda** イダ		**Ieske** イエスケ	**Iginla** イギンラ*
Iceberg アイスバーグ*	**Iddesleigh** イッデスリー		**Iessaí** エッサイ	**Igino** イジーノ
Icefield アイスフィールド	**Iddi** イディ	**Idrīs** イドリース** イドリス*	**Ietto-Gillies** イエットギリエス	イジノ*
Iceland アイスラント アイスランド	**Iddin** イディン		**Ieu** イアウ イウ イオ	**Iglehart** アイグルハート* イーグルハート*
	Iddina アダン イッディナ	**İdris** イドリス		
		Idrīsī イドリーシ イッディナム	**Ieva** イエヴァ イエバ	**Iglesia** イグレシア
Icenogle アイスノーグル	**Iddinam** イディナム	イドリーシー イドリースィー		**Iglesias** アイグレシアス イグレシアス***
Ich イック	**Iddings** イディングス イディングズ			
Ichabod イカボド		**Idriss** イドゥリス イドニス イドリス***	**Ievgeniia** エフゲニア	
Ichac イシャク	**Iddir** イディア		**Iezábel** イゼベル	**Igli** イグリ
Ichak イチャック	**Iddrisu** イドリス	**Idrissa** イドリサ イドリッサ**	**Iezekiēl** エゼキエル	**Ignac** イグナッツ
Ichata イシャタ	**Ide** アイド* イテ イデ***		**Iezzi** イエッツイ	**Ignác** イグナーツ* イグナツ
Ichbiah イクビア		**Idrissou** イドリス	**Ifans** アイファンズ イファンズ エバンス	
I-cheng イイゼン		**Idrissov** イドリソフ		**Ignace** イグナース イグナス イグナーツ イグナツ イグナッツ イニシャス イニャース
Icher イシェ*	**Ide-brtsan** デ・ツァン デツェン デツエン	**Idriz** イドリズ	**Ifasi** イファシ	
Ichie イチエ		**Idrogo** イドローゴ	**Ife** アイフ	
	Ideiss イダイス	**Idrus** イドルス*	**Ifeanyi** アイフィーニ	
			Ifedi アイフディ	

イニャス
イニャス
Ignacia イグナシア
Ignacio
　イグナシオ***
　イグナチウス
　イグナチオ*
　イニャシオ*
Ignácio イナシオ
Ignacy
　イグナーシー
　イグナシィ
　イグナシイ
　イグナチ**
　イグナチイ
　イグナツ
　イグナーツィ
　イグナツィ**
　イーグナッツ
Ignácz イグナツ
Ignarro イグナロ**
Ignas イグナス
Ignashevich
　イグナシェヴィッチ
Ignashov
　イグナショフ*
Ignasi イグナシ*
Ignasius イグナシウス
Ignat イグナト
Ignatavicius
　イグナタヴィシアス
Ignatenko
　イグナチェンコ*
　イグナテンコ
Ignat'ev
　イグナーチェフ
Ignat'evich
　イグナテエヴィチ
　イグナテエヴィチ
Ignati イグナチ
Ignatieff
　イグナティエフ**
Ignatiev
　イグナーチェフ
　イグナチェフ
　イグナチェフ*
　イグナティエフ
　イグナチエフ
Ignátiev
　イグナーチェフ
Ignátievich
　イグナチエヴィチ
Ignatievna
　イグナチェヴナ
Ignatii
　イグナチー*
　イグナチー*
Ignatij イグナチイ
Ignatios
　イグナティオス
Ignátios
　イグナティオス
Ignatius
　イグナシアス
　イグナシオ
　イグナチウス*
　イグナチオ

イグナチオス
イグナティウス*
イグナティオス
イグネイシアス*
イグネイシャス*
イグネイチアス
イグネーシユース
イグネーシアス**
イグネシャス
イニャシュ
Ignatov
　イグナートフ
　イグナトフ
Ignatova イグナトバ
Ignatovich
　イグナトビッチ
Ignatow
　イグナタウ
　イグナトー
　イグネトー
Ignatushchenko
　イグナトゥシェンコ
Ignaty イグナーチー
Ignatyev
　イグナチェフ*
　イグナティエフ*
Ignatz イグナーツ
Ignaz
　イグナーズ
　イグナス
　イーグナツ
　イグナーツ
　イグナツ
　イグナーツィ
　イグナーツェ
　イグナッツ
　イニャース
Ignáz イグナーツ
Ignazio
　イグナチオ
　イグナーツィオ
　イグナツィオ*
　イニャチオ
　イニャーツィオ
　イニャツィオ**
Ignizio イグナチオ
Ignjovski
　イグニョフスキ
Ignodala イグドラ
Ignoffo イグノッフォ
Ignoto イグノート
Ignotofsky
　イグノトフスキー
Ignotus
　イグノシュシュ
Igo イゴー
Igoe イゴエ
Igor
　アイガー
　アイゴウ
　イーゴリ***
　イゴーリ
　イーゴル**
　イコール
　イゴール**
　イゴル
Igor'
　イーゴリ*
　イーゴリー

イゴーリ
イゴリ
イーゴル
イゴール*
Igori イーゴリ*
Ígori イーゴリ
Igorov イゴロフ
Igors
　イゴール*
　イゴールス
　イゴルス
Igort イゴルト
Igraine イグレイン
Igue イゲ
Iguider イギデル
Igumnov イグムノフ
Iguodala イグダーラ*
Igus アイガス
Igwe イグウェ
Iha イハ*
Ihab イーハブ*
Iha byams rgyal
　ラシャムジャ*
Ihalainen イハライネン
Ihaleakala
　イハレアカラ*
Ihanta イアンタ
Ihar イハル*
Ihász イハース
Ihata イハタ
Ihbe イーベ
Ihde アイド
Iheanacho
　イヘアナチョ
Ihenacho イヘナーチョ
Ihering
　イェーリンク
　イェーリング
Ihimaera
　イヒマエラ**
Ihle
　イヒレ**
　イーレ
Ihlen イーレン
Ihl-pyo イルピョ
Ihmels イーメルス
Ihnat イーナット
Ihne イーネ
Ihn-tae インテ
Ihn-won インウォン
Ihor
　イオル
　イホア
　イーホリ*
　イーホル
　イホール
　イホル
Ihringer イリンガー
Ihrke イーケ
Ihza イフザ*
Iihoshi イイホシ
Iil-Mooge
　イールモージ
Iiro イーロ

Iivo イーヴォ*
Iivula-ithana
　イブライタナ
Ijalana イハラーナ
I-jan イゼン
I'jāz
　イウジャーズ
　イージャーズ
　イジャーズ
Ijaz-ul イジャズル
Ĭjī イージー
Ĭjneg イーネグ
Ijpeij イベイ
IJpma イペマ
IJsbrand イスブラント
Ijsbrand イスブラント
IJzermans
　アイザーマンズ
IK イク
Ik イク
Ika イカ*
Ikäheimo イケヘイモ
Ikangaa イカンガー*
Ikard アイカード
Ikarios イカリオス
Īkarios イカリオス
Ikaros
　イーカロス
　イカロス
Ikauniece-admidina
　イカウニエツェアドミ
　ジナ
Ik-bae イクベ
Ike
　アイク**
　アイケ
　イケ*
Ikedia イケディア
Ikelaar イケラー
Ikenberry
　アイケンベリー*
Ikenn アイケン
Ikenson イケンソン
Iker イケル**
Ikgopoleng
　イクゴポレング
Ik-gyu イクキュ
Ikhn イクン
Ikhouria イクホーリア
Ikhtiyor イフティヨル
Ik-hwan イクファン
Ik-hyun イクヒョン
Ikililou
　イキリル*
　イキリロウ
Ikin アイキン
Ik'in イキン
Ik-jun イクチュン*
Ikle イクレ
Iklé
　イクレ*
　イクレー**
Ikola イコラ
Ikoli イコリ

Ikone イコネ
Ikonen イコネン
Ikonnikov
　イコンニコフ
Ikonomidis
　イコノミディス
Ikor イコール*
Ikosia イコシア
Ikouébé イクエベ
Ikpeba
　イクペバ*
　イクペバ
Ikram イクラム
Ikramov
　イクラーモフ
　イクラモフ
Iksenburg
　イクセンブルグ
Ikstena イクステナ
Ik-su イクス
Iktinos
　イクチノス
　イクティヌス
　イクティーノス
　イクティノス
Ikunum
　イクーヌム
　イクヌム
Īkusu イークス
Il イル**
Ilā イラー
Ilāchandr
　イラーチャンドル
Ilag イラグ
Ilagan イラガン*
Ilaha イラハ
Ilāhābādī
　イラーハーバーディー
Ilai イライ
Ilaitia イライティア
Ilala イララ
Ilan
　イアン
　イラン***
Ilana
　イラーナ*
　イラナ*
　イレーナ
Ilanah イラーナ
Ilangōv イランゴー
Ilangōvatikal
　イランゴーアディハル
　イランコーヴァディガ
　ル
　イランゴーヴァティカ
　ル
　イランゴーヴァティハ
　ル
Ilani
　イラーニ
　イラニ
Ilaṅkō イランゴー
Ilardo イラード*
Ilaria イラリア*
Ilario イラーリオ
Ilarion
　イラリオーン

I

イラリオン
IlaSahai イラサハイ*
Ilbert イルバート
Il-bong イルボン
Ilboudo イルブド
Ilchelgach
　イレヘルガッハ
Ilchenko
　イルチェンコ**
Il-chol イルチョル*
Ilda イルダ*
Ildebrando
　イルデブラント
　イルデブランド*
Ildefons
　イルデフォンス*
Ildefonso
　イルデフォンソ**
Ildefonsus
　イルデフォンスス
　イルデフォンソ
Ildefonsusu
　イルデフォンスス
Ildegiz
　イールディギズ
　イルデギズ
Ildem イルデム
Ildemaro イルデマロ
Ildikó イルディコー*
Ildos イルドス
Ileana
　イリャーナ
　イリャナ
　イレアーナ
　イレアナ*
Ilebayev イレバエフ
Ileborgh イーレボルク
Ileen アイリーン
Ilegems イレゲムス
Ilene
　アイリーン*
　イレーヌ
　イレーネ
Il'enko イリエンコ
Il'enkov イリエンコフ
Iles
　アイルズ**
　イレス
Ileto
　イレート**
　イレト*
Ilf イリフ
Il'f イリフ*
Ilg
　イルク
　イルグ
Ilgauskas
　イルガウスカス
Ilgen イルゲン*
Il-guk イルグク
Ilham
　イリハム
　イルハム*
Ilhan イルハン*
Il-ho イルホ*
Il-hoe イルフェ

Ilhyung イルヒュン
Ili
　イーライ
　イリ
Ilia
　イリア*
　イリヤ*
　イリヤー
Il'ia
　イリア
　イーリヤ
　イリヤ
　イリヤー
Ilía イリヤ
Iliadis イリアディス**
Ilian イリアン*
Iliana イリヤナ
Ilias イリアス*
Iliassa イリアサ
Ilibagiza イリバギザ
Ilic イリッチ*
Ilić
　イリック
　イリッチ
Ilich
　イリイチ
　イリチ
　イリッチ*
Il'ich
　イリイチ**
　イリイッチ
　イリーチ
　イリチ
　イリッチ
Ilichev イリチェフ
Il'icheva イリイチエワ
Ilicic イリチッチ
Ilidio イリディオ
Ilie
　イリ
　イリエ**
Ilief イリエフ
Ilienko イリエンコ*
Ilienkov
　イリエンコォフ
　イリエンコフ
Iliescu イリエスク**
Iliev イリーエフ
Ilif イリフ*
Iliffe アイリフ
Ilig
　イリ
　イリク
Iliia イリヤ*
Īliias イリヤス
Ilich
　イリイーチ
　イリイチ*
　イリイッチ
Iliichev イリイチョフ*
Iliin
　イリイン
　イリーン*
Iliinskii
　イリインスキー
　イリーンスキイ
Iliinsky イリンスキー

Ilija イリヤ**
Ilijna イリイーナ
Ilin
　イリイン
　イーリン
　イリーン
　イリン*
Il'in
　イリイン
　イーリン
　イリーン*
　イリン*
Ilina
　イリーナ
　イリナ*
Il'ina
　イリイーナ
　イリイナー
　イリーナ
Il'inichna ウリヤノワ
Ilinka イリンカ
Ilinykh イリニフ
Iliopoulos
　イリオポウロス
Ilir イリル**
Ilirijan イリリヤン
Ilishu イリシュ
Ilitch イリッチ
Ilitchev イリチェフ
Il'iushin イリューシン
Iliya イリヤ***
Ilja
　イリヤ
　イリヤ*
Ilji イルチ
Iljic イルジック
Iljinskij
　イリインスキー
Iljitsch
　イリジッチ
　リュージッチ
Ilkahanaf イルカハナフ
Ilkajir イルカジル
Ilkay イルカイ
Ilke イルケ*
Ilkka イルッカ
Ilko イルコ
Il-koo イルグ
Il-kook イルグク*
Ilkov イルコフ
Il-kwon イルグォン
Il-kyu イルギュ
Illa イラ
Illah イッラー
Illanes イジャネス
Illangasinghe
　イランガシンハ
Illarionovich
　イラリオーノヴィチ
　イラリオノヴィチ
Illarramendi
　イジャラメンディ
Ill-Bohng イルボン

Illeana
　イリアナ
　イレーナ
Illéry イレリー
Illes
　イルス
　イレス
　エルレス
Illés イレーシュ
Illesch イーレシュ
Illesh
　イーレシュ
　イレーシュ
　イレッシュ*
Illhardt イルハルト
Illia
　イリア*
　イーリャ
Illiasou イリアス
Illica
　イッリカ*
　イリリカ
Illich
　イリイチ*
　イリッチ**
Illienko イリエンコ
Illies
　イリエス
　イリース
Illig
　イリッグ
　イリッヒ
Illing イリング
Illington イリングトン
Illingworth
　イリングウォース
　イリングウォルス
　イーリングウォース
　イリングワース*
Illinois イリノイ*
Illion イリオン
Illmensee
　イルメンゼー
Illobrand イロブラント
Illona イローナ*
Illouz イルーズ
Illsley イルズリー
Illtyd
　イルティッド
　イルトゥド
Illugi イルギ
Illuminator
　イッルミナトル
　イルーミナトル
　イルミナトル
Illy イリー*
Illya イリヤ
Illyés
　イイェーシュ
　イェーシュ
　イエーシュ
　イッエーシュ
　イルエーシュ
Illyricus
　イリーリクス
　イリリクス
Ilma イルマ*

Ilmanen イルマネン
Ilmar イルマー
Ilmari イルマリ*
Ilmarinen
　イルマリネン
Il'minskii
　イリミンスキー
Il-nam イルナム
Ilnam イルナム
Il'nitskii イリニッキー
Ilo イーロー
Iloeje イロエジェ
Iloilo イロイロ**
Iloka イローカ
Ilolov イロロフ
Ilon
　イーロン
　イロン*
Ilona
　アイロナ
　イローナ*
　イロナ**
Ilonen イロネン
Ilori イロリ
Ilosfalvy
　イロシュファルヴィ
Iloudjè イルジェ
Ilovaiskii
　イロワイスキー
　イロワイスキィ
Ilowiecki
　イロウィエツキ
Il-ryong イルリョン
Ilsa イルザ*
Ilsanker イルサンカー
Ilse
　イルズ
　イルセ*
　イルゼ***
Ilselil イルセリル
Ilsley イルズリー
Il-son イルソン
Ilson イルソン
Il-song イルソン
Ilstrup イルストラップ
Il Sung イルソン
Iltäris イルティリシュ
Ilter イルター
İlter イルテル
Iltis イルチス
İltütmish
　イールツトミシュ
　イールトゥートゥミ
　　シュ
　イルトゥトゥミシュ
　イールトゥートミシュ
　イールトゥートミシュ
　イルトゥートミシュ
　イールトミシュ
　イレトゥミシュ
　イレートミシュ
　イレトミシュ
Ilu イル
Ilube イルベ
Iluma イルマ

Iluna イルナ
Ilunga イルンガ
Ilunga Mbundo Wa Biluba イルンガムブンドゥワ ビルバ
Ilva イルバ
Ilves
　イルヴェス
　イルベス*
Il-woong イルウン
Ilya
　イリア**
　イリヤ***
Il'ya
　イリア
　イリヤ
Ilyas イリヤス
Ilyās
　イリアス
　イルヤース
Ilyasov イリアソフ
Ilyasova イリヤソワ
Ilyin
　イリーイン
　イリン
Ilyina イリナ
Ilyinsky
　イリーンスキー
Ilyoushin
　イリューシン*
Ilyukhina イリュヒナ
Ilyumzhinov
　イリュミジノフ
　イリュムジノフ**
Ilyushin イリューシン
Ilze イルゼ
Im
　イム**
　エム
Ima イマ
Imad イマド**
'Imād
　イマード
　イマードゥル
'Imād al-Dawla
　イマードゥッダウラ
'Imād al-Dīn
　イマードゥッ・ディーン
Imadi イマディ
'Imādu'd-Dīn
　イマードゥッ・ディーン
Imaeva イマーエワ*
Image
　イマージュ
　イミッジ
Imam
　イマーム
　イマム*
Imām イマーム
Imamali エモマリ
Imami イマミ
Imāmī イマーミー
Imamu イマム
Imāmu'l イマームル
Imāmu'l-Ḥaramain
　イマーム・アルハラマイン
Iman
　イマーン
　イマン
Imanaliev
　イマナリエフ
　イマナリーフ
Imangali イマンガリ
Imanishi イマニシ
Imanol
　イマノール
　イマノル
Imanov イマノフ
İmanov イマノフ
Imants イマンツ
'Imāra イマーラ
Imari イマリ
Imashev イマシェフ*
Imata イマタ*
Imbach アンバック
Imbali インバリ
Imbart アンバール
Imbault アンボー
Imbens インベンス
Imber
　インバー*
　インバル
Imbert
　アムベール
　アンベール*
　インバート
　インベール
Imbiky インビキ
Imboden
　インボーデン*
　インボデン
Imbonate インボナーテ
Imbriani
　インブリアーニ
Imbrie
　イムブリー
　インブリ
　インブリー*
Imbruglia
　インブルーリア*
Imbs インブズ
Imbula インビュラ
Imdadul
　イムダドゥル*
Imdat イムダト
Ime アイミ
Imed イマド
Imedashvili
　イメダシュヴィリ
Imee アイミー
Imelda イメルダ**
Imelde イメルダ
Imer イメール
Imes アイムス
Imet イメット
Imgre イングル
Imhamid イムハミド
Imhäuser
　インホイザー
Imhetep イムヘテプ
Imhof
　イムホーフ
　イムホフ
Imhoff
　アンホフ
　イムホッフ
　イムホフ
　イモフ
　インホフ*
Imhoof
　イムホフ*
　インホーフ
Imhotep
　イムヘテプ
　イム・ホテプ
　イムホテプ
　インホテプ
Im-hwan イムファン
Imi イミ*
Imielinski
　イメリンスキー
Imīl エミール
Imīn イミン
Imitti イミッティ
Imke イムケ*
Imle イムル
Imm イム
Imma イマ
Immaculée
　イマキュレ
　イマキュレー
Immadi インマディ
Immanuel
　イマニエル
　イマニュエル**
　イマニュエル
　イマヌエル*
　イマヌエル**
　イママヌエル
　インマヌエル*
　エマヌエル
Imme
　インマ
　インメ*
Immélé イメレ
Immelman
　イメルマン*
Immelt
　イメルト**
　インメルト
Immendorff
　イメンドルフ
Immerfall
　インマーフォール
Immerman
　イマーマン
Immermann
　インマーマン
　インメルマン
Immerseel
　インマゼール*
Immerwahr
　イマーヴァール
Immesberger
　インメスベルガー
Immink イミンク
Immisch インミッシュ
Immler イムラー
Immmerseel
　インマゼール
Immobile
　インモービレ
Immonen
　イモネン
　インモネン
Immongault Tatagani
　イモンゴタタガニ
Immoos インモース*
Imms
　イム
　イムス
Imogen
　イモーゲン
　イーモジェン
　イモージェン
　イモージェン**
　イモジェン
Imogene
　アイモジン
　イモジェン*
　イーモジーン
Imogine イモージン
Imoke イモケ
Imola イーモラ
Imoto イモト
Impact インパクト
Imparato インパラート
Impellizzeri
　インペリッツェリ
Imperato インペラート
Imperio インペリオ
Imperioli
　インペリオーリ
Impert インパート
Impey
　インピ*
　インピー*
　インペイ*
Impoina インポイナ
Imran イムラン**
'Imrān イムラーン
Imranov イムラノフ
Imre イムレ***
Imreh イムレー
Imrie イムリー
Imru イムル
Imru'ul
　イムラール
　イムル
　イムルー
　イムル・アル
　イムルー・アル
　イムルウ
　イムルウ・アル
　イムルウル
Imry イムリー**
Imsand イムサンド
Imshenetskii
　イムシェニェーツキー
Im-Soon イムスン
In イン**
Ina
　アィナ
　アイナ*
　イーナ*
　イナ**
Inacio
　イグナシオ
　イナシオ
Inácio イナシオ**
In-ae イネ
Inae イナエ
Inagosi イナゴシ
Inaiá イナイア
Inaki イニャキ
Ināl イナール
İnal イナル
Inalcik
　イナルジク
　イナルジュク
Inam イナム
Inama
　イナーマ
　イナマ*
Inamowa イナモワ
İnan イナン
Inanir イナニール
Inardi イナルディ*
Inaros イナロス
Inarritu イニャリトゥ
Iñárritu イニャリトゥ
Iñárritu イニャリトゥ*
Inauer インナウアー
Inayat
　イナヤット
　イナーヤト
　イナヤト
'Ināyat イナーヤト
'Ināyat Allāh
　イナーヤトゥッラー
Ināyatullāh
　イナーヤトッラー
Inbal インバル**
Inbali インバリ
Inbau インボー
In-bea インベ
In-bee
　インビ*
　インベ
Inber
　イーンベル
　インベール
　インベル*
Inbody インボディー
In-bong インボン
Inca インカ
Incaviglia
　インカビリア
Ince インス**
Inceman インセマン
Incerto インチェルト
Inch インチ*
Inchauspé
　インチャウスペ
Incháustegui
　インチャウステギ

Inchausti インチオースチ
Inchbald インチボールド
Inchcape インチケープ
Inchifawn インチフォウン
In-chol インチョル
In-chon インチョン*
In-chul インチュル / インチョル
Inci インジ
Inciarrano インシアラーノ
Inciarte インシアーテ
Incisa インチーサ / インチーザ*
Inclán インクラン**
Incognito インコニート
Incontrera インコントレーラ / インコントレラ
Incorvaia インコルバイア
Increase インクリース
Ind アン / インド
Inda インダ
Indalecio インダレシオ
Indar インダル
Indara インダラ
Indash インダシュ
Inder インダー / インデル**
Inderbinen インダービネン
Indergand インデルガンド
Inderjeet インダージート*
Inderjit インドラジット
Indermaur インダルモール
Indermill インダーミル
Indermühle インデアミューレ
Inderpal インデルパル
Indi インディ
India インディア**
Indiana インディアナ**
Indick インディック
Indigo インディゴ*
Indijck インダイク
Indika インディカ
Indikopleustes インディコプレウステス
Indikopleustēs インディコプレウステス

Indio インディオ
Indira インディラ*
Indirā インディラ
Indirayanthi インディラヤンティ
Indman インドマン
Indra インドラ***
Indrabhūti インドラブーティ
Indrajayavarman インドラジャヤヴァルマン
Indrani インドラーニ
Indranie インドラニー
Indrapana インドラパナ
Indrapramit インドラプラミット*
Indraprasad インドラプラスド*
Indravarman インドラヴァルマン
Indrawati インドラワティ*
Indrek インドレク
Indridason インドリダソン**
Indriðason インドリダソン
Indridi インドリジ
Indriyani インドリアニ
Indro インドロ*
Indroyono インドロヨノ
Indruch インドルフ
Indu インドゥー
In-duk インドク*
Indulf インドルフ
Indulis インドゥリス / インドリス
Induni インドゥーニ
Induno インドゥーノ
Indurain インデュライン
Induráin インデュライン* / インドゥライン
Indy アンディ
Ine イーネ / イネ
Inea イネア
Ineck アイネック
Ineichen イネイチェン
Ines イネス**
Inés イネシュ* / イネース / イネス**
Inès イネス
Iñes イニェス / イネス
Inescort イネスコート
Iness アイネス

Inessa イネッサ**
Inez アイネズ / イーニス* / イニス / イーネズ / イネス
Inéz イネス
Infantas インファンタス
Infante インファンテ***
Infant'ev インファンチエフ
Infanti インファンティ
Infantino インファンティーノ / インファンティノ
Infeld インフェル / インフェルト* / インフェルド
Infelise インフェリーゼ
Infessura インフェッスーラ
Infield インフィールド
Ing イン* / イング**
Inga インガ** / インガー
Ingalls インガルス*** / インガルズ** / インゴールス
Ingalsbe インガルスビー
Ingannati インガンナーティ
Inganni インガンニ
Ingar インガー
Ingarden インガルデン*
Ingate インゲイト*
Ingber イングバー*
Ingberman イングバーマン
Ingbert インクベルト
Ingco インコ
Ingdal イングダル
Inge イニェ / インガ / イング* / インゲ*** / インジ* / インヘ**
Ingeborg イニェボルゥ / インゲボルク** / インゲボルグ**
Ingeborga インゲボルガ
Ingebrigtsen インゲブリクトセン / インゲブリグトセン

Ingegerd インゲセード / インゲヤード*
Ingegneri インジェニェーリ / インジェニエーリ
Ingela インゲラ*
Ingele アンジェル
Ingelfingen インゲルフィンゲン
Ingelfhingen インゲルフヒンゲン
Ingelfinger インゲルフィンガー
Inge-Lise インゲリーゼ
Ingelman インゲルマン*
Ingelow インジェロー / インジロー / インジロウ
Ingels インゲルス / インゲルス
Ingelstam インゲルスタム
Ingemann インゲマン*
Ingemar イニェマール / インゲマール / インゲマル**
Ingemarsdotter インゲマルスドッテル*
Ingenheim インゲンハイム
Ingenhousz インゲンハウス / インゲンホウス / インヘンハウス / インヘンホウス
Ingenieros インヘニエーロス / インヘニエロス
Ingenuus インゲヌウス
Inger イニェル / インガ / インガー** / インゲ* / インゲル**
Ingerman インガーマン
Ingersent インガーセント
Ingerslev イナースレウ
Ingersoll インガーソル* / インガソル / インガソール*** / インゼルソル / エンガーソル
Ingerson インガスン
Ingesson インゲソン
Inggit インギット
Inggüldai イングルダイ
Ingham インガム** / イングハム

インハム
Inghelbrecht アンゲルプレシュト* / アンゲルブレック
Inghen インゲン
Inghilleri インギッレーリ / インギリエリ / インギリアリー / インギレリ
Inghirami インギラーミ
Ingholt インゴールト
Ingi インギ
Ingianna インジャナ
Ingibjorg インギビョルグ
Ingibjörg インギビョルグ / インギビョルグ
In-gil インギル
Ingimundur インギムンドゥール
Ingjerd イングヤルド
Inglath イングラス
Ingle アングル / イングル*
Ingleby イングレビィ
Inglehart イングルハート
Ingles イングルス / イングルス
Inglés イングレス*
Inglesby イングルズビー
Inglese イングレーゼ
Inglett イングレット
Ingley イングレイ
Inglin イングリーン
Inglis イングリス** / イングルス / イングルズ
Ingman イングマン*
Ingmar イングマー* / イングマール** / イングマル*
Ingo インゴ***
Ingoglia インゴグリア / インゴリア
Ingold アンゴルド / インゴールド / インゴルド
Ingerson インガスン
Ingesson インゲソン
Ingolf インゴルフ*
Ingólfr インゴウルヴル
Ingolfsson インゴウルフソン*
Ingólfur インゴルフール
Ingoli インゴリ
Ingomar インゴマー

In-goo イング
Ingpen イングペン**
Ingraham
　イングラハム**
　イングラム
Ingrahm イングラム
Ingram イングラム***
Ingrao
　アングラオ
　イングラオ***
Ingrassia
　イングラーシア
　イングラシア
　イングラッシア*
　イングラッシャ
Ingres アングル*
Ingri イングリ*
Ingrid
　イングリ
　イングリット**
　イングリッド***
　イングリート**
　イングリード
　イングリド
Ingrida イングリダ
Ingrīda イングリーダ
Ingrisch
　イングリッシュ**
Ingrit イングリット
Ingrova イングロバ
Ings イングス
Ingstad
　イングスタッド*
　インクスタト
Inguanzo イングアンソ
Inguimbert
　アンガンベール
In-guk イングク*
Inguna イングナ
Ingvar
　イングヴァール*
　イングヴァル**
　イングバル**
Ingves イングベス
Ingvild
　イングヴィル*
　インビルド
Ing-wen インウェン
Ingwer イングヴァー
Ingwersen
　イングベルセン
In-ha インハ
Inhelder
　イネルデ
　インヘルダー
In-heng インヘン
In-ho インホ*
Inhofe インホフ*
In-hun
　イヌン*
　インフン
In-hyock インヒョク
Ini イニ
Inia イニア
Iniesta イニエスタ**

Inigo
　イニゴ
　イニゴー
　イニゴウ
Iñigo
　イニーゴ
　イニゴ
Íñigo イニゴ
Íñigues
　イニーゲス
　イニゲス
Iñiguez イニゲス
Íñiguez イニゲス
Inim イニム
Inions イニオンス*
Inizan イニサン
Injai インジャイ
Injannasi
　インジャンナシ
Injannasi
　インジャンナシ
In-je インジェ*
Injū インジュー
Injun インジュン
Inka インカ
In-kee インギ*
Inkeles
　インケルス**
　インケレス
Inker インカー
Inkeri インケリ
In-ki インギ
In-kie インギ
Inkijinoff インキジノフ
Inkinen インキネン*
Inkiow インキオフ*
Inkley インクレイ
Inkpen インクペン**
Inkstad インクスタト
Inkster
　インクスター**
Inkululeko
　インクルレコ
In Kwon イングォン
In-kyung インキョン*
Inlander インランダー
Inler インレル
Inman インマン**
In Mo インモ
Inmon インモン*
Inn イン*
Inna
　イナ**
　インナ
Ínna インナ
Innaro インナロ
Innauer インナウアー
Inndia インディア
Innemann インネマン
Innerebner
　イネレブナー
Innerhofer
　イナホッファー
　インナーホーファー

インネルホファー**
Innerst イナースト
Innes
　アイネス
　イニス
　イネス***
　インズ*
　インネス
Inness
　イネス*
　インネス
Innes Taylor
　イネステーラー
Inniger イニガー
Innis
　イニス**
　インニス
Inniss イニス
Innitzer
　イニツァー
　インニツァー
Inn-joo インジュ
Innocence イノサンス
Innocent
　イノサン
　イノセント**
Innocente
　インノチェンツォ
Innocenti
　イーノセンティ
　イノセンティ
　インノチェンティ**
Innocentius
　イノケンチウス
　イノケンティウス
　イノセント
　インノケンチウス
　インノケンティウス*
　インノセント
　インノチェンティウス
Innocenzo
　インノチェンツォ
Innokenti
　インノケンティ
　インノケンティー
Innokentii
　イノケンティ
　インノケンチー
　インノケンティ
　インノケンティイ
Innokentij
　インノケンチイ
Innokentiy
　インノケンティ
Innokenty
　イノケンティ
Inn Yâ インヤー
Ino イノ
Inō
　イノ
　イノー
Inocencia
　イノセンシア
Inocencio
　イノセンシオ
　イノゼンシオ
Inocêncio
　イノセンシオ

Inoke イノケ
Inonge イノンゲ
Inongo イノンゴ
Inoni イノニ
Inönü
　イヌニュ
　イネニュ
　イノニュ**
Inosanto イノサント
Inostrantsev
　イノストランツェフ
Inoue イノウエ
Inouye イノウエ*
Inoyatov イノヤトフ
Inozemtsev
　イノゼムツェフ
Inpanbutr
　インパンブトゥ
In-pyo インピョ*
Inpyo インピョ
Inquart
　インクヴァルト
　イングヴァルト
　インクバルト
　インクワルト
Inroga インロガ
In-ryung インリョン
Inśā インシャー
Insall インソール
Insam インサム
Insana インサーナ
Insanally インサナリ*
In-sang インサン
Insanguine
　インサングイーネ
Insanov インサノフ
Inscore インスコア*
Insdorf インスドーフ
Insel インセル
In-seo インソ
Inseok インソク
Inshāh インシャー
Insigne インシーニェ
In-sik インシク
Insil インシル
Inskip インスキップ
Inslee
　インスリ
　インスリー
　インスレー
Insler インスラー
Insoo インス*
In-sop インソプ
Inspectah
　インスペクター
Install インストール
Instantius
　インスタンティウス

Instefjord
　インステフィヨルド
Insua
　インシュア
　インスーア
　インスア
Insúa インスア
In-suk インスク*
Insull
　インサル
　インスル
Insulza インスルサ*
In-sung インソン**
In-Tae インテ
In-taek インテク*
Intagliata
　インタグリアタ
In-taik インテク
Intakul インタクン*
Intallou アンタル
Intanon インタノン
Intaratai インタラタイ
Intarathai
　インタラタイ
In-teak インテク*
Interlenghi
　インテルレンギ
International
　インターナショナル
Interrante
　インタータンテ
Inthaphon
　インサフォン
Intharasombat
　インタラソムバット
Intharathit
　インタラーティット
Inthasom インサソム*
Inthavone
　インタヴォン
Inthavong
　インタヴォン
　インタウォン
　インタヴォン
Inthilath
　インティラート
Inthrapaalit
　イントラパーリット
Inti インテ
Intiṣār インティサール
Intissar
　インティサール*
Intizar インティザール
Intorcetta
　イントルチェッタ
Intrater
　イントレイター
Intravitayanun
　インタラウィッタヤナ
　ン
Intriligator
　インテリゲーター
　イントリリゲーター*

Inu イヌ
Inukpuk イヌクブック
Inul イヌル
Inusah イヌサ
Inuyama イヌヤマ

Inverarity インヴァラリティ
Inverchapel インヴァーチャペル / インバーチャペル
Inverdale インバーダール
Invernizzi インヴェルニッツィ*
Inwa インワ
Inwagen インワーゲン*
In-whan インファン
Inwood インウッド* / インウード
Iny イニー
Inya インヤー
Inyotef アンテフ / インヨテフ
In-young イニョン* / インヨン
Inyumba イニュンバ
Inzaghi インザーギ*
Inzeo インゼオ
Inzikuru インジクル*
Inzko インツコ
Inzouddine インズーディン
Iō イオ
Ioab ヨアブ
Iōachas エホアハズ / ヨアハズ
Ioachim ヨアキム*
Ioan イアン / イオアン** / イオン / ユアン / ヨアン** / ヨーン
Ioana イオアナ
Iōanan ヨハナン
Ioane イオアネ
Ioanes ヨアネス
Ioann イオアーン / イオアン
Ioanna イオアナ / イオアンナ
Iōánna ヨハナ / ヨハンナ
Ioannes イオアーンネース / ヨアネス / ヨーアンネース / ヨアンネス / ヨハネ
Ioánnes ヨアンネス
Iōánnēs ヤーヌス / ヤノス

Ioánnēs ヨーアンネース / ヨアンネス / ヨハネス
Iōánnēs ヨーアンネース / ヨアンネス / ヨハンナ
Ioannides イオアニデス / ヨアニデス / ヨネル
Ioannidi ヨアニディ
Ioannidis アイオニディス / イオアニーディス
Ioannikios ヨアンニキオス
Ioannis イオアニス* / イオアンニス* / イオニス* / ヤニ / ヨアーニス / ヨアニス*
Ioannisiani ヨアニシアニ
Ioannou イオアヌ
Iōas ヨアシ / ヨアシュ
Iōátham ヨタム
Iōb ヨブ
Iocundus ヨクンドゥス
Iōdae エホヤダ / ヨヤダ
Iōël ヨエル
Ioel'son ヨールソン
Ioelu イオエル
Iofan ヨファン
Ioffe イオッフェ / ヨッフェ***
Iogan ヨハン
Iohannes ヨアンネス / ヨハネ
Iohannis ヨハニス*
Iōkastē イオカステ
Iolanda イオランダ / ヨランダ
Iolu イオル*
Iommi アイオミ
Ion アイオン* / イオン*** / ヨーン* / ヨン*
Iōn イオン
Iona アイオーナ / アイオナ* / イオーナ / イオナ
Iōnadab ヨナダブ
Ionas イオナス

Iōna ヨナ
Iōnathan ヨナタン
Ionchev ヨンチェフ
Ione アイオン / イオーネ* / イオン
Ioannes イオアーンネース / ヨアンネス / ヨハンナ
Ionel イオネル* / イオネル / ヨネル
Ionela-Livia イオネラリビア
Ionesco イオネスコ** / イオネスコ** / ヨネスコ
Ionescu イオネスク* / ヨネスク
Ionicus イオニクス
Ionita イオニタ
Ionită イオニツァ
Iōnnēs ヨハネ
Ionov イオノフ
Ions アイアンズ / イオンズ*
Ionut イオヌーツ / イオヌト / ヨヌーツ
Iooss アイオス
Iophōn イオポン
Iōrám ヨラム
Iordache イオルダケ
Iordan ヨルダン
Iordán ヨルダン
Iordanus ヨルダヌス
Iorga イオルガ / ヨルガ
Iorgulescu イオルグレ
Iorio イオーリオ / イオリオ
Iorwerth イオルウェルス / イオーワス
Iorwith イアーウィズ
Ios イエフ / エヒウ
Iosafat イオサファート / ヨサファト
Iōsaphát ヨシャパテ / ヨシャファト
Iosefa アイオスファ
Ioseliani イオセリアーニ / イオッセリアーニ
Ioseph ヨセ / ヨセフ
Iosephos ヨセフォス

Iōsephos ヨーセフォス
Iosia イオシア
Iōsías ヨシヤ
Iosif イオーシフ / イオシフ* / ヨシフ* / ヨーゼフ / ヨセフ
Iosifov イオシフォフ / イオシーホフ
Iosifovich イオシフォヴィチ / ヨシィフォビッチ / ヨシフォヴィチ / ヨシフォヴィッチ / ヨシフォビッチ
Iosifovna ヨシフォウナ
Iosiper ヨシベル
Iossa アイオサ
Iossel ヨッセル
Iosseliani イオセリアーニ / イオセリアーニ*
Iosub イオスプ
Ioteba イオテバ
Iothor エテロ / エトロ
Iotova ヨトバ
Iotti イオッチ / イオッティ*
Ioudas イウーダス / ユダ
Ioulia ユリア
Ioúlia ユリア / ユリヤ
Ioulianos ユーリアーノス
Iouliaós ユリアノス
Ioúlios ユリアス / ユリウス
Iouniâs ユニアス
Iouri ユーリ*
Ioustinos ユスティノス
Ioûstos ユスト
Iov イオーヴ
Iovinianus ヨウィニアヌス
Iovtchev ヨプチェフ
Iovu イオブ
Iovv イオブ
Ip イップ
Iparraguirre イパラギレ
Ipatieff イパーチェフ / イパチェフ / イパチェフ / イパチエフ / イパティエフ
Ipatovich イパトヴィチ

Ipavec イパヴェツ
Ipcar イプカー*
Ipenza イペンサ
Īphigeneia イピゲネイア / イーフィゲネイア / イフィゲネイア
Iphikratēs イフィクラテス
I Pons イポンス
Ipoua イプア
Ipoustéguy イプステギイ
Ippen イッペン
Ippolit イッポリート / イポリット
Ippolito イッパリート / イッポーリト / イッポリート / イッポリト**
Ippolitov イッポリートフ / イッポリトフ
Ippolitovna イッポリトヴナ
Ipqi イプキ
Ipsen イプセン*
Ipswitch イプスウィッチ
Iptar イプタル
Ipwel イプエル
Iqbal イクバール / イクバル
Iqbâl イクバール*
Iqbāl イクバール* / イクバル / イグバール
Iqisham イキシャム
Iqpi イクビ
Ira アイラ*** / イーラ / イラ*
Irace イラーチェ
Iracema イラセマ
Iradier イラディエル
Iragorri イラゴリ
Irah アイラ
Irahiri イライリ
Iraizoz イライソス
Iraj イーラジ / イーラジュ
Irakli イラクリ* / イラクリー**
Iráklii イラークリー
Irala イララ
Iralu イラル
Iram イラム
Irama イラマ

Irami イラミ
Iran アイラン
Iranganie
　アイランガニー
Irani イラニ*
Iranmanesh
　イランアネス
Iranzo イランソ
Iraola イラオラ
'Irāqī
　イラーキ
　イラーキー
Iraschko
　イラシュ
　イラシュコ
Irawan イラワン
Irazábal イラサバル
Irbe イルベ
Irby イルビー
Irean アイリーン
Iredell アイアデル
Ireen イレイン*
Irek イレク*
Ireland
　アイアランド**
　アイアランド
　アイルランド**
Irelli イレッリ
Iremonger
　アイルモンガー
Irena
　イリーナ
　イレーナ*
　イレナ
　イレーネ
Irenaeus
　アイリーニアス
　イレナエウス
　イレネウス
　イレーネオス
　エイレーナイオス
　エイレナイオス*
Irenaus イレノイス
Irenäus
　イレネーウス
　イレネウス*
　イレノイス
Irene
　アイアリーン
　アイリーヌ
　アィリーン
　アイリーン***
　アイリン
　イリーヌ
　イレーヌ**
　イレーネ***
　イレーネー
　イレーネ**
Iréne
　イレーヌ
　イレーネ*
Irène
　イレーヌ**
　イレヌ
　イレーヌ
Irenee アイリーン
Irenée イレネー

Irénée
　アンリ
　イレネ*
　イレネー*
Ireneo イレーネオ
Irenicus イレーニクス
Ireson アイルソン
Ireton アイアトン**
Iretskii
　イレーツェイ
　イレツキー
　イレーツキイ
Iretsky イレーツキイ
Irfaan イルファーン
Irfan
　アーファン*
　イアファン
　イーファン
Irfân イルファン
Irgashev イルガシェフ
Irgens イルゲンス
Irglova イルグロヴァ*
Iriani イリアニ
Iriarte
　イリアルテ*
　イリャルテ
Iribarne イリバルネ
Iribe イリーブ
Iriekpen イリークペン
Irigaray イリガライ**
Irigoyen
　イリゴーイェン
　イリゴイェン
　イリゴイエン
　イリゴエン
　イリゴージェン
Irimescu イリメスク
Irimie イリミエ
Irina
　イリーナ***
　イリナ**
Irína イリーナ
Irina-Camelia
　イリーナカメリア
Irinarkh イリーナルフ
Iring
　イーリング*
　イリング
Irini
　アイリーニ
　イリーニ*
Ir'inichna
　イリイニチナ
Iriniz イリニェス
Irinjibal イリンジバル
Irion イリオン
Iris
　アイリス***
　イーリス*
　イリス**
Íris イリス
Irish アイリッシュ**
Írisz イリス
Irit イリット**
Irita イリタ
Iritani イリタニ

Iriyani イリヤニ
Irizarry イリザリー
Irjala イリャラ
Irji イルジー
Ir-kon イルゴン*
Irl アール
Irlan イルラン
Irle イレ
Irlen アーレン
Irles イルレ
Irm イルム
Irma
　アーマ
　イルマ**
Irmaenre
　イリマアトエンラー
Irmas イルマス
Irme イルメ
Irmela イルメラ**
Irmelin イルメリン**
Irmer イルマー
Irmgard
　イムガルト
　イルムガルト**
　イルムガルド*
Irmi イルミ
Irmina
　イルミーナ
　イルミナ
Irmler イルムラー
Irmma イルマ
Irmscher アームシャー
Irmtraud
　イルムトゥラウト*
　イルムトラウト
Irna イルナ
Irnerius
　イルネーリウス
　イルネリウス
Irnich アーニック
Iro イーロ
Irok イロック
Irolli イロッリ
Irom イロム*
Iron アイアン*
Irona イローナ
Irons
　アイアンズ**
　アイロン
Ironsi イロンシ
Ironside
　アイアンサイド***
Irresberger
　イルルスベルガー
　イーレスベルガー
　イレースベルガー
Irrfan イルファン
Irrgang
　イルガン
　イルガンク
　イルガング
Irrlitz イルリッツ
Irsai イルシャイ
Irsan イルサン
Irsay アルセイ

Irsen イルンセン
Irshad イルシャド
Irsheidat イルシェダト
Irsigler イルジーグラー
Irudaya イルダヤ
Irujo イルージョ
Irung イルング
Irureta イルレタ
Irusta イルスタ
Iruthisham
　イルティシャム
Irv
　アーヴ*
　アーブ
Irvall イールヴァール
Irven アーブン
Irvin
　アーヴィン*
　アービン***
Irvine
　アーヴァイン
　アーヴィン*
　アーバイン**
　アービン
　イルヴァイン
Irving
　アァヴィング
　アーヴ
　アーヴィン
　アーウイング
　アーヴィング**
　アヴィング
　アウビング
　アーヴング
　アービン*
　アービング***
　アルビング
　イーヴィング
　イラビング
　イルビング
Irvis アービス
Irwin
　アーウィン***
　アーヴィン*
　アウィン
　アービン
Iryani イリヤニ*
Iryna イリーナ
Irynetjer イリネチェル
Irzykowski
　イジコフスキ
　イジュイコフスキ
Isa
　アイサ*
　アイザ
　イーサ*
　イーサー
　イーザ
　イサ**
　イザ
'Isā イーサー
Īsā イーサー*
Isaac
　アイザーク
　アイザク
　アイザック
　アイザック***
　イサアク*

イザアク
イーザーク
イサーク***
イサク*
イザーク
イザク*
イサック
イザック*
イッハク*
イツホク
Isaäc
　イーザーク
　イサーク
　イツハク
Isaacius
　イサキウス
　イサーキオス
　イサキオス
Isaack アイザック
Isaacks アイザックス
Isaacs
　アイザークス
　アイザクス*
　アイザックス***
　イサアクス
　イサークス**
　イサクス
　イザークス
Isaacson
　アイザークスン
　アイザックソン**
　イサクソン
　イザクソン
Isaacz. イサークゾーン
Isaai イサーイ
Isaak
　アイザーク
　アイザック**
　イーザーク
　イサーク**
　イサク
　イザーク
Isaák
　イサアク
　イサーク
　イサク
Isaakian
　イサアキャーン
　イサーキャン
　イサハキャン
Isaakovich
　イサアコヴィチ
　イサーコヴィチ*
Isaakovna
　イサーコヴナ
Isabeau
　イサボー
　イザボー
Isabekov イサベコフ
Isabel
　イザベウ
　イサベラ
　イザベラ
　イサベル***
　イザベル***
　イザベル*
Isabela イザベラ
Isabelita
　イサベリータ
　イザベリータ

Isabell
　イサベル
　イザベル**
Isabella
　イサベッラ
　イザベッラ
　イザベラ**
　イザベラ***
　イザベルラ
Isabelle
　イザベッレ
　イサベラ
　イザベラ
　イサベル*
　イザベル***
Isabello イザベッロ
Isabelo イサベロ
Isaber イサベル
Isabey
　イザベ
　イザベー
　イサベイ
　イザベイ
Isac
　アイザク
　アイザック
　イザック
Isacat イザキャット
Isacco イサッコ
Isachenko
　イサチェンコ
Isack イサーク
Isacksen
　アイザックセン
Isackson イサクソン
Isacoff アイサコフ
Isa Conde イサコンデ
Isacowitz
　イサコウィッツ
Isacs アイザックス
Isador
　イサドール
　イサドル
Isadora
　イザドラ**
　イザドーラ
　イザドラ*
Isadore
　イサドア
　イザドア**
　イサドール
Isaev イサエフ**
Isaevich
　イサエヴィチ
　イザエヴィッチ
Isáevich イサエヴィチ
Isaevna イサーエヴナ
Isager イサガー
Isagoras イサゴラス
Isahakyan
　イサハキャン
Isaia
　イサイア
　イザイア
Isaiah
　アイザイア
　アイザイア**
　アイザイアー
　アイザイヤ

アイゼイア*
イェシャヤ
イサイア
イザイアー
イザイア
イザヤ*
イシャヤフー
Isaias イサイアス*
Isaías
　イサイーアス
　イサイアス
Isaios
　イーサイオス
　イサイオス
Isaisah イサイアー
Isaish アイザイア
Isaj イサイ
Isajiw イサジフ
Isak
　アイザック*
　イーザーク
　イザーク*
Isakhan イサカーン
Isakov
　イサーコフ
　イサコフ*
Isakova イサコヴァ
Isakovic イサコビッチ
Isaković
　イサコヴィチ
　イサコービチ
Isakovich イサコビッチ
Isakovitch
　イサコーヴィッチ
Isakovski
　イサコフスキー
Isakovskii
　イサコフスキー
　イサコフスキー*
　イサコフスキィ
Isakow イサコー
Isaksen
　アイザクセン
　イサクセン
Isakson イサクソン
Isaksson イサクソン
Isakunova イサクノワ
Isales イサレス
Isaline イザリン
Isaltino イザルチノ
Isam イサム*
Isambard
　イザンバード
Isambert イザンベール
Isame アイサミ
Isamu イサム
Īśānavarman
　イーシャーナヴァルマン
I-sang イサン
Isang イサン
Isanove
　アイザノフ
　イサヌフ
Isao イサオ*
Isaquias
　イザキアス

イザケアス
Isarco イサルコ
Isard
　アイサード
　アイザード**
　イザード
Isărescu イサレスク**
Isasc イサク
Isaszegi イサセジ
Isatou
　アイサトゥ
　イサトゥ
Isau イーザウ**
Isauricus イサウリクス
Isawi
　イサウィ
　イサウィ
Isay
　アイセイ
　イサイ*
Isayev イサエフ
Iṣbaʿ イスバア
Iṣbahānī
　イスバハーニー
Isbak イスバック
Isbar イシバル
Īśbarcandra
　イッショルチョンドロ
Isbell
　イスベル
　イズベル
Isber イスベル
Isbert
　イスバート
　イスベルト
Isbin
　イスビン
　イズビン
Isbouts イスブ
Isby イスビー*
Isca イスカ
Iscan イスカン*
Iscarai イスカライ
Iscariotes
　イスカリオテ
Isch イシュ
Ischinger
　イッシンガー**
Ischir イシール
Isco イスコ
Isdell イズデル
Isedal イセダル
Isei イセイ
Isela
　アイセラ
　イセラ
Iselin
　アイスリン*
　イズラン
　イズリン
　イーゼリーン
　イゼリン
Iseminger
　アイゼミンガー*
Isenbart
　イーゼンバルト

Isenberg
　アイゼンバーグ
Isenbrandt
　イーゼンブラント
Isenbügel
　アイゼンビューゲル
Isenmann
　イーゼンマン
Isensee イーゼンゼー
Iser イーザー*
Iserles イセーレス
Isesi イセシ
Iseskog イーセスコーグ
Isett アイゼット
Iseult
　イサルト
　イゾルト
Isfahani
　イスファハーニ
Isfahānī
　イスファハーニ
　イスファハーニー
Isfahānī
　イスパハーニー
　イスファハーニー
　エスファハーニー
Isfandiyār
　イスファンディヤール
Isfarāʾinī
　イスファラーイニー
Isfizārī
　イスフィザーリー
Isfrid イスフリート
Isgender イスゲンデル
Isgrove イスグローヴ
Ish
　イシ*
　イシュ*
Isha
　イーシャ
　イシャ
Ishagh イシャグ
Ishaghpour
　イシャグプール*
Ishak
　イシャク
　イスハック
Isḥāk イツハク
Isham アイシャム**
Ishan アイシャム
Ishaq
　アイザック
　イシャーク
　イシャーク
　イスハーク
　イスハク**
Isḥāq イスハーク
Isḥāq イスハーク*
Išhara イシュカラ
Ishay イシェイ
Ishaya イシャヤ
Ishayev イシャエフ
Ishbel イシュベル
Ishbi イシュビ
Ishbosheth イシボセテ

Ishchenko
　イーシェンコ**
　イシチェンコ
Ishenbai イシェンバイ
Ishengul イシエングル
Isherwood
　アイシャーウッド
　イシャウッド
　イシャーウッド
　イシャウッド***
Ishi イシ
Ishiguro イシグロ*
I-shih-kha イシハ
Ishii イシイ*
Ishikawa イシカワ*
Ishkov イシコフ*
Ishkun イシュクン
Ishler イシュラー
Ishlinskii
　イシリンスキー
Ishmaáily
　イシュマーリー
Ishmael
　イシマエル
　イシメール*
　イシュマエル*
　イシュミエル
　イシュメイル**
　イシュメール*
　イスマエル
Ishme イシュメ
Ishmouratova
　イシムラトワ**
Ishōʻdād
　イーショダード
Ishraga イシュラク
Ishtar
　イシュター
　イシュタール
　イシュタル
Ishu イシュ
Ishuʾ イシュ
Ishutin イシューチン
Ishvar
　イーシュワル
　イッショル
Ishvar-chandra
　イッショルチョンドロ
Ishwar
　イシュヴァル
　イシュバル
Ishwarbhai
　アイシュワーブハイ
Ishwari イシュワリ*
Isi イシ
Isiah
　アイザイア*
　アイゼア
Isidanzanvangjil
　イシダンザンワンジル
Isidāsī イシダーシー
Isidatta イシダッタ
Isidinna イシディンナ
Isidor
　イサドア
　イージドーア
　イシドァー

イシドアア*
イジドア
イージドール
イシードル
イシドール**
イジドール
イシドールス
イシドルス
イシドーロ
イシドロ
イシドーロス
Isidore
イジドー
イシドア
イシドール
イシドル
イジドール*
イジドル
イシドレ*
イジドーロ
Isidoro
イシドルス
イシドロ*
イジドーロ
Isidoros
イシドーロス
イシドロス
Isidōros
イシドーロス
イシドロス
Isídoros
イシドーロス
イシドロス
Isidorovich
イシドロヴィチ
Isidre イジドレ
Isidro
イシードロ
イシドロ
Işik ウシュク
Isikeli イシケリ
Isikha イシハ
Isikiel イシキエル
Isild イジルド
Isileli イシレリ
Isimat イシマ
Isinbaeva イシンバエワ
Isinbayeva
イシンバエワ*
Isinberg
アイゼンバーグ
Ising イジング
Isinwyll
イシンウィル
Isireli イシレリ
Isis イシス
Iskakov イスカコフ
Iskan イスカン
Iskandal
イスカンダル*
Iskandar
イスカンダル**
Iskandarī
イスカンダリー
Iskandarian
イスカンダリャン
Iskander
イスカンダル

イスカンデール
イスカンデル***
Iskasiah イスカシア
Iske イスケ
Iskender
イスケンデール*
イスケンデル
スカンダー
スカンデル
Iskenderbek
イスケンデルベク
Iskhakïy
イスハキ
イスハキー
Isko イスコ
Isla
アイラ*
イズラ*
イズラ
Islā'īlī
イスラーイーリー
Islam
イスラム***
イズラム
Islām
イスラーム*
イスラム
İslam イスラム
Islambouli
イスラムブーリ
Islami イスラミ
Islāmī イスラーミー
Islandi イスランディ
Islas イスラス
Islay イスレイ
Isle イール
Isleif イスライフ
Isleifsdottir
イスレイフスドッティル
Isler
アイスラー
アイズラー
イスラー
Isles アイルズ
Isley
アイズリー
アイズレー*
アイリー
Islomdjonovich
イスロムジョノヴィチ
Isma イスマ*
Ismael
イシュメール
イスマイル*
イスマエル**
イズマエル
Ismaël イスマエル
Ismail
イスマーイール
イスマイール
イスマイル***
イズマイル
イスマエル
イズマル
イスラエル
Isma'īl
イスマーイール

Ismaʿil イスマイール
Ismaïl イスマイル**
Ismäil イスマイル
Ismā'il イスマーイール
Ismā'īl イスマーイール
Ismā'ī
イスマーイール
イスマイール
イスマイル
エスマアイール
Ismā'īl イスマーイール
İsmail イスマイル
Ismaila
イスマイラ
イスメイラ
Ismailciuc
イスマイルチュク
Ismaili イスマイリ
Ismailov イスマイロフ
Ismanto イスマント
Ismat イスマト
'Iṣmat イスマット
Ismay
イスメイ
イズメイ
Ismayilov
イスマイロフ
Ismayilzada
イスマエルザーデ*
Ismayr イスマイル
Ismed イスメッド
Ismēnē イスメネ
Ismenias イスメニアス
Ismet
イスメット*
イスメト*
İsmet イスメト
Ismir イスミル
Ismith イスミス
Ismoilov イスモイロフ
Ismond イスモンド
Isnard イスナール
Isner
イスナー
イズナー
Iso イゾ
Isobel
イソベル*
イゾベル*
Isobelle イゾベル*
Isobyl イソビル
Isocrate イソクラテス
Isocratēs イソクラテス
Išoʿdad イーショダード
Išôʿdad イショダード
Išoʿdadh
イーショダード
Iso-Hollo イソホロ
Isoir イゾワール
Isokoski イソコスキ*
Isokrates イソクラテス
Isokratēs
イソクラテース
イソクラテス

Isol イソール
Isola イソラ*
Isolani イソラーニ
Isolde
イゾルデ
イゾルテ
イゾルデ**
Isom アイソム*
Isong イソン
Isorni イゾルニ
Isotta イゾッタ
Isou イズー
Isoun イソウン
Isperikh イスペリヒ
Israel
アイ
イスライル
イースラエル
イスラエール
イスラエル***
イズラエル***
イズリアル
イズレイアル
イズレイエル*
イズレイル*
イスレール
Israël
イスラエル
イズラエル
Israela イスラエラ
Israelachvili
イスラエルアチヴィリ
イスラエルアチビリ*
Israeli イスラエリ
Israels
イスラエル
イズラエルス
イズラエルス
Israelsson
イスラエルソン
Israhel イスラエル
Israilov イスライロフ
Israngkulnaayuthaya
イスランクンナアユタヤ
Israrullah イスラルラ
Israssena
イサラセーナ
イスラセナ
Isringhausen
イズリングハウゼン*
Issa
イーサ*
イサ
イッサ*
Issa-ard イサード
Issac
アイザーク
アイザク
アイザック*
イサアク
イサク
イサック
Issachar
イサカー
イサカル
イッサカル
イッサカル
イッサハル

Issachár
イサカル
イッサカル
Issachenko
イサチェンコ
Issacman
アイザックマン
Issacs アイザックス
Issah イッサー
Issaias イサイアス**
Issaiev イサエフ
Issaj イサーイ
Issak
イサク
イッツアーク
Issaka イサカ
Issam
イサム
イッサム
Issan イッサン
Issanova イサノワ
Issara
イサラ
イッサラ
Issawi イサウィ
Issay
イサイ
イッサイ
Issaye イサイエ
Issekemanga
イセケマンガ
Issekeshev
イセケシェフ
Isselbacher
アイセルベーカー
Isselé イスレ
Isselin イスラン
Isselkou イセルク
Isselmou
イセルム
イッセルム
Issenberg
アイゼンバーグ
Isser イッサー*
Isserles
イッサレス
イッセルレス
Isserlin イスセルリン
Isserlis
イサーリス
イセルリス
イッサーリス**
Isserman イッセルマン
Isserstedt
イッサーシュテット
イッセルシュテット
Issiah イシア
Issidorides
イッシドリデース
Issifi イシフィ
Issifou
イシフ
イッシフ
Issimaila イシマイラ
Issing イッシング
Issinov イシノフ
Isskhak イスハーク

I

Issoibeka イソイベカ
Issouf イスフ
Issoufi イスフィ
Issoufou
　イスフ**
　イスファル
　イソフォ
Issoufou Alfaga
　イスフアルファガ
Issozengondet
　イソゼンゴンデ
Issufo イスフォ
Issur イスール
Issurin イスリン
Istakhrī
　イスタハリー
　イスタフリー
Istämi イステミ
Ištar
　イシュタール
　イシュタル
Istarú イスタル
Istel イステル
Isteldael
　イステルデール
Istemihan
　イステミハン
Istevan イステヴァン
Isticioaia
　イスティチョアイ
　ア**
　イスティチワヤ
Isto イスト
Istomin
　イストーミン
　イストーミン*
Istomina イストーミナ
Istoshin イストシン
Istrate イストラーテ*
Istrati
　イストラチ
　イストラティ
Istrina イストリーナ
Istros イストロス
Istúriz イストゥリス
Istvan
　イシュトヴァーン
　イシュトヴァン
　イシュトバーン
　イシュトバン**
　イシュトファン
　イステヴァン
　イストヴァン
　イーストバン
　イストバン
István
　イシュトヴァーン**
　イシュトヴァン**
　イシュトバーン
　イシュトバーン**
　イシュトバン
　イステバン
　イストヴァーン
　イストヴァン
Isutines dze
　イスチネスゼ
Īśvaracandra
　イーシュヴァルチャン

　ドル
Isvarakrsna
　イーシュヴァラクリ
　シュナ
Īsvarakrsna
　イーシュヴァラクリ
　シュナ
　イーシュバラクリシュ
　ナ
　イーシュワルクリシュ
　ナ
Īśwar イーシュワル
Iswaran イスワラン
Iswolsky
　イスウォルスキー
Iswurdeo イスールデオ
Ita イタ*
Itah イタ
Itai イタイ
Itälä イタラ
Ítala イタラ
Italeli イタレリ
Italia イタリア
Italiano イタリアーノ
Italico イターリコ
Italicus
　イータリクス
　イタリクス
Itallie イタリー**
Italmazov
　イタルマゾフ
Italo
　イータロ*
　イターロ
　イタロ***
　イタロー
Ítalo イタロ
Italos イタロス
Italós イタロス
Italus イタルス
Itamar
　イタマール
　イタマル**
Itandjie イタンジェ
Itani イタニ*
Itäranta イタランタ**
Itard イタール
Itay イタイ
Iten イテン
Itenberg イテンベルク
Iter イテル
Iterson イターソン
Iterti イテルティ
Ith イット
Ithamar イタマル
Ithana イタナ
Ithell イセル
Ithiel
　イシエル
　イシール
　イセエルド
Iti イティ
Itiberê イティベレ
Itihi イティイ
Itimai イティマイ

Itin イティン
Itkin
　イートキン
　イトキン
Itkina イトキナ
Itkine イトカン
Itkonen
　イトゥコネン
　イトコネン*
Itno イトゥノ
Ito
　イト
　イトゥ
Itoh イトウ
Itoiz イトイズ
Itoua イトゥア
Itrubi イトルービ
Itsaraa イッサラー
Itschner イッチナー
Itskhak イツハク
Itskhok イツホク
Ittelson イッテルソン
Itten イッテン*
Itterheim
　イッターハイム
Itti イッチ
Itto イト
Iturbe イトゥルベ
Iturbi
　イツルビ*
　イトゥルビ
　イトウルビ
Iturbide
　イツルビデ
　イトゥルビデ
　イトゥルビーデ
　イトウルビデ
Iturraspe
　イトゥラスペ
Iturria イテゥリア
Iturriza イトゥリサ
Iturry イトゥリ
Itzchak
　イッチェク
　イッチェク
Itzchakov
　イッチャコフ
Itzcóatl イツコアトル
Itzel イツェル
Itzerott イツェロット
Itzhak
　イツァーク**
　イツァク*
　イツハク
Itzig イチク
Itzik
　イツィク
　イツィク
Itzin イットツィン
IU
　アイユー
　ユーリー
Iuan ユアン
Iudas ユダ

Iudenich
　ユデーニチ
　ユデニチ
　ユーデニッチ
　ユデニッチ
Iudif ユディフ
Iudin ユージン
Iuga ユーガ
Iulia ユリア
IUlian ユリアン
Iuliano
　イウリアーノ
　ユリアーノ
Iulianos ユリアノス
Iulianus ユリアヌス
Iuliia
　ユリア**
　ユーリヤ
　ユリヤ
IUlin ユーリン
Iulitta ユリッタ
Iuliu ユリュー
Iulius ユリウス
Iūlius ユリウス
Iullus ユルス
Iulon ウロン
IUmzhagiin
　ユムジャーギン
Iūnior ユニオル
Iunius ユーニウス
Iūnius ユニウス
Iuon
　ユオーン
　ユオン
Iupati イウパティ
Iuppa イウッパ
IUr'ev
　ユーリェフ
　ユリエフ
IUr'evich
　ユーリエヴィチ
　ユリエヴィチ
　ユーリエヴィッチ
　ユリエヴィッチ
　ユリエビッチ
Iurie ユリエ
Iurieva ユーリエヴァ
Iurievich
　ユリエヴィチ
　ユリエヴィチ
　ユリエヴィッチ
　ユリエビッチ
IUrii
　ユー
　ユーリ
　ユーリー
　ユーリィ
　ユリイ
IUrii
　ユーリ
　ユーリー
Iurii
　イウリ
　ユーリー*
　ユーリィ
　ユリイ
Iuriia ユーリィ

IUrij ユーリ
IUrkov ユルコフ
IUrovskii
　ユーロフスキー
　ユロフスキー
IUshkevich
　ユシケーピッチ
　ユシュケヴィッチ
Iushkevich
　ユシケーヴィチ
Iushko ユシコ
Iusitino イウシティノ
IUsov ユソフ
Iustina ユスティナ
Iustus ユストゥス
IUsufovich
　ユスフォヴィッチ
Iuvara ユヴァーラ
Iuvenalis
　ユウェナーリス
　ユウェナリス
Iuvencus ユウェンクス
IUzefovich
　ユゼフォーヴィチ
Iuzhakov ユージャコフ
IUzhin ユージン
IUzik ユージック
Iva
　イーヴァ
　イヴァ**
　イバ*
Ivad イバド
Ivailo
　イヴァイロ*
　イバイロ
　イワイロ
　ハヴァリョ
Iváilo イヴァイロ
Ival アイヴァル
Ivala イバラ
Ivaldi
　イヴァルディ
　イバルディ
Ivalo イヴァロ
Ivamy
　アイヴァミ
　アイバミー
Ivan
　アイヴァン**
　アイヴィー
　アイバン***
　アイファン
　イアン
　イーヴァン
　イヴァン
　イヴァーン*
　イヴァン***
　イヴン
　イバーン
　イバン***
　イワーン
　イワン***
Iván
　イヴァーン
　イヴァン*
　イバン**
　イワン

Ivana
イヴァーナ
イヴァナ
イバナ*
イワナ
Ivancevich
アイバンスビッチ
イワンセビッチ*
Ivanchik イワンチク*
Ivancich
イヴァンチッチ
Ivane イワネ
Ivanek イヴァネク
Ivanenko
イヴァネンコ
イワネンコ
Ivanesdze
イヴァニスゼ
Ivanhoe
アイヴァンホー
アイバンホー
Ivanic
イヴァニク
イヴァニック
Ivanić イヴァニッチ*
Ivanin イワニン
Ivanios イヴァニオス
Ivanisevic
イワニセヴィッチ*
イワニセビッチ
Ivanišević
イヴァニシェヴィチ
イバニシェビッチ
イワニセビッチ
Ivanishvili
イワニシヴィリ*
イワニシビリ
Ivanitsky イワニツキー
Ivanka
イヴァンカ
イバンカ*
Ivánka イヴァンカ
Ivankov イワンコフ
Ivankovic
イヴァンコビッチ
Ivanna イワンナ
Ivano
イヴァーノ
イバノ
Ivanoff イワノフ*
Ivanov
イヴァノヴ
イヴァーノフ*
イヴァノフ
イヴァノフ*
イバノフ
イバノフ
イワーノフ**
イワノーフ
イワノフ***

Ivanovic
イヴァノヴィッチ
イワノヴィッチ*
Ivanović
イバノビッチ
イワノビッチ
Ivanovič
イヴァーノヴィチ
Ivanovich
イ
イヴァーノヴィチ
イヴァノヴィチ**
イヴァノヴィッチ*
イバノビッチ
イワノイッチ
イワーノヴィッチ*
イワノーヴィチ
イワノウィッチ
イワノヴィチ**
イワーノヴィチ*
イワノヴィッチ
イワノビチ
イワノビッチ*
Ivánovich
イワノヴィチ
Ivanovici
イヴァノヴィッチ
イバノヴィッチ
イワノヴィチ
イワノヴィッチ
イワノヴィッチ
イワノビッチ
Ivanovitch
イワノヴィッチ
イワノヴィチ
イワノーヴィッチ
イワノヴィッチ
Ivanovitsh
イワノーウィッチ
Ivanovna
イヴァーノーヴナ
イヴァーノヴナ*
イヴァノヴナ
イワーノヴナ
イワノヴナ*
イワーノブナ
イワノブナ
Ivanovskaia
イヴァノーフスカヤ
Ivanovski
イヴァノフスキー
イワノフスキ
Ivanovskii
イヴァノフスキー
イワノフスキー
Ivanovsky
イヴァノヴスキー
イヴァノフスキー
イワノフスキー*
Ivantsov イワンツォフ
Ivantzova
イワンツォーワ
Iványi イヴァーニ
Ivar
アイヴァー*
アイバー
イーヴァー
イヴァ*
イヴァー

イーヴァル***
イヴァール
イヴァール*
イバ
イバー
イバル
イファル
Ivari イバリ
Ivarna イヴァルナ
Ivars
アイヴァース
アイバース*
イバルス
イワルス**
Ivascyn アイバシン
Ivashchenko
イワシェンコ**
Ivashkevich
イワシケウイチ
イワシュケウイッチ
Ivashkin
イヴァシキン*
Ivashko
イヴァシコ
イバシコ
イワシコ
Ivashkova
イヴァシコヴァ
Ivashnev イワシネフ
Ivashov
イヴァショヴ
イワショフ
Ivashutin イワシュチン
Ivask
イヴァスク
イバスク
Ivásk イワースク
Ivaylo
イヴァイロ
イバイロ
Ivchenko イフチェンコ
Ive
アイヴ
アイブ*
イヴ
イブ
Iveagh イーバー
Ivel イヴェル
Ivelina イベリナ
Ivener
アイブナー
アイベナー
Ivens
アイベンズ
イヴァンス
イヴェンス*
イベンス
Iver
アイヴァー
イーヴェル
イヴェール
Ivereigh アイヴァリー
Ivernel イヴェルネル
Ivers
アイヴァース
アイバーズ
イヴァース

Iversen
アイヴァーセン
アイバーセン*
イヴァーセン
イヴァーセン*
イヴェルセン
イベルセン
Iverson
アイヴァースン*
アイヴァーソン
アイバースン
アイバーソン**
イヴェルソン
イバーソン
Ives
アイヴス*
アイヴズ*
アイブス*
アイブズ*
イヴェス
Iveson アイブソン
Ivester アイベスター
Ivet
イヴェト
イベト
Iveta
イヴェタ*
イベタ
Ivette イヴェット
Ivey
アイヴィ
アイヴィー
アイビー**
アイビィ
アイベイ
イヴィー
Ivic イヴィッチ
Ivić イビッチ
Ivica
イヴィカ*
イヴィチャ**
イヴィッツァ*
イヴィッツァ
イビカ
イビチャ*
イビッツァ**
Ivie
アイヴィ
アイビー
Ivimy アイヴィミ
Ivin イヴィン
Ivings イヴィングス
Ivins
アイヴィンス
アイヴィンズ
アイビンス*
アイビンズ
Ivinskaia
イヴィンスカヤ
Ivinskaïa
イヴィンスカヤ
Ivinskaya イビンスカヤ
Ivkov イフコフ
Ivlev
イーヴレフ
イヴレフ
Ivlianovna
イヴリアノヴナ
Ivliev イヴリエフ

Ivner アイブナー
Ivnio ユニウス
Ivo
アイヴォ
アイヴォー
アイボ
イーヴォ***
イヴォ***
イヴォー
イフォ
イボ**
イボー
イボオ
Ivogün
イーヴォギュン
イヴォーギュン
イヴォギュン
イーボギュン
Ivohasina イボハシナ
Ivoirov
イヴォイロフ
イボイロフ
Ivone イヴォーネ
Ivonne
イヴォネ*
イヴォンヌ*
イボン
イボンヌ
Ivonny イヴォンニー**
Ivor
アイヴァ*
アイヴァー**
アイヴォール
アイバー
アイボー*
アイボア
イーヴォル
イヴォール
イボール*
Ivory
アイヴォリ
アイヴァリー*
アイヴァリィ
アイボリー**
Ivosev イボセフ*
Ivrack
イヴラック
イブラック
Ivry
アイブリー
イヴリ
イヴリ
イヴリー**
イヴリイ
イブリ
イブリー
Ivsic イヴシック
Iv Tek イウテック
Ivy
アイヴィ*
アイヴィー
アイビ
アイビー**
アビー
Iwa イワ*
Iwamatsu イワマツ
Iwan
アイヴァン
アイワン
イーヴァーン

イーヴァン
イウァン
イヴァン
イバン
イワン***
Iwand
イーヴァント*
イヴァント
Iwanicka イヴァニッカ
Iwanicki イワニーキー
Iwaniec
イワニエク*
イワニーク
Iwanovich
イワーノヴィッチ
Iwanowna
イヴァーノヴナ
Iwasaki イワサキ*
Iwashiko
イヴァシコ
イバシコ
Iwaszkiewicz
イヴァシュキェーヴィチ
イヴァシュキエーヴィチ
イヴァシュキェーヴィッチ
イヴァシュキェヴィッチ
イバシュキエビチ
イバシュキエビチ
イバシュキエビッチ
イワシキェーヴィチ
イワシキエヴィチ
イワシュキェウィチ
イワシュキェーウィチ
イワシュキェーヴィッチ
イワシュキェヴィッチ
イワシュキエビチ*
イワシュキエビッチ
イワシュケーヴィチ
イワシュケーヴィッチ
イワシュケービッチ
Iweala イウェアラ
Iwerks アイワークス
Iwin アーウィン
Iwinski ウィンスキー
Iwobi イウォビ
Iwona
イウォナ
イウォナ*
イボナ
Iworah アイウォラー
Ix イクス
Ixíon イクシオン
Ixtlilxochitl
イシュトリショチトル
Ixtlilxóchtl
イシュトリルショチトル
Ixtlixóchitl
イシュトリホチトル
Iya
イーア
イヤ*
ウィーア
Iyad イヤド

Iyād イヤド
Iyadh Ouederni
イヤドハウエデルニ
Iyambo
イヤムボ
イヤンボ
Iyamurenye
イヤムレニェ
イヤムレニュ
Iyanla
イアンラ*
イヤンラ
I-Yao イヤオウ
Iyās イヤース
Iyasu
イヤス*
ヤス
Iyasus イヤスス
Iyayi イヤイー
Iyekar イエーカー
Iyengar
アイアンガー*
アイエンガー*
イエンガー
Iyenger イエンガー
Iyer
アイアー
アイヤー
アイヤール
アイヤル
Iyo'as イヨアス
Iyom イヨム
Iyorchia イヨルチア
Iytjenu イチェヌ
Izaac イザーク
Izaak
アイザク
アイザック*
イザーク
Izabela イザベラ*
Izabella イザベラ
Izaguirre Insausti
イサギレインサウスティ
Izairi イザイリ
Izák イザーク
Izakov イザコフ
Izakson イザクソン
Izambard
イザンバール*
Izard
アイザード
イザード
Izarl イザール
Izarra イサラ
Izatt イザット
Izaura イザウラ
Izay イザイ
Izbasa イズバサ**
Izbicki イズビッキ
Izco イスコ
Izdebski イズデブスキ
Izedin イゼディン
Izenour アイゼナワー
Izet イゼト

Izetbegović
イゼトベゴヴィッチ
イゼトベゴヴィッチ*
イゼトベーゴビッチ
イゼトベゴビッチ*
Izewska イゼブスカ
Izgil イズギル
Izgrev イズグレフ
Izibor イジボア
Izidbih イジードビヒ
Izik イツィック
Izis イジス*
Izlan イズラン
Izmailov
イズマーイロフ
イズマイロフ
Izmajlov イズマイロフ
Izmaylov イズマイロフ
Izmirliev
イズミルリエフ
Izmukhambetov
イズムハムベトフ
Izola イゾラ
Izolda イゾルダ
Izonritei イゾンリテイ
Izoria イゾリア
Izotov イゾトフ
Izoulet
イズゥレ
イズーレ
イズーレー
イズレ
Izquierdo
イスキエルド*
Izquierdo Mendez
イスキエルドメンデス
Izrael
イズラエリ*
イズラエル
Izrail
イスライル
イスライル*
イズラエル
Izrail' イズラエル
Izrailev イズラレフ
Izrailevich
イズライレヴィッチ
Izrine イズリーヌ
Izsó イジョー
Iztok イストーク
Izturis イストゥリス
Izurieta
イスリエータ
イスリエタ
Izvitskaya
イズヴィツカヤ
Izvol'skii
イズヴォリスキー
イズヴォーリスキィ
イスヴォルスキー
イズヴォルスキー
イズボリスキー
イズボルスキー
Izyaslav イジャスラフ
Izydorczyk
イズィドルチク
Izyk イジク

'Izz イッズ
Izz al-Din イザディン
'Izz al-Dīn
イッズッディーン
Izzard イザード
Izzeldin イゼルディン*
Izzet イゼット
Izzet
イゼット
イッゼト
Izzi
イジー*
イッチ
Izzo
イゾ*
イゾー
イッツォ
IZZY イジー
Izzy イジー

【 J 】

Ja
ジャ*
ヤ
Jaa ジャー*
Jaaber ジャーバー
Jaafar
ジャーファー
ジャーファル
ジャファール*
Ja'afar
ジャアファル*
ジャファール
Jaafari ジャファリ*
Jaak
ジャーク
ジャック
ヤーク*
Jaakko
ヤアッコ
ヤーコ**
ヤーッコ*
ヤッコ
Jaakkola
ヤアッコラ
ヤーコラ
ヤーッコラ
Jaan
ジャン
ヤーン***
Jaanson ヤーンソン
Jaanus ヤーヌス
Jaap
ジェイプ
ジャープ*
ヤープ***
Jaapies ジャピス
Jaar ジャー
Jaarsveld
ヤースフェルト
Jaaskelainen
ヤースクライネン
Jäätteenmäki
ヤーテーンマキ*
Jaax ヤーキス

Jab ヤーブ
Jaba ジャバ
Jabaal ジェイバール
Jabach ヤーバッハ
Jabal ヤバル
Jabaley ジャバレイ
Jabali ジャバリ
Jabalī ジャバリー
Jaballah ジャバラ
Ja-bang チャバン
Jabar
ジェイバー
ジャバール
ジャバル
Jabari
ジャバーリ
ジャバリ
Jabarti ジャバルティー
Jabartī
ガバルティー
ジャバルティー
Jabbar
ジャバー*
ジャバル
Jabbari ジャバリ
Jabbarov ジャバロフ
Jabbo ジャボ
Jabbori ジャッボリ
Jabbour ジャブール
Jabbouri ヤッブーリ
Jabburi ジャブリ
Jabenis ジェブニス
Jaber
ジェイバー
ジャバー*
ジャビル
ジャベル*
Jaberg ヤーベルク
Jabes ジャベス
Jabès
ジャーベス
ジャベス
ジャベス**
Jabeur ジャバー
Jabez
ジェイブズ
ジェイベズ
Jabi ジャビ
Jabier ハビエル
Jabir
ジャービル**
ジャビル**
Jābir ジャービル
Jābirī ジャービリー
Jablanoviq
ヤブラノビッチ
Jablonka
ジャブロンカ
ヤブロンカ
Jablonow'ski
ヤブロノフスキー
Jabłonowski
ヤブロノフスキ
ヤブロノフスキー
Jablonskaja
ヤブローンスカヤ

J

Jablonski
　ジャブロンスキー
　ヤブオニスキ
　ヤブロンスキー**
Jablonsky
　ジャブロンスキ
　ジャブロンスキー
Jablow
　ジャブロー
　ジャブロウ
Ja-Bok　ジャボク
Jaboński
　ヤブオニスキ*
Jabotinsky
　ジャボチンスキー
　ジャボティンスキー
　ヤボチンスキー
　ヤボティンスキー
Jabouille
　ジャブィーユ
　ジャブイーユ
Jabrä　ジャブラー
Jabrailov　ヤブライロフ
Jabral　ジャブル
Jabrān　ジャブラーン
Jabrane　ジャブランヌ
Jabrayil　ジャブライル
Jabri　ジャブリ
Jabriel　ジャブリエル
Jabrii　ジャブリー
Jabulani　ジャブラニ
Jabulile　ジャブリレ
Jabůrková
　ヤブールコヴァー
Jaburyan　ヤブリャン
JAC　ジャク
Jac　ジャック*
Jaca　ハカ
Jaccard
　ジャカール*
　ジャッカード
　ジャッカール
Jacchia　ヤッキア
Jacchini
　ジャッキーニ
　ヤッキーニ
Jacco　ヤッコ*
Jaccottet
　ジャコッテ
　ジャコテ**
Jace　ジェイス*
Jacek
　ジャセック
　ヤセク*
　ヤチェク
　ヤツェク**
Jacen　ジェイセン
Jachens　ヤッヘンス
Ja-cheol　ジャチョル*
Jachet　ヤケット
Jachino　ヤキーノ
Jachmann
　ヤッハマン
　ヤハマン
　ヤマハン
Jachym　ヤヒム

Jaci　ジェイシー*
Jacinda　ジャシンダ*
Jacini
　ジャチーニ
　ヤチーニ
Jacint　ジャシント*
Jacintha　ジャシンタ
Jacinthe　ジャシンズ
Jacinto
　ジャシン
　ジャシント**
　ハシント**
　ハチント
　ヤシント
Jacir
　ジャシール
　ハシル
Jack
　イェク
　ジャッキー
　ジャック***
Jacka　ジャッカ
Jäckel　イェッケル
Jackeline　ジャクリン
Jackendoff
　ジャッケンドフ*
Jackes　ジャックス
Jacket　ジャケット*
Jacki
　ジャッキ
　ジャッキー*
Jackie　ジャッキー***
Jackiewicz
　ヤツキエウィチ
Jackkie　ジャッキー
Jacklick　ジャクリク
Jacklyn　ジャクリン
Jackman
　ジャックマン*
Jacko
　ジャッコ
　ジャッコウ
　ヤッコ
Jackou　ジャック
Jackovitz　ヤコヴィッツ
Jacks　ジャックス*
Jackson
　ジャクスン*
　ジャクソン***
　ジャックソン
Jacksone　ジャクソン
Jacky　ジャッキー**
Jaclene　ジャクリーン
Jaclyn
　ジャクリーン
　ジャクリン**
　ジャックリーン
　ジャックリン
Jaco
　ジェイコ
　ジャコ**
　ヤコ*
Jacob
　ジェイク*
　ジェイコフ
　ジェイコブ***
　ジェーコブ***
　ジェコブ

　ジャコフ
　ジャコブ***
　ヤアコブ
　ヤーコップ
　ヤーコブ*
　ヤーコブ**
　ヤーコブ
　ヤコーブ
　ヤコブ***
　ヤコブ*
　ヤコブス
Jacoba　ヤコバ
Jacobbi　ヤコッビ
Jacobellis
　ヤコベリス**
Jacobello
　ジャコベッロ
　ヤコベルロ
Jacober　ジャコベ
Jacobi
　ジェイコビ
　ジャコービ
　ジャコビ**
　ジャコビー
　ヤコビ*
　ヤコビ**
Jacobine　ヤコビーネ
Jacobini
　ヤコビーニ
　ヤコビニ
Jacobis
　ヤーコビス
　ヤコビス
Jacobitz　ジャコビッツ
Jacobo
　ジェイコボ
　ジャコボ
　ハコボ*
　ヤコボ*
Jacobovici
　ヤコボビッチ
Jacobs
　ジェイコップス
　ジェイコブ
　ジェイコブス***
　ジェイコブズ***
　ジェーコブス
　ジェーコブズ**
　ジェコブス
　ジャコブ
　ヤコブス**
　ヤコブ
　ヤーコブス**
　ヤコブス**
　ヤコブズ
　ヤコブス**
Jacobsen
　ジェイコブセン*
　ジェコブセン
　ジャコブセン
　ヤコブスン
　ヤーコブセン
　ヤコブセン
　ヤコブセン***
　ヤコブセン
Jacobsohn
　ヤーコプゾーン
Jacobson
　ジェイコブスン**
　ジェイコブソン**

　ジェーコブソン**
　ジャコブスン
　ジャコブソン
　ヤーコブソン
　ヤコブソン***
Jacobsson
　ジャコブソン
　ヤコブソン*
Jacob Stephen
　ジェーコブスティーブ
　ン*
Jacobsthal
　ヤーコプスタール
Jacobsz　ヤーコプス
Jacobsz.
　ヤーコプスゾーン
Jacobus
　ジェコブス
　ジャコーバス
　ジャコバス*
　ヤーコービュス
　ヤコービュス
　ヤーコブ
　ヤコブ
　ヤコブス
　ヤコブス**
JaCoby　ジャコビー
Jacoby
　ジャコビ
　ジャコビー**
　ジャコービィ
　ジャコビン
　ジャンコビー
　ヤコービ*
　ヤコービー
　ヤコビ
　ヤコビー*
　ヤーコビィ
　ヤコビィ
Jacocks
　ジェイコックス
Jacog　ヤーコブ
Jacolliot　ジャコリヨ
Jacome
　ハッカミ
　ハッカミー
Jácome　ハコメ
Jacomelli　ジャコメッリ
Jacometti
　ヤコメッティ
Jacop　ヤーコブ
Jacopetti
　イアコペッティ
　ヤコペッティ**
Jacopo
　イアコポ
　ジャーコポ
　ジャーコモ
　ジャコモ
　ハコポ
　ヤーコプス
　ヤコプス
　ヤーコポ
　ヤコポ
　ヤコポ**
Jacopone
　ヤコポーネ
　ヤコポネ

Ja'copone　ヤコポーネ
Jacops　ヤーコプス
JaCorey　ジャコリー
Jacotin　ジャコタン
Jacotot
　ジャコト*
　ジャコトー
Jacoulet　ジャクレー*
Jacovacci　ヤコヴァッチ
Jacox
　ジェイコックス
　ジャコックス
Jacq　ジャック**
Jacqeline　ジャクリーン
Jacqmard
　ジャックマール
Jacquard
　ジャカード
　ジャカール**
　ジャッカール
Jacquart
　ジャカール
　ジャッカル
Jacque
　ジャッキー
　ジャック**
Jacquecs　ジャック
Jacquelin
　ジャクラン
　ジャクリーン
　ジャクリン
　ジャックリーン
Jacqueline
　ジャクライン
　ジャクリーヌ
　ジャクリーヌ***
　ジャクリーネ
　ジャクリーン***
　ジャクリン*
　ジャックリーヌ*
　ジャックリヌ
　ジャックリーン**
　ジャックリン*
Jacquelot　ジャクロー
Jacquelyn
　ジャクエリン
　ジャクリーン**
　ジャクリン
Jacquelyne
　ジャクリーン
Jacquemard
　ジャクマール
　ジャックマール*
Jacquemart
　ジャックマール
Jacquemin
　ジャックマン*
Jacqueminot
　ジャクミノー
　ジャックミノー
Jacquemont
　ジャクモン
Jacques
　ジャック
　ジェイキーズ
　ジェイクィーズ
　ジェイクス***
　ジャーキ
　ジャキシュ
　シャーク

Jack ジャーク** ジャク ジャクキース ジャケ ジャーコモ ジャッキー シャック ジャック*** ジャックス* ゼアック ヤーコプ	Jadeveon ジェイデビオン Jadīd ジャディード Jadidi ジャディディ Jadin ジャダン Jadlowker ヤドロウカー ヤドロフカー ヤドロフケル	Jae-gyun ジェギュン Jae-han ジェハン* Jae-hee ジェヒ ゼヒ Jaehne イェーネ Jae-ho ゼホ Jaeho ジェホ Jae-hong ジェホン*	ジェウォン Jae-won ジェウォン* Jae-wook ジェウク Jae-Yeon ジェヨン Jae-yong ジェヨン* Jae-yoon ジェユン Jae-young ジェヨン* Jafa ジャファ*	Jagadekamalla ジャガデカマルラ Jagadish ジャガディーシュ ジャガディス Jagan ジェーガン** ジャーガン ジャガン Jagannātha
Jacques ジャック Jacques-Edouard ジャックエドゥアール Jacquesson ジャクソン Jacquet ジャーケ ジャケ** ジャケー* ジャッケ*	Jadoon ジャドゥーン Jadoul ジャドゥール Jadranka ヤドランカ** Jadranko ヤドランコ Jadwiga ヘドヴィッヒ ヤーツイア ヤドウィガ ヤドヴィーガ ヤドヴィガ** ヤドビガ	Jae-Houn ジェホン Jae-hwan ジェファン* Jae-hyouk ジェヒョク* Jaehyun ジェヒョン Jae-hyung ジェヒョン* Jae-in ジェイン* Jae-jeong ジェジョン* Jae-jin ジェジン* Jae-joung ジェジョン* Jae-kwang ジェグァン	ジャファー Jafali ジャファリ Jafar ジャーファル ジャファール* ジャファル* Ja'far ジャアファル ジャーファル Ja'far ジャアファル ジャーファル	ジャガンナート Jagannāthdās ジャガンナートダース Jagat ジャガット ジャガト Jagath ジャガット Jagdeo ジャグデオ** Jagdish ジャグ ジャグディシュ** ジャグディッシュ
Jacquetta ジャケッタ Jacquette ジャケット Jacqui ジャキ ジャクリン ジャッキ ジャッキー* ジャック Jacquie ジャッキー Jacquies ジャッキーズ Jacquin ジャカン* ジャキン Jacquinot ジャキノ ジャキノー ジャッキノー	Jae ジェ* ジェー ジェイ シャ ジャイ ジョー Jae-bak ジェバク Jae-bum ジェボム* Jaech ジェイク Jae-chang ジェチャン Jae-Cheol ジェチョル Jae-chul ジェチョル チェチョル*	Jae-kwon ジェクォン テクォン Jae-kyu ジェギュ* Jael ジェイル ジャエル Jaelen ジェイレン Jaelyn ジェイリン Jae-myung ジェミョン Jaena ハエナ Jaenicke イェーニケ ジェニーキー ヤエニッケ	Jafari ジャアファリー ジャファリ Jafarov ヤファロフ Jāfet ヤペテ Jafeth ジャフェット Jaff ヤッフェ Jaffa ジャッファ Jaffali ジャファリ Jaffar ジャーファル ジャファル* Jaffard ジャフォード Jaffary ジャファリー Jaffe ジャフェ ジェフィ** ジャック ジャッフ	ジャグデシュ* ジャディッシュ Jagel ジェーゲル ヤーゲル Jagemann ヤーゲマン Jagendorf ヤーゲンドルフ Jager イェーガー ジェイガー* ジャガー ジャゲル Jäger イェーガー* イェーガー イェガー イェーガァ イェーゲル
Jacquis ジャッキー Jacquit ジャッキー Jacquizz ジャッキーズ Jacquot ジャコ* ジャコー	Jae-chun ジェチョン* Jaeck ジャエック Jaeckel イェッケル ジェッケル* ジャッケル ヤッケル	Jaenisch イェーニッシュ イェーニッシュ* Jaensch イェンシュ イエンシュ ジェンシュ	ジャッフィ ジャッフェ* ジャフ ジャフィ** ジャフィー	Jägerfeld ヤーゲルフェルト* Jagersma ヤーヘルスマ Jaggar ジャガー Jaggard ジャガード
Jacso ヤッチョ Jacub ヤクプ Jacy ジェイシー Jacyna ジャキナ Jacynth ジャシンス Jada ジェイダ Jada'an ジャドアーン Jadad ジャダド ハダット Jadakiss ジェイダキス Jadassohn ヤーダスゾーン ヤダースゾーン ヤダースゾーン ヤダスゾーン	Jaeckin ジャカン Jaedicke ジェディキ Jae-dok ジェドク Jae-eun ジェウン Jaeeun ジェウン Jae Eup ジェオプ Jaegar イェーガー Jaegen イェーゲン Jaeger イェーア イェーガー イェーガー* イェーガー イェーゲル* ジェイガー ジェーガー	Jaensson イェンソン ヤエンソン* Jae-oh ジェオ Jaeook ジェウク Jae-pil ジェピル Jaequemyns ジャックマン Jae-ryong ジェリョン Jaeschke イェシュケ* Jae-shik ジェシク Jae-song ジェソン Jae-soo ジェス Jae-sook ジェスク Jae-sun ジェスン Jae-sung ジェサン Jae-sup ジェソプ* Jae-tae ジェデ	ジャフェ* ヤッフェ Jaffé ジャッフェ* ジャフェ ヤッフェ Jaffee ジャッフェ ジャフィー* ジャフェ Jaffer ジャファー Jaffin ジャフィン Jaffke ヤフケ Jaffray ジェイフレー ジャフリー Jaffrey ジャフリー ジャフレイ Jafri ジャフリ	Jagge ヤーゲ ヤッゲ* Jagger ジャガー** ジャッガー Jaggi ジャッキー Jäggin イェギン Jaggy ジャギー Jaghmīnī ジャグミーニー Jagič ヤギッチ Jagielka ジャギエルカ Jagiello ヤギェウォ Jagieło ヤギラ ヤギェウォ ヤギェヴォ ヤギェヴォ ヤーギェロ
Jade ジェイド** ジェード* ジャド* Jaden ジェイデン* JadeNabi ジェイドナビ	Jaegere イェーガー Jaeggi ジェイギ Jaegher ヤゲル Jaeglé ジェグレ Jaegwon ジェグォン Jae-gyu ジェギュ*	Jae-tong ジェドン* Jae-ung ジェウン Jae-wan ジェファン	ジャフリー Jagaciak ヤガチャク	ヤギエロ

ヤゲロ ヤゲロー **Jagiellónczyk** 　ヤギェロニチク **Jagjit** ジャジット **Jagjivan** 　ジャグジーヴァン 　ジャグジバン* **Jagjīvan** 　ジャグジーバン **Jagjī Vandā** 　ジャグジーヴァンダース **Jagland** 　ヤーグラン* 　ヤーグラント 　ヤーグランド **Jaglenka** ジャグレンカ **Jaglom** ジャグロム **Jagmohan** 　ジャグモハン* **Jagne** ジャニュ **Jagnow** ジャグノウ **Jago** ジェイゴ **Jagoda** ヤゴダ **Jagoe** ヤゴー **Jagos** ヤゴシ **Jagr** ヤーガー* **Jágr** 　ヤーガー* 　ヤーグル **Jagtenberg** 　ヤハテンベルフ **Jagtiani** 　ジャグティアニ **Ja-gyong** ジャギョン **Jah** ジャー **Jāh** 　シャー 　ジャー 　ハン **Jaha** ジャハ **Jahan** 　ジャハーン 　ジャハン* 　ヤーハン **Jahān** ジャハーン **Jahanbegloo** 　ジャハンベグロー **Jahāndār** 　ジャハーンダール **Jahanforuz** 　ジャハーン・フォルーズ **Jahangir** 　ジャハンギール 　ジャハンギル **Jahāngīr** 　ジャハーンギール 　ジャハーンギル 　ジャハンギール 　ジャハンギル **Jahangiri** ジャハンギリ **Jahani** ジャハニ **Jahannes** ヨハネス **Jaharana** ジャハラナ **Jahde** イエーデ	**Jahid** ジャーヒド **Jahidi** ジャハイディ **Jahier** ヤイエル **Jahir** ハイル **Jāhiz** ジャーヒズ **Jahja** ジャヒャ **Jahjaga** ヤヒヤガ* **Jahl** ヤール **Jahleel** ジャーリール **Jahlil** ジャリル **Jahm** 　ジャハム 　ジャフム **Jahn** 　ジャーン 　ジャン 　ヤーン*** **Jahnátek** ヤフナーテク **Jahnberg** ヤーンベリィ **Jähner** イェーナー **Jahng** ジャン **Jähnig** イェーニッヒ **Jahnke** ヤーンケ* **Jahnn** ヤーン** **Jahnsson** ヤハンソン **Jahoda** ヤホダ* **Jahodova** ヤホドバ **Ja-hong** ジャホン **Jahr** ヤール **Jahren** ヤーレン **Jahri** ジャーリ **Jahrling** ヤーリンク **Jahromi** ジャフロミ **Jahsh** ジョシ **Jahshiyārī** 　ジャハシャーリー 　ジャフシャーリー 　ジャフシャーリー 　ジャフシヤリー **Jahumpa** ジャフンパ **Jahwan** ジャーワン **Ja-hyun** 　ジャシュン 　ジャヒョン **Jai** 　ジェイ 　ジャイ* **Jai-bong** ジェボン **Jaidee** ジャイディ **Jaideep** 　ジャイディープ **Jai-hong** ジェホン* **Jaihūn** ジャイフーン **Jai-il** ジェイル **Jailani** ジャイラニ **Jaime** 　ジェイミー* 　ジェイム 　ジェーム 　ジャイミ 　ジャイメ 　ジャウメ 　ハイミー 　ハイメ***	**Jaimes** 　ジェイムス 　ハイメス **Jaimini** 　ジャイミニ 　ジャミーニ **Jaimy** ジャイミー **Jaimz** ジェームズ **Jain** 　ジェイン** 　ジェーン* 　ジャイン* **Jaina** ジャイン **Jaindl** ヤインドル **Jainend** ジャイネンド **Jainendr** 　ジャイネーンドル **Jainēndr** 　ジャイネーンドル **Jai-ok** ジェオク* **Jaipal** ジャイパル **Jair** 　ジャイル 　ヤイール **Jairam** ジャイラム **Jairo** 　ジャイロ 　ハイロ** 　ヤイロ **Jairus** ジェイラス **Jais** ヤイス **Jaishankar** 　ジャイシャンカル **Jai-son** ジェソン **Jaison** ジェイソン **Jai-suk** ジェスク **Jaiswal** ジャイスワル **Jaiteh** ジャイテ **Jaitley** ジャイトリー** **Jaivin** 　ジャーヴィン 　ジャービン **Jaiyanama** 　チャイヤナーム **Jaja** ヤイヤ **Jajalo** ヤヤロ **Jājarmī** 　ジャージャルミー **Jaju** ジャジュ **Ja-jung** ジャジュン **Jajus** ヤユス **Jak** 　ジャク 　ジャック 　ヤック **Jaka** ジョコ **Jakabos** ヤカボシュ **Jakara** ジャカラ **JaKarr** ジャカール **Jakaya** ジャカヤ** **Jakcob** ヤーコプ **Jake** 　ジェイク*** 　ジェーク* **Jakeem** ハキーム	**Jakeline** ジャケリン **Jakeman** 　ジェイクマン* **Jakes** 　ジェイクス* 　ジェークス* **Jakeš** ヤケシュ* **Jakhrani** ジャクラニ **Jaki** ジャッキー* **Jakie** ジェイキー **Jakimovski** 　ヤキモフスキ **Jakke** ジャッケ **Jakkrit** ジャックリト **Jakku** ヤック **Jakku-Sihvonen** 　ヤックーシーヴォネン **Jakob** 　ジェイコブ* 　ジェーコブ 　ヤーコップ 　ヤーコブ** 　ヤーコブ*** 　ヤコーブ 　ヤコブ*** 　ヤコプ 　ヨット **Jakób** ヤクブ **Jakobatos** ヤコバトス **Jakobi** ヤコビ **Jakobosson** ヤコブソン **Jakobovits** 　ジャコボビッツ **Jakobovitz** 　ジャコボヴィッツ **Jakobs** ヤコブス **Jakobsdottir** 　ヤコブスドッティル **Jakobsdóttir** 　ヤーコブスドウフティル 　ヤコブスドッティル* **Jakobsen** 　ジェイコブセン 　ヤコブスン 　ヤコブセン* **Jakobson** 　ジェイコブソン 　ヤーコブソン* 　ヤーコブソーン 　ヤコブソン** 　ヤコプソン 　ヤブソソン **Jakobsson** 　ヤコブション 　ヤコブソン **Jakobus** 　ヤコーブス 　ヤコブス **Jakoby** 　ジャコビ 　ジャコビー **Jakosits** 　ヤコジスツ 　ヤコシッツ **Jakov** 　ヤコヴ 　ヤゴウ 　ヤーコフ	ヤコフ **Jakovčić** ヤコブチッチ **Jakovina** ヤコビナ **Jakovlev** ヤコフレフ **Jakovlevič** 　ヤーコヴレヴィチ **Jakovljevic** 　ヤコブリエヴィッチ **Jakowski** ヤコウスキー **Jaksch** ヤクシュ **Jakšić** ヤクシチ **Jaksto** ヤコスト **Jaku** ジェイク **Jakub** 　ヤクブ** 　ヤクプ **Jakubczak** 　ヤクブチャク **Jakubec** ジャクベック **Jakubowska** 　ヤクボウスカ 　ヤクボフスカ **Jakubowski** 　ジャクボウスキー* 　ジャクボヴスキー 　ジャクボブスキー 　ヤクボウスキー **Jakup** ヤクブ **Jakupa** ジャクパ **Jakupovic** 　ヤクポヴィッチ **Jakutovich** 　ヤクトーヴィチ* 　ヤクトーヴィッチ **Jakuvinskij** 　ヤクビンスキイ **Jalabert** 　ジャラベール* **Jalaguier** ジャラギエ **Jalahma** ジャラフマ **Jalal** 　ジャラール** 　ジャラル** **Jalāl** 　ジェラール 　シャー 　ジャラール* **Jalāl al-Dīn** 　ジャラールッディーン **Jalali** ジャラリ **Jalaloddin** 　ジャラロディン **Jalāl-ud** ジャラールッ **Jalal-ud-din** 　ジャラーロッディーン **Jalaluddin** 　ジャラルディン **Jalāl-ud-Din** 　ジャラールッディーン **Jalāl-ud-Dīn** 　ジャラールッディーン **Jalalul** ジャラルル **Jālandharapāda** 　ジャーランダラパーダ **Jalandoni** ハランドニ **Jalangga** ジャランガ **Jalayer** ジャラヤー

Jalbout ジャルボー
Jale ジャーレ
Jalée ジャレ
Jaleel ジャリール
Jalen
　ジェイレン
　ジャレン
Jalet ジャレ
Jaliens ヤリエンス
Jalil
　ジャリル
　ハリル*
Jalili ジャリリ*
Jalin ジャリン
Jālinī ジャーリニー
Jāliya ジャーリヤ
Jalkh ハルク
Jallade ジャラード
Jallah ジャラ
Jallais ジャレ*
Jalleli ジャレリ
Jallet ジャレ
Jallier ジャリエ
Jalloh ジャロ
Jallon ジャロン
Jalloud
　ジャルード
　ジャルド*
Jalloul ジャルール
Jallow ジャロウ
Jalna ジャルナ
Jalolov ジャロロフ
Jalonen ヤロネン
Jaloslav
　ヤロスラヴ
　ヤロスラフ
Jalote
　ジャローテ
　ジャロート
Jaloux
　ジァルウ
　ジャルー*
　ジャルウ
Jalowetz
　ヤロヴェツ
　ヤロベツ
Jalowiec ジャロヴィエク
Jalston ジャルストン
Jalu ジャリュ
Jaluzot ヤルゾー
Jalvingh ジャルヴィン
Jam ジャム
Jama ジャマ
Jamā'a ジャマーア
Jamaal
　ジェイマール
　ジャマール
　ジャマール
Jamaaladeen
　ジャマラディーン
Jamahir ジャマヒール
Jamahl ジャマール
Jamaica
　ジャマイカ**
Jamail ジャマイル
Jamake
　ジャマーク*
　ジュマーク
Jamal
　ガマル
　ジャマール***
　ジャマル**
　ヤマル
Jamāl
　ガマール
　ガマル
　ジャーマル
　ジャマール**
　ジャマル
Jamaladdin
　ジャマラディン
Jamāl al ジャマールッ
Jamāl al ジャマールッ
Jamal al-Dīn
　ジャマールッ・ディー
　ン
Jamāl al-Dīn
　ジャマールッ・ディー
　ン
　ジャマールッディーン
　ジャマーロッディーン
　ジャマーロッディン
Jamali
　ジャマーリ
　ジャマリ**
Jamall ジャマール
Jamālo ジャマール
Jamālo d-Dīn
　ジャマールッディーン
Jamalov ジャマロフ
Jamalski
　ジャマルスキー
Jamaluddin
　ジャマルディン
Jamal ul ジャマールル
Jamalul ジャマルル
Jamalullail
　ジャマールライル**
Jamāl-zade
　ジャマールザーデ
Jamanka ヤマンカ
Jamar
　ジャマー
　ジャマール
Jamarca ジャマーカ
Jamari ジャマリ
Jamasi ガマーシー
Jambaa iin
　ジャンビーン
Jāmbāla
　ジャーンバーラ
Jambe
　ジャンブ
　ジャンブ
Jambeck ジャンベック
Jambek ジャンベック
Jambon ヤンボン
Jambozorg
　ジャンボゾルグ
Jambugāmikaputta
　ジャンブガーミカプッ
タ
Jambuka ジャンブカ
Jambu Merlin
　ジャンビュメルラン
Jambyn
　ジャムビン*
　ジャンビーン*
　ジャンビン
Jame ジェーム
Jameel ジャミール**
Jameer ジャミーア*
Jamei ジャメイ
Jameill ジェイメイル
Jameis ジェイマイス
Jamel ジャメル
Jameleddine
　ジャメレッディン
Jamell ジャメル
Jamelli ジャメーリ
James
　ジェイ
　ジェイミズ
　ジェイム
　ジェイムズ
　ジェイムズ**
　ジェイムズ***
　ジェエムス
　ジェーブズ
　ジェームス***
　ジェームズ***
　ジェムス*
　ジェムズ
　ジミー
　ジム**
　ジームス
　ジームズ
　ジャウメ
　ジャミ
　ジャム
　ゼイームス
　ゼイムス
　ゼエムス
　ゼームス
　ゼームズ
　ハメス*
　ヤームス
　ヤーメス
James-Andrew
　ジェームズアンドルー
Jamesetta ジャメセタ
Jameshutz
　ジェーンシュッツ
Jameson
　ジェイミスン
　ジェイムスン*
　ジェイムソン*
　ジェームソン**
Jamesone
　ジェームソン
Jamet ジャメ
Jamey ジェイミー*
Jami
　ジェイミー*
　ジェミー*
　ジャーミ
　ジャミー
Jāmī ジャミー
Jāmī ジャーミー
Jamie
　ジェイミ
　ジェイミー***
　ジェーミー*
　ジェミー*
　ジャミー*
　ハミエ*
Jamie Lynn
　ジェイミーリン*
Jamieson
　ジェイミスン
　ジェイミーソン
　ジェイミソン**
　ジェミスン
　ジェーミソン*
　ジャマイソン
　ジャーミソン
　ジャミーソン
　ジャミソン*
Jamil
　ジャミール
　ジャミル***
　ハミル
Jamīl ジャミール
Jamila ジャミラ
Jamīla ジャミーラ
Jamin
　ジャーマン
　ジャマン*
　ジャミン
　ヤーミン
　ヤミン
Jamini ジャミニ
Jamiolkowski
　ジャミオロスキー
Jamis ジャミ*
Jamison
　ジェイミソン*
　ジェミスン
　ジャミスン
　ジャミソン**
Jamiyangiin
　ジャミヤンギン
Jamiyansurengiin
　ジャミヤンスレンギン
Jamize ジャマイズ
Jamjoom
　ジャムジューム
　ジャムジューン
Jamleck ジャムレク
Jamling ジャムリン*
Jammali ジャマリ
Jam Master
　ジャムマスター
Jamme ヤメ
Jammeh ジャメ**
Jammer ヤンマー
Jammes
　ジャーム
　ジャム**
'Jam mgon ジャムゴン
Jammonieres
　ジャモニエール
Jamnadas
　ジャンナダス
Jamnitzer
　ヤムニッツァー
Jāmī ジャーミー
Jamodu ジャモドゥ
Jamol ジャモール
Jamon ジェイモン
Jampa シャンパ
Jampa Tendar
　チャンパテンダー
Jampolsky
　ジャンポルスキー*
Jamriska ハムリスカ
Jamsa ジャムサ*
Jamseed ジャムシード
Jamshed ジャムシェド
Jamshid
　ジャムシード*
　ジャムシド
Jamshīd ジャムシード
Jamshidi
　ジャムシーディー
Jämtin イェムティン
Jamtsarano
　ジャムツァラーノ
Jamukha
　ジャムカ
　ジャムハ
Jamy ジェイミー
Jamyang ジャムヤン**
JaMychal
　ジャマイカル
Jamyn ジャマン
Jan
　イアン
　イェー
　ジャーン
　ジャン***
　ジュアン
　ハン
　ヤーン***
　ヤン***
Ján
　ヤーン***
　ヤン**
Jān ジャーン
Jana
　ジェイナ*
　ジャナ*
　ジャナー
　ヤーナ
　ヤナ***
Janaab ハナーブ
Jan-Aake ヤナオカ
Janabi ジャナビ
Janacek ジャナセック
Janáček
　ヤナーチェク*
　ヤナチェク
　ヤナーチェック
　ヤナチェック
Janaconi ヤンナコーニ
Janah ヤナー
Janák ヤナーク*
Janaka ジャナカ
Janakieski
　ヤナキエスキ
Janal ジェイナル*
Janam ジャナム
Janan ジャナン

Jānān ジャーナーン
Janapadakalyāṇī ジャナパダカルヤーニー
Janardan ジャナルダン
Janas ヤナス
Janat ジャナット
Janatuinen ヤナツィネン／ヤナツイネン
Janauschek ヤナウシェク
Jānbalāt ジャーンバラート
Janca ジャンカ／ヤンカ
Jančar ヤンチャル
Jancarik ヤンカリク
Jance ジャンス*
Jancee ジャンシー
Janček ヤナーチェク
Jančiauskaitė ヤンチャウスカイテ
Jancik ジャンシック*
Jancis ジャンシス*
Jancker ヤンカー*
Janco ヤンコ
Jancovich ジャンコヴィック
Jancsek ヤンツェック
Jancsó ヤンチョー*
Janculjak ジャンクルジャク
Janczar ヤンチャール
Janczewski ヤンチェフスキ
Janda ジャンダ／ヤンダ*
Jandar ハンダル
Jandel ジャンデル／ヤンデル
Jander ジャンダー*
Jandī ジャンディー
Jandial ジャンディアル
Jandira ジャンディラ*
Jandl ヤンドゥル***／ヤンドル*
Jandó ヤンドー
Jandroković ヤンドロコビッチ
Jandt ジャント
Jandy ジャンディ*
Jane イェーネ／ジェイン***／シェーン／ジェーン***／ジェン／ジャナ／ジャーヌ***／ジャヌ／ジャン*／ジーン
Jān-e ジャーネ
Janea ジョニー
Janeane ジャニーン*
JaneAnn ジェーンアン
Janecek ヤネチェック
Janecka ヤネッカ
Janeen ジャニーン
Janefelt ヤネフェルト
Janeira ジャネイラ
Janek ジャネク／ヤネク
Janelidze ジャネリゼ
Janell ジャネル*
Janelle ジャネール*／ジャネル*／ヤネル
Janelli ジャネリ
Jane Marie ジェーンマリー
Janene ジャニーン
Janequin ジャヌカン
Janerand ジャヌラン
Jan-Erik ヤンエリック
Janert ジャナート
Janes ジェイムズ／ジェインズ*／ジェーンズ***／ジャネス／ジーンス／ゼンス
Janés ジャネス*
Jänes ヤネス
Janeshutz ジェーンシュッツ
Janessa ジャネッサ
Janet ジャネ*／ジャネー*／ジャネット***／ジャネト／ジョネット*／ゼーネット
Janeth ジェネス*
Janett ジャネット
Janetta ジャネッタ
Janette ジャネット**
Janev ヤネフ
Janevski ジャネヴスキー／ヤネフスキー
Janeway ジェインウェイ／ジェーンウェー*／ジェーンウェイ／ジェンウェイ
Janez ヤネス**／ヤネズ**／ヤネツ
Jang ジャン**／ジャング／チャン***

Janga-bahādur ジャンガバハドゥル
Jangali ジャンガリ
Jangbahadoorsing ジャングバハドーシング
Janger ジャンガー
Jangeward ジャングウォード
Janggiya ジャンジャ
Jang-gun ジャングン
Janggut ジャングット
Jang-gwon ジャングォン
Jang-ho ジャンホ
Jang-jip ジャンジプ
Jang-mi ジャンミ*
Jang-seok ジャンソク*
Jang-soo チャンス*
Jang-soon ジャンスン
Jang-sun ジャンスン*
Jang-sung ジャンソン
Jang-yop ジャンヨプ**
Janheinz ヤンハインツ
Janhonen ヤンホネン
Jani ジェイニー*／ジャニ／ヤニ*
Jānī ジャーニー
Janic ヤニツ／ヤニッチ
Janica ヤニツァ*
Janicak ジャニカク
Janicaud ジャニコー
Janice ジャニース*／ジャニス**／ジャン
Janich ジャニッチ／ヤニッヒ*／ヤーニヒ
Jänich イエーニヒ
Janicijevici ヤニツェヴィッチ
Janick ジャニック
Janicke ヤーニッケ
Jänicke イェーニケ／イェニケ／イェーニッケ*／イエニッケ
Janicki ジャニッキ／ヤニツキ
Janics ヤニツ**
Janie ジェイニー*／ジェニー／ジャニー*
Janieve ジャニーブ

Janiewicz ヤニェヴィッチ
Janifer ジャニファー
Jänig イェーニッヒ
Janiger ジャニガー
Janigro ヤニーグロ／ヤニグロ*
Janik ジャニク*／ジャニック／ヤニック／ヤニク
Janikovszky ヤニコヴスキー／ヤニコフスキ*／ヤニコフスキー
Janikowski ジャニコウスキー／ヤニコフスキ
Janin ジャナン
Janín ハニン
Janina ジェニーナ／ジャニーナ／ジャニナ／ヤニーナ*／ヤニナ*
Janine ジェニン／ジャナイン*／シャニーヌ／ジャニーヌ**／ジャニネ／ジャニーン／ジャニーン*／ジャニンヌ／ヤニーヌ*
Jânio ジャニオ*
Janira ジャニラ
Janis ジャニス***／ヤニス／ヤン
Jānis ヤーニス*
Janisch ヤーニッシュ
Janisse ジャニッセ
Janiszewski ヤニシェフスキ
Janita ジャニータ
Janitch ジャニッチ
Janja ジャンジャ／ヤンヤ
Janjan ヤンヤン
Janjatović ヤニャトヴィチ
Janjetov ジャニエトフ
Janjic ジャニック
Janjigian ジョンジグヨン
Janka ヤンカ**
Jankauskas ヤンカウスカス
Janke ヤンケ*
Jankel ジャンケル／ヤンケル

Jankelevich ジャンケレヴィチ／ジャンケレヴィッチ／ジャンケレビチ／ジャンケレビッチ
Jankélévich ジャンケレヴィッチ／ジャンケレビチ
Jankélévitch ジャンケレヴィッチ*／ヤンケレヴィッチ
Jankeliowitch ジャンケリオヴィッチ
Jankelson ジャンケルソン
Janker ヤンカー
Janklow ジャンクロー*
Janko ジャンコ／ヤンコ*／ヤンコー
Jankó ヤンコ／ヤンコー
Jankovic ジャンコヴィック／ヤンコヴィッチ**／ヤンコビッチ*
Jankovich ヤンコウィッチ
Jankovici ジャンコヴィッチ
Jankovsky ヤンコヴスキー
Jankovský ヤンコフスキー
Jankowiak ヤンコヴィヤク
Jankowska ヤンコヴスカ
Jankowski ジャンコウスキー／ジャンコフスキー／ヤンコフスキ*／ヤンコフスキー
Jankowsky ヤンコウスキー*／ヤンコスキー
Jankto ヤンクト
Janku ヤンク
Jankuhn ヤンクーン
Jankulovska ヤンクロフスカ
Jankulovski ヤンクロフスキ
Jankus ジャンカス
Janlaphan ジュンラパン*
Janlav ジャンラブ**
Janmaat ヤンマート
Janmejaya ジャンメジャヤ
Jann ジャン*／ヤーン／ヤン
Janna ジェナ／ジャンナ*

Jannach ヤナック
Jannaconi ヤンナコーニ
Jannati ジャンナティ
Jannberg ヤンベルク
Janne
　イァンネ
　ヤンネ**
Janneh ジャネ
Janne Kyaw ジャーネェジョー
Jannella ヤンネッラ
Janner
　ジャンナー
　ヤンネル
Jannes ヤネス*
Jannet ジャネット*
Jannetta ジャネッタ
Jannette ジャネット
Janneus
　ヤンナイオス
　ヤンネウス
Janney
　ジェニー
　ジャネイ*
Janni
　ジャニ**
　ジャニィ
Jannic ジャニック
Jannie
　ジャニー
　ヤニー
Jannifer ジェニファー*
Jannik
　ヤニク
　ヤニック*
Jannike ヤニク
Janniksen ヤニセン
Jannina ヤニーナ
Janning
　ジャニング
　ヤニング
Jannings ヤニングス
Jannini ジャンニーニ
Janniot ジャニオ
Jannis ヤニス
Jannuzzi ヤンヌッツィ
Janny
　ジャニー
　ヤニー
Janocha ヤノハ
Janoff
　ジェノフ
　ジャノフ
　ヤノブ
Janoris ジャノリス
Janos
　ジェイノス
　ヤーノシュ**
　ヤノシュ
　ヤノス
János
　ヤノシ
　ヤーノシュ***
　ヤノシュ
　ヤノス
　ヤン

Janosch
　ヤーノシュ**
　ヤノシュ
　ヤーノッシュ
　ヤノッシュ*
Janósek ヤノーシェク
Jánosi ヤーノシ
Jánošík ヤーノシーク
Jánossy ヤーノシー
Janot ジャノ*
Janota ヤノータ
Janotha ヤノータ
Janouch ヤノーホ*
Janousek ジャノーゼク
Janov ヤノフ
Jan Ove ヤンオーベ
Jan-Ove ヤンオーベ
Janovich ヤノービッチ
Janovitz
　ジャノビッツ
　ヤノヴィッツ
Janow
　ジェイノー
　ジェーノー
　ジャノウ
Janowicz ヤノビチ
Janowitz
　ジャノウィツ
　ジャノーウィッツ
　ジャノウィッツ**
　ジャノヴィッツ
　ジャノビッツ
　ヤノヴィツ
　ヤノヴィッツ*
　ヤノビッツ
Janowska ヤノフスカ
Janowski
　ヤノフスキ*
　ヤノフスキー
Jan-Philip ヤンフィリップ
Jan-Philipp ヤン・フィリップ
Jans
　ジャンス
　ジャンズ
　ヤンス*
Janša ヤンシャ*
Jansch ヤンシュ*
Jansdotter ヤンスドッター*
Janse
　ジェンシー
　ヤンセ*
Jansem
　ジャンセム
　ジャンセン
Jansen
　ジャンセン**
　ヤンセン***
　ヤンゼン*
Jansenius ヤンセニウス
Jansky ジャンスキー
Janson
　ジャンセン
　ジャンソン**
　ヤンソン**

Janosch ヤーノシュ**
Jansrud ヤンスルード*
Janssen
　ジャンサン
　ジャンセン**
　ヤンセン**
　ヤンゼン
　ヤンセンス
Janssens
　ジャンサン
　ジャンセンス
　ジャンセンズ
　ヤンセンス
Jansson
　ジャンソン
　ヤンソン***
Jansz
　ジャンス
　ヤンス
　ヤンツ
Janszoon
　ヤンスゾーン
　ヤンソン
Janthimathon ジャンティマトーン
Jantien ヤンティーン**
Jantjies ヤンチース
Jantong ジャントン
Jantsan ジャンツァン*
Jantsannorov ジャンツァンノロブ
Jantsch ヤンツ
Jantschke ヤンチュケ
Jäntti ヤンッティ
Jantz ジャンツ*
Jantzen ヤンツェン*
Januaria ジャヌアリア
Januário ジャヌアーリオ
Januarius
　ヤヌアーリウス
　ヤヌアリウス
January ジャニュアリ
Janus
　ジャニュス
　ヤーヌス
　ヤヌス**
Janusaitis ヤヌサイティス
Janušek ヤヌシェク
Janusonis ヤヌソニス
Janussonin ジャーヌッソーニン
Janusz
　ヤヌシ*
　ヤヌシェ
　ヤーヌシュ
　ヤヌーシュ*
　ヤヌシュ**
　ヤヌス**
　ヤヌツ
Januszczak ヤヌシャック*
Januszewski ヤヌシェヴスキ
Januzaj ヤヌザイ*
Januzzi ジャヌッツィ

Jansons ヤンソンス**
Janvier
　ジャンヴィール
　ジャンヴィア
　ジャンヴィアー
Janviére ジャンビエール
Janwillem
　ヤンウィレム*
　ヤンビレン
Jany
　ジャーニ*
　ジャニ*
　ジャニー*
Janyk ヤニク
Janyong
　ジャンヨン
　チャンヨン*
Janz ヤンツ
Janzarik
　ヤンツァーリク**
　ヤンツァリク
Janzé ジャンゼ
Janzen
　ジャンセン**
　ジャンゼン*
Janzer ジャンザー
Jao ジャオ*
Ja-ok ジャオク
Jaonina ジャオニナ
Jaotody ジョトゥディ
Jaouad ジャウアド**
Jaouen ジャウエン*
Jaoui ジャウイ**
Jaovisidha チャオウィシット
Japarov ジャパロフ
Japelli
　ヤッペッリ
　ヤッペリ
Japetus
　イアペトゥス
　イェペトゥス
Japhet ジャフェット
Japheth ヤフェト
Japon ハポン
Japón ハポン
Japp ジャップ**
Jappie ヤッピー
Japrisot ジャプリゾ***
Jaqmaq ジャクマク
Jaquays ジャッケイ
Jaque
　ジャーク
　ジャク
　ジャック*
Jaquel ジャクエル
Jaqueline
　ジャクリーヌ*
　ジャクリーン
Jaquelot ジャクロー
Jaquerio ヤクエーリオ
Jaques
　ジェイクス*
　ジェークス
　ジャキュース

Jaquet ジャケ*
Jaquez ハケス
Jaqui ジャキィ
Jaquie ジャッキー
Jaquier ジャキエ
Jaquiski ジャキスキー
Jaquith ジャクイス*
Jara
　ジェイラ
　ハラ**
　ヤラ
Jára ヤーラ
Jaraatli ジャラートリ
Jaracz ヤーラチ
Jarai ヤーライ
Járai ヤーライ*
Jarallah
　ジャラッラ
　ジャラッラー
Jaramaz ジャラマズ
Jaramillo
　ハラミジョ
　ハラミーヨ
　ハラミロ
Jaramogi ジャラモギ
Jaranilla ハラニーリャ
Jarass ヤラス
Jaratli ジャラトリ
Jarausch ヤーラオシュ
Jaray ヤーライ
Jarbawi ジャルバウィ
Jarbet ヤルベット
Jarboe ヤルボー
Järbrink ジャーブリンク
Jarchovsky ヤルホフスキー*
Jarchovský ヤルホフスキー
Jarchow ジャーコウ
Jarcke ヤルケ
Jard ジャード
Jarda ヤルダ
Járdányi ヤールダーニ
Jardel
　ジャウデウ
　ジャルデウ*
Jarden ジャーデン
Jardí ジャルディ
Jardiel ハルディエル*
Jardim
　ジャーディム
　ジャルジン
　ジャルディム
　ジャルディン
Jardin
　ジャーディン
　ジャディン
　ジャーデン
　ジャルダン***

Jardine ジャーダイン／ジャーディン**／ジャルダイン
Jardins ジャルダン
Jared ジェード／ジェリード／ジャード／ジャラド／ジャレット／ジャレッド***／シャレド／ジャレド**
Jarell ジャレル
Jaremy ジェレミー
Jareonsettasin ジャレオンセッタシン
Jaresko ヤレスコ
Jaret ジャレット*
Jarett ジャレット
Jarette ジャレッテ
Jargalsaihan ジャルガルサイハン
Jargalsaikhan ジャルガルサイハン
Jargalsaikhany ジャルガルサイハン
Jargaltulgyin ジャルガルトラギン*
Jargocki ヤルゴスキー
Jargodzki ヤルゴスキー*
Jargy ジャルジー
Jari ヤリ**
Jaricot ジャリコ
Jarillo ジャリーロ
Jarimit ハラミ
Jarion ジャリオン
Ja-rip ジャリプ
Jarīr ジャリール
Jarius ジャリアス
Jarjis ジャルジス
Jarju ジャルジュ／ディアデュ
Jarke ジャーク
Jarkovský ヤルコヴスキー
Jarl ヤール
Jarlais ジャーレ
Jarlan ジャルラン
Jarlath ヤーラト
Jarle ヤール
Jarlin ジャルラン／ハーリン
Jarlot ジャルロ
Jarma ジャーマ
Jarman ジャーマン**
Jarmanī ジャルマニ
Jarmey ジャーメイ
Jarmī ジャルミー
Jarmila ヤルミラ*

Jarmolinska ヤルモリンスカ
Jarmul ジャムール
Jarmusch ジャームッシュ**
Jarnach ヤルナッハ／ヤールナハ／ヤルナハ
Jarnatt ジャルナット
Järnefelt イェーネフェルト／イェールネフェルト／イェルネフェルト／ヤーネフェルト／ヤールネフェルト／ヤルネフェルト
Jarnell ジャーネル
Jarnés ハルネス
Jarni ヤルニ
Jarno ヤルノ*
Jarnow ジャーナウ
Jarnowick ジャルノヴィク／ヤルノヴィク
Jaro ジェロ／ヤーロ／ヤーロー
Jarociński ヤロチニスキ
Jarociński ヤロチニスキ
Jaroenrattanatarakoon ジャロエンラタナタラコン**
Jaroensettasin チャルンセータシン
Jaroff ジャーロフ
Jarolim ヤロリム
Jarome ジャローム*
Jaromil ヤロミール
Jaromir ジャミール／ジャロミー／ジャロミア／ヤーロミール／ヤロミル**／ヤロミル
Jaromír ヤロミール
Jaromír ヤロミール**
Jaron ジャロン**
Jaros ジャロス
Jaroslav ヤロスラヴ／ヤーロスラフ*／ヤロスラフ***／ヤロフラフ
Jaroslava ヤロスラヴァ
Jaroslaw ヤロスロウ／ヤロスワフ
Jarosław ヤロスロウ*／ヤロスワフ**
Jaroslay ヤロスラフ
Jarosz ヤロシュ

Jaroszewicz ヤロシェウィチ／ヤロシェウィッチ／ヤロシェヴィッチ*／ヤロシェビッチ
Jaroussky ジャルスキー*
Jarque ハルケ*
Jarrah ジャッラーハ／ジャラハ
Jarrāḥ ジャッラーフ
Jarrallah ジャラッラ
Jarran ジェイラン
Jarratt ジャラット
Jarraud ジャラウド
Jarraya ジャッラーヤ
Jarre ジャール**
Jarreau ジャロー／ジャロウ**
Jarred ジャレッド
Jarrel ジャレル
Järrel イェーレル
Jarrell ジャレル**
Jarret ジャレット
Jarrett ジャレット／ジャレット**
Jarrette ジャレット
Jarrett-Kerr ジャレットカー
Jarrie ジャリ*
Jarrige ジャリージュ
Jarring ヤリング**
Jarrion ジャリオン
Jarrod ジェロード／ジャーロッド／ジャロッド
Jarrold ジャロルド
Jarron ジャロン
Jarrott ジャロット*
Jarrow ジャロー／ジャロウ
Jarry ジャリ*／ジャリー
Järryd ヤリード
Jars ジャール
Jarso ジャルソ
Jarstein ヤーステイン
Jartoux ジャルトゥー
Jaruga ヤールーガ
Jaruga-nowacka ヤルガノワツカ
Jarunková ヤルンコバー
Jarupong ジャルポン
Jarusombat ジャルソムバット
Jaruzelski ヤルゼルスキ**

Jarvela ヤルヴェラ*／ヤルベラ
Järvelä ヤルヴェラ
Järveläinen イェルヴェレイネン
Järvelin ジャーヴェリン
Jarvenpaa ヤルヴェンパー／ヤルベンパー
Järvenpää ヤルヴェンパー
Järvet エルヴェット
Järvi ヤルヴィ*／ヤルビ
Jarvik ジャーヴィック
Järvinen ヤルヴィネン／ヤルビーネン／ヤルビネン*
Jarvis ジャーヴィス*／ジャービス***／ジャビス／ジャルヴィス*／ジャルビス
Jarzebski ヤジェンブスキ
Jarzynka ザルジンカ
Jas ジャス
Jasagtu ジャサクトゥ
Jasani ヤサーニ
Jasanoff ジャサノフ
Jasch ヤッシュ
Jascha ジャスカ／ヤシャ／ヤスカ／ヤッシャ*
Jaschke イェシュケ
Jäschke イェシュケ／ヤシュケ
Jasen ヤセン
Jasey ジェシー*
Jasey-Jay ジェシージェイ
Jashari ヤシャリ
Jashim ジャシム
Jashwant ジャシュワント
Jasia ジャシア／ヤシア
Jasienica ヤシェニツァ
Jasienski ヤセンスキー／ヤセンスキイ
Jasieński ヤシェンスキ／ヤセンスキー
Jasieńskii ヤセンスキー
Jasim シャシム／ジャシム

Jasimuddin ジャシマディン
Jasin ジャシン
Jasinowski ヤシノウスキー
Jasinski ヤシンスキ
Jasiński ヤシンスキ
Jaskari ヤスカリ
Jaskiel ジャスキール
Jasko ジャスコ
Jaskolski ジャスコルスキー／ヤスコルスキー
Jaskorzynska ヤスコルジンスカ
Jasmila ヤスミラ*
Jasmin ジャスマン／ジャスミン*／ヤスミン
Jasmina ジャスミーナ
Jasmine ジャスミン**
Jasminko ヤスミンコ
Jasmuheen ジャスムヒーン
Jasna ヤスナ*
Jasnorzewska ヤスノジェフスカ
Jaso ジェイソ
Jason ジェイ／ジェイスン**／ジェイソン***／ジェーソン***／ヤソン
Ja-soon ジャスン
Jaspar ジャスパール
Jasper ジャスパー***／ヤスパー*／ヤスペル
Jaspers ヤスパァス／ヤスパース*／ヤスペルス
Jaspershon ジャスパソン
Jaspersohn ジャスパソン
Jasrai ジャスライ**
Jass ジャス
Jassar ジャサール
Jassburn ジャスバーン
Jassem ジャセム
Jasser ジャーセル
Jasset ジャッセ
Jassi ジャッシー
Jassim ジャシム*
Jassin ヤシン*
Jasspon ジャスポン
Jassy ジャシー
Jastremski ジャストレムスキー
Jastrow ジャストロー／ジャストロウ

Jasvant ジャスワント
ジャスビンダル
Jasvinder
ジャスビンダル
Jaswant
ジャスワント**
Jaswinder
ジャスウィンダー
Jaswon ジャスウォン
Jaszi ヤーシ
Jatania ジャタニア
Jatavis ジェイタビス
Jathar ジャタール
Jatho
ヤート
ヤトー
Jati ジャティ
Jatilaka ジャティラカ
Jatin ジャティン
Jatiya ジャティヤ
Jatkowska
ジャッコウシュカ
ヤトコフスカ
Jato ジャト
Jatoi ジャトイ**
Jatta
ジャタ
ジャッタ
Jattawaalak
チャッタワーラック*
Jattoo ジャットゥー
Jatukannin
ジャトゥカンニン
Jaturon チャトゥロン
Jatusripitak
ジャツスリピタク
チャトゥシピタク*
Jau ジャウ
Jaua ハウア
Jaubert
ジョーベール
ジョベール**
Jauch
ヤウヒ*
ヤウフ
ヤウホ
ヤオハ
ヤオホ
Jaucourt
ジョークール
ジョクール
Jaud ジョー*
Jaudeau ジョドー*
Jaudel ジョデル*
Jaudon ジョードン
Jaufré
ジャウフレ
ジョフレ
Jaugitz ヤウギッツ
Jauhar
ガウハル
ジャウハル
Jauhari ジャウハリ
Jauharī ジャウハリー
Jauhojärvi
ヤウホヤルヴィ*
Jaulin ジョラン
Jaumann ヤウマン*

Jaume
ジャウマ
シャウメ
ジャウメ*
ジョーム
ハウメ
Jaunarena ハウナレナ
Jaunet ジョネ
Jaunutis ヤウヌティス
Jaunzeme ヤオンゼム
Jaunzemegrende
ヤウンゼメグレンデ
Jaura ジャウラ
Jauregg
ヤウレク
ヤウレック*
ヤウレッグ
ユアレック
Jauregui ハウレギ
Jáuregui ハウレギ*
Jaures
ジョーレ
ハウレス
Jaurés
ジョーレス
Jaurès
ジョーレス
ジョレス*
Jaus ヤウス
Jauss ヤウス**
Jausserand ジョスラン
Java ジャバ
Javad
ジャヴァード
ジャバド
Javadekar
ジャバデカル
Javadi ジャバディ
Javadipour
ジャバドポウル
Javaherbin
ジャバーピン
Javakhishvili
ジャヴァヒシヴィリ
ジャワヒシビリ
Javakhyan ヤワキャン
JaVale ジャベール
Javan ジャバン
Javaux ジャヴォー
Javavu ジャヴァヴ
Javeau ジャヴォ
Javed
ジェーブド
ジャベド
Javell ジャヴェル
Javellana
ハヴェラナ
ハヴェリャーナ
Javelle ジャヴェル*
Javers
ジェイヴァーズ
ジャヴァーズ
ジャーズ*
Javery ジェイヴァリー
Javi
ハヴィ

ハビ
Javid
ジャビド
ヤビド
Javidan ジャヴィダン
Javidi ジャビディ
Javien ジャビエン
Javier
ハヴィエ*
ハヴィエール
ハヴィエル**
ハビー
ハビア
ハビアー*
ハビエ**
ハビエール
ハビエル***
ファビエル
Javiera ハビエラ
Javierre ハビエル
Javine ジャヴィーン
Javins ジャビンズ
Javits ジャビッツ*
Javolenus
ヤウォレヌス
Javon ジャボン
Javontee
ジャボンティー
Javor
ジェイヴァー
ジェイバー
ジェーバー
ヤヴォル
Jávor ヤーヴォル
Javorius ジャボリアス
Javorov ヤーボロフ
Javors ジェイヴォアス
Javorskii
ヤヴォルスキー
ヤヴォルスキイ
Javouhey
ジャヴエ
ジャヴエー
Javoy ジャヴォイ
Javy ハビアー
Jawa'an ジャワーン
Jawad
ジャワード
ジャワド
Jawaharlal
ジャワーハルラール
Jawāharlāl
ジャワハララール
ジャワハラール
ジャワーハルラール*
ジャワーハルラール
ジャワハルラル
Jawāhirī
ジャワーヒリー
Jawara ジャワラ**
Jaweesh
ジャウェーシュ
Jawerth ヤヴェルス
Jawetz ジャウェツ
Jawfi ジャウフィ
Jawharah ジャワラ
Jawharī ジャウハリー

Jawid ジャウイド
Jawn ジョーン
Jawole ジャウォール
Jaworowicz
ヤヴォロヴィチ
Jaworska
ヤヴォフスカ
ヤヴォルスカ
Jaworski
ジャウォースキー
ジャウォスキ
ジャウォルスキー
ジョウォルスキー*
ヤウォルスキ
ヤヲルスキ
Ja'Wuan ジェイウワン
Jawzī ジャウズィー
Jawziyah
ジャウズィーヤ
Jax ジャックス
Jaxon ジャクソン
Jay
ジェー*
ジェイ
ジェイ***
ジェイー
ジャイ*
Jay! ジェイ
Jaya
ザヤ
ジャーヤ
ジャヤ*
ヤーヤ
Jayabalan
ジャヤバラン
Jayadev ジャヤデーブ
Jayadeva
ジャヤデ・ヴァ
ジャヤデーヴァ*
ジャヤデーバ
Jayadevī
ジャヤデヴィー
Jayadiningrat
ジャヤディニングラット
Jayagatu ジャヤガトゥ
Jayakanthan
ジャヤカーンタン
Jayakar
ジァヤカル
シャヤカール
Jayakatwan
ジャヤカトアン
ジャヤカトワン
Jaya Krishna
ジャヤクリシュナ
Jayakumar
ジャヤクマール
ジャヤクマル
Jayalalitha
ジャヤラリタ**
Jayanagara
ジャヤナガラ
Jayanama
チャイヤナーム
Jayānanda
ジャヤーナンダ
Jayanāśa
ジャヤナーシャ

Jayant ジャヤント*
Jayanta
ジャーヤーンタ
ジャーヤンタ
ジャヤンタ**
Jayantha ジャヤンサ*
Jayanthi ジャヤンティ
Jayantilal
ジャヤンティラル
Jayapal
ジャヤパール
ジャヤパル
Jayaram ジャヤラム**
Jayarama ジャヤラマ
Jayaraman
ジャヤラマン
Jayarao ジャヤラオ
Jayaratne
ジャヤラトナ
Jayasekara
ジャヤセカラ
Jayasekera
ジャヤセケラ
Jayasena ジャヤセナ
Jāyasī
ジャーイシー
ジャーエシー
ジャーエスィー
ジャーヤスィー
Jayasimha ジャヤシマ
Jayasinghe
ジャヤシンゲ**
Jayasooria
ジャヤソーリア
Jayasundara
ジャヤスンダラ
Jayasuriya
ジャヤスーリヤ
ジャヤスリヤ
Jayasvasti
ジャヤスヴァスティ
Jayatilleke
ジャヤティラカ
Jayavarman
ジャバツマ
ジャヤヴァルマン
ジャヤバルマン
Jayavel ジャヤベル
Jayavīravarman
ジャヤヴィーラヴァルマン
Jayawardena
ジャヤワルダネ
Jayawardene
ジャヤワルダナ
ジャヤワルデネ*
Jayawardhana
ジャヤワルダナ
Jayawickrema
ジャヤウィクラマ
Jayayed ザヤーエフ
Jaybee ジェボン
Jaybo ジャイボ
Jaycee ジェイシー*
Jaychand
ジャイチャンド
Jaycob ジェイコブ

Jaycox ジェイコックス
ジェーコックス
Jaydee ジェイディー
Jaydon ジェイドン
Jaye ジェイ
Ja-yeon ジャヨン
Jayer ジャイエ
Jayeshwur ジャイエシュウール
Jay Jay ジェイジェイ
Jayjay ジェイジェイ
Jaylen ジェイレン
Jaylon ジェイロン
Jayme ジェイミー
ジェイム
シェム
ハイメ
Jayne ジェイン**
ジェーン**
Jayneen ジェイニーン
Jaynes ジェインズ
Jayo ジェイヨ
Jayro ジャイロ
ハイロ
Jayron ジェイロン
Jayśankar ジャエシャンカル
Jaysh ジャイシュ
Jāysī ジャーイシー
Jayson ジェイソン**
ヤイソン
Jaysri ジョイスリ
Jayston ジェイストン
Jay-yong ジェヨン
Jaz ジャズ
Jazaeri ジャザエリ
Jazairee ジャザイリ
Jazairi ジャザーイリー
Jazāʾirī ジャザーイリー
Jazairy ジャザイリ
Jazayeri ジャザイリ
Jazdzewski ジャツウスキ
Jazi ジャージ
ジャジ
Jaziri ジャジリ
Jazlah ジャズラ
Jazmin ジャズミン
Jazy ジャジ
Jazynka ジャジンカ
Jazz ジャズ
Jazze ジャジー
Jazzy ジャジー
Jazzār ジャッザール
Jbara ジュバラ
J.D. ジェイ・ディー
J'den ジェイデン

Je ジェ
Jea ジェア
Jea-chang ジェチャン
Jea-chun ジェチョン
Jeacocke ジェイコック
Jea-gun ジェグン
Jea-hyun ジェヒョン*
Jealous ジェラス
Jeam ジャン
Jean
 イアン*
 ジャン
 ジーン*
 ジェアン
 ジェイン
 ジェーン**
 ジェネー
 ジャーン
 ジャン***
 ジャンヌ
 ジュアン
 ジョアン
 ジョバンニ
 ジョーン
 ジョン**
 ジーン***
 ヤン*
 ヨアネス
 ヨアニス
 ヨハネス
 ヨハン
Jeana ジーナ
Jean Baptiste ジャンバプティスト
Jean-Baptiste ジャンバティスト
 ジャンバプチスト
 ジャンバプティスト
Jean-Bernard ジャンベルナール
Jean-Boniface ジャンボニファス
Jean-Charles ジャンシャルル
Jean-Chrisostome ジャンクリソストム
Jean Claude ジャンクロード
Jean-Claude ジャンクロード*
Jeancolas ジャンコラ
Jean de ジャンドゥ
Jean-Dominique ジャンドミニク
Jeane ジェーン
 ジャンヌ
 ジーン**
Jeanette ジーネット
 ジャネット***
 ヤネッテ*
Jeanfrancisco ジャンフランシスコ
Jean-Francois ジャンフランソワ
Jean-François ジャンフランソワ

Jean-Georges ジャンジョルジュ
Jean-Guy ジャンギ
Jeanie ジェニー
 ジーニー*
 ジーニ
 ジャニー
Jeanine ジェニーン
 ジェニン
 ジェニー*
 ジャニーヌ
 ジャニーン
 ジャニン
 ヘアニネ
Jean-Jack ジャンジャック
Jean Jacques ジャンジャック
Jean-Jacques ジャンジャック
Jeanjean ジャンジャン
Jean-Julien ジャンジュリアン
 ジャンジュリエン
Jean Louis ジャンルイ
Jean-Louis ジャンルイ
Jeanloup ジャンルー*
Jeanloz ジャンロー*
Jean-Luc ジャンリュク
 ジャンリュック*
Jean-Lucien ジャンルシアン
Jeanmaire ジャンメール**
Jeanmar ジャンマー
Jean Marc ジャンマルク
Jean-Marc ジャンマルク*
 ジョンマーク
Jean-Marie ジャンマリ
 ジャンマリー*
Jeanmart ジャンマール
Jean-Martin ジャンマルタン
Jean-Max ジャンマックス
Jean-Michel ジャンミシェル
 ジャンミッシェル
Jeanmougin ジャンムージャン
Jeanna ジーナ
 シャンナ
 ジャンナ
 ジーン
Jeanne ジアンヌ
 ジェイン
 ジェニー**
 ジェーン**
 ジニー
 ジャンヌ***
 ジーン**

Jeanne d'Arc ジャンヌダルク
Jeanned'Arc ジャンヌダルク
Jeannemarie ジャンヌマリー
Jeanneney ジャヌネ
 ジャンネー
 ジャンヌネー*
Jeanneret ジャヌレ
Jeannerod ジャンヌロー
Jeannet ジャネ
 ジャネット
Jeannette ジネット
 ジャネッテ
 ジャネット**
 ジャンネット
Jeannie イーニアス
 ジェニー*
 ジーニー*
 ジニー
 ジャニー*
 ジーンニー
Jeannin ジャンナン
Jeannine イエアニー
 ジェニーン
 ジェニー
 ジャニーヌ*
 ジャニーン*
 ジャンニーヌ*
 ジーンナイン
Jeanniot ジャニオ*
Jean-Noel ジャンノエル
Jeannot ジャノ
Jean-Pacifique ジャンパシフィック
Jean Paul ジャンポール
Jean-Paul ジャンポール
Jean Pierre ジャンピエール
Jean-Pierre ジャンピエール*
Jeanpierre ジーンピエール
Jean-Rémy ジャンレミ
Jean-René ジャンルネ*
Jean-Robert ジャンロベール
Jeanron ジャンロン
Jeanroy ジャンロア
Jeans ジェーンス
 ジーンス
 ジーンズ*
 センス
Jeanson ジャンソン*
Jeansonne ジーンソン*

Jeanštein イエンシュテイン
Jeantet ジャンテ*
Jeanty ジャンティ
Jean-Yves ジャンイブ
Jearl ジャール*
Jeauneau ジョノー
Jeaurat ジョーラ
Jea-wook ジェウク
Jeayes ジェイズ
Jeb ジェブ**
Jebali ジェバリ*
Jebb ジェッブ*
 ジェップ
 ジェブ*
 ヘブ
Jebe イェーベ
Ĵebe ジェベ
 ジエベ
Jebeleanu ジェベレアヌ
Jebet ジェベット*
 ジェベト*
Jebii ジェビイ
Ĵebzundamba ジェブツンダンバ
Jece ジェセー
Jechiel イェキエル
Jecht イェヒト
Jeck ジェック
Jecker ジェッカー
Jecklin イェクリン*
Jed ジェッド
 ジェド**
Jedd ジェド
Jeddie ジェディ
Jeddy ジェディー
Jede イェーデ
Jedediah ジェデダイア*
Jededlah ジェディダイア
Je-deok ジェドク
Jedidiah ジェディディア
Jedin イェディン
Jędraszko ヤドラシュコ
Jedrusk イェドルスク
Jedrzej イェルゼイ
Jedrzejczak イェジェイチャク**
Jedrzewska エンジェスカ
Jedvaj イェドヴァイ
Jedvardsson イェドヴァルドソン
Jee ジ
Jeeha ジーハ
Jeejeebhoy ジージーブホイ

Jeenbekov ジェエンベコフ*	ジェフリー*** ジェフリイ	ジェーヒュー ジェヒュー	Jelgerhuis イェルハーハイス	Jemile ジェマイル Jemima
Jeener ジェーネル	ジェフレイ	Jehudi	Jelić イェリッチ	エミマ
Jeet ジェット* ジート	ジェフリー Jeffreys	ジェヒューディ ジヒューダイ	イエリッチ* エリッチ	ジェマイマ* ジェマイマ*
Jeetah ジータ	ジェフェリーズ ジェフリース	Jehūdīt ユーディット	Jelici イェリッチ	ジマイマ Jemin イェミン
Jeevan ジバン	ジェフリーズ**	ユディト	Jelil ジェリル	Jemio ヘミオ
Jeeves ジーブス	ジェフリズ	Jehue ジェヒュー*	Jelimo ジェリモ**	Jemiola ジェミオラ
Jeewah ジーワー	Jeffries	Jei エイ*	Jelinek	Jemisin ジェミシン*
Jeewan ジーワン	ジェフリース ジェフリーズ***	Jeidels ヤイデルス	イェリネク** イェリネック	Jemison ジェイミソン
Jee-Woon ジウン	ジェフリズ	Jeidy ヤイディ	イリネック	ジェミソン*
Jef シェフ	Jeffry ジェフリー	Jeilan ジェイラン*	Jelka イェルカ	Jemma
ジェフ**	Jeffs ジェフス	Jeimer ジェイマー	Jelke イェールケ	ジェマ
Jefarson ジェファーソン	Jefkins ジェフキンス	Jeismann ヤイスマン	Jelks イェールクス	ジェンマ
Jefeerson ジェファーソン	Jefry ジェフリー Jefte ヘフテ	Jeison ジェイソン Jeitler ヤイトラー	Jell ジェル Jella イェラ*	Jemnitz イェムニツ Jen
Jefery ジェフリー	Je-gap ジェガプ	Jeje ジェジェ	Jelle	イェンス
Jeff ジェフ***	Jégé イェーゲー	Jejelava ジェジェラワ	イエレ*	ジェヌ
Jeffah ジェファ	Jegge イェッゲ	Jejomar ジェジョマル*	イエレ	ジェン**
Jeffcoat ジェフコート	Jegham ジュガム	Je-jun ジェジュン	ジェル	チェン
Jeffcott ジェフコット	Je-gyu ジェギュ*	Jejung ジェジュン*	Jellesma イェレスマ	Jena
Jefferds ジェファーズ	Jeh ジェイ	Jek ジュク	Jelley ジェリー	イェーナ*
Jefferey ジェフェリー	Jehan ジハン	Jekabsons イェカブソンス	Jellicoe ジェリコー	ジェイナ ジェナ
ジェフェリー	ジャハーン	Jekat ジェカット	ジェリコー***	ジーナ
Jeffereys ジェフレイズ	ジャン*	Jekels イェケルス	Jellinek	Jenabe ジュナビ*
Jefferies	ジュアン	Jekins ジェンキンス	イェリネク**	Jenamiso ジェナミゾ
ジェッフリイズ ジェフリイズ	Jehane ジハーン Jehangir	Jekka ジェッカ Jekova イェコワ	イェリネック* イェリネック*	Jenar ジュナル Jenas ジェナス
シェフリズ	ジェハンギル	Je-kuk ジェグク	エリネック*	Jencks ジェンクス**
ジェフリーズ* ジェフリズ	ジャハンギール ジャハンギル	Jekyll ジェキル	ジェネリック ジェリネック	Jendoubi ジャンドゥビ Jendrick
Jefferis	Jehanne	ジーキル*	Jellinghaus	ジェンドリック*
ジェファリス ジェフリーズ	ジャンヌ ジュアンヌ*	Je-kyu ジェギュ Je-kyun ジェギュン*	イェリングハウス Jello	Jendričko イェンドリチコ
Jeffers	Jehannot ジャノ	Jel ジェル	ジェッロ	Jendrock
ジェファース ジェファーズ**	Jehiel イェヒエル	Jelacić イェラチチ	ジェロ Jelloul	ジェンドロック Jendrzejczyk
ジェファズ	イェヒール	イェラチッチ	ジェルル	ジェンドリージク
Jefferson ジェファスン	イェヘル イェヘル	Jelagin イェラーギン Jelani ジェラニ	ジェロウル Jelloun ジェルーン**	Jenean ジャニーヌ Jenefer
ジェファーソン*** ジェファソン	Jehin ジュアン Jehlen イェーレン	Jelavić イェラビッチ*	Jelly ジェリー*	ジェニファー** Jeneth ジェネス
ジェファルソン ジェフェルソン	Jehlicka イェフリチカ	エラビッチ	ジェリイ Jelnek ジェリネク	Jenette ジャネット Jeney イェーナイ
ジェフェルソン* ゼファーソン	Jehoahaz エホアハズ	Jelavich イェラヴィチ	Jelovic ジェロビック	Jengeli ジェンゲリ
Jeffery ジェフ**	ヨアハズ Jehoash ヨアシ	ジェラヴィチ ジェラヴィッチ	Jelstad イェルスター Jelto イェルト	Jenger ジャンジェ Jeni
ジェファリ	Jehoiada ヨヤダ	ジェラビッチ	Jelušič イェルシチュ	ジェニ*
ジェフェリー* ジェフェリー***	Jehoiakim エホヤキム	Jelecky イェレツキー Jelen ジュラン	Jelved イェルベズ Jelvoune ジュルブヌ	ジェニー Jenice ジェニス
ジェフリィ	ヨヤキム Jehoiakin	Jelena	Jélyotte	Jenicek ジェニセック
Jefferys ジェフリーズ	エホヤキム	イェレーナ イェレナ	ジェリヨット ジェリヨット	Jenifer ジェニファー* Jeniffer ジェニファー
Jeffes ジェフス*	エホヤキン ヨヤキン	エレーナ エレナ*	Jemal ジェマル*	Jenik イェニーク
Jeffesrson ジェファスン	Jehoram ヨラム	Jelenkovich	ジャマル	Jeník イェニーク
Jefford ジェフォード*	Jehoshaphat	イェレンコヴィッチ	Jemayeva ジェマエワ	Jenike ジェニク
Jeffords ジェフォーズ*	ヨシャパテ ヨシャファト	イェレンコビック イェレンコビッチ	Jemerov イェメロヴ Jemerson	Jenin ジェニン Jenista ジェニスタ
Jeffre ジェフリ* Jeffress ジェフレス	Jehōšū'a ヨシュア	Jeleńska イェレンスカ	ジェメルソン	Jenke ジェンク
Jeffrey	Jehu	Jelenski ジェレンスキ	Jemez ヘメス	Jenkin ジェンキン**
ジェフ* ジェフェリー*	イエフ エヒウ	Jeletzky イェレツキー Jelf ジェルフ	Jemibewon ジェミベウォン Jemie ジェイミー	Jenkins ジェンキンス*** ジェンキンズ***

Jenkinson
　ジェンキンスン
　ジェンキンソン**
Jenkis ジェンキス
Jenko イェンコ
Jenks
　ジェンクス**
　ゼンクス
Jenkyns ジェンキンズ
Jenn ジェン*
Jenna
　ジェナ*
　ジェナー*
Jenner ジェンナー**
Jennerich
　ジェナリッチ
　ジェネリッチ
Jenness ジェネス*
Jennett ジュネット
Jennewein
　ジェニュイン
　ジェヌワイン
Jenney
　ジェニ
　ジェニー*
　ジェンニイ
Jenni
　イェンニ
　ジェニ
　ジェニー*
　ジャンニ
Jennie ジェニー***
Jennifer
　イエニファー
　ジェニー
　ジェニファ
　ジェニファー***
　ジェニフェール
　ジェニフェル
　ジェン
Jennifur
　ジェニファ
　ジェニファー
Jennings
　ジェニング
　ジェニングス***
　ジェニングズ***
　ジェンニングス
　ジュニングス
Jennison ジェニソン
Jennnings
　ジェニングス
Jenns
　イェンス
　ジェンス
Jenny
　イェニー***
　イェンニ
　ジェニー***
　ジェニイ
Jeno
　イェネー
　イェネ
　イェネー*
　イェノ
Jenó エネー*
Jenö
　イェヌ
　イェネー

イェノエ
Jenő
　イェーネ
　イェネー*
　エネー
Jenrette
　ジェンレット*
Jens
　イェーンス
　イェンス***
　イェンス***
　イェンツ
　イェンツ
　ジェン
　ジェンス**
　ジェンズ*
　ヤン
Jensby イェンスビュ
Jensen
　イェンセン***
　イェンゼン**
　イェンセン**
　イェンゼン
　エンセン
　エンゼン
　ジェンスン
　ジェンセン***
　ジャンセン
Jenshel ジェンシェル
Jenson
　ジェンソン**
　ジャンソン
Jenssen
　イェンセン
　ジェンセン*
Jensvold
　ジェンスボード
Jenta ジェーンタ
Jentī ジェーンティー
Jentner イェントナー
Jentsch
　イェンチ*
　イェンチュ
Jenty ジェンティ
Jentz イェンツ*
Jentzsch イェンチ
Jenuwein
　ジェニュワイン
Jenyns ジェニンズ
Jenyth ジェニス
Jenz ジェンズ
Jeoffrey ジェフリー
Jeo-Jeon ジェジョン
Jeon
　ジュン*
　ジョン*
　チョン*
Jeong
　ジョン*
　チョン*
Jeong-beom
　ジョンボム*
Jeong-bok ジョンボク
Jeong-Chul
　ジョンチョル
Jeong-dae ジョンデ
Jeong-hak
　ジョンハク*

Jeong-hee ジョンヒ
Jeonghee ジョンヒ
Jeongho ジョンホ
Jeong-hoon
　ジョンフン
Jeong-hui ジョンヒ
Jeong-hwa ジョンファ
Jeong-il ジョンイル*
Jeong-in ジョンイン
Jeong-kon ジョンゴン
Jeong-min ヨンミン*
Jeong-myoung
　ジョンミョン*
Jeong-saeng
　ジョンセン
Jeong-seok ジョンソク
Jeong-so ジョンソ
Jeong-suk チョンスク
Jeong-woon
　ジョンウン
Jeong-Yeo ジョンヨン
Jepchirchir
　ジェプチルチル
Jeph ジェフ
Jephthah エフタ
Jepkemoi
　ジェプケモイ
Jepkoech
　ジェプコエチ*
Jepkorir ジェプコリル
Jepkosgei
　シェプコスゲイ
　ジェプコスゲイ*
Jepp ジェップ
Jeppe イェッペ
Jeppesen
　イェッペセン*
　イェベセン
　イェベセン
Jeppson ジェプソン
Jepsen
　イェップセン
　ジェプセン**
Jepson
　ジェプスン
　ジェプソン*
Jeptoo ジェプトゥー
Jer ジャー
Jerace イェラーチェ
Jerad ジェラード
Jerald ジェラルド
Jeralean ジェラレアン
Jeram ジェラーム
Jerami ジェラミ
Jeramie
　ジェラミー
　ジェレミー
Jerath ジェラス
Jerauld ジェラルド
Jerchel イェルヒェル*
Jerde
　ジャーディ*
　ジャーディー
　ジャード

Jerdine ジャーディン
Jere
　イェレ*
　ジェア
　ジェリィ*
　ジェレ*
Jerebko ジェレブコ
Jered
　ジェレッド*
　ジャレッド
Jerel ジェレル
Jerell ジェレル
Jeremaes ジェレミス
Jeremain イェレマイン
Jeremey ジェレミー
Jérémi ジェレミ
Jeremiah
　エレミア
　エレミヤ
　ジェリー
　ジェレマイア***
　ジェレマイアー
　ジェレミ
　ジェレミー
　ジェレミアー**
　ジェレミアー
　ジェレミヤ
　ゼレミヤ
Jeremias
　イェレミーアス
　イェレミアス**
　エレミアス*
Jeremiáš
　イェレミアーシュ
Jeremić イェレミッチ
Jeremie
　ジェレミ
　ジェレミー*
　ジェレミエ
Jérémie
　ジェレミ*
　ジェレミー
Jeremies
　イェレミース**
　イェレミース
Jeremy
　イェレミー
　ジェラミー*
　ジェルミ*
　ジェルミー
　ジェレミ
　ジェレミー***
　ジェレミー
　ジェロミー
　ジャーミー
　ジュレミー
　ゼルミー
　ゼルメー
Jérémy
　ジェレミ
　ジェレミー*
Jerena エレナ*
Jerent ジェラン
Jeret ジャレット**
Jerez ヘレス
Jerge ジェルヘ
Jergens
　ジャーゲンス*
　ジャーゲンズ

Jerger
　イェーガー
　イェルガー
　イェルガー
Jergović
　イェルゴヴィチ
Jeri
　ジェリ*
　ジェリー
Jerian ジェリアン
Jeribi ジェリビ
Jericho ジェリコ
Jerick ジェリック
Jerilyn ジェリリン
Jeriová エリオバ
Jerison ジェリソン
Jeritza
　イェリッツァ
　イェリッツァ
　イェリッツァ
Jerjes ジョルジース
Jerke ジャーク
Jerker ジャーカー
Jerkins ジャーキンス*
Jermain
　ジャーメイン**
Jermaine
　ジャーマイン
　ジャーメイン**
　ジュメイン
Jermauria
　ジャーマウリア
Jermelle ジャメリー
Jermen ジェルメン*
Jermey ジェレミー
Jermia ジェルミア
Jermier
　ジェルマイアー
Jermon ジャーモン
Jermy
　ジェレミー
　ジャーミー
Jernberg
　イェルンベリー
　ジェーンバーグ
　ヤーンベリ
　ヤンベリ
Jerne
　イェルネ
　イエルネ
　ヤーヌ
　ヤーネ
　ヤーン
Jernej イェルネイ
Jerner ジェーナー
Jernigan
　ジェーニガン
　ジャーニガン*
Jernstrom
　ジャンストーム
Jero ジェロ
Jeroboam
　ヤラベアム
　ヤロブアム
Jerod
　ジェロッド*
　ジェロド

J

Jeroen ジェルーン
イェルーン**
イェルン
イェルーン**
イエルン
エルエン
エロン*
ジェローン
ジャロエン
ユーリン
ユールン
ヨルン*

Jerold ジェロルド*
Jérôm ジェローム
Jerome
ジェリー*
ジェロー
ジェロウム*
ジェーローム*
ジェーロム
ジェローム***
ジェロム**
ジェロームス*
ジェローメ
ジロウム
ジローム
ゼローム*

Jerôme ジェローム
Jérôme ジェローム*
Jérôme ジェローム***
Jeromin ジェロミン
Jéromine ジェロミーヌ
Jeromy ジェロミー*
Jeron
ジェリー
ジェロン

Je'Ron ジェロン
Jeronim イェロニム
Jeronimas
イェロニマス

Jeronimo
ジェローニモ
ジェロニモ
ジロニム
ゼロニモ
ヘロニモ

Jerónimo ヘロニモ*
Jeronymo ジェロニモ
Jeroo ジェルー
Jerram ジェラム
Jerrard ジェラード
Jerraud ジェロード*
Jerrell ジェレル
Jerrett ジェレット
Jerri ジェリ*
Jerrilyn ジェリリン**
Jerrod ジェロッド
Jerrol ジェロル
Jerrold
ジェラルド*
ジェロルド**

Jerrom ジェローム
Jerry
ジェリー***
ジェリィ
ジェリィー
ジェリィ*
ジュリー

Jerryd ジェリッド
Jerry Jeff
ジェリージェフ

Jersey ジャージー
Jershild ジャーシルド
Jersild
イエルシルド
イャシルド
ジャーシルド
ヤシルド**

Jeru ジェルー
Jerusalem
イェルザレム
イェルサレム
イェルサレム
イェルザレム
エルサレム
エルザレム
ヘルサレム

Jervas ジャーバス
Jervell
イェルヴェル
ヤーベル

Jerven イェルウェン
Jervill ヤルビル
Jervis
ジャーウィス
ジャーヴィス*

Jeryl ジェリー
Jerzy
イェージー
イェジ**
イェージー***
イェージー*
イェージイ
イェジィ**
イェジイ**
イェジィ*
イェジュイ
イェルジ
イェルジー
イエールジ**
エージュイ
ジェルジー*
ジェルジィ
ジャージ*
ジャージー

Jes ジェス
Jesaia イェザーヤ
Jesaya ジェサヤ
Jescheck
イェシェック*
エシェック

Jeschke
イェシュケ
ヤスケ

Jeschonnek
エションネク

Jese へセ
Jesenská
イェセンスカー
ジェセンスカ

Jesenský
イェセンスキー

Joseph
ジョセフ

ジョゼフ
Jesiah ジョサイア
Jesien イェシエン
Jesinghaus
イェジングハオス*

Jesli ヘスリ
Jesmer ジェズマー*
Jesmond ジズモンド
Jesmuel ヘスミュール
Jesmyn ジェスミン*
Je-son ジェソン
Jesper
イェスパー*
イェスパー
イェスベル
エスパー
ジェスパー**

Jespersen
イェスパセン
イェスパセン
イェスペシェン
イェスペルセン**
イェスペルセン
イェスペルゼン
エスペルセン
エスペルセン
ジェスパーセン*

Jess
イェス
ジェス***
ヘス
ヤン

Jessamyn ジェサミン
Jesse
イェッセ
イェッセ
エッサイ
ジェシー
ジェシー***
ジェス***
ジェスィ
ジェッシ
ジェッセ
ジェッセー
ジシ
ゼッシー
ヘッセ

Jessee ジェシー
Jessel
イェッセル*
ジェセル*
ジェッセル*

Jessell ジェッセル
Jessen
イェッセン
ジェッセン

Jesser
イェッサー
ジェサー

Jesserer イェッセラー
Jessey ジェシ
Jesshope ジェショッペ
Jessi ジェシ
Jessica
イェシカ
ジェシカ***
ゼシカ

Jessica Brizeida
ジェシカブリセイダ

Jessicah ジェシカ*
Jessie ジェシー***
Jessika ジェシカ
Jessixa ジェシカ
Jesslyn ジェスリン
Jessner
イェスナー*
イェスナー

Jessop
ジェショップ
ジェソップ*

Jessup ジェサップ**
Jessy ジェシー
Jessye
ジェシー**
ジェジー

Jestaedt
イェシュテット

Jeste ジェステ
Jester ジェスター
Jestice ジェスティス
Jesty ジェスティ
Jesualda ジェスアルダ
Jesudason
ジェスダーソン*

Jesup ジェサップ
Jesus
イエス*
イエスス
イエズス
ジェズス
ジェスス
ジェズース
ジェズス*
ジェズズ
ジーザス**
ジズス
ゼズス
ヘスウス
ヘスース*
ヘスス**
ヘズス

Jesús
ジェズス*
ヘイザス
ヘスース**
ヘスス***

Jésus
ジェズ
ジェズュ
ヘスス**
ヘズス

Jesusa ヘスサ
Jeswald ジェズワルド*
Jesy ジェシー*
Jeszenszky
イエセンスキ
イエセンスキー*

Jet
イェット
ジェット**

Jetelová ヘテロワ
Jeter ジーター***
Jethá ジェタ
Jethro
エトロ
ジェスロ

Jethroe ジェスロー
Jethrotull
ジェスロ・タル

Jetin ジュタン
Jetro イェトロ
Jetsonen
イェッツォネン

Jetsun ジェツン*
Jett ジェット**
Jetta イェッタ
Jette
ジェット
ユッテ

Jetter
イェッター*
ジェッター

Jettmar イェトマル
Jettou
ジェットゥ
ジェトゥー*

Jetu ジェーツ
Jeu
ジュウ
ジョー

Jeudy ジュディ*
Je-uk ジェウク
Jeukendrup
ジェイケンドロップ
ジェーケンドループ

Jeuland ジュラン
Jeune
ジューヌ
ジュヌ

Jeunechamps
ジェウヌシャン

Jeunet ジュネ**
Jeung-hyun
ジュンヒョン*

Jeung-soo ジョンス*
Jeury ジュリ**
Jeurys ユーリス
Jevdet
ジェウデト
ジェウデト
ジェウデド
ジェヴデト

Jevgeni エブゲニ
Jevgenijs エフゲニス
Jevin ジェヴィン
Jevne イエブネ*
Jevons
ジェヴォンス
ジェヴォンズ
ジェヴォンス
ジェブオンス
ジェボン
ジェボンス
ジェボンズ**
ジュヴォンス
ゼヴォン
ゼヴォンス
ゼボン

Jevrem イェヴレム
Jevtic
イエビッチ
ジェヴティック

JIN

Jevtić イェブティッチ
Jewel
　ジュウェル
　ジューエル
　ジュエル*
Jewell
　ジュウェル*
　ジューエル*
　ジュエル**
Jewess ジュイス
Jewett
　ジェウェット
　ジューイット
　ジュウエット*
　ジューエット*
　ジュエット**
Jewison
　ジュイスン
　ジュイソン*
Jewitt ジューイット
Jewkes ジュークス
Jewlachow
　イェフラショフ
Jewsbury
　ジュースバリー
　ジューズベリー
Jewtraw ジェトロウ
Jex
　ジェクス*
　ジェックス
Jeyabalan
　ジャヤバラン
Jeyapalan
　ジャヤパラン
Jeyaraj ジェヤラジ
Jeyaraney
　ジェヤラニー
Jeyaretnam
　ジャヤラトナム
　ジャヤラトナム**
Jeyasingh ジェヤシン
Jey-cho ジェイチョウ
Jez ジェズ*
Jèze ジェーズ
Jezebel イゼベル
Jezek
　イェジェク
　イエレク
Jezequel ジェゼケル
Jézéquel ジェゼケル*
Jezer ジェザー*
Jezewski
　ジェゼウスキー
Jezierski
　ジェジエルスキー
Jeziorański
　イエジョランスキ
Jezra ジェズラ
Jha
　ジャ*
　ジャー
Jhabvala
　ジャブヴァーラ**
Jhābvālā
　ジャーブヴァーラー
Jhadav ジャダフ

Jhala ジャラ*
Jhalakīkar
　ジャラキーカル
Jhally ジャリー
Jhampa ジャンパ
Jhan ヤン
Jhane ジェーン
Jharel ジャレル
Jhaveri ジャバイリー
Jhaverī ジャヴェリ
Jhering
　イェーリング*
　イェーリンク
　イエーリング
　イヤリング
　エーリング
Jhinaoui ジナウイ
Jhingran ジンラン
Jhlos ヒーロス
Jho
　ジョー
　チョ
Jhon ジョン*
Jhonasan ジョナサン
Jhonattan ジョナサン
Jhong-ok ジョンオク
Jhong-suh ジョンソ
Jhonny ジョニー*
Jhonson ジョンスン
Jhoulys ユーリス
Jhumpa ジュンパ**
Jhung チョン*
Jhunjhunwala
　ジュンジュンワラ*
Jhurrell ジェーレル
Ji
　ジ
　ジー*
　ジィ*
　チ**
　チー
Ji-a ジア*
Jia
　ジア
　ジャ*
　ジャー
　チア
Jia-bao
　ジャバオ
　チアパオ
Jiacuo ギャツォ
Jiagge ジアギー
Jia-ju ジャジュイ
Jiambalvo
　ジアンボールボ
　ジャムバルヴォ
　ジャンバルボ
Jian
　ジアン
　ジェン*
　ジエン
　ジャン*
　チエヌ
Jianbian ジャンベン

Jiang
　ジアン
　ジャン**
　チアン*
Jiang Hong
　ジャンホン
Jianghong ジャンホン
Jian-hua ジェンホワ
Jianjun ジェンジュン
Jianlian ジェンリェン
Jian-lin ジャンリン
Jian-min ジェンミン
Jian-ming ジェンミン
Jianping ジェンピン
Jian-qi ジェンチイ*
Jian-rou ジャンロウ
Jianwen ジャンウェン
Jian-xing ジェンシン
Jianyi ジャンイー
Jianzhao チェヌチャオ
Jianzhong
　ジェンチョン
Jiao
　ジャオ
　チャオ
Jia-rui チアルイ
Jia-tun ジャトゥン
Jiawei ジャウェイ
Jia-xi ジャシー
Jia-xuan ジャシュアン
Jiayao カヨウ
Jiayin ジャーイン
Jia-zheng ジャズン
Jibanananda
　ジボナノンド
Jībanānanda
　ジボナノンド
Jibananda ジバナンダ
Jibo ジボ
Jibory ジブリ
Jibrailis dze
　ジブライリスゼ
Jibrān
　ジブラーン
　ジュブラーン
Jibril ジブリル**
Jibrīl ジブリール
Ji-cai ジーツアイ*
Jickells ジッケルズ
Jiddu
　ジッドゥ*
　ジドゥ
Jie
　ジー
　ジェ
　ジェ*
　チェ*
Jie-chi チェーチー
Jie-hyun ジヒョン
Jie-Min ジェミン
Jie-ping ジェピン
Jie-qiong ジェチョン
Ji Eun ジウン

Jiewchaloemmit
　ジウチャロエミット
Jigau ジガウ
Jiggins ジギンズ
Jigjid
　ジグジッド*
　ジグジド*
　ジジド*
Jigjidym ジグジット
Jigme
　ジクメ
　ジクメ**
Jigmi ジグミ
Jignarro イグナロ
Jignesh ジグネシュ
'Jig rten ジクテン
'Jig rten mgon po
　ジクテンゴンボ
Jigs-med
　ジクメ
　ジクメ*
'Jigs med ジグメ
'Jigs med ジクメ
'Jigs med gling pa
　ジクメリンパ
Jiguet ジゲ
Ji-gyoon チギュン*
Ji-ha ジハ**
Jihad
　ジハード
　ジハド
Jihadi ジハーディ
Ji-han ジハン
Jihān ジハーン
Jihāngīr
　ジハーンギール
Ji-hee
　ジヒ
　チヒ
Ji-ho ジホ*
Ji-hoo ジフ*
Ji-hoon ジフン*
Ji-hwan ジファン*
Ji-hyeon ジヒョン
Ji-hyuk ジヒョク
Ji-hyun ジヒョン*
Ji-il ジイル
Jija ジージャー*
Ji-ke ジーカ
Jiko チコ
Jil
　イル
　ジル*
Jilani ジラニ
Jīlānī ジーラーニー
Jilek ジレック*
Jílek イーレク
Jilemnický
　イレムニツキー
Jiler
　ジラー
　ジラア
Jiley ジレイ

Jili ジェリー
Jilian ジリアン
Jill ジル***
Jillette ジレット
Jillian ジリアン**
Jillian Alice
　ジリアンアリス
Jilliane ジリアン**
Jillings ジリングス
Jillson ジルソン*
Jilly ジリー*
Jiloan イロアン
Jim
　ジム***
　ジムー
　ジル
Ji-Man ジマン
Jimena ヒメナ
Jiménes ヒメネス
Jimenez
　ジメネッツ
　ヒメネス***
Jiménez
　ヒメーネス*
　ヒメネス***
Jimenez Caicedo
　ヒメネスカイセド
Jiménez Gaona
　ヒメネスガオナ
Jimeno
　ヒメーノ
　ヒメノ
Jimerson ジマーソン*
Jimi
　ジミ**
　ジミー*
Ji-min チミン
Jimm ジム*
Jimmay ジメイ
Jimmer ジマー
Jimmie ジミー***
Jimmy
　ジミー***
　ジンミイ
Jimson ジムソン*
Jimsy ジムシー
Jin
　ジヌ
　ジン**
　チン**
Ji-na ジナ*
Jina ジナ
Jin-ah ジナ*
Ji-nai ジーナイ
Jin-bae ジンベ
Jin-biao チンビアオ
Jin-chaek ジンチェク
Jindal ジンダル*
Jindong ジンドン
Jindra ジンドラ
Jindrich
　インドリフ
　ジンドリッチ
Jindřich
　インジヒ

インジフ	Jin-tae ジンテ	Jiří イジー	Ji-woon ジウン*	ホアキム
Jin-du ジンドゥ	Jin-tao		Ji-xian チーシアン	ユーアキム
Jindy ジンディー	ジンタオ	Jirijīs	Jixun ジシュン	ヨアキム*
Jing	チンタオ	ジュルジース	Ji-yai ジェ*	ヨアシム
ジン	Jin-u ジンウ	ジルジース	Ji-yeon ジョン*	ヨアチム
チン*	Jin-woo	Jirina	Jiyeon ジョン	ヨーアヒム*
Jing-chu ジンチュー*	ジヌ	イリーナ	Ji-yeong ジョン	ヨーアヒム
Jinghwa ジンファ*	ジンウ*	イリナ	Ji-yong ジョン	ヨアヒム***
Jing-jing ジンジン	Jin-woon ジヌン	Jirincová	Ji Yoon チユン	ヨオアヒム
Jingle ジングル*	Jin-woong ジンウン	イジンツォバー	Ji-yoon ジユン	ヨキアム
Jing-lei ジンレイ	Jinx ジンクス	Jirjī	Ji Young ジョン	ヨッハイム
Jing-ming	Jin-yeong ジニョン	ジュルジー	Ji-young ジョン*	ヨハヒム*
ジンミン	Jin Young ジョニン	ジュルジー	Ji-yu ジーユイ	ヨハン
チンミン	Jin-young	Jiří	Ji Yuan チーユアン	Joachimstaler
Jin-gon ジンゴン	ジニョン*	イジー	Jizchak イツアク	ヨアヒムスターラー
Jing-ren ジンレン	ジンヨン	イルジー	Jizdan ジズダン	Joachimsthaler
Jingrun ジンルン	Jinyoung ジニョン*	Jiro ジロー	Jlloyd ジロイド	ヨアヒムスターラー
Jing-sheng ジンセン	Jioji	Jiromi ジロミ	J'Marcus ジマーカス	Joachin
Jing Yi ジンイ	ジョジ*	Jirongo ジロンゴ	Jñāna ジュニャーナ	ジョアシャン
Jin-gyu ジンギュ	チョーチ	Jirov	Jñānagarbha	ヨアヒム
Jing-Yu ジンユー	Jipcho ジプチョ	シーロフ	ジュニャーナガルバ	Joad
Jinhao ジンハオ	Jirák	ジーロフ	ジニャーナガルバ	ジョオド
Jin-hee ジニ*	イラーク	Jirsch ジルチ	Jñānakumāra	ジョード
Jinhee ジニ	イルジャック	Jirschele シーシェル	ジュニャーナ・クマー	Joaguim ホアキン*
Jin-heui ジンヒ	Jiránek イラーネク	Jiryis ジェリス	ラ	Joahim ヨアヒム
Jin-ho ジノ*	Jirapaet チラペート	Ji-seok ジソク	Jñānamitra	Joahnys ホアニス
Jin-hua ジンホワ	Jirarote チラロート	Ji-seung ジスン	ジュニャーナミトラ	Joakim
Jin-hyek ジンヒョク*	Jiras イラス	Jiskoot ジスクート	Jnanamritananda	ジョアキム*
Jin-hyeon ジンヒョン*	Jirásek	JISOO ジス	ニャーナムリターナ	ホアキム
Jin-hyuk ジニョク*	イラーセク**	Ji-soo ジス	ンダ	ヨアキム**
Jin-joo ジィンジュー	イラーセック	Jisoo ジズ	Jñānapāda	Joakin ホアキン
Jinks ジンクス	Jirayu ジラユ	Ji-soon ジスン	ジュニャーナパーダ	Joan
Jin-ku ジング	Jireček イレチェク	Jisr ジスル*	Jñānaśrīmitra	ジェーン
Jin-kyu	Jireš イレシュ	Jisselle ジゼル	ジュニャーナシュリー	ジャンヌ
ジンキュ*	Jirgalang ジルガラン	Ji-sub	ミトラ	ジュアン
ジンギュ**	Jirgensons	ジソブ*	Jnanesvar	ジョアン***
Jin-kyung ジンギョン*	ヤーゲンソンス	ジソブ	ジュニャーネーシャワ	ジョウン
Jin-mo ジンモ*	Jiri	Ji-sun ジソン	ル	ジョオン
Jin-myung	イァリー	Jisun ジスン	Jñānaśrīmitra	ジョーン***
ジンミョン*	イージー	Ji-sung チソン*	ジュニャーネーシュ	ジョン*
Jinmyung ジンミョン	イジ	Jit ジット	ヴァル	チョン
Jinn ジン	イジー**	Ji-tae ジテ*	ジュニャーネーシュワ	フアン
Jinnah ジンナー*	イリ	Jitāri ジターリ	ル*	フアン
Jinnakhon	ジェリー	Jitendra ジテンドラ	Jñāneśvara	ホアン***
チンナコーン	ジリ*	Jitta イッタ	ジニャーネーシヴァラ	ホワン
Jinnī ジンニー	Jirí	JittiRain	ジーャーネシヴァラ	ヨアン*
Jinny	イージー	ジッティレイン	ジニャーネーシバラ	ヨアンナ
ジニー*	イジー	Jitu ジツ	ジュニャーネーシュワ	ヨハンナ
ジニイ	イリー	Ji-u ジゥ*	ル	Joañ ジョアン
Jinpa ジンパ	ユーリー	Jiu ジュウ	Jo	Joàn ジョアーノ
Jin-ping チンピン	Jiři	Jiubadao ジウバーダオ	ショ	Joán ジョアン*
Jin-pyo ジンピョ*	イージー	Ji-uei チィーウェイ	ジョ*	Jóan ヨアン
Jinquan ジンチュエン	イジー**	Jiu-long ジュロン	ジョー***	Joana ジョアナ*
Jinseok ジンソク*	イルジー	Jīvaka	ジョウ**	Joanas ジョアナ
Jin-sik ジンシク	Jiří	ジーヴァカ	チョ*	Joanasie ジョアナジー
Jin-sil ジンシル*	イエジ	ジーバカ	チョウ	Joanette ジョワネット
Jin-sook ジンスク	イージー	Jiwanmitra	ヨ*	Joang ジョアン
Jin-Su ジンス	イジ	ジワンミトラ	ヨー**	Joanie
Jin-suk ジンソク	イジー***	Jiwatram ジワトラム	Jô ジョー	ジョアニ
Jin-sun ジンソン	イジィ*	Ji-wei チーウェイ	Joab ヨアブ	ジョーニー*
Jinsun ジンスン	イリ*	Ji-won	Joachim	ジョニー
Jin-sung ジンソン	イリー	ジウォン*	ジョアキム	Jo Ann ジョアン
	イルジー**	チウォン	ジョアサン	Jo-Ann ジョアン
	Jiři	Ji-woo ジウ*	ジョアシム	JoAnn
	イジー		ジョアシャン*	ジョー・アン
	イーリ		ジョアチム	ジョーアン
	ジリ		ジョアッキーノ	ジョアン
	Jiří イリ		ジョワシェン	ヨアン
			ジョワシャン*	

Joann
　ジョアン*
　ヨーハン
JoAnna
　ジョアナ
　ジョアンナ*
Joanna
　ジョー
　ジョアナ***
　ジョアン
　ジョアンナ**
　ジョウアナ
　ジョウアンナ
　ヨアンナ**
　ヨハナ
Joannah ジョアンナ
Jo-Anne ジョアンヌ
JoAnne
　ジョアン
　ジョアンヌ
Joanne
　ジョー
　ジョアン**
　ジョアンナ*
　ジョアンヌ*
　ジョウアナ
　ジョウン
　ジョワンヌ
　ジョーン*
Joannes
　イオーアンネース
　ジョアンネ
　ホアン
　ヨアネス
　ヨーアンネース
　ヨアンネス*
　ヨハネ*
　ヨハネス*
　ヨハネユ
　ヨハンネス
Joannicius
　ヨアニキウス
Joannie ジョアニー*
Joannis
　ヤニス
　ヨアニス
Joannna ジョアンナ**
Joannopoulos
　ジョーノポラス
Joanot
　ジュアノット
　ジョアノー
Joans ジョーンズ
Joao
　ジュアォン
　ジョア
　ジョアウン
　ジョアオ*
　ジョアン**
　ホアン*
　ヨアン
Joaõ ジョアン
Joào ジョン
Joäo ジョアン
João
　ジュアン
　ジョー
　ジョアオ*
　ジョアン***
　ジョウアン
　ジョン*
　ホアン*
Joao Maria
　ジョアンマリア
Joãozinho
　ジョアンジーニョ
Joaquim
　ジョアキム**
　ジョアキン***
　ジョアン
　ホアキム*
　ホアキン*
　ホーキン
　ヨアキム
Joaquin
　ウォーキン
　ホアキン***
　ホワーキーン
　ホワーキン
　ホワキン
　ワーキーン
Joaquín
　ホアキーン
　ホアキン***
Joaquina
　ホアキナ
　ヨアクィナ
Joar ヨアル
Joas ヨアス
Joasaph ヨアサフ
Joash ヨアシ
Joashim ヨハヒム
Joazil ジョアジル
Joazinho
　ジョアジーニョ
Job
　ジョブ**
　ヨーブ
　ヨブ*
　ヨブ
Joba
　ジャバ
　ジョバ
Jöback ジョーバック
Jobarteh ジョバルテ
Jobb ジョーブ
Jobbé ジョベ
Jobe
　ジョーブ**
　ジョベ
Jobé ヨブ
Jobe-njie
　ジョベヌジャイ
Jobert ジョベール**
Jobes
　ジョーブス
　ジョブズ
Jobeth
　ジョウベス
　ジョベス
Jobi ジョービー
Jobim ジョビン**
Jobin ジョバン*
Jobling ジョブリング
Jobodwana
　ジョボドワナ
Jobs
　ジョブス
ジョブズ**
Jobson ジョブソン*
Jobst
　ヨーブスト*
　ヨブスト
Joby ジョビー*
Jobyna ジョビナ
Joc ジョク
Jocano ホカーノ
Jocelerme
　ジョスレルム
Jocelin
　ジョスラン
　ジョスリン
Jocelyn
　ジャスリン
　ジョスィーリン
　ジョスラン
　ジョスリン**
　ジョセリン
Jocelyne
　ジョスィーリン
　ジョスリン*
Jochai ヨハイ
Joche ヨヘン
Jochelson ヨヘルソン
Jochem
　ヨチェム
　ヨヘム
Jochemsen
　ヨチェムセン
Jochen
　ジョシェン
　ジョシャン
　ヨッヒェン**
　ヨッフェン
　ヨッヘン**
　ヨヒェン
　ヨヘン*
Jochim ジョキム
Jochimsen
　ヨヒムセン
　ヨヒムゼン
Jochmann ヨクマン
Jochum
　ヨッハム
　ヨッフム**
　ヨーフム
Jochumsen ヨカムセン
Jochumsson
　ヨクムソン
　ヨックムソン
Joči ジョチ
Joči ジョチ
Jočić ヨチッチ
Jock
　ジョク
　ジョック**
Jockers ジョッカーズ
Jockey ジョッキー
Jocko ジョッコ*
Jocks ヨックス
Jockum ヨックム*
Jocox ジョコックス
Jocqué ジョッケ
Jocwen ジョクウエン
Jodard
　ジョダード
　ジョダール
Jode
　ジョーデ
　ジョード
Jodee ジョディ*
Jodelet ジョドレ
Jodelle ジョデル
Jodi
　ジョーディ
　ジョディ**
Jodidio
　ジョディディオ*
Jodie
　ジョディ**
　ジョディー*
Jodl ヨードル*
Jodoco ジョドーコ
Jodocus
　ヨドークス
　ヨドクス
Jodoin ジョドアン
Jodorowsky
　ジョドロブスキー
　ホドロウスキー
　ホドロヴスキー
　ホドロフスキー**
Jody
　ジョーディ
　ジョディ***
　ジョディー*
Joe
　ジョー***
　ジョウ
　ジョエ
　ヨー
　ヨーエ
Joë
　ジョー*
　ジョエ
Joeckel ジョーケル
Joedicke
　イェーディケ
　イェディケ
Joe Hok ユホック
Joekes ユーケス
Jo-El ジョエル
Joel
　ジェール
　ジョー
　ジョウエル
　ジョウル
　ジョーエル*
　ジョエル
　ジョエル***
　ジョール**
　ホエル**
　ヨーエル
　ヨエル*
Joél ジョエル
Joël ジョエル***
Jöel ジョエル
Jö'el ヨエル
Joéli ジョエリ
Jo-Ellan
　ジョーエレン*
Joellasewnundun
　ジョラセウヌンドゥン
Joelle ジョエル
Joëlle ジョエル*
JoEllen ジョーエレン
Joels ジョエルズ
Joelson
　ジェールソン
　ジョエルソン
Joely
　ジョウリー
　ジョエリー
　ジョーリー
Joematpettersson
　ジョーマットピターソン
Joens ジェーンズ
Joensen
　ヨーエンセン
　ヨーンセン
Joensson イェンソン
Joep ジョープ*
Joerden
　イェルデン
　ヨェルデン
Joerg
　イェルク
　イェルク*
　ジョージ*
　ユルグ
　ヨルグ*
Joergensen
　イェルゲンセン
　イエルゲンゼン
　ヨーゲンセン
　ヨルゲンセン
Joerger イェーガー
Joerres ジョレス*
Jõerüüt ユエリュート
Joes ホゼ
Joessel ヨッセル
Joest ヨースト
Joesten イエステン
Joey
　ジョーイ***
　ジョイ*
　ジョウイ
　ジョエイ
Joffe
　ジョフィ***
　ヨッフェ**
　ヨフィー
Joffé
　ジョフィ
　ジョフェ
Joffo ジョッホ*
Joffre
　ジョッフル
　ジョフリー
　ジョフル
Joffrey ジョフリー*
Joffrin ジョフラン**
Joffroy ジョフロワ
Joflin ジョフリン
Jofre ジョフレ**
Joga ヨガ
Jogan ジョーガン
Jogiches ヨギヘス

J

Joginder ジョギンダー*
Jogues ジョーグ
Joh
　ジョー*
　チョ
Johan
　ジョアン*
　ジョーン
　ジョン
　ユーアン
　ユーハン*
　ヨハネ
　ヨーハン**
　ヨハン***
Johana
　ジョアナ
　ジョハナ
Johanan ヨハナン
Johanes ヨハネス*
Johanides ヨハニデス
Johanisson ヨハニソン
Johanita ジョハニタ
Johann
　ジャン
　ジョアン
　ジョハン
　ヤン
　ユーハン
　ヨオハン
　ヨハナン
　ヨハネ
　ヨハネス
　ヨーハン**
　ヨハーン*
　ヨハン***
Jóhann
　ヨウハン
　ヨウハンヌ
　ヨハン
Johanna
　ジョアナ*
　ジョアンナ**
　ジョハナ**
　ジョハンナ**
　ヨー
　ヨアン
　ヨハナ
　ヨハンナ***
Jóhanna ヨハンナ*
Johannaber
　ヨハンナーバー
Johannard
　ジョアンナール
Johanne
　ジョアンヌ
　ヨハネ
　ヨハンヌ
　ヨハンネ*
Johannes
　イオーアンネース
　イヨハンネス
　ジャン
　ジュアンヌ
　ジョアンヌ
　ジョハネス
　ジョン
　ハスネス
　ハンス**
　フアン
　ホアン

　ヤン
　ユーハネス
　ユハネス
　ヨアネス
　ヨーアンネース
　ヨアンネス
　ヨハネ***
　ヨーハネス
　ヨハーネス
　ヨハネス***
　ヨーハン
　ヨハン*
　ヨハンネース
　ヨハンネス***
Jōhannēs
　ヨーアンネース
　ヨアンネス*
　ヨハネ
　ヨハネス
　ヨハンネス
Johannesdottir
　ヨハネスドッティル
Johannesen
　ヨハネセン
　ヨハネッセン
Johannes Paulus
　ヨハネパウロ
Johannessen
　ヨハネセン*
Johannesson
　ヨウハンネスソン
　ヨハネッソン
Jóhannesson
　ヨウハネソン
　ヨウハンネスソン
　ヨハネソン*
Johannet ジョアネ
Johannitius
　ヨハニティウス
Johannnes ヨハネス
Johannot ジョアノ
Johanns
　ジョハンズ*
　ヨハンス
Johannsdorf
　ヨハンスドルフ
Johannsen
　ヨハンセン
　ヨハンゼン
Johannsmeier
　ヨハンスマイアー
Johannssohn
　ヨーハンソン
Johannsson
　ヨハンション
　ヨーハンソン
Jóhannsson
　ヨハンソン*
Johano ヨハノ
Johans ヨハンス
Johansdorf
　ヨーハンスドルフ
　ヨハンスドルフ
Johansen
　ジョハンセン**
　ヨハンセン**
　ヨハンゼン**
　ヨハンソン

Johanson
　ジョハンスン
　ジョハンソン**
　ヨハンセン
　ヨーハンゾン
　ヨハンソン*
Johansson
　ジョハンソン
　ユーハンソン*
　ヨアンソン
　ヨハンション
　ヨーハンソン
　ヨハンソン***
　ヨワンソン
Johari
　ジョハーリ
　ジョハリ
Johau ヨハン
Johaug ヨーハウグ**
Johdi ジョーディ
Jo-heung ジョフン
Johil ジョイユ
Johin ジョヒン
John
　ジョン
　ジャン**
　ジョアン
　ジョウン
　ジョオン
　ジョニー
　ジョーン**
　ジョン***
　ジヨン
　ゼヨン
　フアン
　ヤン
　ヨアン
　ヨーハン
　ヨハン
　ヨーン**
　ヨン**
Johnathan
　ジョナサン
　ジョン
Johnathon ジョナサン
Johne
　ジョーン
　ヨーネ
Johnen ヨーネン
Johnes ジョーンズ
Johnette ジョネット*
Johng-won
　ジョンウォン
John-hoon
　ジョンフン*
Johnjoe ジョンジョー
Johnkin ジョンキン
Johnna
　ジョナ
　ジョンナ
Johnnetta ジョネッタ
Johnnie
　ジョニー***
　ジョニイ
Johnnier
　ジョニエル
　ホニエル
Johnny
　ジョーニー

　ジョニー***
　ヨニー
John Paul
　ジョンポール
Johns
　ジョーンズ**
　ジョンス*
　ジョンズ*
Johnsen
　ジョンセン
　ヨーンセン*
　ヨンセン**
Johnson
　ジョンソン
　ジョーンスン
　ジョンスン*
　ジョンソン***
　ユーンソン*
　ユンソン
　ヨーンソン
　ヨーンゾン**
　ヨンソン
Johnson Montano
　ジョンソンモンタノ
Johnsonmorris
　ジョンソンモリス
Johnson-smith
　ジョンソンスミス
Johnson-thompson
　ジョンソントンプソン
Johnsrud ヨンスル
Johnsson
　ヨーンソン
　ヨンソン
Johnstad
　ジョンスタッド
Johnston
　ジョンストウン
　ジョンストン***
Johnstone
　ジョンストーン
　ジョンストン**
Johnthan ジョンサン
Johnw ジョン
Johny ジョニー**
Joho ジョー
Johoiakim ヨホヤキム
Johonnot
　ジョアノ
　ジョホノット*
Johonson ジョンソン
Johonstone
　ジョンストン
Johoson ジョーソン
Johr ヨール
Jöhr ヨエール
Johst ヨースト*
Joi ジョイ
Joice ジョイス**
Joie
　ジョーイ
　ジョイ
Joiner ジョイナー*
Joines ジョインズ
Joinson ジョインソン*
Joinville
　ジョアンヴィル
　ジョアンビル

　ジョワンヴィル*
Joio ジョイオ
Jois ジョイス
Joist ジョイスト
Joisz ヨーリス
Joite ジョイト
Jojakim ヨアキム
Joji
　ジョウジ
　ジョージ*
Jojic ヨイッチ
JoJo ジョジョ
Jojo ジョジョ**
Jok ジョック
Jokai ヨーカイ
Jókai ヨーカイ
Jokanovic
　ヨカノビッチ
Jokar ジョカル
Joke
　ヨーク*
　ヨーケ
Jokeit ジョケイト
Jöken イェーケン
Joketani チョケタニ
Jokha ジューハ
Jokic ヨキッチ
Jokić ヨキッチ
Jokiel ヨーキール
Jokilehto ヨキレット*
Jokinen ヨキネン
Jokiranta ヨキランタ
Jokisch ホキッシュ
Jokl
　イヨックル
　ヨーケル
Joko
　ジョウコウ
　ジョコ**
Jokob ヤーコブ
Jokovic ヨコビッチ
Joksimović
　ヨクシモビッチ
Jokstad
　ジョクスタッド
Jol ジョール
Jolan ヨラン
Jolanda ヨランダ
Jolande
　ヨラン
　ヨランデ
Jolanta ヨランタ
Jolas ジョラス
Jolberg ヨールベルク
Jole ジョール*
Joleen ジョリーン
Jolene ジョリーン
Jolesz ヨレッシ
Jolevski ヨレフスキ
Joli ヨーリ
Jolie ジョリー**
Jolien ヨリエン
Joliet ジョリエ
Joliffe ジョリッフ

Jolink ジョリンク
Joliot ジョリオ**
Jolis ジョリ
Jolitz ヨリッツ
Jolivet
　ジョリヴェ**
　ジョリヴェー
　ジョリベ
Jolkovsky
　ジョルコウスキー
Joll ジョル*
Jolle ヨル
Jolles
　ジョールス
　ヨレス*
Jolley
　ジョリー**
　ジョーレー
Jollie ジョリー
Jollien ジョリアン
Jolliet ジョリエ
Jolliffe
　ジョリッフ
　ジョリフ
Jollivet ジョリヴェ
Jollois ジャロア
Jolly
　ジョーリー
　ジョリー**
　ジョリィ
　ヨリ
　ヨリー
Jolowicz ヨロヴィツ
Jølsen イェルセン
Jolson
　ジョルスン
　ジョルソン**
Joly
　ジョリ**
　ジョリー**
　ジョリィ
Jolyon ジョリオン
Jolyot
　ジョリオ
　ジョリヨ
Jomaa ジョマア*
Jomar ジョマル
Jomard ジョマール
Jomart ジョマルト
Jomier ジョミエ
Jomini
　ジョミニ*
　ジョミニー
Jommelli
　ヨメリ
　ヨンメッリ
　ヨンメリ
Jomo ジョモ**
Jomo-jalloh
　ジョモジャロ
Jom-son ジョムソン
Jomy ジョミ**
Jon
　ジョン***
　チョン*
　ホン
　ヤン
　ユン*
　ヨーン*
　ヨン***
Jón
　ヨゥン
　ヨゥーン
　ヨウン
　ヨーン*
　ヨン**
Jona
　ジョナ
　ヨナ
Jōnā ヨナ
Jonadab ヨナダブ
Jonah
　ジョウナ**
　ジョーナ*
　ジョナ***
　ジョナー
　ジョナア
　ヨナ*
Jonaid ジュナイド
Jonak ヨーナック
Jonan ジョナン
Jonard ジョナード
JonArno ジョナルノ
Jonas
　ジョウナス
　ジョーナス*
　ジョナス***
　ユーナス*
　ヨーナス**
　ヨナス***
　ヨンス
Jonás ホナス
Jónas ヨウナス
Jonash ジョナシュ*
Jonassen
　ジョナセン
　ヨナセン
Jonasson
　ジョナソン
　ユーナソン
　ヨーナスソン
　ヨナーソン
　ヨナソン**
　ヨナッソン
Jónasson ヨナソン
Jonatan
　ジョナタン
　ヨナタン*
Jonatão ジョナタン
Jonath
　ジョナス
　ヨナート
Jonathan
　ジョナサン***
　ジョナザン
　ジョナタン**
　ジョン*
　ヨナサン
　ヨナータン
　ヨナタン*
Jonathans ヨナサンズ
Jonathon
　ジョナサン**
　ジョナソン*
JonBenet
　ジョワンベネイ
　ジョンベネ
　ジョンベネイ
Joncières
　ジョンシエール
Joncour ジョンクール
Jone
　ジョネ
　ジョーン
　ヨーン*
　チョネ
Jonel
　ジョネル
　ヨネル
Jonell ジョネル
Jonelle ジョネル
Jones
　ジョーンズ
　ジョウンズ*
　ジョーンズ*
　ジョーンズ***
　ジョンス
　ジョンズ**
　ジョーンズ
　ファイアブレイス
　ヨネス
Jonescu ヨネスク
Jones-morgan
　ジョーンズモーガン
Jonesy ジョンジー
Jonetani チョネタニ
Jonette ジョネット
Joņevs ヨニェヴス
Jonez
　ヤネス
　ヤネツ
Jong
　ジョン*
　ジョン***
　チョン**
　ヨンク
　ヨン**
Jong Ae ジョンエ
Jongae ジョンエ
Jong-beom
　ジョンボム*
Jongbloed
　ヨンクブルート
Jong-chan
　ジョンチャン
Jong-cheol
　ジョンチョル
Jong-chon
　ジョンチョン
Jong-chul
　ジョンチョル*
Jong-deok ジョンドク
Jong-duck ジョンドク
Jonge
　ジョング
　ジョンジュ
　ヤング
　ヨンゲ
　ヨンデ
　ヨンヘ
Jongen
　ジョンゲン
　ヨンゲ
　ヨンゲン
Jongeward
　ジョングウォード
Jong-gak ジョンガク*
Jong-gil ジョンギル
Jong-gjun ヨンギュン
Jong-gon ジョンゴン
Jonggrang
　ジョングラン
Jong-guk ジョングク
Jong-gwan
　ジョングァン
Jong-gy ジョンギ
Jong-gyu ジョンギュ
Jongh ヨング*
Jong-han ジョンハン
Jong-hee ジョンヒ
Jong-ho
　ジョンホ
　チョンホ
Jong-hoon
　ジョンフン*
Jonghoon ジョンフン
Jong-hun ジョンフン
Jong-hwa ジョンファ
Jong-hwan
　ジョンファン*
Jong-hyon
　ジョンヒョン
Jonghyun
　ジョンヒョン*
Jong-ik ジョンイク
Jong-il ジョンイル**
Jong-in ジョンイン
Jongjohor
　ジョンジョーホー
　ジョンジョホール*
Jong-jun ジョンジュン
Jong-jung
　ジョンジュン
Jong-kak ジョンガク
Jongkie ヨンキー
Jong-kil ジョンギル
Jongkind
　ヨンキント
　ヨンキンド
　ヨングキント
Jong-ku ジョング
Jong Kuk ジョングッ
Jong-kun ジョングン
Jong-kyun
　チョンギュン*
Jongmin ジョンミン
Jong-moo ジョンム
Jong-mu ジョンム
Jong Myong
　ジョンミョン
Jong-nam
　ジョンナム**
Jong-o ジョンオ
Jong-oh ジョンオ*
Jong-pil ジョンピル**
Jong-rae ジョンレ
Jong-seok ジョンソク*
Jong-sik ジョンシク
Jong-sil ジョンシル
Jong-sim ジョンシム*
Jongsim ジョンシム
Jongsma ヨングスマ
Jong-sok ジョンソク
Jong-soo ジョンス**
Jong-sop ジョンソプ
Jong Su ジョンス
Jong-su ジョンス*
Jongsu ジョンス
Jong-suk
　ジョンスク
　ジョンソク*
Jong-Sun ジョンソン
Jong-sup ジョンソプ
Jong-tae ジョンテ
Jong Tjien Fa
　ヨンチンファ
Jong-u ジョンウ
Jong-uk ジョンウク
Jong-un ジョンウン*
J'ongungu
　ジョングング
Jong-up ジョンアプ*
Jong-woo ジョンウ
Jong-wook
　ジョンウク**
Jong-woon ジョンウン
Jong-yil ジョンイル*
Jong-yong ジョンヨン
Joni
　ジョニ***
　ジョニー*
　ジョン
　ヤーニ
Jónína ヨニナ
Jonk ヨンク
Jonke
　ジョンク
　ヨンケ
Jonkel ヨンケル
Jonker
　ジョンカー
　ヨンカー
　ヨンケル
Jonn ジョン
Jonna ヨンナ*
Jonnart ジョナール
Jonne ヨンネ*
Jonnes ジョネ
Jonnie ジョニー
Jonnier ジョニエ
Jonny
　ジョニー***
　ホニー
Jono ジョノ
Jonothan ジョナサン
Jonotthan ジョナサン
Jonovic
　ジョノヴィック
Jonquet ジョンケ**

Jonquières ジャンクレイス
 ジョンキエール
Jons ジョンズ
Jöns イェンス
 ヨンス
Jonscher ジョンシャー
Jónsdóttir ヨウンスドッティル
 ヨンスドゥター
 ヨーンスドッティル*
Jonsen ジョンセン
 ヨンセン
Jonson ジョンスン
 ジョンソン**
Jónsonn ジョンソン
Jonsson イェンソン*
 イョンソン
 ジョンソン
 ヨウンソン
 ヨンソン**
Jónsson ジョウンソン
 ヨウンソン
 ヨーンソン
Jönsson イェンソン**
 ヨハンソン
 ヨンソン*
Jonstone ジョンストン
Jonstons ヨンストン
 ヨンストンス
Jonstonus ヨンストン
Jontel ジョンテル
Jon Thor ジョンジー*
Jonvelle ジョンヴェル*
Jon Wi ジョンウィ
Jony ホニー
Jonze ジョーンズ**
Jönzon イェンソン
Joo ジュ
 ジョー
 チュ*
 ヨー
Jooae スエ*
Joob ヨーブ
Joo-bong ジュボン*
Joof ディウフ
Joo-ho チュホ*
Joohũi ジョーホイ
Joo-hyon ジュヒョン
Joo-hyuk ジュヒョク
Jools ジュールズ
Joolz ジュールズ*
Joomalt ジョオマルト
Joon ジュン*
Joonas ヨーナス
 ヨナス
Joong-chul ジュンチョル

Joong-dal ジュンダル
Joong-hoon チュンフン*
Joong-il ジュンイル*
Joong-ki ジュンギ*
Joong-kyung ジュンギョン
Joong-shin ジュンシン
Joong-suh ジュンソ
Joong-suk ジョンチャク
Joon-guk ジュンクック
Joon-gyu ジュンギュ*
Joon Ho ジュンホ
Joon-ho ジュノ*
 ジュンホ
Joon-hyuk ジュンヒョク
Joon-sang ジュンサン
Joon-seo ジュンソ
Joon-sik ジュンシク
Joon-whi ジュンフィ
Joon-yang ジュンヤン*
Joop ヨープ*
Joors ヤァーズ*
Joos ジュース
 ジョー
 ジョス*
 ユストゥス
 ヨース*
Joós ジョース
Joose ジョシー
 ヨース
Joosep ジョセフ
Jooss ジョース
 ヨース
Joosse ジョシー
 ヨース
Joost ジュースト
 フースト
 ユースト**
 ヨースト**
Jooste ジョーステ
Joosten ジュースデン*
 ヨーステン
Joo-sung ジフン
Joo-won ジュウォン
Jopek ヨペック
Jophery ジョフリー
Joplin ジョプリン
 ジョプリン**
Jopling ジョプリン
Joplo ジョプロ
Joppe イェッペ
 ヨッペ
Joppich ヨピッヒ

Joppke ヨブケ
Joppy ジョッピー*
Joque ジョーク
Jora ジョーラ
Joram ジョラム
Joraschky ヨラシュキー
Jorbenadze ジョルベナゼ
Jorczak ジョルチャク
Jordá ホルダ
Jordaens ヨルダーンス
 ヨルダンス
Jordahl ヨルダル
Jordain ジョーデイン
Jordal ヨーダル
Jordan ジョーダン***
 ジョダン
 ジョルダン***
 ジョルドン
 ホルダン
 ヨルダヌス
 ヨルダン**
Jordán ホルダン
Jordana ジョルダーナ
Jordanes ヨルダーネス
 ヨルダネス
Jordania ジョルダーニア
Jordanoff ジョルダノフ
Jordanov ヨルダノフ*
Jordanova ジョーダノーヴァ
 ジョーダノヴァ*
 ジョーダノパ
Jordanus ジョルダヌス
 ヨルダーヌス
 ヨルダヌス
Jordao ジョルダン
Jordão ジョルドン
Jorde ジョルディ*
Jorden ジョーダン
 ジョーデン*
Jordens ジョーデンス
Jordet ヨルデット
Jordi ジョーディー
 ジョディ
 ジョルディ**
 ホルディ**
Jordie ジョーディ
 ジョーディー
Jordison ジョーディソン
Jordje ジョルジェ
Jordon ジョーダン
 ジョードン
Jordy ジョーディ
 ジョーディー

 ジョルディ
 ジョルディー
 ヨルディ
Jordyn ジョーディン*
Joredie ジョルディエ
Jores ヨーレス
Jorg イェルク*
 イエルク
 イョルク
 イョルグ*
 ヨルク*
 ヨルグ
Jörg イェルク***
 イエルク***
 イョルク
 イョルグ
 ジョージ
 ユルグ
 ヨエルク
 ヨエルグ
 ヨーク
 ヨルク*
 ヨルグ
Jorge エルヘ
 ジョージ**
 ジョルジ**
 ジョルジェ***
 ジョルジュ**
 ホーヘイ*
 ホルゲ
 ホルヘ***
Jorgen イェルゲン
 ヨアン*
 ヨーゲン*
 ヨルゲン**
Jörgen イェリェン
 ヨーガン
 ヨルゲン
Jørgen イェルゲン
 イエレン
 イォルゲン
 ヨアン*
 ヨルゲン**
 ヨーレン
Jörgens ヨルゲンス
Jorgensen イェルゲンセン
 イエルゲンセン
 イエルゲンゼン
 ジョーゲンセン**
 ユールヨーゲンセン
 ヨーゲンセン*
 ヨルゲンセン**
Jörgensen ヨーアンセン
 ヨアンセン
 ヨルゲンセン**
Jørgensen イェルゲンゼン
 ジョルゲンセン
 ヨーアンセン
 ヨエルゲンゼ
 ヨエルゲンセン
 ヨエルゲンゼン

 ヨルゲンセン*
Jorgenson ジョーゲンソン
 ジョルゲンソン*
Jorgensson ジョーゲンスン
Jorginho ジョルジーニョ*
Jorgo ホルヘ
Jöri ヨリ
Jorie ジョリー*
Jorien ヨリン*
Jorion ジョリオン*
Jorioz ヨリオズ
Joris ジョリ*
 ジョリス***
 ヨーリス*
 ヨリス**
Jorisch ジョリッシュ
 ヨレシュ
Jorissen ヨリッセン*
Joriszoon ヨーリスゾーン
Jorja ジョージャ
 ジョルジャ
Jorks ジョークス
Jorm ジョーム
Jorma ヨルマ**
Jorn イェルン
 ヨルン
 ヨーン
 ヨン
Jörn イェルン
 イェルン
 ヨハン
 ヨルン*
 ヨーン
Jørn イェアン
 イエレン
 ヤーン
 ヨアン
 ヨルン**
Jornet ジョルネ
Jorre ジョア*
Jorrin ホーリン
 ホリン
Jorrit ヨリット*
 ヨリト*
Jorritsma ヨリツマ
Jörs イェルス
Jorsear ジョースウアー
Jortner ジョートナー
Jorunn ヨルン
Jory ジョリ
 ジョリー
Jos ジョス**
 ヨシュ
 ヨス*

Josann ジョーサン / ジョサン
Josaph ジョセフ
Josaphat ヨサファト / ヨザファト
Josateki ジョサテキ
Joscelin ジョスラン
Joscelyn ジョスリン* / ジョセリン
Joschka ヨシュカ**
Jose ジョーイ / ジョーズ / ジョゼ*** / ジョゼー*** / ホセ*** / ホセー / ホゼ** / ヨスィ
Jos'e ホセ
José ジュセーペ / ジョゼ*** / ジョゼー* / ホセ*** / ホセー / ホゼ* / ホセリ / ヨーゼ / ヨセ*
Josè ジョゼ*
Jośe ホセ
Joseba ホセバ*
Jose Daniel ホセダニエル
Josee ジョゼ / ホセ
Josée ジョゼ* / ホセ
Josef イオシフ / ジョーセフ / ジョーゼフ / ジョゼフ*** / ジョゼフ** / ホセフ / ユゼフ / ヨシップ / ヨシプ / ヨーセフ* / ヨーゼフ*** / ヨセフ*** / ヨゼフ** / ヨゼル
Josefa ジョセファ** / ホセハ / ホセファ / ヨセフ
Joseffy ジョセフィ
Josefin ヨセフィン
Joséfina ジョゼフィーナ / ホセフィナ

Josefowicz ジョセフォヴィツ / ジョセフォウィッツ*
Josefson ヨセフソン
Josel ヨゼル
Joselewicz ヨセレヴィチ
Joselin ジョスリン*
Joselit ジョーズリット
Joselito ジョセリト / ホセリート*
Joselman ヨーゼルマン
Joselmann ヨーゼルマン
Joselu ホセル
Joselyn ジョスリン
Josemaría ホセマリア
José María ホセマリア
Josenhans ヨーゼンハンス
Josep ジュジップ / ジュゼップ* / ジュゼップ* / ジュゼップ** / ジョセフ / ジョゼプ / ホセ* / ホセップ / ホセプ
Josepf ジョゼ / ヨセフ
Joseph ジェゼフ* / ジセッフ / ジャセフ / ジュゼッペ / ジュゼッペ / ジョー* / ジョーイ / ジョウジフ / ジョウセフ / ジョウゼフ* / ジョオゼフ / ジョージイフ / ジョシップ / ジョージフ / ジョス / ジョズフ / ジョゼ / ジョセップ / ジョーセフ / ジョーゼフ*** / ジョセーフ / ジョセフ*** / ジョゼフ*** / ホセ / ホセー / ヨシフ* / ヨーセーフ / ヨーセフ / ヨーゼフ*** / ヨセフ*** / ヨゼフ***
Joseffy ジョセフィ
Joséph ジョゼフ / ジョゼフ*

Jóseph ユゼフ / ヨーゼフ / ヨゼフ
Josepha ジョーシーファ / ジョジーファ / ジョゼファ / ジョゼファ / ホセファ / ヨーゼファ / ヨゼファ
Josephat ジョセファット
Josephe ジョウゼフ / ヨゼフ
Josèphe ジョゼフ
Josephin ジョセフィーヌ
Josephín ジョゼファン
Joséphin ジョゼファン* / ジョセフィン
Josephina ジョセフィーナ / ジョーゼフィン / ジョセフィン
Josephine ジェゼフィーン / ジョー / ジョウゼフィーン / ジョジフィーン / ジョセフィーヌ* / ジョゼフィーヌ* / ジョゼフィヌ / ジョーゼフィーン / ジョーゼフィン / ジョセフィーン* / ジョセフィン*** / ジョゼフィン** / ジョゼフィーン*** / ヨゼフィーネ
Joséphine ジョセフィーヌ / ジョゼフィーヌ* / ジョゼフィヌ / ジョゼフィン
Jōsephos ヨセフォス
Josephs ジョセフ
Josephson ジョセフスン / ジョセフソン** / ジョセフソン / ユーセフソン / ヨーセフソン / ヨセフソン**
Josephsson ジョセフソン / ジョセフソン
Josephus ジョセフス / ヨーゼフ / ヨゼフ / ジョセフォス / ヨセフス* / ヨセフス / ヨセフュス / ヨーセーボス

Joses ジョセス / ジョゼス
Joset ジョゼ
Josette ジョゼッテ / ジョゼッティ / ジョセット / ジョゼット**
Josey ジョージー*
Josh ジョシュ*** / ジョス / ジョッシュ**
Jōsh ジョーシュ
Joshi ジョウシ / ジョーシ* / ジョシ / ジョシー* / ジョッシ / ヨシ
Joshī ジョーシー
Jōshī ジョーシー
Joshua ジョシュ* / ジョシュア*** / ヨシュア**
Joshura ジョシュア
Josia ジョサイア*
Josiah ジョウサイア / ジョサイア** / ジョサイヤ / ジョージア / ジョシア* / ジョシヤ / ヨシア / ヨシヤ
Josiane ジョジアーヌ* / ジョジアンス / ジョスィアーヌ
Joséphine ジョセフィーヌ / ジョゼフィーヌ* / ジョゼフィヌ / ジョゼフィン
Josias ジョサイアス / ヨージアス / ヨジアス
Josie ジョウジー / ジョージー / ジョーシー** / ジョジー*
Jósika ヨーシカ / ヨージカ
Josine ヨスィーネ
Josip ジョシップ / ヨシップ** / ヨジップ** / ヨシフ / ヨシプ** / ヨスィプ
Josipovic ヨシポビッツ
Josipović ヨシポヴィッチ*
Josipovici ジョシポーヴィッチ / ジョシボヴィッチ

Joses ジョセス / ジョゼス
Joset ジョゼ
Joskow ジョスコー
Joskowicz ジョスコヴィッツ
Joslin ジョスリン**
Josling ジョスリン / ジョスリング
Joslyn ジョスリン
Josphat ジョセファト
Jospin ジョスパン**
Josquin ジョスカン
Josquín ホアキン
Joss ジョス** / ヨス
Josse ジョス* / ジョセ* / ヨセ
Josselin ジョスラン / ヨセリン
Josseline ジョスリーヌ / ジョスリン
Josserand ジョセラン
Jossimar Orlando ホシマルオルランド
Jossinet ジョシネ**
Jost ジョスト** / ヨースト** / ヨスト**
Jostein ヨースタイン**
Josten ヨーステン
Josua ジョスア / ヨシュア / ヨーズア
Josue ホスー / ホセ
Josué ジョジュエ / ジョーズェ / ジョスエ / ジョズエ / ヨセ
Josuha ジョシュア
Josuttis ジョスティス
Jos van ジョスファン
Josvan ジョス・ファン
Josy ヨージー
Josyane ジョジアーヌ*
Jota ジョッタ / ホタ
Jotapianus ヨタピアヌス
Joteyko イオテイコ
Jotham ジョサム / ヨタム
Jotidāsa ジョーティダーサ

Jotika ジョーティカ*
Jotindra ジョティンドラ
Jotisalikorn ジョティサリコーン
Jotischky ジョティシュキー
Jotuni ジョトゥニ / ヨトゥニ
Jotzo ヨッツォ
Jouanique ジョアニク
Jouannigot ジュアニゴ*
Jouanno ジュアノ
Jouassard ジュアサール
Jouatte ジュアット
Joubert ジュウベエル / ジュベア / ジューベール / ジューベル / ジューベール** / ジュベル / ヨーベルト
Joubin ジュバン
Joudeh ジュダ
Jouenne ジュエンヌ*
Jouett ジューイト / ジューエット
Jouette ジュエット
Jouffa ジュファ
Jouffroy ジュフロア / ジュフロワ** / ジョフラ
Jouflas ジョウフラス
Jouglet ジュウグレ / ジューグレ
Jouguet ジュゲ
Jouhandeau ジュアンドー*
Jouhaud ジュオー
Jouhaux ジューオー / ジュオ / ジュオー
Jouini ジュイニ
Jouke ユーケ
Jouko ヨウコ
Joule ジュール*
Joules ジュールズ
Joulin ジョウリン
Joumana ジョマナ
Joun ジョン
Jounel ジューネル / ジュネル
Joung-binn ジョンビン*
Joungh ヤング
Joung-il ジョンイル
Joung-wan ジョンワン*

Joung-woo ジョンウ
Joun-sik ジョンシク
Jouon ジュオン
Jour ジュール
Jourard ジュラード
Jourdain ジュールダン / ジュールデン
Jourdan ジュールダン / ジュゥルダン / ジュールダン* / ジュルダン / ジョーダン*
Jourde ジュールド
Jourdin ジュルダン
Jourdy ジュルディ
Jouri ユニ
Jouriles ジュリス
Journalgyaw ジャーネェジョー / ジャーネージョー**
Journe ジュルヌ*
Journet ジュールネ / ジュルネ* / ジュルネー
Journod ジュルノー*
Journoud ジュルヌー*
Jousette ジョゼット
Jouslain ジュスラン
Joussain ジューサン
Jousse ジュス / ユーシー
Jousseaume ジュソーム
Jousset ジョゼット
Jousso ジュソ
Joustinos ユスチノス
Joutel ジョーテル
Joutsen ヨーチェン
Jouttemann ジュットマン
Jouve ジューヴ** / ジューブ / ジュブ
Jouvenel ジュヴネール / ジュヴネル
Jouvenet ジューヴネ / ジュヴネー / ジュブネ
Jouvent ジュヴァン
Jouventin ジュヴァンタン / ジュバンタン
Jouvet ジューヴェ* / ジュヴェ** / ジューベ / ジュベ
Jouvin ジュヴァン
Jouvnel ジヴネール
Jouy ジュイ

Jovaiša ヨーヴァイシャ
Jovan ジョバン* / ヨヴァン** / ヨバン*
Jovana ヨヴァナ / ヨバナ
Jovanna ジョバンナ
Jovanni ジョバンニ
Jovanotti ジョヴァノッティ / ジョパノッティ
Jovanovic ジョヴァノヴィック / ジョヴァノヴィッチ / ジョバノビッチ / ヨヴァノヴィッチ / ヨパノビッチ
Jovanović ヨヴァノヴィチ / ヨバノビッチ / ヨワノヴィッチ
Jovanovici ヨヴァノヴィッチ
Jovanovski ヨヴァノヴスキー
Jovellanos ホベリャーノス / ホビリャノス
Jovellar ホベリャール / ホベリヤル
Jovenel ジョブネル**
Jover ホベル
Jover Comas ジョベコマス
Jovetic ヨヴェティッチ
Jovi ジョヴィ* / ジョビ
Jovianus ヨウィアーヌス / ヨウィアヌス / ヨヴィアヌス
Jovic ヨヴィッチ*
Jovič ヨヴィッチ / ヨビッチ
Jovicevic ヨビチェビッチ
Jovici ヨヴィッチ
Jovine ヨーヴィネ
Jòvine ヨーヴィネ / ヨービネ
Jovinianus ヨウィニアーヌス / ヨウィニアヌス
Jovita ヨウィータ
Jovito ホビト*
Jovkov ヨフコフ
Jovovich ジョヴォヴィッチ* / ジョボビッチ
Jow ジョウ
Jowda ジョウダ
Jowdar ジョウダル

Jowder ジャウデル / ジョウデル
Jowell ジョウェル
Jowett ジャウイット* / ジャウエット* / ジョウェット / ジョエット / ジョエット / ジョーエット / ジョエット
Jo-Wilfried ジョーウィルフリード*
Jowitt ジョウィット / ジョウィット
Jowsey ジョージー
Joxe ジョクス* / ジョクス* / ホセ
Joy ジョーイ / ジョイ*** / ジョエ / ジョワ / ホイ
Joya ジョヤ**
Joyant ジョアイヤン / ジョワイヤン
Joyaux ジョワイオ / ジョワイヨ
Joyce ジョイス / ジョイス***
Joyceen ジョイシーン
Joydeb ジョイデブ
Joye ジョイ / ジョワ
Jo-yeol ジョヨル
Joyes ジョイス
Joyeuse ジョワーズ / ジョワユーズ
Joyeux ジョアイウー / ジョワイユ / ジョワイユー* / ジョワユー
Joyner ジョイナー*** / ジョイネル
Joynson ジョインソン
Joynt ジョイント
Joyohadikusumo ジョヨハディクスモ*
Joyon ジョワイヨン*
Joy Way ホイワイ*
Joža ヨジャ
Joze ヨージェ
Jozef ジョゼフ* / ユゼフ* / ヨーゼフ

ヨセフ / ヨゼフ***
Jožef ヨジェフ
Józef ジョセフ / ジョゼフ* / ユーゼフ* / ユゼフ*** / ヨーゼフ / ヨゼフ / ヨゼフ***
Józef ジョーゼフ
Jozefa ヨセファ
Józefacka ユゼファツカ*
Jozefkowicz ジョゼフコヴィッチ
Jozefzoon ヨゼフゾーン
Jozias ヨツィアス
Jožka ヨシュカ
Jozo ヨゾ*
Jožo ヨゾ
Józrf ユゼフ
Jozsef ヨージェフ / ヨーゼフ / ヨセフ
József イョジェフ / ユゼフ / ヨジェフ / ヨージェフ** / ヨーゼフ* / ヨセフ / ヨゼフ*
József イェゼフ
József ヨージェフ
Jozwiak ヨイアク
Józwiakowska ヨジアコフスカ
Jozwik ヨズビク
Jozy ジョジー**
Jpseph ジョセフ
Jr. ジュニア**
Jrean ジャン
Jreij ジレイジ
Jreisati ジュレイサティ
Jrena イレーナ
Jrma イルマ
Jrue ドリュー
Jsetice ジェスティス
Jsrosław ヤロスワフ
Ju ジュ* / ジュウ / チュ*
Juah ジュア
Jual ジュエル
Juan ジュアン** / ジョアン / ファン*** / ファン** / フワン* / ホアン***

JUL

ホワン*	Jübzhendamba	Judex ジューデクス	Ju-fan ジュファン	Juin
ユーアン	ジェブツンダンバ	Judge ジャッジ***	Juffermans	ジュアン
ヨハネ*	ジュブツェンダンバ	Judi ジュディ***	ユフェルマンス	ジュワン
ワァーン**	Juca ジュカ	Judice ジュディス	Juffing ユフィング	Ju-jie ジュイジェ
Juana	Jučas ユーチャス	Judie ジュディ	Jug ユグ	Jujja ユィヤ
ファナ	Jucelino	Judika ジュディカ	Jugah ジュガ	Jujur ジュジュル
ファナ**	ジュセリーノ*	Judis ジュディス	Jugan ジュガン	Jukarainen
ホアナ	Juch	Judit	Jugderdemidiin	ユカライネン
Juanan ファナン	ジャック	ジュディット	ジュグデルデミディーン	Jukes ジュークス*
Juan Carlos	ユーク	ユディット*	Jugeau	Jukic ジュキッチ
フアンカルロス	ユフ	ユディ	ジュゴー	Jukka ユッカ**
Juande ファンデ*	ユフィ	Judita ジュディタ	ジュジョー	Juklestad
Juanes	Juchacz ユハス	Judith	Jughli ジュヒリ	ユークレスタ
フアーネス	Ju-chan ジュチャン	ジェディス	Jugie ジュギー	Jukna ユクナ
ファネス*	Juchheim ユーハイム	ジュディ	Juglar	Juknevičienė
ホアーネス	Juchi ジュチ	ジューディス*	ジュグラール	ユクネビチエネ
Juan Esteban	Ju-chon ジュチョン	ジェディース	ジュグラール	Juknevicius
フアンエステバン	Jucker	ジュディス***	Jugnauth	ユクネヴィシウス
Juanfran ファンフラン	ユッカー**	ジュディス	ジャグナット*	Jukov ジューコフ
Juan Ignacio	ユッケル	ジュディット**	ジュグノース	Jul ユール
フアンイグナシオ	Jud	ユーディット**	ジュグノート*	Ju-lan ジュイラン
Juanita	ジャド**	ユディット**	Jugnot ジュニョ	Jūlān チュリアン
アニータ	ジュド	ユーディット**	Jugo	Jule
ジャニータ*	ユート	ユディト*	フーゴ	ジュール**
ジャニタ	Juda	Judkins	ユーゴー	ユーレ
ジュアニータ	ジュダ	ジャドキンス*	Jugovic ユーゴビッチ*	Julean ジュリアン
ジョアニータ	ユーダ	ジャドキンズ	Juguet ジュゲ	Julee ジュリー
フアーナ	Judae ユデー	Judon ジュードン	Jugunot ジュニョー	Julek ユレック
ファニータ	Judah	Judrin ジュドラン	Jugurtha ユグルタ	Julen
ファニタ	イェフーダ	Judson	Juha	ジュレン
ユアニータ	イェフーダー	ジャジソン	ジューハ	ユーレン
Juanjo	イェフダ	ジャッドソン	ユハ**	Julene ジュリーン
ファーノ	ジューダ***	ジャド	Juhā ジュハー	Jules
ファンホ	ジューダー	ジャドスン*	Juhaimi ジュハイミ	シェレ
ファンホ	ジュダ**	ジャドソン**	Juhan	ジュウル
Juan-juan	ジュダー	ジュッドソン	ユーハン	ジュウールス
ジュエンジュエン	ユダ	Judt ジャット*	ユハン**	ジュリース
Juanmartí	ユダー	Judy	Juhani	シュール**
フアンマルティ	Judāh ユダー	ジューディ	ユハニ**	シュル
Juanmi ファンミ	Judas	ジュディ***	ヨハニ	ジュール***
Juanne ジュアン	ユダ	ジュディー**	Juhasz ジュハス	ジュールー
Juanpi ファンピ	ユーダース	ジュディス*	Juhász	ジュル*
Juantorena	ユーダス	Judyth ジュディス	ユハシ	ジュルー
ファントレナ	ユダス	Juechter ジェクター	ユハース**	ジュールス**
Juarez	Juday	Juel	ユハズ	ジュールズ**
ジュアレス	ジュデー	ジュエル*	Juhl	ジュルズ
フアレス*	ジュデイ	ユエル	ジュール	ジュレス*
ヤウレッツ	Judd	ユール	ユール*	ジールス
Juárez	ジャッド***	Juelle ジュエレ	Juhn	ユリオ
ファレス	ジャド**	Juenemann	ジューン	Jules Bernard
フアレス	Judde ジュド	ユーネマン	チョン*	ジュールベルナール
ホアレス	Juddha ジュッダハ	Juengerkes	Juhani	Julfalakyan
Jub ジュブ	Jude	フェンゲルケス	ユハニ*	ジュルファラキャン
Juba ユバ	ジュデ	Juengst ヤングスト	Juhnke ユーンケ	ユルファラキャン
Jubainville	ジュード**	Juénin ジェナン	Ju-ho ジュホ	Juli
ジュバンヴィル	ジュド*	Juerg	Juho ユホ	ジュリ**
Jubal	ジュドウ	ユルク*	Juht ユフト	ジューリー
ジューバル	ユーデ	ユルグ	Ju-hwan ジュファン*	ユーリ*
ユバル	Judea ジューディア	Juergen	Juice ジュース	Julia
Jubarah ジュバラ	Judeo ジュデオ	ジュエルゲン	Juicy ジューシー	ジェリア
Jubayr ジュバイル*	Judeich ユーダイヒ	ユルゲン**	Juillard	ジューリア*
Jubb ジュブ	Judelle	ヨーガン	ジュイヤール	ジュリア**
Jubbāʾī ジュッバーイー	ジュディル	Jüergen ユルゲン*	ジューヤール	フーリア**
Jubé ジュベ	ジュデール	Juergensmeyer	Juillet ジュイエ	フリア*
Jubeir ジュベイル	Juden ユーデン	ユルゲンスマイヤー**	Juilliard ジュリアード	フーリャ
Jubi フビ	Judenkünig	Juergenssen	Jui Meng ジュイメン	ユーリア**
Jubin ジュビン	ユーデンキューニヒ	ユルゲンゼン		ユリア***
Jubouri ジュブリ	ユーデンキュニヒ	Jüergern ユルゲン		ユリヤ
	Judes ジュード			

Juliá フリア
Júlia
　ジュリア
　ユーリア
　ユリア
Juliaan ジュリアン
Julian
　ジェリアン
　ジュリア
　ジューリアン
　ジュリアン***
　ジュリヤン
　フリアン
　ユリアナ
　ユリアーン
　ユリアン**
Julián
　ジュリアン
　フリアン***
Juliana
　ジュリアーナ
　ジュリアナ*
　ジューリアン
　ジュリアン
　ユリアーナ
　ユリアナ**
Juliane
　ジュリアン
　ユリアーネ*
　ユリアネ
　ユーリヤ
Juliani ジュリアーニ
Juliann ジュリアン
Julianna
　ジュリアナ**
　ジュリアンナ*
Julianne
　ジュリアン**
　ジュリアンヌ
　ジュリアンネ
Juliano
　ジュリアーノ
　ジュリアノ*
Juliantara ジュリアンタラ*
Julianus
　ユーリアーヌス
　ユリーアヌス
　ユリアーヌス
　ユリアヌス*
　ユルアノス
Juliao
　ジュリアン
　フリアオ
Juliboy ジュリボイ
Julich
　ジュリッチ
　ユーリッヒ
Jülicher
　ユーリッハー
　ユーリッヒャー
　ユーリヒャー
Julie
　ジェリー
　ジューリ
　ジューリー*
　ジュリ**
　ジュリー***
　ユリー
　ユーリエ

Julien
　ジュリアン***
　ジュリエン
　ジュリヤン*
Julienne
　ジュリアンヌ
　ジュリエンヌ
Juliet
　ジュリエ*
　ジュリエット***
Julieta
　ジュリエッタ
　フリエタ*
Juliette
　ジュリエット***
　ユリエッテ*
Julii ユーリ
Julij ユリー
Julija ユリア*
Julijana ユリヤナ
Julin ユーリン
Julínek ユリーネク
Julio
　ジュリオ**
　フーリオ
　フリオ***
Júlio ジュリオ*
Julious ジュリアス
Julita ジュリタ
Julitta ユリッタ
Julitte ジュリエット
Julius
　ジェリアス
　ジューリアス*
　ジュリアス***
　ジュリウス**
　ジュリオス
　ジュリース
　ジュリュス
　ジュールズ
　ユウリス
　ユーリウス***
　ユリウス***
　ユリエス
　ユリュース
Július ユーリウス
Juliusdottir
　ユリウスドッティル
Júlíusson ユーリウソン
Juliusz
　ユリーシュ*
　ユリーウス
　ユリウス
Juliya ユリア*
Juljul ジュルジュル
Jull ジュル
Jullan ユラン
Julleville ジュルヴィル
Jullian ジュリアン*
Julliand ジュリアン
Jullie ジュリー
Jullien ジュリアン**
Julliot ジュリオ
Jullius ジュリアス
Julugh ジュールーグ
July
　ジュライ**

ジュリ*
Julyan ジュリアン
Juma ジュマ**
Jum'a ジュムア
Jumaa ジュマー
Jŭmabaev
　ジュマバエフ
Jumaguliev
　ジュマグルイエフ
Jumaili ジュマイリ
Jumaine ジュメイン
Jumake ジュマーク
Jumal ジュマル
Juma Mohammad
　ジュマモハマド
Jumanne ジュマンネ
Jumat ジュマット
Jumatuerdi
　ジュマトゥルドゥ
Jumayli ジュマイリ
Jumbe ジュンベ
Jumblatt
　ジュンブラット
Jumbo ジャンボ*
Jumeau
　ジュモ
　ジュモー
Jumel ジュメル
Jumes ジュメ
Jumi ジュミ*
Jumilhac ジュミヤック
Jumla ジュムラ
Jummai ジュマイ
Jump ジャンプ*
Jumper ジャムパー
Jumpeter
　ジャンペーター
Jumpin' ジャンピン
Jumpol ジュンポン
Jumpon ジュンポン
Jumsai ジュムサイ
Jun
　シュン
　ジュン**
　ジョン
　ユン
Junaid ジュナイド
Junakovic
　ユナコビッチ
Junaković
　ユナコビッチ**
Junayd ジュナイド
Junblāt
　ジュンブラート
Jun-byung
　ジュンビョン
Junca フンカ
Juncker
　ユンカー
　ユンケル**
Junco フンコ
Junco Del Pino
　フンコデルピノ
Juncosa ユコサ
Ju-ne ジュニ

June
　ジューン***
　ジュン**
　チュン
Jüne ジュン
Juneau ジュノー
Junedin ジュネディン
Junee ジュニー*
June-gill ジュンギル
Junejo ジュネジョ*
Jünemann
　ユーヌマン
　ユーネマン
Jüneyit ジュナイト
Jung
　ジャング
　ジュン
　ジュング*
　ジョン
　チュング
　チョン***
　ヤング
　ユン***
　ユンク*
　ユング***
Jung-a ジョンア
Jungblut
　ユングブルート
Jungbluth
　ユングブルート*
Jung-bum ジョンボム*
Jung-chee ジョンチ
Jung-chi ロンジー*
Jung-chul
　ジョンチョル
Jung-dal ジョンダル
Junge
　ユウゲ
　ユング***
Jungel ユンゲル
Jüngel
　ユンゲ
　ユンゲル*
Junger ユンガー**
Jünger
　ユンガ
　ユンガー**
　ユンゲル
Jungermann
　ユンゲルマン
Jungers ジャンジャー
Jung-eun
　ジョンウン**
Jungfleisch
　ユングフライシュ
Jung-gon ジュンゴン
Junghaenel
　ユンガーネル
Jung-han ジョンハン
Junghänel
　ユンガーネル
　ユンゲーネル
Junghans
　ヨングハンス
Jung-hee ジョンヒ
Jungheinrich
　ユンクハインリヒ

Jung Ho ジャンホ
Jung-ho ジョンホ
Jung-hoon ジョンフン
Junghuhn
　ユングフーン
Jung-hwahn
　ジョンファン*
Jung-hyang
　ジョンヒャン*
Jung-hyuk
　ジュンヒョク*
Jung-hyun
　ジョンヒョン*
Jun-gi ジュンギ*
Jung-il ジョンイル
Jungius
　ユンギウス
　ユング
Jung-jae ジョンジェ*
Jung-ju ジョンジュ
Jungk
　ユンク**
　ユング
Jung-kil ジョンギル
Jung-koo ジョング
Jungkvist
　ユングクヴィスト
Junglas ユングラス
Jungman ユングマン
Jungmann
　ジュングマン
　ヤングマン
　ユングマン*
Jung-min ジョンミン*
Jung-mo ジョンモ*
Jung-moo ジョンム*
Jung-myung
　ジョンミョン*
Jungnauth
　ジュグノート
Jungnickel
　ユングニッケル*
Jung-oh ジョンオ
Jung-pyo ジョンピョ
Jungr ジュンガー
Jung Rae ジョンネ
Jung-rae ジョンネ
Jung-rin ジュンリン*
Jungrungreangkit
　チュンルンルアンキッ
Jung-sang ジョンサン
Jungslager
　ユングスラーガー
Jung-soo
　ジョンス*
　チョンス
Jung-su ジョンス*
Jung Sum ジュンソン
Jung-uck ジョンウク
Jung-ung ジョンウン*
Jungwirth
　ユングヴィルト

ユングビアト
ユンクビルト
Jung-woo ジョンウ*
Jung-wook
　ジョンウク*
Jung-yoo ジョンヨン
Jung-youn ジュンユン
Jun-Hee ジュンヒ
Jun-ho ジュノ*
Junho ジュノ
Jun Hoong
　ジュンフーン
　ジュンフン
　ジュンホン
Jun-hyong
　ジュンヒョン
Jun-hyuk
　ジュンヒョク
Jun-hyung
　ジュンヒョン
Juni ジュニ*
Juní
　フーニ
　フニ
　フニー
Junianto
　ジュニアント
　ユニアント
Junianus
　ユーニアーヌス
　ユニアヌス*
Junie ジュニー
Jun-ik
　ジュニク*
　ジュニク
Junikka ジュニッカ
Junilius ユニリウス
Junillus ユニリウス
Junilson ジョニウソン
Juninho
　ジュニーニョ**
Junior
　ジュニア**
　ジュニオール**
　ジュニオル
Júnior
　ジュニオール
　ジュニオル
Juniper ジュニパー
Junípero フニペロ
Junis ジャニス
Juniti ジュンイチ
Junius
　ジューニアス
　ジュニアス**
　ユーニウス
　ユニウス
Jun-jae ジュンジェ
Junjin チョンジン*
Junk ユンク
Junkelmann
　ユンケルマン
Junker
　ユンカー*
　ユンケル*
　ヨンケル

Junkerman
　ユンカーマン**
Junkers
　ユンカース
　ユンカーズ
　ユンケルス
Jun-ki ジュンギ*
Junkins
　ジャンキンス
　ジャンキンズ
Junko ジュンコ
Junkus ジャンカス*
Junnor ジュノー
Juno
　ジュノ**
　ジュノー
Junod ジュノー**
Junor
　ジュナー*
　ジューノ
　ジュノー
　ジュノア
Junot
　ジュノ**
　ジュノー
Jun-pyo ジュンピョ*
Junqueira
　ジュンケイラ*
Junqueiro
　ジュンケイロ
Jun-seok ジュンソク
Jun-sheng
　ジュインセン
Jun-sok ジュンソク
Jun-soku ジュンソク
Junsu ジュンス*
Jun-sung ジュンソン
Juntti ユンッティ
Junttila ユンティラ
Junuguito フンギト
Junusov ジュヌソフ
Junuzovic
　ユヌゾヴィッチ
Junyi ジュンイ
Jun Young ジュンヨン
Junyoung ジュニョン*
Ju-o ジュオ
Juon ユオン
Juozaitis
　イウオザイチス
Juozas ユオザス
Jupiter ジュピター
Jupp
　ジャップ
　ジュップ
　ユップ*
Juppé
　ジュッペ
　ジュペ**
Jurack ユラック
Juracy ジュラシー
Jurado
　ジュラド
　フラード*
　フラド**

Jurado Lopez
　フラドロペス
Juraev ジュラエフ
Jurafsky
　ジュラフスキー
Juraj
　ユライ*
　ユーラジ
　ユーリー
Juran ジュラン
Juranville
　ジュランヴィル
Jurat ジュルアト
Juravschi ユラフスキ
Jurayev ジュラエフ
Jurbār グルバール
Jurčić ユルチッチ
Jurčič
　ユリチッチ
　ユルチッチ
Jurczok ユルチョク
Jure
　ジュール
　ユーレ**
　ユレ
Jurečka ユレチカ
Jureit ユーライト
Jurek
　ジュレク
　ジュレック
　ユーレク*
　ユレク
Jurelang
　チューレラン**
Jureña ユレニャ
Juretić ユレティッチ
Jurg
　ジャーグ
　ジュルグ
　ユルク*
Jürg
　イュルク
　ユルク***
　ユルグ
Jurga
　ジャーガ
　ユルガ
Jurgen
　ジャーゲン*
　ヤーゲン
　ユーゲン
　ユーリゲン
　ユルゲン**
　ユルヘン
　ヨーガン*
Júrgen ジョーガン
Jürgen
　エルゲン
　コールゲン
　ジャーガン
　ジャーゲン
　ヘルガ
　ユーゲン
　ユーリゲン
　ユーリンゲン
　ユールゲン
　ユルゲン***
　ユンゲン

Jurgens
　ジャーゲンス
　ジャーゲンズ
　ユルゲンス*
Jürgens ユルゲンス**
Jurgensen
　ジャーガンセン
　ジャーゲンセン
　ジュルゲンゼン
Jürgensen
　イェアゲンセン
　イェアーセン
　ユルゲンセン
Jürgensmeier
　ユルゲンスマイアー
Jurgensmeyer
　ユルゲンスマイヤー
Jurgenson
　ジュルジャンソン
　ユルゲンソン
Jurges ジャーゲズ
Jurgiel ユルギエル
Jurgielewicz
　ユルギエレビチ
Jurgielewiczowa
　ユルギエレビチョーバ
Jurgis
　ユルギス**
　ユルジス
Jürgs ユルクス*
Juri
　ユーリー
　ユリ
Jüri
　ユーリ*
　ユーリー
Juria
　ジュリア
　ユリア
Juriaan ユリアーン
Juriaans ユリアーンス
Juric ユリッチ*
Jurica ユリカ
Juríček ユリーチェク
Jurichs ユリクス
Jurickson
　ジェリクソン
Jurien ジュリアン
Jurietti
　ジュリエッティ
Jurieu
　ジュリウー
　ジュリュー
Jurij
　ユーリー*
　ユリィ
　ユリィー
Jurijs ユリス
Jurin チュリン
Jurina
　イリーナ
　ユリナ
Jurinac
　ユリナツ
　ユリナッチ
　ユリナッツ
Jurinać ユリナッチ
Jurinetz ユリネッツ

Juris
　ジュリス*
　ユリス
Jurius
　ジュリアス
　ユリウス
Jurjānī
　ジュルジャーニー
　ジョルジャーニー
Jurjus ユリウス
Jurk ジューク
Jurkka ユルカ
Jurkovich
　ユルコーヴィッチ
Jurkowski
　ユルコフスキ*
Jurlina ユルリナ
Jurme ギュルミ
Jurney ジャーニー
Jurowski ユロウスキ*
Jurrell ジャーレル
Jurriaan ユリアーン
Jurriaanse
　ユリアーンス
Jurrian ユリアーン
Jurrie ユリエ
Jurriën ユリエン
Jurriëns
　ジュリアン
　ユリエンス
Jurševska
　ユルシェウスカ
Jurvetson
　ジャーベットソン
Jury
　ジュアリ
　ジュリー
Jurzyca ユルジツァ
Juscelino ジュセリーノ
Juscelyno ジュセリノ
Juschina ユシナ
Jusiene ユシエネ
Juska ジャスカ
Jusko ユスコ
Juskowiak
　ユスコビアク
Juslin ジュスリン
Jusman ユスマン
Jusoh ジュソー
Ju-son ジュソン
Ju-sop ジュソプ
Juspin ジョスパン
Jussaume ジュソーム*
Jussen ユッセン*
Jusserand ジュスラン
Jussi
　ユシー
　ユッシ**
Jussieu
　ジュシュー
　ジュッシュー
Just
　ジャスト**
　ジュスト***
　フスト
　ユスト*

Juste
　ジャスト
　ジュスト
Juster
　ジャスター**
　ユステル
Justesen ユステセン*
Justi ユスティ
Justice
　ジャスティス***
Justin
　ジャスチン
　ジャスティン***
　ジュスタン*
　ユスティヌス
　ユースティン
　ユスティン
Justina
　ジャスティーナ
　ジャスティナ*
　ジュスティナ
　ユスティーナ
　ユスティナ
Justinas ユスティナス
Justine
　ジャスティーン**
　ジャスティン**
　ジュスティーヌ**
Justinian
　ユスティニアン
Justiniani
　ユスティニアーニ
　ユスティニアニ
Justiniano
　ジュスティニアーノ
　フスティニアノ
Justinianus
　ユスチーニアーヌス
　ユスチニアーヌス
　ユスチニアヌス
　ユースティーニアーヌス
　ユースティーニアヌス
　ユスティニアーヌス
　ユスティニアヌス
Justino
　ジュスチーノ
　ジュスチノ
　ジュスティノ
　フスティノ
　ホスティノ
Justinus
　ジュスティーノ
　ユスチヌス
　ユスチノス
　ユスティーヌス
　ユスティヌス*
　ユスティーノス
　ユスティノス
Justis ジャスティス
Justise ジャスティス
Justiss ジャスティス*
Justo
　ジュスト
　フスト*
Juston ジャストン
Justsen ジャストセン*
Justus
　ジャスタス
　ジュスタス

ジュスト
ジュストゥス
フストゥス
ユウトゥス
ユスタス
ユスッス
ユーストゥス
ユストゥス**
ユストゥス
ユストユース
ヨストス
Justyna ユスチナ*
Jusuf
　ユスフ***
　ユフス
Juszczyk
　ユーズチェック
Juta ユタ
Jutamulia
　ジュタムリア
Jutanugarn
　ジュタヌガーン
Jute ジュート
Jutikkala ユティッカラ
Jutin ジャスティン
Jutkowitz
　ユコウィッツ
Jutla ジュトラ
Jutta
　ユタ*
　ユッタ***
　ユッター
Jutte ユッテ**
Jütte ユッテ
Jütten ユッテン
Jutze ユッツィ
Jutzi ユッツィ
Juu ジュー
Juuk ジュック
Juul
　ジュール
　ユール*
Juutilainen
　ユーティライネン*
Juval ジュヴァル
Juvarra
　ユヴァーラ
　ユバラ
Juvaun ジュボン
Juvenal ジュベナル
Juvénal ジュベナール*
Juvenalis
　ユウェナーリス*
　ユウェナリス
　ユヴェナリス
　ユベナリス
Juvencus
　ユウェンクス
　ユーベンクス
Juvenile
　ジュヴィナイル
Juventino
　フベンティーノ
Juventius
　ユウェンティウス
Juvet
　ジュヴェ

ジュヴェー
Juviler
　ジュヴィラー
　ジュビラー
Juwainī ジュワイニー
Juwan ジュワン
Juwaynī
　ジュヴァイニー
　ジュワイニー
Juwono
　ジュウォノ
　ユウォノ*
Juxon
　ジャクスン
　ジャクソン
Juyeon ジュヨン
Ju-yong ジュヨン*
JuYoung ジュヨン
Juzdado フズダド
Jwala ジュワラ
Jyl ジル*
Jylhä ユルヘー
Jylland ジランド
Jynge イュンゲ
Jyon ジョン
J-yong ジェヨン
Jyoti ジョティ*
Jyotindra
　ジョティンドラ
Jyotirmayananda
　ジョーティルマヤナンダ
Jyri ユリ
Jyrki ユルキ**
Jytte ジュッテ
Jyun-kyu ジュンギュ*

【K】

K2 ケイツー
Ka
　カ**
　カー*
　カル
Kâ カ
Kaa カー
Kaaberbol
　コバブール
Kaaberbøl
　コバブール
　コーバベル
Kaabi カービ
Ka'abi
　カアビー
　カビ
Kaahumanu
　カーフマヌ
Ka'aihue カアイフェ
Kaakinen カーキネン
Kaaleste カレステ
Kaam カーム
Kaan カーン

Kaancanaphaas
　カーンチャナパート
Kaancanavath
　カーンチャナワット
Kaapanda カパンダ
Kaare
　カール
　コーレ*
Kaaren カーレン
Kaari カアリ**
Kääriäinen
　カーリアイネン
Kaarina
　カアリナ
　カーリナ*
Kaarla カーラ
Kaarle カールレ
Kaarlo カーロ
Käärmann カーマン
Kaart カート
Kaas カース*
Kaashyap カシヤップ
Kaat
　カット*
　カート
Kaath
　ケハト
　コハテ
Kaatje カーティエ
Kaatz カーツ
Kaavlo カールロ
Ka'b
　カアブ
　カーブ
Kaba カバ
Kabadi カバディ
Kabaeva
　カバエバ
　カバエワ*
Kabaija カバイジャ
Kabaivanska
　カバイヴァンスカ*
　カバイバンスカ
Kabaka カバカ
Kabakchiev
　カバクチェフ
Kabakov
　カバコーフ
　カバコフ**
Kabakumba
　カバクンバ
Kabal カバル
Kabalevskii
　カバレフスキー
　カバレフスキー*
　カバレーフスキイ
Kabalevsky
　カバレフスキー
Kaban カバン
Kabanda カバンダ
Kabanga カバンガ
Kabange カバンゲ
Kabanshi カバンシ
Kabaou カバウ
Kabarebe カバレベ
Kabarega カバレガ

Kabariti カバリティ*
Kabasele カバセレ
Kabashi カバシ
Kabasilas カバシラス
Kabásilas カバシラス
Kabasta カバスタ
Kabat
　カバット**
　カバート
　カバト
Kabat-Zinn
　カバットジン
Kabayan カバヤン
Kabbah
　カバ
　カバー**
Kabbani カッバーニ
Kabbara カッバーラ
Kabbas カバス
Kabeer カビール*
Kabel カーベル
Kabélé カベレ
Kabeli カベリ
Kabelo カベロ
Kaber カベル
Kåberger コバリエル*
Kaberuka カベルカ
Kabi カビ
Käbi ケビ
Kabia カビア
Kabiga カビガ*
Kabil カビル
Kabila カビラ**
Kabimba カビンバ
Kabinana カビナナ
Kabine カビネ
Kabineh カビネ
Kabinga カビンガ
Kabinlasing
　カビンラシン
Kabir
　カビー
　カビア
　カビール**
　カビル
Kabīr
　カービール
　カビール
　キャビール
Kabira カビール
Kabirov カビロフ
Kabiru カビル
Kabisch
　カービシュ
　カビッシュ
Kabit カビト
Kabitz カービッツ
Kablan カブラン
Kablukov
　カブルコーフ
　カブルコフ
Kaboneka カボネカ
Kabongo カボンゴ
Kabore カボレ

Kaboré
　カボーレ
　カボレ**
Kabos
　カーボシュ
　カボス
　コボシュ
Kaboul カブール
Kabre カブレ
Kab-soon カブスン
Kabua
　カバ
　カブア*
Kabui カブイ
Kabul カブル
Kabungsuwan
　カブンスワン
Kabush カブシュ
Kabwe カブエ
Kabwegyere
　カブワジェレ
Kabwelulu
　カブウェルル
　カブエルル
Kabyl'nitskaia
　カビリニツカヤ
Kac
　カチ
　カッツ*
Kacar カチャル
Kaccāyana
　カッチャーヤナ
Kacciyappa
　カッチヤッパ
Kacelnik ケセルニク
Kacem
　カシム
　カセム*
Kacer
　カツェール
　ケイサー
Kacere カセール
Kacey ケイシー
Kachali カチャリ
Kachalov
　カチャーロフ*
Kachamila カシャミラ
Kachan カチャン
Kachanoff カチャノフ*
Kachanov カチャノフ
Kacharava
　カチャラヴァ
Kache カシェ
Kacher キャッチャー
Kachere カチェレ
Kachi カシ
Kachiko カチコ
Kachikwu カチク
Kachinskii
　カチンスキー
Kachloul カシュルール
Kachornprasat
　カチョンプラサート
Kachru カチュルー
Ka Chuan カチュアン
Kachura カチューラ

Kačhušhité カチュシテ
Kachyna カヒーニャ
Kaci
　カーシ*
　ケイシー
Kačić
　カチチ
　カチッチ
Kacmarek
　カクマレック
Kacper
　カクペル
　カツペル
Kacperczyk
　カッパーチェク
Kacuol カクオル
Kacy ケーシー
Kaczkowski
　カチコフスキー
　カチュコフスキー
Kaczmarek
　カズマレック
　カチマレク
　カチュマレク*
　カチョマレク
　カッツマレク
　カツマレク
Kaczmarski
　カッツマルスキー
Kaczor カチョル
Kaczynski
　カジンスキー
　カチンスキー
Kaczyński
　カチンスキー**
Kada カラ
Kadafi カダフィ
Kadaga カダガ
Kadakia カダキア
Kadali カダリ
Kadalie カダリー
Kadam カダム
Kadannikov
　カダンニコフ*
Kadanoff カダノフ
Kádár
　カーダール
　カダール
　カダル*
Kadare カダレ
Kadaré カダレ**
Kádas カーダシュ
Kadashman
　カダシュマン
Kadden カデン
Kaddoumi カドウミ**
Kaddouri カドゥーリ
Kade カーデ
Kadeem カディーム
Ka'Deem カディーム
Kadeer カーディル**
Kadege カデゲ
Kadel
　カーデル
　カデル

Kadelbach
　カーデルバッハ*
Kaden カーデン
Kader
　カダール
　カーデル
　カデール*
　カデル
Kaderabek
　カデジャーベク
Kaderbhai
　カダーブハイ
Kaderly
　カーダリー
　カドリー
Kades
　ケイディーズ
　ケイディス
　ケーディス*
　ケーデス
Kadesch ケイデッシュ
Kadet カデット
Kadhim カディム
Kadhimi カディミ
Kadi
　カディ
　カドゥ
Kadia カディア
Kadiatou カディアト
Kadidiatou
　カディディアトゥ
Kadie カディ
Kadieu カディユ
Kadigiri カディギリ
Kadima カディマ
Kadiman カディマン
Kadir
　カジル
　カディア
　カーディル
　カディール*
　カディル
Kadirgamar
　カディルガマル*
Kadis カディス
Kadish カディッシュ
Kadishman
　カディッシュマン
Kadison カディソン
Kadizade カドゥザーデ
Kadjallami カジャラミ
Kadlec カドレツ
Kadlon カドロン
Kadłubek
　カドゥウベク
　カドウベク
　カドルーベク
Kadmon カドモン
Kadmos カドモス
Kadnikov カドニコフ
Kadobina カドビナ
Kadochnikov
　カドチニコフ
Kadochnikova
　カドチニコーヴァ
Kadohata カドハタ*

Kadomtsev
　カドムツェフ*
Kadoorie
　カドゥーリー
　カドーリ*
Kador
　カダー
　ケイドー
Kadosa
　カドーシャ
　カドシャ
Kadouat カドゥアット
Kadow
　カードフ
　キャドウ*
Kadphises
　カドフィセース
　カドフィセス
Kadre カドレ
Kadresengane
　カドゥスガネ*
Kadrey キャドリー
Kadri
　カドゥリ
　カドリ*
Kadron キャドロン
Kadry カドリ
Kadt カット
Kadushin
　カデューシン
　カドゥシン
Kaduson カドゥソン
Kadvany カドバニー
Kady
　カディ
　ケイディ*
Kadyk カドゥク
Kadyrbek
　カドイルベク
Kadyrov カディロフ**
Kae ケイ
Kaegi ケーギ*
Kaehler
　カーラー
　ケーラー
Kaehny カエニー
Kael
　ケイル*
　ケール**
Kaelble ケルブレ*
Kaeley カエリー
Kaeli カエリー
Kaelin
　カーリン
　ケーリン
Kaelred ケールレッド
KaeLyn ケイリン
Kaempf ケンプ
Kaempfer
　ケムフェル
　ケムフェル
　ケンプフェル
　ケンプファー
　ケンプヘル
　ケンペル
Kaempfert
　ケンプフェルト*

Kaennorsing
　ゲーンノラシン
Kaeo
　カエオ*
　ケーウ
　ケーオ
　ゲーオ
Kaeothong ケオトン
Kaepernick
　キャパニック*
Kaeppeli ケペリ
Kaeppler ケプラー
Kaergel ケーゲル
Kaes カーエス
Kaeser ケーザー
Kaessborg
　ケッスベルク
Kaestner ケストナー*
Kaesuk キサク
Kaethe ケーテ
Kaewparadai
　ケオパラダイ
Ka Fai カーフェイ
Ka-fai
　カーファイ*
　カーフェイ
Kafando カファンド*
Kafarov カファロフ
Kafati カファティ
Kafatos カファトス
Kafelnikov
　カフェルニコフ*
Kafer ケーファー
Kafetien
　カフェティアン
Kafetz カフェッツ
Kaff カッフ*
Kaffa カッファ
Kaffe ケイフ*
Kaffka カフカ**
Kafi カフィ**
Kafka カフカ**
Kafougouna カフグナ
Kaftan カフタン
Kaftanov カフターノフ
Kaftarian
　カフタリアン
Kafu カフー
Kafud カフド
Kafumukache
　カフムカチェ
Kāfūr カーフール
Kafura カフラ*
Kagame カガメ**
Kagan
　カーガン
　カガン**
　カーン
　ケイガン*
　ケーガン**
Kagán カーン
Kaganovich
　カガノーヴィチ
　カガノヴィチ
　カガノーヴィッチ

カガノウィッチ	Kahin カヒン*	Kaia カイア	Kainz カインズ / カインツ*	Kajdanovsky カイダノヴスキー
カガノヴィッチ*	Kāhina カーヒナ	Kaiaphas カイアファ / カヤパ	Kaipiainen カイピアイネン	Kajdi カヨジ
カガノビチ	Kahinda カヒンダ			Kajdoš カイドシ
カガノビッチ	K'ahk' カック	Kaibel カイベル	Kaipper カイッペル	Kajela カエラ
ガガノビッチ	Kah-kee カーキー	Kaid カイド	Kai-qubād カイクバード	Kajetan カイエタン / カエターン / カエタン*
Kagarlitskii カガルリツキー	Kähkönen カコネン	Kaidanova カイダーノヴァ		
Kagarlitsky カガルリツキー	Kah-kyung カギョン / カーギョング	Kaidanover コイドノヴェル	Kaira カイラ	
Kagasheki カガシェキ	Kahl カール**	Kaidanovskii カイダノフスキー	Kairamo カイラモ	Kaji カジ
Kagayo カガヨ	Kahlani カハラニ		Kairat カイラト	Kajo カジョ
Kagchelland カッケランド	Kahlbaum カールバウム	Kaidbey ケイドベイ	Kairbek カイルベク	Kájoni カーヨニ
Kage ケイジ*	Kahle カール** / カーレ* / ケール	Kaidel カイデル	Kairbekova カイルベコワ	Kajosmaa カヨスマ
Kagel カーゲル		Kaidin カイディン*	Kaïrēs カイリス	Kajsa カイサ**
Kágel カーゲル*		Kaido カイド	Kairi カイリ / ケーリー	Kajura カジュラ
Kagelmann カーゲルマン	Kahlenberg コーレンバーグ	Kaiea カイエア	Kairov カイーロフ	Kak カク
Kagen カーゲン		Kaifala カイファラ		Kaka カカ**
Kagermann カガーマン*	Kahler カーラー / ケーラー*	Kaifeng カイフォン	Kairuki カイルキ	Kaká カカ
Kagetsu カゲツ		Kai-fu カイフ	Kairys ケアリズ	Kakabadze カカバゼ / カカバッゼ
Kagge カッゲ	Kähler ケーラー	Kai-ge カイコー*	Kais カイス	
Kagialis カギアリス / カヤリス	Kahlert カーラート	Kaige カイコー	Kaisa カイサ	Kakabayev カカバエフ
	Kahlil カーリール / カーリル / カリール / ハリール	Kaihan カイハン	Kaîsar カイサル	Kakageldi カカゲルディ
Kagimbi カギンビ		Kaiine ケイーン	Kaisarion カイサリオン	Kakai カカイ
Ka-Gina カギナ		Kaija カイヤ	Kaisarios カイサリオス	Kakalyev カカリエフ
Kagle ケーグル	Kahlke カールケ	Kaijaka カイヤカ	Kaisários カイサリオス	Kakande カカンド
Kagonyera カゴネラ	Kahlo カーロ*	Kaikai カイカイ	Kaiser カイザー*** / カイザァ / カイセル / カイゼール / カイゼル*	Kakar カカル
Kaguilar アギラル	Kahlon カハロン	Kaikhosru カイホスルー / カイホスロー		Kakari カカリ
Kaguta カグタ**	Kah Mun カムン	Kaikilios カイキリオス		Kakavand カーカーヴァンド
Kagwe カグウェ*	Kahn カーン***	Kaikkonen カイッコネン		Kakayev カカエフ
Kahalewai カハレワイ	Kahneman カーネマン*		Kaiserswaldau カイゼルスヴァルダウ	Kaké カケ
Kahama カハマ		Kaiko カイコ*		Kakent カケント
Kahamba カハンバ	Kahney カーニー / ケイニー	Kaikobād カイコバード	Kaisiepo カイシエポ	Kakha カハ
Kahan カーアン / カハン / カーン		Kail ケイル	Kaisyn カイスイン	Kakhar カハル*
	Kahng カーン	Kaila カイラ*	Káisyn カイスイン	Kakhidze カヒゼ
Kahanamoku カハナモク	Kahnis カーニス	Kailas カイラス*	Kaitani カイタニ	Kakhishvili カヒシビリ
	Kahnle ケインリー	Kailash カイラシュ*	Kaitchuck カイチャック	Kakhovskii カホーフスキー / カホフスキ / カホフスキー / カホーフスキィ
Kahane カハネ / カハン* / カヘン / ケーン	Kahnt カーント	Kailis ケイリス		
	Kahnweah カンウェア	Kaillie ケーリー*	Kaitlin ケートリン*	
	Kahnweiler カーンヴァイラー / カーンウェイラー / カーンワイラー*	Kaim ケェーム	Kaitlyn ケイトリン*	
		Kaimal カイマル	Kaitu'u カイトゥウ	
Kahaner カハナー*	Kahombo カホンボ	Kaimenyi カイメニ	Kai-Uwe カイーウーヴェ / カイウベ*	Kaki カーキ / カキ
Kahaney カヘーニ*	Kahoun カウン	Ka'imi ケイミ		
Kahanne カアンヌ / カーン	Kahr カー / カール*	Kaimook カイモック	Kaivola カイヴォラ	Kakiashvilis カキアスビリス / カキャシビリス* / カヒアチビリ
		Kain カイン* / ケイン*	Kaiypov カイポフ	
Kahanoff カハノフ	Kahrl カール	Káin カイン	Kaizawa カイザワ	
Kahaznadar カハズナダル	Kahry カーリー	Kainapau カイナパウ	Kaizon カイゾン	Kakiasvilis カキャシビリス
Kah-chun カーチュン	Kahsai カハサイ	Kaindl カインドル	Kaj カイ* / カジ	Kakimzhanov カキムジャノフ
Kahe カエ	Kahu カフ	Kainen ケイネン		Kakkar カッカー
Kahena カエナ	Kahukiwa カフキア / カフキワ*	Kainer ケイナー	Kaja カジャ / カーヤ	Kaklamanakis カクラマナキス
Kahharov カハロフ		Kaing カン		Kaklamanis カクラマニス
Kah Hoe カーホー	Kahumbo カフンブ	Kaingu カイング	Kajai カジャイ	Kakoroa カコロア
Kahi カヒ	Kah-wai カーワイ	Kainja カインジャ	Kajaia カジャイア	Kakou カク
Kahiga カヒーガ* / カヒガ	Kahwajy カワジー	Kainlwaanwe カインルワーンウェ	Kajander カジャンダー* / カヤンデル	Kakousis カコウシス
	Kai カイ*** / ケイ	Kaino カイノ	Kajanus カヤーヌス / カヤヌス	Kaku カク
Kahili カヒリ		Kains ケインズ		Kakuchi カクチ
				Kakudji カクジ

Kakura カクラ	Kalapa カラパ	Kaleb	Kalfin カルフィン	Kalinchuk カリンチュク	
Kakuska カクシュカ*	Kälarne カラヌ	カルブ	Kalfon カルフォン	Kalinčiak カリンチヤク	
Kakuta カクタ*	Kalas カラス*	カレブ	Kalhaňa カルハナ	Kalinde カリンデ	
Kakutani カクタニ	Kalasadi カラサディー	ケイレブ	Kali	Kalindjian カリンジアン	
Kākwaih カークワイ	Kalashinikov	ケイブ	カーリー		
Kākwayh カークワイヒ	カラシニコフ	Kalebe カレベ	カリ	Kaline	
Kal カル*	Kalashnikoff	Kalecki	カリー	ケイライン	
Kala カラ	カラーシニコフ*	カレッキー	Kalī	ケーライン	
Kalā カラー	Kalashnikov	カレツキ*	カリ		
Kāḷa カーラ	カラシニコフ**	カレツキー	ガリ	Kalinic カリニッチ	
Kalāsoka	Kaledeine カレデニエ		Kalinin		
Kalaba カラバ	カーラーソーカ	Kaledin	Kalia カリア	カリー	
Kalabis カラビス	Kalat カラット	カレージン	Kaliagin カリャギン	カリーニン*	
Kalabish カラビシ	Kalata カラタ	カレーディン	Kaliati カリアティ	カリニン	
Kalabkov カラブコフ	Kalatozov	カレディン	Kaliba カリバ		
Kalac カラッチ	カラトーゾフ	Kalekas カレカス	Kalibata カリバタ	Kalinina	
Kalachek カラチェク	Kalaugher カローガー	Kalékas カレカス	Kalich	カリーニナ*	
Kalachov カラチョフ	Kalauokalani	Kaleko カレコ	カリッシュ*	カリニナ	
Kaladah カルダ	カラウオカラニ	Kaléko カレコ	カリッヒ	Kalinka カリンカ	
Kaladze	Kalaushin	Kalele Kabila	Kalichevsky	Kalinke カリンケ	
カラーゼ	カラウーシン	カレレカビラ	カリチェフスキー*	Kalinkova カリンコヴァ	
カラゼ	Kalaw カーラウ	Kalema カレマ	Kalichman	Kalinnikov	
Kaladzinskaya	Kalaya カラヤー	Kalemba カレンバ	カリッチマン	カリニコフ	
カラジンスカヤ	Kalb	Kalen カレン*	Kalichstein	カリンニコフ	
Kalafatis	カルブ**	Kalenberg	カリクシュタイン	Kalinov カリノフ	
カラファティス	カルブ	カーレンベルク	Kalidasa カーリダーサ	Kalinovskii	
Kalafchi カラフチ	Kalbach	Kalender カレンデル	Kālidāsa	カリノフスキー	
Kalaica カライツァ	カールバック	Kalenga カレンガ	カーリターサ	Kalinowa カリノーヴァ	
Kalais カライス	カルバッチ	Kalenska カレンスカ	カーリダーサ*	Kalinowski	
Kāḻaka カーラカ	Kalbani カルバーニ	Kalenskii カレンスキー	カリ・ダーサ	カリノフスキー*	
Kalakaua	Kalbantner	Kalentieva	カリダサ	カリノフスキー	
カラーカウア	カルバントナ	カレンティエワ*	Kalidou カリドゥ	Kalinsky カリンスキー	
カラカウア	Kalbe カルベ	Kalentyeva	Kaliel カリエル	Kalinyamat	
Kalakota カラコタ	Kalbeck カルベック	カレンチエワ	Kalif カリフ	カリニャマット	
Kalala カララ	Kalberg	Kaleopa カレオパ	Kalifa カリファ	Kalinycheva	
Kalaldeh カラルデ	カルバーグ	Kaler	Kalifungwa	カリーヌイチェヴァ	
Kalam カラム**	コールバーグ	カーラー	カリフングワ	Kaliopate カリオパテ	
Kalama カラマ*	Kalbī カルビー	カラー	Kāḷigodhā	Kaliouby カリウビ	
Kālāma カーラーマ	Kalbuadi カルブアディ	カレー	カーリゴーダー	Kalir カリル	
Kalamafoni	Kalbuady	カレル	Kāḷigodhāputta	Kalis カリス	
カラマフォニ	カルブアディ	ケイラー	カーリゴーダープッタ	Kalisch	
Kalamatiano	Kalchas カルカス	ケーラー	Kalijaga カリジャガ	カーリッシュ	
カラマチアーノ	Kalchās カルカス	Kalergi	Kalikinskiĭ	カリッシュ*	
Kalamian カラミアン	Kalchev	カレルギ*	カリキンスキイ	Kalischer	
Kalamis カラミス	カルチェフ	カレルギー**	Kalikman カリクマン	カリシャー	
Kalamoyets	カルチフ	Kaleria カレリヤ	Kalil カリル	カリシヤ	
カラモイエツ	Kalckar カルカー	Kalervo カレルヴォ	Kālil	カーリッシャー	
Kalamperović	Kalckbrenner	Kales カレス	カランタル	キャリシャー	
カラムペロビッチ	カルクブレンナー	Kalesavich	カリル	Kalish	
Kalamu カラム	Kalckreuth	カレサビッチ	Kalīl ハリール	カリッシ	
Kalan	カルクロイト	Kaleshwar	Kalilani カリラーニ	カリッシュ	
カラン*	Kaldahl カールダール	カレシュワール	Kalilou カリル	Kaliska カリスカ**	
ケイラン	Kaldas カルダス	カレスワール	Kalilov カリロフ	Kalisky カリスキー	
Kalandaputta	Kalden カルデン	Kalesniko カレスニコ	Kalim カリム*	Kaliss カリス	
カランダプッタ	Kalder カルダー	Kaleso カレソ	Kalīm カリーム	Kalisz	
Kalani カラニ*	Kaldhol カルホール	Kalev カレフ	Kalima カリマ	カリシュ	
Kalanick カラニック	Káldi カールディ	Kalevala カレワラ	Kalin	ケイリシュ*	
Kalanithi カラニシ	Kaldirim カルドゥルム	Kalevi	カリン*	Kalita カリタ	
Kalanos カラノス	Kaldor	カレヴィ*	キャリン	Kalite カリテ	
Kalanović	カルダー	カレビ**	ケイリン	Kalitovska	
カラノビッチ	カルドー	カレフ	ケーリン*	キリトフスカ	
Käläntär	カルドア**	Kaley ケイリー	Kälin	Kaliya カーリヤー	
カランタル	Kale	Kalezic カレジッチ	カリン	Kaliyewa カリエワ	
カリル	ケイル	Kalf カルフ	ケーリン	Kaliyoma カリヨマ	
Kalantzis カランツィス	ケール	Kalfau カルファウ	Kalina	Kaliz カリー	
		Kalff カルフ	カリーナ**		
			カリナ		
			Kaliňák カリニャーク		

K

Kaljulaid カリユライド*
Kaljurand カリユランド
Kaljuste カリユステ
Kalkbrenner カルクブレンナー
Kalki カルキ*
Kalkí カルキ
Kalkot カルコット*
Kalkstein カルクスタイン
Kalkwarf カルクワーフ
Kalla カッラ**／カラ*
Kállai カーライ*／カライ*
Kallakorpi カラコルピ
Kallas カッラス／カラス**／カルラス
Kallay カーライ／カライ
Kállay カーライ*／カリー
Kallayil カライル
Kalle カッレ／カール／カレ*
Kallel カレル
Kallela カッレラ／カレラ*
Kalleland カルランド
Kallen カレン*
Kallenbach カレンバッハ／カレンバハ
Källenius ケレニウス
Kallentoft カッレントフト*
Kaller カラー
Kalley カレイ
Kallianpur カリアンプル*
Kallias カリアス
Kallie ケイリー
Kalliérgēs カリエルギス
Kalliklēs カリクレス
Kallikratēs カリクラテース／カリクラテス
Kallikratidas カリクラチダス／カリクラティダス
Kallikter カリクテール
Kallimachos カッリマコス／カリマコス*
Kallinikos カリニコス

Kallínikos カリニコス
Kallinikov カリニコフ
Kallinos カッリノス／カリーノス／カリノス
Kallio カッリオ／カリオ
Kalliomäki カッリオマキ／カリオマキ
Kalliopē カリオペ
Kalliopi カリオピ／カリオピー
Kalliopios カリオピオス
Kallippos カリップス／カリッポス
Kallir カリア*／カリアー*／カリール
Kalliroe カリロー／カリロエ
Kallirroē カリロエ
Kallis カリス
Kallisthenes カリステネス
Kallisthenēs カリステネス
Kallistō カリスト
Kallistos カリストス
Kállistos カリストス
Kallistratos カリストラトス
Kalliwoda カリヴォダ
Kallman カルマン
Kallmeyer カルマイエル
Kallon カロン*
Kallos カロス
Kally カッリ
Kalm カルム
Kalmakhelidze カルマヘリゼ
Kalmambetov カルマムベトフ
Kalman カーマン／カールマーン／カールマン／カルマン**
Kálmán カールマーン*／カールマン*／カルマン*
Kálmáncsehi カールマーンチェヒ
Kalmann カルマン
Kalmanoff カルマノフ
Kalmanson カルマンソン
Kalmar カルマー

カルマール
Kalmár カルマール
Kalmari カルマリ
Kalmet カルメット
Kalmeta カルメタ
Kalmoe カルモー
Kalmoy カルモイ
Kalmukhanbet カルムハンベト
Kalmus カルムス
Kalmykova カルムイコヴァ
Kalnberzin カルンベルジン
Kalniete カルニエテ**
Kalning カリニング／カルニング
Kalnins カルニンス
Kalniņš カルニンシュ
Kalnoky カーノキ／カールノキ
Kalnysh カルニシュ
Kalo カロ
Kalogo カローゴ
Kalogridis カログリディス
Kalombo カロンボ
Kalomiris カロミリス
Kalondaya カロンダヤ
Kalong カロン
Kalongi カロンジ
Kalonji カロンジ
Kalonymos カロニモス
Kalonymus カロニムス
Kalonzo カロンゾ
Kalos コロス
Kalothetos カロテトス
Kalou カルー／カルゥー
Kaloupek カロウペク
Kalousek カロウセク
Kalow カロー／カーロウ／カロウ／カロフ
Kaloyan カロヤン
Kalp カルプ
Kalpa カルパ
Kalpakian カルパキアン
Kalpana カルパナ**
Kalpokas カルポカス
Kalra カルラ
Kalraj カルラージ
Kalsakau カルサカウ
Kalsched カルシェッド
Kalsem カルセム
Kalser カルザー
Kalt カルト*

Kalten カルテン
Kaltenbach カルタンバック／カルテンバッハ
Kaltenborn カルテンボーン*
Kaltenbrun カルテンブラン
Kaltenbrunner カルテンブラナー／カルテンブルナー／カルテンブルンナー
Kaltenmark カルタンマルク*
Kalter カルター*
Kalthoff カルトホフ
Kalthūm カルスーム
Kaltman カルトマン
Kaltofen カルトーフェン
Kaltongga カルトンガ
Kaltwasser カルトワッセル
Kāludāyin カールダーイン
Kaludi カルーディ
Kaludov カルドフ
Kalugin カルーギン
Kalulu カルル
Kalumba カルンバ
Kalumbi カルンビ
Kalume カルメ
Kalume Numbi カルメヌンビ
Kalus ケイラス
Kaluza カルーザ
Każuza カウージャ
Kaluzny カルズニー
Kalvak カルヴァク／カルヴァック
Kalven カルヴァン
Kalvert カルバート*
Kalvitis カルヴィーティス*／カルビティス
Kalvos カルヴォス／カルボス
Kalvoski カル
Kalwas カルワス
Kalweit カルヴァイト
Kalweo カルウェオ
Kalwick カルウィック
Kalwin カルウィン
Kalyagin カリヤーギン*
Kalyan カリヤン
Kalyana カリヤーナ／カルヤーナ
Kalyána カリヤーナ／カルヤーナ
Kalyānamalla カルヤーナマルラ

Kalyani カリヤニ
Kalyev カルイエフ
Kalykbek カルイクベク
Kalypso カリュプソ
Kalyuta カリュータ
Kalzeube カルズベ
Kalzeubé カルズーベ
Kalzuede カルズエデ
Kam カム***
Kama カーマ／カマ**
Kāma カーマ
Kamaaludeen カマールディーン
Ka ma ba カマバ
Kāmabhū カーマブー
Kamah カマ
Kamaile カマイリ
Kamaïtis カマイティス
Kamakshi カマクシ*
Kamal カマール*／カマル**／カメル／キャマル
Kamál カマル
Kamāl カマール／キャマール
Kamala カマーラ／カマラ**／カマラー*
Kamāl al-Dīn カマールッディーン／カマルッディーン／キャマーロッディーン
Kamalaśīla カマラシーラ
Kamaldevi カマラデヴィ／カマルデーヴィー
Kamal Eddien カマルディン
Kamalei カマレイ
Kamali カマーリー／カマリ
Kamaliddine カマリデイン
Kamāloddīn キャマーロッディーン
Kamalu カマル
Kamaluddeen カマルディーン
Kamaluddin カマルッディン／カマルディン
Kamālu'd-Dīn カマールッ・ディーン
Kamaludeen カマールディーン
Kamaludin カマルディン
Kamamalu カママル

Kamana カマナ	Kamchorn カムチョーン	Kāmil カーミル	Kammie カミー	Kamsler カムスラー
Kamanan カマナン		Kamila	Kamoga カモガ	Kamu カム
Kamanda カマンダ**	Kamchybek カムチュイベク	カミーラ	Kamonnawin カモンナーウィン	Kamuca カミューカ
Kamandaki カーマンダキ	Kame ケイム	カミラ**		Kamuntu カムントゥ
Kamani カマニ	Kameaim カメアイム	Kamilah カミラ	Kamose カーメス カモス	Kamura カムラ
Kama-niamayoua カマニアマユア	Kameeta カメータ	Kamilla カミラ		Kamuta カムタ*
	Kamehameha カメハメハ	Kamillius カミリウス	Kamotho カモソ	Kamuti カムチ
Kamann カーマン		Kamil Mohamed カミルモハメド	Kamougue カムゲ	Kamuzu カムズ*
Kamante カマンテ	Kamekeha カメケハ		Kamoun カムン	Kamwana カムワナ
Kamanzi カマンジ	Kamel カマル* カムル***	Kamilov カミロフ**	Kamp カンプ**	Kamwi カムイ
Kamar カマー カマル		Kamin カーミン カミン* ケイミン	Kam pa カムパ	Kan カン** コーン
	Kamen カーメン* カメン* ケイメン* ケーメン*		Kampa カンパ	
Kamara カマラ*		Kamina カミナ	Kampan カンパン	Kanaan カナーン**
Kāmarāj カーマラージ		Kaminer カミナー	Kampars カンパルス	Kanachos カナコス
Kamaras カマラス*		Kamini カミニ	Kampas カンパス	Kanād カナーダ
Kamarck カマーク	Kamenetskii カメネツキー	Kaminker カミンカー	Kampé カンペ	Kanāda カナーダ
Kamarou カマル	Kamenetz カメネッツ	Kaminoff カミノフ	Kampeeraparb カンピラパーブ	Kanaeva カナエワ
Kamarov カマロフ	Kamenev カーメネフ	Kaminow カミナウ		Kanafānī カナファーニー*
Kamaruddin カマルディン	Kameneva カーメネヴァ	Kamins カミンズ	Kampelman カンペルマン* キャムペルマン	Kanafany カナファーニー
Kamarudin カマルディン		Kaminska カミンスカ		Kanagy カナギー
Kamata カマタ	Kameni カメニ*	Kamińska カミンスカ	Kampen カンペン* キャンペン*	Kanah カナ
Kamaterós カマテロス	Kamenka カメンカ	Kaminskaitė カミンスカイテ		Kanahele カナヘレ
Kamáteros カマテロス	Kamenskii カアメンスキイ カーメンスキー* カメンスキー* カーメンスキイ	Kaminskaya カミンスカヤ	Kampers カムペルス カンパース	Kanak カナック
Kamath カマット カマト*		Kaminski カミンスキー* カミンスキー**		Kanakaole カナカオレ
			Kampf カンプ	Kanaka'ole カナカッオレ
Kamau カマウ**	Kaménskii カメンスキー	Kamiński カミンスキ カミンスキー	Kämpfer ケンペル ケンプラー ケンプフェル ケンベル ケンベル	Kanakaredes カナカレデス
Kamauff カマウフ	Kamenskiy カーメンスキー カメンスキー			Kanal カナル
Kamau'u カマウウ		Kaminsky カミンスキー* カミンスキー***		Kanamugire カナムギレ
Kamb カンブ				Kanan
Kambale カンバレ	Kamentsev カメンツェフ	Kamionkowski カミオンコウスキー カミオンコフスキー	Kampffmeyer カンプフマイヤー	カナーン カナン*
Kamban カンバン	Kamerling カマーリング		Kamphon カムポン	Kan'an カナン
Kambanis カンバニス	Kamerlingh カマーリング カマーリング カマリング*	Kamisar カーミサール	Kamphuis カンフイス	Kanar カーナル**
Kambarage カンバラゲ*		Kamisese カミセセ***	Kampiles カンパイルス	Kanare ケイネア
Kambartel カンバルテル		Kamissoko Camara カミソコカマラ	Kampine カムパイン	Kanarek カナレック
			Kampits カムピッ	Kanarev カナレフ
Kambenga カンベンガ	Kameron カメリン カーメリング カメリン カメルリング カメルリング	Kamitatu Etsu カミタツエツ	Kämpken ケンプケン	Kanarick カナリック
Kambere カンベレ			Kampl カンブル	Kanaris
Kamberg カンバーグ		Kamitsis カミチス	Kampman カンブマン キャンプマン	カナーリス カナリス
Kamberova カムベロバ		Kamke カムケ		
		Kamkwamba カムクワンバ*	Kampmann カンブマン*	Kanary カナリー
Kambi カンビ	Kameron カメロン キャメロン			Kanasz カナス
Kambile カンビル		Kamla カムラ	Kampmeier キャンプマイアー	Kanat カナト
Kambinga カンビンガ	Kames ケイムズ ケームズ	Kamlah カムラー		Kanawa カナワ*
Kambiz カーンビーズ カンビス		Kamlangek カムランエク**	Kampol カンポン	Kanayeva カナエワ*
	Kamg カン		Kampouris カンポリス	Kanayo カナヨ*
Kambly カムブリー	Kamhi カミィ	Kamler カムレー	Kampov カンポフ	Kanazi カナジ
Kamboja カンボジャ	Kami カミ**	Kamlesh カムレシュ	Kamppinen カンピネン	Kanbur カンブール*
Kambouchner カンブシュネ カンブシュネル	Kamieńska カミエンスカ	Kamm カーム カム* キャム	Kamprad カンプラート カンプラード*	Kancanawat カーンチャナワット
	Kamieński カミェニスキ カミエンスキ	Kammen カーメン* カメン		Kanchaanomai カンチャノマイ
Kambuaya カンブアヤ			Kamps カンプス	Kanchana カンチャナー ガンチャナ
Kambwili カンブウィリ	Kamii カミイ	Kammenos カメノス	Kampyongo カンピョンゴ	
Kambyses カンビセス カンビュセス	Kamil カミール** カミル**	Kammerer カメラー カメレル カンメラー*	Kamran カムラン*	Kancheli カンチェーリ* カンチェリ*
Kamchai カムチャイ	Kamil' カミール		Kamrin カムリン	
			Kamsing カムシン*	

K

Kanchelskis カンチェルスキス
Kancheska カンチェスカ
Kanchier カンチャー*
Kan-Chih カンチー
Kanchuga カンチュガ
Kanda カンダ
Kandakai カンダカイ
Kandake カンダケ
Kandalanu カンダラヌ
Kandapaah カンダパー
Kandari カンダリ
Kandarpa カンダルパ
Kandasamy カンダサミー
Kandeh カンディ
Kandel カンデイル / カンデル** / キャンデル
Kandel' カンデリ
Kandemir カンデミール
Kander カンダー / キャンダー
Kandhai カンダイ
Kandi キャンディ
Kandia カンジャ
Kandie カンディエ
Kandinskii カンジンスキー / カンジーンスキイ / カンディーンスキー* / カンディーンスキィ
Kandinsky カンジンスキー / カンディンスキー
Kandioura カンデュラ
Kandissounon カンディスノン
Kandjii-murangi カンジムランギ
Kandjoze カンジョゼ
Kändler ケンドラー
Kandodo カンドド
Kandolin カンドリン
Kandouno カンドゥノ
Kandow カンドゥー
Kandpal カンダパール
Kandrot キャンドロット
Kandy キャンディ*
Kane カーヌ / カヌ / カーネ* / カーネー / カーン / カン / ケイン*** / ケーン**
Kané カネ
Ka'ne ケイン
Kaneb カネブ

Kanegaye カネガエ
Kaneko カネコ
Kanellopoulos カネロプーロス
Kanelos カネロス
Kanemi カネミ
Kanen カネン
Kaner ケイナー* / ケーナー*
Kanetkar カネットカー / カニットシャイダー
Kaneva カネヴァ
Kanevskii カネフスキー*
Kanevskij カネフスキー
Kanew カニュー
Kang カン*** / ガン / カング / ケイン
Kangaloo カンガルー
Kangas カンガス**
Kangasmäki カンガスマキ
Kangasniemi カンガスニエミ
Kang-beak カンベク*
Kang-chae カンジェ
Kanger カンゲル
Kang-ho ガンホ
Kangin カンイン
Kańgiya カンギヤ
Kang-jo カンジョ
Kang-kwun カングン
Kangoma カンゴマ
Kang-pyo カンピョ
Kang-ryol カンヨル*
Kang-seok ガンソク*
Kang Sheng カンシャン
Kang-sheng カンション
Kang-yi カンイ
Kańhadinna カンハディンナ
Kanharith カナリット
Kani カーニ
Kânî カーニー
Kania カニア** / カーニャ
Kanigel カニーゲル* / カニゲル
Kanik カヌク
Kaník カニーク
Kanika カニカ
Kanimba カニンバ
Kanin カニン / ケーニン

ケニン*
Kanis カニス / キャニス
Kaniska カニシカ / カニシュカ
Kaniskina カニスキナ**
Kanitscheider カニッシャイダー / カニットシャイダー
Kanitz カーニッツ / カニッツ
Kaniuk カニュイック
Kaniżaj カニジャイ
Kanizsa カニッツァ
Kanja カンジャ
Kanjana カンジャナ
Kanjanarat カンジャナラート
Kanjanasthiti カンジャナスティティ
Kanje カンジェ
Kanjeng カンジェン
Kanji カンジ
Kanjou カンジョ*
Kanjuro カンジュロウ
Kankan カンカン
Kankanala カンカナラ
Kaṅkhā カンカー
Kanki カンキ
Kankimäki カンキマキ
Kankkonen カンコネン
Kankkunen カンクネン*
Kankoe カンコエ
Kankrin カンクリーン / カンクリン
Kanku カンク
Kanlaya カンラニャー
Kanlayaanaphong カンラヤーナポン
Kanlayanaphong カンラヤーナポン*
Kanlovich カルロヴィッチ
Kann カーン / カン** / カンヌ
Kanna カンナ
Kannangara カナンガラ
Kannberg カンバーグ
Kanne カン
Kanneh カネ
Kannenberg カンネンバーグ
Kanner カナー** / カネール / カンナー

Kanniainen カニアイネン
Kanno カンノ
Kannus カンヌス
Kanny カニー
Kano カノ
Kánōbos カノーボス
Kanodia カノディア
Kanokphon カノックポン
Kanoldt カーノルト
Kanon カノン / キャノン**
Kánopos カノーボス
Kanoski カノスキー
Kanoute カヌート
Kanowitz キャノウィッツ
Kanpol カンポン
Kansas カンサス / キャンザス
Kan Seng カンセン
Kanski カンスキ / カンスキー
Kanso カンソ
Kanstad カンスタ
Kant カント***
Kanta カンタ
Kantabutra カンタブトラ
Kantanen カンタネン
Kantanis カンタニス
Kantarbayeva カンタルバエバ
Kantarevic カンタレヴィック
Kantaris カンタリス
Kantchelov カンチェロフ
Kante カンテ* / カント
Kanté カンテ*
Kantemir カンテミール*
Kanter カンター** / カンテル** / キャンター
Kantha カンサ / カンタ
Kanthap カンタップ
Kantharos カンタロス
Kanther カンター*
Kantilal カンティラル
Kantner カントナー**
Kanto カント
Kantol カントール
Kantonen カントネン

Kantono カントノ
Kantor カンター** / カントール** / カントル* / キャンター* / キャントー
Kantorovich カントロヴィチ / カントロウィチ / カントロビチ / カントローヴィッチ / カントロヴィッチ / カントロビチ
Kantorow カントロフ*
Kantorowicz カントローヴィチ / カントロヴィチ / カントローヴィッチ / カントロヴィッチ* / カントロウィッチ / カントロヴィッツ / カントロビチ / カントロビッチ / カントロビッツ
Kantowicz カントウィッズ
Kantowitz カウントウィッツ
Kantra カントラ
Kantrovich カントロヴィチ / カントロビチ
Kantrow カントロウ
Kantrowicz カントローヴィチ / カントロビチ / カントロービッチ
Kantrowitz カントロウィッツ*
Kanty カンティ
Kanu カヌ* / カヌー
Kanungo カヌンゴ
Kanuni カーヌーニー
Kaṇwa カンワ
Kanwar カンワル
Kany カニー
Kanyada カンヤダ
Kanyana カニャナ
Kanye カニエ* / カンイェ
Kanyenkiko カニェンキコ
Kanygin カニギン
Kanyon カニョン / カンヨン
Kanyumba カニュンバ
Kanza カンザ
Kanzer カンザー
Kanzler カンツラー
Kanzog カンツォーク
Kanzolo カンゾロ
Kanzy カンズィー

K

Kao
カオ**
ケイオー*
Kaoje カオジェ
Kaoklai ガオグライ
Kaoru カオル
Kaosay カオサイ
Kaouther カウテル
Kaoverii カオヴェリー
Kapachinskaya
カパチンスカヤ
Kapadia カパディア**
Kapandji
カパンジー
カパンディ
Kapaneus カパネウス
Kapanji Kalala
カパンジカララ
Kapany カパニー
Kapas カパシュ
Kapashi カパシ
Kapata カパタ
Kapatkin カパトキン
Kapau カパウ
Kap-chan カプチャン
Kap-che
カプジェ*
カプチェ
Kapchinskii
カプチンスキー
Kapell カペル
Kapembwa カペンブワ
Kaper
ケイパー
ケーパー*
Kapetanovic
カペタノヴィッチ
カペタノビッチ
Kapferer
カッフェラー
カプフェレ*
Kapi カピ
Kapic
カピック
カピッチ
Kapielski
カピエルスキー
Kapijimpanga
カピジンパンガ
Kapil
カピール
カピル**
Kapila カピラ*
Kapilar
カピラル
カピラル
Kapiolani カピオラニ
Kapit カピト
Kapita カピタ
Kapitáňova
カピターニョヴァー*
Kapitolina
カピトリーナ
Kapitonenko
カピトニェンコ

Kapitonov
カピトノフ*
Kapitonovich
カピトノヴィチ
Kapitsa
カービツァ
カピーツァ
カピッツァ*
カピッツァ
Kâpitsa カピッツァ
Kapitza カピッツァ
Kap-joo カプジュ
Kapka カプカ*
Kaplan
カプラン***
キャプラン**
Kaplanek カプレニク
Kapłaniak
カプオナック
Kaplanoglu
カプランオール
Kaplansky
カプランスキー
Kapleau カプロー
Kapler
カプラー
キャプラー
Kaplow
カプロー
キャプロー
Kaplowitz
カプロウィッツ
Kaplunov カプルーフ
Kapner カプナー
Kapnist
カプニースト
カプニスト
Kapo カポ
Kapodistrias
カポズィストリアス
Kapofi カポフィ
Kapolyi カポイ
Kapón カポーン
Kapoor
カプーア*
カプア
カプール**
Kapor
カポール
ケイパー
ケーポア
Kapos カポス
Kaposi
カポシ
カポジ
Kapp
カップ**
キャップ*
Käpp ケップ
Kappa カッパ
Kapparov カッパロフ
Kappas キャパス*
Kappaṭakura
カッパタクラ
Kappe キャピー

Kappel
カッペル
カペル
Kappeler カッペラー
Kappelhoff カペルホフ
Kappeli ケッペーリ
Kappelman
カップルマン
Kappl カペル
Kappler
カプラー*
カプレール*
Kapprafff カプラフ
Kappus
カップス
カプス
Kapralov カプラロフ
Kapranos カプラノス
Kapranova
カプラノワ*
Kapri キャプリ
Kaprielian
キャプリエイアン
Kapris カプリス
Kaprisky カプリスキー
Kapron カプロン
Kaprow カプロー**
Kap-ryong カプヨル
Kapsambelis
カプサンベリス
Kapsazov カプサゾフ
Kapsberger
カプスベルガー
カプスベルゲル
Kap-soo
カプス
ガプス*
Kap-sung カプソン
Kap-taek カプテク
Kaptchuk カプチャク*
Kapteyn
カプタイン
カプテイン
Kaptoum カプトゥム
Kaptur カプター
Kapture キャプチャー
Kaptyukh カプチュフ
Kapu
カプ
カプー
Kapuibi カプイビ
Kapulong カプロン
Kapur カプール**
Kapuściński
カプシチンスキ***
カプシチンスキー
Kapusnik カプスニク
Kapustin
カプースチン
カプスティン
Kapustka カプストカ
Kaput カプトゥ
Kaputa カプュタ
Kaputin カプティン

Kapuya カプヤ
Käpy カピュ
Ḳāqān ハーカーン
Kar
カー
カーユー
カル
Kara
カーラ*
カラ***
Karaangov
カラアンゴフ
Karabanova
カラバノーヴァ
Karabash
カラバーシュ
Karabekir カラベキル
Karabel カラベル
Karabell カラベル
Karabenick
カラベニック
Karabin カラビン
Karabo カラボ
Karac カラック
Karacaoğlan
カラジャオーラン
Karaçelebi-zade
カラチェレビザーデ
Karach カラチ
Karácsony カラチョニ
Karadjordje
カラジョルジェ
カラジョルジェヴィチ
Karadjordjević
カラジョルジェヴィチ
Karadjova カラジョバ
Karády カラーディ
Karadža カラジャ
Karadžić
カラジチ
カラジッチ**
Karaeng カラエン
Karaev
カラーエフ
カラエフ
Karafiát
カラフィアート*
Karaganov カラガノフ
Karagatsēs
カラガーツィス
Karagatsis
カラガーツィス
Karaghatsēs
カラガーツィス
Karagiannopoulou
カラヤノプルー
Karagoz カラゴズ
Karagusova
カラグソワ
Karahisarī
カラヒサリー
Karaindrou
カラインドルー
Karaiskákis
カライスカキス
Karajan カラヤン**

Karakalos カラカロス
Karakas カラカシュ
Karakasevic
カラカセビッチ
Karakhan
カラハーン
カラハン
Karaki カラキ
Karakī カラキー
Karakoc カラコチ
Karakorpi カラコルピ
Karakostas
カラタスコス
Karakozov
カラコーゾフ
カラコゾフ
Karal カラル
Karalichev
カラリーチェフ
Karaliichev
カラリーチェフ
Karalli カラーリ
Karalliyadda
カラリヤッダ
Karalus カラルス
Karam
カハム
カラム**
Karamagi カラマギ
Karaman カラマン
Karamanì
カラマーニー
Karamanlis
カラマンリス**
Karamarko カラマルコ
Karamatov カラマトフ
Karambal カランバル
Karamchakov
カラムチャコフ
Karamchakova
カラムチャコワ
Karamchand
カラムチャンド**
Karami カラミ**
Karamihas カラミハス
Karamo カラモ
Karamyshev
カラミシェフ
Karamzin
カラムジーン*
カラムジン*
Karan
カラン*
キャラン*
Karande カランデ
Karanja カランジャ*
Karanjia カランジャ
Karanka カランカ
Karanović
カラノヴィチ
Karanth カラント
Karantza カランヅ
Karaoglou カラオグル
Karaosmanogilu
カラオスマンオル

Karaosmanoğlu
カラオスマノウル
カラオスマンオウル
カラオスマンオール
カラオスマンオル
Karapetian
カラペキアン
Karapetoff カラペトフ
Karapetyan
カラペチャン*
カラペティヤン
Karas カラス**
Karasch カラシュ
Karasek カラゼク
Karásek カラーセク*
Karasevdas
カラスベダス
Karashev カラシェフ
Karasik
カラシク
カラシック
Karasin カラシン**
Karaslavov
カラースラヴォフ
カラスラヴォフ*
カラスラヴォフ
Karasowski
カラソフスキ
カラソフスキー
Karassik カラシク
Karasyov カラショフ*
Karasz カーラース
Karaszewski
カラゼウスキー
Karatheodori
カラテオドリ
Karatkevich
カラトケヴィチ
Karatnycky
カラトニツキー
Karatsolis
カラツォリス
Karatsuba カラツゥバ
Karatygin
カラトイギン
カラトゥイーギン
カラトゥーギン
Karatygina
カラティギナ
Karatza
カラッザ
カラッツア
Karatzas カラザス
Karau カラウ
Karavaev カラワエフ
Karavaeva
カラヴァーエヴァ
カラバエワ**
カラワーエワ*
Karavan カラヴァン*
Karavelov
カラヴェーロフ
カラヴェロフ
カラベーロフ
カラベロフ
カルベロフ
Karavidopoulos
カラビドプロス

Karayalcin
カラヤルチュン*
Karayan カラヤン
Karayianni カラヤニ
Karazin カラージン
Karbaschi カルバスチ*
Karbi カルビ
Karbo カーボ*
Karbusicky
カルブスィツキー
Karcevskij
カルツェフスキー
Karch
カーチ**
カルシュ
カルヒ
Karcher カルケール
Karchmer カーチマー
Karcz カルチ
Karczykowski
カルチコフスキ
Kardam カルダム
Kardanov カルダノフ*
Kardashian
カーダシアン
Kardashov
カダショーフ
Kardec
カーデック
カルデック
Kardel カーデル
Kardelj カルデリ*
Kardiner
カーディナー*
Kardish
カーディッシュ
Kardon カルドン
Kardorff カルドルフ
Kardos カルドシュ
Kåre コーレ
Kareem
カリーム*
カレーム
Kareen カリーン
Kareev カレーエフ
Karega カレガ
Kareiva カレイワ
Karel
カール
カルル
カーレル*
カレル***
Karelin
カレーリン
カレリン*
Karelina カレリーナ
Karelitz カレリッツ
Karels カレルズ*
Karelse カレルセ
Karem カレム
Karem Faride
カレムファリデ
Karen
カーアン
カラン
カーリン

カリーン
カーレン**
カレン***
カレンヌ
キャレン*
ケアレン
Karén カレン
Karena カリーナ
Karenga カレンガ
Karenina カレーニナ
Karenne カランヌ
Karepov カレポフ
Karestan カレスタン
Karetnikov
カレートニコフ
Karev
カーレフ
カレフ
Karfiol カーフィオール
Karg カルク*
Kargalova カルガロワ
Kargapolov
カルガポーロフ
Kargar カルガル
Kargbo
カーグボ
カグボ
カーボ
Karger カーガー
Kargere カージェール*
Karges カルゲス
Kargl カーゲル
Kargman カーグマン*
Karhan カルハン
Karhu カーフ*
Karhunen カルーネン*
Kari
カーリ**
カリ**
ケアリー
Karia カリア
Kariakin カリヤーキン
Karic カーリッチ
Karidjo カリジョ
Karie ケアリー
Karier カリアー
Karikis カリキス*
Karikó カリコ
Karikurubu
カリクルブ
Karim
カリーム**
カリム***
Karīm
カリーム
カリム
クリム
Karima
カリーマ
カリマ
Karimi カリミ**
Karimimachiani
カリミマチアニ
Karimloo カリムルー*

Karim Meckassoua
カリムメッカスア
Karimo カリモ
Karimou カリム
Karimov カリモフ**
Karimzadeh
カリムザデー
Karimzhanov
カリムジャノフ
Karin
カトリン
カーリン***
カリーン*
カリン***
キャリン
Karina
カリーナ***
カリナ*
Karinch カリンチ
Karine
カリーヌ**
カリーン
カリン
Karinje カリンジェ*
Karinš カリンシュ
Karinš カリンシュ
Karinska
カリンスカ
カリンスカヤ
Karinskii カリンスキー
Karinthy
カリンティ**
Karion カリオン
Kariotakis
カリオタキス
Karipbek カリプベク
Karippot カリポット
Karis カリス
Karisa カリサ
Karita
カリータ
カリタ*
Kariuki カリウキ*
Karius カリウス
Kariya カリヤ*
Kariyawasam
カーリャワサム
カリヤワサム
Karizna カリズナー
Karjala カージャラ
Karjalainen
カリヤライネン
カルヤライネン*
Kark カーク
Karkavitsas
カルカヴィツァス
カルカビツァス
Karker カーカー
Kar-khī カルヒー
Karkhī
カラジー
カルキー
カルヒ
カルヒー
Karki カルキ
Karkinos カルキノス

Karkka カルッカ
Karklit カルクリット
Karkoschka
カルコシュカ
Karkouri カルコーリ
Karkouti カルコウティ
Karl
カァル
カール***
カル
ガール
カルル***
カルロ
カレル
カロル
Karla
カーラ**
カルラ*
Karlan カーラン*
Karlander
カーランダー
Karle カール**
Karleen カーリン
Karlekar カルレーカル
Karlen カーレン
Karlén カーレン
Karlene カーリーン
Kar-leung カーリョン*
Karlfeldt
カールフェルト*
カルルフェルト
Karlfried
カールフリート
Karlgaard
カールガード
Karl-Georg
カールジョージ
Karlgren
カールグレン**
カルルグレン
Karlhans カールハンス
Karl-Heinz
カールハインツ
カルルハインツ
Karlheinz
カールハインツ**
カルルハインツ
Karli
カーリ
カーリー
Karl-I-Bond
カルルイボンド*
Karlijn カーリン
Karlik カルリク
Karlin
カーリン
カルラン
Karliner カーリナー
Karlins カーリンズ
Karlinsky
カーリンスキー
Karlis
カーリス*
カールリス
カルリス
Kārlis
カールリス
カルリス

Karlitz カーリッツ
Karlman カールマン
Karlmann カールマン
Karl-Martin
　カールマルティン
Karlo カルロ
Karlöf カーレフ
Karloff
　カーロッフ
　カーロフ
Karlos
　カルロス
　カーロス
Karlov
　カールロフ
　カルロフ
Karlovic カロビッチ*
Karlovich
　カルロヴィチ*
　カルロヴィッチ
Karlovna
　カールロヴナ
　カルローヴナ
　カルロブナ
Karlow カルロウ
Karlowa カルロヴァ
Karłowicz
　カルウォヴィチ
Karlqvist
　カールクビスト
Karl-Richard
　カールリヒャルト
Karls カールズ
Karlsefni カールセフニ
Karlson
　カールストン
　カールスン
　カールソン**
　カールゾン
Karlsson
　カールション
　カールソン*
　カルルソン
Karlstad
　カールスタート
Karlstadt
　カールシュタット
　カルルシュタット
Karlweis
　カルルヴァイス
　カールワイス
Karlyn カーリン
Karlzon カールソン
Karma
　カーマ
　カルマ**
Karmacharya
　カルマチャリャ*
Karmakar カルマカル
Karmal
　カールマル
　カルマル*
Karman カルマン*
Kármán
　カールマーン
　カールマン
　カルマン
Karma pa カルマパ

Karmapa カルマパ**
Karmarsch
　カールマルシュ
　カルマルス
Karmasin カルマシン
Karmazin カーマジン
Karmel カーメル
Karmen カルメン
Karmiloff カミロフ
Karmin カーミン
Karminski
　カルミンスキ
Karmires カルミレス
Karmitz カルミッツ*
Karn カーン*
Karnad カルナード
Karṇakagomin
　カルナカゴーミン
Karnasuta
　カーナスット
Karnath カーナス
Karnaukhova
　カルナウーホヴァ*
　カルナウーホワ*
　カルナウホワ
Karnazes カーナゼス
Karne カーン
Karneadēs
　カルネアデス
Karnebeek
　カルネベーク
Karnell カーネル
Karner カルナー
Karnes カーンズ
Karney カーニー
Karneyeu カルネエフ
Karnezis カルネジス*
Karni カルニ
Karnjanarat
　カンチャナラット
Karnkowski
　カーンコフスキ
Karnopp カノップ
Karnou-samedi
　カルヌサムディ
Karnow カーノウ
Karns カーンズ*
Kärnten ケルンテン
Karo カロ*
Karoki カロキ
Karol
　カルル
　カルロ
　カロル**
Karola
　カローラ
　カロラ
Karolchik コロルチク*
Karole キャロル
Karoli カロリ
Karolides
　キャロライズ
Karoliina カロリーナ
Karolik カロリク

Karolin カロリン
Karolina
　カロリーナ
　カロリナ*
Karolína カロリーナ
Karoline カロリーネ*
Karoline Bjerkeli
　カロリーネビエルケリ
Karolos カロロス**
Karoly
　カール
　カロリー
Károly
　カール
　カーロイ***
　カロリィ
Károlyi
　カーロイ
　カーロリー
Karolyn キャロライン
Károlyné カーロイネー
Karomatullo
　カロマトゥロ
Karon カロン*
Karonen カロネン
Karonin カローニン
Karori カローリ
Karos カロス
Karoui
　カルイ**
　カロウイ
Karouri カローリ
Karovin カローヴィン
Karow カロウ
Karp
　カーブ**
　カルプ
Karpa カルパ
Karpak カルパク
Karpal カーパル*
Karpati
　カールパーティ
Kárpáti
　カルパチ
　カールパーティ
Karpe カルペ
Karpechenko
　カルペチェンコ
Karpela カルペラ
Karpelès カルプレス
Karpelevich
　カルペレヴィチ
Karpenko カルペンコ
Karpf
　カーフ
　カープ
Karpik カルピック
Karpin カルピン
Karpinowitch
　カルピーノヴィッチ*
Karpinskaia
　カルピンスカヤ
Karpinski
　カーピンスキー
　カルピンスキー

Karpiński
　カルピンスキ
Karpinskii
　カルピンスキー
　カルピーンスキィ
Karplus カープラス*
Karpman カルプマン
Karpokratēs
　カルポクラテース
　カルポクラテス
Karponosov
　カルポノソフ
Karpov カルポフ*
Kárpov カールポフ
Karpovich
　カルボヴィチ
　カルポヴィチ
　カルポビッチ
　カルポヴィッチ
Karppinen カーピネン
Karr
　カー**
　カール
　カル
　カルル
Karraker カラカー*
Karras
　カラス**
　カルラス
　キャラス
Karrasch カラッシュ
Karrass
　カーラス
　カラス
Kärrberg シェリベリ*
Karrenbrock
　カーレンブロック
Karrer
　カーラー
　カラー
Karres カレス*
Karrie
　カリー**
　カーレー
Karring カーリング
Karros キャロス*
Karrubi カルビ*
Karsavin
　カルサーヴィン
　カールサビン
Karsavina
　カルサーヴィナ
　カルサヴィーナ
　カルサヴィナ
　カルサビナ
Karsay カーセイ
Karsch
　カルシ
　カルシ*
Karsen
　カルゼン
　カールソン
Karsh
　カーシュ*
　カルシュ
Karsin カシーン*
Karski
　カースキ

カルスキ
Karson カースン
Karssen カーセン
Karst カースト
Karstädt
　カールシュテート
　カルステット
Karstedt
　カールシュテット
Karsten
　カシュテン
　カーステン
　カルシュテン
　カールステン
　カルステン***
Karstens
　カルステンス*
Karta カルタ
Kartajaya
　カルタジャヤ
Kartalian
　カータリアン
Karta Mihardja
　カルタミハルジャ
Kartamihardja
　カルタミハルジャ*
Kartar カルタール
Kartasasmita
　カルタサスミタ**
Kartaschoff
　カルタショフ
Kartašev
　カルターシェフ
Kartashevskaia
　カルタシエフスカヤ
Kartashova
　カルタショヴァ
Kartashyov
　カルタショフ
Karten
　カーテン
　カルテン
Karter カーター
Karterios
　カルテリオス
Karthaus カルトハウス
Karthik
　カールティック
Karti カルティ
Kartiganer
　カーティゲイナー
Kartik カルティック
Kartikov カルチコフ
Kartini
　カルティーニ
　カルティニ
　カルティニー
Kartje カートジェ
Kartner カートナー
Kartodirdjo
　カルトディルジョ
Kartosuwiryo
　カルトスウィルヨ
Kartowibowo
　カルトウィボウォ
Kartozia カルトジア
Kartoziya カルトサ
Kartsakis カルタキス

Kartsev カルツェフ	Kasa カーサ / カサ	Kasen ケイセン	Kashtiliashu カシュティリアシュ	Kasparov カスパロフ**
Kartun カートゥン		Kasenally カセナリ	Kashua カシューア*	Kaspars カスパルス
Kartz カーツ	Kasabi カサビ	Kaser カーザー / ケイサー / ケイザー / ケーザー*	Kashyap カシャップ	Kaspear カスパー
Karu カル	Kasabiev カサビエフ		Kasi カシ	Kasper カスパー / カスパー*** / キャスパー
Karua カルア	Kasack カーザック / カザック		Kasia カシア* / カーシャ	
Karubi カルビ		Kasesniemi カセスニエミ		Kaspersky カスペルスキー*
Karugarama カルガラマ	Kasaeva カサエワ	Kasetsiri カセツィリ / カセートシリ*	Kasich ケーシック*	Kasperson カスパーソン*
Karumanchi カルマンチ	Kasahun カサフン		Kašick'y カシツキー	
Karume カルメ	Kasaijia カサイジャ		Kasilag カシラグ	Kaspi カスピ
Karun カルン*	Kasaila カサイラ	Kasey ケイシー* / ケーシー*	Kasim カーシム* / カシーム / カシム	Kaspiarovich カスパロビッチ
Karuna カルナ	Kasambara カサンバラ			
Karunakar カルナカー	Kasander カサンダー			Kaspriske カスプリスキ
Karunakara カルナカラ*	Kasandrā カッサンドラ	Kasha カシャ	Kasimali カシマリ	Kasprowicz カスプローウィチ / カスプローヴィチ / カスプロヴィチ / カスプロヴィッチ* / カスプロビッチ
Karunanayake カルナナヤケ	Kasanga カサンガ	KaShamba カシャンバ**	Kasimi カシミ	
Karunaratne カルナラトナ / クルナレトネ	Kasapi カサピ	Kashamba カシャンバ	Kasimir カージミール / カージミル / カシミール / カジミール	
Karunathilaka カルナティラカ	Kasari カサリ	Kashani カシャニ		
	Kasarova カサローヴァ* / カサロヴァ / カサローバ	Kāshānī カーシャーニー*		
Karusigarira カルシガリラ		Kashawa Bakinzi カシャワバキンジ	Kasimov カシモフ	Kasprzak カスプルザック / カプチャー
Karvaš カルヴァシ* / カルバシュ	Kasasbeh カサスベ	Kashdan カシュダン	Ka-sing カーシン	
	Kasatkin カサートキン* / カサトキン	Kasher カッシェー	Kasinski カシンスキー	Kasprzyk カスプシク
Karven カルヴェン		Kashfi カシュフィ	Kasirye カシリエ	Kasravī カスラビー / キャスラヴィー
Karvonen カルヴォネン / カルボーネン / カルボネン	Kasatkina カサキナ / カサトキナ	Kāshfī カーシェフィー / カーシフィー / カーシュフィー	Kasischke カジシュキー** / カシシュケ*	
	Kasatonov カサトーノフ	Kashgari カシュガリー	Kasit ガシット	Kasrils カスリルス / カスリルズ / キャスリルズ
Kar-wai カーウァイ	Kasavubu カサヴブ / カサブブ	Kāshgarī カーシュガリー / カシュガーリー / カシュガリー	Kasitah カシタ	
Karwin カーウィン			Kasitati カシタティ	Kass カシュ / カス** / キャス
Karwoski カーウォスキー*	Kasbov カサボフ		Kask カスク	
Karwowski カーウォウスキー / カーワウスキー	Kasch カシュ		Kaskade カスケード	Kāss コース
	Kaschauer カッシャウアー	Kāshgharī カーシュガリー	Kaske カスケ	Kassa カーサ / カサ
Kary カリー* / キャリー*	Kaschmann カシュマン	Kashi カーシ	Kaskel カスケル	
	Kaschmitter カシュミッター	Kāshī カーシー	Kasko カスコ / キャスコ	Kassab カサブ
Karya カルヤ		Kashif カシフ	Kasl カスル	Kassabova カッサボバ*
Karyakin カリヤーキン	Kaschnitz カシニッツ / カシュニッツ / カシュニッツ**	Kāshifī カーシフィー	Kasle カスレ	Kassaï カサイ
Kar-yiu カーユー*		Kashi-Nath カーシーナート	Käsler ケスラー	Kassak カサック*** / カッシャーク
Karyl キャリル	Kaschube カスキュブ	Kashinath カシナート	Kašlík カシュリーク	
Karyn カーリン / カリン** / キャリン**	Kasdaglis カスダグリス	Ka-shing カーシン / カシン	Kaslin ケースリン	Kassák カシャーク / カッシャーク
	Kasdan カスダン**	Kashiram カシラム	Kaslow カスロー	
Karyo カリオ / カリョ*	Kasdi カスディ*	Kashirina カシリナ	Kasma カスマ	Kassakian カサキアン
Karyophylles カリュオフュレス	Kase カース	Kashka カシュカ	Kasmir カスミア*	Kassal カッサル
Karyuchenko カルチェンコ	Käsebier ケイゼビアー	Kashkarov カシカロフ	Kasnazani カズナザニ	Kassandra カサンドラ
	Kasekamp カセカンプ	Kashkashian カシュカシアン / カシュカシャン*	Kasner カスナー	Kassandrā カッサンドラ
Karz カルツ	Kasem カセーム** / カセム / カセーン / ケイサム / ケーサム*		Kasonde カソンデ	
Karzai カルザイ**		Kashkeen カシュキン	Kasongo カソンゴ	Kassandros カサンドロス / カッサンドロス
Karzowitch カルツォヴィッチュ		Kashkin カシキーン / カシキン	Kasotakis カソタキス	
Karzowitsch カルツォヴィッチュ / カルツォヴィッチュ	Kasem-Samosorn カセムサモソーン*	Kashko カシコ	Kasoulides カスリーディス / カスリデス	Kassapa カーシュヤパ / カッサパ / カッサバ
	Kasemsri カセームシー* / カセームスィー	Kashoggi カショギ	Kaspal カスパル	
		Kashongwe カショヌグウェ	Kaspar カスパー*** / カスパール / カスパル* / カスパルト / キャスパー	Kassapu カサブ
Kas カス		Kashshu カシュシュ		Kassar カサール / カッサル
		Kashta カシャタ / カシュタ		

Kassarjian
　カサージアン
Kassay　キャセイ
Kassebaum
　カセバウム
　カセバウム
　カッセバーム
　カッセボーム
　カッセボム
　カッセンバウム
Kassel　カッセル*
Kassell　カッセル
Kassem
　カーシム
　カセム*
　カッセム
Kässem
　カースィム
　カーセム
　カセム
Kasser　カッセル
Kassia　カッシア
Kassian　カシアーン
Kassidy　キャシディー
Kassil'　カッシリ
Kassili　カッシーリ
Kassim
　カーシム
　カシム
　カッシム
Kassimjomart
　カスイムジョマルト*
Kassindja　カシンジャ*
Kassinger
　カッシンガー
Kassiola　カッシオーラ
Kassiopeia
　カシオペイア
　カッシオペイア
Kassios　カッシオス
Kassir　カシール
Kassirecoumakoye
　カシレクマコエ
Kassirer　カシラー
Kassirskii
　カシイルスキー
　カシルスキー
Kassis　カッシス
Kassler　カッスラー
Kässmann　ケースマン
Kassner　カスナー*
Kassogué　カソギュー
Kassoma　カソマ
Kasson　キャソン
Kassoum
　カスム
　カスン
Kassovitz
　カソヴィッツ*
　カソビッツ
Kassu　カス
Kassutto　カスート
Kassym　カシム
Kassymbek
　カスイムベク
Kassymov　カスイモフ

Kast
　カスツ
　カースト*
　カスト*
Kastaliskii
　カスターリスキー
Kastanidis
　カスタニディス
Kasteleijn
　カステライン
Kastelic　カステリック
Kastellec　カステレック
Kastenbaum
　カステンバウム*
Kastenman
　カステンマン
Kastēns　カステンス
Kasterska
　カステルスカ
Kastil　カースティル
Kastl　カストル
Kastler
　カストレール
　カストレル*
　カスレ
Kastner
　カストナー*
　カストネル
　カスナー
　ケストナー*
Kästner
　カストナー
　ケストナー**
　ケストナァ
　ケストネル
Kastor　カスター
Kastōr　カストル
Kastoriōn
　カストリオン
Kastorskii
　カストルスキー
Kastorsky
　カストルスキー
Kastriot　カストリオト
Kastroskii
　カストロスキー
Kasturi
　カスツーリ
　カストゥーリ
Kastūri　カスツーリ
Kasukuwere
　カスクウェレ
Kasule　カスール
Kasulis
　カスーリス
　カスリス
Kasuri　カスリ
Kasvio　カスビオ
Kaswan　カスワン
Kasweshi　カスウェシ
Kasyan
　カシャン
　カシヤン
Kasyanov
　カシヤノフ
　カシヤノフ**
Kāśyapamātaṅga
　カーシャパマータンガ

Kasymaliev
　カスイマリエフ
Kasymov　カスイモフ
Kasymzhomart
　カスイムジョマルト
Kasza　カザ*
Kaszala　カスザラ
Kaszczeński
　カシュチェンスキ
Kasznar　カスツナール
Kaszniak　カズニアック
Kasztner
　カスティナー
　カストナー
Kaszynska　カジンスカ
Kat
　カット**
　キャット
Kataev　カターエフ**
Katafiasz　カタフィアツ
Katahn　カタン
Katai　カタイ
Katainen　カタイネン*
Kataja　カタヤ
Katajisto　カタイスト
Kataki　カタキ
Katali　カタリ
Katalin　カタリン**
Katalinic　カタリニッチ
Katambo　カタンボ
Katamidze　カタミーゼ
Katan　ケイタン
Kataoka　カタオカ
Kataotika　カタオシカ
Katari　カタリ
Katariina　カタリーナ
Katarina
　カタリーナ**
　カタリナ*
Katarzyna
　カタジーナ*
　カタジナ
　カタルジーナ
　カタルジナ
　カタルツィナ
Katasonova
　カタソノワ
Katatni　カタトニ*
Katatny　カタトニ
Katay　カターイ
Katch
　カッチ
　キャッチ
Katchalsky
　カチャルスキー
Katchanov
　カチャーノフ
Katche　カチェ
Katchen　カッチェン
Katcher　キャッチャー
Katchor　カッチャー*
Kate
　カテ
　ケイト***
　ケート***
Käte　ケーテ*

Kateb
　カテブ
　カテブ**
Kategaya　カテガヤ
Katele　カテレ
Katell　カテル
Katema　カテマ
Kateman　ケイトマン
Katende　カテンデ
Katenin　カテーニン
Katenina　カテニーナ*
Kater
　カーター*
　ケイター*
　ケーター
Kateri
　カタリーナ
　カテリ
Katerina
　エカチリニ
　カテリーナ
　カテリナ*
Kateřina
　カテジナ
　カテリナ
Katerine　カテリン
Katerinich
　カテリニッチ
Katerinov　カテリノフ
Katerkamp
　カータカンプ
Katerli　カテルリ
Kateryna　カテリナ
Kates
　ケイツ*
　ケーツ
Katey　ケイティ
Kath
　カース*
　カート
　キャス
Kathani　カーシー
Katharina
　カタリーナ*
　カタリナ*
　カタリーネ
　キャサリーナ*
Katharine
　カサリン*
　カザリン
　カセリン
　キャサリーン
　キャサリーン***
　ケイティ
Kathe
　キャシー*
　キャス
　ケーテ
Käthe
　カーテ
　クエテ
　ケーテ***
Katheleen
　キャスリーン
Katherin　キャサリン
Katherine
　カサリン*
　カザリン
　カテリーナ

カテリーネ*
カテリーン
カトリーヌ**
キォサリン
キャサリーン*
キャサリーン***
キャザリーン
キャザリン
キャスリーン*
キャスリン
ケイティ
ケイト
Katheryn
　キャサリン*
　キャスリン*
Kathey　キャシー
Kathi
　カーシー
　キャシー*
Käthi　ケティ
Kathie
　キャシー*
　キャスィー
Kathigasu　カティガス
Kathir　カチィール
Kathīr　カスィール
Kathirithamby
　カチリザンビー
Kathleen
　カサリン
　カスリーン
　カスリン
　カトリーン
　カトレーン
　キャサリーン***
　キャサリーン***
　キャスリーン***
　キャスリン***
Kathlyn
　キャサリン
　キャスリン
Kathmann　キャスマン
Kathrada　カトラダ*
Kathrin
　カトリーン
　カトリン**
　キャスリン
Kathrine
　カトリーヌ
　キャスリン
Kathryn
　カサリン
　カスリン
　キャサリン**
　キャスリーン**
　キャスリン***
Kathryne
　キャスリーン
Kathy
　キャシー***
　キャシィ
　キャシイ*
　キャッシー*
　キャッシィ
　ケーシー
　ケスィー
Kati　カティ**
Katia
　カーサ
　カーチャ

Kátia カチア
Kātib カーティブ
カテブ
Kātibī カーティビー
Katič カティッチ
Katie カテイ
ケイティ***
ケイティー*
ケーティ
ケティ
Katíe ケイティ
Katigbak カティグバック
Katila カティーラ
Katin ケイティン
ケーティン
Katina カティーナ
カテイナ
Ka Ting カテイン
Ka-ting カテイン
Katinka カテインカ**
Katinsky カテインスキー
Kātip キャーティブ
キャーティブ
Katitima カテイテイマ
Kātiyāna カーティヤーナ
Katja カーチア*
カーチャ**
カチャ
カッチャ
カテイア
カトヤ
カーヒャ
Katkov カタコフ*
カトコーフ
カトコフ
Katn'fund カットウフンド
Katnić カトニッチ
Kato カト
カトー
カトウ
Kató カトー
Katoch カトチ
Katomba カトンバ
Katon ケイトン
Katona カトーナ*
カトナ*
Katongole カトンゴレ
Katonivere カトニベレ
Katoppo カトッポ*
Katora カトラ
Katosang カトサン

Katoucha カトゥーシャ
Katoumbah カツンバ
Katrakis カトラキス
Katri カトゥリ
Katrin カトリーヌ
カトリーン*
カトリン***
Katrín カトリン*
Katrina カタリナ
カトリーナ**
カトリナ
Katrine カトリーヌ
カトリーネ
カトリーン
カトリン
Katrja カトリャ
Katrougalos カトゥルガロス
Kats カーツ
カッツ
キャッツ
Katsalapov カツァラポフ
Katsanis カツァニス
Katsaris カツァリス*
Katsaros カツァロス
Katsav カツァブ*
カッツァーブ
Katschke キャッツク
Katschnig カチュニッヒ
Katselas カツェラス*
カトセラス
Katseli カツェリ
Katselli カツェッリ
Katsenelson カツエネルソン*
Katsev カツエフ
Katsh キャッチ*
Katshapa カッシャパ
Katsheke カッシュケー
Katshnig カチュニック
Katsiak カチアク
Katsiaryna カツィアリーナ
Katsiioannidis ハジオアニディス
Katsikadelis カチカデーリス
Katsikas カツィカス
Katski コンツキ
Katsonga カツォンガ
Katsov カツォブ
Katsoyannis カツォヤニス
Katsuji カツジ
Katsulas カツラス
Katt カット

Kattabomman カッタボンマン
Katte カッテ
Kattenbusch カッテンブシュ
カッテンプッシュ
Kattendijke カッテンダイケ
カッテンデイク
カッテンディーケ
Katthāhāra カッターハーラ
Katti カッテイ
Kattnigg カットニヒ
Kattra カトゥラ
Katty カテイ
キャティー*
Katugugu カツググ
Katuku カツク
Katul'skaia カトゥーリスカヤ
Katul'skaya カトゥリスカヤ
Katumba カトゥンバ
Katunarić カトゥナリチ
Katureebe カトゥリーベ
Katus カトース
Katusa カツサ
Katushev カツシェフ*
Katy カテイ
ケイティ**
ケティ*
Katya カスィア
カーチャ
カチャ
カテイア
カテイヤ
キャテイヤ*
Kātyāyana カーティヤーヤナ
Kātyāyanīputra カーティヤーヤニーブトラ
カートヤーヤニーブトラ
Katz カーツ*
カッツ***
キャッツ*
Katzan カッツァン
Katzav カツァブ
Katzek カツェク
Katzen カッツェン*
Katzenbach カッツェンバック**
カッツェンバッハ
Katzenberg カッツェンバーグ*
Katzenberger カッツェンバーガー
Katzenelson カッツネルソン

Katzenschlager カッツェンシュレーガー
Katzenstein カーツェンスタイン
カッツェンシュタイン
カッツェンスタイン**
Katzin カッツィン
Katzir カチィール
カチル
カツィール**
カツィル
Katzir-Katchalsky カチャルスキー
Katzman カッツマン*
キャッツマン
Katzmarzyk カッツマジック
Katznelson カッツネルソン
Katzung カッツング
Kau カウ
Kaua カウア
Kauczinski カウチンスキ
Kauder カウダー*
カウデル
Kauer カウアー
Kauf カウフ
Kaufer カウファー
Käufer コイファー
Kauff カウフ
Kauffer クーファー*
コーファー
Kauffman カウフマン**
コーファン
コフマン
Kauffmann カウフマン*
コフマン
Kauflin カウフリン
Kaufman カウフマン***
カーフマン
コーフマン*
コフマン
Kaufmann カーウフマン
カウフマン
カウフマン***
コッブマン
コーフマン
コフマン*
Kaufusi コーフシ
Kaui カウイ*
Kauko カウコ
Kaul カウル**
カール*
コール
Kaulbach カウルバッハ*
カウルバハ

Kaulen カウレン
Kaulla カウラ
Kauls カウルス
Kaumann カウマン*
Kaun カウン*
Kaunda カウンダ**
Kaundinya カウンディンヤ
キョウチンニョ
Kauṇḍinya カウンディニヤ
Kaung カウン
Kaunitz カウニッツ
Kaup カウブ
カウプ
Kauppi カピ*
Kauppinen カウピネン
Kaupu カウプ
Kaur カー*
カウル*
クーア
コー
コウル
コール
Kauraka カウラカ
Kaurin カウリン
Kaurismäki カウリスマキ*
カウリスメキ
Kaus カウス
Ka'üs カーウース
カーヴース
Kausea カウセア
Kaushal コーシャル
Kaushansky カウシャンスキー
Kaushik カウシク
カウシック
コーシック
Kauśika カウシカ
Kaussler カウスレル
Kaut カウト*
カート
Kauter コテー
Kautilya カウティリーヤ
カウティリヤ*
カウティルヤ
Käutner コイトナー
Kautsky カウッキー
カウッキー**
カウツキイ
Kautto カウット
Kautu カウスー
Kautz カウツ
Kautzmann カウツマン
Kautzsch カウチ
カウチュ
Kauzer カウジェル

K

Kauzmann カウズマン*
Kav カビータ
Kava カーヴァ／カーバ／カバ
Kavād カワード
Kavadas カバダス
Kavadh カバド
Kavadlo カバドロ
Kavafian カヴァフィアン
Kavafis カヴァフィ／カヴァフィス**／カバフィス
Kavakos カヴァコス*
Kavakure カバクレ
Kavaliku カバリク
Kavallaris カヴァラリス／カバラリス
Kavan カヴァン*／カバン／ケーバン
Kavanagh カヴァナ*／カヴァナー／カヴァナッハ／カヴァナフ*／カバナー*／キャヴァナ／キャヴァナー
Kavanaugh カヴァノー*／カバナフ／カバノー*
Kavaphes カヴァフィス
Kavarić カバリッチ
Kavarnos カヴァノス
Kavashnin クワシュニン
Kavazanjian カバザンジャン
Kavégué カベゲ
Kaveh ケイヴェ
Kavelin カウェーリン／カヴェーリン／カヴェリン／カベーリン
Kavell ケイベル
Kavemann カーフェマン*
Kaverin カウェーリン／カヴェーリン**／カベーリン
Kavesh カーヴィッシ
Kavindele カビンデレ
Kavira カビラ
Kavirāja カヴィラージャ
Kavita カヴィータ*
Kavlak カヴラク

Kavli カブリ*
Kavlock カブロック
Kavner カヴナー／キャヴナー
Kavokisa カボキサ
Kavon ケイボン
Kavovit カヴォヴィット／カボビット
Kavtaradze カブタラゼ
Kavussanu カブサヌ
Kavvadias カヴァディアス
Kaw カー
Kawabata カワバタ
Kawachi カワチ
Kawādh カワード
Kawah カワ
Ka wai カーワイ
Kawainui カワイヌイ
Kawākibī カワーキビー
Kawalerowicz カヴァレロヴィチ／カワレロウィッチ*／カワレロビチ／カワレロビッチ
Kawambwa カワンブワ
Kawamoto カワモト
Kawan カワン*
Kawana カワナ
Kawanda カワンダ
Kawann カワン
Kawari カワリ
Kawasaki カワサキ
Kawashima カワシマ
Kawasmi カワスミ
Kawasuma カワスマ
Kawata カワタ
Kawchuk カウチク
Kawecki カベツキ
Kawerau カーウェラウ／カーヴェラウ／カヴェラウ
Kawhi カワイ
K'awiil カウィール
Kawila カーウィラ
Kawin カウィン
Kaws カウズ
Kawski カウスキー
Kay カイ**／ケー／ケイ***
Kaya カヤ*
Kayaalp カヤルプ
Kayali カヤリ
Kayam カヤム**
Kayan カヤン
Kayanja カヤンジャ
Kayanza カヤンザ
Kayar カヤール

Kayath カヤト
Kaye カイエ*／ケー／ケイ***
Kayed カイエド
Kayena カエナ
Ka-yeon ガヨン
Kayes ケイズ
Kayibanda カイバンダ
Kayira カイラ
Kayitesi カイテシ／カイテジ
Kaykā'ūs カイカーウース
Kaykavus カイ・カーウース
Kaykhusrau カイホスロー
Kayla カイラ／ケイラ*
Kaylee ケーリー
Kayleen ケイリーン
Kaylie ケイリー*
Kaylin ケイリン
Kaymer カイマー*
Kaynak カイナク／ケイナック
Kaynar カイナル
Kayo カヨ
Kayode カヨデ*
Kayqubād カイクバード
Kayra カイラ
Kaysen ケイセン**／ケイゼン
Kayser カイザー*／ケイサー／ケゼール
Kayserberg カイザースベルク／カイゼルスベルク／カイゼルベルク
Kayshav ケイシャフ*
Kayslay ケイスレイ
Kaysø カイセ
Kaysone カイソーン／カイソン*
Kayssler カイスラー
Kayte ケイト
Kayton ケイトン
Kayum カユム
Kayūmarth カユーマルト
Kayuwangi カユワンギ
Kayvān カイヴァーン
Kayvon ケイボン
Kaz カズ

Kaza カザ**
Kazadi カザディ
Kazak カザク
Kazakbayev カザクバエフ
Kazakevic カザケビッツ
Kazakevich カザケーヴィチ**／カザケウィチ／カザケヴィチ／カザケービチ
Kazakos カザコス
Kazakov カザコーフ／カザコフ***
Kazak'ov カザコーフ／カザコフ
Kazakova カザーコワ／カザーコワ／カザコワ*
Kazaliou カザリウ
Kazamias カザミアス
Kazan カーザーン／カザン***
Kazan-Allen カザンアレン
Kazandzhiev カザンジエフ
Kazanin カザーニン／カザニン
Kazanjian カザンジアン／カザンジャン
Kazankina カザーンキナ／カザンキナ
Kazanov カザノフ
Kazanowski カザノウスキー
Kazanskii カザーンスキー／カザンスキー／カザンスキィ
Kazantsev カザンツェフ
Kazántsev カザンツェフ
Kazantzakes ガザンザキス／ガザンザキス／ガザンザキス
Kazantzakis ガザンザキス**／ガザンツァキス／カザンツァキス／カザンツァキス
Kazantzis カザンジス／カザンツィス
Kazaure カザウレ
Kaz'azama カズアザマ
Kazazian カザジアン
Kazazyan カザジャン
Kazdan カージダン

Kazdin カズディン／カズン
Kazee カジー
Kazei カゼイ
Kazem カゼム*
Kazembe カゼンベ
Kazembek カゼンベク
Kazemi カゼミ
Kazemian カゼミヤン
Kazempour カゼンプール
Kazenambo カゼナンボ
Kazhdan カジダン
Kazhegeldin カジェゲリジン*
Kazhgel'din カジェゲリジン
Kazhinskii カジンスキー
Kazhmurat カジュムラト
Kazi カジ**／カジー
Kāzī カジ
Kazibwe カジブウェ
Kazil カジル
Kazim カジム
Kāẓim カーズィム
Kazimiera カジミラ*
Kazimieras カジミラス
Kazimierczyk カジミエルチク
Kazimierz カジミェシ／カジミェジ／カジミェシ*／カジミエジ／カジミェシュ／カジーミェシュ／カジミェジュ／カジミエシュ／ガジミェシュ／カジミエシュ**／カジミェジュ／カジミエシュ／ガジミエシュ／カジミュール／カジミール／カジメジ／カジーメシュ
Kazimir カジミル／カジミール**／カジミル
Kazimír カジミール
Kažimír カジミール
Kazimira カジミラ
Kazimiroff カジミロフ
Kazimirov カジミロフ
Kazin カージン／ケイザン／ケイジン*／ケージン
Kazinczy カジンツィ

Kazinski カジンスキー*	キアヌー キーヌ	Keboneang ケボナン	Keels キールス
Kazlauskas カズラウスカス	Keariki ケアリキ	Kebzabo ケブザボ	Keely キーリー
Kazlou カズロウ	Kearn カーン	Kececizâde ケチェジザーデ	Keen キーン**
Kazman カズマン	Kearney カーニー** カーニイ カーネイ	Kechiche ケシシュ*	Keenan キーナン** キーネン
Kazmi カズミ		Kechichián ケチチアン	Keene キーン***
Kazmier カズマイヤー		Kechrid クシュリド	Keenen キーネン
Kazmir カズミアー*	キアニー*	Kecil クチル	Keener キーナー*
Kazmirek カツミレク	Kearns カーンズ** キーンス ケアーンズ	Keck ケック*	Keeney キーニー* キニー キーニィ
Kaznacheev カズナチェエフ		Keckermann ケッカマン	
Kazonda カゾンダ		Keckley ケックリー	
Kazue カズエ	Kearny カーニー ケアニー	Kedache ケダシェ	Keenja ケエンジャ
Kazuko カズコ		Kedan ケダン	Keenleyside キンリーサイド キーンレイサイド
Kazungu カズング	Kearse カース	Kedar ケダー ケダール*	
Kazuo カズオ*	Kearsley カースリー*		Keenlyside キーンリーサイド* キーンリサイド
Kazusenok カズシオナク	Keary キアリ キアリー	Kedd ケド	
		Kedellah ケデラ	Kéhayan ケアヤン
Kazuye カズエ		Kedermyster ケダマイスター	Keheliya ケヒリヤ
Kchessinska クシェシンスカヤ クシェシンスカ	Keaser キーザー	Kedi ケディ	Keens キーンズ
	Keast キースト	Kedikilwe ケディキルウェ	Keenum キーナム
Kchich クシシュ	Keaster キースター		Keeny キーニー
K-Ci ケイシー	Keat キエット キート	Kedir ケディル	Keepin キーピン
Kcsi チ		Kedourie ケドゥーリー* ケドゥリー	Keeping キーピング*
Kdláček クドゥラーチェック	Keate キート		Keepnews キープニュース
Kdolsky クドルスキー	Keates キーツ	Kedric ケドリック	Keer キール
Ke クー* クォ ケ* ケー* コー コォ	Keating キーティング***	Kedrick ケドリック	Keerati キーラティ
	Keatings キーティングス*	Kedrov ケドロフ ケドロフ**	Keers キアーズ
	Keatley キートリー		Keersmaeker ケースマイケル*
	Keatman キーツマン	Kedrova ケドローヴァ ケドロヴァ* ケドロバ ケドロワ	Keert ヘアート
	Keaton キートン**		Kees キース** キーズ* ケース* ケス
Kê ケ	Keats キイツ キーツ		
Keabetse ケアベツェ			
Keach キーチ*	Keatz キーツ	Kedward ケドワード	Keesing キーシング* キージング**
Keady キディ ケディー	Keaveney キーベニー	Kedyarov ケドヤロフ	
	Keavon キーボン	Kedzierska ケジルスカ	Keesling キースリング*
Keagakwa ケアガクワ	Keay キーイ キイ* ケイ	Kędzior ケジオール	Keesom ケーソム
Keaggy ケギー*		Kedziorzyna ケンジョジーナ	Kee-soo キス
Keagy キージー		Kee キ キー* ケー	Keet キート*
Keale ケアレ	Keb ケブ		Keetavaranat ケータワラナ
Kealey カーレイ キーリー	Keba ケバ		Keeting キーティング
	Kebba ケバ	Keeble キーブル*	Keeton キートン
Kealii ケアリイ*	Kebbe ケップ	Kee-duk キドク	Keeve キーヴァ
Keali'i ケアリイ	Kébé ケベ	Keedy キーディ	Keevil キーヴィル
Kealoha ケアロハ*	Kebede ケベデ**	Keef キーフ	Keevill ケービル
Kealohalani ケアロハラニ	Kebek ケベク	Keefe キーフ**	Kee Yoon キーユン
Kealy ケアリー ケーリー	Keber ケベル	Keeffe キーフ	Keezer キーザー
	Keberle ケバール	Keegan キーガン***	Kefalogianni ケファロヤニ
Kean キーン**	Kebers ケベール	Kee Hui キーフイ	Kefaloyannis ケファロヤニス
Keane キーン*** ケーン	Kebēs ケベス	Kee-hyoung キヒョン	
	Kebeya ケベヤ	Kee-jong キジョン	Kefauver キーフォーヴァー キーフォーバー
Keaney キーニー*	Kebich ケビチ ケビッチ*	Keel キール** ケール*	
Kean Hor キエンホー			Kefayen カファーイン
Keanu キアヌ**	Kebispayev ケビスパエフ	Keele キール	Keffer ケッファー ケファー
	Keble キーブル*	Keeler キーラー***	
	Keb'Mo' ケブモ	Keeley キーリー*	
	Kebo ケボ	Keeling キーリング**	
			Kefford ケフォード
			Kefhaeng ケファエン
			Kefi ケフィ
			Keflezighi ケフレジギ
			Kefu ケフ
			Kegan キーガン*
			Kegel ケーゲル**
			Kegeris ケジェリス
			Keggi ケッギ
			Kegler ケグラー
			Keglovitz ケグロヴィッツ
			Keh ケイ
			Kehajna ケハイア ケハリア
			Kéhayan ケアヤン
			Keheliya ケヒリヤ
			Kehew ケヒュー
			Kehily ケヒリー
			Kehl ケール**
			Kehler ケウラー ケーラー*
			Kehlet ケーレット
			Kehlmann ケールマン**
			Kehm ケーム*
			Kehn ケーン*
			Kehoe キーオ* キーホー ケホー ケホエ
			Kehr ケーア* ケール*
			Kehren ケーレン
			Kehrer ケーラー*
			Kehret ケレット
			Kehrmann ケルマン
			Kei ケイ*
			Keib キーブ**
			Keidel カイデル
			Keig キーグ
			Keighley キースリー キーリー*
			Keightley カイトリー キートリー* ケイトリー
			Keiji ケイジ
			Keijser ケイズル
			Keijsper ケイスパー
			Keijzer カイザー カイジャー
			Keiko ケイコ*
			Keil カイル* キール ケイウ ケイル
			Keila ケイラ

Keilberth カイルベルト
Keiler ケーラー
Keilhofner ケイルホフナー
Keilin ケイリン／ケーリン
Keilis ケリス
Keill キイル／キール／ケイル／ケール
Keillor キーラ*／キロワー
Keilly ケイリー
Keim カイム*／ケイム*
Keime ケイム
Keinänen ケイナネン
Keineg ケネッグ
Keinhorst カインホルスト
Keino ケイノ*
Keios キオス
Keiper ケイパー
Keir カイアー／キア**／キアー／キール*／ケアー／ケア*／ケイア
Keira キーラ*／ケイラ
Keirans ケイランス
Keirinckx ケイリンクス
Keirn ケールン
Keirse キアース
Keirsey カーシー*
Keirstead ケアステッド／ケヤステッド
Keis キース
Keiser カイザー**／ケイサー
Keislar カイスラー
Keisler カイスラー／キースラー
Keisse ケース
Keit ケイト／ケース
Keita ケイタ**／ケータ
Keïta ケイタ*
Kéita ケイタ

Keitel カイテル**／ケイテル
Keiter カイター
Keith カイス／キース***／キート／ケイス*／ケイト／ケート
Keitz カイツ
KeiVarae ケイバラー
Keizer カイザー／カイゼル*
Kejda ケイダ
Kejell シェル
Kejjo ケジョ
Kejriwal ケジリワル*
Ke-juo ケジュ
Kek クエ／ケーク／ケケ／ケック
Kekaumenos ケカウメノス
Keke キーキー／ケケ*
Kékesy ケーケシ
Keketso ケケツォ
Keki ケキ
Kekia ケキア
Kekich ケキッチ
Kekkonen ケッコネン*
Keko ケコ
Kekrops ケクロブス
Kekule ケークレ
Kekulé ケークレ／ケクレ／ケクレー
Kekuni ケクニ
Kel ケル
Kela ケラ
Kelantan クランタン**
Kelati ケラティ
Kelava ケラヴァ
Kelban ケルバン
Kelbecheva ケルベチェバ
Kelby ケルビー*
Kelce ケルス
Kelcie ケルシー
Kelcy ケルシー
Kelder ケルダー
Keldermans ケルデルマンス
Keldorfer ケルドルファー
Keldysh ケールディシ／ケルディシュ

Kelebone ケレボネ
Kelechi ケレチ
Keleck ケレック
Kelemen ケレメン*
Kelemete ケレメティー
Kelen クラン／ケレン
Keleos ケレオス
Kelepecz ケラペス*
Keler ケレル
Kéler ケラ／ケーレル
Kelesidou ケレシドゥ
Keleti ケレチー
Keli ケリー*
Kelimbetov ケリムベトフ
Kelïmbetov ケリムベトフ
Kelin ケリン
Kelinöder ケリノダー
Kelis ケリス
Kelita ケリタ
Keljo ケリョ
Kelk ケルク
Kelkel ケルケル
Kelker ケルカー
Kell ケル*
Kellaher ケラハー
Kellam ケーラム／ケラム
Kellan ケラン
Kelland ケランド
Kellar ケラー
Kellard ケラード
Kellas ケラス*
Kellawan ケラワン
Kellaway ケラウェイ*／ケラウエイ
Kelle ケリー／ケルレ／ケレ
Kellehear ケレハー
Kelleher キルハー／ケラハー**／ケレハー*
Kellein ケライン
Kellen ケレン
Kellenbenz ケレンベンツ
Kellenberger ケレンバーガー**
Keller ケーラー／ケラー**／ケルラー／ケールレル／ケルレル／ケレール

Kellerman ケラーマン**
Kellermann ケッラアマン／ケラーマン**／ゲラーマン／ケレルマン
Kellert ケラート
Kellett ケレット
Kelley ケリ／ケリー***／ケリイ
Kellgren シェルグレーン／シェルグレン／チェルグレン
Kelli ケッリ／ケリー*
Kellie ケリー*
Kellier ケリア
Kelliher ケリハー
Kellin ケリン
Kelling ケリング*
Kellino ケリーノ
Kellison ケリソン
Kellman ケルマン
Kellmer ケルマー
Kellner ケルナー**／ケルネル*
Kello ケロ
Kellog ケロッグ**
Kellogg ケルロック／ケルロッグ／ケロッグ***
Kellon ケロン
Kellor ケラー
Kellow ケロウ
Kells ケルス／ケルズ*
Kelly ケーリー／ケリ*／ケリー***／ケリイ／ケレー
Kelly-Ann ケリーアン
Kellyann ケリアン
Kelm ケルム
Kelman ケルマン**
Kelmendi ケルメンディ**
Kelner ケルナー
Keloglu ケログル
Kelov ケロフ
Kelsall ケルサル
Kelsang ケサン／ケルサン
Kelsang Tsering ケサンツェリン
Kelsen ケルゼン*

Kelsey ケルシー***／ケルジー／ケルセイ／ケルゼイ
Kelsie ケルシー
Kelso ケルソ／ケルソー／ケルソウ
Kelsos ケルソス
Kélsos ケルソス
Keltie ケルテー／ケルティ／ケルティー
Keltner ケルトナー
Kelton ケルトン*
Kelts ケルツ
Keltuiala ケルトゥヤーラ
Kelty ケルティ
Kelvar ケルバー
Kelvim ケルビム
Kelvin ケルヴィン*／ケルビン**
Kelvy ケルビー
Kelway ケルウィ
Kem クム*／ケム**
Kema ケマ
Kemafo ケマフォ
Kemakeza ケマケザ*
Kemal ケマル***
Kemala クマラ
Kemaleddin ケマレディン
Kemalpaşazâde ケマルパシャザーデ
Kemal Pasha-zâde ケマルパシャザーデ
Kemba ケンバ
Kemball ケンバル／ケンボール
Kember ケンバー
Kemble ケンブル*
Kembo ケンボ
Kemboi ケンボイ**
Kembrew ケンブリュー
Kemelman ケーメルマン／ケメルマン**
Kemen クマン
Kemener ケメナー
Kemeny ケメニー**／ケメニィ／ケメーニュ
Kemény ケメニー／ケメーニュ*
Kémeri ケミリ

Kemi ケミ
Ke-ming コーミン
Kemink ケミンク
Kemkers ケムケルス
Kemmer ケマー*
Kemmerer
　ケマラー
　ケムメラー
　ケメラー*
　ケンメラー
Kemmerling
　ケムマーリング
Kemmerly ケンマリ
Kemmeter
　ケメテー
　ケメテール
Kemmons ケモンズ
Kemna ケムナー
Kemo ケモ
Kemoh
　ケモ
　ケモー
Kémoko ケモコ
Kemp
　ケムプ
　ケンプ***
Kempa ケンパ
Kempe
　ケンプ**
　ケンペ*
Kempelen ケンプレン
Kempen ケンペン*
Kempeneer
　ケンペネール
Kempener ケンペネル
Kempenfelt
　ケンペンフェルト
Kemper ケンパー**
Kemperman
　ケンパーマン
Kempermann
　ケンパーマン
Kempers ケムペース
Kempes ケンペス*
Kempf
　ケンフ
　ケンプ**
　ケンプフ
Kempfer ケンプファー
Kempff
　ケンプ*
　ケンプフ
Kemph ケンプ
Kempinski
　ケンピンスキー
Kempis
　カンピ
　ケムビス
　ケムビス
　ケンビス*
　ケンプス
Kempisty
　ケンピスティ
Kempka ケムカ
Kempner
　ケムプナー

Kempnar ケンプナー**
Kempny ケンプニー*
Kempowski
　ケンポウスキ
Kempowsky
　ケンポウスキー
Kemppainen
　ケンパイネン
Kemprecos
　ケンプレコス*
Kempson ケンプソン*
Kempster
　ケンプスター
Kempthorne
　ケンプソーン**
　ケンプソン
Kempton
　ケンプトン**
Kemsley
　ケムズリ
　ケムズリー
　ケムズレー
Ken ケン***
Kena ケナ
Kenah ケナー
Kenakin ケナキン
Kenan
　キーナン
　ケナン**
Ken'ān ケナーン
Kenana ケナナ
Kenar ケナール
Kenard ケナード
Kenatale ケンタレ
Kenbrell ケンブレル
Kencan ケンチャン
Kench ケンチ
Kenchev カンチェフ
Kendal
　ケンダール
　ケンダル*
　ケンドル
　センダル
Kendall
　ケンダール*
　ケンダル***
　ケンドール***
　ケンドル
　センダル
Kendeck ケンデク
Kendel ケンデル
Kendell ケンドール
Kenderesi ケンデレシ
Kendi ケンディ
Kendig ケンディッグ
Kending ケンディッグ
Kendle ケンドル
Kendor ケンドー
Kendra ケンドラ*
Kendrach
　ケンドラック
Kendred キンドレッド
Kendrew
　ケンドリュー
　ケンドルー**

Kendrick
　ケンドリック***
Kendricks
　ケンドリクス
　ケンドリックス
Kendry ケンドリー
Kendrys ケンドリス
Kene ケネ
Keneally
　キニーリー*
　ケニーリー
　ケニーリー
Kenealy
　ケネーリー
　ケネリ
Kenedy ケネディ
Kénékouo ケネクオ
Kenelm ケネルム
Kenelski ケネルスキー
Kenen ケネン*
Kenenisa ケネニサ*
Kenesarï ケネサル
Kenesaw ケネソー
Keneshbek ケネシベク
Keness ケネス*
Keneth ケネス
Kenevan ケネバン
Keng
　ケーン
　ケン*
Keng Kwang
　ケンクワン
Kengo ケンゴ*
Keng-sen ケンセン*
Keng Swee
　ケンスイ*
　ケンスウィー
Keng Yaik ケンヤク
Keng-yong ケンヨン*
Kenilorea
　ケニロレア**
Kenison ケニソン*
Keniston ケニストン
Keniya ケーニヤ
Kenizé ケニーゼ*
Kenji ケンジ
Kenjon ケンジョン
Kenkel ケンケル
Kenley ケンリー
Kenly ケンリー
Ken-Marti
　ケンマルティ
Kenn
　ケナード
　ケン*
Kenna
　ケナ
　ケンナ*
Kennally ケナリー
Kennan ケナン***
Kennard
　ケナード*
　ケンナアード
Kennaway
　ケナウェイ*

Kenne ケンネ*
Kennealy
　ケニーリー**
　ケネリー
Kennedy
　ケネデー
　ケネディ***
　ケネディー*
　ケネディ
Kennefick
　ケネフィック
Kennel ケンネル*
Kennell ケネル
Kennelly
　ケネリ
　ケネリー*
Kennemore ケネモア
Kennen ケネン*
Kenner
　ケナー**
　ケンネル
Kennerley
　ケナーリー
　ケネリー
Kennerly ケナリー
Kenneson ケネス*
Kennet ケネット
Kenneth
　ケニー
　ケニース
　ケニース
　ケネス***
　ケネッシュ
　ケネット
　ケン*
　ケンネス
Kennett ケネット*
Kennewell ケヌウェル
Kenney
　ケニー**
　ケネー
Kennicott ケニコット
Kennison ケニソン
Kennja ケンジャ
Kennon
　ケノン
　ケンノン
Kenny
　ケニー***
　ケニィ
Kennys ケニース
Kenovic
　ケノヴィッチ
　ケノビッチ
Kenred ケンレッド
Kenrick
　ケンリク
　ケンリック**
Kens ケンズ
Kensall ケンザル
Kensely ケンスリー
Kensett ケンセット
Kensington
　ケンジントン
Kensit
　ケンシット

ケンジット*
ケンスィット
Kensky ケンスキー
Kensler ケンスラー
Kenso ケンソウ
Ken-suk コンソク
Kent
　ケン
　ケント***
Kentavious
　ケンテイビアス
Kenteris ケンデリス*
Kentigern
　ケンティガーン
　ケンティガン
　ケンティゲルン
Kentley ケントリー
Kentner ケントナー
Kenton
　ケン
　ケント
　ケントン**
Kentrell ケントレル
Kentridge
　ケントリッジ*
Kentzer ケンツァー
Kenward ケンワード
Kenwood ケンウッド
Kenworthy
　ケンワーシー
　ケンワージー**
Kenyan ケンヤン
Kenyatta
　ケニヤッタ**
Kenyon
　ケニオン*
　ケニョン*
　ケニヨン***
　ケンヨン
Kenzhekhanuly
　ケンジェハヌリー
Kenzhisariev
　ケンジサリエフ
Keo
　カエウ
　ケ
　ケオ
　コー
Keoboualapha
　ケオブラパ
Keobounphan
　ケオブンパン**
Keobounphanh
　ケオブンパン
Keo-don コドン
Keogh
　キーオ
　キオ
Keohane
　コーウェン*
　コーヘイン*
　コヘイン*
　コヘーン
Keokuk ケオカク
Keola ケオラ
Keomixay ケオミサイ
Keon
　キーオン

キオン
ケオン
Keone ケオーネ
Keong ケオン
Keoni キオニ
Keonjian ケオンジャン
Keough
キーオ**
コフ
Keown
キーオン*
ケオウン
コウン
Keow-sik ゴンシク
Kepa ケパ
Kepel ケペル**
Kepes
キーブス
ケペシュ
ケペス
ケペッシュ
Képès ケペス
Kepha ケファ
Kēphā ケーパー
Kephalas ケファラス
Kephalos ケファロス
Kephart
ケパート
ケファート
ケファルト
Kephas
ケパ
ケファス
Kēphas
ケパ
ケファ
Kēpheus ケフェウス
Kēphisodōros
ケピソドロス
Kephisodotos
ケーフィーソドトス
ケフィソドトス
Képíró ケピロ
Keplan ケプラン
Kepler
ケプラー*
ケプレル
ケプレル*
Kepner ケプナー*
Kepnes ケプネス*
Keponen ケポネン
Keppard ケパード
Keppel ケッペル**
Keppeler ケッペラー
Keppens ケペンス
Keppie ケッピー
Keppler
ケップラー
ケプラー
Kepu ケプ
Ke-qiang
コーチアン
コーチャン
Keqin ケチィン

Ker
カー***
ケアー
ケール
ケル
Keraf クラフ
Kerai カライ
Kerascoët
ケラスコエット
Keraunos ケラウノス
Keravnos ケラブノス
Keravuori
ケラヴオリ
ケラブオリ
Kerbabáev
ケルババーエフ
Kerbaker
ケルバーケル*
Kerbel ケーベル
Kerber
カーバー**
ケルバー*
Kerbeshian
カーベシアン
Kerby
カービ
カービー
カービィ
Kerch カーチ
Kercheval
カーシェヴァル
Kerchever
カーチェヴァー
Kerckhove ケルコフ
Kerckhoven
ケルクホーヴェン
ケルクホーフェン
Kerdellant ケルデラン
Kerdon ケルドン
Kerdōn ケルドン
Kéré ケレ
Kerekes ケレケス
Kerekeling
カーケリング
Kereki ケレキ
Kerékjártó
ケレキャルト
Kerekou ケレク*
Kérékou ケレク*
Kérel クレル
Kerem ケレム
Keren
カレン
ケレン*
Kerenga ケレンガ
Kerenskii
ケレンスキー*
ケーレンスキィ
Kerensky
ケレンスキー
Kerenyi ケレーニイ
Kerényi
ケレーニ
ケレーニー
ケレーニィ
ケレーニイ*

Kerenza
ケレンザ
ケレンツァ
Kerer ケレル
Keresov ケレゾフ
Keresztes ケレステス
Kereszturi
ケレツーリ
ケレツリー
Keret ケレット*
Kerez ケレツ
Kerfalla ケルファラ
Kerguélen
ケルゲラン
ケルゲレン
Keri
ケリ**
ケリー*
Keri-Anne ケリアン*
Kerievsky
ケリーエブスキー
ケリエフスキー
Kerim
カリーム
ケリム**
Kerima ケリマ
Kerimbaev
ケリムバエフ
Kerimkulov
ケリムクロフ
Kerimoglu ケリモギュ
Kerimov ケリモフ
Kerin ケリン
Kerins ケリンズ
Kerinthos
ケーリントス
ケリントス
Kērinthos ケリントス
Keris クリス**
Kérisel
ケリゼル
ケルゼル
Kerkar ケルカル
Kerkeling
カーケリング
Kerker カーカー
Kerkhof
ケルクホフ
ケルコフ
Kerkhoff カークホフ
Kerkhofs カークホフス
Kerkidas
ケルキダース
ケルキダス
Kerkōps ケルコプス
Kerkorian
カーコリアン
カコリアン*
Kerkstra ケルクストラ
Kerl
ケール
ケルル
Kerlan
カーラン
ケルラン*
Kerle ケルレ
Kerler ケルラー

Kerleroux ケルルルー
Kerley
カーリー
カーリイ*
ケアリー*
Kerlikowske
カーリコウスク
Kerlin カーリン
Kerlinger
カーリンガ
カーリンジャー
ケリンガー
Kerll
ケルル
テルル
Kerloc'h ケルロック*
Kerlow カーロウ*
Kermack カーマック
Kerman カーマン**
Kermānī ケルマーニー
Kermanshahi
ケルマンシャヒ
Kermānshāhī
ケルマーンシャーヒー
Kermechend
ケレムチャンド
Kermer ケルマー
Kermit カーミット**
Kermoar ケルモアル
Kermode
カーモード**
Kern
カーン**
ケアン
ケルン***
コン
Kernahan カーナハン
Kernan カーナン**
Kernbauer
ケルンバウアー
Kernberg
カーンバーグ
カンバーグ
Kernegger
ケルネッガー
Kernell カーネル
Kernen ケルネン
Kerner
ケルナー**
ケルネル
Kerney ケルネイ
Kernick カーニック**
Kernighan
カーニハン*
Kernion ケルニオン
Kernis カーニス
Kernm ケルン
Kernodle
カーノードル*
カーノドル
Kernoff カーノフ
Kerns カーンズ*
Kerny ケルニー
Keropp ケロップ
Kerouac
ケラワック
ケルーアック

Kéroualle
ケルーアル
ケルアル
Kēroullários
ケルラリオス
Kerpatenko
ケルパテンコ
Kerpen カーペン
Kerr
カー***
カア
カール
ケーア
ケア
ケアー
ケル*
Kerrebrock
ケルブロック
Kerrelyn ケリリン
Kerres ケレス
Kerrett
キャロット
ケレット
Kerrey ケリー
Kerri
ケリ**
ケリー**
Kerri-Ann ケリアン
Kerridge
カーリッジ
ケーリッジ
ケリッジ
Kerrie ケリー*
Kerrigan ケリガン**
Kerrin ケーリン
Kerrisk クリスク
Kerrl ケルル
Kerrod ケロッド
Kerron
カーロン*
ケロン
Kerruish
ケルーアシュ
ケルーシュ*
Kerry ケリー***
Kersale ケルサレ*
Kersch ケルシュ
Kerschbaumer
ケルシュバウマー
Kerschensteiner
ケルシェンシュタイナー*
ケルシェンシュタイネル
Kerschl カーシル
Kersee カーシー*
Kersenbaum
ケルセンバウム
Kersey
カーシ
カーシー**
カージー
Kersh
カーシェ
カーシュ*

K

Kershaw
カーショー**
カーショウ*
ケルショー
ケルショウ
Kershner
カーシュナ
カーシュナー***
Kersies カースジェス
Kersjes カージェス*
Kersley カーズリー
Kersobleptēs
ケルソブレプテス
Kersolon ケルソロン
Kersschot
ケルスショット
Kerst ケルスト
Kersten
ケルシュテン*
ケルステン*
Kerstetter
カーステッター
Kersti
カースティ
ケルスティ**
Kerstin
カースティン
ケルスティン**
ケレスティン
シェシュティン
シェルスティン
シャシティン
シャシュティン**
シャスティーン
シャスティーン**
Kersting
ケアスティング*
ケルスティング
Kertanagara
クリタナガラ
クルタナガラ
Kertanguy ケルタンギ
Kertesz
カーティス
カーテッツ
ケルテス
Kertész
ケルテース
ケルテス
Kertész
ケルテシュ
ケルテース***
ケルテス**
Kerth キース
Kertonegoro
クルトネゴロ*
Kerttula ケルトゥラ
Kertudo ケルチュド
Kertzer カーツァー*
Kertzman カーツマン
Keruak ケルアック
Kērularios
ケルラリオス
Kervaire ケルヴェア
Kervella ケルヴェラ
Kerven
カーヴェン*
カーベン*

Kervern
ケルヴェルヌ
ケルベルヌ
Kervran ケルヴラン
Kervyn
ケルヴィン
ケルフェイン
Kerwien カーウィン*
Kerwin カーウィン*
Kerwynn カーウィン
Kery ケリー
Kéry ケリー
Keryn ケルン
Kerzhentsev
ケルジェンツェフ
ケルチェンツェフ
Kerzin カーズィン
Kerzman ケルツマン
Kerzner
カーズナー*
ケルツナー
Kes ケス**
Kesāʾī ケサーイー
Kesakambalin
ケーサカンバリン
Kesan ケーサン
Kesang ケサン
Ke-sar ケサル
Keśavamiśra
ケーシャヴァミシュラ
ケーシャバミシュラ
Kesavan ケサヴァン*
Keśavdās
ケーシャヴダース
Keśavsut
ケーシャヴスト
Kesaya ケサヤ
Keseberg ケーゼベルク
Kesel ケセル*
Keselman ケセルマン
Keservani
ケセルヴァニ
Kesete Berhan
ケセテベルハン
Kesey
キージ
キージー***
Keshab
ケーシャブ
ケシャブ
Keshav
ケーシャブ
ケシャブ
Keshavan
ケシャヴァン*
ケシャバン
Keshavarz
ケシャヴァーズ
ケシャバーズ
Keshavjee
ケシャヴジー
Keshavrao
ケシャヴラーオ
Keshawn ケショーン
Keshet ケシェット
Keshi ケシ

Keshorn ケショーン*
Keshtmand
ケシュトマンド
Kesigbatu ヘシグバト
Kesito ケシト
Keskinen ケスキネン*
Kesler キスラー
Kesner ケスナー
Kesnerová
ケスネロヴァ
Kesper ケスパー*
Kesri ケスリ**
Kessai ケサイ*
Kessel
ケセル
ケッセル***
Kesseler
ケスラー
ケッセラー
Kesselman
ケセルマン*
ケッセルマン*
Kesselring
ケセルリング
ケッサーリング
ケッセルリンク
ケッセルリング
Kessels ケッセルス
Kesselschlager
ケッセルシュレーガー
Kesselskramer
ケッセルスクライマー
Kessen ケッセン
Kessenich ケセニッチ
Kesser ケッサー
Kessie ケシェ
Kessile ケシル
Kessinger
キージンガー
ケッシンジャー
Kessle ケスレ
Kessler
ケスラ
ケスラー***
ケスレル*
ケッスレル
Keßler ケスラー
Kesson
ケソン
ケッソン
Kessous ケスス
Kessy ケシー
Kestelman
ケステルマン
Kesten ケステン*
Kestenberg
ケステンバーグ
ケステンベルグ
Kestenholz
ケステンホルツ
Kestenman
ケステンマン
Kester ケスター**
Kesteven ケステフェン
Kestin
ケスティン
シャスティン

Kesting ケスティング*
Kestler ケストラー
Kestnbaum
ケストンバウム
Kestner
ケストナー*
ケストネル
Keston キーストン
Kestrel ケストレル
Kestutis
ケイストゥティス
ケストゥティス
Keswani ケースワニ
Keswick
ケズウィック*
Keszi
ケシ
ケスィ
Ket
ケ
ケット
Ketai ケタイ
Ketanji ケタンジ
Ketbi ケトビ
Ketch ケッチ
Ketcham
ケチャム
ケッチャム**
Ketchel ケッチェル
Ketchum
キッチム
ケッチャム***
Kete ケテ
Ketel
ケーテル
ケテル
Ketelaar
ケテラー
ケテラール*
Ketelaer ケテラー
Ketelbey
ケテルビー
ケテルビィ
Ketels ケテルス
Keter
キーター
ケーター
ケテル*
Ketevan ケテワン
Ketevina ケテヴィナ
Kethe キース
Kethley ケスリー
Kéthly ケスリー
Ketil ヒェティル
Ketín ケティン
Ketkesone ケッケソン
Ketley ケトリー*
Ketliskaya
ケトリンスカヤ
Ketner ケットナー
Ketoev ケトエフ
Ketola ケトラ*
Ketonen ケトネン
Ketring ケトリング
Kets ケッツ*

Ketshewayo
ケチェワヨ
ケチュワヨ
セテワヨ
Ketskhoveli
ケツホヴェーリ
Ketso ケツォ
Kett ケット
Kettel ケテル
Ketteler
ケッテラー
ケッデラー
ケットラー
ケテラー
ケトラー
Kettelhut ケトルハト
Ketteman
ケッテマン
ケットマン
Kettenbach
ケッテンバハ
Kettenmann
ケッテンマン
Ketterer
ケッテラー
ケットラー
Kettering
ケタリング
ケッタリング
ケッテリング
Ketteringham
ケタリンガム
Ketterle
ケターレ*
ケッタレ
ケッテレル
ケトレ
Ketting
ケッティング
ケティング
Kettl ケトル*
Kettle
ケットル
ケトル**
Kettler
ケットラー
ケトラー
Kettlewell
ケットルウェル
ケトルウェル*
Kettner ケットナー
Kettunen ケットネン
Ketty
ケッティ
ケティ
Ketumealea
ケート・ミアリア
Ketumile
ケトゥミレ**
Keturah
ケトゥーラ
ケトラ
Ketut
クトゥッ
クトゥット
ケトゥート
Ketwaroo ケトワルー
Kety
ケティ

ケティー
Ketz ケッツ
Keuchel カイケル
Keuck-chun
　クックチョン
Keulen
　キューレン*
　クーレン*
Keulen-Deelstra
　ケレンデルストラ
Keuls クールズ*
Keum-do クンド
Keum-jong クムジョン
Keum-yong クムヨン
Keun
　クアン
　コイン
Keun-Bae クンベ
Keun-bok クンボク
Keun-byung
　クンビョン
Keung ケウン
Keun-hee クンヒ
Keun-ho
　グノ
　クンホ
Keunho ゴノ
Keun-sik グンシク
Keun-soo クンス
Keun-sool クンスル
Keun-suk グンソク*
Keun-taik クンテク
Keun-whan クンヒ
Keun Wook グンウク
Keup コイプ
Keury ケウリー
Keussen コイセン
Keussler コイスラー
Keutgen コイトゲン
Keuthen コイセン
Keutzer コイツァー
Keva キーヴァ
Kevan ケバン*
Keve
　チェーヴェ
　チェヴェ
Keven ケビン
Kevin
　キーヴィン
　ケヴィン***
　ケヴン
　ケバン
　ケビン***
Kevisas ケビサス
Kevkhishvili
　ケブヒシビリ
Kevles
　ケヴルズ
　ケヴレス
　ケブルズ
　ケブルズ
Kevlin ケブリン
Kevon ケボン
Kevorkian
　キヴォーキアン*

Kevorkian
　キボキアン
　ケボーキアン*
Kevric ケブリッチ
Kevyn ケヴィン
Kew
　キュー*
　ケウ
Kewell
　キューウェル**
　キュウェル
　キューエル
Kewn キュン
Ke-won ケウォン
Kewullay ケウライ
Ke-xin カーシン
Key
　カイ
　キー**
　キイ
　ケー*
　ケイ**
Keyan ケイヤン
Keyarris キーアリス
Keydel キーデル
Keye
　キー
　カイ
　ケイ*
Keyes
　カイズ
　キーズ*
　キイズ***
　キイス**
　キーズ***
　ケイエス
Keyewa ケイエワ
Keyhoe
　キーホー
　キーホウ
Keylor ケイロル
Keymeulen
　ケイミューレン
Keynan ケイナン
Keyne ケイン
Keynes
　キンズ
　キエーンス
　ケインズ**
　ケーンズ*
Keyon キーヨン
Keys
　キイズ
　キース
　キーズ***
Keyser
　カイザー*
　カイセル
　キーザー
　ケイセル
　ケイゼル
Keyserling
　カイザーリンク
　カイザーリング*
　カイザリング
　カイゼルリンク
　ケイゼルリング

Keyserlingk
　カイザーリンク*
Keysers キーザーズ
Keysian キージャン
Key-sop キソプ
Keyßer カイザー
Keystone キーストン
Keyt キート
Keyuraphan
　ケユラパン
Keyzer ケイザー
Kezele ケズィール
Kezema ケゼマ
Kezerashvili
　ケゼラシビリ
Keziah キザイア*
Kezich ケジチ
Kezilahabi ケジラハビ
Kezman ケズマン*
Kežman ケズマン
Kfoury クフォーリ
Kgalema ハレマ*
Kgathi カティ
Kgoroba
　クォロバ
　コロバ
Kha
　カ***
　カー
Khaalis
　カリス
　ハーリス
Khaankhre
　カーアンクラー
Khaaugaam
　カーオガーム
Khaba カバ
Khabarelli ハバレリ
Khabarov
　ハバーロフ
　ハバロフ
Khabelov ハベロフ
Khabrias カブリアス
Khabul ハブル
Khaburzaniya
　ハブルザニヤ
Khabutdinov
　カブートジーフ
Khaby カビー
Khac
　カク*
　カック
Khachatrian
　ハチャトリャン
Khachatryan
　ハチャトリアン
　ハチャトリャン
Khachatur
　ハチャトゥル
Khachaturian
　ハチャトゥリアン
　ハチャトゥリヤーン
　ハチャトゥリアン
　ハチャトゥリャン
Khachaturov
　ハチャトゥーロフ

Khachaturyan
　ハチャトゥリアン
　ハチャトゥリャーン
　ハチャトゥリャン
　ハチャトゥリヤン**
　ハチャトリアン
　ハチャトリヤン
Khacheridi
　ハチェリディ
Khachidze ハチゼ
Khacon カチョーン
Khacor カチョン
Khadan カダン
Khadartsev
　ハダーツェフ
　ハダルチェフ
　ハダルツェフ*
Khadasevich
　ハダセビッチ
Khaddam
　ハーダム
　ハダーム
　ハダム**
　ハッダーム
Khadem
　カデム*
　ハデム*
Khademi ハデミ
Khader ハデル
Khadga カドガ
Khadija ハディジャ
Khadīja
　ハーディージャ
　ハディージャ
　ハディージャー
Khadijah
　カティジャー*
　カディジャ
　ハディージャ
　ハディジャー
Khadijeh ハディジェ
Khadijo カディジョ
Khadim
　カディム
　ハディム
Khadiravaniya
　カディラヴァニヤ
Khadiya ハディヤ
Khadjibekov
　ハジベコフ
Khadjiev ハジェフ
Khadjimourat
　ハジムラト*
Khadka
　カドゥカ
　カドカ
Khadpo カドポ
Khadra
　カードラ
　カドラ**
　ハドラ
Khaduri ハドゥリ
Khady
　カディ
　キャディ*
　ハディ
Khadyr ハドイル
Khadzhi ハージー

Khadzhibekov
　ハジベコフ**
Khadzhimurad
　ハジムラド*
Khadzi ハジ
Khafāja ハファージャ
Khafājah ハファージャ
Khafra
　カフラ
　カフラー
　カフレ
　ケフレン
Khagarova ハガロヴァ
Khaghan カガン
Khagraj カグラジ
Khagram カグラム
Khahetepre
　カーヘテプラー
Khai
　カアイ
　カーイ
　カイ***
Khái カイ
Khaibulaev
　ハイブラエフ**
Khaidarov カイダロフ
Khaidu
　カイドゥ
　ハイドゥ
Khaikani ハイカニ
Khaikin ハイキン
Khail ハイル
Khailov ハイロフ
Khaing カイン
Khair
　ハイル
　ハル
　ヘール
Khairallah ハイララ*
Khairat カイラット
Khairēmōn カイレモン
Khairiddin
　ハイリディン
Khairinisso
　ハイリニッソ
Khairov ハイロフ
Khairul
　カイルール
　カイルル
Khairul Anuar
　カイルルアヌアル
Khairy
　カイリー
　ハイリ
Khaïry カイリ
Khaisaeng カイセーン
Khaisri カイシー
Khaitov ハイトフ*
Khaiyāt ハイヤート
Khaiyum カイユム
Khajeh カジェ
Khajkin ハイキン
Khājū
　ハージュー
　フワージュー

Khakafalla ハカファラ
Khakamada ハカマダ
Khakaure カーカウラー
Khaketla カケトラ
Khakez ハケズ
Khakhaleichvilli ハハレイシビリ*
Khakhaleishvili ハハレイシヴィリ
ハハレイシビリ
Khakhar カッカル
Khakheperre カケペルラー
Khakīfa ハリーファ
Khakim ハキム
Khakira ハキラ
Khaksar ハクサル*
Khaladovich ハラドビッチ
Khalaf カラフ
ハラフ
Khalafa Allāh ハラファッラー
Khalaldeh ハラルデ
Khalbous ハルブース
Khaldi ハルディ
Khaldoun ハルドゥーン
Khaldun ハルドゥーン
Khaldūn ハルドゥーン
Khaldūn カルドゥン
ハルドゥーン
ハルドゥーン
Khaled カハレ
カリード
カリド
カレッド
カーレド**
カレド
ハーリド
ハリド*
ハーレド**
ハレド*
Khaleda カレダ*
Khalej カレイ
Khaleqi ハレギ
Khalfa カルファ
Khalfan カルファーン
ハルファーン
ハルファン
Khalfi ハルフィ
Khalfina ハルフィナ
Khalfouni カルフーニ*
Khalfounie カルフーニ
Khalid カーリド
カリド*
ハリッド
ハーリド*
ハリド**
Khalīd ハリード

Khālid カーリド
ハーリド
ハーレド
Khālid ハーリド
ハリード
Khālīd ハーリド
Khalida ハーリダ
ハリダ
Khalif カリフ
Khalifa カリファ
ハリーファ*
ハリファ**
Khalīfa カリフ
ハリーファ
Khalifabobo ハリファボボ
Khalifeh ハリファ
ハリーフェ
Khalifman ハリフマン
Khalikyar ハリキャル
ハリクヤル
Khalil アリル
カリル
ハリール*
ハリル
Khalīl ハーリール
ハリール
Khalīl ハリール
Khalīl Allāh ハリールッラー
Khalili カリーリ
ハリリ
Khalīlī ハリーリー
Khalilian ハリリアン
Khalilou カリウ
カリル
Khalīlu'l-lāh ハリールッラー
Khalilzad ハリルザド*
Khalimov ハリモフ
Khaliqyar ハリキャル**
ハリクヤル
Khaliru カリル
Khaliutina ハリューティナ
Khalje ハルジェ
Khalkhali ハルハリ
Khalkia ハルキア
Khalkokondyles カルココンデュレス
Khalkous カルクス
Khallaf ハッラーフ
Khallāf ハッラーフ
Khallikān ハッリカーン

Khalmurzaev ハルムルザエフ*
Khalsa カールサ
カルサ*
カルサー*
Khaltmaa ハルトマー*
Khalturin ハルトゥーリン
ハルトゥリン
Khalvati カルヴァティ
Khalykov ハルイコフ
Kham カム**
カン
Khama カーマ**
Khamaïyes ハメイエ
Khambai カンバイ
Khambatta カムバッタ
カンバータ
Khamenei ハメネイ**
Khames ハミス
Khamhen カームヘン
カムヘーン
カムヘン
Khamhom カムホーム
Khamhoom カムホーム
Khamidkhodjaev ハミドホジャエフ
Khamidov ハミドフ
Khamil カミル
Khamis カミース
ハミース
ハミス**
Khamisa カミサ
Khamlouad カムロート
Khammaan カムマーン
Khammāan カマーン
Khammanh カムマン
Khammani カンマニ
Khammao カムマオ
Khammo ハンモ
Khamouan カムウアン
Khampane カンパン
Khampheng カンペーン
Khamphoui カムブイ
Khamphounvong カンプワンウォン
Khamphun カンプーン
Khamrayev ハムラーエヴ
Khamrokhon ハムロホン
Khamtay カムタイ**
Khamudi カムディ
Khan カーン***
カン*
ハーン***

ハン*
Khaṅ カン
ハン
Khān カーン*
カン
ハーン*
ハン*
Khān ハーン
Khan カーン
ハーン
Khān カーン
ハーン
Khana カーマ**
カン
ハーン
ハン
Khanafou ハナフ
Khanal カナル*
Khānān ハーナーン
Khananii ハナニー
Khanayev ハナイエフ
Khaṅ-che-gnas カンチェニ
Khand カンド
Khandaker カンダケル
Khaṇḍasumana カンダスマナ
Khandēkar カーンデーカル
カンデーカル
Khandi カンティ
キャンディ
Khandker カンダケル
Khandoshkin ハンドシキン
Khandu カンドゥ
Khanduri カンドゥリ
Khaneferre カーネフェルラー
Khang カイン
カーン**
カン
Kháng カーン
Khanga ハンガ
Khang chen nas カンチェンネー
Khanghar カンガァール*
カンガール
Khanh カイン
カイン*
カーン
Khánh カイン
カン
Khānlarī ハーンラリー
Khanlian カーンリャン
Khanna カナ
カンナ*
Khan' Nnvan" キンニュン

Khannouchi ハヌーシ*
Khanou カノウ
Khanov ハノフ
Khānr ハーン
Khansā ハンサ
ハンサー
Khānsārī ハーンサーリー
Khanti カンティ
Khantzian カンツィアン
Khanum ハヌム
Khanykov ハニコフ
Khaosai カオサーイ
Khaoua カウア
Kha-pa カパ
Khapangi カパンギ
Khaqan カカーン*
Khāqānī ハーカーニー
Khar カル*
Khara ハラ
Kha rag カラク
Kharas カラス
Kharasch カラシュ
カラッシュ
Khāravela カーラヴェーラ
カーラベーラ
Kharazi ハラジ
Kharbanda カーバンダ
Kharbash ハルバーシュ
Kharboutli ハルブートリー
Kharchenko ハルチェンコ
Kharchev ハルチェフ
Kharel カレル
Kharēs カレス
Kharge カルゲ
Khari カーリ
Kharidēmos カリデモス
Kharikov ハリコフ
Kharin カーリン
Kharitidi カリティディ
Khariton ハリトン
Kharitōn カリトン
Kharitonov ハリトーノフ*
Kharitonova ハリトノーヴァ
ハリトノーバ
ハリトノワ
Kharki ハルキ
Kharkov ハリコフ
Kharkovets ハルコベツ
Khar'kovskii ハリコウスキー
Kharlamov ハルラモフ
Kharlan ハルラン

Kharlap ハルラブ	Khatkhate カトカラ	Khayyám カイアム／カイヤーム／カイヤム／ケエヤム／ハイヤアム／ハイヤーム	Khémir ケミール／ケミル
Kharms ハルムス**	Khatoune カトン		Khemmani ケンマニ
Kharōndas カロンダス	Khatri カトリ**／ケトリ		Khemraj ケムラジ
Kharrat ハラット	Khatrī カトリー		Khemurau ヘムラウ
Kharrazi ハラジ**	Khattab ハッターブ／ハッタブ	Khayyām ハイヤーミー／ハイヤーム／ハイヤム	Khendjer ケンジェル
Kharshiladze ハルシラーゼ			Kheng キング／ケーン／ケン*
Kharuzina ハルージナ	Khaṭṭab ハッターブ		
Khasan ハサン／ハッサン*	Khattabi カタビ	Khayyat カヤット／ハイヤート	Kheng Kim ケンキム
	Khatteb ハティーブ		Khenkin ヘンキン
Khasawneh ハサウネ*	Khattib ファッティーブ	Khayyāṭ ハイヤート	Khentova ヘントヴァ／ヘーントワ
Khasbaatar ハスバートル	Khattigna カッテイニャ*／カティーニャ	Khayzurān ハイズラーン	
Khasbulatov ハスブラートフ*／ハズブラートフ		Khazál ハズアル	Kheperkare ケペルカーラー
	Khattiya カテイヤ*	Khaza'leh ハザレ	Kheperkheprure ケペルケペルウラー
Khasburatov ハスブラートフ／ハズブラートフ／ハズブラトフ	Khattry ハトリ	Khazam ハザム	Khepermare ケペルマアトラー
	Khatun カトゥーン／カトゥン	Khazanov ハザーノフ	
		Khazapis チャザピス	Kher ケール
Khaseem カシーム	Khatuna カトゥナ／ハツナ／ハトゥナ	Khazar ハザル	Khera ケーラ
Khasekhemre カーセケムラー		Khazen ハーゼン／ハゼン	Kheradmand ケラドマンド
Khasen ハセン*	Khatzipavlis ハツパブリス	Khazghan ハズガン	Kheraskov ヘラスコフ／ヘラスコフ
Khashaan ハシャーン		Khāzin ハーズィン	
Khashoggi カショーギ／カショギ	Khauserre カー・ウセルラー／カーウセルラー	Khāzinī ハージニー／ハーズィニー	Kherdian ケアディアン*／ケルディアン
Khaskhachikh ハスハチッヒ		Khazraji ハズラジ	Khergiani ヘルギアニ
Khas'minskii ハスミンスキー	Khavari ハーヴァリー	Khazri カズリ	Khesar ケサル*
Khasnulin ハスヌーリン	Khavin ハービン	Khdoinazarov フドイナザーロフ	Khessin チェッシン／ヘッシン
Khasru カスルー	Khavronina ハヴローニナ／ハブローニナ	Khebri ケブリ	
Khāṣṣ ハース／ハス		Khechikashvili ヘチカシビリ	Khetag ヘタグ*
	Khaw コー	Khedda ヘッダ	Khetaguri ヘタグリ
Khaṣṣāf ハッサーフ	Khawaja ハワージャ	Kheder ヘデル	Khetagúrov ヘタグーロフ
Khassan ハッサン*	Khawaldeh ハワールデ	Khedira ケディラ	Khetsun ケツン*
Khassimou カシム	Khawam カーワン	Khedmati ヘドマティ	Khevenhüller ケーヴェンヒュラー
Khasti カスティ	Khawar ハワー*	Khedri ヘドリ	
Khasu ハス	Khawla ハウラ*	Khee-do キド	Kheviashvili ヘビアシビリ
Khasyanova ハシャノワ*	Khawrī ホウリー	Kheel キール	Khe Wei ケウェイ
	Khay カイ	Kheer ヒール	Khiam-sin キャムシン
Khat カット	Khaya カヤ／ハイヤ	Khee Seong キーセオン	Khiari キアリ
Khatab ハッタブ	Khayach ハヤシュ	Kheifits ヘイフィッツ	Khibla ヒブラ*
Khatami ハータミー／ハタミ**	Khayan カイヤン／キアン	Kheir ハイル／ヘイル	Khiddu キドゥ
		Kheir Bek ヘイルベク	Khidhir ハディル
Khatharya カターリヤ	Khaynin ケイニン	Kheir El-dine ハイルディーン	Khidr キドル／ハディル
Khatib カティブ／ハティーブ*／ハティブ	Khayr ハイル	Khelfaoui ヘルファウイ	Khiḍr ヒズル／ヒドル
	Khayr al-Dīn ハイルッディーン	Khelil ケリル／ハリル／ヘリル	Khiem キエム**／キム
Khaṭīb ハティーブ	Khayru'd-Dīn ハイルディーン		Khien キエン
Khaṭīb al-Baghdādī ハティーブル・バグダーディー	Khayrulloyev ハイルロエフ	Khemā ケーマー	Khiet キエット
	Khayrullo ハイルッロ	Khemaka ケーマカ	Khieu キェウ
Khatibi カティービー／ハティビ*	Khayyam カイヤーム／カイヤム／ハイヤアム／ハイヤーム	Khembo ケムボ	
Khatibu カティブ		Khemir ケミール	
Khaṭīm ハティーム			
Khatir ハティル			

キュー**	
Khilendarskii ヒリャンダリウー	
Khiljī ハルジー／ヒルジー	
Khilko ヒルコ／ヒルユ	
Khil'mi ヒルミ	
Khilnani キルナニ	
Khilōn キロン	
Khil-won キルウォン	
Khimich キミッチ	
Khimthong キムトーン	
Khin キン**／クン	
Khinchegashvili キンチェガシヴィリ／キンチェガシビリ*	
Khinchin ヒーンチン／ヒンチン*	
Khine カイン	
Khing キン*	
Khin Hnin Yu キンフニンユー	
Khin Khin Htoo キンキントー*	
Khin Khin Lay キンキンレー	
Khin Kyi キンチー	
Khin Nyunt キンニュン	
Khin Swe Oo キンスウェウー／キンスェーウー	
Khiōnidēs キオニデス	
Khirqitī ヒルキティ	
Khiry キリー	
Khisamutdinov ヒサムジノフ／ヒサムディーノフ	
Khishigdembberel ヒシグデンベレル	
Khitaka キタカ	
Khitarov ヒタロフ	
Khitish キティシュ	
Khitrov ヒトロヴ	
Khitruk ヒートルーク／ヒトルーク	
Khiyābānī ヒヤーバーニー	
Khizha ヒジャ*	
Khlang クラン	
Khleang クレアン	
Khlebnikov フレーブニコフ*／フレブニコフ*	
Khlebnikova フレーブニコワ	
Khleif フレイフ	
Khleifat ホレイハート	
Khleifi クレイフィ	

Khlesl クレースル	ホードゥイリョフ	Khomri コムリ	Khosravī ホスラヴィー	Khris クリス
Khlevniuk フレヴニューク	Khodzhagurbanov ホジャグルバノフ	Khomrova ホムロワ	Khosrokhavar コスロカヴァール	Khri-sron チソン
Kh'lil ハリル	Khodzhamammedov ホジャマメドフ	Khomyakov ホミャコーフ	ホスロハヴァル	ティソン
Khlopachev フロパーチェフ	Khodzhammukhamet ホジャムハメト	Khon コン	Khosrowshahi コスロシャヒ	Khri-sron ide-brtsan ティソンデツェン
Khlopetskiĭ フロペツキー	Khodzhamyrat ホジャムイラト	Khondji コンジ	Khostariia ホスタリヤ	Khristenko フリステンコ
Khlopin フローピン	Khoei ホエイ	Khong コン	Khoteeva ホテーエヴァ	フリステンコ**
Khloponin フロポニン	Khoeniha ホエニハ	Khongsomphong コンソムポン	Khotso コツオ	Khristianin フリスチアーニン
Khloptseva ホルプツェワ	Khofifah コフィファ	Khongudom コンウドム	ホツォ	Khristianovich フリスティアノーヴィチ
Khlynov フリノフ	Khoi コイ*	Khoniates コニアテス	Khottiga コッティガ	フリスティアノヴィチ
Khlystun フルイストン	コワ	Khonkhai コンカイ	Khoudia ホウジャ	
Khmaladze ハマラゼ	Khôi コイ*	Khonsari ホンサリ	Khoudri フドリ	Khristina フリスティナ
Khmatova ハマートヴァ	Khoirilos コイリロス	Khoo クー**	Khoujah ホージャ	Khristo フリスト**
Khmelevskiy フメレフスキー	Khojäev ホジャエフ	フー	Khouloud フルード	Khristodoulou クリストドゥロス
Khmel'nitskaia フメリニツカヤ	Khojah ホジャ	Khoon クー	Khouma クマ	Khristoradnov フリストラドノフ
Khmel'nitskii フメリニーツキー フメリニーツキイ フメルニツキ	Khojastehpour ホジャステープル	クーン	Khoun コン	Khristou フリストゥ
	Khoka コカ	Khoon Choy クーンチョイ クンチョイ	クーナ** フーナ	Khristov フリストフ
	Khokha コーハ			Khristova フリストワ
	Khokhashvili ホハシビリ	Khoontong クントン	Khoun Bourom クンブロム	Khrom bsher ドムシェル
Khnemibre クヌムイブラー クネンイブレー	Khokhlov ホフロフ* ホホロフ	Khor コー Khoram ホラム	Khoun Lo クンロー	Khromchenko フロムチェンコ
Khnemmare クゥヌムマレー クヌムマアトラー	Khokhlova ホフローヴァ ホフロワ	Khorana コラーナ コラナ**	Khounnoraj コーノラジ Khouraïchi ホレイシ	Khromova フロモワ Khro phu ドプ
Khnopff クノップフ	Khokhol ホホル	Khoraphas ホラフス	Khourdoïan クールドイアン	Khru クルー
Khnykina フニキナ	Khokhryakov ホフリャコヴ	Khorāsānī ホラーサーニー	Khoury カウリー*	クルーテープ
Kho コ コー	Khokrishvili ホクリシビリ	Khordâdbeh コルダードベー	クーリー** コーリー	Khruba クルーバー
Khoa コア	Kholger ホルゲル	Khoreva ホレワ	ホーリー	Khrushchev フルシチョーフ
Khoach コアック	Kholmatova コルマトヴァ	Khorf コルフ	Khoutpaythoune クーパイトゥン	フルシチョフ**
Khoai コアイ	Kholmatovich ホルマトヴィッチ	Khorikov ホリコフ	Khoy コイ	Khrushchova フルシチョーヴァ
Khoan コアン**	Kholmovskoi ホルモフスカヤ	Khorkina ホルキナ	Khoza コーザ	Khrustaleva フルスタレワ
Khoang コアン	Kholodenko ホロデンコ*	Khorokhordin ホロホルディン	Khozai ホザイ	Khrustalv フルスタリョーフ
Khoat コアット	Kholodnyi ホロードヌイ	Khoros ホーロス	Khrabsheh ハラブシェ	Khruuliam クルーリアム
Khobta ホブタ	Kholodovich ホロドヴィッチ	Khorram コラーム ホラム	Khrachev フラチェフ Khramov ホラーモフ	Khrzhanovsky フルジャノフスキー
Khodabakhshi コダバクシ	Kholtoyev ホルトエフ	Khorsandi コルサンディ	Khramtsov フラムトコフ	Khšayāršā アハシュエロス
Khodadad ホダダッド* ホダダド ホダッド	Khoman コーマン** Khomeini ホメイニ** ホメイニ	Khorsed コルシェッド Khorshid ホシルド	Khrapali フラパーリ Khrapaty フラパティ Khrapatyi フラパティ	Khu ク Khuang クウォン
Khodaei ホダエイ	Khomeinī ホメイニー	ホルシド	Khrapovitsky フラポヴィーツキー	クワン
Khodakov ホダコフ	Khomenkov ホメンコフ	Khoruzhaia ホルジャヤ	Khrapunov フラプノフ	Khubilai クビライ
Khodarkovsky ホーダルコフスキー	Khomeyni ホメイニ	Khoruzhik ホルジク	Khreisat ハレイサト	フビライ
Khodaśévich ホダセーヴィチ ホダセヴィチ	Khomiakov コムヤコフ ホミャコフ	Khorvat ホルヴァット Khosh コッシュ	Khremōnidēs クレモニデス	Khubuluri フブルリ
Khodayir ホデイル	ホミャーコフ	Khoshaba コシャバ	Khrennikov フレンニコーヴァ	Khuc クック
Khodiyev ホディエフ		Khoshafian コシャフィアン ホシャフィアン	フレンニコフ フレンニコフ*	Khuda クダ Khudabux クダブクス
Khodjayev ホジャエフ	Khomidin ホミディン Khomidov ホミドフ	Khoshtaria ホシュタリア	Khri チ Khri-gtsug	Khudaiberdyyev フダイベルディエフ
Khodorkovskii ホドルコフスキー*	Khommasith コンマシット	Khosla コースラ* コスラ	チツク ティツク	Khudaidad フダエダト Khudaikuliev
Khodotovich ホドトビッチ		コズラ	Khri-gtsug-ide-brtsan チックデツェン	フダイクリエフ
Khodyrev ホドイリョフ		Khosravi ホスラビ	Khriit ハリート Khri lde ティデ	Khudaikuly フダイクルイ

Khudari フダリ	Khurelbaatar フレルバータル フレルバートル	Khuwaiter フワイティル	Kicillof キシロフ
Khudāyār フダーヤール		Khuwaylid フワイリド	Kick キック
Khudayberganov フダイベルガノフ	Khurelsukh フレルスフ*	Khuyen キュエン クェン	Kickbusch キックブッシュ*
Khuderbulga フデルブルガ	Khurgin フルギン	Khuyoqer クヨクェル	Kicki キッキ*
Khudher フデル	Khuri フーリ	Kian キーアン	Kid キット キッド***
Khudoinazarov フドイナザーロフ*	Khûri フーリ	キアン**	Kida キーダ
Khudolei クドレイ	Khurram クラム	Kiana キアナ*	キダ
Khudorozhkina フドロズキナ	Khurramī ホッラミー*	Kian Gie キアンギー	Kidambi キダンビ
Khudzenka フジェンカ	Khurrum クラム	Kianoush キアヌーシュ	Kidane キダネ
Khue クエ	Khursheed クルシード	Kianpour キアンプール*	Kidāra キダーラ
Khuen クーエン	Khurshid クルシド フルシド ホルシード	Kianto キアント	Kidawa キダヴァ
クエン クーン		Kian Wie キアンウィ	Kidd キット キッド***
Khufu クフ		Kiarostami キアロスタミ**	Kidde キッゼ*
Khugaev フガエフ**	Khurshudyan フルシュディアン	Kiatputon ギャットプートン	キッデ
Khui クイ	Khurtluk クトルク フトルク	Kiaulehn カウレーン	Kiddell キドル
Khū'ī フーイー		Ki-baek キベク	Kidder キダー*** キッダー
Khujandī フジャンディー	Khusaibi クサイビ	Kibaki キバキ	Kiddinu キディヌ
K̲h̲ujandī フジャンディー ホジャンディー	Khusan フサン	Kibala キバラ	Kiddle キッドル キドル
	Khush クシュ クッシュ*	Kibalchich キバーリチチ	
Khujja クッジャ	Khushhal クシハル	Kibar カイバール	Kiddu キドゥ
Khulaifi フライフィ	Khushiram クシラム	Kibbe キービ	Kidenas キデナス
Khulan ホラン	Khūshqadam フーシュカダム	Kibbee キッビー キビー	Kiderlen キーダーレン キダーレン キーデルレン
Khum クム	Khushtov フシュトフ**	Kibbler キブラー*	
Khumalo クマロ**	Khushwant クシュワント** クシワント	Kibblesmith キブルスミス	Kidibayev キジバエフ
Khumārawayh フマーラワイフ		Kibel キーベリ	Kidjo キジョ キジョー*
Khumbo クンボ	Khusrau フスラウ フスロウ フスロー ホスロー	Kibeom キベオム	
Khumchaya クムチャヤ		Kibera キベラ*	Kidlat キッドラット* キドラット
Khumsap クムサップ		Kiberd カイバード	
Khun クン**	Khusrau フスラウ ホスロ ホスロー ホスロウ	Kiberlain キベルラン	Kidman キッドマン**
Khunefertemre クネフェルテム クフネフェルテムラー		Kibet キベット**	Kidner キッドナー キドナー
		Kibeya キベヤ	
Khunkitti クンキティ	Khusrau Malik ホスローマリク	Kibikai キビカイ	Kidney キドニー
Khuon クオン		Kibirov キビーロフ	Kido キド**
Khuong クオン	Khusraushāh フスラウ・シャー ホスロー・シャー	Kibiwot キビウォト	Kidron キドロン**
Khupe クーペ		Kibler キブラー	Kidson キッドソン
Khuraaprayuur クラープラユーン クラブラユーン	Khusrawī ホスロヴィー	Kiblik キーブリク	Kidston キッドソン*
		Kibowen キボウェン	Kidu キドゥ
Khurana クーラナ クラーナ クラナ	Khusrō コスロー フスラウ ホスロー ホスロウ	Kibria キブリア**	Ki-duk キドク ギドク*
		Kibuey キブエ	
		Kibum キボム	Kidul キドゥル
Khurdādhbeh コルダドバ フッラダーズビフ フルダーズビフ フルダーズベ フルダードベ フルダーズベー ホルダーズビー ホルダーズベ ホルダーズベー		Kibwana キブワナ	Kidwell キドウェル
	Khutawy クタウイ	Ki-cahng キチャン	Kie キー
	Khutawyre クタウイラー	Ki Chang キチャン	Kieber-beck キーバーベック
	Khutsiev フツィーエフ フツィエフ*	Kichener キッチナー	
		Ki-cheul キチョル	Kieboom キーブーム
	Khutsishvili クチシュヴィリ クツィシビリ	Ki-chin キジン ギジン	Kiechel キーチェル
			Kiecolt キーコルト
Khurdādhbih フルダーズビヒ	Khuurch ホールチ	Ki-chon キチョン ギチョン	Kiedis キーディス**
		Ki-choon ギチュン	
		Ki-Chun キチュン*	

K

Kiedrzy'nska キェジンスカ
Kief キーフ
Kiefer キーファ / キーファー**
Kieffer キーファー*
Kiefhaber キーフヘイバー
Kieft キエフ / キーフト
Kiehitz キイヒッツ
Kiehl キール
Kiehn キーン
Kiekbusch キークブッシュ
Kiekens キーケンス
Kiel キール**
Kielan ケラン
Kielburger キールバーガー**
Kielc キェルツェ
Kielgass キールガス
Kielhofner キールホフナー
Kielhorn キールホルン
Kieliszewski キリスゼウスキー
Kielland キイランド / キエラン / キーラン / キーラント / キーランド / シェラン / ヒェッラン / ヒェラン
Kielmeyer キールマイア / キールマイアー
Kielstra キルストラ
Kielwein キールヴァイン
Kiely カイリー* / キーリ / キーリー* / ケリー
Kiem キエム**
Kiểm キエム
Kiemas キマス**
Kiemel ケメル
Kiemeneiji キエメネイ
Kiemle キームル / キーメル
Kien キェヌ / キエン** / キーン
Kiên キエン
Kiến キエン
Kienan キーナン
Kiene キーネ
Kienholz キーンホルツ*

Kieniewicz キェニェーヴィチ
Kien Keat ケンケット
Kienle キーンレ
Kientega キエンテガ
Kientga キエントガ
Kientz キーンツ
Kientzle キーンツル
Kienzl キーンツェル / キーンツル
Kienzle キーンツレ
Kiepert キーパート / キーペルト
Kiepura キエプラ / キープラ
Kier キア* / キアー / キール
Kiera キーラ* / チェラ
Kieran キアラン / キエラン / キャラン / キーラン*
Kierein キーレン
Kieren キエレン / キーレン*
Kierkegaard キァケゴー / キアケゴー / キェルケゴォル / キェルケゴール* / キエルケゴール / キールケゴール / キルケゴール*
Kierkels キールケルス
Kiermaier キアマイアー
Kiermayer カールマイヤー / キールマイヤー
Kiernan キアナン / キーナン / キールナン
Kierney キールニー
Kieron キーロン*
Kierra キアラ / キエラ
Kiersky キールスキー
Kiersten キアステン
Kierszenbaum キールスツェンバウム
Kiersznowski キエルシュノウスキー
Kierti キエット
Kierzkowski キエルツコウスキー / キャージョウスキー
Kies キース

Kiesanowski キーサノスキー
Kiese キエセ
Kiesel キーゼル*
Kiesenhofer キーゼンホファー
Kieser キーザー
Kiesewetter キーゼヴェター / キーゼヴェッター
Kiesha キーシャ
Kiesinger キージンガー*
Kiesl キースル
Kiesler キースラー**
Kiesling キースリング
Kieslowski キェシロフスキー / キシェロフスキー / キシエロフスキー
Kieślowski キェシロフスキー
Kieso キエソ* / キーソ
Kiesow キーゾフ
Kiessler キースラー*
Kiessling キースリンク* / キースリング
Kießling キースリング
Kiester キースター
Kieswetter キエスウェテル
Kiet キェット / キエット* / キエト**
Kie-taek キテク
Kieth キース*
Kieu キェウ / キエウ* / キュー
Kiev キエフ* / キーフ
Kievid キーヴィト
Kiew キュー
Kiewel キーウェル
Kiewiet キーウィト
Kiffin キッフィン / キフィン
Kifleh キフレ
Kiganahe キガナヘ
Kiger カイガー
Kight カイト
Kightley ナイトレイ
Kightly カイトリー
Kigoda キゴダ
Ki-han キハン
Kih-hoon ギフン
Kihlberg キールベルク
Kihlgren キールグレン

Kihl-jae ギルジェ*
Kihlstedt キルステッド
Kihm キム
Kihn カイン / キーン
Ki-ho キホ
Kiho キホ
Ki-hong ギホン
Ki-hoon キブン
Ki-hwan キハン
Kihwan キーワン
Ki-hyeon ギヒョン*
Kiir キール*
Kiira キーラ*
Kiisel キース
Kiiski キイスキー
Kiiskinen キースキネン
Kiisler キースレル
Kij キジ*
Ki-jae キジェ*
Kijewski キエフスキー*
Kijiner キチナー
Kijne キーネ
Ki-jong キジョン
Ki-joo キジュ
Ki-joon キジュン
Kijowski キヨフスキ
Ki-jung ギジュン
Kika キカ
Kikaha キカハ
Kikaya カカヤ
Kike キケ
Kiker カイカー*
KiKi キキ
Kiki カイカイ / キキ*
Kikin キキン
Kikiniou キキニウ
Kikinis キキニス
Kikkan キッカン
Kikkas キッカス
Kikkiya キキア / キッキア
Kiklevich キクルヴィッチ / キクルビッチ
Kiknadze キクナーゼ
Kiko キコ
Kikou キク*
Kiku キク
Kikuchi キクチ
Kikuku キクク
Ki-kweon ギゥォン
Kikwete キクウェテ*
Kil キル
Kila キラ
Kilaka キラカ*

Kilama キラマ
Kilan キリアン
Kilander キランダー
Kilani キラニ
Kīlāni キーラーニー
Kilaparti キラパルティ
Kilar キラール* / キラル
Kilau キラウ
Kilbane キルバン / キルベイン
Kilber キルバー
Kilberg キルバーグ*
Kilborn キルボーン
Kilborne キルボルン / キルボーン
Kilbourne キルバーン / キルボーン*
Kilbride キルブライド
Kilburg キルバーグ
Kilburn キルバーン / キルバン
Kilby キルビー**
Kilcarr キルカー*
Kilcher キルヒャー
Kilchling キルヒリンク
Kil-chun キルチャン
Kilcommons キルコモンズ*
Kilcoyne キルコイン
Kilcullen キルクレン
Kildare キルデア
Kilday キルデイ
Kildow キルドー / キルドゥ
Kilduff キルダフ
Kile カイル** / キレ
Kiley カイリー** / キーリー / キリー
Kilgannon キルガノン
Kilgard キルガード
Kilger キルガー
Kilgo キルゴ
Kilgore キルゴー / キルゴーア / キルゴア* / キルゴール*
Kilgour キルガー*
Kilham キラム / キルハム
Kil-hwan キルファン
Kilhwch キリッチ

K

Kilian
　キーリアーン
　キリアーン
　キリアン*
Kiliani
　キリアーニ
　キリアニ
Kilianus キリアヌス
Kilibarda キリバルダ
Kilic
　キリク
　クルチ
Kiliç クルチ
Kilicci キリッチ
Kilien キリアン
Kilifi キリフィ
Kilikyan キリキャン
Kililovna キリロウナ
Kilimo キリモ
Ķīlis キーリス
Kilius キリウス
Kil-ja キルジャ
Kiljan キリヤン
Kilkey キルキー
Kill キリル*
Killah キラー
Killaktor
　キラクトール
　クラクトル
Killanin キラニン*
Killearn キラーン
Killeavy キルリーヴィ
Killebrew
　キルブリュー**
　キルブルー
Kileen
　キリーン
　キレーン
Killefer キルファー
Killeffer
　キルファ
　キルファー
Killen
　キルン
　キーレン
　キレン*
Killens キレンズ
Killer キラー*
Killi キリ
Killian
　キリアーン
　キリアン***
Killiany キリアニー
Killick キリック
Killigrew
　キリグリュー
　キリグルー
Killilea キリイレア
Killing キリング
Killingbeck
　キリンベック
Killington
　キリングトン
Killion キリオン
Killis キリス

Killligrew
　キムグリリュー
Killoran キロラン
Killoy キロイ
Killy キリー*
Kilman キルマン
Kilmartin
　キルマーチン
Kilmeny
　キルムニ
　キルメニー
Kilmer キルマー**
Kilmister
　キルミスター*
Kilmite キルミテ
Kilmore キルモア
Kilner キルナー*
Kiloby キロビー
Kiloh キロー
Kilonzo キロンゾ
Kilosho キロショ
Kilpack キルパック
Kilpatorick
　キルパトリック
Kilpatrick
　キルパトリック*
Kilper キルパー
Kilpi キルピ
Kilpinen キルピネン
Kilroy
　キルロイ*
　キロイ
Kilsch キルシュ
Kilsdonk キルスドンク
Kil-su ギルス
Kiltie キルティ
Kilton キルトン
Kilts キルツ
Kilty キルティ
Kil-uk キルウク
Kilunga キルンガ
Kilvert キルヴァート*
Kilvington
　キルヴィントン
Kilwardby
　キルウォードビ
　キルウォードビー
Kilworth
　キルワース**
Kily キリ
Kilzer キルザー
Kim
　キム***
　キムバリー
　クム
Kimaanon キマーノン
Kimala キマラ
Kimanen キマネン
Kimani キマニ
Kimanne キマーヌ
Kimantayte
　キマンタイテ
Kimario キマリオ
Kīmathi キマジ

Kimball
　キムボール
　キンバル
　キンブル*
　キンボール**
　キンボル
Kimbangu キンバング
Kimbarow キンバロー
Kimbel キンベル
Kimbell キンベル
Kimbely キンバリー
Kimbembe キンベンベ
Kimberg キンバーグ
Kimberlee キンバリー
Kimberley
　キンバリ
　キンバリー*
Kimberlin
　キンバーリン
Kimberly
　キム
　キンバーリー
　キンバリ
　キンバリー**
Kimbery キンバリー
Kimbila キンビラ
Kimble キンブル
Kimbo
　キンボー*
　キンボウ
Kimbra キンブラ
Kimbrel キンブレル*
Kimbrell キンブレル
Kimbro キンブロ
Kimbrough キンブロー
Kimche キムチ
Kimchi
　キムキ
　キムチ
　キムヒ
Kim Chua キムチュア
Kim Chuan
　キムチュアン
Kime カイム
Kimel キメル
Kimelberg
　キメルバーグ
Kimeldorf
　キメルドーフ
Kimeli キメリ
Kimenye キメニエ
Kimera キメラ
Kimerling
　キメラリング
Kimetso キメツォ
Kimetto キメット*
Kim Hok キムホック
Kimi キミ*
Kimiko キミコ*
Ki-min キミン
Kimisopa キミソパ
Kimlau キムロウ
Kimmage キメイジ
Kimmann キムマン

Kimmel
　キメル**
　キンメル*
Kimmelman
　キメルマン
Kimmerer キマラー
Kimmerle キンメーレ
Kimmerling
　キマーリング
Kimmich キミッヒ
Kimmie キミー*
Kimmig キミッヒ
Kimmins
　キミンス
　キンミンス
Kimmo
　キムモ
　キンモ
Kimmy キミー
Kimnya キムニャ
Kimo キモ*
Kimōn
　キモーン
　キモン
Ki-moon ギムン*
Kimora キモラ*
Kimoto キモト
Kimpel キンペル
Kimpembe キンペンベ
Kimpfler キンプフラー
Kimpimäki キンピマキ
Kimpomi キンポミ
Kimpton キンプトン
Kimsey キムジー
Kimsey-House
　キムジーハウス*
Kim Song キムソン
Kimsour キムスォ
Kim Tah キムター
Kimtha キムター
Kimto キムト
Kim Tuan
　キムトゥアン
Kimuli キムリ
Ki-mun キムン
Kimunya キムニヤ
Kimura キムラ
Kim Wee
　キムウィ
　キムウィー
Kim-wee
　キムウィ*
　キムウィー
Kim Yan キムヤン
Ki-myong キミョン
Kim Yong キムヨン
Kin
　キン
　クン
Kina キナ
Kinadōn キナドン
Kinaithōn キナイトン
Kinakh キナフ**

Kinane
　キナーネ
　キネーン
Kināni キナーニー
Kinase キナセ
Kinata キネータ
Kinber キンバー
Kinberg チンベリー
Kinbo キンボウ*
Kincade キンケイド
Kincaid
　キンケイド***
　キンケード*
Kinch キンチ*
Kincher キンチャー
Kinck
　キンク
　シンク
　ヒンク
Kincses キンチェシ
Kind
　カインド
　キント
Kinda キンダ
Kindahl キンダール
Kindberg
　カインドバーグ
Kinde カンデ
Kindelan キンデラン*
Kindelberger
　キンドゥルバーガー
Kindell キンデル
Kinder
　カインダー
　キンダー**
　キンデル
　キンドル
Kinderen キンデレン
Kinderis キンデリス
Kindermann
　キンダーマン**
　キンダマン
　キンデルマン*
Kindermans
　キンダーマン
　キンダマン
Kindersley
　キンダースリー
　キンダスリー
Kindi キンディ
Kindī
　キンディ
　キンディー
Kinding キンディング
Kindle キンドル*
Kindleberger
　キンドゥルバーガー
　キンドルバーガー**
Kindler
　キントラー
　キンドラー*
Kindlon キンドロン*
Kindra キンドラ
Kindratenko
　キンドラテンコ
Kindred キンドレッド

Kindstedt キンステッド
Kindzerska キンジェルスカ
Kindzierski キンジェルスキ
Kīneās キネアス
Kinelev キネリョフ*
Kiner カイナー*
Kinēsias キネシアス
Kinet キネ
King キン** / キング***
Kinga キンガ*
King-akerele キングアケレレ
Kingdom キングダム*
Kingdon キングダン / キングドウ / キングドン**
Kinge キンゲ
Kinger キンガー
Kingery キンガリー
Kingfisher キングフィッシャー*
King-Hall キングホール
Kingham キンガム
Kinghorn キングホーン
Kingi キンギ
King Kitsarath キングキツァラット
King-Kok キンコック*
King Kong キングコング
Kinglake キングレーク
Kingma キングマ*
Kingman キングマン**
Kingo キンゴ
Kingpetch キングピッチ / キングピッチ*
Kingpin キングピン*
Kingrea キングリア
Kingreen キングレーン
Kingsberg キングズバーグ
Kingsbury キングズバリー / キングズバリ** / キングズバリー / キングズベリー / キングズベリー**
King-Sears キングシアーズ
Kingsford キングスフォード / キングスフォード*
Kingslake キングズレイク / キングズレーク*

Kingsland キングスランド
Kingsley キングスリー** / キングズリ* / キングズリー*** / キングスリイ / キングズリイ / キングスレ / キングスレー*** / キングスレー* / キングスレイ** / キングズレイ*
Kingslien キングスリーン
Kingsman キングスマン
Kingsmill キングズミル
Kingsnorth キングスノース / キングズノース
Kingsolver キングソルヴァー* / キングソルバー*
Kingston キングストン***
Kingstone キングストン
Kingue Matam キングマタム
Kingwell キングウェル
Kinh キーン* / キン
Kini キニ
Kính キン
K'inich キニチ*
Kinikinilau キニキニラウ
Kiniski キニスキー*
Kiniston ケニストン
Kinja キンジャ
Kinjikitile キンジキティレ
Kinka キンカ
Kinkade キンケイド* / キンケード*
Kinkead キンキード
Kinkel キンケル***
Kinkeldey キンケルディー
Kinkele キンケレ
Kinkiey キンキ / キンキエイ
Kin-kiey Mulumba キンキエイムルンバ
Kinkladze キンクラーゼ
Kinkopf キンコフ
Kinkoph キンコフ*
Kinky キンキー**
Kinlaw キンロー
Kinley キンリー / キンレイ

Kinloch キンロック
Kinmont キンモント
Kinmonth キンモンス*
Kinn キン
Kinna キンナ
Kinnaird キネアード*
Kinnaman キナマン / キナマン
Kinnamos キナナモス
Kinnan キナン* / キナン
Kinnane キネーン*
Kinne キン*
Kinnear キニア / キネア* / キニア*
Kinneir キネア / キネアー
Kinnell キネル**
Kinneret キネレット
Kinney キニー**
Kinni キニ
Kinniburgh キニバーグ
Kinnock キノック*
Kinnunen キンヌネン**
Kino キーノ / キノ
Kinoi キノイ
Kinold キノルト / キノルド
Kinoshita キノシタ
Kinross キンロス
Kinrys キンリス
Kinsale キンセイル
Kinsbourne キンスボーン
Kinscherf キンシェルフ
Kinsella キンセラ***
Kinserdal キンサーダル
Kinsey キンシー / キンジー* / キンズィ / キンゼー / キンゼイ*
Kinsey-Warnock キンジーワーノック
Kinshofer キンスホーファー
Kinsinger キンシンガー
Kinskey キンスキー
Kinski キンスキ / キンスキー**

Kinsky キンスキー*
Kinsler キンズラー
Kinsley キンズレー
Kinslow キンスロー / キンズロー
Kinsman キンスマン / キンズマン*
Kinsolving キンソルヴィング*
Kinta キンタ
Kintner キントナー**
Kinto キントー
Kintu キンツ
Kintup キンタップ
Kintzel キンツェル
Kintzinger キンツィンガー
Kintzler キンツラー
Kinvig キンビグ
Kinwun キンウン
Kinwun Mingyi キンウンミンジー
Kinyanjui キニャンジュイ
Kinyatti キニャティ*
Kinyras キニュラス
Kinz キンツ*
Kinza キンザ*
Kinzang キンザン
Kinzel キンゼル
Kinzelbach キンツェルバッハ
Kinzer キンザー*
Kinzie キンジー*
Kinzig キンチッヒ
Kio キオ
Kioni キオニ
Kiota キオタ
Kiouregkian キウレヤン
Kip キップ**
Kiparisov キパリソフ
Kipashvili キパシビリ
Kipchoge キプチョゲ*
Kiper キーパー*
Kipfer キッパー* / キプファー*
Kiphard キパート
Kiphuth キッパス
Kipiani キピアニ
Kipkalya キプカリャ
Kipketer キプケテル*
Kipkorir キプコリル*
Kipkurui キプクルイ
Kiplagat キプラガド / キプラガト*
Kiple カイプル
Kipling キップリング**

キプリング* / キャプリング
Kipman キプマン
Kipng'eno キプンゲノ
Kipnis キプニス**
Kipniss キープニス / キプニス
Kipp キップ*
Kippax キパックス
Kippe キッペ
Kippenberg キッペンベルク*
Kippenberger キッペンベルガー
Kippenhahn キッペンハーン**
Kipper キッパー
Kipperman キッパーマン
Kippes キッペス*
Kipphardt キップハルト**
Kipping キッピング*
Kippola キッポラ*
Kipps キップス
Kipras キプラス
Kiprensky キプレンスキー / キプレーンスキィ
Kiprian キプリアーン
Kiprono キプロノ
Kiprop キプロップ / キプロプ*
Kiprotich キプロティク** / キプロティチ
Kiprugut キプルグト
Kiprus キプルス
Kipruto キプルト**
Kipsang キプサング*
Kipsiro キプシロ
Kiptanui キプタヌイ*
Kipyego キピエゴ
Kipyegon キピエゴン
Kira キーラ* / キラ**
Kirabuke キラブケ
Kiradech キラデク
Kiraitu キライツ
Kiraj キライ
Kirakos キラコス
Kiralfy キラルフィー
Kiraly キライ** / キラリー
Király キラーイ
Kiram キラム*
Kiran キラン**
Kirani キラニ*
Kiranjit カラジット

Kiranti キランティ	Kireçci キレッチ	Kirkebjerg キルケビェル	Kirpotin キルポーチン	カーステン** カールステン	
Kiras キラス	Kireevskii キレーエフスキー キレエフスキー キレーエフスキィ キレエフスキィ	Kirkeby キアケビュー	Kirpu キルプ	キアステン** キーステン キャステン キルシュテン キルスティン* キルステン** クリスティン シシェン シルステン ヒルステン	
Kirata キラタ		Kirkegaard キアケゴー*	Kirsan キルサン**		
Kirbasova キルバソワ		Kirkendall カーケンダール カーケンダル カーケンドール*	Kirsanoff キルサーノフ キルサノフ		
Kirberger カーバーガー*					
Kirbi キルビ	Kiremidjian キレミジアン		Kirsanov キルサノヴ キルサーノフ*		
Kirby カービ カービー*** カービィ* カービイ キルビー		Kirker カーカー			
	Kirenskii キレンスキー	Kirkes カークス カルクス	Kirsanova キルサーノヴァ キルサノーヴァ		
	Kiresuk キルサク				
	Kirfel キルフェル	Kirkham カーカム カークハム	Kirsch カーシュ* キッシュ キルシュ***	Kirsti キルスティ** クリスティ ヒシュティ*	
Kirbye カービー	Kiri キリ*				
Kirch カーク カーチ キルヒ*	Kiriakov キリアコフ*			Kirstie カースティ* クリスティ クリスティー	
	Kirian キリアン	Kirkhoven カークホーヴェン			
	Kiriasis キリアシス**	Kirkilas キルキラス*	Kirschbaum カーシュバウム キルシュバウム		
Kirchbach キルヒバッハ	Kiriau キリアウ	Kirkisani キルキサニ			
Kirchberger キルヒベルガー	Kirichenco キリチェンコ	Kirkland カークランド**	Kirsche キルシェ	Kirstila キルスティラ	
Kircheisen キルヒアイゼン	Kirichenko キリチェンコ**	Kirkman カークマン*	Kirschen カーシェン	Kirstilä キルスティラ*	
	Kiridi キリディ		Kirschenbaum カーシェンバウム* キルシェンバウム	Kirstin カースチン カースティ カースティン* キルスティン	
Kirchen キルヘン	Kiriella キリエラ	Kirkop カーコップ キルコップ			
Kircher キルハー キルヒャー* キルヘア	Kirienko キリエンコ*		Kirschenmann カーシェンマン キルシェンマン		
	Kirik キリク	Kirkpatric カークパトリック			
	Kiriki キリーキ キリキ	Kirkpatrick カークパトリク カークパトリック***	Kirschner カーシェン カーシュナー** キルシェナー* キルシュネル	Kirsty カースティ*** カースティー キルスティ	
Kirchev キルチェフ	Kiril キリル*				
Kirchgasser キルヒガサー	Kirilenko キリレンコ*	Kirkpatrik カークパトリク			
Kirchgessner キルヒゲスナー	Kirili キリリ	Kirksey カークシー カークセイ	Kirschnereit キルシュネライト**	Kirszenstein キルゼンシュタイン キルツェンスタイン	
Kirchheimer キルヒハイマー	Kirill キリール* キリル**				
Kirchherr キルヒヘル キルヒャー	Kirillov キリーロフ キリロフ	Kirkup カーカップ*** カカップ	Kirschstein キルシュシュタイン	Kirt カート	
				Kirtadze キルタゼ	
Kirchhof キルヒホーフ*	Kirillova キリロワ	Kirkus カーカス	Kirschvink カーシュヴィンク	Kirti キルチ* キールティ キルティ	
Kirchhoff キルヒホッフ* キルヒホフ**	Kirillovich キリーロヴィチ キリロヴィチ	Kirkwood カークウッド**	Kirsh キルシュ*		
Kirchhoffer キルショフェル	Kirillovna キリロヴナ	Kirmānī キルマーニー	Kirshbaum カーシュバウム*		
Kirchhof キルヒホーフ	Kirin キリン	Kirmānshāhī キルマーンシャーヒー	Kirshblum カーシュブラム	Kirtikara キルティカラ	
Kirchman カーチマン	Kirinngsworth キリングスワース		Kirshenbaum カーシェンバウム* カシンバーム*	Kirtikumar キルティキューマー	
Kirchmann キルヒマン		Kirmanto キルマント		Kīrtivarman キールティヴァルマン	
Kirchmer キルヒマー*	Kiritzov キリツォフ*	Kirmen キルメン**		Kirtland コイトランド	
Kirchner カーシュナー* カーチナー キルチネル** キルヒナー** キルヒネル	Kiriyenko キリイェンコ	Kirmse カームス	Kirshenblatt カーシェンブラット	Kirtley カートリ カートリー	K
	Kirja キリャ	Kirn カーン* キルン*			
	Kirk カーク*** キアク* キルク	Kirnbauer キルンバウアー	Kirshner カーシュナー** カルシュナー キルシュナー	Kirton カートン* キルトン	
		Kirnberger キルンベルガー			
Kirchoff カーカフ カークホフ	Kirkbride カークブライド キルクブライド	Kiro キロ**	Kirshon キルション*	Kirui キルイ**	
		Kirov キーロフ*	Kirsi キルシー	Kirunda キルンダ	
Kirchschlager キルヒシュラーガー*	Kirkby カークビー** カービー	Kirp カープ	Kirsner キースナー	Kirvalidze キルワリゼ	
Kirchschläger キルヒシュレーガー*	Kirkcaldie カークコルディー	Kirpa キルパ	Kirsopp カーソップ	Kirven カーヴァン	
Kirchstein キルクシュタイン	Kirkcaldy カーコーディー カーコディ	Kirpensteijn キルペンシュタイン	Kirsova キルソワ	Kirvesniemi キルベスニエミ*	
Kirdorf キルドルフ	Kirkconnell カークコネル	Kirpichnikov キルピチニコフ	Kirst カースト キルスト**	Kirwa キルワ キーワ*	
Kirdyapkin キルジャプキン*		Kirpichnikoya キルピチニコワ	Kirsta キースタ		
Kirdyapkina キルジャプキナ	Kirke カーク**	Kirpichyov キルピチョーフ キルピチョフ	Kirsteen カースティーン クリスティン	Kirwan カーマン カーワン*** キルワン	
			Kirstein カースタイン カースティン	Kirwin カーウィン	
			Kirsten カースティン	Kirwitzer キルヴィツァー	
				Kiryienka キリエンカ	

Kiryukhin キリューシン
Kirzhinov キルジノフ
Kirzner カーズナー*
Kis キシュ*／キス
Kiš キシュ**
Kisā キサー
Kisā'ī キサーイー
Kisaka キサカ
Kisakürek クサキュレク
Kisala キサラ
Ki-sam キサム
Kisam キサム
Kisamba キサンバ
Kisanga キサンガ
Kisch キシュ／キッシ／キッシュ*
Kischka キシュカ
Kischkewitz キシュケヴィッツ
Ki-seang キソン
Kiselev キセリョフ
Kiselëv キセリョーフ
Kiseleva キセレワ
Kiselinchev キセリンチェフ
Kiseljov キセリョフ
Kiselyov キセリョーフ／キセリョフ／キセレフ
Kiselyova キセレワ
Kiser カイサー／カイザー
Kisfaludy キシュファルディ
Kish キシュ／キッシュ**
Kishanchand キシャンチャンド**
Kishi Bashi キシバシ*
Kishida キシダ
Kishishev キシシェフ
Kishna キシュナ
Kishon キション*
Kishonti キシュホンティ
Kishor キショー*／キショル
Kishōr キショール
Kishore キショア／キショール*
Kishtainy キシテイニー
Kishvar キシュワル
Kishwar キシュワル

Kisielow キシーロウ
Kisil キシル
Kisimba キシンバ
Kisin キーシン
Kisinger カイシンガー／キシンガー
Kiska キスカ*
Kiske キスク
Kisky キスキー
Kislenko キスレンコ
Kisler キスラー
Kisleva キスレヴァ
Kisling キスリング*
Kisner キシュナー／キスナー
Ki-sok キソク
Kison キーソン
Ki-soo キス
Kiss キシュ**／キシュシュ／キス／キッシュ
Kissane キセイン／キッセーン
Kisseberth キッセベルト
Kissel キッセル
Kisseleva キセレワ
Kisselgoff キセルゴフ
Kissen キッセン
Kissin キーシン*／キッシン
Kissinger キッシンジャー**
Kissler キスラー*
Kissling キスリング
Kißling キスリング
Kisslo キスロ
Kisthardt キストハード
Kistiakovski キスティアコフスキー
Kistiakowsky キスティアコウスキー
Kistion キスチオン
Kistler キストラー*／キスラー*
Kistner キストナー
Kistyakovskaya キスチャコフスカヤ
Kistyakovskii キスチャコーフスキー／キスチャコーフスキィ
Ki-suk キスク*
Ki-sul キスル
Ki-sun キソン
Ki-sung キスン

キシュワル*
Ki-sup キソプ
Kiszczak キシチャク*
Kit キット***
Kita キタ
Kitadai キタダイ
Ki-tae キテ／ギテ
Ki-taek キテク*
Kitaen キタイン／キティーン
Kitaenko キタエンコ*
Kitaev キターエフ
Kitagawa キタガワ
Kitai キタイ*
Kitaibel キタイベル
Kitaigorodskii キタイゴローツキ／キタイゴローツキー
Kitain キタイン
Kitaj カイタージュ／キタイ／キタージ
Ki-tak キテク
Kitanga キタンガ
Kitanics キタニチ
Kitbughā キトブガー
Kitchel キッチェル
Kitchell キッチェル
Kitchen キッチン*
Kitchener キチナー／キッチナー*
Kitchens キッチンズ
Kitchin キチン*／キッチン*
Kitching キッチング
Kitchlew キチルー／キッチリュー
Kite カイト**
Kitembo キテンボ
Kiti キィティ
Kiticki-kouamba キティッキクアンバ
Kitin キティン
Kitín キティン
Kitingan キティンガン
Kitiona キティオナ
Kitna キトナ*
Kitsak キツアーク
Kitsantas キサンタス／キトサンタス
Kitsarath キララ／キトサラート
Kitshoff キッツホフ
Kit Siang キッシアン／キットシアン

キトシアン
Kit-siang キットシアン
Kitso キツォ
Kitson キッソン／キッツン／キットソン*／キトソン*
Kitsuse キッセ／キッセ*
Kitt キット*
Kittay キティ
Kittel キッテル*／キトル
Kittelberger キテルバーガー
Kitten キッテン
Kitthiwuttho キッティウットー
Kitti キティー
Kittikachon キッティカチョーン
Kittikachorn キッティカチョーン*／キティカチョーン
Kittil キッティル
Kittinoppakun キティノパクン
Kittirat キティラット**
Kittle キトル*
Kittler キッター／キットラー*／キトラー
Kittles キトルズ
Kittleson キトルソン
Kitto キットウ／キトー*
Kittredge キトリッジ**／キトレッジ*
Kittridge キットリッジ
Kittsteiner キットシュタイナー
Kitty キティ***／キティー*
Kitum キトゥム
Kitur キツル
Kituyi キトゥイ
Kitwanga キトワンガ
Kitwood キットウッド
Kitz キッツ
Kitzhaber キッツハーバー
Kitzing キッツィング
Kitzinger キッシンガー／キッジンガー／キッチンガー／キッチンジャー／キッツィンガー**
Kitzman キッツマン

Kitzmiller キッツミラー
Kiu キウ
Kiui キューイ／キュイ／キュイー
Kiukhelbeker キュヘリベーケル／キューヘリベッケル／キュヘリベッケル
Kiumars キューマルス*
Ki-un キウン
Kiunjuri キウンジュリ
Ki-up キオプ
Kiurike キウリケ
Kiurina キウリーナ
Kiuru キウル
Kivebulaya キヴェブラヤ
Kivejinja キベジンジャ
Kivel キヴェル
Kivenjinja キベンジンジャ
Kiver キーバ
Kivi キウィ／キヴィ*／キビ*／キビィ
Kiviat キヴィアト／キビアット
Kivimäki キビマキ
Kiviniemi キヴィニエミ*
Kivirähk キヴィラフク
Kivnick キヴニック／キブニック
Kivon キボン
Kivutha キブサ
Ki-wan キワン
Kiwan カーワン
Kiwanuka キワヌーカ*／キワヌカ
Kiwe キヴェー
Ki-whan キファン
Kiwi キヴィ
Kiwon キウォン
Ki-woo ギウ
Ki-woon キウン
Kiwus キーヴス
Kiyak キヤック
Ki-yong キヨン／ギヨン
Kiyonga キヨンガ
Kiyosaki キヨサキ
Ki-young キソン／キヨン／ギヨン
Kizart キザール*

K

Kizer カイザー*
Ki-Zerbo キゼルボ
Kizette キゼット
Kizevetter
　キゼヴェッテル
Kizidavlat
　キジダブラト
Kizimale キジマル
Kizimov キジモフ
Kizza キッザ*
Kjaedegaard
　キエデゴー*
Kjaer
　キャー
　ケア
Kjær ケアー
Kjærholm ケアホルム
Kjaerstad ヒェルスタ
Kjaerulff シェルルッフ
Kjai キヤイ
Kjäll カル
Kjartan
　キャータン*
　キャルタン*
　クジャータン*
　ヒャルタン
Kjel ケール
Kjeld
　キェル*
　キエルド
　ケル*
Kjeldaas ヒェルオース
Kjeldahl
　キェルダール
　ケルダール
　ケルダル
Kjeldgaard
　ヒェルガード
Kjeldsen ケルドセン
Kjelgaard
　キェルガード**
　ケルガード
Kjell
　キイェル
　シェリル
　シェール**
　シェル*
　チェル
　ヒェル**
Kjelland チェランド
Kjellberg シェルベリ
Kjellén
　キイエルレン
　キエルレン
　キエレン
　チェーレン
　チェーレン*
　チェレン
Kjellin
　シェリン
　チェリーン
　チェリン
Kjellman チェルマン
Kjellström
　チェルシュトレーム
Kjelsen シェルセン

Kjendahl
　クジェンダール
Kjer
　キェア
　ケヤ
Kjergard ケアゴー
Kjersti
　シャースティ
　シャスティ*
Kjerulf
　ケルルフ
　シェルルヴ
　シェルルフ
　ヒェールルフ
Kjervik ケルビク
Kjetil
　クジェティル
　チェーティル**
　チューティル
Kjetil André
　チェーティルアンドレ
Kjolstad チェールスタ
Kjus チュース*
Kkkshenov
　コクシェノーヴ
Klaak クラーク
Klaar クラール*
Klaas
　クラース*
　クラス
Klaassen
　クラーセン
　クラッセン
Klaatsch
　クラアチ
　クラーチ
Klaber
　クレエベル
　クレーバー
Klabin クラビン
Klabnik クラブニック
Klabon クラボン
Klabund
　クラヴウント
　クラーブント
　クラブント*
　クラブンド
Klabunde クラブンデ
Kladoumadji
　クラドゥマジ
Kladstrup
　クラドストラップ*
Klaebo クレボ
Klæbo クレボ
Klaern
　クレール
　クレルン
Klaetke クラーケ
Klaff クラフ
Klafki
　クラフキ*
　クラフキー
Klafs クラッフス
Klafsky クラフスキー
Klafter クラフター
Klages
　クラーゲス**
　クレイジス

　クレイジャズ
Klagsbrun
　クラッグスブラン
Klahr クラー
Klaï クライ
Klaiber クライバー
Klaiman クライマン
Klain クレイン
Klaj クライ
Klajda クライダ
Klama クレーマ
Klamen クラメン
Klamer クラマー
Klammer
　クラマー
　クランマー
Klamt クラムト
Klancher クランチャー
Klander クランダー
Klandik クランディク
Klandt クラント
Klane クレイン
Klanert クラネルト
Klánsky
　クラーンスキー
　クランスキー
Klante クランテ
Klanten クランテン
Klapers クラパース
Klapezynski
　クラペチンスキー
Klapfer クラプファー
Klapheck クラフェック
Klapholz クラフォルツ
Klapisch
　クラピシュ*
　クラピッシュ*
Klapka クラプカ
Klapp クラップ*
Klappenbach
　クラッペンバッハ
Klapper クラッパー*
Klappert クラッパート
Klaproth クラプロート
Klapuch クラプチ
Klara
　クラーク
　クラーラ
　クララ*
Klára クラーラ
Klare クレア*
Klarén クラレン
Klarer クラーラー
Klarman クラーマン
Klarsfeld
　クラルスフェルド*
Klas クラス
Klasen
　クラーゼン
　クラッセン
Klask クラスク
Klasnic クラスニッチ
Klasons クラソンス

Klass
　クラース**
　クラス
Klassen クラッセン**
Klassou クラス
Klastorin クラストリン
Klatt クラット**
Klatten クラッテン*
Klatz クラッツ*
Klatzkin
　クラッキン
　クラッツキン
Klatzky クラッキー
Klatzmann
　クラッツマン
Klauber
　クラウバー*
　クローバー
Klauck クラウク
Klauda クラウダー
Klaudia クラウディア
Klaudía
　クラウディア
　クラウデヤ
Klaudios
　クラウディオス
Klaúdios
　クラウディオス
Klaudy クラウディ
Klauer クラウアー
Klaung クロン
Klaus
　クラウス***
　クラウフ
　クレーウス
Klause
　クラウス
　クラウゼ
Klausen クラウゼン
Klauser
　クラウザー*
　クロウザー
Klausmeier
　クラウスマイヤー
Klausner
　クラウスナー
　クラウズナー
　クロースナー
　クロスナー
Klausnitzer
　クラウスニッツァー
Klauss
　クラウス
　クロース
Klautke クラウトケ
Klauwell クラウヴェル
Klavan
　クラヴァン*
　クラバン*
　クレイヴァン
Klavdievich
　クラヴジェヴィチ
Klavdiia
　クラヴディア
　クラウデヤ
Klavdija クラウディア
Klavdila クラフディラ

Klaveness
　クラーヴェネス
Klaver クレイバー
Klaveren クラベレン
Klavs クラフス
Klawans
　クローアンズ*
Klay クレイ**
Kleanthēs
　クレアンテス
Klearchos
　クレアルコス
Klearkhos
　クレアルコス
Klebanov
　クレバノフ**
Klebe クレーベ
Klebelsberg
　クレベルスベルク*
Kleber
　クレーバー
　クレーバー*
　クレーベル
Kléber
　クレーベル
　クレベール
Kleberger
　クレーベルガー
Klebold クレボルド
Klebs
　クレープス
　クレブス
Klecki クレッキー
Kleckner クレックナー
Kleczynski
　クレツェンスキイ
Kleczyński
　クレチンスキ
Kleden
　クレーデン
　クレデン
Klee
　クリー
　クレー***
　クレエ
Kleeberg
　クレーベルク*
Kleeck クリーク
Kleefeld
　クリーフェルド
Kleege クリーグ
Kleegman
　クレーグマン
Kleeman クリーマン
Kleemann クレーマン
Kleemeier
　クリーマイヤー
Kleene
　クリーニ
　クリーネ
Klees クレース*
Kleffens
　クレッフェンス
Kleffmann クレフマン
Klegerman
　クレガーマン
Klehr クレア

Kleiber クライバー**
クライバー
クリーバー*
クレイベルネ
Kleibeuker クライボーケル
Kleibl クライブル
Kleibrink クライブリンク**
Kleidon クライドン
Kleier クライアー*
Kleiger クレーガー
Kleij クリエッジ
Kleiman クレイマン*
クレーマン
Klein クライーン
クライン***
クラン**
クレイン**
Kleinbach クラインバッハ
Kleinbaum クラインバウム*
クレインバウム
Kleinberg クラインバーグ
クラインベルク
Kleinberger クレインベルジェ*
Kleindienst クラインディーンスト
Kleindorfer クライドルファー
Kleine クライネ*
Kleinedler クラインネドラー
Kleineisel クレイネイゼル
Kleinelümern クラインネルメルン
Kleiner クライナー
クレイナー
Kleinermanns クレイナーマンス
Kleinert クライナート
クラインネルト*
Kleinfeld クラインフェルト*
Kleinfield クラインフィールド
クレインフィールド
Kleinhans クラインハンス
Kleinheinz クラインハインツ
Kleinheisler クラインハイスラー
Kleinhenz クラインヘンツ
Kleinheyer クラインハイヤー
Kleining クライニッヒ
Kleinitz クライニッツ
Kleinke クラインケ

Kleinknecht クラインクネヒト
クラインネヒト
Kleinlogel クラインローゲル
Kleinman クラインマン**
クレイマン
クレインマン
Kleinmann クラインマン
Kleinová クレイノヴァ
Kleinow クレイナウ
Kleinrahm クラインラアム
Kleinrock クラインロック*
クラインロック
Kleinschmidt クラインシュミット**
Kleinschmit クラインシュミット
Kleinsmith クレインスミス
Kleinsorge クラインゾルゲ
Kleint クライント
Klein-Vogelbach クラインフォーゲル バッハ
Kleinwächter クラインヴェヒター
Kleinzahler クラインザーラー
Kleir クリーア
クリアー
Kleis クライス
Kleissler クライスラー
Kleist クライスト**
Kleisterlee クライスターリー*
Kleisthenes クリステネス
クレイステネス
Kleitarchos クレイタルコス
Kleitias クレイチアス
クレイティアース
クレイティアス
Kleitman クライトマン
クレイトマン
Kleitomachos クレイトマコス
Kleitos クレイトゥス
クレイトス
Klejnowska-krzywanska クレイノフスカクルジ ワニスカ
Klem クレム*
Klemelä クレメーレ
Klemen クレメン
Klemenčič クレメンチッチ

Klemens クレーメンス
クレメンス
Klement クレメント
Klementjew クレメンチェフ
Klements クレメンツ
Klementyev クレメンティエフ
Klēmēs クレメンス
Klemetsen クレメトセン*
Klemetti クレメッティ
Klemke クレムケ*
Klemm クレーム
クレム*
Klemme クレンメ
Klemond クレモンド
Klempahn クレンパーン
Klemperer クレムペラー
クレムペル
クレムペレル
クレンペラー**
クレンペレル
ケンペラー
Klempner クレンプナー
Klena クリーナ
Klenau クレーナウ
Klenchin クレンチン
Klencke クレンケ
Klencs クレンクス
Klengel クレンゲル**
Klenk クレンク
Klenner クレナー
Klenovskii クレノフスキー
Klenovský クレノフスキー
Klenze クレンツェ
クレンツェ
Kleobis クレオビス
Kleoboulinē クレオブリネ
Kleobouls クレオブロス
Kleofas クレオファス
Kleombrotos クレオンブロトス
Kleomedēs クレオメデス
Kleomenes クレオメネース
クレオメネス
Kleōn クレオン
Kleōnumos クレオニュモス
Kleopâs クレオパ
クレオパス
Kleopatora クレオパトラ

Kleopatra クレオパトラ
Kleophon クレオフォン
Kleophrades クレオフラデス
Klepacka クレパツカ
Klepikov クレピコフ
Klepikova クレピコヴァ
クレピコワ
Kleppa クレッパ
Kleppe クレッペ*
Klepper クレッパー*
Kleppich クレピッチ
クレピヒ
Kleppmann クレップマン
Kleppner クレッブナー*
Klepser クレップスター
Klerck クラーク
Klercker クレルケル
Klering クレーリング
Klerk クラーク
クレルク
Klerman クラーマン*
Klero クレロ
Kleshchev クレシチェフ
Klesko クレスコ*
Klesse クレッセ
Klessen クレセン
Klessmann クレスマン*
クレッスマン
Kleßmann クレスマン
Klestil クレスティル**
Kleszcz クレシュチ
Klett クレット*
Klettenberg クレッテンベルク
Kletter クレッター
Kletz クレッツ*
Kletzki クレツキ
Kleutgen クロイトゲン
Kleuver クルウフェル
Klevchenya クレフシェニア
Kleven クレヴェン*
クレベン
Klever クレヴァー
クレバー
クレーファー
Klevorick クレヴォリック
Klevshenya クレフシェニア*
Klewer クレバー
Kley クライ
クレイ*

Kleyer クライヤー
Kleypas クレイパス
Kliachko クリャチコ
Kliban クリーバン
Klibanoff クリバノフ
Klibansky クリバンスキー*
Klibi クリビ*
Klíč クリーチュ
Klich クリフ
Kliche クリッシェ
Klichko クリチコ
Klička クリチカ
Klickstein クリックシュタイン
クリックスタイン
Klicpera クリツベラ
Kliebenstein クリーベンスタイン
クリーベンステイン
Kliefoth クリーフォート
Kliegman クローグマン
Klien クリーン*
Klier クリアー
Klieser クライザー
クリーザー
Kliewer クリーヴェル
Kligman クリグマン
クリッグマン
Klim クリム*
Klima クリーマ
クリマ**
Klíma クリーマ*
クリマ*
Kliman クリマン
Klimberg クリムバーグ
Klimek クリメク
Klimenko クリメンコ
Kliment クリメント
Klimentov クリメントフ
Klimentova クリメントーヴァ
Klimke クリムケ
Klimkin クリムキン
Klimko クリムコ
Klimm クリム
Klimo クリモ
Klimov クリーモフ
クリモフ*
Klimova クリモヴァ
クリモワ
Klimowski クリモウスキー
クリモウスキィ
クリモフスキ

Klimt
　クリムト**
　クリント
Klin
　クライン
　クリン
Klinck　クリンク
Klindworth
　クリントヴォルト
Kline　クライン**
Klineberg
　クラインバーグ*
Klinect　クリネクト
Klineman
　クラインマン
Klinenberg
　クラインネンバーグ
　クリネンバーグ
Kling
　クリン
　クリンク
　クリング*
Klinga　クリンガ
Klingbeil
　クリングバイル
Klingberg
　クリングバーグ
　クリングベルク
Klinge
　クリンケ*
　クリンゲ*
Klingel　クリンゲル
Klingelhofer
　クリンゲルホッファー
Klingeman
　クリンジマン
Klingemann
　クリンゲマン*
Klingenau
　クリンゲナウ
Klingenberg
　クリンゲンバーグ
　クリンゲンベルク*
Klingenberger
　クリンゲンベルガー
Klingender
　クリンジェンダー
Klingensmith
　クリンゲンスミス
Klingenstein
　クリンゲンシュタイン
Klingenstierna
　クリンゲンスティエルナ
　クリンゲンスティルナ
Klinger
　キリンガー
　クリンガー*
　クリンゲル
Klingered
　クリンイェレード
Klinghardt
　クリンクハルト
　クリングハルト
Klinghoffer
　クリンフォファー
Klingler
　クリンクラー
　クリングラー

Klingnau　クリングナウ
Klingner
　クリンガー
　クリングナー
Klingsöhr
　クリンクゾール
Klingsor
　クリングゾオル
　クリングゾール*
　クリングゾル
　クリングゾール
　クリングゾル
Klingström
　クリングストローム
Klingvall
　クリングヴァル
　クリングバル
Klink　クリンク*
Klinke　クリンケ
Klinken　クリンケン*
Klinkenborg
　クリンケンボルグ*
Klinkert　クリンケルト
Klinova　クリノワ
Klinpratoom
　クリンプラトゥム
Klinsmann
　クリンスマン**
Klint　クリント*
Klinter　クリンタ
Klinting
　クリンティング*
Klintmalm
　クリントマルム
Klion　クリオン
Klippel　クリッペル*
Klippensteen
　クリッペンスティーン*
Klipper
　クリッパー
　クリパー
Klippstein
　クリップスタイン
Klir　クリア
Klise
　クライス*
　クリス
Klishina　クリシナ
Klitchko　クリチコ**
Klithermes　キサマス
Klitias　クリティアス
Klitschko　クリチコ*
Klitzing
　クリッツィンク*
　クリッツィング
Klitzman　クリッツマン
Klitzpera　クリズペラ
Kliuchevskii
　クリュチェスフスキイ
　クリュチェーフスキー
　クリュチェーフスキイ
　クリュチュフスキー
Kliuchnikov
　クリェチニコフ
Kliueva
　クリューエヴァ

Kliugin　クリュギン*
Kliushnikov
　クリューシニコフ
Kljakovic
　クリャコビッチ
Klobedanz
　クローブダンツ
Kloborg　クロボー*
Klobuchar
　クロブシャー
Klobukowska
　クロブコフスカ
Klocher　クローチャー
Klochkova
　クロチコワ*
Klochneva
　クロチェンワ*
Klocker　クレッカー
Klöcker　クレッカー*
Klocova　クロツォバ
Kloczko　クロチコ
Klöden　クレーデン
Klodiana　クロディアナ
Klodt　クロット
Kłodziński
　クオジンスキ
Kloepfer　クレプファー
Kloetzli　クレツリ*
Klôh　クロー
Kloiber　クロイバー
Kloimstein
　クライムシュタイン
Klokkaris
　クロッカリス
Klokkevold
　クロックボルド
Klokov　クロコフ*
Klompe　クロンペ
Klonas　クロナス
Klong chen　ロンチェン
Klonowska
　クロノフスカ
Klonowski
　クロノウスキー
Klontz　クロンツ
Kloos
　クロウス*
　クロース*
Klooster　クロースター
Kloosterman
　クロースターマン
　クロオステルマン
Klöpâs
　クロパ
　クロパス
Klopfer
　クロッパー
　クロッパー
　クロッファー
　クロッファー
Klöpfer　クレプファー
Klopfgans
　クロプフガンス
Klopp　クロップ**
Kloppenberg
　クロッペンバーグ

Kloppenborg
　クロッペンボルグ*
Klopper
　クレッペル
　クロッパー
Klopriß　クロプリス
Klops　クロップス
Klopstock
　クロプシュトク
　クロプシュトック*
　クロプシュトク
　クロプシュトック
Klos　クロス
Klose
　クロウズ
　クローゼ*
Klosi　クロシ
Klosinski
　クロシンスキー
Klosko　クロスコ
Kloskowski
　クロスコウスキー
Kloss
　クロース
　クロス*
　クロッス
Klosse　クロッセ
Klossowska
　クロソウスカ*
Klossowski
　クロソウスキー***
　クロソウスキー
　クロソフスキー
　クロソフスキー*
Kloster　クロスター
Klosterman
　クロスターマン
Klostermann
　クロースタマン
　クロスターマン
　クロステルマン
Klotch　クロッチ
Klotz
　クローツ
　クロッツ***
Klötzer　クレッツァー
Kloukos　クロウコス
Kloutsé　クルッツェ
Kloves
　クローヴス
　クローブス
Kloz　クロツ
Kluber　クルーバー
Klučina　クルチナ
Kluck　クルック
Kluckhohn
　クラックホーン*
　クロックホーン
Klueting
　クルーティンク
Kluft　クリュフト*
Klüft　クリュフト
Klug
　クラッグ
　クルーク
　クルーグ***
　クルグ

Kluge
　クリューゲ
　クルーギ
　クルーゲ**
　クルゲ
　クルージ*
Klügel　クリューゲル
Kluger
　クリューガー*
　クルーガー*
　クルジェ
Klüger
　クリューガー
　クリュガー*
Klugewicz
　クルーゲヴィッツ
Klugman
　クラグマン*
　クラッグマン
　クルグマン
Klugmann
　クラグマン
　クラッグマン
Klugt　クルフト
Kluivert
　クライファート*
　クライフェルト
Klum
　クラム*
　クルム
Klumberg
　クラムベルグ
Klumbies
　クルンビーズ
Klumker　クルムケル
Klump　クランプ
Klümper-Westkamp
　クリュンパーヴェスト
　カンプ
Klumpf　クルンプ
Klumpke
　クランク
　クルンプケ
Kluncker　クルンカー
Klunder　クランダー
Klune　クルーン
Klunker　クルンカー
Klunter　クルンター
Klüpfel
　クリュプフェル
　クルプフル
Klusák　クルサーク
Klushaid
　クュルシャイド
Klüsner　クリュスナー
Kluszewski
　クルズースキー
　クルゼウスキー
Klutch　クラッチ
Kluth
　クルス
　クルート
Klutsis　クルツイス
Kluun　クルーン
Kluver
　クリューバー*
　クルーヴァー

Klüver クリューバー／クルーヴァー*
Kluyver クリューヴァー／クルイヴァー／クルイヴェル
Kluzikrostkowska クルジクロストコフスカ
Klyashtornui クリャシュトルヌイ
Klymenko クリメンコ
Klympushtsintsadze クリムプシュツィンツァゼ
Klys クリス
Klytaimnestra クリュタイムネストラ／クリュタイメストラ
Klyuchevskii クリュチェフスキー
Klyuev クリューエフ／クリュエフ*
Klyugin クリュギン
Klyuka クリュカ
Klyve クライヴ
Klyvert クライバート
Kmar クマール
Kment クメント
Kmentt クメント*
Kmetsch クメッシュ
Kmiec クミーク
Kmoch モック
Knaak クナーク／ナーク
Knaap クナープ
Knab クナープ
Knabe クナーベ*／ネイブ
Knabenbauer クナーベンバウアー
Knacke クナッケ
Knackfuss クナックフース／クナックフス
Knaefler ネイフラー*
Knaflic ナフリック
Knak クナーク／クナック
Knake ネイク
Knamphun カムプーン*
Knape クナーベ／ネイプ*
Knapek カメレル
Knapka クナブカ
Knapkova クナブコバ
Knapková クナブコヴァ*

Knapkova* クナブコバ*
Knapman ナップマン
Knapp クナップ*／ナップ**
Knapper クナッパー
Knäpper クナッパー*
Knappert クナッパート
Knappertsbusch クナッパーツブッシュ／クナッパーブッシュ／クナッペルツブッシュ
Knapton ナップトン
Knardahl ナルダール
Knaster クナスター／ナスター
Knatchbull ナッチブル／ナッチュブル
Knatz クナッツ
Knauer クナウアー*／ナウアー
Knauf カウフ／クナーフ
Knaus クナウス
Knausgård クナウスゴール**
Knauss クナウス*
Knauth カテリーナ／クナウス／クナウト／クノート
Knauthe クナウテ
Knavs クナブス
Knazko クナズコ
Knažko クナジュコ
Knazovicky クナゾビッキ
Kndrick ケンドリック
Kneale クネーレ／ニール**
Knebel クネーベル**／クネベル／ニーベル／ネベル
Knebl クネーブル
Knecht クネヒト*／ネクト／ネヒト
Knechtel ネクテル
Knee ニー*
Kneebone ニーボーン／ニーボン
Kneeland ケネランド
Kneen ニーン
Kneer クニール
Kneese クニース

Kniese クニーゼ／クネーゼ*
Knef クネフ／ネフ
Knefelkamp クネーフェルカンプ
Kneff クネフ
Knegevič クニェジェヴィチ
Knegt クネフト
Kneier ナイエル
Kneifel クナイフェル**／クナイフル
Kneihs クナイス
Kneipp クナイプ
Kneisel クナイゼル
Kneissl クナイスル
Kneller クネラー*／ケネラー／ネラー
Knepper ネッパー*
Kner ネア
Kneser クネーザー
Kneubuhl ニューブール
Knevitt ネヴィット／ネビット
Knez クネズ*
Knežević クネジェビッチ
Kngwarreye ウングワレー／ヌーワレイ
Kniaseff クニアセフ
Kniazev クニャーゼフ*／クニヤゼフ
Kniazhnin クニャージニン／クニャジニーン／クニャジュニーン
Knibb ニブ
Kniberg クニバーグ
Knibiehler クニビレール
Knibstrobius クニブストロ
Knickerbocker ニッカバッカー／ニッカーボッカー／ニッカボッカ／ニッカボッカア
Knickmeyer ニックマイヤー*
Knidios クニドス
Kniebe クニーベ
Knief ニーフ*
Kniemeyer クニーマイヤー
Kniep クニープ
Knieper クニーパー
Knieriem クニーリーム
Knierim クニーリム

Knies クニース／クニーズ
Knietsch クニーチ
Knievel クニーヴェル／クニーベル／ニーヴェル
Kniffel ナイフェル
Kniffke クニフキー*／クニフク／クニフケ*／ニフケ
Knigge クニッゲ*
Knight ナイト***
Knight-Frank ナイトフランク
Knightley ナイトリー**／ナイトリイ／ナイトレイ*
Knighton ナイトン
Knights ナイツ*
Knile ナイル
Knill クニル
Knilling クニルリング
Knipe ナイプ
Knipfing ニフィング
Knipling ニップリング*／ニプリング
Knipovich クニポーヴィチ
Knipp クニップ
Knipper クニッペル*
Knipperdollinck クニッパドリンク
Knipping クニッピン／クニッピング*
Knipstro クニプストロ
Knipstrou クニプストロ
Knisley ナイズリー
Knister クニスター*
Knittel クニッテル
Knitter ニッター
Knittermeyer クニッテルマイアー
Knizia クニーツィア／クニツィア
Knobeloch ノベロッチ
Knobelsdorf クノーベルスドルフ
Knobelsdorff クノーベルスドルフ
Knobf ノフ
Knoblauch クノーブラウフ／ノブロック**
Knoblecher クノプレヒャー
Knobloch クノブロッホ／ノブロック

Knoblock ノブロック
Knoch クノッホ／ノヒ
Knoche クノッヘ
Knochen クノッヘン／ニーヴェル
Knockey ノッキー*
Knoc-Turn'al ノクターナル
Knode ノード*
Knodt クノート
Knoedler ケネードラー
Knoeff ノエフ
Knoeles レエルス
Knoepfler ノフラー
Knoeppel ノイッペル
Knoernschild クネンシルト*
Knoester ヌースター
Knoff ノフ*
Knögler ノーグラー
Knoke クノーキ*／クノーケ／ノーキ
Knol クノール／クノル
Knoll クノール*／ノール*／ノル*
Knoller クノラー
Knolles ノールズ
Knollmann ノルマン
Knollys ノウルズ／ノールズ
Knonov コノノフ
Knoodt クノート
Knook ヌーク
Knoop カーノップ／クノープ
Knop クノップ
Knopf クノフ／クノップ**／クノプフ／ノブ
Knopfler ノップラー*
Knöpfler クネプフラー
Knopius クノービウス
Knopken クノブケン
Knöpken クネプケン
Knopp クノップ*／ノップ
Knopper クノッペル
Knoppers クノッパース
Knorozov クノロゾフ

Knorr
　クノール*
　クノル
Knorrer クネーラー
Knörrer クネーラー
Knorring
　クノリング
　ノーリング
Knosp クノスプ
Knoster ノスター
Knote クノーテ
Knoteck クノテック
Knotek クノテク*
Knott
　クノット
　ノット**
Knotts ノッツ**
Knowdell ノーデル
Knowland ノーランド
Knowler
　ノウラー*
　ノーラー
Knowles
　ノウルズ**
　ノウレス
　ノールズ*
　ノールズ***
　ノーレス
Knowlson
　ノウルソン*
　ノールソン*
Knowlton ノールトン
Knox
　ナックス
　ノックス***
Knuchel クヌッヒェル
Knuckey ナッキー*
Knuckles ナクルズ
Knud
　カヌート
　クヌ
　クヌー
　クヌーズ**
　クヌズ*
　クヌート*
　クヌード
　クヌド
　ナッド
Knudåge クヌゾーゲ
Knudaoge クヌドーゲ
Knudsen
　カヌーセン*
　クヌースン
　クヌーセン**
　クヌセン*
　クヌーツセン
　クヌッセン
　クヌツセン
　クヌットセン
　クヌッドセン
　クヌートセン
　クヌートゼン
　クヌードセン
　クヌトセン
　ナッセン
　ナッドセン
　ヌードセン**
Knudsn ヌードセン

Knudson
　クヌッドソン*
　クヌードソン
　クヌドソン
　ヌーソン
　ヌードスン
Knudstorp
　クヌードストープ*
Knudten クヌーテン
Knudtson ナッドソン
Knüpfer
　クニュッファー
　クニュップファー
　クニュプファー
Knussen ナッセン**
Knut
　クニュート
　クヌウト
　クヌット*
　クヌート***
　クヌト*
　クント
　ヌート
　ノット
Knute ニュート
Knuth
　クヌース**
　クヌート
Knutsen
　クヌッセン
　クヌートセン
Knutson
　クヌストン
　ナットソン
Knutsson
　クヌーツソン
　クヌートソン
　クヌードソン
Knuttgen ナットゲン
Knutzen クヌッツェン
Knuysen クイセン
Knyazevich
　クニャゼビッチ
Knyazyeva
　クニャジェワ
Knyazyeva-minenko
　クニャジェワミネンコ
Knyphausen
　クニプハウゼン
Knyptrof クニプストロ
Knysh クニッシュ
Knyvet ニヴェット
Ko
　クー*
　コ**
　コー**
　コウ**
Koa コア
Koala コアラ
Kob
　コー
　コブ
Koba コバ
Kobabe コバーベ
Kobak コバック
Kobakhidze コバヒゼ
Kobako コバコ
Kobal コバル

Kobalev コバレフ
Kobalia コバリア
Koban コーバン
Kobán コーバン
Kőbán コーバン
Kobara コバラ
Kobart コバート
Kobasa コバサ
Kobayashi コバヤシ
Kobbé コーベイ
Kobberup コベラップ
Kobborg コボー
Kobe
　コービ
　コービー***
　コビー
Kobebe コベベ
Kobek コベック
Kobel コベル
Köbel ケーベル
Kobelius コーベリウス
Kobell
　コーブル
　コベル
Kobenan コベナン
Kober
　コーバー**
　コバー
　コベール
　コベル
Koberg コバーグ
Koberger
　コーベルガー
Köberle
　ケーバレ
　ケーベルレ
　ケベルレ
Kobert コーベルト
Kobès コベス
Kobi コビ
Kobiashvili
　コビアシビリ
Kobiljski コビルスキ
Kobilka コビルカ*
Kobjitti
　コープチッティ**
Kobjoll コブヨル
Kobkarn コーブカン
Købke
　クブケ
　ケブケ
Kobler コブラー
Kobliashvili
　コブリアシビリ
Koblick コブリック*
Koblin コブリン
Kobliner コブリナー
Koblish コブリッシュ
Koblitz コブリッツ*
Koblova Zholobova
　コブロワゾロボワ
Kobner ケブナー
Kobory コボリ
Kobr コブル

Kobra コブラ
Kobrehel コブレエル
Kobrick コブリック
Kobrin コブリン*
Kobrinskii
　コブリンスキー
Kobro コブロ
Kobs コブス*
Kobusch コブシュ
Koby コビー
Kobyakov コビャコフ
Kobylanski
　コビランスキ
Kobylecki コビレキー
Kobylianskaia
　コブイリャンスカヤ
Kobylin
　コヴィリーン
　コビリン
　コブイリン
Koc
　コチ
　コック
Koç
　コチ
　コチュ
Koca コジャ
Kocak コッサク
Kocan コウカン
Kocerka コチェルカ
Koch
　クック
　コー
　コーク***
　コーシュ
　コック*
　コッシュ
　コッチ***
　コッホ***
Kochan コーチャン*
Kochanek コハネク
Kochanke コカンケ
Kochanova コチャノワ
Kochanowski
　コハノフスキ
　コハノフスキー
Kochanski コハンスキ
Kochański
　コハニスキ
　コハンスキー
Kochánski
　コハニスキ
　コハンスキ
Kocharian
　コチャリアン
　コチャリャン*
Kocharyan
　コチャリャン
Kocheba コセバ
Köchel ケッヘル
Kochenderfer
　コッヘンダーファー
Kocher
　コッハー*
　コッヒャー
　コッフェル
　コッヘル*

コハー
Kochergin
　コチェルギン
Kocheril コチェリル**
Kochert
　コッカート
　コッヒェルト
Kochesperger
　コッヘスペルガー
Kochetkov
　カチェトコフ
Kochetkova
　コチェツコヴァ
Kochetov
　コーチェトフ
　コチェトフ
Kochev コチェフ
Kochhar コチャール
Kochin コーチン
Kochina コーチナ
Kochiyama
　コーチヤマ
　コチヤマ
Kochkarev
　コチカリョフ
Kochkurov コチクロフ
Kochman カーチマン
Kochmer コチマー
Kochner コッホナー
Kochnev コチネフ
Kochno コフノ
Kocho コチョ
Kochubei
　コチュベーイ
Kochweser
　コッホウェザー
Koci
　コチ*
　コチー
Kocí
　コーチー
　コチ
　コチー
　コッチ
Koçi コチ
Kocian コシアン
Kocián ツィアーン
Kočić コチッチ*
Kocienda コシエンダ
Kocieniewski
　コシエニウスキー
Kocinski
　コシンスキー*
Kock
　コーク
　コック*
　コッホ
Köck ケック
Kocka コッカ**
Kockel コッケル
Kockott ココット
Kocman コツマン
Koco コチョ
Kocot ココット
Kocourek
　コツォウレク

Kocsár コチャール*
Kocsis コチシュ**
Kocyigit コジギート
Koczalski
　コシャルスキ
　コシャルスキー
Kóczán コツァーン
Koczanowicz
　コチャノヴィッチ
Koczi コクジ
Koczian コツィアン
Koda
　コーダ
　コダ*
Kodali コダリ
Kodaly コダーイ*
Kodály
　コダーイ
　コダイ
　コダーリ
Kodar コダール
Kodaw
　コウドー
　コウドォ
　コードー
Kodaw Hmaing
　コウドーマイン
　コードーフマイン
　コードーフマイン
Kodde コッデ
Köden
　クデン
　コデン
Kodet コデット
Kodheli コデリ
Kodicek コディセック
Kodirov コジロフ
Kodis コーディス
Kodiyana コジャナ
Kodjo コジョ**
Kodner コドナー
Kodock コドック
Kodolányi コドラーニ
Kodro コドロ
Kodros コドロス
Kodzevnikov
　コジェーブニコフ
Koebe ケーベ
Koeber
　ケーベル*
　コウベル
　ツェーベル
Koebler コブラー
Koech
　コエチ
　コーチ
Koecher
　ケッヒャー
　ケヘル
Koechlin
　ケクラン*
　ケックラン
　コクラン*
Koecklin ケックラン
Koedel ケーデル

Koegel
　ケイガル
　ケーゲル
Koegler
　ケーグラー
　ケグラー
Koehler
　カーラー
　ケーラー*
　ケラー
　コーラ
　コーラー
Koehn
　ケーン*
　コーエン
　コーン*
Köehnken コーンケン
Koelle コエル
Koelling ケーリング
Koellreutter
　ケールロイター
　ケルロイター
　ケールロイタア
　ケルロッテル
Koelman クールマン
Koeln ケルン
Koelreuter
　ケールロイター
　ケルロイター
Koelsch ケルシュ
Koelwel ケルヴェル
Koeman クーマン**
Koen
　クーン**
　クン**
　コーエン*
　コエン
Koenderink
　ケンデリンク
Koenders
　クーンデルス
Koenen ケーネン*
Koenig
　クーニグ
　クーニック
　ケイニーグ
　ケーニーグ*
　ケニーグ
　ケーニック*
　ケーニッグ
　ケーニッヒ*
　コーニク
　コーニグ
　コーニック
Koeniger ケーニガー
Koenigs ケイニグズ
Koenigsberg
　ケニスバーグ
Koenigsberger
　ケーニヒスベルガー
　ケーニヒスベルゲル
Koenigsmarck
　ケーニヒスマルク
Koenigswald
　ケーニヒスヴァルト
　ケーニヒスワルト
Koenigswalt
　ケーニヒスヴァルト

Koenigswarter
　コーニグズウォーター
Koeningsberger
　ケニスベルゲル
Koentarso
　クンタルソ*
Koentjaraningrat
　クンチャラニングラット
Koentjårâningrat
　クンチャラニングラット
　クンチョロニングラット
Koepf ケプフ
Koepka ケプカ
Koepke
　ケプケ*
　コェプケ
Koepp
　ケップ
　コープ
Koeppel コッペル
Koeppen ケッペン**
Koepping ケピング
Koeppl ケプル
Koepsell ケプセル*
Koerbling
　ケールブリング
Koerin ケーリン
Koerner
　カーナー
　ケアナー
　ケーナー*
　ケルナー
　コーナー
Koernyei ケルニェイ
Koert
　クールト
　クルト
Koes
　クス*
　ケス
Koessler クレスラー
Koestenbaum
　ケステンバウム
Koester ケスター
Koesterich
　ケステリッチ
Koesters ケステルス
Koestler
　ケストラー**
　ケスラー
Koestlin ケストリン
Koesun ケサン
Koethi コーティ*
Koets コーツ
Koetsveld
　クーツヴェルト
Koetter
　コーター
　コッター
Koeune クーヌ
Koeus
　カウフ
　クース

Koenigswarter
Kohane コハネ
Kohavi コハヴィ
Kohberger
　コーバーガー
Kohde コーデ
Kohe コー
Kohen
　コーエン
　コーヘン
Kohi コヒィ
Kohji コウジ
Kohl コール***
Kohlberg
　コールバーグ*
Kohlbrügge
　コールブリュッゲ
　コールブリュッヘ
Köhle ケェルヘ
Kohlenberg
　コーレンバーグ
Kohler
　クーラー*
　ケーラー
　コーラー**
　コーレル
Köhler
　クーラー
　ケェーラー
　ケェラー
　ケーラ
　ケーラー***
　ケラー
　ケーレル
　コーラー
Kohlermann
　ケルレルマン
Kohlert コーラー
Kohlhaase
　コールハーゼ
Kohlhase コールハーゼ
Kohlhaussen
　コールハウゼン*
Kohlhoff コールホフ
Kohli コーリ
Kohlmann コールマン
Kohlmeier
　ケールマイアー
Köhlmeier
　ケールマイアー
Kohlmey コールマイ
Kohlova コホロバ
Kohlrausch
　コールラウシュ*
Kohlrieser
　コーリーザー
Kohls コールス
Kohlschmidt
　コールシュミット
Kohlschreiber
　コールシュライバー
Kohlwes コールウェス
Kohn
　ケーン
　コオン
　コーン**
Köhn ケーン

K'o-han カガン
Ko-han カガン
K'o-han カガン*

Kofi
　コフィ***
　コフィー
Kofifah コフィファ
Kofink コフィンク
Kofke コフク
Kofler
　コクラー
　コフラー**
Kofman
　コーフマン
　コフマン*
Kofoid コフォイド
Koford コフォード
Kofstad コフスタ
Kogaev コガエフ
Kogălniceanu
　コガルニチャーヌ
　コガルニチャヌ
Kogan
　コーガン**
　コガン
Kogawa コガワ
Kogel コーゲル
Kögel ケーゲル
Kogen コーガン
Koger クガー
Kogge
　コーギー
　コッグ
Kogl コーグル
Kögler
　ケークラー
　ケーグラー
Kogo コゴ
Kogoma コゴマ
Kogon コーゴン
Kogréngbo コグレンボ
Koguashvili
　コグアシビリ
　コグアチビリ
Kogui N'douro
　コギヌドゥロ
Kogut
　コグット
　コグート*
Koh
　キョ
　コ
　コー**
　コウ*
Koha コハ
Kohák コハーク
Ko-han カガン
K'o-han カガン*

Kohnanthakiat
　コーナンタキアット
Kohner コーナー
Kohnke コンケ
Köhnlechner
　ケーンレヒナー
Kohnstamm
　コーンスタム
Kohon
　コーホン
　コホン
Kohonen コホネン
Kohout コホウト**
Kohoutkova
　コホウトコヴァ
Kohoutková
　コホウトコヴァ
Kohpaiboon
　コーパイブーン
Kohr
　コアー
　コール*
Kohri コーリ
Kohs コーズ
Koht コート*
Kohut コフート**
Koi コイ
Koidonover
　コイドノヴェル
Koidula
　コイトゥラ
　コイドゥラ
Koimdodov
　コイムドドフ
Kointilianos
　クィンティリアヌス
Kointos コイントス
Koirala コイララ**
Koita コイタ
Koïta コイタ
Koivisto
　コイヴィスト**
　コイビスト**
Koivu コイヴ*
Koivula コイブラ
Koivumaa コイヴマー
Koivuranta
　コイブランタ
Koizhaiganov
　コイジャイガノフ
Koja コージャ*
Kojac コージャック
Kojadinović
　コヤディノビッチ
Kojak コジャック
Kojc コイック
Kojeve コジェーヴ
Kojeve
　コジェーヴ
　コジェーブ
Kojève コジェーヴ*
Kojima コジマ
Kojo コージョ
Kok
　コク
　コック***

Koka コカ
Kóka コーカ
Kokālika コーカーリカ
Kokalla コカラ
Kokas コカス
Kokauri コカウリ
Koke
　コウク
　コーク*
　コケ*
Köke
　クク
　コケ
　ココ
Kökény
　ケケーニ*
　ケケニ
Kokhas コーハシ
Kokhba コホバ
Kokich
　コキック
　コキッチ
Kokkalanis コカラニス
Kokkinaki コッキナキ
Kokkinakis
　コッキナキス
Kokkinen
　コッキーネン
Kokkinos コッキノス
Kókkinos コッキノス
Kokko コッコ*
Kokkodis ココディス
Kokkoka
　コークコーカ
　コーッコーカ
Kokkonen コッコネン*
Kokmeijer
　コクマイヤー
Koko ココ
Kökö ココ
Kokonin ココーニン
Kokonyangi
　ココンヤンギ
Kokorev
　コーコレフ
　ココレフ*
Kokorin カコーリン
Kokorwe ココルウェ
Kokoschka
　ココーシュカ
　ココシュカ**
Kokoshin
　ココーシン
　ココシン
Kokoskov ココスコフ
Kokou
　コク
　コクー**
　コクウ
Kokovtsov
　ココーヴツォフ
　ココヴツォフ
　ココーフツォフ
　ココフツォフ
Köksel コクセル
Kok Seng コクセン

Koksma コクスマ
Koktanek
　コクターネク
Kokuvi コクビ
Kol
　コール
　コル*
Kola
　コーラ*
　コラ
Kolaczek コラチェク
Kolai コラーシ
Kolaios コライオス
Kolak コラク*
Kolakowski
　コラコフスキー
　コワコフスキ
Kołakowski
　コワコフスキ**
Kolanad コラナド*
Kolani コラニ
Kolankiewicz
　コランキーウィッツ
Kolanovic
　コラノヴィッチ
Kolanović
　コラノヴィッチ
Kolanovič
　コラノヴィッチ
Kolar
　コーラー
　コラー*
　コラール
　コラル
　コラールシュ
Kolár
　コラーシ
　コラールシュ
Kolář
　コラーシ
　コラーシュ
Kolarov コラロフ
Kolarska-bobińska
　コラルスカボビンスカ
Kolarz
　コラーズ
　コラルツ
Kolas
　コーラス
　コラス
Kolasa コラーサ
Kolasch コラシュ
Kolashnikova
　コラシニコバ
Kolasinac
　コラシナチ
　コラシナツ
Kolassa コラッサ*
Kolata コラータ*
Kolawole
　カラウォレ*
　コラウォレ
Kolb
　コルブ**
　コルブ*
Kolbe
　コルビー
　コルブ
　コルベ**

Kölbel ケルベル
Kolbenheyer
　コルベンハイアー
　コルベンハイヤー*
Kolbenschlag
　コルベンシュラーグ
Kolber コルベル
Kolberg コルベルク
Kolbert
　コルバート
　コルベルト
Kolbin コルビン
Kölbing ケルビング
Kolbjørn
　コールビョルン
Kolblinger
　コルブリンガー
Kolbrand
　コールブラント
Kolbrun コルブルン
Kolbrún コールブルン
Kolby コルビー
Kolcaba コルカバ
Kolchak
　コルチャーク*
　コルチャク
　コルチャック
Kolchanov
　コルチャノフ*
Kolchanova
　コルチャノワ
Kolchin コルチン
Kolchina コルチナ
Kolchinsky
　コルチンスキー
Kölcsey ケルチェイ
Kolczonay
　コルツォナイ
Kold コル*
Kolde
　コルデ
　コールド
Koldewey
　コルデヴァイ
Kolditz コルディッツ
Koldobika コルドビカ
Kole
　コール
　コレ*
Kolecki コレチキー
Kolehmainen
　コレイマイネン
　コーレマイネン
　コレマイネン*
Kolelas コレラ
Kolélas コレラ
Kolelishvili
　コレルシヴィリ
Koleman コールマン
Kolen コーレン
Kolence コレンス
Kolenda コレンダ
Kolenko コレンコ*
Köler ケーラー
Kolesnichenko
　コレスニチェンコ

Kolesnikov
　カレースニコフ
　コレスニコフ*
Kolesnikova
　コレスニコワ*
Kolesov コレソフ
Kolettis
　コレッティス
　コレティス
Koléttis
　コレッティス
　コレティス
Kolev
　コレヴ
　コレフ
Koleva
　コレヴァ
　コーレバ
Kolff コルフ*
Kolganov
　コルガーノフ
　コルガノフ
Kolhatkar
　コルハトカー
Koli コリ
Koliagin コリャーギン
Kolias コリアス
Kolie コリエ
Kolin
　コーリン
　コリン
Kolinda コリンダ*
Koline コリーヌ
Kolingba コリンバ**
Kolinger コリンガー
Kolins コリンズ
Kolinsky コリンスキー
Koliov コリツォーフ
Kolirin コリリン*
Kolisch
　コーリッシュ
　コリッシュ
Kolisevski
　コリシェフスキ
Kolisi コリシ
Kolisko コリスコ
Kolitsov
　コリツォーフ
　コリツォフ
Koḷivisa
　コーリヴィーサ
Kolja
　コリア*
　コーリャ
　コルヤ
Koljusheva
　コーリュシェヴァ
Kolk
　コーク
　コルク***
Kolker コルカー
Kolkman コルクマン
Kolko コルコ**
Koll
　コール
　コル
　コーレ

Kollar コラール	Kolmogorov コルモゴルフ コルモゴロフ**	Kolonovits コロノヴィッツ コロノビッツ	Kolvidsson コルビドション	Komisaruk コミサリュック	
Kollár コラール			Kölwel ケルヴェル ケルベル	Komisova コミソワ	
Kollars コラーズ	Kolmpere コルムペレ	Kolo'ofai コロファイ		Komissarov コミサロフ	
Kołłataj コウォンタイ	Kolmstetter コルムステッター	Kolos コロシュ	Koly コリ	Komissarzhevskaia コミサルジェーフスカヤ	
Kollath コーラス		Kolosimo コロージモ* コロシモ	Kolzig コールジーグ		
Kollatz コーラッツ	Köln ケルン		Kölzig コールジーグ	Komissarzhefskaya コミサルジェフスカヤ	
Kollberg コルベリイ	Kolneder コルネーダー	Kolosinska コロシンスカ	Kom コム	Komissärscheffskaja コミッサールジェフスカヤ	
Kolldehoff コルデホッフ	Kolniak コルニアク		Koma クアマ		
Kolle コッレ** コレ**	Koloane コロアネ	Koloskov コロスコフ		Komisarzhevski コミサルジェフスキー	
	Kolobkov コロブコフ* コロブコフ	Kolosky コロスキー	コマ*		
		Kolosova コロソヴァ コロソワ	Komaiko コマイコ*	Komives コミベズ	
Kölle コレ	Kolobnev コレブネフ		Komal コマル*	Komjáth コムヤース	
Kollef コレフ	Kolobos コロボス	Kolotes コーローテース コロテス	Koman コーマン* コマン	Kom Játhy コムヤーティ	
Kollek コレク** コーレック コレック	Kolobov コロボフ				
	Kolobova コロボワ			Komlan コムラン	
	Kolocova コロコバ	Kolowrat コロヴラート コーロブラト	Komander コマンダー	Komlangan コムランガン	
Koller コラー*** コレル	Kolodiejchuk コロディエチュック		Komansky コマンスキー	Kommadam コムマダム	
Kolleritsch コレリッチュ	Kolodin コロディン	Kolozsvári コロジュヴァーリ	Komar コーマー コマー コマール	Kommerell コメレル* コンメレル	
Kolley コリー	Kolodinsky コロディンスキー	Kolp コルプ			
Kollhosser コロサー	Kolodkin コロドキン	Kolpakova カルパコーヴァ コルパコワ*	Komara コマラ	Komnini コムニニ	
Kollias コリアス	Kolodko コウォトコ コロドコ		Komarewsky コマレフスキー	Komoé コモエ	
Kölliker ケリカー ケーリケル ケーリッカー		Kolpas コルパス	Komarinski コマリンスキ	Komołowski コモウォフスキ	
	Kołodko コウォトコ	Kölpin ケルピン		Komon コーモーン	
	Kolodner コロドナー	Kolping コルピング	Komarnicki コマーニキ	Komonen コモネン	
Köllin ケリン	Kolodny コロドニ コロドニー コロドニィ	Kolsky コルスキー		Komoo コーモー	
Kollins コリンス		Kolstad コルスタ コルスタッド*	Komáromi コマロミ	Komor コモル	
Kollman コルマン			Komarov コマロヴ コマローフ コマロフ*	Komorowska コモロヴスカ コモロフスカ	
Kollmann コールマン コルマン	Kołodziej コウォジェイ	Kolste コルスト			
	Kolodziejczak コロジェチャク	Kolster コルスター	Komarova コマーロヴァ コマロワ**	Komorowski コモロフスキ*	
Kollmar コールマー		Kolt コルト			
Kollmer コルマー	Kolodzieski カレジェッスキー*	Kolta コルタ	Komarovich コマローヴィチ	Komota コモタ	
Köllner コリナー	Kolodzinski コロジンスキ	Koltai コルタイ		Komova コモワ**	
Kollo コロ** コロー		Koltanovskii コルタノフスキー	Komarofskii コマロフスキー**	Kompaneets カンパニェーツ	
	Koloff コロフ	Kolten コルテン	Komarovsky コマロフスキー	Company コンパニ	
Kollontai コロンターイ コロンタイ**	Kolokoltsev コロコリツェフ コロコルツェフ	Kolter コルター		Kompenhans コンペンハンス*	
		Koltermann コルターマン	Kombani コンバニ		
Kóllouthos コルソス コルトス	Kolokoltseva コロコルツェワ	Koltes コルテス*	Kombienou コンビエヌ	Kompert コンペルト	
	Kolokotronis コロコトローニス コロコトロニス	Koltès コルテス	Kombila コンビラ	Komplektov コンプレクトフ	
Kolloway コロウェイ		Kolthoff コルトッフ コルトフ	Kombo コンボ	Komroff コムロフ	
Kolluru コルル	Kolokowski コラコフスキー	Koltovich コルトビッチ	Komchev コムチェフ	Komronshokh コムロンショフ	
Kolluthos コッルトス コルトス			Komeda コメダ		
	Koloman カリマン カールマーン コールマン コロマン	Kolts コルツ	Komeil Nemat コメイルネマト	Komsan コムサン	
Kollwitz コルヴィッツ コールヴィッツ コルヴィッツ コルヴィッツ** コルビッツ		Koltsov コリツォーフ コリツォフ	Komenský コメンスキー	Komšić コムシッチ*	
		Kol'tsov コリツォーフ*	Komi コミ	Komtebedde コムテベッド	
	Kołomański コロマンスキー	Koltunova コルチュノワ コルツノワ コルトゥノワ	Kōmīkos コミクス	Komu コム	
	Kolomiec コロミエツ		Komikpime コミピン	Komunyakaa コマンヤーカ	
Kolm コルム*	Kolomiets コロミーエツ*		Komilla コーミラー	Komzák コムザーク	
Kol'man コールマン	Kolone コロネ*	Koltyn コルティン	Komisar コミサー	Kon コン ゴーン ゴン	
Kolmar コルマー* コルマール コルマル	Kolong コロン	Koltz コルツ	Komisarjevsky コミサリョフスキー コミサルジェーフスキー コミサルジェフスキー		
	Koloniar コールネー	Kolvenbach コルヴェンバハ		Kōna コーナ	
Kölmel ケルメル	Kolonics コロニチ**			Konadu コナデュ	
				Konai コーナイ	

Konakbayev コナクバエフ
Konamna コナンナ
Konan コナン**
Konar コナー
Konaré コナレ**
Konarski コナルスキ
Konashevich
　カナシェーヴィッチ
　コナシェーヴィチ
　コナシェヴィチ
　コナシェヴィッチ
Konate コナテ
Konaté コナテ
Koncalovskij
　コンチャロフスキー
Konceková
　コンチェコバー
Koncelik
　コンセリック*
Konchalovskii
　コンチャローフスキー
　コンチャロフスキー*
　コンチャローフスキィ
Konchalovsky
　コンチャロヴスキー
Könchek クンジュク
Konchelah コンチェラ
Konchesky
　コンチェスキー
Konchukov
　コンチウコフ
Koncoš コンツォシュ
Koncz コンツ
Kondakov
　コンダコーフ
　コンダコフ*
Kondakova
　コンダコワ*
Kondaurova
　コンダウーロワ*
Konde コンデ
Kondepudi
　コンデプディ
Kondev コンデヴ
Kondi コンディ
Kondo コンドー
Kondogbia
　コンドグビア
Kondor コンドル
Kondra コンドラ
Kondracki
　コンドラッキ
Kondrashin
　コンドラーシン
　コンドラシン
Kondratenko
　コンドラチェンコ
　コンドラーテンコ
　コンドラテンコ
Kondrat'ev
　コンドラーチェフ
　コンドラーチェフ
　コンドラチェフ
　コンドラチェフ
Kondratiev
　コンドラチエフ

Kondratii
　コンドラーチー
　コンドラチー
Kondratov
　コンドラートフ
　コンドラトフ
Kondrats コンドラッツ
Kondratyeva
　コンドラテヴ
Kondury コンデュリー
Kondwani コンドワニ
Kondyles コンディレス
Kondylis コンズィリス
Kone
　コヌ
　コネ
　コーン
Koné コネ
Konefal ケネファール
Könekamp
　ケーネカンプ
Konelios コーネリアス
Konenkov
　コニョーンコフ
　コニョンコフ
　コネンコフ
Koner コウナー
Konerko コナーコ
Konersmann
　コナースマン
Konertz コーネルツ
Kones コネス
Koneski
　コネスキ*
　コネスキー
Konetchy コネッチー
Konetskii コネツキー
Konetzke コネツケ
Konetzni コネツニ
Konev コーネフ
Konevska-trajkovska
　コネフスカトライコフスカ
Konevskoi
　コネフスコーイ
Kong
　コン**
　コング*
Konga コンガ
Kongaika コンガイカ
Kongantiyev
　コンガンチエフ
Kong Chian
　コンチェン
Kong Choy コンチョイ
Kongdan コンダン*
Kong Le コンレー
Kong-mook ゴンムク
Kongo Doudou
　コンゴドゥドゥ
Kongoli コンゴリ
Kongolo
　コンゴロ
　ゴンゴロ
Kongos コンゴウズ
Kong Po コンポ

Kongridhisuksakorn
　コングリデイスクサ
　コーン
Kongsbak
　コングスバック
Kongsgaard
　コングスガード
Kongshaug
　コングスハウグ
Kongsompong
　コンソムポン
Kong sprul コントゥル
Kongtrul コントゥル
Kongvattanakul
　コンワタナクン
Koni
　コーニ
　コニ
Kōnī コーニー
Konicki コニッキ
Konie コニー
Koniecpolski
　コニェツポルスキ
Konieczna
　コニエチュナ
Konieczny
　コニェツニー
Konig
　ケエニッヒ
　ケーニッヒ
　ケーニヒ
König
　クーニッヒ
　ケーニッヒ**
　ケーニヒ**
Konigsberg
　コグニスバーグ
Königsberg
　ケーニッヒスベルク
Königsberger
　ケーニヒスベルガー
　ケーニヒスベルゲル
Konigsburg
　カニグズバーク
　カニグズバーグ***
Königsdorf
　ケーニヒスドルフ
Königseder
　ケーニヒゼーダー
Königsmark
　ケーニヒスマルク
Königsperger
　ケーニヒスベルガー
Königswald
　ケーニヒスワルト
Konik コニック*
Konimba コニンバ
Konin コニン
Koninck
　コーニック
　コーニンク
　コニンク
Koning
　ケーニッヒ
　コウニング
　コーニング
　コニング
Koningsberger
　コニングズバーガー

　コニングスベルガー
Koniordou
　コニオルドゥ
Konishi コニシ
Konisi コニシ
Konitz コニッツ**
Konitzky コニッキイ
Koniver コニヴァー
Konizer コニツァー*
Konjanovski
　コニャノフスキ
Konjetzny
　コニェツニー
Konjević コニェビッチ
Konjic コニイッチ
Konjore コニョレ
Konjuh コニュ
Konkka コンカ
Konko コンコ
Konkordiia
　コンコルディヤ
Konlande コンランド
Könnecke
　クネッケ
　ケネッケ
Konneh コネー
Konnelly コネリー
Konner
　カンナー
　コナー
Konnikova コニコヴァ
Konno コンノ
Kono コーノ
Konola コノラ
Konold コーノルト*
Konomanyi コノマニ
Konon コノン
Könönen コノネン
Kononov
　コノノヴ
　コーノフ
Kononova コノノワ
Konopacka コノパスカ
Konopasek コノパセク*
Konopka コノプカ
Konoplyanka
　コノプリャンカ
Konopnicka
　コノプニスカ
　コノプニチカ
　コノプニッカ
　コノプニツカ
Konovalov
　コノヴァロヴ
　コノヴァーロフ
　コノワーロフ
　コノワロフ
Konovalova
　コノワロワ
Konow
　クヌーヴ
　クヌーブ
　コノー

コニングスベルガー
Konowitz
　コノウィッツ
Konrad
　コンラット
　コンラッド***
　コーンラド
　コンラート**
　コンラード*
　コンラド**
　コンラント
Konrád
　コンラッド
　コンラード**
Konrads コンラッズ
Konradus
　コンラードゥス
Konrath コンラス*
Konrote コンロテ*
Kons コンス
Konsalik コンザリク*
Kon-seok コンソク
Kon'shin コーニシン
Konstadinos
　コンスタディノス
Konstahtin
　コンスタンチン
Konstam コンスタム
Konstan コンスタン
Konstandinos
　コンスタンディノス
Konstanntín
　コンスタンチン
Konstantin
　コンスタンチーン
　コンスタンチン***
　コンスタンティーン
　コンスタンティン**
Konstantín
　コンスタンチン
Konstantina
　コンスタンティーナ
Konstantinas
　コンスタンチナス
　コンスタンティナス
Konstantine
　コンスタンティネ
　コンスタンティン
Konstantine
　コンスタンチン
Konstantinides
　コンスタンティニデス
Konstantinidis
　コンスタンチニディス
Konstantinos
　コンスタンチノス
　コンスタンチン
　コンスタンティノ
　ス***
　コンスタンディノ
　ス**
Kōnstantinos
　コンスタンチノス
　コンスタンティヌス
　コンスタンティノス
Kōnstantinos
　コンスタンティーノス
　コンスタンティノス

Konstantinov コンスタンチーノフ
コンスタンチノフ
コンスタンチノフ*
Konstantinova コンスタンチノワ
Konstantinovič コンスタンチーノヴィチ
Konstantinovich コンスタンチーノヴィチ
コンスタンチノヴィチ*
コンスタンチノヴィッチ
コンスタンティノヴィチ
コンスタンティノーヴィチ
コンスタンティノヴィッチ*
Konstantínovich コンスタンチノヴィチ
Konstantinovna コンスタンチーノヴナ
コンスタンチノヴナ
コンスタンチノフナ
コンスタンチノフナ*
コンスタンティノヴナ
Konstantinovsky コンスタンティノフスキー
Konstantinus コンスタンティヌス
Konstantonis コンスタントニス
Konstantopoulos コンスタントプーロス
Konstanty コンスタンティ**
Konstanz コンスタンツ
Konsumkunst コンズームクンスト
Konta コンタ
Kontarēs コンタレス
Kontarsky コンタルスキー
Kontchou コンチュ
Kontelias コンテリアス
Kontić コンティッチ*
Kontides コンティデス
Kontio コンティオ
Kontogiannis コントギアニス
Kontoglou コントグル
Kontonis コンドニス
Kontos コントス
Kontova コントーヴァ
Kontsek コンツェク
Kontsevich コンツェヴィッチ
コンツェビッチ
Kontula コントゥラ
Kontuly コントゥリー
Kontzias コンチアス

Konvitz コンヴィッツ
コンビッツ
Konwicki コンヴィッキ
コンヴィツキ**
コンビツキ
Konwinski コンウィンスキ
Konwitschny コンヴィチュニー*
コンビチュニー
Kony コニー
Kónya コーニャ
コーンヤ
コンヤ
Konyayeva コニアエワ
Konyegwachie コニェグラチエ
Konyus コニュス
Konzag コンツァク
Konzen コンゼン
Konzett コンツェット
Koo ク**
クー**
グ*
コオー
Koob クーブ
Koofi クーフィ
Koogle クーグル*
Koöhler ケーラー
Kooi クーイ
Kooij コーイ*
コーユ
Kooiker コーイケル
Kooiman コーイマン
Kook クック*
Kook-huoe クックフェ
Kook-hwan グクファン
グックファン
Kook-hyun グクヒョン*
Kook-young グギョン*
Kool クール
コール
Koole クール
コーレ
Koolen コーレ
コーレン
Koolhaas クールハウス
クールハース*
コールハース*
Koolhof コールホフ
Koolman クールマン
コールマン
Kools クールズ
Koomar クーマー
Koomen クーメン

Koomsup クームサップ
Koon クーン
Koonce クーンス
Koon-chung コワンチョン
Koonen コーネン
Kooner クーナー
Koonin クーニン
Kooning クーニング*
コーニング
Koonjoo クンジュー
クーンジョー
Koons クーンズ**
Koon-sam グンサム
Koon Swan クンスワン
Koontz クーンツ**
Koonz クーンズ
Koop クープ**
コープ
Koopen コーペン
Kooper クーパー*
クーペル
Koople コップル
Koopman クープマン
コープマン**
Koopmann コープマン
Koopmans クープマンス
クーブマンス
クープマンズ
コープマン
コープマンス*
Koopowitz クーポウィッツ
Koos コース**
Kooser クーザー**
Koosis クーシス
Koosman クーズマン
Kootnikoff クーテニコフ*
Kooy クー
Kopa コパ
Kopac コパツ
Kopač コパチ
コパッチ
Kopácsi コパチ
Kopacz コパチ**
Kopal コパール
Kopans コパン
Kopaol コパオル
Kopasz コパス
Kopatchinskaja コパチンスカヤ*
Kopchitti コープチッティ
Kopczuk コプチュク
Kopec コペック
Kopech コーペック

Kopečková コペツコヴァ
Kopejko カペイカ
Kópelev コーペレフ
Kopelianskaia コペリャンスカヤ
Kopelman コペルマン
Kopelnitsky コペルニツキー
Kopelson コペルソン*
Kopen コーペン
Koper キョペール
Kopernik コペルニク
Koperski コペルスキ
Kopeyev コペエフ
Kopf コップ
コプフ
Köpf ケップフ**
コプフ
Kopff コプフ
Kopisch コーピッシュ*
Kopit コーピット
コーピット**
コーピィット
Kopitar コピタル
Kopizch コピシュ
Köpke ケプケ
Koplewicz コプレウィッツ
Koplik コプリック
Koplyakov コプリアコフ
Kopmeyer コップマイヤー
Kopnin コプニン
Ko-po コポ
Kopomaa コポマー
Kopp カップ**
コップ**
コプ
Koppe コッペ
Koppel ケッペル
コッペル*
コペル*
Köppel ケッペル
Koppelberg コッペルベルク
Koppelkamm コッペルカム
Koppelmann コッペルマン*
Koppelmann コッペルマン
Köppen カッペン
ケッペン*
コッペン
Koppenfels コペンフェルス
Koppenhoefer コッペンヘーファー

Koppens コッペン
Koppensteiner コッペンシュタイナー
Kopper コッパー*
Koppers コッパース
コッペルス
Kopprasch コプラッシュ*
Kopřiva コプシヴァ
Koprivnikar コプリウニカル
Koprowski コプロスキ
Koprulu キョプルル
Köprülü キョプリュリュ
ケプリュリュ
コプルル
Köprülüzâde キョプリュリュザーデ
Koprzywnicy コプシヴニツァ
Kops コップス
Kopsch コプシュ
Koptsik コプツィク
Koptyug コプチュク
Kopu コプ
Kopylov コピーロフ
Kopystenskii コピステンスキー
Kopytoff コピトフ
Kor コール
Kör キョル
Kora コラ
Korab コーラップ
コーラップ
コラブ
Korablev コラブレフ
Korac コーラッチ
コラッチ
Korać コラチ
Korad コンラッド
Korah コーラー
コラ
Korais コライス
Korajczyk コラジーク
Korakaki コラカキ*
Koranyi コーランニー
Korapote コラポット
Korax コラクス
Koray コライ
Kora Zaki コラザキ
Korb コルブ
コルブ
Korban コルバン
Korbel コーベル*
コルベル
Korber ケルバー
Körber ケルバー

ケルバア
ケルベル
Korbi コルビ
Korbin コービン
Korboi コーボイ
Korbsak コブサック
Korbut
　コルブト*
　コルブド
Korčak コルチャーク
Korchagina
　コルチャーギナ
Korchak コルチャク
Korchin コーチン
Korchinska
　コルチンスカ
Korchmar コーチマー
Korchnoi コルチノイ
Korcia コルシア*
Korczak
　コルチャク*
　コルチャック**
Kord
　コード
　コルド
Korda
　コーダ
　コルダ**
Kordahi
　カルダヒ
　コルダヒ
Kordan コルダン
Kordbacheh
　コルドバッチェ
Kordecki コルデツキ
Kordel コーデル
Kordell コーデル
Kordemskii
　コルディエムスキー
　コルディムスキー
　コルデムスキー
Kordesch
　コルデッシュ
Kordestani
　コーデスタニ*
Kordjé コルジェ
Kordon
　コードン
　コルドン**
Kore コラ
Koreēlios
　コルネリウス
　コルネリオ
Koreff コレット
Korein コレイン
Korelitz コレリッツ*
Korell コレル
Korelova コレロワ
Korematsu コレマツ
Koren
　コーレン**
　コレン**
Korenberg
　カレンベルク
　コーレンベルク
Korène コレーヌ
Koreng コレンク

Korenich コーニック
Korenman コレンマン
Korensky
　コジェンスキー
Kořenský
　コジェンスキー
Koresh コレシュ
Koreshchenko
　コレシチェンコ
Koreth コレス
Korett コレット
Korevaar コレヴァール
Korey
　コーリー*
　コリー
　コーレイ
Korf コルフ
Korff
　コーフ
　コルフ
Korfhage コーフェージ
Korfmann コルフマン
Korganoff コルガノフ*
Korganov コルガノフ
Korhonen コルホネン*
Kori コリ
Koriakin コリャーキン
Koriakovskii
　コリャコフスキー
Koridze コリツエ
Korienek
　コリエネック*
Korine コリン**
Korinets
　コリネーツ
　コリネツ
Korinetz コリネツ
Köring ケーリング
Korinna コリンナ
Korionov コリオーノフ
Korir コリル**
Korirntetaake
　コリリンテターケ
Koritskii コリーツキー
Korjus コリュス
Korka コルカ
Korkeaoja
　コルケアオヤ
Korkin コールキン
Korkina コルキナ
Korkoshko
　コルコーシコ
　コルコシュコ
Korkunov
　コルクーノフ
　コルクノーフ
　コルクノフ
Korkut コルクト*
Korky
　コーキー
　コーキイ
Kormákr コルマーク
Kormákur
　コルマウクル
Korman
　コーマン**

コールマン
コルマン
Kormanik コルマニク
Kormann コルマン
Kormazov コルマゾフ
Kormisoš
　コルミソシュ
Kormos コーモス
Kormunin コルムニン
Korn
　コルン*
　コーン**
　ゴーン
Kornai コルナイ**
Kornaros コルナロス
Kornauth コルナウト
Kornbakk
　コーンバック
Kornberg
　コーンバーグ**
Kornblith
　コーンブリス
Kornblium
　コルンブリユム
Kornblum
　コーンブルム
Kornbluth
　コーンブルース
Korneev コルネエフ
Kornéevich
　コルネーヴィチ
Korneevna
　コルネーヴナ
Kornegay コルヌゲイ
Kornei コルネイ*
Korneï コルネイ
Korneichuk
　コルネイチューク
Kornel コルネル*
Kornél コルネール
Kornélii コルネーリー
Kornélios コルネリオ
Kornelius
　コーネリウス
　コルネリウス
Kornelsen
　コーネルセン
Kornemann
　コルネマン
Korner
　ケルナー
　コーナー
Körner
　キェルネル
　ケョルナー
　ケルナー***
　ケルネル
　コーナー
Kornetsky
　コーネツキー*
Kornev コルノフ
Korneyev コルネエフ
Kornfeld
　コルンフェルト
　コーンフェルト
Kornfeldt
　コーンフェルト

Kornfield
　コーンフィールド
Korngold
　コルンゴールト
　コルンゴルト
Kornhaber
　コーンハバー
　コーンヘイバー
Kornhauser
　コルンハウザー
　コーンハウザー*
Kornhuber
　コルンフーバー*
Kornicki
　コーニッキ
　コーニッキー*
Kornienko
　コルニエンコ
Korniewicz
　コーニウイッツ
König ケーニヒ
Kornilaev
　コルニラエフ
Kornilov
　コルニーロフ
　コルニロフ
Kornitzer
　コルニッツア
Kornman コーンマン
Kornreich
　コーンライヒ
Kornukov コルヌコフ*
Korobchinskii
　コロフチンスキー
　コロブチンスキー
Korobchinsky
　コロブチンスキー
Korobitsin
　コロビツィン
Korobka コロブカ
Korobkov コロブコフ*
Korobov コロボフ
Korobova コロボワ*
Kóródi コローディ
Köroğlu キョルオウル
Koroibos コロイボス
Koroilavesau
　コロイラベソウ
Koroitamana
　コロイタマナ
Korol コロル
Korolec コロレツ
Korolenko
　コロレーンコ
　コロレンコ*
Korolev
　カラリョフ
　コロリョーフ
　コロレフ
Koroleva カロレワ
Korolevska
　コロレフスカ
Korolewicz
　コロレヴィチ
Korolikova
　カラリコーヴァ
Korolkov コロルコフ

Korolkovas
　コロルコワス
Korolyov
　コロリョーフ
　コロリョフ
Korolyuk
　コロリューク
Koroma コロマ*
Korondi コロンディ
Korone コロネ
Koroné コロネ
Korosec コロシェッツ
Koroshetz
　コロシェッツ
Kőrösi ケーレシ
Korostovets
　コロストヴィェッツ
　コロストヴェッツ
　コロストウェッツ
Korostvets
　コロストヴェッツ
Korostylov
　コロスティロフ
Koroteyeva
　コロテエワ
Korotich
　コローチチ
　コローチチ
　コローティチ
　コロティッチ
Korotkov コロトコフ
Korotov コロトフ
Korotyshkin
　コロチシュキン
Korovashkov
　コロワシュコフ
Korovin
　カローヴィン
　コローヴィン*
　コロービン
Korovkov
　コロープコフ
Korovulavula
　コロブンラブラ
Korowi コロウィ
Korpi コルピ**
Korr コール
Korrel' コーレリ
Korren コレン
Kors コース*
Korsak コルサック
Korsakov
　コールサコフ
　コルサコフ*
Korsakova
　コルサコヴァ
Korsan コーサン
Korsch コルシュ*
Korschbaum
　キルシュバウム
Korschelt
　コルシェルト*
　コルセルト
Korschun コーシャン
Korschunow
　コルシュノウ
　コルシュノフ*

Korsgaard コースガード / コースゴー / コースゴール
Korshak コルシャク
Korshikov コルシコフ
Korshunova コルシュノワ*
Korshunow コルシュノフ**
Korsmeyer コースマイヤー
Korsmo コースモ / コルスモ
Korst コースト
Korsunskaia コルスンスカヤ
Korte コルテ* / コルト
Körte ケルテ
Kortegaard コアテゴー
Kortekangas コルテカンガス
Korten コーテン*
Kortenaar コーテナール
Kortenkamp コルテンカンプ
Korter コーター
Korteweg コルテヴェーク
Korth コース / コールト / コルト
Korthagen コルトハーヘン
Korthals コルトハルス
Kortholt コルトホルト
Kortian コルシアン
Korting コルティング
Kortlandt コルトラント
Kortman コートマン
Kortner コルトナー
Körtner ケルトナー
Korto コルト
Kortoner コルトナー
Kortright コートライト
Korts コーツ
Kortum コルトゥム
Kortunov コルトゥノフ
Kortzau コルツォー
Korum コールム / コルム
Koruna コルーナ
Koruturk コルチュルク
Korutürk コルチュルク

Korvald コルヴァール / コルバルト**
Korver コーバー
Korvin コルヴィン
Kórvin コルヴィン
Kory コーリー / コリー
Koryta コリータ** / コリタ
Korzeniowski コジェニョフスキ* / コルゼニオフスキ
Korzh コルチュ
Korzhakov コルジャコフ*
Korzhávin コルジャーヴィン
Korzhinskii コルジンスキー
Korzhoya コルジョヤ
Korzits コルジツ
Korzun コルズン
Korzybski コージブスキー / コージブスキー / コーズィブスキー
Korzynietz コージニーツ
Kos コース / コス
Kós コーシュ
Kosa コーサ / コーシャ
Kósa コーシャ*
Kosala コーサラ
Kosalavihārī コーサラヴィハーリー
Kosambi コーサンビー
Kosambī コーサンビー
Kosar コーサー / コザー
Kosara コサラ
Kosaras コシャラシュ
Kosarev コーサレフ
Koschaker コーシャカー / コーシャーカー
Koschatzky コシャツキー
Koscher コッシェ
Koschick コシック
Koschmann コシュマン**
Koschnick コシュニック
Koschorke コショルケ
Kościańska コスチアンスカ
Koscielniak コシールニアック

Koscielny コシェルニー
Koscina コシナ*
Kosciuskomorizet コシウスコモリゼ
Kosciuszko コシチューシェコ
Kościuszko コシチューシコ / コシチューシュコ / コシューシコ
Kosciuszkowa コシウシコワ
Kose コーズ
Kosedowski コセドウスキー
Kosegarten コーゼガルテン
Koselleck コゼレック
Kösem キョセム
Kosenko コセンコ
Kosenkov コセンコフ
Ko-seong コソン
Koser コーザー*
Kosgei コスゲイ*
Kosgey コスゲイ
Kosglow コスグロー
Koshalek コシャレック
Kosheleva コシェレワ*
Koshetz コシェツ / コシェッツ
Koshiba コシバ
Koshin コーシン
Koshis コシス
Koshkin コーシキン / コシキン
Koshliakov コシリヤコフ
Koshlyakov コシリャコーフ
Koshnick コシュニック
Koshova コショーヴァ
Koshy コーシー
Kosichkin コシチキン
Kosik コシーク / コシク
Kosík コシーク
Kosikowski コシコウスキー
Kosim コシム
Kosimov コシモフ
Kosinec コジネク
Kosinets コシネツ
Kosing コージング / ゴージング
Kosiniak-kamysz コシニアクカミシュ
Kosins カズンズ
Kosinski コシンスキ / コシンスキー*

コジンスキー**
Kosinskii コシーンスキィ / コシンスキィ
Kosinsky コシンスキー / コジンスキー
Kosiol コジオール
Kosir コシール*
Košir コシル
Kosit コシット
Kosiur コーシャ*
Kosiya コーシヤ
Kosk コスク
Koskei コスケイ*
Koskela コスケラ
Koskelo コスケロ
Koskenniemi コスケンニエミ
Koski コスキ / コスキー
Koskie コスキー*
Koskine コスキネン
Koskinen コスキネン
Koskipää コスキパー
Kosko コスコ*
Kosleck コズレク / コスレック
Košler コシュラー*
Koslo コスロ
Kosloff コスロフ
Koslowski コスロフスキ / コスロフスキー* / コゾロフスキー
Kosma コスマ
Kosmas コスマス
Kosmatka コズマトカ
Kosminskii コスミンスキー / コスミーンスキィ
Kosminsky コズミンスキー
Kosmo コスムー
Kosmodem'ianskaia コスモデミヤンスカヤ
Kosmodemiyanskaya コスモデミヤンスカヤ
Kosmoski コスモスキー
Kosmowski コスモフスキ
Kosnik コズニック
Kosniowski コスニオフスキ
Kosofsky コソフスキー / コゾフスキー*
Kosog コーゾック
Kosoj コソーイ
Kosol コソン / ゴーソン

Kosolapov コソラーポフ / コソラポフ
Koson コーソン
Kosor コーソル / コソル*
Kosower コソワー
Kosowsky コソウスキー
Koss コス**
Kossack コサック
Kossak コサク
Kosse コッセ
Kosseff コセフ
Kossek コセック
Kossel コッセル*
Kossens コッセンス
Kossi コシ / コッシ
Kossiakoff コジアコフ
Kossi-bella コシベラ
Kossinna コッシナ
Kossivi コシビ
Kosslyn コスリン
Kossman コスマン*
Kossoff コソッフ / コソフ / コゾフ / コッソフ
Kosson コッソン
Kossonogov コソノゴフ
Kossoroukov コソルコフ
Kossoutios コッスティオス
Kossovsky コソフスキー
Kossowski コッソフスキ
Kossuth コサス / コシュート / コッシュート / コッシュト
Kost コスト
Kosta コスタ*
Kostá コスタ
Kostabi コスタビ*
Kostadinov コスタディノフ
Kostadinova コスタディノヴァ / コスタディノワ*
Kostakos コスタコス
Kostandov コスタンドフ
Kostanecki コスタネキ / コスタネッキー
Kostanjsek コスタニエセク
Kostannt コスタント

Kostantinos コンスタンディノス
Kostas コスタス**
Kōstas コスタス
Kostava コスタワ
Köste ケステ
Kostecki コステキ
Kostecký コステツキー
Kostelac コステラック
Kostelanetz コステラネッツ*
Kostelecky コステレッキー**
Kostelecký コステレツキー
Kostelic コステリッツ*
Kostelić コステリッツ*
Kostelka コステルカ
Kosten コステン
Kostenevich コステネーヴィッチ
Kostenko コスチェンコ / コステンコ
Koster カースター / ケスター / コスター**
Köster ケスター / コスター
Kosterina コスチェリーナ / コステリナ
Kosterlitz コステリッツ
Kosterman コスタマン
Kosters コスタース
Kostes コスティス
Kostevych コステビッチ**
Kosti コスティ*
Kostiashov コスチャショーフ
Kostic コスティック / コスティナー
Kostić コスティチ*
Kostigen コスティゲン / コスティジェン
Kostikov コスチコフ*
Kostin コスチン**
Kostina コスチナ / コスチナ
Kostis コスティス*
Kostiuczyk コスティウチャク
Kostiuk コスチューク
Kostiukovskaia コスチューコフスカヤ
Kostja コスティア
Kostka コストカ*
Köstler ケストラー*
Köstlin ケストリーン

Köstlinger ケストリンガー
Kostman コストマン
Kostner ケストナー / コストナー** / コスナー
Kostof コストフ
Kostoglod コストグロド
Kostolany コストラニ
Kostolich コストリッヒ
Kostomarov コストマーロフ / コストマロフ**
Kostopoulos コストポウロス
Kostousov コストウーソフ
Kostov コストフ**
Kostova コストヴァ** / コストワ
Kostovsky コストヴスキー
Kostrikin コストリキン
Kostrov コストローフ / コストロフ
Kostrowitzky コストロヴィツキ
Kostrubala コストルバラ
Kostrzewski コストシェフスキ / コストシェフスキー
Kostunica コシュトゥニツァ / コシュトゥニッツァ / コシュトニツァ*
Koštunica コシュトニツァ*
Kostyantyn コスチャンティン
Kostychev コスティチェフ
Kostyuchenko コスチュチェンコ
Kostyuk コスチュク / コステュック
Kostyukovich コスチュコーヴィチ
Kosubayev コスバエフ
Kosulina コスリナ
Kosuth コスース** / コスス
Kosven コスヴェン
Kosygin コスイギン*
Kosyk コシイク
Kosykh コシチ
Kosynskyy コシンスキー
Köszegi コシェジ

Kosztka コストカ
Kosztolanyi コストラーニ
Kosztolányi コストラーニ**
Koszutska コシュッツカ
Kot コット
Kotabe コタベ
Kotagal コータガル
Kotak コタック
Kotakowski コタコフスキー
Kotamanidou コタマニドゥ / コタマニドゥー
Kotański コタニスキ / コタンスキ**
Kotarbinski コタルビニスキー
Kotarbiński コタルビンスキ / コタルビンスキー
Kotaru コタル
Kotaye コタイエ
Kotazo コタゾ
Kotby コトビー
Kotcher コッチャー
Kotchian コーチャン*
Kote コーテ / コテ
Koteas コティーズ
Kotelawala コテラワラ*
Kotelchuck コテルチャック
Kotelinikov コテリニコフ
Kotel'nikov カテリニコフ
Kotelnyk コテルニク
Kotenev コテネフ
Kotenko コチェンコ
Kotĕra コチェラ
Köth ケート*
Kothari コーターリー / コターリー / コタリ
Kothbauer コートバウアー
Kothe コーテ*
Köthe ケーテ
Kothen コタン
Kother カザー
Köther ケサール
Kothny コトニー
Kotikanna コーティカンナ
Kotina コティナ
Kotiwani コティワニ
Kotjo コチョ
Kotkas コトカス
Kotkin コトキン*

Kotlarova コトラージョヴァー
Kotler コトゥラー / コトラー**
Kotliarevskii コトリヤレーフスキー / コトリヤレフスキー
Kotlikoff コトリコフ*
Kotlovtsev コトロフツェフ
Kotluvai コトルヴァイ
Kotlyar コトリヤール
Kotlyarevsky コトリャレフスキー
Kotmel コトメル
Kotnis コートニース / コートニス
Koto コト
Kotob クトゥブ
Kotoński コトニスキ / コトンスキ
Kotoshikhin コトシーヒン*
Kotov コトフ
Kotova コトワ
Kotovich コトヴィチ
Kotovskii コトーフスキー / コトーフスキィ
Kotowicz コトヴィチ / コトヴィツ / コトヴィッチ / コトビッチ
Kotrba コトルバ
Kotre コートル / コトル
Kotriakhov コトリャホーフ
Kotromanić コトロマニチ
Kotromanović コトロマノビッチ
Kotrschal コートショー
Kots コッツ
Kotsanos コトサノス
Kotsay コッツェイ*
Kotschwar コトチュウォー
Kotsenburg コッツェンバーグ*
Kotsonis コトソニス
Kotsur コッツァー
Kotsyubinskii コシュビンスキー / コチュビンスキー / コツュビンスキー / コツュビンスキー
Kott コット**
Kottak コタック
Kottarakkara コッタラッカーラ
Kottas コッタス
Kotter コッター**

Kötter ケッター
Kotti コッティ
Kotting-Uhl コッティングウール
Kottler コトラー*
Kottman コットマン
Kottmann コットマン
Kotto コットー
Kottwitz コットヴィツ / コットヴィッツ
Kottysch コティッシュ
Kotu コトゥ
Kotulak コチュラク / コチュラック*
Kotus コテュス
Kotval コトヴァル
Kotwal コトワル
Kotwicz コトヴィチ / コトヴィッチ / コトビッチ
Koty コティ
Kotyuga コチュガ
Kotz カッツ / ケッツ / コッツ*
Kötz ケッツ
Kotze コッツェ
Kotzé コッツェ
Kotzebue コツェブー* / コッチェブーエ / コッツェブ / コッツェブー
Kotzian コツィアン
Kotzias コジアス
Kotziubinskii コシュビンスキー / コチュビンスキー / コツュビーンスキー / コツュビンスキー
Kötzschke ケチュケ
Kotzwinkle コツウィンクル** / コッツウィンクル*
Kou コウ
Koua クア / コワ
Kouadio クアディオ
Kouagou クアグ
Kouakou クアク
Kouame クアメ
Kouamé クワメ
Kouandjio コアンジオ
Kouassi クアシ / クアスィ
Kouatli クアトリ
Koubi コウビ
Koubra クブラ
Kouchner クシュネール

K

クシュネル**
Koudelka クーデルカ**
Koudounaris クドゥナリス／コドナリス
Koudounguéré クドゥングエレ
Koufax コファクス／コーファックス*
Koufman コーフマン
Koufos コウフォス
Kouguell クーゲル
Kouich コウイチ
Koukal コウカル
Koukleva ククレワ*
Koukpaki クパキ
Koulamallah クラマラー
Koulbak クールバック
Koulibaly クリバリ
Koulobaly クロバリ
Kouloulias クルリアス
Koulouri クルリ
Koum コウム
Koumadjo クマジョ
Koumare クマーレ
Koumaré クマレ
Koumba クンバ
Mouméalo クメアロ
Koumegni クオメニ
Kounalakis クーナラキス*
Koundouriotis クンドゥリオティス
Kounellis クネリス
Kounen クーネン
Koung Bissike クンアビシケ
Koungou クング／コング
Kounou クヌ
Kountché クンチェ*
Kountoura クンドラ
Koupaki クパキ
Koura クーラ
Kourabi コーラビ
Kouraguine クーラギーヌ
Kouraiti コウライシ
Kourakou クーラクー
Kourdi コウルディ
Kourganoff クールガノフ
Kouri コウリ
Kourilsky クリルスキー
Kourkouulos コウルコウロス
Kourlovitch クルロヴィッチ／クルロビッチ
Kournikova クルニコワ*／クロニコワ
Kouros クーロス**
Kourouma クゥルマ／クルマ**
Kouroumplis クルプリス
Kourths クールト
Kourtit コーティット
Kourtnei コートネイ
Kousa クーサ
Kousbroek カウスブルック*
Koushik コーシック
Kousmine クスミン
Kousoulas クーソーラス
Koussa クーサ*
Koussevitzky クーセヴィッキー／クーセヴィツキー*／クーゼヴィッキー／クーゼヴィツキー／クーセヴィッツキー／クーセビツキー／クーゼビッキー
Koussevizky クーゼヴィッキー
Koustrup クーストラップ
Kout コウト*
Koutaba クタパ
Koutche クチェ
Koutný クトゥニー
Koutou クトウ
Koutoubou クトゥブ
Koutouzis クトゥジス*／コウトゥジス
Koutroumanidis コートローマニディス
Koutsioumpas クツィウパス
Koutsky コートスキー
Koutsopetrou クツォベトル
Kouwen クーベン
Kouwenhoven カウウェンホーフェン*／カウヴェンホーフェン
Kouyate クヤテ*
Kouyialis クヤリス
Kouyos コヨス
Kouzande クザンデ
Kouzes クーゼス**／コーゼス
Kovac コヴァチ／コヴァック／コバッチ
Kovač コヴァチュ／コヴァック
Kováč コヴァーチ／コヴァチ**／コバーチ*
Kovacec コバセク
Kovacevic コヴァチェヴィク／コヴァチェヴィッチ*／コバセビッチ／コバチェビッチ
Kovačević コバチェビッチ
Kovacevich コヴァセヴィチ／コワセヴィチ／コワセビチ*
Kovačevski コヴァチェフスキ
Kovach コヴァック／コヴァチ／コーバック／コバック*
Kovachev コバチェフ
Kovacic コヴァチッチ／コバーシック
Kovačić コバチッチ
Kovacich コバシッチ*
Kovack コヴァック
Kovacocy コワコシー
Kovacs コヴァーチ／コヴァチ／コヴァックス*／コバクス／コバチ*／コバックス*
Kovács コヴァーチ*／コヴァーチュ／コヴァックス／コバーチ／コバーチ*／コバーチュ
Kovago ケバゴ／コバゴ
Kovak コヴァーク
Koval コーヴァル／コヴァル*／コバル／コワリ
Koval' コヴァーリ／コヴァリ
Kovalainen コヴァライネン**
Kovalchuk コバルチュク
Kovalenin コワレーニン*
Kovalenko コヴァレンコ／コバレンコ／コワレンコ**
Kovalenkov コファレンコフ
Kovalev コヴァリョフ／コヴァレーフ／コバリョフ／コワリョフ**／コワレーフ／コワレフ
Kovalëv コヴァリョフ
Kovaleva コヴァリョーヴァ
Kovalevskaia カヴァレフスカヤ／コヴァレーフスカヤ／コヴァレフスカヤ／コワレフスカヤ
Kovalevskaya コバレフスカヤ
Kovalevskii カヴァレフスキー／カバレーフスキー／カバレフスキー／コヴァレフスキー／コヴァレフスキー／コヴァレーフスキイ／コヴァレーフスキイ／コバレフスキー／コワレフスキー
Kovalio コバリオ
Kovalov コヴァロフ
Kovals コバルス
Koval'skaya コヴァーリスカヤ／コヴァリスカヤ
Kovály コヴァーリ
Kovalyonok コワリョーノク
Kovalyov コヴァリョフ／コワリョフ*
Koval'zon コワリゾン
Kovan コヴァン
Kovanen コバネン
Kovanko コヴァンコ／コバンコ
Kovari コヴァーリ
Kovári コヴァリ
Kovárík コヴァーリーク
Kovařovic コヴァジョヴィツ／コヴァルジョヴィツ
Kovašević コバシェビッチ
Kovasevich コヴァセヴィチ
Kovatcheva コバチェバ
Kove コヴ／コーヴェ
Kovel コヴェル／コーベル
Koven コーヴェン／コーブン
Kovenchuk コヴェンチューク
Kövér ケヴェール
Kovic コヴィック／コビック*
Kovič コヴィッチ／コビッチ
Kovind コビンド*
Kovinic コビニッチ
Kovkhuto コフフト
Kovnar コフナー
Kovner コヴナー／コーブナー／コブナー
Kovpak コヴパーク／コヴパーク／コフパク
Kovpan コフパン
Kovsh コフチェ
Kovshov コフショフ
Kowa コヴァ
Kowal コバル／コワル**
Kowalczyk コヴァルチク／コバルチク／コワルジック／コワルチク**
Kowalczykowa コワルチコワ
Kowalewski コバレブスキー／コワレフスキー*
Kowalik コワリク／コワリック
Kowalkowski コワルコウスキー
Kowall コウォール
Kowalska コヴァルスカ
Kowalski コヴァルスキ／コヴァルスキー**／コバルスキ／コワルスキ**／コワルスキー**
Kowalsky コワルスキー
Kowarschik コワルシック
Kowarz コヴァルツ／コワルツ
Kowarzik コヴァルティーク
Kowatch コワッチ
Kowey コーウィ
Kowitz コウィッツ
Kowlessar コレサル
Kownacka コブナッカ／コブナッカ
Kowner コーネル

Kowroski コウロスキー*
Kowzan コフザン
Kox コックス
Koya コヤ
Koyack コヤック
Koyama コヤマ*
Koyambonou コヤンブヌ
Koyamene コヤメネ
Koyamori コヤモリ
Koyara コヤラ
Koyassambia コヤサンビア
Koybasi コイバシュ
Koyenaliyev コエナリエフ
Koyre コイレ
Koyré
　コアレ
　コイル
　コイレ*
　コワレ
Koyš コイシ
Koyt コイト
Koyter コイテル
Koz コス
Koza コーザ
Kozachenko コザチェンコ
Kozaczuk コサチュク
Kozaczynski コチャクチンスキー
Kozak
　コザク
　コーザック
　コザック**
　コツァク
Kozakiewicz
　コザキエヴィッチ
　コザキェビッチ
　コザキエビッチ
Kozakou コザクー
Kozakou Markoullis コザクーマルクリ
Kozar コーザー
Kozara コザラ
Kozarsky コザルスキー
Kozek コツェク
Kozel コゼル
Kozelowski コゼロフスキー
Kozelska Fenclova コゼルスカフェンクロバ
Koželuch コジェルフ
Kožená コジェナー*
Kozer
　コーゼル
　コセル
Kozesnik コージェシニク
Kozhara コジャラ

Kozhatayev コジャタエフ
Kozhenkova コジェンコワ
Kozheurov コジェウーロフ
Kozhevnikov
　コジェヴニコフ*
　コジェーブニコフ
　コジェブニコフ
Kozhévnikov コジェーヴニコフ
Kozhevnikova
　コジェーヴニコワ
　コジェフニコワ
Kozhin コージン
Kózhinov コージノフ
Kozhoshev コジョシェフ
Kozhukhin コジュキン
Kozhukhova コジューホヴァ
Koziakin コズィアキン
Kozich コジチ
Kozicki コジッキ
Kozik
　コジク
　コジック
　コツィック
Kozim コジム
Kozima コジマー
Kozinets コジネッツ
Kozinn コズィン*
Kozintsev コージンツェフ
Koziol
　コジオル
　コツィオル
Kozisek コジーシェック
Kozleski コズレスキ
Kozlikova コズリコバ
Kozlinskii コズリーンスキイ
Kozloff コズロフ
Kozlov
　カズローフ
　カズロフ
　コズルフ
　コズローフ
　コズローフ***
Kozlova
　コズロバ
　コズロワ
Kozlovskii
　コエロフスキー
　コズロヴスキー
　コズローフスキー
　コズロフスキー
Kozlovskis コズロウスキス
Kozlovsky
　コズローフスキー
　コズロフスキー
Kozłowska コズウオフスカ

Kozlowski
　コズラウスキー
　コズロウスキー
Kozma コズマ*
Kozman コズマン
Kozmann コズマン
Kozminski コズミンスキ
Kozmus コズムス**
Kozol
　コーゾル
　コゾール
　コゾル*
Kozolupov コゾルポフ
Kozub コッツブ
Kozubek コズベック
Kozulina コズリナ
Kozun コズン
Kozyr コジール
Kozyra コズィラ
Kozyreff コジレフ
Kozyrev
　コーズィレフ
　コズイレフ*
Kozyreva コズレーワ
Kozyrevskii
　コジレフスキー
　コズィレーフスキー
　コズィレフスキー
　コズイレフスキー
Kpabre-sylli クパブレシリ
Kpakpo パポ
Kpatcha クパチャ
Kpoghomou ポニョムー
Kpogodo ポゴド
Kpomassie ポマシィー
Kpomassié ポマシィー
Kpotsra クポツラ
Kra クラ
Kraack クラーク
Kraag-keteldijk クラークケイテルデイク
Kraaier クライエル
Kraak クラーク
Kraakman クラークマン
Kraan クラーン
Kraar クラー*
Kraatz クラーツ
Krabbe
　クラップ
　クラッベ**
　クラッベ*
　クラベー*
Krabbé
　クラッベ
　クラベ*
　クラベー

Krachevskaya クラチェフスカヤ
Krachkovskii クラチコフスキー
Krachmer クラメール
Kracholov クラチョロフ
Kracht クラハト**
Krackow クラッコー
Kraczko クラチュコ
Krader クレーダー
Kradjan クラジャン
Kraeber クレベール
Kraegel クレーグル
Kraeh クレー
Kraehmer クレマー
Kraeling クレリング
Kraemer
　クラマー
　クラーメル
　クレイマー
　クレーマー**
Kraemerova クレメロヴァー
Kraenzlein クレンツレーン
Kraepelin
　クレッペリン
　クレペリン*
Krafft クラフト*
Kraft
　クラーフト*
　クラフト***
Krafth クラフス
Krafzig クラフツィック
Krag
　クラウ
　クラーク
　クラーグ
Kragelj クラジェ
Kragen クレイガン
Kragh
　カーオ
　クラウ
　クラフ
Krahe クラーエ*
Krahé クラーエ*
Krahenbühl クラアンビュル
Krähenbühl クレヘンビュール*
Krahl クラール*
Krahling クラーリング
Krahmer クラーマー
Krahn
　クラハン
　クラーン
Krahnert クラーネルト
Krahula クラフラ
Krahwinkel クラーウィンケル
Kraig クレイグ*
Kraige
　クライゲ
　クレイジ
Kraigher クライゲル*

Krailsheimer クレイルスハイマー
Kraines クレイネス
Krainev クライネフ
Krainik クライニク
Krainin クライニン
Krainina クライニナ
Krainov クライノフ
Krainski クラインスキ
Krainz クラインツ
Krairiksh クライルーク
Krais クライス
Kraisorn クライソン*
Kraitchev クラクチェフ
Kraitchik クライチック
Kraithman クライスマン
Kraitor クライトル
Kraiwichien クライウィチエン
Kraj クライ
Krajca クライカ
Krajcberg クライスバーグ
Krajcer クライツェル
Krajeski
　クライエスキー
　クラジェスキ
Krajewski クライエウスキー
Krajger クライゲル
Krajicek クライチェク*
Krajisnik クライシュニク
Krajišnik クライシュニク
Krajnc クラインツ
Krakauer
　クラカウアー
　クラカワー**
Kräker クレーカー
Krakevitz クラーケヴィツ
Krakoff クラッコフ*
Krakora クラコーラ
Krakovetskii クラコベッキー
Krakowa クラコヴァ
Krakower クラッカワー
Krakowski
　クラコウスキー
　クラコフスキ
　クラコフスキー
Král クラール
Kráľ
　クラーリ
　クラール
Kralev クラレフ
Kralik
　クラーリク
　クラリク

Kralj
クラリィ
クラリュ
Kraljević クラリエビッチ
Kraljevich クラリエヴィチ
Krall
クラール*
クロール
Kralovitz クラノヴィッツ
Kraly
クラーリィ
クレリィ
Kräly クレーリィ
Kram
クラーム
クラム*
Kramář
クラマーシュ
クラマールシュ
クラマルシュ
Kramarenko クラマレンコ
Kramaric クラマリッチ
Kramberger クランベルガー
Kramer
クラアマー
クライマー
クラーマー*
クラマー**
クレイマー*
クレーマ
クレーマー**
クレマー
Krämer クレーマー**
Kramers
クラーマース
クラマース
Krames
クラメス
クレイムズ*
Kramish クラミッシュ
Krammer クレーマー
Kramorenko クラモレンコ
Kramp クランプ
Kramp-Karrenbauer クランプカレンバウアー
Kramrisch クラムリッシュ
Krams クラムス
Kramskoi
クラムスコーイ
クラムスコイ
Krancke クランケ
Krane
クラーネ
クレーン
Kranendonk クラーネンドンク
Kranepool クレインプール
Kranevitter クラネビッテル

Kranich
クラニク
クラーニッヒ
Kranish クラニッシュ
Kranitz クラニッツ
Kranjcar クラニチャル
Kranjčar クラニチャル*
Kranjec クラニェツ
Krank クランク
Kranold クラノールド
Kranowitz クラノウィッツ
Kranti クラーンティ
Kranton クラントン
Krantör クラントル
Krantz
クランツ***
クレンツ
Krantzler クランツラー
Kranz クランツ**
Kranzberg クランツバーグ
Kranzo クランゾ
Krapels クレイペルズ*
Krapf
クラプ
クラプフ
Krapič クラピッチ
Krapikas クラピカス
Krapivin クラピーヴィン**
Krapka クラブカ
Krapović クラポビッチ
Krapp クラップ
Krappe クラッペ
Krappmann クラップマン
Kraprayun クラプラユーン*
Krapyak クラブヤック
Krapyvina クラピビナ
Krarup
ヵァーロップ
クラルプ
Kras クラス
Krasa クラーサ
Krasae クラセー*
Krasavage クラサヴェージ
Krase クラーゼ
Krasen クラセン
Krasevec クラセベック
Krashen クラッシェン*
Krasheninnikov
クラシェニンニコフ
クラシェンニンニコフ
Krashos クレイショーズ
Krashs クラッシュ
Krasicki クラシツキ**

Krasilnikov クラシルニコフ
Krasil'nikov クラシリニコフ
Krasilovsky
クラジラフスキー*
クラシロフスキー**
Krasin
クラーシン*
クラシン
Krasinski クラシンスキー
Krasiński クラシーニスキ
Kraski クラシニスキ
クラシニスキー
クラシンスキ
クラシンスキー
Krasker クラスカー
Krasko クラスコ
Kraskova クラスコーワ
Krasner
クラスナー
クラズナー**
Krasniqi
クラシュニキ
クラスニチ
Krasnoff クラスノフ
Krasnogorskii クラスノゴルスキー
Krásnohorská クラースノホルスカー
Krasnoperova クラスノペロバ
Krasnoseliskii クラスノセリスキー
Krasnosel'skaia クラスノセーリスカヤ
Krasnosel'skii クラスノセルスキー
Krasnoshchyokov クラスノシショーコフ
Krasnostein クラスノシュタン
Krasnov クラスノーフ
Krasnova クラスノワ
Krasnow
クラスノー
クラスノウ
Krasny クラスニー*
Krasnykh クラスニフ
Krasonický クラソニッキー
Krásová クラーソヴァー
Krasovska クラソフスカヤ
Krasovskii クラソフスキー
Krass クラス
Krassa クラッサ
Krasselt クラッセルト
Krässig クレシック
Krassimir
クラシミール
クラシミル

Krassimira クラシミラ*
Krassnig クラスニヒ
Krassovska
クラソフスカ
クラソフスカヤ
Krassovskaya クラソフスカヤ
Krastev クラステフ
Krasteva クラステヴァ
Krasts クラスツ*
Krasucki クラジュキ*
Kraszewski
クラシェフスキ*
クラシェフスキー
Krasznahorkai クラスナホルカイ**
Kratasyuk クラタシュク
Krateros クラテルス
クラテロス
Krates
クラテース
クラテス
Kratēs クラテス
Krateuas クラテウアス
Krathwohl クラスウォール
Kratindaeng クラティンデンジム
Kratinos
クラチノス
クラティーノス
クラティノス
Kratippos クラティッポス
Kratochvil
クラトビル
クラトフヴィール
クラトフヴィル*
クラトフビール
Kratochvilova クラトフビロワ
Kratochwil クラトクヴィル
Kratohvilova クラトフビロバ
Kratoska クラトスカ
Kratschmer クラッチマー
Krätschmer クレッチマー
Kratter クラッター
Kratylos クラテュロス
Kratysh クラティシュ
Kratz クラッツ
Kratzer クラッツァー
Krauchanka クラウチャンカ
Krauer クラワー
Kraujelis クラウィエリス
Kraul クラウル
Kraume クラウメ
Krauris クラウリス
Kraus クラウス***

Krause
クナウゼ
クラウス**
クラウセ
クラウゼ***
クロウゼ
Kraushaar
クラウシャー
クラウスハール**
Krauss
クラウス***
クロース
Krausse
クラウス
クラウセ
クラウゼ*
Krausz
クラウス*
クラウズ
Kraut クラウト
Krauter クラウター
Krauth
クラウス
クロース
Krauthammer クラウトハマー*
Krautheimer クラウトハイマー
Krautter クラウター
Krautwald クラウトワルド
Krauze
クラウセ*
クラウゼ**
Kravchenko クラフチェンコ*
Kravchinskii
クラヴチンスキー
クラヴチーンスキィ
クラフチーンスキー
クラフチンスキー
クラフチーンスキィ
Kravchuk
クラフチューク
クラフチュク**
Kravets
クラヴェツ
クラベツ*
クラベッツ
Kravis
クラビス
グラビス
Kravitz
クラヴィッツ*
クラビッツ
Kravtsevich クラフツェヴィチ
Kravtsov クラフツォフ
Krawcheck クロウチェック*
Krawczyk
クラヴィツィック
クラヴジック*
クラウチク
クラウチック
クラフチク
クラフチック
クローチェク
Krawitz クローウィッツ

Kray クライ	**Kreifels** クライフェルズ	**Krellmann** クレルマン*	**Krešimir** クレシミール** クレシミル	**Kreusser** クロイサー
Kraybill クレイビル*	**Kreig** クレイグ	**Kremen** クレメン	**Kresley** クレスリー*	**Kreuter** クロイター
Kraycirik クレイチリック	**Kreiger** クリーガー	**Krementz** クレメンツ	**Kresnik** クレスニク	**Kreutz** クルーツ* クロイツ
Kraynak クレイナク クレイナック	**Kreil** クライル クレイル	**Kremenyuk** クレメニュク*	**Kreso** クレソ	**Kreutzberg** クロイツベルク
Krayzelburg クレーゼルバーグ*	**Kreilgaard** クライルガート	**Kremer** クレイマー クレーマー* クレマー***	**Kress** クレス** クレッス	**Kreutzberger** クロイツベルガー
Krayzie クレイジー	**Kreilng** クライリング		**Kresse** クレッセ	**Kreutzer** クレゼール クロイツァー** クロイツェル* クロイツァー
Krazhizhanovskaia クラジジャノフスカヤ	**Kreimeier** クライマイアー	クレーメル** クレーメル* クレメル	**Kressel** クレッセル	
Krcmar クルチュマーシュ	**Kreimerman** クレイメルマン	**Kremkau** クラムコウ	**Kresser** クレッサー	
Kream クリム	**Krein** クライン クレイン*	**Kreml** クレムル	**Krešsimir** クレシミール	**Kreutzfeldt** クリューツフェルト
Krebbers クレバース		**Kremmer** クレマー	**Kressing** クレッシング	**Kreutzwald** クロイツヴァルト クロイツワルト
Krebs クレエプス クレープス クレーブズ クレーブス* クレーブス*** クレブズ クレプス*	**Kreindl** クラインドル	**Kremnev** クレムネフ	**Kressler** クレスラー	
	Kreiner クライナー** クレイナー**	**Kremnitz** クレムニッツ	**Kressmann** クレスマン*	**Kreuz** クルーズ* クロイツ
	Kreinheder クラインヒーダー	**Krempel** クレンペル	**Krestan** クレスタン	**Kreuzer** クロイツァー**
	Kreinovich クレイノヴィチ	**Kremshevskaia** クレムシェーフスカヤ	**Kresten** クレステン	**Kreuziger** クロイツィガー
Krech クレチ クレッチ	**Kreis** クライス*	**Krenak** クレナッキ	**Krestin** クレスティン	**Kreveld** クリベルド
	Kreisberg クライスベルク	**Krenek** クシェネーク クジェネーク クルシェネク	**Krestos** クレストス	**Kreviazuk** クレヴィアジック クレビアジック*
Krechel クレッヒェル*			**Krestovnikov** クレストフニコフ	
Krechevsky クレチェフスキー	**Kreisel** クライセル クライゼル		**Krestovskii** クレストフスキー	**Krevsun** クレフスン
Krechmar クレチマル*			**Krestschinski** クレスチンスキー	**Krewski** クリュースキー
Kreck クレック	**Kreisky** クライスキー*	**Křenek** クシェネク クジェネーク クジェネック クルシェーネク クルシェネク* クルジェネック クレーネク クレネク	**Kresz** クレス	**Krey** クライ クレー
Krecke クレッケ	**Kreisler** クライスラー**		**Kretchmer** クレッチマー	**Kreye** クライエ*
Krecker クレッカー	**Kreisman** クライスマン*		**Krētē** クレタ	**Kreyer** クレール
Kreeft クリーフト	**Kreiss** クライス		**Kretovich** クレトヴィッチ	**Kreyszig** クライツィグ
Kreek クレーク	**Kreißig** クライシッヒ		**Kretschmann** クレッチマン クレッチュマン*	**Krhin** クルヒン
Kreevich クリーヴィック	**Kreit** クライト	**Krenina** クレニナ*		**Kriangsak** クリアンサク**
Krefeld クレフェルト	**Kreiter** クライター	**Krenkel** クレンケル	**Kretschmer** クレッチマー*** クレッチマア クレッチメル クレッチューマ クレッチュマー* クレッチュメル	**Krich** クリッヒ
Kreft クレフト	**Kreith** クレイス	**Krenn** クレン		**Krichbaum** クリッヒバウム
Kregel クリーゲル* クレーゲル*	**Kreitman** クライトマン	**Krenov** クレノフ		**Krichel** クリッヒェル*
	Kreitmann クレットマン	**Krens** クレンズ		**Krichels** クリッチェルズ
Kregenow クレゲナウ	**Kreitner** クライトナー	**Krensky** クレンスキー	**Kretser** クレッツァー	**Kricher** クリッチャー
Kreger クリーガー	**Kreittmayr** クライトマイアー	**Krents** クレンツ	**Kretzchmer** クレッチメル	**Krichevskii** クリチェフスキー
Krehbiel クレイビール クレエビール クレービール クレービール* クレビール	**Kreitzer** クライツァー	**Krentz** クレンツ	**Kretzenbacher** クレッツェンバッハー	**Krichman** クリチマン
	Kreitzman クライツマン	**Krenz** クレンツ**		**Krick** クリック
	Kreivys クレイビース	**Krenzer** クレンツァー*	**Kretzer** クレッツァー クレッツェル	**Krickitt** クリキット
	Kreizberg クライツベルグ	**Kreon** クレオン		**Krickstein** クリックステイン
Krehl クレール*	**Kreizter** クライステル	**Kreōn** クレオン	**Kretzmann** クレッツマン	**Kridel** クライデル
Kreibaum クライバウム	**Krejberg** クライスベルグ	**Krepinevich** クレピネヴィッチ	**Kretzmer** クレッツメル	**Krider** クライダー
Kreibig クライビヒ	**Krejci** クレイチー	**Krepkina** クレプキナ	**Kretzschmann** クレッチマン	**Krieck** クリエック クリーク
Kreichelt クライヒェルト	**Krejčíková** クレイチコヴァ	**Kreppner** クレップナー	**Kretzschmar** クレッチマー クレッチュマー	**Krief** クリフ
Kreider クライダー クレイダー*	**Krejsa** クレイサ*	**Kreps** クレプス**		**Krieff** クリーフ
Kreidler クレイドラー*	**Krekeler** クレケラー クレケレル	**Kresal** クレサル	**Kretzulesco** クレツレスコ	**Krieg** クリーグ
Kreidman クレイドマン*	**Krekić** クレキッチ	**Kresge** クレスギ クレズギ クレスゲ	**Kreuder** クロイダー*	**Kriegel** クリエジェル クリーゲル**
Kreidolf クライドルフ*	**Krell** クレル*	**Kresh** クレシュ*	**Kreuger** クリューゲル クロイガー*	
		Kresilas クレーシラース クレシラス	**Kreūsa** クレウサ	

クリジェル
Kriegenburg
クリーゲンブルク*
Krieger
クリーガー**
クリーゲル
Krieger Coble
クリーガーコブル
Kriegerstein
クライガーシュタイン
Kriegeskorte
クリーゲスコルテ
Krieghbaum
クリーグボウム
Krieghoff クリーゴフ
Kriegk クリーク
Kriegleder
クリークレーダー
Kriegler クリーグラー
Krieglmeier
クリークルマイアー
クリーグルマイアー
Kriegner クリーグナー
Kriel
クリエル
クリール
Kriele クリーレ
Kriemhild
クリームヒルト
Kriemler
クリームラー*
Kriener クリーナー
Kries クリース*
Kriese クリース
Kriesel クリーセル
Kriesler クライスラー*
Krige
クリーグ
クリッジ
Kriger クリーゲル
Krijger クリガー
Krijgsman
クリフスマン
Krijzer クリーダー
Krikalev クリカリョフ
Krikwood
カークウッド
Krill クリル
Krim
カリーム
クリム*
Krimbas クリンバス
Krimets クリメッツ
Krimpen クリンペン
Krimsky クリムスキー
Krinagoras
クリナゴラス*
Kring クリング*
Kringe クリンゲ
Krings
クラン
クリングス**
Krinitz クリニッツ
Krink クリンク
Krinke-susmelj
クリンケサスメリェ

Kripalani
クリパラーニ
クリパラーニ
クリパラーニ
クリパラニ
Kripke
クリプキ*
クリプケ*
Krippendorff
クリッペンドルフ*
Krippner
クリップナ
クリップナー*
Kripps クリップス
Krips
クリップス
クリプス
Krirk クリク
Krirkkrai クルクライ
Kris クリス**
Krisada クリサダー*
Krisberg クリスベルク
Krischek クリシェック
Kriseová
クリセオヴァー
Krisha クリシュナ
Krishan クリシャン**
Krishanu クリシャヌ
Krishen クリシェン
Krisher
クリシャー
クリッシャー**
Krishna
クリシナ
クリシュナ***
クリシュナー
Krishnagiri
クリシュナギリ
Krishnakant
クリシュナカント
Krishnamoorthy
クリシュナーモーシー
Krishnamurthi
クリシュナムルティ
Krishnamurthy
クリシュナムルティ*
Krishnamurti
クリシナムルテ
クリシュナムーティ
クリシュナムーティー
クリシュナムルティ*
Krishnan
クリシュナン*
Krishnananda
クリシュナナンダ
クリシュナナンダー
Krishnapuram
クリシュナプラム
Krishnaraj
クリシャナラジ
Krishnaraju
クリシュナラジュ
Krishnaswami
クリシュナスワーミー
クリシュナスワミ
クリシュナズワミー
Krishnaswamy
クリシュナスワミ

Krishtalka
クリシュタルカ
Krišjanis クリシャニス
Krišjaņis
クリシュヤーニス
Krismer クリスマー
Krisna クリシュナ
Krisper クリスパー
Kríspos クリスポ
Kriss クリス*
Krissy クリッシー
Krist
クリス
クリスト
Krista クリスタ*
Kristal クリスタル*
Kristalina
クリスタリナ
Kristan クリスタン
Kristanna クリスタナ
Kristanto
クリスタント
Kristaps クリスタプス
Kristel クリステル**
Kristeller
クリステラー*
Kristen
キット
キルステン
クリスチャン
クリスティン*
クリステン**
Kristensen
クリステンセン***
Krister
クリスター
クリステル*
Kristersson
クリスターソン
クリステション
Kristeva
クリスティヴァ
クリステーヴァ
クリステヴァ**
クリステバ
クリステワ
Kristi
クリースチ
クリスチ
クリスティ**
Kristiaan クリスチアン
Kristian
クリスチェン
クリスチャン**
クリスティアン**
Kristiansen
クリスチャンセン*
クリステンセン
Kristiansson
クリスチャンソン*
Kristie クリスティ
Kristien
クリスチャン
クリスティヌ
Kristiina
クリスティイーナ
クリスティーナ*

Kristijan
クリスチャン
クリスティアン
クリスティヤン
Kristijanos
クリスチヨナス
クリスティヤノス
クリスティヨーナス
Kristin
クリスチン
クリスティーン
クリスティン**
クリステン
Kristina
クリスチナ*
クリスティーナ**
クリスティナ**
Kristinatis
クリスティナティス
Kristine
クリス
クリスティーネ*
クリスティーン*
クリスティン**
Kristinn
クリスティン
クリスティン
Kristinsson
クリスティンソン
Kristjan
クリスジャン
クリスチャン*
Kristján
クリスチャン*
クリスティアウン
Kristjana
クリスティヤーナ
Kristjansson
クリスチャンソン
Kristjánsson
クリスチャンソン
Kristlieb
クリストリープ
Kristmundsson
クリスマンソン
Kristo クリスト
Kristof クリストフ**
Kristóf
クリシュトフ
クリストフ*
Kristofer
クリストファ
クリストファー
クリストフェル
Kristoff クリストフ*
Kristoffer
クリストファー*
Kristoffersen
クリストフェシェン
Kristofferson
クリストファスン
クリストファーソン*
クリストファソン
Kristoffersson
クリストッフェション
Kristoforidhi
クリストフォリジ
Kristol クリストル**
Kristopher
クリストファー*

Kristov クリストフ
Kristovskis
クリストウスキス
Kristy
クリスティ
クリスティー
Kristyna クリスティナ
Kriszat クリサート
Kriszina
クリスチナ
クリスティナ*
Krisztian
クリスチアン
クリスチャン
クリスティアン
Krisztián
クリスティアン*
Krisztina
クリスティー
クリスティーナ
クリスティナ*
Krit クリット
Kritias
クリチアス
クリティアス
Kritina クリティナ
Kritios クリティオス
Kritoboulos
クリトブーロス
クリトブロス
Kritolaos
クリトラウス
クリトラオス
Kritōn クリトン
Kritopoulos
クリトブロス
Kritópulos
クリトブロス
Kritovoulos
クリトヴォロス
クリトボロス
Kritsanaa
クリッサナー
Kritsberg
クリッツバーグ
Kritsick クリトシック
Kritsman
クリッツマン
Krittivās
クリッティヴァース
Kritzer クリッツァー
Kritzman
クリッツマン*
クリッツマン
Kriukov
クリウコフ**
クリューコフ
Kriukova
クリューコヴァ
Krivan クリヴァン
Krivanek
クリヴァネック
Krivchenya
クリフチェーニャ
Kriveleva
クリヴェリョワ*
クリベリョワ
Krivelyova
クリベリョワ

Krivich クリヴィッチ
Krivine クリヴィーヌ* クリヴィヌ* クリヴィン クリビヌ クリビン
Krivitsky クリヴィツキー*
Krivonosov クリボノソフ
Krivopolenova クリヴォポレノヴァ
Krivoshapka クリボシャプカ
Krivosheeva クリヴォシェエヴァ
Krivoshein クリヴォシェイン
Krivtsov クリフツォフ*
Kriwoshein クリヴォッシエン
Kriyananda クリヤーナンダ* クリヤナンダ
Kriz クリツ
Kriza クリツァ
Krizaj クリジャイ
Križanić クリジャーニチ クリジャニチ クリジャーニチ
Križanič クリジャニチュ
Krizanovic クリジャノビッチ
Križanovič クリジャノビッチ*
Křížek クリチェク
Křížkovský クルーシーシュコフスキー クルシーシュコフスキー
Krizsanecznè クリジャネツネ
Krkić クルキック クルキッチ
Krkobabić クルコバビッチ
Krleza クルレジャ*
Krleža クルレジャ クレジャ
Krnac クランツ
Kroah-Hartman クローハートマン
Kroband クロバンド*
Kröber クレーバー
Kroc クロック**
Kröcher クローチャー
Krochik クロチック
Krochmal クロクマル クロックマル クロッホマール

クロフマル クロホマル
Krock クロック
Krocki クロッキ
Krockow クロコウ* クロコフ クロッコフ
Krodger クルーガー
Kroeber クレーバー* クロウバー クローバー**
Kroeger クルーガー** クレーガー* クローガー* クロージャー
Kroehler クレーラ
Kroemer クレーマー** クローマー
Kroenke クロエンケ クロンキ
Kroes クルス クロエス*
Kroeschell クレッシェル*
Kroese クロエス
Kroetsch クロウチ*
Kroetz クレッツ**
Kroft クロフト
Krofta クロフタ
Krog クロー クローグ* クログ クロッホ
Kroger クルーガー クレーガー クロガー
Kröger クレーガー*
Krogerus クロゲラス
Krogh クロー* クロウ クローグ** クログ* クローホ
Krogman クロッグマン*
Krogmann クロッグマン
Krogsgaard クログスガード*
Kroh クロー
Krohg クローグ クログ
Krohn クルーン** クローン**
Krohne クローネ
Krohnen クローネン
Kroijer クロイヤー

Kroisos クロイソス クロエソス
Kroker クローカー*
Kröker クレーカー
Krokhalev クロハリョフ
Krokosky クロコスキー
Krol クロール* クロル
Kroldrup クロルドルップ
Krolewski クロレフスキー
Królikiewicz クロリキエビチ
Kroll クロール** クロル** ロール
Kröller クレラー クローラー
Krollis クローリス
Krolnik クローニック
Krolow クローロ** クロロー クロロウ クロロフ
Krom クローム クロム*
Kromadit クロマディット*
Kroman クローマン
Kromayer クローマイアー
Krombach クロンバッハ*
Krombholc クロンブホルツ
Kromer クロメル
Kromhout クロムハウト**
Kromkamp クロムカンプ
Krommer クラマーシュ クラマルシュ クロンマー
Krommes クロムス*
Krommun クロム
Kromosoeto クロモスト
Kromowidjojo クロモビジョヨ**
Kron クローン クロン
Kronacher クローナッハー
Kronberg クローンベルク
Kronberger クロンベルガー*

Kröncke クレンケ
Krondl クロンドル
Krone クローネ* クローン
Kronecker クローネカー クローネッカー クロネッカー
Kronenberg クローネンベルク
Kronenberger クローネンバーガー
Kronenburg クロネンバーグ
Kronenwetter クロネンウエッター
Kroner クローナー* クロネル
Kröner クレーナー
Krones クローンズ
Kronfeld クロウンフェルド クロンフェルト クロンフェルド コロンフェルド
Kronhausen クロンハウゼン
König クレーニッヒ クレーニヒ
Kronish クローニッシュ
Kronold クロノルド
Kronos クロヌス クロノス
Kronseder クロンゼーダー
Kronstam クロンスタム
Kronthaler クロントハラー
Krontiris クロンティリス
Kronvall クルーンバル
Kronzek クロンゼック*
Kronzon クロンゾン
Kroon クルーン* クローン
Kroos クロース
Krooss クルース
Krooth クルース*
Kropachev クロパチェフ
Kropachova クロパチョーヴァ
Kropachyov クロパチオーヴ
Kropf クロフ
Kropiwnicki クロピブニッキ
Kropotkin クロポートキン クロポトキン*

Kröppelien クレッペリエン
Kropveld クロプエルド
Kros クロス
Kroschel クローシェル
Kroschwitz クロシュヴィッツ
Krosigk クロジク
Kroska クロスカ
Krosney クロスニー
Krosnick クロスニック
Krosoczka クロザウスカ
Kross クロス***
Krosshaug クロスハウグ
Krößner クレスナー
Kroth クロート*
Krotkov クロトコフ
Kroto クロウト クロート* クロトー**
Krotov クロトフ
Krott クロット
Krous クロウス
Krouse クラウス** クロウス クローズ
Krouskop クロースコップ
Krousky クロウスキー
Kroutvor クロウトヴォル
Krovopuskov クロボプロスコフ
Krow クロー
Krowicki クロウィッキイ
Krown クラウン
Kroy クロイ
Kroyer クロイヤー
Krøyer クルイエル クレイエル クロイアー クロイヤー
Kroyt クロイト
Krozak クロザック*
Krpalek クルパレク
Krpálek クルパレク
Krsistin クリスティン
Kṛṣṇa クリシュナ
Kṛṣṇā クリシュナー
Kṛṣṇācārya クリシュナーチャールヤ
Kṛṣṇadeva クリシュナデーヴァ
Kṛṣṇadevarāya クリシュナデーヴァラーヤ クリシュナデーヴァ・ラーヤ クリシュナデーヴァ

ラーヤ
クリシュナデーバラーヤ

Kr̥snamiśra
クリシュナミシュラ

Krsnamūrti
クリシュナムールティ
クリシュナムルティ

Krsnich クレスニック

Krstajic
クルスタジッチ

Krstevski
クルステフスキ

Krstic クルスティッチ

Krstić
カースティッチ
クルスティチ
クルスティッチ*

Krstičević
クルスティチェビッチ

Krsticic
クルスティチッチ

Krstulovic
クルストロビッチ

Krstulovic'
クルストロビッチ

Kr̥titel
クルジティーテル
クルジュティテル

Kruaithong
クルアイトーン
クルアイトン

Krua-Ngam
クルアガーム

Kruche
クリュッペ
クルュベ

Kruchenyh
クロイシンガ
クロイシンハ

Kruchina
クリュチナ
クルチナ

Kruchten
クルーシュテン
クロール

Kruckenberg
クルッケンバーグ

Kruczkowski
クルチコフスキ*
クルチコフスキー
クルチュコフスキ
クルツコフスキー

Krüdener
クリューデナー
クリューデネル

Krüdner クリュドナー

Krúdy クルーディ

Krueger
クーガー
クリューガ*
クリューガー*
クリューゲル
クルーガー***

Kruft クルフト

Krug
クリュッグ*
クルーク
クルーグ*
クルッグ

Kruganov クルガノフ

Kruger
クリューガー*
クリューガ
クリューゲル
クリューゲル
クリュージェ
クルーガー**

Krüger
クリューガー***
クリューゲル
クルーガー

Kruglak クルグラーク

Kruglanski
クルグランスキー

Kruglinski
クルグリンスキー

Kruglov
クリュグロフ
クルグロフ

Krugman
クラッグマン
クルーグマン**
クルグマン

Kruidering
クルーデリング

Kruif
クライフ
クリュー
クルーフ

Kruijff
クリュフ
クルイフ

Kruis
クルイス
クルース

Kruisinga
クロイシンガ
クロイシンハ

Kruk
クラック
クルーク*
クルック*

Krukmann
クリュックマン

Krukovsky
クルコフスキー

Krukow クルーコウ

Krukower
クルコウェル

Krul
クルール
クルル

Krulik
クラリック
クルーリック
クルリック

Krull
クラル
クリュル
クルル*
クロール

Krüll クリュル*

Krum
クラム*
クルム

Kruman クルーマン

Krumbach
クルムバッハ

Krumbacher
クルムバハー
クルンバッハー

Krumbiegel
クレムビーゲル

Krumboltz
クランボルツ
クルンボルツ

Krumeich クルマイヒ

Krumgold
クラムゴールド
クルームゴールド

Krumholz
クラムホルツ

Krumina クルーミニャ

Krumiņš クルミンシ

Kruminya クルミニャ

Krumm
クラム*
クルム**

Krummacher
クルマッハー*
クルーマハー
クルムマッハー
クルムマッヘル
クルムマハー

Krumme クルメ

Krummel
クランメル
クリュンメル

Krümmel
クルメル
クリュンメル

Krump クルンプ

Krumper
クルムパー
クルンパー

Krumpholz
クルムフォルツ
クルムホルツ

Krumpter クルムパー

Krungolcas
クルンゴルカス

Krunic クルニッチ*

Krunoslav
クルノスラフ

Krunp クルンプ

Krunz クルンズ

Krupa
クルーパ
クルーパ
クルパ

Krupat クルバット

Krupeckaite
クルベクカイテ

Krupenikov
クルベーニコフ

Krupenina
クルベーニナ

Krupenskii
クルベンスキー

Krupensky
クルベンスキー

Krupianko
クルピヤンコ

Krupinski
クルピンスキ*
クルピンスキー

Krupko クルプコ

Krupni クルブニ

Krupnikovic
クルプニコビッチ

Krupp
クラップ
クルップ**
クループ

Krupskaia
クループスカヤ*
クルプスカーヤ
クルプスカヤ*
クレプスカヤ

Krupskaya
クループスカヤ
クルプスカヤ

Krusanova
クルサーノフ

Krusceniski
クルシェニスキー

Krusche クルーシェ

Kruschen
クルスチェン

Kruschke クラスチケ

Kruschwitz
クラシュウィッツ

Kruse
クラス
クルーズ**
クルーゼ**
クルセ

Krusé クルーゼ

Krusenstjerna
クリューセンシェーナ
クリューセンシャーナ
クルシェンシェルナ
クルーセンシェルナ
クルーセンシャーナ

Krush クラッシュ

Krushel'nitskaia
クルシェリニツカヤ
クルシェルニツカ

Krüsi
クリージ
クリュージ

Kruskal
クラスカル
クルスカル*

Kruss クリュス

Krüss クリュス**

Krüsselberg
クリュッセルベルク

Kruszewski
クルシェフスキ
クルシェフスキー
クルーズースキー

Kruszynski
クルシンスキー

Kruta クルータ

Krutch
クラッチ
クルーチ

Krutetskii
クルチェツキー

Kruth クルース

Krutogorov
クルトゴーロフ*

Krutova クルトーワ

Krutz クルーズ

Krutzler クルツレル

Krutzsch クルツェスク

Kruuk クルーク*

Kruuse
クルーセ
クルーゼ

Kruusval
クルースヴァル

Kruyt
クレイト
クロイト

Kruzenshtern
クルウゼンシュテルン
クルゼンシチェールン
クルーゼンシテルン
クルゼンシテルン
クルーゼンシュテルン
クルゼンシュテルン

Krychowiak
クリホヴィアク

Kryczka クリチカ

Kryder クライダー

Kryger
クライガー
クライゲル
クロイハ

Kryjanovskaja
クルイジャノウスカヤ

Krykorka クリコーカ

Krykun クルイクン

Krylenko
クルイレンコ
クルイレーンコ
クルイレンコ

Krylov
キリーロフ
クリロヴ
クリロフ
クルイローフ
クルイロフ
クルイローフ*
クルイロフ*

Krylova
クリコワ
クルイロワ

Krymbek クリムベク

Krymov
クルイーモフ
クルイモフ

Krymskii
クルイムスキー

Krymsky クリムスキー

Kryn クライン

Kryøer クルイエル

Krys クリス

Krysia クリシヤ

Krysl クライスル

Krysmanski
クリスマンスキ

Krystal クリスタル**

Krystall クリスタル

Krystian
クリスチャン*
クリスティアン

Kryštof クリストフ*

Krystof クリシュトフ

Krystyna
クリシュティナ

K

クリスチーナ*	クリシュトフ	Kuang クアン	Kubie	Kubzansky	
クリスチナ	クリストフ**	Kuangzheng	キュービー	クブザンスキー	
クリスティーナ*	クルジストフ*	クアンチェン	キュビー	Kuc クッツ	
クリスティナ*	Krzywicki	Kuan-wu グァンウ	キュビエ	Kuć カーク	
Kryszak クリジャーク	クシヴィツキ	Kuan Yew	Kubik	Kuč クッツ	
Kryszalowicz	Krzyzewska	クアンユー**	キュービック*	Kućan クーチャン*	
クリシャロビシュ	クジズェヴスカ	クワンユー	クービック	Kučan クーチャン	
Krysztof	Krzyzewski	Kuartei クアルテイ	Kubilius クビリウス	Kucera クセラ	
クリシュトフ	クシジェフスキ	Kuassi クアシ	Kubin	Kuchacevich	
Krythe クライス	シャシェフスキー*	Kuba	クービーン	クシャビッチ	
Kryuchkov	Ksaver クサヴェル	クーバ	クービン*	Kuchar クーチャー**	
クリュチコヴ	Ksawery クサヴェリ	クバ	クービーン*	Kucharski	
クリュチコーフ	Ksczmarek	Kubach クーバッハ	クビン	クチャルスキー	
クリュチコフ**	カズマレック	Kubacki クバツキ	Kubín クビーン	クハースキー	
Kryudener	Ksemendra	Kubala クバラ	Kubinyi	クハルスキー*	
クリューデネル	クシェーメーンドラ	Kubanychbek	クビニ	Kucharsky	
Kryukov	Ksemiśvala	クバニチベク	クビニー	クハルスキイ	
クリューコフ	クシェーミーシュヴァラ	クバヌイチベク	クビニィ	Kuchársky	
クリュコフ*		Kubarkin クバルキン	Kubis	クチャルスキー	
Krýukov クリューコフ	Ksemiśvara	Kubarych クバリッチ*	クービス	Küchek クーチェク	
Krzaklewski	クシェーミーシュヴァラ	Kubaschewski	クビス	Kuchel クーヘル	
クシャクレウスキ		クパシェウスキー	Kubiš クビシュ	Kuchen クーヘン	
クシャクレフスキ*	Ksenia	Kubasik クバシク	Kubisova クビショヴァ	Kuchera クチェラ	
Krzanich	クセニア	Kubasov クバソフ*	Kubišová	Kucherenko	
クルザニッチ*	クセニヤ	Kubát クバット	クビショヴァ	クチェレンコ*	
Krzanowski	Kseniia	Kubata クバタ	クビショバー	Kucherlapati	
クシャノフスキ	クセニア	Kubatbek クバトベク	Kubista クビスタ	クチャーラパティ	
Krzenwdzieński	クセーニヤ	Kubati クバティ	Kubitschek	Kuchi クチ	
クシェヴジェンスキ	クセニヤ	Kubbah クバー	クビシェッキ	Kuchinskas	
Krzesińska	Ksenija クセニア	Kube	クビチェック	クチンスカス	
クゼシンスカ	Kseniya	キュービ	Kubiv クビフ	Kuchinskaya	
Krzeszewski	クセニア	キュービー**	Kubizek クビツェク	クチンスカヤ	
クジェシェフスキ	クセニヤ	クーベ*	Kubka クブカ	Kuchinsky	
Krzhizhanovskii	Ksenopulos	Kubein クバイン	Kublanóvskii	クチンスキー	
クルイジャノフスキー	クセノプロス	Kubek	グブラノフスキー	Küchl	
クルジジャノフスキイ	Ksera クセラ	キューベック	Kubler	キュッヒェル	
クルジジャーノフスキー	Kshesinskaia	クーベック	キューブラー	キュッヒル*	
クルジジャノーフスキー	クシェシンスカヤ	コベック	キュブラー	Kuchler キュヒラー	
クルジジャノフスキーキイ	Kshessinska	Kubel クーベル	クーブラー	Küchler	
クルジジャノーフスキイ	クシェシンスカ	Kübel キューベル	クブラー	キフレル	
クルジジャノフスキー	Kshirsagar	Kubelik	Kübler	キュッヘラー	
	クシルサガル	クーベリク	キューブラー**	キュヒラー	
Krzhizhanovskiĭ	Kshiti クシティ*	クベリーク	キューブラー	クシュラー	
クルジジャノフスキイ	Ksiazek クスィアゼク	クーベリック	キュブラー	Kuchma クチマ**	
Krznaric	Ksiazkiewicz	Kubelík クブリ	キュブレール	Ku-chong	
クルツナリック*	クシアジキェビッチ		Kubli クブリ	クジョン	
Krsztof	Ksor クソル	クーベリク	Kublin カブリン	グジョン	
クシシュトフ	Kŝt カシュタ	クベリーク	Kubly	Kuchta クフタ	
クジシュトフ	K'te クテ	クーベリック	クブリ	Kuchtová クフトバー	
Krzus クルス	Ktēsias クテシアス	Kubelka	クブリー	Küchük キュチュク	
Krzymowski	Ktēsiās	クーベルカ	Kubot クボット	Kuchukhidze	
クルチモウスキ	クテーシアス	クベルカ*	Kubr クーバー	クチュヒーゼ	
クルチモウスキー*	クテシアス	Kubenka クベンカ	Kubrā	Kuçi クチ	
Krzynowek	Ktēsibios	Kuber クベール	クブラー	Kuciak	
クルジノベク	クテシビウス	Kubert キューバート*	クーブラー	クチアク	
Krzystof	クテシビオス	Kubes クーブズ	Kubriashvili	クチャク	
クシシュトフ	Ku	Kubiak	クブリアシヴィリ	Kucinich クシニッチ**	
クジシュトフ	ク**	クービアク	Kubrick	Kucinski クシンスキー	
クシストフ	クー	クビアク	キューブリック**	Kucinskis	
Krzyszkowiak	グー	クビアック	クーブリック	クツィンスキス	
クルジスコイヤク	Kua クア	Kubica	Kubrin クブリン	Kuck	
Krzysztof	Kuai	クビカ**	Kubrović クブロビッチ	カック	
クシシトフ***	カイ	クビサ	Kubuabola	クック	
クシシュトフ***	コワイ	クビツァ**	クブアボラ	Kucka クツカ	
クジシュトフ	Kuami クアミ	Kubice クビツェ	クンブアンボラ	Kuckart クッカルト*	
クシストフ	Kuan	Kubicek クビチェク	Kuby クービー	Kuckartz クカーツ	
クシシトフ**	クアン	Kubick キュービック		Kücklich キュックリヒ	
クスシュトフ	クワン				

Kucks カックス
Kuckuck ククック
Kucoc クコッチ
Küçü チュ
Küçük キュチュク
Küçükyalçin
　キュチュクヤルチュン
Kuczinsi クチンスキ
Kuczmierczyk
　クチミールチェク
Kuczynski
　クチンスキ*
　クチンスキー**
Kudaiberdiev
　クダイベルディエフ
Kudasheva クダショワ
Kudayberdieva
　クダイベルディエワ
Kudaybergen
　クダイベルゲン
Kuddus クドゥス
Kudejova クデヨワ
Kudelka クデルカ*
Kudel'skii
　クデリスキー
Kuder
　キューダー
　クーダー
Kuderwa クデルワ
Kudin クディン
Kudirka クディルカ
Kudla クドラ
Kudlacek
　クドゥラーチュク
Kudlácek
　クドゥラーチェク
Kudler クードラー
Kudlich クードリヒ
Kudlicka クドリツカ
Kudlien クートリーン
Kudlinski
　カドリンスキー
Kudlinskij
　カドリンスキー
Kudlow クードロー
Kudoh クドー
Kudranski
　クドランスキ
Kudrat クダラット
Kudriashev
　クドリヤーシェフ
Kudriatsev
　クドリヤフツェフ
Kudriavtsev
　クドリヤフツェフ
　クドリヤフツェフ
　クドリヤフツェフ
Kudrin クドリン**
Kudrna クドルナ
Kudrow
　クードロー*
　クドロー
Kudrun クードルーン
Kudryashov
　クドリヤショフ

Kudryavtsev
　クドリャーフツェフ
　クドリヤフツェフ*
Kudryavtseva
　クドゥリャフツェワ
　クドリヤフツェフ*
Kudrycka クドリツカ
Kudsi
　クヂ
　クッシ
　クドゥシ
　クドシ
Kudukhov
　クデュホフ
　クドゥホフ*
Kudur
　クドゥリ
　クドゥル
Kudurri クドゥルリ
Kudus クドゥス
Kudva クドゥバ
Kuebart キューバルト
Kuebelbeck
　キュベルベック
Kuebler
　キューブラ
　キュブラー
Kuechen クエチェン
Kuechly キュークリー
Kuefler クフラー
Kuegler キューグラー
Kuehl キュール*
Kuehler
　キューラー
　キーラー
Kuehls キュール
Kuehn
　キューン*
　クエーン
　クーン
Kuehne
　キーン
　クーン
Kuehnert
　キーナート*
　キナート
Kuei クエイ
K'uei-yuan
　チェンティン
Kuek クエック
Kuelbs キュールプス
Kuelinad
　クエリナド
　ケリナド
Kuemmerle
　キューメール
Kuen クーエン
Kuena クーナー
Küenast キュナスト
Küenburg
　キューエンブルク
Kuenen キューネン
Kuenheim
　クーンハイム
Kuenn
　キューン
　キーン

Kuenne キューネ
Kuenzel キュンツェル
Kuenzlen ケンツレン
Kuenzler クエンツレル
Kuerten クエルテン*
Kuethe キューザ
Kuettel キュッテル
Kuevi クエビ
Kuf クフ
Kufe キーフ
Kufeldt クーヘルト
Kuffel キュッフェル
Kufferath
　クッフェラート
Kuffler
　カフラー
　クフラー
Kuffour クフォー*
Kuffuor クフォー
Kuftārū クフタールー
Kufuor クフォー**
Kugel キューゲル
Kugelgen
　キュウゲルゲン
　キューゲルゲン
Kügelgen
　キューゲルゲン
Kugelman
　クーゲルマン
Kugelmann
　クーゲルマン
Kugler
　クーグラー**
　クグラー**
　クーゲレル
Kuh
　クー
　クウ
Kuhar クーハー
Kuhaulua クハウルア
Kuhbauer
　クーバウアー
Kuhel
　キール
　クール
Kuhl
　カール
　キュール
　クール*
Kühl キュール*
Kuhlau クーラウ
Kuhlemeier
　クールマイヤー
Kuhlmann
　キュールマン
　クールマン**
Kühlmann
　キュールマン
Kuhlo クーロ
Kuhlthau クールソ
Kuhn
　キューン*
　クエーン
　クーン***
　ゴン
Kühn
　キューン*

クーン
Kuhnau
　クーナウ
　クナウ
Kuhne
　キューネ
　クーネ
Kühne キューネ*
Kühnel
　キューネル*
　クーネル
Kühnemann
　キューネマン
Kuhner
　キニール
　キュウネル
　キューナー
Kühner キューナー*
Kühnig キューニヒ
Kuhnke クンケ
Kühnl
　キューヌル
　キューンル
Kuhnle クーンレ
Kuho クホ
Kuhse クーゼ*
Kühse
　クーゼ
　クーゼー
Kuhweide
　クバイデ
　クーワイデ
Kui クイ
Kuïbida クイビダ
Kuibyshev
　クーイブイシェフ
　クィブイシェフ
　クイブイシェフ
Kui-jea キジェ
Kuijer コイヤー**
Kuijken
　クイケン**
　クエイケン
Kuiler コイレル
Kuilichi クイリチ
Kuin クイン
Kuiper
　カイパー**
　カイベル
　クイパー
　クーパー
Kuipers
　カイパース*
　カイベルス
　カウパース
　キパーズ
Kuita クイタ
Kuitunen
　クイトゥネン*
Kujala クヤラ
Kujawa クジャワ
Kujtim クイティム
Kūjūk クージューク
Kujula
　クジューラ
　クジュラ

Kujundžić
　クユンジッチ
Kuk
　クク
　クック*
K'uk' クック
Kukan クカン**
Kukarkin クカールキン
Kukathas クカサス
Kükenthal
　キューケンタール
Kukhta クフタ
Kuk-hyang ククヒャン
Kukhyang ククヒャン
Kuk Hyon ククヒョン
Kuki キキ
Kukiela クキエラ
Kukielka クキエルカ
Kukielski
　クキエルスキー
Kukkasjärvi
　クッカスヤルヴィ
　クッカスヤルビ
Kukkurīpāda
　クックリーパーダ
Kukla クークラ
Kuklamanakis
　カクラマナキス*
Kuklick ククリック
Kuklin クークリン
Kuklinski
　ククリンスキ*
　ククリンスキー
KuKoc
　クーコッチ*
　クコッチ
Kukoc クーコッチ
Kukolevskii
　ククレフスキー
Kukolj クコリ
Kukol'nik
　クーコリニク
　クーコリニック
Kukors クーカーズ*
Kukrit
　クークリット
　ククリット*
　ククリット
Kukryniksy
　ククルイニークシー
Kuksenkov
　ククセンコフ
Kuksi ククシ
Kuku クク
Kukučín ククチーン
Kukuczka ククチカ
Kukura ククラ
Kukushkin ククシキン
Kül
　キュル
　キョル
Kula
　カラー
　クラ
Kuḷa クラ
Kulaap クラープ

Kulaev クーラエフ	Kulikovskii クリコーフスキー クリコフスキー	Kulthūm カルサム クルスーム	Kumarila クマーリラ	Kunanbaev クナバエフ クナンバーエフ クナンバエフ
Kulagin クラーギン			Kumárila クマーリラ	
Kulainī クライニー	Kulikowski クリコフスキ	Kultishev クルティシェフ	Kumarin クマリン	
Kulak クラク*			Kumaritashvili クマリタシビリ*	Kunast キュナスト
Kulakauskas クラカウスカス	Kuling クーリン	Kulu クル		Künast キュナスト*
	Kulinich クリニチ	Kulundu クルンドゥ	Kumarsingh クマルシン	Kunbuor クンボー
Kulakov クラコフ	Kuliokela ムリオケラ	Kuluva クルヴァ	Kumas クマス	Kun-bzan クンサン
Kulakova クラコワ	Kuliš クリシュ	Kulyash クリヤーシ	Kumate クマテ	Kunc クンツ
Kuland クーランド	Kulischer クーリシェル クーリッシェル クーリッシャー	Kulynyak クリニャク	Kumayt クマイト	Kuncevič クンツェーヴィチ
Kulanov クラーノフ		Kulz クルツ	Kumba クンバ**	
Kulap クラープ		Kum クム コン	Kumbakor クンバコル	Kuncewiczowa クンツェヴィチョヴァ クンツェヴィツ
Kularatne クララトナ			Kumbaro クムバロ	
Kulas クラス	Kulisciov クリショフ		Kumbernuss クンバーヌス*	Kunchok クンチョック*
Kulaśekhara クラシェーカラ	Kulish クリシュ	Kuma クマ		
	Kulisher クリシェル クーリッシェル	Kumach クマーチ クマチ	Kum-bom クムボム	Kunckel クンケル
Kulash クラシュ			Kum Chol グムチョル	Kuncl クンクル
Kulatilaka クラティラカ*		Kumách クマチ	Kum-chol グムチョル	Kuncoro クンコロ
Kulatilake クラティラカ	Kulju クルユ	Kum-ae グムエ*	Kümel クメール	Kunda クンダ*
	Kulka クルカ**	Kumae グムエ	Kumerow キューメロウ	Kundadhāna クンダダーナ
Kulbin クリビーン	Kulkarni クルカーニ クルカルニ**	Kumaim クマイム		
Kulcevsek クルセヴェク クルセベク		Kuman クマン	Kum-Hui グムヒ	Kundah クンダ
	Kul'kov クリコフ	Kumāputta クマープッタ	Kumin キューミン クーミン*** クミン*	Kundakunda クンダクンダ
Kulcsar クルクサール	Kull クル			Kundanika クンダニカ*
Kulcsár クルチャール	Kullak クッラク クラーク クラック	Kum-ar クマール		Kundapur クンダプール*
Kulczak コザック		Kumar クーマー クマー クマール*** クマル*	Kumkee カムキ	Kunde クンデ*
Kulczycki クルチェツキ*			Kum-lae グムレ	Kundera クンデラ***
Kuldell クルデル	Kullashi クラシ		Kumlin クムリーン クムリン	Kun dga' クンガ
Kuldip クルディップ	Kullberg クルベリ*			Kun dga' bzang po クンガーサンポ
Külebi キュレビ	Kulle キューレ クーレ	Kumara クマーラ クマラ	Kumm クム	
Kulej クレイ			Kummel キュンメル クンメル	Kun dga' rgyal mtshan クンガーゲルツェン
Kulekeyev クレケエフ	Küller キュレル	Kumāra クマーラ		
Kulenkampff クーレンカンプ クーレンカンプフ	Kullervo クッレルヴォ	Kumāradāsa クマーラダーサ	Kümmel キュンメル*	Kun dga' snying po クンガーニンポ
	Kullig クーリッヒ	Kumāragupta クマーラグプタ	Kummer クマー クンマー**	
Kulesha クレシャ	Kulling カリング クリング	Kumārajīva クマラジーヴァ		Kundi クンディ
Kuleshov クレショーフ クレショフ クレッショフ		Kumārajīva クマラジーヴァ	Kummerow クメロウ	Kundlák クンドラック
	Kullman クルマン		Kummew カムマー	Kundnani クンドナニ
	Kullmann クルマン**	Kumāralāta クマーラーラタ	Kumolo クモロ	Kundra クンダラ
Kulhavy クルハビー	Kulmbach クルムバッハ クルムバハ		Kumor クモール	Kundrotas クンドロタス
Kulhavý クルハヴィ クルハビ*		Kumaramangalam クマラマンガラム	Kumpalume クムパルメ	
	Kul-mukhammed クルムハメド		Kumral クムラル	Kundt クント
Kulī クリー		Kumāran クマーラン	Kums クムス	Kundtz クンツ*
Kulibin クリービン	Kulmus キュルムス クルムス*	Kumaranatunga クマラナトゥンガ	Kum-sik クムシク	Kundu クンドゥ
Kulichenko クリチェンコ			Kum-sil グムシル*	Kundy クンディ
Kulichkov クリチコフ	Kulön キュロン	Kumāraṇatunga クマーラナトゥンガ	Kumsishvili クムシシビリ	Kune クーン
Kulick クーリック クリック	Kulot クーロット** クロート			Kunen キューネン クネン
		Kumaranayake クマラナヤケ	Kum Sook クムスク	
Kulidzhanov クリジャーノフ*	Kulöttunga クローットゥンガ	Kumarasiri クマラセリ	Kumud クムド	Kunene クネーネ**
Kuliev クリーエフ クリエフ		Kumaraswami クマーラスワーミー	Kumut クミュー	Kunert クーネルト**
	Kulov クロフ*		Kun クーン クン** ゴン	Kunes クーンズ
Kuliév クリーエフ	Kulp カルプ	Kumaraswamy クマラスワミー		Kunetka クネトカ
Kulik クリク クーリック*	Kulpe キュルペ キルペ	Kumaratunga クマーラトゥンガ クマラトゥンガ**	Kün キューン	Kuneva クネバ
			Kunadze クナーゼ** クナッゼ	Kunfuju クンフジュ
Kulikar クォーリーカー	Külpe キュルペ			Kung キューング クン*
	Kulta クルタ	Kumaravadivelu クマラヴァダィヴェル	Kunaev クナーエフ*	
Kulikov クリコフ***	Kül-Tägin キュルテギン	Kumari クマーリ クマリ*	Kunakov クナコフ	Küng キューン キューング キュンク
	Kultermann クルターマン*		Kuṇāla クナーラ	

キュング**
Kunga クンガー
Kunga Dorje
　クンガードルジェ
Kung dga' クンガ
Kung-ho クンホ
Kungler クングラー
Kunhardt クンハート
Kun-hee ゴンヒ*
Kuni クーニー
Kuniavsky
　クニアフスキー
Kunibert
　クーニベルト
　クニベルト
Kunig クーニヒ
Kunigunde
　クニグンデ
　クニグンディス
　クネグンディ
Kunii クニイ
Kuniko クニコ
Kun-il コンイル
Kunin
　カニン
　クーニン
Kuning クニン
Kunis クニス
Kunisch クーニッシュ
Kuniska キュニスカ
Kunitomi クニトミ
Kunits キュニッツ
Kunitskii クニッキー
Kunitz
　キュニッツ
　クーニッツ*
　クニッツ*
Kuniwo クニオ*
Kun-ja グンジャ
Kunjarani
　クンジャラニ
Kun-jin クンジン
Kun-jung ゴンジュン
Kunkel
　キュンケル
　クンケル*
Künkel キュンケル
Kunkhoem クンコエム
Kunkle
　クルケル
　クンクル
Kunkuyu クンクーユ
Kun ldan クンデン
Kunle クンレ*
Kun mkhyen クンケン
Kun-mo グンモ
Kunnas クンナス**
Künne キュンネ
Künneke
　キュネッケ
　キューンネケ
　キュンネケ
　キュンネッケ
Künneth
　キュネット

キュネット
Kunnoss クノス
Kuno
　クーノ
　クーノー*
　クノー
Kunplome
　クンプルーム
Kunreuther
　クンリューサー
　クンルーサー
　クンルーザー
　クンロイター
Kunschak クンシャク
Kun-sik クンシク
Künsken クンスケン
Kun spangs クンパン
Kunst クンスト*
Kunstler
　カンスラー
　カンスラー
　クンストラー
　クンスラー
　クンスレール
Kunt クヌート
Kuntaraf クンタラフ
Kunth クント
Kuntha Phavi
　カンタパビ
Kuntī クンティー
Kuntjoro-Jakti
　クンチョロヤクティ*
Kuntola クントラ
Kuntowijoyo
　クントウィジョヨ
Kun-Tsan コンサン
Kuntschik クンチク
Kuntsevich
　クンツェヴィチ
Kuntsler キュンスラー
Kuntz
　カンツ
　クーンツ
　クンツ*
Kuntzel
　キュンツェル
　クンゼル
Kuntzen クンツェン
Kuntzman クンツマン
Kunud クヌート
Kunwald クンヴァルト
Kun-woo クンウー*
Kunz
　カンズ
　クンツ**
Kunzang クンサン
Kunze
　クンゼ*
　クンツェ***
　クンツェー
　クンツェ
Kunzel カンゼル**
Künzel キュンツェル
Kunzen クンツェン
Künzi キュンチ
Kunzig
　カンジグ

クンジグ
Kunzler クンツラー
Künzli クンツリ
Kunzmann クンツマン
Kunzru クンズル**
Kunzrū クンツルー
Kuo
　カオ
　クウ
　クオ*
　クオ
Kuo-hua グオホワ
Kuok クオク
Kuol クオル
Kuong クオン
Kuosmanen
　クオスマネン
Kuo-ting グオディン
Kupala
　クパーラ*
　クパラ
Kupchak カフチャック
Kupchan カブチャン*
Kupchenko
　クプチェンコ
Kupchinskii
　クプチンスキー
Kupcinet カブシネット
Kuper クーパー**
Kupermann
　クーパーマン
Kupersmidt
　クーパーシュミット
　クープルシュミット
Kupersmith
　クーパースミス
Kupesic クペイジック
Kupets クペッツ
Kupezky クベツキ
Kupfer
　クッファー
　クッファー
　クプファー**
Kupferberg
　クッファーバーグ
　クプフェルバーグ
Kupferman
　クッファーマン
Kupfernagel
　クップフェルナーゲル
　クフェルナーゲル*
Kupffer
　クップフェル
　クッペル
Küpfmüller
　キュップミュラー
Küpher キュッファー
Kupisch
　クーピッシュ
　クピッシュ
Kupka クプカ*
Kupke クプケ
Kupor クポール
Kupper
　クッパー
　クパー

Küpper キュッペル
Kupperberg
　クパーバーグ
Kuppers キュッパース
Küppers
　キュッパース
　クーペルス
Küppersbusch
　キュッパースブッシュ
Kuppner クップナー
Kupradze クプラーゼ
Kuprenas クプレナス
Kupriianova
　クプリヤーノワ
Kupriianovich
　クビリヤノヴィッチ
Kuprin
　クウプリン
　クープリーン
　クープリン
　クプリーン*
　クプリン
Kupsch クプシュ
Kupselos キュプセロス
Kupsky クプスキー
Kuptana クプタナ
Kuptsov クプツォフ
Kuragina クラギナ
Kurahone クラホネ
Kurakin クラーキン
Kurako クラーコ
Kuramagomedov
　クラマゴメドフ
Kuranda クーランダ
Kuranov
　クラーノフ
　クラノフ
Kuranyi クラニー*
Kurashvili
　クラシヴィリ
　クラシビリ
Kurasov クラソフ
Kuratama クラタマ
Kurath
　キュアラス
　キューラス
　クーラス
Kuratowski
　クラトウスキ
　クラトウスキー
　クラトフスキ
　クラトフスキー
Kuravlyov
　クラヴリオーヴ
Kurban
　クールバン
　クルバン
Kurbanmurad
　クルバンムラド
Kurbanov クルバノフ
Kurbatova
　クルバトバ
　クルバトーワ
Kurbonov クルボノフ
Kurbonova クルボノワ

Kurbskii
　クルーブスキー
　クルブスキー
　クルブスキー
　クールブスキィ
Kurca クンガ
Kurchatov
　クルチャートフ
Kurczuk クルチュク
Kurd
　クルト*
　クルド*
Kurdi クルディ*
Kürdī キュルディー
Kurdin クルジン*
Kurdiumov
　クルジュモフ
Kurdov
　クルドーフ
　クルドフ
Kurdyla クディラ*
Kureishi クレイシ**
Kurek クレク*
Kurelek
　カーレック
　クアレック
Kurella クレラ
Kurelsukh フレルスフ
Kurenberg
　キューレンベルク
Kürenberg
　キューレンベルク*
　キュレンベルク
Kürenberger
　キューレンベルガー
Kurenko クレンコ
Kurenniemi
　クレンニエミ*
Kurentsov
　クレンツォフ
Kurer キューラー
Kūrēs クレス
Kuret クレト
Kuretich クレティッチ
Kurgan クルガン
Kurgapkina
　クルガップキナ
Kuri キュリー
Kuriansky
　クリアンスキー*
Kuribreña
　クリブレニャ
Kuridrani
　クリンドラニ
Kurie クリエ
Kurien クーリエン
Kurigalzu クリガルズ
Kurihara クリハラ
Kuriloff クリロフ
Kurilov クリロフ*
Kur-in コイン
Kurins クーリンズ
Kurishbayev
　クリシバエフ
Kurisu クリス
Kuritzkes クリックス

Kurjak クーリャック	Kurschak	Kurucz クルツ	クシュチュ	Kustner
Kurka クルカ	キュールシャーク	Kuruneri クルネリ	Kuşec クゼック	キュストネル
Kurke カーケ	Kurschák	Kurunz クルンズ	クシュチュ	クストナー
Kurki クルキ	キュルシャク	Kurup クルップ	クシュチュ	Küstner
Kurkina クルキナ	Kurschat カルシャット	Kurupt コラプト	Kuşec クゼック	キュストナー*
Kurkov クルコフ**	Kürschner	Kūrus キュロス	Kusēc クーシェッツ	Kustodiev
Kurland	キュルシュナー	Kūruš	Kusek クセック	クストージエフ
カーランド*	Kursh カーシュ	キュロス	Kusenberg	Kustov クストフ
クーランド*	Kurshami クルシャミ	クロス	クーゼンベルク**	Kustritz カストリッツ
Kurlansky	Kurshumi クルシャミ	Kurusa クルーサ	クーゼンベルグ	Kusturica
カーランスキー*	Kurski クールスキー	Kurusz クルツ	Kush	クストゥリツァ
Kurlbaum	Kurson カーソン	Kuruvilla クルヴィラ	クーシュ	クストリッツァ*
クールバウム	Kurt	Kurvers カーバース	クシュ	Kusugak クスガック
クルルバウム	カー	Kury クーリー	Kusha クシャ	Kusuma クスマ*
Kurle クーレ	カーティス	Küry キュリ	Kushājim	Kusumaatmadja
Kurliandskaia	カート***	Kurykin クリイキン	クシャージム	クスマアトマジャ*
クルリアンツカヤ	カルツ	Kurylenko	Kusharyanto	Kusumāgraj
Kurlovich	クアト	キュリレンコ*	クシャリアント	クスマーグラジ
クルロヴィッチ	クット	Kurylowicz	Kusherbaev	Kusumahbrata
クルロビッチ	クールト	クリロヴィチ	クシェルバエフ	クスマブラータ
Kurman カーマン	クルート	クリロビッチ	Kushins クーシンズ	Kusumasumantri
Kurmanbek	クルト***	クリロビッツ	Kushkyan クシキャン	クスマ・スマントリ
クルマンベク**	グルト	クルィウォーヴィチ	Kushner	Kusumo クスモ
Kurmanjan	クルトゥ	Kurtag クルターク	カシュナー**	Kusumu クスム
クルマンジャン	Kurtág	Kurynov クリノフ	キュシネル	Kusy クシ
Kurmann クルマン	クルターク	Kuryokhin	クシュナー**	Kuszak カスザック
Kurnakov	クルターグ	クリョーヒン	クッシュナー**	Kuszczak クシュチャク
クルナコーフ	Kurtanidze クルタニゼ	Kurys キュリス*	KúShner クーシネル	Kusznierewicz
クルナコフ	Kurtén クルテン	Kurys' クーリス	Kushnir クスニール	クシニエレウィッチ**
Kurnatovskii	Kürten キュルテン	Kuryshko クリシュコ	クシニル*	Kusznir クスニール
クルナトフスキー	Kurth	Kurz	クシュニール*	Kutach クタッチ
クルナトーフスキィ	カース	カーツ	クシュニル	Kutakhov クタホフ
Kurniawan	キュルト	クアツ	Kushyār クシュヤール	Kutako クタコ
クルニアワン*	クアート	クリス	Kusi クシ	Kutakov クタコフ
Kurnitz カーニッツ	クルス	クルツ**	Kusinen クーシネン	Kutarna クターナ
Kurochkin	クルト**	Kurzama クルザワ	Kuske クスケ**	Kutas クタス
クーロチキン	Kurths クルス	Kurzban クルツバン	Kuskin カスキン*	Kutateladze
クローチキン	Kürthy キルトヒー	Kurzem カーゼム	Kuskova クスコヴァ	クタテラゼ
クロチキン	Kurti	Kurzer クルツァー*	Kusmayanto	Kutayba クテイバ
Kuroki クロキ	カルティ*	Kurzhanskii	クスマヤント	Kutcher カッチャー*
Kuron クーロン	クルティ	クルジャンスキー	Kusmirak クスミラク	Kutcheruk クチュルク
Kuroń クーロン*	クルティ	Kurzman カーズマン	Kusmirek クスミレク	Kutchev クーチェフ
Kuropatkin	Kürti カーティー	Kurzweil	Kusnets クスネット	Kutchins カチンス
クロパートキン	Kurtic クルティッチ	カーズワイル*	Kuśniewicz	Kutchluk クチュルク
クロパトキン*	Kurtis カーティス	カーツワイル*	クシニェヴィチ	Kutesa クテサ
Kuros	Kurtiz クルティーズ	クルツヴァイル	Kusocinski	Kuthayyir クサイイル
キュロス	Kurtley カートリー	Kus クス	クソチンスキー	Küthen キューテン
クーロシュ	Kurtovič クルトビッチ	Kusainov クサイノフ	Kuspit カスピット*	Kuti クティ**
Kurosh クローシュ	Kurts カーツ	Kusaladhamma	Kusser クッサー	Kutik
Kurowski	Kurtti カーティ*	クサラダンマ	Kussevitzky	クーチク*
クロウスキー	Kurtulmus	Kusama クサマ	クーセヴィツキー	クーティク*
クロヴスキー	クルトゥルムシュ*	Kušan クーシャン	クーゼヴィツキー	Kutin クーチン
Kurowsky	Kurtwood	Kusari-lila クサリリラ	クーゼビッキー	Kutiurin クチューリン
クロウスキー	カートウッド	Kuščević	Kussman カスマン	Kutler カトラー
クロースキー	Kurtycz カーティーズ	クシュチェビッチ	Kussmaul	Kutmasta
Kurpiewski	Kurtz	Kusch	クスマウル**	カットマスター
クルピエフスキー	カーツ***	カッシュ	Kussumua クスムア	Kutner カトナー
Kurpiński	クルツ**	クーシュ	Kustenmacher	Kutotto クトット
クルピニスキ	Kürtz クルツ	クッシュ*	キュステンマッハー	Kutovyi クトビイ
Kurr クール	Kurtzbach クルツバハ	Kusche クシェ	Küstenmacher	Kuts クーツ
Kurrein クライン	Kurtzig カーツィグ	Kuschel クシュル	キュステンマッハー*	Kutscher
Kurrels カレルズ	Kurtzman	Kuschela クシェラ**	Küster キュスター	クッチャー***
Kurri クリ*	カーツマン**	Kuschinsky	Kusterer クスタラー	Kutschera
Kurrle カール	クルツマン*	クシンスキー	Kusti クスティ	クチェラ
Kürşad キュルシャト	Kurucs クルカス	Kuscu		クッチェラ
Kürsat キュルサート		クシチュ		

K

Kutschmann クッチュマン
Kutsenko クツェンコ
Kütt キュット
Kutta クッタ
Kuttenkeuler クッテンコイラー
Kutter クッター
Kuttikul クッティクル
Kuttin クッティン
Kuttner カットナー** カトナー* クットナー クトナー
Kuttruff クットルフ
Kütükçüoğlu キュトゥックチュオウル
Kutumbiah クトムビア
Kutumisa キュトゥミサ
Kutungisa クトゥンギザ
Kutuzov クツゾフ* クトゥゾヴ クトゥーゾフ クトゥゾフ
Kutz クッツ
Kutzbach クズバック
Kutzler クッツレル
Kutzli クッツリ*
Kutzschbach クッチュバッハ
Kuugongelwa-amadhila クーゴンゲルワアマディラ
Kuula クーラ
Kuunnavakkam クーナヴァッカム*
Kuusela クーセラ
Kuusi クーシ*
Kuusik クーシク
Kuusinen クーシネン*
Kuusisto クウシスト クーシスト*
Kuusla クウスラ
Kuvalayananda クヴァラヤーナンダ*
Kuvshinov クブシノブ
Kuwaku クワク
Kuwal クワル
Kuwamena クワメナ
Kuwang-doo クァンドゥ
Kuwang-sik グンシク
Kuwari カワリ クワーリ クワリ
Kuybida クイビダ
Kuye クエ

Kuyembeh クエンベ
Kuyk カルク
Kuyken クイケン
Kuykendall カーケンダル
Kuyper カイパー* カイパア
Kuypers カイベル* コイパー コイベル コイベル
Kuyt カイト* カイト
Kuyukov クユコフ
Kuyumjian クユムジャン
Kuzba クズバ
Kuzdas クツダス
Kuze クゼ**
Kuzenkova クゼンコワ*
Kuzhamyarov クズハミャーロフ
Kuzhel' クージェリ
Kuzicheva クジチェバ
Kuziev クジエフ
Kuzilov クジロフ
Kuzimich クジミチ
Kuzimin クズミン
Kuzin クージン クジン
Kuziutina クジュティナ
Kuzkovski クツコフスキー
Kuzma クズマ
Kuz'ma クジマ クジマー
Kuzmanovic クズマノヴィッチ
Kuzmiak クズミアック
Kuzmich クジミチ
Kuz'mich クジミッチ クズミッチ
Kuzmin クズミーン* クズミン
Kuzmina クジミア クズミナ**
Kuzmins クズミンス
Kuzminskaia クズミンスカヤ
Kuz'minskaia クズミンスカヤ
Kuzminskas クズミンスカス
Kuz'mishchev クジミシチェフ
Kuzmuk クズムク*
Kuznecov クズネツォフ

Kuzneski カズネスキ
Kuznets クズネッツ*
Kuznetsov クズネツォヴ クズネツォーフ* クズネツォフ*** クズネッツオフ
Kuznetsova クズネツォヴァ クズネーツォバ クズネツォバ クズネツォワ*
Kuznetsóva クズネツォーワ
Kuznetsowa クズネツォヴァ クズネツォワ
Kuznetzova クズネツォーヴァ クズネツォーヴァ クズネツォーワ クズネツォワ
Kuznick カズニック
Kuzniecky クスニエキ
Kuznyetsov グズネツォフ
Kuzujanakis クズジャナキス
Kuzuma クズマ
Kuzunda クズンダ
Kuzvart クジュバルト クズバルト
Kužvart クジュバルト
Kuzwayo クズワヨ
Kvačala クヴァチャラ
Kvalbein クヴァルバイン
Kvale クヴァール クヴァル*
Kvalfoss クバルフォス
Kvamme クヴァーミー
Kvapil クヴァピル クワピル
Kvaran クヴァーラン クヴァラン クバーラン クバラン
Kvarnes クヴァーニス
Kvart クヴァルト
Kvasha クバシャ クワシャ
Kvashnin クヴァシニン
Kvasir クヴァシル クヴァジル
Kvasnosky クヴァスナースキー*
Kveladze クヴェラゼ
Kveliashvili クベリアシェベリ
Kvello クベーロ
Kvering クヴェリング

クベリング
Kverneland クヴェーネラン
Kveta クヴィエタ*
Kvĕta クヴィエタ* クビエタ
Kvetoslav クヴィエトスラフ
Kvezereli クベゼレリ
Kviatkovskii クヴァトコフスキー
Kvideland クヴィーデラン*
Kviečinska クヴィエチンスカー
Kvirikashvili カヴィリカシヴィリ クビリカシビリ
Kvirkelia クリルクベリア**
Kvit クビト
Kvitashvili クビタシビリ
Kvitka クヴィトカ
Kvitko クヴィトコ クヴィトコオ
Kvitne クヴィトヌ
Kvitova クヴィトヴァ クビトバ
Kvitová クヴィトヴァ
Kvitsinskii クヴィツィンスキー* クビチンスキー クビツィンスキー
Kvochak クヴォチャク
Kvols ボルス
Kvorning クヴォアニン クヴォルニング
Kwa クワ
Kwabena クヮベナ* クワベナ
Kwadjo クワジョ
Kwadwo クワド クワドゥオ クワドォー
Kwahulé クワユレ*
Kwai クワイ
Kwaje クワジェ
Kwak カク** クァク* クワック* クワグ
Kwaku クウェク クワク
Kwakye クワチー
Kwalwasser クワルワッサー
Kwame クワーミ クワミ**

クワメ**
Kwamé クワメ
Kwamena クワメナ
Kwan カン クァン* クアン
Kwanu クワヌ クワン**
K'wan クワン*
Kwan-chong クァンジョン
Kwane クワニ
Kwang グァンヒ
Kwang-bae チャンベ
Kwang-bok チァンボク
Kwang-chih クワンチー
Kwang-chol グァンチョル
Kwang-gil チァンギル
Kwang-gon グァンゴン
Kwang-gun グァングン
Kwang Hee グァンヒ
Kwang-ho チァンホ グァンホ
Kwang-hui チァンビ
Kwang-hyun チァンヒョン グァンヒョン*
Kwang-il チァンイル
Kwang-in クァンイン
Kwang-jin グァンジン
Kwang-joon チァンジュン クヮンジュン
Kwang-ju チァンジュ
Kwang-koo チャング
Kwangkoo チャング
Kwang-kyu チァンキュ* クァンギュ
Kwang-min チァンミン
Kwang-mo チァンモ グンモ
Kwang-myung チァンミョン
Kwang-nam チァンナム グァンナム
Kwang-ok チァンオク グァンオク*
Kwang-on クァンオン
Kwang-rae グァンレ
Kwang-rim チァンリム*
Kwang-rin グァンリン
Kwang-ryul チァンリョル
Kwang-sae クァンセ

Kwang-sam カァンサム
Kwang-shick カァンシク
Kwang-shik グァンシク
Kwang-sic カァンシク
Kwang-sik カァンシク
Kwang-soo カンスー* カァンス* グァンス
Kwang Su グァンス
Kwang-su グァンス
Kwang-suk カァンソク
Kwang Sun グァンスン
Kwang-sun グァンスン
Kwang-sup カァンソプ
Kwang-ung グァンウン
Kwang-won カァンウン
Kwang-woong カァンウン グゥンウン
Kwang-yong グァンヨン
Kwang-young カァンヨン*
Kwan-ho カァンホ グァンホ
Kwan-jin グァンジン*
Kwankwaso クワンクワソ
Kwan-soh カァンソ
Kwant クワント
Kwan-taek グァンテク
Kwan-won カァンウォン
Kwan-yong カァンヨン*
Kwan-young カァンヨン
Kwao クワオ
Kwasniewska クワスニウスカ
Kwaśniewski クファシニェフスキ クファシニェフスキ クワシニェフスキ クワシニェフスキ** クワシニェフスキ
Kwast クヴァスト
K'waun クワン
Kwaw クワワ
Kwawa クワワ
Kwawu クワウ
Kwee クウェ クウェー クエ
Kwegier クウェギール
Kwei クウェイ** クエイ

クワイ
Kwek チェック* クォンチン
Kweku クエク
Kwelagobe クウェラゴベ クウェラホベ
Kweli クウェリ
Kwemoi ケモイ
Kwe-nam ケナム
Kwentus クウェンタス
Kweon Woo クォス
Kweronda クウェロンダ
Kwesei クウェセイ
Kwesi クゥエシ クウェシ* クウェシー クエシ
Kweskin クウェスキン
Kwetey クウェティ
Kwiat クウィアト クワイアト
Kwiatkoski クイアコスキー
Kwiatkowski クウィアトコフスキ クフィアトコフスキ
Kwiechen クヴィエチェン*
Kwiecinski クビエチンスキ
Kwiek クウィック
Kwietniowski クウィートニオスキー
Kwi-hyun クイヒョン
Kwik クウィック**
Kwi-nam ギナム
Kwi-nyeon クイニョン
Kwitney クイットニー*
Kwitz クイッツ
Kwo クウォ
Kwochka クウォシュカ
Kwoh クォー
Kwok クウォ クウォ クウォック クォク クォック* クオック クォン クーロウ
Kwok-shing クオクシン
Kwolek クオレク
Kwon キョン クウォン クォン*** グォン クワン

Kwong クォン**
Kwong-ching クォンチン
Kwon-ho クォンホ
Kwon-ping クォンピン*
Kwon-taek グォンテク*
Kwon-taik クォンテク*
Kwouk クウォーク クーク
Kwun クォン クワン
Ky キ** キィ キイ
Ký キー
Kyai キヤイ
Kyaksht キャクシュト
Kya leh チャレ
Kyamakosa キャマコサ
Kyambadde チャンバッデ
Kyan カイアン
Kyansittha チャンシッター チャンジッタ チャンスィッター
Kyas カヤス
Kyasht キャシュト
Kyaw チョー** チョウ*
Kyaw Nyein チョーニェイン
Kyaxares キアクサレス キャクサレス キュアクサレス
Kybalová キバロバー
Kybele キュベレ
Kyber キーバー
Kyburz キイブルグ キブルツ
Kyd キッド*
Kydd キッド*
Kydland キドランド*
Kydones キュドネス
Kydōnēs キュドーネス キュドネス
Kye ケー** ケイ
Kye-gwan ゲグァン*
Kye-hwi ケフィ
Kye-hyung ケーヒョン*
Kyelu キェル キエル

Kyemba キエンバ
Kye-nam ゲナム
Kyenge キエンゲ
Kye Ni チェニィ* チェニイ
Kyeong キョン
Kyeong-doo ギョンドゥ
Kyeong-hyeon ギョンヒョン
Kyeong-joong キョンジュン
Kyeongju キオンジュ
Kyeong-nim ギョンニム
Kyeremanten キエレマンテン
Kyes カイズ キース
Kye-sik ケシク
Kye-sool ケスル
Kyeung-kyu ギョンギ
Kyger カイガー
Kygo カイゴ
Kyi チー*** チー
Kyin チン
Kyireh キーレ
Kyklops キュクロプス
Kykruiniksui クルルイニクシイ
Kyl カイル*
Kyle カイル*** キール キル
Kyler カイラー
Kyles カイルス
Kylian キリアン*
Kylián キリアーン キリアン*
Kylie カイリー**
Kylin チリーン
Kyllönen キュッロネン
Kylön キュロン
Kylychbek キリチベク
Kym キム
Kymenites キュメニテス
Kymlicka キムリッカ
Kynaithos キュナイトス
Kynard カイナード キナード
Kynaston カイナストン キナストン**
Kyncl キンセル
Kyndiah キンディア
Kyne カイン*

Kynge キング
Kynoch キノック
Kyo キョウ
Kyo-ahn ギョアン*
Kyo-chang キョチャン
Kyoko キョウコ*
Kyok-sik ギョクシク*
Kyo-nam キョナム
Kyong キョン ギョン
Kyong-cheol キョンチョル
Kyong-ho キョンホ
Kyong-hui ギョンヒ*
Kyong-hun キョンフン
Kyong-il ギョンイル
Kyongil ギョンイル
Kyong-ja キョンジャ
Kyong-jae キョンジェ
Kyong-jun ギョンジュン
Kyong-kun キョングン
Kyong-man ギョンマン
Kyong-mo ギョンモ
Kyong-nam キョンナム ギョンナム
Kyong-ni キョンニ キョンリ**
Kyong-shik キョンシク
Kyong-sik ギョンシク
Kyongwan キョンワン
Kyoo-sik キュシク
Kyoo-sop キュソプ
Kyo-sick キョシク
Kyösti キュエスティ キュオスティ キュヨスティ
Kyota キオタ
Kyou-hyuk キュヒョク ギュヒョク*
Kyoum-soo キョムス
Kyoung-ae キョンエ
Kyoung hee ギョンヒ
Kyoung-hwan キョンファン ギョンファン
Kyoung-soo キョンス
Kyoung-suk ギンソック
Kyprianos キプリアノス
Kyprianou キプリアス** キュプリアヌ
Kýprios キュプリオス
Kypros キプロス
Kypselos キュプセロス

Kyra カイラ／キーラ*／キラ
Kyran カイラン
Kyrene キュレネ
Kyrgios キリオス
Kyriacos キリアコス*
Kyriacou キリアコウ
Kyriakidis キリアキディス
Kyriakopoulos キリアコポウロス
Kyriakos キュリアコス／キリアコス*／キリヤコス
Kyriakós キュリアコス
Kyriakou キリアコウ
Kyriazi キリアジ
Kyrie カイリー*
Kyril キリル*
Kyrillos キュリッロス／キュリロス*／キリール／キリル
Kýrillos キュリロス
Kyrillovich キリロヴィチ
Kyrínios キリニウス／クレニオ
Kyrk カーク
Kyrklund クリュクルンド／シュルクルンド
Kyrlya キルリャ
Kyrmanbek クイルマンベク
Kyros キューロス／キュロス／キルス／キロス
Kȳros キュロス
Kyrou キルー*
Kyrrhos キロス
Kyrylenko キリレンコ
Kysar カイザー
Kyselka クセルカ
Kyselo キセロ
Kyser カイザー／キイゼル
Kyshtymov クヴィシュトゥィーモフ
Kyteler カイテラー
Kytle カイトル
Kyu ギュ*／チュー
Kyu-Baik キューバイク

Kyu-chil キュチル
Kyu-dong ギュドン
Kyu-eung キュヨン
Kyu-ha キュハ／ギュハ
Kyu-ho キュホ
Kyu-hyang キュヒャン／ギューヒャン
Kyuhyun キュヒョン
Kyui キュイ
Kyu-il キュイル
Kyu-jin クジン
Kyu-jong キュジョン
Kyuk-ho ギョクホ
Kyul-ho キョルホ
Kyun-A キョンア
Kyung キョン*／ギョン
Kyung-bae ギョンベ
Kyung-chan キョンチャン
Kyung-Cheol ギョンチョル
Kyung-chul カンチョル
Kyung-dong キョンドン
Kyung-gu ギョング*
Kyung-hae キョンヘ
Kyung-han ギョンハン
Kyung-hee キョンヒ／ギョンヒ
Kyung-heun キョンフン
Kyung-ho キョンホ
Kyung-hoi キョンフェ
Kyung-hoon キョンフン
Kyung-hwa キョンファ
Kyung-hwan ギョンファン*／キョンワン
Kyung-il キョンイル
Kyungja キョンギャー
Kyung-jae キョンジェ
Kyung-je キョンジェ
Kyung Ji キュンジ
Kyung-jin ギョンジン
Kyung-ju キョンジュ*
Kyung-keun キョングン
Kyung-kon キョンゴン
Kyung-koo キョング
Kyung-lin キョンリン
Kyung-mi キョンミ
Kyung-mo キョンモ
Kyung-nok キョンロク*

Kyung-ok キョンオク
Kyung-pal キョンパル
Kyung-rin ギョンニン*
Kyung-ro キョンノ
Kyung-seon ギョンソン*
Kyung-shick キョンシク*
Kyung Shik ギョンシク
Kyung-shin キョンシン*
Kyungsoo キョンス
Kyungsoo ギョンス
Kyung-Sook ギョンスク
Kyung-sub ギョンソプ
Kyung-suk キョンスク／ギョンソク
Kyung-tae キョンテ
Kyung-taek キョンテク*
Kyung-wha キョンファ／ギョンファ*／キョンホア*
Kyung-won キョンウォン
Kyung-wook キョンウク
Kyung-woong キョンウン
Kyung-yung キョンヨン
Kyu-ri キュリ／ギュリ*
Kyu-sik キュシク
Kyu-sock キュソク
Kyu-song キュソン
Kyu-sun ギュソン
Kyu-Sup ギュソプ
Kyu-tae キュテ
Kyu-won キュウォン
Kyu-yong ギュヨン
Kyzer カイザー
Kyzikenos キュジケノス

【L】

La ラ***
Laabidi ラアビディ／ラビディ
Laabs ラーブ／ラーブス
Laadhari ラアダリ
LaAdrian ラードリアン
Laafai ラファイ

Laage ラーゲ／ラージュ
Laâge ラージュ
Laake ラーク
Laakso ラークソ
Laaksonen ラアクソネン／ラークソネン
Laan ラーン*
Laanet ラーネト
Laar ラール***
Laaraidh ララィズ
Laas ラース
Laasch ラーシュ
Laasonen ラーソネン
Laast ラースト
Laat ラート
Laatsch ラーチェ
Laau ラーオ
Laawkhamhoom ラーオカムホーム
Lab ラブ
Labacco ラバッコ
Labad ラバード
Labadie ラバディ*
Labaer ラベア
Labahn ラバーン
Labak ラバク
Labaki ラバキー
Laban ラバン*／レイバン
Laband ラーバント／ラバント／ラバンド
Labande ラバンド*
Labant ラバント
Labaran ラバラン
LaBarbera ラバーベラ
Labarca ラバルカ
Labaree ラバリー／ラバレー
Labarnaš ラバルナ／ラバルナシュ
LaBarre ラバール
Labarrère ラバレール
Labarthe ラバルテ／ラバルト**
Labashi ラバシ
Labastida ラバスティダ*
LaBastille ラバスティール*
Labat ラバ*／ラバット／ラバト
L'Abate ラベイト
Labato ラバト
Labatt ラバット

Labauche ラボーシュ
Labayan ラバヤン
Labbadia ラッパディア
Labbān ラッパーン
Labbé ラベ**／ラベー
L'Abbé ラベ
Labben ラバン
Labberton ラッベルトン
Labbette ラベット
Labé ラベ*
Labeach ラビーチ
Labed ラベド
Labedz ラベッツ
LaBelle ラベル
Labelle ラベル
Labenwolf ラーベンヴォルフ／ラーベンボルフ
Labeo ラーベオ／ラベオ／ラベオー
Labeouf ラブーフ*
Labèque ラベク／ラベック
Laber ラーバー／ラバー
Labère ラベール
LaBerge ラバージ
Laberge ラベルジュ
Laberius ラベリウス
Laberthonie ラベルトニ
Laberthonnière ラベルトニエール
Labia ラビア
Labiaga ラビアガ
Labiak レイビアック
Labib ラビブ
Labiche ラビーシュ／ラビシュ／ラビッシュ*
Labīd ラビード
Labidi ラビディ
Labie ラビー
Labienus ラビエヌス
Labille ラビーユ
Labilo ラビロ
Labin ラバン／ラビン
Labine ラバイン*／ラビン
Labini ラビーニ
Labis レビーシュ
Labisse ラビッス
Labissiere ラビシエ
Lablache ラブラーシュ

LaBlanc ラブランク**
Labo ラボ
Labò ラボー
Laboa ラボーア
Laboccetta
　ラボチェッタ
Labombe ラコンブ
Labone ラボーン
Labonte ラボンテ
Labor レーバー
Laborans ラボランス
Laborda ラボルダ
Laborde
　ラボード
　ラボルデ**
　ラボルド*
Labordère
　ラボルデール
Laborderie ラボルドリ
Laborie ラボリ
Laborit ラボリ**
Laborteaux
　ラボートー
　ラボルトー
Labotas ラボタス
Labotsibeni
　ラボツィベニ
Labou
　ラブ**
　ラブー
Lab'Ou ラブ
Laboucarie ラブカリ
LaBouff ラボフ
Labouisse ラブイス
Labourdette
　ラブールデット
　ラブルデット
Labouré
　ラブール
　ラブレ
　ラブレー
Labouret ラブレ
Laboureur
　ラブールール
　ラブルール
Labourier ラブリエ
Labourt ラボート
Labov ラボフ
Labows
　ラボウズ
　ラボーズ
Labrada ラブラダ
Labrat ラブラト
Labre
　ラーブル
　ラブル
LaBrecque ラブレク*
Labrecque
　ラブレック*
La Bretonne
　ラブルトンヌ
Labrie ラブリー
Labriola
　ラブリオーラ*
　ラブリオラ*
Labriolle ラブリオル

Labro ラブロ**
Labroca ラブローカ
Labrosse ラブロッス
Labrousse
　ラブルース**
　ラブルス
Labrouste
　ラブルースト
　ラブルスト
Labrunie ラブリュニー
Labrusse ラブリュス*
La Bruyère
　ラブリュイエール
Labruyere
　ラブリュイエール
Labry ラブリ
Lab sgron ma
　ラブドゥンマ
Labson ラブソン
Labucka ラブツカ
Labud ラバド
Labuda
　ラブーダ
　ラブダ
Labunski ラブンスキ
Labus ラブス
Labuskes ラバスクス
LaBute ラビュート
Labuze ラビューズ
Labye ラビー
Labyrinth ラビリンス
Lac
　ラク
　ラック
Lacaba ラカバ*
Lacadie ラカディー
Lacaille
　ラカイユ
　ラカーユ
Lacalle ラカジェ*
Lacalle Pou
　ラカジェポー
Lacam ラカン
Lacambre ラカンブル
Lacamoire ラカモイル
Lacan ラカン**
Lacantinerie
　ラカンチヌリ
Lacão ラカン
LaCapra ラカプラ*
Lacarra
　ラカッラ*
　ラカラ
Lacarrière
　ラカリエール*
Lacassagne ラカサニュ
Lacasse ラカス
Lacaton ラカトン
Lacayo
　ラカジョ
　ラカヨ**
Lacaze
　ラカーズ*
　ラカゼ
Lacazette ラカゼット

Laccetti ラセッティ
Laccuture
　ラクチュール
Lacedelli ラチェデリ
Lacenaire ラスネール
Lacépède ラセペード*
Lacer
　ラケル
　ラチェル
Lacerda ラセルダ*
Lacet ラセット
Lacey
　レイシ
　レイシー**
　レイスィ
　レーシー**
Lach
　ラック
　ラッハ
Lachaise
　ラシェーズ
　ラッシェーズ
La Chalotais
　ラーシャロテー
　ラシャロテー
Lachamann ラハマン
LaChance ラチャンス
Lachance ラチャンス
Lachant ラシャン
LaChanze ラシャンズ
LaChapelle
　ラシャベル*
Lachapelle ラシャペル
Lachat ラシャ
Lachathaboune
　ラーチャンタブン
Lachaume ラショーム
Lachaux ラショー
Lache ラチェ
Lachecki ラチェッキ*
Lacheen ラチーン
Lachelier ラシュリエ
Lachenal ラシュナル
Lachenauer
　ラシュナウアー
Lachenbruch
　ラッヘンブルック
Lachenmann
　ラッヘンマン*
Lachenmeyer
　ラッケンメイヤー
Lachens ラシャン
Lachès ラケス
Lachèvre ラシェーヴル
Lachgar ラシュガル
Lachie ラチー
Lachièze ラシェーズ
Lachin
　ラシャーン
　ラシーン
Lachinau ラチナウ
Lachinov ラチーノフ
LaChiusa ラキューザ
Lachiver
　ラシヴェール*

Lachlan
　ラークラン
　ラクラン*
　ラックラン
　ラハラン
　ロクラン
Lachman
　ラクマン
　ラックマン
Lachmann
　ラクマン
　ラックマン*
　ラッハマン*
　ラハマン
Lachner
　ラッハナー
　ラハナー
　ラフナー
Lachnit ラフニト
Lachor ラショル
Lachuer ラシュール
Lacierda ラシエルダ*
Laciga ラシガ
Lacina ラシナ*
Lacinak ラシナック*
Laciny ラシーニー
Lācis ラーツィス*
Lacity ラシティ
Lack ラック*
Lackaye ラッケイ
Läckberg
　レックバリ**
Lackey ラッキー**
Lackie
　ラキー
　ラッキー
Lackin ラッキン
Lackington
　ラッキントン
Lackland ラックランド
Lackner ラックナー
Lackson ラックソン
Lackteen
　ラックティーン
Laclaire ラクレア
Laclau ラクラウ*
Laclède ラクレード
Lac-Long-Quan
　ラクロンクアン
Laclos ラクロ*
Laclotte ラクロット*
Lacob レイコブ*
Lacobiniere
　ラコビニエール
LaCock ラコック
Lacocque ラコック
Lacogñata
　ラコグニャタ
Lacombe
　ラコーム
　ラコムブ
　ラコンブ
　ラコンブ*

Lacordaire
　ラコルチール
　ラコルデール
LaCoss ラコス
Lacosse ラコシー
Lacoste
　ラコステ**
　ラコスト*
Lacôte ラコート
Lacotte ラコット
Lacoue ラクー**
Lacoupérie
　ラクーベリー
　ラクーベリ
　ラクベリ
　ラクベリー
Lacour
　ラクーア*
　ラクール
Lacourt ラクール*
Lacouture
　ラクーチュール
　ラクチュール*
　ラコトゥール
Lacqua ラックア
Lacretelle
　ラクルテール
　ラクルテル*
La Croix ラクロワ
LaCroix
　ラクロア
　ラクロワ
Lacroix
　ラクロ
　ラクロー
　ラクロア**
　ラクロワ**
LaCross ラクロス
LaCrosse ラクロス
La Cruz ラクルス
Lacs ラクス
Lactantius
　ラクタンチウス
　ラクタンティウス*
Lacunza ラクンサ
Lacuzon ラキュゾン
Lacy
　ラシ
　ラシー
　レイシー**
　レイシイ
　レイスィ
　レーシー**
Lad ラッド*
Lada ラダ*
Ladagnous ラダニュー
LaDainian
　ラダニアン*
Ladame ラダム
LaDarius ラダリアス
Ladarius ラダリアス
Ladas ラダス
Ladatte ラダット
Ladd ラッド***
Laddawan ラダワン
Laddon ラドン

Ladduwahetti ラドゥワヘッティ
LaDeana ラディアナ
Ladefoged ラディフォギッド**
Ladegaard ラデゴー
Ladejinsky ラディンスキー ラデジンスキー*
Ladekan ラデカン
Ladelle ラッデル
Laden ラーディン ラディン* ラーデン レイデン
Ladenburg ラーデンブルク
Ladenburger ラーデンブルガー
Ladengast ラーデンガスト
Ladenson レイデンソン
Lader レーダー
Laderchi ラデルキ
Laderman ラダーマン
Ladero ラデロ
Ladewski ラデュースキー
Ladfors ラドフォース
Ladger レジャー*
Ladigajte ラジガイチェ
Ladin ラーディン ラディン ラーデン
Ladínskii ラジンスキー
Ladipo ラディポ
Ladislao ラディスラーオ ラディスラオ*
Ladislas ラースロー ラディスラウス ラディスラス
Ladislaus ラディスラウス
Ladislav ラジスラウ ラジスラフ*** ラツオ ラディスラウ* ラディスラフ ラディスラフ** ラディスラブ
Ladizinsky ラディジンスキー
Ladji ラッジ*
Ladley ラッドレイ
Ladmirault ラドミロー
Ladnier ラドニア
Lado ラド ラドー
Ladomerszky ラドメルスキー

Ladon ラドン
Ladouceur ラドーサー ラドスゥール ラドスール
Ladoumegue ラドゥメグ
Ladowsky ラドウスキー
Ladrière ラドリエール
Ladrón ラドロン
Ladrönn ラドロン
Ladson ラドソン
Ladtkow ラトカウ
La Du ラデュ
Ladu ラドゥ
LaDue ラデュー
Ladulås ラーデュロース ラデュロース ラドゥラス
Ladurie ラデュリ** ラデュリー
Ladusaw ラデュサー
Lady ラディ レイディ レディ* レディー*
Ladygin ラドウイギン
Ladygina ラドィギナ
Ladyman レディマン
Ladynina ラディニーナ
Ladysław ワディスワフ
LaFarge ラファージ* ラファージュ
Ladyzhenskaia ラジゼンスカヤ
Ladyzhenskaya ラドイジェンスカヤ
Lægsgaard リースゴー
Lael ラエル* リール レイル
La'el レイエル
Laelianus ラエリアヌス
Laelius ライリウス ラエリウス
Laemmle レムリ レムリー レムレ
Laenas ラエナス
Laeng ラン*
Laënnec ラエネク ラエネック ラエンネック レネック レンネック
Laenser ランセル
Laer ラーエル ラール
Laerkesen ラーケセン

Laermans ラールマンス ラルマンス
Laermer レアマー
Laertes ラエルテス
Laertios ラーエルティオース ラエルティオス
Laërtios ラーエルティオス ラエルティオス
Laertius ラエルチオス ラエルティオス
Laessøe レソェ
Laestadius レスターディウス レスタディウス
Laet ラエート
Laeta ラエタ
Laetisha レティシャ
Laetitia ラエティシャ ラエティティア リティティア レティシア** レティツィア
Laettner レイトナー
Laetus ラエトゥス
Laevinus ラエウィヌス
Laevius ラエウィウス
Lafaille ラファイユ
La Farge ラファージ* ラファージュ
LaFarge ラファージ* ラファージュ
Lafargue ラファギュ ラファルク ラファルグ ラフォルグ
LaFaro ラファーロ ラファロ
Lafaurie ラフォリ
LaFave ラ・フェイブ
La Fayette ラファイエット*
Lafayette ラ・ファイエット ラファイエット* ラフェイエット
Lafazanis ラファザニス
Lafcadio ラフカジオ ラフカゼオ ラフカディオ* ラフカデオ
LaFeber ラフィーバー*
Lafebre ラフェーブル
Lafell ラファエル
Lafenestre ラフネートル
Lafer ラファー

ラフェル**
Laferière ラフェリエール ラフェリエール
Laferrère ラフェレール
Laferriere ラフェリエール
Laferrière ラフェリエール**
LaFevers ラフィーバース*
Laffan ラッファン
Laffargue ラファルグ
Laffemas ラフマ ラフマス
Laffer ラッファー**
Lafferty ラファーティ ラファティ***
Laffey ラフェイ
L'Affilard ラフィラール
Laffin ラファン ラフィン
Laffit ラフィット*
Laffita Hernandez ラフィタエルナンデス
Laffite ラフィ ラフィット*
Laffitte ラフィット*
Laffon ラフォン*
Laffont ラフォン*
Lafforgue ラフォルグ*
Laffra ラフラ
Lafia ラフィア
Lafitau ラフィトー
Lafitte ラフィット*
La fleur ラ・フルール
LaFleur ラフルーア*
Lafleur ラフルール
Lafleuriel ラフレウリエル
Lafley ラフリー*
La Follette ラフォレット
LaFollette ラフォレット
Lafon ラフォン*
LaFond ラフォンド*
Lafond ラフォン ラフォンド
Lafont ラフォン***
La Fontaine ラフォンティーヌ ラフォンテイン ラフォンテーヌ
LaFontaine ラフォンティン ラフォンテーヌ
Lafontaine ラフォンテーヌ**
Lafore ラフォレ

Laforest ラフォレスト
Laforet ラフォレ* ラフォレー* ラフォレット*
Laforêt ラフォレ*
LaForge ラフォージ
Laforge ラフォルジュ
Laforgue ラフォルグ* ラフォルク
Lafosse ラ・フォス ラフォース ラフォス ラ・フォッス ラフォッス
La Fountaine ラフォンテイン
Lafourcade ラフルカド
Laframboise ラフランボワール
LaFrance ラフランス**
Lafrance ラフランス
LaFree ラフリー*
LaFreniere ラフレニエール
Lafrensen ラフレンセン
LaFrentz ラフランツ
Lafrèri ラフレーリ
La Fresnaye ラフレネー
L'Africain アフリカヌス
Lafts ロフツ
Lafuente ラフェンテ ラフェンテ*
Lafura ラフラ
Laga ラガ*
Lagache ラガーシュ
Lagana ラガナ*
Lagarce ラガルス
Lagarde ラガルデ ラガルド**
Lagares ラガレス
Lagasse ラガッセ*
Lagat ラガト**
Lagatta ラガッタ
Lagayette ラガイエット
Lagazzi ラガッツィ
Lage ラーゲ ラージュ ラヘ*
Lagena ラジェナ
Lager ラガー* ラジェ* レーガー
Lagerberg ラゲルベルグ

Lagerbring ラーゲルブリング	**Lagrange** ラグランジュ**	**Lahoud** ラフード** ラフド	**Laín** ライン	**Lajčák** ライチャーク*	
Lagercrantz ラーゲルクランツ**	**Lagrangé** ラグランジュ	**Lahouel** ラホウル	**L'Ain** ラン*	**Lajeunesse** ラジュネス	
Lagerfeld ラガーフィールド ラガーフェルト ラガーフェルト** ラグフェルド	**Lagrave** ラグラーヴ	**Lahousen** ラホウゼン	**Laine** ライネ レイン** レーヌ レネ** レーン*	**Lajimi** ラジミ	
	Lagravenese ラグラヴェネーズ	**Lahousse** ラウース		**Lājīn** ラージーン	
	La Grenade ラグレナード	**Lahovnik** ラホウニク		**Lajmi** ラジミ	
	Lagrené ラグルネ	**Lahpai** ラーパイ*		**Lajoie** ラジョア ラジョアー ラジョイ* ラジョワ*	
Lagerfelt ラガーフェルト	**Lagrenée** ラグルネ	**Lahr** ラー ラール*	**Lainé** レネ		
Lagerkvist ラーゲル・クヴィスト ラーゲルクヴィスト ラーゲルクヴィスト* ラーゲルクビスト	**Lagrue** ラグル		**Láines** ライネス		
	La Guardia ラガーディア	**Lahren** ラーレン	**Lainez** ライーネス ライネス*		
	LaGuardia ラガーディア	**Lahtela** ラハテラ**		**Lajoinie** ラジョワニ	
Lagerlof ラーゲルレーヴ	**Laguardia** ラグアルディア	**Lahti** ラーティ ラーティー ラハティ	**Láinez** ライネス**	**Lajolo** ラヨロ	
Lagerlöf ラアエルレエフ ラアゲルレエフ ラエルレーフ ラゲルウ ラーゲル・リョーブ ラーゲルリョーブ ラーゲルレーヴ** ラゲルレーヴ ラーゲルレーフ* ラーゲルレーブ ラーゲルレーブ* ラーゲルレフ ラゲルレーフ ラゲルレフ	**Laguerre** ラゲール		**Lainfiesta** ラインフィエスタ	**Lajos** ラヨシュ*** ラヨス	
	Laguiller ラギエ	**Lahtinen** ラーティネン	**Laing** ライング ラング** レイン** レイング	**Lājpat** ラージパット ラジパット ラージパト*	
	Laguionie ラギオニ ラギオニー	**Lahunta** ラウンタ			
		Lāhūtī ラーフーティー			
	Lahvinovich ラヴィノビッチ				
	Lagumdžija ラグムジヤ	**Lai** ライ** レー レイ**	**Laini** レイニ*	**Lājpat Rāi** ラージパトライ	
	Laguna ラグーナ ラグナ		**Lainz** ラインス	**Lajtha** ライタ ライター	
			Laios ライオス		
	Lagutin ラグチン	**Laiat** ライアト	**Lair** ライール レア	**Lajunen** ラユネン*	
	Lah ラー ロア	**Laib** ライブ**		**Lajus** ラジュ	
		Laibson レイブソン	**Laird** ライアード ライルド レアード レアード*** レアド*	**Lak** ラク	
		Laid レアード		**Lakanal** ラカナル	
	Laha ラハ	**Laïdi** ラーイディ		**Lakandula** ラカンドゥラ	
Lagerstrøm ラーゲルストレーム	**Lahad** ラハド	**Laidlaw** ライドロー レイドロー** レイドロウ			
Lages ラゲス ラジェス	**Lahaie** ラエ*		**Lairesse** ライレッセ	**Lakatos** ラカトシュ** ラカートス ラカトス	
	Laharie ラアリー		**Lairmore** レアモア		
	La Harpe ラアルプ	**Laidler** レイドラー* レードラー レードラア	**Lais** ライス レイス		
Laget ラジェ	**Lahat** ラハト			**Lake** レイク** レーク***	
Lagetko ラゲトコ	**LaHaye** ラヘイ**		**Laïs** ライス		
Laghdhaf ラグダフ*	**Lahcen** ラハセン	**Laidman** レイドマン	**Laisant** レザン	**Lakedaimon** ラケダイモン	
Lagier ラジーア ラジア	**Lahdan** ラハダン	**Laier** ライアー	**Laisenia** ライセニア**	**Lakedaimonios** ラケダイモニオス	
	Lahdas ラーダス	**Laighton** ライトン	**Laishan** ライシャン		
Lagis ラジス	**Laher** ラーハ	**Laigle** レーグル	**Laishram** ライシュラム	**Lakein** ラーキン	
Lagitupu ラギツプ	**Lahey** レイヒ レイヒー	**Laignel** レーニェル	**Laismit** ライサミ	**Laken** ラケン レイケン	
Laglenne ラグラン		**Laigo** ライゴ	**Laisne** レネ		
Lagneau ラニョー	**Lahham** ラッハーム ラッハム	**Laiho** ライホ ライホー	**Laisné** レーネ	**Laker** レイカー レーカー	
Lago ラーゴ* ラーゴー ラゴ***			**Laiso** ライゾ レイソー		
	Lahidji ラヒジ	**Laiken** ライケン*		**Lakes** レイクス	
	Lahire ライール*	**Laikind** レイキンド	**Laissard** レサール	**Lake-tack** レークタック	
Lagomasino ラゴマシーノ	**Lahiri** ラヒリ**	**Laila** ライラ** レイラ	**Laissus** レシュ		
Lagonegro ラゴネグロ	**Lahl** ラール		**Laissy** レシー	**Lakey** レイキー*	
Lagoni ラゴーニ ラゴニ	**Lahlafi** ラフラフィ	**Lailan** ライラン	**Laistner** レイスナー	**Lakha** ラッカ	
	Lahlimi ラハリミ	**Laith** ライス		**Lakhani** ラクハニ	
	Lahlou ラルー ラルウ	**Laithi** レイシー	**Lait** レイト	**Lakharēs** ラカレス	
Lagorio ラゴーリオ		**La-ilu** ライル	**Laithwaite** レイスウェイト	**Lakhdar** アクダール ラクダール* ラハダル	
Lagos ラゴス**	**Lahm** ラーム*	**Laimbeer** レインビア			
Lagou ラグ	**Lahnstein** ラーンシュタイン*	**Laimdota** ライムドータ	**Laitinen** ライティネン		
Lagowski ラゴウスキー*		**Laimgruber** レイムグルーバー	**Laitio** ライティオ	**Lakhdhar** ラフダル	
Lagoya ラゴヤ	**Lahontan** ラオンタン*	**Lai-Ming** ライミン	**Lai-to** ライトー	**Lakhous** ラクース**	
LaGrand ラグランド	**Lahood** ラフード	**Laiming** ライミン	**Laity** ライティ	**Lakich** ラキッチ	
La Grange ラグレインジ	**Lahor** ラオール	**Laimo** ライモ	**Laiwa** ライワー	**Lakim** ラキム	
	Lahore ラホール	**Lain** ライン レイン	**Laizure** レジュア	**Lakin** レイキン	
	Lahoti ラホティ		**Lajas** ラージャス	**Lakish** ラキシュ	

Lakkana ラッカナー
Lakkotrypis
　ラコトゥリピス
Lakner ラクナー
Lakoe ラコ
Lakoff
　ラコフ
　レイコフ*
　レーコフ
Lakonishok
　ラコニショック
Lakos ラコス
Laks
　ラクス
　ラックス
Laksamana ラクサマナ
Laksanawisit
　ラクサナウィシット
Lakshman
　ラクシマン
　ラクシュマン***
　ラックスマン
Lakshmana
　ラクシュマナ
Lakshmanan
　ラクシュマナン
Lakshmi
　ラクシミ*
　ラクシミィ
　ラクシュミ**
　ラクシュミー*
Lakshmikantham
　ラクシュミーカンサム
Laksman
　ラークスマン
　ラクスマン
　ラックスマン
Laksmana
　ラクシュマナ
Laksmī
　ラクシミー
　ラクシュミ
　ラクシュミー
Laksmī Bāī
　ラクシュミーバーイー
Lakṣmīṁkarā
　ラクシュミーンカラー
Lakṣmīprasād
　ラクチミー・プラサード
Lakṣmīśa
　ラクシュミーシャ
Lakso ラクソ
Laksono ラクソノ*
Lakuṇṭaka ラクンタカ
Lakva ラクバ
Lakydēs ラキュデス
Lal
　ラー
　ラール**
　ラル**
Lāl ラール*
LaLa ララ*
Lala ララ*
Lalabalavu
　ラランバラブ
Lalah
　ララ

レイラ*
Lalaharisaina
　ララハリサイナ
Lalami ララミ
Laland ラランド*
La lande ララン
Lalande ララン*
Lalani ララニ
Lalanne ラランヌ
Lalaounis ララウニス
Lalas ララス
Lalaśankara
　ラールシャンカル
Lalatiana ララティアナ
Lale
　ララ
　ラーレ
Laleau ラロ
Laleh ラレ
Laleka ラレカ
Laleman ラルマン
Lalemant
　ラルマン
　ラレマン
Lalenkov ラレンコフ
Lalesco ラレスコ
Lalewicz ラレヴィチ
Lali ラリ
Lalibela ラリベラ
Lalibert ラリバテ
LaLiberte ラリベルト
Laliberté ラリベルテ*
Lalić
　ラーリッチ
　ラリッチ*
Lalich
　ラリック
　ラリッチ
Lalihambika
　ラリハムビカ*
Laline ラリーン
Laliotis ラリオティス
Lalique ラリック***
Lalisha ラリーシャ
Lalit ラリット
Lalita
　ラリタ
　ラリター
Lalitāditya
　ラリターディティヤ
　ラリターディトヤ
Lalita Shivaji
　ラリタシバジ
Lalitha ラリタ
Laliyev ラリエフ
Lalk ラーク
Lalkaka ラルカカ*
Lall ラル
Lalla
　ラッラ*
　ララ
Lallana ララーナ
Lalle
　ラル
　ラレ

Lallemand
　ララマン
　ラルマン
Lallemant ラルマン*
Lalli
　ラッリ
　ラリ
Lalloo ラルー
Lallouet ラルーエ
Lalloz ラローズ
Lallūjī ラッルージー
Lallūlāl
　ラッルー・ラール
　ラッルーラール
Lally
　ラリ
　ラリー**
Lalo
　ラロ*
　ラロー
Laloggia ラロジャ
La Londe ラロンド
LaLonde ラロンド
Lalonde
　ラロンデ
　ラロンド*
Lalor
　レイラー*
　レロル
Lalou
　ラルー*
　ラルウ
Lalibert ラリバテ
Laloux
　ラルー**
　ラルウ
Lalova ラロバ
Lalovac ラロバッツ
Lalova-collio
　ラロワコリオ
Lalovic ラロビッチ
Lalović ラロビッチ
Laloy ラロワ
Lalu ラルー
Lāludāyin
　ラールダーイン
Lalumiére
　ラリュミエール
Lalit ラリット
L'Alunno ラルンノ
Lam
　ラム***
　ラン
Lama
　ラーマ*
　ラマ***
Lamac ラマック
Lamacchi ラマッキ
Lamachos ラマコス
Lamadarja
　ラマダルジャ
Lamah ラマ
Lamaison ラメゾン
Lamalle ラマル
Lamamra ラマムラ
Laman
　レイマン
　レーマン

Lamancusa
　ラマンクーサ*
Lamandé ラマンデ
Lamandier
　ラマンディエ*
Lamangan ラマンガン
LaManna ラマンナ*
Lamanna
　ラマナ
　ラマンナ
Lamar ラマー***
LaMarbre ラマーブル
LaMarca ラマルカ
LaMarche
　ラマーチ
　ラマルシェ
Lamarche ラマルシュ
Lamarck ラマルク*
LaMarcus ラマーカス*
Lamarcus ラマーカス
Lamare
　ラマール
　ラメアー
La Marmora
　ラマルモラ
Lamarová ラマロバー
Lamarque
　ラマルク
　ラマルケ*
La Marr ラマー
LaMarr ラマー
Lamarr
　ラマー*
　ラマール*
Lamarre
　ラマー*
　ラマール*
Lamarsh ラマーシュ
Lamartine
　ラマルチヌ
　ラマルチーヌ*
　ラマルチヌ
　ラマルティーヌ
　ラマルティヌ
Lamas ラマス*
LaMastra ラマストラ
Lamatsch ラマチュ
L'Amaury
　ラモーリ
　ラモリ
Lamaze
　ラマーズ
　ラメーズ**
Lamb
　ラーム
　ラム***
Lamba ラムバ
Lambaa ラムバー
Lamballe ラムバル
Lambardi
　ランバルディ
　ランバルデイ
Lambden ラムデン
Lambdin ラムディン*
Lambe
　ラム*
　ランプ

ランベ
Lambeaux
　ラムボー
　ランボー
Lambek ランベク
Lamberd ランバート
Lamberg
　ラムバーグ
　ランバーグ*
Lambers ランバース
Lambert
　ラムバアト
　ラムバート
　ラムベルト
　ランバート***
　ランバード
　ランベール***
　ランベルト
　ランベルトゥス
Lamberti ランベルティ
Lamberto
　ランベルト**
Lamberton
　ラムベルトン
Lamberts ランバーツ
Lambertsen
　ランバーセン
　ランバーツェン
Lambertus
　ランベルトゥス
Lamberty
　ランバーティ
Lambeth ランベス
Lambie
　ラムビー*
　ランビー
Lambiel
　ランビエール**
　ランビエル
Lambier ランビエール
Lambillotte
　ランビヨット
Lambilly ランビリー
Lambin ランバン
Lambinus
　ランバン
　ランビヌス
Lambiotte
　ランビオット
Lamblin ランブラン
Lambo
　ラムボ
　ランボ
　ランボー
Lamborelle
　ランボレル*
Lamborghini
　ランボルギーニ*
Lamborn ランボーン
Lambot ランボット
Lambour ランボー
Lambourde
　ランブード
Lambourne
　ラバーン
　ランボルン*
　ランボーン
Lambours ランブール

Lambrakis
 ランブラキス
Lambranzi
 ランブランツィ
Lambrecht
 ランブレクト
 ランブレヒト*
Lambri ランブリ
Lambros ランブロス
Lambrou
 ラムブロウ
 ランブロー
Lambruschini
 ランブルスキーニ
Lambry ランブリー
Lambsdorff
 ラムスドルフ**
Lambsprinck
 ラムスプリンク
Lambton ラムトン*
Lambuleti
 ランブレーティ
Lambuth
 ランバス*
 ランブース
LaMdluli ラムドルリ
Lame
 ラメ
 レイム
 レーム
Lamé
 ラーメ
 ラメ
 ラメー
Lamech レメク
Lameck ラメック*
Lameijer ラメージャー
Lameko ラメコ
Lämel レーメル
Lamela ラメラ
Lamelas ラメラス
Lamennais
 ラ・メンネー
 ラムネ
 ラムネー
Lamer ラマー**
Lamers
 ラーマース
 ラマース
 ラマーズ
Lamersdorf
 ラマーズドルフ
Lamerton ラマートン
Lameth
 ラメット
 ラメト
La Mettrie
 ラメトリ
 ラメトリー
 ラメトリイ
Lamey ラメイ
Lamfalussy
 ラムファルシー*
Lamhut ラムハット
Lami ラミ
L'Ami ラミ
Lamia ラミア**

Lāmichāne ラミチャネ
Lamido ラミド
Lamie ラミ
Lamī'ī ラミーイー
Lamin ラミン
Lamine
 ラミーヌ
 ラミヌ
 ラミネ
 ラミン***
 ラミンヌ
 リヤミン
Laming ラマン
Lamis ラミス
Lamizana ラミザナ
Lamjavyn
 ラムジャビーン
Lamlas ラムラス
Lamloum ラムルム
Lamm
 ラーム
 ラム**
Lammasch
 ランマッシュ
Lammedal ランメダル
Lämmel レンメル
Lammer
 ラマー
 ランマー
Lämmer レマー
Lammers
 ラマース*
 ラマーズ
Lammert ラマート*
Lammertink
 ラメルティンク
Lammich ランミッヒ
Lamming ラミング**
Lammio ラミオ
Lammle
 ラムール*
 ラムル
Lamoignon
 ラモワニョン
Lamoitier
 ラモワティエール
Lamola ラモラ
LaMolinara
 ラモリナラ
Lamon ラモン
LaMond ラモンド
Lamond ラモンド*
Lamoninary
 ラモニナリ
Lamonova ラモノワ
Lamont
 ラモン
 ラーモント
 ラモント***
Lamontagne
 ラモンターニュ
LaMontagne
 ラモンターニュ
La Monte ラモンテ
LaMonte ラモンテ
Lamorak ラモラック

Lamorcière
 ラモルシエール
Lamore ラモール
Lamoreaux ラモラウ
Lamorinière
 ラモリニエール
Lamorisse ラモリス
Lamormain
 ラモルマイニ
 ラモルマン
Lamositele ラモシテル
Lamote ラモーテ
Lamothe
 ラマス
 ラモット
 レイマズ*
Lamotke ラモトケ
Lamott ラモット*
LaMotta ラモッタ
Lamotta ラモッタ
La Motte ラモット
Lamotte
 ラモッテ
 ラモット*
Lamou ラム
Lamouchi ラムシ
Lamour
 ラムーア
 ラムール**
L'Amour ラムーア*
Lamoureux
 ラムール
 ラムルー
Lamp ランプ
Lampadarios
 ランパダリオス
Lampadius
 ランパジウス
 ランパディウス
Lampard
 ランパード**
Lampart ランパート
Lampasona ランパソナ
Lampe
 ラムペ
 ランピー
 ランプ*
 ランペ*
Lampedusa
 ランペズーザ
 ランペドゥーサ*
 ランペドゥーザ*
Lampel ランペル*
Lamperiére
 ランペリエール
Lampert
 ランパート
 ランペルト
Lamperth ランペルト
Lamperti
 ラムパーティ
 ラムペルティ
Lampertico
 ランペルティコ
Lampeter
 ランペーター

Lamphere
 ランファイア
Lampi ランピ
Lampila ランピラ
Lampin ランパン
Lampinen ランピネン
Lampitt ランピット
Lampkin ランプキン
Lample ランプル
Lamplugh ランプルー
Lampman ランプマン*
Lampōn ランポン
Lamponi ランポーニ
Lamport ランポート
Lampreave
 ランプレアベ
Lamprecht
 ラムプレヒト
 ランプレヒト
 ランプレヒト*
Lampronti
 ランプロンテ
Lampsacus
 ランプサコス
Lampson
 ランソン
 ランプソン*
Lampsos ランプソス
Lampton ランプトン*
Lampty ランプティ
Lampue ランピュエ
Lampugnani
 ラムプニャーニ
 ランプニャーニ
Lamrani ラムラニ**
Lamsam ラムサム
Lamsdorf
 ラームズドルフ
 ラムスドルフ
 ラムズドルフ
Lamson
 ラムスン
 ラムソン*
Lamstein ラムスタイン
Lamster ラムスター
Lamszus
 ラムスス
 ラムスツス
Lamug ラマグ
Lamur ラムーア
Lamuraglia
 ラマラグリア
Lamuré ラミュ
Lamuru ラムル
Lamut ラムート
Lamy
 ラミ**
 ラミー**
 ラミイ
 ラミィ
 レイミ
Lamy Chappuis
 ラミーシャプイ
Lamzdorf
 ラムズドルフ

Lan
 ラヌ
 ラン**
Lana ラナ***
Lanagan ラナガン*
Lanai ラナイ
Lanaj ラナイ
Lanari ラナーリ
Lanauve
 ラノーヴ
 ラノーブ
Lancaste ランカスタ
Lancaster
 ランカスター***
 ランキャスター
Lance
 ランス***
 ランセ
Lancefield
 ランスフィールド
Lancellotti
 ランス
 ランセロッティ
Lanceloot
 ランセロート
Lancelot
 ランスロ*
 ランスロー
 ラーンスロット
 ランスロット*
Lancelotti
 ランチェロッティ
Lancelyn
 ランスリン*
 ランセリン
Lancerio ランセリオ
Lancet ランセット
Lancetti
 ランチェッティ*
Lanchais ランシェ
Lanchbery
 ランチベリー*
Lanchester
 ランチェスター***
Lanci ランチ
Lancia ランシア
Lanciani ランチャーニ
Lanciano ランチャーノ
Lancicius ランキキウス
Lancien ランシエン*
Lancilotto
 ランチロット
Lancina ランシナ
Lanciotti
 ランチョッティ
Lancisi
 ランチーシ
 ランチージ
Lanckester
 ランキスター
Lanckohr ランクコール
Lanckorońska
 ランツコロンスカ
Lanclos ランクロ
Lancman ランクマン
Lançon ランソン
Lancre ランクル

L

Lancrenon ランクルノン
Lancret ランクレ / ランクレー
Lancrin ランクリン
Lanctôt ランクトー
Lancy ランシー
Lanczkowski ランツコフスキー
Lanczos ランチョシュ / ランチョス* / ランツォス
Lánczy ランツィ
Land ラント / ランド**
Landa ランダ***
Landaeta ランダエタ*
Landais ランデ / ランド
Landajo ランダホ
Landar ランダー
Landau ランダウ** / ランドー** / ランドゥ / ランドゥ**
Landauer ランダウアー* / ランダワー / ランドー
Landaverde ランダベルデ
Landay ランデー / ランデイ**
Landberg ランドベリ
Lande ランデ / ランド
Landé ランデ
Landebertus ランデベルトゥス
Landecho ランデーチョ / ランデチョ
Landeiro ランデイロ
Landelin ランデリン / ランドラン
Landelius ランデリウス
Landell ランデル
Landelle ランデル
Landelles ランデルズ
Landells ランデルズ
Landels ランデルズ
Landen ランデン*
Landenberger ランデンバーガー
Lander ランダー* / ランデル
Landerer ランデラー

Lancrenon ランデレル
Landerl ランダール
Landero ランデーロ* / ランデロ
Landers ランダース** / ランダーズ**
Landersdorfer ランダスドルファー
Landertinger ランデルティンガー
Landes ランデス**
Landeta ランデタ*
Landey ランデイ
Landfair ランドフェア
Landfried ラントフリート
Landgarten ラントガーテン
Landgrae ランドグレ
Landgraf ラントグラーフ
Landgrebe ラングリーブ / ラントグレーベ / ランドグレーベ*
Landgut ラントゲート
Landi ランディ*
Landicho ランディチョ
Landing ランディン
Landingham ランディガム
Landini ランディーニ*
Landino ランディーノ
Landsberger ランズベルガー / ランツベルガー
Landis ランジス / ランディ
Landis ランディス***
Landívar ランディーバル / ランディバル
Landless ランドレス
Landman ランドマン
Landmann ラントマン* / ラントマン**
Lando ランド* / ランドー
Landoald ランドアルド
Landois ランドア
Landolfi ランドルフィ*
Landolt ランドル / ランドルト
Landon ランドン***
Landor ランダー* / ランド / ランドー* / ランドア / ランドール
Landorf ランドルフ
Landormy ランドルミ
Landulfus ランドルミー

Lancrenon ランドルムイ
Landow ランドウ
Landowska ランドウスカ / ランドフスカ
Landowski ランドウスキ
Landquist ランドクウィスト
Landray ランドレー
Landreau ランドロー
Landreaux ランドロー
Landreth ランドレス
Landriani ランドリアーニ
Landrieu ランドリュー*
Landrigan ランドリガン / ランドリガン
Landrin ランドラン
Landrum ランドラム*
Landrus ランドルス
Landry ランディ / ランドリ / ランドリー***
Landsberg ランズバーグ / ランズベルク / ランズベルグ / ランツバーク / ランツベルク / ランドスベルク / ランドスベルグ
Landsberger ランズベルガー / ランツベルガー
Landsbergis ランズベルギス** / ランツベルギス
Landsborough ランズボロ
Landsburg ランズバーグ**
Landseer ランシーア / ランシア / ランドシーア / ランドシア
Landshoff ランドショフ / ランドスホフ
Landshut ランツフート
Landsman ランズマン
Landstad ランスタ
Landsteiner ラントシュタイナー / ランドシュタイナー*
Landstrom ランドストローム / ランドストロム
Landström ランドストローム*
Landua ランドゥア
Landucci ランドゥッチ
Landulfus ランドゥルフス

Landus ランドゥス
Landuyt ランダイト
Landvater ランドベイター
Landver ランドベル
Landvoigt ラントフォイクト
Landy ランディ** / ランディー
Landzaat ランドサート
Lane ラーヌ / ラーネ / レイン*** / レーン*** / レン
Laneau ラノー
Lanegan ラネガン
Lanes レインズ
Lanessan ラヌッサン / ラネサン / ラネッソン
Laney レイニー** / レーニ / レーニー / レニー
Lanfant ランファン
Lanfermann ランフェルマン
Lanford ランフォード**
Lanfranc ランフランク / ランフランクス
Lanfranco ランフランコ**
Lanfrancus ランフランクス
Lang ラン** / ランク* / ラング*** / ラングー
Langa ランガ
Langacker ラネカー*
Langalibalele ランガリバレレ
Langan ランガン**
Langaney ランガネ / ランガネー
Langat ランガット*
Langbehn ラングベーン / ランベーン
Langbein ラングバイン
Langbo ランボー
Langbridge ラングブリッジ
Langdell ラングデル*
Langdon ラングダン / ラングドン** / ランドン**

Langdridge ラングドリッジ
Lange ラーグ / ラング*** / ランゲ*** / ランコ / ランジ / ランジェ / ラーンジュ / ランジュ*
Langebaek ランヘ / レンジ / ロンギ**
Langebaek ランゲベック
Langebartel ランゲバーテル
Langegg ランゲック / ランゲッグ
Langehanenberg ランゲーアンエンベルク
Langelaan ランジェラン / ランジュラン*
Langeland ラングランド
Langella ランジェラ*
Langemeier ラングマイヤー
Langen ランゲン**
Langenbeck ランゲンベック*
Langenberg ランゲンベルク
Langenbick ランゲンビック
Langendoen ランゲンドン
Langendonck ランゲンドンク
Langendorff ランゲンドルフ
Langenecker ランゲネッカー
Langenfass ランゲンファス
Langenhan ランゲンハン
Langenhoven ランゲンホーフェン
Langenieux ランジュニュー
Langenkamp ランゲンカンプ
Langenscheidt ランゲンシャイト
Langenstein ランゲンシュタイン
Langenus ランジュニュ
Langer ランガー*** / ランゲル / ランジェ / レーンジャー
Langerak ランヘラク

Langerhans ラングハンス
Langerman ランガーマン
Langes ランゲ / ランジェス
Langetepe ランゲテーペ
Langetti ランジェッティ
Langeveld ランゲフェルト** / ランゲフェルド
Langevin ランジュヴァン** / ランジュバン*
Langeweyde ランゲヴァイデ
Langewiesche ランゲヴィーシェ / ランゲビーシュ*
Langfeld ラングフェルド
Langfeldt ラングフェルト
Langfitt ラングフィット
Langford ラングフォード** / ランフォード
Langfus ラングフス
Langgaard ランカルト / ランガルト / ランゴー
Langgard ランガルト / ランガルド
Langgässer ラングゲーサー / ラングゲッサー / ラングゲッサー / ラングゲッサー*
Langguth ラングース
Langham ラングム
Langhammer ラングハマー
Langhans ランクハンス / ラングハンス / ランハンス
Langhe ラング
Langhendonck ランゲンドンク
Langhi ランギ
Langhoff ラングホフ
Langholz ラングホルツ
Langhorne ラングホーン**
Langhout ラングート
Langi ランギ
Langiewicz ランギェヴィチ
Langius ラングイウス
Langkamp ラングカンプ

Langlade ラングラード*
Langlais ラングレ
Langland ラングランド
Langlands ラングランズ
Langlès ラングレ / ラングレス
Langley ラングリ / ラングリー* / ラングレー** / ラングレイ / ラングレイ**
Langli ラングリ
Langloh ラングロー*
Langlois ラングロア* / ラングロイス / ラングロワ**
Langlotz ラングロッツ
Langman ラングマン
Langmann ラングマン*
Langmead ラングミード
Langmere ラングメア
Langmore ラングモア
Langmuir ラングミューアー / ラングミュア* / ラングミュアー
Langner ラングナー*
Langness ラングネス
Langone ランゴーニ / ランゴーン* / ランゴン
Langr ランガー / ラングー
Langre ラングレ*
Langren ラングレン
Langridge ラングリッジ* / ランジ / ラングリッジ
Langrish ラングリッシュ*
Langrocki ラングロツキ
Langs ラングス* / ラングズ
Langsdorf ラングスドルフ
Langsdorff ラングスドルフ
Langsen ラングセン
Langseth ランセス
Langsford ラングスフォード
Langshaw ラングショー
Langsley ラングスレー

Langstaff ラングスタッフ / ラングスタッフ*
Langston ラングストン**
Langstrom ラングストローム
Langstroth ラングストロース
Langtoft ラングトフト
Langton ラングトン*** / ラントン*
Langtry ラングトリー* / ラントリー
Languepin ランギュパン
Languet ランゲ / ランゲー
Langvad ラングバド
Langville ラングヴィル
Lanh ラン
Lanham ラナム / ランハム / レイナム
Lani ラニー*
Lanicci ラニッチ
La Niece ラニース
Laniel ラニエル
Lanier ラニーア / ラニア** / ラニアー***
Lanig ラニグ / ラニッヒ
Lanigan ラニガン*
Lanigan-okeeffe ラニガンオキーフ
Lanino ラニーノ
Lankarani ランキャラニ
Lankas ランカス
Lankesheer ランケシャー
Lankester ランケスター* / ランケスタア / ランケステール / ランケルスター
Lankford ランクフォード*
Lankov ランコフ*
Lan'kov ランコフ*
Lankow ランコウ
Lankshear ランクシア
Lankton ランクトン*
Lanllier ランリエ
Lanman ランマン
Lann ラン
Lanna ランナ*

Lanner ラナー / ランナー
Lanners ラナーズ* / ランナース
Lannert ランナート
Lannes ラネス / ランヌ
Lanni ラニ
Lanning ラニング* / ランニング
Lannit ラニット
Lannou ラヌー
Lannoy ラノワ / ラノイ
Lannoye ラノワ
Lanny ラニー**
Lanöe ラネエ
Lanoil ラノイル
Lanois ラノア / ラノワ
Lanot ラノット*
Lanotte ラノッテ
Lanoue ラヌー
Lanouette ラヌエット
Lanoux ラヌー**
Lanovoi ラノヴォーイ / ラノヴォイ
Lanoye ラノワ
Lan-qing ランチン
Lanrezac ランレザック
Lansakara ランサカーラ
Lansana ランサナ**
Lansberg ランズバーグ
Lansberge ランスベルグ
Lansburgh ランスブルグ
Lansbury ランズバリ / ランズベリー**
Lansch ランチ
Lansdale ランズデイル / ランズデール**
Lansdowne ランズダウン
Lansen ヤンセン
Lansford ランスフォード
Lansing ランシング***
Lanskaia ランスカヤ
Lanskoi ランスコーイ
Lansky ランスキー**
Lansley ランズリー
Lanson ランスン / ランソン*

Lanssiers ランシエール**
Lanston ランストン
Lant ラント
Lanta ランタ
Lantana ランターナ
Lante ランテ
Lanteau ラントー
Lanteaume ラントーム
Lanteri ランテリ
Lanternari ランテルナーリ
Lanternier ランターナー
Lanthenas ラントナ
Lanthier ランティエ
Lanthimos ランティモス
Lanti ランティ
Lantier ランティエ
Lantieri ランティエーリ / ランティエリ
Lantigua ランティガ / ランティグア
Lanting ランティング*
Lantins ランタン
Lantis ランティス
Lanto ラント
Lantos ラントシュ* / ラントス*
Lantrade ラントラード*
Lantree ラントリー
Lantrotov ラントロートフ*
Lantrua ラントルア
Lantry ラントリー
Lantschner ランシュナー / ランチュナー
Lantz ランツ**
Lanusse ラヌス / ラヌーセ*
Lanuvinus ラスウィヌス
Lanuza ラヌーサ
Lanvin ランヴァン* / ランバン
Lany ラニ / レニー
Lanyado ラニャード / ラニヤード
Lanyer ラニア / ラニアー
Lanyon ラニヨン* / ラニヨン
Lanz ランツ*

Lanza ランサ
ランザ*
ランツァ**
Lanzaat ランザート
Lanzac ランザック
Lanzani ランツァーニ
Lanzenauer ランツェナウアー
Lanzetta ランツェッタ
Lanzetti ランツェッティ
Lanzi ランツィ
Lanzini ランシーニ
Lanzmann ランズマン**
ランツマン
Lao ラーオ
ラオ*
Lão ラオ
Laodike ラオディケ
Laokein ラオケイン
Laokoōn ラオコオン
ラオコーン
ラオコン
Laoly ラオリ
Laomedōn ラオメドン
Laon ラオン
ラン
Laonikos ラオニコス
Laopeam ラオペアム
Laore ラオレ
Laos ラオス
Laosirikul ラオシリクル
Laothammathat ラオタムマタット
Laouali ラウアリ
Laouan ラウアン
Laouina ローウィナ
Laoukissam ラウキサム
Laoura ラウラ
Laourou ラウル
Lap ラップ**
Lapaczinski ラパツィンスキ
Lapadula ラパドゥーラ
LaPaglia ラパグリア
Laparcerie ラパルセリー
Laparra ラパラ
Lapasset ラパセ
Lapauri ラパウリ
Lapavitsas ラパヴィツァス
ラパビスタス
Lapcharoensap ラープチャルーンサップ**
ラプチャルンサプ
Lapchick ラプチック

Lapchinskii ラプチンスキー
Lapébie ラベビー
Lapedes ラペデス
Lapelletrie ラベルトゥリ
ラベルトリ
Lapenna ラベンナー
LaPenta ラペンタ
Lapenta ラペンタ
La Pérouse ラペルーズ*
Laperrousaz ラペルーザ
Lapesa ラペーサ
ラペサ*
Lapetina ラペティナ
Lapeyre ラペイル
ラペール
ラペレ
Lapeyrette ラペイレット
Lapeyronie ラペロニー
Lapham ラッファム
ラッファン
ラップハム
LaPhonso ラフォンゾ
Lapi ラピ
Lapicida ラピチダ
ラピツィダ
Lapicki ラピツキ
Lapicque ラピック
Lapid ラビット
ラビッド*
ラピド
Lapide ラピーデ
ラピデ*
ラピード
Lapido ラピド
Lapidot ラピドット
Lapidus ラピダス
ラピダス
ラピドゥス*
ラピドウス
ラピドス
Lapie ラピー
La Piere ラピーア
LaPierre ラピエール
Lapierre ラピェール
ラピエール***
Lapikov ラピコヴ
ラピコフ
Lapilio ラピリオ
Lapin ラパン
ラービン*
レイビン
Lapine ラピン

Lapinski ワピンスキ
Lapinskii ラピンスキー
Lapique ラピック
Lapirov ラピロフ
Lapitajs ラピタイス
Lapize ラピーズ
Lapkes ラプケス
Laplace ラプラアス
ラプラース
ラプラス*
Laplanche ラプランシュ**
Laplane ラプラーヌ
LaPlante ラプランテ
ラプラント**
Laplante ラプランテ
ラプラント
Lapli ラプリ*
Lapo ラーポ
LaPointe ラポイント
Lapointe ラポアント
ラポイント
ラポワント*
Lapommeraye ラポムレ
Laponche ラポンシュ
Laponder ラポンデール*
La Porta ラポルタ*
LaPorta ラポルタ
Laporta ラポータ
LaPorte ラポート
ラポルテ
Laporte ラポート
ラポルテ
ラポルト
ラポルト*
Lapouge ラプージュ**
Lapoujade ラプジャード
Lapovsky ラポフスキー
Lapp ラップ***
Lappage ラパージュ
Lapparent ラッパラン
Lappas ラッパス
ラパス
Lappe ラッペ
Lappé ラッペ
Lappenberg ラッペンベルク
Lappi ラッピ
ラピ
Lappin ラッピン
ラピン*
Lappius ラッピウス

Lapple レップレ
Lappo ラッポ
ラッポー
Laprade ラプラード*
Laprevotte ラプレヴォット
Laprovittola ラプロビットラ
Laprune ラプリューヌ
ラプリュヌ
Lapsanski ラプサンスキー
Lapshin ラプチン
Lapsley ラプスリー*
ラプスレー
Laptev ラープチェフ
ラブチェフ*
Lapthorn ラプソン
Lapu ラブ
Lapus ラプス*
Lapuss ラパス
Lapworth ラップワース*
ラプワース
Lapzeson ラプセソン
Laqua ラクヴァ*
Laquait ラクア
Laquatra ラクアトラ
Laquel ラケル
Laqueur ラカー**
ラッカー
LaQuey ラクウェイ
Laquon ラクオン
Lar ラー*
Lara ラーラ**
ラーラー
ララ***
Laraba ララバ
Larabee ララビー
Larach ララック
Laraia ララィア
ラレア
Laraine ラレイン*
Laraki ララキ**
Laranjo ラランジョ
Laray ラリー
Larbalestier ラーバレスティア**
Larbaud ラルボー**
ラルボオ
Larbi ラルビ*
Larbolette ラルボレット*
Larcen ラーセン
Larch ラーチ
Larcher ラーシェ

Larcher ラルシェ
ラルヘル
Larchet ラルシェ
Larcius ラルキウス
Larco ラルコ*
L'Arco ラルコ
Lárco ラルコ
Larcom ラーコム
ラルコム
Lardarius ラーダリアス
Lardé ラルデ
Lardenois ラルドゥノワ
Lardera ラルデラ
Lardijn ラルダイン
Lardinois ラーディノイス
Lardner ラードナー***
ラドナー
ラルドネル
Lardon ラーデン
ラードン
Lardreau ラルドロ
ラルドロー*
Lardrot ラルドロ
Larduet ラルデュエト
ラルドゥエト
Lardy ラーディ*
Lareau ラロー**
Laredo ラレード*
ラレド
Laremy レアミー
Larence ラルエンス
Larentia ラレンティア
Larenz ラーレンツ**
ラレンツ
Laretei ラレテイ
Laretna ラレットナ*
Larfaoui ラファウイ
Largaespada ラルガエスパダ
Large ラージ**
ラルゲ
Largeault ラルジョ
Largent ラージェント
L'Argenta ラルジェンタ
Largilliére ラルジリエール
Largo ラーゴ
ラルゴ*
Larguia ラーギア
Larguier ラルギエ
Lari ラーリ*
ラリ

ラリー
Lārī ラーリー
Lariar ラリアー
Lariba ラリバ
Laribe ラリベ
Laric ラリック
Larichev ラリチェフ
Larification
　ラリフィケーション
Larijani ラリジャニ*
Larimore ラリモア
Larin
　ラーリン**
　ラリン*
Larina ラーリナ*
Larini ラリーニ
Larinier ラリニエ
Lario ラリオ
Larion ラリオン
Larionov
　ラリオノヴ
　ラリオノフ
　ラリオーノフ
　ラリオノフ*
Larionova
　ラリオノーヴァ
　ラリオノワ*
Larionovich
　ラリオーノヴィチ
　ラリオノヴィチ
　ラリオノビッチ
Larios ラリオス*
Laris ラリス
Larisa
　ラリーサ***
　ラリサ*
　ラリッサ
Larisch ラリッシュ
Larison ラリソン
Larissa
　ラリーサ*
　ラリサ*
　ラリッサ**
Larista ラリスタ
Larivaille ラリヴァイユ
Larive ラリヴ
Larivey
　ラリヴェー
　ラリベ
　ラリペー
La Rivière ラリビエー
Lark ラーク
Larke ラーク*
Larkey ラーキー
Larkham ラーカム*
Larkin
　ラーキン***
　ラルキン
Larkins ラーキンス
Larkov ラルコフ
Lark Sye ラクサイ
Larkum ラーカム
Larma ラーマ
Larman ラーマン*
Larmer ラーマー

Larminat
　ラルミナ
　ラルミナー
Larminie ラミニー
Larmor
　ラーマー
　ラーモア
Larmore ラーモア*
Larn レルン
Lärn レルン
Larnac ラルナク
Larned ラーネッド
Larner ラーナー*
LaRoca ラロカ
LaRocca ラロッカ*
LaRoche
　ラローシェ
　ラローシュ*
　ラロック
Laroche
　ラローシュ
　ラロシュ*
　ラロッシュ
La Rochefoucauld
　ラロシュフーコー
　ラロシュフコー
　ラロシュフコオ
La Rochelle
　ラロシェル
LaRochelle ラロシェル
Larochelle ラ・ロシェル
La Rocque ラロック
LaRoe ラロー
La'Roi ラロイ
Laromiguière
　ラロミギエール
LaRon ラロン
Laronde ラロンド
Larone ラローン
Laroon ラルーン
La Rooy ラルーイ
Laroque ラロック**
Laros ラロス
Larosa
　ラローサ
　ラローザ
LaRose ラローズ
Larose
　ラロース
　ラローズ
LaRouche ラルーシュ*
Larousse ラルース
Laroussi
　ラルーシ
　ラルシ
Larovana ラロバナ
LaRoy ラロイ
Larquié ラルキエ
Larquley
　ラルケ
　ラルケー
Larra
　ラーラ
　ララ
Larrabee
　ララビー*

ララビイ
Larrabeiti
　ララベッティ
Larrain
　ララーン
　ラレーン
　ラレーン
Larraín
　ララーン
　ララーン
　ラレーン
Larraine
　ローレイン
　ロレイン
Larramendi
　ララメンディ
Larranaga
　ララナーガ
　ララナガ
　ララニャガ
　ララネーガ
Larrañaga
　ララナーガ
　ララニャーガ
　ララニャガ*
Larratt ララット
Larraz
　ララス
　ララズ
Larrazabal ララサバル
Larrea
　ラレーア
　ラレア*
Larrecq ラレック*
Larreta ラレータ
Larreula ラレウラ
Larrey
　ラレ
　ラレー
Larri ラリー
Larribeau ラリボー
Larrick ラリック
Larrier ラリアー
Larrieu
　ラリウ
　ラリュー*
Larrieux ラリュー
Larrimore ラリモール
Larroca ラロッカ
Larrocha
　ラローチャ**
Larrondo ラロンド
L'Arronge ラロンジュ
Larroque ラロック*
Larroquete
　ラロックウェット
Larroquette
　ラロクエット
Larroulet ラルレット
Larrouy ラルオイ
Larry
　ラリ
　ラリー***
　ラリィ
　ラリイ*
Lars
　ラオス
　ラーシュ***

ラース***
ラーズ**
ラッシュ
ラルシュ
ラールス**
ラルス***
Larsen
　ラーシェン
　ラースン
　ラーセン***
　ラールセン
　ラルセン
　ラルゼン
Larsén ラルセン
Lars-Erik
　ラーシュエーリク
Larsgaard
　ラースガード*
Larskaya ラルスキー
Larson
　ラースン
　ラーソン**
　ラルソン
Larssen ラーセン
Larsson
　ラーショーン
　ラーシオン***
　ラーソン**
　ラールソン
　ラルソン**
Lartéguy
　ラルテギ
　ラルテギー
Lartet ラルテ
Lartigue
　ラルティーグ**
　ラルティグ
La Rue
　ラリュ
　ラルー
LaRue ラルー
Larue
　ラリュー
　ラルー
Laruelle
　ラリュエル
　ラルエル
Laruette ラリュエット
Larus ラリュス
La Russa
　ラルーサ*
　ラルサ
LaRussa ラルーサ
Larussa ラルッサ
Larva ラルバ
Larviere ラルビエール
Larvore
　ラルヴォヴァー
Lary
　ラリー*
　レイリー
Laryukov ラリュソフ
Las
　ラ
　ラス*

LaSalle ラサール*
Lasalle ラサール
Lasanen ラサネン
Lasaquero ラサクエロ
Lasar ラザール
Lasard ラザール
Lasarzik ラサージック
Lasater ラサター*
Lasaulx ラソー
Lasbats ラバット
Lasca ラスカ
Lascaris ラスカリス
Las Casas ラスカサス
Las Cases ラスーズ
Lascault ラスコー
Lascaux ラスコー
Lascelle ラセール
Lascelles
　ラスルズ
　ラッセルズ**
Lasceux ラスー
Lasch ラッシュ*
Laschenova
　ラシェノヴァ
　ラシェノバ
　ラシェノワ
Lascher
　ラスカー
　ラッシャー
Laschever
　ラシェーヴァー
Lascia ラッシア
Lasco ラスコ
Lascoux ラスクー
Lasdon ラスドン
Lasdun ラスダン**
Laseau
　レイジュー*
　レージュー
Lasell ラセル
LaSelle ラセール
Lasenby ラゼンビー
Laser ラーザー
La Serna ラセルナ*
Laserna ラセルナ*
Laserson
　ラサーソン
　ラセルソン
Laseter レスター
Lasfargues ラファルグ
Lash ラッシュ**
Lasha
　ラーシャ
　ラシャ*
Lashana ラシャーナ
Lashanska
　ラシャンスカ
LaShawn ラショーン*
Lashchenko
　ラシチェンコ
LaShelle ラシェル
Lasheras ラセラス
Lashgari ラシュガリ
Lashinda ラシンダ*

Lashinsky ラシンスキー
Lashkhi ラシヒ
Lashko ラシュコ
Lashley ラシュリ / ラシュリー* / ラシュレー / ラシュレイ
Lashmanova ラシュマノワ**
Lashner ラシュナー*
Lashof ラショフ
Lasicki ラシツキ
Lasike ラサイク
Lasitius ラシティウス
Lasitskene ラシツケネ
Lasjaunias ラジョニア
Lask ラスク*
Laska ラスカ
Laskaratos ラスカラトス
Laskari ラスカリ
Laskaridou ラスカリドゥ
Laskarina ラスカリナ
Laskaris ラスカリス
Laskas ラスカス
Lasker ラースカー / ラスカ / ラスカー** / ラスケル
Laskey ラスキー
Laski ウァスキ / ラスキ** / ラスキー / ラスキイ / ワスキ
Laskier ラスケル
Laskin ラスキン*
Laskine ラスキーヌ* / ラスキン
Laskow ラスコウ
Laskowska ラスコヴスカ
Laskowski ラスコースキー
Lasky ラスキー***
Laslandes ラスランド
Laslett ラスレット* / ラズレット
Lasley ラズリー
Laslo ラースロー / ラズロ*
Lasmane ラスマネ
Lasn ラースン
Lasne ランヌ*
Lasogga ラソッガ
Lasok ラソク
Lasorda ラソーダ**
Lāsos ラソス

Lasovskaya ラソフスカヤ
Laspalles ラスパユ
Laspeyres ラスパイレス
Lasry ラズリー
Lass ラス*
Lassahn ラサーン*
Lassaigne ラセーニュ
Lassailly ラサイイ
Lassalle ラサール* / ラサル / ラッサアル / ラッサール / ラッサルレ / ラッサレー
Lassana ラサナ / ラッサナ
Lassander ラッサンダー
Lassané ラサネ
Lassaque ラサック
Lassar ラサール / ラッサール
Lassberg ラスベルク
Lasse ラッセ**
Lassègue ラセグ
Lassell ラセル / ラッセル
Lasselle ラッセル
Lassen ラッセン**
Lasser ラサ / ラサー / ラッサー*
Lasserre ラーセル / ラセール* / ラッセル
Lasserve ラセルヴ
Lasseter ラセター** / ラセッター
Lassetter ラセッター
Lassi ラシ
Lassila ラシラ* / ラッシラ
Lassina ラッシーナ / ラッシナ
Lassissi ラッシッシ
Lassiter ラシター*
Lassmann ラスマン
Lassnig ラスニック
Lasso ラソ* / ラッシュ / ラッソ** / ラッソー
Lasson ラーソン / ラッソン*

Lassone ラソーヌ
Lassotta ラゾッタ
Lassouani ラスアニ
Lassus ラシュー / ラシュス / ラッスス
Lasswell ラスウェル* / ラズウェル
Lasswitz ラスヴィツ / ラスヴィッツ*
Last ラースト / ラスト*
Lastarria ラスターリア
La Stella ラステラ
Lastman ラストマン
Lastovka ラシュトフカ
Lastretti ラストレッティ
Lastricati ラストリカーティ
Lasuba ラスバ
Lasuén ラスエン
Lasúrtegui ラスルテギ
Laswell ラズウェル*
Laszewski ラスツースキー
Laszlo ラースロ / ラースロー** / ラーズロー / ラスロ / ラスロー* / ラズロ** / ラズロー** / ラースロウ / ラツロ
László ラズロ
László ラースロー** / ラースロー*** / ラスロ / ラスロー / ラズロ** / ラスロウ / ラツロ / ラゾロ
Lászlóné ラースローネー
Lat ラッ / ラット** / ラト
Lata ラタ / ラター
Latane ラタネ
Latané ラタネ
Latash ラタシ / ラタッシュ*
Latasi ラタシ*
Latavius ラタビアス
Latchana ラッチャナ

Latchford ラッチフォード
Latchman ラッチマン
Lateau ラトー
Lateef ラティーフ
Lateiner ラタイネル / ラテーナー
Latelier ラテリエー
Latell ラテル
Lateranus ラテラヌス
Latermann ラータマン
Lateur ラター
Latha ラサ
Latham ラーサム / ラサム / ラザム / ラツァム / レイサム*** / レイザム / レーサム / レザム
Lathan ラタン / レイサン
Lathbury ラスベリー
Latheef ラティーフ
Lathen レイサン* / レイザン / レイスン / レースン*
Lathi ラシィ
Lathière ラティエール
Lathom レイソム
Lathouris ラサウリス
Lathrop ラスロップ** / レイスロップ*
Latif ラティーフ* / ラティフ*
Laṭif ラティーフ
Laṭīf ラティーフ
Latifa ラティファ*
Latifah ラティファ
Latife ラティフェ**
Latiff ラティフ
Latifi ラティーフィー
Latil ラティル
Latilla ラティッラ
Latimar ラティマール
Latimer ラティマ / ラティマー*
Latimor ラティマー
Latimore ラティモア
Latini ラティーニ
Latinis ラティニス
Latinius ラティニウス
Latinovits ラティノヴィチュ
Latinus ラティヌス
Latipov ラティポフ

Latiume ラティウメ
Latkovskis ラトコフスキス
Latman ラットマン
Lato ラト
Latomus ラトームス / ラトムス
Laton レイトン
Latona ラトーナ
Latorraca ラトーラッカ
Latorre ラトーレ* / ラトレ
Latortue ラトルチュ*
Latos レイトス
Latou ラトゥ
Latouche ラトゥーシュ** / ラトーシュ
Latoundji ラトゥンジ
La Tour ラトゥール / ラトゥール
Latour ラトゥー / ラトゥーア* / ラトゥール*** / ラトール
Latourette ラトゥーレット / ラトウレット*
La Toya ラトーヤ
Latreille ラトレイユ / ラトレーユ
Latrell ラトレル*
Latrobe ラトローブ
LaTroy ラトロイ
Latsaphone ラッサポーン
Latsis ラーツィス / ラツィス*
Latt ラッ
Latta ラタ / ラッタ*
Lattanand ラタナンド
Lattanze ラタンゼ
Lattanzi ラタンジー / ラッタンズィー
Lattanzio ラッタンツィオ
Latteier ラテイエ*
Lattek ラテック
Latter ラター
Lattermann ラターマン / ラッターマン
Lattey ラティ
Lattimore ラチモア / ラッティモア / ラティモー

ラティモーア
ラティモア**
ラテモーア
Lattin ラティン
Lattmann ラトマン
Latto ラットー
Lattouf ラトゥーフ
Lattre
　ラットル
　ラトル
Lattuada
　ラチュアダ
　ラットゥアーダ**
Latu
　ラトゥ
　ラトゥ
Latude ラテュード
Latuheru ラツヘル
Latulippe
　ラテュリッペ
Latushko ラトゥシュコ
Latvia ラトヴィア
Laty ラティ
Latyk
　ラティク
　ラティック
Latynina
　ラチニナ
　ラティニナ
　ラトゥイニナ
Latyr ラティール
Latyshev
　ラティシェフ**
Latz ラッツ
Latza ラッツァ
Latzky ラッキー
Lau
　ラウ***
　ロー
　ロウ*
La'u ラウ
Laub ラウブ
Laubach ローバック*
Laube ラウベ*
Laubenthal
　ラウベンタール*
Lauber
　ラウバー
　ローバー**
Laubeuf ローブーフ
Laubhan ローバン
Laubier ロビエ
Laubin ラウビン
Laucaigne
　ローケーニュ
　ローケニュー
　ロケーニュ
　ロケニュ
Lauchlin
　ラクリン
　ロークリン
Lauciavicius
　ラウチアヴィチウス
Lauck
　ラウク*
　ローク
Laud ロード

Lauda ラウダ**
Laudan
　ラウダン
　ローダン
Laudani ラウダーニ
Laude ロード
Laudenbach
　ローダンバック
Lauder ローダー***
Lauderdale
　ラウダーデール
　ローダーデイル
　ローダーデール
　ローダテール
　ローダデール
Laudet ラウデ
Laudicina
　ラウディシナ
Laudon ラウドン*
Laudonio ラウドニオ
Laudonniére
　ロードニエール
Laudonnière
　ロドニエール
Laudrup
　ラウドループ**
Laue ラウエ*
Lauenstein
　ラウエンシュタイン
　ラウエンスタイン
Lauer
　ラウア
　ラウアー*
　ルーアー
　ローエル
　ロエール
Lauerman
　ローアーマン
Laueezzari ラウエサリ
Laufer
　ラウファー**
　ラーファー
　ローファー*
Lauffenburger
　ラウフェンブルガー
Lauffensteiner
　ラウフェンシュタイナー
Lauffer ラウファー
Laufitu ラウフィトゥ
Lau-Fong ラウファン
Laufs ラウフス
Laug ローグ
Laugāksi ラウガークシ
Läuger ロイガー
Laugerud ラウゲルー
Laugeson ラウガソン
Laugher ラアー*
Laughlin
　ラクリン
　ラーフリン
　ラフリン**
　ロクリン
　ロックリン
Laughton ロートン*
Laugier
　ロージェ

　ロージェ
　ロジェ
Laugul ラウグル
Laugwitz
　ラウグヴィッツ*
Lauke ラーク
Laukhard
　ラウクハルト
Laulajainen
　ラウラヤイネン
Laulan ローラン*
Laulent ローレン
Laulhere ラウルヒア
Laulie ローリー
Laumann
　ラウマン
　ローマン
Laumanulupe
　ラウマヌルペ
Laumer
　ラウマー*
　ローマー**
Laumet ロメ
Laumonier ロモニエ
Laun ラウン
Launay
　ローネー
　ローネー*
　ローネイ
Launcelot
　ラーンスロット
　ランスロット
Launchbury
　ローンチベリー
Launder ローンダー
Launer
　ラウナー
　ローナー*
Launet ロネ
Launhardt
　ラウンハルト
Launis ラウニス
Launius ローニアス
Launoy ロノア
Launy ラウニ
Lauofo ラウオフォ
Lauper ローパー**
Laur
　ラウアー
　ラウル*
Laura
　ラウラ***
　ラウル
　ローア
　ローラ***
　ロラ
　ロラー
Laura-Anne
　ローラアン
Laurac ローラック
L'Auradieu ロラデュー
Laurain ローラン
Lauralee ローラリー*
LauraMaery
　ローラメアリー

Laurana
　ラウラーナ
　ラウラナ
Laurance
　ローランス*
　ローレンス
Laurand ローラン
Laurant
　ローラン
　ローラン*
Laurat ローラ
Laure
　ラウル
　ラウレ
　ローラ
　ロール***
　ローレ
Laureano
　ラウレアーノ
　ラウレアノ
Laureati
　ラウレアーティ
Laureen ローリーン*
Laureillard ロレヤール
Laurel
　ラウレル**
　ローレル**
Laurell
　ラウレル
　ローレル
Laure-Marie
　ロルマリー
Lauremberg
　ラウレンベルク
Lauren
　ラウレン*
　ローラ
　ローラン
　ローレン***
　ロレン
Laurenau
　ラウレナウ
　ラブレノフ
Laurence
　ラウレンセ
　ローラン
　ローランス**
　ロランス*
　ローレンス***
　ロレンス***
Laurencich
　ラウレンチック
Laurencie
　ローランシー
Laurencin
　ロオランサン
　ローランサン*
Laurene
　ローリー
　ローレーン
　ローレン
Laurens
　ラウレンス*
　ロウレンス
　ローラン
　ロラン
　ローランス*
　ローランス
　ロランス**
　ローレンス**
　ロレンス*

Laurenshio
　ラウレンシオ
Laurens-Jan
　ローレンスヤン
Laurenson
　ローレンソン
Laurenston
　ローレンストン
Laurent
　ラウレンシオ
　ローラン***
　ロラン***
　ローランド
　ローレン**
　ローレント**
Laurent-Charles
　ローランシャルル
Laurenti
　ラウレンティ
　ローレンティ
Laurentia
　ローレンシア
Laurentien
　ローレンティン
Laurentiis
　ラウレンティース
　ラウレンティス**
Laurentin
　ローランタン*
　ローレンティン
Laurentine
　ロレンティヌ
Laurentino
　ラウレンティノ
Laurentios
　ラウレンティオス
Laurentiu
　ロレンツィオ
Laurentius
　ラウレンチウス
　ラウレンツィウス
　ラウレンツィウス
　ロレンツォ
　ロレンティウス
Laurents
　ローレンツ***
Laurentz ラウレンツ
Laurenus ロリーナス
Laurenz ローレンス
Laurenza
　ラウレンツァ
　ロレンツァ
Laurenzo ラウレンツォ
Laurer ローラー*
Laures ラウレス*
Lauret ロレ
Laureti ラウレーティ
Lauretta
　ローレッタ
　ロレッタ***
　ローレット
Laurette
　ローレット
　ロレット
Laurey
　ローリー*
　ローレイ
Lauri
　ラウリ**

ローリー*
Lauria
ラウリーア
ラウリア**
ローリア**
Lauricella ローリセラ
Laurids ラ・ウリーズ
Lauridsen
ラウリーセン
ラウリッセン*
ラウリッドソン
ラウドセン
ローリセン
ローリゼン
Laurie
ラウリー
ロウリー
ローリ*
ローリー***
ローリィ
ローリエ
Laurieann ローリアン
Lauriei ローリ
Laurien
ローリーン
ローリン
Laurier
ローリア
ローリアー
ローリエ*
ロリエ
Lauriers
ローリエ
ロリエ
Laurijssen ラウルセン
Laurin
ラウリーン
ラウリン
ローリン
Laurinaitis
ローリナイティス
Laurinda ローリンダ
Laurindo ローリンド*
Laurine ロリーヌ
Lauring ラウリン
Laurini ローリーニ
Laurioux ロリウー*
Lauris ローリス**
Laurisa ロウリサ*
Lauriston
ローリストン*
Laurita ロリータ
Laurito ラウリト
Laurits ラウリッツ
Lauritz
ラウリツ
ラウリッツ*
ローリッツ
Lauritzen
ラウリッツセン
ラウリッツェン
Lauro ラウロ*
Laursen
ラウルセン
ローセン
ローソン
Laurus ラウルス

Laury
ローリー
ロリ
Lauryn ローリン**
Lauryssens
ラウリセンス*
Lausberg ラウスベルク
Lause ラウゼ
Laushey ローシェイ
Laussedat ロスダ
Lauster
ラウシュター
ラウスター
Laustiola
ラウスティオラ
Laustriat ロストリア
Laut ロート
Lautafi ラウタフィ
Lautaro ラウタロ
Lautenbach
ラウテンバハ
Lautenbacher
ラウンテンバッハー
Lautenberg
ローテンバーグ**
Lautensach
ラウテンザッハ
ラウテンザハ
Lautensack
ラウテンザック
Lautenslager
ローテンスレーガー
Lauter
ラウター
ローター*
Lauterbach
ラウテルバッハ
Lauterborn
ロータボーン*
Lauterbur
ラウターバー**
Lauterer ローテラー
Lautererová
ラウテレロヴァー
Lauterpacht
ラウターパクト
ラウターパハト
ローターパクト
Lauterstein
ローターステイン**
Lauterwasser
ラウターヴァッサー
Lauth
ラウト*
ロート
Lauthan ローターン
Lautman
ラウトマン
ロトマン
Lautner
ロートナー
ロートネル*
Lautos ラントス
Lautréamont
ロオトレアモン
ロートレアモン*
ロートレイモン

Lautrec
ロートレク
ロートレック*
Lauvao ローバオ
Lauvergeon
ローヴェルジョン*
Lauvergne ラバーン
Lauwe
ロウ
ローヴェ
Lauwereyns
ローレンス
Lauwerier ラワリアー
Lauwers ロワース
Lauwerys
ラワリーズ
ローアライズ
ロアリーズ
ローウェリー
Lavat
ラヴァット
ラバット
Lavater
ラーヴァーター
ラーヴァター
ラヴァーター
ラヴァター
ラーバター
ラバーター
ラーファター
ラファーター
Lavaud ラヴォー
Lavaudant
ラヴォーダン*
Lave
ラヴ
ラーヴェ
レイヴ
レイブ
Lavegetto
ラヴァゲット
ラヴァジェット
ラバゲット
Lavagna ラバニャ
Lavagnino
ラヴァニーノ
Lavaka-Ata ラバカアタ
Laval
ラヴァール
ラヴァル*
ラバル*
ラワール
Lavaldin ラヴァルダン
Lavalée ラヴァレー
Lavalette ラヴァレット
Lavallade ラヴァラード
LaValle ラヴァル
Lavallee
ラヴァリイ*
ラヴァレー
ラバリー
ラベリー
Lavalleja
ラバジェーハ
ラバジェハ
ラバリェハ
LaValliere
ラヴァリエール
Lavan レイヴァン
Lavanant ラヴァナン
Lavand ラバンド
Lavanini ラバニーニ
Lavant
ラヴァン*

ラーヴァント
ラヴァント
Lavanya ラバンニャ
LaVar ラバー*
Lavar ラバー
Lavarello
ラヴァレーロ
ラバレイヨ
Lavarnway
ラバーンウェイ
Lavasani ラバサニ
Lavastine
ラヴァスチン
Lavater
（上記に既出）
LaVeck ラヴェック
Lavedan
ラヴダン*
ラブダン
Lavédrine
ラヴェドリン
Laveleye
ラヴレー
ラヴレエ
ラブレー
ラブレイ
ラベレー
Laveli ラベリ
Lavell ラベル
LaVelle ラヴェル
Lavelle
ラヴェル
ラベル*
Lavelli ラベリ*
Lavemaau ラベマアウ
Laven ラーヴェン
Lavenda ラヴェンダ
Lavendel ラベンデール
Lavender
ラヴェンダー
ラベンダー
Lavenham ラヴェナム
Lavenier ラヴィニール
Lavenson
レイヴェンソン
Laver
ラバー
レイヴァー
レーヴァー

レーバー
Laverack ラベラック
Laveran
ラヴェラン
ラヴラン*
ラブラン
Laverdunt
ラヴェルダン
Lavere ラヴェール
Lavergne
ラヴェーニュ
ラヴェルニ
ラヴェルニュ
Lavergnee
ラヴェルニェ
Laverick
ラヴェリック
レイバリック
LaVerl ラバール
Laverman ラバーマン
Lavern
ラ・ヴァーン
ラヴァーン
ラバーン
ラバン
Laverne ラヴァーン
La'verne ラヴァーン
Laverón ラベロン
Laverov
ラヴォーロフ*
ラビョーロフ
ラベロフ
Lavers
レイヴァーズ
レイバーズ
Laverty ラヴァーティ*
Lavery
ラヴァリー
ラベリー
レイヴァリ
レイバリー
レーヴァリ
Lavet ラヴェ
Lavey ラヴェイ
Lavezzari
ラベッツァリ
Lavi
ラヴィ
ラビ
Lavia ラヴィア
Lavie
ラヴィ**
ラヴィー*
Lavier ラヴィエ
Lavigerie
ラヴィジェリ
ラヴィジュリ
ラヴィジュリー
ラビジュリー
Lavignac
ラヴィニャク
ラヴィニャック*
ラビニャック
Lavigne
ラヴィーニュ*
ラヴィーヌ*
ラビーニュ
ラビーン*

Laville
　ラヴィル*
　ラビル
Lavillenie
　ラヴィユニ
　ラビユニ*
　ラビレニ
Lavilleon　ラヴィレオン
Lavin
　ラヴィン*
　ラビン**
　レイヴィン
　レーヴィン
　レービン
　レビン
Lavín　ラビン
Lavine
　ラーヴィン
　ラビーン
　ラビン
　レーヴィン
Lavington
　ラヴィントン*
Lavini　ラヴィーニ
Lavinia
　ラヴィーニア
　ラヴィニア**
　ラビニア
LaViola　ラヴィオラ
Lavirgen　ラヴィルヘン
Lavirotte　ラヴィロット
Lavis
　ラヴィス
　レーヴィス
　レービス
Laviscount
　ラヴィスカウント
Lavisse
　ラヴィス*
　ラヴィッス
　ラビス
Lavizzo　ラヴィッソ
LaVoie　ラボイエ
Lavoie
　ラヴォア
　ラヴォイ
Lavoisier
　ラヴォアジェ*
　ラヴォアジェー
　ラヴォアジエ
　ラヴォワジエ
　ラヴワジエ
　ラボアジェ
　ラボアジエ
Lavoix
　ラヴォア
　ラヴォワ
　ラボワー
Lavolle　ラヴォル*
Lavon
　ラヴォン
　ラボン
Lavone　ラボン
Lavonen　ラヴォネン
La Vonne　ラヴォン
Lavonne　ラヴォン
Lavonte　ラボンテ

Lavor　ラヴォー
Lavori　ラヴォリ
Lavoy　ラボイ
Lavr　ラヴル
Lavrangas
　ラフランガス
Lavrans　ラヴランス
Lavrenev
　ラヴレニエフ
　ラウレニョーフ
　ラヴレニョフ
Lavrent'eva
　ラヴレーンチェヴァ
Lavrentiev
　ラヴレーンチェフ
　ラウレニチェフ
　ラヴレンチェフ
　ラブレンチェフ
Lavrentii
　ラヴレンチー
　ラヴレンティー
　ラブレンチ
Lavrentti
　ラヴレンティー
　ラブレンティ
Lavrenty
　ラヴレンティー
Lavrenyov
　ラヴレニョーフ
　ラヴレニョフ
　ラブレニョーフ
　ラブレニョフ
Lavreysen
　ラヴレイセン
Lavric　ラフリッチ
Lavrich　ラヴリッチ
Lavrikov　ラーフリコフ
Lavrillier　ラヴリリエ
Lavrin　ラヴリン
Lavrinenko
　ラフリネンコ
Lavrinovich
　ラブリノビッチ
Lavroff　ラヴロフ
Lavronenko
　ラヴロネンコ
Lavrov
　ラヴロヴ
　ラヴローフ
　ラヴロフ**
　ラブロフ*
Lavrova　ラブロワ
Lavrovich
　ラヴロヴィチ
Lavrovskii
　ラブロフスキー
Lavrovsky
　ラブロフスキー
　ラブロフスキー
Lavry
　ラウリー
　ラヴリー
　ラブリィ
Lavrynovych
　ラブリノビッチ
Lavulavu　ラブラブ
Lavy　レヴィ

LaVyrle
　ラヴィル
　ラビール
　ラビル*
Law
　ラウ
　ロー***
　ロウ***
Lawal　ラワル*
La Wall　ラウォール
LaWanda　ラウンダ
Lawan Gana
　ラワンガナ
Lawani　ラワニ
Lawe　ロー
Lawence　ローレンス
Lawes
　ロウズ
　ローズ
Lawford
　ローフォード**
Lawi　ラーウィ
Lawick
　ラーヴィック
　ラービック
Lawler
　ローウラー
　ロウラー*
　ローラー**
Lawless
　ロウレス
　ローレス*
Lawley
　ローリイ
　ローレイ
Lawlor
　ロウラー*
　ローラー
　ローロー
Lawman　ローマン
Lawn　ローン
Lawner　ローナー
Lawney　ローニー
Lawrance
　ローランス
　ローレンス
Lawrece　ローレンス
Lawrence
　ラリー*
　ロウレンス
　ロオランス
　ロオレンス
　ローランス
　ローランス*
　ローレンス***
　ロレンス***
Lawrenson
　ローレンスン
　ローレンソン
Lawrie
　ロウリー
　ローリー**
Lawry　ローリー
Laws
　ロウズ
　ロース
　ローズ**
Lawson
　ラウソン

　ロウスン
　ロウソン
　ローソン*
　ローソン***
Lawther　ローサー
Lawton
　ロウトン
　ロートン**
Law-Yone　ローヨウン
Lawzi　ラウジ
Lax　ラックス*
Laxalt
　ラクサール
　ラクソルト*
Laxman　ラクスマン
Laxmi
　ラクシュミ
　ラクチミ
Laxness
　ラクスネス**
　ラックスネス
　ラハスネス
Laxton　ラクストン
Lay
　ライ*
　レー
　レイ***
Laya　ラヤ
Layamon
　ライアモン
　ラーヤモン
　ラヤモン*
　レイヤモン
　レーヤモン
　レヤモン
Layard
　レイヤード*
　レーヤード
　レヤード
Laybourn　レイボーン
Laybourne　レイボーン
Laybutt　レイバット
Laycock　レイコック*
Layden
　ライデン
　レイデン*
Laydu　レーデュ
Laye
　ライ
　ライェ
　レイ
Layens　レーアン
Layfield
　レイフィールト
　レイフィールド
Layla
　ライラト
　レイラ
Layli　レイリ*
Layman　レイマン
Laymann　ライマン
Laymon　レイモン**
Laymond　レイモンド
Layn　レイン
Layne　レイン**
Layolle　ラヨール

Lay Phyu
　レービュー
　レーピュー
Laysreng　ライスレーン
Layth　ライス
Laytha　ライタ
Laytner　レイトナー
Layton
　レイトン***
　レートン
Layun　ラジュン
Layvin　ルイヴァン
Layyoun　レオン
Layzer　レイザー*
Laz　ラッズ
Laza　ラーザ
Lazakovich
　ラザコビッチ
Lazalo　ラザロ
Lazan　ラザン*
Lazar
　ラーザー
　ラザー
　ラーザリ
　ラザリ*
　ラサール
　ラザール***
　ラザル*
　ラザロ
　ラツァール
　レイザ
　レイザー
　レザー
Lazar'　ラザリ
Lazar　ラザル
Lazăr　ラザル
Lázár　ラーザール*
Lázara　ラセラ
Lazard　ラザール*
Lazare
　ラザール**
　ラザル
　ラザーレ
　ラゼール
Lazareff
　ファザレフ
　ラザレフ
Lazarenko
　ラザレンコ*
Lazareth　ラザレス
Lazarev
　ラーザレフ
　ラザレフ**
Lazareva　ラザレワ
Lazarević
　ラザーレヴィチ
　ラザレヴィチ
　ラザレビチ
Lazari　ラザリ
Lazarides　ラザリデス*
Lazaridis　ラザリディス
Lazaro
　ラサロ
　ラザロ
　ラッサロ
Lázaro
　ラサロ

Lazaroni ラザローニ
　ラザロニ*
Lazaros ラザロ
　ラザロス
Lazarova ラザロヴァ**
Lazarre ラザレ
Lazarsfeld
　ラザースフェルド*
　ラザーズフェルド
Lazarus
　ラザラス***
　ラザル
　ラザルス***
　ラーツァルス
　ラツァルス
Lazear
　ラザー
　ラジーア
　ラジア
　ラジアー
　ラゼール
　レジア
LaZebnik ラゼブニック
Lazebnik ラゼブニック
Lazell ラゼル
Lazenby
　レイゼンビー*
Lazer
　レイザー
　レーザー
Lazere ラゼール
Lazerson ラザーソン
Lazhar ラズハル
Lazhechnikov
　ラジェーチニコフ
Lazic
　ラジッチ
　ラツィック*
Laziczius
　ラジツィウシュ
　ラジツィウス
Lazier ラジアー
Laziosi ラツィオーシ
László ラズロ
Lazo
　ラーソ
　ラソ*
　ラゾー
Lazovic ラゾヴィッチ
Lazović ラゾビッチ
Lazovskii ラゾフスキー
Lazowick ラゾウィック
Lazreg ラズレグ
Lazutina ラズティナ*
Lazysheep
　レイジーシープ
Lazzarato
　ラッツァラート
Lazzari
　ラザリ
　ラッザーリ
　ラッツァーリ
Lazzarini
　ラザリーニ

Lazzarrini
　ラッツァリニ
Lazzaro
　ラザルス
　ラザーロ*
　ラザロ
　ラッザーロ
　ラッツァーロ
Lazzeri ラゼリ
Lazzeroni
　ラッツェローニ
Lbik ウビク
Lcang skya チャンキャ
Ldy ディ
Le
　ラ
　ラー
　リ*
　リー***
　ル***
　レ***
　レー*
　レイ
Lé レ
Lê
　レ*
　レー
　レイ
Lea
　リー***
　リーア
　リア*
　レア**
Léa レア*
Leabo リーボ*
Leabua レアブア*
Leach リーチ***
Leachman リーチマン
Leacock
　リイコック
　リーコック*
Lead リード
Leadbeater
　リイドビーター
　リード・ビーター
　リードビータ
　リードビーター*
　レッドビーター*
Leadbelly
　レッドベリー
Leadbetter
　レッドベター**
Leadbitter
　リードビター
Leader リーダー
Leadlay リードレイ
Leadsom レッドソム
Leaf リーフ***
Leaffer リーファー
League リーグ*
Leah
　リー*
　リア**
　レア**
　レイア*
Leahey リーヒー

Leahy
　リー
　リーイ
　リーハイ
　リーヒ*
　リーヒー**
　リヒー
　リーヒイ
　レイヒ
　レイヒー
　レーヒー*
　レヒー
Leak リーク
Leake リーク*
Leakey リーキー**
Leaks リークス
Leal
　レアウ
　レアール
　レアル***
Lealand リーランド
Leal Sanches
　レアルサンチェス
Leam リーム
Leaman リーマン*
Leamer リーマー*
Leaming リーミング
Leamted リアムテッド
Lean
　リーン**
　レアン
　レオン
Leancă リャンカ
Leander
　リーアンダー
　リアンダー*
　リーンダー*
　レアンダ
　レアンダー**
　レアンデル
　レアンデル
Leandra リアンドラ
Leandri レアンドリ
Le'Andria
　リアンドリア
Leandro
　リアンドロ
　レアンドロ*
Leandros レアンドロス
Leang リャン
Leaning リーニング
LeAnn
　リーアン
　リアン*
Leann リアン*
Leanna リアーナ
Leanne
　リーアン
　リアン*
　リャーン*
　リーン
Leante レアンテ
Leao レオン*
Leão
　レアオン
　レアン
Leap リープ

Leape リープ*
Leaper リーパー*
Leapman リープマン*
Leapor リーポア
Leapy リーピー
Lear
　リア***
　リアー
　レアー
　レア
Learmonth リアマンス
Learmount
　リアマウント
Learn ラーン
Learned
　ラアネッド
　ラーニッド
　ラーニド*
　ラーネッド*
　ラルネット
　ラールネデ
　ラルネデ
　ラーンド
Learner ラーナー
Lears リアーズ
Leary
　リアリー**
　リアリィ
　レアリー*
Leas リース
Lease
　リース
　リーズ
Leason リーズン
Leasor
　リーサー
　リーザー
　リーソー*
Leassumitrakul
　ロートスミットクーン
Least リースト**
Leath リース
Leatham リーサム*
Leather レザー**
Leatherbarrow
　レザボロー
Leathersich
　レザーシッチ
Leatherwood
　レザーウッド
　レザウッド
Leathes リーズズ
Leatrice
　リアトリス
　リートリス
Leauangkhamma
　ルアンカマ
Léaud
　レオ*
　レオー
Léautaud レオトー**
Leaute レオーテ
Leavander
　レバンダー*
Leavel リーヴェル
Leavell リーヴェル*

Leavens
　リーベンス
　レヴィンズ
Leavenworth
　レヴンウォース
　レブンウォース*
Leaver リーヴァー*
Leaverton
　リーバートン
Leavis
　リーヴィス
　リービス
Leavitt
　リーヴィット*
　リービット*
　レイヴィット
　レーヴィット*
　レヴィット*
　レビット
　レービット*
　レビット***
Leavy
　リーヴィ
　リービ
　リービー
　レヴィ
Lebadang ルバダン*
Le Bail ルバイ
Lebailly ルバイイ
Lebanidze レバニゼ
Lebanov レバノフ
Lebar ルバル
LeBard ルバード
Lebard ルバード
LeBaron レバロン
Lebaron ルバロン
Le Bas ルバ
Lebas
　ルバ
　レバ
　レバス
Lebasque ルバスク
Lebaud ルボー
Lebbe
　レップ
　レブ
Lebbeus レベウス*
Lebbon レボン**
LeBea ル・ボー
Le Beau ルボー
LeBeau ルボー*
Lebeau ルボー
Lebeaume ルボーム
Lebeaux ルボー
Lebech レベック
Lebed'
　レーベジ
　レベジ**
Lebedeff レベデフ
Lebedev
　レーベジェフ**
　レーベジェフ
　レベジェフ**
　レベデフ
　レベデヴ
　レーベデフ**
　レベデフ

Lebedeva
　レーベジェヴァ
　レベジェヴァ
　レーベジェワ
　レベデヴァ
　レベデバ
　レベデワ
　レベデワ**
Lebedynsky
　レベディンスキー
Lebegev レベジェフ
Lebègue ルベーグ
LeBel ルベル
Lebel
　ルベル*
　レベル
Lebél ルベル
Lebell ルベル
Le Bemadjiel
　ルベマジエル
Leben レベン
Lebens レーベンズ
Lebensohn
　レーベンゾーン
　レベンゾーン
　レベンゾン
Lebensztejn
　レーベンシュテイン
Lebentrau
　レーベントラウ
Leber レーバー*
Leberecht
　レーベレヒト
　レベレヒト
Leberer
　レバーラー
　レーベラ
Lebermann
　レーバァマン
LeBert ルバート
Lebert
　レーベルト*
　レベルト
Lebesa レベサ
Lebesco ルベスコ
Lebesgue
　ルベーグ*
　ルベッグ
Lebeshev レベシェフ*
Lebesis レベシス
Lebesque ルベック
Lebesson ルベッソン
Lebet ルベ
Lebeyka レベイカ
Lebhar レブハー
Lebigre ルビグル
Lebl レーブル
Leblan ルブラン
LeBlanc
　ルブラン**
　ルブランク
Leblanc
　ルブラン***
　ルブランク
Leblanc-Boucher
　ルブランブシェ
Leblang ルブラン

Leblich レブリク
Le Blond ルブロンド
LeBlond ルブロンド
Leblond
　ルブロン*
　レブロン
Le Blouch ルブルク
Lebna レブナ
Lebnag レブナグ
Lebo
　リーボ
　レボ
LeBoeuf ルボーフ*
Leboeuf
　ルブーフ
　ルブフ
Lebohang
　レボハン
　レボハング
Lebold レボールド
Le Bon ルボン
LeBon ルボン
Lebon ルボン
Lebonamang
　レボナマン
Leboo レボー
LeBor レボー
Leborg リボルグ
Lebot ル・ボ
Leboucher ルブシェ
Lebourg ルブール
Le Bourhis ルブリス
Lebouthillier
　ルブティリエ
Lebovic レボヴィック
Lebovici レボヴィシ
Lebow
　リボー
　ルボー*
　ルボウ
　ルボウ
Lebowitz
　レボウィツ
　レボウィッツ*
Leboyer
　ルボワイエ
　ルボワイエ**
　ルボワイエール
Lebra
　リーブラ
　リブラ*
　レブラ
Lebran ルブラン
Lebranchu
　ルブランシュ
Lebrecht
　レブレクト
　レーブレヒト
　レブレヒト*
Lebret ルブレ
Le Breton レブレトン
Lebreton ルブルトン
LeBron レブロン*
Le Brun ルブラン
Lebrun ルブラン***
Lebuin レブイン

Lebuinus レブイーヌス
Leburton
　ルビュルトン
　ルブルトン
Lebziak レブジアク*
Lec レッツ
Leca
　ルカ
　レカ
Lecaillon ルカイヨン
Lecanuet ルカニュエ*
Lecapenus
　レカペヌス
　レカペノス
Lecaros レカーロス
Lécavelé レカブレ
Lecaye
　ルカイユ
　ルカーユ
Lecce レッチェ
Leccia レスィア
Lecercle ルセルクル*
Lecerf ルセルフ
Lech
　レッヒ
　レフ**
Lechan ルカン
Lechard レッカード
Lechasseur レシャソー
Lechat レヒャト
Le Chatelier
　ルシャトリエ
Lechenperg
　レッヒェンベルク
Lecher
　レッハー
　レッヒャー*
Lechermeier
　ルシェルメイエル
Lechevalier
　ルシュヴァリエ
LeChevallier
　ルシュヴァリエ
Lechín レチン
Lechler
　レクラー*
　レヒラー
Lechner
　レクナー
　レヒナー
　レヒナー**
　レヒネル
Lechoń
　レーホニ
　レホニ
　レホン
Lecht レクト
Lechte レヒテ
Lechtenberg
　レヒテンバーグ
Lechter
　レクター*
　レヒター
Lechtman レクトマン
Lecia レシア
Lečić レチッチ
Lecjaks レツヤクス

Leck レック
Leckart レッカート
Lecker レッカー
Leckey レッキー
Leckie
　レキー
　レッキー**
Leckman レックマン
Leckombaloumeto-
pombo
　レコンバルメトポンボ
Leckridge
　レックリッジ
Lecky
　レッキ
　レッキー
LeClair
　ルクレーア
　ルクレール
Leclair ルクレール
LeClaire ルクレア
Leclaire
　ラクレア*
　ルクレーア
　ルクレール*
Leclanché
　ルクランシェ
Lecler ルクレール
Le Clerc ルクレール
Leclerc
　ルクレール***
　ルクレルク
　ルクラーク
　ルクレール
LeClercq ルクレア
Leclercq
　ルクレール***
　ルクレルク
Leclére ルクレール
Leclerre ルクレール
Le Clos
　ルクロス*
　ルクロー
Lecluse ルクルス
Lécluse レクリューズ
Lecocq ルコック
Lecoeur ルクール
Lecointre
　ルコワントル
LeCompt ルコンプ
LeCompte ルコント*
Lecomte
　ルコント**
　レコムテ
Le Conte ルコント
Leconte ルコント**
Le Coq ルコック*
LeCoq ルコック
Lecoq
　ル・コック
　ルコック*
Le Corbusier
　ルコルビュジエ
Le-Corbusier
　ルコルビュジエ
Le Corguille
　ルコルギーユ

Le Corre ルコレ
Lecoufle ルクフル
Lecours ルクール
Lecourt ルクール*
Lecourtois ルクルトワ
Le Couteur
　ルクーター
LeCouteur ルクーター
Lecouteux ルクトゥ
Lecouvreur
　ルクーヴルール
　ルクヴルール
　ルクブルール
Lecrae ルクレー
Lecraw ルクロウ
Lécrivain レクリヴァン
Lécroart レクロアール
Le Crom ルクロン
Le Cron
　ルクロン
　レクロン
Lecrubier
　ルクリュビュ
　ルクルビエ
LeCun ルカン
Lecuona
　レクオーナ
　レクオナ
Lécureur レキュルール
Lecuyer
　ルキィエ
　レキュイエール
　レキュエー
L'Ecuyer ルクヤー
Lécuyer レキュイエ
Leda
　レーダ*
　レーダー
　レダ*
Ledan レダン
Ledbetter
　レッドベター*
Ledd ラッド
Ledda レッダ**
Ledden レダン
Ledderose レダローゼ
Leddy レディ
Le Déaut ルデオ
Ledebour
　レーデブーア
　レーデブール
Ledebur
　レデバー
　レーデブール
Ledecka レデツカ
Ledecká レデツカ
Ledecky レデッキー**
Ledeen
　リーディン
　レディーン
Leder
　リーダー
　レーダー
　レダー*
Lederach レデラック

Lederberg
 リーダーバーグ
 レーダーバーク
 レーダーバーグ**
 レダーバーグ
Lederer
 レダラー
 レーデラー*
 レデラー*
 レデレル*
 レドラー*
Lederhandler
 レダーハンドラー*
Lederle レーデルレ
Lederman
 レイダーマン
 レーダーマン**
 レダーマン*
Ledermann レダーマン
Ledesma レデスマ
Ledet レデット
Ledeux ルドゥー
Ledezma レデスマ
Ledford レドフォード
Ledgard
 レジャード
 レッドガード
Ledger
 レジャー
 レッジャー
Ledi レーディー
Ledian レディアン
Ledig レーディヒ
Ledin レディン
Ledley
 レドリー*
 レドレー
Ledner レドナー
Lednev レドネフ
Lednicky レドニッキー
Ledóchowska
 レドゥホフスカ
 レドホーフスカ
Ledochowski
 レドチャウスキー
Ledóchowski
 レドゥホーフスキー
 レドゥホフスキ
 レドホーフスキ
Ledogorov レドゴロヴ
Ledón レドン
Le Dorze ルドールズ
Le Douarin
 ルドアラン
 ルドワラン
LeDoux
 ルドー
 ルドゥー
 ルドゥー
Ledoux
 ルド
 ルドー
 ルドゥー*
Ledovskaya
 レドフスカヤ*
Ledoyen
 ルドワイエン
 ルドワイヤン

LeDray レドレイ
Le Drian ルドリアン*
Ledroit ルドロワ
Ledru ルドリュ
LeDuc ルデュク
Leduc
 ルダック
 ルデュク
 ルデュック*
 ルデュク
 レドゥク
Ledwidge
 レッドウィッジ
 レドウィッジ*
Ledwith レドウィズ
Ledwon レドウォン
Ledy レディ
Lee
 イ**
 イー
 リ*
 リー***
 リィー
 リイ
 レー
Lee-Ann リーアン
Leeb
 リーブ
 レーブ
 レーブ
Leebaert リーバート
Leebov リーボフ
Leece リース*
Leech リーチ***
Leed リード*
Leeder
 リーダー
 レーダー
Leedom リーダム
Leeds
 リーズ*
 リード
Leedy
 リーディ
 リーディー
Leefeldt リーフェルド
Lee-Gartner
 リーガートナー
Leegte レーフテ
Lee Hang リーハング
Lee-hom リーホン
Lee-jay リージェイ
Leek リーク
Leekam リーカム
Leekens レーケンス
Lee Know リノ
Leekpai リークパイ*
Lee-kyung イギョン
Leela
 リーラ*
 リーラー
 リラ
Leelasithorn
 リーラシトン
Leelawati
 リーラワティー

Leelee リリー*
Lee-lo リーロー
Leeman リーマン*
Leeming リーミング*
Leen
 リーン*
 レーン*
Leena
 リーナ*
 レーナ**
Leenders リーンダーズ
Leendert
 レーンデルト*
Leene レーネ
L'Eengle レングル
Leenhardt
 リーンハルト
 ルアンハルド
 レーナール
 レナール
 レーナルト*
Leenstra
 レーンストラ*
Leeper リーパー
Leer
 リー
 リール
 レール
Leers レールス
Lees
 リー
 リース
 リーズ**
 レース
Leesavavech
 リーサウァウェット
Leese リース
Leeser
 リーサー
 リーザー
Leeson
 リースン*
 リーソン**
Leestma
 リーストマー*
Leeswadtrakul
 リーサワットラクーン
Leet リート
Leete リート
Leeteuk イトゥク
Lee-tzsche リーチェ*
Leeuw
 ルー
 レーウ**
 レーヴ
 レーエフ
 レオ
Leeuwen
 リューベン*
 ルーワン**
 レイヴェン
 レイバン
 レーウェン
 レーウエン
Leeuwenburgh
 リーウェンバーグ
Leeuwenhoek
 リューベンフック
 レーウェンフック

レーウェンフク
レーヴェンフック
レーヴェンフック
レウエンフック
Leever
 リーヴァー
 リーバー
Leeves リーヴス
Leevi レーヴィ
Lee-Wright リーライト
Lefaivre ルフェーブル
Le Fanu
 レファニウ
 レファニュ
LeFanu レファニュ
Lefaucheur
 ルフォシュール
Lefaucheux
 ルフォシュー
 ルフォーショー
Lefay ルフェー
Lefco レフコ*
Lefcourt レフコート*
Lefcowitz
 レフコビッツ
Lefèbre
 ルフェーブル
 レフェブレ
Lefebure
 レフェビュア
 レヘビウール
Lefébure
 ルフェビュール
 ルフェブール
Lefebvre
 ラフィーヴァー
 ラフィーバー
 ルフェーヴル**
 ルフェビュール
 ルフェーブル***
 ルフェブル
 レイフェイブル
 ルフェーブル
 レフェブル
 レヘブゥル
Lefèbvre
 ルフェーヴル*
 ルフェーブル
 ルフェブル
Lefeld レフェルト
Lefert ルフェール*
LeFever
 ラフィーヴァー
LeFevre
 ルフィーヴァ
 ルフィーヴル
Lefevre
 ルファーブル
 ルフェーブル*
 ルフェーブル*
 ルフェブル
Lefévre ルフェーヴル
Lefèvre
 ルフェーヴル***
 ルフェーブル*
 ルフェーブル
Leff レフ
Leffa ルファ

Lefferts レファーツ*
Leffingwell
 レフィングウェル*
Leffler
 レッフレル
 レフラー*
 レフレル
Leffson レフソン
Lefkovits レフコビッツ
Lefkovitz
 レフコビッチ
 レフコビッツ
Lefkowith
 レフコウィッツ
Lefkowitz
 レフコウィッツ*
Leflar レフラー**
Lefler レフラー
Lefley レフリー
LeFloch ルフロック
Le Flore ルフロア
LeFlore ルフロア
Lefoll ルフォル
Lefor リフォー
LeForce レフォース
Leford ルフォール
Le Fort ルフォール
Lefort
 ルフォール***
 ルフォル
 ルフォールト*
Lefoulen レフォーレン
Lefranc ルフラン
Lefrane ルフラン
Lefrant レフラント
Lefschetz レフシェッツ
Left レフト
Lefter レフテル
Lefteri レフテリ
Leftwich
 レフトウィッチ
Lefty レフティ*
Lefuel ルフュエル
Léga レーガ
Legal レーガル
Le Gallienne
 ルガリアンヌ
Legallois
 ルガロア
 ルガロワ
Legarda
 レガータ
 レガルタ
 レガルダ
Legare レガーレ
Legaré レグリー
LeGarrette
 レギャレッテ
Legaspi レガスピ
Legat レガート*
Legato レガト
Legatt レガット
Legault ルゴール
Legaut レゴ

Legay ルゲ／ルゲイ	Legizi レジシ	Leguía レギーラ／レギア	Lehnerer レーネラー	Leibbrandt ライブラント
Legaz レガス	Legkobit レグコビット	Leguillier レギュイエ	Lehnert レーナルト／レーネルト	Leibel レイベル
Legazpi レガスピ	Legkobyt レフコービット	Léguillier レギュイエ	Lehnerts レーナーツ	Leibelt ライベルト
Legeai ルジェ	Legkov レグコフ*	Le Guin ルグウィン	Lehnertz レーネルツ	Leibengrub レイベンクルブ／レイベングルブ／レイベングルブ
Legéay ルジェー	LeGlatin ル・グラテン	Leguizamo レグイザモ*	Lehnhardt レーンハルト	
Legend レジェンド*	Legler レグラー	Leguizamon レギサモン	Lehning レーニング	Leibenstein ライベンシュタイン／ライベンスタイン
Le Gendre ラジェンドル／ルジャンドル／レジャンダー	Leglib ルグリブ	Legvold レグボルト／レグボルド	Lehninger レーニンジャー*	
	Legman レグマン			Leibenzon レイベンゾン
	Legna レグナ*／レナ		Lehoczky レホッキー	Leiber ライバー**／リーバー*／レイバー*
Legendre リゼンド／ルジャンドル**	Legnaghi レニャーニ	Legwinski ルグビンスキー	Lehodey ルオデ／ルオデー	
Legêne ルジェーヌ	Legnani レニャーニ	Legzimbalouki ルグジムバルキ	Lehofer レーホーファー	Leibholz ライブホルツ*
Legeno レジェノ*	Legnica レグニツァ	Lehaci レハチ	Lehohla レホラ	Leibing リービング
Legent レゼント	Legnicy レグニツィ	Lehan リーハン	Lehr レーア*／レア／レアー／レイア**／レール	Leibinger ライビンガー
LeGentil ルジャンテル	Lego レゴ	Lehane ルヘイン**／レハン／レヘイン**		Leibl ライブル／ライブル／レイブル
Legentil ルジャンティ	Legocky レゴツキ*			
Leger リージャー*／ルジュール／レジェ／レジェー／レジャー*	Le Goff ルゴフ	Lehár レハール*	Lehrach リーラック	Leibling リーブリング
	Legoherel ルゴエレル	Lehata レハタ	Lehrer レーラー***	Leibman リーブマン*／レブマン
	Legora レゴラ	Lehbrink レーブリンク	Lehrman ラーマン／リーマン／レイアマン／レーマン／レールマン	
	Legorreta レゴレッタ**	Lehdonvirta レードンヴィルタ		Leibniz ライプニツ／ライブニッツ／ライプニッツ*
Léger レジェ***／レジェー／レジェール	Le Gougne ルグーニュ	Lehel レヘル		
	Legouis ルグイ	Le Héno ルエノ	Lehrs レールス	Leibold リーボールド／リーボルド
Legeron レジュロン	Legouvé ルグーヴェ／ルグヴェ	Leh-er リーアル	Lehtela レヒテラ	
Légeron レジュロン*	Legrain ルグラン	Lehesmaa レヘスマア	Lehtelä レーテラ	Leibovici レイボヴィッチ
Legerstee レガァスティ	Le Grand ルグラン	Lehfeldt レーフェルト	Lehtimäki レフティマキ	Leibovitz ライボヴィッツ／リーボヴィッツ／リーボビッツ**
Legese レゲセ	Legrand リグランド／ルグラン***／ルグランド	Lehigh リハイ	Lehtinen レーチネン／レティネン*／レヒティネン／レヘティネン	
Legesse レゲセ		Lehikoinen レヒコイネン		
Legewie レゲヴィー		Lehl レール*		Leibowitz ライボビッツ／リーボビッツ／レイボーヴィツ／レイボヴィツ／レイボビッツ／レーボヴィツ／レーボビッツ
Legeza レゲザ	Legrant ルグラン	Lehm レーム	Lehto レート**／レートー／レヒト	
Legg レッグ	Legras ルグラ	Lehman リーマン**／レーマン***		
Leggatt レガット／レッグガット	Legre レグレ		Lehtolainen レヘトライネン**	
Legge レッグ*／レッゲ	Legrenzi レグレンツィ	Lehmann リーマン**／レイマン／レエマン／レーマン***／レマン	Lehtomäki レヘトマキ	Léibral リベラル
	Legrenzio レグレンツィオ		Lehtonen レートネン／レヒトネン**	Leibrandt リーブラント
Legget レジット	Legris ルグリ*	LeGros ル・グロス／ルグロス／レグロス	Lehu レフ	Leibrock レイブロック
Leggett リゲット／レゲット**	LeGros ル・グロス／ルグロス／レグロス		Lei レイ*	Leibuch レイブシュ
Leggewie レゲヴィー*			Leia レア	Leibzon レイブゾン
Legh リー／レグ	Legros ルグロ*	Lehmbruch レームブルフ*／レームブレフ	Leialoha レイアロハ	Leicestea レスター
Leghari レガリ**	Legrottaglie レグロッタリエ	Lehmbruck レームブルク／レームブルック／レーンブルック／レンブルック	Leiataua レイアタウア	Leicester ライセスター／レスター*
Leghorn レグホーン	Legs レッグス		Leib ライブ／ライブ*／リーブ*／リーブ／レイブ／レイブシュ	
Legien レギーン／レジェン	Legson レグソン			
	Legs pa レグパ			Leichhardt ライカート／ライヒハルト
Légier レジエ	Legs pa'i レクペ	Lehmer レーマー*		
Leginska レギンスカ／レジンスカ	Legters レグターズ	Lehmkuhl レームクール**		
	Le Guat ルガ	Lehmkuhle レムクール		
Legit レジット	Leguay ルゲ／ルゲー*	Lehmus レームス		
Légitimus レジティーミュ	Leguellec ルゲレク	Lehn レーン*		
	Le Guen ルゲエン*	Lehndorff レーンドルフ		
	Leguere レゲール	Lehne レーネ		Leichman ライヒマン
	Leguezim-balouki ルグジムバルキ	Lehner レイナー／レーナー*	Leibbrand ライブブラント	

Leichsenring レイクセンリング
Leichtentritt ライヒテントリット*
Leichtfried ライヒトフリード
Leick レイク
Leiden ライデン* / レイデン
Leidenfrost ライデンフロースト
Leider ライダー* / レイダー
Leiderman リーダーマン / レイダーマン
Leidl ライドル
Leidradus レイドラドゥス
Leidy ライディ / レデー
Leier ライヤー
Leif ライフ / リーフ** / レイヴ / レイフ** / レーフ*
Leifer ライファー / リーファー
Leiferkus レイフェルクス*
Leifert ライファート
Leifield リーフィールド
Leifs レイフス / レーフス
Leigh ライ / リー*** / リイ* / レイ*** / レイフ
LeighAnn リーアン
Leigh-Pemberton リーペンバートン
Leight ライト
Leighton ライトン / リートン / レイトン** / レートン
Leighty ライティ
Leijgraaf レイグラフ
Leijonborg レイヨンボリ
Leijonhufvud レイヨンフーヴッド / レイヨンフーヴッド / レイヨンフーフブッド
Leikin レーイキン
Leiknes レイクネス
Leil レイル

Leila ライラ* / リーラ*** / レイラ***
Leïla レイラ**
Leilis レイリス
Leilius レイリウス
Leiman ライマン
Leimbach ライムバハ / ラインバック*
Leimena レイメナ
Leimer ライマー
Leinberger ラインベルガー
Leiner レナー
Leinfelder ラインフェルダー*
Leinfellner ラインフェルナー
Leingkone レインコネ
Leinil レイニル
Leininger ライニンガー / レイニンガー / レニンガー* / レニンジャー
Leino レイノ**
Leinsdorf ライスドルフ / ラインスドルフ*
Leinster ラインスター*
Leinwand レインワンド*
Leinweber ラインウエベル
Leip ライプ*
Leipart ライパルト
Leiper レイパー*
Leipert ライベルト
Leipertz ライベルツ
Leipheimer ライファイマー
Leipleire レプレール
Leipnitz ライプニッツ
Leipold ライポルト**
Leipoldt ライポルト
Leir リア
Leire レイレ
Leiris ライリー / レーリス / レリス**
Leisching レイシング
Leisegang ライゼガング
Leisel リーゼル*
Leisen ライゼン / リーゼン
Leiser ライザー*
Leisering ライゼリング
Leiserson ライザーソン

Leisewitz ライゼヴィッツ
Leishman リーシマン / リーシュマン / レーシュマン
Leisi ライジー / ライズィ*
Leisinger ライジンガー
Leisler ライスラー
Leisner ライスナー / ライズナー
Leiss ライス / リース
Leist ライスト
Leisten レイステン
Leister ライスター*
Leistikow ライスティコー
Leistner ライストナー
Leisure ライジャー / リージャー / レージャー
Leisy ライジー
Leitao レイタォン
Leitão レイタウ / レイタオ / レイタン
Leitão Marques レイタンマルケス
Leitch ライチ / ライチュ / リイチ / リーチ** / レイチ
Leite レイテ*
Leiter ライター***
Leites レイテス
Leitgeb ライトゲープ
Leith ライス / リース** / レイス
Leithauser ライトハウザー
Leithe ライテ
Leithead ライトヘッド
Leitich ライティック* / ライティヒ
Leitl ライトル
Leitman ライトマン
Leitmann ライトマン
Leitner ライトナー*** / レイトナー
Leïty レイティ
Leitz ライツ
Leitzel レイツェル
Leitzelar レイツェラル
Leiva レイヴァ

Leivas レイバス
Leivick ライヴィク / レイヴィック
Leiviskä レイヴィスカ / レイビスカ
Leivo レイボ
Leiwakabessy レイバカベシー
Leizarrage レイサラガ
Leja レジャ / レーヤ*
Lejaren ルジャーレン / レジャレン* / レヤーレン
Lejarreta レハレタ
Lejay ルジェー
Lejeun ルジュアン
Lejeune ルジュウン / ルジューヌ* / ルジュヌ* / ルジューン* / ルジュンヌ** / レジューヌ / レジュネ* / レジューン
Le Joly レジョリー
Lejon レイヨン
Leka レカ*
Lekachman リーキャッシュマン / ルカッチマン / レカッチマン
Lekai レッカイ
Lekain ルカン
Lekakis レカキス
Lekchalëv レクチャリョフ
Leke リーケ
Lekene レケネ
Leketekete レケテケテ
Lekeu ルクー
Lekh レク
Lekhak レカク
Lekhanya レハンヤ**
Lekhetho レケト
Lekhina レキーナ
Lekhnāth レクナート
Lekholm レックホルム
Leki レキ
Lekić ルキチュ
Lekishvili レキスヴィル
Leklem レクラム
Leko レコ*
Lekonhard レオンハルト
Lekota レコタ**
Lekoundzou レクンズ
Leksell レクセル
Lekue レクエ

Lekuton レクトン
Leky レーキー
Lel レル
Lela リーラ / レラ*
Leland リーランド*** / リランド / ルランド* / レランド
Lelarge ルラルジュ
Lelchuk レルチャック*
Lel'chuk レリチュク
Lele レーレ / レレ
Lelei レレィ
Leleti レレティ*
Leleu ルルー
Leleux ルルー*
Lelévich レレーヴィチ
Lelewel レレウェル / レレヴェル / レレバル / レレベル
Lelia レリア
Lélia レリア
Le Lidec ルリデック
Lelie ラリー
Lelieveld レリーフェルト
Lelièvre ルリエーヴル*
Lelio レーリオ / レリオ**
Lelito レリト
Lelkes レルケシュ / レルケス*
Lella レッラ / レラ / レルラ
Lellenberg レレンバーグ
Lelli レッリ
Lello レッロ* / レロ
Lellouche ルルーシュ*
Leloba レロバ
Leloir ルロアール* / ルロワール / ルロアール / レロワール
Leloire ルロワール
Lelong ルローン / ルロン** / レロン
Lelord ルロール*
Lelotte ルロット
Lelouch ルルーシュ*
Leloup ルルー

Le Luron ルリュロン
Lely
　リーリ
　リーリー
　リリー
　レーリ
　レーリー
　レリ
　レリー*
Lély レリー
Lelyveld
　リリーヴェルド
　レリベルド*
Lem レム***
Lema レマ
Lemagny ルマニー*
Lemahieu
　ラメイヒュー
Lemaine ルメーヌ
Le Maire ルメール
Lemaire ルメール***
Lemaistre ルメートル
Lemaitre
　ルメエトル
　ルメートル**
　ルメトール
Lemaître ルメートル*
Lemalu レマル
Lemamea レマメア
Leman
　リーマン**
　ルマン*
　レーマン
Lemani レマニ
Lemann レマン*
Lemanski
　レマンスキー
Lemar ルマル
Lemarchand
　ルマーチャンド**
Lemarchant
　ルマルシャン
LeMare ルメール
Lemare レメーア*
Le Maréchal
　ルマレシャル
Lemarechal
　ルマルシャル
Lemaréchal
　ル・マレシャル
　ルマレシャル
Lemarque ルマルク*
Lemass レマス
Lemasset ルマセ
Lemasson ルマソン
LeMaster ルマスター
Lemaster レマスター
Le May ルメイ
LeMay ルメイ*
Lemay
　リメイ*
　ルメー
　ルメイ*
Lembach ルンバック
Lembalemba
　レンバレンバ

Lembcke レムケ
Lembeck レンベック
Lembecke レンベッケ
Lemberg
　レンバーグ*
　レンベリ
Lembke レンブケ
Lembo レンボー
Lembong レンボン
Lembos レンボス
Lembourn レンボーン
Leme レーメ
Lemechev レシチェフ
Lemel ルメル
Lemelin ルムラン*
Le Men ルメン
Lemeni レメーニ
Lemercie
　ルメルシェ
　ルメルシエ
Lemercier
　ルメルシェ
　ルメルシエ**
Lemerle ルメルル*
Lemerre ルメール*
Lemert レマート*
Lemery
　レマリー
　レメリー
Lémery
　ルメリ
　ルムリ
　ルムリー
Lemeshev レメシェフ
Lemeshow レメショウ
Lemesurier
　ラメジャラー*
　ルメジュラー
Lemêtre ルメートル
Lemière リュミエール
Lemierre
　ルミエール**
Lemieux
　ルミュー*
　ルミュ
　レミュー*
Lemin レーミン
Lemina
　ラミーナ
　レミナ
Lemine
　ラミーン
　レミーン
　レミン
Lemioux
　ルミュー
　レミュー*
Lemire
　ルミール*
　レミア
　レミレ
Lemish レミッシュ
Lemke
　レムキー
　レムケ*
　レンケ
Lemkin レムキン

Lemkow レンコー
Lemkulj レムクリ
Lemma レンマ
Lemme
　レム
　レンメ
Lemmen レンメン
Lemmens
　レッメンス*
　レマンス
　レメンス
　レンメンス
Lemmer
　レンマー
　レンメレ
Lemming レミング
Lemminkäinen
　レンミンカイネン
Lemmon レモン***
Lemmy レミー*
Lemnaru レムナル
Lemnitz
　レムニツ
　レムニッツ
Lemnitzer
　レムニツァー*
Lemnius レムニウス
Le Moine レモイネ
Lemoine
　リモワーヌ
　ルモアーヌ
　ルモアヌ
　ルモアンヌ
　ルモワーヌ*
　ルモワン
　ルモワンヌ*
　レモイネ
　レモワン
Lemon レモン***
LeMond
　ルモンド
　レモン
Lemond
　レモン
　レモンド
Lemonick
　ルモニック
　レモニック
Lemonier
　ルモニエ
　レモニアー
Lemonnier
　ル・モニエ
　ルモニエ
Lemons レモンズ
Lemont レモント
Lemony レモニー**
Lemos レモス*
Lemot ルモ
Lemov レモフ
Lemoyne
　ルモアーヌ
　ルモワーヌ
　レモワン
Lemp
　レムプ
　レンプ

Lempen ラムペン
Lemper レンバー*
Lempereur
　ランプルゥ
　ランペラー
Lempert
　ランパート
　レンペルト
Lempicka
　レムピツカ
　レンピツカ
　レンピツカ*
Lempicki レムピキ
Lempinen レンピネン
Lempp
　レムプ
　レンプ
Lempres レンプレス
Lemrabott
　レムラボット
Lemuel
　ラムエル
　リームエル
　レミュエル
　レムエル
LeMuet ル・ミュエ
Lemus レムス*
Lemyre レミール
Len
　レイ
　レン**
Lena
　リナ**
　レーナ*
　レナ***
Lenaerts レナールツ
Lenain ルナン
Lenard
　レナード*
　レーナールト*
　レーナルト*
　レナールト
　レナルト
　レナルド
Lenárd レナールト
Lenart レナルト
Lenárt レナルト
Lénárt レーナールト
Lenat
　レナート*
　レナト
Lenau
　レエナウ
　レーナウ*
　レナウ
Lenbach
　レーンバッハ
　レンバッハ
　レーンバハ
　レンバハ
Lench レンチ
Lencina レンシナ
Lencioni
　レンシオーニ*
Lencker レンカー
Lenclos ランクロ*
Lenčo レンチョ

Lency レンシー
Lenczowski
　レンツォウスキー
Lender レンダー
Lenders レンダース
Lendinara
　レンディナーラ
　レンディナラ
Lendl レンドル*
Lendle レントレ
Lendt レント*
Lendvai
　レンドヴァイ*
　レンドバイ*
Lendvay レンドヴィー
Lene
　リーナ**
　リーネ**
　ルネ
　レナ
　レナ*
　レーネ*
　レネ**
Lenehan レネハン
Lenel レーネル
Lenepveu ルヌヴー
Le Nepvou ルネプブー
Lener ルネル
Léner
　レナー
　レーネル
Leñero レニェーロ
Lenéru レネル
Lenerz リナーズ
Leneve レネフェ
Leneveu ルヌヴー
Leney レーニー
Lenfant ランファン
L'Enfant ランファン
Lenferink
　レンファーリンク
Leng
　リン
　ルン
　レン
　レング*
Leng Beng レンベン*
Lengborn
　レングボルン
Leng Chan レンチャン
Lengel
　レンゲル
　レンジェル
Lengeling
　レンゲリング
Lenginour レンジノー
L'Engle
　ラングル
　レングル
Lenglen
　ラングラン
　ランラン
Lengomo レンゴモ
Lengrand ラングラン
Lengsavad
　レンサワット

Lengsavat
　レンサワット*
Leng-xi レンシー
Lengyel
　レンギル
　レンジェル**
Lenhard
　レナード
　レンハード
　レンハルト
Lenhardt レンハード
Lenhart
　レンハート*
　レーンハルト*
Lenhartz レンハルツ
Leni
　レーニ
　レニ**
　レニー
Lénia レニア
Lenica
　レニツァ
　レニッツァ
Lenier レニエル
Lenihan レニハン*
Lenin レーニン**
Lenín レニン*
Lénin
　レエニン
　レーニン
　レニン
Lenine レニーニ
Lenior ルニア
LeNir レニール
Lenita レニタ
Leniu レニウ
Lenk レンク**
Lenka レンカ
Lenkeffy レンケフィ
Lenker レンカー
Lenkov
　レンコヴ
　レンコフ
Lenku レンク
Lenman レンマン
Lenn レン
Lenna レナ
Lennant レンナート
Lennard レナード*
Lennart
　レオナルト
　レナート**
　レナルト***
　レンナット
　レンナート***
　レンナルト
Lennartz レナルツ
Lennat レナート
Lenné レネ
Lenneberg レネバーグ
Lennecke レネッケ
Lennep
　レネップ*
　レンネップ
　レンネプ
Lennert レンネルト

Lennerz レンネルツ
Lenngren
　レングレーン
　レングレン
Lennhoff レンホフ
Lenni レニ*
Lennie
　レニー*
　レンニエ
Lennig レニッヒ
Lennington レニントン
Lennix レニックス
Lennon レノン**
Lennox
　レノックス***
　レンノックス
Lenny
　レニ
　レニー**
Leno
　リーノー
　レノ*
LeNoir ルノワール
Lenoir
　ルノアール
　ルノワール**
Lenora
　レノーラ
　レノラ
Lenore
　レノー
　レノア*
　レノール
Lenormand
　ルノルマン*
　レノルマン
Lenormant ルノルマン
Lenos
　レノ
　レノス
Le Nôtre ルノートル
Lenotre ルノートル
Lenôtre ルノートル*
Lenox
　レノス
　レノックス
Lenrie レンリー
Lens
　レンス
　レンズ
Lensch レンシュ
Lensen レンセン
Lenser レンザー
Lensi レンズィ
Lenski
　レンスキ
　レンスキー*
Lenskii レンスキー
Lenskold
　レンズコールド*
Lenskyj レンスキー
Lensment
　レンズメント
Lenson レンソン
Lenssen レンセン*
Lent レント**
Lente レンテ

Lenteren レンテン
Lenthall レントール
Lentin ランタン
Lentini レンティーニ
Lento レント
Lenton レントン
Lentricchia
　レントリッキア**
Lents レンツ
Lentsch レンチュ
Lentsner レンツナー
Lentulov
　レントゥーロフ
Lentulus
　レンツルス
　レントゥルス
Lentz
　ランツ
　レンツ**
Lenval ランヴァル
Le Ny ルニ
Leny レニー
Lenya
　レーニア
　レニア
　レーニャ*
　レニヤ
　レンヤ
Lenz
　レンズ
　レーンツ
　レンツ***
Lenze レンツェ
Lenzen
　レンゼン
　レンツェン
Lenzewski
　レンゼフスキ
Lenzi
　レンジ
　レンズィ
Lenzner レンツナー
Leo
　リー
　リーオ
　リオ**
　レー
　レーオ*
　レオ***
　レフ
Leó
　レオ
　レオー
Léo レオ***
Leob
　レオブ
　レーブ
Leocadio レオカディオ
Leocadis レオカディス
Leochares
　レオーカレース
　レオカレス
Leociak レオチャク
Leocritia
　レオクリティア
Leodegarius
　レオデガリウス
Leodiensis
　レオディエンシス

Leodis レオディス
Leodolter
　レオドルター
Leofranc リオフランク
Leokadia レオカディア
Leokum
　リーオウクム
　レオクム
　レオックム
Leola レオラ
Leombruno
　レオンブルーノ
Leo Moggie
　レオモギー
Leon
　リーアン
　リアン
　リーオン*
　リオン*
　レオ
　レオーネ
　レオーン
　レオン***
León レオン***
Leōn レオン
Léon レオン***
Lèon レオン
Leona
　レオーナ
　レオナ**
Leon Alarcon
　レオンアラルコン
Leonard
　リオナード
　リナード
　レオナード***
　レオナード*
　レオナルド
　レオナルト
　レオナルト***
　レーオンハルト
　レオンハルト
　レーナード
　レナード***
　レニー
　レン
Léonard レオナール*
Leonarda レオナルダ
Leonardas
　レオナルダス
Leonardi
　レオナルディ*
Leonardina
　レオナルディナ
Leonardo
　ルオナルド
　レオ
　レオナルド***
Léonardo レオナルド
Leonardovna
　レオナルドヴナ
Leonardus
　レオナルドゥス
　レーオンハルト
　レオンハルト
Léonarl レオナール
Leoncavallo
　レオンカヴァッロ*

　レオンカヴァロ
　レオンカヴァロ
　レオンカバッロ
　レオンカバルロ
　レオンカバロ
Leonce レオンス*
Léonce
　レオーンス
　レオンス**
Leonchuk
　レオンチュク
Leoncio レオンシオ*
Leone
　リオン
　レオーヌ
　レオーネ**
　レオネ**
　レオン*
Leonel
　リオネル
　レオネル**
Leonelli レオネリ
Leonello レオネッロ*
Léon-Emmanuel
　レオンエマニュエル
Leonesa レオネサ
Leonetta レオネッタ
Leonetti レオネッティ
Leonetto レオネット
Léonforte
　レオンフォルト
Leong
　リオング
　リョン*
　リョング*
　レオン*
　ロン*
Leonhard
　レオナード
　レオナール
　レオナルト
　レオナルド
　レオンハート
　レーオンハルト*
　レオーンハルト
　レオンハルト***
　レナード
Leonhardsen
　レオナルドセン
Leonhardt
　レーオンハルト*
　レオンハルト***
　レナード
Leonhart
　レオンハート
　レオンハルト
　レンハート
Leonholm
　レーンホルム
Leoni
　レオ
　レオーニ**
Leonia レオニヤ
Leoniceno
　レオニチェノ
Leonid
　レオニイド
　レオニダス
　レオニット
　レオニート*

レオニード***
レオニト
レオニード***
レオニドゥ
Leoníd レオニード
Leonida
　リオニダ
　レオーニダ
　レオニーダ
　レオニダ*
　レオニト
Leonidas
　リオニダス
　レオーニダース
　レオニーダース***
Leōnidas
　レオーニダース
　レオニダス
Leonide
　レオニード
　レオニド
Léonide
　レオニード
　レオニド
Leōnídēs
　レオーニデース
　レオニデス
Leonidis レオニダス
Leonidov
　レオニードフ*
Leonidovich
　レオニードヴィチ*
　レオニードヴィチ
　レオニードヴィッチ*
　レオニードビチ
　レオニードビッチ*
　レオノヴィチ
Leonidovna
　レオニードヴナ
　レオニードブナ
Leonidze レオニゼ
Leonie
　レオーニ
　レオニ**
　レオニー***
Léonie レオニー**
Leonila レオニラ
Leonilde レオニルデ*
Leonilla レオニラ
Leonilson
　レオニウソン
Leoninus
　レオナン
　レオニーヌス
　レオニヌス
Leonius レオニウス
Leonkin レオンキン
Leonnatos
　レオンナトス
Léonnec レオネック
Leonoir レオノール
Leonor
　リオノール
　レオノール**
　レオノル
　レオノル
Léonor レオノール
Leonora
　レイノーラ

レオノーラ***
レオノラ
レノーラ
Leonore
　リアノー
　リオノ
　リオノア
　レオノー
　レオノーア
　レオノア
　レオノール
　レオノール*
Leonov
　レオノヴ
　レオーノフ***
　レオノフ
Leonova
　レオーノヴァ
　レオノワ*
Leonowens
　レオノーウェンス
　レオノーウェンズ
　レオノウェンス*
　レノウェンズ
Leonsis レオンシス
Leonskaja
　レオンスカヤ*
Leonskaya
　レオンスカヤ
Leonte レオンテ
Leontev
　レオーンチエフ
Leont'ev
　レオンチェフ
　レオンティエフ
Leont'eva
　レオンチェワ
　レオンチュワ
Leont'evich
　レオンチェヴィチ
Leontiades
　レオンティアデス
Leontiadēs
　レオンティアデス
Leontias
　レオンティアス
　レオンディアス
Leontidou
　レオンティドゥ
Leontief
　レオンチェフ
　レオンチエフ
　レオンティエフ
　レオンティエフ*
Leontien
　レオンティエン
Leontiev
　レオーンチェフ
　レオーンチエフ
　レオンチェフ
　レオンチエフ
Leontievich
　レオンチヴィッチ
　レオンチェヴィチ
Leontievna
　レオンチェワ
Leontij レオーンチイ
Leontina
　レオンティーナ*

Leontine
　レオンティーヌ
　レオンティーネ
Léontine
　レオンティーヌ
　レオンティン
Leontion
　レオンティオン
Leontios
　レオンティオス
Leóntios
　レオンティオス
Leontius
　レオンチウス
　レオンティウス
　レオンティオス
Leontovich
　レオントヴィチ
　レオントヴィッチ
　レオントゥーヴィッチ
Leonty レオンティ
Leontyeva
　レオンチェヴァ
Leontyne レオンタイン
Leontzi レオンツィ
Leonys レオニス
Leopando レオパンド
Leopardi
　レオパルディ*
　レオパルデイ
Leophairatana
　レオパイラタナ*
Leophld
　レオポルド
　レオポルド
Leopold
　リーオポルド
　レオ
　レオポール
　レーオポルト*
　レーオポルド
　レオポルド
　レオポルド***
　レオポールド***
Leopol'd レオポリド
Léopold
　レオポール**
　レオポル
　レオポルド***
Leopoldina
　レオポルディーナ
　レオポルディナ
Leopoldine
　レオポルディーネ
Leopoldo
　レオポルト
　レオポルド***
Leopoldt レオポルト
Leopoldvna
　レオポリドブナ
　レオポルドヴナ
Leopolita レオポリタ
Leor レオ
Leora
　レオーラ*
　レオラ
Leory レロイ

Leos
　レオシュ
　レオス*
Leoš レオシュ**
Léos
　レオ
　レオス
Leōsthenēs
　レオステネス
Leota
　レオータ
　レオタ
Leotadius
　レオタディウス
Leotard レオタール
Léotard レオタール**
Leotychidas
　レオテュキダス
Leotychides
　レオテュキダス
　レオテュキデス
Leovigild
　レオヴィギルド
　レオビギルド
　レオビヒルド
Leovigildo
　レオビヒルド
Leowald レオワルト
Leoz レオス
Le Page ルペイジ
LePage ルパージュ
Lepage
　ルバージュ
　ルパージュ**
Lepagnol ルパニョール
LePan ルパン
Lepani レパニ
Lepant レパント
Lepape
　ルパップ
　ルパープ
　ルパブ
Leparoux ルパルー
Lepaute
　ルポート
　レポート
Lepautre ルポートル
Lépeaux
　レポ
　レポー
Le Pechoux
　ルペシュー
L'Épée レペ
Lepeletier
　ルペルティエ
Lepelletier
　ルペルシェ
　ルペルチェ
　ルペルティエ
Lepeltier ルペルティエ
Le Pen ルペン**
Lepenies
　レペニース**
　レペニーズ
Lepennec ルパンネ*
Lepère ルペール

Lepeshinskaia
　レペシーンスカヤ
　レペシンスカヤ*
Lepeshinskaya
　レペシンスカヤ
　レペシンスカヤ*
Lepeshinski
　レペシンスキー
Lepetit ルプティ*
Lepetukhin
　レペトゥーヒン
Lepicard ルピカール**
Le Pichon ルピション
LePichon ルピション
Lepicié
　ルピシェ
　ルピシエ
Lepidi レピディ
Lepidus
　レビズス
　レビヅス
　レピドゥス
Lepin ルパン
Lépinay レピネ
Lepine
　レイピーン
　レピーヌ
Lépine ルピーヌ
Leping ルーピン
Lepisto レピスト
Le Play ルプレー
Lepman レップマン*
Le Poer ルポア
Lepono レポノ
Lepor レポー
Lepore
　ルポア
　ルポール
　レポール
　レポーレ
Leporesi レポレッシー
Leporius レポリウス
Lepowsky
　レポウスキー
Lepp レップ*
Leppanen レッパネン
Leppänen レッパネン
Leppard
　レッパード
　レパード*
Lepper
　レッベル
　レバー
Leppert レバート
Leppich レッピヒ
Leppin レッピン
Leppmann レップマン
Lepra レプラ
Lepre
　レプリ
　レプレ*
Leprêtre ルブレトル
Leprevost ルプレボス
Lepri レプリ

L

Le Prince ルプランス	Lerentee リレンティー	レロイ	Lesch レシュ	Leska レシュカ
Leprince ルブランス*	Lerew レリュー / レルー	Leroy リー / リーロイ** / リロイ** / ルロア* / ルロアー / ルロイ** / ル・ロワ / ルロワ*** / レルア / レルワ / レロイ*	Lesch レシュ / レッシュ*	Leska レシュカ
Leprohon ルプロオン	Lerger レルジェ		Leschetizky レシェティツキ / レシェティッキー / レシェディツキー	Leskaj レスカイ
Lepront レブロント	Leri レリ			Leskanic レスカニック
Lépront レブロン	Leria レリア			Leskien レスキーン
Leps レプス	Leribeus レリベウス		Leschinsky レシンスキー	Leskin リスキン / レスキン
Lepschy レプスキー	Lerich ルリッシュ		Leschiov レシオフ	Leskov レスコーフ / レスコフ* / レスコワ
Lepsinger レプシンガー*	Leriche ルリィシュ / ルリッシ / ルーリッシュ		Leschonski レションスキー	
Lepsius レブシウス*				Leskova レスコワ
Leptinēs レプティネス	Lerm レーム	Lerøy ルロワ	Leschziner レシュジナー	Leskovar レスコヴァル
Le-quan ルーチュエン	Lerma レーマ / レルマ*	Leroy-Beaulieu レルワボリュー / レロアボーリュー	Lesclide レスクライド	Lesky レスキ / レスキー
Le Quement ルケマン			Lescœur ルクール	
Lequenne ルケーヌ	Lerman ラーマン* / レルマン		Lescohier レスコヒア	Leslau レスロー
Le Quesne ルケーン		Lerrigo レリゴ	Lescornel レスコルネル	Lesléa レズリア
Lequesne ルケンヌ	Lerme レルム	Lerringo レリゴ		Lesley レスリー** / レズリー***
Lequeu ルク / ルクー*	Lermina レルミナ	Lerro レッロ	Lescot レスコ* / レスコー	
Le Queux ルキウ / ルキュ / ルキュー / ルキュウ / レキュ	L'ermite レルミット	Lerroux レル / レルー	Lescouflair レクフレール	Lesli レスリー
	Lermolo レルモロ	Lers ラース	Lescroart レスクワ*	Leslie レス / レスリ* / レスリー*** / レズリ / レズリー*** / レズリィ / レズリイ / レズリエ
	Lermontov レエルモントフ / レールモントフ* / レルモントフ	Lersch レルシュ	Lescure レスキュール	
		Lersner レルスナー	Lescurel レスキュレル	
		Lert ラート	L'Escurel レスキュレル	
Lequeux ルクー	Lermusiaux レムゾー	Lertora ラトーラ / レルトラ	LeSean レショーン	
Lequier ルキエ	Lerner ラーナー*** / レーナー* / レルナー / レルネル		Lesego レセホ	
Lequiller ルキエ		Lertsuridej ラートスラデート	Lešehradu レシェラデウ	Lesly レスリー
Lequin レクイン		Lertwiwatwongsa ルートウィワットウォンサー	Lesemann リーズマン	Lesman レストマン
Lequio レクオ			Le Senne ルセンヌ	Leśmian レシミャン
Le Quoc Toan ルクオクトアン	Lernet レルネット** / レルネート / レルネト	Lerwill ラーウィル / レーウィル	Leser レーサー / レーザー / レッサー	Lesnar レスナー*
Lera レーラ / レラ				Lesne レーヌ*
				Lesner レンスナ
Lerangis ルランギス / ルランジス / レランジス	Lernoud レルヌー	Lery ルリ	Lešetický レシェチッキー	Lesniak レスニアク
	LeRoi リロイ*** / ルロイ	Léry レリー	Lesgaft レースガフト	Lesnick レスニック
		Les レイ / レス*** / レスター	Lesgold レスゴールド	Lesnie レスニー
Le'Raven リレイブン			Lesh レシュ	Leśniewski レシニェフスキ
Leray ルレー* / ルレイ	Leroi ルロア* / ルロワ**	Lesa リサ / リーシャ	Le Shan ルシャン	Leso レソ
	Leroi-Gourhan ルロワグーラン		LeShan ルシャン*	Lesole レソレ
Lerberghe レルベルグ* / レルベルジュ	Leron レロン	Lesaard ルサール	Leshan ルシャン	Lesondak レソンダック
	Lerone リローン	Lesaby レサビイ	LeShaun ルショーン / レショーン	Lesort ルゾール
Lerbinger ラービンジャー	Leros レロス	Lesaffre ルサッフル / ルザフール / ルサフール	Lesher レッシャー	Lesourne ルスールヌ
Lercari レルカリ	Lerotholi レロソリ		Leshner レシュナー	Lesovaia レソバヤ
Lercaro レルカーロ	Lerouet ルルエ	Le Sage ルサージュ	Lesi レシ	L'Esperance レスペランス
Lerch レルヒ*	Lerouge ルルージュ	LeSage ルサージ	Lesia レーシャ* / レシャ	Lespieau レスピオー
Lerche レルケ / レルヒェ	Le Roux ルルー / ルルゥ	Lesage ルサージュ / ルサジュ		Lespinasse レスピナス
Lercheimer レルハイマー	Leroux ルルー** / ルルゥ	Lesanu レシャヌ	LeSieg レスィーグ	Less レス
Lercher レルハー / レルヒャー	Le Roy ルロア / ルロイ / ルロワ** / レロイ	Lesao レサオ	Lesieur ルシュール** / レジュア	Leß レス
		Lésbio レズビオ		Lessa レサ / レッサ***
Lerdahl ラーダル		Lesbros レスブロ	Lesin レーシン	Lessard ルサール
Lerdo レルド		Lescano レスカノ	Lesiv レシヴ	Lesschaeve レッシャーヴ
Lerdorf ラードルフ / ラドルフ	LeRoy リロイ** / ルロイ* / ルロワ	Lescarboura レスカァボラ / レスカアボラ	Lesjø レシュー	Lessel レッセル
			Lesjongard レジョンガー	Lessell レッセル
Lerdorff ラードルフ		Lescasse レスカス	Lesk レスク*	Lessells レゼルス
				Lessem リッセン

レセム
レッセム
Lessen レッセン
Lessenthien
レッセンティーン
Lesseps
レセップス
レセプス
Lesser
レーサー
レサー*
レッサー
レッサー**
レッセル
Lesserson レセルソン
Lessig レッシグ*
Lessing レッシング***
Lessius
レシーユス
レッシウス*
Lesslie レスリー
Lessmann レスマン*
Lessner レスナー
Lessov レソフ
Lesspinasse
レスピナス
Lestander
レスタンディ
Lestari レスタリ
Lestel レステル
Lester
レスタ
レスター***
レスタル
Lestienne
レスティエンヌ*
L'Estocart
レストカール
Lestocq レストック
L'Estocq レストック
L'Estoile
レトアール
レトワール
Leston レストン
Lestonnac
レストナック
Lestrade レストラード
Le Strange
ルストレンジ
L'Estrange
レストラング
レストランジュ
レストレンジ
Lestschinsky
レスチンスキー
Lesueur
ルシュール
ルジュール
ルスウール*
Lesun レスン*
Lesur ルシュール**
Lesure
ルシュール
ルジュール
Lesurf リサーフ
Leswick
レスウィック*
レスウィック

Lesya レシャ
Leszczynska
レクザンスカ
レシチンスカ
Leszczyński
レシチニスキ
レシチンスキ
レシチンニスキ
レシュチンスキ
Leszek
レシェク***
レシェック
レスゼック
レゼク*
Leta
リータ
レタ
Letablier レタブリエ
Letailleur
ルタイユール
Letalle ルタル
L'Etang レタン
Letard リウドハルド
Letarouilly ルタルイイ
Letavec レタベック
Letcheva レチェバ
Letchford
レッチフォード
Lété レテ
Letelier レテリエル
Le Tellier ルテリエ
Letellier
ルテリエ*
ルトリエ
Letendre レテンドル
Leterman レターマン
Leterme ルテルム*
Leterrier
ルテリエール
ルテリエ*
Letestu ルテステュ*
Leth
レス
レット
Lethaby
リーサビイ
レサビ
レサビー
レザビー
Letham リーサム
Lethbridge
ルスブリッジ
レスブリッジ
Lethco レスコ
Lethe レテ
Lethem
レサム
レセム*
Letheren レザレン
Letherland
レザーランド
Leti レティ
Letiche ラティシ*
Leticia
レティシア*
レティスィア

Letícia
レティシア
レティチア
Letin ルタン
Letinić レティニッチ
Letipannita
レティパンニイタ
Letitia
レシチアン
レティシア**
レティシャ*
レティティア
Letitiia リティーシャ
Letiyia レティシア
Letizi レティジ
Letizia
レティシア
レティジア
レティーツィア
レティツィア**
Letlotlo レトロトロ
Letman レットマン
Letmathe
レッツマット
Letnikov レートニコフ
Leto
リート*
リト
レート
レト
レトー
Letondal ルトンダール
Le Tourneau
ルトゥルノー
LeTourneau
ルトゥルノー
Letourneau
ルトゥルノー
ルトゥルノ
Letria レトリア
Letroy レトロイ
Letsatsi レツァツィ
Letschert レツヘルト
Letsie レツィエ**
Letsky レッキー
Letsosa レツォサ
Lett レット*
Letta レッタ**
Lettau レタウ
Lette レット*
Lettenhove
レッテンホーヴェ
レッテンホーフェ
Letterhaus
レッターハウス
Letteri レッテリ
Letterman
レターマン*
Lettice レティス*
Lettie
レテー
レティ
Lettieri
レッテイエリ
レティエリ
Lettinga レッティンガ
Lettmann レットマン

Lettow
レッタウ
レトゥ
Letts レッツ***
Lettsom レットサム*
Lettvin レトヴィン
Letty レティ
Letwin
レットウィン
レトウィン
Let Ya レッヤー
Letz レッツ
Letzel
レツェル
レッツェル
レツル
Leu
ル
ルー**
ロイ
Leuba リューバ
Leube ロイベ
Leucht ロイヒト
Leuchtenburg
ルクテンブルグ*
Leuchter ロイヒター
Leuck ルーク*
Leuckart ロイカルト
Leudar リュダー
Leue ロエー
Leuenberger
ロイエンバーガー
ロイエンベルガー***
Leuer ルアー
Leuering ロイエリング
Leuf ルーフ
Leufroy ルフロア
Leuis ルイス
Leuís レビ
Leuise ルイゼ
Leukart ロイカート
Leukippos
レウキッポス
レウスキッポス
ロイキッポス
Leumann ロイマン
Leuner ロイナー
Leung
リャン*
リョン*
ルーン
ルン*
レウン
レオン**
ロング
Leung Shing ルンシン
Leung-wai リョンワイ
Leunis ロイニース
Leupen ルーペン
Leupin ロイピン*
Leupold ロイポルト
Leupp リューブ
Leuprecht
ロイプレヒト
Leur ルール

L'Eure ルール
Leuret
ルーレ
ルレ
Leuris レウリス*
Leurs レウルス*
Leury ルーリー
Leuschner
ロイシュナー
Leusden レーズデン
Leusteanu
レウステアヌ
Leutenegger
ロイテンエッガー
Leuth ロイト
Leuthard
ロイトハルト*
Leuthäuser
ロイトハウザー
ロイトホイザー
**Leutheusser-
schnarrenberger**
ロイトホイサーシュナ
レンベルガー
Leuthold
ルーソルド*
ロイトホルト*
Leutholtz
ロイトホルツ
Leutscher ロイチャー
Leutvskii
レウトヴスキー
Leutwein ロイトワイン
Leutwiler
ロイトウィラー
ロイトヴィラー
Leutz ロイツ
Leutze ロイツェ
Leutzinger
ルーツィンガー
Leuwerik
ロイヴェリーク
ロイヴェリック
LeUyen
リウェン
レ・ウィエン
レウィン
Leuzinger
レウジンゲル*
Lev
リェフ
レヴ*
レオ
レーフ
レーブ
レフ***
レブ**
Leva エバ
Levaditi
レヴァデイティ
レヴァデティ
Lévai レバイ
Levaillant
ルヴァイアン*
ルバイアン
Leväinen ルヴェーネン
LeValley レヴァリー

Leväluoma
レヴァルオーマ
Levan
レヴァン
レバン
レワン
Levanah レバナ*
Levanda レヴァンダ
Levander リヴァンダー
Levandi レバンディ
Levangie
レヴァンジー
レバンジー
Levaniuk
レヴァニューク
Levánovich
レヴァノヴィチ
レワノヴィチ
Levant
リヴァント
レヴァント
Levanti レーヴァンティ
Levar
ルヴァール
ルヴァー
LeVasseur
ルヴァッサー
Levasseur
ラバシュール
ルヴァスール*
ルヴァッスール
ルバスール
レ・バッシール
Levassor ルヴァソール
Levathes リヴァシーズ
Levati レヴァーティ
Le Vau
ルヴォ
ルヴォー
Levaux ルヴォー
LeVay
ルヴェー
ルベー
ルベイ*
Levay リーヴァイ*
Levchenko
レフチェンコ
Levchenko
レフチェンコ
Lévchev レフチェフ
Leveaux
ルヴォー*
ルボー**
Leveben レヴィーン
Levedev レベデフ
Leveen レビーン
Leveillé レヴェイエ
Level ルヴェル*
Le Velle レヴェール
Levels
レフェルス
レベルズ
Leven
レヴィン
レヴェン*
レーブン
Levenback
レヴェンバック

Levene
ルヴィーン
レウィーン
レヴィーン*
レビーン
レビン
レベネ*
レーベン
Levenkron
レベンクロン*
Leveno レベノ
Levens
リーフェンス
リーベンス*
レベンズ
Levenson
ルヴァンソン
レヴァンソン
レヴェンソン
レバンソン
レビンソン
レベンソン**
Levent
レヴェント
レベン
Leventahl
レベンサール
Levental
レヴェンターリ
Levental' レベンターリ
Leventhal
リーベンサール
レヴィンサール
レーヴェンサール
レーベンサール
レベンサール
レーベンソール
レーベンタール
Le'Veon リビオン
LeVeque レヴェク
Lévêque
レヴェック
レベック*
Lever
リーヴァー*
リーバー
ルヴェ
レバー
Levere ルヴィア
Leverenz
レヴェレンツ
レベレンズ
Leverhulme
リーヴァーヒューム
リーヴァヒューム
レヴァーヒューム
Leveridge
レヴェリッジ
Levering
レヴェリング
レヴリング
レベリング
Levern ラバーン
Leverrier
ルヴェリエ
ルベリエ*
Leverritt レヴェリット
Leverson
リーヴァソン

Levert
レヴァーソン
レヴァソン
LeVert
ルバート
レヴァート
レバート
Levert
リバート
ルヴェール
レバート
Levertin
レヴァティーン
レヴェルティン
レベルティン
Levertoff
レーヴェルトフ
Levertov
レヴァートフ
レヴァトフ*
レバトフ*
Levesconte
レヴェスコンテ
Leveson
レヴソン
レブソン
Levesque
レヴェスク
レヴェック
Lévesque
レヴェスク
レヴェック
レベック*
Lévesques レヴェック
Levet
レヴェ
レベ*
Levete レベーテ
Leveton
リヴトン
レーブトン
Levett レベット
Levetzow
レーヴェツォー
Levey
リーヴィ*
リービー*
レヴィ
Levi
リーヴァイ*
リーヴィー
リヴィ
リーバイ*
リバイ
レーヴィ***
レーヴィー
レヴィ***
レヴィー
レビ
レビ***
レビー*
レビィ
レフィ
レビー
Lévi
レヴィ***
レヴィー
レビ*
レビィ
Lēvi レーヴィ
Levick レヴィック

Levická
レヴィッカー
レビッカー
Levidova レヴィドワ
Levie
レヴィ
レビ
Levien
レヴィーン
レヴィン
レビアン
レビーン
Levieux ルヴュユ
Levijssohn
レフィスゾーン
Levi-Montalcini
レビモンタルチーニ
Levin
レーヴィン
レヴィン***
レビィン
レービン
レビン***
Levina
レーヴィナ
レヴィーナ
レヴィナ
レビーナ
Levinas
レヴィナス
レビナス
Lévinas
レヴィナス*
レビナス
LeVine レヴィン
Levine
ラヴィーン
リヴァイン
リバイン
ルヴァイン
ルヴィーン
ルバイン*
ルビーン
レヴァイン
レヴィーン
レヴィーン*
レヴィン*
レヴン
レバイン**
レビーン**
レビン***
Levinger
レヴィンジャー
Levinovitz
レヴィノヴィッツ
Levins レビンズ
Levinskii
レヴィンスキー
Levinsohn
レヴィンソン
レビンソン
Levinson
ルヴァンソン
ルビンソン
レヴィンスン*
レヴィンソーン
レヴィンソン*
レヴィンゾーン
レビンソン**
Levinstein
レヴィンシュタイン

Levinthal
レヴィンソール
レビンソール*
Levinton レビントン
Levir
レヴィー*
レヴィル
レビール
Levis
リーバイス
レヴィス
Levisohn レバソーン
Levison
レヴィゾーン
レビゾーン*
Lévi-Strauss
レヴィストラウス
Levit
レヴィット
レビット*
Levita
レヴィータ
レヴィタ
Levitan
レヴィターン
レヴィタン*
レビタン
Levitch レビッチ
Levithan
レヴィサン
レビサン*
Levitin
レヴィタン
レヴィーチン
レヴィチン
レヴィティン
レビチン
Leviton レヴィトン
Levitov
レヴィートフ
レヴィトフ
レビートフ
Levitre レビトレイ
Levits レヴィッツ
Levitskii
レヴィツキー
レヴィーツキィ
レビッキー
レビツキー
Levitsky
レヴィツキー
レビツキー
Levitt
リービット
レーヴィット
レヴィット*
レビット***
Levitte レビット
LeVitus
ルビタス
レヴィタス
Levitz
レーヴィッツ
レビッツ
Levitzki
レヴィツキ
レヴィツキー
レビツキー
Levitzky
レヴィツキー

レビッツキー
Levivier ルヴィヴィエ
Levka レフカ
Levni
　レヴニ
　レヴニー
Levochkina
　リョヴォチキナ
　リョボチキナ
LeVoi ルボワ
Levolo レブロ
Levon
　リヴォン
　レヴォン
　レボン*
Levontin レボンチン
Levounis ルヴォーニス
Levovich レボーヴィチ
Levoy リーボイ*
Levrant ルブラン
Levrat ルヴラ
Levrero レブレーロ*
Levring
　レヴリング
　レブリング
Levron ルヴロン
Levshin
　リョーフシン
　リョフシン
Lëvshin リョーフシン
Levski レフスキ
Levstik
　レヴィスティック
　レヴスティク
　レフスティク
Levtchenko
　レフチェンコ
Levtchenkova
　レフチェンコワ
Levy
　リーヴィ
　リーヴィー
　リヴィー
　リービ
　リービー*
　ルヴィ
　レヴィ***
　レヴィー*
　レビ**
　レビー*
　レビィ
　レフイ
Lévy
　ルヴィ
　レヴ
　レヴィ***
　レヴィー
　レビ
　レビー
Lévy-Bruhl
　レヴィブリュル
Levyssohn
　レビッソーン
　レフィスゾーン
Lew
　ユ
　リウ
　リエフ
　リュー**

リュウ
ルー***
ル
レフ
Lewak ルヴァク
Lewal ルバール
Lewald
　レーヴァルト
　レヴァルド
　レワルト
　レワルド
Lewalski ルワルスキー
Lewan リワン
Lewandowski
　ル・バンドウスキー
　レヴァンドフスキ**
　レバンドフスキ
Lewanika レワニカ
Leward レヴァルト
Lewbart ルーバート
Lewbel リューベル
Lewczuk ルーズック
Lewden ルーダン
Lewe
　ルイス
　レーベ
Lewenhaupt
　ルエンハウプト
Leweniqila
　レウェニンギラ
Lewenthal
　レヴェンタール
Lewes
　リウス
　リューウィス
　ルーイス
　ルイス
　レウエス
Lewgoy
　ルーゴワ
　レウゴイ
　レゴヤ
Lewi
　レヴィ
　レビ
Lewicki
　ルウィッキー
　レビスキー
Lewin
　リューイン**
　リュイン
　リューウィン
　ルーイン**
　ルイン*
　ルーウィン**
　ルウィン
　レーウィン
　レヴィン*
　レウィン
　レヴィーン
　レヴィン**
　レービン
　レビン*
Lewindon
　ルウィンドン
Lewine ルイン
Lewington
　ルウィントン

レウィントン
Lewinski
　レウインスキー
　レヴィンスキー
　レビンスキー
Lewinsky
　ルインスキ
　ルインスキー
　ルウィンスキ
Lewinsohn
　ルワンゾーン
　レウィンソン*
　レヴィンゾーン
LeWinter
　ルウィンター
Lewis
　リューイス
　リュイス*
　リュウイス
　リュウイス
　ルー
　ルーイス*
　ルーイズ
　ルイース
　ルイス***
　ルイズ
　ルーウィス
　ルウィス
　レイズ
　レヴァイス
　レヴィ
　レーヴィス
　ルーヴィス
　ルヴィス*
　ルービス
　ルビス*
Lewis-francis
　ルイスフランシス
Lewisohn
　リウソン
　ルーイスン
　ルーイゾン
　ルイソーン
　ルイソン
　ルイゾーン**
　ルイゾン
　ルウィゾーン*
　レヴィゾーン
　レビゾーン
Lewith ルイス
Le Witt ルウィット
LeWitt ルウィット
Lewitt
　リューウィット
　ルウィット*
Lewitzky ルウィッキー
Lewman
　リューマン
　ルーマン
Lewontin
　ルーウォンティン
　レウォンティン
Lewrick リューリック
Lew's リユイス
Lewson リューソン
Lewton
　リュートン
　ルートン

Lewty ルーティ
Lewy
　レウィ
　レヴィ
Lewycka レヴィツカ**
Lewytzkyj
　レヴィッキー
Lex レックス**
Lexa
　レクサ*
　レサ
Lexau レクソー
Lexell
　レクセル
　レセル
Lexer
　レキセル
　レクサー
Lexi
　レキシー
　レクシー*
Lexie レクシー
Lexis
　レキシス*
　レクシス
Lexy レクスィー
Ley
　ライ
　リー
　レイ**
Leyah レイア
Leyb レイブ
Leyba レイバ
Leybach レイバッハ
Leybourn レイボーン
Leybourne レイボーン
Leybush レイブシュ
Leybusz レイブシュ
Leycester
　レイセスター
　レスター
Leyden
　ライデン**
　レイデン
Leydenfrost
　レイデンフロスト
Leydensdorff
　レイデンスドルフ
Leydesdorff
　ライデスドルフ*
Leydi レイディ
Leydig
　ライディッヒ
　ライディヒ
Leye レイエ**
Lèye レイ
Leyel レイエル
Leyen ライエン*
Leyendecker
　ライエンデッカー
Leyford レイフォード
Leygraf ライグラフ*
Leygues レイグ
Leyhane レーヘイン

Leyhausen
　ライハウゼン*
Leyla レイラ*
Leyland
　リーランド**
　レイランド
Leymah リーマ**
Leyman レイマン
Leymann レイマン
Leymarie
　レーマリー
　レマリー*
Leymore レイモア
Leyner レイナー*
Leyniers レイニールス
Leyrado レイラード
Leys
　リース
　リーズ
　レイ
　レイス**
　レイズ
Leysen レイセン
Leyser ライザー
Leyshon レイション
Leyson レイソン
Leyster
　レイスター
　レイステル
Leyti レイティ
Leyton
　リートン
　レイトン**
Leyva レイバ**
Leza リザ**
Lezak
　レザク
　レザック*
Lezama
　レサーマ
　レサマ*
Lezana レサーナ
Lezcano
　レスカーノ
　レスカノ
Lezey
　レゼ
　レゼー*
Lézey
　ルゼー
　レゼー
Lezhava
　レジャヴァ
　レジャバ
Lezhnev レージュネフ
Lezhneva
　レージネヴァ*
Lezhnina レジナ
Lezin レジン
Lezinsk レジンスク
LeZotte レゾット
Lezzerini
　レッツェリーニ
Lha byams rgyal
　ラシャムジャ

Lha-byams-rgyal ラシャムジャ
Lha-bzan ラサン / ラツァン
Lhamo ハモ
Lhamsurengiin ラムスレンギン**
Lhamsurengijn ルハムスレンギーン
Lha nang pa ラナンパ
Lhande ランド
Lha rje ラジェ
L'Henoret レノーレ / レノレ
L'Hénoret レノレ*
L'Herbier レルビエ
Lhérie レリー
Lhermette リーマット
L'Hermite レルミット*
Lhermitte レルミット**
L'Hermitte レルミット*
L'Heureux ルルー
Lhevinne レヴィーン
Lhévinne レーヴィン / レヴィーン / レヴィン / レビン
L'hirondel リロンデル
Lhomme ロム
Lhomond ロモン
L'Hôpital ロピタル
L'Hospital ロピタル
Lhoste ロスト
Lhote ロート**
Lhotka ロトカ*
Lhotzky ロツキー
L'Huiller リューリェ
L'Huillier ルイリエ
Lhundrup ルンドゥプ
Lhuys リュイ
Lhwyd ルイド
Li イ* / リ** / リー*** / リイ / レイ
Lia ライア / リア***
Liadov リアードフ / リヤードフ / リャドフ
Liagre リアグル
Liaklev リアクレー
Lialin リアリン
Liam ライアム* / リーアム**

Liamin リアミン
Liaminoi リャーミナ
Liamputtong リィアムプットーン
Lian リアン* / リャン
Liana リアナ*
Liancourt リアンクール
Liane ライアン / リアーヌ** / リアーネ* / リアーン** / リアン* / リアンヌ
Liang リアン* / リャン**
Liangge リャンゲ
Liang-yu リャンユイ
Lianis リアニス
Lian-ke リエンコー
Lianke リエンコー
Lianne リアン / リアンヌ*
Liano ディアーニョ / リヤノ
Lian-ren リェンレン
Lianshun リャンシュン
Liao リアオ / リャオ** / リョウ
Liapeshka リャペシュカ
Liapis リアピス
Liapunov リャプーノフ / リャプノーフ / リャプノフ*
Liaqat リアカット / リアカト / リヤーカット / リヤーカト
Liaquat ライアカット / リアカト / リアクアト / リヤーカート
Liard リャール
Lias ライアス
Liaschenko リアシェンコ
Liashchenko リャシチェンコ
Liashenko リアシェンコ
Liat リアト
Liato リアト
Liautaud リオトー*
Liauwaarin リョウワーリン

Liaw リアウ
Lib リブ
Libaek リーベク
Libaert リバイルト
Liban リバン
Libania リバニア
Libanios リバニウス / リバニオス
Libano レバノン
Libassi リバッシー
Libavius リバウ / リバウィウス / リバヴィウス / リバビウス
Libay リベイ
Libaya リバーイ / リバヤ
Libbi リビ
Libbie リビー*
Libbrecht リブレクト
Libby リビー** / リビィ
Libchaber リブシャベール
Libedinskii リベジンスキー* / リベジンスキイ / リベディンスキー / リベティンスキイ / リベディンスキイ
Libeer リベール
Libelt リベルト
Liben リーベン / リベン
Libengood ライベングッド*
Libenský リベンスキー
Libenzi リベンツィ*
Liber ライバア
Libera リベラ**
Liberace リベラス / リベラーチェ
Liberale リベラーレ
Liberalis リーベラーリス
Līberālis リベラリス
Liberat リベラート
Liberati リベラーティ / リベラティ*
Liberatore リベラトーレ
Liberatus リベラートゥス / リベラトゥス
Liberg リバーグ
Libergier リベルジェ
Liberi リーベリ
Liberio リベリオ

Liberius リーベリウス / リベリウス
Liberman リーバマン / リバーマン** / リーベルマン* / リーベルマン
Libermann リーベルマン / リベルマン
Libero リーベロ* / リベロ*
Libersa ルベルサ
Libert リバート* / リベール
Libertad リベルタ / リベルタード
Libertina リバーティナ
Libertine リベルティヌ
Libertini リベルティーニ
Liberto リベルト
Liberty リバティ**
Libes ライブ / リブス
Libeskind リベスキンド**
Libet リベット
Libi リビ
Libin リービン* / リビン
Libis リビス
Libius リビウス
Libkhaber リブハーベル
Libo リボ
Libois リボア
Libolt リボルト
Libom リボム
Libombo リボンボ
Libon リボン
Libōn リボン
Libor リボル*
Liborio リボーリオ / リボリオ
Libow リボウ
Libranda リブランダ
Librescu リブレスク
Libri リブリ
Libur リブル
Liburd ライバード / リバード
Libuse リブシェ / リブセ
Libuše リブシェ
Licad リカド*
Licalzi リカルツィ*
Licar リカ

Licardo リカルド
Licari リカーリ
Licata リカタ
Licauco リカウコ
Licchelli リケッリ
Liccioni リッチオーニ
Licco リッコ
Liceaga リセアガ
Licette リセッテ / リセット
Lich リック*
Licha リシャ
Li-chang リーツアン
Lichaw リチョウ
Lichfield リッチフィールド*
Lichiardopol リチャードポール
Lichine ライティン / リシーヌ / リシン
Lichitheim リヒトハイム
Lichnerowicz リシュネロヴィッチ
Lichnérowicz リヒネロヴィチ
Lichnowsky リチノフスキー / リヒノヴスキー / リヒノフスキー
Lichstein リックスティーン / リックスティン
Licht リクト / リヒト
Lichtblau リクトブラウ / リヒトブラウ
Lichte リヒテ*
Lichten リクテン
Lichtenberg リシタンベール / リヒテンバーグ / リヒテンベルク*
Lichtenberger リクタンベルジェ / リシュタンベルジェ* / リシュタンベルジェ / リシュタンベルジェル / リシュタンベルジュ / リシュテンベルジュ / リヒテンバーガー / リヒタンベルジェ / リヒテンバーガー* / リヒテンベルガー
Lichtenegger リヒテネガー / リヒテンエッガ
Lichtenfeld リクテンフェルド
Lichtenheld リヒテンヘルド
Lichtensteiger リヒテンスタイジャー

Lichtenstein リキテンシュタイン/リキテンスタイン**/リクテンスタイン*/リヒテンシュタイン**/リヒテンスタイン
Lichtenstern リヒテンシュテルン
Lichtenthal リヒテンタール
Lichtenthaler リヒテンターラー
Lichter リッター/リヒター/リヒタア/リヒテル
Lichterman リクターマン
Lichtheim リヒトハイム
Lichtinger リチティンヘル
Lichtman リクトマン/リックマン/リヒトマン*
Lichtsteiner リヒトシュタイナー
Lichtwark リヒトヴァルク*
Lichtwer リヒトヴァーー
Lichuan リーチュアヌ
Licia リチア**/リーチャ
Licia リシア
Licien ルーシャン
Licina リチーナ
Licinianus リキニアーヌス/リキニアヌス
Liciniānus リキニアヌス
Licinio リチーニオ/リチニオ
Licinio リシニオ
Licinis リキニウス
Licinius リキウス/リキーニウス/リキニウス
Licio リチェオ
Licitra リチートラ*
Lick リック
Lickbarrow リックバーロー
Lickint リッキント
Licklider リックライダー*
Lickliter リックリター
Licko リッコ
Lickona リコーナ*
Lickorish リコリッシュ*
Licks リックス*

Licoppe リコップ
Licsko リスコ
Licudi リクディ
Licup リカップ
Licwinko リツフィンコ
Lid リト
Lida ライダ/リーダ/リダ*
Lidaka リダッカ
Lidbeck リードベック**/リドベック
Lidberg リドバーグ/リドベリ
Liddel リデル
Liddell リッデル/リッドル/リッドルト/リデル**/リドル*
Liddell Hart リッデルハート/リデルハート
Lidderdale リダーデール
Liddicoat リディコート
Liddie リディー
Liddington リディントン
Liddle リデル/リドル
Liddon リットン/リドン
Liddy リディ
Lidec リデック
Lidegaard リデゴー
Lidell リデル*
Lidén リーデン/リデン
Lider リデル
Lidge リッジ
Lidgett リジェット
Lidia リディア***/リディダ/レディア
Lídia リディア
Lídice リディセ
Lidie リディ
Lidiia リジヤ/リディア*/リディヤ
Lidija リジア/リディヤ
Lidin リージン/リーディン/リディン*

Lidington リディントン
Lidio リディオ
Lidiya リージヤ/リジヤ**/リディーア/リディヤ
Lídiya リージヤ
Lidle ライドル**
Lidman リードマン**/リドマン
Lidner リードネル
Lido リド/リドー
Lidoff リドフ
Lidón リドン
Lidova リドーヴァ
Lidow リドー
Lidsky リツキー*
Lidstrom リドストロム
Lidström リドストロム*
Liduin リドゥイン
Lidwell リドウェル
Lidwina リドヴィナ
Lidya リディア
Lidz リズ
Lidzbarski リズ*/リッツ*/リズバルスキ
Lidzey リジー/リジェイ*
Lie リー*/リイ
Lieb リーブ**/リーブ
Liebaers リバース
Lieban リーバン
Liebb リーブ
Liebchen リーブヘン
Liebe リーバ/リーベ
Liébeault リエボー
Liebelt リーベルト
Lieben リーベン*
Liebenberg リーベンベルク
Liebeneiner リーベナイナー/リーベンアイナー
Liebenson リーベンソン
Lieber リーバー**/リーベル
Lieberei リーベレイ

Lieberkuhn リーバーキューン/リーベルキューン
Lieberkühn リーバーキューン/リーバキューン
Lieberman リーバーマン**/リーバマン/リーバマン*/リーベルマン*
Liebermann リーバーマン**/リーバマン/リーベルマン
Liebers リエベルス/リーバース/リーベルス
Lieberson リーバーソン
Liebert リーバート/リーベルト
Lieberthal リーバーサル/リバソール*
Liebes リーブス
Liebeschütz リーベシュッツ
Liebgott リーブゴット
Liebhafsky リーブハウスキー
Liebhart リーブハルト
Liebich リービッヒ
Liebig リーヒッヒ/リービッヒ/リーベヒ*
Liebknecht リーブクネヒト/リープクネヒト/リープクネヒト*
Liebl リーブル
Lieblich リブリッヒ*
Liebling リーブリング/リープリング
Liebman リーブマン*/リーブマン
Liebmann リーブマン/リーブマン*
Liebner リーブナー
Liebow リーボウ*
Liebowitz リーボウィッツ/リーボヴィッツ
Liebrecht リーブレヒト
Liebreich リーブライヒ
Liebrucks リーブルックス
Liebs リーブス
Liebscher リーブシャー/リーブシャー/リブシャー

Liebschutz リーブシュツ
Liebsteinský リーブシュタインスキー
Liebster リーブスター
Liebus リエブス
Liechtenstein リーヒテンシュタイン/リヒテンシュタイン
Lieck リック
Liecks リークス
Lieder リーダー
Liederbach リーダーバッハ
Liedholm リードホルム*
Liedke リートケ*
Liedloff リードロフ
Liedtka リエトカ
Liedtke リーカ/リートケ*
Lief リーフ*
Liefden リエフデン
Liefeld ライフェルド
Lieferinxe リーフランクス
Liefers リーフェルス
Lieff リーフ
Liefmann リーフマン*
Liégé リエジェ
Liège リエージュ
Liegh リー
Liegi リエージ
Liegle リーグル
Lieh リエ/リエー
Liehm リーム
Liehr リアー
Lieke リーケ
Liem リエム**/リーム/リム*
Lien リーエン/リエン*/リン
Liên リエン
Lienard リエナール
Liénard リエナール*
Liénart リエナール
Lienas リエーナス
Lienbacher リーンバッハー
Lienemann リーヌマン
Lienen リーネン
Liener リーナー
Lienhard リエンナール/リーンハード/リーンハルト*
Lienhardt リーンハート

Lienhart リーエンハルト
Lien-sung リェンソン
Lien Teh リエンテー
Lientz リーンツ
Lienz
　リーエンツ
　リーンツ
Liepa リエパ*
Liepe リーペ
Liepmann リープマン
Lier
　リア
　リアー
　リーエル*
　リエル
　リール
Liera リエラ
Lierde リルデ
Lierhammer
　リアハマー
Lierow リーロウ
Lierse リアス
Lies
　リース
　リーズ
　リス
Liesbet
　リースベット
　リスベット
Liesbeth
　リーズベス
　リスベス*
Liesche リーシェ
Liese リーゼ*
Liesel リーゼル
Lieselotte
　リーゼロッテ
Liesenfeld
　リーゼンフェルト
Lieshout リースハウト
Lieske リースケ
Liesl リーズル
Liessmann リースマン
Lietaer リエター*
Lietbertus
　リエトベルトゥス
Lietz リーツ*
Lietzmann
　リーツマン*
Lietzow リートゾウ
Lieu
　リェウ
　リエウ
　リュウ*
Lieurance
　リューランス
　ルーランス
Lieutenant
　リューテナント
Lieux リュー
Liev リーブ
Lievano
　リーヴァノ
　リエバノ
Lieve リーバ*

Lievegoed
　リーヴァフッド
Lieven
　リーヴェン
　リーフェン
　リーベン*
Lievens
　リーヴェンス
　リーフェンス
Lievore リエヴォーレ
Lievre レーブル
Lievsay リーヴセイ
Liewpairat
　リョウパイラット
Liezel リーゼル*
Lif
　リーヴ
　リフ
Lifar リファール*
Lifcrasir
　リーヴスラシル
Life ライフ
Lifeson ライフソン
Liff リフ
Liffick リフィック
Liffile リフィール
Lificiu リフィチウ
Lifley レフリー
Lifok リポク
Lifschitz リフシッツ*
Lifshist リフシツ
Lifshits
　リフシツ
　リフシッツ
Lifshitz リフシッツ
Lifson リフソン*
Liftin リフティン
Lifton リフトン**
Li-fu リーフー
Ligabue リーガブエ
Ligachev リガチョフ*
Ligachyov リガチョフ
Ligari リガーリ
Ligarides リガリデス
Ligarius リガーリウス
Ligazzolo リガツォロ
Ligendza リゲンツァ
Liger リジェ
Ligeti リゲティ**
Ligetvári リゲトバリ
Ligety リゲティ**
Ligges
　リゲス
　リッゲス
Liggett リゲット*
Liggins
　リギンス
　リギンズ
Lighe リーゲ
Light ライト**
Lightbody
　ライトボディ
Lightbourne
　ライトブールン

ライトボーン
Lightbown
　ライトバウン*
　ライトボーン
Lightburn
　ライトバーン**
Lightfoot
　ライトフット**
　ライトフート
Lighthall ライトホール
Lighthill ライトヒル
Lighthizer
　ライトハイザー*
Lightman
　ライトマン**
Lightner ライトナー
Lightnin ライトニン
Lightnin' ライトニン
Lightstone
　ライトストーン*
Lightsy ライツィ
Lightwood
　ライトウッド
Lighty ライティー
Ligi リギ
Ligia
　リジア
　リヒア
Ligier
　リジェ*
　リジエ
Lignac リニャック
Ligne リニュ
Ligneul
　リギョール*
　リギョル
　リニューール
Lignot リグノット
Ligocki リゴッキ
Ligon リーゴン
Li-gong リーゴン
Ligorio
　リゴーリオ
　リゴリオ
　リゴーリョ
Ligotti リゴッティ
Ligowski リゴフスキ
Ligozzi リゴッツィ
Ligron リグロン*
Ligthfoot ライトフット
Ligtlee リヒトリー*
Liguori
　リグオーリ
　リゴリ
　リゴリオ
Liguoro リグォロ
Lih リー
Lihn リン
Liholiho リホリホ
Lihotzky リホッキー
LiHua リーファ
Liikanen リーカネン
Liikkanen
　リーカーネン

Liimatainen
　リーマタイネン
Liina リーナ
Liisa
　リイサ*
　リーサ**
　リサ
Liisamaija
　リイサマイヤー
Liisi リイシ
Liiv リーヴ
Lij
　リジ
　リジー
Lijembe リジェンベ
Lijertwood
　リジャートウッド
Lijmer リーマー
Lijphart
　レイプハルト*
Likar リカー
Likeleli リケレリ
Likeng リケン
Likens
　ライケンス
　ライケンズ
Liker ライカー*
Likerecz リケレツ
Likert
　リカート
　リッカート
Likhachev
　リハチョーフ
　リハチョフ*
Likhanov
　リハーノフ*
　リハノフ
Likharev リカレフ
Likhitjittha
　リキチッタ
Likhonósov
　リホノーソフ
Likhovitskiy
　リホビツキー
Likierman リカーマン
Likikouet リキクエ
Likimani リキマニ
Liking
　リキン
　リキング
Likourentzos
　リクレンジョス
Liku リク
Likulia リクリア
Lik-wai リクウァイ*
Likymnios
　リキュムニオス
Lil
　リl
　リル*
Lil' リル
Lila
　ライラ*
　リーラ*
　リラ**
　レイラ
Lilah ライラ

Li-lan リラン
Lilar リラール
Lilas リラ
Lilburn リルバーン
Lilburne リルバーン
Liles ライルズ
Lilesa リレサ
Liley ライリー
Lili
　リl**
　リリー**
Lilia
　リリア**
　リリヤ
Liliam リリアム
Lilian
　リリアーン
　リリアン***
Liliana
　リリアーナ**
　リリアナ**
Liliane
　リリアーヌ
　リリアーネ
　リリアン*
　リリアンヌ
Lilianne リリアン
Lilias リリアス
Lilić リリッチ*
Lilien
　リーリエン
　リリエン
　ロロエン
Lilienblum
　リリエンブルム
Liliencron
　リリエンクロオン
　リーリエンクローン*
　リリエンクローン**
Lilienfein
　リーリエンファイン
Lilienfeld
　リーリエンフェルト
　リリエンフェルト
　リリエンフェルド
Lilienfel'd
　リリエンフェルト
Lilienthal
　リリアンソール
　リリエンソール**
　リーリエンタール
　リリエンタール**
Lilika
　リリーカ
　リリカ
Lilin リリン*
Lilina リーリナ
Lilio リーリオ
Lilita リリタ
Lilith
　ライリス
　リリス*
　リリト
Liliuokalani
　リリウォカラーニ
　リリウォカラニ
　リリウオカラーニ
　リリウオカラニ

Lilius リリオカラニ
リリアス
リリウス**
Liliya リリア**
リリヤ
Liliyana リリアナ
リリヤナ*
Lilja リリャ
リリヤ
Lilje リルイェ
リルエ
Liljedahl リリェダール
リリエダール
リルジェダール
Liljefors リリェフォルス
リリエフォルス
Liljegren リエーグレン
Liljenzin リルゼンツィン
Liljequist リリェクイスト
リリエクヴィスト
Liljeroth リリェロート
Liljeström リジェストローム
Lilkendey リケンディー
Lil'Kim リル・キム
Lill リル**
Lilla ライラ
リッラ
リラ**
Lillah リラー
Lillak リラク
Lillard リラード**
Lillegg リレグ
リレッグ
Lilleholt リレホルト
Lilleker リリカー
Lillelund リレロン
Lillemoe リルモウ
Lillemyr リッレマイール
Liller リッレール*
Lillevi リッレヴィー
Lillevik リッレヴィーク
Lilley リリー***
Lillge リルゲ
Lillhage リルハーゲ
Lilli リリ**
リリー**
リルリ
Lillia リリア
Lillian リリアン***
Lillias リリアス

Lillich リリッヒ
Lillie リリ
リリー*
Lilliehöök リリーエフェック
リリーフック*
Lillien リリエン
Lilliestierna リリエシャーナ
Lillikas リリカス
Lilliquist リリクイスト
Lillis リリス
Lillo リージョ
リジョ
リリョ**
リロ*
リロー
Lilloe-Olsen リロエオルセン
Lillrank リルランク*
Lilly リリ
リリー***
リリィ*
Lillywhite リリーホワイト*
Lilo リロ
Lilou リルー
Lilov リーロフ
リロフ*
Lil'Romeo リル・ロメオ
Lilti リルティ
Liluašvili リルアシュヴィリ
Lily リリ*
リリー***
リリィ
Lilya リーリャ*
リリヤ
Lilyan リリアン
Lilyana リリャナ
Lim イム**
イム***
リムボン
リン*
Lima リーマ
リマ***
Limahl リマール
Limahon リマホン
Limaj リマイ
Limam リマム
Liman リーマン**
Limann リマン*
Limanowski リマノーフスキ
Limantour リマントゥール
Limardo リマルド**
Limarilli リマリッリ
Limaye リマエ

Limb リム
Limbach リンバッハ*
Limbaugh リムボウ
リンボー
リンボウ*
Limber リンバー
Limberakis リムバーキス
Limbio リンビオ
Limbombe リンボンベ
Limborch リンボルク
リンボルヒ
Limbour ランブール
Limbourg ランブール
リンブルク
Limburg リンバーグ
リンブルク
リンブルフ
Limburgia ランブルジア
Limerick リマリック
リメリック
Limetanus リメタヌス
Limina リミナ*
Liming リーミン
Limlamthong リムレムトン
Limmer リマー
Limmonen リモーネン
Limoges リモージュ
Limojon リモジョン
Limon リモン
Limón リモン*
Limoncelli リモンチェリ
Limonov リモーノフ
Limor リモール
Limosin リムーザン
リムザン
リモザン*
Limpele リンペレ
Limpert リンパート
Limqueco リムケコ
Limur リミュール
Lin リヌ
リン***
Lina リーナ*
リナ***
Linacre リナカー
Linah リナ
Linaker リネイカー
Linakis リーナキス
Linamen リーナメン*
Linard リナール
Linares リナーレス
リナレス**
Linas リナス

Linati リナーティ
Linaweaver リナウィーバー
Linaya リネヤ
Linberg リンベヤー
Linca リンカ
L'Incarnation ランカルナシオン
レンカルナシオン
Lincecum リンスカム*
Linch リンチ*
レンチ
Linchevskii リンチェフスキー
Linchitz リンチツ
Lincicome リンシカム
リンシコム*
Linck リンク
Lincke リンケ
Lincoln リンカーン***
リンカン*
リンコウン
リンコルン
リンコーン
リンコン*
Lincon リンコン
Lincovsky リンコフスキー
Lind リント
リンド***
Linda リンダ***
Lindae リンド
Lindahl リンダール**
リンダル
Lindamood リンダムード
Lindars リンダース
Lindau リンダウ*
Lindauer リンダウァー
Lindaweni リンダウェニ
Lindbeck リンドベック**
Lindberg リンドバーグ**
リンドベリー**
リンドベリー
リンドベリイ*
リンドベリイ
リンドベルク
リンドベルグ
Lindbergh リンドバーク
リンドバーグ***
Lindblad リンドブラッド*
リンドブラート
リンドブラード
Lindblom リンドブルーム
リンドブルム
リンドブロム*
Lindborg リンドバーグ

Linde リンダ*
リンデ**
リンディ
Lindeberg リンデベリ
Lindebergh リンデバーグ
Lindeboom リンデブーム
Lindee リンディー
Lindegren リンデグレン
リンドグレン
Lindeijer リンダイヤ*
Lindell リンデル*
Lindell-vikarby リンデルビカルビー
Lindelof リンデルフ
リンデロフ
Lindelöf リンデーレーフ
リンデレーフ
リンデレフ
Lindeman リンデマン*
リンネマン
Lindemann リンデマン**
Linden リンデン**
リンドン
Lindén リンデン
Lindenbaum リンデンバウム*
Lindenberg リンデンベルク
リンデンベルグ
Lindenbergh リンデンベルフ
Lindenfield リンデンフィールド*
Lindenhuizen リンデンハウゼン
Lindenstrauss リンデンシュトラウス
Lindenthal リンデンソール
Lindeque リンデキュー
Linder ランデ
ランデー
ランデール
ランデル
リンダー*
リンデル*
Linderholm リンデルホルム
Linderoth リンデロート
Linders リンデルス
Lindert リンダート
Lindesmith リンドスミス
Lindesy リンジー
リンゼイ
Lindet リンデ

Lindfield リンドフィールド
リンドフィールド
Lindfors リンドフォース*
リンドフォース*
Lindgreen リンデグレーン
リンデグレーン
Lindgren リングレン
リングレン
リンドグレーン***
リンドグレン**
Lindgrén リンドグレン
Lindh リンド**
Lindhard リンドハルト
Lindhe リンデ
Lindheim リンドハイム
リンドハイム
Lindholm リントホルム
リントホルム
リンドホルム*
Lindhout リンド
リンド
リンドハウト
Lindi リンディ
Lindig リンディッグ
Lindita リンディタ
Lindiwe リンディウェ
Lindl リンドル
Lindland リンドランド
Lindlar リントラー
Lindley リンドリ
リンドリ
リンドリー**
リンドレー*
リンドレイ
Lindman リンドマン
Lindner リントナー**
リントナー**
リントナー***
リンドネル*
Lindnord リンドノード
Lindo リンド*
Lindon ランドン*
Lindor リンドーア
Lindorff リンドーフ
Lindorm リンドウルム
Lindow リンドウ
Lindquist リンキスト
リンキスト
リンクイスト
リンドキスト
リーンドクヴィスト**
リンドクヴィスト
リンドクヴィスト*
Lindqvist リンクビスト
リンクビスト
リンドクイスト
リンドクヴィスト
リンドクヴィスト**
リンドクビスト
Lindroos リンドロス
Lindros リンドロス*
Lindsay リンジ
リンジ
リンジー**
リンジィ
リンジイ*

リンズィー
リンズイー
Linenger リンゼー***
リンゼイ***
リンドセイ
Lindsell リンゼル
リンゼル
リンドセル
Lindsey リンジ
リンジー***
リンジイ
リンゼー*
リンゼイ
リンゼイ***
リンゼット
リンドセー
Lindskoog リンドスコーグ
Lindsley リンズレイ
Lindsmith リンドスミス
Lindstedt リンドステッド
Lindstroem リンドストレム
Lindstrom リントシュトレーム
リンドストロム
Lindström リンストローム
リントシュトレーム
リンドストレム
リンドストロム*
Lindt リンツ
リント*
Lindtmayer リントマイヤー
Lindtner リントネル
Linduska リンダスカ
Lindvall リンドヴァル
リンドバル
Lindvik リンヴィク
Lindwer リントヴェル
Lindworsky リントヴォルスキー
リンドヴォルスキー
Lindy リンディ*
リンディー
Lindzey リンゼイ
Line ライン*
リーヌ*
リーネ
リン
Liné リーネ
Lineback ラインバック
Linebarger ラインバーガー*
リンバーガ
Linebrink ラインブリンク
Linedecker ラインデッカー
Linehan リネハン*
Linek リネク

Lineker リネカー*
Linenger リネンジャー*
Linenthal リネンソール
Liner ライナー
Linera リネラ
Lines ラインズ**
Linet リネット*
Lineth リネス
Linetskii リネッキー
Linetsky リネットスキー
Linett リネット
Linette リネッテ
Linetty リネッティ
Linetzki リネッキー
Linevich リネーヴィチ
リネヴィチ
リネヴィッチ
リネビッチ
Linfert リンフェルト
Linfield リンフィールド
Linfoot リンフット
Linford リンフォード**
Ling リン*
リンク*
リング*
Lingani リンガニ
Lingappa リンガッパ
Lingard リンガード**
Lingat ランガ
ランガー
Ling-chi リンチ
Lingdan リグデン
リンダン
Ling Djie リンジェ
Linge リンゲ
Lingelbach リンゲルバッハ
リンヘルバハ
Lingeman リンゲマン
Lingen リンゲン
Lingendes ランジャンド
Lingenfelter リンゲンフェルター*
Lingenthal リンゲンタール
Linger リンガー**
Lingford リングフォード
Lingis リンギス*
Lingle リングル**
Lingmann リングマン
Lingmerth リングメルト
Lingnau リングナウ
Lingren リングレン

Lingstrom リングストローム
Lington リントン
Linguet ランゲ
Lingwood リングウッド
Linh リン**
Linhart リンハート
リンハルト*
Lini リニ**
リニー
Linić リニッチ
Linichuk リニチュク
Liniers リニエルス
Linius リニウス
Lini Vanuaroroa リニバヌアロロア
Link リンク***
リング
Linka リンカ
Linke リンク
リンケ**
Lin Ken リンケン
Linkenbach リンケンバック
Linker リンカー
Linkers リンカース
Linkevicius リンケビチウス
Linkevičius リンケビシャス
Linkevičiūtė リンケビチュス
Linkey リンキー
Linkies リンキーズ
Linkin リンキン
Linklater リンクレイター*
リンクレーター**
Linkletter リンクレター
Linkner リンクナー
Linkow リンコー
Links リンクス
Linley リンリー*
リンレイ
Lin-lin リンリン
Linlithgow リンリスゴー
Linn リン**
Linna リナ
リンナ*
Linnaeus リンネウス
Linnanheimo リナンヘイモ
Linnankoski リナンコスキー
リンナンコスキ*
リンナンスキー
Linne リンネ

Linné リンネ
リンネ*
リンネー
Linnea リネア*
リンネア
Linnebach リンネバハ
Linnekin リネキン
Linnell リネル
Linneman リンネマン
Linnemann リンネマン
Linnet リネット
Linney リニー*
Linnhoff リンホフ
Linnie リニー
Linnik リンニク
Linnosvuo リンノスボ
Lino リーノ
リノ***
Linoff リノフ
Linos リノス
Línos リノス
Linow リノヴ
Linowes リノース
Linoy リノイ
Linquist リンキスト
Lins リンス**
Linsangan リンサンガン
Linsay リンジー
リンゼイ
Linschoten リンスホーテン
Linscott リンスコット**
Linse リンゼ*
Linsenhoff リンゼンホッフ
Linsenmann リンゼンマン
Linsert リンゼルト
Linsey リンゼイ
Lin-Sheng リンシェン
Linsk リンスク
Linskey リンスキー
Linskill リンスキル
Linsky リンスキー
Linsley リンスリー
リンスレー
Linssen リンセン
Linstedt リンステット
Linstromberg リンシュトロームベルク
Linstrum リンストルム
Linszen リンセン
Lint リント**
Lintanf ランタンフ*
Lintang リンタン
Linter リントナー

Linth リント	Lionette リオネット	Lipien リピエン	リバード	リブセイ
Linthcum リンスカム	Lionetti リオネッティ	Lipietz リピエッツ**	リバード*	Lipshutz リブシュッツ
Linthicum	Liong リオン	Li Ping リーピン	Lipparini リッパリーニ	Lipšic リプシッチ
リンティカム*	Lionginas	Li-ping リーピン*	Lippe リッペ*	Lipsitt リプシット
Lintner リントナー	リオンギナス	Lipinskaia	Lippeatt リピート	Lipsitz リプシッツ
Linton	Liong Sik リヨンシク	リピンスカイア	Lippelt リッペルト	Lipsius
リントン***	Lionnais リヨネ	Lipinski	Lippencott	リップシアス
リンドン	Lionne	リピンスキ*	リッペンコット	リプシアス
Lintott リントット	リオンヌ	リピンスキー**	Lipper リッパー	リプシウス
Lintu リントゥ	リオンネ	Lipiński リピニスキ	Lippershey	リプジウス
Lintzel リンツェル	Lionnet	Lipinsky リビンスキー	リッペルスハイ	Lipski リプスキ*
Linus	ライオネット	Lipit リピト	リッペルスヘイ	Lipsky リプスキー**
ライナス**	リオネ	Lipka リプカ	Lippert	Lipsman リプスマン
リーナス**	リヨンネ	Lipkin リプキン	リッパート**	Lipson リプソン*
リナス	Lionni	Lipkina リープキナ	リッペルト*	Lipstadt
リーヌス*	リオーニ	Lipkind	リパート	リプシュタット*
リヌス	リオンニ	リプキン	Lippett リペット	Lipsyte リプサイト
Linval リンバル	レオーニ**	リプキンド*	Lippi	Lipszic リプシッツ
Linvill	レオニ*	Lipking リップキング	リッピ***	Lipszyc
リンヴィル	Lions	Lipkov リプコフ	リッピー	リプシツ
リンビル	リオン*	Lipkovska	Lippin リプリン	リブシッツ
Linville リンヴィル	リオンス**	リプコフスカ	Lippincott	Lipták リプタク
Linwood リンウッド**	Lionti リオンティ	Lipkowitz	リッピンコット**	Liptapanlop
Lin Yone リンヨネ	Lior リオル	リプコーウィッツ	リピンコット*	リプタパンロップ
Lin Youn リンヨン	Liora リオラ	Lipkus リプクス	Lippit リピット	Liptay リプタイ
Linz	Lioret リオレ	Lipman	Lippitt リピット*	Lipton リプトン**
リンス*	Liorzou リオルズー	リップ	Lippitz レピッツ	Li-Pu リープ
リンツ**	Liost リオス	リップマン**	Lippman リップマン**	Lipu リプ
Linza リンザ	Liotard リオタール	リープマン	Lippmann	LiPuma リピューマ*
Linzer リンザァー	Liotta リオッタ**	リップマン*	リップマン**	Lipuma リピューマ
Linzey リンゼイ	Liou リュー	Lipman-Bluman	Lippo リッポ	Li-qin リチン
Linzi リンジ	Lioubov リュボフ*	リップマンブルーメン	Lippold	Liquette リケット
Linzie リンジー	Lioukine リューキン	Lipmann	リッポルド	Li-qun リーチュイン
Linzmayer	Lioult リウー	リップマン**	リポールド	Liqun
リンツメイヤー*	Liouville	リープマン	Lippoldt リッポルト	リグン
Linzner リンツナー	リゥヴィル	Lipnack	Lippomano	リチェン
Linzy リンジー	リウヴィル	リップナック	リッポマーノ	Liquorman
Lio リオ*	リウビル	リプナック	Lipponen	リカーマン
Lioba	リューヴィル	Lipniacka	リッポネン**	リコーマン
リーオバ	リュヴィル	リプニャッカ	Lippoomano	Li-qying リーチョン
リオバ	Liow リオウ	Lipnicki	リッポマーノ	Lira
Liogier リオジエ	Lip リップ	リップニッキー	Lipps リップス*	ライラ*
Liohn リオン	Lipa リパ*	Lipnitskaya	Lippy リッピー	リラ
Lioko リオコ	Lipă リパ	リプニッカヤ*	Lips リップス**	Liranzo リランゾ
Lion	Lipă リパ	Lipnitskii	Lipschitz リプシッツ	Liriano
ライアン	Lipari リパリ	リプニッキー	Lipschultz	リリアーノ
ライオン**	Liparteliani	Lipo リポ	リプシュルツ	リリアノ
リーオン	リパルテリアニ	Lipoff リップオフ	Lipschutz	Lirim リリム
リオン***	Lipatin リパティン	Lipót	リプシュッツ	Lirola リロラ
Liona リオナ	Lipátov リパートフ	リポット	リプシュツ	Lis
Lione	Lipatti リパッティ	リポート	Lipscomb	リース
リオーネ	Lipchik リプチック	Lipovača リポヴァチャ	リップスカム	リス*
リオネル	Lipchitz	Lipovetsky	リップスコーム	リズ
Lionel	リプシーツ	リポヴェツキー*	リプスコウム	Lisa
ライオネル	リプシツ	Lipovsek リポヴシェク	リプスコム	ライザ*
ライオネル***	リプシッツ	Lipovšek	リプスコム**	リーサ**
ライノル	Lipczynski	リポヴシェク	Lipscombe リプスコム	リーサー
リオネール	リプチンスキ	リポブシェク	Lipsenthal	リーザ***
リオネール***	Lipe リップ	Lipowitz リポウィッツ	リプセンタール	リサ***
リヨネル*	Lipenga リペンガ	Lipowska リポウスカ	Lipset	リザ***
レオネル	Lipez リペス*	Lipowski リポウスキー	リップセット	Lisabet リザベット
Lionella リオネッラ	Lipfert リッペルト	Lipp リップ*	リップセット**	Lisa Lisa リサリサ
Lionelle リオネル	Lipham リップハム	Lippa リッパ	Lipsett リプセット	Lisalverto
Lionelli リオネッリ	Lipiec リピェッ	Lippard	Lipsey	リザルベルト
Lionello		リッパード	リプシー*	Lisandra リサンドラ
リオネッロ			リプシィ	
リオネロ				

Lisandro リサンドロ
Lisānī リサーニー
Lisanne リサーネ
Lisanti リサンチ
Lisbet
　リスベ
　リスベト
Lisbeth
　リスベス*
　リズベス
　リスベット
　リスベート**
　リスベト
Lisbie リズビー
Lisboa
　リスボア
　リズボア
Lisbôa
　リスボア
　リズボア
Lisca リスカ
Liscano リスカノ
Lischer リシャー
Lischka リシュカ*
Lischkow リスコ
Lischner
　リシャー
　リシュナー*
Lisciandro
　リシャンドロ
Lisco リスコ
Liscovius
　リスコヴィウス
Liscow
　リスコ
　リスコー
Lise
　リーサ
　リーザ*
　リザ
　リーズ**
　リズ*
　リーセ
　リーゼ**
　リセ
Lise Lotte リーゼロッテ
Liselotte
　リサロッテ*
　リスロッテ
　リーゼロッテ**
　リセロッテ*
　リゼロッテ
Lisensky リセンスキー
Liseo リセオ
Liseron リズロン
Lisette
　リセッテ
　リセット*
　リゼット*
Lisewski リセウスキー
Lisfranc リスフラン
Lish リッシュ
Lishak リシャック

Lishchynska
　リシチンスカ
Lisheron リシャロン
Lishevskii
　リシェフスキー
Lishir リシール
Lishman
　リッシュマン*
Lishtvan
　リシトワン
　リチバン
Lisi
　リーシ
　リージ***
　リジー*
Lísias リジエス
Lisiate リシアテ
Lisichkin リシチキン
Lisicki リシキ*
Lisiecki リシエツキ*
Lisieux リジュー
Lisiewska
　リシエウスカ
　リジエヴスカ
Lisímaco リシマコ
Lisina
　リーシナ
　リシナ
Lisinova リシーノヴァ
Lisinski リシンスキ
Lisitsian リシチアン
Lisitskaia リシツカヤ
Lisitskii リシツキー
Lisitskij リシツキー
Lisitsky リシツキー
Lisitsyan リシチアン
Lisitsyn
　リシチン
　リシツイン
Lisitzky リシツキー
Lisjak リスヤク
Lisk リスク
Liska リシュカ
Liška リシュカ
Liski リスキ
Liskiewicz
　リスキエヴィチ
Liskov リスコフ
Liskun リスクーン
Lisl
　リースル
　リーズル
　リズル
　リゼル
Lisle
　ライル**
　リイル
　リール*
　リル
L'Isle
　リイル
　リール
L'Isle-Adam
　リイラダン
　リイルアダン
　リラダン*

Lisman リスマン
Lismanini
　リスマニーニ
Lismont リスモン
Lisnýanskaya
　リスニャンスカヤ
Lisogor リソゴール
Lison リゾン
Lisovskaia
　リソフスカヤ
Lisovskaya
　リソフスカヤ
Lisowski
　リソフスキー
　リソウスキー
Lispector
　リスペクター
　リスペクトール*
　リスペクトル
Liss
　リース
　リス***
Lissa
　リサ*
　リッサ*
Lissack リーサック*
Lissagaray
　リサガレー
　リッサガレー
Lissajous
　リサジュ
　リサジュー
Lissarrague
　リサラグ
　リサラゲ
　リッサラーグ
Lissauer リッサウアー
Lissemore リスモア
Lissenko リセンコ
Lisser リッサー
Lissette リセッテ
Lissi リッシ
Lissitzky
　リシッキー
　リシツキー*
Lissmann リスマン
Lissner リスナー*
Lissoni リッソーニ
Lissouba リスバ**
Lissy
　リシー
　リッシ
　リッシー
List リスト**
Lista リスタ
Listach リスタッチ
Listenbee
　リッスンビー
Lister リスター**
Listgarten
　リストガルテン
Listhaug リストハウグ
Listing リスティング
Liston リストン*
Listuzzi
　リストゥッツィ

Listwin リストウィン
Liszkai リスカイ*
Liszko リスコ
Liszt リスト**
Lisztes リステスュ
Lita リタ*
Litaize リテーズ
Lital リタル
Litan ライタン**
Litchfield
　リッチフィールド*
Litchinister
　リチニスター
Lite ライト
Litel リテル
Literes リテレス
Lith リト
Lithai リタイ
Litherland
　リザーランド
Lithgow
　リスゴー
　リスゴウ*
Lithman リスマン
Lithur リター
Liti リティ
Litinetskii
　リチネツキー
　リティネツキー
Lititiyo リティティヨ
Litja リチャ
Litke リトケ
Litman
　リッツマン
　リットマン
Litmanen リトマネン
Litokwa リトクワ**
Litolff
　リートルフ
　リトルフ
Litovtseva
　リトフツェヴァ
Litsa リツァ
Litsanidis
　リッツアニディ
Litsiba リツィバ
Lits'oane リツォアネ
Litt リット**
Littauer リタウェル
Littbarski
　リトバルスキー**
Littell
　リッテル
　リテル**
Litten リッテン
Litterman
　リターマン
　リッターマン
Littger リトガー
Littin リティン
Littiz リティツ
Littky リトキー
Little
　リットル
　リトル***

Littlechild
　リトルチャイルド
Littledale
　リトルデイル
　リトルデール
Littlefield
　リトルフィールド*
Littlehale
　リトルホール
Littlehales
　リトルヘイルズ
Littlejohn
　リトルジョン*
Littlejohns
　リトルジョンズ
Littlemore リトルモア
Littlepage
　リットルページ
Littler
　リットラー
　リトラー
Littleton リトルトン**
Littlewood
　リトルウッド**
Littman リットマン*
Littmann
　リットマン**
Litto リット
Litton リットン*
Littorin リットリン
Littré
　リットレ
　リトレ
Littrov リトローフ
Littunen リッツネン
Litty リッティ
Lituyev リトゥエフ
Litva リトバ
Litvaitis
　リトヴァイティス
Litvak
　リトヴァク*
　リトバーク
　リトバック
Litván リトヴァーン
Litvin リトビン
Litvinchuk
　リトビンチュク
Litvinenko
　リトヴィネンコ**
　リトビネンコ*
Litvinne
　リトヴィン
　リトヴィンヌ
Litvinoff
　リトヴィーノフ
　リトヴィノフ
　リトビノフ
Litvinov
　リトヴィーノフ
　リトヴィノフ**
　リトビーノフ
　リトビノフ*
Litvinovich
　リトヴィノヴィッチ
Litwack リトワック
Litwak
　リトウォク

リトワク
リトワック
Litweiler リトワイラー
Litwhiler
リットワイラー
リトワイラー
Litwin
リットビン
リトウィン*
Lityersēs
リテュエルセス
Litz リッツ
Litza リッツァ*
Litzman リッツマン
Litzmann リッツマン
Liu
リウ**
リュ*
リュー**
リュウ**
リョウ*
Liú リュウ
Liubatovich
リュバトヴィチ
リュバトーヴィッチ
Liuben
リューベン*
リュベン
Liubenov ルベノフ
Liubimov
リュビーモフ
リュビモフ
ルビモフ
Liublinskaia
リュブリンスカヤ
Liubomiras
リウボミラス
Liuboshits
リュボシッツ
Liubov リュボフ
Liubov'
リュボヴィ
リュボーフィ*
Liubovi リュボーフィ
Liucci
リウッチ
ルーチ
ルッチ
ルッツィ
Liudgerus
リウドゲル
リウドゲルス
Liudhard リウドハルド
Liudmila
リュドミーラ
リュドミラ**
Liudmira リュドミラ
Liudmyla リュドミラ*
Liudomira リュドミラ
Liudprand
リウトプランド
リュドプランド
Liudvig リュドヴィク
Liuga リウガ
Liuget リウゲット
Liukas リウカス*
Liukin リューキン**

Liukko リウッコ
Liull ルル
Liusik リュシク
Liusternik
リュステルニク
Liutpert リウトペルト
Liutprand
リートウトプラント
リウトプラント
リウトプランド
リウトプランドゥス
Liuva リウヴァ
Liu Ying リュウイン
Liuzzi リウッツィ*
Liuzzo リウッツォ
Liv
リーヴ
リヴ**
リーブ
リブ**
Livaja リヴァヤ
Livan リバン*
Livanos リヴァノス
Livanov
リヴァノヴ
リヴァノフ
リワノフ
Livanova リワノワ
Livant リヴァント
Livarius リヴァリウス
Livbjerg リビエルグ
Lively
ライヴリ
ライヴリー*
ライヴリー
ライブリー**
リヴリー
リベリー
Liverani リヴェラーニ
Liveris リバリス*
Liverman リベルマン
Livermore
リヴァーモア
リヴァモア*
リバモア**
Liverpool
リヴァプール
リバプール***
Liversedge リバセッジ
Liversidge リバシッジ
Liverton リバートン
Livesay
リヴセイ
リブセイ
Livesey
リヴジー
リヴセイ
リバシー
リブジー
Livesley
リヴスレー
リブスレー
リブスレイ
Liveson
ライブソン
リブソン
Livet リヴェ

Livheim リブハイム
Livi
リヴィ*
リビ*
Livia
リゥィア
リゥィア
リヴィア**
リビア**
Livieratos
リビエラトス
Livings
リヴィングズ
リビングズ
Livingston
リーヴィングストン
リヴィングストーン
リヴィングストン
リービングストン
リビングストーン
リビングストン***
Livingstone
リヴィグストン
リヴィングストーン
リヴィングストン*
リビングストーン
リビングストン***
Livingstons
リビングストン
Livinhac リヴィニャク
Livio
リーヴィオ
リヴィオ*
リビオ*
リビノ
Lívio リビオ
Liviu
リヴィウ*
リビウ*
Livius
リーウィウス
リヴィウス
リビウス
リワィウス
Livnat リブナット
Livne リウネ
Livni
リヴニ*
リブニ
Livolsi リヴォルシー
Livorius リボリウス
Livov リヴォーフ
Livovich リヴォヴィチ
Livóvich リヴォヴィチ
Livovna リヴォーヴナ
Livóvna リヴォーヴナ
Livre リーブル
Livron リヴロン
Livsey
リヴズィー
リブジー
リブズィー
Lívshchits リーフシツ
Livshits リフシツ**
Lívshits リーフシツ

Livtuvanu
リプトゥンバヌ
Livy
リーウィウス
リウィウス
Liwa リワ
Liwag リワグ
Liwayway
リワイワイ**
Liwimbi リビンビ
Liwschitz リヴシッツ
Liwska リウスカ
Liyanage
リヤナーゲ
リヤナゲー
Liyel リエル
Liyong
リオング
リヨン
リヨング*
Liyota Ndjolii
リヨタジョリ
Li-yuan リーユアン
Liz
リス
リズ***
リッツ
Liza
ライザ**
リサ**
リザ**
Lizabeth リザベス*
Lizarazu リザラズ*
Lizardi リサルディ
Lizardo リサルド
Lizarraga リザラガ
Lizárraga リサーラガ
Lizelman リーゼルマン
Lizer ライザー
Lizette リゼット
Li-zhi リーズー
Lizi リジー
Lizichev リジチェフ
Lizoain リソアイン
Lizot リゾー
Lizzani リッツァーニ*
Lizzie
リジー**
リズィ
Lizzy
リジ
リジー
Ljajic リャイッチ
Ljajić リャイッチ
Ljerka リェルカ
Ljiljana リリャーナ
Ljndot リント*
Ljøkelsøy ヨケルソイ
Ljuba リューバ*
Ljubco リュブチョ
Ljubčo リュブチョ*
Ljubek リューベク
Ljuben リュベン

Ljubić
リュービッチ
リュビッチ
Ljubica リュビツァ
Ljubicic リュビチッチ
Ljubičić リュビチッチ
Ljubisa リュビサ
Ljubo リュボ
Ljuboja リュボヤ
Ljubomir
リュボミール
リュボミル
Ljudevit リュウデヴィト
Ljudmil リュドミル
Ljudmila リュドミラ
Ljudovigović
リュードヴィゴヴィチ
リュドヴィゴヴィチ
Ljung
ユン
ユング
リュン
リュング
Ljungbeck ルユンベック
Ljungberg
ユングベリ**
ユンバーグ
リュンベリ
リューンベルク
リューンベルグ
Ljunggren
ユンググレーン
リュングレン
Ljungkvist
ユンクヴィスト
Ljungquist
ユングクヴィスト
Ljungqvist
ジュンクビスト
Ljungstedt
ユングステッド
Ljupcho リュブチョ
Ljupco リュブチョ

Lkhagvasuren
ルハグバスレン
Lkhagvasüren
ルハグバスレン
Lkhamdegd
ラハマデギド
Llacer ルラセル
Lladó リャド
Llamas ジャマス
Llamazares
リャマサーレス**
Llambí ラミ
Llaneras リャネラス**
Llano
ジャノ
リャーノ
リャノ
Llanos
リャーノス
リャノス
Llanwern ランウェアン
Llauradó ルラウラドー

Llausás ラウサス
Llave ジャベ
Lledo ジェド
Llenas レナス
Lleras ジェラス*
Léras
　ジェラス*
　リエーラス
Llerena ルレーナ
Lleshi レシ*
Llewellyn
　ルーウェリン
　ルウェリン***
　ルーエリン*
　ルエリン
　レウェリン*
　レウリン
Llewelyn
　ルウェリン**
　ルーエリン
　レウェリン
Llewhellin
　リューウェリン
Lleyton ライトン*
Llinás
　リィナス
　リャナス
Llobet
　ジュベット
　リョベー
　リョベート
Llobregat
　ヨブレギャット
Llodra ロドラ**
Llompart
　ヨンパルト**
Llongueras ヨンゲラス
Llopart リョパルト
Lloque ヨケ
Llorca ジョルカ
Llored ロレッド
Lloreda ジョレダ
Llorenç リィオレンス
Llorens ジョレンス
Llorente
　ジョレンテ
　ヨレンテ
　リョレンテ
　ルロレント
Llorenti ジョレンティ
Lloret ロレット
Lloris ロリス
Llosa
　ジョサ
　リョーサ
　リョサ**
Llouvet ルーヴェ
Lloveras ロヴェラス
Llowarch ロワーチ
Lloy ロイ*
Lloyd
　ロイ
　ローイド
　ロイド***
Lloydine ロイディーン

Lloyd-Jones
　ロイドジョーンズ
　ロイドジョンズ
Lluc ユク
LLuis ルイス
Lluis
　ジュイス
　ルイス*
Lluís リュイス*
Lluisa ルイサ
Llull リュイ
Llusa
　リューサ
　リュサ
Llusá リュサ
Llwyd ルイド
Llyod ロイド
Llywelyn
　スィウェリン
　リュウェリン
Lmine ルミン
Lndger ロジャー
Lniz ルニス
Lnudström
　ルンドストレーム
Lo
　ルー
　ベル
　ロ***
　ロー***
　ロウ
Lô ロー
Loa ロア
Loach ローチ**
Load ロード*
Loada ロワダ
Loader
　ローダー*
　ローデル*
Loaëc ロエク
Loaf ローフ
Loaiza
　ローアイザ
　ローアイザー
　ロアイサ
Loalwa ロアラ
Loan
　ロアン**
　ロウン
Loang ローング
Loans ローアンス
Loaring ローリング
Loasby ロースビー
Loaysa ロアイサ
Lob ロブ
Löb レープ
Loba ロバ
Lobacheva ロバチェワ
Lobachevskii
　ロバチェーフスキー
　ロバチェフスキー
　ロバチェフスキィ
　ロバチェフスキイ
Loban ローバン
Lobanov
　ロバーノフ
　ロバノフ*

Lobanova ロバノワ
Lobanovsky
　ロバノフスキー
Lobão ロバン
Lobatch ロバチ
Lobato
　ロバット*
　ロバート*
　ロバト**
Lobaton ロバトン
Lobátto ロバットー
Lobazniouk
　ロバズニュク
Lobb ロッブ
Lobban ロバン*
Lobbe ロッベ
Lobbezoo ロブゾー
Lobdell ロブデル
Lobe
　ローブ*
　ローベ**
　ローベ
Löbe レーベ*
Lobeck ローベック
Lobel
　ローベル**
　ローベル
L'Obel
　ローベル
　ローベル
Löbel レーベル
Lobell ロベル
Lobelli ロベリ
Lobendi ロベンディ
Lobengula
　ローベングーラ
　ローベングラ
　ロベングラ
Lobenstine
　ロベンスタイン
Lober ローバー
Loberg ローバーグ
Loberman
　リーバーマン
Lobert
　ロバート
　ロベール
Lobett ロベット
Lobetti ロベッティ
Lobingier ロビンギア
Lobintsev
　ロビンツェフ
Lobjois ロブジョワ
Lobkowicz
　ロブコヴィッツ
Lobkowitz
　ロブコヴィッツ
Lobl ロブル
Löbl レーブル
Lobliayao ロブリヤオ
Lobman ロブマン
Löbmann レープマン
Lobnig ロビニヒ
Lobo
　ローボ
　ロボ***

ローボウ
Lobognon ロボニョン
Lobont
　ロボンツ
　ロボント
Loborik ロボリク
Lobos
　ローボス
　ロボス
Lobov ロボフ*
Lobova ロボワ
Lobprise ロビライズ
Lobriayao
　ローブリアヤオ
LoBrutto ロブロット
Löbsack レーブザック
Lobsang
　ロサン
　ロブサン**
　ロブサン
Lobsangdanjin
　ロブサンダンジン
Lobscheid
　ローブシャイト
Lobsdorf ロブソルフ
Lobsenz ロブセンツ
Lobstein
　ローブシュタイン
　ロブスタイン
　ロブスティーン
LoBuglio ロブグリオ
Lobwasser
　ローブヴァッサー
Lobysheva ロビシェワ
Lobzhanidze
　ロブズハニゼ
Loc ロク*
Loca ロカ*
Locadia ロカディア
Locane ロケーン
Locante ロカンテ
Locard ロカール
Locatelli
　ロカテリ
　ロカテッリ**
　ロカテリ*
Locatis ロカティス
Locche ローチェ
Locchi ロッキ
Loch ロッホ**
Lochak ロシャク
Lochary ロチャリー
Lochbaum
　ロックバウム
Loche
　ロック
　ロッシュ
Locher
　ロウチャー
　ロッヒェル
　ロッヒャー
　ロハー
Lochhead
　ロックヘッド*
Lochiel ロキール
Lochin ロチン

Lochlainn ロフレン
Lochlann ロッホラン
Lochman ロッホマン
Lochner
　ロックナー
　ロックネル
　ロッホーナ
　ロッホナー
　ローナー
　ロヒナー
　ロホナー*
Löchner レヒナー
Lochon ロション
Lochs ラックス
Lochte
　ロクテ**
　ロクティ*
Lock
　ロク
　ロック**
Löck レック
Lockard ロッカード
Locke
　ロッキー
　ロック***
Locker
　ロカー
　ロッカー**
Lockerbie ロカビー
Lockeretz ロカレッツ
Lockett ロケット
Lockey ロッキー
Lockhart
　ロカート
　ロカト
　ロッカー
　ロッカート
　ロックハート***
Lockheart
　ロックハート
Lockheimer
　ロックハイマー
Lockie ロッキー*
Lockjaw ロックジョー
Locklear ロックリア
Lockley
　ロッキー*
　ロックレイ*
Locklin ロックリン
Locklyn ロックリン
Lockman ロックマン*
Lockridge
　ロックリッジ
Lockroy ロックロワ
Locksley ロックスリー
Lockspeiser
　ロックスパイザー
Lockward
　ロックワード
Lockwood
　ロックウッド***
　ロックウード
Locky ロッキー
Lockyer
　ロキヤー
　ロッキアー
　ロッキャー*

Lockyer ロッキヤー
　ロックヤー
　ロッキャー
Locle ロクル
Locsin ロクシン*
Lodahl ロダール
Lodares
　ロダーレス
　ロダレス
Lodato ロダート**
Loday ロデー
Lodde ロデ
Lodder
　ロダー
　ロッダー
　ロデール
Loddi ロッディ
Lodding ロディング
Lodeiro ロデイロ*
Lodemann
　ローデマン*
Loden ローデン
Lodensteijn
　ローデンステイン
Lodenstein
　ローデンステイン
Loder ローダー**
Lodewijk
　ルイ
　ルドウィック
　ローデワイク
　ローデヴェイク
　ロデビク
　ロードウィク
　ロードウィック
Lodewijks
　ロデビイクス
Lodewyk
　ルーダヴェイク
Lodge ロッジ***
Lodha ローダ
Lodi
　ローディ**
　ロディ
Lodī
　ローディー
　ロディー
Lōdī
　ローディー
　ロディ
Lodish
　ローディッシュ
　ロディッシュ*
Lodoidamba
　ロドイダンバ
Lodojdamba
　ロドイダムバ
　ロドイダンバ
Lodola ロドラ
Lodoli
　ロードリ
　ロドリ**
Lodongiin
　ロドンギーン
Lodongijn
　ロンドギーン*

Lodovico
　ルドヴィーコ
　ルドヴィコ
　ルドビーコ
　ロドヴィーコ*
　ロドヴィコ
　ロドビコ
Lodowick
　ロドウィク
　ロドウィック
Lodoydamba
　ロドイダムバ
Lods
　ロー
　ロッツ
LoDuca ロデューカ
Loduska ロドゥスカ
Lodwick
　ロドウィック*
Lody ロディー
Lodygin ロディーギン
Loe
　ルー*
　ロー*
Loë ロー
Löe ロー
Loeak ロヤック*
Loeb
　レーブ
　レープ
　ロイブ
　ロウブ
　ロエブ*
　ロオェブ
　ロープ**
Loebele レーベレ
Loeber レーベル
Loebisch レェービシ
Loebl
　レブル
　ロエブル
　ロープ
Loeff ロエフ
Loeffel レッフェル
Loeffen ローフェン*
Loeffke レフキ*
Loeffler
　レフラー*
　レフレル
　ローフラー
　ロフラー
Lóegaire
　リグレー
　リーレ
Loehlein レエライン
Loehr
　ラー
　レアー
　レーヤー*
　ロア
　ロアー
Loeillet ルイエ
L'Œillet ルイエ
Loek
　リーク
　ルーク*
　レーク
Loeliger ロリガ

Loelling レリング
Loemba ロエンバ
Loen ローエン
Loenhout
　ルーンホウト
Loening
　レーニング
　ローニング
Loepfe ロップフェ
Löer レア
Loerke
　レールケ*
　レルケ
Loerop レロップ
Loes
　ルース
　ルス
Loesch
　レーシュ
　レシュ
Loesche レッシェ
Loeschnig ルーシニグ
Loeser
　ラサー
　ルーサー
　レーザー
　レーザ
Loesgen ロスジェン*
Loesser
　レッサー
　ローサー
Loet ルート
Loetscher レッチェル
Loetterle ロッテール
Loéve レーヴェ
Loevensohn
　レーヴェンゾーン
Loevesijn レベジン
Loevner ローヴナー
Loew
　レーウ
　レーヴ**
　レープ
　ローブ
　ロイーブ
　ロイブ
　ロー
　ロウ
Loewald レーワルド
Loewe
　レーウェ
　レーヴェ*
　レーベ
　ロー
　ロウ*
　ローウェ
Loewen
　ラーヴェン
　ローウェン
Loewenberg
　ローウェンバーグ
Loewenheim
　ローウェンハイム
Loewenich
　レーヴェニヒ
Loewenstein
　レーヴェンシュタイン

　レーウェンスタイン
　レーベンシュタイン
　ローウェンスタイン
　ローエンスタイン
Loewenthal
　レーヴェンサル
　ロウエンサル
　ローウェンタール
Loewer ローワー
Loewi
　レーウィ
　レーヴィ*
　レービ
　レービー
　ロイ
　ロウィ
　ロウィー
　ロウィ
Loewus レーヴス
Loewy
　ルイ
　レーヴィ
　ロイ
　ロウィ**
　ロウィー
Lof ロッフ
Lofberg
　ローヴベリ
　ローフベルグ
Loff ロフ
Loffe ロッフェ
Loffi ロッティ
Löffler
　ラフラー
　レフラー***
　レフレル
Loffredo ロッフレード
Lofgren
　レーフグレン
　ロフグレン*
Löfgren
　レーヴグレーン
　レーフグレン
　ロフグレン
Lofland ロフランド*
Löfling レーヴリング
Lo forese ロフォレーゼ
Löfstedt
　レーヴステット
　レフステット
Loft ロフト
Loften ロフテン
Loftesness
　ロフテスネス
Lofthouse
　ロフタス
　ロフトハウス*
Loftin ロフティン
Lofting
　ローフティング
　ロフティング**
Lofton ロフトン**
Lofts ロフツ**
Loftur ロフトゥル*
Loftus
　ロフタス**
　ロフトゥス

Löfven
　ロヴェーン
　ロベーン*
Logan
　ローカン
　ローガン***
　ロガン
Loganbill ローガンビル
Logas ロガス
Logasa ロガサ
Logau
　ローガウ*
　ロガウ
Logelin ロゲリン
Logemann ロゲマン
Loger ローゲル
Logeswaran
　ロージュワレン
Logevall
　ログボール
　ロゲバル
Logg ログ
Loggains ロゲインズ
Loggem ロッゲム
Loggia
　ロジャ
　ロッジア
Loggins
　ロギンズ*
　ロギンズ
Loghin ロギン
Logie
　ロウギ
　ロギー
　ロジー
　ロジィー
　ロディ
Logigian ロジジアン
Logoglu ロゴグルー
Logosz ロゴシュ
Logothetis
　ロゴテティス
Logothus ロゴテトス
Logovi'i ロコヴィイ
Logroscino
　ログロシーノ
　ログロッシーノ
Logsdon
　ログスドン**
　ロゲズドン
Logsted
　ログステッド**
Løgstrup
　レーイストロプ
　ログストラップ
Lögters レヒテルス
Logue
　ルージュ
　ローグ*
Logunov
　ログノーフ
　ログノフ*
　ロゴエノフ
Logunova ログノワ
Logvinenko
　ログヴィネンコ
　ログビネンコ

L

Logwood ログウッド
Loh ロー*
Lohan ローハン*
Lohani ロハニ
Lohberg ローベルグ
Løhde ローデ
Lohe ローエ
Löhe レーエ
Lohengrin
　ローエングリン
Lohenstein
　ローエンシュタイン
Loher ローアー**
Lohfink ローフィンク*
Lohia ロヒア
Lohicca ローヒッチャ
Löhken レーケン
Lohman ローマン*
Lohmann ローマン*
Lohmeyer
　ローマイアー
　ローマイヤー
Löhn レーン
Lohner ローナー
Löhner レーナー
Lohnes ローンズ
Löhnholm
　レーンホルム
Lohr
　ロー*
　ローア
　ロア
Löhr
　レーア
　レール
Lohrbächer
　ロールベッヒャー
Lohre ロー
Lohrer ローラー
Löhrer レーラー
Lohrke ローク
Lohs ローズ
Lohse
　ローシュ
　ローセ
　ローゼ
Lo Hsing Han
　ローシンハン*
Lohstöter
　ローシュテーター*
Lohwater
　ローウォーター
Lohyna ロヒナ
Loi ロイ*
Lo'i ロイ
Loibl ロイブル
Loibner ロイブナー
Loic
　ロイク
　ロイック*
　ロワ
Loïc
　ロイク
　ロイック**

Loie
　ロイ
　ロイエ
Loiero ロイエロ
Loïk ロイク
Loingsech リンシェハ
Loipa ロイパ
Loirand ロワラン**
Loirie ルーリー
Lois
　ルイ**
　ルイス
　ロイス
　ロイーズ
　ロイス***
　ロイズ
Loïs ロイス
Loise ルイーズ
Loiseau
　ロワゾー**
　ロワゾウ*
Loisel ロワゼル
Loish ロイシュ
Loisy
　ロアジ
　ロアジー
　ロワジ
　ロワジー
Loitlsberger
　ロイトルスベルガー
Loitme ロイトメ
Loitzl ロイツル*
Loizaga ロイサガ
Loizeaux
　ロイジェー
　ロイジュー
Loizidis ロイジディス
Loizou ロイズ
Lojacono ロヤーコノ
Lojasiewicz
　ロヤシェヴィチ
Loje ロイエ
Lojk ロイク
Lojze ロイゼ
Lok
　ロク
　ロック
Lokanathan
　ロカナサン
　ローカナータン
Loke ロケ
Loken ローケン
Løken ローケン
Lokendra
　ロケンドラ**
Lokensgrad
　ロケンスグラド
Lokesh ロケッシュ*
Lokhvitskaia
　ローフヴィツカヤ
Lókhvitskaya
　ローフヴィツカヤ
Lokian ロキャン
Lokietek
　ヴォキェテク
　ロキエテック

Lokin ローキン
Lokitz ロキッツ
Lokke ロッケ
Løkke ロッケ*
Lokman
　ロクマーン
　ロクマン
Lokmanhekim
　ロクマンヘキム
Loko ロコ
Lokola ロコラ
Lokolé ロコレ
Lokonda ロコンダ
Lokotui ロコツイ
Lokrantz ロクランツ
Lokshin ロークシン
Lokua ロクア
Lokubandara
　ロクバンダラ
Lokudu ロクドゥ
Lokuge ロクゲ
Lokvenc ロクベンツ
Lokvig ロクヴィグ
Lokyan ロキャン
Lola
　ローラ***
　ロラ
Lolah ローラ
Loland ローランド
Løland レーラン
Loleh
　ローレ
　ロレー*
Loletta ロレッタ
Lolich
　ローリッチ
　ロリッチ
Loliée ロリエ
Lolita ロリータ**
Lolitha ローリタ
Lolivier ロリビエ
Loll ロール
Lollar ローラー
Lolli
　ロッリ*
　ロリ
Lollia ロリア
Lollianus ロリアヌス
Lollis ロリス
Lollius ロリウス
Lollobrigida
　ロッロブリジーダ
　ロロブリジーダ*
　ロロブリジダ
Lolly
　ローリー*
　ロリー
Lolme ロルム
Lolo ロロ
Lolova ロロヴァ
Lolua ロルア
Lom ロム*
Lomachenko
　ロマチェンコ**
Lomaev ロマーエフ

Lomaia ロマイア
Lomakin ロマキン
Lomano ロマノ
Lomanto ロマント
Lomas
　ローマス
　ロマス*
Lomasa ローマサ
Lomax
　ロウマクス
　ローマクス*
　ロマクス**
　ローマックス*
　ロマックス*
Lomazow ロマゾウ
Lomazzi ロマッツィ
Lomazzo ロマッツォ
Lomb
　ロム
　ロンブ
Lomba ロンバ
Lomban ロンバン
Lombard
　ロムバート
　ロンバー
　ロンバート*
　ロンバード*
　ロンバール*
　ロンバルト
Lombardi
　ロンバーディ
　ロンバルディ**
Lombardo
　ロンバード**
　ロンバルド*
Lombardus
　ロンバルドゥス*
Lombe ロンベ
Lomberg ロンベリ
Lomborg ロンボルグ*
Lombos ロンボシュ
Lombroso
　ロムブローゾ
　ロムブロゾー
　ロムブロゾオ
　ロンブロゾオ
　ロンブローソ
　ロンブローゾ*
　ロンブロゾー
　ロンブロゾオ
Lomelí ロメリ*
Lomenech ロメネク
Lomenie ロメニ
Loménie
　ロメニ
　ロメニー
Lomeo ロメオ*
Lometo ロメト
Lomey ロメイ
Lomi ローミ
Lomidze
　ロミジェ
　ロミゼ
Lomita ロミータ
Lommel ロンメル*
Lomnicki ロムニツキ
Lomnicky ロムニツキ

Lomond ロモンド
Lomong ロモング
Lomonosov
　ロマノーソフ
　ロモノーソフ
　ロモノソフ
Lomont ロモント
Lomow ロモウ
Lompar ロムバル
Lompech ロンペッシュ
Lompo ロンポ
Lomu ロムー**
Lomuller ローミュルラ
Lomuro ロムロ
Lomuto
　ロムート
　ロムト
Lon ロン**
Lona ローナ
Lonamei ロナメイ
Lonborg ロンボーグ
Loncar
　ロンチャル*
　ロンツァール
Lončar ロンチャル
Loncény ロンセニー
Londa ロンダ*
Londer ロンダー
Londi
　ロンディ
　ロンディー
Londjet ロンジェ
London ロンドン***
Londonderry
　ロンドンデリ
Londonio ロンドーニオ
Londono ロンドーニョ
Londoño ロンドニョ
Londres ロンドル
Lone
　ローネ***
　ロネ*
　ローン**
　ロン*
Lonegren ロングレン*
Lonely ロンリー
Lonergan
　ローナーガン
　ロナーガン*
　ロナガン
Lonetree ローンツリー
Lonette ロネット*
Loney
　ローニー
　ロニー**
Lonfernini
　ロンフェルニーニ
Long
　ロン***
　ロング***
Longa ロンガ
Longabardi
　ロンガバディ
Longaberger
　ロンガバーガー

Longacre
　ロングエーカー
　ロンゲイカー
Longair　ロンゲア*
Longamei　ロンガメイ
Longbotham
　ロンボサム
Longbourne
　ロングボーン
Longchamp
　ロンシャン
Longchamps
　ロンシャン
Longcroft
　ロングクロフト
Longden　ロングデン*
Longdon　ロングドン
Longe　ロンゲ
Longenbach
　ロンゲンバック
Longenecker
　ロングネカー
　ロンゲネッカー*
Longerstaey
　ロンガーステイ
Longet
　ロンジェ
　ロンジュ
Longeueval
　ロンゲヴァル
Longfellow
　ロングフェラウ
　ロングフェロー*
　ロングフェロウ
Longford
　ロングフォード*
Longgodo　ロンゴド
Longgood　ロンググッド
Longhair　ロングヘア
Longhena　ロンゲーナ*
Longhi　ロンギ**
Longhurst
　ロングハースト
Longin　ロンギン
Longina　ロンギナ
Longinos
　ロンギーノス
　ロンギノス
Longīnos　ロンギノス
Longinus
　ロンギヌス
　ロンギヌス*
Longland　ロングランド
Longley
　ロングリ
　ロングリー**
　ロングレー
Longley-Cook
　ロングリークック
Longman
　ロングマン**
　ロングマンス
Longmire
　ロングマイヤー
Longmore　ロングモア
Longmuir
　ロングミュアー

Longnecker
　ロングネッカー
Longnon　ロンニョン
Longo　ロンゴ**
Longobardi
　ロンゴバルディ*
Longo Borghini
　ロンゴボルギーニ
Longoni　ロンゴーニ
Longoria　ロンゴリア*
Longos　ロンゴス
Longosiwa　ロンゴシワ
Longour　ロングール
Longowal　ロンゴワル
Long-ping　ロンピン
Longpré　ロンプレ
Longridge
　ロングリッジ
Longrigg
　ロングリグ
　ロングリッグ
Longshaw
　ロングショー*
Longshore
　ロングショア
Longstaff
　ロングスタッフ*
Longstff
　ロングスタッフ
Longstreet
　ロングストリート*
Longstreth
　ロングストレス*
Longsword
　ロングスウォード
Longsworth
　ロングスウォース
　ロングスワース
　ロングズワース
　ロングワース
Longueira　ロンゲイラ
Longuelune
　ロングリューヌ
Longuet
　ロンゲ
　ロンゲー
　ロンゲット
Longueval
　ロングヴァル
Longueville
　ロングヴィル
　ロングビル
Longuinhos
　ロンギニョス
Longus
　ロンギュス
　ロングス
　ロンゴス
Longwell　ロングウェル
Longworth
　ロングワース*
Longxi　ロンシー
Longy　ロンジ
Longyear
　ロンイアー
　ロングイヤー
Loni　ロニ*

Lonien　ロニアン
Lonitz　ローニッ
Lonkila　ロンキラ
Lonlay　ロンレイ
Lönn　ロン
Lönnbohm
　リョンボーム
Lonne
　ロネ
　ロン
Lonneke　ロンネケ
Lonner　ロナー
Lönngren　ロングレン
Lonni　ロニー
Lonnie
　ロニー**
　ロン
Lønning　レニング
Lonnov　ロノウ*
Lönnqvist
　レンクヴィスト
Lönnrot
　リョンロット
　リョンロット
　レンロート
　レンロート
　レンロト
　ロンルート
Lonny
　ラニー
　ロニー*
Lono　ロノ**
Lonoff　ロノフ
Löns
　レーンス
　レンス*
Lonsbrough
　ロンズブラ
　ロンズブロー
Lonsdale
　ルースデール
　ロンスデール
　ロンズデイル*
　ロンズデール**
　ロンダール
Lonsing　ロンシング
Lonzano　ロンザーノ
Lonzo　ロンゾ
Loo
　ルー
　ルゥ
　ロー**
Lôo　ロー
Looby　ルービイ
Loodus　ルードゥス
Lööf
　レーフ
　ローフ**
　ローブ
Loofbourrow
　ルーフボロー
Loofs　ロープス*
Loog　ルーグ
Looi　ルーイ
Look　ルック
Looker　ルッカー

Lookinland
　ルッキンランド
Lookman　ルックマン
Loomba　ルーンバ
Loomis
　ルーミス**
　ルミース
　ロオミュス
Loon
　ルーン**
　ローン**
　ロン
Lonneke　ロンネケ
Looney
　ルーニー
　ローニー
Loong　ルン
Loontjens
　ローンティエンス
Loop　ループ
Looper　ルーパー
Loor　ロール
Loos
　ルゥス
　ルース**
　ロース**
Loose
　ルース**
　ルーズ
　ローゼ
Loosemore　ルースモア
Loosley　ルースレイ
Loosli　ローズリ
Looss　ロース
Looten　ローテン
Loovens　ローフェンス
Looy　ローイ*
Lop　ロープ
Lopa　ロパ*
Lopachev　ロパチョフ
Lopat　ロパット
Lopata　ロパタ*
Lopate　ロペイト
Lopatin
　ロパーチン
　ロパティン
Lopátin　ロパーチン
Lopatinskii
　ロパティンスキー
Lopatkina
　ロパートキナ*
Lopatnikoff
　ロパトニコフ
Lope
　ローペ*
　ロペ*
Loper　ローパー*
Lopert　ロパート
Lopes
　ロップス
　ロッペス
　ローブス*
　ロペシュ
　ロペス
　ロペス***
Lópes　ロペス

Lopes Saraiva
　ロペスサライバ
Lopez
　レーペズ
　ロペス***
　ロペズ*
　ロペツ
　ロペツ
　ローペッツ
Lopéz　ロペス
López
　ロペス
　ロペス***
　ロペズ
López Acea
　ロペスアセア
Lopez Arocha
　ロペスアロチャ
López Bonilla
　ロペスボニジャ
López i Vidal
　ロペスビダル
López Moreira
　ロペスモレイラ
Lopez Nunez
　ロペスヌネス
López Trujillo
　ロペストルヒッリョ
Lopiano　ロピアノ
Lópiz　ロピス
Lopokova
　ロプコーワ
　ロポコヴァ
　ロポコワ
Lopopolo　ロポポロ
Lopp　ロップ
Loppo
　ロッポ
　ロポ
Löppönen　レッペネン
Lopreiato
　ロペレイアート
Lopresti
　ロプレスティ*
Loprieno　ロプリエノ
Lopshits　ロプシッツ
Lopuck　ロパック
Lopukhin　ロプヒン
Lopukhov　ロプホーフ
Loquasto
　ロカスト
　ロクァスト
Loqueville　ロクヴィユ
Lora
　ローラ*
　ロラ
Lorac　ロラック*
Lorain
　ロレイン
　ロレン
Loraine
　ロレーヌ
　ローレン
Lorak　ロラック
Loral　ローラル
Loran　ローラン
Lorance　ローランス

Lorand* ロラン/ローランド
Lorange ロランジ/ロランジュ
Loranger ロレンジャー
Lorant ローラン/ローラント
Lorànt ロラン
Loraux ロロー
Lorayne ロレイン
Lorber ローバー*/ロルバー
Lorbiecki ロルビエッキ
Lorca ロルカ***
Lorços ロルコス
Lorcy ロルシー*
Lord ロード***
Lordan ローダン
Lorde ロード**/ロルド
Lorden ローデン
Lordi ローディ*
Lordon ロルドン
Lords ローズ**
Lore ロア**/ロアー/ローレ*
Loreau ローホー
Loredan ロレダン
Loredana ロレダーナ*
Loree ローリー
Loreen ロリーン
Lorell ローレル
Lorella ロレッラ/ロレラ
Lorelle ロレル
Loren ローレン**/ロレン*
Lorena ロリーナ/ローレナ**/ロレナ
Lorenc ローレンス
Lorence ローレンス
Lorencin ロレンチン
Lorenço ロレンソ
Lorencz ローレンツ/ロレンツ
Lorene ロリーン/ロレーヌ
Lorengar ローレンガー/ロレンガー
Lorensen ローレンセン
Lorente ロレンテ*

Lorentino ロレンティーノ
Lorents ローレンツ
Lorentz ローレンツ*/ロレンツ
Lorentzen ローレンセン/ロレンツェン
Lorentzi ロレンツィ
Lorenz レーレンツ/ローレンス/ロレンス/ロレンズ*/ローレンツ***/ロレンツ**
Lorenza ローレンツァ/ロレンツァ***/ロレンサーナ/ロレンザーナ
Lorenzana ロレンサーナ/ロレンザーナ
Lorenzani ロレンツァーニ
Lorenzen ローレンゼン/ロレンセン/ロレンゼン/ローレンツェン/ロレンツェン
Lorenzer ロレンツァー
Lorenzetti ロレンツェッティ/ロレンツェティ
Lorenzi ロレンツィ*
Lorenzin ロレンツィン
Lorenzini ロレンツィーニ
Lorenzino ローリング/ローリンツ
Lörincz レーリンツ
Lorine ロライン/ロリン
Loring ローリング*/ロリング
Loringhoven ロオリングホーフェン/ローリングホーフェン
Lorinser ローリンザー
Lorío ロリオ
Loriod ロリオ*
Loriot ロリオ
Loris ロリース/ロリス**
Lorist ロリスト
Lorit ロリ
Lorius ロリウス*
Lorival ロリヴァール
Lorjou ロルジウ/ロルジュ
Lorkowski ラコフスキー
Lorm ロルム
Lorme ロルム

Lorge ロージ/ロージュ
Lorgeril ロルジュリル
Lorgna ロールニヤ
Lori ロウリー/ローリ*/ローリー**/ロリ**/ロリー**
Loria ローリア**/ロリア*/ロリヤ
Lorian ロリアン
Lori-Ann ロリアン
Loriano ロリアーノ
Lorians ローリアンス
Lorichius ロリキウス
Lorie ローリー**
Lorieux ロリュー/ロリユー
Lorig ロリグ/ローリッグ/ロリッグ
Lorilloux ロリルー
Lorimer ロリマー**
Lorin ロラン/ローリン*/ロリン**
Lörinc レーリンツ

L'Orme ロルム
Lormeau ロルモー
Lormer ローマー
Lormes ロルメス
Lormesh ロメッシュ
Lormian ロルミヤン
Lormus ロームス
Lorna ローナ***/ロルナ*
Lornah ローナ*
Lorne ロルン/ローン**
Lornsen ロルンゼン*/ローンセン
Loro ロロ**
Lorot ロロ
Loroupe ロルーペ*
Lorr ロア
Lorrain ローラン/ロラン**/ローレイン/ロレイン
Lorraine ロレイヌ/ローレイン*/ロレイン***/ローヌ*/ロレン/ロレーン**
Lorrane ローラン
Lorrayne ロレイン
Lorre ローレ*/ロレ
Lorren ロレン
Lorret ロレット
Lorrie ローリー**/ロリー
Lorriman ロリマン
Lorrin ローリン
Lorring ローリンク/ローリング
Lorrio ロリオ
Lorris ロリス*/ロリッス
Lorsch ローレン*/ロッシュ
Lorser ローサ
Lortie ローティ
Lortz ロルツ
Lortzing ロルツィング
Lorus ローラス
Lorusso ロルッソ*
Lorwin ローウィン
Lory ロリー/ローリィ
Lorys ローリー

L'Orme ロルム
Los ロス***
Los' ロス
Losa ローザ
Losaberidze ロサベリーゼ
Losada ロサーダ*/ロサダ
Los Angeles ロサンヘレス
Losano ロサノ
Losantos ロサントス
Losari ロサリ
Losavio ロザヴィオ
Losay ロゼイ
Losby ロスビー
Loscalzo ロスカルゾ/ロスカルツォ
Losch レーシュ/レシュ/ロシュ*/ロッシェ/ロッシュ
Lösch レッシュ*
Loschbrug レシュブルク
Löschburg レーシュブルク/レシュブルク*
Losche レッシェ/レッツェ
Lösche レッシェ*
Loscher レッシャー/ロッシャー
Löscher レシャー/レッシャー**
Loschmidt ローシュミット/ロシュミット
Loscos ロスコス
Lose ローズ
Losee ロシ/ロゼー*
Lösener レーゼナー
Losenko ロセンコ
Löser レーザー
Losert ロサート*
Losev ロシェフ/ローセフ*/ロセフ
Losey ローシー/ロージー*
Loshin ローシン
Losiak ロシアク
Losick ロシック
Losier ロオジエ
Losin ローシン*

LOU

ロシン
Losj ローシ
Loske ロスケ*
Loskiel ロスキール
Losksley ロスクスリー
Loskutov ロスクートフ
Losman ロスマン
Losoncy ローソンシー
Losonczi
　ロションチ*
　ロションツィ
Losos ロソス
Losowska ロソウスカ
Loss ロス*
Lossani ロッサーニ
Losse ロッシ
Losseni ロッセーニ
Lossimian ロシミアン
Lossing
　ロシング
　ロッシング
Lossius ロッシウス
Losskii
　ロスキー
　ロースキイ
　ロスキイ
Losskij ロスキイ
Lossky ロースキィ
Lossl レッスル
Lössl レスル
Lossmann ロスマン
Lossos ロソス
Losten ロステン
Losurdo ロズールド
Losyukov
　ロシュコフ**
Lot
　ロ
　ロー
　ロット*
　ロト
Lotario ロタール
Lotay
　ロテ
　ロテイ
Lotem ロテム
Loten ロテン
Lotfi ロトフィ*
Lotfollah ロトフォラ
Loth
　ロース
　ロス
　ロート*
Lothair
　ロタリオ
　ロタール
Lothaire
　ロテル
　ロテール
Lothar
　ロウター
　ロサ
　ローター***
　ロタ
　ロター*
　ロタール**

ロータル***
ロタール**
Lothario ロザリオ
Lother
　ルーサー
　ローター**
　ロタル
　ロタール
　ロテール
Löther レーター
Lothian
　ロージアン
　ロシアン
Lothringen
　ロートリンゲン**
Lothrop
　ラスロップ
　ロースロップ
　ロスロップ*
　ロースロプ
Loti
　ロチ*
　ロチー
　ロッチ
　ロティ**
Lotianou ロチャヌー
Lotichius
　ロティキウス
　ロティーヒウス
Lotina ロティーナ
Lotis ロティス
Lotjonen
　ロットホーネン
Lotka ロトカ*
Lotman
　ロートマン**
　ロトマン
Lotmar ロートマール
Lotoala ロトアラ
Lotodo ロトド
Loton ロートン*
Lotoringer
　ロトランジェ*
Lotringer
　ロトランジェ
Lo tsā ba ロツアワ
Lo tsā bā ロツアワ
Lotsima ロチマ
Lott ロット**
Lotta ロッタ**
Lottaz ロッツ
Lotte
　ロッテ**
　ローテ
　ロデ*
Lotter ロッター
Lotterer ロッテラー**
Lotti ロッティ*
Lottice ロッティス
Lottie
　ロッティ**
　ロッティー
　ロッティー
Lottin ロタン
Lottman ロットマン*
Lottner ロットナー

Lotto
　ロット*
　ロト
Lotu-iiga ロトゥイガ
Lotulelei
　ローチュレレイ
Lotus ロータス*
Loty ロティ
Lotyanu ロチャヌー
Lotz ロッツ**
Lotze ロッツェ
Lotzer ロツァー
Lotzi ロッツ
Lötzow リュツォー
Lou
　ラウ
　ルー***
　ルゥ
　ルゥ*
　ロウ*
Loua ルア
Louan ルーアン
Louani ルアニ
Louann
　ルーアン*
　ローアン
LouAnne ルアン
Louanne ルーアン
Louart ルアール
Louault ルオー
Loubatière
　ルゥバティエール
　ルーバティエール
　ルバティエール
Loubère ルベール
Loubet
　ルーベ
　ルーベー
　ルベ
　ルベー
Loubier ルビエ
Loubière
　ルービエール
　ルビエル
Loubna ルーブナ
Louboutin ルブタン*
Loubry ルブリ
Loubscher ロブシャー
Louca ルーカ
Loucas ルーカス*
Loucény ルセニ
Louch ラウチ
Louchard
　ルーシャール
Loucheur
　ルーシュール
　ルシュール
　ルスール
Loucks
　ルークス
　ルックス
Loucopoulos
　ルコポロス
Louden ルーデン
Loudermilk
　ラウダミルク

Loudières
　ルディエール*
Loudiyi ルーディ−
Loudon
　ラウドン**
　ルードン
　ローデン
Loudoun ラウドン
Loudy ルーディー*
Loue ルー
Louedec ルエデク
Louei ルエイ
Louella
　ラウエッラ
　ルエラ*
Louembe ルエンベ
Louette
　ルエット*
　ロウエッタ
Louf ルーフ
Louganis ルガニス
Loughan ローガン
Loughary ローリィ
Loughborough
　ラフバラ
　ローボーロー
Lougheed ロッキード
Loughery ラフリー*
Loughlan ローラン
Loughlin
　ラッフリン
　ラフリン*
　ローリン
Loughman
　ロウマン
　ロフマン
　ローマン
Loughnane
　ロクナン
　ローナン
Loughran
　ロホラン
　ローラン*
Loughridge ラフリッジ
Lougue ルゲ
Lougué ルゲ
Lougy ルージー
Louh ルー
Louhi ロウヒ**
Louhimies
　ロウヒミエス*
Louie
　ルーイ
　ルイ**
　ルーイ
　ルイエ
　ロウイー
Louis
　ルー*
　ルーイ*
　ルイ***
　ルーイジ
　ルイジ*
　ルーイス*
　ルイス
　ルーイズ*
　ルイス***

ルイズ*
ルウ
ルウィス*
ルウィズ*
ロイス*
ロウス
Louís ルイス
Louisa
　ルーイーザ
　ルイーザ**
　ルイサ
　ルイザ*
Louise
　ルーイザ
　ルイザ
　ルーイーズ
　ルイーズ
　ルイーズ***
　ルイス**
　ルイズ***
　ルーイゼ
　ルーイセ
　ルイーゼ*
　ルイゼ**
Louisell ルイゼル
Louisiane
　ルイジアーヌ*
Louisine ルイジーヌ
Louis-Marie ルイマリ
Louismet ルイスメット
Louison
　ルイソン
　ルイゾン
Louiss
　ルーイス
　ルイス
Louisy ルイジ
Louize ルーイゼ
Loujaya ロウジャヤ
Louka ルカ
Loukachine ロカシン*
Loukaris
　ルーカリス
　ルカリス
Loukarsky ルカルスキ
Loukas
　ルカ
　ルーカス
　ルカス*
Loukes ロウケス
Loukianos ルキアノス
Loukides
　ラウキデス
　ルーカイズ
　ルキダス*
Loukie ルーキー*
Loukilios
　ルッキリオス
　ルーキーリオス
Loukios ルキオス
Loúkios ルキオ
Loukola ロウコラ
Loula ローラ
Loulié ルリエ
Loulou ルル
Loumaye ルメイ

Loume ルム	ルーテルブール	ロバット	Lovenstein	Lovro
Louna ロウナ	Loutil ルティユ	Lovato	ローヴェンシュタイン	ロヴロ*
Lounaouci ルナウシ	Louv ループ	ロヴァート	Lover	ロブロ
Lounasmaa ラウナスマー	Louvard ルヴァール	ロバト	ラヴァー	Lovsin ラブシン
Lounès ルネス	Louvart ルヴァール	Lovden ロフデン	ラヴァア	Lovsky ラウスキー
Loung ルオン*	Louve ルーヴェ	Love	Loverdos ロベルドス	Lovullo
Lounsbach ローンスバッハ	L'Ouverture	ラヴ**	Loveren ローファラン	ロヴロ
Lounsbury ラウンズベリ	ルーヴェルチュール	ラブ***	Loveridge ラバリッジ*	ロブロ
Lounsény ルンセニ	ルヴェルチュール	ルーヴェ	Lovering ラヴァリング	Low
Loup	ルヴェルテュール	ローヴェ	Lovern ロバーン	ラウ*
ラウプ	ルーベルチュール	Lovebug ラヴバグ	LoVerso ロゥバーソ	ロー**
ルー**	ルーベルテュール	Lovecchio ロベッチオ	Loverso ロバーソー	ロウ**
ルウ	ルベルテュール	Lovecraft	Lovesey	Löw レーヴ*
ループ	Louvet ルーヴェ	ラヴクラフト	ラヴゼイ*	Lowachee ロワチー*
Loupy ルーピィ	Louvier ルヴィエ	ラヴクラフト*	ラブゼイ*	Lowance ロワンス
Loura ローラ	Louvigni ルヴィニ	ラブクラフト*	Lovett	Lowassa ロワサ
Lourd ルール	Louvigny ルヴィニ	Loveday	ラヴィット	Lowden
Lourdel ルルデル	Louvois	ラヴデイ	ラヴェット**	ラウデン*
Lourdes	ルーヴォア	ラブデー	ラベット**	ローデン
ルアド	ルヴォア	Lovegarden	ロベット*	Lowder
ルーデス	ルーヴォワ	ラヴガーデン	Lovewell ラヴウェル	ラウダー
ルルデス	ルヴォワ	ラブガーデン	Lovich	ローダー
ルルド	ルーボア	Lovegren ラブグレン	ラヴィッチ	Lowdermilk
ロウルデス	Louw	Lovegrove	ラビッチ	ロウダーミルク
ローデス	ロー	ラヴグローヴ*	Lovick ロヴィック	ローダーミルク
Lourdet ルールデ	ロウ	ラブグロウブ	Lovie	Lowdon ロードン
Loureide ロリード	Louwrien ローレイン	ラブグローブ*	ラヴィー	Lowe
Loureiro ロウレイロ	Loux ルークス	Løveid レェーヴェイド	ラビー	レーヴェ
Lourekas ルレカス	Louys ルイス	Lovejoy	Lovin	ロー**
Lourence ローレンス	Louÿs	ラヴジョイ*	ロヴィーン	ロウ
Lourenço	ルイ*	ラブジョイ**	ロビン	ロウ***
ロウレンソ*	ルーイス	Lovelace	Lövin ロヴィーン**	ローウィ
ローレンス	ルイス**	ラヴレイス**	Lovinescu	ローウェ
Louria ルーリア	ルゥイイ	ラヴレース*	ロヴィネスク	ローエ
Louridas ルリダス	ルウィス	ラヴレス	ロビネスク	Löwe
Lourie	Louyse	ラヴレンス	Loving	レーヴェ*
ラウリー*	ルイース	ラブレイス*	ラヴィング*	レーベ*
ルーリエ	ルイーズ	ラブレース**	ラビング	Lowell
ルリエ	Louzã ルーザ	ロベレース	Lovink ローフィンク	ローウェル***
ローリー*	Lova ローヴァ	Loveland	Lovins	ロウェル**
Lourié ルリエ	Lovaas	ラヴランド	ロビンス**	ロウエル*
Lourtioz	ロヴァース	ラブランド	ロビンズ	ローエル**
ルールティオズ	ロヴァス	Loveless ラブレス*	Lovinski	ロオウェル
Louruz ロールス	ロバース	Lovell	ロヴィンスキー	Lowelt レーウエルト
Lourwood ルーウッド	Løvaas レヴァース	ラヴェル*	Lovis	Lowen
Lous ロウス	Lovadina ロヴァディナ	ラベル**	ルイス	レーヴェン*
Lousek ロウセク	Lovallo ロバロ	ローヴェル	ローヴィス	ローウェン
Lousény ルセニ	Lovan	ロヴェル	ロヴィス*	ローエン*
Loussier	ローヴァン	ローベル	Lovisa	Löwenadler
ルーシェ*	ロヴァン	ロベル	ルイーゼ	レーヴェンアドラー
ルシエ	Lovano	Lovelock	ルヴィーサ	Lowenberg
Loussop ルーソ	ロヴァーノ	ラヴロック*	ロヴィーサ*	ローエンバーグ
Loussouarn	ロバーノ	ラブロック**	ロヴィサ	Lowenfeld
ルッスアルン	Lovansai ロバンサイ	Lovely	ロビサ	ローウェンフェルト
Loustal ルスタル	Lovas ロバシュ	ラヴリー	Lovitz ロヴィッツ	ローウェンフェルド
Loutchisky	Lovasik ロヴァーシキ	ラブリー	Lövland ラブランド	ローエンフェルド
ルッチスキー	Lovasy ロバシイ	Loveman	Løvlie	Lowenfish
Louter ロウター	Lovász	ラヴマン	ラヴリー	ローウェンフィッシュ
Loutfy ルートフィ	ロヴァース*	ラブマン	ロヴリー	Löwenheim
Louth ラウス	ロバシ	Lovén	Lovobalatu	レーヴェンハイム
Louther ルーサー	ロバース	ルヴェーン	ロヴォンバラ	Lowenherz
Loutherbourg	Lovat	ロヴェーン	Lovrak ロヴラック	ローウェンハーツ*
ラウザーバーグ	ラヴァット*	ロビーン	Lovren ロヴレン	Löwenklav
	ラヴェト	Lovenhaim	Lovric	レーヴェンクラーフ
	ロヴァット	ローベンハイム*	ロヴリック	Lowens ローウェンス
		Lovenjoul	ロブリック	Lowenstein
		ロバンジュール	Lovrin ロブリン	レーヴェンシュタイン
		Løvenskjold		ローウェンスタイ
		レーヴェンスキョル		ン**
				ロウエンスタイン

Löwenstein
　ラウエンステイン
　レーウェンシュタイン
　レーヴェンシュタイン
Löwenstern
　レーヴェンシュテルン
Lowenthal
　レーウェンタール
　ローウェンタール
　ローヴェンタール
　ローエンサル
　ローエンタール*
　ローエンタル
Lower
　ロウアー
　ローワー
　ロワー
Löwer レーヴェル
Lowery
　ラウリー
　ロウェリー
　ロウリー
　ローリー
　ロワリー
Lowes
　ロウズ
　ローズ
Lowey ローウィ
Lowff ルヴォフ
Lowi
　ローウィ
　ロウィ
Lowie
　ルイ
　ローイー
　ローウィ
　ローウィー
Löwig
　レーウィッヒ
　レーヴィッヒ
　レーヴィヒ
Lowilla ロウィラ
Lowin
　ローイン
　ローウィン
Lowing ローウィング
Lowinsky
　ローウィンスキー
　ロヴィンスキー
Lowis リュウス
Löwisch
　レーウィッシュ
　レーヴィッシュ*
Lowit ロウィット
Lowith レヴィット
Löwith
　レーヴィッツ
　レーウィット
　レーヴィット*
　レヴィット
　レーウィト
　レヴィト
　レービット
　レーピット
Löwitsch レヴィッチュ
Lowitz
　ローヴィッツ
　ロウィッツ

ロウィッツ**
Lowman ローマン
Lown ラウン**
Lowndes
　ラウンズ*
　ラウンデス
　ロウンズ
　ロウンデズ
　ローンズ
　ローンデス
Lowney
　ロウニー
　ローニー
Low-Norris ロウノリス
Lowrence
　ローレンス*
　ロレンス*
Lowrey
　ロウリー*
　ローリー
Lowri ロウリー
Lowrie
　ラウアリ
　ラウリー*
　ローリ
　ローリー*
Lowry
　ライリー
　ラウリ
　ラウリー*
　ロウリー**
　ローリ
　ローリー***
Lowson ローソン*
L'owta ロウタ**
Lowth ラウス
Lowther
　ラウザー
　ローサー*
Lowthian
　ロージアン**
Lowton ロートン*
Lowy
　レーヴィ
　ローウィ
　ローウィー*
　ロウィ
　ロヴィ
Löwy
　レーヴィ*
　レヴィ
　レヴィー
　ローウィー
Loxley ロックスレイ
Loxton
　ロクストン*
　ロックストン
Loy
　ロイ
　ロイ***
Loya ロヤ
Loyd ロイド*
Loye ロイ
Loyen ロワイアン
Loyer
　ロワイエ
　ロワエール
Loyn ロイン**

Loyo ロジョ
Loyola
　ロヨラ*
　ロヨラー
Loyonnet
　ロアイヨンネ
　ロワヨンネ
Loyrette ロワレット*
Loys
　ルイ
　ロイス
　ロワ
Loyseau
　ロアゾー
　ロワゾー
Loy Seng ロイセン
Loyset
　ロアゼ
　ロイゼ
　ロワゼ
Loyson
　ロアゾン
　ロワゾン
Loza ローザ
Lozada
　ロサーダ
　ロサダ
Lozano
　ロサーノ*
　ロサノ*
　ロザーノ
　ロザノ
Lozeau ロゾー
Lozerand ロズラン*
Lozier ロジアー
Lozinskii ロジンスキー
Lozkin ロシキン
Loznitsa ロズニッツァ
Lozoff ロゾフ
Lozovskii
　ロゾヴスキー
　ロゾウスキー
　ロゾウスキイ
　ロゾフスキー
　ロゾフスキー*
　ロゾプスキ
　ロゾフスキイ
Lozowick ロゾヴィック
Lozza ローザ
Lred エルレッド
Lstouche ラトゥーシュ
Lteef ラティフ
Lu
　リー
　リュ
　リュイ
　リュウ
　リュル
　ル**
　ルー**
　ルウ*
　ロー
Lú ル*
Lü リュー
Lua ルア
Luaba ルアバ
Luaibi ルアイビ

Lual ルアル
Lualdi ルアルディ
Lualhati
　ルアールハティ*
Luallen ルアレン*
Luan ルアン
Luana ルアナ*
Luandino ルアンディノ
Luang ルアン
Luann
　ルアーン
　ルアン
Luanne
　ルアン*
　ルアンヌ**
Luard ルアード*
Luardi ルアルディ
Luarsábovich
　ルアルサボヴィチ
Luart ルアール
Luat ルアット
Luba
　リューバ
　リュバ
　ルバ
Lubac
　リュバク
　リュバック*
Lubachivskii
　ルバチェフスキー
Lubalin ルバリン*
Lubamba ルバンバ
Luban ルーバン
Lubanah ルバナ
Lubanovic
　ルバノビック
Lubans ルーバンズ
Lubański ルバンスキ
Luba Ntambo
　ルバヌタンボ
Lubarsky
　ルバスキー
　ルバルスキー
Lubbe リュッベ
Lübbe リュッベ*
Lübbecke リュベッケ
Lubben リュッペン
Lüben リューベン
Lubbers
　ラバース
　ルベルス**
Lubbert リュベルト
Lubbertus
　リュッベルトゥス
　ルッベルトゥス
Lubbock
　ラバック
　ラボック*
　ルボック
　ロード
Lubchenco
　ルブチェンコ*
Lübcke リュプケ
Lubeck ルベック
Lübeck リューベック
Lubelczyk ルベルチク

Lubelfeld
　ルベルフェルド
Lubell
　ルーベル
　ルベル
Lüben リューベン
Lubenaw ルベナウ
Lubensky
　ルベンスキー
Luber ルーバー
Lubet ルベット
Lubetkin
　リューベトキン
　ルベットキン
　ルベトキン
Lubezki ルベツキ
Lubianiker
　ルビアニカー
Lubich
　ルービック
　ルビック
Lubicz
　リュヴィッツ
　リュビッツ
Lubienska
　ルビエンスカ
Lubimov
　リュビーモフ*
　リュビモフ
Lubin
　リュヴァン
　リュバン
　ルービン**
Lubinda ルビンダ
Lubinski ルビンスキー
Lubinus ルビヌス
Lubis ルビス*
Lubitsch
　ルビッシュ
　ルービッチ
　ルビッチ
　ルービッチュ
　ルビッチュ
Lubjantsev
　ルビャンツェフ
Lubke ルーブケ
Lübke リュプケ
Lubkin ラブキン
Lublin ルブリン
Lublina ルブリナ
Lubline ルブリン
Lublinski
　ルブリンスキー
Lubna ルブナ*
Lubner ルブナー
Lubofi リュボーフィ
Lubomir
　ルボミール*
　ルボミル
Lubomír
　ルボミア
　ルボミール*
L'ubomír
　リュボミール
　リュボミル
Ľubomír リュボミール
Luborsky
　ルボルスキー

Lubos ルーボス
Luboš ルボシュ
Lubosch ルボシュ
Luboschutz
　リュボシュッツ
　ルーボーシャッツ
Luboshutz
　リュボシュッツ
　ルーボーシャッツ
Luboslav
　リュボスラフ
　ルボスラフ**
L'uboslav
　リュボスラウ
Lubotskii ルボツキー
Lubov
　リュボーフィ*
　リュボフィ
Lubove
　ルバヴ
　ルボベ
Lubovitch
　ルボヴィッチ
Lubowe ルーボー
Lubowski
　ルボウスキー
Lubrano ルブラノ
Lubrina リュブリナ
Lübs リュープス
Lubsanvandan
　ルブサンワンダン
Lubtchansky
　リュプシャンスキー
　リュブチャンスキー
Luby
　ルービー
　ルビー
Luc
　リュク**
　リュック***
　ルーク
　ルク*
　ルック**
Lu'c ルック
Luca
　リュカ
　リュッカ
　ルーカ***
　ルカ***
Lucaci ルカシ
Lucado ルケード*
Lucadou ルカドウ
Lucaire ルケイア
Lucal ルーカル
Lucalbert
　リュク・アルベール
Lucan
　リュカン
　ルーカーヌス
　ルーカン
Lucand リュカン
Lucano リュカノ
Lucanus
　ルーカーヌス
　ルカヌス
Lucardie ルカルディ
Lucarelli ルカレッリ**
Lucarini ルカリーニ

Lucas
　リュカ*
　リューカス
　リュカス
　ルカ
　ルーカス***
　ルカス**
　ルック
Lucca ルッカ*
Lucchesi ルケーシー
Lucchesini
　ルケシーニ*
Lucchi ルッキ
Lucchina ルッキーナ
Lucchini ルッキーニ
Lucchino ルッキーノ
Luccin
　リュクサン
　ルシン
Luccioni
　ルッチオーニ
　ルッチョーニ
Lucco ルッソ
Luce
　リュース*
　リュス**
　ルーシー
　ルシー
　ルース**
　ルス
　ルーチェ*
　ルース
Lucea ルケア
Lucena
　ルセーナ
　ルセナ*
Lucenet リュスネ*
Luceno
　ルシーノ**
　ルセーノ
Lucente ルセンテ
Lucenti ルセンティ
Lucentini
　ルチェンティーニ
Lucero
　ルセロ
　ルセロー
Lucescu ルチェスク*
Lucette
　リュセット*
　ルセット
Lucey ルーシー
Luchair リュシエール
Luchaire
　リュシエール*
　リュシエール
　ルシエール
Luchau ルチュー
Lucheni ルヒニ
Luchetti ルケッティ
Luchinat ルキナート
Luchini
　ルキーニ*
　ルスィーニ
Luchino
　ルキーノ*
　ルキノ*

Luchinskii
　ルチンスキー*
Luchitskii
　ルチスキー
　ルチツキー
　ルチーツキイ
　ルッチスキー
Luchko ルチェコ
Luchkov ルチコフ
Luchnik ルーチニク
Luchsinger
　ルクシンジャー
Lucht
　ルヒト
　ルフト**
Luchtenberg
　ルヒテンベルク
Luci ルーシー*
Lucia
　ルキア
　ルシア***
　ルチーア*
　ルチア**
　ルーツィア
Lucía
　ルシア**
　ルスィア
Lúcia ルシア*
Lucian
　リュシヤン
　リュシアン*
　ルーシャン
　ルチアン*
　ルツィアーン
　ルツィアン
Luciana
　ルシアナ
　ルスィアーナ
　ルチアーナ*
　ルチアナ
　ルチャーナ
Luciani
　ルキアーニ
　ルスィアーニ
　ルチアーニ*
Luciano
　リュシアン
　ルシアーノ*
　ルシアノ
　ルチアーノ***
　ルチアノ*
　ルチャーノ*
Lucianus
　ルキアヌス
　ルーキアーノス
　ルキアーノス
　ルキアノス
　ルシアン
Lucic ルチッチ*
Lucid ルーシッド
Lucidor
　リューシドール
　ルシドール
Lucidus ルキドゥス
Lucie
　リュシ**
　リュシー*
　ルーシー**
　ルシー*

ルシイ
ルスィー
ルチー
ルツィー
Lucien
　リシュアン
　リュシアン***
　リュシエン
　リュシヤン*
　リュスィアン
　ルキーノ
　ルシアン***
　ルシエン
　ルーシャン*
　ルュシアン
Lucienne
　リュシェンヌ
　リュシエンヌ*
　リュスィアンヌ
　ルシエヌ
　ルシエン
　ルシエンヌ
　ルシーヌ
Lucientes
　ルシェンテス
　ルシエンテス
Lucier ルシエ
Lucifer
　ルーキフェル
　ルキフェル
　ルチフェル
Lucija
　ルシヤ
　ルチヤ
Lucila ルシラ
Lucile
　リュシール
　リュシル*
　ルーシー
　ルーシル
　ルシール*
　ルシル*
Lucilio ルチーリオ
Lucilius
　ルーキーリウス
　ルキリウス
Lūcilius ルキリウス
Lucill
　ルシール
　ルシル
Lucilla
　ルキラ
　ルシラ
Lucille
　リュシル
　ルーシー
　ルーシル
　ルシール**
　ルシル*
Lučin ルチン
Lucina ルーキーナ
Lucinda ルシンダ**
Lucini ルチーニ
Lucinianus
　ルキニアヌス
Lucinschi ルチンスキー
Lucio
　ルシオ**
　ルジオ
　ルーチオ

ルチオ**
ルーチョ**
Lúcio ルシオ**
Lucio ルチオ
Lucious ルーシャス
Lucita ルシータ
Lucius
　ルーキウス
　ルキウス*
　ルーク
　ルーシアス
　ルシアス*
　ルシウス
　ルーシャス***
　ルーツィウス
Lūcius ルキウス
Lucja ウチヤ
Lucja ウチヤ
Lucjan ルチヤン
Luck
　ラック**
　ルック*
Lucka ルカ
Luckasson ラッカソン
Lucke
　ラッキ
　ラック
　ルケ
　ルッケ*
Lücke リュッケ
Lucken リュケン*
Lückenkemper
　ルケンケムペル
Luckett ラケット
Luckevich
　ルーコヴィッチ
Luckey ラッキー*
Luckham ラックハム
Luckhard
　ルックハルト
Luckheide
　リュックハイデ
Luckhurst
　ラックハースト
Luckinbill
　ラッキンビル
Lucking ラッキング*
Luckles ラックレス
Luckmann
　ラックマン
　ルックマン*
Luckner ルックネル
Luckovich
　ロコヴィッチ
Luckwaldt
　ルックヴァルト
Lucky
　ラッキー*
　ラッキィ
Lucrecia ルクレシア
Lucretia
　リュクリーシア
　ルクリーシア
　ルクレーシア
　ルクレシア
　ルクレチア
　ルクレツィア

ルクレーティア
ルクレティア
Lucretius
　ルクレチウス
　ルクレーティウス
　ルクレティウス*
Lucrezia
　ルクレーツィア
　ルクレツィア
　ルクレティア
Lucroy ルクロイ
Lucuesta ラケスタ
Lucullus
　ルクッルス
　ルクルス
　ルクロス
Lucumo ルクモ
Lucuona レクオーナ
Lucusta ルクスタ
Lucy
　ラッキー
　リーシー
　リュシー
　ルウシイ
　ルーシー
　ルーシー***
　ルシー
　ルーシィ
　ルーシイ
　ルシイ
Lucyna
　ルチナ
　ルツィーナ*
　ルツィナ
Lud ラッド
Luda リュダ
Ludacris リュダクリス
Ludakov ルダコフ
Ludan ルダン
Ludao ルダオ
Ludas ルダシュ
Ludders ルダーズ
Luddy ラディ
Ludeca ルデカ
Ludecke ルーダー
Lüdecke
　リューデッケー
Ludecus ルーデクス
Ludedorff
　ルーデンドルフ
Ludek
　ルジェック
　ルディエック
　ルデク
　ルーデック
Luděk ルディック
Ludeke ルデケ
Ludeman
　リューデマン
　ルーデマン
Lüdemann
　リューデマン
Luden ルーデン
Ludendorff
　ルーデンドルフ*
Luder リューダー
Lüder リューダー

Lüderitz
　リューデリッツ*
Luders リューダース
Lüders
　リューダース*
　リューダーズ
　リューデルス
Luderus ルデラス
Ludford ラドフォード
Ludger
　リュジェ
　ルートガー
　ルドガー**
　ルドゲルス
Lūdhī ローディー
Ludi
　ルーディ
　ルディ
Lüdi リューディ
Ludiadas
　リュディアダス
Ludikar ルディカル
Ludin ルーディン
Luding ルディング
Ludington
　ラディングトン
　ラディントン
　ルディングトン
Ludius ルディウス
Ludivine
　リュディヴィーヌ*
Lüdke
　リュートケ
　リュトケ
Ludlam ラドラム
Ludlow
　ラドロー**
　ラドロウ*
　リュドロー
　ルドロウ
Ludlum ラドラム***
Ludmila
　リュドミーラ
　リュドミラ**
　ルドウミラ
　ルドミラ**
Ludmilla
　リュドミラ**
　ルドミラ**
Ludo
　ルド
　ルドー
Ludoc リュドック
Ludolf
　ルードルフ
　ルドルフ
Ludolfus ルドルフス
Ludolph ルドルフ
Ludolphus ルードルフ
Ludomir ルドミル
Ludot リュド
Ludovic
　リュドヴィク*
　リュドヴィック**
　リュドビック
　ルドヴィク

ルドヴィック
ルドビク
ルドビック**
ルドビク
Ludovica
　ルドヴィカ
　ルドヴィカ
　ルドヴィカ
Ludovice ルードヴィセ
Ludovici
　ルドウイチ
　ルドウイチ
Ludovico
　ルドヴィーコ
　ルドヴィーゴ
　ルドヴィコ**
　ルドビコ
　ロドヴィーコ
Ludovicus
　ルドー
　ルドヴィークス
　ルドヴィクス
Ludovisi
　ルドヴィージ
　ルドヴィシ
L'udovít
　リュドヴィート
Ľudovít リュドビート
Ľudovít ルドヴィート
Ludu
　ルー・ドゥ
　ルードゥ*
　ルドゥ**
Ludu U Hla
　ルドウーフラ
Ludvic リュドヴィク
Ludvig
　リュドヴィーグ
　ルーズヴィ
　ルズヴィ
　ルードイッヒ
　ルドヴィー
　ルドヴィイ
　ルドヴィグ
　ルドヴィヒ
　ルドヴィーグ
　ルドヴィグ*
　ルドヴィヒ
　ルートヴィヒ
　ルドヴィヒ
　ルドヴィヒ*
　ルドヴェイ
　ルドヴェイ
Ludvigsen
　ルドヴィクセン
　ルードビクセン
　ルドビクセン
Ludvik ルドビク
Ludvík
　ルトヴィク
　ルドヴィーク**
　ルドヴィク
　ルドヴィック
　ルドビク
Ludvonga
　ルドヴォンガ
Ludwell ラドウェル
Ludwich
　ルートヴィッヒ
Ludwick
　ラドウィック*
Ludwico ルードヴィコ

Ludwig
　ラドヴィグ
　ラドヴィッグ*
　ルーヴィッヒ
　ルゥドヴィヒ
　ルウトヴィヒ
　ルゥドヴィヒ
　ルッツ
　ルードイッヒ
　ルドイッヒ
　ルードウ
　ルートウィク
　ルートヴィク
　ルードウィク*
　ルードヴィク
　ルードウィグ
　ルードヴィグ***
　ルードヴィグ
　ルードウィック**
　ルードヴィック*
　ルードヴィッグ
　ルートヴィッヒ
　ルードヴィッヒ*
　ルードヴィッヒ**
　ルトヴィッヒ
　ルドヴィッヒ*
　ルドヴィッヒ
　ルートヴィヒ**
　ルートヴィヒ***
　ルドウイヒ
　ルードヴィッヒ***
　ルトヴィヒ
　ルドヴィヒ
　ルードウイヒ
　ルードヴィヒ*
　ルードヴィヒ
　ルードヴェイ
　ルードウヒ
　ルドビク
　ルドビッヒ
　ルドビッヒ
　ルドビー*
　ルドビヒ
Ludwíg ルドヴィーク
Ludwiger ルトビガー
Ludwigm ルートヴィヒ
Ludwigs
　ルードヴィックス
Ludwigson
　ラドウイグソン
Ludwik
　ルードヴィーク
　ルドヴィク
　ルドヴィク
　ルドヴィック
Ludwin ラドヴィグ
Ludz ルッツ
Lue ルー**
Luebbermann
　リュバーマン
　ルーバーマン
Luecke
　リューク
　レッケ

Lueckenotte
　ルーキンオッティ
Lueder リューダー*
Lueders ルーダーズ**
Luedtke リュートケ
Lueg リューグ
Lueger
　ルーエガー
　ルーエガー
　ルエガー
Luehe リューエ
Luehr ルーアー
Lueken ルーエケン
Luella
　リュエラ
　ルエッラ
　ルエヤ
　ルエラ
Luen ルエン
Luenberger
　ルーエンバーガ
　ルーエンバーガー*
Luening ルーニング
Luer
　ルアー
　ルエル
Luers ルアーズ
Luerssen ルアセン
Luescher
　リューシャー
　ルーシャー
Lueth ルース
Luez リューツ
Lufft ルフト
Lufkin ラフキン
Luft
　ラフト*
　ルフト
Lufter ルフタ
Lüfthildis
　リュフティルディス
Luftner ルフトナー
Lug ルグ
Lugagne ルガーニュ
Lugaid ルーイド
Lugal ルガル
Lugal-anda
　ルガルバンダ
Lugalbanda
　ルガルバンダ
Lugalzagesi
　ルガル・ザグギシ
　ルガル・ザグゲシ
　ルガルザゲシ
Lugand リュガン
Luganskii
　ルガンスキー*
Lugar ルーガー**
Lugard
　ルーガード
　ルガード
Lugavere ルガヴェア
Lugeba
　ルーゲバ
　ルゲバ
Luger ルーガー

L

Luggen ラッジェン ルゲン	Luialamo ルイアラモ	Luistro ルイストロ	Lukasiewicz ウカシェーヴィチ*	Lukita ルキタ
Luggi ルッギー レッギー	Luick リュイック ルーイク	Luiten ルイテン	ウカシェヴィチ	Lukitch ルーキッチ
	Luig ルーイク	Luitpold ルイトポルト*	ウカシェヴィッツ	Lukkarinen ルッカリネン
Lughod ルグホド ルゴッド ルゴド*	Luigi ラウツェン ルイギ* ルイギー	Luitzen ラウツェン ルイツェン ロイツェン	ウカシェービチ ルカーシエーヴィチ ルカシェーヴィチ ルカシエーヴィチ	Lukl ルクル
				Lukman ルクマン**
				Lukner ルクナー
	ルイグイ	Luiz	ルカシェーヴィッチ	Luko ルコ
	ルイージ	ルイス***	ルカシエヴィッチ	Lukod'ianov
Luginin ルギニーン	ルイージ***	ルイスフェリペ	ルカーシエビチ	ルコジヤノフ
Lugira ルギラ*	ルイジ***	Luizao ルイゾン	ルカーシエビチ	Lukoff ルーコフ
Lugli ルッリ ルリ	Luigina ルイジーナ	Lujambio ルハンビオ	ルカシェービチ ルカシェビッチ	Lukom リュコーム
	Luigini リュイジニ ルイジーニ*	Lujan ルーハン* ルハン* ルワン		Lukomēdēs リュコメデス
Luglio ルーリオ			Lukasiewicz ウカシェーヴィチ ルカーシェヴィチ	Lukomnik ルコムニク
Lugné リュニェ リュニエ リュネ	Luijpen ルイペン			Lukomski ルコムスキー
	Luijters ライテルス*	Luján ルハーン* ルハン	Lukaski ルカスキー	Lukōn リュコン
	Luik ルーイク ルイク		Lukasz ウカシュ ルカシュ	Lukonde ルコンデ
Lugo ルーゴ* ルゴ**		Lujās ルヤンス		Lukonin ルコーニン*
	Luikart ルイカート	Lujo ルーヨ* ルーヨー ルヨ	Łukasz ルーカス	Lukovac ルコバツ
Lugo Cabrera ルゴカブレラ	Luiken ライケン		Lukaszewicz ルカシェヴィーチ	Lukovich ルコヴィッチ
	Luillys Jose ルイリスホセ			Lukow ルコウ
Lugones ルゴーネス* ルゴネス*	Luimediin ルイメディーン	Lujza ルイザ	Lukaszewski ルカジュースキー	Lukowich ルクウィッチ
		Luk ラック ルク* ルック	Lukather ルカサー*	Lukowski ルコフスキ
Lugosi ルゴーシ ルゴシ	Luini ルイーニ		Lukavský ルカヴスキー	Luks ラクス ラックス ルックス
	Luis リュイ ルイ*** ルイシュ ルイース ルイス*** ルイズ ルイヘ ルシ レイス		Lukban ルクバン	
		Luka ルカ**	Luke リュケ ルカ ルーク***	
Lugovskoĭ ルゴフスコイ		Lukachevskii ルカチェフスキー		Lukschy ルクシュイ
Lugovskoy ルゴフスコイ		Lukachik ルカチク	Lukehart ルークハート	Lukšić ルクシッチ*
		Lukačič ルカチッチ		Luksovsky ルクシャフスキー
Lugrin リュグラン		Lukacs ルカーチ**	Lüke リュケ	
Lugt ルグト ルーフト		Lukács ルカーチ** ルカチ ルカーチジ ルカーチュ ルカッチ	Lukela ルケラ	Lukther ルカサー*
			Lukeman リュークマン* ルークマン	Lukuvi ルクヴィ
Lugton ルートン	Luís ルイ ルイース** ルイス***			Lukyanenko ルキャネンコ
Luguenot リュグノー			Lukens リューケンス ルーケンス	ルキヤネンコ*
Luguet リューゲ リュゲ		Lukaku ルカク*		Lukyanov ルキヤーノフ ルキヤノフ*
	Luisa アロイジア ルイーサ ルイーザ* ルイサ*** ルイザ***	Lukanin ルカニン	Lukes ルーカス ルークス** ルケシ ルケス	
Luhaäär ルハアー		Lukanov ルカノフ*		Lukyanovich ルキヤーノビッチ
Luhaka ルハカ		Lukantsov ルカンツォフ		
Luhan ルーハン**				Lul ルル
Lühdorf リュードルフ	Luisada ルイサダ*	Lukas ルカーシュ ルカシュ ルーカス*** ルカス*	Lukeš ルケシュ*	Lula ルーラ* ルラ*
Luheto ルエト	Luisana ルイサナ		Lukesova ルケショバー	
Lühlmann リュールマン	Luisao ルイゾン		Lukesová ルケショバー ルケショワ	Lulach ルーラック
Luhmann ルーマン**	Luise ルイーズ* ルイス ルイーゼ ルイーゼ*** ルイゼ			Lulama ルラマ
Luhmer ルーメル*		Lukás ルカース*	Lukhele ルケレ	Lule ルレ
Luhn ルーン		Lukáš ルカーシュ ルカシュ*	Lukiana ルキナ	Luli ルリー
Luhnow ルノー*			Lukianoff ルキアノフ	Lulia ルリア
Luhr ルール	Luiselli ルイセリ ルイセリー		Lukianos ルーキアーノス ルキアノス	Lulic ルリッチ
Luhrmann ラーマン**		Lūkās ルカ		Lulich ルリック
Lührmann リューアマン	Luisi ルイージ** ルイジ*	Lukash ルカシュ	Luk'ianova ルキアノヴァ	Lulio ルリオ
		Lukashenko ルカシェンコ**		Lull ラル* ルル*
Luhrs ルーアズ*	Luising ルイシング	Lukashevsky ルカシェフスキー	Lukic ルキッチ	
Luhtanen ルフタネン	Luisinho ルイジーニョ	Lukashik ルカチク	Lūkillios ルキッリオス	Lullaya ルラーイ ルルラヤ
Luhut ルフット ルフト	Luisito ルイジート	Lukashin ロカシン	Lukin ルーキン ルキーン ルキン**	
	Luis Joel ルイスホエル	Lukashkin ルカーシキン		Lulli ルッリ
Lui ルイ ロイ	Luisotti ルイゾッティ*	Lukashov ルカショフ	Lukinia ルキニア	Lüllmann リュルマン ルールマン

Lulls ルルス
Lullus
　リュル
　ルルス*
Lully
　リュリ
　リュリー
Lulofs
　リュロフス
　ルロフス
Lulu
　ルール
　ルールー
　ルル***
Lu'lu' ルウルウ
Lulzim ルルジム
Lum ラム**
Luman ルーマン
Lumanu ルマヌ
Lumb ラム
Lumbala ルンバラ
Lumbera ルンベラ
Lumbers ランバーズ
Lumbi ルンビ
Lumbreras
　ルンブレラス
Lumbwe ルンブウェ
Lumbye ルンブイエ
Lumeij ルメイジ
Lumeji ルメイ
Lumer リューマー
Lumet ルメット**
Lumia ルミア
Lumière
　リュミエール*
　ルミエール
Luminati ルミナティ
Lumley
　ラムリー*
　ラムリイ
　ラムレイ**
　リュムレー*
Lummer ルンマー
Lummis
　ラミス**
　ルミス
Lumont
　ラモント
　リュモン
Lumpe ランピー
Lumpkin ランプキン*
Lumsden
　ラムスデン
　ラムズデン*
　ラムゼン
　ルムスデン
Lumsdon
　ラムスドン
　ラムズドン
Lumumba ルムンバ*
Lun
　ラン
　ルン
　ロン
Luna
　ルーナ*
　ルナ***

Lunacharskii
　ルナチャアルスキイ
　ルナチャールスキー*
　ルナチャルスキー*
　ルナチャルスキイ
　ルナチャルスキイ*
Lunalilo ルナリロ
Lunardi ルナルディ
Lunceford
　ランスフォード*
Luncgren ラングレン
Lunch ランチ
Luncheon ランチョン
Lund
　ランド**
　ルン
　ルント*
　ルンド**
　ロン*
Lunda ルンダ
Lundbäck ルンベッキ
Lundberg
　ランドバーク
　ランドバーグ*
　ランドベルグ
　ルンドバーグ
　ルンドベリ
　ルンドベリー
　ルンドベリィ
　ルンドベル
　ルンドベルク
　ルンドベルグ
　ルンベアー
　ルンベルク*
Lundblad
　ルンドブラッド*
Lundborg
　ランドボルク
　ルントボルク
Lundburg
　ランドバーグ
Lundby
　ルンビ
　ルンビー
Lundbye ルンドビー
Lunde
　ランディ*
　ルンダ
　ルンデ***
Lundeberg
　ルンデベルク
　ルントベルク
Lundeen ランディーン
Lundeg ルンデグ
Lundegardh
　ルンデゴールド
　ルンデゴルド
Lundekvam
　ルンデクバム
Lundell ランデル
Lundequist
　ルンデクヴィスト
Lundestad
　ルンデスタッド*
Lundgaard
　ルンドガード
Lundgreen
　ルントグレーン

Lundgren
　ラングレン**
　ランドグレン*
　ルンドグレーン
　ルンドグレン**
Lundholm
　ランドホルム
　ルンドホルム
Lundigan ランディガン
Lundin
　ランディン*
　ランデン
Lunding ルンディング
Lundkvist
　リュンドクヴィスト
　ルンドクヴィスト*
Lundmark
　リュンドマルク
Lundquist
　ランクヴィスト
　ルンドキスト
　ルンドクイスト
　ルンドクィスト
Lundqvist
　ルンドキスト
　ルントクヴィスト
　ルンドクヴィスト
　ルントクビスト
　ルンドクビスト
Lundstedt
　ルンドステット
Lundstrom
　ランドストロム
Lundström
　ランドストロム
Lundström
　ランドストローム
　ルントシュトレーム
　ルンドストレーム
Lundwall
　ルンドヴァル
　ルンドバル
Lundwe ルンドゥウェ
Lundy
　ランディ*
　ランディー
Luneau リュノー
Lunel
　リュネル
　ルーネル
　ルネル
Lunelli
　ルネッリ*
　ルネルリ
Lunenberg
　ルーネンベルク
Lunenfeld
　ルーネンフェルト
Lüneschloß
　リューネシュロス
Luneslat
　ルーネスラート
Lunetta ルネッタ
Lung
　ラング
　ルン
　ルング
　ロン*
Lung-bin ロンピン

Lunge
　ルンガ*
　ルンゲ
Lunghi
　ランギ
　ルンギ
Lungin ルンギン
Lung pa ルンパ
Lungu ルング*
Lungwangwa
　ルングワングワ
Lüning リューニング
Lunka ルンカ
Lunke ランキ
Lunkina ルンキナ*
Lun-mei ルンメイ*
Lunn
　ラン*
　ルン
Lunney ラニー
Lunny ラニー*
Lunøe ルネー
Luṅ-rtogs ルントク
Luns ルンス**
Lunsford
　ランスフォード
Lunssens ランサン
Lunt
　ラント*
　ルント
Lunter ランター
Lunts ルンツ
Luntz ランツ
Luo
　ルオ*
　ロ
Luoc
　ルオック
　ロック
Lüqā ルーカー
Luois ルイス
Luol ルオー*
Luoma ルオマ
Luong ルオン***
Luongo
　ルアンゴ
　ルオンゴ*
Luosang ローサン
Luosang-Dawa
　ローサンダワ
Luotonen ルオトネン
Lupano リュパノ
Lupanov ルパーノフ
Luparini ルパリーニ
Lupatelli ルパテッリ
Lupe ルーペ
Lupercio ルペルシオ
Lupercus ルペルクス
Lupescu ルベスキュ
Lupetey ルペテイ
Lupi
　リュピ
　ルービ**
　ルピ
Lupia ルピア

Lupiáñez ルピアネス
Lupica ルピカ*
Lupicinus ルビキヌス
Lupien リュピアン
Lupillo ルピージョ
Lupinek ルピネク
Lupino
　ルピーノ
　ルピノ*
Lupita
　ラピタ*
　ルピタ
Lupo
　ルーポ*
　ルポ*
Lupoff
　リュポフ
　ルポフ*
Lupold ルーポルト
LuPone ルポーン*
Lupot リュポー
Luppé ルッペ
Luppi ルッピ
Luppol ルッポール
Lupton
　ラットン
　ラプトン**
　ループトン
Lupu
　ループ
　ルプ*
　ルプー**
Lupulesku
　リュブレスク
Lupunga ルプンガ
Lupus
　ループス
　ルプス
Luqman ラックマン
Luqmān ルクマーン
Luque
　ルーケ
　ルケ*
Luquet
　リュケ
　リュケエ
Luraghi ルラギ
Lurago ルラーゴ
Lurcat リュルサ
Lurçat
　リュルサ*
　リュルサー
Lurdes ローデス
Lur'e
　ルーリエ
　ルリエ
Lurel リュレル
Lurene ルアーネ
Lurgio ルルヒオ
Luria
　ルーリア*
　ルリア**
Lurie リュリー

Lurigio ルリジオ
Luriia
　ルリア
　ルリヤ
Lurker ルルカー*
Lurlene ローレイン
Lurling ルーリン
Lüroth リューロート
Luruodiji
　ルールオティチー
Lury
　ルーリー
　ルーリィ
Lurz ルルツ**
Lusaka ルサカ
Lusarreta ルサレータ
Lusch
　ラッシュ
　ルシュ
Luschan
　ルーシャン
　ルシャン
Luscher リュッシャー
Lüscher
　リュシャー
　リュッシャー
　ルッシャー*
Luscinus ルスキヌス
Luscius ルスキウス
Luscombe ラスカム**
Luseni ルセニ
Lush ラッシュ*
Lushanova
　ルシャーノワ
Lushchikov
　ルシュチコフ
Lushef ルシェフ
Lusher ラッシャー
Lushev ルショフ
Lushiku ルシク
Lushin ルーシン
Lushington ラシントン
Lushkov ルシコフ
Lusiardo
　ルスィアールド
Lusibaea ルシバエア
Lusignan リュジニャン
Lusina ルシーナ
Lusinchi ルシンチ**
Lusinyol ルシニィオル
Lusis ルーシス
Lusitano ルジターノ
Lusius ルシウス
Lusk ラスク*
Luskin ラスキン*
Lusona ルソナ
Lussac
　リサック
　リュサック
Lussan
　ラッサン
　ルサン

Lussato リュサト
Lussell ラッセル
Lussert
　ルサット
　ルッサルト
Lussi ルッシィ
Lussier
　ルシア
　ルシエ
　ルッスィアー
Lussigny リュシニ
Lussón ルソン
Lussu ルッス*
Lussy リュシー
Lust
　ラスト
　リュスト
　ルスト*
Lustbader
　ラストベイダー
　ラストベーダー**
Lustberg
　ラストバーグ*
Lusted ラステッド
Lustenberger
　ルステンベルガー
Lustgarten
　ラストガーテン*
Lustig
　ラスティグ**
　ラスティック**
　ルスティグ
　ルスティヒ
Lustiger
　リュスティジェ
　ルスティジェ*
Lutalo ルタロ
Lutatius ルタティウス
Lutayyif ルタイーフ
Lutchmeenaraidoo
　リュチュミーナライド
Lute ルート*
Luten リュタン
Lutens
　リュタンス*
　ルタンス
Luter リュテル
Luterek ルタレック
Luterel ルトレル
Lutf ルトゥフ
Lutfalievna
　リュトファリエヴナ
Lutfi
　ラトフィ
　ルトゥフィ
　ルトゥフィー
　ルトフィ
Lutfi
　ルトフィ
　ルトフィ
Lutfi ロトフィ
Lütfi リュトフィ
Lûtfi ルトフィー
Lutfiu ルトフィウ
Lötfiyar
　リュトフィアール

Lutfo ルトフォ
Lutfy ルトフィ
Lutgardis
　ルトガルディス
Lutge リュトゲ
Lütge リュトゲ
Lutgen リュートゲン
Lütgens
　リュートゲンス
Lütgert リュトゲルト
Luth リュート
Lüth リュート
Luthans
　ルサン
　ルーサンス
Luthardt
　ルータルト
　ルタンド
　ルートハルト
Luthe ルーテ
Luther
　ルーサー**
　ルーサ
　ルーサー***
　ルーザー
　ルーゼル
　ルター**
　ルッター
　ルッタア
　ルーテル
Luthersdottir
　ルテルスドティル
Luthert ラザート
Luthfee ルトゥフィー
Luthi
　リューティ*
　リュティ
Lüthi
　リューティ
　リュティ
　リュティー
Luthria ルスリア
Luthringer
　ラスリンガー
Luthuli
　ルツーリ
　ルツリ
　ルトゥーリ
　ルトゥリ
Lüthy
　リュティ
　ルシー
Luti
　ルーティ
　ルティ*
Lutie ラティー
Lutinier リュティニエ
Lutjen リューティエン
Lütjen
　リュッチエン*
　リューティエン
Lutjens ルトジェンス
Lütjens
　リュートイェンス
Lutke
　リウトケ
　リュトケ
Lütke ルトケ

Lütkemann
　リュートケマン
Lutkin ラトキン
Lutman ルトマン
Lutnick ラトニック*
Luton
　ルートン
　ルトン
Lutoslawski
　ルトスウァフスキ
Lutosławski
　ルトスラフスキー
　ルトスワフスキ*
Lutosławski
　ルトスワフスキ
Lutricia ルトリシア
Luts ルッツ
Lutsenko
　ルツェンコ
　ルトセンコ
Lutsevich
　ルツェービチ
Lutteman ルッテマン
Lutter
　ラッター
　ルター*
Lutterell ラッタレル
Lutterjohann
　ルッターヨハン
Lutteroth
　ルッタロート
Luttge リュートゲ
Lüttge
　リュッテ
　リュトゲ
　リュトゲ
Luttgen ルトゲン
Luttgens ラットゲンス
Luttichau
　ルッティショー
Lüttichau
　ルティチャウ
Luttinger
　ラティンジャー
Luttke ルトケ
Luttman ラットマン
Luttrel ルトレル
Luttrell ラトレル
Luttwak
　ルットワーク
　ルトワーク**
　ルトワック*
Lüttwitz
　リュトウィッツ
　リュトヴィッツ
　リュトビッツ
Lutui ツイ
Lutukuta ルトゥクタ
Lutwidge ルドウィッジ
Lutyen
　ラティ
　ルーティー
Lutyens
　ラチェンス
　ラチェンズ
　ラッチェンス
　ラッチェンズ
　ラティエンズ
　ルーチェンス

ルティエンス
Lutz
　ラッツ**
　ルーツ*
　ルツ*
　ルッツ**
Lutze ルッツェ
Lützeler
　リュッツェラー*
　リュッツェラー
Lutzen リュッツェン
Lutzenberger
　ルツェンベルガー
Lutzer
　ラッツァー
　ルツァー
Lutzius ルツィウス*
Lützow
　リュッツォー
　リュッツオー
Luu
　リュー**
　リュウ
　ルー*
　ルウ
　ルウー
Lu'u ルウ
Luuk ルーク*
Luukanen ルーカネン
Luukkanen
　ルーッカネン*
Luukko ルッコ
Luukkonen
　ルーッコネン
Luusua ルースア
Lüuthi リューティ
Lu Valle ルバル
Luveni ルベニ
LuVerne ルヴェルヌ
Luviza ルヴィツァ
Luvo ルボ
Luvois ルーヴィス
Luvsan ロブサン
Luvsanchültem
　ルブサンチュルテム
Luvsandashiin
　ルブサンダシーン
Luvsandorzhiin
　ロブサンドルジーン
Luvsangiin
　ルブサンギーン
Luvsannamsrai
　ロブサンナムスライ
Luvsannyam
　ロブサンニャム
Luvsanvandan
　ルブサンワンダン
　ロブサンワンダン
Luwawu ルワウ
Luwig ルートヴィヒ
Lux
　ラックス*
　リュックス
　ルクス
　ルックス
Luxardo ルクサルド

Luxbacher ラックスバッチャー ルックスバーカー	**Luzzatti** ルザッティ ルツァッチ ルツァッティ ルッツァッティ	**Lyapin** リャーピン	**Lydie** リディ	**Lyles** ライルス ライルズ*
Luxembourg リュクサンブール ルクセンブルク	**Luzzatto** ルザット ルザト ルツァット ルッツァット* ルッツァート—	**Lyapunov** リアプノフ リャプーノフ リャプノフ	**Lydius** リーディウス リディウス	**Lyll** リル*
Luxemburg ルクセンブルク** ルクセンブルグ*		**Lyashchenko** リャーシチェンコ リャシチェンコ リヤシチェンコ	**Lydon** ライドン** リドン	**Lylo** リリョ
Luxemburgo ルシェンブルコ ルシェンブルゴ*	**Luzzi** ルッツィ	**Lyashko** リャシコ リャシコー リヤシコ	**Lydos** リュードス リュドス	**Lyly** リリ リリー*
Luxenberg ルクセンバーグ	**Lvens** ルヴェンス	**Lyatoshinskii** リャトシンスキー	**Lȳdos** リュドス	**Lyman** ライマン*** リーマン
Luxford ラックスフォード	**Lvov** リヴォーフ リヴォフ リボフ	**Lyautey** リョーテ リョーテ— リョーテー リヨテ リヨテー	**Lydwine** リュドウィン **Lydyard** リディヤード	**Lymbery** リンベリー **Lymburgia** リンブルジア
Luxon ラクソン **Luxorius** ルクソリウス	**L'vov** リヴォフ **Lvova** リヴォワ リヴォワ リボワ		**Lye** ライ リー	**Lymburner** リムバーナー
Luyen ルーエン **Luyendijk** ライエンダイク	**L'vova** リヴォーヴァ	**Lybacka** ウィパツカ **Lybacka** ウィパツカ	**Lyele** ライエル **Lyell** ライエル ライエル*	**Lyme** ライム **Lyminge** リミンジ **Lymon** ライモン
Luyendyk ルイエンダイク*	**Lvovic** ルヴォヴィツ **Lvovich** リヴォーヴィチ リヴォヴィチ リヴォビッチ	**Lybeck** リーベック リュベック	**Lyer** リーア リアー リヤー	**Lympany** リンパニー** **Lyn** リン***
Luyet リュエ リュエット	**L'vovich** リヴォヴィチ* リボーヴィチ	**Lyberg** リーベリ **Lyberth** リベルト	**Lyes** リエス	**Lynam** ライナム **Lynas** ライナス
Luyindula リュインドゥラ	**Lvovna** リヴォーヴナ リヴォヴナ	**Lycan** ライカン **Lycette** リセット	**Lyfe** ライフ **Lyga** ライガ*	**Lynberg** リンバーグ **Lynce** リンセ
Luyken ルウケン **Luynenburg** ルイネンバーグ	**L'vovna** リヴォーヴナ リヴォヴナ	**Lyche** リュック **Lychetus** リケトゥス	**Lygdamus** リュグダムス **Lygia** リジア**	**Lynch** リンチ*** **Lynd** リンド**
Luynes リュイーヌ **Luypaert** ルイパート **Luypers** ルイペルス	**Lvovsky** ルフォフスキー **Lwaka** ルワカ	**Lychtman** リクトマン **Lyck** リック **Lyckseth** リクセト	**Lygo** ライゴ** **Lygre** リグレ **Lykaon** リカオン	**Lynda** リンダ** **Lyndall** リンダル リンディ
Luyten ルイテン* **Luz** ルース* ルス* ルーツ* ルツ*	**Lwakabamba** ルワカバンバ **Lwanga** ルワンガ **Lwanghy** ルワンヒ	**Lycortas** リュコルタス **Lycurgus** リュクルゴス **Lyda** ライダ*	リュカオン **Lykaōn** リュカオン	**Lynde** リンデ リンド* **Lynden** リンデン
Luzán ルサン **Luzarches** リュザルシュ	**Lwazi** ルワシ **Lwenge** ルウェンゲ **Lwin**	リーダ リダ **Lyde** ライド	**Lykawka** リカフィカ **Lykho** リコホ **Lykin** ルイキン	リンドン** **Lyndon** リンドン*** **Lynds** リンズ**
Luzares ルザーレス **Luzbetak** ルズベタク **Luzerne** ルー	ルイン** ルウィン** **Lwoff** ルウォフ* ルヴォフ	**Lydecker** ライデッカー **Lydekker** ライデッカー リデッカー	**Lykine** ルイキン **Lykios** リュキオス **Lykke** リュッケ	**Lyndsay** リンジー** **Lyndsey** リンジー リンゼー リンゼイ
Luzhina ルジーナ **Luzhkov** ルシコフ** **Luzhny** ルジニー	**Ly** リ リー** リイ	**Lyden** ライデン* **Lyder** リーデル **Lydgate** リッドゲイト リドゲイト リドゲート	**Lykkeberg** リッケベルク **Lykken** リッケン **Lykketoft** リュケトフト	**Lyndwood** リンドウッド **Lyndy** リンディー **Lyne** ライン** リューネ リン* リンヌ
Luzi ルジ ルーツィ***	**Ly̌** リー **Lya** リア **Lyadh** リャド	**Lydia** リーティア リディア*** リディヤ リューディア リュティア リュティア*	**Lykophrōn** リュコフロン リュコプローン リュコプロン	**Lynelle** ライネル **Lynen** リナン リネン*
Luzie ルーツィエ **Luzin** ルージン	**Lyadova** リャドワ **Lyakh** リャフ **Lyakhovych** リャホビッチ	**Lydía** リディア **Lydía** リディア ルデヤ	**Lykoshin** ルイコシン **Lykourgos** リクルゴス リコルゴス リュクールゴス リュクルゴス	**Lynes** ラインズ **Lynette** リネッテ* リネット**
Luzinski ルジンスキー **Luzolo** ルゾロ **Luzzaschi** ルッツァスキ	**Lyall** ライアル*** ライエル	**Lydiadas** リュディアダス **Lydiard** リディアード*	**Lyla** ライラ **Lylas** ライラス **Lyle** ライル*** リレー	**Lynford** リン **Lyngstad** リュングスタッド
Luzzasco ルッツァスコ **Luzzati** ルザッティ ルザーティ ルッツァーティ	**Lyambabaje** リャンババジェ **Lyanda** ライアンダ	**Lydiate** リディエイト		**Lynkeus** リュンケウス
Luzzato ルザト ルツァット				

L

Lynley
　リンリー**
　リンレー
　リンレイ*
Lynn
　ラン
　リーン
　リン***
Lynne
　ライン
　リーン
　リン***
　リンネ
Lynnette
　リネット
　リンネット
Lynnwood
　リンウッド*
Lynsay リンゼイ
Lynsey
　リンジー**
　リンゼイ*
Lynsi リンジ
Lynton リントン*
Lynwood リンウッド
Lynxwiler
　リンクスワイラー
Lyon
　ライアン**
　ライオン**
　リオン***
　リョン
　リヨン*
　レオン
Lyonel
　ライオネル
　リヨネル
Lyonnet
　ライオネット
　リオネ
　リヨネ
　リヨネ*
Lyons
　ライアンズ**
　ライオンズ
　ライオンズ*
　リオン*
　リオンズ*
　リヨン
Lyor リオ
Lyot
　リオ
　リヨ
　リョー
Lyotard
　リオタール**
　リヨタール
Lyoto リョウト
Lyovarin
　リョウワーリン*
Lypp リュップ
Ly Quang リークァン
Lyre リール
Lys
　ライス
　リース*
　リス*
Lysacek
　ライサチェク**

Lysaght ライソート
Lysak
　リサク
　リザック
Lysakowski
　リサコヴスキー
Lysandros
　リサンドロス
　リュサンドロス
Lysbakken
　リースバッケン
Lyseggen リーセゲン
Lysek リゼック
Lysenko
　リセンコ*
　ルイセンコ
　ルイセーンコ
　ルイセンコ**
Lyser ライザー
Lysette
　リセッテ
　リセット
Lysiak リシアック
Lysias
　リシア
　リューシアース
　リュシアス*
　ルシア
　ルシアス
　ルシヤ
Lȳsiās
　リシアス
　リューシアース
　リュシアス
Lysimachos
　リシマコス
　リュシマクス
　リュシマコス
Lysippos
　リシッポス
　リューシッポス
　リュシッポス
Lysis リュシス
Lysistratos
　リュシストラトス
Lysius リージウス
Lysle ライル
Lysmer ライスマー
Lyson ライソン
Lyssa リサ
Lyssenko リセンコ
Lyssorgues リソルグ
Lyster リスター
Lysytsky リシツキー
Lyte ライト
Lytell リテル
Lyth
　ライス
　リス
Lythberg リスバーグ
Lythcott リスコット
Lytle
　ライテル
　ライトル***
　リトル*

Lyttelton
　リッテルトン**
　リトルトン*
Lyttkens リュツキンス
Lyttle
　ライトル*
　リトル
Lyttleton
　リットルトン
　リトルトン*
Lytton
　リットン**
　リトン*
Lyttond リットン
Lyuba リューバ
Lyuben リューベン**
Lyuben リュベン
Lyubimov
　リュービモフ
　リュビーモフ**
　リュビモフ*
　ルビモフ
Lyubomir
　リュボミール
Lyubomír リュボミル
Lyubomirsky
　リュボミアスキー
Lyubov
　リュボーヴィ
　リューボフ
　リュボフィ
Lyubov'
　リュボーフィ
　リュボーフィ
Lyubovi
　リューボフ
　リュボーフィ*
Lyubshin
　リューブシン
　リュブシン
Lyudmila
　リュドミューラ
　リュドミーラ
　リュドミーラ**
　ルードミラ
Lyudogovskii
　リュドゴーフスキー
Lyudvig
　リュドウィク
　リュドヴィク
　リュドビク
Lyudvit
　リュードヴィク
Lyukhina リュウキナ
Lyukin リューキン
Lyusternik
　リュステルニク
Lyutia リュチア
Lyutsiánovich
　リュツィアノヴィチ
Lyytinen レティネン
Lyzhyn ルイジン

【 M 】

Ma
　マ***
　マー***
　マア
Maa マー
Ma'a
　マーア
　マア*
Maac マーク
Maada マーダ
Maadawy マーダウィ
Ma'-add マアッド
Ma'afu マアフ
Maag
　マーク*
　マーグ
Maaike
　マーイケ*
　マイケ
Maaitah マーイタハ
Maakal マーカル
Ma'ake マアケ
Maakestad
　マーケスタッド
Maal マル
Mā'al-'Aynayn
　マーウルアイナイン
Maali マーリ
Ma'ālī マアーリー
Maalim マリム
Maalin マーリン
Maalouf マアルーフ**
Maamaatua
　マーマーツア
Ma'amari
　マアマリ
　マーマリ
Maamau マーマウ*
Maamor マッモール
Maamri マームリ
Maan
　マアン
　マーン*
Ma'ane アーネ
Maan-ee マンウィ
Maanen
　マアネン
　マーネン**
Maani
　マーニ
　マニ
Maaninka マーニンカ
Maany マーニー
Maaoui マーウィ
Maaouiya マーウイヤ*
Maaouya マーウイヤ
Maar マール**
Maareeye マーリーイ
Maarit マーリット
Maarja マーヤ
Maârouf マアルーフ

Ma'arrī マアッリー
Maarsen マールセン*
Maarsingh
　マールシンク*
Maarten
　マーティン
　マーテン**
　マールテン*
　マルテン
Maartije マールティエ
Maas
　マース***
　マーズ
　モース
Maasaia マアセヤ
Maase マーゼ
Maasouma マスーマ
Maass マース**
Maassen
　マースセン
　マーセン*
Maatar マアタル
Maathai マータイ**
Maati マーチ*
Maatia マアティア*
Maatman マートマン
Ma'atoug マトーク
Maa'yaa マアーヤア
Maayan マーヤン
Maayani マアヤーニ
Maayken マーイケ
Maaytah マーイタ
Maayteh マーイタ
Maazel
　マーゼル
　マーゼール**
　マゼル
Maâzouz マーズーズ
Mab マブ
Ma'bad マアバド
Mabala マバラ
Mabale マバレ
Mabanckou マバンク
Mabandla マバンドラ
Mabanglo マバンロ
Mabberley マベルリー
Mabbett マベット
Mabbog マップーク
Mabboug マップーク
Mabbug マップーク
Mabbugh マップーク
Mabe
　マベ
　メイプ*
Mabel
　マーベル
　マベル
　メイベル***
　メーベル*
Mabellini
　マベッリーニ
Mabenga マベンガ
Mabeo マベオ
Mabern メイバーン

Maberry メイベリー
Mabeuse マビュース
Mabey メイビー*
Mabiala マビアラ
Mabika マビカ
Mabilat マビラ
Mabili マビリ
Mabille マビーユ
Mabilleau マビヨオ
Mabillon マビヨン*
Mabilon マビヨン
Mabini
　マビーニ
　マビニ*
Mabinuori
　マビヌオリ*
Mabire マビール
Mabitle マビトレ
Mable
　メイブル
　メーブル
　メーベル
Mably
　マーブリー
　マブリ
　マブリー
Maboee マボエエ
Mabon メイボン
Mabonzo マボンゾ
Mabote マボテ
Maboundou
　マブンドゥ
Mabri マブリ
Mabrouck マブルーク*
Mabrouk マブルーク
Mabruk マブルク
Mabry
　メイブリー*
　メーブリー
Mabujaa-bilenge
　マブジューマービレンゲ
Mabumba マブンバ
Mabunda マブンダ
Mabusé
　マビュース
　マビューズ
　マブーゼ
　マブセ
　マブゼ
Mabuza
　マブサ
　マブザ
Mac
　マク
　マック***
Mạc マク
MaCabe マッケイブ
Macadam マカダム
Maçães マサンエス
MaCafferty
Macaire マケール
Macal
　マカール*
　マカル

マーツァル
Mácal マカール*
MacAlindin
　マカランダン
MacAlister
　マカリスター*
Macalister
　マカリスター
MacAllister
　マカリスター*
MacAloon
　マカルーン
　マッカルーン
MacAlpin
　マックアルピン
Macaluso マカルーソ
Macan マッカン
Macandrew
　マカンドリュー
MaCann マッキャン
Mac Anthony
　マクアントニー
Macanufo マカヌフォ
Macapagal
　マカパガル**
Macapp マキャップ
Macara マカラ
Macaraig マカライグ
Macardle
　マカードル
　マカドル
MacAree マクアリー*
Macario
　マカーリオ
　マカリオ
Macarius マカリイ
Macarol マカロル
Macarro マカロ
MaCart マッカート*
MacArthur
　マカーサー
　マクアーサー
　マッカーサー***
　マックアーサー
　マックアーサル
Macarthur
　マッカーサー
MaCarthy
　マッカーシー*
Macartney
　マカートニー*
　マカートニー*
　マカトニー
　マッカートニー**
Macas マカス
MacAskill
　マッカスキル
Macassey
　マッカッセー
Macaulay
　マカウライ
　マコウレイ
　マコーリ*
　マコーリー*
　マコーレ
　マコーレー*

マコレー
マコーレイ
マコーレイ**
MacAuley
　マコーリー
　マッコーリー
Macauley
　マカレー
　マコーリ
　マコーリー
　マコーレイ
MacAvery
　マッケイバリー*
MacAvoy
　マカヴォイ
　マカボイ
Mac'avoy
　マッカーヴォイ
　マッカヴォイ
　マッカボイ
MacBeth マクベス**
Macbeth マクベス*
MacBird マクバード*
MacBride
　マクブライド
　マクブライド**
　マックブライド
Macbride
　マクブライド
MacBryde
　マックブライド
MacCabe
　マケイブ
　マッケイブ*
　マッケーブ
MacCaig
　マケイグ
　マッケイグ
MacCall マコール*
MacCallum
　マッカラム
MacCana マッカーナ*
Maccanico
　マカニコ
　マッカニコ
MacCann
　マッカン・
　マッキャン
MacCannel マッカネル*
MacCannell
　マキャーネル
Maccari マッカーリ
Maccarone
　マカローン*
　マッカローネ
Maccarthenus
　マッカルテヌス
MacCarthy
　マカーシー
　マッカーシー*
MacCarucci
　マッカルッチ
　マッカルッツィ
MaCcauley
　マッコーリー
MacCauley マコレー
MacCaw マッカウ*
Maccheroni
　マッケローニ

Macchi
　マキ
　マッチ
Macchia マッキア*
Macchiavelli
　マキアヴェッリ
Macchiavello
　マキアベロ
　マキャベロ
　マチャベロ
Macchietti
　マッキエッティ
Macchio
　マッキオ
　マッチオ*
Macchioro マッキオロ
Maccione
　マッチオーネ
Maccioni マッチョーニ
Maccius マッキウス
MacClain マクレイン
MacClancy
　マクランシー
Maccoby
　マコビー*
　マッコービイ
　マコビィ
　マッコビー
　マッコビィ
MacColl
　マッコール***
　マッコル
MacCollum
　マコーラム
　マッカラム
　マッコラム
　マッコーラム
MacComick
　マコーミック
MacConkey
　マッコンキー
MacCorkindale
　マックコーキンデイル
　マッコーキンデイル
MacCormac
　マコルマク
MacCormack
　マコーマク
　マコーマック
　マコーミック
　マッコーマック*
MacCormick
　マコーミック*
Maccovius
　マッコーヴィウス
MacCracken
　マクラケン
　マクラッケン
Maccraw マクロー
MacCready
　マックレディ*
　マックレディー
Maccuigan
　マックイガン
MacCulloch
　マカロック
　マクローチ
　マカロック
MacCunn
　マカン

マッカン
MacCurdy
　マカーディ
　マッキャデー
MacDermid
　マクデーミド
MacDermot
　マクダーモット
Macdermot
　マクダーモット
MacDevitt
　マクデヴィット
MacDiarmid
　マクダイアミッド**
　マクダーミッド*
　マクデアミッド
　マクディアーミッド
　マクディアミッド
　マックダイアミッド
MacDonagh
　マクドナー
Mac Donald
　マクドナルド
MacDonald
　マクドナルド***
　マグドナルド
　マックドーナルド
Macdonald
　マクドナール
　マクドナル
　マクドナルド***
MacDonell マクドネル
Macdonell
　マクドーネル
　マクドネル*
Macdonnell
　マクドネル
Macdonough
　マクドナー
MacDougal
　マクドゥーガル**
　マクドウガル
MacDougall
　マクドゥーガル*
　マクドゥガル*
　マクドゥガル*
Macdougall
　マクドゥーガル
MacDowell
　マクダウェル
　マクドウェル*
　マクドウェル
　マックダウェル
MacDuffie マクダフィ
Mace
　マセ*
　メイス**
　メェース
　メース**
Macé マセ**
MacEachen
　マケークン
　マケッカン*
MacEachern
　マクエイカーン*
　マクエイケルン*
　マッキーカーン
　マッケカーン
Maceachern
　マクエイケルン

M

MacEachren マッキーチレン
MacEachron マッケクロン
Maceda マセダ*
Macede マセド
Macedo
　マカド
　マシード
　マセード
　マセド*
Macedonicus マケドニクス
Macedonio マセドニオ*
　マチェドーニオ
Macedonius マケドニウス
　マケドニオス
Macedonski マチェドンスキ
　マチェドンスキー
Maceira マセイラ
Macejko マツェイコ
Macek
　マチェク
　マツェク
Maček マチェク
Macel メイスル
Macellari マチェッラーリ
Macelwane
　マケルウェイン
　マケルウェーン
Maceo
　マセオ
　メイシオ
MacEoin
　マクイオワン
　マッキーン*
Macer
　マケル
　メイサー
MacEwan マキューアン
MacEwen
　マキューイン
　マッキューイン
Macewen
　マキューエン
　マッキューアン
　マッキュアン
Macey
　メイシー
　メーシー
MacFadden
　マクファーデン
　マックファーデン
MacFadyen マクファデン
Macfadyen マクファーデン
MacFarland マクファーランド*
Macfarland マクファーランド
MacFarlane
　マクファーレン*
　マクファレン
　マックファーレン

Macfarlane
　マクファーレイン
　マクファーレーン
　マクファーレン**
　マクファレン
　マックファーレン
MacFarquhar
　マクファーカー**
　マックファーカー
　マックファークァー
Macfarquhar マックファクハー
Macfarren マクファレン
MacFayden マクフェイデン
Macfie マクフィー
Macford マクフォード
MacGahan マクガハン
MacGarr マックガル
MacGee
　マギー
　マッギー
MacGibbon
　マギボン
　マクギボン
　マックギボン
Mac Gill マクギル
MacGill
　マギル
　マックギル*
Macgill マッギル
MacGillavry マックギラフィ
MacGillivray
　マクギリヴレイ
　マクギリブレー
　マッギリヴレイ
MacGinnis マックギニス
Mac Ginty マクギンティー
Macginty マクギンティ
Macgowan
　マカウァン
　マガウァン
　マクガワン
　マッガウアン
　マックゴーワン*
MacGowran
　マクゴーラン
　マックゴーラン
MacGraw
　マグロー
　マックグロウ
　マグロー
MacGregor
　マクレガー**
　マグレガー**
　マグレゴル
　マックグレガー
Macgregor
　マグレガー*
　マッグレガー
MacGrory マッグローリー
MacGuigan マッグイガン

Mach
　マック
　マッハ*
　マフ
Macha マーシャ
Mácha マーハ
Machabey マシャベ
Machacek マハチェク
Machad マシャド*
Machado
　マシャード**
　マシャド**
　マシャードゥー
　マチャード**
　マチャド**
　マッシャード
　マッチャード
Machaelle ミッシェル
Machaj マッハイ
Machakela マチャケラ
MacHale マクヘイル*
Machanic マカニック
Machanidas マカニダス
Machaōn マカオン
Machar
　マシャール
　マッハル
Machard
　マシャー
　マシャール
Machardo マシャード
MacHarg マハーグ
Macharia マチャリア
Machatschek
　マハチェク
　マハチェック
Machaty
　マハティ
　マハティー
Machault マショー
Machaut マショー
Machavariani
　マチャヴァリアーニ
　マチャワリアニ
Machavela マシャベラ
Machebeuf マシュベーフ
Macheda マケダ
Macheir マヒエル
Machek マシェク
Machel
　マシェル*
　マチェル
Machell マーチェル
Machemer マッケマー
Machen
　マッケン**
　メイチェン
　メーチェン
Macher メイチャー

Macherey
　マシュレ*
　マシュレー
　マチェリー
Machete マシェッテ
Machetzki マチェツキ
Machi
　マチ
　マチー
Machiavelli
　マキァヴェッリ
　マキアウエッリ
　マキアヴェッリ*
　マキアヴェリ
　マキアヴェリ*
　マキアヴェリー
　マキアヴェルリ
　マギアヴェルリ
　マキアベリ
　マキャヴェッリ*
　マキャヴェリ
　マキャヴェリー
　マキャヴェルリ
　マキャベッリ
　マキャベリ
Machiavello
　マキアベロ
　マキャベロ*
　マチャベロ
Machicao マチカオ
Machiedo マチエド
Machin
　マシャン
　マシーン
　マチン
　マッキン
　メイチン
Machinea マチネア
Machis マチス
Machito マチート
Machkhas マッカス
MachLaine マクレーン
Machlas マフラス
Machlin
　マクリン
　マックリン
Machlowitz マクロウィッツ
Machlup
　マックループ
　マッハルプ
　マハループ
　マハルプ
Machmud
　マフムッド
　マフムド
Machnaud マシュノー
Macho
　マチョ
　マホ
Machon マション
Machōn マコン
Machoni マチョーニ
Machonin マホニン
Machová マホバ
Machovec マコヴェック
　マホヴェッツ

Machover
　マコーバー
　マッコーヴァー
Machowski マホヴスキー
　マホフスキ
Machray マクレイ
Macht
　マクト
　マハト
Machtan マハタン
Machtinger マクタンジェ
Mächtle メヒトレ
Machtlinger マハトリンガー
Machtou マックトゥ
Machu マーウ
Machuca マチューカ
Machulski マフルスキー
Machungwa マチュンワ
Machutus マクトゥス
Maci マチ
Macía マシア
Maciachini マチャキーニ
Maciariello マチャレロ
Macias マシアス*
Macías
　マシーアス
　マシアス
Macid マシッド
Macie
　マシイ
　メイシー
Maciej
　マチェイ*
　マチェイ
Maciejowski マチエヨフスキー
Maciek マチェック
Maciel マシエル*
Macierewicz マチェレウィチ
Ma cig マチイク
MacIlraith マッカイレイス
MacInerney マキナニー**
MacIney マッキンネー
Macinghi マチンギ
MacInnes
　マキニス
　マキネス
　マッキネス**
　マッキンズ
　マックインス
Macinnes マッキンズ
Macintire
　マアキンタイア
　マシンティア
Macintosh
　マキントッシュ
　マッキントシュ
　マッキントッシュ*

MacIntyre
　マキンタイアー
　マッキンタイア**
　マッキンタイアー
　マッキンタイヤー
Macintyre
　マッキンタイア*
　マッキンタイアー**
　マッキンタイヤー
Macip
　マシップ
　マシプ
MacIsaac
　マッカイザック
　マックアイザック
Maciuika マシュイカ
Maciunas
　マチューナス
MacIver
　マキーヴァー
　マキヴァー
　マキーバー
　マクアイヴァ
　マッキィヴァー
　マッキーヴァー*
　マッキヴァ
　マッキーバー
　マックアイバー
　マックイヴァ
Mack
　マーク
　マック***
MacKail マッケイル
Mackail
　マケイル
　マケール
　マッケイル
　マッケール
Mackaill
　マックケイル
　マッケイル
MacKain マッケイン
Mackal マッカル
Mackall
　マコール
　マッカル
Mackaness マッカネス
Mackanin マッカニン
Mackarness
　マッカーネス
MacKay
　マッカイ
　マッケイ*
Mackay
　マカイ*
　マケー
　マッカイ***
　マック
　マッケー
　マッケイ***
Mackaye
　マカイェ
　マッカイ
　マッケー
　マッケイ
Mackaye
　マッカイェ
　マッケイ
Macke マッケ*

Mackeben
　マケーブン
　マッケベン
Mackee マッキー
Mackel マックル
Mackellar
　マックウェラー
　マッケラー
Macken マッケン*
Mackendrick
　マッケンドリック*
Mackenna
　マケーナ
　マケナ
　マッケンナ
Mackennal
　マッケンノール
Mackenroth
　マッケンロート
Mackensen
　マッケンゼン*
Mackensie
　マッケンジー
Mackenzi
　マッケンジー
Mac Kenzie
　マッケンジー
MacKenzie
　マケンジ
　マッケンジー**
Mackenzie
　マケンジ
　マケンジー
　マケンジイ
　マックケンジー
　マッケンジー***
　マッケンジィ
Mackenzy
　マッケンジー
MacKeown
　マケオウン
Mackereth マッケレス
Mackerras
　マッケラス**
Mackesy
　マッケシー**
　マッケジー
Mackett マッケット
Mackey
　マッキー**
　マッケイ**
Macki マッキ
Mackie マッキー*
MacKilllop
　マッキロップ
MacKillop
　マッキロップ
Mackin マッキン*
Mackinder
　マキンダー
　マッキンダー*
MacKinlay
　マッキンレー*
　マックンレイ
Mackinlay
　マッキンリー
　マッキンレー*
　マッキンレイ

MacKinney
　マッキニー
MacKinnon
　マキノン
　マッキノン**
　マッキンノン*
Mackinnon
　マキナン
　マキノン
　マッキノン
MacKintosh
　マッキントッシュ
Mackintosh
　マキントシュ
　マキントッシュ*
　マッキントーシュ
　マッキントッシ
　マッキントッシュ**
Macklay マックレイ
Mackle マックル
Macklemore
　マックルモア
Mackler
　マクラー
　マックラー*
Macklin
　マクリン
　マックリン*
Macklis マックリス
Macklon マクロン*
Macklyn マックリン*
Mackmurdo
　マクマード
　マクマード-
　マックマード
　マックマード-
Mackness
　マクニス
　マックネス*
MacKnight
　マケオウン
Macknight
　マックナイト
Macknik マクニック
Macknowski
　マックノウスキー
Mackonochie
　マコノキー
Mackouzangba
　マクザンバ
Mackowiak
　マコウィアク
Mackowsky
　マコースキー
Mackrell マックレル
Macksey
　マクセイ*
　マクゼイ
Mackta マクタ
Mackway
　マクウェイ
　マッウェイ
　マックウェイ
Mackworth
　マクワース
　マックワース
Macky
　マキ
　マッキ

マッキー*
MacLachlan
　マクラクラン**
Maclagan マクラガン*
MacLaine
　マクレーン
　マックレイン
Maclaine
　マクレイン
　マクレーン
MacLane
　マクレイン
　マックレイン
　マックレーン*
MacLaren
　マクラーレン
　マクラレン
Maclaren
　マクラーレン
　マクラレン*
　マクラレン
MacLarty
　マクラーティ*
MacLaughlin
　マクラーフリン
　マクローリン
Maclaurin
　マクローリン
　マックローリン
MacLaverty
　マクラヴァティ
　マクレイヴァティ
Maclay
　マクライ
　マクレー
　マクレイ**
MacLean
　マクリーン**
　マクレイン
　マクレーン
　マックリーン
Maclean
　マークリーン
　マクリーン**
　マクリン
　マクレイン
　マクレーン
　マックリーン
Maclear
　マクリア
　マクリアー
　マクリーアル
　マクレア*
MacLeary
　マクリアリー
　マクリーリー
MacLehose
　マクルホース
　マックルホース
Maclehose
　マクルホース
　マクレホーズ
MacLeish
　マクリーシュ**
Maclellan マクレラン
MacLennan
　マクレナン**
　マックレナン

Maclennan
　マクレナン*
MacLeod
　マクラウド***
　マクラオド
　マクロード*
Macleod
　マクラウド**
　マクラオド
　マクレオッド
　マクレオート
　マクレオード
　マクレオド
　マクレッド
　マクロード
　マックラウド*
Macler マックラー
MacLiammoir
　マックリアマー
　マックリアムモイル
MacLiammóir
　マクリーモア
Macliammýer
　マクリャモア
Maclin マクリン
Maclise
　マクライズ
　マクリーズ
Maclnnes マッキンズ
Maclntyre
　マキンタイアー
　マッキンタイア
Macloni マクロニ
MacLulich
　マックルーリック
MacLullich マクリッチ
MaClure
　マクリューア
　マックルーア
Maclure
　マクリューア
　マクリュア
　マクリュール
　マクルーア
　マクルア
MacMahon
　マクマウン
　マクマオン
　マクマホン***
　マクマーン
Macmahon マクマホン
MacManus
　マクマナス*
Macmartin
　マクマーチン
MacMaster
　マクマスター
MacMeans
　マックミーンズ
MacMichael
　マクマイケル
Macmichael
　マクニエル
MacMillan
　マクミラン**
Macmillan
　マクミラン**
　マックミラン
Macmillen マクミリン

MacMonnies
マクモニズ
Macmonnies
マクモニーズ
MacMurray
マクマーリ
マクマリー*
マクマレー
マクマレイ
Macmurray
マクマレー
マクマレイ
Mac Murrough
マクマロー
マクマロウ
マクムルクー
マクモロ
MacNab マクナブ
Macnab
マクナップ
マクナブ
Macnaghten
マクナハテン
マクノートン
MacNair
マクネーア
マクネア
マクネアー
マックネア
マックネアー
マックネヤ
Macnair
マクネア
マクネヤ
MacNamara
マクナマラ
Macnamara
マクナマラ*
MacNamee マクナミー
MacNaught
マクノート
MacNaughton
マクノートン*
Macnaughton
マクノートン*
MacNeal マクニール**
MacNee マクニー*
Macnee マクニー
MacNeice
マクニース*
マックニース
Macneice マクニース
Mac Neil マクニール
MacNeil
マクニール*
マクラム
マックニール
マックネイル
Macneil マクニール*
MacNeill
マクニール**
MacNeish
マクニーシュ
MacNelly マクネリー*
MacNicol
マクニコル*
マックニコル*
MacNiece
マックニース

MacNish マクニッシュ
Macnish
マックニッシュ
MacNulty
マクナルティ
マックナルティ
Macomb
マコーム
マッコーム
メイコム
Macomber
マコンバー
マッコーマー**
マッコマー
Macon
メイカン
メイコン
メーコン
Maconachie
マコナキー
マコンチイ
Maconchy
マコンキー
マコンチイ
Maconie マッコニー
Mac Orlan
マッコルラン
MacOrlan
マコルラン
マッコルラン*
Macosko マコスコ
Macouin マクワン*
Macourek マコーレク
Macovei
マコヴェイ
マコベイ
Macovescu
マコヴェスク*
マコベスク
Macoviciuc
マコビチック
MacPhail
マクファイル
マクフェイル
マックファイル
Macphail
マクファイル
マクフェイル
MacPhee マクフィー
MacPherson
マクファースン
マクファーソン**
マックファーソン
Macpherson
マクハーソン
マクファースン
マクファーソン*
マックファーソン
MacPhie マックフィー
Macquarie
マックウォーリー
マックオーリー
マックオーリー
マックオリー
MacQuarrie
マッククウォーリー
Macquarrie
マクウォーリー
マッコーリー
Macque マック

MacQueen
マッキーン
マックィーン
Macqueen
マッキーン
マックィーン
Macquer
マカアー
マケ
マケール
MacQuitty
マッキュイティ
Macquorn
マックォーレン
マックオーン
マッコーン
MacRae
マクリー
マクレー*
マクレイ
マックレイ
Macrae
マクレー
マクレイ
マックレー
Macready
マクリーディ
マクレディ
Macrembolitissa
マクレムボリティッサ
Macri マクリ**
Macrianus
マクリアヌス
Macrina
マクリーナ
マクリナ
マクリネー
Macrino マクリーノ
Macrinus マクリヌス
Macro マクロ
MacRobert
マクロバート
Macrobius
マクロビウス
Macron マクロン**
Macrone マクローン*
Macrory マクローリ
MacShane
マクシェイン*
Macshane
マクシェーン
Macsharry
マクシャリー
マックシャリー
Macsuzy マクスジー
MacSween
マックスウィーン
MacSweeney
マクスウィニー
マックスウィニー
MacSwiney
マックオーリー
マクスウィーニー
Mactier マクティア
Macur マカー
Macurdy マカーディ
Macve マックヴェ
MacVeagh
マクヴェイ

マクヴェーグ
マクベイ
Macvey マックベイ
MacVicar
マクヴィカー
MacWhinney
マクウィニー
MacWilliams
マッキリアムズ
Macy
マーシー
メイシー**
メイシイ
メイスィー
メーシー*
メーシィ
MacYoung
マックヤング
Maczulak
マクズラック
Maczyński
モンチニスキ
Mad マッド
Mada マダ
Madach
マダーチ
マダーチュ
Madách
マダーチ
マダーチュ
Madachy マダチ
Madadha マダドハ
Madahe マダヘ
Madaj マダイ*
Madaki マダキ
Madalena
マダレーナ
マダレナ
マデレナ
Madalin マダリン
Madam マダム
Madame マダム
Madaminov
マダミノフ
Madan マダン
Madanes マダネス*
Madani マダニ**
Madanī
マダニ
マダニー
Madanjeet
マダンジート
Madansky
マデンスキー
Madara マダラ
Madari マダリ
Madariaga
マダリアーガ*
マダリアガ*
マダリャーガ
マダリャガ
Mad'arič マジャリチ
Madatow マダトフ
Madau マダウ**
Madaule マドール*
Madaus マドゥス
Madāynī マダーイニー

Madbouli マドブリ
Madbouly マドブリ
Mädchen
メーチェン
メッチェン
Maddala マダラ
Maddalena
マグダレナ
マッダレーナ
マドレーヌ
Maddaloni
マダロニ
マッダロニ*
Madden
マーデン
マッデン**
マデン*
マドゥン
マドン*
Maddern
マダーン
マダン
マッダーン*
Madders マダース
Maddex マデックス
Maddi
マッディ
マディ
Maddie マディー*
Maddin マディン
Maddison
マッディソン
マディソン**
Maddix マディックス
Maddock マドック*
Maddocks マドックス
Mad Dog マッドドッグ
Maddon マドン*
Maddoni マドーニ
Maddonni マドーニ*
Maddox
マドクス*
マドックス**
Maddron マドロン*
Maddumabandara
マドゥマバンダラ
Maddux マダックス**
Maddy マディ*
Made
マデ
マデー
Madeeha マディーハ
Madeer マデル
Madeira マデイラ
Madej マデイ
Madeja マデジャ
Madejczyk
マジェイチュク
Madelaine
マデライン
マデリーン
マデレーン
マドレイン
マドレーヌ*
Madelein
マデライン
マドレーヌ

Madeleine
マダレン
マドゥレイヌ
マドライン
マデリーン**
マデリン*
マドレイネ
マドレイン
マドレーヌ
マドレーン**
マデレン
マドリイネ
マドリーン
マドレイス*
マドレイン
マドレーヌ***
マドレーン
Madelène マドレーヌ
Madeleva マデレヴァ
Madeley
マデライ
メイドリー
Madelgarius
マデルガリウス
Madelin マドラン**
Madeline
マデライン
マデリーヌ
マデリーン**
マデリン**
マドリン***
マドレーヌ
マヤ
Madelon マデロン
Madelung
マーデルング
Madelyn マデリン*
Mademoiselle
マドモアゼル
マドモワゼル
Maden
マーデン
マデーン
メイデン
Madeo マデオ*
Mader
マジェール
マーダー*
マダー
メイダー
Máder マデル
Madera マデラ
Maderna
マデルナ
マデルノ
Maderno マデルノ
Madero
マデーロ
マデロ*
Maderono マデロノ
Madersperger
マーデルスペルガー
Maderthaner
マーダーターナー
Madet マドゥ
Madetoja マデトヤ
Madeuf マドゥフ
Madfa マドファ

Madge
マージ
マッジ**
Madgett マジェット
Madhabi マダビ
Madhav
マーダヴ
マダブ*
マドハブ
Mādhav マーダヴ
Mādhava
マーダーヴァ
マーダバ
Mādhavadeva
マーダヴァデーヴァ
マーダヴデーヴ
Madhavan
マダヴァン
マドハヴァン*
マドハバン
Madhaven マドヴァン
Madhav Sinh
マダブシン
Madhavsinh
マダブシン*
Madhu
マデュ*
マドゥ*
マドゥー
Madhubuti マドゥブチ
Madhukar マドゥカル
Madhur マデュ
Madhuri マードゥリー
Madhusūdan
モドゥシュドン
Madhusūdana
マドゥスーダナ
マドスーダナ
Madhva
マドヴァ
マドバ
Madi マディ**
Madia マディア
Madianos
マディアノス
Madiar
マージャール
マジャール
Mad'iar
マジャール
マジャル
マデァール
Madické マディケ
Madier マディエ*
Madieyna マディエナ
Madigan マディガン**
Madigele マディヘレ
Madikaba マディカバ
Madikizela
マディキゼラ**
Madimba マディンバ
Madin マディン
Madina
マディーナ
マディナ
Madior
マディオール
マディオル

Madison
マジソン
マディスン
マディソン***
Madisyn メディスン
Madja モジョ
Madjé マジェ
Madjer マジェール
Madji マジ
Madjid
マジッド
マジド
Madjidov マジシドフ
Madkour マドクール
Madkür マドクール
Mádl
マードゥル
マードル**
マドル
Mädler メドラー
Madlib マッドリブ
Madlock マドロック*
Madlyn マドリン
Madmun マドムン
Madni マドニ
Madnick マドニック
Mado マド
Madoc マドック
Madoff マドフ*
Madoka マドカ
Madolyn マドリン
Madoni マドニー
Madonia マドニア
Madonna マドンナ**
Madore マドア*
Madougou マドゥグ
Madouni マドーニ
Madox マドックス**
Madrazo
マドラーソ
マドラーゾ
Madre
マードレ
マドレ
Mâdre マードレ
Mädrich メートリッヒ
Madrick マドリック*
Madrid
マドリ*
マドリード
Madron マドロン
Madruga マドルーガ
Madruzzo
マドルッツォ
Mads
マス*
マッズ*
マッツ*
Madsbjerg
マスビアウ
マスビェア
Madsen
マースン
マスン*
マーゼン

マセン*
マッセン*
マッドセン*
マドスン*
マドセン*
マドセン**
Madson マドソン
Madueke マドゥエケ
Maduekwe マドゥエケ
Madulu マドゥル
Maduna マドゥナ
Madura マデュラ
Maduro
マドゥーロ
マドゥロ*
Madut マデュット
Madvig
マズヴィ
マズヴィグ
Madway マッドウェイ
Mady マディ*
Madyan マドヤン
Madyenkuku
マドエンクク
Madys マディ
Madzhidov マジシドフ
Madzirov マジロフ
Madzorera マゾレラ
Mae
マイ
マエ*
ミー
メー*
メイ***
メエ
Maebius メビウス
Maecenas
マイケナス
マエケーナス
マエケナス
Maechee メーチー
Maecianus
マエキアヌス
メキアヌス
Maecilius
マエキリウス
Maecker メッカー
Maeda マエダ
Maedche メッチェ
Maedel メーデル
Maeder メーダー
Maedoc メドック
Maegerlein
メーゲルライン
Maegli マエグリ
Maehle メーレ
Mael
マイル
メイル*
Máel メール
Maeland メーラン
Maelanga マエラン
Maele マエレ
Máelgarb
メールガール
Maelicke マエリッケ
Maelius マエリウス

Maelle メール
Maëlle
マエル
メール*
Maels マエルス*
Maelzel メルツェル
Maeng メン
Maeno マエノ
Maenu'u マエヌウ
Maenza マエンツァ
Maeona メオーナ
Maérchal マレシャル
Maercker
マッカーカー
Maere マエレ
Maerker メーカー
Maerkle マークル
Maerlant マールラント
Maerlender
ミールレンダー
Maerov マエロフ
Maes
マエス
マース*
メイズ
Maës メース
Maesa マエサ
Maesala マーサラ
Maesincee
マイアシンシー
メシンシー
Maessens マーセンス
Maestre マエストレ
Maestri マエストリ*
Maestrini
マエストリニ
Maestripieri
マエストリピエリ
Maestro
マエストロ*
メストロ
Maet マート
Maeterlinck
マアテルランク
マアテリンク
マアデルング
マーテルランク
マーテリンク
メイテルリンク
メエテルリンク
メタアリンク
メーテルランク*
メテルランク
メーテルリンク**
メーテリング
メテリング
Maetsuycker
マーツアイケル
Maetzig
メーツィッヒ
メーツィヒ*
Maetzner メッツナー
Maeva メイヴァ
Maeve ミーヴ*

ミーブ
メイヴ*
メイブ**
メーヴ
メーブ
モーヴ
モーブ
Maevska マエフスカ
Mae-wan メイワン*
Maewan メーワン
Maex マークス
Maeyens マイエンス
Maeyer マイヤー*
Maeztu マエストゥ
Mafalda マファルダ*
Mafany マファニ
Maffei
　マッフェーイ
　マッフェイ*
　マフェイ
Mafféi マッフェイ
Maffeo
　マフェーウス
　マフェオ*
Maffesoli
　マフェゾリ**
Maffetone マフェトネ
Maffey マッフル
Maffi マッフィ
Maffia
　マッフィア
　マーフィア
Maffitt マフィット
Maffre マッフル
Mafgoub マフグーブ
Mafham マフハム
Mafi マフィ*
Mafille マフィーユ
Maflahi マフラヒ
Maftuh マフトゥ
Mafura マフラ
Mag マグ
Maga マーガ
Magadan マガダン
Magagi マガジ
Magagula マガグラ
Magaji マガジ
Magak'ian マガキャン
Magal マガル
Magalashvili
　マガラシヴィリ
Magalhaes
　マガリカエス*
　マガリャエス
Magalhães
　マガリャインシュ
　マガリャインシュ
　マガリャエシュ
　マガリャエス
　マガリャエンシュ
　マガリャンイシュ
　マガリャンイース
　マガリャンイス
Magali マガリ***
Magalí マガリ

Magalie
　マガリ
　マガリー
Magalini マガリーニ
Magallanes
　マガジャネス
　マガラネス
　マガリャネス*
Magallona マガローナ
Magaloff マガロフ*
Magalotti
　マガロッティ
Magán マガン
Magana マガニャ**
Magaña マガーニャ
Maganawe マガナウェ
Magande マガンデ
Māgandiya
　マーガンディヤ
Magang マハン
Maganga Moussavou
　マガンガムサブ
Maganini マガニーニ
Magano マガノ
Maganov マガノフ
Maganza マガンツァ
Magaret マーガレット
Magariaf マガリエフ*
Magarshack
　マガルシャック
Magas マガス
Magassouba マガスバ
Magat マガト
Magath マガト*
Magatti マガッティ
Magaya マガヤ
Magaziner
　マガジナー*
Magazzini
　マガッツィーニ
Magbauna マグバウナ
Magda
　マクダ
　マグダ***
Magdala マグダラ
Magdalen
　マグダレナ
　マグダレン**
Magdalena
　マグダネラ
　マクダレーナ
　マグダレーナ***
　マグダレーナ***
Magdalene
　マグダレーネ*
Magdalou マグダロウ
Magdanis マグダニス
Magdeburg
　マクデブルク
　マグデブルク
Magdeleine
　マクダレン
　マグダレン
　マグドレーヌ

Magdi マグディ*
Magdics
　マグディックス
Magdoff
　マグドー
　マグドフ*
Magdolna マグドルナ
Magdziarczyk
　マグジャルチク
Mage マージュ
Maged マギード
Magee マギー***
Magela マジェラ
Magele マゲレ
Magellan
　マガリャインシュ
　マガリャエンシュ
　マガリャンイス
　マジェラン
　マゼラン
Magen マーゲン*
Magendie
　マジャンジー
　マジャンディ
　マジャンディー
Magendzo マヘンゾ
Magenta
　マジェンタ
　マゼンタ
Mager
　マーガー*
　マガー
　メイジャー
Magerl マガール
Magerovskii
　マゲロウスキー
Magga マガ
Maggee マギー
Maggert マガート
Maggette
　マゲッティー
Maggi
　マギ**
　マギー**
　マージ*
　マッギ
　マッジ*
Maggiano マジアーノ*
Maggie
　マギー***
　マジー
　マヒー
Maggin
　マギン
　マッギン
Maggini マッジーニ
Maggio
　マッジオ*
　マッジョ
Maggiolini
　マッジョリーニ
Maggioni マジョーニ
Maggiora
　マッジョーラ*
Maggiorani
　マジョラーニ
　マッジオラーニ

Maggiore
　マッジョーレ
Maggiori マッジョーリ
Maggiotto
　マッジョット
Maggitt マギット
Magglio
　マグリオ*
　マジリオ
Maggs マッグス
Maggy
　マギ
　マギー
Maghā
　マガー
　マガン
Māgha マーガ
Maghembe マゲンベ
Maghīlī マギーリー
Maghlaoui
　マグラウィ
　マグラウイ
Maghrabi マグラビ
Maghribī
　マグリビー
　マグレビー
Magi マギ
Magic マジック
Magid
　マギッド
　マジッド
　マジド
Magida
　マギダ
　マジダ
Magiera マギエラ
Magierski
　マギエルスキ
Magill マギル*
Magilton マギルトン
Magimel マジメル*
Magini マジーニ
Maginley マギンリー
Maginn マギン
Maginot マジノ
Magir マギール
Magister マギステル
Magistretti
　マジストレッティ
Magistris
　マジストリス
Magito マギト
Magius マギウス
Magleby マグレビィ
Maglena メグレナ
Magli マリ
Maglicco マクリッコ
Maglie マグリー
Maglio マグリオ
Magliocco マリオッコ
Maglischo
　マグリシオ
　マグリスコ*

Magloire
　マグロール
　マグロワール**
Maglorius
　マグローリウス
Maglott マグロット
Magna マグナ
Magnabal マニヤバル
Magnagna マニャニャ
Magnago マニャーゴ
Magnan
　マグナン*
　マニャン**
Magnanelli
　マニャネッリ
Magnani
　マニァーニ
　マニャーニ**
　マニヤーニ
Magnar マーグナル
Magnard マニャール
Magnasco マニャスコ
Magnason
　マグナソン**
Magne
　マアニュ
　マグネ**
　マージ
　マニエ
　マーニュ**
Magné
　マーニェ*
　マニエ*
Magnéli マグネリ
Magnelli マニェリ
Magnello マグネロ
Magnen マニャン
Magnenat
　マグネナート
Magnentius
　マグネンチウス
　マグネンティウス
Magner マグナー
Magnerich マグネリヒ
Magnes
　マグネース
　マグネス
Mágnēs マグネース
Magness マグネス
Magnette マニェット
Magneuris
　マグネウリス
Magnhild マンニル
Magni
　マグニ*
　マーニ
Magnien マニヤン
Magnier
　マグナー
　マグニア
　マグニエ
　マニエ*
Magnifico
　マグニフィコ
　マニフィコ
Magnim マニム

Magnin マグニン
Magnini マニーニ
Magnitsii マグニツキー
Magnitskii マグニツキー
Magno マグノ* / マーニョ* / マニョ
Magnoald マグノアルト
Magnocavallo マニョカヴァッロ
Magnoff マグノフ
Magnolfi マニョルフィ
Magnone マニョーヌ
Magnum マギヌン
Magnus マクナス / マグナス*** / マーグヌス / マグヌス***
Magnús マグヌス
Magnúsdóttir マグヌスドッティル
Magnusen マグナセン
Magnuson マグナソン* / マグヌスン / マグヌソン*
Magnussen マグヌセン / マグヌッセン*
Magnusson マグナッセン / マグヌソン / マグヌスン / マグヌセン / マグヌソン* / マグヌッソン* / マグノウスン
Magnússon マグヌースソン / マグヌスソン
Magny マニー* / マニイ
Mago マーゴ / マーゴー / マゴ
Magobetane マゴベタネ
Magocsi マゴッチ
Magog マゴグ
Magolyo マゴリョ
Magomed マゴメド
Magomedov マゴメードフ / マゴメドフ*
Magón マゴン
Magōn マゴン
Magona マゴナ**
Magone マゴン
Magonet マゴネット

Magongo マゴンゴ
Magoni マゴニ
Magonus マゴヌス
Magoon マグーン*
Magorian マゴリアン**
Magoulès マグレス
Magoun マグーン*
Magowan マゴワン
Magrabi マグラビー
Magrane マグレイン / マグレーン
Magrao マグロン
Magraō マグロン
Magre マーグル
Magrelli マグレッリ
Magret マーガレット
Magretta マグレッタ
Magri マグリ
Magrige マグリッジ
Magrill マグリル
Magrin マグラン
Magris マグリス**
Magritte マグリット*
Magron マグロン
Magrou マグルー
Magruder マグルーダー
Mags マグス
Magsarzhav マクサルジャブ
Magsaysay マグサイサイ
Magtymguly マグトゥムグリ / マグトゥム・クル / マグトゥムグル
Magueijo マゲイジョ*
Maguelonne マグロンヌ*
Maguen マクエーン
Magufuli マグフリ**
Maguiness マグニス
Maguire マガイヤー / マギー / マグァイア / マグアイア / マグアイアー / マクガイア* / マグガイアー / マグワイア / マグワイア** / マグワイアー / マグワイヤ
Magunitzkii マグニツキイ
Magunus マグヌス
Magunuski マグヌスキー
Magus マグス / マゴス

Maguy マギー* / マギュイ
Magvaši マグバシ
Magwagwa マグワグワ
Magyar マジャール* / マジャル
Magyari マギアリ
Mah マ / マー*
Maha マハ*** / マホル / マハー*
Mahā マハー
Mahaadamrongkuul マハーダムロンクーン
Mahabandula マハーバンドゥーラ / マハーバンドゥラ
Mahābat マハーバット / マハーバト
Mahachi マハチ
Mahācunda マハーチュンダ
Māhādajī マーハーダジー / マハーダジー
Mahadamayazadipati マハーダムマヤーザディパティ
Mahadavi マハダビキャニ
Mahadavi Kani マハダビキャニ*
Mahadeva マハデバ
Mahādeva マハーデーヴァ
Mahadevappa マハーデバッパ
Mahādevī マハーデーヴィー
Mahadhammathingyan マハーダマティンジャン
Mahadi マハディ / メフディ
Mahafaly マハファリ
Mahaffey マハフィー / マハフェイ
Mahaffy マハフィ / マハフィー
Mahagama マハガマ
Mahāgavaccha マハーガヴァッチャ
Mahaim マハイム
Mahajan マハジャン** / マハヤン
Mahākaccāyana マハーカッチャーナ / マハーカッチャーヤナ

Mahākāla マハーカーラ
Mahākappina マハーカッピナ
Mahakausthila マハーカウシュティラ / マハーコッティタ
Mahakhun マハークン
Mahākotthita マハーコッティタ
Mahal マハール* / マハル / マホル
Mahalanobis マハーラノビス / マハラノビス
Mahali マハリ
Māhāli マハーリ
Mahalia マヘーリア / マヘリア*
Mahalingam マハリンガム
Mahall マハール
Mahalmadane マハルマダン
Mahama マハマ**
Mahamad ムハマト
Mahamadkadyz ムハマト
Mahamadou マハマドゥ**
Mahaman マハマン
Mahamane マハマヌ** / マハマン / モハマン
Mahamat マハマット / マハマト
Mahāmaudgalyāyana マウドガリヤーヤナ / マハーマウドガリヤーヤナ
Mahāmāyā マハーマーヤー
Mahamedau マハメドゥ
Mahammadrasul マハメドラスル
Mahāmoggallāna マハーモッガラーナ
Mahamoud マハムード / マハムド**
Mahamoudou マアムドゥ / マハムドゥ
Mahamud マハムド
Mahan マハン** / メイアン
Mahānāga マハーナーガ
Mahānāma マハーナーマ / マハーナーマン
Māhānī マーハーニー

Mahanta マハンタ*
Mahapadma マハーパドマ
Mahāpajāpatī マハーパジャーパティー
Mahāpanthaka マハーパンタカ
Mahapatra マハーパトラ / マハパトラ*
Mahar マハー / マハール / マハル / メイハール*
Mahara マハラ
Maharafa マハラファ
Maha Rahtathara マハーラッターラ
Maharaj マハーラージ / マハラジ
Maharaja マハラジャ
Maharani マハラニ
Maharante マハラント
Maharat マハラート
Maharavo マハラボ
Maharey マハリー / マハレー
Maharidge マハリッジ
Maharis マハリス
Maharish マハリッシュ
Maharishi マハリシ*
Maharry マハリー
Maharshi マハリシ / マハルシ
Maharṣi マハリシ / マハルシ
Mahāśbeta モハッシェタ
Mahase-moiloa マハセモイロア
Mahāsena マハーセーナ
Mahashin マハシン
Mahasi マハーシ / マハーシー
Mahāsi マハーシ
Mahasuverrachai マハースウェーラチャイ
Maha Swe マハースェー / マハースォエ
Mahaswe マハースェー
Mahasweta モハッシェタ**
Mahat マハト
Mahathera マハテーラ
Mahathilawuntha マハ・ティーラウンタ / マハーティラウンタ

MAH　568　最新 外国人名よみ方字典

Mahathir
　マハティール**
Mahatma　マハトマ
Mahātma　マハトマ
Mahato　マハト
Mahau　マハウ*
Mahaut　マオー
Mahavir　マハビル
Mahāvīra
　マハーヴィーラ
　マハヴィラ
　マハービーラ
　マハビーラ
Mahāvīrprasād
　マハーヴィールプラサード
Mahay　メイヘイ
Mahāyāna
　マハーヤーナ
Mahayni　マハイニ
Mahazaka　マハザカ
Mahazoasy
　マアスアシ
　マハゾアジ
Mahbub
　マハブブ
　マブーブル
Maḥbūba　マフブーバ
Maḥbūbah　マハブーバ
Mahbubani
　マブバニ**
Mahbubu　マブーブル
Mahbubu ul
　マブーブル
Mahdavikia
　マハダビキア
Mahdi
　マハディ***
　マハディー
　マフディ**
　マフディー**
　メフディ
　メヘディ*
Mahdī
　マハディー
　マフディ
　マフディー*
Mahdie　マフディ
Mahdzir　マジル
Mahe　マヘ
Mahé
　マー*
　マーエ*
　マエ
Mahealani　マヘアラン
Mahée　マエー
Mahelia　マヘリア
Mahelm　マヘルム
Mahemoff　マエモフ
Mahen　マヘン
Mahendra
　マヘンドラ**
Mahēndra
　マヘーンドラ
Mahendran
　マヘンドラン

Mahendrapāla
　マヘーンドラパーラ
Mahendravarman
　マヘーンドラヴァルマン
　マヘーンドラバルマン
Mahengheng
　マホンホン
Maher
　マー
　マーハ*
　マーハー*
　マハー
　マヒル
　マーヘル*
　マヘル*
　メア*
　メイハー**
Maherero　マヘレロ
Mahesh
　マエシュ
　マハリシ
　マヘシ*
　マヘーシュ*
　マヘシュ**
　マヘッシ
　マヘッシュ
Maheshvarananda
　マヘシュヴァラナンダ
Maheshwari
　マヘシュワリ
Maheswari　マヘスワリ
Mahetā　メヘター
Maheu　マウ
Maheux　マヒュー
Mahfood　マーフード
Mahfoudh　マハフード
Mahfoudh　マフフーズ
Mahfouz
　マハフーズ
　マフフーズ
Mahfud　マフフド
Mahfuz
　マハフーズ
　マフフーズ
Maḥfūz
　マハフーズ
　マフフーズ
Mahfūz　マフフーズ**
Maḥfūẓ
　マハフーズ
　マフフーズ
Mahgoub　マハグーブ
Mahi　マヒ
Mahid　マヒド
Mahidol
　マヒドーン
　マヒドン
Mahidon　マヒドン
Mahieddine
　マヒエディヌ
　マヒエディン
Mahiedine
　マイディーヌ
Mahiga　マヒガ
Mahil　マーヘル
Mahillon　マイヨン

Mahima　マヒマ
Mahinda　マヒンダ**
Mahindananda
　マヒンダナンダ
Mahindra　マヒンドラ*
Mahinmi　マイミ
Mahir
　マヒル
　マヘル
Māhir
　マーヒル
　マーヘル
Mahiue　マヒュー
Mahjoub
　マジューブ
　マジョブ
　マハジューブ
　マフジューブ
Mahjudin
　マフユデイン
Mahl　マール
Mahlab　マハラブ*
Mahlagna　マフラガ
Mahlakeng
　マシュラケング
Mahlalela　マハラレラ
Mahlangu　マラング
Mahlangu-nkabinde
　マシュラングヌカビンデ
Mahlberg
　マールベルク
Mahle　マーリー
Mahler
　マーラ
　マーラー**
　マラー
　マーレル
　メイラー
Mählert　メーラート
Mahley　マーリー
Mahling
　マーリンク
　マーリング*
Mahlmann　マールマン
Mahlmeister
　マールマイスター
Mahlobo　マシュロボ
Mahlon　マーロン***
Mahmadamin
　マフマダミン
Mahmadaminov
　マフマダミノフ
Mahmadtoir
　マフマドトイル
Mahmodin
　マフモディン
Mahmood
　マハムード
　マフムード*
　マフモード
　マームド
Mahmoody
　マームーディ
Mahmoud
　マハムード
　マハムド*
　マフムード**

Mahmût
　マフムト
Mahmûd*
　マフモウド
　マーム
　マームド*
　ムームド
　モハムド
Maḥmoud
　マハムード
　マフムード
　マフムド
Mahmoudi
　マハムーディ
Mahmud
　マハムッド
　マハムード
　マハムド
　マフムード*
　マフムト
　マフムド
　マーマド
　マームード
　マームド
Maḥmūd
　マハムド
　マフムード***
　マフムト
Mahmūd　マフムード
Maḥmud
　マハムド
　マフムード
Maḥmūd
　マハムド
　マフムード*
Mahmudi
　マフムーディ*
Mahmudov　マフムノフ
Mahmut　マフムト**
Mahmût　マフムート
Maḥmut　マフムト
Mahn　マン
Mahnaz　マナズ
Mahnensmith
　マーネンスミス
Mahner　マーナ
Mahnke
　マーンキ
　マーンケ
Mahnken　マンケン
Mahnkopf
　マーンコプフ
Mahn-sup　マンソブ
Māhoe　マホエ
Mahoma　マオマ
Mahomed　マホメッド
Mahomes　マホームズ*
Mahon
　マハン*
　マホーン
　マホン
　マーン
　メイホン
Mahone　マホーン*
Mahoney
　マーニー

マーニイ
マフォニー
マホーニー
マホニ
マホニー**
マホーニィ*
マホニィ
マホネイ
Mahony
　マオニー
　マホーニー
　マホニー*
　マホーニィ
Mahouve　マウーブ
Mahov　マーホフ
Mahovsky
　マホフスキー
Mahowald
　マフォワルド
　マホーワルド
Mahr
　マハル
　マール***
Mahre
　メーア
　メイヤー
Mahrez　マフレズ
Mahrholz
　マールホルツ
Mahrhoz　マールホルツ
Mahringer
　マーリンガー*
Mahroos　マハルース
Mahrous　マフルス
Mahrt　マート
Mahsati
　マハサティー
　マフサティー
Mahsouli　マハスーリ
Mahtani　マタニ
Mahtook　マトック
Mahu
　マーウ
　マヒュー
Mahuad　マワ*
Mahumud　マフムド
Mahurin　マハリン
Mahut　マユ
Mahuta　マフタ
Mahy
　マーイ
　マーイー
　マーヒー***
　マヒー
　マヘイ
　メイビー
Mahyub　マフユーブ
Mahzarin　マーザリン
Mahzun　マフズーン
Mai
　マーイ
　マイ***
　メイ*
Maï　マイ
Maia
　マイア**
　マイヤ
　マヤ**

Mai'a マイア
Maïa マイア
Maiakovskii
　マヤコーフスキー
　マヤコフスキー
　マヤコーフスキイ
　マヤコフスキイ
Maialen マイアレン
Maiano
　マイアーノ
　マイヤーノ
　マヤーノ
　マヤノ
Maiants マヤンツ
Maibach メイバック
Maibre マアイブラー
Maicon マイコン*
Maida
　マイーダ
　マイダ
Maïdagi マイダギ
Maidānī マイダーニー
Maidin マイディン
Maidique
　メイディーク*
Maidment
　メイドメント
Maidy マイディ
Maiello マイエッロ
Maien マイエン
Maienschein
　メイエンシャイン
Maier
　マイアー*
　マイエール
　マイエル*
　マイヤー***
　メイエ
　メイヤ
　メイヤー
　メーヤー
Maietta マイエッタ
Maievskii
　マイエフスキー
　マイエーフスキイ
　マイーフスキー
Maifair マイフェア
Maiga マイガ
Maïga マイガ
Maigari マイガリ
Maïgari マイガリ
Maige マイゲ
Maighread モレード
Maïgochi マイゴシ
Maigourov マイグロフ
Maigret メグレ
Maigrot
　メーグロー
　メグロー
　メグロー
Maihofer
　マイホーファー*
Maiia マイア
Maïia マイア
Maija
　マイヤ*

Maijaliisa
　マイヤリーサ
Maik マイク
Maika マイカ*
Maike マイケ
Maikel マイケル
Maiken マイケン*
Maïkibi マイキビ
Maikl
　マイクル
　マイケル
Maikov
　マーイコフ
　マイコフ*
Maikro マイクロ*
Maila マイラ
Mailafa マイラファ
Mailani マイラニ*
Mailart
　マイヤール
　マヤール
Mailath メアラス
Mailáth モイラト
Mailau マイラウ
Maile マリー
Maïlé マイレ
Mailer
　メイラー***
　メーラー
Mailfort メルフォール
Mailick マイリック
Mailis マイリス
Mailla
　マイヤ
　マヤー
Mailland メラン
Maillard
　マイヤール
　マヤール
Maillart
　マイアール
　マイヤール*
　マイユール
　マヤール
Maille
　マーユ
　メイル
Maillé メイエ
Maillet
　マイエ**
　マーエ
Maillol マイヨール*
Maillot
　マイヨ*
　マイヨー*
　マヨー
　メイヨー
Mailloux
　マイニ
　マイニー
Maillu マイルー
Mailman メイルマン
Mails マイルズ*
Mailu マイル
Mai Lý Quang
　マイリークァン

Maiman
　メイマン*
　メーマン
Maimandī
　マイマンディー
Mai Manga
　マイマンガ
Maimbourg
　マンブール
　メーンブール
Maimes メイム
Maimets マイメツ
Maimir マイミル
Maimistov
　マイミストヴェフ
Maimon
　マイモーン
　マイモン*
Maimonides
　マイモーニデス
　マイモニデス
Maimouna マイナム
Maïmouna マイムナ
Maimūn マイムーン
Maimunah マイムナー
Main メイン*
Maina
　マイナ*
　メイナ*
Mainairo メイネロ
Mainak マイナク*
Mainaky マイナキー
Mainali
　マイナーリ
　メイナリ
Mainālī マイナーリ
Mainard メナール**
Mainardi
　マイナルディ
　マイナルディ
　メイナルディ
Mainassara メナサーラ*
Maïnassara マイナサラ
Maindiratta
　メインディラッタ
Maindron マンドロン
Maine
　マニー
　メイン***
　メーヌ*
　メヌ
　メーン*
Maineri マイネーリ
Maines メインズ**
Maingueneau
　マングノー
Maini
　マイーニ
　マイニ*
Mainieri マイニエリ*
Mainiero メイナイロ
Mainland
　メインランド
Mainländer
　マインレンダー

Mainstone
　メインストーン*
　メインストン
Maintenon
　マントノン
　メントノン
Mainwaring
　マインウェアリング
　マナリング*
Mainzer
　マインツァー**
　マインツアー
Maio マイオ
Maiolus
　マイオルス
　マヨルス
Maione メイワン
Maior
　マイオール
　マヨール
Maiorca マイオルカ*
Maiorelli マイオレッリ
Maiorescu
　マイオレスク
　マヨレスク
Maiorino マイオリーノ
Maiorinus マヨリヌス
Maiotti マイオッティ
Maipakai マイパカイ
Mair
　マイアー**
　マイヤー
　メア
　メイヤー
　メール
Maira マイラ*
Mairaj Ahmad
　マイラジアマド
Mairan メラン
Maire
　マリー
　メール**
　メーレ
Máire
　モイア
　モイラ
　モイール
Mairead
　マレード
　メアリード
　メイリード*
Mairena マイレーナ
Mairesse
　メレス
　メレッス
Mairet
　マイレト
　メアレット
　メーレ
　メレ*
Mairi
　マイリ
　マイリー
　マイリィ
　マーリー
　マリィ
Maironis
　マイローニス
　マイロニス

Mairov マユーロフ
Mairowitz
　マイロヴィツ
　マイロウィッツ
Mairs メアーズ*
Mais メイズ
Maisak マイサク
Maisari マイサリ
Maisel
　マイセル
　マイゼル
　マゼル
　メイセル
　メイゼル*
Maisenberg
　マイセンベルク*
Maisey メイシー
Maiskii
　マイスキー
　マイスキィ
Maisky マイスキー*
Maison
　メイソン
　メーゾン
　メゾン
Maisonneuve
　メイゾンヌーヴ
　メゾヌーヴ
　メゾヌーブ
　メゾンヌーヴ*
Maisonrouge
　メゾンルージュ
Maister マイスター*
Maisto メイスト
Maistore メストール
Maistre
　メェストル
　メーストル*
　メストル
　メストレ*
　メートル
Maisuradze
　マイスラーゼ
Maisurian
　マイスリヤン
Maitai マイタイ
Maitani マイターニ
Maitatsine マイタチネ
Maite
　マイテ*
　メイテ
Maïte マイテ
Maitha マイサ
Maïthé マイテ
Maithilī Sharan
　マイティリーシャラン
Maithripala
　マイトリパラ*
Maiti マイティ
Maïtiné マイティネ
Maitland
　マイトランド
　メイトランド**
　メートランド
Maitraya マイトレーヤ
Maitre メートル
Maître メートル

Maitreya マイトルーヤ*
　マイトレーヤ
Maiucchi マールギー
Maiuri マイウーリ
Maiurov マユーロフ
Maiwald マイワルド
Maiwandi マイワンディ
Maïwenn マイウェン
Maixner メイクスナー
Maiya マイヤ***
Maiyegun マイエグン
Maizama マイザマ
Maizani マイサニ
Maizell
　メイゼル
　メンゼル
Maizels
　マイゼルス
　マイゼルズ
　メイゼルス
　メイゼルズ
Maizenberg マイゼンベルク
Maizes メイズ
Maiziére メジエール*
Maizurah マイズーラ
Maj
　マイ***
　マジ
Maja
　マジャ
　マーヤ
　マヤ**
　メイジャ
Māja マージャ
Māja al-Qazwīnī マージャル・カズウィーニー
Majadele マジャドレ
Majali マジャリ**
Majaliwa マジャリワ
Majaluoma マヤルオマ
Majandra マハンドラ
Majani マイアーニ
Majano マハノ
Majbäck マイベック
Majbri マジブリ
Majcen マイツェン
Majchrzak
　マイクルザック
　マイフジャク
Majd
　マージ**
　マジド
　マジュド
Majda
　マイダ
　マジダ
Majdalani マジュダラーニ
Majdan マイダン
Majd Eddin マジェドエディン
Majdhub マジドフブ
Majdic マジッチ
Majdič マジッチ*
Majdoub マジドゥーブ
Majdouline マジュドゥーリン
Majdūd マジドゥード
Majed マジェド
Majeed
　マジード*
　マジド
Majel メイジェル*
Majella
　マイエラ
　マジェラー
Majer メジャー
Majerle マーリー
Majeroni マイエローニ
Majerová
　マイエロヴァ
　マイエロバー
Majerus
　マエルス
　マジェラス
Majeske マジェスケ
Majeski マジェスキー
Majetić マイェティチ
Majewski マエフスキ**
Majgaiya マジガイヤ
Majibri マジブリ
Majid
　マジッド**
　マジード*
　マジド**
Majīd
　マジード
　マジド
　メジット
　メジト
　メジド
Mājid マージド
Majida マージダ
Majidi マジディ**
Majidov マジドフ
Maj-Inger マイインゲル
Majirīṭī マジュリーティー
Majjhantika マッジャンティカ
Majka マイカ
Majkapar マイカパル
Majken マイケン
Majko マイコ*
Majlinda マイリンダ*
Majlisī マジュリスィー
Majnūn マジュヌーン
Majo マーヨ
Majó マホ
Majocchi マヨッキ
Majod マジョド
Majofis マイオフィス
Majogo マジョゴ
Majoli
　マヨーリ*
　マヨリ*
Majolier マジョリール
Majolus マヨールス
Majone
　マヨーニー
　マヨーネ
Major
　マジョール
　マジョル
　マーヨル
　マヨール
Majella
メイジャー**
メージャー**
メジャー**
Majorana マヨナラ
Majorelle
　マジョレール
　マジョレル
Majorianus
　マヨリアーヌス
　マヨリアヌス
Majorie マジョリー
Majorino マジョリーノ
Majorinus マーヨーリーヌス
Majoro マジョロ
Majoros マヨロシュ*
Majors
　メイジャース
　メイジャーズ
　メジャーズ
Majozi マジョジ
Majrīṭī マジュリーティー
Majul マフール
Majumdar
　マジュンダ
　モジュムダル
Majumdār
　マジュムダール
　モジュムダル
Majumder マジュンダ
Majunke マユンケ
Majupuria マジュプリア
Majūsī
　マジューシー
　マジュースィー
Majzoub マジュズーブ
Mak
　マク
　マック*
Maka
　マカ
　マッカ
Makaay マカーイ*
'Makabelo マカベロ
Makadji マカジ
Makai マカイ
Makainai マカイナイ*
Makal マカル**
Makalé マカレ
Makalintal マカリンタール
Makalou マカル
Makamba マカンバ
Makame マカメ
Makan マカン*
Makana マカナ
Makanera マカネラ
Makangala マカンガラ
Makánin マカーニン
Makar メイカー
Makarainen メケレイネン
Makaranka マカランカ
Makarashvili マカラシビリ
Makarau マカラウ**
Makare マアトカーラー
Makarenia マカレーニャ
Makarenko
　マカランカ
　マカーレンコ
　マカレンコ*
Makari マカーリ
Makarii マカリー
Makarij マカーリイ
Makarim マカリム
Makarios
　マカリウス
　マカリオス*
Makários マカリオス
Makarius マカリウス
Makarov
　マカーロフ*
　マカロフ**
Makarova
　マカーロヴァ
　マカロヴァ
　マカーロワ
　マカロワ**
Makarovich マカーロヴィチ
Makarovs マカロフス
Makart
　マーカルト
　マカルト
Makary
　マカーリー
　マカリー
Makau マカウ*
Makaveeva マカヴェーエヴァ
Makavejev
　マカヴェーイェフ
　マカヴェイエフ*
　マカベイエフ
　マカベーエフ
Makay マッケイー
Makbule マクブレ
Makdougall マクドゥーガル
Make メイク
Makeba マケバ**
Makébé マケベ
Makedonios
　マケドーニオス
　マケドニオス
Makedónios マケドニオス
Makeev マケーエフ
Makeevich モケーヴィチ
Makeham メイクハム
Makei マケイ
Makel メイケル
Makela マケラ*
Mäkelä
　マケラ**
　メケレ
Makela-Nummela マケラヌメラ**
Makelele マケレレ*
Makemie
　マケミ
　マケミー
Makemson マケムソン
Maken マーケン
Makens
　マーキンズ*
　メイケンス
Makepeace
　メイクピース*
　メークピース
Maker
　マケル
　メイカー
Maketo マケト
Makey マケイ
Makgato マカト
Makhalina マハリナ*
Makharaze マハラゼ
Makharbek
　マハールベク*
　マハルベク*
　マハルベック
Makhdoom
　マクドゥーム
　マフドゥーム
Makhdúm マフドゥム
Makhdūm-i マフドゥーミ
Makhenkesi マケンケシ
Makherure マアケルウラー
Makhijani
　マキジャニ
　マクジャニ
Makhkamov マフカモフ*
Makhlouf
　マクーロフ
　マハルーフ
　マフルーフ
Makhloufi
　マフルーフィ
　マフロフィ**
Makhlūf マクルーフ
Makhmadnazar マフマドナザル
Makhmalbaf マフマルバフ**

M

Makhmud マフムト*	Makláry マクラーリー	Maksimchuck マクシムチャック	Makwenge マクウェンゲ		Malakhovskaya マラホーフスカヤ
Makhmudov マフムドフ	Maklis マクリス	Maksimilian マクシミリアン	Mal マル***		Malakis マラキス
Makhmúdovich マフムドヴィチ	Mako マコ	Maksimos マクシモス	Mala マーラ		Malakun マーラークン
Makhneu マフネウ	Makolli マコッリ	Maksimov マキシモフ	マーラー		Malal マラル
Makhneva マフネワ	Makone マコネ	マキシーモフ**	マラ*		Malala マララ**
Makhno マフノ	Makoni マコニ	マクシーモフ	Malabaev マラバエフ		Malalai マラライ**
マフノー	Makonnen マコンネン	マクシモフ	Malabag マラバグ		Malalās マララス
Makhōn マコン	Mäkonnen マコンネン	Maksimova マキシモワ	Malable マラブル		Malálas マララス
Makhosini マコシニ	Makos マコス	マクシーモア	Malabo マラボ		Malalasekera マララセーカラ
Makhotin マホチーヌイ	Makosso マコソ	マクシモア	Malabou マラブー*		Malam マラム
Makhov マコフ*	Makou マコウ	マクシモヴァ*	Malabre マラーブ		マラン**
マホフ*	Makoura マクラ	マクシモバ	マラーブル		Malamat マラマット
Makhova マーホヴァ	Makovec マコヴェッツ	マクシモワ*	マラブル		Malambo マランボ
マホワ	マコベツ	Maksimovic マキシモヴィチ	Malacara マラカラ		Malamed マラメッド
Makhtumkuli マフトゥムクリ	Makovecz マコヴェッツ*	マクシモヴィク	Malachi マラカイ*		マラメド
Makhtumkulí マフトゥムクリ	マコヴェッツ	マクシモヴィッチ	マラチ		Malami マラミ
	マコベツ	マクシモビッチ	Malachias マラキ		Malamir マラミル
Maki マキ	Makovetskii マコヴェッキー	Maksimović マクシモヴィチ	Malachowski マワホフスキ		マロミール
Mäki マキ	マコベッキー	マクシモヴィッチ	Malachy マラキ		Malamood マラムード
Makiashi マキアシ	Makovický マコヴィツキー	Maksimovich マキシモヴィチ	マラキー**		Malamphy マラムフィー
Makie マッキー	Makovskii マコーフスキー	マキシモウィッチ	マラキーアス		Malamud マラマッド**
Makika マキカ	マコフスキー	マキシモヴィッチ	マラチー		マラムド
Makila マキラ	Makóvskii マコフスキー	マキシモビッチ	Malacinski マラシンスキー		マラムード
Makillip マキリップ	Makow メイコウ	マクシモーヴィチ	マラチンスキー		マラムド
Makin メイキン	Makower マコウア	マクシモヴィチ*	Maladina マラディナ		マラモド
メーキン	マコーウエル	マクシーモヴィッチ	Malado マラド		Malan マラン**
Makīn マキーン	マコーワー*	マクシモーウィッチ	Malafeev マラフェーエフ		Malanchuk マランチュク
Makine マキーヌ**	マコワー	マクシーモビッチ	Malafi マラフィ		Malanczuk マランチュク
マキン	Makowska マコヴスカ	マクシモビッチ	Malafosse マラフォス		Maland マランド
Makinen マキネン*	マコースカ	Maksimuk マクサマック	Malagamba マラガンバ*		Malandain マロンダン
Mäkinen マキネン*	Makowski マコフスキ	Maksutov マクストフ	Malagamuwa マラガムワ		Malando マランド
Makinson メイキンソン	マコフスキー	Maksym マクシム	Malaghuradze マラグラゼ		Malandra マランドラ
Makinton マキントン	Makowsky マコウスキー*	Maksymenko マクシメンコ	Malagna マラグナ		Malanga マランガ
Mäkipää マキパー*	Makrákēs マクラキス	Maksymilian マクシミリアン	Malagnini マラニーニ		Malani マラーニ
Makk マック	Makram マクラム	Maksymiuk マクシミウク	Malagodi マラゴディ		マラニ*
Makkabaios マカバイオス	Makray マクライ	Maktar マクタール	Malagrida マラグリーダ		Malanowicz マラノヴィッチ
マカベオス	Makridakis マクリダキス*	Maktoum マクトゥーム*	Malai マーライ		Malanowski マラノフスキ
マッカバイオス	Makris マークリス	マクトム**	Malaika マラーイカ		Malantschuk マランチュク
マッカバエウス	Makriyánnes マクリヤニス	Maktūm マクトゥーム	マライカ*		マランツク
Makkai マカーイ*	Makron マクローン	Maku マク	Malā'ika マラーイカ		Malaparte マラパルテ**
マッカイ	Makrōn マクロン	Makuba マクバ	Malā'ikah マラーイカ		マルパルテ
Makkawi マカウィ	Maks マクス	Makubuya マクブヤ	Malais マライス		Malarkey マラーキー
Makkhali マッカリ	Maksakov マクサコヴ	Makuch マクーチ	Malaj マライ		Malartic マラルチック
マッカリー	Maksakova マクサーコヴァ	Makuei マクエイ	Malajovich マラホビッチ*		Malashkin マラーシキン
Makki マッキ**	Maksat マクサト	Makukha マクハ	Malak マラク		Malashko マラシコ
Makkī マッキー	Maksay マクセイ	Makunajte マクナイチェ	Malaka マラカ		Malaspina マラスピーナ
Makkreel マックリール*	Maksel マクセル	Makusha マクシャ	Malakai マラカイ		
Makkuni マックーニ	Maksim マキシム**	Makuszynski マクシンスキ	Malakar マラカー		Malata マラタ
Maklai マクラーイ	マクシーム	マクシンスキー	Malakhbekov マラフベコフ		Malaterre マラテール
マクライ	マクシム***	Makuszyński マクシンスキ	Malakhov マラーホフ*		Malatesta マラテスタ*
Maklakiewicz マクラキエヴィッチ	Maksím マクシム	Makuza マクザ			
		Makwala マクワラ			

Malatinský マラティンスキー
Malats マラツ
Malaurie マローリー
Malave マラベ
Malavia マラヴィア
Malavika マラビカ
Mālavīya
　マラヴィア
　マーラヴィーヤ
　マーラビーヤ
Malavoy マラヴォワ
Malawana マーラワナ
Malawsky
　マラヴスキー
Malay マレイ
Malaythong
　メラリソング
Malazarivo マラザリボ
Malazogu マラゾーグ
Malba マオバ*
Malberg
　マルバーグ
　マルベール*
　マルベルゥ
Malbone マルボーン
Malbranque
　マルブランク
Malburet マルビュレ
Mal'cev マーリツェフ
Malchau マルコウ
Malchinger
　マルヒンガー
Malchiodi
　マルキオディ*
Malchiōn
　マルキオン
　マルヒオーン
Malchos マルコス
Malchow マルチョー*
Malchus
　マルコス
　マルフース
Malclès マルクレス
Malcolm
　マイカム
　マーカム
　マーコム
　マルカム***
　マルコーム
　マルコム***
　マルコルム*
　モルコルム
Malcolme マルコム
Malcolmson
　マーカムソン*
Malcom
　マルカム
　マルコーム
　マルコム**
　マルコルム
Malcor マルカー
Malcorra マルコラ
Małcużyński
　マウツジニスキ
　マルクジンスキ

Malczewski
　マルチェフスキ
　マルチェフスキー
Maldacena マルダセナ
Maldanado
　マルドナド*
Malde マルデ
Maldeghem
　マルデヘム
Maldeikis
　マルデイキス
Malden
　マールデン*
　マルデン**
Maldere マルデレ
Maldiney マルディネ
Maldini
　マルディーニ**
Maldonado
　マルドナド
　マルドナド*
　マルドナルド
Male
　マール
　マレ
　メール
Mâle マール**
Malebo マレボ
Malebranche
　マールブランシュ
　マルブランーシュ
　マルブランシュ*
Malec
　マレク
　マレック
Malecha マレシャ
Malecki マレッキー
Malee マリー
Maleeh マリーハ
Maleev
　マリーヴ
　マリーブ
Maleeva
　マリーバ
　マレーヴァ
　マレーバ*
Maleeva-Fragniere
　マレーバフラニエール
Malefijt マルフェイト
Maleiane マレイアーネ
Maleingreau
　マレングロー
Maleinos マレイノス
Maleinov マレイノフ
Maleissye マレッシー*
Malek
　マリク
　マレク***
　マレック*
Málek
　マーレク
　マレク
　マレック
Mālekī マレキー
Malekzadeh
　マレクザデ
Malena マレーナ*
Malencon マランソン

Malençon マランソン
Malene
　マリーネ
　マレーヌ
Malenga マレンガ
Malenka マレンカ
Malenko マレンコ
Malenkov マレンコフ*
Malénzapa マレンザパ
Maleporo マレポロ
Malerba マレルバ***
Malesani マレザーニ
Malesherbes
　マルゼルブ
Malespini
　マレスピーニ
Maleszka マレシュカ
Malet
　マレ**
　マレー
　マレット
Maletine マレチン
Maletz マレツ
Maletzke
　マレツケ
　マレツケ
Maleuda マロイダ
Malevich
　マレーヴィチ**
　マレヴィチ
　マーレヴィッチ
　マレーヴィッチ
　マーレビチ
　マレービチ
　マーレビッチ
　マレービッチ
Malevskii
　マレーフスキー
Malevsky
　マレーフスキー
Malewezi マレウェジ
Maley
　マリー
　マレイ
　メイリー
Maleyombo
　マレヨンボ
Malfa マルファ
Malfante マルファンテ
Malfatti
　マルファッチ
　マルファッテイ
Malfilâtre
　マルフィラートル
Malfitano
　マルフィターノ
Malfraye マルフレー
Malfrid マルフリド
Malfroy マルフロイ
Malgaigne
　マルゲーニュ
Mal-gil マルギル
Malgioglio
　マルジョッリョ
Malgoire マルゴワール
Malgoni マルゴーニ

Malgonkar
　マルゴンカール
　マルゴンカル
Malgorzata
　マウゴジャータ*
　マウゴジャタ*
　マルゴザータ
　マルゴジャタ
　マルゴジャタ
　マルゴリータ
　マルゴルサータ
　マルゴルザータ
Małgorzata
　マウゴジャータ
　マウゴジャタ**
　マルゴスカ
Malgrange
　マルグランジュ
Malhas マルハス
Malheiro
　マリェイロ**
Malherbe マレルブ*
Malhia マリア
Malhoa マリョーア
Malhotra マルホトラ*
Mali マリ
Malia
　マリア
　メイリア*
Maliavo マリアボ
Malibeaux マリボー
Malibran マリブラン
Maličević
　ミリチェヴィチ
Malick
　マリク
　マリック*
Malicki マリツキ
Malidoma マリドマ
Malie マリエ
Maliek マリーク
Malielegaoi
　マリエレガオイ*
Malietoa マリエトア**
Malig マリグ
Maligie マリジー
Malignac マリニャック
Maliha マリハ*
Malīhābādī
　マリーハーバーディー
Malīhin マリヒン
Malik
　マーリク
　マリーク
　マリク***
　マリック*
　メリク
Mālik マーリク*
Malika マリカ*
Malikambar
　マリカンバル
Maliki マリキ*
Malikin マリキン
Maliko マリコ
Malikshāh
　マリク・シャー

Malila マリラ
Malima マリマ
Malimba マリンバ*
Malin
　マラン
　マーリン
　マリン*
Malina
　マリーナ**
　マリナ
Malinchak
　マリンチャック
Malineau マリノー
Malinen マリネン
Maling メイリング**
Malingue マラング
Malini
　マリーニ
　マリニ
Malinin
　マリーニン
　マリーニン
　マリニン
Malinina マリニナ
Malinovskaya
　マリノヴスカヤ
Malinovski
　マリノフスキ
Malinovskii
　マリノフスキー
Malinovskij
　マリノーフスキー
　マリノフスキー
　マリノーフスキィ
Malinovskiy
　マリノフスキー
Malinowski
　マリノウスキー*
　マリノウスキイ
　マリノフスキー
　マリノフスキー**
Malins メイリンズ
Malinski マリンスキー
Malintoppi
　マリントッピ
Malintzin
　マリンチェ
　マリンツィン
Malinvaud
　マランヴォー**
　マランボー
Malinverni
　マリンヴェルニ
Malio マリオ
Maliphant
　マリファント
Malipiero
　マリピエロ
　マリピエーロ
　マリピエロ
Malisch マリッシュ
Malise マリーズ*
Malishev マリシェフ
Malison マリソン
Malispini マリスピーニ
Maliszewski
　マリシェフスキ
Malitsev マルツェフ

Malitz マリッツ
MaliVai マラビーヤ
Malizia マリツィア
Maljers マリヤース
Maljkovic マリコビッチ
Malk マーク
Malka マルカ*
Malkan マルカン
Malkevich
　マルケヴィチ
　マルケビチ
Malkhaz マルハズ
Malki マルキ
Malki! マルキ
Malkiel マルキール**
Malkin マルキン***
Malkind マルカインド*
Malkmus マルクマス
Malko マルコ
Malkom マルコム
Malkov マルコフ
Malkovich
　マルコヴィッチ
　マルコビッチ*
Malkowski マルコブスキー
Malks マークス
Malkum マルクム
Mall
　マール
　マル
　モール
Malla
　マッラ**
　マラ
　マルラ
Mallaby マラビー**
Mallac マラク
Mallach マラック
Malladra
　マッラードラ
　マラドラ
Mallah マラフ
Mallahan マラハン
Mallakh マラーク
Mallam マラム*
Mallampati マランパチー
Malland マランド
Mallard
　マラード
　マラール
Mallarmé マラルメ*
Mallatt マラット
Mallaye マリヤイェ
Malle
　マル*
　マレ
Mallé マレ
Mallea マジェア
Malleck マレック
Mallee マリー

Mallen マレーン
Mallenius マレニアス
Malleret マルレ
Mallery
　マラリー
　マレリー**
Malleson
　マレソン
　モールソン
Malleswari マラシワリ
Mallet
　マレ***
　マレー**
　マレット
Mallett マレット*
Mallette マレット
Mallex マレックス
Malley
　マリー
　マレー*
Mallgrave
　マルグレイヴ
　マルグレイブ
Malli マッリ
Mallia マッリア
Malliaris マリアリス
Malliavin マリアヴァン*
Malliciah マリシアー
Mallick マリック
Malliet マリエット*
Mallika マリカ
Mallikā マッリーカー
Mallikarjun マリカルジュン
Mallikārjuna マッリカールジュナ
Mallin
　マーリン
　マリン
Mallinātha マッリナータ
Mallinckrodt
　マリーンクロット
　マリンクロット
Mallineux マリーノー
Malling マリング
Mallinga マリンガ
Mallinger マリンガー
Mallinson マリンソン*
Mallis マリス
Mallo マジョ
Malloch
　マロック**
　マロッホ
Mallock マロック*
Mallon
　マローン**
　マロン**
Mallord
　マラード
　マロート
　マロード
Mallory
　マロリ*
　マロリー**

Mallouk
　マルーク
　マローク
Malloum マルーム
Mallove マロブ
Mallowan
　マローアン
　マローワン
　マロワン
Malloy
　マーロイ
　マロイ*
Mallū マッルー
Malluf マルーフ
Mally マリ*
Malm マルム*
Malmberg
　マルムバーグ
　マルムベルイ
　マルンベリ
Malmer マルメル
Malmesbury
　マームズバリー
　マームズベリ
　マームズベリー
Malmgren マルムグレン
Malmierca マルミエルカ*
Malmquist マルムクィスト
Malmros マルムロス
Malmrot マルモット
Malmsjö マルムフェ
Malmsteen マルムスティーン**
Malmsten マルムステン*
Malmstrom マルムストルム
Malmström
　マルムストラム
　マルムストローム
　マルムストロム
Malmuth マルムース
Malna マルナ
Malo マロ
Malofeev マロフェーエフ*
Maloi マロイ
Malokinis マロキニス
Maloku マロク
Maloley マロリー
Malomat マロマト
Malon マロン
Malón マロン
Malone
　マーロン
　マローン***
　マロン
Maloney
　マローニ
　マローニー**
　マローニー**
　マローニィ
　マロニィ
Malong マロン

Maloof マルーフ
Malorie マロリー**
Malorny マローニー
Malory
　マロリ
　マロリー*
Malos マロス
Malosa マリサ
Malot
　マアロオ
　マルー
　マーロ
　マロ*
　マロー*
　マロウ
　マロオ
Malott マロット*
Malotte マロット
Malou マルー
Malouche マルーシュ
Malouda マルーダ
Malouel マルエル
Malouet マルーエ
Malouf マルーフ**
Maloux
　マルー
　マロー
Malov
　マーロフ
　マローフ
Malović マロビッチ
Maloy マロイ
Maloya マロヤ
Maloyan マロヤン*
Maloza マロザ
Malpass マルパス
Malpica マルピカ
Malpighi
　マルピーギ
　マルピギー
Malraux
　マルロー***
　マルロウ
　マルロオ
　マルロウ
Malroutu マルルーツ
Malsch マルシュ
Malseed マルシード
Malsenior
　マルシニア
　マルニシア
Malson マルソン
Mal-sook マルスク
Malsy マルシー
Malta マルタ*
Maltagliati マルタリアーティ
Maltais マルテ
Maltbie
　マートビー
　マルトビー
　モルトビー
Maltby
　マルトバイ
　モールトビー
　モルトビー*

Malte
　マルテ*
　マルト
Malten マルテン
Malterer マルテラー
Malthaner マルターナー
Malthe マルテ
Malthête マルテット*
Malthouse マルトハウス
Malthus マルサス*
Maltias マティアス
Maltin マルティン
Malton マルトン
Maltritz マルトリッツ
Maltsberger
　マルツバーガー
　モルツバーガー
Maltsev マリツェフ
Mal'tsev マリツェフ
Mal'tseva マリチェバ
Maltz
　マルツ*
　モールツ
　モルツ*
Maltzan マルツァーン
Malu マル
Malukhina マルヒナ
Malunga マルンガ
Māluṅkyaputta マールンクヤプッタ
Malus
　マリュ
　マリュス
Malusci マルッシ
Malusi マルシ
Malusio マルシオ
Maluza マルザ
Malva マルヴァ
Malval マルバル*
Malvar マルバール
Malvasia マルヴァジーア
Malveau マルボー
Malvenda マルベンダ
Malvern
　マルヴァーン
　マルヴェルン
　マルバーン
　モーヴァン
Malves マルヴ
Malvezzi
　マルヴェッツィ
　マルヴェッツイ
Malvin
　マルヴィン
　マルビン*
Malvina
　マルヴィーナ
　マルヴィナ*
　マルビーナ
Malvy
　マルヴィ
　マルヴィー
Malwal マルワル

M

Malwine マルウィーヌ
Maly
　マリ
　マリー
Malý マリー
Mály マーリイ
Malyavin マリャービン
Malyavina
　マルヤヴィーナ
Malyi マールィー
Malyn マリアン
Malynes マリーン
Malyshev
　マルイシェフ
Malysheva
　マリシェヴァ
Malyshik マリシク
Malyshkin
　マルイシキン
Malyshko マリシュコ*
Malysz
　マウィシュ
　マリシュ**
Malyszko マリスコ*
Malz マルツ
Malzac マルザック
Malzahn マルザン
Malzberg
　マルツバーグ**
Malzieu マルジュー
Malzone マルゾーン*
Mam
　マム
　マン
　モム
Mama
　マーマ
　ママ
Mamachi ママキ
Mamadaou ママドゥ
Mamadi ママディ
Mamadou
　ママドゥ***
　ママドゥー
Mamadoub ママドゥバ
Mamadouba
　ママドゥバ
Mamadsho ママドショ
Mamadu ママドゥ
Mamadú ママドゥ
Mamadu Fadia
　ママドゥファディア
Mamady ママディ
Mamaea
　マーマエア
　ママエア
　ママア
　マンマエア
Mamahele ママヘレ
Mamai ママイ
Mamakos ママコス
Ma Ma Lay ママレー*
Mamalay ママレー
Mamalis ママリス
Mamaloni ママロニ**

Maman ママン
Maman Dioula
　ママンディウラ
Mamane ママン
Mamangakis
　ママンガキス
Mamani ママニ
Ma 'mar マウマル
Mamar ママル
Mamari ママリ
Mamarizo ママリゾ
Mamas ママス*
Mamasaliyev
　ママサリエフ
Mamashuk ママシュク
Mamata
　ママーター
　ママタ*
　マムター*
　モムタ
Mamataliev
　ママタリエフ
Mamatou ママトゥ
Mamatova ママトヴァ
Mamba マンバ
Mambetalieva
　マムベタリエワ
Mambetov
　マムベトフ
　マンベトフ
Mambety マンベティ
Mambou マンブ
Mambou Gnali
　マンブニャリ
Mamburay
　マンビュライ
Mamdani
　マムダーニ
　マンダニ
Mamdhouq マムドク
Mamdooh マンドゥ
Mamdou ママドゥ
Mamdouh
　ママドゥ
　ママドゥーハ
　ママドゥーフ
　ママドゥフ
Mame
　マム
　メメ
Mamed マメド
Mamedaliev
　マメダリエフ
Mamedaliyev
　マメダリエフ
Mamedbekov
　マメドベコフ
Mamedgeldiyyev
　マメドゲリディエフ
Mamedkulizadé
　マメドクリザデ
Mamedov マメドフ
Mamedova
　マメドヴァ
　マメドワ
Mamedyarov
　マメディヤロフ

Mameli マメーリ
Mamert マメール
Mamertini マメルチニ
Mamertinus
　マメルチヌス
　マメルティヌス
Mamerto マメルト
Mamertus
　マメルトゥス
Mamet マメット**
Mameve
　マメヴ
　マメブ
Mamgue Ayingono
　マンゲアインゴノ
Mami マーミ
Mamiani マミアーニ
Mamiashvili
　マミアシヴィリ
　マミアシビリ
　マミアシフィリ
Mamie
　マミー
　メイミー
Mamikon マミコン
Mamikonian
　マミコニアン**
Mamiliano
　マミリアーノ
Mamilius マミリウス
Mamin
　マーミン**
　マミン
Mamishzada
　マミシュザダ
Mamitiana
　マミティアナ
Mamiya マミヤ
Mamizara ミザラ
Mamkegh マムケグ
Mamléev マムレーエフ
Mamma マンマ
Mammadali ママダリ
Mammadli ママドリ**
Mammadov
　ママドフ
　マメドフ
Mammālvār
　ナムマールヴァール
Mammana マンマナ
Mammas マンマス
Mammata マンマタ
Mammedova
　マンメドワ
Mammen
　マーメン
　マメン*
Mammeri
　マムリ**
　マメリ
Mammetdurdy
　マムメデュルディ
Mammetgeldyyev
　マメトゲルドイエフ
Mammetniyaz
　マンメトヌイヤズ
Mammino マンミーノ

Mammootty
　マムーティ
Mamnoon マムヌーン*
Mamo マモ*
Mamona マモナ
Mamonov マモノフ
Mamonova
　マモーノヴァ
Mamontov
　マーモントフ
Mamou マムー*
Mamoud マムゥド
Mamoulian
　マムーリアン*
Mamoum マモーム
Mamoun マアムーン**
Ma'moun
　マアムーン
　マムーン
Mamouni マムーニ
Mamouth ヤムト
Mamphela マンペラ
Mamphono ムムボノ
Mampouya マンプヤ
Mampouya Mantsoe
　マンプヤマンツォネ
Mamre マムレ
Mamtora マムトラ
Mamu マムー
Mamuka マムカ
Mamukashvili
　マムカシヴィリ
Mamula マムラ
Mamun
　マムーン*
　マムン*
Ma'mūn マームーン
Ma'mūn
　マアムーン
　マームーン
　マムーン
　マムン
Mamur マムル
Mamy
　マニー
　マミ
　マミー
Mamyrov マミロフ
Mamytbekov
　マムイトベコフ
Mamytov マムイトフ
Man マン***
Mān マーン
Mana マナ*
Mana' マナ
Māna マーン
Mana'a マナア
Manabēndra
　マナベーンドラ
Manac'h マナシュ
Manacorda マナコルダ
Manaea マネイア
Manaēm メナヘム
Manaēn マナエン

Manaenkov
　マナエンコフ
Manaev マナーエフ
Manahan マナハン
Manaj マナイ
Manake マナケ
Manalang マナラン
Manalani マナラニ*
Manalastas
　マナラスタス
Manale マネイル
Mañalich マニャリチ
Manalo マナロ
Manalolo マナローロ
Manalt マナルト
Manamolela
　マナモレラ
Manana Ela
　マナナエラ
Manandhar
　マナンダル
Mañanet マニャネト
Manani マナニ
Manantsoa マナンツア
Manany マナニ
Manapul マナブル
Manara
　マナーラ*
　マナラ
Manasa マナサ
Manásek
　マニャーセック
Manasievski
　マナシエフスキ
Manasse マナセ
Manasseh
　マナセ**
　メナシェ
Manassero マナセロ*
Manasses マナセス
Manassēs マナッセス
Manaster マナスター
Manat マナット*
Manatawai マナタワイ
Manatt マナット*
Manaudou マナドゥ**
Mānava マーナヴァ
Manavi マナビ
Manavjit Singh
　マナブジトシン
Manawydan
　マナウィダン
Manber マンバー
Manbo マンボ
Man-bok マンボク*
Manby マンビー*
Manca マンカ
Mancadan マンカダン
Mance マンス**
Manceau マンソー
Manceaux マンソー
Mancel マンセル
Manceron マンスロン

Mančevski
 マンチェフスキ
Mancham マンチャム*
Manche マンシュ*
Manchefski
 マンチェフスキー
Mänchen メンヒェン*
Manchester
 マンチェスター*
 マンチェンター
Manchette
 マンシェット**
Manchev マンチェフ
Mančhevski
 マンチェフスキー
Manchicourt
 マンシクール
Manchola マンコラ
Manchon マンチョン
Mancill マンシル*
Mancillas
 マンシィーヤ
Mancinelli
 マンチネッリ*
 マンチネリ
 マンチネルリ
Mancini
 マンシーニ**
 マンシニ
 マンチーニ***
 マンチニー
Mancinus
 マンキヌス
 マンツィヌス
Mancio マンシオ
Manco
 マンコ
 メンコ
Manconi マンコーニ
Mancur
 マンカー
 マンサー*
Mancusi マンクーシ*
Mancuso
 マキューゾ
 マンキューソ*
 マンキュソ
 マンクーゾ
 マンクーゾ***
Mancz マンシ
Manda マンダ*
Mandaba マンダバ
Mandahl マンダール
Mandakuni マンダクニ
Mandal マンダル
Mandala マンダラ
Mandan マンダン
Mandana マンダナ
Maṇḍanamiśra
 マンダナミシュラ
Mandanda マンダンダ
Mandandi
 マンダンディ
Mandane マンダネー
Mandara マンダラ
Mandarés マンダレ

Mandawuy
 マンダウィ
 マンドオェ
Manday マンディ*
Mande マンデ
Mandé マンデ
Mandeep マンディープ
Mandehatsara
 マンデハツァラ
Mandel マンデル***
Mandela マンデラ***
Mandelbaum
 マンデルバウム**
 マンデルボウム
 マンデルボーム*
Mandelbrojt
 マンデルブロー
 マンデルブロア
Mandelbrot
 マンデルブロ*
 マンデルブロー**
 マンデルブロート
Mandelishtam
 マンデリシュターム
Mandelishtám
 マンデリシターム
Mandelker
 マンデルカー*
Mandelkern
 マンデルカーン
 マンデルケルン
 メンデルケルン
Mandell マンデル*
Mandelli マンデリ*
Mandello マンデロ
Mandelshtam
 マンデリシターム
Mandel'shtam
 マンデリシターム
 マンデリシタム
 マンデリシューム*
 マンデリシュタム
Mandelson
 マンデルソン**
Mandelstam
 マンデリシューム
 マンデルシュタム
Mandelstamm
 マンデルシュタム
Mander
 マンダー*
 マンデル
 モーンデル
Manderscheid
 マンデルシェイド
Mandessi マンデシ
Mandeville
 マンダヴィル
 マンデヴィル*
 マンデビル
 マンデヴィル
 マンドビル
Mandi マンディ
Mandia マンディア*
Mandiargues
 マンディアルク
 マンディアルグ**
Mandic
 マンディク

マンディチ
Mandić マンディッチ*
Mandich マンディッチ
Mandigui マンディギ
Mandikian
 マンディキアン
Mandin マンダン
Mandinga
 マンディンガ
Mandino
 マンディーノ*
Mandis マンディス
Mandisa マンディーサ
Mandisi マンディシ
Mandiwanzira
 マンディワンジラ
Mandjo マンジョ
Mandjukov
 マンジュコヴ
Mandl マンドル
Mandlate
 マンドラーテ
Mandler マンドラー*
Mandlikova
 マンドリコワ
Mandoki マンドキ
Mandonnet
 マンドネ
 マンドネー
Mandragora
 マンドラゴラ
Mandreko マンドレコ
Mandrillo マンドリロ
Mandrin マンドラン
Mandrou マンドルー
Mandusitz
 マンズシッツ
Mandy
 マンデー
 マンディ**
 マンディー
Mándy マーンディ
Mandya マンディア
Mandyczewski
 マンディチェフスキ
Mandylor
 マンディラー
 マンディロア
Mandziuk
 マンズィウク
Mandzukic
 マンジュキッチ
Mane
 マーネ
 マネ
 メイン
Mané
 マネ
 マン
Mañé マニェ
Manea マネア*
Maneck マネック
Maneepong マネポン
Maneepun マネーブン
Maneesh マネーシュ

Maneesha
 マニーシャ
 マネーシャ
Maneet マニート
Maneev マニーフ
Maneewan
 マニーワン*
Manegold
 マーネゴルト
 マネゴルト
Manek
 マネカ**
 マネック
Maneka マネカ
Manekshaw
 マネクショウ*
Manel マネル
Manelli マネッリ
Manen マーネン*
Manén マネン
Maneniaru マネニアル
Manent マナン
Manepora'a マネボラ
Manera マネラ
Manero マネロ
Mañero マニェロ
Manes
 マニス
 マーネス
 マネス*
 メイン
 メインズ*
Manès
 マネー
 マネス**
Mánes マーネス
Manescau マネスカウ
Manescu マネスク*
Mănescu マネスク*
Manesh マネッシュ
Manesse
 マヌッス
 マネッセ
Manessier マネシエ*
Manet
 マネ*
 マネー
 マネット
Manetho
 マネト
 マネトー
 マネトン
Manetoali マネトアリ
Manette マネット
Manetti マネッティ
Maneva
 マネバ
 マネワ
Manevich マネビッチ
Manevski マネフスキ
Maney メイニー*
Maneza マネザ*
Manferto マンフェルト
Manfila マンフィラ
Manfoumbi
 マンフンビ

Manfred
 マンフリート
 マンフレット*
 マンフレッド***
 マンフレーディ
 マンフレディ
 マンフレート***
 マンフレド
Manfredi
 マンフレーディ*
 マンフレッディ***
 マンフレディー
 マンフレディ
Manfredini
 マンフレディーニ
 マンフレデイニ
Manfredino
 マンフレディーノ
Manfredo
 マンフレッド*
 マンフレード
Manfrédo マンフレド
Manfrin マンフリン
Manfrino マンフリノ
Manfroce
 マンフローチェ
Mang
 マン*
 マンク
 マング
Manga マンガ
Mangabeira
 マンガベイラ
Mangado マンガド
Mangal マンガル
Mangala マンガラ
Mangalbhai
 マンガルバイ
Mangaleśa マンガレサ
Mangalyn マンガリン*
Mangan マンガン**
Manganelli
 マンガネッリ**
 マンガネリ
Mangano
 マンガーノ**
 マンガノ
Man-gap マンガプ
Mangaraja
 マンガラジャ
Mangasarian
 マンガサリアン
Mangean マンジャン
Mangel マンゲル
Mangelsdorf
 マンゲルスドルフ
Mangelsdorff
 マンゲルスドルフ
Mangematin
 マンジュマタン
Mangen マンゲン
Mangena マンゲナ
Mangenot
 マンジュノ
 マンジュノー
Mangenz マンゲンス
Mangeot マンジョ*

Manger
　マンガー
　マンゲル
　マンジャー
Mangeshkar
　マンゲーシュカル
Mangeza
　マンゲサ
　マンゲザ
Mangγala マンガラ
Manggültai
　マングルタイ
Mangiacapre
　マンジャカプレ
Mangiagalli
　マンジャガッリ
Mangiarotti
　マンジャロッティ**
Mangieri マンギエーリ
Mangin マンジャン*
Mangindaan
　マンギンダアン
Mangione
　マンジョーネ
　マンジョーニ
　マンジョーネ
　マンジョン
Mangisoni
　マンギソーニ
Mangkon マンコーン
Manglapus
　マングラプス*
Mangnormek
　マンノメーク
Mango
　マンゴ
　マンゴー*
Mangold
　マンゴールト
　マンゴールド**
　マンゴルト
　マンゴルド
Mangoldt マンゴルト*
Mangoma マンゴマ
Mangone
　マンゴーネ
　マンゴーン
Mangosuthu
　マンゴスツ**
Mangova マンゴヴァ
Mangrai
　マンラーイ
　マンライ
Mangrulkar
　マンギュルカール
Mangrum マングラム
Mangthaturat
　マングサトゥラット
Mangu マング
Mangue
　マング
　マンゲ
Mangueira マンゲイラ
Manguel
　マンゲェル**
　マンゲル
Manguele マンゲーレ

Mangueobama
　Nfubea
　マンゲオバマヌフベア
Manguin
　マンギャン
　マンギュアン
Mangulama
　マングラマ
Mangum マンガム
Mangunkusumo
　マングンクスモ
Mangunwijaya
　マングンウィジャヤ**
Mangus マンガス
Mangwana マングワナ
Mangwani マンガニ
Mangwende
　マングウェンデ
Manh
　マィン
　マィン**
Man-ha マンハ
Manhart マンハート
Manheim マンハイム
Manheimer
　マンハイマー
Manhenje マニェンジ
Manhertz マンハーツ
Manhire
　マンハイア
　マンハイヤー
Mani マニ*
Mānī
　マーニー
　マニ
Mania マーニア
Maniacci マニアッチ
Maniach マニアク
Maniang マニャン
Maniani マンジャニ
Maniaoch マニアク
Manibe マニベ
Manic マニッチ
Manichand
　マニチャンド
Maniche マニシェ*
Manici マニーチ
Manicka マニカ*
Manickchand
　マニクチャンド
Manier マニエ
Maniero マニエーロ
Manificat マニフィカ
Manifold
　マニフォウルド
Manigat マニガ**
Manigk マニーク
Maniglier マニグリエ
Mānik マニク
Manikas マニカス
Mānikka マーニッカ
Maniku マニク
Manil マニル**
Manilius
　マーニーリウス

　マニリウス
Mānilius マニリウス
Manilow
　マニロー
　マニロウ*
Manin
　マナン
　マニン**
Manina マニーナ
Maniotis マニオティス
Maniourova
　マニウロワ
Manique マニケ
Manirakiza マニラキザ
Mani Ratnam
　マニラトナム
Manish
　マニシュ
　マニッシュ
Manisha マニーシャー
Manistusu
　マニシュトゥシュ
　マニシュトゥス
　マンイシュトゥシュ
　マンイシュトゥス
Manitakis マニタキス
Manitas マニタス
Manitius
　マニーツィウス
Manitranja
　マニトランジャ
Maniu マニウ*
Manius マーニウス
Manivel マニヴェル
Manizer マニーゼル
Manjani
　マンジャニ*
　マンヤニ
Manjarrez
　マンジャレス
　マンハレス
Manjian マンジヤン
Manjit マンジット
Manjot マンジョット
Manju マンジュ
Manjul マンジュル
Manjula マンジュラ
Manjushree
　マンジュシュリ
Manjusri
　マンジュシュリー
Mankad マンカッド
Mankah マンカ
Mankekar マンケカー
Mankel マンケル
Mankell マンケル**
Mankenda マンケンダ
Manker マンカー
Mankeur マンクール
Mankey マンキー
Mankiev マンキエフ**
Mankiewich
　マンキーウィッチ
Mankiewicz
　マンキーウィッツ**

　マンキウィッツ
　マンキェヴィチ
Mankin マンキン*
Mankins マンキンス
Mankiw マンキュー**
Man'ko マニコ
Mankowitz
　マンクォィッツ
　マンコウィッツ*
　マンコビッツ
Manktelow
　マンクテロウ
Mankubirnī
　マンクバルティー
　マングバルティー
　マングビルティー
　ミングブルヌ
Mankwe マンクウェ
Manley
　マリン
　マンリ
　マンリー***
　マンリイ
　マンレー
　マンレイ*
Manlio マンリオ**
Manliu マヌリウ
Manlius マンリウス
Manlove マンラブ
Manly
　マンリ
　マンリー***
　マンリイ
Manmohan
　マンモーハン
　マンモハン**
Mann
　マン***
　メン
Manna
　マナ
　マンナ**
Mannaia マンナイア
Mannan
　マナン*
　マンナン
Mannany マナニ
Mannarini
　マンナリーニ
Mannarino マナリノ
Mannarswamighala
　マナルスワミガラ*
Manne
　マン**
　マネ
Mannell マンネル*
Mannelli マネッリ
Manner
　マネル
　メンナー
Mannerheim
　マナーハイム
　マンネルハイム
　マンネルヘイム*
Manners
　マナース
　マナーズ**
Mannes
　マニス

　マネス*
　マンズ*
　マンネス
Mannesman
　マンネスマン
Mannete マネテ
Mannhardt
　マンハールト
　マンハルト
Mannheim
　マンハイム**
Mannheimer
　マンハイマー
Manni マンニ
Manniche
　マニカ*
　マニケ
Mannick マニック
Mannie マニー
Mannila マンニラ*
Mannin マニン
Mannina マンニーナ
Manninen
　マンニネン**
Manning
　マーニング
　マニング***
　マンニング*
Manninger マニンガー
Manningham
　マニンガム
Mannings マニングス
Mannino
　マニノ
　マンニーノ**
Mannion マニオン
Manniram マニラム
Mannironi マンニロニ
Mannis マニス
Mannix
　マニクス
　マニックス**
Mannkopf マンコプフ
Mannlicher
　マンリッヒャー
　マンリハー
　マンリヒャー
Manno マンノ*
Mannock マノック*
Mannone マンノーネ
Mannonen マンノネン
Mannoni
　マノーニ
　マノニ*
Manns
　マンス
　マンズ
Mannu マンヌー
Mannū マンヌー
Mannucci マンヌッチ*
Mannuel マヌエル
Manny
　マニー**
　マンニー
Mannyng マニング
Mano マノ**

MAN

Manoa マノア
Manoah マノア
Manocchia マノッキア
Manoel
　マヌエル
　マノエル**
Manoff
　マノッフ
　マノフ*
Manohar
　マノハール
　マノハル
Manōhar マノーハル
Manoharan
　マノハラン
Manoj
　マノイ*
　マノージ
　マノジ
　マノジュ
Manojlovici
　マノイロヴィッチ
Man-ok マノク
Manolache マノラケ
Manolakis マノラキス
Manolas マノラス
Manoles マノリス
Manolesco マノレスコ
Manolescu マノレスク
Manolete マノレテ
Manoli マノリ
Manolio マノーリオ
Manolis マノリス
Manoliu
　マノリウ
　マノリュー
Manoll マノル
Manolo
　マノーロ
　マノロ*
Manolov マノロフ
Manolya マノルヤ
Manon マノン***
Manone マノン
Manonmani
　マノンマニ
Manoochehri
　マヌーチェッリ
Manook マヌーク
Manopakonnitithada
　マノーパコーンニティターダー
Manopimoke
　マノピモク
Manor
　マナー
　マノル
Manorama
　マノーラマー
　マノラマ*
Manoriky マノリキ
Manoro マヌル
Manorohanta
　マノロハンタ
Manos マノス*
Manoschek マノシェク

Manotti マノッティ
Manouchehr
　マヌチェフル*
　マヌーチェヘル
Manouël マヌエル
Manoukian
　マヌキアン
　マノキャン
Manoury
　マヌア
　マヌーリ
　マヌリ
Manoush マヌーシュ
Manouvrier
　マヌヴリエ
　マヌブリエ
Manovich
　マノヴィッチ
Manowarda
　マノヴァルダ
　マノバルダ
Man-pok マンポク
Manquillo
　マンキージョ
Manrai マンレイ
Manraoi マンラオイ
Manring マンリング
Manrique
　マンリーケ
　マンリケ*
Mans
　マン
　マンス
Mansa マンサ
Mansall マンサル
Mansaray マンサレー
Mansare マンサル
Mansart マンサール
Mansbach
　マンズバック
Mansbridge
　マンスブリッジ
Manschreck
　マンシュレック
Manseau マンソー
Mansel
　マンスル
　マンセル**
Mansell マンセル**
Manselli マンセッリ
Mansenee マンスネー
Manser
　マンサー*
　マンザー
　マンゼル*
Manseur マンスール
Mansfeld
　マンスフェルト
Mansfield
　マンスフィールド
　マンスフィールド***
　マンスフィルド
Manshard マンサート
Manshardt
　マンシャート
Manship マンシップ

Mansholt
　マンスホルト*
Manshreck
　マンシュレック
Mansi マンシ
Man-sik マンシク*
Mansilla
　マンシージャ
　マンシジャ
Mānsimh
　マーンスィンフ
Mansion マンション
Mansiz
　マンシズ
　マンスズ*
Manske マンスキー
Manski
　マンスキ
　マンスキー*
Manso
　マンソ*
　マンゾ
Manson
　マンソ
　マンソン***
Man-soo マンス
Mansoor マンスール*
Mansoori マンスーリ
Mansor
　マンスール
　マンソール
　マンソル
Mansot
　マンソ
　マンソー
Mansour
　マンスール***
　メンサー
Mansouri マンスーリ
Mansourian
　マンスーリアン
Mansson マンソン
Manstein
　マンシュタイン*
Man-su マンス
Mansueti
　マンスエーティ
Man-sul マンスル
Man-sup マンソブ*
Mansur
　マンシュール
　マンスール**
　マンスル
Mansūr マンスール
Manṣūr マンスール*
Mansuri マンスーリ*
Mansuripur
　マンスリプール
Mansurov
　マンスロフ**
Mansurova
　マンスーロヴァ
Mansvelt
　マンスフェルト*
Mant マント
Mantak マンタク
Mantānipputta
　マンターニプッタ

Mantchev マンチェフ
Mante マンテ
Manteb
　マンタップ
　マンタプ
Mantecon マンテコン
Mantee マンティー
Mantega マンテガ
Mantegazza
　マンテガッツァ*
Mantegna
　マンティーニャ
　マンテーニャ*
Mantei マンティ
Mantek マンテク
Mantel マンテル***
Mantelet マントレ
Mantell マンテル**
Mantelli マンテルリ
Manteuffel
　マントイフェル
Mantey マンタイ
Manthe マンテ
Mantheri マンセリ
Manthey マンシー
Manthorpe
　マンスロープ
Manti マンティ
Mantila マンティラ*
Mantilla マンティジャ
Mantis マンティス
Mantle マントル**
Mantler マントラー
Mantley
　マントリー
　マントレイ
Mantlo マントロ
Manto
　マント*
　マントー
Mantō マントー
Mantombazana
　マントンバザナ
Manton マントン*
Mantoni マントーニ
Mantoux
　マントウ*
　マントゥー
　マントゥ
Mantova マントヴァ
Mantovani
　マントヴァーニ*
　マントバーニ*
Mantoy マントワ
Mantran マントラン
Mantri マントリ
Mantsios
　マンツィオス*
Mantuani マントアニ
Manturov
　マントゥロフ
Mäntylä マンテュラ
Mäntyranta
　マンチランター
Mantz マンツ

Mantzarlis
　マントザルリス
Mantzius
　マンツィウス*
Manu
　マニュ
　マヌ**
Mánu マヌ
Manualesagalala
　マヌアレサガララ
Manucci マヌッチ
Manuchair
　マヌチェアー
Manuchar マヌシャル*
Manuchehr
　マヌチェフル
Manūchihrī
　マヌーチェフリー
　マヌーチフリー
Manuck マヌック
Manucy マヌシー
Manueel マヌエル
Manuel
　マニー
　マニエル**
　マニュアル
　マニュエル***
　マヌエウ
　マーヌエル
　マヌエール
　マヌエル**
　マネル
Manuela
　マニュエラ
　マヌエーラ
　マヌエラ**
Manuele マヌエレ
Manuella マニュエラ
Manueru マヌエル
Manuguerra
　マヌゲエルラ
Manuila マヌイラ
Manuilskii
　マヌィリスキー
　マヌイーリスキー
　マヌイルスキー
Manuil'skii
　マヌイルスキー
Manuk マヌク
Mānuka マーヌカ
Manukian マヌキャン
Manukyan マヌキャン
Manunta マヌンタ
Manurita マヌリタ
Manuritta マヌリッタ
Manus
　マニュス
　マーヌス
　マヌス**
　マヌト**
Manush マヌーシュ
Manushkin
　マヌシュキン
Manutahi マヌタヒ
Manute マヌート*
Manutius
　マヌーツィオ
　マヌティウス

M

Manuva マヌーヴァ／マヌーバ
Manuzio マヌーツィオ
Manvell マンヴェル／マンベル
Manville マンヴィル*／マンビル*
Manwani マンワニ
Manwaring マンウェアリング／マンウォリング
Man-won マンウォン
Manwood マンウッド
Manya マニャ*／マニヤ
Manyang マニャン
Manyi マニュイ
Manyika マニーカ／マニカ*
Manyonga マニョンガ
Manyurova マニュロワ
Manyzewal マニャゼワル
Manz マンズ／マンツ**
Manzanera マンザネラ
Manzanero マンサネーロ
Manzanilla マンサニリャ
Manzano マンサーノ／マンザノ
Manzarek マンザレク**／マンザレック／マンツァレク
Manzenreiter マンツェンライター
Manzer マンザー
Manzi マンジ／マンジー／マンズィ／マンツィ
Manzini マンジーニ／マンズィーニ／マンツィーニ*
Manzione マンツィオーニ
Manzo マンソ／マンゾ
Manzocchi マンゾッキ
Manzoli マンゾーリ
Manzolini マンゾリーニ
Manzoni マンゾーニ***／マンツォーニ
Manzoor マンズール

Manzotti マンゾッティ
Manzú マンズー
Manzù マンズー*
Manzuik マンツィック
Manzullo マンズロ
Manzuoli マンズオーリ
Manzur マンス
Manẓūr マンズール
Manzura マンズラ
Mao マオ***
Maoate マオアテ*
Mao-feng マオフォン
Maoh マオ
Maokola マオコラ
Maokola-majogo マオコラマジョゴ
Maol マウル
Maope マオペ
Maor マオール
Maori マオリ
Maosherji マオシェルジ
Maoshing マオシン
Maoude マウデ
Maoudé マウデ
Maoulana マウラナ
Maoulida マウリダ
Maouya マウイヤ
Maoz マオ／マオズ
Map マップ*
Mapalesa マパレサ
Mapangou マパング
Mapanje マパンジェ
Mapel メイペル
Mapera マペラ
Mapes メイプス**
Mapfumo マプフーモ
Maphoka マポカ
Mapilton マピルトン／マプトン／メイビルトン
Mapisanqakula マピサヌカクラ
Maple メイプル
Maples メイプルス／メイプルズ／メープルズ*
Mapleson マプルソン／メープルソン
Mapon マポン
Maponga マポンガ
Mapou マプ
Mapp マップ*
Mappalicus マッパリクス
Mappin マッピン
Mapplethorpe マップルソープ

Maple Soap* メイプルソープ*／メープルソープ
Mapps マップス
Mapu マプ／マプー
Mapuri マプリ
Mapushi マプシ
Maqām マカーム
Maqar マカール
Maqbel モクベル
Maqbool マクブール*
Maqboul マクブール
Maqbul マクブル
Maqdisī マクディシー／マクディスィー／ムカッダシー／ムカッダスィー
Maqqarī マッカリー
Maqrīzī マクリージー／マクリーズィー
Maqsood マクスウド
Maqṣūd マクスード
Maquengo マキエンゴ
Maquet マケ
Mar マー**／マール**
Mār マール
Mara マーラ***／マーラー／マラ***
Marabel マラベル
Marabini マラビーニ
Marabitti マラビッティ
Marable マラブル*
Marabre マラーブル
Marach マラチ
Maracich マラシチ
Maracineanu マラシノー
Maracke マラッケ
Maraden マラデン*
Maradiaga マラディアガ
Maradona マラドーナ***
Maradudin マラドゥディン
Marafa マラファ
Marafioti マラフィオッティ
Marāgaī マラーギー
Maragall マラガリ／マラガール／マラガル
Marāghe'ī マラーゲイー
Marāgheyī マラーゲイー

Marāghī マラーギー
Maragliano マラリアーノ／マラリャーノ
Maragos マラゴス
Maragris マラグリス
Marah マラ／マラー
Marahimin マラヒミン*
Marahimov マラヒモフ
Marahrens マラーレンス
Márai マーライ*
Maraini マライーニ***／マライニ
Maraire マライレ
Marais マライス**／マレ／マレー**／マレース
Maraj マラジ
Mařák マジャーク／マラク／マルジャーク
Marakukouska マラクコウスカ
Marakushev マラークシェフ*
Maral マラル
Maraldi マラルディ
Maraldo マラルド
Maralee マラリー
Maralík マラリーク
Maralious マラリアス
Maralyn マラリン
Maralys マラリス
Marama マラマ
Maramis マラミス
Maramotti マラモッティ*
Maramzín マラムジン
Maran マーラン／マラン*
Marangon マランゴン
Marangoni マランゴーニ／マランゴニ
Marangue マランジュ
Marani マラーニ**
Maraniss マラニス*
Maranke マランク
Marano マラーノ*
Marañón マラニョン
Marant マラン*
Maranto マラント
Marantz マランツ**
Maranville マランヴィル／マランビル

Marapane マーラパネ
Marape マラペ
Maras マラス
Marasco マラスコ*
Marashi マラシ
Marasigan マラシガン
Marasinghe マーラシンハ
Maraslis マラスリス
Marat マラ／マラー／マラット／マラート／マラト**
Maratray マラトレ
Maratti マラッタ／マラッティ
Marau マラウ
Maraval マラヴァル／マラバル
Maravall マラバル
Māravijayottuṅgavalman マーラヴィジャヨットゥンガヴァルマン
Māravijayottuṅgavarman マーラヴィジャヨートゥンガヴァルマン
Maravilla マラヴィーリャ
Maravillas マラビリャス
Marayat マラヤット
Marazzi マラッツィ*
Marazzina マラッツィーナ
Marazzoli マラッツォーリ
Marbà マルバ
Marbach マールバッハ／マールバハ
Marbangun マルバングン*
Marbe マルベ
Marbeau マルボ
Marbech マールベック
Marbeck マーベック／マールベック
Marber マーバー**
Marberry マーベリー
Marbeth マールベート
Marble マーブル*
Marbler マルブラー
Marbley マーブレー
Marbode マルボード
Marbot マルボー
Marbres マルブレス
Marburg マーバーグ
Marburger マーバーガー

Marbury
マーバリー
マーブリー*

Marbus マルブス
Marbut マーバット
Marc
マーク***
マリク
マルカム
マルク***
マルコ

Marca マルカ
Marcabru
マルカブリュ
Marcadé
マルカデ
マルカデー
Marcaillou マカイユ*
Marcal マルカル
Marçal マルサル
Marcano
マルカーノ
マルカノ
Marc-Antoine
マルカントアーヌ
マルカントワーヌ
マルクアントワヌ
Marc-Antonio
マルカントーニオ
Marcantonio
マルカントーニオ
マルカントニオ
Marc'-Antonio
マルカントーニオ
Marc'Antonio
マルカントーニオ
マルカントニオ
Marcao マルソン
Marcas マルカ
Marcati マルカティ
Marcé マルセ
Marceau
マルソー***
マルソオ
Marceaw マルソー
Marcedes
マーセデス
メルセデス
Marcegaglia
マルチェガリア*
Marcel
マイセル
マーシェル
マーシャル
マーセル**
マゼル*
マルカル
マルセム
マルセユ
マルセル***
マルチェル
マルツェル
Marcela
マーセラ
マルセーラ
マルセーラ*
マルチェラ
Marcelene マーセリン
Marceli マルセリ

Marcelin
マルスラン**
マルセラン
Marceline
マルスリイヌ
マルスリーヌ**
マルセリーヌ
Marcelinho
マルセリーニョ*
Marcelino
マルセリーノ**
マルセリノ**
マルチェリーノ
Marcell
マーセル
マルセル**
マルチェル
Marcella
マーシー
マーセラ*
マーセラ**
マルケラ
マルセラ**
マルチェッラ*
マルチェラ
マルツェラ
Marcellas マーセラス*
Marcelle
マーセル*
マルシェル
マルセル**
Marcellene
マーセリーン
Marcelli マルチェッリ
Marcellian
マルチェリアヌス
Marcellin
マーセリン
マルスラン
マルセラン
Marcellina
マーセリーナ
マルケリーナ
マルセリナ
Marcelline
マーサリーン
Marcellino
マーセリノ
マルセリーノ
マルチェッリーノ
マルチェリーノ*
Marcellinus
マリケリーヌス
マルケッリヌス
マルケリヌス
マルチェリヌス
Marcello
マルセロ**
マルチェッロ***
マルチェロ**
Marcellus
マーセラス
マルケッルス
マルケルス
マルチェルス
Marcelo
マーセーロ*
マルセロ**
Marcero マルセロ

Marcestel
マークエステル*
Marcet
マーセット*
マルセ
マルセット
March
マーク
マーチ***
マルク
マルチ**
マルヒ
Marchais マルシェ**
Marchal
マーシャル
マルシャル*
Marchand
マーシャン
マーチャン
マーチャンド*
マルサン
マルシャル
マルシャーン
マルシャン***
マルヒャント
Marchand-arvier
マルシャンアルビエ
Marchandeau
マルシャンドー
Marchanno マルチャノ
Marchant
マーシャン
マーチャント**
Marchat マルシャ
Marchbank
マーチバンク
Marche マルシュ
Marché マルシェ
Marchegiani
マルケジアーニ
マルケジャーニ
Marchena マルチェナ
Marchenko
マルチェンコ**
Márchenko
マールチェンコ
Marchesani
マルケサーニ
Marchese
マーケーゼイ
マルケーゼ
Marchesi
マルケーシ
マルケージ**
マルケシ
Marchesseau
マルシェッソー
Marchetta マーケッタ
Marchette
マーシェット
Marchetti
マーケイティー
マーケッティ
マルケッティ**
マルケッティ
Marchetto
マルケット*
Marchex
マルシェ
マルシェックス

Marchi
マーチ
マルキ*
Marchiafava
マルキャファーバ
Marchiano
マルチアーノ
Marchington
マーチントン
Marchinton
マーチントン
Marchioni
マルヒオニニ
Marchionne
マルキオンネ*
Marchionni
マルキオンニ
マルキオンニ
Marchiori
マルキオーリ
Marchiros マルチロス
Marchis マルキス
Marchisio
マルキーシオ
マルキージオ
Marchlewski
マルフレフスキ
Marchon マルション
Marchuk
マーチュク
マルチューク**
マルチュク**
Marchwitza
マルヒヴィッツァ
Marci
マーシ
マーシー*
マルシ*
マルチ
Marcia
マーシァ
マーシア*
マーシャ***
マリシア*
マルキア
マルシア*
マルスィア
Marcial
マーシャル
マルシアール
マルシアル
マルシャル*
Marciano
マルシアーノ**
マルシアノ*
マルチャノ
Marcianus
マルキアヌス
Marcie マーシー*
Marcilina マルシリナ
Marcílio マルシリオ
Marcillat
マルシア
マルシャ
Marcille マーシル
Marcilly マルスィーユ
Marcin
マーシン
マーチン

マルシン
マルチン*
マルツィン
Marcine マーシン
Marciniak
マーシニアック*
マーシニャク
マルチニャック
Marcinkevičius
マルツィンケヴィチウス
Marcinkiewicz
マルチンキーヴィチ
Marcinkus
マルチンクス
Marcio マルシオ**
Márcio マルシオ*
Marcion
マルキオーン
マルキオン
Marciuliano
マーシュリアーノ
Marcius
マルキウス
マルシウス
Marck
マルク
マルック
Marcke マルケ*
Marcks マルクス**
Marckwardt
マークワート
Marclay マークレー**
Marcles マルクレス
MarcMurrough
マクマロウ
Marco
マーコ
マルコ***
Marco Aurelio
マルコアウレリオ
Marcolini
マルコリーニ*
Marcon マルコン*
Marconcini
マルコンチーニ
Marconi
マーコニ
マルコーニ**
マルコニー
Marcordes
マーコーデス
Marcorelli
マルコレッリ
Marcos
マーコス
マスコス
マルコ
マルコス***
Marcosson
マルコッソン
Marcot マーコット*
Marcotte
マーコット
マルコテ
Marcotti マルコッティ*
Marcou マルクー
Marcoullis マルクリス

Marcour マルクール
Marcousé マルコーズ
Marcoussis
　マルクシース
　マルクシス
Marcoux
　マルク
　マルクー*
　マルクウ
Marcovaldo
　マルコヴァルド
Marcovicci
　マーコヴィッチ
　マルコヴィッチ
Marcovici
　マルコヴィチ
Marcovitch
　マルコヴィッチ
Marcovitz
　マルコヴィッツ
Marcozzi マルコッツィ
Marc-Philippe
　マルクフィリップ
Marcsa マルチャ
Marcucci マルクッチ*
Marculescu
　マークレスク
Marcum マーカム*
Marcus
　マアカス
　マーカス***
　マーク*
　マークス*
　マルカス
　マルキュウ
　マルキュス
　マールクス
　マルクース
　マルクス***
Mārcus マルクス
Marcuse
　マーカス
　マルクーゼ**
Marcuzzo
　マルクッツォ*
Marcy
　マーシー**
　マーシィ
Marczali
　マルチャリ
　マルツァリ
Marczewska
　マルチェヴスカ
Marczewski
　マルチェフスキ
Marczulajtis
　マルチュワイティス
Mardaan マルダーン
Mardam マルダム
Mardani マルダニ
Mardanov マルダノフ
Mardawīj
　マルダヴィージ
Mardayn マルダイン
Mardell マーデル
Marden マーデン**
Marder マーダー

Mardershtein
　マルデルシュテイン
Mardersteig
　マルダーシュタイク
Mardhekar
　マルデーカル
Mardhouf
　マルドゥーフ
Mardi マルディ
Mardian マーディアン
Mardiganian
　マルディガニアン
　マルデイガニアン
Mardiguian
　マーディギャン*
Mardikian
　マルデイキアン
Mardin マーディン*
Mardini マルディニ
Mardiyanto
　マルディヤント
Mardon マードン
Mardøn モルデン
Mardones マルドネス
Mardonios
　マルドニオス
Mardorossian
　マードロシャン
Mardrus
　マルドリュウス
　マルドリュース
　マルドリュス
Marduk
　マルドゥク
　メロダク
Mardy マーディ
Mardyks マーディクス
Mardzhanishvili
　マルジャニシヴィーリ
Mare
　マラー
　マール
　マルク
　マレ
　マレー
　メアー*
　メア**
　メーヤ
Maré
　マレ*
　メレ
Marea
　マエリア
　マレア
Marechal マレチャル
Maréchal マレシャル
Marechera マレチェラ
Maredudd マレドッズ
Maree マリー
Marée マレー
Mareen マリーン
Marées
　マレー
　マレース
Marega
　マレーガ
　マレガ

Marei
　マライ
　マルイー
Mareike マレイケ
Marein マライン
Marek
　マアレク
　マーレク
　マーレーク
　マレク***
　マーレック
　マレック
　マレフ
Marék マレーク*
Mařek マルジェク
Mareks マレクス
Marele
　マーレル*
　マレール
Marelichi マレリキ
Marella
　マレッラ
　マレラ*
Marello マレロ
Maren
　マーレン*
　マレン*
Marén マレン
Marena マリーナ
Marenbon マレンボン
Marenches マランシェ
Marenco マレンコ
Marenholtz
　マーレンホルツ
Marenic マレニッチ
Marenić マレニッチ
Mar'enko マリエンコ
Marent マレント
Marenzio
　マレンツィオ
Marepe マレッペ
Mares
　マレス
　メアーズ
Mareš マレシュ*
Marès マレス
Maresca マレスカ
Marescalchi
　マレスカルキ
Marescalco
　マレスカルコ
Marescaux マラスカス
Maresch マレシュ
Marescotti
　マレスコッティ*
Mares Guia
　マレスギア
Maresh マレシュ
Maresius
　マレーシウス
　マレジウス
Maresso マレッソ
Maret
　マレ*
　マレー
　マレト
Mareth マレット

Marets マレ
Maretskaia マレツカヤ
Marett マレット*
Mareuil
　マルイユ
　マルーユ
Marewa マレワ
Marewah マレワ
Marey
　マレ
　マレー
　マレイ
Marèze マレーズ
Marfa マルファ
Marfe マーフ
Marfo マルフォ
Marg マーグ*
Marga
　マーガ
　マルガ
Margadant
　マルガダン*
Margadonna
　マルガドンナ
Margaglio マルガリオ
Margai
　マルガイ
　マルゲ
Margain マルゲン
Margaine マルゲーヌ
Margairaz マルゲラズ
Margal マルガル
Margalef マーガレフ
Margalis マーガリス
Margalit
　マーガレット
　マルガリート*
Margall
　マルガイ
　マルガリィ
　マルガル
Margallo マルガロ
Margalo マーガロ
Margani マルガニ
Margarate
　マルガレーテ
Margaree マーガリー
Margaret
　マアガレット
　マーガリット
　マーガレット***
　マギー
　マーグリット*
　マーグリッド
　マルガレータ
　マルガリータ
　マルガレート**
　マルグリット
　マルゲレット
　マルグレーテ
　マルハレータ
　メグ
Margareta
　マーガレット
　マルガリタ
　マルガレータ**
　マルガレーテ

マルガレテ
Margarete
　マーガレット*
　マーガレーテ
　マルガリータ
　マルガレータ
　マルガレーテ***
Margareth
　マルガレッテ
Margaretha
　マーガレット
　マルガレータ*
Margarethe
　マルガレーテ**
　マルガレット
Margarett
　マーガレット
Margaretta
　マーガレッタ*
Margaria マルガリア
Margarian
　マルガリャン**
Margarita
　マーガリータ
　マルガリータ***
　マルガリータ*
Margarite
　マーガリート
Margaritha
　マルガリタ
Margaritis
　マルガリティス
Margarito
　マルガリート
Margaritone
　マルガリトーネ
Margary
　マーガリ
　マーガリー
Margaryan
　マルガリャン
Margaux
　マーゴ**
　マーゴー
　マルゴー
Margbelashvili
　マルグベラシヴィリ
　マルグベラシビリ*
Marge
　マージ***
　マージィ
Margel マルジェル
Margen マーゲン
Margenau マージナウ
Margene マージン
Margeon マルジョン
Margeret
　マーガレット
Margerit マルジュリ
Margerita
　マルゲリータ
Margery
　マージェリ**
　マージェリー**
　マージェリィ
　マージャリー*
　マージョリー
　マージョリイ

Margeson マーグソン
Margetson マーゲットソン／マージェットソン
Margetts マルゲッツ
Marggraf マークグラーフ／マルクグラーフ／マルクグラフ
Marghanī マルガニー
Marghanita マーガニータ*／マーガニタ
Marghem マルゲム
Margherita マーゲリータ／マルガレータ／マルガレーテ／マルガレート／マルゲリータ*／マルゴート／マルハーレーター
Margheriti マルゲリティ
Marghiev マルギエフ
Marghieva マルギエワ
Margi マーギー**／マルギ
Margiad マージアッド／マージアド
Margie マーギー／マギー／マージ／マージー*
Margiela マルジェラ*
Margil マルヒル
Margis マルギス
Margit マーギット／マージット／マルギット***／マルギット*
Margita マルギータ
Margitta マルギッタ
Margitza マーギッツァ
Marglin マーグリン*
Margo マーゴ**／マルゴ
Margold マーゴールド
Margolick マーゴリック*
Margolies マーゴリーズ／マーゴリス／マルゴリー*
Margolin マーゴリン**／マルゴラン／マルゴーリン
Margoliouth マーゴリウス／マーゴリュース
Margolis マクドナルド

Margolis マーゴーリス／マーゴリス**／マルゴリス／マルゴーリス／マルゴリス*
Margolyes マーゴリーズ
Margorzata マルゴジャータ
Margoshvili マルゴシビリ
Margosis マーゴシス
Margot マーガレット／マーゴ**／マーゴー*／マーゴット***／マルゴ／マルゴー*／マルゴット**／マルゴット
Margotta マーゴッタ／マルゴッタ
Margoúnios マルグニオス
Margraff マーグラフ
Margret マーガレット／マークレット／マーグレット**／マルガレート／マルグレット／マルグレート*
Margrete マーグレーテ／マルガレーテ／マルグレーテ
Margrethe マルグレーテ**
Margrett マーグレット*
Margretta マーグレッタ
Margriet マーグリート／マルグリート**／マルフリート
Margrit マーグリット／マルグリット*
Margroff マーグロフ
Marguc マルグッチ
Margue マルグ
Margueray マルグレイ
Marguerin マルゲラン
Marguerita マーゲリータ／マルゲリータ
Marguerite マーガライト／マーガリット／マーグリート**／マーガレット／マーギュレット／マーグリット／マーグリット**／マーゲライト*／マーゲリット

マーゲリーテ／マーゲリート*／マルガリス／マルガリータ／マルガリタ／マルガリート*／マルグリット／マルグリット***／マルグリッド／マルグリート**／マルグリト／マルグリーテ／マルゲリート*
Margueritè マルグリート／マルゲリテ
Marguérite マルグリート
Margueritte マルグリット*／マルグリート／マルゲリート
Marguerre マルゲール
Marguery マルグリ
Margues マルケス
Marguetel マルゲテル
Margules マルグレス
Margulies マーグリーズ／マーギュリーズ／マルグリース*
Margulis マーギュリス*／マーグリス**／マルグリス**
Margull マルグル
Margus マーガス／マルグス／マルゴス
Margvelashvili マルグベラシビリ
Marhabo マルハボ
Marharyta マルハリャタ
Marhaus マーハウス
Marhefka マーヘフカ
Marheineke マールハイネケ／マルハイネケ
Marherr マーヘル
Marhinde マリンド
Marholm マールホルム
Marhoon マルフーン
Mari マーリ*／マリ***／マリー*／メアリ
Mārī マーリー
Maria マライア*／マリー*／マーリア*／マリーア**／マリア***／マリーナ／マリーヤ／マリヤ*

メイヤー
Mariá マリア
María マリーア***／マリア***／マリヤ
María マリーア
Mária マーリア*／マリア*／マリオ
Maria Alexandra マリアアレクサンドラ
Maria Anna マリアンナ
Mariachi マリアッチ
Mariachiara マリアキアラ
Mariaemma マリアエマ*
Maria Gabriela マリアガブリエラ
Maria Guadalupe マリアグアダルペ
Mariah マライア**／マラヤ*
Maria-Jesús マリアヘスス
Mariajo マリアホ
Marial マリアル
Maria Leonor マリアレオノール
Mariam マリアム**／マリアン／マリヤム／マルヤム
Mariám マリア／マリヤ／ミリアム
Mariama マリアマ**／リアマ
Mariamne マリアムネ
Marian マリアーン／マリアン***／メアリアン／メリアン
Marián マリアーン
Mariana マリアーナ***／マリアナ**
Marianacci マリアナッチ
Mariane マリアンヌ
Marianela マリアネラ*
Marianelli マリアネッリ
Mariangela マリアンジェラ*
Mariangeles マリアンヘレス
Mariani マリアーニ**／マリアニ*
Marianito マリアニト

Mariann マリアン
Marianna マリアナ*／マリアンナ**／マリアンヌ
Marianne アリアンネ／マリアナ／マリアーネ*／マリアン***／マリアンナ***／マリアンネ***／メアリアン／メアリアン*／メリアン
Mariano マリアーノ***／マリアノ***
Marianodi マリアーノ
Marianos マリアーノス
Mariānos マリアノス
Marianus マリアーヌス／マリアヌス
Mariappa マリアッパ
Mariarosa マリアローザ*
Mariarosari マリアロザリア
Marias マリアス
Marías マリーアス*／マリアス**
Mariastella マリアステラ
Maria Suelen マリアセレン
Mariategui マリアテギ
Mariátegui マリアテーギ／マリアテギ*
Mariateresa マリアテレーザ*
Mariatou マリアトゥ
Mariatu マリアトゥ
Maribel マリベル
Maribeth マリベス*
Maric マリッチ*
Marić マリッチ*
Marίc マリク／マリチ
Marica マリカ／マリツァ
Maricet マリセト
Marich マリチ**
Marichal マリシャル
Marichev マリチェフ
Marick マリック
Maricourt マリクール
Marie マーリ／マリ***／マリー***／マリーア／マリア*／マリイ

M

マリーエ マリエ*** マーリヤ メアリー* メリー	Marienback マリエンバッハ	Marilee マリリー	マリネッティイ	Marionnet マリオネット
	Mariener マリナー	Marilena マリレーナ*	Marinez マリネス	Marios マリオス
	Mariengóv マリエンゴーフ	Marilhat マリヤ マリラ	Maring マーリン	Mariota マリオータ
			Maringer マーリンガー	Mariotte マリオット
Marié マリー マリエ	Marie-Pierre マリピエール	Marilia マリリア Marília マリリア	Maringori マリニョーリ	Mariotti マリオッティ**
Marie-Aline マリーアリーン	Marie-Reine マリレーヌ	Marilin マリリン	Marinho マリーニョ マリニョ	Mariotto マリオット
Marie-Ange マリアンジュ	Marieschi マリエスキ	Marill マリル	Marini マリーニ**	Maripol マリポール
Marie-Anne マリアンヌ	Mariët マリエット	Marilla マリラ	Marinin マリニン**	Maripuu マリプー
Marie-Aurore マリーオロール	Marie-Thérèse マリテレーズ	Marillac マリヤック マリラク	Marinina マリーニナ**	Mariq マリク
Marieb マリーブ	Marietta マリエッタ**	Marillyn マリリン*	Marinis マリニス	Mariquilla マリキーリャ
Marie-Carmel マリカルメル	Mariette マリエッテ マリエット*	Marilou マリル* マリルー*	Marinker マリンカー	Maris マーリス
Marie-Christine マリークリスティーヌ*	Mariëtte マリエッタ Marietti マリエッティ*	Marilu マリル* Marilú マリル Marilù マリルー	Marinkovic マリンコヴィッチ Marinković マリンコヴィチ* マリンコビチ	マリス*** Māris マリス Marisa マリーサ*
Marie-Claire マリークレール	Marietto マリエット	Marilungo マリルンゴ	Marinkovich マリンコヴィチ	マリーザ* マリサ**
Marie-Claud マリークロード	Mariez マリエ	Marilyn マリリン***	Marino マリーニョ	マリザ マリッサ
Marie-Claude マリークロード	Mariflo マリフロー Marig マリグ	マリン	マリーノ**	マルサ
Marie-Eve マリーイブ	Marigen マリヘン	Marilynn マリリン**	マリノ**	Marisabina マリサビーナ*
Marie France マリエフランス	Marighella マリゲーラ	Marilynne マリリン**	Mariño マリニョ	Marisabino マリサビーノ
Marie-George マリジョルジュ	Marignac マリニャク マリニャック	Marimantia マリマンティア	Marinoff マリノフ* Marinoni マリノーニ	Mariscal マリスカル**
Marie-Goreth マリゴレト	Marignano マリニャーノ	Marimbaldo マリンバルド	Marinos マリノス* Marînos マリーノス	Mariscelli マリスチェッリ
Marie-Helene マリーエレーヌ	Marignolli マリニョッリ	Marin マラン** マーリン	Marinot マリノ Marinov マリノフ	Marischka マリシュカ Mariscoli マリスコリ
Marie-Josee マリージョゼ	マリニョーリ マリニョリ	マリン***	Marinova マリノヴァ*	Mariscus マリスクス Marise マリーズ
Marie-Josée マリジョゼ	マリニョルリ Marigny マリニー*	Marín マリーン マリン***	マリノバ* マリノワ	マリス Marisetti マリセッティ
Marie-Joyce マリージョイス	Marigold マリゴールド*	Marina マリイナ マリーナ***	Marinović マリノビッチ	Marisha マリーシャ* Marisica マリシカ
Marieke マリーカ マリーケ*	Marihugh マリヒュー Mariia マリ	マリナ*** マリンチェ	Marins マリンズ Marinus マリナス	Mariska マリスカ* Marisnick
Mariel マリエル** マリール	マリア* マーリヤ マリーヤ	マリンツィン Marinacci マリナッチ	マリーニュス マリニュス	マリズニック Marisol マリソール
Mariela マリエラ*	マリヤ*	Marinali マリナーリ Marinangeli	マリーヌス マリヌス*	マリソル*
Marie-Laurence マリーローレンス	Marija マリヤ* Marijan	マリナンジェリ* Marinaro マリナーロ	Marinuta マリヌタ Marinuzzi	Mariss マリス** Marissa マリサ
Mariell マリエル Mariella	マリアン マリヤン	Marine マリーヌ**	マリヌッツィ Mario	マリッサ**
マリエッラ* マリエラ*	Marijane マリジェーン**	マリヌ マリーネ	マリーア マーリオ***	Marit マリー マーリット**
マリエルラ マルチェッロ	Marijanovic マリアノビッチ	マリーン* マリン*	マリオ*** Mariò マーリオ	マリット** マリト*
Marielle マリエリ	Marije マライヤ	Marinelli マリネッリ**	Marío マリオ	Marita マリータ**
マリエール* マリエル**	Marijke マライケ マレイケ	マリネリ Marinello マリネージョ	Mário マリオ*** Mariolina	マリタ** Maritain
Marieluise マリールイーゼ*	Marijn マリン マレイン	マリネリョ Mariner マリナー	マリオリーナ Marion	マリタン* マリテン
マリールイゼ Marie-Madeleine	Mari-Jo マリジョー	Marinescu マリネスキュー*	マリアン** マーリオン	Maritato マリタート Mārīte マリーーテ
マリマドリーヌ	Marijo マリヨ Marika マリカ**	Marinetti マリネッチ	マリオン*** マリヨン	Maritn マルティン Maritschnigg
Marien マリアン マリエン	Mariko マリコ Marikova マリコヴァ*	マリネッツィ マリネッティ* マリネッティ	メアリアン Mariona マリオナ Marione マリオン	マリシュニグ Maritta マリッタ

Maritz マリッツ**	**Marjie** マージー	**Markello** マークロ	**Markkule** マークラ	**Markowitz** マーコヴィツ
Maritza マリツァ マリツザ マリッツア マリッツア	**Marjisse** マルジス	**Markellos** マルケロス	マッキュラ	マーコウィッツ* マーコビッツ** マコービッツ マルコヴィッツ マルコビッツ*
	Marjo マルヨ	**Márkellos** マルケロス	**Märkl** メルクル**	
	Marjoe マージョー	**Markelov** マルケロフ	**Markle** マークル	
	Marjoke マルリョケ	**Markelz** マーケルズ	**Marklew** マークルー	
Mariuccia マウリッチャ マリウッチャ*	**Marjolein** マリョレイン* マルジョラン マロリン	**Marken** マーケン マルカン	**Märkli** メルクリ	**Marks** マアクス マークス*** マルクス
		Marker マーカー** マルケル*	**Marklund** マークルンド**	
Mariur マリユール	**Marjolijn** マジョリーン マジョリン マルヨライン*		**Markman** マークマン*	**Markschies** マルクシース*
Marius マウルス マリアス** マリウス*** マリュウス マーリュス マリユース マリユス* メアー		**Markert** マーカート	**Marko** マーコ マルコ**	
		Markesinis マルケジニス		**Markson** マークソン
	Marjomäki マルヨマキ	**Marketa** マルケタ*	**Markó** マルコー	**Marksová** マルクソバー
	Marjon マージョン	**Markevich** マルケヴィチ マルケーヴィッチ マルケビチ	**Markoe** マーコー* マーコウ	**Markstein** マークスタイン*
	Marjoram マージョラム			
	Marjorie マージャリ* マージョーリー マージョリ* マージョリー*** マジョリ マジョリー* マージョリィ マージョリイ		**Markoff** マーコフ* マルコフ*	**Markula** マルクラ
				Markun マルクン
Màrius マリウス		**Markevicius** マルケビチウス	**Markoosie** マークージー	**Markuntsov** マルクンツォフ
Mariusovna マリウソヴナ		**Markevičius** マルケビチウス	**Markopoulos** マルコプロス	**Markus** マーカス** マーク マークース** マークス** マルカス マルクシュ マルクス***
Marius-Raul マリウスラウル		**Markevitch** マルケヴィチ マルケヴィッチ マルケビチ	**Markos** マーコス* マルコ マルコス*	
Mariusz マリウシェ マリウシュ*				
Marivaux マリヴォー* マリボー	**Marjory** マージョリ マージョリー** マージョリイ マルジョリ		**Márkos** マルコス	
		Markey マーキー*	**Mârkos** マルコス	
		Markezinis マルケジニス マルケチニス	**Markoulas** マルクラス	**Márkus** マールクシュ
Marix マリックス			**Markov** マールコフ マルコフ***	**Markusen** マーキューセン マークセン
Mariya マリーア マリア** マリーヤ マリヤ**	**Marjut** マルユットゥ マルユト	**Markham** マーカム** マークハム マルカム マルクハム		
			Markova マルコーヴァ マルコヴァ マルコーバ マルコバ マルコーワ* マルコワ*	**Markushevich** マルクシェヴィチ
	Mark マアク マーク*** マク マルク*** マルコ			**Markwart** マルカルト マルクヴァルト マルクワルト
Māriya マーリヤ				
Mariyam マリヤム		**Markhan** マーカム		
Mariye マリエ		**Markhasev** マルハショーフ		**Markwort** マルクウォルト マルクヴォルト
Mariyon マリヨン	**Markakis** マーカーキス マーケイキス* マルカキス	**Marki** マーキ	**Markovchick** マコーヴチック	
Mariza マリーザ		**Markianos** マルキアノス	**Mark Overgaard** マルクエベゴール	**Marl** マール
Marj マリア		**Markianós** マルキアノス		**Marla** マーラ** マリア
Marja マージャ マリア* マリヤ マルジャ マルヤ	**Markale** マルカル*	**Markides** マルキデス*	**Markovic** マルコヴィチ* マルコヴィック マルコヴィッチ* マルコビチ マルコビッチ	
	Markandaya マーカンダヤ	**Markie** マーキー		**Marlaine** マルレーヌ
		Markieff マーキーフ		**Marlais** マーレイ
	Markandeya マールカンデーヤ	**Markievicz** マーキエヴィチ マーキェヴィッツ マルキェヴィッチ マルキエヴィッツ		**Marland** マーランド マルラン
Marjaana マリヤーナ マルヤーナ				
	Markandya マーカンジャ*		**Marković** マルコヴィチ** マルコヴィッチ* マルコビッチ	**Marlane** マーレーン
Marjabelle マージャベル	**Markarian** マルカリアン マルカリヤン			**Marlatt** マーラット*
Marjaleena マリャレーナ		**Markiewicz** マルキエビッチ		**Marlboro** マールボロ
Marjan マリアン マリャン マルヤン	**Markart** マルカルト	**Markijan** マルキヤン	**Markovich** マルコヴィチ マルコヴィッチ	**Marlborough** マールバラ マールボロ マールボロー マールボロー モールバラ
	Markau マルカウ	**Markin** マーキン マールキン マルキン		
	Markby マークビー		**Markovici** マルコヴィッチ	
Marjana マルヤーナ	**Markel** マーケル* マルケル		**Markovits** マルコヴィツ	
Marjane マルジャン**		**Markind** マーキンド		**Marle** マール マーレ
Marjanovic マジャノビッチ マリャノビッチ	**Markelius** マルケリウス	**Markis** マルキス*	**Markovnikov** マルコーヴニコフ マルコヴニコフ マルコフニコフ	
		Markish マールキシ マルキシ マルキシュ		**Marlé** マルレ マルレー
	Markell マーケル マルケル			
Marjarie マージャリー	**Markelle** マーケル	**Markison** マーキソン	**Markow** マルコフ	**Marleau** マルロー
Marjatta マリヤッタ* マルヤッタ	**Markellīnos** マルケッリノス	**Markkanen** マルカネン	**Markowiak** マーコヴィアク	
		Markku マルック**		

M

Marlee マーリー*
マーレー
Marleen マーリーン
マーリン
マルリーン*
マルレーン
マーレーン
マレーン
Marlen マルレーン
マルレン*
マーレン
Marlena マリーナ
Marlene マリーネ
マーリーン
マーリン*
マリーン*
マルレーヌ
マルレネ
マーレーネ*
マレーネ**
マーレン
Marlène マルレーヌ*
Marlenka マーレンカ
Marleny マルレニ
Marler マーラー
Marlet マルレ
Marley マーリ
マーリー**
マーレー
マーレイ*
Marlie マリー
Marliere マルリエ
Marlies マリーズ
マルリエス
マルリース**
Marlin マーリン**
マルリン
Marling マーリング
Marlini マーリニ
Marlis マルリス*
Marlo マルロ
マーロ*
マーロー
Marlon マルロン
マーロン**
Marlorat マルロラート
Marlos マルロス
Marlot マルロー
Marlow マルロウ
マルロヴ
マーロー
マーロウ*
Marlowe マーロー*
マーロウ***
マーロウィー

Marly マルリー
Marlyn マリリン
マーリン
Marlys マーリス
Marmaduke マーマデューク
Marmand マルマン
Marmanis マーマニス
Marmar マーマー
Marmarosa マーマローサ
Marmèche マーメッシュ
Marmel マーメル
Marmeleira マーメレイラ
Marmeling マルメリンク
マルメリング
Marmell マーメル
Marmer マーマー*
Marmier マルミエ
Marmion マーミアン
マルミオン*
Marmitta マルミッタ
Marmo マルモ
Marmol マーモル
マルモル
Mármol マルモル
Marmolejos マルモレホス
Marmon マーモン**
マルモン
Marmonier マルモニエ*
Marmont マーモント
マルモン
Marmontel マルモンテル*
Marmor マーマー
マルモール
Marmora マルモラ
Marmorek マルモレク
Marmot マーモット*
Marmottan マルモッタン*
Marmur マーマー
Marmura マーマラ
Marn マーン
Marnas マルナス*
Marnat マルナ*
Marnay マルネ
Marne マイン
マーン
Marneffe マーンフィー
Marnell マーネル
Marner マーナー
Marneros マルネロス
Marnett マーネット

Marney マーニー*
マーネイ
Marnham マーンハム
Marni マーニ*
Marnie マーニー
Marnīsī メルニースィー
Marnix マルニクス
Marny マルニー
マルニィ
Maro マロ
マロー
Maroboduus マロボドゥウス
Marocchetti マロッケッティ
Maroff マロッフ
Maroh マロ
マロー
マロフ
Maroiu マロユ
Marok マーロック
Marom マロ
Maron マローン*
マロン**
Mārōn マローン
Maroncelli マロンチェッリ
Marone マローン*
Maroney マロニー**
Marongiu マロンジュ
Maroni マローニ
マロニ
Maroon マルーン
Marooney マルーニー
Marorama マノラマ
Marore マローレ
Maros マロス
Marosi マロシ
Maross マロス
Marot マロ*
マロー*
マロット
Marót マロート
Marota マロタ
Maróti マローティ
Maroto マロート
マロト
Marotta マロッタ*
Marotte マロット
Marotti マロッティ
Marou マル
Marouane マルアーン
マルアン*
Marouf マルーフ*
Maroulis マルーリス*

Marrīs マルリース
Maroutas マルータス
Marouthas マルータス
Marouzeau マルーゾー*
Marov マロフ
Marović マロヴィッチ*
Marowitz マロウィッツ*
Marozia マロツィア
マロッツィア
Mar pa マルパ
Marpeau マルポ
Marpet マーペット
Marpicati マルピカーティ
Marples マーブルス
マーブルズ
Marpurg マールブルク
マルブルク
Marq マルク*
Marqise マーキス
Marquand マーカンド**
マークァンド
マークアンド
マークウアンド
マークワンド
マルカン*
Marquard マーカード
マークァート
マークオード
マルカード
マルクアルト
マルクヴァルト
Marquardt マーカート*
マーカード*
マーコード
マルクヴァルト*
マルクウルト
マルクワット
Marquart マルクヴァルト
Marquat マーカット
マーケット
MarQueis マークェイス
Marquerie マルクリー
Marques マルケス**
Marqués マルケース
マルケス*
Marquesa マルケーサ
Marquese マーキューズ
Marques Guedes マルケスゲーデス
Marquess マークェス
Marqueston マーケストン

Marquet マルク
マルケ**
マルケー
Marquette マーケッティー
マルケット
Marquez マーキス
マルケス**
Márquez マルケス***
Marqui マーキ
マルキ
Marquina マルキーナ
マルキナ*
Marquinho マルキーニョ
Marquinhos マルキーニョ
マルキーニョス*
Marquis マーキー
マーキス**
マークィス
マークイス
マークウィス
マルキ*
マルキス
Marquise マーキス
Marquiset マルキゼ
Marqusee マークシー
Marr マー**
マール**
マル
マルル
Marra マーラ**
マラ
マルラ*
Marrack マラック**
Marram マラム
Marrandi マランディ
Marräsh マッラーシュ
Marrast マラスト
Marray マーリ
マレー
Marré マレ
Marreese マリース
Marrelli マレッリ
マーレリ
Marrero マレッロ
マレーロ
マレロ
Marretta マレッタ
Marrey マアレエ
Marri マッリ
マリ
Marriage マリッジ
Marric マリック
マルック

Marrieta マリエッタ	マーズデン**	マルスマン	Martellange	Martial
Marrin マリン*	マールスデン	Marsocci マルゾッキ	マルテランジュ	マルシアル
Marrina マッリーナ	Marsé マルセー**	Marsol マルソル	Martelli	マルシャル*
Marriner マリナー***	Marsee マルシ	Marsoli	マーテリ*	マルシヤル
Marrion マリオン	Marseille	マーソリ	マルテッリ*	マルスィアル
Marriott	マルセイユ	マーソーリ	Martello マルテッロ	マルティアリス
マリオット***	マルセーユ	Marson	Martellus マーテラス	マルティアル
Marris マリス*	Marsella マーセラ	マーソン*	Martelly	Martialis
Marrison モリソン	Marseus マルセウス	マルソン	マーテリー	マルチアリス
Marrissa メリッサ	Marsh	Marsons マーソンズ	マルテリー*	マールティアーリス
Marrit マリット*	マーシ	Marsot マルソー	Marten	マルティアーリス
Marrocco マロッコ	マーシュ***	Marsouin マルスワン	マーティン*	マルティアリス
Marron	マルシュ	Marsoulan	マーテン*	Martiälis
マローン*	Marsha	マルスーラン	マールテン	マルティアリス
マロン	マーシャ	Marstella マーステラ	マルテン*	Martiall マーシャル
Marrone マローン	マーシャ***	Marsten	マルテンス	Martianay
Marroquin マロクィン	Marshack	マースティン	メルテン	マルシャネー
Marrou	マーシャク	マーステン	Märten メルテン	Mart'ianova
マルー*	マーシャック	Marstini	Mårten モーテン	マルチャーノバ
マロー	Marshak	マルスティーニ	Martène マルテーヌ	Martianus
Marrow マロー*	マーシャク	Marston マーストン**	Martenot マルトノ**	マルチアヌス
Marroyo メローヨ	マーシャック	Marstrand	Martens	マルティアーヌス*
Marrs	マルシャーク**	マールストラン	マーテンス	マルティアヌス
マース	マルシャク	Marström	マーテンズ*	Martić マルティチ
マーズ	マルシャック	マールストローム	マートン*	Martica マーティカ
Marrus マラス	Marshal マーシャル*	Marsudi マルスディ*	マートンズ	Martie マーティー*
Marry メアリー	Mar-shall マーシャル	Marsus マルスス	マールテンス	Martienssen
Marryat	Marshall	Marsy マルシ	マルテンス***	マルティーンセン*
マリアット*	マーシァル	Marsyas マルシュアス	Martensen	Martignac
マリヤット*	マーシャル***	Mart	マーテンセン*	マルティニャック
Mars	マルシアル	マート*	マルテンセン	Martiho
マース	マルシェル	マルト**	マルテンゼン	マルティーニョ
マーズ*	マルシャル**	Märt マルト	マルデンセン	Martiis マルティイス
マール	Marsham マーシャム	Marta	Mårtensson	Martijn
マルス*	Marshan マーサン	マータ	マルテンソン	マーティン
Marsá マルサ	Marshark	マッタ*	Marter マーター	マルタイン
Marsac マルサック	マルシャーク	マルタ	Marterns マルタン	マルテイン
Marsagishvili	Marshaun	マルタ***	Martes マーテス	Martika マルティカ
マルサギシビリ	マーショーン	Márta	Martet マルテ	Martikan
Marsais マルセ	Marshman	マールタ*	Marth	マルティカン**
Marsal マルサル	マーシュマン	マルタ	マアス	Martikán
Marsala マーサラ	Marsicano	Märta	マーサ	マルティカン
Marsalek マルサレク	マルシカノ*	マルタ	マース	Martillo マルティリョ
Marsalis	Marsick	メールタ	Martha	Martimer
マーサリス	マーシック	メルタ	マーサ***	モーティマー
マルサリス**	マルシク	Martani マルターニ	マーサー	Martimort
Marsani マーサーニ	マルシック	Martavis マルタビス	マーシャ*	マルティモール
Marsault マルソー	Marsiglia マルシグリア	Martchenko	マータ*	Martin
Marsay マルセー	Marsiglio	マーチェンコ	マーティ	マアチン
Marsch マルシュ	マルシーリオ	マルチェンコ*	マルサ	マーチン***
Marschak	マルシリオ	Marte	マルタ***	マチン
マーシャック	マルシリョ	マーティ	Mårtha マルタ*	マッティン*
マルシャック	Marsilii マーシリィ	マーティ	Marthe	マーティ*
Marschalk	Marsilio	マルテ*	マーサ*	マーティー*
マルシャルク	マルシーリオ	Marteau マルトー	マース	マーティン***
Marschall	マルシリオ	Marteilhe マルテーユ	マルタ	マティン
マーシャル	Marsilius	Martel	マルテ*	マーテン
マルシャル*	マルシリウス	マーテル**	マルト**	マルタン***
Marschark	マルシリウス*	マルテル**	Marthé マルテ	マルチーン
マーシャーク	マルジリウス	Martela マルテラ	Marthinus	マルチン**
マーシャック	Marsillach	Martell	マルティヌス	マルティヌス
Marschner	マルシリャチ	マーテル*	Marthis マティス	マルティーノ
マルシュナー	マルスィッラク	マルティル	Marti	マルティーン**
Marsden	マルスィラッチ	マルテル*	マーチ	マルティン***
マースディン	Marsinah マルシナ	Martella	マーティ*	マルテン
マースデン***	Marsland	マルテッラ	マルテ	メルテン
	マースランド	Martelle	マーティ**	Martín
	Marsman	マルテッラ	マーティー	マーチン
	マーズマン	Martela マルテラ	Martí マルティ**	マーティン
				マルチン

マルティン***
Märtin メルティン
Martina
　マーティーナ
　マーティナ*
　マティーナ
　マルチナ**
　マルティーナ
　マルティナ***
Martinak
　マルティナック
Martinand マルチナン
Martinbrough
　マーティンブロー
Martindale
　マーチンデール
　マーティンデイル*
　マーティンデール*
　マルチンダル
　マルティンデール
Martine
　マータイン*
　マーチン
　マーティーン*
　マーティン**
　マルチーヌ
　マルティーヌ**
　マルティヌ
　マルティネ
　マルティーン*
Martineau
　マーティーヌー
　マーティーノ
　マルチヌ
　マルチーノ
　マルティノー*
Martinek マルチネク
Martinell
　マルティネス
　マルティネル
Martinelli
　マルチネリ
　マルティネッリ**
　マルティネリ**
　マルティネルリ
Martinello
　マルティネロ*
Martinengo
　マルティネンゴ
Martines マルティネス
Martinescu
　マルチネスク
Martinet
　マーチネット
　マーティネット
　マルチネ
　マルティネ**
Martinetti
　マーティネッティ
　マルティネッティ*
Martinez
　マーティーニズ
　マーティネス*
　マーティンス
　マルチネス**
　マルチネーゼ
　マルティネス
　マルティネス***
　マルティネズ*

Martínez
　マルチネス
　マルティーネス*
　マルティネス***
　マルティネズ*
Martinez Palacio
　マルティネスパラシオ
Martinez-Ruiz
　マルチネスールイス
Martingale
　マーティンゲイル
Martingano
　マルティンガーノ
Martingay マルタンゲ
Martinho
　マルティーニョ
Martini
　マーティニ
　マティーニ
　マルチーニ
　マルチニ
　マルティーニ***
　マルティニ***
Martinian
　マルティニアヌス
Martinianus
　マルティニアヌス
Martinic マルティニッ
Martinič
　マルティニッチ
Martiniello
　マルティニエッロ
Martiniere
　マルティニエア
Martinis マルチニス
Martinius
　マルティニウス
　マルティニウス
Martinko
　マーティンコ
　マルティンコ
Martino
　マーティノ
　マルチノ
　マルチノー
　マルチン
　マルティーノ***
　マルティノ*
Martinod マルティノ
Martinon
　マルティノン
Martinos マルティネス
Martinot マルティノト
Martinot-lagarde
　マルティノラガルド
Martinov マルチノフ
Martinovic
　マルチノビッチ
Martinovics
　マルティノヴィチ
　マルティノビチ
　マルティノビッチ
Martinowitz
　マルティノウィッツ
Martins
　マーティンス**
　マーティンズ**
　マルタン
　マルチンス*

マルティンス*
　マルテン
Mārtiņš
　マルティンシュ
Martinsen
　マルティンセン
Martinson
　マッティンソン
　マーティンソン*
　マルチンソン
　マルティンソン
Martinu マルティヌー
Martinů
　マルチヌー
　マルティヌー
Martinucci
　マルティヌッチ
Martinus
　マルチヌス
　マルティナス
　マルティーニュス
　マルティーヌス
　マルティヌス***
　マルティン
Martir マルティル
Martire
　マルティル
　マルティーレ
Martirosian
　マルチロシャン
Martirosyan
　マルチロシャン
　マルチロスリャン
　マルティロシャン
Martis マーティス
Martita マルティータ
Martius
　マルチウス
　マルティウス
Marto マルト
Martoglio マルトリオ
Martohartono
　マルトハルトノ**
Marton
　マートン*
　マルトン*
Márton マールトン
Martone
　マートン
　マルトーネ*
Martonne マルトンヌ*
Martony マートニー
Martonyi マルトニ
Martorana
　マルトラーナ*
Martorell
　マルトゥレイ
　マルトレリイ
　マルトレール
　マルトレル
Martos
　マールトス
　マルトス
Martov
　マールトフ
　マルトフ*
Martowardojo
　マルトワルドヨ
Martre マルトル

Martrell マートレル
Mārttāṇṭa
　マールターンダ
Marttelin マーテリン
Martti
　マルッティ**
　マルティ**
Marttin マーティン
Martucci
　マーチュッシ
　マルトゥッチ*
Marturano
　マートゥラーノ
　マルトゥラーノ
Martus マルトゥス
Martusciello
　マルトゥシエッロ
Martuza マルツーザ
Marty
　マーティ***
　マーティー**
　マルチ
　マルティ**
　マルティー
Martyl マルティル
Martyn
　マーチン**
　マーティン***
Martyna マルティナ
Martynoga
　マルティノガ
Martynov
　マルチノフ
　マルティノフ***
　マルトイノフ
　マルトイノフ
　マルトゥイーノフ
　マルトゥイノフ*
Martynova マルチノワ
Martyr マルティル
Martz
　マーツ*
　マルツ
Martzloff マルツロフ
Martzy マルツィ
Maru マル
Marū メルヴ
Maruca マルカ
Marucchi マルッキ
Maruchi マルチ
Marucus マルクス*
Marudur マルドゥール
Maruejol マルエホル
Maruf マルーフ
Ma'ruf
　マアルフ
　マルフ
Ma'rūfu'l
　マアルーフル
Maruge マルゲ
Marulanda マルランダ
Maruli マルリ
Marulić マルリチ
Marullo マルッロ
Marum マルーム

Marumo マルモ
Marún マルン
Maruna マルナ
Marurai マルライ**
Marus マルス
Marusarz マルサルズ
Maruschka
　マリュシュカ
　マルーシュカ
Marušič マルシッチ
Marusin マルーシン
Maruskova
　マルコスパ
　マルシュコパ
Marussig マルッシグ
Marūthā マルーター
Marutschke
　マルチュケ*
Maruttash マルタシュ
Maruy マルイ
Marv
　マーヴ*
　マーブ*
Marva
　マーバ
　メルバ
Marval マルヴァル
Marvalee マーベリー
Marvanyi マルバニ
Marvat
　マルバト
　メルバット
Marvazī
　マルヴァズィー
Marvejols
　マルヴジョル
Marvel
　マーヴェル
　マーベル
Marvell
　マアヴェル
　マーヴェル*
　マーヴル
　マーベル
Marven マーヴェン
Marville マルヴィユ
Marvin
　マアビン
　マーヴ
　マーヴィン*
　マービン***
　マルヴィン
Marvina マルヴィーナ
Marvuglia
　マルヴーリア
Marvulli マルブリ
Marvyn マーヴィン
Marwa マルワ
Marwala マルワラ
Marwan マルワン**
Marwān マルワーン
Marwedel
　マーヴェデル
Marwick マーヴィック
Marwijk
　マルヴァイク*
　マルバイク

Marwin マーウィン／マルヴィン	**Mary-Ellen** メアリーエレン	**Marzano** マルザーノ／マルツァノ	**Masanès** マザネス	**Mas-Colell** マスコーレル
Marwitz マールウィッツ／マールヴィッツ／マルヴィッツ	**MaryEllen** メアリ・エレン／メアリエレン	**Marzbān** マルズバーン	**Masani** マサニ	**Mascolo** マスコロ*
	Maryellen メアリーエレン／メルリン	**Märzendorfer** メルツェンドルファー	**Masaniello** マザニエッロ／マサニエロ	**Masden** マスデン
Marwood マーウッド*		**Marzi** マーツィ**／マルツィ	**Masannek** マザネック**	**Masdewel** マスダウェル
Marwoto マルウォト	**Maryia** マリア／マリヤ	**Marzia** マルツィア	**Mašanović** マサノビッチ	**Mase** メイス
Marx マークス*／マルクス***	**Mary Janice** メアリジャニス	**Marziale** マルツィアーレ	**Masao** マサオ	**Masé** マセ
	MaryJanice メアリジャニス*	**Marziali** マルツィアリ	**Māsarjawaih** マーサルジャワイー／マーサルジャワイヒ	**Masebo** マセボ
Marxer マルクサー	**Mary Jean** メリージーン	**Marzieh** マルジェ／マルジェ		**Masediba** マセディバ
Marxkors マルクスコルス	**MaryJean** メリージーン		**Masaro** マサロ	**Masefield** メイスフィルド／メイスフィールド*／メエスフィルド／メースフィールド*
Marxsen マルクスセン*／マルクセン	**Maryka** マリカ*	**Marziia** マルツィヤ	**Masarra** マサッラ	
	Maryl マリル	**Marzillier** マツィリア*	**Masaryk** マーサリク／マサリク*／マサリック*	**Masegne** マゼーニェ
Mary マーリー／マリ／マリー***／マリイ／メァリ／メアリ***／メアリー***／メアリイ／メイリ／メイリイ／メエリイ／メーリ*／メーリー／メリ／メリー***／メリィ／メリイ		**Marzino** マルツィーノ		**Maseikov** マセイコフ
	Marylee マリリー／メアリリー	**Marzio** マルツィオ	**Masasso** マサソ	**Mašek** マシェク
		Marzluff マーズラフ	**Masato** マサト*	**Masekela** マセケラ*
	Marylène マリリン／メリレーヌ	**Marzo** マルゾー／マルツォ	**Māsawayh** マーサワイヒ／マサーワイヒ／マサワイフ	**Maseko** マセコ
				Masel マゼル
	Marylin マリリン	**Marzolf** マルゾフ／マルゾルフ		**Maselli** マゼッリ
			Mascagni マスカーニ*／マスカニー	**Masello** マセロ**／マッセロ*
	Marylise マリリーズ	**Marzollo** マーゾッロ／マゾーロ／マゾーロ**		
	Mary-Lou マリールー		**Mascaras** マスカラス*	**Masemene** マセメネ
	Marylou マリルー／メリールー	**Marzoni** マルツォーニ	**Mascarell** マスカレル	**Masenyani** マセンヤニ
		Marzouk マルズーク	**Mascarenhas** マスカレーナス／マスカレナス／マスカレーニャス／マスカレニャス／マスカレンハス	**Maser** マーザー*／マーザァ
	Mary Lynn マリリーン／マリリン	**Marzouki** マルズーキ*		
		Marzouq マルズーク		**Masereel** マセリール／マーセレール／マゼレール
Marya マリア／マーリア／マリヤ*／マールヤ	**Mary-Margaret** メアリーマーガレット	**Marzuki** マルズキ		'Maseribane' マセリバネ
		Marzūq マルズーク	**Mascaró** マスカロ	**Masgutova** マスコトーバ
	Maryna マリーナ／マリナ／マルイナ	**Marzūya** マルズーヤ	**Mascaron** マスカロン	**Mash** マッシュ
Maryam マリア／マリアム***／マルヤム	**Maryniuk** メリニューク	**Mas** マス**	**Mascart** マスカール	**Masha** マーシャ*／マシャ
Maryan マリアン／マリヤン		**Masa** マサ*／マーシャ	**Mascetti** マセッティ*	
	Maryon マリオン／マリヨン	**Masaadeh** マサデ	**Mascha** マーシャ	**Mashaal** マシャル**
Maryana マリアーナ	**Marysa** マリサ	**Masa-Aki** マサアキ	**Mascher** マッシェル	**Māshā'allāh** マーシャーアッラー
Mary Ann メリーアン	**Maryse** マリイズ／マリース／マリーズ**／マリズ／マリーゼ	**Masaccio** マサッチオ／マザッチオ／マサッチョ／マザッチョ	**Maschera** マスケラ	**Mashaei** マシャイ*
MaryAnn メアリーアン／メリーアン			**Mascherano** マスケラーノ*	**Mashaer** マシャエル
		Masadeh マサデ	**Mascherini** マスケリーニ	**Mashagbeh** マシャクベ
Maryann マーヤン／マリアン**／メアリアン	**Mary Teuw** マリートゥ	**Masagos** マサゴス	**Mascherino** マスケリーノ	
Maryanne マリアン*／マリアンヌ／メアリアン*	**Mary-Wynne** マリーウィン／メリーウイン	**Masagung** マサグン	**Mascheroni** マシェローニ／マスケローニ／マスケロニ	**Mashaika** マシャイカ
		Masahart マサハルタ		**Mashakada** マシャカダ
	Marz マース／マーズ／メルツ	**Masahiro** マサヒロ	**Maschino** マスキノ*	**Mashako** マシャコ
Maryanski マリアンスキー／マリヤンスキー	**März** メルツ	**Masai** マサイ**	**Maschke** マシケ／マシュケ*	**Masham** マサム／マシャム／マッサム
		Masaid マサイド		**Ma'shar** マアシャル／マーシャル
Maryati マルヤティ**	**Marzaliuk** マルザリュク	**Masakazu** マサカズ	**Maschlar** マシュラー	
Marybeth メアリベス	**Marzán** マルサン	**Masakhalia** マサハリア	**Maschler** マシュラー*	**Masharkha** マシャルカ
Marye マリィ／メアリ／メアリー	**Marzani** マルザーニ	**Masaki** マサキ	**Maschmeier** マシュマイヤー	**Mashatile** マシャティレ
		Masala マサラ	**Maschner** マシュナー	**Mashburn** マッシュバーン*
		Masali マサーリ*	**Maschwitz** マシュウィッツ	
		Maṣālī メサーリ*	**Masci** マシー	**Mashe** マーシャ
		Masaliev マサリエフ	**Masclet** マスクレ	**Masheder** マシェダー
		Masami マサミ	**Masco** マスコ	
		Masanell マサネル		

MAS

M

Masheke
マシェケ*
マシュケ
Mashfev
マシュフツエフ
Mashhadī
マシハディー
マシュハディー
Mashhour
マシュフール*
Mashhur
マシュフール*
Mashhuri
マシュフーリー
Mashkin マシュキン
Mashkov マシコーフ
Mashnouq マシュヌク
Mashore メイショア
Mashqatt
マシュカット
Mashrab マシュラブ
Mäshräb マシュラブ
Mashurenko
マシュレンコ
Mashwama マシュワマ
Masi
マーシ
マーシー
マージ**
マシ
メイシー
Masia マシア
Masiá マシア
Masiani マシアーニ
Masid マシド
Masie マシエ
Masiello マジエッロ
Masifilo マシフィーロ
Masih マシ
Masihi マシヒ
Masikin マジキン
Masilingi マシリンギ
Masimov マシモフ
Masin メイジン
Masina
マシーナ*
マジーナ
Masinga マシンガ
Masini
マジーニ*
マッシーニ
Masinissa マシニッサ
Masino マシーノ
Mašiotene マシオテネ
Masip マシップ
Masir ナセル
Masire
マシーレ**
マシレ
マジレ
Masisi
マシシ
マシン
Masitah マシタ
Masiulis マシウリス
Masius マシウス

Masjed Jamei
マスジェドジャメイ
Masjid Jamei
マスジドジャメイ
Mask マスク
Maskaev マスカエフ*
Maske マスケ*
Masked マスクド
Maskell マスケル**
Maskelyne
マスキリン
マスケライン
マスケリン
Maskéry マスケリー
Maskevich
マスケビッチ
Maskhadov
マスハドフ**
Maskin マスキン*
Maskinskov
マスキンスコフ
Mašková マスコワ
Maskus マスカス
Maslach
マスラーク
マスラック
Maslak マスラク
Maslama マスラマ
Masland マスランド
Maslanka マスランカ
Maslansky
マスランスキー
Maslarova マスラロワ
Masleev マスレエフ
Maslennikov
マスレンニコフ
マスレンニコフ*
Maslennikova
マスレンニコヴァ
Maslin マスリン
Masling マスリング
Maslivets マスリベツ
Maslon マズロン
Maslov
マースロフ
マスロフ
Maslovar マスロバル
Maslovska
マスロフスカ
Maslovskaia
マスロフスカヤ
Maslow
マスロー*
マズロー*
マスロウ
Maslowski
マスロウスキー
マスロフスキー
Maslyukov
マスリュコフ**
Masmoudi
マスムーディ
Maṣmūdī
マスムーディー
Masnada マスナダ
Masnaghetti
マスナゲッティ

Masne マスヌ
Masnick マズニック
Maso
マーソ
マーゾ
マソ
Masoch
マゾッホ
マゾッホ*
Masodi マスディ*
Masoji マソジ
Masokha マゾーハ
Masol
マソール
マソル**
Masolino
マソリーノ
マゾリーノ
Mason
マソン
マッソン
メイスン**
メイソン**
メースン*
メーソン***
Masonis マソニス
Masood マスード**
Masooda マスーダ
Masoom マスム
Masoomiyan
マアスーミヤーン
Masoon マスーン
Masopust
マソプスト**
Masoro マソロ
Masotti マゾッティ
Masoud
マスード
マスード**
Mas'oud マスード
Masoum マスーム*
Masoumeh マスーメ*
Masoumi マソウミ
Maspero マスペーロ
Maspéro
マスペーロ**
マスペロ
Maspes マスペス
Masquelet
マスクレ
マスケレ
Masquelier マスケリエ
Másquez バスケス
Masri マスリ**
Masry マスリー
Mass マス
Massa
マサ
マッサ**
Massabiau マッサビオ
Massabuau
マサビュオー*
Massad
マサド
マッサド

Massagué マサゲ
Massais マッセ
Massaja マッサヤ
Massalia マッサリア
Massalitinova
マサリーティノヴァ
Massalsky
マスサルスキー
Massamesso
マッサメッソ
Massan マサン
Massana マッサナ
Massanet マサネ
Massani マッサニ
Massaoudou
マサウドゥ
Massaquoi マサクワ
Massar マサール
Massard
マサール
マッサール
Massardi マサルディ*
Massard Kabinda
Makaga
マッサールカビンダマ
カガ
Massarella マサレラ
Massari
マッサーリ*
マッサリ
Massaro マッサーロ*
Massarrat マサラート
Massart
マサール
マッサール
Massary
マサリー
マッサリー
Massasoit マサソイト
Massat マサット
Massatani マッサリ
Massau マソー
Massaud マソー
Masschelein
マシェラン*
Masṣcūd マスード
Masse マッセ*
Massé
マセ
マッセ
Masseck マセック
Massee
マシー
マッシー
Massei マッセイ
Massel マッセル
Masselink
マッセリンク
Massen マッセン
Massena マセナ
Masséna
マセナ
マッセナ
Massenburg
マッセンバーグ

Massenet
マスネ*
マスネー
マスネエ
Massenzio
マッセンツィオ
Massepain マスパン*
Masser マッサー
Massera マッセラ
Masseret マスレ
Masseria マッセリア
Masset
マセ*
マセット
マッセ
Massett マセット
Massevitch
マセーヴィチ
Massey
マーシー
マシー*
マセイ
マッシー***
マッシィ
マッセー
マッセイ
マッセイ**
Masseyeff マセイエフ
Massi マッシ
Massiah メサイア
Massialas マシアラス
Massialot マシヤロ
Massie
マシー*
マッシー***
マッシィ
Massigli
マシーグリー
マシグリ
Massignon
マシニョン
マスィニョン
マッシニョン
Massiliensis
マシリエンシス
Massillon マシヨン
Massima マシマ
Massimello
マッシメッロ*
Massimilian
マッシミリアン
Massimiliano
マッシミリアーノ
マッシミリアーノ***
マッシミリアノ
Massimilla マシミラ
Massimini
マッスィミーニ
Massimo
マシーノ
マッシモ***
マッスィーモ
Massimov マシモフ
Massin
マサン
マッサン
Massine
マシーン

MAT

Mashin マシン
マッシーネ
Massing マッシング
Massinger
　マシンジャー
　マッシンジャー
Massingham
　マッシンガム
Massingue マシンゲ
Massini マッシーニ*
Massinissa
　マシニッサ
　マッシニッサ
Massip マシプ
Massironi
　マッシローニ
Massis
　マシス*
　マッシス
Massiyatou マシヤトゥ
Massman マスマン
Massmann マスマン
Massof マソフ
Massoglia
　マッソグリア
Massol マソル*
Massoma マッソマ
Masson
　マソン**
　マッスン
　マッソン**
Massone マッソーネ
Massoni マッソーニ
Massonneau マソノー
Massonnet マソネ
Massot
　マソ
　マッソ
Massoud
　マスード
　マスードゥ
Massoudi マッスディ
Massougboji
　マスグボジ
Massoulié マスリエ
Massoundi マスンディ
Massow マッソー
Massu
　マシュ
　マシュー*
　マス*
Massú マス
Massullo マスロ
Massumi マッスミ
Massy
　マシー
　マッシー
Massys
　マサイス
　マーシス
　マセイス
　マッイス
　マッサイス
　マッセイス
Mast マスト
Masta マスタ
Mastai マスタイ

Mastanabal
　マスタナバル
Mastandrea
　マスタンドレア
Mastaram
　マスタラーム
Mastel マステル
Mastella マステラ
Mastelletta
　マステッレッタ
Masten マステン
Mastenbroek
　マステンブルーク
　マステンブローク
Mastepanov
　マステパノフ
Master
　マスター**
　マステール
Masterfield
　マスターフィールド
Masterkova
　マステルコワ*
Masterman
　マースタマン
　マスターマン**
　マスタマン
Masteroff マスタロフ*
Masters
　マースターズ
　マスターズ
　マスターズ***
Masterson
　マスタースン
　マスタスン
　マスターソン**
Masterton
　マスタートン***
Masthay マセイ
Mastī マスティー
Mastin マスティン
Mästlin メストリン
Mastny マストニー*
Mastrangelo
　マストランジェロ
Mastrantonio
　マストラントニーオ
　マストラントニオ*
Mastren マストレン
Mastriani
　マストリアーニ
Mastrianni
　マストリアーニ
Mastrilli
　マストリーリ
　マストリリ
Mastrius マストリウス
Mastro マストロ
Mastrocinque
　マストロチンクエ
Mastrocola
　マストローコラ*
Mastrogiacomo
　マストロジャコモ
Mastroianni
　マストロイアンニ
　マストロヤンニ*

Mastrolorenzo
　マストロロレンツォ
Mastromarino
　マストロマリーノ
Mastromonaco
　マストロモナコ
Mastronardi
　マストロナルディ
Mastroni マストローニ
Mastropiero
　マストロピエーロ
Mastur マストゥール
Masuaku マスアク
Masucci
　マスーシ
　マズチ
Masuccio マズッチョ
Masud
　マサド
　マスド
Mas'ud マスード
Mas'ūd
　マスウーデ
　マスウード
　マスウードー
　マスード
Mas'ud マスード
Masudi マスディ
Mas'udī
　マスウーディ
　マスウーディー
　マスウディー
　マスーディ
Mas'ūd-i マスウーデ
Mas'ūdī
　マスウーディー
Masuhr マズール*
Masuk マスク
Masuku マスク
Masulis マスリス
Māsūm マースーム
Masumi マスミ
Masur
　マサー
　マスア
　マズーア
　マズア**
　マスル
Masure マズール*
Masurel
　マシュレル
　マジュレル*
Masures マジュール*
Masuri マスリ
Masurovsky
　マスロフスキー
Masuruk マスルク
Masutha マササ
Masycheva マシチェワ
Maszczyk
　マシュチュク
Maszlay マスレー
Masznyik マシュニク
Maszyński マシニスキ
Mat マット**
Mât マット

Mata
　マタ*
　マーター*
　マタ***
Máta マータ
Mataafa マタアファ
Mata'afa マタアファ
Matabele
　マタベーレ
　マタベレ
Matačić マタチッチ*
Matadi マタディ
Matadigo マタディゴ
Matagne マターニュ
Mata Hari マタハリ
Matai マタイ
Mataiasi マタイアシ
Matairavula
　マタイラブラ
Mataitoga マタイトガ
Mataix マタイス*
Mataja
　マタイ
　マタヤ
Matak マタク
Matakevich
　マタケビッチ
Mas'udī
Matalam マタラム
Matambo マタンボ
Matamoros
　マタモロス
Matan マタン**
Matane マタネ
Mātaṅgaputta
　マータンガプッタ
Matania マタニア
Matanle マタンリー
Matano マタノ
Matanović
　マタノビッチ
Matar
　マター
　マタール*
　マタル
Matarasso
　マタラッソ
Matarazzo
　マタラッツォ
Mataré マタレ
Matarese マタレーズ
Matas
　マータス
　マタス**
Mataskelekele
　マタスケレケレ*
Matata マタタ
Matavesi マタヴェシ
Matavulj マタブリ
Matawalu マタワル
Matayoshi マタヨシ
Matcha マッチャ
Matchar マッチャー
Matchembera
　マシェンベラ
Matchick マッチック

Mate
　マテ**
　メイト
Mat'e マチエ
Maté マテ
Máté
　マーテー
　マテ
Matea マテア
'Matebatso マテバツォ
Matečná マテチナー
Mateelong
　マテーロング
Mateen マティーン
Mateene マテエネ
Mateer
　マティーア*
　マティアー
Mategrano
　マテグラーノ
Matei
　マツェイ
　マテイ
　マテイ*
Matej
　マテイ
　マティエ
Matěj
　マチェイ
　マチュー
Mateja マテヤ**
Matejic メイジック
Matějka
　マチェイカ
　マティエイカ
Matejko マテイコ
Matek マテック
Matekane マテカネ
Matekitonga
　マテキトンガ
Matelief マテリーフ
Matelieff マテリーフ
Matellan マテジャン
Matellus メテルス
Matelova マテロバ
Matena マテナ
Matenda マテンダ
Mateo
　マッティ
　マテーオ
　マテオ**
Mateos マテオス
Mateparae マテパラエ
Mater マテル
Matera
　マテーラ
　マテラ
Materazzi
　マテラッツィ**
Matere マテア
Materna マテルナ
Maternus マテルヌス
Matērnus マテルヌス
Mates
　マーティズ
　マテス

M

メイツ
Mateša マテシャ*
Mateschitz マテシッツ
Matete マテテ*
Mateu
　マチュー
　マテウ
　マテュー
Mateus マテウス*
Mateusiak
　マテウシャク
Mateusz
　マテウシュ**
　マテウス**
　マテウズ
Matevski
　マテフスキー**
Matfield
　マットフィールド
Math マース
Matha マタ
Mathaba マタバ
Mathabiso マタビソ
Mathai マタイ
Matharu マハル
Mathathi マサシ
Mathayo マサヨ
Mathé マテ
Matheasdatter
　マテアスダッテル
Matheiken マテイケン
Mathendele
　マテンデーレ
Mathenia マテニア
Matheny
　マシーニー*
　マセニー*
Matheopoulos
　マテオプーロス*
Mather
　マザー**
　メイサ
　メイザー*
　メーサー*
　メーザー*
Matheron
　マトゥロン**
Mathers
　マザーズ**
　マシューズ
　メイザース
　メーザーズ**
Mathes
　マス
　マティス
　マテス
Mathesius
　マテジウス*
Matheson
　マシスン***
　マシーソン
　マシソン*
　マジソン
　マスィーソン
　マセスン
　マセソン
　マゼソン

マチスン
マティスン
マティソン
マテソン
Matheus
　マテウス*
　マテュース
Mathew
　マシュー***
　マッシュー
Mathews
　マシウース
　マシウス
　マシュゥス
　マシュゥズ
　マシューズ
　マシューズ***
　マスユース
　マッシウズ
　マッシューズ
Mathewson
　マシューソン**
Mathias
　マサイアス***
　マシアス*
　マチアス**
　マティア
　マーティアス*
　マティーアス
　マティアス***
　マティス
　マティヤス
Mathiasen
　マティアセン
Mathiassen
　マシアッセン
　マチアッセン
　マティアッセン
Mathibeli マティベリ
Mathien マティアン
Mathies
　マチエス
　マチス
　マティース
　マティス
Mathiesen
　マシーセン
　マチーセン*
　マッティエセン
　マーティセン
　マティーセン
Mathieson
　マシスン
　マシーソン
　マシソン
　マチソン
Mathieu
　マシュー**
　マシュウ
　マチウ*
　マチュ
　マチュー***
　マチュウ
　マティウ
　マティウー
　マティエウ
　マテュー**
　マテュウ
Mathieu Albert Daniel
　マチューアルベルトダニエル

ニエル
Mathiew マシュー
Mathiews マシューズ
Mathiez
　マチエ*
　マチェーズ
　マティエ
Mathijsen マテイセン
Mathijssen マタイセン
Mathilda
　マチルダ*
　マッチルダ
　マティルダ
Mathilde
　マシルド
　マチルデ*
　マチルド***
　マティルダ
　マティルデ
　マティルド*
Mathios マシオス
Mathiot マティオ
Mathiowetz
　マティオベス
Mathis
　マシス*
　マスィス
　マーティ
　マティース
　マティス**
　メイシス
Mathisen
　マチーセン
　マティセン
Mathison
　マシスン*
　マシソン*
　マチソン
　マティソン
Mathivat
　マチバー
　マティヴァ
　マティバ
Mathivet マティヴェ
Matho マトー
Mathok マソック
Mathon マトン
Mathonet マゾネット
Mathot
　マト
　マトー
Mathrin マテュラン
Mathse マッツェ
Mathsson マットソン
Mathu マシュー
Mathur メイサー
Mathura マズーラ
Mathurin
　マスリン
　マチュラン
　マテュラン
　マトゥラン
Mathy
　マシー
　マッティ
　マティ
Mathylda マティルダ
Mathys マティス

Mati マティ*
Matia
　マチア
　マティア
Matiangi マティアンギ
Matias
　マチアス
　マティーアス
　マティアス*
Matías
　マティーアス
　マティアス
Matiasko マティアスコ
Matiasson
　マティアソン
Matibenga
　マティベンガ
Matic
　マティック
　マティッチ
Matić マティッチ
Maticek マティチェク
Matidia マティディア
Matiegka マティエッガ
Matielli マティエッリ
Matieu マチュー
Matignon
　マティニョン
Matija マティヤ
Matijass マティヤス
Matikainen
　マチカイネン
Matikka マティッカ
Matila マティラ
Matilda
　マチルダ
　マティルダ*
　マティルデ
Matil'da マチルダ
Matilde
　マチルダ
　マチルデ*
　マティルダ
　マティルデ***
　マティルド
Matin
　マタン
　マーチン
　マーティン
　マティン
Matinenga
　マティネンガ
Matingou マタング
Matinskii
　マチンスキー
Matior マシウル
Matip マティプ
Matirām マティラーム
Matirāma
　マティラーム
Matis マチス
Matisoff マティソフ
Matīss マティース
Matisse
　マチス**
　マティス**

Matisyahu
　マティスヤフ*
Matiu マティウ
Mātius マティウス
Matiyasevich
　マチヤセーヴィチ
Matja マティア
Matje
　マッジェ
　マティア*
Matkarim マトカリム
Matkhanova
　マトハーノワ
Matkovic マコヴィック
Matković
　マトコヴィチ
　マトコビッチ
Matkowska
　マトコフスカ
Matkowski
　マトコフスキ
Matla マトゥラ
Matlab ムトラブ
Matlack マトラック
Matlin マトリン**
Matlins マトリンズ
Matlock マトロック**
Matloff マトロフ
Matlubkhon
　マトルブホン
Matlubov
　マトリュボフ
Matniyazova
　マトニヤゾワ
Mato マト*
Matoaya マトアヤ
Matochkina
　マトチキナ
Matolcsy マトルチ
Matom マトム*
Matomba マトンバ
Maton マトン
Matondo マトンド
Matooane マトゥアネ
Matoré マトレ
Matori マトリ
Matos マトス***
Matoš マトシュ
Matos Fernandes
　マトスフェルナンデス
Matoso マトーソ
Matossian マトシアン
Matoto マトト
Matott マトット
Matoub マトゥブ
Matouq マトーク
Matouschek
　マトーシェク
Matousek
　マトウシェク
　マトウゼク
Matoušek
　マトウシェク
Matoušek
　マトウシェク

Matova マトワ
Matovič マトヴィッチ
Matraini マトライーニ
Matrakçi
　マトゥラクチュ
Matrakçs マトラクチュ
Maṭrān
　マトラーン
　ムトラーン
Matranga マトランガ
Mātrarāja
　マートララージャ
Matras マトラス
Matray
　マットレイ
　マトライ
Mātr̥ceta
　マートリチェータ
Matri マトリ
Matricardi
　マトリカルディ
Matricon マトリコン
Matrōn マトロン
Matrona マトロナ
Matronic マトロニック
Matrosova マトロソワ
Maṭrūḥ マトルーフ
Mats
　マーツ
　マッツ***
Matsa マーツァ*
Matschinger
　マッチンガー
Matschoss マチョス*
Matschullat
　マチュラット
Matseichuk
　マツェイチュク*
Matsen マトスン
Matsepe マツェペ
Matsepe-casaburri
　マツェペカサブリ
Matsievskaia
　マツィエフスカヤ
Matsiko マツィコ
Matsila マツィーラ
Matskovskii
　マツコフスキー
Matson
　マツォン
　マトスン
　マトソン*
　メイトソン
Matsopoulos
　マトソポウロス
Matsoukas
　マツォウカス*
　マトソウカス
Matsuev マツーエフ*
Matsui マツイ
Matsumoto マツモト
Matsunaga マツナガ*
Matsuo マツオ
Matsuoka マツオカ
Matsura マツラ

Matsys マツィス
Matt
　マッツ
　マット***
　モットー
Matta
　マータ
　マッタ**
Mattaeus マッテウス
Mattalata マタラタ
Mattan マッタン
Mattanza マッタンザ
Mattarella
　マッタレッラ**
Mattarelli
　マッタレリー
Mattarnovi
　マッタルノヴィ
Mattathias
　マタティア
　マタティアス
　マッタティア
Mattathías
　マッタティア
　マッタティアス
Mattäus マッターウス
Mattausch
　マットタウシュ
Mattay マッテー
Matte マテ*
Matteassi
　マッテアッシ
Mattehew マシュー
Mattei
　マタイ
　マッタイ
　マッテーイ
　マッテイ
　マテイ**
Matteí マテイ
Mattéi マテイ
Matteini マッテイーニ
Matteis
　マシウス
　マッティス
　マッテイス
Mattek マテック
Mattek-Sands
　マテックサンズ
Mattel マテル
Mattelart
　マテラルト*
　マトゥラール
Matten マッテン
Matteo
　マッテーオ
　マッテオ***
　マテオ**
Matteoli
　マッテオーリ
　マテオリ
Matteoni マッテオーニ
Matteotti
　マッテオッティ
Matter
　マター
　マッター

Mattera
　マッテーラ
　マッテラ
Mattern
　マターン*
　マッターン
　マッテルン
Matters マターズ
Matterson マタソン*
Matterstock
　マッターシュトック
Mattes
　マッテス
　マテス*
Mattesi マテジ
Matteson
　マシスン
　マットソン
　マテソン
Mattessich
　マテシック
　マテシッチ
Matteucci
　マットゥッチ
　マテウッチイ
Matteuzzi
　マッテウッツィ*
　マテウッツィ
Mattew マシュー*
Matth マシュー
Matthaei
　マッセイ
　マッテイ
Matthaeus
　マシュー
　マタエウス
　マッタエウス
　マテーウス
Matthaios
　マタイ
　マタイオス
Matthaïos マタイオス
Matthau マッソー**
Matthäus
　マットイス
　マットホイス
　マテーウス
　マテウス**
　マトイス
Matthay マテイ
Mattheck
　マシェック
　マテック
Mattheeuws
　マテュース
Matthei マテイ
Mattheis マテイス
Mattheo Ricci
　マテオリッチ
Matthes
　マッテス*
　マテス
Mattheson
　マッテソン
　マッテゾン
　マテゾン
Mattheus
　マテイス
　マテーウス

Matthew
　マシゥ
　マシュー
　マシュ
　マシュー***
　マシュウ*
　マチュー
　マッシュ
　マッシュー*
　マッシュウ
　マッソー
　マット*
Matthews
　マシュウ
　マシュウズ
　マシュース
　マシューズ***
　マチュース
　マチュウズ
　マチューズ
　マッシュース
　マッシューズ
　マテウス
Matthey マッテーイ
Matthi マティ**
Matthias
　マサイアス*
　マシアス
　マチアス
　マーチス
　マーチャーシュ
　マッチアス
　マッティアス*
　マッテヤ
　マティア
　マティーアス*
　マティアス***
　マティオス
　マテーウス
　マテウス
Matthías
　マティーアス
　マティアス
Matthies
　マシーズ
　マシーズ
　マチス
　マティエス
　マティース
　マティス
Matthiesen
　マシューセン
Matthiessen
　マシースン
　マシーセン***
　マシセン
　マッティーセン
　マッティーセン
　マティスン
Matthieu
　マシュー
　マチュ*
　マチュー**
　マッチュー
　マティウ
　マテュー
Matthijs
　マタイス
　マッティエス
　マティス

マテイス
Matthijsse マティィセ
Matthisson マティソン
Matthiw マティウ
Matthys
　マッシス*
　マティス
Matti
　マッチ*
　マッティ***
　マティ*
Mattia
　マッティーア
　マッティア*
　マティア
Mattiangeli
　マッティアンジェリ
Mattias
　マチアス
　マッティアス
　マティアス
Mattick マティック*
Mattie
　マティ*
　マティー**
Mattielli
　マッティエッリ
Mattieu マテュー
Mattila マッティラ*
Mattingley
　マッティングリー
Mattingly
　マッティングリー**
　マッティングリィ
　マッティングリ
　マティングリー
Mattinson
　マッティンソン
Mattioli
　マッティオーリ
　マティオリ
Mattis マティス*
Mattison
　マチソン
　マティソン**
Mattiussi マテュッシ
Mattiwaza
　マッティワザ
Mattlan マトラン
Mattle
　マッテル
　マットル
Mattli マットリ
Mattlin マットリン
Matto マット*
Mattocks マトックス
Mattoli マットリ
Matton マトン
Mattoni マットーニ
Mattoo マトゥー
Mattoon
　マトゥーン*
　マトゥーン
Mattord マトード
Mattos マトス
Mattox
　マットックス

Mattrick マトリック*
Mattscherodt マットシェロト*
Mattson マッソン／マットソン*／マトソン
Mattsson マットソン*／マトソン
Mattu マッチュー／マットゥ／マトゥー
Matturro マトゥーロ*
Matty マッティ／マッテイ／マティ**
Matuidi マテュイディ
Matuka マトゥカ
Matula マチュラ
Matulaitis マトゥライティス
Matulewicz マトゥレヴィチ
Matulka マトゥルカ
Matull マトゥール
Matulović-dropulić マトゥロビッチドロプリッチ
Matumelo マトゥメロ
Matungulu マタングル／マトゥングル
Matuq マトゥク
Ma'tuq マトゥク
Matura マトゥーラ／マトゥラ
Maturana マトゥラーナ*
Mature マチュア
Māturīdī マートゥリーディー
Maturin マチューリン*／マチュリン／マテュリン
Matus マトゥス／メイタス
Matuschak マチシク
Matuschka マツシカ
Matushek マトゥシェク
Matusiak マトゥシャック*
Matusila マツシラ
Matusov マットウォフ
Matusovsky マトゥソフスキー
Matusow マツーソウ
Matussek マトゥセック
Matussiere マトゥシエール
Matute マチュート／マトゥーテ***／マトゥテ*
Matutes マチューテス／マテューテス*／マトゥテス
Matu'u マトゥウ
Matuzalem マトゥザレム
Matveev マトヴェイエフ／マトヴェーエフ*／マトヴェフ／マトベーエフ
Matveeva マトヴェーエワ
Matveevich マイヴェーヴィチ／マトヴェーヴィチ*／マトヴェーヴィッチ／マトヴェエヴィチ
Matvei マトウェイ／マトヴェイ*
Matveichuk マトベイチュク
Matvej マトヴェーイ
Matvejevic マトヴェイェーヴィチ
Matvejević マトベイェビッチ
Matvejevitch マトヴェイェーヴィチ
Matveyev マトヴェウェーヴ／マトヴェエ
Matveyevich マトヴェイエヴィチ
Matvienko マトヴィエンコ*／マトビエンコ
Matvievskaia マトヴィエフスカヤ
Matviyenko マトヴィエンコ／マトビエンコ*
Matwiejczuk マトヴェイチュク
Maty マティ
Matyas マーチャーシュ／マチャス／マティアス／マティス
Matyás マティアース*
Mátyás マーチャーシュ*／マーチャシュ／マーチャース／マティアス
Màtyàs マーチャシュ*
Matyi マチ
Matyjaszek マティヤシェク
Matyjaszewski マチャゼウスキー
Matyn マーティン
Matysiak マチジアク
Matysik マティシク
Matyszak マティザック
Matyus マチュス
Matyushevsky マチュシェフスキー
Matz マッツ*
Matza マッツァ
Matze メッツ
Matzel マツェル
Matzeliger マッツェリガー
Matzenauer マツェナウアー／マッツェナウアー*
Matzke マッツケ
Matzkin マツキン
Matzner マッツナー
Mätzner メツナー
Mau マウ*／モー
Mauá マウアー
Maualuga マウアルーガ
Mauas マウエス
Mauban モーバン
Maubant モーバン／モバン
Maublanc モブラン／モーブラン／モブラン
Mauborgne モーボーニュ／モボルニュ
Maubourg モブール
Mauboussin モーブッサン*／モーブッシン*
Maubrey モーブリー
Mauburnus マウブルヌス
Mauceri マウチェリ／マウチェリー
Mauch マウクス／マウフ／マオホ／モーク／モーシュ／モーチ
Maucher マウハー**
Mauchly モークリー*
Mauck マック
Mauclair モクレル／モークレール*／モクレール
Mauclerc モークレルク
Mauco モーコ
Maucorps モーコール

Maud マウド／モウド*／モード***
Maud & Miska モード＆ミスカ
Maude マウデ／モウド／モーデ／モード**
Maudet モーデ／モデ
Maudie モーディー
Maudling モードリング
Maudoodi マウドゥーディー
Maudr マウダー
Maudru モードリュ
Maudslay モーズリ／モーズリー／モーズレー／モーズレイ
Maudsley モーズリ／モーズリー**／モーズレー／モーズレイ／モードスレイ
Maudūd マウドゥード
Maudūdī マウドゥーディー
Mauduit モーデュイ／モデュイ
Mauel マウエル*
Mauer マウア／マウアー*／マウエル*
Mauermayer マウエルマイヤー
Mauersberger マウエルスベルガー
Maues マウエス
Maufer モーファー*
Mauffret モーフレ*
Maufra モーフラ
Maufras モフラ
Mauga マウガ
Maugars モガール
Mauger メージャー
Maugeri マウゲーリ／モジュリー
Maugg マウグ
Maugh モー
Maugham モウム／モオグアム／モーム***
Maughan モーガン／モーン
Maughold モーゴルド

Maugin モーガン
Maugue モーグ
Maui マウイ
Mauiliu マウイリウ
Maujan モージャン
Mauk マウ／マウク／モーク
Maul マウル*／モール**
Maulana マウラナ*／モーラナ／モラナ
Maulānā マウラーナー／モウラナ
Maulbertsch マウルベルチ／マウルベルチュ／マウルベルチュ
Maulden モールディン
Mauldin モールディン**／モルディン／モールデン
Maule マウル／モール／モーレ
Mauley マンリー
Maulidi マウリディ
Mauliwarmadewa マウリワルマデーワ
Maull マウル*
Maulnier モオニエ／モーニエ**／モニエ
Maulo マーウロ
Mauloud マウルード
Maulpoix モルポワ**
Maulson モールスン／モールソン
Maultash マウルタッシュ**
Ma'Ulupekotofa マウルペコトファ
Maumigny モミニ
Maumoon マウムーン**／マームーン
Maun マウン*
Maunder マウンダー*／モーンダー*／モンダー*
Maunders マンダース
Maundrell モンドレル
Maung マウン／マァウン**／マウン***
Maunga マウン
Maung Gyi マウンジー

Maung Htin マァゥンティン／マウンティン
Maung Maung マウンマウン
Maung Min Nyo マウンミンニョウ
Maung Thâ Ya マァゥンターヤ
Maung-Thaya マウンターヤ
Maung Wa マウンワ
Maung-Wa マウンワ
Maungwa マウン・ワ
Maunick モーニック*
Maunier モーニエ
Mauno マウノ**
Maunoir モノワール
Maunoury モーヌーリー／モーヌリー／モヌーリ
Mauny マウニー*／マニー
Maunz マウンツ
Maupas モーパ
Maupassant モウバスサン／モウパッサン／モオパスサン／モオパッサン／モーパッサン*／モパッサン
Maupeou モーブー／モブー
Maupertuis モーベルチュイ／モーベルテューイ／モーベルテュイ*／モベルテュイ
Maupin モーパン／モーピン**
Maur マウア
Maura マウラ*／モーラ*
Maurach マウラッハ
Maurain モーラン
Maurand モラン
Maurane モラーヌ**
Maurate マウラテ
Maure モール／モルウ
Maureen マウリーン／モウリーン／モウリーン*／モウリン／モーリーン**／モーリン**／モーリーン*／モーレン*
Mauregato マウレガト

Maurel モーレル*／モレル
Maurelli マウレッリ
Maurenbrecher マウレンブレヒャー
Maurensig マウレンシグ**
Maurepas モールパ／モールパ／モルパ
Maurer マウラ*／マウラー***／マウレル**／マオラー／マーラー／モイラー／モウラー／モーラー／モラー
Mauresmo モーリスモ／モレスモ**
Mauret モーレ
Maurette モーレット
Maurey マレー／モーレー
Mauri マウリ**
Mauriac モオリアック／モオリヤック／モーリアク／モーリアック／モリアック／モーリャック*／モーリヤック**
Mauriat モーリア**／モリア
Maurice マウリース／マウリス*／モゥリス／モォリス／モオリス／モーリー／モーリス***／モーリース／モリス**／モリス／モールス
Mauriceau モリソー
Mauricee モーリス*
Mauricet モーリセ
Mauricette モーリセット
Mauricio マウリシオ***／モーリシオ
Mauricío マウリスィオ
Mauricío マウリシオ*
Mauricius マウリキウス／マウリキオス
Maurie マルリー

モーリー*
Mauriel モリエル
Mauriello マウリエッロ
Maurienne モリアンヌ
Maurier モオリア／モオリヤ／モーリア*／モーリアー／モリア／モリエ**／モーリエイ／モリエール
Mauries モーリエ
Mauriès モーリエ／モリエス
Maurilio マウリリオ
Maurilli マウリッリ
Maurin モーラン*／モラン／モーリン
Maurina マウリーナ
Maurine モーリーン／モーリン
Maurinõ マウリーニョ
Maurinus マウリヌス
Mauris マウリッツ／モーリス
Maurise モーリス*
Mauritius マウリチウス／マウリティウス／モーリシアス
Maurits マウリツ／マウリッツ／モウリツ／モーリツ／モーリッツ
Mauritz マウリツ／マウリッツ*／モーリツ／モーリッツ
Maurizi マウリチ
Maurizio マウリシオ／マウリツィオ**／マウリッチオ／マウリッツィオ**／マオリッツォ*／モウリチオ
Maurkice モーキス*
Mauro マウラ／マウロ***／モーロ*
Maurois モウリス／モオロア／モーロア*／モロア／モロウ／モーロワ**／モロワ

Maurolico マウローコ／マウロリコ
Mauron モーロン
Maurontus マウロントゥス
Mauroof マウルーフ
Mauroy マウロイ／モロア／モーロワ**／モロワ
Maurras モーラス*／モラース／モラス
Maurren マウレン*
Maurren Higa マウレンイガ
Maurstad マウルスタッド／モールスタッド
Maurus マウルス**／モーラス／モールス
Maury マウリー／モウリー／モーリ*／モーリー**／モリー／モーリィ／モーレー
Maurya マウリャ
Maurycy モーリシー／モーリッツ
Maus マウス*／モース
Mausaeus マウサエウス
Mausbach マウスバッハ／マウスバハ
Mause モウズ／モーズ
Mauser モーゼル
Mausfeld マウスフェルト
Mausīlī マウスィリー
Mausner マウスナー
Mausolos マウソロス
Mauss モース*
Maute マウテ／モーテ
Mauterer モーテラー
Mauthner マウトナー
Mauti モーティ
Mautner マウトナー
Mautz マウツ
Mauve マウヴェ／マウフェ／モーブ

Mauvillon モーヴィヨン
Mauz マウツ
Mauzey モーセイ
Mauzy モージー
Mava'a ムバア
Mave メイブ
Maven メイヴェン／メイビン
Mavhaire マバイレ
Mavhunga マブフンガ
Mavia マウィア
Mavinkurve マヴィンクルヴェ
Mavis マーヴィス／メイヴィス／メイビス*
Mavissakalian マヴィッサカリアン
Mavity マビティ
Mavlet マフレト*
Mavlikhanov マフリハノフ
Mavlonova マブロノワ
Mavor メイヴォー／メイバー／メーバー
Mavoritus マウォリトゥス
M'Avoy マッカヴォイ
Mavra マヴラ
Mavraj マヴライ
Mavridis マヴリディス
Mavrina マーヴリナ*／マーブリナ／マブリナ*
Mavrodin マヴロージン／マヴロディン／マブロージン／マブロディン
Mavrogenous マヴロゲーヌス／マヴロゲヌース
Mavrogordato マヴロゴルダート
Mavrokordatos マヴロコルザトス／マヴロコルダトゥ／マヴロコルダートス／マヴロコルダートス／マブロコルダトス
Mavromichalis マヴロミハリス／マブロミカリス
Mavronicolas マブロニコラス
Mavrou マブル
Maw モー*／モウ*
Mawae マワイ*
Mawajdeh マワジュデ

Mawali マワリ
Mawapanga マワパンガ
Māwardī マーワルディー*
Mawdsley モーズリー*
Mawdūdī マウドゥーディー
Måwe マーウェ
Mawene マウェン
Maweni マウェニ
Mawer モウアー
Mawere マワレ
Mawet モエト
Mawhiney モヒニー
Mawhinney マウィニー／マウヒニー
Mawhood モーフッド
Mawlana マウラーナー
Mawoko マウォコ
Mawr マウル
Mawsilī マウシリー／マウスィリー
Mawṣili̇̄ マウスィリー
Mawson マウソン／モーソン**
Mawussi マウシ
Mawutoé マウトエ
Max マキス／マクス*／マック／マックス***
Maxakow マクサコフ
Maxam マクサム／マックスアム
Maxant マクサント
Maxcy マクシー
Maxence マクサーンス／マクサンス**／マグザンス／マクセンス
Maxene マキシーン／マクセン
Maxentius マクセンチウス／マクセンティウス
Maxey マクシー／マクセイ
Maxfield マクスフィールド／マックスフィールド*
Maxi マキシ**
Maxie マキシー／マクシー／マクスイ
Maxim マキシム***／マクシム**

Maxima マクシマ
Maxime マキシーム／マキシム***／マクシム*
Maximiano マキシミアーノ
Maximianus マキシミアヌス／マクシミアーヌス／マクシミアヌス
Maximiliaan マクシミリアーン
Maximilian マキシミリアヌス／マキシミリアノ／マキシミリアン*／マクシミーリアーン／マクシミーリアン／マクシミーリアン***
Maximiliano マキシミリアーノ／マキシミリアノ／マクシミリアーノ
Maximilianus マキシミリアノ／マキシミリアン／マクシミリアーヌス／マクシミリアヌス
Maximilien マキシミリアン／マクシミリアン*
Maximilienne マクシミリアン
Maximilijan マクシミリアン
Maximílla マクシミラ
Maximillian マキシミリアン／マクシミリアーン／マクシミリアン
Maximin マクシマン
Maximinus マクシミーヌス／マクシミヌス／マクシムス
Maximo マキシモ*／マクシモ
Máximo マキシモ／マクシモ
Maximos マクシモス
Máximos マクシモス
Maximova マクシーモワ
Maximus マキシムス／マクシウム／マクシムス*／マクシモス*
Maximy マクシミー*
Maxine マキシーヌ／マキシーン**／マキシーン***／マクシーン*／マクシン*／マクスィーン
Maxson マクソン

Max-theurer マックストゥーラー
Maxton マクストン
Maxudian マックスユディアン
Maxvill マックスヴィル
Maxwel マクスウェル
Maxwell マクスウェル***／マクスウエル*／マクスエル／マクセル／マックス／マックスウェル***／マックスウエル
Maxx マックス
May マイ**／メー／メーイ／メイ***／メエイ
Maya マイア／マイヤ／マジャ*／マーヤ／マヤ***
Māyā マーヤー
Mayaka マヤカ
Mayakovskii マヤコーフスキー*／マヤコフスキー*／マヤコーフスキイ／マヤコフスキイ
Mayakóvskii マヤコーフスキー／マヤコフスキー／マヤコフスキイ／マヤコフスキイ
Mayakovsky マヤコフスキー
Mayall メイオール*／メイヨール*
Mayangsari マヤングサリ
Mayanja マヤンジャ
Mayans マイアンス
Mayara マヤラ
Mayas マヤス
Mayaux マヨー
Mayawati マヤワティ*
Maybach マイバッハ*／マイバハ
Maybank メイバンク
Maybarduk メイバーダック
Maybaum マイバウム
Maybeck メイベック
Maybelle メイベル
Mayberg マイバーク
Mayberry メイベリー*
Maybin メイビン
Mayblin メイブリン

Maybon メーボン
May-Britt マイブリット*
Maybury メイブリー／メイブリィ
Maychick メイチック
Maycock メイコック*
Maydell マイデル*
Maydew メイデュー
Maye マイエ／マエ／メイ*
Mayeaux メイヨー
Mayeda マエダ
Mayehoff メイホッフ
Mayel マイエレ
Mayele マイエーレ
Mayen マイヨ
Mayenburg マイエンブルク*
Mayenne マイエンヌ
Mayer マイア／マイアー*／マイエー／マイエール／マイエル*／マイヤー***／マイヤア／マジェル／メイア／メイアー／メイエール／メイヤー***／メーヤー
Mayerhöfer マイヤーフェーファー
Mayerhoff マイエルホッフ
Mayeroff メイヤロフ
Mayers マイヤース／マイヤーズ／メイエル／メイヤーズ／メーヤーズ
Mayer-Schönberger マイヤシェーンバーガー
Mayes メイズ*
Mayet マイエ／マイエット*／マイエト
Mayeul マイオルス／マイユール
Mayeur マイユール
Mayeux マイユ
Mayfair メイフィア
Mayfart マイファールト
Mayfield メイフィールド**
Maygaag メガグ*

Maygene メイジーン
Mayhead メイヘッド
Mayhew メイヒウ／メイヒュ*／メイヒュー***／メイヒュウ／メイヨー／メーヒュー
Mayhue メイヒュー
Mayi マジ
Mayiik マイーク
Mayila マイラ
Mayim メイエム
Maykall マイカル
Mayland マイラント
Mayle メイリー／メイル***
Maylett メイレット
Maylis マイリス
Maymandī マイマンディー
Maymin マイミン
Maymūn マイムーン
Maynard メイナード***／メーナード／メーナードー／メナード／メーナール／メナール
Maynard-gibson メナードギブソン
Mayne マイーネ／マイン／メイン***
Mayneiel メニエール／メニエル
Mayneord メイノード
Maynes メインズ
Mayno マイーノ
Mayntz マインツ*
Mayo マジョ／マーヨ／マヨ*／マヨー／メイオ*／メイオー／メイヨ**／メイヨー**／メイヨウ／メイリ／メーオー／メーヨ／メーヨー**／メーヨオ
Mayoh メイヨー
Mayol マイヨール**／マジョル／マヨール
Mayom メイヨム
Mayombe マヨンベ

Mayone マイオーネ
Mayor
　マイヨール*
　マジョル
　マヨール**
　メイヤー**
Mayora マヨラ
Mayoral マジョラル
Mayorga
　マジョルガ
　マヨルガ
Mayorova マヨロワ*
Mayotte
　メイオット
　メイヨット
Mayou メイヨウ
May Oung メイオウン
Mayowa メイヨワ
Mayr
　マイア*
　マイアー*
　マイヤ
　マイヤー***
　マイル*
　メイヤー
Mayra マイラ
Mayram マリアム
Mayran メイラン
Mayrand メイラン
Mayreder
　マイレーダー
Mayrhofer
　マイルホーファー
　マイルホーフェル
　マイローファー
Mayröcker
　マイレッカー*
Mayron メイロン
Mayros メイロス
Mays
　メイズ**
　メーズ
Maysa マイサ
Mayseder
　マイゼーダー
Mayshuet
　メイシュエット
Maysie メイジー
Maysinger
　メイシンガー
Maysles
　メイスルズ*
　メイスルス
　メイズルズ*
Mayson メイソン
Maystadt
　メイスタット*
Maystre メイスター
Maysūn マイスーン
Mayta マイタ
Maytag メイタッグ
Maytami マイタミ
May-Treanor
　メイトレーナー
Mayumi マユミ

Mayur マユール
Mayūra マユーラ
Mayuri マユリ
Mayweather
　メイウェザー**
Maywood メイウッド
Mayy マイ
Mayyaleh マイヤーラ
Maz マズ
Maza
　マーサ
　マサ
　マザ
Mazade マザード
Mazaheri マザヘリ
Mazaios マザイオス
Mazairac マザラック
Mazák マザーク
Mazal マツァール
Mazaleyrat マザレラ
Mazali
　マサリ
　マザリ
Mazalto マザルト
Māzāndarānī
　マーザンダラーニー
Mazankowski
　マザンカウスキー
　マザンコフスキ*
Mazar
　マザール*
　マザル
Mazara マザーラ
Mazarei マザレイ
Mazariegos
　マサリエゴス
Mazarin マザラン
Mazarine マザリーヌ
Mazarini マザリーニ
Mazaroff マザロフ
Mazaropi マザロッピ
Mazarr マザー*
Mazars
　マザール
　マツァルス
Mazas マザース
Mazaud
　マゾー
　マゾウ
　マゾオ
Mazawi マザウィ
Mazdak マズダク
Mazdzer マズダー
Maze
　マーズ
　マゼ
　マゼ**
　メイス
　メイズ*
Mazeas マズア
Mazel マゼル**
Mazella マツェラ
Mazenod
　マゾノ
　マゾノー

Mazepa
　マゼッパ
　マセパ
　マゼーパ
　マゼパ
Mazer メイザー**
Mazerolle
　メイズロール
Mazeroski
　マゼロスキー
Mazette マゼット
Mazhar マズハル
Maz'hari マズハリー
Mazhit マジト
Mazibuko マジブコ
Mazie メイジー**
Maziel マシエル
Mazier マジエ
Maziere
　マジーア
　マジェール
Mazière マジェール
Mazighi マギーギ
Mazilier マジリエ
Mazilu マジル
Mazin
　マージン
　マジン
Mazini マジニ
Māzinī
　マージニー*
　マーズイニー
Mazinho マジーニョ
Mazisi
　マジシ**
　マジン
Mazlish
　マズリシュ
　マズリッシュ
Mazloumipour
　マーズルーミプール
Mazmanian
　マズマニアン
Mazo
　マーソ
　マソ
　メイゾ
　メーゾ
　メゾ
Mazon マゾン*
Mazonowicz
　マゾノウィッツ
Mazoungou マズンゴ
Mazour マズーア
Mazower マゾワー*
Mazowiecki
　マゾヴィエツキ**
　マゾビェツキ
　マゾビエツキ
Mazoyer マゾワイエ
Mazria マツリア
Mazrouei マズルーイ
Mazrui マズルイ*
Mazuel マジュエル
Mazumdar
　マズムダル*

Mazumder マズムダー
Mazún マスン
Mazunga マズンガ
Mazunov マズノフ
Mazur
　マズール
　メイザー*
　メーザー
　メジュア
Mazuranić
　マジェラニッチ
　マジュラニッチ
Mažuranić
　マジュラニチ
　マジュラニッチ
Mazure マズール
Mazurenko マズレンコ
Mazurki マズルキ
Mazurkiewicz
　マズールキエヴィチ
　マズルキエヴィーチ
　マズルケビッチ
Mazurok マズロク
Mazuronak マズロナク
Mazuronis
　マズローニス
Mazurov
　マースロフ
　マズロフ
Mazurova マズロバ
Mazursky
　マザースキー*
Mazza マッツァ*
Mazzacurati
　マッザクラーティ
Mazzaferrata
　マッツァフェッラータ
　マッツァフェルラータ
Mazzaferri
　マサフェリー
Mazzaferro
　マッツァフェロー
Mazzanoble
　マザノーブル
Mazzantini
　マッツァンティー
　ニ**
　マッツィアンティーニ
Mazzarella
　マッツァレッラ
Mazzarello
　マツァレロ
　マザレルロ
　マツァレロ*
Mazzarino
　マッツァリーノ
Mazzariol
　マッツァリオール
Mazzarri マッツァーリ
Mazzei マッツェイ*
Mazzella
　マゼラ
　マツェラ
Mazzello マゼロ
Mazzeo
　マッツェオ
　マツェオ

Mazzetti
　マセッティ
　マゼッティ
　マツェッティ*
　マッツェッティ**
Mazzilli マジリ
Mazzinghi
　マッツィンギ
Mazzini
　マッジニイ
　マッチィ
　マッチイニ
　マッチーニ
　マッチニ
　マッツィーニ*
　マッツィーニー
　マッツィーニ
Mazzino マッツィーノ
Mazziotti
　マッツィオッティ
Mazzitelli
　マッツィテッリ
Mazzo マッツォ*
Mazzocchi
　マツォッキ
　マッツォッキ
Mazzocco マゾコ
Mazzola
　マッツォーラ**
Mazzolai マッツォライ
Mazzoleni
　マッツォレーニ*
Mazzoli マッツォーリ
Mazzolino
　マッツォリーノ
Mazzolla マゾーラ
Mazzoncini
　マッゾンシーニ
Mazzone
　マゾーニー
　マッツォーネ
Mazzoni マッツォーニ
Mazzù マッツ
Mazzucato
　マッズカート
　マッツカート
Mazzucchelli
　マツケリー
　マッズケリ
　マッツーケーリ
　マッツッケッリ
Mazzucco
　マッツコ**
Mazzuccotelli
　マッツッコテッリ
Mazzuoli マッツオーリ
Mazzurro
　マズルコ
　マッツァルコ
Mba ムバ**
M'ba ムバ
Mba Abessole
　ムバアバソレ
Mbabazi ムババジ
Mbabu ムバブ
Mbacké ムバケ
Mbadinga
　ムバディンガ

Mbafou ムバフ
Mbagnick ムバニク
Mbah
　バ
　バー
　ムバ
Mbaikoua ムバイクア
M'baïkoua ムバイクア
Mbailaou ムバイラウ
Mbaire バイレ
Mbaïtadjim
　ムバイタジム
Mbaki ムバキ
Mbalula ムバルラ
Mbama ムバマ
Mbamba ムバンバ
M'Bami エムバミ
Mbande ムバンデ
Mbandzeni
　ムバンドゼニ
Mbango
　ムバンコ
　ムバンゴ**
Mba Nguema
　ムバヌゲマ
Mbani ムバニ
Mbanya ムバンヤ
Mba Obame
　ムバオバメ
Mba Olo ムバオロ
Mbappe
　エムバペ
　ムバペ
Mbarawa ムバラワ
M'baré ムバレ
M'Bareck
　エムバーレク
M'barek ムバレク
Mbarga Atangana
　ムバルガアタンガナ
Mbarga Mboa
　バルガンボア
Mbaruk ムバルック
Mbasogo
　ムバソコ
　ムバソゴ
Mbata ムバタ
M'bay ムバイ
Mbaya ムバヤ
Mbaye
　エムバイェ
　ムバイ
　ムバイエ
　ムバエ
M'Baye
　エムバイェ
　ムバイ
Mbaye Samb
　ムバイエサム
Mbayi ムバイ
Mbayo ムバヒョ
Mbazaa ムバッザア*
Mbega Obiang Lima
　ムベガオビアンリマ
Mbegu ムベグ
Mbeki ムベキ**

Mbella ムベラ
Mbelle ムベレ
Mbemba ムベンバ
M'Bemba ムベンバ
Mbemba Fundu
　ムベンバフンドゥ
Mbengono ムベンゴノ
Mbengue
　ムバング
　ムベング
Mberi ムベリ
Mbete ムベテ
Mbeyo ムベヨ
Mbianyor ビアニオ
Mbiganyi ムビハニ
Mbikayi ムビカイ
Mbilinyi ムビリニ
Mbilli ムビリ
Mbissa ムビサ
Mbiti ムビティ
Mbiwa エムビワ
M'bo ムボ
Mbodj ムボジ
M'bodji Sene
　ムボジセン
Mbodou ムボドゥ
Mboge ムボッジ
Mbogo ムボゴ
Mboi ムボイ
M'boïssona ムボワソナ
Mbokani ムボカニ
Mboli ムボリ
Mboliaedas
　ムボリアエダス
Mboma エムボマ
Mbomback
　ムボンバック
Mbombo ムボンボ
Mbomio ムボミオ
Mbonerane
　ムボネラネ
Mbon'gaba ムボンガバ
Mbongeni ムボンゲニ*
Mbonimpa ヌボニヌバ
Mboso ムボソ
Mbot ムボ
Mbougar ムブガル
Mboulou ムブル
Mboumba Nziengui
　ムブンバンゼンギ
Mboumbou Miyakou
　ムブンブミヤク
Mboumoua ムブムア*
Mbow ムボウ
M'Bow ムボウ*
Mbowe ムボウェ
Mboya ムボーヤ
Mbu ムビュー
Mbugua ムブグア
Mbuka ムブカ
Mbulaeni
　ムブイレニ**

Mbulakubuza
　ムブラクブザ
Mbumba
　ムビュンバ
　ムブンバ
Mbusa ムブサ
Mbuso ムブソ
Mbuyambu
　ムブヤンブ
Mbuyiseni ムブイセニ
Mbuyu ムブユ
Mbwentchou
　ムベンチュ
Mbwinga Bila
　ムブウィンガビラ
Mc マック
McAbee マッカビー
McAdam
　マカダム
　マッカダム
McAdams
　マカダムス
　マクアダムス
McAdoo
　マカドゥー
　マークアドゥー
　マクアドゥー
　マカドゥー
　マッカドゥー*
Mcadoo マカドゥー
McAfee
　マカフィー*
　マッカフィー
McAlary マカラリー
McAleavy マクリーベ
McAleely
　マッカーリー
McAleer
　マカリアー
　マクアリア
McAlees マカリース
McAleese
　マカリース**
　マッカリース
McAlester
　マックアレスター
McAlhone
　マカルホーン
McAlinn マクリン
McAliskey
　マカリスキー
McAlister
　マカリスター
　マッカリスター
McAllister
　マカリスター**
　マクアリスター
　マックアリスター*
Mcallister
　マカリスター
McAlmon
　マコールモン
McAloon マクアルーン
McAlpine
　マカルパイン**
　マカルピン
McAlvany
　マッカルバニー

McAndrew
　マックアンドルー
McAnespie
　マカネスピー
McAnulty
　マカナルティ
　マカナルティー
McArdle
　マカードル
　マッカードル
McArpine マカルピン
McArthur
　マッカーサ
　マッカーサー**
Mcarthur
　マッカーサー
McArtor マカーター
McAtee マカティー
McAteer
　マカティア
　マカーター
McAughtry
　マッコートリー
McAuley
　マコーリー***
　マコーリイ*
　マコーレイ
McAuliffe
　マコーリフ**
　マッコーリフ
McAuly マッコリー
McAvoy
　マカヴォイ
　マカボイ*
　マックアヴォイ
McBain
　マクベイン***
　マックベイン
　マックベーン
McBan マックバン
Mcbean マクビーン
McBee マクビー
McBeth マクベス
McBratney
　マクブラットニィ
McBrawne
　マクブラウン
McBreen マクブリーン
Mcbreen マクブリーン
McBride
　マクブライト
　マクブライド**
　マクブリド
　マックブライド*
　ミクブライド
Mcbride
　マクブライド
　マクブリド
McBright
　マクブライト
McBroom
　マックブルーム
McBryde マクブライド
Mcbryde マクブライド
McBurney
　マクバーニ
　マクバーニー**

McBurnie
　マクバーニー
McC. マク
McCabe
　マカベ
　マケイブ*
　マッケイブ*
　マッケープ
Mccabe マッケーブ
McCafferty
　マカファーティ*
　マカファティ
　マッカファティ
　マックキャファティ
McCaffery
　マキャフェリー
　マキャフリィ
　マッキャフェリー
McCaffree マカフリー
Mccaffree マカフリー
McCaffrey
　マキャフリー**
　マキャフリイ*
　マッカフレイ
McCafrey
　マックキャフレー
McCagg マッケイグ
McCahill マッカヒル
McCahon マッカホン
McCaig マッケイグ**
McCain
　マケイン**
　マックケイン
　マッケイン*
McCaleb マッケレーブ
Mccalister
　マカリスター
McCall
　マコール*
　マッコール**
Mccall マッコール
McCalla マッカーラ
McCallin マカリン
McCallion
　マキャリオン*
　マッキャリオン
McCallister
　マカリスター
　マックカリスター
McCallum
　マカラム
　マッカラム**
Mccallum マッカラム
McCally マッコリー
McCalman
　マカルマン
　マッカルマン
　マッコールマン
McCamant マッカマン
McCambridge
　マックケンブリッジ
　マッケンブリッジ**
McCammon
　マキャモン**
　マッキャモン
McCandless
　マカンドレス
　マクキャンドレス

マッキャンドルズ
マッキャンドレス
McCanlies
　マッキャンリーズ
McCann
　マカン*
　マキャン
　マカーン
　マッカン
　マッキャン**
　マックカン
　マッケン
Mccann
　マキャン
　マッカン
　マッキャン
McCanse マッケーンス
McCants
　マクキャンツ
　マッキャント
McCarberg
　マッカバーグ
McCardell
　マッカーデル
McCarey マッケリー
McCargo マッカーゴ
McCarney
　マカーニー
　マッカーニー
McCarran
　マカラン
　マッカラン
McCarrell マカレル
McCarriston
　マカリストン
McCarroll
　マキャロル
　マックキャロル
Mccarroll
　マッキャロル
McCarron
　マカロン
　マッキャロン**
McCarry
　マッカーティ
　マッカリー
　マッキャリー**
McCartee
　マカーティー
　マッカーティー
　マッカーティ
　マッカーティー
McCarten
　マカーテン*
McCarter
　マカーター
　マッカーター
　マッカーター*
McCarthy
　マカーシー
　マッカアシー
　マッカーシ
　マッカーシー***
　マッカーシー*
　マッカーシイ*
　マッカースィ
　マッカーチー
　マッカルシー
Mccarthy
　マカーシー

マッカーシー
マッカースィ
McCartin
　マッカーティン
McCartney
　マカートニー
　マッカートニー**
Mccartney
　マカートニー
McCarty
　マカーティ
　マカーティー
　マッカーティ*
　マッカーティー*
　マッカーティー
Mccarty
　マッカーティー
McCarver
　マッカーヴァー
McCary
　マックケイリー
　マッケリー
McCash マッキャシュ
McCaskey
　マカスキー*
　マッカスキー*
McCaskill
　マカスキル
　マッカスキル
　マックキャスル
McCaslin
　マックカスリン
McCatty マッカティ
McCaughrean
　マコックラン*
　マコーリアン*
　マコーリン
　マコーリーン**
McCaughren
　マコックレン
　マコーレン
McCauhrean
　マコーリアン
McCauley
　マコーリ
　マコーリー
　マコーリィ
　マコーレイ
　マコーリー*
　マコーリリ
　マコーレー
　マコーレー
　マコーレイ
McCaw
　マカウ
　マコウ**
　マッカウ
McCawley
　マッコーリー
　マッコーレー
McCay
　マッケイ
　マッケイ**
McCellan マクレラン
McCelland
　マクセランド
McChargue
　マクチャーグ
McChesney
　マチェズニー
McChord マッコード

McChrystal
　マクリスタル
McClain
　マクレイン*
　マクレーン*
　マックレーン
Mcclain マクレイン
McClanahan
　マクラナハン*
McClane
　マクレイン
　マクレーン
McClannahan
　マクラナハン
McClaren
　マクラーレン
　マクレアレン
McClary
　マクラリー
　マクレアリ
Mcclatchey
　マクラッチャー
McClatchie
　マクラッチー
McClatchy
　マクラッチー*
McClaugherty
　マクラルティー
McClay マクレー
McClean マクレーン
Mcclean マックリーン
McCleane マクレーン
McCleary
　マックリアリー
McCleen マクリーン*
McCleery
　マクリーリ
　マクリーリー
　マクルーリー
　マックリーリー
McClellan
　マククレラン
　マクラレン
　マクレラン**
　マックレラン
Mcclellan マクレラン
McClelland
　マクセランド
　マクリーランド*
　マクルランド
　マクレラン*
　マクレランド*
　マックリーランド
　マックレランド*
McClellin
　マクレーリン
McClement
　マックレメント
Mcclements
　マックレメント
McClen
　マクレン
　マックレン
McClendon
　マクレンドン*
　マックレンドン*
Mcclendon
　マクレンドン

McClenon
　マクレノン
McClerkins
　マッククラーキンス
McClintic
　マックリンティック
McClintick
　マクリンティック
McClintock
　マクリントク
　マクリントック**
　マックリントック
McClinton
　マックリントン
McClister
　マッククライスター
McClone マクローン*
McClorey
　マクローリー*
McClory マクローリー
McCloskey
　マクロスキ
　マクロスキー**
　マックロスキー**
McClosky
　マクロスキー
McCloud
　マクラウド*
　マッククラウド
　マックラウド
McCloy
　マクロイ**
　マックロイ*
McClung
　マクラング
　マッカラン*
　マックラング*
McCleery
　マクリーリ
McClure
　マクリュア
　マクルーア***
　マクルァ
　マクルァ
　マクルアー*
　マクレアー
　マックリュア
　マックリュアー
　マックルー
　マックルーア*
　マックルア*
Mcclure
　マクルーア
　マックラー
　マックルーア
McClurg
　マッククラーグ
　マックルーグ
McClurkan
　マックラーカン
McClurkin
　マクラーキン
McCluskey
　マクラスキー*
　マクルスキー
Mccluskey
　マクラスキー
McClusky
　マクラスキー
McCluster
　マクラスター
McCoil マッコイル

McColgan
　マッコルガン
Mccolgan
　マコルガン
　マッコルガン
McColl マッコール
McCollom マッカラム
McCollough マクロウ
McCollum
　マカラム
　マクコラム
　マッカラム**
　マッコーラム*
Mccollum
　マッカラム
　マッコーラム
McColvin
　マッコルビン
McComas
　マコーマス
　マコマス
　マックコマス
　マッコーマス
McComb マッコーム
McCombe マッコーム
McCombie
　マコンビー*
McCombs
　マコームズ
　マッコウムズ
　マッコム
　マッコームズ
McConaughey
　マコノヒー
McConaughy
　マコノギー
　マッコナウヒイ
　マッコナーフィ
　マッコーニイ
McCone
　マコーン
　マッコーン
McConica マッコニカ
McConkey
　マコンキー
　マッコンキー
　マッコンキイ
McConkie
　マッコンキー
McConnachie
　マッコナッキー
McConnaughey
　マコナヘイ**
　マコノヒー
　マッコノーヒー
McConnel
　マコーネル
　マッコーネル
　マッコーネル*
　マッコンネル
McConnell
　マコーネル**
　マコネル**
　マコンル
　マンル
　マックコネル
　マッコーネル*
　マッコネル*
　マッコンネル
Mcconnell マコーネル

McConneloug
マコネルーグ
McConville
マコンヴィル
McCooey マックーイ
McCook
マッククック
マッククック*
McCool マックール*
McCord
マコード
マッカード
マッコード**
McCorduck
マコーダック
マッコーダック
McCorkle
マコークル
マッコークル
McCormac
マコーマック
McCormack
マコーマック**
マコーミック
Mccormack
マコーマック
McCormick
マコーミク
マコーミック**
マッコーミック*
Mccormick
マコーミック*
McCormmach
マコーマック
Mccorory マコロリー
McCorvey マコービー
McCosh
マコッシュ
マコッシュ*
McCosky マッコスキー
McCouch マカウチ*
McCourt
マコート***
マッコート
マッコート
Mccourt マコート
McCourtney
マッカートニー
McCourty
マコーティー
McCoury マッコリー
McCovey
マコーヴェイ
マコヴィー
マッコビー
マッコベイ
McCowen
マックカウエン
マッコウエン
McCown マッコウン
Mccown マッコウン
McCoy
マコーイ**
マコイ
マッコイ***
Mccoy
マコイ
マッコイ*

McCracken
マクラケン
マクラッケン***
マッククラッケン
マクラッケン
Mccracken
マクラッケン
McCrackin
マクラーキン
マクラッキン
McCracklin
マクラクリン
McCrae
マクレー*
マックレー
McCrane
マクレイン
マッククレイン
McCrary
マッククラリー
McCraw
マクロー
マクロウ
マックロー
McCray
マクレイ
マックレイ
Mccray
マクレイ
マックレー
McCrea
マクリー
マクリア
マックリー
マックレア
McCreadie マクレディ
McCready
マックレディ
McCreary
マクリアリー
マックレアリー
McCreery
マクリーリー
マックリーリー
McCreesh
マクリーシュ
McCreevy
マクリービー
McCreight マクレイト
McCrensky
マックレンスキー
McCrery マクレリー
McCrindle
マクリンドル
マッククリンドル
McCrone マックローン
McCrorie マクロリー
McCrory
マクロイ
マクローリー*
Mccrory マクローリー・
McCroskey
マクロスキー
McCrossan
マクロッサン
McCrum
マクラム
マックラム*

McCrumb
マクラム**
マックラム
McCubbin
マクービン
マッカビン
McCubbins
マカビンズ
McCubbrey
マクブレー
McCudden マッカデン
McCue マッキュー
Mccue マッキュー
McCullagh
マカラー
マクカラア
マクラガー
McCullaugh
マカラーフ
McCullers
マカラーズ
マッカラーズ**
マックカラーズ
マックラース
McCulley
マッカリ
マッカレー*
マッカーレイ
マッカレイ
マッカレエ
McCullin マッカラン
McCulloch
マカロック
マコラック
マカロック
マッカロック
マッキュロッチ
マックロー
マックロウ
マックロッホ
Mcculloch
マカロック
マッキュロッチ
McCullogh マッカロウ
McCullough
マカラ
マカラー
マカラーク
マカラック
マカルー
マカロー
マカロウ
マカロック*
マクロウ*
マッカラ**
マッカラー*
マッカラウ
マッカラフ
マッカロー*
マッカロック
マックロウ*
Mccullough マカラク
McCully
マカリー
マッカリー*
McCumber
マッカンバー
McCune
マキューン*
マッキューン***

マックン
McCurdy
マカーディ*
マッカーデー
マッカーディー
Mccurdy マッカデイ
McCure マックルーア
McCurley
マッカーリー
McCurry マッカリー*
McCusker
マッカスカー
McCutchan
マカッチャン
McCutchen
マッカッチェン*
Mccutchen
マッカッチェン
McCutcheon
マカッチャン*
マッカーチャン
マッカッチョン
マックカッチェオン
McDade
マクデード
マックデイド
McDaid マクデッド
McDaniel
マクダニエル**
マグダニエル
マックダニエル
Mcdaniel マクダニエル
McDaniels
マクダエニルズ
マクダニエルズ**
McDannell マクダネル
McDarra マックダッラ
McDarrah マクダラー
McDavid
マクデイヴィッド
マクデービッド
Mcdavid
マクデイヴィッド
McDermid
マクダーミッド
マクダーミド**
McDermott
マクダーマット
マクダーモット**
マックデルモット
Mcdermott
マクダーモット
McDevitt
マクデヴィット*
マクデビット*
マックデヴィット
McDiarmid
マクディアミッド
Mcdill マクディル
McDonagh
マクドナー
マクドノー
McDonald
マクドナルド***
Mcdonald
マクドナルド*
McDonard
マクドナルド

McDonell
マクダネル*
マクドネル
McDonnel マクドネル
McDonnell
マクダネル
マクドネル**
Mcdonnell マクドネル
McDonough
マクダナ
マクダナー*
マクダナウ
マクドナー*
マクドナウ
マクドナフ
マクドノー**
マクドノウ
Mcdonough
マクドノー
McDormand
マクドーマンド*
Mcdormand
マクドーマンド
マックドーマンド
McDougal
マクドゥーガル*
マクドウガル
McDougald
マクドゥーガルド
Mcdougald
マクドゥーガルド
McDougall
マクドゥーガル***
マクドゥガル*
マクドーガル
マクドガール
マクドガル
マックドゥーガル
McDougle
マクダグル
マクドゥーグル
McDowall
マクダウェル
マクドウェル
マクドウォール*
マクドール
McDowell
マクダウェル**
マクダウエル**
マクドゥウェル
マクドーウェル
マクドウェル*
マクドウエル
Mcdowell
マクダウェル
McDuff マクダフ**
McDuffie マクダフィー
McDwall マクドワル
McDyess マクダイス
McDysan
マックダイサン
McEachen
マッキーチェン
McEachin
マキーチン
マックイーチン
McElderry
マクエルダリー
McEldowney
マケルダウニー

McElhone
　マックエルホーン
McElligott
　マケリゴット*
McElmurry
　マケルマリー
　マックエルマリー
　マックエルマリイ
McElrath　マッケラス
McElroy
　マクロイ
　マケルロイ
　マックエルロイ*
　マッケルロイ**
　マッケロイ
McElwain
　マッケルウェイン
Mcelwain
　マケルエイン
McElwee
　マケルウィー
　マッケルウィー
McEnally　マナナリー
McEnery
　マケナリー
　マケネリー
　マッケナリー
　マッケネリー
McEnhill　マッケンヒル
McEnroe
　マッケンロー*
McEntee
　マケンティー
　マッケンティー
McEntyre
　マッケンタイアー
McEuen
　マクユーエン
　マッキーアン
McEvenue
　マケベニュ*
McEvers
　マクエバーズ*
McEvey
　マケヴィ
　マケビー
McEvily　マッケビリー
McEvoy
　マケボイ
　マッキボイ
　マックヴォイ
　マックボイ
　マッケヴォイ
　マッケボイ*
Mcevoy
　マクエボイ
　マケボイ
　マッケボイ
McEwan
　マキューアン**
　マッキューアン
　マックユアン
Mcewan　マッケワン
McEwen
　マキューアン
　マキューエン**
　マキューエン
　マクイーウェン
　マクウェン
　マッキュアン

McKueen
　マッキューエン
　マッキーワン
Mcewing
　マクユーイング
McFadden
　マクファーデン
　マクファデン**
　マックファッデン
　マックファデン
Mcfadden
　マクファッデン
McFadyen
　マクファディン**
Mcfadzean
　マクファーゼン
McFague　マクフェイグ
McFarlan
　マクファーラン*
　マクファラン
　マクフィーラン
McFarland
　マクファーランド**
　マクファランド
　マックファーランド
Mcfarland
　マクファーランド
McFarlane
　マクファーレイン
　マクファーレン*
　マックファーレン
Mcfarlane
　マクファーレン
Mcfarling
　マクファーリング
McFarr　マクファー
McFate　マクフェイト
McFaul　マクフォール
Mcfaull　マクフォール
McFedries
　マクフェデリス
　マクフェドリーズ
McFee
　マクフィー
　マックフェ
McFeely
　マクフィーリー
　マクフィリー
Mcferlin
　マクファーリン*
McFerrin
　マクファーリン
　マクフェリン
　マックフェリン
McFeters
　マクフェターズ
McG　マック
McGaffey　マクガフィ
McGahan
　マクガーハン
　マクガハン
McGahern
　マガン
　マガハン**
　マッギャハン
McGahey　マガヒー
McGann
　マギャン
　マガン

マクギャン
マッギャン*
McGarey
　マクギャリー
　マクギャレー
　マクギャレイ
　マックギャレイ
Mcgarey
　マクギャレイ
McGarity
　マガリティー
McGarrell　マクガレル
McGarrigle
　マクガリグル
Mcgarrity
　マギャリティ
McGarry　マギャリー
McGartland
　マガートランド
McGarty
　マガーティー
　マクガーティ
McGarvey
　マクガーヴィー
　マックガーヴェイ
McGary
　マクゲイリー
　マクガーリィ
McGaugh
　マッガウ
　マックゴー
McGauran
　マグラン
　マゴーラン
McGavin
　マギャヴィン
　マクガヴァン
　マクガヴィン
　マクガビン
　マクギャバン
　マッギャヴィン
　マックゲイヴィン
McGavran
　マックギャヴラン
　マックギャブラン
McGaw
　マクガゥ
　マクゴー
　マッゴー
McGeachy
　マックギーチー
McGeady
　マクギーディー
McGear　マクギア
McGee
　マギー**
　マッギー*
　マッギ
　マッギー*
　マッギー
Mcgee
　マギー
　マッギー
McGegan
　マギガン
　マクギーガン
McGehee
　マギー
　ムギィ*

McGeorge
　マクジョージ
　マックジョージ
McGerr
　マガー**
　マクガア
McGeuane　マッゲイン
McGhee
　マギー**
　マギー
　マッギー
　マックギー
Mcghee
　マギー
　マッギー
McGibbon　マクギボン
McGiffert
　マギファート
　マギッフォート
　マックギッフォート
McGiffin
　マックギフィン
Mcgiffin
　マクギッフィン
McGill
　マギル*
　マギル*
　マッギル*
　マックギル
Mcgill　マクギル
McGillicuddy
　マクギリカディ
　マックギリカディー
McGilligan
　マクギリガン
McGillin　マックギリン
McGillis
　マギリス
　マクギリス
　マックギリス
McGillivray
　マクギリヴレイ
　マッギリブレー
McGilloway
　マギロウェイ*
McGilton　マギルトン
McGilvary
　マックギルヴァリー
McGilvery
　マクギルベリー
McGilvray
　マッギルヴレイ
　マックギルブレイ
McGinley
　マギンリー
　マギンレー
　マッギンリー*
　マッギンレー
　マッギンレイ
McGinn
　マギン
　マッギン
　マッギン*
　マックギン
McGinness　マクギネス
McGinnis
　マギニス*
　マッギニス*
　マッギニス
　マックギニス

Mcginnis　マギニス
McGinniss　マクギニス
McGinnity　マギニティ
McGinty
　マギンティ
　マクギンティ
　マクギンティー
　マッギンティー*
McGirt　マクガート
McGiveney
　マックギヴニー
McGiveny
　マクギブニー
McGiver
　マックギヴァー
McGivern
　マッキヴァーン
　マッギヴァーン
　マッギヴァン
　マッギバーン*
Mcgivney
　マクギブニー
McGlade　マクグレード
McGlashan
　マックグレシャン
McGlathery
　マグラザリー
McGloin　マグロイン
McGlyn　マグリン
McGlynn
　マクグリン
　マグリン
　マックグリン
　マッグリン*
Mcglynn　マグリン
McGoldrick
　マクゴールドリック
McGonagill
　マクナージル
McGonegal
　マクゴネガル
McGonigal
　マクゴニガル*
McGonigle
　マゴニーグル
McGoohan
　マクグーハン
　マグーハン
　マックゴーハン
　マッグーハン*
McGorry　マクゴーリ
McGough
　マクガフ
　マクゴフ
　マゴフ
　マッガウ
　マックゴー
McGovern
　マガヴァーン
　マガヴァン
　マガヴァーン*
　マクガヴァン*
　マクガバーン
　マクガバン**
　マゴバーン
　マックガヴァーン
　マックガーバン
Mcgovern
　マクガヴァン

McGowan
　マクガバン*
McGowan
　マガウアン**
　マガウワン
　マクガーワン
　マクガワン
　マクゴーアン
　マクゴウアン
　マクゴーワン
　マクゴワン
　マゴーワン
　マッガワン*
　マッゴーワン
Mcgowan　マゴワン
McGowin
　マクゴーウィン
McGown
　マクガウン
　マゴーン**
McGrade
　マクガレイド
McGrady
　マグレイディ
　マグレディ***
McGrail
　マックグレイル
McGrath
　マクグラース
　マクグラス*
　マクグレース
　マグラ
　マグラー
　マグラア*
　マグラス**
　マグレイス
　マックグラース
　マックグラス*
　マッグラス
Mcgrath　マクグラス
McGraw
　マクグロー
　マグロー***
　マグロウ*
　マッグロー
　マッグロウ
Mcgraw　マグロー
McGrayne
　マグレイン*
McGreal　マクグリール
McGreevey
　マグリーヴェイ
　マグリービー
　マックグリーヴィ
McGreevy
　マグリービー
　マグリーヴィ
McGregor
　マクグリゴア
　マクグレガー
　マクレガー**
　マグレガー***
　マックグレガー
　マッグレガー
　マッグレゴア
Mcgregor　マグレガー
McGrew
　マクグルー
　マグルー
　マックグルー
　マッグリュウ

McGriff
　マッググルー
McGriff
　マクグリフ
　マグリフ*
McGroarty
　マッグロアティ
McGrory
　マグローリー
　マックローリー
Mcgrory　マグローリー
McGruder
　マッググルーダー*
Mcgruder
　マグルーダー
McGual　マッゲル
McGuane
　マグェーン
　マクゲイン
　マッゲイン*
McGuckian
　マガキアン
　マガッキアン
　マッガキアン
McGuckin　マクガキン
McGuffey
　ムックフィース
McGuffin
　マクガフィン
McGuffy
　マガフィ
　マガフィー
　マクガフィ
McGugan
　マクグーガン
McGuigan
　マグウィガン*
　マクガイガン
　マクギアン
　マクギーガン
　マクギガン
McGuiness
　マクギネス
　マッギネス
Mcguiness　マクギネス
McGuinn
　マグィン
　マッギン
　マックギン
McGuinness
　マギィネス
　マギネス
　マグィネス
　マクギナス
　マクギネス**
　マッギネス
　マックギネス*
Mcguinness
　マクギネス
McGuire
　マガイアー
　マクガイア*
　マグアイア
　マクガイア**
　マクガイア-*
　マクガイヤ
　マクガイヤー
　マグワイア*
　マッガイア
　マックガイア

McGuire
　マガイアー
　マガイヤー
　マガイア
　マグァイア
　マクアイア
　マクガイア*
　マグワイアー
　マックガイア
McGuirk
　マクガーク*
　マクガアーク
　マックガーク
McGuirl　マックギール
McGunnigle
　マガニグル
McGwire
　マクガイア
　マグガイア
　マクワイア
　マグワイア*
　マックガイアー
Mcgwire　マグワイア
McHaffie　マクハフィー
McHale
　マクヘイル*
　マッカーレ
　マックヘイル
　マックヘール
Mchami　ムチャミ
McHardy
　マクハーディ
McHarg　マクハーグ*
McHargue　マクハーグ
McHarry
　マクハリー
　マックハリー
McHattie
　マックハッティー
Mchedlidze
　ムチェドリーゼ
　ムチェドリゼ
McHenry
　マクヘンリー**
　マックヘンリー
Mchog ldan
　チョクデン
McHolm　マクホルム
McHoy　マッコイ
McHugh
　マキュー
　マクヒュー*
　マッキュー
　マックヒュー
McHughen　マキュアン
Mcilravy　マクラビー
McIlroy　マッキルロイ
Mcilroy　マキロイ**
McIlvaine
　マキルヴェイン
Mcilvaine
　マキルベイン
McIlvane　マキルヴァン
McIlvanney
　マッキルヴァニー
　マッキルバニー**
McIlwain
　マキルウェイン*
　マキルウェーン

McIlwain
　マキルウエン
　マッキルウェーン
McInally　マッキナリー
McIndoe
　マキンドー
　マッカンドー
McInerney
　マキナニー**
　マッキナーニー
McInerny
　マキナニー
　マキナニー**
Mcingvale
　マッシンゲール
McInnerney
　マッキナニー
McInnery
　マッキネリー
McInnes
　マキネス
　マキンネス
McInnis
　マキニス*
　マッキニス
McIntire
　マキンタイア
　マキンタイヤー
　マッキンタイア
　マッキンタイアー
McIntosh
　マキントシュ
　マキントッシュ*
　マッキントッシュ**
Mcintosh
　マッキントッシュ
McIntyre
　マキンタイア
　マッキンタイ
　マッキンタイア
　マッキンタイアー***
　マッキンタイアー
　マッキンタイヤ
　マッキンタイヤー**
　マッケンタイヤー
Mcintyre
　マッキンタイア
　マッキンタイヤー
McIver
　マカイヴァー
　マクアイヴァー
　マッキーバー
McIvor
　マカイヴァー
　マカイバー*
　マックアイヴォール
Mcivor　マカイバー
McJames
　マクジェイムズ
McJannet
　マックジャネット
McJenkin
　マクジェンキン
McJennett
　マックジェネット
McJilton
　マクジルトン*
McJones
　マクジョーンズ
McJunkins
　マクジュンキンス
McKade　マッケイド

McKagan
　マッケイガン
McKaie　マッカイ
McKaig　マッケイグ
McKain　マケイン
Mckain　マッケイン
McKane　マッケイン
McKay
　マカーイ
　マッカイ*
　マッケイ*
Mckay
　マッカイ*
　マッキー
　マッケイ**
McKayla　マッケイラ*
McKayle　マッカイル
McKeachie　マッキーチ
McKean
　マクキーン
　マッキーン**
Mckean　マッキーン*
McKechnie
　マケクニー*
　マックケキニー
　マッケクニー
　マッケクニー
Mckechnie
　マケックニー
　マッケクニー
　マッケーニー
McKee　マッキー**
Mckee　マッキー*
McKeehan
　マッキーハン
Mckeehan
　マッキーハン
McKeen　マッキーン*
McKeever
　マッキーヴァー
　マッキーバー**
Mckeever
　マッキーバー
McKeith　マッキース
McKellar
　マックケラー
　マッケラー*
McKellen
　マックラン**
　マッケレン
McKelvey
　マッケルビー*
McKelvie
　マカルビー
　マッケルビー
Mckelvin　マッケルビン
McKemmish
　マケミッシュ
Mckendree　マケンドリ
Mckendry
　マッケンドリー
McKenley
　マッケンリー
Mckenley
　マッケンリー
McKenna
　マケーナ
　マケナ

マケンナ
マッケナ**
マッケンナ*
Mckenna
マケーナ
マッケナ**
マッケンナ*
McKenney
マッキニー
マッケニー
Mckenney マッケニー
McKennon マッケノン
McKenzie
マケンジー
マッケンジー***
Mckenzie
マッケンジー**
マッケンジィー
McKeon
マキーオン
マキオン
マッキーオン
マッキオン
マッキーン
マッケオン
Mckeon
マキオン*
マッケーン
McKeone
マッキオーネ
McKeown
マキオン
マキューン
マッキーオン
マッキューン
マッコーエン
Mckeown
マキオン
マキューン*
McKercher
マッケーカー
McKergow マカーゴウ
McKern マッカーン*
McKerns マッカーンス
McKerrow
マケロー
マッケロー*
Mckerrow マッケロー
Mckersie マッカージー
McKevett
マクケベット
McKey マッキー
Mckey マッケイ
McKhann
マッカーン
マッキャン
Mckhann マッカーン
McKibben マッキベン
Mckibben マッキベン*
McKibbin マッキビン
McKibbon マッキボン
McKie
マキー
マッキー*
McKié マッキー
Mckie マッキー*
McKiernan
マッカーナン

McKillip マキリップ**
Mckillip マキリップ*
McKillop
マキロップ*
マッキロップ
McKim
マキム
マッキム*
Mckim マッキム
McKimm マッキム
McKimson
マッキンソン
McKinlay
マッキンリー**
マッキンレー
マッキンレイ
McKinley
マキンリ
マキンリー
マッキンリ
マッキンリー**
マッキンリィ*
マッキンレー**
マッキンレイ
Mckinley
マッキンリィ*
マッキンレイ
McKinnell
マッキンネル*
McKinney
マキニー
マッキニー**
マッキンニー
マッキンネィ
Mckinney マッキニー*
Mckinnie マッキニー*
McKinnon
マキノン
マッキノン***
マッキンノン
Mckinnon マッキノン*
McKinsey
マッキンセー
マッキンゼイ
McKinstry
マッキンストリー*
Mckintire
マッキンタイア
McKintosh
マッキントッシュ
McKinty
マッキンティ*
McKinzie
マッキンジー*
McKissack
マキサック*
Mckissack マキサック
Mckissic マキシック
McKissick
マッキシック
McKitterick
マキタリック
Mckitterick
マキタリック
McKittrick
マキタリック
マッキトリック
ミッキトリック
McKnew マックニュー

McKnight
マクナイト*
マックナイト*
Mcknight
マクナイト
マックナイト
McKone マッコーン
Mckown マッカウン
McKoy マッコイ
Mckoy マッコイ
McKuen マキューン*
Mckuen マキューン
McKune マックーン
McKuras マキューラス
McKusick
マキューシック
マキュージック*
マクージック
マッキュージック
マッグーシック
Mckusick
マキュージック
マキューズィック
マッキュージック
McLachlan
マクラクラン*
マクラッハラン
マクラーレン
マックラハラン
Mclachlan
マクラクラン*
McLachlin
マクラクラン*
McLafferty
マクラファティー
McLagan
マクラーガン*
マクラガン
マクレガン
McLaglen
マクラグレン*
McLain
マクレイン*
マクレーン*
マックレーン
McLaine マクレイン
McLanathan
マクラナサン
McLane
マクレイン
マクレーン*
マクレイン*
マクレーン*
Mclane
マクレーン
マックレイン
McLaren
マクラーレン**
マクラレン*
Mclaren
マクラーレン*
McLarren
マクラーレン*
McLarty
マクラーティ**
McLatchie
マクラッチ
マクラッチー

McLauchlan
マクローラン
McLaughlin
マクラフリン*
マクロークリン
マクローリン
マックラーフリン
マックローリン
Mclaughlin
マクラクリン*
マクラフリン*
マクロクリン
マクログリン
McLaverty
マクラバティ*
マクレイヴァティ
McLean
マクリーン***
マクレイン
マクレーン*
マックリーン*
ミクリアン
Mclean
マクリーン*
マクレイン
マックリーン
マックレーン
Mclear マクリア
McLeish
マクリーシュ**
Mcleish
マクリーシュ
マクレイシ
McLellan
マクレラン*
マックレラン*
Mclellan マクレラン
McLelland
マクルランド
マクレランド
Mclelland
マクルランド
マクレランド
Mclellen マクレラン
Mclelland
マクルランド
マクレランド
McLemore
マクレモア*
マックレモア
McLendon
マクレンドン
マックレンドン
McLennan
マクレナン*
マクレーン
Mclennan マクレナン
McLeod
マクラウド**
マクレオッド*
マクレオド**
マクロイド
マクロード*
マックラウド
マックレオド
Mcleod
マクラウド
マクレオド
マクロード
McLerie マクレリー
McLernan
マクラーナン

McLernand
マクラーナンド
McLerran
マクレーラン
マクレラン
McLiam マックリアム
McLimans マクリマン
McLinn マクリン
McLish
マクリッシュ
マックリッシュ
McLlrath マクルラス
Mclnerney
マクナーニ
マクルナーニ
Mclnnes マッキンンズ
Mclnnis マックニス
Mclntosh
マッキントッシュ*
Mclntyre
マキンタイアー
McLoed マクラウド
McLoone マクルーン
McLoud マクラウド
McLoughlin
マクローリン*
Mcloughlin
マクロフリン
マクローリン
McLouth マクラウス
McLuhan
マクルーハン*
McLure
マクルー
マクルーア
McLynn マクリーン*
Mclynn マクリン
McM マックエム
McMackin マクマキン
McMahan
マクマーハン
マクマハン
マクマーン
McMahon
マクマーホン
マクマーホーン
マクマホン***
マクマーン**
マクマン
Mcmahon
マクマホン
マクマーン
McMain マクマイン
McMakin マクマキン
McManaman
マクマナマン*
Mcmanis マクマニス
Mcmann マクマン
McManners
マクマナーズ
McManus
マクナマス
マクマナス*
Mcmanus マクマナス
McMartin
マクマーティン

McMaster
マクマスタ***
マックマスター
Mcmaster
マクマスター
McMasters
マクマスターズ*
McMath マックマス*
McMeekan
マックミーカン
McMeekin
マクミーキン*
McMein マクメイン
McMenamin
マクメナミン
Mcmenamy
マクメナミー
McMenemy
マクメナミー*
マクメネミー
McMichael
マクマイケル
McMillan
マクミラン**
マックミラン*
ミックミラン
Mcmillan マクミラン*
McMillen
マクミラン
マクミレン
Mcmillen マクミレン
McMillin マクミリン*
McMillion
マックミリオン
Mcmillon マクミロン
McMinds
マックマインズ
McMinn マクミン
McMoneagle
マクモニーグル
McMoran マクモラン
McMordie
マクモーディー
Mcmordie
マックモーディ*
Mcmorris マクモリス
McMorrough
マクモロー
McMorrow マクマロウ
Mcmorrow
マクモロー
マックモロー
McMullan
マクマラン*
マクミュラン
McMullen
マクマレン*
マクマン
マクミューレン
McMullin マクマリン
McMurray
マクマリー
マクマーレイ*
マクマレイ
McMurry
マクマーリ
マクマリ
マクマリー*
マックマリー

McMurtry
マクマートリー**
Mcmurtry
マクマートリー*
McNab マクナブ*
McNabb
マクナブ**
マックナップ
McNair
マクネア***
マクネアー*
マクネール
マックネア
Mcnair
マクネアー
マクネール
McNall マクナル
McNalley マクナリー
McNally
マクナリー***
マクナレー
マックナリー
Mcnally マクナリー
McNamara
マクナマラ**
Mcnamara マクナマラ
McNamee
マクナミー**
McNamer
マックナマル
McNarney
マクナーニー
McNaron マクナロン
McNary
マクナリー
マクネアリー
Mcnaugher
マクノウハー
McNaught
マクノート**
Mcnaught マクノート
McNaughton
マクノートン**
Mcnaughton
マクノートン
Mcnay マクネー
McNeal マクニール
McNealy
マクニーリ
マクニーリー
マクネリー*
McNear マクニア
McNeary マクニアリー
McNee マクニー
McNeely
マクニーリー**
マックフィー
ミックフィ
McNeer マックナー
McNeese マックニーズ
McNeff マクネフ
McNeil
マクニール*
マクネイル
マックニール
マックネール
Mcneil マクニール
McNeile マクネール*

McNeill
マクニール
マクニール**
マクニル
マクネイル
マックニール
マックネイル
Mcneill
マクニール
マックネル
McNeilly
マクニーリー*
マクニーリィ*
McNelly マックネリー
McNerney
マクナーニー
マクナニー
マックナーニ*
McNerthney
マクナーズニー
McNichol
マクニコル
マックニコル
McNicholas
マクニコラス
McNickle マクニクル
McNicol マクニコル
McNicoll マクニコル
McNiff マクニフ
McNight マクナイト
McNish
マクニッシュ**
McNiven
マクニーブン
マクニブン
McNulty マクナルティ
McNutt マクナット*
McPake マックベイク
McPartland
マクパートランド*
マックパートランド
Mcpaul マクポール
McPeak マックピーク
Mcpeak マクピーク
McPeek マクピーク
McPhail
マクファイル
マクフェイル*
マックファイル
Mcphail マクフェイル
McPhatter
マクファター
McPhee
マクフィー**
マックフィー
ミックフィ
Mcphee
マクピー
マクフィー
マックフィー*
McPheeters
マクフィーターズ
McPhelimy
マクフェルミー
McPherran
マックフェラン
McPherson
マクファーソン

マクファースン
マクファーソン**
マクフィアスン
マックファーソン
Mcpherson
マクパーソン
マクファーソン
マクファソン
McPhilips
マックフィリップス
McQeen
マクィーン
マックィーン*
マクィーン
McQuade
マクウェイド
マックウェイド
マックエイド
McQuaid
マケイド
マッケイド
Mcquaide マクエイド*
McQuaig
マクウェイグ
マックエイグ
マッケーグ
McQuail
マクウェール**
マクウェル
マックウェール
McQuarrie
マクウォーリー
マッカーリ
マッカリー
マクァリー
マクウォーリ
マックファリー
McQuay
マクウェイ
マックウェイ
マッケイ
McQue マックキュー
McQueen
マクイーン
マクウィーン
マクィーン**
マクィーン*
Mcqueen マックィーン
McQuerry
マッケリー*
McQuilkin
マクルキン
マックィルキン
McQuillan
マッキラン
マックイーラン
マックイラン*
Mcquillan マッキラン
McQuillen
マックイラン
McQuinn マックィン*
McQuiston
マクイストン
Mcquivey マキヴェイ
McRae
マクレー**
マクレイ*
マクレエ

マックレー
Mcrae
マクレー
マクレア
マクレイ
マクレイ
McRaney
マクレイニー*
McRaven
マクレイヴン
McRay マックレイ
McReynolds
マクレイノルズ*
マクレノルズ
McRobbie
マクロビー
マックロビー
Mcroberts
マクロバーツ
McRobie マックロビー
McRorie マクローリー
McShaffry
マクシャフリー
McShane
マクシェイン
マクシェーン*
マックシェーン
マックシェイン
マックシェン
マックシャーン
McShann
マクシャイン
マクシャン*
マックシャン
McSheffrey
マクシェフリー
McSherry
マクシェリー
Mcskelly マクスケリー
McSkimming
マクスキミング
McSorley
マクソーリ
マクソーリー
McSpadden
マックスパデン
McSparren
マクスパーレン
McSquare
マクスクェア
マックスクェア
McSquared
マックスカレッド
McSteen
マクスティーン
McSweeney
マクスウィーニー
マックスイーニー
マックスウィーニー
McTaggart
マクタガート***
Mctaggart
マクタガート
マクダガート
McTamany
マクタマニー
McTeer マクティア*
McTell マクテル

McTiernan マクティアーナン マクティアナン	MDo mkhar ドカル Mdo sde ドデ Mduduzi ムドゥドゥジ	Mear ミーア Meara ミーラ メーラ	Mechelin メケリン Mecheslav メチェスラフ メチスラフ	メダールド メダルト** メダルド
Mctiernan マクティアナン	Me ミー	Meares ミアーズ*	Méchin メシャン*	Médard メダール Medardo メダルド*
McTighe マクタイ McTyeire マクテヤ	メ Mea ミア	ミアーズ** Mearls ミアルス	Mechitar メチタール メヒタール	Medardus メダルドゥス
McVaney マクヴェイニー マクベイニー	Meacham ミーチャム** Meachen ミーチェン	Mearns マーンズ メァーンズ	Mechkour メシュクール	Medau メダウ Medaugh メドー Medawar
Mcvay マクベイ Mcvean マクヴェイン マクベイン	Mead ミード*** Meadadi メダアディー Meade	メアンズ Mears ミアーズ* ミアズ	Mechlin メクリン Mechling メックリング Mechnikov	メダヴァー メダウォー メダウォア* メダワー**
Mcveigh マクベイ* McVety マクヴェティ マクビーティ*	ミイド ミード*** Meaden ミーディン	ミーズ メアーズ Mearsheimer	メーチニコフ* メチニコフ* メチュニコフ メッチニコッフ	Medb メドヴ Medbh メイヴ メーブ
McVey マクベイ* マックヴェイ	ミーデン Meader ミーダー Meador	ミアシャイマー* Mearten マールテン Meary ミアリ	Mechow メヒョー Mechtel メヒテル Mechthild	Medbo メドボ Medbøe メーベー Medcalf
McVicar マクヴィカー マクビカー	ミーダー メドー Meadow	Measday ミースディ ミーズディ	メヒチルディス メヒチルト* メトヒルト*	メドカーフ メドカルフ Meddain ミデン
McVickar マックヴィッカー マックビッカー	ミードゥ メドー メドゥ	Measham ミーシャム Measrs ミアーズ Measson メーズソン	Mechtild メヒティル メヒティルト*	Meddaugh メドー** Meddings メディングス
McVicker マクヴィカー Mcvicker マクビッカー	Meadowcroft メドウクロフト Meadows	Measures メジャー Meat ミート Meath ミーズ	Mechtilde メクティルド メヒチルド	Meddis メディス Meddour メデュワ
McVie マクビー McVittie マクヴィティ マクビティ	ミード メドウズ* メドウズ** メドース	Meat Loaf ミートローフ* Meaux	Mechtley メヒトリー Mečiar メチアル* Mecinski メンチンスキ	メドゥール Mede ミード* Medea
McWaters マクウォーターズ	メドーズ Meads ミーズ Meagan ミーガン	モー モウ Meav メイヴ	Mecir メチージュ Mecír メチージュ Mečíř メチージュ	ミディア メデーア メデア* メディア*
McWatters マクアッテルス McWeeny マックィーニ	Meaghan ミーガン* メーガン	Meazza メアッツァ Mebane メベイン Mebarki メバルキ	Meck メック Meckauer メッカウアー	Medearis メデリス Medecin メドウサン Medeia
McWhinney マクウィニー マックウィニー	Meagher マアー* マーハ* マーハー	Mebazaa メバザア Mebe Ngo'o ムベンゴオ	Mecke メック Meckel メッケル** Meckenem メッケネム	メディア メディア Medeij ムドイジュ
McWhir マクウィア McWhirter マクワーター*	ミーガー* Mea-ja メジャ*	Mebious メビウス Meboutou メブトゥ Mebs	Meckes メッケス Meckin メッキン	Medeiros マデイラス メディルシュ* メディルース
マックフィルター Mcwhirter マクワーター	Meakem ミーケム Meaker ミーカー** Meakin ミーキン	メブス メブス** Mecall ミュール	Mecklenburg メクレンバーグ メクレンブルク Meckler メックラー	メデイロシュ メデイロス* メデイロス
McWhorter マクフォーター マックフォーター	Mealamu ミアラム Mealer ミーラー Mealey ミレイ	Mecchi メッキ Mechahouri メシャフリ	Mecklin メックリン Meckseper メクゼーパー	Medel メデル* Medelci メデルシ メデルチ
マホーター McWilliam マクウィリアム* マックウィリアム*	Mealin ミーリン Mealing ミーリング Mealli メアッリ	Mechai ミーチャイ ミチャイ** Méchain	メクセペル Meco ミーコ メコ	Medem メデム Medema メデマ Meden メーデン
McWilliams マクウィリアムス マクウィリアムズ* マックウィリアムス マックウィリアムズ	Mealy メアリ メアリー* Meana メアナ*	メイシャン メシェン Mechal メカル Mechaley メカリー	Mecre メクル Meczinski メチンスキ Med メッド	Meder メーダ メダー Medeski メデスキ* Medetbek メドトベク
Mda ムダ M'daghri ムダグリ Mdladlana ムドラドラナ	Meaney ミーニー* Means ミーンズ** Meanwell ミーンウェル	Mechanic メカニック Meche メッシュ Mecheba メチェバ	メド Meda メーダ* メダ	Medford メドフォード Medforth メドフォース
Mdluli ムドルリ	Meany ミーニ ミーニー* メアニー	Mechele ミシェル メシェル Mechelen メッヘレン	Méda メーダ Medalia メダリア Medany マダニ Medard メダード	Medgar メドガー Medgoen メッドグン

Medgyessy メジェシ メッジェシ**	Mednieks メドニクス Mednikov メドニコフ Mednov メドロフ Mednyánszky メドニアンスキー	Medynskli メドウインスキー Medzhid メジド Medzhidov メジドフ Medzini メッズィーニ メッツィーニ	Meerveld メアフェルト Meerwein メーアヴァイン Mees ミース ミーズ メイス メース*	Megelea メゲレア Megenberg メーゲンベルク Megged メグド Meggelen メジェレン Meggendorfer メッゲンドルファー
Medhasananda メーダサーナンダ Medhat メドハト Medhi メディ Medhin メドヒン Medhurst メダースト メッドハースト メドハースト*	Medof メドフ Medoff メドフ Medojevic メドイェヴィッチ Medoley メドレー Medovar	Mee ミー** Mée メ* Meech ミーチ* Meechan ミーチャン Meed ミード**		Meggers メガース メガーズ Megginson メギンソン メッギンソン Meggiorini メッジョリーニ
Medhurt メドハト* Medhus メドフス Medhy メディ Medialdea メディアルデア Medianos メディアノス	メドバール メドワル Medran メドラン Medrano メドラーノ メドラノ	Meedendorp メーデンドルプ Meegan ミーガン Meehan ミーハン* Meek ミーク** Meeke ミーク*	Meese ミース メーシー Meesenburg メーゼンブルク Meesha ミーシャ Meeske メースケ Meesook ミスク Meester メーステル	Meggitt メギット Meggle メッグレ Meggs メッグス メッグズ*
Mediate ミーディエート* メディエート Medica メディカ Medich メディッチ Medici メジシ*	Medress メドレス Medtner メットナー メットネル メートネル メトネル	Meeker ミーカー** Meekhof ミーホフ Meekin ミーキン Meeks ミークス*	Meesters ミースターズ Meeter ミーター Meeus ミューズ* メーウス	Megh メグ Meghan ミーガン メーガン* Meghiya メーギヤ
メジチ メーディチ メディチ** 'Medici メディチ Medicine メディスン	Meduna メデュナ Medved メドヴェージ メドベジ メドベド*	Méen メエン Meena ミーナ** Meenakumari ミーナークマーリー Meens メーンス	Meeusen ミーウセン Meeuw メーウ Meeuwis メーウビス Meeuwisse メウーウイス	Meghji メグジ* Meghnad メグナッド* メーグナード メグナド
メディソン Médicis メディシス メディチ	Medvedenko メドベデンコ Medvedev メドヴェージェフ***	Meer ミーア** ミア ミアー	Meeuwsen メウセン メーブセン	Meghraj メグ メグラ
Medick メディック* Medico メディコ Medicus メディクス* Medill メディル	メドヴェジェフ メドヴェーデフ メドベージェフ メドベジェフ	ミール* メーア メール** Meera ミーラ	Meffen メッフェン Meffert メファート メフェルト	Megina メジーナ Megingoz メギンゴーズ Megivinetukhutsesi メギヴィネトゥフ
Medin メディン Medina メディーナ* メディナ***	メドベディエフ メドベデフ Medvedeva メドヴェージェワ*	メーラ Meerbaum ミーアバウム メーアバウム	Meftakhetdinova メフタヘジノワ** Meg メグ**	ツェーシ Meglena メグレナ Megliola メリオーラ
Medina Garrigues メディナガリゲス Medina-mora メディナモラ	メドベージェワ メドベワ Medvedevoi メドヴェージェヴァ	Meerdervoort メールデルフォールト メールデルフールト	Meganck メガンク Megander メガンダー	Megna メグナ Mégnin メニャン Mego メゴ
Meding メディング Medinger メディンガー Medinsky メジンスキー	Medvedkin メドヴェトキン Medvedkova メドヴェドコヴァ	Meerdink メールディンク Meerhaeghe ミラーグ Meerloo メアロー	Megapolensis メガポレンシス Megara メガラ Megaron メガロン	Megot メゴット Megowan メゴワン Megrahi メグラヒ
メディンスキー Medinsky メジンスキー メディンスキー	Medvedtsev メドベツェフ Medvedtseva メドヴェドツェワ*	Meerman マーマン ミーアマン Meermann メーアマン	Megarry メガリ メガリー	Megre メグレ Mégret メグレ Meguid メギド**
Medison メジソン Mediu メディウ Medjani メジャニ	Medvei メドヴェイ* メドベイ* Medvesek	Meerpohl メールポール Meersch メールシュ* メルシュ	Megasthenes メガステネース メガステネス	Megumi メグミ Mehaffey ミハフェイ
Medjkoune メジクンヌ Medleau メドロー Medler メドラー*	メドベシェク Medvin メドヴィン Medwall メドウォール	メールス Meerschaert メアーシェーアート	Megat ムガット Megawati メガワティ**	メハッフェイ メハフィー Méhaignerie メエニュリ
Medley メドレー* メドレイ	Medway メッドウェイ Medwed メドウェド* Medwick メドウィック	Meerscheidt メールシャイト Meersman メアズマン	Mège メゲ メージュ	メーニュリ メニュリ Mehal メハル
Medlin メドリン Medling メドリング Mednick メドニック	Medwin メドウィン Medy メディ Medynskii メディンスキー メディンスキイ	Meerson メーエルソン メールソン Meerum メーラム	Meged メゲッド メゲド*	Meharg メハーグ Méhaut マハウト Méhauté メオーテ Mehazi メハジ Mehden メーデン

Mehdi
　マハディ
　メーディ
　メディ**
　メフティ
　メフディ**
　メヘディ**
Mehdī メフディー
Mehdīqolī
　メフディーコリー
Mehdiyev
　メフディエフ
Mehdizadeh
　メヒディザデ
Mehdi Zahedi
　メフディザヘディ
Mehegan ミーガン
Mehelba メヘルバ
Mehemed メハメド
Meher メヘル
Méhes メーヘシュ
Mehl メール*
Mehla メッラ
Mehldau メルドー*
Mehler
　メーラー*
　メレール*
Mehlhorn
　メールホルン
　メールホーン
Mehli メーリ*
Mehlich メーリヒ
Mehlinger
　メーリンガー
Mehlis メーリス*
Mehliswa メリスワ
Mehlman メールマン*
Mehlzahagi
　メールツァハギ
Mehmed
　メシャ
　メフメット
　メフメト
　メフメド
Mehmedi メーメディ
Mehmet
　メフメット**
　メフメト**
　メーメット*
　メーメト
Mehmet
　マホメット
　ムハメッド
　メフヘメト
　メフメット
　メフメト
　メヘメット
Mehmet Nadir
　メフメトナディル
Mehmood
　メハムード
　メヘムード
Mehn メーン
Mehne メーネ
Mehnert
　メーナート
　メナート
　メーネルト

Meholic メホリック
Mehr メーア
Mehra メーラ
Mehrabian
　マレービアン
　メヘラビアン
　メーラビアン
Mehr-alizadeh
　メフルアリザーデ
Mehran
　メフラン
　メヘラン**
　メヘラン
　メラン
Mehrdad メルダッド
Mehren メーレン**
Mehrenberger
　メランベルジェ
Mehrer メーラー
Mehrholz
　メールホルツ
Mehring
　メエリング
　メーリンク
　メーリング***
Mehringer メリンガー
Mehrling メーリング
Mehrnoosh
　メフルヌーシュ
Mehrotra
　メヘロトラ
　メーロトラ
　メロートラ*
　メロトラ
Mehrtens マーテンズ
Mehru メフル
Mehrunnisa
　メヘルンニサー
Mehrzi メフルジ
Mehsud メスード*
Mehta
　メイター*
　メータ***
　メーター
　メタ
　メフタ
　メヘター
Mehtā メヘター
Mehul メュール
Méhul
　メユール
　メユル
Mei
　メーイ
　メイ**
Meibom
　マイボーム
　メイボム
Meibomius メイボム
Mei-che メイチェ
Meichelbeck
　マイヘルベック
Meichenbaum
　マイケンバウム*
Meichtry マイヒトリ
Meid マイト
Meidani メイダニ*

Meidanis メイダニス
Meidell メイデル
Meidias メイディアス
Meidner マイトナー
Meiendorf
　メイエンドルフ
Meier
　マイアー**
　マイエル
　マイヤー**
　マイアー*
　メイエ
　メイエル
　メイヤー**
Meier-Graefe
　マイヤーグレーフェ
Meierkhold
　メイエルホリト
　メイエルホリド
Meierkhol'd
　メイエルホリド*
Meierkholid
　メイエルホーリド
　メイエルホリト
　メイエルホリド
Meierotto
　マイエロット一
Meierovics
　メイエローヴィツ
　メイエローピツ
Meiers マイアーズ
Meiga メイガ
Meigh メイ
Meighan
　ミーアン
　ミーガン
　メイガン
Meighen ミーエン
Meignan
　メイニャン
　メーギャン
Meigret メグレ
Meigs
　メイグス
　メイグズ
　メグス
　メグズ*
Meij メイ
Meijer
　マイエル
　マイヤー
　メイイェル*
　メイエル
　メイヤー*
　メーエル
Meijers メイエルス
Meijide メイヒデ
Meijlam メイラン
Meijlan メイラン*
Meik
　マイク
　メーク*
Meika メイカ
Meike メイク
Meikle
　ミークル*
　ミクル

Meiklejohn
　ミクルジョン
Meiksins
　メイクシンス*
　メイクシンズ
Meilach マイラック
Meiland
　マイラント
　メイランド
Meile
　マール
　メイル
　メイレ
Meilhac メイヤック*
Meilhamer
　マイルハーマー
Meilhan メイヤン
Meilhouse
　メイルハウス
Meili
　メイリ*
　メイリー
Mei-ling メイリン*
Meiling
　マイリング
　メイリン
Meilir メイリー
Meillassoux
　メイヤスー*
Meillet メイエ*
Meillon メイロン
Meilo メイロ
Meilunas メイルーナス
Meilutyte
　ミルティテ**
Meiman メイマン
Meimarakis
　メイマラキス
Meimou メイム
Mein メイン
Meinardus
　マイナルドゥス
Meinberg
　マインベルク*
Meindert
　マインダート*
　マインデルト
　メインデルト
Meinderts
　メインデルツ**
Meindl メインドル
Meine
　マイニー
　メイニー
Meinecke
　マイネケ
　マイネック
　マイネッケ**
Meineke
　マイネケ
　マイネッケ
Meinel
　マイネル
　メイネル*
Meineri マイネリ
Meinert マイネルト
Meinertz マイネルツ

Meinesz
　マイネス
　メイネス
Meinhard
　マインハルト*
Meinhardt
　マインハート
Meinhof
　マインホーフ
　マインホフ
Meinhold
　マインホルト
Meinhövel
　マインヘーヴェル
Meinig マイニー
Meinke マインケ
Meinkoth メインコス
Meinloh
　マインロー
　マインロホ
Meinong マイノング*
Meinrad
　マインラート
　マインラード
　マインラドゥス
　メインラッド
Meins マインズ*
Meinsma メインスマ
Meinsohn
　マインゾーン
Meintjes
　マインチェス
　メインチェス
Meinulf マイヌルフ
Meinz メインツ
Meir
　マイア
　マイヤー
　メイア*
　メイアー
　メイヤー
　メイラ
　メイール*
　メイル**
Me'ir メイル
Meïr
　マイール
　メイア
　メイール
　メイル
Meïr メイル
Meira
　ミーラ
　メイラ*
Meireles
　メイレーレス
　メイレレス
Meirelles メイレレス*
Meirhaeghe
　メールハーク
Meiri メイリ
Meirieu メリュ
Meirion マイリオン
Meirleir メアレール
Meirovitch
　マイロヴィッチ
Meisami メイサミ
Meisch マイシュ

Meisel
マイセル*
マイゼル**
Meisels メイセルズ
Meisen マイゼン*
Meisenbach
マイゼンバッハ
マイゼンバハ
Meisenheimer
マイゼンハイマー
Meiser マイザー*
Meisle
マイスリ
マイスル
メイズル
Meisler マイズラー
Meislich
マイシュリック
Meisner
マイスナー*
マイズナー*
メイスナー
Meiss ミース
Meissen マイセン
Meißen マイセン
Meissenburg
マイセンブルク
Meisser メイッサー
Meissner
マイスナー**
マイズナー**
Meissnitzer
マイスニッツァー**
Meissonier
メソニエ
メッソニエ
Meissonnier メソニエ
Meister
マイスター**
メイステル
Meisterfeld
マイスターフェルド
Meistermann
マイスターマン
Meit マイト
Meite メイテ
Meiter マイテル
Meitner
マイトナー**
メイトネル
Meitre メートル
Meitus メイトゥス
Meitzen マイツェン
Meixner
マイクスナー
メイクスナー
Meja
メイヤ*
メージャ
メジャ*
Mejamirado
メジャミラド
Mejàre
メジャーレ
メジャール
メヨール
Mejdani メイダニ

Mejdoub
メジュドゥーブ
Mejer マイアー
Mejia
メヒーア
メヒア*
Mejía
メジャ
メヒア**
Mejias メヒアス
Mejías メヒーアス
Mejias Garcia
メイアスガルシア
Mejinschi メジンスキ
Mejo メヨ
Mejoueva
メジューエヴァ
メジューエワ**
Mejri メジリ
Mejuto
メフート
メフト
Meka メカ
Mékachéra メカシェラ
Mekale ミケイル
Mekamne メカム
Mekas メカス**
Mekasa メカサ
Mekere メケレ**
Mekhavic
メカヴィック
Mekhissi メキシベナバ
Mekhissi-Benabbad
メキシベナバ
Mekhontcev
メホンツェフ*
Mekhontsev
メホンツェフ
Mekhtí メフチー
Meki メキ
Mekki
メキ
メッキ
Mekky メッキ
Mekmedov メクメドフ
Meko メコ
Meko Aveme
メコアベメ
Mekokishvili
メコキシュビリ
Mekonnen
メコネン**
メコンネン
Meksawan
メークサワン
Mekshilo メクシロ
Meksi メクシ**
Mektić メクティッチ
Mekuria メクリア
Mekuy Mbaobono
モクイムバオボノ
Mel メル***
Mela メラ*
Melachrino
メラクリーノ
Meladee メラディー

Melady マレーディ
Melaine
メライン
メレーン*
Melairei メライレイ
Melajina メーラジナ
Melaku メラク
Melamed
メラムド
メラメッド
メラメド*
Melampus メランプス
Melan メラン
Melanchthon
メランヒトン*
Melancon マランソン
Melander メランデル
Melandri
メランドリ**
Melani メラーニ
Melania メラニア**
Melanía メラニア
Melanie
メラニ
メラニー***
Mélanie メラニー*
Melanin メラニン
Melanio メラニオ
Melanippidēs
メラニッピデス
Melanius メラニウス
Melanowicz
メラノビッチ
Melanson マランソン
Melanthios
メランティオス
Melany メラニー
Melartin メラルティン
Melas メラス
Melasniemi
メラスニエミ
Melat メラット
Melato メラート*
Melba メルバ**
Melbārde
メルバールデ
Melbārdis
メルバルディス
Melber メルバー*
Melbourne
メルバーン
メルボルン
メルボーン
Melby メルビー*
Melcer メルセル
Melchart メルチャート
Melcher
メルチャー*
メルヒャー
Melchers
メルカールス
メルチャーズ
メルヒヤス
メルヘルス
Melchert メルチャート
Melchett メルチェット

Melchinger
メルヒンガー
Melchior
メルキオー**
メルキオール
メルキオル
メルキョール
メルキヨール
Melchior*
メルショワール
メルチオール
メルチョル
メルヒオーア
メルヒオール
メルヒオール*
メルヒオル
Melchiore
メルキオーレ
Melchiorre
メルキオッレ
メルキオーレ
Melchiorri
メルキオッリ
Melchiot メルヒオット
Melchisedek
メルキゼデク
メルキゼデク
Melchizedek
メルキゼデク*
Melchol ミカル
Melchor
メルコール*
メルショール
メルショール*
メルチョル
Melchora メルチョラ
Melchthal
メルヒタール
Melcombe メルコム
Melczer メルクツェル
Meldaert メルデール
Meldal メルダル
Melde メルデ
Meldegg メルデッジ
Meldenius
メルデニウス
Meldola メルドラ
Meldrum メルドラム*
Mele
ミーリー
ミリ
メーレ
メレ*
Meleager
メレアグロス
メレアゲル
Meleagros
メレアグロス
Melece メレツェ
Melech メレフ
Mel Eg メルエグ
Melega メレーガ
Meleis メレイス
Melek メレク
Meleka メレカ
Melekeyev メレケエフ
Melekh メレフ

Melenchon
メランション
Melendez
メレンデス**
Meléndez メレンデス
Melent'ev
メレンチェフ
Melentiev
メレンチェフ
メレンテフ
Meles メレス**
Melesina メレシーナ
Melet ムレー
Meletij メレーチイ
Meletinskii
メレチンスキー
Meletios
メレチオス
メレティオス
Meletis メレティス*
Meletius
メリティオス
メレチウス
Meleto メレート
Meletoglou メレトグル
Meletopoulos
メレトプロス
Meletskii メレツキー
Melewar メールワール
Melfi メルフィ
Melford メルフォード*
Melgaard メルゴー
Melgar メルガル
Melgarejo メルガレホ
Melges メルジェス
Mel'gunov
メリグーノフ
Melham メルハム
Melhuish
メルウィッシュ
メルシュ
メルヒュイッシュ
Meli
メーリ
メリ*
Melia メリア
Meliakh メリアフ
Melian メリアン
Méliane メリアンヌ
Melich メリフ
Melichar
メリハル
メリヒャル
Melido メリド
Melidor メリドール
Melies メリエス
Méliès
メリエー
メリエス**
Meliguy メリグイ
Melik
マリク
メリク
Melike メリケ
Melikertēs
メリケルテス

Melikov
　メーリコフ
　メリコフ
Melikuziev
　メリクジエフ
Melikyan　メリクヤン
Melillo
　メリーロ
　メリロ
Melin
　メーリン
　メリン*
Mélin　メラン
Melina
　メリーナ*
　メリナ*
Mélinand　メリナン
Melinda　メリンダ**
Méline　メリーヌ
Melingui　メランギ
Melinikov
　メーリニコフ
　メリニコフ
Melinnō　メリンノ
Melinte　メリンテ*
Melioranskii
　メリオランスキー
Meliore　メリオーレ
Melis　メリス
Mélisande
　メリサンド
　メリザンド*
Melissa
　メリサ
　メリッサ***
Melissanidis
　メリサニディス*
Melissanthi
　メリサンティ
Melissos　メリッソス
Melita　メリタ**
Melitina　メリティナ
Melitios　メリティオス
Melítios　メリティオス
Melito　メリト
Melitō
　メリト
　メリトーン
　メリトン
Meliton　メリトン*
Melitón　メリトン*
Méliton　メリトン
Melitonis　メリトニス
Melitonis dze
　メリトニスゼ
Melitta　メリタ*
Melitz　メリッツ
Melius
　メーリウス
　メリウス
Meliz　メリス
Melk　メルク
Melkamu　メルカム
Melki　メルキ
Melko　メルコ*
Melky　メルキー*

Mell　メル*
Mella
　メッラ
　メラ*
　メリャ
Mellafe　メジャフェ
Mellah　メッラーフ
Mellan　メラン*
Mellanby
　メランビー
　メランビイ
Mellander　メランダー
Mellanie　メラニー
Mellars　メラーズ
Mellberg　メルベリ
Mellbin　メルビン
Melle
　メリー
　メレ**
Mellen　メレン
Mellencamp
　メレンキャンプ**
Mellendeth
　メレンデス
Mellenthin
　メレンティン
Mellentin
　メレンティン
Meller
　メジェール
　メラー*
Mellerowicz
　メッレロウィッチ
　メラーロヴィッチ
　メラロヴィッチ
　メローローヴィチ
　メロヴィチ
　メロヴィッチ
　メローヴィッチ
　メローウィッチ
　メロビッチ
Mellers　メラーズ*
Mellery
　メリル
　メルリ
Melles　メレス
Mellichamp
　メリチャンプ*
Mellick　メリック
Melliger　メリガー
Mellin
　メラン
　メリーン
　メリン
Melling　メリング**
Mellinger
　メリンガー*
　メリンジャー
Mellinghoff
　メリングフ
　メリンホフ
Mellish　メリッシュ
Mellitus　メリトゥス*
Mello
　メッロ
　メル
　メーロ*
　メロ***

メロー*
Melloan　メローン
Mellody　メロディ*
Mellon　メロン***
Mellone　メローン
Melloni　メローニ
Mellonie　メロニー
Mellonig　メローニッグ
Mellor
　メラー*
　メラア
　メロー
Mellouli　メルーリ**
Mellow　メロー
Melly
　ミリー
　メリー*
Mellyana　メリアナ
Melman　メルマン*
Melmed
　メルメッド
　メルメド
Melmoth　メルモス
Melnati　メルナーティ
Melnichenko
　メリニチェンコ
　メルニチェンコ*
Mel'nichenko
　メリニチェンコ
Melnick　メルニック*
Melnik
　メリニク
　メルニク
Mel'nikaite
　メリニカイテ
Melnikoff　メルニコフ
Melnikov
　メーリニコフ
　メリニコフ
　メルニコフ*
Melnikova　メルニコワ
Mel'nikova
　メリニコフ
　メリニコワ
Melnyk
　メルニク*
　メルニック
Melo
　メーロ***
　メロ***
Melocchi　メロッキ
Meloche　メローチェ
Melodach
　メロダク
　メロダチ
Melodee　メロディー
Melodie
　メロディ*
　メロディー*
Melodos
　メロードス
　メロドス
Melody
　メロディ*
　メロディー*
Mélody　メロディ

メロディー
Melon　ムロン*
Melone　メローネ
Meloney　メロニー
Meloni
　メローニ*
　メロニ
Melora　メローラ*
Melosh　メロッシュ
Melossi　メロッシ*
Melotakis　メロタキス
Meloto　メロト*
Melotte　メロット
Melotti　メロッティ
Melozzo　メロッツォ
Melpo　メルポ
Melquiades　メル
Melquiot　メルキオ
Melrose　メルローズ*
Melsen　メルセン
Melsheimer
　メルスハイマー
Melson
　メルスン
　メルソン
Meltek　メルテク
Melton　メルトン**
Meltveit　メルトベイト
Meltzer
　メルツァー***
Meltzoff　メルツォフ*
Melua　メルア*
Melucci　メルッチ*
Melun　ムラン
Melvern　メルバーン*
Melvil
　メルヴィル*
　メルビル
Melvill　メルビル
Melville
　メルヴィル*
　メルヴルイ
　メルビール
　メルビル***
Melvin
　マービン
　メリヴィン
　メル*
　メルヴィン**
　メルビン***
　メルフィン
Melvold　メルヴォルド
Melvyn
　メル
　メルヴィン*
　メルビン*
Mely　メリー
Melyan　メリアン
Melyoshin　メルヨシン
Melzack　メルザック*
Melzer　メルツァー
Melzi
　メルシ
　メルツィ
Mem　メム**

Membe　メンベ
Membery　メンベリー
Membrini
　マンブリーニ
Membrives
　メムブリヴェス
Meme　ミミ
Memene　メメヌ
Memi　メミ
Memisevic
　メミセビッチ
Memli　メムリ
Memling
　メムリンク
　メムリング
Memmi
　メミ
　メムミ
　メンミ***
Memmius　メンミウス
Memmo　メンモ
Memmoli　メッモリ
Memmott　メモット
Memnon　ムムノン
Memnōn　ムムノン
Memoli　メモリ
Memon　メモン
Memory　メモリー
Memounatou
　メムナトゥ
Memphibosthe
　メビボセテ
　メフィボシェト
Memphis　メンフィス*
Mempo　メンボ
Memushaj　メムシャイ
Memushi　メムシ
Men
　メニ
　メン*
Mena
　ミーナ
　メーナ*
　メナ**
Meña
　メーニャ
　メニャ
Menabrea　メナブレア
Menabuoi　メナブオイ
Menache　メナーシュ
Menachem
　メナチェム
　メナヘム**
Menadue　メナデュー*
Menaechmus
　ミーネクモス
Menafro　メナフロー
Ménage　メナージュ
Menagharishvili
　メナガリシビリ
Menahem
　メナヘム***
Menaichmos
　メナイクモス
Menakaya　メナカヤ

Menaker
メナーカー
メネイカー
Menalt メナルト
Menana メナナ
Menana Ela
メナナエラ
Menand メナンド
Menandros
メナンドロス*
Menanteau ムナントー
Menard
メナード**
メナール
Ménard
メナード
メナール**
Ménardière
メナルディエール
Menas
メーナース
メナス
Mēnâs メーナース
Menasce ムナス
Menasche メナシェ
Menasci メナーシ
Ménasé メナセ
Menashe メナシェ
Menasra メナスラ
Menasseh
マナセ
メナシェ
メナセー
Menat メナト
Menatory メナトリー
Menaz メナズ
Mench メンチ
Menchaca
メンチャーカ
Menchén メンチェン
Menchik メンチク
Menchin メンチン
Menchini メンキーニ*
Menchinskaia
メンチンスカヤ
Menchú
メンチュ**
メンチュー
メンチュウ
Men'chukov
メニチュコフ
Mencken メンケン*
Mencl
メルツル
メンツル
Menconi メンコーニ
Menczel メンツェル
Mend メン
Mendaille マンデーユ
Mendall メンダル
Mendaña
メンダナ
メンダーニャ
メンダニャ
Mende
メンデ*
メンド

Mendel メンデル***
Mendelblatt
メンデルブラット
Mendele メンデレ*
Mendeleev
メンデレーエフ*
メンデレエフ
Mendell メンデル
Mendels メンデルス*
Mendelsohn
メンデルスゾーン
メンデルソーン*
メンデルソン*
メンデルゾーン
Mendelson
メンデルスン
メンデルソン*
Mendel'son
メンデリソン
Mendelssohn
メルデルスゾーン
メンデルスゾーン*
Mendelsund
メンデルサンド
Mendenhall
メンデンホール**
Mende Omalanga
メンデオマランガ
Menderes メンデレス
Mendershausen
メンデルスハウゼン
Mendes
マンデス*
メンディス
メンデス***
Mendés マンデス
Mendès
マンデス**
メンデス
Méndes メンデス
Mendes Pereira
メンデスペレイラ
Mendez メンデス**
Mendéz
マンデス
メンデス
Méndez メンデス**
Mêndez メンデス
Méndez De Vigo
メンデスデビゴ
Mendiburu メンディ
Mendieta
メンディエータ
メンディエタ**
メンディエッタ
Mendilibar
メンディリバル
Mendilow
メンディロウ
Mendini メンディーニ
Menditto メンディット
Mendius メンディウス
Mendizábal
メンディサバル
メンディザバル
Mendizábel
メンディサバル
Mendl メンドル

Mendo メンド
Mendoça
メンドーサ
メンドサ
Mendomo メンドモ
Mendonca
メンドンサ
メンドンンカ
Mendonça
メンドーサ
メンドンサ**
Mendonsa メンドンサ
Mend-Ooyo
メンドーヨー
Mendosa メンドーサ
Mendoza
メンドーサ**
メンドーザ*
メンドサ***
Mendras
マンドゥラース
マンドラ
Mendsaihany
メンドサイハニー
Mendsaikhani
メンドサイハニイ*
Mendus メンダス
Mendy メンディ
Menechildis
メネヒルディス
Menechino
メネキーネ
メネチーノ
Menedēmos
メネデモス
Menefee メネフィー
Menegakis メンガキス
Menegatti
マネガッティ
Menegazzo
メネガッツォ
Meneghel メネジェル
Meneghini メネギーニ
Menegoz メネゴーズ
Ménégoz
メネゴ
メネゴー
Meneguzzo
メネグッツォ*
Menekleidas
メネクレイダス
Menekratis
メネクラテイス
Menelaos
メネクラテス
メネラウス
メネラーオス
メネラオス
Menelaus
メネラウス
メネラオス
Menelik
メネリク*
メネリック
メネレク
Menem メネム**
Menen メネン
Menena メネナ

Menendez
メネンデス*
Menéndez
メネンデス**
Menenius メネニウス
Mēnēs
メーネース
メネス
Meneses メネセス**
Menesguen メネスゲン
Ménessier メネシエ
Menetewab
メネテワブ
メンテワブ
メントゥアブ
Ménétra メネトラ
Menezes
メネセス*
メネゼス**
Menfi メンフィ
Meng
メン*
メング*
モン
Menga メンガ
Mengarelli
メンガレッリ
Mengarini
メンガリーニ
Mengden
メングデン
メンデン
Menge メンゲ
Mengelberg
メンゲルベルク
Mengele メンゲレ
Menger
メンガー*
メンガア
メンゲル
メンジャー
Mengering
メンゲリング
Mengersen
メンジャーセン
Menges
メンゲス**
メンジェス
メンジス
Menghin
メンギーン
メンギン
Meng-hua モンホワ
Mengíbal メンヒバル
Mengistu
メンギスツ**
Mengke メンク
Mengla モンラ*
Mengold メンゴルド
Mengoli
メンゴーリ
メンゴリ
Mengoni メンゴーニ
Mengotti メンゴッティ
Mengozzi
メンゴッツィ
Mengrai メンラーイ

Meng-rou モンロウ
Mengs メングス
Mengual メングアル
Mengue メンゲ
Mengue M'engouang
メンゲメングアン
Mengue M'owono
メンゲモウォノ
Menguy マンギー*
Mengyu モンユ
Meni メニー
Meniátēs メニアテース
Menichella メニケッラ
Menichelli
メニケッリ
メニケリ
Menichetti
メニケッティ*
Menichinelli
メニキネッリ
Menick メニック*
Menie メニー
Ménière メニエール
Menike マニケー*
Menikheim メニケム
Menino メニーノ*
Menio メニオ
Menippos メニッポス
Meniri メニリ
Menis メニシュ
Menishov
メンショーフ
Menissa メニッサ
Menius
メーニウス
メニウス
Menjívar メンヒバル
Menjou マンジュー
Menkare メンカラー
Men-kau
メンカウ
メンクー
Menkauhor
メンカウホル
Men-kau-Ra
メンカウラ
メンカウラー
Menke
メンキー
メンケ**
Menken メンケン**
Menkerios
メンケリオス
Menkes
メンクス
メンケス*
Menkhaure
メンカーウラー
Menkheperre
メンケペルラー
Menkheprure
メンケプウラー
Menkin メンキン
Menkov メンコフ*
Menkovskii
メンコフスキー

Menmare
　メンマアトラー
　メンマレー
Menmire　メンミイラー
Menn　メン**
Menna　メナ*
Mennan　メンナン
Mennard　メナード
Mennas　メンナ
Mennea　メンネア*
Mennell
　メネル
　メンネル
Mennen　メンネン*
Menni　メンニ
Mennick　メニック
Mennicke　メニケ
Mennin　メニン
Menning　メニング
Menninger
　メニンガー**
　メニンジャー
　メンニンジャー
Menninghaus
　メニングハウス**
Menno
　メノ*
　メノ
　メノー
Mennuti　メヌッティ
Meno
　メノ
　メノー
Menocal　メノカル*
Menodoros　メノドロス
Menoikeus
　メノイケウス
Menolascino
　メノラスチーノ
　メノラッシーノ
Menon
　ムノン
　メーノーン
　メノン***
Mēnōn　メーノーン
Ménorval
　メノルヴァル
Menothy　メノティ
Menotti
　メノッティ***
Menou　ムヌー
Menovsky
　ミノヴスキー
Menpehtyre
　メンペフティラー
Menpes　メンピス
Menras　メンラス
Mensa　メンサ
Mensack　メンサック
Mensah
　メンサ
　メンサー*
Mensáros
　メンシャーロス
Mensbrugghe
　メンズブルグ

Menscal　メネスカル
Menschik　メンシック
Mensching　メンシング
Menschutkin
　メンシュトキン
Mensendiek
　メンセンディーク
Mensha　マンサー
Menshawi
　メンシャーウィ
Menshikov
　メーンシコフ
　メンシコフ*
Men'shikov
　メニシコフ
　メンシコヴ
　メンシコフ
Menshikova
　メンシコーヴァ
Menshov　メニショフ
Men'shov　メニショフ
Menshutkin
　メンシュートキン
Mensík　メンスィーク
Mensing
　メンシング
　メンズイング*
Mensink　メンシンク
Mensje　メンシェ*
Menski　メンスキー
Menskii　メンスキー
Mensky　メンスキー
Menso　メンソー
Mensonides
　メンソニデス
Menssen　メンセン
Menssingh　メンシング
Mensurius
　メンスリウス
Mentcheljakov
　メンチェリヤコフ
Mente　メンテ*
Mentel　メンテル
Menten　メンテン*
Menter
　メンター
　メンテル
Mentessi　メンテッシ
Menthon　マントン
Mentis　メンティス
Mentlein　メントライン
Mentor
　メンター
　メントール
Mentōr　メントル
Mentré　マントレ
Mentrup　メントルップ
Mentschikoff
　メンチコフ
Mentu
　メント
　メントゥ
Mentuemsaf
　メンチュエムサフ
　メントゥエムサフ

Mentu-hotep
　メントゥヘテプ
　メントゥホテップ
　メントゥホテプ
Mentuhotep
　メンチュヘテプ
　メントゥホテップ
　メントゥホテプ
　メントゥホテプ
Mentzas　メンザス
Mentzel　メンツェル
Mentzelius
　メンツェリウス
Mentzenberg
　メンツェンベルグ
Mentzer　メンツァー
Menu　ムニュー*
Menuaš　メヌアシュ
Menuez
　メニューズ*
　メネズ
Menuhin
　メニューイン**
　メニューヒン*
Menwa　メンワ
Menwadjre
　メンウアジュレー
Mény　メニイ
Menye　メニイ
Menyhért
　メニヘールト
　メニヘールト
　メニューヘールト
Menyuk　メニューク
Menz　メンズ
Menza　メンザ
Menze　メンツェ*
Menzel
　メンゼル**
　メンツェル***
　メンティル
Menzer
　メンザー
　メンツァー*
Menzhinskaia
　メンジンスカヤ
Menzhinskii
　メンジンスキー
　メンジーンスキイ
Menzi　メンツィ
Menzie　メンジー
Menzies
　ミンギス
　メンジース
　メンジーズ*
　メンジズ
　メンズィーズ
Menzini
　メンジーニ
　メンツィーニ
Meo
　メーオ
　メオ
Meola　メオラ
Meon　メオン
Meoni　メオーニ
Me'or　メイオル

Mephibosheth
　メフィボシェト
Meppelink
　メッペリンク
McQueen
　マックィーン
Mer
　メール**
　メル
Mera　メラ*
Méra　メラ
Merab
　メラブ
　メラブ
Merabishvili
　メラビシビリ
Meradith　メレディス
Meraf　メラフ
Merafhe　メラフェ
Merah　メラー*
Merai　メライ
Merali　メラリ
Mérand　メラン*
Merande　ミランデ
Merankhre
　メルアンクラー
Merante　メラント
Merari　ムラリ
Merat　ムラ
Mérat　メラ
Merav
　メラヴ
　メラフ
Meray　メライ
Méray　メレー
Merbah
　メルバ*
　メルバハ
Merbecke　マーベック
Mercadante
　メルカダンテ*
Mercader　メルカデル
Mercader Costa
　メルカデルコスタ
Mercadier
　メルカディエ
　メルカディエール
Mercado
　マルカード
　メルカード*
　メルカド*
Mercalli　メルカリ
Mercanton
　メルカントン
Mercatante
　メーカタンテ
Mercati
　マーカティ*
　メルカーティ
Mercator
　メルカートル
　メルカトール
　メルカトル

Merce
　マース**
　メルセ
Mercé　メルセ

Mercè
　マルセ
　マルセー
　メルセ*
Merced
　マルセド*
　メルセド
Mercedes
　マーシディス
　マーセデス**
　メルセデス***
　メルチェデス
Mercédès　メルセデス
Mercellin　マルセラン
Mercenario
　メルセナリオ
Mercer
　マーサ*
　マーサー***
Mercey　マースィ
Merchant
　マーチャント**
Merci　メルチィ
Mercié　メルシエ
Mercier
　マーシア
　メルシェ*
　メルシェ*
　メルスィエ
Mercilus　マーシラス
Mercimek　メルチメク
Merck　メルク
Mercker　マーカー
Merckle　メルクレ
Merckx　メルクス*
Mercoeur　メルクール
Mercœur　メルクール
Mercoure　メルクール
Mercouri
　メルクウリ
　メルクーリ
Mercure　メルキュール
Mercuri　メルキュリ
Mercuriali
　メルクリアーリ
Mercurialis
　メルクリアリス
Mercurio
　マーキュリオ*
　マキューリオ
　メルクリオ
Mercuro　マーキュロ
Mercury
　マーキュリー**
　メルクリ
　メルクリウス
Mercy
　マーシー
　マーシィ
　ミエシネイ
　メルシー*
Merdassi　メルダシ
Merdinyan
　メルディニヤン
Mere　メレ
Méré
　メレ
　メレー

Mère メール	Merga メルガ	Merill メリル*		メルクレ	メルミヨー
Méreaux メロー	Mergault メルゴール	Meriluoto メリルオト	Merkley マークレイ	Mermin マーミン
Meredith メリディス / メレディス*** / メレデース	Mergea メルジェ	Merilyn メリリン	Merkoski マーコスキー	Merminod メルミノー
	Mergelyan メルゲリヤン	Merimance メリマンス	Merkov メルコフ	Mermuys マーミーズ
		Merimee メリメ	Merks マークス	Merna マーナ
Merediz メレディス	Mergenthaler マーゲンサーラー / マーゲンターラー / メルゲンターラー	Mérimée メリメ* / メリメー / メリメエ	Merkul'ev メルクーリェフ	Merneferre メルネフェルラー
Meredov メレドフ			Merkulov メルクーロフ / メルクロフ	Merner マーナー
Meredyth メレディス		Merin メリン*		Mernie マーニー
Mereghetti メレゲッティ	Merger メルジェ*	Mering メーリンク / メーリング*	Merkulova メルクロワ*	Mernisi メルニーシー
Merek メレク	Merges マージェス		Merkurios メルクリオス	Mernissi メルニーシー*
Merel メレル	Mergim メルギム	Meringer メーリンガー	Merkuryev メルクリェヴ	Mero メーレ / メーロ / メロ
Merelli メレッリ	Merhar メラール	Merini メリーニ		
Merello メレージョ / メレッロ / モレロ*	Merhart メールハルト	Merino メリーノ / メリノ**	Merkus メルクス	Merobaudes メロバウデス
	Merhetepre メルヘテプラー		Merkyl マーキル	
	Merholz マーホールズ / メルホルツ	Merinov メリーノフ	Merle マール** / メール / メルル*** / メルレ	Merodach メロダク
Mer-en メルエン / メルネ		Meriol メリオール / メリオル		Merodachbaladan メロダクバラダン
	Meri メリ**			Mérode メロード
Merenda メレンダ	Merí メリ	Merisi メリジ*	Merleau メルロ* / メルロー*	Merola メローラ / メロラ
Merenik メレニク	Meriadoc メリアドク	Merisio メリージオ		
Merenne メレンヌ	Meriam メリアム	Merissa メリサ	Merleau-Ponty メルローポンティ / メルロポンティ	Meron メロン
Mer-en-Ptah メルネプタ / メルネプター / メルネプタハ	Meriamne メリアン	Merit メリット* / メリト		Merope メロピー / メロペ
	Merian メーリアン / メリアン*			
		Meriton メリトン	Merlen マーレン	Meropē メロペ
Merenptah メルエンプタハ / メルネプタハ	Meriasek メリアセク	Meritt メリット	Merlene マーリーン** / マリーン / マーレーン	Merovech メロヴェヒ / メロービス
	Meriç メリチ	Meritxell メリチェル		
	Merici メリーチ / メリチ	Merivale メリヴェイル / メリヴェール		
Merenre メルエンラー			Merleni メルニク / メルレニ**	Merpibia メルピビア
Merentes メレンテス	Mericle メリクル	Meriwether メリウェザー**		Merquiole メルキオール
Merep メレプ	Méricourt メリクール		Merlet メルレ	Merquior メルキオール
Merer メラー / メレー	Mericske メリクスク / メリクスケ	Merizalde メリサルデ	Merli メルリ	
		Merja メルヤ	Merlier メルリエ	Merrall メルオール
Meres ミアズ	Merida メリダ / メリダー	Merjani メルジャニ / メルジャニー	Merlin マーリン** / メルラン* / メルレン	Merrell メリル* / メレル*
Meret メレ / メレット				
	Meridean メリディアン / メリディーン	Merk メルク*		
Merete メレーテ / メレテ		Merkaure メルカウラー	Merline マリーン	Merrem メルレム
	Meridel メリデル*	Merkel マーケル / メルケル***	Merlini メルリーニ	Merrer メアー
Merezhko メレシコ	Meridor メリドール		Merlino メリーノ / メリリーノ	Merret メレ**
Merezhkovskii メレジコウスキー / メレジコウスキイ / メレシコフスキー / メレシコーフスキー* / メレジコーフスキー / メレシコーフスキイ / メレシコフスキイ / メレジコフスキィ / メレジコフスキイ / メレシュコウスキー / メレジュコゥフスキイ / メレジュコーフスキー / メレジュコフスキィ / メレジュコフスキー / メレジュコフスキィ / メレジュコフスキイ	Merie マリー	Merkelbach メルケルバハ		Merrett メレット
	Meriel メリエル			Merri メッリ
	Meriem メリエム	Merkelys メルケリス	Merlo メロ** / メルロー / メーロ	Merriam メリアム***
	Mérigeau メリジョー	Merken マーケン		Merric メリク
	Merighetti メリゲッティ	Merkens メルケンス		Merrick メリック***
		Merker マーカー / メーカ* / メーカー / メルケル	Merlocco メルロッコ	Merricks メリックス*
	Merighi メリーギ / メリヒ		Merlock マーロック	Merridale メリデール
	Merignac メリニャック		Merloni メローニ*	Merriden メリデン*
		Merkerson マーカーソン	Merman マーマン*	Merrie メリー
	Merikallio メリカリオ		Mermaz メルマズ	Merrien メリアン
	Merikanto メリカント	Merkès メルケス	Mermelstein マーメルスタイン	Merrifield メリフィールド**
	Merike メリケ	Merket メーケット		
	Meriko メリコ	Merkin マーキン / メルキン	Mermesha イミラー・メシャ / メルメサ	Merrill メリル
	Meril メリル			Merrild メリル
	Méril メリル	Merkl メルクル	Mermet メルメ* / メルメー	Merrilee メリリー
Merezhkovsky メレシコフスキー	Meriläinen メリライネン	Merkle マークル*		Merriley メリリー
Merfyn マーフィン	Merilee メリリー		Mermillod メルミヨ	Merrill メリル***
				Merrills メリルス
				Merrily メリリー*

Merriman メリーマン / メリマン***
Merrington メリトン
Merrins メリンズ
Merriott メリオット
Merrit メリット**
Merritt メリット***
Merroun ムッルーン
Merrow メロー / メロウ
Merry メリ / メリー**
Merryl メリル*
Merryman メリーマン
Merryn メリン
Mersch メルシュ*
Merse メルシェ
Mérsé メルセ
Merseburg メルゼブルク
Merseini メレセイニ
Mersekhemre メルセケムラー
Mersenne メルセン / メルセンヌ
Mersereau メルセロー
Mersey マージー
Mershepsesre メルシェプセスラー
Mersiowsky メルジオヴスキ
Mersmann メルスマン*
Merson マーソン**
Merston マーストン
Merswin メルスヴィン
Mert メルト
Merta メルタ
Mertel メルテル
Mertens マーテンス / マーテンズ / メルテン / メルテンス
Mertense メルテンス
Mertes マーティーズ
Mertesacker メルテザッカー
Mertig マーティグ
Mertins マーチンズ
Mertl メルトル
Mertlík メルトリク
Merton マートン*** / メルトン
Mertz マーツ / メルツ*
Merula メリュラ / メールラ / メルーラ

Merlo メルラ
Merulo メールロ / メルーロ / メルロ
Meruserre メルウセルラー / メルレルレ
Merusi メルシ
Merv マーブ / メルヴ
Mervale マーヴェイル
Mervat メルヴァート / メルヴァト
Merveille メルベイユ*
Merven メルベン
Mervet メルヴェト
Mervi メルヴィ
Mervin マーヴ / マービン** / メルビン
Mervis マーヴィス / マービス
Mervyn マーヴィン* / マービン** / メルビン
Merw メルヴ
Merwe マーヴェ
Merwin マーウィン**
Méry メリ / メリー*
Meryamun メリアメン / メリアモン
Meryetamun メリエタムン / メリトアメン
Meryibre メリブラー
Merykare メリカーラー
Meryl メリル**
Meryman メリーマン / メリマン
Méryon メリヨン
Meryre メリラー
Merz マーツ / メルツ***
Merzaq メルザック
Merzbach メルツバッハ
Merzer マーザー*
Merzhanov メルジャーノフ
Merzifonlu メルジフォンル
Merziger メルツィガー
Merzlikin メルズリキン

Merzlyakov メルズリャコーフ
Merzouki メルズキ*
Mes メス
Mesa メーサ / メーザ / メサ**
Meša メシャ
Mesannepadda メスアンニパッダ / メスアンネパッダ
Mesarovic メサロヴィッツ / メサロビッツ
Mesarović メサロヴィッチ / メサロビッチ
Mesbah マスバフ / メスバー
Meschack メシャック
Meschan メシャン
Meschenmoser メッシェンモーザー
Mescher メッシャー
Meschik メシク
Meschini メスキーニ
Meschinot メシノ
Meschkowski メシコフス / メシコフスキー / メシュコフスキー
Meschler メシュラー
Meschonnic メショニック*
Mesclun メスクラン
Mesdag メスダグ / メスダッグ / メスダッハ / メスダハ / メスダフ / メスデー
Mesdemoiselles メドモワゼル
Mesdows メドウズ
Mese メーゼ*
Mesefield メイスフィールド
Mesén メセン
Meseret メセレト*
Meserole メセロール
Meserve ミザーヴ / メザーブ
Mesfin メスフィン**
Mesghali メスガーリ / メスガリ
Mesguich メスギシュ
Mesha メシャ
Meshaal メシャール
Meshack メシャック
Meshchaninov メシチャニーノフ

Meshcheriakov メシチェリヤコフ / メチェリアコフ
Meshcherskaia メシチェールスカヤ
Meshcherskii メシチェールスキー / メシチェールスキィ
Meshcheryakov メシチェリヤコフ
Meshé メシェ*
Me'Shell ミシェル
Meshesha メシェシャ
Meshibov メシボフ / メジボフ
Meshkati メシュカティ
Meshkov メシコフ*
Meshkova メシュコーワ
Meshref メシュレフ
Meshulam メシュラム
Mesi メシ
Mesibov メシボフ / メジボフ / メジボフ
Mesic メシッチ
Mesić メシッチ*
Mesie マシエ
Mesiti メシティ
Meskhi メスヒ
Meskiagnunna メスキアグヌンナ / メスキアグヌヌヌ
Meško メシュコ
Meskov メスコフ
Meslay メスレー
Meslem メスレム
Mesler メスラー**
Meslien メスリアン
Meslier メスリエ / メリエ*
Mesmar メスマール
Mesmer メスマー* / メスメル
Mesnard メナール
Mesnaric メスナリック
Mesnil メニル
Mesomēdēs メソメデス
Mesonero メソネロ
Mesoraco メゾラコ
Mesotitsch メゾティチュ
Mesoudi メスーディ
Mesozi メゾジ
Mespelbrunn メスペルブルン
Mesplé メスプレ
Mesqui メスキ
Mesquita メスキータ*

Mesquita メスクイタ
Mesri メスリ
Mesrine メスリーヌ
Mesrob メスロブ / メスロブ
Messa メサ
Messaadia メサーディア*
Messac メサック
Messadie メサディエ
Messager メサージェ / メサジェ* / メサジェー / メサジュ
Messahel メサヘル
Messala メッサラ
Messali メッサリ
Messalina メッサリーナ / メッサリナ
Messalinus メッサリヌス
Messam メッサム
Messamba メサンバ
Messan メサン
Messaouda メッサウダ
Messaoudi メサウーディ
Messarovitch メサロヴィッチ
Messchaert メスハールト
Messéan メッセン
Messedaglia メセダリア
Messegue メセゲ
Meségué メセゲ / メッセゲ
Messel メセル / メッセル*
Messelhi メセルヒ
Messemer メッセマー
Messenger メッセンジャー
Messengue Avom メサンゲアボム
Messenius メッセーニウス
Messent メセント
Messer メサー / メッサー* / メッサリ / メッセル
Messerer メセレール / メセレール / メッセール / メッセール**
Messeri メッセーリ
Messerschmidt メッサーシュミット*

Messerschmitt
メッサーシュミット
メッセルシュミット
Messersmith
メッサースミス
Messi メッシ**
Messiaen メシアン**
Messiah メシア
Messick
メシック*
メズイック
Messier
メシェ
メシエ***
Messina
メシーナ**
メッシーナ***
メッシナ
Messing メッシング
Messinger
メッシンジャー
Messio メッシオ
Messius メシウス
Messmer
メスマー**
メスメル**
Messner
メスナー***
メスネル*
Messod メソド*
Messone メソヌ
Messonnier
メッソニエ
Messori メッソーリ*
Messou メス
Messter メスター
Mes ston メトン
Messu メス
Messud メスード*
Messzi メズジ
Mesta メスタ*
Mestecky
メステッキー*
Mestel メステル
Mester メスター
Mesterházi
メシテルハージ
メシュテルハージ
Mesters
メステルス
メステレス
Mesthene メッサニー
Mestmacker
メストメッカー
Mestmäcker
メストメッカー
Meston メストン
Mestrallet
メストラレ*
Mestre メストレ
Mestres メストレス
Mestrinho
メストリーニョ
Mestrovic
メストロウィッチ
Meštrović
メシュトロウィチ

メシュトローヴィチ
メシュトロヴィッチ
メシュトロビチ
メシュトロビッチ
Mesturini
メストゥソーニ
Mesurier
ムジュリエ
メスリエール
Mesut
メスット
メスート**
メスト**
Mesyats メーシャツ
Meszaros メサロシュ
Mészáros
メーサーロシュ**
メーサロシュ
メサーロシュ
メサロシュ
メザロス
メーサーロッシュ
Mészöly メーセイ*
Met メット
Meta
ミータ
メータ
メタ***
Metacom メタコム
Metagenes メタゲネス
Métais メタイス
Metalious メタリアス
Métall メタル
Metanomski
メタノムスキー
Metaphrastes
メタフラスト
Metaphrates
メタフラステイ
メタフラステス
Metastasio
メタスターシオ
メタスタージオ
メタスタシオ
メタスタジオ
メタスタージョ
Metaxa メタクサ
Metaxas メタクサス*
Metcalf
メットキャルフ
メトカーフ*
メトカルフ*
Metcalfe
メトカーフ*
メトカフ*
メトカルフ**
メトカルフェ*
Metchnikoff
メチニコッフ
メチニコフ
Metchnikov
メチニコフ
Mete メテ*
Metefara メテファラ
Métel メテル
Metella
メテッラ
メテラ*

Metelli メテッリ
Metellus
メテッルス
メテルス
Meter
ミーター
メーター
Meterissian
メテリッシャン
Metevelis
メテヴェーレス
Meteyard メテヤード
Metezeau メトゾー
Métezeau メトゾー
Metford メトフォード
Metge
メッジ
メッジェ
Methapisit
メータービスイット
Metheny
メセーニ
メセニー**
Méthivier
メチヴィエ
メティヴィエ
Methnani メスナーニ*
Method メソッド*
Methodios
メトディオス
Methódios
メトディオス
Methol メトル
Methold メソルド
Methos メソス
Methot メソット
Methuen
メシュエン
メスエン
Methuselah
メトシェラ
メトセラ
Methven
メスヴァン
メスベン
Metia メティア
Metin メティン*
Metius メティウス
Métivier メーチヴィエ
Metkovich
メトコヴィッチ
Metlicovitz
メトリコヴィッツ
Metner
メートネル
メトネル
Meto メト
Metochites メトキテス
Metochitēs メトキテス
Metoděj メトジェイ
Metogho メトゴ
Metola メトラ
Meton メトン
Métra メトラ
Metrano
メトラーノ
メトラノ

Metras メトラ
Metraux メトロ*
Métraux メトロー*
Metre メートル
Metri ミトリ
Metro メトロ
Mētrodōros
メトロドロス
Mētroklēs
メトロクレス
Metrophanes
メトロファネス
Mētrophánēs
メトロファーネス
メトロファーネース
Métru メトリュ
Mets メッツ*
Metschnikoff
メチニコフ
Métschnikoff
メチニコフ
Metschuck メチュク
Metselaar
メッツェラー
Metsers メツェルス
Metsing メツィン
Metsker メツカー*
Metsola
メツォラ
メッツォラ
Metsu
メチュー
メツ**
メツー
メツゥ
メッツ
Metsue
メツ
メツー
Metsy メッツィ*
Mett メット
Metta メタ*
Mettagū メッタグー
Mettaji メッタジ
Mette
ミト
メッテ**
メテ
Mette-Marit
ミトマリット
Mettenberger
メッテンバーガー
Mettenleiter
メッテンライター
Metter メッテル
Metternich
メッタニヒ
メッテルニッヒ*
メッテルニヒ*
Metteya メッテーヤ
Metteyya メッテーヤ
Mettikā メッティカー
Mettler
メットレール
メトラー
メトレ
Mettome メトーム

Mettomo メットモ
Mettra メトラ
Mettrick メトリック
Mettrie
メトリ*
メトリー
メトリイ
Metts メッツ
Metuisela
メトゥイセラ
Metwalli メタワリ
Metz メッツ***
Metzdorf メッツドルフ
Metzelder
メッツェルダー**
Metzgar メッガー
Metzger
メジェ
メッガー
メッガー*
メッツガー**
メッツジェ
メッテル
Metzi メッツィ*
Metzig メッツィヒ
Metzinger
メツァンジェ
メッサンジェ
メッサンジェー
メッツァンジェ
メッツィンガー
Metzker メッカー
Metzkes メツケス
Metzl メツル
Metzler
メッツラー*
メッラー*
Metzmacher
メッツマッハー*
Metzner
メッツナー*
メツナー*
Meucci メウッチ
Meulen メーレン*
Meulendyke
ミューレンダイク
Meulengracht
モイゲングラクト
Meulens
ミューレン*
ミューレンス
Meuli ムリ**
Meumann モイマン*
Meun
マン
マンマン
Meung
マン
ミョン
Meunier
ムエル
ムーニエ
ムーニエ
ムーニエー
ムニエ**
Meur
ムー
ムール

Meurer モイラー*
Meurice
　ムーリス
　ムリス
Meurig ミュリグ
Meuris ムーリ
Meurisse
　ムーリス
　ムリス
Meuron ムーロン*
Meurs ムルス
Meursius ムルシウス
Meurthe ムルト
Meurville ムルヴィル
Meusburger
　モイスブルガー
Meusel
　ミューゼル
　モイゼル
Meuser
　ムーザー
　モイザー
Meusnier
　マーニエ
　ムーニエ
Meuthen モイテン
Meutia ムティア
Meutstege
　モイツテーゲ
Meuwese ミューズ
Meux ミュークス
Meva'a ムバア
Mevel メヴェル
Mevennus
　メヴェンヌス
Meves メベス
Meviane メビアネ
Mevissen
　メヴィッセン
　メビッセン
Mevlüt メブリュト
Mew ミュー*
Mewa メワ
Mewaseh メワセ
Mewburn
　ミューバーン
Mewhort ミューホート
Mewis メウイス
Mews ミューズ
Mewshaw
　ミューショー
　ミュショウ
Mexes メクセス*
Mexia
　メシア
　メヒア*
Mexico メヒコ
Mey
　マイ*
　メイ
Meyberg マイベルク
Meyboom マイブーム
Meydane メイダン
Meyde メイデ
Meyen マイエン

Meyenberg
　マイエンベルク
Meyendorff
　マイエンドルフ
　マイエンドルフ
Meyenn メイン
Meyer
　マイアー
　マイアー**
　マイイア
　マイエル*
　マイヤー***
　マイヤァ
　マイル
　メーアー
　メイアー
　メイエ**
　メイエー
　メイエール
　メイエール**
　メイエル*
　メイヤ
　メイヤー***
　メジェル
　メーヤー
　メヤ
Meyerbeer
　マイアーベーア
　マイアベーア
　マイエルベーア
　マイエルベール
　マイヤーベーア
　マイヤベーア
　マイヤーベール
Meyerbröer
　マイヤーブレーカー
Meyerbröker
　マイヤーブレーカー
Meyere メイエレ
Meyer-Förster
　マイアーフェルスター
　マイヤーヘルステル
Meyerhof
　マイアーホーフ
　マイエルホーフ
　マイヤーホフ
　マイヤーホフ
Meyerhoff
　マイヤーホフ
　メイヤーホフ
Meyerinck
　マイヤーインク
Meyerink
　メイアーリンク
Meyer-Ohle
　マイヤーオーレ
Meyerowitz
　マイエローウィッツ
　マイエロヴィッツ
　マイヤーウィッツ*
　マイヤウィッツ
Meyer-Rochow
　マイヤーロホ
Meyers
　マイアーズ*
　マイヤース**
　マイヤーズ**
　メイアーズ
　メイヤーズ**

Meyerson
　マイアーソン
　マイエルソン
　マイヤーソン*
　マヤーソン
　メーイェルソン
　メイエルソン
　メイヤーソン*
Meyer-Stabley
　メヤースタブレ
Meyfart
　マイファールト
Meyfarth
　マイファルト
Meyjes メイエス
Meykandadeva
　メーイカンダデーヴァ
Meylan
　メイラン
　メラン
Meyler メイラー
Meymanaliyev
　メイマナリエフ
Meyn マイン
Meynard
　メイナール
　メナール
Meynaud
　メイノー
　メノ
Meynell
　メイネル*
　メナル
　メヌル
　メネル*
Meynert マイネルト
Meynier メイニエール
Meyns メインズ
Meyoco メヨコ
Meyr メイル
Meyrick
　メイリック
　メリク
Meyrieu メイリュー
Meyrink
　マイリンク**
　メイリンク
Meyronneinc メロナン
Meyrowitz
　マイロヴィツ
　マイロヴィッツ
　メイロヴィッツ*
Meyrueis メイルース
Meysenbug
　マイゼンブーク
Meyssan メサン
Meystre
　マイスター
　メスター
Meytens メイテンス
Mez メッツ
Meza
　メサ**
　メザ
Meza De Lopez
　メサデロペス
Mézard メザール

Mezei メゼイ
Mezel メゼイ
Mezentius
　メゼンティウス
Mezentsev
　メゼンツェフ
Mezentseva
　メゼンツェワ
Mezentsov
　メゼンツォフ
Mézeray
　メーズレー
　メズレー
Mezey メゼイ*
Mezgebu メズゲブ
Mezger
　メッガー*
　メッゲル
　メッツァー*
　メッツアー
Mezhelaitis
　メジェライチス
Mezher マザハル
Mezick メジック
Mezie メジィー
Mézières
　メジエール
　メズィエーレ
Mezile メジル
Mezilov メジロフ
Meziriac メジリアク
Méziriac メジリアク
Mezirow メジロー
Mezö
　メソー
　メゾー
Mezökövesd
　メゼケヴェスト
Mezouar メズアール
Mezrab メズラブ
Mezrag メズラグ
Mezrich メズリック**
Mezriche メズリシェ
Mezy メジ
Mezz メズ
Mezzabarba
　メッツァバルバ
Mezzadra
　メッザードラ
Mezzalira
　メッツァリラ
Mezzano メッツァーノ
Mezzasalma
　メッツァサルマ
Mezzastris
　メッザストリス
Mezzatesta メザテスタ
Mezzetti
　メッゼッティ*
Mezzich メチック
Mezzina メッズィーナ
Mezzo メッツォ
Mezzofanti
　メッツォファンティ
Mezzogiorno
　メッツォジョルノ*

Mezzrow
　メズロー
　メズロウ
　メッツロウ
Mfomfo ムフォンフォ
Mfoumou ムフム
Mfoumou Ondo
　ムフムオンド
Mfoutou ムフトゥー
Mganda ムガンダ
Mganga ムガンガ
Mghebrishvili
　ムゲブリシビリ
Mghizrat ムジズラト
Mgimwa ムギムワ
Mgon po ゴンポ
Mguabo ムガボ
Mgwagwa ムグワグワ
Mg'wandu
　ヌグワンドゥ
Mhadji ムハジ
Mhagama ムハガマ
Mhailbi ムハイルビ
Mhamdi ムハムディ
M'Hamed
　ムハメド
　モハメッド
Mhango ムハンゴ
Mhenaoui ムヘナウイ
M'henni ムヘンニ
Mhlaba ムフラバ
Mhlongo ムショロンゴ
Mhlope ムショーペ
Mhlophe ムショーペ
Mhoumadi ムマディ
Mhoumadi Sidi
　ムマディシディ
Mi ミ
Mia
　マイア
　ミーア
　ミア**
　ミヤ
Mía ミア
Miabach ミアバッハ
Miagmarzhavyn
　ミャグマルジャヴ
Miah ミア
Miailhe ミアイユ
Miakishev
　ミャキシェフ
Miakushko
　ミャクシュコ
Mial マイアル
Mialaret
　ミアラレ
　ミヤラレ
Mialet ミアレ
Miall
　マイアル*
　マイオール
　ミアル
Mialy ミアリ
Miami マイアミ

Mian ミアン* メン	Micha ミカ** ミーシャ ミチャ ミッシャ ミハ ミーヒャ* ミヒャ	Michaelis マイケリス ミカイーリス ミカエーリス ミカエリス ミハエリス* ミヒァエリス ミヒャエーリウス ミヒャエーリス ミヒャエリス	Michalis ミカリス** ミハリス	ミシャレ ミセル ミチェル* ミッシェル*** ミッチェル ミッヘル ミハイル* ミハエル ミヒェル** ミヘル*	
Miangue ミアング			Michalke ミヒャルケ		
Miani マイニ ミアーニ			Michalko マハルコ		
			Michall マイケル		
			Michallon ミシャロン		
Miankova ミアンコワ*			Michalos マイクロス		
Miano ミアーノ ミアノ			Michalowicz ミカロウィッツ ミハロヴィチ		
	Michaeel マイケル	Michaëlius ミヒャエーリウス		Michela ミケッラ ミケーラ ミケラ ミシェラ	
	Michaek マイケル				
Miantonomi ミアントノミ	Michael マイカル マイク** マイクル*** マイケル*** マエケル ミーカエール ミーカエル ミカエール ミカエル*** ミカル* ミケール ミケル ミシェウ ミシェール* ミシェル* ミシュール ミチアル ミチェール ミチャエル ミッカエル ミッキー* ミッシェール ミッシェル** ミッシャエル ミッチェル ミハイル** ミハイロ ミハエール ミハエル*** ミハル ミヒァエル ミヒェル ミヒャエール ミヒャエル*** ミヘアル	Michaëlle ミカエル*			
		Michaels マイクルズ マイケルズ*** ミカエル ミハエリス	Michalowski ミハウォウスキ ミハロヴスキー ミハロブスキ		
Miao ミアオ ミャオ*				Michel-Ange ミシェランジュ	
			Michałowski ミハウォウスキ ミハウォフスキ		
Miao-ke ミャオコー				Michelangeli ミケランジェリ*	
Miaoulis ミアーリス					
Miarczynski ミアルチンスキ		Michaels-beerbaum ミヒャエルスビールバウム	Michals マイケルズ	Michel-Angelo ミケランジェロ	
Miarom ミアロム			Michalsen ミヒャールゼン	Michelangelo ミケランジェロ*** ミケランゼロ ミケルアンジェロ	
Miaskowski ミアスコヴスキー		Michaelsen マイケルセン ミカエルセン			
			Michalska ミカルスカ		
Miata ミアタ		Michaelson マイケルソン	Michalski ミィチェルスキー ミカルスキ* ミシャルスキ ミハルスキー ミハルスキー ミヒャルスキィ		
Miau ミオー				Michelangero ミケランジェロ	
Miaulis ミアウリス					
Miazzo ミアッツオ		Michael Wiśniowiecki ミハウヴィシニョヴィエツキ		Michele マイケル ミケル ミケーレ*** ミケレ ミシェール** ミシェル** ミシェレ* ミッシェル** ミッチェル* ミハウ	
Mibourne ミボーン					
Mi bskyod ミキョエ					
Mibuy ミブイ		Michaely ミシェリー	Michalson マイケルソン		
Mic マイク* ミック		Michai ミーチャイ			
		Michaias ミカ ミカヤ	Michan ミチャン		
Miča ミーチャ			Michanek ミシャネック*		
Míča ミーチャ		Michail マイケル ミカイル* ミチャイル ミハイール ミハイル**			
Micael マイケル** ミカエル*			Michard ミシャール		
			Michaud ミシャウド ミショー** ミショオ ミチョード	Michéle ミシェル** Michèle マイケル ミシェール* ミシェール*** ミッシェル	
Micaela ミカエラ*					
Micah マイカ** マイカー ミカ* ミカヤ ミッシャ		Michailesco ミヒャレスコ			
	Michaël マイケル* ミカエル* ミッシェル ミハイル	Michailov ミハイロフ Michailovitch ミハイロヴィッチ Michailovskii ミハイロフスキー ミハイロフスキイ	Michaut ミショー*		
			Michaux ミショー** ミショオ		
				Michelena ミケレーナ	
			Michavilla ミチャビリャ	Micheler ミヒェラー	
Micaiah ミカーヤ ミカヤ				Micheles ミケレス ミヒェリス ミヘレス	
			Miche ミーシュ		
		Michajlowitsch ミハイロヴィチ	Micheal マイクル* マイケル* ミヒャエル ミホール* ミホル		
Micale ミカーリ					
Micali ミカリ	Michaël ミカエル ミハエル	Michal マイカル マイケル** ミカル ミケール ミッハル ミハイル ミーハウ ミハウ* ミハエル ミハル***		Michelet ミシェレット* ミシューレー ミシュレ* ミシュレー ミッシェ ミッヒェレット ミヒェレット	
Micaud ミコー					
Micciancio ミッチアンチオ					
Miccio ミッチオ	Michaela マイケラ ミカエラ** ミケーラ ミケラ ミハエラ* ミヒャエラ**		Micheál ミカル ミホル		
Míceál ミホール					
Miceli ミセリ* ミチェーリ ミチェリ			Míceál マイケル ミホール*		
				Micheletti ミケレッティ* ミチェレッティ*	
			Micheau ミショー		
		Michał ミハウ*	Micheaux ミショー*	Micheletto ミケレット	
Micere ミシェレ ミチェレ	Michaelangelo ミケランジェロ	Michala ミカラ*	Micheel ミキール	Micheli ミケーリ ミケリ ミケーレ ミッケリー	
	Michaele マイケル	Michalak ミシャラク	Michel マイクル マイケル** ミカエル ミケル ミシェール* ミシェル***		
	Michaelia ミケイリア	Michałek ミハウェック			
Micgel ミゲル	Michaelides マイクリーディーズ ミカエルデス ミハイリディス	Michalet ミシャレ			
Mich ミック ミッヒ		Michalik ミハリク ミハリック		Michelin ミシュラン**	
				Micheline ミシェリーニ ミシェリン	
Mi-cha ミイツア					

ミシュリーヌ＊＊
ミシュリン＊＊
ミッシェリーヌ
ミッチェリーヌ
Michelini
　ミケリーニ
　ミッチェリーニ
Michelinie
　ミケライニー
Michelino　ミケリーノ
Michelis　ミケリス＊
Michell
　マイケル＊
　ミシェル＊＊
　ミッシェル＊
　ミッチェル＊＊
Michelle
　マイケル
　ミシェール＊
　ミシェル＊＊＊
　ミシェレ
　ミチェル＊
　ミッシェル＊＊
　ミッチェル＊
Michelle-Lee
　ミシェルリー
Michelli
　ミケッリ
　ミケーリ
Michelman
　マイケルマン
Michelmann
　ミヒェルマン
Michelon　マイケロン
Michelot　ミシュロ＊
Michelotti
　ミケロッティ
Michelotto　ミケロット
Michelozzi
　ミケロッツィ
Michelozzo
　ミケロッツィ
　ミケロッツォ
　ミチェロッツォ
Michels
　マイケルス
　マイケルズ
　ミケルス＊＊
　ミシェルズ
　ミチェルス
　ミッシェルズ
　ミッチェルズ
　ミッヒェルス
　ミヘルス
　ミヒェルス＊＊
　ミヘルス＊
Michelsen
　マイケルセン
　ミケルセン＊
　ミチェルセン
Michélsen
　ミシェルソン
Michelson
　マイケルスン
　マイケルソン＊
　ミヘルゾン
Michelstädter
　ミケルステテル
　ミヒェルシュテッテル

Michelstaedter
　ミケルシュテーテル
Michelucci　ミケルッチ
Micheluzzi
　ミケルッツィ
Michener
　ミチナー
　ミッチェナー＊
　ミッチナー＊
Michenfelder
　ミッチェンフェルダー
Micher　ミシェル
Michetti
　ミケッティ
　ミケティ
Michi　ミキ
Michie
　ミチー
　ミッキー＊
Michiel
　ミキエル
　ミキール
　ミシェル
　ハエル
　ミヒール＊
　ミヒル
Michieletto
　ミキエレット＊
Michiels　ミシェルズ
Michiko　ミチコ
Michine　ミチン＊
Michio　ミチオ
Michka　ミーシュカ
Michl
　マイクル
　ミヒル＊
Michler　ミッヒラー
Michman　ミックマン
Michna　ミフナ
Michnick　ミシュニック
Michniewicz
　ミチェニェヴィチ
Michnik　ミフニク＊
Michod　ミコッド
Michon
　ミコン
　ミション
Michotte　ミショット
Michtom　マイクトム
Michuki　ミチュキ
Michurin
　ミチューリン＊
Michurina
　ミチューリナ
Michy　ミシー
Micieces　ミシエーレス
Micieres　ミシエーレス
Miciński　ミチンスキ
Micipsa　ミキプサ
Mick
　マイク
　ミック＊＊＊
Mickael
　マイケル
　ミカエル＊＊
　ミキャエル
Mickaël　ミカエル

Mickaelle　ミカエル
Mickaëlle　ミカエル
Mickaharic
　ミッカハリッチ
　ミツカハリッチ
Mickan　ミカアン
Micke　ミッキー
Mickel　ミケル
Mickelsen　ミケルソン
Mickelson
　ミケルソン＊＊＊
Mickens　ミケンズ
Mickey
　ミッキー＊＊＊
　ミッキイ
Micki
　ミッキ
　ミッキー＊
Mickie　ミッキー
Mickiewicz
　ミツキェーヴィチ
　ミツキェヴィチ
　ミツキエヴィチ＊
　ミッキエヴィッチ
　ミツキェーヴィッチ
　ミツキェヴィッチ
　ミツキエヴィッチ
　ミツキェビチ
　ミツキエビチ
　ミツキェビッチ
　ミツキュヴィチ
　ミッケーウィチ
　ミッケービッチ
Micklautz　ミクラウツ
Mickle　ミックル
Micklem　ミックレム
Micklethwait
　ミクルスウェイト＊＊
Micklewhite
　マイクルホワイト
Micklin　ミックリン
Micklos　ミクロス
Mickus　ミクウス
Micky　ミッキー
Miclea　ミクレア
Mico　ミコン
Micol　ミコル＊
Micolo　ミコロ
Micombero　ミコンベロ
Micon　ミコン
Micool　ミクール
Micoud　ミクー＊
Micovic　ミチョビッチ
Micozzi　ミコッツィ
Micron　ミクロニウス
Micronius
　ミクロニウス
Mićunović
　ミチューノヴィッチ
　ミチュノビッチ
Miczek　ミチェク
Mida　ミッダ
Midana　ミダナ
Midas　ミダス＊＊
Midda　ミッダ＊

Middelhoff
　ミッデルホフ＊
　ミドルホフ
Middelkoop
　ミデルコップ
Middelschulte
　ミッデルシュルテ
Middelthun
　ミッデルトゥーン
Midden　ミッデン
Middendorf
　ミッデンドルフ
Middendorh
　ミッデンドルフ
Middleberg
　ミドルバーグ＊
Middlebrook
　ミドルブルック
Middlebrooks
　ミドルブルックス
Middlecoff
　ミドリコフ
　ミドルコフ
Middlekauff
　ミドルカオフ
Middlemass
　ミドルマス
Middles　ミドルズ
Middleton
　ミッドルトン
　ミドルトン＊＊＊
Mideoui　ミドウイ
Midfa'i　ミドファーイ
Midgaard　ミッドガー
Midge　ミッジ
Midgely　ミッジレー
Midgette　ミジェット＊
Midgley
　ミジリ
　ミジリー
　ミッジリー＊＊
　ミッジリイ
　ミッドグレー
　ミッドグレイ
Midhat
　ミッドハット＊
　ミドハト＊
Midhath　ミダス
Midi　ミディ
Midia　ミディア
Midkiff　ミッドキフ
Mid-la　ミラ
Mid-la ras-pa
　ミラレーパ
Midler　ミドラー＊＊
Midol　ミドル
Midon　ミドン＊
Midori　ミドリ
Midthun
　ミットゥン
　ミッドサン
Midura　ミドゥラ
Midy　ミディ＊
Midzi　ミジ
Mi-e　ミエ＊
Mie　ミー

Miebach　ミーバハ
Mieciel　メチェル
Mieczyslaw
　ミェチスラヴ
　ミェチスラフ
　ミエチスラフ＊
　ミェチスワフ
　ミエチスワフ
Mieczysław
　ミェチスワフ
　ミェチスワフ＊
　ミエチスワフ＊
　ミーテク
Miédan　ミエダン
Miedaner　ミーダナー＊
Mieder　ミーダー
Miege　ミージュ
Miegel　ミーゲル＊
Miegge　ミエッジェ
Miegombyn
　ミエゴムビーン＊
Miehlke　ミールケ
Miehls　ミールズ
Mieke
　ミカ
　ミーク
　ミーケ
Mieko　ミエコ
Miel
　ミエル
　ミール＊
Miela　ミエラ
Mielants　ミラン＊
Mielczewski
　ミェルチェフスキ
Miele
　ミエール
　ミエレ
　ミーレ＊
Mieli
　ミエーリ
　ミエリ
Mielke　ミールケ＊＊
Miell
　ミエル
　ミール
Mielziner
　ミールジナー
　ミルジーナー＊
Mien
　ミエン
　ミーン
Miense
　ミーンス
　ミーンセ
Mientkiewicz
　ミントケイビッチ
　ミントケイビッチ
Miep　ミープ＊＊
Mier
　ミアー
　ミエール
　ミエル
Mierendorff
　ミーレンドルフ
Mieres　ミエレス
Mierevelt
　ミールフェルト

Mieris ミーリス
Mierlo
ミエルロ
ミルロー**
Miermont メルモン*
Mieroslawski
ミエロスラフスキー
ミエロスワフスキ
ミエロスワフスキー
ミエロスワフスキ
Mierswa ミルスワ
Miert ミエルト**
Mies ミース**
Miescher
ミーシェル
ミーシャー
Miesen ミーセン
Miesenböck
ミーゼンベック
Mieses ミーゼス
Miesfeld
ミースフェルド
Miesiedjan ミシジャン
Miessler ミースラー
Mieszko
ミエシコ
ミエシコ
ミエシュコ
ミエチスラフ
Mieszkowska
ミエシュコフスカ
Miethe ミーテ
Miethke ミートケ
Mieto ミエト
Miettinen
ミエチネン
ミエッティネン
Mietto ミエットー
Mieville
ミーヴィル*
ミエヴィル
Miéville
ミーヴィル
ミエヴィーユ
ミエヴィル**
ミービル
Miez ミーツ
Mieželaitis
ミェジェライティス
Mif ミフ*
Miff ミフ
Mifflin ミフリン
Mifsud
ミフスッド*
ミフスド
Mifsud-bonnici
ミフスッドボンニチ
Mig ミグ
Migajāla ミガジャーラ
Migaki ミガキ
Migan ミガン
Migasālā ミガサーラー
Migasīsa ミガシーサ
Migdal ミグダル*
Migdalek ミグダレク

Migdow ミグドゥ
Migel ミゲル*
Migel Angel
ミゲルアンヘル
Migene ミヘネ
Migenes
ミゲネス
ミジェネス
ミゲール***
ミゲル***
Migeon ミジョン*
Migereko ミゲレコ
Migetius ミゲティウス
Migga ミッガ
Mighton マイトン
Mighty マイティ
Migiakis ミギアキス
Migiro ミギロ*
Migjeni
ミギェーニ
ミギエニ
ミジェニ
ミジエニ
Miglani ミグラニ
Miglena ミグレナ
Miglia ミグリア
Migliacci ミリアッチ
Migliaccio
ミリアッチョ
Migliar ミグリアール
Migliara ミリアーラ
Migliore
ミグリオリ
ミグリオワ
Migliorini
ミリオリーニ
Mignard ミニャール*
Migne
ミーニュ
ミニュ
Mignerey ミネリー
Mignet
ミギェー
ミニェ
ミニェー
ミニュエ
Mignnone ミニヨンヌ
Migno ミニョ
Mignola ミニョーラ*
Mignolet ミニョレ
Mignon
ミニオン*
ミニャン
ミニョン**
ミニョン*
Mignone ミニョーネ*
Mignot
ミニョ
ミニョー
ミニヨ
Migon ミゴン
Migot
ミゴ
ミゴー
Migran ミグラン
Migranyan
ミグラニャン*

ミグラニヤン
Miguel
マイク
ミゲエル
ミグル
ミゲゥ*
ミゲェル
ミーゲル
ミゲール***
ミゲル***
Miguel Angel
ミゲルアンヘル
Miguelito ミゲリート
Miguel Luis
ミゲルルイス
Miguens ミゲンス
Miguéns
ミグエンス
ミゲンス
Miguez ミゲス
Míguez ミゲス*
Miguil ミギル
Migurski
ミジャースキー
Mi-gyon ミギョン
Miha ミハ
Mi-hae ミヘ
Mihael ミハエル
Mihaela ミハエラ**
Mihăescu ミハエスク
Mihai
ミハーイ
ミハイ***
ミハイツァ
Mihail
ミアイール
ミハイ
ミハイル**
Mihaileanu
ミヘイレアニュ*
Mihailescu
ミハイレスク
Mihăilescu
ミハイレスク
Mihailo ミハイロ**
Mihailova
ミハイロヴァ*
ミハイロバ
ミハイロワ
Mihailovic
ミハイロヴィッチ*
Mihailovich
ミハイロヴィチ
Mihajilovic
ミハイロヴィッチ
Mihajlivić
ミハイロビッチ
Mihajlo ミハイロ*
Mihajlov
ミハイロヴ
ミハイロフ
Mihajlovic
ミハイロヴィッチ*
ミハイロビッチ*
Mihajlović
ミハイロヴィッチ
ミハイロビッチ

Mihajlovski
ミハイロフスキ
Mihal ミハル
Mihál ミハール
Mihalache ミハラケ
Mihalasky
ミハラスキー
Mihalic ミハリッチ
Mihalić ミハリッチ
Mihaljevic
ミハイエヴィッチ
ミハルジェビック
ミヒャレヴィッチ
Mihalkovič
ミハルコヴィチ
ミハルコビチ
Mihalov ミハイロフ
Mihalovich
ミハロヴィチ
Mihalovici
ミハロヴィチ
ミハロビチ
Mihalovics
ミハロヴィチ
Mihaly
ミハーイ
ミハイ**
ミハリー*
Mihály
ミーハイ
ミハーイ**
ミハーイー
ミハイリー
Mihambo
ミアンボ
ミハンボ
Mihardja ミハルジャ
Mihaylov ミハイロフ
Mihaylovich
ミハイロヴィチ
Mihbek ミフベク
Mihelic ミヘリッチ
Mihelić ミヘリッチ
Mihhail ミハイル
Mi-hi ミヒ
Mihic ミヒック
Mihir
ミハイル
ミヒル
Mihiragula ミヒラグラ
Mihirakula ミヒラクラ
Mihjan
ミヒジャン
ミフジャン
Mihkel ミフケル
Mihm ミーム
Mihnea ミフネア
Miho ミホ
Mihoubi ミフビ
Mihr ミフル
Mihura ミウラ
Mihyār
ミヒヤール
ミフヤール
Mihychuk
ミハイチャック

Mi-hyun ミヒョン*
Miina
ミイナ
ミーナ
Miisomsuunup
ミーソムスープ
Mij ミジ
Mi-ja ミジャ
Mija ミーヤ
Mijain ミハイン*
Mijaín ミハイン
Mjangos ミハンゴス
Mijanou ミジャーヌ
Mijares ミハレス*
Mijat ミヤト
Mijatovic
ミヤトヴィチ
ミヤトヴィッチ
ミヤトビッチ*
Mijatović
ミヤトビッチ
Mijdani メイダニ
Mi-jeong ミジョン
Mi-jin ミジン
Mijiyawa ミジヤワ
Mijk マイク
Mijo ミヨ
Mijtens メイテンス
Mi-jung ミジョン
Mik ミック
MIKA ミーカ
Mika
マイカ
ミーカ*
ミカ**
Mikael
マイケル
ミカエル***
ミキャエル
Mikaël ミカエル*
Mikaela ミカエラ*
Mikaelah ミケーラ
Mikaelsen
マイケルセン
Mikaelsson
ミカエルソン
Mikah
マイカ
ミカ
Mikail
ミカイル
ミハイル
Mikaila ミケイラ*
Mikailov ミハイロフ
Mikal
マイケル*
ミカル
ミケル
Mikalaitis
ミカライティス
Mikalojus
ミカローユス
ミカロユス
Mikalson
マイケルソン

Mikan マイカン*
Mikarite ミカリテ
Mikat ミカート
Mikati ミカティ**
Mikautadze ミカウタゼ
Mikdashi ミクダシ
Mike
　マイク***
　ミケ
Mikec ミケッツ
Mikel
　マイケル*
　ミケル**
Mikell マイケル*
Mikeln ミケルン
Mikels マイケルズ*
Mikelsone ミケルソネ
Mikenas ミケーナス
Mikes
　マイクス*
　ミケシュ
　ミケス
Mikesell マイクセル
Mikesh ミケシュ*
Mikey マイキー*
Mikhael
　ミハイル
　ミハエル
Mikhaël ミカエル
Mikhail
　マイケル*
　ミカエル
　ミハイル
　ミハイール*
　ミハイル***
　ミハイロ
　ミハエル
Mikha'il ミカイル
Mikhaíl ミハイル
Mīkhā'īl
　ミーハーイール
Mikhailo ミハイロ
Mikháilo ミハイロ
Mikhailov
　ミハイロヴ
　ミハーイロフ
　ミハイロフ**
Mikhailova
　ミハイロヴァ
Mikhailovich
　ミカイロビッチ
　ミハーイロヴィチ
　ミハーイロヴィチ
　ミハイロヴィチ
　ミハイロヴィチ**
　ミハーイロヴィチ
　ミハイロヴィッチ
　ミハイロヴィッチ**
　ミハイロビチ
　ミハイロビッチ*
　ミハイロヴィチ
Mikhaïlovich
　ミハーイロヴィチ
　ミハイロヴィチ
Mikháilovich
　ミハイラヴィチ
　ミハイロヴィチ

Mikhailovna
　ミハイロヴナ*
Mikhailovskii
　ミハイローフスキー
　ミハイロフスキー*
　ミハイローフスキイ
　ミハイロフスキイ
Mikhailovskij
　ミハイロフスキー
Mikhailovsky
　ミハイロフスカヤ
Mikhajlov ミハイロヴ
Mikhal ミハル
Mikhalevich
　ミハリェーヴィチ
Mikhalevitch
　ミハレビッチ
Mikhalevskii
　ミハレフスキー
Mikhalkov
　ミハルコヴ
　ミハルコーフ
　ミハルコフ**
Mikhalovich
　ミハロビッチ
Mikhaylin
　ミハイリン**
Mikhaylov
　ミハイロフ*
Mikhaylova
　ミハイロヴァ*
Mikhaylovich
　ミカイロヴィッチ
　ミハイロヴィチ*
　ミハイロヴィッチ
Mikheev ミハイエフ
Mikheil
　ミハイル
　ミヘイル*
Mikhelson ミケルソン
Mikhil ミハイル
Mikhlafi
　ミフラーフ
　ミフラーフィ
Mikhnaf ミフナフ
Mikhnevich
　ミフネビッチ
Mikhnushev
　ミフナーシェフ
Mikhoels
　ミコエルス
　ミホエルス
Miki ミキ*
Mikie マイキー
Mikina ミキナ
Mikis ミキス**
Mikishin ミキーシン
Mikita ミキータ
Mikitenko ミキテンコ
Mikitiuk ミキチューク
Mikkel
　ミケル*
　ミゲル
　ミッケル**
Mikkelsen
　ミケルセン**
　ミゲルセン
　ミッケルセン

Mikkelsplass
　ミッケルスプラス
Mikki
　マイキー
　ミッキ
Mikkilovich
　ミハイロヴィチ
Mikko ミッコ*
Mikkola ミッコラ*
Mikkonen ミッコネン
Mikky ミッキー
Miklas ミクラス*
Miklautsch ミクラウチ
Miklavčič
　ミクラウチチュ
Mikli ミクリ
Miklínová
　ミクリーノワ
Miklitz ミクリッツ
Miklius ミクリアス
Miklleitner
　ミクルライトナー
Miklos
　ミクローシュ*
　ミクロシュ
　ミクロス
Mikloš ミクロシュ*
Miklós
　ミクローシュ***
　ミクロス**
Miklóš ミクローシュ
Miklósi
　ミクローシ
　ミクロシ
Miklošić
　ミークロシチ
　ミクローシチ
　ミクロシッチ
Miklouho ミクルホ
Miklowitz
　ミクロウィッツ
Miklukho
　ミクルーハ
　ミクルーホ
　ミクルホ
Miko マイコ
Mikó
　ミコ
　ミコー
Mikoian ミコヤン
Mikol ミコル
Mikola ミコラ*
Mikolai ミコライ
Mikoláiovich
　ミコラヨヴィチ
Mikolaj
　ミコウァイ
　ミコライ
　ミコワイ*
Mikołaj
　ミコウァイ
　ミコワイ**
Míkołaj ミコワイ
Mikolajchuk
　ミコライチュク
Mikolajczak
　ミコライチャク

Mikołajczak
　ミコジャチャク
Mikolajczewski
　ミコライチェフスキ
Mikolajczyk
　ミコライチク
　ミコライチック
　ミコライチュク
　ミコワイチク*
Mikołajczyk
　ミコライチュク
Mikolajewska
　ミコライェヴスカ
Mikolas
　マイコラス
　ミコラス
Mikolaycak ミコライカ
Mikoleit ミコライト
Mikolo ミコロ
Mikon
　ミコーン
　ミコン
Mikos
　ミクロス
　ミコス
Mikosch ミコシュ
Mikov ミコフ
Mikova ミコバ
Mikowski
　ミコウスキー
Mikoyan
　ミコヤーン
　ミコヤン
Mikrogianakis
　マイクロジアナキス
Miksch ミクシュ
Miksche ミクシェ
Mikser ミクセル*
Miksis ミクシス
Mikszath ミクサート
Mikszáth ミクサート
Miku マイク
Mikuáš ミクラーシ
Mikula ミクラ
Mikulak
　ミクラク
　ミックラック
Mikulas ミクラス
Mikuláš
　ミクラーシュ**
　ミクラシュ
Mikulić ミクリッチ*
Mikulicz
　ミクリチ
　ミクリッチ
　ミクリッツ
Mikulin ミクーリン*
Mikulinsky
　ミクリンスキー
Mikuljan ミクリャン
Mikulová ミクロバー
Mikulski ミカルスキ*
Mikulu ミクル
Mikura ミクーラ**
Mikusinski
　ミクシンスキ

　ミクシンスキー
Mikuthos ミキュトス
Miky ミキ*
Mi-kyung
　ミキョン
　ミギョン*
Mil ミル**
Míl ミール
Mila
　マイラ
　ミーラ
　ミラ**
Milá ミラ
Milà ミラ
Milacki ミラッキー
Milad
　ミラード
　ミラド
Milada ミラダ
Miladin ミラディン
Miladinov
　ミラディノフ
Milagros ミラグロス
Milaim ミライム
Milák ミラク
Milam
　ミラム*
　ミラン
Milam Tang
　ミラムタン
Milan
　ミーラン
　ミラーン
　ミラン***
Milán
　ミラーン
　ミラン
Milana
　ミラーナ
　ミラナ
Milanes ミラネース
Milanés ミラネス
Milanese ミラネーゼ
Milanesi ミラネージ
Milani ミラーニ
Milanka ミランカ
Milanko ミランコ
Milankovich
　ミランコヴィッチ
Milankovitch
　ミランコヴィッチ
Milano
　ミラーノ
　ミラノ**
Milanov ミラノフ**
Milanova ミラノヴァ
Milanović
　ミラノヴィッチ**
Milanovich
　ミラノヴィッチ
Milant'ev
　ミランティエフ
Milanuzzi
　ミラヌッツィ
Milar ミラー
Mi la ras pa ミラレパ

Milas ミラス
Milasch ミラーシュ
Milaton ミラトン
Milazzo ミラゾー
Milbank ミルバンク*
Milbauer ミルボーエル
Milberg ミルバーグ
Milbourne ミルボーン
Milbrath
　ミルブレイス
　ミルブレス
Milburga ミルブルガ
Milburn
　ミルヴァーン
　ミルバーン**
Milburne ミルバーン
Milca ミルカ*
Milcah ミルカ
Milcent ミルサン
Milch ミルヒ
Milchan ミルチャン
Milchberg
　ミルチベルグ
Milchev ミルチェフ*
Milcho ミルチョ
Milčo ミルチョ
Milda ミルダ*
Milde ミルデ
Mildenberger
　ミルデンバーガー
Mildenburg
　ミルデンブルク
Milder
　マイルダー
　ミルダー*
Mildert ミルダート
Mildinhall
　ミルディンホール
Mildmay マイルドメイ
Mildonian
　ミルドニアン
Mildred
　ミルドレッド***
　ミルドレド
Mildt ミルト
Mildvan ミルドヴァン
Mile
　ミル
　ミレ
Mileau ミロー*
Miled ミレド
Mileham マイルハム
Milei ミレイ
Milen ミレン*
Milena
　ミレーナ*
　ミレナ*
Miléna ミレナ
Milenko ミレンコ
Milenkovic
　ミレンコビッチ
Milenski ミレンスキー
Miler
　ミラー

ミレル**
Miles
　マイルス***
　マイルズ***
　ミルズ
Milescu ミレスク
Milesi ミレージ
Milestone
　マイルストウン
　マイルストーン*
　マイルストン
Miletic ミレチチッチ
Miletich ミレティチ
Miletsky ミレツキー
Miletti ミレッティ*
Miletus ミレトス
Mileum ミレウム
Milev
　ミレフ*
　ミレブ
Mileva
　ミレーヴァ
　ミレヴァ*
　ミレバ
　ミレワ
Mileve ミレウェ
Milevi ミレウィ
Milevska ミレフスカ
Milevsky ミレブスキー
Milewski
　ミレウスキ
　ミレフスキ
Miley
　マイリ
　マイリー*
　マイレー
　マイレイ
　ミレー
　ミレイ
Milford
　ミルフォード***
Milfred ミルフレッド
Milgate ミルゲイト
Milgram ミルグラム**
Milgrim ミルグリム*
Milgrom ミルグロム*
Milham ミルハム
Milhaud
　ミーヨー
　ミヨー*
Milhous ミルハウス
Milhouse ミルハウス
Mili
　ミーリ
　ミリ
　ミリー
Milian ミリアン*
Miliband
　ミリバンド**
Milic
　ミリチ
　ミリッチ
Milič
　ミリーチ
　ミリーチュ

Milica
　ミリカ*
　ミリツァ*
Milicent ミリセント
Miliex ミリュウ
Milik ミリク
Milinaire ミリネア
Milinda ミリンダ
Milington ミリントン
Milinkovic
　ミリンコヴィッチ
Milinovic
　ミリノヴィッチ
　ミリノビッチ
Milinović ミリノビッチ
Milinski ミリンスキー
Milione ミリオーネ
Milioti ミリオティ
Milis ミリス*
Militaru ミリタル
Militello ミリテロ
Militosian
　ミリトシアン
Militossian
　ミリトシアン
Militosyan
　ミリトシアン
Militsa ミリッツァ
Miliukov ミリュコフ
Milius ミリアス**
Miliutin
　ミリューチン
　ミルューティン
Milivoj ミリヴォイ
Milivoje
　ミリヴォイエ*
　ミリヴォイエ
Milivojevici
　ミリヴォエヴィッチ
Milizia ミリーツィア
Milja ミルヤ
Miljan
　ミリャン
　ミリヤン
　ミルジャン
Miljanic
　ミリャニッチ
　ミリヤニッチ
Miljenić ミリエニッチ
Miljenko ミリェンコ
Miljon ミリョン
Milk ミルク
Milka
　ミラ
　ミルカ**
Milkau ミルカウ
Milke ミルケ
Milken ミルケン
Milkhail ミハイル
Milkman ミルクマン
Milko ミルコ*
Milkota ミルコタ
Milkowski
　ミウコーフスキ
　ミルコウスキー*

Mill ミル*
Milla ミラ*
Millais
　ミレー
　ミレイ
　ミレース
Millam ミラム
Millan
　ミヤーン
　ミラン**
Millán ミリャン*
Milland
　ミラード
　ミランド*
Millar ミラー***
Millard
　ミラー*
　ミラード***
　ミラールド
　ミラルト
　ミリヤード*
Millarde ミラード
Millardet ミヤルデ
Millares
　ミジャレス
　ミリャーレス
Millau
　ミヨ
　ミヨー
Millaud ミヨー*
Millautz ミラウツ
Millay
　ミレー*
　ミレイ
Millburn ミルバーン*
Mille
　ミイユ
　ミル**
Millecan
　ミルカン
　ミレカン
　ミレキャン
Milleding
　ミレディング
Millegan ミレガン
Millen ミレン*
Millender ミレンダー
Millender-McDonald
　ミレンダーマクドナルド
Miller
　ミラー
　ミラ
　ミラー***
　ミラア
　ミルラー
　ミルレー
　ミールレル
　ミルレル
　ミーレ
　ミーレル
　ミーレール**
　ミレール**
Millera ミルレル
Millerand ミラン**
Millerd ミラード
Milleret ミルレ
Millerom ミルロン

Miller-Ricci
　ミラーリッチ
Millerson ミラーソン
Milles
　ミルズ
　ミレス*
Millet
　ミエ
　ミレ**
　ミレー*
　ミレエ
　ミレット
Millett ミレット***
Millette ミレット
Milleville
　ミルヴィル
　ミレヴィッレ
Millevoye ミルヴォワ
Millhauser
　ミルハウザー**
Millhiser ミルハイザー
Millhollin
　ミルホーリン
Millhollon ミルホロン
Milli
　ミッリ
　ミリ
Millia ミリア
Millican ミリカン
Millicent
　ミッリセント
　ミリセント**
Millichamp
　ミリチャンプ
Millico ミッリコ
Millidge ミリッジ
Millie
　ミイリ
　ミリー**
Millien ミリアン
Millière ミリエル
Milliez ミリエズ*
Milligan ミリガン**
Millikan ミリカン*
Milliken ミリケン*
Millikin ミリキン
Millin ミリン
Millinda ミリンダ
Millinder ミリンダー
Milliner ミリナー
Millington
　ミリトン
　ミリングトン*
　ミリントン**
Milliot ミリヨ
Milliren ミリレン
Millis ミリス*
Millman ミルマン*
Millner ミルナー**
Millns ミルンズ
Millo
　ミッロ*
　ミロ
Millöcker ミレッカー
Millon
　ミヨン*

Millosh ミロシュ
Milloss ミローシュ
Millot ミヨ
　ミロー
Milloy ミロイ
Mills
　マイルス
　マイルズ
　ミリス
　ミル
　ミルシ**
　ミルズ***
Millsap ミルサップ
Millspaugh
　ミルズポー
　ミルズボー
Millstein
　ミルスタイン*
　ミルステイン
Millstine ミルスタイン
Millstone ミルストーン
Millvina ミルビナ
Millward
　ミルウォード*
　ミルワード
Millwood
　ミルウッド**
Milly
　ミイ
　ミイー
　ミリー*
　ミルリー
Millyar ミリヤール
Milman ミルマン
Mil'man ミリマン
Milmoe ミルモー
Miln ミルン
Milne
　ミルヌ
　ミルネ
　ミルン**
Milner
　ミルナー***
　ミルネール*
　ミルネル
Mil'ner ミリネル
Milnes
　ミルズ
　ミルネス
　ミルンズ**
Milnor ミルナー**
Milo
　マイロ**
　ミーロ*
　ミロ***
Milojka ミロイカ
Milon
　マイロン
　ミロ
　ミロン*
Milona ミロナ
Milonas ミロナス
Milone
　ミローヌ

Milôn ミローン
Milonogiannis
　ミロノギアニス
Milorad
　ミロラード*
　ミロラド***
Miloradovich
　ミロラードヴィチ
　ミロラドヴィチ
　ミロラドビッチ
Milos
　マイロス
　ミロシュ*
　ミロス**
Miloš
　ミロシュ**
　ミロス*
Milosavlević
　ミロサブリェビッチ
Milosavljević
　ミロサブリェビッチ
Milosavljevici
　ミロサヴリェヴィッチ
Milosch ミロシュ
Milosevic
　ミロシェヴィチ
　ミロシェヴィッチ
　ミロシェビッチ
Milosević
　ミロシェビッチ*
　ミロセビッチ
Milošević
　ミロシェヴィッチ
　ミロシェビッチ*
　ミロセビッチ
Milosevici
　ミロセヴィッチ
Miloslav
　ミロスラウ
　ミロスラフ*
Milososki
　ミロショスキ
Milosovici
　ミロソヴィッチ
　ミロソビッチ
Milosz
　ミウォシュ*
　ミロオス
　ミローシュ
　ミロシュ**
　ミロース
　ミロス
　ミロッス
Miłosz
　ミウォシュ**
　ミローシュ
　ミロシ
Miloszewski
　ミウォシェフスキ
Miłoszewski
　ミウォシェフスキ
Milous ミル
Milovan
　ミロヴァン*
　ミロバン
Milovanov ミロバノフ
Milovanovic

　ミロヴァノヴィチ
　ミロバノビッチ
Milovanović
　ミロバノビッチ
Milovic ミロビッチ
Milquet ミルケ
Milrod ミルロッド
Milroy ミルロイ*
Mils ミルズ*
Milsani ミルサーニ
Milsap ミルサップ
Milser ミルザー
Milsom ミルソム
Milson ミルソン
Milsted ミルステッド
Milstein
　ミルシテイン
　ミルシテイン
　ミルシュタイン
　ミルスタイン**
　ミルスティン*
Milt ミルト***
Milteer ミルティア
Miltenberger
　ミルテンバーガー*
Milthorpe ミルソープ
Miltiades
　ミルチアデス
　ミルティアデース
　ミルティアデス
　メルキアデス
Miltiadēs
　ミルチアデス
　ミルティアデス
Miltiadis
　ミルティアディス
Miltitz ミルティツ
Miltiz ミルティツ
Milton
　ミウトン*
　ミルト
　ミルトン***
Miltschinoff
　ミルトスキノフ
Milunsky
　ミランスキー*
Milutin
　ミルチン
　ミルティン
Milutinovic
　ミルチノビッチ
　ミルティノヴィッチ*
　ミルティノビッチ*
Milutinović
　ミルティノヴィッチ
　ミルティノビッチ*
Milva
　ミルヴァ
　ミルバ**
Milward ミルワード**
Milwid
　ミルウィド
　ミルヴィト
Milykov ミリューコフ
Milyukov
　ミリューコフ
　ミリューコフ
　ミリューコフ**
Milyutin
　ミリューチン*

Milza ミルザ
Mim ミム*
Mima ミマ
Mimar ミマール
Mimi ミミ**
Mimí ミミ
Mimì ミミ
Mimiague
　ミミャギュー
Mimica ミミツァ
Mimieux
　ミミュー
　ミミュウ
Mimiko ミミコ
Mimma ミンマ*
Mimmo
　ミムモ
　ミモ
Mimms ミムズ
Mimnermos
　ミムネルムス
　ミムネルモス
Mimno ミムノ
Mimose ミモーズ
Mimoun ミムン
Mimoune ミムーン
Mimouni
　ミムニ*
　ミモーニ*
Mimoza ミモザ
Mims
　ミムス*
　ミムズ
Mimsy
　ミムシー
　ミムジー
Min
　ミン**
　ミンー
Mĭn ミン
Mina
　ミーナ**
　ミナ*
Miná ミナ
Minaburo ミナブロ
Mináč ミナーチ
Minaev
　ミナーエフ*
　ミナエフ
Min-ah ミナ*
Minah ミナー
Mīnah ミーナ
Minahan ミナハン*
Minai ミナイ
Mīnāī ミーナーイー
Minaicheva
　マイナイチェワ
Minaj ミナージュ*
Minaker ミナカー
Minakir ミナキル*
Minakshisundaram
　ミナクシスンダラム
Minala ミナラ
Minallah ミナラ
Minami ミナミ

Minardi ミナルディ
Minardos ミナルドス
Minarik
　ミナリク
　ミナリック
Minas ミナス
Minasi
　マイナシ*
　マナシ
　ミナシ
Minasian ミネイジアン
Minassiam ミナシアム
Minassian
　ミナッシャン
Minasyan ミナシャン
Minaux ミノー*
Minaya ミナヤ
Minazzoli
　ミナッツォーリ
Min-bae ミンベ
Minbin ミンビン
Minc
　マンク*
　ミンク
　ミンツ
Minchella ミンケラ
Mincher ミンチャー
Minchev ミンチェフ
Mincheva
　ミンチェヴァ
Minchey ミンチー*
Minchin ミンチン
Minchine ミンチン
Minchinton
　ミンチントン*
Min-chol ミンチョル
Min Chul ミンチョル
Mincici ミンツィッチ
Minčík ミンチーク
Minciotti
　ミンチオッティ
Minco ミンコ
Mincuzzi ミンクッツィ
Mincza ミンツァ
Mincza-nébald
　ミンツァナバルド
Mindadze ミンダーゼ
Mindaoudou
　ミンダウドゥ
Mindaugas
　ミンダウガス
Minde ミンデ
Mindel ミンデル
Mindell ミンデル*
Minden
　マインデン
　ミンデン
Minder
　マンデル
　ミンダー
Minderhoud
　ミンデルフート
Mindert ミンダルト*
Mindi ミンディ
Mindia ミンディア

Minding ミンジング / ミンディング
Mindlin ミンドリン
Mindon ミンドン
Mindorashvili ミンドラシヴィリ* / ミンドラシビリ
Mindowe ミンダウガス / ミンドーフク / ミンドーベ
Mindred ミンドレッド
Mindszenty ミンセンティ / ミンゼンティ* / ミンツェンティ / ミントセンティ
Mindy ミンディ* / ミンディー
Mine ミエン / ミネ*
Miné ミネ
Minear マイニア / マイネア / ミネア
Mineau ミニウ / ミノー
Mineebani ミネエバニ
Mineeva ミネイエワ
Minehan ミネハン
Mineiro ミネイロ*
Mineka マイネカ
Mineke ミネケ
Minelli ミネッリ / ミネリ
Minendra ミネンドラ
Minenkov ミネンコフ
Mineo ミネオ*
Minéo ミネオ
Miner マイナー***
Minerva ミナーヴァ / ミネルヴァ / ミネルヴァ*
Minervini ミネルヴィニ
Mineta ミネタ**
Minette ミネット**
Minetti ミネッツイ / ミネッティ
Mineus ミネウス
Min fong ミンフォン
Minfong ミンフォン**
Minford ミンフォード
Ming ミン***
Minga ミンガ
Mingalon マンガロン
Mingand マンガン

Mingarelli マンガレリ**
Mingarro ミンガロ
Mingau マンゴー
Min Gaung ミンガウン
Mingay ミンゲイ
Mingbo ミンボ
Ming-cheng ミンチェン
Mingdé ミンジ
Minge ミンゲ
Minger ミンガー*
Mingers ミンガース
Minges ミンゲス
Minggad ミンガド
Minggantu ミンガントゥ
Minghella ミンゲラ**
Minghetti ミンゲッティ
Ming Ho ミンホー
Ming-Hui ミンユイ
Min-gi ミンギ
Mingins ミンギンズ*
Mingione ミンジオーネ / ミンジョーネ
Ming-Jer ミンドージャー
Mingju ミンジュ
Ming-kian ミンキャン
Ming-liang ミンリャン*
Mingliang ミンリャン
Mingliyang ミンリャン
Ming-ming ミンミン
Mingmoon ミンムーン
Mingo ミンゴ
Mingos ミンゴス
Mingote ミンゴーテ
Mingotti ミンゴッティ
Mingozzi ミンゴッツィ
Mingpeng ミンポン
Mings ミングス
Mingsheng ミンシェン
Ming-soo ミンツー
Mingst ミングスト
Ming-tee ミンティー
Minguet ミンゲット
Mínguez ミンゲス
Mingus ミンガス*
Minguzzi ミングッツィ**
Mingxuan ミンシュエン
Ming-yeh ミンユエ
Mingyi ミンジー
Min-gyu ミンギュ*
Mingyur ミンゲール
Ming Zeng ミンゾン
Ming-zhu ミンジュ

Minh ミン***
Minh-hae ミンフェ
Minhāj ミンハージ
Min-hee ミンヒ**
Minh-ha ミンハ**
Minhinnett ミーンネット
Minhinnick ミンヒニック
Minh Mang ミンマン
Min-ho ミンホ*
Minho ミンホ
Minhós ミンニョス
Min-hwan ミンファン
Min-hyung ミンヒョン
Mini ミニ
Miniawy ミニアウィ
Minibaev ミニバエフ
Minich ミニッヒ
Minichmayr ミニヒマイヤー
Minié ミニエ
Minier ミニエ**
Minikh ミーニヒ
Minin ミーニン
Minints ミニンツ
Minio ミーニオ
Minirth ミナース*
Minister ミニスター
Miniter ミニター*
Miniussi ミニウシ
Minje ミンジェ
Minjee ミンジ / ミンジー
Min-jeong ミンジョン
Min-jin ミンジン
Minjin ミンジン
Min-joon ミンジュン*
Min-joong ミンジュン
Min-jung ミンジョン*
Minjur ミンジュル
Mink マンク / ミンク**
Minka ミンカ
Minkailu ミンカイル
Minkara ミンカラ
Minke ミンケ
Minkel ミンケル
Minkes ミンケス
Minkin ミンキン
Minkjan ミンクヤン
Minkkinen ミンキネン
Minkler ミンクラー
Minkoff ミンコフ*
Min Ko Naing ミンコーナイン
MinKo Naing ミンコーナイン
Min-koo ミング*
Minkov ミンコフ*

Minkowski ミンコウスキー* / ミンコーフスキ / ミンコーフスキー / ミンコフスキ** / ミンコフスキー**
Minkus ミンクス
Min Kyaw ミンジョー*
Minkyinyo ミンチニョ
Min-kyong ミンギョン*
Min-Kyu ミンギュ
Min-kyung ミンギョン*
Min-liang ミンリャン
Minn ミン
Minna ミナ / ミンナ*
Minnaar ミナー
Minne ミン / ミンヌ* / ミンネ*
Minnelli ミネリ*
Minnemann マインマン
Minner ミナー*
Minnery ミネリー*
Minney ミニー*
Minnich ミニッチ*
Minnick ミニック**
Minnie ミニー*** / ミニィ
Minnikhanov ミンニハノフ*
Minning ミニグ* / ミニング
Minninger ミニンガー*
Minnis ミニス**
Minniti ミンニーティ
Minns ミンズ
Mino ミーノ* / ミノ
Miño ミーニョ
Minocchi ミノッキ
Minoes ミノエス
Minoglio ミノリオ
Minogue マイノウグ / ミノーゲ**
Minois ミノワ*
Minoja ミノーヤ
Minoka ミノカ
Minol ミノル
Minoo ミヌー
Minor マイナー**
Minore ミノーレ
Minoret ミノレ

Minorskii ミノルスキー
Minorsky ミノースキー
Minoru ミノル
Minos ミノス
Minoski ミノスキ
Minoso ミニョソ / ミノソ
Miñoso ミニョソ
Minot マイノット*** / ミノ
Minotis ミノティス
Minotti ミノッティ
Minou ミヌー*
Minouche ミノウチ / ミノーシュ
Minoui ミヌーイ / ミヌイ
Minow ミノウ*
Minoza ミノザ*
Min-seo ミンソ
Min-seok ミンソク
Min-seon ミンソン
Minshew ミンシェー
Min-sik ミンシク*
Minski ミンスキー
Minskii ミンスキー* / ミンスキイ
Minsky ミンスキー**
Min-soo ミンス*
Minsoo ミンスー
Min-soon ミンスン*
Minstrel ミンストレル
Min-suk ミンソク
Min-sun ミンソン
Min-sung ミンソン
Mint ミン / ミント
Minta ミンタ
Mintana ミンタナ
Mintcheva ミンチェバ
Mintekoé ミンテコエ
Minter ミンター**
Minters ミンターズ
Min Thein Kah ミンテインカ
Min Thein Kha ミンテインカ
Min Thu Wun ミントゥウン / ミントゥーウン / ミントゥウン
Mintimer ミンチミル
Mintkenbaugh ミントケンボー
Minto ミント* / ミントー*
Mintoff ミントフ**

MIR

Minton ミントン**
Mintrom ミントロム
Mints ミンツ
Mintslov ミンツロフ
Míntslov ミンツロフ
Minturno ミントゥルノ
Minty
　ミンティ
　ミンティー
Mintz ミンツ**
Mintzberg
　ミンツバーグ**
Mintzer ミンツァー*
Mintzi ミンツィ
Mintzker ミンツガー
Min-u ミンウ*
Minucci ミヌッチ
Minuchin
　ミニューチン
Minucius ミヌキウス
Minuit
　ミヌイット
　ミネウィット
Minuth ミヌス
Minutko ミヌートコ
Minuzzo ミヌゾ
Min Woo ミンウ
Min-woo ミヌ*
Minwoo ミヌ*
Min-xia ミンシア
Minxin ミンシン
Minyaev ミニャーエフ
Minyana ミンヤナ
Minyas ミニュアス
Minyedeikba
　ミンレディッパ
Minyekyawdin
　ミンレーチョウディン
Min-yong ミニョン
Minzenberg
　ミンゼンバーグ
Miodownik
　ミーオドヴニク
Miodrag
　ミオドラーク
　ミオドラグ**
Miolan ミオラン
Miollis ミオリス
Miomandre
　ミオマンドル
　ミヨマンドル
Miomir
　ミオミラー
　ミオミル
Mion ミオン
Mioni ミオーニ
Mionnet ミオネ
Miošić
　ミオシチ
　ミオシッチ
Miot ミオード
Miotto ミオット*
Miou
　ミウ

ミュウ*
Miou-Miou ミウミウ
Mi pham ミパム
Mi-pham ミパム
Mipham ミパム
Mi pham rgya mtsho
　ミパムギャンツォ
Miqaberidze
　ミカベリーゼ
Miqdad ミクダド
Mique
　ミーク
　ミク
　ミック
Miquel
　ミクエル
　ミーケル
　ミケル**
　ミゲール
　ミゲル
Miquilena ミキレナ
Mir
　ミール**
　ミル*
Mīr ミール
Mira
　マイラ*
　ミーラ
　ミーラー
　ミラ***
　ミラー
Mīrā
　ミーラ
　ミーラー
　ミーラーン
Mirabai ミラバイ
Mīrā Bāī
　ミーラーバーイー
Mirabal ミラバル*
Mirabeau
　ミラボー**
　ミラボオ
Mirabel ミラベル
Mirabella ミラベラ*
Mirabello ミラベッロ
Mirabito ミラビト
Mirabror ミラブロル
Miracle ミラクル*
Miradori ミラドーリ
Mi-rae ミレ
Miraeus ミラエウス
Mirailhet ミレイエ
Mirak ミーラク
Mīrak ミーラク
Mirakhur ミラクー
Miralem ミラレム
Mirali ミラリ
Miraliyev ミラリエフ
Mirallas ミララス
Miralles
　ミラージェス**
　ミラレス
Mirambo ミランボ
Miramion ミラミオン
Mi-ran ミラン**
Miran ミラン

Miranda ミランダ***
Mirando ミランド
Mirandola
　ミランドーラ
　ミランドラ*
Miran Fashandi
　ミランファシャンディ
Miranowski
　ミラノフスキー
Mīrānshāh
　ミーラーン・シャー
Mirante ミランテ
Miranti ミランティ
Mirarchi ミラーチ
Miraš ミラシュ
Mirasol ミラソール
Mirassou ミラソウ
Mir'at ミラアト
Miraval ミラヴァル
Mirbeau
　ミルボー*
　ミルボウ
　ミルボオ
Mirbekov ミルベコフ
Mirbel ミルベル
Mirbt ミルプト
Mirc マーク
Mircea
　マーセア
　ミルシア
　ミルセア
　ミルチア
　ミルチア*
　ミルチェ
　ミルチェア*
　ミルチャ***
　ミルチャア
Mirchandani
　ミルチャンダニ
Mirco
　マーコ
　ミルコ**
Mire ミール
Mireaux ミロー
Mirei ミレイ
Mireia ミレイア**
Mireille
　ミレイヌ
　ミレイユ***
　ミレーユ*
Mirek ミレク**
Mirela
　ミレッラ
　ミレラ*
Mirella
　ミレッラ*
　ミレラ
　ミレルラ
Miren ミレン
Mirenda ミレンダ
Miresmaieli
　ミレスマイリ
Miret ミレ
Mireya ミレヤ**
Mirghani ミルガニ*
Mīrghanī ミールガニー

Mirheydar
　ミールヘイダール
Mirho
　ミロ
　ミロー
Mirhossein
　ミルホセイン*
Miri ミリ
Miriam
　ミリアム***
　ミリアン
Mīrānshāh
　ミーラーン・シャー
Mirian ミリアン
Mirikitani
　ミリキタニ**
Mirimanov
　ミリマノフ*
Mirin
　ミラン
　ミリン*
Miringtoro
　ミリングトロ
Miripolsky
　ミリポルスキー
Mirisch ミリッシュ*
Miriuta ミリュータ
Miriyam ミリヤム
Mirja
　ミリヤ
　ミルヤ
Mirjalili ミルジャリリ
Mirjam
　ミリアム
　ミリアム**
　ミリヤム
Mirjana
　ミリアナ**
　ミリヤーナ
　ミリヤナ*
Mirka
　ミルカ
　ミロスラバ
Mirkazemi ミルカゼミ
Mīrkhwānd
　ミール・ハーンド
　ミールフワーンド
　ミール・ホーンド
　ミールホンド
Mirkin
　マーキン
　ミルキヌ
Mirkine ミルキヌー
Mirkku ミルック*
Mirko ミルコ**
Mirlande ミランド*
Mirman ミルマン
Mirna ミルナ*
Mirnyi
　ミールヌイ
　ミルヌイ**
Miro ミロ**
Miró
　ミロ**
　ミロー
Miroglio
　ミログリオ
　ミロリオ
Miroljub
　ミロリューブ

ミロリュブ
Miron
　マイロン
　ミロン*
Mirón ミロン
Mironchyk-Ivanova
　ミロンチュクイワノワ
Mironcic
　ミロンチイッチ
Mironov
　ミローノフ
　ミロノフ**
Mironova
　ミロノヴァ
　ミロノワ
Mironovich
　ミローノヴィチ
Miroš ミロシュ*
Míroš ミロシュ
Miroshina ミロシナ
Miroshnichenko
　ミロシニチェンコ*
　ミロシュニチェンコ
　ミロチニチェンコ
Miroslav
　ミロシュラフ
　ミロスラウ
　ミロスラヴ**
　ミロスラフ***
　ミロスラヴ
　ミロスロフ
　ミロフスラフ
Miroslava
　ミロスラヴァ*
　ミロスラバ*
Miroslaw ミロスワフ
Mirosław ミロスワフ
Miroslov
　ミロスラヴ
　ミロスラフ
Mirotic ミロティッチ
Mirotvortsev
　ミロツウォルツェフ
Mirovitch
　ミロヴィチ
　ミロビチ
Mirovitskaya
　ミィロブィスカヤ
Mirr ミール*
Mirra
　ミッラ
　ミラ*
Mírra ミッラ
Mirren ミレン**
Mirrenova ミレノバ
Mirriam ミリアム
Mirrlees マーリーズ**
Mirsad ミルサド
Mirsaid ミールサイド
Mirskii ミルスキー*
Mirsky
　マースキー
　ミルスキー
Mirta ミルタ
Mir-tajeddini
　ミルタジェッディニ
Mirtalipova
　ミルタリポヴァ

Mirtha ミルタ	Mische	ミシュラ	Missiroli
Mirto ミルト	ミシュ	ミシュラー	ミシローリ
Mirtskhulava	ミッシー	Mishura ミシュラ	ミッシローリ
ミルツフラワ	Mischel	Mishustin	Mississippi ミシシッピ
Miruna ミルナ	ミシェル*	ミイシュスティン	Missiuna ミッシーナ
Mirwais ミルワイス	ミッシェル	ミシュスチン	Misslin ミスラン
Mirwald ミアバルト	ミッセル	Misi ミシ	Missoffe ミソフ
Miry ミアリー	Mischke ミシュク	Misia ミシア	Missongo ミソンゴ
Miryam ミリアム	Mischkind ミスキンド	Mísia ミージア	Missoni ミッソーニ**
Miryo ミリョ	Mischler ミシュレル	Misiano ミシアノ	Missouloukagne
Mirza ミルザ**	Mischnick ミシュニク*	Misihairabwimushonga	ミスルカニエ
Mirzā ミルザー	Mischo ミッショー	ミシハイラブウィム	Misstear ミスティア
Mírza ミルザ	Misciano ミシアーノ	ションゴ	Mitgutsch
Mīrzā	Misejnikov	Misino ミシーノ	ミットグッチ
ミールザー*	ミセジニコフ	Misioné ミシオネ	ミットグッチュ**
ミルザ	Miseki ミセキ	Misir ミシル	Missy ミッシー*
ミルザー	Miserendino	Misita ミシタ	Mistinguett
Mīrzā‘ ミールザー	ミセレンディーノ	Misjah	ミスタンゲット*
Mirzadeh ミザーデ	Miserey ミズレー	ミスジャハ	Mithat
Mirzaev ミルザエフ	Miserocchi ミゼロッキ	ミスジャフ	ミトハット
Mirzaeva ミルザエワ	Miseroni ミゼローニ	Miska ミスカ*	ミドハット
Mirzai ミルザイ	Misersky ミゼルスキ	Miskarov ミスカロフ	ミトハト*
Mirzakhani	Mises ミーゼス*	Miskawayh	ミドハト
ミルザハニ*	Misezhnikov	ミスカワイヒ	Mistler ミスレル
Mirzakhanian	ミセジニコフ	ミスカワイフ	Mistoul ミストゥル
ミルザッカニアン*	Misfeldt ミスフェルト	Miskelly ミスケリー	Mistral
Mirzakhidov	Misha	Miskin	ミストラール
ミルザヒドフ	ミーシャ	ミスキーン	ミストラル**
Mirzashvili	ミシャ	ミスキン	Mistry
ミルザシュヴィーリ	ミッシャ*	Misko ミスコ	ミストリ
Mirzayev	Mishaārī ミシャーリ	Miskotte ミスコッテ	ミストリー**
ミルザエフ	Mishabae ミシャバエ	Miškov ミシュコフ	ミッストリ
ミルゾエフ	Mishal	Miskovic	Mistura ミストゥラ
Mirziyoyev	ミシェル*	ミシュコヴィッチ	Misty ミスティ**
ミルジヨエフ*	ミシャル	Miskovitch	Misuari ミスアリ*
Mirzo ミルゾ**	Mishan ミシャン**	ミスコーヴィチ	Misutin ミシューチン
Mírzo ミルゾ	Mishari ミシャリ	Mislove ミスラヴ	Mita ミタ*
Mirzoshokhrukh	Mishchenko	Mislow ミズロウ	Mitacek ミタチェク
ミルゾショフルフ	ミーシェンコ	Mismari ミスマリ	Mitakidou
Mirzoyan ミルゾヤン	Mishchuk	Misner	ミタキドウ*
Misa ミサ	ミシチュク	マイスナー	Mitakis ミタキス
Misach メシャク	ミシュック	マイズナー	Mitali ミタリ
Misael ミサエル*	Mishell ミッシェル	ミズナー	Mitalip ミタリプ
Misajlovski	Mishig ミシグ	Mišo ミショ	Mitas ミタス
ミサヤロフスキ	Mishigiin ミシギーン	Misochko ミソチコ	Mitasova ミタソワ
Misak ミサック	Mishin	Mi-soo ミス	Mitch ミッチ***
Misaka ミサカ	ミーシン	Miśr ミシュル	Mitcham
Misalucha	ミチン	Misra ミスラ	ミッチャム**
ミサルーチャ	Mishina ミーシナ	Miśra ミシュラ	Mitchard
Misanchuk	Mishka ミシカ	Misrach ミスラック*	ミチャード*
ミサンチャク	Mishkin ミシュキン	Misraki ミスラキ	ミッチャード
Misangyi ミサンギ	Mishkoff ミシコフ	Miṣrī	Mitchel ミッチェル***
Misani ミザーニ*	Mishkutenok	マスリー	Mitchelhill
Misao ミサオ	ミシクチョノク	ミスリー	ミッチェルヒル
Misbach	Mishkutienok	Miss ミス***	Mitchell
ミスバ	ミシクチョノク	Missa ミサ	マイケル
ミスバフ	Mishkutionok	Missag ミサーク	ミチェル*
Misbah メシバ	ミシクチョノク	Missagh ミサク	ミッシェル
Misch ミッシュ**	Mishler ミシュラー	Missambo ミサンボ	ミッチ*
Mischa	Mishlin ミシュリン	Missaoui ミサーウイ	ミッチェル***
ミーシャ**	Mishori ミショリ	Missen ミッセン	Mitchener
ミシャ	Mishouk	Missildine	ミッチェンナー
ミッシャ**	ミシューク	ミッシルダイン	Mitchinson
Mischakoff ミシャコフ	ミシュク	Missillier ミシリエ	ミッチンソン
	Mishra		Mitchison
	ミシャラ		ミチスン*
			ミチソン*
			ミッチソン
			Mitchum
			ミッチャム**
			Mitcy ミッチー
			Miteki ミテキ

Mitel ミテル	
Mitelli ミテッリ*	
Mitenbuler	
ミーテンビュラー	
Miteva ミテワ	
Mitford	
ミットフォード**	
ミットフォルド	
ミトフォード*	
Mitgang	
ミットガング*	
Mithchell ミッチェル	
Mithen ミズン	
Mithers ミザーズ	
Mithileshwar	
ミティレーシュワル	
Mithison ミティソン	
Mithradates	
ミトラダーテース	
ミトラダテス	
ミトリダーテス	
ミトリダテス	
Mithridates	
ミスラダテス	
ミトラダテス	
ミトリダテス	
Mithridatēs	
ミスラダテス	
ミトラダテス	
ミトリダーテス	
ミトリダテス	
Mitic ミティッチ	
Mitieli ミティエリ	
Mitin	
ミーチン	
ミーティン	
メシン	
Mititaiagimene	
ミティタイアギメネ*	
Mitja	
ミーチャ	
ミチャ	
ミテヤ	
ミトヤ*	
Mitjana ミトハーナ	
Mitke ミッケ	
Mitkov ミトコフ	
Mitkova ミトコワ*	
Mitnic ミトニック**	
Mitnick ミトニック	
Mitogo ミトゴ	
Mitov ミトフ	
Mitra	
ミットロ	
ミトラ**	
ミトロ	
Mitragotri ミラゴリ	
Mitran ミトラン	
Mitrani ミトラーニ	

Mitrany ミトラニー／ミトラニイ
Mitre ミトレ
Mitrea ミトレア
Mitreva ミトレワ
Mitri ミトリ*
Mitrita ミトリタ
Mitró ミトロ
Mitrofan ミトロファン
Mitrofanovich ミトロファーノヴィチ／ミトロファノヴィチ
Mitroff ミトロフ
Mitroglou ミトログル
Mitrokhin ミトロヒン
Mitropoliskii ミトロポリスキー
Mitropoulos ミトロパウロス／ミトロプウロス／ミトロプーロス／ミトロプロス
Mitrou ミトル／ミトロウ
Mitrović ミトロヴィチ
Mitry ミトリ
Mitsch ミッチ
Mitscher ミッチャー
Mitscherlich ミッチェルリッヒ／ミッチェルリヒ／ミッチャーリッヒ*／ミッチャーリヒ**
Mitsias ミツイアス
Mitsios ミツイオス
Mitson ミットソン
Mitsotakis ミツオタキス**
Mitsou ミツ
Mitsuo ミツオ
Mitsuye ミツエ
Mitt ミット**
Mitta ミッタ
Mittä ミッター
Mittag ミッターク*／ミッタグ*
Mittakālī ミッタカーリー
Mittal ミッタル*
Mittasch ミッタシュ
Mitteis ミッタイス*
Mittelbach ミッテルバック／ミッテルバッハ*
Mittelberg ミッテルバーグ
Mittelbronn ミテルブロン
Mitteldorf ミッテルドルフ
Mittelholzer ミッテルホルツァー

Mittelman ミッテルマン*
Mittelstadt ミッテルシュタット
Mittelstaedt ミッテルスタッド
Mittelstraß ミッテルシュトラース*
Mitten ミッテン
Mittenthal ミッテンタール
Mittenzwei ミッテンツヴァイ
Mitter マイテル／ミッター／ミッタル／ミッテル
Mitterand ミッテラン／ミットラン／ミトラン
Mitterauer ミッテラウアー*
Mitterbauer ミッタバウアー
Mitterer ミッテラー
Mitterlehner ミッテルレーナー
Mittermaier ミッターマイアー／ミッタマイアー／ミッターマイヤー／ミッテルマイヤー
Mittermayer ミッターマイヤー
Mittermeier ミッターマイヤー*
Mitterrand ミッテラン**
Mittica ミッティカ
Mittleman ミッテルマン
Mittler ミットラー*
Mittmeyer ミットマイヤー
Mitton ミットン*／ミトン
Mittoo ミットゥ
Mittwer ミトワ
Mitu ミトゥ
Miturich ミトゥーリチ*／ミトゥーリッチ*
Mityukov ミチュコフ
Mitzenmacher ミッツェンマハー
Mitzer ミッツァー
Mitzi ミッチ*／ミッチー／ミッツィ
Mitzka ミツカ
Mitzman ミッツマン
Mitzna ミツナ*
Miu ミウ
Miuccia ミウッチャ*

Miugel ミゲル
Miura ミウラ
Mivart マイヴァート
Mivedel ミベーデル
Miwha ミファ
Mix ミクス／ミックス**
Mix-A-Lot ミクサロット
Mixmaster ミックスマスター
Mixon ミクスン／ミクソン
Mixter ミクスター
Miya ミヤ
Miyanda ミヤンダ
Miyar ミヤル
Miyassar ミヤサル
Mi-yeon ミヨン
Mi-yong ミヨン
Miyoshi ミヨシ
Mizan ミザン*
Mizban ミズバン**
Mizdal ミズダル
Mize マイズ*
Mizel ミゼル
Mizele ミザレ
Mizell ミゼル*
Mizelle ミゼル
Mizen ミズン
Mizener マイズナー*
Mizengo ミゼンゴ
Mizgaitis ミズガイティス
Mizielińska ミジェリンスカ
Mizieliński ミジェリンスキ
Mizieres ミシエーレス
Mizikovsky ミジコフスキー
Mizio ミジオ
Mizler ミツラー
Mizouri ミズーリ
Mizrachi ミズラヒ
Mizrahi ミズラヒ**
Mizroch ミズロック
Mizsei ミジェイ
Mizsér ミジュール
Mizun ミーズン
Mizwar ミズワール／ミズワル
Mizzi ミツィ／ミッツィ
Mjagmar ミャグマル
Mjdlani ムジュラニ
Mjeda ミエダ
Mjör ムジェール
Mkaima ムカイマ

Mkalawile ムカラウィレ
Mkapa ムカパ**
MKhas btsun ケツウン
Mkhas grub ケードゥブ
Mkhas-grub ケイドゥブ
Mkhas grub rje ケドゥブジェ
Mkhitar ムヒタル
Mkhitaryan ムヒタリアン
Mkhondo ムコンド
Mkhyen brtse dbang po ケンツェワンポ
Mkhyen pa ケンパ
Mkpatt ムクパット
Mkrchyan ムクルチアン
Mkrtchian ムクルチャン
Mkrtchyan ムクルチャン
Mkuchika ムクチカ
Mkulo ムクロ
Mkura ムクーラ
Mkuya ムクヤ
Mkwawa ムクワワ
Mlada ムラダ
Mlađan ムラジャン
Mládek ムラーデク
Mladen ミラーデン／ムラーデン／ムラデン**
Mladenoff ムラデノフ
Mladenov マルデノフ／ムラデノフ***
Mladenovic ムラデノヴィッチ／ムラデノビッチ
Mladenovska ムラデノフスカ
Mladić ムラディッチ*
Mladovsky ムラドフスキー
Mlakar ムラカル
Mlambo-Ngcuka ムランボヌクカ*
Mlanbo ムランボ
Mlanga ムランガ
Mlangeni ムランゲニ
Mlcoch ムルコー
Mleh ムレフ
Mlicki ムリッキー
Mlinarić ミナリッチ
Mlodinow ムロディナウ*
Mlodozeniec ムウォドゼニェツ
Młodożeniec ムウォドゼニェツ

Młodożeniec ムウォドゼニェツ
Mlodzieevskii ムロズィーフスキー
Mlotok ムロートク
Mlynar ムリナーシ
Mlynár ムリナーシ
Mlynář ムリナージ／ムリナーシュ
Mlynarska ムリナルスカ
Mlynarski ムイナルスキ／ムリナルスキー
Mlynowski ムリノスキー／ムリノフスキー**
Mmadi マディ
M'Madi マーディ
M'mah ムマ
Mmanga ムマンガ
Mňačko ムニャチコ**
Mnangagwa ムナンガグワ*
Mnasalkas ムナサルカス
Mnasalkēs ムナサルケス
Mnásōn マナソン／ムナソン
Mnatsakan ムナツァカン
Mnatsakanian ムナットサカニアン
Mnatsakanyan ムナツァカニャン
Mneimneh ムネイムネ
Mnemosyne ムネモシュネ
Mnēsarchos ムネサルコス
Mnēsiklēs ムネシクレ／ムネシクレース／ムネシクレス／ムネシデ
Mnēsimachos ムネシマコス
Mngon śes can ゴンシェチェン
Mnich ムニック
Mnookin ムヌーキン
Mnouchkin ムヌーシュキン
Mnouchkine ムヌーシュキン*
Mntgomerie モンゴメリー／モントゴメリー
Mntonzima ムントンジマ
Mntw-m-ht メンチュエムハト
Mnuchin ムニューシン*
Mnyaa ムニャー

Mnyambi ムニャンビ
Mnyampala ムニャンパラ
MO モー
Mo
　モ**
　モー**
Moa
　ムーア
　モーア
　モア
Moab モアブ
Moacanin モアカニン*
Moacir モアシル
Moak モーク
Moakley モークリー*
Moal モアル
Moala モーラ
Moalem モアレム
Moallim モアリム
Moan モアン
Moana モアナ*
Moate モート
Moates モウツ
Moatti モアッティ
Moawad モアワド
Moawwad
　マウワド
　ムアッワド
　ムアワド
Moayyad モアイヤド
Moazed モザド
Moazzem モアゼム*
Mobbs モブス
Mobeen モビーン
Moberg
　ムーベリ
　モバーグ*
　モーベリ**
　モベリ
　モベル
　モーベルイ
Moberly
　モウバリ
　モバリ
　モバリー*
Mobido モビド
Mobile モビール
Mobily モビリー
Mobius
　メエビウス
　メービウス
　モビアス*
Möbius
　メービィウス
　メービウス
　メビウス
Mobley
　モーブリー
　モブリー**
　モブレイ
Mobolaji モボラジ
Mobutu モブツ**
Moby モービー*
Moc モック

Mocanu モカヌ*
Moccia モシア
Mocco モッコ
Moccozet モッコーゼ
Mocdouall-gaye マクドゥアルゲイ
Moceanu
　モセアヌ
　モチェアヌ
　モチャヌ*
Mocenigo モチェニーゴ
Mocetto モチェット
Moch
　モク
　モック
　モッホ
Mochalov
　モチャーロフ
　モチャロフ
Mocher モヘール
Mochi
　モーキ
　モキ
Mochizuki モチヅキ*
Mochly モックリー
Mochnacki モフナツキ
Mochoboroane モチョボロアネ
Mochon モション
Mochtar
　モフタール
　モフタル*
Mochulskii モチューリスキー
Mochul'skii モチューリスキー
Mochul'skiy モチュリスキー
Mochuta モフタ
Mocio モシオ
Mock モック***
Mockapetris モッカペトリス
Mockel
　メッケル
　モッケル
Möckel メッケル
Mocker モッカー
Mockett モケット**
Mockevicius モスカビチャス
Mockford モックフォード*
Mockler モックラー
Mockridge モクリッジ
Möcks メックス
Mocky モッキー*
Mocquereau モクロー
Moctar
　モクター
　モクタール
　モクタル
Moctezuma
　モクテスマ
　モクテズマ
Mocumbi モクンビ

Moczar モチャル*
Moczarski モチャルスキ
Mod モド
Modaev モジャーエフ
Modahl モダール*
Modak モダック
Modan モエダン
Modano モダノ*
Modarres モダッレス
Moday モディ
Moddelmog モデルモグ*
Modderno モデーノ
Moddie ムーディ
Modean
　モデアン
　モーディン
　モーディーン
Modéer モディア
Model
　モーデル
　モデル
Modeley モードリー
Modell モデル**
Modelski モデルスキー
Modena
　モディーナ
　モーデナ
　モデーナ
　モデナ*
Modenese モデネーゼ
Moder モダー
Moderatus モデラトゥス
Moderé モデレ*
Moderne モデルヌ
Moderno モデルノ
Modersohn
　モーダーゾーン*
　モーダゾーン
　モーダーゾーン
　モーデルゾーン
Modert モデルト
Modesitt モデシット*
Modest
　モデースト
　モデスト**
Modeste
　モデステ
　モデスト
Modestecurwen モデストカーウェン
Modesto モデスト*
Modestus モデストゥス
Modi
　モーディー
　モディ**
　モディ*
Modiano
　モディアーノ
　モディアノ**
Modibbo Umar モディボウマル
Modibo モディボ
Modica モディカ*

Modig モーディグ
Modigliani
　モジリアニ
　モディリアーニ**
　モディリアニ*
　モーディリャニ
　モディリャーニ
Modin モジン
Modine
　モディーン*
　モディン
Modis
　モーディス
　モディス
Modjeska
　モジェスカ*
　モドゥルジェイエウスカ
Modjeski モジェスキー
Modjtaba モジュタバ*
Modjtabavi モジャバビー
Modkins モドキンス
Mödl メードル*
Modleski モドゥレスキ
Modley モドレイ
Modlin モドリン*
Modlski モデルスキー
Modoni モドーニ
Modorov モドロフ
Modos モドシュ
Modot モド
Modotti
　モダティ
　モドッティ
Modou モドゥ
Modoux モドゥー
Modr モドゥル
Modric モドリッチ
Modrić モドリッチ*
Modrich モドリッチ*
Modris モードリス*
Modrow
　モドロー
　モードロウ
　モドロウ**
Modrzejewska モジェイェフスカ
Modrzewski モジェフスキ
Modrzhinskaia モドルジンスカヤ
Modrzynska モドシンスカ
Modst モデスト
Modu Acuse Bindang モドゥアクゼビンダン
Modugno モドゥーニョ*
　モドゥニョ
　モドゥーノ
Modwena モドゥイナ
Mody モディー
Modzelewski モゼレフスキ
Modzmanashvili モズマナシビリ

Moe
　ムー*
　モー***
　モウ
　モウ
　モエ*
　モエ
Moeaki モーアキ
Moeakiola モエアキオラ
Moebis メービス
Moebius メビウス**
Möedder メーダー
Moede メーデ
Moeen モイーン*
Moehl モール
Moehler モーラー*
Moehlman メールマン*
Moehlmann メールマン
Moeis ムイス
Moeketse モエケツェ
Moeketsi モエケツィ
Moelgg メルグ
Moeliker ムーリカー
Moeljono ムルヨノ
Moellendorff
　メッレンドルフ
　メレンドルフ
Moeller
　ミーラー
　メラー***
　メーレル
　メレル
　モェラー
　モーラー
Møeller メラー
Moellering
　メラーリング
　モーレリング
Moellhausen モエルアウゼン
Moellishoeffer ミョリスヒョッフェル
Moeloek ムルク
Moelwyn モイルウィン
Moema モエマ
Moemeka モメカ
Moe Moe
　モゥーモゥ
　モゥモゥ*
　モーモー
Moen
　モウイン
　モーエン*
Moeng
　モエン
　モエング
Moe Nin モーニイン
Moenne Loccoz メネロコズ
Moennig メーニッヒ
Moens
　ムーンス
　モエンス
Moer ミール

MOH

Moeran モーラン*	Mogae モガエ / モハエ**	Mohabbat モハバット	Mohammad-Reza モハンマドレザ / モハマドレザ
Moerane モエラネ		Mohácsi モハシ	
Moerbeek モアビーク / モアベック / モービーク	Mogami モガミ	Mohadi モハディ	Mohammadreza モハマドレザ* / モハンマドレザ
	Mogarrebi モガッレビ	Mohajerani モハジェラニ*	
	Mogen モーエンス	Mohamad ムハンマド / モハマッド*** / モハマド**	Mohammad-Sharif モハマドシャリフ
Moerdiono ムルディヨノ*	Mögenburg メーゲンブルク		Mohammadu モハマドゥ
Moerk モルク			
Moerman モアマン	Mogens モイェンス / モーエンス / モーゲンス / モルゲンス / モーンス	Mohamed ムハンマド*** / モハマド / モハマド* / モハメッド** / モハマド*** / モハンメッド	Mohammadullah モハマドラ
Moerner マーナー / モーナー*			Mohammad Yusuf モハマドユゾフ
Moers ミョルス / メアス / メールス* / モアズ			Mohammaed ムハンマド
	Mogensen モーエセン** / モーエンセン / モーゲンセン / モゲンセン / モゼンセン		Mohammed ムハッマド / ムハマド* / ムハメッド / ムハンマッド** / ムハンマド*** / モハマド / モハマド* / モハメッド / モハメッド*** / モハンマド / モハンマド / モメハド
Moersch マーシュ / メルシュ		Mohamed Ahmed Mansoib モハメドアフメドマンソイブ	
Moeschberger メシュベルガー		Mohamed Ali モハメドアリ	
Moeschinger メッシンガー	Mogenson モーゲンソン	Mohamed Didi モハメドディディ	
	Moger モージャー		
Moeschter エシュター	Moges モージュ	Mohamedi モハンマディー	
Moesgaard モエスゴー	Mogg モグ / モッグ*	Mohamed-Larbi モハメドラルビ	
Moeshart ムースハルト*			
	Moggach モガー** / モガック	Mohamed-lemine モハメドレミン	
Moeskops ムースコップス		Mohamedo モハメド	
Moestadja モエスタジャ	Moggaliputta モッガリプッタ	Mohamedou モハメドゥ	
Moestrup モーストロップ	Moggós モンゴス	Mohamed Zain モハメドザイン	Mohammed Amine モハメドアミネ
Möeth ムース	Moggridge モグリッジ*	Mohammad ムハマド** / ムハンマド** / モハマド* / モハマド*** / モハメッド** / モハマド / モハンマド***	Mohamoud モハムード
Moeur モア	Moghaddam モハダム		Mohamud モハムド* / モメハド
Moev モーイェフ	Moghal モグハル		
Moeyaert ムーイアールト / ムイヤールト**	Mogharāja モーガラージャ		Mohan モーハン / モーハン** / モーハン***
Mofaz モファズ*	Moghazy ムガジー		
Mofazzal モファッザル	Mogherini モゲリーニ*		Mōhan モーハン / モハン / モホン
Mofeed ムフィード	Moghissi モギッシ	Mohammad ムハンマド / モハンマド	
Mofelehetsi モフェレヘツィ	Mogil モーギル	Mohammad Ali モハンマドアリ	Mohanbir モハン / モハンバー
Moffat モウファット / モファット* / モファト	Mogila モギーラ	Mohammad Baqer モハンマドバゲル	Mohand モハンド
	Mogilevskii モギレウスキー / モギレーフスキー / モギレフスキー* / モギレフスキィ	Mohammadi モハマディ / モハンマディ*	Mohandas マハトバ / マハートマ / マハートマー*
Moffatt モファット**		Mohammadian モハマディアン	Mohandās モハンダース / モハンダス**
Moffett モフェット**	Mogilevsky モギレフスキー	Mohammadizadeh モハマディザデ	
Moffit モフィット		Mohammad Javad モハマドジャバド / モハンマドジャバド	Mohandās モハンダス
Moffitt モファット / モフィット**	Mogk モック		Mohaned モハネド
Moffo モッフォ*	Moglia モーリア		Mōhānī モーハーニー
Mofford モフォード	Mogol モゴール	Mohammad-Javad モハマドジャバド	Mohanlal モーハンラール / モハン・ラールー
Mofid ムフィド / モフィド	Mogren モーグレン / モーグレン*		
Mofolo モフォロ	Mogridge モグリッジ	Mohammado モハマドル	Mohannadi ムハンナディ
Mofolorunso モフォロルンショ	Mogrovejo モグロベホ	Mohammadpour karkaragh モハマドポウルカルカラグ	Mohanti モハンティ
Mo-Franck モフラン	Moguenara モゲナラ		Mohanty モーハンティー / モハンティ*
Moftah モフタ	Moguilny モギルニー		
Mog モーク	Mogul モーグル	Mohammad Reza モハマドレザ	
	Moguy モギー		
	Mogyorósi モジョルシ		

Mohaqqeq モハッケク	
Mohart モハート	
Mohaupt モーハウプト / モハウプト	
Mohay モハイ	
Mohd モー / モド	
Mohd. モハマド	
Moheb モーヘブ	
Mohedano モエダノ	
Moheig モヘイグ	
Mohen モーエン / モエン*	
Moher モハー**	
Mohfoudh マフード	
Mohhamad モハマド	
Mohi モヒ*	
Mohī ムヒー	
Mohib モヒブ	
Mohibullah モヒブラ	
Mohica モヒカ	
Mohidin モヒディン	
Mohie モヘ	
Mohieddin モヒエディン* / モヘディン	
Mohie-eldin モヘッディーン	
Mohilewer モヒレヴェル / モヒレバー	
Mohin モヒン	
Mohinder モヒンデル	
Mohindra モヒンドラ	
Mohitlāl モヒトラル	
Mohiuddin モヒウッディン / モヒューディン	
Mohktar モクタール	
Mohl モール*	
Möhl モール	
Mohlabi モシャビ / モラビ	
Mohlberg モールベルク	
Mohler モーラ / モーラー*	
Möhler メーラー / メラー / メーレル	
Mohlin モリーン	
Mohlitz モーリッツ	
Möhller メラー	
Mohlmann メールマン	
Mohmaed モハマド	
Mohmod モハマド*	
Mohn モーン*	

Mohnaz モナーズ	Moinafouraha モアナフラハ	Moishe モイシェ	Moke モケ	モランヴィル	
Möhner メーナー	Moinaux モワノー	Moisi モイジ	Mokeevich モケエビチ	Molaison モレゾン	
Mohnhaupt モーンハウプト	Moine モイン	Moïsi モイジ* / モイジー	Mokeretla モケレトラ	Molale モラレ	
Mohnike モーニケ / モーニッケ	モワンヌ	Moisiu モイシウ*	Mokeyev モキーフ	Molan モラン	
	Moineau モワノー	Moiso モイソ	Mokgothu モクォトゥ / モコトゥ	Molana マウラナ / モラナ	
Mohnish モニッシュ	Moini モイニ	Moissan モアサン / モアッサン / モワサン / モワッサン	Mokgweetsi モクウィツィ	Moland モーランド	
Moholy モホイ / モホリ* / モホリー	Moins モワン		Mokhehle モヘレ*	Molander モランダー* / モランデール / モランデル	
	Moinuddin モイヌッディーン / モイヌディン		Mokhele モヘレ		
Mohombi モホンビ*	Moioli モイオリ*	Moissard モアサール	Mokher モイヘル* / モヘール / モヘル	Molano モラーノ / モラノ	
Mohorita モホリタ	Moir モア / モイヤー** / モワール	Moisseeff モワッセフ			
Mohorovičić モホロヴィチッチ / モホロビチッチ		Moisseieva モイスィーバ	Mokhnacheva マフナシェヴァ	Molanus モラーヌス	
		Moissejewitsch モイシェイェヴィチ		Molapo モラポ	
Mohottivatte モーホッティワッテ	Moira モイラ***		Mokhosi モコシ	Molard モラール	
Mohr モー / モーア* / モア* / モアー / モール*	Moirai モイライ	Moissi モイッシ / モイッシー	Mokhothu モコトゥ	Molas モラス*	
	Moirans モアラン		Mokhov モーホフ	Molasky モラスキー*	
	Moirignot モアリノ	Moisy モワジ	Mokhtar ムフタール / モクタール / モクタル* / モハタル / モフタール / モフタル*	Molaverdi モラベルディ	
	Moirova モイーロヴァ	Moitland モイトランド			
	Moisan モワザン	Moitrier モアトリエー		Molay モレー / モーレイ / モレイ*	
Mohring モーリング*	Moisander モイサンデル	Moitte モワット			
Möhring メーリンク	Moise モアセ / モイーズ* / モイズ / モイゼ	Moiturier モワテュリエ		Molchanov モルチャノフ	
Mohrle モーレ		Moivre モアーヴル / モアヴル / モアーブル / モアブル / モワーヴル / モワヴル / モワブル	Mokhtarani モクタラニ		
Mohrman モーマン				Molcho モルコ / モルホ	
Mohrmann モーマン			Mokhtari モクタリ		
Möhrmann メーアマン	Moïse モイーズ*** / モイズ / モイゼ		Mokhtārī モフターリー		
Mohs モース*			Mokin モキン	Mold モルド	
Mohsen ムフシン / ムフセン / モサン / モーセン / モハセン / モフセン**			Mokko モッコ	Moldanov モルダノフ	
			Moko モコ	Moldavan モルダヴァン / モルダバン	
	Moiseenko モイセーエンコ / モイセエンコ	Moja モイア / モヤ	Mokoena モコエナ		
		Mojabi モジャービー	Mokoki モコキ	Molde モルド	
	Moiseev モイセエフ / モイセーエフ** / モイセエフ**	Mojaddidi ムジャディディ**	Mokoma モコマ	Moldenhauer モルデンハウアー	
Mohseni Ezhei モホセニエジェイ			Mokone モコネ		
Mohsenin モーセニン		Mojay モージェイ*	Mokonyane モコンヤネ	Moldenke モルデンケ	
Mohsin モーシン** / モシン	Moiseeva モイセーエワ	Mojca モイツ / モイツァ*	Mokopete モコペテ	Mölders メルダース	
	Moiseevich モイシェイェビッチ / モイセーヴィッチ / モイセーエヴィッチ		Mokose モコセ	Moldiz モルディス	
Mohtar モフタール		Mojica モイカ / モジーカ / モジカ / モヒカ*	Mokoto モコト	Moldner-schmidt モルドナーシュミット	
Mohtasham モフタシャム	Moisei モイセイ		Mokri モクリ		
Mohyeddin モーイェッディン	Moiseiwitsch モイセイヴィッチ	Mojo モジョ	Mokrousov モクロウソフ	Moldo モルド	
	Moises モイセス / モイセズ** / モイゼス	Mojoli モジョリ	Mokšākaragupta モークシャーカラグプタ	Moldogaziev モロドガジエフ*	
Mohyeldin モヒェルディン		Mojsov モイソフ** / モイゾフ		Moldomusa モルドムサ	
Mohyla モヒラ			Moktar ムフタール / モフタール		
Mohylov モギリョフ	Moisés モイセス* / モイゼス			Moldova モルドヴァ*	
Moi モイ***	Moisés モイセス* / モイゼス	Mojtaba モジタバ	Moktefi モクテフィ	Moldovan モルドヴァン / モルドバン	
Moigné モワニュ	Moisevich モイセイヴィチ / モイセイヴィッチ / モイセヴィチ / モイセヴィッチ / モイセビチ	Mojtabai モジタバイ*	Mokti ムクティ		
Moignot モアノ		Mok モク** / モック**	Mokuy モクイ	Moldovanu モルドバヌ / モルドヴェアヌ / モルドベアヌ**	
Moihi モイヒ			Mokyr モキーア / モキイア		
Moijueh モイジャー*		Moka モカ		Moldow モルダウ	
Moilanen モイラネン		Mokae モカエ	Mol モル**	Moldrem モルドレム	
Moilliet モワイエ	Moisei モイセイ	Mokaila モカイラ	Mola モーラ / モラ*	Moldva モルドヴァ	
Moillon モワロン	Moiseyev モイセーエフ* / モイセエフ	Mokalake モカラケ	Molahlehi モラシュレヒ	Moldvaer モルドヴァル	
Moily モイリー		Mokamanede モカマネデ	Molainville モランヴィユ	Mole モウル / モール*	
Moin モイーン	Moiseyevich モイセヴィチ	Mokarram モカッラム			
Mo'īn モイーン				Molé モレ / モレー	

Molefhi モレフィ	モリン	Mollé モレ	モロエ	Molwyn モルウィン	
Molefi モレフィ	Molina	Møllehave	Mollweide モルワイド	Molyneaux モリノー	
Moleka モレカ	モリーナ***	ミュレヘーヴェ	Molly	Molyneux	
Moleketi モレケティ	モリナ***	Mollema モレマ	モーリ	モリニュークス	
Moleko モレコ	Molinar モリナル	Möllemann	モーリー***	モリヌー	
Moleleki モレレキ	Molinari	メレマン**	モリー***	モリヌークス	
Molema モレマ	モリナーリ**	Möllenberg	モリィ	モリノー	
Molen モーレン	モリナリ*	メレンベルク	Molmenti		
Molenaar	Molinaro	Möllendorf	モルメンティ**	Molyvann モリバン**	
モレナー	モリナーロ*	メルレンドルフ	Molnar	Molyviatis	
モレナール	モリナロ**	メーレンドルフ	モルナー**	モリビアティス	
Molenaer モレナール	Moline モリーン**	メルレンドルフ	モルナール**	Molz モルツ	
Molenberghs	Molineri モリネーリ	Mollendorff	モルナル	Molza モルツァ	
モレンバーグ	Molinero モリネロ	メッレンドルフ	Molnár	Molzahn モルツァーン	
モレンバーグズ	Molinet モリネ	Mollenhauer	モルナー	Molzen モルツェン	
Molendijk	Molini モリーニ	モーレンハウアー	モルナアル	Molzl メルツル	
モレンダイク	Molinié	モレンハウアー**	モルナール*	Mom モム	
Moler モウラー	ムリニエ	モレンハウエル	モルナル	Momaday	
Molerio モレリオ	モリニエ	Mollenhoff	モンベルト	ママディ	
Molero モレロ	Molinier モリニエ*	モレンホフ*	Mólnár モルナール	ママデイ*	
Moles	Mollenkopf	Molné モルネ*	モマディ		
モール**	Molino	モレンコフ*	Molnos モルノス*	Momah ママー	
モル	モリーノ	Moller	Molo	Momand モマンド	
モールズ	モリノ	ミューラー	モーロ	Momani モマニ	
Moleschott	Molinos モリノス	ミュラー	モロ	Momatiuk ママチェク	
モーレショット	Molins モランス	ムッレール	モロー	Mombelli モンベリー	
モレショット	Molinsky モリンスキー	ムラー*	Molodenkob	Mombert	
モーレスコット	Molio'o モリオオ	メラー**	モロデンコフ	モムベルト	
モレスコット	Molipe モリペ	メルレル	Molodiakov	モンベルト*	
モレスホット	Molique モリック	メレル	モロジャコフ*	Mombeshora	
Molese モレーゼ	Molisa モリサ	モーラー	Moloise モロイセ	モンベショラ	
Molesini モレジーニ	Molisale モリサレ	モラー***	Molojen モロジェン	Mombeshoro	
Molesky モレスキー	Molisch	モレル	Moloka モロカ	モンベショロ	
Molesworth	モーリシュ	Möller	Molokanov	Momboisse モンボイス	
モールスウオース	モーリッシュ*	ミューラー	マラカーノフ	Mombritius	
モルスオース	Molissa	メッラー	Molōn モロン	モンブリーティウス	
モールスワース	モリサ	メッレル	Moloney	Momcilo モムチロ	
モールズワース**	モリッサ**	メーラー*	マローニー	Momčilo モムチロ	
モールズワース	Moliterni モリテルニ	メラー**	モローニー	Mome モーム	
モルズワース	Moliterno モリテルノ	メレル	モロニー*	Momigliano	
モルズワス	Molitor	Møller	Molony	モミッリャーノ	
Moletsane モレツァネ	モリター*	マーラー	モローニー	モミリアーノ	
Molewa モレワ	モリトール	ミュラー	モロニー	Momigny モミニ	
Moleworth	モリトル	ムッレール	Molopo モロポ	Mōmin モーミン	
モウルズワス	Moliwa モリワ	ムラー	Molotov	Momir モミル**	
Moley	Molke モルケ	メラー**	モーロトフ	Momjian モムジャン	
モゥリー	Molkhou モルク	モーラー	モロトフ**	Momma	
モーリ	Moll	モラー	Molotsi モロツィ	マンマ	
モーリー	モッル	モレール	Moloua モルア	モンマ	
Molfetta	モール	Möllers メラース	Molsberger	Mommert モマート	
モルフェッタ**	メル***	Molleson モレソン	モルスバーガー	Mommsen モムゼン**	
Molfino モルフィーノ	Molla	Mollet モレ*	Molseed モルシード	Momo モモ	
Molho モルホ	モッラ*	Mollgaard	Molstad モルスタッド	Momodou	
Molhoeck モルフーク	モッラー	モルガール*	Molt モルト	モモドゥ	
Moli モリ	モラ*	Møllgård メルガード	Molteni モルテーニ**	モモドー	
Molien モーリン	Mollâ モッラー	Mollie	Molter モルター	Momodu モモドゥ	
Moliere モリエール	Mollà モッラー	モーリー**	Molterer	Momoh	
Molière	Móla モラ	モリー**	モルタラー	モモ**	
モリエル	Mollaei モラエイ	Mollien モリアン	モルテラー	モモー	
モリエール*	Mollaghassemi	Mollier	Moltke	Momos モモス	
モリエル	モラガセミ	モリー	モトルケ	Momotaro モモタロウ	
Molijn	Molland モーランド	モリエ	モルトケ**	Mompart モンパル	
モライン	Mollard モラール*	Mollison モリソン*	Moltman モルトマン	Mompati モンパティ	
モレイン	Mollaret モラレ	Mollo モロ	Moltmann	Momper	
Molik モリク	Mollat モラ*	Mollon モロン	モルトマン*	モンパー	
Molin	Mollberg モルベルイ	Mollov モロフ	Molven モルヴェン	モンベル	
モーリン*	Molle モール	Molloy	Molvig モルヴィーグ		
		モーロイ			
		モロイ**			

Mompesson モンペッソン
Momplaisir モンプレイジア*
Mompou モンポウ*
Momtaz モムタズ
Momtazi モンタージ
Momtazuddin モムタズウッディン
Momunaliev モムナリエフ
Momus モーマス
Momyer モーマイヤー
Mona モーナ / モナ***
Monachino モナキノ
Monaco モーナコ / モナコ**
Monáe モネイ
Monafo モナフォ
Monagan モナガン
Monagas モナーガス / モナガス
Monaghan モナガーン / モナハン*
Monahan モナハン*
Monahon モナハン
Monakov モナコフ
Monakow モナコフ
Monaldi モナルディ
Monaque モナク
Monare モナレ
Monari モナーリ
Monash モナシュ* / モナッシュ
Monastra モナストラ
Monastyrev モナスツィリョフ
Monastyrskiĭ モナスティルスキー
Monastyrsky モナスティルスキー
Monat モナト
Monath モナード
Monatte モナト
Monbaron モンバロン
Monbeig モンベーク / モンベーフ
Monbiot モンビオ / モンビオット
Monboddo モンボッドー / モンボドー
Monbouquette モンバウケット / モンブーケット / モンブケット
Monbourquette モンブルケット

Monbrizio モンブリツィオ
Monbron モンブロン
Monca モンカ
Moncada ムンカダ* / モンカダ
Moncado モンカド
Moncalvo モンカルヴォ
Monce モンセ
Monceaux モンソー**
Moncef モンセフ*
Moncer モンセル
Moncey モンシー / モンセー / モンセイ
Monch モンチ
Mönch メンヒ*
Monchamp モンシャン
Monchanin モンシャナン
Monchaux モンショー*
Mon Cheng モンチェン
Moncino モンチーノ
Moncion モンシオン
Monck マンク / モンク
Monckton マンクトン / モンクトン*
Moncomble モンコンブル*
Moncorgé モンゴージ
Moncourtois モンクルトワ
Moncrief モンクリーフ / モンクリフ
Moncrieff モンクリッフ / モンクリーフ* / モンクリフ
Moncur モンカー / モンク
Moncure モンキュア
Mond モント / モンド*
Monda モンダ
Mondadori モンダドーリ
Mondain モンデイン
Mondale モンデール**
Mondavi モンダヴィ / モンダビ* / モンダビー
Monday マンディ / マンディー / マンディ

Monde モンデ
Mondeh モンデー
Mondel モンデル
Mondelli モンデリ
Mondesi モンデシー*
Mondesir モンデジー
Mondey マンディ
Mondher モンドヘル
Mondhir ムンドヒル
Mondiere モンディエール
Mondiet モンディエ
Mondino モンディーノ / モンディノ
Mondjo モンジョ
Mondlane モンドラーネ / モンドラネ
Mondo モンド
Mondolfo モンドルフォ
Mondoloni モンドローニ
Mondon モンドン
Mondonville モンドンヴィル
Mondor モンドール
Mondragoń モンドラゴン
Mondriaan モンドリアーン / モンドリアン**
Mondrian モンドリアン*
Mondry モンドリー
Mondt モーント
Mondy モンディ / モンディー
Mondzain モンザン
Mone モーネ / モーン
Monea モニア
Monedo モネド
Monegal モネガル
Monegario モネガリオ
Moneghetti モネゲッティ*
Monego モネゴ / モネゴー
Monegundis モネグンディス
Moneim モネイム
Monelli モネッリ
Monénembo モネネムボ**
Moneo モネオ
Moner モネール
Mones モウネズ / モーンズ*
Monestier モネスティエ*

Monet モネ** / モネー / モネット
Moneta モネータ / モネタ
Monett モネット
Monette モネット**
Monetti モネッチ
Monev モネブ
Money マニー / マネー** / モネー
Moneypenny マニーペニー / マネーペニー
Monferrato モンフェッラート
Monféry モンフェリー
Monfils モンフィス
Monfort モンフォート* / モンフォール
Monfreid モンフレー / モンフレッド
Monfroy モンフロワ*
Mong モン
Mongait モンガイト
Mongán モンガーン
Mongane モンガーネ / モンガーン**
Monge モンジュ* / モンヘ**
Mongel モンジェル
Monger マンガー
Monges モンヘス
Mong-hun モンホン*
Mongi モンギ
Mongin モンジャン*
Mongini モンギーニ
Monginsidi モンギンシディ
Mong-joon モンジュン*
Möngke マング / マンゲー / メンゲ / モンケ / モンゲ
Mongkhonvilay モンコンウィライ
Mongkol モンコン
Mongkolpisit モングコンビシット
Mong-koo モンク*
Mongkut モンクット
Mongo モンゴ**
Mongolian モンゴリアン
Mongós モンゴス

Mongredien モングレジイン / モングレジャン / モングレディエン
Mongrédien モングレディアン
Monguzzi モングッチ / モングッツィ*
Mong-woo モンウ
Monheim モンハイム
Monheit モンハイト*
Moni モニ
Monica モニカ***
Mónica モニカ*
Mônica モニカ
Monicelli モニチェッリ / モニチェリ*
Monicken モニッケン
Monie モニー*
Monier モニアー / モニエ* / モニエル / モニヤー
Monigl モニグ
Monika モーニカ* / モニカ**
Mónika モーニカ
Monin モナン / モーニン / モニン
Moning モニング
Moniot モニオ
Monique モニーク** / モニク** / モニック**
Mo'nique モニーク
Monis モニス
Monise モニセ
Monisha モニシャ
Moniuszko モニューシコ / モニュシコ / モニューシコ / モニュシコ
Monivong モニヴォン
Moniz モーニシュ / モニシュ / モーニス* / モニス / モニス*
Monjal モンジャル
Monjan モンジャン
Monjeza マンジェザ
Monjo モンジョー
Monjuara モンジュワラ
Monk マンク / モンク***
Monkaila モンカイラ

MON

Mönkäre モンカレ
Mönke メンケ
Monken モンケン
Monkevicius
   モンケビチウス
Monkevičius
   モンケビチウス
Monkhbatyn
   ムンフバット
Monkhjantsangiin
   ムンフジャンツァン
Monkhorgil
   モンフオリギル
Monkombu
   モンコンブ**
Monks モンクス*
Monlaur モンロー
Monloubou モンルブ
Monluc
   モンリュク
   モンリュック
Monmarche
   モンマルシェ
Monmonier
   モンモニア
Monmouth モンマス
Monn
   ムーン
   モン
Monna モンナ*
Monnappa モナッパ
Monneret モヌレ*
Monnerie
   モヌリー*
   モンヌリー
Monneron モヌロン
Monnerot モヌロ
Monnet
   マネ
   モネ**
   モネー
Monney モニー
Monneyron
   モネイロン
Monnica モニカ
Mönnich メンニッヒ
Monnier モニエ**
Mönnig メニッヒ
Monnin モンナン
Monniot モニオ
Monno モンノ
Monnot モノ
Monnoyer
   モノワイエ
   モンワイエ
Monod
   モノ**
   モノー*
   モノド
Monoel モノエル
Monojlovich
   マノイロヴィッチ
Monomachus
   モノマクス
Monomakh
   モノマーフ
   モノマフ

Monore モノレ
Monory
   モノリ**
   モノリー
Monoson モノソン
Monosson モノッソン
Monpie モンピエ
Monple モンブル
Monpou モンプー
Monrad
   モンラズ
   モンラート
   モンラード
Monreal モンレアル
Monro
   マンロー
   モンロ
   モンロー**
   モンロウ
Monroe
   モンロー***
   モンロウ
Monrou モンル
Monroy モンロイ*
Mons モンス*
Monsabré
   モンサブレ
   モンサブレー
Monsaingeon
   モンサンジャン
   モンサンジョン**
Monsarrat
   モンサラット
Monsef モンセフ
Monselet モンスレ
Monsell モンセル
Monsen モンセン
Monserrat
   モンセラ
   モンセラット
Monserrate
   モンセラーテ
Monsett モンセ
Monsigny
   モンシニ
   モンシニー
Monsivais
   モンシバイス
Monsiváis
   モンシバイス
Monsky モンスキー
Monsman モンズマン
Monson
   マンソン
   モンソン*
Monson-Haefel
   モンソンヘーフェル
Monsoreau モンソロー
Monsour マンスール
Monster モンスター*
Monsterleet
   モンステルレ
Monstrelet
   モンストルレ
Monsu
   モンス
   モンスー

Monsù モンスー
Mont
   モン
   モンテ
   モント*
Monta
   モンタ
   モンテイ*
Montae マンテイ*
Montag
   モンターク*
   モンターグ
Montagna
   モンターニャ*
Montagnana
   モンタナーナ
   モンタニャーナ
Montagnani
   モンタニャーニ
Montagne
   モンターニュ
Montagné モンタニェ*
Montagner モンタニエ
Montagnier
   モンタニエ**
Montagny モンタニー*
Montagu
   モンターギュ
   モンターギュー
   モンタギュ
   モンタギュー*
   モンタギュウ
   モンテーギュ
   モンテギュー
   モンテーグ
Montague
   モンターギュ
   モンターギュー
   モンタギュ*
   モンタギュー**
   モンタギュウ
   モンターグ
   モンテーギュ
   モンテギュー
Montagut モンタギュ
Montaigne
   モンティニー
   モンテニュ
   モンテーニュ*
   モンテーヌ
Montaillier
   モンタイラー
Montalba モンタルバ
Montalban
   モンタルバン**
Montalbán
   モンタルバン***
Montalbano
   モンタルバーノ
   モンタルバノ
Montalcini
   モンタルチーニ**
   モンタルツィーニ
Montaldo モンタルド*
Montale モンターレ**
Montalembert
   モンタランベール*
Montalva モンタルヴァ

Montalván
   モンタルヴァン
   モンタルバン**
Montalvo
   モンタルボ**
Montan モンタン
Montana モンタナ**
Montanari
   モンターナリ**
   モンタナリ**
Montanaro
   モンタナーロ*
Montand モンタン**
Montandon
   モンタンドン
Montanelli
   モンタネッリ*
   モンタネリ*
Montaner
   モンターネル
   モンタネール
   モンタネル
Montañes
   モンタニェス
Montañés
   モンタニェス
   モンタニェース
   モンタニェス
   モンタニス
Montanez
   モンタニェス
   モンタネス
Montañez
   モンタニェス
Montanha
   モンターニャ
Montani モンテーニ
Montanio モンタニオ
Montano
   モンターニョ
   モンターヌス
   モンターノ
   モンタノ**
Montaño
   モンターニョ*
   モンタニョ
Montano Arroyo
   モンタノアロヨ
Montanos
   モンターノス
Montanus
   モンターヌス*
   モンタヌス*
   モンタノス
Montanye モンテイン
Montaperto
   モンタペルト
Montario モンタリオ
Montarsolo
   モンタルソロ
Montas モンタス
Montás モンタス
Montaser
   モンタゼール
Montassar モンタサル
Montau モンタウ
Montauban
   モントウバン
   モントーバン

Montaufier
   モントフィエ
Montazeri
   モンタゼリ*
   モンタゼリー
Montażeri
   モンタゼリー
Montblanc
   モンブラン*
Montbrial
   モンブリアル*
Montbrun
   モンブラン*
Montcalm モンカルム
Montcel モンセル
Montcheuil
   モンシューユ
Montcho モンチョ
Montchrétien
   モンクレチアン
   モンクレチヤン
   モンクレティアン
Montclair
   モントクレア
Montclos モンクロ
Montcorbier
   モンコルビエ
Montdory モンドリー
Monte
   モンチ*
   モンテ***
   モンティ**
   モント
Monteagudo
   モンテアグード
   モンテアグド
Montealegre
   モンテアレグレ
Monteath
   モンティース
Montebello モンテベロ
Montebourg
   モントブール
Montebrun
   モントブラン
Montecino
   モンテシーノ
Montecions
   モンテシオンズ
Montéclair
   モンテクレール
Monte Corvino
   モンテコルヴィーノ
Montecorvino
   モンテ・コルヴィノ
   モンテコルヴィーノ
Montecuccoli
   モンテクッコリ
Montefeltrano
   モンテフェルトラーノ
Montefeltro
   モンテフェルトロ
Montefior
   モンテフィオル
Montefiore
   モンティフィオア
   モンティフィオーリ*
   モンテフィオーリ*
   モンテフィオール

M

Montefiori モンテフィオル
モンテフィオーレ
モンテフィオレ
Montefiori モンテフィオーリ
Monteforte モンテフォルテ
Montefur モンテフォルト
モンテフル
Montefusco モンテフスコ
Montéhus モンテユス
Monteil モンテイユ*
モンテーユ
Monteilhet モンテイエ
モンテイエ*
Monteiro モンテイル
モンテイロ*
モンテイロ***
Monteiro Dodean モンテイロドデアン
Monteith モンティース
モンティス*
Montejo モンテーホ
モンテホ*
Montek モンテック*
Montel モンテル*
Monteleone モンテオレーネ
モンテリオン*
モンテルオーニ**
モンテレオネ
Montelius モンテリウス*
Montell モンテル
Montella モンテッラ
モンテラ*
Montello モンテロ
Montelupo モンテルーポ
Montemayor モンテマヨール*
モンテマヨル
モンテモール
Montevecchi モンテメッチ
Montemezzano モンテメッツァーノ
Montemezzi モンテメッジ
モンテメッズィ
モンテメッツィ
モンテメッヅィ
Montenard モントゥナール
Montenegro モンテネグロ**
Montenoy モントノワ
Monter モンター
Monterey モンテレイ
Montero モンテイロ
モンテーロ**
モンテロ

Monteros モンテロス
Monterosa モンテローザ
Monterose モンテローズ
Monterroso モンテロソ
Monterrat モンテロッソ**
Monterrubio モンテルビオ
Montes モンテス*
Montés モンテス
Montès モンテス
Montesano モンテサーノ
Montesanto モンテサント
Monteser モンテサー
Montes Gongora モンテスゴンゴラ
Montesi モンテーシ
Montesino モンテシーノ
モンテシノ
Montesinos モンテシノ
モンテシーノス
モンテシノス
Montespan モンテスパン
Montesquieu モンテスキウ*
モンテスキュ
モンテスキュー*
Montessori モンチッソリ
モンテソリー
モンテソリ
モンテッソーリ*
モンテッソリ*
Montessus モンテシュ
Montet モンテ
モンテー
Monteux モンテヴェルデイ
モントー
モントゥ
モントゥー*
Montevecchi モンテヴェッキー
Monteverde モンテヴェルデ
モンテベルデ
Monteverdi モンテヴェルディ*
モンテベルディ
Montez モンテス
モンテズ
Montezemolo モンテゼモーロ*
Montezuma モクテスマ
モテクーソーマ
モンテスマ
モンテズーマ
モンテツーマ
モンテツマ

Montfaucon モンフォーコン
モンフォコン
Montferrand モンフェラン*
Montferrat モンフェラー
モンフェラート
Montfleury モンフルーリ
モンフルーリー
Montfoort モントフォールト
Montford モンティ
モントフォード
Montfort モントフォート
モンフォー
モンフォート
モンフォール
モンフォル
Montgelas モンジュラ
モントゲラス
Montgolfier モンゴルフィエ*
Montgomerie モンゴメリ
モンゴメリー***
Montgomery マンガメリー
マントゴメリ
モンゴメリ*
モンゴメリー***
モンゴメリィ
モンティ
モントゴメリ*
モントゴメリー**
モントゴメリイ
モントゴメルー
Monthe モンテ
Montherlant モンテルラン*
Montholon モントロン
Monti モンティ***
Montias モンティアス
Monticelli モンチセリ
モンティセリ
Montiel モンティエル*
モンティール
Montier モンティア
モンティエ
モンテール
Montigiani モンティジアニ
Montigny モンティニー
Montijo モンティジョ
Montilla モンティーリャ
Montillet モンティエ
モンティーユ*
Montillon モンティロン

Montinari モンティナーリ
Montine モンティン
Montini モンティーニ
モンティニ
Montjau モンジョー
Montlaur モンロール
Montlosier モンロジエ
Montmayeur モンマイユール
Montmerle モンメルル
Montminy モンミニー*
Montmollin モンモラン
Montmorency モンモランシー
Montmorillon モンモリヨン
Montmort モンモール
Montofort モントフォート
Montojo モントジョ
モントホ
Montoliu モントリュー*
Montolivo モントリーヴォ
Montone モントーネ
Montonye モントニー
Montorfano モントルファノ
Montori モントリ
Montoro モントロ
Montorsoli モントルソーリ
Montour モントゥア
Montoute モントゥート
Montoya モントージャ
モントーヤ***
モントヤ**
Montoyo モントーヤ
Montparker モンパーカー
Montpensier モンパンシェ
モンパンシエ
Montplaisir モンプレサー
Montreau モントゥルイユ
モントゥロー
モントルイエ
モントロー
Montrelay モントルレ
Montresor モントレザー
モントレソール
Montreuil モントルイユ
Montrezl モントレズ
Montri モートリー
モントリ*

Montrose モンツローズ*
モントロウズ
モントローズ*
Montross モントロス*
Monts モン
Montsalvatge モンサルバーチェ*
Montse モンセ**
Montseny モントゥセニ
モントセニー
Montserat モンセラート
Montserrat ムンセラ
モンセラー*
モンセラート
モンセラット
モンセラート*
Montsho モンショー*
モンツォ
モントショー
Montt モント*
モントゥ*
Montucla モンチューラ
モンチュクラ
モンチュクラ
Montuori モントゥオーリ
Montupet モンテュペ
Monturiol モントゥリオール
モントゥリオル
Montuschi モンツチ
Montvalon モンヴァロン
Monty モンティ***
モンティー
Montyon モンティオン
モンティヨン
Monval モンヴァル
Monvel モンヴェル**
Monvell マンヴェル
マンベル
Monvert モンベール
Monvoisin モンヴォワザン
Monyamane モニャマネ
Monyane モニャネ
Monza モンツァ
Monzó ムンゾー
Monzon モンソン*
Monzón モンソン
Moo ム
ムー
モー
モオ*
Mooa モア
Moo-byong ムビョン*
Moochie ムーチー

Moock ムーク* / モック	Moon-suk ムンスク	Moorthy ムーシー	Morais モライス** / モラエス / モレイス**	Moratín モラティン	
Mood ムード	Moon-ung ムンウン	Moos モース* / モス	Moraitis モレイティス	Moratinos モラティノス	
Moodie ムーディ* / ムーディー*	Moony ムーニー*	Moosa ムーサ / ムサ	Moral モラール / モラル*	Morato モラート	
Moody ムッディー / ムーデー / ムーディ*** / ムーディー**	Moon-young ムンヨン	Moosbrugger ムースブラガー / モースブルッガー	Morale モラーレ	Moratorio モラトリオ	
	Mooore ムーア		Morales モラーレス** / モラレス***	Moratti モラッティ	
	Moor ムーア** / ムール / モーア**			Morauta ムラウタ / モラウタ**	
		Moose ムース*			
		Mooser モーゼル			
	Moór モール	Moosholzer モースホルツァー	Morales Monroy モラレスモンロイ	Moravcik モラヴィック / モラヴチク	
Moodysson ムーディソン*	Moorad モーラッド*	Moo-sik ムシク	Morali モラリ	Moravčík モラヴチク*	
Moog ムーグ / モーグ* / モーグ	Mooradian ムラディアン	Moo-song ムソン	Morali-Daninos モラリーダニノス	Moravcova モラフコバ / モラブツォバ	
	Moorby ムーアビー / モアビー	Moo-soo ムス	Morall モラル*		
		Moossa ムーサ	Moralt モーラルト / モラルト		
Moogwi ムーギー	Moorcock ムーアコック / ムアコック**	Moost モースト*	Moraly モラリー*	Moravec モラヴェク / モラヴェツ	
Moo-hyun ムヒョン**	Moorcraft ムーアクラフト* / モーアクラフト	Moo-sung ムソン	Moramarco モラマルコ	Moravec モラヴェック* / モラヴェッツ* / モラベツ* / モラベック*	
Mooi ムーイ		Moota ムータ			
Mooij ムーイ / モーイ	Moorcroft ムーアクロフト / ムアクロフト / モーアクロフト	Moote ムーテ / ムート	Moran モーラン** / モーラン / モラン***		
				Moravek モラヴェク	
Mooji ムージ		Mootee ムーティ	Morán モラン*	Moravetz モラヴィツ / モーラヴェツ	
Mook モーク	Moore マーレ / ムーア*** / ムーアー / ムア* / ムウア / モーア / モア* / モアー	Mootham ムーサム	Morana モラナ		
Mookerjee ムケルジー		Mootz ムーツ	Morand モオラン / モーラン** / モラン*	Moravia モラーヴィア* / モラヴィーア / モラヴィア*** / モラビア*	
Mookerji ムーケルジ		Mopipi モピピ			
Moo-keun ムグン		Moppès モペス*			
Mookhesswur ムーケスー / ムーケスウル		Mopshatla モプシャトラ	Morandé モランデ	Moravick モラヴィック	
		Mopsos モプソス	Morandi モランディ**	Morawetz モラヴィエッツ / モラウェッツ	
Mookie ムーキー*	Moore-Betty ムーアベティ	Moqbel モクベル	Morandière モランディエール / モランディエール		
Moo-kon ムゴン	Moorefield ムーアフィールド	Mor モール* / モル		Morawiecki モラヴィエツキ*	
Mooli ムーリ	Moorehead ムーアヘッド / ムアーヘッド / ムアヘッド** / モアヘッド	Mora モーラ* / モラ**	Morandini モランディーニ*	Morawiecz モラヴィーチ	
Moolman ムールマン			Morandus モランドゥス		
Moolman-pasio ムールマンパシオ			Morange モランジュ	Morawska モラウスカ	
Moolsan ムールサン		Móra モーラ*	Moranis モラニス*	Morawski モラヴスキー / モラフスキ	
Moon ムーン*** / ムン**		Moracchini モラシーニ	Morano モラノ		
	Mooren モーレン	Morace モラーチェ	Morant モラン / モラント	Moray マリ / マリー / モレー / モーレイ / モレイ*	
Moon Bin ムンビン	Moorer モーラー*	Morachevskii モラチェフスキー			
Mooncie ムーンシー	Moores ムーア / ムーアズ / ムアーズ	Morad ムラッド	Morante モランテ**		
Moon-doh ムンド*		Moradi モラディ*	Moranville モランヴィル* / モランビル		
Moonen ムーネン		Moradizadeh モラディザデフ		Moraz モラーツ*	
Mooney ムーニ / ムーニー** / ムーニイ / ムーニィ / ムーネー	Moore-towers ムーアタワーズ	Moraes モライシュ / モライス* / モラエス** / モレイス	Morar モラール	Morazán モラサーン / モラサン	
	Moorey ムーリー* / モーレー		Morariu モラリュー*		
			Morarji モラールジー / モラルジ*	Moraze モラゼ	
Mooneyham ムーニハム	Moorhead ムーアヘッド / ムアヘッド	Morag モーラグ** / モーラグ / モラグ*		Morazzone モラッツォーネ	
Moonheart ムーンハート			Moraru モラル	Morazzoni モラッツォーニ*	
Moonilal ムーニラル	Moorhouse ムーアハウス* / ムアハウス**	Moraga モラガ	Moras モラス		
Moonitz ムーニッツ		Moraghan モラガン	Morata モラータ / モラタ*	Morbach モールバッハ	
Moonjean ムーンジーン	Mooring モーリング	Morago モラーゴ / モラゴ	Morath モラース / モラス** / モラート	Morbeka モルベカ	
Moon-jong ムンジョン	Moorjani ムアジャーニ	Moragoda モラゴダ		Morbelli モルベッリ	
Moonlight ムーンライト	Moorley ムーリー	Morahan モラハン		Morbiderri モルビデリ*	
Moonman ムーンマン	Moorman ムアマン	Morain モレイン	Moratin モラティン	Morby モービー	
Moon-sook ムンスク	Moorsel モールセル			Morcaldo モルカルド	
Moon-su ムンス	Moortgat モールトガト				

M

Morcar モルカル
Morceli モルセリ
Morcelli
　モルセリ*
　モルモリ
Morch メアク
Morcov モルコフ
Mordacq モルダック
Mordaunt
　モーダウント
　モダン
Mordecai
　モーディケイ
　モーデカイ*
　モデルハイ
　モルデカイ***
　モルデハイ
Mordecaj モディカイ
Mordechai
　モルデカイ
　モルデハイ**
Mordell
　モオデル
　モーデル
Morden モーデン
Mordicai モーディカイ
Mordillo
　マルディロ**
　マンディヨ
　モルディロ
Mordkin
　モードキン
　モルトキン
　モルドキン
Mørdre メルドレ
Mordred モルドレッド
Mordstein
　モルトシュタイン
Morduch モーダック
Mordue モーデュ
Mordvinoff
　モードヴィノフ
　モードビノフ
Mordyukova
　モルディウコヴァ
More
　ムーア
　モーア*
　モア**
　モール
　モル
　モーロ
Moré
　モレ
　モレー*
Morea モレア
Moréas モレアス**
Moreau
　モリュー
　モロ
　モロー***
　モロウ
Moreaux モロー
Moréchand モレシャン
Morecki モレッキ
Morée モレ
Moreelse
　モレールス

モレールセ
Morefi モレフィ
Moreh モレー
Morehead モアヘッド
Morehouse
　モアハウス**
Morei モレイ
Moreira モレイラ**
Moreira Da Silva
　モレイラダシルバ
Morejon モレホン
Morejón モレホン
Morel
　モーレル
　モレル**
Moreland
　モアランド*
　モーランド
Morell
　モルレル
　モレール
　モレル*
Morella モレラ*
Morellet モルレ*
Morelli
　モレッリ**
　モレリ***
　モレルリ
Morello
　モレッロ
　モレロ*
Morelly
　モルリイ
　モレリ*
　モレリー
　モレリイ
Morelon モレロン
Morelos
　モレーロス
　モレロス
Moren モーレン
Moreń モーレン*
Morena モレナ
Morenés モレネス
Morenga モレンガ
Moreni モレニ
Moreno
　モレーノ***
　モレノ**
Moreno-Ocampo
　モレノオカンポ*
Morenz モーレンツ
Morera
　モレーラ
　モレラ
Moréri モレリ
Mores
　モアズ
　モース
　モレス
Moresby モーズビー
Moreschi
　モレスキ
　モレスキー
Moresco モレスコ
Moret
　モレ*

モレート
Moreti モレス
Moreto
　モレート
　モレト
Moreton
　モアトン
　モートン**
Moretti モレッティ**
Morettini
　モレッティーニ
Moretto
　モレット
　モレットォ
Moretz モレッツ*
Moretzsohn
　モレゾーン
Moreux
　モルー
　モルウ
　モロー
Morevna モレーヴナ
Morey
　モーリ*
　モーリー
　モリー
　モーレー
　モーレイ
Morf モルフ
Morfaux モルフォー
Morfeo モルフェオ*
Morga モルガ*
Morgachyov
　モルガチェワ
Morgado モルガド
Morgagni モルガーニ
Morgan
　モーガン***
　モリャン
　モルガン***
Morgana
　モーガナ
　モルガーナ
　モルガナ
Morgand モルガン
Morganella
　モルガネッラ
Morgann モーガン
Morgano モルガーノ
Morganti モルガンティ
Morgat モルガ
Morgello モルジェッロ
Morgen
　モーガン
　モーゲン
Morgenbesser
　モーゲンベッサー
　モルゲンベッサー
Morgenroth
　モルゲンロート*
Morgens モーゲンス
Morgensoror
　モーゲンソーラー
Morgenstem
　モーゲンステン
Morgenstern
　モーガンスターン

モーゲンシュターン
モーゲンスターン
モールゲンシュテルン
モルゲンシュテル
　ン***
モルゲンスターン
モルゲンステルヌ*
モルゲンステルン
モンゲンシュテルン
Morgensterne
　モルゲンステルヌ
Morgenstierne
　モルゲンスチャールネ
Morgenthal
　モーゲンサル*
　モーゲンタール*
Morgenthaler
　モーゲンサーラー
　モルゲン・ターレル
　モルゲンターレル
Morgenthau
　モーゲンソー**
Morgenthou
　モーゲンソー
Morghen モルゲン
Morgin モルギン
Morgner
　モルクナー
　モルグナー
Morgott
　モーゴット
　モルゴット
Morgridge
　モーグリッジ
Morgulis モリギュリス
Morgulov モルグロフ*
Morgun モルグン
Morgunova モルグノワ
Morhange モランジュ
Morhof
　モアホーフ
　モルホーフ
Mori
　モーリ*
　モーリー
　モリ***
Moriah モライア
Morial モリアル*
Moriani モリアーニ
Moriarty
　モリアーティ**
　モリアルティ
Morias
　モリア
　モリアス
Moriaty モリアーティ
Moric モリッツ
Morical モリカル
Morice
　モリイス
　モリス**
Moriceau モリソー
Morichon モリション*
Morico モリコ
Moricz
　モーリッツ

Móricz
　モーリッツ*
　モーリッツ
Morie モーリー
Moriel モリエル
Moriello モリエロ
Morientes
　モリエンテス*
Morier
　モーリア
　モリエー
　モリヤー
Morieux モリュー
Moriggi モリッジ
Morigi モリジー
Morigia モリージャ
Morikawa モリカワ
Morike メーリケ
Morikè モリケ
Mörike
　メエリケ
　メーリケ*
　メリケ
Morilla
　モリラ
　モーリリャ
Morillo モリーヨ
Morillon モリヨン
Morimando
　モリマンド
Morimoto モリモト
Morin
　モーラン
　モラン***
　モリヌス
　モーリン**
　モリン**
Morina モリナ
Morine モリン*
Morineau
　マリノー
　モリノー
Moring モーリング
Möring メーリンク*
Morini モリーニ*
Morinigo モリニーゴ
Morínigo
　モリーニゴ
　モリニゴ
Morino
　ムリーノ
　モリーノ
Morins モリンズ
Morio マリオ
Morioka モリオカ
Morion モリオン
Moris モリス
Morisi モリージ
Morison
　モリスン
　モリソン**
Morisot
　モリソ
　モリゾ*
　モリゾー
Morisse モーリス*

Morisseau モリソー／モリッソ
Morissette モリセッテ／モリセット*
Morita モリタ
Moritsevich モリツェヴィチ
Moritz マウリッツ／モリーズ／モーリッツ**／モリツ**／モーリッツ**／モリッツ*
Moriyama モリヤマ
Moriz モーリツ／モーリッツ
Morizot モリゾ／モリゾー
Morjane モジャーン*
Morjorie マージョリー
Mork モルク
Mörk メーク
Mørk メルク／モルク*
Morkin モーキン
Morkoç モーコック
Morkot モアコット
Morkov メルコゥ
Mørkøv メルケフ
Morkovský モエコフスキー
Mørkved メルクエド
Mörl メール
Morlacchi モルラッキ／モルラッチ
Morlaiter モルライテル
Morland モーランド*
Morlat モーラ
Morlay モルレ／モルレー
Morlaye モルラエ／モルラーユ／モルレ
Morleo モルレオ
Morlery モーリー
Morlesin モルレシン
Morley モォリィ／モーリ*／モーリー***／モーリィ／モーレー*／モーレイ*
Mörlin メルリン
Morlini モルリーニ
Morlok モーロック
Morlot モルロー
Morlotti モルロッティ*
Mormando モルマンド
Mormeck モルメク*
Morna モーナ*
Mornable モルナーブル
Mornar モルナル
Mornay モルネー
Morné モルネ*
Morneau モアノー／モーノウ／モルノー*
Mornement モーネメント
Mörner モーナー
Mornet モルネ*／モルネー
Morningstar モーニングスター
Mornington モーニントン
Morny モルニ／モルニー
Moro モーロ／モロ**
Moroda モロダ
Moroder モロダー／モローデル
Morof モロフ
Moroff モロフ
Morofka モロフカ
Morogo モロゴ
Moroi モロイ
Moroka モロカ
Moron モロン
Morón モロン
Morone モローネ
Moroney モローニー／モロニー*
Moroni モローニ**
Moronta モランタ
Moros モロス
Morosco モロスコ
Morosini モロシーニ／モロジーニ*
Morosinotto モロジノット
Morostova モロストーヴァ／モロストーワ
Morot モロ*
Morova モロワ
Morow モロウ
Morowitz モロウィッツ／モロヴィッツ
Moroz モローズ
Moroziuk モロジュク
Morozoff モロゾフ
Morozov モロゾフ*／モロゾフ***
Morozova モローゾワ
Morozow モロゾフ
Morozzi モロッツィ
Morphy モーフィ*
Morpurgo モーパーゴ**／モルプルゴ*
Morpuss モーパス
Morqos モルコス
Morquette モルケット
Morra モラ
Morral モラル
Morrall モラル*
Morreall モリオール
Morrel モレル
Morrell マレル**／モーレル／モレル**
Morreras ムレーラス
Morresey モリッシー
Morrey モーリー／モーレー／モレー
Morrice モリス*
Morricone モッリコーネ／モリコーネ**
Morrie モーリイ*
Morrieson モリスン
Morrill モーリル／モリル*
Morrione モリオーネ
Morris モー／モーリス***／モリース／モリス***
Morrisey モリッシー
Morrish モリッシュ
Morrison モウリソン／モリスン*／モリソン***
Morrisroe モリズロー*
Morriss モリス／モリッス
Morrissette モリセット
Morrissey モリシー／モーリセイ／モリセイ／モリッシー**／モリッセイ
Morrisson モッリッソン／モリソン
Morrnah モーナ
Morrone モッローネ
Morros モロス
Morrow マロー／マロウ／モロー***／モロウ*
Mors モルス
Morsbach モルシュバッハ／モルスバッハ
Morsberger モースバーガー
Mörsch メルシュ
Morschheuser モルシュホイザー
Morse モース***／モーズ／モールス*
Morsella モーセラ
Morselli モルセッリ／モルセリ
Morshed モルシェド
Morshedī モルシェディー
Morshower モーシャワ
Morsi モルシ**
Morsie モルシエ
Morss モース
Morsselino モルセリーノ
Morstad モースタッド／モースタンド
Morstadt モルシュタット
Morstead モースラッド
Mort モート***／モール／モルト*
Mortanges モルタンゲス
Mortara モルタラ／モルトラ
Mortari モルターリ
Mortati モルタティ
Morte モルテ／モルティ
Mortel モーテル
Mortelette モルテレト
Mortell モーテル
Mortellaro モルテヤーロ
Mortelmans モルテマンス
Morten モアテン／モッテン／モーテン**／モートン*／モルテン**／モレン
Mortensen モーテンセン**／モルテンセン
Mortenson モーテンスン／モーテンソン
Morter モーター*
Morterson モーテンセン
Mortessagne モルテッサグネ
Morteza モルテザ*／モルテザー*
Morthorst モーソースト
Mortier モルチエ／モルティエ***／モルティール
Mortillet モルティエ
Mortimer モーチマー／モーティーマー／モーティマー***
Mortimore モーティマー／モルティモア
Mortlock マートロック／モートロック*
Mortman モートマン*
Morto モルト
Morton モート／モートン***／モルトン
Mortz モーリッツ*
Morungen モールンゲン
Morus モールス
Moruzzi モルッツィ
Morvan モルヴァン*
Morveau モルヴォー／モルボ／モルボー
Morville モーヴィル／モービル*
Morvin モービン
Morwood モーウッド
Mory モリ*／モリィ
Möry モリ
Moryn モーリン
Moryson モリソン
Morzez モーゼズ*
Mos モス
Mōsa メシャ
Mosab モサブ
Mosad ムスアド
Moṣaddeq モサッデク／モサッデグ／モサデク／モサデグ

モザデク
Moṣadeq
モサッデグ
モサデク
モサデグ
Mosaed モサエド
Mosak モサック*
Mosakowski
モサコフスキー
Mosander
ムーサンデル
モーサンデル
モサンデル
Mosaner モザネル
Mosayebi モサイェビ
Mosbacher
モスバカー**
モスバッカー
モスバッハー
Mosberg モスバーグ
Mosbey モスビー
Mosby
モスビー
モズビー*
モスビュ
Mosca
モースカ
モスカ**
Moscal モスカル
Moscardelli
モスカルデルリ
Moscati モスカーティ*
Moscato モスカトー
Moscatt モスカット
Mosch
マッシュ
モッシュ
Möschel メーシェル
Moscheles モシェレス
Moschella モシェラ*
Moscheo モスケイオ
Moscherosch
モッシェロシュ
Moschin モスキン
Moschino モスキーノ
Moschiön モスキオン
Moscho
モシコ
モスホ
Moschopoulos
モスコプロス
Moschos モスコス
Móschos モスコス
Moschus モスクス
Mościcki
モシチツキ
モシツキー
Mosco モスコ
Moscona モスコーナ
Mosconi モスコニ
Moscoso モスコソ**
Moscovich
モスコヴィッチ
モスコビッチ
Moscovici
モスコヴィチ

モザデク
Moṣadeq
モスコヴィッシ
モスコヴィッチ
モスコビシ
Moscovitch
モスコヴィッチ
モスコビッチ
Moscow
モスカウ
モスクワ
モスコー*
モスコウ
Moscucci モスクッチ
Mosdell モズデル*
Mose
モース
モーズ*
モス
Mosè
モーゼ
モゼ
Mosebenji モセベンジ
Moseby モズビー
Mōšeh モーシェ
Mosel モーゼル
Moselekatse
モゼレーカチェ
Moseley
モーズリ
モーズリー*
モスリー*
モズリー**
モズリィ
モーズレー
モーズレイ
モーズレイ*
Moselhi モセルヒ
Mosellanus
モゼラーヌス
Mosely
モースリー
モーズリー
モズリー
モスレー
モズレイ
Mosen モーゼン
Moser
メーザー
モウザー
モーサー
モーザー**
モーザー***
モザー*
モーセル*
モーゼル
Möser
メーザー
モーザー
モーゼル
Moses
モウゼズ*
モーシェ
モシェ
モージス
モージズ
モース
モーズィズ
モーセ
モーゼ*
モーゼシュ

モーセス
モーゼス
モーゼス***
モーゼズ*
モゼス
Mosès モーゼス*
Mosessohn
モーゼスゾーン
Mosettig モゼテイグ
Mosewius
モゼヴィウス
Mosey モーゼイ
Mosgoller モスゴラー
Moshaei モシャイ
Moshanana
モシャニャナ
Mosharaf モシャラフ
Mosharraf モシャラフ
Mosharref
ムシャッリフ
ムスリフ
モシャッレフ
Moshe
モーシィ*
モーシェ**
モーシェ***
モーシェー
モシュ
モッシェ
Moshé
モーシェ*
モッシェ
Moshè モシェ
Mosheim
モシャイム
モースハイム
モスハイム
Moshenskii
モシェンスキー
Mosher
モーシァー
モーシャー*
モシャー*
モッシャー*
Mosherino モシェリノ
Moshesh
モシェシェ
モシェシュ
モシュエシュエ
Moshfegh
モシュフェグ*
Moshinsky
モシンスキー
Moshiri モシリ
Moshkov モシコフ
Moshoeshoe
モシュシュ
モシュモシュ
モショエショエ*
モショエショエニ
Moshonov モショノヴ
Moshood モショド
Mosiah モザイア
Mosiążek
モションジェク
Mosibudi モシブディ
Mosier
モーシャー

モージャー
Mosiman
モウザーマン
モジマン
Mosin モシン
Mosionier モジニェー*
Mosisili モシシリ**
Mosiuoa モシワ*
Mosjoukine
モジューヒン
Moskalenko
モスカレンコ*
Moskalewicz
モスカレヴィッツ
Moskhos モスコス
Moskin モスキン
Moskona モスコナ
Moskov モスコフ
Moskova モスコワ
Moskovits
モスコビッツ
Moskovitz
モスコヴィッツ
Moskovski
モスコフスキ
Moskow
モスコー
モスコウ
Moskowitz
マスコヴィッツ*
マスコビッツ
モスカウィッツ
モスコウィッツ
モスコヴィッツ*
モスコビッチ
Moskvin
モスクヴィーン
モスクヴィン
モスクビン
Moskvina
マスクビナー
Moskvinov
モスクヴィノフ
Moslehi モスレヒ
Moslen モスレン
Mosley
モーズリ
モーズリー*
モスリー
モズリー**
モズリィ
モズリイ*
モズレー*
モスレイ
Mosner モスナー
Mosolov モソロフ
Mosonyi
モショニ
モショニイ
Mosop モソプ
Mosothoane
モソウォアネ
Mosqueda モスケーダ
Mosquera
モスケーラ
モスケラ*
Mosquini モスキーニ
Moss モス***

Mossadegh
モサッデグ
モサディク
モサデク
モサデグ
モザデク
Mossau
モサウ
モッサウ
Mössbauer
メスバウアー**
Mossberg
モッスベリ
モッスベリィ
Mosse
モース
モス**
モッセ**
Mossé
モセ
モッセ
Mossely モスリ*
Mössenböck
メッセンベック
Mosshamer
モスハーマー
Mossi モッシ*
Mossialos モシアロス
Mossin モシン
Mossinghoff
モシンホフ
Mossinson モシンソン
Mossman モスマン
Mossmann モスマン*
Mosso
モソ
モッソ
Most
モースト*
モスト*
Möst メスト*
Mostacci モスタッチ
Mostaert
モスタールト
モステール
Mostafa
ムスタファ
モスタファ**
Mostafavi
ムスタファヴィ
Mostafizur
ムスタフィズル
Mostapha ムスタファ
Mostaque モスターク
Mostar モスタール
Mostefa ムスタファ
Mostel モステル
Mosteller モステラー
Mostepanenko
モステパネンコ
Mostert モスタート
Mostil モスティル
Mosto
モースト
モスト
Mostovoi モストヴォイ
Mostovoy モストボイ

Mostow モストウ**	Motion モーション**	モットビル	モードゥ	Mouliom ムリオム	
Mostowski モストウスキ	Motīrām モーティラム	Mottez モテーズ	Moudy モウディ	Moullac ムラ	
Mostras モストラス	Motl モトゥル	Mottier モティエ	Moueix ムエックス	Moullec ムレク ムーレック	
Mostvoi モストヴォイ モストボイ	Motlalentoa モトラレントア	Mottini モッティーニ	Mouelle Kombi ムエルコンビ	Moullet ムレ	
Mostyn モスチン モスティン*	Motlanha モトラナ*	Mottis モッティス	Mouer マオア*	Moulonguet ムロンゲ*	
Moszkowski モシコーフスキー モシュコフスキー モシュコフスキ* モスコウスキー	Motlanthe モトランテ*	Mottl モットル モトル	Moufang ムファング	Mouloud ムールード** ムルード ムルド*	
	Motley モトリ モトリー* モトレー	Mottley モトリー*	Mouffe ムフ*		
		Motto モト*	Mougany ムガニ	Mouloudji ムールージ ムールジー ムルージ*	
	Motloheloa モトロヘロア	Mottola メトラ モットラ モートラ	Mougayar ムーゲイヤー		
Moszyk モシク	Motoboli モトボリ		Mougey モウギー		
Mot モティエ	Motoc モトク	Mottommamoni モトムマモニ	Mougin ムーギン	Mouloungui ムルンギ	
Mota モタ**	Motolinia モトリニーア	Mottram モットラム* モトラム	Mougios ムージョス	Moultis モウルティス	
Motaḥharī モタッハリー	Motolinía モトリニーア モトリニア	Mott-Smith モッツスミス	Mouglalis ムグラリス	Moulton ムールトン モウルトン モウルトン* モオルトン モールトン*** モルトン	
Motamedi モタメディ			Mougouni ムグニ		
Motang モタング	Motombrie モトムブリ	Motu ムートゥ	Mouhamadou ムアマドゥ		
Motanyane モタニャネ	Moton モートン*	Motulsky モチュルスキー モトルスキー	Mouhammad ムハンマド		
Motaqi モタキ	Motos マトス				
Motasem モタセム	Motreanu モトレアヌ	Motum モトマ モートン	Mouhidine ムイディンヌ	Moultrie モールトライ モールトリー	
Mota Soares モタソアレス	Motro モトロ		Mouhot ムーオ ムオ*		
Motaze モタゼ	Motroshilova マトロシーロヴァ	Motuzas モツザス	Mouilleron ムイユロン	Moulu ムリュ	
Motchenbacher モチェンバッハ	Motsch モッチュ	Motwani モトワニ*	Moukadas ムカダ	Mouly ムリ ムリー	
Motee モティ モティー	Motsereganye モツェレハニェ	Motyer モティア	Moukhtar ムクタル モクタル		
	Motshekga モチェハ	Motyl モトィリ	Mouknass ミクナース	Mouma モウマ	
Motel モテル	Motsoahae モツォアハエ*	Motylev モティレフ モトイレフ モトウイレフ	Moukoko Mbonjo ムココムボンジョ	Moumin ムーミン	
Moten モーテン モートン	Motsoaledi モツォアレディ		Moula モウラ	Moumina ムーミナ	
Motesinos モテシノス	Motsuenyane モツェンヤネ	Motz モーツ モッツ*	Moulana マウラナ	Moumini モウミニ	
Moteti モテス	Motsumi モツミ		Moulard モーラード	Moumouni ムムニ	
Mothe モッテ モット モート モト	Motswagae モツワハエ	Motzkin モツキン	Moulaty ムラティ	Mounajed ムナジェド	
	Mott マット モット*** モットー	Mouadjidibaye ムアジジバイエ	Moulay ムーライ ムライ ムレー	Mounari ムナリ	
				Mound マウンド モード	
		Mouakher ムアッハル			
		Mouamba ムアンバ			
Mother マザー**	Motta モタ モッタ*	Mouat ムート モウアット	Moulaye ムライ*	Moundele-ngollo ムンデレヌゴロ	
Mothersill マザーシル			Mould モウルド モールド* モルド	Moundounga ムンドゥンガ	
Motherwel モダーウエル モダウェル	Mottadelli モッタデリ	Mouawad ムアワッド		Mounet ムーネ ムーネー ムネ*	
Motherwell マザーウェル マザウェル	Mottaki モッタキ**	Moubayed ムバイヤド	Moulden モールデン		
	Motte モッツ* モッテ モット*** モトゥ	Moubelet Boubeya ムベレブベヤ	Moulder モウルダー モールダー	Moungalla ムンガラ	
		Moubray モーブレイ*	Moulding モールディング*	Moungi ムンジ	
Mothetjoa モツェチョア		Moucheg ムーシェ	Moule マウル ムール モウル モール	Mounia ムニア	
Mothner モスナー	Mottek モテック	Mouchel ムーシェル		Mounicou ムニクー ムニクウ	
Mothokho モトコ	Motteli メッテリ	Moucheron ムーシュロン			
Mothusi モトゥシ	Mottelson モッテルソン*		Moulenguiboukossou ムランギブコス		
Moti モティ*	Mottely モトリー	Mouchet ムーシェ		Mounier ムーニェ ムーニエ* ムニエ*	
Motian モチアン*	Motter マッター モッター	Mouchotte ムショット	Moulier ムーリエ		
Motie モティエ	Motterlini モッテルリーニ	Mouctar ムクタル*	Moulin ムーラン** ムラン		
Mōtīlāl モーティーラール モーティラール		Moudachirou ムダチルー		Mounin ムーナン*	
		Moudhi ムーディ		Mounir ムニール*	
	Mottet モテット	Moudjaïdou ムジャイドゥ	Moulinet ムラネ	Mounk モンク	
Motin モタン	Motteville モットヴィル		Moulinié ムリニエ	Mounkaila ムンカイラ	
Moting モティング		Moudud モウドゥド*	Moulinier ムリニエ	Mounkeo ムンケオ	
Motinggo モティンゴ*				Mounouna ムヌナ	
				Mounphosay ムーンポーサイ	

Mounsey マウンジー、マンシー	Mouritzen モウリッツェン	モウザ	Movchan モフチャン	モクスレイ
Mount マウント**	Mourlane ムルラーヌ	Moussaieff ムセイエフ	Moven モーベン	Moxom モキソム
Mountaga ムンタガ	Mourlevat ムールヴァ、ムルルヴァ*	Moussaoui ムーサウイ、ムサウイ*	Mover ムーバー	Moxon モクソン
Mountain マウンティン、マウンテン**	Mourlon ムールロン、ムルロン*	Moussavi ムサビ	Moverman ムーヴァーマン	Moxter モックスター
Mountbatten マウントバッテン*	Mourlot ムルロ	Moussavou ムサブ	Moville モーヴィル、モウヴィル	Moy モイ*
Mountcastle マウントカッスル、マウントキャッスル	Mourning モーニング*	Mousseaux ムソー	Movin モヴィン	Moya モイヤ*、モジャ、モヤ**
Mountevans マウントエバンス	Mouro モウラ	Mousset ムセ*、ムッセ	Movshovitz モフショビッツ	Moyano モヤーノ
Mountford マウントフォード*、マンフォード、モントフォード	Mouron ムーロン	Moussilou ムシル	Movshuk モヴシュク	Moyë モアエ
Mountfort マウントフォート	Mourou ムル、ムルー	Moussinac ムウシナック、ムーシナック、ムーシナック、ムシナック	Movsissyan モブシシャン	Moyeen モイーン
Mountjoy マウントジョイ	Mouroutsos ムルトソス*	Moussoulbes ムスルベス**	Movsisyan モフシシャン	Moyen モワヤン
Mountrose モンローズ	Mouroux ムールー、ムル	Moussouroulis ムスルリス	Mowat モーアット、モウェット、モウワット、モワット**	Moyer モイアー、モイヤー***
Mouquet ムーケ	Mourrain ムーラン	Moussy ムーシー	Mowatt マウアット、モーワット、モワット	Moyers モイヤース、モイヤーズ*
Moura ムーラ、モウラ*、モーラ**、モラ	Mourret ムレ	Moustache ムースタシュ	Mowbray モウブレー、モウブレイ*、モーブレー、モーブレイ、モーブレイ	Moyes モイーズ**、モイス、モイズ
Mourad ムーラッド、ムラッド*、ムーラド、ムラト**、ムラド	Mourrier ムリエ	Moustadroine ムスタドロイン		Moyet モイエ*
	Mours ムール	Moustafa ムスタファ*		Moyez モエズ
	Moursund モーザンド、モースント、モールスン	Moustaid ムスタド		Moyle モイル
	Mourtasaliyev ムルタサリエフ*	Moustakas ムースタカス、ムスターカス*、ムスタカス		Moyna モイナ、モエナ
	Mourthé ムルテ	Moustaki ムスタキ***	Mowbrays モウブレー	Moynac モアナーク、モアナック
	Mourvillier ムービリエ	Moustaph ムスタフ	Mowe モウ	
	Mousa ムーサ*、ムサ	Moustapha ムスタファ*	Mower マウア*、モウアー、モーアー	Moynagh モイナー
	Mousaios ムーサイオス	Moustard ムスタール	Mowery マワリー	Moynahan モイナハン**
	Mousavi ムーサヴィー、ムサビ*	Moustopoulos ムストブロス	Mowinckel モーヴィンケル*、モウィンケル、モビンゲル	Moyne モワーヌ、モワン
Mourao モウラン、モラウン	Mousavilari ムサビラリ	Moustpha ムスタファ	Mowinski モヴィンスキー	Moynes モイネス*
Mourão モラン	Mousavizadeh ムザヴィザドゥ	Moutari ムタリ	Mowla マウラ	Moynihan モイニハン***
Mourat モウラト*	Mouse マウス	Moutawakel ムータワキル*	Mowlam モーラム*	Moyo モヨ*
Mouravei ムラベイ	Mouser マウサー、モーゼル	Moutawakil ムタワキ	Mowlem モーラム、モーレム	Moyra モイラ*
Mouravieff ムラビヨワ		Moutaye ムタイエ		Moyse モイーズ*、モイズ**
Mouravliansky ムラヴィンスキー		Moute モーテ		
Moure ムーレ、モウレ		Moutia ムティア		Moÿse モイーズ
	Mousès モーセス	Moutier ムーティエ	Mowlid モーリド	Moyses モイセス
Mouret ムーレ、ムレ*	Moūsēs モーセス	Moutinho モウティーニョ	Mowll モウル*	Moyshe モイシェ
	Moushioutas ムシウタス	Mouton ムートン*、ムトン*	Mowrer マウラー**、モウラー	Moyzes モイゼス
Mourey モーリー	Mouskos ムースコス、ムスコス	Moutoussamy マウトゥサミー*	Mowrey マウリー	Moyzis モイジス、モイツィス
Mourgue ムールグ	Mouskouri ムスクーリ*	Mouw マウ	Mowry マウリー、モウリー	Mozafar モザファル
Mourguet ムルゲ	Mousley モーズリー	Mouwen ムーウェン	Mowshowitz モウショビッツ	Mozaffar モッァファー
Mourice モーリス	Mousnier ムーニエ	Moüy モウイ	Mowthorpe モウソープ	Mozaffar al-Dīn ムザッファロディーン、モザッファロッディーン
Mourieraz ムリエラ、ムリエラス	Mousourakis ムスラキス	Mouzalas ムザラス*	Moxey モクシー	
Mouriés ムリエス	Moussa ムーサ**、ムーザ、ムサ***、ムッサ、ムウサ	Mouzat ムザ*	Moxey-ingraham モクシーイングラハム	Mozaffari モザッファリ
Mourinho モウリーニョ**		Mouzelis ムゼリス	Moxham モクサム	Mozammel モザメル
Mouris ムリス		Mova モバ	Moxley マクスリー	Mozans モザンス
Mourits モウリッツ*		Movahed モバヘッド		Mozart モオツァルト
Mouritsen モウリットセン		Movalli モバリ		
		Movasakanya モバサカニヤ		

モーツァルト**
モツアルト
Mozeliak モゼラック
Mozgalova モズガロワ
Mozgov モズゴフ
　モジャーエフ*
Mozhaev
　モジャーエフ*
Mozhaiskii
　モジャーイスキィ
Móži
　モージ
　モージー
Mozibul モジブル
Mozley
　モウズリ
　モズリ
　モズレイ
Mozota モゾタ
Mozzetti
　モッツェッティ
Mozzhukhin
　モズジュヒン
Mozzi モッツィ
Mozzoni モッツォーニ
Mpahlwa ムパルワ
Mpamba ムパンバ
Mpande ムパンデ
Mpango ムパンゴ
Mpariwa-gwanyanya
　ムパリワグワニャニャ
Mpata ムパタ
Mpawenayo
　ムパウェナヨ
Mpenza ムペンザ*
Mpeo ムペオ
Mphafi ムファフィ
Mphahlele
　ムパシェーレ
　ムファレレ**
Mphande ムパンデ
Mphepo ンペポ
Mpho
　ムホ
　ムポ
Mphoko ムポコ
Mphu ムプ
Mpilo ムピロ***
Mpinda ムピンダ
Mpofu ムポフ
M'pokomandji
　ムポコマンジ
Mpombo ムポンボ
Mponda ムポンダ
Mpouho ムプオ
Mpozeriniga
　ムポゼリニガ
Mputu ムプトゥ
Mqhayi ムカーイ
Mr. ミスター
Mrabet ムラベ
M'rabet ムラーベト
Mracek ムラツェック
Mráček ムラーチェク

Mraczek ムラチェック
Mrak
　ムラク
　ムラック
Mrak-taritaš
　ムラクタリタシュ
Mramba ムランバ
Mramor ムラモル
Mrashani ムラシャニ*
Mrásková
　ムラースコバー
Mratovic ムラトビッチ
Mravina ムラヴィーナ
Mravinskii
　ムラヴィンスキー*
　ムラビンスキー
Mraz ムラーズ*
Mrázková
　ムラースコヴァー
Mrevlishvili
　ムレヴリシュヴィリ
Mridula ムリドゥラー
Mrinal
　ムリナール
　ムリナル*
Mrinalini ムリナリニ*
Mrisho ムリショ**
Mrkic ムルキッチ
Mrkić ムルキッチ
Mrkonjić ムルコニッチ
Mr.Lordi
　ミスターローディ
Mrouni マルーニ
Mroz ムロズ
Mróz ムルス
Mrozek
　ムロージェク
　ムロジェック
Mrożek
　ムロージェク
　ムロジェク**
　ムロージェック
　ムロジェック
　ムロトジェック
Mroziewicz
　ムロジウィッツ
Mrozkove
　ムラースコバー
Mrozowska
　ムロゾヴスカ
Mr.Pets
　ミスターペッツ*
Mrs. ミセス
Mrsić ムルシッチ
Mrštík ムルシュチーク
Mrštíkové
　ムルシュチーク
Mrugank ムルガンク
Mrvaljevic
　ムルバリエビッチ
Mrvar ムルヴァル
Mrzyk マルジック
Msabaha ムサバハ
M'saidie マサイディエ
Msaka ムサカ
Mseveni ムセヴェニ

Mshai ムシャイ
Mshevelidze
　ムシェヴェリジェ
Msibi ムシビ
Msika ムシカ
Msimang ムシマング
Msolla ムソラ
Mssaquoi マサーコイ
Mstislav
　ムスチスラーフ
　ムスチスラフ
　ムスティスラフ**
Msulira ムスリラ
Mswaji ムスワジ
Mswati ムスワティ**
Mtafu ムタフ
M'Taggart
　マクタガート
Mtawarira ムタワリラ
M'tazz ムゥタッズ
Mthembi-mahanyele
　ムテンビマハニェレ
Mthembimahanyele
　ムテンビマハニェレ
Mthethwa ムテトワ
Mthiyane ムチヤネ
Mtimet ティメット
Mtiti ムティティ
Mtshali ムチャーリ**
Mtsho rgyal
　ツォギェル
Mtthew マシュー
Mtui ムトゥイ
Mtume ムトゥーメ
Mtumuke ムトゥムケ
Mu ムー*
Mua ムア
Muadzam ムアザム
Muafumua ムアフムア
Muala ムアラ
Mualia ムアリア
Mualimi ムアリミ
Mualla ムアラ
Mu'alla ムアッラ
Muallem ムアレム**
Muallim ムアッリム
Mu'allim
　ムアッリム
　ムアルリム
Muamba ムアンバ
Muambo ムアンボ
Muammar
　ムアマル**
　ムアンマル
Mu'ammar
　ムアマル
　ムアンマル
Mu'ammar ムアンマル
Muan ムアン
Muandumba
　ムアンドゥンバ
Muangsook
　ムアンスク
Muaria ムアリア

Muasher ムアシェル
Muatetema
　ムアテテマ
Mu'āwiya
　ムアーウィア
　ムアーウィア
　ムアウィア
　ムアーウィヤ
　ムアウィヤ
Muayad ムアイヤッド
Mu'ayyad ムアイヤド
Mu'ayyad
　ムーアイヤド
　ムアイヤド
　ムーアッヤド
Mu'ayyad al-Dīn
　ムアイヤドゥッディー
　ン
Mu'aẓẓam ムアッザム
Muballit ムバルリト
Mubarak
　ムバーラク
　ムバラク**
Mubārak
　ムバーラク
　ムバラク
Mubarek ムバレク
Mubārīẓ ムバーリーズ
Mubārīẓ al-Dīn
　ムバーリズッディーン
Mubarrad ムバッラド
Muc ムック
Mucchielli ムキエリ
Muccino ムッチーノ*
Muccio ムチオ
Muccioli ムッチョーリ
Much ムフ
Mucha
　ミュシャ**
　ムーシャ
　ムハ
Muchamore
　マカモア**
Muche
　ムッヒェ
　ムッヘ
　ムーヘ
Muchembled
　ミュシャンブレッド*
　ミュシャンブレ
Muchena ムチェナ
Mucheru ムチェル
Muchinguri
　ムチングリ
Muchiri ムチリ
Muchnick
　マチニック
　マッチニック*
Muchnik ムーチニク
Muci ムチ
Mūciānus ムキアヌス
Mucius ムキウス
Muck
　ムーク
　ムック
Mucke ミュッケ
Mücke ミュッケ

Muckelt ミューケルト
Mückenhausen
　ミュッケンハウゼン
Muckenhoupt
　マッケンハウプト
Muckermann
　ムッカーマン
　ムッカマン
　ムッケルマン
Muckle ムックル
Mucklestone
　マックルストーン
Mucklow
　マクロウ
　マクロー
Mucyo ムヨ
Muda ムダ
Mudadi ムダディー
Mudammiq
　ムダンミク
Mudar ムダル*
Muḍar
　ムザル
　ムダル
Mudarra
　ムダーラ
　ムダラ
Mudathir ムダシル
Mudavadi ムダバディ
Mudcat マドキャット
Mudd
　マッド
　ムッド
Mudde ミュデ
Muddiman
　マディマン*
Muddlehammel
　ミュドルハムメル
Muddy マディ*
Müde ムジュデ
Mudenge ムデンゲ
Mudey ムデイ
Mudge マッジ*
Mudgett マジェト
Mudhafar ムダファル
Mudhaffar
　ムダファーラ
Mudhahhib
　ムザッヒブ
Mudhir ムズヒル
Mudiay ムディエイ
Mudidi ムディディ
Mudie
　ミューディ
　ミューディー
Mudimbe ムディンベ
Mudiyanselage
　ムディヤンセラーゲー
　ムディヤンセラゲ
Mudjono ムジョノ
Mudrack ムッドラック
Mudrak ムドゥラック
Mudranov
　ムドラノフ*
Mudrooroo
　マドルルー

M

ムドゥルルー	ムフティ*	Muhamedin	Muharrem ムハレム	Muhongo ムホンゴ
Mudryi ムードルイ	Muftic ムフティク	ムハメディン	Muḥāsibī	Muhr ムーア
Mudumbi ムドゥンビ	Mufwankolo	Muhammad	ムハーシビー	Muḥriz ムフリズ
Mueck ミュエック*	ムファンコロ	ハマド	ムハースィビー	Mühry ミューリー
Muecke ミカ	Mugabe ムガベ**	マホメッド	Muhd. ムハンマド	Muhs
Mueckler ミュックラー	Mugabi ムガビ	マホマッド	Mühe ミューエ	ミュース
Mueenuddin	Mugabo ムガボ	ムハンマド*	Muheim ミューヘイム	ムース
ムイーヌッディーン	Mugabure	ムハマッド***	Muheya ムヘヤ	Mühsam
Mueffling	ミュガビュール	ムハマンド	Muhī モヘディン	ミューザーム
ミフリング	Muganwa ムガンワ	ムハムマド	Muhī al-Dīn	ミューザム
ミューフリング	Muganza ムガンザ	ムハマド*	モヘディン	Muhsen ムハセン
Muehlegg	Muge ミュゲ	ムハンマッド*	Muḥibb al-Dīn	Muhsin
ミューレック	Mügelin ミューゲルン	ムハンマト	ムヒッブッディーン	ムハシン
Muelenz ムレンス	Mugerwa ムゲルワ	ムハンマド***	Muhiddin ムヒディン	ムフシン
Müelich	Mugford マグフォード	モハマッド	Muhiddinov	モハシン
ミューリッヒ	Mugge ミッゲ	モハマド*	ムヒディノフ	モフセン
ミューリヒ	Mügge ミュゲ	モハメッド	Muhieddin	モホセン
Muellbauer	Muggenthaler	モハメド**	ムヒエディン	Muhtadee ムタデー
ミュールバウアー	ムッゲンターラ	モハンマド*	Muhith ムヒト	Muhtadī ムフタディー
Mueller	Muggeridge	Muhămmad	Muḥītī ムヒーティ	Muhtar ムフタル
ミューラー**	マガリッジ	ムハンマド	Muhl ミュール	Muḥtasham
ミュラー**	マゲッリッジ	MuḤammad	Mühl ミュール	ムフタシャム
ミラー*	マッグリッジ	ムハンマド	Muhlbach	Mu-hua ムーホワ
ムレル	Muggleton マグルトン	Muḥammad	マールバック	Muhwezi
モラー*	Muggs マグス	ムハッマッド	Mühlbach	ムウェジ
Müeller ミュラー	Muggsy マグシー	ムハマド	ムールバッハ	ムフウェジ
Muench ミンチ*	Mughal ムガール	ムハマンド	Muhlbauer	Muhyadin
Muenchow ムンチョウ	Mughnieh ムグニエ	ムハンマド	ミュールバウワー	ムヒャディン
Muensterberger	Mugica ムヒーカ	メフメット	Muhlberger	Muhyddine
ミュエンスターバー	Múgica ムヒカ	メフメト	ムイベルガー	ムヒディン
ガー	Mugler	メヘメット	Mühlberger	Muhyi al-Dīn
Muenzer ムエンザー*	ミュグレ	ムハメド	ミュールバーガー	ムフイッディーン
Mueser ミューザー	ミュグレー*	モハンマド	Muhle ミューレ	Muhyiddin ムヒディン
Müesser ムセル	Mugliett ムグレ	Muhammadī	Mühle ミューレ	Mui ムイ**
Muet ミュエ	Mugnier ミュニエ	モハンマディ	Mühlegg ミューレック	Muia ムイヤ
Müezzinoğlu	Mugnone ムニョーネ	Muḥammadī	Mühlemann	Muiel ミュアリエル
ムエジンオール	Mugnos ムニョス	ムハンマディー	ミュールマン	Mui Hoong ムイフーン
Mufaḍḍal	Mugo ムゴ*	Muḥammad Idrīs	ミューレマン*	Muilenburg
ムファッザル	Mugorewera	ムハンマドイドリース	Muhlen	マイレンバーグ
ムファッダル	ムゴレウェラ	Muhammado	ミューレン	Muʻīn
Mufamadi	Mugosi ムゴシ	ムハンマド	ムーレン	ムイーン
ムファマディ	Muguet ムゲェ	Muḥammadu	Mühlen ミューレン	モイーン
Mufarrej ムファレジュ	Mugur ムグル*	ムハンマドゥ*	Muhlenberg	Muʻīn al-Dīn
Mufeed ムフィド	Mugurel ムグル	Muhammed	ミューレンバーグ	ムイーヌッディーン
Muferihat	Muguruza ムグルサ	マホメット	Mühlenberg	Muʻīnu ムイーヌ
ムフェリハット	Mu-gwang ムグァン	マホメッド	ミューレンバーグ	Muir
Muff マフ*	Muhaimin ムハイミン	ムハマッド	ミューレンベルク	マイアー
Muffat	Muhairiq ムハイリク	ムハマド	Muhlens ミューレンス	ミエアー
ムッファト	Muhaisin ムハイシン	ムハメッド*	Mühlenweg	ミューア**
ムファ**	Muhajir	ムハメド	ミューレンヴェグ	ミュア***
ムファット	ムハジール	ムハンマッド	Mühler ミューラー	ミュア**
ムファト	ムハジル	ムハンマド*	Mühlfenzl	ミュール
Muffat-Jeandet	Muhal ムハル	モハメッド*	ミュールフェンツル	ムーア
ムファジャンデ	Muhalhil ムハルヒル	モハメド	Mühlhan ミュールハン	ムイア
Mufid ムフィード	Muhamad	Muhammedov	Mühlhäuser	ムール
Mufid ムフィード	ハハマッド	ムハメドフ	ミュールホイザー	Muirchertach
Mufonkolo	ムハマド	Muhammetguly	Mühlhoff ミュールホフ	メールハルタッハ
ムフォンコロ	モハメッド*	ムハメドグリイ	Mühling ミューリンク	Muirhead
Mufrej ムフリジュ	Muhamed ムハメド	Muhammetnur	Muhlke ムールク	ミューアヘッド*
Mufson マフソン	Muḥamed ムハメド	ムハメトヌル	Muhlocker	ミュアヘッド*
Muftah	Muhamedcani	Muhammmad	ミューレッカー	ミュイアーヘッド
ミフターハ	ムハメドジャニー	ムハンマド	Mühlöcker	Muis ムイス
ムフタ		Muhando ムハンド	ミューレッカー	Muižnieks
ムフタフ		Muhanmmad	Muhlstein	ムイジネクス
Mufti		ムハンマド	ミュルシュタイン**	Muʻizz ムイズズ
マフティ		Muhanna ムハンナ	Muhmut マフムト	Muìzz ムイズ
ムフテ		Muhannad ムハンナド		Muʻizz al-Dawla
		Muḥaqqiq ムハッキク		ムイッズッ・ダウラ

ムイッズッダウラ
Mu'izzī
　ムイッズィー
　モエッズィー
Muizzu ムイズ
Muizzuddin Shah
　ムイズディンシャー
Mujahi ムジャヒ
Mujahid ムジャヒド
Mujāhid ムジャーヒド
Mujangga ムジャンガ
Mujawamariya
　ムジャワマリヤ
Mujawar ムジャワル*
Mujcin ムイチン
Müjdeci ミュデジ
Mujibur ムジブル*
Mujić ムジチ
Mujica
　ムヒーカ*
　ムヒカ**
Mujika ムジカ
Mujitaba ムジタバー
Mujkič ムイキッチ
Mujota ムヨタ
Mujtaba
　ムジタバ
　ムシュタバ
　モジュタバ
Mujugumba
　ムジュグンバ
Mujur ムジュル
Mujuru ムジュル
Mukabagwiza
　ムカバグウィザ
Mukala ムカラ
Mukalayi Nsungu
　ムカライヌスング
Mu-kan モクカン
Mukanga ムカンガ
Mukangara ムカンガラ
Mukantabana
　ムカンタバナ
Mukarovsky
　ムカジョフスキー
Mukařovský
　ムカジョフスキー
Mukaruriza
　ムカルリザ
Mukasa ムカサ
Mukasey ミュケーシー
Mukdasanit
　ムクダーサニット
Mukdasnit
　ムクダサニット
　ムクダスニット
Mukeba ムケバ
Mukena ムケナ
Mukendi ムケンディ
Mukerjee
　ムカジー
　ムケルジー
Mukerji ムカージ
Mukesh
　ムケーシュ

ムケシュ*
　ムケッシュ
Mukeshimana
　ムケシマナ
Mukesyayira
　ムケシャイラ
Mukhachev
　ムハチョフ
Mukhali
　ムカリ
　ムハリ
Mukhambet
　ムハンベト
Mukhamediuly
　ムハメディウレイ
Mukhamedjanov
　ムハメドジャノフ
Mukhamedov
　ムハメドフ*
Mukhamedyarov
　ムハメディアロフ
Mukhamedzhanov
　ムハメジャノフ
Mukhammednazar
　ムハメドナザル
Mukhammedov
　ムハメドフ
Mukhammetgeldi
　ムハメトゲルディ
Mukhammetkaly
　ムハンメトカリー
Mukhānī モクラーニー
Mukhāriq ムハーリク
Mukhāriq ムハーリク
Mukharjee ムカルジー
Mukherjee
　マクハージー
　マッカージー
　マッカジー
　ムーカジー**
　ムカジー**
　ムケルジー
　ムケールジェー
Mukherji マッカージー
Mukhi マッキー
Mukhia ムキア
Mukhiddinov
　ムヒディノフ
Mukhin ムーヒン*
Mukhina
　ムーヒナ
　ムヒナ
Mukhisa ムキサ
Mukhitdinov
　ムヒトディノフ
Mukhiya ムキヤ
Mukhopadhyay
　ムコッパデェ
　ムコッパッデーエ
　ムコパディアイ
　ムコパディエイ
　ムコパディヤーイ
Mukhortova
　ムホルトワ
Mukhtar
　ムクタル
　ムフタール*
　ムフタル*

Mukhtār ムフタール
Mukhtar ムフタル
Mukhtār
　ムフタール
　ムフタル
Muki ムキ
Mukin
　ウキーン
　ムキン
Mukoko Samba
　ムココサンバ
Mukonoweshuro
　ムコノウェシューロ
Mukrem ムクレム
Muktafi ムクタフィー
Muktananda
　ムクターナンダ
Muktāpīḍa
　ムクターピーダ
Muktar ムクタル
Muktari ムクタリ
Muktibodh
　ムクティボード
Mukul ムクル
Mukulumanya
　ムクルマニャ
Mukulungu
　ムクルング
Mukuma ムクマ
Mukuna ムクナ
Mukundarām
　ムクンダラーム
　ムクンドラーム
Mukundarāma
　ムクンダラーム
Mukunga ムクンガ
Mukuria メクリア
Mukuwaya ムクワヤ
Mukwanga ムクンガ
Mukwaya ムクワヤ
Mukwege
　ムクウェゲ
　ムクウェジ
Mul ムル
Mula ムラ
Mulak ムラク
Mulally
　マラーリー
　ムラーリー*
Mularczyk ムラルチク
Mularkey マラーキー
Mularoni ムラローニ
Mulas ミュラス
Mulassano
　ムラッサーノ
Mulatu
　ムラツ
　ムラトゥ*
Mulaudzi ムラウジ**
Mūlawarman
　ムーラワルマン
Mulay
　ムーライ
　ムレー
Mūlay ムーライ

Mulazzani
　ムラッツァーニ**
Mulbah ムルバ
Mulcahy
　マルケーイ
　マルケイ
　マルケイヒー
　マルケイヒー*
　ムルカイ*
Mulcare ムルケア
Mulcaster
　マルカスター
Mulcken ムルケン
Muldaur
　マルダー
　マルダワー
　マルドール
Mulder
　マルダー**
　ミュルデル
　ムルダー***
　ムルデル*
　モルダー
Muldoon
　マルドゥーン**
　マルドーン*
Muldrow
　マルドゥロー
　ムルドロー
Mule ミュール
Mulè ムレ
Mulela ムレラ
Mulenga ムレンガ
Mulens Herrera
　ムレンスエラ
Müler ミュラー
Mulert
　ムーラート
　ムレルト
Mülertz ミュレルツ
Mulford
　マルファド
　マルフォード**
　ムルフォード
Mulgan マルガン*
Mulgray マルグレイ*
Mulgrew マルグルー
Mulhall
　マルホール*
　ムルホール
Mulhare ムルヘア
Mülhausen
　ミュルハウゼン
Mulhern マルハーン*
Mulholland
　マルホランド**
Muliaina ムリアイナ*
Mulier ミュリール
Mulirra ムリイラ
Mulikov ムリコフ
Mulinaretto
　ムリナレット
Mulinix マリニックス
Mulino ムリノ
Mulipola ムニポラ
Mulira ムリラ

Mulisch
　ムリシュ**
　ムーリッシュ
Mulitalo ムリタロ
Muliwana ムリワナ
Mulk
　マルク
　ムルク**
　モルク
Mulka ムルカ
Mulkay マルケイ
Mulkerns
　マルカーンズ
Mulkey ミュルケ
Mulki ムルキ*
Mulkrāj
　マルク
　マルク・ラジ
　ムルク
　ムルク・ラージ
　ムルク・ラジ
Mull マル
Mulla
　ムッラ
　ムラ
　ムラー
Mulla' ムラー
Mullā
　ムッラー
　ムラ
　モッラー
Mullagildin
　ムラギルディン*
Mullah
　ムラ*
　ムラー
Mullainathan
　ムッライナタン
Mullally
　マラリー
　ムラリー
　メラリー
Mullaly マラリー*
Mullan
　ミュラン
　ムーラン
　ムラン
　モラン
Mullane
　マラン
　マレイン
　ミューラン*
　ミュレイン*
　ムラネ
Mullaney マラニー*
Mullany
　マラニ
　ムラニー
Mullard マラード*
Mulle ミュール
Mullen
　マレン**
　ミューレン*
Müllen ミューレン
Mullenberg
　ミューレンベルク
Mullender マレンダー

M

Mullenheim ミュレンハイム
Müllenheim ミュレンハイム*
Müllenhoff ミュレンホッフ／ミュレンホフ
Mullens マレンス
Müllensiefen ミュルレンジーフェン
Muller マラー**／ミィウラア／ミュユラー／ミューラー**／ミューラア／ミュラア／ミュルレル／ミュレ／ミュレー／ミューレル／ミュレール*／ミュレル／ムラー*／ムレール*
Múller ミュラー
Müller ミゥルレル／ミューラー**／ミュラ／ミュラー***／ミューラル／ミュルラー／ミュルレル／ミューレル**／ミュレル／ムゥラー／ムーラー
Müllereisert ミュラーアイゼルト
Muller-Lyer ミュッラリヤ／ミュラーリヤー
Müllerovà ミュレロバー
Müllerová ミュレロヴァ
Muller-Thym ミュラータイム
Mullet マレット*
Mullett マレット
Mullican マリカン
Mulligan マリガン***／ムリガン*／モリガン
Mulliken マリケン*
Mullin マリン**／ムリン
Mullinar マリナー
Mullineux ミュリナゥ*
Mülling マリングズ／ミュリング
Mullings マリングズ／マリングズ

Mullington ミリントン
Mulliniks マリニクス
Mullins マリンズ***／ムリンズ
Mullis マリス**／ミュリス*／ムリス
Müllner ミュルナー
Mullon マロン
Mullova ムルロヴァ／ムルロワ／ムローヴァ*／ムローバ／ムローワ
Mulloy マロイ／ムロイ
Mullur マラー
Müllür ムリュール
Mulock マロック／ミューラック／ミューロック／ミュロック／ムロック
Mulon マロン
Mulongoti ムロンゴティ
Muloni ムロニ
Mulqueen マルクイーン
Mulready マルリーディ／マルレディ
Mulroney マルルーニ／マルルーニー**／マルローニー／マローニー*
Mulroy マルロイ
Multala ムルタラ
Mul'tanovskii ムリタノーフスキー
Multatuli ミュリタテュリ／ミュルタトゥリ／ムルタテューリ*／ムルタトゥリ
Multhauf マルソーフ*
Multhaup ムルトハウプ
Multscher ムルチャー
Muluaka ムルアカ
Mulūk ムルーク
Mulumba ミュランバ／ムルンバ
Mulungulaodigiera ムルングラオディギエラ
Muluzi ムルジ**
Mulva ムルバ*
Mulvad ムルバド
Mulvaney マルバニー

Mulvenon マルヴィノン
Mulvey マーベイ／マルヴィ／マルヴィー*／マルヴェイ
Mülvey ミュルヴェ
Mulvey Roberts マルヴィーロバーツ
Mulvihill ミュルビヒル
Mulyani ムルヤニ*
Mu'man ムマン
Mumba マンバ*／ムンバ
Mumba Matipa ムンバマティパ
Mumbengegwi ムムベンゲウィ／ムンベンゲグウィ
Mumbioko ムンビオコ
Mumbray マンブレイ
Mumcu ムムジュ
Mumenthaler ムメンタラー
Mumford マムフォード／マンフォート／マンフォード**／マンホード
Mumia ムミア
Mu'min ムウミン／ムーミン
Mūmin ムーミン
Mūmīn ムーミーン／ムーミン
Muminjon ムミンジョン
Mumm マム／ムム
Mumma ムンマ*
Mummert ママート
Mummery ママリ／ママリー*／マンマリー／マンメリー／マンメリイ
Mummius ムミウス／ムンミウス
Mumphery マンフリー
Mumphrey マンフリー
Mumpuni ムンプニ
Mumtaz ムームタス／ムムターズ
Mumtāz モムターズ
Mumuni ムムニ
Mumy マミー
Mun マン**／ムン

Muna ミュナ／ムナ*
Munabbih ムナッビヒ／ムナッビフ
Munacho ムナチョ
Munafo ムナフォ
Munagala ムナガーラ／ムナガラ
Munajjid ムナジド
Munan ミューナン*
Munanga ムナンガ
Munari ムナーリ**／ムナーリー／ムナリ
Munaro ムナロ
Munasinghe ムナシンゲ
Munasser ムナッセル
Munavvar ムナバル
Munavvarqori ムナッヴァル・カリ
Munawar ムナッワル／ムナワル
Munbengegwi ムンベンゲグウィ
Munby マンビー*
Muncaster マンカスター
Munce マンス
Muncey マンシー
Munch ミュンシュ／ミュンハ／ミュンヒ／ミュンフ／ムンク**／モンク
Münch ミュンシュ*／ミュンヒ**／ムンク
Muncheryan マンチェリヤン
Münchhausen ミュンヒ・ハウゼン／ミュンヒハウゼン**
Münchinger ミュンヒンガー*
Münchmeyer ミュンヒマイアー
Münchow ムンチョウ
Munchy マンシー
Munck ムンク／ムンク*
Müncker ミュンカー
Mund マント／ムント*
Munda ムンダ
Munḏa ムンダ
Munday マンデー

Mundel マンデル
Mundelein マンディライン／マンデライン
Mundell マンデル**／ムンデル
Munden マンデン*
Munder マンダー
Mundhir ムンズィル／ムンディル／ムンドヒル
Mundia ムンディア
Mundin マンディン
Mundine マンダイン
Munding ムンディング
Mundinger ミュンディンガー／ムンディンガー
Mundis マンデス
Mundle ムンドレ
Mundo ムンド*
Mundstock ムントシュトック
Mundt ムント
Mundy マンディ／マンディー／ムンディ
Mune マーン
Muneer ムニール
Munem モネム*
Munembwe ムネンブウェ
Munford マンフォード*
Mung ムン
Munga ムンガ
Mungai ムンガイ
Mungamba ムンガンバ
Munga Mesonzi ムンガメソンジ
Mungan ムンガン*
Mungenast ムンゲナスト
Munger マンガー**／ミュンガー
Mungi ムンギ
Mungiu ムンジウ*
Mungo マンゴ**／マンゴー*／マンゴウ／マンゴ
Mungoshi ムンゴシ**
Munguía ムンギーア／ムンギア
Mungunda ムングンダ
Mungwambe ムングアンベ
Mun-gyong ムンギョン

Munholland
　マンホランド
Muni
　ムーニ
　ムニ
Muniain　ムニアイン
Munib　ムニブ
Munich　ムニク
Munidāsa　ムニダーサ
Munier　ムニエル
Muniesa　ムニエサ
Munīf　ムニーフ
Munilla　ムニーリャ
Munion　ムニオン*
Munir　ムニール*
Munīr　ムニール
Münir　ミュニル
Munitz
　ミューニッツ
　ミュニッツ*
Munival　ムニヴァル
Muniyappa　ムニヤッパ
Muniz
　ミュニズ
　ムニス
　ムニズ
Muñiz　ムニス
Mun-ja　ムンジャ
Mun-ju　ムンジュ
Munk
　ムンク**
　モンク*
Münk　ミュンク
Munkacsi　ムンカッチ
Munkácsi　ムンカーチ
Munkácsy　ムンカーチ
Munkáczy
　ムンカッツィー
Munkbat　ムンフバト*
Munkel　マンケル
Münkel　ミュンケル
Munkelt　ムンケルト
Munkhbat
　ムンフバト
　モンフバット
Munkhbayar
　ムンフバヤル
Munkhchuluun
　ムンフチョローン
Munkhjin　ムンフジン
Munkhorgil
　ムンフオリギル
Munkhtsetseg
　ムンフツェツェグ
Munkhzaya
　ムンフザヤ
Munkhzul
　モンフーズル
Munkres　マンクロス
Münks　ミュンクス
Mun-lee　マンリー
Munn　マン*
Munnell　マネル
Munnerlyn

マナリン
Munni　ムンニー
Münnich
　ミーニヒ
　ミューニヒ
　ミュニヒ
　ミュンニヒ
Munnik　マニク
Munnings　マニングズ
Muños　ムニョス
Munoz
　ムーニョ
　ムニョス*
Muñoz
　ミューノス
　ムニオス
　ムニョース
　ムニョス***
Muñóz　ムニョス
Munoz Jaramillo
　ムニョスハラミジョ
Munqidh　ムンキズ
Munro
　マンロ*
　マンロー***
　マンロウ
　ミュンロー
　ムンロ*
　ムンロー
　モンロ
Munroe
　マンロー*
　マンロウ*
　モンロー
Munrow
　マンロー
　マンロウ
Mun-san　ムンサン
Munsch
　マンシュ
　マンチ*
Münscher
　ミュンシャー
Munsel　マンセル
Munsell　マンセル
Munsey
　マンシ
　マンシー
　マンジー
Munshi　ムンシ*
Munshī　ムンシー
Munshin　マンシン
Munshower
　マンショワー
Munsī　ムンシー
Munṣif　ムンスィフ
Munsinger
　マンシンガー**
Munski　ムンスキ
Munson
　マンスン
　マンソン**
Münster
　ミュンスター*
　ミュンステル
Munsterberg
　ミュンシテルベルヒ
　ミュンスタアベルヒ

ミュンスタベルク
ミュンスターベルヒ
ミュンスタベルヒ
ミュンステルベルク
ミュンステルベルグ
ミュンステルベルヒ
ミンステルベルヒ
Münsterberg
　ミュンスターバーグ
　ミュンスターベルク
　ミュンステルベルヒ
　ミュンステルベルヒ
Münsterer
　ミュンステラー
Münstermann
　ミュンスターマン
Munt　ムント
Muntagirov
　ムンタギロフ*
Muntaka　ムンタカ
Muntarbhorn
　ムンターボーン
Muntasar
　ムンタサル**
Muntaşir　ムンタスィル
Muntazar　ムンタザル
Muntean
　マンティン
　ムンテアン
Munteanu
　ムンチャヌ
　ムンテアーヌ
　ムンテアヌ
　ムンテアヌー
　ムンテアヌウ
　ムンティアヌ
　ムンテヤヌ
　ムンテヤヌ
Müntefering
　ミュンテフェリング**
Munter　ムンター*
Münter　ミュンター*
Munthe　ムンテ*
Munther
　ムンザー
　ムンセル
Muntinghe
　ムンティング
Muntner　マントナー
Munton
　マントン
　ムントン
Müntz　ミュンツ
Munuz　ムヌス
Muñuz　ムニョス
Munyakayanza
　ムニャカヤンザ
Munyanganizi
　ムニャンガニジ
Munyao　ムニャオ
Mun Yee　ムンイー
Munyenyembe
　ムニェニェエンベ
　ムニェニェンベ
Munyer　マニアー
Munyes　ムニェス
Mun-yol　ムニョル

Munyo Solomon
　ムニョソロモン
Munz
　マンズ
　ムンズ
Münz　ミュンツ
Munzar　ムンザール
Munze　ミュンツェ
Münzenberg
　ミュンツェンベルク*
　ミュンツェンベルグ
Münzer
　ミュンツァー
　ミュンツェル
Munzert　ムンツァート
Munzinger
　ムンチンガー*
Münzinger
　ミュンチンゲル
Münzner　ミュンツナー
Munzuk
　マンズーク
　ムンズーク
Muoi　ムオイ**
Muolo　ミュオロ
Mupfumira　ムブミラ
Mupira　ムピラ
Muqaffa　ムカッファイ
Muqaffaʻ
　ムカッファ
　ムカッファー
　ムカッファア
Muqam　ムカアム
Muqannaʻ
　ムカンナ
　ムカンナー
Muqbel　ムクベル
Muqbil　ムクビル
Muqeddes
　ムカイダイス
Mu-qiao　ムーチャオ
Muqrin　ムクリン*
Muqtada　ムクタダ*
Muqtadī　ムクタディー
Muqtadir
　ムクタディル
Muqtafi　ムクタフィー
Muqtar　ムクター
Mur
　ムア*
　ムール
Mura
　ムーラ
　ムラ*
Muracciole
　ミュラシオル
Murach　ミュラック
Murad
　ミュラッド
　ミュラド
　ムラッド
　ムラード
　ムラト
　ムラド**
Murād　ムラード

Muradov　ムラドフ**
Murádovich
　ムラードヴィチ
Muradyan
　ムラジャン
　ムラディヤン
Murai　ミュライ
Murail　ミュライユ*
Muraire　ミュレール
Murakami　ムラカミ
Murakhovskii
　ムラホフスキー
Muralee　ムラリー*
Muralidhar
　ムラリダー
　ムラリダール
Muralidhara
　ムラリダラ
Muraliyev　ムラリエフ
Muralt
　ミュラー
　ムラルト
Muram　ミュラム
Murano　ムラーノ
Murāri　ムラーリ
Muraro　ムラロ
Murase　ムラセーズ
Murashev　ムラシェフ
Murasoli　ムラソリ
Murat
　ミュラ**
　ミュラー
　ムラット
　ムラッド
　ムラト**
Murataj　ムラタジ
Muratbek　ムラトベク
Murathan　ムラトハン*
Murati　ムラティ
Muratore
　ミュラトール
　ムラトール
　ムラトーレ*
Muratori
　ムラトーリ
　ムラトリ*
Muratov　ムラトフ
Muratova
　ムラートヴァ
　ムラートバ
　ムラートワ*
　ムラトワ
Muratovich
　ムラトビッチ*
Muratović
　ムラトヴィッチ
Muratyan
　ミュラティアン
Murauskas
　ムラウスカス
Muravchick
　ムラヴチック
Muravchik
　ムラヴチック
　ムラブチック
Muravʼeva
　ムラヴィヨヴァ
　ムラビヨワ

Muraviëv ムラヴィヨーフ
ムラヴィヨーフ
Muraviyov
ムラヴィエフ
ムラヴィヨーフ
ムラビヨフ
Muravyov
ムラヴィヨーフ
Murav'yov
ムラヴィヨフ
Muravyova
ムラヴィオーヴァ
ムラヴィヨフ
Murawska ムロースカ
Murawski
ムラウスキー
ムロウスキー
Muray
マレー
ムライ
Muraz ムラズ
Murazzo ムラソ
Murbanidze
ムルヴァニゼ
Murça マルサ
Murcell マーセル
Murcer マーサー*
Murch マーチ*
Murchie マーチー
Murchison
マーチスン
マーチソン
Murcia ムルシア
Murcutt マーカット*
Murdac マーダク
Murdani ムルダニ*
Murden マーデン
Murder マーダー
Murdin マーディン
Murdoch
マアドック
マードク
マードック***
マドック
Murdock
マードック**
Murdok マードック
Mure ミューア
Mureau ミュロー
Mureiko
ムレイコ
モレイコ
Murekezi ムレケジ
Muren ミューレン*
Müren ミュレン
Murena ムレーナ
Murenzi ムレンジ
Murer
ミュレール
ムーラー*
ムレル*
Murerwa ムレルワ
Muret ミュレ
Mureta ムレタ

Muretus
ミュレ
ムレトゥス
Murfin マーフィン
Murfitt マーフィット
Murfree マーフリー*
Murgallis マーガリス
Murganič
ムルガニッチ
Murger
ミュルジェ
ミュルジェール
ミュルゼ
Murgia ムルジャ
Murgu ムルグ
Murgueytio
ムルゲイティオ
Murguía ムルギーア
Muria ムリア
Murialdo ムリアルド
Muric ムリッチ
Murie
ミューリー
ムーリー
Murphet
マーフィット
マーフェット*
Muriel
マリエル
ミュアリアル
ミュアリエル
ミューリアル
ミュリアル
ミューリエル
ミリュエル
ミュリエル***
ミュリエル
ムリエル**
Murigande ムリガンデ
Murillo
ムリエル
ムリージョ
ムリジョ
ムリーリョ
ムリリョ
ムリリョ
ムリロ
Murilo ムーリオ*
Murimurivalu
ムリムリヴァル
Murinda ムリンダ
Murino ムリーノ
Muris
ミュール
ムーリス
ムリス
Muriset ミュリセ*
Murk ムルク
Murkett マーケット
Murkin マーキン
Murkoff マーコフ
Murkowski
マカウスキ*
マーコウスキー
Murli ムルリ
Murlidhar
マリドハル
ムルリンダル*
Murmann マーマン
Murmellius
ムルメリウス

Murmu ムルムー
Murn ムルン
Murnan ムーナン
Murnane
マーナン
マーネイン
Murnau
ムールナウ
ムルナウ
Murner ムルナー
Murney マーニー
Mūrniece
ムルニエツェ
Muro ムーロ*
Murodali ムロダリ
Murodjon ムロジョン
Murolo ムローロ
Murōn ミュロン
Muronidēs
ミュロニデス
Murov ムロフ
Murowchick
マロウチック
Murphet
マーフィット
マーフェット*
Murphy
マーフィ***
マーフィー***
ムルフィ
モルフィ*
Murr
ムール
ムル
Murra ムラ
Murrain ミューラン
Murray
マアレー
マアレイ
マウレー
マーリ*
マーリー**
マリ**
マリー***
マリィ
マーレー*
マレ
マレー***
マーレイ
マーレイ***
マレイ
マレイ***
マレエ
ミューレー
ミュレイ
ムーレー
ムレー
ムーレイ
ムレイ
モーリー
モーリイ
モルレー*
モルレイ
モーレー
Murray-Smith
マレースミス*
Murre ミュール
Murrell
マレル***

ミューレル
ミュレル
Murrey マレー
Murri ムリ
Murrieta ムリエタ
Murrill マリル
Murrills ミュリス
Murrin ミュリン*
Murris ムリス
Murro ムロ
Murrow マロー
Murru ムッル
Murry
マーリ
マーリー
マリ*
マリー*
マリィ
マーレイ
マレイ
Mursale ムルサレ
Mursaliyev
ムルサリエフ
Murschetz ムルシェツ
Murschhauser
ムルシュハウザー
Mursell
マアセル
マーセル
Murselov ムルセロフ
Murshed ムルシェド
Murshid ムルシド
Murshili ムルシリ
Mursī ムルスィー
Muršili ムルシリ
Muršiliš
ムルシリ
ムルシリシュ
ムルシリス
Murswiek
ムルスヴィーク
Mursyidan ムルシダン
Murtada ムルタダ
Murtaḍā ムルタダー
Murtagh
マータ
マータッグ
ムルタ*
ムルター
Murtala ムルタラ
Murtaugh
マートウ
ムルタフ
Murtaza ムルタザ
Murtazaliev
ムルタザリエフ
Murtazaliyev
ムルタザリエフ
Murtha マーサ*
Murthi ムルティ
Murthy
ムールティ*
ムールティー*
ムルティ
ムルティー
Murti ムルティ

Murtiyah ムルティア*
Murto マート
Murton マートン*
Murtopo ムルトポ*
Murty
マーティ
マーティー
Murua ムルア
Murúa ムルア
Muruga ムルガ*
Murugi ムルギ
Muruli ムルリ
Murunga ムルンガ
Murungaru
ムルンガル
Murungi ムルンギ
Muruni ムルニ
Murville
ミュルヴィル*
ミュルビル
Murvitz ムルヴィッツ
Murvyn マーヴィン
Murwira ムルウィラ
Muryn ミュリン
Mus
ミュス
ムス
Musa
ムーサ
ムーサー
ムーザ
ムサ***
ムサー
Mūsa
ムーサ
ムーサー
Mūsā ムーサー*
Musab ムサブ
Musacchio ムサッキオ
Musad ムサド
Musaed ムサイド
Musa'ed ムサエド
Musaeus
ムサエウス
ムーゼウス
ムゼーウス
Musaev ムサエフ
Musafiri ムサフィリ
Musagala ムサガラ
Musaid ムサイド
Musaios ムサイオス
Musalia ムサリア
Musalinov ムサリノフ
Musallam
ムッサラーム
Musante ムサンテ*
Musaph
ムーサフ
ムサフ
Musar ムサル
Musatov
ムサートフ
ムサトーフ
ムサトフ
Musatti ムザッティ

Musaus ムゼーウス
Musäus
　ムーゼウス
　ムゼーウス*
　ムゼウス
Musavi
　ムサウイ
　ムサビ
Mūsavī ムーサヴィー
Muṣavvir
　ムサッヴィル
Musawi ムサウィ
Musaylima ムサイリマ
Muscă ムスカ
Muscala マスカラ
Muscat
　マスカット
　ムスカット
Muschamp ムシャンプ
Muschenheim
　ムッシェンハイム
Muschg ムシュク**
Musciano
　マシアーノ
　ムッシアーノ
Muscio ムッシオ
Muscolino
　マスコリーノ
Musculus
　ムスクールス
　ムスクルス
Muse
　ミューズ*
　ムーズ
　ムセ
Musebeni ムセベニ
Musebo ムセボ
Museh ムセ
Musekura ムセクラ
Müseler ミューゼラー
Muselier ミュズリエ
Muselli
　ミュズリ
　ミュゼリ
Musema ムセマ
Museminari
　ムセミナリ
Musen ミューゼン
Muser
　ミューサー*
　ミューザー
Muset ミュゼ
Muşetescu
　ムシェテスク
Museveni ムセベニ*
Musgrave
　マスグレイヴ*
　マスグレイヴ
　マスグレイブ*
　マスグレーヴ
　マスグレーブ
　ムスグレーブ
Musgraves
　マスグレイヴス
　マスグレイブス
Musgrove
　マスグロウブ
　マスグローブ*

ムスグローヴ
モスグローヴ
Mushafi ムスハフィー
Mushantat
　ムシャンタト
Mushāqa ムシャーカ
Musharraf
　ムシャッラフ
　ムシャラフ**
Mushaweh
　ムシャウイフ
Musheja ムシェジャ
Mushel
　ムシェーグ
　ムシェル
Mushet マシェット
Mushezib ムシェジブ
Mushidi ムシディ
Mushikiwabo
　ムシキワボ
Mushimba ムシンバ
Mushketov
　ムシケートフ
Mushobueka
　ムショブエカ
Mushowe ムショウェ
Mushtaq
　ムシュタク
　ムスターク
　ムスタク
Mushyk ムシュク
Musial ミュージアル**
Musialowicz
　ムシャウォヴィチ
Musiałowski
　ムシャウォヴィチ
Music ミュージック
Musicant
　ミュージカント
Musick ミュージック
Musidora
　ミュジドラ
　ムスイドーラ
Musierowicz
　ムシェロヴィチ**
Musig ミュージグ
Musikari ムシカリ
Musil
　ムーシル
　ムージル**
　ムシル
　ムジール
　ムジル
Musin ムシン
Musinger
　マンシンガー
Musioł ムジョル
Musk マスク
Muskat マスカット*
Muskau ムスカウ
Muskens ムスケンス
Musker マスカー*
Muskhelishvili
　ムスヘリシヴィーリ
　ムスヘリシビーリ
Muskie マスキー*

Muskin
　マスキン
　ムスキン
Muslahi ムスラヒ
Musleh ムスレー
Musleng ムスレング
Muslera ムスレラ
Muslim ムスリム
Muslimov ムスリモフ
Muso ムソ
Musoka ムソカ
Musokotwane
　ムソコトワネ
Musolf ミュソッフ*
Musolino ムソリーノ
Musonda ムソンダ
Musone ムソーネ
Musonge ムソンゲ
Musoni ムソニ
Musonianus
　ムソニアヌス
Musonius
　ムソーニウス
　ムソニウス
Musorgskii
　ムーソルグスキー
　ムソルクスキー
　ムソルグスキー*
　ムーソルグスキィ
　ムソングスキー
　ムッソルグスキー
Musoyeva ムソエワ
Musper ムスパー
Muspratt
　マスプラット*
Musrarik
　ムスラスリク
Musrati ムスラティ
Musrépov ムスレポフ
Muss
　マス*
　ムス
Mussa
　ムサ
　ムッサ
Mussato ムッサート
Mussavi ムサビ
Mussbach ムスバッハ
Musschenbroek
　ミュシェンブルーク
　ムセンブルーク
　ミュッシェンブローク
　ムッシェンブルーク
　ムッセンブルク
Musse ムス
Musselwhite
　マッスルホワイト
Mussen マッセン
Musser
　マッサー*
　ムッサー
Musset
　ミエッセ
　ミッセ
　ミュウセイ
　ミュセ

ミュッセ*
ミュッセェ
Mussett ミュッセ
Mussey
　マッセイ
　ミュッセ
Mussi ムッシ
Mussig ミュッシヒ
Mussik ムシク*
Mussina
　ムシーナ*
　ムッシーナ
Mussini ムッシーニ
Mussino ムッシーノ
Mussner ムスナー
Mußner ムスナー
Müssner ミュスナー
Musso
　ミュッソ*
　ムッソ*
Mussolini
　ムソリーニ
　ムッソリーニ**
　ムッソリーニー
　ムッソリニ
Musson ミュッソン
Mussoni ムッソーニ
Mussorgsky
　ムソルグスキー
Mussot ミュソ
Mussulli ムッスリ
Must ムスト
Mustaḏī’ ムスタディー
Musta-fa ムスタファ
Mustafa
　ムスターファ
　ムスタファ***
　ムスタファー
Muṣṭafa
　ムスタファ*
　ムスタファー
Muṣṭafā ムスタファー
Mustafaj ムスタファイ
Mustafayev
　ムスタファエフ
Mustafi ムスタフィ
Mustafievich
　ムスタフォヴィチ
Mustafin ムスタフィン
Mustafina
　ムスタフィナ**
Mustafizur
　ムスタフィズー
Mustafov ムスタフォフ
Mustahil ムスタヒル
Musta‘īn
　ムスターイーン
　ムスタイーン
Mustaine ムステイン*
Mustakfi
　ムスタクフィー
Musta‘lī ムスターリー
Mustamsik
　ムスタムスイク
Mustanjid
　ムスタンジド

ムスタンジド
Mustanṣir
　ムスタンシル
　ムスタンスィール
　ムスタンスィル
Mustapa ムスタパ
Mustapää ムスタパー
Mustaparta
　ムスタパルタ
Mustapha
　ムスタフ
　ムスタファ**
Mustaphá ムスタファ
Mustapha ムスタファ
Mustappha ムスタパ
Mustaque ムスタク
Mustard マスタード*
Mustarshid
　ムスタルシド
Musta‘ṣim
　ムスタアスイム
　ムスタースィム
Musta‘ṣimī
　ムスタアスイミー
Mustaufi
　ムスタウフィー
Mustaẓhir
　ムスタズヒル
Muste
　マスティ
　マスティー
　マスト
Muster
　マスター
　ムスター*
Musters マスターズ
Musthafa ムスタファ
Mustienes
　ムスティエネス
Mustin マスティン
Musto
　マスト
　ムスト*
Mustoe マストー
Muston マストン
Mustonen ムストネン*
Musu ムス
Musulin ムスリン
Musumeci
　ムズメキ*
　ムスメーチ
Musungayi Bampale
　ムスンガイバンパレ
Mūsūros ムスロス
Musurus ムスルス
Muswati
　ムスワチ
　ムスワティ
Musyoka ムショカ
Musyoki ムショキ
Muszenbrook
　ムーセンブロック
Mut ムット
Mutaafi ムータフィ
Mutaboba ムタボバ
Mu‘tadd ムータッド

Mu'taḍid
ムータディド
ムタード
Mutafchiev
ムタフチエフ
Mutagamba
ムタガンバ
Mutahami ムタハミ
Mutahar ムタハル
Mutahhar ムタハハル
Mutahi ムタヒ
Mutahir ムタヒル
Mutai ムタイ**
Mutaib ムタイブ
Mutakkil ムタッキル
Mutalammis
ムタランミス
Mutalamu ムタラム
Mutale ムタレ
Mu'talī ムータリー
Mutalibov
ムタリボフ*
Mutalik ムタリク
Mutalimov ムタリモフ
Mutambara
ムタンバラ
Mu'tamid
ムウタミド
ムウタミド
ムタード
ムータミド
Mutammim
ムタムミム
ムタンミム
Mutanabbī
ムタナッビー
Mutangiji ムタンギジ
Muṭarriz ムタッリズ
Muṭarrizī
ムタッリズィー
Mutasa ムタサ
Mu'tasim
ムウタスィム
ムータシム
ムータスィム
Mu'taṣim
ムータスィム
Mutassim ムタッシム
Mutati ムタティ
Mutawa ムタワ
Mutawakel ムタワケル
Mutawakil ムタワキル
Mutawakkil
ムタワッキル
Mutawallī
ムタワッリー
Mutaz
ムタアズ
ムタズ
Mutaz Essa
ムタズエサ
Mu'tazz
ムウタッズ
ムタズ
ムータッズ

Mutch マッチ

Mutchie マッチー
Müteferrika
ミュテフェッリカ
Muteia ムテイア
Muteka ムテカ
Mutel ミュテル
Muteragiranwa
ムテラギランワ
Müterthies
ミュターティース*
Mutesa ムテサ
Mutezo ムテゾ
Muth
ミュース**
ムート*
Mutha ムータ
Muthambi ムタンビ
Muthanna ムサンナ
Mutharika ムタリカ**
Müthel ミューテル
Muthemba ムテンバ
Muther
ミューサー
ムウテル
ムサー
ムーター
Muthesius
マテシアス
マテシウス
ミューサーシウス
ムーテージウス
ムテジウス
Muthiah
ムシア
ムタイア
Muthoni ムトニ
Muths ムーツ
Muthu ムース
Muthumuni
ムトゥムニ
Muthuswamy
ムシャーミー
Muti ムーティ**
Mutī ムーティ
Mu'tī ムッティー
Muṭī ムーティー
Muṭīʻ
ムティーイ
ムティーウ
Mutia ムティア
Mutianus
ムティアーヌス
ムティアヌス
Mutien ミュティアン
Mutilan ムティラン
Mutimir ムティミール
Mutinde ムティンデ
Mutinga ムティンガ
Mutinhiri ムティニリ
Mutiri ムンティリ
Mutis
ムーティス
ムティス*
Mutiti ムティティ
Mutko ムトコ

Mutlaq ムトラク
Mutlu ムトル*
Mutnick
ミュートニック
Mutola ムトラ**
Mutombo ムトンボ*
Mutorwa ムトルワ
Muṭrān ムトラーン
Mutrie
マトリー
ムツリ
Mutrux マトラックス
Mutsch ムッチュ
Mutschelle ムーチェレ
Mutschler ムチュラー
Mutsekwa ムツェクワ
Mutsuki ムツキ
Mutsvangwa
ムツァングワ
Mutswairo
ムチュワイロ
Mutt マット
Muttā ムッター
Muttahar ムタハル
Muttalib ムッタリブ
Muttaqī ムッタキー
Muttawa ムタワ
Muttelsee
ムッテルゼー
Mutter
ムター*
ムッター
Mutti ムッティ
Muttoni ムットーニ
Muttu ムットゥ
Mutu ムトゥ**
Mutua ムトゥア
Mutuib
ムトイブ
ムトウイブ
Mutula ムトゥラ
Mutwol ムトウォル
Mutzel ムツェル
Muudey ムーデイ
Muuökin モーオヒン
Muuss ムース
Muwaffaq
ムワッファク
Muwattalli ムワタリ
Muwattalliš
ムワタッリ
ムワタリ
ムワッタリ
ムワッタリシュ
Muwaylihī
ムワイリヒー
Muwete ムウェテ
Muya ムヤ
Muyaka ムヤカ
Muyan ムヤン
Muybridge
マイブリッジ
ムイブリッジ
Muyden マイデン

Mu-Ye ムーイェ
Muyej ムエジ
Muyej Mangez
ムイエジマンゲズ
Muyembe ムエンベ
Mu-yong ムヨン
Muysaemura
ムサエムラ
Muyzenberg
ムイゼンベルグ
Muzadi ムザディ*
Muzaffar
ムザッファル
ムザッファ
ムザッファー
Muẓaf-far
ムザッファル
Muẓaffar ムザッファル
Muẓaffar al
ムザッファルツ
Muẓaffar al-Dīn
ムザッファロディーン
Muzahim ムザヒム
Muzammel ムザンメル
Muzangisa ムザンギザ
Muzanī ムザニー
Muzembi ムゼンビ
Muzenda ムゼンダ
Muzhir al-Dīn
ムズヒルッディーン
Muzhiru'd-Dīn
ムズヒルッ・ディーン
Muzi ムツィ
Muziano ムツィアーノ
Muzik
ミュージク
ミュジック
Muzio
ムジオ
ムチオ
ムーツィオ
ムツィオ
ムッツィオ
Muzito ムジト
Muzj ムジ
Muzorewa ムゾレワ**
Muzraf ムズラフ
Muzungu ムズング
Muzurovic
ムズロヴィッチ
Muzychenko
ムジチェンコ
Muzyka ミュジカ
Muzzarelli
ムツァレリ
ムッツァレッリ
Muzzi ムッツィ
Muzzy マジイ
Mvemba ムヴェンバ
Mvogo ムヴォゴ
Mvouba ムブバ
Mvouo ムブオ
Mvovo ンヴォヴォ
Mvula マブーラ*

Mvunabandi
ムブナバンディ
Mvuyelwa
ムヴィェルワ
Mwaanga
ムワアンガ
ムワーンガ
Mwai ムワイ*
Mwakasa ムワカサ
Mwakwere
ムワクウェレ
Mwakyembe
ムワキェンベ
Mwakyusa ムワキュサ
Mwakywmbe
ムワキェンベ
Mwale ムワレ
Mwalimu ムワリム*
Mwamba ムワンバ
Mwambazi ムワンバジ
Mwana ムワナ
Mwanakatwe
ムワナカトゥエ
Mwanamveka
ムワナムベカ
Mwanawasa
ムワナワサ**
Mwanba ムワンバ
Mwando ムワンド
Mwandoro ムワンドロ
Mwandosha
ムワンドシャ
Mwandosya
ムワンドシャ
Mwanga ムワンガ
Mwangdoem
ムアンドゥーム
Mwange ムワンゲ
Mwangi
ムアンギ
ムワンギ**
Mwangu ムワング
Mwangu Famba
ムワングファンバ
Mwangunga
ムワングンガ
Mwanke ムワンケ
Mwansa ムワンサ
Mwanza ムワンザ
Mwapachu ムワパチュ
Mwape ムワペ
Mwau ムワウ
Mwawa ムワワ
Mwazo ムワゾ
Mwemwenikarawa
メメニカラワ
Mwenda ムウェンダ
Mwenye
ウェニイー
ムウェニエ*
Mwenze ムウェンゼ
Mwesige ムウェシジェ
Mwesigye
ムウェシジェ
Mwewu ムエウ

Mweze ムエゼ
Mwijjage ムウィジャゲ
Mwila ムウィラ
Mwingulu ムウィグル
Mwinyi ムウィニ**
Mwiraria ムウィラリア
Mwoono ムウォノ
My
　マイ
　ミ*
　ミー*
Mya
　マイア
　ミャ***
Myagkov
　ミヤコフ
　ミャフコフ
Myagmarsambuu
　ミヤグマルサムボー
Myakhkov
　ミャグコヴ
　ミャーフコフ
Myakotin
　ミヤコーティン
Myalytsya ミャリツァ
Mya Mya ミャミャ
Mya Mya Win
　ミャミャウィン
Myaskovskii
　ミャスコーフスキー
　ミャスコフスキー
　ミヤスコフスキー
　ミャスコーフスキィ
Myasnikova
　ミアスニコヴァ
Myasnikovich
　ミャスニコビッチ
Myasoedov
　ミャソエードフ
　ミヤソエードフ
Myat ミャ
Mya Than Tint
　ミャタンティン
Myatt マイヤット
Myawaddy ミャワディ
Myboto ミボト
Myburgh
　マイバーグ
　マイバラー
Mycek マイセック
Mychael マイケル
Mychal マイカル
Mycielska
　ミチェルスカ
Mycio マイシオ
Mycle マイケル*
MyCole マイコール
Myconius ミコニウス
Mycroft マイクロフト
Mydans
　マイダンス**
　マイダンズ
Myddleton ミドルトン
Myden ミーデン
Mydorge ミドルジュ

Myenne ミエン
Myeon-gin ミョンイン
Myeong-joon
　ミョンジュン
Myeong-kwan
　ミョングァン*
Myeong-kyu
　ミョンギュ
Myeong-se ミョンセ
Myeong-sook
　ミョンスク*
Myer
　マイヤー*
　マイヤーズ
Myerboff マヤホフ
Myerburg
　マイヤーバーグ
Myers
　マイアース
　マイアーズ
　マイアズ
　マイヤ
　マイヤー**
　マイヤース**
　マイヤーズ***
　メイヤーズ
Myerscough
　マイヤーズコフ
　マイヤスコウ
Myerson
　マイアソン*
　マイヤースン
　マイヤーソン*
　マイヤソン
Myhers マイハース
Myhill マイヒル
Myhre マイヤー
Myhrer ミレル*
Myhrvold
　マイアーボールド
　ミアボルド
　ミルボルド
Myint
　ミン*
　ミント**
Myint Maung
　ミンマウン
Myisha
　マイシャ
　ミーシャ
Myke マイク
Mykel マイケル*
Mykelti ミケルティ
Mykerinos ミケリノス
Mykhailo ミハイロ
Mykhal'chenko
　ミハルチェンコ
Mykhaylo ミハイロ
Mykkanen ミッカネン
Mykkänen
　ミュッカネン
Mykkele ミケル
Mykland ミクラン
Mykle
　ミクレ
　ミュクレ

Myklebust
　マイクルバスト
　ミュクレブスト*
Myklestad
　マイクルスタッド
Mykola
　ミコラ**
　ムィコラ
Mykolaitis
　ミコライティス
Mykolas ミコラス
Mykonius
　ミコーニウス
　ミコニウス
　ミュコーニウス
　ミュコニウス
Myla マイラ*
Myland マイランド
Mylander
　マイランダー
Mylène ミレーヌ**
Myles
　マイルス*
　マイルズ**
Mylett マイレット
Mylius
　ミューリウス
　ミュリウス
Myller ミラー
Myllylä ミュルレ
Myllylae ミュルレ*
Myllyniemi
　ミリニエミ
Mylne メルン
Mylo ミロ
Mylong マイロング
Mylroie
　ミルロイ*
　ミロイエ
Mynard マイナード
Mynatt マイナット
Mynbay ムインバイ
Mynbayev
　ムインバエフ
Mynhardt
　マインハート
Mynheer ミニーア
Mynona ミュノーナ
Mynors マイナーズ
Mynster
　ミュンスター
　ミンスター
Mynt ミン
Myo ミョー
Myong-chol
　ミョンチョル*
Myong-gin ミョンイン
Myong-gon ミョンゴン
Myong-gun ミョングン
Myong-hak ミョンハク
Myong-hui ミョンヒ
Myong Hyok
　ミョンヒョク
Myong-ja ミョンジャ

Myong-kwan
　ミョングァン*
　ミョンクワン
Myongnam ミョンナム
Myong-rok
　ミョンロク**
Myong-sook
　ミョンスク
Myong-su ミョンス*
Myong-suk
　ミョンスク
　ミョンソク*
Myong Sun
　ミョンスン
Myong-yong
　ミョンヨン
Myoung-gyon
　ミョンギュン*
Myoung-kyu
　ミョンギュ
Myqerem ミチェレム
Myra
　マイラ***
　ミラ
Myradov ムイラドフ
Myral ミラル
Myran マイラン
Myrat ムイラト
Myratgeldi
　ムイラトゲルディ
Myrberg
　ミルベルヒ
　メイルベルグ
Myrc マーク
Myrdal
　ミューダール
　ミュールダール
　ミュルダール***
　ミュルダル
　ミールダール
　ミルダール
　ミルダル
Myrddin ミルディン
Myrer マイラー*
Myres マイアーズ
Myreson マイヤーソン
Myrgren ミルグレン
Myriam ミリアム***
Myribhēlēs
　ミリヴィリス
Myrick マイリック*
Myricks マイリックス
Myriem
　ミリアム
　ミリエーム
Myril マイリル
Myriveles
　ミリヴィーリス
　ミリヴィリス
Myrivilis
　ミリヴィリス
　ミリビリス
Myrlie マーリー
Myrmo ミルモ
Myrna
　マイルナ

　マーナ**
　マーナー
　ミルタ
　ミルナ
　メーナー*
Myron
　マイロン***
　ミュローン
　ミュロン
　ミーロン
　ミロン*
　メーロン
Myroslav ミロスラフ
Myrrha ミュラ
Myrsatayev
　ミルサタエフ
Myrsini ミルシニ
Myrtho Célestin
　ミルトセレスタン
Myrtil ミルティル
Myrtilla マーティラ
Myrtiotissa
　ミルティオティッサ
Myrtle
　マートル*
　マールトル
Myrtsymov
　ムルツイモフ
Myrvik マービック
Myrzakhmetov
　ムイルザフメトフ
Mysak ミサク
Mysels ミセルズ
Myshkin ムイシキン
Myshkova
　ムシュコーヴァ
Mysin ムーシン
Mysjkin ミシキン
Myskina ミスキナ*
Mysłakowski
　ミスワコフスキ
Myslenta ミスレンタ
Myslivchenko
　ムィスリフチェンコ
Mysliveček
　ミスリヴェチェク
Mysliwiec
　ミシリヴィエッチ
　ミシリビエッチ*
Mysner ミスネル
Mysós ミソス
Myss
　ミス*
　メイス
Myst ミスト
Mystakidou
　ミスタキドウ
Mystery ミステリー
Mystic ミスティック
Mystica ミスティカ
Mystikal
　ミスティカル*
Mystikós
　ミュスティコス
Mysz ミス

Myszka ミシュカ	Naaiphii ナーイピー	Nabila ナビーラ / ナビラ	Nachika ナチカ
Myszuga ミシュガ	Naam ナム**		Nachimson ナヒムソン / ナビムソン
Mytaras ミタラス	Na'amah ナアマ	Nabile ナビール	
Mytens メイテンス	Na'aman ナアマン	Nabindra ナビンドラ	Nachinshonhor ナチンションホル
Mytting ミッティング	Naana ナナ	Nabinne ナビンナ	
Mytton マイトン / ミットン	Naaraai ナーラーイ	Nabis ナビス	Nachman ナタン / ナックマン* / ナッハマン / ナハマン / ナフマン* / ナーマン
	Naas ナース	Nabit ナビト	
	Nab ナブ	Na Bitchita ナビチータ	
Myung ミョン	Naba ナバ		
Myung-bak ミョンバク*	Nababkin ナバブキン	Nabiullina ナビウリナ*	
Myung-bo ミョンボ*	Nabagné ナバニエ		Nachmann ナッハマン / ナハマン
Myung-gon ミョンゴン*	Nabagou ナバグ	Nabl ナーブル	
Myung Hak ミョンハク	Nabajyoti ナバ / ナバジョッティ	Nabo ナボ	
		Nabokov ナボカフ / ナボーコフ / ナボコフ***	Nachmanovitch ナハマノヴィッチ
Myung-hwa ミョンファ*	Nabal ナバル		
Myung-hwan ミョンファン*	Nabarawy ナバラウィ		Nacho ナチョ**
	Nabare ナバレ	Nabonassar ナボナッサール / ナボナッサル	Nachod ナホッド / ナホート
	Nabarrete ナバレッテ		
Myung-ja ミョンジャ	Nabarro ナバーロ / ナバロ	Nabonidos ナボニドゥス / ナボニドス	Nacht ナクト
Myung-jae ミョンジェ			Nachtegall ナハティガル / ナハテガル
Myung-Jin ミョンジン	Nabati ナバティ	Nabonne ナボンヌ	
Myung-ki ミョンギ	Nabatnikova ナバートニコワ	Nabopolassar ナボポラサル / ナボポラッサル	
Myung-kil ミョンギル			Nachtergaele ナハテルゲーレ
Myung-kwang ミョンガン	Nabawīya ナバウィーヤ		
		Nabors ネイバース / ネイボース	Nachtgall ナハトガル
Myung-min ミョンミン*	Nabb ナブ**		Nachtigal ナハチガル / ナハティガル
Myung-nyun ミョンニョン	Nabeel ナビール	Naboth ナボス	
	Nabel ナーベル	Nabour ナブール	Nachtigall ナハティガル
Myungpyo ミョンピョ	Naber ネイバー / ネーバー	Nabouthai ナボテ / ナボト	
Myung Seob ミョンソブ			Nachtwey ナクトウェー / ナクトウェイ*
	Naberfeld ナーベルフェルト	Nabs ナブス	
Myung-sik ミョンシク	Nabers ネーバース	Nabu ナブ	
Myung-soo ミョンス	Nabert ナベール	Nabû ネブ	Nachum ナッハム
Myung-soon ミョンスン	Nābhādās ナーバーダース	Nabū ナブー	Naci ナージー / ナジ
Myung-sup ミョンソブ		Nabuco ナブーコ / ナブコ	
Myung-wha ミョンファ / ミョンホア	Nābhādāsa ナーバーダース		Nacici ナツィッチ
	Nabhan ナバーン / ナブハン	Nabulsi ナブルシ	Nacif ナシフ
Myung Whun ミュンフン		Nābulusī ナーブルスィー	Nacio ナスィオ / ネイシオ / ネーシオ
Myung Whun ミョンフン	Nabhānī ナブハーニー	Nabuti ナブシ	
Myung-whun ミュンフム / ミュンフン / ミョンフム / ミョンフン*	Nabholz ナブホルツ	Naby ナビ	Naciri ナシリ
	Nabi ナービー / ナビ**	Naccherino ナッケリーノ	Nack ナック
		Nacer ナセル	Näcke ネッケ
Myung-yoon ミョンユン	Nabī ナビー	Nacera ナセラ*	Nack-kyun ナクキュン
Myyrä ミューラ	Nabiev ナビエフ*	Naceri ナセリ*	Nackord ナッコード
Mzali ムザリ**	Nābigha ナービガ	Naceur ナスール	Nack-seong ナクスン
Mzilikazi ムジリカジ	Nābighah ナービガ	Nachamani ナハマニ	Naço ナチョ
	Nabigon ナビゴン	Na Champassak ナチャンパサック	Nácovský ナコフスキー
	Nabih ナビ / ナビハ* / ナビーフ		Nacpil ナクピル
【N】		Nachbaur ナッハバウル	Nacuva ナズバ
	Nabīh ナビー / ナビーフ	Nachbin ナックビン	Nacvlišvili ナツヴリシュヴィリ
Na ナ*** / ナー*	Nabil ナビール / ナビル**	Nachenberg ナッケンバーグ	Nada ナダ
Naah ナア		Nachev ナシェフ	Nadab ナダブ
Naai ナーイ		Nachéz ナーシェ	Nadai ナダイ
		Na-ch'ieh-hsien ナガセン	Nadakavukaren ナダカブカレン*

Nadal ナダル***	
Nadar ナダール* / ナダル	
Nadareishvili ナダレイシビリ	
Nádas ナーダシュ*	
Nádás ナーダーシュ / ナーダシュ	
Nádasi ナーダシ	
Nadaud ナド / ナドー*	
Nadda ナッダ	
Naddaf ナダーフ	
Naddāra ナッダーラ	
Naddor ナッドー	
Naddour ナドア	
Nadeau ナダル / ナデュー / ナドー**	
Nadeem ナディーム	
Nadeen ナーダン / ナディーン / ネイディーン	
Nädejide ナデジデ	
Nadel ナーデル* / ナデール / ナデル** / ネイデル / ネーデル	
Nadelhoffer ナーデルホッファー	
Nadella ナデラ*	
Nadelman ナーデルマン	
Nadelson ネイデルソン	
Naden ナーデン / ネイデン	
Nader ナデル* / ネイダー* / ネーダー**	
Näder ナーデル	
Naderi ナデリ*	
Naderman ナデルマン	
Näderpür ナーデルプール	
Nadezhda ナジェージタ / ナジェージダ** / ナジェジダ / ナディエジュダ / ナデュージダ / ナデージダ / ナデジダ / ナデジダ* / ナデジダ**	
Nadezhdin ナジェージジン / ナデージジン / ナデージディン / ナデージュジン	

Nadezhida
ナジェージダ*
ナデジダ
Nadhir ナジル
Nadhoim ナドイム
Nadi
ナジ
ナーディ
ナディ
Nadī ナディー
Nadia
ナージャ
ナージャ*
ナーディア
ナディア***
Nadiandós
ナジアンゾス
Nadiem
ナディエム
ナディム
Nadiezda ナディエズダ
Nadig ナディヒ
Nadim
ナディーム
ナディム*
Nadīm ナディーム**
Nadin
ナーディン
ナディン
Nadine
ナダイン
ナディーヌ**
ナディヌ*
ナディーネ
ナディーン*
ナディン***
ネイディーン
ネイディン
ネディン
Nadingar ナディンガル
Nadir
ナジル
ナディラ
ナディル*
Nādir
ナディル
ナーディル*
ナディール
ナディル
ナーデル
Nadira ナディラ
Nādira ナーディラ
Nadiradze ナディラゼ
Nadiri ナディリ
Nadis ネイディス
Nadiuska ナディウスカ
Nadja
ナージャ*
ナジャ**
Nadjo ナジョ
Nadler
ナードラー
ナドラー*
Nadmid ナドミド
Nadmidiin
ナドミジーン
Nadolny ナドルニー**
Nadolo ナドロ*

Nadolovitch
ナドロヴィチ
Nadort ナドルト
Naḍr
ナズル
ナドル
Nadson
ナードソン
ナドソン*
Nadvī
ナドヴィー
ナドビー
Nadworny
ナドワーニー
Nady ネイディ
Nadzeya
ナジェヤ
ナドゼヤ*
Nadzhmuddinov
ナジムディノフ
Naé ネイ
Naeem
ナイーム
ナイム
Naef
ネーフ
ネフ
Naefe ナエフェ
Naegele ネーゲル
Naegeli ネーゲリ
Naegle ネーゲル
Naeher ネーアー
Nae-hiuk ネヒョク
Naek ナイク
Naem
ナーイム
ナイム
Naeratius
ナエラティウス
Naes ナース
Naeser ネーザー
Naeslund ネスルント
Naess
ナエッス
ネス**
Naevius
ナイウィウス
ナエウィウス
ナエヴィウス
Naezon ナエゾン
Naff ナフ
Nafi ナフィ
Nāfi'
ナーフィー
ナーフィイ
ナーフィウ
Nafia ナフィア
Nafile ナフィル
Nafis ナフィス**
Nafis ナフィース
Nafisa ナフィーサ
Nafisah ナフィサ
Nafiseh ナフィセフ
Nafisi
ナフィーシー
ナフィースィー

Nafīsī
ナフィーシー
ナフィースィー
Nafissatou
ナフィサトゥ
Nafiz ナフィズ
Nafo ナフォ
Nafousi ナフーシ
Nafsiah ナフシア
Naftali ナフタリ*
Nafti ナフティ
Nafus ナフス
Nafzawi ネフザウィ
Nag ナーグ
Naga ナガ
Nāgabodhi
ナーガボーディ
Nagamootoo
ナガモートー
Naganand ナガナンド
Nagano ナガノ
Nagao ナガオ
Nagappan ナガパン
Nagar ナガール
Nāgar ナーガール
Nagaraj ナガラジュ
Nagarajan
ナガラジャン
Nagaraju ナガラジュ
Nagarathna
ナガラートナ*
Nagaratnam
ナガラトナム
Nagarjuna
ナーガールジュナ
ナーガールジュン
Nāgārjuna
ナーガールジュナ
ナーガルジュナ
ナーガルジュナ
Nāgasamāla
ナーガサマーラ
Nāgasena
ナーガセーナ
Nagaswami
ナーガスワーミー
Nagata ナガタ*
NagaYahRa
ナガヤーラ
Nagayev ナガエフ
Nagbe ナグベ
Nagda ナグダ
Nag-dbaṅ ガクワン
Ṅag-dbaṅ blo
ガワンロ
Nagejkina ナゲイキナ
Nagel
ナーゲル**
ナゲル
ナジェル
ナヘル
ネイグル
ネイゲル
ネイジェル

Nägeli
ネーゲリ
ネーゲリー
Nagell ナゲル
Nagelsmann
ナーゲルスマン
Nagendra
ナゲンドラ*
ナジェンドラ
Nagengast
ナーゲンガスト
ナゲンガスト
Nageotte ナジオット
Nägerl ネガール
Nagesa ナーゲーシャ
Naggar
ナガー*
ナッガー
Naggi ナギー
Naggiar ナジャール
Naghachu ナガチュ
Naghi ナギ
Naghiu ナギウ
Naghizadeh ナギザデ
Nagi ナギ
Nagib ナジブ
Nagibin
ナギービン**
ナギビン
Nagid
ナギッド
ナギド
ナジ
Nagima ナギマ
Nagishikin
ナギーシキン
ナギシキン
Nagita ナジダ
Nāgita ナーギタ
Nagiyev ナギエフ
Nagji ナジー
Nagl ナーグル*
Naglaa ナグラー
Nagle
ネイグル
ネイゲル
ネーグル
Nagler ナーグラー
Naglieri ナグリエリ
Nagmanov ナグマノフ
Nago ナゴ
Nagornyi ナゴールヌイ
Nagornyy ナゴルニー
Nagorski
ナゴースキー*
ナゴルスキ
Nagórski ナゴルスキー
Nagou ナグ
Nagoum ナグム
Nagpal ナグパル
Nagras ナグラス
Nagrela ネグレラ

Nagrin ナグリン
Nagro ネグロ
Nag tsho ナクツォ
Nagu ナグ
Naguib
ナギーブ
ナギブ
ナジーブ
Naguwa ナグワ
Nagwa ナグワ
Nagwani ナグワニ
Nagy
ナギ*
ナギー**
ナージ
ナジ***
ナジー*
ナジュ*
ネイギー
ノージ
Nagybánya
ナジバーニャ
Nagymarosy
ナジマロシィ
Nagyova
ナギョウァ
ナギョバ
Nagyrapolt
ナギラポルト
ナジラポルト
Nah
ナ
ナー
Naha ナーハ
Nahal ナーハル
Nahaman ナハマン
Nahamani ナーマニ
Nahan ナハン*
Nahar ナハル
Naharin ナハリン
Nahari ナハリ
Naharro
ナアーロ
ナアロ
Nahas
ナアス
ナッハース
ナハース
ナハス*
Nahash ナハシュ
Nahashon ナハション
Nahat ナハト
Nahata ナータ
Nahavandi
ナハヴァンディ*
Nahayan ナハヤン
Nahaylo ナハイロ
Nahayo ナハヨ
Nahed ナヘド
Nahee ナヒ
Naheed ナーヒード*
Nahel ナエル
Nahhas ナッハース
Nahid
ナーヒード
ナヒド*

Nahigian ナヒジアン
Nahin
　ナーイン*
　ナヒン
Nahles ナーレス*
Nahm ナム
Nahmad ナーマド
Nahman
　ナハマン*
　ナフマン
　ナーマン*
Naḥman
　ナハマン
　ナフマン
Nahmani ナーマニ
Nahmanides ナハマニデス
Nahmias
　ナミア
　ナミアス
Nahmiash ナミアシュ*
Nahodha ナホザ
Naholo ナホロ
Nahor
　ナオール
　ナホル
Nahorny ナホーニー
Nahoum ナウム
Nahrawi ナフラウィ
Nahrgang ナールガング
Nahta ナータ
Nahtigal ナハティガル
Nahuel ナウエル
Nahum
　ナウム
　ナハーム
　ナハム
　ナフーム
　ナフム**
　ナホム
　ネイアム
　ネイハム**
Nahyan ナハヤン**
Nai ナイ
Naia ナイア
Naiburg ナイバーグ
Naick ネイック
Naicker ナーイカル
Naidan ナイダン**
Naidenoff ナイデノフ
Naidich
　ナイジチ
　ナイテッヒ
　ネイディッチ
Naidionova ナイディオーノヴァ
Naidoo
　ナイド
　ナイドゥー**
　ナイドゥ
　ネイドー
　ネイドゥ
Naidu
　ナーイドゥ
　ナーイドゥー
　ナイドゥ*

Nahigian ナヒジアン
Nāidu ナイドゥ
Naif ナエフ*
Naifeh
　ネイフ
　ネイフェ
Naigeon ネージョン
Naik ナイク
Nail
　ニール
　ネイル*
Naila ナイラ*
Nailah ナイラ*
Naïlane ナイラネ
Nailatikau ナイラティカウ*
Nailon ネイロン
Naim
　ナイム**
　ネイム*
Na'im
　ナイーム
　ナイム
Naím ナイム
Naima
　ナイーマ
　ナイマ*
Na'imâ
　ナイーマ
　ナイーマー
Na'íma ナイマ
Naiman
　ナイマン
　ネイマン
Naimán ナアマン*
Naïman ナイマン
Naimark
　ナイマーク
　ナイマルク
　ネイマーク
Naïmbaye ナインベ
Naimee ネイミー
Nain ナン
Naina ナイナ
Nainasukha ナインスク
Naing ナイン*
Nainggolan ナインゴラン
Nā'īnī ナーイーニー
Nainoa ナイノア*
Naioma ナイオマ
Naipal ナイポール
Naipaul
　ナイポール***
　ネイポール
Naiqama ナインガマ
Naiqamu ナインガム
Nair
　ナイア**
　ナイアー*
　ナイヤル
　ナーイル
　ナイール*
　ナイル*
　ナーヤル*
　ネア

Nairn ネァン
Nairne
　ナルン
　ネアン
Naisbitt
　ネイスビッツ*
　ネスビッツ
　ネズビッツ
Naish
　ナイシュ*
　ナーシュ
　ナッシュ
　ネイシュ
　ネイッシュ
Naisha ネイシャ
Nai Siong ナイシオン
Naismith
　ネイスミス*
　ネースミス
Naite ナイテ
Naivalu ナイバル
Naj ナージ*
Naja ナヤ
Najafi ナジャフィ
Najah ナジャハ
Najamuddin
　ナジャムッディン
　ナジャムディン
Najara
　ナジャラ
　ナヤラ
Najarro
　ナハーロ*
　ナハロ
Najat ナジャット*
Najavits ナジャヴィッツ
Najdek ナイデク
Najee ナジー
Najeeb ナジブ
Najem
　ナジェム
　ナジャム
Najera ナハラ
Nájera ナヘラ*
Naji
　ナージ
　ナジ**
Nāji ナージー
Najib
　ナギーブ
　ナギブ
　ナジブ**
Najīb ナジーブ
Najib
　ナギーブ
　ナジーブ
Najib
　ナギーブ**
　ナギブ
　ナジーブ
Najibullah
　ナジーブッラー
　ナジブッラー
　ナジブラ*
Najie ナジエ
Najim ナジム

Najimy ナジミー
Najita ナジタ*
Najjar
　ナジャー
　ナジャール
　ナジャル
　ナッジャル
Najla ナジュラー
Najm ナジム*
Najma ナジマ*
Najm al-Dīn ナジュムッディーン
Najman ナイマン*
Najmedin ナジメディン
Najmeh ナジメ
Najmuddinov ナジュムディノフ
Najrul ノズルル
Najūmī ナジューミー
Najwa ナジワ
Naka ナカ
Nakache ナカシュ*
Nakagama ナカガマ
Nakagawa ナカガワ
Nakaitaci ナケタシ
Nakamoto ナカモト
Nakamura ナカムラ*
Nakano ナカノ
Nakao ナカオ
Nakara ナカラ
Nakarat ナカラット
Nakarawa ナカラワ
Nakariakov ナカリャコフ*
Nakasai ナカサイ
Nakasato ナカザト
Nakashidze ナカシッゼ
Nakashima ナカシマ
Nakasone ナカソネ
Nakata ナカタ
Nakayama ナカヤマ
Nak-chung ナクチョン
Nakeeb ナキーブ
Nakeshbandi ナケシュバンディ
Nak-gi ナクギ
NaKhai ナハイ
Nakhapetov
　ナハペドヴ
　ナハペトフ
Nakhimov
　ナヒーモフ
　ナヒモフ
Nakhira ナヒラ
Nakhjavan ナハジャヴァーン
Nakhle ナフル
Nakhtnebtepnefer ナケトネブテプネフェル
Naki ナキ
Nakić ナキッチ

Nakicenovic ナキチェノヴィッチ
Nakielny ナキールニー
Nakielski ナキルスキ
Nakisbendi ナキスベンディ
Nak-joo ナクジュ
Nak-joon ナクジュン
Nakkach ナカッチ
Nakken ナッケン
Nakkerud ナッカルド
Nakkīrar ナッキーラル
Nak-nyeon ナクニョン
Nako ナコ
Nakone ナコーネ
Nakonechnyi ナコネチニー
Nakorn ナコン
Nakornluan ナコンルアン
Nakornluang ナコンルアン*
Nakornthap ナコンタップ
Nakou ナーク
Nakpil ナクピル
Nakpong ナークポン
Nakry ナクリー
Nak-seong ナクソン
Naktsang ナクツァン
Naku ナク
Na-kyon ナギョン
Nak-yon ナギョン
Nak-youn
　ナギョン
　ナヨン
Nal' ナリ
Nālaka ナーラカ
Nalamaku ナラマク
Nalamlieng
　ナラムリアン
　ナランリアン
Nalbandian
　ナルバンジャン
　ナルバンディアン*
Nalbandyan
　ナルバンジャーン
　ナルバンジャン
　ナルバンディアン
Nalbantoğlu ナルバントオウル
Nalbone ナルボーン
Nalchan ナルチャン
Nalder ナルダー
Naldi ナルディ
Naldini ナルディーニ*
Naldo ナウド
Naldrett ノルドレット
Nalebuff ネイルバフ*
Nalecz ナレツ
Naledi ナレディ
Nalepa ナレパ
Nali ナリ
Nalick ナリック

Nalika ナリカ	ドゥ	Namig ナミク*	Namulambe
Nalin ナリン*	ナンブーディリバード	Namik	ナムランベ
Nalini	Namboodiripad	ナミク	Namuncurá
ナリーニ*	ナンブーディリーパッ	ナームク	ナムンクラ
ナリニ*	ド*	ナムク	Namupa ナムパ
Nalis ナリス	ナンブーディリーパー	Nam-il	Namur ナミュール
Nalivaiko	ド	ナミル*	Namuyamba
ナリヴァーイコ	ナンブーディリバード	ナミイル	ナムヤンバ
ナリワイコ	ナンブーディリパド	Nam-In ナミン	Namwamba
Nalivkin ナリフキン	Namboothiri	Namingha ナミンハ	ナムワンバ
Nalke Dorogo	ナンブースリ	Namir	Namwandi
ナルケドロゴ	Nambudripad	ナーミア*	ナムワンディ
Nalkowska	ナンブドリパッド	ナミール*	Namyotkin
ナウコーフスカ	Namburete ナンブレテ	Namirembe	ナミョートキン
ナウコフスカ	Nambutr ナンブット	ナミレンベ	Nan
Nałkowska	Nam-chil ナムチル	Namjil ナムジャル	ナヌ
ナウコフスカ	Nam-chu ナムジュ*	Namjilyn ナムジリン*	ナーン
ナルコウスカ	Nam-chul ナムチョル	Namjim ナムジム*	ナン**
Nall ノール*	Namdag	Nam-jo ナムジョ	Nana ナナ**
Nallamothu	ナムダク*	Nam-joo ナムジュ	Naná ナナ
ナラモチュ	ナムダグ	Namjoo ナムジュー	Nānā ナーナー
Nallino ナリーノ	Namdak	Nam June ナムジュン	Nana Djimou
Nally ナリー	ナムタク	Nam-June ナムジュン	ナジム
Nalo ナロ	ナムダク	Nam Jung ナムジョン	Nanai ナナイ
Nalsund ノールスン	Nam-deuk ナムドク	Namkhai	Nanaia ナナイア
Nalty ノールティ	Nāmdev	ナムカイ*	Nānak ナーナク
Naluak ナルアック	ナームデーヴ	ナムハイ	Nanan ナナン
Nalumango	ナームデーオ	Namkosserena	Nanayakkara
ナルマンゴ	ナームデーブ	ナンコセレナ	ナナヤッカラ
Nam	Namdjou ナンジョー	Nam-kyun ナムギュン	Nanbatcha ナンバチャ
ナム***	Name ネイム	Namla ナムラ	Nancarrow
ナン	Namesnik	Namlook ナムルック	ナンカロー
Namadi ナマディ	ネームスニック*	Nammacher	ナンカロウ
Namaduk ナマドゥク	Nam-gak ナムガク	ナマチャー	Nance ナンス***
Namah ナマ	Namgay ナムゲイ	Nammālvār	Nancen ナンセン
Namaliu	Nam-gi ナムギ	ナムマールヴァール	Nancey ナンシー
ナマリウ	Nam-gil ナムギル*	ナンマールヴァール	Nanci ナンシー**
ナマリュー**	Namgoong ナムグン	ナムマールバール	Nancie ナンシー
Naman	Namgyal	Nam-mk'a ナムカ	Nancouma ナンクマ
ナマン	ナムギェル	Nam-mkha' ナムカ	Nancy
ネイマン	ナームギャル	Nammu ナンム	ナンシ
Namangani	ナムギャール	Namnam ナムナム	ナンシー***
ナマンガニ	ナムギャル	Namnangsürüng	ナンシィ
Namangoniy	ナムゲル	ナムナンスレン	ナンシー
ナマンゴニ	Namgyel ナムゲル*	Namoa ナモア	ナンスィー
Namara ナマラ	Nam-gyong	Namoliki ナモリキ	Nand ナンド
Namashulua	ナムギョン	Namoloh ナモロ	Nanda
ナマシュルア	Nam-gyun ナムギュン	Namone ナモネ	ナンダ**
Namata ナマタ	Nam-hee ナミ	Namool ナムリ	ナンダー
Namath ネイマス	Namhong	Namora ナモーラ*	Nandā ナンダー
Namatianus	ナム・ホン	Namory ナモリ	Nandabayin
ナマティアーヌス	ナムホン	Nampalys ナンパリス	ナンダバイン
Namatiānus	Nam-hyuk ナムヒョク	Namphy ナンフィ*	Nandaka ナンダカ
ナマティアヌス	Nam-hyun ナムヒョン	Namrata ナムラタ	Nandakumār
ナマティーヌス	Nam-hyung	Namsénéï ナムセネイ	ナンダクマール
Namatjira ナマジラ	ナムヒョン	Namsrain	Nandlalal ナンダラル
Namayanja	Nami ナミ	ナムスライン	Nandamuri
ナマヤンジャ	Namias	Nam Su ナムス	ナンダムーリ
Namazi ナマジ	ナマイアス	Nam-su ナムス	Nandan ナンダン*
Namba ナンバ	ナミアス	Nam-sun ナムスン*	Nandcoomar
Nambaryn	Namier	Nam-tae ナムテ	ナンクマー
ナンバリン**	ナミエール	Namu ナム*	ナンドゥマー
Nambi ナンビ	ネイミア*	Namuano ナムアノ	Nandi ナンディ*
Nambiyāṇḍar	ネーミア	Namugala ナムガラ	Nandigna
ナンビヤーンダル	ネーミアー		ナンディグナ
Namboodiripad	Namieyski		ナンディナ
ナンブーディリッパー	ナミェイスキ		ナンディーニャ

Nandi Ndaitwah	
ナンディヌダイトワ	
Nandinzayaa	
ナンディンザヤ	
Nandiya ナンディヤ	
Nandja ナンジャ	
Nandlall ナンドラル	
Nando	
ナンド	
ナンドー	
Nandor	
ナンドー	
ナンドール	
Nándor ナーンドル*	
Nanduttarā	
ナンドゥッタラー	
Nandy ナンディ*	
Nane	
ナーネ*	
ナン	
Nanette ナネット*	
Nanetti ナネッティ*	
Nanevski ナネフスキー	
Ñáñez ニャニェス	
Nang ナン	
Nanga ナンガ	
Nango ナンゴ	
Nangolo ナンゴロ	
Nangombe ナンゴンベ	
Nani	
ナーニ	
ナニ**	
Nanie ナニー	
Nanine ナニネ	
Nanino ナニーノ	
Nanitamo ナニタモ	
Naniyev ナニエフ	
Nanjappa	
ナンジャッパ	
Nanji ナンジー	
Nankhumwa	
ナンクムワ	
Nankin ナンキン	
Nankivel	
ナンキーヴェル	
Nankoman ナンコマン	
Nanna ナナ	
Nannaya ナンナヤ	
Nannecōda	
ナンネチョーダ	
Nanneke ナニカ	
Nannen ナンネン	
Nannerl ナナル*	
Nannery ナンネリー	
Nannestad	
ナネスタッド	
Nanni	
ナンイ	
ナンニ***	
Nannie ナニー	
Nannini	
ナニーニ*	
ナンニーニ	
Nannucci ナンヌッチ	

Nanny ナニー
ナンニー
Nano ナノ**
ナノー
Nanos ナノス
Nanše ナンシェ
Nansen ナンセン**
ナンゼン
Nanson ナンソン
Nansounon ナンスノン
Nantel ナンテル
Nanteli ナンテリ
Nanténin ナンテニン
Nanteuil ナンテゥイユ
ナンテーユ
ナントイユ
ナントゥイユ
Nanthapa ナンサパ
Nanthavong ナンタウォン
Nanthavongdouangsy ナンサヴォンドァンシイ
Nanto ナント
Nanton ナントン
Nanty ナンティ
Nantz ナンツ
Nanu ナヌ
Nanuli ナヌリ
Nanus ナナス
ナヌス*
Nanyak ナニャク
Naòd ナオド
Naogeorg ナオゲオルク
ナオゲーオルグス
Naoise ノイシュ
Naom ナオム
ネイオム
Naomi ナオミ***
ネイオーミ
ネイオミ*
ネオミ*
Naoroji ナウロジー
ナオロージー
ナオロジ
ナオロジー
Naoueyama ナウヤマ
Naoura ナオウラ*
Naowarat ナワラット
Nap ナップ
Naparstek ナパステック
Napat ナパット
Nape ナペ
Napes ネイプス
Napheys ナフェース
Naphtali ナフタリ*

Napias ナピアス
Napier ナピア
ナピエ
ネイピア***
ネイピアー
ネーピア**
ネピア*
ネピアー
Napier-Bell ネピアベル
Napierkowska ナピエルコヴスカ
Napištim ナピシュティム
Napiwotzky ナピヴォッキー
Naplanum ナプラヌーム
ナプラヌム
Naples ネイプルス
Napoleán ナポレオン
Napoleon ナップ
ナポレオーネ
ナポレオン**
Napoleón ナポレオン*
Napoléon ナポレオン**
Napoleone ナポレオーネ
ナポレオン*
Napoleoni ナポリオーニ
ナポレオーニ
Napoles ナポレス
Napoletano ナポレターノ*
Napoli ナポリ**
Napolitano ナポリターノ**
Napp ナップ
Nappaha ナッパハ
Napper ナッパー
Nappey ナッペイ
Nappi ナッピ
Nappo ナッポ
Nappy ナッピー
Napp-Zinn ナップチン
Nápravník ナープラヴニーク
ナプラヴニク
Napwon ナプウォン
Naqeeb ナキーブ
Nāqid ナーキド
Naqis ナーキス
Naqqash ナカーシュ
Naqqāsh ナッカーシュ
Naqshabandi ナクシャバンディ
Naqshband ナクシュバンド
Naquet ナケ***
ナケー
ナッケル

Naquib ナキブ
Naquin ネイクイン
Naqvi ナクビ
Nar ナル
Na-ra ナラ
Nara ナラ
Naraathip ナラーティップ
Narace ナリス
Narada ナーラダ
ナラダ
Nārada ナーラダ
Naradevo ナラテボー
Naradhip ナラティプ
Narai ナーラーイ
ナライ
Narain ナイレン
ナレイン
ナーレン*
Naram ナラーム
ナラム
Narang ナラン*
ナランゲ
Narangoa ナランゴア
Naranji ナラニィ
Naranjo ナランホ
Na Ranong ナラノン*
Narantsatsralt ナランツァツラルト**
Narāqī ナラーキー
Narasani ナラサニ
Narashimha ナラシンハ
Narasimha ナラシマ*
ナーラーシンハ
ナラシンハ
Narasimha ナラシムハ
ナラシンハ
ナラスインハ
Narasimhagupta ナラシンハグプタ
Narasimhan ナーラーシムハーン*
ナラシムハン
ナラシンハン
ナラスインハン
Narasimhavarman ナラシンハバルマン
Narasiṅha ナラスインハ
ナルスインフ
Narasu ナラス
Narath ナラス
Narathihapate ナラティハパテー
Narathippraphanphong ナラーティップブラバ

ンポン
Narayan ナーラーヤン***
ナラーヤン
ナラヤン*
Nārāyan ナーラーヤン
Nārāyaṇ ナーラーヤン
ナラヤン
Narayana ナーラーヤナ
ナラヤナ**
ナラヤン
Nārāyana ナーラーヤナ
Nārāyaṇa ナーラーヤナ
Narayanan ナラヤナン***
Narayen ナラヤン*
Narbaeva ナルバエワ
Narbikova ナールビコワ**
Nárbikova ナールビコヴァ
ナールビコワ
Narbona ナルボナ
Narbut ナールブト
Narcejac ナルスジャック**
Narchemashvili ナルチェマシビリ
Narcis ナルシス
Narcisa ナルシサ
Narciso ナルシーソ
ナルシン**
Narcissa ナーシッサ
ナルシサ
ナルチッサ
Narcisse ナーシス
ナルシス
ナルシッス
Narcissos ナルキッソス
Narcissus ナーシサス
ナルキッスス
ナルキッソス
Narcus ナーカス
Narcy ナルスィー
Narcyza ナルツィサ
ナルツィザ
Narda ナルダ
Nardelli ナルデッリ
ナルデリ*
Nardi ナルディ
Nardin ナルディン
Nardinelli ナーディネリ
Nardini ナルディーニ*
Nardo ナード
ナルド

Nardolillo ノルドリリョ
Nardone ナルドーネ
Narducci ナルドゥッチ
Nardzewski ナルジェフスキ
Naredo ナレド
Narek ナレク
ネレク
Narekats'i ナレカツィ
Naren ナレン
Narendra ナレンドラ**
Narendranath ノレンドロナト
Narendranāth ナレーンドラナート
Naren-hua ナーレンホア*
Nares ネアーズ
ネアズ
Naresh ナレシュ
Naresuan ナレースエン
ナレスエン
ナレースワン
ナレスワン
Naret ナレ*
Narezhnyi ナレージヌイ
Nargeolet ナルジョレ
Narges ナルゲス
Nargis ナルギス
ナルゲス
Nargozian ナーゴジャン
Narhari ナラリ
Närhi ナーヒ
Nari ナリ
Nariashvili ナリアシヴィリ
Narimanidze ナリマニゼ
Narimanov ナリマノフ
Närimanov ナリマノフ
Narin ナーリン
ナリン*
Narindar ナリンダー
Narinder ナリンダー*
Narindrapong ナリンドラボン
Narine ナリン
Nariño ナリーニョ
ナリニョ
Narins ナリンス
ナリンズ
Naritsaranuwattiwong ナリット
Narizzano ナリッツァーノ*
Narkhede ナルケーデ

Narkiewicz
ナーキウィズ
ナルキェヴィッチ
Narkisovich
ナルキソヴィッチ*
Narkiss ナルキス
Narkissos
ナルキッソス
Narla ナルラ
Narleski ナーレスキー
Narlikar
ナーリカー*
ナルリカール
Narlock ナーロック
Narmadāśaṅkar
ナルマダーシャンカル
Narmadāśaṅkara
ナルマダーシャンカル
Narmandakh
ナルマンダク
Narmania ナルマニア
Narmer
ナル・メル
ナルメル
Narmin ナルミン
Narogchai
ナロンチャイ
Narokobi ナロコビ
Naron ナロン
Narong ナロン*
Narongchai
ナロンチャイ
Nāropa ナーローパ
Narovchátov
ナロフチャートフ
Nározný ナーロズニー
Narramore ナラモア
Narro ナロ
Narros ナルロス
Narsai ナルサイ
Narseh ナルセー
Narses
ナルサイ
ナルセス
Narsha ナルシャ
Narshakhī
ナルシャヒー
Narsimh ナルスィンフ
Narsingh ナルシン
Narsingh Pancham
ナルシンパンチャム
Narsipur ナルシプル
Narson ナルソン
Nartosabdo
ナルトサブド
Nartsupha
ナートスパー
Naru ナル
Narueput ナルエプト
Naruishkin
ナルイシキン
Narunart ナルナート
Narus
ナラス
ナルス
Naruseb ナルセブ

Naruszewicz
ナルシェーヴィチ
ナルシェヴィチ
Narutowicz
ナルトヴィチ
Narvaez
ナルバエス
ナルバエズ
Narváez ナルバエス**
Narvasa ナルバサ
Narver
ナーヴァー
ナーバー
Narvig ナルヴィク
Naryshkin
ナルイシキン
ナルイシキン*
Naryshkina
ナルイシキナ
Narzalina ナザリナ
Narziss ナルツィス
NAS ナス
Nas
ナス
ナズ
Nasa
ナサ
ナザ
Nasafī ナサフィー
Nasah ナシュ
Nasa'i ナサーイー
Nasā'ī ナサーイ
Nasalyk ナサリク
Násan ナサン
Nasanburmaa
ナサンブルマー
Nasanjargal
ナサンジャルガル
Nasantchamna
ナサンチャムナ
Nasar
ナサー**
ネイサー
ネーサー*
Nasarre ナザレ
Nasaruddin
ナサルディン
Nasasira ナサシラ
Nasavī ナサヴィー
Nasaw ナソー*
Nasby ナズビー
Naschy
ナッシー
ナッチー
Nascimbene
ナシンベーネ
ナッシンベンネ**
Nascimbeni
ナシンベニ
ナッシムベーニー*
ナッシンベーニ
Nascimento
ナシメント**
ナシィメント
ナスィメント
Nasedkin ナセトキン
Naseem
ナシーム

ナジーム*
Naseer ナシール
Naseeruddin
ナジルラディン
ナスィールッディーン
ナセールッディン
Nasenius ナセニウス
Naser ナセル
Naser Din
ナセルディン
Naseryar ナセリヤル
Nash
ナシュカ*
ナッシュ***
ナッシュ
Nasha ナシャ
Nasha-shibi
ナシャシビ
Nashashibi ナシャシビ
Nashat ナシャト*
Nashāt ナシャート
Nashāṭ ナシャート
Nashchokin
ナシチョーキン
ナシチョキン
ナシュチョーキン
Nashe ナッシュ*
Nasheed ナシード*
Nashelsky
ナシェルスキー
Nasher ナシャー
Nashir ナシル
Nashwa ナシュワ
Nashwān ナシュワーン
Nasi
ナシ
ナシィ
ナスィ
ナスィー
Näsi ナージ
Nāśi' ナスィ
Nasica ナシカ
Nāsif ナースィフ
Nāṣīf
ナースィーフ
ナーシフ
ナースィーフ
ナースィーフル
Nāsikh
ナースィク
ナースィフ
Nasili ナシリ
Nasim ナシム
Nasīm ナスィーム
Nasimi ナスィーミー
Nasīmī ナスィーミー
Nasio ナシオ*
Nasip ナシプ
Nasir
ナーシル
ナシール*
ナシル*
ナセル
Naṣir
ナーシル
ナースィル

ナースィレ
ナーセル
Nāṣīr
ナシール
ナシル
ナジル
ナスィルッ
Nāsir
ナーシル
ナシル
ナースィル
Nāṣir
ナーシル
ナースィル
ナーセル
ナセル
Nāṣīr al
ナスィールッ
ナスィーロッ
Nāṣir al ナーセルッ
Nāsir al-Dīn
ナースィルッ・ディーン
ナースィルッディーン
ナスィールッ・ディーン
Nāṣir al-Dīn
ナースィルッ・ディーン
ナーセルッ・ディーン
ナーセロッディーン
Nasirî ナスィーリー
Naṣir-i
ナーシル
ナーシレ
ナースィリ
ナースィル
ナーセル
Nāṣīrī ナースィーリー
Nasirinia ナシリニア
Nāsir pal ナシルパル
Nāsir-pal ナシルバル
Nasirshelal
ナシルシェラル
Nasko ナスコ*
Nasli ナスリ
Naslund
ナスランド*
ナズランド
Näslund
ナスランド
ネースルンド
ネスルント
Nasmith ナスミス
Nasmyth
ナスミス
ナスミズ
ナズミス
ネイズミス
ネイズミス
ネーズミス
ネスミス
Naso
ナーソ*
ナーソー
ナソ

Nason
ネイスン
ネイソン
ネーソン
Na Songkhla
ナソンクラー
Nasr ナスル
Naṣr ナスル*
Nasr al ナスレッ
Nasr al-Din
ナスレッディン
Nasrallah
ナスララ*
ナスララー
Naṣr Allāh
ナスルッラー
Nasrallar ナスラッラー
Nasrawi
ナスラーウィー
Nasreddin
ナスレッディン
Nasreen
ナスリーン
ナスリン
Nasri ナスリ*
Naṣrī ナスリー
Nasrin
ナスリーン*
ナスリン*
Nasrollāh
ナスルッラー
ナスロッラー
Nasrullayev
ナスルラエフ
Nasry ナスリー
Nass
ナス*
ナハシ
ナハシュ
Nassar
ナーサー
ナサル
ナッサー
Nassau
ナッサウ
ナッソー
ナッソウ
Nasse ナッセ
Nassehi ナセヒ*
Nasser
ナーセ
ナーセル
ナセール
ナセル**
ナッサー**
ナッセル
Nasseri ナセリ
Nassib
ナスィーブ
ナッシブ
Nassief ナシエフ
Nassif ナシフ
Nassim ナシーム
Nassir
ナシア
ナシル
ナーセル
ナセル
Nassiri ナシリ*

Nassirou ナシル
 ナシル
 ナシロ
Nassmacher ナスマッハ
Nassner ナスナー
Nassoni ナッソーニ
Nassour ナッサワー
Nassrine ナスリーネ
Nassur Madi ナスールマディ
Nast ナスト*
Nastac ナスタッチ
Nastanovich ナスタノビッチ
Nastase
 ナスターセ
 ナスターゼ
 ナスタゼ
Năstase ナスタセ*
Năstase ナスタセ
Nastasha ナターシャ
Nastasi ナスタシ
Nastasic ナスタシッチ
Nastassja
 ナスターシャ*
 ナスタシャ
Nastevics ナステビッチ
Nastia ナスティア*
Nastra ナストラ*
Nastula ナストラ
Nasufi ナスフィ
Nasuh ナスフ
Nasûh ナスーフ
Nasution
 ナスチオン
 ナスティオン**
Nat ナット***
Nata ナタ*
Natacha ナターシャ*
Nataf ナタフ
Natale ナターレ*
Natalegawa ナタレガワ
Natali
 ナターリ
 ナタリ**
 ナタリー
Naţali ナタリー
Natalia
 ナターリア**
 ナタリーア**
 ナタリア***
 ナターリヤ*
 ナターリヤ*
 ナタリヤ**
Natal'ia
 ナタリア
 ナターリヤ
Natália ナタリア
Natalie
 ナタリ
 ナタリー***
 ナターリエ
 ナタリエ

Nataliia
 ナタリア
 ナターリャ
 ナターリヤ
 ナタリヤ
Natalija ナターリヤ
Natalini ナタリーニ
Natalino ナタリーノ*
Natalio ナタリオ
Natalis
 ナターリス
 ナタリス
Nataliya
 ナターシャ*
 ナターリア
 ナタリア*
 ナターリャ
 ナターリヤ
 ナタリヤ**
Natáliya ナターリヤ
Natallia ナタリア*
Natalya
 ナターリア
 ナタリア**
 ナターリャ
 ナターリヤ*
 ナタリヤ
Na Tamba ナタンバ
Natan ナタン**
Natanael ナタネル
Natanaera ナタナエラ
Natania ナタニア
Natano ナタノ
Natanova ナタノヴァ
Natánovich ナターノヴィチ
Natanson ナタンソン*
Natanya ナターニャ
Natanyahu
 ナタニヤウ
 ナタニヤフ
 ネタニヤウ
 ネタニヤフ
Natapei ナタペイ*
Nataputta ナータプッタ
Nātaputta ナータプッタ
Natarajan
 ナタラジャン
 ナタラヤン*
Natariia ナターリヤ
Nataris ナタリス
Natasa ナターシャ*
Nataša ナターシャ
Natascha ナターシャ*
Natasha ナターシャ**
Natcher ナッチャー
Natchimie ナシミエ
Natcho ナトホ
Nate
 ネイト*
 ネート**
Natea ナテア
Natee ナティ
Natek ナテク

Natel ネイテル
Natelson ネーテルソン*
Natenberg ネイテンバーグ
Nateq ナテク
Nateq-nouri
 ナテクヌーリ*
 ナテクヌリ
Natera ナテラ
Natēsan ナテーサン
Nath
 ナス*
 ナッツ
 ナット
 ナート**
Nāth ナート
Nathacha ナタシャ
Nathalal ナタラル
Nathalia
 ナサリア
 ナターリア
 ナタリア*
Nathalie
 ナサリー
 ナタリ
 ナタリー***
 ナタリヤ
Natham
 ネイサン
 ネイザン
 ネーサン*
Nathan
 ナーサー***
 ナサン*
 ナザン
 ナータン
 ナターン
 ナタン**
 ネイサン
 ネイサン***
 ネイザン**
 ネイスン
 ネイタン
 ネイト
 ネサイン
 ネーサン***
 ネーザン
Nathanael
 ナサナエル
 ナサニエル*
 ナターナエール
 ナターナエル
 ナタナエル
Nathaniel
 ナサニーエル
 ナサニエル
 ナサニエル***
 ナザニエル
 ナサニヤル
 ナサネール
 ナタナエル
 ナタニエル
 ナタネール
 ネサニエル
Nathans
 ネイサンズ*
 ネーサンズ
Nathanson ナサンソン

ネイサンソン
ネーザンソン
ネサンソン
Natharie ナタリー*
Natheaux ナトー
Nathi ナティ
Nathorff ナートルフ
Nathorst
 ナソースト
 ナートホスト
 ナトホルスト
 ナトールスト
Nathuram ナスラム
Nathusius ナトゥージウス
Natia ナティア
Natié ナティエ
Natig ナティグ
Nation
 ネイション*
 ネーション*
Nations ネイションズ
Nāṭiq ナーティク
Natividad ネイティヴィダッド
Natividad ナティビダッド*
Nativité ナティヴィテー
Natja ナーチャ
Natkiel
 ナットキール
 ナトキール
Natko ナトコ
Nato
 ナト
 ネイトー
Natoingar ナトインガル
Natoire
 ナトアール
 ナトワール
Natoli
 ナトーリ
 ナトリ
Natonde ナトンデ
Natondé ナトンデ
Natori ナトリ
Natorp
 ナートルプ
 ナトルプ*
Natow ナトウ
Natpat ナットパット
Natronai ナトロナイ
Natsag ナツァグ
Natsagdorj ナツァグドルジ
Natsagdorji ナツァグドルジ*
Natsagdorzh ナツァグドルジ
Natsagiin
 ナツァギーン**
 ナツァグイン
Natshe ナチェ
Natsheh ナチェハ

Natsios ナチオス*
Natsir
 ナシール*
 ナチール
 ナッシール
 ナッチル
 ナトシール*
Natt ナット
Natta ナッタ**
Nattavudh ナッターヴート
Natter ナター
Natterer ナッテラー
Nattermann ナッターマン
Natterson ナターソン*
Natti
 ナッティ
 ナティ*
Nattier
 ナッティエ
 ナティエ
Nattiez ナティエ**
Nattrass ナトラス
Natt Shin ナッシィン
Natty ナッティ
Natuman ナツマン
Naturale ナチュラーレ
Nature ネイチャー
Natuva ナトゥバ
Natvig ナトビグ
Natwar ナトワル*
Natwick
 ナットウィック
 ナトウィック
Natynczuk ナティンクザック
Nau
 ナウ**
 ノ*
 ノー*
Naubert ノベール
Nauck ナウク*
Nauckhoff ナウクホフ
Nauclerus
 ナウクレールス
 ナウクレルス
Naudaeus ナウダエウス
Naude ノディア
Naudé
 ノーデ*
 ノデ
Naudet ノデ
Naudin ノーダン*
Naudon ノードン
Naudot ノド
Nauen ナウエン
Naughten ノックトン
Naughton ノートン**
Naughty ノーティ
Naugrette ノーグレット
Naujac ノジャック
Naujocks ナウヨクス

Nauk ナウク
Naukydes
　ナウキューデース
　ナウキュデス
Navah ナーバー
Navailh ナヴァイユ
Navakamocea
　ナバカモチェア
Navakauskas
　ナバカウスカス
Naval ナヴァル
Navalnyi
　ナワリヌイ*
　ナワルニー
Navanethem
　ナバネセム*
Navardauskas
　ナバルダウスカス
Navarete ナバレテ
Navarra
　ナーヴァーラー
　ナヴァラ
　ナバラ
Navarre
　ナヴァー
　ナヴァール*
　ナヴァル**
　ナバラ
　ナバール*
　ナバル
　ナバレ
Navarre-marie
　ナバレマリ
Navarrete
　ナバレーテ
　ナバレテ
Navarro
　ナヴァッロ
　ナヴァルロ
　ナヴァーロ
　ナヴァロ*
　ナヴァロー
　ナバッロ
　ナバーロ*
　ナバロ***
Navarsete
　ナーバルセーテ
Navas ナバス
Navasavat
　ナワサワット
Navasky
　ナヴァスキー*
　ナバスキー
Navavichit
　ナーワーウィチット*
　ナワウィチット
Navaz ナヴァ
Navazio ナバジオ
Navdeep
　ナヴディープ
　ナブディープ
Nave
　ネイヴ
　ネイブ*
Naveed ナビード
Naveen ナヴィーン*
Naveh
　ナヴェー*
　ナベ
Navellier ナベリア
Naul ナウル
Nault
　ノールト
　ノルト*
Naulu ナウル
Naum
　ナウーム
　ナウム**
Naúm ナウム
Nauman
　ナウマン
　ノーマン*
Naumann
　ナウマン***
　ノーマン*
Naumava ナウマワ
Naumburg
　ナウムブルク
　ナウムブルグ
Naumov
　ナウモウ
　ナウーモフ*
　ナウモフ*
Naumovich
　ナウモヴィチ
Naumovski
　ナウモブスキ
Naundorff
　ナウンドルフ
Naunerle ノーネル
Naung ナウン
Naungdawgyi
　ナウンドウジー
　ナウンドージー
Nauntofte
　ノーントフテ
Naunyn ナウニン*
Naupoto ナウポト
Naur ナウア
Naura ノーラ
Nauraiz ナウレイズ
Nause ナウジー
Nausea ナウゼア
Nausêda ナウセーダ
Naushad ナウシャド
Nausikaa
　ナウシカア
　ナウシカアー
Nausiphanēs
　ナウシファネス
Nauson ナウソン
Nauta
　ナウタ
　ノータ
Nauth ナウス
Nauwach ナウヴァッハ
Nauzet ナウセ
Nava
　ナーヴァ*
　ナヴァ
　ナーバ*
　ナバ*
Navabi ナバビ
Navacelle
　ナヴァセル
　ナバセル
Naveros ナベロス
Naves
　ナヴェ
　ナヴェス
Navi ナヴィ
Navia
　ナヴィア
　ナビア
Navickas ナビツカス
Navid
　ナビド
　ネーヴィッド*
　ネービッド
Navidi ナビディ
Navier
　ナヴィエ
　ナビエ
Naville
　ナヴィーユ
　ナヴィル**
　ナビル
Navim ナヴィム
Navin
　ナウィン
　ナヴィン
　ナビン*
　ネイヴィン
　ネイビン
Navīn
　ナヴィーン
　ナビーン
Navin Chandra
　ナビンチャンドラ
Navinchandra
　ナビンチャンドラ*
Navinne ナビンナ
Navka ナフカ**
Navoigille
　ナヴォワジル
Navon
　ナヴォン
　ナボン**
Navone ナヴォーネ
NaVorro ナボーロ
Navracsics
　ナブラチッチ
Navratilova
　ナヴラチロワ
　ナブラチロワ*
Navrotskii
　ナヴローツキー
Navruzov ナフルゾフ
Navsaria ナヴサリア
Nawab ナワブ
Nawāb ナワーブ
Nawabzada
　ナワーブザダ
Nawaf ナワフ**
Nawai ナワーイー
Nawā'i
　ナヴァーイー
　ナヴォイ
　ナヴォイー
　ナバーイー
　ナワーイー
　ネバーイー
Nawal
　ナウル
　ナワール
ナワル***
Nawāl
　ナワール
　ナワル
Nawarat ナワラット
Nawarskas
　ナワルスカス
Nawas ナワス
Nawaschin ナヴァシン
Nawawi
　アンナワウィー
Nawawī ナワウィー
Nawaz
　ナワーズ
　ナワズ**
Nawbakht ナウバフト
Nawbati ナウバティー
Nawbatt ナウバット
Nawej Mundele
　ナウェジムンデレ
Nawfal ナウファル
Nawi ナウィ
Nawijn ナーバイン
Nawinne ナビンナ
Nawowuna ネウォウナ
Naw Seng ノーセン
Nawwaf ナワフ
Nay
　ナイ
　ネー
　ネイ
Naya ナヤ
Nayabtigungu
　ナヤブティグング
Nayacalevu
　ナヤザレヴ
Nayak
　ナヤク
　ナヤック
Nayan ナヤン**
Nayana ナヤナ
Nayantara ナヤンタラ
Nayar
　ナイアー
　ナイヤル
　ナーヤル
　ネイヤー
Nayawaya ナラワラ
Nayda ナイダ
Naydenov ナイデノフ
Naydenova ナイデノワ
Nayduch ネイダッチ
Nayeem ナイーム
Nayef
　ナーイフ
　ナイフ
　ナエフ**
Na-yeon ナヨン*
Nayer ネイヤー
Nayera ナエラ
Nayeri ネイエリ
Nayib ナジブ
Nayinda ナインダ
Nayini ネイーニ
Nayir ナユル
Nayla ナイラ
Nayland ネイランド
Nayler ネイラー*
Naylor
　ネイヤー
　ネイヤー***
　ネーヤー
Nayman ネイマン
Nayo ナヨ
Na-young ナヨン*
Nayoung ナヨン
Nayrīzī
　ナイリージー
　ナイリーズィー
Naysmith ネイスミス
Nayyar ナイヤール*
Nayyereh ナイエレ*
Nazan ナーザン
Nazar ナザル
Nazarahari
　ナザルアーハリ
Nazarbaev
　ナザルバーエフ
　ナザルバエフ**
Nazarbaeva
　ナザルバエワ
Nazarbayeva
　ナザルバエワ
Nazarbekian
　ナザルベキアン
Nazare ナザル*
Nazarenko
　ナザレンコ*
Nazareth
　ナザレス**
　ナザレト
Nazarguly
　ナザルグルイ
Nazari ナザリ
Nazarian
　ナザリアン
　ナザリャン**
Nazarius ナザリウス
Nazarov
　ナザーロフ
　ナザロフ*
Nazarova
　ナザロヴァ
　ナザロワ
Nazaruk ナザルーク*
Nazaryan
　ナザリアン
　ナザリャン*
Nazdratenko
　ナズドラチェンコ
Nazé ナゼ
Nazeer ナジール*
Nazel ネイズル
Nazem ナジム
Nāẓem al ナーゼモル
Nāẓem al-Eslām
　ナーゼモルエスラーム
Nazer ナーゼル***
Nazeri ナーゼリー
Nazgul ナズグリ

Nazhivin ナジーヴィン
Nazhmuddinov
　ナジムディノフ
Nazi ナジ*
Nazia ナジア
Nazianzós
　ナジアンゾス
Nazib ナジブ*
Nazif ナジフ*
Naẓīf ナズィーフ
Nazik
　ナジーク
　ナジク
Nāzik ナージク
Nazim
　ナージム
　ナシム
　ナジム*
　ナーズム
　ナズム
　ナゼム
Nazım
　ナーズム
　ナズム
Nâzim ナーズム
Nâzım ナーズム
Nāzim ナジム
Nāzım ナジム
Naẓimī ナズィーミー
Nazimov ナジーモフ
Nazimova
　ナジモヴァ
　ナジモーヴァ
　ナジモヴァ
　ナジモバ
　ナジモワ
　ナジモワ
　ナチモーヴァ
Nazimuddin
　ナジムウッディーン
　ナジムッディーン
　ナジムディーン
　ナジムディン
Nāẓimu'l ナーズィムル
Nazir
　ナジール
　ナジル
　ナズィール
Naẓīr
　ナジール
　ナズィール
Nazira ナジラ
Naẓīrī ナズィーリー
Nazirov ナジロフ
Nazlymov ナズリモフ
Naẓmī ナズミー
Nazmul ナズムル
Nazneen ナズニーン
Nazor
　ナーゾル
　ナゾール
　ナゾル
Nazr ナジー
Nazri ナズリ
Nazrin ナズリン
Nazroo ナズロー

Nazrul ノズルル
Nazrūl
　ナズルル
　ノズルル
Nazvanov
　ナズヴァーノヴ
Nazyr ナズリュ*
Naẓẓām ナッザーム
Nazzareno
　ナッザレーノ
　ナッツァレーノ
Nazzari ナッツァーリ
Nchaso ヌチャソ
Nchemba ヌチェンバ
Nchimbi ヌチンビ
Ncogo ヌコゴ
Ncube ヌーベ
Ndabaningi
　エンダバニンギ
　ヌダバニンギ
N'dackala ヌダッカラ
Ndadaye
　エンダダイエ*
　ヌダダエ
N'dah ヌダ
Ndahimananjara
　ヌダヒマナジャラ
Ndaitwah ヌダイトワ
Ndaki ヌダキ
Ndakolo ヌダコロ
Ndalana ダラナ
Ndalichako
　ンダリチャコ
Ndambuki ヌダンブキ
N'dam N'jikam
　ヌダムンジカム
Ndamukong
　ダムコング
Ndanga Ndinga
　ヌダンガヌディンガ
Ndanusa ヌダヌサ
Ndarata ヌダラタ
Ndau ヌダウ
N'daw ヌダウ
Ndayiragije
　ヌダイラギエ
　ヌダイラギジェ
Ndayirukiye
　ヌダイルキエ
Ndayishimiye
　ヌダイシミイエ
Ndayishimye
　ヌダイシミイエ
Ndayizeye
　ヌダイゼイエ
Ndayzeye
　ヌダイゼイエ
Ndebele
　ヌデベレ
　ンデベレ**
Ndegeocello
　ンデゲオチェロ
Ndegwa エンデグワ
Ndeh ヌデ
Ndémanga ヌデマンガ

Ndemezoobiang
　ヌデメゾオビアン
　ヌドムゾビアン
Ndéné ヌデーネ
Ndenge ヌデンゲ
Nderagakura
　ヌデラガクラ
Ndereba ヌデレバ**
Nderim ヌデリム
Ndesandjo
　デサンジョ*
Ndeye ヌデイ
Ndèye ヌデイ
Ndi エンディ
Ndiawar ヌジャワル
NDiaye ンディアイ*
Ndiaye
　エンディアイエ
　ニジャエ*
　ヌジェイ
　ヌジャイ
　ヌディアイエ
　ヌディアエ
　ンジャイ
　ンディアイ*
N'Diaye
　エンジャイ
　エンディアエ
　ヌジャイ*
　ヌジャエ
　ヌディアエ
Ndiaye-ba
　ヌディアエバ
Ndiaye-seck
　ヌディアエセク
N'dicka ヌディカ
N'Diefi エンディエフィ
Ndihokubwayo
　ヌディホクブワヨ
Ndikumagenge
　ヌディクマゲンゲ
Ndikumana
　ヌディクマナ
Ndikumugongo
　ヌディクムゴニョ
　ヌディクムゴンゴ
Ndimira ヌディミラ
Ndirahisha
　ヌディラシャ
Nditabiriye
　ヌディタビリエ
Nditifei
　ヌディティフェイ
Ndiyoi ンディオイ
Ndjengbot ヌジェンボ
Ndjoku ヌジョク
Ndlangamandla
　ヌドゥランガマンドラ
Ndlovu ヌドロブ
Ndo ヌド
Ndolou ヌドル
Ndoma ヌドマ
Ndombasi ヌドンバシ
Ndombo ムドンボ
Ndong
　ヌドン
　ヌドング

N'dong エンドング
Ndongala ヌドンガラ
Ndong Esonoeyang
　ヌドンエソノヤン
Ndong-jatta
　ヌドンジャッタ
Ndong Mifumu
　ヌドンミフム
Ndong Nguema
　ヌドンヌゲマ
Ndong-nguéma
　ヌドンヌゲマ
Ndong Ntutumu
　ヌドングヌトゥトゥム
Ndongo-Ebanga
　ドンゴエバンガ
Ndongou ヌドング
Ndongsima ヌドンシマ
Ndoram ヌドラム
N'dori ヌドリ
Ndorimana ヌドリマナ
Ndoro ンドロ
Ndouane ヌドゥアン
Ndouba ヌドゥバ
Ndougou ヌドゥグ
Ndour ンドゥール
N'Dour
　ウンドゥール
　エンドゥール
　ンドゥール*
N'doutingai
　ヌドティンガイ
Ndownjie
　ヌドゥンジャイ
Ndoye ヌドイ
Ndre
　ヌンドレ
　ンドレ
N'dré ヌドレ
Ndremanjary
　ヌドレマンジャリ
Ndrianasolo
　ヌドリアナスル
N'dri-yoman
　ヌドゥリヨマン
Nduda ンドゥンダ
Ndudi ンドゥジ
Nduese ヌデセ
Nduka ンドゥカ
Ndulue エヌデュルー
Ndumiso ヌドゥミソ
Nduom ヌドム
Nduwayo ヌドゥワヨ
Nduwimana
　ヌドゥイマナ
　ヌドゥウイマナ
Ndwiga
　ヌドゥイガ
　ヌドウィガ
Ndzengue ンジェンゲ
Ne
　ネ**
　ネー
Neacsu ネアクス
Nead ニード

Neagle
　ニーグル*
　ネイグル*
Neagoe ネアゴエ
Neagu
　ニアグ
　ネアグ
　ネヤーグ
Neaira ネアイラ
Neal ニール***
Neale ニール***
Nealer ニーラー
Neall ニール*
Nealon ニーロン
Nealson ニールソン
Nealy ニーリー*
Neaman ニーマン
Neame ニーム**
Neander
　ネアンダー
　ネアンデル
Neanthes ネアンテス
Neantro ネアントロ
Nearchos ネアルコス
Nearing
　ニーアリング
　ニアリング
　ニヤリング
Nearne ニアン
Neary
　ニアリ
　ニアリー*
　ニーリー
Neasman ニースマン
Neason ニーズン
Neate
　ニート**
　ネアーテ
Neath ニース
Neault ノート
Neave
　ニーヴ
　ニーブ
Neavius ナエウィウス
Neaz
　ネアーズ
　ネアズ
Neb ネブ
Nebbett ネベット*
Nebbia ネッビア
Nebe ネーベ
Nebehay
　ネーベハイ
　ネベハイ*
Nebel ネーベル
Neben ネーベン
Nebenius
　ネーベニウス
　ネーベーニウス
　ネベニウス
　ネベニュース
Nebenzahl
　ネベンザール
Nebenzal ネベンザール
Neb-f
　ネブフ

ネボ
ネボス
ネボン
Nebhepetre
ネブヘペトレー
Nebila ネビラ
Nebiolo ネビオロ*
Nebiryerau
ネビリィエラウ
ネブリィアウ
Nebka ネブカ
Nebkaure
ネブカーラー
Nebkheprure
ネブケプルラー
Neblett ネブレット
Nebmare
ネブマアトラー
ネブマレー
Nebo ネボ
Nebojasa ネボイシャ
Nebojsa
ネボイサ
ネボイシャ
ネボイシャ
ネボサ
Nebojša
ネボイシャ
ネボイシャ**
Nebolsin ネボリシン
Nebolsine
ネボルジーン
Nebor ネボル
Neborsky
ネボルスキー
Nebphetyre
ネブペフティレー
ネブペヘトラー
Nebra ネブラ
Nebrada ネブラダ
Nebre
ネブラー
ネブレー
Nebreda ネブレダ
Nebrija
ネブリーハ
ネブリハ
Nebtawyre
ネブタウィラー
Nebuchadnezzar
ネブカデネザル
ネブカドネザル
ネブカドネツァル
ネブカドレツァル
ネブチャドレッザル
Nečas ネチャス*
Necati
ネジャッティ
ネジャティ**
Necâtî ネジャーティー*
Necatigil
ネジャティギル
Neccam ネッカム
Necciai ネッチアイ
Necdet ネジデット
Nechaev
ネチャーエフ*
ネチャエフ

Nechaeva
ネチャーエヴァ
ネチャーエワ
Nechama
ネチャマ
ネハマ
Nechamkin
ネシャムキン
Nechayeva ネチャーエワ
Nechkina
ネーチキナ
ネチキナ
Necho
ネカウ
ネコ
Necib ネシブ
Necin ネチン
Necip ネジプ
Neck ネック*
Neckam ネッカム
Necke ネッケ*
Neckel ネッケル*
Necker
ネケル
ネッカー**
ネッケール
ネッケル
Neckermann
ネッカーマン*
Neckers ネッカーズ
Necmettin
ネジメティン**
Neco ニコ
Nécrorian
ネクロリアン
Nectanebo ネクタネボ
Nectoux
ネクトゥ
ネクトゥー*
Ned
ネッド***
ネド*
Neda ネダ
Nedachin ネダーチン
Nedbal ネドバル
Nedealco ネデアルコ
Nedelcherv
ネデルチェフ
Nedelchev
ネデルチェフ
Nedelcheva
ネデルシェワ
Nedelcu ネデルク
Nédélec ネデレク
Nedell ネデル
Nedelman
ネーデルマン
Nederburgh
ネーデルブルフ
Nedergaard ネダゴー
Nederlof ネーデルロフ
Nederpelt
ネダーペルト
Nederveen
ネーデルフェーン
Nedham ニーダム

Nedialkov
ネディアルコフ
Nedim
ネディーム
ネディム
Nedimović
ネディモビッチ
Nedirov ネディロフ
Nedjar ネジャール
Nedjma ネジュマ
Nedko ネドコ
Nedkov ネドコフ
Nedogonov
ネドゴノーフ
Nédoncelle ネドンセル
Nedopil ネドピル
Nedra
ニードラ
ネドラ
Nedreaas
ネードレオース
Nedstrand
ネドストランド
Nedup ニドゥプ
Nedved
ネドヴェド*
ネドベド
Nedvěd ネドヴェド
Nedzipi ネドジピ
Nedzynski
ニジンスキー
Nee
ニー
ネー
Needham
ニーダム***
ニードハム
Needle ニードル
Needleman
ニードルマン*
Needler ニードラー
Needles ニードルズ
Neef
ニーフ
ネーフ
Neefe ネーフェ
Neefs ネーフス
Neefus ニーフハス
Neek ニーク
Neel
ニール***
ネール*
Néel ネール**
Neela ニーラ
Neelakanta
ニーラカンタ*
Neelam ニーラム
Neeld ニールド
Neeley ニーリー
Neeli ニーリ
Neelie
ニーリー*
ネリー
Neelly ニーリー*
Neelon ニーロン

Neels
ニールス
ニールズ**
Neelsen ネールゼン
Neely
ニィーリー
ニーリー**
ニーリィ**
ニーリィ***
Neeman
ニーマン*
ニーマン**
Ne'eman
ニーマン
ニーマン
Neeme ネーメ*
Neemia
ニミア
ネーミヤ
Neenah ニーナ*
Neenan ニーナン
Neenyah ニーヤ
Neer
ニーア
ニール
ネール
Neeraj
ニーラージ
ニーラジュ
Neercassel
ネールカッセル
Neergaard
ネアゴー
ネアゴーア
Neergheen
ニールギーン
Neeru ニール
Neerven ニールヴェン
Nees ネース
Neesa ニーサ
Neeson
ニースン
ニーソン**
Neethling
ニースリング
Neevel ネイフェル
Neeves ニーブズ
Nef ネフ*
Nefaurud
ネファウールド
Neferefre
ネフェルエフラー
Neferhotep
ネフェルホテプ
Neferibre
ネフェルイブラー
Neferingani
ネフェールインガニ
Neferirkare
ネフェルイルカラー
Neferkare
ネフェルカーラー
ネフェルカラー
Neferkauhor
ネフェルカウホル
Neferkhau
ネフェルカウ

Neferkheprure
ネフェルケプルラー
Nefert ネフェルト
Nefertari ネフェルタリ
Nefertiti
ネフェーティティ
ネフェルティティ
ネフェルト・イティ
ネフェルトイティ
Neff
ネッフ
ネフ***
Neffati ネファティ
Neffinger
ネフィンジャー
Nefi
ネイフィ
ネフィ
ネフイー
Nefontaine
ヌフォンテーヌ*
Neft ネフト
Neftali ネフタリ*
Neftci ネフツィ
Neftel ネフテル
Nefussi ヌフシィ
Nefyodov
ネフィオドヴ
Nefzaoui ネフザウィ
Negaso ネガソ**
Negendank
ネーゲンダンク
Negentsov
ネゲンツォフ
Neggers
ネガーズ*
ネジャース
Negi ネギ
Negin ネギン
Negley
ネグレー
ネグレイ
Nego ネゴ
Negoda
ネゴーダ
ネゴダ
Negodaylo
ネゴダイロ*
Negoro ネゴロ
Negrão ネグラン
Negre ネーグル
Negrea ネグレア
Negredo ネグレド
Negreiros
ネグレイロ
ネグレイロス
Negrescolor
ネグレスコロール
Negret ネグレ
Négret ネグレ
Negrete
ネグレーテ
ネグレテ
Negri
ネーグリ*
ネグリ***

Negrier ネグリエー／ネグリャー
Negrin ネグリン*
Negrín ネグリン
Negrino ネグリノ
Negro ネグロ*
Negroli ネグローリ
Negromonte ネグロモンテ
Negroni ネグローニ
Negroponte ネグロポンテ***
Negruta ネグルツァ
Negruzzi ネグルッジ
Negt ネークト
Negübei ニクベイ
Negulesco ネグレスコ*
Negus ニーガス*／ネーガス
Neha ネハ
Nehab ネハブ
Nehainiv ネハニィヨ
Nehamas ネハマス
Nehammer ネハンマー
Nehari ネハリ
Neharika ネーハ
Nehasi ネハシ／ネヘシ
Nehe ネヘ
Nehemiah ニーアマイア／ニアマイア／ニーマイア／ネヘマイア／ネヘミーア／ネヘミア／ネヘミアー／ネヘミヤ
Neher ネーアー**／ネーエル／ネエール／ネエル／ネーヘル／ネヘール／ネヘル／ネール
Nehf ネーフ
Nehls ネールス
Nehmatullah ニアマトゥラ
Nehmeh ネハメ
Nehmer ネーマー
Nehoda ネホダ
Nehrebecka ネフレベッカ
Nehrer ネーラー
Nehring ネーリング*
Nehru ネーヘルー／ネール／ネルー*

Nehrū ネール／ネールー／ネル／ネルー
Nēhrū ネーヘルー／ネール
Nehunya ネフニア
Nehwal ネワル
Neia ネーヤ
Neibauer ネイバウア／ネイバウアー
Neiberg ナイバーグ
Neider ナイダー／ニーダー*
Neiderman ニーダーマン
Neiders ニーダース
Neidhardt ナイトハルト
Neidhart ナイドハート／ナイトハルト／ナイハード
Neidich ナイディック*
Neidig ニーディグ
Neidle ニードル*
Neidlinger ナイトリンガー
Neifen ナイフェン
Neifi ネイフィ
Neigaus ノイハウス
Neigauz ネイガウス*
Neiger ネイガー
Neighbour ネイバー*
Neihardt ナイハート／ナイハルト*
Neijenroode ナイエンローデ
Neijens ニージェンス
Neikhardt ネイハルト
Neikirk ナイカーク／ニーカーク
Neiko ニーコ／ネイコ
Neikov ネイコフ
Neil ナイル／ニィール／ニイル／ニール***／ネイル*
Neilan ニーラン
Neilands ニーランズ
Neile ニール／ネイル
Neill ニイル*／ニール**

Nehrū ニーレ／ネイル
Néill ニール
Neillands ニーランズ
Neille ネイル
Neilos ニーロス／ネイロス
Neîlos ニールス／ニーロス／ネイロス
Neils ニルス*
Neilsen ニールセン
Neilson ニール／ニールスン／ニールソン**／ネイルソン*
Neiman ニーマン**／ネイマン／ネマン
Neimark ニーマーク
Neimeyer ニーマイアー／ニーメヤー
Neimi ネイミ*
Neimke ナイムケ
Neini ネイニー
Neipperg ナイペルク
Neira ネイラ
Neirinck ネランク
Neiron ネイロン
Neirynck ネランク
Neise ナイゼ*／ニース
Neises ナイセス
Neisi ネイシ
Neisse ネス
Neisser ナイサー**／ナイセル*
Neistat ネイスタット
Neisworth ネイスワース
Neitzel ナイツェル
Neitzsche ニーチェ
Neivelle ネヴィル
Neiwand ネイワンド
Neiwert ナイワート
Neizvestny ニェイズヴェスヌイ
Neizvestnyi ネイズヴェストヌイ*／ネイズベストヌイ／ネイズベストヌイ
Nejadian ネジャディヤン
Nejat ネジャット*
Nejedlý ネイェドリー
Néji ネジ
Nejib ネジブ
Nejmeh ネジメ
Nekes ネケス

Nekhlyudov ネフリュードフ
Nekht ネクタ／ネクト
Nekhtharheb ネクタレブ
Nekhtnebef ネクトネベフ
Nekht-neb-f ネクタネボ
Nekibe ネキベ
Neko ネコ
Nekoda ネコダ
Nekrasor ネクラゾール
Nekrasov ネクラーソフ***
Nekrasova ネクラーソヴァ／ネクラーソワ
Nekrassov ネクラーソフ
Nekrassova ネクラソワ
Nekriosius ネクリオシウス
Nekro ネクロ
Nekrylova ネクルィローヴァ
Nektarios ネクタリウス／ネクタリオス
Nektários ネクタリオス
Nekut ネクト
Nel ネル*
Nela ネラ
Nelaton ネラトン*
Nélaton ネラートン／ネラトン
Nelböck ネルベック
Nelda ネルダ
Neldner ネルドゥナー
Nele ネーレ*／ネレ**
Neledinskii ネレジンスキー
Nelepp ネレップ
Nelhybel ネリベル
Neli ネリ
Nelia ネリア
Nélida ネリダ
Neligan ネリガン
Nelis ネリス
Nelisiwe ネリシウェ
Nelisse ネリーセ
Nelken ネルケン
Nelkin ネルキン*
Nell ネル***
Nella ネッラ／ネラ*／ネラー
Nelle ネル

Nelli ネッリ*／ネリ／ネルリ
Nellie ネリ
Nelligan ネリガン*
Nellis ネリス
Nello ネッロ*／ネルロ／ネロ
Nellson ネルソン
Nellum ネラム
Nelly ネーリ／ネリ*／ネリー**
Nelly's ネリス
Nelma ネルマ
Nelms ネルムス
Nelofer ニルファー
Nels ネルス
Nelscott ネルスコット*
Nelsen ニールセン*／ネルセン*
Nelsinho ネルシーニョ*
Nelso ネルソン
Nelson ネスルン／ネリー／ネルス／ネルスン*／ネルソン***／ネルゾン
Nelsons ネルソンス*
Nelsova ネルソヴァ／ネルソバ
Nelsson ネルソン
Neltair ネルタイル
Nelthorpe ネルソープ
Neltje ネルチェ
Nelu ネル
Nelya ネリャ
Nemani ネマニ*
Nemanich ネマニック
Nemanja ネマーニア／ネマーニャ／ネマニャ*
Nemarq ネマルク*
Nemat ネマト
Nemati ネマティ
Ne'matollah ネマトラ
Nematullo ネマトゥッロ
Nematzadeh ネマトザデ
Nembang ネムバン
Nembot ネンボット

Nemchinov
　ネムチーノフ*
　ネムチノフ
Nemchinova
　ネムチノヴァ
　ネムチノワ
Nemcova ネムツォヴァ
Nemcová
　ニェムツォヴァー
　ネムツォヴァ
Němcová
　ニェムツォヴァー
　ニェムツォヴァー
　ニェムツォバー
　ネムツォヴァ
Nemcsics ニェムチッチ
Nemcsik ネムチク
Nemec
　ネメク
　ネメック*
　ネメッツ
Němec
　ニェメツ
　ネメッツ
Nemecek
　ネメセク
　ネメセック
Němeček ネメチェク
Nemecia ネメシア
Nemeczek ネメチェク
Nemeroff ネメロフ
Nemerov
　ネムロフ
　ネメロヴ
　ネメロフ**
　ネメロブ
Nemerow ネメロー
Nemery ヌメイリー
Nemes
　ネメシュ
　ネメス
Nemeshegyi
　ネメシェギ*
Nemesianus
　ネメシアーヌス
　ネメシアヌス
Nemesio ネメシオ
Nemésio ネメジオ
Nemesios ネメシオス
Nemésios ネメシオス
Német ネメット
Nemeth
　ニームス*
　ネメス
　ネーメト
　ネーメート
　ネメト
Németh
　ネメス
　ネーメット
　ネーメート**
　ネメト
Némethy ネーメティ
Nemhauser
　ネムホイザー
Nemi ネーミ*
Nemia ネミア
Nemir ネミール

Nemirova ネミロヴァ
Nemirovich
　ニエミロヴィッチ
　ネミローヴィチ
　ネミロヴィッチ
　ネミロヴィッチ
　ネミロビチ
　ネミロビッチ
Nemirovsky
　ネミロフスキー
Némirovsky
　ネミロフスキー
Nemirowsky
　ネミロフスキイ
Némirowsky
　ネミロフスキイ
Nemirschi ネミルスキ
Nemmar ネンマー
Nemo
　ニーモ
　ネーモー
　ネモ
Nemolyaeva
　ニェモリャーエワ
　ネモリャーエワ
Nemolyayeva
　ネモリアイェーヴァ
Nemorarius
　ネモラリウス
Nemours
　ヌムール
　ネムール
Nemov ネモフ*
Nemoyato Begepole
　ネモヤトベゲポレ
Nemr ネムル
Nemsadze ネムサゲ
Nemtsov
　ネムツォーフ
　ネムツォフ**
Nemtyemsaf
　ネムティエムサフ
Nemyria ネミリャ
Nemytskii
　ネムィツキー
Nemzer
　ネムザー
　ネムゼル
Nen
　ナン
　ネン*
Nena
　ニーナ
　ネーナ*
　ネナ
Nenad ネナド**
Nenadic ネナデク
Nenarokov ネナロコフ
Nenashev ネナシェフ
Nenchev ネンチェフ
Nenci ネンチ
Nene
　ネーネ
　ネネ
Neneh ネネ
Nenem ネネム

Nenezić ネネジッチ
Neng ネン
Nenga ネンガ
Nengapeta ネンガペタ
Nengbaga
　Tshingbangba
　ネンバガチンバンガ
Nenishkis ネニスキス
Nenna ネンナ
Nenni ネンニ*
Nennius ネンニウス
Neno ネノ
Nenola ネノラ*
Neo ネオ*
Neocosmos
　ネオコスモス
Neoklis ネオクリス
Neophrōn ネオプロン
Neophytou
　ネオフィトゥ
Neoptolemos
　ネオプトレモス
Neos ネオス
Neot ネオト
Neouanic
　ヌウアニック
　ネウアニック
　ネオアニック
Néouanic
　ヌウアニック
　ネウアニック
Nepal ネパール*
Nepela ネペラ
Nepia
　ネイピア
　ネピア
Nepil ネピル
Nepilly ネピリー
Nepitello ネピテッロ
Nepo ネポ
Nepomniachtchi
　ニポムニシ
Nepomnin
　ニェポムニン
Nepomucene
　ネポマシーン
　ネポムシン
Népomucène
　ネポミュセーヌ
Nepomuceno
　ネポムセノ
Nepomuk
　ネーポムク*
　ネポムーク
　ネポムク
Nepos ネポス
Nepotianus
　ネポティアヌス
Nepotis ネポティス
Nepp ネップ
Neptune
　ネプチューン
　ネプトゥン
　ネプテュヌ
Nepveau ネープヴォー

Ner ネール
Neralic ネラリック
Neratius ネラティウス
Nerburn
　ナーバーン*
　ナーバーン
　ネルバーン
Nerces ネルセス
Nercessian
　ネルセシーアン
Nerciat ネルシア
Nerda
　ネルーダ
　ネルダ
Nerdinger
　ネルディンガー
Néré ネレ
Nerell ネレル
Nerem ネレム
Nerenberg
　ネーレンバーグ
Néret
　ネレ*
　ネレー
Neretti ネレッティ
Nereus ネレウス
Nerfin ネルファン
Nergal ネルガル
Nergard
　ネルガート
　ネルガルド
Nergisi ネルギシー
Neri
　ネーリ**
　ネリ**
Néricault ネリコート
Neriglissaros
　ネリグリッサール
　ネリグリッサロス
Nerin ネリン
Nerina
　ネリーナ
　ネリナ*
Nerinckx ネリンクス
Nering ネーリング
Nerio ネリオ
Neris
　ネリース
　ネリス
Nêris ネリス
Nerius ネリウス**
Nerkare ネルカーラー
Nerlens ナーレンズ
Nerlich ネルリッヒ
Nerlinger
　ネルリンガー
Nerman ネールマン
Nermeen ネルミーン
Nermin ネルミン
Nernst ネルンスト*
Nero
　ネーロ
　ネーロ**
　ネロー
Neroccio
　ネロッチオ

ネロッチョ
Néron ネロン*
Neroni ネローニ
Neronov ネローノフ
Nerrière ネリエール
Nerses ネルセス
Nersês
　ネルセース
　ネルセス
Nerseshants
　ネルセシャンツ
Nerson ネルソン
Neruda
　ネルーダ
　ネルーダ**
　ネルダ*
Nerva
　ネルウァ
　ネルヴァ**
　ネルバ
　ネルファ
　ネルワ
Nerval
　ネルヴァール
　ネルヴァル*
　ネルバァル
　ネルバール
　ネルバル
Nervi
　ネルヴィ*
　ネルビ
Nervo ネルボ
Nerz ネルツ
Nes ネス*
Nesari ネサリ
Nesaule ニソール
Nesbanebded
　ネスブアネブデド
Nesbit
　ネスビット*
　ネズビット**
　ネズビッド
Nesbitt
　ネスビット**
　ネスビット*
Nesbø ネスボ**
Nesby ネスビー
Nescio
　ネシオ
　ネスキオ
Nesdon ネスドン
Nesetril ネシェトリル*
Nesfield
　ネスフィールド
　ネスフィルド
　ネスフヒールド
Neshat ネシャット*
Neshchadimemko
　ネシチャディメンコ
Nesheim ネシャイム*
Neshek ニシェック
Neshka ネシュカ
Nesi
　ネシ
　ネジ
Nesic ネシッジ
Nesin ネシン*

ネスィン**	Nestle	Neto	ノイバウアー	Neukom ニューコム
Nesiotes	ネストレ*	ネット**	ノイバウアー*	Neukomm ノイコム
ネーシオーテース	ネスル	ネト**	ノイバウェル	Neuland ニューランド
ネシオテス	ネスレ	ネトー	Neubecker	Neuloh ノイロー
Nesir ナセル	ネッスル	ネド	ニューベッカー	Neumaier
Nesis ネシス	Nestler	Netrebko ネトレプコ*	Neuber ノイバー*	ノイマイアー
Nesland ネスランド	ネストラー	Netscher	Neuberg	Neuman
Nesle ネル	ネスラー	ネッチェル	ニューバーグ	ニューマン*
Neslin ネズリン	Nestmann ネストマン	ネッチャー*	ノイベルク*	ヌーマン
Neslisah ネスリシャー	Nestor	ネッツェル	Neuberger	ノイマン*
Nesme	ネスター***	Netschert	ニューバーガー	Neumann
ネズム	ネーストル	ネッチャート	ニューベルガー	ニウマン*
ネム	ネストール**	Nett ネット	Neubert	ニューマン*
Nesmelov	ネストル**	Netta ネッタ*	ヌーベール	ノイマン***
ネスメーロフ	Néstor	Nette	ノイバート	Neumannn ニューマン
Nesmeyanov	ネストール	ネッテ	ノイベルト	Neumannova
ネスメヤーノフ	ネストル**	ネット	Neubig ニュービッグ	ノイマノバ*
ネスメヤノフ	Nestorius	Nettel ネッテル	Neuburg	Neumannová
Nesmith ネスミス*	ネストリウス	Nettelbeck	ニューバーグ	ノイマノバ
Nesmy	ネストリウス	ネッテルベック	ノイブルク	Neumark ノイマルク*
ネスミー	ネストリオス	ネットルベック	Neuburger	Neumärker
ネーミー	Nestorovski	Nettelhorst	ヌービュルジェ	ノイマーカー
Nespesny	ネストロフスキ	ネッテルホルスト	ヌーブルジェ*	ノイメーカー
ネスペズニー	Nestriepke	Nettels ネッテルズ	Neudorfer	Neumarkt
Nespoli ネスポリ	ネストリープケ	Netter ネッター*	ノイドルファ	ノイマルクト
Nespoulos ネスプロ	Nestrine ネストリンヌ	Nettesheim	Neuendorf	Neumayer
Nesquens ネスケンス	Nestroy ネストロイ*	ネッテスハイム	ノイエンドルフ	ノイマイアー
Nesredin ネスレディン	Nestruev	Neuendorff	ノイマイヤー
Nesrî ネシュリー	ネストルエフ*	Netti ネッティ	ノイエンドルフ	Neumayr
Neṣrî ネシューリー	Nestsiarenka	Nettie	Neuer ノイアー*	ノイマイアー
Ness ネス**	ネステレンカ*	ネッティ**	Neufeld	ノイマイヤー
Nessa	ネステレンコ	ネッティー	ニュフェルド**	ノイマイル
ネサ	Nesty ネスティ	ネティ	ニュフェルド	Neumeier
ネッサ*	Nesvadba	ネティー	ノイフェルト	ニューマイヤー*
NessAiver	ネスヴァードバ	Nettl	Neufeldt	ノイマイヤー*
ネスエイバー	ネスヴァドバ	ネットゥル	ニューフェルツ	Neumeister
Nessbaum ヌスバウム	ネズヴァドバ	ネットル	ノイフェルト	ノイマイスター*
Nesse	ネスバードバ	ネットゥル	Neufert ノイフェルト	Neumer ノイマー
ネシー*	ネスワドバ	ネトル*	Neuffer ニューファー*	Neumeyer ノイマイア
ネス	Nesyri ネシリ	Nettlau	Neufville	Neunann ノイマン
ネッセ	Neta ネタ*	ネットラウ*	ヌウフビル	Neundörfer
Nesselman	Netani ネタニ	ネトラウ	ノイフヴィレ	ニュードファー
ネッセルマン	Netanyahu	Nettle	Neugarten	Neunecker
Nesselrode	ネタニヤフ**	ネットル	ニューガーテン	ノイネッカー
ネッセリローデ	Netara ネタラ	ネトル*	Neugebauer	Neuner ノイナー**
ネッセルローデ	Netboy ネットボーイ	Nettleford	ノイゲバウア	Neunguk ヌンウック
Nesser ネッセル**	Netelenbos	ネトルフォード	ノイゲバウアー*	Neunheuser
Nessi ネッシ*	ネーテレンボス	Nettles	ノイゲバウエル	ノインホイザー
Nessí	Neteler ネテラー	ネトルズ	Neugeboren	Neunzig
ネシ	Neter ニーター	ネトレス	ニューゲボーレン	ノインツィヒ*
ネッシ	Netessine ネテッシン	Nettleship	ノイゲボーレン	Neuper ノイパー
Nessie ネッシー	Nethenus	ネトゥルシップ	Neugroschel	Neupert ノイペルト
Nessim ネッシム	ネテーニュス	Nettleton	ノイグレッシェル	Neurath
Nessina ネッシーナ	Nethercott	ネットルトン*	Neugröschel	ノイラート***
Nessler ネスラー	ネザーコット	ネトルトン	ノイグレッシェル	Neureiter
Nessou ネッス	Netherland	Netto	Neuharth	ニューライタ*
Nest ネスト	ニーザーランド	ネット	ニューハース**	Neureuther
Nesta ネスタ**	Netherton ネザートン	ネットー*	Neuhaus	ノイロイター*
Nesterenko	Nethery ネザリー	ネト	ニューハウス	Neurohr ノイロール
ネステレーンコ	Netho ネソ	Netty ネッティー	ネイガーウズ	Neuronimus
ネステレンコ*	Netjerwiimef	Netumbo	ノイハウス**	ノイロニムス
Nesterov ネステロフ	ネチェルウィネフ	ネツンボ	Neuhausen	Neuschel ニューシェル
Nesterovic	ネブイイムエフ	ネトゥンボ	ノイハウゼン	Neuschutz ノイシュツ
ネスタロビッチ	Netke ネトケ	Netz ネッツ	Neuhof ノイホーフ	Neuschütz
Nesti ネスティ	Netland	Netzel ネッツェル	Neuhoff ニューホフ	ニューシュツ
Nestico ネスティコ	ネットランド	Netzer ネッツァー*	Neuhold ノイホルト	ノイシュツ*
	ネトランド	Netzler ナッツラー	Neukam ニューカム	
		Neubauer	Neukirch ノイキルヒ*	Neuser ノイザー*
		ヌーバウアー*		
		ノイバウアー		

Neusidler
　ノイジードラー
Neusner
　ニューズナー
　ノイスナー
　ノイズナー
Neuss ノイス
Neuß ノイス
Neusser ノイサー
Neustadt
　ニュースタット
Neustadter
　ノイシュテッター
Neustupný
　ネウストプニー*
Neuton ニュートン
Neutra ノイトラ*
Neutsch
　ノイチュ*
　ノイッチュ
Neutze ノイツェ
Neuvel ヌーヴェル
Neuville
　ヌーヴィーユ
　ヌヴィル*
　ヌビル
　ノイヴィル*
　ノイビレ
Neuwirth
　ニューワース
　ノイヴィルス
　ノイヴィルト
Nev ネヴ
Neva ネヴァ
Nevada
　ネヴァダ*
　ネバダ*
Nevala ネバラ
Nevanlinna
　ネヴァンリンナ
　ネバンリンナ
Nevansuu ネバンスー
Nevatia ネバティア
Neve
　ニーヴ
　ネーヴ
　ネービー
　ネーブ*
Nevedomsky
　ネヴェドムスキー
Nevejean ネヴェジアン
Neveling
　ネーヴェリング
Nevel'ski
　ネヴェリスキー
　ネヴェリスコーイ
　ネヴェリスキー
　ネベリスコイ
Nevelson
　ニーヴェルスン
　ニーヴェルソン
　ニーベルスン
　ニーベルソン*
　ニベルソン
　ネヴェルスン
　ネヴェルソン
　ネベルソン

Nevel'son ネベルソン
Neven
　ネヴェン
　ネーブン
　ネベン
Nevena ネヴェナ
Nevenka ネヴェンカ
Nevens
　ネーヴェンス
　ネヴェンズ
Neverauskas
　ネベラスカス
Neverla ニィベルラ
Nevermann
　ネヴァーマン
　ネーヴェルマン
　ネーバーマン
Neverov
　ネウエーロフ
　ネヴェーロフ
　ネヴェーロフ*
　ネブエロフ
　ネベーロフ
　ネベロフ
Neverova
　ニェヴロワ
　ネヴェロワ
　ネベロワ
Neverovic
　ネベロビッチ
Nevers
　ネヴァース
　ネバース
Neves
　ニーヴス
　ネヴィス
　ネーヴェス
　ネヴェス
　ネビス*
　ネベス**
Neveu
　ヌヴー
　ヌブ
　ネヴィエ
Neveux
　ヌヴー
　ネルヴォー
Nevezhin ネヴェジン
Neviana ネビアナ
Neviandt
　ネーヴィアント
Nevil
　ネイビル
　ネヴィル**
　ネービル
　ネビル
Nevile ネヴィル
Nevill
　ネーヴィル
　ネビル*
Neville
　ヌヴィル
　ネーヴィル
　ネヴィル**
　ネビーリェ
　ネビル***
Nevillne ネビール
Nevin
　ニーヴン
　ネヴィン**

　ネービン*
　ネビン*
Nevins
　ネヴィンズ*
　ネビンス
　ネビンズ**
Nevinson ネヴィンソン
Nevio ネビオ
Nevison ネビソン
Nevitt ネヴィット
Nevitta ネヴィッタ
Nevitte ニヴィット
Nevius
　ニーヴィアス
　ネヴィアス
　ネヴィウス
Nevizâde ネヴィザーデ
Nevo
　ニーヴォー
　ネヴォ
Nevola ネヴォラ
Nevrūz ナウルーズ
Nevşehirli
　ネヴシェヒルリ
Nevskaya ネフスカヤ
Nevskii
　ネウスキー
　ネフスキー**
　ネフスキイ
Nevzat
　ネヴザット
　ネブジャト
Nevzorov
　ネヴゾロフ
　ネフゾロフ
　ネブゾロフ
Nevzorova
　ネヴゾーロヴァ
New ニュー*
Newall
　ニューアル
　ニュウォール
　ニューオール**
　ニューオル
Newark ニューアーク
Newart ニューアート
Neway ニューウェー
Newaya ネワヤ
Newayechristos
　ネワイクリストス
Newberg
　ニューバーグ*
Newberry
　ニューベリ
　ニューベリー**
Newbery
　ニューベリ
　ニューベリー***
　ニューベリー
Newbigin
　ニュービギン
Newble ニューブル
Newbold
　ニューボウルド
　ニューボールド*
　ニューボルド*
Newbolt ニューボルト
Newbon ニューボン

Newborn
　ニューボーン*
Newbould
　ニューボールド
Newbrough
　ニューブロー
Newbrun ニューブルン
Newburn ニューバーン
Newbury
　ニューベリー*
Newby
　ニュービー***
　ニュービイ
Newcastle
　ニューカースル
　ニューカスル
　ニューカッスル*
　ニューキャッスル
Newcomb
　ニウカム
　ニウコンム
　ニューカム**
　ニューコウム
　ニューコム*
Newcombe
　ニューカム**
Newcomen
　ニューカメン
　ニューコメン
Newcomer
　ニューカマー
Newdick
　ニューディック*
Newdigate
　ニューディゲイト
Newdson ニウドソン
Newell
　ニウエル
　ニューウェル**
　ニュウエル
　ニューエル**
　ネウェル
Newenham ニューナム
Newerly ネヴェリリ
Neweroff ネヴェーロフ
Newesely ネベスリー
Newey ニューウェイ
Newfeld
　ニューフェルド
Newfield
　ニューフィールド
Newgarden
　ニューガーデン
Newhall
　ニューホール*
Newham ニューハム*
Newhard ニューハード
Newhart ニューハート
Newhouse
　ニューハウス**
Newhouser
　ニューハウザー
Ne Win
　ネイウィン
　ネーウィン
Newitt
　ニューイット
　ネウィット

Newitz ニューイッツ
Newkey ニューキー
Newkirk
　ニューカーク*
Newlan ニューラン
Newland
　ニューランド*
Newlands
　ニューランズ
Newley
　ニューリー
　ニューレイ
Newlin ニューリン
Newlinsky
　ネヴリンスキー
Newlon ニューロン
Newlyn ニューリン
Newman
　ニュマン
　ニューマン***
Newmann ニューマン
Newmar ニューマー
Newmarch
　ニウマアチ
　ニューマアチ
　ニューマーチ
Newmark
　ニューマーク*
Newmeyer
　ニューマイヤー*
　ニューメイア
Newmyer
　ニューマイヤー
Newnel ニューネル
Newnes ニューンズ
Newnham ニューナム
Newport
　ニューポート*
Newquist
　ニューキスト
　ニュークウィスト
Newsholme
　ニウスホルム
　ニューショルム
　ニューズホーム
Newsom
　ニューサム*
　ニューザム
　ニューソン
Newsome
　ニューサム*
　ニューサム
Newson ニューソン*
Newstead
　ニューステッド
Newstetter
　ニューステッター
Newstrom
　ニューストローム
Newt ニュート**
Newth
　ニュート*
　ヌート
Newton
　ニウトン
　ニュートン***
Newtone ニュートン

Newzam ニューザム / ニューザン
Nexhati ネジャティ
Nexo ネクセ / ネクセー
Nexø ネクセ* / ネクセー*
Nexon ネクソン
Ney ナイ / ニー / ネー / ネイ*
Neyazi ネヤジ
Neyer ナイヤー
Neygauz ネイガウス
Neyhart ネイハート
Neykov ネイコフ
Neykova ネイコバ**
Neylon ナイロン / ネイロン*
Neyman ネイマン / ネーマン
Neymar ネイマール**
Ne-Yo ニーヨ*
Neypatraiky ネイパトライキ
Neyra ネイラ
Neyrand ネラン*
Neysa ネイサ
Neyts ネイツ
Nez ネズ
Nežádal ネジャーダル
Nezahualcóyotl ネサウアルコヨトル / ネサワルコヨトル
Nezām ネザーム
Nezāmīye ネザーミーイェ
Nezāmoddīn ネザーモッディーン
Nézet ネゼ*
Nezhdanova ネジダーノヴァ / ネジダノヴァ / ネジダーノワ
Nezhdet ネジデト
Neziha ナジハ / ネジハ
Neziri ネツィリ
Nezlin ニェズリン
Neznanskii ニェズナンスキー / ニェズナンスキイ
Nezu ネズ
Nezval ネズヴァル* / ネズバル
Nezworski ネゾースキ
Nfuma ヌフマ

Nfumu ヌフム
Ng アング / イン / イング / ウー / ウン* / エン / ゴー / ヌ* / ヌグ / ン* / ング*
Nga ガー* / グァ
Ngabehi ンガベヒ
Ngabo ヌガボ
N'gade ヌガデ
Ngafuan ヌガファン
Ngag dbang ガクワン / ガワン / ンガワン
Ngah ガー
Ngai ナイ / ヌガイ / ンガイ
Ngailo ンガリオ
Ngaio ナイオ** / ンガイオ
Ngaire ウンゲレイ
Ngake ガケ
Ngako Tomdio ヌガコトムディオ
Ngakoue ガーコウ
Ngala ヌガラ
Ngalale ヌガラレ
Ngalle ヌガル
Ngalula ヌガルラ
Ngam ンガム
Ngamanda ムガマンダ
N'Gambani ガンバニー / ヌガンバニ
Ngambia ヌガンビア
Ngammuang ガムムアン
Ngamsang ガムーサン
Ngan ガン / グァン / ヌン
Ngandajina ヌガンダジーナ
Ngandu ヌガンドゥ
Nganga ンガンガ
Ngangura ンガングラ
Nganou Djoumessi ヌガヌジュメシ
Ngaokrachang ンガオクラチャン
Ngarambe ヌガランベ

Ngarbatina ヌガルバティナ
Ngardiguina ヌガルディギナ
Ngari ヌガリ
Ngariera ヌガリエラ
Ngarikutuke ヌガリクツケ
Ngarimaden ヌガリマデン
Ngarlenan ヌガーレナン
Ngaro ヌガロ
Ngarso ヌガルソ
Ngasongwa ヌガソンガ / ヌガソングワ
Ngata エンガタ / ナータ / ヌガタ / ンガタ
Ngatai ガタイ
Ngatjizeko ヌガチゼコ
Ngauamo ナグアモ
Ngaunje ヌゴンジェ
Ngawang ガワン / ガンワン
N'gawara ヌガワラ
Ngcamphalala ヌガンパララ
Ngcobo グコボ / ゴッボ***
Ngconde ヌコンデ
Ngcuka ヌグカ
Ngedup ニドゥップ
Ngeema ニーマ
Ngele ヌゲレ
Ngeleja ヌゲレジャ
Ngema ンゲマ*
Ngemngam ンゲームンガーム
Ngendahayo ヌゲンダハーヨ / ヌジェンダハヨ
Ngendanganya ヌゲンダンガニャ
Ngenga ヌジェンガ
Ngengi エンゲンギ
Ng'eny ヌゲニ
Ngenyi ゲニー / ヌゲニ*
Nghe ゲ
Nghệ Tông ゲトン
Nghi ギ** / ギー / ニー
Nghia ギア*
Nghidinwa ヌギディンワ

Nghiem ギエム* / ニェム / ニエム / ニーム
Nghiep ニエップ
Nghimtina ヌギムティナ
Ngige ヌギゲ
Ngilu ヌギル
Ngimbi ヌギンビ
Ngimbu ヌギンブ
Ngin ギン
Ngiraingas ニライガス
Ngiraked エラケツ*
Ngirmang ニルマン
Ngo グォ / ゴ* / ゴー* / ンォ / ンゴー
Ngô ゴ / ゴー*
Ngoc グォック / ゴク*** / ゴック**
Ngọc ゴック*
Ngo Chew ウノチュウ
Ngoepe ンゴエペ
Ngogwanubusa ヌゴグワヌブサ
Ngoi ンゴイ*
Ngoie ンゴイ
Ngole Ngwese ヌゴレヌグウェセ
Ngolle Ngolle ヌゴルヌゴル
N'Golo エンゴロ
Ngom ヌゴム
Ngoma ヌゴマ
Ngoma Madoungou ヌゴママドゥング
Ngomane エンゴマニ
Ngomo Mbengono ヌゴモムメノノ
Ngon グォン
N'gon Baba ヌゴンババ
Ngongo ヌゴンゴ
Ngor ガオ / ニョール* / ニョル / ヌゴル
Ngor chen ゴルチェン
Ngosa ヌゴサ
N'Gotty エンゴティ
Ngouabi ヌグアビ
Ngouandjika ヌガンジカ

Ngoua Neme ヌグアヌム
Ngoubeyou ヌグベユ
Ngoubou ヌグブ
Ngouille ヌグイユ
Ngoulou ヌグル
N'goulou ヌグル
Ngouonimba ヌグオニンバ
Ngowembona ヌゴウェムボナ
Ngoy エンゴイ / ゴイ / ヌゴイ
Ngoyi ヌゴイ / ンゴイ
Ngozi ヌゴジ / ンゴズィ**
Ngozichineke ヌゴジチネケ
Ngu グ / ヌグ
Ngŭ グー
Ngua ヌグア
Ngubane ヌグバネ / ングバネ
Ngueadoum ヌゲアドゥーム
Nguele ヌグル
Nguema ヌゲマ**
Nguema Esono ヌゲマエソノ
Nguema Mba ヌゲマムバ
Nguemaobiang Mangu ヌゲマオビアンマング
Nguema Obono ヌゲマオボノ
Nguene ヌゲヌ
Nguenha ヌゲーニャ
N'guessan ヌゲサン / ンゲッサン
Nguesso ヌゲソ**
Ngugi エングギ / グギ** / ヌグギ / ングーギ
Ngũgĩ エングギ / グギ / ヌグギ / ングギ
Nguhenha ヌゲニャ
Nguimbi ヌギンビ
Nguinda ヌグインダ
Ngulube ングルーベ
Ngum グム
Ngung グン

Nguni ヌグニ
Ngunza ングンザ
Ngurah グラ
Ngute ヌグトゥ
Ngutu ヌグトゥ
Nguy
　グイ
　ングイ
Nguyen
　ウェン*
　グエン***
　グエン***
　グュエン
　グレン
　ニェン
　ニューエン*
　ニュエン
Nguyén グエン
Nguyên
　グェン
　グエン***
Nguyễn グエン
Nguyển グエン*
Nguyet
　グェット
　グエット
Nguza ヌグザ**
Ngwaboubou
　ヌグワブブ
Ng'wandu
　ヌグワンドゥ
Ngwanmessia
　ヌグワンメッシア
Ngwe グエ
Ngwenya ングウェニア
Ngwenyama
　ニュエンヤマ
Ngwilizi ヌグウィリジ
Nha
　ナ
　ニャ*
Nhac ニャック
Nhaca ニャッカ
Nham ニャム*
Nhậm ニャム
Nhamajo ヌハマジョ*
Nhambiu ニャンビウ
Nhan ニャン*
Nhānālāl
　ナーナーラール
Nhasse
　ナセ
　ニャス
Nhat
　ナット**
　ニャット**
Nhât ニャット**
Nheira ネイラ
Nhek
　ニャク
　ニュク
Nhema ネマ
Nhep ネプ
Nhi ニ
Nhial ニアル

Nhiek ニエク
Nhiem ニエム
Nhiep ニェプ
Nhiwatiwa ニワティワ
Nhlanhla
　ヌシュランシュラ
　ヌーランラ
Nhlapo ヌラポ
Nhleko ヌシュレコ
Nho ノ
Nhok ニョック
Nhongo ノンゴ
Nhouy ニウイ
Nhu
　ニュ*
　ニュー*
　ニュウ
Nhuan ニュアン
Nhu Bang ニューバン
Nhung ニュン*
Nhunga ニュンガ
Nhuoc ニュオック
Nhuong ニュオン
Nhut ニュット
Nhuy ニュイ
Ni
　ニ*
　ニー*
Ní ニ**
Nia ニア*
Niakosari ニアコサリ
Nialé ニアレ
Niall
　ナイアル*
　ナイオール*
　ナイル*
　ニーアル*
　ニーアール*
　ニアル*
　ニール**
Niamh
　ニーアム*
　ニアム
Niandou ニアンドゥ
Niane
　ニアヌ
　ニアネ
　ニャン
Niang
　ニアン
　ニアング
　ニャン
　ニャン
　ニャング
Niangkouara
　ニアンクアラ
Niankoye ニャンコエ
Nian-long ニェンロン
Niarchos ニアルコス
Niare ニアレ
Nias ナイアス
Niasse
　ニアス
　ニアセ
Niazi ニアジ

Niāzmi ネザーミー
Nibali ニバリ
Nibbio ニッビオ
Nibbs ニブス
Nibelle ニベル
Nibert ナイバート
Nibigira ニビギラ
Nibiratije
　ニビラティジェ
Niblett ニブレット*
Nibley ニブリー
Niblo ニブロ
Niblock ニブロック
Nibuya ニブヤ
Nic ニック**
Nica ニカ
Nicaise ニケス
Nicander ニカンデル
Nicanor
　ニカノール***
　ニカノル**
NiCarthy
　ニッキャーシー*
Nicasio ニカシオ
Nicastro ニカストロ*
Nicaud ニコー
Nicci
　ニッキ**
　ニッチ
Nicco ニコ
Niccodemi
　ニッコデーミ*
Niccol ニコル*
Niccoli
　ニッコーリ
　ニッコリ*
Niccolini ニッコリーニ
Niccolo
　ニコロ
　ニッコロ*
Niccoló ニッコロ**
Niccolò
　ニコーラ
　ニコラ
　ニコロ**
　ニッコロ**
　ニッコロー
Niccolō ニッコロ
Niccum ニッカム
Nice
　ナイス*
　ニーセ
　ニーチェ
Nicephore
　ニスフォール
Nicéphore
　ニセフォア
　ニセフォール**
Nicephorus
　ニケフォルス
　ニケーフォロス
　ニケフォロス
Nicetas ニケタス
Nicetius
　ニケーティウス
　ニケティウス

Nichani ニチャニ
Nichanian
　ニシャニアン*
Nichelle
　ニシェール
　ニシェル
　ニッシェル
Nichelmann
　ニヒェルマン
　ニヘルマン
Nichetti ニケッティ
Nichiforov
　ニチフォロフ
Nichita ニキタ
Nichkasov ニチカソフ
Nichol ニコル**
Nichola ニコラ
Nicholaeus
　ニコラエウス
Nicholai ニコライ*
Nicholaisen
　ニコライセン
Nicholas
　ニクラス
　ニコラ**
　ニコライ*
　ニコラス***
　ニック*
Nicholasa ニコラサ
Nicholaus ニコラウス*
Nicholaw ニコロー
Nichole ニコル*
Nicholi ニコライ
Nicholl ニコル*
Nicholls
　ニコルス
　ニコルズ**
Nichols
　ニコラス
　ニコルス
　ニコルス***
　ニコルズ***
Nicholsen ニコルセン
Nicholson
　ニコルスン*
　ニーコルソン
　ニコルソン***
Nicholson-Lord
　ニコルソン
Nichopoulos
　ニコポウラス
Nicia ニシア
Nicieza ニシーザ
Nick ニック***
Nickel
　ニケル
　ニッケル*
Nickell ニッケル
Nickells ニッケルス
Nickels ニッケルズ
Nickelson ニケルソン*
Nickens ニッケンス
Nickerson
　ニッカースン
　ニッカーソン*
Nickey ニッキー
Nickhun ニックン

Nicki
　ニキ
　ニッキー*
Nickie ニッキー
Nickl
　ニイクル
　ニクル
　ニックル
Nicklas ニクラス**
Nicklaus
　ニクラウス**
　ニクラス
Nicklen ニックレン
Nickles
　ニクルス
　ニクルズ**
Nicklin
　ニクリン*
　ニックリン
Nicklisch
　ニクリッシュ
　ニックリシュ
　ニックリッシュ*
Nickola ニコラ
Nickolai ニコライ
Nickolas ニコラス*
Nickolay
　ニコライ
　ニコリー
Nickoloff ニコロフ
Nickon ニッコン
Nicks ニックス**
Nickson
　ニクソン*
　ニックソン
Nicky
　ニッキ
　ニッキー***
　ニッキィ
Niclaes ニクラエス
Niclas
　ニクラス
　ニコラウス
Niclaus
　ニクラウス*
　ニコラウス
Nicloux ニクルー
Nico
　ニーコ
　ニコ**
　ニーコウ
　ニッコ
Nicocia ニコシア
Nicod ニコ
Nicodé ニコデ
Nicodemos ニコデモス
Nicodemus
　ニコデマス
　ニコデムス
Nicogossian
　ニコゴシアン
Nicol
　ニコール
　ニコル***
Nicola
　ニコーラ
　ニコラ***
　ニコライ
　ニコロ

Nicolescu ニコレスク
Nicolaas
　ニーコラース
　ニコラース
　ニコラス
Nicolae
　ニコライ
　ニコラエ***
　ニコレ
Nicolaes
　ニコラウス
　ニコラース
　ニコラス
Nicolaescu
　ニコラエスク
Nicolăescu ニコラエス
Nicolaevich
　ニコラーエヴィチ
Nicolaevsky
　ニコラエフスキー
Nicolai
　ニコライ***
　ニルス
Nicolaï ニコライ
Nicolaides
　ニコライズ
　ニコライデス*
Nicolaidi ニコライディ
Nicolaie ニコラエ
Nicolaier ニコライエル
Nicolaisen
　ニコライセン*
Nicolaj ニコライ
Nicolao
　ニコラーオ*
　ニコラオ
Nicolaos ニコラオス
Nicolaou ニコラウ*
Nicolas
　ニコス
　ニコラ***
　ニーコラス
　ニコラース*
　ニコラス***
Nicolás
　ニコラース
　ニコラス***
Nicolass ニコラース
Nicolau ニコラウ*
Nicolaus
　ニコラ
　ニーコラウス
　ニコラウス***
　ニコラオス
　ニコラス*
Nicolay
　ニコライ
　ニコレー
　ニコレイ
　ニック
Nicole
　ニコラ
　ニコラウス
　ニコール***
　ニコル***
　ニコレ
Nicole Broch
　ニコルブロヒ
Nicolelis ニコレリス*

Nicolet ニコレ***
Nicolete ニコレート
Nicoleti ニコレティ
Nicoletta ニコレッタ*
Nicolette
　ニコレッティ
　ニコレット**
Nicoletti ニコレッティ
Nicoletto ニコレット
Nicolien ニコリーン*
Nicolin ニコラン
Nicolini ニコリーニ
Nicolino
　ニコリーノ
　ニコリノ
Nicolis
　ニコーリス
　ニコリス*
Nicoll
　ニコール
　ニコル**
Nicolle ニコル**
Nicollette ニコレット
Nicollin ニコリン*
Nicolls ニコルズ
Nicolo
　ニコラウス
　ニコロ
Nicol'o ニコロ
Nicolò ニコロ**
Nicolodi ニコロディ
Nicoloff ニコロフ
Nicolosi ニコローシ
Nicoloso ニコローゾ
Nicolovius
　ニコロヴィウス
Nicols
　ニコルス
　ニコルズ
Nicolson
　ニコルスン
　ニコルソン**
Nicomachos
　ニコマコス
Nicomachus
　ニコマクス
Nicomede ニコメデス
Nicomedes ニコメデス
Nico Miguel
　ニコミゲル
Nicos ニコス**
Nicosia
　ニコージア
　ニコシア
Nicot
　ニコ
　ニコー
Nicotera
　ニコーテラ
　ニコテラ
Nicoué ニクエ
Nics ニックス
Nictzin
　ニクツィン
　ニッツィン
Nicu ニク

Niculae ニクラエ*
Niculescu ニクレスク
Nicuolo ニクオロ
Nida
　ナイダ*
　ナイダー
　ニーダ
　ニダ
Nidal ニダル*
Nideffer
　ナイデファ
　ナイデファー
Nidel ニーデル
Nider ニーダー
Niderer ニーデラー
Niderst ニデール
Nidhan ニドフ
Nidhi
　ニティ
　ニディ**
Ní Dhomhnaill
　ニゴーノル
Nidia ニディア
Niditch ニディッチ
Nido ニド
Nidra ニードラ
Nidzaradze
　ニジャラージェ
Nie ニー
Niebauer ニーバウアー
Niebel ニーベル
Niebelschütz
　ニーベルシュッツ
Nieberding
　ニーベルドング
Niebergall
　ニーバーガル
　ニーバガル
　ニーベルガル
Nieberl ニーベール
Niebuhr
　ニーバー*
　ニーブーア
　ニーブーアー
　ニーブア
　ニーブール
Nieburg ニーバーグ
Niebyl ニービル
Niecisław
　ニェツィスワフ
Niecks ニークス
Niedan ニーダン
Niedecker
　ニーデカー
　ニーデッカー
Nieder ニーダー
Niederberger
　ニーダーベルガー
　ニーダーベルガアー
Niederehe
　ニーデレーエ
Niederer ニーデラー
Niederfranke
　ニーダーフランケ
Niederhauser
　ニーデルハウゼル

Niederhäuser
　ニーダーホイザー
Niederhoffer
　ニーダーホッファー
　ニーダホッファ
　ニーダホッファー
Niederkirchner
　ニーデルキルヒナー
Niederle ニーデルレ
Niederlechner
　ニーダーレヒナー
Niederley
　ニーデルレー
Niederman
　ニーダーマン
Niedermann
　ニーデルマン
Niedermayer
　ニーダーマイヤー*
Niedermeier
　ニーダーマイアー
　ニーダーマイヤー
Niedermeyer
　ニーダマイアー
　ニーダーマイヤー
　ニーデルマイアー
　ニーデルメイェール
　ニデルメイアー
　ニデルメイエール
Niedernhuber
　ニーデルンフーバー
Niederreiter
　ニーダーライター
Niederst ニーダースト
Niederwöhrmeier
　ニーダーヴェールマイアー
Niedner ニートナー
Niedt ニート
Niedzwiedzki
　ニエドビエッキ
Niefer ニーファー*
Nieh ニエ
Niehans ニーハンス
Niehaus
　ニーハウス***
Niehoff ニーホフ*
Niehörster
　ニーホルスター
Niek ニク
Niekawa ニエカワ
Niekisch ニキシュ
Niekrasov
　ネクラーソフ
Niekro ニークロ**
Niel
　ニエル
　ニール**
Nieländer
　ニーレンダー
Nield ニールド
Niele ニエレ
Niellius ニエリウス
Niels
　ニーイルス
　ニイルス
　ニェルス
　ニュース

ニール
ニールス***
ニールズ*
ニルス**
ネールス
Nielsen
　ニールスン
　ニールセン***
　ニールゼン
　ニルセン*
　ネルセン
Nielsson ニールソン
Niem
　ニェム
　ニーム
Nieman ニーマン*
Niemann ニーマン**
Niemcewicz
　ニェムツェーヴィチ
　ニエムツェヴィチ
　ニェムツェービッチ
　ニエムツェビッチ
Niemczyk
　ニエムチク
　ニエンチク
Niemczynowicz
　ニェムチノウィッツ
Niemesch ニーメシュ
Niemetschek
　ニーメチェク
Niemeyer
　ニイマイヤー
　ニイメール
　ニイメル
　ニーマイアー*
　ニーマイヤー***
　ニーマイル
　ニーメイヤー
Niemi ニエミ**
Niemiec
　ニエミエツ
　ニーミック
Nieminen
　ニエミネン**
Niemöler ニーメラー
Niemöller
　ニーメラー**
Niemtzow
　ニームツォウ
Nien
　ニエヌ
　ニエン
Nienaber ニネバー
Nien Jen
　ニエヌジェヌ
　ニェンチェン
Nien-jen ニェンズン
Nienke ニーンケ
Nienow ニーナウ
Niepanhui ネハンカイ
Niepce ニエプス*
Niépce
　ニエープス
　ニエプス
Niepold ニーボルド
Nieporte ニーポート
Nier ニール
Niere ニール

Nieremberg
ニーレンベルク
Nierenberg
ニィーレエンベルク
ニーレンバーク
ニーレンバーグ*
Nierendorf
ニーレンドルフ
Nieri ニエーリ
Nieritz ニーリッツ
Niermala ニールマラ
Nierman ニールマン
Niermans ニエルマン
Nies ニース*
Nies-Berger
ニースバーガー
Niese
ニース*
ニーゼ
Niesel ニーゼル
Niesen
ニーセン
ニーゼン
Niesewand
ニーズウォンド
ニースワンド*
Niessel ニエッセル
Niessen ニーセン*
Niesten ニーステン
Niet ニエット
Nieta ニエタ
Nietfeld
ニートフェルト
Niethammer
ニートハマー
ニートハンマー
Nieto
ニエト
ニエト*
ニート
Nietzsche
ニイチェ
ニーチェ*
Nieuwenburg
ニューウェンブルク
ニューベンブルク
Nieuwendyk
ニューエンダイク*
Nieuwenhuijzen
ニウェンハウゼン
Nieuwenhuis
ニーウェンハイス
ニーヴェンホイス
ニューウェンハイス*
ニューヴェンフイス
Nieuwenhuys
ニューウェンハイス
ニューウェンヒュー
ニューヴェンフイス
Nieuwenhuysen
ニーベンヒューゼン
Nieuwerburgh
ニューワーバー
ニューワーバーグ
Nieuwerkerke
ニューヴェルケルク
Nieuwkoop
ニューコープ

Nieuwland
ニューランド
Nieuwroode
ネイエンローデ
Nieuwsma ニュースマ
Nieuwstadt
ニューブスタト
Nieve Arroyo
ニエベアロヨ
Nievergelt
ニイベルゲルト
ニーバージェルト
ニーファゲルト
ニーフェルゲルト
Nieves
ニエヴェス
ニエベス**
ニーベス
Nievo
ニエーヴォ
ニエヴォ
ニェーボ
ニエーボ
Nievod ニーボッド
Niewiadoma
ニエウィアドマ
Niezabitowska
ニエザビットフスカ
ニエザビットフスカ
ニエザビツフスカ
Niffarī ニッファリー
Niffenegger
ニッフェネガー*
ニフネガー
Niflot ニフロット
Nifo
ニーフォ
ニフォ
Nifontov
ニフォントフ**
Nig ニグ
Niga ナイガ
Nigam ニガム
Nigantha ニガンタ
Niganṭha ニガンタ
Nigârî ニギャーリー
Nigel
ナイゲル
ナイジェール
ナイジェル***
ニゲル
ニジェル
Niger
ニガー
ニゲル
Níger ニゲル
Nigetti ニジェッティ
Nigg
ニグ*
ニック
ニッグ
Niggle ニッグル
Niggli
ニグリ
ニッグリ
Nigh ナイ*
Night ナイト**

Nighthorse
ナイトホース*
Nightingale
ナイチンゲル
ナイチンゲール**
ナイティンゲル
ナイティンゲール*
Nighy ナイ*
Nigidius ニギディウス
Nigina ニギナ
Nigkan ニンカン
Niglio ニグリオ
Nigmatilla
ニグマティッラ
Nignon ニニョン
Nigretti ニグレッティ
Nigri ニグリ
Nigrinus ニグリヌス
Nigris ニグリス
Nigro ニグロ
Nigrodha ニグローダ
Niguez ニゲス
Nihad ニハド
Nihal
ニハール
ニハル
Nihāla ニハーラ
Nihangaza ニハンガザ
Nihant ニーハン
Nihat
ニハット
ニハト
Nihel ニヒル
Nihill ニヒル
Nii
ニー
ニイ
Niikkari ニッカリ
Niimura ニイムラ*
Niinikoski
ニーニコスキ
Niinistö
ナイニスト
ニーニスト*
Niiranen ニーラネン
Niittymaa
ニーティマー
Nijat ニヤト
Nijboer
ナイボール
ネイブール
Nijenhuis
ナイエンフイス
Nijenroode
ネイエンローデ
Nijhoff ネイホフ
Nijhout
ナイハウト
ニジャウト
Nijhuis ネイハイス
Nijimbere ニジムベレ
Nijinska ニジンスカ*
Nijinskii ニジンスキー
Nijinsky
ニジンスキー*

ニジンスキィ
Nijjar ニジャール
Nijkamp
ナイカンプ*
ネイカンプ
Nijland ナイランド
Nijole ニジョーレ
Nijssen ネイセン
Nik ニック**
Nika ニカ
Nikainetos
ニカイネトス
Nikainetos
ニカイネトス
Nikala ニカラ
Nikalay ニコライ
Nikals ニクラス
Nikander ニカンダー
Nikandr ニカンドル
Nikandros
ニカンドロス
Nikandros
ニーカンドロス
ニカンドロス
Nikandrov
ニカンドロフ
Nikänen ニッカネン
Nikanor ニカノル
Nikanōr
ニカノール
ニカノル
Nikanorovič
ニカノーロヴィチ
Nikanorovich
ニカノロヴィチ
ニカノロヴィッチ
Nikarchos
ニーカルコス
ニカルコス
Nikator
ニカトール
ニカトル
Nikcevic ニクツェビチ
Nike
ナイキ
ニーケ
ニケ
Nikendei ニッケンディ
Nikephoros
ニケーフォロス
ニケフォルス
Nikēphóros
ニキフォロス
ニケーフォルス
ニケフォロス
Nikesh ニケシュ*
Niketas ニケタス
Nikētas ニケータス
Nikhamen ニハミン
Nikhil
ニキル
ニヒル
Nikhilananda
ニキラーナンダ*
Nikhilesh ニキルシュ

Niki
ナイキ
ニキ**
Nikias
ニーキアース
ニキアス
Nikica
ニキツァ*
ニキッツァ
Nikiema ニキエマ
Nikifor ニキフォル
Nikiforos ニキフォロス
Nikiforov
ニキフォロフ
ニキフォーロフ
Nikiforovich
ニキフォロヴィチ*
ニキフォロヴィッチ
Nikiforovskii
ニキフォロフスキー
Nikiphoros
ニキフォーロス
Nikiprowetzky
ニキプロウェツキー
Nikisch
ニキシュ*
ニキッシュ
Nikishin ニキシン
Nikita
ニーキータ***
ニキタ*
Nikitas
ニーキータス*
ニキタス
Nikitich
ニキーチチ
ニキティチ
Nikitichna
ニキーチチナ
Nikitin
ニキーチナ
ニキーチン***
ニキーチン**
ニキティン*
Nikitina
ニキーチナ*
ニキチナ
ニキーティナ
Nikitine ニキーチン
Nikitovich
ニキトヴィチ
Nikka ニッカ*
Nikkanen ニッカネン
Nikki
ニキ
ニッキ**
ニッキー**
ニッキィ
Nikky ニッキー*
Nikl ニクル
Niklander
ニクランダー
Niklas
ニクラス***
ニコラス
Niklaus
ニークラウス
ニクラウス**
ニコラウス

Niklitschek ニクリチェック
Niklos ニコラス
Nikly ニクリイ*
Niko ニコ***
Nikobamye ニコバミェ
Nikoboulē ニコブレ
Nikodamos ニコダモス
Nikodem ニコデム
Nikodēmos
 ニコデムス
 ニコデモ
 ニコデーモス
 ニコデモス
Nikódēmos
 ニコデーモス
Nikodemus
 ニコデームス
Nikodinov
 ニコディノフ
Nikodym ニコディム
Nikol ニコル
Nikola
 ニコラ***
 ニコラス
Nikolaas
 ニコ
 ニコラース
 ニコラス*
Nikolae ニコラエ
Nikolaev
 ニコラーエフ
 ニコラエフ**
Nikolaeva
 ニコライエワ
 ニコラーエヴァ*
 ニコラエヴァ
 ニコラーエワ
 ニコラエーワ
 ニコラエワ**
Nikolaevič
 ニコラーエヴィチ
Nikolaevich
 ニコラァイェヴィッチ
 ニコライヴィチ
 ニコライエーヴィッチ
 ニコライエヴィッチ
 ニコライビッチ
 ニコラヴィチ
 ニコラーエヴィチ
 ニコラーエヴィチ
 ニコラエウィチ
 ニコラエヴィチ***
 ニコラーエヴィッチ
 ニコラエウィッチ
 ニコラエヴィッチ
 ニコラエヴィッチ*
 ニコラエービチ
 ニコラーエビッチ
 ニコラエビッチ*
 ニコラビッチ
Nikolaevichi
 ニコラーエヴィチ
Nikolaevitch
 ニコラエーヴィッチ
Nikolaevna
 ニコライエブナ
 ニコラーエヴナ
 ニコラエヴナ*

Nikoláevna
 ニコラエヴナ
Nikolaevskii
 ニコライエフスキー
 ニコラエフスキー
Nikolai
 ニコラーイ**
 ニコライ***
 ニコラス
Nikolaĭ ニコライ
Nikol'ai ニコライ
Nikolái ニコライ
Nikoláí ニコライ
Nikolaides
 ニコライデス
Nikolaidis
 ニコライディス
Nikolaidou
 ニコラウドウ
Nikolais ニコライ*
Nikolaishvili
 ニコライシビリ
Nikolaj
 ニコラーイ
 ニコライ*
Nikolajeva
 ニコラエヴァ*
Nikolaos
 ニコラ
 ニコラオ
 ニコラオス***
 ニコラス
Nikólaos ニコラオス
Nikolaou ニコラウ
Nikolas ニコラス**
Nikolaschka
 ニコラシカ
Nikolaus
 ニクラウス
 ニコウラス
 ニーコラウス
 ニコラウス
 ニコラウス***
 ニコラス*
Nikolay ニコライ***
Nikolayenko
 ニコラエンコ
Nikolayev ニコラエフ*
Nikolayeva
 ニコライエワ*
 ニコラーエワ
 ニコラエヴァ
 ニコラエワ
Nikolayevich
 ニコライエヴィチ
 ニコラエヴィチ**
Nikolayevna
 ニコラエヴナ
Nikole ニコール
Nikolev ニーコレフ
Nikolic ニコリッチ
Nikolić ニコリッチ**
Nikolici ニコリッチ
Nikolina ニコリナ
Nikolinakos
 ニコリナコス
Nikoline ニコリーネ
Nikoliskii ニコルスキー

Nikoljskij
 ニコーリスキー
Nikolla ニコラ
Nikolopoulos
 ニコロポロス
Nikolov
 ニコロフ**
 ニコロワ
Nikolova ニコロヴァ
Nikoloz ニコロズ
Ņikoloz ニコロズ
Nikoĺskii
 ニコリスキー
 ニコルスキー
Nikolsky
 ニコリスキー
 ニコルスキー
Nikom ニコム**
Nikomachos
 ニコマコス
Nikomedes ニコメデス
Nikomēdēs ニコメデス
Nikon
 ニーコン
 ニコン
Nikonenko ニコネンコ
Nikonov
 ニーコノフ
 ニコノフ**
Nikonovich
 ニコノーヴィチ
Nikophōn ニコポン
Nikora ニコラ
Nikoraevich
 ニコラエヴィチ
Nikorai ニコライ
Nikos
 ニコス**
 ニコラオス
Nikosthenes
 ニーコステネース
 ニコステネス
Nikostratos
 ニコストラトス
Nikotovich
 ニコトヴィチ
Nikpai ニコラエフ**
Niksch ニクシュ
Niku ニク
Nikulchina ニクルチナ
Nikulin
 ニクーリン
 ニクリン
Nikulina
 ニクリーナ*
 ニクリナ
Nikunj ニクンジ
Nikurin ニクーリン
Nikzad ニクザド
Nil ニル*
Nila
 ナイラ
 ニラ
Nīlakanta
 ニーラカンタ
Nilakanth ニラカンス

Nīlakaṇṭha
 ニーラカンタ
Niland
 ナイランド*
 ニーランド
Nilanjan ニランジャン
Nilda ニルダ*
Nile ナイル**
Nilekani ニレカニ*
Niles
 ナイルス*
 ナイルズ**
Nilesh ニーレシュ*
Nili ニリ
Nilima ニリマ
Nilin ニーリン
Nilis ニリス
Nilius ニリウス
Nill ニル
Nilla ニッラ
Nille ニール
Nilles ニレス
Nillson ニルソン
Nilma ニルマ
Nilner ニルナー
Nilo ニロ*
Nilofar ニロファル
Nilofer ニロファー
Niloofar ニルーファー
Niloufar ニルファー
Nils
 ニイルス
 ニールス
 ニルス***
 ニルズ*
Nilsen
 ニールセン*
 ニルセン*
Nils Jakob
 ニルスヤコブ
Nilson
 ニルセン
 ニルソン*
Nilsson
 ニルション
 ニルスソン
 ニルセン
 ニルソン**
 ニルソン***
Nilssön ニルセン
Nilstun ニルススン
Niluka ニルカ
Nilus
 ニール
 ニル
 ニールス
 ニルス
Nim ニム
Nima ニマ
Nīmā ニーマー
Nimal ニマル
Nimani ニマニ
Ni'mat Allāh
 ニーマトゥッラー
Nimatullah
 ニマトゥラー

Nimbārka
 ニンバールカ
Nimbona ニムボナ
Nimchenko
 ニムチェンコ
Nimeiry ヌメイリ
Nimer ニマー
Nimersheim
 ニマーシャイム
Nimesh ニーメシュ
Nimet ニメト
Nimibut ニミブット
Nimibutr ニミブット
Nimid ニミッド
Nimier ニミエ**
Nimit ニミット*
Nimittramongkhon
 ニミットモンコン
Nimitz ニミッツ**
Nimke ニムケ**
Nimley ニムレ
Nimmanahaeminda
 ニマンヘーミン
 ニマンヘミン*
Nimmanhemin
 ニムマーンヘーミン
Nimmer ニマー
Nimmo
 ニッモ
 ニモ**
 ニモー
 ニンモ*
 ニンモー
Nimo ニモ
Nimoy ニモイ**
Nimphius
 ニムフィウス
Nimri ニムリ
Nimrod
 ニムロッド
 ニムロデ
 ニムロド
Nims ニムズ
Nimsakul ニムサクン
Nimsgern
 ニムスゲルン
Nimubona ニムボナ
Nimuendajú
 ニムエンダジュ
Nimy ニミ
Nin ニン**
Ni-na ニナ
Nina
 ナイナ
 ニイナ
 ニーナ***
 ニナ**
Nin'a ニーナ
Niña ニーニャ
Nína ニーナ
Ninan ナイナン
Ninchi ニンキ
Ninčič
 ニンチチ
 ニンチッチ
Ninck ニンク

Nind ニンド
Nindl ニンドル
Nindorera ニンドレラ
Nine ナイン
ニーネ
Ninel ニネリ
Ninette ニネット**
Ninetto ニネット
Niney ナイニー
ニネ
Ning ニン**
Ningatoloum Sayo ニンガトルムサヨ
Ning Cai ニンツァイ
Ning Chu ニンチュウ
Ning King ニンキン
Ninh ニン***
Nini ニーニ
ニニ**
Ninian ニニア
ニニアン***
Ninie ニニー
Ni Ni Mynt ニーニーミン
Ninin ニナイン
Nininahazwe ニニナハズウェ
Ninio ニニオ*
Ninja ニンジャ
Nink ニンク
Ninkovic ニンコヴィッチ
Ninkovich ニンコビッチ
Ninni ニニ*
ニンニ
Nin Novoa ニンノボア
Nino ニーノ***
ニノ***
Niño ニーニョ*
ニノ
Ninon ニノン*
Ninos ニノス
Ninot ニノ
Ninova ニノバ
Ninsao ニンサオ
Ninu ニヌ
Ninua ニヌア
Ninurta ニヌルタ
Niobe ニオベ
ニオベー
Nionyi ニオンイ
Nioradze ニオラッツェ
Niouga ニウガ
Nipam ニパム
Nipar ナイパール
Niparko ニパーコ

Nipatyothin ニパットヨティン
Niphan ニッパーン*
Niphat ニパット
Niphit ニビット
Nipkov ニプコウ
Nipkow ニプコー
ニプコウ*
Nippel ニッペル
Nipper ニッパー
Nipperdey ニッパーダイ
ニッペルダイ
Nippert ニッパート*
Nippold ニッポルト
Nipsey ニップセイ
ニプシー
Niptanatiak ニプタナティアク
Nipul ニブール
Nique ニク
Niquet ニケ*
Niquette ニケット
Nir ニア*
ニアー
ニール
ニル*
Nirad ニラッド
ニロッド*
Niragira ニラジラ
Nirālā ニラーラー
Niranjan ニランジャン*
Nirāqī ニラーキー
Nirari ニラーリ
ニラリ
Nirāri ニラーリ
ニラリ
Nirenberg ニーレンバーグ**
ニレンバーグ
Nirhy ニルヒー
Nirina ニリナ
Nirje ニィリエ**
ニーリエ
Nirkko ニルッコ
Nirmal ナーマル
ニーマル
ニルマール
ニルマール*
Nirmala ニルマーラ
ニルマラ*
Nirmalendu ニルモレンドゥ
Nirmalya ニラマルヤ
ニルマルヤ

Niro ニーロ*
ニロ*
Niroot ニルート
Niroslaw ニロスラフ
Nirua ニルア
Nirumand ニールマンド
Nirupa ニルーパ
Nirva ニルヴァ
Nirvanas ニルバナス
Nirvedananda ニルヴェーダーナンダ
Nis ニス
Nisa ニシャ
Nisabha ニサバ
Nisan ニッサン*
Nisar ニサール
Nisard ニザール
Nisargadatta ニサルガダッタ
Nisbet ニズビット*
ニスベット*
Nisbett ニスベット*
ニズベット
Nisengard ニーセンガード
Nisenson ニセンソン
Nisenthal ニセンタール
Nish ニッシュ**
Nisha ニーシャ
Nishābūrī ニーシャーブーリー
Nishani ニシャニ*
Nishanian ニシャニアン
Nishanov ニシャーノフ
Nishant ニシャン
Nishāpūrī ニーシャープーリー
Nishātī ニシャーティー
Nishesu ニシェーシュ
ニシェシュ
ニシェーシュ
Nishi ニシ
Nishié ニシエ
Nishimura ニシムラ
Nishizawa ニシザワ
Nishtala ニシュタラ
Nisima ニシマ
Niska ニスカ
Niskanen ニスカーナン
ニスカネン*
ニスケネン
Niskier ニスキエル*
Nismois ニスモア
ニズモア
Nisos ニソス
Nišović ニソビッチ
Nisreen ニスリーン

Nissala ニサラ
Nissan ニッサン
Nissel ニッセル*
Nissen ニッセン**
Nissenbaum ニッセンバウム
ニッセンボーム
Nissenson ニセンソン
Nisshim ニシム
Nissilä ニッシレ
Nissim ニシム
ニッシム**
ニッスィム
ニッスイム
Nissl ニッスル
Nissman ニスマン
Nistelrooij ニステルローイ*
Nistelrooy ニステルローイ
Nister ニスター
ニステル
Nistico ニスティコ
Nistor ニストル
Niswonger ナイスウォンガー
Nita ニータ
ニタ**
Niță ニツァ
Nīta ニータ
Nitas ニータス
Nitcy ニトシー
Nite ナイト
Nithard ニータルト
ニタルト
ニタルド
ニートハルド
Nithart ナイトハルト
Nithi ニティ*
Nithya ニティヤ
Nitimiharja ニティミハルジャ
Nitin ニッティン
ニティン*
Nitisastro ニチサストロ
ニティサストロ*
Nitish ニティシュ
Nitko ニッコ
Nitkowski ニコースキー
Nitkuk ニトクク
Nitocris ニトクリス
Nitokerti ニトケルテイ
Nitopi ニトピ
Nitot ニト
Nitsch ニッチュ*
Nitsche ニッチェ
Nitschke ニシュケ
Nitschmann ニッチマン

ニッチュマン
Nitske ニッケ
Nitti ニッチ
ニッティ*
Nittis ニッティス
Nitu ニツ
Nitya ニーチャ
ニット
Nitya Krishinda ニトヤクリシンダ
Nitz ニッツ*
Nitza ニッツァ
Nitzan ニツァン
ニツァン
Nitzberg ニッツバーグ
Nitze ニッチェ
ニッツ**
ニッツェ*
Nitzsch ニーチュ*
ニッチ
ニッチュ
Nitzsche ニッチェ*
Niu ニウ*
Niua ニウア
NiuNiu ニュウニュウ
Niurka ニウルカ*
Niv ニウ
ニヴ
Niva ニヴァ
Nivard ニヴァール
Nivatthamrong ニワットタムロン
Nivea ニヴェア
Nivedita ニヴェディータ
Nivelle ニヴェル*
Niven ニーヴェン
ニヴェン
ニーヴン*
ニヴン*
ニーヴン**
ニーベン
ニベン
Nivera ニヴェラ
Nivers ニヴェール
Nivert ニーヴェルト
Nives ニーヴェス
Nivia ニビア
Nivola ニヴォラ*
Nivyabandi ニビャバンディ
Niw ニウ
Niwińska ニヴィンスカ
Nix ニクス**
ニックス
ニッスク
Nixau ニカウ
N!xau ニカウ

N!xau ニカウ	Nizar ニザール / ニザル	Nkangi ヌカンギ	Nnedi ナディ / ンネディ	Nobody ノーバディ	
Nixdorf ニクスドルフ	Nizār ニザール	Nkate ヌカテ		Noboru ノボル	
Nixey ニクシー	Nizari ニザーリー	Nkavadeka ヌカバデカ	Nneka ンナカ	Nobre ノーブレ / ノブレ	
Nixola ニクソラ	Niẓārī ニザーリー	Nkea ヌケア	Nnomo ヌノモ		
Nixon ニキソン / ニクソン**	Niẓārī-yi ニザーリーイェ	Nkeka ヌケカ	Nnox ノックス	Nobrega ノーブレガ*	
Niyami ニヤミ	Nizel ニゼル	Nkemdiche ンケムディック	No ノ / ノー	Nóbrega ノブレガ	
Niyanta ニヤンタ*	Nizer ナイザー	Nkenke ンケンケ		Nōbrega ノブレガ	
Niyāz ニヤーズ	Nižetić ニゼティク	Nketia ンケティア*	Noa ノア**	Nobs ノブス	
Niyazalieva ニヤザリエワ	Nizhegorodov ニジェゴロゴフ / ニジェゴロドフ*	Nkezabahizi ンケザバヒジ	Noachtar ノアハタ	Nobu ノブ*	
Niyazbekov ニヤズベコフ	Nizhinskii ニジンスキー	Nkili ヌキリ	Noack ノアク* / ノアック	Nobuo ノブオ	
Niyazi ニヤーズィー		Nkilin ヌキリン		Nobuyuki ノブユキ	
Niyazov ニアソフ / ニヤゾフ**	Nizhnii ニージニー	Nkoana-mashabane ヌコアナマシャバネ	Noad ノード*	Noc ノク	
	Nizigama ニジガマ	Nkodi ヌコディ	Noah ノーア	Nocard ノカール	
Niyazymbetov ニヤジムベトフ / ニヤジンベトフ	Nizigire ニジジレ	Nkoghe Bekale ヌコゲベカレ	Noa***	Noce ノーチェ	
	Nizigivimana ニジギビマナ	Nkogo ヌコゴ	ノア*** / ノアー	Nocella ノチェッラ	
Niyi ニーイ / ニイ	Niziol ニジヨウ	Nkolo ヌコロ	Nōah ノア	Nocenti ノセンティ	
Niyongabo ニョンガボ*	Nizolius ニゾリウス / ニツォリウス	Nko-mbula ヌコムブラ	Noailles ノーユ / ノアイユ** / ノアーユ / ノワイユ*	Nocentini ノチェンティーニ	
Niyonkuru ニヨンクル		Nkomo ヌコモ** / ンコモ		Nocera ノセラ*	
Niyonsaba ニヨンサバ	Nizskii ニイスキー	Nkongo ヌコンゴ		Noceri ノセリ	
Niyot ニヨット	Nizzola ニッゾーラ	Nkosana ヌコサナ	Noakes ノックス*	Nochlin ノックリン*	
Niyoyankana ニヨヤンカナ	Nja' ニャック	Nkosazana ヌコサザナ**	Noam ノーアム / ノーム**	Noci ノーチ	
Niyungeko ニユンゲコ	Njaa ンジャ	Nkosi エンコシ / ヌコシ / ンコーシ*		Nock ノック**	
Niza ニーザ / ニザ	Njaatun ニョトゥン		Noaman ノーマン	Nocke ノッケ	
	Njabulo ジャブロ / ンジャブロ*	Nkosinathi ヌコシナスィ	Nobakht ノバフト	Nockels ノッケルズ	
Niẓāāmī ニザーミー / ネザーミー	Njami ンジャミ	Nkoua ヌクア	Nobbe ノッベ*	Nocker ノッカー	
Nizam ニザーム / ニザム	Njanka ヌジャンカ	Nkoudou エンクドゥ	Nobbs ノブス / ノブズ*	Nockles ノックルズ	
Niẓām ニザーム	Njegoš ニェゴシュ	N'Koue ヌクエ	Nobby ノビー	Nockolds ノッコールズ	
Niẓām ニザーミー / ニザーム	Njenga ジェンガ* / ヌジェンガ	Nkoulou ヌクル	Nobecourt ノブクール	Nocquet ノケ	
Nizām-al ネザーモル	Njeri ニジェリ	Nkoy コイ	Nobel ノーベル* / ノベル	Nocton ノクトン	
Niẓām al ニザームル	Njeru ニジェル / ヌジェル	Nkrumah エンクルマ* / ンクルマ	Nobert ノバート / ノベルト	Noda ノダ	
Niẓām al-Din ニザームッディーン	Njeze ヌジェゼ	Nkuete ヌクエテ	Nobes ノウブズ / ノブズ / ノーベス	Nodar ノダール* / ノダル**	
Niẓām al-Dīn ニザームッディーン	Njie ヌジー / ヌジェ / ヌジャイ	Nkulu ヌクル	Nobile ノービレ / ノービレ* / ノビレ	Noddack ノダク / ノディエ* / ノダック	
Nizami ニザーミー / ニザミ	Njiemoun ヌジェムン	Nkundikije ヌクンジキエ	Nobili ノービリ / ノビーリ / ノビリ / ノビリー	Noddings ノディングス / ノディングズ*	
Niẓāmī ニザーミ / ニザーミー	Njiesaidy ヌジャイセイディ	Nkunku ヌクンク	Nobilior ノビリオル	Nodell ノデル	
Niẓāmī ニザーミー	Njikizawa ンジキザワ	Nkurunziza ヌクルニザ / ヌクルンジザ** / ンクルンジザ	Noble ノーブル** / ノブレ	Nodelman ノーデルマン*	
Niẓāmu ニザーム	Njinga ウーンジンガ			Nodesha ノディーシャ	
Nizamuddin ニザムディン**	Njogou ヌジョグ	Nkusi ヌクシ / ヌクジ	Noblecourt ノーブルクール / ノブルクール*	Nodier ノディエ*	
Niẓāmu'd-Dīn ニザームッディーン	Njoh Mouelle ヌジョムエル	Nkutumula ヌクトゥムラ	Nobleman ノーブルマン	Nodine ノディーン	
Niẓāmu'l-Mulk ニザームル・ムルク	Njoni ヌジョニ	Nkuwu エンクウ	Nobles ノーブルズ*	Nodirkhon ノディルホン	
	Njoroge ヌジョロゲ	Nkwinti ヌクウィンティ	Noblet ノブレ	Nodler ノードラー	
	Njoya ジョヤ	Nlend ヌレンド	Noboa ノボア**	Nodset ノドセット	
	Njyabulo ヌジャボロ	Nmaslow マスロー		Nødset ノドセット	
	Nkaissery ヌカイセリー	Nnamdi ナムディ* / ヌナムディ		Nodulus ノドゥルス	
	Nkambule ヌカンブレ	Nnauye ンナウエ		Noe ノウ / ノエ*	
	Nkandu カンドゥ			Noé ノエ**	
Nizan ニザン**				Noè ノエ	
				Noë ノエ*	
				Noel ノーイル / ノーウェル / ノウェル / ノーエル*	

	ノエル***		ノフィ	Nojitolbaye	ノレケンズ	Nonell
	ノエン	Nofomuli	ノフォムリ		ノジトルバイエ	Nollen ノレン		ノーネル
	ノール*	Nofretete	ノフレテテ	Nok		Noller ノーラー		ノネール
Noeï	ノエル	Nofretiri	ノフレティリ		ノク	Nollet		ノネル
Noel		Nofsinger			ノック		ノーレ	Nonemaker
	ノエール		ノフシンガー*	Noka	ノカ		ノレ		ノンマーカー
	ノエル	Nofuente	ノフェンテ	Nokan	ノカン		ノレー	Nones
Noël		Nofziger	ノフジガー	Noke	ノーク	Nollier ノリエール		ナーンズ
	ノーエル	Noga	ノガ	Noked	ノケド	Nollman ノルマン*		ノネス
	ノエル***	Nogaideli	ノガイデリ	Nokeo	ノケオ	Nollmann ノルマン	Nonet ノネ
Nöel		Nogaret		Nokerguly		Nong
	ノーエル		ノガレ		ノケルグイ	Nolst ノルスト		ノーン
	ノエル**		ノガレー	Nokes ノークス**	Nolt ノルト		ノン**
Noela ノエラ*	Nogari ノガーリ	Nokie ノーキー	Nolte	Nông ノン
Noelani ノエラニ	Nogaro		Nokleberg		ノルテ**	Nongsi ノンシー
Noëlas ノエラ		ノガロ		ノクレベルグ		ノルティ**	Nonhebel
Noel-Baker		ノガロー	Nøkleberg		ノルト**		ノンヘーブル
	ノエルベーカー	Nogarola ノガローラ		ノクレベルグ	Nolting	Noni
Noele ノエル	Nogent ノジャン		ノックレベルク		ノルティンク		ノーニ
Noeleen ノエリン	Noghaideli ノガイデリ	Nokrashi ノクラシ		ノルティング		ノニ
Noelene ノーリン	Nogier ノジェ	Nokta ノクタ	Nölting ネルティング	Nonie
Noeline		Nogin ノギーン	Nokuzola ノクゾラ	Noltingk ノルティング		ノーニ*
	ノエリン	Noginov ノギノフ	Nol ノル*	Noluthando		ノニー
	ノーライン	Nogler ノグレ	Nola		ノルタンド	Nonito ノニト*
Noëline ノエリーヌ	Nogoseck ノゴセック		ノーラ	Noma	Nonius
Noella ノエラ	Nogosek ノゴセック		ノラ*		ノーマ		ノーニウス
Noëlla ノエラ*	Nogrady	Nolan		ノマ		ノニウス
Noelle ノエル**		ノグレーディー		ノウラン	Nomad ノーマッド	Nonna ノンナ
Noëlle	Nogri ノグリ		ノーラン***	Noman ノーマン	Nonnatus
	ノエル**	Noguchi ノグチ		ノラン*	Nomao ノマオ		ノンナートゥス
	ノエレ	Nogueira	Noland ノーランド*	Nomar	Nonne ノンネ
Noellie ノエリー		ノグエイラ	Nolasco ノラスコ*		ノーマー	Nonnos ノンノス
Noels ノエルズ		ノゲイラ**	Nolascus		ノマー*	Nónnos ノンノス
Noelson ノエルソン	Noguer ノゲール		ノラスクス	Nomberg ノンベルク	Nonny
Noemi ノエミ*	Noguera		ノラスコ	Nombo ノンボ		ナニー**
Noemí ノエミ		ノゲーラ	Nolberto ノルベルト*	Nomellini		ノニー
Noémi ノエーミ		ノゲラ	Nold ノルド		ノメッリーニ	Nono
Noemia ノエミア	Noguéro ノゲロ	Nolde ノルデ**	Nomer		ノーノ*
Noemie ノエミ	Nogués ノゲス	Nol'de		ノーマー		ノノ
Noèmie ノエミ	Noguès ノゲス		ノールド		ノマー	Nonofo ノノフォ
Nōemin ナオミ	Noguez ノゲーズ*		ノルド	Nomi ノミ	Nontapunthawat
Noens ノアンス	Noh	Nöldeke ネルデケ	Nomikos ノミコス		ノンタパンタワット
Noer		ノ**	Noldin	Nomis ノミス	Nontsikelelo
	ヌール		ノーフ		ノルディーン	Nommensen		ノンティケレロ
	ノアー	Nohain ノアン		ノルディン		ノメンゼン	Nonu ノヌー*
Noera ノエラ	Nohl ノール**	Nolen	Nomoco ノモコ	Nonzee ノンスィー
Noerager ノーレジャー	Nohopari ノホパリ		ノーラン	Nomtoibayar	Noo ノー
Noeroollstigvarin	Nohria		ノーレン		ノムトイバヤル	Noochuen ヌチューン
	ヌロールスティッヒ		ノウリア		ノレン	Nomuan ノーマン	Noodles ヌードルズ**
	サーリン		ノーリア*	Nolet ノレット	Nomuγan ノムガン	Noodt ノート
Noersalim	Noh-shik ノシク	Nolfo ノルフォ	Nomvede ノムヴェデ	Nooijer ノーイヤー
	ヌールサリム	Noir	Noli	Nomvula ノムブラ	Nool ノール*
Noessel		ノアール		ノーリ	Nomzano ノムザノ	Noomane ノーマン
	ノエセル		ノール		ノリ*	Non	Noomi
	ノーセル	Noiré	Nolito ノリート		ノーン		ノオミ*
Noether		ノアレ	Nölke ネルケ		ノン*		ノーミ
	ネーター*		ノワレ	Noll	Nona	Noon ヌーン**
	ノエテル	Noiret ノワレ**		ノール*		ノーナ*	Noonan ヌーナン**
Noetos ノエトス	Noiriel ノワリエル		ノル**		ノナ	Noone
Noetós ノエートス	Noirot ノアロ	Nolland ノーランド	Nonato ノナト*		ヌーン*
Noev ノエフ	Noiville ノワヴィル	Nolledo	Nonault ノノー		ノーン
Nofan ノウファン	Noizeux ノワゾー*		ノリエード	Nonchalant	Noonuccal
Noffsinger	Nój ノージ		ノリエド*		ノンシャラント		ヌヌカル
	ノフジンガー			Nollekens	Nonda ノンダ		ノーヌッカル
Nofi					ノリケンズ	Nonde-simukoko	Noor
	ノーフィ				ノールケンズ		ノンデシムココ		ヌール*
					ノルケンズ				ノー

ノーア
ノア**
ノール*
'Noor ヌーア*
Noorbergen
　ノーバーゲン
　ノーバーゲン
Noorca ノルカ
Noorda
　ノーダ
　ノールダ
Noordam ノールダム
Noorden ノールデン
Noordhuizen
　ノールドホイゼン
Noordin
　ヌルディン
　ノルディーン
　ノルディン*
Noordt ノールト
Noormohamed
　ノールモハメッド
Noort ノールト
Noortje ノルチェ
Nooruddin
　ヌルッディン
Noorul-Haq
　ヌールハク
Noorzai ヌルザイ
Nootbaar ヌートバー
Nooteboom
　ノーテボーム**
Nooter ノーター
Nooyer ヌーイヤー
Nooyi ヌーイ*
Nopola ノポラ*
Noppel ノッペル
Nopphamat
　ノッパマート
Nor ノル
Nora
　ノーラ***
　ノラ***
Norac ノラック**
Norah
　ノーラ
　ノラ**
Norair ノライル
Noralynne ノラリン
Noramou ノラム
Noras ノラス*
Norb ノーブ*
Norbanus ノルバヌス
Norbeck ノーベック
Norberg
　ノーバーグ**
　ノベルク
　ノルベリ**
　ノルベルク
　ノルベルグ*
Norbert
　ノアバート
　ノーバート**
　ノバート*
　ノーベルト*
　ノルバァト
　ノルバート

ノルバール
ノルベール***
ノルベル
ノルベルト***
Norberto
　ノルベルト**
Norbertus
　ノルベルツス
　ノールベルト
　ノルベルト
　ノルベルトゥス
Norbom ノーボン*
Norbu
　ヌルブ*
　ノルブ**
Norbury ノーブリー
Norby ノルビイ
Nørby
　ナービ
Norbye ノーバイ
Norcini
　ノルチーニ
　ノルツィーニ
Norcross ノークロス*
Norcy ノーシー
Nord
　ノード
　ノール
　ノルト
　ノルド
Nordahl
　ヌールダール
　ノルダール
　ノルダル
Nordal ノルダル
Nordan ノーダン
Nordau
　ノルダウ*
　ノルドー
Nordberg
　ノルトバーグ
　ノールベルグ
Nordbrandt
　ノーアブラント
Nordby ノードバイ
Nordeen ノルディーン
Norden
　ノーディン
　ノーデン**
　ノルデン*
Nordenfalk
　ノルデンファルク
Nordenfelt
　ノルデンフェルト
Nordenflycht
　ヌーデンフリュクト
　ノルデンフリュクト
Nordeng ノーディング
Nordengen
　ノーデンゲン
Nordenskiöld
　ヌーデンシェルド
　ノーデンショルド
　ノルデンシェルド
　ノルデンショルド
Nordenstam
　ノルデンスタム

Nordfeldt
　ノードフェルト*
　ノルフェルト
Nordfors
　ノードフォース
Nordgren
　ノルドグレーン
　ノルドグレン*
Nordhagen
　ノードハーゲン
　ノードヘーゲン
Nordhaus
　ノードハウス*
　ノールドハウス
Nordheim
　ノルトハイム
　ノルドハイム
Nordhielm
　ノードハイム
Nordhoff
　ノーダフ
　ノードホフ
　ノルトホッフ
　ノルトホフ
Nordica ノルディカ
Nordin
　ノーディン
　ノルディン
Nordlander
　ノルドランダー
　ノルドランデル
Nordli ノルドリー
Nordlinger
　ノードリンガー
Nordlund
　ノードランド*
Nordly ノードリー
Nordman ノルトマン
Nordmann
　ノルトマン
　ノールマン
　ノルマン
Nordmeyer
　ノードメイヤー
Nordoff ノードフ*
Nordquist
　ノルドキスト
Nordqvist
　ヌードクゥイスト
　ノードクイスト
　ノードクヴィスト*
　ノルドクヴィスト**
　ノルドクビスト**
Nordraak
　ノールローク
Nordstokke
　ノールストッケ
Nordstrom
　ノードストレム
　ノードストローム
　ノルドストロム
Nordström
　ヌードストレム
　ノードストリューム*
　ノルドストレム
　ノルドストリョーム
　ノルドストレーム
Nordt ノルト

Nordtveit
　ノルトヴェイト
Nordwig
　ノルトウィッヒ
Nordwind
　ノルドウィンド
Nore ノーア
Noré ノレ
Norebäck
　ノウレベック
Noreé ノレ
Noreen
　ノーリーン
　ノーリン
　ノリーン*
　ノレーン
Noreena ノリーナ*
Noreika ノレイカ
Norelius ノレリウス
Norell ノレル*
Norem
　ノーレム
　ノレム*
Noren ノーレン
Norén
　ノーレン
　ノレーン**
Norena ノレナ
Norenberg
　ノーレンバーグ
Noreng ノーレング
Norenzayan
　ノレンザヤン
Norfolk
　ノーファク
　ノーフォーク**
Norful ノーフル
Norgaard
　ノーガード
　ノルガード
Norgard ノルゴー*
Nørgård ネアゴー*
Norgate ノーゲイト
Norgay ノルゲイ*
Norge ノルジュ
Norgren ノーグレン
Norguet ノルグ
Norhan ノルハン
Norheim ノーハイム
Nørholm ネルホルム
Nori
　ヌーリ*
　ノーリ
　ノリ*
Norie ノリ*
Noriega ノリエガ**
Noriko ノリコ
Norilee ノリリー
Noris ノリス**
Noristi ノリスティ
Noriyuki ノリユキ
Norka ノルカ
Norkeh ノーケ
Norkie ノーキー*

Norkin ノーキン
Norland ノーランド*
Norlander
　ノーランダー
Norleans ノーランズ
Norlind ノーリンド
Norling ノーリング
Nörlund ネールルンド
Norm ノーム*
Norma
　ノーマ***
　ノルマ**
Norman
　ノーマン***
　ノーム*
　ノルマン**
Normand
　ノーマンド*
　ノルマン*
　ノルマンド
Normandy
　ノルマンディー
Normann
　ノーマン*
　ノルマン*
Normans ノールマンス
Normanton
　ノーマントン*
Normee ノルミー
Normington
　ノーミングトン
Normna ノーマ
Normund ノルムンド
Normunds ノルムンズ
Normuradov
　ノルムラドフ
Nornan ノーマン
Nornes
　ノーネス
　ノーンズ
Noro ノロ
Noroc ノロック
Norodom ノロドム***
Noronha
　ノローナ
　ノローニャ
　ノロニャ
　ノロンハ
Noroozi ノロオジ**
Norov
　ノロフ
　ノロブ*
Norovbanzad
　ノロゥバンザド*
　ノロヴバンザド
　ノロバンザド
Norp ノープ
Norpoth ノルポト
Norquist ノーキスト**
Norr
　ネル
　ノア
Nörr ネル
Norrby
　ノルビ
　ノルビー

Norregaard ノレゴール
Nørregaard ノレゴール
Norretranders ノーレツトランダーシュ*
Nørretranders ネレットランダース / ノーレットランダーシュ
Norrgren ノーグレン
Norrie ノリー
Norrington ノリントン**
Norris ノーリス* / ノリス***
Norrish ノーリッシュ / ノリッシュ
Norriss ノリス*
Norrix ノリス
Norrman ノーマン
Norsa ノルサ*
Norsett ネルセット
Norshtein ノルシテイン / ノルシュテイン*
Norshteyn ノルシュタイン / ノルシュテイン
Norst ノースト
Norstad ノースタッド
Norstein ノルシュタイン / ノルシュテイン
Norström ヌーシュトレム / ノーシュトレム
Norsworthy ノーズワージー
North ノース*** / ノルト
Northam ノーサム
Northbrook ノースブルック
Northcliffe ノースクリフ / ノースクリフ*
Northcote ノースコット / ノースコーテ / ノースコート* / ノースコト
Northcott ノースコット*
Northcutt ノースカット*
Northedge ノーセッジ
Northend ノルゼント
Northern ノーザン
Northey ノーシー* / ノージー
Northfield ノースフィールド

Northmore ノースモア / ノースモアー
Northoff ノルトフ
Northouse ノートハウス
Northrop ノースロップ**
Northrup ノースラップ* / ノースロップ
Northug ノールトゥグ**
Northumberland ノーサンバーランド* / ノーサンバランド
Northup ノーサップ
Northway ノースウェー
Nortje ノールキ
Nortman ノートマン
Norton ノートン*** / ノールトン / ノルトン
Nortsov ノルトソフ
Norup ノルプ
Norusis ノルシス
Norv ノーブ
Norval ノーヴァル / ノーバル
Norvat ノルヴァ
Norvell ノーヴェル
Norviel ノーヴィル
Norvig ノーヴィグ / ノービグ
Norville ノーヴィル*
Norvo ノーヴォ / ノーボ
Norwak ノーワク
Norwawi ノルワウィ
Norwell ノーウェル
Norwich ノーウィッチ / ノリッジ*
Norwid ノルヴィッド / ノルヴィト / ノルビット / ノルビト
Norwood ノアウッド / ノーウッド***
Norworth ノーワース
Nosadella ノザデッラ
Nosanchuk ノーザンチューク
Nosavan ノサバン*
Nosbusch ノスブッシュ
Nosco ノスコ*
Nosé ノセ
Noseda ノセダ*

Nosek ノセク / ノゼク / ノセック
Nosenko ノセンコ
Noshad ノシャド
Nosher ノッシャー
Nosír ノシル
Nosirjon ノシルジョン
Nosiviwe ノシビウェ
Noske ノスケ*
Noskowski ノスコフスキ
Nosolini ノソリーニ
No-soo ノス
Nosov ノーソフ*
Nosovskii ノソフスキ
Nosrat ノスラット
Nosratollah ノスラトラフ
Noss ノッス
Nossack ノサック*
Nossal ノサール / ノッサール / ノッサル*
Nosseck ノセック
Nosseir ノジール
Nösselt ネッセルト
Nossis ノッシス
Nossiter ノシター / ノジター
Nossov ノソフ
Nostitz ノスティック
Nostlinger ネストリンガー
Nöstlinger ネストリンガー**
Nostradamus ノストラダムス / ノートルダム / ノトルダム
Nostredame ノトルダム
Not ノット
Notah ノタ
Notalgiacomo ノタルジャコモ
Notaliya ナタリア
Notarâs ノタラス
Notari ノターリ / ノタリ
Notaro ノターロ
Notary ノータリー
Notbohm ノットボム
Notburga ノートブルガ / ノトブルガ
Note ノーテ / ノート*
Noté ノーテ
Nöteberg ヌーテバーグ

Notehelfer ノートヘルファー*
Notelovitz ノテロヴィッツ
Noten ノッテン*
Notestine ノテスタイン
Notger ノトガー / ノートゲル
Noth ノート*
Nothart ノートハルト
Nothdurft ナスダーフト*
Nothnagel ノスナゲル / ノートナーゲル*
Nothof ノーソフ
Nothomb ノーソン / ノトーム / ノトム / ノートン*** / ノトン*
Nothstein ノースタイン*
Notke ノートケ / ノトケ
Notker ノートカー* / ノートケル / ノトケル / ノトケルス
Notkin ノトキン
Notley ノトリー
Notman ノットマン
Noto ノト**
Notorious ノトーリアス
Notosusanto ノトスサント*
Notradams ノストラダムス
Nôtre ノートル
Notredame ノストラダムス
Nötscher ネッチャー
Notshweleka ノティウェレカ
Notsi ノツィ
Nott ノット**
Nottage ノッテージ / ノテージ
Nottebohm ノッテボーム / ノティボーム
Notter ノッター
Nottet ノテット
Nottingham ノッティンガム*
Nottolini ノットリーニ
Nottrot ノトロット
Notturno ナッターノ
Notz ノッツ

Notzing ノチング / ノッチング
Nou ナウ / ヌー*
Nouaille ヌアイユ
Noualhat ヌアラ
Nouchka ヌーカ / ノウシュカ
Noudegbessi ヌデベシ
Noudelmann ヌーデルマン
Noue ヌー
Nouët ヌウェット / ヌエット*
Nouette ヌエット
Nouganga ヌガンガ
Nougaro ヌガロ
Nougayrède ヌゲレード*
Nougayrol ヌガイロル
Nougués ヌグェ
Nouhak ヌーハク / ヌハク**
Nouhou ヌフ
Noui ヌイ*
Nouĭkine ヌイキン
Nouira ヌイラ*
Noujaim ヌージャイム
Nouma ヌーマ
Noumēnios ヌメーニオス / ヌメニオス
Noumonvi ヌモンビ
Noupokou ヌポク
Nour ヌール
Nouradine ヌラディヌ
Nouraldin ヌールアルディン
Nourdine ヌルディンヌ
Noure ヌール
Noureddine ヌールディス* / ヌルディーヌ / ヌルディン / ヌルディーン* / ヌルディン / ヌーレッディン / ヌレディヌ / ヌレディン
Nouredine ヌーレディン / ヌレディン
Nouri ヌーリ** / ヌーリー / ヌリ
Nouria ヌーリア* / ヌリア
Nouriel ヌリエル*

Nouri Jouini ヌーリジュイニ	Novak ノバク**	Novello ノヴェッロ	Novodvorskii ノボドボールスキー	スキ
Nourissier ヌーリシエ**	ノーバック ノバック*	Novogratz ノヴェッロウ ノヴェロ*	Novogratz ノヴァグラッツ	Nowakowshi ノヴァコフスキ ノバコフスキ
Nouriya ヌリヤ	ノワク	ノヴェロー	ノヴォグラッツ*	Nowakowska
Nourmand ヌールマンド ノーマンド	Novák ノヴァーク* ノバーク ノバク	ノベロ November ノヴェンバー	Novogrod ノヴォグロド Novohradsky	ノバコフスカ Nowakowska-ziemniak ノバコフスカジェムニ
Nourrissier ノリ	Novakova ノヴァコヴァ	Noventa ノヴェンタ	ノヴォラツスキー ノヴォラドスキー	アク Nowakowski
Nourrisson ヌリッソン Nourrit ヌリ	Novakovic ノヴァコヴィッチ*	Novenyi ノットニー Nover ノーバー	ノボラドスキー Novokhatskii	ノヴァコフスキ* ノヴァコフスキー*
Nourry ヌーリ Noursakhedov	ノバコビッチ Novakovi'c	Noverre ノヴェール*	ノボハツキー Novomeský	ノバコウスキー ノバコフスキ
ヌルサヘドフ Nourse ナース**	ノヴァコヴィチ Novaković	ノヴェル ノベール Novesky	ノヴォメスキー Novomeysky	ノワコフスキー Nowel ノウエル
ナーズ ヌルス	ノヴァコヴィッチ* Novakovich	ノヴェスキー ノベスキー	ノボメイスキー Novosel ノヴォセル	Nowell ナウエル ノウェル
ノース* Noury	ノヴァコヴィッチ** Novalis	Novgorodtsev ノウゴロズツェフ	Novoselic ノヴォセリック	ノウエル Nowén ノーベン
ヌーリー ヌリー	ノヴァーリス* ノヴァリス ノヴーリス	ノウゴロツェフ ノウゴロドツェフ Novia ノフィア	Novoselov ノヴォセロフ ノボセロフ*	Nower ノーワー Nowicki
Noussanne ヌーサンヌ Nouth ヌート*	ノヴリス ノバーリス	Novic ノヴィク Nović ノビッチ	Novoselova ノヴォショーロヴァ	ノーウィッキ* ノウィッキ
Nouveau ヌーヴォー* Nouvel ヌーヴェル**	Novara ノヴァーラ Novarese ノヴァレス	Novick ノヴィック ノービック	Novoselskaya ノヴォセルスカヤ ノボセルスカヤ	ノウィッキー ノビツキー*
ヌーベル Nouvian ヌヴィアン	Novariensis ノヴァラ Novarina ノヴァリナ	ノビック Novicow	Novoselsky ノヴォセルスキー*	Nowinski ノヴィンスキー*
Nouwen ナウウェン	Novaro ノヴァーロ	ノーヴィコフ ノヴィコフ	Novosiltsev ノヴォシーリツェフ	Nowitzki ノビツキー*
ナーウェン* ナウエン*	ノバロ Novarro	Novielli ノヴィエッリ Novih ノヴィーフ	Novosjolov ノボスヨロフ	ノビツキー** Nowlan ノーラン
ヌーウェン ヌーエン	ノヴァッロ ノヴァロ	Novik ノヴィク*	Novosseloff ノヴォスロフ	Nowland ノーランド Nown ノウン*
ノーウェン ノーエン	ノヴァロウ ノバロ	ノビク* Novikau ノビカウ	Novotna ノボトナ** Novotná	Nowogrodzki ノヴォグロッキー
Nouy ヌイ* Noüy	ノバロウ Novatianus	Novikava ノビカワ Novikoff ノヴィコフ	ノヴォトナ ノヴォトナー ノボトナ	Nowotarski ノボタルスキー
ヌーイ ヌイ*	ノヴァチアヌス ノウァティアーヌス	Novikov ノヴィコヴ	ノボトナー Novotny	Nowotko ノヴォトコ ノボトコ
ヌウイ Nouzaret ヌザレ	ノウァティアヌス* ノウァディアヌス	ノーヴィコフ ノウイコフ	ノヴォトニー ノボトニー	Nowotny ノヴォトニィ
Nouzha ヌズハ Nova	ノヴァティアヌス ノバチアヌス	ノヴィコーフ ノヴィコフ*	Novotný ノヴォトニー	ノボトニー* Nowowiejska
ノーヴァ ノヴァ** ノバ**	ノバティアヌス Novatus	ノービコフ ノビコフ**	ノボトニー* Novozhilov	ノボビエイスカ Nowra
ノファ Novac ノヴァク	ノウァートゥス ノウァトゥス Nove	Novikova ノヴィコヴァ	ノヴォジーロフ ノボジーロフ	ナウラ* ノウラ
Novacek ノヴァチェック	ノーヴ ノーヴェ	ノビコバ NoViolet	ノボジロフ Novshek ノヴシェク	ノーラ Noy ノイ
Nováček ノヴァーチェク	Noveck ノベック Novell ノベル	ノヴァイオレット** Novitskii	Novy ノーヴィ* Nowack	Noyan ノヤン Noyce ノイス*
ノヴァーチェク Novachkov ノバチコフ	Novella ノヴェッラ	ノヴィツキイ ノビツキー	ノーヴァク ノヴァク	Noyd ノイド Noyelle ノエル
Novack ノヴァック Novaës	ノヴェーラ ノヴェラ	Novitsky ノビツキー* Novitzky ノヴィツキー	ノヴァック Nowacka ノワツカ	Noyer ノイヤー
ヌヴァイシュ ノヴァイシュ	Novellara ノヴェッラーラ	Novius ノウィウス	Nowacki ノヴァキ	ノワイエ* Noyeri ノイヤー
ノヴァエス ノバエス	Novellas ノヴェラス Novelli	Novkovski ノフコフスキ Novlene ノブリーン	Nowak ノーヴァク ノヴァーク	Noyers ノワイエ Noyes
Novais ノバイス Novak	ノヴェッリ* ノヴェリ	Novoa ノヴォア	ノヴァク** ノバク	ノイエス ノイス*
ノヴァク** ノヴァック*	ノベーリ ノベリ	ノーボア ノボア*	ノーワーク ノワク*	ノイズ** Nozadze ノザゼ
ノバアク ノバーク	Novelline ノベリン Novellino ノヴェッリーノ	Novobilski ノボビルスキ	Nowak-Jeziorański ノヴァクイエジョラン	Nozaki ノザキ

Nozari	ノーザリ	Ntahomvukiye ヌタホムブキエ	Ntumuke ヌトゥムケ	Nuevo ヌエボ	Numeiry ヌメイリ**
Nozhkin	ノジュキン	ヌタホンブキエ	N'tungammulongo ヌトゥンガムロンゴ	Nuez ヌエス	ヌメイリー
Nozick	ノージック***	Ntahwa ヌタワ	Ntungamulongo ヌツンガムロンゴ	Nuffel ヌフェル	Nūmēnios ヌメニオス
	ノジック	Ntakaburimvo ヌタカブリンボ	Ntunzwenimana ヌトゥンズウェニマナ	Nuffellen ヌフェレン	Numerianus ヌメリアヌス
Nozik	ノジク	Ntakarutimana ヌタカルチマナ	Ntuthuko ヌトゥトゥコ	Nuffield ナフィールド	Numeroff ニューメロフ**
Nozipo	ノジポ	Ntang ヌタン	Ntutumu ヌツツム	Nugent ナゼント ニュージェント*** ヌージェント ヌジェント ヌゼント	Numès ニュメー
Nozomi	ノゾミ	Ntantu-mey ヌタントゥメイ	Ntutumu Nguema ヌトゥトゥムヌゲマ		Numidicus ヌミディクス
Nozzari	ノッザーリ	Ntanyotora ヌタンヨトラ	Ntybantunganya スティバンツンガニャ*	Nugier ヌジエ	Nummela ヌメラ
Nqakula	ヌカクラ	Ntanyungu ヌタニュング	Nu ヌ ヌー*	Nugroho ヌグロホ*	Nummelin ヌンメリン*
Nquilim Nabitchita ヌキリムナビシタ		Ntap タップ	Nū ヌー	Nugus ナグス	Nummerdor ヌメルドル
Nquilin	ヌキリン	Ntawukuriryayo ヌタウクリリャヨ	Nūḥ ヌー フ	Nugzar ヌグザル	Nun ナン*
Nquku	エンクク	Ntcham ヌチャム	Nuafesili ヌアフェシリ	Nuh ヌー	Nūn ヌーン
Nripakāma ヌリパカーマ		Ntchama ヌチャマ	Nuaimi ヌアイミ**	Nūḥ ヌーハ ヌーフ	Nunamaker ナナメーカー
N'sa	ヌサ	N'Tchama ヌチャマ	Nuala ヌアラ ヌーラ**	Nuhad ヌハド	Nundu ヌンドゥ
Nsadhu	ヌサドゥ	Ntchango ヌチャンゴ	Nuar ヌアー	Nuhu ナウー	Nunemacher ヌネマッカー
Nsahlai	ヌサレ	Ntege ヌテゲ	Nu'ayma ヌアイマ	Nuibo ニュイボ	Nunen ヌーネン
Nsairat	ヌサイラト	Ntelnoumbi ヌテルヌンビ	Nu'aymah ヌアイマ	Nuikin ヌイキン	Nunes ニューンズ ヌニェス ヌニシュ ヌネシュ ヌーネス* ヌネス** ヌーンズ
N'sa Mputu Elima ヌサムプトゥエリマ		Nthato トト*	Nuaymi ヌアイミ ネイミ	Nuis ナウシュ	
Nsanzabaganwa ヌサンザバガンワ		Ntifa ニチファ	Nubankhre ヌブ・アンクラー ヌブアンクラー	Nuissl スイスル	
Nsanze	ヌサンゼ	Ntihabose スティハボーズ スティハボゼ		Nuitter ニュイテル	
Nse	ヌセ	Ntilikina ニティリキナ	Nubar ヌーバール ヌバル	Nujayfi ナジャフィ	
Nsekhe	セクヒー	Ntimama ヌティママ		Nujoma ヌジョマ** ヌヨマ	
Nsem	ヌセム	Nt-iqrty ニトイケルティ	Nūbār ヌーバール		
Nse Nfumu	ヌセヌフム	Ntirampeda ヌチラムペバ	Nūbāriyān ヌーバーリヤーン	Nujood ノジュオド	Nunes De Oliveira ヌニェスデオリベイラ
Nsengimana ヌセンギマナ		Ntiruhungwa スティルフングワ		Nuka ヌカ	
Nsengiyumva ヌセンギユムバ ヌセンギュンバ		Ntisezerana ニセゼラナ	Nubāta ヌバータ	Nukan ヌカン	Nunez ヌーニェス ヌニェーズ ヌニェス* ヌニエス ヌーネス* ヌネス* ヌーンイエス
Nshimirimana ヌシミリマナ*		Ntora ドーラ	Nubel ニューベル	Nukhaira ヌハイラ	
Nshuti	ヌシュティ	Ntouskos ドゥスコス	Nuber ヌーバー	Nukman ヌクマン	
Nsiah	シアー	Ntoutoume トゥトゥム	Nubkaure ネブカウラー	Nukrāshī スクラーシー	
Nsiah-Jefferson シアージェファーソン		Ntoutoume Emane ントゥトゥムエマネ	Nubkheperre ヌブケペルレー ネブケペルラー	Nuku ヌク	
Nsibambi	ヌシバンビ	Ntoutoume-émane ントゥトゥムエマス		Nuland ヌーランド*	Nuñez ヌーニェス ヌニェス**
Nsibandze	ヌシバンゼ		Nubnefer ヌブネフェル	Nullens ヌレンス	
Nsilou	ヌシル	Ntow ヌトウ	Nucci ヌッシ ヌッチ**	Nulman ナルマン	
Nsimba	ヌシンバ	Ntozake エンザキ エンザケ ヌトザケ** ントザケ		Nulyarima ヌリャリマ	Núnez ヌーニェス ヌニェス
Nsingo	ヌシンゴ		Nuccio ヌッチョ	Numa ニュマ ヌマ*	
Nsobeya	ヌソベヤ		Nučič ヌチィチィ		Núñez ヌーニェス* ヌーニェス ヌニェス** ヌニェス ヌネス
Nsobeya Efuman Nchama ヌソベヤエフマンチャマ			Nucius ヌキウス	Numan ニューマン ヌーマン* ノーマン	
		Ntsama ツァマ	Nudds ナッズ		
Nsue	エンスエ ヌスエ ヌセ	Ntshagase ヌツァガセ	Nuder ヌーデル*	Nu'mān ヌアマーン ヌウマーン	
		Ntshangase ントゥシャンガセ	Nuechterlein ニヒターライン ネクタライン	Nū'mān ヌーマーニー ヌーマーニー ヌマーニー	Ñúñez ヌニェス
Nsue Micha ヌスエミチャ		Ntshebe ヌツェベ*	Nueimi ヌエイミ		Nung ヌン
Nsue Milang ヌスエミラン		Ntsiba ヌツィバ	Nuel ニューエル*	Nu'mānī ヌーマーニー	Nungesser ニュンジェッセ
Nsue Mokuy ヌスエモクイ		Ntsinyi ヌツィニ	Nuelsen ニューエルセン		Nung-su ヌンス*
Ntaba	ヌタバ	Ntsoaole ヌツォアオレ	Numanović ヌマノビッチ		Nunir ムニル
Ntafu	ヌタフ	Ntsu ヌツ*	Nuemeyer ノイマイヤー	Numayri ヌメイリー	Nünke ニュンケ
Ntahobari ヌタホバリ		Ntumba ヌツンバ ントゥンバ	Nuepane ネオパネ	Numayrī ヌマイリー	Nunn ナン** ヌン
Ntahomenyereye ヌタホメニエレイエ			Nuesslein ヌエスライン	Numberi ヌンベリ	Nunnally ナナリー
				Numbers ナンバーズ	Nunnaly ナナリー
				Numbi ヌンビ	Nunneley ナンネリー*

Nunnenbeck ヌネンベク
Nunns ナンズ
Nuno ヌーニョ/ヌーノ**/ヌーノ-/ヌノ
Nuño ヌニョ*
Nunsuk ヌンスック
Nunu ヌヌ
Nunu Kumba ヌヌクンバ
Nu Nu Yi ヌーヌーイー
Nunyabu ヌニャブ
Nunziata ナンジアータ
Nunzio ナンジオ/ヌンツィオ/ヌンツォ
Nuoliwaara ヌオリーワーラー/ヌオリワーラ
Nuon ヌオン**
Nuong ヌオン
Nuotio ヌオティオ
Nuovo ヌオーヴォ/ヌオヴォ/ノヴィ
Núp ヌップ
Nuppeney ヌッペナイ
Nuqrashi ヌクラーシー
Nuqtah ヌクタ
Nur ヌアー/ヌール**/ヌル*
Nūr ヌール/ヌル
Nuraini ヌレイニ
Nūr al-Dīn ヌールッディーン/ヌーロッディーン
Nuraly ヌラルイ
Nurani ヌラニ
Nuray ヌライ
Nurbaya ヌルバヤ
Nurbek ヌルベク
Nurcan ヌルジャン*
Nurcholis ヌルホリス
Nurcholish ヌルホリシュ/ヌルホリス
Nurdin ヌルディン
Nureddin ヌーレッディン
Nureev ヌレエフ
Nurettin ヌレッティン
Nureyev ヌレエヴ/ヌレーエフ*/ヌレエフ
Nurgali ヌルガリ

Nurgaliyev ヌルガリエフ*
Nurge ナージ
Nurhaci ヌルハチ
Nurhadi ヌルハディ*
Nurhaliza ヌールハリザ
Nurhan ヌルハン
Nurhidayah ヌルヒダヤ
Nuri ヌーリ/ヌーリー*/ヌリ**
Nurî ヌーリー/ヌリ
Nūrī ヌーリー/ヌリ
Nuria ヌリア**
Núria ヌリア
Nuria Lidon ヌリアリドン
Nuriddin ヌリッジン
Nurideen ヌールッディン
Nuridsany ナリサニー/ニェリッザニー
Nuriev ヌーリェフ/ヌリエフ
Nurikyan ヌリキャン
Nuris ヌリス
Nuristani ヌリスタニ
Nurit ヌリット
Nurkhanbek ヌルハンベク
Nurkic ヌルキッチ
Nurković ヌルコビッチ
Nurkse ナークシー/ヌルクセ
Nurlan ヌルラン**
Nurlanbek ヌルランベク
Nurmahmudi ヌルマフムディ
Nurmakhan ヌルマハン
Nurmammedov ヌルマメドフ
Nurmatov ヌルマトフ
Nurmela ヌルメラ
Nurmesniemi ヌルメスニエミ*
Nurmi ヌルミ
Nurminen ヌルミネン
Nurmuhammet ヌルムハメト
Nurmukhambetova ヌルムハンベトワ
Nurmyradova ヌルムイラドワ
Nurnberger ナーンバーガー

Nürnberger ニュルンベルガー
Nuro ヌロ
Nursahet ヌルサヘト
Nurse ナース**
Nursî ヌルスィー
Nursī ヌルシー*
Nursia ヌルシア
Nursjamsu ヌルシャムス*
Nursultan ヌルスルタン**
Nuruddin ヌルディン/ヌルディン*
Nurudeen ヌルディン
Nurudinov ヌルディノフ*
Nurul ヌラル/ヌルル
Nurumakhmatov ヌルマフマトフ
Nurutdinova ヌルトディノワ
Nury ニュリ
Nuryana ヌルヤナ
Nusantara ヌサンタラ
Nusara ヌサラ
Nuṣayr ヌサイル
Nuscheler ヌシェラー
Nuschke ヌシュケ
Nusciak ヌシアク
Nusdeo ヌズデオ
Nuseibeh ヌセイベ
Nuseir ヌサイア
Nushinov ヌシノフ
Nušić ヌシッチ
Nušić ヌシッチ
Nušič ヌシッチ
Nusku ヌスク
Nusrat ヌスラット/ヌスラト
Nuṣratī ヌスラティー
Nusratullo ヌスラトゥッロ/ヌスラトゥロ
Nuss ヌス
Nussa ヌッサ
Nussac ニュサック
Nussbaum ナスバウム*/ナスバーム/ヌースバーム/ヌースバウム/ヌスバウム**
Nußbaum ヌスバウム
Nussbaumer ナスバウマー/ヌスバウマー/ヌッスバウマー
Nusseibah ヌセイバ
Nusseibeh ヌセイベ*
Nüssel ニュッセル

Nusselt ヌッセルト
Nussenblatt ヌッセンブラット
Nusser ナッサー
Nussle ナッスル*
Nusslein ニュスライン
Nüsslein ニュスライン**
Nüsslein-volhard ニュスラインフォルハルト
Nüssli ニュッスリ
Nuta ヌータ
Nutall ナトール
Nutbeam ナットビーム
Nute ニュート*
Nutekheperre ヌテケペルラー/ネチェルケペルラー
Nutgent ヌジェント
Nuth ヌット
Nuthall ナットホール
Nuti ヌーティ
Nutini ステイニ
Nutley ナトリー*
Nutman ナットマン*
Nuto ヌート
Nutr ストゥ
Nutt ナット
Nuttall ナッタル/ナットール*/ナトール*/ヌッタール
Nutter ナッター
Nuttin ニュタン
Nutting ナッティング*
Nutu ヌーツー
Nuu ニュウ
Nuviala ヌヴィーリア
Nuvolone ヌヴォローネ
Nuwa ヌワ
Nuwairah ヌワイラ
Nuwas ヌワース/ヌワス
Nuwās ヌワース
Nuwawea ヌワウェア
Nuwayhid ニュウエイド
Nuwayra ヌワイラ
Nuwayrī ヌワイリー
Nuxhall ナックスホール*
Nuyen ナイエン/ニュエン/ニュエン**
Nuyt ノイト
Nuyts ヌイツ/ノイツ

Nuytten ニュイッテン*
Nuzhat ネシャット
Nuzi ヌーツィ
Nuzzi ヌッツィ
Nuzzo ヌッツォ
Nve ナビンナ
Nvinne ナビンナ
Nwaba ヌワバ
Nwabueze ヌワブエゼ
Nwachukwu ヌアチューク
Nwakire ヌワキレ
Nwakwi ヌワクウィ
Nwankwo ヌワンコ*
Nwanze ウワンゼ/ヌワンゼ*
Nwapa ヌワーパ/ヌワパ/ンワーパ*/ンワパ
Nwe ヌウェ
Nweke ヌウェケ
Nwogugu ヌウォググ
Nwosu ヌウォス
Nxesi ヌゲシ
Nxumalo ヌズマロ
Ny ニ*
Nyaba ニャバ
Nyabadza ニャバザ
Nyabally ニャバリ
Nyachae ニャチャエ
Nyad ナイアド
Nyagha ニャガ
Nyaho ニャホ
Nyak ニャック
Nyakairima ニャカイリマ
Nyakane ニャカニ
Nyakasikana ニャカシカナ
Nyalandu ニャランドゥ
Nyamaagiin ニャマーギーン
Nyambayar ニャンバヤル
Nyambo ニンボ
Nyambui ニャムブア
Nyambuya ニャンブヤ
Nyamdavaa ニャムダバー
Nyamdorj ニャムドルジ
Nyamitwe ニャミトウェ
Nyamjav ニャムジャブ
Nyamko ニアンコ
Nyammlel ニャムレル
Nyamnjoh ニャムンジョ

Nyamtaishiryin ニャムタイシリン
Nyamu ニャム / ヌヤム
Nyamugabo ニャムガボ
Nyamwisi ニャムウィシ
Nyamwiza ニャムウィザ
Nyan ナイアン / ニャン**
Nyanatiloka ニャーナティローカ
Nyandwi ニャンドゥイ
Nyane ニャネ
Nyanga ニヤンガ
Nyangau ニャンガウ
Nyang ral ニャンレ / ニャンレル
Nyangsongi ニャンソンイ
Nyanor ニャノ
Nyarko ニャルコ
Nyarota ニャロタ
Nyarugabomuhizi ヌヤルガボムイジ
Nyaruhirira ニャルヒリラ
Nyasango ニャサンゴ
Nyasha ニャシャ
Nyaungyan ニャウンジャン
Nyavu ヌヤブ
Nyberg ナイバーグ* / ニーベリ / ニーベリィ
Nyblaeus ニューブレイウス
Nyblom ニブロム
Nybo ニーボ
Nyczek ニクツェック
Nydell ナイデル*
Nyder ニーダー
Nydia ニディア
Nye ナイ*** / ニー / ネイ
Nyein ニェイン / ニエイン / ニュイン
Nyembe ニエンベ
Nyenimigabo ヌエニミガボ
Nyenze ニェンゼ
Nyer ニアー
Nyerere ニエレレ*
Nyers ニエルシュ / ニエルシュ*

Nyert ニエール
Nyessen ニェッーセン
Nyeu ニュウ
Nygaad ニガード
Nygaard ニガールト / ニゴール / ニューゴー
Nygaardsvold ニューゴーシュヴォル / ニューゴールスヴォル / ニュゴールスボル
Nygard ニイガード
Nygård ナイガード
Nygren ニイグレン / ニグラン / ニーグレン* / ニグレン* / ニューグレン / ニュグレン
Nyhart ニーハルト
Nyhaug ナイハウグ
Nyhoff ニーホフ*
Nyholm ナイボルム
Nyhuis ニュイス
Nyhus ニーフース / ニューフス
Nyi ニ
Nyi 'bum ニブン
Nyi ma ニンマ
Nyi ma 'oser ニマウーセル
Nyin byed ニンチェ
Nyirahabimana ニラハビマナ
Nyirahabineza ニラハビネザ
Nyiramirimo ニイラミリモ
Nyirasafari ニラサファリ
Nyiregyházi ニレジハージ
Nyirenda ニレンダ*
Nyirongo ニロンゴ
Nykänen ニッカネン*
Nykvist ニクヴィスト* / ニークビスト
Nyland ニュランド / ニーランド
Nylander ニーランデル
Nylén ニーレン / ニレーン
Nylund ナイランド / ニールント* / ニールンド
Nym ニム**
Nyman ナイマン** / ニイマン

ニーマン / ニューマン / ニュマン
Nymare ニヌマアトラー / ニマラー / マアラー
Nymphidius ニュンフィディウス
Nymphis ニュンピス
Nynauld ニノー
Nynetjer ニネチェル
Nynke ネインケ
Nyo ニョウ*
Nyom ニョム
Nyoman ニョマン / ニヨマン
Nyombi ニオンビ
Nyongo ニョンゴ
Nyong'o ニョンゴ
Nyongolo ヌヨンゴロ
Nyoni ニョニ
Nype ナイプ
Nyquist ナイキスト / ナイクィスト
Nyqvist ニクヴィスト
Nyree ナイリー / ニリー
Nyrén ニュレン
Nyrki ニルキ
Nyro ニーロ*
Nyrop ニューロブ
Nyrup ニュルップ** / ニューロップ
Nys ニ / ニース / ニス
Nysaeus ニュサエオス
Nyschuk ニシチェク
Nysschen ネイスン
Nyssen ニッサン
Nyssens ニッセンズ
Nystad ニスタット*
Nystrand ニーストランド
Nystroem ニーストレーム / ニーストレム
Nystrom ナイストロム / ニイストレーム / ニストレム / ニストロム
Nyström ニストレム / ニーストロム / ニストロム / ニュストレム
Nyswaner ナイスワーナー

Nyuk ニュック
Nyum ニョム*
Nyunt ニュン**
Nyuon ニュオン
Nyuserre ニウセルラー
Nyusi ニュシ*
Nyvad ナイバッド
Nzanga ヌザンガ
Nze ヌゼ
Nzeocha エンゼオカ
Nzesso ヌゼソ
Nzet Biteghe ヌゼビテゲ
Nzeyimana ヌゼイマナ
Nziengui Nzoundou ヌゼンギンズゥンドゥ
Nzila ヌジラ
Nzimande ヌジマンデ
Nzimiro ヌジミロ
Nzinga エンジンガ / ヌジンガ / ンジンガ
Nzingha ニンジャ
Nzo ヌゾ** / ヌゾー / ンゾ**
Nzondo ヌゾンド
N'zonzi エンゾンジ
Nzouba ヌズバ
Nzuji ンジュジ
Nzulama ヌズラマ
Nzuzi ヌズジ

【O】

Oakeley オウクリ
Oakes オークス**
Oakeshott オークショット**
Oakey オーケイ
Oakie オーキー
Oakland オークランド*
Oakley オークリー** / オークレー* / オークレイ
Oakman オークマン
Oak Oak ワックワック
Oaks オークス*
Oana オアナ
Oanh オアイン** / オアン
Oánh オアイン
Oastler オーストラー
Oates オウツ / オーツ***
Oatey オーティー
Oatis オーティス

Oatley オウトリー / オートリー** / オートレイ
Oatman オートマン
Oba オバ
Obada オバダ
Obadele オバデレ
Obadiah オバデア / オバディア / オバデイア / オバディア
'Obadjā アブディア / オバディア / オバデヤ
Obadov オバドフ
Obafemi オバフェミ*
Obaid オバイド / オベイド**
Obaidi オベイディ
Obaidollah オバイドラ
Obaidul オバイドゥル
Obaidullah ウベイドゥラ / オバイドラ
Obaldia オバルディア** / オバルディヤ
Obalk オバルク
Obama オバマ***
Obama Asue オバマアスエ
Obama Nchama オバマヌチャマ
Obama Nsue オバマスエ
Obama Nve オバマヌベ
Obame オバム
Obando オバンド / オバンドー*
O'Banion オバニオン
O'Bannon オバナン* / オバノン*
O'Barr オバー
O'Barry オバリー*
Obarski オバースキ
Obasanjo オバサンジョ**
Obata オバタ
O Bâ Tha オーバータ / オーバタ
Obayd オベイド
Obaze オバーゼ
Obbard オバード
Obbe オッベ
Obed オベッド / オーベド
Obediah オベダイア
Obedid オベイディッド

O

Obee オビー
Obeegadoo オビーガドゥー
Obeid オバイド / オベイド***
Obeidat オベイダト*
Obeidi オベイディ
Obeidolläh オベイドゥラー
Obel オベル
Obelar オベラル
Obelerio オベレリオ
Oben オベン
Obeniche オベニッシュ
Ober オーバー*
Oberbeck オーベルベック
Oberburger オベルブルガー
Oberdieck オーバーディーク / オーベルディーク*
Oberdorfer オーバードーファー** / オーバードルファー / オーベルドルフェル
Oberdörster オーベルデルスター
Obereit オーベライト
Oberendorff オーベレンドルフ
Oberfeld オーベルフェルト
Oberg エーベルグ / オバーグ / オーベルク
Öberg エーベリ / エーベルグ / オベリ
Oberge オーベルク / オーベルゲ
Obergfoll オーバークフォル* / オーベルクフェル
Oberhauser オーバーハウザー
Oberhofar オーバーホッファー*
Oberhofer オベルホファー
Oberhoffer オーバーホッファー / オーバーホッフェル
Oberhoffner オーベルホフナー
Oberholtser オーバーホルザー
Oberholtzer オーバーホールツァー / オーバーホルツァー / オーバホルツァー / オバルホルツァー
Oberhuber オーバーフーバー

Oberhuemer オーバーヒューマ
Oberjohann オーベルヨハン
Oberkampf オーベルカンプフ
Oberkfell オバークフェル
Oberlander オーバーランダー
Oberländer オーバーレンダー* / オーベルレンダー
Oberleas オーバーリース
Oberleit オーバーライト
Oberley オーバーリー
Oberli オベルリ
Oberlin オバーリン / オベルラン / オベルリン
Obermaier オーバーマイアー / オーバーマイヤー / オーベルマイアー
Oberman オーバーマン / オバーマン / オーベルマン
Obermayer オーバーマイヤー / オーベルマイヤー
Obermayr オーバーマイアー
Obermeier オーバーマイヤー
Obermeyer オーバマイヤー
Oberndorfer オーベルンドルファー
Oberoi オベロイ*
Oberon オウバロン / オベロン
Oberschall オバーショール
Oberski オバースキー
Oberson オーベルソン
Oberst オーバースト
Oberstadt オーバーシュタット
Oberstleutnant オーバーシュトロイトナント
Oberstolz オーベルシュトルツ
Obert オーバート
Obertas オベルタス
Oberth オーベルト*
Oberthor オベルトール
Oberthur オーバーテュアー
Oberthür オーバーテュア / オーバーテュアー / オーバテュア

Obertone オベルトーヌ
Oberweger オーベルウェゲル
Oberwinkler オーベルヴィンクラー
Obestsebi オベッセビ
Obeth オベス
Obetsebi オベッセビ
Obetsebi-lamptey オベツェビランプティ
Obexer オベクサー
Obey オベー / オベイ
Obeyesekere オベーセーカラ*
Obholzer オブホルツァー / オブホルツァー*
Obi オビ*
Obiageli オビアゲリ
Obiang オビアン** / オビアング
Obichang オビアン
Obichikin オビチキン
Obidov オビドフ
Obie オービー* / オビー
Obikwelu オビクウェル
Obin オービン
Obinna オビナ / オビンナ
Obioha オビオーハ
Obioma オビオマ*
Obiora オビオラ
Obiri オビリ
Obispo オビスポ
Obizzo オビッツォ
Oblak オブラク
Oblas オブラス
Obleas オブレアス
Obler オブラー*
Oblinger オブリンガー
Obmascik オブマシック*
Obnorskii オブノールスキー / オブノルスキー / オブノールスキィ
Obodom オボドム
Oboi オボイ
Obolenski オボレンスキー*
Obolenskii オボレンスキー
Oboler オボラー
Obonaji ウブナージ
Obono Engono オボノエンゴノ
Obookiah オブカイア

Oborin オボーリン / オボリン
Oborne オーボーン*
Oborududu オボルドゥドゥ
Obote オボテ**
Oboukhoff オブホフ
Oboussier オブシエ
O'Boyle オーボイル
Obrador オブラドール / オブラドル*
Obradovic オブラドヴィッチ / オブラドヴッチ
Obradović オブラードヴィチ / オブラドヴィチ / オブラドビッチ
Obraztsov オブラスツォーフ / オブラスツォフ* / オブラズツォーフ / オブラズツォフ
Obraztsova オブラスツォーヴァ / オブラスツォヴァ / オブラスツォバ / オブラスツォーワ* / オブラスツォワ*
Obrechc オブレシュク
Obrecht オーブレクト / オーブレハト / オブレハト / オーブレヒト / オブレヒト* / オブレヒト / ホブレヒト
Obregón オブレゴーン / オブレゴン*
Obreht オブレヒト**
Obreja オブレジャ
Obreno オブレノ
Obrenović オブレーノヴィチ / オブレノヴィチ / オブレノビチ / オブレノビッチ
Obrero オブレロ
Obrestad オブレスタ
O'Brian オブライアン*** / オブライエン*
Obrien オブライエン
O'Brien オブライアン* / オーブライエン / オブライエン / オブライエン*** / オブライエイン
Obrist オブリスト* / オブリスト
Obrowsky オブロブスキー
Obrst オブルスト

Obruba オブルーバ
Obruchev オーブルチェフ / オブルーチェフ / オブルチェフ*
Obry オブリ
O'Bryan オウブライアン / オブライアン
O'Bryant オブライアント
Obsequens オブセクウェンス
Observer オブザーヴァ
Obsfeld オブズフェルド
Obsieh オブシ / オブシエ / オブシエ
Obsieh Bouh オブシェブー
Obsieh Waiss オブシェワイス
Obst オーブスト / オブスト
Obstfeld オブストフェルド / オブズフェルド
Obstfelder オップストヘルダー / オブストフェルダー / オブストフェルダー / オブストフェルデル / オブストフェルデル
Obuchowski オブショウスキー
Obukh オブーフ
Obukhov アブホフ / オーブホフ / オブホフ* / オブーロフ
Obukhova オブーホヴァ / オブホーワ
Obuljen Koržinek オブリェンコルジネク
Obum オバム
Obure オブレ / オブレ
Obwocha オボオチャ
O'Byrne オバーン*
Oca オカ*
Ocagne オカーニュ / オカニュ
Ocalan オジャラン
Öcalan オジャラン*
O'Callaghan オウキャラハン / オカラガン / オカラガン / オカラハン / オキャラハン* / オチャラハン
O'Callahan オカラハン

Ocampo オカンポ***
Ocampos オカンポス
Ocaña オカニャ
Ó.Canainn オ・カネン
Ocante Da Silva
　オカンテデシルバ
Ocaran オジャラン*
Ocariz オカリス
O'Carroll
　オキャロル**
Ocasek オケイセック*
O'Casey
　オウケイシ
　オウケイシー
　オケイシー*
　オーケイシイ
　オケイシイ
　オーケーシー
　オケーシ
　オケーシー*
Ocasio オカシオ
Ocasio Rodriguez
　オカシオロドリゲス
Occhetto オケット
Occhi オッシ
Occhiogrosso
　オチオグロッソ*
Occhiuzzi
　オッキウツィ
Occom オッカム
Ocean オーシャン*
Oceeva オセーエワ
Ocelot
　オスロ*
　オスロー
Och オ
Ochab オハブ*
Oche オーク
Ochefu オチェフ
Ochekpe オチュペ
Ochi オチ
Ochichi オチチ
Ochigava
　オチガヴァ
　オチガワ
Ochillo オチロ
Ochino オキーノ
Ochir オチル
Ochirbat オチルバト**
Ochirbatyn
　オチルバティーン
　オチルバト
Ochirkhuu オチルフー
Ochirova オチロヴァ
Ochirsukh オチルスク
Ochlewski
　オフレフスキ
Ochman オフマン*
Ochner オクナー
Ochoa
　オチョーア
　オチョア***
Ochozias
　アハジヤ
　アハズヤ

Ochs
　オークス
　オクス**
　オックス
Ochsenbein
　オクセンバイン
Ochsenkhun
　オクセーンクン
Ochsenwald
　オッセンワルド
Ochsner
　オクスナー
　オシュナー
　オッシナー
Ochterlony
　オクタローニイ
Ochtervelt
　オフテルフェルト
Ochtervert
　オヒテルフェルト
Ochtman オクトマン
Očičer オチチェル
Ocier オッシャー
Ockeghem
　オケゲム
　オーケヘム
　オケヘム
　オッケゲム
　オッケヘム
　オッケンヘイム
Ockenden
　オッケンデン
Ocker オッカー*
Öckerman
　オッカーマン
Ockham オッカム*
Ockleford
　オックルフォード
Ockley オクリー
Ockman
　オクマン
　オックマン
Ockrent
　オークラン
　オクラン
　オッケラン
Öckto ユクト
O'Clery
　オウクレアリ
　オクレリー
O'Connell
　オウコンネル
　オコーネル
　オコネル**
　オーコンネル
　オコンネル***
　オコンル
O'Conner
　オコーナー
　オコーナー**

オコナー***
オーコンナー
オコーナー*
O.Conor オコナー
O'Conor
　オコーナー
　オコナー**
O'Cooner オコナー
O'Crean オクリーン
O'Creevy
　オクリーヴィ
　オクリービー
Octa オクタ
Octacvia
　オクタヴィア
　オクテイヴィア
Octagon オクタゴン
Octav オクタブ
Octave
　オクターヴ*
　オクタヴ
　オクターブ*
　オクタブ
Octavia
　オクターヴィア
　オクタウィア
　オクタヴィア*
　オクタビア*
　オクテイヴィア
　オクテイヴィア*
　オクテービア*
Octavian
　オクタヴィアン
　オクタビアン
Octavianus
　オクタヴィアヌス
　オクタビアヌス
Octavie
　オクタヴィ
　オクタヴィー
　オクタビ
Octavio
　オークラン
　オクタビオ**
　オタ－ヴィオ
Octávio オターヴィオ
Octavius
　オクタヴィアス
　オクタウィアヌス
　オクタウイウス
　オクタヴィアヌス
　オクテイヴィアス
Octavus オクタヴァス
Octovien
　オクトヴィヤン
Ó.Cuív オクィーブ
Oczipka オツィプカ
Oda
　オーダ**
　オダ
Odaga
　オダーガ
　オダガ
Odagiu オダジュ
Odair オダイル*
O'Dair オデア

Odajnyk
　オダージンク*
Odalis オダリ
Odam
　オーダム*
　オダム
O'Daniel オダニエル
Oday オデイ
O'Day
　オゥデイ
　オディ
　オディ***
Odayne オーデイン
Odazzi オダッツィ
Odbayar オドバヤル
Odbert オドバード
Odčigin オッチギン
Odd オッド**
Oddantonio
　オッダントニオ
Odd Arne オドアルネ
Oddbjørn
　オッドビョルン
Odderson オデルソン
Oddi オッディ
Od-Dīn オッディーン
Oddīn
　ウッディーン
　オッディーン
Oddis オッディス
Oddo
　オッド
　オドー
Oddsson オッドソン**
Oddur オドゥール
Oddveig オッドバイグ
O'Dea
　オデア
　オーディ
　オディ
　オディア
Odebrecht
　オーデブレヒト
Odecil オデシル
Oded
　オーディッド
　オーディド*
　オーデッド*
　オデット
　オデッド
　オデド
Odegaard
　ウーデゴーア
Ödegaard
　エーデガルト
Ødegaard エデゴール
Odeh
　オデ
　オード
Odein オデイン
Odekon オデコン
Odell
　オーデル*
　オーデル・
　オデール
　オデル*
O'Dell
　オーデル*

オデール**
オデル**
Odello オデッロ
Odem オーデム
Odemar オデマール
Odemwingie
　オデムウィンギー*
Oden オーデン*
Odenathus
　オダエナトゥス
　オデナツス
　オデナトゥス
Odenberg
　オーデンベリ
Odeneal オデニール
Odent オダン*
Odenthal
　オーデンタール
Odenwald
　オデンワルド*
Odera オデラ
Oderda オデルダ
Oderico オデリコ
Oderisi オデリージ
Odermann オダーマン
Odermatt
　オーダーマット
　オーデルマット
Odersky オダースキー
Odessa オデッサ
Odet
　ウデ
　オデ
　オデー
Odete
　オデーテ
　オデテ
　オデト
Odets
　オーデッツ
　オデッツ*
Odetta オデッタ*
Odette
　オデッテ
　オデット*
　オデットゥ
O'Dette オデット
Odewahn
　オディウェン*
Odey オディ
Odgård アドガード
Odgers オジャーズ
Odhiambo
　オディアンボ
Odhner
　オードゥナー
　オードナー
　オードナー*
Odia オディア
Odievre
　オディエーヴル
Odifreddi
　オーディフレッディ
　オディフレッディ
Odighizuwa
　オディアイズワ
Odikadze オディカゼ

O

ODI

Odile オディーユ／オディール*／オディル
Odilia オディーリア／オディリア
Odilo オーディロ／オディロ／オディロン
Odilon オディロン**
Odin オーディン
Odinga オディンガ**
Odington オディントン
Odinot オディノ
Odio オディオ
Odion オディオン
Odiorne オディオーン*
Odiot オディオ
Odisharia オジシャリア
Odjig オジグ
Ödkvist エドクヴィスト
Odland オードラン
Odlanier オドラニエル*
Odle オードル
Odlin オドリン
Odling オドリング
Odlozil オドロジル
Odlum オドラム
Odner オードネル
Odo オード*／オードー／オド／オドー
Odoacer オドアケル／オドヴァカル
Odoardo オドアルド
Odobescu オドベスク
Odoevskii オードエフスキー／オドーエフスキー／オドエーフスキー／オドエフスキー*／オドーエフスキィ／オドエーフスキィ／オドエフスキィ
Odoevskiĭ オドエフスキー
Odóevtseva オドエフツェワ
Odom オードム*／オドーム／オドム***
Odon オド／オドン**
Odön エデン
Ödön エーデン／エデン
Odumosu オドゥモス
Odunayo Folasade オドゥナヨフォラサデ

Odonais オドネ
Odonchimed オドンチメド
Odone オドーネ
O'donel オドネル
Odongo オドンゴ
Odoni オドーニ
Odonkor オドンコー
O'Donnell オウドンネル*／オダネル*／オドーネル／オドネル***／オドンネル**
O'Donoghue オダナヒュー／オドナヒュー*／オドノヒュー／オドノフー
O'Donohue オドナヒュー／オドノヒュー／オドノヒュウ*
O'Donovan オドノヴァン*／オドノバン*
Odor オドーア
Odorico オデリコ／オドリク／オドリーコ／オドリコ／オドリック
Odorizzi オドリッジ
Odorova オドロバ
O'Doul オドール
Odoux オドゥー
O'Dowd オーダウド／オダウド
Odqvist オドクヴィスト
Odría オドリア
Odrich オドリッチ
Odrick オドリック
Odriozola オドリオゾーラ*
Odrisamer オドリサマー
O'Driscoll オドリスコール／オドリスコル**
Odsberg オズバーグ
Oduahogiemwonyi オドゥアオギエンウォニ
Odubajo オドゥバジョ
Odubel オデュベル
O'Duffy オダフィー／オデュフィ
Odulfus オドゥルフス
Odum オーダム／オダム**

Odunsi オドゥンシー
Odveig オドヴェイグ
Odwell オドウェル
O'Dwyer オドワイアー／オドワイヤー
Ody オディ*
Odysseas オディッシウス／オディッセアス*／オデュッセアス
Odysseus オディッシウス／オディッセアス／オデュッセウス
Odýsseus オジッセフス／オディッセウス*／オデュッセウス
'Od zer ウーセル
'Od zer オェセル
Odzoki オゾキ
Oeben エーバン／エバン
Oeberg オベリ
Oech イーク*
Oechsle オーシュリ
Oechslin エクスリン
Oecolampadius エコラムパディウス／エコランパーディウス／エコランパディウス
Oeconomus エコノムス
Oedekerk オーデカーク
Oedoen エーデン
Oefner エーフナー
Oehlenschläger エーレンシュレーガー／エーレンシュレーゲル／エーレンシュレーヤー／エーレンスレーヤ／エーレンシュレーヤー／エェーレンシュレーゲル／オェーレンスレーヤ
Oehler エーラー
Oehlman エールマン
Oehlmann エールマン
Oehlschlaeger エールシュレーガー
Oehme エーメ
Oehring エーリング
Oei ウィ／ウィー／ウイ
Oelhafen エールハーフェン
Oelker エルカー*
Oelkers エルカース
Oellien エリーン
Oellrichs オエルリックス
Oelreich エールライシ

Oelrich エルリッチ
Oelschläger オルシュレーガー
Oelshlaeger エルシュレーガー
Oelsner オルスナー
Oelssner エルスナー
Oelwein オールウェイン
Oemeken エメケン
Oeming オーミング
Oen オーエン
Oene オエネ
Oengus オエングス
Oenone イノーニ
Oentoeng ウントゥン
Oepen オェーペン
Oeri オエリ
Oerke オーク
Oermann オーマン／オールマン
Oersted アーステッド／エールステズ／エルスデズ／エールステッド／エルステット／エルステッド
Oertel エルテル*
Oerter エルター／オーター**
Oertli エルトリ
Oertmann エルトマン
Oertzen エルツェン
Oeschger エッシュガー
Oeser エーザー／エーゼル
Oesterberg エストベルグ
Østerberg エストベルグ
Oesten エステン*
Oester エスター／オースター
Oesterheld エスターヘルト
Oesterlen エステルレン
Oesterley エスタリ
Oesterreich エスタライヒ／エステルライヒ／オーステライヒ
Oesterreicher エスタライヒャー／オーストライカー／オーストライヒャー
Oestreich エスタライヒ*
Oestvig エストヴィク／エストビク
Oetama ウタマ*

Oetinger アーティンガー*／エーティンガー／エティンガー
Oetker エトカア
Oetome ウトモ
Oetting エッティング
Oettingen エッチンゲン／エッティンゲン*／オッティンゲン
Oettinger エッティンガー／オッティンガー
Oey オエイ
Oeystein オイステイン*
Of オヴ／オフ／オブ
Ofa オファ
O'Fallon オファロン
Ofa Mbo オファムボ
O'Faolain オフェイロン**／オフェローン
O'Faoláin オフェイロン*
Ofari オファリ
O'Farrell オファレ／オファーレル**／オファレル*
O'Farrill オ・ファリル／オファーリル／オファリル*
O'fearna オフィールナ
Ofeimun オフェイムン
Ofelia オフェーリア*／オフェリア
Ofer オフェル*
Off オフ*
Offa オッファ／オファ
Offe オッフェ*
Offel オーフル
Offen オッフェン／オフェン
Offenbach オッフェンバック*／オッフェンバッハ*／オッフェンバハ／オフェンバック
Offenbacher オッフェンバッハー
Offer オフェール
Offerman オファーマン／オファマン*
Offermann オファーマン
Offers オッフェルス
Officer オフィサー

Offill オフィル	Ogbah オグバ	O'Glasser オグラッサー	Ogston オグストン	O'Herlihy オハーリー* オハリヒー オハーリヒイ
Offiong オフィオング	Ogbeh オグベウ	Ogle オーグル オグル オーゲル	Ogtay オグタイ	
Offit オフィット	Ogbeifo オベイフォ		Oguéwa オグワ	O'Herne オハーン**
Offmann オフマン*	Ogbonna オグボンナ		Ogul オグル	Oh-eul オウル
Offner オフナー	Ogbonnaya オグボナヤ		Ogulnius オグルニウス	Ohi オーイ
Offord オフォード	Ogborn オグボーン	Oglesbee オグレスビー	Ogunde オグンデ	O'Higgins オイギンス オイギンズ オヒギンス オヒギンズ*
Offray オフリ オフレー オフロワ	Ogbuehi オブウェイヒ	Oglesby オグレスビ オグレスビー	Ogungbure オグングブレ	
	Ogbuewu オグブエウ		Ogunkelu オグンケル	
Offroy オフロワ	Ogburn オグバーン* オグバン オグボーン	Oglethorpe オーグルソープ オグルソープ	Ogunkoya オグンコヤ	Oh-ill オイル
Offutt オファット			Ogunlade オグンレイド	Ohin オイヌ
O'Fihely オウファイリ	Ogden オグデン***	Ogletree オグントリー オグレトリー	Ogunlewe オグンレウェ	Oh-joon オジュン
Ofili オフィリ	Ogdon オグドン*		Ogunyemi オグンイェミ	Ohlberg オールバーグ
Ofir オフィル	Oge オーゲ	Oglialoro オリアロロ	Ogurlic オグルリッチ	Ohlberger エールベルガー
Ofisa オフィサ	Oger オジェ オジェ	Oglivie オグリビー	Oguwu オグウ	Öhlberger エールベルガー
Ofla オーフラ		Ogloff オグロフ	Oguwuche オグウチェ	
O'Flahertie オフレアティ	Ogerman オガーマン*	Ogly オグルイ	Oğuz オウズ	Ohlemann オーレマン
O'Flaherty オウフラハーテー オフラアテイー オフラーテイ オーフラハティー オフラハティ オフレアティ*	Ogg オッグ*	Ögmundsson エグムンズスン	Oguzhan オウズハン	Ohlendorf オーレンドルフ
	Oggerino オゲリーノ オジェリーノ	Ogmundur オグムンドゥル	Ogwaro オグワロ	Ohler オーラー*
	Oggins オギンス	Ogna オーニャ	Ogyen ウゲン	Ohlig オーリッグ*
	Oggioni オッジョーニ	Ognibene オグニベン	Oh オー** オー* オウ*	Ohlin ウリーン オーリン オリーン
	Oggiono オッジョーノ	Ognivtsev オグニフツェフ		
O'Flanagan オフラナガン*	Oghassabian オガサビアン	Ognjenovic オグニエノビッチ	O'Haco オハコ	
Ofner オフナー			Ohad オハッド	Ohlinger オーリンガー
Ó Foghlú オフォル	Oghl オウル	Ognyov オグニョーフ オグニョフ	O'Hagan オーヘイガン オヘイガン**	Ohlmer オールマー
Ofonius オフォニウス				Ohlott オーロット
Ofori オフォリ	Oghuz オグズ	Ögödei オグタイ オゴダイ オゴデイ	O'Hailey オヘイリー	Ohlsen オールセン オールゼン
Ofosu オフォス**	O-gi オギ**		O'Hair オヘア*	
Ofosu-adjare オフォスアジャレ	Ogi オギ**	Ogogo オゴゴ	O'Hallaron オハロン	Ohlson オールソン オルソン*
Ofra オーフラ オフラ**	Ogiefield オギーフィールド	Ogoke オゴケ	O'Halloran オハローラン オハロラン	
	Ogier オジェ オジェ*	O-gon オゴン		Ohlsson ウルソン オフルソン オールソン** オルソン*
O'Fredericks オフレデリクス	Ogievetsky オギエヴェツキー	Ogorkiewicz オゴルキィウィッチ	Ohama オーハマ	
Ofreneo オフレネオ	Ogilby オーグルビー	O'Gorman オ・ゴーマン オゴーマン オゴールマン オゴルマン**	Ohana オアナ オハナ	
Ofri オーフリ オフリ	Ogilvie オギルヴィー* オギルヴィエ オーグルヴィー オーグルヴィー オグルヴィー オージルヴィー* オジルヴィ		Ohanian オアニアン	Ohlund オールンド
Ofterdingen オフターディンゲン			O'Hanlan オハンラン	Ohly オーリー
		Ogorodnik オゴロドニク	O'Hanlon オハンロン**	Ohm オーム*
Ofuho アフホ		Ogorodnikov オゴロドニコフ	Ohanyan オハニャン	Ohman オーマン
Og オグ**		Ogorodnikova オゴロドニコワ	O'Hara オハーラ オハラ***	Öhman エーマン オーマン
Ogan オーガン オガン				Ohmar オーンマー*
Ogandaga オガンダガ	Ogilvy オギルヴィ オギルヴィエ オギルビー* オグビー オグルヴィ オーグルビー オグルビー オジルビ	Ogot オゴット オゴト**	O'Hare オヘア	Ohme オーミー
Ogando オガンド			O'Harris オハリス	Ohms オームス
Oganisian オガネスイアン		Ogoum オグム	O'Harrow オハロー	Ohn オン**
Ogar オーガー オガー		Ogouwalangaawore オグワンガウォレ	Ohberg オフベリイ	Ohnet オーネ オネー
O'Gara オガラ			Oh-bong オボン	Ohnishi オオニシ
Ogarëv オガリョーフ* オガリョフ		O'Grady オウグレイディ オグラーディ オグラディ オグレイディ** オグレーディ* オグレディ	Oh-chang オチャン	Ohno オーノ**
	Ogiński オギニスキ オギニスキー オギンスキ		Oh-cheun オチョン	Ohnuki オオヌキ
Ogarkov オガルコフ			Ohe オーエ	Ohorn オーホルン
Ogas オーガス			O'Hear オヒアー	Ohouochi オウオシ オウオチ
Ogata オガタ	Ogio オギオ	Ogrizko オグリツコ	O'Hearne オハーン	
			Oher オアー* オハー	Ohrbach オーバック
				Ohridski オフリドスキ

Ohring オハリング
Ōhrmazd オーフルマズド
Ohryzko オグリスコ
Oh-seok オソク
Oh-sung オソン
Ohta オオタ*
Oh-tae オテ
Oh-taek オテク
Ohtake オオタケ
Ohuruogu オフルオグ**
Oi オイ
Oidipous
　オイディプース
　オイディプス
　オイデイプス
Oidov
　オイドフ
　オイドブ
Oier オイエル
Oikonomos オイコノモス
Oikonómos オイコノモス
Oikonomou オイコノム
Oikouménios オイクメニオス
Oiks オイクス
Oikumenios オイクメニオス
Oil オイル
Oili オイリ*
Øilo エイロ
Oilouch オイロー
Oineus オイネウス
Oinomaos オイノマオス
Oinōnē オイノネ
Oinopidēs オイノピデス
Oirdnide オールドニデ
Oisc オイスク
Oishi オオイシ
Oisín オシーン*
Oistrakh
　オイストラフ
　オイストラフ*
Oiticica オイティシカ
Oivin エイヴィン
Øivind エイヴィン
Oiwa
　オオイワ
　オスカール
Oizerman オイゼルマン
Oja
　オージャ
　オーハ
　オヤ*
Ojakangas オジャカンガス
Ojala
　オジャラ
　オヤラ

Ojanperä
　オジャンペラ
　オヤンペレ
Ojeda
　オジェダ
　オヒーダ
　オヘーダ*
　オヘダ*
Ojelanki オジェランキ
Ojemann オジェマン
Ojemudia オジムダイア
Ojetti
　オイエッティ
　オイエッティ*
　オエッティ
Ojha
　オイハ
　オジャ
Ojhā
　オージャー
　オジャー
Ojigwe オジグエ
Ojo
　オジョ*
　オジョー
Ojomo オジョモ
Ojukwu オジュク**
Ojuland オユランド
Ojuun オヨン
Oka オカ*
Okada オカダ*
Okafor オカフォー*
Okagbare オカグバレ
Okai オカイ*
Okaka オカカ
Okalik オカリック
Okamoto オカモト
Okamura オカムラ*
Okan オカン
Okanla オカンラ
Okara オカラ
Okarma オカーマ*
Okaro オカロ
Okasha
　オカーシャ
　オカシャ
Okay オーケ
Okayo オカヨ
Okazaki オカザキ*
Ok-doo オクドゥ
Oke
　オーク*
　オケ
Okechukwu オケチュク
O'Keefe オキーフ**
O'Keeffe オキーフ**
Okeekh オケーエフ
Okeke オケケ
Okell オクル
Okello オケロ
Okellos オケッロス
O'Kelly オウケリ

オケリ
オケリー**
Okelo オケロ
Okely オークリー
Okemo オケモ
Oken オーケン
Okenve Ndoho オケンベンドホ
Oker オーケル
Okere オケレ
Okerman オカーマン
Okerson オカーソン
Okert オカート
Okeson オケソン
Oketa オケタ
Okey オーキー
Okezie オケジー
Ok-gill オクキル
Okh オク
Ok-hee
　オクヒ
　オッキ*
Okhlobystin オフロビスチン
Okhlopkov
　オクローブコフ
　オフロブコヴ
　オフローブコフ
Okhotsimskii オホツィームスキー
Okie オーキー
Okieh オキエ
Okiemy オキエミ
Okies オーキーズ
Okigbo オキボ
Okiljon オキルジョン
Ok Im オクイム
Okim オクイム
Okimoto オキモト*
Okin オーキン
Okinczyc オカンツィーク
Okine オカイン
Okitundu
　オキツンドゥ
　オキトゥンドゥ
Ok-jo オクジョ
Okkāka オッカーカ
Okken オッケン
Okker オッカー*
Okko
　オッコ*
　オッコー
Okladnikov
　オクラードニコフ
　オクラドニコフ*
Oklejak オクレヤク
Oknha オクニャー
Ok-nyun オクニョン
Okocha オコチャ*
Okolie オコリー
Okolo オコロ
Okombi オコンビ

Okombi Salissa オコンビサリサ
Okon オコン
Okonedo オコネド
Okongo オコンゴ
Okonjo-Iweala オコンジョイウェアラ
Okopenko オコペンコ
Okorafor
　オコラフォー
　オコルフォア
Okormi オコルミ
Okoro
　オコーロー
　オコロ
Okorokova オコロコワ
Okot オコト**
Okotcha オコチャ
Okotie オコティ
Okouda オクダ
Okoulou-kantchati オクルカンチャティ
Okounkov オクンコフ*
Okoye オコイエ
Okpalaugo オクパラーゴ
Okpeaha オクペハ
Okpewho オペウォ*
Okrand オークランド
Okreglak オクレグラク
Okri オクリ**
Okruashvili
　オクルアシビ
　オクルアシビリ
Oksala オクサラ
Oksana
　オクサーナ*
　オクサナ**
Oksanen オクサネン*
Okseer オクサール
Oksenberg オクセンバーグ
Øksendal エクセンダール
Oksil オクシル
Ok-sin オクシン
Oksner オクスナー*
Ok-song オクソン
Oksuz オクスズ
Oktai オクタイ
Oktav オクタヴ
Oktawia オクタウィア
Oktay オクタイ
Okubo オオクボ
Okuda オクダ
Okudzhava オクジャワ**
Okuefuna オクエフナ
Okulicz オクリックズ
Okullo オクロ
Okulov オクローフ
Okulova オクーロヴァ
Okumoto オクモト

Okun
　オーカン*
　オークン
　オクン
Okung オカング
Okura オクラ
Okurut オクルト
Okuyan オクヤン
Okwachi オクワチ
O-kwan オグァン
Okwara オクワラ
Okwei オクウェイ
Okwir オクウィル
Okwiri オクウィリ
Okwui オクウィ*
Okyar
　オキャル
　オクヤル
Okyhb オークニ
O-kyu オギュ*
Okyu オギュ
O-kyung オキョン
Ola
　ウーラ
　ウーラー
　オーラ**
　オラ**
　オルラ
Olaberria オラベリア
Olaberria Dorronsoro オラベリアドロンソロ
Olaboun オラブン
Oladipo
　オラディポ
　オーラーディポウ
Olaf
　ウーラフ
　オーラヴ
　オーラフ**
　オーラブ
　オラーフ*
　オラフ***
Ólafsdóttir
　オウラヴスドッティル
　オラフスドッティル
Olafsen オラフセン
Olafsson
　ウーラフソン
　オラフスソン
　オラフソン*
Ólafsson
　オウラフッソン
　オーラフソン
　オラフソン
Olafur
　オラファー*
　オラフル**
Ólafur
　オラフ
　オラファー
Olah
　ウーラ
　オラ
　オラー**
Oláh オラー*
Olahus オラーフス
Olaizola オライソラ*

Olajuwon
オラジュワン*
Olalia オラリア
Olan
オーラン
オラン
Oland オーランド
Olander
オーランダー
オランダー
Olandt オーラント
Olanguena オランゲナ
Olanguenaawono
オランゲナアウォノ
Olano オラーノ
Olanow オラノー
Olaoluwa オラオルワ
Olaru
オラル*
オラルー
Olasov オラソフ
Olasunkanmi
オラスンカンミ
Olatoye オラトイ
Olatunji
オラタンジ
オランジ
Olau オラウ
Olaudah オラウダ
Olaug オーラグ
O'Laughlin
オラフリン
オラーリン
Olaus
ウラーウス
オラーヴス
オラウス
Olausson オラウソン*
Olav
ウーラヴ
オーラヴ*
オラヴ
オーラフ
オラーフ
オラフ**
オーロブ
Olavae オラバエ
Olave
オラヴ
オレーヴ
Olavi オラヴィ*
Olavide
オラビーデ
オラビデ
Ola Vigen
オーラヴィゲン
Olavo
オラーヴォ*
オラボ
Olawale
オラウェール
オラワリー
Olaya オラヤ
Olaya Gutierrez
オラヤグティエレス
Olayan
オライアン*
オラヤン

Olaz オラツ
Olazabal オラサバル*
Olazábal オラサバル*
Olberding
オルバーディング
Olberg オルベルク
Olbers
オルバース
オルベルス
Olbertz オルベルツ
Olbracht
オルブラハト
オルブラフト*
Olbrich
オルブリッチ*
オルブリッヒ
オルブリヒ
Olbricht
オルブリヒト*
Olbrychski
オルブリスキ
オルブリフスキ
オルブリフスキー
Olby オルビー
Olcay オルジャイ*
Ölçer オルサー
Olcott
オルカット
オルコット**
Olczewska
オルツェヴスカ
オルツェフスカ
Old オールド*
Oldcastle
オウルドカースル
オールドカースル
オールドカスル
オールドカッスル
Oldden オルデン
Olde
オルディ
オールド
Oldegar オルデガール
Oldehoeft
オルデヘフト
Oldemiro オルデミーロ
Olden
オールデン
オルデン*
Oldenbarnevelt
オルデンバルネヴェルト
オルデンバルネフェルト
Oldenberg
オルデンブルク
オルデンベルク*
オルデンベルヒ
Oldenborgh
オルデンボルフ
Oldenbourg
オルデンブルク
オルデンブルグ
オルデンベルク
オルデンベルグ
Oldenburg
オルデンバーグ**
オルデンブルク
オルデンブルー*
オルデンブルク*

Oldenburger
オルデンバーガー
Oldendorf
オルデンドルフ
Oldendorp
オルデンドルプ
Older オールダー
Olderman
オールダマン
Oldershausen
オルダースハウゼン
Oldershaw
オールダーショー
Oldfather
オールドファーザー
Oldfield
オールドフィールド**
Oldham
オウルダム
オールダム*
オルダム
オールドハム
Olding オールディング
Ol'Dirty
オール・ダーティ
オール・ダーティー
Oldland
オールドランド*
Oldman
オウルドマン
オールドマン**
オルドマン
Oldmeadow
オールドメドー
Oldmeyer
オルドマイヤー
Oldoini オルドイーニ
Oldrich
オルドジフ
オルドジフ*
オルドリッチ
オルドリッヒ
Oldřich
オルジフ
オルドジヒ
オルドジフ*
Oldrid オールドリッド
Oldridge オルドリッジ
Oldring オルドリング
Olds
オールズ*
オルズ
Oldstone
オールドストーン
Oldys オールディス
Ole
オー
オール
オーレ***
オレ*
Olearius
オレアーリウス
オレアリウス
O'Leary
ウッレアリ
オリアリ
オリアリー*
オリアリィ

オリーリ
オリーリー
オレアリ
オレアリー*
Olech オレチ
Olechowski
オレヒョフスキー
オレホフスキ*
Oleckno オレクノ
Oleg
オレーク
オレーグ**
オレク
オレグ***
オレッグ
Olég オレーグ
Olegario オレガリオ
Olegovich
オレゴヴィチ
Olegovna オレゴヴナ
Oleh
オレ
オレフ
Oleinic オレイニク
Oleinik
オレイニーク
オレイニク
オレニク
Oleinikov
オレイニコフ
Oleinokov
オライノコフ
Olejniczak
オレイニチャク**
Olekas オレカス
Ole Kristian
オレクリスティアン
Oleksander
オレクサンデル
Oleksandr
アレクサンドル*
オレクサンデル
オレクサンドル**
Oleksandra
オレクサンドラ
オレクサンドル
Oleksiak
オレクシアク*
Oleksii オレクシー
Oleksiy オレクシー*
Oleksy
オレクシ**
オレクシー*
オレクシィ
Olen
オーレン
オレン**
Ōlēn オーレーン
Olena
オレーナ**
オレナ
Olenbe オレンベ
Olenchak
オレンチャック
Olender
オランデール*
オレンダー

Olenghankoy
オレングハンコイ
Olenina オレニナ
Oleniuc オレニウク
Oléron オレロン
Olerud オルルド*
Oles オレシ
Olesen
オルセン
オーレスン
オレセン
Olesha
オリヨーシャ
オレーシャ*
Oleshchuk
オレチョウク
Olesi オレシ
Olesin アレーシン
Olesker
オルズカー*
オレスケル
Oleśnicki オレシニツキ
Olesya
オレシア
オレシャ
Oleszek オレセック
Oleta オリータ
Ole Thorsen
オリトールセン
Olev オレヴ
Olevianus
オレヴィアーヌス
オレヴィアヌス
オレビアヌス
Olexander
オレクサンドル
Olexandr
オレクサンドル
Oleydong
オーレイドン*
Oleynik オレイニク
Oleynikov
オレイニコフ
Olenynk オレイニク*
Olezza Bazan
オレッサバサン
Olfa オルファ
Olfers オルファース*
Olfert
オルフアート
オルフェルト
オルホート
Olff オルフ
Olford オルフォード
Olga
オリガ***
オルガ***
Ol'ga
オーリガ
オリガ**
オリガ
Olgart オルガルト
Ol'gerd
オリゲルト
オルギェルト
Olgert オルゲルト
Ol'gert オルゲルト

Olgiati オルジャティ
Olgierd
　オルギェルト
　オルギェルド
Olgin オルギン
Ol'gin オルギン
Olgivanna オルギヴァンナ
Olguner オルグネル
Olha
　オリハ
　オルハ*
Oli オリ*
Oliansky オリアンスキー
Oliba オリバ
Oliber オリベ
Olibrei オリブレイ
Olichney オリチニー
Olicier オリシエ
Oliemans オリマンス
Olier オリエ
Olievenstein
　オリヴェンシュタイン*
　オリベンシュタイン
Oliferne オリフェルヌ
Oliga オリガ**
Olígenes オリージェネス
Oliger オリガー
Oliinyk オリーニク
Olijars オリヤルス
Olijnik オリニク
Olimba オリンバ
Olimer オルマー
Oliminskii
　オリミンスキー
　オリミーンスキィ
Olimjon オーリンジョン
Olimov オリモフ
Olimpia オリンピア
Olimpiad オリンピアド*
Olimpiada オリンピアダ*
Olimpio オリンピョ
Olimpio Stock オリンピオストック
Olin
　オラン
　オーリン*
　オリン**
Olindo オリンド
Oline オリン*
Olinger オリンガー
Olinka オリンカ
Olins オリンズ
Olinto オリント
Oliphant オリファント**
Olisadebe オリサデベ
Oliseh オリセー*
Olitski オリツキー

Olitzka オリツカ
Oliu オリウ
Oliva
　オリーヴァ
　オリヴァ*
　オリーバ
　オリバ*
Olivadoti
　オリヴァドーティ
　オリバドーティ
Olivaint オリヴァン
Olivar オリバー
Olivares
　オリバーレス
　オリバレス**
Olivari オリヴァーリ
Olivastro オリヴァストロ
Olive
　オリーヴ*
　オリヴ
　オリーヴェ
　オリーブ***
　オリブ
Olivé
　オリビエ
　オリーブ
Olivea オリヴィア
Olivecrona
　ウリーヴクルーナ
　オリィヴェクローナ
　オリーヴェクローナ
　オリヴェクローナ
　オリーベクローナ
　オリベクローナ
Oliveira
　オリヴェイラ***
　オリベイア
　オリベイラ***
　オリベイラ
　オロヴェイラ
Oliven オリヴェン
Olivencia
　オリヴェンシア
　オリベンシア
Olivennes オリヴァンヌ
Oliver
　オリヴァ
　オリヴァー**
　オリヴァル
　オリヴィエ**
　オリヴェ
　オリヴェル*
　オリーバー
　オリバ
　オリバー***
　オリバア
　オリバル
　オリビエ
　オリベル
Olivera
　オリヴェラ
　オリベーラ
　オリベラ*
Oliveraboropu オリベラボロプ
Oliveri オリヴェリ
Oliveria オリベイラ

Oliverio
　オリヴェリオ*
　オリベリオ
Olivero オリヴェーロ**
Oliveros
　オリヴェロス*
　オリベロス**
Olivesi オリヴェジ
Olivet オリヴェット
Olivétan
　オリヴェターヌス
　オリヴェタン
　オリベタン
Olivetti オリベッティ*
Olivi
　オリーヴィ
　オリウィ
　オリヴィ
Olivia
　オリヴィア*
　オリビア***
　オリブ
Olivie オリヴィエ
Olivier
　オリヴィア
　オリヴィアー
　オリヴィエ***
　オリバー
　オリビーア
　オリビア
　オリビエ***
Olivieri
　オリヴィエーリ
　オリヴィエリ
　オリヴィエル
　オリビエリ*
Oliviero
　オリヴィエーロ*
　オリヴィエロ
　オリビエーロ
　オリビエロ*
Olivierre オリビエール
Olívio オリビオ
Oliviu オリビウ
Olivo オリボ
Olivová オリボバ
Oliwenstein オリヴェンシュタイン
Oliynyk オレイニク
Olizarenko オリザレンコ
Oljaitu オルジャイトゥー
Öljäitü ウルジャイト
Öljei オルジェイ
Öljeitü オルジェイト
Oljira オルジラ
Olkin オルキン
Olkowski オルコフスキ
Ollanta オジャンタ*
Olldashi オルダシ
Olle
　オッレ*
　オーレ**
　オレ*

Ollé
　オリエ
　オレ
Öllegård エレゴード
Ollendick オレンディック
Ollendorff オルレンドルフ
Ollenhauer オレンハウアー
Oller
　オラー
　オリィエ
Olley
　オリー
　オレー
Olli オッリ
Ollivi
　オリ*
Ollie
　オーリー*
　オリ*
　オリー**
Ollier
　オリエ*
　オリエール
　オリエル*
Olliffe オリフェ
Ollila オリラ
Ollinger オーリンジャー
Olli-Pekka オッリペッカ*
Ollivant オリヴァント
Ollivier
　オリヴィエ**
　オリビエ*
Olly オリー
Olm オルム
Olman オルマン
Olmedo
　オルメード*
　オルメド*
Olmert オルメルト*
Olmi オルミ**
Olmo オルモ
Olmos オルモス**
Olmstead
　オームステッド*
　オルムステッド*
Olmsted
　オームステッド
　オルムステッド*
　オルムステド
Olnek オルネック
Olness オルネス
Olney
　オルニ
　オルニー*
　オルニィ
Olo オロ*
Olof
　ウーラフ
　ウールフ
　ウーロヴ*
　ウーロフ**
　ウロフ
　オラフ
　オルーフ
　オルフ

オレ
Öllegård エレゴード
Ollendick オレンディック
Ólöf オロフ
Olofat オロファト
Olofson オロフソン
Olofsson オロフソン*
Olomu オロム
Oloomi オルーミ
Olopade オロパデ
Olopan オロパン
Olopeng オロペン
Olorenshaw オロレシショー
Oloronto オロロント
Olortegui オロテギ
Olorunfemi オロルンフェミ
O'Loughlin
　オラクリン
　オラフリン
　オロッコリン
　オローリン*
Olov
　ウーロヴ**
　ウーロフ
　オーロフ
Olowokandi
　オロワカンディ*
　オロワキャンディ
Olpin オルピン
Olrich オルリッチ
Olrik
　オルリク
　オルリック*
Olris オルリス
Olry オリー
Olša オルシャ
Olsbu オルスブ
Olschak オルシャーク
Olschleger オイルシュレーガー*
Ölschleger
　エールシュレーガー
　オイルシュレーガー
Olsder オルスダー
Olsen
　オールスン**
　オールセン**
　オルセン***
　オルセン
　オルソン
Olsenius オルセニウス
Olshak オルシャーク*
Olshaker オルシェイカー
Olshan
　オルシャン*
　オルセン*
Olshansky オルシャンスキー*
Olshausen オルスハウゼン*
Olshey オルシェイ
Olshvang オリシヴァング

Ol'shvang オリシヴァング
Olski オルスキー
Olson
 オウルサン
 オルスン*
 オールソン
 オルソン***
Olssen オルセン
Olsson オルソン***
Olsuf'eva
 オルスーフィエワ
Olszewska
 オルシェフスカ
Olszewski
 オルシェウスキ
 オルシェフスキ***
 オルシェフスキー
 オルセフスキ
 オルツェウスキー
Olsztynski
 オルスティンスキー
Olten オルテン
Olter オルター*
Oltmans
 オルトマン
 オルトマンス
 オルトマンズ
Oltos オルトス
Oltuski オルトゥスキ
Olu オル*
Olubolade オルボラデ
Olubusola オルブソラ
Oluf
 オーラフ
 オールフ
 オルフ
Olufade オルファデ
Olugbenga オルベンガ
Olugbile オルグバイル
Olujinmi オルジンミ
Olumide オルモデ
Olumpiodōros
 オリュンピオドロス
Olumpos オリュンポス
Olunga オルンガ
Oluniyi オルニイ
Olusegun
 オルセグン**
Olusola オルソラ
Oluyemi オルイェミ
Olve オルヴ
Olver オルヴァー*
Olvis オルヴィス
Olwen
 オーウェン
 オルウェン*
Olweus
 オルヴェウス
 オルウェーズ
 オルベウス
Olwyler オルワイラー
Olyalin オリャーリン
Olybrius
 オリブリウス
 オリュブリウス

Olympa オランパ
Olympe
 オランプ
 オリュンプ
Olympia
 オランピア*
 オリンピア**
Olympias
 オリュンピアス
 オリンピアス
Olympio オリンピオ
Olympiodoros
 オリュンピオドロス
Olympiodōros
 オリュンピオドーロス
 オリュンピオドロス
Olympiodorus
 オリュンピオドロス
Olympius
 オリュンピウス
Olynyk オリニク
Olyphant オリファント
Olyunin オリューニン
Olyunina オリョーニナ
Olzhas オルジャス
Ólzhas オルジャス
Olziisaihany
 ウルジーサイハンイ
Ölziitögs
 ウルズィートゥグス
Om
 オーム
 オム**
Omaar オマール
Omahoney オマホニー
O'Mahony
 オウマハニー
 オマハニー
 オマホニー*
Omai オマイ
Omair オメール
Omalanga オマランガ
O'Malley
 オマリ
 オマリー**
 オマレイ
Omalpe オーマルペー
Omameh オーメイメー
Omamo オマモ
Oman
 オーマン*
 オマーン*
Omand オマンド
Omane オマネ
O'Maonlai
 オ・メンリィ
Omar
 ウマール
 ウマル*
 ウマ
 オオマア
 オーマー
 オマー**
 オマール***
 オマル***
Omara
 オマーラ*

オマラ*
O'Mara
 オーマラ
 オマーラ
 オマラ*
Omarī オマリー
Omar-Khanovich
 オマルハノヴィチ
Omarov オマロフ
Omarova オマロワ
Omárovich
 オマーロヴィチ
Omarr オマール
Omartian
 オマーティアン
O'Mary オマリー
Omaswa オマスワ
Omatsu オマツ
Omatuku オマトゥク
Omba Biongolo
 オンバビオンゴロ
Ombel オンベル
Omberg オムバーグ
Ombergen
 オムベルヘン
Ombredane
 オンブルダーヌ
O'Meara
 オーミアラ
 オミーラ
 オメアラ
 オメーラ**
Omega オメガ
Omelayenko
 オメラエンコ
Omelchuk
 オメルチュク
Omeliantchik
 オメリヤンチク
Omelio オメリオ
Omelyan オメリャン
Omenn オメン
Omer
 エメル
 オマー*
 オマール
 オマル*
 オメール
 オメル
Ömer オメル**
Omero オメロ*
Ometto オメット
Omi オミ
Omid
 オミッド*
 オミド*
Omid Haji
 オミドハジ*
Omidian オミディアン
Omidyar オミディア*
Omilanowska
 オミラノフスカ
Ominami オミナミ**
Ominsky オミンスキー
Omischl オミシュル*

Omkar
 オムカー
 オムカール
Omlie オムリー
Ommanney オマニー
Ommen オメン*
Ommo オモー*
Omnec オムネク
Omnes オムネス
Omnès オムネス
Omobola オモボラ
Omodeo オモデーオ
Omohundro
 オモフンドロ
Omoigui オーマグイ
Omoile オモイル
Omojola オモジョラ
Omond オモンド*
Omont オモン
Omonte オモンテ
O'Moore オムーア
Omori オオモリ
O'Morrow オモロウ
Omoruyi オモルイ
Omotoba オモトバ
Omotoso オモトショ*
Omoush オムシュ
Ompeshi オムペシ
Omphalē オンファレ
Ompoka オンポカ
Omraam オムラーム
Omran
 オムラン
 オーラン
Omri オムリ*
Omruuzun
 オムルーズン
Omskii オムスキー
Omu
 オム
 オムー
O'Mullane オムーラン
Omuraliyev
 オムラリエフ
Omurbek オムルベク
Omurtag オムルタグ
On オン**
Ona オナ*
Oña オニャ
Onadipe
 オナディーペ
 オナディペ
Onahan オナハン
Önal ヨナル
Onalsyn オナルスイン
Onan オナン
O'Nan オナン
Onana オナナ
Onango オナンゴ
Ona Ondo オナオンド
Ona Ono オナオノ
Onaran オナラン
Onasch オナシュ

Onashvili オナシビリ
Onasis オナシス
Onassis オナシス*
Onatas
 オナータース
 オナタス
Oñate オニャーテ
Oncina オンシーナ
Oncken オンケン**
Oncle オンクル
Onclin オンクリン
Ondaatje
 オンダージェ
 オンダーチェ**
Ondam オンダム
Ondekane オンデカネ
Önder エンダー
Ondieki オンディエキ
Ondimba
 オンディンバ**
Ondo オンド
Ondoa オンドア
Ondo Bile オンドビレ
Ondo Methogo
 オンドメトゴ
Ondongo オンドンゴ
Ondo Nguema
 オンドヌゲマ
Ondo Nkumu
 オンドヌクム
Ondo Nzang
 オンドヌザン
Ondo Ossa
 オンドオッサ
Ondoro オンドロ*
Ondosabar
 オンドサバル*
Ondoua オンドゥア
Ondra オンドラ
Ondraček
 オンドラチェック
Ondrea オンドレア
Ondrej
 オンジェイ
 オンドジェイ
 オンドレイ*
Ondřej
 オンドゥジェイ
 オンドジェイ
Ondrejka オンドレイカ
Ondřiček
 オンドジーチェク
 オンドリチェク
 オンドルジーチェク
 オンドルジチェク
 オンドルジーチェック
Ondrusek
 オンドルセック
Ondzounga オンズンガ
ONE ワン
O'Neal オニール***
ONéal オニール
Onec オネク
Onechanh オンチャン
O'Neddy
 オネディ

オネディー
Onegin オネーギン
O'Neil
　オウニール
　オニール***
O'Neill オニール
Oneill オニール
O'Neill
　オウニイル
　オウニール
　オニイル
　オーニール
　オニール***
　オネイル
　オネール
Óneill オニール
Onek
　オネーク
　オネク
One-Koo ワング
Onelio オネリオ
Onellion オネリオン
Oneschuk
　オンシュック
Onēsikritos
　オネシクリトス
Onēsimos
　オネシモ
　オネーシモス
Onēsiphoros
　オネシフォロ
　オネシポロ
Onesy オンシー
Oneta オネタ
Onetti オネッティ**
Onew オンユ
Oney
　オニー
　オネー
　オネイ
Öney オネイ
Onfray
　オンフレ*
　オンフレイ
Onfroy オンフロワ
Ong
　オン***
　オング**
Onganía オンガニア
Ongaro オンガロ
Ongbico オンビーコ
Ongenda オンジェンダ
Ongeri オンゲリ
Ongkili オンキリ
Ongori オンゴリ*
Ongpin オンピン*
Ongping オンピン
Onguene オンゲネ
Oni オニ
Onians オナイアンズ*
Onias オニアス
O'Niell オニール
Onifade Babamoussa
　オニファデババムッサ
Ŏnihsoy オニソイ

Onik オニーク
Onika オニカ
Onimus オニミュス
Onions
　アニアンズ*
　アニョンズ
　オナイオンズ
　オニオンズ*
Onishchuk
　オニシチュク
Onishenko
　オニシェンコ
Onisimovich
　オニシモヴィチ
Onisiwo オニシウォ
Onitiana オニティアナ
Onizuka オニヅカ
Onjali オンジャリ
Onkelinx
　オンカリンクス
Onkokame オンコカメ
Onmura オンムラ
Onn オン*
Onnes
　オネス*
　オンネス
Onneua オヌア
Onnis オンニス
Onno
　オノ
　オンノ*
Onno-Frank
　オンノフランク
Ono オノ
Onodi オノディ
Onofre オノフレ
Onofrei オノフレイ
Onofri
　オノーフリ
　オノフリ
Onofrio オノフリオ
Onolememen
　オノレメメン
Onoma オノマ
Onomah オノマー
Onomakritos
　オノマクリトス
Onomarchos
　オノマルコス
Onon オノン
Onopas オノパス
Onora オノラ
Onorato オノラト
Onorbat ウヌルバト
Onorio オノリオ
Onoto オノト
Onouphrios
　オヌフリオス
Onouviet オヌビエ
Ons オンス
Onsager
　オンサーガ
　オンサーガー
　オンサガー
Onslow
　オンスロー*

　オンズロー
　オンスロウ
Onso Esono
　オンソエソノ
'Onsorī オンソリー
Onstott オンストット
Ontañón オンタニョン
Ontefetse
　オンテフェツェ
Ontivero
　オンティベーロ
Ontiveros
　オンティヴェロス
　オンティベロス
Ontkean オントキーン
Onu オヌ
Onuaku オヌアク
Onuallain オノーラン
Onuf
　オヌーフ
　オヌフ
Onufrievič
　オヌーフリエヴィチ
Onufrievich
　オヌフリエヴィチ
　オヌフリエヴィッチ
Onufry オヌフリー
Onuora オヌオラ
Onur
　ウヌル
　オヌール
　オヌル
Onwuasor オヌザー
Onyali オンヤリ
Onyancha
　オンヤンチャ
Onyango オンヤンゴ*
Onyeama オンエアマ
Onyebuchi オヌエブチ
Onyefulu オニェフル
Onyefuru オニェフル
Onyemah オニェマー
Onyemata
　オニエマータ
Onyschenko
　オニシェンコ
Onyshko オニシコ
Oo
　ウ*
　ウー
　オー
Oodgeroo
　ウジェルー
　ウジュルー
　オードゲロー
Ooft オフト*
Oogink オーヒンク
Ooijen
　オーイェン
　オーエイン
Ooijer オーイヤー
Ook
　ウーク**
　オック
Ookhnoi オーフノイ
Oom オーム

Oomah オーマー
Ooms オームス*
Oona
　ウーナ
　オーナ
Oorebeek
　オーレベーク
Oort オールト*
Oorzhak オールザック
Oost オースト
Oosterhof
　オウステルホフ
Oosterhuis
　オーステルハイス
Oosterlinck
　オーステルリンク
Oosterom
　オーステロム
Oosterveld
　オスターバルト
Oosterwyck
　オースターウィック
　オーステルウェイク
Oosterzee
　オオステルチィ
　オーステルゼー
Oosthuizen
　ウェストヘーゼン
　ウーストハイゼン
　オイストハイゼン*
Oostra
　ウースター
　オーストラ*
Ooterom オーテロム
Opačić オパチッチ
Opal
　オーバル*
　オパール*
　オパル
Opala オパラ
Opalev オパレフ**
Opałka オパルカ
Opara オパラ
Opare オパレ
Oparil オパーリル
Oparin
　オパーリン*
　オパリン
Opas オパス
Opatoshu
　オパトシュ
　オパトシュー
　オパトッシュ
Opawski オパウスキ
Opdam オブダム
Opdyke オブダイク**
Opel オーベル
Opellius オペリウス
Opeloge オペロゲ
Opeña オブーナ
Openshaw
　オープンショー
Operti オペルティ
Opertti オペルティ**
Opeti オペティ

Opgenoorth
　オプゲノールト*
Ophasavong
　オーバーサウォン
Ophelia オフィーリア
Ophélie
　オフェリー**
　オフェリエ
Ophellas オフェラス
Opherk オペルク
Ophir オフィル
Ophüls
　オフュールス
　オフュルス*
Opicino オピチーノ
Opicjis オピツィイス
Opie
　オウビー
　オービ
　オービー**
　オピー**
　オピエ
Opienska オピエンスカ
Opienski
　オピェニスキ
　オピエニスキ
Öpik エピック
Opilik オビリーク
Opimbat オピンバ
Opimius オピミウス
Opio オピオ
Opitz
　オービッツ
　オーピッツ
　オピッツ**
Ople オブレ**
Opler オプラー
Opocensky
　オポチェンスキー
Opøien オペイエン
Opoku
　オボーク
　オポク
Opolka オボルカ
Opolovnikov
　オポローヴニコフ
Oporinus オボリヌス
Opotow オブトウ
Oppah オッパ
Oppat オッパト
Oppegard オペガード
Oppel オッペル*
Oppelt オッペルト
Oppen オッペン*
Oppenheim
　オップンハイム
　オッペンハイム
　オッペンハイム***
Oppenheimer
　オッペンハイマー***
　オッペンハイメル
　オーペンハイマー
Oppenlander
　オッペンレンダー

Oppenländer
オッペンレンダー*
Oppenordt
オッペノール
オブノール
オブノール
Opper オッパー
Oppermann
オッパーマン*
Oppert
オッペール
オッペルト
オペール
Oppian オッピアノス
Oppianos
オッピアーノス
オッピアノス
Oppitz
オービッツ
オビッツ*
Oppius オッピウス
Oppler
オップラー
オプラー*
Oppolzer
オッポルツァー
オポルツァー
オポルツアー
Oppong-fosu
オポンフォス
Opportuna
オッポルトゥーナ
Oprah
オブラ**
オプラー*
Oprea
オブレア
オペラ
Oprescu オプレスク
Opresnik オプレスニク
Opsahl オプサール
Opsopäus
オプゾッペウス
Opstad オプスタ
Opstall オプスタル
Opstelten
オプステルテン
Opsvik オプスヴィック
Optatianus
オプタティアヌス
Optatus
オプタートゥス
オプタトゥス
Optic オプティック
Optinsky
オプチンスキー
Optner オプトナー
Opukahaiah
オプカハイア
Opzoomer
オプゾーメル
Oquendo オケンド
Oquendo Zabala
オケンドサバラ
O'Quinn
オカン
オークイン

オクイン
オクイン
Öquist エークヴィスト
Or
オー*
オール
オル
Ora
オーラ*
オラ**
Orabi オラビ
Oracy オラシー
Oraful オラフル
Orage
オラージュ
オレージ
Ó Raghallaigh
オラハリリー
Orah オラ
O'Rahilly オラヒリー
Oraib オライブ
Oraić オライッチ
Oraison オレゾン
Orakpo オクラボ
Oral
オーラル
オーラル*
オラル
Oralee オラリー
Oralia オラリア
Oram
オーラム
オラム**
Oramas オラマス
O'Ramey オラメイ
Oramo オラモ*
Orams オラムス*
Oran
ウラン
オーラン
オラン*
Orane オラーヌ
Orange
オランジュ
オレンジ**
Orania
オレイニア
オレーニア
Oranit オラニット
Oranje オラニエ
Orano オラーノ
Orantes オランテス
Oravisto オラヴィスト
Oraybi オレイビ
Orayed オラエド
Oraz
オラス
オラズ
Orazbakov
オラズバコフ
Orazberdy
オラズベルディ
Orazgeldiev
オラズゲルディエフ
Orazgeldy
オラズゲリドイ

オラズゲルドイ
Orazguliyev
オラズグルイエフ
Orazi オラジ
Orazio
オラジオ
オラチオ
オラーツィオ**
オラツィオ**
オラッツィオ*
オランツィオ
Orazmurat
オラズムラト
Orazmyradov
オラズムイラドフ
Orazmyrat
オラズムイラト
Orazov オラゾフ
Orbaan オーバーン
Orbach
オーバック*
オルバフ
Orback オーバック
Orbais オルベ
Orban
オーバン
オルバーン
オルバン*
Orbán
オルバーン
オルバン*
Orbaneja オルバネハ
Orbanes オルベーンズ
Orbay
オルバイ
オルベイ
Orbegoso オルベゴソ
Orbeli オルベリ
Orbelian オルベリアン
Orbiana オルビアナ
Orbigny オルビニ
Orbilius オルビリウス
Orbinski
オービンスキー
Orbison オービソン*
Orbón オルボン
Orbit オービット
Orca オスカル
Orcagna オルカーニャ
Orchard オーチャード
Orchardson
オーチャードスン
オーチャードソン*
Orchart オーチャート
Orchin オーチン
Orci
オーチー
オルチー
Orcutt オーカット
Orczy
オークシ
オークシー
オークシイ
オーツィ*
オルシー
オルチー
オルチイ

オルチイー
オルツィ*
オルツイー
オルツイ*
Ord
オード*
オドーウル
Orda オルダ
Ordan オーダン
Ordás
オルダース
オルダス
Ordass オルダス
Ordaz オルダス*
Orde
オード*
オルド
Ordeig オルダイク
Ordelaffo
オルデラッフォ
Ordelheide
オーデルハイデ
Orden オーデン
Ordenewitz
オルデネビッツ
Ordeni オルドニ
Orderic
オルデリークス
オルデリクス
オルデリック
Ord-Hume
オードヒューム
Ordin オルジーン
Ordinaire
オルディネール*
Ordine オルディネ
Ording オーディング
Ordini オルディニ
Ordish オーディッシュ
Ordman
オードマン
オルドマン
Ordonez
オルドニェス
オルドネス**
Ordoñez
オルドーニェス
オルドニェス*
オルドネス
オルニェス
Ordónez オルニェス
Ordóñez
オルドーニェス
オルドニェス*
オルドニャーナ
オルドネス
Ordóññez
オルドニェス
Ordoño オルドニョ
Ordonówna
オルドノヴナ
Ordovás オルドバス
Orduña
オルドゥーニア
オルドゥーニャ
Ordway
オードウェイ
オルドウェイ

Ordyn
オルジーン
オルジン
オルディーン
オルドウィン
オルドウイン
Ordzhonikidze
オルジョニキーゼ
オルジョニキッゼ
オルニョニキーゼ
Ore
オーア
オア
オレ
Oré
オレ
オレー
Oreb オレブ*
Orecchia
オレッキア
オレッツィア
O'Ree オリー
Oreffice オーフィス
Orefice オレフィチェ
O'Regan
オリーガン
オレーガン
Oreibasios
オリバシオス
オレイバシオス
Oreiji オレイジ
Oreiller オレイユ
O'Reilly
オウライリ
オーライリ
オーライリー
オライリ*
オライリー**
オールリ
オレイリー**
オレエイリ
Oreja オレハ*
Orejón オレホン
Orekhov オリホーヴィ
Orekhova オレホワ
Orel
オーレル*
オレル
Orelio オレリオ
O'rell
オーレル
オレル
Orellana
オレジャーナ
オレジャナ
オレリャーナ
オレリャナ
Orellano オレラーノ
Orelli
オレッリ**
オレリ
オレリー
Orello オレロ
O'Relly オーレリー
Orem オレム
Oremans オレマンス
Oremus オルムス

O

Oren オーレン** オレン	オルガンティノ Orgard オルガド Orgas オルガス Orgel オーゲル** オルゲール Orgeni オルゲニ Orger オーガー オーグル Orghina オルガナ Orgill オーギル オージル* Orginskii オルギンスキー Orgler オーグラー Orgodolyn オルゴドル Orgogozo オーゴゴゾ O rgyan オーゲン Orhan オルハム オルハン** Orheim オールヘイム Orhun オルン Ori オーリ オリ** Oria オリア Oriah オライア オーリア* Oriana オリアーナ*** Oriani オリアーニ Orians オリアンズ Orianthi オリアンティ Oribe オリーベ オリベ Orie オーリー オリー Orient オリエント Orietta オリエッタ Orieux オリユー* Origa オリガ* Origas オリガス* Origenes オリゲネス オリジェネス* Orígenes オリジェネス Ōrigenēs オーリゲネース オリゲネス Ōrigenēs オリゲネス Origi オリジ Origo オリーゴ Orihuela オリウエラ Orijasaeter ウーリアセーター Orin オーリン* オリン* Oringer オーリンガー Orio オリオ*	Oriol ウリオール オリオール* オリオル Orioli オリオリ オリオリー Orion オライオン Ōrion オリオン Orione オリオーネ O'Riordan オリオーダン** オリオードン* Oripov オリボフ Orise オリセ Orison オリソン* オリゾン Oristaglio オリスタグリオ Orit オリット* オリト Oritiz オルティス Orivie オリヴィエ Orizio オリツィオ* Orjan エリアン Orjasaeter ウーリアセーター エルヤセーター Orji オルジ Orkeny エルケーニュ Orkény エルケーニュ Örkény エルケーニ エルケーニュ* Orkhan オルカン Orkhan オルハン Orkhon オルホン Orkin オーキン Orkrania オークラニア Orkun オルクン Orla オーラ オルラ Orland オーランド オルランド Orlanda オーランダ Orlandi オーランディ オランディ オルランディ Orlandini オルランディーニ Orlando オーランド*** オーランド-* オランド オランドー オーランドゥ オルランド*** Orlandoni オルランドーニ Orlandus オルランドゥス Orlans オーランズ	Orlean オーリアン** Orléan オルレアン* Orleans オーリアンズ オーリンズ Orléans オルレアン Orleansky オーリーンスキー Orlev オルレヴ オルレブ** Orley オーリー オルライ オルリ オルレイ オーレイ Orliac オルリアック* Orlic オルリック Orlick オーリック* Orlicz オルリッツ Orlik オーリック オルリク オルリック Orlikowski オーリコフスキー Orlin オーリン Orlińska オルリンスカ Orlinski オーリンスキー Orliński オルリンスキ Orlinsky オーリンスキー Orloff オルロフ** オロフ Orlov オルロヴ オルローフ オルロフ*** オロフ Orlova オルロヴァ オルロワ Orlovacz オロロバクス Orlovets オルロヴェツ Orlovsky オルロフスキー オーロフスキー Orlowska オルロウスカ Orlowski オルウォフスキ Orm オーム Ormaechea オルマエチェア Orman オーマン** Ormandy オーマンディ** オーマンディー オルマンディ オルマンディー Orme オーム Ormel オーマル Ormer オーマー Ormerod オマーロッド オームロッド**	オーメッド オーメロッド* オルメロッド* Ormesson オルムツソン Ormi オーミ Ormizd オルミズド オルムズド Ormond オーモンド** オルモンド Ormonde オウモンド オーモンド Ormondroyd オーモンドロイド Ormont オルモント Ormsbee オームスビー Ormsby オームズビ オームズビー オルムスベイ Ormsin オムシン Ormstunga オルムストゥンガ Orna オーナ オルナ* Ornaghi オルナギ Ornano オルナーノ Ornäs オルネス Ornati オーナティ Orndorff オーンドーフ Orne オーネ オーン* Ornelas オネラス Ornell オルネラ Ornella オルネッラ* オルネラ** Ornellas オルネラス Orneore オルネオーレ Ørner オーナー Ornes オーンズ Ornett オーネット Ornette オーネット** Ornish オーニッシュ* Ornitoparchus オルニトパルクス Ornitz オルニッツ Orniz オーニッツ Ornstedt オルンステッド Ornstein オルンシテイン オルンシュタイン オルンスタイン オーンスタイン** Orobio オロビオ Orodes オロデス Orofino オウロフィーノ オロフィノ Oron オロン Oroná オローナ

Orontēs オロンテス
Oropeza オロペサ
O'Rorke オローク
Orosa オロサ
Orosco オロスコ*
Orosius オロシウス
Orosz オロズ
Orou
　オル
　オルー
O'Rourke
　オウローク
　オルーク**
　オローク**
Orozbak uulu
　オロズバコーフ
Orozce オロスコ
Orozco
　オロスコ**
　オロズコ
Orpen オーペン
Orpet オーペット
Orphanotrophos
　オルファノトロフォス
Orphée オルフェー
Orpheus
　オルフェウス*
　オルペウス
Orphie オルフィー
Orpinas
　オルピナス
　オルピニアス
　オルビーニャス
Orpo オルポ
Orr
　オー*
　オーア
　オァー*
　オア***
　オアー*
　オール**
　オル*
　オルー*
Orramel
　オーラメル
　オラメル
Orrego オレゴ
Orrell
　オーレル
　オレル
Orrente オレンテ
Orrery オレリー
Orrey
　オーリー
　オーリィ
Orri オーリー*
Orrico オリコ*
Orridge オリッジ
Orrin
　オーリン**
　オリン*
Orringer
　オリンジャー*
Orris オリス
Orrù オルル
Orr-Weaver
　オルウィーヴァー

Orry オリー
Ors
　エルシュ
　オルス
Orsag オルサッグ
Orsak オルサク
Orsat オルサト
Orsati オルサティ
Orsborn
　オスボーン
　オズボーン
Orsborne
　オーズボーン
　オズボーン
Orsel オルセル
Orsenna
　オルセナ*
　オルセンナ
Orseolo
　オルセオーロ
　オルセオロ
Orser オーサー**
Orshanski
　オルシャンスキー
Orsher オルシャー
Orsi オルシ*
Orsier
　オルシェ
　オルシエ
Orsiésios オルシシオス
Orsillo
　オーシロ
　オルシロ
Orsini
　オルシーニ*
　オルシニ
Orsippos オルシッポス
Orsísios オルシシオス
Orsmond オルスモンド
Orso オルソ
Orsola オルソラ*
Orson
　オースン**
　オーソン***
　オルスン
Ørstavik
　エルスタヴィク
Orsted オルステッド*
Ørsted
　エアステズ
　エルステッド
Orsucci オルスッチ
Orsulak オースラック
Orsy オルシー
Országh オルシャーグ
Ort オルト
Orta オルタ*
Ortag オルタク
Ortai オルタイ
Ortalo オルタロ*
Ortberg オートバーグ
Ortega
　オルティガ
　オルテーガ
　オルテガ***
Ortego オルテゴ

Ortelius オルテリウス*
Ortenburger
　オーテンバーガー
Ortes オルテス
Ortese オルテーゼ**
Ortet オルテ
Ortez オルテス
Orth
　オース*
　オルト**
Ortha オーサ
Orthagoras
　オルタゴラス
Ortheil
　オルタイル
　オルトハイル**
Ortica オルティカ
Ortigao オルティガン
Ortigão
　オルティガウン
　オルティガン
Ortigão
　オルティガォン
　オルティガン
Ortigas オルティーガス
Ortigues オルティグ
Ortins オーチンス
Ortiz
　オーティーズ
　オーティズ*
　オーティズ
　オーティーズ*
　オーティツ
　オルチス
　オルティース
　オルティーズ*
　オルティス***
　オルティズ
Ortíz オルティス
Ortiz オルティス
Ortkemper
　オルトケンパー
Ortleb
　オルトレップ
　オルトレープ
　オルトレプ
Ortler オルトラー
Ortlieb
　オートリー
　オルトリープ*
Ortman オルトマン
Ortmann オルトマン
Ortner
　オートナー
　オルトナー
Orto
　オネト
　オルト*
Ortola オラトラ
Ortolan オルトラン
Ortolana オルトラーナ
Ortolani
　オルトラーニ*
Ortolano オルトラーノ
Ortoli オルトリ**
Orton
　オートン***

　オルトン
Ortoneda
　オルトネーダ
Orts オルツ
Ortuno オルトゥー
Ortutay オルトゥタイ*
Ortwin
　オルトヴィーン
　オルトヴィン
Ortzen オーツセン*
Oru オル
Orubebe オルベベ
Örücü エルジュ
Orudzhov オルジェフ
Orujov
　オルジョイ
　オルジョフ
Oruka オルカ
Orum ウロム
Örum ウロム
Orumbekzoda
　オルムベクゾダ
O'Rurk オルルク
Orval
　オーヴァル
　オーバル*
Orvar オルヴァル
Orvieto
　オルヴィエート
Orville
　オーヴィル*
　オヴィル
　オービル**
Orvis オーヴィス
Orvlle オービル
Orvola オルヴォラ
Orwa オルワ
Orwant
　オルワント
　オーワント
Orwell
　オーウェル**
　オウェル
　オーエル
Orwig オーウィグ
Orwin オーウィン
Ory
　オーリー
　オリー*
Oryakhil オリヤヘイル
O'Ryan オライアン
Orynbayev
　オリンバエフ
Orzabal オーザバル
Orzechowski
　オジェホフスキ*
Orzeck オルゼック
Orzel オーゼル
Orzeszkowa
　オジェシュコーヴァ
　オジェシュコヴァ
　オジェシュコーバ
　オジェシュコバ
　オジェシュコワ
　オルゼシコヴァ
　オルゼシコ

　オルトン
　オルゼシュコヴァ
　オルゼスズコ
Orzhonikidze
　オルジョニキゼ
Orzubek
　オルズベック*
Os オス
Osa
　オーサ**
　オサ
Osacar オスカル
Osadchil オサッチー
Osafo-marfo
　オサフォマルフォ
Osafu オサフル
Osagie オサギー
Osagyefo オサジェフォ
Osah オサ
Osaimin オサイミーン
Osama
　ウサマ
　オサマ***
Osamu オサム*
O-sang オサン
Osang オザング
Osann オサン
Osa Osa Ekoro
　オサオサエコロ
Osathanukhro
　オーサターヌクロ
Osathanukhroh
　オーサターヌクロ
Osato オーサト
Osbald オスバルド
Osbaldeston
　オズバルデストン
Osbeck オスベック
Osbern オズバーン
Osbert
　オスバート
　オズバート**
　オズバード
　オスベール
Osborn
　オスボルン
　オスボーン*
　オスボン
　オズボーン**
Osborne
　オズバーン
　オズボーン*
　オズボーン***
　オズボン
Osbourne
　オズボーン***
Osburga オスバーガ
Osburn
　オスバーン
　オズバーン
Osby
　オスビー
　オズビー
Óscal オスカル
Oscanyan
　オスカニアン
Oscar
　オジー

オスカ
オスカー***
オスカァ
オスカール**
オスカル***
Óscar オスカル**
Oscarsson
オスカーション
オスカルション**
オスカルソン*
Osceola
オスケオラ
オセオラ
Oschman オシュマン
Osdel オステル
Osea オセア
Oseary オセアリー
Oseen オセーン
Osei オセイ
Oseledets
オセレデッツ
Oseman オズマン
Osemele オセメリー
Osen オーセン*
Osendarp
オーセンダルプ
Oser
オーサー
オーゼル
Öser エーザー
Osesime オゼシム
Osgerby オズガービー
Osgood
オスグッド**
オズグット
オズグッド*
オスグート
オスグード
Oshánin オシャーニン
O'Shaughnessy
オウショーニッシ*
オーショウネスィ
オーショーネシー
オーショーネシー**
オーショネッシー
Oshchepkov
オシェプコフ
Oshea オシェイ
O'Shea
オウシェア
オシー**
オーシア
オーシーア*
オシア*
オシエー*
オシェア
オーシェイ
オシェイ
オシェイ
オッシー
O'Shei オーシェイ
Osheroff オシェロフ*
Osherove オシェロフ
Osherson オシャーソン
Oshida オシダ
Oshin オシン
Oshineye オシネエ

Oshinska オシンスカ
Oshinsky オシンスキー
Oshiro オオシロ
Oshman オシュマン
Osho
オショ*
オショー
オショウ
Ohô オショー
Oshrin オシュリン*
Osi オシー*
Ó Siadhail オシール*
Osiander
オジアンダー
オシアンデル
Osiatyńsk
オシャティンスキー
Osich オシック
Osie オシー
Osieck オジェック**
Osiek オシェク
Osier オシア
Osiier オシャール
Osim オシム**
Osinbajyo
オシンバジョ
Osinin オシニン
Osinovskii
オシノフスキー*
Osio オシオ
Osip
オシップ**
オーシプ
オシプ
オスィップ
Osipenko オシペンコ
Osipenko-rodomska
オシペンコロドムスカ
Osipiyan
オシピアン
オシピヤン
Osipov
オーシポフ
オーシーポフ
オシポフ
Osipova オシポワ*
Osipovich
オーシポヴィチ*
オシポヴィチ
オシポビッチ
Osipovitch
オシポヴィチ
Osipovskii
オシポフスキー
Osipowich
オシポウィッチ
Osiris オシリス
Osis オシス*
Ositadinma
オシタディンマ
Oskanian オスカニャン
Oskar
オスカー***
オスカール
オスカル**
オルカス
Oskars オスカルス

Osker オスカー**
Oski オスキー*
Oskolski
オスコルスキー
Oslance オスランス
Osleidys
オスレイディス*
Oslender オスレンダー
Osler
オースラー
オスラー**
Oslie オズリー*
Oslin オスリン
Osma ウサマ
Osman
オスマーン
オスマン**
オズマン
オマン*
Osmān オスマーン
Osmani
オスマーニ
オスマニ
Osmanoglu
オスマノグル
Osmanov オスマノフ
Osmanović
オスマノビッチ
Osmanovski
オスマノフスカ
オスマノフスキー
Osmany オスマニ
Osmar オズマル
Osmeña
オスメニア
オスメーニャ
Osmeña
オスメニア
オスメーニャ
オスメニア
Osment オスメント*
Osmić オスミッチ
Osmo オスモ**
Osmonaliev
オスモノリエフ
Osmond
オスモン
オスモンド
オズモンド**
Osmonov オスモノフ
Osmund
オズマンド
オズムンド
オズムンド
オズモンド
Osnat オスナット
Osnei オスネイ*
Osnos
オスノス
オズノス
Osnov'ianenko
オスノヴャネンコ
Oso オソ
Osofisan
オショフィサン
Osofsky オソフスキー*
Osokins オソキンス

Osomo オソモ
Osorgin オソルギン
Osorio
オソーリオ
オソリオ**
Osorkon オソルコン
Osoro オソロ*
Osotimehin
オソティメイン**
Osouf
オスーフ
オズーフ
Ospel オスペル
Ospici オスピーシ
Ospina
オスピーナ
オスピナ
Ospovat
オスポヴァット
Ospreay オスプレイ
Osred オスレッド
Osric オスリック
Osroes オスロエス
Ossa オサ
Ossama
オサーマ
オッサマ*
Ossana オサナ
Ossani オッサーニ
Ossard オサール
Ossébi オセビ
Osselton オッセルトン
Ossendowski
オッセンドウスキ
オッセンドーフスキー
オッセンドフスキ*
オッセンドフスキー
Osserman
オッサーマン*
Osservatore
オッセルヴァトーレ
Ossetoumba
オセトゥンバ
Ossey オセイ
Osseyi オセイ
Ossi
オッシ
オッジ
Ossian
アシーン
オシアン
オッシアン
Ossie
オシー*
オジー*
オッシー
Ossietzky
オシエツキ
オシエツキー
オシーツキ
オシーツキー
Ossig オシッヒ
Ossinovski
オシノフスキー
Ossio オシオ
Ossip
オーシップ

オシップ*
オーシプ
Ossipow オシポフ
Ossman オスマン
Ossó オソ
Ossoliński
オソリンスキ
オッソリニスキ
オッソリンスキ
Ossorio オソリオ
Ossoucah オスカ
Ossowska
オソウスカ
オソフスカ
Ossowski
オソウスキ
オソウスキー**
オソフスキ
オッソフスキ
Ossur オッシュル
Osswald
オスワルト
オスワルド
Ossy オシー
Ost オスト*
Osta オスタ*
Ostacher オスタチャー
Ostäd オスタード
Ostade オスターデ
Ostaijen
オスタイエ
オスターイェン
オスタイエン
オスタイエン
Ostanina オスタニナ
Ostap オスタプ
Ostapchuk
オスタプチュク*
Ostápovich
オスタポヴィチ
Ostaseski オスタセスキ
Ostäyen オスタイエン
Östberg
エストベリ
エストベリー
エストベルク
Østberg
エストベリ
エストベルグ*
Østby オストビー
Oste オステ
Osteaux オストー
Osteen
オースティーン
オースティン
オスティーン
O'Steen オスティーン
Ostelo オステロ
Osten オステン**
Östen エステン
Ostendorf
オステンドルフ
Østensen オステンセン
Östensson
エステンソン
オステンソン

Ostenstad オステンスタッド
Oster オスター** / オステール* / オステル**
Österberg オスターベリ
Osterbrock オスターブロック**
Österdahl エスターダール
Ostergaard オスターガード
Østergaard オスタゴー
Östergren エステルグレン
Osterhammel オースターハメル* / オースタハメル*
Osterhaus オスターハウス
Osterhaven オスターヘーベン
Osterholm オスターホルム
Osterhout オスターハウト
Österling エステリング / エステルリング
Osterloh オスターロー / オステロフ
Osterman オスターマン** / オステルマン
Ostermann オスターマン / オステルマン
Ostermayer オスターマイヤー
Ostermeyer オステルメイエ* / オステルメイヤー
Ostermueller オスターミューラー
Österreich エスターライヒ / エステルライヒ / オステルライヒ
Osterroth オステロート
Ostertag オスタータグ / オステルターク
Ostervald オステルヴァルド
Osterwa オステールヴァ / オステルバ
Osterwald オスターウォールド / オスターウォルド*
Osterwalder オスターヴァルダー* / オスターワルダー / オステルワルダー

Osterwold オスターヴォルト
Ostfeld オスフェルド
Ostgaard オストガールド
Osthaus オストハウス*
Ostheeren オストヘーレン**
Ostheimer オスタイマー / オストハイマー
Osthoff オストホーフ / オストホフ / オフトホフ
Osti オスティ
Ostini オスティーニ
Ostler オストラー
Ostling エストリング
Ostlund オストランド
Östlund オストルンド
Östman エストマン
Østmo エストモ
Ostoja オストヤ
Ostojić オストイチ / オストイッチ
Ostorius オストリウス
Ostrach オーストラフ
Ostrand オストランド
Östrand オストランド
Ostrander オストランダー*
Ostrcil オストルツィル
Ostrčil オストリチル / オストルチル
Ostrer オストラー
Ostriche オストリッチェ
Ostriker オストライカー**
Ostrith オストリス
Ostroff オストロフ
Ostrogorski オストロゴルスキー*
Ostrogorskii オストロゴルスキー
Ostrogorsky オストロゴルスキー
Ostrogradskii オストログラツキー / オストログラーツキィ
Ostrom オストローム* / オストロム**
Ostros エストロス
Östros エストロス
Ostrosky オストロスキー
Ostroumov オストロウーモフ* / オストロウモフ**
Ostroumova オストロウーモヴァ / オストロウモワ

Ostrov オストローフ* / オストロフ
Ostrovitianov オストロヴィチャノフ / オストロヴィチャーノフ
Ostrovityanov オストロヴィティアノフ
Ostrovityanov オストロヴィーチャノフ / オストロヴィチャーノフ / オストロヴィチャノフ / オストロビチャーノフ / オストロビチャノフ
Ostrovskaia オストロフスカヤ
Ostrovskii オストロスキー / オストローフスキー / オストルーフスキー / オストローフスキィ / オストロフスキィ
Ostrovsky オストロヴスキー / オストロフスキー*
Ostrow オストロー
Ostrowski オストロウスキー* / オストロフスキー / オストロフスキ / オストロブスキー
Ostrożski オストローシュスキ
Ostry オストリー
Ostrzolek オストルツォレク
Ostuni オストゥニ
Ostuzhev オストゥジェフ
Ostwald オストウアルド / オストヴァルト* / オストウォルド* / オストヴルト / オストワルト / オストワルド*
Osuji オスジ
O'sulivan オサリバン
O'Sullivan オウサリヴァン / オーサリヴァン / オサリヴァン** / オサリバン**
O'Sullivan' オサリバン
Osuna オスーナ* / オスナ
Osunade オスネード
Osundare オシュンダレ / オスンダレ
O-sung オソン
Osuntokun オサントクン
Osvald オスヴァル / オスバルド

Osvaldo オスワルド / オズワルド
Osvaldo オスヴァルト / オスヴァルド* / オズヴァルド / オスバルト / オスバルド** / オズバルド / オスワルド / オズバルドゥ / オスワルド / オズワルド*
Oswald オジー / オズアウド / オスウアルド / オスヴァルト* / オズヴァルト / オズヴァルド / オスバルド* / オズバルト / オスワルト* / オスワルド* / オズワールド / オズワルト / オズワルド***
Oswalda オスヴァルダ / オスワルダ
Oswaldo オジー / オスヴァルド / オスワルド* / オズワルド**
Oswalt オズワルト**
Osweiler オズウェイラー / オズワイラー
Oswi オスウィ
Oswick オズウィック
Oswin オスウィン
Oswine オスウィン
Oswulf オスウルフ
Oswy オズウィ
Osypenko オシペンコ* / オシペンコ
Osyth オシト
Oszetzky オセツキー
Oszka オシュカ
Oszkar オスカル
Oszkár オスカール
Ot オット
Ota オク / オタ** / オタア
Otafiire オタフィレ
Otai オタイ
Otaiba オタイバ*
Otaibi オタイビ
Otakar オタカール / オタカル
Otakhonov オタホノフ
Otamendi オタメンティ
Otani オータニ

Otaño オタニョ
Otanon オタノン
Otar オタール** / オタル
Otari オタリ*
Otárola オタロラ
Otarsultanov オタルスルタノフ**
Otavio オタヴィオ
Otazo オタゾ
Otban オトバン
Otčenásek オチェナーシェク
Otčenášek オチェナーシェク
Otčigin オッチギン
Otegha オーテガ
Otegui オテギ
Oteiza オテイサ
Otellini オッテリーニ*
Otello オテッロ
Otelo オテロ
Oteng オテン
Otepka オテプカ
Oterdahl オーテルダール
Oterma オテルマ
Otero オテーロ* / オテロ***
Otetea オツェテア
Otete Omanga オテテオマンガ
Otèth オテットゥ
Otey オティ
Otfinoski オトフィノスキー
Otfrid オトフリート
Otfried オットフリート** / オトフリート***
Otgonbaatar オトゴンバータル / オトゴンバートル
Otgonbayar オトゴンバヤル
Otgondalai オトゴンダライ
Otgontsetseg オトゴンツェツェグ
Otha オーサ
Othaimeen オサイミーン
Othaman オサマン
Othanel オーサネル
Othella オセラ
Othello オセロ
Othenio オテニオ
Othlo オットロー
Othman オスマン**
'Othmān オスマン
'Othmān オスマン
Othmane オスマン
Othmani オトマニ

Othmar
　オスマー
　オットマー
　オットーマール
　オットマール
　オットマル
　オトゥマル
　オトマー
　オトマアル
　オトマール*
　オトマル*
Othmayr オトマイアー
Othmer オスマー
Othniel
　オスニエル
　オテニエル
　オトニエル
Otho
　オットー
　オト
　オトー
Othon
　オットン
　オトン
Othón オトン
Óthon
　オソン
　オットー
Othoniel オトニエル*
Oti オティ
Otieno オティエノ
Otilia オティリア
Otilino オティリノ*
Otín オーティン
Otinielu オティニエル
Otis
　オウティス
　オーチス
　オーティス***
　オティス*
　オーテス
Ötkür
　オトゥクル
　オトキュル
　オトクル
Otl オトル
Otlet オトレ*
Otley
　オットレー
　オトリー
　オトレー
　オトレイ
Otloch オットロー
Otloh オットロー
Otmar
　オットー
　オットマール
　オットマル*
　オトマー
　オトマール**
　オトマル
Otnes オトネス
Oto オト*
Otoichi オトイチ
Oton オトン
O'Toole
　オトゥール***

Otorbayev
　オトルバエフ
Otoshi オトーシ
Otounga Ossibadjouo
　オトゥンガオシバジョ
Otradovic
　オートラドヴィツ
　オトラドヴィツ
Otremba オトレンバ
Otryad
　オッテリアッド
　オトリャド
Otryadyn
　オッテリアッド
Otsep
　オツェプ
　オトセップ
Otsetova オツェトバ
Otsuka
　オオツカ
　オーツカ*
Ott
　オット**
　オットー*
　オト
Ottakküttar
　オッタクータル
　オッタクーッタル
Ottama
　オウタマ
　オウッタマ
　オタマ
Ottani オッターニ
Óttarr オッタル
Ottavia オッタヴィア
Ottaviani
　オッタヴィアーニ
　オッタヴィアニ
Ottaviano
　オタビアノ
　オッタヴィアーノ
　オッタヴィオ
Ottavino オッタビーノ
Ottavio
　オッターヴィオ
　オッタヴィオ**
　オッタービオ
　オッタビオ
Ottaway
　オタウェー
　オタウェイ
　オッタウェイ
Otte
　オッテ
　オッティ
Ottein オッテイン
Otten オッテン*
Ottenbacher
　オッテンバッハー
Ottenbrite
　オッテンブライト
Ottendorfer
　オッテンドルファー
Ottenheimer
　オッテンハイマー
　オットンエメール
Ottens オッテンス

Ottensamer
　オッテンザマー
Otter オッター**
Otterbein
　オッタバイン
Otterloo オッテロー
Otterman
　オッターマン
Otterpohl
　オッテルポール
Ottesen
　オッテセン*
　オーテセン
　オテセン
Ottessa オテッサ*
Ottey オッティ**
Ottie オティ
Ottieri
　オッチエーリ
　オッティエーリ*
Ottiero
　オッチエーロ
　オッティエーロ*
Ottilia オッティリア*
Ottiliana
　オッティリアーナ
　オッティリアナ
　オトリア
　オティリアナ
Ottilie
　オッチーレ
　オッティリー
　オッティリエ
　オティリー
Ottinger
　オッタンジェ
　オッティンガー
Ottino オッティーノ
Ottley
　オットリ
　オットリー
　オットレー
　オットレイ
　オトリ
　オトリー*
Ottlik オトリク*
Ottlilienfeld
　オットリーリエンフェルト*
　オットリリエンフェルト*
　オトリリエンフェルト
Ottman オットマン
Ottmann
　オーターマン
　オットマン
Ottmar
　オットマー
　オットマール*
　オトマー
　オトマール**
　オトマル
Otto
　オッツォー
　オット***
　オットー***
　オッド
　オットウ
　オットオ
　オトー**

Ottó オットー
Otto-Crépin
　オットークルパン
Ottokar
　オタカル
　オットカール
Ottolenghi
　オットレンギ
Ottoline
　オトリーヌ
　オトリーン
Ottolini オットリーニ
Ottomar
　オットマール
　オトマル
Ottone オットーネ
Ottor オットー
Ottorino
　オットリーノ*
Ottosson
　オットーソン
　オットソン*
Ottoz オットツ
Ottum オタム
Otubanjo
　オツバンジョ
Otunbayeva
　オトゥンバエワ*
Otuoma オトゥオマ
Otuto オットー
Otway
　オットウェー
　オットウェイ
　オトウェー*
　オトウェイ*
Otxoa オチョア
Otylia オティリア*
Ou ウー
Oua ウア
Ouabdelsselam
　ワーデルセラム
Ouadah ウアダー
Ouadahi ウアダヒ
Ouaddar ウアダー
Ouaddou ウアドゥー
Ouafa ウアファ
Ouaili ウアイリ
Ouakanga ウアカンガ
Ouaki ウアキ*
Oualalou ウアラルー
Oualentīnos
　ウァレンティーノス
　ウァレンティノス
Oualett
　ウレット
　ワレット
Ouali ウアリ
Oualline
　オーライン
　ワリーン
Ouande ワンデ
Ouane
　ウアネ
　ウァン
Ouardi ウアルディ
Ouasim ワシム

Ouatah オウアタ
Ouattara
　ウワタラ
　ワタラ*
Ouayoun オウアユーン
Ouba オーバ
Oubaali ウバーリ
Oubida ウビダ
Oubre
　オーブル
　オーブレイ
Oubrerie ウブルリ
Oubtil ウブティル
Ouchi
　オーウチ
　オオウチ
Oud
　アウト*
　オウト
　オート
Ouda オウダ
Oudaa ウダーア
Oudart
　ウーダール
　ウダール
Oude オウデ
Oudeh オデー
Oudiette ウディエット
Oudin ウダン
Oudine ウディン
Oudinot
　ウーディノ
　ウーディノー
　ウディノ
　ウディノー
Oudney オードネー
Oudom ウドム*
Oudot
　ウド
　ウドー
Oudraoga
　ウードラオガ
Oudry
　ウードリ
　ウードリー
Oudzunidis
　ウズニディス
Oueddei ウエッディ*
Ouederni ウデルニ
Ouedrago ウエドラゴ
Ouedraogo
　ウエドラオゴ**
　ウドゥラオゴ
Ouédraogo
　ウエドラオゴ*
Ouellet
　ウエレ
　ウェレット*
Ouellete ウィレット
Ouellette
　ウィレット
　ウェレッテ
　ウェレット
　ウーレット*
　ウレットル
　オウレッテ

Ouen ウァン／オーエン
Ouerdi ウエルディ
Oue-ryong ウリョン
Oueslati ウエスラティ
Oufkir ウフキル
Oughtred オートリッド／オートルヴァン／オートレッド
Ougoureh ウグレ
Ouguete オウゲテ
Ouhadī オウハディー
Ouida ウィイダ／ウィーダ**／ウィーダー／ウイダー／ウィーダ*／ウイダ／ヴィダ
Ouimet ウィメット／ウイメット*
Ouimette ウィメット
Ouindi ウインディ
Ouinsavi ウインサビ
Oujar ウージャール
Ouk ウック*
Ouka ウカ／オーカ
Oukacha オウカシャ
Oulahan オーラハン
Oulai ウライ
Oulaye ウライ／ウライエ
Ould ウルド***／オウルド／オールド
Ould Abbas ウルドアッバス
Ould Ali ワラドアリ
Ouldin オウルダン
Ould Kablia ウルドカブリア
Oulegoh ウレゴー
Ouleymatou ウレイマトゥ
Oulida ウリダ
Oulotto ウロト
Oulton オールトン
Oum ウム**／オム
Oumakhanov ウマハノフ*
Oumani ウマニ
Oumano ウーマノ／オーマノ
Oumansky ウーマンスキー

Oumar ウマール*／ウマル*
Oumara ウマラ
Oumarou ウマル**／ウマルー／ウマロゥ
Oumhani ウムアニ
Oumiha ウミア
Oumou ウム
Oun ウン
Õunapuu ウーナプー／ウゥナプー
Oundjian ウンジャン*
Ouneies ウナイエス
Oung ウン
Ounie ウニー*
Ounkham ウンカム
Ounouted ウヌテ
Ounsworth オンスワース*
Ounthala ウンタラー
Ouologuem ウォログェム／ウオロゲム
Ouosso ウオソ
Ourach ウーラハ
Ourahmoune ウラムス
Ourairat ウライラット*／ウライラート
Ouranios ウラニオス
Ouredník オウジェドニーク*
Ouřednik オウジェドニーク
Ourías ウリア
Ouro ウーロ
Oursákios ウルサキオス
Oursel ウルセル**
Oursler アウスラー／アウズラー／アーズラー／アワースラー／アワズラー／アワズラン
Oury ウーリ／ウーリー*／ウリ／ウリー／オーリー
Ousby ウーズビー
Ousdal ウスダル
Ouseley ウーズリ／オシレー
Ouseph オーセフ
Ousey ウジー
Ousland オウスラント*
Ousley オーズリー

Ousman ウスマン／オスマン
Ousmane ウスマーヌ／ウスマヌ**／ウスマーン／ウスマン**／オースマン／オスマン
Ouspenskaya ウスペンスカヤ
Ouspensky ウスペンスキー
Oussama ウサマ*
Ousseimi オーセイミ
Ousseini ウセイニ
Ousseni ウセニ
Ousset ウーセ
Ousseynou ウセイヌ
Ousterhout オースターホート
Oustin オースチン
Oustinoff ウスティノフ
Outerbridge アウターブリッジ／アウタブリッジ
Outerelo アウテレロ
Outey ウテイ
Outhier ウーティエ
Outhmane Djame ウトマンジャメ
Outhoorn アウトホールン
Outhwaite ウースウェイト／オウスウェイト
Outi オウティ
Outinen オウティネン
Outis ウーティス
Outka アウトカ*
Outlaw アウトロー
Outram ウートラム*／ウートレム
Outrein ウートレイン
Outrey ウトレー
Outteridge アウタリッジ**
Outtrim アウトリム
Outwater アウトウォーター
Ouvrard ウーヴラール／ウヴラール
Ouvrieu ウーブリュー／ウーブリユー
Ouwater アウワーテル／アウワテル
Ouwehand アウヴェハント／アウエハント／オウヴェハンド
Ouyahia ウーヤヒア**

ウーヤヒヤ
Ou-yang オウヤン
Ouye オウエ
Ouyenga ウイエンガ
Ouzzine ウッジンヌ／ウッズィーン
Ovadia オバディア
Ovais オヴァイス
Ovakim オヴァキム
Ovalle オバイエ／オバージェ／オバジェ
Ovando オバンド／オバンド
Ovary オヴァリー
Ovason オーヴァソン
Ovassapion オヴァサビオン
Ovcharov オフチャロフ
Ovchinnikov オフチニコフ***／オフチーンニコフ／オフチンニコフ**
Ovchinnikova オフチニコワ*
Ove オーヴ／オーヴァ／オーヴェ**／オヴェ**／オーブ／オブ／オーベ／オベ*
Ovechkin オヴェーチキン*／オヴェチキン／オベーチキン／オベチキン*
Ovelar オベラル
Ovenden オヴェンデン／オーブンデン／オーベンデン
Ovens オーフェンス
Over オーヴァー／オーヴェル
Overall オーヴァーオール／オーヴァオール／オウヴァオール
Overath オベラート*
Overbaugh オーバーボー
Overbay オーヴァーベイ
Overbeck オーヴァベク／オーヴァーベック／オーヴァベック／オヴァベック／オーバーベック*／オーフェルベック

Overbeek オヴェルベーク／オーバービーク／オフェルベーク／オーベルベーク
Overberg オーヴァベルク／オーヴェルベルク*／オーフェルベルグ
Overbury オーヴァベリ／オーバーベリー
Overby オーバービー**／オーバビー
Overbye オーヴァーバイ／オーヴァバイ／オーバーバイ
Overeem オーフレイム*
Overgaac オーヴルファッハ／オーブルファッハ
Overgaard オボァガード
Övergaard アーバガード／ウーハガード
Overholser オーバーホルザー
Overholt オーバーホルト*
Overing オヴァーリング
Overland エヴァーラン／エーヴェルラン／エーベルラン／オーバーランド*
Øverland エーヴェルラン／エーベルラン
Overly オーバリー*
Overman オーヴァーマン*／オーバーマン
Overmann オーバーマン
Overmanns オーバーマンズ
Overmans オーヴェルマンス
Overmars オーバーマーズ／オーバマーズ／オフェルマルス*
Overmier オーバーマイヤー
Overmyer オーヴァーマイヤー／オーバーマイヤー
Overseth オーバゼス
Overskov オーアウスコウ
Overstone オーヴァーストン／オーヴァストン

Overstreet
オーヴァーストリート
オーヴァストリート
オーバーストリート*
Overstrom
オーバーストロム
Overton
オーヴァートン
オーヴァトン
オヴァートン
オウヴァトン
オヴェルトン
オーバートン
オーバトン
オーバートン**
Overtwater
オーフェルトワーテル
Overwater
オーバーワーター**
オーフェルワーテル
Overweg
オーフェルヴェーク
Overy
オーヴァリ
オヴァリー
オウヴァリー
オーヴリー
オヴリー
オーバリー*
Oveta
オヴェタ
オベタ
Ovett オベット
Ovezov オベゾフ
Ovid
オヴィッド
オヴッド
オービット*
オービッド
オビッド
オビド
Ovide オヴィド
Ovidia オヴィディア*
Ovidio
オヴィディオ
オビディオ
Ovidiu
オヴィドゥーユ
オビディウ
オビデウ
Ovidius
オヴィディウス*
オヴィディウス
オウィディウス
オウィデウス
オウディウス
オビディウス
Oviedo
オビエード
オビエド*
Oviir オビール
Ovington オヴィントン
Ovinius オウィニウス
Ovitz
オーヴィッツ
オービッツ*
Ovliyaguly
オブリャグルイ
Ovodenko
オヴォデンコ

Øvreås ウーヴレオース
Øvretveit
ウーベルバイト
Ovrutsky
オヴルツキー
Ovseenko
オフセーエンコ
Ovsianiko
オフシャニコ
Ovsienko オフシエンコ
Ovsyaniko
オフシャニコ
Ovsyannikov
オフシアンニコフ
オフシャーニコフ
オフシャンニコフ
Ovtcharov
オフチャロフ**
Ow オウ
Owa オワ
Owain
オゥアイン
オーウェン*
Owairan オワイラン
Owais オワイス
Öwall エーヴァル
Owe オーヴェ*
Oweis オウェイス
Owen
オウイン
オーウェン***
オゥエン*
オウェン
オウエン*
オーエン***
Owen-Jones
オーエンジョーンズ*
Owens
オーインズ
オーウィンズ
オウィンズ
オーウェン
オーウェンス**
オーウェンズ*
オウェンズ
オウエンス*
オーエン
オーエンス***
オーエンズ***
Owings
オーイングス
オーウィングス*
Owl アウル*
Own
オウン
オーエン
Owona オウォナ
Owono オウォノ
Owono Edu
オウォノエドゥ
Owsei オッセイ
Owsley
オウズリー
オースレイ
Owston オーストン
Owusu
オウス

Owusuaankoma
オウスアンコマ
Owusuagyeman
オウスアギマン
Owusuankomah
オウスアンコマ
Ox オックス
Oxana オクサナ
Oxenbøll
オックスンベル
Oxenbury
オクスンベリ
オクセンバリー*
オクセンベリー*
Oxenfeldt
オクセンフェルト
Oxenham
オクスナム
オクセナム
オクセンハム
Oxenløwe
オクセンロウ
Oxenstierna
ウクセンシェルナ
オクセンシェーナ
オクセンシェールナ
オクセンシェルナ
オクセンシティルナ
オクセンシャーナ
Oxford
オキスホルド
オクスフォード
オックスフォード**
Oxholm オクスホルム
Oxide オキサイド*
Oxilia オキシリア
Oxlade
オクスレード
オックスレイド
オックスレード
Oxley
オクスリー
オクスレー*
オクスレイ
オックスリー
オックスレイ
Oxman オックスマン
Oxnam オクスナム
Oxner オックスナー
Oxton オクストン
Oyai オヤイ
Oyakawa オヤカワ
Oyanguren
オヤングーレン
オヤングレン
Oyanka オヤンカ
Oyarsabal
オヤルサバル
Oyarzabal
オヤルサバル
Oye オイエ
Oyé オイエ
Oýe オイ*
Oyedeji オヤデジ
Oye Mba オイエムバ
Oyé Mba オイエムバ

Oýe-Mba
オイエンバ
ワムバ
Oyen オイエン
Øyen オイエン
Oyepitan オイピタン
Oyer オイヤー
Oyesiku オイエシク
Oyètádé オイエタデ
Oyewale オイワレ
Oyeyemi
オイェイェミ*
Oyfe オイフェ
Oyiba オイバ
Oyidob オイドブ
Oyinkan オインカン
Oyinkansola
オインカンソラ
Oyle オイル
Oyo Ebule オヨエブレ
Oyoebule オヨエブル
Oyono オヨノ**
Oyono Nyutumu
オヨノニュトゥム
Oyoubi オユビ
O Young オリョン
O-young オリョン*
O'Young オーヤング
Øystein
エイステイン
オイスタイン
オイステイン
Oyster オイスター
Oyub オユーブ
O.Yul オユル
Oyun オヨーン
Oyunbaatar
オヨーンバータル
Oyunerdene
オユーンエルデネ
Oyungerel
オヨーンゲレル
Oyunhorol
オユンホロル
Oyuun オヨーン
Oyvind
オイヴィン
オイビンド
Øyvind オイヴィン
Oz オズ***
Özak オザク
Ozaki オザキ
Özakman
オザクマン**
Ozal オザル**
Ozalp オザルプ
Ozan オザン
Ozanam
オザナム
オザナン
Ozanne
オザーン
オザンヌ*

Ozark オザーク
Ozarovskaia
オザロフスカヤ
Ozata エツァータ
Özatalay オザタライ
Ozawa オザワ*
Ozbayrakli
オズバイラクリ
Ozbilen オズビレン
Ozbiliz オスビリス
Ozcan エズカン
Ozdemir
オズデミール
オズデミル
Ozden オッデン
Özege オゼゲ
Ozeki オゼキ*
Özen オーゼン
Ozenfant
オーザンファン
オザンファン
Ozer
オゼル
オッツァー
Özer ウーセル
Ozeray オズレー
Ozéray オゼレー
Ozerets オゼレツ
Ozerov
オーゼロフ
オゼロフ
Ozersky オザースキー
Özgentürk
エズゲントュルク
Ozgur オズギュル
Ozhan オウジャン
Ozhaseki オズハセキ
Ozhigova オジコヴァ
Ozias オジアス
Ozías ウジヤ
Ozick
オージック*
オジック**
オズィック
Oziewicz
オジェヴィッツ
Ozik オージック
Özil エジル**
Özilhan オズィルハン
Ozimek オジメイ
Oziminski
オジミニスキ
Özkan オズカン**
Ozkan オズカン**
Ozkaya オズカヤ
Özlem オズレム
Ozlem エズレム
Ozley オズリー*
Ozlu
オズリュ
オズル
Ozment オズメント*
Ozmis オズミシュ
Ozmun オズムン

Ozóg オジュグ
Ozolin
　オゾーリン
　オゾリーン
Ozolina
　オゾリーナ
　オゾリナ
Ozolins オゾリンス
Ozols オゾルス
Ozon オゾン**
Ozonoff オゾノフ
Ozouf オズーフ**
Ozpetek オズペテク*
Özsunay エズスネイ
Ozsvald オズワルド
Ozsvar オジュバル
Oztunali エズトゥナリ
Ozu オズ
Ozuna オズーナ
Ozwald オズワルド*
Ozyakup オズヤクプ
Ozyck オジク
Ozzie
　オジー**
　オッジ
Ozzy オジー**

【P】

Pa パ
Pääbo ペーボ*
Paaga パアガ
Paal
　パール*
　ポール
Paalamwé
　パアラムウェ
Paalen パーレン
Paalman パールマン
Paananen パーナネン
Paapa パアパ
Paar
　パー
　パール
Paarlberg
　パールバーグ
Paarsch パーシュ
Paasche パーシェ*
Paasikivi
　パーシキヴィ
　パーシキビ
Paasilinna
　パーシリンナ***
Paasio パーシオ*
Paaske ポースケ
Paasonen パーソネン
Paata パータ
Paatashvili
　パータシヴィリ
Paatelainen
　パーテライネン
Paatero パーテロ
Paats パーツ

Paauw
　パアウ
　パオーウ
Paauwe パーウウェ
Paavilainen
　パーヴィライネン*
　パービライネン
Paavo
　パアヴォ
　パアボ
　パーヴォ***
　パーボ**
Pabalan パバラン
Paban パバン
Pabedinskienė
　パベディンスキエネ
Pabel
　パーヴェル
　パーベル
Pablito パブリート
Pablo
　パウ
　パビロ
　パブロ***
Pablos パブロス
Pabon ペーボン
Pabrai パブライ
Pabriks パブリクス
Pabro パブロ
Pabst
　パーブスト
　パブスト
　パプスト*
Pac パック
Paca ペーカ
Pacal パカル
Pa can パチェン
Pacari パカリ
Pacas パカス*
Pacat パキャット
Pacatianus
　パカティアヌス
Pacaud パコー*
Pacaut
　パコ
　パコー
Pacavira パカビラ
Pacca パッカ
Paccagnella
　パカネッラ
Paccagnini
　パッカニーニ
Paccalet パカレ
Paccasi パッカーシ
Paccaya パッチャヤ
Pacchia パッキア
Pacchiano パキアノ
Pacchiarotti
　パッキアロッティ
Pacchierotti
　パッキェロッティ
Pacchioni
　パッキオーニ
Paccioli
　パチョーリ
　パチョリ

Pace
　パーチェ*
　ペイス**
　ペース**
Pacé ペース
Pacek パセク
Pacelle パーセル*
Pacelli パチェリ
Pacenti パチェンティ*
Pacenza パセンサ
Pacepa パチェパ
Pacetti パチェッティ
Pacewon ペイスウォン
Pacey パーシー*
Pach
　パーチ
　パッチ*
　パッハ
Pacha パッチャ
Pachabut パチャブト
Pachacútec
　パチャクティ
　パチャクテイ
　パチャクーテク
　パチャクテク
Pachacuti
　パチャクティ
Pachanos パチャノス
Pachauri パチャウリ**
Pachay パーチャイ
Pache
　パシュ
　パッヘ
Pacheco
　パシェコ**
　パシコ
　パチェイコー
　パチェーコ*
　パチェコ***
Pachecoo パチェコ
Pachelbel
　パッヘルベル*
Pachence パチェンス
Pacher
　パッハー
　パッヒァー
　パッヒャー
　パハー
Pachet パシェ
Pachev パチェフ
Pachirat パチラット
Pachler パクラー
Pachman パッハマン
Pachmann
　パッハマン
　パハマン
Pachōmios
　パコーミオス
Pachomius
　パコミウス
　パコーミオス
Pachon パッション
Pachorek パチョレク
Pächt ペヒト
Pachter パクター*
Pachulia パチューリア

Pachymeres
　パキュメレス
Paci
　パーチ*
　パーチェ
Pacianus
　パキアーヌス
　パキアヌス
Paciello パチェッロ
Pacierpnik
　パチェルピナク
Pacifico
　パシフィコ
　パチフィコ
Pacificus パシフィカス
Pacifique パシフィーク
Pacini パチーニ*
Pacino パチーノ***
Pacinotti パチノッティ
Pacioli
　パチオーリ
　パチオリ
　パチョーリ
　パチョリ
Pacione パッショーネ
Paciorek
　パチョレク
　パチョレック
Pacius パキウス
Pack パック***
Packard
　パッカート
　パッカード**
Packel パッケル
Packer パッカー**
Packiam パッキアム
Packianathan
　パキアナサン
Packo パコー
Packwood
　パックウッド
Paclawskyi
　パクラウスキー
Paco パコ***
Pacoe ペコー
Pacolli パツォーリ
Pacome パコム
Pacôme
　パコーム
　パコム
Pacorus
　パコルス
　パコロス
Pacovska
　パッツォウスカー
　パツォフスカー
Pacovský
　パッツォウスカー*
Pacovsko
　パツォウスカー
Pacquement
　パックマン
Pacquiao
　パッキャウ
　パッキャオ*

Pacteau パクトー*
Pacula パクラ*
Pacult パクルト
Pacuraru パクラル
Pacuvius
　パクウィウス
　パクヴィウス
Pacyna パシーナ
Paczynski
　パチンスキー
Padacke
　パダケ
　パダッケ
Padaiga パダイガ
PadaleCki パダレッキ
Padalewski
　パダレヴスキー
Padalino パダリーノ
Padar パダル
Padare パダレ
Padayachie パダヤチ
Padden
　パッデン*
　パドン
Paddleford
　パドルフォード
Paddock パドック
Paddy
　パディ***
　パディー
Pade
　パーデ
　ペイド
Padé パデ
Padel
　パデル
　ペイデル
Padelli パデッリ
Padeloup パドルー
Paden ペイドン
Paderanga パデランガ
Paderewski
　パデレウスキー
　パデレフスキ**
　パデレフスキー*
Paderina パデリナ**
Padesky
　パデスキー*
　パデスキィ
Padetayaza
　パデータヤーザー
Padgett パジェット**
Padgham パジャム
Padi パディ
Padian パディアン
Padilha
　パジーリャ
　パジリャ
　パディーヤ
　パディリャ
Padilla
　パディージャ
　パディジャ
　パディーヤ*
　パディヤ
　パディラ
　パディーリア

パディリア*
パディーリャ***
パディリャ*
Padirac パディラック
Paditporn
パディッポーン
Padjen ページェン
Padley
パドリー
パドレー
Pad-ma ペマ
Padma
パドマ**
ペドマ
ペーマ
Padmanabhan
パドマナブハン
Padmanji
パドマンジー
Padmasaṁbhava
パドマサンバヴァ
パドマサンババ
パドマサンバワ
Padmasaṃbhava
パドマサンバヴァ
Padmasree
パドマスリー
Padmavajra
パドマヴァジュラ
Padmini パドミニ
Padmore パドモア*
Padoa パドア**
Padoan パドアン**
Padoin パドイン
Padoue パドゥ
Padoux パドゥー
Padova
パードヴァ
パトヴァ
パドヴァ*
パドバ
Padovan パドヴァン
Padovani
パドヴァーニ*
パドヴァニ
パドバーニ
Padovanino
パドヴァニーノ
Padovano
パドヴァーノ
Padover
パドーヴァー
パドーバー
Padraic
パードリク
パードリック*
パトリック
パドレイク
パードレク
Padraig
パドレイ
パドレイグ**
Pádraig パドレイグ
Padre パドレ
Padrid パドリッド
Padrino パドリノ
Padró パドロー
Padron パドロン
Padrón パドロン**
Paduka パドゥカ
Padula パドゥーラ
Padumhèkou
パドゥエク
Padura パドゥーラ**
Paduraru パドゥラル
Padva パドヴァ
Padwa パドワ
Padwick パドウィック
Pae
ピー
ペ
Paea
パエア
ペイア
Paederer ペーデラー
Paek ペク**
Paelabang パァラバン
Paeni パエニ
Paeniu パエニウ**
Paepe
パエプ
ペップ
Paeper パイパー
Paër
パエール
パエル
Paersch ペルシュ
Paerson パーション**
Paes
パイシュ
パイス
パエス**
Paese ペース
Paet パエト
Paeth
ペイス
ペート
Paetus
パエツス
パエトゥス
Paez パエス*
Páez
パーエス
パエス*
Paff パフ
Paffgen ペフゲン
Päffgen ペフゲン
Pafko パフコ
Pafnutiy パフヌチー
Pagaczewski
パガチェフスキ*
Pagadizabal
パガディサバル
Pagallo パガロ
Pagan
パガーン
パガン*
ペイガン
ペーガン
ペガーン
Pagán パガン*
Paganelli
パガネッリ*
パガネリ
パガネルリ
Paganello パガネッロ
Pagani パガーニ
Paganin パガニン
Paganini パガニーニ
Pagano
パガー
パガーノ**
パガノ**
Paganutstsi
パガヌッツィ
Pagdanganan
パグダンガナン
Pagden パグデン
Page
パージュ**
ペイジ***
ページ***
Pagé パジェ
Pagel
パーゲル
ペイゲル
Pagels
パージェル
ペイゲルス
Pages ページ
Pagés
パジェス
パゼス
パヘス*
Pagès
パージェス
パジェス**
パジュス
Paget
パゲット
パジェット**
パジェト
パジット
パジト
パゼット
ページェット
ペゼット
Pagett パジェット
Paggi パッジ
Pagh パグ
Pagi パジ
Pagin パジャン
Pagis
パギス
パジス
Paglen パグレン
Pagli パグリ
Paglia
パーリア**
パリア*
Pagliano
パグリアノ
パリアーノ
Pagliarani
パリアラーニ
Pagliardi
パリアルディ
パリャルディ
Pagliarulo
パグリアルーロ
パグリアルロ
パリアルーロ
Pagliero
パリエーロ
パリエロ
Pagliuca
パリウカ
パリュウカ
Pagliughi
パッリウーギ
パッリューギ
Pagnani パニァーニ
Pagni パーニ
Pagnini パグニーニ
Pagnino パニーノ
Pagninus パグニヌス
Pagnol
パニョール
パニョル**
Pagnoni
パニョーニ
パンニョーニ
Pagnotta パニョッタ*
Pagnoux パグノー
Pagnozzi パグノッジ
Pagola パゴラ
Pagonendji パゴネンジ
Pagonendjindakara
パゴネンジヌダカラ
Pagonis パゴニス
Pagot
パゴー
パゴット*
Pagram パグラム
Pagrotsky
パグロツキー
Pagtakhan パグタカン
Pagulayan パグラヤン
Pagvajavyn
パグバジャビーン
Pahad パハド
Paharia パハリア
Pahars
パハース
パハルス*
Pahiama パイアーマ
Pahimi
パイミ
パヒミ
Pahinui パヒヌイ*
Pahkala パッカラ
Pahl
パール*
パル
ポール
Pahlavan パーラヴァン
Pahlavi
パフレヴィー
パーラビ
パーレヴィ
パーレビ
Pahlavī パフラヴィー
Pahlawī
パハレヴィー
パフラヴィー
パフラビー
パフレヴィー
パーレビ
Pahle パーレ
Pahlen パーレン*
Pahlevi パーレビ**
Pahlevī
パフラヴィー
パフラビー
パフレヴィー
パーレビ
パーレビー
Pahlm パーム
Pahlplatz
パールプラッツ
Pahomov パホーモフ
Pahor パホル*
Pahud パユ*
Pahwa パーワ*
Pai
バイ
パイ**
Paias パイアス*
Paiboon パイブーン
Paice ペイス
Paich ペイチ
Paicheler ペシュレ
Païdassi パイダシ
Paiement ペーマン
Paige
ペイジ**
ページ
Paihama パイアマ
Paijmans パイジマンス
Paiju パイジュ
Paik
パイク**
パク
ペイク
ペク*
ペック
Paikeday パイカデー
Paik-yong ペクヨン
Paillard パイヤール**
Paillat パイヤ
Pailleron パイユロン
Pailles パイエス
Paillou
パイユー
パイユウ
Pain
パン
ペイン**
ペーン
Painchaud
ペインショード
Paine
パイン
ペイン**
ペーン
Painlevé
パンルヴェ*
パンルベ
ペンルヴェ
Paino パイノ
Painter
ペインター**
ペーンター

Painting ペインティング
Painton ペイントン
Painvin パンヴァン
Paionios
　パイオニオス
　パイオニオス
Paiōnios バイオニオス
Paionni パイオンニ
Pairault ペロー
Paire ペア
Pairin パイリン
Pairisades
　パイリサデス
Pairman ペアマン
Pais
　パイシュ
　パイス**
Paischer パイシャー
Paish
　ペイシュ
　ペーシュ
Pai-shih パイ・シー
Paisible ペイジブル
Paisiello
　パイジェッロ
　パイジエッロ
　パイジェルロ
　パイジェーロ
　パイジエロ
　パイジエロ
Paisii
　パイシ
　パイシー
　パイシイ
　パイスィー
　パイスィイ
Paisij パイーシイ
Paisley
　ペイスリー
　ペイズリー**
Paisner ペイズナー*
Paiva
　パイヴァ*
　パイバ
　ペイヴァ
Päivi
　パイヴィ
　パイビ
Paivio ペイヴィオ
Paivu パイブ
Paix パイクス
Paixhans ペクサン
Paja パヤ
Pajai パージャイ
Pajares パハーレス**
Pajari パジャリ
Pajaujis パジョジス
Pajaziti パヤジティ
Paje パヘ
Pajé パジェ
Pajetta パイエッタ
Pajic パイッチ
Pajín パヒン
Pajitnov パジトノフ

Pajk ペイジュク
Pajo パーヨ
Pajon パホン
Pajón パホン*
Pajor
　ペイジャー
　ページャー
Pajot
　パジョ
　パジョー
Pajou パジュー
Pak
　パーク
　パク***
　パック*
Pakalitha パカリタ**
Pakaluk パカラック
Pakawyan パカウヤン
Pakdaman パクダマン
Pakeev パケエフ
Pakenham パケナム**
Pakenyte パケニテ
Paker
　パーカー**
　ベイカー
Pakhalina パハリナ**
Pakhēs パケス
Pakhiddey パキデェ
Pakhmutova
　パフムトワ
Pakholchik
　パホルチック
Pakhomov パホーモフ
Pakhomova パホモワ
Pak-huen パクフェン
Paki パキ
Pakington
　パッキングトン
　ペイキントン
Pakishe パキシェ
Pakka パッカ
Pakkala パッカラ
Pakkanen パッカネン
Pakkasvirta
　パッカスヴィルタ
Pako パコ
Pakola パコラ
Pakpahan パクパハン
Pakpak パクパク
Paksas パクサス**
Pakśi パクシ
Paksnavin
　パックサナーウィン
Paku パク**
Pakuda
　パクダ
　パクダ
Pakudha パクダ
Pakula パクラ
Pal
　パール**
　バル***
　ポール*
Pa'l パール

Pál
　パール***
　バル
Pål バル
Pala
　パーラ
　パラ
Palà パーラ
Palacci パラッチ
Palacharla
　パラチャーラ
Palacio
　パラシオ**
　パラショ
Palacios
　パラシオス**
　パラチオス
Palacký
　パラッキー
　パラツキー
Palade
　パラーディ
　パラディ**
　パラード
Paladilhe パラディール
Paladino パラディーノ
Palaemon パラエモン
Palaeologa
　パレオローク
　パレオローグ
Palaeologina
　パラエオロギナ
Palaeologus
　パライオロゴス
　パラエオローグス
　パラエオログス
Palafox
　パラフォクス*
　パラフォックス
Palagi パラージ
Palagummi パラグミ*
Palágyi
　パラギー
　パラージ
Palahniuk
　パラニューク**
Palaiologos
　パレオロゴス
Palaiológos
　パライオロゴス
Palaiólogos
　パライオロゴス
Palais
　パレ
　パレス
Palaitis パライティス
Palakka パラッカ
Palamar
　パラマアー
　パラマル
Palamarchuk
　パラマルチュク
Palamariu パラマリウ
Palamas
　パラマース
　パラマス*
Palamās パラマス
Palamedes パラメデス

Palamedesz
　パラメデス
Palameika パラメイカ
Palamo パラモ
Palamodov パラモドフ
Palamountain
　パラマウンテン
Palan パラン*
Palán パラーン
Palanca パランカ
Palance パランス**
Palander パランダー
Palangyo パランギョ
Palani パラニ
Palaniappan
　パラニアパン*
Palanivel パラニベル
Palanovics パラノビチ
Palanque パランク
Palante パラント*
Palao パラオ
Palaprat パラプラ
Palas パラス
Palasoon パラスーン
Palast パラスト*
Palastanga
　パラスターニャ
Palasz パワシュ*
Pałasz パワシュ
Palau パラウ**
Palay パレー
Palayer パレイエ
Palazchenko
　パラシチェンコ*
Palazzani
　パラッツァーニ
Palazzeschi
　パラッゼスキ
　パラッツェスキ*
Palazzetti
　パラッツェッティ
Palazzoli パラッツォーリ
Palazzolo パラッツォロ
Palca パルカ
Palcanis パルカニス
Palciauskas
　パルシアウスカス
Palcy パルシー*
Paldan パルダン
Paldanius
　パルダニウス
Palden パルデン**
Paldiel パルディール
Paldo パルド
Paleario
　パレアリウス
　パレアーリオ
　パレアリオ
Palearo パレアーロ
Palecek
　パレチェク
　パレチェック
Palecki パレッキ

Palecková
　パレチェク
　パレチコヴァー
　パレチコバー
Palefau パレファウ
Palei パレイ
Palekar
　パーレーカール
Palella パレッラ
Palelog パレオロク
Palem パレム*
Palemon ペイルモン
Palen
　パーレン
　バレン
　ペイレン
　ペーレン
Palén パルヘン
Palencia バレンシア*
Páleníček
　パーレニーチェック
Palenque パレンケ
Palenstein
　パレンステイン
Paleokrassas
　パレオクラサス
Paleologas
　パレオローグ
Paleologina
　パレオロギナ
Paleologu パレオログ
Paléologue
　パレオローグ*
　パレオログ
Paleotti パレオッティ
Palepoi ペイルポイ
Palepu パレプ*
Palermi パレルミ
Palermo
　パラーモ
　パラモ
　パレルモ**
Palero パレーロ
Pales パレス
Palés パレス
Palese パレーズ
Palestine
　ペイルスタイン
Paleston パレストン
Palestrina
　パレストリーナ
　パレストリナ
Paletta パレッタ
Palewski パレウスキー
Paley
　パレイ
　ペイリー
　ペイリ
　ペイリー**
　ペイリィ
　ペイレイ
　ペーリ
　ペーリー**
　ペーレー
Palfi パールフィ*
Palfrey
　ポールフリ

P

ポールフリー
ボルフリー
Palfyn パルファン
パルフィン
Palgi パルジ
Palgrave
パルグレイヴ
パルグレーヴ
パルクレーブ
ポールグレイヴ
ポールグレーヴ
ポールグレープ
Paliard パリアール
Paliashvili
パリアシヴィリ
Palicyn パーリツィン
Palier パリエ
Paliiska パリスカ
Palilonis パリロニス
Palin
パリン
ペイリン**
ペリン
Paling ペイリング
Palino パリーノ
Palinski パリンスキー
Palinurus パリヌルス
Palisa パリサ
Palisca パリスカ**
Palissot パリソ
Palissy
パリーシ
パリシー*
パリッシ
パリッシー
Palitsyn パリツィン
Paliu パリウ
Palix パリクス
Palizzi パリッツィ
Paljetak パリェタク
Paljor ベルジョル
Palka
パウカ
パルカ
Palko パルコ
Pall
パール
ポール**
Palla パラ
Palladas
パッラダス
パラダス
パルラダース
Palladii
パラージー
パラージイ
Palladin
パラージン
パラーディン
パラディン
Palladine パラジン
Palladino
パッラディーノ
パラディーノ*
Palladio
パッラーディオ

パッラディオ
パラーディオ*
パラディオ
パラディヨ
Palladios パラディオス
Palládios パラディウス
Palladius
パッラディウス
パラディウス
パラディオス
Pallam パラム
Pallamin パラミン
Pallana パラーナ*
Pallandt
パランツ
パラント
ポーランド
Pallant パーラント
Pallanti パッランティ
Pallardy パラルディ*
Pallares パジャレス
Pallarolo パッラローロ
Pallas
パラース
パラス
パルラース
Pallasmaa
パッラスマー
Pallat パラット
Pallavi パーラヴィ
Pallavicini
パッラヴィチーニ
Pallavicino
パッラヴィチーノ
パッラビチーノ
パラヴィチーノ
Palle
パッレ
パレ
Pallegoix パルゴア
Pallenberg
ポーレンバーグ
Paller
パラー
ポーラー
Pallett パレット
Pallette パレット
Palli パリ
Palliez パリエス
Palling ポリング
Pallingston
パリンストン*
Pallington パリントン
Palli-petralia
パリペトラリア
Pallis パリス
Pallischeck
パリシェック
Palliser パリサー***
Pallister パリスター*
Pallmeyer
ポールミヤー
Pallo パロ
Palló パルロー
Pallol パロール

Pallotta
パッロッタ*
パロッタ
Pallotti
パッロッティ
パロッティ
Pallottino
パッロッティーノ
パロッティーノ
Pallu パリュ
Pallud パリュ
Pally パリー
Palm
パーム*
パルム**
Palma
パーマ
パルマ***
Palmade パルマード
Palmadottir
パルマドッティル
Palmair パルメール
Palmano パルマノ
Palmar パーマー
Palmara パルマーラ
Palmaru パルマル
Palmatier
パルマティア
Palmblad
パルムブラード
Palme
パーム
パルム
パルメ*
Palmé パルメ
Palmeiro パルメイロ*
Palmella パルメラ
Palmen パルメン**
Palmén パルメン
Palmer
パーマ
パーマー***
パルマー
パルマー**
パルマア
パルメール
パルメル
Palmeri パルメリ
Palmero パルメロ
Palmerston
パーマーストン
パーマストン
Palmetta パルメタ
Palmezzano
パルメッツァーノ*
Palmgren
パルムグレン*
Palmier パルミエ
Palmieri
パルミエーリ
パルミエリ*
Palminteri
パルミンテリ*
Palmiotti
パルミオッティ
Palmiro パルミーロ*
Palmisano
パルミサーノ*

パルミザーノ
パルミザノ
Palmore パルモア*
Palmour パーマー
Palmstedt
パルムシュテット
Pálné パール
Palo パロ*
Pal'o パリョ
Palocci パロシ
Paloczi パローツィ
Pálóczi パローツィ
Paloma パロマ**
Palomar パロマール
Palomares
パロマーレス
Palomba パロンバ
Palombo パロンボ
Palomeque パロメケ
Palomides
パラミティーズ
Palomino
パロミーノ
パロミノ
Palomnik
パロームニク
Palomo パロモ
Paloschi パロスキ
Palotai パロタイ*
Palotás パロタス
Palou
パルー
パロウ
Palóu パロウ
Pálsdóttir
パルソドール
Palsgrave
パルスグレーヴ
Palsikar パルシカール
Pålson ポールソン
Palsson パルソン*
Pálsson
パウルソン
パルソン
Palstra パルストラ
Palsyte パルシテ
Paltasar パルタザール
Palten パルテン
Paltiel パルティエル
Paltock
パルトック
ポルトック
Paltrinieri
パルトリニエリ*
Paltrow
パルトロー
パルトロウ**
Paltz パルツ
Palu
パリュ
パールー
Pałubicki パウビツキ
Palucca パルッカ
Paluck パルック

Paludan
バールダン
パルーダン*
パルダン*
Paludanus
パルダーヌス
パルダヌス
Paluku パルク
Palumbi パルンビ
Palumbo パルンボ
Palusalu パルサル
Palusalue パルサルエ
Palusci パルーシ
Palushani パルシャニ
Paluszny パルズニー
Paluzzi パルッツィ
Palvan パリバン
Palwick パルウィック*
Palyani パリアニ
Palyi パーリィ
Palys パリス
Pam
パム**
パン
Pamala
パマラ
パメラ
Pambieri パンビエリ
Pambo パンボ
Pamborides
パンボリデイス
Pamela
パミラ*
パム
パーメラ
パメラ***
Pamelyn パメリン
Pamera パメラ**
Pamg
パム
パン
Pamich パミッチ
Pàmies
パミアス
パミエス
Paminger
パーミンガー
Päminger
パーミンガー
Pamlényi パムレーニ
Pammachius
パンマキウス
パンマチウス
Pammenēs パンメネス
Pammi パミー
Pammolli パモッリ
Pampa パンパ
Pampani パンパーニ
Pampanini
パンパニーニ
Pampha パンパ
Pamphile
パンプファイル
Pamphilon
パンフィロン

Pamphilos バンフィロス
Pamphilus バンフィルス / バンフィロス
Pampio パンピオ
Pamplona パンプロナ
Pampuch パムプッフ
Pampuri パンプリ
Pampuro パンプロ
Pamuk パムク**
Pamungkas パムンカス
Pan パーン / パン***
Pana パナ
Panáč Cek パナチェク
Panadda パナダ
Panadero パナデロ
Panadic パナディッチ
Panaev パナーエフ / パナーエワ
PanaEva パナーエヴァ
Panafieu パナフィユー / パナフュー
Panagiotes パナジォート
Panagiotis パナイオティス / パナギオティス / パナヨティス*
Panagiotopoulos パナヨトブロス
Panahi パナヒ*
Panainos パナイノス
Panait パナイト
Panaït パナイト
Panaitios パナイティオス
Panajiotatou パナギオタトゥ / パナジオタトゥ
Pánakh パナフ
Panama パナマ*
Panamarenko パナマレンコ
Panamkaranah パナンカラン
Panandiker パナンディケール
Panangkaran パナンカラン
Panara パナラ
Panarby パナビー
Panariello パナリエッロ
Panarina パナリナ
Panariti パナリッティ / パナリッティー* / パナリティ
Panaro パナロ
Panas パナス
Panati パナティ*

Panatios パナティオス
Panavelil パナバリ
Panay パノイ
Panayi パナイ / パナイー
Panayiota パナヨッタ
Panayiotis パナイオティス
Panayiotopoulos パナイオトポーラス / パナヨトブロス
Panayioutou パナイオトウ
Panayot パナヨット
Panayotis パナヨティス
Panayotopoulos パナヨトーブロス
Panayotopoulou パナヨトブル
Panayotov パナヨトフ
Pancake パンケイク
Pancaphan パンジャパン
Pancaro パンカーロ
Pañcaśikha パンチャシカ
Pance パンチェ
Pancera パンチェラ
Pančevski パンチェフスキ
Panchal パンチャル
Panchanan パンチャナン
Panchbhavi パンチバヴィ
Panchekhin パンチェーヒン
Panchen パンチェン**
Pan chen bla ma パンチェンラマ
Panchenko パンチェンコ*
Panchenkov パンチェンコフ
Pancho パンチョ**
Panchyk パンシェク*
Pančić パンチッチ
Panciera パンシエラ
Panckoucke パンクック
Pancner パンクナー
Pancochova パンチョホバ
Pancol パンコール / パンコル**
Pancorbo パンコルボ
Pancotti パンコッティ
Pancrace パンクラース
Pancras パンクラス
Pancrate パンクラト
Pancratius パンクラーティウス / パンクラティウス

Pancrazi パンクラーツィ
Panda パンダ
Pandaros パンダロス
Panday パンデ / パンデイ
Pande パンデ* / パンディ*
Pandeiro パンデイロ*
Pandel パンデル
Pandelela パンデレラ
Pandeli パンデリ**
Pandelis パンデリス
Pandemou パンデム
Pandeni パンデニ
Pander パンダー / パンデル
Pandev パンデフ
Pandey パーンデー / パンディ
Pandha パンダ
Pandion パンディオン
Pandiōn パンディオン
Pandit パンジット / パンディット** / パンディト
Pandi-ta パンディタ
Pandita パンディタ / パンディター / パンディッタ
Pandji パンジ
Pando パンド
Pandolfi パンドルフィ*
Pandolfini パンドルフィーニ**
Pandolfo パンドルフォ
Pandor パンドール
Pandora パンドラ
Pandorf パンドフ
Pandorfi パンドルフ / パンドルフィ*
Pandosy パンドジー
Pandrangi パンドランギ
Pandro パンドロ
Pandu パーンドゥ / パンドゥ
Pandulf パンドルフ
Pandulph パンドルフ
Panduro パンデュロ / パンドゥロ
Pandya パーンディヤ
Pandzhikidze パンジキゼ
Pane パネ
Pané パネ

Panebianco パーネビアンコ / ペインビアンコ
Panek パネク*
Panel パネル
Panella パネラ
Panenić ペネニッチ
Panenka パネンカ
Panēnos パネノス
Panepuccia パネップチア
Panerai パヌレ / パネラーイ / パネライ
Panero パネーロ / パネロ*
Paneth パネト / パーネト / パーネト
Panetta パネッタ**
Panettiere パネッティーア*
Panferov パンフェロフ
Panfil パンフィル
Panfilo パンフィーロ / パンフィロ
Pánfilo パンフィロ
Panfilov パンフィーロフ / パンフィロフ
Panfilova パンヒーロワ / パンフィロワ
Panforti パンフォルティ
Panfyorov パンフョーロフ
Pang パン*
Pangalos パンガロス**
Pangandaman パンガンダマン
Panganiban パガニーバン / パンガニバン
Pangborn パングボーン*
Pang chen パンチェン
Pange パンジュ
Panger パンガー
Pangeran パンゲラン
Pangestu パンゲストゥ / パンゲストゥ
Pangeti パンゲティ
Panggabean パンガベアン*
Pangilinan パンギリナン
Panglaykim パンライキム
Pangle パングル
Panglima パンリマ
Pango パンゴ

Pangrazzi パングラッツィ
Pangritz パングリッツ
Panh パニュ* / パン*
Panhard パナール
Panhuys パンホイス
Pani パーニ
Paniagua パニアーガ / パニアグア**
Paniaq パニアク
Panic パニック
Panić パニッチ*

Panicale パニカーレ
Panichelli パニチェリ
Paniciera パンシエラ
Panigarola パニガローラ
Panik パニック
Panikkar パニカー* / パニッカル*
Paṇikkar パニッカル
Panikos パニコス
Panin パーニン / パニン
Pāṇini パーニニ
Panipak パニパック*
Panis パニス*
Panish パニッシュ
Panitch パニッチ
Panitchpakdi パニチャパク**
Panizon パニゾン
Panizza パニツァ / パニッツァ* / パニッツァー / パニッツァ
Panizzi パニッチ / パニッツィ
Panjabi パンジャビ
Panjaitan パンジャイタン
Panjer ペインジャー
Panji パンジ
Pank パンク*
Panka パンカ
Pankaj パンカジ*
Pankaju パンカジュ*
Panke パンケ
Pankejeff パンケジェフ
Pankert パンカート
Pankey パンキー
Pankhurst パンカースト* / パンクハースト*
Pankin パンキン*
Pankok パンコク
Pankok パンコーク

Pankow パンコック / パンコウ* / パンコフ
Pankratēs パンクラテス
Pankratius パンクラーティウス
Pankratov パンクラートヴ / パンクラトフ* / パンクロトフ
Pankratova パンクラートヴァ / パンクラトヴァ / パンクラートバ / パンクラートワ / パンクラトワ
Pankraz パンクラーツ
Pankretić パンクレティッチ
Panna パンナー*
Pannālāl パンナーラール
Paññāloka パンニャーローカ
Pan-nam パンナム
Panné パネ
Pannekock パンネコック
Pannekoek パネクーク
Pannella パンネッラ*
Pannemaker パンネマーケル
Pannenberg パネンベルク** / パンネンベルク
Panneton パヌトン
Pannevis パネヴィス
Panni パニ
Panninger パーミンガー
Pannini パニーニ / パンニーニ
Pannonica パノニカ
Pannonio パンノーニオ
Pannonius パンノニウス
Pannwitz パンウィツ / パンヴィッツ
Panódoros パノドロス
Panoff パノフ
Panofsky パノフスキー**
Panormitanus パノルミターヌス
Panos パヌス / パノス**
Panou パヌ / パヌー
Panov パノフ**

Panova パノーヴァ / パノバ / パノーワ*
Panovkin パノフキン
Panozzo パノッツォ
Panpiemras パンピアムラット
Pans パンス
Pansa パンサ
Pansch パンシュ
Panselinos パンセリノス
Pansera パンセラ
Panshin パンシン**
Panskov パンスコフ
Pansky パンスキー / パンスキィ
Panson パンソン
Pansu パンシュ
Pansuri パンスリ
Pansy パンジー* / パンゼー
Pant パント*
Pantaenus パンタイノス
Pantaeva パンタエヴァ*
Pantainos パンタイノス
Pantale パンタル
Pantaleon パンタレオヌス / パンタレオーン / パンタレオン / パンタレヨン
Pantaléon パンタレオン
Pantalèon パンターレオン
Pantaleoni パンタレオーニ / パンタレオニ*
Pantalon パンタロン
Pantalus パンタルス
Pantani パンターニ / パンタニ*
Pantazis パンタツィス
Pantè パンテ*
Pantel パンテル
Panteleakos パンテイルイーキス
Panteleev パンテレーエフ*
Pantelei パンテレイ
Panteleimon パンテレイモン*
Pantéléimon パンテレイモン
Panteleimon パンテレイモン
Panteleimon パンテレイモン
Panteleymon パンテレイモン

Pantelimon パンテリモン
Pantelis パンテリス**
Pantell パンテル
Panter パンター
Pantham パンタム
Panthelis パンテリス
Panther パンサー
Panthès パンテ
Pantic パンティッチ
Pantilat パンティラット
Pantilimon パンティリモン
Panting パンティング
Pantley パントリー*
Pantoja パントーハ / パントハ
Pantoliano パントリアーノ
Panton パントン
Pants パンツ
Pantulu パントゥル
Panţuru パンツル
Pantzar パンツァル
Pantzer パンツァー**
Panuassis パニュアシス / パニュアッシス
Panucci パヌッチ*
Panuccio パヌッチョ
Panudda パナダ
Panuelo パニュエロ
Panufnik パヌーフニク / パヌフニク*
Panula パヌラ*
Panvinio パンヴィーニオ / パンヴィニオ
Panwar パンワール
Pan-Wei パンウェイ
Pany パーニー* / パニー
Panya パニヤ
Panyachand パンヤージャン*
Panyachatraksa パンヤーチャートラック
Panyarachun パンヤラチュン*
Panyassis パニュアッシス
Panych パニッチ**
Panyopat パンヨーパート
Panyushkin パニューシキン
Panzacchi パンツァッキ
Panzani パンツァーニ
Panzanini パンツァニーニ

Panzenböck パンツェンベック
Panzer パンツァー
Panzéra パンゼラ
Panzeri パンゼーリ / パンゼリ
Panzetta パンツェッタ
Panzhinskiy パンジンスキー
Panzieri パンツィエーリ
Panzini パンツィーニ* / パンツィニ
Panzner パンズナー / パンツナー
Pao パオ***
Paoa パオア
Paochinda パオチンダ*
Pao Kun パオクン
Paola パーオラ / パオラ***
Paolacci パオラッチ
Paolantonio パオラントニオ
Paoletti パオレッティ*
Paoletto パオレット
Paoli パーオリ / パオーリ / パオリ
Paolieri パオリエーリ / パオリエリ
Paolini パオリーニ**
Paolino パオリーノ
Paolis パオリス*
Paolitto パオリット
Paolo パウル / パウロ* / パーオロ* / パーオロ** / パオーロ*** / パオン / ポール
Paolo パオロ*
Paolo Cima パオロチーマ
Paolozzi パオロッツィ**
Paolucci パオルッチ** / ポウルチ
Paonessa パオネッサ
Paor パオール
Paoretti パオレッティ
Paori パオリ
Paoro パオロ
Pap パップ* / パプ
Papa パパ***

Papaccio パパッチョ
Papachristodoulou パパクリストドール
Papaconstantinou パパコンスタンティヌ**
Papacostas パパコスタス
Papadaki パパダキ
Papadakis パパダキス*
Papadat パパダト
Papadatos パパダトス
Papademetriou パパディメトリュー / パパデメトリオ / パパデメトリュー
Papademos パパディモス*
Papadiamantes パパディアマンティス
Papadiamantis パパジアマンディス
Papadiamantopoulos パパディアマントポウロス
Papadimitriou パパディミトリウ
Papadopoulos パパゾプロス / パパドプウロス / パパドプーロス / パパドプロス**
Papadópoulos パパドプロス
Papafava パパファーヴァ
Papagaroufali パパガロウファリ
Papageorgios パパゲオルギオス
Papageorgiou パパジョルジュ
Papagiannis パパヤニス
Papagno パパグノ
Papagos パパゴス
Papahristou パパフリストゥ
Papai パパイ
Papaioannou パパイオアヌー / パパイオアノウ / パパイオアンヌ / パパイオーンノー / パパヤヌス
Papakyriakopoulos パパキリヤコプーロス
Papale パパレ
Papaleksi パパレークシ
Papaleo パパレオ
Papaligouras パパリグーラス
Papamichael パパミカエル
Papamitsakis パパミツァキス

Papanastasiou パパナスタシウ
パパンドブロ
Papandopulo パパンドブロ
Papandreou パパンゾレウ
パパンドレウ**
Papanek パパーネック
パパネック*
Papánek パパーネック
Papanicolaou パパニコロー
Papanikolaou パパニコラウ
Papanin パパーニン*
Papanov パパノヴ
Papantoniou パパントニウ
Papapanou パパパヌ
Papapavlou パパパブル
Papapetros パパペトロス
Paparelli パパレッリ
Paparone パパローン*
Paparrigopoulos パパリゴプロス
Papart パパート
Papas パパス**
パパズ*
Papasakelariou パパサケラリオ
Papasan パパザン
Papashvily パパシヴィリ
Papasideris パパシデリス
Papaspyridakos パパスピリダコス
Papastamatiou パパスタマシウ
Papastathopoulos パパスタソプーロス
Papathanasiou パパサナシウ
Papatheodoulou パパテオドゥールゥ
Papavasilopoulou パパバシロブル
Papavoine パパヴォワーヌ
Papavrami パパヴラミ
Papayannopoulos パパヤノブロス
Papazian パパジアン*
Papazoglou パパゾグル
パパゾグロー
パパゾグロウ
Papazov パパゾフ
Papciak パブチャク
Papczyński パブチニスキ
Pape パプ

パブ
パーペ*
パペ*
ペイプ
Pápe パペ
Papebroch パベペブロホ
パベブロホ
Pape Kouly パパクリ
Papelbon パペルボン*
Papen パーペン*
Paperno パパーノ
Papernow ペーパーナウ
Papert パパート**
Papesch パペッシュ
Paphnutios パフヌティオス
Paphnutius パフヌティウス
パフヌーティオス
Paphos パフォス
Papi パピ
Papias パピアース
パピアス
Papich パピック
Papier パピア
パピアー*
Papiev パピエフ
Papillault パピョー*
Papin パパン*
ペイピン
Papinashvili パピナシビリ
Papineau パピノー*
Papini パピィニ
パピーニ*
パピニ
パピニー
パピニイ
Papinianus パピニアヌス
Papinius パーピニウス
パピニウス
Papinot パピノ
パピノー
Papirius パピリウス
Papiyev パピエフ
Papke パブケ
Papoff パポフ
Papolos パポロス
Papon パポン**
Papoudi パプーディ
Papoulias パプリアス**
Papoulis パポーリス
パポリス*
Papoutsis パプチス

Papov パポフ
Papows パポーズ*
Papp パップ**
パプ
Pappa パパ
Pappadopoulos パパドウロス
Pappalardi パパラーディ
Pappalardo パッパラルド
Pappano パッパーノ*
パパーノ*
Pappas パッパス
パパス*
Pappe パッペ
Pappé パペ
Pappenheim パッペンハイム*
Papper パパー
Pappers ペパーズ*
Pappos パップス
パッポス
Pappus パップス
Pappworth パップワース
Pappy パピー
Paprocki パプロキ
パブロツキ
Paprotta パプロッタ*
Papst パプスト
Papuashvili パプアシビリ
Papuc パプク
Papus パピュス*
Papworth パップワース
パプウォース
パプワース
Papy パピ
パピー
Papylus パピュルス
パピルス
Paquda パクーダ
Paque パック
Paqueforêt パクフォレ
Paquet パケ**
パケット*
Paquete パケテ
Paquette パケット
Pâqui パキ
Paquier パキエ
Paquin パキン*
パクィン*
パケン
ペイキン
ペイジン

Paquito パキート
パキト
Par パー
パル
Pär パール
ペール*
Para パーラ
パラ*
Parabellum パラベラム
Parabosco パラボスコ
Paracchini パラッキーニ
Paracelsus パラケルスス*
パラツェルズス
Paracios パラシオス
Parad パラド
Parada パラダ
Paradí パラディ**
Paradies パラディエス
パラディース
Paradijs パラディス
Paradimitriu パパディミトリウ
Paradin パラダン
Paradino パラディーノ
Paradis パラディ**
パラディー
パラディース
パラディス*
Paradiso パラディーソ
パラディーゾ
Paradol パラドール
パラドル
Paradzhanov パラジャーノフ*
Paraense パラエンセ
Parag パラグ*
Paragamian パラガミアン
Paragon パラガン
Paragot パラゴ
Parain パラン*
Paraison パレゾン*
Parajanov パラジャーノフ
Parajuli パラジュリ
Parak パラック
Parakh パラク
Parakkamabāhu パラッカマバーフ
Parākramabāhu パラークラマバーフ
Páral パーラル*
Paramahamsa パラマハンサ
Paramahansa パラマハンサ

パラマンサ
Paramanga パラマンガ
Paramatmananda パラマートマーナンダ
Paramatti パラマッティ
Parameshwarananda パラメッシュワラナンダ
Paramesvara パラミシュワラ
パラメシュバラ
パラメスワラ
Paramhansa パラマハンサ
Paramindr パラミンドル
Paramjit パラミット
Paramonova パラモノヴァ
Paramor パラマー
Parampil パランビル
Paramygina パラムシーナ
Parañar パラナル
Parañcōti パランジョーディ
Parand パランド
Parandowski パランドフスキ
Paranjape パランハペ
Paranjothi パランジョティ
Parāntaka パラーンタカ
Pārāpariya パラーパリヤ
Parapolo パラポロ
Paras パラス*
Parasca パラスカ
Paraschis パラスチス
Paraschivoiu パラシキブユ
Paraschos パラスホス
Parashar パラシャー*
パラシャール
Paraskeva パラスケヴァ
Paraskevi パラスケビ*
Paraskeví パラスケビ*
Paraskevin パラスケビン
Paraskevopoulos パラスケボプロス
パラスケポプウロス
Paraskevy パラスケヴィ
Paraskivesco パラスキヴェスコ*
パラスキベスコ
Paraśu パラシュ
Parasurama パラスラーマ
Parasyuk パラシュク
Parata パラタ
Paratova パラトワ

Paratte パラット
Paravac パラバツ
Paravani パラヴァーニ
Paravicino パラビシーノ
Parawangsa パラワンサ
Parawansa パラワンサ
Paray パレー
Parazaider パラザイダー
Parberry パーベリー
Parbo パーボ*
Parc パーク／パルク
Parca パルカ
Parcak パーカック
Parcelier パルスリエ*
Parcells パーセルズ*
Parche パルヒェ
Parchem パーチェム
Parchi パルヒ
Parchment パーチメント*
Parcy パーシー
Pardé パルデ
Pardeck パーデック*
Pardede パルディディ
Pardee パーディー*
Pardessus パルドゥシュ
Pardew パーデュー
Pardi パーディ／パルディ
Pardiñas パーディニアス
Pardington パーデングトン
Pardini パルディーニ
Pardlo パードロ
Pardo パルド**
Pardoe パード／パードー／パードゥ／パルドー
Pardue パルデュー*
Pardy パーディ
Pare パレ／ペア*
Paré パレ**
Pared パレ
Paredes パレイデス／パレーデス*／パレーデス*
Parédes パレデス
Pareédès パルデー
Pareja パレハ
Parejo パレーホ／パレホ

Parekh パレク
Parekura パレクラ
Parelius ペレリウス
Parellis パレリス
Parely パレリ
Parent バラン*／パーレン／パレン／ペアレント**／ペーレント
Parente パレンチ／パレンテ
Parenteau パラントー／パレントー
Parenti パランティ／パレンティ*
Parentucelli パレントゥケッリ
Parenzan パレンツァン
Parenzano パレンツァーノ
Parepa パレパ
Pares ペアーズ／ペアズ
Parés パレス
Parès パレス
Paresh パレッシュ
Paret パレット**／パレート
Pareto パレット／パレート*／パレト*
Paretsky パレッキー／パレツキー**
Paretti パレッティ
Pareus パーレウス
Pareyson パレイゾン*
Parfaict パルフェ
Parfait パルフェ*
Parfenov パルフェノフ
Parfenova パルフェノーヴァ
Parfenovich パルフェノビッチ
Parfit パーフィット*
Parfitt パーフィット**
Parfrey パーフレイ
Parfyonov パルフョノフ
Pargament パルガメント
Pargels パージェル
Pargeter パージター
Parghie ピルギエ
Pargiter パーギター
Pargman パーグマン
Parham パーハム

パーラム／パルハム
Pari パーリ
Pariati パリアーティ
Paribatra パリパトラ
Paribbajako パリッバージャコ
Paribeni パリベーニ
Parichehr パリケール
Paricio パリシオ
Paride パリデ
Parienté パリアンテ
Paries パリース
Pariès パロス
Parigi パリージ
Parigini パリジーニ
Parijs パリース
Parikh パリーク／パリク
Parilla パリリャ
Parillaud パリョー／パリロー*
Parillo パリーロ
Parin パーリン／パリン*
Parinaud パリノー／パリノオ
Parinaya パリンヤー
Parinello パリネロ*
Paringaux パランゴー*
Parini パリーニ*
Parinoush パリヌッシュ**
Paripunnaka パリプンナカ
Parirenyatwa パリレニャトワ
Paris バリ*／パーリス／パリース／パリス**
París パリス
Parise パリーゼ*
Pariser パリサー
Pariset パリーゼー／パリゼ／パリゼー
Parish パリシュ*／パリッシュ*
Parisi パリーシ／パリージ／パリシ*／パリジ
Parisiensis パリジェンシス
Parisier パリージャー
Parisini パリジーニ

Parisot パリソ／パリゾ／パリゾー
Parisoula パリソウラ
Parisse パリッセ
Parisy パリジ
Parivodić パリボディッチ
Pariyoush パリユーシュ
Pariz パリス
Pariza パリーザ
Parizeau パリゾー**
Park パーク***／パク**
Parkanová パルカノバー
Parkar パーカー
Parkash パルカシュ*
Parke パーク**
Parkeler パルケラー
Parkening パークニング
Parker パアカー／パーカー***／パーカア／パークル
Parkes パアクス／パークス*
Parkey パーキー
Parkhast パーカースト
Parkhill パークヒル
Parkhimovich パルヒモビッチ
Parkhomenko パルホーメンコ
Parkhouse パークハウス
Parkhurst パーカースト*／パーカスト／パークハースト**
Parkin パーキン**
Parkins パーキンス*／パーキンズ*
Parkinson パアキンソン／パーキンスン*／パーキンソン***
Parkkinen パルキネン／パルッキネン
Parkman パークマン／パルクマン
Parko パルコ
Parkpoom パークプム
Parks パク／パークス***
Parkus パークス
Parkvall パークヴァル

Parkyn パーキン
Parla パーラ
Parlange パルランジュ
Parlby パールビー
Parler パルラー
Parlett パーレット*
Parlette パーレット
Parley パアリー／パアレ／パアレー／パアレイ／パーリ／パーリー*／パーレー／パーレイ／パーレイ／ペアレル
Parling パーリング
Parlo パルロ／パーロ
Parloa パーロア
Parloff パーロフ
Parlour パーラー*
Parlov パルロフ
Parlow パーロー／パーロウ*
Parly パルリ
Parma パルマ*
Parmakian パルマキアン
Parmakoski パルマコスキ
Parmalee パルマリー
Parmananda パルマナンダ
Parmar パルマー
Parmeggiani パルメジャーニ
Parmegiani パルメジャーニ
Parmelee パアメリイ／パーマリ／パーミリー*／パームリ／パームリー／パーメリー
Parmelin パルムラン
Parmenas パルメナ
Parmenianus パルメニアーヌス／パルメニアヌス
Parmenidēs パルメニデース／パルメニデス
Parmenion パルメニオン
Parmenter パーメンター
Parmentier パーマンティエ／パーモンティエ／パルマンティーア／パルマンティエ*／パルメンティエール

Parmer パーマー	Parra	Parry	Partey パルティ	パービッツ*	
Parmeshwari	バッラ*	パーリー*	Parth パース	パルビス	
パルメーシュワリ	パーラ**	パリ*	Partha	パルビズ	
Parmessar	パラ***	パリー***	パーサ*	Parvizi パルビシ	
パルメッサー	パルラ	パリィ	パルタ*	Parvo パルヴォ	
Parmet パルメ	Parrado パラード	ペアリ	Parthé パルテ	Parvulesco	
Parmigiani	Párraga パラガ	ベアリ	Parthenios	パルビュレスコ	
パルミジャニ	Parralo パラーロ	ベリー*	パルテニオス*	Parvus	
Parmigianino	Parramón	Pars	Parthenius	パルヴス	
パルミジャニーノ	パラモーン	パース	パルテーニウス*	パルプス	
パルミアニーノ	パラモン	パルシュ**	Partho パルソー*	Par-yang	
パルミジャニーノ	Parramore パラモア	パルス	Parti パルチ	パリヤン	
Parms パームス	Parras パラス	Parsāī パルサーイー	Particiaco	パルヤン	
Parmy パーミー	Parrasio パッラージオ	Parsanlal パーサンラル	パルティチアコ	Parygin	
Pärn パルン	Parrat パラット	Parsaye パルセイエ	パルテチパツィオ	パリギン*	
Parnall	Parratto パラット	Parsch パルシュ	Partington	パルイギン	
パーナル*	Parravicini	Parschitz パルシッツ	パーティングトン	Paryla パリラ	
パーノール	パッラヴィチーニ	Parse	パーティントン	Paryre パライア	
Parnas	パラビチニ	パース	Partlidge	Parys パリス*	
パーナス	Parreidt パライト	パースィ	パートリジ	Parysatis	
パルナス	Parreins パラン	Parsegian	パートリッジ	パリサティス	
Parncutt パーンカット	Parreira パレイラ**	パーセジアン	Partnoy パートノイ*	パリュサティス	
Parnell パーネル***	Parren パレン	Parseval	Parton パートン**	Paryssa パリッサ	
Parnes	Parrenas パレーニャス	パーセヴァル	Partos パルトス	Parzinger	
パルネス	Parrenin パレナン	パルゼヴァル	Pártos パールトシュ	パルツィンガー	
パーンズ	Parreño パレーニョ	Parshall パーシャル**	Partouche	Pas	
Parness パーネス*	Parres パレス	Parshin パーシン	パルトゥシュ	パ	
Parnet パルネ	Parrett パーレット	Parshina パルシナ	Partoyan パートヤン	パス	
Parnevik	Parrhasios	Parshine パルシン	Partrick パトリック	Pasa パシャ	
パーナビク	パラシオス	Parshley	Partridge	Paşa パシャ*	
パーネビク*	パルラシオス	パーシュリ	パートリジ	パシャ	
パーネビック	Parri	パーシュリー	パートリッジ**	Pasachoff パサコフ	
Parnham パーンハム	パッリ	パーシュレー	Parts パルツ	Pasalic パシャリッチ	
Parnia パーニア	パリ*	Pārsī パールシー	Partsch	Pasanella パサネラ	
Parnianpour	Parrikar パリカル	Parsia パルシア	パーチェ	Pasanen パサネン	
パニアンプル	Parrilla パリジャ	Parsley	パルチュ*	Pasaribu パサリブ	
Parnicki パルニツキ	Parrilli パリジ	パースリー	Parturier	Pasat パサット	
Parnis パーニス	Parrillo	パーズリー	パルテュリエ	Pasca パスカ	
Parnoja パルノヤ	パーリロ	Parsloe パースロー	Party パーティ	Paşca パシュカ	
Parnok パルノーク	パリーロ	Parslow パースロー	Partyka	Pascal	
Parnov パルノフ	Parrinder パリンダー*	Parsner パースナー	パルツィカ	パスカ	
Parnwell パーンウェル	Parrinello パリネロ	Parson パーソン**	パルティカ**	パスカル***	
Parny パルニー	Parrington	Parsons	Parulekar	Pascale	
Paroche パロッシュ	パーリングトン	パーソンズ**	パルレーカル	パスカル***	
Parodi	パリングトン	パーソンズ***	Parupalli パルパリ	パスカルズ	
パロジ	パリントン*	パルソン	Paruzzi パルッツィ*	パルカル	
パローディ	Parrini パッリーニ	パルソンス	Parv	Pascaline	
パロディ*	Parriott パリオット	Parston パーストン	パーヴ	パスカリーヌ	
Parody パロディ	Parris パリス**	Pārśva パールシュヴァ	パーブ	パスカリヤ	
Parolin パロリン	Parrish	Pārśvanātha	Parvanov	Pascall パスカル	
Paroline パロライン	パリシュ	パールシヴァナータ	パルヴァノフ	Pascarella	
Parolo パローロ	パリッシュ**	パールシュバナータ	パルバノフ*	パスカレッラ	
Paron パロン	Parrocel パロセル	Part	Parveen パルビーン	Pascarello パスカレロ	
Paronnaud パロノー	Parrocha パロッチャ	パート	Parvela パルヴェラ	Pascasius パスカジウス	
Parot パロ**	Parrocha-Doctolero	ベルト	Parvēz パルヴェーズ	Pascavage	
Paroubek パロウベク*	パロッチャードクトレ	Pärt	Parviainen	パスカベイジ*	
Parouty パルティ	ロ	ピャルト	パルビアイネン*	Pasch	
Paroz パロ	Parrondo パロンド	ペールト	Parvillez パルヴィエ	パシュ	
Parpiyev パルピエフ	Parrosel パロセル	ベルト*	Parvin	パッシュ**	
Parque パーク	Parrot	Partain パーティン	パーヴィン	Pascha パシャ*	
Parr	パロ	Partaningrat	パルビン	Paschal パスカル	
パー***	パロー	パルタニングラト	Parvīn	Paschalides	
バア	パロット*	Partap パータプ	パルヴィーン*	パスハリーデス	
パール**	Parrott	Partch パーチ	パルビーン	Paschalidis	
パル	パーロット	Partexano	Parvis パルヴィス*	パスハリディス	
	パロット*	パルテクサーノ	Parviz		
			パビズ		

PAS

P

Paschalis パスカーリス／パスカリス
Paschasinus パスカーシヌス
Paschasius パスカーシウス／パスカシウス
Pasche パッシュ
Paschek パシュク
Paschen パーシェン／パッシェン
Paschini パスキーニ
Paschkis パシュキス
Pascin パスキン**
Pasco パスコ*
Pascoais パシュクアイシュ／パスコアイス
Pascoal パスコアル
Pascoe パスコー**／パスコウ
Pascoli パスコーリ／パスコリ*
Pascot パスコット*
Pascu パシュク*
Paşcu パシュク
Pascua パスクア
Pascual パスカル***／パスキュアル*／パスクアル***／パスクウル
Pasdar パスダー
Pasdeloup パドルー
Pasdermadjian パスダーマジャン
Pasek パセック
Paseka パセカ
Pasemaster ペースマスター
Pasenadi パセーナディ
Pasero パゼーロ／パゼロ
Pasetskii パセツキー
Pasetti パセッティ
Pasha パシア／パーシャ*／パシャ**／パジャ
Pashayev パシャエフ
Pashchenko パシチェンコ
Pashennaia パシェンナーヤ／パシェンニャ
Pashev パチョフ
Pashinyan パシニャン
Pashkevich パシケーヴィチ／パシケヴィチ
Pashley パシュリー

Pashtun パシュトゥン
Pashukanis パシュカニー／パシュカーニス／パシュカニス
Pashutin パシュチン
Pasic パシッチ
Pašić パシチ／パシッチ
Pasierbska パシエルブスカ
Pasin パジン*
Pasinelli パジネッリ
Pasinetti パシネッティ**／パジネッティ
Pasini パシーニ／パジーニ**
Pasinović パシノビッチ
Pasio パシオ／パジオ
Pasion パシオン／パション*
Pasiphaē パシファエ
Pasiteles パシテレス
Pask パスク
Paskah パスカ
Paskal パスカル
Paskaleva パスカレーヴァ
Paskalis パスカリス
Paskaljevic パスカリエヴィッチ／パスカリエビッチ
Paskaljević パスカリエヴィッチ
Paske パスケ
Paskert パスカート
Paskevich パスケーヴィチ／パスケヴィチ／パスケービッチ*
Paskevska パスケフスカ
Paslack パスラック
Pasley パスリー
Pasmore パスモア
Paso パソ**
Pasolini パゾリーニ**
Pasols パソル
Pason ペイソン
Pasour パッソール
Paspatis パスパティス
Pasqalino パスカリーノ
Pasqua パスクア**／パスクワ
Pasqual パスカル／パスクアル*
Pasquale パスカル*

Pasquarelle パスカーレ／パスクァーレ**／パスクアーレ*／パスクアレ／パスクヮーレ／パスクワーリ／パスクワレ
Pasqualetti パスクアレッティ
Pasquali パスカリ*／パスクアーリ／パスクアーリ／パスクアーレ／パスクワーリ
Pasqualino パスクアリーノ
Pasqually パスカリ
Pasqualslanislao パスカルスラニスラオ
Pasqualucci パスカルッチ
Pasquet パスケー
Pasquier パーキエ／パキエ／パスキエ**／パスキエル
Pasquill パスキル
Pasquinelli パスキネッリ
Pasquini パスクイーニ*
Pasquino パスクィーノ
Pasricha パスリチャ*
Pass パス**
Passa パサ
Passaglia パッサリア
Passailaigue パサイライゲ
Passalaqua パサラッカ
Passamonti パサモンティ
Passan パッサン
Passaniti パッサニティ
Passannante パッサナンテ
Passantino パサンチーノ
Passard パッサール*
Passarella パサレラ*
Passarelli パサレリ
Passarge パッサージュ／パッサルゲ*
Pássaro パッサロ
Passarotti パッサロッティ
Passau パッサウ
Passavant パサヴァン／パサヴァント
Passavanti パッサヴァンティ
Passche パーシェ
Passchier パスキエ
Passeau パッソー

Passegand パスガン
Passek パーセック
Passel パッセル
Passell パッセル*
Passeltiner パッセルティナー
Passer パセル／パッサー／パッセール
Passera パッセラ
Passerat パスラ
Passereau パスロー
Passeri パッセリ
Passerini パセリーニ
Passerman パッサーマン
Passeron パスロン*
Passes パーシィズ
Passet パセ*／パセット
Passeur パッスール
Passgård パスゴーア
Passienus パッシェヌス
Passignano パッシニャーノ
Passik パセーイク
Passika パッシカ
Passin パッシン**
Passineau パッシノ
Passionaria パッショナリア
Passionei パッシオーネイ
Passlack パスラック
Passler パスレル
Passman パスマン*
Passmore パスモア*
Passoff パソフ*
Passoni パッソーニ
Passos パソス***
Passouant パスワン
Passow パッサウ／パッソー／パッソウ
Passwater パスウォーター*
Passy パシ／パシー／パッシー
Past パスト
Pasta パスタ
Pastel パステル
Pastell パステル
Pastells パステルス*
Paster ペステル
Pasterkamp パスターカンプ
Pasternack パスターナック*／パスタナック

Pasternak パスタナク／パスターナック*／パステルナーク**／パステルナク／ベスターナック
Pasterwitz パスターヴィツ
Pasteur パスツール／パストゥール***
Pasti パスティ
Pastic パスティック
Pastier パスティエ
Pastin パスティン
Pastine パスティーネ
Pastior パスティオール*
Pastizzi パスティツィー
Pasto パスト／パストロ
Paston パストン
Pastor パスター**／パスツール／パストーア／パストール*／パストル*
Pástor パストル
Pastora パストラ
Pastoras パストラス
Pastore パストア／パストーレ**
Pastorelli パストレッリ*／パストレリ
Pastori パストーリ／パストリ
Pastorius パストーリアス／パストリアス*
Pastoureau パストゥロー*／パストウロ
Pastowski パストウスキー
Pastrana パストラーナ／パストラナ**
Pastraña パストラーナ*／パストラーニア
Pastré パストレ
Pastrone パストローネ
Pastukhov パストゥホヴ／パストゥホフ*
Pastuszka パスツシュカ
Pasuk パスク*／パースック*
Pasuquini パスキーニ
Pasveer パスフェール
Paswan パスワン

Paswolskii パスウオルスキイ
Pasyān パスヤーン
Pasynskii パスィンスキー
Paszkiewicz パシュキェヴィチ
Pasztor パッツァー
Pásztor パーストル
Pat パット***
Pata パタ
Paṭācārā パターチャーラー
Patachou パタシュ／パタシュー
Patah パタ
Patai パタイ
Pataki パタキ**
Pataky パタキ／パタキー
Patalas パタラス
Patali パタリ
Pātaliputta パータリプッタ
Patalon パタロン*
Patama パタマ
Patanazzi パタナッツィ
Patanè パターネ／パタネ／パタネー
Patang パタン
Patañjali パタンジャリ
Patankar パタンカー
Patapoutian パタプティアン
Patarkatsishvili パタルカツィシビリ
Patarroyo パタロヨ
Patashnik パタシュニク
Patasse パタセ
Patassé パタセ**
Patch パッチ**
Patchell パッチェル
Patchen パッチェン*
Patchett パチェット**
Pate パティ／ペイト**／ペート
Paté パテ
Patej パテリ
Patek パテック
Patel パーテル／パテール／パテル**／ペイテル
Paṭel パテール
Paṭēl パーテル／パテール

パテル
Patella パテラ
Patelli パテリ
Patellière パトリエール
Pateman ペイトマン
Patenaude パテノード
Patent パテント*
Pater パテール／パテル／ペイター*／ペイタア／ペエタア／ペーター
Paterculus パテルクルス
Paterniti パタニティ*
Paterno パテルノ
Paternò パテルノ*
Paternostro パータノストロ／パテルノストロ*／パテルノストロー
Paternus パテルヌス
Paterson パタースン*／パタスン／パターソン***／パタソン*
Paterson-Smith ペーターソンスミス
Patey パティ
Patgiri パッジーリ
Path パス*
Pathak パターク／パタク
Pathanothai パタノタイ
Pathe パァテエ／パテ
Pathé パテ**
Pathirana パティラナ
Pati パティ
Patience ペイシェンス*／ペイジェンス／ペイシャンス*／ペエシェンス
Patiendé パティエンデ
Patient ペーシェント
Patil パーティル／パティル**
Patiliai パティリアイ*
Patimapragorn パティマプラコーン
Patimat パティマト
Patin パタン**
Patina パティナ
Patini パティーニ
Patinir パチニール／パティニール／パテニール
Patinkin パティンキン*
Patino パティノ
Patiño パティーニョ／パティーニョ*
Patisson パティソン
Patitz パティッツ
Patka パトカ
Patkar パッカー／パトカー
Patkul パトクル
Patler パトラー
Patman パットマン／パトマン
Patmawati パトマワティ
Patmon パットモン
Patmore パトモア*／パドモア
Patnaik パトナイク
Patnoe パトノー
Pato パト**／パトリシオ
Patocchi パトッキ／パトッシ*
Patočka パトチカ*
Patolichev パトーリチェフ／パトリチェフ
Paton パットン／パトン／ペイトン**／ペートン***
Patonay パトネイ
Patonôtre パトーノート／パトノートル
Patorni パトルーニ
Patorzhinsky パトルツィンスキー
Patoski パトスキー
Patot パト*
Patota パトータ
Patou パツ／パトゥ／パトゥー
Patoulidou パトリド
Patrascoiu パトラスコイウ
Patrese パトレーゼ
Patrialis パトリアリス
Patriarca パトリアルカ
Patriat パトリア
Patriau パトリアウ*
Patric パトリック***
Patrice パトリース*／パトリス***／パトリセ

Patricelli パトリセリ
Patrich パトリック
Patricia パッツィ／パット*／パトリキア／パトリシア***／パトリシアン／パトリシャ*／パトリスィア／パトリチア*／パトリツィア*／パトリッシア
Patrícia パトリーシア*
Patricia Alejandra パトリシアアレジャンドラ
Patricio パトリシオ***
Patriciqa パトリシア
Patriciu パトリチウ
Patricius パトリキウス／パトリク／パトリック
Patrick パッツィ／パット／パトリク／パトリック***
Patricof パトリコフ
Patrides パトリディーズ
Patrik パトリク**／パトリック**
Patrikarakos パトリカラコス
Patrikeev パトリケーエフ／パトリケフ
Patriot パトリオット
Patriota パトリオタ
Patrisse パトリース
Patrissi パトリッシ
Patriz パトリーツ
Patrizi パトリーツィ／パトリツィ
Patrizia パトゥリーツィア／パトリツィア**
Patrizio パトリツィオ*／パトリッツィオ*
Patrizzi パトリーツィ／パトリツィ／パトリッチ／パトリッツィ
Patroclus パトロクルス
Patrois パトロワ
Patroklēs パトロクレス
Patroklos パトロクレス／パトロクロス
Patron パトロン**
Patrona パトロナ
Patroni パトローニ
Patronnier パトロニエ
Patru パトリュ
Patrus パトルス
Patrushev パトルシェフ**
Patry パトリュ
Patrycja パトリツィア*
Patryk パトリク／パトリック
Patsalas パトサラス
Patsalides パツァリデス
Patsalis パツァリス
Patsatsia パツァツィア*
Patschinski パチンスキ
Patsikas パツィカス
Patskevich パツケヴィッチ*／パツケビッチ
Pat-sowe パッソー
Patsy パツィ／パツィー／パッシー／パッツィ**／パッツィー／ペッツィー**
Patt パット
Pattabhi パタビ
Pattabhi Jois パタビジョイス
Pattabi パタビ
Pat Tai パッタイ
Pattakos パタコス
Pattanaik パタナイク／パトナーヤク
Pattani パッタニ
Pattantyus パタンチュシュ
Patte パット*／パティ
Patteeuw パテヴ
Patten パタン／パッテン***／パテン
Pattern パタン*
Patterson パタースン*／パターソン***／パタソン*／パッターソン／パトソン
Patteson パティスン*
Patti パッチ／パッティ*／パッテイ／パティ***／パティー

Pattie
　パティ*
　パティー*
Pattiera パティエラ
Pattillo パッチロ
Pattimura パティムラ
Pattin パッティン
Pattinngalloang
　パッティンガロアン
Pattinson
　パティンソン*
Pattis
　パッティス
　パティス
Pattison
　パチソン*
　パッティソン*
　パッティンソン
　パッテソン
　パティスン***
　パティソン**
Pattisson パティソン
Patto パト
Patton パットン***
Pattou パトウ
Patty
　パティ***
　パティー**
　ペイティ
Pattye パティ
Paturi パトゥリ
Patuzzi パトゥッツイ
Patwa パトワ
Patwardhan
　パトワーダン
Patxi パトクシ
Patxo パチョ
Paty パチ
Patzaichin
　パツァイチン
Patzak
　パツァーク
　パツァック
Patzaurek
　パッツォレック
Patzer パッツァー*
Patzi パツイ
Patzig パツィヒ
Patzlaff パツラフ
Pätzold ペツォールド
Patzsch パッチュ
Pau
　パウ**
　パウル
　パヌ
　ポー*
Paua パワ
Pauc パウク
Pauca ポーカ
Paucapalea
　パウカパレア
Pauck パウク
Paucke パウケ
Paudel
　パウデル
　ポーデル

Paudyāl パウディヤル
Pauen パウエン
Pauer
　パウア
　パウアー
　パウエル
Pauflan ポオラン
Paufler パウフラー*
Paugam ポーガム
Pauk パウク*
Pauker
　パウカー*
　パウケル
　ポーカー
Paul
　パウ
　パウル
　パウル***
　パウロ*
　パール
　バル
　ポウル**
　ボオル
　ボオル*
　ポーリ
　ポール***
　ボル
　ポーロ
Paula
　パウラ***
　ポーラ***
Paulais ポレ
Paula-Mae ポーラメイ
Pau-langevin
　ポーランジュバン
Paul-Antoine
　ポールアントワーヌ
Paul-Auguste
　ポールオーギュスト
Paulcke パウルケ
Paul Della ポールデラ
Paulding
　ポールディング
Paule ポール***
Paulé パウレ
Paul-Eerik
　パウルエーリク
Pauleikhoff
　パウライコフ
Paulene ポーリーン
Pauler パウラー
Pauleta パウレタ*
Paulette
　ポーレット**
　ポレット
Pauletto ポーレット
Pauley ポーレー*
Paulhan
　ポオラン
　ポーラン*
　ボラン*
Paulhans
　パウルハンス
　ポールハンス
Paulhus ポウルフス
Pauli
　パウーリ
　パウリ**

ポーリ
Paulias ポーリアス
Paulica パウリカ
Paulick ポーリック*
Paulidis パウリディス
Paulien ポーリーン
Pauliina パウリーナ
Paulik パウリク
Paulilli パウリッリ
Paulin
　パウリン
　ポーラン
　ボラン
　ポーリン***
Paulina
　パウリーナ*
　パウリナ*
　ポーリーナ
　ポーリナ
Pauline
　パウリーネ
　パウリネ
　パウリン*
　パワリーナ
　ポアリイヌ
　ポウリン
　ポーライン*
　ポーリーヌ*
　ポーリヌ
　ポリーヌ*
　ポリネ
　ポーリーン***
　ポーリン***
　ボリーン
Pauling
　ポウリング
　ポーリン
　ポーリング**
Paulinho
　パウリーニョ*
Paulino
　ポーリーノ
　パウリノ
　ポーリノ
Paulinos パウリノス
Pauliños パウリーノス
Paulinus
　パウリーヌス
　パウリヌス*
Paulis
　パウリス
　ポーリス
Paulissen パウリセン
Paulista パウリスタ*
Paulius ポーリアス
Paul Kipkemoi
　ポールキプケモイ
Paull ポール*
Paulli パウリ
Paullina ポーリナ
Paullus
　パウッルス
　パウルス
Paulman ポールマン
Paulme ポーム
Paulo
　パウロ***
　パオロ

ポール
Paulos
　パウロ
　パウロス**
Paûlos
　パウルス
　パウロ
　パウロス
Paulot ポロー*
Paulraj
　ポーラジ
　ポールラジ
Pauls パウルス*
Paulsen
　パウルゼン*
　パオルゼン
　ポールセン**
　ポールゼン
Paulsmeier
　パウルスマイアー
Paulson
　パウルソン
　パールソン
　ポールソン**
Paulsson
　パウルソン
　ポールソン*
Paulus
　パウルス**
　パウロ**
　パウロス
　ポウルス
　ポーラス
Paulwell ポールウェル
Pauly
　パウリ
　パウリー*
　ポーリー**
　ポーリィ
　ポリィ
Paulyn Jean
　ポーリーンジーン
Paulze ポールズ
Paumann パウマン
Paume ポウム
Paumgartner
　パウムガルトナー
Paumier
　ポーマイア
　ポーミア
Paun パウン
Pauncefote
　ポーンスフト
Paunga パウンガ
Paungger パウンガー*
Pauni パウニ
Paunovski
　パウノフスキ
Pauphilet ポフィレ
Pauquet
　パウケート
　ポーケ
Pauquèt
　パウケット
　パウケート
　パオケ
　ポーケ
Paur パウル

Paurd ポール
Paurina ポーリーナ
Pauro パウロ
Paus パウス
Pausanias
　パウサーニアース
　パウサニアース
　パウサニアス*
　パウサニウス
Pausch パウシュ*
Pause ポーズ*
Pausenwang
　パウゼバンク
Pausewang
　パウゼヴァング***
　パウゼバンク
　パウゼワング
Pausias
　パウシアース
　パウシアス
Pausin パウージン
Pausini パウジーニ
Paust パウスト
Paustovskii
　パウストーフスキー
　パウストフスキー*
　パウストーフスキィ
　パウストフスキィ
Paustovsky
　パウストフスキー
Pauthier ポティエ
Pautner パウトナー
Pauvert ポーヴェール*
Pauwels
　パウエルズ
　ポーウェル***
　ポーウェルス*
　ポウエルズ
Pauzin ポーザン
Pavageau
　パパジョー*
　パバス
Paval パバル
Pavalkis パバルキス
Pavan
　パヴァン*
　パバン
　ペーヴァン
Pavananti
　パヴァナンディ
Pavanati
　パヴァナンディ
Pavane パヴァーン
Pavanel パヴァネル
Pavanelli パヴァネッリ
Pavano パヴァーノ
Pavao
　パヴァオ
　パヴァオン*
Pavaphon パワボン
Pavard パヴァート
Pavarini パヴァリーニ
Pavarotti
　パヴァロッティ**
　パバロッティ
Pavaux パポー
Pave パベ

Paveglio ベイヴグリオ
Pavel
　パーヴェル***
　パウエル
　パヴェール***
　パヴォル
　パヴョル
　パーベル**
　パベル**
　パヨール
Pável パーヴェル
Pavelec パヴェレツ
Pavelic
　パヴェリチ
　パヴェリッチ
　パベリチ
Pavelić パヴェリチ
Paver
　ペイヴァー**
　ペイバー*
　ペーパー
Pavese
　パウエーゼ
　パヴェーゼ*
　パベーゼ
Pavesi
　パヴェージ
　パヴェシ
　パヴェシイ
　パベシ
Pavet パヴェ
Pavey ペービー
Pavéz パヴェス
Paveza パベッツァ
Pavia
　パヴィーア
　パビア*
Pavic
　パヴィチ
　パヴィッチ
　パビッチ
Pavić
　パヴィチ**
　パヴィッチ
　パビチ
Pavich パビッチ*
Paviĉić パヴィチーチ
Pavie
　パヴィ
　パヴィー
　パビ
Pavillard パヴィヤール
Pavillon パヴィヨン
Pavin
　ペイビン
　ペービン*
Paviot パビオ
Pavis パーヴィス
Pavithra
　パヴィスラ
　パウイトラ
Pavitt
　パヴィット
　パビット
Pavitte パヴィット
Pavla
　パーヴラ
　パヴラ
Pavlat パヴラート

Pavlát パヴラート
Pavlátová
　パヴラトヴァ
Pavle
　パヴレ
　パブレ
　パブレ**
Pavlenko
　パウレンコ
　パヴレーンコ
　パヴレンコ
　パブレンコ
Pavletic
　パヴレティック
Pavliashvili
　パブリアシビリ
Pavlicevic
　パヴリセヴィッチ
　パヴリチェヴィック
　パブリセビッチ*
　パブリチェヴィック
　パブリチェビク
Pavlichenko
　パブリチェンコ
Pavličić パブリチッチ
Pavlides パブリデス
Pavlidis パブリディス
Pavlií パブリー
Pavlik
　パブリク*
　パブリック
Pavliniĉ-krebs
　パウリニチュクレブス
Pavlis パブリス
Pavlishin
　パヴリーシン
　パヴリシン
　パブリーシン
Pavlo
　パウロ
　パヴロ
　パブロ
Pavloff パヴロフ*
Pavlona パーブロブナ
Pavlopoulos
　パヴロプロス*
　パブロプロス
Pavloska パブロスカ
Pavlotskaia
　パブロツカヤ
Pavlou パヴロー*
Pavlov
　パウォロフ
　パーヴロフ
　パヴロフ
　パーブロフ
　パブロフ*
　ファウォロフ
Pavlova
　パーヴロヴァ
　パウローヴァ
　パヴローヴァ
　パヴロヴァ*
　パーヴロワ
　パブロワ**
　パブロヴァ
　パブロバ
Pavlat パヴラート

パブロワ**
Pavlovic
　パヴロヴィチ
　パヴロヴィッチ
Pavlović
　パヴロヴィッチ
　パブロビッチ
Pavlovich
　パーヴロヴィチ
　パーヴロヴィチ**
　パウロウィチ
　パヴロウィチ*
　パーヴロヴィッチ
　パヴロヴィッチ*
　パーブロヴィッチ
　パブロヴィッチ
　パブロビッチ
　パーブロビッチ
　パブロビッチ*
Pávlovich
　パーヴロヴィチ
Pavlovitch
　パヴロヴィッチ
Pavlovna
　パーヴロヴナ*
　パヴロヴナ
Pavlovskaja
　パヴローフスカヤ
Pavlovskii
　パヴロフスキィ
　パブロフスキー
Pavlovsky
　パヴロフスキー*
Pavlovych
　パヴロヴィチ
Pavlow パヴロウ
Pavlushkin
　パヴルシキン
Pavluts パブリュツ
Pavlyatenko
　パブリャチェンコ*
Pavlychenko
　パヴリチェンコ
Pavlyuchenkova
　パヴリュチェンコワ
　パブリュチェンコワ
Pavo パボ
Pavol
　パヴォル*
　パヴロ
　パボル**
Pavoletti
　パヴォレッティ
Pavolini パボリーニ
Pavon
　パヴォン
　パボン*
Pavón パボン*
Pavone
　パヴォーネ*
　パボーネ
Pavoni
　パヴォーニ
　パボーニ
Pavord
　パヴォード*
　パボード

Pavrova パヴロヴァ
Pawalit パワリット
Pawan パワン*
Pawar パワル**
Pawek パヴェーク
Pawel
　パヴェウ**
　パーヴェル*
　パヴェル
　パウェル**
　パヴェル
　パベウ
　パーベル
　パベル*
　ポウェル
　ポール
Paweł
　パヴィル
　パヴェウ
　パヴェウ*
　パベウ*
Pawelec パヴェレツ
Pawell パウエル
Pawels パウエルス
Pawelski
　パヴェルスキー
Pawina パウィナ*
Pawironadi
　パウィロナディ
Pawlak
　パヴラク*
　パヴラック
　パブラク
　ポーラク
Pawlan ポーラン*
Pawlas パウラス
Pawlenka パヴレンカ
Pawley
　ポウリー
　ポーリー
　ポーリィ
Pawlicki
　パウリッキー
　パヴリッキ
　パブリッキ
Pawlik
　パウリーク*
　パヴリク
Pawlikowska
　パヴリコフスカ
　パブリコフスカ
Pawlikowski
　パヴリコウスキー
Pawlina パヴリナ
Pawliw ポーリウ
Pawloski
　パウロウスキー
Pawlovsky
　パウラブスキー
Pawlowski
　パヴロウスキー
　パブロフスキ
　ポロウスキー
Pawłowski
　パヴウォフスキ
　パブロウスキー
Pawlyn ポーリン
Pawn ポーン*

Pawson
　ポースン
　ポーソン**
Pax パックス*
Paxinos パキシノス
Paxinou
　パクシヌー
　パクスィノー
　パヒノウ
Paxman
　パクスマン*
　パックスマン
Paxmann パクスマン
Paxson
　パクスン
　パクスン*
Paxton
　パクストン***
　パックストン*
Pay ペイ
Payá パヤ**
Payadowa パヤドワ
Payama パヤマ
Payami パヤミ
Payao パヤオ
Pāyāsi パーヤーシ
Paye
　パイユ
　ペイ
　ペイユ
Paye-baye ペイベイ
Payen
　パイエン
　パイヤン
　ペイアン
Payenneville
　パイエヌヴィル
Payens パイヤン
Payer
　パイヤー
　ペイヤー
Payeras パイエラス
Payés パジェス
Payet
　パイェ
　パイエ
　ペイエ
Payette ペイエット
Payhama パヤマ
Payimi Deubet
　パイミドゥベ
Paymar ペイマー*
Payment パイマン
Paymer ペイマー
Payne
　ペイン***
　ペーン
Paynes ペインズ
Paynter ペインター*
Payot
　パヨー
　ペイヨー
Payró パイロー
Payron
　ペイロン*
　ペロン

Pays ベイズ
Paysen パイゼン
Paysinger ペイシンガー
Payson
　ペイザン
　ペイスン*
　ペイソン*
Payton ペイトン*
Paytress ペイトレス
Payut パユット
Payutto パユットー*
Payzant ペイザント
Paz
　パス***
　パズ
Pazdírek パジーレク
Pazdzior パスジオル
Pazer ペイザー
Paz Estenssoro パスエステンソロ
Pazhitnov パージトノフ
Pazi パズィ
Pažin パジン
Pazinski パジンスキ
Pazira パズィラ
Paziraye パジエラ
Pazmany パズマニー
Pázmány
　パーズマーニ
　パーズマーニュ
Pazmiño パスミーニョ
Pazo パソ
Pazos
　パソス
　パズス
Pazovsky パゾフスキー
Pázsit パツィット
Pazvandoğlu
　パズヴァンドオール
　パスパン・オウル
　パズワンドオウル
Pazzafini パッツァフィーニ
Pazzi
　パジ
　パッツィ
P'Bitek ピテック**
Pchelnik プチェルニク
Pchilka プチルカ
Pdraic パードリック
Pe ペー
Pea
　ペーア
　ペア
Peabo ピーボ*
Peabody
　ピーボディ*
　ピーボディ
　ピーボディ
Peace ピース**
Peach ピーチ*
Peacham ピーチャム

Peaches ピーチズ*
Peachey ピーチィ
Peacock
　ピイコック
　ピーコク
　ピーコック***
Peacocke ピーコック
Peacok ピーコック
Pead ピード
Peader ペイダー
Peak
　ピーク*
　ペク*
Peake ピーク**
Peaker ピーカー
Peakić ペアキチ
Peakman ピークマン
Peal パール
Peale ピール***
Peamwilai ペアムウィライ
Péan ペアン
Peano
　ペアーノ
　ペアノ*
Peanut ピーナット
Peanuts ピーナッツ
Peapell ピーペル
Pear
　ピエール
　ペアー
Pearce
　パース
　ピアース**
　ピアーズ*
　ピアス***
　ペアース
Pearch
　パーチ
　ピーチ
Pearcy パーシー
Peard ピアード
Pearl
　パアル
　パール***
Pearlette パーレット
Pearljammer パールジャマー
Pearlman パールマン*
Pearlstone パールストーン
Pearly ピアリー
Pearman
　ピアマン
　ペアマン*
Pearnel ペアネル
Pearrow ピーロー
Pears
　ピアース
　ピアーズ*
　ペアーズ
　ペアズ*
Pearsall
　ピアサル*
　ピアーソル
　ピアソール**

ピーチャム
Pearse
　パース
　ピアース*
　ピアス*
　ピアズ
Pearson
　ピアースン
　ピアスン*
　ピアーソン*
　ピアソン***
　ペアーソン
　ペアソン
Peart
　パート**
　ピアート
Peary
　ピアリ
　ピアリー**
　ペアリー
Peasall ピアソル
Pease
　ピース
　ピーズ**
Peasey ピージー
Peaslee ピースリー
Peason ピアソン
Peat ピート*
Peatfield ピートフィールド
Peattie
　ピアテイ
　ピーティ*
　ピーティー
　ピティ
Peaty
　ピーティ*
　ピーティー
Peauafi ピアウアフィ
Peaucelle ポーセル
Peaucellier ポーセリエ
Peavy
　ピーヴィー
　ピービ*
Pebbles ペブルス
Pebereau ペブロー
Pébereau ペブロー
Pebley ペブリー
Pec ペック
Pecar ペカール*
Pecaut ペコー
Pécaut ペコー
Peccei ペッチェイ*
Pecchia ペッキア
Pecchioni ペチオニ
Pecci ペッチ
Peccinotti
　ペチノッティ
　ペッチノッティ
Peccorini ペッコリーニ
Pece ペーチェ
Pecek ペツェク
Peceli ペゼリ
Pečerskii ペチェールスキイ
Peçevî ペチェヴィー

Pech
　ペッシュ*
　ペッチ
　ペフ
Pechalat ペシャラ
Pechalov ペシャロフ*
Pecham ペッカム
Pechanova ペハノバ
Peche ペシェ
Péché ペシェ
Pechefsky ペチェフスキー
Pechenkina ペチェンキナ*
Pécheral ペシュラール
Pechère ペシェール
Pecherin ペチェーリン
Pechernikova ペチェルニコヴァ
Pécherot ペシェロット
Pecherskaya ペチェルスカヤ
Pecherskii ペチェルスキイ
Pecherskij ペチェルスキー
Pechey ピーチー
　ペチェイ
Péchiodat ペチオダット
Pechkovsky ペチュコフスキー
Pechman ペックマン
Péchon ペション
Pechonkina ペチョンキナ
Pechorskij ペチョルスキー
Pechstein
　ペッヒシュタイン
　ペヒシュタイン**
Pechura ペシュラ
Peci ペチ
Pecían ペツィーアン
Pecirka ペチールカ
Peck
　ペク
　ペック***
Pecka ペッカ
Peckelsheim ペッケルスハイム
Peckett ペケット
Peckham
　ペカム
　ペカムズ
　ペッカム*
Peckinpah ペキンパー*
Peckinpaugh ペッキンポー
Peckolick ペコリック
Peckolt ペコルト
Péclet ペクレ
Peco ペコ

Pecora
　ピコーラ
　ペコラ*
Pecoraro ペコラーロ
Pecoraro Scanio ペコラロスカーニオ
Pe-cori ペーコリ
Pecorino ペコリーノ
Pecotic ペコティック
Pécourt ペクール
Pecquet
　プケー
　ペケ
　ペケー
Pecqueur ペクール*
Pécresse ペクレス
Pécsi ペーチャイ
Pecsok ペエクソク
Pectorios ペクトリオス
Pedani ペダニ
Pedanios
　ペダニウス
　ペダニオス
Pedanius ペダニウス
Peddana ペッダナ
Pedder ペダー
Peddi ペディー
Pede ペーデ
Peden ピーデン
Peder
　ペザー
　ペーダー
　ペダー
　ペーテル
　ペーデル*
Peder Holk ペダーホルク
Pederiali ペデリアーリ*
Pedersen
　ピーダーセン*
　ペーザセン
　ペーゼルセン
　ペーダーセン*
　ペダセン
　ペーダーセン***
　ペーダーゼン
　ペダセン
　ペダーソン*
　ペダルソン
　ペデシェン
　ペーデルセン**
　ペデルセン***
Pedersoli ペデルソーリ
Pederson
　ピーダースン
　ピーダーソン
　ペダーソン
Pederssön ペデルセン
Pederssøn ペーデルセェン
Pederzini ペデルツィーニ
Pederzolli ペデロッツォリ
Pédézert ペデゼール
Pedi ペディ

Pediānus ペディアヌス
Pedlar ペドラー
Pedler ペドラー*
Pedley
　ペドリー
　ペドレー*
　ペドレイ
Pedneau ペノー*
Pedoe
　ピドー
　ペドー*
　ペドウ
Pedoro ペドロ**
Pedotti ペドッティ
Pedra ペドラ
Pedrarias
　ペドラリアス
　ペドラリャス
Pedrasa
　ペトラーサ
　ペドラーサ
Pedraza
　ペドラサ*
　ペドラザ
Pedrazas ペドラザス*
Pedrazzini
　ペドラッツィーニ
Pedrell ペドレル
Pedretti ペドレッティ
Pedri ペドリ
Pedrick ペドリック
Pedrini ペドリーニ
Pedrito ペドリート
Pedro
　ペドゥロ
　ペードロ
　ペトロ
　ペドロ***
　ペレ
Pedrocco ペドロッコ
Pedroia ペドロイア*
Pedroli ペドローリ
Pedrollo
　ペドロルロ
　ペドローロ
Pedrolo ペドロロ
Pedron ペドロン
Pedro Raposo
　ペドロラポソ
Pedros ペドロス
Pedrosa ペドロサ*
Pedroso ペドロソ**
Pedrotti ペドロッティ
Pedrucho
　ペドルーチョ
Pedrya ペドリャ
Pedrycz ペドリッチュ
Pedubast
　パディバスト
　ペドゥバステ
Pedullà ペドゥッラ*
Peduzzi ペドゥッツィ
Pee ピー*
Peebles
　ピーブルス**
　ピーブルズ**

Peecher ピーチャー
Peek ピーク**
Peel
　ピール***
　ペール
Peele ピール*
Peelen ペーレン
Peeler ピーラー
Peeling ピーリング
Peeñafiel
　ペニャフィエル
Peeping ピーピング
Peeples
　ピーピルズ
　ピープルズ
Peer
　ピール
　ペーア
　ペール**
Peerce ピアース*
Peerlinck ピアリンク
Peerman ピーアマン
Peers
　ピーアス
　ピアーズ*
　ピアス
Peery
　ピアリ
　ピアリー
　ピーリー
　ペリー
Pees ピース*
Peet ピート***
Peete ピート*
Peeter ペートル
Peeters
　ピータース
　ペータース**
　ペーテルス**
Peetu ペートゥ*
Peev ペーエフ
Peevers
　ピーバーズ*
　ピーブルス
Peez
　ペッ
　ペッ
Pef ペフ*
Peffer
　ペッファ
　ペッファー
　ペファー
Pefkios ペフキオス
Peg ペグ**
Pegas ペガス
Pegasus ペガスス
Pegden ペグデン
Pege ペゲ
Pegels
　ペゲルス
　ペゲルス*
Pegge ペッグ*
Peggie ペギー

Pegguy ペギィ
Peggy ペギー***
Pegington ペギントン
Pegler ペグラー*
Pegolo
　ペーゴロ
　ペゴロ
Pegolotti
　ペゴロッチ
　ペゴロッティ
Pegoraro ペゴラノ
Pegotty ペゴティー
Pegrum ペグラム
Pégues ペグ
Péguilhan
　ペギャン
　ペギラン
Peguy ペギー
Péguy
　ペギー*
　ペギィ
Pegy ペギー
Pehda ペーダ
Pehin ペヒン
Pehkonen ペーコネン
Pehlivan
　ペフリワン
　ペリバン
Pehlke ペールケ
Pehm ペフム
Pehnt ペーント
Pehoski ペオスキー
Pehr ペール***
Pehrson パーソン
Pehrsson パーション
Pei ペイ**
Peierls
　パイアース
　パイエルス**
Peifer
　パイファー
　ペイファー
Peiffer
　パイファー*
　ペイファー
　ペイフェール
Peig
　ペイグ
　ペグ
Peignon ペノン
Peijian ピェーチェー
Peijs ペイス
Peikari パイカリ
Peiko ペイコ
Peikoff パイコフ
Peil
　ピール
　ペイル
Peile ペイル
Pei-lin ペイリン
Peillard ペイヤール*
Peillaube ペヨーブ
Peillon ペイヨン
Peinado ペイナード

Peine
　パイネ
　パイン
Peines ペイネス
Peinkofer
　ペインコファー*
Peinnukrochon
　ピァンヌコチョン
　ピャンヌコチョン
Peinter ペインター
Peintner パイントナー
Péio
　ペーヨ
　ペヨ
Pei-Pei ペイペイ
Peiper
　パイパー
　パイペル
Peiperl パイパール*
Pei-qi ペイチー*
Peirano ペイラノ*
Peirce
　パース*
　ピアース*
　ピアス*
Peire ペール
Peiresc
　パイレスク
　ペレスク
Peiris ペイリス
Peirithoos
　ペイリトオス
Peiró ペイロ
Peirol ペイロール
Peirsol ピアソル**
Peis パイス
Peisakhovitch
　ペサホビッチ
Peisandros
　ペイサンドロス
Peisel パイゼル
Peisert パイザート
Peisistratos
　ペイシストラトス
Peitgen パイトゲン*
Peitz ピーツ
Peitzman ペイツマン
Pei-xin パイシン
Peixoto
　ペイショット**
　ペイショート
　ペイショト
Peixotto
　ペイショートー
Pei-yan ペイイェン
Peizerat ペーゼラ*
Peizhong ピチュウ
Peja ペジャ
Pejanović-Đurišić
　ペヤノビッチジュリ
　シッチ
Pejcic ペイチッチ
Peje ペイエ*
Pejo
　ペイヨ
　ペーヨ

　ペヨ
Pejovic ペイヨヴィッチ
Pejović ペヨヴィッチ
Pejsa ペイシャ
Péju ペジュ
Pek ペク
Pekah ペカ
Pekar
　ピーカー*
　ピカー
Pekař ペカシ
Pekarik ペカリーク
Pekel ペーケル
Pekelharing
　ペケルハーリング
Peker ペケル
Pekerman ペケルマン*
Pekić ペキッチ
Pękiel ペンキェル
Pekik ブキック
Pekinel ペキネル
Pekka ペッカ**
Pekkala ペッカラ
Pekkanen ペッカネン*
Pekkarinen
　ペッカリネン
Pekli ペクリ
Pekny ペクニー
Peko ペコ
Pekovic ペコビッチ
Peladan ペラダン*
Péladan ペラダン*
Peláez
　ペラエス
　ペレーズ
Pelagatti ペラガッティ
Pelageya
　ペラゲーヤ
　ペラゲヤ
Pelagia
　ペラギア
　ペラジア
Pelagía ペラギア
Pelagić ペラギッチ
Pelagie
　ペラギー
　ペラジー
Pelagio ペラージョ
Pelagius ペラギウス*
Pelagotti ペラゴッティ
Pelassy ペラッシー*
Pélata ペラタ*
Pélate ペラト
Pelayo
　ペラジョ
　ペラーヨ*
　ペラヨ
　ペレヨ
Pelcrzar ペルチャル
Pelczynski
　ペルチンスキ
　ペルチンスキー
Pele ペレ*
Pelé ペレ**

Pelecanos ペレケーノス**
ペレケーノス**
Pelechian ペレシャン
Peled ブレド
ペレド
Pélégri ペレグリ
Pelegrin プレグラン
Pelegrín ペレグリン
Pelembe ペレンベ
Pelen ペラン
Pelenc ペラン
Pelenike ペレニケ
Pélerin ペルラン
Pelesala ペレサラ
Peleshenko ペレシェンコ
Peleshi ペレシ
Pelesko ペレスコ
Peletier ペルチエ
ペルティエ
Peleus ペレウス
Pelevin ペレーヴィン**
ペレービン
Pélez ペレス
Pelfrey ペルフリー
ペルフレイ
Pelgrom ペルフロム*
Pelham パルハム
ペラム*
ペルハム
ペレム
Peli ペリー
Pelias ペリアス
Pélicier ペリシエ
Péligot ペリゴ
ペリゴー
Peligro ペリグロ*
Pelikan ペリカン**
Pelikán ペリカン
Pelin ペリン*
Pelinka ペリンカ
Pelischek ペリシェク
Pélissier ペリシエ
ペリッシェ
Pélissolo ペリッソロ
Pelizzari ペリッツァーリ*
Pelizzoli ペリッツォーリ
Pelizzon ペリゾン
Pelka ペルカ
Pelkmans ペルクマン
ペルクマンス*
Pell ペル***
Pella ペラ
Pellant ペラント*
Pellaprat ペラプラ

Pellar ペラル
Pellat-finet ペラフィネ*
Pellati ペッラティ
Pelle ペレ
ペレー
Pellea ペレア
Pelleas ペレアス
Pellegrin ベルグラン*
ペレグラン
ペレグリン
Pellegrinetti ペッレグリネッティ
Pellegrini ペジェグリーニ*
ペジェグリニ
ペッレグリーニ**
ペレグリーニ*
ペレグリニ**
Pellegrino ペジェグリーノ*
ペッレグリーノ*
ペルグリーノ*
ペレグリーノ**
ペレグリノ
Peller ペラー
Pellerin ペラーリン
ペルラン*
ペレリン
Pellerite ペラライト
Pellet プレ
ペレ
Pelletan ペルタン
Pelletier ペルチエ
ペルティエ**
ペレティア
ペレティアー
ペレティエ**
ペレティエー
Pelletiere ペレティエ
Pelletière ペレティエ
Pellett ペレット
Pellew ペリュー
Pelley ペリー
ペレー
Pelli ペリ*
Pellicano ペリカーノ
Pellicanus ペリカーヌス
ペリカヌス
Pelliccioli ペッリッチョーリ
Pelliccioni ペッラチーニ
Pellicer ペリサー
ペリセル
Pellico ペッリコ*
ペリコ
ペリコ
Pellicone ペリコーネ

Pellicori ペッリコーリ
Pellielo ペリエロ
Pelligand ペリガンド
Pelligra ペッリグラ
Pelligrini ペッレグリーニ
Pellinen ペリネン
Pelling ペリング
Pellinore ペリノア
Pelliot ペリオ*
ペリオー
Pellipario ペッリパーリオ
Pellisier ペリシエ
Pellissier ペリシェ
ペリシエ
ペリシエー
ペリッシエー
Pellisson ペリソン
Pellizza ペッリッツァ
Pellizzari ペリツァリ
Pellman ペールマン
ペルマン
Pellonpaa ペロンパー
ペロンペー
Pelloutier ペルーティエ
ペローチェ
Pelloux ペルー
Pellow ペロー
Pellowski ペロウスキー
Pelluchon ペリュション
Pelly ペリー
Pelman ペルマン*
Pelner ペルナー*
Pelon ペロン
Pelonomi ペロノミ
Pelopidas ペロピダス
Peloplaton ペロプラトン
Pelops ペロプス
Peloquin ペロキン
Pelosi ペローシ
ペロシ*
ペロースキー
Pelosse プロス
Pelossof ペロソフ
Pelot プロ**
ペロー
Peloubet ペルーベット
Pelouch ペロウフ
Pelousion ペルーシウム
Pelouze ペルーズ
Pels ペルス
Pelshe ペリシェ*
Pelster ペルスター
Pelt ペルト**

Peltason ペルタソン
Peltier ペルチェ
ペルチエ
ペルチャー
ベルティア
ベルティエ*
Pelto ペルト
Peltola ペルトラ
Pelton ペルトゥン
ペルトン**
Peltonen ペルトネン*
Peltoniemi ペルトニエミ
Peltu ペルツ
Pelty ペルティ
Peltz ペルス*
ペルツ*
Peluffo ペルッフォ
Pelusium ペルーシウム
Peluso ペルーソ
ペルーゾ
ペルソ
Pelz ペルツ*
Pelzel ペルゼル*
Pelzer ペルザー**
ペルツァー
ペルツェル
Pema ペマ**
Pemán ペマン
Pe Maung Tin ペマァウンティン
ペーマウンティン*
Pemay パミ
ペマイ
Pemba ペンバ
Pembaur ペンバウアー
Pember ペンバー
Pemberton ペンバートン**
ペンバトン
Pemble ペンブル
Pembridge ペンブリッジ
Pembroke ペンブルク
ペンブルック
ペンブローク*
Pembrooke ペンブルック
Pempeit ペムバイト
Pempel ペンベル*
Pemper ペンパー
Pen ペン***
Pena ペーナ
ペナ**
ペーニャ*
ペニャ*

ペーニァ
ペーニャ***
ペニャ**
Pena Abreu ペニャアブレウ
Penafort ペニャフォルテ
ペニャフォルト
Peñaherrera ペニャエレラ
Penaia ペナイア*
Peñailillo ペニャイリジョ
Penalber ペナウベル
Penalosa ペニャロサ
Peñalosa ペニャローサ
ペニャロサ*
Peñaloza ペニャローサ
Penalver ペニャルベル
Peñalver ペニャルベール
Peña Nieto ペニャニエト*
Pena-Pai ペナパイ
Penaranda ペニャランダ
Peñaranda ペニャランダ
Penas ペナス
Penashue ペナシュー
Penaud ペノー
Penberthy ペンバーシー
Pencavel ペンカベル
Pence ペンス***
Pench ペンク
Penck ペンク**
Pencz ペンチュ
ペンツ
Penda ペンダ
Pendarovski ペンダロフスキ
Pendarvis ペインダビス
Pendatun ペンダトゥン
Pender ペンダー**
Penderecki ペンデレッキー
ペンデレツキ**
ペンデレツキー
Pendergrass ペンダーグラス*
Pendergrast ペンダーグラスト*
ペンダグラスト
Penders ペンダース
Pendeš ペンデシュ
Pendharkar ペンダールカール
Pendizwol ペンジウォル*
Pendlebury ペンドルベリー

Pendleton
ペンデルトン
ペンドルトン***
Pendragon
ペンドラゴン*
Pendreigh ペンドリー
Pendrel ペンドレル
Pendse ペーンドセー
Pendukeni
ペンズケニ
ペンヅケニ
Pendy パンディ
Pendy-bouyiki
パンディブイキ
Pendziwol
ペンジウォル
Pene
ペーン
ペン
Pène
ペーヌ
ペネ
ペーン*
ペン*
Peneda ペネダ
Pen-ek
ペンエーグ*
ペンエク
Penella ペネラ
Penelope
ピネロピ
ピネローピ
ピネロビ
ペネラピ
ペネローピ*
ペネロピ***
ペネロピー**
ペネロープ**
ペネローペ*
ペネロペ*
Penélope ペネロペ*
Pénélope ペネロープ
Penelopeia
ペネロペ
ペネロペイア
Penenberg
ペネンバーグ
Penerope ピネラピ
Penes ペネス
Peneux ペノー
Penev
ペネヴ
ペネス
ペネフ**
Penfield
ペンフィールド*
Penfold
ペンフォールド*
Peng
パン
ペン**
ポン*
Pengel ペンゲル
Pengelly ペンゲリー
Peng-fei ポンフェイ
Pengilly ペンギリー
Pengiran ペンギラン*

Peng Soon ペンスン
Pengwindé
ペングインデ
Peng Yam ペンヤム
Penhaligon
ペンハリゴン
Penhallow
ペンハロー
ペンハロウ*
Peni ペニ
Peniakoff ペニアコフ
Pénicaud ペニコー
Penicela ペニセラ
Peniche ペニチェ
Penick ペニック*
Penido ペニード
Penina ペニナ*
Penington ペニントン
Peninnah ペニナ
Penisimani ペニシマニ
Peniston ペニストン
Penk ペンケ
Penke ペンケ
Penker ペンカー
Penkert ペンカート
Penkov ペンコフ
Pen'kovskii
ペンコフスキー
ペンコフスキイ
Penkovsky
ペンコフスキー
Penley ペンリー
Penlington
ペンリングトン
Penman ペンマン*
Penn ペン***
Penna ペンナ
Pennac ペナック**
Pennacchi ペンナッキ
Pennak ペナク
Pennant ペナント*
Pennant-Rea
ペナンリー
Pennario ペナリオ*
Pennart ペナール
Pennebaker
ペニベイカー
ペネベイカー
ペンベーカー*
ペンベイカー
Pennel ペンネル
Pennell
ペヌル
ペネル**
ペンネル
Pennelope ペネローペ
Pennen ペンネン
Penner ペナー*
Pennes ペネ
Penneteau ペネトー
Pennethorne
ペネソーン
Pennetier ペヌティエ*
Pennetta ペンネッタ*

Penney
ペニー***
ペニイ
Penni ペニ
Pennick ペニック*
Pennie ペニー
Penninck ペニンク
Pennington
ペニングトン
ペニントン*
Penninx ペニンクス
Penn-Lewis
ペンルイス
Penno ペノ
Pennock
ペノック
ペンノック
Penny
ペニー***
ペニイ
Pennycott
ペニーコット
Pennypacker
ペニーパッカー**
Penoel ペノエル
Penone ペノーネ*
Penot プノー*
Pénot ペノー
Penović ペノヴィチ
Penpa ペンパ
Penque ペンク
Penrhyn ペンリン
Penrod ペンロッド
Penrose
ペンロウズ
ペンローズ**
Penry
ペンリ
ペンリー
Pensack ペンサック*
Pense ペンス
Pensiri ペンシリ
Penšliski ペンスルスキ
Penso ペンソ
Penson ペンソン
Penssi ペンシー
Pentadius
ペンタディウス
Pentak ペンタック
Pentakota ペンタコタ
Pentcho ペンチョ
Pente ペンテ
Penteado ペンテアード
Pentecost
ペンティコースト**
ペンティコスト
ペントコースト
Pentecôte
パントコート
Penteus ペンテウス
Penthesileia
ペンテシレイア
Pentheus ペンテウス
Pentjini ペンチニ
Pentland ペントランド

Pentlarge
ペントラージ
Penton ペントン
Pentón ペントン
Pentreath
ペントリース
Penttala ペンタラ
Pentti
ペンッティ**
ペンティ
Penttilä ペンティラ
Pentus-rosimannus
ペントゥスロシマヌス
Penty
ペンティー
ペンテイ
ペンテイー
Pentz ペンツ
Pentzlin ペンツリン
Penuel ペニュエル
Penwick ペンヴィック
Penyaev ペニヤエフ
Penz
ペンス
ペンツ
Penzer ペンザー
Penzias
ペンジアス*
ペンヅアス
ペンジャス
ペンチアス
Penzler ペンズラー*
Penzo ペンツォ
Penzoldt
ペンツォールト
ペンツォルト*
ペンツォルド
Penzotti
ペンツォッティ
Peo ペオ
Peonio ペオニオ
People ペプロー
Peoples ピープルズ
Pep
ペップ*
ペプ
Pepanos ペパノス
PePe ペペ
Pepe
ピープ
ペーパー
ペーペ
ペペ***
Pépé ペペ
Pepelnjak
ペペルニャック
ペペルンジャク
Peper
ペッパー
ペパー
Pepescu ポペスク
Pepetela ペペテラ
Pepi
ペーピ
ペピ
ペピー

Pepiliyawala
ペピリヤーワラ
Pépin
ペパン*
ペピン
Pepita ペピータ
Pepito
ペピット
ペピート
Pepitone
ペピトーン*
ペピトン
Peplaski ペプラスキ
Peplau
ペプロー
ペプロウ
Pepler ペプラー
Peplinski
ペプリンスキー
Peploe ペプロー*
Pepo ペポ
Pepoli ペポリ
Peponnet ペポネ
Peppard
ペッパード
ペパード*
Peppe ペペ*
Peppé
ペッペ
ペペ
Pepper
ペッパー***
ペパー*
ペパア
Pepperberg
ペパーバーグ
ペパーベルグ
Peppercorn
ペッパーコーン
ペパーコーン
Pepperrell ペッパレル
Peppers
ペッパーズ
ペパーズ*
Peppershtein
ペッペルステイン
Pepperšteĭn
ペッペルシテイン
Peppiatt ペピアット
Pepping
ペッピング
ペピン
Peppino
ペッピーノ
ペピーノ
Pepple ペプル
Peppo ペッポ
Peppovision
ペッポヴィジョン
Pepusch
ペープシュ
ペプーシュ
ペプシュ
ペプッシュ
Pepys
ピープス*
ペピス

ペプス
Peque ペケ
Pequegnot ペクニョ
Pequeno ペケノ*
Pequignot ペキノ
Per
　バー**
　ペェール
　パール
　ペア*
　ペアー
　ペヤ
　ペール***
　ベル**
Pera ペラ*
Peraboni ペラボーニ
Peragallo ペラガッロ
Perahia
　ペライア*
　ペラハイア
Péraire ペレール
Perakis ペラキス
Peräkylä ペラキラ
Peraldo ペラルド
Perales ペラーレス
Peralta ペラルタ**
Peranda ペランダ
Perard ペラルト
Perarnau
　パラルナウ
　プラルノ
　ペラルナウ
Per-Arne ペラーン
Peraud
　プロー
　ペロー
Peraza
　ペラーサ
　ペラーザ
　ペラサ
Perazella ペラゼラ
Perbandt ペルバント
Perben ペルベン
Perboyer ペルボワール
Perboyre ペルボアル
Percee パーシー
Perceval
　パーシヴァル*
　ペルスヴァル
Percheron
　ペルシエロン
　ペルシュロン
Perci パーシー
Percier
　ペルシェ
　ペルシエ
Percin ペルサン*
Percival
　パーシヴァル*
　パーシバル***
　パースィヴァル
Percivale
　パーシヴァル
　ペルチヴァーレ
Percivalle
　パーシヴァル
　ペルチヴァッレ

Perck パーク
Percoto ペルコート
Perctarit ペルクタリト
Percy
　パアシー
　パアシィ
　パーシ*
　パーシー***
　パージー
　パーシィ*
　パースィー
　ペルシー
Perczel ペルツェル
Perdicas ペルディカス
Perdiccas
　ペルディッカス
Perdieus
　ペルディユース
Perdigão ペルジゴン
Perdiguier
　ペルディギエ
Perdikkas
　ペルディッカス
Perdita
　パーディッタ
　ペルディタ**
Perdomo
　パードモ
　ペルドーモ
　ペルドモ*
Perdriat ペルドリア
Perdrière
　ペルドリエール
Perdue パーデュー**
Perdum パーダム
Perduta ペルドゥタ
Pere
　ペーラ
　ペール*
　ペル
　ペーレ
　ペレ**
Péré ペレ*
Père ペール*
Perec
　ペレク*
　ペレック*
Pérec
　ペレク
　ペレック*
Pereda
　ペレータ
　ペレーダ
　ペレダ
Peredur ペレドゥル
Perego
　ペレーゴ
　ペレゴ*
Peregonets
　ペレゴーネッツ
Peregrine
　ペレグリーネ
　ペレグリン
　ペングリン
Peregrino ペレグリノ
Peregrinus
　ペレグリヌス
　ペレグリノス

Peréio ペレイオ
Pereira
　ペレイラ***
　ペレーラ
Pereira De Sousa
　Mabileau
　ペレラデスサマビロー
Pereire ペレール
Pereiro ペレイロ
Perekhrest
　ペレフレスト
Perel ペレル*
Perelberg
　ペレルバーグ
Perella
　ペレーラ
　ペレラ
Perelman
　パールマン
　ペーレルマン
　ペレルマン**
Perel'man
　ペレリマン
　ペレルマン
Perelmuth パールマス
Perels ペレルス
Perenara ペレネラ
Perenise ペレニセ
Perenmaat
　ペルエンマアト
　ペレンマアト
Perennis ペレンニス
Perennius
　ペレンニウス
Perennou ペルノー
Perens ペレンス
Perényi ペレーニ*
Perepeczko ペレペチコ
Perepelkin
　ペレペルキン
Perepetchenov
　ペレペチェノフ
Perer ペラー
Perera
　ペレーラ
　ペラ**
Peres
　ペレー
　ペレス***
Pérès ペレス*
Peresada ペレサダ
Perese ペレセ
Peress ペレス*
Peressini ペレシーニ
Peresu ペーレス
Peresvetov
　ペレスヴェートフ
　ペレスペトフ
Peresztegine
　ペレステギ
Peret ペレ
Péret ペレ*
Perets ペレツ*
Peretti
　ペレッティ*
　ペレティ

Peretyagin
　ペレチャギン
Peretz
　ペレツ***
　ペレッツ
Pereverzev
　ペレヴェルゼヴ
　ペレヴェールゼフ
　ペレヴェルゼフ*
　ペレベルゼフ
Perevet ペルヴェ
Pérévet ペレベ
Perevoshikov
　ペレヴォーシコフ
Perevozchikov
　ペレヴォースチコフ
Perey
　プレイ
　ペレー
Pereyns ペレインス
Pereyra ペレイラ
Perez
　ペレ
　ペーレース
　ペレーズ
　ペレス***
　ペレズ**
　ペレツ*
　ペレッツ
Peréz ペレス
Pérez
　ペレ*
　ペーレス
　ペレーズ
　ペレス***
　ペレズ
Pérèz ペレーズ*
Pe'rez ペレス
Perezagua ペレサグア
Pérez-Castejón
　ペレスカステホン
Perezchica ペレジカ
Pérez Del Castillo
　ペレスデルカスティ
　ジョ
Perfahl ペルファール
Perfecto ペルフェクト
Perfetti
　ペルフェッチ
　ペルフェッティ
Perfilievich
　ペルフィリエヴィチ
Pergamenschchikov
　ペルガメンシコフ
　ペルガメンシチコフ*
Pergamenschikov
　ペルガメンシコフ
Pergaud ペルゴー**
Perger ペルガー
Pergola ペルゴラ
Pergolesi
　ペルゴレーシ
　ペルゴレージ*
Pergolini
　ペルゴリーニ*
Perham パーハム
Perho ペルホ

Peri
　ペーリ
　ペリ*
Péri ペリ*
　ペリー
Periam ペリャム
Periandros
　ペリアンドロス
Peribsen ペルイプセン
Peric ペリッチ
Perić
　ペリック
　ペリッチ
Perica
　ペリカ
　ペリツァ
Pericak ペリキャック
Pericchi ペリッチ
Perick ペリック
Pericle
　ペリクル*
　ペリクレ*
Pericles ペリクレス**
Perico
　ペリーコ
　ペリコ
Pericoli
　ペリコーリ
　ペリコリ
Pericolo ペリコーロ
Periëgētes
　ペリエゲテス
Périer ペリエ*
Periera ペリエラ
Périers ペリエ
Peries ピーリス
Perifimou
　ペリフィモウ
Perigo ペリゴ
Périgord ペリゴール
Périgot ペリゴ
Perikán ペリカーン
Perikles
　ペリクレース
　ペリクレス
Périllat ペリヤ
Perilli ペリリ
Perillo
　ペリッロ
　ペリロ
Perin
　ペラン
　ペリン*
Périn ペラン
Perina ペリナ
Périnal ペリナール
Perine ペリーヌ
Perini ペリーニ*
Perino
　ペリーノ*
　ペリノ
Peris ペリス
Perisan ペリサン
Perisauli ペリザウリ
Perisic ペリシッチ

Peris-Kneebone
　ペリスニーボン
Périsset ペリッセ*
Perissinotto
　ペリッシノット**
Periyālvār
　ペリヤールヴァール
Perizonius
　ペリゾニウス
　ペリゾニュース
Perjovschi
　ペルジョヴスキ
Perk ペルク
Perkasa ペーカサ
Perkerson
　パーカーソン
Perkin
　パーキン**
　ペルキン
Perkins
　パーキンス***
　パーキンズ*
　ペーキンス
　ベルキンス
Perkinson
　パーキンソン
Perko ペルコ
Perkovic ペルコビッチ
Perković
　ペルコヴィッチ*
Perkovich
　ペルコヴィッチ
Perkowitz
　パーコウィッツ*
　パーコウィッツ
Perkowski
　ペルコウスキー
　ペルコフスキ
Per-Kristian
　ペールクリスティアン
Perks パークス
Perkučin ペルクチン
Perl パール**
Perla
　パーラ
　ペルラ**
Perlas ペルラス
Perle パール**
Perlea ペルレア
Perlemuter
　ペルルミュテール**
Perler パーラー
Perlès ペルレス
Perley パーレイ
Perlin
　パーリン*
　ペリン
　ペルリン
Perlingeiro
　ペルリンジェイロ*
Perlis
　パーリス*
　ペルリス
Perlitt パーリット
Perlman パールマン**
Perlmutter
　パールマター*
　パールマッター

パールミュッター
パールムッター*
Perlo
　パウロー
　パーロ*
Perloff パーロフ
Perlov ペルロフ*
Perlow パルロー
Perlroth パーロース
Perls
　パールズ*
　ペルス
Perlstein
　パールスタイン
Perlt ペールト
Perman パーマン
Permeh ペルメー
Permeier ペルマイアー
Permeke
　ペルメーク
　ペルメク
　ペルメック
Permoser
　ペルモーザー
　ペルモーゼル
Permutt パーマット
Permyakov
　ペルミャコフ
Perna ペルナ*
Pernambucano
　ペルナンブカノ*
Pernell パーネル*
Perner
　パーナー
　ペルナー*
Pernet ペルネ*
Pernetta
　パーネッタ
　パーネット
Pernette ペルネット
Pernia
　パーニャ
　ペルニア*
Pernice ペルニーチェ
Pernick パーニック
Pernier ペルニエル
Pernilla
　パーニラ
　ペニッラ*
　ペニラ
　ペルニラ*
Pernille
　パニラ
　パーニル
　ペニール
　ペルニール
　ペルニレ
Perniola
　ペルニオーラ*
Pernis パーニス
Perno ペルノ
Pernoud ペルヌー**
Pero ペロ
Perochon ペロション
Perojo ペロホ
Perol ペロル
Pérol ペロル**

Perold ペロルド
Per-Olof パーオロフ
Perols ペロル
Pérols ペロル
Perón ペロン**
Perona ペローナ*
Peroni ペロニ
Péronnet ペロネ
Perosi ペロージ
Perot
　プロ
　ペロー***
Perotinus
　ペロタン
　ペロティーヌス
　ペロティヌス
Perotti
　ペロッティ
　ペロッテイ
Perotto ペロット
Pérouse
　ペルース
　ペルーズ*
Peroutka ペルートカ
Perov
　ペーロフ
　ペローフ
　ペロフ
Perova ペロワ
Perovich ペロヴィッチ
Perovskaia
　ペロフスカヤ
　ペロブスカヤ
Perovskaya
　ペロフスカヤ
Perovskii ペロフスキー
Perowne ペローン*
Peroz ペーローズ
Pēröz
　ペルス
　ペーローズ
PerParim ペルパリム
Perpetua
　ペルペツア
　ペルペトゥア
Perpetuus
　ペルペトゥウス
Perplies ペルプリース
Perr
　パー
　ペール
Perran ペラン
Perranoski
　ペラノスキー
Perras ペラス
Perraton ペラトン
Perraud ペロー
Perraudin
　ペローディン
Perrault
　ペロー**
　ペロウ
　ペロオ
Perraut ペロー
Perre ピエール
Perrea ペレア
Perréal ペレアル

Perreau ペロー
Perreault ペロー*
Perrée ペレ
Perregaux ペレゴー
Perrein ペラン*
Perreira ペレイラ
Perren
　ペルン
　ペレン*
Perrenot ペルノー
Perrers
　ペラーズ
　ペレルス
Perret
　ペレ**
　ペレー
　ペレット*
Perrett ペレット*
Perrette ペレット
Perrey ペライ**
Perreyve ペレーヴ
Perri
　ペリ
　ペリー**
Perriand ペリアン**
Perricaudet
　ペリコーデ
　ペリコード
Perricholi ペリチョリ
Perricone ペリコーン*
Perrie ペリー*
Perrier ペリエ*
Perrig ペリグ
Perriman ペリマン
Perrin
　パーリン
　ペラン***
　ペリン**
Perrine
　パーライン
　パーリン
　ペリーヌ*
　ペリン
Perrineau
　パーリノー
　ペリノー
Perring ペリング
Perrington ペリントン
Perrino
　ペリーノ
　ペリノ
Perrins ペリンズ*
Perris ペリス*
Perrish ペリッシュ
Perrissin ペリサン
Perro
　ペロ
　ペロー*
Perron ペロン***
Perrone
　ペッローネ
　ペローネ**
　ペロネ
Perroneau ペロノー
Perronet ペロネ
Perronnet ペロネ

Perrons ペロンズ
Perrot
　ペロ*
　ペロー**
Perrotin ペロタン
Perrott
　ペラット
　ペロー
　ペロット
Perrotta
　ペッロッタ
　ペロッタ*
Perrottet ペロテット*
Perroud ペルー
Perroux ペルー*
Perrow ペロー*
Perruchot ペリュショ*
Perrupato ペルパット
Perrus ペルス
Perry
　ペェレェ
　ペーリー
　ペリ**
　ペリー***
　ペリィ
　ペルリ
Perryman
　ペリーマン
　ペリマン*
Pers ペルス
Persad-bissessar
　パサードビセッサー
Persaios ペルサイオス
Peršak ペルシャク
Persakis ペルサキス
Persano ペルサーノ
Persányi ペルシャーニ
Persaud
　パサード
　パソード
　ペルサウド
Perschy ペルシュイ
Perse ペルス**
Persephone
　ペルセフォネ
Perses ペルセース
Persēs ペルセス
Perseus
　パーシュース
　ペルセウス
Pershin ペルシン
Pershing パーシング*
Persi パーシ
Persia
　パーシア
　ペルシア
Persiani ペルシアーニ
Persichetti
　パーシケッティ**
　ペルシケッティ
Persico
　パーシコ*
　ペルシーコ
　ペルシコ
Persie
　ペルシー*
　ペルジ

P

Persigny ペルシニ／ペルシニー	**Pertsov** ペルツォーフ／ペルツォフ	**Pescatore** ペスカトール	**Pešorda** ペショルダ	**Petâr** ペータル／ペタル
Persinger パーシンガー	**Pertti** ペルッティ**	**Pesce** ペシ*／ペシェ／ペッシ／ペッシェ	**Pesotta** ペソッタ	**Petau** ペトー
Persip パーシップ	**Perttilä** ペルティラ		**Pessan** ペッサン*	**Pétau** ペトー
Persis パーシス／ペルシス	**Pertusi** ペルトゥージ*	**Pescennius** ペスケンニウス	**Pessanha** ペサーニャ**／ペッサーニャ	**Petavius** ペタヴィウス
Persius ペルシウス*	**Pertwee** パートウィー	**Pescetti** ペシェッティ／ペシェッティ	**Pessard** ペサール	**Petchey** ペチェイ
Perske パースキー*／パースク	**Pertz** ペルツ		**Pessemier** ペシミヤー	**Petchkoom** ペチコーン
Persky パースキー*	**Perucci** ペルーチ	**Pesch** ペシュ*／ペシュ*	**Pessi** ペッシ	**Petchsuwan** ペッツワン
Persoff パーソッフ／パーソフ	**Perucho** パルーチョ／ペルーチョ	**Peschel** ペシェル／ペッシェル	**Pessin** ペッシン	**Pete** ピート***
Person パーソン*／ペルソン	**Peruggia** ペルギア	**Peschier** ペシエ*	**Pessina** ペシーナ	**Petel** ペーテル
Personè ペルソネ	**Perugia** ペルージア／ペルージャ	**Peschka** ペシュカ	**Pessis** ペシス	**Petelius** ペテリウス
Personnaz ペルソナ*	**Perugini** ペルジーニ	**Peschoux** ペシュー*	**Pessl** ペスル*	**Peten** ペタン
Personne ペルソンヌ	**Perugino** ペルジーノ*	**Pesci** ペシ*／ペスキ／ペスチ	**Pessler** ペスラー	**Petephrēs** ポティファル／ポテパル
Persons パーソンズ*	**Perugorria** ペルゴリア		**Pessoa** ペソーア／ペソア**／ペソア	**Peter** ピイター／ピエテル／ピータ／ピーター***／ピーダ／ピータア／ピッター／ピーテル／ピート*／ピートル／ピョートル*／ペエタア／ペエテル／ペータ*／ペーター***／ペーダー／ペター／ペータア／ペータル*／ペタル*／ペテー／ペーテル***／ペーデル／ペーテル／ペテール***／ペテロ／ペート／ペートリ／ペートル／ペトル／ペトロ
Persoons ペルゾーンス	**Perun** ペルン	**Pescio** ペッショ	**Pessôa** ペソア	
Persov ペルソフ	**Pérus** ペリュス	**Pesco** ペスコ	**Pessôa** ペソア	
Persoz ペリソー／ペルソー	**Péruse** ペリューズ	**Pescow** ペスカウ	**Pessotto** ペソット／ペッソット	
Persse ペルシ	**Perusio** ペルージオ	**Pescucci** ペスクッチ	**Pesta** ペスタ	
Persson パーション*／パーソン／ピアソン／ペアション／ペーション**／ペッソン／ペルスソン／ペルソン*	**Peruski** ペルスキー	**Pesek** ペェシェック／ペセック	**Pestalozza** ペスタロッツァ	
	Peruth ペルス	**Pešek** ペシェク	**Pestalozzi** ペスタロッチ*／ペスタロッチー*／ペスタロッツィ	
	Perutz ペラッツ／ペルーツ／ペルツ**／ペルッツ**	**Pesellino** ペゼッリーノ／ペセリーノ	**Pestana** ペスタナ	
	Peruzzi ペルツィ／ペルッジ／ペルッツィ**／ペルッツィ	**Pesenti** ペセンティ／ペゼンティ	**Pestel** ペステル	
Pertegaz ペルテガス	**Pervaiz** パルベイズ／ペルバイズ	**Peseta** ペセタ	**Pestel'** ペースチェリ／ペスチェリ／ペーステリ／ペステリ	
Pertelson ベルテルソン	**Perveen** パルビーン	**Peshalov** ペシャロフ		
Perter ピーター／ペーター	**Pervez** パルヴェーズ／パルベーズ／ペルベズ**	**Peshevski** ペシェフスキ	**Pestenhofer** ペステンホーファー	
Pertersen ピーターセン	**Pervi** ペルビー	**Peshine** ピシャイン	**Pestiau** ペスティオー	
Pertes パーテス	**Pervik** ペルビク	**Peshkin** ペシキン	**Pestka** ペストカ	
Pertev ペルテウ／ペルテヴ	**Pervillé** ベルヴィエ	**Peshkov** ペシコフ	**Pestoff** ペストフ*	
Pertha パーサ	**Pervis** ペルビス	**Peshkova** ペシコヴァ	**Peston** ペストン	
Perthes ペルテ／ペルテス／ペルト	**Pervukhin** ペルフヒン	**Pesic** ペシチ／ペジック*／ペシッチ	**Pestov** ペーストフ*	
Perti ペルティ	**Pervyshin** ペルヴイシン／ペルブイシン	**Pešić** ペシッチ**	**Pestsov** ペスツォフ*	
Pertile ペルティーレ／ペルティレ	**Péry** ペリ	**Peske** ペスケ	**Pestum** ペストゥム*／ペストゥム*	
Pertinax ペルチナクス／ペルティナクス	**Peryshkin** ビョーリシキン	**Peskimo** ペスキーモ	**Peszec** ペシェク	
Pertini ペルティーニ*	**Perzer** パーザー／ペルツァー	**Peskin** ペスキン	**Peta** ペータ*／ペタ	
Pertl パートル	**Perzon** パーソン	**Peskine** ペスキーヌ*	**Petagine** ペタジーニ*	
Pertseva ペルツェワ	**Perzyński** ペルツィンスキー	**Pesko** ペシュコー／ペスコ	**Petagna** ペターニャ	
Pertsin ペルツィン	**Pesando** ペサンド	**Peskov** ペスコフ	**Petahyah** ペタヒア	
	Pesant プザン	**Pesky** ペスキー*	**Petain** ペタン	
	Pesántez ペサンテス	**Peslier** ペリエ**	**Pétain** ペタン	
	Pesaro ペサロ	**Pesman** ペスマン	**Petaja** ペタヤ	
	Pesavento ペサベント	**Pesne** ペーヌ	**Petajan** ペタジャン	
	Pescara ペスカラ	**Pesola** ペソーラ	**Pétan** ペタン	
		Pesonen ペソネン	**Petar** ペーター／ペータル**／ペタール*／ペタル*	

Peterfy ピーターフィ
Peterhans ピーターハンス
Peterhansel ペテランセル*
Pēteris ペーテリス
Peterka ペテルカ*
Peterkin ピーターキン*
Peterman ピーターマン
Petermann ペーターマン / ペーテルマン
Peternolli ペテルノッリ
Peteronius ペテロニウス
Peterov ペトロフ
Peters ピーターズ*** / ピーターズ*** / ピータズ / ペーターズ** / ペーテルス** / ペテルス*
Peterschmidt ピーターシュミット
Petersdorf ピータースドルフ
Petersen ピーターセン / ピーターセン** / ペェタァゼン / ペーターセン*** / ペーテルセン / ペータゼン / ペタセン* / ペタゼン / ペダーセン / ペーテルセン* / ペーテルゼン / ペテルセン*
Petersham ピーターシャム** / ピータースハム
Petersilge ピーターシルイージ
Petersilka ペーターシルカ
Peterson パターソン / ピータースン* / ピタースン / ピーターソン*** / ピータソン / ビタースン / ペーターソン / ペターソン / ペダーソン / ベッテション / ペーテション** / ペテション / ペテッション / ペーテルソン / ベテルソン*
Petersone ベテルソネ
Pētersons ペーテルソヌス

Peterssen ペーテルセン
Petersson ピーターソン* / ペタション / ペーターズゾン / ペーターソン / ペッテション / ペーテルソン / ペーテルソン*
Petersson ペーテルソン
Petersz ペーテルス
Peterus ペトルス / ベルトス
Petervari-molnar ペテルバリモルナル
Peterzano ペテルツァーノ
Petey ピーティ
Pethahiah ペタヒア
Pethes ペテシュ
Pethick ペシイック / ペシク / ペシック*
Petibon プティボン*
Petie ペティ*
Petievich ペティヴィッチ* / ペティビッチ
Petikyan ペチキアン
Petilla ペティリア
Petillius ペティリウス
Pétillon ペティヨン
Petina ペティナ**
Pétion ペシオン / ペティオン / ペティヨン
Petiot プチオ*
Petipa プチパ / プティパ* / ペチパ / ペチパー / ペチパ
Pétis ペティ
Petiska ペチシカ* / ペチシュカ
Petit プチ** / プティ*** / プティー* / ペティ / ペティット* / ペティート
Petitcollin プチコラン*
Petite ペティト
Petitfils プチフィス / プティフィス
Petitjean プチジャン / プティジャン*

Petitmangin プティマンジャン
Petitot プティト* / プティトー
Petitpas プティパ
Petitt プティ
Petit Thouars プティトワール
Petitti ペティット
Petix プティ / ペティックス
Petkanov ペトカノフ
Petko ペットコ / ペトコ
Petkov ペトコフ / ペトコフ*
Petkova ペトコヴァ / ペトコバ / ペトコワ
Petkovic ペトコヴィック / ペトコヴィッチ* / ペトコビッチ*
Petković ペエトコヴィッチ / ペトコビッチ
Petkovsek ペトコブセク
Petkovšek ペトコブセク*
Petlyura ペトリューラ / ペトリュラ
Peto ピート*
Petoello ペトエルロ
Petoff ペトフ
Petőfi ペテーフィ / ペテフィ* / ペトーフィ
Petorison ペトリソン
Petorov ペトロフ
Petr ピーター / ピョートル*** / ペトル* / ペートル / ペトル*** / ペトロ
Pëtr ピーター / ピョートル* / ピョトル / ピヨートル
Petra ペートラ* / ペトラ**
Petrache ペトラーチェ
Petrachi ペトラーキ
Petraeus ペトレアス*

Petraglia ペトラグリア / ペトラリア
P'etraja ペートラジャ / ペートラーチャー
Petrak ペトラック
Petrakis ペトラキス
Petrakov ペトラコフ**
Petra-Marina ペトラマリーナ*
Petranek ペトラネック
Petranovic ペトラノヴィック
Petrarca ペトラルカ*
Petras ペトラス*
Petrashevskii ペトラシェーフスキー / ペトラシェフスキー / ペトラシェーフスキィ
Petrasovits ペトロショヴィッツ / ペトロショビッツ
Petrassi ペトラッシ*
Petratu ペトラトゥ
Petrauskas ペトラウスカス*
Petrazhitskii ペトラジツキー
Petrazzi ペトラッツィ
Petrdlik ペトルドリク
Petre ピーター / ペーター / ペタル / ペトレ** / ペトロ
Petré ペトレ
Petree ペトリー
Petreius ペトレイウス
Petreley ペトレリ
Petrella ペトレッラ / ペトレーラ*
Pétrement ペトルマン*
Petrenko ペトレンコ*
Petrescu ペトレスク**
Pétrétei ペトレーテイ
Petri ピートライ / ペートリ / ペトリ**
Petria ペトリア
Petrianov ペトリヤノフ
Petriashvili ペトリアシビリ
Petriceicu ペトリチェイク
Petrich ペトリッチ*
Petrick ペトリック*
Petricka ペトリチカ
Petrides ペトライズ*
Petrie ビートゥリ

ビートリ / ビートリー* / ビトリー / ペトリ* / ペトリー** / ペトリエ
Petriglieri ペトリリエリ
Petrignani ペトリニャーニ
Petrik ペトリク
Petrikov ペトリコフ
Petrikovics ペトリコビッチ
Petrila ペトリラ
Petrin ペトリン
Petrini ペトリーニ**
Petrinos ペトリノス
Petrioli ペトリオーリ
Petris ペトリス*
Petrissa ペトリサ
Petrit ペトリット
Petritsch ペトリッチ
Petritskii ペトリツキー
Petriv ペトリフ**
Petrlik ペドリック / ペトルリック
Petro ペトロ**
Petrocelli ペトロセッリ / ペトロセリ / ペトロチェッリ / ペトロチェリ
Petroche ペトローチェ
Petrock ペトロック
Petroff ペトロッフ / ペトロフ*
Petrokokkinos ペトロコキノス
Petrona ペトロナ
Petronax ペトロナクス*
Petrone ペトローネ
Petroni ペトローニ
Petronia ペトロニア
Petronijević ペトロニエビチ
Petronilla ペトロニラ / ペトロニリャ
Petronio ペトローニオ / ペトロニオ*
Petronius ペトローニウス / ペトロニウス* / ペトロニウム
Petropoulos ペトロプーロス
Petros ピーター / ペトロ / ペトルス / ペトロ / ペトロス**
Pétros ペトロス

Petroshevskii ペトロシェフスキー	Petrovskii ペトロフスキー**	Petsalnikos ペタルニコス ペチャルニコス	Petteway ペットウェイ Petti ペッティ	Petursdottir ペトルスドッティル	
Petrosian ペトロシャン ペトロスィアン	Petrovsky ペトロフスキー	Petsarath ペッサラート	Pettibon ペティボン Pettichord	Petursson ペトルソン ペトルッソン	
Petros'iants ペトロシャンツ	Petrovych ペトローヴィチ	Petschauer ビッチャウバー	ペッティチョード ペティショード	Pétursson ビェトルソン ビェトルソン	
Petrosillo ペトロジッロ*	Petrowsky ペトロウスキー ペトロフスキー	ペッシャウアー Petschek ペチェック	Pettier プティエール Pettiet ペティット	ビェトルソン Péturson	
Petrosjan ペトロシャーン	Petru ペトゥル*	Petschnikov ペチュニコフ	Pettifor ペティファー	ベーテュルソン ベートゥルッソン	
Petroski ペトロスキ ペトロスキー*	ペトル Petrucci	Petschow ペッチョウ Petschull	ペティフォー Pettiford	Petushkova ペッシコーワ	
Petrossian ペトロッシアン	ペトラッシ ペトルッチ	ペチュル ペッチュル*	ペティフォード Pettigrew	Petway ペットウェイ Petyrek ペティレク	
Petrosyan ペトルシャン	Petrucciani ペトルチアーニ	Petsko ペツコ	ペティグリュー ペティグリュゥ	Petyt ペティト	
Pétrot ペトロ	Petruccioli ペトルッチオーリ	Petsos ペツォス Pettas ペタス*	ペティグルー** Pettijohn	Petz ペッツ Petzel ペッツェル	
Petrou ペトロー Petrounias ペトルニアス	Petruccione ペトルチン	Pettavino ペタビーノ Pettazzoni	ペティジョン Pettina ペッティナ	Petzinger ペッツィンガー*	
Petroutsos ペトルウトソス	Petrucelli ペトルセリ ペトルチェッリ	ペッタツォーニ Pettee	Pettinari ペッティナーリ	Petzke ペッキィ Petzl ペツル	
Petrov ペトローフ* ペトロフ***	Petrunek ペトルニク Petrunkevitch	ペテー ペティ	Pettinato ペッティナート	Petzold ベゾルド* ベツォルト	
ペトロブ ペドロフ	ビェトルンケーヴィッチ	ペティー Pettegree	ペティナート Pettingell	ベツォルト ベッツォルト	
Petróv ペトロフ Petrova	Petrus ペトラス*	ペティグリー Pettena ペッテーナ	ペッティンジェル ペティンゲル	Petzoldt ベーツォルト	
ペトゥロヴァ ペトローヴァ	ペトリュス ベートルス	Pettenella ペテネーラ Pettenkofen	Pettinger ペッティンガー*	ベツォルト* ベッツォルト**	
ペトロヴァ** ペトロバ	ペトルス** ペトロス	ペッテンコーフェン Pettenkofer	Pettis ペッティス	Petzow ペツォー	
ペトロワ** Petrovic	Pétrus ペトリュス	ペッテンコーファー ペッテンコーフェル	ペティス* Pettit	ペツオー Peucer ポイツァー	
ペトロヴィチ ペドロヴィック	ペトルス Petrusenko	Petter ピーター	ペティット* ペティート	Peuckert ポイカート	
ペトロヴィッチ* ペトロビッチ	ペトロチェンコ Petruseva ペトルセワ	ベーター* ペター**	ペティト* Pettitt	Peuerbach プールバッハ	
Petrovič ペトロヴィチ Petrovič	Petrushanskaia ペトルシャーンスカヤ	ペッター* ペッテル**	プティット* ペティット	プールバハ ポイアーバッハ	
ペトローヴィチ Petrovich	Petrushevskaia ペトルシェフスカヤ*	ペテル* Petteri ペッテリ*	Pettite ペティット**	ポイエルバッハ ポイエルバハ	
ペトロヴィチ ペトローヴィチ*	Petrushevskaya ペトルシェフスカヤ*	Petters ペッテルス Pettersen	ペティート Pettler ペトラー	ポイルバッハ Peuerl ポイエルル	
ペトロウィチ ペトロヴィチ*	Petrushevskii ペトルシェーフスキー	ペテルセン** Pettersén ペテルセン	Pettman ペットマン** Pettoruti ペトルチ*	Peugeot プジョー Peuhmond プーモン	
ペドロヴィチ ペトローヴィッチ	Petrushevsky ペトルシェフスキー	Petterson ピーターソン	Pettovich ペトロヴィチ	Peuillier プーリエ Peuker ポイカー	
ペトローヴィチ* ペトロービィチ	Petrúsi ビャトルーシ	ペターション ペターソン	Pettus ビタス Pettway ペットウェイ	Peukert ポイカート* Peukestas	
ペトロービッチ ペトロビッチ*	ビョートル ペトルーシ*	ペターソン ペッテルソン*	Petty ペチー	ペウケスタス Peur プール	
Petróvich ペトローヴィチ	Petruska ペトリューシカ	Petterssen ペッターセン*	ペッティ ペッティー	Peurifoy ピュリフォイ Peursen ペールセン	
Petroviq ペトロビッチ Petrovitch	Petrusz ペトルーセ Petruzzi ペトルッツィ	Pettersson ピーターソン ペターソン	ペティ*** ペティー	Peusner プーズナー Peutinger	
ペトロヴィッチ Petrovits ペトロビッツ	Petry ビートリ ビトリー	ペッターセン ペッティション	ペティ Petukhov ペトゥホフ	ポイティンガー Peven ピーブン	
Petrovna ペトローヴナ	ベートリ ペトリ*	ペッテション* ペッテルソン	Petukhoya ペトゥホーヴァ	Pevkur ペフクル Pevney	
ペトロウナ ペトローブナ	ペトリー* Petryanov	ペテション ペテルション	ペトゥホーワ Petula ペチューラ	ベヴニー ベブニー	
ペトロブナ* ペトロブナ	ペトリャノフ Petryna ペトリーナ	ペテルソン* Pettes ペティース	Petŭr ペーター Petura	Pevný ベヴニー Pevsner	
Petrovskaya ペトロフスカヤ	Pets ペッツ	Pettet プテト ペッテット ペテト	ペチュラ ペトゥラ ペトラ	ベヴスナー* ベヴスネル ベフスナー	

ペブスナー*
ペブスネル
Pevtsov
ベフゾフ
ベフツォーフ
ベフツォフ
Pevzner
ベヴズネル
ベヴズネル*
ベブズネル
ベブズネル
Pew ピュー
PewDiePie
ピューディパイ
Pexton ペクストン*
Peya ペヤ
Peyceré ペイセル
Peycheva
ペイチェヴァ*
ペイチェバ
Peyer
パイアー
パイヤー
ペイエ
Peyerimhoff
パイアリムホフ
Peyerl ポイエルル
Peymani ペイマニ
Peymann パイマン
Peynet ペイネ*
Peyo
ペイヨ
ペヨ*
Peyrat ペラ
Peyre ペール
Peyrefitte
ペイルフィット
ペイレフィッテ
ペールフィット***
Peyrelade ペイレラド
Peyrelevade
ペイルルヴァド
Peyrelon ペルロー
Peyrère
ペイレール
ペレール
Peyret ペイレ
Peyró ペイロ
Peyrol ペイロール*
Peyrols ペイロルズ
Peyron ペイロン
Peyronet
ペーロネー
ペロネ
Peyronie ペーロニ
Peyrony ペイロニ
Peyrot ペイロ
Peyrou ペイロウ
Peyrous ペイルス
Peyroux ペルー*
Peyrouzet ペルゼ
Peys ペイス
Peyser
パイザー
ペイザー

ペイザー*
Peyto ピートウ
Peyton
ピートン
ペイトン***
ペイントン
Peyvan ペイヴァン
Pez
ペ
ペツ
Pezanowski
ペザノウスキー
Pezel
ペーツェル
ペツェル
Pezenas ペゼナス
Pezeshkian
ペゼシュキアン
Pezeu ブズー*
Pezim ペジム
Pezner ベヴズネル
Pezoldt
ペーツォルト
ペツォルト
Pézsa ペジャ
Pezzabo ペッツァーノ
Pezzano ピザーノ
Pezzarossi ペサロッシ
Pezzella
ペッセージャ
ペッツェッラ
Pezzo ペッツォ*
Pezzolo ペッツォーロ
Pezzulo ペッツーロ
Pezzuto ピズット
Pezzutto ペッツート*
Pfaender フェンダー
Pfaff
パッフ
パーフ
パフ
ファッフ*
プファフ*
Pfaffenberger
パッフェンバーガー
ファッフェンバーガー
Pfaffenrath
ペファッフェンラート
Pfaffinger
ファイフィンガー
Pfaltz
ファルツ
プファルツ
Pfalz プファルツ
Pfänder プフェンダー
Pfanner プファンナー
Pfannmoller
プファンメラー
Pfannmöller
プファンメラー
Pfannstiehl
プファンシュティール
Pfarr プファー*
Pfarrer プファラー
Pfaudler
プファウドラー

Pfeffer
フェッファー
プェッファー
プエッファー
フェッファー*
ブフェッファー*
プフェファー
ヘッファー
ペッファー*
Pfefferbaum
ファイファーバウム
Pfefferkorn
プフェッファーコルン
プフェッフェルコルン
Pfefferman
フェファーマン
Pfeifer
ファイファー**
フェイファー
プファイファー
Pfeiffer
パイファー
パイファー
パイフェル
ファイファー**
ファイファー
フェイフェル
プファイファ
プファイファー*
プフェフェール
Pfeil
ファイル
フェイル
Pfeilschifter
ファイルシフター
Pfendsack
フェンザック
プフェントザック
ペンザック
ペンヅャク
Pfennig パフェ
Pfenning プフェニング
Pfennings
プフェニングス
Pfettenbach
プフェッテンバッハ*
Pfettscher
プフェッチャー
Pfeuffer フォイファー
Pfiester フィースター
Pfiffner フィフナー*
Pfirrmann フィルマン
Pfister
フィスター**
フィステル
プフィスター
Pfisterer
プフィステラー
Pfitzenmaier
プフィッツェンマイヤー
Pfitzinger
フィッツィンジャー
Pfitzmann
プフィッツマン
Pfitzner
ピッツナー
フィッツナー
プフィッツナー
プフィッツナー*

プフィッナー
Pfizenmayer
フィッツェンマイヤー
プフィッツェンマイエル
Pfizer プフィッツァー
Pfizmaier
プフィッツマイアー
Pflaum
プフラウム
プロム
Pflaumer プフラウメル
Pfleeger プフリーガー*
Pfleger
プフレーガー
プレーガー
Pfleiderer
プフライデラー
プフライデラー*
プフライデレル
プライデラー
プライデレル
Pflier プリール
Pflimlin
プラムラン
プリムラン*
Pflock プフロック
Pflug
プフラッグ
プフルーク
プフルーグ
プフルグ
プルーク
Pflugbeil
プフルークバイル**
プフルグバイル
Pfluger プフリューガー
Pflüger
プフリューガー
プリューガー
Pflugfelder
プフルーグフェルダー*
Pflughaupt
プリューゴープト
Pflugk プフルック
Pflum プラム
Pfnür プヌール
Pfoertsch ファルチ
Pfohlmann
プフォールマン
Pfordten
プフォルテン*
Pforr プフォル
Pförringer
プフェーリングァー
Pförtner
プフェルトナー
プフォルトナー
Pfster フィステル
Pfuderer プフデラー
Pfüger フリューガー
Pfuhl
プフール
プール
Pfund
プファンド
プフント
Pfungst プフングスト

Pfütze プフュッツェ
Pfützner ピュッツナー
Pg ペンギラン
Pha フェイ
Phabongkhapa
パボンカッパ
Phach
ファク
ファック
Phách ファック
Phadermchai
パドゥームチャイ
Phadke パドケ
Phadkē パドケー
Phadnavīs
パドナヴィース
ファドナビース
ファルナヴィース
Phadnis パドニス
Phaedon フェドン
Phaedra
フィードラ
フェドラ
Phaedrus
パエドルス*
ファイドルス
ファエドルス
フェイドルス
フェードルス
Phaem プアエム
Phaethon ファエトン
Phaff ファフ
Phag mo パクモ
Phag mo grub pa
パグモドゥパ
Phahon パホン
Phaibun パイブーン
Phaidimos
ファイディモス
Phaidōn
パイドン
ファイドン
Phaidra
ファイドラ
ファイドラー
Phaidros ファイドロス
Phainiās パイニアス
Phair フェア*
Phaisan パイサン
Phaithoon
パイトゥーン
Phaithun パイトゥーン
Phaiwarin パイワリン
Phakamat
パカーマート
Phakee ペカ
Phakeias
ペカヒア
ペカヒヤ
ペカフヤ
Phalaikos
ファライコス
Phalaris ファラリス
Phaleas ファレアス
Phalen ファーレン
Phalereus
ファレレウス

Phalēse ファレーズ
Phalke ファールケー
Phallang パラング
Phalle
　ファール*
　ファル
Phalon
　ファロン
　フェイロン
Phaly パリー
Pham
　パム
　ファム***
　ファン**
Phạm
　パム
　ファム*
Phamotse パモツェ
Phan ファン***
Phanasuwan
　パナースワン*
Phandouangchit
　パンドゥアンチット
Phandouangsy
　パンドアンシー
Phandu パンドゥ
Phaṇīśvaranātha
　ファニーシュヴァルナート
Phaṇīśvarnāth
　パニーシュワルナート
Phanitphak
　パーニットパック
Phankham パンカム
Phanodēmos
　パノデモス
　ファノデモス
Phanoklēs
　ファノクレス
Phanomyong
　パノムヨン*
Phansumrit
　ファンスムリット
Phanxicô フランシスコ
Phao パオ
Phap ファップ
Phap Loa
　ファップロア
Pharaïldis
　ファライルディス
Pharaoh ファラオ
Pharaon ファラオン
Pharax ファラクス
Pharcellus
　ファーセラス
Phare フェアー
Pha rgod パゴェ
Pharmakides
　ファルマキデス
Pharmakidis
　ファルマキディス
Pharmas ファルマ
Pharnabazus
　ファルナバズス
　ファルナパゾス
Pharnakes
　ファルナケス

Pharnakēs
　ファルナケス
Pharo ファロ
Pharoah
　ファラオ
　ファロー
Pharoahe ファロア
Pharoh ファロー
Pharr
　ファー**
　ファール
Pharrell ファレル*
Phasee パーシー
Phasuk パースック
Phasukavanich
　パースックワニット
Phat
　ファット*
　ファト*
Phatak ファタック
Phatan パタン
Phathanothai
　パタノタイ
Phatlum パットナム
Phaulkon
　フォールコン
　フォルコン
Phaüllos ファウロス
Phaya パヤー
Phayom パヨーム
Phayre
　フェーアー
　フェアー
　フェイヤー
　フェーヤー
Pheasant フェザント
Phebe フィービー
Pheby フィービー
Phedon
　フェイドン
　フェドン*
Phegley フェグリー
Pheidias
　フィディアス
　フェイディアース
　フェイディアス
　ペイディアス
Pheidippides
　フィリッピデス
　フェイディッピデス
　フェイディピデス
Pheidon フェイドン
'Phel ペル
Phelan
　フィーラン
　フェラン**
Phelekezela
　ペレケゼラ
Pheley フェレイ
Phelim フェリム*
Phelippes フェリペス
Phēlix ペリクス
Phelp フェルプス
Phelps フェルプス***
Pheme
　フィーミ*

フィーム
Phemios ペーミオス
Pheng
　フェン
　ペン
Phengkhammy
　ペンカミー
Phenix フェニックス*
Pherekratēs
　フェレクラテス
　ペレクラテス
Pherekydēs
　フェレキュデス
　ペレキューデース
　ペレキュデス
Pherselidze
　フェルセリゼ
Phēstos
　フェスト
　フェストゥス
　ペストス
Phet ペット
Pheto ペト
Phetracha
　ペートラーチャー
Phetsile フェツィル
Phi
　フィ
　フィ
Phibunsongkhram
　ビブーンソンクラーム
Phichit ピチット**
Phichitprichakon
　ピチットプリーチャーコーン
Phidd フィッド
Phien フィエン
Phieu フュー**
Phife ファイフ
Phii ピー
Phikkhu ビック
Phil
　フィール
　フィル***
Phila フィラ
Philadelphos
　フィラデルフォス
Philadelphus
　フィラデルフォス
Philagres フィラグレス
Philander
　フィランダー*
Philangi フィランジ
Philarète フィラレート
Philargyrius
　ピラルギュリウス
Philastrius
　フィラストリウス
Philavong ピラウォン
Philbert
　フィルバート
　フィルベール
Philberth
　フィルベルス
Philbin フィルビン*
Philbrick
　フィルブリック**

Philbrook
　フィルブルック
Philby フィルビー**
Phileas フィレアス
Philéas フィレアス
Philemon
　ピレモン
　ファリマン*
　フィリモン
　フィレモン
Philémon フィレモン
Philēmōn
　ピレモン
　フィレモン
Philes フィレス*
Philēs フィレス
Philetairos
　ビレタイロス
　フィレタイロス
Philētās
　ビレーラス
　ビレタス
Philibert
　フィリップ
　フィリベール**
　フィリベルト
Philibertus
　フィリベルトゥス
Philidas フィリダス
Philidor フィリドール
Philikos フィリコス
Philinus フィリノス
Philip
　ヒリップ
　ピリポ
Philipe
　フィリップ**
　フィリプ
Philipon
　フィリッポン
　フィリポン*
Philiponet フィリポネ
Philipovich
　フィリポビッチ
Philipp
　ヒリップ
　フィーリップ*
　フィリップ***
Philippa
　フィリッパ***
　フィリパ*
Philippakis
　フィリッパキス
Philippart
　フィリパール
Philippe
　フィイリップ
　フィリップ***

フィリップ
フィリッペ
フィリーブ**
フィリーブ
フィーリペ
フィリペ
フェリペ
Philippi
　フィリッピ
　フィリッピー
　フィリパイ
　フィリピ
Philippicus
　フィリッピクス
Philippidēs
　ビリッピデス
Philippine
　フィリッピーヌ
　フィリッピーネ
　フィリピーヌ*
　フィリピン
Philippo フィリッポ
Philippon
　フィリポーン
Philippos
　ピリッポス
　ピリポ
　フィリッポス
　フィリポ
　フィリポス
Phílippos
　フィリッポス
Philippot フィリッポ
Philippoussis
　フィリプーシス
　フィリポーシス*
Philippović
　フィリッポヴィチ
　フィリッポヴィッチ
　フィリッポビッチ
Philippovich
　フィリッポヴィッチ
Philipps
　フィリップス*
Philippsberg
　フィリップスベルグ
Philippson
　フィリップソン*
　フィリップゾン
Philippus
　フィリップス
　フィーリプス
　フィリプス
Philips
　フィリップ*
　フィリップス**
　フィーリプス
　フィリプス
Philipse フィリップス
Philipsen
　フィリップセン
Philipson
　フィリプスン
　フィリプソン
Philipsz フィリップス
Philiscos ピリスコス
Philiskos フィリスコス

Philistiōn
　フィリスティオン
Philistos
　ピリストス
　フィリストス
Philitas フィリタス
Phill フィル*
Philley フィリー
Phillida
　フィリィダ
　フィリダ
Phillifent
　フィリフェント
Philliips フィリップス
Phillimore フィリモア
Phillinganes
　フィリンゲインズ*
Phillip
　フィリップ***
　フィル*
Phillipa
　フィリッパ*
　フィリパ
Phillipe
　フィリップ***
Phillippo フィリッポ
Phillipov フィリポフ
Phillipp フィリップ
Phillippa フィリッパ
Phillippe
　フィリップ***
　フィリピー
Phillippi フィリップ
Phillippine
　フィリッピーヌ
Phillipps
　フィリップス**
　フィリプス
Phillips
　フィリップ*
　フィリップス***
　フィーリプス
　フィリプス*
Phillipson
　フィリップソン
　フィリプスン
　フィリプソン
Phillis フィリス***
Phillp フィリップ
Phillpotts
　フィルポッツ***
Phillppe フィリップ
Phillps フィリップス
Phills
　フィリス
　フィルス
　フィルズ*
Philly フィリー*
Philmore フィルモア
Philo
　ファイロ*
　ファイロウ
　フィロ**
　フィロン
Philobiblius
　ヒロビブリアス

Philocaesar
　フィロカエサル
Philocalus
　フィロカルス
Philochoros
　ピロコロス
　フィロコロス
Philodēmos
　ピロデモス
　フィロデモス
Philoklēs
　ピロクレス
　フィロクレス
Philokratēs
　フィロクラテス
Philoktetes
　ピロクテテス
　フィロクテテス
Philoktitis
　フィロクティティス
Philolāos
　フィロラウス
　フィロラオス
Philombe フィロンベ
Philomela フィロメラ
Philomēlē フィロメレ
Philomelos
　フィロメロス
Philomena
　フィロメーナ
　フィロメナ
Philomène
　フィロメーヌ
Philomētēr
　フィロメテル
Philomētōr
　フィロメートール
　フィロメトル
Philon
　ピローン
　ピロン
　フィローン
　フィロン*
Philōn
　ピロン
　ピロ
　フィローン
　フィロン
Phílōn
　ピロン
　フィローン
Philonenko
　フィロネンコ*
Philōnidēs ピロニデス
Philonie フィロニー
Philopator
　フィロパテル
　フィロパトル
　フィロパトル
Philopatōr
　フィロパトル
Philopatris
　フィロパトリス
Philoponos
　ピロポノス
　フィロポノス
Philoromaios
　フィロロマニオス
Philoromus
　フィロロームス

Philosophe
　フィロソーフ
Philostorgios
　フィロストルギオス
Philostórgios
　フィロストルギオス
Philostratos
　ヒロストラトス
　ピロストラトス*
　フィロストラトス
Philotas フィロタス
Philothée
　フィロッテ
　フィロテ
Philotheos
　フィロセオス
　フィロテオス
Philótheos
　フィロテオス
Philotheus
　フィロテウス
Philothêus
　フィロテウス
Philoxenos
　ピロクセノス
　フィロクセノス
Philóxenos
　フィロクセノス
Philoxenus
　フィロクセネス
　フィロクセノス
Philp フィルプ
Philpoimēn
　フィロポイメン
　フィロポエメン
Philpot フィルポット*
Philpott フィルポット
Philpp フィリップ
Philps フィルプス
Philson フィルソン
Philus フィルス
Phimmasone ピマソン
Phimps フィンプス
Phin ピン*
Phina フィナ
Phinansi フィナンシ
Phineas
　フィニアス*
　フィネアス
Phineés ピネハス
Phinehas
　ピネハス
　フィネハス
Phineus フィネウス
Phinit ピニット
Phinn フィン
Phinney
　フィーニー
　フィニー
　フィネイ
Phinot フィノー
Phintias
　フィンチアス
　フィンティアース
　フィンティアス
Phippen フィッペン

Phipps
　フィップス**
　フィプス
Phips フィップス
Phipson
　ヒプソン
　フィップソン
　フィプスン
　フィプソン*
Phirasi ピーラシー
Phiri
　ピリ
　フィリー
Phiriya ピリヤ*
Phirodēmos
　フィロデモス
Phirom ピロム
Phiromphakdi
　ピロムパクディ
Phisansukhumwit
　ピサーンスクムウィット
Phister フィスター
Phithayalongkhorn
　ピタヤロンコーン
Phitpricha
　ピットプリーチャー
　ピップリーチャ*
Phitprīchā
　ピットプリーチャー
Phitsamay ピッサマイ
Phivos フィボス
Phiwayinkhosi
　フィワインコシ
Phlaouianos
　フラウィアノス
Phleger フレガー
Phlippe フィリプ
Phly フリ
Pho
　フォ
　ポ
　ポー

Phobe フィービー
Phoca フォカ*
Phocas
　フォーカス
　フォカス
Phoch ポット
Phoebadius
　フォエバディウス
Phoebe
　フィービ**
　フィービー*
　フェベ
　フォーブ*
Phoebus
　フィーバス
　フェビュース
　フェーブス
　フォエブス
　フォーバス
Phoenix
　フィニクス
　フィーニックス
　フェニックス**
　フォエニクス
Phoeun ブン

Phoeung ブン
Phoíbē フィベ
Phoibidas
　フォイビダス
Phoinix フォイニクス
Phokas フォカス
Phōkâs フォーカス
Phōkiōn フォキオン
Phōkulidēs
　フォキュリデス
Phōkylidēs
　フォーキュリデース
　フォキュリデス
　ポキュリデース
　ポキュリデス
Pho lha ポラ
Pho-lha-nas ポラネ
Pholsena ポンセナ
Phomkhe ポンケー
Phommachanh
　ポマチャン
　ポムマチャン
Phomphiphak
　ポンピパーク
Phomvihane
　ポムウィハーン
　ポムビハン*
Phon ポン
Phone ポウン
Phonemek ポーンメク
Phong フォン*
Phongasabut
　ポンサブット
Phongpaichit
　ポンパイチャ*
Phongpaicht
　ポンパイチット
Phongphaibuun
　ポンパイブーン
Phongphaichit
　ポンパイチット
Phongphan ポンパン
Phongsavath
　ポンサワット
Phongthep ポンテープ
Phonprapha
　ポンプラパー
Phons フォンス
Phoofolo プーフォロ
Phooko ブーコ
Phoolan プーラン**
Phoon フーン
Phormion
　フォルミオン
Phororo ポロロ
Phorplaphaa
　ポンプラパー
Phortounâtos
　ポルトナト
Phosikham ポシカム
Phoskolos
　フォスコロス
Photeinos
　フォテイノス
Phōteinós
　フォーティノス

P

Phothirak ポーティラック
Phothisalarat ポーティサララート
Photiádes フォティアデス
Photikarm フォティカーム
Phōtios フォチオス／フォーティオス／フォティオス／ポティオス
Photoglo フォトグロ
Phoui プイ
Phoum プーン
Phouma プーマ*
Phoumi プーミ*／プーミー
Phoumsavanh プームサバン／プームサワン**
Phoumy プーミー
Phoun プーン*
Phouphet プーペット
Phoya ポヤ
Phra プラ**／プラー
Phraates ファラアテス／フラアテス／フラーテス
Phracao プラチャオ
Phradmon フラドモーン
Phragmén フラグメン／フラングメン
Phrakhlang プラクラン
Phrakhrang プラクラン
Phramahaamontrii プラマハーモントリー
Phramahaaraachakhruu プラマハーラーチャクルー
Phrantzes スフランツェス／フランツェス
Phraortes フラオルテス
Phraxayavong プラサヤボン
Phraya ピア／プラヤ／プラヤー
Phra Yuki プラユキ
Phrayuki プラユキ
Phreng ba テンワ
Phrixos フリクソス
Phrom-on プロムオン

Phrunikhos フリュニコス
Phrygius フリギウス
Phrynē フリネ／フリュネ／フリュネー
Phrynichos フリュニコス／プリューニコス／プリュニコス
Phu フ／フー**／プー／フウ
Phú フー
Phuangketkeow プアンゲッゲオ*
Phuc フック**
Phúc フォック／フック*
Phục フック
Phu chung ba プチュンワ
Phulan プーラン
Phularkhos フュラルコス
Phule フレー
Phumaphi プマピ
Phūmī プーミ／フマフィ
Phumisa フュミーサ／フュミーサー
Phumisak プーミサク／プミサク／プーミサック*
Phumithawon プーミターウォン*
Phumzile プムジレ**
Phung フォン／フン*
Phụng フン
Phun-tshogs プンツォク
Phun tshogs dbang rgyal プンツォクワンゲル
Phuntsog ピュンツォ／プンツォク
Phuoc フォック／プオック
Phu'ó'c フォック
Phuong フォン*／フォン*／フン*
Phuromakhos フュロマコス
Phusadii プッサディー
Phussa プッサ

Phyeras パジェラス
Phyfe ファイフ
Phyl フィル
Phylarchos ピュラルコス／フュラルコス
Phylicia フィリシア
Phylis フィリス*／フィルス
Phyllida フィリダ*
Phyllis フィリイス／フィリス***／フイリス
Phylos ファイロス
Phyromachos フュロマコス
Physh フィッシュ
Physician フィジシャン
Physick フィジク／フィジック
Pi ピ**／ピー／ピィ
Pia ピーア／ピア***
Piacentini ピアチェンティーニ／ピアチェンティニ
Piacentino ピアチェンティーノ
Piacenza ピアチェンツァ
Piachaud ピアショー
Piaf ピアフ**
Piaget ピアジェ／ピアジェ**
Pialat ピアラ*
Pialorsi ピアロッシ
Piamarta ピアマルタ
Pian ピアン
Piana ピアーナ**
Pianca ピアンカ
Piane ピアーネ
Piang ピアン
Piangerelli ピアンジェレッリ
Piani ピアーニ／ピアニ
Pianka ピアンカ
Piankhi ピアンキ
Piano ピアノ**／ピアン
Piantadosi ピアンタドーシ
Pianzola ピアンゾラ
Piasecki ピアスキー／ピアセキ

Piasente ピアセント
Piastro ピアストロ
Piat ピア／ピアット
Piatakov ピャタコーフ
Piatier ピアテイエ
Piatigorsky ピアティゴルスキー*
Piatkowski パイェットカウスキー
Piatnitskii ピアトニツキー／ピアトニッキイ
Piatnitsky ピアツニスキー
Piatrenia ピアトレニア
Piatrushenka ピアトルシェンカ
Piatt ピアット
Piattelli ピアテリィ
Piatti ピアッティ*／ピヤッチ
Piave ピアーヴェ*
Piavko ピアフコ
Piavoli ピアーヴォリ
Piavonius ピアヴォニウス
Piazentino ピアチェンティーノ
Piazza ピアザ*／ピアッザ*／ピアッツァ*
Piazzetta ピアゼッタ／ピアツェッタ／ピアッツェッタ
Piazzi ピアッツィ
Piazzolla ピアソラ**
Pibrac ピブラック
Pibul ピブーン／ピブン
Pibulsonggram ピブンソンクラーム
Pic ピック*
Pič ピーチ／ピッチ
Pica ピーカ／ピカ
Picabia ピカビア**／ピカビヤ
Picabo ピカボ*
Picacio ピカシオ
Picado ピカード

Picard ピカー／ピカート*／ピカード***／ピーカル／ピカール**
Picardi ピカルディ*
Picardia ピカーディー
Picardie ピカーディ／ピカーディー／ピカディ*
Picardo ピカード
Picarella ピカレッラ
Picart ピカール
Picasso ピカソ**／ピカッソ
Picat ピカ
Picault ピコー
Picazo ピカソ
Piccagliani ピッカリアーニ
Piccaluga ピッカルーガ
Piccard ピカール**／ピッカール
Piccardo ピカルド
Piccarella ピッカレラ
Piccarreta ピッカレータ
Piccaver ピッカヴァー／ピッカバー
Picchi ピッキ
Picciani ピシアニ
Picciano ピッツィアーノ
Piccinardi ピチナルディ／ピッチナルディ*
Piccini ピッチーニ
Piccinini ピッチニーニ**
Piccinni ピッチーニ／ピッチンニ
Piccio ピッチョ
Piccioli ピッチョーリ
Piccioni ピッチオーニ*
Piccionni ピッチョーニ*
Picciotto ビショット／ビチョット／ピッチョート*
Picco ピコ／ピッコ
Piccoli ピコリ*／ピッコリ**／ピッコリー
Piccolo ピッコロ
Piccolomini ピッコローミニ／ピッコローミニ*

ピッコロミーニ
ピッコロミニ
ピッコロミニー
Piccolpasso ピッコルパッソ
Piccone ピッコーネ
Picerni ピサーニ
Pich ピッチ
Pichai ピチャイ
Pichard ピシャール
Pichardo ピチャルド
Pichat ピシャ
Pichegru ピシュグリュ
Pichel ピシェル
Pichelli ピチェッリ
Pichet ピチェート
Pichette ピシェット*
Pichitnoi ピチット*
Pichl ピフル
Pichler ピヒラー**
Pichlmaier ピクルマイヤー
Pichna ピクナ
Pichois ピショワ**
Pichon
　ピション
　ピーション**
　ピション**
Pichot
　ピショ
　ピショー**
　ピチョット*
Pichou ピシュー
Picht ピヒト**
Picinich ピシニッチ
Pick ピック**
Pickar ピカール
Pickard
　ピカアド
　ピカード***
　ピッカード
Pickart ピカート*
Pickel ピッケル
Picken ピッケン
Pickenhain ピッケンハイン
Pickens
　ピケンズ***
　ピッケン
　ピッケンズ*
Picker ピッカー*
Pickeral ピッケラル
Pickering
　ピカリング
　ピカリング***
　ピッカーリング
　ピッカリング
　ピッケリング
Pickersgill ピッカースギル
Pickett
　ピケット**
　ピッケット
Pickfoord ピックフォード
Pickford ピックフォード**
Pickhan ピックハン
Pickhardt ピックハルト
Pickles
　ピクルス
　ピックルズ
Pickman ピックマン
Picknell ピクネル
Picknett ピクネット
Pickover ピックオーバー**
Pickrall ピックロール
Pickrell ピクレル
Pickrem ピクレム
Pickren ピックレン
Picksley ピックスレー
Pickthall ピクソール*
Pickup
　ピックアップ
　ピックアップ
Pickvance
　ピックヴァンス
　ピックバンス
Pickworth ピックワース
Pico
　ピーコ
　ピコ*
Picollo ピコッロ
Picolo ピコロ
Picon ピコン**
Picón
　ピコーン
　ピコン
Picone
　ピコーン
　ピッコーネ
Piconnerie
　ピコヌリ
　ピコヌリー
Picot
　ピコ**
　ピコー
　ピコウ
　ピコット*
Picotte ピコット
Picou
　ピクー*
　ピコー
Picoult ピコー**
Picouly ピクリ*
Picoux ピコー
Picozzi ピコッツィ
Picquart ピカール
Picqué ピケ
Picquier ピキエ
Pictaviensis ピクタヴィエンシス
Pictet
　ピクテ*
　ピクテー
Picton ピクトン
Pictor ピクトル
Picula ピツラ
Picún ピクン
Picus ピクス
Picut ピカット
Picyk ピシック
Pidaev ピダエフ*
Pidal
　ピタル
　ピダール
　ピダル**
Pidcock ピドコック
Piddington
　ピディングトン
　ピディントン
Pider パイダー
Piderit ピデリト
Pidgeon
　ピジェオン
　ピジョン*
　ピジン
Pidhrushna ピドルシュナ*
Pidou ピドゥー
Pidun ピドゥン
Pie
　パイ*
　ピー
　ピエ
Piech ピーチ
Piëch ピエヒ**
Piechler ピーヒラー
Piechociński ピエホチンスキ
Piechota ピエホタ
Pieck ピーク*
Pieckenhagen ピーケンハーゲン
Pieczenik
　ピチェニック**
　ピーツェニク
Pieczynski ピエチンスキー
Pied ピエ
Piedade ピエダデ
Piedi ピエディ
Piedrahita
　ピエドライータ
　ピエドライタ
Piehler ピーラー
Piehslinger ピースリンガー
Pieiller ピエイエ*
Piek ピーク
Piekalkiewicz ピカルキヴィッツ
Piekarz ピーカッツ
Piel ピール
Pielieshenko ピエリエシェンコ
Pielou
　ピールー
　ピルー*
Pieltain ピエルタン
Piem ピエム
Piemontesi ピアモンテージ
Pienaar
　ピーナール
　ピナール
Piencikowski ピアンチコフスキ
Piendl ピーンドル
Piene ピーネ**
Pienkowski
　ピアンコフスキ
　ピアンコフスキー
　ピエンコフスキー
Pieńkowski
　ピアンコフスキー
　ピエンコフスキー
Pieńkowski
　ピアンコフスキー
　ピエンカウスキ
Piepenbring パイペンブリング
Pieper ピーパー**
Piéplu ピエプルー
Piepmeier ピープマイヤー
Pier
　ピア
　ピエル
　ピエール***
　ピエル**
Piera
　ピエーラ
　ピエラ
Pierangelo ピエランジェロ*
Pierantozzi ピエラントッツィ
Pierard ピラード
Pierazzi ピエラッツィ
Pierce
　ピーアス
　ピアース***
　ピアーズ
　ピアス**
　ピエルス**
Piercey ピアシー
Piercy
　パーシー
　ピアーシー
　ピアシー**
Pied ピエ
Piedade ピエダデ
Piedi ピエディ
Piedrahita
　ピエドライータ
　ピエドライタ
Pierdomenico
　ピエール・ドミニコ*
　ピエルドメニコ
Piere ピエール*
Pieree ピエール
Pierer ピーラー**
Pierfederici
　ピエルフェデリチ
　ピエールフェデリッチ
Piergiorgio
　ピエジョルジョ
　ピエルジョルジョ
Pieribone ピエリボン
Pieriche ピエリシュ
Pierides ピエリデス
Pierin ピエリン
Pierina ピエリーナ
Pierini ピエリーニ
Pierino ピエリーノ
Pierios ピエリオス
Piérios ピエリオス
Pieris ピエリス
Pierlot ピエルロ
Pier Luigi
　ピエールルイジ
　ピエルルイジ*
Pierluigi
　ピエールルイージ
　ピエールルイジ*
　ピエルルイージ
　ピエルルイジ**
Piermarini ピエルマリーニ
Piermario ピエルマリオ*
Piermattei ピエルマッテイ
Pierne
　ピエルネ
　ピエルネ
Pierné ピエルネ
Piero
　ピエトロ
　ピエール
　ピエーロ**
　ピエロ***
Piérola ピエロラ
Piéron ピエロン
Pieroni ピエローニ
Pieroth ピエロート*
Pierozzi
　ピエロッツィ
　ピオレッツィ
Pierpaoli ピエルパオリ*
Pier Paolo ピエールパオロ
Pierpaolo ピエルパオロ**
Pierpont ピアポント*
Pierrakos ピエラコス*
Pierre
　ピア*
　ピイエール
　ピエア
　ピエル
　ピエル*
　ピエール*
　ピエール***
　ピエル**
　ピエーレ*
　ピュエル
　ピュール
Piérre ピエール*
Pièrre ピエール
Pierre-Ambroise ピエールアンブロワーズ
Pierre-André ピエールアンドレ
Pierre-Claude ピエールクロード
Pierrefeu ピエールフウ
Pierrekin ピエルカン

Pierre-louis ピエールルイ
Pierrepont ピールポント
Pierrequin ピエルカン
Pierret ピエレ
Pierrette ピエレッテ　ピエレット*
Pierrick ピエリック
Pierro ピエロ
Pierron ピエロン
Pierrot ピエロ
Pierrot-Deselligny ピエロデシーリ
Pierry ピエリ
Piers ピアース*　ピアーズ**　ピアス*　ピアズ**
Piersall ピアソール
Piersanti ピエールサンティ*　ピエルサンティ
PierSath ピアサス
Pierse ピアース
Pierskalla ピエールスカラ
Piersol ピアソル
Pierson ピアスン*　ピアーソン　ピアソン***　ピヤソン　ピールソン*　ピルソン
Pierstorff ピーアストルフ
Pierucci ピエルッチ
Pierzynski ピアジンスキ*　ピアジンスキー
Pies ピエス　ピース*
Piesco ピエスコ
Piesiewicz ピェシェヴィチ*
Piesk ピースク
Piesman ピーズマン
Piesting ピエスティング
Piet ピエト*　ピット　ピート***
Pietari ピエタリ*
Pietarinen ピエタリネン
Pieter ピイタア　ピエター　ピエト*　ピエートロ　ピエトロ　ピーター***　ピーテル**

ビート*　ベーター　ペーテル
Pieternel ピーターナル
Pieters ピエテルス　ピータース　ピーターズ　ピータルス　ピーテルス
Pieterse ピーターサ　ピーターズ　ピーテルス
Pietersen ピーターセン
Pietersma ピーテルスマ
Pietersz ピーテルス
Pietersz. ピーテルスゾーン　ピーテルズゾーン
Pieterszen ピーテルスゾーン
Pieterszoon ピエテルスゾーン　ピーテルス　ピーテルスゾーン
Pietha ピエタ
Piet Hein ピートヘイン
Piethein ピーテイン
Pietilä ピエティレ
Pietilae-holmner ピエティレホルムナー
Piéton ピエトン
Pietra ピエトラ
Pietrafitta ピエトラフィタ
Pietragalla ピエトラガラ*
Pietranera ピエトラネラ
Pietrangeli ピエトランジェリ
Pietrantoni ピエトラントニ
Pietrantonio ピエトラントニオ
Pietrasanta ピエトラサンタ
Pietraszak ピエトラシャク
Pietraszkowa ペトラシコーヴァ
Pietrek ピートレック
Pietri ピエトリ**
Pietro ピエートロ　ピエトロ***　ピエール　ピエル　ピエレル　ペトロ　ペドロ
Pietrocola ピエートロコーラ
Pietrowski ピエトロフスキ

Pietruska ピートルシュカ
Pietruski ピエトルスキー
Pietrzykowski ピエチシュイコフスキー
Pietsch ピーチ
Piétsukh ピエーツフ
Piette ピエット
Piettre ピエートル
Pietz ピーツ
Pietzsch ピエッチ
Pievani ピエバニ
Pieyre ピエール**
Pifaro ピファロ
Pifer パイファー
Piffero ピフェイロ
Piffetti ピッフェッティ　ピフェッティ
Piffl ピッフル
Pifre ピーフル
Piga ピガ
Pigafetta ピガフェッタ
Pigage ピガージュ
Pigaiani ペガイアニ
Pigalle ピガール　ピガル
Piganiol ピガニオル
Pigarelli ピガレッリ
Pigault ピゴー
Pigaut ピゴー
Pige ピジェ
Pigeaud ピジョー
Pigeon ピジョン*
Pigéon ビジェオン
Pigeot ビジェオ　ビジョー*
Piggott ピゴット**
Pighius ピギウス
Piglia ピグリア
Pigliacelli ピリアチェッリ
Pigliucci ピリウーチ
Pignarre ピニャール
Pignataro ピンヤタロ
Pignatel ピニャテール　ピニャテル
Pignatelli ピグナテーリィ　ピニァテッリ　ピニャテッリ　ピニャテリ
Pignatti ピニャッティ
Pigneau ピニョ　ピニョー
Pigneguy ピニーギー
Pigneur ピニュール

Pigni ピグニ
Pignion ピニョン
Pignol ピニョル
Pignolet ピニョレ
Pignon ピニョン
Pignoni ピニョニ*
Pignoria ピニョリア
Pigorini ピゴリーニ
Pigors ピゴーズ　ピゴール
Pigot ピゴット
Pigott ピゴット
Pigou ピグー**　ピグウ　ピゴー
Pigoznis ピゴーズニス
Pigozzi ピゴッツィ
Pigram ピグラム
Piguet ピゲ
Pigulevskaia ピグレーフスカヤ　ピグレフスカヤ
Pigulevskaya ピグレフスカヤ
Pih ファイ
Pihl ピフル
Pihlajamäki ヒラヤメキ
Pihlstrom ピルストーム
Piia ピーア
Piiroinen ピロイネン**
Pija ピア　ピヤ*
Pijade ピヤーデ
Pijaman ピヤマン
Pijl ピール　ペイル
Pijls ペイルス
Pijnacker ペイナッケル
Pijnenburg ピエーネンブルク
Pijper ペイペル
Pijpers ピーパーズ
Pikaizen ピカイゼン
Pikatan ピカタン
Pike パイク***
Pikett ピケット**
Piketty ピケティ*
Pikioune ピキオウネ
Pikkel ピッケル
Pikkujämsä ピックイエムス　ピックヤムサ
Pikler ピクラー
Pikovsky ピコフスキー
Pikul ピークリ

ピクール
Pikuli ピークリ
Pikulj ピークリ
Pikuly ピークリ
Pikus-Pace パイクスペース
Pik-wan ピッワン
Pil ピル
Pilachowski ピラチョウスキー
Pilacorte ピラコルテ
Pilai ピライ
Pilapil ピラピル　フィラピル
Pilar ピラー　ピラール***　ピラル
Pilarczyk ピラルツィク
Pilarín ピラリン
Pilate パイラート　パイラト
Pilates ピラティス
Pilati ピラーティ*
Pilato ピラート　ピラト*　ピラトー
Pilatos ピラト
Pilatowicz ピラトヴィツ
Pilâtre ピラートル　ピラトル
Pilatskaia ピラツカヤ
Pilatus ピラト　ピラトゥス　フィレト
Pilavachi ピラバッキ*
Pilavin ピラヴィン
Pilavoğlu ピラヴオール
Pilbeam ピルビーム
Pilcer ピルサー
Pilch ピルヒ
Pilcher ピルチャー***
Pilditch ピルディッチ
Pile パイル*
Pilebro ピレブロ
Pilecki ピレッキ　ピレツキ
Pileggi ピレッジ*
Pilejczyk ピレチック
Piles ピール　ピル
Pileser ピレセール　ピレセル　ピレゼル
Pilet ピレ
Pilgaard ピルゴーア

Pilger ピルジャー*	Pilniak ピリニャーク		ピーニャ**	Pincus	ピネス*
Pilgram ピルグラム	Pil'niak	Pinaigrier ピネグリエ	ピンカス**	Pinet ピネ
Pilgrim ピルグリム*	ピリニャアク	Pinaki ピナキ	ピンクス	Pinetop パイントップ
Pil-gyu ピルギュ	ピリニャーク	Pinal ピナル	Pinczes ピンチェス*	Pineur ピヌール
Pilhes	Pilny ピルニー	Pinalai ピナライ	Pinczés	Pinfold ピンフォールド
ピーユ*	Pilnyak ピリニャーク	Pinango ピナンゴ	ピンツェーシュ	Ping ピン**
ピール	Pil'nyak ピリニャーク	Pinao ピナオ	Pind ピンド	ピング
Pil-hwa ピルワ	Pilo ピーロ	Pinar プナール	Pinda ピンダ	Pinga ピンガ
Pilhwa ピルファ	Pilon ピロン*	Pinard	Pindale ピンダレ	Piṅgala ピンガラ
Pili ピリ	Pilone	ピナード	Pindār ピンダール	Pingali ピンガリ
Piligian ピリジャン*	パイローン	ピナール	Pindare パンダール	Piṅgaḷi ピンガリ
Piligrim ピルグリム	パイロン	Pinardi ピナルディ	Pindaros ピンダロス*	Pingaud パンゴー**
Pilikán ペリカーン	Pilot	Pinarello ピナレロ	Pindborg	Ping-bin
Pilikhina ピリヒナ	パイロット	Pinas ピナス	ピンドボーグ	ピンヒン
Pilinda ピリンダ	ピロート	Pinati ピナティ	ピンドボルグ	ピンヒン
Pilinszky	Pilote ピロート	Pinato ピナート	Pindell ピンデル	Pingel ピンゲル
ピリンシュキ	Pilotto ピロット	Pinaud ピノー	Pindemonte	Pingeot パンジョー
ピリンスキ	Piloty	Pinault	ピンデモンテ	Pinget パンジェ**
ピリンスキー	ピローティ	ピノー**	Pinder	Piṅgiya ピンギヤ
Pilinyak ピリニャーク	ピロティー	ピノールト*	パインダー	Ping-kun
Pilkey	Pilou ピロー	Pinay	ピンダー*	ピンクン
ピルキー*	Pilpel フィルペル*	ピネ	Pindling	ピンクン
ピルケイ	Pilshchykov	ピネー	ピンドリング**	Pingoud ピング―
Pilkington	ピルシチコウ	Pinayeva ピナエワ	Piṇḍola	Pingré ピングレー
ピルキングトン**	Pil-soo ピルス	Pinazo ピナーソ	ピンズル	Pingree ピングリー
ピルキントン**	Pilsudski	Pinbo ピンボ	ピンドーラ	Ping-ti ピン・ティ
Pilkinton ピルキントン	ピウスーツキ	Pinborough	Pindon パンドン	Pinguet パンゲ**
Pil-kon ピルゴン	ピウスツキ	ピンバラ	Pindur ピンドゥル	Pinguilly パンギーリ
Pil-kyun ピルギュン	ピウスツキー	ピンボロー	Pindy パンディ	Ping-wa
Pill ピル	ピルスズキー	Pincas ピンカス	Pindyck	ピンアオ
Pilla ピラ	ピルスーツキ	Pincay ピンカイ*	ピンダイク	ピンウア
Pillai	ピルスーツキー	Pincetich	ピンディク	Pingyang ピンヤン
ピッライ	ピルスツキ	ピンスティック	ピンディック	Pinhas ピンハス*
ピライ*	ピルスドスキー	Pinch ピンチ*	Pine パイン**	Pinheiro
ピレ	Piłsudski ピウスツキ	Pinchard ピンチャード	Pineau	ピニェイロ***
Pillans ピランズ	Piltz ピルツ	Pinchas	ピノー**	ピネイロ**
Pillar ピラー	Pilutti ピルッティ	ピンカス**	ピノ	ピンヘイロ
Pillari ピラリ	Pil-yong ピルヨン	ピンチャス	Pineaux ピノー	Pinho ピニョ
Pillath ピラート	Pilyugin ピリューギン	ピンハス*	Pineda	Pinholster
Pillay ピレイ**	Pilz ピルツ*	Pinchback	ピニェーダ	ピンホルスター
Pille ピーユ**	Pilzer ピルツァー*	ピンチバック	ピネイダ	Pini
Pillement ピルマン	Pim ピム	Pinchbeck	ピネーダ	ピーニ
Pillemer ピルマー	Pimen ピーメン	ピンチベック	ピネタ	ピニ*
Piller	Pimenov ピメノフ	Pincher ピンチャー*	ピネダ**	Piniella
ピラー*	Pimenovich	Pincherle	Pinedo ピネド	ピニエラ
ピレル*	ピーメノヴィチ	パンシェルル	Pinegin ピネギン	ピネラ**
Pilles ピルレス	Pimenta ピメンタ*	ピンケルル	Pineiro	Pinigin ピニギン
Pillet	Pimental ピメンタル	ピンケルレ	ピニェイロ	Pinigina ピニギナ
ピエ	Pimentel ピメンテル*	Pinches ピンチス	ピネイロ	Pinij ピニット
ピレ	Pimlott ピムロット	Pinching ピンチング	Piñeiro	Pinilla
Pilling ピリング*	Pimm ピム	Pinchiorri	ピニェイロ*	ピニージャ
Pillip フィリップ	Pimont ピモン	ピンキオーリ	ピニェーロ	ピニジャ
Pillman ピルマン	Pimpao ピンパォン	Pinchon	Pinel ピネル*	ピニーリャ
Pillmann ピルマン	Pimpare ピムペア	パンション*	Pineles ピネルズ	Pinin ピニン
Pillney ピルナイ	Pimparé パンパレ	ピンチョン	Pinelli ピネッリ**	Pininfarina
Pillo ピロー	Pimsiri ピムシリ	Pinchot	Pinelo ピネーロ	ピニンファリーナ*
Pilloff ピロフ	Pin	ピンショー*	Pinera ピネーラ	Pinion ピニオン
Pillot	パン**	ピンショウ	Piñera	Pink ピンク**
ピロ*	ピン**	ピンチョー*	ピニェーラ*	P!NK ピンク
ピロット	Pina	ピンチョット	ピニェラ*	Pinkaew ピンゲーオ*
Pillow ピロー*	ピーナ**	Pinciroli ピンチローリ	Pinero	Pinkas ピンカス
Pillsbury	ピナ***	Pinckney	ピネロ*	Pinkayan ピンカヤン
ピルズベリ	ピーニャ	ピンクニ	ピネロー	Pinke ピンケ*
ピルズベリー**	Piña	ピンクニー*	ピネロウ	
	ピナ	Pinçon パンソン	Pines	
		Pincott ピンコット	パイン	
			パインズ**	

Pinkel ピンケル
Pinker ピンカー**
Pinkert
　ピンカート
　ピンケルト
Pinkerton
　ピンカートン*
　ピンカトン
Pinkett ピンケット
Pinkevich
　ピンケヴィッチ
Pinkham
　ピンカム*
　ピンクハム
Pinkhayan
　ピンカヤン*
Pinkie ピンキー
Pinkins ピンキンス
Pinkman ピンクマン
Pinkner ピンクナー
Pinkney ピンクニー**
Pinkola ピンコラ*
Pinkowski
　ピンコウスキー
Pinkse ピンクス
Pinksevich
　ピンキショヴィチ
Pinkston ピンクストン
Pinkstone
　ピンクストーン
Pinkus
　ピンカス
　ピンクス*
Pinkwater
　ピンクウォーター*
Pinky ピンキー
Pinn ピン
Pinna ピンナ**
Pinnell ピネル
Pinneo ピネオ
Pinner
　ピナー
　ピンナー
Pinney ピニー**
Pinnick ピンニック
Pinnington
　ピニングトン
Pinnock ピノック**
Pino
　ピーノ***
　ピノ**
Pinochet
　ピノチェト
　ピノチェト**
Pinock ピノック
Pinol ピニョル*
Piñol ピニョル
Pinomaa ピノマ
Pinon ピノン
Piñon ピニョン
Pinoteau ピノトー*
Pinotti ピノッティ
Pinpin ピンピン
Pins パンス
Pinsel ピンセル

Pinsent ピンセント*
Pinset パンセ
Pinsk ピンスク
Pinsker
　ピンスカー*
　ピンスケル
Pinski
　ピンスキ
　ピンスキー*
Pinskii ピンスキー
Pinsky
　ピンスキ
　ピンスキー**
　ピンスキイ
Pinson ピンソン*
Pinsonnat パンソナ
Pinstrup
　ピンストラップ
　ピンストロップ
Pint ピント
Pintachan
　ピンタチャン
Pintadera ピンタデラ
Pintado ピンタド
Pintasilgo
　ピンタシルゴ**
Pintauro ピンタウロ
Pinter
　ピンター***
　ピンテル
Pintér ピンテール
Pinthus ピントゥス
Pintilie ピンティリエ
Pintner ピントナー
Pinto
　ピント***
　ピントー*
　ピントゥー
Pintoff ピントフ**
Pinton ピントン
Pintor ピントール
Pintori ピントーリ
Pintorno ピントルノ
Pintos ピントス
Pintov ピントフ
Pintrich ピントリッチ
Pinturault
　パンチュロー
　パンテュロー
Pinturicchio
　ピントゥリッキオ
　ピントゥリッキヨ
　ピントゥリッキオ
　ピントリッキオ
　ピントリッキヨ
Pinudjem
　パネジェム
　ピヌジェム
Pinyo ピンヨ
Pinyosinwat
　ピニョシンワット
Pinytos ピニュトス
Pinza ピンツァ
Pinzel ピンゼル
Pinzenik ピンゼニク
Pinzi ピンツィ

Pinzon ピンソン
Pinzón ピンソン
Pio
　ピーオ
　ピオ***
　ピオー
　ピヨ
Pío ピオ***
Piobetta ピオベッタ
Piocelle ピオセユ
Pioche
　ピオシュ
　ピオッシュ
Piogey ピョジイ
Piola ピオーラ
Piolet ピオレ
Piollet ピオレ
Piombi ピオンビ
Piombo
　ピアンボ
　ピオムボ
　ピオンボ
Pion
　パイオン*
　ピオン
Pione ピオネ
Piónios ピオニオス
Piontek
　ピオンテーク
　ピオンテク**
　ピオンテック
Piontelli ピオンテッリ
Piontkovskii
　ピオントコフスキー
Piore
　ピオーリ*
　ピオリ*
　ピオーレ
　ピオレ
Piot
　ピオ
　ピオット**
　ピヨット
Piotr
　ピオトール
　ピオトル**
　ピオトロ
　ピョートル**
　ピョトル*
　ピヨトル
Piotrovskii
　ピオトロフスキー*
　ピオトロフスキイ
Piotróvskii
　ピオトロフスキー
Piotrow ピオトロウ
Piotrowska
　ピオトロヴスカ
　ピオトロフスカ
Piotrowski
　ピイオトゥロウスキー
　ピオトロフスキー
Piotte ピオット
Piotti ピオッティ
Piou ピウ
Piovani
　ピオヴァーニ*
　ピオバーニ

Piovene ピオヴェーネ*
Piovesana
　ピオヴェザーナ
　ピオヴェザーナ
Piozzi
　ピオッツィ
　ピョッツィ
Pip ピップ*
Pipaluk ピーパルク
Pipart ピパール
Pipat ピパット
Pipatanasai
　ピパッタナサイ
Pipe パイプ*
Pipelare ピペラーレ
Piper
　パイパー***
　パイペル
　ピーパー**
　ピパー
Pipes パイプス*
Pipgras ピップグラス
Pipher パイファー*
Pipilotti
　ピピロッティ*
Pipin ピピン*
Pipite ピピテ
Pipitone ピピトーン
Pipkin
　ピプキン*
　ペプキン*
Pipkov ピプコフ
Piplica ピプリカ
Piponnier ピポニエ
Pipp ピップ
Pippa
　ピッパ**
　ピパ
Pippard
　ピッパー
　ピパード
Pippen
　ピッペン*
　ピピン
　ピペン
Pippi ピッピ
Pippig ピピヒ*
Pippin
　ピピン*
　ペパン
Pique ピケ**
Piqué ピケ
Piquemal
　ピクマル*
　ピケマル
Piqueras ピケラス
Piquero ピケロ*
Piquet ピケ*
Piquionne ピキオンヌ
Pir ピール
Pîr ピール
Pira ピラ*
Piran ピラン*

Pirandello
　ピランデッロ**
　ピランデルロ*
　ピランデロ*
　ピルランデロ
Piranesi
　ピラネージ*
　ピラネジ
Pirani
　ピラーニ
　ピラニ
　ピラニー
Pirapaharan
　プラバカラン
Pirapan ピラパン
Pirar ピラル
Piraten ピラーテン
Pirbhai ピルブハイ
Pirc ピルツ
Pire ピール
Pirelli
　ピレッリ
　ピレリ
　ピレルリ
Pirenne ピレンヌ*
Pires
　ピリシュ
　ピリス*
　ピレシュ
　ピーレス
　ピレス**
Pirès ピレス
Pires De Lima
　ピーレスデリマ
Piret ピレット
Piri ピリ
Pirî ピーリー
Piria ピリア
Pirie
　ピリ
　ピリー*
Pirim ピリム
Pirincci ピリンチ
Pirinçci ピリンチ
Pirino ピリーノ
Pirinski ピリンスキ*
Pirjo
　ピリヨ
　ピルヨ
　ピロヨ
Pirker ピルカー*
Pirkheimer
　ピルクハイマー
Pirkis パーキス
Pirkka ピルッカ
Pirkko
　ピルコ
　ピルッコ
Pirkl パークル
Pirlo ピルロ**
Pirlog ピルログ
Pirmez ピルメス
Pirmin ピルミン**
Pirminius
　ビルミーニウス
　ビルミン

PIT

Pirngadie ピルンガディ
Piro ピラ
Piroddi ピローディ
Pirogov ピロゴッフ
ピロゴーフ
ピロゴフ
Pirolli ピロッリ
Pirollo ピロロ
Piromya ピロム
Piron バイオン
ピロン
Pironi ピローニ
Pironkov ピロンコフ
Piros ピロス
Piroska ピロシュカ
Pirosmanashvili ピロスマナシヴィリ
ピロスマナシビリ*
Pirosmani ピロスマニ
Pirot ピロト
Piroth ピーロート
Pirotta ピロッタ
Piroux ピロー
Pirouz ピローズ
Pirovano ピロヴァノ
Pirozhkova ピロズコフ
Pirozzolo ピロッツォーロ
Pirquet ピルケ
ピルケー
Pirro ピッロ
ピルロ
ピロ**
Pirrone ピローネ
Pirrotti ピロッティ
Pirs ピルス
Pirsch ピルシュ
Pirsig パーシグ*
Pirsson ピアソン
Pirtle パートル
Pirtskhalava ピルツハラーヴァ
Pirumova ピルーマヴァ
ピルーモヴァ*
ピルーモバ
ピルーモワ
Pirveli ピルヴェリ
Pirvulescu ビルブレスク
Piryns ピレインス
Pirzâd ピールザード
Pirzada ピールザダ
Pisa ピーサ
ピーザ
ピサ
Pisacane ピサカーネ
ピザカーネ
Pisacreta ピサクリータ

Pisador ピサドール
Pisan ピサン
ピザン*
Pisanello ピサネッロ
ピサネルロ
ピサネロ
ピザネロ
ピザーノ
Pisani ピザーニ
ピザーニ
Pisano ピザーノ*
ピサノ
Pisanthanakun ピサンタナクーン*
Pisanu ピザーヌ
ピザヌ
Pisapia ピザピア
Pisar ピサール
Pisarev ピーサレフ
ピサーレフ
ピサレフ
Pisareva ピサレワ
Pisarevskaya ピサレフスカヤ
Pisarevskiy ピサレフスキー
Pisari ピザーリ
Pisaroni ピザローニ
Pisarzhevskii ピザルジェブスキー
Piscator ピスカートル*
ピスカトール*
Pischel ピシェル*
ピスケル
ピッシェル*
Pischelina ピスシェリナ
Pischetsrieder ピシェッツリーダー*
ピシェツリーダー
Pischinger ピッシンガー
Pischke ピスケ
Pischner ピシュナー
Piscicelli ピシチェッリ
Piscione ピシオーニ
Piscitello ピッツェロ
Piscopo ピスコポ
Piscotty ピスコッティ
Pise パイズ
Pisemskii ピーセムスキー
ピセムスキー
ピーセムスキィ
Pisendel ピゼンデル
Pisetzky ピセッキー*
Pisha ピシャ
Pishchalnikov ピシチャルニコフ

Pishchalnikova ピシチャルニコワ
Pishevari ピーシェヴァリー
Pishkim ピシキシ
Pi-shoung ピーシャン
Pishtar ピシュタル
Pisi ピシ
Pisidēs ピシデース
Pisier ピジェ*
Pisis ピージス
Pisitkasem ピシットカセム
Pisk ピスク
Piśkiewicz ピスキエヴィッチ
Piskor ピスコー
Piskorski ピスコロスキ
Piskur ピスクール
Piso ピソ
Pīsō ピソ
Pison ピゾン
Pissarek ピサレク
Pissarev ピサレフ
Pissarides ピサリデス*
Pissarro ピサロ*
Pissot ピゾー
Pistarino ピスタリーノ
Pisters ピスターズ
Pistilli ピスティッリ
Pistocchi ピストッキ
Pistoia ピストイア
Pistoletto ピストレット*
Piston ピストン*
Pistone ピストーネ*
Pistor ピストーア
ピストル
Pistorello ピストレッロ
Pistorio ピストリオ
Pistorius ピストーリウス
ピストリウス**
Pistrucci ピストルッチ
Pistulla ピチュラ
Pisu ピス
ピズ
Pi-Sunyer ピスーニア
Piszcz ピシュチ
Piszczek ピシュチェク
Piszk ピスク
Pit ピット*
Pita ピタ
ピタ
Pitaevskii ピタエフスキー
Pitagora ピタゴーラ
Pitak ピタック
Pitakaka ピタカカ**
Pitang ピタング

Pitard ピタール
Pitaro ピタロ
Pitbladdo ピットブラド
Pitblado ピットブラド
Pitcairn ピトケアン*
Pitcairne ピトケアン
Pitch ピッチ
Pitchaya ピッチャヤ
Pitcher ピッチャー**
Pitchford ピッチフォード**
Pitchon ピッチョン
Pite パイト
Pitelis ピテリス
Piter ピーテル
Pithart ピタルト*
ピトハルト**
Pithey ピーシー
Pithou ピトゥー
Pitić ピティチ*
Piticchio ピティッキオ
Pitigliani ピティリアニ
Pitigrilli ピチグリッリ
ピチグリリ
ピティグリッリ
ピティグリリ
Pitino ピティーノ**
Pitiot ピティオ
Pitipong ピッティポン
Pitiriano ピティリアーノ
Pitirim ピティリム
Pitiscus ピティスクス
Pitkamaki ピトカマキ**
Pitkänen ピトカネン*
Pitkethly ピットケスリー
Pitkin ピットキン
ピティキン
ピトキン*
Pitloo ピットロー
Pitlor ピトラー
Pitman ピットマン**
ピトマン
Pitney ピットニー*
Pitoeff ピトエフ
Pitoëff ピトーエフ
ピトエフ*
Pitof ピトフ
Pitofsky ピトフスキー
Pitoi ピトイ
Pitois ピトア
Pitol ピトル**
Pitoni ピトーニ
Pitoniak ピトニアク
ピトニアック

Pitot ピトー*
Pitou ピトー
Pitov ピトフ
Pitra ピトラ**
Pitra Neto ピトラネト
Pitrè ピトレ
ピトレー
Pitrelli ピトレリ
Pitrėnienė ピトレニエネ
Pitron ピトロン
Pitrou ピトル
ピトルー
Pitsek ピツェク
Pitskhelauri ピッツヘラウリ
Pitsuwan ピスワン
ピッスワン**
Pitt ピット***
Pitta ピッタ
Pittacus ピタカス
Pittakis ピッタキス
Pittakos ピッタコス
Pittaluga ピッタルーガ
ピッタルガ
Pittampalli ピタンパリ
Pittara ピッターラ
Pittard ピッタール
Pittau ピタウ**
ピトー*
Pitte ピット**
Pittendrigh ピッテンドリヒ
Pitter ピター
ピッター
Pitteri ピッテーリ
Pittet ピッテ
Pittié ピティエ
Pittillo ピティロ
Pittin ピッティン
Pittinger ピッティンガー
Pittioni ピッティオーニ
Pittler ピットラー
ピトラー
Pittman ピットマン**
Pittner ピトネル
Pitton ピトン
Pittoni ピットーニ
Pitts ピッツ**
Pittschau ピトシャウ
Pitt-Watson ピットワトソン
Pitz ピッツ
Pitzer ピッツァー
ピッツアー

Pitzorno ピッツォルノ**	Piyasena ピヤセナ	Plã プラ	Plamnikova プラミーンコヴァー	Plantery プランティエリ
Piukala ピウカラ	Piyasheva ピヤシェワ	Plaà プラー	プラムニコヴァ	プランテーリ
Piumini ピウミーニ**	Piyasvasti ピヤサワット	Plaass プラース	Plamondon プラモンドン	プランテリ
Piumsombun ピアムソンブーン	Piyaui ピヤウイ	Plaatje プラーイキ	Plamper プランパー	プランテリー
Pius ピーウス	Piye ピイ	プラーイキ	Plan プラン	Plantier プランティアー
ピウス**	Piyo ピヨ	プライキ	Plana プラーナ	プランティエ**
ピオ*	Piyum ピユム	プラーキ	Planas プラナス	Plantilla プランティリア
ピシュ	Piyush ピユーシュ	プラーチェ	Planche プランシェ	Plantin プランタン
Piutau ピウタウ	Piz ピズ	Place プラース*	プランシュ	Plantinga プランティンガ**
Piva バイヴァ	Piza ピーザ	プラス**	Planché プランシェ	Plantu プランチュ
バイバ	ピザ	プレイス*	Plancher プランシャー	プランチュウ
ピーヴァ	Pizalou ピザロウ	プレース	Plancherel プランシュレル	Planty プランティ*
ピバ	Pizam ピザム	Placente プラセンテ	Planchon プランション**	Planudes プラヌーデース
Pivaljevic ピバルエビッチ	Pizani ピザーニ	Placentinus プラケンティヌス	Planciades プランキアーデス	プラヌデス
Piven ピヴェン	Pizano ピサノ**	Placer プラセール	プランキアデス	Planus プラニュス
ピーヴン	Pizarnik ピサルニク	Places プラス	Placheński プラヘンスキ	Planyavsky プラニアフスキー
ピヴン	Pizarro ピサーロ	Placeus プラセウス	Planck ブーランク	Plas プラ
ペイビン*	ピサロ***	Plachkov プラチコフ	プランク**	プラース
Piver パイヴァー	ピツァロ	Plachta プラフタ	Plancon プランソン	Plascencia プラセンシア*
Pivert ピヴァート	Pizer パイザ	Plachy プラシー	Plançon プランソン	Plasch プラッシュ
ピヴェール	パイザー	Plachý プラヒー	Plancus プランクス	Plaschke プラシュケ
Piveteau ピヴェトー	ピッツァー	Placid プラシド	Plancy プランシー	Plasencia プラセンシア
ピヴトー	Piziks ピジクス	Placide プラシッド	Plane プレン	Plasger プラスガー
Pivetta ピベッタ	ピジック	プラシード	Planel プラネル	Plasker プラスカー
Pivniceru ピブニチェル	Piznarski ピズナースキー	プラシド	Planell プラネル	Plaskett プラスケット
Pivnick ピブニック	Pizzarelli ピザレリ**	Placidia プラキディア	Planer プラネーナー	Plaskin プラスキン
Pivot ピヴォー	ピツァレリ	Placido プラシド**	Planes プラネス*	Plaskitt プラスキット
Pivotto ピヴォット	Pizzetti ピッエッティ	プラチド	Planet プラネット	Plaskow プラスカウ
Pivovarov ピヴォヴァーロフ	ピツェッティ	Plácido プラシド*	Planetta プラネッタ	Plass プラス
Pivovarova ピボワロワ	ピツェッティ	プラチード	Planhol プラノール	Plasschaert プラスハルト
Piwnica ピウニカ	ピッツェッティ*	プラチド	Planinc プラニンツ*	Plassman プラスマン
Piwnik ピフニク	ピッツェッティ	Placidus プラキドゥス	Planiol プラニオル	Plassmann プラスマン*
Piwowarski ピウォワースキ	Pizzey ピツツィ	Plaetzer プレッツェル	Planitz プラーニツ	Plassnegger プラスネッガー
Piwowarsky ピヴォヴァルスキー	Pizzi ピッツィ*	Plage プラーゲ	プラーニッツ	Plassnik プラスニク
ピオワルスキー	Pizzo ピゾ*	Plagemann プレーガマン	Planitzer プラニツァー	Plasson プラッソン*
ピボバルスキー	ピッツォ	プレージマン	Plank プランク**	Plaster プラスター
Pix ピックス	Pizzoferrato ピッツォフェラート	プレッジマン	Plankensteiner プランケンシュタイナー	Plasterk プラスターク
Pixérécourt ピクセレクール	Pizzolatto ピゾラット*	Plagens プレゲンズ	Plano プラノ	プラステルク
Pixie ピクシー*	Pizzoli ピゾーリ	Plager プラガー	Planoudes プラヌーデース	Plastiras プラスチラス
Pixii ピキシ	Pizzolo ピッツォロ	Plagman プラグマン	Planque プランク	プラスティラス
ピクシ	Pizzorno ピゾルノ	Plagnol プラニョル	Planquette プランケット	Plastock プラストック
Pixinguinha ピシンギーニャ	ピッツォーノ	Plaichinger プライヒンガー	Plansky プランスキー	Plastov プラストフ
Pi-Xiong ピーション	Pizzul ピッツル*	Plaidy プレイディ*	Planson プランソン	Plastow プラストー*
Pixley ピクスリー	Pizzurno ピッツルノ	プレイディー*	Plant プラント**	プラストウ
ピスリ	Pizzuti ピズッチ	Plaikner プライクナー	Planta プランタ	Plastrik プラストリック*
Piya ピヤ	Pizzuto ピッツート	Plain プレイン	Plantagenet プランタジネット	Plat プラット
Piyadāsa ピヤダーサ	Pjaca ピアツァ	Plait プレイト	Plantagenêt プランタジュネ	Plata プラタ
Piyal ピヤル	Pjanic ピアニッチ	Plamann プラーマン	Plantamura プランタムラ*	Platanioti プラタニオティ
Piyañjaha ピヤンジャハ	Pjetursson ベジェトソン	Plame プレイム**	Plante プラント**	Platas プラタス
Piyasakol ピヤサコン	Pjotr ピョートル	Plamen プラメン**	Planté プランテ	Plate プラーテ
	Pkhakadze ファカーゼ	Plamena プラメナ		
	Pla プラ	Plamenac プラメナツ		
	Plá プラ	Plamenatz プラムナッツ*		
		Plammer プラマー		

Plateau ブラトー
Platel ブラテル*
Platen
　ブラアテン
　ブラーテン*
　ブラテン
Platenkamp
　ブラテンカム
Plater
　ブラテル
　ブレイター*
Plath
　ブラース
　ブラス**
　ブラート
Platière
　ブラティエール
Platina ブラーティナ
Platini
　ブラティーニ
　ブラティニ**
Platkin ブラトキン*
Platner ブラートナー
Platnick ブラトニック
Plato
　ブラトー
　ブラトオン
　ブラトーン
　ブラトン
　プレイトー
Platon ブラトン
Platōn
　ブラトーン
　ブラトン
Platone ブラトン
Platoni ブラトーニ
Platonov
　ブラトーノフ**
　ブラトノフ
Platonovič
　ブラトノヴィチ
Platonovich
　ブラトーノヴィチ
　ブラトノヴィチ
　ブラトノヴィッチ
Platorius ブラトリウス
Platov
　ブラートフ
　ブラトフ*
Platsman
　ブラーツマン
Platt ブラット***
Plattard ブラッタール
Platte ブラッテ
Plattenhardt
　ブラッテンハルト
Platter ブラッター
Platthy ブラッシー
Platti ブロッティ
Plattig ブラティヒ
Plattner
　ブラトナー**
　ブラトネール
Platts ブラッツ*
Platty ブラッティー
Platz ブラッツ*
Platzeck ブラツェク*

Platzer
　ブラッツァー*
　ブラッツエル
Platzman
　ブラッツマン
Plauen ブラウエン
Plauger
　ブラウガー*
　ブローガ
　ブローガー
Plaugher ブロージャー
Plaut
　ブラウ
　ブラウト*
Plautianus
　ブラウティアヌス
Plautilla ブラウティラ
Plautius
　ブラウチウス
　ブラウティウス
Plautus
　ブラウチウス
　ブラウツス
　ブラウトゥス*
　ブラウトス
Plautz ブラウツ
Plavčan ブラウチャン
Plavilishchikov
　ブラヴィーリシチコフ
Plavil'shchikov
　ブラビリシコフ
Plavins ブラビニス
Pļaviņš ブラビニス
Plavsic
　ブラブシッチ**
Plawecki ブラウェッキ
Plawgo ブラウゴ
Play
　ブレ
　ブレー
Player
　プレイヤー**
　ブレーヤー
Playfair
　プレイフェア*
　プレイフェアー
　ブレーフェア*
Playfoot プレイフット
Playford
　プレイフォード
　ブレーフォード
Playten プレイテン
Playter プレイター
Plaza
　プラサ**
　ブラザ
Plazas プラザス
Plazier プレイジア
Plé ブレ
Pleah ブレア
Pleas ブリーズ
Pleasance
　ブリーザンス
　プレゼンス

Pleasants プレザンツ
Pleasence
　ブレザンス
　ブレゼンス*
Pleasure ブレジュア
Plecas ブレカス*
Plechelm ブレヘルム
Plečnik
　ブレチニク
　ブレチュニク
Pledge ブレッジ
Pledger
　ブレジャー
　ブレッジャー
Plée ブレ
Pleeth ブリース
Pleger ブレーガー*
Plegmund
　ブレグムンド
Plehwe プレーヴェ
Pleistarchus
　ブレイスタルクス
Pleister プラスター
Pleistoanax
　プレイストアナクス
Pleitgen ブライトゲン
Plekh ブレハーノフ
Plekhanov
　プレカアノフ
　ブレハーノフ*
　ブレハーノフ
　ブレハノフ*
Plektrudis
　ブレクトルーディス
Plemelj ブレミェリ
Pleminius
　ブレミニウス
Plemmons プレモンズ
Plenck ブレンク
Plender ブレンダー
Plenel ブレネル*
Plenge ブレンゲ
Plenk ブレンク
Plenković
　ブレンコヴィッチ*
　ブレンコビッチ
Plenzdorf
　ブレンツドルフ**
Plesac ブリーサック
Plesca ブレスカ
Pleshakov
　ブレシャコフ*
Pleshcheev
　プレシチェーエフ
　プレシチェーフ
Pleshette
　プレシェット*
Plesnieks
　ブレスニエクス
Plesofsky
　ブレソフスキー
Pless ブレス*
Plesset プレセット
Plessis
　プリシス
　ブレ

プレーシ
　ブレシ**
　ブレシー
　プレシス*
　ブレッシ
　プレッシー*
Plessix プレシックス
Plessner ブレスナー**
Plessy プレッシー
Plessys
　プレシ
　ブレッシー
Plestan プレスタン
Plesu プレッシュ
Plet ブレット
Plethon ブレトン
Plethōn
　プレトーン
　プレトン
Pleticha プレティヒャ
Pletikosic
　プレチコシツ
　プレチコシッチ
Pletner プレトネル
Pletnev プレトニョフ
Pletněv
　プレトニェフ
　プレトニョーフ
　プレトニョフ*
Pletneva
　プリェートニェヴァ
　プレトニョーヴァ
Pletnyov
　プレトニョーフ
Pletsch プレトシュ
Plett ブレット
Plettenberg
　プレッテンベルク
　プレッテンベルグ
Pleuthner プルスナー
Pleve
　プレーヴェ*
　プレーベ
Pleven
　プレヴァン
　プレヴェン
　プレヴァン
　プレベン
Pléven プレヴァン
Plevneliev
　プレヴネリエフ*
Plevyak プレビャック
Plew ブルー
Plewa ブレーヴァ
Plewe ブリュー
Plewinski
　ブレビンスキー
Plewis ブルイス
Plews ブルーズ
Pleydell プレイデル
Pleydenwulff
　プライデンヴルフ
　プライデンブルフ
Pleyel
　プライエル
　プレイエル

Pleynet
　ブレーネ*
　ブレネ**
Plez プレズ
Plibersek
　プリバーセック
Pličanič
　プリチャニッチ
Plichota プリショタ*
Pliekšans
　プリエクシャーンス
Plienbamrung
　プリアンバムルン*
Plievier
　プリーヴィエ
　プリヴィエ
　プリヴィエー
　プリービエ
　プリビエー
Plihon プリオン
Plimer プリマー
Plimmer プリマー*
Plimpton
　プリンプトン***
Plimsoll プリムソル
Plinio
　プリーニオ
　プリニオ
Plinius
　プリニイ
　プリーニウス
　プリニウス*
Plinval ブランヴァル
Pliny プリニウス
Plisetskaia
　プリセツカヤ
Plisetskaya
　プリセツカイア
　プリセーツカヤ
　プリセツカヤ**
Plishka プリシュカ
Plisk ブリスク
Pliska ブリスカ
Plisnier
　プリスニエ
　プリニエ
　プリニエ
　ブルニエ
Pliss プリス
Plissart プリサール
Plisson
　プリソン
　プリッソン
Plitmann ブリットマン
Plitt プリット
Plizzari
　プリッツァーリ
Plloshtani
　プロシュターニ
Plný プルニー
Ploc プロッツ
Plöchl プレヘル
Plodprasop
　プロートプラソップ
Ploegh プロー
Ploenchit
　プルンチット

Ploetz プレッツ
Plofker プロフカー
Plog プログ
Ploghaus プログハウス
Plohl プロール
Plomer プルーマー
Plomin
　プローミン
　プロミン
Plomp プロンプ
Ploog プローグ
Plooij
　プローイユ
　プローイユ
Plopper プロッパー
Ploski プロスキー
Ploss プロス
Ploßel プロエセル
Plößel プレセル
Ploszaj プロスジャー
Plotina プロティナ
Plotinos プロティノス
Plōtinos
　プロチノス
　プローティーノス
　プロティノス
Plotinus
　プロチノス
　プロティノス
Plotke プロツク
Plotkin プロトキン*
Plotnick
　プロットニック
Plotnikoff
　プロトニコフ
Plotnikov
　プロトニコヴ
　プロートニコフ
　プロトニコフ
Plott プロット
Plotz プロッツ
Ploucquet プルーケ
Plouffe プルーフ
Plouin プロウイン
Ploumen プラウメン
Plous プラウス
Plovier プロヴィエ
Plowden
　プラウデン
　プロードン
Plowman プラウマン
Plowright
　プラウライト
　プロウライト*
　プローライト
Ployhar プロイハー
Plozza プロッツァ
Pluche
　プリューシュ
　プリュシュ
Pluchek
　プルーチェク**
Plucinski プルシンスキ
Pluck プラック
Plücker プリュッカー

Pluckhan プラックマン
Plucknett
　プラクネット*
　プラネット
Pluckrose
　プラックローズ
Pludermacher
　プルーデルマッハー*
Pludra プルードラ**
Plug プラグ
Plugge プラッハ
Plugtschieva
　プルグチエワ
Pluhar プルハール
Pluim プルイム
Plum
　プラム**
　プロム*
Plumb
　プラム*
　プルンプ
Plume
　プリュム
　プルーム*
Plumenail プルムネル
Plumer
　プラマー
　プルーマー*
Plumlee プラムリー
Plumley プラムレー
Plummer
　プラマー***
　プランマー*
　プルマー
Plümmer プルマー
Plummeridge
　プラメリッジ
Plumpton
　プランプトン
Plumptre
　プラムプトル
　プランプトリ
Plumridge
　プラムリッジ
Plunk プランク
Plunket プランケット
Plunkett
　プラケット
　プランケット**
Plunptre プランプトリ
Plunz プランツ
Pluquet プリュケ
Plus
　プリュス
　プルス
Plusch プルッシュ
Plushenko
　プルシェンコ**
Plusquellic
　プラスケリック
Plutarch プルターク
Plutarchos
　プルターク
　プルタルコス
　プルタルコス
Plutarchus
　プリューターク

プリュターク
プルターク
プルタルコス
プルタルコス
Plutarco プルタルコ
Plutchik プルチック
Pluth プルース
Plutko プラッコ
Pluto プルート*
Plütschau
　プリュチャウ
Plutschow
　プルチョウ**
　プルチョウ
Pluvier プルヴィーア
Plympton
　プリンプトン
Plyukfelder
　プリューケフェルデル
Plyushchenko
　プルシェンコ
P Moe Nin
　ピーモーニン
Pnin
　プニーン
　プニン
Pnina プニーナ
Po
　ポ
　ポー**
　ポウ
Pô ポー
Poach ポアハ
Poage
　ポーグ
　ポージ
Poarangan
　ポアランガン
Poasi ポアシ
Poast ポースト
Poate ポート
Pobbe ポッベ
Pobedonostsev
　ポベドノスチェフ
　ポベドノースツェフ
　ポベドノースツェフ
Pobee ポビー
Pobi ポビ
Poblete ポブレテ
Poblock ポブウォッカ
Poblocka ポブウォッカ
Poborski ポボルスキー
Poborsky
　ポボルスキー*
Pobre ポブレ
Pocahontas
　ポーカホンタス
　ポカホンタス
Poccetti
　ポッチェッティ
Pocci ポッツィ
Poccianti
　ポッチャンティ
Pöch ペッヒ
Pochan ポシャン
Pochat ポーシャ

Pochath ポシャット
Pochettino
　ポチェッティーノ
　ポチェティーノ
Pöchhacker
　ペェヒハッカー
Pochhammer
　ポッホハンマー
Pochi ポーチー
Po-chia ポチャ
Po-chih ポーチ
Pochin
　ポーシン
　ポーチン
Pochinchuk
　ポチンチュク
Pochinok ポチノク
Pochna
　ポクナ
　ポシュナ
Pochocki ポチョッキ*
Pochoda ポコーダ
Pochon ポション
Pochwala ポヒワラ
Poci ポチ
Počiatek ポチアテク
Pocius
　ポシウス
　ポーシャス
Počivalšek
　ポチバルシェク
Pock ポック
Pockels ポッケルス
Pockrandt ポクラント
Pocobello ポコベッロ
Pocock
　ポウコク
　ポーコック**
　ポコック*
Pococke
　ポウコク
　ポーコック
Pocorova ポコロバ
Pocoun ポクン
Poda ポダ
Podach ポーダッハ
Podaleirios
　ポダレイリオス
Podalko ポダルコ
Podalydes ポダリデス
Podbielniak
　ポドビールニアク
　ポドビールニャック
Podbielski
　ポドビェルスキ
Podborski
　ポドボルスキー
Podd'yakov
　ポジャコフ
Poděbrad
　ポジェブラット
　ポジェブラディ
　ポジェブラド
　ポディエブラト
Podechard
　ポデシャール
Podein ポディーン

Poderos ポドウロ
Podeschi ポデスキ
Podesta ポデスタ**
Podestá ポデスタ
Podestà ポデスタ*
Podesti ポデスティ
Podgainy ポドガイヌイ
Podger ポッジャー*
Podgornaya
　ポドゴールナヤ
Podgornyi
　ポドゴルヌイ*
Podgornyj
　ポドゴルヌイ
Podhajski
　ポダイスキー
Podhajsky
　ポドハスキー
Podhoretz
　ポッドホレッツ
　ポドーレッツ
　ポドーレッツ
Podhrasky
　ポドフラースキー
Podiebrad
　ポディエブラート
　ポディエブラト
Podio ポディオ
Podivinsky
　ポディビンスキー
Podkopayeva
　ポドコパエワ*
Podladtchikov
　ポドラドチコフ**
Podlecki ポドレッキ
Podliashuk
　ポドリャシューク
Podlin ポドリン
Podlogar ポドロガル
Podluzhnyi
　ポドリジニー
Podmajersky
　ポドマジェルスキー
Podnieks ポドニークス
Podobed ポドベッド
Podobedova
　ポドベドワ*
Podobnik
　ポドブニク**
Podoinikova
　ポドイニコバ
Podoiskaia
　ポドイスカヤ
Podoksik ポドクシク
Podolny ポドルニー*
Podolski ポドルスキ**
Podol'skii
　ポドリスキイ
Podolskiy
　ポドルスキー
Podolsky
　ポドリスキー
　ポドルスキー
Podratz ポドラッツ
Podres ポドレス**
Podrug ポドルーグ

Podsakoff ポザコフ
Podsednik ポセドニック
Podskalský ポツカルスキー
Poduska ポドスカ
Podvoiskii ポドヴォイスキー　ポドヴォーイスキィ
Podvolotskii ポドヴォロツキー
Poe ポー*** ボウ ボオ*
Poë ポー
Poebel ペーベル
Poeck ベック
Poedji ブジ*
Poe Hlaing ポーフライン
Poehler ポーラー
Poehling ポーリング
Poehlman ポールマン
Poehls ポールズ
Poehnell ポーネル
Poel プール ブル ポエル ポール*
Poelaert プーラール プーラールト プーラルト プラールト プラルト ポギ ポーレルト
Poele ポエーレ ポール*
Poële ポエーレ
Poelenburgh プーレンブルフ
Poelgeest プールヘースト
Poeltl ポートル
Poelvoorde ポールヴールド ポールブールド
Poelzig ペルツィヒ ペルツィッヒ ペルツィヒ
Poensgen ペェンスゲン
Poer ポーア ボア ボエ
Poerio ポエーリオ ポエリオ ポエリョ
Poese ポエセ
Poe Sein ポーセイン
Poet ポエット
Poête ポエット

Poeth プゥート
Poetscher ポエチャー
Poetter ペッター
Poewe ポーベ
Poeze ポエズ
Pofalla ポファラ
Poffenbarger ポッフェンバーガー
Poffenberger ポッフェンベルガー
Pogačnik ポガチュニク
Pogany ポーガーニ ポガーニ ポガーニー ポガニー*
Pogány ポガーニ ポガーニー ポガーニュ
Pogatetz ポガテツ
Pogba ポクバ ポグバ
Pogea ポジェア
Pogge バッグ ボッゲ* ボッジ
Pöggeler ペゲラー** ペッゲラー
Poggendorff ポッゲンドルフ
Poggesi ポッジェシ
Poggi ボギ ボジィ ボッジ*
Poggio ポギオ ポッジオ* ポッジョ
Poggioli ポッジォーリ ポッジョーリ*
Poghisio ポギシオ
Poghosyan ポゴシャン
Pogliaghi ポリアーギ
Pogliani ポグリアーニ
Poglietti ポリエッティ ポリエッテイ
Pogna ポグナ
Pogodin パゴージン** ポゴージン*
Pogonatus ポゴナトス
Pogonii ポゴーニイ
Pogorelić ポゴリリチ
Pogorelich ポゴリッチ* ポゴレリッチ
Pogoreloff ポゴレロフ
Pogorelov ポゴレロフ

Pogorelov ポゴレーロフ ポゴレロフ
Pogorelskii ポゴレーリスキイ
Pogorel'skii ポゴレリスキー ポゴレーリスキイ
Pogorel'skiǐ ポゴレーリスキイ
Pogorelsky ポゴレーリスキイ
Pogorelyi ポゴレールイ
Pogorzelec ポゴジェレツ
Pogosian ポゴシャン
Pogossian ポゴシアン
Pogosyan ポゴシャン*
Pogreb ポグレブ
Pogreban ポグレバン
Pogrebin ポグレビン
Pogrebinskii ポグレビンスキ
Pogrebnichko ポグレブニチコ
Pogsnn ポグソン
Pogue ポーグ* ポグー
Pögün プグン
Pöğün プグン
Poguntke ポグントケ
Poh ポ ポー
Pohamba ポハンバ**
Pohan ポーハン ポハン
Poher ポエール*
Poh-hsiung ポーション ポーション
Pohiva ポヒバ
Pohjanpalo ポーヤンパロ
Pohjola ポホヨラ*
Pohl ポール*** ポル
Pöhl ベール**
Pohlad ポーラッド
Po Hla Gyi ポーフラジー
Pohle ポール ポーレ*
Pohlen ポーレン
Pohlig ポーリヒ
Pohlit ポーリット
Pohlke ポールケ
Pohlman ポールマン
Pohlmann ポールマン*
Pöhlmann ペールマン*
Pohly ポーリー*

Pohm ペーム
Pöhm ペーム
Pohren ポーレン
Pohrt ポート*
Poiares ポイアレス
Poiares Maduro ポイアレスマドゥーロ
Poiarkov ポヤルコフ
Poibeau ポイボー
Poictevin ポワクトヴァン
Poidatz ポワダッツ
Poidebard ポワドバール
Poidevin ペドヴィン
Poignant ポイニャント*
Poignault ポワニョ
Poijula ポイユラ
Poikolainen ポイコライネン
Poilâne ポワラーヌ*
Poile ポイル
Poillevé ポワルヴェ ポワレヴェ
Poilve ポワルベ
Poilvet ポワルヴェ
Poimen ポイメン
Poinar ポイナー
Poincaré ポアンカーレ ポアンカレ** ポアンカレー* ポワンカレ
Poindexter ポインデクスター*
Poinsenet ポアンスネ
Poinsett ポインセット*
Poinsot ポアンソ ポアンソー ポワンソ
Point ポワン*
Pointe ポワント
Pointel ポワンテル
Pointer ポインター*
Pointner ポイントナー
Pointon ポイントン
Poiree ポワレ
Poirée ポワレ*
Pöirée ポワレ
Poiret ポアレ ポアレー ポワレ* ポワレー
Poirié ポワリエ
Poirier プアリエ ポアリエ* ポワリエ** ポワリエール
Poirot ポワロ*

Pohm ペーム
Pöhm ペーム
Poisel ポイゼル
Poiseuille ポアズイユ ポアゼイユ ポワズイユ
Poisson ポアソン* ポアッソン ポワソン* ポワッソン
Poistogova ポイストゴワ
Poitevin ポワトヴァン
Poitier ポアチエ ポワチエ ポワティエ***
Poitiers ペトルス ポアティエ ポワチエ ポワティエ
Poitou ポアトゥー ポワトゥ
Poittevin ポワトヴァン
Poivre ポワーヴル* ポワヴール ポワーブル
Poizat ポワザ
Poizner ポイズナー
Pojar ポヤル
Poje ポジェ
Pok ポク
Pokagon ポカゴン
Pokai-udom ポーカイウドム
Pokaski ポカスキ
Pokey ポーキー*
Pokharel ポカレル
Pokhozhaev ポホジャーエフ
Pokkharasāti ポッカラサーティ
Pokkinen ポッキネン
Poklis ポクリス
Pokorni ポコルニ**
Pokornik ポコーニク
Pokorny ポコーニー ポコニ ポコルニー*
Pokorný ポコルニー
Pokotoa ポコトア
Pokou ポコウ
Pokras ポクラス
Pokrovskii パクロフスキー ポクロウスキー ポクローフスキー ポクロフスキー** ポクロフスキー ポクロフスキイ
Pokshishevskii ポクシシェフスキー

Poku ポク
Pol
　ポール**
　ポル***
Pola ポーラ**
Polaca ポラカ
Polacco
　ポラコ
　ポラッコ**
Polacek ポラーチェク
Poláček ポラーチェク*
Polack ポラック
Polaczek ポラチェク
Polaczyk ポラチク
Polad ポラド
Polaine ポーライン
Polak
　ポラーク
　ポラク
　ポラック**
Polakowski
　ポラコウスキー
Polamalu ポラマル*
Polameri ポラメリ
Polanĉec ポランチェツ
Polanco ポランコ**
Poland
　ポーランド**
　ポランド
Polaner ポラナー
Polani ポラーニ
Polansdorf
　ポーランスドルフ
Polanski
　ポランスキ
　ポランスキー*
Polański
　ポランスキ
　ポランスキー
Polansky ポランスキー*
Polanus ポラーヌス
Polány ポラーニー
Polanyi
　ポラーニ*
　ポラニ
　ポラニー*
　ポランニ
　ポランニー**
Polányi
　ポラーニ
　ポラニ
　ポラニー
Polaris ポラリス
Polaroli ポラローリ
Polascik ポラシック
Polaski ポラスキ*
Polataivao
　ポラタイバオ
Polatajko ポラタイコ
Polatci ポラトジ
Polavder ポラウデル
Polcanova ポルカノワ
Polchinski
　ポルチンスキー
Polcyn ポルシン
Polden ポルデン

Polder オイルダー
Poldervaart
　ポルダーファールト
Polding
　ポールディング
Pöldinger
　ペルディンガー
Poldini
　ポルディーニ
　ポルディニ
Poldowski
　ポルドフスキ
Pole
　プール
　ポール*
Poledouris
　ポールドゥリス
Polem ポレム
Poleman ポールマン
Polemius ポレミウス
Polemo
　ポレモ
　ポレモン
Polemōn ポレモン
Polentz ポーレンツ
Polenz ポーレンツ
Polenzani
　ポレンザーニ
Poles ポールズ*
Poleska ポレスカ
Polet
　ポレ
　ポレット*
Poletaev ポレタエフ
Poletti ポレッティ*
Poletto ポレット*
Polevoi
　ポレヴォイ
　ポレヴォーイ*
　ポレヴォイ**
　ポレボイ
Polezhaev
　ポレジャーエフ
Polfer ポルファー
Polfus ポルフス
Polgar
　ポルガー*
　ポルガル
Polge ポルジ*
Polglase ポルグラース
Polgreen ポルグリーン
Polhem プールヘム
Polhemus ポレマス
Poli
　ポーリ*
　ポリ*
Poliacik ポリアチク
Poliak ポーリャク
Poliakoff ポリアコフ
Poliakov
　ポリアコフ*
　ポリャコフ
　ポリヤーコフ
Polian ポリャーン
Poliana ポリアナ
Polianskaia
　バリヤンスカヤ

Polianskii
　ポリアンスキー
　ポリヤーンスキイ
Policansky
　ポリカンスキー
Policard ポリカール
Policarpo ポリカルポ
Policella ポリセラ
Policki ポリツキ
Polidor ポリドール
Polidoras ポリドラス
Polidori ポリドリ*
Polidoro ポリドーロ
Polier ポリアー
Polieri ポリエリ
Polig ポリグ
Polignac
　ポリニャク
　ポリニャック*
　ポリニヤック
Polii
　ポリー
　ポリイ
Polikarpov
　ポリカールポフ
Polikoff ポリコフ
Polimeni ポリメニ
Po-lin ポーリン*
Polin
　ポラン*
　ポーリン*
Polina ポリーナ**
Poling
　ポーリング**
　ポリング
Polinská ポリンスカー
Polinsky ポリンスキー
Polis ポリス*
Polish ポーリッシュ
Polishuk ポリシュク
Polisi ポリシ
Polit
　ポーリット
　ポリト
Politano ポリターノ
Polite ポライト
Polites
　ポライテス
　ポリテス
Politi
　ポリッティ
　ポーリティ
　ポリーティ
　ポリティ*
Politis ポリティス
Politkovskaia
　ポリトコフスカヤ
Politkovskaya
　ポリトコフスカヤ
Polito
　ポリート
　ポリト
Politoff ポリトフ
Politovskii
　ポリトゥスキー

　ポリトゥスキイ
Politti ポリッティ
Politus ポリトゥス
Politycki ポリティキ
Pölitz ペーリツ
Politzer
　ポーリツァー
　ポリツァー*
　ポリツェル*
　ポーリッツァー
　ポリッツァー
Polivanov
　ポリヴァーノフ
　ポリワーノフ
　ポリワノフ
Polivka ポリフカ
Polívka ポリーフカ
Polivy ポリヴィ
Poliziano
　ポリツィアーノ*
　ポリツィアノ
　ポリティアヌス
Polizzotti
　ポリゾッティ
Poljak ポリアック
Polk
　ポウク
　ポーク*
　ポルク
Polke ポルケ**
Polkinghorn
　ポーキングホーン
Polkinghorne
　ポーキングホーン*
　ポルキングホーン*
Poll
　ポール
　ポル*
Polla ポーラ
Pollack
　ポーラック
　ポラック***
Pollaczek ポラチェク
Pollaiuolo
　ポッライウオーロ
　ポライウォーロ
　ポライウォロ
　ポライウオロ
Pollak
　ポラク
　ポラック**
Pollan
　ポーラン**
　ポラン*
Pollán ポジャン**
Polland ポランド
Pollar ポラー
Pollard
　ポーラード
　ポラード**
　ポルラード
Pollárd ポラード
Pollarolo ポッラローロ
Pollatschek
　ポラチェック
Pollay
　ポライ
　ポーレイ

Pollen
　ポーラン
　ポーレン*
　ポレン
Pollender ポレンダー
Poller ポレール
Pollert
　ポラート
　ポレルチ
Pollesch ポレシュ**
Pollet
　ポレ*
　ポーレット
　ポレット
Polley
　ポーリー*
　ポリー
Pollice ポリス
Pollien ポリアン
Pollin ポーリン*
Polling ポリング
Pollini
　ポッリーニ
　ポリーニ**
　ポルリーニ
Pollino ポリーノ
Pollio
　ポッリオ
　ポーリオ
　ポリオ*
Pollis ポリス
Pollit ポリット
Pollitt ポリット*
Pollitz ポーリッツ
Pollitzer
　ポリッツァー
　ポリッツァー
Pollmann ポルマン
Pollmer ポルマー*
Pollnac ポルナック
Pollner ポルナー
Pollo ポロ
Pollock
　ポラック*
　ポルロク
　ポロク
　ポーロック**
　ポロック**
Pollok ポロック
Pollonara
　ポッロナーラ
Pollowitz ポロヴィッツ
Pollowy ポロウィ
Pollux
　ポルックス
　ポリュデウケス
　ポルクス
Polly
　ポーリー*
　ポーリー***
　ポリィ
Pollyanna ポリアナ
Pollzhani ポロジャニ
Polman ポルマン*
Polmar
　ポーマー
　ポルマー

Polmear	ポルマー	Polunin	ポルーニン / ポルニン	Polydectes	ポリデクテス	Poma	ポーマ / ポマ	Pommer	ポマー / ポンマー
Polnareff	ポルナレフ*	Poluperkhōn	ポリュペルコン	Polydeukes	ポリュデウケース	Pomagalski	ポマガルスキ	Pommerat	ポムラ
Polo	ポーロ* / ポロ**	Polushkin	ポリューシュキン	Polydeukēs	ポリュデウケス	Pomahac	ポマハク	Pommier	ポミエ*
Polock	ポロック	Polusky	ポルスキー	Polydore	ポリドーア / ポリドア / ポリドール	Pomalaza	ポマラッサ	Pomnyun	ポンニュン
Polockij	ポーロツキー / ポロツキー / ポーロツキイ	Polutov	ポルトフ	Polydoros	ポリュドーロス / ポリュドロス	Pomar	ポマール	Pomodoro	ポモドーロ*
Polona	ポロナ	Poluxenidas	ポリュクセニダス	Polydōros	ポリュドロス	Pomarancio	ポマランチョ	Pomona	ポモナ
Polonceau	ポロンソー	Poluyan	ポルヤン	Polydorus	ポリュドロス	Pomare	ポマレ	Pomorska	ポモルスカ
Poloni	ポローニ	Polva	ポルバ	Polye	ポリエ	Pomares	ポマレス	Pomortsev	ポモルツェフ
Polonia	ポロニア	Polverosi	ポルヴェロージ / ポルヴェロシ / ポルベロシ	Polyeuctes	ポリュエウクテス	Pomat	ポマト	Pomp	ポンプ
Polónskaya	ポロンスカヤ	Polvino	ポルヴィーノ	Polyeuktos	ポリュエウクトス	Pombal	ポンバル	Pompa	ポンパ
Polonskii	ポロンスキー* / ポロンスキイ	Polvonzoda	ポルボンゾダ	Polygnotos	ポリグノトス / ポリュグノートス / ポリュグノトス	Pombe	ポンペ**	Pompadour	ポンパドゥール
Polónskii	ポロンスキー	Polya	ポーヤ			Pombo	ポンボ*	Pompallier	ポンパリエ
Polonsky	ポロンスキ / ポロンスキー**	Pólya	ポーヤ* / ポリア* / ポリヤ	Polyhistōr	ポリュイストル / ポリュヒストル	Pombo Silva	ポンボシルバ	Pompe	ポムペ / ポンペ*
Polonus	ポローヌス	Polyachenko	ポリャチェンコ	Polykarp	ポリィカープ / ポリカープ* / ポリュカルプ	Pomella	ポメーラ	Pompeati	ポンペアーティ
Polony	ポロニー	Polyaenus	ポリュアイノス	Polykarpos	ポリュカルポス	Pomerai	ポメイレ	Pompei	ポンペイ
Polosov	ポロソフ	Polyainos	ポリュアイノス	Polykleitos	ポリュクレイトス	Pomerance	ポメランス**	Pompeia	ポンペイア
Polota	ポロタ	Polyák	ポリヤク / ポリヤック	Polykleitos	ポリュクレイトス / ポリュクレイトス	Pomerania	ポメルン	Pompéia	ポンペイア
Polotsky	ポロツキー	Polyakoff	ポリヤコフ	Polykrates	ポリュクラテス	Pomerants	ポンペイアヌス / ポマランツェフ / ポメランツェフ	Pompeianus	ポンペイアヌス
Polovich	ポロヴィッチ	Polyakov	ポリアコフ / ポリヤコフ** / ポリヤコフ	Polykratēs	ポリュクラテス / ポリュクラテス / ポリュクラテス	Pomerántsev	ポメランツェフ	Pompeius	ポムペーイウス / ポンペーイウス / ポンペーイウス*
Polovinkin	ポロヴィンキン	Polyakova	ポリャコワ	Polymedes	ポリュメデス	Pomerantseva	ポメランツェヴァ	Pompēius	ポンペイウス / ポンペイユス
Polozeni	ポロゼニ	Polyan	ポリヤーン	Polyanskii	ポリャンスキー	Pomerantz	ポメランツ*	Pompeo	ポムペオ / ポンペーオ / ポンペオ*
Polozkov	ポロスコフ	Polyander	ポリアンデル	Polymeros	ポリメロス	Pomeranz	ポメランツ	
Polsak	ポルサク*	Polyanski	ポリャンスキー	Polyneikes	ポリネイケス	Pomerio	ポメリオ	
Polsbroeck	ポルスブルック	Polyanskii	ポリャンスキー	Polyneikēs	ポリュネイケス	Pomerius	ポメーリウス	Pompéry	ポンペリ
Polsbroek	ポルスブルック	Polyanskiy	ポリャンスキー	Polynikis	ポリニキス	Pomerlo	ポメロ	Pompey	ポンペイ
Polsby	ポルスビー	Polyansky	ポリャンスキー / ポリャンスキー	Polyperchon	ポリュスペルコン / ポリュペルコン	Pomerol	ポメロール	Pompeyo	ポンペジョ
Polson	ポルソン	Polyarush	ポリアルシュ	Polyperchōn	ポリュペルコン	Pomeroy	ポメロイ / ポメロイ**	Pompez	ポンペス
Polster	ポルスター	Polybios	ポリビオス / ポリビオス*	Polyphemos	ポリフェモス	Pomfret	ポムフレット / ポンフレット*	Pompian	ポンピアン
Poltavets	ポルタベツ	Polybius	ポリュビウス*	Polystrate	ポリュストラトス	Pom-gi	ポムギ	Pompidou	ポンピドー** / ポンピドゥー
Poltavskii	ポルタフスキー	Polyblank	ポリーブランク	Polyxene	ポリュクセネ	Pomialovskii	ポミァロフスキイ / ポミャローフスキー / ポミャロフスキー / ポミャローフスキイ	Pompignan	ポンピニャン
Półtawska	プウタフスカ	Polycarpe	ポリカルプ	Polyzoides	ポリゾイデス*			Pompilio	ポンピリオ*
Pöltner	ベルトナー*	Polycarpus	ポリュカルポス	Polzer	ポルツァー	Pomian	ポミアン*	Pompilius	ポンピリウス
Polton	ポルトン	Polychrónios	ポリュクロニオス	Polžic	ポルジツ	Pomiankowski	ポミアンコフスキー	Pompilli	ポンピッリ
Poltorak	ポルトラク	Polychroniou	ポリクロニュー	Polzin	ポリツィン	Pomianowski	ポミャノフスキ*	Pompon	ポンポン
Poltoranin	ポルタラニン / ポルトラーニン					Pomidor	ポミドア	Pomponazzi	ポンポナッチ / ポンポナッツィ / ポンポナッツィ
Poluainos	ポリュアイノス					Pomilio	ポミリオ	Pomponia	ポンポーニア
Polubinskii	ポルヴィンスキー					Pomini	ポミーニ	Pomponio	ポンポーニオ / ポンポニオ
Poluboiarinov	ポルボヤリノフ					Pommaret	ポマレ*	
Polugnōtos	ポリュグノトス					Pommaux	ポモー**	
Polukleitos	ポリュクレイトス					Pomme	ポム / ポンム	Pomponius	ポンポーニウス / ポンポニウス / ポンポニュウス / ポンポニュウス
Poluklēs	ポリュクレス					Pommepuy	ポムピュイ	
Polumnēstos	ポリュムネストス							

P

Pomsel ポムゼル
 ボムゼル
 ポンゼル
Pomus ポーマス*
Pon ポン
Ponatshego ポナツェホ
Ponce ポンス
 ポンセ***
Poncela ポンセラ*
Poncelet ポンスレ
 ポンスレー
Poncet ポンセ**
Ponchaud ポンショー*
Ponchielli ポンキエッリ
 ポンキエリ
 ポンキエリ
Poncho ポンチョ
Ponchon ポンション
Poncin ポンサン*
Poncins ポンサン
Pond ポンド*
Pondal ポンダル
Ponde ポンデ
Ponder ポンダー*
Pondexter ポンデクスター
Pondray ポンドレー
Pondsmith ポンスミス
Pone ポーン
Ponemek ポーンメク
Ponemon ポネモン
Pong-chol ポンチョル
Pong-chun ポンチュン
Ponge ポンジュ**
Pong-ju ポンジュ*
Pongpanich ポンパニッチ
Pongpol ポーンポン
 ポンポン**
Pongprayoon ポンプラヨーン
Pongracz ポングラチュ
Pongsa ポンサ
Pongsak ポンサック
Pongsaklek ポンサクレック*
Pongsan ポンサン
Pongthep ポンテープ
Ponhea ポニエ
Poni ポニ
Poniachik ポニアチク
PoniaTowska ポニアトウスカ
 ポニャトウスカ
Poniatowska ポニアトウスカ*
Poniatowski ポニアトウスキー**
 ポニャトフスキ
 ポニアトフスキ

ポニアトフスキー
 ポニャトスキー*
 ポニャトフスキ
Ponicsan ポニクサン
Ponimam ポニマン
Ponizovskii パニゾフスキー
 ポニゾフスキー
Ponk ポンク
Ponlid ポンリット
 ポンリド*
Ponmek ポンメーク
Ponnamperuma ポナムペルマ
 ポナンペルマ
Ponnappa ポンナッパ
Ponnary ポナリー
Ponnelle ポネル*
Ponniah ポニア*
Ponnimit ポンニミット*
Ponnmit ポンニミット*
Ponnya ポーンニャ
 ポンニャ
Ponomarenko ポノマレンコ*
Ponomarenko Janic ポノマレンコヤニッチ
Ponomarev ポノマリョフ**
Ponomareva ポノマレワ
Ponomariov ポノマリオフ
Ponomaryeva ポノマリョワ
Ponomaryov ポノマリョフ
Pono Opape ポノオパペ
Ponor ポノル**
Ponoran ポノラン
Pons ポン
 ポンス***
 ポンズ
Ponsana ポンサナ
Ponsard ポンサール*
Ponselle ポンセル
 ポンゼル
Ponsford ポンスフォード
Ponson ポンソン*
Ponsonby ポンソビー
 ポンソンビ
 ポンソンビー*
Ponsteen ポンステーン
Pont ポン**
Ponta ポンタ
Pontac ポンターク
Pontal ポンタル
Pontalis ポンタリス*

Pontano ポンターノ
Pontanus ポンタヌス
Ponte プエンテ
 ポンテ**
Pontecorvo ポンチェコールヴォ
 ポンテコルヴォ**
 ポンテコルボ
Pontedera ポンテデラ
Pontefract ポンテフラクト
Pontell ポンテル
Pontelli ポンテッリ
Ponten ポンテン
Pontes プンティシュ
 ポンテス
Ponti ポンティ**
Pontiac ポンティアク
 ポンティアック
Pontiaen ポンティアーン
Pontianus ポンチアヌス
 ポンティアーヌス
 ポンティアヌス
Ponticelli ポンティセリ
Ponticus ポンティクス
 ポンティコス
Pontien ポンティアン
Pontier ポンティエ
 ポンティエル
Pontifece ポンティフィセ
Pontifs ポンティフ
Pontiggia ポンティッジャ**
Pontikes ポンティケス*
Pontikos ポンティクス
 ポンティコス
 ポントス
Ponting ポンティング*
 ポンテング
Pontius ポンティアス
 ポンティウス*
Ponto ポント
Pontois ポントワ*
Ponton ポントン*
Pontoppidan ポントピダン**
Pontoriero ポントリエロ
Pontormo ポントルモ*
Pontrandolfo ポントゥランドルフォ
Pontriagin ポントリャーギン
Pontryagin ポントリャーギン*
Pontšo ポンツォ

Pontus ポンチュス
 ポンツゥス
 ポントゥス
Ponty ポンティ**
Pontzer ポンツァー
Pontzious パンチャス*
 ポンチャス
Pony ポニー*
Ponyo ポニョ
Ponyrko ポヌィルコ
 ポヌィルコ
Ponza ポンツァ
Ponzello ポンツェッロ
Ponziani ポンツィアーニ
Ponziglione ポンツィリョーネ
Ponzillo ポンツィッロ
Ponzini ポンツィーニ
Ponzio ポンツィオ
Poo ポー
Pooh プー
Pook プーク
Pookie プーキー
Pookong プーコン*
Pookutty プークティ
Pool プール**
 ポール
Poole プール***
 ポール*
Pooler プーラー
Pooley プーリー*
Poolman プールマン
Poom ポーム
Poon プーン*
Poonawala プーナワラ
Poonawalla プナワラ
Poon Chew ポーンチュー
Poonia ポーニア
Poonja プンジャジ
Poontarat プールタラット
 プーンタラット
Poor プーア
 プア
 プアー
 プール
Pooran プーラン*
Poorbaugh プアボー
 プールボー*
Poore プア
Poorman プアマン
 ポープマン
Poort ポート
 ポルト
Poorten プールテン

Poortinga ポーティンガ
Poortvliet ポールトフリート*
Poorvu ポルブー
Poos ポース*
Poot ポート
Pop ポップ***
 ポプ
Popa ポーパ*
 ポパ
Popane ポパネ
Popay ポペイ
Popchanka ポプチェンコ
Popcorn ポップコーン*
Pope ポウプ*
 ポープ***
Pōpel ペーペル
Popell ポペル
Popenchenko ポペンチェンコ
Popenoe ポッペンオー
 ポペーノー
 ポペノー
Popesco ポペスコ
Popescu ポペスク**
Popescu-tăriceanu ポペスクタリチェアヌ
Popessa ポペッサ
Popeye ポパイ
Popham ポバム*
 ポファム
Pophillat ポフィラ
Popiela ポピエラ
Popieluszko ポピエウシコ
Popijać ポピヤッツ
Popik ポビック
Popillius ポピリウス
Popirlan ポパルラン
Popitz ポービッツ
 ポピッツ
Popivanov ポビヴァノフ
Popkes ポプケス*
Popkess ポプケス
Popkin ポピキン
 ポプキン*
Popkov ポプコフ
Poplasen ポプラシェン*
Poplavskaja ポプラフスカヤ
Poplawska ポプラフスカヤ
Poplawski ポプラウスキー*

Popławski ポプワフスキ
Pople ポープル**
Popley ポプレイ
Poplicola ポプリコラ
Póplios プープリオス
Poploff ポプロフ
Popma ポプマ
Popoff ポポフ**
Poponawa ポポナワ
Poponov ポポノフ*
Poposki ポポスキ
PoPov ポポフ
Popov
　ポポヴ
　ポポーフ*
　ポポフ***
Popova
　ポポーヴァ*
　ポポヴァ
　ポポーバ
　ポポバ
　ポポーワ*
　ポポワ*
Popovic
　ポポヴィッチ*
　ポポヴィッツ
　ポポビッチ*
Popović
　ポポヴィチ*
　ポポヴィッチ
　ポポビッチ
Popovich ポポビッチ
Popovici ポポヴィッチ
Popovics ポポウィチュ
Popovski ポポフスキ
Popovtzer
　ポポフツァー
Popow ポポフ
Popowski
　ポポースキー
Popp ポップ**
Poppaea
　ポッパイア
　ポッパエア
Poppaeus
　ポッパエウス
Poppe
　ポッペ**
　ポピー*
Poppel ポッペル
Pöppel ペッペル
Pöppelmann
　ペッペルマン
Poppen ポッペン*
Poppendieck
　ポッペンディーク*
Popper
　ポッパー**
　ポパー*
Poppito ポッピート
Popplestone
　ポップルストーン*
Poppleton ポプルトン
Poppo ポッポ

Poppy
　ポピー**
　ポピイ
Poprzecka
　ポプシェンツカ
Pops ポップス
Popsie ポップジー
Poptsov ポプツォフ
Poptsova ポップソバ
Popwell ポップウェル
Popy ポピー
Poquelin ポクラン
Por ポー
Porada ポラダ
Poran ポラン
Porat
　ポーラット
　ポラット*
　ポラート
　ポラト*
Porath
　ポラス
　ポラト
Porato ポラト
Porazinska
　ポラジンスカ
Porazińska
　ポラジンスカ
Porcari ポルカリ
Porcaro
　ポーカロ**
　ポルカーロ
Porcel ポルセル
Porcelli ポルセリ
Porcellino
　ポーサリーノ
Porcellis ポルセリス
Porcello
　ポーセロ
　ポルセッロ
Porch ポーチ
Porche ポルシェ
Porché ポルシェ
Porcher
　ポーチャー
　ポルシェ
Porcia
　ポーシャ
　ポルキア
Porcile
　ポルシル
　ポルシーレ
Porcius ポルキウス
Porcq ポルク
Pordage ポーディジ
Pordenone
　ポルデノーネ
Poree ポレ
Porée ポレ
Porel ポレル*
Poretski ポレツキー
Poretskii ポレーツキー
Porfirevich
　ポルフィーリエヴィチ
　ポルフィリエヴィチ
　ポルフィリエヴィチ

ポルフィレヴィッチ
Porfiri ポルフィリ
Porfirio
　ポルフィリオ**
Porfyrius
　ポルフュリウス
Porges
　ポージェス
　ポージス***
　ポルゲス
Porgez ポーゲズ
Porgilsson
　ソルギルソン
Porhoët ポルオエ
Pörhölä ポルホラ
Pories ポリーズ
Poritsky
　ポリスキー
　ポリツキー
Porizkova
　ポリズコヴァ
Pörksen ペルクゼン
Pormente ポルマンテ
Pornanong ポルナノン
Pornchai
　ポーンチャイ
　ポンチャイ
Porn Moniroth
　ポンモニラット
Pornthiva
　ポーンティワ
Porntip
　ポルンティップ
Porokhovshchikov
　ポロコヴシコヴ
Poropatich
　ポロパティック
Poros
　ポールス
　ポロス
Poroshenko
　ポロシェンコ*
Porot ポロー
Porowski ポロウスキ
Porphyrios
　ポルヒュリウス
　ポルピュリオス*
　ポルフィリオス
　ポルフュリオス
Porphyrogenete
　ポルフィロゲネテ
Porphyrogenetus
　ポルピュロゲネートス
　ポルフュロゲニトゥス
　ポルフュロゲネトス
Porphyrogennetos
　ポルフュロゲネトス
Porphyry
　ポルピュリオス
　ポルフィリオス
Porpora ポルポラ
Porporati
　ポルポラーティ
Porras ポラス**
Porrée
　ポレ
　ポレー

Porres
　ポーレス
　ポレス
Porrino ポリーノ
Porrit ポリット*
Porritt
　ポーリット
　ポリット*
Porro
　ポッロ
　ポルロ
　ポーロ
　ポロ
Porrua ポルア
Porsche ポルシェ**
Porsenna
　ポルセナ
　ポルセンナ
Porshnev ポルシュネフ
Porsile ポルシーレ
Porsille ポルシーレ
Porson ポーソン
Porst ポルスト
Porsteinn
　ソルステイン
Port ポート
Porta ポルタ***
Portabella
　ポルタベラ
Portal
　ポータル
　ポルタル*
Portaleone
　ポルタレオーネ
Portales
　ポルターレス
　ポルタレス
Portalis
　ポリタリス
　ポルタリス
Portalupi ポータルピ
Portaluppi
　ポータルッピー
Portaña
　ポルターニャ
　ポルタニャ
Portas ポルタス
Porte
　ポート
　ポルテ
　ポルト**
Portela
　ポーテラ
　ポルテラ
Portela Rivas
　ポルテラリバス
Portelli ポルテッリ
Porten ポルテン
Portenart
　ポルトナール*
Porteneuve
　ポルトヌーブ
Portenoy ポルトノイ
Porteous
　ポーティアス*
　ポーティウス
Porter
　ポオタア

　ポータ
　ポーター***
　ポルタル
　ポルテル
Porterfield
　ポーターフィールド*
　ポータフィールド
Portes
　ポーティス
　ポルテス*
Porteus ポルテウス
Portevin
　ポルトヴァン
　ポルトヴァン
Porthan
　ポルターン
　ポルタン
　ポルトハン
Portia ポーシャ**
Portigal ポーチガル
Portilla ポルティーヤ*
Portillo
　ポーティロ**
　ポルティージョ
　ポルティジョ**
　ポルティーヨ**
　ポルティーリョ
Portinari
　ポルティナリ
　ポルディナリ
Portis ポーティス*
Portland
　ポートランド*
Portman
　ポートマン***
Portmann
　ポルトマン**
Portner ポートナー
Pörtner
　プェルトナー*
　ペルトナー
Portney ポートネイ
Portnoi ポルトノイ
Portnov ポルトノフ
Portnoy ポルトノイ
Porto ポルト*
Portocarrero
　ポルトカレロ
Portoff ポートフ*
Portoghesi
　ポルトゲージ
Portola ポルトラ
Portolani ポルトラーニ
Portolano
　ポルトラーノ
Porto-Riche
　ポルトリッシュ
Ports ポーツ*
Portsmouth
　ポーツマス
Portteus ポルテウス
Portu ポルチュ
Portugal
　ポーチュガル
　ポルチュガル*
　ポルトゥガル
　ポルトガル

POR

Portuondo ポルトゥオンド*
Portway ポートウェイ
Portwich ポルトビヒ
Portzamparc ポールザンパール / ポルザンパルク**
Porudominskii ポルドミンスキイ
Porudominskiĭ ポルドミンスキー / ポルドミンスキイ
Porumboiu ポランボア
Porwit ポルヴィット
Porzeziński ポジェジンスキ
Pörzgen ペルツゲン
Porzig ポルツィヒ*
Porzingis ポルジンギス
Porzio ポルシオ / ポルツィオ
Posada ポサーダ / ポサダ*** / ポザーダ
Posadas ポサダス*
Posai ポサイ
Posala ポサラ
Posāla ポーサーラ
Posamentier ポザマンティエ / ポザメンティア
Posani ポサニ
Pošarac ポサラック
Posavec ポサヴェツ
Posayakrit ポーサヤクリット
Posca ポスカ
Posch ポッシュ*
Poschardt ポーシャルト*
Poscher ポッシャー
Poschinger ポシンゲル
Pöschl ペシュル
Poschmann ポッシュマン
Posdnous ポストノウズ
Poseci ポセチ
Poseck ポーゼック
Posehn ポゼーン
Poseidippos ポセイディッポス
Poseidon ポセイドン
Poseidōnios ポシドニオス / ポセイドニウス / ポセイドーニオス / ポセイドニオス
Posell ポゼル
Posen ポーゼン** / ポゼン
Posener ポズナー

Pošepný ポセプニ
Poser ポーザー
Posetti ポセッティ
Posey ポウジー / ポージー** / ポージイ*
Posin ポジン
Positano ポジターノ
Positive ポジティヴ
Posiya ポーシャ
Poskitt ポスキット*
Posluns ポスランス
Posluszny ポスラズニー / ポスルーズニー
Posmann ブースマン
Posmysz ポスムイシ
Posnack ポスナック
Posner ポスナー** / ポズナー**
Posnett ポスネット
Posnick ポスニック / ポゾニック
Pososhkov ポソーシコフ / ポソシコーフ / ポソシコフ
Pospelov ポスペーロフ / ポスペロフ
Pospisil ポシュビシル / ポスピシル / ポスピシル
Pospíšil ポスピーシル / ポスピシル
Pospisilova ポスピシロバ
Pospos ポスポス
Possamai ポサメ
Possart ポッサルト
Posse ポッセ***
Possel ポッセル
Posselt ポッセルト
Possenti ポッセンティ
Posser ポセル
Possevino ポセヴィノ / ポッセヴィーノ
Possidius ポシディウス / ポッシディウス
Possony ポソニー / ポッソニー
Possoschikow ポッソシコヴ
Possum ポッサム*
Post ポウスト / ポースト* / ポスト***

Posta ポスタ
Pósta ポスタ
Postacchini ポスタッキーニ
Postan ポスタン*
Postecoglou ポステコグルー
Postel ポステル**
Postell ポステル
Postelthwaite ポステルスウェイト / ポスルスウェイト
Poster ポスター**
Postert ポスタート
Postgate ポストゲイト / ポストゲート**
Posthuma ポスツマ
Posthumus ポストゥムス
Postif ポスティフ
Postle ポーストル
Postlethwaite ポスルスウェイト* / ポッスルウェイト
Postley ポストリー
Postma ポストマ**
Postman ポストマン*
Postmes ポストメス
Postnikov ポストニコフ
Postnikova ポストニコヴァ
Postoli ポストリ
Poston ポストン
Postone ポストン
Postorino ポストリノ
Postovskaia ポストフスカヤ
Postow ポストウ
Postoyalko ポストヤルコ
Postrekhin ポストレヒン
Postrel ポストレル
Postrigay ポストリガイ**
Postumius ポストゥミウス
Postumus ポスツムス / ポストゥムス
Posy ポージー* / ポジー
Posznanski ポズナンスキ
Pot ポット / ポト*
Pota ポータ
Potach ポタック
Potain ポタン
Potame ポタム
Potamiaena ポタミアエナ

Potamian ポタミアン
Potamius ポタミウス
Potamon ポタモン
Potanin ポターニン** / ポタニン
Potape ポタペ
Potapenko ポタアペンコ / ポタアペンコー / ポタペンコ* / ポターペンコー / ポタペンコ
Potapov ポタポヴ / ポタポフ
Potapova ポターポヴァ
Potapovich ポタポヴィッチ
Potash ポタッシュ*
Potashner ポタシュナー
Potashov ポタショフ
Pote ポット*
Poteat ポティート*
Potebnia ポチェブニャ / ポテブニヤ / ポテブニャー
Potec ポテク*
Potechina ポテヒーナ
Poteiro ポテイロ*
Potekhin ポテーヒン
Potékhin ポテーヒン
Potel ポテル
Potemkin ポチョームキン / ポチョムキン
Potempa ポテンパ
Potent ポテント
Potentinus ポテンティヌス
Potepat ポテパット
Poter ポーター*
Poterat ポテラ
Potestad ポテスタ
Potgieter ポットヒーテル / ポトギーター / ポトヒーテル
Pothain ポテン
Pothecary ポセケリ
Potheinós ポティヌス / ポティノス / ポティノス
Pothenot ポテノー
Pothier ポチエ / ポティエ*
Pothuizen ポツイゼン
Potila ポティラ
Potil'chak ポティリチャク

Potillon ポチロン
Poting ポティング
Potiphar ポティファル
Potitus ポティトゥス
Potkin ポトキン
Potkonen ポトコネン
Potkonjak ポトコニャック
Potkovac ポトコワツ
Potma ポトマ
Potman ポットマン
Potmesil ポトメシル
Po to ba ポトワ
Potocka ポツツカ
Potocki ポトツキ* / ポトツキー
Potocnik ポトクニク
Potočnik ポトチュニク
Potofsky ポトフスキー
Potok ポトク*** / ポトック
Potokar ポトカー
Potonie ポトニ / ポトニー
Potorac ポトラック
Potorti ポトーティ*
Potresov ポトレーソフ / ポトレソフ
Potro ポトロ*
Pots ポッツ
Pott ポット*
Pottage ポッテージ
Potte ポット
Potteck ポテック
Potteiger ポッテイガー
Potter ポーター / ポター** / ポッター*** / ポッテル
Potter-Efron ポッターエフロン
Potters ポッター
Potterton ポッタートン
Pottharst ポットハースト*
Potthast ポットハスト*
Potthoff ポットホフ*
Pottie ポティ
Pottier ポチエ* / ポティエ*
Pottinger ポッティンガー* / ポッティンジャー* / ポティンジャー*
Pottruck ポトラック*
Potts ポッツ** / ポッツス

Potuk ボトゥク
Po Tun ポートゥン
Potupchik ポトゥプチク
Poturzyn ポトルツイン
Potyekhina ポチェヒナ
Potylitsina ポティリツィナ
Potyomkin
　ポチョームキン
　ポチョムキン**
Potzernheim ポッツァナイム
Pötzsch ペチュ**
Pou プー
Poubelle ブーベル
Poúblios プーブリオス
Pouchet プーシェ
Pouchpadass プーシュパダス
Pouctal プークタル
Poudel パウデル
Poúdēs
　プーデース
　プデンス
Poudiougou
　ブジグ
　プディウグ
Poudra プードラ
Pouget
　プージェ
　プジェ
　プジェー
Pough プー
Pougin
　プーガン
　プーザン
　プジャン
Pougny
　プーニ
　プーニー
　プニー
Pougy プージィ
Pouha プア
Pouhier プイエ
Pouillet
　プイエ
　プーレ
Pouillon
　プィヨン
　プイヨン*
Pouishnoff プイシュノフ
Poujade
　プジャード*
　プジャド*
Poujol プジョル
Poujouly
　プージュリ
　プージュリー*
Poul
　パウル
　ポウル***
　ポール***
Poulaille プーライユ
Poulain
　プーラン**

ブラン
Poulanges プーランジュ
Poulantzas
　プランズァス
　プーランツァス
Poulenard プルナール
Poulenc
　プーランク*
　プランク
Poul-Erik ポールエリク
Poulet
　プーレ**
　ポール
Poulin
　プーラン
　ポーリン**
Pouliot プーリオ
Pouliquen
　プーリケン
　プリケン
Poullain
　プーラン
　プラーン
Poullart プラール
Poulos パウロス
Poulot
　プーロ*
　プロ
　ポウロ
Poulsen
　パウルセン
　ポウルセン
　ポウルセン*
　ポールセン*
Poulsom ポールソン
Poulson ポールソン
Poulsson
　プールソン
　ポウルソン
Poulton
　プールトン
　ポウルトン
　ポールトン*
Pouncey パウンシー
Pound パウンド***
Pounder パウンダー
Pounders パウンダーズ
Pounds パウンズ*
Poundstone パウンドストーン*
Poungsomlee ポウングゾムレー
Pouns パウンズ
Pountain
　パウンティン
　パウンテン*
Pountney パウントニー**
Poupa プーパ
Poupard
　プーパール
　プパール
Poupaud プポー
Poupeau プポー
Poupee プペ

Poupel プーベル*
Poupelet プーブレ
Poupin プーパン
Poupliniére ププリニエール
Poúplios プーブリオス
Poupon プポン
Poupyrev ポウピレフ
Pourahamad
　プールアハマッド*
Pourat プーラ
Pourbus
　プールビュ
　プールビュス
　プルビュス
　プールブス
　ポルビュス
Pourçain プルサン
Pourcel
　プウルセル
　プールセル*
　プルセル
Poure プア
Pourfarrokh
　プルファローフ
Pouri プーリー
Pouria プーリヤ*
Pour-mohammadi
　プルモハンマディ
Pournelle パーネル***
Pouro パウロ
Pourrat
　プーラ
　プラ
　プラー
Pourriol プリオル
Pourroy プロイ
Pourtales
　プルタレース
Pourtalès
　プルタレース
　プルタレス
　プルタレス
Pourtier プルティエ
Pourtvliet
　ポールトフリート
Pous ポウス
Poush ポーシュ
Pousse プース
Pousseur
　プースール
　プスール**
　プッスール
Poussier プシエ
Poussin
　プウサン
　プーサン*
　プサーン
　プサン
　プッサン*
Poustka ポウストカ
Poustochkine
　プストキン
Poutala ポウタラ
Poutasi ポータシ
Pouteau プトー

Pouterman
　プーテルマン
Poutiainen プティアイネン
Poutsma
　パウツマ
　プーツマ
　ポウツマ*
Pouy プイ
Pouyanné プヤンネ*
Pouyaud プイヨー
Pouydebat プイドバ
Povah ポヴァー
Povarnitsyn ポバルニツィン
Poveda
　ポヴェダ
　ポベダ*
Povenmire ポベンマイヤー
Povetkin
　ポヴェトキン
　ポベトキン**
Povey
　ポヴィ
　ポヴェイ
　ポベイ
Povh
　ポッフ
　ポフ
Povilas ポビラス
Povkh
　ポフ
　ポブ
Povla
　ポヴラ
　ポブラ
Povoa ポボア
Povtak ポヴタック
Powalky ポワルキー
Powderly
　パウダリ
　パウダリー
　ポードリー
Powdermaker
　パウダーメイカー
Powdthavee ポータヴィー
Powdyel
　ボウデル
　ポーデル
Powe ポウィー
Powell
　パウェル*
　パウエル***
　ポウェル
　ポーウェル
　ポウェル*
　ポーエル**
Power
　パウァ
　パウア
　パウアー
　パワー***
Powers
　パウアズ
　パワーズ
　パワーズ***

Power-Waters パワーウォーターズ
Powhatan
　ポウハタン
　ポーハタン
Powicke
　パウイック
　ポウイク
Powis
　ポウイス*
　ポエース
Powlas パウラス
Powle ポール
Powledge パウレッジ
Powles パウルス
Powley パウリー
Powlik ポーリック
Powling
　ポウリング
　ポーリング
Powlis ポウリス
Powlus パウラス
Pownall
　パウナル*
　パウネル
Powney パウニー
Powrie ポーリー**
Powter パウター*
Powys
　ポーイス*
　ポイス
　ポウイス*
Poxon ポクソン
Poyarkov ポヤルコフ
Po yee ポーイー
Po-yee ポーイー
Poyen ポワイヤン
Poyer ポイヤー*
Poyet ポジェ
Poyner ポイナー
Poynings ポイニングズ
Poynter ポインター*
Poynting
　ポインチング
　ポインティング
Poynton ポイントン
Poyss ポイス
Poyssick ポイシック
Poythress
　ポイスレス
　ポイトレス
Poyzer ポイザー
Pozar ポザー
Pozarnovs ポジャルノフス
Pozas ポサス
Pozdena ポズデナ
Pozdneev
　ポズドニェーエフ
　ポズトネフ
　ポズドネーエフ
　ポズドネフ
　ポズニェーエフ
　ポッドネフ

Pozdneeva ポズネーエワ
Pozdniakov ポツニャコフ
Pozdnyakov ポツニャコフ
Pozdnyakova ポズトニアコワ／ポズニャコワ
Pozen ポーゼン
Pozharskii ポジャールスキー／ポジャルスキー／ポジャールスキィ
Poznanski ポズナンスキー／ポツナンスキ*
Pozner ポズナー／ポズネル*
Pozniak ポズニャク
Poznyak ポズニッキ
Pozo ポソ*／ポゾ
Pozos ポソス
Pozsgai ポジュガイ
Pozsgay ポジュガイ
Pozza ポッツァ
Pozzessere ポゼッサー
Pozzetto ポッゼット
Pozzi ポジ／ポッジ／ポッツィ**
Pozzo ポッツォ*
Pozzoli ポッツォーリ／ポッツォリ
Pozzoserrato ポッツォセッラート
Praag プラーク／プラーグ*／プラーハ
Praagh プラーク／プラーグ／プラグ
Praagman プラーフマン
Praba プラバ
Prabal プラバル*
Prabandham プラバンダム
Prabda プラーブダー**
Prabhakant プラバカント
Prabhakar プラバカール／プラボカール*
Prabhākara プラバーカラ
Prabhakaran プラバカラン**
Prabhasawat プラバーサワット

Prabhat プラバート／プラブハット
Prabhu プラブ／プラブフ
Prabhupada プラブパーダ
Prabhupāda プラブパーダ
Prabowo プラボウォ*
Pracchi プラッキ
Pracha プラチャ／プラチャー
Prachai プラチャイ*
Prachanda プラチャンダ
Prachar プラハール
Prachaya プラチャヤー
Prache プラーシュ
Prachett プラチェット**
Prachuab プラチュアップ*
Prachya プラッチャヤー*
Prack プラック
Pracomtal プラコンタル
Pracuap プラチュワップ
Prada プラーダ／プラダ**
Pradal プラダル
Pradalié プラダリエ
Pradas プラーダス／プラダス
Prade プラーデ／プラード
Pradeau プラドー
Pradeep プラディープ*
Pradel プラデル
Pradelle プラデル
Pradelli プラデッリ
Prader プラデリ
Pradères プラデーレ
Pradervand プラデルバン
Prades プラデ／プラード
Pradhan プラダン***
Pradhān プラダン
Pradier プラディエ
Pradine プラディーヌ
Pradit プラディット
Praditphairo プラディットパイロ
Prado プラード**／プラド**
Pradon プラドン

Prados プラードス／プラドス*
Pradot プラド
Pradyumna プラディウムナ
Praed プライド／プラード／プレイド／プレード
Praeger プレイガー／プレイゲル／プレーガー
Praepositinus プラエポシティヌス／プラエポジティーヌス
Praesens プラエセンス
Praet プラート*
Praetextatus プラエテクスタトゥス
Praetirius プレトリウス
Praetorius プレトーリウス／プレトリウス*
Praff プラフ
Praful プラフル
Prafulla プラフラ／プラフルラ
Prag プラーク／プラーハ／プラハ
Praga プラーガ
Prágay プラーガイ
Prager プラーガー*／プラガー／プラッガー／プレーガー／プレガー*
Prahalad プラハラッド／プラハラード
Prahl プラール
Prain プレイン
Praipol プライポーン
Praisegod プレイズ・ゴッド／プレイズゴッド
Prajadhipok プラチャーティポク／プラチャーティポック
Prajapati プラジャパティ
Prajin プラジン
Prajñākaragupta プラジュニャーカラグプタ
Prajñākaramati プラジュニャーカラマティ
Prajogo プラヨゴ
Prak プラク

ブラック
Prakāśa プラカーシ
Prakash プラカシ／プラカーシュ／プラカシュ**
Prakin プラーキン
Prakong プラコン
Prakosa プラコサ
Praljak プラリャク
Pramanik プラマニク
Pramanuchitchinorot パラマーヌチットチノーロット
Pramarn プラマーン**
Pramas プラマス
Pramatarski プラマタルスキ
Pramath プロモト
Pramila プラミラ
Pramling プラムリン
Pramod ピラモド／プラモド
Prāmodawardhanī プラーモーダワルダニー
Pramodo プラモド**
Pramoedya プラムディア／プラムディヤ***
Pramoj プラモイ／プラモジ／プラーモート／プラモート*
Pramon プラモン*
Prampero プランペロ
Pramudwinai ポラマットウィナイ
Pramudya プラムディヤ
Pran プラン*
Pranab プラナブ***
Pranaitis プラナイティス
Prananto プラナント
Pranatharthi プラナタルティ
Prance プランス**
Prandelli プランデッリ*
Prandi プランディ
Prandini プランディーニ
Prandl プランドル
Prandoni プランドーニ
Prandtauer プランタウアー／プランタウアー*
Prandtl プラントル*
Pranee プラニー
Prang プラング*
Prange プランギー

プランゲ**／プランゲー／プランジ
Pranger プランジャー
Prankerd プランケード
Prantl プラントル
Prap プラブ*
Prapakamol プラバカモル
Prapañca プラパンチャ
Prapat プラパット
Prapawadee プラバワデ／プラバワデ*
Praphanphong プラバンポン
Praphat プラパート
Prapto プラプト
Praquin プラキン
Pras プラズ
Prasad プラサッド／プラサード*／プラサド***／プラシャド
Prasād プラサード／プラサド
Prasadam プラサーダム／プラサダム
Prasanta プラサンタ
Prasanti プラサンティ*
Prasartset プラサートセット
Praśastapāda プラシャスタパーダ
Prasastapādācārya プラシャスタパーダ
Prasat プラサト
Prasathinphimai プラサチンピマイ
Prasatthong プラサートトーン／プラサートーン
Prasch プラッシュ
Praschl プラシュル*
Prasenajit プラセーナジット／ラセーナジット
Prasenjit プラセンジット
Prasert プラサート／プラスート
Prashad プラシャド
Prashant パラシャント*
Prashanth プラシャント
Prasidh プラシット
Prasit プラシット
Prasith プラシット

Praskovia ブラスコーヴィア
Praskov'ia ブラスコーヴィア
　ブラスコーヴィヤ
Praskoviia ブラスコーヴィヤ
Praskoviya ブラスコーヴィヤ
Prasoet ブラスート
Prasolov ブラソロフ
Prasong ブラソン*
Prasse ブラッセ
Prassinos ブラシノス*
Prasun ブラスーン
Prat
　ブラ
　ブラー
　ブラット*
　ブラート
　ブラ
Prata
　ブラータ
　ブラタ*
　プレイト
Pratan ブラタン
Pratap ブラタプ**
Pratāp ブラターブ
Pratapaditya ブラタパディトヤ
Pratchett
　ブラチェット*
　ブラッチェット
Prateek ブラティーク
Prateep ブラティーブ**
Pratek ブラテーク
Pratella ブラテッラ
Pratensis ブラーテンシス
Prater
　ブラター
　プレイター
Pratesi
　ブラテーシ
　ブラテージ
Prat Gay ブラットガイ
Prather
　ブラサー
　ブラザー**
　プレイサー*
　プレイザー
　プレーサー
　プレーザー
Prati
　ブラーティ
　ブラティ
Pratibha ブラティバ*
Pratik ブラティック
Pratikno ブラティクノ
Pratīnās
　ブラチナス
　ブラティナス
Pratini ブラチニ
Pratip ブラティップ
Prativa ブラティヴァ
Pratiwi ブラティウィ

Pratkanis ブラトカニス
Pratley ブラトリー
Prato
　ブラート
　ブラト
　プレイトー*
Pratolini ブラトリーニ**
Pratoneri ブラトネーリ
Prätorius
　ブレトーリウス
　ブレトリウス
Prats
　ブラッ
　ブラッツ*
Pratschner ブラッチナー
Pratson ブラトソン
Pratt ブラット***
Pratten ブラットン
Pratx ブラトクス
Praud ブラウド
Praudi プロディ
Praught ブラウト
Praunheim ブラウンハイム
Prause ブラウゼ*
Prausnitz ブラウスニッツ
Prauss ブラウス*
Pravāhaṇa ブラヴァーハナ
Pravat ブラヴァト
Pravda
　ブラウダ
　ブラヴダ
Praveen ブラヴィーン
Pravelakis ブラヴェラキス
Pravettoni ブラベトーニ
Pravin ブラビン
Pravind ブラビン**
Pravit ブラウィット*
Pravoslav ブラヴォスラフ
Prawat ブラワット*
Prawdin ブラウディン
Prawer
　ブラウアー
　ブラワー**
　プロウアー
　プロワー
Prawet ブラウェート
Prawira ブラウィラ
Prawiranegara
　ブラウィラヌガラ
　ブラウィラネガラ
Prawiro ブラウィロ
Prawirodirdjo
　ブラウィロディルジョ
Prawirosentono
　ブラウィロスントノ
Prawit ブラウィット

Prawitz
　ブラーヴィッツ
　ブラウィッツ
　ブラヴィッツ
Prawy ブラヴィ*
Praxagoras ブラクサゴラス
Praxeas プラクセアス
Praxedes プラクセデス
Praxedis
　プラクセディス
Prāxilla
　プラクシッラ
　プラクシラ
Praxiteles
　プラクシテス
　プラークシテレース
　プラクシテレス
Pray プレイ
Prayong ブラヨン
Prayoon ブラヨーン
Prayut パユット*
Prayuth ブラユット*
Praz ブラーツ*
Prazak ブラザック
Pražák ブラジャーク
Prazmowski
　ブラジュモフスキ
Prce プルセ
Prchal パーシャル
Pre ブレ
Pré プレ*
Preacher
　プリーチャー*
Pread プリード
Preah プレアハ
Preahauser
　プレアハウザー
Preap ブリアップ
Préault プレオー
Prebble プレブル
Preben
　プレイン
　プレベン
Prebenna
　プレベナ
　プレベンナ
Prebisch
　プレビッシュ*
Preble プレブル*
Prébois プレボワ
Préboist プレボワース
Preca プレカ
Préchac プレシャック
Precht プレヒト*
Prechtel プレヒテル
Prechter プレクター
Prechtl プレクトル
Preciado プレシアド
Precious プレシャス
Precourt プレコート
Pred プレッド
Preda プレダ
Predieri
　プレディエーリ

Predis
　プレーディス
　プレディス
Predko プレドコ
Predoiu プレドユ
Predonzani
　プレドンザーニ
Predrag
　プレドラーク
　プレドラーグ
　プレドラグ**
　プレドラッグ
Predrell ペドレル
Pree プリー
Preece プリース
Preecha プリーチャー
Preecs プレークス
Preeda プリーダー*
Preedy プリーディ
Preeg プリーグ
Preeprem プリプレム*
Peer プリアー
Preet プリート
Preetorius
　プレトーリウス
Preety プリーティ
Preetz プレーツ
Preez プレア
Préfontaine
　プレフォンテーヌ
Prefumo プレフーモ
Prégardien
　プレガルディエン*
Pregelj プレゲルジュ
Preger
　プレーガー
　プレーゲル
Pregibon プレジボン
Pregizer プレギツァー
Pregl プレーグル
Pregosin プレゴジン
Prehn プレン
Prehoda プレホーダ
Preiml プライムル
Prein プライン
Preis プライス*
Preisendanz
　プライゼンダンツ
Preiser プライザー*
Preisig プレスィック
Preiskel プレイスケル
Preisler
　プライスラー
　プライスレル
　プレイスラー
Preiss プライス**
Preisser プライサー
Preissig プライシグ
Preiswerk
　プライスヴェルク
Prejean プレジャン
Préjean プレジャン
Prekop プレコップ

Preković プレコヴィッチ
Preksha プレクシャー
Prel プレル
Preljocaj プレルジョカージュ*
Preller プレラー**
Prelog プレローグ*
Prelutsky
　プリラツキー**
　プレラツキー
Prem
　プリム*
　プレーム
　プレム**
Premacanda
　プレームチャンド
Premack
　プリマック
　プレマック*
Premadasa
　プレーマダーサ
　プレマダーサ
　プレマダサ**
Premajayantha
　プレマジャヤンタ
Premānanda
　プレーマーナンダ
　プレマーナンド
Premare プレマール
Prémare プレマール
Premchand
　プレームチャンド*
Premdut
　プレム
　プレムドゥット
Premendra
　プレメンドロ
Premerlani プレメラニ
Premier プレミア
Preminger
　プレミンガー
　プレミンジャー*
Premji プレムジ
Premnath プレムナス
Premoli プレモリ
Premont プレモン
Prempe プレンペ
Prempeh プレンペ
Premuzic
　プリミュージク
　プリミュジック
Premužić
　プレムジッチ
Přemysl プシェミスル
Prenant プルナン
Prendergast
　プランダガスト
　プレンダーガスト
　プレンダーギャスト*
　プレンダギャスト
Prendiville
　プレンディヴィル
Prenestino
　プレネスティーノ
Prenn プレン
Prenot プリノ

Prensky プレンスキー
Prenter プレンター
Prentice
　プレンチス
　プレンティス*
Prentis プレンティス
Prentiss
　プレンチース
　プレンチス
　プレンティス*
Preobrajenska
　プレオブラジェーンス
　カ
　プレオブラジェンスカ
　ヤ
Preobrazhenskaia
　プレオブラジェンスカ
　ヤ
Preobrazhenskaya
　プレオブラジェンスカ
　ヤ
Preobrazhen-skii
　プレオブラジェンス
　キー
　プレオブラジェーンス
　キイ
Preobrazhenskii
　プレオブラジェンス
　キー
　プレオブラジェンス
　キー
　プレオブラチェンスキ
　プレオブラチェンス
　キー
Preobrazhensky
　プレオブラジェンス
　キー
Preparata
　プレパラータ
Prepuk プレプク
Preradović
　プレラドヴィチ
　プレラドビチ
Prés
　プレ
　プレー
Presanis プレサニス
Presant プレサント
Presba プレズバ
Presbrey プレスベリー
Presbyter
　プレスビテル
Prescod プレスコッド
Prescott
　プレスコット***
Presečnik
　プレセチュニク
Prešeren
　プレシェルン
　プレーシェレン
　プレシェレン
Prešern
　プレシェルン
　プレセレン
Preserved
　プリザーヴド
Presian
　プレシアム
　プレシアン

Presland プレスランド
Presle プレール*
Presley
　プレスリー***
　プレズリー
Presnall プレスノール
Presnel プレスネル
Presnell プレスネル
Presper プレスパー*
Press プレス**
Pressburger
　プレスバーガー*
　プレスブルガー
　プレスブルゲル*
Pressel プレッセル*
Pressense プレサンセ
Pressensé プレサンセ
Préssensé プレサンセ
Presser プレッサー
Pressey プレッシー
Pressfield
　プレスフィールド**
Pressland
　プレスランド
Pressler
　プレスラー***
Pressley プレスリー
Pressly プレスリー
Pressman
　プレスマン**
Pressnell プレスネル*
Presson プレッソン
Pressouyre
　プレスイール
Prest プレスト*
Presta プレスタ
Prestel プレステル
Prester プレスター
Prestera プレステラ
Prestes プレステス*
Presthus プレスサス
Presti プレスティ
Prestigiacomo
　プレスティジャコモ
Preston
　プレストン
　プレストン***
Prestowitz
　プレストウィッツ**
Prestre
　プレストル
　プレートル
　プレトル
Prestvich
　プレストヴィチ
　プレストウィッチ
Prestwich
　プレストウィッチ
Pretceille
　プレッツェイユ
Prete プレーテ
Pretel プレテル
Pretell プレテル
Pretelt プレテル
Preter プレター

Preti
　プレーティ
　プレティ
Preto プレト
Pretor プレイター
Pretorius
　プレトリウス*
Prêtre プレートル*
Pȓetre プレートル
Pretrick プレトリック
Pretsch プレシュ
Pretti-Frontczak
　プリティフロンザック
Pretto プレト
Prettre プレットル
Pretty
　プリティ*
　プレティ
Prettyman
　プリティマン*
Pretzer プレッツァー
Preucil プロイシル
Preud'homme
　プロドーム
Preuitt プルイット
Preus プロイス**
Preusch プルーシュ
Preuschen
　プロイシェン
Preuschoff
　プロイショフ*
Preuss
　プリュース
　プロイス**
Preuß プロイス
Preusser プルーサー
Preussler
　プロイスラー***
Preussner
　プロイスナー
Préval
　プレヴァル
　プレバル**
Prevas プレヴァス
Prevatt プレヴァット
Prevc
　プレブツ
　プレブツ
Prevedi
　プレーヴェディ
Prevel プレヴェル
Prevelakis
　プレヴェラキス*
Prevert
　プレヴェール
　プレベール
Prévert
　プレヴェール**
　プレベール
Previati
　プレヴィアーティ
Préville プレヴィーユ
Prévilon プレビロン
Previn
　プレヴィン
　プレビン**

Previtali
　プレヴィターリ
Previté プレヴィテ
Previto プレヴィット
Previts プレヴィッツ
Prevolaraki
　プレボララキ
Prevost
　プレヴォ
　プレヴォスト*
　プレボ
　プレボスト
Prévost
　プレヴォ*
　プレヴォー**
　プレヴォース
　プレヴォスト
　プレオオ
　プレボ
　プレボー*
　プレボウ
　プレボオ
Prevot プレヴォ*
Prévot
　プレヴォ
　プレボ
Prévotat プレヴォタ
Prevoznik
　プレヴォズニック
Prevrhal プレヴァール
Prewitt プルウィット*
Prey
　プライ*
　プレー
Preyer
　プライアー
　プライエル
　プライヤー
Prez
　プレ
　ペレス
Prezan プレザン
Prežihov プレジホフ
Preziosi プレジオーシ
Prezystup
　プリシュタップ
　プリストフ
　プレススタップ
Prezzolini
　プレッツォリーニ*
Pria プリア
Priakhin プリャーヒン
Priakhn プリャーヒン
Priamos プリアモス
Priani プリアーニ
Prianichinikova
　プリヤーニチニコワ
Prianishnikov
　プリアニシュニコフ
　プリヤニシニコフ
Priapatius
　プリアパティオス
Priaulx プリオー
Pribadi プリバディ
Pribilinec
　プリビリネツ
Pribislav
　プリービスラフ

Priboi
　プリボーイ
　プリボイ*
Pribram プリブラム
Pribyl
　プリバイル
　プリビル*
　プリブル
Přibyl プジビル
Price プライス***
Priceman
　プライスマン**
Pricha プリチャー
Prichā プリーチャー
Prichard
　プリチャード**
Prichinello
　プリチネージョ
Prick プリック
Prickett プリケット**
Pricop プリコプ
Pricus プリスクス
Prida プリダ
Priddat プリッダート*
Priddle プリドル
Priddy プリディ*
Pride プライド**
Prideaux
　プリドー*
　プリドウ
Pridgett プリジェット
Pridham
　プライダム
　プリダム
Pridi
　プリーディー
　プリディ*
Pridiyathorn
　プリディヤトン*
Pridvorov
　プリドボロフ
Priebe プリーベ
Prieberg プリーベルク
Priebke プリブケ
Priebst プリーブスト
Priebus プリーバス*
Priemer プリーマー
Prien プリーン*
Prierias プリエリアス
Priesand プライサンド
Pries-Heje プレスヘジ
Priessnitz
　プリースニッツ
Priest プリースト***
Prieste プリステ
Priester
　プリースター
　プリスター
Priestland
　プリーストランド
　プリースランド
Priestley
　プリイストリイ
　プリーストリ*
　プリーストリー***
　プリストリ

ブリーストリィ
ブリーストレー
ブリーストレイ
Priestman ブリーストマン
Priestner ブリーストナー
Prieto
　ブリエート*
　ブリエト*
　ブリート
Prieur ブリュール
Prifitera プリフィテラ
Prigatano
　プリガターノ
　プリガタノ
Prigent プリジャン
Prigioni プリジオーニ
Prigoda プリゴダ
Prigogine
　プリゴジーヌ
　プリコジン
　プリゴジーン*
　プリゴジン*
Prigov プリゴフ
Prigozhin プリゴジン
Prihatmi プリハトミ
Príhoda プルジーホダ
Priichaakoon
　プリーチャーコーン
Priit プリート*
Prijadi プリヤディ
Prika プリカ
Prikh パリク
Prikhodko プリホチコ
Prikhodtchenko
　プリホドチェンコ
Prikker プリッカー*
Pril プリル
Prilepov プリレポフ
Prilezhaeva
　プリレジャーエヴァ
Prill プリル**
Priller プリラー
Prilukov プリルコフ
Prilutskii プリルツキー
Prilutsky プリルツキー
Prim
　プリ
　プリム**
Prima プリマ*
Primachenko
　プリマコフ
　プリマチェンコ
Primack プリマック*
Primakov
　プリマコーフ
　プリマコフ***
Primas プリマス
Primasius
　プリマーシウス
　プリマシウス
Primaticcio
　プリマティッチオ
　プリマティッチョ

Primavera
　プリマヴェーラ
　プリマヴェラ
Prime プライム*
Primeau プリミュー
Primiano プリミアーノ
Primicerius
　プリミケーリウス
Primmoz プリモジュ*
Primo
　プリーモ**
　プリモ**
Primorac
　プリモラツ
　プリモラッチ
Primoz
　プリモーシュ
　プリモシュ
　プリモジュ
Primož プリモジュ**
Primozic プリモジック
Primrose
　プリムローズ**
Primus
　プライムス
　プリマス
　プリームス
　プリムス
Prin プリン
Prina プリーナ
Prinçci ピリンチ
Prince
　プランス*
　プリンス***
Princen プリンセン
Princesita
　プリンセシータ
Princessa
　プリンセッサ
Princesse プランセス
Princeton
　プリンストン
Princip
　プリンチプ
　プリンツィープ
　プリンツィプ
Principal
　プリンシパル
　プリンスィパル
Principe
　プリンチーペ
　プリンチペ*
Principi プリンシピ
Prindl プリンドル
Prine
　プライン*
　プリン
Prineas
　プリニース*
　プリネアス
Pring プリング*
Pringle プリングル**
Pringsheim
　プリングスハイム**
Prinkey プリンキー
Prinlaijamsu
　チンレージャムソー
Prinosil プリノジル

Prins
　プランス
　プリンス*
Prinsen
　プリンセン
　プリンゼン
Prinsep
　プリンセップ
　プリンセプ
Prinstein
　プラインシュタイン
　プリンスタイン
Prinster プリンスター
Prinsterer
　プリンステレル
Print プリント
Printemps
　プランタン
　プラントゥムプ
Prints プリンツ
Printz
　プリンス
　プリンツ*
Prinz プリンツ**
Prinze
　プリンゼ
　プリンツ
Prinzhorn
　プリンツホルン*
Prinzler プリンツラー
Prío プリオ
Priollet プリオレット
Priolo プリオロ
Prion プリオン
Prior
　プライア**
　プライアー***
　プリオール
Priore
　プライア
　プライアー*
Prioris プリオリス
Prip プリップ
Prisca プリスカ
Priscah プリスカ
Prischepenko
　プリシェペンコ
Priscianus
　プリスキアーヌス
　プリスキアヌス
Priscila
　プリシーラ
　プリシラ
Priscilla
　プリシア
　プリシラ**
　プリスキラ
Priscillianus
　プリスキリアーヌス
　プリスキリアヌス
Prisco プリスコ
Priscus
　プリスクス
　プリスコス
Prishilla プリシラ
Prishvin
　プリーシヴィン**
　プリシヴィン*

プリーシビン
プリシビン
Príska
　プリスカ
　プリスキラ
Prískilla プリスキラ
Priskos プリスコス
Prismánva
　プリスマーノワ
Pristavkin
　プリスターフキン**
Pristávkin
　プリスターフキン
Pritam
　プリータム
　プリタム
Prītam プリータム
Pritchard
　プリチャード**
　プリッチャード**
Pritchett
　プリチェット**
　プリッチェット
　プリッチェト
Pritchin プリッチン
Prithvi プリトヴィ
Prithviraj
　プリトヴィラージュ
　プリトビラジ
Prithvīrāj
　プリトヴィーラージ
　プリトヴィーラージュ
　プリトゥヴィーラージ
　プリトゥヴィーラー
　　ジャ
　プリトゥヴィーラー
　　ジャ
　プリトゥヴィラージャ
　プリトビーラージ
Prithvirajsing
　プリトビラジェシン
　プリトビラシン
Priti プリティ
Prītlarī
　プリートラリー
Pritlove プリトラブ
Pritt プリット
Prittie プリティ
Pritzker
　プリッカー**
　プリッツカー
Priuli プリウーリ
Privalov
　プリヴァーロフ
　プリバロフ
Privalova プリワロワ*
Privas プリヴァ*
Privat
　プリヴァ
　プリヴァー
　プリバー
Privert プリベール
Privett プリヴェット
Privitera プリビテラ*
Priwieziencew
　プリヴィエズィエン
　　ツェヴ
Prix プリックス*

Priya
　プリア
　プリヤ*
Priyadharsana
　プリヤダルサナ
Priyadharshana
　プリヤダルシャナ
Priyamvada
　プリヤンバダ
Priyankara
　プリヤンカラ
Priyansu プリヤンス
Priyaranjan
　プリヤランジャン
Prizant
　プライザント
　プリザント
Prizer プライザー
Prizreni プリズレニ
Prizzon
　プリッツォーン
Prlić プルリッチ
Pro プロ
Proach プローチ
Proakis プロアキス
Proal プロール
Proba プロバ
Probert プロバート
Probosutedjo
　プロボステジョ*
Probst
　プローブスト**
　プロブスト**
　プロブスト
Probus プロブス
Proby プロウビー
Probyn プロビン
Procacci プロカッチ*
Procaccini
　プロカッチーニ
Proceso プロセソ
Prochaska
　プロチャスカ
Prochazka プロハズカ
Procházka
　プロハースカ
　プロハスカ
　プロハズカ
Prochazkova
　プロハースコヴァー*
Procházkova
　プロハースコヴァー
Procházková
　プロハースコヴァー
Prochiantz
　プロシアンツ
Prochnau プロクノー*
Prochnicky
　プロクニッキー
Prochnow
　プロクナウ
　プロフノウ
　プロフノヴ
　プロホノフ
Prochoros プロコロス
Próchoros
　プロコロ

プロコロス
Prochorow
　プロチョロウ
Procida プロチダ
Prock ブロック*
Procksch プロクシュ
Prockter プロクター
Proclemer
　プロクレマー
Proclus プロクロス
Procopé プロコペ
Procópio プロコピオ
Procopius
　プロコピウス
　プロコピオス
Procter プロクター*
Proctor プロクター**
Proculus プロクルス
Prodan プロダン
Prod'homme プロドム
Prodi
　プローディ**
　プロディ
Prodikos プロディコス
Prodl ブリョードル
Prodofjeva
　プロコーフィエヴァ
Prodounova
　プロドノワ
Prodromos
　プロドロモス
Prodromus
　プロドロムス
　プロドロモス
Proeber プレーバー
Proellochs
　プレロックス
Proelß
　プロエルス
　プロセル
Proenca プロエンサ
Proenneke
　プローンネケ
Proesler プレースラー
Proeve プルーヴ
Profar プロファー
Professor
　プロフェッサー
Proffitt プロフィト*
Profillet プロフィレ
Profozich
　プロフォジク
Profozlck プロフォジク
Profumo
　プロヒューモ*
　プロフモ
Progar プロガー
Progoff プロゴフ*
Prohaeresius
　プロアイレシオス
Prohanov プロハノフ
Prohas プロハ
Prohaska プロハスカ*
Prohászka
　プロハースカ

Proia プロイア
Proietti
　プロイエッティ
Proinsias
　プロインシァス*
Proisl プロイス
Proiti プロイティ
Proitos プロイトス
Proix プロワ
Projecta プロイェクタ
Projectus
　プロジェクタス
Projet プロジェ
Prokasheva
　プロカシェワ
Prokh プロフ
Prokhorenko
　プロホレンコ
Prokhorov
　プローホロフ
　プロホロフ***
Prokhorova
　プロホロワ
Proklos プロクロス*
Prokne プロクネ
Prokofbevich
　プロコフィエヴィチ
Prokof'ev
　プロコーフィエフ*
　プロコフィエフ*
Prokof'eva
　プロコフィエバ
　プロコーフィエワ
Prokof'evich
　プロコフィエーヴィッチ
Prokofieff
　プロコフィエフ
Prokofiev
　プロコーフィエフ
　プロコフィエフ*
Prokofieva
　プロコーフィエワ
Prokofyeva
　プロコフィエワ
Prokop
　プロコップ**
　プローコプ
　プロコプ*
Prokopchuk
　プロコプチュク
Prokopcov
　プロコツォフ
Prokopcuka
　プロコプツカ
Prokopec
　プロコペック
Prokopenko
　プロコペンコ
Prokopios
　ピロコピウス
　プロコピビス
　プロコピオス
　プロコピス
Prokopis プロコピス*
Prokopovič
　プロコポビッチ

Prokopovich
　プロコポーヴィチ
　プロコポーヴィッチ
　プロコポビーチ
　プロコポービッチ
Prokopp プロコップ
Prokosch
　プローコシュ*
　プロコシュ
　プロコッシュ
Prokourorov
　プロコロフ*
Prokovsky
　プロコフスキー*
Prokris プロクリス
Prokroustēs
　プロクルステス
Proksch プロクシュ*
Prokupets
　プロクペッツ
Prole プロール
Proles プローレス
Proleskovsky
　プロレスコフスキー
Proll プレル
Pröll プレル*
Prolongeau
　プロロンジョ
Proment プロマン
Promes プロメス
Prometheus
　プロメテウス
Promilla プロミラ*
Promio プロミオ
Promis
　プローミス
　プロミス
Promislow
　プロミスロウ
Promitzer
　プロミッツァー
Promlek プロムレック
Prommegger
　プロメガー
Prommin プロンミン
Promnok プロムノック
Promod
　プロモード*
　プロモド
Promotion
　プロモーション
Promphat
　プロムパット
Promyslov
　プロームィスロフ
　プロムィスロフ
Pron プロン*
Proner プロナー
Pronger プロンガー**
Pronikov プロニコフ
Pronina プローニナ
Pronk プロンク*
Pronko プロンコ*
Pronsky プロンスキー
Prony プロニ

Pronzato プロンザート
Pronzini
　プロンジーニ**
　プロンジニ
Proof プルーフ
Proops プループス
Proper プロパー
Propert プロパート
Propertius
　プロペルチウス
　プロベルティウス
　プロベルティウス
Prophet
　プロフェット*
　プロフェット
Propp プロップ*
Proppé プロッペ
Propper
　プレパー
　プロッパー
Propst
　プロープスト
　プロプスト
Prosch プロシュ
Proschan プローシャン
Prose プローズ
Prosek プロセック*
Proshansky
　プロシャンスキー
Proshkin プロシュキン
Prosinecki
　プロシネツキ
Prosinečki
　プロシネチキ*
　プロシネツキ
Prosinski
　プロシンスキー
Prosise プロサイス*
Proska プロスカ
Proskauer
　プロスカウアー
　プロスカウエル
Proske プロスケ
Proskrov プロスクロフ
Proskuriakov
　プロスクリャコフ
Proskurin
　プロスクリン
Prosky プロスキー
Prosper
　ピエール
　プロスパー
　プロスパア
　プロスペー
　プロスペール*
　プロスペール***
Prosperi プロスペリ*
Prospero プロスペロ*
Prosperus
　プロスペール
　プロスペルス
Pross プロス*
Prosser
　プロッサ
　プロッサー*

Prossnitz プロスニッツ

Prost プロスト*
Prot プロ*
Prōtagorās
　プロータゴラース
　プロタゴラス
Protais
　プロテ
　プロテイス
Protasanof
　プロタザーノフ
　プロタザノフ
Protasius
　プロターシウス
　プロタシウス
Protassov プロタソフ
Protazanov
　プロタザーノフ
Proterios プロテリオス
Protérios プロテリオス
Prōtesilaos
　プロテシラオス
Proteus
　プロチュース
　プロテウス
　プロテュース
Proth プロート
Prothée プロテ
Prothero
　プロザロ
　プロセロ
Protheroe プロスロー
Protić
　プロティチ
　プロティッチ
Protogenes
　プロトゲネス
Protonotaro
　プロトノターロ
Protopapas
　プロトパパス
Protopopov
　プロトポーポフ
　プロトポポフ*
Protosevich
　プロトセヴィッチ
Protschka プロチュカ
Protsenko
　プロツェンコ
Protter プロッター
Protti プロッティ
Prottsman
　プロッツマン
Protus
　プロートゥス
　プロトゥス
Protzman
　プロッツマン
　プロツマン
Protzmann
　プロッツマン
Proud プラウド
Proudhon
　プルウドン
　プルードン*
　プルドーン
　プルドン
Proudman
　プラウドマン

Proujan ブロウヤン	Provins ブロヴァン	ブリュドム**	ブルス**	Pryse プライス	
Proulx	Provoost	ブリュドン	Prusak プルサック*	Prysock プライソック	
ブルー**	ブロウヴォウスト	ブリュドンム	Průsek プルーシェク	Prystowsky	
ブルークス	ブロヴォースト	ブルーダム	Prusias プルシアス	プリストースキー	
ブルール	Provost	プルドム	Prusinar	Prysyazhnyuk	
プロール	ブロヴォ	Prud'homme	プリジナー	プリシャジニュク	
Prouse	ブロヴォス	ブリュドム	プルシナー	Prytanis ピュリタニス	
プラウズ	プロヴォスト*	プルドーム*	プルジナー	Prywes プリヴェス	
プルーズ	プロフォスト	Prud'hon	Prusiner	Przeclawski	
Proust	プロボスト	ブリュドン	プリジナー	プゼクラウスキー	
プルウスト	Provoste プロボステ	プリュドン	プルシナー	Przemieniecki	
プルースト***	Provoyeur	Prudnikov	プルジナー*	シェムニスキー	
Prout	ブロヴォワール	ブリュドニコフ	Prüss プリュス	Przemysl	
プラウト**	Prowazek	Prudnikovas	Prusse プルッセ	プシェミスワフ	
プロウト	ブローヴァセク	プルドゥニコバス	Prussia プロイセン	プシェムィスワフ	P
プロート	プロヴァツェック	Prudon	Prussing	Przemyslaw	
Prouteau プルートォ	Prown プラウン	ブリュドン	プラッシング	プシェミスワフ	
Prouty	Prowse プラウズ*	プルードン	プラッスィング	プレミシャウ	
プラウティ*	Proyas プロヤス	Prue プルー	Pruszyński	Przemyślaw	
プラウティ*	Proysen プロイセン	Pruess プレス	プルシンスキ	プシェミスワフ	
プロ―チ	Prøysen プロイセン*	Prueter プルター	Prutenus プルーテヌス	Przeworski	
プロ―チ―	Pruett	Pruthi プルティ	プシェヴォスキ		
プロ―ティ	Prozumenshchikova	ブリューエット	Prutkin プルトキン	プシェヴォルスキ	
プロ―ティ―	プロズメンシコワ	ブルーイット*	Prutkov プルトコフ	Przhevalskiĭ	
Prouve	Prpic パーピック	プルエ	Prütting	プルジェワルスキー	
プルーヴェ	Prpić プルピッチ	プルーエット	ブリュッティング*	Przheval'skii	
プルヴェ	Prskavec	プルット*	Prutton プラットン	プルジェヴァリスキー	
Prouvé	プルスカヴェツ	Pruetzel プルツェル	Prutz プルッツ	プルジェヴァーリスキィ	
プルーヴェ*	プルスカベツ	Prufer ブリュウフェル	Pruüfer	プルジェヴァルスキー	
プルーベ	Prso プルソ	Prüfer ブリューファー	プリューファー	プルジェバリスキー	
Prouvost	Pṛthvī	Prugger プルッガー	Pruvost プリュボ	プルジェバルスキー	
プルーヴォ	プリティ	Prugh プルー	Prüwer ブリュヴァー	プルジェワリスキー	
プルヴォスト	プリトヴィ	Pruidze プルイゼ	Pruyn	プルジェワルスキー*	
Proval プルーヴァル	プリトビ	Pruilhere	プライン*	Przibram	
Provan プロヴァン	Pṛthvīrāja	プリュイレール	プリューイン	プシブラム	
Provance プロバンス	プリトヴィーラージャ	Pruin プルーイン	プリュイン	プルチブラム	
Provancha	Pruaitch プルアイッチ	Pruitt	プルーイン	Przondziono	
プロバンチャ	Prual プリュアル*	プライット	プルイン	プルツォンツィオーノ	
Provazníková	Prucha プルーハ	ブリュイット	Pruyser プルイザー	Przybilla プリズビラ	
プロヴァズニコヴァー	Pruche プルシュ	ブルーイット**	Pruzan プリュザン	Przyboś プシボシ	
Pröve プレーヴェ	Pruchou プルショウ	プルイット	Prvoslav	Przybylo プリスビロ	
Provençal	Prückner	プルート*	プルボスラブ	Przybylska	
プロヴァンサール	ブリュックナー	Prum プラム	プロブスラブ	プシュイビルスカ	
プロヴァンサル	Prucksakorn	Prüm プリュム*	Pryanichnikova	Przybylski	
プロバンサル	プルックサコーン	Prume プルーム	プリャーニチニコワ	プシビルスキ	
Provence プロヴァンス	Prucnal プルクナル	Prümmer	Pryanishnikov	Przybyszewska	
Provencher	Prudden	プリュンマー	プリャーニシニコフ	プシビシェフスカ	
プロヴァンシェ	プラデン	Prună プルナ	プリャニシニコフ	Przybyszewski	
Proveniers	プルデン	Prunella プルネラ	プリャニシュニコフ	プシビシェフスキ	
プロフェニールス	Prudel プルデル	Prunier	Pryce プライス**	プシビシェフスキー	
Provensen	Prudence	プリュニエ	Pryde プライド*	Przybytek プジビテク	
プロヴェンセン	プリュダンス	プリュニエール	Pryd'homme	Przygodda	
プロベンセン**	プルーデンス*	プルニエ	プルードホメ	プルツィゴッダ	
Provent	Prudencio	プルニエール	Pryer	Przyluski	
プロヴァン	プルゼンシオ	Pruniéres	プライアー	プシルスキー	
プロバン	プルデンシオ	プリュゼンシオ	プライヤー	Przywara	
Provenzale	Prudêncio	プルデンシオ	Prygorov プリゴロフ	プシュヴァーラ	
プロヴェンツァーレ	プルデンシオ	Prunières	Pryhorov プリゴロフ	プシュヴァラ	
Provenzano	Prudente プルデンテ	プリュニエール	Pryke プライク	プシュバーラ	
プロヴェンザノ	Prudentia	Prunnar プルンナー	Prynne プリン	プシュバラ	
プロベンツァーノ	プルデンティア	Prunskiene	Pryor	プシュワラ	
Provera プロヴェラ	Prudentius	プルンスキネ*	プライア*	Psacharopulo	
Providokhina	プルデンチウス	プルンスケネ	プライアー***	サカロプロ	
プロビドキナ	プルーデンティウス	Prunskienė	プライオー	Psalmanazar	
Province プロヴァンス	プルデンティウス*	プルンスキエネ	プライアー**	サルマナザー	
Provine	Prudhomme	Prunty プランティ	Prys プリス	サルマナザール	
プロヴァイン*	ブリュドオム	Prus		Psaltis サルティス	
プロヴィン	ブリュードム	プルース			
プロバイン		プルース			

Psammetichos プサムメティコス / プサムメティコス / プサメティコス / プサメディコス / プサンメティコス
Psamtik プサムメティコス
Psaros プサロス
Psarra プサラ
Psathas サーサス
Pšavela プシャヴェラ
Pschyrembel シリンベル
Pseaume プソーム
Psellus プセッロス / プセルス / プセーロス / プセロス / プロセス
Psenicka プセニツカ
Pshavela プシャヴェラ
Psherenmut プシェレンムート
Psibkhenne プシブケンネ
Psichari プシカリ / プシハリス
Psihas サイハス
Psihoyos サホイヤス / シホヨス
Psilander プシランデール / プシィランデル
Psimhis プミス
Psusennes プセンネス
Psuty プユティ
PSY サイ
Psychares プシハリス
Psyche プシケ / プシュケー
Psychharēs プシハリス
Psychogios サイコギオス
Psychos サイコス
Pszczeński プシュチェンスキ
Pszoniak プショニアク / プショニャック
Ptacek プタセク
Ptacnikova プタチニコバ
Ptah プター / プタハ
Ptak プタック
Pták プタック
Ptakauskas プタカウスカス
Ptashne プタシュネ* / プタシュン

Ptaszynski プタシンスキ
Pteiškova ペティシコヴァ
Ptok プトック
Ptolemaeus プトレマイオス
Ptolemaios プトレマイオス*
Ptolemy トレミー / プトレマイオス / プトレマエウス
Ptushko プトゥシコ
Ptyushkin プチシキ
Pu プウ
Pua プア / プアラニ
Puafisi プアフィシ
Puai プワイ
Puakena プアケナ
Puala ポーラ
Pualani プアラニ
Puan プアン
Puanani プアナニ
Puapua プアプア
Puard ピュアール*
Puat プアット
Puba プーバ
Publilius プブリリウス
Publius プーブリウス / プブリウス* / プブリウス / プブリリウス
Pūblius プブリウス*
Publius Terentius プブリウステレンティウス
Pucci プッチ*
Pucciarelli プッチャレッリ
Puccinelli プッチネッリ
Puccini プッチーナ / プッチーニ** / プッチニ
Puccio プッチョ
Puce ピュース
Pucelik ピューセリック*
Pucelle ピュセル / ピュセロ / ピュッセール
Puchala ピュシャラ
Puchelt プッヘルト
Pucher プーカー
Pucheu プッチン
Puchkanev プチカニョフ
Puchkov プチコフ
Puchkovskaia プチコフスカヤ

Puchner プフナー*
Puchsbaum プーフスバウム
Puchta プフタ
Puchtler プフトラー
Pu-chu プーチュー
Puck パック* / プック
Puckett パケット**
Puckette パケット
Puckle バックル
Puckler ピュクレル / ピュックラー
Pückler ピュクラー / ピュックラー
Pucko プチコ
Pucks プックス
Pud パド
Pudakov プダコフ
Puddicombe パディコム / プディコム
Puddinu プッディーヌ*
Pudens プデンス
Pudentiana プデンティアーナ / プデンティアナ
Pudenz プデンツ
Puder プーダー
Pudjiastuti プジアストゥティ*
Pudjomartono プジョマルトノ
Pudlowski ピュドロフスキ
Pudney パドニー* / パドニィ
Pudovkin プドヴキン / プドーフキン / プドフキン
Puea プア / プェア
Puebla プエブラ
Puech ピュエク / ピュエシュ**
Puedpong プアードポン
Puel ピュエル
Puente プエンテ*** / ペンテ
Puerta プエルタ*
Puertas プエルタス
Puerta Zapata プエルタサパタ
Puerto プエルト*
Puértolas プエルトラス*
Pueschel プエスケル

Puett ピュエット
Puetter ピューター
Puey プイ / プオイ
Pueyrredón プエイレドン / プエレドン
Pu-fang プーファン
Pufe プフェ
Pufendorf プッフェンドルフ / プーフェンドルフ
Puff パフ*
Puffy パフィ
Pugaard プゴーア
Pugach プガク
Pugacheva プガチョワ
Pugachova プガチョーヴァ / プガチョーワ
Pugachyov プガチョーフ / プガチョフ
Puget ピュジェ / ピュジェー
Puggioni プッジョーニ
Pugh パーク / ピュー** / ボウ
Pugh-Cook ピューコック
Pughsley ピューズリー
Pugin ピュジャン / ピュージン
Puglia プグリア
Pugliese プグリエセ / プリエーセ / プリエーゼ* / プリエセ / プリーセ*
Pugliesi プリエージ
Puglisi バグリッシ / プーイージ / プリージ* / プリシ / プリシー
Pugnani プニャーニ
Pugnetti パグネッティ
Pugni プーニ
Pugno ピューニョ / プーニョ
Pugo プーゴ
Pugsley パグスリー / バグズリー
Puhalac プハラツ
Puhl プール
Puhle プーレ
Pui プイ

Puica プイカ
Puiforcat ピュイフォルカ
Puig ピュイグ** / ピューグ / プイグ** / プイッチ / プーチ / プッチ*
Puigdemont プチデモン*
Puikkonen プイコネン
Pu-il プイル*
Puisais ピュイゼ*
Puiseux ピュイスー / ピュイズー / ピュイゾー
Puissant ピュイサン
Puissesseau ピュイセソ
Puišys プイシス
Puiu プイウ
Puja プヤ*
Pujada プハーダ
Pujalet ピュジャレ
Pujalet-Plaà ピュジャレープラー
Pujals プハルス
Pujangga プジャンガ
Pujats プジャツ
Pujebet プジュベ
Pujeh プジェ
Pujmanova プイマーノヴァ
Pujmanová プイマノヴァー / プイマノバー
Pujol ピュジョル* / プジョール** / プジョル** / プホール* / プホル*
Pujols プジョルス / プホルス**
Pujor ピュジョオル
Puk プク
Puka プカ
Puker プーカー
Pukhachev ファツェフ
Pukinskii プキンスキー*
Pukk プック
Pukkavesa プッカウェート
Pukkusa プックサ
Pukkusāti プックサーティ
Pukui ピュクイ
Pukyně プルキニェ / プルキニエ / プルキンイェ

Pulleyn
　ブレイン
　ブレン
Pulliam　プリアム
Pullias　ピュリアス
Pullicino　プッリチーノ
Pullig　プリグ
Pullin　プリン**
Pulling　プリング
Pullinger
　プリンガー*
　プリンジャー*
Pullman
　パルマン
　プルマン***
Pullum　プラム
Pulone　プローネ
Pulos　プーロス*
Pulsifer　パルファン
Pulszky　プルスキ
Pulteney
　パルトニー
　プルトニー
　プルトニー*
Pulu　プル
Pulver
　パルヴァー
　パルバー
　ピュルヴェール
　プルヴァー
　プルファー*
Pulvers
　パルヴァース
　パルバース**
　パルバーズ
Pulvillus　プルウィルス
Pulzer　パルザー
Pulzone　プルツォーネ
Puma
　ピューマ*
　プーマ
Pumariega　プマリエガ
Pumhösl　プムフースル
Pum-joon　ポムジュン
Pummayyon
　プマメイヨン
Pumpa　プンパ
Pumpelly
　パンペリ
　パンペリー*
Pumperla　パンペーラ
Pumphrey　パンフレー
Pumpian　パンピアン
Pumpiankii
　プムピャンスキー
Pümpin
　ピュムピン
　ピュンピン
Pumpsie　パンプシー
Pumpurs　プンプルス
Pumpyanskii
　プンピアンスキー
　プンピャンスキー
Pun
　パン
　プン

Puna　プナ*
Punam
　プーナム
　プナム
Puncel　プンセル
Punch　パンチ**
Puncheon　パンチョン
Punchi　プンチ
Pundari　プンダリ
Pundick　パンディック
Pundt
　プンツ
　プント
Pundyk　パンデューク
Puner　ピューナー
Pung　プン
Pungbun　プンブン
Pungea　プンジェア
Pungitore　パンジトア
Pung-myong
　プクミョン
　プンミョン
Pungor　プンゴル
Pungura　プングラ
Puni
　プーニ
　プニー
Punjabi　パンジャビ
Punka　プンカ*
Punke　パンク
Punkin　パンキン
Punkko　プーッコ
Puṇṇa
　プンナ
　プンナー
Puṇṇaka　プンナカ
Puṇṇamāsa
　プンナマーサ
Punnett　パネット*
Puṇṇikā　プンニカー
Puno　プノ
Punongbayan
　プノンバヤン
Pünpin　ピュンピン
Punsalmaagiyn
　ポンサルマーギン*
Punset　プンセット
Punshon　パンション
Punt　パント
Puntel　プンテル*
Punter　パンター
Puntillo　プンティロ
Punto　プント
Puntsagiin
　プンツァギーン
　プンツァグイン**
　ポンツァギーン
Puntularp
　プントゥラープ
Punwichai
　パンウィチャイ
Punyakante
　パンヤカンテ

Puṇyarāja
　プニヤラージャ
　プニヤラージャ
Punyet　プニェット
Punzel　プンツェル
Punzi　プンツィ
Puopolo　プオポロ
Puouvillon
　プーヴィヨン
Pupella　プペッラ
Pupi　プーピ
Pupienus
　プピエヌス
　ピピエヌフ
Pupillo　ピューピロ
Pūpillus　プピッルス
Pupin
　ピューピン*
　プーピーン
　プーピン
　プピン
Pupo
　プーポ
　プポ**
Puppe　プッペ
Pupper　プッペル
Puppy　パピー
Pupua　ププア*
Pupul　ププル*
Purachai　プラチャイ
Puramuk　プラムック
Puran　プラン
Purāṇa　プラーナ
Pūraṇa　プーラナ
Pūrana　プーラナ
Purandara
　プーランダラ
Purandaradāsa
　プランダラダーサ
Pūras　プラス
Purbuevna
　プルブエヴナ
Purcărete
　プルカレーテ
Purce　パース
Purcell
　パースル
　パーセル**
Purchas
　パーチェス
　パーチャス
Purchase
　パーチェイス**
Purcupile
　パーカパイル
Purdell　パーデル
Purdie
　パーディ*
　パーディー
　パーディ
Purdijatno
　プルディヤトノ
Purdom
　パードム*
　プルドム

Purdon　パードン
Purdum
　パーダム
　パードン*
Purdy
　パーディ***
　パーディー
Pure　ピュール
Purev
　プレフ
　プレブ
Purevdorj
　プレブドルジ*
PÜrevdorj
　プレブドルジ
Purevdorjiin
　プレブドルジ
Pureviin　プレビン
Purevjargal
　プレブジャルガル
Purevjav　プレブジャブ
Purevjavyin
　プレブジャビン
Purevjavyn
　プレブジャブ
Pürevjavyn
　プレブジャビーン
Purevsuren
　プレブスレン
Purgatori
　プルガトーリ
Purgstall
　プルクシュタール
　プルクシュタル
　プルグスタール
Purhonen　プルホネン
Puri
　プーリ
　プーリー*
　プリ*
　プリー
Puric　プリッチ
Puricelli
　プリチェッリ
　プリチェリ
Purificación
　プリフィカシオン
Purification
　プリフィカシオン
Purify　ピューリファイ
Purin　プーリン
Purington　パリントン
Purinton　ピュリントン
Puris　ピュリス
Purisima　プリシマ
Purita　プリータ*
Purje　プリエ
Purk　プアク
Purkayastha
　プルカヤスタ
Purkerson
　パーカーソン
Purkey　パーキー
Purkis　パーキス
Purkiser　パーカイザー
Purl　パール
Purli　プルリ

Purmort バーモート	Puryear バーヤー*	Puteh プティ*	Puttock パトック*	Pyatetski ピャテツキー
Purna フルナ／プールナ／プルナ	Purzycki パルシュッキ	Putera プトラ	ブトック	ピャテツツキイ
Pūrna プンナ	Pusapati プサパティ	Puterbaugh ピュータボー	Putu プトゥ**	Pyatnitskii ピャトニツキー／ピャートニツキィ
Pūrṇa プールナ	Pusarla プサルラ	Puth プス	Putukian プトゥキアン	Pyatnytsya ピャートニッツァ
Purnacandra プールナ・チャンドラ	Puscas プシュカシュ	Puthagoras ピュタゴラス	Putyatin プチャーチン／プチャーティン	Pyatt パイアット*
Purnama プルナマ	Puscasu プスカス	Putheas ピュテアス	Putz パッツ／ピュッツ／プッツ	Pyatykh ピャトイフ
Pūrṇavardhana プールナヴァルダナ	Pusch プシュ	Puthenkalam プテンカラム	Pütz ピュッツ	Pybis パイビス
Pūrṇavarman プールナワルマン	Puschman プッシュマン	Puthoff パソフ	Putze プッツェ	Pybus パイバス
Purne プルネ	Puschmann プシュマン／プッシュマン	Puthreasmey プットリャスメイ	Putzer パッツァー／プッツァー	Pychard ピカード
Purnell バーネル*	Pusey ビューシー／ビュージ*／ビュージー／ピュゼー	Pūtigatta プーティガッタ	Putzger ブッツガー	Pyciak-Peciak ピチャクペチャク
Purnendra プルネンドラ*	Pushchin プーシチン	Putimtsev プチムツェフ	Putzier ブッチール	Pye パイ**／ピイ
Purnomo プルノモ	Pushkala プシュカラ	Putin プーチン**／プチン	Putzulu ピュッリュ	Pyenson パイエンソン
Puro プロ	Pushkarev プシュカレフ	Putinas プティナス	Puurunen プールネン	Pyeson パイエソン
Purohitaputta プローヒタプッタ	Pushkin プゥシキン／ブウシキン／ブーシキン*／プシキン／プーシュキン	Putko プトコ	Puvis ピュヴィ／ピュヴィス／ピュビ／ピュビス	Pyett パイエット
Purrel プレル		Putlitz プトリッツ		Pyfer パイファー
Purrmann プルマン		Putman パットマン／プットマン**		Pygmalion ピグマリオン／ピュグマリオン
Purryag ピュリャグ*		Putnam パットナム**／パットナム***／プットナム／プトナム	Puvogel ブフォーゲル	Pyhrr ピアー
Pursall パーサル			Puwak ピューワック	Pyi ピー
Purseglove パースグローブ	Pushkov プシュコフ		Puxley パックスリ	Pyke パイク
Pursel パーセル	Pushpa プスパ*		Puxon パックソン	Pykett パイケット
Pursell パーセル*	Pushpakumara プシュパクマラ	Putney パトニー	Puxty パクスティー	Pykhachov プハチョフ*
Purser パーサー	Pushyamitra プシヤミトラ	Putnik プトニック	Puy ピュイ*	Pykini ピキニ
Pursey パーシー／パーセイ	Pusić プシッチ	Putoto プトト	Puyana プヤーナ	Pyladēs ピュラデス
Purshottam プルショッタム	Pusiex ビュジュー	Putra プトラ**	Puybaret ピュィーバーレイ／ピュイバレ*	Pyle パイル***
Purssey パーセイ	Puskas プシュカシュ／プスカシュ**	Putrament プトゥラーメント	Puyck パイク	Pyles パイルズ*
Pursuit パシュート	Puškáš プシカーシ	Putri プトリ	Puydebois プイデボワ	Pyleva プイレワ*
Purswell バーズウェル	Puskepalis プスケパリス	Putro プトロ	Puygrenier ピュイグルニエ	Pylyshyn ピリシン
Purta パータ	Puskus プスカーシュ	Puts パッツ	Puyol プジョル**	Pym ピム***
Purtell パーテル	Puspa プスパ	Pütsep ピュツェプ／プットセプ	Pynas ピナス	Pyn ピン
Purtilo パーティロ	Puspanyoga プスパヨガ	Putt パット	Puységur ピュイゼギュール	Pynas ピナス
Purton パートン	Puspure パスプレ	Puttapipat プタピパット	Puzder パズダー	Pynchon ピンチョン***
Pururavas プルーラヴァス	Pusser パッサー	Puttemans プッテマンス	Puzici ブジッチ	Pyne パイン**
Purvanof パルバノフ／プルバノフ	Pussey ピュッセー*	Putten プッテン	Puzikov ブジコフ*	Pynoos パイヌース
Purves パーヴス／パービス／パーブ／パーブス／パーベス*	Pustejovsky プステヨフスキー	Puttenham パットナム／パトナム	Puzo プーズォ*／プーゾ	Pynson ピンソン
	Pusterla プステルラ*		Puzovic プノビク	Pyon ピョン
	Pustet プステト		Puzur プズル	Pyong-chin ピョンジン
	Pustovaya プストヴァヤ		Pvel パーヴェル	Pyong-chol ピョンチョル
Pŭrves パーヴス	Pustovoitenko プストボイチェンコ／プストボイテンコ	Pütter ピュッター	Pwyll プイス	Pyong-choon ピョンチュン
Purvey パーヴィ／パーヴェー		Putterford パターフォード	Py ピー／ピィ*	Pyong-ho ピョンホ
Purviance パーヴィアンス／パービアンス	Puṣyamitra プシャミトラ／プシヤミトラ／プシュヤミトラ	Putterman パターマン	P'ya ピャ	Pyong-hun ピョンフン／ビョンフン
Purvis パーヴィス*／パーバス／パービス**／パルヴィス		Putthathat プッタタト	Pyant ピャント	Pyong-il ピョンイル
	Pusztai プシュタイ	Putti プッティ	Pyat ピア／ピャ	Pyong-jick ピョンジク
	Putallaz プタラス／ピュタラ	Puttick パティック	Pyatakov ピャタコーフ／ピャタコフ／ピヤタコフ	Pyong-ju ピョンジュ
		Puttita プッティタ		Pyong-sham ピョンサン
		Puttkamer プットカーマー		Pyong-shik ピョンシク*
Purvits ピュルビツ	Putch パッチ	Puttnam パットナム*／パトナム		Pyong-so ピョンソ*

Pyong-won ピョンウォン
ピョンウォン
Pyotor ピョートル*
Pyotr
ピオトール
ピョートル***
ピヨトール
ピヨトル
Pyper パイパー**
Pypin
プイピン
プイピン
Pyra ピューラ
Pyrak パイラック
Pyrame
ピラーム
ピラム
Pyramos ピュラモス
Pyrek ピレク
Pyrgos ピルゴス
Pyriev プィリエフ
Pyrkosz ピルコシ
Pyrmont ピルモント
Pyrohov ピロゴフ
Pyron パイロン*
Pyrrhōn
ピュッロン
ピュロン
ピロン
Pyrrhos
ピュルロス
ピュロス
ピロス
Pyrros ピロス*
Pýrros ピュロス
Pyryeva プィリエワ
Pysmenska
ピスメンスカ
プリスメンスカ
Pyster パイスター
Pyszczynski
ピジンスキー
Pythagoras
ピタゴラス
ピュータゴラース
ピュタゴラス
ピュタゴラス
Pytheas
ピティアス
ピテュス
ピュテアス
ピュティアス
Pytheos
ピティオス
ピューテオス
ピュテオス
Pythia ピュティア
Pȳthiās ピュティアス
Pȳthōn ピュトン
Pytka ピトカ
Pytlik ピトリク
Pytr ピョートル
Pyttel ピッテル
Pyu ピュー
Pyun ピョン*

Pyung-kil ピョンギル
Pyvovarskyi
ピボバルスキー
Pywell パイウェル*
Pyzdek ピゼック
Pyzhianov
プイジアノフ

【 Q 】

Qaa
カ
カア
Qāānī カーアーニー
Qabbani カッパニ
Qabha カバハ
Qabil カービール
Qaboos カブース**
Qābūs カーブース
Qaddafi カダフィ**
Qaddour カッドゥール
Qadeer
カディール*
カディル
Qāder カデル
Qaderi カデリ
Qadhakhum ガダフム
Qadhdhafi
カッザーフィ
Qadhdhāfī
カダフィ
カダフィー
Qadi
カーディ
カディ
Qadir
カーディル
カーディル*
カデル
Qādir
カーディル
カーデル
Qadiri カディリ
Qadoura カドゥラ
Qadri カドリ
Qadrī カドリー
Qaftan カフタン
Qagan
カガン
ハガン
Qaγan
カガン
ハーン
Qaghan
カカン
カガン
ハガン
Qahedjet カーヘジェト
Qāhir カーヒル
Qahtan カハタン
Qahtan カフタン
Qaḥṭān カフターン

Qahtani カハタニ
Qa'īd カイード
Qā'im
カーイム
カーエム
Qā'im カーイム
Qaiouh カイウ
Qais カイス
Qaisar カイサル*
Qaissi カイシ
Qāit カーイト
Qā'itbay カーイトバイ
Qakare カーカラー
Qalaa カラー
Qalallie カラリ
Qalam カラム
Qalandar カランダル
Qalāqis カラーキス
Qalā'ūn カラーウーン
Qalāwūn カラーウーン
Qālī カーリー
Qalqashandī
カルカシャンディ
カルカシャンディー
Qamar カマル
Qamrul カムルル
Qan カン
Qandil カンディール*
Qangdadorji
ハンドルジ
Qāni'ī カーニーイー
Qanout カヌート
Qanso カンソ
Qān-ṣūḥ カーンスーフ
Qānṣūḥ
カーンスーフー
Qanuni カヌニ
Qanyare カンヤレ
Qa'oud カーウード
Qapagan カパガン
Qapγan カプガン
Qara カラ
Qarā
カラ
カラー
Qaraḍāwī
カラダーウィー
Qarah カラ
Qaranī カラニー
Qaraqa カラケ
Qarase ガラセ**
Qari カリ
Qārī カーリー
Qaridi カリディ
Qarmat
カルマット
カルマト
Qarnayn カルナイン
Qaro カロ
Qarqeen カルキン

Qarshī カルシー
Qāsā カーサー
Qasaibi カサビ
Qasar カサル
Qasem カセム
Qāsem カーセム
Qasemi カセミ
Qasim
カーシム*
カシム
Qāsim
カーシム**
カシム
カースィム
Qasimi
カーシミ
カシミ
Qāsimī
カースィミー*
カースミー
Qāsimu'l カースィムル
Qasmi カースミー
Qāsmī カースミー
Qassab カッサブ
Qassām カッサーム
Qassim カシム*
Qassis カシス
Qatabi カタビ
Qatami カタミ
Qatamine カタミン
Qatarneh カタルネ
Qaṭrān カトラーン
Qauliči ホーリチ
Qavām カヴァーム
Qavām al-Salṭane
カヴァーモッサルタネ
Qawām カワーム
Qawasmeh カワスミ
Qaya カヤ
Qayisan ハイサン
Qayrawānī
カイラワーニー
Qays カイス
Qayṣar カイサル
Qayumi カユミ
Qayyim カイイム
Qazan カザーン
Qazbegi カズベギ
Qazi カジ**
Qāzī カーズィー
Qāzī カーズィー
Qazizadeh ガジザデ
Qazvīnī
カズヴィーニー
カズヴィーニー
カズビーニー
Qazwīnī
カズィニー
カズウィーニー
カズヴィーニー
カズビーニー

Qazzi カジ
Qemali ケマリ
Qemau ケーマウ
Qera ケゲラ
Qərib ケリブ
Qetaki ゲタキ
Qi
キ
キー
チ
チー*
Qian
キアン
チェン*
Qianang クアンアン
Qiang
チャン
チャン
Qiangdong チャンドン
Qian-kuan
チェンクァン
Qian-wu チェンウー
Qiao
キョウ
チャオ
Qi-bao チーパオ
Qi-chen チーツン
Qiftī
キフティー
キブティー
Qiguang チーグアン
Qilij
キリジ
キリジュ
クルチ
Qimhi キムヒ
Qi-min チーミン*
Qin
キン
チイン
チン*
Qing
キン
チン*
チング
Qing-hong チンホン
Qinghou チンホウ
Qing-lin チンリン
Qingsu チンスー
Qin-min チンミン
Qiouyi チョウイー
Qiqi キキ
Qirbi キルビ
Qi-ren チーレン
Qirynen キリネン
Qi-shan チーシャン
Qiu
ジョー**
チュウ
Qivāmī キヴァーミー
Qiwāmī キワーミー
Qiwamu カワーム

Qiwāmu'd カワームッ／キワーム
Qiwāmu'd-Dīn カワームッ・ディーン／キワームッ・ディーン
Qi-zao チーザオ
Qi-zheng チーチョン
Qodiriy カーディリー
Qohir コヒル
Qoja コジャ
Qolamreza ゴラムレザ
Qommī コンミー
Qonaev コナエフ
Qong ホン
Qong Tayiji ホンタイジ
Qongtayiji ホンタイジ
Qontayi-ji ホンタイジ
Qorbanghāli クルバンガリー
Qoriniasi ゴロニアシ
Qorra コルラ
Qortbawi コルトバウィ
Qosim コシム
Qozdārī コズダーリー
Qrei クレイ
Qri キュリ
Qteishat ケイシャト
Qū クー
Quaadvliet クワードブリット
Quaal クォール
Quaatz クヴァーツ
Quäbicker クヴェービッカー
Quach クアイック／クァック／クアンチ
Quackenbos カクケンボス／カッケンボス*／クァッケンボス／クェッケンボス／クウケンボス／クワッケンブス／クワッケンボス
Quackenbush クァッケンブッシュ／クァッケンブッシュ／クェッケンブッシュ／クワッケンブッシュ
Quackernack クァケルナック／クアケルナック／クアッケルナック

Quadflieg クアトフリーク／クバートフリーク／クワートフリーク
Quadratus クァドラトゥス／クアドラトゥス／クワドラトゥス／コドラートス
Quadri カドリ／クアドリ／クワドリ
Quadrigarius クァドリガリウス／クアドリガリウス／クゥアドリガリウス
Quadrio クァドリオ／クアドリオ
Quadrone クアドローネ
Quadros カドロス／ガドロス／クアドロス*
Quadrud カドルデ
Quadrud-Din カドルディン
Quadrupani クァドルパーニ
Quaglia クオリア
Quagliarella クアリャレッラ
Quagliata カグリアータ
Quagliati クァリアーティ／クアリャーティ
Quaglieri クァリエリ
Quagliero クワリエロ
Quaglietti クァグリエッティ
Quaglio クァーリオ／クアーリョ
Quagliotti クアリオッティ
Quaid クウェイド／クエイド／クエイド*
Quain クェーン／クエーン
Quaison クアイソン／ケゾン
Quaiti クァイティ
Qualen クゥァレン
Qualls クウォールズ／クォールズ*／クオルズ
Qualman クォルマン
Qualtinger クヴァルティンガー

Qualtrough クワルトロー
Quammen クァメン／クォメン*
Quan クァン*／クアン／クワン**／チュアヌ
Quanah クウォナ
Quan-an チュアンアン
Quander クヴァンダー／クワンダー
Quandre クアンドレ
Quandt クヴァント／クウォント／クォント
Quang クァク／クァン／クァン***／グァン
Quann クワン*
Quant クァント／クゥント*／クワント**
Quante クヴァンテ*
Quanterus クアンテラス
Quantick カンティック
Quantin カンタン
Quantrill クァントレル／クォントリル／クォントリル／クワントリル
Quantz クァンツ／クヴァンツ*／クワンツ
Quan-you チュアンユー
Quaranta クアランタ／クワランタ
Quarantotti クァラントッティ
Quarantotto クァラントット
Quaratiello クオラティエロ
Quarenghi クァレンギ／クアレンギ
Quaresma カレスマ／クァレスマ*／クァレスマ
Quaresmi クァレスミ
Quaresmio クァレスミオ

Quarini クァリーニ／クアリーニ
Quaritch クォーリッチュ
Quaritsch クヴァーリチュ*／クバーリチュ
Quarles クアーレス／クアレルズ／クォールズ*／クオールズ／クワールズ
Quarless クアーレス／クォレス
Quarraisha カライシャ
Quarrie クウォリー／クォーリー／クワリー
Quarrier クウォリア
Quarrington クォリントン
Quarry クォーリー／クォリイ
Quarshigah カルシガ
Quart クォート
Quartararo クアルタラーロ
Quartarolo コルタロロ
Quartermaine クォーターメイン
Quarterman クウォーターマン／クォーターマン*／クォータマン
Quartero クウァルテロ
Quarteroni クアルテローニ
Quartey クァーティ／クアーティー／クォーティ
Quartiera キャリエラ
Quarton カルトン／クァールトン／クォートン**
Quartucci カルタッチ／クウァルトゥッスイ
Quartz クウォーツ
Quasem カッサム
Quashigah クアシガ
Quāsim カーシム
Quasimodo カジモドー／クァジーモド**／クアジーモド／クアジモド／クワジーモド
Quast クァスト／クワスト

Quasten クヴァステン
Quasthoff クアストホフ／クヴァストホフ
Quat クァット／クアット／コアット
Quataert カタート
Quatieri カティエリ
Quatrale カトレール
Quatrani クアトロニー
Quatraro クアトラロ
Quatrefages カトルファージュ
Quatremère カトルメール
Quatriglio クアトリーリオ**
Quatro クァトロ／クアトロ*
Quatromme クアトロム
Quattrocchi クアトロッチ
Quave クウェイヴ
Quax クァックス
Quay クァイ／クウェイ／クエイ／クエイ*／ケイ
Quaye クェイ*
Quayle キール／クウェイル／クウェイル／クエイル／クエール**
Quaynor ケイノール
Quayshaun ケイショーン
Qubād クバード
Qubain クバイン
Qubati クバーティ
Qubtīya クブティーヤ
Qubūs カブース
Qudah クダト
Qudāma クダーマ
Quddus クッドゥス
Qudsi クドシ
Qudsī クドシ／グドシ
Quduus カードゥース
Que クー／クエ
Queally ケリー*
Quéau ケオ／ケオー
Quecedo ケセド

Queen
　キュイン
　クィーン
　クイーン***
　クイン
　クウイイン
　クウィーン
　グウィン
Queena クィーナ
Queenie
　クィーニー
　クィーニー*
　クゥイーニー
　クウィーニー
Queensberry
　クィーンズベリ
　クイーンズベリー
Queffélec
　ケフェレック*
Queipo ケイポ
Queirolo クエイローロ
Queiros ケイロース
Queirós
　ケイロース*
　ケイロス*
Queiroz
　ケイロシ
　ケイロシュ
　ケイロス***
　ケイロス***
Queiroz Dos Santos
　ケイロスドスサントス
Queiß クヴァイス
Queita ケイタ
Quej ケフ
Quek
　クウェック
　クエック
　ケク
Quelch
　クィルチ
　クウェルチ*
Queler ケラー
Quella ケラ
Quellen クェレン
Quellinus
　クェリヌス
　クエリヌス
Quellmalz
　クェルマルツ
　クエルマルツ**
Queloz
　クロ
　ケロー
Quémar ケマール
Quement ケマン*
Queneau クノー**
Quénelle ケネル
Quenk クエンク
Quennell
　クェネル
　ケネル*
Quennessen
　クィネッセン
　クウェンネッセン

Quenneville
　クインビル*
Quenot クノー
Quenouille クヌーイユ
Quensel クヴェンセル
Quenstedt
　クヴェンシュテット
Quental
　ケンタール
　ケンタル
Quentin
　カンタン**
　クアンタン
　クヴィンテン
　クヴェンティン
　クウォンティン
　クェンチン
　クェンティン***
　クエンティン***
Quentine
　クウェンティン
Quenton クエントン
Quênum ケナン
Queralt ケラルト
Quercetani
　ケルチェターニ
Querci クエルチ
Quercia
　クェリシア
　クェルチア
　クエルチア
　クェルチャ
　クエルチャ
　ケーシア
Quércia クエルシア
Quercize ケルシズ*
Quercu クエルク
Quéré
　ケーレ
　ケレ
Quereda ケレダ
Querena クエレーナ
Querengasser
　ケレンガサー
Querfurt
　クヴェーアフルト
　クウェルフルト
Querido
　クヴェーリード
　クェリド
　ケリードー
Quérido クェリド
Querio ケリオ
Querlin ケルラン
Quernec クェルネ
Querol ケロル
Querrec ケレック
Quertermous
　ケルテルムス
Quesada
　カザーダ
　ケサーダ*
　ケサダ***
Quesenberry
　キューゼンベリー
　ケセンベリー

Quesenbery
　キューゼンベリー
Quesnay
　ケネ
　ケネー*
Quesne ケスヌ
Quesnel
　ケスネル
　ケネル
Quesnell ケスネル
Quesney ケスネイ
Quesniaux ケスニオー
Quesnoy ケノワ
Quest
　クウェスト
　クエスト
Questel クウェステル
Questiaux
　ケスティオー
Questluv クエストラヴ
Quet クェト
Quétel ケテル
Quetelet
　ケトレ
　ケトレー
Quétif
　ケティーフ
　ケティフ
Quett クェット**
Quetzalcóatl
　ケツァルコアトル
Queudrue ケードルエ
Queuille
　クィーユ
　クイユ
Queux
　キュ
　キュー*
　キュウ
　キューズ
　クウー
　クユー
Queval ケヴァル
Quevedo
　クヴェヴェード
　ケベード*
　ケベド*
Quex キュー
Queyranne ケイランヌ
Queyras ケラス*
Queysanne ケイザンス
Quezada
　ケサダ*
　ケザダ
Quezado ケサド
Quezon ケソン
Quhali クハリ
Quharrison
　キューハリソン
Qūhī クーヒー
Quhistānī
　クヒスターニー
Qui クイ
Quiara キアラ

Quiason キアソン
Quibuyen キブイェン
Quicherat
　キシェラー
　キシュラ
Quick
　クィック
　クイック***
　クウィック
Quickenborne
　クイッケンボルネ
Quidde
　クィッデ
　クイッデ
　クヴィッデ
　クヴィデ
Quido キド
Quidor キドール
Quien キアン
Quiesse クイース
Quietus クィエトゥス
Quiggin クイギン
Quiggle キグル
Quigley
　キグリー*
　キグレー
　キーグレイ
　キグレイ
　キッグリー
　クィグリー*
　クイグリー*
　クィッグリー
　クイッグレー
　クウイグレー
　クウィッグレイ
Quignard
　キニャール**
Quiiada キハダ
Quijada
　キハーダ
　キハダ
Qui-jandría
　キハンドリア
Quijandría
　キハンドリア
Quijandría
　キハンドリア
Quijano キハノ
Quik クイック
Quiles キレス
Quilès キレス*
Quilici
　クィリチ
　クイーリチ
　クイリチ*
Quilico
　キリコ*
　クイリコ

Quiller
　キラ
　キラー
　クィラ
　クイラー
　クイラー*
　クウィラ
　クウィラー
Quillet キエ
Quilley クイリイ
Quilliam キリアム
Quillien キリアン
Quillin
　クィリン
　クイリン*
Quilliot キーヨ
Quilt キルト
Quilter
　クィルター*
　クイルター
　クウィルター
Quilvio キルビオ
Quim
　キム
　クィム
Quimby
　クインビー*
　クウィンビ
Quin
　キン
　クィン
　クイン**
　クウィーン
　チン
Quina
　キナ
　クイナ
Quinault
　キノ
　キノー
Quinby クインビー
Quincey
　クイシン
　クィンシ
　クインシ
　クインシー*
　クインシイ
　クウィンシ
　クウィンシー
　クウインシー
　クエンシイ
Quincke
　クインケ
　クヴィンケ
Quinctianus
　クインクティアヌス
Quinctilius
　クインティリウス
Quinctius
　キンクチウス
　クインクティウス
　クゥインクティウス
Quincy
　カンシー
　クインシ

QUI

Quincy クィンシー / クィンジー / クインシ / クインシー** / クインジィ / クウィンシー / クヴィンシー
Quindlen クィンドレン**
Quine キーン / クイン / クワイン**
Quinet キネ* / キネー
Quiney クワイニー*
Quinichette クイニシェット
Quinlan キンラン / クィンラン* / クインラン**
Quinn クィン** / クィーン / クイン*** / クウィン
Quinnell クィネル***
Quinnett クイネット*
Quinn-leandro キンレアンドロ
Quiñones キニョーネス
Quino キノ*
Quinodoz キノドス
Quinon キノン*
Quinones キニョネス / キノーネス / キノネス*
Quiñones キニョーネス / キニョネス*
Quinonez キニョネス
Quinquela キンケーラ
Quinsey キンゼイ
Quinshad クインシャッド
Quinson カンソン
Quint カン** / キント / クイン / クィント / クヴィント** / クビント
Quintal キントール
Quintana キンターナ* / キンタナ** / クィンタナ
Quintanal キンタナル
Quintanilla キンタニジャ / キーンターニーリャ / クィンタニラ

Quintão キンタン
Quintard クウィンタード
Quintavalle クインタヴァレ* / クインタバレ
Quintella キンテラ
Quinten クインテン
Quintero キンテーロ / キンテロ* / クインテロ*
Quinteros キンテーロス / キンテロス
Quintiere クインティエール
Quintilianus クインティリアーヌス / クインティリアヌス*
Quintiliānus キンティリアヌス / クインチリアヌス / クインティリアヌス / クインティリアヌス / クインティリアヌス / クウィンティリアーヌス / クウィンティリアヌス
Quintillus クインチルス / クインティルス / クインティルス
Quintin カンタン / クィンティン / クインティン*
Quinto クイント
Quinton クィントン** / クイントン** / クウィントン
Quintrec カントレック
Quintus クインツス / クイントゥス / クイントゥス* / クイントス / クウィーントゥス / クウイントゥス / クウィントゥス
Quīntus クウイントゥス
Quinzio クィンジオ
Quiõnez キニョネス
Quipo Pilataxi キポピラタシ
Quique キケ*
Quiqueré キクレ
Quirin クウィリン / クヴィリーン / クヴィリン
Quiringh クヴィリング

Quirinius キリニウス / クィリニウス / クイリニウス / クレニオ
Quirino キリーノ / キリノ* / クィリーノ / クイリーノ
Quirinus クイリヌス / クイリヌス / クヴィリーヌス
Quirk カーク** / クヮーク / クワーク**
Quirke クワーク
Quiroga キローガ** / キロガ***
Quiros キロス / キロッシュ / クイロース
Quirós キロス
Quirot キロット*
Quiroz キロス
Quisbert キスベルト
Quisenberry クィゼンベリー / クイゼンベリー
Quisling クヴィスリング / クビスリング
Quispe キスペ
Quist クイスト**
Quistorp クヴィストルプ
Quitak クウィタック
Quitard キタール
Quitely キュイテリー / クワイトリー
Quitschreiber クヴィットシュライバー
Quittner クイットナー / クウィットナー
Quiwonkpa クイウォンパ
Quixano キサノ
Quli クリ
Qulī クーリー / クリー
Qulpa クルパ
Qummī クンミー
Qun チュイン
Qūnanbaev クナンバエフ
Qūnawī クーナウィー
Qunduzī クンドゥズィー

Qunfei チュンフェイ
Quoc クォク / クオク* / クォック / クォック* / コク / コック
Quốc クオック
Quoc Cuong クオククオン
Quodvultdeus クウォドウルトデウス / クォドウルトデウス / クオドウルトデウス
Quoirez クアレズ / コアレ
Quoist クォスト
Quow クォー
Quraish クライシュ
Quraishi クライシ
Qurashi クライシ
Quray クレイ*
Quraysh クライシュ
Qurboniyon クルボニヨン
Qurbonov クルボノフ
Qureshi クレシ**
Quri クリ
Qŭrmanghazï クルマンガズ
Qurra クッラ / クラ / コラ
Qurrat al クッラトゥル / コッラトル
Qurrat al-'Ayn クッラトゥル・アイン / クッラトル・アイン / コッラトル・エイン
Qurratul クッラットゥル
Qūrsāwī クルサヴィー
Qurṭubī クルトゥビー
Qurunfleh クルンフレ
Qusay クサイ*
Quṣayy クサイイ
Qusenberry クィーセンベリー
Qusseibi クセイビ
Qussos クソス
Qusṭā クスター
Qutab クターブ
Qutaiba クタイバ
Qutaibah クタイバ
Qutayba クタイバ
Qutaybi クタビ

Quṭba クトゥバ
Quṭb al クトゥブッ
Quṭb al-Dīn クトゥブッディーン / クトゥブッディーン / クトゥブッデイーン
Quṭb al-Dīn クトゥブッディーン
Qutbi クトゥビ
Qūtīya クーティーヤ
Qutlugh クトルフ
Qutlugh クトルグ
Quṭrub クトゥルブ
Qutuctu フトクト / ホトクト
Qutughtu フトウクトゥ / フトクト / ホトクト
Qutuγtu ホトクト
Qutulmish クタルムシュ / クトゥルミシュ
Qutuq クトゥク
Quṭuz クトゥズ
Quvenzhane クワベンジャネ*
Quwwatlī クーワトリー / クワトリ / クワトリー
Quy クィ / クイ* / クイー
Quyen クェン / クエン*
Quynh クイン / クイン
Quzāt クザート
Quzdārī クズダーリー
Quzmān クズマーン
Qvale クベイル
Qvist クヴィスト

【R】

RA ラー
Ra ナ / ラ** / ラー / レ
Raab ラーブ / ラーブ**
Raabe ラービ / ラーベ**
Raachoothai ラーチョータイ

Raacke ラーッケ
Raad ラード
Ra'ad ラアド
Raade ラーデ
Ra'afat ラファト
Raajkumar ラージクマール
Raalte ラールテ*
Raamkhamhaeng ラームカムヘーン*
Raanan
　ラアナン
　ラーナン
Ra'anan
　アナン
　ラーナン
Raap ラープ
Raasida ラーシダ
Raassön
　レジン
　レツィン
Raastad ラスタード
Raasted ローステッド
Raats ラッツ
Raatz ラーツ
Rab ラブ
Rab̲ ラヴ
Raba'a ラバア
Rabab ラバブ
Rababe ラバブ
Rabaçal ラバサル
Rabagliati ラバグリアティ
Rabaglino ラバグリノ
Rabagny ラバニ
Rabago ラバゴ
Rábago ラバゴ
Rabah
　ラバ
　ラバー*
　ラバハ
Rábai ラーバイ
Rabaiotti ラバイオッティ
Rabal ラバル**
Raban
　ラバン*
　レイバン
Rabanales ラバナレス*
Rabanne ラバンヌ*
Rabarisoa ラバリスア
Rabarison
　ラバリスン
　ラバリソン
Rabarton ラバートン
Rabary ラバリ
Rabasa ラバサ
Rabascall
　ラバスコール
Rabassa ラバーサ
Rabasse ラバス
Rabaté ラバテ
Rabatè ラバテ
Rabatti ラバッティ

Rabaud
　ラボ
　ラボー*
Rabaut ラボー*
Rabb ラブ**
Rabbah
　ラッバー
　ラバー
　ラバハ
Rab-ban ラッバン
Rabban
　ラッバン
　ラバン
Rabbani
　ラッバーニー
　ラッバニ
　ラバニ**
Rabbat ラバット
Rabbe
　ラップ
　ラブ
　ラーベ*
　ラベ
Rabbi ラビ*
Rabbie ラビー**
Rabbihi
　ラッビヒ
　ラッビフ
Rabbit ラビット
Rabbitt ラビット*
Rabbitte ラビット
Rabbo ラボ
Rabboula ラブラ
Rabbula ラブラ
Rab 'byams pa
　ラブジャムパ
Rab 'byams pa
　ラブジャムパ
　ラブチャンパ
Rabchenyuk
　ラブチェニュク
Rabe
　ラーベ**
　レイビー
　レイブ*
　レブ**
　ロビー
Rābe'a ラーベア
Rabeàrivelo
　ラベアリヴェロ
Rabéarivelo
　ラベアリヴェロ
　ラベアリヴロ
Rabeh ラベフ
Rabehah ラベハ
Rabehl ラベール
Rabei ラベイ
Rabel
　ラーベル
　ラベル
Rabelais
　ラブレ
　ラブレー*
　ラベライス
Rabélin ラベラン
Rabello レベール
Rabelo レベール

Rabemananjara
　ラベマナンジャラ
Rabémananjara
　ラブマナンジャラ**
　ラベマナンジャラ
Raben
　ラーベン*
　ラベン
　レーベン
Rabener ラーベナー
Rabenirina ラベニリナ
Raber
　レイバー
　レーベル
　レベル
Rabesahala
　ラベサハラ
Rab-gsal ラブセル
Rabhi ラビ
Rabi
　ラービ*
　ラビ*
Rabī̄ ラビーウ
Rabia ラビア
Rabī'a ラビーア
Rābi'a
　ラービア
　ラビーア
　ラビーアー
Rabiah
　ラビーア
　ラビア
Rābi'a-yi ラービア
Rabibhadana
　ラビーパット
Rabideau ラビドー
Rabiei ラビイー
Rabier ラビエ
Rabīḥ
　ラービフ
　ラビーフ
Rabiha ラビハ
Rabii
　ラビ
　ラビー
Rabi'ī
　ラビーイー
　ラビーイ
Rabiller レイビラー
Rabin
　ラビン***
　レビン
Rabina ラビーナ
Rabindra ラビンドラ*
Rabindranath
　ラビンドラナート*
Rabindranāth
　ラービンドラナート
　ラビーンドラナート
　ラビンドラナート*
　ロビンドロナト
Rabīndranāth
　デーヴェンドラナート
　ラビンドナー
　ラビンドラナアト
　ラビンドラナート
Rabīndranāth
　ラビンドラナート

ロビンドロナト
Rabindre ラビンドル
Rabine ラビ
Rabiner ラビナー
Rabinovich
　ラビノヴィチ
　ラビノビッチ*
Rabinovitch
　ラビノヴィチ
　ラビノビッチ
　ラビノビッチ
Rabinovitz
　ラビノビッツ
Rabinow
　ラビノー
　ラビノウ*
Rabinowicz
　ラビノウィッツ
Rabinowitch
　ラビノヴィチ
　ラビノウィッチ
　ラビノヴィッチ
　ラビノビッチ
Rabinowitsch
　ラビノーヴィチ
　ラビノーヴィチュ
　ラビノーヴィッチ
Rabinowitz
　ラビノヴィッツ**
　ラビノーヴィッツ
　ラビノビチ
　ラビノビッチ
　ラビノビッツ
Rabins
　ラビンス
　ラビンズ
Rabiot ラビオ
Rabiou ラビウ
Rabirius
　ラビーリウス
　ラビリウス
Rabīrius ラビリウス
Rabita ラビタ
Rabiu ラビウ
Rabius ラビアス
Rabiya ラビア*
Rabiza ラビザ
Rabjai ラブジャー
Rabkin ラブキン*
Rabl
　ラーブル*
　ラブル
Raboff ラボフ
Rabone ラボーン
Raboni ラボーニ
Raborn レイボーン*
Rabotoarison
　ラブトゥアリスン
Rabou ラブー
Rabourdin
　ラブールダン
Rabow
　ラボー
　ラボウ
　レイボウ
Rabson
　ラブソン
　ロブソン

Rabten ラブテン
Rabuffetti
　ラブフェッティ
Rabuka ランブカ*
Rabulas
　ラブラ
　ラブラス
Rabun ラブン
Raburn
　ラバーン
　レイバーン
Rabushka ラブシュカ
Rabutin ラビュタン
Rabuzin ラブジン
Raby
　ラビ
　レイビー**
Racah ラカー
Racan ラカン
Račan ラチャン**
Racanel ラカネル
Racansky ラカンスキ
Racco ラッコ
Race
　レイス*
　レース
Racel
　レイチェル
　レーチェル
Racette ラセット
Racey レーシー
Rachad
　ラシャ
　ラシャッド
　ラシャドゥ
Rachael
　ラケル
　レイチェル**
Racham ラックハム
Rachbauer
　ラハバウアー
Rache ラッシュ
Racheal ラシェル
Rachedi ラシュディ*
Rachel
　ハケウ
　ラケル**
　ラシェル**
　ラチェル
　ラッシェル**
　ラッチェル
　ラッヒェル
　ラッヘル
　ラヘル**
　レイチェル
　レイチェル***
　レイチャル
　レーチェル**
Rachele
　ラケーレ
　ラヘーレ
Rachelle
　ラシェル**
　レイチェル
Rachels レイチェルズ
Racherbaumer
　ラッカーバーマー

Rachev
 ラチョーフ
 ラチョフ
Rachëv
 ラチョーフ
 ラチョフ
Rachewiltz
 ラケヴィルツ
 ラチェヴィルツ
Rachid
 ラシッド**
 ラシード*
 ラシド
 ラチド
Rachida ラシダ*
Rachid Kechiche
 ラシードケシシュ
Rachilde ラシルド**
Rachkov ラチコフ
Rachleff ラクレフ
Rachlew ラクレウ
Rachlin
 ラクリン**
 ラハリン
Rachman
 ラチマン
 ラックマン*
 ラッチマン
 ラハマン
 ラフマン
Rachmaninoff
 ラフマニノフ
Rachmaninov
 ラフマニノフ
Rachmanova
 ラハマーノヴァ
 ラハマーノワ
Rachmat ラフマット*
Rachmilovichi
 ラハミロヴィチ
 ラハミロヴィッチ
 ラハミロビチ
Rachocki ラホツキ
Rachov ラチョフ
Rachubka
 ラチュウプカ
Rachyba ラチバ
Racicot ラスコー
Racid ラシド*
Răcilă ラシラ
Racimo ラチーモ
Racina ラシーナ*
Racine
 ラシイヌ
 ラシーヌ*
 ラシーン
 ラスィーヌ
Racinet ラシネ*
Racineux ラシヌー
Raciti ラシティ
Rack ラック
Rackelmann
 ラッケルマン
Racker ラッカー
Rackham
 ラッカム**
 ラックハム
Rački ラチュキ

Raclot ラクロ
Racloz ラクローズ
Raco ラコ*
Raconis ラコニ
Racot ラコ
Racquet ラケ
Racz ラーチュ
Rácz
 ラーチ
 ラーチュ
 ラーツ
Raczka ラッチカ
Raczko ラズコー
Raczymow ラクシモヴ
Rad
 ラッド*
 ラート*
Rada
 ラーダ*
 ラダ*
 レーダ
Radák ラダック
Radakovich
 ラダコヴィッチ
 ラダコビッチ*
Radama ラダマ
Radamel ラダメル*
Radames ラダメス
Radamés ラダメス
Radanova ラダノワ
Radant レイダント
Rada Rodriguez
 ラダロドリゲス
Radatz ラダッツ
Radau ラドー
Radavidson
 ラダビドソン
Radbek ラドベク
Radbertus
 ラドベルトゥス
Radbill ラッドビル
Radbod ラドボド
Radboud ラッドバウト
Radbourn ラドボーン
Radbruch
 ラアトブルク
 ラートブルク
 ラートブルフ*
 ラードブルフ
 ラードブルヒ
 ラートブルフ*
 ラードブルーフ
 ラードブルフ
Radchenko
 ラドチェンコ*
Radcke ラトケ
Radcliff ラドクリフ
Radcliffe
 ラドクリフ
 ラトクリフ
 ラドクリフ***
Radclyffe ラドクリフ*
Radd ラッド
Raddatz ラダッツ
Radde ラッデ
Radden ラーデン

Raddon ラドン
Rade
 ラーダ
 ラーデ
 ラデ*
 ローデ
Radebaugh ラデボー
Radebe ラデベ
Radecke ラデッケ*
Radecki
 ラデッキー
 ラデツキ
 ラデツキー
Radegunde
 ラーデグンデ
 ラデグンド
Radegundis
 ラデグンディス
Radek
 ラーデク
 ラデク**
 ラデック*
Radell ラデル
Rademacher
 ラーデマッハ
 ラーデマッハー
 ラーデマッヘル*
 ラデマッヘル
 ラーデマハー
 ラーデマヒャー
Rademakers
 ラデメーカーズ
 レイドメイカーズ
Raden
 ラーデン
 ラデン
 レイデン
Rader
 ラーダー
 ラダー
 レイダー**
Radermacher
 ラーダマッハー
 ラーダマッハー
Radesca ラデスカ
Radestock
 ラーデストック
Radetskii
 ラデツキー
 ラデーツキィ
Radetsky ラデツキー
Radetzky
 ラデツキ
 ラデツキー
Radev ラデフ**
Radeva ラデヴァ
Radevica ラデビチャ
Radevich ラジェービチ
Radewijns
 ラーデウェインス
Radewyns
 ラーデウェインス
Radford
 ラッドフォヅド
 ラッドフォード
 ラッドフォード**
Radha ラダ*
Rādha ラーダ

Radhabinod
 ラダビノード
 ラハビノード
Radhakrishna
 ラダクリシュナ*
Radhakrishnan
 ラーダークリシュナ
 ン*
 ラダークリシュナン
 ラダクリシュナーン
 ラダクリシュナン**
Rādhākrishnan
 ラーダークリシュナン
 ラダクリシュナン
Rādhākrshnana
 ラダクリシュナン
Radhe ラデ
Radhe Shyam
 ラデシャム
Radhi
 ラーズィ
 ラドヒ
Radhika ラディカ*
Radhule
 ラドリ
 ラドリー
Radi
 ラーディ
 ラディ
Raḍī ラディー
Rādī ラーディー
Rādī ラーディー
Radia ラディア*
Radic ラディッチ
Radić
 ラーディチ
 ラディチ
 ラディッチ*
Radica ラディカ
Radice
 ラディス
 ラディーチェ
 ラディチェ
Radičević
 ラディチェヴィチ
Radiches ラディチェス
Radíchkov
 ラディチコフ
Radick ラディック
Radičová
 ラディツォヴァー*
Radig レディグ
Radiguet
 ラジゲ
 ラディゲ**
Radii ラージー*
Radik ラディク
Radimir ラディミル
Radin
 ラディン*
 レイディン
 レディン
Radine ラディン
Radinger ラディンガー
Radino ラディーノ*
Radinsky
 ラディンスキー*

Radio ラディオ
Radis ラディシュ
Radischev
 ラジーシチェフ
Radish ラディッシュ*
Radishchev
 ラジーシチェフ
Radišić
 ラディシッチ**
Radislav ラディスラヴ
Radisson ラディソン
Radius ラディウス
Radivilov
 ラディビロフ
Radiyya
 ラズィッヤ
 ラズィーヤ
 ラズィヤ
 ラディヤ
Radja ラジャ
Radjab ラジャブ
Radjasanagara
 ラージャサナガラ
Radjou ラジュ
Radkau ラートカウ
Radke
 ラドキ*
 ラドキー
 ラトケ*
Radkov ラジコフ
Radkow ラドコウ
Radl
 ラートル
 ラドル
Rádl ラードル
Radlanski
 ラドランスキー
Radle
 ラドル
 レイドル
Radleigh ラドリー
Radley ラドリー*
Radlinsky
 ラドリンスキー
Radlkofer
 ラドルコーファー
Radloff ラドロフ
Radlov
 ラートロフ
 ラードロフ
 ラドロフ*
Radmanovic
 ラドマノビッチ
Radmanović
 ラドマノヴィッチ*
Radmila ラドミラ*
Radnaa ラドナー
Radnaasumbereliin
 ラドナースンベリー
 ン*
Radnedge
 ラッドネッジ
 ラドネッジ
Radner ラドナー*
Radnitz ラドニッツ
Radniz
 ラドニツ

Radnóti ラドノーティ
Rado
　ラードー
　ラド
　ラドー
Radó
　ラードー
　ラド
　ラドー
Radochla ラドフラ
Radochonska
　ロドチェンスカ
Radocy ラドシー
Radoi ラドイ
Radoja ラドヤ
Radoje
　ラドイェ
　ラドイェ*
Radojevic
　ラドエビッチ
Radojević
　ラドエビッチ
Radojica ラドイチャ
Radoki ラドキ
Radom ラドム
Radomia ラドミア
Radomil ラドミル*
Radomir
　ラドミール
　ラドミル
Radomska ラドムスカ
Radomski ラドムスキ
Radon ラドン
Radoncic ラドンチッチ
Radončić ラドンチッチ
Radonezhskii
　ラドネーシスキー
　ラドネシスキー
Radonezhsky
　ラドネシスキー
Radonyak ラドニヤク
Radopol'skii
　ラドポルスキー
Radoš ラドシュ
Radosav ラドサフ
Radosevich
　ラドセヴィッチ
Radoslav
　ラドスラフ*
　ラドスラフ
　ロドスラフ
Radoslavov
　ラドスラーヴォフ
　ラドスラヴォフ
Radoslaw
　ラドスラヴ
　ラドスラフ
Radosław ラドスワフ
Radost ラドスト
Radosta ラドスタ
Radostin ラドスティン
Radot ラド
Radoux ラドゥー
Radovan
　ラドヴァン**

ラドバン*
Radovanovic
　ラドヴァノヴィッチ
Radovic ラドビッチ
Radović ラドビッチ
Radowitz
　ラードヴィツ
　ラドウィツ
　ラードヴィッツ
　ラドウィッツ
　ラドヴィッツ
　ラドビッツ
Radschinsky
　ラドシンスキー
Radt ラート
Radtke
　ラドキー
　ラドケ
Radtsig ラドチグ
Radu
　ラデュ*
　ラドゥ**
　ラドゥー
Raducan ラドゥカン*
Răducan ラドゥカン
Raduchell
　ラデュチェル
Raducioiu ラドチョウ
Răducu ラドゥク
Radul'
　ラードゥリ
　ラードリ
Rădulescu
　ラドゥレスク
Radulfus ラドゥルフス
Radulovic
　ラドゥロヴィッチ*
　ラドロビッチ
Radulović
　ラドゥロヴィッチ
　ラドロビッチ
Radunović
　ラドゥノビッチ
Radunskaia
　ラドゥンスカヤ
Radunskii
　ラドゥンスキー
Radunsky
　ラダンスキー
　ラドゥンスキー*
Radushkevich
　ラドゥシュケヴィチ
Radvansky
　ラドヴァンスキー
Radványi
　ラドヴァーニー
Radwan
　ラドヴァン
　ラドバン
　ラドワン
　リドワーン
Radwanska
　ラドワンスカ*
Radwańska
　ラドワンスカ
Radwanski
　ラドワンスキー
Radway ラドウェイ

Radwitz ラドヴィッツ
Rady ラディー
Radzhabov ラジャボフ
Radzi ラドジ
Radzinowicz
　ラジノウィッチ
Radzinski
　ラジンスキー
Radzinskii
　ラジンスキー**
Radzínskii
　ラジンスキー
Radzinsky
　ラジンスキー
Radzinya ラジーニャ
Radzivil ラジビル
Radziwill ラジビル
Radziwiłł
　ラジウィウ
　ラジウィウ
Radziwilowicz
　ラジウィウォヴィッチ
　ラジウィロヴィッチ
Rae
　ラー
　ラエ
　リー
　レー
　レイ***
RaeAnne リアン
Raeber レーバー
Raeburn
　レイバーン**
　レーバーン
　レーバン
Raecke レッケ
Raed
　ラーイド
　ラエド
Raeder
　レーダー
　レーデル*
Raedwald レドワルド
Raees ラエース
Raef リーフ
Raeff ラエフ
Raehl レール
Raekwon レイクウォン
Rael ラエル*
Raël ラエル*
Raelert レーレルト
Raemaekers
　ラーマーケルス
Raemy レミー*
Raes ラース
Raeside レイサイド
Raeth レース
Raeve
　リーヴ
　レーブ
Raevskii
　ラエフスキー
　ラエーフスキィ
Rae-won レウォン*
Raewyn レイウィン

Raeymaekers
　ラーイマーケルス
Raf ラフ*
Rafa
　ラファ*
　ラファエル
Rafaa ラーフィウ
Rafaâ ラフィア
Rafael
　ラファエウ
　ラファエル***
Rafaela ラファエラ*
Rafaelo ラファエロ
Rafaelov ラファエロフ
Rafaelovich
　ラファエロヴィッチ
Rafailovich
　ラファイロヴィッチ
Rafailovich
　ラファイロヴィッチ
Rafajlovska
　ラファイロフスカ
Rafal
　ラファウ*
　ラファル
Rafał
　ラファウ*
　ラファル
Rafalovich
　ラファロビッチ
Rafalska ラファルスカ
Rafe レイフ*
Rafe'a ラーフィウ
Rafeeq ラフィーク
Rafel ラファエル
Rafelovich
　ラファエロヴィッチ
Rafelson
　ラフェルソン**
Rafer レイファー
Rafet ラフェト
Raff
　ラッフ
　ラフ**
Raffael
　ラファエウ
　ラファエル
Raffaela ラファエラ
Raffaëla ラファエラ
Raffaele
　ラッファエーレ*
　ラッファエレ
　ラファエル*
　ラファエレ
Raffaella
　ラファエッラ
　ラファエラ
Raffaelli
　ラファエッリ
　ラファエリ**
Raffaellino
　ラッファエッリーノ
　ラファエルリノ
Raffaello
　ラッファエッロ
　ラッファエロ
　ラファエッロ
　ラファエル

Raffaello
　ラファエルロ
　ラファエロ*
Raffald ラファルド
Raffalovich
　ラファロヴィッチ
Raffanti
　ラッファンティ
　ラファンティ
Raffard ラファール
Raffarin ラファラン*
Raffay ラッファイ
Raffe ラフェ
Raffée ラフェー
Raffel ラッフェル*
Raffensberger
　ラッフェンズバーガー
Rafferty
　ラファーティ
　ラファティ*
　ラファティー
Raffety ラフェティ
Raffi ラフィ
Raffin
　ラッフィン
　ラファン
　ラフィン
Raffinus ラッフィヌス
Raffl ラッフル
Raffle ラッフル
Raffler ラフラー
Raffles ラッフルズ
Rafflewski
　ラフルスキー
Raffman ラフマン
Raffoni ラフォーニ
Raffy ラフィ
Rafi
　ラフィ
　ラフィー*
Rafî ラフィー
Rafiatou ラフィアトゥ
Rafic ラフィック*
Rafidah ラフィダ**
Rafidimanana
　ラフィディマナナ
Rafie ラフィ
Rāfi‘i ラーフィイー
Rafik
　ラフィーク
　ラフィク***
Rafinha ラフィーニャ
Rafini ラフィニ
Rafiq ラフィク**
Rafiqa ラフィカ
Rafique
　ラフィーク
　ラフィク
Rafiqul ラフィクル
Rafiringa ラフィリンガ
Rafmān ラフマーン
Rafn ラヴン
Rafqa ラフカ
Rafsanjani
　ラフサンジャーニー
　ラフサンジャニ**

Raft ラフト*	レーガン	Raguzzini ラグッツィーニ	ラヒミ	Rahtathara ラタターラ ラッターラ
Rafter ラフター*	Raginpert ラギンペルト	Rah ラー	Rahimov ラヒモフ*	
Raftery ラフテリー	Ragins レーガン	Rahab ラハブ	Rahimzoda ラヒムゾダ	Rahtmann ラートマン
Raftos ラフトス*	Raglan ラグラン*	Rahabar ラハバ	Rahir ライール*	Rahtz ラーツ
Raful ラフル	Ragland ラグランド**	Rahael ラハエル	Rahko ラーコ	ラッツ*
Rafuse ラフューズ	Raglin ラグリン	Rahaf ラハフ	Rahl ラール*	Rahul ラウール
Ragab ラガブ	Ragna ラグナ	Rahaingosoa ラハイングスア	Rāhlabhadra ラーフラバドラ	ラフール
Ragabani ラガバニ	Ragnal ラグナル	Rahajason ラアジャソン	Rahlfs ラールフス	ラフル**
Ragache ラガッシュ*	Ragnar		Rahlves ラルベス**	Rāhul ラーフル
Ragalia ラガリア	ラーグナ	Rahal ラハール	Rahm ラーム*	Rahula ラーフラ
Ragan ラーガン	ラグナー*	レイホール*	Rahma ラーマ	Rahula ラーフラ
ラガン	ラグナル**	Rahali ラハリ	Rahma ラフマ	Rāhulabhadra ラーフラバドラ
レイガン*	ラングナール	Rahaman ラハーマン	Rahmah ラハマン	
レーガン	Ragnarsson ラグナーション	ラハマーン	Rahman	Rahv ラーヴ
Ragas ラガス	Ragnemalm ラーグネマルム	Rahamana ラーマン	ラクマン*	Rahzel ラーゼル
Ragavoy ラガヴォイ	Ragner	Rahamani ラハマニ	ラハマーン	Rai ライ**
Ragaz ラガーツ	ラグナー	Rahamat ラハマト	ラハマン	Rāi
ラガッツ	ラグナル	Rahamin ラハミン	ラフマーン*	ラーイ*
Ragazzi ラガッツィ	ラーナー	Rahamou ラハムゥ	ラフマン*	ライ
Rageau ラジョー	Ragnheidur ラグンヘイオウル	Rahantalalao ラハンタララウ	ラーマン***	Raiber ライベル
Rager レージャー	Ragnhild	Rahardja	ロフマン	Raicea ライチェア
Ragette ラゲット	ラグニルト	ラハルジャ	ロハマン	Raicevic ライチェビッチ
Raggam ラッガム	ラグンヒル	ラーマン	Rahmān	Raich
Raggett ラゲット*	ラグンヒルド	ラハルジョ	ラフマン	ラーイチ
Raggi ラッジ**	ラングンヒル	Rahardjo ラハルジョ*	ラフマン	ライチ
Raggio ラジオ	ランヒルト	Raharimalala ラハリマララ	ラーマン	ライヒ**
Raghavan	Ragni ラーン	Rahasya ラハシャ	Rahman ラフマン	Raichev ライチェフ
ラーガヴァン	Ragno ラグノ	Rahav ラハーブ	ラハマーン	Raichle
ラガヴァン	Ragnvald ラグンバルド	Rahaya ラハヤ	ラフマーン*	ライクリー
ラガバン	Rago	Rahayu ラハユ	ラフマン	ライチェル
Rāghavana ラーガヴァン	ラーゴ	Rahbar ラハバ	ラーマン	レイクル*
Rāghavaṅka ラーガヴァンカ	レーゴ	Rahbek ラーベク	Rāhmān ラーマン	Raichlen ライクレン*
Rāghavāṅka ラーガヴァーンカ	Ragon ラゴン**		Rahmani ラハマニ	Raick ライク
Ragheb ラゲブ**	Ragondet ラゴンデ	ラーベック	ラーマニ	Raida
Raghoebar ラフバール	Ragone ラゴーン	Rahder ラーダー	Rahmani Fazli ラハマニファズリ	ライダ
Raghoebarsing ラグバルシン	Ragoonaden ラグーナデン	Rahdiana ラディアナ		レイダー
Raghubir ラグビール	Ragossnig ラゴスニク	Rahe レイヒ	Rahmann ラーマン	Raider レイダー
Raghunath ラグーナット	Ragosta ラゴスタ	Raheb ラヘブ	Rahmat ラフマット	Raidma ライドマ
Raghunāth ラグナート	Ragoussis ラグーシス	Ra-hee ラヒ*	ラフマト	Raidt レイド
Raghunātha ラグナート	Rags ラグス*	Raheem ラヒーム	Rahmati ラフマティ	Raif ライフ*
Raghunathan	Ragsdale	Raheen ラヒーン	Rahmatov ラフマトフ	Raiffa
ラグナータン*	ラグスデイル	Rahel	Rahmel ラーメル	ライファ
ラグナタン	ラグスデール	ラアヘル	Rahmeti ラフメティ	ライファー
Raguram ラグラム*	Rague ラゲ	ラーエル	Rahmi	Raiffeisen
Raghuvansh ラグバンシュ	Ragueneau ラグノー**	ラーヘル	ラフミ	ライファイゼン
Raghuvīr ラグヴィール	Raguenet ラグネ	ラヘル	ラフミー	ライファイゼン
Ragiagia ランギンギア	Raguet	Rahela ラヘラ	Rahmon ラフモン*	Raihān ライハーン
Ragıb ラーグブ	ラゲ	Raheleh ラヘレ	Rahmonov ラフモノフ	Raija ライヤ*
Rāgib	ラゲー	Rahere ラーヘレ	Rahmouni ラムウニ	Raijmaekers ライマエケルス
ラーギブ	Raguin ラガン	Rāhī ラーヒー	Rahn ラーン**	Raijmakers ラージメイカーズ
ラーグブ	Ragusa	Rāhib ラーヒブ	Rahnema ラーネマ	Raikes
Ragimov ラギモフ	ラクーザ	Rahiel ラヒエル	Rahner ラーナー**	ライクス
Ragin	ラグーザ*	Rahim	Rahola ラオラ	レイクス
レイガン	Raguse ラグーズ	ラーイム	Raholm ラホルム	Raikh ライク
レイギン	Raguz ラグズ	ラヒーム	Rahoma ラフーマ	Raikin ライキン*
	Raguzinskii ラグジンスキー	ラヒム**	Rahon ラオン	Raikkonen レイッケネン
	Raguzinsky ラグジンスキー	Rahima ラヒマ*	Rahotep ラーホテプ	Räikkönen ライコネン* ライッケネン
		Rahimi ライミ*	Rahouli ラフーリ	
			Rahrig ラーリッグ	
		Rahimi-ee ラヒーミー**	Rahschulte ラシュルト	Raikov ライコフ*

Raila ライラ**
Raile レイラ
Raileanu ライレアヌ
Railey レイリー
Raillard ライヤール
Railsback
　レイルズバック*
Ra'im
　ラッイム
　リーム
Raiman ライマン
Raimann ライマン
Raimbaud ランボー
Raimbault
　レイムボールト
Raimbourg
　レームブール
Raimel ライメル
Raimi
　ライミ**
　レイミ
Raimo ライモ*
Raimon
　レイモン
　レモン
Raimond
　ライモンド
　レイモン
　レイモンド
　レーモン
　レモン**
Raimonda ライモンダ
Raimondas
　ライモンダス
Raimondi
　ライモンディ***
Raimondo
　ライモンド
　レモンド
Raimonds ライモンツ*
Raimu
　レーミュ
　レミュ
Raimund
　ライマンド
　ライムント**
　ライムンド
　レイマンド
　レイモンド
Raimundas
　ライムンダス
Raimundo
　ライムンド*
　ライムンドゥス
　レイムンド
Raimundus
　ライムンドゥス
　ラモン
Rain レイン**
Raina
　ライナ**
　レイナ*
Räinä ライナ
Rainald ライナルト**
Rainaldi ライナルディ
Rainaldo ライナルド
Rainard ライナード

Rainardus
　ライナルドゥス
Rainborow
　レーンボロー
Rainbow
　レインボー**
　レインボウ*
Raindl ラインデル
Raine レイン***
Raineau レノー
Rainen レーネン
Rainer
　ライナ
　ライナー***
　ライナァ
　ライネル
　レイナー**
Raineri ライネリ
Rainerio ライネリオ
Rainerius
　ライネリウス
Raines レインズ**
Rainey
　レイニー***
　レイニイ
Rainforth
　レインフォース
Rainger レインジャー
Rainham レイナム
Rainier
　レイニエイ
　レーニエ**
　レニエ
Rainis ライニス*
Rainko ラインコ
Rainman
　レインマン
　レーンマン
Rainmundus
　ライムンドゥス
Rainnie
　レイニー
　レイニエ
Rainoird レノワール
Rainoldi ラインルディ
Rainolds レノルズ
Rains
　レインズ**
　レンズ
Rainsalu レンサル
Rainsford
　レインズフォード
Rainsy
　ランシー
　リャンシー
　レンシー**
Raintree レインツリー
Rainville
　ランヴィル
　レインヴィル
Rainwater
　レインウォーター*
　レーンウォーター
Rainy
　レイニ
　レイニー
　レニ
Raiola ライオラ*

Rais
　ライース
　ライス**
　レ
　レー
　レース
　レス
Raisa
　ライーサ
　ライーザ
　ライサ**
　ライザ
Raisch レイッシュ
Raisel ライセル
Raiser
　ライザー
　レイザー
Raisi ライシ
Raisman レイズマン**
Raisner ライスナー
Raison
　レイゾン
　レゾン
Raiss ラース
Raissa
　ライサ*
　ライッサ
Raïssa ライサ
Raisson レッソン
Raistrick
　ライストリック
Raisz
　ライス
　レーズ*
Raita ライタ
Raithwaite
　レイスウェイト
Raiti ライティ
Raitt
　レイット**
　レイト
Raivo ライボ
Raiza ライザ
Raize
　ライズ
　レイズ
Raizen ライゼン
Raizman ライズマン
Raizner レイズナー
Raizuman ライズマン
Raj
　ラージ**
　ラジ*
　ラージュ
　ラジュ
　レイ
Raja
　ラージャ
　ラジャ***
　ラヤ
Rājā ラージャ
Rajab ラジャブ
Rajabmad
　ラジャブマド
Rajabov ラジャボフ
Rajabzadeh
　ラジャブザーデ*

Rājadatta
　ラージャダッタ
Rājādhirāja
　ラージャーディラージャ
Rajadhom
　ラーチャトン
Rajadhon
　ラーチャトン
Rajagopal
　ラジャゴパル
Rajagopalachari
　ラージャーゴパーラーチャリ
Rajagopalan
　ラジャゴパラン
Rājagōpārāchārya
　ラージャゴパーラーチャーリー
　ラージャゴパラチャリ
　ラージャゴパーラーチャリア
　ラジャゴパラチャリア
　ラージャゴパーラーチャールヤ
Rajai
　ラジェイ
　ラジャーイー
　ラジャイ
Rājājī ラージャージー
Rajak ラジャック
Rajakovic
　ラジャコビッチ
Rajala ラヤラ
Rajalakshmi
　ラジャラクシミイ
Rajam ラージャム
Rajamäki ラヤマキ
Rajamani ラジャマニ
Rajamannar
　ラジャマナー
Rajammal ラジャマル
Rajamouli
　ラージャマウリ
Rajan ラジャン**
Rajaneesh
　ラジニーシ
　ラジネーシ
Rajani ラジャニ
Rajaniemi
　ライアニエミ*
Rajaonah ラジャウナ
Rajaonarimampianina
　ラジャオナリマンピアニナ*
Rajaonarison
　ラジャオナリソン
Rajaonarivelo
　ラジャウナリブル
　ラジャオナリベロ
Rajapaksa
　ラージャパクサ
　ラジャパクサ*
Rajapakse
　ラージャパクサ
　ラジャパクセ
Rajapov ラジャポフ
Rajar ラジャル

Rājarāja
　ラージャラージャ
Rājarāja
　ラージャラージャ
Rajaram
　ラージャラーム
　ラジャラム*
Rajaraman
　ラジャラーマン
Rajaratnam
　ラジャラトナム*
Rajasa ラジャサ*
Rājaśekhara
　ラージャシェーカラ
Rajasimha
　ラージャシンハ
Rājasimha
　ラージャスィンハ
Rajasingham
　ラジャシンガム
Rajat ラジャット*
Rajata ラッチャタ
Rajatanavin
　ラッチャタナーウィン
Rajaton ラヤトン
Rajcak ラッジカク
Rajchman
　ライクマン
　ライチマン
　ライヒマン
Raje ラゼ
Rajeev ラジーブ*
Rajel ラジェル
Rājendar
　ラージェンダル
Rājendr
　ラージェーンドル
Rajendra
　ラージェドラ
　ラージェンドラ*
　ラージェンドラ
　ラジェンドラ***
　レジェンドラ
Rājendra
　ラージェーンドラ
　ラジェンドラ
Rājēndra
　ラージェーンドラ
Rājendralāla
　ラージェンドララーラ
Rajendran
　ラジェンドラン*
Rājendravarman
　ラージェーンドラヴァルマン
　ラージェンドラヴァルマン
Rajesh
　ラジェシ
　ラジェッシ
　ラジェッシュ
Rajeshwar
　ラジェシュワ
Rajeswar
　ラジェシュワラ
Rajeswari
　ラジェスワリ

Rajhi ラジュヒ
Raji
　ラジ
　ラジー
Rājī ラージー
Rajib ラジブ
Rajih ラジ
Rajiha ラジハ**
Rajimohan
　ラジモハン*
Rajine ラズニ
Rajinikanth
　ラジニカーント*
Rajion ラジオン
Rajitha ラジタ
Rajiv
　ラージーウ
　ラジーヴ
　ラジヴ
　ラジーブ
　ラジフ
　ラジブ**
Rajk ライク*
Rajka ライカ
Rajkeswur
　ラジケスウール*
Rajki ライキ
Rajkin ライキン
Rajko ライコ
Rajkovic
　ライコヴィッチ
Rajkumārī ラジクマリ
Rajlich
　ライリヒ
　ラジリック
Rajmani ラジマニ
Rajmond
　ライモンド**
Rajmund ライムント
Rajnai ラユナイ
Raj Nath ラジナート
Rajneesh
　ラグニーン
　ラジニーシ*
　ラジネーシ
Rajnesh
　ラージネーシュ
Rajni
　ラージニー
　ラジニ
Rajnikant
　ラジニカーント
Rajo ラジョ
Rajoelina
　ラジョエリナ*
Rajohnson
　ラジョンソン
Rajon ラジョン*
Rajoo ラジョ
Rajopadhye
　ラヨパドイェ
Rajoub ラジューブ
Rajoy ラホイ*
Rajoy Brey
　ラホイブレイ

Rājsekhar
　ラジシェコル
Rajshekar
　ラージシェーカル
Rajsich
　レイシッチ
　レーシッチ
Rajskub ライスカブ
Raju
　ラジュ*
　ラジュー*
　ラズ
Rajunov ラジャノフ
Rājya ラージャ
Rajyavardhan
　ラジャバルダン
Rakad ラカド
Rakcevic
　ラクチェビッチ
Rake レイク
Rakeem ラキーム
Rakel
　ラーケル
　ラケール
　ラケル
Rakels ラケルス
Raker レイカー
Rākeś ラーケーシュ
Rakesh ラケシュ**
Rākesh ラーケーシュ
Raketov ラケトフ
Rakha ラカー
Rakhim ラヒム*
Rakhimov ラヒモフ
Rākhimov ラヒモフ
Rakhimova ラヒモワ
Rakhis
　ラキ
　ラキス
Rakhitha ラーキサ
Rakhlin ラフリン
Rakhman ラフマン*
Rakhmanaliev
　ラフマナリエフ
Rakhmaninov
　ラハマニノフ
　ラファーニノフ
　ラフマーニノフ
　ラフマニノフ*
Rakhmanov
　ラーコフ
　ラフマノフ
Rakhmanova
　ラフマーノヴァ
Rakhmatullaev
　ラフマトゥラエフ
Rakhmon ラフモン
Rakhmonov
　ラフモノフ*
Rakhshan
　ラフシャーン
Rak-hui ラクヒ
Raki ラキ
Rakic
　ラキーチ
　ラキッチ
　ラケッチ

Rakić
　ラーキッチ
　ラキッチ*
Rakieb ラキブ
Rakim ラキム
Rakishi ラキシ
Rakita ラキータ
Rakitic ラキティッチ
Rakitskii ラキツキー
Rakkhita ラッキタ
Rako ラコー
Rákóczi ラーコーツィ
Rákóczy ラーコーツィ
Rakoff
　ラコフ
　レイコフ
Rakoro ラホロ
Rakosi
　ラコシ
　ラコジ
Rákosi
　ラーコシ
　ラコシ
　ラーコン
Rakoto ラコト
Rakotoarimanana
　ラコトアリマナナ
Rakotoarimasy
　ラコトアリマシ
Rakotoarisoa
　ラクトゥアリスア
Rakotomalala
　ラコトマララ
Rakotomamonjy
　ラクトゥマモンジ
　ラコトマモンジ
Rakotomihantarizaka
　ラコトミハンタリザカ
Rakotondrasoa
　ラクトゥンドラスア
Rakotondrazaka
　ラクトンドラザカ
Rakotonirainy
　ラクトゥニライニ
Rakotovahiny
　ラコトバヒニー
Rakotovao ラコトバオ
Rakotozafy
　ラコトザフィ
Rakov
　ラーコフ
　ラコフ
Rakovskii
　ラコーフスキー
　ラコフスキー
　ラコフスキー
Rakow ラコー
Rakowska ラコウスカ
Rakowski ラコフスキ*
Raksa ラクサ
Rak-seung ナクスン
Raksin ラクシン
Rakuoane ラクオアネ
Rakusa ラクーザ*
Rakuša ラクーザ
Rakusen ラクセン

Rakusz ラクシュ
Rak-won ラクウォン
Raky
　ラキ
　ラキー
Rak-young ナクヨン
Ral
　ラル
　レル
Ralava ララバ
Raleb ガレブ
Ralechate
　ラレチャテ
　ラレハテ
Raleigh
　ラーリ
　ラリー*
　ラーレー
　ラレー*
　ローリ**
　ローリー*
　ローレー
Ralenkova ラレンコバ
Rales ラリー
Ralf ラルフ***
Ral'f ラリフ
Ralfh レイフ
Ralison ラリソン
Rall
　ラール
　ラル
Ralli ラッリ
Rallis ラリス**
Rallison ラリソン
Rallo ラロ*
Rallou ラロウ
Ralotsia ラロツィア
Ralov
　ラウロフ
　ラロフ
Ralpf
　ラルフ
　レイフ
Ralph
　ラーフ*
　ラルフ***
　レイフ**
　レーフ
　ロルフ
Ralston
　ラルストン**
　ロールストン*
Raluca
　ラルーカ
　ラルカ
Ram
　ラーム**
　ラム***
Rām
　ラーム
　ラム
Rama
　ラーマ**
　ラーマー
　ラマ***
　ラーム
　ラム

Rāma
　ラーマ
　ラーム
Ramabai
　ラーマバイ
　ラマーバーイー
　ラマバイ
　ラマバイ
Ramachandra
　ラーマチャンドラ*
Rāmachandra
　ラーマシャンドラ
Ramachandran
　ラーマチャンドラン
　ラマチャンドラン**
Ramacharaka
　ラマチャラカ
Ramadan ラマダン**
Ramaḍān
　ラマザーン
　ラマザン
Ramadane
　ラマダネ
　ラマダン
Ramadan Ibrahim
　ラマダンイブラヒム
Ramadan Mohamed
　ラマダンモハメド
Ramadeluka
　ラマデルカ
Rāmadeva
　ラーマデーヴァ
Ramadhani
　ラマダーニ*
　ラマダニ
Ramadhar ラマダー
Ramadharsingh
　ラマダーシン
Ramadier ラマディエ*
Ramadori ラマドリ
Ramaema ラマエマ**
Ramahi ラマイ
Ramaili ラマイリ
Ramakant ラマカント
Rama Khamheng
　ラームカムヘーン
Ramakrishna
　ラーマクリシュナ
　ラマクリシュナ*
　ラムクリシュナ*
Ramakrishnan
　ラーマクリシュナン
　ラマクリシュナン**
Rāmakṛṣṇa
　ラーマクリシュナ
　ラームクリシュナ
Ramalason ラマラソン
Ramaley ラマレイ
Ramalho
　ラマーリョ*
　ラマロー
Ramalinga
　ラマリンガ*
Ramalingaiah
　ラマーリンガイアー
Ramallo ラマリョ
Ramamonjisoa
　ラマモンジソア

Ramamoorti ラモルティ	Rāmaputta ラーマプッタ	Rambaud ランボー*	ラメッシュ* レーミッシュ	Ramjattan ラムジャッタン
Ramamurthy ラマモーシー	Rāmarāja ラーマラージャ	Rambeau ランボー* Rambelli ランベッリ*	Rameshchandra ラメッシュチャンドラ	Ramkalawan ラムカラワン
Raman ラーマン** ラマーン ラマン* ラーム	Rama Rao ラーマラーオ ラーマラオ	Rambeloalijaona ランベルアリゾンヌ Ramberg ランバーグ	Ramesses ラムセス ラメセス	Ramkrishna ラマクリシュナ* ラム・クリシュナ
Råman ローマン	Rāmarāya ラーマラーヤ	ランベルク Rambert	Ramesuan ラムエスン ラーメースワン	Ramlakhan ラムラカン
Ramana ラマナ	Ramarcel ラマルセル	ラムバート	ラメスワン	Ramlall ラムラル
Ramaṇa ラーマナ ラマナ	Ramarez ラミーレス Ramaroson	ランバート* ランベール**	Ramey ラミ	Ramlee ラムリー Ramler ラムラー*
Ramanan ラマナン	ラマルスン ラマルソン	Rambertus ランベルトゥス	ラメ ラメイ	Ramli ラムリ** Ramlogan
Ramananda ラマナンダ	ラマロソン Ramasami	Rambharat ランバラット	レイミー* Ramez	ラムローガン Ramm ラム*
Rāmānanda ラーマーナンダ ラーマナンダ ラーマーナンド	ラーマサーミ ラーマスワーミ Ramaswami	Rambharos ランバロス Rambi ランビ	ラミズ ラメズ** Ramezani ラメザニ	Ramm：ell：zee ラメルジー Rammelt ラメルト
Ramanantenasoa ラマナンテナソア	ラーマスワーミ Ramaswamy	Rambis ランビス Ramblin' ランブリン	Ramfjord ランフォード	Ramming ラミング Rammler ラムレル
Ramanantsoa ラマナンツァ ラマナンツア	ラーマスワーミ ラマスワミ** Ramata ラマタ	Rambo ランボ ランボー*	Rāmgård ラムガルド Ramge ランジ	Rammo ラモ Rām Mōhan
ラマナンツォア ラマナントソア	Rama Thibodi ラーマーティボディー	Ramboba ランボヴァ Rambouillet	Ramgoolam ラムグーラム**	ラームモーハン ラムモホーン
Ramanasramam ラマナシュラマム	ラーマティボディー Ramati ラマティ	ランブイエ Rambow ランボー*	ラムグラーム Rami ラミ*	Rammotsi ラモチ Ramnarine
Rāmanātha ラーマナータ	Ramatlapeng ラマトラペン	Rambukwella ランブクウェラ	Ramī ラーミー Rami Antero	ラムナライン ラムナリーン
Ramanathan ラマナサン	Ramatlhodi ラマトロディ	Rambures ランビュール	ラミアンテロ Ramiaramanana	Ramnerö ランメロ Rāmnidhi
Ramanauskas ラマナウスカス	Ramatou ラマツ Ramatoulaye	Ramchandra ラムチャンドラ	ラミアラマナナ Ramid ラミッド	ラームニディ Ramo
Ramandimbiarison ラマンディンビアリソン	ラマトゥラィ Ramatov ラマトフ	Ramcharan ラムチャラン Ramdane ラムダン	Ramié ラミエ Ramière ラミエール	ラーモ ラモ ラモー*
Rāmaṇēyyaka ラーマネッヤカ	Ramaz ラマーズ ラマズ	Rāmdās ラームダース Ramdass ラムダス	Rämiev ラミーエフ Ramik ラミク	レイモー レーモー
Rāmanidhi ラームニディ	Ramazan ラマザン** Ramazani ラマザニ	Ramdev ラムデブ* Ramdien ラムディン	Ramil ラミリ ラミル	Ramoin ラモワン Ramolino ラモリーノ
Ramaṇīyakuṭika ラマニーヤクティカ	Ramazanoglu ラマザノグル	Ramdohr ラムドール Ramdoss ラムドス	Ramin ラーミン* ラミーン	Ramon ラモーン ラモン***
Ramaṇīyavihārin ラマニーヤヴィハーリン	Ramazanoğlu ラマザノール	Rame ラーメ*	レイモン ラミン**	レイモン レーモン**
Ramann ラーマン ラマン	Ramazanov ラマザノフ Ramazanova	ラメ Ramë ラム	Ramine ラミン* Raming ラーミング	Ramón ラモーン ラモン***
Ramanna ラマンナ Ramanohisoa	ラマザノワ Ramazon ラマゾン	ラメ Rameau ラモー*	Ramirez ラミレイス ラミレス***	Ramona ラマウナ* ラモーナ**
ラマノヒソア Rāmānuja	Ramazzini ラマツィーニ* ラマッチニ	Ramée ラメ ラメー	ラミレズ ラミレツ ラミレッツ	ラモナ* Ramond ラモンド
ラーマーヌジャ Ramanujam	ラマッツィーニ Ramazzotti	Rameil ラーマイル Ramel	Ramírez ラミーレス* ラミレス**	レイモンド Ramonde ラモンデ
ラーマーヌジャム ラマヌジャム	ラマゾッティ ラマツォッティ	ラメール ラメル*	Ramìrez ラミレス Ramirez Yepes	Ramondelli ラモンデッリ
Ramanujan ラーマーヌージャン	Rambach ラームバハ ランバック**	Ramelli ラメッリ Ramelow ラメロウ	ラミレスジェペス Ramiro	Ramondetta ラモンデッタ
ラーマーヌジャン ラマーヌジャン ラーマーヌジャン	ランバッハ ランバハ Rambachan	Ramenofsky ラメノフスキー	ラミーロ* ラミロ***	Ramone ラモーン** Ramoneda ラモネダ
ラマヌジャン** Ramaphosa	ランバチャン Rambal ランバル	ラーモフスキー Ramer レイマー	Ramis ライミス* ラミス	Ramonet ラモネ** Ramonov ラモノフ*
ラマフォサ ラマボーザ*	Rambaldi ランバルディ**	Ramesh ラメーシュ ラメシュ*	レイミス Ramish ラミッシュ	Ramón y ラモニ Ramón y Cajal
Rāmaprasāda ラームプラサード	Rambally ラムバリー	ラメッシ*	Ramiz ラミズ**	ラモニカハル

Ramora ラモーラ
Ramos
　ハーモス
　ラモ*
　ラーモス
　ラモス***
Ramoškienė
　ラモシュキエネ
Ramos-Poqui
　ラモスポーキ
Ramotar ラモター*
Ramotti ラモッティ
Ramovic ラモビッチ
Rampa ランパ*
Rampage ランペイジ
Rampal ランパル**
Ramparany
　ランパラニ
Rampelberg
　ランペルベール
Rampersad
　ランパーサッド
　ランパサッド
　ランパーサド*
Rampes ランペス
Ramphaiphanni
　ラムパイパンニー
Ramphal
　ランファル**
Ramphele ランペレ
Rampino ランピーノ
Rampling
　ランプリング*
Rampolla
　ランポッラ
　ランポーラ
　ランポルラ
Ramprasad
　ラームプラサード
Rāmprasād
　ラームプラサード
Rampton ランプトン*
Rampulla ランプラ
Ramrakhop
　ラームラーコップ
Ramrus ラムラス
Rams ラムス*
Ramsammy
　ラムサミー
Ramsaran ラムサラン
Ramsauer
　ラムザウア
　ラムザウアー*
　ラムスアウアー
Ramsay
　ラムジ
　ラムジー*
　ラムセー
　ラムゼー*
　ラムゼイ***
Ramsaye ラムゼイ
Ramsbotham
　ラムズボサム
Ramsdell ラムスデル
Ramsden
　ラムスデン*
　ラムズデン*

Ramseier
　ラムセイアー
Ramselaar
　ラムセラール
Ramses
　ラムセス
　ラ・メス
　ラメス
　ラメセス
Ramsewak
　ラムセワク*
Ramsey
　ラムジ
　ラムジー**
　ラムジイ
　ラムズィ
　ラムゼー***
　ラムセイ
　ラムゼイ**
Ramseyer
　ラムザイヤー*
Ramsfjell
　ラムスフィエル*
Ramson ラムソン
Ramsperger
　ラムスパーガー
Ramstedt
　ラームステット
　ラムステット
　ラムステッド*
Ramstein
　ラムシュタイン
　ラムスタイン
Ramster ラムスター
Ramstetter
　ラムステッター
Ramtane ラムタン
Ramtha ラムサ
Ramthun ラムサン*
Ramunas ラムナス
Ramus
　ラームス
　ラムス*
　ラムズ
　ラメー
Ramush ラムシュ*
Ramusio
　ラムージオ
　ラムジオ
Ramussen ラムッセン
Ramustedt
　ラムステット
　ラムステッド
Ramuz
　ラミュ**
　ラミュー
　ラミューズ
　ラミュス
　ラミュズ
　ラムズ
Ramvilas ラムビラス
Ramzan ラムザン*
Ramzes ラムゼス
Ramzi
　ラムジ*
　ラムジィ
Ramzy ラムジ
Ran ラン***

Rana
　ラーナ**
　ラーナー
　ラナ*
Raña ラーニャ*
Rānā ラーナー
Rāṇā ラナ
Ranade
　ラーナデ
　ラーナデー
　ラナーデ
　ラナデ
Ranadive ラナディヴェ
Ranadivé
　ラナディヴェ
Ranaivo ラナイボ
Ranaivoharivony
　ラナイバアリボ
Ranaivosoa
　ラナイボソア
Ranajit ラナジット
Ranald
　ラナルド
　レイナルド
　ロナルド*
Ranaldo ラナルド*
Ranalli ラナッリ
Ranalow ラナロウ
Ranan ラナン
Ranariddh
　ラナリット**
Ranaridoh ラナリット
Ranasinghe
　ラナシンハ**
Ranatunga
　ラナトゥンガ
Ranavalona
　ラナヴァルナ
　ラナヴァロナ
Ranawaka ラナワカ
Ranawat ラナワット
Ranc ランク
Rancan ランカン
Rancati ランカーティ
Rancatore
　ランカトーレ*
Rance ランス*
Rancé
　ランセ
　ランセー
Ranch ランク
Ranchi ランキ
Rancière
　ランシェール
　ランシエール*
Rancourt ランコート*
Ranczak ランツァーク
Rand ランド***
Randa ランダ
Randaccio
　ランダッチョ

Randal
　ランダル**
　ランドル*
Randall
　ランダール
　ランダル***
　ランディ
　ランディー
　ランドール***
　ランドル***
Randaqa ランダカ
Randazzese
　ランダゼッセ
Randazzo
　ランダソ
　ランダッツォ
Randee ランディ
Randegger
　ランデイジャー
Randel ランデル*
Randell ランデル**
Randen ランデン*
Randers ランダース**
Randhir ランディール
Randi ランディ***
Randimbisoa
　ランディンビソア
Randisi ランディージ*
Randle ランドル**
Randleman
　ランデルマン*
Randles ランドルズ
Rando
　ナンド
　ランド*
Randolf ランドルフ
Randolph
　ランディ
　ランドルフ***
Randon ランドン
Randone ランドーネ
Randorph ランドルフ
Randriafeno
　ランジアフェノ
Randriamampionona
　ランドリアマンピオノナ
Randriamanantsoa
　ランジアマナンツア
Randriamandranto
　ランジアマンドラント
Randrianambinina
　ランドリアナンビニナ
Randrianazary
　ランジアナザリ
Randrianjatovo
　ランジアンジャトボ
Randriarimanana
　ランドリアリマナナ
Randriasandratriniony
　アンジアンサジャチニウニ
Rands ランズ
Randver ランドバール
Randy
　ランディ***
　ランディー**
　ランデイ

Rane レーン
Rañé ラーニェ
Ranevskaia
　ラネヴスカヤ
　ラネーフスカヤ
Raney
　レイニー*
　レイニイ
　レーニー
Ranft ランフト
Rang
　ラン*
　ラング*
Rangabè ランガベー
Rangacharyulu
　ランガハルユール
Rangan ランガン
Ranganath
　ランガナス*
Ranganathan
　ランガナサン
　ランガナータン
　ランガナタン
Rangarajan
　ランガラジャン*
Rangaswamy
　ランガスワーミィ
Rangavis ランガヴィス
Rangba ランバ
Rang byung
　ランチュン
Range レンジ*
Rangel
　ランゲル
　ランジェル
　ランヘル
Rangeley レンジリー
Ranger レンジャー*
Rangert
　ランガート
　ランガード
Ranghieri ランギエリ
Rangihiroa
　ランギヒロア
Rangin ランジン*
Rangio ランジオ
Rangsan ランサン
Rangsimant
　ランシマン
Rangström
　ラングストレーム
　ラングストレム
Rani ラニ*
Rania
　ラーニア
　ラニア*
Raniaco ロニアコ
Ranicki
　ラニッキ
　ラニッキー
　ラニッキ*
Ranieri
　ラニエーリ
　ラニエーリ
　ラニエリ**
Raniero
　ラニエーロ

ラニエロ
Ranil ラニル**
Ranisch ラーニシュ
Ranjan ランジャン
Ranjatoelina
　ランジャトエリナ
Ranjbar ランジバー*
Ranjeva
　ランジェバ
　ランジュベ
Ranjit ランジット
Ranjīt
　ランジット
　ランジート
　ランジト
Ranjith ランジット
Ranjitsinhji
　ランジートシンジー
Ranjivason
　ランジバスン
　ランジバソン
Rank ランク*
Ranke ランケ**
Ranken ランケン
Ranki ラーンキ
Ránki ラーンキ*
Rankilor ランキラー
Rankin ランキン***
Rankine
　ランキイン
　ランキン*
Rankinen ランキネン
Rankins
　ランキンス
　ランキンズ
Rankl
　ランクル
　ランケル
Rankle ランクル*
Ranko ランコ**
Ranković
　ランコヴィチ*
　ランコビチ
　ランコビッチ
Ranks ランクス*
Ranlett ランレット
Ranna ランナ
Rannells ランネル
Rannells
　ラネルズ
　レイノルズ
Ranney ラニー
Rannverig
　ランヴェイク
Ranny ラニー
Rano ラノ
Ranocchia ラノッキア
Ranomi ラノミ*
Ranong ラノン*
Ranongruk
　ラノンラック
Ransan ランザン
Ransby ランスビー
Ranschburg
　ランシュブルグ*

Ransdell ランズデル
Ransley ランズレイ
Ransmayr
　ランスマイアー*
　ランスマイヤー
Ransom
　ランサム**
　ランソム
　ランソン
Ransome
　ランサム**
　ランソム
Ranson ランソン*
Ranst ランスト
Ranstrom
　ランストーム
Rantakari ランタカリ
Rantanen ランタネン*
Rantissi ランティシ*
Räntsch ラントシュ
Rantšo ランツォ
Rantucci ラントゥッチ
Rantzau ランツァウ
Rantzen ランツェン
Ranucci ラヌッチ
Ranuccio
　ラヌッチオ
　ラヌッチョ
　ラヌッツィオ
Ranulf
　ラヌルフ
　ラヌルフ
　ラルフ
Ranulph
　ラナルフ
　ラヌルフ
Ranum ラナム
Ranvaud ランヴォード
Ranvier
　ランヴィエ
　ランビエ
Ranyard
　ラニヤード
　ランヤード
Ran Ying ランイン
Ranzi ランジ
Ranzo ランツォ
Ranzoni ランツォーニ
Rao
　ラーオ
　ラオ***
Rão ラーオ
Raonic ラオニッチ*
Raos ラオス
Raote ラーオーテ
Raouf
　ラウーフ*
　ラウフ
Raoul
　ラウォール
　ラウーリ
　ラウール***
　ラウル***
　ラオール*
　ラオル
Raoult
　ラウ

ラウト
ラウール
ラウル
Rap ラップ*
Rapaccini
　ラパッチーニ**
Rapace ラパス*
Rapacioli ラパチオリ
Rapacki ラパツキ
Rapaille ラパイユ
Rapana' ラパナ
Rapaport
　ラパポート*
　ラパボルト
Rapatz ラパッツ
Rapee
　ラペー
　ラペイ*
Rapée ラペー
Rapelli ラペッリ
Raper レイパー
Rapetti ラペッティ
Rapf ラップ
Raph ラフ
Raphael
　ラファエル
　ラーファエル*
　ラファエル***
　ラファール
　ラフィル
　ラフェアル
Raphaël
　ラファエル***
Raphaële ラファエル*
Raphaell ラファエル
Raphaelle ラファエル
Raphaëlle ラファエル
Raphaelson
　ラファエルソン
　ラフィエルスン
Raphaelszoon
　ラーファエルスゾーン
Raphiiphat
　ラピーパット
Raphiphat
　ラピーパット
Raphson ラフソン
Rapia ラピア
Rapin
　ラバン
　ラピン
Rapine ラパイン
Rapinoe ラピノー*
Rapisardi
　ラピサルディ
　ラピザルディ
Rapley
　ラプリー
　ラプレイ
Rapmmund
　ラプムンド
Rapmund
　ラップマンド
　ラップムンド
Raponda ラボンダ

Rapongan ラポガン
Rapoport
　ラパポート*
　ラポポート**
　ラポポルト
Raposo
　ラポーゾ
　ラポソ
　ラポゾ
Rapp ラップ***
Rappaccioli
　ラパチオリ
Rappaport
　ラッパポート*
　ラパポート*
　ラポボルト
Rappard
　ラッパルト
　ラパール
Rappe
　ラップ
　ラッペ
Rappé ラッペ
Rappeneau ラプノー*
Rapper ラパー
Rappin ラピン
Rappin' ラッピン
Rappman ラップマン
Rappold
　ラッポルト
　ラポルト
Rappoldi ラボルディ
Rappolt ラッポルト
Rappoport
　ラッポポール
　ラパポート
　ラパボルト
　ラポボルト
Rapport ラポート*
Rappus ラップス
Rapsak ラプサク
Rapsey ラプシー
Rapson
　ラプソン
　ラプソン*
Rapten ラプテン
Raptis ラプティス
Raqabani ラカバニ
Raqib ラキブ
Raqība ラキーバ
Raquel
　ラケル
　ラケル**
　ラケル*
Rare ララ
Rarison Ramaroson
　ラリソンラマロソン
Rarizevich
　ラリツェウィチ
　ラリツェヴィッチ
Rartf ラルフ
Raru ラル
Ras ラス
Rasa ラサ

Rasamindrakotrokotra
　ラサミンジャクツカ
Rasamoely ラサモエリ
Räsänen
　ラサーネン
　ラサネン*
Rasano ラッサーノ
Rasas ラサス
Rasaw ラサー
Rasbach ラスバック
Rasberry ラズベリー
Rascal ラスカル*
Rascel
　ラシェル
　ラスチェル
Rasch ラッシュ*
Rasche ラッシェ
Raschert ラッシェルト
Raschi ラッシー
Raschid ラシッド
Raschig
　ラシッヒ
　ラシヒ
Raschka ラシュカ*
Raschke
　ラシュキ*
　ラスシュク
Rasco
　ラスコ
　ラスコー
Rase レイス
Raselius
　ラゼーリウス
　ラゼリウス
Rašeta ラシェタ
Rash
　ラス
　ラッシュ
Rashaad ラシード
Rashaan ラシャン
Rashad
　ラシャッド
　ラシャード
　ラシャド*
Rashard ラシャード
RaShaun ラショーン
Rashaun ラショーン
Rashawn ラショーン
Rashchupkin
　ラシチュプキン
Rashdall
　ラシドール
　ラシュダル
　ラシュドール
　ラシュドル
　ラッシュドール
Rashdi ラシュディ
Rashed
　ラーシェド*
　ラシェド
　ラシド
　ラッシュド
Ra'Shede ラシェド
Rasheed ラシード**
Rasheedi ラシーディ
Rashel ラシェル

Rashev ラシェフ
Rashford ラッシュフォード
Rashi ラシ / ラシー
Rashid ラシッド** / ラシード** / ラシド***
Rashīd ラシッド / ラシード*
Rāshid ラーシド / ラシード
Rashida ラシダ*
Rashīd al-Dīn ラシードゥッディーン
Rashīd'Alī ラシード
Rashidi ラシーディー / ラシディ*
Rashīd-i ラシーデ / ラシードゥッディーン
Rashīdī ラシーディー
Rāshidīn ラーシディーン
Rashīdoddīn ラシードッディーン
Rashidov ラシドフ*
Rashitov ラシトフ
Rashka ラシュカ
Rashke ラシキー
Rashkovskiy ラシュコフスキー
Rashmi ラシュミ
Rashod ラショッド*
Rashwan ラシュワン*
Rasi ラージ / ラシ
Raši ラースィ
Rasič ラシッチ
Rašić ラシッチ
Rasiejewski ラシーエブスキー
Rasiel ラジエル*
Rasim ラーシム / ラシム
Rasin ラシーン
Rasipuram ラシプラム
Rasi-Zade ラシザーデ*
Rasizade ラシザデ
Rasjidi ラシディ
Rask ラスク*
Raska ラスカ
Raskall ラスカル
Raskatov ラスカトフ
Raskin ラスキン***
Raskina ラスキナ
Raško ラシュコ
Raskob ラスコブ
Raskova ラスコーヴァ

Rasminsky ラズミンスキー
Rasmus ラスマス
Rasmusen ラスムセン
Rasmuson ラスムソン
Rasmussen ラスマッセン / ラスミュッセン / ラスムッセン*** / ラスムッセン*
Rasmusson ラスマセン / ラスムセン
Rasnačs ラスナッチ
Rasnic ラズニック / ラズニック** / レイズニック
Raso ラソ
Rasoamanarivo ラソアマナリヴォ
Rasoazananera ラソアザナネラ
Rasoherina ラスヘリナ
Rasoja ラスジャ
Rasolofonirina ラスルフニリナ
Rasolonahy ラスルナイ
Rasolondraibe ラスルンドライベ
Rasoul ラスール / ラソール
Rasp ラスプ*
Ras pa レーパ / レパ
Raspail ラスパイユ* / ラスパーユ
Raspe ラスペ
Raspler ラスプラー
Rasplica ラスプリカ
Rasputin ラスプーチン*** / ラスプーティン
Rasquinha ラスキナ
Rass ラス
Rassam ラサン / ラッサーム / ラッサム*
Rassas ラサス
Rasse ラセ
Rasseen ラシーン
Rassim ラシム
Rassimov ラッシモヴ
Rassine ラシーヌ
Rassmus ラスムス
Rasso ラッソ
Rassoul ラスール
Rassudova ラスードヴァ
Rast ラスト

Rasta ラスタ*
Rastall ラステル
Råstam ロースタム
Rastami ラスタミ
Rastati ラスタティ
Rastell ラステル
Rastelli ラステッリ
Raster ラスター
Rastetter ラステッター
Rastislav ラスティスラヴ
Rastner ラストナー
Rastorguev ラストルグエフ
Rastrelli ラストレッリ / ラストレリ / ラストレールリ
Rastrick ラストリック
Rastrigin ラストリーギン / ラストリギン
Rastvorov ラストヴォロフ*
Rastvorova ラストボロバ
Rasual ラスール
Rasul ラスール** / ラスル*
Rasulala ラスララ
Räsülev ラスーレフ
Rasulov ラスロフ
Räsulzadä ラスルザーデ
Rasulzoda ラスルゾダ
Rasumny ラスムニー
Rasy レイジ
Rasyidi ラシディ
Rat ラット
Rata ラタ
Ratajczak ラタイチャク
Ratakele ラタケレ
Ratan ラタン**
Ratana ラタナ
Ratanaruang ラッタナルアーン*
Ratanasuwan ラターナスワン
Ratanavanh ラタナヴァン
Ratanavong ラタナヴォン
Rataneyya ラタネーヤ
Ratas ラタス
Ratchaburidirekit ラーチャブリー
Ratchanok ラチャノック
Ratchis ラトキス
Ratcliff ラトクリフ / ラトクリフ**

Ratcliffe ラトクリフ* / ラトクリフェ
Ratdolt ラートドルト
Rateau ラトー
Rāteb ラーテブ
Rateitschak ラタイチャーク
Ratej ラテイ
Rateliff レイトリフ
Ratelle ラテル
Ratey レイティ* / レイティー
Ratgeb ラートゲーブ
Rath ラス* / ラート / ラト*
Ráth ラート
Rathakrishnan ラサクリシュナン
Rathaus ラートハウス
Rathbone ラスボーン* / ラスボン / ラズボーン**
Rathbun ラスバン*
Rathburn ラスバーン
Rathenau ラアテナウ / ラーテナウ / ラテナウ
Rather ラザー*
Ratherius ラテーリウス
Rathey ラータイ
Rathgeber ラスゲバー / ラトゥジェベール / ラートゲーバー*
Rathgen ラスジン / ラットゲン / ラートゲン*
Rathi ラーティ
Rathje ラッチェ*
Rathjen ラスジェン*
Rathjens ラチェンス
Rathke ラートケ
Rathmann ラスマン**
Rathnayake ラトナヤケ
Rathod ラスット
Rathore ラトール
Rathramnus ラトラムヌス
Raths ラス
Rathus レイサス
Rati ラティ
Ratia ラティア
Ratib ラティブ
Ratichius ラティキウス

ラティーヒウス / ラティヒウス
Ratih ラティ
Ratinho ラチーニョ
Ratisbona ラティスボナ
Ratisbonne ラティスボンヌ
Ratkai ラトカイ
Rátkai ラトカイ
Ratke ラティーヒウス / ラトケ
Ratkevich ラトケビッチ
Ratkje ラジェ
Ratko ラトコ**
Ratlife ラトリフ
Ratliff ラトリフ*
Ratliff-Crain ラトリフクライン
Ratmansky ラトマンスキー*
Ratna gling pa ラトナリンパ
Ratnākara ラトナーカラ
Ratnākaraśānti ラトナーカラシャーンティ
Ratnākaravarṇi ラトゥナーカラヴァルニ
Ratnakīrti ラトナキールティ
Ratnam ラトナム*
Ratnasiri ラトナシリ**
Ratnayake ラトナヤケ / ラーネヤク
Ratner ラトナー***
Ratnett ラットネット
Ratnoff ラトノフ
Rato ラト*
Ratoff ラトッフ / ラトフ
Ratolojanahary ラトロ・ジャナハリ
Raton ラトン
Ratovomalala ラトゥブマララ / ラトボマララ
Ratramnus ラトラムヌス
Ratray ラトレイ
Rätsch レッチュ*
Ratschiller ラチチュラー*
Ratsey ラッツィ
Ratsifandrihamanana ラチファンドリアマナ
Ratsiharovala ラチアルバラ
Ratsin ラツィン

Ratsirahonana
ラチラウナナ*
ラツィラウナナ
Ratsiraka
ラチラカ**
ラツィラカ
Rattakul
ラタクン
ラッタクーン
ラッタクン*
Rattalino
ラッタリーノ
Rattan ラタン
Rattanakhamfu
ラタナカムフ
Rattanakorn
ラタナゴーン
Rattanakun
ラタナクン
Rattanapanya
ラッタナパンヤー
Rattanarak
ラッタナラック
Rattankoemar
ラタンコマール
Rattansi
ラタンシ
ラッタンシ*
Rattawut
ラタウット
ラッタウット**
Rattazzi
ラタッツィ
ラッタッツィ
Rattelmüller
ラッテルミュラー
Rattenbury
ラッテンバリー
Ratterree ラターリー
Raṭṭhapāla
ラッタパーラ
Ratti ラッティ
Rattigan ラティガン*
Rattikan ラッティカン
Rattikan Gulnoi
ラッティカングーンノイ
Rattle
ラットル
ラトル*
Rattner ラトナー
Ratto ラット
Rattray
ラットレー
ラットレイ
ラトレイ*
Ratty ラティ
Ratu
ラツ*
ラツー
ラトゥ*
Ratuniyarawa
ラトニャラワ
Ratu Prawiranegara
ラトゥプルウィラネガラ
Ratushinskaia
ラトゥシンスカヤ

Ratushinskaya
ラトゥシンスカヤ**
Ratwatte ラトワッテ
Räty ラテュ*
Ratzeberger
ラツェベルガー
Ratzel
ラーツェル
ラッチェル
ラッツェル*
Ratzenberger
ラッツェンバーガー
Ratzenhofer
ラッツェンホーファー
ラッツェンホーフェル
Ratzesberger
ラッゼスバーガー
Ratzinger
ラツィンガー
ラッチンガー
ラッツィンガー*
Ratzka ラツカ*
Rau
ラーウ
ラウ***
ラオ
ロー*
Rauan ラウアン
Raub ラウブ
Raubenheimer
ローベンハイマー
Raubolt ローボルト
Raucat
ロオカ
ローカ
Raucci ロッシ
Rauch
ラウシュ*
ラウチ
ラウフ
ラウホ
ラオホ
ラオホ
ラウヒ
ローチ*
Raucheisen
ラウハイゼン
ラウフアイゼン
Raucher ローチャー
Rauchfleisch
ラオホフライシュ*
Rauchhaupt
ラウフハウプト
Rauch-kallat
ラオホカラト
Rauchmiller
ラウフミラー
Rauck ロウク
Rauckhorst
ラウクホースト
Raucourt ローコール
Raud ラウド**
Rauda ローダ**
Raudales ラウダレス
Raudaschl ラウダシル
Ráudez ラウデス
Raudi ラウディ

Raudsepp
ラウドセップ
ロードセップ
Raudsik ラウドシク
Raudszus ローズザス
Raudy ラウディ
Rauecker ラウエッケル
RA'ûf ラウーフ
Rauf
ラウフ*
ラウフ**
Ra'uf ラウフ
Raúf ラウフ
Raufer ロフェール
Rauff ラウフ
Raugel ロージェル
Rauger ロジェ*
Raugi ラーギ
Rauh
ラウ
ラオ*
ロー
Rauhala ラウハラ*
Rauhaus ラウハウス
Rauhe ロイエ**
Rauhi ラウヒ
Raul
ラウール*
ラウル***
Raúl
ラウス
ラウール
ラウル***
Raulerson
ローラーソン
Raulet ローレ
Rauli ラウリ
Raulica ラウリカ
Raulin
ローラン
ロラン
Rault ロー
Raumer ラウマー
Raundnei ハウジネイ
Rauni ラウニ
Raunkiaer
ラウルケル
ラウンキヤー
ラウンケア
ラウンケル
Raup ラウプ*
Raupach
ラウパッハ*
ラウパハ
Raupp ラウッピ
Rauprich ラウプリヒ*
Raus ラウス
Rausa
ラウサ
ローサ
Rausch ラウシュ
Rauschen ラウシェン
Rauschenbach
ラッセンバッハ
Rauschenberg
ラウシェンベルグ**

ローシェンバーグ
Rauschenberger
ラウシェンバーガー
Rauschenbusch
ラウシェンブシ
ラウシェンブシュ
ラウシェンブッシュ*
Rauscher
ラウシャー
ローシェル
Rauschning
ラウシュニンク
ラウシュニング
Rause ローズ*
Raush ラウシュ
Raushenbakh
ラウシェンバハ
Raushenbush
ラウシェンブッシュ
Rausmaa ラウスマー
Raustiala
ラウスティアラ
Rautavaara
ラウタヴァーラ**
ラウタバーラ
Rautbord
ロートボード
Raute ラウテ
Rautenberg
ラウテンベルク
Rautenstrauch
ラウテンシュトラウフ
ラウテンシュトラオホ
Rauterberg
ラウターベルグ
Rauth ロース
Rautiainen
ラウティアイネン
Rautmann
ラウトマン*
Raux ロー
Rauzzini
ラウッツィーニ
Rava ラバ
Ravacchioli
ラヴァッキオーリ
Ravachol ラバショル
Ravai ラバイ
Ravaillac
ラヴァイヤック
ラヴァヤック
Ravaioli
ラヴァイオーリ
Ravaisson
ラヴェソン
ラヴェッソン*
ラベソン
ラベッソン
Raval ラヴァル
Ravallion ラヴァリオン
Ravalomanana
ラヴァルマナナ
ラヴァロマナナ
ラバロマナナ
ラベロマナナ*
Rāvaṇa ラーヴァナ
Ravanas ラヴァナス

Ravanelli
ラヴァネリ
ラバネッリ
ラバネリ*
Ravānīpūr
ラヴァーニープール
Ravannack ラバナック
Ravard ラヴァール
Ravasi ラヴァージ
Ravatomanga
ラバトマンガ
Ravaut ラヴォー
Ravden ラブデン
Raveau
ラヴォー
ラボー
Raveendra
ラビ
ラビー
Raveendran
ラビーンドラン
Ravegnani
ラベニャーニ
Raveh
ラヴェ
ラバー
Ravel
ラヴェル**
ラベル
Ravell ラヴェル
Ravelli
ラバリー
ラベリ
Ravello
ラヴェロ
ラベロ
Raveloarijaona
ラベルアリジョナ
Raveloharison
ラベロハリソン
Ravelomanantsoa
ラベロマナンツア
Ravelonarivo
ラベロナリボ
Raven
レイヴン*
レイブン**
レイベン
レーヴン
レーブン
レーベン*
Ravenhill
レイヴンヒル
Ravenholt
レイヴンホルト
Raveninsky
ラベニンスキー
Ravenne ラヴェンヌ
Ravenni ラヴェンニ
Ravensberg
ラーフェンスベルグ
Ravenscroft
ラヴェンズクロフト
ラベンスクロフト
レイヴンズクロフト
レイベンズクロフト
レイヴンズクロフト
レイベンズクロフト
レーヴェンズクロフト

レーヴンスクロフト
レヴンズクロフト
レブンズクロフト
レベンスクロフト
Ravenskikh
ラヴェンスキフ
ラベンスキフ
Ravenswaay
レーヴェンスウェーイ
RavenWolf
レイブンウルフ
Raver レイバー*
Ravera ラヴェーラ*
Ravera-scaramozzino
ラベラスカラモジーノ
Raverat ラヴェラ*
Raveri ラベリー
Raverti ラヴェルティ
Ravesi ラヴィシー
Ravesteyn
ラーフェスティン
Ravet ラヴェ
Ravetch
ラヴェッチ
ラベッチ*
Ravetz
ラヴェッツ*
ラベッツ**
Ravi
ラヴィ**
ラビ*
Ravich
ラヴィチ
ラヴィッチ
Ravielli
ラビエリ
ラビーリ
Ravier ラヴィエ
Raviglione
ラビリオーネ
Ravignan
ラヴィニャン
Ravigupta
ラヴィグプタ
Ravikant ラヴィカント
Ravikovitch
ラビコヴィッチ
ラビコビッチ
Ravil ラヴィル
Ravila ラビラ
Ravilious ラヴィリアス
Ravin
ラヴィン
ラビン
Ravina ラビナ
Ravinder ラビンダー
Ravindra
ラヴィーンドラ
ラヴィンドラ
ラビンドラ*
Ravindran
ラビンドラン
Ravindranāth
ラービンドラナート
ラビンドラナート*
ラビンドラナート
Ravinet ラビネ

Ravi Shankar
ラビシャンカール
Ravishankar
ラヴィシャンカ
ラヴィシャンカール
ラビシャンカール*
ラビシャンカル
Ravitch
ラヴィッチ
ラビッチ
Raviv
ラヴィヴ
ラビブ
Ravizza ラビザ
Ravkov ラフコフ
Ravn ラウン
Ravnjak ラブニャク
Ravnskov
ダウンスコウ
Ravoux
ラヴー
レイヴォー
Ravsal ラブサル
Ravshan ラフシャン
Ravulo ラブロ
Ravutia ラブティア
Ravy ラヴィ
Raw ロウ*
Rawabdeh ラワブデ*
Rawahi ラワヒ
Rawal ラワル
Rawanchaikul
ラワンチャイクン
Rawandi リワンディー
Rawanduzi
ラワンドゥジ
Rawat
ラワット*
ラワト*
Rawding ローディング
Rawdon ロードン**
Rawe ラウ
Raweh ラウェハ
Rawi ラウィ**
Rawick
ラウィック
ローウィック
Rawicz
ラウィッツ
ラウイッツ
Rawidowicz
ラヴィドヴィッツ
Rawih ラウィハ
Rawishan
ルワイシャン
Rawiya ラウィヤ
Rawl ロウル
Rawle
ラウル
ロウル
ロール
Rawley ローリー
Rawlings
ロウリングス
ロウリングズ
ロオリングス
ローリング

ローリングス***
ローリングズ*
Rawlins
ローリー
ローリンス
ローリンズ*
Rawlinson
ラウリンソン
ローリンスン
ローリンソン*
Rawls
ラウルズ
ロウルズ**
ロールズ***
Rawn ローン
Rawnitzki
ラブニツキー
Rawnitzky
ラウニツキー
Rawnsley
ラウンスレー
ラウンズレー
Raworth ラワース*
Rawski ロウスキ
Rawson
ロースン*
ローソン**
Rawsthorn ローソーン
Rawsthorne
ロースソーン
Rawther ラウザー
Ray
ラーイ
ライ*
ラエ
レー*
レイ***
ロイ
Rāy
ラーイ
ラーエ
ラエ
ローイ
Raya
ラーヤ
ラヤ*
Rāya
ラエ
ラーヤ
Rayamajhi ラヤマジ
Rayan ライアン*
Rayanne レヤンヌ
Rayano バヤノ
Rayawa ラーヤワー**
Raybaud レイバウド
Raybould
レイボールド
Rayburn
レイバーン
レイバン
Rāycaudhurī
ラエチョウドゥリ
Raychaudhuri
ライチョードゥリー
Raychelle レイチェル
Raye
ラヤ
レイ**

Rayet ライエ
Rayev ラエフ
Rayfiel レイフィール*
Rayford レイフォード*
Raygada ライガーダ
Rayḫānī ライハーニー
Rayito ライート
Rayk ライク
Rayl レイル
Rayleigh
レイリー**
レーリ
レーリー
Raylene レイリーン
Raylu レイルー
Raymaker
レイメイカー
Raymakers
ライマケルス
Rayment レイメント
Raymer レイマー
Raymo レイモ*
Raymon レイモン*
Raymond
ライモンド
ラモン
レイ*
レイマンド
レイモン***
レイモント
レイモンド***
レエモン
レエモンド
レーモン***
レーモンド***
レモン***
レーモンド*
Raymonde レイモンド
Raymond Pons
レーモンポンス
Raymont レイモン
Raymund
ライムント
ライモンド
レイマンド*
Raymundo レイムンド
Raymundus
ライムンドゥス
Rayna レイナ
Raynal
レイナル
レーナル
レナール
レナル
Raynald
レイナル
レイナルド
Raynaldo ライナルド
Raynaldy
レイナルディ
Raynaud
レイノー**
レーノー
レノ
レノー
Rayne レイン

Rayner
ライナー
レイナー**
レーナ
Raynes レインズ*
Raynold レイノルド
Raynolds レイノルズ
Raynor
レイナー*
レイノー
レイノア
Raynouard
レーヌアール
レヌアール
レーヌワール
Rayns レインズ
Raynsford
レインズフォード
Raynus ライナス
Rayport レイポート
Rayski ライスキ
Rayson レイソン
Raysse レイス*
Rayton レイトン
Rayward レイワード
Rayyane ライアン
Raz ラズ**
Ráz ラーズ
Raza
ラザ**
ラザー
Razā ラザー
Razack ラザク
Razadarit ラザダリッ
Razafimahefa
ラザフィマエファ
Razafimanazato
ラザフィマナザト
**Razafimandimbima
nana**
ラザフィマンディンビ
マナナ
Razafimandimby
ラザフィマンディンビ
Razafimanjato
ラザフィマンジャート
Razafimihary
ラザフィミハリ
Razafinakanga
ラザフィナカンガ
Razafindambo
ラザフィンダンボ
Razafindehibe
ラザフィンデイベ
Razafindramiandra
ラザフンジャランプ
**Razafindrandriatsima
niry**
ラザフィンジャチアマ
ニリ
Razafindroriaka
ラザフィンドロリアカ
Razafinjatovo
ラザフィンジャトゥブ
ラザフィンジャトボ
Razafitombo
ラザフィトンブ

Ra'Zahn ライザーン	Razundara ラズンダラ	Reah レイ	Rebanks リーバンクス	Rebikov レビコフ
Razak	Razvan ラズヴァン*	Real	Rebar リーバー	Rebillard ルビラール
ラザク**	Răzvan ラズヴァン	リアル**	Rebatet ルバテ	Rebillot レビロー
ラザック	Răzvan	レアル	Rebaud ルボー	Rebilus レビルス
Razaka ラザカ	ラズヴァン	Réal	Rebay レバイ	Rebiya ラビア
Razakov ラザコフ	ラズバン	リアル	Rebaza レバサ	Reble レーブレ
Razaleigh	Razzano ラザノ	レアル*	Rebbe レッベ	Rebling レーブリング
ラザレー	Razzaq	Realdo レアルド	Rebbecca レベッカ*	Reblitz リブリッツ
ラザレイ*	ラザク	Reale レアーレ	Rebbot レボー	Rebmann
Razali ラザリ**	ラザック	Realfonzo	Rèbe レーブ	レップマン
Razanamahasoa	Razzāq ラッザーク	レアルフォンツォ	Rebeca レベカ	レーブマン
ラザナマハソア	Razzaque ラザック	Reali レアーリ	Rebecca	Rebner レーブナー
Razaq ラザク	Razzarini	Realino レアリーノ	リベカ	Rebolledo レボジェド
Razarus ラザラス	ラッツァリーニ	Realmuto	レベカ	Rebollo レボジョ
Razavi	Razzaz	リアルミュート	レベッカ***	Rebonato レボネト
ラザヴィ	ラザズ	Reals リアルズ	Rébecca レベッカ	Rebora レーボラ
ラザヴィー	ラッザーズ	Réaly レアリ	RebeccaAtwater	Rebori レボリ
ラザビ	Razzi	Ream リーム	レベッカアットウォーター	Reboul
Razborov ラズボロフ*	ラッズィ	Reame レアーメ	Rebeck レベック	ルヴール
Razee ラジー	ラッツィ*	Reamer リーマー*	Rebecque レベック	ルブール*
Razeghi ラツギ	Razzoli	Reams リームズ*	Rebek レベック	Reboulet レブレー
Razek ラゼク	ラッツォーリ**	Reamy リーミイ	Rebeka レベカ	Rebour ルブール
Razem ラズム	Rchard リヒャルト	Réan レアン	Rebekah	Reboux ルブー
Razemon ラゼモン	Rcheulishvili	Reaney	レベカ	Reboza レブザ
Razgaitis	ルチェウリシヴィリ	リーニー	レベカー	Rebraca レブラシャ
ラズガイティス*	Rdo rje ドルジェ	レイニー	レベッカ*	Rebreanu
Razi ラジ	Rdo rje rgyal po	Rearden	Rebekka レベッカ	レブリャーヌ*
Rāzī	ドルジェゲルポ	リアデン	Rebel	レブリャヌ
ラージー	Rdzong chung pa	リアドン	ルベル	レブリヤヌ
ラーズィー	ゾンチュンパ	Reardon リアドン**	レベル	レブレヤヌ
Raziel ラジエル	Re	Reas リース	Rebell	Rebrov レブロフ**
Razin	アレ	Reaser リーサー	ルベル	Rebsamen レブサマン
ラージン*	ベー	Reason	レベル**	Rebuffat レビュファ
ラジン	レ	リースン	Rebella レベージャ	Rébuffat レビュファ**
Rāziq ラージク	レー	リーズン*	Rebellin レベリン	Rebut レビュ
Raziuddin	Ré レ	リーソン	Rebello	Recabarren
ラジウッディン	Rea	レアゾン	レベロ	レカバレン
Raziya ラジヤ	リー*	Reasoner リーズナー*	レベロ	Recâizâde
Razmadze	レー	Reategui レアテギ	Rebelo	レジャーイーザーデ
ラズマッジェ	レーア*	Reátegui レアテギ	ヘベーロ	レジャイザーデ
Razmara ラズマラ	レア**	Reatz レアッツ	レベール	Recalcati
Razmi ラズミ	レイ*	Réau レオー	レベロ	レカルカーティ
Razmik ラズミク	Reach	Réaumur	Rebelo De Sousa	Recalde レカルデ
Razmovski	リーチ*	レオーミュール	レベロデソウザ*	Recami レカーミ
ラズモーフスキ	レアシュ	レオミュール	Rébéna レベナ	Récamier
ラズモーフスキー	Réache レアシュ	Réaux	Rebengiuc	ルカミエ
ラズモフスキイ	Reachea リエチェ	レオ	レーベンジューク	レカミエ
Razon ラゾン*	Read	レオー	Rebensburg	Recanati レカナティ
Razōn レゾン	リイ	Reaveley リーヴェリ	レーベンスブルク**	Récanati レカナティ
Razor レイザー	リイド	Reaven リーベン	Reber	Recared
Razoronov	リード***	Reaves	リーバー	レカーレド
ラゾリョノフ	Reade リード**	リーズ*	レーベル	レカレド
ラゾロノフ	Reader リーダー*	リーヴズ	Réber レーベル	Récatala レカタラ
Razumnevich	Reading	リーブズ*	Reberioux ルベリウ	Reccared レカレド
ラズムネービッチ	リーディング	リーブズ	Rebert ロバート	Recceswinth
Razumnik	レディング*	Reavill リービル	Rebertson	レケスウィント
ラズムーニク**	Readings	Reavis	ロバートソン	レケスヴィント
Razumovskii	レディングズ*	レアヴィ*	Rebetez レベテス	Recchia
ラズウモフスキー	Ready	レビス	Rebeyrol ルベイロ	レッキア
ラズモーフスキ	レディ	Reay	Rebholz レブホルツ	レッシア
ラズモーフスキー	レディー**	リーアイ	Rebic レビッチ	Recco レッコ
ラズモーフスキ	Reagan	レイ**	Rebíček	Recean レキャン
ラズモフスキイ	リーガン*	Reb レブ*	ジェビーチェク	Recep
Razumovsky	レーガン**	Reba リーバ	Rebiere ルビール	レジェップ
ラズモーフスキー	Réage レアージュ	Rebagliati		レジェブ*
ラズモーフスキー	Reager リーガー	レバグリアティ*		
ラズモフスキー	Reagon リーゴン			

Recesvinto
レセスビント
Rech
レッシュ
レッヒ
Recha レハ
Rechab レカブ
Rechardt レカルト
Rechavam レハバム*
Rechberg
レッヒベルク*
レヒベルク
Recheis
レヒアイス
レヒアイス***
Rechenberg
レッヒェンベルク
Rechichi レチッチ**
Rechtschaffen
レクトシャッフェン*
Rechy
レチー*
レッチー
Recinos
レシーノス
レシノス
Recio レシオ
Reck レック
Recke レッケ
Recker レッカー
Reckermann
レッケルマン**
Reckitt レキット
Recklinghausen
レックリングハウゼン
Reckmeyer
レックマイヤー
Recknagel
レックナーゲル
Reckner レックナー
Reckya レクヤ
Recla レクラ
Reclam
レークラム
レクラム
Reclus
リクルス
ルクリュ*
Recoba レコバ*
Record レコード
Recorde レコーデ
Recorvits
レコルヴィッツ
レコルビッツ
Recto レクト
Rector
レクター**
レクトール
Recuero レクエロ
Réczi レチ
Red レッド***
Reda レダ
Redā レザー
Reḍā
レザ
レザー

Réda
レーダ
レダ**
Redan レダン
Redbank レッドバンク
Redbone レッドボーン
Redcliffe レッドクリフ
Redclift
レッドクリフト
Redcode レッドコード
Redd レッド**
Reddan レダン
Reddaway レダウェイ
Redden レッデン*
Reddi
レッディ
レディ
Reddick レディック**
Reddie
レディ*
レディー
Redding レディング**
Reddy レディ**
Redeker
レデカー
レデケル
Redekop レデコップ
Redel レーデル**
Redelinghuys
レデリンハイス
Redelmeier
リドルメイヤー
Reden レーデン
Redenbacher
レデンバッカー
レーデンバハー
Redenti レデンティ
Reder
レイダー
レーダー
Redern レーデルン
Redesdale
リーズデール
リーデスデイル
レデスデール
Redfern
レッドファーン**
レッドファン
Redfield
レッドフィールド**
レドフィールド
Redford
レッドフォード**
レドフォード
Redgrave
レッドグレイヴ
レッドグレイブ
レッドグレーヴ
レッドグレーヴ**
レドグレイヴ
レドグレーブ
Redgrove
レッドグローヴ
レッドグローブ
レドグローヴ
Redha
ラーダー

レドハ*
Red-Head
レッドヘッド
Redhead
レッドヘッド**
Redhouse
レッドハウス
Redi
レーディ
レディ
Redican レディカン
Redick レディック
Redies レディース
Redig レディグ
Rediker レディカー
Reding
リーディング
レーディング
レディング**
Redish レディッシュ
Redjimi レジミ
Redkin
レチキン
レドキン
Redknapp レドナップ
Redl
レートル
レドル
Redley レドリー
Redli レドリ
Redlich
レートリッヒ
レートリヒ*
Redlin レドリン
Redling レドリング
Redlinger
レドリンジャー
Redlow レートロー
Redman
レッドマン***
レドマン
Redmayne
レッドメイン*
Red mda' ba レンダワ
Redmon レドモン**
Redmond
レッドマンド
レッドモンド*
レドモンド***
Redniss レドニス
Redol レドル
Redon ルドン**
Redondo レドンド**
Redonne ルドネ
Redonnet ルドネ
Redoute ルドゥーデ
Redouté
ルドゥーテ*
ルドゥーテ
Redpath レッドパス*
Redrobe レッドローブ
Redstone
レッドストーン**
Redtenbacher
レーテンバッハー
Redus リーダス

Redvers
レッドヴァーズ
レッドヴァス
レドヴァース
レドヴァーズ
Redwald
レッドウォルド
レッドワルド
レドワルド
Redwan レドワン
Redwin レッドウィン
Redwing
レッドウィング
Redwitz レドヴィッツ
Redwood
レッドウッド*
Redwulf レッドウルフ
Redzepi レゼピ*
Redzepovski
レゼボフス
Redzhep レジェブ
Redzhepdurdy
レジェブドゥルディ
Ree
リー
リース
レー
Rée レー
Reeb レーブ
Reece リース*
Reed リード***
Reeder リーダー*
Reedie リーディー*
Reedman リードマン
Reeds リーズ
Reedus リーダス*
Reedy
リーディ
リーディー
Reeg レーク
Reek レーク**
Reeke リーク
Reekum レーカム
Reel リール*
Reem リーム
Reema リーマ
Reeman リーマン*
Reemer リーマー
Reems リームス
Reen リン
Reenberg
レーンベルイ
レーンベルゥ
Reents レーンツ
Reepu リープ
Rees
リー
リース***
リーズ***
Reese
リース***
リーズ***
リーセ
レーゼ*
Reeser リーサー
Reete レーテ

Reeve
リーヴ**
リーヴェ
リーブ***
Reeves
リーヴス**
リーヴズ**
リーブス***
リーブズ**
リーベス
Refalo レファロ
Refardt
レファート
レファルト
Reffin レフィン
Refice
レフィーチェ
レフィチェ
Refik レフィク
Refiloe レフィロエ
Refn レフン*
Reformatsky
レフォルマツキー
Refshauge
リフゾージ
Refsnyder
レフスナイダー
Reg
レグ**
レジ**
レッグ*
レッジ
Regal リーガル
Regalado
リガラード
レガラード
レガラド
Regalbuto
リーガルバットゥー
Regaldo レガルド
Regali レガーリ
Regalia レガーリア
Regalianus
レガリアヌス
Regalla レガラ
Régamey
レガメ*
レガメー
Regan
リーガン**
レーガン*
Regardie リガルディー
Regás レガス
Regasel レゲゼル
Regazzo レガッツォ
Regazzoni
レガツォーニ*
レガツォーネ
レガツォーニ
Rege
リージ
レーゲ
Regehr リジェール
Regel レーゲル
Regelio ロヘリオ
Regelski
リーゲルスキー

Regelson リーゲルソン
Regemorter
　レジェモルテル
Regenbogen
　レーゲンボーゲン
Regener レーゲナー
Regensburg
　レーゲンスブルク
Regent レジャン
Régent レジャン
Regenvanu レゲンバヌ
Régeny
　レーゲニ
　レゲーニ
　レゲニー
　レーゲニュ
Reger
　リーガー
　リジャー
　レーガー**
Regev
　レゲフ
　レゲブ
Regez レゲツ
Regezi レゲジー
Regge
　レジ
　レジー
　レッジェ
Reggiani
　レジアーニ
　レジアニ
　レッジアーニ
　レッジャーニ*
Reggie
　レジー***
　レッギー
Reggio
　レジオ
　レッジョ*
Reghabi レガビ
Reghecampf
　レゲカムプフ
Regi レジ
Regie レジー
Regier レジエ
Regilio
　レジリオ
　レヒリオ
Regillio レジリオ
Regimantas
　レギマンタス
Regina
　リジャイナ
　レギーナ*
　レギナ*
　レギーネ
　レージナ
　レジーナ**
　レジナ**
Reginad レギナド
Reginald
　レーギナルト
　レギナルト
　レギナルド*
　レジー
　レジナード
　レジナルド***

Reginaldo
　レジナルド
　レヒナルド*
Reginaldus
　レギナルドゥス
　レジナルドゥス
Regina Paz
　レジーナパズ
Regine
　レギーネ**
　レジーナ*
　レジーヌ*
Régine レジーヌ***
Regini レジーニ
Regino
　レーギノ
　レギーノ
　レギノ
　レギノー
　レギノン
　レヒーノ
Reginold レジノルド
Reginster
　レジンスター
Régio レジオ
Regiomontanus
　レギオモンタヌス
Regirngsrad
　レギールングスラート
Regis
　リージス
　レギス
　レジ
　レジス**
Régis
　レジ*
　レジー
　レジース
　レジス***
Register レジスター*
Regla レグラ*
Regler レグラー
Regli レリ
Reglindis
　レグリンディス
Regmi レグミ
Regnard
　ルニャール
　レナール
Regnart ルニャール
Regnauld レニョー
Regnault
　ルニョー
　レグナール
　レニョー
Regnell レグネル
Regner レグネル
Regnér レグネール
Régner レニェ
Regnier
　レイニール
　レグニアー
　レクニャー
　レーニエ
　レニエ**

Régnier
　レニェ
　レニエ**
　レニエー
　レニエエ
Regniers
　レイニアーズ
　レイネー
　レグニアーズ
　レーニエ
　レニエ*
Régnon レニョン
Rego
　レーゴ*
　レゴ**
Regőczy レゴツイ
Regonessa レゴネッサ
Regoyos
　レゴィオス
　レゴイオス
　レゴーヨス
Regragui レグラギ
Regt レフト
Regueiro レゲイロ
Reguera
　レグエラ
　レゲーラ
Regula
　レギュラ
　レーグラ
　レーグラ*
　レグラ
Regulus レグルス
Reguly レグイ
Regumi レグミ
Regush
　レガシュ*
　レガッシュ
　レグシュ
Regy レジ*
Régy レジ
Reh レー
Rehak
　ジェハーク
　リーハーク*
　レハック
Rehák リハク
Rehan
　リーハン
　レーアン
Rehani レハニ
Rehberg
　レーベルク*
　レベルク
Rehberger
　レーバーガー
　レーベルガー
Rehbinder
　レービンダー
Rehder レーダー*
Rehfeld レーフェルド*
Rehfeldt リーフェルト
Rehfisch
　レーフィッシュ
　レフフィッシュ
Rehfuess リーヒュス

Rehhagel
　レーハーゲル*
Rehkemper
　レーケンパー
Rehm
　レイム
　レーム
Rehman
　ルーマン
　レーマン**
Rehmann レーマン
Rehmatullah
　レーマトゥラ
Rehme レーメ
Rehmer レーメル
Rehmke
　レームケ
　レムケ
Rehn
　レーン**
　レン
Rehner レーナー
Rehni レーニ
Rehnicer レヒニツァー
Rehnquist
　レンキスト*
　レーンクィスト
　レーンクイスト
　レンクィスト
Rehoboam
　レハブアム
　レハベアム
　レホボアム
Rehr レア
Rehuher-marugg
　レウエルマルック
Rehula レフラ
Rehulka レフルカ
Rehwinkel
　リューインケル
Reibel
　レイベル
　レベル
Reiber
　ライバー
　レイバー
Reibey レイビー
Reibmayr
　ライフマイル
　ライブマイル
Reibstein
　レイブシュタイン
Reich
　ライク***
　ライシ
　ライシュ**
　ライヒ***
　リーチ
　レイク
　レイヒ
Reicha
　ライハ
　ライヤ
　レイハ
Reichard
　ライヒャード
　ライヒャルト
　リチャード
　レイチャード*

Reichardt
　ライカート
　ライチャート
　ライハルト
　ライヒャルト
　レイシャルト
Reichart レイチャート
Reichbart
　ライヒバート
Reiche
　ライヒェ**
　ライヘ
Reichel
　ライヒェル**
　ライヒレ
　ライヘル**
　レイシェル
　レイチェル
Reichelt ライヒェルト
Reichenau
　ライヒェナウ
Reichenauer
　ライヒェナウアー
Reichenbach
　ライヒェンバッハ
　ライヒエンバッハ
　ライヘンバッハ*
　ライヘンバハ
　レシェンバック
　レシャンバック*
Reichenberg
　ライヘンバーグ
Reichenberger
　ライヒェンベルガー
　ライヘンバーガー
　ライヘンベルガー
Reichenfeld
　ライヒェンフェルト
Reichenow
　ライヒェノー
　ライヘノー
Reichensperger
　ライヒェンスペルガー
Reicher
　ライチャー*
　ライヒャー
Reichersberg
　ライヒャスベルク
Reichert
　ライカート
　ライヒェルト*
　ライヒャルト
　ライヘルト
　レイチャート*
Reichhardt
　ライヒハルト
Reichhart
　ライヒハルト
Reichheld
　ライクヘルド*
Reichholf
　ライヒホルフ
Reichl
　ライクル*
　ライシェル
Reichle
　ライクリー
　ライクル
Reichlen レシュレン

Reichler
　ライクラー*
　ライヒラー
Reichlich ライヒリヒ
Reichlin
　ライシュリン
　ライヘルン
Reichman
　ライヒマン
　リッチマン
Reichmann
　ライヒマン**
Reichs
　ライクス**
　レイクス*
Reichsfreiherr
　ライヒスフライヘル
Reichstein
　ライヒシュタイン**
Reichwald
　ライヒヴァルト
Reichwein
　ライヒヴァイン*
Reid
　ライト
　ライド
　リード***
　レイド**
Reidar
　ライダー
　レイダー
　レイダル**
Reidel ライデル
Reidelbach
　ライデルバック
Reidemeister
　ライデマイスター
Reidenbach
　レイデンバッハ*
Reidenberg
　ライデンバーグ
　レイデンバーク
Reider ライダー
Reidpath レイドパス
Reidy
　リーディ
　レイディ
　レイディー
Reif
　ライフ*
　リーフ
　レイフ
Reïf レイフ
Reifenberg
　ライフェンベルク
Reifer ライファー
Reiff
　ライフ
　リーフ
　レイフ
Reiffenstein
　ライフェンシュタイン
Reiffenstuel
　ライフェンシュテュール
　ライフェンシュトゥール
Reifman
　ライフマン
　レイフマン

Reifsnider
　ライフスナイダー
　リーフスナイダー
Reig
　レイグ
　レッチ
Reigeluth
　ライゲルース
Reiger
　ライガー
　レイガー
Reigle レイグル*
Reignolds レイノルズ
Reihanpour
　レイハンプール
Reihe ライヘ
Reiher
　ライアー
　ライハー
　ライヘル
Reiherd レイヘルド
Reihill レイヒル
Reihing
　ライイング
　ライヒング
Reij レイジ
Reijen レイイェン
Reijerszoon
　ライエルスゾーン
Reijinders
　レイジンダース
Reijntjes
　レリヒンチェス
Reijo レイヨ
Reik ライク
Reikhardt ライハルト
Reiko レイコ*
Reil
　ライル
　リール
Reiland レイランド
Reiley ライリー
Reilich ライリッヒ
Reiling
　ライリング
　レイリング
Reiljan レイリアン
Reillier レイエ
Reilly
　ライリ*
　ライリー***
　ライリイ*
　レイリー**
Reiman
　ライマン*
　レイマン
Reimann
　ライマン**
　レイマン
Reimar
　ライマー
　レイマー
Reimarus
　ライマールス
　ライマルス
Reimensnyder
　リーマンスナイダー

Reimer
　ライマー**
　リーマー
　レイマー
Reimers
　ライマース*
　レイマーズ
Reimert リーマート
Reimold レイモルド
Reims ランス
Reimund レイムン*
Reimut ライムート
Rein
　ライン*
　レイン**
Reina
　ライナ
　レイナ***
Reinach
　ライナック
　ライナッハ
　ライナハ
　レイナック
　レーナック
　レーナック
　レナック
Reinagle
　リーネイグル
　レネイグル
　レネーグル
Reinald
　レイナルド
　レイノールド
Reinaldo
　レイナウド
　レイナルド**
Reinalter
　ライナルター
　ラインアルター*
Reinartz ライナルツ
Reinaud
　レイノー
　レーノー
　レノー
Reinbach ラインバック
Reinbeck ラインベック
Reinberg
　ラインバーグ
　レンベール
Reinbert ラインベルト
Reinbold
　ラインボールド
Reince ラインス*
Reincke ラインケ
Reinckens
　ラインケンス
Reinder ラインデル
Reinders レインダース
Reine
　レイヌ
　レーヌ**
　レーネ
Reinecke
　ライナック
　ライネケ
　ライネッキー
　ライネッケ*
Reinegg レネック
Reinemann ライネマン

Reinemeyer
　レインメイヤー
Reiner
　ライナー***
　レイナー*
Reineris レイネリス
Reiners
　ライナース
　ライネルス*
Reinert ライネルト*
Reinerth ライネルト
Reinertsen
　レイネルセン
Reiner-Wilke
　ライナーウィルケ
Reines ライネス**
Reinfeld
　ラインフェルト
　ラインフェルド
　レインフェルド
Reinfeldt
　ラインフェルト*
Reingaard
　レインゴーア
Reingard
　ラインガルト
　レンガート
Reingold
　ラインゴールド*
　レインゴールド
Reingol'd
　レインゴリト
　レインゴリド
Reinhard
　ラインハアルト
　ラインハート*
　ラインハード
　ラインハルト***
　ラインハルド
　ラインホルト
　リチャード
Reinhardt
　ラインハート***
　ラインハルト***
　ラインハード
　レインハート
Reinhart
　ラインハート*
　ラインハルト*
Reinhartz
　ラインハルツ
Reinheimer
　レインハンマー
Reinhild ラインヒルト
Reinhold
　ラインホウルド
　ラインホールト
　ラインホールド*
　ラインホルト***
　ラインホルド
　ラインホント
　レイノルジ
　レインゴリド
　レインホリド
　レインホールド
　レインホルト
　レインホルド
Reinholm
　ラインホルム
Reini レイニ

Reinick ライニク
Reinier
　レイニア
　レイニアー
　レイニエル
Reinig
　ライニッヒ
　ライニヒ
Reiniger ライニガー
Reining ライニング
Reininger
　ライニンガー*
Reinirkens
　ラインルケンス
Reinis レイニス
Reinisch
　ライニシュ
　ライニッシュ*
Reinitz ライニッツ
Reinius レイニウス*
Reinke ラインケ*
Reinkemeyer
　ラインケマイヤー
Reinken ラインケン**
Reinkens ラインケンス
Reinking
　ラインキング
　レインキング
Reinkingk
　ラインキング
Reinl ラインル
Reinmann ラインマン
Reinmar
　ラインマー
　ラインマール*
　ラインマル*
Reinmuth
　ラインムース
　ラインムート
Reinohl ラインエール
Reinold
　ライノルト
　レイノルド*
Reinoso
　レイノサ
　レイノーソ
Reinsalu レンサル
Reinsch
　ラインシュ**
　ランチ
　レイニッシュ
Reinschmidt
　ラインシュミット*
Reinsdorf
　ラインズドルフ
Reinsel レンセル
Reinstein
　ラインスタイン
　レインスティン
Reinwald
　ラインヴァルト
Reinwarth
　ラインヴァルト
Reirs レイルス
Reis
　ライス
　リース
　レイス*

Reisach ライザハ	Reissiger ライシガー	レジャヌ	Relwyskow レルウィスコウ	Remi ルミ / レミ*	
Reisberg ライズバーグ	Reissland ライスランド	Rejcha レイハ	Relyea レリア	Rémi レミ**	
Reisch ライシ / ライシュ*	Reissman ライスマン	Réjean レジャン	Relyveld リーレフェルト	Remick レミック*	
Reischauer ライシァウアー / ライシャウアー / ライシャワー**	Reissmann ライスマン	Rejep レジェプ	Rem レム**	Remig レミグ	
	Reissner ライスナー	Rejepov レジェポフ	Rèm レム	Remigijus レミギュス / レミディウス	
	Reißner ライスナー	Rejis レジス	Rêma レーマ		
Reischle ライシュレ	Reisz ライス** / ライツ	Rejlander レイランダー	Remaclus レマクルス	Remigino レミギノ	
Reisdorph ライスドルフ	Reit ライト***	Rejto レイト	Remagen レマーゲン	Remigio レミージョ / レミヒオ	
Reise ライズ / ライゼ	Reitemeier ライテマイヤー	Rejtő レイトー	Remak レマーク / レマク	Remigius レミ / レーミギウス / レミギウス*	
Reisen ライゼン / レイゼン	Reitenauer ライタナワ	Réju レジュ	Remaley リメール		
Reisenhuber リーゼンフーバー	Reiter ライター** / レイター	Rekemchúk レケムチューク	Remane レマーネ		
	Reiterer ライテラー	Reken リーケン	Remar リマー / レマー	Remigiusz レミギュシュ	
Reiser ライザー* / リーサー / リーザー / レイサー* / レゼ	Reiterman レイターマン	Rekha レーカー / レカ	Remarenco レマレンコ	Remijn レメイン	
	Reith リース*	Rekho レイホ / レーホ	Remark レマーク / レマルク	Remillard レミラード	
	Reitherman レイサーマン	Rekhter レクター	Remarque ルマルク / レマルク**	Remington リミングトン / レミングトン / レミントン*	
	Reithlingshoefer リースリングシューファー	Rékiatou ラキアトゥ			
Reisert ライザート*		Rekik レキーク			
Reisfeld ライスフェルド / レイスフェルド	Reithmayer ライトマイヤー	Rekkared レカーレド / レカレド	Remberg レムベルク	Rémis レミ	
	Reitinger ライティンガー	Reklau レクラウ	Rembert レムベルト / レンバート	Remizov レーミゾフ* / レミゾフ	
Reishauer ライシャワ	Reitmaier ライトマイアー	Rekola レコラ			
Reisheh レイシェ		Rekso レクソ	Rembertus レンベルトゥス	Remkes レムケス	
Reishus リシャース	Reitman ライトマン**	Reksodimedjo レクソディメジョ		Remkiewicz レムクウィッツ	
Reisie レィジー	Reits ライツ	Reksohadiprodjo レクソハディプロジョ	Rembi レンビ	Remko レムコ	
Reisig ライシッヒ / ライジヒ	Reitsch ライチ / ライチェ / ライチュ / ライッチ	Rekunkov レクンコフ	Remblière ランプリエール	Remlinger レムリンジャー	
Reisine ライジン		Relaford リラフォード	Rembrandt レンブラント*	Remmel レメル	
Reising ライジング	Reitsma ライツマ	Reland レラント	Rembrant レンブラント	Remmelink レメリンク	
Reisinger ライジンガー / レイシンゲル / レザンジェ	Reitz ライツ** / リーツ / レイツ	Relander レランデル	Remco レムコ*	Remmers ルマース / レマース	
		Relaño レラーニョ	Remedios レメディアス* / レメディオス*		
	Reitzenstein ライツェンシュタイン* / ライツェンスタイン	Relave ルラーヴ / ルラーブ		Remmert レンメルト	
Reiske ライスケ		Reld リード	Remeliik レメリク	Remmius レンミウス	
Reiskin レイスキン	Reiulf レイフルフ	ReLeah リリア	Remelik レメリク	Remnant レムナント	
Reisky リスキー	Reivich ライビッチ	Relethford リレスフォード	Remen リーメン*	Remnic レムニック	
Reisman ライスマン* / リースマン* / レイズマン	Reixach レイシャック	Relf リーフ / ルルフ	Remender レメンダー	Remnick レムニック*	
	Reizenstein ライゼンシュタイン	Religa レリガ	Remengesau レメンゲサウ*	Remo レーモ* / レモ	
Reismann ライスマン	Reizes ライゼス	Relin レーリン / レリン	Remenski レメンスキ	Remocker レモッカー	
Reisner ライスナー* / ライズナー* / レイスナー / レイズナー / レーイスネル / レイスネル / レースナー	Reiziger ライジハー* / レイジハー	Relja レリャ	Remensnyder リーメンシュナイダー	Remond レモン / レモンド	
	Reizin ライジン / レイジン*	Relli レリー	Remenyi レメーニィ / レメニィ	Rémond レモン*	
	Reizniece-ozola レイズニエツェオゾラ	Rellich レリッヒ	Reményi レメーニィ	Remoortel ルモーテル	
Reiss ライス** / リース* / レイス		Rellini レリーニ	Remer ラマー / リーマー / リマー / レーマー / レマー	Remotti レモッティ	
	Reizov レイゾフ	Rellstab レルシュターブ		Rémoundos レーモンダス	
Reisser ライサー	Rej レイ*	Relly レリ / レリー	Remes リームス / レメス*	Rempel レンペル	
Reissig ライシヒ / レイシグ / レイシッグ	Réjane レジャーヌ*	Relman レルマン*	Remez レメズ	Rempfer レムファー	
		Reloy リロイ	Remezov レーメゾフ	Rempp レンプ	
		Relph レルフ**	Remfry レムフリー	Rempt レンプト	
		Relvas ヘルバス		Rempusheski レンプシェスキー	
				Remsen リムセン	

Remsen レムセン / レムゼン*	Renatus レナートゥス / レナトゥス	ルネ*** / ルネ* / ルネー / レネイ / レーン	Renicke レニッケ	Renoth レノト
Remsland ラムスタランド	Renaud ルノー*** / ルノウ / レナウド / レノード		Renie レニー	Renou ルヌー
Remson レムソン			Renié ルニエ	Renouard ルヌーアル / ルヌアール
Rémur リマー			Renier ルニエ / レニエ / レニエル	Renouf リヌーフ* / リノーフ*
Remus リマス* / レミュズ / レムス	Renaud-Basso ルノーバッソ	Renè ルネ		
		Reñe レネ*	Rénier レニエール	Renouvier ルヌーヴィエ / ルヌヴィエ / ルヌヴィエー / ルヌービエ / ルヌビエ
Rémusat レミューザ / レミュザ	Renaude ルノード	Réné レネ*	Renieri レニエーリ	
	Renaudet ルノーデ / ルノデ	Renee ラニー / リーニー / リニー	Renik レニック	
Remy ルミ / レーミ / レミ* / レミー** / レミィ / レミイ			Reniker レニカー	
	Renaudie ルノーディ		Renilde レニルデ*	Renouvin ルヌーヴァン / ルヌーバン
	Renaudot ルノード / ルノド / ルノドー	ルネ* / ルネー* / レニー** / レネー* / レネイ	Rénique レニケ	
			Renis レニス	Renoux ルヌー / ルノー
Rémy ルミ / ルミー / ルミイ / レミ*** / レミー** / レミイ			Renison レニソン	
	Renauld ルノー / レナルド / レノード		Renita レニータ	Renovica レノビツァ
	Renault ルノー*** / ルノオ / ルノール / レノールト	Renée ルネ*** / ルネー / レニー** / レネ / レネー* / レネイ	Renjel レンジェル	Renox レノックス
			Renjifo レンヒフォ	Renpenning レンペニング
Ren レン*			Renk レンク	Ren-qing レンチン
Rena リーナ / リナ / ルネ / レーナ* / レナ**			Renkema レンケマ	Ren-qiong レンチョン
			Renkin レンキン	Renqvist レーンクヴィスト
	Renaut ルノー**		Renko レンコ	
Renaat レナート	Renay リネイ	Renèe ルネ*	Renmu レンム	Renroot レンロート
Renaldo レナルド** / レニー	Renberg レンバーグ	Reneger レネガー	Renn レン*	Rensberger レンズバーガー
	Renbourn レンボーン	Renehan ルネハン	Renna レナ**	Rensch レンシュ / レンチェ / レンチュ
Renan ルナン* / レナン	Rench レンチ	Renel ルネル	Rennay レナー	
	Rencher レンチャー	Rener レナー	Renneberg レンネバーグ	
Renant ルナン	Renchinii レンチニー	Renesse レニース	Rennell レネル / レンネル	
Renard ルナアル / ルーナル / ルナール*** / レナード** / レナール* / レナルド	Rencic レンシック	Renesto レネスト	Rennenkampf レンネンカンプ / レンネンカーンプフ / レンネンカンプフ	Rensenbrink レンセンブリンク
	Renck レンク	Reneta レネタ		
	Renda レンダ	Renetta レネッタ*		Renshaw レンショー* / レンショウ
	Rendall レンダル	Renevier ルヌヴィエ		
	Rendano レンダーノ	Reneville ルヌヴィル		
	Rendel レンデル	Renéville ルヌヴィル	Renner ラナー / ルネル / レナー** / レナー*	Rensi レンシ
Renardy ルナルディ / レナルデイ	Rendell レンデル***	Reney リネイ		Rensin レンシン
	Rendely レンドリー	Reneysky レナイスキ		Rensis レンシス
Renart ルナール	Rendero レンデロ	Renfree レンフリー	Rennert レナート / レンネルト	Renske レンスケ
Renat レナト	Rendina レンディナ	Renfrew レンフリュー / レンフルー**		Rensselaer レンスラー* / レンセラー / レンセラール / レンセラル / レンセラアー
Renata レナータ*** / レナタ	Rendine レンディーネ			
Renate リネト / レテーナ / レナーテ** / レナテ / レナート* / レナト	Rendle レンデル / レンドル*	Renfro レンフロ** / レンフロー	Rennes レンヌ	
	Rendon レンドーン / レンドン	Renfroe レンフロー	Rennick レニック	
	Rendra レンドラ***	Renfrow レンフロウ	Rennie レニ / レニー*** / レンニー	Renström レンストレーム
	Rendschmidt レントシュミット*	Reng レング		
	Rendtorff レントルフ*	Rengachary レンガチェリー	Rennison レニソン**	Renta レンタ**
Renatinho レナチーニョ	Rendu ランジュー / ランデュ	Rengarajan レンガラジャン	Rennke レンケ	Rentchnick レンシュニック*
Renato レナート*** / レナード* / レナト***	Rene リーン / リン / ルネ*** / レニ / レネ**	Renger レンガー / レンジャー	Renny レニー**	Renteln レンテルン
		Rengifo レンヒフォ	Rennyson レニソン	Renterghem ランテルゲム
		Rengsomboonsuk レンソンブーンスック	Reno リーノー / リノ*** / レノ*	Renteria レンテリーア / レンテリーア** / レンテリーヤ
		Rengstorf レングストルフ		
		Reni レーニ / レニ	Renoff レノフ	
	René リーン	Renick レニック	Renoir ルノアール* / ルノアル / ルノワール**	Rentería レンテリア
			Renold レノルド	Rentko レントコ
			Renoma レノマ	Renton レントン*
			Renondeau ルノンドー	Rentoul レントゥル / レントール

Rentschler レンチュラー
Rentsendoo レンツェンドー*
Rentta レンタ
Renu レヌ / レヌー
Renu レーヌ
Renucci ルヌッスィ / ルヌッוו / レヌッチ
Renuka レーヌカ
Renvall レンヴァル / レンヴォール
Renversade ランヴェルサッド
Renvert レンバート
Renvoisé ランヴォワゼ
Renvoizé レンボイツ
Renwick レニク / レニック / レンウィック**
Reny レニー
Rényi レーニイ / レニイ
Renz レンツ
Renza レンザ
Renzelli レンツェッリ
Renzi レンジ / レンツィ** / レンヅィ
Renzikowski レンツィコフスキー
Renzo ヘンゾ** / レンゾ** / レンツォ**
Renzsch レンチュ
Renzulli レンズーリ*
Reo レオ
Reoch ローチ
Reonald レオナルド
Reouven レウヴァン
Repacholi レパチョリ
Repaci レーパチ
Répaci レーパチ / レパチ
Repan レパン
Reparata レパラタ
Repard レパルト
Repcheck レプチェック
Repchinsky レプチンスキー
Repchuk リプチャク
Repeta レペタ*
Repetto レペット / レペト

Repgow レプゴー / レプゴウ
Repicci レピッチ
Repila レピラ
Repin レーピン**
Repington レピントン
Repinski レピンスキー
Repka レプカ
Repke レプケ
Repko レプコ
Repkow レプゴー / レプコー / レプゴー / レプゴイ
Repnin レプニン
Reponen レポネン
Reposiānus レポシアヌス
Repoz レポーズ
Repp レップ
Reppas レパス
Reppe レッペ
Reppen レッペン
Repplier レプリール
Reppy レッピィ
Reps レップス / レプス
Repše レプセ*
Repshis レプシス
Repsold レプソルト / レプソルト
Repton レプトン
Repucci レプッチ
Repulski リパルスキー
Repyngdon レピントン
Requeiferos レゲイフェロス
Requena レケーナ / レケナ
Requeséns レケセンス
Rerberg レルベルグ
Reri レリ
Rerikh レーリフ / レーリヒ / レーリフ
Reroi ルロア
Res リース / レス
Resal レザル
Resat レシャト
Reşat レシャト
Resch レシュ / レッシュ**
Rescher レッシャー
Reschiglian レスキリアン

Rescigno レシーニョ
Resconi レスコーニ
Rescorla レスコラ
Resen レーセン
Resende レゼンデ*
Resenstiehl ローゼンスティール
Resewitz レーゼウィッツ
Resh レシ / レーシュ / レシュ / レッシュ
Reshad ルシャッド / レシャッド / レシャード
Reshaina レシャイナ
Reshard レシャード
Reshat レシャト
Reshef ラシェフ
Reshetnikov レシェートニコフ / レショートニコフ
Reshetnyak レシェトニャーク
Reshetov レシェトフ
Reshetovskaia レシェトフスカヤ
Reshit レシット / レシト
Reshma レシュマ
Reshmie レシュミ
Resick リーシック / レシック
Resig レシグ
Resinald レジナルド
Resinarius レジナーリウス / レジナリウス
Resines レシネス
Resing レージング
Reskind レスキンド
Resler レスラー
Resman レスマン
Resnais レネ**
Resner レスナー
Resnick レスニク / レスニック / レズニック***
Resnicow レズニコー* / レズニコウ
Resnik レズニク* / レズニック*
Reson ルゾン
Respha リツパ
Respighi レスピーギ**
Ress リース / レス

Ressa レッサ
Rességuier レセギエ
Ressel レッセル
Ressia レッシア
Ressing レッシング
Ressler レスラ / レスラー*
Ressmeyer レスマイヤー
Ressner レスナー
Ressovsky レソフスキー
Rest レスト
Resta レスタ*
Restak レスターク / レスタク / レスタック*
Restany レスタニー**
Restayn ルスタン*
Restellini レステリーニ*
Restif レスティフ / レチフ* / レティフ*
Restino レスティーノ
Reston レストン*
Restout レストゥー / レストウ
Restoux レストゥー*
Restrepo レストレーボ** / レストレポ**
Restzova レスツォワ
Resul レスール
Resulberdy レスルベルディ
Rǝsulzadǝ レスールザーデ
Resurrección レスレクシオン
Reswick レスヴィック
Reszke レシュケ / レスケ
Reszler レスレール
Retallack レタラック*
Retallick レタリック
Retamar レタマル**
Retana レターナ / レタナ
Retau レタウ
Reteguiz レテギス
Reteno Assonouet レテノアソヌエ
Rethans レザンス
Rethberg レートベルク / レードベルク / レトベルク
Rethel レーテル*
Réthelyi レートヘイ

Rethman レスマン
Réthoret レトレ
Réthy レーティ
Reti レティ
Réti レーティ
Reticius レティキウス
Retief ラティーフ / レティーフ**
Retif レティフ
Rétif レチフ
Retno ルトノ*
Reto レト
Retreage リトリージ
Retrouvey ラトヴェイ
Rett レット
Retta リタ
Retté レッテ / レテ
Rettelbusch レッテルブッシュ
Rettenbeck レッテンベック
Rettenmund レッテンマンド
Retter レッター
Rettich レッティヒ* / レティッヒ / レティヒ*
Rettie レッティー
Rettig レティグ / レティッグ
Rettl レトル*
Retton レットン
Retty レツィ
Return リターン
Retz レ / レー / レス / レツ
Retzbach レッバッハ
Retzius レチウス / レツィウス / レッチウス
Retzlaff レッツラフ
Retzow レッツォ / レッツォウ
Reu ロイ
Reuben ルービン* / ルーブ / ルーベン** / レベン / ロイベン
Reubens ルーベンス*
Reuber ロイアー / ロイバー
Reubin リュービン*
Reublin ロイブリーン

Reubssel ロイブッセル
Reuc ルーク
Reuchlin
　ルクラン
　ルシュラン
　ロイヒリーン
　ロイヒリン
Reuel
　ルーアル
　ルーエル
　レネル
　ロウェル*
　ロウエル
　ローエル
Reuental
　ロイエンタール
Reuer ロイアー
Reuillard ルイアード
Reukauf ルーコフ
Reuland
　ルーランド*
　ロイランド
Reulbach ロイルバッハ
Reuleaux ルーロー
Reulecke ロイレッケ
Reumont ルーモン
Reungsuwan
　ルンスワン
Reus
　レウス
　ロイス
　ロエース
Reusch ロイシュ**
Reuschel ラッシェル
Reuser レウサー
Reusner ロイスナー
Reuss
　ルース
　ロイス**
Reussner ロイスナー
Reuteler ロイテラー
Reutemann
　ロイテマン
Reuter
　ルテール
　ロイター***
　ロイテル
Reuterdahl
　ロイテルダール
Reuth ロイト
Reuther
　ルーサー*
　ルーザー
Reutimann ルティマン
Reutlinger
　ロイトリンガー
Reutter
　ロイター**
　ロイッター
Reuven
　リューヴェン
　ルーヴェン**
　ルベン
　レウベン*
Reuveni
　ルーベニ
　レウヴェニ
Reuver ルーヴェ

Rev. レバレンド
Reva
　リーバ
　ルヴァ
　レヴァ
　レバ
　レワ
Rêvah ルヴァ*
Revai レーヴァイ
Reval レヴァル
Réval レヴァル
Revare レヴェア
Revata レーヴァタ
Revathi リヴァティ
Revathy レーワティー
Revault
　ルヴォ
　ルヴォー
　ルビュール
Revaz レバジ
Revazi レバス*
Reve
　レーヴェ
　レーフェ
　レベ
Reveaux
　レヴォ
　レボ
Reveco レベコ*
Reveillere
　ルベワユール
Revé Jimenez
　レベヒメネス
Revekka レヴェカ
Revel
　ルヴェル**
　ルベル
　レイヴァル
　レヴェル
　レベル
Reveler リベラー
Reveley リヴリー
Revell
　レヴェル
　レベル
Revelle
　レヴェル
　レベル
Revelli レヴェッリ
Révéllière
　ルヴェリエール
　レベリエール
Revels レヴェルズ
Revenco レベンコ*
Revenko
　レヴェンコ
　レベンコ
Revenson レベンソン
Reventlow
　レーヴェントロ
　レーヴェントロー*
　レヴェントロー
　レーヴェントロウ
　レベントロー
　レーベントロウ
Revenu ルブヌ
Rever ルヴェ

Reverdy
　ルヴェルディ*
　ルヴェルディー
　ルベルディ
Revere
　リヴァー
　リヴィア
　リビア*
　レヴィア
Révérien レヴェリアン
Reverier ルベリエ
Reverol レベロル
Revers レーヴェルス
Reverte レベルテ**
Reves
　リーヴス
　リーヴズ
Revesz レヴェース
Révész
　レーヴェース
　レヴェッ
　レヴェス
Revett リヴェット
Revheim レヴハイム
Reviczky
　レヴィッキ
　レヴィツキー
Revie レヴィー
Reviel リヴィエル
Revier リヴィアー
Reviere ルビエア
Revill
　リヴィル
　レヴィル
　レビル
Revilla レヴィラ
Revillagigedo
　レビリャヒヘド
Reville リヴィッレ
Réville
　レヴィール
　レヴィル
Revilliod
　ルヴィーヨ
　ルヴィリヨー
Révillon レヴィヨン
Revilo ルヴィロ
Reviriego
　レビリエーゴ
Revis
　リービス*
　レビス
Revius レーヴィーユス
Revkin
　レヴキン
　レブキン*
Revol ルヴォル
Revon
　ルヴォン*
　ルボン*
Revoyr ルヴォワル*
Revson レブソン
Revuelta
　レヴェルタ
　レブエルタ
Revueltas
　レブエルタス

Revy レビ*
Rew リュー
Rewald
　リゥオルド
　リウォルド
Rewbell
　ルーベル
　ルベル
Rewers ルワーズ
Rewi
　リュウイ
　ルイ*
Rewilak レウィラク
Rex
　レクス
　レックス***
Rexford
　レクスフォード
　レックスフォード*
Rexhausen
　レックスハウゼン
Rexhep
　レジェブ
　レジェブ**
Rexhepi レジェピ
Rexhouse
　レックスハウス
Rexrode
　レックスロード
Rexrodt
　レクスロート**
　レックスロート
Rexroth
　レクスロス**
　レックスロス
Rey
　リー
　リイ*
　レ
　レー*
　レイ***
　レエ
Reybaud レーボー*
Rey-Bellet レベレ
Reybrouck
　レイブルック
Reyburn
　レイバァン
　レイバーン
Reycend レイチェンド
Reyer
　ライアー
　ライヤー
　レイエ
　レイエール
　レイエル
Reyes
　リーイエス
　レイエス
　レイエス***
　レイズ*
　レージェス
　レジェス*
Reygadas レイガダス
Reygondeau
　レイゴンデュー
Reyher
　ライアー*
　ライエル

Reykfjörd
　レイクフョルドゥ
Reykowski
　レイコウスキ
Reyl レイル
Reyles レイレス
Reyment レイメント
Rey-Mermet レメルメ
Reymerswaele
　ライメルスワーレ
　レイメルスワーレ
Reymi レイミ
Reymin レイミン
Reymond
　レイモン
　レイモンド*
　レーモン*
　レモン*
Reymont
　レイモント*
　レイモンド
　レーモント
Reyna レイナ
Reynaert レーナエル
Reynal レナル
Reynald
　レイナル
　レイナルド
Reynaldo
　レイ
　レイナルド***
　レーナルド
　レナルド
Reynals
　レナルズ
　レーノルズ
　レノルズ
Reynard
　レイナード*
　レナル
Reynardson
　レイナードソン
Reynaud
　リノー
　レイノー*
　レイノ
　レーノー
　レノ
　レノー
Reynders
　レインデルス**
Reyneau レノー
Reynell レイネル
Reyner レイナー
Reynie レニー
Reynier レーニエ
Reynière レニエール*
Reynold
　レイノルド
　レナルド
　レーノルド
　レノルド
Reynolds
　レイノールズ
　レイノルズ***
　レイノルド
　レナルズ**

レナレズ	Rgya las pa ギャレパ	リー	Rhines ラインズ	Rhoton ロートン	
レーノルズ*	Rgyal ba ギェルワ	Rheede レーデ	Rhinesmith	Rhoubēn ルベン	
レノルズ*	Rgyal ba'i 'byung	Rhees	ラインスミス*	Rhoũphos	
Reynoso レイノソ	gnas	リース	Rhins	ルフォス	
Reyns レインズ	ゲルワイジュンネー	リーズ	ラン	ルポス	
Reynvaan ライバーン	Rgyal mtshan	Rhegius レギウス	ランス	Rhue	
Rey Rosa	ギェルツェン	Rheims ランス**	ランズ	リュー	
レイローサ**	ギェンツェン	Rheinberger	Rhinthon リントン	ルー*	
Reyzen レイゼン	ゲルツェン	ラインバーガー	Rhintōn リントン	Rhymer ライマー	
Reza	Rgyal-mtshan	ラインベルガー	Rhipsime リプシム	Rhymes ライムズ	
レーザ	ギェルツェン	Rheinfelden	Rhissa	Rhyne	
レサ	ギャルツェン	ラインフェルデン	リサ	ライネ	
レザ**	ギャンツェン	Rheinfrank	リッサ	ライン	
レザー**	ゲルツェン	ラインフランク	Rhiwen リウェン	Rhyner リーネル*	
Rezā レザー*	ゲンツェン	Rheingold	Rho ロー	Rhys	
Řezáč ジェザーチ	Rgyal po ギェルポ	ラインゴールド**	Rhoades	ライス	
Rezaee レザイ*	Rgyal tsha ギェルツァ	Rheinisch	ロウズ	ライズ	
Rezaei	Rgya mtsho	リーニッシュ	ローズ*	リース***	
ラザイ	ギャムツォ	Rheinlænder	Rhoads ローズ*	リーズ	
レザエ*	ギャンツォ	レインリーダー	Rhoberta ロベルタ	リス**	
レザエイ	ギャンツォ	Rheinwald	Rhoda	リズ	
Rezanov	Rgya-mtsho	ラインウォールド	ロウダ	Rhyu ユ	
レザーノフ	ギャツォ	Rheita レイタ	ローダ*	Ri	
レザノフ	ギャツォー	Rhem レム	ロデ	イ	
Rezánov	ギャムツォ*	Rhenanus	Rhode	リ**	
レザーノフ	Rhadamanthys	レナーヌス	ローディ	リー*	
レザノフ	ラダマンテュス	レナヌス	ロード**	Ria リア	
Rezantsev	Rhadi ラディ	Rhené ルネ	Rhódē	Riabi リアビ	
レザンツェフ	Rhaeticus レティクス	Rheney レーニー	ロダ	Riabin リャービン	
Rezaul レザウル	Rhafes ラフェス	Rhenius	ロデ	Riabinin リャビーニン	
Rezazade	Rham	レーニウス	Rhoden ローデン	Riabko リアブコ*	
レザーザーデ	ラーム	レニウス	Rhoderick	Riabouchinska	
Reza Zadeh レザザデ	ラム	Rhenman レンマン	ロディリック	リャブチンスカ	
Rezazadeh	Rhame レイム	Rheon レオン	Rhodes	Riach	
レザザデ*	Rhames	Rhesos レソス	ロウズ	ライアック	
レザーデ	ラムス	Rheta	ローズ***	リーアック	
Rezende	レイムス	リータ*	ローヅ	Riachi リアーシ	
レゼンジ	レームス	リタ*	ローデス**	Riad リアド*	
レゼンデ	Rhaméssēs ラメセス	レタ	ロード*	Riadh	
Rezentes レゼンテス	Rhana ラーナ*	Rheticus	ロードス*	リアズ	
Rezepbai レゼプバイ	Rhaney レイニー	レチクス	Rhodios ロディオス	リアド	
Rezin レツィン	Rhangaves	レーティクス	Rhodius ロディオス	Riady リアディ*	
Rezitskii レジツキー	ランガヴィース	レティクス	Rhodo	Riah リア	
Rezkova レスコバ	ランガビス	Rhett レット**	ロード	Riak	
Rezniček	Rhäticus レティクス	Rheuban ルーベン	ロドーン	リアク	
レズニチェク	Rhau ラウ	Rhian ライアン	Rhodolfo ロドウフォ	リヤク	
レスニチェク	Rhaya ラーヤ	Rhianna リアナ	Rhodri	Rial リアル	
レズニチェック	Rhazes	Rhiannon	ロードゥリ	Rialet リアレ	
Reznichenko	ラージー	フリアノン	ロードリ*	Riall リオール	
レズニチェンコ	ラージズ	フリアンノン	ロドリー**	Rials リアル	
Reznick レズニック	ラーズィ	ライアノン	Rhody ローディ	Riam'eeng	
Reznik	ラーズィー	ライノン	Rhoe ロー	リアムエーン	
レズニク	ラーゼス	リアノン**	Rhoer ローアー	Riamqeng	
レズニック	Rhazez ラゼズ	Rhianos リアノス	Rhoikos ロイコス	リアムエーン	
Reznikoff レズニコフ*	Rhea	Rhidian リディアン	Rho-kap ノカプ	Rian	
Reznikov レズニコフ	リー	Rhie イ	Rholes ロールズ	ヒアン	
Reznor レズナー*	リーア*	Rhijn ライン	Rhoma ロマ	ライアン**	
Rezo レゾ	レア*	Rhimes ライムズ	Rhōmanos ロマノス	リアン	
Rezrazi レズラズィ	Rhead リード	Rhina リナ	Rhona	Riane	
Rezso レズショ	Rheal レアル	Rhind	ローナ**	ライネ	
Rezsö レジェ*	Rhéal レアール	ラインド	ロナ	ライアン	
Rezsö レジェー	Rheaume ローメ*	リンド	Rhonda ロンダ**	リーアン*	
Reztsova レスツォワ	Rheba レバ	Rhine ライン*	Rhondda	Riaño リアーニョ	
Rezzori レッツオーリ	Rhēcháb レカブ	Rhinehart	ロンザ	Rianoshek	
RGod tshang pa	Rhédey レーデイ	ラインハート	ロンダ	リアノシェク	
ゴェツァンパ	Rhee	Rhinelander	Rhone ローン	Riantiarno	
	イ*	ラインランダー	Rhoney ローニー	リアンティアルノ	

Riao リアオ
Riario リアリオ
Riart リアルト
Riasentsev リヤーセンツェフ
Riashat リアシャット
Riaume リオーム
Riayat リアヤット
Riayzov ルヤィソフ
Riaz リアズ／リヤーズ
Riazanov リヤザノフ*
Riazanova リヤザノワ
Riazanovskii リヤザノフスキー／リヤザノフスキイ
Riazantsev リヤザンツェフ
Riba リーバ／リバ
Ribadeneira リバデネイラ
Ribadeneyra リバデネイラ*
Ribadeneyro リバデネイラ／リバデネイロ
Ribafrecha リバフレーチャ
Ribakove リバコフ
Ribalow リバロフ
Ribalta リバルタ
Ribar リバル
Ribard リバール
Ribas リーバス*／リバース／リバス
Ribaucour リボクール
Ribaud リボー*
Ribaudo リバウド
Ribault リボー*
Ribaupierre リボーピエール／リボピエール／リボー
Ribaut リボー
Ribbat リバット
Ribbeck リベク／リベック
Ribbens リーベンス
Ribbentrop リッペントロップ／リッペントロップ／リッペントロップ／リッペントローブ
Ribble リップル／リッブル
Ribbons リボンズ
Ribé リベ
Ribeerolles リベロール
Ribeiro ヒベイロ*／リベイロ**

Ribemont リブモン*
Rībena リベナ
Ribenboim リーベンボイム*
Riber リーバー
Ribera リベーラ／リベラ*
Riberolles リブロール
Ribery リベリー*
Ribes リーブ／リブ*／リベス
Ribet リベー
Ribeyro リベイロ**
Ribic リビック*／リビッチ
Ribicoff リビコフ
Ribisi リビシ*
Ribner リブナー
Riboli リボリ
Riborg ライボルグ
Ribot リボ／リボー**／リボオ
Riboud リブー**／リボウ**
Ribowsky リボウスキー*
Ribund リブー
Ric リック**
Rica リカ*
Ricaldone リカルドーネ
Ricard リカー／リカード／リカール**／リカル／リカルド*／リシャール
Ricarda リカーダ／リカルダ*
Ricardas リカルダス
Ricardinho リカルジーニョ**
Ricardo ヒカルド*／リカァド／リカァドゥ／リカアドォ／リカード*／リカードー／リカードゥ／リカルド***／リコ／リッキー
Ricardou リカルドゥー**
Ricarte リカルテ
Ricasoli リカーソリ／リカーゾリ

リカソーリ／リカソリ
Ricaud リコー
Ricaurte リカウルテ
Ricaut ライコート
Ricca リッカ
Riccaboni リッカボニ
Riccard リカルド
Riccardi リカーディ*／リカルディ／リッカルディ
Riccardini リッカルディーニ
Riccardo リカード／リカルド**／リッカルド***
Riccati リッカチ／リッカーティ／リッカティ
Ricchardi リッカルディ
Ricchetti リケッティ
Ricchi リッキ
Ricci リッシー／リッチ***／リッチー*／リヂ
Ricciardi リチャアルディ／リッチアルディ／リッチャルディ
Ricciarelli リッチアレッリ／リッチャレッリ*／リッチャレルリ
Riccio リッチオ／リッチョ／リッツィオ
Riccioli リッチォーリ／リッチオリ／リッチョーリ
Riccioni リッチョーニ
Ricciotti リッチョッティ
Ricciuti リッチウティ／リッチウティ
Ricco リコ**／リッコ
Riccò リッコ
Riccoboni リコボーニ／リッコボーニ
Riccy リシィ
Rice ライス***／ルイス
Ricer ライサー
Rich リーシュ*／リシュ

リーチ／リック*／リッシュ／リッチ***／リッヒ／リヒ
Richa リカ
Richaed リチャード
Richafort リシャフォール
Richalet リシャレ
Richand リチャード
Richar リチャード
Richard リカード／リカルト*／リカルド*／リカルドゥス／リシャー*／リシャール***／リシャル／リシャルド／リシュアード／リチァード／リチャード／リチャアルド／リチャアド／リチャート／リチャード***／リチャド／リッカード／リッカルド／リック*／リッチ*／リッチー／リハール／リハルト／リハルド／リヒァルト**／リヒアルト**／リヒアルド／リヒハルト／リヒャート*／リーヒャルト／リヒャルト***／リヒャド／リヒヤルト／リヒヤルド／リャチード*／リャード*／リャルド
Richarde リシアルレ
Richardes リシャルデス
Richardis リカルディス
Richardos リカルドゥス
Richards リチャース／リチャーズ***／リチャード**
Richardson リカルドソン／リチャードスン*／リチャードソン***
Richardsson リチャードソン**
Richardt リチャード

Richardus アカルドゥス／リカルドゥス
Richarius リカリウス
Richarnaud リシャルノウ
Richart リチャード
Richartz リヒャルツ
Richarz リヒャルツ
Richaud リショー
Richaun リショーン
Richberg リッチバーグ
Richburg リッチバーグ
Riche リシェ／リーシュ／リシュ／リッシュ**
Riché リシェ**
Richebächer リッヒェベッヒャー
Richée リシェ
Richel リシェル
Richelet リシュレ
Richelieu リシェリュー／リシュリュー*
Richelle リシェル*
Richelson リケルソン／リチェルソン*／リッチェルソン
Richemont リッチモント
Richenel リシェネル
Richens リチェンズ／リッチェン
Richenza リヒェンツァ
Richeôme リシュオム
Richepin リシュパン*
Richer リシェ*／リシエル／リッシュ／リッチャー
Richerson リチャーソン
Richert リシェール／リチャート／リチャード／リッカート／リッケルト／リッヘルト／リヒェルト／リヒャルト
Riches リッチズ
Richeson リッチェソン
Richet リシェ*／リシェー
Richey リッケイ／リッチー
Richez リシェ／リシェー

Richfield リッチフィールド	**Rickard** リカード***	リコ**	**Ridges** リッジス	**Riedinger** リーディンガー	
Richie リチー** / リチイ / リッチ / リッチー*** / リッチィ	**Rickards** リカーズ** / リカード / リッカーズ	**Ricoeur** リクール**	**Ridgeway** リッジウェー / リッジウェイ**	**Riedl** リードル**	
		Ricœur リクール		**Riedmann** リートマン	
		Ricoldo リコルド / リコルドゥス	**Ridgley** リドグリー	**Riedwgl** リードウィル	
	Rickart リッカート		**Ridgway** リッジウェー* / リッジウェー / リッジウェイ*	**Rief** リーフ	
	Rickayzen リカイゼン*	**Ricord** リコール		**Riefenstahl** リーフェンシュタール**	
Richier リシエ	**Ricke** リック / リッケ**	**Ricordano** リコルダーノ			
Richimirus リキミルス		**Ricordi** リコルディ	**Ridgwell** リッジウェル	**Rieff** リーフ	
Richini リキーニ / リッキーニ / リッキーノ	**Rickel** リッケル	**Ricossa** リコッサ	**Ridha** リダ	**Rieffert** リーフェルト	
	Ricken ライケン / リッケン	**Ricotti** リコッティ	**Ridhwan** リドワン*	**Riefling** リーフリング	
Richir リシール*		**Ricou** リクー	**Riding** ライディング* / リーディング	**Riegel** リーゲル	
Richiter リヒター	**Rickenbacher** リッケンバッハー	**Ricquier** リクエア		**Riegelman** リーゲルマン	
Richler リクラー / リッチラー**	**Rickenbacker** リッケンバッカー*	**Ricsige** リクシーゲ	**Ridinger** リーディンガー	**Rieger** リーガー** / リーゲル	
Richling リッチリング		**Rictrudis** リクトルーディス	**Ridler** リドラー* / リドレー	**Riegert** リーガート / リージャート	
Richmal リシマル / リチマル / リッチマル	**Ricker** リカー** / リッカー*	**Rictus** リクチェス / リクチュス	**Ridley** ライドレー / リドゥリー / リドリ / リドリー*** / リドレー** / リドレイ	**Riegger** リーガー	
Richman リッチマン**	**Rickerby** リカビー / リッカビ	**Ricucci** リクッキ		**Riegl** リイグル / リーグル*	
Richmond リチモント / リチモンド / リッチー / リッチモンド***	**Rickert** リカート / リッカート* / リック / リッケルト**	**Rid** リッド		**Riegle** リーグル	
		Rida ライダー*	**Ridner** リドナー	**Riegler** リーグラー*	
		Ridā リダー	**Rido** リド	**Riego** リエーゴ / リエゴ	
Richomer リコメル / リコメレス	**Rickertsen** リッカートセン*	**Riḍā** リザー / リダー	**Ridolfi** リドルフィ / リドルフォ		
	Rickerty リカティー	**Ridall** リドール	**Ridolfo** リドルフォ	**Riehl** リアル / リイル / リール**	
Richomme リションム	**Rickett** リケット	**Riddel** リドル	**Ridovics** リドビッチ		
Richrad リチャード	**Ricketts** リケッツ** / リッケツ / リッケッツ	**Riddell** リーデル / リーデル** / リードル / リドル	**Ridpath** リドパス*		
Richstad リクスタット			**Ridruejo** リドルエホ	**Riehle** リーレ	
Richtel リヒテル		**Ridder** リッダー** / リッデル / リデル	**Ridsdale** リズデイル* / リズデール / リッズデール	**Riehm** リーム*	
Richter リクター* / リッチャー* / リヒタ / リヒター*** / リヒテル** / リフテル	**Rickey** リッキー** / リック			**Riek** リエク	
				Riekel リーケル	
	Rickford リックフォード	**Ridderbusch** リーダーブッシュ / リッダーブッシュ	**Ridvan** リドバン	**Riekeles** リーケルス	
	Ricki リッキー	**Ridderstrale** リッデルストラレ	**Riḍwān** リドワーン*	**Riekeman** リークマン	
Richter-Dyn リヒターディン	**Rickie** リッキー*	**Riddick** リディック*	**Ridzik** リジク	**Rieken** リーケン	
Richterich リヒテリッヒ	**Ricklefs** リックレフズ	**Ridding** リディング*	**Rie** リー*	**Riekstinš** リエクスティンシュ	
	Rickles リックルズ	**Riddle** リッドル / リデル / リドル**	**Riebe** リーブ		
Richters リヒタース	**Rickman** リックマン***		**Riebeeck** リーベーク / リーベック	**Riel** リエル / リール*	
Richthofen リヒトオフェン / リヒトホーフェン* / リヒトホーヘン	**Rickne** リッケン	**Riddlestone** リドルストーン*	**Rieber** リーバー	**Rieley** リエリー	
	Rickover リコーバー / リッコーバー*	**Riddoch** リドック	**Riebling** リーブリング*	**Rielly** リエリー	
Richtmyer リヒトマイヤー	**Ricks** リックス**	**Ride** ライド**	**Riechedly** リシェドリー	**Riemann** リーマン**	
Richtsfeld リヒツフェルト	**Ricksen** リックセン	**Rideal** リディール*	**Riecke** リーケ	**Riemenschneider** リーメンシュナイダー	
Richtzenhain リヒツェンハイン	**Rickson** ヒクソン** / リックソン	**Ridel** リデル	**Riecken** リーケン	**Riemer** ライマー / リーマー* / リーメル	
Richwell リッチウェル	**Rickttoff** リヒトホーフ	**Ridenour** ライデナー	**Rieckens** リーケンズ		
Richy リッキー	**Rickwood** リックウッド	**Rideout** ライドアウト / リドー	**Ried** リート / リード		
Ricigliano リシグリアーノ	**Rickword** リックワード	**Rider** ライダー** / リダー	**Riedel** リーデル** / リーデル	**Riemerschmid** リーマーシュミット / リーマーシュミット / リーメルシュミット	
Ricimer リーキメル / リキメル	**Ricky** リク / リッキー*** / リック	**Ridge** リッジ***	**Riedemann** リーデマン	**Riemschneider** リームシュナイダー / リムシュナイダー	
Ricius リツィウス	**Rico** リーコ	**Ridgely** リジリー / リッジリー*	**Rieder** リーダー* / リーデル	**Rien** リエン / リーン*	
Rick リック***			**Riederer** リーデラー	**Rienhardt** リーンハルト	
			Riedewald リーデヴァルト		

Rienks リーンクス	Riethmuller リースマラー	Rigden リグデン*	Rigueira ヒゲイラ	Rijswijk リスビク
Rienow リーナウ	Rieti リエーティ	Rigdon リグダン／リグドン	Rigutto リグット*	Rijt リート
Riento リエント	Rietman リートマン	Rigel リーゲル	Riha ジーハ／リーハ／リハ	Rik リク／リック*
Rienzi リエンツィ／リエンツォ	Rietmann リートマン	Rigert リゲルト	Říha ジーハ	Rika リカ*
Rienzo リエンツォ	Rietsch リーチ	Riget リーゲ	Rihala リーハー	Rikala リカラ
Riepp リエップ／リープ	Rietschel リーチェル**	Rigg リグ**／リッグ*	Rihanna リアーナ*	Rikard リカルド*／リック
Riera リエラ	Rietty リエッティ	Riggans リガンズ	Rihards リハルツ	Rikardsson リカードソン
Riera Ojeda リエラオヘーダ	Rietveld リートヴェルト／リートフェルト*	Riggenbach リッゲンバハ	Rihm リーム	Rike ライク
Ries ライズ*／リース**／リーゼ	Rietz リーツ	Riggi-Heiniger リギハイニガー	Rihmer リーマー	Riker ライカー
Riès リエス*	Rieu リウー／リュー／リュウ*	Riggin リギン	Rihoit リオワ*	Rikhter リヒテル*
Riesbeck リーズベック	Riez リエ	Riggins リギンズ*	Rihoux リウー	Riki リキ
Riesch リーシュ**	Riezler リーツラー*	Riggio リジオ	Rihter リヒター	Rikke リッケ**
Riese リース／リーゼ	Rif リフ	Riggle リグル	Ri-hye イヘ*	Rikki リッキー
Riesemann リーゼマン	Rifāʿa リファーア	Riggleman リグルマン*	Riihivuori リーヒブオリ	Rikky リッキー
Riesenberg リーゼンバーグ	Rifaat リファート*	Riggott リゴット	Riikka リーッカ／リッカ	Riklis リクリス*
Riesenberger リーゼンバーガー	Rifai リファイ**	Riggs リグス／リグズ**／リッグス**／リッグズ**	Riina リーナ*	Rikman リックマン
Riesener リースナー／リーズネー／リーズネル／リーゼナー／リーゼネル	Rifāʿī リファーイー	Righelli リゲッリ	Riis リース*	Rikord リコルト／リコルド
Riesenhuber リーゼンフーバー*	Rifat リファト*	Righetti リゲッティ*	Riisager リーサゲル／リーセガ	Riley ライリ*／ライリー***／ライリィ／リライ／リリー／リレイ
Rieser リーサー	Rifbjerg リフビエア**／リフビャウ／リフビャフ	Righi ライヒ／リーギ／リギー	Riise リーセ	Rilke リルケ**
Riesgo リエスゴ	Riff リッフ／リフ*	Righini リギーニ*	Riisjohansen リースヨハンセン	Rilla リラ
Riesman リースマン**	Riffaterre リファテール	Righter ライター	Riita リッタ	Rillieux リリュー
Riesner リースナー／リーズナー	Riffaud リフォ	Righton ライトン	Riitta リイッタ／リータ	Rilling リリング**
Riess リース**	Riffe リフ	Rightor ライター	Rija リジャ	Rillings リリングス
Riessen リーセン／リーゼン	Riffenburgh リッフェンバーグ	Rights ライツ	Rijab リジャブ	Rilwan リルワン
Riesser リーサー	Riffo リッフォ	Rigmor リグモール	Rijal リジャル	Rilwanu リルワヌ*
Riessle リースレ	Rifi リフィ	Rignano リニャーノ*	Rijavec リヤベク	Rim イム／リーム／リム**／ルム
Riessman リースマン	Rifki リフキ	Rignault リニョール	Rijckaert レイカールト	Rīm リーム／リム
Riess-Passer リースパッサー*	Rifkin リフキン**	Rigney リグニー*／リグニイ	Rijcken レイケン	Rima ライマ／リマ*
Riester リースター*	Rifkind リフキンド*	Rigo リーゴ／リゴ	Rijff リジフ／レイフ	Rimadjita リマジタ
Riesterer リーステラー	Rifot リファト	Rigobert リゴバート／リゴベール**／リゴベルト	Rijk ライク	Rimāl リマール
Riestra リエストラ*	Riftin リフチン	Rigoberta リゴベルタ*	Rijkaard ライカールト**	Rīman ジーマン
Riesz リース*／リーツ	Rifzal リザル	Rigoberto リゴベルト*	Rijke レイケ／レーケ	Rimantas リマンタス
Riet リート	Riga リガ	Rigol リゴル	Rijken ライケン	Rimantė リマンテ
Rietberg リートブルク	Rigal リガール	Rigondeaux リゴンドウ**	Rijkens ライケンス*	Rimardi リマルディ
Rietbergen リートベルゲン	Rigaldus リガルドゥス	Rigoni リゴーニ***	Rijkers レイケルス	Rimas リマス
Rietenburg リーテンブルク	Rigardy リガルディー	Rigot リゴー	Rijn ライン／レイン	Rimassa リマッサ*
Riethe リーテ	Rigas リーガス*／リガス	Rigotti リゴッティ	Rijnberk レインバーク	Rimbaud ラムボウ／ラムボオ／ランボー*／ランボオ
Riether リーター	Rigatti リガッティ	Rigoulot リグロ*／リゴーロ	Rijneveld ラインネフェルト	Rimbey リムビー
Riethmeier リースマイヤー	Rigaud リゴー*	Rigsbee リッグスビー	Rijnhart リンハルト	Rimbink リムビンク
	Rigaudo リガウド		Rijo リホ	Rimer ライマー
	Rigault リゴ		Rijsselberghe リエセルベルゲ*	
	Rigaut リゴ／リゴー**		Rijssen レイセ	
	Rigaux リゴー*		Rijssenius レイセニウス	
	Rigazio リガジオ			
	Rigbey リグビー**			
	Rigby リグビー*			

Rimes ライムス*
Rimestad リーメスタ
Rimet リメ*
Rimeta リーメタ
Rímid リーミッド
Riminaldi
　リミナルディ
Rimington
　リミントン**
Rimini
　リーミニ
　リミーニ
　リミニ
Riml リムル
Rimland リムランド
Rimler リムラー
Rimm リム
Rimma
　リムマ**
　リンマ
Rimmer リマー**
Rimmington
　リミントン
Rimoldi リモルディ
Rimpau リンパウ
Rimpler リンプレル
Rimskaia リムスカヤ
Rimskii
　リームスキー
　リムスキー*
　リームスキィ
　リムスキイ
Rimskii-Korsakov
　リムスキーコルサコフ
Rimsky リムスキー
Rimuš リムシュ
Rimush リムシュ
Rimvydas リムビダス
Rin リ
Rina
　リーナ
　リナ*
Rinaldi リナルディ*
Rinaldis リナルディス
Rinaldo リナルド**
Rinard ライナード
Rinardi リナルディ
Rinat リナト*
Rincé ランセ
Rinčen リンチェン
Rin chen リンチェン
Rin-chen リンチェン
Rinchen リンチェン**
Rin chen bzang po
　リンチェンサンポ
Rin chen gsal
　リンチェンセル
Rinchinnyamiyn
　リンチンニャム*
Rinchino リンチノ
Rinck リンク*
Rincon リンコン
Rincón リンコン*
Rind リンド
Rindau リンダウ

Rinde リンド
Rindell リンデル*
Rinderknecht
　リンデルクネヒト
Rindert リンデルト**
Rindfleisch
　リンドフライシ
Rindi リンディ
Rindler リンドラー
Rindom リンドン*
Rindt リント
Rinearson
　ラインアソン
Rineberg ラインバーグ
Rinehart
　ラインハート***
Rineke
　リネーケ
　リネケ
Riner リネール**
Rines ラインズ
Ring
　リンク
　リング***
Ringan リンガン
Ringbakk
　リングバック*
Ringbom リングボム
Ringdahl リングダール
Ringe
　リンゲ
　リンジ
Ringeisen
　リングアイゼン
Ringel リンゲル
Ringelblum
　リンゲルブルーム
　リンゲルブルム*
Ringelnatz
　リンゲルナッツ*
　リンゲルナッツ
Ringelstein
　リンゲルシュタイン
Ringeltaube
　リンゲルタウベ
Ringer
　ランジェ
　ランジュ
　リンガー**
　リンケル
Ringgold
　リングゴールド
　リンゴールド
　リンゴルド
Ringgren リングレン
Ringhofer
　リングホーファー
Ringholm
　リングホルム
Ringi
　リンギ*
　リンギー
Ringland リングランド
Ringling リングリング
Ringma リングマ
Ringo
　リンゴ***

リンゴー*
Ringoltingen
　リンゴルティンゲン
Rings リンクス
Ringshall リングスハル
Ringsted リングステズ
Ringtved
　リングトゥヴィズ
Ringuet ランゲ
Ringwald
　リングヴァルト
　リングウォールド
　リングウォルド
　リングワルド
Ringwood
　リングウッド
Rini リニ*
Rink リンク
Rinkart リンカルト
Rinke リンケ*
Rinkel リンケル
Rinker リンカー*
Rinkevicius
　リンケヴィシウス
Rinkēvičs
　リンケービッチ
Rinkoff リンコフ
Rinn リン
Rinne リンネ**
Rinner リナー*
Rinnooy リノーイ
Rino リノ
Rin po che リンポチェ*
Rinpoche
　リンポチェ**
Rinser
　リンザー***
　リンゼル
Rinsley リンズレー
Rin spungs リンブン
Rinta リンタ
Rintelen リンテレン*
Rintje リンチェ*
Rinto リント
Rinuccini
　リヌッチーニ
Rinus リヌス**
Rinzin リンジン
Rinzler
　リンズラー
　リンツラー
Rio リオ***
Río リオ
Rio Branco
　リオブランコ
Rioch リオ
Riodan リオーダン
Rioja リョハ
Riolan リオラン
Riong リオング
Riopelle
　リオペール
　リオベル

Riordan
　リアダン
　リオーダン***
　リオダン
　リオルダン
　リョーダン
Rios リオス**
Ríos リオス
Riot リオット
Riotor リオトール
Riotte ライオット
Riou
　リウ
　リウー*
Rioux リウー
Rip リップ***
Ripa
　リッパ**
　リーパ**
　リパ
Ripalda リバルダ
Ripamonti
　リパモンティ
Ripellino リペッリーノ
Riper ライパー
Ripert リペール
Riperton
　リパートン
　リパトン
Riphagen
　リップハーゲン
　リプハーヘ
Ripin リピン*
Ripken リプケン**
Ripkowski
　リップコウスキー
Ripley
　リプリ
　リプリー***
　リプリィ
　リプレー
　リプレイ*
Ripoll
　リポイ
　リポル
Ripon
　リボン
　リポン
Rippe
　リッピ
　リップ
　リッペ
Rippel リッペル
Ripper リッパー
Ripperda リペルダ
Rippetoe リペトウ
Rippey リッペイ
Rippin リピン
Rippl リップル
Ripplewood
　リップルウッド*
Ripplinger
　リプリンゲル
Rippon
　リッポン
　リパン

Rippy リッピイ
Rips リップス*
Ripstein
　リプスタイン
　リプステイン*
Ripy
　リピー
　リピィ
Riquelme リケルメ**
Riqueña リケーナ
Riquet リケー
Riqueti
　リケッティ
　リケティ
Riquetti リケティ
Riquie リクイエ
Riquier
　リキエ
　リクウイエ
Rirkrit リクリット
Ris リス
Risa リサ**
Risacher リザシェ
Risad リサド
Risamasu リサマス
Risberg リスベリイ
Risboy リスボイ
Risch
　リシュ
　リッシュ
Rischard リシャール*
Rische リシェ
Rischel リシェル
Rischer リッシャー
Rischin リシン
Risco リスコ
Riscoe リスコー
Risdon リスドン
Rise リセ*
Risë
　リーゼ
　リセ
　リゼ
Risebero ライズベロ
Risen ライゼン*
Risenburgh
　リザンブール
　リーゼンブルヒ
Riser ライザー
Riseth リゼッツ
Rish リッシュ
Rishad リシャド
Rishal リシャル
Rishard リシャード
Rishat リシャット*
Rishel リシェル
Rishi リシ*
Rishod リショド*
Rishoi リショイ*
Risi
　リージ*
　リジ*
Risiglione
　リジリオーネ

Risikko リシッコ	Risum リスム	リッター***	リヴァロル	Rivet
Rising	Risztov リストフ**	リッテ	リバロール	リィヴェー
ライジング	Rita	リッテル	リバロル	リヴェ*
リージング	リータ**	リテル	Rivarola	リヴェー
Risjord リスジョルド	リタ***	Ritterband	リバローラ	Rivett
Riske リスケ*	Ritajananda	リッターバント	リバロラ	リヴェット
Riski リスキ	リタジャーナンダ	Rittershausen	Rivas	リベット
Riskin リスキン**	Ritberger	リッターシャウゼン	ライバス	Rivette
Riskiyev リスキエフ	ライトバーガー	リッターズハウゼン	リーヴァス	リヴェット**
Risler リスレ	Ritchard リチャード	Ritthiron	リヴァス*	リベット**
Risley	Ritchel リッチェル	リッティロン	リーバス	Rivetti リベッティ
リズリ	Ritcher リッチャー	Rittikrai	リバス***	Rivey ライヴィー
リズリー	Ritchey リッチー*	リットグライ*	Rivas Arteaga	Rivgauche
Riso リソ*	Ritchhart リチャート	Rittinger	リバスアルテアガ	リブゴーシュ
Risom リソム	Ritchie	リッティンガー	Rivas-Micoud	Rivier
Rison リトソン	リシ	Rittner	リーヴァスミクー	リウィエー
Rispal リスパ	リーチ	リットナー	Rivault リヴォール	リヴィエ
Rispens リスペンス	リーチー	リットナー*	Rivaux リヴォー	リヴィエー
Rispoli リスポリ*	リチー*	Ritts リッツ**	Rivaz リヴァ	リビエ*
Risques リスケス	リチィ	Ritu リトゥ	Rive	Riviere
Rīsqŭlov ルスクロフ	リッチ*	Ritva	リーヴ	リヴィエア*
Riss リス	リッチー***	リトヴァ*	リーブ**	リヴィエール*
Rissanen リッサネン	リッチイ	リトバ	Rivé リヴェ	リビエア
Risse リッセ*	Ritchin リッチン	Ritvo	Rivela リベラ	リビエール
Risser	Ritenour リトナー*	リトヴォ	Rivele	Riviére リヴィエール
リーサ	Riter ヒッテル	リトヴォー	ライベル	Rivière
リサー	Ritesh リテシュ	リトボ	リヴェル	リヴィエエル
リザー	Rith リーツ	Ritwik リッティク	リベレ	リヴィエール*
Risset リセ	Ritha リタ	Rityado リチャード	Rivelles	リウヒエール
Rissin リッサン	Rithauddeen	Ritz リッツ**	リヴェレス	リビエール
Rissland リスランド	リタウディン	Ritzer	リベリェス	リビエール*
Rissler リスラー*	Rithaudeen	リッツァー	Rivelli	Rivièrè リヴィエール
Rissmann リスマン	リタウディン	リッツア	リヴェッリ	Rivière Lubin
Risso リッソ*	Rithy リティ*	Ritzler	リヴェリ	リビエールリュバン
Rissone リッソーネ	Ritola リトラ	リッツェル	River	Rivieres リヴィエール
Rissveds	Riton リトン	リッツラー	リヴァ	Rivières リヴィエール
リスヴェドス	Ritoo リトゥ	Ritzmann リッツマン	リヴァー*	Rivin リビン
リスベドス*	Rits リッツ	Riu リユ	リバー	Rivinus リヴィヌス
Rist リスト**	Ritschard	Riuler ヒューエル	Rivera	Rivire
Ristananna	リッチャート	Riumana リウマナ	リヴェラ*	リヴィエール
リスタナンナ	Ritschel リッチェル*	Rius リウス**	リベーラ*	リビエール
Ristau リスタウ	Ritscher リッチャー	Riva	リベラ***	Rivka リブカ
Riste リステ	Ritschl リッチュル*	ライヴァ*	Riverbend	Rivkin
Risteau リストゥ	Ritsema	リーヴァ*	リバーベンド*	リヴキン
Ristenpart	リッツェマ*	リヴァ**	Rivere	リブキン*
リステンパルト	リットスマ	リーバ*	リヴェラ	リブキン
Ristic	Ritsma リツマ*	リバ	リヴェール	Rivlin
リスティク	Ritson	Rivadavia	リベラ*	リブリン***
リスティチ	リストン	リバダービア	Rivère リヴェール	リブレン*
Ristič	リトソン	リバダビア	Riverend リベレンド*	レウスン
リスティチ	Ritsos	Rivadeneira	Rivero	Rivo リボ
リスティチ*	リソス	リバデネイラ	リヴェロ	Rivoira リヴォイラ
Ristič	リツォス	Rivaflecha	リベロ*	Rivoire リヴォワール
リスティチ	リッツォス*	リバフレーチャ	Riveros リベロス	Rivola リヴォラ
リスティッチ	リトソス	Rivafrecha	Rivers	Rivoli
Ristig リスティク	Ritt リット**	リバフレーチャ	リヴァース*	リヴォリ
Ristikivi	Rittakol リッタコン	Rivai	リヴァーズ*	リボリ
リスティキヴィ	Rittel リッテル	リヴァイ	リバース***	Rivolta リヴォルタ
Risto リスト*	Rittelmeyer	リファイ*	リバーズ***	Rivoyre
Ristom リストム	リッテルマイアー	Rivaldo リバウド*	Rivery リヴェリ	リヴォワール**
Ristori	リッテルマイヤー*	Rivalz リヴァル	Rives	Rivža リバージャ
リストーリ	Rittenberg	Rivano リバノ	ライヴス	Rix
リストリ	リッテンバーグ*	Rivans リヴァンス*	リーブ	リクス*
Ristoro リストーロ	Rittenhouse	Rivard	リーブス*	リックス**
Ristovic	リッテンハウス*	リヴァード	リーブズ	Rixey リクシー
リストヴィッチ	Ritter	リヴァール	Rivest	Rixner リックスナー
Ristovski リストフスキ	リター*	Rivarol	リヴェスト	Rixon リクソン
		リヴァロル	リベスト	

Riyad
　リアド
　リヤド
Riyād リヤード
Riyadh リヤド
Riyahi リヤヒ
Riyāshī リヤーシー
Riz リズ*
Riza
　リザ
　リザー
　ルザー
Rizā
　リザ
　リザー
　レザ
　レザー
Rizā レザー
Rьza ルザー
Rizaetdin
　リザエッディン
Rizafizah リザフィザ
Rizai リザーイー
Rizal
　リサアル
　リサール*
　リザル**
Rizalino リサリノ
Rizatdinova
　リザディノワ
Rizen ライゼン
Rizi リッシ
Rizk
　リスク
　リズク
　リック
Riznichi リズニチ
Rizo リソ
Rizopoulos
　リゾポウロス
Rizos リゾス
Rizov リゾフ
Rizq リズク
Rizqa リズカ
Rizvan リズバン
Rizvi リズヴィー
Rizwan リズワン
Rizza
　リツァ
　リザ
　リッツァ
Rizzello
　リッツェッロ
　リッツェルロ
Rizzi
　リチィ
　リッツイ**
　リッツィ*
Rizzio リッツィオ
Rizzo
　リゾ*
　リゾー**
　リッツイ
　リッツォ**
Rizzolatti
　リゾラッティ
Rizzoli リッツォーリ

Rizzuti リッツティ
Rizzuto
　リズート
　リズト*
　リズトー
　リッツト*
Rje-btsun
　ジェプツン
　ジュプツェン
Rjndt リント
Rnam rgyal
　ナムギェル
　ナムギャル
Rnam-rgyal
　ナムギェル
RNgog ゴク
RNgog ston ゴクトン
Ro
　ノ
　リュイ
　ロ
　ロー
Roa ロア**
Roach
　ロ ーク
　ローチ***
Roache
　ローチ
　ローチェ
Road ロード
Roads ローズ**
Roaf ローフ
Roald
　ロアード
　ロアール
　ロアル
　ロアルト
　ロアルド***
Roam ローム
Roan ローン*
Roanhorse
　ローンホース
Roanne ロアンヌ
Roar ロアル*
Roark ロアーク*
Roarke ローク
Roast ロースト
Roazen ローゼン
Rob
　ラブ
　ロブ***
Roba ロバ*
Robach ローバック
Roback ローバック
Robaina ロバイナ**
Robais ロベ
Roban ロバン
Robard ロバード
Robards
　ロバーズ**
　ロバード
Robarts ロバーツ
Robb
　ロップ*
　ロブ
　ロブ***
Robbe ロブ***

Robbe-Grillet
　ロブグリエ
Robbemond
　ロブベモンド
Robben ロッペン*
Robberecht
　ロブレヒト
Robberechts
　ロブレクツ
Robbers
　ロッベルス
　ロベルス
Robbert
　ロバート
　ロベール
　ロベルト*
Robbi ロビー
Robbia
　ロッビア
　ロビア
Robbiani ロビアーニ
Robbiati
　ロッビアーティ
Robbie ロビー***
Robbin ロビン**
Robbin-coker
　ロビンコーカー
Robbins
　ロビンス***
　ロビンズ***
Robby ロビー**
Robbyn ロビン
Robeck ローベック
Robein ロバン
Robeisy ロベイシー*
Robelin ロブラン
Robelt
　ロバート
　ロベルト
Robelto ローベルト
Robena ロベナ
Robens ローベンス
Robenson ロベンソン
Robequain ローブカン
Rober
　レバー
　ローバー
　ロバー
Roberd ロバート
Roberday
　ロベルデ
　ロベルデー
Roberds ロバーズ
Roberge
　ロベルジェ
　ロベルジュ*
Roberm ロベルム
Robers
　ロバース
　ロバーツ
　ロバート
Roberson
　ロバースン
　ロバーソン**
Robert
　ロバァート
　ロバト

　ロバアト*
　ロバーツ*
　ローバート
　ロバト*
　ロバート***
　ロバード
　ロバト
　ロバルト
　ロビー
　ロブ*
　ロベエル
　ロベート
　ローベール
　ローベール**
　ロベール***
　ロベル
　ロベルツス
　ロベルット**
　ローベルト***
　ロヘルト
　ロベルト***
　ロベルトゥス
　ロボルド
Robèrt ロベール**
Róbert ロベルト
Roberta
　ロバータ***
　ロバート
　ロベルタ**
Roberti
　ロバーティ
　ロベールチ
　ロベルチ
　ロベルティ*
　ロベルディ
Robertiello
　ロバーティエロ
Robertis
　ロベルチス
　ロベルティス
Robertlandy
　ロベルランディ*
Robert-Michon
　ロベールミション
Roberto
　ホベルト*
　ロバート*
　ロベルト***
　ロベルトー
Roberton ロバートン
Robertovich
　ロベルトヴィチ
Roberts
　ロバアツ
　ロバーツ***
　ロバート
　ロベール*
　ロベルツ
　ロベルト
　ロベルトス
Robertshaw
　ロバートショー
Robertson
　ロバアトソン
　ロバートスン**
　ロバトスン
　ロバートソン***
　ロバトソン
　ロバルトソン
　ロボルトソン

Robertus
　ロバータス
　ロベール
　ロベルタス
　ロベルツス
　ローベルト
　ロベルト
　ロベルトゥス*
Roberty
　ロバーティ
　ロバーティー
　ロバティ
　ロベルティ
　ロベルティー
Roberuto ロベルト
Roberval ロベルヴァル
Robery ロベリー
Robeson
　ロウブスン
　ロープスン
　ロブスン
　ロープソン
　ロブソン*
Robespierre
　ロベスピエール
　ロベスピエール
　ロベスピール
Robetta ロベッタ
Robeva
　ロベヴァ
　ロベバ
Robey
　ロービー
　ロビー*
　ローベイ
Robi ロビ
Robiamny ロビアンニ
Robichaud
　ロビショー
　ロービショード
Robichaux
　ロビショー*
Robichek
　ロビチェク
　ロビチェック
Robida
　ロビダ*
　ロビダー
Robideaux ロビドー
Robie ロビー*
Robiette ロビエット
Robilant ロビラント*
Robillard
　ロビヤール
　ロビリャール
Robin
　ロバン**
　ローピン
　ロビン***
Robineau ロビノー
Robinet
　ロビネ
　ロビネー
　ロビネット
Robinett ロビネット
Robinette
　ロビネッティ*
　ロビネット**
Robinho ロビーニョ*

Robinne ロバンヌ	Roby ロビー**	Rochechouart ロシュシュワール	Rock ロック***	Rodale ローデイル ロデイル
Robino ロビーノ	Robyn ロビン***	Rochefort ロシュフォート ロシュフォール*** ロッシュフォール*	Rockafeller ロッカフェラー	
Robinovitz ロビノヴィッツ	Robyns ロビンス ロビンズ		Rockart ロッカート*	Rodan ロダン
Robins ロウビンズ ロビンス** ロビンズ**	Roc ロック		Rockburne ロックバーン	Rodanus ロダヌス
	Roca ロカ**	Rochefoucauld ロシフコー ロシュフウコオ ロシュフーコ ロシュフーコー* ロシュフコ ロシュフコー* ロシュフコオ ロッシュフコー ロッシュフコオ	Rockefeller ロックフェラー***	Rodao ロダオ
Robinson ロバンソン ロビソン ロビンスン** ロービンソン ロヒンソン ロビンソン***	Rocabert ロカベルト		Röckel レッケル	Rodari ローダリ ローダリ***
	Rocafort ロカフォート		Rockell ロッケル*	
	Rocafuerte ローカフエルテ ロカフエルテ		Rockenbauer ロッケンバウアー	Rodas ローダス ロダス
	Rocamora ロカモラ		Rocker ロッカー*	Rodat ロダ ローダット ロダット*
	Rocard ロカール**		Rocket ロケット	
Robinson-baker ロンソンベーカー	Rocca レーカ ロッカ**	Rochegrosse ロッシュグロス	Rockets ロケッツ	Rodbell ロッドベル*
Robinson-regis ロビンソンレジス		Rochejacquelein ロシュジャクラン	Rockett ロケット	Rodbertus ロオドベルトゥス ロートベルツス ロードベルツス ロートベルトゥス ロードベルトゥス ロトベルトゥス ロドベルトス ローベルトゥス
	Roccatagliata ロッカタッリャータ ロッカタリアータ		Rockey ロッキー	
Robiquet ロビケ ロビケー ロビック		Rochell ロシェル	Rockfeller ロックフェラー	
	Rocchietta ロケッタ	Rochelle ロウシェル ロシェル* ロチェル ロッシェル**	Rockford ロックフォード*	
	Rocco ロコ* ロッキー ロッコ***		Rockhill ロックヒル	
Robiskie ロビスキー			Rockingham ロッキンガム	
Robison ロビスン ロビソン** ロビンソン		Roche-Mazon ロシュマゾン ロッシュマゾン	Rockley ロックリー	Rødbotten ロズボッテン
	Roćen ロチェン		Rockliff ロックリフ*	
	Roces ロセス		Rockliffe ロックライフ ロックリップ	Rodchenko ロードチェンコ ロトチェンコ* ロドチェンコ
Robitaille ロビテイル	Roch ロク ロクス ロシュ** ロック* ロッホ	Rocher ロシェ* ロセール		
Robjohns ロブジョーンズ			Rocklin ロックリン*	Rodd ロッド*
Robl ロブル		Rochereau ロシュロー	Rockman ロックマン	Rodda ロッダ**
Robledo ロブレード ロブレド		Rocheron ロシェロン	Rockmore ロックモア*	
	Rocha ホッシャ ロシャ*** ロシャ* ロシヤ ロチャ* ロッシャ* ロッチャ* ロハ	Roches ロークス ロシュ ロッシュ	Rockne ロックニー	Roddam ロダム ロダン ロッダム*
Robleh ロブレ			Rocks ロックス	
Robles ロブレス*** Roblès ロブレス**		Rochester ロチェスター*	Rockson ロックスン	Rodde ロッド*
Robleto ロブレト		Rochet ロシェ*	Rockstein ロックシュタイン	Rodden ロッデン
Robley ロブリー**		Rochette ロシェット**	Rockström ロックストローム*	Roddenberry ロッデンベリー* ロッデンベリイ
Roblin ロブラン			Rockwell ロックウェル***	
Robock ロボック	Rochambeau ロシャンボー	Rochev ロチェフ		Roddenbery ロッデンベリー ロッデンベリイ
Roboliu ロボリウ		Rochfort ロシュフォール	Rockwilder ロックワイルダー	
Roborovskii ロボロフスキー	Rochant ロシャン	Rochi ロチ		Rödder レダー
Robortello ロボルテロ	Rochard ローシャール	Rochier ロシェ	Rockwood ロックウッド	Roddick ロディック***
Roborts ロボーツ	Rochat ロカト ロシャ ロシャー	Rochkind ロックカインド	Rocky ロッキー***	
Robotham ロボサム**		Röchling レヒリング	Rockyczana ロキツァナ	Roddie ロッディ ロディ*
Robov ロボフ		Rochlitz ロッヒリツ		
Roboz ロボズ	Rochat-Moser ロカトモザー*	Rochman ロホマン	Roco ロコ	Roddin ロディン
Robredo ロブレド		Rochmawati ロクマワティ	Rocque ロック	Roddis ロッディス
Robrenyo ロブレニョ	Rochberg ロックバーグ*		Rocquet ロケ	Rodditer ロシター
Robsart ロブサート		Rocholl ロッホル	Rocwell ロックウェル	Roddon ロドン
Robshaw ロブショウ	Roche ローシェ ロシェ* ローシュ* ロシュ* ローチ** ロック ロッシ ロッシュ*** ロッチェ	Rochon ローション*	Rod ロッド*** ロード ロド*	Roddy ロディ*** ロディー*
Robsky ロブスキー		Rochow ロコー ロコウ ロショー ロヒョー ロホー		
Robson ホブソン ロブスン* ロブソン***			Röd レート	Rode ロージェ ローゼ ローデ* ロード
Robuchon ロビュション* ロブション**			Roda ローダ**	
			Rodado ロダド	
Roburt ロバート	Roché ローシェ ロシェ ロッシェ	Rochus ローフス* ロフス	Rodahl ラダール	Rodebush ロードブッシュ
Robustelli ロブステリ			Rodaki ロダキ	
Robusti ロブスティ		Rocio ロシオ* Rocío ロシオ*	Rodakowski ロダコフスキ	Rodefeld ローデフェルト
			Rodal ロダル*	Rodegast ロドガスト

Rodeghier ロデギエーリ
ローデギエーリ
Rodeheaver
ロウデヘイヴァー
Rodek ロデック
Rodell
ローデル
ロデル
Rodelys ロデリス
Roden
ローダン
ローデン*
Ródenas ローデナス
Rodenbach
ロオダンバック
ロオデンバック
ロオデンバッハ
ローダンバック
ロダンバック
ローデンバーク
ローデンバック*
ローデンバック
ローデンバッハ*
ローデンバハ
Rodenbeck
ローデンベック
Rodenberg
ローデンベルク
Rodenburg
ローデンバーグ
ローデンブルク
Rodensky
ロデンスキー
Rodenwaldt
ローデンヴァルト
ローデンバルト
ローデンワルト
Roder
レーデル
ローダー
Roderbourg
ローダーバーグ
Röderer ロデレール
Roderic
ローデリーク
ロデリック**
ロドリック
Roderich ローデリヒ
Roderick
ラードリック
ロダリック*
ロデリク
ロデリック*
ロデリック***
ロードリック*
ロドリック**
Roderigo
ロデリーゴ
ロデリゴ
Rodero
ロディロ
ロデロ
Roderyk ロデリーク
Rodes ローデス
Rodet ロデ
Rodford
ロッドフォード
Rodger
ロージャー

Rodgers ロジャー**
ロッジャー
Rodgers
ロジャース***
ロジャーズ***
Rodham
ロダム*
ロッダム
ロドハム
Rodhe ローデ
Rodi
ローディ*
ロディ*
Rodian ロディアン
Rodic ロディック
Rodica ロディカ*
Rodie ロディ
Rodier
ロディエ
ロディエール
Rodigari ロディガリ
Rodin
レーディン
ロダン*
ロディン
Rödin レーディン
Rodini ロディーニ
Rodino ロディノ*
Rodinson ロダンソン
Rodio ロディオ
Rodion
ロジオン
ロディオン*
Rodionenko
ラジオネンコ
Rodionov
ロジオノフ**
ロディオーノフ
ロディオノフ
Rodionova
ロディオノワ
Rodions ロディオナス
Rodis ロディス*
Rodkey ロドキー
Rodkin
ロジキン*
ロドキン
Rodlauer ロドラウアー
Rodley
ロッドレイ
ロドリー
Rodman
ロッドマン***
ロドマン
Rodnay ロドニー*
Rodnell ロドネル
Rodney
ロッド*
ロッドニー
ロドニ
ロドニー***
ロドニィー
ロドニイ
ロドネー
ロドネイ
Rodnight ロッドナイト

Rodnina
ロドニナ*
ロドニナー
Rodó
ロド
ロドー
Rodolfo
ロドウフォ
ロドルフォ***
Rodoljuv ロドリュブ
Rodolphe
ルードルフ
ルドルフ
ロドルフ**
ロドルフェ
Rodolphus ルドルフス
Rodon ロドン
Rodondi ロドンディ
Rodoney
ロドニー*
ロドニ
Rodonnet ルドネ
Rodoreda
ルドウレダ
ルドウレーダ
ロドレーダ
ロドレダ
Rodorian ロドリアン
Rodoriges ロドリゲス
Rodorigo
ホドリゴ*
ロドリゴ*
Rodorigues
ロドリゲス
Rodoriguez
ロドリゲス*
Rodoríguez
ロドリゲス
Rodov ロドフ
Rodowicz ロドヴィチ
Rodowsky
ロドースキー*
Rodozica ロドヴィッチ
Rodrian ロドリアン
Rodric ロドリク
Rodricks ロドリックス
Rodriges ロドリゲス
Rodrignez ロドリゲス
Rodrigo
ホドリゴ
ロッド
ロデリック
ロドリーゴ***
ロドリゴ***
Rodrigue ロドリグ
Rodrigues
ホドリゲス
ロドリーグ
ロドリグ
ロドリゲシュ
ロドリゲース
ロドリゲス***
Rodrígues
ロドリゲス*
Rodriguesaguiar
ロドリゲスアギアル
Rodrigues-birkett
ロドリゲスバーケット

Rodriguez
ロデリゲス
ロドリーゲス
ロドリゲス***
ロードリゲツ
Rodríguez
ロドリーゲス
ロドリゲス***
Rodriguez Oliver
ロドリゲスオリバー
Rodriguez Sios
ロドリゲスシオス
Rodrik ロドリック*
Ro-duk ノドク
Rodulfo
ロドゥルフォ
ロドルフ
Rodulphus
ロドゥルフス
Rodwald ロドヴァルト
Rodway ロッドウェイ*
Rodwel ロドウェル
Rodwell
ロッドウェル
ロドウェル
Rodwin ロドウィン
Rody ロディ
Rodzinski
ロジンスキ
ロジンスキー
Rodzyanko
ロジャーンコ
ロジャンコ
Roe
ロー**
ロウ*
Røe ルエ
Roeber レーバー
Roebling
レーブリング
ローブリング
Roebuck
ルーバック
ルーバック**
Roeck レック*
Roedema ルーデマ
Roeder
レーダー
ローダー
Roederer
ルドレール
レドレール
レドルル
ローダラー
ローデラー
Roediger ローディガー
Roedler レードラー
Roedy ローディ*
Roeg ローグ*
Roegen レーゲン**
Roegner ログナー
Ro'eh ローエ
Roehe ローエ
Roehl
レール
ロエル
Roehler レーラー*

Roehling ローリング
Roehm ローム
Roel
ルール
ロエル**
ロール
Roeland ルーラント
Roelandt ルーラント
Roelandts
レランツ
ロレンツ
Roelants
ルーランツ
ローランツ
Roelas
ロエーラス
ロエラス
Roelcke レルケ
Roeleveld
ロールヴェルド
Roelf ロルフ
Roelfs ロルフス
Roelfsema
ルールフセマ
Roelfzema ルールズマ
Roelker レルカー
Roëll ルール
Roellinger
ローランジェ
Roelof
ルーロフ*
ルロフ*
ロエロフ
Roelofs ロウロフス
Roelofse ロウロフス
Roelofsen
ルーロフセン
Roels ロエルズ
Roeltgen ロートゲン
Roemer
レーマー*
ローマー**
Roenick ローニック
Roenicke
レニキー
レニッキー
レネキー
Roenis ロエニス
Roenneberg
レネベルク
Roentgen レントゲン
Roepke レエブケ
Roeraade ルーラーデ
Roerbye ロールビー
Roerich
リョーリフ
レーリッヒ
レーリヒ*
ロオリッヒ
Roericht レーリヒト
Roesch ロッシュ*
Roese ローズ
Roeser レーザー
Roesgen レスゲン
Roeske ロースケ
Roesky レスキー

Roesler
リョースレル
レースラー
レスラー
レースレル
ロエスレル
ロエスレル
Roessl レッスル
Roessler
レッセラー
ロースラー
Roessner ロスナー*
Roest
ルースト
ルスト
Roestam ルスタム
Roestenburg
ロエステンバーグ
Roeters ロータース
Roetert ローテルト
Roeth レート
Roethel
レーテル
レテル
ローバー
Roethke
レトキ*
レトキー
レトケ
Roethlisberger
レスリスバーガー
ロスリスバーガー*
Roets ルーツ
Roetsch レッチ
Roetter ロッター
Roettger ルトガー
Roetzheim
ローツハイム
Roëves ローヴェス
Rofe
ローフェ
ロフェ
Rofes ローフス
Roff ロフ*
Roffat ロファ
Roffe ロフェ*
Roffey
ロッフィ*
ロフィ
ロフィー*
Roffman ロフマン
Rofsky ロフスキー
Rog
ロク
ログ
ロッグ
Rogachefsky
ロガチェフスキー
Rogachev
ロガチョフ**
Rogachevski
ロガチェフスキー
Rogachova ロガチョワ
Rogak ロガック
Rogala ロガラ
Rogall ローガル
Rogalski ロガルスキー

Rogan ローガン***
Rogán ロガーン
Rogasky ロガスキー*
Rogatchewsky
ロガチェフスキー
Rogatien ロガシアン
Rogatschewsky
ロガチェフスキー
Roge ロゲ
Rogé ロジェ**
Rögeberg
ローゲベルク
Rogel ロゲル
Rogelberg
ロゲルバーグ
Rogelio ロヘリオ**
Rogell ロージェル
Rogen ローゲン
Rogene ロージン
Rogent ロージェント
Roger
ホジェル**
ホジャー*
ラジャー
ルッジェーロ
ロウジャー
ローガー
ロガー
ローゲ
ローゲル*
ロジア
ロージェ
ロジェ***
ロジェー
ロジェール
ロジェル
ロージェル*
ロジャ
ロジャー***
ロジュ
ロゼル
ロハー
ロヘル
Röger レーガー
Roger-Gérard
ロジェジェラール
Rogerio
ホジェリオ*
ロジェリオ*
ロセリオ
Rogério ロジェリオ*
Rogers
ローゲル
ロージャーズ
ロージァス
ロージァズ
ロジャー*
ロージャース*
ロージャズ
ロージャズ
ロージャース***
ロージャーズ***
ローゼルス
ロッジァース
Rogerson
ロジャーソン*

Roger-Yves
ロジェイブ
Roget ロジェ**
Rogg ロッグ
Rogge
ローゲ
ロゲ**
ロッゲ
Roggeman ロッジマン
Roggen ロゲン
Roggendorf
ロゲンドルフ
Rogger ロジャー
Roggero ロッジェロ
Roggeveen
ロゲベーン
ロッヘフェーン
Röggla レグラ*
Roghman ロッホマン
Rogialli ロジャッリ
Rogier
ロギール
ロジェ
ロジェ*
ロジエル
ロヒール
Rogin ロガン
Rogliatti ログリアッチ
Rogliē ログリッチ
Röglin レークリン
Rogner ログナー
Rögner
レークナー
レーグナー
Rognitz
レクニッツ
レーグニッツ
Rognon ロニオン
Rognoni ロニョーニ
Rogo ロゴ
Rogoff ロゴフ*
Rogombé ロゴンベ*
Rogora ロゴラ
Rogosin
ロゴージン
ロゴシン
Rogosinski
ロゴジンスキー
Rogov ロゴフ
Rogovin
ロゴヴィン
ロゴビン*
Rogovyi ロゴビー
Rogow ロゴウ*
Rogowska
ロゴフスカ**
Rogowski
ロゴフスキー
Rogoyska ロゴイスカ
Rogoz ロゴズ*
Rogozin ロゴジン
Rogozinski
ロゴザンスキー*

Rogoziński
ロゴジンスキー
Roguès ホゲス
Roguet ロゲ
Roh
ノ**
ロー*
Rohaczewski
ロハチェフスキ
Rohaidah ロハイダ
Rohály ロハーイ
Rohan
ローアン
ロアン
ローハン*
ロハン*
Rohana ロハナ
Rohani ロハニ
Rohart ロアール
Rohase
ローズ
ロヘイズ
ロヘーズ
Rohatgi
ロハッジ
ロハトギ
Rohatyn ロハティン**
Rohbar ロフバル
Rohbock ローボック
Rohde
ローゼ
ローデ*
ロード*
Rohden ローデン
Rohe
ロー
ローエ**
Rohee ローヒー
Róheim ローハイム*
Rohen ローエン*
Roher ローハー
Röhig レーリッヒ
Rohiṇī ローヒニー
Rohinton
ロヒントン**
Rohit ロイット*
Rohitha ロヒタ
Rohkamm ローカム
Rohl ロール
Röhl レール
Rohland ローラント
Rohlen ローレン*
Rohler レーラー
Röhler レーラー
Rohlf ロルフ
Rohlfs
ロールフス*
ロルフス**
Rohlin ローリン
Rohls ロールス
Rohm ローム*
Röhm レーム**
Rohmann ローマン*
Rohmer
ローマ

Rohmer
ローマー**
ロメール**
ロメル
Rohn ローン
Rohne ローネ
Rohner
ローナー*
ローネル
Röhner ローナー
Rohnert ローネルト*
Rohnstock
ローンシュトック*
Rohovy ロホビイ
Rohr
ロー
ローア
ロール
Röhr レーア
Rohracher
ローラッヘル
Rohrbach
ロアバック
ローアバハ
ロールバッハ
ロールバハ
Rohrbacher
ロールバシェ
ロールバシェール
Rohrbaugh
ロアボー
ローボー
Rohrbeck
ロールベック
Rohrbough ロールバウ
Rohrer ローラー**
Röhricht レーリヒト
Röhrig レーリヒ
Rohrmoser
ロールモーザー
Röhrs レールス*
Rohrwacher
ロルヴァケル
Rohs ロース
Rohsenow ローセノウ
Rohullah ロウラ*
Rohwedder
ローウェダー
ローウェッダー
Rohweder
ローヴェーデル
Rohwer
ローワー
ロワ
Rohyati ロフヤティ
Roi
ロア
ロイ**
ロワ*
Roibu ロイブ
Roiç ロイス
Roice ロイセ
Róich ロイヒ
Roidinger
ロイディンガー
Roidis ロイジス
Roig
ロイ*

ロイグ
ローチ*
ロッチ
ロワグ
Roikh ロイフ
Roine ロイネ
Roiphe ロイフェ
Røiseland ルイセラン
Roisin
　ロイジン
　ロワザン
Róisín ロイシーン
Roiter ロイテル
Roitfeld
　ロワトフェルド*
Roitman ロイトマン
Roitt
　ロアット
　ロイット
Rõivas ロイバス
Roizen ロイゼン
Roizman ロイズマン
Roja ロジャ
Rojahkovsky
　ロジャンコフスキー
Rojanaphruk
　ロチャナプルック*
Rojanastien
　ロジャナスティエン
Rojankovsky
　ロジャンコフスキー*
Rojano ロハノ
Rojany ロジャニー
Rojas
　ローハス*
　ロハス**
Rojas Rivera
　ロハスリベラ
Rojek ロジェク
Rojer
　ロイヤー
　ロジェ
Rojo
　ローホ
　ロホ**
Rojot ロジョ
Rojoux ロジュ
Rojpojanarat
　ローポッチャナラット
Rojumana ロジュマナ
Rok
　ロク
　ロック
Róka ローカ
Rokas ローカス
Roke ローク
RoKeach ロキーチ*
Rokeach ロキーチ*
Rokeah ロケア
Roker ロウカー
Rokeya
　ロキア*
　ロケヤ
Rokha ロカ
Rokhlin ロフリン

Rokhmin ロクミン
Rokiatou ロキアトゥ
Rokitansky
　ロキタンスキ
　ロキタンスキー
Rökk レック
Rokkan ロッカン*
Roko ロコ
Rokoff ロコフ
Rokossowski
　ロコソフスキ
　ロコソフスキー
Rokotov
　ローコトフ
　ロコートフ
　ロコトフ
Roksandic
　ロクサンディチ
Roksolan ロクソラン
Rokurantu ロクランツ
Roky ロッキー
Rokycana ロキツァナ
Rol ロール
Rola
　ローラ**
　ロラ
Rolak
　ローラック
　ロラック
Rolan
　ローラン
　ラン
Roland
　ロウランド
　ロオラン
　ロナルド
　ローラン***
　ラン***
　ローラント***
　ローランド***
　ラント*
　ラーランド***
　ローリー
Rolandas
　ロランダス**
Rolandis ロランディス
Rolando
　ローランド*
　ロランド**
Rolands ロランツ
Rolandus ロランドゥス
Rolane ローラン
Rold ロル
Roldan ロルダン*
Roldán
　ロルダーン
　ロルダン
Roldano ロルダーノ
Roldos ロルドス
Roleder ロールダー
Roleine ロレーヌ
Rolen ローレン**
Rolén ローレン
Rolendis ロレンディス
Rolene ローレヌ
Rolenso ロレンソ
Roles ロールス

Roleta ホレッタ*
Rolevinck
　ローレヴィンク
Rolf
　ルドルフ
　ロフ
　ロルフ***
Rolfe
　ロオルフ
　ローフ
　ロルフ**
Rolfes ロルフェス
Rolffs ロールフス
Rolf-Goran
　ロルフヨーラン
Rolfhus ロルフフス
Rolfs ロルフス
Rolighed ローリヘト
Rolin ロラン
Roling ローリン
Röling
　レーリンク*
　レーリング*
　ローリング
　ロリング
Rolinikaite
　ロリニカイテ
Rolinkhofen
　ローリンクホーフェン
Roll
　ロール***
　ロル*
Röll レル
Rolla
　ロッラ
　ローラ
Rollan ローラン
Rolland
　ロオラン
　ローラン**
　ロラン**
　ローラン*
Rollandis ロランディス
Rollard ロラール
Rolle
　ロウル
　ローリー
　ロール
　ロル*
　ローレ
　ロレ
Rölleke レレケ*
Rollenhagen
　ロレンハーゲン
Rollens ローレンス
Roller
　ローラー
　ララー
Rollero ロジェロ
Rolles ロールズ
Rolleston
　ローレストン
　ロレストン
Rollet ロレ
Rolli ロッリ
Rollie ローリー*
Rollier ロリエ

Röllig レーリヒ
Rollin
　ローラン*
　ロラン*
　ローリン*
　ロリン
Rollinat ロリナ
Rollings ローリングス*
Rollins
　ローリンズ*
　ロリンズ**
Rollnick ロルニック*
Rollnik ロルニック
Rollo
　ロロ***
　ロロー
　ロロン
Rollock ロロック
Rollon ロロン
Rolls ロールズ*
Rollwagen
　ロールワーゲン
Rolly ローリー
Rolnad ローランド
Rolnik ロルニク
Rolnikaité
　ロリニカイテ
Rolnikayte
　ロリニカイテ
Roloff
　ローロフ
　ロロフ***
Rolofson ロロフソン
Rol pa'i ロルペー
Rolph ロルフ**
Rolseth ロルセス
Rolston
　ロールストン
　ロルストン
Rolt ロルト*
Rol-Tanguy
　ロルタンギ
Rölvaag
　ロウルヴァーグ
　ロールバーグ
Rom ロム**
Roma
　ローマ*
　ロマ*
Romac ローマック
Romadin ロマージン
Romagnano
　ロマニャーノ
Romagné ロマニェー
Romagnoli
　ロマニョーリ
Romagnosi
　ロマニョーシ
　ロマニョージ
　ロマニョシ
Romain
　ロオマン
　ローマン
　ロマン***
　ロメイン*
　ロメン

Romaine
　ロウメイン
　ロメイン**
　ローメーヌ*
　ロメーン
Romains
　ロオマン
　ロオメン
　ロマン*
　ロメエン
　ロメン
Romairone
　ロマイローン
Romako ロマコ
Romalda ロマルダ
Romaldo ロマルド
Roman
　ルーマン
　ロウマン
　ローマン***
　ロマーン**
　ロマン***
Román
　ラモン
　ローマン
　ロマン**
Romana
　ローマ
　ロマーナ*
　ロマナ
Romaña ロマーニャ
Romance ロマンス*
Romanczyk
　ロマンジーク
　ロマンチク
Romand ロマン*
Romane
　ロマーヌ*
　ロマン
Romanek ロマネク*
Romanelli
　ロマネッリ
　ロマネリ
　ロマネルリ
Romanenko
　ロマネンコ
Romanes
　ロウマーニズ
　ロマーニズ
　ローマネス
　ロマーネス
　ロマネス*
Romani
　ロマーニ*
　ロマニ
Romaniello ロマニエロ
Romanillos
　ロマニリョス
Romanini ロマニーニ
Romanino ロマニーノ
Romanis ロマニス
Romanisten
　ロマニスト
Romaniuk ロマニウク
Romankov ロマンコフ
Romann ロマン
Romano
　ロマーノ***
　ロマノ***

Romanof ロマーノフ
Romanoff ロマノフ
Romanones ロマノネス*
Romanos
　ロマヌス
　ローマノス*
　ロマノス
Romanov
　ロマノヴ
　ロマノフ
　ロマーノフ*
　ロマノーフ
　ロマノフ***
Romanova
　ロマーノヴァ
　ロマノワ*
Romanovich
　ロマーノヴィチ*
　ロマノヴィチ
　ロマノヴィッチ
　ロマノビッチ*
Romanovna
　ロマーノヴナ
　ロマノヴナ
　ロマーノブナ
Romanovskii
　ロマノフスキー*
Romanovsky
　ロマノフスキー
Romanowicz
　ロマノヴィチ
Romanowski
　ロマノウスキー
Romans ロマンス
Romantowska
　ロマントヴスカ
Romantschenko
　ロマンチェンコ
Romantsev
　ロマンツェフ*
Romantsov
　ロマンツォヴ
Romanucci ロマヌッチ
Romanuke ロマニュク
Romanus
　ロマーヌス
　ロマヌス*
　ローマノス
　ロマノス
Romanyshyn
　ラマニシャイン
　ロマニーシン
Romanza ロマンザ
Romão ロマン
Romar ロマー
Romaric ロマリック
Romarich ロマリヒ
Romarin ロマリン
Romario
　ロマーリオ
　ロマリオ
Romário ロマーリオ*
Romashin
　ロマーシン*
　ロマシン
Romashina
　ロマシナ**
Romashkova
　ロマシコーワ

Romashov
　ロマショーフ*
　ロマショフ
Romati ラマティ
Romatowski
　ロマトウスキー
Romay
　ロマイ
　ロマイ
Rometty ロメッティ*
Romeu ロメウ
Romeuf ロムーフ
Romeyer ロメイエ
Römhildt
　レームヒルト
Rombauer
　ロンバウアー
Rombach
　ロムバッハ**
　ロンバック
　ロンバッハ*
　ロンバハ
Rombaut ロンボー
Rombeau ロンボー
Romberg
　ロムバーグ
　ロンバーグ*
　ロンベルク
　ロンベルグ
　ロンベルフ
Rombout
　ロムバウト
　ロンバウト
Rombouts ロンバウツ
Romdhane ロムダン
Rome
　ローマ
　ローム**
　ロメ
Romei ロメイ*
Romeijn ロメイン
Romeike ロマイケ**
Romein
　ロマイン
　ロメイン
Romeiss ローマイス
Romelu ロメル*
Romen ロウメン
Romeo
　ロミオ
　ロメーオ
　ロメオ**
Roméo ロメオ
Romer
　レーメル
　ロウマー
　ローマー**
　ロマー*
　ロメエル
　ロメール
　ロメール
　ロメル*
Römer
　レーマー
　レーメル*
Rømer
　レーマー
　レーメル
Romeral ロメラル
Romerc ロメロ
Romeril ロメリル**
Romero
　ロメーロ*
　ロメロ***

Romerolozada
　ロメロロサダ
Romesburg
　ロメスブルグ
Romesh
　ロメシ
　ロメシュ
Romesha ロメシャ
Rômolo ロモロ
Romón ラモン
Romeuf ロムーフ
Romeyer ロメイエ
Römhildt
　レームヒルト
Romi ロミ*
Romić ロミッチ
Romich ロミッヒ
Romieu ロミュー
Romijn
　ローミン
　ロミン
Romila ロミラ
Romilda ロミルダ
Romildo ホミルド
Romilly
　ロミーイ
　ロミイ**
　ロミリ
　ロミリー*
Romina ロミナ
Romine ロマイン
Roming ロミング
Romiszowski
　ロミゾウスキー
Romita ロミータ
Romiti ロミティ*
Romito ロミート
Romm
　ロム*
　ロンム
Romme
　ロームム
　ロム*
　ロメ*
　ロンム
Rommedahl
　ロンメダール
Rommel
　ロメル
　ロンメル***
Rommell ロメル
Rommelspacher
　ロンメルスパッハー
Rommen ロンメン
Rommer ロマー
Rommetveit
　ロメトハイト
Rommita ロミタ
Romney
　ロムニ
　ロムニー***
　ロムネイ
Romo ロモ*
Romoeren ロメレン
Romoff ロモフ

Romola
　ロモーラ*
　ロモラ*
Romoli ロモリ
Romolo
　ローモロ
　ロモーロ
　ロモロ
Rômolo ロモロ
Romón ラモン
Romp ロンプ
Rompay ロンパイ
Rompuy
　ロンパイ*
　ロンパウ
Romree ロムレエ
Romrell ロムレル
Romski ロムスキー
Romsome ランソム
Romson ロムソン
Romuald
　ロマルド
　ロミュアルド
　ロムアルド*
　ロムアルドゥス
Romualdez
　ロムアルデス
Romualdi
　ロムアルディ
Romualdo ロムアルド
Romula ロムラ
Romulo
　ロムロ***
　ロモロ
Rómulo ロムロ**
Romulus
　ロミュラス*
　ロムルス
Romy
　ローミ
　ロミ
　ロミー**
Romyn
　ロマイン*
　ロミン
Ro-myung ノミョン*
Rom zom ロンソム
Ron ロン***
Rona
　ローナ*
　ロナ*
Róna ローナ
Rónai
　ローナイ
　ロナイ
Rónáin ロナン
Ronald
　ラナルド
　ロナウド*
　ローナル
　ロナルト**
　ロナルド***
　ロニー
　ロヌルド
　ロン*
　ロンルド
Ronaldinho
　ロナウジーニョ**

Ronaldo
　ロナウド**
　ロナルド*
Ronalds ロナルズ
Ronaldson
　ロナルドソン
Ronaldus ロナルダス
Ronan
　ローナン**
　ロナン*
Ronane ロナン
Ronard ロナルド*
Ronart ロナアート
Ronat ロナ
Ronay ローナイ*
Roncaglia
　ロンカッリア
　ロンカーリア
　ロンカリア
Roncagliolo
　ロンカグリオロ
Roncalli
　ロンカッリ
　ロンカルリ
Roncati ロンカティ
Rončević
　ロンチェビッチ
Ronchey ロンケイ
Ronchi
　ロンキ
　ロンチ
Ronco ロンコ
Ronconi ロンコーニ**
Roncoroni
　ロンコローニ*
Rond
　ロン
　ロンド
Ronda ロンダ*
Rondae ロンデイ
Rondani ロンダーニ
Rondberg
　ロンドバーグ
Ronde ロンデ*
Rondeau
　ロンドー**
　ロンドウ
Rondel ロンデル
Rondelet ロンドレ
Rondeleux ロンドルー
Rondell ロンデル
Rondi ロンディ
Rondina ロンディナ
Rondinella
　ロンディネッラ
Rondinelli
　ロンジネリ
　ロンディネッリ
Rondo ロンド**
Rondolino
　ロンドリーノ
Rondon ロンドン*
Rondón ロンドン
Rondot ロンド
Ronee ロニー
Ronell ロネル

Ronello ロネロ
Ronen
　ロナン*
　ローネン
　ロネン
Ronet ロネ
Roney
　ルーニー*
　ローニー
　ロニー*
　ロネー
Ronfani ロンファーニ
Ronfaut ロンフォ
Ron-Feder
　ロンフェデル
Ronfeder ロンフェデル
Rong
　ローン
　ロン**
Ronge ロンゲ*
Rongé ロンゲ
Rongen ロンゲン
Ronggawarsita
　ロンゴワルシト
Rong-ji ロンジー
Rong-kang ロンカン
Rongomai ロンゴマイ
Rong Rong ロンロン
Rong ston ロントン
Roni
　ロニ-
　ロニー*
Roniel ロニエル*
Ronild ロニルド
Ronis ロニス
Ronit
　ローニット
　ロニット
Ronk ロンク
Rönkä ロンカ*
Ronkainen
　ロンカイネン
Ronksley ロンクスリ
Ronn ロン
Rønn ロン
Ronna ロナ*
Ronnarong ロンナロン
Rønnaug レンナウ
Ronnblom ロンブロム
Rönnblom ロンブロム
Ronne ロニー
Ronnefeld
　ロンネフェルト
Ronnel ロンネル
Ronner ロナー
Rønnestad
　ロンネスタッド
Ronni
　ローニ
　ロニー
Ronnie
　ロニ
　ロニー***
　ロン
　ロンニエ

Rønning ローニング
Ronningen ロニンゲン
Rönningen ロニンゲン
Ronningstam
　ロニングスタム*
Rönnlund
　リョンルント
　ロンランド
Rönnmark
　レエンマーク
Rönns レンス
Rönnstrand
　レンシュトラント
Ronny
　ロニー**
　ロニイ
Rono ロノ
Roño ロニョ
Ronov ロノフ*
Ronsard ロンサール*
Ronshtadt
　ロンシュタット
Ronsom ロンソン
Ronson
　ロンスン
　ロンソン*
Ronsseray ロンスレー
Ronstadt
　ロンシュタット
　ロンスタッド*
Rontez ロンテス
Röntgen
　レンチェン
　レントゲン*
　レントヘン
　レントン
Ronthal ロンサール
Rony
　ローニ
　ロニ*
　ロニー
Roo
　ルー*
　ロー
Roob ローブ
Roock ローク
Roocroft ルークロフト
Rood
　ルード
　ロード
Roodal ルーダル
Roodman ルードマン*
Roodt ロート
Rook
　ルーク
　ローク
　ロック
Rookard ルカード
Rooke
　ルーク*
　ルック
　ロック
Rooker ルーカー
Rookes ルークス
Rookie ルーキー
Rookmaaker
　ロークマーカー

Rooks
　ルークス
　ルックス
Rooksby ルックスビー
Rool ロール
Rooley ルーリー*
Room
　ルーム
　ローム
Roome
　ルーム*
　ルーメ
Roomen
　ルーメン
　ローメン
Rooms ルーム
Roon ローン*
Roone ルーン
Rooney ルーニー***
Roongrerngsuke
　ルーングレルングスーク
Roonhuyze
　ローンホイゼ
Roop ロープ
Roopchand
　ループチャン
Roopnaraine
　ループナライン
Roopnarine
　ループナリン
Roopun ルーパン
Roorbach ローバック*
Roorda ロールダ
Roos
　ルース**
　ロース*
　ローズ
　ロス
Roosa
　ルーサ
　ローサ
　ローザ*
Roosalem ロザレム
Roose
　ルース
　ルーズ
Roosen ローゼン
Roosenburg
　ローセンブルグ
Roosevelt
　ルースヴェルト*
　ルーズヴェルト*
　ルーズベルト***
　ロウズヴェルト
　ローズヴェルト*
　ローズベルト*
Roosh ルーシュ
Roossinck ルーシンク
Root
　ルート***
　ロート
Root-Bernstein
　ルートバーンスタイン
Roote ルート
Rooten ルーテン
Rootes ルーツ

Rooth ルース
Roothaan
　ローターン
　ロートハーン
Roots ルーツ*
Rooy ルーイ
Roozeboom
　ローズボーム
　ローゼボーム
Roozeman ローゼマン
Roozen
　ローゼン
　ローツェン
Rop ロップ
Ropa ローパ
Ropars ロウパース
Ropartz
　ロパール
　ロパルツ
Ropati ロパティ
Rope ロープ
Ropeik ロペック
Roper
　ロウパー*
　ローパー
　ローパー***
Ropes
　ロウプス
　ロープス
Ropiequet
　ロピキュット
　ロピケット
Röpke レプケ
Ropley ロプリー
Roponen ロポネン
Ropp ロップ
Ropper ロッパー
Rops
　ロップス*
　ロプス*
Ropshin
　ローブシン*
　ロプーシン
　ロプシン
Roque
　ホッキ
　ロークエ
　ローケ
　ロケ***
　ロッキ
　ロック*
Roqué ロケ*
Roquebert
　ロクベール
　ロケベルト
　ロックベール
Roquemaurel
　ロックモール
　ロックモーレル
Roques
　ローク
　ロック*
Roquevert
　ロクヴェール
Roquvert
　ロクヴェール
　ロクベール

Rora ロラ
Rorbert ロバート
Rørdam
　レアーダム
　レルダム
　ロアダム
Rore ローレ
Rorem
　ロアム
　ローレム
　ロレム
Rorer ローラー
Rörer レーラー
Roreto ロレート
Roretz ローレッツ
Rori ローリー
Roriczer ロリツァー
Rörig レーリヒ
Roriz ロリス
Rorke ローク*
Roro ロロ
Rorres ローレス
Rorschach
　ロールシャッハ*
　ロールシャハ
Rorth ロース
Rorty ローティ**
Rorvik
　ローヴィック
　ロービック*
Rørvik ロールヴィーク
Rory
　ローリー*
　ロリー**
　ロリィ
Ros ロス**
Roš ローシュ
Rosa
　ホーザ
　ロオザ
　ローサー*
　ローザ***
　ローサ***
　ロサ***
　ロザ***
　ロージャ
　ローズ
Rosabal ロザバル
Rosabeth ロザベス*
Rosa Chávez
　ロサチャベス
Rosadilla ロサディジャ
Rosado
　ロサード
　ロサド
　ロザド
Rosaforte
　ロザフォート
Rosai ローサイ
Rosaire ロゼール
Rosal ロザル
Rosalba
　ロサルバ*
　ロザルバ*
Rosaldo ロサルド
Rosaleen
　ロザリーン
　ロザリン

Rosalene ロザリン
Rosales
　ロサーレス*
　ロサレス
　ロザレス
　ロセイルズ
Rosalia
　ロサリーア
　ロサリア
　ロザリア**
Rosalía
　ロサリーア
　ロサリア*
　ロザリア
Rosalie
　ローザリ
　ロザリ
　ロザリー***
Rosalind
　ロザリンド**
　ロゼリンド
Rosalinda
　ロサリンダ
　ロザリンダ
Rosaline ロザリン
Rosalyn
　ロザリン**
　ロズリン
Rosalynn ロザリン*
Rosamond
　ロサモンド
　ロザモンド***
Rosamund
　ローザマンド
　ロザムンド**
　ロザモンド
Rosamunda
　ロサムンダ
　ロザムンダ
Rosamunde
　ロザムンデ
　ロザムンド***
Rosan ロサン
Rosán ロサン
Rosana ロサナ*
Rosanas
　ロザーナ
　ロザナス
Rosanberg
　ロザンベルグ
Rosanbo ロザンボ
Rosand ローザンド
Rosanes ロザーンス
Rosanna
　ロザーナ
　ロザンナ**
　ロッサナ
Rosannagh ロザンナ*
Rosanne ロザンヌ*
Rosanvallon
　ロザンヴァロン
　ロザンバロン
Rosar ローザー
Rosaria ロザリア*
Rosario
　ロサリオ**
　ロザリオ*
Rosário ロザーリオ
Rosas
　ローサス

Rosasco ロザスコ
Rosaspina
　ロザスピーナ
Rosati
　ロサーティ
　ロサティ**
　ロザーティ*
　ロザティ
　ロゼーティ
Rosato ロザート
Rosatti ロサティ
Rosay
　ロゼ
　ロゼー
Rosaz ローザ*
Rosbak ロスバック*
Røsbak ロスバック
Rosbash ロスバッシュ
Rosbaud ロスバウト*
Rosberg ロズベルグ**
Rosborough
　ロスボロー
Rosburg ロスバーグ
Rosca ロスカ
Roşca ロスカ
Roscam ロスカム
Roscelinus
　ロスケリヌス*
Roscelli ロシェリ
Roscellinus
　ロスケリヌス
Rosch ロッシュ
Rösch
　レッシュ
　ロッシュ
Roschdy ロシュディ
Roscher
　ロシャー
　ロッシァー
　ロッシェル
　ロッシャー*
Roschini ロスキーニ
Röschmann
　レーシュマン
　レッシュマン
Roschwald
　ロシュワルト
Roscio ロシオ
Roscius ロスキウス
Rosco
　ロスコー
　ロスコウ
Roscoe
　ロス
　ロスコー**
　ロスコウ*
　ロスコオ
Roscommon
　ロスコモン
Rosdolsky
　ロスドルスキー
Rose
　オーゼ
　ロウズ
　ロース*

ローザス
ロサス*

ローゼ**
ロス
ローセ**
ローゼ***
ロゼ*
ローゼイ
Rosé
　ロゼ**
　ロゼー
Rose-Ackerman
　ローズエイカーマン
Rose-Ann ロウズアン
Rose-Marie
　ローズマリー
　ロゼマリー
Roseanna ロザンナ
Roseanne
　ロザン
　ロザンヌ
　ローズアン
Roseberry
　ローズベリー*
Rosebery
　ローズベリ
　ローズベリー*
Roseboom
　ローズブーム
Roseboro ローズボロ
Rosecrance
　ローズクランス*
Rosecrans
　ローズクランス
　ローズクランズ
　ローゼクランス
Rosedale
　ローズデール*
Rosegger
　ロオゼゲル
　ローゼガー
　ローゼッガー
　ロゼッガー
Rosegrant
　ローズグラント
Rosei ロージ
Roseingrave
　ロージングレイヴ
　ロージングレーヴ
Rosel
　ローゼル
　ロセル
Rösel レーゼル*
Roselee ローズリー
Rosélia ロゼリア
Roseline
　ロズリーヌ*
　ロズリン
Rosell
　ルッサール
　ローゼル
　ロセル
Rosella
　ロゼラ*
　ロッセラ
Roselle
　ロゼル
　ロゼレ
Rosellen ロゼリン*
Roselli ロセッリ
Rosellini
　ロゼッリーニ
　ロゼリーニ

Rosellubial
　ロセルウビアル
Roselyn ロゼリン
Roselyne
　ロザリーヌ
　ロズリーヌ
　ロゼリーヌ
Roseman ローズマン*
Rosemann ロゼマン
Rose-Marie
　ローズマリー
　ロゼマリー
Roseanna ロザンナ
Roseanne
Rosemarie
　ローズマリー**
　ロゼマリエ
Rosemary
　ロウズマリー
　ロージー
　ローズマリ*
　ローズマリー***
　ローズマリィ
　ローズメリー
Rosemond
　ローズモンド*
　ロズモンド*
Rosemonde
　オズモンド
　ロズモンド
Rosemont
　ローズモント
Rosemoor
　ローズムーア*
Rosen
　ローセン**
　ローゼン***
　ローセン*
Rosén ローゼン
Rosenau
　ロウズナウ
　ローズナウ*
　ロズナウ
　ローズノウ
　ロズノウ
　ローゼナウ
Rosenbach
　ローゼンバック
　ローゼンバッハ*
　ローゼンバハ
Rosenbauer
　ローゼンバウアー
Rosenbaum
　ローゼンバウム**
　ローゼンバウモワ
　ローゼンバーム
　ローゼンボーム
Rosenbaumová
　ローゼンバウモワ
Rosenbek
　ローゼンベック
Rosenberg
　ルーセンベリ
　ローザンベール
　ローゼルベルク
　ローゼンバーク*
　ローゼンバーグ***
　ローゼンベリ
　ローゼンベリ
　ローゼンベリー
　ローゼンベルク**
　ローゼンベルグ*

Rosenberger
　ローゼンバーガー*
　ローゼンベルガー
Rosenberry
　ローゼンベリー
Rosenblat
　ローゼンブラット
Rosenblatt
　ローゼンバラット
　ローゼンブラット*
　ローゼンブラッド
Rosenbloom
　ローゼンブルーム*
Rosenblueth
　ローゼンブリュート
Rosenblum
　ローゼンブラム**
　ローゼンブリューム
　ローゼンブリュム
Rosenbluth
　ローゼンブルース*
Rosenboom
　ローゼンボーム
Rosenbradt
　ローゼンブラット
Rosenbrock
　ローゼンブロック*
Rosenbury
　ロウズンベリ
Rosenbusch
　ローゼンブッシュ
Rosenda ロセンダ
Rosendahl
　ローゼンダール
Rosendo ロセンド*
Rosendorf
　ローゼンドルフ
Rosendorfer
　ローゼンドルファー
Rösener レーゼナー*
Rosenfeld
　ローザンフェルド
　ローゼンフェルド**
　ローゼンフェルド***
　ロゼンフェルド
Rosenfel'd
　ローゼンフェルド
Rosenfeldt
　ローゼンフェルト**
　ローゼンフェルト
Rosenfelt
　ローゼンフェルト*
Rosenfield
　ローゼンフィールド*
Rosengard
　ローゼンガード
Rosengarten
　ローゼンガーテン
Rosengren
　ローセングレン*
　ローゼングレン
Rosenhagen
　ローゼンハーゲン
Rosenhain
　ロォゼンハイン
　ローゼンハイン
Rosenhan
　ローゼンハン
Rosenhead
　ローゼンヘッド

Rosenheim ローゼンハイム
Rosenhof ローゼンホーフ
Rosenholtz ローゼンホルツ
Rosenhouse ローゼンハウス
Rosenius ルセーニウス / ロセニウス
Rosenkopf ローゼンコップ
Rosenkrantz ローゼンクランツ*
Rosenkranz ローゼンクランツ*
Rosenkreutz ローゼンクロイツ
Rosenlicht ローゼンリヒト
Rosenman ローゼンマン**
Rosenmoeller ローゼンメラー
Rosenmüller ローゼンミュラー
Rosenn ロウゼン
Rosenoer ローズナー / ローズノア*
Rosenplüt ローゼンプリュット / ローゼンプリュート
Rosenquist ローゼンクィスト / ローゼンクイスト**
Rosenqvist ルーセンクヴィスト / ローゼンクビスト
Rosenroth ローゼンロート
Rosenschild ロザンシルド
Rosenstark ローゼンスターク
Rosenstein ローゼンシュタイン / ローゼンスタイン / ローゼンステイン
Rosenstiehl ロザンスチエール* / ロザンスティール / ローゼンスティール / ロゼンスティール
Rosenstiel ローゼンスティール
Rosenstock ローゼンシュトック / ローゼンストック***
Rosenstone ローゼンストーン*
Rosenström ローゼンストレーム
Rosensweet ロッセンスウィート
Rosensweig ローゼンスワイグ
Rosental' ローゼンタリ

Rosenthal ローザンタール / ロザンタール** / ローゼンサール* / ローゼンソール* / ローゼンタール*** / ローゼンタル* / ローセンタル / ローゼンタル
Rosenwald ローゼンウォールド / ローゼンウォルド / ローゼンワルト
Rosenwein ローゼンワイン
Rosenzweig ローゼンズウィーグ* / ローゼンツァイク / ローゼンツァイク* / ローゼンツヴァイグ / ロゼンツヴァイク / ローゼンツワイク / ローゼンツワイグ
Roser ルゼ* / ルゼェ / ローザー / ロゼ / ローゼル / ロセル / ロゼール
Rosero ロセーロ** / ロセロ
Roseta ロゼタ
Rosetree ローズトゥリー
Rosetta ロセッタ / ロゼッタ*
Rosette ロゼット*
Rosetti ロゼッティ
Rosewall ローズウォール**
Rosewarne ローズウォーン
Rosewater ローズウォーター
Rosewell ロウズウェル / ローズウェル*
Rosewood ローズウッド
Rosey ロージー
Roshal ロッシャーリ
Roshali ロシャーリ / ロッシャーリ
Roshani ロシャーニー
Roshch ロッシュ
Roshchin ローシチン / ロシン
Roshdi ロシュディー*
Rosher ローシャー
Roshko ロシュコ
Roshkov ロシコフ
Roshni ロシュニ
Roshova ラショーワ

Roshown ラショーン
Roshwald ロシュワルト
Rosi ロージ / ローシー / ロージ*** / ロジ / ロシ
Rosiak ロジアック
Rosicky ロジッキー**
Rosidi ロシディ**
Rosie ロウズィー / ロージー** / ロジー / ロシイ
Rosier ロジェ* / ロズィエ
Rosiers ロジェ
Rosihan ロシハン*
Rosika ロジカ
Rosin ロジン
Rosina ロシーナ / ロシナ / ロジーナ* / ロジナ
Rosine ロジーヌ* / ロジン / ロシンヌ / ロズィーヌ
Rosing ロジン* / ロージング**
Rosinger ロージンガー / ロジンガー
Rösingh レシン
Rosinski ロジンスキー
Rosinus ロジーヌス
Rosita ロシータ / ロジータ* / ロジタ / ロスィータ
Rositzke ロジツキ
Rosiwal ロージヴァル
Roskam ロスカム
Roskey ローシフト
Roskill ロスキル
Roskin ロスキン
Roskoski ロスコスキー
Roskovànyi ロシュコヴァーニ
Roskrow ロスクロウ
Röskva ロスクヴァ
Rosl ロスル
Roslavets ロスラヴェツ
Roslavlev ロスラヴレフ
Roslender ロスレンダー
Rosler ロスラー

Rösler レスラー**
Roslía ロサリーア
Roslin ルースリン / ロスリーン / ロスリン
Rosling ロスリング
Roslisham ロスリシャム
Röslmeier レースルマイヤー
Roslund ルースルンド**
Roslyn ロスリン* / ロズリン*
Roslynn ロズリン
Rosman ロスマン
Rosmarie ローズマリー
Rosmer ローズマー / ロズマー / ロスメル
Rosmini ロスミーニ / ロスミニ / ロズミーニ
Rosmunda ロズムンダ
Rosnau ロズノー*
Rosnay ロスネー / ロネ / ロネー / ロネイ*
Rosner ロスナー / ロズナー*
Rosnes ロスネス
Rosney ロズニー
Rosnow ロスノウ
Rosny ロスニイ / ロニ / ロニー*
Rosocha ロソハ
Rosof ロソフ
Rosoff ロ―ゾフ* / ロソフ
Rosol ロゾル
Rosolato ロゾラート
Rosolino ロソリーノ**
Rosolova ロソロバ
Rosomon ロソモン
Rosón ロソン
Rosove ロソフ
Rosovsky ロソフスキー* / ロゾフスキー
Rosow ロ―ソー* / ロソー
Rospigliosi ロスピグリオシ
Rosqui ロスキ

Ross ロス*** / ロス*
Roß ロス
Rossabi ロッサビ
Rossana ロサナ / ロザーナ / ロザンナ / ロッサーナ / ロッサナ**
Rossano ロッサーノ* / ロッサノ
Rossant ロサント / ロザント
Rossato ロッサート
Rossbach ロースバッハ
Rossberg ロスバーグ
Rossby ロスビ / ロスビー
Rosse ロス
Rossel ロッセル
Rossel' ロッセリ
Rosselet ロセレット
Rosselina ロゼッリーナ
Rosselini ロッセリーニ
Rossell ロッセル
Rossella ロセラ / ロッセラ**
Rosselli ロスセルリ / ロセッリ / ロッセッリ* / ロッセリ / ロッセリィ
Rossellini ロッセリーニ / ロッセリーニ**
Rossellino ロスセリーノ / ロッセリーノ / ロッセリーノ
Rossello ロゼロ / ロッセッロ / ロッセロ
Rossen ロッセン
Rosser ロサー / ロッサー* / ロッセル
Rosset ルセット / ロセ* / ロセー / ロセット* / ロッセ*
Rosseter ロセター / ロセッター
Rosseti ロセッティ*
Rossett ロセット
Rossetti ロウゼッティ

R

Rosetch ロセッチ
ロゼッチ
ロセッティ*
ロセッティー
ロセッテイ
ロゼッティ
ロセティ
ロッセッテ
ロッセッティ
ロッセティ
Rossettini ロッセッティーニ
Rossetto ロセット
Rossettos ロセトス
Rossi
　ホッシ
　ロッシ***
　ロッシー
　ロッジ
　ロッシィ
Rossí ロッシ
'Rossi ロッシ
Rossiaud ロシオ
Rossides ロッシデス
Rossie ロッシー
Rossier ロシェール
Rossignol ロシニョール
Rossignoli ロッシニョイル
Rossing ロッシング
Rossington ロッスイングトン
Rossini
　ロッシーニ**
　ロッシニ
Rossio ロッシオ
Rossit ロシト
Rossiter
　ロシター*
　ロッシター
　ロッシタア
　ロッスイター
Rossitto ロッシット
Rosskopf ロッスコプフ
Roßkopf ロスコプフ
Rössl レッスル
Rossler レスラー
Rössler レスラー*
Rossman
　ロスマン
　ロズマン
Rossmanith ロスマニス
Rossmann
　ロスマン
　ロッスマン
Rossmässler ロスメッスラー
Rossmo
　ロスモ
　ロズモ
Rossnagel
　ロスナーガル
　ロスナーゲル
Rossner ロスナー**
Rössner レスナー
Rößner レスナー

Rosso ロッソ***
Rossolimo ロソリーモ
Rosson ロッソン*
Rossotti ロソッティ*
Rossovich
　ロソヴィッチ
　ロッソヴィッチ
Rossum
　ロッサム*
　ロッスム**
Ross-williams ロスウィリアムズ
Rost
　ロシュト
　ロスト**
Rostain
　ロスタイン
　ロスタン
Rostaine ロステイン
Rostal
　ロスタール
　ロスタル
Rostam ロスタム*
Rostami ロスタミ*
Rostand
　ロスタン**
　ロスタンド*
Rostang ロスタン
Rostĕh
　ルスタフ
　ロステ
　ロステー
Röstel レステル
Rosten ロステン**
Rostenkowski
　ロステンコウスキ
　ロステンコウスキー
Rostgaard ロストゴー
Rosthorn ロストホルン
Rostila ロスティーラ
Rostin ロスティン
Rostislav
　ロスチスラフ*
　ロスティスラフ
Rostislavovich ロスチスラヴォヴィチ
Rostomyan ロストミャン
Roston ロストン
Rostopchin
　ロストプチーン
　ロストプチン
Rostopchina
　ロストプチナ
　ロストプチナー
Rostopchine
　ロストプチーヌ
　ロストプチン
Rostotskii ロストツキー*
Rostotsky ロストツキー
Rostova ロストーヴァ
Rostovskii
　ロストーフスキー
　ロストーフスキイ
　ロストーフスキィ

Rostovsky ロストフスキー
Rostovtsev ロストウツェフ
ロストフツェフ
Rostovtzeff ロストフツェフ
Rostovzeff
　ロストーフツェフ
　ロストフツェフ
Rostow
　ロストー
　ロストウ**
　ロストフ
Rostowski ロストフスキ
Rostron ロストロン
Rostropovich
　ロストロポーヴィチ**
　ロストロポーヴィチ
　ロストロポービチ
　ロストロポービッチ
Rostropovitch ロストロポーヴィチ
Rostrup ロストルップ
Rostunov ロストーノフ
Rostworowski ロストウォロフスキ**
Rostyslav ロスティスラフ
Rosu ロス*
Roşu ロス
Rosvaenge
　ロスヴェンゲ
　ロズヴェンゲ
Rosvall ロースヴァル
Roswaenge
　ロスウェンゲ
　ロスヴェンゲ
Roswell
　ロスウェル
　ロズウェル*
Rosweyde ロスウェイデ
Roswitha
　ロスウィタ
　ロスヴィータ*
　ロースビータ
Rosy ロージー*
Rosza ローザ
Roszak
　ローザク**
　ローザック*
Roszel
　ローセル
　ローゼル*
Rota
　ロータ*
　ロタ*
Rotach ロータッハ*
Rotai ロタイ
Rotari ロターリ
Rotario ロタリオ
Rotaru ロタル

Rotberg
　ロトバーグ
　ロートベルク
Rotblat
　ロットブラット
　ロートブラット**
Rotch
　ロ－チ
　ロッチ
Rotchev ロチェフ
Rotchild ロチルド
Rotella
　ロテラ
　ロテルラ
Rotellar ローテラー
Rotelli ロテッリ*
Rotem
　ロ－テム
　ロテム
Rotemberg ローテンバーグ
Rotenberg ローテンバーグ*
Rotenburg ローテンブルク
Rotenhan ローテンハン
Roter ロ－ター
Rotermund
　ロータームント
　ローテルムント*
Roters ロータース*
Rotfeld ロートフェルト
Rotgers ロトガース*
Roth
　ロト
　ロース*
　ロス***
　ロート***
　ロト*
Rotha
　ルータ
　ローサ
　ロータ
Rothacker
　ロータッカー*
　ロートアッカー
　ロートハッカー
Rothadus
　ロタード
　ロタードゥス
Rothan ロシャン
Rothari
　ロターリ
　ロタリ
Rothärmel ロートエルメル
Rothausen ロートハウゼン
Rothay ロセイ
Rothbard ロスバード*
Rothbart ロスバート*
Rothbauer ロスバウアー
Rothbaum
　ロスバウム
　ロトバウム
Rothberg ロスバーグ

Rothblatt ロスブラット
Rothchild ロスチャイルド**
Rothe
　ローテ
　ロテ
Rothemund ロートムンド
Rothen ロテン
Rothenberg
　ローセンバーグ*
　ローゼンバーグ**
Rothenberger
　ローゼンベルヘル
　ローテンベルガー*
Rothenburger ローテンブルガー
Rothengatter
　ロゼンガッター
　ローテンガッター
Rothenlöwen ローテンレーウェン
Rothenstein
　ローセンスタイン
　ローゼンスタイン
Rother
　ロウザー
　ロオザア
　ローザー
　ロザー
　ロザア
　ロータ－**
　ロタール
Rotherham ロザラム
Rothermere
　ロザミーア
　ロザミア
Rothert
　ロサート*
　ロザート
Rothery
　ロザリ
　ロザリー
Rothesay ローシ
Rothfeder
　ロスフィーダー
　ロスフェダー*
Rothfeld ロスフェルド
Rothfels
　ロートフェルス*
Rothfield ロスフィールド
Rothfuss
　ロスファス**
　ロートフス*
Rothhammer ロスハマー
Rothi ロッティ
Rothier ロティエ
Röthig レーティッヒ
Rothkirch ロートキルヒ
Rothko
　ロスコ**
　ロスコー
Rothkopf
　ロスコフ
　ロースコプフ

Rothkovich ロスコビチ
Rothley ロスリー
Rothlin
　ロスリン*
　ロートリン
Röthlisberger
　レトリスベルガー
Rothman
　ロースマン
　ロスマン**
Rothmann
　ロスマン
　ロットマン
　ロートマン**
Rothmueller
　ロートミューラー
Rothmüller
　ロトミュレル
Rothmund ロトムント
Rothner ロスナー
Rothney ロスニー
Rothostein
　ロートシュタイン
Rothrock ロスロック*
Rothschild
　ロスシールド
　ロスチャイルド***
　ロチルド
　ロッチルド
　ロートシルト**
Rothstein
　ロシュテーン
　ロスシュタイン*
　ロースステイン
　ロススタイン*
　ロースステイーン
　ロススティン
　ロスタイン*
　ロートシュタイン
Rothuizen
　ロシューゼン
　ロスイゼン
Rothweiler
　ロスワイラー*
Rothwell
　ロスウェル**
　ロズウェル*
Rotich
　ロティチ
　ロティッチ
Rotilla ロティリャ
Rotimi ロティミ
Rotkirch ロトキルヒ
Rotman
　ロットマン*
　ロトマン
Rotmund ロトムント
Rotner ロトナー
Rotoli ロトリ
Rotolo ロトロ
Rotondi ロトンディ*
Rotoringer
　ロトランジェ
Rotoshtein
　ロトシテイン
Rotours ロトゥール
Rotraut
　ロートラウト*

Rothkraut ロートラオト
Rotrekl ロトレックル
Rotrou
　ロトルー
　ロトルウ
Rotrudis
　ロトルーディス
Rotsh ロッチェ
Rotshtein
　ロートシュタイン
Rotsler
　ロッツラー**
　ロツラー
Rott ロット
Rotta ロッタ
Rotteck
　ロッテク
　ロテク
　ロテック
Rottenberg
　ロッテンバーグ
　ロッテンベルク
Rottenhammer
　ロッテンハマー
　ロッテンハムマー
　ロッテンハンマー
Rottensteiner
　ロッテンシュタイナー
Rotter
　ロター
　ロッター
　ロッテル
Rotterdam
　ロッテルダム
Röttgen レトゲン
Röttger
　レットガー
　レッドガー
　レトガー
Rottländer
　ロットランダー
Rottleuthner
　ロットロイトナー*
Rottluff
　ロットルッフ
　ロットルツフ
　ロットルフ
　ロトルフ
Rottman
　ロットマン
　ロトマン
Rottmann
　ロットマン
　ロトマン
Rottmayer
　ロットマイア
　ロットマイアー
　ロットマイル
Rotunda ロタンダ
Rotunno ロトゥンノ
Roty ロティ
Rotz
　ロ*
　ロー
Rötzer レッツァ
Rotzoll ロッツォル
Rotzsch ロッチュ*
Rouamba ルアンバ

Rouan ルーアン
Rouanet ルアネ
Rouard ルアール
Rouaud
　ラオオル
　ルオー**
Rouault ルオー**
Roubaix ルーベ
Roubanis ルバニス
Roubaud ルーボー*
Roubaudi ルーボディ*
Rouben ルーベン*
Roubert ルーバート
Roubi ルビ
Roubiliac
　ルービーヤック
Roubillac ルビヤック
Roubin ルーバン
Roubini ルービニ*
Roucek ローシェック
Rouch ルーシュ**
Rouche ルーシェ
Rouché ルーシェ
Rouchouse ルシューズ
Roucoules ルークルー
Roucy ルウシイ
Roud
　ラウ
　ラウド
　ロード*
Roudan ローダーン
Roudaut ルドー*
Roudebush
　ローデブッシュ
Roudhan ロダン
Roudié ルーディエ
Roudinesco
　ルディネスコ**
Roudnitska ルドニツカ
Roudy ルーディ
Roudybush
　ラウディブッシュ
Roueche
　ルエーシュ
　ルーシェ
Roueché
　ルーシェ
　ルーチェ*
Rouelle
　ルーエル
　ルエル
Rouen
　ルーアン
　ルアン
Rouer ルエ**
Rouff ルーフ
Rouffart ルファー*
Rouffignac
　ルフィニャック
Roug ロウ*
Rouge ルージュ
Rougé
　ルージェ
　ルジェ

Rougemont
　ルージュマン
　ルージュモン**
　ルジュモン*
Rougerie ルージュリ
Rougérie ルージェリー
Rouget
　ルージェ
　ルジェ
　ルジェー
Rough ラフ
Roughan ローワン**
Roughead ラフヘッド
Roughley ラフレイ
Roughsey
　ラウジ
　ラウジー
　ラウジィ
　ラフシー
　ラフジー
Rougier ルージュ
Rougned ルーネッド
Rougui ルギ
Rouhana ロウハナ*
Rouhani
　ロウハニ**
　ローハーニ*
Rouher
　ルーエル
　ルエーエル
　ルエル
Rouhollah ルホラ
Rouillard
　ルイヤール
　ルヤール
Rouine ルーイン
Rouire ルウイル
Rouissi ルーイシ
Rouja ルージャ**
Roujon ルウジョン
Rouke ローク
Roukema ロウキマ
Roula ルーラ
Rouland ルーラン
Roule ルール
Rouleau ルーロー
Roulet
　ルーレ*
　ロレット
Roulien
　ロウリエン
　ローリエン
Roulin ルーラン
Roullon ルロン
Roulston ルールストン
Roumain
　ルーマン
　ルマン
Roumanes ルーマヌス
Roumanille
　ルーマニーユ
　ルマニーユ
Roumi ルーミー
Round ラウンド*
Roundell ラウンデル

Rounds ラウンズ*
Roundtree
　ラウンツリー
　ラウンドゥリー
　ラウンドトリー
Roundy ラウンディ
Rounsaville
　ランスヴィル
Rounsevelle
　ラウンズヴェル
Rounseville
　ラウンズヴィル
Rountree ラウンツリー
Roup ルーブ
Roupakiotis
　ルパキヨティス
Roupenian
　ルーベニアン
Rouphinos
　ルーフィーノス
Rouphinos
　ルフィーノス
Rouquett ルーケット
Rouquette
　ルーケット
　ルケット
Rouquie ルキエ
Rouquier
　ルーキエ*
　ルキエール
Rourke
　ルーアク
　ルアーク
　ルーク*
　ルーク*
　ルールク
　ロック**
Rous ラウス*
Rousânos ルサーノス
Rousbelt ルーズベルト
Rouse
　ラウス***
　ラウズ*
　ロース
Rousée ルーゼ
Rousey ラウジー
Roush
　ラウシュ
　ルーシュ*
Rousmaniere
　ルーマニエール*
　ルマーニエール*
Roussan ルーサン
Rousse ルース**
Rousseau
　ルウソー
　ルウソオ
　ルウッソオ
　ルーソー
　ルソー***
　ルーソオ
　ルソウ
　ルーソオ
　ルソオ
　ルッサウ
　ルッソー
　ルッソオ
　ロセ

R

Rousseaux ルソー
Rousseff ルセフ*
Rousseil ルーセイユ
Roussel
　ルゥセル
　ルーセル**
　ルセール
　ルセル
　ルッセル
　ローセル
Roussél ルーセル
Rousselet ルッスレ
Rousselière
　ルースリエール
　ルスリエール
Rousselle ルーゼル
Rousselot
　ルースロ***
　ルスロ*
　ルスロー
　ルッスロ
Roussert ルーセ
Rousset
　ルーセ*
　ルセ*
　ルッセ
Roussillon
　ルション
　ルシヨン
Roussin
　ルサン*
　ルッサン**
Roussinova ルシノバ
Rousso ルソー
Rout
　ラウト
　ロウト
Routex ルーテクス
Routh
　ラウス**
　ルーシュ
Routie ルティ
Routier ルチエ
Routledge
　ラウトリジ
　ラウトリッジ
　ラトリジ
　ルートリッジ*
Routouang
　ルトゥアング
Rouvel ルーヴェル
Rouven ルーベン
Rouvier
　ルーヴィエ
　ルヴィエ*
　ルビエ
Rouviere ルビエール
Rouvillois ルヴィロワ
Rouvinez ルヴィネ
Rouvoet ローフート
Rouvrel ルーヴレル
Rouvroy
　ルーヴロワ
　ルヴロワ
　ルーブロア
Rouwenhorst
　ルーヴェンホルスト

Roux
　ル*
　ルー***
　ルー
　ルウ
　ルークス
Rouyer
　ルイエ
　ルーヤー
Rouzaud ルゾー
Rouzbahani
　ルズバハニ
Rouzeau ルゾー
Rouziére
　ルーズィエール
Rouzioux レージオー
Rovana ロバナ
Rovani ロヴァーニ
Rovati ロバッティ
Rovatti ロヴァッティ
Rove ローブ*
Rovell ロベル
Rovelli ロヴェッリ*
Roven ローヴェン
Rovenius ロヴェニウス
Rovenský
　ロヴェンスキー
Rover ロフェール
Rovere
　ローヴェレ
　ロヴェレ
　ロービア
Rovéro ロヴェロ
Roversi ロヴェルシ*
Rovert ロバート
Rovetta ロヴェッタ
Rovezzano
　ロヴェッツァーノ
Rovin
　ロヴィン*
　ロビン
Rovina ロビナ
Rovinski
　ロビンスキー
Rovira ロビラ**
Rovirosa
　ロヴィローザ
　ロビロサ
Rovit ロビット
Rovnyak ロヴィニャク
Rovshan ロフシャン*
Row ロー
Rowa ロワ
Rowaida ロワイダ
Rowan
　ローワン
　ロウアン
　ローウィン
　ローワン**
　ロワン*
Rowand
　ローアンド
　ローワンド
　ロワンド
Rowas ラッワス
Rowat ローワット

Rowbotham
　ローバトム
　ローボサム
　ローボータム
Rowbottom
　ロウボトム
　ローボトム
Rowbury ローバリー
Rowdon ロウドン
Rowdy ロウディ
Rowe
　ロー**
　ロウ***
　ローウェ**
　ロウェ
　ローベ
Rowe-Beddoe
　ローベドウ
Rowell
　ラウエル*
　ローウェル**
　ローエル*
Rowen
　ローウェン
　ローエン
Rowena
　ロイナ*
　ロウィーナ
　ロウィナ
　ローウェーナ
　ローウェナ
Röwenhertz
　レーウェンヘルツ
Rowett
　ローウィット
　ローワット
Rowhani ロウハニ
Rowi ローウィ
Rowicki ロヴィツキ
Rowland
　ロウランド*
　ローランド***
Rowlands
　ロウランズ*
　ローランズ
　ローランズ**
Rowlandson
　ロウランスン
　ローランソン*
　ローランドソン
Rowlard ローラード
Rowledge ラウレッジ
Rowles ロウルズ*
Rowley
　ロウリー
　ロウレイ
　ローリ
　ローリー**
　ローリイ*
　ローレ
Rowling
　ラウリング
　ロウリング
　ローリング**
Rowlings
　ロウリングス
　ローリングズ
Rowlingson
　ローリングスン

Rowlinson
　ローリンスン
　ローリンソン*
Rowly ラウリー*
Rowntree
　ラウンツリー
　ラウントリー*
　ラウントリイ
　ロウントリー*
　ロウントリイ
　ロウントリイ
　ロウントリー
Rowny ロウニー*
Rowohlt ローヴォルト
Rowsch ロージュ
Rowse ラウス*
Rowser ラウサー
Rowson
　ラウゾン
　ローソン*
Rowthon ローソン
Rowthorn ローソン
Rowton ロートン
Roxan ロクサン
Roxana
　ロクサーナ**
　ロクサナ*
　ロサナ
Roxane
　ロクサーヌ
　ロクサヌ
　ロクサンヌ
Roxanē
　ロクサナ
　ロクサーネ
　ロクサネ
Roxanna ロキサンナ
Roxanne
　ロクサナ*
　ロクサーヌ*
　ロクサン
Roxas ロハス**
Roxburgh
　ロクスバーグ*
　ロックスバーグ
　ロックスバラ
Roxby ロックスビー
Roxelana ロクスラーナ
Roxie
　ロキシー
　ロクシー*
Roxin ロクシン
Roxon ロクソン
Roxy ロキシー
Roy
　ロア**
　ロ―イ
　ロイ***
　ロワ***
Rōy
　ラーイ
　ライ
　ラエ
　ローイ*
　ロイ
Roya ロヤ*
Royal
　ロイアル
　ロイヤル**

ロワイヤル**
ロワヤル
Royale ロイアル
Royall ロイヤル*
Roybal ロイバル
Royce
　ホイス**
　ロイス***
Roychowdhury
　ロイチョウドゥーリ*
　ロイチョードゥーリ
Royden
　ロイデン*
　ロイドン*
Royds ロイズ*
Royen ロイエン
Royer
　ロアイエ
　ロイヤー*
　ロワイエ**
　ロワイエー
Royère ロワイエール
Royers ロイヤース*
Royes ロイズ
Royet ロワイエ
Royko ロイコ*
Royle ロイル*
Royler ホイラー*
Roymond ライモンド
Royo ロヨ*
Røys ロイス
Royster ロイスター
Royston ロイストン*
Royte ロイト
Roz
　ローズ
　ロズ*
Roza
　ローザ**
　ロザ
Róza ローザ
Rozach ロザック
Rozakis ロザキス
Rozaliia
　ロザリア
　ロザリヤ
Rozan ローザン**
Rozand ローザンド
Rozann ロザン
Rozanov
　ローザノフ*
　ロザノフ*
Rozanova
　ローザノヴァ
　ローザノヴ
Rozanski ロザンスキ
Rozas ロサス
Rozay ロゼイ
Roze ローズ*
Rozeanu ロゼアヌ*
Rozell ロゼル
Rozelle ロゼール
Rozema ローズマ
Rozen ローゼン**

Rozenbaum
　ローゼンボウム
Rozenberg
　ローゼンバーグ
　ローゼンベルク*
　ローゼンベルグ*
　ロセンベルグ
　ロゼンベールク
　ロツェンベルク
Rozendaal
　ローゼンダール
Rozenfeld
　ローゼンフェルト
Rozenfel'd
　ローゼンフェリド
　ローゼンフェルド
Rozenko ロゼンコ
Rozenn ロゼン
Rozental
　ローゼンタール
Rozental'
　ローゼンターリ
　ロゼンターリ
Rozet ロゼ
Różewicz
　ルジェーヴィッチ
　ルジェヴィッチ
　ルジェビチ
Różewicz
　ルジェヴィチ*
　ルジェビチ
Rozgonyi ロズゴニ
Rozhdestvenskaia
　ロジジェストヴェンス
　　カヤ
Rozhdestvenskii
　ロジェストヴェンス
　　キー**
　ロジェストウェンス
　　キイ
　ロジェストベンスキー
　ロジデストウェンスキ
　　イ
Rozhdestvensky
　ロジェストヴェンス
　　キー
　ロジェストベンスキー
Rozhenko
　ロジェンコ
　ローチェンコ
Rozhestvenskii
　ロジェストウェンス
　　キー
　ロジェストヴェンス
　　キー
　ロジェーストヴェンス
　　キイ
　ロジェストヴェンス
　　キイ
　ロジェストベンスキー
Rozhetskin
　ロジェーツキン
Rozhkova ロシコワ
Rozi ロージー
Rozier
　ロジアー
　ロージエ
　ロジェ
　ロジェ**
　ロズィエール

Rozin ロジン
Rozing ロージング
Rozkošný
　ロズコシュニー
Rozman ロズマン**
Rozmirovich
　ロズミロヴィチ
Roznai ロズナイ
Rožnovská
　ロジノフスカー
Rozov
　ローゾフ**
　ロゾフ
Rozovskii
　ロゾーフスキイ
Rozsa
　ローザ
　ロージャ*
Rózsa
　ローザ*
　ロージャ*
Rózsavölgyi
　ロージャベルギ
Rozsika
　ロジカ
　ロツィカ
Rozsnyói ロズニョイ
Rozukulov ロズクロフ
Rozum ローザム
Rozwadowski
　ロズヴァドフスキ
　ロズヴァドフスキー
Różwicz
　ルジェヴィッチ
Rozy ロージー
Rozycki ロジスキー
Rozyev ロズイエフ
Rozymyrat
　ロズイムイラト
Rrahmani ラーマニ
Rraklli ルラクリ
Rridnik ルイドニク
Rsathōm
　リシャタイム
　リシュアタイム
Rsler レスラー
Rtse mo ツェモ
Rtveladze
　ルトヴェラーゼ
　ルトヴェラゼ
Rua ルア*
Rúa ルア
Ruaidrí ルーリー
Ruairí ローリー
Ruak ルアク*
Ruan
　ルーアン
　ルアン
Ruangroj
　レーアンロード
Ruangsin ルアンシン
Ruangsuwan
　ルアンスワン
Ruanne ルアンヌ
Ruano
　リュアノ
　ルアーノ*

　ルアノ**
Ruano Pascual
　ルアノパスクアル
Ruar ルーア
Ruarus ルーアルス
Ruas ファス
Ruateki ルアテキ
Ruaux ルオー
Rub ラブ
Ruback ルバック
Rubai ルバイ
Rubalcaba
　ルバルカーバ
　ルバルカバ*
Rubaldo ルバルド
Ruban
　ルーバン
　ルバン**
Rubanov ルバノフ*
Rubashevskii
　ルバシェフスキー
Rubashov ルバショフ
Rubashvili
　ルバシュビリ
Rubba ルバ
Rubbia ルビア*
Rubbo ルッボ
Rubboli ルボリ
Rubbra
　ラッブラ
　ラブラ*
　ラブラー
Rubby ルビー
Rube
　ルーブ*
　ルーベ
Rubeis ルベイス
Rubel
　リューベル*
　ルーベル**
　ルベル
Rübel
　リューベル
　ルーベル
Rubell ルベル
Rubellius ルベリウス
Rubem フーベン
Ruben
　リーベン
　リューベン
　ルービン
　ルーベイン
　ルーベン***
　ルーベン
　ルベン**
Ruben̂ ルベン
Rubén
　ルーベン*
　ルーベーン*
　ルベン**
　ルベン
Rubenfeld
　ルーベンフェルト
　ルーベンフェルド**
Rubenhold
　ルーベンホールド
Rubenis ルベニス

Rubens
　リューベンス
　リュベンス
　ルウベンス
　ルーベンス***
Rubenstein
　リュベンスタイン
　ルビンシュタイン
　ルビンスタイン
　ルーベンステイン
　ルーベンシュタイン*
　ルーベンスタイン*
Rubeo ルベオ*
Rüber リューバー
Ruberl ルベール
Ruberwa ルベルワ
Rubes
　ルーバッシュ
　ルーベス
Rubey ルーベイ
Rubi ルビ
Rubiano ルビアーノ
Rubianus
　ルビアーヌス
　ルビアヌス
　ルベアーヌス
Rubie ルビー
Rubienska
　ルビエンスカ
Rubik
　ルビク
　ルービック
Rubiks
　ルビクス
　ルービック
Rubil ルビル
Rubin
　ラビン
　ルービン***
　ルビーン
　ルビン**
Rubina
　ルービナ
　ルビナ*
Rubinchik ルビンチク
Rubine ルビン
Rubinek
　ルビネク
　ルビネック
Rubiner
　ルビーナー
　ルビナ
　ルビナー
Rubinfeld
　ルビンフェルド
Rubinfien
　ルービンファイン
　ルビンファイン
Rubinger
　ルビンジャー
Rubini
　ルビーニ**
　ルビニ
Rubinjoni
　ルビニョーニ
Rubino
　ルビーノ**
　ルビノ*
Rubinoff ルビノフ

Rubinow ルビノウ
Rubinowicz
　ルビノーヴィチ
　ルビノヴィッツ
　ルビノビッツ
Rubinshtein
　ルビインシュタイン
　ルビンシチェーイン
　ルビンスターイン
　ルビンシテイン
　ルービンシテン
　ルビンシュターイン
　ルビンシュタイン
　ルビンシュテイン
　ルビンシュテイン*
　ルービンスタイン
Rubinshteĭn
　ルビンシテイン
Rubinstein
　ルービンシタイン
　ルビンシテイン
　ルービンシュタイン*
　ルビンシュタイン**
　ルービンシュテイン
　ルビンシュテイン
　ルービンスタイン*
　ルビンスタイン**
　ルービンステイン
　ルビンステイン
Rubio ルビオ***
Rubio Rodriguez
　ルビオロドリゲス
Rubios ルビオス
Rubjc ルービック
Ruble ルーブル
Rublevska
　ルブレフスカ
Rublowsky
　ラブロウスキー
Rublyov
　ルブリョーフ
　ルブリョフ
　ルブレフ
Rubner
　ラブナー
　ルーブナー
　ルブナー
　ルブナー
Rubruck ルブルク
Rubruquis
　リュブリュキ
　ルブリック
　ルブルク
　ルーブルック
　ルブルック
Rübsam リュプサム
Rübsamen
　リューブザーメン
Rubtosov ルブツォフ
Rubtsóv ルブツォーフ
Ruby
　リュビ
　リュビー
　ルービー
　ルビ**
　ルビー***
Rubye ルビー
Ruby Rich
　ルビーリッチ

Rucci ルッチ*
Ruccio ルッチオ
Ruccione ルキオーネ
Rucellai
　ルチェッラーイ
　ルチェッライ
　ルチェラーイ
　ルチェライ
Ruch
　ラッハ
　ルーシュ**
　ルーチ
Ruchat ルシャ
Ruchir ルチル
Ruchlis ラクリス
Rucht ルヒト
Ruchti ルフチ
Ruciński ルチンスキ
Rucirawong
　ルチラウォン
Ruck
　ラック
　リュック
　ルック*
Rucka
　ルーカ
　ルッカ**
Ruckauf ルカウフ*
Ruckdeschel
　ラックデュッシェル
Ruckel ルッケル
Ruckelshaus
　ラッケルズハウス*
Rucker
　ラッカー**
　リュケル
　ルカ*
Rücker
　ラッカー
　リュッカー*
Ruckers リュッケルス
Rückert
　リュカート
　リュッカート*
　リュッケルト**
Rucki ルッキ
Ruckman ラックマン*
Rückriem
　リュックリーム
Ruckstull
　ラックスタル
Ruckteschell
　ルックテシェル
Rud ルード
Rūdakī
　ルーダーギー
　ルーダキー
Rudakov ラダコフ
Rudalevicius
　ルダレビチウス
Rudall ルダル*
Rudas
　ルーダス
　ルダス
Rudbeck
　リュードベック
　ルートベック
　ルードベック

Rudbeck ルドベック
Rudberg ラドベルク
Rudd
　ラッド**
　ラデ
Ruddell
　ラデル
　ルデル
Rudden ラデン
Rudder ラダー
Ruddick ラディック
Ruddle ラドル*
Ruddock ラドック
Rude
　リュード
　ルード
Rudé リューデ
Rudeanu ルダノ
Rudel
　リュデル*
　ルーデル*
　ルデール
　ルデル
Rüdel リューデル
Rudelbach
　ルーデルバック
　ルーデルバハ
Rudelson ルデルソン
Rudenberg
　ルューデンベルヒ
Rudenko ルデンコ**
Rudenkov ルデンコフ
Rudenstein
　ルーデンスタイン
Rudenstine
　ルーデンスタイン*
Ruder ルーダー**
Ruderman
　ルーダーマン
　ルダーマン
Rudes ルーズ
Rudetsky ルデツキー
Rudez ルデジ
Rudge
　ラジュ
　ルッジ
Rudgley
　ラジュリー*
　ラジリー
Rudi
　ルーディ*
　ルディ***
　ルディー
Rudiantara
　ルディアンタラ
Rudich ルディヒ
Rudick ラディック
Rudiger
　ラディーガー*
　ラディガー
　リューディガー*
　リュディガー
　ルーティガー
　ルーディガー
　ルディガー
Rüdiger
　リューディーガー
　リューディガー**

リュディガー**
リューディゲル
Rudigier ルディギエル
Rudikoff ルディコフ
Rudin
　ラディン*
　ルーディン
　ルディーン
　ルディン*
Rüdin
　リューディン
　ルディン
Ruding ルディング
Rüdinger
　リューディンガー
Rudini ルディニ*
Rudinì ルディニ
Rudisha ルディシャ**
Ruditis
　ラディティス
　ルディティス
Rudkin
　ラトキン
　ラドキン
Rudko ルドコ
Rudkovskaya
　ルドコフスカヤ
Rudkovsky
　ルジコフスキー
Rudkowski
　ルドコウスキー
Rudley ラドリー
Rudlin ラドリン
Rudloff ルドルフ
Rudman
　ラッドマン
　ラドマン**
Rudmose ラドモーズ
Rudner ラドナー
Rudnev
　ルードニェフ
　ルードネフ
　ルドネフ
Rudnevs ルドニェフス
Rudnianska
　ルドニャンスカ
Rudniańska
　ルドニャンスカ*
Rudnick
　ラドニック*
　ルードニック
　ルドニック*
Rudnicki
　ルドニツキ**
Rudnik ルドニク
Rudnitskaia
　ルドニツカヤ
Rudo ルド
Rudock ルドック
Rudofsky
　ルドフスキー*
Rudolf
　ラウール
　ルゥドルフ
　ルデイ
　ルドフ
　ルドリフ*
　ルートルフ

ルードルフ***
ルドルフ***
ロドルフ
ロドルフォ
Rudolff ルドルフ
Rudolfo ルドルフォ**
Rūdolfs ルードルフス
Rudolifovich
　ルドリフォヴィチ
Rudólifovich
　ルドリフォヴィチ
Rudolph
　リュードルフ
　ルデイ
　ルードルフ**
　ルドルフ***
　ロドルフ
Rudolphus
　ルドルフス**
Rudomina ルドミナ
Rudomino ルドミノ
Rudorf ルドルフ
Rudorff
　ルードルフ
　ルドルフ
Rudoy ルドイ
Rudrața ルドラタ
Rudrauff ルードラウフ
Rudravarman
　ルドラヴァルマン
Rudrawatee
　ルドラワティー
Rudwick
　ラドウィック
　ルドウィック
　ルドヴィック
　ルドビック
Rudy
　ラディー
　ルーディ*
　ルディ**
　ルディー*
Rudyard
　ラジャード
　ラダヤード
　ラッディアード
　ラッドヤード*
　ラッヤード
　ラディヤード
　ラディヤード*
　ラドヤード**
Rudyk ルーディック
Rudzinski
　ルジンスキー
Rudziński
　ルジニスキ
　ルジンスキ
Rudzutak ルヅタック
Rue
　リュ
　リュー
　ルー**
　ルエ
Rué リュエ
Rueben ルーベン
Rueckert ルカート
Rued ルーズ

Rueda
　ルエーダ
　ルエダ**
Ruedemann
　ルーデマン
Ruedi
　リューディ
　ルーディ*
　ルディー
Rüedi リュエデイ
Ruediger
　リューディガー
　ルーディガー
Ruefer ルーファ
Rueff リュエフ
Ruegenberg
　リューゲンベルク
Rueger リューガー
Ruegg
　リューグ
　リュッグ
Rüegg
　リューエック
　リュエッグ
　リューグ
Ruehl
　リュール
　ルール
Ruel
　リュエル*
　ルーエル
　ルエル
　ルール
Rueland リューラント
Ruelius リリアス
Ruell ルエル
Ruellan ルエラン
Ruelle
　リュエル
　ルエール**
　ルエル
Ruenroeng
　ルエンロング
Rueprecht
　リュプレヒト
Ruesch
　リューシュ*
　ロイシュ
Ruess ルイス
Ruët ルーエト
Ruete ルエテ
Rueter リーター
Ruether
　リューサー*
　ルーサー
Ruettgers
　ラトガース
　ラトガーズ
Ruetz リューツ
Ruey ルエイ
Rufai ルファイ
Rufas ルーファス
Rufe ルーフェ
Rufenacht
　ルーフェナハト
Rufer
　ルーファー*
　ルファー

Ruff ラフ**／リュフ／ルフ**
Ruffa ラッファ／ルッファ
Ruffalo ラファロ*
Ruffato ルファート
Ruffel リュッフェル
Ruffell ラッフェル
Rüffer リュッファー
Ruffié リュフィエ
Ruffieux ルフュー
Ruffin ラッフィン／ラフィン*／リュファン
Ruffine リュフィンヌ
Ruffinelli ルフィネリ
Ruffing ラフィング
Ruffini ルッフィーニ*／ルフィーニ*／ルフィニ
Ruffino ルフィーノ
Ruffins ラフィンズ
Ruffle ラッフル
Ruffman ラフマン
Ruffner ラフナー
Ruffo ルッフォ／ルーフォー
Ruffolo ルッフォロ
Rufin リュファン**／ルファン／ルフィン*
Rufina ルフィナ
Rufino ルフィーノ*／ルフィノ*
Rufinus ルフィーヌス／ルフィヌス
Rüfius ルフィウス
Rüfner リューフナー
Rufo ルフォ*
Rüfuer リューフナー
Rufus リュフ／ルーファス***／ルファス／ルーファス／ルフス*
Rúfus ルーフス**
Rūfus ルフス
Rufus Frederick ルウフワス
Rufyikiri ルフィキリ
Rugaas ルーガス
Rugaiya リュゲイア
Rugani ルガーニ
Rugare ルガレ
Ruge ルーゲ**

Rugge ルッジ
Rugen ルーゲン
Rugenberg ルーゲンベルク
Ruger ラガー
Rugg ラッグ*
Rugge ルッゲ
Ruggeri ルッジェーリ／ルッジェリ
Ruggero ルジェロ*／ルッジェーロ*／ルッジェロ*／ルッジェーロ
Ruggerone ルッジェローネ
Ruggie ラギー*
Ruggieri ルジェーリ／ルジェーロ／ルジェロ／ルッジェーリ／ルッジェリ／ルッジェーリ／ルッジェリ
Ruggiero ルジェーロ*／ルジェロ***／ルジェーロ／ルッジェーロ***／ルッジェロ
Ruggiu ルッジウ
Ruggle ルグレ
Ruggles ラグルス／ラグルズ／ラッグルス／ラッグルズ*
Rugh ルー
Rugman ラグマン
Rugo ルーゴ
Rugolo ルゴロ
Rugova ルゴヴァ／ルゴバ**
Rugumayo ルグマヨ
Rugunda ルグンダ
Rugwabiza ルグワビザ
Ruh ルー
Ruhakana ルハカナ
Ruhal ルハル
Rūh Allāh ルーホッラー
Ruhama ルハマ
Ruhamah ルアマー*
Ruhe ルー*
Rühe リューエ*
Ruhemann ルーエマン／ルヘマン
Ruhemburg ルヘンバ
Rūhī ルーヒー
Ruhian ルヒアン*
Ruhindi ルヒンディ

Ruhl ルール
Rühl リュール
Rühle リューレ*
Ruhlemann リューレマン／ルーレマン
Ruhlin ルーリン
Rühling リューリング
Ruhlman ルールマン
Ruhlmann リュールマン／リュルマン
Rühlmann リュールマン／ルールマン
Rühm リューム
Rühman リューマン
Ruhmann リューマン
Rühmkorf リュームコルフ
Ruhmkorff リュームコルフ／リューンコルフ／ルームコルフ
Rühn ルーン
Ruhnau ルーナウ
Ruhnken ルーンケン
Ruhollah ルーホッラー／ルホラ*
Rührold リューロルト
Rui ルイ***
Ruia ルイア
Rui Alberto ルイアルベルト
Ruibal ルイバル
Ruick ルーイック
Rui Costa ルイコスタ
Rui-fang ルイファン
Ruigh ライク
Ruigt ルイクト
Rui-huan ルイホアン
Ruijter ロイトル
Ruijven ルーフェン
Ruillé リュイエ
Ruillier リュイエ*／リュイリエ*
Rui-min ルイミン
Ruin ルイーン
Ruinart リュイナール
Ruipérez ルイペレス
Ruis ルイス
Ruist ルイスト
Ruiter ライター
Ruixi ルイジ
Ruiz ルイース*／ルイーズ*／ルイス***／ルイズ**／ルイツ
Ruíz ルイス
Ruizenar ライゼナール*

Ruiz Esparza ルイスエスパルサ
Ruiz Massieu ルイスマシュー
Ruizpalacios ルイス・パラシオス
Rujiprapa ルッチプラパ
Ru-jun ルーチン
Ruka ルカ
Rukajarvi ルカヤルビ
Rukavina ルカヴィナ
Rukavishnikov ルカヴィシニコフ
Rukavishnikova ルカビシニコワ
Rukenkanya ルケンカニャ
Rukeyser リューカイザー*／リュケイザー／ルーカイザー*／ルカイザー
Rukh ルク*／ルフ
Rukhsana ルクサナ*
Rukiah ルキア*
Rukingama ルキンガマ
Rukiya ルキヤ
Rukl ルークル
Rükl リュクル／ルークル*
Rukman ルクマン
Rukmana ルクマナ*
Rukmiṇī ルクミニー
Rukn al-Dawla ルクヌッダウラ
Ruknu'd-Daulah ルクヌッ・ダウラ
Ruktapongpisal ラクタポンパイサーン
Rukundo ルクンド
Rula ルーラ
Rule ルール**
Rulekan ルールカン
Ruler リューラー*／ルーラー
Rulfo ルルフォ**
Rulhière リュリエール
Ruli ルリ
Rülicke リューリケ
Ruller ルーラー
Rulli ルジ
Rullianus ルリアヌス
Rullier ルリエ
Rullière リュリエール
Rūllus ルルス
Rulman ルールマン
Ruloffs ルロフス
Rulon ルーマン／ルーロン*

Ruma ルーマ／ルマ*
Rumaan ルマーン
Rumaihi ルメイヒ
Ruman ルーマン
Rumas ルマス
Rumbaugh ランバウ／ランボー*
Rumbaut ランバウト
Rumbelow ランベロー
Rumbewas ルンベワス
Rumble ランブル
Rumbold ラムボルド／ランボールド
Rumelant ルメラント
Rumelhart ラメルハート／ルーメルハート
Rümelin リューメリン*
Rumelt ルメルト
Rumen ルーメン／ルメン*
Rumens ルーメンズ
Rumer ルウマア／ルーマ*／ルーマー**／ルーメル／ルメル
Rumford ラムフォード／ランフォード*
Rumhy ルムヒ
Rumi ルーミー*／ルミ
Rūmī ルーミー*
Rumiana ルミアナ
Rumiantsev ルミャンチェフ／ルーミャンツェフ／ルミャンツェフ
Rumianzev ルミャンツェフ
Rumjancevs ルムヤンチェフス
Rümke リュムケ
Ruml ラムル
Rumley ラムリー
Rumm ラム
Rumma ルンマ
Rummé ルメー*
Rummel ラムル／ラメル／ルメル*／ルンメル
Rummell ルンメル
Rummenigge ルンメニゲ*
Rummler ラムラー

Rummo ルッモ	**Rune** ルーネ／ルネ*／ルーン	**Runyon** ラニアン*／ラニャン*／ラニヤン／ラニョン／ラニョン*	**Ruppel** ラペル*	**Rusche** ルーシェ
Rummolo ルモロ			**Rüppell** リュッペル	**Ruschel** ルシェル
Rumney ラムネー			**Ruppenthal** ルッペンソール	**Ruschi** ルスキ
Rumnyov リュムニオーヴ	**Runé** ルネ		**Ruppert** ラパート／リュベール／ルッパート／ルパート	**Ruscio** ラッシオ
Rumohr ルーモーア／ルーモール／ルモール	**Runeberg** リューネベリ／リューネベリー／リューネベレイ／ルーネベリ／ルーネベリー／ルーネベレイ／ルネベレイ	**Ruo** ルオ		**Rusconi** ルスコーニ*
		Ruo-cheng ルオツン		**Rusdi** ラスディ
		Ruoff ルオフ*		**Rüşdi** リュシディ
		Ruohola ルオホラ	**Ruppin** ルッピン*／ルピン	**Ruse** ルース*／ルーズ
Rumor ルモール*		**Ruohonen** ルオホネン		
Rumovsky ルモフスキー		**Ruo-ning** ルオニン	**Rupprath** ルプラト	**Rusedski** ルーゼドスキー*
Rump ルンプ	**Runée** ルネ	**Ruoppolo** ルオッポロ	**Rupprecht** ルプレヒト／ルプレヒト**	**Rusel** ラッセル
Rumpe ルムペ	**Runer** ルーネル*	**Ruo-shui** ルオスウィ		**Ruseler** ルースラー
Rumpel ルムペル	**Runes** リューンズ	**Ruoslahti** ルースラーティ*		**Rusell** ラッセル
Rumpf ルンプ	**Runeson** ルネソン		**Rupprechter** ルプレヒター	**Rusengwamihigo** ルセングワミヒゴ
Rumph リュンフ	**Rung** ルンク	**Ruoss** ルーオス	**Ruprecht** ループレヒト／ルプレヒト／ルプレヒト**	**Rusesabagina** ルセサバギナ*
Rumphius ルンフィウス	**Rungas** ルンガス	**Ruotsalainen** ルオツァライネン／ルオツァライネン		**Rusetsky** ルセツキー
Rumpler ルンプラー	**Runge** ランゲ／ルンケ／ルンゲ**	**Ruo-wang** ルオワン	**Ruqaiya** リュゲイア／ルカイヤ	**Rusev** ルセフ
Rumsby ラムズビー		**Rupa** ルーパー		**Rusevski** ルセフスキー
Rumschöttel ルムシュテル	**Rungeling** ランゲリング	**Rūpanandā** ルーパナンダー	**Ruqaiyyah** ルカイヤ	**Rush** ラッシュ***
Rumsey ラムジー／ラムズイ／ラムゼー／ラムゼイ**	**Rungenhagen** ルンゲンハーゲン	**Rupart** ルパート	**Ruqayyāt** ルカイヤート	**Rushailo** ルシャイロ**
	Rünger リュンガー	**Rupaul** ル・ポール	**Ruqayyatu** ルカヤツ	**Rushall** ラシャル
	Runggaldier ルンガルディア*／ルンガルディエル	**Rupe** ループ／ルペ	**Rurangwa** ルランガァ	**Rushbrooke** ラシブルック／ラシュブルック
Rumsfeld ラムズフェルド***			**Rurarz** ルラッシュ	
Rumshiskii ルウムシスキー	**Rung-nan** ルンナン	**Rupé** ルペ	**Rurema** ルレマ	**Rushby** ラシュビー*／ラッシュビー
Rumyana ルムヤナ*	**Rūnī** ルーニー	**Rupel** ルペル	**Rurer** ルーラー	
Rumyantsev ルミャーンツェフ／ルミャンツェフ／ルミャンツェフ	**Runia** ルーニア	**Rupelle** ルペル	**Ruricius** ルリキウス	**Rushd** ルシュド*
	Runion ラニオン	**Rupen** リュパン／ルーペン／ルーペン	**Rurohusu** ルロフス	**Rüshdi** リュシディ
	Runius ルーニウス		**Rurua** ルルア	**Rushdie** ラシディ／ラシュディ**／ルシュディ*
	Runje ルニェ		**Rürup** リュールップ	
Run ラン	**Runkel** ランクル／ランケル	**Rupert** リュベール／ルーパート*／ルパート***／ルプレヒト／ルペストゥス／ルーベルト**／ルベルト*	**Rury** ルーリー	**Rusher** ラッシャー
Runacre ラナカー／ランエイカー	**Runkevich** ルンケウィチ		**Ruryk** リューリック*	**Rushfirth** ラシュファース
Runaldo ルナルド**	**Runkle** ランクル		**Rus** ラス*／ルス	**Rushforth** ラッシュフォース
Runar ルナール	**Runńee** ルネ		**Ruşāfi** ルサーフィー	**Rushin** ラッシン／ルーシン
Rúnar ルナー	**Runnells** ラネルズ	**Ruperti** ルペルティ	**Rusak** ルサク	
Runberg ランベール	**Runnels** ラネルズ／ランネルス／ランネルズ*	**Ruperto** ルベルト*	**Rusakevich** ルサケビッチ	**Rushing** ラッシング**
Runcie ランシー*		**Rupertus** ルパータス／ルペルトゥス*	**Rusakov** ルサコフ*	**Rushiti** ルシティ
Runciman ランキィマン／ランシマン***／ランシュマン／ルンシマン	**Runnerström** ルーネルストロム*	**Rupesh** ラペシュ	**Rusalem** ルザレム	**Rushkoff** ラシュコフ*
Runcorn ランカーン／ランコーン	**Runnicles** ラニクルズ*	**Rupesinghe** ルペシンゲ**	**Rusalka** ルザルカ	**Rushman** ラシュマン
Rund ルード／ルント／ルンド	**Running** ランニング	**Rūphīnos** ルピノス	**Rusanov** ルサーノフ	**Rushmer** ラシュマー／ラッシュマー
	Runnion ルニオン	**Rupi** ルピ	**Rusanova** ルサノワ	
	Runnoe ラノー	**Rupiah** ルピヤ**	**Rusas** ルサス	**Rushmore** ルシモーア
Runde ルンデ	**Runnström** ルンストレーム	**Ruping** リューピング／ルービン	**Rusbridger** ラスブリッジャー*	**Rushnell** ラッシュネル*
Rundel ルンデル	**Runö** ルノ	**Rupiper** ルパイパー	**Rusbult** ラズバルト	**Rushton** ラシュトン*／ラッシュトン
Rundell ランデル	**Run-sheng** ルンセン	**Rupley** ラプリー	**Rusca** ルスカ	
Rundgren ラングレン**／ルンドグレン*	**Runswick** ランズウィック	**Rupnik** ルプニク	**Rusch** ラッシュ**／ルス／ルッシュ	**Rushwal** ルシュワル
	Runucci ラヌッチ	**Rupo** ルポ*	**Ruscha** ルーシェ／ルシェ*／ルーシェイ／ルッシェ	**Rushworth** ラシュワース／ラッシュワース*
Rundstedt ルントシュテット*	**Runyan** ラニアン／ラニヤン／ラニヤン**	**Rupp** ラップ*／ルップ**		**Rusi** ルシ
			Ruschak ラスチャク	**Rusie** ルーシー／ルージー

Rusin ルシン
 ラシン
 ルーシン
Rusiná ルシーナ
Rusinek ルシーネック
Rusiñol
 ルシニィオル
 ルシニョール
Rusinov ロシノフ
Rusinová
 ルスィノヴァー
Rusk ラスク**
Ruska ルスカ**
Ruskan ラスカン
Ruske ルスケ
Ruskin ラスキン**
Rusko ルスコ
Ruskol ルスゴル
Rusković ルスコビッチ
Ruskovich
 ラスコヴィッチ
Ruskyle ルスキル
Ruslan ルスラン***
Ruslana ルスラナ
Rusland ルースランド
Ruslanov ルスラーノフ
Ruslanova
 ルスラノーヴァ
Rusli ルスリ*
Rusmajli ルスマイリ
Rusmussen
 ラズムッセン
Rusnak
 ルスナク
 ルズナック
Rusnati ルスナーティ
Rusney ルスネイ
Rušnok ルシュノク
Rusnoku ルシュノク
Russ
 ラス***
 ルース*
 ルス*
 ルッス
 ロス
Russa
 ルーサ
 ルッサ
Russbüldt
 ルスブュルト
Russeell ラッセール
Russeil ルュセイユ
Russek ルセック
Russel
 ラッスル
 ラッセル***
Russel' ラッセル
Russell
 ラス**
 ラッセル
 ラセル
 ラッセル***
 ラッセル*
 ルス*
 ルッセル
Russelle ラッセル

Russert ラサート
Russet ルッセ
Russett ラセット**
Russi
 ルシー
 ルッシ
 ルッシィ*
Russianoff
 ラシアノフ
Russie ルシー
Russier リュシェ
Russikoff ルシコフ
Russin ラッシン
Russinova
 ルッシノヴァ
Russinovich
 ルシノビッチ*
Rußmeyer
 ルスマイアー
Russo
 ラッソ*
 ルーソー
 ルソ
 ルッソ***
 ロッソ
Russolo ルッソロ
Russom ルソム
Russu ルッス
Russwurm
 ラスヴルム
 ルスヴルム
Rust
 ラスト**
 ルースト
 ルスト*
Rusta ルスタ
Rustadstuen
 ルスタードスツーネン
Rustaing リュスタン
Rustam
 ルスタム***
 ロスタム
Rustamova ルスタモワ
Rustaveli
 ルスタヴェーリ
 ルスタヴェリ
 ルスタベリ
Rustem ルステム
Rüstem
 リュステム
 ルュステム
Rustemier
 ラストマイアー
Rustenbekov
 ルステンベコフ
Rüster リュスター
Rusterholz
 ルスターホルツ
Rustgi ラストジ
Rustichelli
 ルスティケッリ*
Rustichello
 ルスティケッロ
Rustici ルスティチ
Rusticiano
 ルスティケッロ
Rustico ルスティコ

Rusticus ルスティクス
Rūsticus ルスティクス
Rustin ラスティン*
Rustioni
 ルスティオーニ*
Rustmann
 ラストマン*
Rustomji ルストムジ
Ruston ラストン
Rustow リュスター
Rüstow
 リュストー
 リュストフ
Rustu ルシュテュ
Rusty ラスティ**
Rusu
 ルースー
 ルス
Rusuti ルスーティ
Ruswā ルスワー
Rusyi ルスイ
Rusza ルサ
Ruszala ラスザラ
Ruszczynski
 ルーゼンスキー
Ruszka ルスカ
Rut
 ルット
 ルート
Ruta
 ルータ*
 ルタ*
Rūta ルータ
Rutanya ルタニア
Rutebeuf
 リュトブフ
 リュトブフ
 リュトブフ*
Rutecki ルテッキ
Rutelli ルテリ*
Rutenberg
 ルーテンベルク
 ルーテンベルグ
Rutenus ルテーヌス
Ruter リュテル
Rüter リューター
Rutes ルテス
Rutger
 ラトガー
 ルトガー**
Rutgers
 ラトガーズ
 ルトヘルス
Ruth
 ラス
 リュト
 ルース***
 ルス*
 ルチ
 ルーツ
 ルツ*
 ルート***
 ルト
Ruthann ルーサン
Ruthardt
 ルートハルト

Ruthenberg
 ルーセンバーグ
Rüther ルター
Rutherford
 ラザアフォード
 ラザーフォード*
 ラザフォード***
 ラザフォド
 ラザンフォード
 ルサフォード
Rutherfordo
 ラザフォード
Rutherfurd
 ラザファード**
Rutherglen
 ルーサーグレン
Ruthers リュータース
Ruthie ルーシー
Ruthström
 ルトストレーム
Ruthven
 ラスヴェン
 ラトフェン
 リヴァン
 リズン*
 ルースヴェン*
 ルースヴン
 ルースベン
 ルスベン
Ruthy ルースィ
Rutigliano
 ルティリアーノ*
Rutilio ルティーリオ
Rutilius
 ルチリウス
 ルティーリウス
 ルティリウス
Rutīlius ルティリウス
Rutilus ルテイルス
Rütimeyer
 リューティマイアー
Rutini ルティーニ
Rutka ルトゥカ
Rutkiewicz
 ルトキェヴィチ
 ルトキエビッチ
 ルトケビッチ
Rutkoski ルツコスキ*
Rutkowska
 ルトコフスカ*
Rutkowski
 ルトコウスキー*
 ルトコフスキ
Rutland
 ラットランド
 ラトランド*
Rutledge
 ラットレッジ
 ラトリジ
 ラトリッジ**
 ラトレッジ*
 ルートレッジ
 ルトレッジ*
Rutman ラットマン*
Ruto ルト
Rutqvist
 ルトクヴィスト
Rutschow ルチョウ*
Rutskoi ルツコイ**

Ruttan
 ラタン*
 ラッタン
Rutte
 ラッテ
 ルッテ*
Rutteman ルテマン
Rutten
 リュッタン
 ルッテン
 ルテン
Rütten リュッテン
Ruttenberg
 ルッテンバーグ
Ruttencutter
 ルーテンカッター
Rutter
 ラター*
 ラッター*
 ルッター*
Rüttermann
 リュッターマン
Rütting
 リュッティンク
Ruttle ラトル
Ruttledge
 ラットレッジ
Ruttman
 ラットマン
 ルットマン
Ruttner ルットナー
Rutto ルト
Rutu ルートゥー
Rutych ルートウィッチ
Rutyens ルーチェンス
Rutz ルッツ
Rutzen ルッツェン
Ruud
 リュート
 ルー
 ルート**
 ルード*
Ruuhonen
 ルウホーネン
Ruurs ルアーズ
Ruusbroec
 ルースブルック
Ruuska ルースカ
Ruuskanen
 ルースカネン
Ruusuvuori
 ルースブオリ
Ruut ルート*
Rüütel
 リュイテリ*
 リューテル
 ルーテル
Ruuth ルート
Ruvim ルビム
Ruvin ルービン
Ruvinskis
 ルヴィンスキース
Ruvkun ラブカン
Ruwas ルワス
Ruwayshan
 ルワイシャン
Ruwet リュウェー

Ruxanda ルクサンダ
Ruxton
　ラクストン
　ラックストン*
Ruy
　リュイ
　ルイ***
Ruyer
　リュイエ
　リュイエール
Ruyle ライル*
Ruysbroeck
　ライスブルック
　ルイスブルック
　ルブルク
　ルブルック
　レイズブルーク
　ロイスブルーク
　ロイスブルック
Ruysbroek ルブルク
Ruysch
　ライス
　ルイシュ
　ロイス
Ruysdael
　ライスダール
　ライズダール
　ライズディール
　ルイスダール
　ロイスダール
Ruyter
　ライテル
　ロイテル
Ruyven ラウフン
Ruz ルス*
Ruzaimi ルザイミ
Ruzana ルザナ
Ruzavin ルザービン
Rūzbihān
　ルーズビハーン
Ruzek ルゼク
Ruzhinska ルジンスカ
Ruzicic Benedek
　ルジチッチベネデク
Ruzicka
　ルジツカ
　ルージッチカー
　ルツィカ
Ružička
　ルジーチカ
　ルジチカ
　ルチッカ
Růžička
　ルージチュカ
　レジーチカ
Růžičková
　ルージチコヴァー
Růžičková
　ルージチコヴァー
Ruziczka ルツィチュカ
Ruziev ルジエフ
Ruziia ルジヤ
Ruzimatov
　ルジマートフ*
　ルジマトフ
Ruzo
　ルーソ
　ルゾー

Ruzzante
　ルザンテ
　ルッザンテ
　ルッツァンテ
Ruzzier ルッツィア
Ruzzini ルッツィーニ
Ruzzolone
　ルッツォローネ
Rwabuhihi ルワブヒヒ
Rwabwogo ルワブオゴ
Rwakaikara
　ルワカイカラ
Rwangombwa
　ルワンゴムブワ
Rweyemamu
　ルウェエマム
Rwomire ウォミル
Ry ライ*
Ryabchinskaya
　リャブチンスカヤ
Ryabev リャベフ
Ryabko リャブコ
Ryabov リャボフ
Ryabushkin
　リャーブシキン
Ryacudu リャクドゥ
Ryahov リャホフ
Ryajiski リャジスキー
Ryal ライアル
Ryall
　ライアル
　ライオール
　リアル
Ryalls ライアルズ*
Ryamizard
　リャミザルド
Ryan
　ハイアン*
　ライアン***
　リアン
　リャン
Ryander リャンダー
Ryane ライアン
Ryang リャン**
Ryanne ライアン
Ryans ライアンズ
Ryave ライヴ
Ryazanov
　リアザノヴ
　リアザノフ
　リャザッフ
　リャザーノフ*
　リャザーノフ**
　リャザノフ
Ryazanova
　リャザノヴァ
Ryazanovskii
　リャザノフスキー
Ryba
　リーバ
　リバ
Rybach リュバック
Rybachuk
　ルイバチュク
Ryback ライバック**

Rybak
　リバック
　リューバック
　ルイバク
Rybakina ルバキナ
Rybakou
　リバコ
　ルイバコウ
Rybakov
　リバコフ*
　ルイバコフ*
　ルイバコフ**
Rybalka リバルカ
Rybczynski
　リブジンスキー*
　リブチンスキ
　リブチンスキー
　リブチンスキー*
　リブティンスキー
Rybczyński
　リブチンスキ
Ryberg
　リュベア
　リュベリ
Rybicki リビッキ
Rybin
　リビン
　ルイビン
Rybka リブカ
Rybkin ルイブキン*
Rybnikov
　ルイブニコフ
Rybtsov ルプツォーフ
Rybus リブス
Rycaut ライコート
Ryce ライス*
Rychely リチェーリ
Rychen ライチェン
Rychetsky
　リヒェツキー
Rychetský
　リヒェツキー
　リヘツキー
Rychlicki
　リフリツキ
　ルイフリツキ
Rychner
　リーヒナー
　リヒナー
　リュヒナー
Ryck リック*
Ryckeman ライケマン
Ryckman リックマン
Ryckmans
　リックマンス
Rycroft ライクロフト
Rydahl
　ライダル
　リュダール*
Rydbeck リードベック
Rydberg
　リードベリ
　リードベリー
　リドベリ
　リードベルイ
　リュードベリ*

　リュードベリー
　リュードベリイ
　リュードベルイ
Rydeen ライディーン
Rydel リデル
Rydell
　ライデル*
　リデル
Ryden
　ライデン*
　リデン
Rydén リデン
Ryder
　ライダー***
　ライデル
Ryding ライディング
Rydlewicz
　リドレビクツ
Rydnik ルイドニク
Rydvall リドヴァル
Rydygier リディギール
Rydz
　リツ
　リッツ
Rydze ライズ
Rydzek ルゼック*
Rye
　ライ
　リュエ
Ryemyen リエミエン
Ryeo-ryeong
　リョリョン
Ryeowook リョウク
Ryer
　ライア
　ライヤー
　リエ
Ryerson
　ライアスン
　ライアーソン
　ライアソン
Ryf リフ
Ryffel
　リッフェル
　リューフェル
Ryga
　リーガ
　リガ*
Ryge ライジ
Rygge リッゲ
Ryhal リハル
Ryhor リホール**
Ryk ライク**
Ryken ライケン
Rykiel リキエル**
Rykine ルイキン
Rykov
　ルイコーフ
　ルイコフ
Rykova ルイコワ
Rykwert リクワート*
Rylan ライラン
Rylance ライランス*
Ryland ライランド

Rylander ライランダー
Rylands ライランズ*
Rylant
　ライアント
　ライアント**
Ryle ライル**
Rylee ライリイ
Ryleev
　ルイレーエフ
　ルイレーエフ
Ryles
　ライル
　ライルス
Ryll リル
Ryllis
　ライリス
　リリス
Rylov リロフ*
Rylova リロワ
Rýlskii ルイリスキー
Rylsky ルイリスキー
Ryman ライマン***
Rymaszewski
　リマズイスキー
　リマツェウスキ
Rymer ライマー**
Rymes ライムズ*
Rymzhanov
　リムジャノフ
Ryn リン
Rynck リンク
Rynders
　ラインダース
　リンダース
Ryndin ルイーンジン
Ryndina ルインジナ
Ryne ライン**
Rynearson ライナソン
Ryner リネル
Ryneveld
　ラインベルド
Rynn リン
Rynne リン
Rynsch リンシュ*
Rynveld リンヴェルド
Ryom
　リオム*
　リョム
Ryon
　ライアン
　ライオン
Ryon-chul
　リョンチュル
Ryong-chon
　リョンチョン
Ryong-guk リョングク
Ryong-hae リョンヘ*
Ryong-nam
　リョンナム
Ryong-yun リョンヨン
Ryon-mi リョンミ
Ryoo リュ*
Rypakova
　ルイバコワ**

Ryrie ライリー**	Ryzhova ルイジョヴァ	Saadat サアーダット／サーダット	Saaristo サーリスト	Sabarno サバルノ	
Ryril ライリー	Ryzhuk リジュク	Sa'ādat サアーダット	Saarki サルキ	Sabaroche サバローチ	
Rysaliyev ルイサリエフ	Ryzih リジャ	Sa'adat サーダット	Saarlas サーラス	Sabartes サバルテ	
Rysanek リーザネク／リザネク／リザネック	Ryzl リーズル	Saadawi サーダウィ**	Saarni サーニ	Sabas サバス	
	Rýzl リーズル	Saade サーデ	Saarvala サールバラ	Sábas サバス	
	Ryzuk リザック	Saadegh サーデグ	Sa'at サアット**	Sabata サーバタ／サバータ／サバタ	
Rysbek リスベク*	RZA レザ	Saadi サアディ*／サーディ	Saatchi サーチ		
Rysbrack ライスブラック／ルイスブラック	Rza レザ		Saathoff サートホフ		
	Rzany ジャニ／ルザニー／ルジャニ	Sa'adi サアディ／サーディ	Sā'ātī サーアーティー	Sabaté サバテ	
Ryschkewitsch リシュケビッチ			Saaty サアティー／サーティ／サーティー	Sabatelli サバテッリ	
	Rzasa ルザサ	Saadia サアディア／サディア／サーディヤ		Sabath サバス	
Ryse ライス	Rzepczynski ゼプコウスキー		Saavedra サアベドゥラ／サアベドラ*／サーヴェドラ／サーベドラ*	Sabathia サバシア**／サバティア	
Ryskal リスカル／ルイスカリ	Rzepka ジェプカ	Saadna サードゥナ		Sabatier サバチェ／サバチェー／サバチエ*／サバチエー*	
	Rzepko ジェプコ	Saadoun サアドゥン／サアドン／サデューン			
Ryskind リスキンド	Rzepkowski レプコウスキー		Sab サブ		
Ryss ルイス	Rzepnicki ザプニッキ	Sa'adoun サアドン*	Saba サーバ*／サバ**／シェバ／シバ	Sabatine サバティーン／サバティン	
Rysselberghe レイセルベルヘ	Rzewski ジェフスキ*／ジェフスキー	Saaeed サイード*		Sabatini サバチィーニ／サバチーニ*／サバチニ*／サバティーニ*／サバティニ	
Ryszard リシャルト***／リシャルド／ルイシャルド	Rzewuski ジェヴスキー／ジェヴスキ	Saaf サーフ*	Saba' サバ／サバー		
		Saafan サーフアン	Sabā' サバー		
		Saafire サーフイアー	Şabā サバー		
Ryther リッター	Rzhanitsyn ルジャニーツィン	Saag サーグ			
Ryti リュティ	Rzheshevsky ルイトヘウ／ルイトヘウ*	Saah サア	Sabaa サバア*	Sabatino サバティーノ	
Rytka リトゥカ		Saaidi サーイディ	Sabada サバダ	Sabato サバト*	
Rytkheu ルイトヘウ／ルイトヘウ*	Rzhetskaia ルジェツカヤ	Saakadze サアカーゼ	Sabadino サバディーノ	Sabàto サバト／サバトー	
Rytkhzu ルイトヘウ	Rzhevskaya ルジェフスカヤ	Saakashvili サアカシュヴィリ／サアカシュビリ／サーカシヴィリ*／サーカシビリ	Sabah サバ／サバーハ／サバハ**／サバヒ	Sábato サバト***	
Rytter リッター	Rzhevskii ルジェフスキー			Sabatucci サバトゥッチ	
Rytter Juhl リターユヒル	Ržiha ルジーハ	Saakovich サーコヴィチ／サハキ	Şabāḥ サバーハ／サバーフ	Sabba サッバ	
Rytz ライツ	Rzishchin ルジーシン	Saalah サラ	Sabahattin サバハッティン*	Sabba'e サバエ	
Ryu ユ*／リュ**／リュー*／リュウ		Saalburg サールバーグ	Şabāḥī サバーヒー	Sabbagh サバー／サバーグ／サバフ	
	【S】	Saaler サーラ	Sabaï サバイ		
		Saalfeld ザールフェルト	Sabais サバイス	Sabbah サバ*／サバー	
Ryumin リューミン	Sa サ***／サー*	Saalman サールマン／サルマン	Sabaite サバイテ		
Ryun ライアン	Sá サ	Saam サーム	Saball サバル	Sabbāh サッバー／サッバーフ／サッバーフ	
Ryunosuke リュウノスケ	Să サ	Saar サー／サール／ザール*	Sabalsajaray サバルサハライ		
	Ša シャ		Sabana サバナ	Sabbaka サッバカ	
Ryurik リューリク／リューリック／ルーリック	Saa サー／サーア／サア	Sa'ar サール	Sabanci サバンジ／サバンジュ	Sabbakāma サッバカーマ	
Ryurikov リューリコフ	Saá サア	Saara サラ	Sabancı サバンジュ	Sabbakāmi サッバカーミ	
Ryutin リューチン	Saad サアード／サアド***／サート／サード***	Saarasin サーラシン	Sabaneev サバニエフ／サバーネエフ／サバーネエフ*	Sabbamitta サッバミッタ	
Ryuytel リュイテリ／リュイテル		Saarela サーレラ		Sabban サバン	
Ryves ライヴズ	Sa'ad サアド／サード	Saarepuu ソーレプー		Sabbarese サバレーゼ	
Ryza ライザ	Saâd サアド	Saari サーリ	Sabanis サバニス	Sabbatai サバタイ	
Ryzhenko ルジェンコ	Saada サーダ	Saariaho サーリアホ	Sabara サバラ	Sabbathino サッパティーノ	
Ryzhii リジイ	Saadah サアダ	Saarikoski サーリコスキ	Śabarasvāmin シャバラスヴァーミン／シャバラスバーミン	Sabbatini サッパティーニ**／サバティーニ	
Ryzhik リュジク	Sa'adah サアーダ	Saarinen サーリネン**／サリネン			
Ryzhkov リジコフ／ルイシコフ**／ルイジコフ	Saadaoui サーダウイ	Saarinin サーリネン	Sabari サバリ	Sabbatino サバティーノ	
			Sabariah サバリア		
			Śabaripā シャバリパー		

Sabbatius サバティウス
Sabbattini サッバティーニ
Sabbiō サッビオ
Sabbouni サブニ
Sabdarat サブダラト
Sabean セイビアン
Sabee シェバ / シバ
Sabeh サバハ / サーベ
Sabejew サベエフ
Sabel セーブル*
Sabella サベッラ / サベーラ*
Sabelli サベッリ*
Sabellius サベッリウス / サベリウス
Saber サベール / サベル
Säber サービル / サーベル
Sabera サベーラ
Saberhagen セイバーハーゲン / セイバーヘイゲン / セイバーヘーゲン / セーバーヘーゲン*
Saberi サベリ*
Sabetti サベッティ*
Sabhan サブハン
Sabhapathi サバーパティ
Sabhavasu サバーワス
Sabhiya サビヤ
Sabi サビ*
Sābī サービー
Šabić シャビッチ
Sabicas サビーカス / サビカス
Sābi'ī サービイー
Sabile サビル
Sabin サヴィン / サバイン / サバン / サービン* / サビン* / セイビン* / セービン**
Sab'īn サブイーン
Sabina サビーナ* / サビナ**
Sabine サヴィーヌ / サビーヌ** / ザビーヌ / サビーネ / サビーネ

ザビーネ** / ザビネ**
サビーン / サビン* / セイバイン* / セイビン / セービン
Sabines サビネス*
Sabinianus サビニアーヌス / サビニアヌス
Sabinin サビニン
Sabino サビーノ / サビノ
Sabinus サビーヌス / サビヌス
Sabio サビオ
Sabiou サビウ
Sabirov サビロフ
Sabirova サビロワ
Sabiston サビストン
Sâbit サービト
Sabitov サビトフ
Sabitzer サビツァー
Sabium サビウム / サーブム
Sabkoff サブコフ
Sable サブレ / セイブル
Sablière サブリエール
Sablikova サブリコヴァ
Sáblíková サブリコヴァ / サブリコバ
Sablina サブリナ
Sabloff サブロフ*
Sablon サブロン*
Sabnani サブナニ
Sabnis サブニス
Sabo サボ / セイボー
Sabock サボック
Sabogal サボガル
Saboji サボジ
Sabol サボール
Sabolo サボロ
Saboly サボリ
Sabom セイボム
Sabonis サボニス
Sabonnadière サボナディエル
Sabor サバー
Saborido サボリド
Saborío サボリオ
Saborit サボリト
Sabot サボ
Saboto サボト

Sabounjian サバンジヤン
Sabouraud サブロー*
Sabouret サブレ**
Sabourin サブーラン
Sabovcik サボフチク
Saboya Sunyé サボヤスンエ
Sabra サブラ**
Sabral サブラル
Sabran サブラン
Sabraw サブロー / サブロウ
Sabre サブレ / セイバー
Sabri サブリ*
Sabrī サブリ* / サブリー
Sabrī サブリー
Sabrina サブリーナ / サブリナ**
Sabriye サブリエ*
Sabrosa サブローサ* / サブローザ*
Sabry サブリ / サブリー
Sabsay サブセイ
Sabsu サブス / サブス
Sabti サブティ / サブティー*
Sabu サブー
Sabuco サブコ
Sabuda サブダ*
Sabunde サブンデ
Sabuni サブニ
Sabūr サブール
Saburi サブーリー
Saburov サブーロフ*
Sabyr サブイル
Sabzavārī サブザヴァーリー
Sabzawārī サブザワーリー
Saca サカ*
Sacagawea サカガウィーヤ / サカジャウィーア / サカジャエア
Sacasa サカサ
Sacay セーケイ
Sacca サッカ
Saccà サッカ
Saccaka サッチャカ
Saccani サッカーニ
Saccaro サッカロ
Saccheri サッケーリ*

サッケリ
Sacchetti サケッティ* / サッケッティ*
Sacchi サッキ***
Sacchini サッキーニ
Sacchoni サッコーニ
Sacco サッコ*
Sacconi サッコーニ / サッコニ
Sach サック / サッチ
Sacha サーシャ* / サシャ** / サチャ / サッシャ**
Sachanen ザハネン
Sachar サッカー** / サッチャー* / ザハル
Sacharin サカリン
Sacharow サハロフ
Sachau ザッハウ / ザハウ
Sachchidānand サッチダーナンド*
Sa chen サチェン
Sachenbacher ザッヘンバッハー**
Sachenko サチェンコ
Sacher ザッハー** / ザッハア / ザッヒャー / ザッヘル* / ザハル
Sacheverell サシェヴァレル / サシェヴェレル / サチヴェレル / サッシェヴァレル
Sachi サチ*
Sachin サチン*
Sachs サクス / ザークス / ザクス / ザックス*** / ザックス*** / サッシュ
Sachse サクゼ / ザクセ / サックス / ザクセ
Sachsen ザクセン
Sachtjen サッチェン
Sachville サックヴィル
Sachy サシー
Saci サシ / サチ*

Sack サック**
Sack* ザック*
Säcker ゼッカー*
Sackett サケット**
Sackey サッキー
Sackheim サックハイム / ザックハイム
Sackman ザックマン
Sackmann ザックマン
Sackner サックナー
Sacks サックス** / ザックス
Sackson サクソン
Sackstein サックシュタイン
Sackville サクヴィル* / サックヴィル* / サックビル*
Sacky サッキー
Saconi サコン
Sacquin サカン
Sacramentado サクラメンタド
Sacramento サクラメント
Sacramone サクラモーン*
Sacranie サクラニー
Sacrati サクラーティ
Sacre サクレ
Sacré サクレ*
Sacristan サクリスタン
Sacrobosco サクロボスコ
Sacshko サシェコ
Sacvan サクヴァン*
Sacy サーシー / サシ / サシー / サスイ
Sad サード
Sa'd サアド / サード
Sa'd サアド / サード
Sada サダ
Sad'aa サダ
Sadakabatu サダカバツ
Sadakov サダコフ
Sadalage サダラージ
Sa'd al-Dīn サアドゥッディーン / サアドゥディーン
Sádalláh サダラ
Sadananda サダナンダ
Sadānanda サダーナンタ / サダーナンダ

Sadang サダン
Sadarang サダラング
Sadaruddin サダルディン
Sadāśiva サダーシヴァ
Sadat サダット / サダト* / サダド
Sādāt サーダート / サダト*
Sadava サダヴァ
Sadavoy サダヴォイ
Sadawi サーダウィ
Sadāwī サアダーウィー
Sa'dāwī サアダーウィー / サーダウィ / サーダウィー
Sadd サッド
Saddam サダム**
Ṣaddām サダム / サッダーム
Saddhatissa サダーティッサ*
Saddi サーディ
Saddique サディク
Saddler サドラー**
Saddy サディ
Sade サァド / サド* / シャーデー* / セイドゥ
Sâdea サーデク
Sadecki サデッキー* / サデツキ
Sadeddin サアデッディン / サーデッティン / サーデッディン
Sadée サデー
Sadeg サデク
Sādeg サーデグ
Sadegh サーデク / サーデグ / サデグ
Sâdegh サーデク / サーデグ*
Sadeh サデー*
Sadek サーディク / サデク
Sadeler サーデレル
Sadelher サデレー
Sadeq サーデク / サデク*
Sādeq サーデク*
Sadeqbonab サデクボナブ

Sadeque サデク
Sader サデル
Sadero サデーロ
Sadettin サデッティン
Sadhguru サドグル
Sadi サジ / サディ*
Sa'd-i サアデ
Sa'dī サアディー / サーディ / サーディー
Sa'di サアディー / サーディ / サディ
Sadi サアディー
Sadibou サディブ
Sadie サディー / セイディ* / セイディー* / セイディ / セーディ**
Sadig サディク / サディグ
Sadik サディク* / サディック**
Sadikin サディキン*
Sadil サデイル / ザーディール
Sadio サディオ
Sadiq サーディキー / サーディク / サディク** / サディク
Sadi1 サディク
Ṣadīq サディーク
Ṣādiq サーディク
Ṣādiqī サーディキー
Sadique サディック
Sadirin サディリン
Sadissou サディス
Sadja サジャ
Sadka サッカ
Sadker サドカー
Sadleir サドラー
Sadler サッドラー / サドラー*
Sadler-Smith サドラースミス
Sadli サドリ
Sadlier サドリアー
Sadlo ザードロ / ザドロ
Sádlo サードロ
Sado サド
Sadoc サドック

Sadock サドック* / セイダック
Sadoddin サドディン
Sadok サドク
Sādôk ザードーク / ザドク / ツァードーク / ツァドク
Sadoleto サドレート / サドレト
Sadoon サアドゥン / サアドン / サデューン
Sadoth サドト
Sadou サドゥ
Sadoul サドゥール**
Sadoun サドゥン
Sa'doun サドゥーン
Sadouqi サドゥギ
Sadova サドワ
Sadoveanu サドヴァーヌ / サドヴェアーヌ / サドヴェアヌ / サドヴェアーヌ / サドヴァス* / サドベアヌ / サドベヤス
Sadović サドビッチ
Sadovnichy サドーヴニチ / サドーヴニチィ** / サドーヴニチ
Sadovnikov サドフニコフ / ザドーフニコフ
Sadovnycha サドフニチャ
Sadovskaia サドフスカヤ
Sadovskaya サドフスカヤ
Sadovsky サドフスキー
Sadovyi サドウィ
Sadowski サドウスキー* / サドフスキ
Sadowski Synnott サドフスキシノット
Sadowsky サドウスキー
Sadr サドル*
Ṣadr サドル
Sadra サドラー
Ṣadrā サドラ / サドラー
Sadrach サドラフ
Ṣadr al-Dīn サドルッディーン
Sadri サドゥリ / サドリ

Sadria サドリア*
Sadriddin サドリーディン / サドリディン / サドリドジン
Sadriu サドリウ
Sadruddin サドルディン*
Sa'du'd-Dīn サアドゥッ・ディーン
Sa-dug サドク
Sadula サドゥラ
Sadulaev サドゥラエフ
Sadulayev サドゥラエフ
Sadulayeva サドゥラエワ
Sadullah サドラ
Sadun サドゥン
Saduqa サドゥカ / サドゥクヤ / ツァドゥカ
Sadur サドゥール
Sadurska サドゥルスカ
Sadva サドワ*
Sadvyi サドウィ
Sady サディ
Sadyattes サデュアッテス
Sadykov サディコフ* / サドイコフ
Sadyr サディル
Sadzeck サゼック
Šadžius シャジュス
Saeb サーエブ / サエブ
Sā'eb サーエブ
Saebø セービュ
Saed サイード
Sā'edī サーエディー
Saeed サイード** / サイド* / サエード
Sa'eed サイード
Saéed サイード
Saeedi サイーディ
Saeedikia サイーディキア
Saeed Lou サイドルー
Sae-Eun セウン
Saei サエイ**
Saeid サイード
Saeijs サイス
Sae-jik セジク**
Saeks セイクス
Sae-kwon セグォン
Saelig セイリグ
Saemundr サイムンド

Saeimundr セイムンド
Saemundr サイムンドル
Saemundur サイムンドゥル
Saen セーン
Saendou センドゥ
Saenger センガー / ゼンガー
Saengprathum セーンプラトゥム
Saengsingkaew センシンゲーオ
Saenko サエンコ
Saenmuangma セーンムアンマー
Saenredam サーンレダム
Saëns サーンス* / サーンズ
Saenz サエンス
Saénz サエンス
Sáenz サエンス*
Sáenz De Santamaría サエンスデサンタマリア
Saer サエール
Saether セザー
Saetiabuddhi スティアブディ
Sætre サトレ
Saetti サエッティ
Saeverud セーヴェルー
Saez サエズ
Sáez サエス
Safa サファ
Safaa サファー
Safa al-din サファアディン
Safadi サファディ*
Safanda サフォンダ
Safar サファー / サファル*
Ṣafar サファル
Safarali サファラリ
Šáfařík シャフジーク / シャファーリク
Safarov サファーロフ / サファロフ
Safarova サファロバ
Šáfářová サファロバ
Safaryan サファリャン
Safayev サファエフ
Safdar サフダル
Safdie サフディ
Safer セイファー*
Saferstein サファーシュタイン
Safet サフェト*

Saffāh サッファーフ
Saffar サファー
Saffar Harandi
　サファルハランディ
Saffary サファリ
Saffer
　サッファー
　サファー
Safferstone
　サファーストーン
Saffi サッフィ
Saffirio サッヒリオ
Saffo
　サッフォ
　サフォ
　サフォー
Saffold
　サフォード
　サフォルド
Safford サフォード*
Saffron サフロン
Safi サフィ**
Ṣafī サフィー
Ṣafī
　サフィ
　サフィー
Safia サフィア*
Safī al-Dīn
　サフィーユッディーン
Safian サフィアン
Safiatou サフィアトゥ
Safie サファイア
Safier ザフィア**
Safiétou サフィエトゥ
Safilios サフィリオス
Safin サフィン**
Safina サフィナ**
Safiou サフィウ
Safir サフィル
Safire サファイア*
Safitri サフィトリ
Safiye サフィエ
Safko サーフコ
Safonov
　サフォノヴ
　サフォーノフ
　サフォノフ
Safonova
　サフォーノヴァ
　サフォーノーヴァ
　サフォノバ
Safoshkin
　サフォシュキン
Safouan サーファン
Safra サフラ*
Safrai サフライ*
Safran サフラン**
Safranski
　ザフランスキー*
Safren サフレン
Safrew サフリュー
Safri サフリ
Safrit サフリット
Safronov サフロノフ

Säfström
　セーヴストロム
Saftlas サフトラス
Safuneituuga
　サフネイツウガ
Safvet サフェット
Safwan サフワン
Safwanullah
　サフワヌッラー
Safwat サフワト
Sag サグ*
Sagadiyev サガジエフ
Sagal セイガル
Sagala サガラ
Sagalyn
　セイガリン
　セーガリン
Sagan
　サガン**
　ザーガン
　ザガン
　セイガン
　セーガン**
Sagana サガナ
Saγang サガン
Saganich サガニック*
Sagapriya
　サガプリヤ
　ザガプリヤ
Sagar セイガー
Sagara サガラ
Sagaradze サガラゼ
Sagario サガリオ
Ságaris サガリス
Sagarpriya サガプリヤ
Sagasta サガスタ
Sagasti サガスティ
Sagastume
　サガストゥメ
Sāgata サーガタ
Sagawa サガワ
Sagaz サガス
Sagdeev
　サグジェーエフ
　サグデーエフ
Sagdulla サグドゥラ
Sage
　サージ
　サージュ**
　セイジ**
　セージ*
Sägebrecht
　ゼーゲブレヒト*
Sageder セージ
Sagen ザーゲン
Sagendorf
　サゲンドルフ
Sager
　サガー
　ザーガー
　セイガー
　セイジャー
　セーガー
　セガー
Saget サゲット

Saggese サジェス
Saghan
　サガン
　サナン
Saghid サギド*
Saghir サギル
Saghiri サギリ
Sagi
　サギ
　サジ
Sagindykov
　サジデュコフ
Sagintayev
　サギンタエフ
Sagir サギル*
Sagittarius
　ザギタリウス
　サジタリウス
Saglio サグリオ*
Sagman サグマン*
Sagmeister
　サグマイスター*
　ザグマイスター
Sägmüller
　ゼークミュラー
　ゼーグミュラー
Sagna サナ
Sagnac サニャック
Sagner
　サグナー
　ザークナー
Sagnia サニャ
Sagnier サニエ*
Sagno
　サグノ
　サニョ
Sagnol サニョル
Sagona サゴナ
Sagra サグラ
Sagramore
　サグラモール
Sagrara
　サグララ
　サグレーラ
　サグレラス
Sagredo サグレード
Sagstad サグスタッド
Sagun サグン
Şaguna シャグナ
Saguse サジュエス
Sagymbaeva
　サギンバエワ
Sagymbai
　サグィムバイ
Sag-young サンヨン
Sah サー
Śāh シャー
Şah シャー
Şāh シャー
Saha
　サー
　サハ*
　シャハ

Śāha
　シャー
　シャハ
Sahāb サハーブ
Şahabeddin
　シャーベッティン
Sahabi サハビ*
Sahābī サハービー
Sahabzada
　サハブザダ
Sahadeo サハデオ
Sahag サハグ
Sahagún
　サアグーン
　サアグン
Sahai サハイ
Sahajānand
　サハジャーナンド
Sahajananda
　サハジャーナンド
Sahajavajra
　サハジャヴァジュラ
Sahak サハク
Sahaki サハキ
Sahakian
　サアキャン*
　サハキアン
Sahall サハール
Sahami サハミ
Sahan シャハン
Sahana シャハナ**
Sahanaye サハナイ
Sahar サハル*
Saharon サハロン
Sahat サハット
Sahay サハイ
Sahāy サハーエ
Sahdona サードナ
Sahel サヘル
Sahelian
　サヒリアン
　サヘリアン
Sahgal サーガル*
Sahhaf サハフ**
Şahhāfbāshī
　サッハーフバーシー
Sahi
　サーヒ
　サヒ
Sahia サヒア
Sahib
　サーヒブ
　サヒブ
Sāhib
　サーヒブ
　サヘブ
Şāḥib サーヒブ
Sahihi サヒーヒ
Sahili サヒリ
Sahim サヒム
Sahin
　サヒン
　シャヒン**
Şahin シャヒン
Şahin シャヒン

Sahinguvu サシングブ
Sahit サヒト
Sahl
　サハル
　サフル
　サール
　ザール
Sahlas サーラス
Sahle-Work
　サヘレウォルク
Sahli ザーリ
Sahlin
　サーリン
　サリーン
Sahlins サーリンズ**
Sahl-madsen
　サールマセン
Sahm
　サーム
　ザーム
Sahn ザーン
Sahng-yeon サンヨン
Sahni
　サーニ
　サーニー
　サーヘニー***
Sāhnī サーヘニー
Sahnoun サーヌン
Saḥnūn
　サハヌーン
　サフヌーン
Sahobisoa サオビソア
Sahr
　サー
　サハル
Sahra サフラ
Sahrawi サハラウィ
Sahre セーア
Šahriyār
　シャハリヤール
　シャフリヤール
Sahrmann サーマン
Sahtouris サトゥリス
Sahu サフ
Sahure サフラー
Sai サイ**
Saī サーイー
Saia サイア
Saib
　サイブ
　サエブ
Sā'ib
　サーイブ
　サーエブ
Ṣā'Ib サーイブ
Sai Baba サイババ*
Saibou サイブ**
Saïbou サイブ
Saich
　サイク
　サイチ
Saichingaa サイチンガ
Sai-čung-ga
　サイチュンガ
Said
　サイード***

サイド***
ザイード
Sa'id
サアイード
サイード*
サイド*
Saïd
サイード
サイド
Saîd サイド
Saida サイダ
Saidabadi
　サイダバディ
Saidakhmad
　サイダフマド
Saidakhror
　サイダフロル
Saidakova サイダコワ*
Sa'īd al-Dīn
　サイードゥッディーン
Saidamir
　サイドミール
　サイドアミル
Saidau サイダウ
Said Bakar
　サイドバカル
Saidel サイデル
Said Guerni
　サイドゲルニ
Said Hassane
　サイードハッサン
Said-i サイディ
Saidi
　サイーディ
　サイディ
Saïdi サイディ
Said Ibrahim
　サイドイブラヒム
Saido
　サイード
　サイド
Saidoff サイドフ
Saidou
　サイドゥ
　セド␣
Saïdou セイドゥ
Saidov サイドフ*
Saidova サイドワ
Said-panguindji
　サイードパンギンジ
Saidu サイドゥ
Saidy サイディ
Saied サイード
Saiedi サイエディ
Saien サイアン
Saienko サイェンコ
Saif
　サイフ**
　セイフ**
Saifedean
　サイファディーン
Saifi サイフィ
Saïfi サイフィ
Saifpour サフェープル
Saifuddin
　サイフッディン
　サイフディン*

Saifudin サイフディン
Saifuding
　サイフジン
　サイフディン*
Saifullah
　サイフラ
　サイフラー
Saifullin サイフルリン
Saifur サイフル
Saigal サイガル
Sa'igh サイフ
Sai-hwa セファ
Saijonmaa
　サイヨンマー*
Saikhanbileg
　サイハンビレグ*
Saiki サイキ
Saikia サイキア
Sail
　サイル
　セイル
Sailas サイラス
Sailele サイレレ*
Sailer ザイラー***
Sailes セイルス
Saillant サイヤン
Saillard
　サイヤール
　サヤー
Sailor セイラー*
Saim サイム
Saimir サイミル
Saimo サイモ
Saimon サイモン
Sain セイン
Saina サイナ
Sainath サイナート
Sainbuyangiin
　サインボヤンギーン
Sainchogt
　サインチョクト
Sainderichin
　サンドリシャン
Saine-firdaus
　セーヌファーダ
Saing セン*
Saing Htee Saing
　サインティーサイン
Saini
　サイニ*
　サイニー
Sainimnuam
　サイニムヌアン
Sainimnuan
　サイニムヌアン
Sainio セイニオ
Sainjargal
　サインジャルガル
Sainkho サインホ
Sainnt セイント
Sainsbury
　セインズブリー*
　セインズベリー*
　セインズベリー**
Saint
　サアン

サン***
サント
セイント**
セン
セント
Saint Amand
　サン・タマン
Saint-Amant
　サン・タマン
　サンタマン
Saint-Amour
　サン・タムール
Saint Andre
　サンタンドレ
Saint-André
　サンタンドレ
Saint-Ange
　サンタンジュ
Saint-Aubin
　サン・トーバン
　サントーバン
Saint-Avit サンタヴィ
Saint-Cyr サンシール
Sainte
　サン
　サント*
　サンド
　セント
Sainte-Beuve
　サントブーヴ
　サントブウヴ
　サントブーブ
Sainte-Chapelle
　サントシャペール
Saint-Elie サンテリ
Sainte-Marie
　セントメリー
Sainte Soline
　サントソリーヌ
Saint-Etienne
　サン・テチエンヌ
Saint-Évremond
　サン・テヴルモン
　サン・テブルモン
Saint-Exupery
　サン・テクジュペリ
　サンテグジュベリ
Saint-Exupéry
　サン・テクジュペリ
　サン・テグジュベリ*
　サン・テグジュペリ
　サンテクジュペリ
　サンテグジュペリ
　サンテグジュペリ**
　サンテグジュベリ
Saint-Georges
　サンジョルジュ
Saint-Germain
　サンジェルマン
Saint-Hilaire
　サンチレール
　サン・ティレール
　サンティレール
Saint-Ignace
　サンティニャス
Saintine サンティニ
Saint-Jean センジャン
Saint-John サンジョン
Saint-John Perse
　サンジョンペルス

Saint-Joseph
　サンジョセフ
Saint-Just
　サンジュスト
Saint Laurent
　サンローラン
Saint-Laurent
　サンローラン
Saint-Léon サンレオン
Saint-Lot サンロ
Saint-Loup サンルー
Saint Malo サンマロ
Saint-Marcoux
　サンマルク
Saint-Martin
　サンマルタン
Sainto サント
Saint-Ogan
　サン・トガン
　サントガン
Sainton サントン
Saint-Ours
　サン・トゥール
Saint Phalle
　サンファール
　サンファル
Saint-Phalle
　サンファール*
　サンファル
Saint-Pierre
　サンピエエル
　サンピエール
Saint-Point サンポワン
Saint-Preux Craan
　サンプルークラーン
Saint-Prix サンプリー
Saint Raymond
　サンレイモン
Saintré サントレ
Saint-Saëns
　サンサーンス
Saintsbury
　セインツベリー
　セインツベリー*
　セーンツバリ
　センツベリー
　センツベリー
Saint-Simon
　サンシモン
Saintyves
　サンティーヴ
　センティーヴ
Sainz
　サインス**
　サインツ*
Sai-on シーアン
Saipin サイビン
Sairigné セリニェ
Sais サイス
Saisisamout
　サイシサムート
Saisnarine
　サイスナリン
Saisse セス
Saisset
　セセ
　セッセ

Sait
　サイード
　サイト**
　サイド
Saith セイス
Saiti サイティ
Saitiev
　サイチェフ*
　サイティエフ*
Saito サイトゥ
Saitoti
　サイトチ
　サイトティ**
Saitov サイトフ*
Saitshick ザイチック
Saix セ
Saiyad サイヤド
Saiz サイス
Sáiz サイス
Saj
　サイ
　サジュ
Säj
　サージ
　サージュ
Saja サジャ
Sajad サジャド
Sajama サジャマ
Sajaya サジャヤ
Sajeda サジェダ
Sajer サジェール
Sajid サジド
Sajith サジット
Sajjad
　サイジャド
　サジャド*
　サッジャード
Sajjan サージャン
Sajn サージン
Sajnovics
　シャイノヴィチ
Säju サージュ
Sajwani サジュワーニ
Sak サック
Saka サカ
Sakač サカッチ
Sakadas サカダス
Sakaf サカフ
Sakafi サカフィ
Sakai サカイ
Sakaida サカイダ
Sakaio サカイオ
Sakall
　サカル
　ザコール
Sakamoto サカモト*
Sakanyi サカニィ
Sakar
　サーカール
　サーカル
Śakarganj
　シャカルガンジュ
Sakari
　サカリ**

サカリアス　Sakarias
ザカリアス
ザクリス
Sakaria サカリア
Sakata サカタ*
Sakay サカイ
Sakâzov サカゾフ
Sakdichai サクチャイ
Sakeddaw
　サゲッダーオ
Sakellaropoulou
　サケラロプル
Saken サケン
Sakenfeld
　サーケンフェルド
　セイクンフェルド
Sakeni サケニ
Saker セイカー*
Sakey セイキー**
Sakhai サカイ
Sakhan サハニ
Sakhārām
　サカーラーム
Sakharoff サハロフ
Sakharov
　サカロフ
　サハロフ*
　サファーロフ
Sakharovoi サハロワ
Sakhāwī サハーウィー
Sakhnovski
　サフノフスキー
Sakho
　サコ
　サコー
　サホ
Sakhon サコン
Sakhr サフル
Sakhri サハリ
Saki サキ**
Sakic サキック**
Šakickienė
　サキッキエーネ
Sakiestewa
　サキエステワ
Sakim サキム
Sakinatou
　サキナト
　サキナトゥ
Sakine サキネ
Sakip
　サークップ
　サクップ
Sakiyama サキヤマ
Sakiz サキズ
Sakkaki サッカーキー
Sakkarin サッカリン
Sakkas
　サッカース
　サッカス
Sakkuda サックダー
Saklofske
　サクロフスキー
　サクロフスク
Sakmann
　ザークマン

ザクマン*
Sako サコ
Sakoda サコダ
Sakolsatayadorn
　サコンサタヤトーン
Sakombi サコンビ
Sakona サコナー
Sakong
　サコン
　サゴン
Sakorafa サコラファ
Sakowska サコウスカ
Sakowski ザコウスキー
Šakrāditya
　シャクラーディトヤ
Sakraida サクライダ
Sakry サクリー
Saks
　サクス
　サックス**
Sakshi サクシ
Saksiri サックシリ
Saksonov サクソノフ
Saku サク**
Sakul サクン*
Sakulā サクラー
Sakulin サクーリン
Sakulina
　サクリーナ
　サクリナ
Sakuntala
　シャクンタラー
Sākūra サークーラ
Sakveerakul
　サックウィーラクン*
Sakwa サクワ
Sakya サキャ
Śakya シャキャ
Śākya
　サーキャ
　シャキャ
Śākyabuddhi
　シャーキャブッディ
Śākyamitra
　シャーキャミトラ
　シャークヤミトラ
Śākyamuni シャカ
Śākyaśrībhadra
　シャーキャシュリーバドラ
　シャークヤシュリーバドラ
Śākya ye シャキャ
Sakyong サキョン
Sal
　サール
　サル***
Sala
　サーラ
　サラ**
　ザラ
　サラーフ
Salaad サラド
Salaam サラーム
Salaberga サラベルガ

Salachas サラシャ
Salacrou サラクルー**
Salacuse
　サラキューズ*
Salad サラド**
Saladin
　サラダン*
　サラディン
Saladino
　サラディーノ
　サラディノ**
Saladuha サラドゥハ*
Saladukha サラドゥハ
Salah
　サラ*
　サラー
　ザラー*
　サラーハ*
　サラハ
　サラフ
　サーレフ
Salāh
　サラ
　サラー
　サラーフ*
Ṣalāḥ
　サラー
　サラーフ
Salāh al-Dīn
　サラディン
　サラーフッ・ディーン
Salahddin
　サラハディン
Salah-eddin
　サラハディン
Salaheddin
　サラヘディン
Salaheddine
　サラフディン
Salahedine
　サラディーヌ
Salah Orabi
　Abdelgawwad
　サラオラビアブデルガウワド
Salahuddin
　サラフディーン
　サラフディン
Salahudeen
　サラーフッディーン
Salai サライ
Salais サレ
Salakhov サラホフ
Salako サラコ
Salalima サラリマ
Salam
　サラーム**
　サラム**
Salām
　サラーム
　サラム
Salama
　サラーマ*
　サラマ*
Salāma サラーマ*
Salamah サラマ
Salaman サラマン*
Salamanca サラマンカ

Salamanda サラマンダ
Salamandra
　サラマンドラ
Salamanes サラマネス
Salamasick
　サラマシック
Salamat
　サラマット*
　サラマト*
Salāmat サラーマット
Salamata サラマタ
Salamatou サラマトゥ
Salamatov サラマトフ
Salameh
　サラメ
　サラメハ
Salami サラミ
Salamín サラミン
Salāmish サラーミシュ
Salamon
　サラモン*
　シャラモン
Salamone サラモーネ
Salamony サラモニー
Šalamoun
　シャラモウン
Salamun ザラムン
Salamy サラミー
Salan サラン*
Salandra サランドラ
Salandy サランディ*
Salanie サラニエ
Salanié サラニエ
Salanova サラノバ
Salanskis サランスキ
Salant
　サラント
　セイラント
Salao サラオ
Salaru シャラル
Salas サラス**
Šalaševičiūtė
　シャラシェビチュウテ
Salas Perez
　サラスペレス
Salat ザラト
Salatin サラティン
Salavarrieta
　サラヴァリエタ
　サラバリエータ
Salaverde サラベルデ
Salaverria サラベリア
Salaverría サラベリア
Salavessa サラベッサ
Salaviza サラヴィザ
Salāwī サラーウィー
Salazar
　サラザー*
　サラサール**
　サラサル**
　サラザール**
　サラザル

Salber ザルバー
Salberg ザルベルグ
Salbreux サルブロー

Salcedo
　サルセード*
　サルセド**
Salceds サルセード
Salchow
　サルコウ*
　サルヒョウ
Salci シャルジュ
Salcia ザルチア*
Šalda シャルダ
Saldadze ソルダゼ
Saldana サルダナ
Saldaña サルダーニャ
Saldanha
　サルダナ
　サルダーニャ*
　サルダニャ
Saldari サルダーリ
Saldenus サルデーヌス
Saldern
　ザルダーン
　ザルデルン
Saldivar サルディバー
Saldmann サルドマン
Saldoni サルドーニ
Saldou サルドー
Sale
　サレ
　サレー*
　セイル**
　セール**
Salé
　サレ
　サレー
Saleban サレバン
Saleeby
　サリービー
　サレビー
　セールビー
Saleem
　サリーム
　サレーム*
Saleh
　サラ
　サーレ
　サレ*
　サレー*
　サレハ**
　サレフ
Salehi サレヒ*
Saleilles
　サレイユ
　サレーユ
Salekhov サレホフ
Salekin セルキン
Salel サレル
Salelno サレルノ
Salem
　サリム
　サーレム*
　サレム***
　セイラム
　セーラム
Salema サレマ
Salembier サランビエ
Salen サレン
Salena サリナ*

Salenger サリンジャー、サレンジャー	Salidat サリダト	Salinas サリーナス*、サリナス***	Sallam サラム	Salmansohn サーマンソン、サマンソン、サルマンソン、ソルマンソン
Salenko サレンコ	Salier サリエ	Salinator サリナトル	Sallām サッラーム	
Salentijn サレンティーン	Salieri サリエーリ、サリエリ	Salinda サリンダ	Sallami サラミ	
Saleri サレリ	Saliers セーリヤーズ	Saline セイライン	Sallan サラン	
Salernitano サレルニターノ	Salif サリフ*	Saling セイリング	Sallay サライ	Salmasius サルマシウス、ザルマシウス
Salerno サラーノ、サレルノ**	Salifou サリフ、サリフォ	Salinger サリンガー、サリンジャー***	Salle サリー、サール、サル、ザール、サーレ*	Salmassi サルマシー
Sales サール、サル*、サレジオ*、サーレス*、サレス*、セイルズ、セール、セールズ**	Salifur サリフル	Salini サリーニ		Salmawayh サルマワイフ
	Salig ザーリヒ	Salinog サリノグ	Sallé サレ、サレー	Salmawy サルマーウィ*
	Salignac サリニャック*	Salins サラン		Salme サルミ
	Salih サラーフ、サリー*、サリハ、サリーヒー、サリーヒ、サーリフ、サリフ、サレハ*	Salinsky サリンスキー	Sallee サリー	Salmela サルメラ
		Salioni サリオーニ	Salleh サレ、サレー*	Salmen ザルメン*
		Saliou サリウ		Salmerón サルメロン
Sāles サーレス		Salirathavibhaga サリーラッタウィパク	Sallembier サランビエ	Salmhofer ザルムホーファー
Ṣāles サーレス		Salis ザーリス	Sallenave サルナーヴ**	Salmi サルミ*
Salesbury ソールズベリ	Sālih サーリフ*	Salisbary サリスバリー	Salles サジェス、サール、サーレス、サレス*、セールズ	Salmieri サルミエリ
Saleski サレスキー	Ṣālih サーリフ	Salisbury サリスバリー、サリスベリ、サリズベリ、ソリスバリー、ソールズベリー、ソールズベリ*、ソールズベリー***、ソルスベリー	Salley サリー**	Salminen サルミーネン、サルミネン**
Saleški サレシュキ	Ṣāliḥ サーリフ、サーレハ		Salli サリー*	Salmon サーモン**、サモン*、サルモ、サルモン*、ザルモン、ゾルモン
Salet サレ			Sallie サリー**	
Saletu サレトゥ			Sallinen サッリネン、サリネン	
Saleumxay サルムサイ	Salihamidzic サリハミジッチ*	Salisch ザーリッシュ*	Sallis サリス**	
Salew セイルー	Salihin サリヒン	Salissan サリサン	Sallmann サルマン*	Salmón サルモン
Salewicz サルウィッチ、サレウィッチ、セイルヴィッチ、セールウィクス*	Salihu サリフ	Salissou サリス	Sallois サロワ*	Salmond サーモンド、サモンド**、ザルモンド
	Salii サリー	Śālíśuka シャーリシューカ	Salloker ザロカー	
	Salikou サリク	Salit サリット	Salloukh サルーフ	Salmōneus サルモネウス
Saley サレイ	Salikun サリクン	Säljö サーリョ	Salloum サルーム	
Saléza サレザ	Salil サリル*	Salk ソーク**、ソールク	Sallsbury ソールズベリー	Salmonova サルモノヴァ、サルモノバ
Salfeld ザルフェルト	Salim サリーム、サリム***		Sällström セルシュトローム	
Salfellnera ザルフェルナー		Salka サルカ*	Sallum サルーム	Salmonson サーモンスン、サルモンソン
Salfi サルフィ	Salīm サリーム	Salkeld サルケルド	Salluste サリュスト	
Salgada サルガド	Sālim サーリム	Salkey ソーキー、ソールキー、ソルキー	Sallustius サッルスティウス、サルスチウス、ザルスチウス、サルスティウス*	Salnikov サルニコフ
Salgado サルガード、サルガードー、サルガド**	Sālim サーリム*	Salkind サルキン、サルキンド		Salo サロ*
	Salimane サリマヌ			Salò サロ
	Salimata サリマタ			Salokorpi サロコルピ
	Salimbene サリムベネ、サリンベネ、サリンベネ	Salkovskis サルコフスキス	Sallwürk ザルヴュルク	Salomaa サローマ、サロマー*
Salgādo サルガード		Salkow サルコウ	Sally サリー***、サリィ	Salomäki サロマキ
Salgán サルガン		Salkowski サルコウスキー、ザルコウスキー		Salomao サロマン
Salganik サルガニク、サルガニック	Salimbeni サリンベニ	Sall サール、サル**	Sallyanne サリアン	Salomão サロマン
	Salime サリム	Salla サッラ、サラ**	Salm ザルム	Salome サロメ*
Salgari サルガーリ	Salimi サリミ		Salma サルマ**	Salomé
Salgot サルゴット	Salimi Kordasiabi サリミコルダシアビ	Sallah サラ*、サラー	Salman サルマン***、ザルマン	サロメ**、ザロメ*
Salgueiro サルゲイロ	Salimikordasiabi サリミコルダシアビ*	Sallai サライ	Salmān サルマーネ、サルマーン	Salomea サロメア
Salhi サルヒー	Salimov サリモフ	Sallal サラル*	Salmane サルマン	Salomėja サロメーヤ
Sali サリ**	Salimova サリーモワ		Salmān-i サルマーン	Salomeya サロメヤ
Saliba サリーバ、サリバ	Salimzoda サリムゾダ		Salmans サルマンズ*	Salomine サロミン
Salibi サリビ	Salin サラン、サーリン、ザーリン、ザリーン*			Salomo サロモ、ザーロモ*、ゾロモ
Salibou サリブ				
Salica サリカ				
Saliceti サリセティ	Salina サリーナ、サリナ**			Salomon サロモン*
Saliceto サリセタス	Sallai サライ			
Salicetti サリセティ	Sallal サラル*			

ザーロモン / ザロモン*
シュロモー
ソロモン*
Salomón サロモン
Salomone サロモーネ
Salomons サロモンズ*
Salonen
サローネン
サロネン*
Saloner
サローナー*
サロナー
Salonga サロンガ*
Salonina サロニナ
Saloninus サロニヌス
Salonius サロニウス
Saloor サローア*
Salos サロス
Sālote
サーロテ
サローテ
サロテ
Saloth サロト
Salotti
サロチイ
サロッティ
Salou
サル*
サルー
サルウ
Saloua サルア
Saloukvadze
サルクワゼ*
Saloumiae
サルミャーエ
Salovey サロベイ*
Saloviita サロビータ
Saloyan サローヤン
Salsberg
サルスバーグ
ソーズバーグ
Salsburg サルツブルグ
Salsbury
ソールスベリー
Salskov サルスコフ
Salsmans サルスマン
Salt
サルト
ソールト*
ソルト*
Saltalamacchia
サルタラマッキア
Saltarello サルタレロ
Saltares サルタレス
Saltarin サルタリン
Salten
サルテン*
ザルテン**
Salter
サルター*
ソールター
ソルター***
Salters ソルターズ
Saltman サルトマン
Saltmarsh
ソールトマーシュ

ソルトマーシュ
Salton サルトン
Saltonstall
ソールトンストール
Saltuk サルトゥク
Saltus
ソールタス
ソルタス
Saltveit ソーベ
Saltykov
サルティコーフ
サルティコフ
サルトゥイコーフ
サルトゥイコフ*
Saltyte サルティテ
Saltz サルツ
Saltza ソルツァ
Saltzberg
ソルトバーグ
Saltzman
サルツマン*
ソールツマン
Saltzmann サルツマン
Saluja サルーヤ
Salukvadze
サルクワゼ**
Salulu
サルール
サルル
Salum サルム
Salumae サリュマエ
Salunga サルンガ
Salus サルス
Salustiano
サルスチアーノ
Salustio サルスティオ
Salustri サルストリ
Salutati サルターティ
Salutius サルティウス
Sāluva サールヴァ
Sāḷuva サールヴァ
Salva
サルヴァ*
サルバ**
Salvado サルバド
Salvador
サルヴァドール**
サルヴァドル
サルバドール***
サルバドル***
Salvador Dosramos
サルバドルドスラモス
Salvadore
サルヴァドール
Salvadori
サルヴァドーリ*
サルヴァドリ
サルバドーリ
サルバドリ
サルバドリー
Salvage サルベッジ
Salvan サルヴァン
Salvandy
サルヴァンディ
Salvaneschi
サルヴァネスキ

Salvarezza
サルヴァレッツァ
Salvat サルバット
Salvati
サルヴァーティ
サルバーティ
Salvatierra
サルバティエラ*
Salvatini
サルヴァティーニ
サルバティーニ
Salvato
サルヴァート
サルバート
Salvator
サルヴァトール*
サルバトール
サルバトル
Salvatore
サル
サルヴァトア
サルヴァトーレ
サルヴァトーレ***
サルヴァトール
サルバトア
サルバトール
サルバトーレ***
サルバトレ
Salvatorelli
サルヴァトレリ
サルバトレリ
Salvatores
サルヴァトーレス
サルヴァトレス
Salvatori
サルヴァトーリ*
サルバトーリ
Salvatti サルバチ
Salvemini
サルヴェーミニ*
サルヴェミーニ
サルヴェミニ
サルベーミニ
サルベミーニ
サルベミニ
Salvendy サルバンディ
Salvesen サルヴェセン
Salvetti
サルヴェッティ
サルベッティ
Salvi
サルヴィ*
サルビ
Salvianus
サルウィアーヌス
サルウィアヌス
サルヴィアヌス
Salviati
サルヴィアーティ
サルビアーティ
Salvidienus
サルウィディエヌス
Salvietti
サルヴィエッティ
Salvini
サルヴィーニ
サルヴィニ
サルビーニ
Salvio サルビオ

Salvioli
サルヴィオーリ
サルヴィオリ
サルビオリ
Salvisberg
ザルヴィスベルグ
ザルビスベルク
Salvius
サルウィウス
サルヴィウス
Salvo
サルヴォ
サルボ
Salwa サルワ*
Salwá サルワ
Salwai サルワイ*
Salway
サルウェー
サルウェイ
Saly
サリ
サリー*
Salyn サリン
Salýnskii
サルインスキー
Salz
サルズ*
ザルツ
Salza
サルツァ
ザルツァ
Salzano
サルツァーノ
サルツァノ
Salzberg
サルツバーグ
ザルツベルク
Salzberger
ザルツバーガー
Salzburg ザルツブルク
Salzedo サルゼド
Salzédo
サルセード
サルセド
サルゼード
Salzer サルザー
Salzert サルツァート
Salzgeber
サルスゲベール
ザルツゲベール
Sälzle ゼルツレ
Salzman
サルズマン*
サルツマン**
ザルツマン*
ソーズマン*
ソルツマン
Salzmann
サルツマン
ザルツマン
Sam
サーム*
サム***
ザーム
Sām サーム
Sama サマ
Sāmā サーマー
Samaai サマーイ

Samaan サマーン
Samaani サマーニ
Samacchini
サマッキーニ
Samad
サマッド**
サマド**
Samadkr サマツ
Samadou サマドゥ
Samadov サマドフ*
Samaël サマエル
Samagalski
サマガルスキ
Samaías
シェマヤ
シマヤ
Samain サマン*
Samak サマック**
Samaké サマケ
Samaki サマキ
Samakova サマコワ
Samal ソムオル
Samalin サマリン*
Sam An サムアン
Saman サマン
Sāmān サーマーン
Samane サマン
Sam-Ang サムアン
Samanhudi
サマンフディ
Sam'ānī
サムアーニー
サムアニー
Sāmānī
サ・マーニー
サーマーニー
Samaniego サマニエゴ
Sāmaññakāni
サーマンニャカーニ
Samanta サマンタ*
Samantha サマンサ**
Samanthe サマンサ
Samar サマル**
Samara サマラ
Samarakês
サマラーキス**
サマラキス
Samaranch
サマランチ**
Samaras サマラス**
Samarasinghe
サマラシンハ
Samaravīra
サマラウィーラ
Samaraweera
サマラウィーラ
Samarawickrama
サマラウィクラマ
Samardzic
サマルジッチ
Samardzici
サマルジッチ
Samardžić-marković
サマルジッチマルコ
ビッチ
Samardzija サマージャ

| Samarhakēs サマラキス
| Samarin サマーリン* / サマリン
| Samaris サマリス
| Samaritani サマリターニ
| Samaroff サマーロフ / サマロフ
| Samarow サマローフ
| Samarqandī サマルカンディー
| Samarray サマライ
| Samarskii サマールスキー
| Samartha サマルサ / サマルタ
| Samary サマリ*
| Šamaš シャマシュ
| Samat サマ*
| Samatar サマター** / サマタール / サマタル
| Śamathadeva シャマタデーヴァ
| Sāmāvatī サーマーヴァティー
| Samawaal サマワル
| Samaw'al サマウワル
| Samazeuilh サマズイユ
| Samb サム
| Samba サムバ / サンバ
| Sambamurthy サンバムルティ
| Sambanthan サンバンタン
| Samba-Panza サンババンザ*
| Sambari サンバリ
| Sambath ソンバット
| Sambeek サンベーク
| Sambel サンベル
| Samberg サムバーグ
| Sambhājī サンバージー
| Sambhi サンビー
| Sam-bho-ṭa サンボータ
| Sambhoṭa サンボータ
| Sambhūta サンブータ
| Sambhuvarman サンブーヴァルマン
| Sambi サンビ*
| Sambia サンビア
| Sambiasi サンビアージ
| Sambiaso サンビアーソ / サンビアーゾ / サンビアソ / サンビアゾ
| Sambili サンビリ

Sambin サンバン*
Sambo サンボ
Sam-Bodden サムボッデン
Sambora サンボラ*
Samborski サンボルスキー
Samborsky サムボルスキー
Sambou サンブ
Sambrailo サンブレイロ
Sambrell サンブレル
Sambrook サムブルック
Sambu サンブ
Sambuchino サンブチーノ
Sambucini サムブチーニ
Sambula サンブラ
Sambursky ザンブルスキー
Sambuugiin サムブーギン
Samdach ソムダチ*
Samdereli サムデレリ*
Samdhong サムドン*
Same サーメ
Sameeh サミーハ
Sameen サミーン
Sameer サミュエル
Sameera サミーラ
Sameet サミート
Samegar シャムガル
Sameh サーメハ* / サメハ
Samek サメック* / セイメック
Samel ザメル
Samelson サメルソン
Samenow セイムナウ*
Samer サマー
Samere サメレ
Samereh サメレ
Sameroff ザメロフ / セームロフ
Samerset サマセット
Samet サメートン
Sametz サメッツ
Samfangkaen サームファンケーン
Samghabhadra サムガーバドラ / サンガバドラ
Samghadāsa サンガダーサ
Sam Heng サムヘン
SAMi サミ
Sami サーミー / サミ** / サミー

Sāmī サーミー
Šami シャミ
Samia サミア*
Samid サミッド
Sāmidatta サーミダッタ
Samiddhi サミッディ
Samiel サミー
Samih サミフ
Samīḥ サミーフ
Samiha サミーハ
Samii サミイ
Samil サミル
Samila サムラ
Samilson サミルトン
Samin サミン
Samina サミナ
Saminsky サミンスキー
Samioullah サミウラ
Samir サミア / サミエル / サミール**/ サミール** /サミル**
Samīr サミール
Samira サミーラ / サミラ*
Samiran サミラン
Samisoni サミソニ
Samitha サミサ
Samitigutta サミティグッタ
Samitova サミトワ
Samitova-Galkina サミトワガルキナ
Samiu サミウ
Sami-ul サミウル
Samium サミウム
Samiya サミヤ
Samiyah サミヤ
Sam-jae サムジェ
Samko サムコ*
Samkoff サンコフ
Sam-koo サムグ*
Samkova サムコバ
Samková サムコヴァ*
Samler サムラー / ザムラー
Samli サムリ
Samm サム
Samman サンマーン
Sammani サマニ
Sammarai サマライ
Sammarco サムマルコ / サムマルコ*
Sammartini サムマルティーニ / サンマルティーニ
Sammartino サンマルチーノ*

サンマルティーノ
Sammel サムエル / シュムエル
Sammer サマー* / ザマー*
Sammi サミ / サミー
Sammie サミー
Sammis サミス
Sammnai サムナイ
Sammo サモ
Sammon サモン*
Sammons サモンズ*
Sammuel サムエル
Sammu-ramat サムラマト
Sammy サミー**
Samnee サムニー
Samnel サミュエル
Samner サムナー
Samo サモ**
Samohyl サモヒル / ザモヒル
Samoilov サモーイロフ / サモイロフ
Samóilov サモイロフ
Samoilova サモイロヴァ / サモイロワ
Samoilovacvetanova サモイロワツベタノワ
Samoilovich サモイロヴィッチ / サモイロビッチ
Samoilovitch サモイロヴィッチ
Samóilovna サモイロヴナ
Samoilovs サモイロフス
Samoirova サモイロヴァ
Samokhvalov サモフバロフ
Samokovlija サモコヴリヤ
Samolenko サモレンコ
Sam Onn サムオン
Samoon サムーン
Samora サモラ*
Samory サモリ
Samos サモス*
Samoset サモセット
Samosorn サムソーン / サムソーン
Samosud サモスート / サモスード
Samotsvetov サモツベトフ
Samoukov サモーコフ

Samour サムール / セイモア
Samourgachev サムルガチェフ*
Samouth サモット
Samovar サモーバー
Samozino サモジーノ
Sampa サンパ
Sampaio サムパイオ / サンパイオ**
Sampaoli サンパオリ
Sampar サンパール
Sampat サムパット
Sampath サンパース
Sampedro サンペドロ**
Samper サムベル / サンペール* / サンペル**
Sampere サンペレ
Samperi サンペリ*
Samperio サンペリオ
Sampey サムピー
Samphan サムファン** / サンパン / サンファン
Sampiero サンピエロ
Sampil サンピル
Sampildondov サンピルドンドブ
Sampirisi サンピリージ
Sample サンプル***
Samples サンプルズ*
Sampliner サンプリナー
Sampoerna サンプルナ*
Samppa サンパ*
Sampras サンプラス*
Samprati サムプラティ
Sampselle サンプセル
Sampson サムプソン / サンプスン / サンプソン***
Sampter サンプター
Sampu サンプ
Samrieh サムリエ
Samrin サムリン**
Samrit サムリット
Sams サムス** / サムズ**
Samse サムゼ
Samsen サームセーン / サムセン
Samsenthay サムセンタイ
Śamśer シャムシェル

Śaṃśerbahādur
　シャムシェールバハー
　　ドゥル
Samset サムセット
Samsøe サムソエ
Samson
　サムスン*
　サムソン***
　ザムソン
　ザムゾン
　サンソン**
　シュムション
Samsonov
　サムソーノフ
　サムソノフ*
Samsonova サムソノワ
Samsova サムソワ
Samstag サムスタッグ
Samsu サムス
Samsudeen
　シャムスディーン
Sam-sumana
　サムスマナ
Śāṃsur シャムシュル
Samter
　サムター
　ザムター
Samton サムトン
Samu サム
Samuda サムダ
Samudda サムッダ
Samudragupta
　サムドラグプタ
Samuel
　サミー
　サミェル
　サミエル*
　サミエル***
　サミュエル
　サミュール
　サム*
　サムイル
　サームエル
　サムエル***
　ザムエール
　ザムエル*
　ザムエル*
　シャームエル
　シュムエル
Samuela
　サミュエラ
　サムエラ
Samuele
　サムエル*
　サムエレ
Samuel he サムエルヘ
Samuell サミュエル
Samuels
　サミュエル
　サミュエルス
　サミュエルズ**
　サムエルス
　サムエルズ
Samuelson
　サミュエルソン**
　サムエルスン
　サムエルソン

Samuelsson
　サミュエルソン**
　サムエルソン*
Samuelu サミュエル
Samuhammed
　シャムハメト
Samuil
　サミュイル
　サムイール
　サムイル***
　サムエル
　シュムイル
Samuilovich
　サムイロヴィッチ
Samuílovich
　サムイロヴィチ
Samukai サムカイ
Samuli サムリ
Samura サムラ
Samurgashev
　サムルガチェフ
　サモウラガシェフ
Samusevich
　サムセビッチ
Samutthawanit
　サムッタワニット
Samvel サムベル
Samy
　サーミー
　サミ
　サミー**
Sam-yeol サムヨル
Sam-yong サムヨン
San サン***
Sana サナ*
Sanaa
　サーナ
　サナア
Sanā' al-Mulk
　サナールルムルク
Sanaba サナバ
Sanabria サナブリア*
Sanader
　サナーデル
　サナデル*
Sanady サナディ
Sanago サナゴ
Sanā'ī サナーイー
Sanaka サナカ
Sanakht
　サナクト
　ザネケト
Sanakoev サナコエフ
Sanā'l サナール
Sanan サナン
Sananda サナンダ*
Sanandana サナンダナ
Ṣan'ānī サヌアーニー
Sananikone
　サナニコーン*
Sananpanich
　サナンパニッチ
Sanasardo サナサード
Sanat サナト*
Sanatan サナタン
Sanatana サナタナ

Sanātann サナータナ
Sanatkaran
　サナトカラン
Sanatruces
　サナトルケス
Ṣanawbarī
　サナウバリー
Sanaya サネヤ
Sanayev サナウェーヴ
Sanballat サンバラト
Sanbar サンバー*
Sanbonmatsu
　サンボンマツ
Sanborn
　サンボルン*
　サンボーン***
Sanca サンカ
Sancar サンジャル*
Sanceda ソーセダ
Sanches
　サンシェス
　サンチェス
Sánches De
　サンチェスデ
Sanchez
　サンシェー
　サンシェス
　サンチェース
　サンチェス***
　サンチェス*
Sanchéz サンチェス
Sánchez
　サンチェシュ
　サンチェス***
　サンチェズ
Sanchez Beron
　サンチェスベロン
Sanchez-Blazquez
　サンチェスブラスケス
Sanchez Lopez
　サンチェスロペス
Sanchez Rivero
　サンチェスリベロ
Sanchia サンチア*
Sanchini サンキーニ
Sanchis サンチス
Sanchís サンチス
Sancho
　サンシュ
　サンショ
　サンチョ**
San Choon サンチュン
Sanchūniathōn
　サンクニアトン
Sanchunjaton
　サンフンヤトン
Sancia サンシア
Sancroft サンクロフト
Sancta サンタ
Sanctes サンクテス
Sanctis サンクティス*
Sancto サンクト*
Sancton サンクトン*
Sanctorius
　サンクトリウス
Sanctus サンクトゥス
Sand
　サン

サンド***
ザント
ザンド
Sanda サンダ**
Sandâ サンダー
Sandagdorj
　サンダグドルジ
Sandage サンデージ**
Sandagiin サンダギン
Sandahl サンダール**
Sandakov サンダコフ
Sandalj
　サンダリ
　サンダル*
Sandall
　サンダル
　サンドール
　サンドル
Sandar サンダー
Sandars
　サンダース
　サンダース
Sandas サンダス
Sanday
　サンデー
　サンデイ*
Sandbach
　サンドバック*
Sandbech サンベク
Sandbeck
　サンドベック
Sandberg
　サンドバーグ**
　サンドベリ*
　サントベルク
　サンドベルク
　サンドベルグ
　サンベア
　サンベルグ
Sandberger
　ザントベルガー
Sandborn
　サンドボーン
Sandbrook
　サンドブルック
Sandburg
　サンドバーク*
　サンドバーグ**
Sandby
　サンドビ
　サンドビー
Sandders サンダース
Sande
　サンデ**
　ザンデ
　サンド
Sandé サンデー*
Sandeau サンドー
Sandeep サンディープ
Sandefur サンデファー
Sandel サンデル**
Sandell サンデル
Sandelowski
　サンデロウスキー
Sandels サンデルス
Sandeman
　サンデマン

サンドマン
Sandemose
　サンデムーセ
　サンデモーセ*
　サンネモーセ
Sanden ザンデン
Sandeno サンデノ**
Sander
　サンダ
　サンダー**
　ザンダー***
　サンダース
　サンダーズ
　ザンダーズ
　サンデル
　サンナー
Sanderhage
　サナーヘーエ
Sanderling
　ザンデルリンク*
　ザンデルリング*
Sanderman
　サンダーマン
Sandermann
　ザンダーマン
Sanders
　サウンダーズ
　サンダ
　サンダー
　サンダア
　サーンダズ
　サンダース***
　サンダーズ**
　ザンダース
　サンダル
　サンデール
　サンデル
　サンデルス
　ザンデルス
　ザンデルルス
Sanderson
　サンダースン*
　サンダスン
　サンダーソン***
　サンダソン
Sandes サンデス
Sandeul サンドゥル*
Sandewall
　サンドウェル
Sandfeld サンフェルト
Sandford
　サンドフォード***
　サンフォード
Sandfort
　サンドフォート
Sandham サンダム
Sandholtz
　スタンドホルツ
Sandhu
　サンデュ
　サンドゥ
Sandhya
　サンジャ
　サンディヤ
Sandi
　サンディ**
　サンディー
Sandie
　サンディ*
　サンディー*

Sandifer
　サンディファー
Sandiford
　サンディフォート
　サンディフォード*
Ṣandiki　サンデキ
Śāṇḍilya
　シャーンディルヤ
Sandino
　サンディーノ
　サンディノ
Sandip　サンディップ
Sandis　サンディス
Sandison　サンディソン
Sandita　サンディタ
Sandjaja　サンジャヤ
Sandji　サンジ
Sandjima　サンジマ
Sandjoyo　サンジョヨ
Sandkühler
　ザントキューラー
Sandland　サンドランド
Sandler　サンドラー**
Sandlie　サンドリエ
Sandman
　サンドマン**
Sandmann
　サンドマン
　ザントマン
Sandmel　サンドメル*
Sando
　サンド*
　サンドー
Sandoe　サンドウ
Sandøe　サンデュ
Sandok　サンドーク
Sandol
　サンドール
　サンドル
Sandom　サンドム*
San-dong　サンドン
Sandor
　サンダー*
　サンドル
　シャーンドル*
　シャンドル
SánDor　シャーンドル
Sándor
　サンダー
　ザンドア
　サンドール
　サンドル
　シャンドア
　シャーンドル***
　シャンドール*
Sandorfy　サンドルフィ
Sandoski　サンドスキ
Sandoval
　サンドヴァル
　サンドバール
　サンドバル**
Sandoz
　サンド
　サンドス*
Sandra
　サンディ
　サンドラ***

Sandra
　ザンドラ
Sandrakotsos
　サンドラコットス
Sandrart
　サンドラルト
　ザントラルト
　ザンドラールト
　ザンドラルト
Sandras
　サンドラ
　サンドラス*
Sandre　サンドル
Sandred　サンドレッド
Sandrel　サンドレル
Sandrelli
　サンドレッリ*
Sandri　サンドリ
Sandriman
　サンドリマン
Sandrin　サンドラン
Sandrina　サンドリーナ
Sandrine
　サンドリーヌ**
　サンドリン
Sandro
　サンドロ***
　ザンドロ
Sandrock
　サントロック
　ザンドロック**
Sandrolini
　サンドロリーニ
Sandrone
　サンドローネ
Sands　サンズ***
Sandson　サンドソン
Sandstedt
　サンドステッド
Sandstrom
　サンドストローム
Sandström
　サンドシュトレーム
　サンドストレーム
Sandu
　サンデュ
　サンドゥ
Sandulescu
　サンデュレスク*
Sandurski
　サンダルスキ
Sanduski　サンダスキ
Sandval　サンドバル
Sandved　サンヴェッド
Sandvin
　サンヴィン
　サンドヴィン
Sandvold
　サンヴォルト
　サンボルト
Sandwall　サンドワル*
Sandweiss
　サンドワイス
Sandwich
　サンウィッチ
　サンドイッチ*
　サンドウィッチ*
Sandy
　サンディ***

Sandy
　サンディー*
Sandys
　サンズ**
　サンドズ
Sane
　サヌ
　サネ
　ザネ
Sané　サネ**
Saneev　サネーエフ
Saneh　サネ
Sanei　サネ
Sanello
　サネッロ
　サネロ*
Saner
　ザーナ
　ザーナー
Saneyev　サネイエフ
Sanfelice
　サンフェリーチェ
Sanfelippo
　サンフェリッポ
　サンフェリポ
Sanfield
　サンフィールド
Sanfilippo
　サンフィリッポ
　サンフィリポ
Sanford
　サンフォード***
Sanfratello
　サンフラテロ
Sang
　サン**
　サング
Sáng　サン
Sanga　サンガ*
Sangad　サガット
Sangadji　サンガジ
Sangafowa
　サンガフォワ
Sangajav　サンガジャブ
Sangajavyn
　サンガジャビン
Sangala　サンガラ
Sangalli
　サンガッリ
　サンガリ*
Sangallo
　サンガッロ
　サンガルロ
　サンガロ
Sangara　サンガラ
Saṅgārava
　サンガーラヴァ
Sangare　サンガレ
Sangaré　サンガレ
Sangat　サガット
Sangay
　サンゲ
　サンゲイ
　センゲ*
Sang-bae　サンベ
Sang-cheol　サンチョル
Sang-chol　サンチョル

Sang-chon
　サンチョン*
Sang-chul　サンチョル*
Sangdagh　サンダク
Sangdee　サングディー
Sang-deuk　サンドク*
Sangeet
　サンギー
　サンギート
　サンジート
Sangeli　サンゲリ*
Sanger
　サンガー***
　サンジャー
　ゼンゲル
Sang-eun　サンウン*
Sang-eung　サンウン
Sangey　サンギェ
Sang-gon　サイゴン
Sanggrāmavijayottun
ggavarman
　サングラーマウィジャ
　ヨートゥンガヴァル
　マン
Sang-gyu　サンギュ
Sang-ha　サンハ
Sangha　サンガ
Saṅghā　サンガー
Saṅghamittā
　サンガミッター
Sanghani　サンガーニ*
Saṅgharakkhita
　サンガラッキタ
Sangharakshita
　サンガラクシタ
Sangharatna
　サンガラトナ
Sanghasena
　サンガセーナ
Sang Hee　サンヒ
Sang-hee　サンヒ**
Sang-heon　サンホン
Sanghera
　サンゲーラー
　サンヘラ
Sang-ho　サンホ
Sang-hong　サンホン
Sang-hoon　サンフン
Sang-hwa　サンファ
Sang-hwan　サンファン
Sang-hyeon
　サンヒョン*
Sang-hyon　サンヒョン
Sang-hyup　サンヒョプ
Sangi　サンギ*
Sangin　サンギン
Sangiorgi　サンジョルジ
Sangiorgio
　サンジョルジョ
Sang-jick　サンジク
Sang-joo　サンジュ
Sang-jun　サンジュン
Sangkareach
　ソンカリアチ

Sang-kee　サンギ
Sang-keun　サングン
Sang-kil　サンギル
Sang-Kyong
　サンキョン
Sang-kyu　サンギュ
Sang-kyung
　サンギョン*
Sanglerat　サングレラ
Sangma　サングマ
Sang-man　サンマン*
Sangmee　サンミー
Sang-mi　サンミ
Sang-mo　サンモ
Sang-moon　サンムン*
Sang-mu　サンム
Sang-myoung
　サンミョン
Sangnier　サンニエ
Sango　サンゴ
Sang-ok　サンオク
Sang-okk　サンオク*
Sangpo　サンポ*
Sangra　サングラ
Sangro　サングロ
Sang-ryon　サンリョン
Sang-sik　サンシク
Sangsomsak
　サンソムサック
Sang-song　サンソン
Sang-soo　サンス*
Sang-soon　サンスン
Sang-sop　サンソプ
Sangs rgya　サンゲ
Sangs rgyas
　サンギェ
　サンゲ
Sangs rgyas dpal
　サンゲベル
Sangs rgyas rgya
mtsho
　サンゲギャムツォ
Ṣaṅgs ston　シャントン
Sangster
　サングスタ
　サングスター***
Sang-su　サンス*
Sang-sup　サンソプ
Sang-taik　サンテク
Sanguanwong
　サンクアンウォン
Sanguillen
　サンギーエン
Sanguineti
　サンギネーティ
　サンギネーティ**
　サングイネーティ
Sanguinetti
　サンギネッチ
　サンギネッティ**
　サンギネティ
Sang-uk　サンウク*
Sangwin　サンギン

Sang-won サンウォン	サンジブ*	Sanlúcar サンルーカル	Sans サン	Santamaría サンタマリア	
Sang-woo サンウ*	Sanjiva サンジバ*	San Martín サンマルチン	サンス	Santamarina サンタマリア	
Sang-wook サンウック	Sanjmyatav サンジミャタブ	サンマルティン	サンズ	Santana サンターナ**	
Sang-yong サンヨン*	Sanjuan サンジュアン	San Micheli サンミケーリ	Sansal サンサール	サンタナ***	
Sang-yoon サンユン	Sanjurjo サンフルホ*	サンミケーレ	サンサル*	Santana Lopes サンタナロペス	
Sang-young サンヨン*	Sanjust サンジュスト	San Miguel サンミゲル	Sansan サンサン	Santander サンタンデール	
Sanha サーニャ	Sankan サンカン	Sanmiguel サンミゲル	Sansanee サンサニー	サンタンデル	
サニャ	Sankar サンカー	Sanmugadas サンムガダス	San San Nwe サンサンヌウェ	Santangelo サンタンジェロ*	
サンハ	サンカール	Sann サン***	Sansbury サンスベリー	Sant'Angelo サンタンジェロ	
Sanhá サンハ**	Śaṅkar シャンカル	Sansedoni サンセドーニ		サントアンジェロ	
San-ho サンホ	Sankara サンカラ*	Sanna サナ	San Segundo サンセグンド	Sant'Anna サンタンナ	
Sanhūrī サンフーリー	シャンカラ	サンナ*	Sanseverino サンセヴェリーノ	Santaolalla サンタオラヤ	
Sani サーニ	Śankara シャンカラ	Sannazaro サンナザーロ	Sansnom サンソム	Śāntarakṣita シャーンタラクシタ	
サニ**	Śaṅkara シャンカラ	サンナッザーロ	Sanso サンソ	Santaram サンタラム	
Sania サニア**	Śaṅkaradeva シャンカラデーヴ	サンナッズァーロ	Sansom サンソム**	Santarius ザンタリウス	
Saniee サニイ**	シャンカラデーヴァ	サンナッツァーロ	サンソン	Santarosa サンタローザ	
Sanikidze サニキゼ	Sanin サニン*	Sanne サネ	Sanson サンソン*	Santat サンタット	
Sanita サニタ	Sankaralingam サンカレイリンガム	サンヌ	Sansone サンソーネ	Santaularia サンタウラリア	
Sanitsuda サニッスダー	Śaṅkaramiśra シャンカラミシュラ	サンネ	サンソネ	Santayana サンタヤーナ*	
Sanituog サニットゥオン	Śaṅkaranandana シャンカラナンダナ	Sanneh サネ	Sansot サンソ	サンタヤナ**	
Sanitwong サニトウォン	Sankaranarayanan サンカラナラヤナン	サネー	San Souci サンスーシ	Sante サンテ**	
Sanj サンジ	Śaṅkarasvāmin シャンカラスヴァーミン	サンニー	Sansovino サンソヴィーノ	サント	
Sanja サーニャ		Sannella サネラ	サンソビーノ	Santee サンティ	
Sanjaagiin サンジャーギーン*	Sankey サンキ	Sanner サナー	Saṅs-rgyas サンギェ	サンティー*	
Sanjaasuren サンジャースレン	サンキー*	サンネル	サンギェ	Santel サンテル	
Sanjaasurengiin サンジャースレンギィーン	サンケー	Sannes サネス	サンゲー	Santélia サンテリア	
サンジャースレンギン*	Sankha ションコ	Sanni サンニ	San-sung サンソン	Santell サンテル	
Sanjabi サンジャビ*	Śaṅkha ションコ	Sannia サンニア	Sansweet サンスイート*	Santella サンテラ	
サンジャビー	Sankhala サンカラ	Sannie サニエ	Sant サン	Santelli サンテッリ	
Sanjar サンジャール	Sankhenre サンケンラー	Sannita ザニータ	サント**	サンテリ	
サンジャル	Sankhibre サンキブレー	Sannoh サノー	Santa ザンクタ	Santen サンテン	
Sanjay サンジェイ*	スアンクイブラー	Sannom サンノム	サンタ**	Santer サンテール**	
サンジャイ**	Sankhkare スアンクカラー	Sannu' サヌー	ザンタ	Santerre サンテール	
Sanjaya サンジャヤ**	スンクカラー	Sannū' サンヌーア	シャーンタ	Santes サンテス	
Sañjaya サンジャヤ	Sankhon サンコン	Sannwald サンヴァルト	Sánta シャーンタ**	Santesson サンテッスン*	
Sanjbegziin サンジベグジーン*	Sankhtawy スアンクタウイ	Sano サーノ	Santacana サンタカナ	Santha サンサ	
Sanjeev サンジーヴ	Saṅkicca サンキッチャ	サノ	Santa Catalina サンタカタリナ	サンタ	
サンジェーヴ*	Sankie サンキ	サノー	Santachiara サンタキアラ	Santhià サンティア	
サンジーブ	Sankoh サンコー*	Sanoff サノフ*	Santacroce サンタクローチェ	Santhor ソントー	
Sanjima サンジマ	Sankovskaya サンコフスカヤ	Sanogo サノゴ	Santacruz サンタクルス	Santi サンツィオ	
Śañjimitub-yin シャンジミャタビーン	Sāṅkrtyāyan サーンクリットヤーヤナ	Sanoh サノ	Santagati サンタガティ	サンティ***	
San-jin サンジン	サーンクリティヤーヤン	Sanoko サノコ	Santalla サンタジャ		
Sanjin サンジン	Sāṅkṛtyāyan サーンクリッティヤーヤン	Sanon サノン	サンターリャ		
Sanjines サンヒネス		Sanotskii サノツキー	Santaló サンタロー		
Sanjinés サンヒネス*	Sanku サンク	Sanou サヌ*	Santalucia サンタルチア	Santiago サンチャゴ	
Sanjit サンジット	Sanlaville サンラヴィル	サヌー	Santamaria サンタマリーア	サンチアゴ*	
Sanjiv サンジヴ	Sanli サンリ	サヌゥー	Santamaria サンタマリア*	サンチェゴ	
		Sanouillet サヌイエ		サンチャゴ**	
		Sanousi サヌーシ		サンティアーゴ***	
		Sanoussi サヌシ			
		Sanoussy サヌシ			
		San Pietro サンピエトロ			
		Sanping サンピン			
		Sanquirico サンクィリコ			
		サンクイーリコ			

サンティアゴ***
サンティヤゴ
Santiano サンチアノ
Šantić シャンティチ
Santich サンティッチ
Santideva
　シャーンティデーヴ
　シャーンティデーヴァ
　シャンテ・デーヴァ
Śāntideva
　シャーンティデーヴァ
　シャーンティデーバ
Santifaller
　サンティフェラー
Santillana
　サンティリャーナ
　サンティリャナ
Santilli サンティッリ
Santin ザンティーン
Santina サンティナ
Santing サンティング
Santini
　サンティーニ**
　サンティニ
Santino サンティーノ
Śāntirakṣita
　シャーンタラクシタ
　シャーンティラクシタ
Santis
　サンティス**
　サントス
Santisteban
　サンティステバン
Santisuda
　サニッスダー
Santivanez
　サンティバネス
Santivong
　サンティボン
Santley サントリー
Santlofer
　サントロファー**
Santlow サントロウ
Santner ザントナー
Santo
　サント**
　サーントウ
Santokhi サントキ
Santoliquido
　サントリクイード
　サントリクイイード
Santolouco
　サントラウコ
Santon サントン
Santoni
　サントーニ*
　サントニ*
Santonino
　サントニーノ
Santonio サントニオ*
Santop サントップ
Santopietro
　サントピエトロ
Santora
　サントーラ**
　サントラ
Santori サントリ

Santorini サントリーニ
Santorio
　サンクトリウス
　サントーリオ
　サントリオ
　サントーリョ
　サントリョ
Santoro サントロ*
Santorsola
　サントルソラ
Santorum
　サントラム**
Santos
　サンディ
　サンディー
　サント
　サントス***
Santosh サントシュ
Santos Lélis
　サントスレリス
Santoso サントソ
Santos Pereira
　サントスペレイラ
Santos Reyes
　サントスレイエス
Santos Silva
　サントスシルバ
Santo Tomas
　サントトマス
Santosbayev
　サントバエフ
Santow サントウ
Santoyo サントヨ
Santra サントラ
Santrock サントロック
Santry サントリ*
Santschi サンチ*
Santucci サントゥッチ
Santunione
　サントゥニオーネ
Santvoort
　サントフォールト
Santy サンティ
Sanu サヌー
Sānu サーヌ
Sanua サンヌーア
Sanudo サヌード
Sanusi
　サヌーシー
　サヌシ*
　サヌースィー
Sanvitale
　サンヴィターレ
Sanvitores
　サンヴィトレス
Sanvoisin
　サンヴォワザン
Sanya
　サーニャ*
　サンヤ**
　サンヤー
Sanyal サニヤル
Sanyang
　サニャング
　サンヤン
Sanz
　サン
　サンズ**
　サンズ*

Sanza サンザ
Sanzio サンツィオ
Sanz Lanz
　サンツランツ
Sanzo サンツォ
Sanzogno
　サンゾーニョ
Sao
　サウ
　サオ
Saoirse シアーシャ*
Saolvatore サルバトレ
Saoterus サオテルス
Saoud サウード
Saoudatou
　サウダトゥー
Saoul
　サウル
　シャウル
Saouma サウマ*
Saowapha サオワパー
Saowaphong
　サウワポン*
　サオワポン
Saowaruj サオワルジ
Sapadin サバディン*
Saparbayev
　サパルバエフ
Sapardi サパルディ**
Sapardurdy
　サパルドゥルディ
Sapardurdyyev
　サパルドゥルドィエフ
Saparina サパリーナ
Saparliyev
　サパルルイエフ
Saparlyyev
　サパルルイエフ
Saparmurad
　サパルムラド*
Saparmurat
　サパルムラト*
Saparmyrat
　サパルムイラト
Saparov サパロフ
Sapegin サペギン
Sapegno サペーニョ*
Sapelli サペリ
Sapelnikov
　サペルニコフ
Saper
　サパー
　サペール
Saperstein
　サパースタイン
　サパースティーン
　セイパースタイン
　セーパースタイン
Saperton サパートン
Sapey サーペイ
Saphangthong
　サパントン
Saphir
　サフィーア
　サフィール
　サフィル

Saphire サフィル
Sapho サッフォー
Saphphan
　シャパン
　シャファン
Sapidus サピドゥス
Sapieha サピエーハー
Sapiens サピエンス
Sapin サパン**
Sapir
　サピーア
　サピア**
　サピアー
　サピール*
Sapira サパイラ
Sapire サバイア
Sapiro サピロ
Sapirstein
　サピルステイン
Sapiyev サピエフ**
Sapkota サプコタ
Sapkowski
　サプコフスキ*
Sapolsky
　サポルスキー*
Saponara サポナーラ
Sapone サポーネ
Sapori サポリ*
Saport サポート
Saposnik サポスニック
Sapp サップ*
Sappadāsa
　サッパダーサ
Sapper
　サッパー
　ザッパー
　サッペル
Sappey サペ
Sappheira
　サッピラ
　サフィラ
Sapphire サファイア**
Sappho
　サッフォー
　サッポー
Sapphó
　サッフォ
　サッフォー
　サッポー
　サッポボ
　サプポー
Sapphō
　サッフォ
　サッフォー
　サッポー
　サフォ
Sappington サピントン
Sapronenko
　サプロネンコ
Saproṇenko
　サプロネンコ
Sapru サプル
Saprū サプルー

Saprykin サプルイキン
Sapsanyakorn
　サプサンヤーゴーン
Sapsiree サプシリー
Sapuile サプイレ
Sapurić サプリチ
Saq サーク
Saqaw サカーウ
Saqqa サッカ
Saqr サクル
Ṣaqr サクル
Saquitte サキット
SaQwan サクワン
Sar
　サール*
　サル*
　ソー
Šar シャル
Sara
　サーラ***
　サラ***
　セアラ*
　セイラ
　セーラ**
　セラ*

Sarab セーラ
Sarabajaya
　サラバジャヤ
Sarabbai サラバイ
Sarabhai サラバイ*
Sarabhaṅga
　サラバンガ
Sarabi サラビ*
Sarabia サラビア
Saracci サラッチ
Saraceni サラチェーニ
Saraceno サラチェーノ
Saracevic
　サラセヴィック
Sarachchandra
　サラッチャンドラ*
Saracho サラチョ
Saracini サラチーニ
Saracino サラチーノ
Saraçoglu
　サラジョウル
　サラチョウル
Sarada サーラダー
Saradananda
　サラーダーナンダ
　サラダーナンダ
Saradzhev サラジェフ
Sarafanov
　サラファーノフ*
Sarafian サラフィアン*
Sarafianos
　サラフィアノス
Sarafin サラフィン
Saragat
　サラガット*
　サーラガト
　サラガート
Saragih サラギ
Saragossa
　サラゴサ

サラゴッサ	Sarasvatī サラスヴァティ	Sardar サーダー* サルダー* サルダール サルダル	Sarhan サラハン サルハン	Sarkisov サルキソフ* Sarkissian サーキシアン
Saragosse サラゴス*	サラスヴァティー サラスパティー サラスワティー		Sari サリ** サリー* サル	Sarkisyan サルキシアン サルキシャン*
Sarah サーラ* サラ*** サラー ザーラ*** ザラ ザラー セアラ** セイラ** セーラ** セラ*	Saraswati サラスワティ サラスワティー	Sarde サルド** Sardegna サルデーニャ Sardelli サルデッリ Sardello サーデッロ	Sarialp サルアルプ Sarianidi サリアニディ Saric サリク サリック サリッチ シャリッチ	Sarkomaa サルコマー Sarkozi シャールケジ Sarkozy サルコジ* Sárközy シャールキョジ
	Sarat サラット Śaratcandra シャラッチャンドラ シャラットチャンドラ シャラトチャンドラ ショロトチョンドロ	Sardenberg サルデンベルグ		Sarles サール
		Sarder サルダール		Sarli サルリ
Saraha サラハ		Sārdesai サールデサイ		Sarlo
Sarai サライ	Saratelli サラテッリ	Sardet サルデ	Sariçam サルチャム	サルロ サルロー
Saraias セラヤ	Sarath サラト	Sardi サルディ*	Sariev サリエフ	Sarma
Saraiva	Saraudi サラウディ	Sardinas サーディナス	Sarieva サリエワ	サルマ
サライーヴァ サライバ*	Saravanamuttoo サラバナムットー	Sardinha サルディーニャ	Sarif サリフ	シャルマ
Saral ショラル	Saravia サラビア	Sardjoe サルジュ	Sarig サリグ*	Śarmā シャルマ
Saralee サラリー	Sarawati スワミ	Sardjono サルジョノ	Sarikulya サリガンヤ	Śarmadatta
Saralegui サラレギ	Saray サライ*	Sardo サルド	Sarina サリナ	シャルマダッタ
Saram サラム	Sarayi サラーイー	Sardonius サルドニウス	ザリナ	Sarment サルマン
Saramady サラマディ	Sarazen サラゼン**	Sarinana サリナナ	ザルマン
Saramago サーラマーゴ***	Sarazin サラザン* サラセン	Sardorbek サルドルベク	Sarinzhipov サリンジポフ	Sarmento サルメント*
Sāramati サーラマティ		Sardou サルダウ サルドゥ** サルドゥー*	Sario サリオ	Sarmiento サルミエント***
Saran サラン ザーラン	Sarban サーバン*		Sariola サリオラ*	
	Sarbananda サルバナンダ		Sarip サリップ	Sarmientos サルミエントス**
Sarandji サランジ	Sarbanes サーベーンズ サーベンズ*	Sardou' サルドゥ	Sāriputta サーリプッタ サルゴン シャーリプトラ	Sarmila シャルミーラ シャルミラー
Sarandon サランドン**		Sarduris サルドゥリス サルドゥル		
Sarandos サランドス	Śar ba pa シャルワパ			Sarmīte サルミーテ
Sarane サラーヌ サラーン	Sarbaugh サーボー	Sarduy サルドゥイ**	Saris サリス セーリス*	Sarna サルナ
	Sarbayev サルバエフ	Sare サレ セア		Sarnacki サルナツキ
Sarang サラング	Sarbiewski サルビエフスキ サルビエフスキー サルビエフスキー		Sarit サリット	Sarnak サルナック
Saranne サラーン サラン		Sareen サリーン	Sarita サリタ	Sarnat サーナット
		Sarel サレル セーレル	Saritov サリトフ	Sarne サーン*
Sarant サラン	Sarbin サービン		Sariyan サリヤン	ザーン
Sarao サラオー	Sârbu スルブ	Saretsky サレッツキー*	Sarjanen サルヤネン	Sarney サルネイ**
Saraqini サラチニ	Sarby サービー	Sarfati サーファティ	Sarjo サージョ	Sārṅgadeva
Saras サラス	Sarcar サルカー	Sarfatti サルファッティ	Sarjono サルジョノ	サールンガデーヴァ サールンガデーバ シャールンガデーヴァ
Sarasas サラサス	Sarceda サルセダ		Sarka サルカ	
Sarasate サラサーテ*	Sarcerius サルケリウス	Sarfraz サルフラズ	Sarkadi シャルカディ*	
Sarasin サラザン サーラシン サラシン*** ザラジン	Šarčević シャルチェビッチ	Sarg サーグ	Sarkam サルカム	Sarnia サリーナ*
		Sargant サーガント	Sarkander サルカンデル	Sarno サーノ*
	Sarcey サルセー	Sarge サージ*	Sarkar	サルノ
	Sarchie サーキ*	Sargeant	サーカー サルカール* サルカル ショーカー ショルカル	Sarnoff サーノフ**
	Sarcoli サルコーリ サルコリ	サージェント*		Sarnow サルノヴ
Sarasinsawamiphak サーラシンサワーミパック		Sargent		Saro
	Sarcone サーコーン	サージェント*** サージェント サーゼント サルゼント		サーロ サロ*
Saraskina サラスキナ	サルコーネ		Sarkār ショルカル	
Sara Slott サラスロット	Sard サード		Sarker サーカー	Saroh サラ
	Sarda サルダ**		Sarkhosh サーコーシュ	Sarojini サロウジニ サロージニー サロジーニー* サロジニ*
Sarasohn サラソーン サラソン	Sardà サルダ	Sargenti ザゲンティ	Sarki サルキ	
	Sardaby サルダビー	Sargeson サージソン**	Särkilahti サルキラハティ	
Saraste サラステ*	Sardanapallos サルダナパッロス サルダナパルス サルダナパロス	Sargidzhan サルギジャン		Sarojinī サロージニー
Sarasvathy サラスパシー		Sargon サルゴン*	Sarkis サーキス* サルキス*	Sarolea サロリー
Sarasvati サラスヴァティー サラスワティー		Sargsyan サルキシャン* サルクシャン	Sarkisian サルキシアン サルキシャン	Saroli サローリ サロリ
	Sardanapalos サルダナパロス			

Sarolta シャローター／シャロルタ	**Sarron** サルロン	**Sartsanatieng** サーサナティヤン*	サッシャ	**Sassou** サス**／サス-
Saroo サルー	**Şarrūf** サッルーフ	**Sartwell** サートウェル	**Sásha** サーシャ	**Sassoulitsch** ザスリッチ
Sárosi シャーロシ	**Sarrus** サルス	**Sartzetakis** サルゼタキス*／サルツェタキス	**Sasi** サシ	**Sassouvi** サスビ
Sarosy サロシー	**Sarry** サリー	**Saruk** サルーク	**Sasia** サアシーア	**Sassulitsch** ザスーリチ
Sarotte サロッティ	**Sars** サーシュ／サルス	**Sarum** サーラム	**Sasiain** サシアイン	**Sastin** シャスティン
Sarouma サルマ	**Sarsa** サルサ	**Sarumi** サルミ	**Sasieni** サシーニ	**Šaškevyč** シャシュケヴィチ
Sarout サルート	**Sarsam** サルサム	**Sarun** サルン	**Sasinek** サシニェク	**Saskia** サスキア**
Sarović シャロビッチ*	**Sarsekbayev** サルセクバエフ**	**Sarungi** サルンギ	**Sa skya** サキャ	**Sastre** サストル／サストレ**
Šarović シャロビッチ	**Sarsenbayev** サルセンバエフ	**Sarunyu** サランユー*	**Sa-skya** サキャ	**Šāstri** シャーストリ／シャーストリー
Sarovskii サローフスキー	**Sarsfield** サースフィールド	**Saruq** サルーク	**Sa skya pandita** サキャパンディタ	**Sastroamidjojo** サストロアミジョヨ
Saro-Wiwa サロウィワ	**Sarsgaard** サースガード	**Sarusky** サルスキー	**Saslavsky** サスラフスキー	**Sastroredjo** サストロレジョ
Saroyan サロイアン／サロイヤン*／サローヤン**／サロヤン	**Sarshār** サルシャール	**Saruva** サルバ	**Sasmor** サスモア	**Sastrosatomo** サストロサトモ
Sarpaneva サルパネヴァ**／サルパネバ	**Sarsij** サルシージ	**Sarvadi** サーヴァディー	**Sasnett** サスネット	**Sastrosoenarto** サストロスナルト
Sarpashev サルパシェフ	**Sarson** サースン*／サーソン	**Sarvatjoo** サーバッジュー*	**Saso** サソ	**Sastrowardoyo** サストロワルドヨ
Sarpedon サルペドン	**Sarstedt** サーステット／サーステッド	**Sarvepalli** サルヴェパリー／サルヴェパルリ／サルベーパリー	**Sasomsab** サソムサップ	**Sat** サット／サト
Sarpei サーパイ	**Sart** サール	**Sarvepallī** サルヴェパリー	**Sasportes** サスポルテス	**Sata** サタ**
Sarpi サルピ	**Sartain** サーティン／サルティン	**Sarver** サーバー	**Sass** サス*／ザース／ザス	**Śatadhanvan** シャタダンヌス
Sarqāwī シャルカーウィー	**Sartaj** サルタジ**	**Sarwar** サルワル	**Sass*** サス*／サシュ*	**Sātakarni** シャータカルニ
Sarr サール*／サル	**Sartaq** サルタク	**Sarwat** サルワット*／サルワト	**Saß** サース／ザース	**Sātakarnī** サータカルニ
Sarra サーラ／サラ	**Sartawi** サルタウィ	**Sarwe** サルウェ	**Sassa** サッサ	**Satalino** サタリーノ
Sarracenus サラケヌス／サルラケヌス	**Sarter** ザルテル	**Sarwono** サルウォノ	**Sassanelli** サッサネッリ	**Sataloff** サタロフ*
Sarraf サッラーフ	**Sarthou** サルテゥ／サルトゥ／サルトゥー	**Sary** サリ**	**Sassard** ササール	**Satana** サターナ
Sarrag サラグ	**Sarti** サルティ	**Sa-ryang** サリャン	**Sasse** ザッセ*	**Satang** サタン
Sarrail サライユ	**Sartika** サルティカ	**Saryhanov** サリハノフ	**Sassen** サッセン*	**Satariano** サタリアノ
Sarraj シラージュ	**Sartin** サーティン／サルタン	**Saryyev** サルイエフ	**Sasser** サザール／サッサー*／シャサー	**Satari-Far** サタリファル
Sarramon サラモン	**Sartirana** サルティラーナ	**Sarzhayev** サルジャエフ	**Sasserath** ザッセラート	**Satas** サータス
Sarrantonio サラントニオ	**Sarto** サルト**	**Sarzo** サーゾ*	**Sassetti** サッセッティ	**Satavut** サタウット
Sarratt サラット*	**Sarton** サートン**	**Sarzotti** サルゾッティ	**Sassi** サシ	**Satch** サッチ
Šarra-uṣur シャザル／シャツアル	**Sartono** サルトノ	**Sasa** ササ**／サーシャ*	**Sassmannshaus** サスマンスハウス	**Satchel** サチェル*／サッチェル
Sarraut サロー*	**Sartor** サルトル／ザルトル	**Saša** サーシャ*／サシャ	**Sassmannshausen** ザスマンスハウゼン	**Satchell** サッチェル*
Sarraute サロート**	**Sartore** サートレイ／サートレイ／サルトル	**Sasabasar** シェシュバツァル／セシバザル	**Sasso** サッソ／サッソー	**Satchidananda** サッチダーナンダ*
Sarrazin サラザン*／サラズィン／サラツィン	**Sartori** サルトーリ*／サルトリ*／ザルトーリ	**Sasaki** ササキ	**Sassoferrato** サッソフェッラート／サッソフェラート／サッソフェルラート	**Satchidanandan** サチダナンダン
Sarr-ceesay サルシセイ	**Sartorio** サルトーリオ	**Säsărman** ササルマン	**Sassoli** サッソリ	**Satchmo** サッチモ
Sarre ザレ	**Sartoris** サートリス	**Sascha** サーシャ*／サシャ**／ザーシャ／ザシャ／ザスカ／サーシャ*	**Sassòli** サッソーリ	**Satel** サテル
Sarrette サレット	**Sartorius** サルトリウス／ザルトーリウス*／ザルトリウス	**Sasek** サセック*	**Sasson** サスン*／サソン／サッソン	**Satell** サテル
Sarri サッリ	**Sartov** サルトフ	**Sasetta** サセッタ／サッセッタ	**Sassone** サッソーネ	**Satem** サテム
Šarrī シャルリ	**Sartre** サルトル**	**Sasha** サーシャ***／サシャ*	**Sassoon** サスーン***／サッスーン	**Saténik** サテニク
Sarria サリア				**Sater** サテラ
Sarris サリス*				**Sateri** サテリ
Sarrocchi サッロッキ				**Satha** ソター
Sarroi サルイ				**Sathian** サティエン
				Sathianthai サティアンタイ
				Sathirathai サティヤンタイ*

Sathya
サティア*
サティヤ
Sathyan サティアン
Sathya Sai Baba
サティヤサイババ
サティヤサイババ
Sathyendranath
サティエンドラナス
Sati サティ
Sāti サーティ
Sāti' サーティウ
Sāti' サーティー
Satibarzanēs
サティバルザネス
Satie
サティ**
サティー
Sātimattiya
サーティマッティヤ
Satin サテン*
Satini サティニ
Satinover
サティンオーヴァー
Satir
サティア*
サティアー
Satish
サティーシュ
サティシュ*
サティッシュ
Sativa サティヴァ
Satkam サトゥカム
Satkowski
ザトコウスキ
Satlin サトリン
Satlyk サトルイク
Satlykov サトルイコフ
Sato
サトー
サトウ*
Satopaty サトパティ
Sator サター
Satoransky
サトランスキー
Satornilos
サトルニロス
Satorra サトーラ
Satoshi サトシ
Satow
サトー*
サトウ*
Satpaev サトパーエフ
Satragno サトラーニョ
Satran サトラン
Satrapi
サトラピ**
サトラピー
Satre サートル
Satriani サトリアーニ
Satriano サトリアーノ
Satrom サトラム
Satrustegi
サトルステギ
Sats
サーツ*

サッツ
Satta サッタ
Sāttanār
サータナール
サーッタナール
Sattar サッタル**
Sattār サッタール
Sattari サッタリ
Sattarkhanov
サタルハノフ*
Sattaur ザッタウアー
Sattaya サタヤ
Satter ザッター
Satterfield
サターフィールド
Satterly サタリー
Sattersten
サッターステン
Satterthwait
サタスウェイト**
Satterthwaite
サッタースウェイト
Satterwhite
サターホワイト
Sattgast サットガスト
Sattibayev
サティバエフ
Sattilaro サティラロ
Šattiwazza
シャッティワッザ
Sattler
サットラー
ザットラー
サトラー
Sattley サトリー
Sattouf
サトゥッフ
サトゥフ
Satu
サツ
サトゥ**
Satullo サツーロ
Satuq
サトゥク
サトゥク
サトク
Satur
サツル
サトル
Saturnin
サチュルナン
サテュルナン
Saturnina
サトゥルニナ
Saturnino
サトゥルニーノ
Saturninus
サツルニヌス
サートゥルニーヌス
サートゥルニヌス
サトゥルニヌス
サートゥルニーロス
サートルニーノス
Satwant サトウント
Satwart サトウント
Satya
サタヤ
サティア

サトヤ*
Satyadeow サタデオ
Satyajit
サタジット*
サッティヤジット
サティアジット
ショットジット
ショットジト
Satyanand
サティヤナンド
Satyaprakash
サティアプラカシュ
Satyarthi
サティヤルティ*
Satyāśraya
サティアースラヤ
Satybaldiev
サティバルディエフ
Satybaldy
サトイバルディ
Satyendra
サチエンドラ
サティエンドラ
サテュエンドラ
Satyendranāth
ショッテンドロナト
Satylykov
サトルイコフ
Satyros サテュロス
Satyrus
サティルス
サテュルス
Sau
サウ*
ソー
Sauat サウアト
Sauber
サウバー
ザオバー
Saubert
ザウベルト
ソーバート*
Saubolle ソウボレ
Sauce
サウセ
ソース
Sauceda サウセダ
Saucerotte
ソースロット
Saucet ソセ
Saucier
ソーシエ
ソシエ
Sauckel ザウケル
Saud
サウド**
スアード
Sa'ūd
サウード
サウド
Saūd サウード
Saudā
サウダー
ソウダー
Saudabayev
サウダバエフ
Saudagaran
ソーダガラン
Saudā'ī サウダーイー

Saudargas
サウダルガス*
Saudati サウダーティ
Saudek
ソウデック
ソーデック
Saudreau
ソドロー
ソードロウ
Sauer
サウアー**
ザウアー
ザウアー**
ザウアー
ザウアー
ザウワァ
サワー
ソウアー
Sauerbier
ザウアービエ
Sauerborn
サウエルボーン
Sauerbreij
ザウエルブライ**
Sauerbruch
ザウアーブルフ
ザウエルブルフ
ザウエルブルフ
Sauerbrun
サウワーブラム
Sauerhaft
サワーハフト*
ソワーハフト
Sauerland
ザウェルラント
Sauerländer
ザウアーレンダー
Sauers サウアーズ
Sauerwein
サウエルバイン
Saufatu サウファツ**
Saugato サウガト
Sauguelni ソゲルニ
Sauguet
ソーゲ
ソゲ*
Saujani サウジャニ
Saukontheathipadei
ソコンティアティパダイ
Saul
サウール
サウル**
ザウル
サユル
シャウル
ソウル***
ソール***
Saúl サウル**
Sául サウル
Ša'ûl サウル
Saulala サウララ
Saule ソウル
Sauli サウリ**
Saulius
サウリュス
サウリュス
Saull ソウル

Saulles ソーレス
Saulnier
ソーニェ
ソールニア
ソルニエ
Saulo サウロ
Saulos サウロス
Saulpaugh サルボー
Saum ザウム*
Sauma
サウマ
サウマー
ソーマ
Saumā
サウマ
サウマー
Saumaise ソメーズ
Saumatua
サウマトゥア
Saunavaara
サウナワーラ
Saunders
サウンダアス
サウンダース*
サウンダーズ
サーンダース
サーンダーズ
サンダース**
サンダーズ*
ソウンダース*
ソーンダース**
ソーンダーズ**
ソンダス*
ソーンダズ***
ソンダーズ**
ソンダーズ
Saunderson
サーンダソン
サンダーソン
ソーンダソン
Sauneron ソヌロン
Saunier
ソーニア
ソーニエ*
ソニエ
Saunière ソニエール
Saupe ザウペ*
Saupold サーボルド
Saur
サウア
サウール
ソー
Saura サウラ**
Saurat ソラ
Saure ザウレ
Saurel
ソーレ
ソレル
Saurer ザオラー
Sauret ソーレ
Sauri サウリ
Saurin
ソーラン
ソラン
Saury ソーリー
Sausen ザウゼン
Sauser ザウザー**

Sau Sheong
ソーション
Saushkin サウシキン
Saussaye
ソーセー
ソセー
ソーセイ
Saussier ソーシエ
Saussure
ソーシュール
ソシュール*
Saut ソート
Sautai ソーテ
Sauter
ザウター
ソーター*
Sautet ソーテ**
Sauth ソート
Sautin サウティン**
Sautot ソト*
Sautoy ソートイ*
Sautreau ソトロー
Sauts サウツ*
Sautter
ソーター
ソテー
ソーテール
ソテール**
Sauvage
サーブァージュ
ソーヴァージュ
ソヴァージュ**
ソーバージュ
ソバージュ*
Sauvageot
ソヴァジェオ
ソーヴァジョ
ソヴァージョ
ソヴァジョ
Sauvaget ソヴァジェ
Sauvagnargues
ソヴァニャルグ**
ソバニャルグ
Sauvant ソーヴァント
Sauvapong
サウワポン
サオワボン
Sauvé
ソーヴェ
ソーベ*
Sauveplane ソベプラン
Sauveur
ソヴォール
ソーヴール
ソヴール
ソーバー
ソーブール
Sauvigny
ソーヴィニー*
ソヴィニー
Sauvlet ソーヴレー
Sauvo サウヴォ*
Sauvy
ソーヴィ
ソーヴィー
ソヴィ
ソービ

Sauwaphong
サウワポン
Saux ソー*
Sauyet ソイェ
Sauytbay サウトバイ
Sauzay ソーゼー
Sauzet ソーゼ
Sava
サヴァ
サバ
Savada
サヴァダ
サバダ
Savadogo サバドゴ
Savage
サヴィジ*
サヴィッジ*
サヴェイジ
サヴェージ*
サヴェジ*
サヴェッジ*
ザービジ
サビジ
サベイジ
サベッジ***
サベジ
サベッジ**
Savak サバック
Saval サヴァル
Savalas
サヴァラス
サバラス*
Savall サバール*
Savan
サヴァン
サバン
Savanayana
サワナヨン
Savane サバネ
Savané サヴァネ
Savang
サウァン
サバン
Savangvatthana
サヴァンヴァッサナ
Savanīya サヴァニーヤ
Savannah サバンナ
Savanskaya
サワンスカヤ*
Savant
サヴァント
サバント
Savard
サヴァール*
サバード
Savarese
サヴァリーズ
サヴァレーゼ*
サバレーゼ
Savarin
サヴァラン*
サヴァリン
サバラン
サバリン*
Savarkar
サーヴァルカル
サヴァルカル
サーバルカル

Savart
サヴァリー
サヴァール
サバール
Savary
サヴァリ
サヴァリー*
サバリ**
Savas
サヴァス
サバス*
サワット
セイバス
Savasorda
サヴァソルダ
サバソルダ
Savater
サバテール*
サバテル
Savatier
サヴァチエ
サヴァティエ
サバチエ
サバティエ
Savchenko
サヴチェンコ
サフチェンコ**
サブチェンコ
Savchuk サフチュク
Save サヴァ
Savea サヴェア
Savege サベージ
Savel'eva
サヴェーリエヴァ*
Saveliev サヴェリエフ*
Savelivich
サヴェリエヴィチ
Saveljev サベリエフ
Saveljic サベリッチ
Savelkouls
サフェルクルス
ザフェルコウルス
ザフエルコウルス
Savelli
サヴェッリ
サベルリ
Savelsbergh
サフェルスバーグ
Savelyev
サヴェリエフ
サベリエフ
Savelyeva
サヴェーリエヴァ
サヴェリエーヴァ
サヴェーリエワ
サベリエワ
Savenaca サベナザ
Saverin サベリン
Saverio
サヴェリオ
サヴェーリオ
サヴェリオ
Savery
サヴェリー*
サーフェリー
サフェリー
サフェレイ
セイヴァリー
セーヴァリ

セヴァリー
セーヴェリ
セーバリ
セーバリー
セバリー
セーベリ
Savetsila
サウェシラ
サウェッツィラ*
サウェートシラー
Savetz サベッツ
Savga シャブガ
Savi
サーヴィ
サビ
Savialova サビアロワ
Saviano
サヴィアーノ**
Savic サヴィッチ
Savić サヴィッチ
Savicevic
サヴィチェヴィッチ
サビチェビッチ
Savićević
サヴィチェヴィッチ*
Savici サヴィッチ
Savickas サビカス
Savid サビド
Savier
セーヴィア
セービア
Savigear サビジャー
Savigliano
サヴィリャーノ
Savignac
サヴィニャック**
サビニャック
Savignano
サヴィニャーノ
Savigne
サビヌ*
サビネ
Savignon サヴィニョン
Savigny
サヴィニ
サヴィニー*
ザヴィニー
ザヴィニイ
サビニー
ザビニー
Savikas サビカス
Savile
サヴィル
サビル*
Savill サヴィル
Saville
サヴィル*
サビール
サビル*
Savimbi
サヴィンビ
サビンビ**
Savin
サヴァン
サヴィン
サビン
Savina
サーヴィナ
サビーナ

Savinaud サビノー
Savine サビヌ
Savini サヴィーニ
Savinien
サヴィニアン
サヴィニヤン
サビニアン
Savinio
サヴィーニオ
サヴィニオ
Savinkov
サーヴィンコフ
サヴィンコーフ
サヴィンコフ**
サビンコフ
Savino
サヴィーノ
サビノ*
Savinova
サヴィノワ
サビノワ*
Savio
サヴィオ*
サビオ*
Saviola
サヴィオラ
サビオラ**
Savioli サヴィオーリ
Saviolo サヴィオロ
Savion
サヴィオン
サビオン
セイビオン
セイビアン
セビアン*
Savioni サヴィオーニ
Saviour
セイヴィア
セイビア
Savisaar
サヴィサール*
サビサール
Savit セーヴィット
Savitch
サヴィッチ
サビッチ
Savitha サヴィサ
Savitri
サヴィトリ
サヴィトリ*
サビトリ
サビトリ
Sāvitrī サーヴィトリー
Savitskaya サビツカヤ
Savitskii
サヴィツキー
サヴィツキイ
サビッキー
Savitsky サヴィツキー
Savitt サビット
Savitz
サヴィッツ
サビッツ
Savitzky サヴィツキー
Saviye サビエ
Savner サブナー
Savo サボ

Savoeun サボン	ソオ	Sawrey ソウレイ	Sayani サヤニ	Sayit サイト
Savoia サヴォイア*	Sawa サワ	Sawrymowicz サブリノビッチ	Sayantani サヤンタニ	Saykally セイカリー
Savoie サヴォア / サボア / サボイ	Sawaby サワビー	Sawsan サウサン	Sayao サヤウ / サヤン	Sayle セイル
	Sawad サワド	Sawtell ソーテル		Sayles セイルズ**
	Sawadogo サワドゴ	Sawthey ソーゼ	Sayaphet サヤペット	Sylom サイロム
Savoir サヴォワール	Sawadogotapsoba サワドゴタプソバ	Sawtrey ソートリ	Sayasone サイニャーソン / サイニャソーン*	Saylor セイラー
Savolainen サヴォライネン / サボライネン	Sawadsiri サワッシー**	Sawyer ソイヤー / ソウヤー*** / ソーヤ / ソーヤー***		Saymour セイモア
Savold サヴォルド	Sawaf サワフ		Sayat' サヤト	Saynab サイナブ
Savoldo サヴォルド / サボルド	Sāwajī サーヴァジー / サーバジー / サーワジー		Sayce セイス* / セース*	Saynez サイネス
		Sawyers ソーヤース / ソーヤーズ		Sayo サヨ
Savolinen サヴォライネン	Sawalha サワラ		Sayd サイド	Sayongve サイオンウェー
Savon サボン*	Sawallisch サヴァリッシュ* / ザヴァリッシュ / ザヴァリッシュ / サバリッシュ / ザバリッシュ / サワリッシュ	Sax サクス / ザクス / サックス*** / ザックス*	Saydam サイダム	Sayour セイヤー
Savón サボン			Saye セー / セイ	Säypidin サイプディン
Savona サヴォーナ				Sayrafiezadeh サイラフィザデー
Savonari サヴォナーリ			Sayed サイイド* / サイエド* / サイード / サイド / サイヤド / サエド / セイエド / セイド	Sayragul サイラグル
Savonarola サヴォナローラ* / サヴォナロラ / サボナローラ		Saxby サクスビー / サクスビィ / サックスビー		Sayrāmī サイラーミー
	Sawalski サワルスキ			Sayre セア / セイヤー*
Savonius サボーニアス	Sawardekar サワードカー	Saxcoburggotski サクスコブルクゴツキ シメオン		Sayri サイリ / シイリ
Savorgnan サヴォルニャン	Sawasdipol サワディポン*			
Savory サヴォイ / サヴォーリ / サヴォリ / ザヴォリ / サボリ / セイヴァリー / セイヴォリー / セイボリー	Sawat サワット	Saxe サクス* / サックス* / ザックス / セイクス	Sayed-hossen サイエドホセン	Sayrs セイヤーズ
	Saw Bwe Hmu ソーブェフムー		Sayed Mohammad サイドモハマド	Saysengly サイセンリー
	Sawchik ソーチック			Sayss ザイス
	Sawchuk ソーチャック	Saxe-Coburg サクスコブルク	Sayedul サイエドゥル	Saytiev サイティエフ
	Sawczuk ザウチェク	Saxe-coburg Gotha サクスコブルクゴツキ	Sayeed サイイド / サイード	Sayuk セイヤック
	Sawden ソウデン			Sayve セーヴ
	Sawdon ソードン**		Sayeeda サイーダ	Saywell セイウェル / セーウェル
Savoy サヴォイ* / サボイ	Sawers サワーズ	Saxena サクセナ	Sayegh サーイグ	
	Sawetsila サウェシラ / サウェッツイラ / サウェートシラー	Saxenian サクセニアン*	Sayeh サイェ	Sayyāb サイヤーブ
Savoyen サヴォワ		Saxer ザクサー	Sayem サイエム*	Sayyad サッヤード
Savrasov サヴラーソフ		Saxl ザクスル* / ザクルス	Sayer サイル / セイア / セイヤー***	Sayyd サイイド
Savsek サブセク	Sawettabut サウェタブット			Sayyda サイイダ
Savšek サヴセク		Saxo サクソ		Sayyid サイイッド* / サイイド / サイイド* / サイッド / サイード* / サイド* / シド / セイド
Savva サヴァ / サバ	Sawh ソー	Saxon ソウヒル / ソーヒル	Sayers セアーズ / セイアーズ / セイアズ / セイヤース / セイヤーズ** / セーヤーズ	
Sávva サッヴァ	Sawhill			
Savvas サバス		Saxonia ザクセン		
Savvich サーヴィチ / サヴィチ / サッヴィチ / サビッチ	Sawhney ソーニー	Saxton サクストン**		
	Sawi ソーイ*	Say サーイ / サイ* / セー / セイ**	Sayes セイズ	Saz サス
	Sawicki サウィッキ / サヴィッキ / サビッキ		Sa-yeup サヨプ	Sazanavets サザナベツ
Savvides サヴァイデ / サヴィデス / サビデス		Saya サヤ / サヤー	Sayf サイフ	Sazanovich サザノビッチ
	Sawin サウィン / ソーウィン		Sayfi サイフィー	
			Sayfiddin サイフィディン	Sazer セイザー
Savvin サヴィン	Sawito サウィト	Sayad サヤード	Sayid サイド	Sazie サージ / サジ / サジイ
Savvina サーヴィナ* / サヴィーナ	Sawitri サウィトリ	Sayadaw サヤドー	Sayidiman サイディマン / サイデマン*	
	Sawka サフカ*	Sayādaw サヤドー		
Savxhwnko サフチェンコ	Sawko ソーコ	Sayadyan サヤジャン		Sazon サゾン*
Savy サビー	Sawma サウマー / ソウマ / ソーマ	Sayag サヤグ	Sayidov サリドフ	Sazonov サゾーノフ* / サゾノフ*
Savyon サヴィヨン		Sayahda サヤーダ	Sayifwanda サイフワンダ	
Saw ソー* / ソウ*	Saw Maung ソーマウン	Sayamanon サヤーマーノン	Sayin サユン	Sbai ズバイ
	Sawmynaden サウミナデン	Sayan サヤン	Sayinčortu サインチョクト	Sbarbaro ズバルバロ
		Sāyana サーヤナ		Sbarglia スバルグリア

Sbarski スバースキ
Sbelt ズーベルト
Sbert スベルト
Sbihi スビヒ
Sbihli スビーリ
Šbk シャバカ
Śbk-nfru セベクネフェルウ
ŠBOGAR ズボガル
Sbriccoli ズブリッコリ
Sbru lun pa ドウルンパ
Sbusiso スブシソ
Scaasi スカージ
Scacchi スカッキ
Scacciati スカッチャーティ
Scacco スカッコ
Scadden スキャッデン*
Scadding スキャディング
Scaduto スカデュト
スカドゥート
Scaelli スカエッリ
Scaevola スカイウォラ
スカエウォラ
スカエヴォラ
スカエボラ
Scafe スカーフ
Scaffa スカーファ
Scafuro スカフーロ
Scagell スキャゲル
Scaggs スキャッグス**
スキャッグズ
Scagliotti スカリオッティ
Scahill スケイヒル
Scaiano スカイアノ
Scaife スカイフ
Scailliérez スカイエレーズ
Scaino スカイノ
Scajola スカイオーラ
スカヨラ
Scala スカラ**
Scalabrine スカラブライン
Scalabrini スカラブリーニ
Scalapino スカラピーノ**
スカラピノ
Scalchi スカルキ
Scalco スカルコ*
Scalera スカレーラ*
スカレラ
Scales スケイルズ
スケールス
スケールズ*

Scalese スケールス
Scalf スカルフ*
Scalfaro スカルファロ**
Scalfarotto スカルファロット
Scali スカリ
Scalia スカリーア
スカリア*
Scaliger スカリゲル
スカリジェ
スカリジェール
スカリジェル
Scaligero スカーリゲル
スカリゲル
スカリゲロ
スカリジェ
スカリジェル
Scalini スカリーニ*
Scallion スキャリオン
Scally スカーリー
Scaloni スカローニ
Scalvini スカルヴィーニ
スカルビーニ
Scalza スカルツァ
Scalzi スカルジー
スコルジー**
Scalzo スカルツォ
Scalzone スカルツォーネ
Scambray スキャンベリー*
Scamell スキャメル
Scamell スキャメル
Scamozzi スカモッツィ
Scampini スカンピーニ
Scandar スカンダル
Scandello スカンデッロ
スカンデロ
Scandiani スカンディアーニ
Scandrick スキャンドリック
Scanlan スカンラン
Scanlo スキャンロン
Scanlon スキャロン
スキャンロン
Scannabecchi スカンナベッキ
Scannapieco スカナピエコ
Scannell スキャネル**
Scannelli スカンネッリ
Scantling スキャントリング
Scapaci スカパシ
Scapens スケイペンズ
スケイペンス
Scapin スカピン

Scappi スカッピ
Scapula スカプラ
Scaramberg スカランベール
Scaramelli スカラメリ
Scarampi スカランピ
Scarani スカラーニ
Scarantino スカランティノ
Scaravelli スカラヴェリ
Scarbeck スカーベック
Scarborough スカブラー
スカーボロー*
スカボロー**
Scarcella スカーセラ*
Scarchilli スカルキッリ
Scardamalia スカーダマリア
Scardina スカーディナ*
Scardino スカーディーノ
スカルディーノ**
スカルディノ
Scarf スカーフ*
Scarface スカーフェイス
Scarfe スカーフェ
Scarfi スカーフィー
Scarfiotti スカーフィオッティ
スカルフィオッティ
Scarfiotty スカルフィオッティ
Scarfoglio スカルフォリオ
Scargill スカーギル
Scariano スカリアーノ
Scarlatti スカルラッティ*
スカルラッティ
Scarlet スカーレット*
Scarlett スカアレット
スカーレット**
Scarman スカーマン
Scarnell スカーネル
Scaroni スカローニ
Scarpa スカーパ
スカルパ***
Scarpagnino スカルパニーノ
Scarpani スカルパーニ
Scarpelli スカルペッリ*
Scarpetta スカルペッタ*
Scarpi スカルピ
Scarpino スカルピノ
Scarr スカー
Scarre スカー
スカール

Scarron スカロン
Scarrow スカロウ*
Scarry スカーリー
スカリー
スカーリー*
スキャリー**
Scarsella スカルセッラ
Scartazzini スカルタッツィーニ
Scarub スキャラブ
Scaruffi スカルフィ
Scarwid スカーウィッド
スカーウィド
Scase スケース
Scates スケイツ
Scathach スカアハ
Scatman スカットマン
スキャットマン*
Scattini スカッティーニ
Scattola スカットーラ
Scattolini スカットリーニ
Scaurus スカウルス
Scavelli スカヴェッリ
Scavenius スカヴィーニウス
スカヴェニウス
Scawen スコーイン
Scazzero スキャゼロ
Sccottie スコッティ
Sccrer スカラー
Scdoris セドリス*
Sceery シーリー
Selba シェルバ*
Scelle セル
Scellier セリエ
Scelsi シェルシ
シェルジ
Scepanovic シュチェパノヴィッチ
シュチェパノビッチ
Śćepanović シュチェパノヴィチ
Sceppa セッパ*
Ščerba シチェルバ
Scerbanenco シェルバネンコ
Scerbatihs スチェルバティス
Scerdilaidas スケルジライダス
Scerri シェリー
シャリ
Scève セーヴ*
セーヴ
Scévole セヴォル
Schaa スカア
Schaadt シャート
Schaaf シャーフ**

Schaaffhausen シャーフハウゼン
Schaaik スシャーイク
Schaake シャーケ*
Schaal シャール
ショール
スカール
Schaap シャープ
スハープ
Schaapman スカープマン
Schaapveld シャープフェルト
Schaarschmidt シャール・シェミット
シャールシュミット*
Schab シャープ
Schabas シャバス
Schaber シェーバー
シャーバー
Schaberg シェイバーグ
Schabert シャーベルト
Schabowski シャボウスキー
シャボフスキー
Schache シャヘ
Schachner シアハナー
シャクナー
シャハナー
Schacht シャクト*
シャハト**
Schachte シャクト
Schachtebeck シャハテベック
Schachtel シャハテル
Schachter シャクター**
シャハター
Schachtman シャハトマン
Schachtschabel シャハトシャーベル
Schachtschneider ザッハシュナイダー
Schack シャーク
シャック
Schacker シャッカー
Schacter シャクター*
Schad シャート**
シャド
Schade シェイド
シェーゼ
シャーデ**
Schädel シェーデル
Schadewaldt シャーデヴァルト
Schadler シャドラー
Schädler シェトラー
シェドラー

SCH

Schädlich
シェートリヒ
Schadow
シャードー
シャドー
シャドゥ
Schaeberle シェバーリ
Schaech シャーク
Schaede シェーデ*
Schaedel スハーデル
Schaeder
シェーダー
シェーデル
Schaeefer シェファー
Schaef
シェイフ*
シェーフ
シェフ
Schaefer
シェイファー
シェーファー***
シェファー*
シャーファー
Schaeffer
シェイファー*
シェッファー
シェッフェル
シェーファー**
シェファー
シェフェール*
Schaeffers
シェーファース
Schaeffler
シェフラー**
Schaeffner
シェフネール
シェフネル
Schaemburger
スハムブルヘル
Schaep シャープ
Schaepman
スハープマン
Schaer スカエル
Schaerer シアラー
Schaetzle シャツレ
Schaewen
シェーヴェン
Schafer
シェイファ
シェイファー*
シェーファー***
シェファー
シェーフェル
シャーファー
セーフェル
Schäfer
シェイファー
シェーファー***
Schaff
シャッフ
シャーフ
シャフ**
Schaffer
シェイファー*
シェッファー
シェーファー
シェファー
シャッファー
シャファー*

シャフェ
Schäffer シェーファー
Schaffert シャファート
Schäffle
シェッフレ
シェフレ
Schaffler シェフラー
Schaffner
シャッフナー*
シャフナー**
Schaffrath
シャフラート
Schaffstein
シャフシュタイン
Schafheitlin
シャーフハイトリン
Schafik シャフィク*
Schäfke シェフケ
Schaft シャフト
Schagrin シャグリン
Schaichet
シャイヒェト
Schaick シェイク
Schaie シャイエ
Schaiff シャイフ
Schaim シャイム
Schain シェイン
Schaitberger
シャイトベルガー
Schala シャラ
Schalansky
シャランスキー
Schalck シャルク
Schalcken スハルケン
Schalk
シャルク*
ショーク
スカルク*
スハルク
Schalkwyk
シャルクウィク
Schall
シャール*
シャル
Schaller
シャーラー
シャラー**
シャレール
Schallerová
スハルロヴァー
Schallert シャラート
Schallhorn
シャルホルン
Schalling シャリング
Schallmayer
シャルマイアー
シャルマイヤー
Schallück
シャリュック*
Schally
シャーリー
シャリ
シャリー*
Schalm シャーム
Schalock シャロック
Schalom シャローム

Schaltegger
シャルテガー
Schama シャーマ*
Schambergen
スハンベルヘン
Schamberger
シャムベルガー
スハンベルヘル
Schami シャミ**
Schaminée シャミネー
Schamoni
シャモニ
シャモニー
Schamp スカンプ
Schamroth シャムロ
Schamus シェイマス*
Schanberg
シャンバーグ*
Schandler
シャンドラー
Schandorff
シャンドルフ
Schandorph
シャンドーフ
シャンドルフ
Schane シェイン
Schang シャング
Schank シャンク*
Schanker シャンカー*
Schannat シャナート
Schanne シャンネ
Schano シャノー
Schanz シャンツ*
Schanze シャンツェ
Schanzlin
シャンズリン
Schaper
シェバー
シャーパー*
Schapera シャペラ
Schapers シェーパース
Schäpers シェーパース
Schapira シャピラ
Schapiro
シャピーロ
シャピロ**
Schapp シャップ
Schappe シャッペ
Schappeler
シャッペラー
Schappell シャッペル
Schar シェア
Schär
シェーア
シェア
シェアー
シェヤー
Scharbert
シャールベルト
Scharbet シャーペット
Schardein
シャルダイン
Schardt
シャルト
スハルト
Schären シェーレン

Scharenberg
シャーレンベルク
Schärer
シェアラー
シェーラー*
Scharf
シャーフ*
シャルフ
Scharfe シャーフィー
Scharff
シャーフ
シャルフ*
Scharffenberger
シャーフェンバーガー
Scharffetter
シャルフェッター
Scharfman
シャーフマン
Scharing シャーリング
Scharinger
シャリンガー
Scharlach スカーラク
Scharlau
シャーラウ
シャルラウ
Scharler シャラー
Schärli シェルリ
Scharlieb シャーリープ
Scharling シャルリング
Scharmacher
シャルマッハー
Scharmer シャーマー
Scharnager
シャルナーゲル
Scharnhorst
シャルンホルスト
Scharnschlager
シャルンシュラーガー
Scharold シャーロード
Scharoun
シャルーン
シャロウン*
シャローン
Scharpenberg
シャルペンベルク
Scharpfenberg
シャルフェンベルク
Scharping
シャーピング**
Scharre シャーレ
Scharrelmann
シャレルマン
Scharrenberg
シャルンベルフ*
Scharrer
シャーラー*
シャラー
シャルラー
Scharschmidt
シャーシュミット
Scharsig
シャーシッヒ
シャールシッヒ
Schart シャート*
Schartau シャルタウ
Scharten
シャルテン
スハルテン

Scharwenka
シャールヴェンカ
シャルヴェンカ
Schary
シェリ
シャーリー
シャリー
Schasler
シャスラー
シャスレル
Schat シャット
Schata シャータ
Schatt シャット
Schatten シャッテン
Schattschneider
シャットシュナイダー*
Schatz シャッツ*
Schatzberg
シャッツバーグ
シャツバーグ
Schatzeder
シャッツダー
Schatzgeyer
シャッツガイアー
Schätzing
シェッツィング**
Schatzker
シャッカー
シャツカー
Schatzle シェツレ
Schatzman
シャッツマン*
シャツマン*
Schaub
シャウプ
ショーブ
ショブ
Schaube シャウベ
Schäuble ショイブレ**
Schauder シャウダー
Schaudinn
シャウディン
Schaudt シュミット
Schauenberg
ショアンベール
Schauenburg
シャウエンブルク
Schauer シャウアー
Schauerhammer
シャウラハマー
Schäufelein
ショイフェライン
Schaufeli シャウフェリ
Schauffele
シャウフェレ
Schäuffele
ショイフェレ
Schauffler
シャウフラー
シャフラー
Schaufler シャウフラー
Schaufuss シャウフス
Schaukal シャウカル*
Schaum ショーム*
Schaumanm
シャウマン
Schaumann
シャウマン*

シャオマン
シュウマン
Schaumburg
ショウンバーグ
Schaur シャウア
Schauss シャウス*
Schauta
シャウタ
シャウタ
Schautz シャウツ
Schauwecker
シアウウェッカー
Schavan シャバン
Schawanoch
シャヴァーノホ
Schawbel ショーベル
Schawinsky
シャヴィンスキー
Schawlaw
シャウロー
シャウロウ
ショーロー
Schawlow
ショーロー
ショーロウ
Schayes シャイーズ
Schayk スハイク
Schäzler
シェーツラー
シェツラー
Scheaberle シェバール
Schebendach
シェベンダーク
Schebera シェベラ
Schebesta シェベスタ
Schebitz シェビッツ
Schebler シェブラー
Schechiter シェヒター
Schechner シェクナー*
Schechter
シェクター*
シェヒター*
Schechtman
シェヒトマン
Scheck シェック
Scheckel シェッケル
Scheckter シェクター
Schecter シェクター*
Scheddin シェディン
Schede シェーデ
Schedel
シェーデル
スヘーデル
Scheder シェーダー
Schedoni スケドーニ
Scheeben シェーベン
Scheeder シェーダー
Scheel
シェール**
セール
Scheele
シェーレ
シーリー*
シーリィ
Scheelbelreiter
Scheelstrate
スヘルストラート

Scheemakers
シェーマーケルス
Scheen
シェーン*
シーン
Scheepbouwer
シープバウアー
Scheepers
シェーペルス
Scheer
シーア
シアー
シェーア**
シェアー**
シェール**
Scheerbart
シェーアバルト*
シェールバルト
Scheerer シェーラー
Scheese シーズ
Scheet シート
Scheetz シュイーツ
Schefer
シェーファー
シェファー
シェフェール*
シェフェル
Scheff シェフ*
Scheffczyk シェフチク
Scheffé シェッフェ
Scheffel
シェッツフェル
シェッフェル*
シェフェル
Scheffer
シェッフェル
シェファー*
シェーフェル
シェフェール
シェフェル
スヘッフェル
Scheffers
シェッファース
Scheffler
シェッフラー
シェフラー***
Scheffran シェフラン
Scheflen シェフレン*
Schefold
シェーフォルト
シェフォールト*
シェフォールド
シェーフォルド
シャフォールド
Schefren シェフレン
Schefter シェフター*
Schegg シェグ
Schegloff シェグロフ
Schéhadé
シェアーデ
シェアデ
Scheib シャイプ*
Scheibe シャイベ*
Scheibel シャイベル
Scheibelreiter
シャイベルライター
Scheiber シャイバー

Scheibert
シャイベルト
Scheibler シャイブラー
Scheiblich
シャイブリッヒ
Scheibner
シャイブナー*
Scheicher
シャイヒャー*
Scheid
シェード
シャイド*
Scheidagger
シャイダッガー
Scheidel シャイデル*
Scheidemann
シャイデマン*
Scheidemantal
シャイデマンタル
シャイデマンテル
Scheidemantel
シャイデマンテル
Scheider シャイダー
Scheidl シャイドル*
Scheidlinger
シャイドリンガー
Scheidt
シェイト
シェイド**
シャイデ
シャイト*
シャイド
Scheie シェイエ
Scheier シャイアー*
Scheiffele シャイフェレ
Scheifler シャイフラー
Scheijen スヘイエン
Scheil シェイル*
Scheila シェイラ
Schein
シェイン
シャイン**
Scheinberger
シャインベルガー
Scheinblum
シェインブラム
シャインブルーム
Scheindlin
シェインドリン*
Scheiner
シャイナー*
シャイネル
Scheinerman
シェイナーマン
Scheinfeld
シェーンフィールド
シャインフェルド
Scheinhardt
シャインハート
Scheinholtz
シャインホルツ
Scheinkopf
シェインコフ*
Scheinman
シャインマン
Scheinpflug
シャインプフルーク

Scheinpflugová
シャインプルゴヴァー
Scheipl シャイプル
Scheirman
シャイアマン
Scheit シャイト
Scheithauer
シャイザウアー
Schejter シェッター
Schekman シェクマン*
Schelandre
シェランドル
シュランドル
Schelble シェルブレ
Schelbred
シェルブレーデ
Scheld スケルト
Schele シーリー
Scheler
シェーラー**
シェラー*
Schelkle シェルクレ
Schelkunoff
シェルクノフ
Schell
シェル***
セル
Schelle シェレ
Schellenbaum
シェレンバウム*
Schellenberg
シェルンベルク
シェレンバーグ
シェルンベルク*
シェルンベルグ
Schellenberger
シェレンバーガー*
シェルンベルガー*
Schellendorf
シェレンドルフ
Schellendorff
シェレンドルフ
シュレンドルフ
セルレンドルフ
Scheller
シェラー*
シェラー
Schellerup
シェラールプ
Schellhas シェルハス
Schellhase
シェルハース
Schellmann
シェルマン*
Schellhorn
シェルホルン
Schelling
シェリング***
シエリング
Schellman
シェルマン*
Schellnhuber
シェルンフーバー
Schellong シェロング
Schelnberger
シェルンベルガー
Schelotto
スケロット*
スチェロット

Schelsky
シェルスキー*
Schelstrate
スヘルストラート
Scheltema
シェルテマ
スヘルテマ
Schelting
シェルティング
Scheludko シェルドコ
Schelvan シェルヴァン
Schelwig シェルヴィヒ
Schem
シェム
スケーム
Schemansky
シェマンスキー
Schemeil シュメイユ
Schemers シェメルス
Schemla シェムラ
Schemmel
シェメル
シュメル
Schemmer シェンマー
Schemnitz
シェムニッツ
Schempp シェンプ
Schena シエーナ
Schenck
シェンク**
スケンク
Schenckendorff
シェンケンドルフ
Schendel
シェンデル*
スヘンデル
Schendler
シェンドラー
Schengili シェンジーリ
Schenk シェンク***
Schenke シェンケ
Schenkein
シェンケイン
Schenkel シェンケル**
Schenkendorf
シェンケンドルフ
Schenker
シェンカー**
Schenkman
シェンクマン
シャインクマン
Schennach
シェンナッハ
Schennikov
シェンニコフ
Schenning シェニング
Schenoudi
シェヌーディ
Schentag シェンターク
Schenute シェヌーテ
Schenzinger
シェンチンガー
シェンチンガー
シェンツィンガー
Schep スヘップ
Scheper シェーパー

Schepers シェパース / シェパース / シェパーズ
Schepisi スケピシ / スケプシ
Schepkin シェプキン*
Schepp シェップ*
Schepper シェパー
Scheppers シェパーズ
Scheppler シェップラー
Scher シェア* / シャー*
Scheraga シェラガ
Scherbaum シェルバウム
Scherbe シェアベ
Scherbening シエルベニンク
Scherbius シェルビウス
Scherbo シェルボ
Scherchen シェルヒェン* / シェールヘン / シェルヘン
Schere シェーラー
Scherer シェアラー / シェーラー* / シェラー* / シェレール / シャーラー / シャラー
Schérer シェラー / シェレール** / シェレル
Schereschewsky シェレシェウスキー
Scherf シェルフ / シャーフ
Scherff シャーフ
Scherffer シェルファー
Scherfig シェアフィ / シェルフィグ / シャーフィー
Scherhag シェルハーク
Scherhorn シェルホルン
Scherick シェリック
Scheriff シェリフ
Schering シェーリング* / シェリンク / シェリング
Scherk シェルク
Scherle シェルレ
Scherliess シェルリース
Scherman シャーマン
Schermann シェアマン

シェルマン
Schermer シャーマー
Schermerhorn シャーマホーン
Schermers シュヘルメルス
Scherp シャープ
Scherpner シェルプナー
Scherr シェール / シェル / シャー
Scherrer シェラー / シェレル*
Scherschewsky シェルシェウスキー / シェルシェフスキー / シェレシェフスキー / シュレシェフスキー
Schertel シェルテル
Schertle シャートル
Schertz シェルツ
Schertzinger シャーツィンガー
Schervier シェルヴィーア / シェルフィアー
Schervish シェルビッシュ / シャービッシュ
Scherz シェアツ
Scherzer シェーザー / シェルザー / シェルツァー* / シェルツア / シャーザー*
Schetelich シエテリッヒ
Schetky シェツキー / シェトキー
Schettler シェットラー / シェトラー
Schetyna スヘティナ
Scheu シュー
Scheube ショイベ*
Scheuber シューバー
Scheuble ショイブレ
Scheuch ショイヒ
Scheucher ショイヒャー
Scheuer シェアー / ショイアー* / ショイエル / ショイヤー / ショワー
Scheuerl ショイアール*
Scheuerman ショイアマン
Scheuermann ショヤマン

Scheuermeir ショイアーマイヤー
Scheuerpflug ショイアープフルク
Scheufele シャウフェレ
Scheuing ショイイング*
Scheumann ショイマン
Scheunemann ショイネマン
Scheuner ショイナー
Scheurer シュレル
Scheuring シェアリング
Scheurl ショイル
Scheurmann ショイルマン
Scheve シーヴ / シェーヴェ / シェーブ
Schevenels スケヴネルス
Schevichaven スケヴィハーヴェン
Schevill シェヴィル / シュウィル / シュウェール / シュウェル
Schewe シーヴェ / シェーヴェ
Schexnayder シェクスナイダー
Schey シャイ
Scheyvens スケーブンス
Schiaffini スキアッフィーニ
Schiaffino スキアッフィーノ / スキアフィーノ / スキャッフィーノ
Schian シーアン
Schianchi スキアンキ
Schiaparelli スキアパレッリ / スキアパレリ* / スキアパレルリ / スキャパレッリ / スキャパレリ / スキャパレリ* / スキャパレリ
Schiappa シアパ
Schiassi スキアッシ
Schiavazzi スキアヴァッツィ
Schiavelli スキャベリ
Schiavi スキーアビ
Schiavio スキアヴィオ
Schiavo スキアーヴォ* / スキアヴォ / スキアボ
Schiavone スキアヴォーネ / スキアボーネ*
Schibler シブラー
Schibsbye スキプスビー
Schic シック
Schich シック
Schichau シハウ
Schicho シヒャウ
Schicho シチョー / シッコ
Schicht シヒト
Schick シック**
Schickard シカルド / シッカルト
Schickel シッケル**
Schickele シッケレ
Schickert ジッケルト
Schickhart シックハルト
Schickler シクレ / シックラー*
Schider シャイダー
Schidlof シドロフ
Schidrowitz シドロウィッチ / シドロウィッツ
Schie シー
Schiebel シーベル
Schiebeler シーベラー
Schieber シーバー / スキーバー
Schiebinger シービンガー**
Schiebler シーブラー
Schiechtl シーヒテル / シヒテル
Schied シード
Schieder シーダー*
Schiedermair シーダーマイヤー
Schiefelbein シェフェルバイン
Schieferdecker シーフェルデッカー
Schieffer シーファー*
Schiefflin スチーフリン
Schiefner シーフナー / シーフネル
Schiegl シーグル
Schiegnitz シチェネッツ
Schiel シュイエール
Schield シールド
Schiele シエレ / シーレ**
Schiemann シーマン
Schiemel シメル
Schiemer シーマー

Schienle シュエール
Schier シアー
Schiere シーレ
Schiermeyer シェマイヤー
Schiesser シーサー
Schifano シファノ
Schiferblatt シフェルブラット
Schiff シッフ* / シフ***
Schiffels シッフェルス*
Schiffer シッファー / シッフェル / シファー*
Schifferer シフェラー
Schiffini スキフィーニ
Schiffmacher スヒッフマッヘー
Schiffman シフマン**
Schiffmann シフマン
Schiffrin シフリン / シフレン**
Schiflin シフリン
Schifres シフル
Schifrin シフリン*
Schifter シフター
Schijatschky シジャツキー
Schijf スチフ
Schijve スカイブ
Schikaneder シカネーダー*
Schilbach シルバッハ
Schilcher シルヘル
Schild シルト** / シルド
Schildbach シルトバッハ
Schildberg シルドベルク
Schilde シルデ
Schilder シルダー / スキルダー
Schildge シルジュ
Schildgen シルジェン
Schildkraut シルドクラウト
Schildt シュルト / シルツ* / シルト**
Schilfert シルファート
Schilinski シリンスキー
Schilit シリット*
Schilken シルキン
Schilkowski シュルコフスキー
Schill シル

Schillaci スキラッチ*
Schillebeeckx
　スキレベークス
　スヒレベーク
　スヒレベークス
Schiller
　シラー**
　シラア
　シルラア
　シルレル*
　シレル
Schilles シレ
Schilling
　シイリング
　シーリング*
　シリング***
　シルリング
　スヒリング
Schillinger
　シリンジャー
Schillinglow
　シリングロウ
Schillings シリングス
Schillingsfürst
　シリングスフュルスト
Schillmöller
　シルメラー
Schillo スキッロ
Schilt シュルト*
Schiltberger
　シルトベルガー
Schilthuis
　スヒルトイス
Schilthuizen
　スヒルトハウゼン
Schiltz シルツ
Schily シリー**
Schim シム**
Schimack シマック
Schimank シマンク*
Schimel シメル
Schimitt シュミット
Schimke シムケ
Schimler シムラー
Schimmel
　シメール**
　シメル*
　シンメル**
Schimmelmann
　シンメルマン
Schimmelpenninck
　シンメルペンニンク
Schimmelpenning
　シンメルペニング
Schimmelpfennig
　シンメルプフェニヒ**
　シンメルペニッヒ
Schimmer シメール
Schimper シンパー
Schimpf
　シンフ
　スキムフ
Schimpff シンプフ
Schimpke シンプケ
Schinazi シナジ

Schindehette
　シンデーエット
Schindel シンデル
Schindelman
　シンデルマン
Schindewolf
　シンデウォルフ
　シンデヴォルフ
　シンデボルフ
Schindler
　シントラー*
　シンドラ
　シンドラー***
　シントラア
Schindzielorz
　シュイントツィーロツ
Schine シーン*
Schiner シーナー
Schinkel シンケル
Schinnerer シネラア
Schinto シントゥ*
Schinzinger
　シンジンガー*
　シンチンガー
　シンチンゲル*
　シンツィンガー
Schiødt ショット
Schioler
　シェラー
　シエラー
Schiøler シオラー
Schioppa
　スキオッパ**
Schiøtz
　シェッツ
　ショッツ
Schipa スキーパ
Schipke シプケ
Schipper
　シッパー**
　シッペル
　シペル
Schipperges
　シッパーゲス
　シッペルゲス
Schippers
　シッパーズ
　シパーズ
　スキッパーズ
　スキパース
　スヒッペルス
Schipplock
　シップロック
Schiprowski
　スチプロウスキ
Schirach
　シーラッハ**
　シーラハ
Schiraldi シラルディ
Schirin シュリン
Schirmer シルマー**
Schirra シラー
Schirrmacher
　シルマッハー
Schirrmann シルマン
Schirvindt
　シルウィンド
Schisgall シスガル**

Schisgall シスガル
Schisler シスラー
Schiti スキティ
Schittenhelm
　シッテンヘルム
Schivelbusch
　シヴェルブシュ**
　シベルブシュ
Schiwy
　シーウィ
　シヴィー
Schjeldahl
　シェルダール
Schjelderup
　シェルデリュプ
　シェルデルップ
　シェルデルプ
　シェルブプ
Schjellerup シェレルプ
Schjerfbeck
　シェルフベック
　シャルフベック
　シュイェルフベック
Schjerven
　シェルヴェン
Schjoldager
　ショルダゲル
Schjøtt-pedersen
　ショットペーダシェン
Schlaak シュラーク
Schlabach
　シェルバッハ
Schlachter
　シェラハター
Schlack シュラック
Schlaf
　シュラアフ
　シュラーフ*
Schlaffer
　シュラッファー*
Schläfli シュレーフリ
Schlafly シュラフリー
Schlag シュラーク
Schlageter
　シュラゲーター
Schlagintweit
　シュラーギントヴァイト
　シュラーギントヴァイト
　シュラーギントバイト
Schlaich シュライヒ
Schlaifer
　シュレイファー
Schlamme シュラム
Schlange シュランゲ
Schlanger
　シュランガー**
Schlank シュランク
Schlant シュラント
Schlapobersky
　シュラポベルスキー
Schlar シュラー
Schlatter
　シュラッター*
Schlattre シュラター
Schlaun シュラウン
Schlecht シュレヒト*

Schlechter
　シュレヒター
Schlechtriem
　シュレヒトリーム
Schlechty
　シュレクティー
Schleck
　シュルック
　シュレック
Schledermann
　シュレダーマン
Schlee
　シュリー
　シリー
Schleef シュレーフ*
Schlegel
　シュレーゲル*
　シュレゲル
　シレーゲル
　スフレーヘル
Schlegelberger
　シュレーゲルベルゲル
Schlegelmilch
　シュレゲルミルヒ
Schleger シュレッゲル
Schleh
　シュレー
　シュレイ
Schlehr シュレアー
Schleich
　シィライヒ
　シュライヒ
Schleicher
　シュライハー
　シュライヒャー**
　シュライヘア
Schleichkorn
　シュライコーン
Schleiden
　シュライデン
Schleidt シュライト
Schleien シュライエン
Schleiermacher
　シュライアーマッハー
　シュライアーマハー
　シュライアマハー
　シュライエルマッ
　　　ハー*
　シュライエルマッハァ
　シュライエルマッヒェ
　　　ル
　シュライエルマッ
　　　ヒャー
　シュライエルマッヘル
　シュライエルマハー
　シュライエルマヘル
　シュライヘルマッヘル
　スクライルマヘル
Schleif シュレイフ
Schleifstein
　シュライフシュタイン
Schleimer
　シュライマー
Schlein シュライン
Schleinkofer
　シュレンコファー
Schleip シュライプ

Schlemihl
　シュレミール
Schlemm
　シュレム
　スケルム
Schlemmer
　シュレマー
　シュレムマー
　シュレンマー*
Schlemper
　シュレンパー
Schlender
　シュレンダー
Schlenger
　シュレンジャー*
Schlenker
　シュレンカー
Schlenther
　シュレンター
Schlenz シュレンツ*
Schleppegrell
　シュレペグレル
Schlereth シュレーラ
Schlesinger
　シュレージンガー*
　シュレシンガー
　シュレジンガー**
　シュレジンジャー***
　シュレジンジャー*
　スレシンジャー
　スレッシンジャー
　スレッセンジャー
Schless シュレス
Schlessberg
　シュロスバーク
Schlesselman
　シュレッセルマン
Schlessinger
　シュレシンジャー
　シュレッシンガー*
Schlette シュレッテ
Schlettow
　シュレットゥ
　シュレトゥ
Schlettwein
　シュレットウエイン
　シュレットワイン
Schletz スクレッツ
Schletzer
　シュレッツアー
Schleu シュロイ
Schleuning
　シュレウニンク
Schleusner
　シュレウスナー
　シュロイスナー
Schley
　シュライ
　シュリ
　シュリー
Schleyer シュライアー
Schlich
　シュリック
　シュリッヒ
Schlichtegroll
　シュリヒテグロル
Schlichter
　シュリヒター

Schlichting シュリクティング
Schlichtmann シルヒトマン
Schlick シュリック*
Schlickenrieder シュリッケンリーダー
Schlie シュリー*
Schlieben シュリーベン*
Schliebs シュリープス
Schlieffen シュリーフェン
Schliekelmann シュリーケルマン
Schliemann シュリーマン*
Schliep シュリープ
Schlier シュリーア / シュリアー / シュリエル
Schlierenzauer シュリーレンツァウアー**
Schlierf シュリーフ
Schlime シュリメ*
Schling シュリング
Schlingensief シュリンゲンジーフ / シュリンゲンズィーフ
Schlinger シュリンガー
Schlink シュリンク**
Schlipf シュリップ
Schlittler シュリッター
Schlitz シュリッツ
Schlling シリング
Schloemann シュレーマン
Schloezer シュレゼール
Schloezer シュレゼール
Schloff シュロフ
Schlomilch シュレミルヒ
Schlömilch シュレミルヒ
Schlomo シュロモ
Schlöndorff シュレーンドルフ / シュレンドルフ*
Schloppy シュロピー
Schlopy シュロピー
Schlör シュレーア
Schloredt シュローデト / シュローレト
Schlosberg シュロスバーグ
Schloss シュロス / シュロッス*
Schlossberg シュロスバーグ*
Schlossberg シュロスバーグ

Schlosser シュローサー** / シュロッサー*
Schlossinger ショーレシンガー
Schlossmacher シュロースマッハー
Schlossman シュロスマン / シュロッスマン
Schlossnagle スクロッシュナグル
Schlossstein シュロススタイン / シュロスタイン*
Schlote シュローテ
Schlötelburg シュレテルブルク
Schlottmann シュロットマン
Schlözer シュレーツァー
Schluchter シュルフター*
Schluderpacheru シュラウデパシュウ
Schlueter シュロイター
Schluga シュルーガ
Schluger シュラガー
Schlumberger シュランベルジェ* / シュランベルジュ / シュルムベルガー
Schlumpf シュルンプ
Schlunck シュルンク
Schlunegger シュルネッガー
Schlunk シュルンク
Schlunke シュランク
Schlupp シュルップ
Schlusnus シュルスヌス
Schlüsselburg シュリュッセルブルク
Schluter シュルーター / シュルター
Schlüter シュリューター** / シュルター*
Schlütter シュリッター
Schmacher シューマッハ / シューマッハー*
Schmacker シュマッケル
Schmagold シュマゴールド
Schmähl シュメール
Schmähling シュメーリング
Schmahmann シュマーマン
Schmal シュマール
Schmalen シュマルレン

Schmalenbach シュマーレンバッハ* / シュマーレンバハ*
Schmalensee シュマレンシー / シュマレンジー
Schmalfuss シュマルフス
Schmalhausen シュマルハウゼン
Schmall シュマル
Schmalohr シュマールオア
Schmalstich シュマルシュテイヒ / シュマルスティッヒ
Schmalstieg シュマルスティーグ
Schmaltz シマルツ / シュマルツ
Schmalz シュマルツ*
Schmalzgrueber シュマルツグリューバー / シュマルツグルーバー*
Schmalzried シュマルツリート
Schmandt シュマント
Schmarsow シュマルソー / シュマルゾー* / シュマルゾウ
Schmaus シュマウス
Schmeck シュメック
Schmedes シュメーデス / シュメデス
Schmeichel シュマイケル*
Schmeidel シュマイデル
Schmeidler シュマイドラー
Schmeil シュマイル
Schmeisser シュマイサー*
Schmeissner シュマイスナー
Schmeitzel シュマイツェル
Schmeler シュメラー
Schmeling シュメリンク / シュメリング
Schmeltz シュメルツ
Schmeltzer シュメルツェル
Schmeltzl シュメルツル
Schmelz シュメルツ
Schmelzeisen シュメルツァイゼン
Schmelzer シュメルツァー*
Schmemann シュメーマン

Schmerling シュマーリング / シュメアリング / シューメリング / シュメルリング
Schmertz シュマーツ / シュメルツ
Schmetterer シュメッテラー
Schmickrath シュミックラス
Schmid シュミット*** / シュミッド* / シュミート* / シュミド
Schmidbauer シュミットバウアー
Schmidhauser シュミットハウザー
Schmidheiny シュミットハイニー* / シュミドハイニー
Schmidhuber シュミットヒューバー / シュミットフーバー
Schmidkunz シュミットクンツ
Schmidl シュミーデル / シュミードル*
Schmidlin シュミートリーン / シュミードリン*
Schmidt シュミツ / シュミット*** / シュミット / シュミード / スミット / スミト / スミット
Schmidtbonn シュウミットボン / シュミット・ボン / シュミットボン**
Schmidt-Eller シュミットエラー
Schmidthenner シュミットヘナー
Schmidtke シミドケ / シュミッケ / シュミトケ
Schmidtmer シュミットマー
Schmidt-Nielsen シュミットニールセン
Schmidt-Wrenger シュミットレンガー
Schmied シュミット / シュミート
Schmiedeberg シュミーデベルク
Schmiedel シュミーデル*
Schmieder シュミーダー

Schmieding シュミーディング
Schmieg シュミーク
Schmiegelow シュミーゲロー* / シュミーゲロウ
Schmiele シュミーレ
Schmiesing シュミーシング
Schmincke シュミンケ
Schmirl シュミール
Schmirler シュミーラー*
Schmit シュミット*
Schmithals シュミットハルス
Schmithusen シュミットヒューゼン
Schmithüsen シュミットヒューゼン
Schmitt シュミット***
Schmitter シュミッター
Schmitthener シュミッテナー
Schmitthenner シュミットヘナー / シュミットヘンナー
Schmittlein シュミッタライン
Schmitz シュミツ / シュミッツ*** / シュミット
Schmitzer シュミツェル
Schmiz シュミッツ
Schmoe シュモー*
Schmoeckel シュメーケル
Schmoeller シュメラー
Schmogner シュメグナー
Schmögner シュメーグナー / シュメグナー
Schmögnerová シュメクネロバ
Schmöhe シュメーエ
Schmok シュモック
Schmoke シュモーク
Schmökel シュモーケル
Schmolcher シュメルシュア
Schmolck シュモルク
Schmölders シュメルダース
Schmoldt シュモルト
Schmolinsky シュモリンスキー
Schmolke シュモルケ
Schmoll シュモル
Schmoller シュモーラ / シュモラー* / シュモルラー

SCH

シュモレル
Schmolzer シュメルツァー
Schmölzer シュメルツァー*
Schmookler シュムークラー
Schmuck シュムック
Schmucker
　シュマッカー
　シュマッケル
Schmuel シュムエル
Schmugge シュマグ
Schmuller
　シュムラー*
　シュムレル
Schmulz シュマルツ
Schmundt シュムント
Schnaars
　シュナース
　シュナーズ*
Schnaase シュナーゼ
Schnabel
　シュナーベル***
Schnabl シュナブル*
Schnack シュナック*
Schnackenburg
　シュナッケンブルック**
　シュナッケンブルグ
Schnadelbach
　シュネーデルバッハ
Schnädelbach
　シュネーデルバッハ**
Schnaeiderman
　シュナイダーマン
Schnaiberg
　シュネイバーグ
Schnall シュナル
Schnapper
　シュナッパー
　シュナッペル
　シュナーベル
Schnarch シュナーチ*
Schnarf スクナーフ
Schnatz シュナッツ
Schnaubelt
　シュナウベルト
Schnaut シュナウト
Schnebel
　シュネーベル*
Schnebly シェンブリー
Schnech シュネーヒ
Schneck シュネック*
Schneckenburger
　シュネッケンブルガー
Schneder
　シュネイダー
　シュネーダー*
Schnedermann
　シュネーダマン
Schnee
　シュニー
　ジュニー
　シュネー*
Schneeberg
　シュネバーグ

Schneeberger
　シュネーベルガー*
Schneede シュニーデ
Schneefuss
　シュネーフース
Schneegans
　シュニーガン
Schneeman
　シュニーマン
Schneemann
　シュニーマン
Schneemarn
　シュネーマン
Schneemelcher
　シュネーメルヒャー
Schneer シュニーア
Schneersohn
　シュネールソン
Schnéevoigt
　シュネーフォイクト
　スネーフォート
Schneeweiss
　シュネーヴァイス
Schneewind
　シュナイウィンド
　シュニーウィンド
Schneickert
　シュナイッケルト
Schneid シュナイト
Schneider
　シナイダー
　シナイデル
　シュナイダー***
　シュナイデル
　シュネイデル
　シュネーデル
　シュネデール**
　シュネデル
Schneider-Ammann
　シュナイダーアマン*
Schneiderbauer
　シュナイダーバウヤー
Schneiderhan
　シュナイダーハーン
　シュナイダーハン**
Schneiderheinze
　シュナイダーハインツェ**
Schneiderlin
　シュナイデルラン
Schneiderman
　シナイダーマン
　シュナイダーマン*
　シュナイダマン
Schneidermann
　シュネーデルマン
Schneiders
　シュナイダース
　シュナイデルス
Schneidewin
　シュナイデヴィン
Schneidman
　シュナイドマン
Schneidt シュナイト*
Schneier
　シュナイアー*
Schneirla
　シュナイルラ
　シュネーラ

Schneitzhoeffer
　シュネゾフェール
Schnell
　シュネール
　シュネル**
　スネル
Schnellbacher
　シネルバッハー
　シュネルバッハー
Schnelldorfer
　シュネルドルファー
Schneller シュネラー
Schnellmann
　シュネルマン
Schnerb シュネルプ
Schneur シュノイヤー
Schnieke シュニーケ
Schniewind
　シュニーウィント
　シュニーヴィント
Schnippenkoetter
　シュニッペンケッター
Schnitger
　シュニットガー
Schnittke
　シニートケ
　シュニトケ
Schnittker
　シュニットカー
Schnitzenbaumer
　スニチェンバウマー*
Schnitzer
　シュニッツァー
　シュニッツェル
　シュニッツラー
Schnitzerling
　シュニッツァーリング
Schnitzlein
　シュニッツライン
Schnitzler
　シュニッツラ
　シュニッツラー**
　シュニッツラア
　シュニッツレル*
　シュニッラー
　シュニッラー*
　シュニッレル
Schnoebelen
　シュネーベレン
Schnoor シュノール
Schnore
　シノーアー
　シノア
Schnorr
　シュノーア
　シュノール
　シュノル
Schnur
　シュナー
　シュヌール*
Schnurbein
　シュヌーアバイン
　シュヌールバイン
Schnürer
　シュニューラー
　シュニュラー
Schnurr シュヌア
Schnurre シュヌレ**
Schnusenberg
　シュヌーゼンベルク

Schnyder
　シュナイダー*
　シュニーダー
Schnyer シュニール
Schober
　シュオバー
　ショーバー
Schobert
　シューベルト
　ショーベルト
Schöbl シェーブル
Schoch
　ショック*
　ショッホ**
Schöch シェッヒ
Schock ショック**
Schockemöhle
　ショッケメーレ
Schocken ショッケン*
Schodel シェーデル
Schoder
　ショーダー
　ショダー
Schoderbek
　ショーダーベック
　ショーダベック
　ショダーベック
Schodt ショット**
Schoebel ショーベル
Schoeberl シェーベル
Schoeck シェック
Schoedler
　シュドレル
　スエドレル
Schoedsack
　シェードザック
　シュードザック
　ショードサック
Schoeffel ショフェル
Schoeffler
　シェフラー
　ショーフラー*
Schoel ショーエル
Schoelcher
　シェルシェル
　シュルシェール
Schoeller シェラー
Schoellkopf シェルコプ
Schoem シェーム
Schoemaker
　シュー・メーカー
　ショー・メーカー*
Schoeman
　シェーマン
　スクーマン**
Schoemperlen
　ショーエンパーレン
Schoen
　シェーン
　ショーン*
　スコーエン
Schoenauer
　ショウナワー
Schoenbaechler
　シェーンベヒラー
Schoenbaum
　シェーンバウム
　シェーンボウム

　シェーンボーム*
Schoenbeck
　シェンベック
Schoenberg
　シェーンバーグ
　シェーンベルク**
　シェーンベルグ
　ショーンバーグ
Schoenberger
　シェンバーガー
　シェーンベルガー
　ショーンバーガー
Schoenberner
　シェーンベルナー*
Schoendienst
　シェーンディーンスト*
Schoendoerffer
　シェンデルフェール
　ショアンデルフェル
Schoendorff
　シェーンドルフ
Schoene
　シェーネ
　ショーネ
Schoenenwald
　シェーネンヴァルド
Schoeneweis
　ショーエンワイス
Schoenewolf
　シェインウルフ*
　シェーンウルフ
Schoenfeld
　シェーンフェルト
　ショーンフィールド
　ショーンフェルド
　ションフェルド
　スコーンフェルド
Schoenfelder
　シェーンフェルダー*
　シェーンフォルダー
Schoenfield
　ショーンフィールド
Schoenflies
　シェーンフリース
Schoenhals
　シェーンハルス*
Schoenheimer
　シェーンハイマー
Schoenherr
　ショーエンヘール**
Schoenhofer
　シェーンホウファー
Schoenmaker
　シューメイカー
　スクンマカー
Schoenwald
　シェーンヴァルト
Schoenweis
　ショーンワイス
Schoenwolf
　シェーンウォルフ
Schoeps
　シェップス
　シェープス
　シェプス*
Schoerner シェルナー
Schoetensack
　シェーテンザック
Schoettmer
　ショートマー

Schoff ショフ
Schöffel シェッフェル
Schoffeniels
　ショフニール
　スコフェニル
Schöffer
　シェッファー
　シェファー
　シェフェール*
Schöffler シェフラー
Schoffmann
　ショフマン
Schoffro ショーフロ
Schofield
　ショフィールド
　スコフィールド
　スコフィールド**
Schöfisch
　シェーフィッシュ
Schogt ショクト
Schohl ショール
Schökel シェケル
Schoknecht
　ショクネヒト
Scholarios
　スコラリオス
　スホラリオス
Scholastica
　スコラスチカ
　スコラスティカ
　スホラスティカ
Scholasticus
　スコラスチクス
　スコラスティクス
　スコラスティコス
Scholastikos
　スコラスティコス
Scholastique
　スコラスティーク
Scholder
　ショールダー
　ショルダー
Scholem
　ショーレム**
　ショレム
Scholen ショーレン
Schöler シェーラー
Scholes
　ショールズ**
　スケールズ
　スコウルズ
　スコールズ***
　スコルス
　スコレス
Scholey
　ショレイ
　スコーリー**
　スコーレー
Scholich ショーリッチ
Scholing スコーリング
Scholinski
　ショリンスキー
Scholl
　ショール*
　ショル**
Schollander
　ショランダー*
Schollar ショラー

Schöllchen
　シェルヒェン
Scholler スコラー
Schöller シェラー
Schøller シェッレア
Schöllgen
　シェルゲン
　ショレゲン
Schollhammer
　ショールハマー
　ショルハマー
Schollin ショリン
Scholmer ショルマー
Scholte スフォルテ
Scholten
　ショートン
　スコルテン
　スホルテン
Scholtens
　ショルテンス
Scholtz ショルツ*
Scholtze ショルツェ
Scholz
　シュルツ
　ショルツ***
Schomacher
　ショーマッハー
Schomann ショーマン
Schomberg
　ショーンバーグ
　シヨンバーグ
　ショーンベルク
　ションベルク
Schomburgk
　ションバーク
　ショーンブルク
　ションブルク
　ションブルグ
Schomerus
　ショーメルス
Schomoni シャモニー
Schomper スコンペル
Schon ショーン**
Schön
　シェーン
　ショーン**
Schonauer
　ショーナウアー
Schönbein
　シェーンバイン
　シェンバイン
Schonberg
　シェーンベリヒ
　シェーンベルヒ
　ショエンベルヒ
　ショーンバーグ**
　ションバーグ
　シヨンベルグ
Schönberg
　シェーンベルク**
　シェーンベルグ
　シェンベルヒ
Schonberger
　ショーンバーガー
　ションバーガー
Schönberger
　シェーンベルガー
　ショーンベルガー

Schönböck
　シェーンベック
Schonborn
　ショーンボーン
Schönborn
　シェーンボーン
　ショーンボーン*
Schönbrunn
　シェーンブルン
Schönbucher
　シェーンブッハー
Schönburg
　シェーンブルク
Schondoeffer
　シェンデルフェル
　ションドフェール
Schone
　シェーネ
　ショーネー
　ショーン*
Schöne シェーネ*
Schoneborn
　ショーネボルン**
Schönemann
　シェーネマン
Schönemetzer
　シェーンメッツァー
Schonenberger
　シェーネンベルガー
Schöner シェーナー
Schönerer
　シェーネラー
Schonfeld
　シェーンフェルト
　ショーンフェルド
Schönfeld
　シェーンフェルト
Schönfelder
　シェンフェルダー
Schönflies
　シェーンフリース
Schongauer
　ショーンガウアー
　ショーンガヴァー
　ションガウアー
Schönherr
　シェーンヘル*
　シューンヘル
Schönhuber
　シェーンフーバー
Schöningh
　シェーニング
Schönitz シェーニツ
Schonland
　スコーンランド
Schönlau ションラウ
Schönlein
　シェーンライン
Schönpflug
　シェーンプルーク
Schönrich
　シェーンリッヒ
　シェーンリヒ
Schönrock
　シェーンロック
Schonsleder
　ショーンスレーダー
Schont ショント

Schonwald
　シェーンヴァルド
Schönwälder
　シェーンヴェルダー
Schonwandt
　シェーンヴァント
　シェンヴァント
　シェーンバント
Schönzeler
　シェンツェラー
Schoo ショー
Schoof シューフ
Schoolboy
　スクールボーイ
Schoolcraft
　スクールクラフト**
Schooler スクーラー*
Schooley シュオーリー
Schoolfield
　スクールフィールド
Schooling
　スクーリング*
　スクリーング
Schoolland
　スクーランド*
　スクールランド
Schooly スクーリー
Schoonenberg
　スコーネンベルク
Schoonhoven
　シューンホーフェン
　スホーンホフェン
Schoonmaker
　シューンメイカー
　スクーンメイカー*
　スクーンメーカー
Schoonooghe
　スコーンオーヘ
Schoonover
　シューノーヴァー
　シュノーバー
　スクーノヴァ
Schoop
　シューブ
　ショーブ
　スクーブ
　スコーブ
Schoor
　シュアール
　スクーア
　スクール
　スコアー
　スコール
Schoot ショート
Schooten ショーテン
Schop ショップ
Schopen
　ショーペン*
　ショペン*
Schopenhauer
　シウペンハウエル
　ショウペンハウアー
　ショウペンハウエル
　ショオペンハウエル
　ショップベエンハウエ
　ル
　ショーペンハウアー*
　ショーペンハウエル

　ショーペンハウエル*
　ショペンハウエル
　ショーペンハワー
　スコペンノーエル
Schopf
　シェプフ
　ショップ*
Schöpf
　シェップ
　シェプフ*
Schopfer
　ショップファー
Schöpflin シェプリン
Schopler ショプラー*
Schopp ショップ
Schoppa ショッパ*
Schoppel ショッペル
Schops ショップス
Schöps ショプス
Schor
　ショア
　ショアー*
Schore
　ショア
　ショアー
Schorer
　ショーラー
　スコラー
Schories スコリーズ
Schorlemmer
　ショールレマー
　ショルレンマー
　ショーレマー
Schorn
　ショルン
　ショーン
Schornbaum
　ショルンバウム
Schornberg
　ショルンベルク
Schorr
　ショア*
　ショール
　ショル
　スコア*
　スコル
Schorsch スホルスフ
Schorske ショースキー
Schortinghuis
　スホルティングイス
Schoser ショーザー
Schössow シェッソウ
Schot ショット
Schoten スホーテン
Schots スホッツ
Schott
　ショット***
　スコット
Schottel
　ショッテル
　ショーテーリウス
Schottelius
　ショッテーリウス
Schottenloher
　ショッテンローア
Schotter ショッター

Schottky ショットキー／ショトキー
Schottlaender ショトレンダー
Schottland ショットランド
Schöttle シェトレ*
Schottler シェットラー
Schöttler シェットラー
Schottroff ショットロフ
Schötz シェッツ
Schou ショー／スカウ*／スコー／スコウ
Schoumaker シュマケル
Schouman シューマン*
Schouten スコウテン／スコーテン／スハウテン**
Schover ショーバー／スコバー
Schow ショウ／スカウ**／スコウ
Schowalter ショーウォーター
Schoyen シエーエン
Schoyer ショイアー／ショイヤー
Schrade シュラーデ
Schrader シュラーダー*／シュレイダー／シュレーダー**
Schräder シラーダー／スフラーデル
Schraeder シュレイダー
Schrag シュラッグ
Schrage シュラーゲ／シュラージ／シュレーグ*／シュレージ
Schragenheim シュラーゲンハイム*
Schrager シュレイガー／シュレーガー
Schraivogel シュライフォーゲル
Schram シュラム**
Schramade シュローモーダ
Schraml シュラムル
Schramm シューラム／シュラム**
Schramme シュランメ
Schrammel シュランメル
Schrank シュランク
Schranz シュランツ*
Schrape シュラーペ*
Schrassertbert シュラッセルトベルト
Schratz シュラッツ
Schraube シュラウベ
Schraut シュラウト
Schrautenbach シュラウテンバハ
Schrauzer シュラウザー
Schreber シュレーバー*
Schreck シュレック*
Schreckenberg シュレッケンベルク
Schrecker シュレッカー
Schrefer シュレーファー
Schreiber シュライバー***／シュライベル*／シュレイバー*／シュレイベル*／シュレーベル／シュレベール**／シライバー
Schreibman シュライブマン
Schreider シュレデール
Schreier シュライアー*／シュライエル／シュライヤー**
Schreijäck シュライエック
Schreinemakers シュライネマーカース
Schreiner シュライナー***／シュライネル*／シライナー
Schreker シュレーカー
Schrempf シュレンプ／シュレンプフ
Schrempp シュレンプ*
Schrems シュレムス
Schrenck シュレンク／シュレング
Schrenk シュレンク*
Schrepfer シュレファー
Schrettinger シュレッティンガー
Schreuder シュルーダー／シュレーダー／シュレーデル／シュロイダー
Schreuders シュローダーズ／スフリューデルス*
Schreurs シュレーアス／シュレールス／シュレーダー**
Schrey シュライ
Schreyer シュライアー*／シュライヤー**
Schreyögg シュライエク
Schreyvogel シュライフォーゲル
Schricker シュリッカー*
Schridde シュリデ
Schrieber シュリーベル
Schrieck スリーク*
Schrieffer シュリーファー*
Schrieke シュリーケ
Schrier シュライアー*
Schriewer シュリーヴァー／シュリーバー*
Schriftgiesser シュリフトギーサー
Schrijver シュリーファー
Schrijvers シュライヴァー*／スピレイヴェルス
Schrikevich シリケーヴィッチ
Schrimpf シュリンプ
Schriner シュライナー
Schriver シュライバー
Schrock シュロック*
Schröckh シュレック
Schroder シュレーダー／シュレダー／シュレーデル／シュロウダー／シュローダー**
Schröder シュレーター／シュレーダー***／シュローダー／シュレーダー
Schrodinger シュレーディンガー
Schrödinger シュレージンガー*／シュレーディンガー*／シュレディンガー
Schroeckh シュレック
Schroeder シュルーダー**／シュレイダー*／シュレダ／シュレーダー***／シュレーデル／シュレイデル／シュロイデル／シュローダー／シュローエーデル／シュローダー**／シレーダー／シロイテル
Schreuders シュローダーズ／スフリューデルス*
Schroer シュレーヤ
Schröer シュレーア
Schroeter シュレーター**
Schroetter シュレッター
Schroff シュロフ
Schröger シュレーガー
Schroll シュロール
Schromann シュローマン
Schrömbgens シュレンプゲンス
Schrörs シュレーアス／シュレールス
Schroter シュレーター／シュレター
Schröter シュレーター**／シレーター
Schroth シェロート／シュロス*
Schrott シュロット**
Schrotter シュレッター
Schrötter シュレッター
Schruers シュルアーズ
Schrurs シュルール
Schryvers シュライバー／シュリーヴェルス／スリベエレス
Schu シュー*
Schuba シューバ
Schubart シューバルト*
Schubert シューパート／シュバート／シューベルト***／シュベルト
Schuberth シューベルト*
Schubiger シュービガー***／シュービゲル
Schubin シュビン
Schubring シューブリング
Schuch シュッフ／シューフ／シュフ
Schuchard シュハード
Schuchardt シュッハルト／シューハート／シュハルト／シュハルト
Schuchart シューハルト／シュハルト
Schuchhardt シューハルト／シューフハルト
Schüchlin シュッヒリン／シュヒリン
Schuchman シュシュマン
Schüchter シュヒター*
Schück シィック
Schuckert シュッカート／シュッケルト
Schücking シュッキング
Schucman シャックマン
Schuddekopf シュッデコプフ
Schüddekopf シュッデコプフ
Schuder シューダー
Schudson シュッドソン／シュドソン*
Schuëcker シュエッカー
Schueler シューラー
Schuell シュール
Schueller シェラー／シューラー
Schüller シュエーラー
Schuerer シューラー
Schuerman シュアーマン
Schuessler シュスラー
Schuett シュエット
Schuette シュエット
Schüffel シューフェル
Schuffenecker シュフネッケル
Schuffenhauer シュッフェンハウエル
Schug シャク／シュグ
Schugel シューゲル
Schuger シューガー
Schuh シュー*／シュウ
Schühly シューリー
Schuhmann シューマン
Schuierer シュイーラー*
Schuil スホイル
Schuitema スイッテマ
Schuiten スクイテン*
Schukken シュッケン
Schul シュール*

Schulberg シュールバーグ*
　シュルバーク
　シュルバーグ
Schuld シュルト
Schule シュウレ
　シューレ
Schüle シューレ
Schulein シュライン
Schulenberg
　シューレンバーグ*
Schulenburg
　シューレンブルク
　シュレンベルク
Schuler
　シューラ
　シューラー*
　シュラー
Schüler
　シューラー**
　シュラー
　シューレル
Schulhof
　シュールホフ
　シュルホフ
Schulhoff
　シュールホフ
　シュルホフ
Schulkin シュルキン
Schulkind
　シュルキンド
Schull シャル
Schüll シュール
Schuller
　シェラー
　シューラー
　シュラー**
Schüller
　シェラー
　シューラー
　シュラー
Schullerus
　シュレールス
Schullery シュレリー
Schullstrom
　シュールストロム
Schulman
　シュールマン*
　シュルマン***
Schulmann シュルマン
Schulmeister
　シュルマイスター
Schulmeyer
　シュールマイヤー
Schulp シュルプ
Schulpen シュルペン
Schult シュルト*
Schulte
　シュルツ
　シュルテ**
　シュルト
Schulten シュルテン
Schultens
　シュルテンス
Schultes シュルテス**
Schultheis
　シュルタイス

シュルトハイス
Schultheiß
　シュルタイス
Schulthess
　シュルテース
　シュルテス*
Schultheß シュルテス
Schulting
　シュルティング
Schults シュルツ
Schultz シュルツ**
Schultze
　シュルチェ
　シュルツ*
　シュルツェ
Schultzenstein
　シュルツェンスタイン
Schultz-Hencke
　シュルツヘンケ
Schulz シュルツ***
Schulź シュルツ
Schulze
　シュルジー*
　シュールチェ
　シュルチェ
　シュルツ*
　シュルツェ***
Schülze シュルツェ
Schum シャム
Schumacher
　シューマカー
　シューマッカー*
　シュマッカー
　シューマッチャー*
　シューマッハ*
　シューマッハー***
　シュマッハー
　シュマッヒャー
　シュマッヘル
　シューマハー
Schumaker
　シュメイカー*
　シューメーカー
Schuman
　シューマン**
Schumann
　シュウマン
　シューマン***
　シュマン*
Schümann シューマン
Schumer
　シューマー**
　シュメール
Schumid シュミッド
Schumm
　シャム
　シューム
　シュム
Schummer シュマー
Schumpeter
　シュムペーター*
　シュムペンター
　シュンペーター*
Schumuttermayer
　シュムッテルマイア
Schündler
　シュンドラー
Schunemann
　シェーネマン

Schünemann
　シューネマン
Schüngeler
　シュンゲラー
Schunior シュニヨール
Schunk
　シャンク
　シュンク
Schunke シュンケ*
Schünke シュンケ
Schünzel シュンツェル
Schuon シュオン
Schupp
　シャップ
　シュップ
　シューブ
Schuppanzigh
　シュパンツィヒ
Schuppe シュッペ
Schuppen シュッペン
Schuppius
　シュッピウス
　シュプ
Schur
　シャー
　シューア
　シュア
　シュアー
　シュール*
Schura シューラ
Schürch シュルヒ
Schure シュレー
Schuré
　シュレ
　シューレ
Schürenberg
　シューレンベルク
Schurenko
　シュチュレンコ
Schürer
　シュウレル
　シューラー*
Schurhammer
　シュールハマー
　シュールハンマー*
Schürhoff シュアホフ
Schurian シューリアン
Schuricht シューリヒト
Schurig
　シュウリッヒ
　シューリッヒ
　シューリヒ*
Schuring シェーリング
Schuringa シュリンガ
Schurmacher
　シューマッヒャー
　シュールマカー
Schurman
　シャーマン
　シュアマン
　シュールマン
Schurmann
　シュールマン
Schürmann
　シュアマン
　シュールマン*
Schurr シューア

Schurrle シュールレ
Schurter シュルター**
Schurtz シュルツ
Schurz シュルツ
Schuschnigg
　シューシュニク
　シュシュニク
　シュシュニック
Schuselka シュセルカ
Schussel シュッセル*
Schüssel シュッセル**
Schusser シュッサー
Schussler シュスラー*
Schüssler
　シュースラー
　シュスラー*
Schüßler シュスラー
Schuster
　シャスター
　シュースター
　シュスター**
　シュステル**
Schusterman
　シュスターマン
Schut
　シュット
　シュト*
Schutt
　シャット
　シュット
Schütt シュット
Schutte シュッテ*
Schütte シュッテ*
Schutten スクッテン
Schutting
　シュッティング
Schuttler シュットラー
Schüttler シュットラー
Schüttpelz
　シュットペルツ
Schutz
　シューツ
　シュッツ**
Schütz シュッツ***
Schutze シュッツ
Schütze
　シュエツェ
　シュッツェ
　シュルツ
Schutzenberger
　シュッチェンベルジュ
　シュッツェンベルジェ
Schützenberger
　シュツェンベルガー
Schützendorf
　シュッツェンドルフ
Schutzman
　シュッツマン
Schuur シューア*
Schuurman
　シャーマン
　シュールマン
　スフルマン
Schuwirth
　シュヴィルス
Schuyler
　シャイラー
　シュイラー

シューラー
　スカイラー***
Schvartz シュヴァルツ
Schwa シュワ
Schwaab シュヴァープ
Schwab
　シュヴァープ
　シュヴァープ*
　シュエップ
　シュワップ
　シュワープ
　シュワプ
　シュワブ**
　シュワブ
Schwabach
　シュヴァーバッハ
Schwabacher
　シュウオバッチャー
　シュワバハー
Schwabe
　シュヴァーベ*
　シュワープ
　シュワーベ*
Schwabedissen
　シュヴァーベディッセン
Schwaben
　シュワーベン
Schwaber
　シュエイバー*
Schwabish
　シュワビッシュ
Schwab-Stone
　シュワープストーン
Schwaderer
　シュワドラー
Schwager
　シュワッガー*
Schwaiger
　シュヴァイガー
　シュバイガー
Schwaigerer
　シュワイゲラー
Schwalb シュワルブ
Schwalbe
　シュヴァルベ
　シュオルグ
　シュワルビ
　シュワルブ
　シュワルベ*
Schwalbé シュヴァルベ
Schwall
　シュウォール
　シュワル
Schwalm シュウォルム
Schwaltz シュワルツ
Schwamm シュワン
Schwan
　シュヴァン*
　シュワン
Schwandner
　シュヴァンドネル
Schwandt シュワント
Schwane シュヴァーネ
Schwangau
　シュヴァンガウ
Schwanitz
　シュヴァニツ
　シュワニツ

Schwank シュヴァンク
Schwanke シュワンケ
Schwann
　シュヴァン
　シュワン
Schwanneke
　シュヴァンネケ
Schwantes
　シュヴァンテス
　シュバンテス
　シュワンテス
Schwanthaler
　シュヴァンターラー
　シュワンターラー
Schwantz シュワンツ
Schwappach
　シュヴァッパハ
Schwarb シュワーブ
Schwarber
　シュワーバー
Schwarberg
　シュヴァルベルク
Schwarcz
　シュウォーツ
　シュワルツ*
Schwarczenberger
　シュバルツェンバーガー
Schwardt シュワルト
Schwarm シュワルム
Schwartau
　シュヴァルタウ*
　シュバルタウ
　シュワルタウ
Schwarthoff
　シュワルトホフ
Schwartländer
　シュヴァルトレンダー
Schwarts シュワルツ
Schwartz
　シヴァルツ
　シュヴァルツ
　シュヴァルツ***
　シューウォーツ
　シュウォーツ***
　シュウォルツ*
　シュオルツ
　シュバルツ
　シュワァルツ
　シュワーツ
　シュワールツ
　シュワルツ***
Schwartz-Bart
　シュワルツバート
Schwartzberg
　シュヴァルツバーグ
Schwartzel
　シュワーツェル*
Schwartzenberg
　シュヴァルツェンベルク
　シュバルツァンベルグ
Schwartzer
　シュワルツァー
Schwartzhaupt
　シヴァルツハウプト
Schwartzman
　シュウォーツマン
　シュワーツマン
Schwartzwald
　シヴァルツヴァルト
Schwarz
　シュヴァーツ
　シュヴァルツ***
　シュウォーツ*
　シュバーツ
　シュバルツ
　シュワーズ
　シュワーツ
　シュワルツ**
Schwarzbach
　シュヴァルツバッハ
Schwarzbard
　シュバルツバード
Schwarze
　シュヴァルツェ
　シュワルツェ
Schwarzenbach
　シュヴァルツェンバッハ
Schwarzenberg
　シェヴァルツェンベルク
　シュヴァルツェンベルク
　シュワルツェンベルク**
　シワルツェンベルク
Schwarzenberger
　シュヴァルゼンヴァーガー
Schwarzenegger
　シュヴァルツェネガー
　シュヴァルツェネッガー**
　シュワールツネッガー
Schwarzer
　シュヴァルツァー
　シュウォーツァー
　シュワツァー
　シュワルツァー
Schwarzkopf
　シュヴァルツコップ
　シュヴァルツコップフ
　シュワルツコップ
　シュワルツコップフ
　シュワルツコップ**
　シュワルツコフ**
　シュワルツコプ
　シュワルツコプフ
Schwarzlose
　シュヴァルツローゼ
　シュワルツローゼ
Schwarzman
　シュワルツマン*
Schwarzmann
　シュワルツマン
Schwarzschild
　シュヴァルツキルト
　シュヴァルツシルト
　シュバルツシルト
　シュワルツシルト*
　シュワルツシルド
Schwarzwäller
　シュヴァルツヴェラー
　シュワルツヴェラー*
Schwass シュワス
Schwatka シュウォトカ
Schwazer
　シュバーツァー**
Schwean シュウィーン
Schweatzer
　シュウェッツァー
Schwebel
　シュウェーベル
　シュヴェーベル
Schweber
　シュウェーバー
Schwebke シュエブカ
Schwebler
　シュヴェブラー
Schweblin
　シュウェブリン*
Schweckendiek
　シュヴェツケンディーク
Schwed シュエッド
Schweder
　シュヴェーダー
Schwedes
　シュヴェーデス
Schwedler
　シュヴェードラー
　シュヴェトラー
Schwedt
　シュヴェット
　シュヴェート
Schwegel
　シュヴィーゲル*
　シュヴィーゲル*
Schwegler
　シュヴェーグラー
　シュヴェーグラー*
　シュヴェクラー
　シュヴェーゲル
　シュエーグラー
　シュベーグラー
Schwehr シュベアー
Schweiberer
　シュヴァイベーラー
Schweickart
　シュワイカート
Schweickert
　シュバイケルト
Schweid
　シュヴァイド
　シュワイド
Schweidler
　シュヴァイドラー
Schweiger
　シュヴァイガー*
　シュヴァイゲル*
　シュバイガー
　シュワイガー
Schweigger
　シュヴァイガー
　シュワイガー
Schweighaeuser
　シュヴァイアウゼール
Schweikard
　シュヴァイカルト
Schweikart
　シュヴァイカルト
Schweiker
　シュワイカー*
Schweikert
　シュヴァイケルト*
Schweinfurth
　シュヴァインフルト
　シュバインフルト
Schweinsteiger
　シュヴァインシュタイガー
　シュバインシュタイガー*
Schweisgut
　シュヴァイスグート*
Schweithguth
　シュワイスグート
Schweitzer
　シュヴァイツァー
　シュヴァイツァー
　シュヴァイツァー**
　ジュヴァイツァー
　シュヴァイツェル
　シュヴァイツェル
　シュバイツァー*
　シュバイツェル
　シュビツァー
　シュワイツェル
　シュワイチエル
　シュワイツァー
　シュワイツェル*
　シュワイツェル
Schweizer
　シュヴァイツァー*
　シュヴァイツェル
　シュバイツァー
　シュワイツァー
Schwemer
　シュウェマー
Schwemmer
　シュヴェンマー
Schwen
　シュウェン
　シュエン
Schwenck
　シュウエンク*
　シュウエンク
Schwenckfeld
　シュヴェンクフェルト
Schwendener
　シュヴェンデナー
Schwendi
　シュヴェンディ
Schwendiman
　シュウェンディマン
Schwengel
　シュウェンゲル
Schwengeler
　シュベンゲラー
Schwenk
　シェンク
　シュウェンク
　シュヴェンク
　シュベンク
Schwenke
　シュウェンク
Schwenkmezger
　シュヴェンクメッツガー*
Schwennicke
　シュウェニック
Schwenning
　シュウェニング
Schwentker
　シュヴェントカー*

シュヴェントカー*
Schwentzel
　シュウェンツェル
　シュエンツェル
Schweppe
　シュヴェッペ
Schweppenhauser
　シュペッペンホイザー
Schweppenhäuser
　シュペッペンホイザー
Schweppnhäuser
　シュヴェッペンホイザー
Schwerd シュワード
Schwerdtner
　シュベルトナー
Schwerin
　シュヴェリーン
　シュヴェリン
　シュワーリン
Schwerké シュウェルケ
Schwermer
　シュヴェルマー*
Schwerz シュヴェルツ
Schwerzmann
　シュヴェルツマン
Schwesig
　シュウェーズィヒ
Schwetz シュヴェツ
Schweyda シュワイダ
Schwezoff
　シュヴェゾフ
　シュヴェツオフ
Schwichtenberg
　シュウィッチェンバーグ
　シュヴィヒテンバーグ
　スウィッテンバーグ
Schwickerath
　シュヴィッカース
　シュヴィッケラート
Schwidefsky
　シュヴィデフスキー
Schwiebert
　シュウィーバート
Schwiefert
　シュヴィーフェルト
Schwiegerling
　シュバイガーリング
Schwienbacher
　シュビンバハー
Schwier シュヴィアー
Schwilden
　シュワイルデン
Schwimmer
　シヴィンマー
　シュヴィンマー
　シュヴィンメル
　シュワイマー
Schwind
　シュウィント
　シュヴィント
　シュビント
Schwing
　シュウィング
　シュヴィング*
Schwinge シュヴィンゲ
Schwinger
　シュインガー

シュウィンガー**
シュウィンガー
シュヴィンガー
Schwinghammer
　シュウィンクハマー
Schwingl
　シュウィングル
Schwink シュヴィンク
Schwinning
　シュヴィンニング
Schwitters
　シュウィッタース
　シュヴィッタース*
　シュビッタース*
Schwizgebel
　シュヴィツゲベル
Schwob
　シュウォッブ
　シュウオップ
　シュウォブ*
　シュオップ*
　シュオッブ
　シュオブ*
Schwöbel
　シオヴェーベル
Schwoebel
　シュウェーベル
Schwolow
　シュヴォロウ
Schwuger
　シュヴーガー
Schwyzer
　シュヴィーツァー
　シュヴィッツァー
Schygulla
　シグッラ
　シグラ
Schykowski シコウスク
Schyrba シュイアバ
Schyster シュスター
Schytte シュッテ
Sciacca
　シアッカ
　スキアッカ
Scialli シアーリ
Scialoia シャローヤ
Scialoja シャロア
Sciama シアマ
Sciandri シャーンドリ
Sciarpelletti
　シャルペレッティ
Sciarra シアラ
Sciarrino
　シャリーノ
　シャルリーノ
Sciascia
　シャーシャ**
　シャッシャ
Sciasi シャッシ
Scicchitani
　スキッキターニ
Scicluna
　シクルーナ
　シクルナ
Scicolone シコローネ
Scidmore
　シッドモア
　シドモア*

Scidomore シドモア
Scieszka
　シェシュカ
　シェスカ*
Sciezka シェスカ
Scifo シーフォ*
Scifres サイフレス
Sciglio シリオ
Scileppi スキレッピ
Scilla
　シッラ
　シーラ
Scimone シモーネ*
Scindia シンディア
Scioli シオリ
Scionti シヨンティ
Scioppius
　スキオピウス
Sciora スキオラ*
Sciorra シオラ
Sciortino
　シオルティーノ
Scioscia ソーシア**
Scipio
　シービオ
　スキーピオー
　スキピオ*
　スチピオ
Scipione
　シピオ
　シピオーネ
　スキピオーネ
Scipios スキピオ
Scitovsky
　シトフスキー
Sciubba
　シウーバ
　シュバ
Sciulli シューリ
Sciuto シュート
Sciutti シュッティ
Sciutto
　シュット
　シュート*
　スキアット
Sciver スカイバー
Sckell スケル
Scla シーラ
Sclar スクラー
Sclater スクレイア
Sclater スクレター
Sclavis
　スクラヴィス
　スクラビス
Sclavos スクラボス
Sclmitt シュミット
Scob スコ
Scobar エスコバル
Scobedo エスコベド
Scobee スコービー
Scobell
　スコーベル
　スコベル
Scobey スコービー
Scobie
　スコビー

　スコビィ
Scoble スコーブル
Scocchera スコッケラ
Scoccimarro
　スコシマロ
　スコッチマルロ
Scodelario
　スコデラリオ
Scoffham スコッファム
Scoffield
　スコッフィールド
Scofield
　スコウフィールド
　スコフィールド**
Scoggin
　スコギン
　スコッジン
Scoglio スコーリオ
Scola
　スコーラ**
　スコラ**
Scolari スコラーリ**
Scollins スコーリンズ
Scollo スコロ*
Scollon
　スコーロン
　スコロン
Scolnik スコルニク
Scooby スクービー
Scooter スクーター
Scopello スコペロ*
Scopes スコープス
Scoppettone
　スコペトーネ*
Score スコア**
Scorel
　スコーレル
　スコレル
Scoresby
　スコアズビー
　スコースビー
　スコールズビ
Scornaux スコルノー
Scorsese スコセッシ**
Scortia スコーシア*
Scory スコーリ
Scorza
　スコルサ
　スコルツァ
Scot
　スコット***
　スコトゥス
Scotch スコッチ*
Scotchmer
　スコッチマー
Scotellaro
　スコテッラーロ
　スコテラーロ
Scotese スコテーゼ
Scotland
　スコットランド
Scotney スコットニー

Scotri スコトリ
Scotson スコットソン
Scott
　スコット***
　スッコト
Scott Blair
　スコットブレアー
Scotti
　スコッティ**
　スコット
　スコティ
Scottie
　スコッティ*
　スコッティー
Scotto スコット***
Scottoline
　スコットライン**
Scotton スコットン*
Scotts スコッツ
Scottus
　スコットゥス
　スコートゥス
Scotty
　スコッティ**
　スコティ
Scotus
　スコツス
　スコートゥス
　スコトゥス*
Scougal スクーガル
Scoular スクーラー
Scourby スカウビー
Scout スカウト
Scouten スコーテン*
Scovel
　スコーヴェル
　スコヴェル*
Scovell スコヴェル
Scowcroft
　スカウクロフト
　スコウクロフト**
Scown
　スカウン
　スコウン
　スコーン
Scoyck スコイック
Scozzoli スコツォリ
Scrace スクレース
Scranage スクラネイジ
Scrano スクラーノ
Scranton
　スクラントン**
Scratch スクラッチ
Scratchy スクラッチ
Scrath スカース
Screamin'
　スクリーミン
Screebny
　スクリーブニィ
Screech スクリーチ**
Scrcnar スクリーナー
Screw スクリュー
Scriabin
　スクリアビン
　スクリャービン
Scriba
　スクリーバ

　スクリバ
Scribani スクリバニ
Scribano スクリバーノ
Scribe
　スクリーブ
　スクリーブ
Scribner
　スクリブナー**
Scribonia
　スクリボニア
Scribonianus
　スクリボニアヌス
Scribonius
　スクリボニウス
Scrimgeour
　スクリームガー
　スクリムガー
Scrimger
　スクリムガー*
Scrimin スクリミン
Scrimshaw
　スクリムショウ*
Scripps
　スクリップス**
　スクリプス
Scriptoris
　スクリプトーリス
Scripture
　スクリプチャー
　スクリプチュア
　スクリプチュアー
Scriven スクライヴン
Scrivener
　シュライブナー
　スクリヴナー
　スクリヴネール
　スクリブネール
Scrivenor
　スクリヴナー
Scriver スクリヴァー
Scrivner スクリブナー
Scroggie スクロギー
Scronx スクロンクス
Scrope
　スクループ*
　スクロープ
Scrosati
　スクロザーティ
Scrosoppi
　スクロソッピ
Scruggs
　スクラッグス*
　スクラッグズ*
Scruton
　スクリュートン*
　スクルートン
Scrutton スクラトン
Sctrick スクトリク
Scud スカッド*
Scudder
　スカダー*
　スカッダー*
Scuderi スクデーリ
Scudéry
　スキュデリ
　スキュデリー
　スクデリ
Scudo スキュド

Scuffet スクフェット	Seacord シーコード	ショーン***	Sebag シーバッグ セバーク セバーグ	セバスチャン** セバスティアン	
Sculean スキュラーン	Seacrest シークレスト*	シーン** セアン			
Scull スカル*				Sebastien セバスチアン	
Sculley スカリー*	Sead セアド	Seán シアン ショーン*	Sebaht セバート	セバスチャン**	
Scullin スカリン	Seaforth スィーフォース		Sebald シーボルト* シーボルド シボールド セバルト ゼーバルト** ゼバルト ゼバルドゥス	セバスティアン**	
Scullion スカリオン	Seaga シアガ	Seana シーナ		セバスティン	
Scully スカーリー スカリー**	Seagal シーガル スィーガル セーガル セガール*	Seanan ショーニン*		セブ	
		Seanez セアネス		Sébastien セバスチアン*	
Sculpher スクルファー		Seang シーン		セバスチャン***	
Scultetus スクルテートゥス スクルテトウス		Seanna シーナ		セバスチャン セバスティアン*	
	Seage シアガ* シーガ セアガ	Seantavius ショーンタビアス		セバスティン	
Sculthorp スカルソープ		Seantrel シーントレル	Sebaldus セバルドゥス	Sebastion セバスチャン セバスチョン	
Sculthorpe スカルソープ*		Seara セアラ	Seban セバン		
	Seager シーガー** シーガル スィージャー	Searage シーレイジ	Sebaoun セバウン	Sebastjan セバスチャン	
Scupham スカファム		Search サーチ	Sebarenzi セバレンジ		
Scupoli スクポーリ スクポリ		Searcy サーシー シーアシー	Šebart シェバート	Sebastos セバストス	
	Seagle シーグル シーゲル		Sebaski セウァースキー セヴァスキー	Sebba セバ	
Scura スクーラ		Seare シア		Sebbag セバッグ	
Scurati スクラーティ	Seago シーゴー	Seares シアーズ	Sebastatzi セバスタ	Sebbah セバー*	
Scurla スクールラ	Seagram シーグラム*	Searfoss セアフォス	Sebastià サバスティア	Sebbar セバー	
Scurlock スカーロック	Seagrave シーグレイヴ シーグレイブ シーグレーヴ シーグレーブ**	Seargeant サージェント	Sebastiaan セバスチアーン セバスティアン	Sebe シェーベ	
Scurr スカー				Sebekemsaf セベケムサフ	
Scurry スカーリ		Searight シーライト	Sebastian セバスチャン* セバスチャン** ゼバスチアン セバスチャン*** セバスチャン セバスティアン セバスティアン*** セバスティアン* セバスティヤン		
Scutari スクタリ		Searl サール		Sebekhotep セベクヘテプ セベクホテプ	
Scutaro スクタロ		Searle サール*** セアール ソール			
Scutgens スカットゲンス	Seagren シーグレン			Sebekkare セベクカーラー	
	Seagrove シーグローヴ スィーグローヴ				
Scutts スカッツ*		Searles サールズ**		Sebeknefru セベクネフル	
Scvortov スクウォルトフ		Searls サールズ**			
	Seagull シーガル	Sears シーアーズ シアーズ*** シアズ スィアーズ		Sebelius セベリウス	
Scylax スキュラクス	Seah シーア**		Sebastián セバスチアン セバスチャン* セバスティアン**	Sebenius セベニウス	
Scyllis スキュリス	Seahorn シーホーン			Sebeok シービオク シビオク	
Sdach スダチ	Séailles セアイユ				
Sde スデ*	Seak シエク	Sease シーズ	Sebastiàn セバスティアン	Seberg セバーク セバーグ	
Sdralek スドラレク	Seak-chae ソクチェ	Seashore シーショア*	Sebàstian セバスチャン		
Se ソォ	Seakgosing セアコシン	Season シーズン スィーズン	Sebastiani セバスティアーニ セバスティアーニ	Seberos セベロス	
Sea シー	Seal シール*			Sebêros セウェロス	
Seaberg シーバーグ	Seale シール*	Seastrunk シーストランク		Sebert シーバート	
Seabol シーボル	Seales シールズ		Sébastiani セバスティアーニ	Sebescen セベスセン	
Seaborg シーボーグ* シーボッグ シーボルグ	Sealey シーレイ*	Seat シィート		Sebesky セベスキー	
	Sealig セイリグ	Séat セア	Seba-stiano セバスティアーノ	Sebestyen シェベシュチェン シェベスチェーン セバスチャン セベスチェン* セベスティアン	
	Seals シールズ	Seaton シートン*			
	Sealsfield シールスフィールド シールズフィールド	Seattle シアトル	Sebastiano セバスティアーノ セバスチャノ セバスティアーノ セバスティアーノ** セバスティアン		
Seabra シーブラ セアブラ		Seau スー セアウ**			
Seabright シーブライト	Sealver シールバー				
	Sealy シーリー** シーリィ	Seaver シーヴァー* シーバー**		Sebestyén セベスチェン	
Seabrook シーブルック**			Sebastianus セバスチアヌス セバスチャン セバスチャン セバスティヤン セバスティアーヌス セバスティアヌス		
Seabury シーバリ シーバリー シーバリィ シーベリー** シーベリィ*	Seaman シイマン シーマン**	Seavoy シーヴォワ		Sebesvari セベスバリ	
		Seaward スィーウォード		Sebetlela セベトレラ	
	Seamands シーモンズ			Sebhat セブハト	
	Seamster シームスター	Seawell シーウェル		Sebiger ゼビガー	
	Seamus シェイマス*** シェーマス シーマス シームス	Seaxburh セックブーフ		Sébillet セビエ	
		Seay スィー	Sebastiao セバスティアン	Sébillot セビヨ	
Seachrist シークリスト		Seba シーバ セバ	Sebastião セバスチュタウ セバスチャン セバスチオン セバスチャオ	Sebo スィーボウ	
Seacole シーコール				Sebok シェベク	
Seacombe スィーコウム	Séamus シェーマス**			Sebök シェベック	
	Sean シェーン			Sebōkht セーボーフト	
				Sebold シーボルト*	

シーボルド**
Se-bong セボン
Šebor シェボル
Sebord スボール
Seborg シボーグ*
Sebouh
　セブー
　セブーハ
Sebrell セブレル
Sebrle シェブルレ*
Šebrle シェブルレ*
Sebudandi
　セブダンディ
Sebüktigin
　セビュクテギン
Seca セカ
Secada セカダ
Secades セカデス
Secareanu
　セカレアーヌ
Secchi セッキ
Secci セッチ
Secco セッコ
Sečen セチェン
Se-chang セチャン
Sechang セチャン
Séché セシェ
Sechehaye
　セシュエ
　セシュエー
Séchelles
　セーシェル
　セシェル
Sechen
　セチェン
　チェン
Sechenov
　セーチェノフ
　セチェノフ
　セチュノフ
Sechin セチン*
Sechnaill シェフネル
Sechnussach
　セフヌサッハ
Sechrist セクリスト*
Sechter ゼヒター
Secic セクシック
Seck
　セク
　セック
Seckbacher
　ゼックバッヒャー
Seckel
　セッケル
　ゼッケル*
Seckendorff
　ゼッケンドルフ
Secker
　セッカー
　ゼッカー
Seckk-yon ソクヨン
Seckler セクラー
Secombe
　シーカム
　シーコム
　セコンベ

Second スゴン
Secondat
　スコンダ
　スゴンダ
Secondigné
　スゴンディニェ
Secondino セコンド
Secondo セコンド*
Secondotto
　セコンドット
Secor シーカー
Secord
　シコード*
　セコード
Secoske セコスキ
Secrest シークレスト
Secretan
　スクレタン
　セクレタン
Secrétan
　スクレタン
　セクレタン
Secter セクター
Seculin セクリン
Secunda
　セカンダ**
　セクンダ
　ゼクンダ
Secundus
　セクンダス
　セクンドゥス
Seda
　スダ
　セダ
Sedaine ステーヌ
Sedaka セダカ*
Sedaminou セダミヌ
Sedar シーダー
Sédar
　セダール***
　セダル
Sedaris
　セダーリス
　セダリス**
Sedat セダト
Sedayao シダヤオ
Seddik セディク
Seddiki セディキ
Seddiqi セディキ
Seddiqui セディッキ
Seddon
　セダン
　セドン**
Sedeen セディーン
Sedego セデゴ
Sedekias
　ゼデキヤ
　ツィドキヤ
Seden セダン
Seder セダー
Sederberg
　シーダバーグ
　シーダバッグ
Sederer シーダラー
Sederholm
　セーデルホルム
　ゼーデルホルム

Sedges セッジズ
Sedgewick
　セジウィック
　セジャウィック
Sedgman セッジマン
Sedgwick
　セジイク
　セジウィク
　セジウィック**
　セジウイック
　セジュウィック
　セッジウィック
Sedia セディア
Sēdigitus
　セディギトゥス
Sediki セディキ
Sedillot セディヨ
Sédillot
　セディヨ
　セディヨー
Sedin セディン*
Sediq セディク
Sediqa シディカ
Sedivy セディヴィ
Sedja セジャ
Sedjefakare
　スジェファカラー
　セジェファカーラー
Sedjo セジョー
Sedki
　シドキ
　シドキー
　セドキ**
Sedláček
　セドラチェク*
Sedlaczek
　ゼトラチェク*
　ゼドラチェック
Sedlak
　ゼードラク
　セドラック
Sedley
　セドリ
　セドリー
　セドレー
　セドレイ
Sedlmayr
　ゼーデルマイア
　セーデルマイア
　ゼーデルマイヤ
　ゼーデルマイヤー
　ゼードルマイア
　ゼードルマイアー
　ゼドルマイア
　ゼードルマイヤー*
　ゼードルマイル
Sedlnitzki
　ゼードルニツキ
Sedlnitzky
　ゼードルニツキ
Sednaoui セドナウィ
Sedniev セドニエフ
Sédogo セドゴ
Se-dol セドル
Se-dong セドン
Sedor セドール
Sedov
　セドーフ

セドフ*
Sedova セドワ
Sedoy セドイ
Sedric セドリック
Sedulius セドゥリウス
Sedyaningsih
　スディアニンシ
Sedyawati
　セディアワット
Sedykh セディフ*
See シー**
Sée
　シー
　セー*
　セイ
Seebach
　ゼーバッハ*
　ゼーバハ
Seebass シーバス
Seebeck
　ゼーベク
　ゼーベック
Seeber ゼーバー
Seeberg
　シーベア
　セーベア
　ゼーベルク*
　ゼーベルグ
Seeböck シェーベック
Seebohm
　シーボーム*
　シーボム**
　ゼーボーム
Seebun シーバン
Seeck ゼーク
Seeckt ゼークト*
Seed シード*
Seedat セダ
Seeder セーデル
Seedor シードア
Seedorf
　シードルフ
　セードルフ*
Seeds シーズ
Seefehlner
　ゼーフェルナー
Seefelder
　シーフェルダー
Seefeldt
　ゼーフェルト**
Seeff シーフ
Seefried ゼーフリート*
Seegal シーガル
Seegar スィーガー
Seeger
　シーガー**
　ジーガー
　ゼーガー
　ゼーゲル
Seehofer
　ゼーホーファー**
Seeiso セエイソ
Seek スィーク
Seel ゼール*
Seele シール
Seeler ゼーラー

Seeley
　シーリ
　シーリー**
　シーレー
　セーレー
Seelig
　シーリグ*
　ゼーリッヒ
　ゼーリヒ
Seeliger
　セーリガー
　ゼーリガー
Seelinger シーリンガー
Seely
　シーリ
　シーリー**
　シリー
　シーリィ
Seelye
　シイリー
　シーリ
　シーリー
　シーレー
Seema シーマ
Seeman シーマン*
Seemann シーマン
Seemungal
　シームンガル
Seena スィーナ
Seeney シーニー
Seenii セーニー
Seepersad-bachan
　シーパサードベイチャン
Seeruttun セルチャン
Seeta セータ
Seetanah シータナ
Seetaram シータラム
Seethala セテラ
Seethaler
　シーサラー
　ゼーターラー*
Seetharaman
　シーターラーマン
Seetoo
　シートゥー
　セートゥ
Se-eun セウン
Seewald ゼーヴァルト
Seewis ゼービス
Seewoosagur
　シウサグル
Sef セフ
Sefa セファ*
Sefarim
　スフォリーム
　スフォリム
Seferi セフェリ
Seferiades
　セフェリアデス
Seferian
　セフェリアン
　セフェリアン
Seferis
　セフェリアデス
　セフェリス*
Seféris セフェリス

Seferovic
セフェロヴィッチ
Seff セフ
Seffinger
セフェンジャー
Seffrin セフリン
Šefik セフィク
Sefo セフォー*
Sefolosha
セフォローシャ
Sefon セフォン
Sefor セフォー
Sefström
セーヴストレム
セヴストレーム
ゼフストリューム
ゼフストレーム
Seftali セフタリ
Seftel セフテル
Sefton セフトン*
Segaf セガフ
Segal
シーガル***
シガール
スィーガル
セーガル
セガール*
セガル*
ゼーガル*
Ségal セガール
Segala セガーラ
Segalan スガラン
Segale セガール
Segalen
スガラン
セガレーヌ
セガレン**
Ségalen
スガラン
セガレン
Segall
シーガル
シゴール
セガール
セガル
ゼーガル
Segaller シガーラー
Segaloff セガロフ
Segantini
セガンチーニ
セガンティーニ
Segaran セガラン
Segard スガール
Segato セガト
Segbefia セグベフィア
Ségbégnon セグベノン
Sege セゲ
Segedin セゲディン
Segel シーゲル*
Segell シーゲル
Segelle セジェール
Segelstein
シグルスタイン
Segelström
セーゲルストレーム

Seger
シーガー**
シガー*
ゼーガー
セグレ
ゼーゲル
ゼゲル
Segerlind
セファーリンド
Segers
セーヘルス
セヘルス
Segerstad
セーゲルスタード
Segerstam
セーゲルスタム*
セゲルスタム
Segerstråle
セーゲルストローレ
Segerstrom
セゲストローム
セゲルストロム
Segesser ゼーゲサ
Segev
セゲヴ
セゲフ*
Seghers
ゼーガース**
ゼーガーズ
ゼーガス
セガース
セゲールス
セゲルス*
ゼーゲルス
セーヒェルス
セヘルス
ゼーヘルス
Seghi セギ
Seghir セギル
Se-gi セギ
Ségier
セギエ
ゼギエ
Segio セルヒオ
Segizbaev
セギズバエフ
Séglard セグラール
Séglas セグラス
Segler セグラー
Seglin セグリン*
Segliņš セグリンシュ
Seglow セグロウ
Segman セグマン
Segna セーニャ
Segner セグナー
Segneri
セニェーリ
セニェリ
Segni
セーニ
セニ*
Segnini セグニーニ
Segnit
シグニット
セグニット
Šego シェゴ

Segolene セゴレーヌ
Ségolène セゴレーヌ**
Segond スゴン
Segonzac スゴンザック
Segovia
セゴヴィア*
セゴビア***
セゴビヤ
Segrais スグレ
Segrave セグレイヴ
Segre
セーグレ
セグレ**
セグレー
Segré セグレ
Segrè
セグレ**
セグレー
Segrera セグレータ
Segrest セグレスト
Segriff セグリフ
Segrin セグリン
Šegrt シェグルト
Segú セグ
Segua セグア
Séguéla セゲラ
Segui セギー
Seguí
セギ
セギイ
Seguignol セギノール
Seguin
スガン*
セガン
セギン
セグラン
Séguin
スガン
セガン***
Segun セグン
Segundo セグンド*
Segur
シーガー
セギュール
Ségur セギュール*
Segura
セグーラ
セグラ**
Ségura セグラ
Segurola セグローラ
Segusio
セグーシオ
セグジオ
Seguso セグソ
Seguy セギ
Séguy セギ
Se Gwang セグァン
Segwang セグァン
Seh セ
Seham セハム
Sehar セヘル
Sehärer シェーラー
Sehertawy
セヘルウタウイ

Sehested セヘステッド*
Sehetepibre
スヘテプイブラー
Sehetepkare
セヘテプカラー
Sehgal
セーガル
セガール
Sehlberg セールベリ*
Sehlin セーリン
Sehling ゼーリング
Sehmbi セムビ
Sehmsdorf
セームスドルフ*
Sehn ゼーン
Sehnawi
サフナウィ
セハナウィ
Sehong セホン
Se-hoon セフン*
Sehorn セホーン
Sehoueto
スート
セウエト
Sehrou セール
Se-hui セヒ
Sehuster シュースター
Sehütz シュッツ
Sehwab ショワーブ
Se-hyuk セヒュク*
Se-hyun セヒョン*
Se-hyung セヒョン**
Seianus
セイアヌス
セヤーヌス
セヤヌス
Seibel
サイベル
シーベル
セイベル
Seiber
サイベル
シェイベル
シャイバー
シャイベル
Seibert
サイバート*
ザイバード
ザイベルト
セイバート
Seible シーブル
Seibold
サイボルト*
ザイボルト
シーボルト*
シーボルド
Seibt
ザイプト
ザイブト
Seibu
セイブ
セブ
Seicht ザイヒト*
Seick ザイク

Seid
サイード
セイド
Seide
ザイデ
セイデ
セイド*
Seidel
サイデル**
ザイデル*
サイドル
シーデル
Seidelin セイデリン
Seidell
サイデル
シーデル
Seidelman
シーデルマン
セイデルマン
Seiden セイデン*
Seidenberg
ザイデンベルク
セイデンベルグ
Seidensticker
サイデンスティッカー*
サイデンステッカー**
セイデンスティッカー
Seider
サイダー
ザイダー
Seiderman
サイダーマン
Seidi セイディ
Seidl
ザイトル
ザイドル*
Seidler
サイドラー*
ザイドラー
シードラー
セイドラー*
セイドレー
Seidlhofer
ザイデルホーファー
ザイドルホーファー
Seidlitz
ザイトリツ
ザイドリッツ*
Seidlmeier
ザイドルマイヤー
Seidman
サイドマン*
シードマン**
Seïdou セイドゥ
Seidov セイドフ
Seidu セイドゥ
Seielstad
サイルスタッド*
Seierstad
セイエルスタッド*
Seif
セイフ**
セーフ
Seifdin セイフディン
Seife サイフェ*
Seif El Nasr
セイフエルナスル
Seifelt サイフェルト

Seiferling シーファリング
Seifert
　サイファート
　サイファト
　サイフェルト**
　ザイフェルト**
　ザイフュルト
　シーファート
Seiferth ザイファート
Seiff ザイフ
Seiffer シーファー
Seiffert
　ザイフェルト**
　シーファー*
　シーファート
Seifger サイフガー
Seifman シーフマン
Seiford ザイフォルト
Seifried ザイフリート*
Seifriz
　サイフリツ
　サイフリッツ
Seifter セイフター*
Seifullina
　セイフーリナ
　セイフリナ
Seigel シーゲル*
Seigner
　セニエ
　セニエ*
　セニェール
Seigneur セニュール
Seignier セニエ
Seignobos
　セイニョボス
　セーニョーボ
　セニョボー
　セーニョーボス
　セーニョボス*
　セニョボス*
Seignobosc セニョーボ
Seignobose セニョボス
Seignolle セニョール
Seignoret セニョレ**
Seigo セイゴ
Sei-hoon セフン
Sei-hyon セヒョン
Seijas セイジャス
Seiji セイジ
Se-ik セイク
Seike セイケ
Seikkula セイックラ
Seiko セイコウ
Seikou セイコー
Se-il セイル
Seilacher
　ザイラッハー*
Seile セイレ
Seiler
　サイラー*
　ザイラー**
　セイラー*
　セーレル
Seilliére セリエール

Seillière
　セイエール
　セリエール*
Seim
　ザイン
　セイム
Sein
　セィン
　セイン**
Sein Bay Dar
　セインベーダー
Seinemeyer
　ザイネマイア
Seinfeld
　サインフェルド*
　ザインフェルト
Seingalt サンガール
Seingier サンジエ
Seini セイニ
Sein Ko セインコウ
Seip
　サイプ
　ザイプ
Seipel ザイペル
Seipolt ザイポルト
Seipp ザイプ*
Seippel ザイペル
Seiranyan
　セイラニャン
Seire ザイル
Seisay セイセイ
Seisenbacher
　ザイゼンバッハ
Seitbay セイトバイ
Seitel サイテル*
Seitelberger
　ザイテルベルガー*
Seiter
　サイター
　セイター
Seiters サイタース
Seitre セトル
Seitz
　サイズ
　サイツ*
　ザイツ***
Seitzer サイツァー
Seivewright
　セイヴライト
Seiwell シーウェル
Seiwert
　ザイヴァート*
　ザイヴェルト
　ザイベルト
　セイバルト
Seix ザイクス
Seixas
　サイクサス
　セイザス
　セイシャシュ
　セイシャス
Seiz ザイツ
Seizelet セーズレ
Seizer サイツァー*
Seizinger
　サイツィンガー*
Sejaan セジャン

Sejake セジャケ
Sejani セジャニ
Sejdi セイジ
Sejdiu セイディウ*
Sejersted セイエルステ
Sejic セジク
Se-jin セジン*
Šejna シェイナ
Sejnowski
　セイノフスキー
　セジノウスキー
Sejo セジョ
Sejong セジョン
Seka
　シーカ
　セカ
Sekachova セカチョワ
Sekai
　セイカイ
　セカイ
Sekal セカール*
Sekar セカール
Sēkara セーカラ
Sekaric
　シェカリッチ
　セカリッチ*
Sekatle セカトレ
Sekelj セケリ**
Sekeramayi
　セケラマイ
Sekerbayeva
　セケルバエワ
Sekerê セケレー
Šekerinska
　シェケリンスカ
Sekgopo セコポ
Sekhaenre
　セカエンレー
Sekhamane セカマネ
Sekhar セカル
Sekhemib
　セケミブイブ
　セケムイブ
Sekhemkare
　セケムカーラー
Sekhemkheperre
　セケムケペルラー
Sekhemkhet
　セケムケト
Sekhemre
　セクヘムラー
　セクヘムレー
　セケヘムラー
　セケムラー
Sekhemwy セケムイ
Sekh'ulumi セフルミ
Sekibo セキボ
Sekino セキノ
Sekkouri セクリ
Sekles ゼクレス*
Sekli セクリ
Seklucjan
　セクツィヤン
Sekmokas セクモカス
Seko セコ**

Sekoff シーコフ*
Sekope セコペ
Sekora セコラ
Sekou
　セイクウ
　セク
　セクー*
Sékou
　セク
　セクー
Sekouba セクバ
Sekreta セクレタ
Seksel セクセル
Sektioui セクティウイ
Sekula
　セクーラ
　セクラ
Sekuler セクラー
Sekulić セクリッチ
Sekulič セクリッチ
Sekulovich
　スカロヴィッチ
Sekunda セカンダ
Sekyra セキーラ
Se-kyung セキョン
Sela
　セーラ
　セラ*
　セラー*
Selā セーラー
Selafi セラフィ
Selah セラ
Selahattin
　セラハッティン
　セラハティン
Selaković セラコビッチ
Selama スラマ
Seland シーランド
Selander セランデル
Selânikî セラーニキー
Selanne
　セラーニ
　セラニ*
Selänne セラニ*
Selarón セラロン*
Selart セラート
Selassie
　シラシエ
　セラシエ
　セラシエ*
Selb セルブ
Selbach セルバッハ
Selberg セルバーグ**
Selbert セルバート
Selborne セルボーン*
Selbourne セルバーン*
Selbst
　セルプスト
　セルブスト
Selby
　セルビ
　セルビー***
Selcer セルサー
Selcuk
　セルクク*
　セルチュク*

Selçuk セルチュク
Selda ゼルダ
Selden
　セルダン
　セルデン***
Selderhuis
　セルダーハウス
　セルダーヘイス
Seldes
　セルディス*
　セルデス*
Seldin
　セルダン
　セルディン
Seldman セルドマン*
Seldon セルドン
Seldte
　ゼルテ
　ゼルデ
Sele
　シーリー
　シール
　セール
Séléagodji セレアゴジ
Selee
　サリー
　シーリー
Selekman セレクマン
Seleman セレマン
Selemon セレモン
Selen セレン
Selena
　セレーナ*
　セレナ*
Selendra
　セーレーンドラ
Selene セレーネ
Selengia セレンギア
Seler ゼーラー
Seles
　シール
　セレシュ**
　セレス
Seleskovitch
　セレスコヴィッチ
Seleste セレステ
Seleucus セレウコス
Seleukos セレウコス
Seleznev
　セレズニョフ*
　セレズネフ
Selezneva セレズネワ
Seleznyov
　セレズニョフ
Self セルフ**
Selfe セルフ*
Selfelt セルフェルト
Selfridge
　セルフリッジ*
Selg ゼルク
Selhub セルフーブ
Seli
　スリ
　セリ
Selibe セレビ
Selic セリック
Selich ゼーリヒ

Selick セリック*
Selig
　シーリッグ
　スィーリッグ
　セリーク
　セリグ**
　セリッグ
　ゼーリッヒ
Seliger セリガー
Seligman
　セーリグマン
　セリグマン**
　ゼーリグマン
　ゼリグマン
Seligmann
　セリグマン*
　ゼーリッヒマン
　セリマン
Seligsberg
　セリグスバーグ
Seligson セリグソン*
Selikowitz
　セリコウィッツ
Selim セリム**
Sélim セリム
Selima セリマ
Selimov セリモフ
Selimović
　セリモヴィチ
　セリモヴィッチ
Selin セリン
Selina
　シライナ
　セライナ
　セリーナ**
　セリナ*
　ゼリーナ*
Selincourt
　セリンコート
Sélincourt
　セリンコート
Selinger
　ゼーリンガー
　セリンジャー*
Selingo セリンゴ
Selinker セリンカー
Selinko セリンコ
Selinus セリヌス
Selitsky セリツキー
Selivanov
　セリバーノフ
　セリバノフ
Selja セリヤ
Seljeskog セリエスコグ
Seljūq セルジューク
Selk セルク
Selka ゼルカ
Selke ゼルケ
Selkirk セルカーク*
Selkoe セルコー
Selkov セルコフ
Selkow セルコワ
Selkowitz
　セルコウィッツ
Sell セル**

Sella
　セッラ
　セラ*
Selladurai
　セラデュライ
Sellaio
　セッライオ
　セルライオ
Sellal セラル*
Sellar セラー*
Sellars
　セーラーズ
　セラーズ**
Selle ゼレ
Selleck セレック*
Sellen セレン
Seller セレ
Selleri セレリ
Sellers
　セラー
　セラーズ**
　セルラース
Sellew セリュー
Selley
　セーリー
　セリー
　セレイ
Sellheim ゼルハイム
Sellien ゼリエン
Sellier
　セリアー
　セリエ
Sellimi セリミ
Sellin
　セリン
　ゼリーン
　ゼリン
Selling セリング*
Sellinger
　セリンジャー**
Sellings セリングス
Sellink ゼリンク
Sellmair ゼルマイヤー
Sellner ゼルナー*
Sello セロ
Sellon セロン
Sellors セラーズ
Selloúm シャルム
Sell-Petersen
　セルピーターセン
Sells
　セルス
　セルズ*
Sellwood セルウッド
Selma
　サルマ
　セルマ**
　ゼルマ*
Selmaier セルマイアー
Selman
　セルマ
　セルマン**
Selmane セルマン
Selmani
　セルマーニ
　セルマニ

Selmar
　ゼルマー
　セルマール
Selmer ゼルマー
Selmi セルミ
Selmo セルモ
Selmon セルモン
Selms セルムス*
Selnecker
　ゼルネッカー
Selo セロ
Sélom セロム
Šelomōh シュロモー
Šelōmōh シェロモー
Selous セルース
Selsam セルサム
Selsky セルスキー
Selten ゼルテン**
Seltman セルトマン
Seltmann ゼルトマン
Seltz セルツ
Seltzer
　セルツァ
　セルツァー*
Selucky セルツキー
Seluka セルカ
Selva
　セルヴァ*
　セルバ
Selvaratnam
　セルバラトナム
Selvatico
　セルヴァーティコ
Selver セルバー
Sel'verova
　セリヴェロワ
Selvetti セルベッティ
Selvin セルヴィン*
Sel'vinskii
　セリヴィンスキー
　セリビンスキー
Selvon
　セルヴォーン
　セルヴォン
Selway セルウェイ**
Selwyn セルウィン*
Selye セリエ**
Selz
　セルツ
　ゼルツ
Selzer セルツァー*
Selznick
　セルズニク
　セルズニック*
Sem
　セム*
　ゼム
Šem シェム
Šēm セム
Sema セマ
Semaj セマジ
Seman セーマン
Semandar
　セマンダール
Semanick セマニック

Semano セマノ
Semanova
　セマーノヴァ
Semari セマリ
Semashko
　セマーシコ
　セマシコ
Semat シマート
Semaun
　スマウン
　セマウン
Sembach
　センバッハ
　ゼンバッハ
　ゼンバハ
Sembat
　サンバ
　サンバア
Sembello センベロ
Sembene センベーヌ
Sembène
　サンベーヌ
　センベーヌ**
Sembiring スンビリン
Sembrich
　センブリック
　センブリッチ
　ゼンブリヒ
Seme セメ
Semedo
　セメード
　セメド
Semega セメガ
Semeghini セメギーニ
Semegn セメグン
Semeí
　シムイ
　シメイ
Semel セメル**
Semelaigne
　スムレーニュ
Semele
　セメレ
　セメレー
Semelin セムラン
Semen
　セミョーン**
　セミョン
　セメン
Semën セミョーン
Semendiaev
　セメンジャーエフ
Semenenko セメネンコ
Semenennko
　セメネンコ
Semenenre
　スメンエンラー
Semenets セミネッツ
Semenick セミニック
Semenkhkare
　スメンクカーレー
　セメイクカレー
Seménko セメンコ
Semenoff
　セミョーノフ
　セメノフ
Semenov
　セミョーノフ**

セミョノフ
セメノフ
セメヨーノフ
Semenova
　セミョーノヴァ*
　セミョーノバ
　セミョーノワ
　セメノワ
Semenovič
　セミョーノヴィチ
Semenovich
　セミノビッチ
　セミョーノヴィチ
　セミョーノヴィチ**
　セミョノヴィチ
　セミョーノヴィッチ
　セミョーノビッチ
　セメノヴィチ
　セメノヴィッチ
Semënovich
　セミョーノヴィチ
Semenovichi
　セメノビッチ
Semënovna
　セミョーノヴナ
Semenovych
　セメーノヴィチ
Sementawy
　スメンタウイ
Sementzeff
　スメンツェフ
Semenuik セメニーク
Semenya セメンヤ**
Semenyaka
　セメニャーカ
　セメニャカ*
Semenza セメンザ
Semerak セメラク
Semerdjiev
　セメルジエフ
　セメルディエフ
Semere セメレ
Semeredi セメレディ
Semerenko
　セメレンコ*
Semerikov セメレコフ
Semerkhet セメルケト
Šemeta シェメタ
Semevskii
　セメフスキー
Semevsky
　セメフスキー
Semeysum セメイスム
Semi セミ
Semichastny
　セミチャストヌイ**
　セミチャスヌイ
Semick セミック
Semidei セミデイ
Semien セミエン
Semih セミフ
Semiha セミハ
Semilli セミリ
Semin ショーミン
Seminara セミナラ*
Seminick セミニック

Semino セミーノ	センペレ	Senakhtenre スナケトエンラー	Sendlerowa センドラー	Senf センフ*
Semioli セミオーリ	Sempf センフ	Senallié スナリエ	Sendolo センドロ	Zenf ゼンフ
Semion セミオン	センプ	Senan セナン	Sendov センドフ*	Senff センフ
Semionova セミオノワ*	Sempill センピル	Senanayake セーナーナーヤカ	Sendrail サンドライユ	Senfl ゼンフル
セミーノワ	Semple セムプル	セナナヤカ	Sendrey サンドレイ	Senft センフト
セモヨノーヴァ	センプル	セナーナヤケ	センドリー	ゼンフト
Semir セミール	センプル*	セナナヤケ*	Sendriute センドリューテ	Seng セン**
Sémir セミル	Semplicini センプリチーニ	Sénancour セナンクール	Sene セニェ	セング
Semiramis セミラミス	Sempringham センプリンガム	Senapathy セナパティ	セン	ゼング
Semisch セミシュ	Semprini センプリーニ	Senapati セーナパティ	Senear セネア	Senga センガ
Semisi セミシ	Sempronius センプロニウス	セナパティ*	Senebier スヌビエ	Sengadu センガドゥ
Semitecolo セミテーコロ	Semprōnius センプロニウス	Senāpati セーナーパティ	セネビエ	Sengaphon センガポン
Semiyon セミヨン	Semprun センプルン	セナーパティ	Senebmiu セネブミウ	Sengdeuane センドゥアン
Semiyonovitch セミョノーヴィッチ	センプルン*	Senaratne セナラトネ	Seneca セネカ*	Sen ge センゲ
Semjén シェムイエーン	Semprún センプルーン	Senard スナール	Sénécal セネカル*	Senge センゲ*
Semjonov セミョーノフ	センプルン**	Senart スナール	Senechal セネシャル	センジ
Semkov セムコフ*	Semradek セムラデック	セナール	Sénéchal セネシャル	Sengebau センゲバウ
Semkovskii セムコフスキー	Semri セムリ	Sénat セナ	Senecio セネキオ	Sengee センゲー
セムコフスキィ	Semuela セミィ	Senatore セナトーレ	Sened セネド	Sengenberger ゼンゲンベルガー
Semler セムラデック	Semyen セミョーン	Senatorov セナトロフ	Senedjemibre スネジェムイブラー	Senger サンジェ
セムラー*	Semykina セムィーキナ	Senaviratne セナウィラトナ	Senefelder ゼーネフェルダー	センゲル
ゼムラー	Semynozhenko セミノジェンコ	Senbere センベレ	ゼネフェルダ	Sengers サンジェ
ゼムレル	Semyon セミョーン**	Senbet センペット	ゼネフェルデル	Seng ge センゲ
Semmedo セメード	セミョン	Senchenko センチェンコ	Seneferibre スネフェリイブラー	Sengge センゲ
Semmel センメル	セミョーン	Senchin センチン	セネフェリブレー	Senggerinchin サンゴリンチン
Semmelhack センメルハック	セミョン*	Senda センダ	Seneferka セネフェルカ	センゲ・リンチン
Semmelrogge ゼンメルロッゲ	セメン	Sendak センダーク	Seneferre セネフェルラー	センゲリンチン
Semmelroth セメルロース	Semyonov セミョーノフ*	センダク	Senegas セネガ	Senghaas ゼンクハース*
ゼンメルロート	Semyonova セミョーノヴァ	センダック***	Senel セネル*	ゼングハース
Semmelweis ゼメルヴァイス	セミョーノフ**	Sendashonga センダションガ	Senen セネン	Senghor サンゴール***
センメルヴァイス	セモヨノーヴァ	Sendawula センダウラ	Senentz セネシ	セニョール
ゼンメルバイス	Semyonovich セミョーノヴィチ*	Sendazirasa センダジラサ	セネツ	センゴール
センメルバイス	セミョーノヴィチ	Sendejo センデーホ	Sener シェネル	Senghore サンゴール
ゼンメルワイス	セミョーノヴィッチ	Sendel センデル*	Şener シェネル	Sengijn センギィーン*
Semmer ゼムマー	セミョノヴィッチ	Senden センデン	Senesh セネシュ	センギーン
Semmes セムズ	Semyonovna セミオノヴナ	ゼンデン	Senesino セネシーノ	Sengin サンジン
Semmler ゼムラー	セミョーノヴナ	Sendenjav センデンヤフ	セネジーノ	Sengiyn センギーン
Semmy セーム*	Sen シェン	Sender センダー	Senestrey ゼネストライ	Sengler ゼングラー
Semo セーモ	セーン**	センデール	Senestréy ゼネストリ	Sengnouan センヌアン
Semodji セモジ	セン***	センデル**	Senet セネ	Sengoopta セングープタ
Semon シーモン	Sén セン	Senderens サンドラン	Senetz セネッツ	SengOuthai センウタイ
セモン	Sena シーナ	サンドランス	Seneuil スヌウイユ	Seng Raw センロー*
ゼーモン*	セーナ*	Senderos センデロス*	セヌイユ	Sengstacke センクスタック
Sēmōnidēs セーモーニデース	セナ*	Sen'Derrick センデリック	Senevirathna セネウィラトナ	Sengupta センクプタ
セモニデス	Senaaib セナアイブ	Senders センダース	Seneviratne セネウィラトナ	Seng Wee センウイ
Semoso セモリ	Sénac セナック	Sendhil センディル	セネビラトネ	Seng-yong ソンヨン
Semou セモウ	Senad セナド	Sendic センディック	Senewiratne セネウィラトナ	Seni セーニー**
Sempad センパッド	Senaillé スナイエ	Sendker センドカー*	Senex セネキス	セニ
Sempé サンペ**	Senait セナイト	ゼントカー		Senia セニア
Semper ゼムパー	Senaka セーナカ			Senichev セニチェフ
ゼンパー				
Sempere サンペール				

Senilagakali セニランガカリ	Senquez センクエズ	Seomoontak ソムンタク	Septimius セプティミウス	Serao セラーオ* セラオ	
Seniloli セニロイ	Sens サンス	Seon ソン*	Septimus セプティマス セプティムス	Seraph ゼラフ	
Senio セニオ	Sensabaugh センサバー センセイボー	Seong セオン ソン**	Šeptyc'kyj シェプティツィキイ	Seraphim セラフィム	
Senior シィニオア シーニア シーニアー シニア シニオア セニアー セニオール セニョール	Sensei センセイ	Seong Chee ソンチー	Sepulveda セプルベダ**	Seraphin セラファン	
	Sensenbrenner センセンブレナー	Seong-hee ソンフェ	Sepúlveda セプールベダ* セプルベダ	Séraphin セラファン	
	Senser センサー	Seong-hwan ソンファン*		Seraphine セラフィーマ セラフィン	
	Sensi センシ	Seong-ir ソンイル	Seqenenre セケネンラー	Séraphine セラフィーヌ セラフィン	
	Sensible センシブル	Seong-jean ソンジン	Séquard セカール		
	Sensier サンスィエ センシア	Seong Jin ソンジン	Sequeira セクエイラ セケイラ	Serapinaite セラピナイテ	
Senker センカー	Sensini センシーニ ゼンシニ**	Seong-jin ソンジン		Serapio セラピオ	
Senknesh センクネシュ		Seong-jip ソンジプ		Serapion セラピオーン セラビオン	
Senko センコ	Senson センソン	Seongjo ソンジョ	Sequentz ゼーケンツ		
Senkoun サンクン	Senta センタ ゼンタ*	Seong-kang ソンガン	Séquin セクイン	Serato セラート	
Senkovskii センコーフスキー センコフスキー		Seong-kie ソンギ	Sequoyah セクオイア セコイア	Serban セルバン	
	Sentance センテンス*	Seong-kyu ソンギュ		Şerban シェルバン	
Senkowska サンコウスカ	Senter センター	Seong-min ソンミン*		Şerbănescu シェルバネスク	S
Senkut センカット	Senthilingam センティリンガム	Seong-won ソンウォン	Ser サー セル		
Senleches サンルーシュ サンルシュ		Seong-yowng ソンヨン*		Serbati セルヴァティ セルバーチ セルバーティ	
	Sentius センティウス	Seon-joo ソンジュ	Sera セラ		
Senlis サンリス	Sentko センコー	Seon-joong ソンジュン	Seradour セラドゥール セラドゥール		
Senmut センムート	Sentongo セントンゴ	Seon-woo ソンウ		Serbedzija セルベジーヤ	
Senn セン* ゼン*	Sentot セントト	Seoung-doo スンドゥ	Serafim セラフィーム セラフィム		
	Sentsov センツォフ	Seoung-hwan スンファン		Serber サベル セリベール	
Senna セナ**	Sentumbwe セントゥンブウェ	Seoung-won スンウォン	Serafima セラフィーマ セラフィマ		
Sennacherib セナケリブ セナチルブ センナケリブ センナヘリブ	Senturel サンチュレル	Seović セオヴィク		Sercambi セルカンビ	
	Senunit スヌニット	Sepaahi セパーヒ	Serafimovich セラフィモーイッチ セラフィーモヴィチ セラフィモーヴィチ** セラフィモヴィチ セラフィモーウィッチ セラフィーモーウィッチ セラフィモヴィッチ セラフィモービィチ セラフィモビチ セラフィモービッチ	Sercan セルカン	
	Sen-usert セン・ウスレト センウスレト セン・ウセレト センウセルト	Sepahban セパバーン		Šercan シェルチャン	
Sennachērim セナケリム センナケリブ センナケリブ		Sepahvandi セパバンド		Sercu セルク	
		Sepamla セパムラ		Serdar セルダル*	
	Senwosret センウォスレト センウセレト	Sepe セペ		Serdarov セルダロフ	
Senne センヌ		Sepehr セペフル		Serdinov セルジノフ	
Sennerby セナービー		Sepehrī セペフリー		Serdlow スワードロウ	
Sennert ゼネルト センナート ゼンナート ゼンネルト	Senyurt センユルト	Sepeng セペング		Serdyukov セルジュコフ*	
	Senzangakona センザンガコナ	Sepetys セペティス*			
	Senzatela センザテラ	Sephiri セフィリ		Séré セレ	
	Senzeni センゼニ	Sepkoski セプコスキー	Serafin セラフィン**	Sère セール	
Sennett セネット*** センネット	Seo セオ ソ**	Seplocha セプロチャ	Serafín セラフィン	Serebrennikov セレブリニコフ	
		Sepp セップ** ゼップ**	Serafini セラフィーニ セラフィニ	Serebriakoff セレブリアコフ	
Senni センニ*	Seo Hye ソヘ			Serebriakov セレグリヤコフ セレブリャーコフ	
Sennov セノフ	Seo-hyun ソヒョン	Seppala セッパラ セパラ	Serafino セラフィーノ セラフィノ		
Seno セーノ セノ*	Seo-jin ソジン*			Serebriakova セリブリャコワ セレブリャーコヴァ セレブリャコワ	
Séno セノ	Seo-jun ソジュン	Seppälä セッパラ	Serageddin セラゲディン		
Šenoa シェノーア シェノア	Se-ok セオク	Seppe セップ* セッペ	Séralini セラリーニ	Serebrjakov セレブリヤコフ	
	Seok ソク		Serametto スラメット	Serebrov セレブロフ*	
Senoch セノク	Seok-hyun ソクヒョン*	Seppelt ゼッペルト	Serandrei セランドレイ	Serebrovskii セレブローフスキー	
Senol シェノル セノル	Seok-jai ソクゼ	Seppi セッピ			
	Seok-ju ソクジュ	Seppik セッピク	Se-rang セラン*	Serebryakova セレブリャーコヴァ	
Senopati セノパティ	Seok-jung ソクジョン ソクチュン	Seppo セッポ セポ	Serang セラン		
Senor セノール			Serangeli セランジェリ	Serebryanskaya セレブリアンスカヤ*	
Senorise セノライズ	Seol ソル*		Serantes セランテス		
Senotier スノティエ*	Seol-bomg ソルボン	Septimia セプティミア		Seredina セレディーナ	

Seredy セレディ*
セレデイ
Şeref シェレフ
Seregi シェレギ
Seregni セレーニ
Sereikaite セレウカイテ
Sereivuth セレイウット
Seremaia セレマイア
Serembe セレンベ
Seren セレン
Serena
　セリーナ**
　セレーナ*
　セレナ*
Serene
　セレーン
　セレン
Sereni
　セレーニ*
　セレニ
Serenianus セレーニアーヌス
Sereno セレノ
Serenos セレノス
Serensen セレンセン
Sereny
　セレニー
　セレニイ
Serertse セレツェ
Seres セレス
Şereş シェレシュ
Seresht セレシュト
Seretse セレツェ**
Serevi セレヴィ
Serey セレイ
Sereyvuth
　シリブット
　セレイウット
Serfaty サーファティー
Sergas セルガス
Sergay
　セアゲイ
　セルゲイ
Serge
　サージ**
　サージュ
　セルゲ
　セルゲーイ
　セルゲイ
　セルジェ
　セルジュ***
　セルジョ
　セルヘ
Sergeant
　サージェント**
　サーゼント
Sergeenko セルゲイェンコ
Sergeev
　セルゲイエフ
　セルゲーエフ***
　セルゲエフ
Sergeevič セルゲーエヴィチ

Sergeevich
　セルゲイヴィチ*
　セルゲイヴィッチ
　セルゲーヴィチ**
　セルゲーヴィッチ
　セルゲーエヴィチ*
　セルゲヴィチ
　セルゲエヴィチ
　ゼルゲーエヴィチ
　セルゲーエヴィッチ
　セルゲーエビッチ
　セルゲービチ
　セルゲービッチ*
Sergéevich
　セルゲーヴィチ
Sergeevna
　セルゲーヴナ
　セルゲエヴナ
Sergei
　サージ
　サージイー
　セルゲ
　セルゲー
　セルゲーイ
　セルゲイ*
　セルゲイ***
　セルジュ
　ヘルゲイ
Sergeĭ セルゲイ
Sergeï セルゲイ
Sergéi セルゲイ
Sergeievitch
　セルゲイエヴィチ
Sergej
　セルゲーイ
　セルゲイ**
Sergel
　セルゲル
　ゼルゲル
Sergelen セルゲレン
Sergent
　サージェント
　セルジャン
Sergerie セルジュリ
Serges セルジュ
Sergescu セルジェスク
Sergey
　サーゲイ*
　セルゲーイ
　セルゲイ***
Sergeyenko
　セルゲイェンコ
Sergeyev
　セルゲイエヴ
　セルゲーエフ
　セルゲエフ
Sergeyeva セルゲエワ
Sergeyevich
　セルゲイエヴィチ
　セルゲーエヴィチ
Sergeyevna
　セルゲーエヴナ
Serghei セルゲイ

Sergeevich
　セルギー*
　セルギイ
Sergienko
　セルギエンコ
Sergiev
　セールギエフ
　セルギエフ
Sergii
　セルギー
　セールギイ
　セールギ
　セルギ
　セルギウス
Sergiĭ セルゲイ
Sergij セールギイ
Serginho セルジーニョ
Sergio
　サージ
　セルギオ
　セルジオ
　セルジョ***
　セルヒオ***
Sérgio セルジオ**
Sergio Luis
　セルヒオルイス
Sergios
　サージョス*
　セルギウス
　セルギオス
　セルジオス
Sérgios セルギオ
Sergiu
　セルジュ
　セルジュ**
Sergius
　セルギウス
　セルギオス
　セルジウス
Sergiy
　セルギー
　セルゲイ
Sergo
　セルゴ
　セルジョ
Sergueev セルゲエフ
Serguei セルゲイ
Sergueï セルゲイ
Serguevich
　セルゲヴィッチ
Serguey セルゲイ**
Sergy セルギー
Sergyl セルジール
Serhan セルハン
Serhii セルヒー
Serhiĭ セルヒー
Serhiy
　セルギー
　セルゲイ
　セルジュ
　セルヒー

Serient セリエント
Series シリーズ
Seriese セリーゼ
Sérieux セリュー
Serif セリフ
Serifo セリフォ*
Šerifović
　セリフォヴィック
Serigne
　スリーニュ
　セリーニュ
Serik セリク*
Serikov シェリコフ
Sering ゼーリング
Seringdongrub
　セレンドンロブ
Serio セリオ
Seripando セリパンド
Serirangsan
　セーリーランサン
Serirath シリラット
Serišev セリシェフ
Serke ゼルケ*
Serkin
　サーキン
　ゼルキン**
Serkis サーキス*
Serlin サーリン*
Serling サーリング*
Serlio
　セルリオ
　セルリョ
Serlo セルロ
Serlupi セルルービ
Serm サーム
Sermet
　セルメット
　セルメト
Serminara サーミナラ
Sermisy
　セルミシ
　セルミジ
Sermon サーモン
Serna セルナ*
Sernas
　セルナ
　セルナス
Serner
　ゼルナー*
　セルネル
Sernesi セルネージ
Sernet セルネ
Sernett サーネット
Sernin セルナン
Sernka セルンカ
Serno
　セールノ
　セルノ
Sernovitz
　セルノヴィッツ
Serocki セロツキ*
Seroczynska
　セロチンスカ
Serodine セローディネ
Seroen セルーン

Seroff ゼロフ
Serofilli セロフィッリ*
Seron スロン
Seros セロス
Serota セロータ*
Serote セローテ**
Seroussi
　セルーシ
　セロッシ
Sérouya セルーヤ
Serov
　セーロフ
　セローフ
　セロフ*
Serova セロワ
Serpell サーベル
Serper セルベル
Serpinskii
　シェルビンスキー
Serpotta セルポッタ
Serr セル
Serra
　セッラ*
　セーラ
　セラ**
　セルラ
Serragli セッラーリ
Serraillier
　セレイリャー
Serran セラン*
Serrán セラン*
Serranito セラニート
Serrano
　セッラーノ
　セラーノ*
　セラノ***
Serrant セラント
Serrão セラン
Serrat
　セラ
　セラー
Serrati セラーティ
Serrato セラート*
Serrault
　セロー*
　セロール
Serravezza
　セラヴェッツァ
Serre
　セール**
　セル
Serreau セロー**
Serrell セレル
Serres
　セール***
　セレス
Serret セレー
Serrigny セリニー
Serrin
　シェリン
　セリン**
Serroy セロワ
Serrudo セリュード
Serrurier
　セリュリエ
　セルリエ

Serruys セールユイ
Serry セリー
Serry-kemal セリーケマル
Serryn セラン
Sers セール
Serse セルセ
Sert セールト／セルト*
Sertab セルタブ
Sertić セルティッチ
Sertillanges セルティヤーンジュ／セルティヤンジュ／セルティランジュ
Sertorius セルトリウス
Sertürner ゼルチュルナー／ゼルテュルナー
Serudin セルデイン
Serufuli セルフリ
Serugo セルゴ
Seruiratu セルイラトゥ
Sérullaz セリュラス
Serup セパップ／セルプ
Sérusier セリュジェ／セリュジエ／セルジエ
Servadei セルヴァデイ
Servadio セルヴァディオ
Servaes ゼルファーエス
Servais サーバイス／セルヴェ**／セルウェス／セルベ
Servan セルヴァン**／セルバン
Servando セルバンド
Servandoni セルヴァンドーニ／セルバンドーニ
Servan-Schreiber セルヴァンシュレベール／セルバンシュレベール
Servant セルヴァン
Servasius セルヴァシウス
Servatius ゼルヴァツィウス／セルヴァティウス
Servatus セルヴァートゥス
Servello セルヴェッロ
Serventi セルヴェンティ*
Servet セルウェト*
Serveto セルベト

Servetus セルウェトゥス／セルヴェトゥス／セルベッス／セルベート／セルベトゥス
Servi セルヴィ
Servianus セルウィアヌス
Service サーヴィス*／サービス*
Servier セルヴィエ
Servieres セルヴィエール
Servigne セルヴィーニュ
Servilia セルウィリア
Servilius セルウィリウス
Servillo セルヴィッロ
Serviss サービス
Servius セルウィウス／セルヴィウス／セルピキウス
Servois セルヴォア
Servolin セルヴォラン
Servonsky セルボンスキー
Servos サーボス
Servulo セルブロ
Servulus セルウルス
Serwa セルワ*
Serway サーウェイ
Sery セリ／セリー*
Séry セリ／セリー
Serych シェリーフ
Serzh セルジ*
Šesáková シェスタコヴァ
Sesay セサイ／セイ
Sesboüé セスブーエ
Sese セセ**
Šešelj シェシェリ*
Seshadri シシャドリ*／セシャドリ／セシャドリ
Seshagiri セシャギリ*
Seshamma セシュマ
Seshan セシャン
Seshil セシル
Sesia セシア
Sesil セシル
Sesil' セシーリ
Sesili セシリ
Seskin セスキン
Seskis セスキス

Sesniak セスニアック
Sesno セズノ
Sesostris セソストリス
'Ses rab シェラブ
Śes rab シェラブ
Sessa セッサ
Śes sde シェデ
Sesse セッセ*
Sesseir セッセール
Sesselmann ゼッセルマン
Sessenou セセヌ
Sesser セッサー
Sessina セシナ
Sessions セッションズ***
Sessle セッシル／セッスル
Sessler セスラー
Sessoms セサムズ
Sessouma セスマ
Sestak シェスタク
Sester セステル
Sestini セスティーニ
Sestito セスティト
Sestius セスティウス
Sesto セスト*
Sestola セストーラ
Sesyle セシル**
Seszták シェスターク
Set セット
Šet セツ／セト
Seta セータ*
Se-taek セテク
Setälä セタラ／セテレ
Setch セッチ
Setchel セッチェル
Setchfield セッチフィールド
Setel セテル
Seter セテル
Setford セットフォード
Seth セイト／セス***／セット*／セットゥ／セート／セト*
Setharin セタリン
Sethathirat セーターティラート
Sethe ゼーテ
Sethi セシ／セシィ*／セチ／セティ*

Sethia セティア
SethKhasekhemwy セト・カセケムイ
Sethna セトナ*
Sethus ゼートゥス／ゼトゥス
Sethy スティー
Seti セティ
Setia スティア*
Setiabudi スティアブディ*
Setiadi セティアディ*
Setiawan スティアワン／セティアワン**
Setien セティエン
Setipa セティパ
Setlowe セットロウ
Setnakht セトナクト
Setnikar セトニカル
Seto セト
Seton シートン***／セイトン／セットン*／セトン
Setright セットライト／セトライト
Setrowidjojo セトロウィジョヨ
Setsuko セツコ*
Sette セッテ*
Settegast ゼッテガスト／セットガスト
Settekorn ゼッテコルン*
Settembrini セッテンブリーニ*
Setter セッター
Setterfield セッターフィールド**
Settergren セッターグレン
Setterlind セッテリンド
Setterwall セッターウォール
Setthathirat セタティラート
Setti セッティ
Settia セッティア
Settignano セッチニャーノ／セッティニャーノ
Settimia セッティミア
Settis セッティス*
Settle セトル*
Settles セトルズ
Setubal セトゥバル
Setuccha セートゥッチャ
Setz セツ／ゼッツ

Setzer セッツァー*
Setzler セツラー
Seuala セウアラ
Seube セウベ
Seubert ゾイベルト
Seuêros セウェーロス／セウェロス
Seufert ゾイヘルド／ゾーファート
Seuffert ゾイフェルト*
Seuk ソク
Seula スラ
Seul-Gi スルギ
Seu-long スロン*
Seumalo シウマロ
Seumanu セウマヌ
Seumas シェイマス
Seume ゾイメ
Seun シェウン*
Seun-bun スンボム
Se-ung セウン
Seung スン／スンウ
Seung-bum スンボム*
Seung-chul スンチョル*
Seung-gak スンガク*
Seung-gi スンギ*
Seung-hee スンヒ
Seung-heon スンホン*
Seung-hi スンヒ*
Seung Ho スンホ
Seung-ho スンホ
Seung-hoon スンフン*
Seung-hun スンファン*／スンホン*
Seunghwa スーンワー
Seung Hwan スンファン
Seung-hwan スンファン*
Seung-hyun スンヒョン*
Seung-jin スンジン*
Seung-jun スンジュン
Seung-kew スンギュ
Seung-kon スンゴン*
Seung-kook スングク／スンクク
Seung-lei スンレ
Seung-min スンミン*
Seungmin スンミン
Seung-mo スンモ
Seung-ryeol スンヨル
Seung-ryul スンリョル*
Seung-soo スンス*
Seung Tak スンタク

Seung-u スンウ*
Seung-wan スンワン*
Seung-won
　スンウォン*
Seung-woo スンウ*
Seung-yeon スンヨン*
Seung-yeop スンヨプ
Seung-yong スンヨン
Seung-yoon スンユン*
Seung-youg スンヨン*
Seung-youn スンヨン*
Seung-yul
　スンヨル*
　ソンヨル*
Seung-yun スンユン*
Seung-yuop スンヨプ*
Seuntjens
　セウントイェンス
Seuphor スーフォール
Seur セール
Seurat
　スーラ*
　スーラー
Seureau シュロー
Seuros セウェーロス
Seuse
　ズーゾー
　ズソー
　ゾイゼ*
Seuserenre
　スウセルエヌラー
　セウセルエンラー
　セウセルエンレー
Seusertawy
　スウセルタウイ
Seuss スース**
Seuthēs セウテス
Sev セフ
Seva セーヴァ
Sevanian セヴァニアン
Sevar セヴァール
Sevareid セパライド
Sevast'ianov
　セバスチャノフ
Sevastiyanov
　セヴァスチャノフ
Sevastopoulos
　セヴァストプロス
Sevcik セヴィシック
Ševčik
　シェフチーク
　シェフチク
　シェフチック
Ševčík セヴシック
Sevdimov
　セフディモフ
Seve
　シーヴ
　セベ**
Séve セーヴ
Sevele セベレ
Sevelee セベリー
Sevelingen
　ゼーウェリンゲン
　ゼーヴェリンゲン

SE7EN セブン
Seven
　セヴン
　セブン**
Sevene
　シビン
　セベネ
Sever セーヴェル
Severa セウェラ
Séverac
　セヴラック
　セブラック
Severance
　セヴェランス
Severe シビア*
Severeid
　セヴェリード
　セヴェレイド
Severen セーヴェレン
Severgin
　セヴェルギーン
　セヴェルギン
Severi
　セヴェーリ*
　セヴェリ
　セベーリ
　セベリ
Severiano
　セベリアーノ
　セベリアノ
　セベリノ
Severianos
　セウェリアノス
Severianus
　セウェーリアーヌス
Severim セベリン*
Severin
　ズィヴァリン
　セヴァリン
　セヴェリン***
　ゼヴェリーン
　ゼヴェリン*
　セヴンリン
　セブラン
　ゼブラン
　セベラン
　セベリン***
Séverin
　セヴラン
　セブラン
Séverin セヴェラン*
Severine
　セヴェリーヌ
　セヴリン
　セブリーヌ*
Séverine
　セヴェリーヌ
　セヴラン
　セヴリーヌ
Séverine
　セヴェリーヌ
　セヴリヌ
Severing
　セヴェリング
　ゼーヴェリング
　ゼヴェリング
Severinghaus
　セパリングハウス
Severini
　セヴェリーニ

セベリーニ
Severino
　セヴェリーノ**
　セベリーノ*
　セベリノ**
Severinovich
　セヴェリーノヴィチ
　ゼヴェリノヴィチ
　セヴェリノヴィッチ
Severinsen
　セベリンセン
Severinus
　セヴェリウス
　セウェーリーヌス
　セウェーリヌス
　セウェーリヌス
　セヴェーリヌス
　セヴェリーヌス
　セヴェリヌス
　セベリヌス
Severn
　スパーン*
　セヴァーン*
　セヴァン
　セバン*
Severo
　セヴェーロ
　セヴェロ
　セベーロ
　セベロ**
Severovan セベロバン
Seversky
　セヴァースキー
　セヴァスキー
　セバースキー
Severson
　セヴァーソン
　セバーソン
Severtsov
　セーヴェルツォフ
　セヴェルツォーフ
　セベルツォフ
Severus
　セウェールス
　セウェルス*
　セウェールス
　セヴェルス
　セベルス
Sevērus
　セウェールス
　セウェルス
Severyanin
　セヴェリヤーニン
　セベリヤーニン
Sevetson
　セヴェットソン
Sevier
　セビア
　セビアー
Sevigne セヴィニェ
Sévigné
　セヴィニェ*
　セビニェ
Sevigny
　サヴィニー
　サビニー
　セヴィニー*
　セビニ
　セビニー*
Sevil セヴィル

Sevilla
　セビージャ
　セビジャ
　セビリア
　セビーリャ
　セビリャ
Seville
　セヴィル
　セビル
Sévillia セヴィリア
Sevin セビン
Sevinate セビナテ
Sevincer セヴィンサー
Sevior セイビアー
Sevitzky
　セヴィツキー
　セヴィッツキー
　セビツキー
Sevket セヴケット
Şevket シェヴケト
Sevoz
　セヴォス
　セボス
Sevrau セヴラユー
Sevrin セブラン
Sevrine セヴリーヌ
Sevryugin
　セブリュギン
Sewadjenre
　スウアジュエンラー
　セワジェンレー
Sewadjkare
　スウアジュカーラー
　セワジュカレー
Sewadjre スワジュラー
Sewadjtawy
　スウアジュタウイ
Sewahenre
　スワエンラー
　セワヘンラー
Sewald ゼーヴァルト
Sewall
　シーウォール
　シューアル*
　シューウォル
　シュウォル
　スウォール
Seward
　サワード
　シューアード
　シューアド
　シュアード
　シュワード
　シュワード*
　シーワード
　シワド
　スーアード
　スーアド
　スアード*
　スワード**
　セワード
　ソワード
Sewell
　シーウェル
　シウェル
　シューウェル
　シュウェル
　シュエル
　シューエル*

　シュエル
　スーウェル
　スウェル
　スウェル*
　スーエル
　セウェール
　セウェル
Sewerin セウェリン
Seweryn セベリン
Seweryński
　セウェリンスキ
Sexburga
　セクスバーガ
　セクスブルガ
Sexby セクスビー
Sexl
　ゼクスル
　セクル
　ゼックスル
Sexon サクソン
Sexsmith
　セクスミス**
Sexson セクソン*
Sextius
　セクスチウス
　セクスティウス
　セクスティユス
Sexton
　セキストン
　セクストン***
　ゼクストン*
　セックストン
Sextos
　セクストゥス
　セクストス
Séxtos セクストス
Sextus
　セクスツス
　セクストゥス
　セクストス
Sexwale セクワレ
Sey セイ
Seyal セイヤル
Seyaum セイヨム
Seybel セーベル
Seybold
　ザイボルト
　シーボールド
　シーボルト**
　シーボルド*
Seydegart
　サイデガルト
Seydel ザイデル
Seyderhelm
　ザイデルヘルム
Seydewitz
　セイデウィッ
Seydi セイディ
Seydî セイディー
Seydl セイドゥル
Seydlitz
　ザイトリッツ
　ザイトリッツ
　ザイドリッツ
Seydou セイドゥ**
Seydoux
　セドゥ*

セドゥー
Seye セイエ
Seyed
　セイエド*
　セイエド*
Seyed-Abbassi
　セイエダバシ
Seyed Morteza
　セイエドモルテザ
Seyed Shamsedin
　セイエドシャムセディン
Seyerlen ザイアーレン
Se-yeul セヨル
Seyfarth セイファース
Seyfer ザイファー
Seyfert
　ザイフェルト*
　セイファート
Seyfettin
　セイフェッティン
Seyffarth
　ザイファルト
　セイファース
Seyfried ザイフリート
Seyh シェイフ
Şeyh シェイフ
Şeyhî シェイヒー
Seyi セイ
Seyidna サイイドナー
Seyitkulyev
　セイイトクルイエフ
Seyitmammet
　セイイトマンメト
Seyitmyrat
　セイイトムイラト
Seyla セイラ*
Seyler
　ザイラー
　ザイラー
　セイラー
Seyma シェイマ*
Seymer セーマー
Seymon セイモン
Seymore
　シーモア*
　セイモア
Seymour
　サイモア
　シーマー
　シームア
　シムール
　シーモー
　シーモア
　シーモア***
　シモア
　セイマー
　セイムーア
　セイムア
　セイモー
　セイモア**
　セイモアー*
Seynabou セイナブ
Seyni セイニ*
Seyon セヨン

Se-yong セヨン*
Seyoum
　セイヨム**
　セユム
　セヨウム
Seypidin サイフジン
Seyppel セイベル
Seyran セイラン
Seyrig
　セイリグ
　セリ
　セーリグ*
Seyss
　ザイス
　セイス
Seyß ザイス
Seyssel セーセル
Seytre セイトル
Se-Yung セヨン
Seyvos セイヴォス
Seyyed
　サイイド
　セイエド*
Seyyid セイイド
Seyyid-i セイイディ*
Seza セザ
Sezen セゼン*
Sezer セゼル**
Sezibera セジベラ
Sezin セジン
Seznec
　セズネック
　ゼズネック
Sfakianou
　スファキアヌ
Sfar スファール**
Sferis セフェリス
Sferrazzo
　スフェッラッツォ
Sfez スフェーズ*
Sfiligoi
　スフィゴリイ
　スフィリゴイ
Sfilli スフィッリ
Sfondrati
　スフォンドラーティ
Sfonimski
　スウォニムスキ
Sforim
　スフォリム
　セフォリム
Sforno スフォルノ
Sforza
　スフォーザ
　スフォルザ
　スフォルツァ***
　スフォルツア
Sgadari セガダーリ
Sgambati
　スガンバティ
　ズガンバーティ
Sgam-po ガンボ
Sgam-po-pa ガムポパ
Sgang ガン
Sganzini スガンチーニ

Sgardoli スガルドリ*
Sghair スガイル
Sghyr スジル
Sgibnev スギブネフ
Sgom chung
　ゴムチュン
Sgom pa ゴムパ
Sgo-ra-naṅ-pa
　ゴラナンパ
Sgouros スグロス
Sgreccia スグレッチャ
Sgrizzi ズグリッチ
Sgro スグロ
Sgrò スロ
Sha
　シャ
　シャー
Sháá シャー
Shaaban
　シャアバーン
　シャアバン
　シャーバン*
Sha'abī シャアビー
Shaaerie シャーリエ
Shaahiyow
　シャーヒヨウ
　ショーヒヨウ
Shaalan シャラン
Shaali シャーリ
Shaami シャーミー
Shaar
　シャー
　シャール
Sha'ar シャアール
Shaara シャーラ**
Shaarawi シャラウィ
Shaarawy
　シャーラウィ*
Shaaron シャーロン
Shaath シャース
Shaáth シャース*
Shabaka シャバカ
Shabako
　シャバカ
　シャバコ
Shabalala シャバララ*
Shabalin シャバリン**
Shaban シャバン
Sha'bān シャーバーン
Sha'ban
　シャーバーン
　シャーバン
Shabana
　シャバーナー
　シャバナ
Shabanbay
　シャバンバイ
Shabangu シャバング
Shabani シャバニ
Shabanova
　シャバーノヴァ
　シャバノヴァ

Shabazz
　シャバズ
　シャボズ
Shabba シャバ*
Shabbetai
　シャブタイ
　シャブダイ
　シャベタイ
Shabbetay シャブタイ*
Shabdrung
　シャブドゥン
Shabdurasulov
　シャブドゥラスーロフ
Shabecoff シャベコフ*
Shabelevsky
　シャベレフスキー
Shabert シャバート
Shabery シャベリー
Sha'bī シャアビー
Shabib
　シビブ
　シャビブ
Shabibi シャビビ
Shabistarī
　シャビスタリー
　シャベスタリー
Shabolotov
　シャボロトフ
Shabs drun
　シャブドゥン
Shabtai シャブタイ*
Shabtini シャブティニ
Shacham シャシャム
Shachat シャケット*
Shachtman
　シャクトマン
　シャットマン
Shackel シャクル
Shackelford
　シャケルフォード
Shackell シャッケル
Shackford
　シャックフォード
Shackle
　シャクル
　シャックル
Shackleford
　シャックルフォード
Shackleton
　シャクルトン**
　シャックルトン*
Shacklett シャクレット
Shackley
　シャクリー
　シャックリー
Shacklock
　シャクロック
Shacklton
　シャクルトン
Shackman
　シャックマン
Shacochis
　シャコキス
　シャコーチス
Shad
　シャッド**
　シャド**

Shād
　シャード
　シャド
Shadbolt
　シャドボルト***
Shadd シャッド
Shaddād シャッダード
Shadden シャッデン
Shade
　シェイド
　シェード*
　シャーデ
Shader
　シェイダー
　シェーダー
Shādhilī
　シャージリー
　シャーズィリー
Shādī シャーディー
Shadick シャディク
Shadid シャディド
Shadix シャディックス
Shadiyev シャディエフ
Shadlog シャドログ
Shadow
　シャドー
　シャドウ*
Shadra シャドラ
Shadrach シャドラク
Shadrin シャドリン*
Shaduni
　シャドゥーニ
　シャドゥニ
Shadwell
　シャッドウェル
　シャドウェル
Shadwick
　シャドウィック
Shadworth
　シャドワース
Shadyac シャドヤック
Shae シェイ
Shaechter シャクター
Shaefer シェーファー*
Shaeffer シェーファー*
Shaer
　シャーイル
　シャエル
Shaevitz
　シェイヴィッツ
Shafak シャファク*
Shafarevich
　シャハレビッチ
　シャファレーヴィチ*
　シャファレヴィチ
　シャファレヴィッチ
　シャファレービチ
Shafeea シャフィーア
Shafeek シャフィーク
Shafeeu
　シャフィーウ
　シャフィーユ
Shafer
　シェイファー
　シェーファー*
Shaff シャフ*

S

Shaffer シェイファ / シェイファー* / シェーファー*** / シェファー* / シャッファー / シャファー*
Shaffner シャフナー*
Shaffran シャフラン
Shaffrey シェイフリー
Shafi シャフィ*
Shafie シャフィ** / シャフィー
Shafig シャフィク / シャフィック
Shafii シャフェイ
Shāfi'ī シャーフィイー
Shafik シャフィク*
Shafiq シャフィーク / シャフィク
Shafiq シャフィーク / シャフィク
Shafique シャフィック
Shafir シャフィール
Shafqat シャフカト―
Shafran シャフラン*
Shafritz シャフリッツ*
Shaftan シャフタン
Shaftel シャフテル
Shaftesbery シャッフツベリー
Shaftesbury シャッフツベリー / シャーフツベリ / シャフツベリ / シャフツベリー
Shafton シャフトン
Shagaida シャガイダ
Shagan シャガン*
Shagarakti シャガラクティ
Shagari シャガリ**
Shagdain シャグダイン
Shagdaryn シャグダリン*
Shagdarzhavym シャグダルシャブィン
Shagdarzhavyn シャグダルジャブィン
Shaggy シャギー*
Shagimuratova シャギマラトーワ
Shaginian シャギニャン
Shaginyan シャギニアン / シャギニャーン / シャギニャン* / シャギニヤン
Shaglanova シャグラノワ
Shagui シャゲ

Shaguliyev シャグルイエフ
Shah シャー*** / シャア / シャハ*
Shāh シアー / シャー*
Shāhā シャーハー
Shahabpour シャハブプール
Shahabuddin シャーハブッディーン / シャハブディーン / シャハブディン / シャハブデン**
Shahāda シャーハーダ
Shahadut シャハダット
Shahaf シャハフ
Shahak シャハク
Shaham シャハム*
Shahan シャーハン
Shahani シャハニ*
Shāhānshāh シャーハーン・シャー
Shahar シャハー / シャハル**
Shahara サハラ
Shahbandar シャフバンダル
Shahbaz シャフバズ**
Shahbazian シャーバジアン
Shahdost シャードスト
Shahed シャヘド
Shaheed シャヒード / シャヒド
Shaheem シャヒーム
Shaheen シャーヒーン / シャーヒーン**
Shahi シャーヒー / シャヒ
Shāhī シャーヒー
Shahid シャヒッド* / シャヒド** / ショヒド
Shahīd シャヒード
Shahida シャヒーダ
Shahidi シャヒデ / シャヒドー
Shahin シャヒン*
Shahindokht シャヒンドフト
Shahine シャーヒーン
Shāhmardān シャーマルダーン
Shāh Murād シャームラード
Shahn シャーン*

Shahnavaz シャーナバズ / シャハナヴァス
Shahnawaz シャハナワズ
Shahnon シャーノン**
Shahpour シャブール*
Shahr シャハル / シャフル
Shahram シャハラーム / シャハラム
Shahrani シャハラニ / シャヘラニ
Shahrastānī シャハラスターニー / シャフラスターニー
Shahrazād シェヘラザード / シャハラザード
Shahrbarāz シャフルボラーズ
Shahriari シャハリアリ*
Shahrir シャフリール
Shahristani シャハリスタニ
Shahriyār シャフリヤール
Shahriza シャーリザ
Shahrizat シャリザット
Shāhrukh シャーロフ
Shahsavari シャハサバリ
Shāhū シャーフ / シャーフー
Shahuaz シャナーズ
Shahul シャフル
Shahzada シャーザダ
Shahzia シャジア
Shai シャイ*
Shaibani シャイバニ
Shaibānī シャイバーニ / シャイバーニー
Shaibi シャイビ
Shaif シャイフ
Shaik シェイク / シャイク
Shaikh シェイク* / シャイク / シャイハ / シャイフ
Shaikh シャイフ
Shaikhov シャイホフ
Shaila シャイラ / シーラ
Shailendra シャイレンドラ
Shailer シェイラ / シェイラー

シェーラア / セエラー
Shailoobek シャイロオベク
Shaimaa シャイマ
Shaimiyev シャイミエフ
Shain シェイン / シャーイン
Shainberg シェインバーグ / シャインバーグ
Shaine シェイン
Shainee シャイニー
Shainova シャイノワ
Shainsky シャインスキー
Shā'ira シャーイラ
Shaismatov シャイスマトフ
Shaista シャーイイスタ / シャーイスタ / シャイスタ
Shajahan シャージャハン
Shajar シャジャル
Shajar al-Durr シャジャルッドゥッル
Shajarian シャジャリアン
Shaka シャカ / チャカ
Shakabpa シャカッパ
Shakar シェイカー*
Shakarchi シャカルチ
Shäkärím シャカリム
Shaked シャケド
Shakeel シャキール
Shakeela シャキーラ
Shakeh シャケ
Shakely シェイクリー* / シャクリー
Shaker シャケル / シャケル**
Shakerley シェーカリー
ShakeSpace シェイクスペース
Shakespeare シェイクスピア / シェイクスピア** / シェイクスピヤ / シエキスピア / シエクスピアー / シエクスピイア / シェーキスピア / シェークスピア / シェークスピアー / シェーキスピヤー / シエーキスヒーヤ / シエキスピヤ

ジェキスピヤー / シェークスピーア / シェークスピア** / シエクスピア / シエクスピーア / シエクスピア / シエクスピアー / シェクスピイア / シェークスピヤ / シェクスピヤ / セークスピーア / セキスピア / セキスピアー / セキスピヤ
Shakhanbeh シャハンベ
Shakhane シャハネ
Shakhashiri シャクハシーリ
Shakhbūṭ シャフブート
Shakhlin シャハリン*
Shakhmatov シァフマトフ / シャーフマトフ
Shakhnazarov シャフナザーロフ** / シャフナザロフ
Shakhnazarova シャフナザロワ
Shakhobiddin シャホビディン
Shakhobidin シャホビディン
Shakhov チャコフ
Shakhovskoi シャホフスコーイ
Shakhrai シャフライ*
Shakhram シャフラム
Shakhshir シャフシール
Shakhsuvarly シャフスベルリ
Shakhzodbek シャクソドベク
Shakib シャキブ
Shakīb シャキーブ
Shakiel シャキール
Shakim シャキム
Shakimova シャキモワ
Shakin シャキン
Shakin' シェイキン*
Shakir シェイカー / シャキール / シャキル
Shākir シャーケル
Shakira シャキーラ*
Shakirdzhan ショキルジョン
Shakiyev シャキエフ
Shaklee シャクリー
Shakleton シャクルトン
Shakna シャクーナ
Shakombo シャコンボ
Shakoor シャクール

Shakooru シャクール	Shalit シャリット* / シャリート	Shamblott シャンブロット	Shams al-Din シャムスッディーン	Shandler シャンドラー*
Shakow シャコー / シャコウ	Shalita シャリタ*	Shambos シャンボス	Shams al-Dīn シャムスッディーン / シャムソッディーン	Shandon シャンドン*
Shakta シャクタ	Shall シャル	Shambul シャンブル	Shamsan シャムサン	Shandra シャンドラ
Shakthidharan シャクティダラン	Shallabi シャラビ	Shamburkin シャンブルキン	Shamsha シャムシャ	Shane シェイン** / シェーン***
Shakti シャクティ* / シャクティー* / ジャクティ / ショクティ	Shallcross シャルクロス	Shamdasani シャムダサーニ	Shamshi シャマシ / シャムシ	Shaneil シェイネイル
Shakudo シャクド	Shalleck シャレック	Shamekh シャメフ / シャメフ	Shams-i シャムセ	Shanel シャネル
Shakuntala シャクンタラ	Shaller シャラー	Shamenda シャメンダ	Shamsi シャムシ	Shanelec シェインレック
Shakuntarā シャクンタラ*	Shallis シャリス*	Shames シェイムズ** / シェームズ / シャームス	Shamsiah シャムシアー	Shaneman シャネマン
Shakur シャクール* / シャクル	Shallit シャリット	Shamfa シャムファ	Shamsiddin シャムシッジン	Shaner シェイナー / シェーナー / シャーナー
Shakūr シャクール	Shallon シャローン* / シャロン	Shamheed シャムヒード	Shamsie シャムジー	Shanes シェインズ / シェーンズ*
Shakya シャーキャ / シャキャ / シャキヤ	Shalloway シャロウェイ	Sham-Ho シャンホー	Shamsoddin シャムス・ウッディーン / シャムソッディーン	Shanewise シェインワイズ
Shala シャラ / シャラル	Shalmaneser シャルマナサル / シャルマネセル / シャルマネセル	Shami シャーミ / シャミ**	Shamsu'd シャムスッ	Shanfarā シャンファラー
Shalaev シャラーエフ*	Shal'nev シャリネフ	Shāmī シャーミー	Shamsuddin シャムスディン*	Shang シャン / シャング*
Shalala シャレイラ / シャレーラ**	Shalof シャロフ	Shamiel シャミエル	Shamsu'd-Dīn シャムス・ウッ・ディーン / シャムスッ・ディーン	Shang-Chia シャンチア
Shalamov シャラーモフ* / シャラモフ	Shalom シャーロム / シャローム** / シャロム / シャロモ / ショレム	Shamil シャミーリ / シャミリ / シャーミル / シャミール / シャミル*	Shamsul シャムスル	Shange シャンゲ** / ションゲイ
Shalámov シャラーモフ	Shaltiel シャルティエル	Shamim シャミーム*	Shamsur シャムシュル* / シャムスル*	Shanghala シャンガラ
Shalane シャレーン	Shaltūt シャルトゥート	Shamin シャミン	Shamu シャム	Shanghvi サングビ
Shalansky シャランスキー	Shalva シャルヴァ	Shamir シャミア / シャミール* / シャミル**	Shamuguni シャムグーニ	Shangjun シャンチュン
Shalders シャルダース	Shalvey シャルベイ	Shamiri シャミーリ	Sham'ūn シャムウーン	Shango シャンゴ
Shale シェール	Shalvis シャルヴィス / シャルビス	Shamkhani シャムハニ	Shamurin シャムーリン	Shangold シャンゴールド
Shalem ショレム	Shalvovich シャルヴォヴィチ	Shamko シャムコ	Shamus シェイマス / シャムス	Shani シャーニ / シャニ / シャニー*
Shaler シェーラー / シェラー	Shalyapin シャリアピン / シャリャーピン	Shamkovich シャムコヴィッチ	Shamusul サムスル	Shania シャナイア
Shalev シェイレブ / シェレブ / シャレヴ* / シャレブ	Shalygina シャリギナ	Shamlan シャムラン	Shamyradov シャムイラドフ	Shanice シャニース*
Shalgam シャルガム	Sham シャム**	Shamlaye シャムレイ	Shamzai シャムザイ**	Shanidze シャニーゼ
Shalhoub シャルーブ / シャロープ	Shama シャーマ	Shamlin シャムリン	Shan サン / シャーン / シャン**	Shanina シャーニナ
Shaliapin シャリアピン* / シャリャーピン / シャリャピン	Shāma シャーマ	Shāmlū シャームルー	Shanab シュネブ	Shaningwa シャニングワ
Shalik シャリク / シャレク	Shamahi シャマヒー	Shamma シャンマ	Shanaeva シャナエワ	Shanino シャニノ
Shalikashvili シャリカシュビリ*	Shamalov シャマロフ	Shammai シャンマイ	Shanahan シャナハン**	Shank シャンク
Shalikov シャーリコフ	Shaman シャマン	Shammari シャンマリ	Shanaman シャナマン	Shankar シャンカー / シャンカール*** / シャンカル*** / ションコル
Shalila シャリラ	Shamar シャマー	Shammas シャーマス* / シャマス / シャンマ	Shanasa シャナサ	Shankaracharya シャンカラチャルヤ
Shalim シャリム	Shamarko シェイマルコ	Shammat シャマト	Shanavazov シャナバゾフ	Shankari シャンカリ
Shalin シャリン	Shamarpa シャマルパ	Shammond シャモンド	Shanaze シャネーズ*	Shanker シャンカー
	Shamas シャマス	Shamnad シャムナッド	Shanblatt シャンブラット	Shankersinh シャンカルシン
	Shamash シャマシュ	Shamoo シャムー*	Shand シャンド***	Shankland シャンクランド
	Shamask シャマスク	Shamos シェーモス	Shander シャンダー	Shankle シャンクル*
	Shamba シャムバ	Shamota シャモタ		Shanklin シャンクラン
	Shambaugh シャンボー / シャンボー*	Shamrock シャムロック*		Shankman シャンクマン*
	Shamberg シャンバーグ	Shamroy シャムロイ		
	Shambhūjī シャムブージー / シャンブージー	Shams シャム / シャムス*		
	Shamblin シャンブリン	Shamsa シャムサ		

SHA   832   最新 外国人名よみ方字典

Shanks シャンクス*
Shanley
　シェインリー
　シャンリー**
　シャンリィ*
Shanmugam
　シャンムガム
Shanmugaratnam
　シャンムガラトナム
Shann シャン
Shanna
　シャナ
　シャンナ*
Shannaban
　シャンナバン
Shanne シャネ
Shannen シャナン
Shannon シャノン***
Shano シャノ
Shanon シャノン
Shan-shan
　シャンシャン*
Shanshan
　シャンシャン
Shanskii シャンスキイ
Shanta シャンタ*
Shantanu シャンタヌ*
Shantaram
　シャーンターラーム
Shante シャンテ
Shanteau シャントー*
Shantha シャンタ
Shanthawimala
　シャーンタウィマラ
Shanthi シャンティ
Shanthikumar
　シャンティクマー
Shanti シャンティ*
Shantz シャンツ
Shan-yue サンユェ
Shanzhmjatavyn
　ミャタビーン
Shao
　サオ
　シャオ*
Shaoang シャオアン
Shaofei シャオフェイ
Shaohai ショウカイ
Shao-hua シャオホア
Shaoni シャオニ
Shao-tsu サオチュー
Shao-wen サオウェン
Shaowen ショーエン
Shapar シャパー
Shapard シャパード
Shaparenko
　シャパレンコ
Shapcott
　シャプコット*
Shapely シェイプリー
Shaphan シャファン
Shapik
　シャーピク
　シャピク
Shapin シェイピン**

Shapio シャイオ
Shapira
　シャピーラ
　シャピラ*
Shapiro
　サピーロ
　シャパイロ*
　シャピーロ*
　シャピロ***
　シャピロー
　シャプロ
Shapkarev
　シャプカレフ
Shapland シャプランド
Shaplen シャプレン*
Shapley
　シャプリ
　シャプリー*
　シャプレー
　シャープレイ
　シャプレイ
Shaplin シャプリン
Shaporin シャポーリン
Shaposhnikov
　シャポシニコフ
　シャポシニコフ*
　シャポーシュニコフ
Shaposhnikova
　シャポシニコワ
　シャポシュニコヴァ
　シャポシュニコワ
　シャポシュニコワ
Shaposhnyk
　シャポシニク
Shapo Toure
　シャポトゥーレ
Shapout シャプート*
Shapovaliyants
　シャポバリヤンツ
　シャポワリヤンツ
Shapovalov
　シャポヴァーロフ
　シャポヴォロフ
　シャポワロフ
Shapovalyants
　シャポバリヤンツ
　シャポワリヤンツ
　シャポワリヤンツ*
Shappuzeau
　シャピュゾー
Shaprut
　シャプート
　シャプルト
Shapshak
　シャブシャック
Shāpūr
　シャープール
　シャープル
　シャープル
　シャブル
Shapurji シャプルジ
Shaq シャック
Shaqiri シャキリ*
Shaqra シャクラ*
Shaquil シャクイル
Shaquille
　シャキール**

Shar
　シャ
　シャル
Shara シャラ**
Sharad
　シャラート
　シャラド**
Sharada
　シャラーダー
Sharader シャレイダー
Sharaf シャラフ***
Sharaf al シャラフッ
Sharaf al-Dīn
　シャラフッディーン
Sharaff シャラフ*
Sharafu'd-Dīn
　シャラフッ・ディーン
Sharakova シャラコワ
Sharam シャラーム
Sharamon シャラモン
Sharan シャラン
Sha'rānī
　シャアラーニー
Sharanski
　シャランスキ
Sharansky
　シャランスキー**
Sharapova
　シャラポワ**
Sharar シャラル
Sharari シャラリ
Sharat シャラト
Sharatchandra
　シャラットチャンドラ
　シャラトチャンドラ
Sharath シャラト
Sharav シャラブ
Sharavdorj
　シャラブドルジ
Sharavyn シャラビン*
Sha'rāwī
　シャアラーウィー
Sh'arawi
　シャアラーウィー
　シャーラーウィー
　シャラウィ
Sharawy シャラウィー
Shardakov
　シャルダコフ
Shardelow
　シャルデロー
Shardlow
　シャードロウ
　シャルドロー
Share
　シェア
　シェアー*
Shareece シャリース
Shareef
　シャリーフ
　シャレーフ
Shareen シャーリーン
Sharefkin
　シャレフキン
Sharekh
　シャリク
　シャーリフ

Sharelle シャレル*
Sharer
　シャーラー
　シャラー
Sharett
　シャレット
　ジャーロフ
Sharhan シャルハン
Shari
　シェリ
　シャーリ
　シャーリー*
　シャリ**
　シャリー
Shariat
　シャリアート
　シャリアト
Shariati
　シャリーアティー
　シャリアティ
Sharīatī
　シャリーアティー
Sharī'atī
　シャリーアティー
Shariatmadari
　シャリアトマダリ*
Sharīat Madārī
　シャリーアトマダーリー
Sharida シャリダ
Sharideh シャライデ
Sharieff シャリーフ
Sharif
　シェリーフ
　シャリーフ
　シャリフ**
Sharīf シャリーフ
Sharifa シャリファ
Shariff シャリフ
Sharifi シャリフィ
Sharifo シャリフォ
Sharifov
　シャリフォフ*
　シャリホフ
Sharifzadegan
　シャリフザデガン
Shariia シャリア
Sharikadze シャリカゼ
Sharikov
　シャリコフ
　チャリコフ
Sharipov シャリポフ*
Sharis シャリス
Sharit シャリット
Sharits シャリッツ
Sharkansky
　シャーカンスキー
Sharkawy
　シャルカウィ
Sharkey シャーキー**
Sharkovskii
　シャルコフスキー
Sharky シャーキー
Sharlee シャーリー
Sharlene
　シャーリーン
　シャルレーン

Sharli シャーリ
Sharlto シャルト*
Sharma
　シャーマ*
　シャルマ***
　シャルマー
Sharman
　シャーマン**
Sharmarke
　シェルマルケ
Sharmat
　シャーマット***
Sharmeen
　シャルミーン*
Sharmila
　シャーミラ
　シャルミラ*
Sharnik シャーニク*
Sharof シャラフ
Sharol シャロル
Sharom シャローム
Sharon
　シャーロン
　シャロン***
Sharopova シャロポワ
Sharot シャーロット
Sharov シャーロフ
Sharoyan シャロヤン
Sharp シャープ***
Sharpe
　シェイプ
　シャープ***
Sharperson
　シャーパーソン
Sharpey
　シャーピ
　シャーピー
　シャービィー
　シャーペー
Sharples シャープレス
Sharpless
　シャープレス*
Sharpley シャープリー
Sharpsteen
　シャープスティーン
Sharq シャルク*
Sharqawi
　シャルカーウィ
　シャルカーウィー
　シャルカウィ
Sharqāwī
　シャルカーウィー
Sharran シャッラン
Sharratt シャラット**
Sharri シャリ
Sharrieff シャリーフ
Sharrif シャリーフ
Sharrock
　シャーロック
　シャロック
Sharrod シャーロッド
Sharron シャロン*
Sharry シャリー
Sharryn シャリン*
Sharshekeeva
　シャルシェケエワ

Sharts シャーツ
Sharvill シャービル
Sharvit シャーヴィト
Sharwood Smith シャーウッドスミス
Sharwoodsmith シャーウッドスミス
Shary シャリ
Sharya シャルヤ
Sharyn シャーリン** / シャーリーン / シャリン
Shasha シャシャ*
Shashank シャシャンク
Shashi シャーシー / シャシ / シャシー
Shashkin シャシキン
Shashua シャシュア
Shaskol'skaia シャスコリスカヤ
Shāstrī シャーストリ / シャーストリー / シャストリ
Shastry シャストリー
Shata シャタ
Shatagin シャタギン
Shatah シャタハ
Shatalin シャターリン*
Shāṭibī シャーティビー
Shatigadud シャティガドゥド
Shatigudud シャティグドゥド
Shatil シュアティル
Shatilov シャティロフ
Shāṭir シャーティル
Shatkin シャットキン
Shatkov チャトコフ
Shatley シャトリー
Shatner シャットナー / シャトナー**
Shatrov シャトローフ / シャトロフ
Shatróv シャトローフ** / シャトロフ
Shatrughan シャトルガン
Shatskaia シャーツカヤ / シャツカヤ
Shatskii シャツキー / シャーツキィ
Shatskikh シャッキフ
Shatté シャテー
Shatter シャッター

Shatti シャッティ / シャティ
Shattock シャトック
Shattuck シャタック**
Shatunovskii シャトゥノーフスキー / シャトゥノフスキー
Shatya サティヤ
Shatz シャッツ*
Shatzman シャッツマン
Shaugee シャウジー
Shauger ショウガー
Shaughnessy シャウネシー / ショーネシー / ショーネシー / ショネシー / ショーネッシー / ショフネシー*
Shaukat シャウカット** / シャウカット / シャーカット / ショウカット
Shaukatullah ショーカトゥラー
Shau Kee シャウキー
Shau-kee シウケイ
Shaul シャウル* / ショウル
Shaules ショールズ
Shaull ショール
Shaumian シャウミャン
Shaumyan シャウミャーン
Shaun ショーン**
Shauna シャウナ
Shaunae ショーニー
Shauqi シャウキー
Shaute シェイウォート
Shavanti シャバンティ*
Shavar シャヴァール
Shavchenko シェフチェンコ
Shavdatuashvili シャブダトゥアシヴィリ / シャフダトゥアシビリ / シャブダトゥアシビリ*
Shavell シャヴェル / シャベル
Shavelle シャヴェル
Shavelson シェイヴルスン / シェイベルソン / シャベルソン
Shaver シェイヴァー* / シェーバー
Shaviro シャヴィロ*
Shavit シャヴィット

Shavitch シェイヴィチ / シェイビチ
Shavkat シャフカト* / シャブカト
Shavkatbek シャフカトベク
Shavlakadze シャフラカーゼ
Shavliashvili シャブリアシビリ
Shavor シェイバー* / シェーバー
Shaw シャウ* / ショー*** / ショウ** / ショオ
Shawa シャワ
Shawarbi シャワルビ
Shawcross ショウクロス / ショークロス
Shawe ショー
Shaweys シャウェス
Shawi シャーウィ
Shawkānī シャウカーニー
Shawkat シャウカット**
Shawkey ショウキー
Shawl ショール
Shawn ショウン / ショーン**
Shawna シャウナ / シャナ / シャーナ
Shawnacy ショーネシー
Shawne ショーン*
Shawon ショーン
Shawqi シャウキ
Shawrow シャウロー*
Shawver ショウバー*
Shax シャックス
Shaxson シャクソン
Shaxton シャクストン
Shay シェイ**
Shayan シェイアン
Shaybān シャイバーン*
Shaybānī シャイバーニー
Shaye シェイエ / シャイエ
Shayeb シャエブ
Shayesteh シャイヤステ
Shaykh シャイク / シャイフ*
Shaykha シェイハ
Shayla シャイラ
Shayle シェイル

Shäymiev シャイミエフ
Shayne シェイン* / シェーン
Shays シェイズ / シェーズ
Shaywitz シェイウィッツ
Shazar シャザール
Shazel シャーゼル
Shazer シェイザー* / シェーザー
Shazier シャイジアー*
Shaziman シャジマン
Shazli シャズリ
Shbeeb シャビーブ
Shchapov シチャポフ
Shcharbachenia シュチャルバチェニナ
Shchedrin シチェードリン / シチェドリーン / シチェドリン***
Shcheglov シチェグローフ / シチェグロフ
Shcheglóv シチェグローフ
Shcheglovitov シチェグロヴィトフ / シチェグロヴィトフ
Shchegolev ショゴレフ
Shchelkanova シチェルカノワ
Shchelkin シチョールキン
Shchelokov シチョロコフ
Shchennikov シチェンニコフ
Shchepkin シチェープキン / シチェプキン / シチェーブキン / シチェブキン
Shcherba シェルボ / シチェルバ* / シチェルボ
Shchérba シチェルバ
Shcherbak シチェルバーク / シチェルバク**
Shcherbakov シチェルバーコフ / シチェルバコフ / シチェルバコヴ
Shcherbakova シェルバコワ
Shcherbatov シチェルバートフ*
Shcherbatsevich シュチェルバツェビッチ
Shcherbatskoi シチェルバツコイ

Shcherbatskoi シチェルバツコイ / シュチェルバツコーイ / ツェルバッキー / ツェルバツキイ
Shcherbina シチェルビーナ* / シチェルビナ
Shcherbitskii シチェルビツキー
Shcherbo シチェルボ
Shchetkina シチェトキナ
Shchipachov シチパチョーフ / シチパチョフ
Shchipachyov シチパチョフ
Shchors シチョールス / シチョルス
Shchukin シチューキン*
Shchusev シシューセフ
Shckley ショックレイ
Shcoles シュコールズ
Shdanoff シュダノフ
Shdeifat シュデイファト
Shdema シュデマ
She シェ
Shea シー* / シーア* / シア* / シアー / シェー / シェア* / シェイ*** / シェー / シャー
Shead シード
Sheaf シーフ
Shealy シーリー*
Shean シャーン
Shear シアー / シェア / シェアー / シャー
Sheard シアード* / シェアード** / シェアド / シャド
Shearer シアラー*** / シェアラー* / シェーラー / シャラー / シーレ
Sheares シアズ*
Shearing シアリング**
Shearlaw シアロー
Shearly シアリ
Shearman シアマン / シェアマン

Shearmur シアマー／シェアマー
Shears シアーズ
Sheasby シースビー
Sheb シェブ*
Sheba シェバ／シバ
Shebâ シェバ／シバ
Shebalin シェバリーン／シェバリン
Sheban シーバン
Shebanova シェバノワ*
Shebarshin シェバルシン*
Shebib シャビブ
Shebitku シェビトゥク／シャバタカ
Shebli シェブリ
Shebna シェブナ
Shechem シケム
Shechter シェクター*
Shechtman シェヒトマン
Shechtmann シェヒトマン
Sheckard シェッカード
Sheckley シェクリー**／シェクリイ／シェクレイ／シェックリー
Shecter シェクター
Shed シェッド*／シェド
Shedd シェッド*
Sheddad シェダード
Sheddan シェダン
Shedden シェデン
Sheddon シェドン
Shedlock シェドロック
Shedroff シェドロフ
Shedtawy シェドタウイ
Shee シー
Sheean シーアン／シーエン／シーン
Sheed シード**
Sheedy シーディ*
Sheef シーフ
Sheehan シーアン*／シェアン／シーハン**／シーン*

Sheehy シーハイ／シーヒー***／シーヒィ
Sheela シェーラ／シーラ
Sheelah シーラ
Sheeler シーラ／シーラー
Sheely シーリー*
Sheen シーン***
Sheena シーナ**
Sheenagh シーナ
Sheene シーン
Sheep シープ
Sheepshanks シープシャンクス
Sheer シアー／シャー／シール
Sheera シーラ
Sheeran シーラン*
Sheerer シャーラー
Sheetrit シトリート
Sheets シーツ*
Sheetz シーツ*
Shefali シェファリ
Shefchik シェフチク
Sheff シェフ*
Sheffer シェッファー／シェーファー／シェファー
Sheffi シェフィー
Sheffield シェフィールド***
Sheffler シェフラー
Sheffrin シェフリン
Shefler シェフラー
Shefrin シェフリン
Shefter シェフター
Shegolff シェグロフ
Shehab シハブ
Shehāb シェハーブ
Shehabi シハビ
Shehada シャハダ
Shehadeh シェハデ
Shehata シャハタ
Shehayeb シェハイブ
Shehbaz シャバズ
Shehu シェーフ*／シェフ*
Sheick シャイク
Sheidl シャイドル
Sheidley シードリー
Sheidlin シェイドリン
Sheiham シェイハム
Sheik シェイク*／シーク

Sheikh シェイク***／シェイフ*／シェーク／シャイフ
Sheikh シェイフ
Sheikha シェイカ／シェイハ*
Sheikholeslami シェイホルエスラミ
Sheila シイラ／シェイラ**／シェラ／シータ／シーラ***／シーリア／ソーラ
Sheilabai シェイラバイ
Sheilagh シーラ
Sheilah シェイラ／シーラ
Sheilds シールズ
Sheilla シェイラ*
Sheils シールズ*
Sheimo シャイモ
Shein シェイン／シャイン
Sheiner シャイナー
Sheingold シャインゴールド
Sheinin シェイニン
Sheinkin シェイキン／シャンキン
Sheinkman シャインクマン
Sheinmann シェインマン
Sheist シャイスト
Shekahar シェーカル
Shekarabi シェカラビ
Shekarau シェカラウ
Shekau シェカウ
Shekelle シェイケル
Shekerbekova シェケルベコワ
Shekerjian シェカージアン
Shekhal セーカル*
Shekhar シェカール**
Shekhtel シェフテリ
Shekou シェクウ
Shel シェル*
Shelagh シェラ／シェラーフ／シーラ**／シラー
Shelah シェラハ
Shelanski シランスキ
Shelburne シェルバーン

Shelby シェルビー**／シェルビィ
Shelda シェルダ*
Shelden シェルダン*／シェルデン／シェルドン
Sheldon シェルダン***／ジェルダン／シェルドヌ／シェルドン***／シャルドン／セルドン
Sheldrake シェルドレイク／シェルドレーク／シェルドレイク
Sheldrick シェルドリック**
Shelekhov シェリホフ／シェルホフ
Shelemay シェレメイ
Shelepin シェレーピン*
Shelest シェレスト
Shelestyuk シェレスチュク
Shelford シェルフォード*
Shelgunov シェルグノーフ／シェルグノフ
Shelia シェリア
Shelinskii シェリンスキー
Shelke シェルク
Shell シェル**
Shellabarger シエラバーガー
Shellabear シェラベア
Shellard シェラード*
Shelle シェリー
Shellee シェリー
Shellei シェライ
Shellenbarger シェレンバーガー
Shellenberger シェレンバーガー
Sheller シェラー／シェレー
Shelley シェリ／シェリー***／シェリィ／シェレー／シェレェ／シュリー
Shelli シェリ／シェリィ
Shelly シェリー**／シェリィ*／シェル

Shelly-Ann シェリーアン
Shellye シェリー
Shelman シェルマン
Shelmire シェルマイア
Shelomo シュロモ
Shelp シェルプ
Shelsky シェルスキー
Shelton シェルトン**
Sheltz シェルツ*
Shelvankar シェルヴァンカー
Shelvin シェルビン
Shem シェーム／シェム***
Shemali シマリ
Shemanovsky シェマノーフスキー
Shemarov シェマロフ
Shemarya シマリヤ
Shembe シェンベ
Shemekia シェメキア
Shemel シェメル*／シメル／シュメル
Shemer シェメル*
Shemesh シェメシュ
Shemiakin シェミャーキン
Shemilt シェミルト
Shemin シェミン
Shemmings シェミングス
Shemp シェンプ
Shemse'd-din シェムセッティン／シェムセッディン
Shemuel シュムエル
Shemyaka シェミャーカ
Shemyakin シェミャーキン
Shemyakina シェミャキナ**
Shen シェヌ／シェーン*／シェン*／チン
Shena シーナ*
Shenar シェナー
Shenderovich シェンデローヴィチ
Shendrikova シェンドリコーヴァ／シェンドリコワ
Shenefield シェネェフィールド
Shenfield シェンフィールド
Shenfil' シェンフィル*
Sheng ション／セン

Shengelaia
　シェンゲラヤ
Shengelaya
　シェンゲラーヤ
Shengeraya
　シェンゲラーヤ*
Sheng-hao　シェンハオ
Shengold
　シェンゴールド
Shenhav　シェンハヴ
Shenin　シェーニン*
Shenk　シェンク*
Shenkar　シェンカー
Shenkir　シェンカー*
Shenkman
　シェンクマン
　シャンクマン
Shenna　シェンナ
Shennan
　シェナン
　シェンナー
Shennen　シェンネン
Shenon　シノン*
Shenouda　シェヌーダ
Shenoute　シェヌーテ
Shenoy　シェノイ
Shen rab mi bo
　シェンラブミオ
Shenson　シェンソン
Shenstone
　シェンストーン
　シェンストン*
Shentall　シェントール
Shenton　シェントン
Shenude　シェヌーテ
Shen-yang　シェンヤン
Shen-Zhi　センズー
Sheong　ション
Shep　シェップ
Shepard
　シェパード***
Shepel　シェペル
Sheperd　シェパード
Shepey　シェピ
Shephard
　シェパード**
　シェファード
　セプハルド
Sheppeard　シェパード
Shepeerd　シェパード
Shepher　シェファー
Shepherd
　シェッハード
　シェパアド
　シェパード***
　シェファード*
　シュパード
　セッハルト
　セッパルト
Shepilov　シェピーロフ
Shepit'ko　シェピチコ
Shepker　シェプカー
Shepley
　シェプリー
　シェプレー

Shepoval'nikov
　シェポヴァリニコフ
Shepp　シェップ*
Sheppard
　シェパード***
Shepperd　シェパード
Shepping　シェッピング
Shepro　シェプロ
Sheps　シェプス
Shepseskaf
　シェプセスカフ
Shepsesre
　シェプシェスレー
　シェプセスラー
Shepsikare
　シェプセスカラー
Shepstone
　シェプストン
Sheptitskii
　シェプティツキー
Sher
　シェア
　シェール***
　シェル
　シャー**
Shera　シェラ*
Sheradon　シェラドン
Sherali　シェラリ
Sheralieva
　シェラリエーヴァ
Sheran　シェラン
Sherar　シャーラー
Sherard
　シエラアド
　シェラード*
　シエラド
　シェラール
Sheraton　シェラトン
Sherba　シャーバ
Sherbini　シェルビーニ
Sherbo　シェルボ*
Sherbok
　シェルボク
　シャーボク
Sherborne
　シェルボーン
　シャーボーン
Sherbotie
　シャーボティー
Sherbrooke
　シャーブルック
Sherburne
　シャーバーン
Sherchan　シェルチャン
Sherdel　シャーデル
Sherden　シャーデン*
Sherdhan　シェルダン
Sherding
　シェーディング
　シャーディング
Shere
　シェア**
　シェアー
Sheree
　シェリー**
　シーリー

Shereen　シャリーン
Sherels　シェレルズ
Sheremetev
　シェレメーチェフ
　シェレメーテフ
Sherer
　シアー*
　シェラー
　シャーラー
Sherez　シェレズ*
Sherfy　シェルフィー
Shergill　シャーギル
Sheri
　シェリ*
　シェリー
Shericka　シェリカ
Sheridan　シェリダン**
Sherif
　シェリフ**
　シャリーフ
　シャリフ
Sheriff　シェリフ*
Sherifo　シェリフォ
Sheril　シェリル
Sherilyn　シェリリン
Sherin　シェリン
Sheringham
　シェリンガム
Sherington
　シェリントン
Sheripov　シェリポフ
Sherira　シェリラ
Sherk　シャーク
Sherley　シャーリー
Sherlock
　シャーロク
　シャーロック*
Sherman
　シェアマン
　シェルマン
　シャーマン***
　シャーム
　シャルマン
Shermat　シェルマト
Shermer　シャーマー*
Shernan　シャーナン
Sherock　シャロック
Sherpa　シェルパ*
Sherpao　シェルパオ
Sherr　シェール
Sherrard　シェラード
Sherratt　シェラット
Sherrel　シュレル
Sherri
　シェリ**
　シェリー
Sherrick　シェリック
Sherrie　シェリー**
Sherriff　シェリフ*
Sherril　シェリル
Sherrill　シェリル*
Sherrilyn　シェリリン*
Sherring　シェリング
Sherrington
　シェリングトン

　シェリントン*
Sherrod
　シェリー
　シェロッド
　シャーロッド
Sherron　シェロン*
Sherrow　シャーロー
Sherry
　シェリー**
　シャロン
Sherryl　シェリル*
Shershan　シェルシャン
Shershenevich
　シェルシェネーヴィチ
　シェルシェネヴィチ
　シェルシェネビチ
Shertzer
　シャーサー
　シャーツァー
Sherwin
　シャーウィン**
　シャーウイン
　シャウイン
Sherwood
　シェーウッド
　シェリー
　シェルヴッド
　シェルウッド
　シャーウッド***
　シャウッド
Sheryl　シェリル**
Sheryle　シェリル
Sherzod　シェルゾッド
Sheshadri　セシャドリ
Sheshbazzar
　シェシュバツァル
Sheshi　シェシ
Sheshonk
　シェションク
Shes rab　シェラブ
Shestakov
　シェスタコフ*
Shestakova
　シェスタコーヴァ
　シェスタコーバ
　シェスタコーワ
　シェスタコワ*
Shesterin　シェステリン
Shesto　シェストー
Shestopal
　シェストパール
Shestov
　シェストーフ
　シェストフ**
　シュストフ
Shetah　シェタハ
Sheth
　シェス
　シース*
Shetler　シェトラー
Shetterly　シェタリー
Shettima　シェティマ
Shettles　シェトルズ*
Shetty　シェティ**
Shetzer　シェッツァー
Shevardin
　シェワルジン

Shevardnadze
　シェヴァルドナゼ
　シェヴァルナゼ
　シェワルドナゼ
　シェワルナゼ**
　シュワルナゼ
Shevchenko
　シェフチェーンコ
　シェフチェンコ***
　シフチェンコ
Shevchuk
　シェフチュク
Sheveleva
　シェヴェレヴァ
Shever　シーバー
Shevket
　シェウケット
　シェヴケト
　シェフケト
Shevkin　シェフキン
Shevkomud
　シェフコムード
Shevlin　シェブリン
Shevshenko
　チェフチェンコ
Shevtsov　シェフストフ
Shevtsova
　シェフツォヴァ
　シェフツォバ
　シェフツォワ
　シュブツォーワ
Shevyryov
　シェヴィリョーフ
　シェヴィリョーフ
Shew
　シェウ
　シュー
Shewan　シェワン
Shewey　シーウェイ
Shewfelt
　シューフェルト*
Shewhart
　シューハート
Shewmake
　シューメーク
Shewmon　シュウモン
Shewring　シェウリング
Sheyab　シャイヤブ
Sheybal
　シェイバール
　シェイバル
Sheyda　シェイダ
Sheyi　セイ
Sheymov　シェイモフ
Shi
　シ
　シー**
　シイ
　シャイ
　スー
Shia　シャイア*
Shiang-chyi
　シアンチー
Shiatzy　シャッツィ*
Shiau　シャウ
Shibaev　シバエフ
Shibaniyah　シバニーヤ

Shibel シーベル
Shibi シビ
Shibley シブリー
Shiblī シブリー
Shibnev シブネフ
Shibu シブ
Shibulal シブラル*
Shibutani シブタニ
Shiceka シセカ
Shichenko シチェンコ
Shicinga シチンガ
Shick シック
Shicoff シコフ
Shide シデ
Shideler シデラー
Shidfar シドファル
Shidham シーハム
Shidlovskii シドロフスキー
Shidyāq シドヤーク
Shieh シェ / シェー
Shiel シール*
Shield シールド**
Shields シールズ*** / シールド
Shiell シール
Shiels シールズ
Shiely シーリー*
Shien シェン
Shien Biau シエンビオー
Shier シアー
Shierholz シアホルツ
Shiers シャイアズ / シールス
Shif シッフ
Shifa シファ
Shifā'ī シファーイー
Shiferaw シフェラウ
Shifeta シフェタ
Shiff シフ
Shifflet シフレット
Shiffman シフマン
Shiffrin シフリン**
Shiflett シフレット
Shifman シフマン
Shifrin シフリン
Shigematsu シゲマツ
Shigeta シゲタ
Shigo シャイゴ
Shigute シグテ
Shih シー*** / スー
Shihab シーハブ* / シーハーブ / シハブ**

Shihāb シェハーブ / シハーブ
Shihāb al-Dīn シハーブッディーン
Shihabi シハビ
Shihabuddin シハブッディン
Shihābu'd-Dīn シハーブッディーン
Shihābu'd-Dīn シハーブッ・ディーン
Shihadeh シハデ
Shiham シハム
Shihi シヒ
Shih-kai スーカイ
Shihui シーホイ
Shi'ī シイー
Shiigi シーギ
Shiilegdamba シーレグダンバ
Shiilegiin シーレギーン
Shiing-Shen シンシェン
Shijian シャージャン
Shi-joong シジュン
Shik シク
Shikapwasha シカプワシャ
Shikarova シャキロワ
Shikasho シカショウ
Shikatani シカタニ*
Shike シケ
Shikhalizada シハリザダ
Shikharulidze シハルリゼ
Shikhli シヘリ
Shikhmatov シフマートフ
Shikhova シホワ
Shik-mo セキマ
Shikoff シコフ
Shikolenko シコレンコ
Shikūh シクー / シコー / シュコー
Shila シラ
Shilalahi シララヒ
Shileshi シレシ
Shiley シャイリー
Shilique シリクー
Shilivas シリヴァス / シリパシュ / シリパス
Shilkofsky シルコフスキー
Shilkov シルコフ
Shilkret シルクレット
Shill シル
Shille シル
Shiller シラー**

シルレル / ジルレル
Shillibeer シリビーア
Shilling シリング
Shillingburg シリングバーグ / シリンバーグ
Shillingford シリングフォード*
Shillinglaw シリングロー / シリングロウ
Shillingsburg シリングスバーグ
Shillito シリリット
Shillman シルマン
Shillony シロニー** / シロニイ
Shilmover シルムーバー*
Shilo シロ
Shiloah シロアー / シロアフ
Shiloh シャイロー / シロー
Shilov シーロフ* / シロフ
Shilova チロワ
Shilpa シルパ
Shils シルス / シルズ
Shilton シルトン
Shilts シルツ*
Shiltz シュルツ
Shim シーム / シム**
Shima シマ
Shimabukuro シマブクロ
Shiman シャイマン
Shimanskii シマーンスキィ
Shimansky シマンスキー
Shimazaki シマザキ
Shimberg シンバーグ
Shimei シムイ
Shimer シャイマー*
Shimin シミン
Shi-ming シミン / スーミン
Shiming シーミン
Shimizu シミズ
Shimkin シムキン
Shimko シムコ
Shimkus シムカス*
Shimmer シマー
Shimmin シミン
Shimoff シモフ* / シャイモフ*
Shimon サイモン / シモーン / シモン***
Shimoni シモニ
Shimony シモニ*
Shimose シモーセ
Shimov シモフ
Shimshelevitz シムシェレビツ
Shimshi シムシ
Shimshon シムション
Shin シー / シィン / シェン / シン***
Shinar シャイナー
Shinawatra シナワット** / シンナワット / チナワット
Shināyā シナーヤー
Shin Cheng シンチェン
Shinde シンデ / シンデー*
Shinder シンダー*
Shindi シンジ
Shindle シンドル
Shindler シンドラー
Shin Dong シンドン
Shindong シンドン
Shine シャイン*
Shinebourne シャインボーン
Shinee シニ
Shinehead シャインヘッド
Shiner シャイナー**
Shin-eun シンオン
Shin-feng シンフォン
Shing シン*
Shingh シン
Shingler シングラー
Shing-tung シントゥン*
Shin-ho シンホ*
Shinho シンハ
Shin-hwa シンファ
Shin-hyun シヒョン
Shinick シニック
Shinitnikov シニトニコフ
Shin-jo シンジョ
Shinkarev シンカリョフ
Shin-kon シンゴン
Shin-kwon シングォン

Shin-myung シンミョン
Shinn シン***
Shinnar シャイナー
Shinners シンナーズ
Shinnie シニー
Shinoda シノダ*
Shinsawbu シンソープ
Shinseki シンセキ*
Shinskey シンスキー
Shin-soo シンス*
Shin-sung シンソン
Shin-taek シンテク
Shin-tak シンタク
Shinwari シンワリ
Shinwell シンウェル*
Shin-woo シンウ
Shin-wook シンウク
Shin-woong シンウン
Shinya シンヤ
Shin-yang シニャン*
Shin-yong シンヨン
Shin-young シンヨン
Shiota シオタ
Shiowattana シオワッタナ
Ship シップ
Shipak シパク
Shipkovenski シプコヴェンスキー
Shipler シブラー**
Shipley シップリー** / シップレイ / シブリー**
Shipman シップマン**
Shipov シーボフ / シボーフ
Shipp シップ
Shippen シッペン
Shipper シッパー
Shippey シッピー
Shipside シップサイド
Shipstead シブステッド
Shipstone シップストン
Shipton シップトン** / シプトン*
Shipulin シプリン*
Shipway シップウェイ
Shīr シール
Shira シーラ*
Shirai シライ
Shirakatsi シラカツィ
Shiraliyev シラリエフ
Shirane シラネ
Shirar シラー
Shiras シラス
Shirazi シラジ*

Shīrāzī シーラーズィー Shīrāzī シーラーズィー シーラージー シーラーズィー*	Shirochenskaia シロチェンスカヤ Shīroe シーロエ Shiroka-pula シロカプーラ	Shiung ション Shiv シヴ シブ	シュコリナ* Shkolnik シコリニク Shkoĺnik シュコーリニク	Shnayerson シュナイアソン* Shneiderman シュナイダーマン
Shirazy シラジー Shircliffe シャークリフ Shirdon シルドン Shire シャイア** シャイアー シーレ シレ	Shirokogorov シロコゴルフ シロコゴーロフ シロコゴロフ* Shirokov シロコフ Shirom シーロム Shiromany シロマニー Shirota シロタ	Shiva シーヴァ シーヴァー シヴァ** シーバ* シバ シファ Shivadhar シーヴァダール	Shkredov シュクレドフ Shlaer シュレイアー Shlaes シュレーズ Shlah シュラハ Shlaim シュライム Shlain シュレイン Shlapak シラパク	Shneidman シュナイドマン** Shneour シュノイヤー Shneur シュノイヤー Shnireliman シュニレルマン Shnitke シニートケ シュニトケ
Shireman シャーマン* Shiremün シレムン Shirendev シレンデブ Shirendyb シレンデブ Shirer シャイラー* シャーラー	Shirreff シレフ Shirreffs シャーレッフス シレフス Shirshab シルシャブ Shirshov シルショフ Shirts シャツ	Shivājī シヴァージー シバージー Shivam シヴァム Shivaraj シバラジ Shivas シーヴァス シーバス*	Shlay シュライ Shlegel シュレーゲル Shlehi Amiri サレヒアミリ Shleifer シュライファー* シュレイファー Shleikher シュレイヘル	Shnitkje シニートケ シュニトケ Shnol' シノール Shoaib ショアイブ Shoback ショーバック Shobaki ショバキ Shobana ショバナ
Shires シャイアース Shirey シャイリ シャーレイ	Shirur シルール Shirvani シルヴァニ* Shirvānī シルヴァーニー	Shivdasani シブダサニ Shive シベ シャイヴ	Shliazhko シリアズコ Shlikhter シリフテル Shlom シュロム	Shobe ショービー ショーベ Shoben ショーベン
Shiri シリ シリー Shirigi シリギ	Shirvington シャーヴィントン* シャービントン Shirvint シルヴィント	Shively シヴァリー シャイヴリ シャイヴリー	Shlomchik シュロムチク Shlomo シュロモ*** シュロモー*	ショーベン Shobha ショバ Shobhana ショーバナ
Shirikti シリクティ Shirilla シリラ Shirin シーリーン シリン** Shīrīn シーリーン シリン	Shirwa シルワ Shirwan シルワン Shirwood シャーウッド Shirzad シャザド Shīrzād シールザード Shīs シース	シャイブリー シャイベリー Shivers シヴァーズ Shivik シヴィック Shivkumar シブクマール Shivraj シブラジ	ショロモ Shlonsky シュロンスキー Shlyakhov シリャーホフ Shmagi シュマギ Shmalgauzen シマリガーウゼン シマールガウゼン	ショバナ Shobhna ショーブナ Shobin ショービン* Shobokshi ショボクシ Shoboksi ショボクシ ショボクシィ
Shirinov シリノフ Shirinskii シリンスキー	Shishakli シシャクリ Shishaklī シシャクリ Shīshaklī シーシャクリー	Shi-wen シーウェン Shiyab シヤブ Shiyin シジン	Shmarinov シュマーリノフ Shmaryahu シュマリアフ	Shobukhova ショブホワ* Shochat ショハット
Shirk シャーク Shirkevich シルケヴィチ	シシャクリー Shishigina シシギナ*	Shi-yong スーヨン Shi-yu シーユー	Shmatko シマトカ シマトコ	Shock ショック Shocked ショックト
Shirkov シルコフ Shirky シャーキー Shirl シャール Shirlee シャーリー	Shishikin シシュキン Shishir シシャ Shishkin シーシキン** Shishkina シシュキナ*	Shi-zhi シーチー Shjon ショーン Shkaratan シカラターン Shkëlqim シュカルチム	Shmelev シメリョフ Shmelëv シメリョーフ シメリョフ	Shocker ショッカー Shockley ショクリ ショクリー ショクレー
Shirley シャーリー シアリー シェリー シャーリ シャーリー*** シャリー ジャーリー シャーリィ シャーリイ シャーレー シーリー	Shishkoff シシコフ Shishkov シイシュコフ シシコーフ シシコフ シシュコフ Shishmanov シシマノフ Shishmanova シシマノヴァ Shishov シショフ Shiskova シーショワ	Shkermankova シェルマンコワ Shkidchenko シキチェンコ Shkiryatov シキリャトフ Shklar シュクラー シュクラール Shkliar シクリャル Shklovskii シクロフスキー*	Shmeleva シュメレワ Shmelyov シメリョーフ シメリョフ* Shmeman シュメーマン Shmidt シミット シュミット*	ショックリー ショックレー* ショックレイ Shockney ショックニー Shodi ショジ Shoellkopf シェルコプ Shoemaker シューメイカー* シューメーカー**
Shirli シルリ Shirly シャーリ シャーリー	Shisslak シスラック Shitanda シタンダ	シクロフスキィ シクロフスキイ シュクロウスキー	Shmoys シュモイシュ Shmuel シュミュエル シュムエール	Shoemyen シューメン Shoenberg シェーンバーグ
Shirma シルマ Shiro シャイロ シロー	Shitikov シチコフ Shi-tong スートン Shitskova シツコワ Shittu シトゥ Shiu シウ	Shklyarov シクリャローフ* Shkodran シュコドラン Shkolina シコリナ	シュムエル** シュムリー シュモール** Shmuley シュムリー Shmull シュムル Shmyhal シュミハリ	Shoenfield シェーンフィールド Shoes シューズ Shofer ショファー Shofield ショフィールド Shofman ショフマン

Shogren ショーグレン
ショグレン
Shoham ショーハム
Shohamy ショハミー
Shohat ショハット
Shohet ショエット
Shohmurod
ショフムロド
Shohoud ショホウド
Shohreh ショーレ*
Shohsani ショシャニ
Shoigu ショイグ**
Shojaee ショジャイイ*
Shojania ショジャニア
Shok ショック
Shokaliskii
ショカリスキー
ショカーリスキイ
Shokhin ショーヒン**
Shokin
ショーキン
ショキン
Shokirov ショキロフ
Shokoofeh
ショクーフェ
Shola ショラ
Sholem
シャローム
シャロン
ショウレム
ショーレム**
ショレム*
ショーロム
ショロム
Sholes ショールズ
Sholits ショリッ
Sholl ショール
Sholokhov
ショーロホフ**
Sholom
シャローム
ショーロム
Sholto ショルト
Sholz ショルツ
Shoman ショーマン
Shombodon
ショムボドン
Shomer ショーマー
Shomin ショミン
Shomron ショムロン*
Shomushkin
ショームシキン
Shon
ショーン
ション
Shona ショーナ
Shonali ショナリ*
Shonda ションダ
Shondell ションデル
Shondrae
ションドレイ
Shone ショーン
Shonekan ショネカン*
Shonfield
ショーンフィールド

Shongfield ションフィールド
Shongwe ショングウェ
Shonibare ショニバレ
Shoniber ショニバー
Shonimski
ショウニムスキ
Shoo シュー*
Shoobs ショブス
Shook
シューク
シュック*
Shooman シューマン
Shooter シューター
Shope
ショップ
ショープ
Shopkin ショプキン
Shopler ショプラー
Shopov ショポフ
Shoqaev チョカエフ
Shoqay チョカエフ
Shor ショア
Shordike ショーダイク
Shore
ショー
ショアー***
ショアー*
Shores
ショアー*
ショアーズ
Shorets ショレツ
Shorett ショレット
Shorey
ショウリ
ショーリー
Shorin ショーリン
Shorina ショリナ*
Shorokhov
ショーロホウ
Shorr
ショー
ショア
Shorshorov
ショルショロフ
Short ショート***
Shortall ショートール
Shortell ショーテル
Shorten ショーテン
Shorter ショーター**
Shorthouse
ショータウス
ショートハウス
Shortland
ショートランド
Shortlands
ショートランズ
Shortliffe
ショートリッフェ
Shorto ショート*
Shortridge
ショートリッジ
Shorts ショーツ
Shortt ショート*
Shorty
ショーティ*
ショーティー

Shorygin ショルイギン
Shosenberg
ジョセンバーグ
Shoshana
ショシャーナ
ショシャナ**
Shoshanah ショシャナ
Shoshanna
ショシャーナ
Shoshenq
シェシェンク
シェションク
Shostak ショスタック
Shostakovich
ショスタコーヴィチ**
ショスタコヴィチ
ショスターコーヴィチ
ショスタコヴィッチ
ショスタコヴィッチ
ショスタコービチ
ショスタコービッチ
ショスタコビッチ
Shostakovskii
ショスタコフスキー
Shostrom
ショストロム
Shot ショート
Shota
ショータ*
ショタ
Shots ショッツ
Shotten ショッテン
Shotton ショットン
Shotwell
ショットウェル
ショトウィル
ショトウェル
Shou ショウ
Shouaa シュアー*
Shoukov ショウコフ
Shoukry シュクリ*
Shouldice
ショールダイス
Shouleva シュレワ
Shoultz シュルツ
Shoumarov
ショウマロフ
Shoumatoff
シューマトフ
Shoup シャウプ**
Shoureau シュロー
Shourie ショウリー
Shouse シャウス*
Shoushounova
シュシュノワ
Shoushtari
シュシュタリ
Shove
ショーヴ
ショウヴ
Shovell
シャヴェル
ショベル
Shoven
シャバーン*
ショウヴン

Shover
ショーヴァー
ショーバー
Shovkovskiy
ショフコフスキー
Show
シャウ
ショー**
ショウ
Showalter
ショウアルター
ショーウォーター*
ショウォーター
ショーウォルター*
ショウォルター*
ショーウォルター*
Showell ショーウェル
Showers シャワーズ*
Showkutally
ショーカッタリー
ショークタリ
Showler ショーラー
Showstack
ショウスタック
ショースタック*
Shpakovatyĭ
シパコヴァトゥィー
Shpanberg
スパンベルグ
Shpet
シペート*
シュペート
Shpilrein
シピーリレイン
シュピールライン
Shpirt シュピルト
Shpol'skii
シュポルスキー
Shraddhānand
シュラッダーナンド
Shrader
シュレイダー
シュレーダー
Shrager シュレーガー
Shrake シュレイク
Shrapnel シュラプネル
Shree シュリ
Shreeram
シュリーラム
Shreeve
シュリーヴ
シュリーブ*
Shreiber シュライバー
Shreideh シュレイデ
Shreiner シュライナー
Shrenk
シュレンク
シュレンク
Shrepaili シュリパイリ
Shrestha
シェレスタ
シュレスタ*
Shreve
シュリーヴ*
シュリーブ***
シュレーブ
Shreves シレーヴス

Shrewsberry
シュルーズベリー
Shrewsbury
シューズベリー
シュルーズベリ
シュルーズベリー*
シュローズベリー
Shri シュリ
Shrī シュリー
Shridath シュリダス*
Shridenko
シュリジェンコ
Shriedeh シュリエデ
Shriever シュリーヴァー
Shrigley シュリグリー
Shrii シュリ
Shrikrishna
シリクリシュナ*
Shrima シュリーマ
Shriman シュリマン
Shrimpton
シュリンプトン
Shripad シュリパド
Shriprakash
シュリプラカッシュ
Shrivastava
シュリバスタバ
Shriver
シュライヴァー**
シュライバー**
Shriya シュリヤ
Shrobe シュローブ
Shroder シュローダー
Shrodes シュローズ
Shrontz シュロンツ
Shröter シュレーター
Shroufe スロウフェ
Shroyer スロイヤー
Shrum シュラム
Shryock
シュライオック
シュリオック
Shtayyeh シュタイエ
Shteiman シテイマン
Shtein シテイン
Shteinberg
シテインベルグ
Shteinman
シュテインマン
Shteir シュタイア
Shtekli シテクリ
Shtemyenko
シュテメンコ
Shterenberg
シュテレンベルク
Shtern
シテルン
シュテルン
Shternberg
シテルンベルグ
シュテルンベルグ
ステルンベルク
Shternfel'd
シテルンフェルド
シュテルンフェルト

Shteyngart シュタインガート**
Shtoda シトーダ
Shtokalo シトカーロ
Shtokalov シトカロフ
Shtorkh シトルフ
Shtraks シトラクス / シトラックス
Shtykov シトゥイコフ
Shtyl シチル
Shtyurmer シチュールメル / シチューメル / シテュールメル / ステュールメル
Shu シュ / シュー* / シュウ* / スー*
Shuaibi シュアイビ
Shuala シュアラ
Shuang シュアン
Shuard シュアード
Shu'ayb シュアイブ
Shub シャブ / シューヴ / シューブ / シューブ
Shuback シューバック
Shubad シュブアド
Shubal シュバル
Shubert シューバート* / シューバト / シューベルト
Shubhada シュバダ
Shubhankar シューハンカー
Shubhashish シュバシシュ
Shubik シュービク
Shubin シェービン / シューヴィン / シュービン** / シュビン
Shubina シュビナ
Shubnikov シューブニコフ
Shubring シューブリング
Shuchat シュチャット
Shu-chen シューチェン
Shuck シャック / シュック
Shucksmith シュックスミス
Shuder シューダー
Shudur-Aku シャデラク / シャドラク
Shue シュー*

Shuell シュエル
Shuen シュエン
Shuey シェイ
Shufeldt シューフェルト
Shu-Fen シューフェン
Shuff シュフ
Shufflebotham シュフレボータム
Shuffrey シャフリー
Shüfftan シュフタン
Shufrych シュフリッチ
Shug シャグ
Shugar シュガー
Shugars シュガース
Shughart シュガート / シュガルト
Shuhart シュハート
Shuhayeb シュハイエブ
Shuhi シュヒー
Shui-bian シュイビェン
Shuibo シュイボ
Shui-Fai シュイファイ
Shuiskii シューイスキー / シュイスキー / シューイスキイ
Shui-te スイデー
Shui-teh スイデー
Shujā シュジャー
Shujā' シュジア / シュジャー
Shujaat シュジャート
Shujat シュジャート
Shukeev シュケエフ
Shuker シューカー / シュカー / シュッカー
Shukhardin シュハルジン / シュルギン
Shukheriin シュフーリン*
Shukhov シューホフ
Shukhrat シュフラト
Shukla シュクラ
Shuklin シュクリン
Shukman シュックマン
Shukputov シュクプトフ
Shukri シュクリ**
Shukrī シュクリー
Shukry シュクリー / シュクリー
Shukshin シュクシーン* / シュクシン
Shukshina シュクシーナ

Shukur シュクール
Shukūr シュクール
Shukuri シュクリ
Shukurjon シュクルジョン
Shukuru シュクル
Shula シューラ / シューラ*
Shulack シュラック
Shulam シュラム
Shulamit シューラマイト / シュラマイト** / シュラミット*
Shulamith シュラミス
Shulbrede シュールブリード
Shu-lea シューリー
Shuleikin シュレイキン
Shulepov シュレポフ
Shuler シューラー / シュラー*
Shulevitz シュレヴィッツ* / シュルビッツ / シュレビッツ
Shulgan シュルガン
Shul'gin シューリギン / シュルギン
Shul'gina シュリギナ
Shulgold シュルゴールド
Shu-li シューリー
Shuliak シュリヤーク
Shuliga シュリガ
Shulika シュリカ
Shulkin シュルキン
Shull シャル**
Shullstrom シュールストロム
Shulman シャルマン** / シュールマン / シュルマン*
Shulte シュルテ
Shul'te シュリテ
Shultis シュルティス
Shults シュルツ
Shultz シュチャット / シュルツ**
Shultze シュルツ
Shul'zhenko シュルジェンコ
Shum サム / シャム*
Shuma シュマ
Shumail シュマイル
Shumaker シューメイカー / シューメーカー
Shumakov シュマコフ

Shuman シューマン**
Shumayl シュマイル
Shumayyil シュマイイル
Shumba シュンバ
Shumeiko シュメイコ*
Shumenov シュメノフ*
Shumi シュミ
Shumpert シャンパート
Shumsher シュムシャー
Shumshere シャムシェル
Shumsky シュムスキー*
Shumu シュム
Shumway シャムウェイ** / シャムウエイ
Shun シュン
Shunevich シュネビッチ
Shung シュング
Shung-xing スゥンシン
Shun-li シュンリー
Shun Xie シュンジェ
Shunyo シュンニョ
Shunza シュンズ
Shupak シュパク
Shupe シュウプ / シューブ
Shupert シュパート
Shupletsov シュプレツォフ
Shuppiluliuma スッピルリウマ
Shuqamuna シュカムナ
Shu-qing シュチン
Shuqing シュークィン
Shuqum シャカム / シュクム
Shur シュール
Shura シューラ*
Shuraiaan シュレイアン
Shuraim シュライム
Shuranova シュラノヴァ / シュラーノワ / シュラノワ
Shurcliff シャークリフ
Shure シュアー*
Shureiqi シュレイキ
Shurestha シュレスタ
Shurete シレト
Shuriash シュリアシュ
Shurkin シャーキン*
Shurochkina シュロチキナ
Shurpanu シュルパヌ

Shurshin シュルシン
Shurter シャーター
Shurtleff ショトレフ
Shusett シャセット
Shusha シュシャ
Shushakov シュシャコフ
Shu-sheng シューセン
Shushila シュシーラ
Shushkevich シュシケヴィッチ* / シュシケビッチ / シュシュケビッチ
Shushkewich シュシケヴィッチ
Shushunova シュシュノワ
Shuss シュス
Shustarī シュスタリー
Shuster シャスター* / シュスター
Shusterman シャスターマン** / シャスタマン / シュスターマン
Shustorovich シュウストロヴィッチ / シュストロヴィッチ
Shute シュート***
Shuter シューター
Shutes シューツ
Shutkov シュトコフ
Shutova シュトワ
Shutt シャット
Shuttle シャトル / シュッテル
Shuttleworth シャットルワース / シャトルワース*
Shu-Turul シュドゥルウル
Shuvalov シュヴァーロフ / シュヴァロフ / シュバロフ / シュワロフ** / チュバロフ
Shuwail シュワイル
Shuwain シュワイン
Shuwaish シュワイシュ
Shuwayn シュワイン
Shu-xian シューシャン
Shuy シュイ
Shvalev シヴァリョフ
Shvarts シヴァールツ / シヴァルツ / シバルツ / シワルツ*
Shvartsman シュバルツマン / シュワルツマン* / シワルツマン
Shvedchikov シュヴェチコフ

Shvedov シュヴェドフ / シュベドフ	**Siadhail** シール**	**Sibbett** シベット	ズィビラ	サイド / シッド* / シド***
Shvedova シュヴェドヴァ / シュウェドワ	**Siafausa** シアファウサ	**Sibbick** シビック	**Sibylla** シビュラ	
	Siaka シアカ*	**Sibbit** シビット	**Sibylle** ジビュレ* / シビル** / ジビレ / ズィビレ	**Sidahmed** シダハメド
	Siakam シアカム	**Sibbs** シップズ		**Sid'Ahmed** シディアフメド
Shveitser シュヴェイツェル	**Siala** シヤラ	**Sibby** シビー		
	Siale シアレ	**Sibel** ジーベル		**Sidak** サイダック
Shvernik シヴェールニク / シヴェルニーク / シベールニク / シュベルニク	**Siam** シアム*	**Sibelis** シベリス*	**Sica** シーカ*	**Sidakov** シダコフ
	Siamand シアマンド	**Sibelius** シベーリウス / シベリウス**	**Sican** シーチャン	**Sidaner** シダネ / シダネル
	Siamionau シアミオナウ	**Sibella** シベラ*	**Sicard** シカール	
		Sibelle シベール*	**Sicardi** シカルディ	**Sīdāoruang** シーダーオルアン
Shvets シュヴェッツ	**Siamun** サアメン / シアメン / シアモン	**Siberechts** シベレヒツ	**Sicardo** シカルド	
Shvetsov シヴェツォーフ / シベツォーフ / シュヴェツソフ		**Siberry** シベリー	**Sicardus** シカルドゥス	**Sidawy** シダウィ
	Siamune シアムネ	**Sibert** サイバート / シーバト / シベール / シルバート	**Sicart** シカール	**Siddalingaiah** シュダリンガイアー
	Siamwalla シアムワラ		**Siccardi** シカルディ / シッカーディ	**Siddall** シダール / シッダール / シッドル
Shvittau シュウィタウ	**Sian** サイアン* / シアン* / シャーン / スィアーン / スィアン		**Sicco** シッコ*	
Shvuidko シュヴィドコー / シュビドコー		**Sibertin** シベルタン*	**Sicelo** シセロ	**Siddaraji** シッダラージ
		Sibertus ジベルトゥス*	**Sichalwe** シチャルウェ	**Siddartha** シッダールタ
Shvydkoi シブイトコイ / シュビトコイ	**Siân** サイアン / シアン / シャーン	**Sibghatulla** シブガトラ**	**Sichel** シチェル	
		Sibierski シビエルスキ	**Sichelbart** ジッヘルバルト	**Siddharṣi** シッダルシ
Shwalb シュワーブ		**Sibilla** シビッラ	**Sicher** ジッヒャー*	**Siddharth** シッダールタ / シドハース
Shwartz シュウォーツ* / シュワルツ	**Sian Chin** シェンチン	**Sibille** シビル	**Sichère** スィシェル	
	Siandou シアンドゥ	**Sibiriak** シビリアーク* / シビリャーク*	**Sichol** シコル	**Siddhartha** シッダールタ*
Shway シュウェイ	**Siani** シアーニ		**Sichone** サイチョン	
Shwe シュエ**	**Sianne** シアン	**Sibirjakow** シビリャコフ	**Sichrovsky** ジィフロフスキー	**Siddhārtha** シッタルタ
Shwed シュエッド	**Siao** シアオ / シャオ	**Sibirskaia** シビルスカイア	**Sichtermann** ズィヒターマン	**Siddhi** シチ* / シッディ / シティ
Shweikeh シュウェイカ			**Sici** シシ	
Shwe Thaike シュエータイッ	**Siaosi** シアオシ*	**Sibiryak** シビリアーク / シビリャーク	**Siciles** シシル	**Siddiai** スィッディーキー
Shwe U Daung シュエウダアゥン	**Siarhei** シアレイ		**Sicilia** シシリア	
	Siarlis シアルリス	**Sibley** シーブリー / シブリー* / シブレー* / シブレイ*	**Siciliano** シチリアーノ	**Siddigi** シディッキ
Shy シャイ	**Siat Yoon** シアットユーン		**Sicille** シシル	**Siddiq** セディク
Shya シーヤ	**Siauw** ショウ		**Sicily** シシリー	**Siddiqi** シディキ
Shyam シャーム* / シャム* / シヤム	**Siawpiboonkit** シャウピブーンキット*		**Sicinio** シチーニオ	**Siddīqī** スィッディーキー
	Siazon シアソン / シアゾン**	**Siblin** シブリン	**Siciolante** シチョランテ	**Siddique** シディキ
Shyamala シュヤマラ		**Sibon** シボン		**Siddiqui** シディキ* / シディギ / シディッキ
Shyamalan シャマラン**	**Siba** シバ	**Sibongile** シボンギレ	**Sick** シック*	
Shyanskii シャンスキー / シャーンスキィ	**Sibai** シバイ / スィバーイー	**Sibonile** シボナイル	**Sickel** ジッケル / スィッケル	
	Sibāʾī シバーイー / スィバーイー	**Sibony** シボニー	**Sickert** シッカート	**Siddle** シドル
Shyheim シャイヒーム		**Sibrandi** シブランディ	**Sickingen** ジッキンゲン	**Siddo** シド
Shykmamatov シュクママトフ		**Sibrandus** シブランドゥス	**Sickinger** ジッキンガー	**Siddons** シドンズ**
	Si-bak シベク*	**Sibs** シップズ	**Sickle** シクル / シックル	**Sidebotham** サイドボサム
Shymechko シメチコ	**Sibal** シバル*	**Sibson** シブソン	**Sickles** シクルズ / シックルズ	**Sidebottom** サイドボトム
Shynaliyev シナリエフ	**Sibanda** シバンダ	**Sibunruang** シーブンルアン / シブンルアン	**Sickman** シックマン	**Sideiki** シディキ
Shyne シャイン	**Sibandze** シバンゼ		**Siclier** シクリエ	**Sidek** シデク / シデック
Shyon シャイヨン	**Sībawaihi** シーバワイヒ / シバワイヒ / シーバワイフ / スィーバワイヒ	**Siburapha** シーブーラパー	**Sicouri** シコウリ	**Sidel** サイデル / シデル
Shyretta シイリタ		**Sibusiso** シブソ**	**Sics** シクス	**Sid'El** シーディー / シデル
Shyu シュー		**Siby** シビ / シビイ	**Šics** シクス	
Si サイ* / シ** / シー** / シイ	**Sibbald** シバルド	**Sibyl** シビーユ / シビル*	**Siculus** シクルス / シクロス / シケロス	**Sidemeho** シドゥメオ
	Sibbern ジッベルン / シバーン / ジバーン	**Sibylla** シビュラ / シビラ*	**Sid** サイード	**Sidén** シデーン
Sia シーア				**Sideney** シドニー
Siabi シャビ	**Sibbes** シップズ			
Siad シアド*	**Sibbet** シベット*			

Sidentop
　シーデントップ
Sider　サイダー*
Sideri　シデリ
Sideris　シデリス
Siderman　シデルマン
Siders　サイダース
Sides　サイズ*
Sidetes
　シデーテース
　シデテス*
Sidētēs　シデーテース
Sidey　サイディ
Sidgmore　シッジモア*
Sidgwick
　シジウィク
　シジウィック*
　シジウィック
　シジウィック*
Sidharta　シダルタ
Sidhu
　シデュ
　シド
　シドゥ*
Sidhwa　シドハワ
Sidi　シディ**
Sidibe　シディベ*
Sidibé　シディベ
Sidick　シディック
Sidiclei　シジクレイ*
Sidig　シディク
Sidik
　シディック
　シデック
Sidikhi　シディキ
Sidiki　シディキ
Sidikie　シディキエ
Sidikou　シディク
Sidime　シディメ
Sidi Moro　シディモロ
Sidina　シディナ
Sidis　サイディス*
Sidison　シドソン
Sidiya　シディヤ
Sīdīya　スィーディーヤ
Sidjakov　シジャコフ
Sidjanski
　シジャンスキ
　シジャンスキー
Sidkeong　シッドコン
Sidki　シドキ
Sidko　シドコ
Sidla　シドラ
Sidler　シドラー
Sidło　シドウォ
Sidlow　シドロー
Sidman　シドマン
Sidmouth　シドマス
Sidnei　シドネイ
Sidney
　シッド
　シド
　シドニ
　シドニー***

Sidnii　シドニィ*
　シドニィー
　シドネー
　スィドニイ
Sidnie　シドニー*
Sidnney　シドニイ
Sidny　シドニー*
Sidoli　シドリ
Sidon
　シドン
　ジードン
Sidonia
　シドニア*
　シドニャ
Sidonie
　シドニ
　シドニー**
　シドニイ
Sidónio　シドニオ
Sidonius
　シードニウス
　シドニウス
Sidor　シードル
Sidorenko　シドレンコ
Sidorova
　シドローヴァ
　シドローワ
　シドロワ
Sidorsky
　シドルスキー*
Sidoti　シドーティ
Sidotti
　シドッチ
　シドッティ
Şidqī　スィドキー*
Sidra　シドラ
Sidran　シドラン*
Sidrauski　シドロスキー
Sidwell　シドウェル
Sidwells　シドウェルズ
Sidy　シディ
Sidya
　シジャ
　シディヤ
Sidyak　シディアク
Sie　シエ
Sieb
　シーブ
　シブ
Siebeck
　ジーベク
　ジーベック*
Siebecker　シベケール
Siebel
　シーベル
　ジーベル
Sieben　ジーベン**
Siebenrock
　ジーベンロック
Siebenthal
　ジーベンタール
Sieber
　シーバー*
　ジーバー
　ジーベール
　ズィーバー
Siebern　シーバーン

Siebers　シーバース
Siebert
　シーバート*
　シーベルト
　ジーベルト
　スィーバート
Siebker　スィーブカー
Siebold
　シイボルト
　シーボルト**
　シーボルド
　ジーボルト*
Siebs　ジープス
Sieburg　ジーブルク
Siechert
　ジーシェルト*
　ジーヒェルト
Siecker
　シーカー
　スィーカー
Siedah　サイーダ
Siedeberg
　シードバーグ
Siedell　サイデル
Siedentop
　シーデントップ
Siedentopf
　ジーデントップ
Sieder　ジーダー*
Sief　シエフ
Siefelt　ジーフェルト*
Siefert
　シーファート
　ジーフェルト*
Sieff　シーフ**
Sieffert
　シフェール**
　ジーフェルト
Siefkes　シーフケス
Sieg
　シーグ*
　ジーグ*
　ジーグ
Siegal　シーガル*
Siegbahn
　シーグバーン*
　ジークバーン
　ジーグバーン
Siege　ジーゲ*
Siegel
　シエゲル
　シーガル
　シガル
　ジーゲル***
　ジーゲル**
Siegelbaum
　シーゲルバウム
Siegele　ジーゲレ
Siegelman
　シーグルマン
　ジーグルマン
Siegemund　シグムント
Siegen　ジーゲン
Siegenbeek
　シーヘンベーク
Siegenthaler
　シーゲンターラー
　ジーゲンターラー

　ゼィーゲンターラ*
Sieger　シーガー
Siegert
　シーガート
　ジーガード
　ジーゲルト
Siegfeld
　ジークフェルト
Siegfreid
　シーグフレイド
Siegfried
　ジークフリート
　シーグフリー
　シクフリッド
　シークフリート
　シークフリート*
　シーグフリード*
　シーグフリード***
　ジグフリード
　ジークフリート***
　ジークフリート**
　ジークフリト
　ジーグフリート
　ジーグフリート
　ジーグフリート*
　ジグフリード
Sieghard　ジークハルト
Sieghart
　シガート*
　ジークハルト**
Siegl　ジーグル
Siegle　シーグル
Siegler
　シーグラー**
　ジーグラー*
Sieglien　セズリン
Sieglinde　ジークリンデ
Siegling　ジークリング
Siegman　シーグマン
Siegmeister
　シーグマイスター
Siegmund
　シーグマンド
　ジークムン
　ジークムント**
　ジーグムント
　ズィークムント
　ズィークムント
Siegner　ジークナー
Siegrid　ジークリト
Siegried
　シーグフリード
Siegrist
　シーグリスト
　ジークリスト
　ジーグリスト
Siegwart　シーグワルト
Sieh　シエ
Siehe　ジーエ
Siekei　シェケイ
Siekevitz
　シーケヴィッツ
Siekkinen
　シエッキネン
Siele　シエレ
Sielmann　ジールマン
Sieloff　シーロフ
Siem　シーム

Siemaszko
　シェマシュコ
　シーマズコ
　スィーマスコ
Sieme　シエメ
Siemens
　シーメンス
　シーメンズ
　ジーメンズ**
Siemer　シーマー
Siemes　ジーメス
Siemian　シーミアン
Siemieński
　シェミエニスキー
　シェミエンスキ
Siemion　シェミオン
Siemiradzki
　シェミラツキ
Siemon
　サイモン
　ズィーモン
Siemoniak
　シェモニアク
Siems
　シームズ
　ジームス
Siemssen　ジームセン
Siena
　シェーナ
　シエーナ
　シエナ
Siene
　シエン
　シネ
Sienichkin
　シエニチキン
Sienicki　シエニッキー
Sienkiewicz
　シェンキィウィッチ
　シェンキィウイッチ
　シェンキイウィッチ
　シェンキーウイツ
　シェンキーヴィッチ
　シェンキウィッチ
　シェンキーウィッチ
　シェンキーウイッツ
　シェンキーウィッテ
　シェンキェーウィチ
　シェンキェーヴィチ*
　シェンキェヴィッチ
　シェンキェーヴイッチ
　シェンキェヴィッチ
　シェンキェヴィッチ*
　シェンキェーヴィッチ
　シェンキェビッチ
　シェンキエビチ*
　シェンキエビチ
　シェンキエビチ
　シェンキュイッチ
　シェンケーウイチ
　シェンケウィチ
　シェンケーウイッチ
　シェンケヴィッチ
　シェンケービッチ
　シンケーウィッチ
　シンケビッチ
　センキウィッチ

Sienko シェンコ／シエンコ
Sienna シエナ*／シーナ
Siep ジープ*
Siepi シエーピ／シエピ*
Siepmann シープマン
Sieprawski シェプラフスキ
Sier シーア／シエル
Sieradzki シェラツキ
Sierakowski シェラコフスキ
Sierck ジールク
Sierd シエルト
Sierhuis シーハイス
Sieroszewski シェロシェヴスキ／シェロシェーフスキ／シェロシェフスキ／シェロシェフスキー／シェロシェフスキ／シェロツエウスキ
Sierp ジールプ
Sierpina シエルピナ
Sierpinski シェルピンスキ／シェルピンスキー／シルピンスキー
Sierra シェラ／シエーラ／シエラ***／シエルラ／シーラ
Sieru シエール
Sies シース*
Sietas シエタス／ジータス
Sietsema シェツマ
Sieu シェウ／シエウ
Sieur シュール
Siev シープ／スィープ
Sievänen シヴァネン
Sieveking ジーヴェキング／ジーフェキング
Siever シーヴァー*／シーバー
Sievernich ジーバニッヒ
Sievers シーヴァース／ジーヴァース／シーバーズ／シバーズ／ジーファース

ジーフェルス*／ズィーヴェルス
Sievert シーヴァート／シーベルト
Sieverts ジーバーツ／ジーフェルツ
Sievinen シービネン
Siewert ジーウェルト／ジーヴェルト／ジーベルト
Siewerth ジーヴェルト
Siew Keong シウキオン
Siew Sin シュウシン
Siewsin シューシン
Sieyes シエイエース／シエイエス
Sieyès シィエス／シェイエス／シェイエース／シエイエス／シエーイエス／シエイエス／シエイエス*／シエーエス／シエエス
Sif シフ
Sifa シーファ／シーファー**
Sifakis シファキス*
Sifan シファン
Siff シフ
Siffert シフェール
Siffir シーファー
Sifford シフォード*
Siffred シフレッド／シルフレード
Siffrein シフラン
Sifneos シフニオス／シフネオス
Sifonis シフォニス
Sifounakis シフナキス
Sifry シフリー
Sifton シフトン
Sig シグ**／ジーク
Sigafoos シガフーズ
Sigafoose シガフース
Sigal シーガル／シガル
Sigalevitch シガレヴィッチ
Sigalit シガリット*
Sigalon シガロン
Siganos シガノス

Sigar シーガル
Sigaux シゴー
Sigbjørn シーグビョルン／シグビョルン／シグビヨールン／シグビョーン
Sigbrit シグブリット
Sigcau シカウ
Sigeaki シゲアキ
Sigeberht シゲベルト
Sigebert ジギベルト／ジェベルト
Sigebertus シゲベルトゥス
Sigefrid ジークフリート
Sigel シーゲル*
Sigelman サイゲルマン／シーゲルマン
Siger ジゲルス／シジェ
Sigered シゲレッド
Sigeric シゲリック
Sigerist シゲリスト*／ジーゲリスト／ジゲリスト*
Sigerson シガアスン／シガースン／シガーソン
Sigerus シゲルス
Sigfrid シーグフリード／シグフリト／ジークフリート／ジークフリード
Sigfrido シグフリド
Sigfried ジークフリート*／ジークフリード／ジクフリート
Sigfusson シグフスソン／シグフソン／シッフーソン
Sigfússon シグフースソン／シークフソン／シフフソン
Sigg シッグ
Sigge シッゲ
Siggelkow シグロウ
Siggia シギア
Siggins スィギンズ
Sighard ジークハルト*
Sighel シーゲル
Sighele シゲーレ／シゲレ
Sighvatsson シグヴァトソン

Sigi ジギ
Šigi シギ
Sigida シジダ
Sigisbert ジギスベルト／シジスベール
Sigismond ジーギスムント／ジギスムント／ジーギスモント／ジギスモント／ジジスモン
Sigismondo ジギスモンド／シジスモンド／シジズモンド
Sigismund シイスムンド／シギスムンド／ジーキスムント／ジーギスムント／ジギスムント／ジギスムンド*／ジギマンタス／ジグムント／ジグモンド
Sigiswald シギスヴァルト／ジギスヴァルト*
Sigitas シギタス
Sigizmund シギズムンド
Siglain シグレイン
Sigler シグラー**
Sigman シグマン
Sigmar シグマー／ジグマー*／ジグマール／ジグマル
Sigmund シグマンド**／ジグマンド／シグムント／シグムンド／ジークムント*／ジクムント*／ジグムント**／ジグムンド／ジグモント／ジグモンド
Sigmundur シグムンドゥル*
Signac シニャク／シニャック*
Signe サイン／シグナ／シグニ*／シグニー／シグネ*／シーニュ／シーネ
Signell シグネル
Signe Marie シグネマリエ
Signius シグニウス

Signoles シニョール
Signoli シニョリ
Signore シニョーレ
Signorelli シニョレッリ／シニョレリ／シニョレルリ
Signoret シニョーレ／シニョレ**
Signoretti シニョレッティ
Signori シニョーリ*
Signoribus シニョリブス
Signorile シニョリーレ／シニョリレ*
Signorini シニョリーニ*
Signorino シニョリノ
Signs サインズ
Signy シグニュ
Sigolène シゴレーヌ
Sigona シグゴナ
Sigonio シゴーニオ／シゴーニョ
Sigonis シゴニス
Sigot シゴー
Sigoto シゴト
Sigourney シガーニー**／シガニー*／シゴーニー
Sigrid シーグリ／シグリ／シーグリズ／シークリット*／シークリッド／シーグリッド／シグリット**／シグリット*／ジークリット*／ジークリッド／ジーグリット**／ジクリット／ジグリット／ジグリッド／シーグリド／シグリド／ジークリート*／ジークリト／ジーグリト／ジクリト*／ズィークリト
Sigríður シグリードゥル
Sigrist ジークリスト
Sigrun シーグルン／シグルン／ジーグルン
Sigrún シグルン
Sigsgaard シースゴール
Sigstedt シグステッド

Sigsworth シグスワース
Siguán シグアン
Sigüenza
　シグエンサ
　ジグエンサ
Sigujana スィグジャナ
Sigur シグール
Sigurd
　シーグル*
　ジーグルト
　ズィーグルト
Sigurdardottir
　シグルザルドッティル
Sigurdardóttir
　シーグルザルドッティル
　シグルザルドッティル*
Sigurðardóttir
　シグルザルドッティル
Sigurðardóttir
　シグルザルドッティル
Sigurðr シグルズ
Sigurdsson
　シギュルドソン
　シーグルズソン
　シグルスソン
　シグルズソン
　シグルソン
　シーグルソン
　シグルツソン
　シグルッソン
　シグルドソン
Sigurdur シーグルズル
Sigurður シグロウル
Sigurður
　シーグルズル
　シグルズル
Sigurjon
　シガーヨン
　シガヨーン
Sigurjón シグルヨーン
Sigurjónsson
　シギュルヨウンソン
　シグルヨウンソン
Sigursurörm
　シーグルズル
Sigurveig
　シグルヴェイグ
Sigute シグテ
Sigvard
　シグバード
　ジグバルド*
Sigvatr シーグバト
Sigwart
　ジークヴァルト
　ジクヴァルト
　ジグヴァルト
　ジクバルト
　ジグワルト
Sigworth シグワース
Si-gyun シギュン
Sīha シーハ
Sīhā シーハー
Siham シハム
Sihamoni
　シハモニ*

シハモニー
Sihanouk
　シアヌーク**
　シハヌーク
　シハヌック
Sihasak シハサック*
Sihathor
　サハトホル
　シハトル
Sihavong シハボン
Sihem シヘム
Siheng スハン
Sihine シヒネ
Sihne シエナ
Sihon シホン
Sihvola シボラ
Sihvonen シーヴォネン
Sii シー
Sii Buuraphaa
　シーブーラパー
　シーブラパー
Siid シード
Siidawrwang
　シーダーオルアン
　シーダオルアン
　シーダオルアン
Siifaa シーファー
Siikaniemi
　シーカニエミ
Siilasmaa シラスマ
Siim シーム
Siimann シーマン*
Siimes シーメス
Siimon サイモン*
Siim-Valmar
　シームバルマル
Siirala シーララ*
Siiri シーリ
Siitonen シートネン*
Šijaković シヤコビッチ
Sijbren シーブレン
Sijie
　シージェ
　シージェ**
Sijistānī
　スィジスターニー
Sijll シル
Sik シク*
Sík シーク
Šik シク
Sika シカ
Sikana シカナ
Sikandar
　シカンダール
　シカンダル
　スィカンダル
Sikander
　シカンダー
　シカンダール**
Sikat シーカット*
Sikatana シカタナ
Sike
　シク
　シケ

Sikelianos
　シケリアノス
Siker サイカー
Sikes サイクス
Sikhanyiso シカニソ
Sikharulidze
　シハルリジェ*
　シハルリゼ
　シハルリドゼ
Siki シキ
Síki シキ
Šikić シキッチ
Sikiru スィキル
Sikking
　シッキング
　スィッキング
Sikkīt スィッキート
Sikolova シコロワ
Sikora シコラ*
Sikorski
　シコースキー*
　シコルスキ
Sikorsky
　シコルスキー*
Siks シックス
Sikua シクア
Šikula シクラ
Sil
　シル
　ジル
Sila
　シーラ
　シラ
　ジラー
Sīlabhadra
　シーラバドラ
Sīlāditya
　シーラーディティヤ
Silaev
　シラーエフ*
　シラエフ
Silaghi シラギ
Silâhtar
　スィラーフタル
Silai シライ
Silajdžić
　シライジッチ**
Silalahi シララヒ
Silamu スラム
Silang
　シラン
　シラング
Silaniōn
　シーラーニオーン
　シラニオン
Silanus シラヌス
Silard シラード
Silas
　サイ
　サイラス*
　シーラス*
　シラス
　シルワノ
Silatolu シラトール
Sīlavat シーラヴァット
Silavong シラボン
Silbanos シルバノス

Silber
　シルバー
　ジルバー
Silberberg
　シルバーバーグ
Silberbusch
　ジルバーブッシュ
Silberg シルバーグ
Silberger シルバーガー
Silberholz
　シルバーホルズ
Silberling
　シルバーリング
Silberman
　シルバーマン**
　シルベルマン
　ジルベルマン
Silbermann
　シルバーマン
　ジルバーマン*
　ジルバマン
　シルベルマン
　ジルベルマン
Silbernagl
　シルバーナグル
　シルビールナグル
Silberschatz
　シルバーシャッツ
Silberstein
　シルバーシュタイン
　シルバースタイン
　シルバスタイン
Silberstone
　シルバーストーン
　シルバーストン
Silberzweig
　シルバーツヴァイク
Silbiger シルビジャー*
Silcher
　ジルハー
　ジルヒャー
　ジルヘル
Silcocks シルコックス
Silcox シルコックス*
Sile シル
Sileck シレック
Silei シレイ
Silen サイレン
Silentiarius
　シレンティアーリウス
　シレンティアリウス
　シレンティアリオス
Sileoni シレオニ
Siler サイラー**
Siles シレス*
Sileshi シレシ
Silesius
　シレージウス
　シレシウス
　シレジウス
　ジレジウス*
　ジレジウス
Sileua シールア
Silex
　ジレッキス
　ジレックス
Sileye シレイ
Silf シルフ

Silge シルジ
Silguy
　シルギー
　シルギューイ
　シルギュイ*
Silhouette シルエット
Siliga シリガ
Silikiotis
　シリキオティス
Silin シリン
Silina シリニャ
Silinga シーリンガ
Silins シリンス*
Siliotti シリオッティ*
Silius
　シーリウス
　シリウス
Silivanskaya
　シリワンスカヤ
Silivas シリバシュ
Siliya シリヤ
Silja
　シリア
　ジーリア
　シリヤ
　ジリヤ
Siljander シルヤンデル
Silje
　シルエ
　セリア
Siljeström
　セールェストリューム
Silk シルク**
Silke
　シルカ
　シルケ**
　ジルケ*
Silkenat シルケナート
Silkin シルキン**
Silkk シルク
Silko
　シルコー*
　シルコウ**
Silkwood シルクウッド
Sill シル*
Silla
　シイラ
　シラ
Sillah シラー
Sillamy シラミー
Sillani シッラーニ
Sillanpää
　シッランパー*
　シッランパア
　シッランパア
　シッランペー
　シランパー
　シランペー
　シルランペー
　シルランペエ
Sillari シラリ
Sille シレ
Sillén シレーン
Siller シラー
Silli シルリ
Sillick シリック

Silliman シリマン*
Silliphant
　シリファント*
Sillitoe
　シリットー
　シリトー***
Sillon シヨン
Sills
　シルス
　シルズ**
Sillseng シルセング
Silly シリー
Silnov シルノフ**
Silo シロ
Siloé シロエ
Silone
　シローネ*
　シロネ
Silonis シロニス
Silouane シルワン
Silpa Archa
　シラパアチャ
Silpa-archa
　シンラパアーチャ
Silpaarcha
　シンラパアーチャ**
Silpaarchaa
　シルパーアーチャー
Siltala シルタラ
Siluanov シルアノフ
Silupa シルパ
Silva
　シウヴァ
　シウバ**
　シルヴァ***
　シルハ
　シルバ***
　シルワ
Silvain
　シルヴァン
　シルバン
Silvan
　シルヴァン*
　ジルヴァン
　シルバン
Silván シルヴァン
Silvana
　シルヴァーナ**
　シルヴァナ
　シルバーナ*
Silvani シルヴァーニ
Silvano
　シリヴァーノ
　シルヴァーノ*
　シルヴァノ
　シルバーノ*
Silvanskii
　シリヴァーンスキー
　シリヴァンスキー
　シリヴァーンスキィ
　シルバンスキー
Silvanus
　シルヴァーヌス
　シルヴァヌス
Silveira
　シルヴェイラ*
　シルベイラ**
Silveiro シルベイロ

Silver
　シルヴァ
　シルヴァー**
　シルヴェ
　シルバー**
Silverberg
　シルヴァーバーグ*
　シルヴァバーグ
　シルヴァベルグ
　シルバーバーグ**
　シルババーグ*
Silverblatt
　シルバーブラット*
Silvère シルベール
Silverio
　シルヴェリオ**
Silvério シルヴェリオ
Silverius
　シルウェリウス
　シルヴェリウス
Silverlock
　シルヴァーロック
Silverman
　シルヴァーマン*
　シルヴァマン*
　シルバーマン**
Silvers
　シルヴァース
　シルヴァーズ
Silversides
　シルヴァーサイズ
Silversmith
　シルバースミス
Silverstein
　シルヴァースタイン*
　シルヴァスタイン
　シルヴァーステイ
　シルバーシュタイン
　シルバースタイン*
　シルバスタイン*
　シルバーステイン
Silverstone
　シルヴァーストウン
　シルヴァーストーン
　シルバーストーン**
　シルバーストン
Silverthorne
　シルバーソーン
Silverton
　シルヴァートン
　シルバートン
Silvertooth
　シルバートゥース
Silvertown
　シルバータウン*
Silverwood
　シルバーウッド
Silvester
　シルヴェスタ
　シルヴェスター*
　シルウェステル
　シルヴェステル
　シルベスタ
　シルベスター**
　シルベステル
Silvesti シルヴェスティ
Silvestr
　シリヴェストル
　シルヴェストル

Sil'vestr
　シリヴェーストル
　シリヴェストル
　シリベストル
Silvestre
　シルヴェストル**
　シルヴェストレ
　シルベスター
　シルベストル
　シルベストレ
　ジルベストレ
Silvestri
　シルヴェストリ*
　シルベストリ
Silvestrin
　シルヴェストゥリン
Silvestrini
　シルヴェストリーニ
Silvestris
　シルヴェストリス
　シルヴェストリス
Silvestro
　シルヴェストロ
Silvestrov
　シルヴェストロフ
Sil'vestrov
　シリヴェストロフ
Silvia
　シルウィア
　シルヴィア**
　ジルヴィア
　シルビア*
　ジルビア
Sílvia シルビア*
Silvie シルヴィ
Silvina
　シルヴィーナ
　シルビナ
Silvinho
　シルヴィーニョ
Silvino
　シルビーノ
　シルビノ
Silvinus シルウィヌス
Silvio
　シルヴィオ***
　シルビオ**
Silviu
　シルヴィウ*
　シルヴュ
　シルビウ
　シルビュ
Silvius
　ジルヴィウス
　ジルビウス
Silvo シルヴォ
Silvy シルヴィー
Silwamba シルワンバ
Silych
　シールイチ
　シルイチ
　シルイッチ
Silyn シリン
Silzibul シルジブール
Sim
　シ
　シム***
　シン*
　スィム
　スム

Sima
　シーマ
　シマ**
　ジーマ
Simagina シマギナ
Simai シマイ
Simaika シマイカ
Simak
　ジーマク
　シマック**
Simal シマル
Siman サイマン*
Simancek シマンセク
Simandle シマンドル
Simándy シマンディ
Simanek シマネク
Simanga シマンガ
Simango シマンゴ
Simanovich
　シマノウィッチ
Simanowitz
　シマノヴィッツ
Simanski シマンスキ*
Simao シマン
Simão シモン
Simão
　シマン
　シモン**
Simard
　シマー*
　シマール
Simari シーマリ
Simart シマル
Simashev シマショフ
Šimašius シマーシュス
Simatupang
　シマトゥパン***
Simaví シマーヴィー
Simba
　シムバ
　シンバ
Simbachawene
　シンバチャウェネ
Simbao シンバオ
Simbar シムバル
Simbarashe
　シンバラシェ
Simberg シンベリ
Simbine シンビネ
Simblet シンブレット
Simbolon スィンボロン
Simborg シンボーグ
Simbu シンブ
Simbulan シンブラン
Simburan シンブラン
Simbyakula
　シンブヤクラ
Simcha シンハ
Simchenko
　シムチェンコ
Simchi スミチ*
Simcoe シムコー
Simcox
　シムコクス
　シムコックス

Sime
　サイム
　シーム
　シム
　シメ
Šime シメ
Simeen サィミーン
Simek シメック
Šimek シメク
Simel サイメル
Simelane
　シメラネ
　シメラメ
Simelum シメルム
Simen シメン
Simenauer
　シムナウアー
Simenon
　シムノン**
　シムノン
Simens シモンズ
Simeon
　シミオン
　シメオニ
　シメオーン
　シメオン***
　シモン
　シュメオーン
　シュメオン
　セミョーン
Simeón
　シメオーン
　シメオン
Siméon シメオン*
Simeona シメオナ
Simeone シメオネ**
Simeoni
　シメオーニ
　シメオニ
Simeonov シメオノフ*
Simeonsson
　シメオンソン
Simes サイムズ
Simh
　シング
　スィンフ
Siṃh スィンフ
Simha シムハ
Simhon シムホン
Simi シミ
Simiand シミアン
Simias シーミアース
Simic
　シミーッ
　シミック**
　シミッチ
Simici シミッチ
Simicskó シミチコー
Simien シミエン
Si-min
　シミン
　スーミン
Simin スィーミーン
Sīmīn スィーミーン*
Siminovich
　シミノヴィッチ

Siminovitch シミノヴィッチ
Simion シミオン
シミオン
シミオン
スミオン
Simionato シミオナート**
Simione シミオーネ
Simionov シミオノフ
Simis サイミス
Simitab シミタブ
Simiti シミティ
Simitis シミティス**
Simkhovitch
シムコヴィッチ
シムコビッチ
シムホヴィチ
シンコーヴィッチ
シンコヴィッチ
Simkin シムキン**
Simkins シムキンズ
Simko シムコ
Šimko シムコ
Šimkutė
シムクーテ
シュムクーテ
Simler
シムラー
ジムラー
シムレール
Simm シム
Simma シンマ
Simmel
ジムメル
ジンメル***
Simmelink
ジンメルリンク
Simmelpenninck
シンメルペニンク
Simmen
ジマン*
シメン
ジーメン
シメン
Simmerling
シメルリング
Simmert ジンメルト
Simmias
シミアス
シンミアス
Simmonds
シモンズ**
シモントス
シンモンド
Simmons
シモン
シモンズ***
セメンズ
Simms
シムス
シムズ**
スィムス
Simmy シミー
Simnānī
スィムナーニー
Simnel シムネル

Simo
サイモ
シモ*
Simó シモ
Simocattes
シモカッテス
シモカット
シモカテース
シモコッタ
Simoens シモーンズ
Simoes
シモエス
シモエンス
Simões
シモエス
シモエンス
シモンイス
シモンエス*
Si Mohamed
シモハメド
Simokattēs
シモカッテス
Simom サイモン
Simon
サイモン***
シーメン*
シーネ
シーモン**
シーモン
シモン***
ジーモン***
ジモン**
シュイモン
ズィモン
スウィモン
Simón シモン**
Simōn シモン
Šimon シモン
Simona
シモーナ**
シモナ**
Simonas シモナス
Simoncelli
シモンチェリ**
Simoncic シモンチッチ
Simoncini
シモンチーニ
Simond シモンド
Simondon
シモンドン**
Simonds
サイモンズ
シモンズ*
Simone
サイモン
シモオヌ
シモーヌ***
シモーネ***
ジモーネ*
シーモン
シモーン**
シモン**
Simoneau
シモーノ
シモーノ*
Simoneit ジモナイト
Simonella シモネッラ
Simonelli シモネルニ

Simonenko
シモネンコ*
Simonet
シモネ
シモネー
Simonett シモネット
Simonetta
シモネッタ**
Simonette シモネット
Simonetti
シモネッティ**
Simonetto シモネット
Simoni
シモーニ**
シモニ
Simonić シモニッチ
Simónidés
シモーニデース
シモーニデース
シモニデス
Simōnidēs
シモーニデース
シモニデス
Simonin シモナン
Simonini シモニーニ
Simonis
シモニス
ジモーニス*
ジモニス*
Simonis dze
シモニスゼ
Simonise シモナイズ
Simoniti シモニティ
Simonne
シモーヌ
シモーン
シモンヌ*
Simonnet シモネ*
Simonnot シモノ
Simonoff シモノフ*
Simonon サイモンオン
Simonov
シーモノフ**
シーモノフ
Šimonović
シモノビッチ
Šimonovský
シモノフスキー
Simons
サイモンズ**
シモン
シーモンス
シモンス
シモンズ**
ジーモンス
ジモンス
Simonsen シモンセン
Simonson
サイモンスン
サイモンソン
シモンソン*
Simonsz.
シモンスゾーン
Simont
サイモン
サイモント*
シマント
シーモント**

シモント
Simontacchi
サイモンタッチ
Simonton
サイモントン*
シモントン
Simonyi
サイモニー
シモーニ
シモニ
Šimonytė シモニテ
Simoons シムーンズ*
Simor シモル
Simosko シモスコ
Simović シモビッチ
Simpère サンペール*
Simpkins
シンプキンス
シンプキンズ
Simplice サンプリス
Simplicianus
シンプリキアーヌス
シンプリキアヌス
Simplicius
シンプリキウス
Simplikios
シムプリキオス
シンプリキオス
Simplot シンプロット*
Simpsom シンプソン
Simpson
シムソン
シムプソン
シンプスン*
シンプソン***
Simran シムラン
Simrock
ジムロク
ジムロック
Simryn シムリン
Sims
シムス*
シムズ***
Simsa シムサ
Simsek シムセク
Şimşek シムシェキ
Simsic シムシック
Simsion シムシオン*
Simson
シムソン**
ジムソン
ジムゾン
シンプソン
Simu シム*
Simuang スィームアン
Simukka シムッカ**
Šimun シムン
Simundsson
スィムンズソン
Simunic シムニッチ
Simunich シムニック
Simy シミー
Sin
シン***
スィン*
ズィン

スエン
Sîn
シン
スィン
スエン
Sina
シーナー
シナ
Sīnā
シーナ
シーナー
シナ
スィーナー
Sinagra シナグラ
Sinagub シナグブ
Sinai
サイナイ*
シナイ*
Sinaisky シナイスキー
Sinaítēs シナイテース
Sinakharinthra
シーナカリン
Sinali シナリ
Sinamenye シナメニエ
Sinan
サイナン
シナーン
シナン***
スィナン
Sinān
シナン
シナーン
Sinanis シナニス
Sinankwa シナンクワ
Sinanoğlu シナノール
Sinapi シナピ
Sinasi
シナーシ
シナーシー
シナースィ
Şinâsî シナースィー
Sinason シナソン
Sinatambou
シナタンブー
Sinatra シナトラ***
Sinatruces
シナトルケス
Sinawatra シナワット
Šinayyâ シナヤ
Sinbādh スィンバーズ
Sincai シンカイ
Şincai シンカイ
Sincar シンジャル
Sincero シンセロ
Sinchi シンチ
Sinckler シンクラー
Sinclair
サンクレール*
シンクレーア
シンクレア***
シンクレアー
シンクレェア
シンクレヤ
Sinclaire シンクレア
Sinclare シンクレア
Sincraian シンクレアン

Sindabizera シンダビゼラ
Sindelar シンデラー
Sindell シンデル
Sinden シンデン* スィンデン
Sindermann シンダーマン* ジンダーマン*
Sindes シンデス
Sindeu サンドゥ
Sindhia シンディア スィンディア
Sindhu シンドゥ
Sindimwo シンディムオ
Sinding シンディング
Sindiwe シンディウェ**
Sindler シンドラー
Sindok シンドック
Sindona シンドーナ
Siné シネ*
Sinead シニード シネイド シンニード
Sinéad シニード シンニード*
Sineau シノー
Sinek シネック
Sinel'nikov シネルニコフ
Sinelnikova シネリニコヴァ
Sinencio シネンシオ
Siner サイナー
Sinetar シネター*
Sinfeitcheou シンフェイチェウ
Sinfield シンフィールド*
Sinfjötli シンフィヨトリ
Sinforiano シンフォリアーノ
Sing シン* シング*
Singālaka シンガーラカ
Singalapitar シンガーラピタ―
Singamangaraja シンガマンガラジャ
Singarārya シンガラーリヤ スィンガラーリヤ
Singay シンゲイ
Sing-chi シンチー* センチー
Singeo シゲオ

Singer サンジェ サンジェール シンガー*** ジンガー* シンゲル ジンゲル スィンガー*
Singerman シンガーマン
Singh サイン シン*** シンガ シング* シングー シンハ スィン スィング スィン・ジ スィンフ
Singha スィング
Singhal シンガル シンハル
Singhamat シンハマット
Singhania シンガニア シンハニア
Singhateh シンガーテ
Singhatey シンガテ
Singhi シンイ
Singier サンジエ
Singkhamanan シンカマナン*
Singler ジーグラー シングラー
Singleton シングルトン***
Singmanassuk シンワンチャー*
Singmaster シングマスター
Singson シンソン
Singto シントー
Singu シンガー
Singul シングル
Singular シンギュラー
Singwancha シンワンチャー*
Singye シンゲ** センゲ
Sinh シン* スィンフ
Sinha シンハ** シンハー
Sin Hang シンハン
Sinharay シンハライ
Sini シーニ シニ*
Siniac シニアック*

Siniaková シニアコヴァ
Siniavskii シニャフスキー シニャーフスキイ
Siniawer シナワ
Sinibaldi シニバルディ
Sinibaldo シニバルド
Sinicrope シニクローブ
Sinigaglia シニガーリア シニガリア シニガーリャ
Sinikka シニッカ
Sinimberghi シニンベルギ
Siniora シニオラ** セニオーラ
Sinios シニオス
Sinis シニス
Sinisa シニサ シニシャ*
Siniša シニシャ
Sinisalo シニサロ**
Siniscalco シニスカルコ
Sinisgalli シニズガッリ*
Sinishin シニシン
Sinistrari シニストラリ
Sinith シニット
Sinitta シニータ
Sinjavskij シニャフスキー
Sink シンク
Sinkel ジンケル
Sinkevičius シンケビチュス
Sinkfield シンクフィールド
Sinkgraven シンクフラーフェン
Sinko サンコ シンコ
Sinkovic シンコビッチ
Sinković シンコヴィッチ シンコビッチ
Sinkovits シンコヴィッチュ
Sinlavong シンラウォン
Sinn シン
Sinna シンナ
Sinnaeve シンナーイーヴ
Sinnamon シナモン
Sinnatamby シンナタムビ
Sinnathamby シナサンビー
Sinnemäki シンネマキ
Sinnichius シニキウス

Sinning シニング
Sinnott シノット
Sinnotte シノット
Sinnreich シンレイ シンレイチ
Sin-nui シェンニュイ
Sinodinos シノディノス
Sinofsky シノフスキー
Sinoir シノアール
Sinolicka シノリッカ
Sinon シノン
Sinopoli シノーポリ** シノポリ
Sinoue シヌエ
Sinoué シヌエ
Sinouh シヌー
Sinoussi シヌシ*
Sinowatz ジノヴァッツ ジノヴァッツ ジノワツ** ジノワッツ
Sinoway シノウェイ
Sinphet シンペット
Sins シンズ
Sinskey シンスキー
Sint シン シント
Sintavanarong シンタワナロン
Sintek シンテック
Sintenis シンテニス ジンテニス
Sintès サンテス
Sinthavong シンタウォン
Sinton シントン
Sintow シントゥ*
Sintsov シンツォーフ
Sin-uballiṭ サンバラテ サンバラト
Sinunguruza シニュングルザ シヌングルザ
Sinyavskii シニャフスキー*
Sinyavsky シンヤフスキー
Sinz ジンツ
Sinzheim ジンツハイム
Sinzheimer ジンツハイマー*
Sinzig ジンツィヒ
Sio シオ
Sioban シオバン
Sioberg ショーバーグ
Siobhain シヴォーン
Siobhan シヴォーン*

ショーバン
シオバーン
シオバン
シボーン*
シボン
シュボーン
ショーハン
ショーバン
Siobhán シヴォーン
Siobhan-Marie ショボーンマリー
Siobhaun シボーン
Siodmak シオドマク ジオドマク シオドマック
Siohan シオアン ショアン
Sioka シオカ
Sion シオン*
Sión シオン
Sione シオーネ シオネ シオン
Siong Kie シオンキ
Sionil シオニール* ショニール
Sionita シオニタ
Sionnet シオネ
Siordia シオルディア
Siorpaes ジオーパエス
Siosaia シオサイア
Siosiua シオシウア
Sioufas シウファス
Sioutas シオウタス
Sioux スー
Siow Yue シオユエ
Sip シップ
Sipahi シパイ
Sipakeli シパケリ
Sipal シパル
Sipaseuth シパスート
Sipe サイプ
Sipeli シペリ
Siphamdone シパンドン
Siphandon シパンドン
Siphandone シーパンドーン シーパンドン シパンドン**
Sipherd シィファード
Siphiwe シフィウェ*
Siphiwo シフィウォ*
Sipho シボ シボー
Sipi シピ
Sipihr スィピヒル
Sipilä シピラ***
Sipin シピン*

Sipiora シピオーラ	Sirāju'd-Dīn スィラージュッディーン	Sirimala シリマラ*	スルマ	シシンニウス
Sipke シプケ		Sirimanda シリマンダ	Sirmans サーマンス	Sisk シスク*
Siple サイプル サイブル	Sirak シラク	Sirimanna シリマンナ	Sirmond シルモン	Siska シスカ
	Sirakov シラコフ	Sirimannna シリマンナ	Sirnik シィルニーク	Siskel シスケル
Sipp シップ	Sirani シラーニ	Sirimat シリマット	Sirois シノワ	Siskin シスキン
Sippala シッパラ	Siranidis シラニディス*	Sirimavo シリマウォ シリマヴォ シリマボ**	Sirojidin シロジジン	Siskind シスキン シスキント シスキンド*
Sippel ジッペル			Siroka シロカ	
Sippelren シッペルレン	Sirat シラト		Siroker シロカー	
	Sirazhdinov シラジディーノフ		Siroky シロキー	Sisler シスラー*
Sippie シッピー		Sirimitta シリミッタ	Široký シロキー	Sisley シズリ シスレ シスレー*
Sippl シップル		Sirimongkol シリモンコン*	Sironi シローニ*	
Sipra シプラ	Sirbu ザルブ シルブ*	Sirimongkolkasem シリモンコンカセム	Sirop シロ	
Si Prat シープラート			Sirota シロタ**	
Sipser シブサ シブサー	Sirc サーク		Sirotka シロトカ	Sisman シスマン シスマン*** シズマン
	Širca シルツァ	Sirin シーリン シリン*	Sirotnik シロトニック*	
Siptah サプタハ シプタハ	Sirch シルハ ジルヒ		Sirower シロワー	
		Sirindhorn シリントン*	Sirowitz シロウィッツ	Šišman シシマン シシュマン
Siptey シプティ	Sirchia シルキア		Sirpa シルパ	
Siqin スチヌ スーチン	Sirdeshpande サーデシュパンデ	Sirinelli シリネッリ	Sirr サール	Sismanoglu シシュマノール
		Siripala シリパラ	Sirri シリ シリー	
Sique シーケ	Sirdofsky シドフスキー	Siriporn シリポン		Sismondi シスモンディ
Siqueira シケイラ**	Sire シール	Sirisena シリセナ*	Sirridge シリッジ	Siso シソ
Siqueiros シケイロス シケイロス*	Sireau シロ	Siriśēna シリセーナ	Sirus シルス	Sisodia シソーディア* シソディア
	Siredoumbouya シレドゥンブヤ	Sirish シリシュ	Sirvaitis サーバイティス	
Siqueland シークランド	Siregar シレガル	Sirisingha シリシング		Sisomphon シーソムポーン
		Sirius シリアス	Sirven シルヴァン* シルバン	Sisomphone シーソムポーン
Siquio シキオ	Siren シレン シレーン** シレン	Sirivaddha シリヴァッダ		
Sir サー* シール* シル ソル		Sirivadhanabhakdi シリワタナバクディ	Širvydaitė シリビーダイテ	Sison シソン*
	Sirerusa シレッサー			Sisouk シスーク*
	Siret シレ	Sirivathanaphakdee シリワッタナバックディー	Sis シス**	Sisoulath シースラート
	Sirett シレット		Sís シス	Sisoulith シスリット*
	Sirfi シルフィ	Sirivimon シリビモン	Sisak シーサック	Sisovath シソワット
Sira シラ	Sirgay サーゲイ	Sirivlya シリヴィャ	Sisakian シサキャン	Sisowath シソワット*
Sīrāfi スィーラーフィー	Sirgy サージー	Sirivudh シリウッド シリブット*	Sisamouth シサモット	Sisqo シスコ*
Siragusa シラグーサ シラグーザ* シラグサ	Sirhan サーハン		Šišaq シシャク	Sissako シサコ
	Sirhindī シルヒンディー	Siriwat シリワット*	Sisara シセラ	Sissaouri シサクーリ シッサウリ
	Siri シーリ シリ**	Siriwatthanaphakdi シリワッタナパクディー	Sisask シサスク	
Sirah シラー			Sisavangvong シー・サワン・ウォン シーサワンウォン スィサヴァンウォン	Sissel シセル*
Siraj シラージ シラジ				Sissela シセラ*
	Siriako シリアコ	Siriyakorn シリヤゴーン		Sissi シッシ
	Siribounnyasan シリブンニャサーン			Sissle シスル
		Sirjamaki サージャマキ	Sisavat シサワット**	Sissoco シソコ
Sirāj スィラージ	Sirica シリカ	Sirje サージェ	Sisavath シサワット	Sissoko シソコ*
Sirāj al-Dawla スィラージュッダウラ	Sirichai シリチャイ	Sirk サーク**	Sisaveuy シーサベイ	Sisson シソン* シッソン*
Sirājī スィラージー	Siricius シリキウス	Sirke シルケ	Sischy シシー シシィ	
Sirāju スィラージュ	Sirico シリコ	Sirkin サーキン		Sissons シソンズ
Sirāju'd スィーラージ・ウッ	Sirieix シリエ	Sirkka シルカ	Sisco シスコ**	Sissy シシー* シッシー
	Sirifo シリフォ	Sirkka-Liisa シルッカリーサ	Sisebut シセブト	
Sirāju'd-Daulah シーラージ・ウッダウラー シラージ・ウッダウラ シラージュ・ウッダウラ シラジュドウラ スィーラージ・ウッダウラー スィーラージュッ・ダウラ	Sirigu シリグ	Sirkkaliisa シルッカリーサ	Sisemore サイズモア	Sistani シスターニ* スィースターニー
	Sirik シリク		Sisenand シセナンド	
	Sirika シリカ	Sirle シルール	Sīsenna シセンナ	Sister シスター**
	Sirikaew シリケーオ	Sirleaf サーリーフ*	Sisi シーシ シシ*	Sistere システレ
	Sirikamfu スィリカムフー	Sirles サーレルズ		Sisti システィ
	Sirikit シリキット	Sirleto シルレト	Sisikin シツシキン	Sisto シスト
	Sirik Matak シリクマタク	Sirlin ジュルリン ジルリン	Sising シジン	Sisulu シスル**
	Sirikul シリクン		Sisinnios シシンニオス	
	Sirikunchoat シリクンショト	Sirma シルマ	Sisínnios シシニオス	Sīsupacālā シースパチャーラー
			Sisinnius シシニウス	Siswadi シスワディ

SIS

S

Siswono シスウォノ	Sitlakone シッタラコーン	Śivāditya シヴァーディティヤ	Siwertz シーウェルツ シーヴェルツ	Sjaak シャーク
Siswoto シスワト	Sitney シトニー	Sivaji シヴァージ*		Sjahrir シャフリル シャリル
Sisygambis シシュガンビス	Sitnin シトニン	Sivak シワク	シベルツ	Sjarel シャレル
Sisyphos シシュフォス	Sito シート	Sivakov シワコフ	Siwichai シーウィチャイ	Sjarifuddin シャリフディン
Sit シット	Šito シト	Sīvali シーヴァリ	Siwisanwaca シーウィーサンワーチャー	Sjech シェク
Sita シーター シタ ジータ ジタ*	Sitoe シトー	Sivalingam シバリンガム		Sjef シェフ
	Sitomer シトマー	Sivan シヴァン* シバン	Siwoff シーウォフ	Sjeng シェング
	Sitor シトル**		Si-won シウォン*	Sjoberg シェーベルイ シューベルイ ショウバーグ ショバーリ ショーベリ
	Sitre サトラー シトレー	Sivananda シヴァーナンダ シバナンダ*	Siwon シウォン	
Sītā シータ シーター スィーター			Six シクス シックス	
	Sitri シトリ	Sivani シヴァーニー		
	Sitricson シトリクソン	Śivānī シヴァーニー	Sixakeko シタイケコ	
Sitadev シタデビ	Sitt シット	Sivaprasad シヴァプラサード	Sixkiller シックスキラー	Sjöberg シェーベリ シェーベルイ* シャーバリ ショーベリ ショーベリー スエルバーグ
Sitaheng シタヘン	Sitta シッタ		Sixsmith シックスミス	
Sitaldin シタルディン	Sittard ジッタルト	Sivar シーヴァル		
Sitalkēs シタルケス	Sitte ジッテ*	Sivaraksa シワラック*	Sixt ジクスト	
Sitānī スィースターニー	Sitter シッター* ジッター シッテル		Sixten シクステン*	
		Sivaram シバラム	Sixtinus シクスティヌス	
Sitar シタル		Sivasubramanian シバスプラマニアン		
Sitaram シタラム**	Sitthichai シティチャイ		Sixto シクスト**	Sjöblom シェーブロム
Sitāramayyā スィーターラマイヤー	Sitthisak シットイサク	Siveking ジーヴェキング	Sixtus シクスタス シクスツス シクストゥス ジクストゥス	Sjödelius シェデリウス
Sitaryan シタリャン	Sitting シッティング	Sivell シヴェル		Sjoeberg ショーベリ*
Sitaula シタウラ	Sittipunt シティパン	Sivell-Muller シヴェルミュラ		Sjoerd シュールト
Sitaulmann シトゥールマン	Sittirak シティラック			Sjoerds シューアツ
Sitbon シトボン	Sittner ジットナー	Siven スィーベン		Sjögren シェーグレン ショーグレン ショーレン
Sitch シッチ	Sitton シットン	Sivers シヴァース	Sixx シックス	
Sitchin シッチン**	Sittow シットウ シトウ	Sivertsen シーベルトセン*	Siya シヤ	
Siterman シターマン		Sivertson サイバートソン	Siyaad スィヤード	
Sites サイツ* サイト			Siyabonga シアボンガ シヤボンガ	Sjoholm スジョホルム
	Sittser シッツァー	Sivertzen シベルツェン		Sjölander ショーランデル
	Si tu シトゥ	Sivesind シヴェシンド		Sjölin ショーリン ショリン
Sitha シータ	Situmbeko シトゥムベコ	Siveter シヴェター	Siyāh スィヤーフ	
Sithanen シタネン	Situmorang シトゥモラン**	Sivi シヴィ	Siyam シヤム	
Sithar シタル		Sivia シヴィア シビア	Siyambalapitya シヤンバラピティヤ	Sjolund スヨリュンド
Sitharaman シザラマン シタラマン	Sitwell シットウェル** シトウェル		Siyam Siewe シヤムシウェ	Sjöman シェーマン* ソジョマン
		Siviglia シヴィーリア		
Sithembiso シテンビソ	Sitzani シッツァーニ スィッツァーニ	Sivin セビン	Siyan シアン	
Sither シザー*		Sivisay シヴィサイ	Siyanon シーヤーノン	Sjoqvist ショークヴィスト
Sithoar シスオー*	Sitzberger シュツバーガー	Sivittaro シヴィッターロ シビッターロ	Siyāt スィヤート	Sjöqvist シュークヴィスト ショークビスト
Sithole シトレ*			Siyavosh スィヤワシュ	
Sithong シトン		Sivko シフコ	Siyāvosh シヤーヴォシュ	Sjøqvist ショークヴィスト
Sithsamerchai シスサマーチャイ*	Sitzer シッツァ	Sivori シボリ*	Siymoor セイモア	
Siti シィティ シティ***	Sitzman シッツマン	Sivprasad シヴプラサード	Si-yoon シユン	Sjöstedt ジョステッド
	Sitzmann シッツマン		Siyoung シヨン	Sjöstrand シェーストランド* スジョストランド
Sitisoemandari シティスマンダリ	Siu シウ シュウ スウ	Śivprasād シヴプラサード	Si-yuan スーユアン	
		Sivri シブリ	Siza シーザ* シザ*	Sjostrom ショーストロム スジョストローム
Sitiveni シティベニ*		Sivtsev シフツェフ		
Siti Zaharah シティザハラ	Siudek シュデク	Sivutha シヴォッター	Size サイズ	Sjöström シェーストレーム シェーストレム シェーストレーム シェストレム ショーストレーム ショーストレム* スヨストローム
Sitkei シトケイ	Siukosaari シウコサーリ	Siwan シワン	Sizemore サイズモア***	
Sitki ストゥク	Siune シウネ	Siwanowicz ジヴァノヴィッツ	Sizer サイザー	
Sitkovetskii シトコヴェツキー* シトコベッキー	Siupo シウポ		Sizeranne シザラン シズランヌ*	
	Siu-tung シウトン*	Siwar スワル		
Sitkovetsky シトコヴェツキー	Siu Yan シュウヤン	Siwara シーワラー		
	Siv シヴ* シーブ シブ	Siwer シヴァー シバー	Sizova シゾーヴァ シゾーワ*	Sjouwerman ソーワマン*
Sitkovsky シトコフスキー				
	Siva シヴァ		Sizzla シズラ	

Sjovall ショヴァール
Sjövall ショバル
Sjöwall
　シューヴァール***
　シュヴァル
　シューバル
Sjraar シラール
Sjuggerud ジュガード
Sjuman シュマン
Ska スカ
Skaar スカール
Skaardal スカーダル
Skabelund
　スキャブランド
　スケーブランド
Skabichevskii
　スカビチェフスキー
Skabo スカボ
Skachko スカチコ
Skachkov
　スカチコーフ*
Skaer スケア
Skafa スカーファ
Skaff スカフ
Skagestad
　スカーゲスタード
Skaggs
　スカッグス
　スキャッグス
　スキャッグズ
Skagon スカーゴン
Skah スカー
Skaidrite スカイドリテ
Skakoon スカクーン
Skakun
　スカクン*
　スケイキン*
Skal スカル*
Skala スカラ*
Skalbe スカルベ
Skal bzan ケサン
Skal-bzaň
　カルサン
　ケサン
Skalbzan ケサン
SKal bzang ケサン
Skal-bzang ケサン
Skaldina
　スカルディーナ
　スカルディナ
Skalén スカーレン
Skalias スカリアス
Skálička スカリチカ
Skalkotas
　スカルコッタス
Skallagrímsson
　スカットラグリームソン
　スカトラ・グリムソン
　スカトラグリムソン
　スカリラグリムソン
SKal ldan ケルデン
Skalli スカリ
Skalski スカルスキ
Skalsky スカルスキー

Skammelsen
　スカメルセン
Škampa シュカンパ
Skanåker スカナケル
Skanda スカンダ
Skandagvpta
　スカンダグプタ
Skandalidis
　スカンダリディス
Skandar スカンダル
Skansholm
　スカンショルム
Skantar スカンタル
Škantár
　シュカンタール
　スカンタル
Skarbek スカーベク
Skard
　スカード
　スカール*
Skarda スカーダ
Skardino スカルディノ
Skare スカーラ
Škare Ožbolt
　シュカレオジュボルト
Skarga スカルガ
Skargon スカーゴン
Skari スカリ*
Skarlatos スカラトス
Skárméta
　スカルメタ**
Škaro スカロ
Skarphedinsson
　スカルプヘイジンソン
Skarpnord
　スカルプノルド
Skarr スカール
Skarra スカッラ
Skarsgard
　スカルスガルド
Skarsgård
　スカシュゴールド
　スカルスガルド
　スカルスゲールド*
Skarstad
　スカルスタッド
Skarvad スカルバッド
Skarvik
　スカーヴィック
Skat
　スカット
　スカート
Skate
　スケイト
　スケート**
Skatkin スカートキン
Skaug スカウグ
Skea スケア
Skeaping スキービング
Skeat スキート*
Skeath スケース
Sked スケッド*
Skeehan スキーハン
Skeel スキール
Skeem スキーム

Skeen スキーン
Skeers スキアース
Skeet スキート*
Skeeter スキーター**
Skeeters スキーターズ
Skeets スキーツ
Skeffington
　スケフィントン
Skehan
　スキーン
　スケハン
Skeide シャイダ
Skeie シェイエ*
Skein スケイン
Skeist スカイスト
Skel スケル
Skela スケラ
Skeldon スケルドン
Skele スケレ*
Skelemani スケレマニ
Skelin スケリン
Skellern スケラン
Skelly スカリー
Skelton スケルトン***
Skemp スケンプ*
Skenazy スクナージ
Skender スケンデル
Skënderbeg
　スカンデルベグ
Skënderbeu
　スカンデルベウ
Skene
　スキーン
　スケーネ
Skepper スケッパー
Skerath スケラス
Skerdilaidas
　スケルディライダス
Skerlić スケルリッチ
Skerrett
　スケット
　スケレット
Skerrit
　スカーリット
　スケリット*
Skerritt
　スカーリット*
　スケリット*
Skerry スケリー
Skeslien スケスリン
Skett スケット
Skeuâs スケワ
Skews スキューズ
Skhirtladze
　スヒルトラーゼ
Ski
　スキ
　スキー
Skiadas スキアダス
Skiathitis
　スキアティティス
Skibbe スキッベ
Skibber スキバー
Skibine スキビン
Skibo スキーボー

Skidelsky
　スキデルスキー**
Skidmore
　スキッドモア*
Skidmore-Roth
　スキッドモアーロス
Skiena
　スキエナ
　スキーナ
Skilang スキラング
Skilbeck スキルベック
Skildum スキルダム
Skille スキレ
Skillern スケラーン
Skilling スキリング
Skillman スキルマン
Skillz スキルズ
Skilondz スキロンズ
Skilton スキルトン*
Skinnari スキンナリ
Skinner
　スキナー***
　スギナー
　スキンナー
Skiöld
　スキオールド
　スキオルド
Skip スキップ*
Skipp スキップ**
Skipper スキッパー
Skipwith
　スキップウィズ
Skírnir スキールニル
Skitalets
　スキターレツ*
　スキターレッツ
Skitch スキッチ
Skitt スキット
Skjelbred
　シェルブレット
Skjelbreid
　シェルブレイ
Skjeldal シェルダル*
Skjerdingstad
　シャーディンスタ
Skjoldborg
　スキョルボー
Skladanowsky
　スクラダノフスキー
Sklair スクレアー
Sklar
　スカラー
　スクラー**
Sklare スクレア
Sklarz スクラーズ
Sklenář
　スクレナーシュ
Sklenicka スクレナカ
Skliarov
　スクリヤーロフ
Sklifosovskii
　スクリフォソフスキー
　スクリフォソーフスキィ
Skljutauskajte
　スクリュタウスカイ
　テ

Sklodowska
　スクロドフスカ
Skloot スクルート
Sklyar スクレアール
Sklyarov スクリヤロフ
Skobelev
　スコーベレフ
　スコベレフ
Skobeltsin
　スコベリツィン
　スコベルツィン
Skobeltsyn
　スコベリツィン
Skobel'tsyn
　スコベリツィン
Skoberne スコバーン
Skobla スコブラ
Skoblikova
　スコブリコーヴァ
　スコブリコワ
Skoblo スコブロ
Skobrev スコブレフ
Skobtseva
　スコブツェヴァ
　スコーブツェワ
Skobtsova
　スコブツォヴァ
Skocpol スコッチポル*
Skoda
　シュコダ
　スコーダ
　スコダ***
Škoda シュコダ
Skodol
　スコドール
　スコドル*
Skodvin スコービン
Skofterud
　スコフテルード**
Skog
　スコ
　スコグ
Skogan スコーガン
Skogen スコーゲン
Skogh スコフ
Skoglund
　スコグランド
　スコグルンド*
Skogsholm
　スコグスホルム
Skok スコック
Skokov スココフ
Skokova スココワ
Skokovskii
　スコーコフスキー
Sköld スコルド
Sköldberg
　シェルドバーグ
Skole スコール
Skolem スコーレム
Skolimowska
　スコリモフスカ**
Skolimowski
　スコリモウスキ
　スコリモウスキー
　スコリモウスキー
　スコリモフスキ*

S

スコリモフスキー*
Skoll スコール
Skolle スコール
Skolnick
　スコールニック
　スコルニック
Skolnik スコルニク
Skolnikoff
　スコルニコフ
Skolos スコロス
Skolsky スコルスキー
Skomal スコマル
Skomorokhi
　スコモローヒ
Skonnard スコナード*
Skoog
　スクーグ*
　スコーグ
Skopas
　スコパース
　スコパス
Skopenko スコペンコ
Skora スコラ
Skorchelletti
　スコルチェルレッチ
Skorchev スコルチェフ
Skoriatin
　スコリャーチン
Skorikov スコリコフ
Skorka スコルカ
Skorniakov
　スコルニアコフ
　スコルニャコフ
Skornicka
　スコルニッカ
Skornyakov
　スコルニャコフ
Skoro スコロ
Skorobogatov
　スコロボガトヴ
Skorokhod スコロホド
Skorokhodova
　スコロホドア
Skoropadskii
　スコロパッキー
　スコロパーツキィ
Skorov スコロフ
Skorpen スコーペン
Skorupski
　スコルプスキ
Skoryatin
　スコリャーチン
Skoryna スコリーナ
Skorza スコルジャ
Skorzeny
　スコルツェニー
Skosana スコサナ
Skote
　スコーテ*
　スコーデ
Skotko スコットコ
Skötkonung
　シェートコヌング
Skottie スコッティ
Skottowe スコットオ

Skou
　スコー**
　スコウ
Skouen スコウエン
Skoulis スコーリス
Skouras スクーラス
Skouratoff スクラトフ
Skourletis
　スクルレティス
Skousen
　スカウソン
　スクーセン
　スコウゼン
　スコーセン
Skov スコブ
Skovgaard
　スコウゴー
　スコウゴール
Skovhus スコウフス*
Skovoroda
　スコヴォロダ
　スコヴォロダー
　スコボロダ
　スコボロダー
Skovsmose
　スコブスモーゼ
Skowron
　スコウロン
　スコヴロン
　スコーロン
Skowronek
　スコヴロネク
Skozylas スコジラス
Skrabalo
　シュクラバロ*
Skrabanek
　シュクラバーネク
Skram スクラム
Skraup スクラウブ
Skrbková スクロブコワ
Skrebitskii
　スクレビッキー*
Skrebitskij
　スクレビッキー
Skrefsrud
　スクレフスルード
Skretkowicz
　スクレトコヴィッチ
Skriabin
　スクリアービン
　スクリャービン
　スクリャビン
Skricek スクリセク
Skride スクリデ*
Skrillex
　スクリレックス
Skrinar スクライナー
Skrine
　スクライン
　スクリーン
Skriniar
　シュクリニアル
Skrinjar スクリーニャ
Skripnik スクリプニク
Škrland スクランド
Skrob スクロブ

Skrobonja
　スクローボニャ
Škromach
　シュクロマハ
Skromme スクローム
Skroup シュクロウプ
Skrowaczewski
　スクロヴァチェフス
　キ**
Skrtel シュクルテル
Skryabin
　スクリアビン
　スクリャービン*
　スクリャビン
Skrynnik スクリンニク
Skrynnikov
　スクルィンニコフ
Skrypnik スクリプニク
Skrypuch
　スクリパック*
Skrzecz スクシェチ
Skrzydlewski
　シクジェレウスキ
Skrzypaszek
　スクシパシェク
Skrzypczak
　スクリュブチャク
　スクルジブチャク
Skubik スクビク
Skubiszewski
　スクビシェフスキ**
Skubitz スカビッツ
Skudder スカッダー
Skudlarski
　スクドラルスキ
Skues
　スキューズ
　スクーズ
Skujyte スクイテ
Skujytė スクイテ
Skúlason スクラーソヌ
Skulax スキュラクス
Škuletić
　シュクレティッチ
Skulski シコルスキー
Skultans
　スカルタン
　スカルタンス
Skum スクーム
Skumanz スクマンツ*
Škundrić
　シュクンドリッチ
Skupa
　スクーパ
　スクパ
Skupiewski
　スクピエフスキー
Skura スクーラ
Skuratov スクラートフ
Skursk スクルスキ
Skurygin スクリギン*
Skurzak スクルザック
Skurzyinski
　スカジンスキー*
Skuta スカタ

Skutch スカッチ*
Skutina
　シュクティナ
　スクティーナ*
Skutnabb
　スクトナップ
Skvernelis
　スクヴァルネリス
　スクバルネリス
Skvorecký
　シュクヴォレッキー
　シュクボレツキー
Škvorecký
　シュクヴォレツ
　キー**
　シュクボレツキー
Skvortsov
　スクウォルツォフ
　スクヴォルツォーフ
　スクヴォルツォフ
Skvortsova
　スクボルツォワ
Skvoruov
　スクウォルワオフ
Skweyiya スクウェイヤ
Skwish スクウィッシュ
Sky スカイ**
Skye スカイ*
Skylax スキュラクス
Skylitzēs
　スキュリツェス
　スキュリッツェス
Skymnos スキュムノス
SKyob pa キョブパ
Skyrda スキルダ*
Skyrme スカイアミー
Slaby
　スラビー
　スレイビー
Slack スラック**
Sladan スラダン
Slade
　スレイド*
　スレード**
Sládeček
　スラディチェック*
Sladek スラデック**
Sládek スラーデック
Sladen
　スレイデン
　スレーデン
Sladjan スラドヤン
Sladkevičius
　スラドケビシウス
Sladkov
　スラトコフ**
　スラドコフ
Sládkovič
　スラートコヴィチ
Sladkovskii
　スラトコフスキー
Slaff スラッフ
Slagle スレイグル*
Slagmulder
　スラッグマルダー*
Slagsvold
　スラグス・ヴォールド

スラグスヴォールド
スラッグスボルド
Slaheddine
　スラヘディン
Slahi スラヒ
Slaiman スレイマン
Sláine スローニア
Slaium スライウム
Slakteris スラクテリス
Slam スラム*
Slama
　スラマ
　スレーマ
Slame スラマ
Slamet
　スラムット
　スラメット
Slaney
　スラニー
　スレーニー*
　スレニー
Slania スラニア
Slánský
　スラーンスキー
Slaoui スラウイ
Slapak スラパック
Slappendel
　スラッペンデル
Slash スラッシュ*
Slat スラット
Slatalla
　スラターラ
　スレイターラ
Slatan スラタン
Slataper
　ズラタベル
　ズラタペル
Slate
　スレイト
　スレート
Slater
　スラッター
　スレイター*
　スレーター***
Slatin
　スラーティン
　スラティン
Slatkin
　スラットキン*
　スラトキン*
Slatko スラトコ
Slaton
　スラットン
　スレイトン
Slatter スラッター*
Slattery
　スラタリー*
　スラッタリー
　スラットレー*
Slåttvik スラトビック
Slatyer スラットヤー
Slatzer
　スラッツァー
　スレイツァー
　スレーツァー
Slauerhoff
　スラウエルホフ
Slaught スロート

Slaughter スロータ / スローター***	スラブコ **Slavney** スラヴニー **Slavnikova** スラヴニコワ **Slavnov** スラフノフ **Slavo** スラボ **Slavoj** スラヴォイ* / スラボイ **Slavoljub** スラボリュブ **Slavomir** スラヴォミール / スラボミル **Slavova** スラヴォヴァ **Slavson** スラブソン **Slavutin** スラヴティン **Sława** スワヴァ **Slawenski** スラウェンスキー* **Slawik** スラーウィーク / スラーヴィーク / スラヴィーク / スラヴィク / スラヴェク / スラビク / スラビック **Sławomir** スラウォミール / スワウォーミル / スワウォミル **Sławomir** スラヴォミール / スワウォミル / スワウォーミル* / スワウォミール / スワウォミル*** / スワボミル **Slawski** スラウスキー **Slawson** スロースン / スローソン **Slay** スレイ* **Slayton** スレイトン* / スレートン **Sleahtitchi** シュリャフティツキ **Sleator** スリーター **Šlechtová** シュレフトバー **Sledd** スレッド **Sledge** スレッジ** **Sledziewski** スレジェフスキー **Śledzinski** シレジンスキ **Slee** スリー **Sleecks** スリークス **Sleeman** スリーマン **Sleen** スレーン **Sleep** スリープ **Sleeper** スリーパー **Sleeuwagen** スレーワーゲン **Slegers** スレーヘルス	**Sleidanus** スライダーヌス / スライダヌス / スレイダヌス **Sleigh** スレイ* **Sleightholme** スライトホルム **Sleiman** スレイマン* **Sleit** スレイト **Slenczka** スレンツカ **Slenczynska** スレンチェンスカ **Slepovich** スレポーヴィチ **Sleptsov** スレプツォフ **Sleptsova** スレプツォワ* **Sleptzov** スレプツォーフ / スレプツォフ **Slesar** スレーサー / スレサー / スレザー / スレザー*** **Slesarenko** スレサレンコ* **Šlesers** シュレッセルス **Slesin** スレシン **Slesinger** スレシンジャー **Slesser** スレッサー* **Slessor** スレサー / スレッサー** **Sletaune** シュレットアウネ* **Sletor** スリター **Sletten** スレッテン **Slevin** セルビン **Slevogt** スレーフォークト / スレフォークト **Slezak** スレザーク* / スレザク / スレザック **Slezevicius** シュレジャビチュス / シレジェヴィチュス* / シレジェビチウス **Slicher** スリッヘル **Slichter** スリクター* / スリッター **Slick** スリック **Slide** スライド **Slidell** スライデル **Slijkhuis** スライクハイス **Slijper** シュライバー / シュライパー **Slim** サリム / スリム** **Slimane** スリマン* **Slimani** スリマニ**	**Slimm** スリム **Slingeneyer** スリンゲナイヤー **Slinger** スリンガー **Slingerland** スリンガーランド **Slingsby** スリングスビー* **Slinkachu** スリンカチュ **Slipenchuk** スリペンチュック* **Slipher** スライファー* **Slipper** スリッパー **Slipyj** スリピー **Sliti** スリティ **Šliupienė** シリーピエネ **Sliusareva** スリュサレーヴァ / スリュサレヴァ **Slivenko** スリベンコ **Slivets** スリベツ **Slivinskii** スリヴィンスキー **Slivinskyy** スリビンスキー **Sliwa** スリーヴァ **Sliwiak** シリヴィヤク / シリビヤク **Slizhevsky** スリジェフスキー **Sljukic** スルジュキッチ **Sloan** スローアン / スロウン / スローン*** / ソローン **Sloane** スロウン* / スローン* **Sloat** スロート **Slobbe** スロベ **Slobin** スロービン **Sloboda** スローボーダ / スロボダ* **Slobodan** スロボダン*** **Slobodianik** スロボジャニク **Slobodkin** スロボトキン* / スロボドキン* **Slobodkina** スロボドキーナ* / スロボドキナ **Slobodskaya** スロボドスカヤ **Slobody** スロボボディ **Slochower** スロックアウアー **Slocombe** スローカム / スロコム / スロコンブ **Slocum** スローカム**	**Slocumb** スロカム **Slodtz** スロッツ **Sloggett** スロジェット **Sløk** スレーク **Slokar** スローカー **Sloma** スローマ **Sloman** スローマン* **Slominski** スロミンスキ **Slomšek** スロムシェク **Slonczewski** スロンチェフスキ **Slone** スローン **Sloniger** スロニガー **Slonim** スローニム* **Słonimski** スウォニムスキ **Slonimskii** スロニームスキー / スロニムスキー / ソロニムスキイ **Slonimsky** スロニムスキー **Slonska** シュロンスカ **Sloop** スループ **Sloover** スローヴァ **Sloper** スローパー **Slosarczyk** シリュサルチク **Sloss** スロス* **Slosser** スロッサー **Slosson** スロッソン **Slot** スロット* **Slote** スロート **Slotemaker** スローテマーケル **Sloterdijk** スローターダイク** **Sloth** スロス* **Slots** スロッツ **Slott** スロット **Slouka** スロウカ **Slovák** スロヴァーク **Sloven** スローヴン **Slovensky** スロヴェンスキー **Slovic** スロヴィック / スロビック* **Slovis** スロヴィス **Slovo** スローヴォ / スロヴォ / スロボ* **Slow** スロー **Słowacki** スウォヴァツキ / スウォバツキ / スウォワツキ / スウォワツキー / スウォヴァッキー / スウォヴァツキー / スロバツキー **Slowe** スロウ **Slowingsky** スロヴィンスキー

Sloyan スローヤン*	Smaalders スマールダース	Smartt スマート** スマルト	Smerdis スメルディス	Smiljan スミリャン
Sluchevskiy スルチェフスキー	Smaczny スマツニー	Smax スマックス	Smerkolj スメルコル	Smillie スマイリ スマイリー**
Sluckin スラッキン スルーキン	Smadar スマダール	Smbat スムバト	Smertin スメルチン	Smilor スマイラー
Sludnov スロードノフ	Smadi スマディ	Smbatja スムバーチャ	Smet シュメット スメ スメット*	Smim Htaw タメイントー
Sluijs スリューズ スルイユス スルージ	Smadja スマジャ* スマッジャ** スマドガ	Smeak スマーク Smear スミアー Smeaton スミートン	Smetaček スメターチェク	Sminck スミンク Sminkey スミンキー
Sluiter スルイター*	Smaga スマガ	Smectymnuus スメクティムヌース	Smetáček スメターチェク	Smirgel スミルゲル
Sluizer シュルイツァー	Smagin スマギン	Smed スメド	Smetak スメタク	Smirin スミーリン
Slukhovskii スルホフスキイ	Smagulov スマグロフ* Smaihi スマイヒ	Smedberg スメードベルイ*	Smetana スメータナ スメターナ スメタナ*	Smirk スマーク Smirke スマーク
Slukova スルコバ	Smail スマイール	Smedinghoff スミーディングホフ		Smirlock スマーロック
Slukpetch サラックペット	スマイル* スメイル	Smedins スメディンス	Smetanin スメターニン スメタニン	Smirnenski スミルネンスキ スミルネンスキー
Sluman スルーマン*	スメール	Šmēdiņš シュメディンシュ		Smirniotopoulos スマーニオトポウロス
Slumber スランバー	Smaila スマイラ		Smetanina スメタニナ	
Slung スラング*	Smaïla スマイラ	Smedley スメドレイ スメドリ スメドリー* スメドレー* スメドレイ	Smeterlin スメテルリン	Smirnoff スミルノフ*
Slunyayev スリュニャエフ	Smaill スメイル		Smethurst スメサースト	Smirnov スミルノヴ スミルノーフ* スミルノフ***
Slupetzky スルペツキ*	Smailov スマイロフ		Smetona スメートナ	
Slupianek スルピアネク	Smaine スメイン		Smetov スメトフ	Smirnóv スミルノーフ
	Smakov スマコフ		Smeyers スメイヤー	
Slusarski スルサルスキー	Smal スマル	Smedt スメット スメト	Smibert スマイバート	Smirnova スミルノーヴァ スミルノヴァ* スミルノワ*
Sluse スリュス	Smalcerz スマルチェルツ		Smicer スミチェル*	
Slusher スラッシャー	Smalcius スマルキウス	Smedvig スメドゥヴィク	Smick スミック*	
Slutanov スルタノフ	Smaldino スマルディノ	Smee スミー スミィ	Smidova シュミドバ	Smisor スマイサー
Sluter スリューター スリューテル	Smaldone ズマルドーネ		Smidovich スミドビチ	Smissen スミッソン
Slüter スリューター	Smale スメイル* スメール**	Smeekens スメーケンス	Smidt シュミット スミド	Smit シュミット* スミット**
Slutskaia スルツカヤ	Small スモール**	Smeeth スミース	Smidvich スミドヴィチ	Smita スミタ スミター
Slutskaya スルツカヤ**	Smallbone スモールボーン スモールボン	Smeeton スミートン	Smienk スミンク	
Slutski スルツキー		Smeets スメーツ	Smiers スマイアース	Smith シュミット スミス*** スミッス スミット
Slutskii スルーツキー スルツキー* スルーツキー	Smallens スモーレンス スモーレンズ	Smeijers スメイヤーズ	Smieszek シュミーチェク	
		Smeijsters スメイスターズ	Smigel スマイゲル	
Slutskiy スルツキー*	Smalley スモーリー***	Smejkal シュメジカル	Smight スマイト	Smithana スミサナ
Slutsky スルツキー	Smallin スモーリン*	Smekal スメーカル	Smigielski スミジールスキー	Smithback スミスバック
Sluys スリュ	Smalling スモーリング	Smelczynski スメルチンスキー	Smigly シミグウィ スミグリ	Smith Battle スミスバトル
Slüys スロイス*	Smallman スモールマン	Smelianskii スメリャンスキー		
Sluyter スライター	Smalls スモールズ	Smelik スメリク		Smithburg スミスバーグ
Sluyterman シュイテマン	Smallwood スモールウッド**	Smellenburg スメレンバーグ	Śmigły シミグウィ	Smithdas スミスダス
Sly スライ*	Smalt スマルト	Smellie スメリ スメリー	Smignov スミグノフ	Smithee スミシー
Slyck スリック	Smalzer スマルツァー		Smigun スミグン*	Smithells スミッセル
Slye スライ	Smaragdus スマラグドゥス	Smelser スメルサー**	Šmigun スミグン	Smither スミザー*
Slyke スライク*	Smareglia ズマレッリャ スマレーリャ	Smelter スメルター	Smil シュミル* スミル	Smithers スミザース スミザーズ*
Slym スリム*		Smeltzer スメルツァー		
Slymen スライメン	Smargiassi ズマルジャッシ	Smelyakov スメリャコーフ	Smilansky スミランスキー*	Smithies スミーシーズ スミシーズ** スミジズ
Slyngstad スリングスタッド	Smark スマーク** スマルク	Smend スメント スメンド	Smilde スミルデ	
Slyunikov スリュニコフ	Smarr スマール	Smendzianka スメンジャンカ	Smiler スマイラー*	Smithline スミスリーン
Slyusareva スルサレワ**	Smart スマアト スマート*** スマルト	Šmeral シュメラル	Smiles スマイルス スマイルズ*	Smithson スミスソン スミッソン*
Slywotzky スライウォッキー*		Smeralda ズメラルダ	Smilets スミレツ	
		Smercek スメルチェック*	Smiley スマイリー**	
			Smilga スミルガ	Smithyman スミズィマン
			Smilgoff スミルゴフ	

Smits スミッツ**
Smitten
　シュミッテン*
　スミッテン*
Smitz スミッツ
Smoak スモーク
Smochin スモキン
Smogolenski
　スモゴレニスキ
　スモゴレンスキー
Smok スモーク
Smoker スモーカー*
Smokey スモーキー*
Smokie スモーキー
Smoktunovski
　スモクトゥノヴスキー
　スモクトゥノフスキー
　スモクトゥノフスキー
Smoktunovskii
　スモクトゥノフスキー
　スモクトノフスキー
Smoky スモーキー
Smolan スモーラン
Smolarek スモラレク
Smoldyrev
　スモルズイレブ
Smolen
　スモーレン*
　スモレン
Smolén スモーレン
Smolenska
　ソモレンスカ
Smoleńska
　スモレンスカ
Smolenskaja
　スモーレンスカイア
Smolenski
　スモレンスキー
Smolenskii
　スモレンスキー*
Smolenskin
　スモレンスキン
Smolensky
　スモレンスキー*
Smolevskii
　スモレフスキー
Smoliga スモリガ
Smolik スモリック
Smolík スモリーク
Smolin
　スモーリン*
　スモリン
Smolinski
　スモリンスキー
Smolka スモルカ
Smoll スモール
Smoller スモラー
Smollett
　スモーレット
　スモレット*
Smolnikov
　スモルニコフ
Smoltz スモルツ**
Smolucha
　スモルーチャ
Smoluchowski
　スモルコフスキ

スモルコフスキー
Smolyakov
　スモリャコフ
Smolyaninov
　スモリヤニノフ
Smolyanskiy
　スモリャンスキー
Smolyatich
　スモリャチッチ
Smon lam モンラム
Smoogen スムーゲン
Smoot スムート**
Smooth スムース
Smordoni
　スモルドーニ
Smoryński
　スモリンスキー
Smotek スモテク
Smoter スモテル
Smothers スマザーズ
Smotrickij
　スモトリツキー
　スモトリーツキイ
Smoular スムラー
Smout スマウト
Smra ba'i マベ
Smriti
　スムリッティ
　スムリティ
Smrkovsky
　スムルコフスキー
Smrkovský
　スムルコフスキー
Smṛtijñānakīrti
　スムリティジュニャーナキールティ
Smucker スマッカー**
Smuin スムイン*
Smulders スムルデルス
Smulevich
　スムレーヴィッチ
Smullyan
　スマリアン
　スマリヤン**
Smulow スムロウ
Smura スムラ
Smuts スマッツ*
Smutty スマッティ
Smuul スムール
Smy スマイ
Smykay スマイケイ
Smylie スマイリー*
Smyly スマイリー
Smyrell スミレル
Smyrna スミュルナ
Smyrnaeus
　スミュルナイオス
　スミュルナエウス
Smyser
　スマイサー*
　スマイザ
　スマイザー*
Smyshlyaev
　スミシリャエフ
Smyth
　スマイス**

Smythe
　スマイス*
　スマイズ*
　スミス
　スメイス
Smythe-davis
　スミスデービス
Smythies
　スマイシーズ
　スミシーズ
Smythson
　スマイズソン
　スミスソン
Snadden スナッデン
Snade スネード
Snader スネーダー*
Snaije スネージュ
Snail スネイル
Snair スネア*
Snaith
　スナイス
　スネイス
Snake スネイク
Snakeskin
　スネイクスキン
Snape
　スネイプ*
　スネープ
Snapper スナッパー
Snarky スナーキー
Snashall スナシャル
Snawder スナウダー
Snaydon スナイドン
Sndecor スネデカー
Snead スニード**
Sneaky スニーキー*
Sneath スニース
Snedcof スネドコフ
Snedden
　スネッデン
　スネデン
Sneddon スネドン
Snedecor スネデッカー
Snedeker
　スネディカー
　スネデカー*
Snee スニー
Sneed スニード*
Sneevliet
　スネーフリート
Snefru
　スネフェル
　スネフル
　スネフルー
Snegirev スネギリョフ
Snegiryov
　スネギリョフ
Snegov
　スニェーゴフ
　スネーゴフ
Snegur スネグル*
Sneh スネー*
Sneider スナイダー**
Sneijder スナイデル*

Sneja スネジャ
Snel スネル
Snell スネル***
Snellaert
　スネラールト
　スネラルト
Snellen
　スネルレン
　スネレン
Snellgrove
　スネルグローヴ
　スネルグローブ*
Snelling スネリング*
Snellius スネリウス
Snellmann スネルマン
Snelson
　スネルスン
　スネルソン
Snepp スネップ
Snerg スネルグ
Snersrud
　スネルスルード
Snetselaer
　スネトセラール
Sneyd スニード
Snezana スネジャナ*
Snežana スネジャナ
Śnfrw スネフェル
Sng スン
Sngag 'chang
　ガクチャン
Snguon スグオン
Sniadecki
　シニァデッキ
Śniadecki
　シニァデッキ
　シニァデーツキ
　スニァデーツキー
　スニァデッキー
Snicket スニケット**
Snider
　スナイダー***
　スナイドル
Sniderman
　スニーダーマン
Snidero スニダロー
Snieder スナイダー
Snieders スニーデルス
Sniffen スニッフェン
Snijders スネイデルス
Sninsky スニンスキー
Snipes スナイプス
Snippe スニッペ
Snips スナイプス*
Snite スナイト
Snith スニス
Snitker スニッカー
Snitko スニトコ
Snitow スニトウ*
Snively スニヴェリー
Snjezana スニェヤナ
Snoddy
　スノディー
　スノディ

Snodgrass
　スノッドグラス*
　スノードグラス
　スノドグラス
Snodgress
　スノッドグレス*
Snoeck スヌック
Snoecq スヌーク
Snoek スノーク
Snoekstra
　スヌクストラ
Snoeren スノエレン*
Snoh スノー
Snoilsky
　スノイルスキー
　スノイルスキィ
Snollaerts スノレール
Snook スヌーク
Snooks
　スヌークス
　スヌックス
Snooky スヌーキー
Snoop スヌープ*
Snopkov スノプコフ
Šnorhali シュノルハリ
Snorrason スノラソン
Snorri
　スノッリ
　スノーリ
　スノリ
　スノルリ
Snouck スヌーク
Snoucq スヌーク
Snover スノーバー
Snow
　スノー***
　スノウ**
Snowboy スノウボーイ
Snowden
　スノーディン
　スノーデン**
　スノードン**
Snowdon
　スノウドン*
　スノードン*
Snowe スノー*
Snowflower
　スノーフラワー
Snow-hansen
　スノーハンセン
Snowling
　スノウリング
　スノーリング
Snowman スノウマン
Snowsill スノーシル**
Snoyink スノイーンク
Snozzi スノッツィ
Sntayehu スンタイエフ
Snub スナップ
Snuff スナッフ
Snuffy スナッフィー
Snuka スヌーカ
Snunit スヌニット
Snyder
　シュナイダー
　スナイダー***

スナイダア
Snyders
スナイデルス
スニデルス
スネイデルス
Snyderwine
シュナイダーワイン
SNye'u zur pa
ニェウスルパ
Snygg スニッグ
So
ソ**
ソー*
ソウ
Sô ソー
Soaemias ソアエミアス
Soailihi ソイリー
Soalablai ソアラブライ
Soalahy スライ
Soalaoi ソアラオイ
Soames ソームズ**
Soan
ソアン
ソーン
Soane
ソアネ
ソーン
Soares
ソアレ
ソアーレス
ソアレス***
Soares Marques
ソアレスマルケス
Soave
ソアーヴェ
ソーヴ
Soavi ソアヴィ
Sobala ソバラ
Sobandla ソバンドラ
Sobchak
サブチャーク
サブチャク*
ソブチャーク
ソブチャク
Sobek ソベック
Sobel
ソーブル*
ソーベル*
ソベール
ソベル*
Sobell
ソーベル
ソベル*
Sobelman ソベルマン
Sobenes ソベネス
Sober ソーバー*
Soberanis ソベラニス
Soberón ソベロン
Soběslav ソビェスラフ
Ṣobḥ-e ソブヘ
Sobhi ソブヒ
Sobhita ソービタ
Sobhuza
ソブーザ
ソブザ
ソブフザ*
Sobiech ソビアック

Sobieski
ソビェスキ・
ソビエスキ
ソビエスキー*
Sobieszek
ソビエゼク*
ソビエツェク*
Sobin ソービン
Sobinov ソビノフ*
Sobir ソビル
Sobirov ソビロフ**
Sobkowiak
ソブコウィアック
Sobkowski
ソブコフスキー
Sobol ソボル**
Sobol' ソボリ
Sobolev
ソーボレフ
ソボレフ*
Soboleva
ソボレヴァ
ソボレバ
ソボレワ
Sobolevsky
ソボレヴスキー
Sóboli ソーボリ
Sobota ゾボタ
Sobotka
ソボッカ
ソボトカ*
Sobotta
ソブッタ
ソボタ
Sobotzik ソボツィク
Soboul
ソーブル
ソブール**
Sobral ソブラル
Sobran ソブラン*
Sobrato ソブラト
Sobre
ソーブル
ソブル
Sobrepenia
ソブレペニア
Sobrero
ソブレーロ
ソブレロ
Sobreviela
ソブレビエラ
Sobrinho
ソブリーニョ
ソブリンホ
Sobrino
ソブリーノ*
ソブリノ**
Sobritchea ソブリチャ
Sobti ソーブティー
Sobtī ソーブティー
Søby ソビ
Sobyanin ソビャニン*
Socaci ソカチ
Socarrás ソカラス
Socatri スコトリ
Soccoh ソコ

Socha
ソチャ
ソハ
Sochl ソール
Šochová ショコバ
Sochua
ソクア
ソクファ
ソチュア
So-chun ソチョン
Socias ソシアス
Socie ソシ
Socino ソシーノ
Sock ソック*
Sockalexis ソカレキス
Sock-chon ソクチョン
Socks ソックス
Sock-won ソクウォン
Socolovich
ソコロビッチ
Socorro ソコロ
Socransky
ソクランスキー
Socrates ソクラテス*
Sócrates ソクラテス**
Socratis ソクラテス
So-dam ソダム
Sodamin ソダミン*
Sodani ソダーニ
Sodano ソダーノ*
Soddy
ソッディ
ソディ*
ソディー
Sode ソード
Sodeau ソドウ*
Sodelsohn
ソベルゾーン
Sodeman ゾーデマン
Soden
ソーデン
ゾーデン
Söder セーデル
Sodera ソデーラ
Söderbaum
セーデルバウム*
Soderberg
セーデルベリ
ソーデルバーグ
ソーデルバリ
Söderberg
シューデルベルィ
セーデルベリ**
ゼーデルベリ
セーデルベリィ*
Søderberg スナベア
Söderbergh
ソダーバーグ*
Soderblom
ゼデルブローム
Söderblom
セーデルブルーム
セーデルブルム
セーデルブロム
ゼーデルブロム

セーデルグラーン
セーデルグラン
ソーデルグラーン
ソーデルグラン
Sodergren
ソーダーグレン
Södergren
セデルグレン*
Soderguit
ソデルギット
Soderholm
ソダーホルム
Søderlind
ソーデリンド
Soderling
ソデルリング*
Söderman
ゼーダーマン
セーデルマン
ゼデーマン
ゼエデルマン
Soderquist
ソーダクィスト
Södergvist
セデルキスト
Södersten
ゼダーステン
Söderström
ゼーダーシュトレーム
セーデシュトレム
セーデルシュトレーム*
セーデルストレーム
セデルストレーム
Söderwall
ゼーデルワル
Sodian ソーダイアン
Sodik
サディク
ソディク
Sodikoff ソディコフ
Sodingo ゾディンゴ
Sodnom ソドノム**
Sodnomzundui
ソドノムゾンドイ
Sodoma
ソードマ
ソドマ
Sodonom ソドノム
Sodovjamts
ソドブジャムツ
Sodtke ゾトケ*
Soe
スー
ソー*
ソウ
Soebardjo スバルジョ
Soebye サビエ
Soedarman スダルマン
Soedarmono
スダルモノ
Soedarpo スダルポ
Soeder
セーダー
ゼーダー
Soedergren
セデルグレン*
Soedharsono
スダルソノ

Soedirdja
スディルジャ
Soedjatmoko
スジャトモコ
Soedjatomoko
スジャトモコ
Soedomo スドモ*
Soedono スドノ
Soehargo スハルゴ
Soeharto スハルト
Soehendra
ソーヘンドラ
Soehnker ゾーンカー
Soehring ゼーリング
Soei スイ
Soeiro ソエイロ
Soekarnoputri
スカルノプトリ
Soelde ゼルデ
Soemardjan
スマルジャン
Soemarno スマルノ
Söembikä スユン・ビケ
Soemitro スミトロ
Soen ソーエン
Soe Naing ソーナイン
Soenarmo スナルモ
Soenarno スナルノ
Soenharjo スンハルヨ*
Soentpiet
スーンピート
Soepardjo スパルジョ
Soerapati スロパティ
Söerd ソエルド
Soerensen
ソーレンセン
Soeresh ソーレシュ
Soerio ソエリオ
Soerjopranoto
スルヨプラノト
Soeroto スロト
Soeryadjaya
スルヤジャヤ
Soerydjaya
スルヤジャヤ*
Soesastro
スサストロ
ソエサストロ
Soesbee ソーズビー
Soescu ソエスク
Soesilo スシロ*
Soest
スースト
ゾエスト
ゾースト
Soet ソエト
Soetaers ソエテルス
Soetanto スタント
Soetantu スタント
Soetbeer
ショートベール
ゼートベーア
ゼートベール
ゾウェットベール
ゾエトベール

Soete ソエット
Soetefleisch ゼーテフライシュ
Soeteman ソエトマン
Soetjipto スチプト
Soetkine スートキン
Soeuf スーフ
Soeur スール
Soewandi スワンディ
Soewarto ソワルト
Soe Win ソーウィン
Sofa
　ソファ
　チョファ
Sofaer ソーファー
Sofan ソファン
Sofara ソファラ
Sofer
　ソファ
　ソフェル
Soffer
　ソファー
　ソフェル
Soffici
　ソッフィーチ*
　ソッフィチ*
　ソフィチ
Sofi ソフィ*
Sofia
　ソフィア***
　ソフィヤ
Sof'ia
　ソーニャ
　ソフィア
　ソフィヤ*
Sofía ソフィア
Sofiadi ソフィアディ
Sofian ソフィアン
Sofiane
　ソフィアヌ
　ソフィアン
Sofiatou ソフィアトゥ
Sofie
　ソフィ
　ソフィー**
　ゾフィー
　ソフィア
Sofield ソフィールド
Sofiia
　ソフィア
　ソーフィヤ
　ソフィヤ
Sofiko ソフィコ
Sofilas ソフィラス*
Sof'in ソフィン
Sofiya
　ソフィア*
　ソフィヤ
Sofiyanski
　ソフィヤンスキー
Sofjan
　ソフィアン
　ソフヤン
Sofo ソポ
Sofola ショフォラ
Sofonisba
　ソフォニスバ

ソフォニズバ
Sofronie ソフロニエ
Sofronij ソフロニー
Sofronitsky
　ソフロニツキー
Sofronius ソフロニウス
Sofronov
　ソフローノフ*
Sofronova
　ソフローノヴァ
Sofsky ソフスキー
Softley ソフトリー
Sofu ソフ
Sofya
　ソフィア*
　ソフィヤ
Sof'ya ソフィヤ
Sofyan
　ソフィアン
　ソフヤン
Soga ソガ
Soganci ソーガンツィ
Sogard ソガード
Sogavare ソガバレ*
Sogbossi ソボシ
Sogbossi Bocco
　ソボシボッコ
Sogdianus
　ソグディアノス
Sogemeier
　ゾーゲマイエル
Sogliani ソリアーニ
Sogliano ソリアーノ
Soglo ソグロ**
Sogni ソーニ
Sografi ソグラーフィ
Sogyal ソギャル
Soh
　ソ
　ソー
So-hae ソヘ
Sohail ソハイル
Sohaila ソハイラ
So Hee ソヒ
So-hee ソヒ*
Soheyl ソヘイル
Sohi ソーヒ
Sohier ソイエ*
Sohl
　ソウル
　ソール**
Söhl ゼール
Sohlberg
　ソールバーグ
　ゾルベルク
Sohler ソーラー
Sohlman
　ソールマン
　ゾールマン
Sohm
　ソーム
　ゾーム
Sohmen ゾーメン
Sohmer ソーマー*

Sohn
　ソーン**
　ソン**
　ゾーン*
Sohner ゾーナー
Sohng ソーン
Söhngen ゼーンゲン
Söhnker ゼーンカー
Soholt ソホルト
Sohoudji ソフジ
Sohounhloue
　ソウンルー
Sohrab
　スフラブ
　ソウラブ
　ソーラーブ
Sohrāb ソフラーブ
Söhring ゼーリング
Sohroeder
　スクロウダー
So-hui ソヒ
So-hyun ソヒョン
Soi ソイ
Soia ソイア
Soignies ソワニエ
Soignon ソワニヨン
Soile ソイレ*
Soi Lek ソイレク
Soili ソイリ
Soilihi
　ソイ
　ソイリヒ
　ソワリ
Soin ソイン
Soine ソイン
Soini ソイニ
Soininen ソイニネン*
Soinosa スピノーサ
Soissons ソワッソン
Soita ソイタ
Soja ソジャ*
Sojka ソニカ
Sojo ソホ
Sojourner
　サジャナー
　ソウジャーナー
　ソジャーナー
　ソジュルネ
Sok
　スーク
　スク
　ソク**
　ソック*
Sokal ソーカル*
Sokalski ソカルスキー
Sokambi ソカンビ
Sokari ソカリ
Sokaya ショカヤ
Sok-dong ソクドン
Sokel ゾーケル
Soker ソーカー
Sokha ソカー*
Sokhiev ソヒエフ*

Sok-ho ソクホ*
Sokhom ソコム
Sok-hon ソクホン
Sokhonn ソコン
Sokhotskii
　ソホーツキー
Sok-hyong ソクヒョン
Sokin ソーキン*
Sok-ju ソクチュ**
Sok-jung ソクチュン
Soklow
　ソコロウ
　ソコロフ
Sokoine ソコイネ*
Sokol
　ソコール
　ソコル*
Sokoli ソコリ
Sokolianskii
　サカリャンスキー
Sokolinikov
　ソコリニコフ
Sokollu
　ソコリ
　ソコル
　ソコルル
Sokoloff
　ソコーロフ
　ソコロフ
Sokolov
　ソコロフ
　ソコローフ***
Sokolóv
　ソコローフ
　ソコロフ
Sokolova
　ソコロヴァ*
　ソコローワ
　ソコロワ**
Sokolovskaia
　ソコロフスカヤ
Sokolovskii
　ソコローフスキー
　ソコロフスキー
　ソコローフスキィ
　ソコロフスキイ
Sokolovskyy
　ソコロフスキー
Sokolow
　サコロウ
　ソコロウ
　ソコロフ
Sokołowska
　ソコロフスカ
Sokolowski
　ソコロフスキー
Sokolowsky
　ソコロフスキー
Sokolskii ソコリスキー
Sokol'skii
　ソコリスキー
　ソコリスキイ
Sokolsky ソコルスキー
Sokomanu ソコマヌ
Sokoudjou ソクジュ
Sokoye ソコイェ
Sōkratēs
　ソークラテース

ソクラテス
Sokratis ソクラティス
Soku-hyong
　ソクヒャン
Sokurov ソクーロフ**
Sok-yong
　ソギョン*
　ソクヨン
Sokyrskiyy
　ソキルスキー
SOL ソル
Sol ソル***
Sola
　ソーラ
　ソラ*
　ゾーラ
Solá
　ソラ
　ソラー
Solà ソラ
Solaar ソラール
Solage ソラージュ
Solages ソラージュ
Solaita ソレイタ*
Solakov ソラコフ
Solal ソラル
Solana
　ソラーナ
　ソラナ*
Solanas ソラナス*
Solander スーランデル
Solange ソランジュ*
Solani ソラニ
Solanke ソランケ
Solanki ソランキ**
Solano
　ソラーノ**
　ソラノ*
Solantaus
　ソランタウス
Solanto ソラント
Solanus ソラナ
Solar
　ソーラー
　ソラー
Solara ソララ
Solares ソラーレス
Solari
　ソラーリ**
　ソラリ**
　ソラーリオ
　ソラリオ
Solario ソラリオ
Solarski ソラースキ
Solarte ソラーテ
Solarz ソラーズ*
Solás ソラス**
Solbakken
　ソルバッケン
Solberg
　スールベルグ
　ソルバーグ**
　ソルベリー
　ソルベルグ
　ソルベルグ**
Solbes ソルベス

Solbrig ソルブリッヒ	ソルヘイム*	ソリウス	ソロモン***	Solovievich ソロヴィエーヴィチ
Soldado ソルダード	Solhjell ソールエル	Sollleil ソレイユ	ゾロモン	ソロヴィエヴィチ
Soldam ゾルダム	Soli ソーリ	Sollmann ソルマン	Solomone ソロモネ	Soloviyov ソロヴィヨーフ
Soldán ソルダン**	ソリ	Sollner ソリナー	Solomoniia ソロモニヤ	ソロヴィヨフ
Soldat ゾルダート	Soliai ソリアイ	Söllner ゼルナー	Solomonov ソロモノフ	ソロビヨフ
Soldatenko ソルダチェンコ	Solidor ソリドール	Sollogub ソログープ	Solomonovich ソロモノヴィチ	Solovyov ソロヴィオヴ
Soldati ソルダアティ	Solier ソリエ	Sollors ソラーズ	Solomonovna ソロモノフナ	ソロヴィヨフ
ソルダーティ**	ソリエー	Solloway ソロウェイ	Solomonow ソロモノウ	ソロビヨフ
Sölde ゼルデ	Solih ソリ	Söllscher セルシェル*	Solomons ソロモン	Solov'yov ソロヴィヨフ
Solden ソルデン	Soliman ソリマン*	Solly ソリー**	ソロモンズ**	Solow サロー
Söldenwagner セルデンワーグナー	Solimena ソリメーナ	Solman ソルマン	Solomos ソロモス*	ソロー**
Solder ソルダー	ソリメナ	Sol-may ソルメ	Solomou ソロム	Soloway ソロウェイ
Soldern ゾルデルン	Solin ソーリン*	Solmaz ソルマズ	Solon ソロン	Soloy ソロイ
Soldevilla ソルデビジャ	Solina ソーリナ	Sol-mi ソルミ*	Solōn ソローン	Solrum スールン
Soldner ゾルトナー	ソリナ	Solmi ソルミ	ソロン	Solskjaer スールシャール
Soldz ソルズ	Solinas ソリナス*	Solminihac ソルミニャク	Solonandrasana ソロナンジャサナ	ソルスキア
Sole ソール	Solinger ソーリンガー	Solmonson ソルモンソン	Solondz ソロンズ	ソルスチェアー
ソーレ*	Solinus ソリヌス	Solms ソームズ	Solonevich ソロネヴィッチ	Solskjar スールシャール
ソレ	Solis ソリース	ゾルムス	Solongo ソロンゴ	Solso ソルソ
Solé ソーレ	ソリス**	Solmsen ゾルムゼン	Solonin ソロニン	Solstad ソールスタ
ソレ*	ゾーリス	Solnado ソルナード	Solonitsyn ソロニーツィン	ソールスター**
ソレイ	ゾリス	Solnik ソルニック*	ソロニツィン	ソルスタ
Solecki ソレッキ	Solís ソリース*	Solnit ソルニット*	Solorio ソロリオ	Solt ソルト
Soledad ソウルダッド	ソリス***	Solnon ソルノン	Solorzano ソロルサノ	Soltan ソルタン
ソレダ	Solisti ソリスティ	Solntsev ソルンツェフ	Solórzano ソロールサノ	Soltani ソルタニ*
ソレダー	Solito ソリト	Solntseva ソルンツェヴァ	ソロルサノ*	Soltanifar ソルタニファル
ソレダッド	Solitoki ソリトキ	ソーンツェヴァ	Solotareff ソロタレフ**	Soltankhah ソルタンハ
ソレダード	Soliven ソリヴェン*	Solo ソロ*	Soloukhin ソロウーヒン*	Soltānzāde スルタンザーデ
ソレダド	ソリベン*	Solodkaya ソロドカヤ	ソロウヒン	Soltau ソルタウ
Soleil ソレイユ	Soliyev ソリエフ	Solodovnikov ソロドフニコフ	Solovay ソロベイ	ソルトゥ
Soleiman ソレイマン	Soliz ソリス	ソロドブニコフ	Solove ソローヴ	Solter ソルター
Soleimani ソレイマニ	Solja ソルヤ	Solodukhin ソロドキン	ソロブ	Soltes ソルテス
Solem ソレム*	Sol-ju ソルジュ*	Soloff ソロフ*	Solovei ソロヴェイ	Soltesz ショールティス
Solène ソレーネ	Solkin ソルキン	Sologne ソローニュ*	Soloveichik ソロベイチク	ゾルテス*
Solenn ソレン*	Soll ソール	Sologub ソログブ	Soloveitchik ソロヴィチク	Soltész ショルテス
Solenne ソレンヌ	ゾル	ソログーフ	Solov'ev ソロヴィオフ	ゾルテス
Solenza ソレンツァ	Solla ソッラ	ソログープ*	ソロウィヨフ	Solti ショルティ**
Soler ソレーア	Sollander ソランダー	ソログープ**	ソロヴィヨーフ	Soltis ショルティス
ソレール*	Sollas ソーラス	Sologuren ソログレン	ソロヴィヨフ	ソルティス
ソレル**	Sollberger ゾルベルガー	Soloists ソロイスツ	ソロビィエフ	Søltoft セルトフト
Solera ソレーラ	Sölle ゼレ**	Solomeia サロメア	ソロビエフ	ソルトフト
Soleri ソレリ*	Sollée ソリー	ソロメヤ	ソロビヨフ	Soltvedt ソルトベト
Soles ソールズ	Sollenberger ゾレンバーガー	Solomentsev ソロメンツェフ*	Solovianenko ソロヴィアネンコ	Soltz ソルツ
Soletta ソレッタ	Sollerman ソーレマン	Solomin ソローミン*	Soloviev ソロヴィエフ	Solvay ソールヴェー
Soley ソーレイ	Sollers ソレール	ソロミン	ソロヴィエフ*	ソルヴェ
Soleymani ソレーマニ	ソレルス***	Solomita ソロミータ	ソロビエフ	ソルヴェー
Solf ゾルフ*	Sollertinskii ソレルチンスキー	ソロミタ	ソロビヨフ	ソルヴェイ
Solforosi ソルフォロジ	Sollertinsky ソレルチンスキイ	Solomko ソロムコ	Soloviëv ソロヴィヨーフ	ソルベ
Solfvin ソルヴィン	Söllheim ゼルハイム	Solomn ソロモン	ソロヴィヨフ	ソルベー
Solga ソルガ	Sollie ソリー	Solomon サラモン	ソロビヨーフ	Solveig ソルヴァイ
Solger ゾルガー	Solliec ソリアック*	シェローモー	ソロビヨフ	ソルヴェイ
Solh スルフ	Sollius ソッリウス	シェロモ		
ソル		シェローモー		
ソルハ		シュローモー		
Solheim ソールハイム		ソル		
ソルハイム*				

ソルヴェイグ
ソルヴェーグ*
ソルバイ
ソルベイグ
ソルベーグ
Solv'ev ソルヴェフ
Solvik ソルビク
Solvita ソルビタ
Solway ソールウェイ
Sol-ya ソリャ
Solymer ソリマー
Solymos ショイモシュ
Solymosi ショイモシ
Sólyom ショーヨム*
Solz ゾルツ
Solzhenitsin
　ソルジェニーツィン**
Solzhenitsyn
　ソルジェニーツィン*
　ソルジェニーツイン
　ソルジェニツイン
Som
　サオム
　ソム*
　ゾーム
Soma
　ソーマ
　ソーマー
　ソマ*
　ゾーマ
Somà ソーマ
Somach ソマック*
Somadeva
　ソーマ・デーヴァ
　ソーマデーヴァ*
　ソーマデーバ
Somadevasūri
　ソーマデーヴァ・スー
　リ
　ソーマデーヴァスーリ
Somaia ソマイア
Somaily ソマイリ
Somain ソマン*
Somaize ソメーズ
Somaly ソマリー
Somamitta
　ソーマミッタ
Somananda
　ソーマーナンダ
Somānanda
　ソーマーナンダ
Somanātha
　ソーマーナータ
Sōmanātha
　ソーマーナータ
Somanogo ソマノゴ
Somarama ソマラマ
Somaratne ソマラトネ
Som-Arch ソムアッツ*
Somare ソマレ**
Somarriba ソマリバ
Somavía ソマビア**
Somavilla ゾマヴィラ
Somayajulu
　ソマヤジュル*

Sombart
　ゾムバート
　ゾムバルト
　ゾンバルト**
Sombath ソムバット*
Sombo ソンボ
Sombolay ソンボレイ
Somboon ソンブン*
Sombounkhanh
　ソムブーンカン
Sombrun ソンブラン
Somchai
　ソムチャーイ
　ソムチャイ*
Somchine ソムチーン
Somcynsky
　ソムシンスキー
Somda ソムダ
Somdy ソムディー
Some ソメ
Somer ソーメル
Somerman ソメーマン
Somero ソメロ
Somers
　サマーズ*
　ソマース
　ソマーズ***
　ソーメルス
Somerset
　サマーセット*
　サマセット**
　シマセット
　ソマー・シット
　ソマセット
Somerson
　サマーソン
　ソマーソン
Somerton ソマートン
Somervell サマヴェル
Somervile サーマビル
Somervill サマヴィル
Somerville
　サマァヴィル
　ソマーヴィル
　サマヴィル*
　サマービル
　サマビル*
　ソマーヴィル
　ソマヴィル
Somes
　サムズ
　ソムズ
Somesh ソメシュ
Someśvara
　ソメシュヴァラ
　ソメスヴァラ
Somfai ショムファイ
Somfay ソムフェー
Somhairle ソマール
Somi ソミ
Somia ソミア
Somin ソミン
Somis
　ソーミス
　ソミス
Somizi ソミッツ
Somjee ソムジー

Somjit ソムジット**
Somkeo ソムケオ
Somkid ソムキット*
Somkins ソムキンス
Somkot ソムコット
Somlay ショムライ
Somle スモーレ
Somlo ソムロウ
Somluck ソムラック*
Somm ソム
Somma ソンマ*
Sommad ソマート*
Sommai
　ソムマイ
　ソンマイ*
Sommaruga
　ソマルガ*
　ソンマルーガ
Sømme ソンメ
Sommeil ソミュエル
Sommer
　サマー
　ソマー
　ゾマー
　ゾンマー**
　ソンメール
　ソンメル
Sommerard
　ソマラール*
Sommerfeld
　ゾンマー・フェルト
　ゾンマーフェルト*
　ゾンマーフェルド
　ゾンマフェルト
　ゾンメルフェルト
Sommerfelt
　ソマーソン
　ソンマーソン
Sommerfeld
　サマーフェルト
　ソンマーフェルト
　ソンメルフェルト
Sommerfield
　サマーフィールド
　ソマーフィールド
Sömmering
　ゼンメリング
Sommerkamp
　ゾマーカンプ
Sommerlad
　ゾンメラード*
Sommerlatte
　サマラッテ*
Sommers
　サマーズ
　ソマーズ**
Sommerstein
　ゾンマーシュタイン
Sommerville
　サマービル*
　ソマヴィル
　ゾンマヴィル
Sommervogel
　ソメルヴォージェル
　ゾンマフォーゲル
Sommestad
　ソンメスタード
Sommi ソンミ
Sommo ソモ
Somodi ソモディ

Somogyi
　ショモジ
　ソモギ
Somohardjo
　ソモハルジョ
Somonte ソモンテ
Somoracz ソモラツ
Somorjai
　ソモージャイ
　ソモライ
　ソモルジャイ*
Somov
　ソーモフ
　ソモフ
Somova ソーモワ*
Somoza
　ソモーサ
　ソモサ**
　ソモザ*
Sompayrac
　ソンペイラック
Somper ソンパー**
Somphanh ソンパン
Somphavan
　ソンパワン
Somphon ソンポン
Somphone
　ソムポーン*
Somphong ソンポン
Sompong ソンポン
Somsak
　ソムサク
　ソムサック
Somsakdi
　ソムサク
　ソムサック
Somsavat
　ソムサワット*
Somtat ソムタット*
Somtawin
　ソムタウィン
Somthone ソムトン
Somtow ソムトウ**
Son
　サン
　ソン***
So'n ソン
Sona ソナ
Sonā ソーナー
Soṇa ソーナ
Sonali ソナーリ
Sonam ソナム*
Sonambaljir-un
　ソノムバルジリーン
Sonam Pembar
　ソナムペンバル
Sonatane ソナタネ*
Soncin ソンチン
Soncino ソンキーノ
Sonck ソンク
Sondak ソンダック
Sondashi ソンダシ
Sonder ゾンダー
Sonderborg
　ゾンダーボルグ

Sønderby
　ソンナービュー
Sonderegger
　ゾンダーレッガー
Sondergaard
　ゾンダーガード
Sondermann
　ゾンダーマン
Sondheim
　ソンダイム
　ソンドハイム**
Sondheimer
　ソンダイマー
Sondhi ソンディー
Sondra
　サンドラ
　ソンドラ**
Sondral センドロール*
Søndrål センドロール
Sonduck ソンディック
Sone
　ズーン
　ソン
Sonea ソネア
Sonenberg
　ソネンバーグ
Sonenshein
　ソネンシェイン
Soner
　ゾーナー
　ソネル
Sones ソーンズ
Sonexay ソンサイ
Song
　ソン***
　ソング**
Song-ae ソンエ
Songane ソンガネ
Song-chol ソンチョル*
Song-dae
　ソンテ
　ソンデ
Songeon ソンジョン
Songer ソンガー
Songgotu ソンゴトゥ
Songgram ソングラム
Song Guk ソングク
Songguk ソングク
Song-han ソンハン
Song-ho ソンホ
Song-hoon ソンフン
Song Hui ソンヒ
Songhui ソンヒ
Songhurst
　ソングハースト
Song I ソンイ
Songi ソンイ
Son-gil ソンギル
Song-il ソンイル
Songkrasin
　ソングラシン
Song-nam ソンナム**
Song-ok ソンオク*
Songomali ソンゴマリ

Songo'o ソンゴオ	Sonnenberg ソネンバーグ* ゾンネンバーグ	Sonsini ソンズィニ	Sook-ja スクジャ	Sopage ソパゲ
Song-pil ソンピル		Sonsthagen ソンシューゲン	Sook-nyul スクヨル	Sopāka ソーパーカ
Song-san ソンサン*	Sonnenblick ソーネンブリック	Sonstroern ソンストローン	Sooksopa スークソパ* スクソーパー	Sopalski ソパルスキ
Songsomphan ソンソムパン	Sonnenborn ゾンネンボルン	Sontag サンターグ ソンターグ	Sooley スーリー	Spater ソパトロス
Song-soo ソンス				Sōpatros ソパテロ
Songsri ソンシー ソンスィー* ソンスイー	Sonnenburg ソネンバーグ	Sontaburg ソンターグ ソンタグ*** ゾンターグ ゾンタッグ	Soo-man スマン*	ソパトロ ソパトロス
	Sonnenday ソナデイ		Soomer ゾーマー	Sope ソペ
	Sonnenfeld ソネンフェルド** ゾンネフェルド ゾンネンフェルド		Soomilduth スミルデュット	Sopena ソペナ
Song-taek ソンテク**		Sontani ソンタニ	Soo-min スミン	Sopeña ソペーニャ
Songt'am ソングターム		Sontaya ソンタヤー	Soon スーン*	Sopeña ソペーニャ ソペニャ
	Sonnenfels ソンネンフェルス ゾンネンフェルス	Sonter ゾンテル	スン	
Songtham ソンタム		Sontheimer ゾントハイマー		Soper ソウパー ソーパー*
Song-ung ソンウン			Soon-bok スンボク	
Songwe ソンウェ	Sonnenschein ソンネンシャイン ゾンネンシャイン*	Sonthi ソンティ*	Soon-Bong スンボン	
Song-wol ソンウォル		Sontosh サントシュ	Soon-chan スンチャン	Soph ソフ
Son-gwon ソングォン		Sonu ソヌ	Soon-chul スンチョル	Sophainetos ソパイネトス
Song-woong ソンウン	Sonnenschmitt ソンネンシュミット ゾンネンシュミット	ソヌー ソンウ*	Soon-dae スンデ	Sophara ソパラ
Song-yi ソンイ			Soon-Duk スンドク	Sopheap ソピアップ
Son-ha ソナ*		Sonuga ソヌガ	Soong-hoom スンフム	ソフィープ
Sonheim ソンハイム	Sonnenstern ゾンネンシュターン**	Sony ソニー**	Soong-jong スンジョン	Sophearith ソフ
Son-hui ソンヒ		Sonya ソーニア	Soon-hyung スンヒョン	Sopher ソーファー
Soni ソニ**	Sonnentag ソネンタグ	ソニア*** ソーニャ**		Sophia ソファイア
Sonia ソーニア ソニア*** ソーニャ*	Sonnessa ソネッサ*		Sooni スーニー	ソフィア***
	Sonnet ソネ ゾネット		Soon Juan スンジュアン	ゾフィア
		ソニヤ		ソーフィヤ
			Soon-ki スンギ	ソフィヤ
Sonin ソーニン ソニン		Sonzogno ソンゾーニョ	Soonkki スンキ	Sophie ソフィ***
			Soon-ku スング	ソフィー***
Sonis ソニス	Sonnevi ソンネヴィ	Soo ス* スー* ソー	Soonsiri スンシリ*	ゾフィー**
Sonja ソニア*	Sonni ソンニ		Soon-suon スンソン	ソフィイ
	Sonnichsen ソンニクセン		Soon Sup スンソプ	Sophilos ソフィロス
ソーニャ*		Soo-bin スビン	Soon-young スニョン スンヨン*	Sophocleous ソフォクレウス
ソニヤ* ソンニャ ソンヤ	Sonnie ソニー*	Soo-chang スチャン		
	Sonnier ソニア ソニエ	Sood スード	Soon-yung スニョン	Sophocles ソフォクレス ソボクレース ソボクレース
Sonjica ソンジカ	Sonninen ソンニネン	Soodesh スーデッシュ	Soo-nyuong スニュン	
Sonkaya ソンカヤ	Sonnino ソンニーノ*	Soodhun スーダン	Soopafly スーパーフライ	Soophonphanich ソーポンパニット
Sönke ズンケ ゼンケ	ソンニノ	スドゥン		Sooronbay ソオロンバイ* ソロンバイ
	Sonnleithner ゾンライトナー*	Soo-gie スギ		
Sonkham ソンカム	Sonnleitner ソンライトナー	Soo-han スハン*		Sophokles ソフォクレス
Sonkin サンキン ソンキン*		Soo-hee スヒ	Soory ソーリー	ソボクレース ソボクレース
	Sonns ソンス	Soohoo スーフー	Soorya ソーリャ	
Sonko ソンコ	Sonntag ソンタグ ゾンターク	Soo-hyuck スヒョク	Soos スース	Sophoklés ソフォクレス ソボクレース
Sonmez ソンメズ		Soo Hyun スヒョン	Soo-san スサン*	
Sönmez ソンメズ*	Sonny サニー*	Soo-hyun スヒョン*	Soosh スーシー	
Sonn ソン	ソニ ソニー***	Soo-il スイル	Soo-song スソン	Sophoklês ソフォクレス ソボクレース ソボクレース
Sonnabend ソナベンド ゾナベント	ゾニー	Soo-ja スージャ*	Sooster ソオーステル	
	Sono ソノ	Soo-jang スジャン	Soo-sung スソン*	
Sonnberger ゾンベルガー	Sonompil ソノムピリ ソノンビル	Soo Jin スジン	Soot ゾート	Sophon ソーポン
Sonne ソン ゾンネ		Soo-jong スジョン	Soota ソータ	Sophonias ゼパニヤ ツェファンヤ
	Sonomyn ソノミィン ソノミン	Soo-jung スジョン*	Soo-sung スソン*	
Sonneck ソンネック	Sonon ソノン	Soojung スジョン	Soo-taek ステク	Sophonisba ソフォニスバ
Sonneman ソネマン ゾンネマン*	Sonowal ソノワール	Sook スーク ソ	Soothill スットヒル	Sophonpanich ソポンパニッチ ソーポンパニット* ソボンパニット
	Sons サンズ ソンス	Soo-keon スグン	Sootin スーチン	
Sonnemann ゾンネマン		Soo-keun スグン	Soo-weon スウォン	
		Sook-il スクイル	Soo-yeon スヨン*	Sophoulis ソフリス
		Sook Ja スクジャ	Soo-yong スヨン	Sōphrōn ソープローン
			Soo-young スヨン	
			Sopa ソパ	

ソフロン
ソブロン
Sōphronios
ソフロニオス
Sōphrónios
ソーフロニオス
Sophronius
ソフロニウス
Sophus
ソーフス
ソフス
Sophy ソフィー*
Sopia ソピア
Sopiee ソピー*
Sopita ソピタ
Sopko ソプコ*
Sopoaga ソポアンガ
Sopoanga
ソポアンガ**
Sopon ソーポン
Soprani
ソプラーニ
ソプラニ
Sopsits
ショプシッツ
ソプシッツ
Sopwith
ソッピース
ソップウィス
ソップウィズ
ソプウィズ
Sopyyev ソプイエフ
Soqeta ソケタ
Sor
ソー
ソル*
Sora
ソーラ
ソラ
Soraat ソラアット
Sorabi ソラビ
Sorabji ソラブジ
Soraj ソーラット
Sorajja ソラジャ
Soral ソラル
Soram ソラム
Soranos ソラノス
Soranus
ソラヌス
ソラノス
Sōrānus ソラヌス
Soranzo ソランツォ
Sorapong
ソーラポン
ソラポン
Soras ソーラ
Sorasak ソラサック
Soratini ソラティーニ
Soraya ソラヤ**
Sorazu ソラース
Sorbjan ソルビアン
Sorbo ソルボ
Sorbon
ソルボン
ソルボンヌ

Sorby
ソービー
ソービイ
ソルビ
ソルビー
Sorcher ソーチャー
Sorcinelli ソルチネリ
Sordello ソルデッロ
Sordi ソルディ*
Sore ソレ
Soref ソレフ
Søreide スールアイデ
Sorek ソレック
Sorel
ソーレル
ソレル**
Sorell
ソーレル
ソレル
Sorella ソレラ
Sorely ソーリー
Soren
セーレン*
セーン
ソーレン*
ソレン*
ゾーレン
Sören
セーアン
セーレン
Søren
セーアン
ゼェレン
セーレン*
ゼーレン
ソアン
ソエーレン
ソーラン
ソーレン*
Sorena ソレナ
Sorensen
セーアンセン
セーレンセン*
ソーレンセン
ソレンセン*
ソレンソン*
Sörensen ソレンセン
Sørensen
セーアンセン*
セーレンセン
ソーレンセン
ソレンセン*
Sorenson
ソーレンソン
ソレンソン**
Sorenstam
ソレンスタム**
Sörenstam
ソレンスタム
Sorescu ソレスク*
Soresi
ソレイシィ
ソレイシイ
Soreth
ソレット
ソレト
Sorette ソレット
Sorg ゾルク

Sørgård ソーガード
Sorge ゾルゲ**
Sörgel ゼルゲル*
Sorgenti
ソージェンティ
Sorger ソルジャー
Sorgh ソルフ
Sorhaindo
ソーハインド**
Sorhus ソルフス
So-ri ソリ*
Soria
ソリーア
ソリア**
ソリヤ
Soriacomua
ソリアコムア
Soriani ソリアーニ
Soriano
ソリアーノ***
ソリアノ*
Sorin
ショリン
ソウリン
ソラン*
ソーリン
ソリン*
Sorina ソリーナ
Soriquez ソリケス
Soriyopor ソリヨポア
Sorj ソルジ
Sorkhabi ソルハビ
Sorkin ソーキン
Sorkmo ソルクモ
Sorley
ソオレイ
ソーリ
ソーリー*
Sorlier ソルリエ
Sorlin ソルラン
Sorly ソーリー
Sorma ゾルマ*
Sorman ソルマン**
Sormann ゾルマン
Sormark ソルマーク
Sornette ソネット*
Soro ソロ
Sorogub ソログーブ
Sorokin
ソーロキン
ソーキン**
ソロキン*
Sorokina
ソーローキナ
ソロキナ*
ソロヒナ
Sorolla
ソローヤ
ソローリャ
ソロリャ
Sorondo ソロンド*
Soronzonbold
ソロンゾンボルド
Soronzonboldyn
ソロンゾンボルド
Soroor ソールー*

Soropogui ソロポギ
Soros ソロス**
Soroudi ソーロディ
Sorour スルール
Sorozábal
ソロサーバル
Sorp ソープ
Sorqoqtani
ソルカクタニ
ソルコクタニ
Sorra ソラ
Sorre ソール*
Sorrel ソレル
Sorrell
ソーレル
ソレル**
Sorrells
ソーレス
ソレルス
Sorrentino
ソレンティーノ
ソレンティーノ**
ソレンティノ
Sorrento ソレント
Sorri ソッリ
Sorribas スリバス
Sorrillo ソリーリョ
Sorry ソリィ
Sorry Diallo
ソリディアロ
Sorsa ソルサ**
Sørsdal ソルダル
Sorskii
ソルスキー
ソールスキイ
Sortais ソルテー
Sorter ソーター
Soru ソール*
Sørum セルム
Sorūsh ソルーシュ
Sorveig
ソルヴェーイ
ソルベーイ
Sorvino
ソーヴィノ
ソービノ
ソルヴィーノ
ソルヴィノ
ソルビーノ*
ソルビノ
Sory ソリ
Sorya ソリア
Soryan ソルヤン**
Sorzewski
ソジェフスキ
Sos シュス
Søs セス
Sosa
ソウザ
ソーサ**
ソサ*
Sosefo ソセフォ
Sosen ゾーゼン
So-seok ソソク
Sosibios ソシビオス
Sosibius ソシビウス

Sōsibos ソシビオス
Sosienski
ソシーンスキー
Sosigenes ソシゲネス
Sosinsky ソシンスキー
Sosipater ソシパテル
Sōsípatros
ソシパテロ
ソシパトロ
Sōsiphanēs ソシパネス
Sosius ソシウス
Soskice
ソスキース*
ソスキス
Soskin ソスキン*
Soskolne ソスコーン
Soskovets
ソスコヴェッ*
ソスコペツ
ソスコベツ
Soslan ソスラン
Sosnenko ソスネンコ
Sosnkowski
ソスンコフスキ
Sosnóra ソスノーラ
Sosnovsky
ソスノフスキー
Sosnowski
ソスノウスキー
ソズノウスキ*
Soso ソソ
Sosorbaram
ソソルバラム
Sosos ソソス
Sōsos ソソス
Sospeter ソスペター
Sosrokardono
ソスロカルドノ
Sosrokartono
ソスロカルトノ
Soss ソス
Sossa ソサ
Sossi
ソッシィ*
ソッシィー
Sossou ソス
Sossouhounto
ソスウント
ソソホント
Sostek ソステク
Soster ソステール
Sosthene ソステン
Sosthenes
ソステネス
ソーステンズ
Sōsthénēs ソステネ
Sostratus ソストラトス
Sosýura ソシューラ
Sot ソ
Sota
ソータ
ソタ
Sōtadēs
ソータデース
ソタデス
Sotamaa ソタマー

Sotela ソテーラ	Sottil ソッティル	Soul ソウル	Soumitra ショウミットロ	Sousa スーザ** ソウサ*
Soteldo ソテルド	Sottosass ソットサス		スミトラ	ソウザ**
Sotelo ソテーロ ソテロ**	Sottsass ソットサス**	Soulages スーラージュ**	Soumois スモワ*	ソーサ ソーザ**
Soter ソーテール ソテル	Sou スー Souad スアド* Souakri スアクリ	Soulama スラマ Soulary スーラリ スーラリー	Soumokil スモキル Soumyajit ソウミャジト	ソサ ソザ* Sousanna スサンナ スザンナ
Söter シェテール	Souare スアレ	Soule スル	Soun ソウン Soundar サウンダー	Sousarion スーサリオーン
Söter ソーテール ソテル	Soubanh スパン Soubiran スービラン スーピラン	スーレ ソウル* ソール	Soundarajan ソウンダラジャン	スサリオン Sousi スズィー
Soteras ソートラス Soteria ソティリア ソテリア*	Soubirous スピルー Soubise スービーズ スビーズ	Soulé スーレ ソレー	Sounderpandian ソウンデルパンディアン Sounes スーンズ*	Souss スース* Soussanin スーサニン Soussouev ススエフ
Soteris ソテリス	Soublière	Souleau スーロー	ソーンズ*	Soustelle スーステル*
Sotero ソテロ	スブリエール*	Souleiman スレイマン	Souness スーネス	Souster サウスター
Sotgia ソッジャ Soth ソース	Soucek ソウセック	ソレイマン	Souney ソーニー	Soustrot ースートロ Sousy スージー
ソット	ソーセック	Souleimane スレイマン	Soungalo スンガロ	Soutar スーター
ソート	ソーチェク Souchier スシエ	Souley スレイ	Soung-ho ソンボ Soung-hon ソンホン	ソーター
Sotheara ソテアラ Sotheary ソシアリー	Souchon スーション Soucie スーシー*	ソウリ	Sounhadji スンハジ Sounton スントン	Soutchay スッチャイ Soutendijk
Sotheby サザビー	Součková	Souleye スーレイ	Sounvileuth	サウテンデイク
Sothern サザーン* サザン	ソウチュコバー Soucy ソーシー	Souleymane スリマン スレイマヌ	スンビルート Soupaule スーポー	ソウンディク Souter スーター**
Sotherton サザートン Sothirak ソティラック	Soud サウド Soudan スダン	スレイマン* Souleymane Diop スレイマンディオプ	Soupault スウボウ スウポ	ソウター Souteyrat ステラ
Sotho ソト Sothoron ソソーロン	Soudant スーダン スダーン*	Souli スリ Soulié スーリエ	スウポオル スーポー**	South サウス** Southall サウスオール**
Sotigui ソティギ Sotikakuman	Souday スーデー Souden スーデン	Soulima スーリマ	スーポウ スーポゥル	サウソール* Southam サウザム
ソティカクマン Sotile ソーティール	Souders サウダーズ Soudiere スディエール	ソーリマ Sou-linne スリン	スーボオ Souphanh スパン	Southampton サウサンプトン
Sotin ゾーティン Sotio ソーティオ Sōtiōn ソティオン	Souef スーフ Soueinae スウィーナ Souers ソワーズ	Soulinyavongsa スリニャウォンサー Soulivong スリウォン	Souphanouvong スパーヌウォン スパヌウォン スパヌオン	Southard サウスアード サザード
Sotir ソティー ソーティア	Souez スーエズ Soufflot スーフロ	Souljah ソウルジャー Soulouque スールーク	スファヌヴォン スファヌボン*	Southcott サウスコット Souther サウザー
Sotiris ソティリス Sotiroula ソティルーラ	スーフロー スフロ	Soult スール スールト	Soupizet スーピゼ Souppart スパール	Southerden サウザーデン
Sotkilava ソトキラーヴァ	スフロー Soufi スフィ	スルト Soultan スルタン	Sourang スラン Sourang Ndir	Sutherland サザーランド サザランド
Sotlar ソトラル Sotnik ソートニク	Soufiane スフィアーヌ スフィアヌ	Souma スマ ソウマ	スランヌディル Sourani スーラニ	Southern サウザーン サザーン*
Sotnikova ソトニコワ**	スフィアネ Souflias スフリアス	Soumah スーマ スマ	Sourek ショウレック Souren スーレン	サザン** Southerne サザーン
Soto ソート* ソト***	Sougueh スゲ Souhail スハイル	Soumahoro スマオロ Soumaila スマイラ	Sourghia スルギア Sourian ソリアン	サザン Southerton
ソトー Sotolongo ソトロンゴ	Souhaitty スエティ Souhami スーハミ	Soumana スマナ Soumanou	Souriau スーリオ* スーリオー*	サウザートン Southesk サウセスク
Sotomaior ソトマイオール Sotomayor ソートゥーマヨー	Sou-hwan スファン* Souillard スィヤール	スマヌ スマヌウ Soumare スマレ	スリオ スリヨ	Southey サウジ サウジー*
ソトマイヨール* ソトマイヨル ソトマヨル**	Soukalova スーカロバ Soukeyna スケイナ Soukpová	Soumekh ソーメク Soumet スーメ*	Sourinyavongsa スリニャウォンサー Sourire スーリール	サウセイ スージー ソーセイ
ソフォマイヨール Sotonyi ショートニー Sotorník ソトルニク	ソウクポヴァー Soukup ソウクプ ソークアップ ソークブ*	Soumeylou スメイル Soumillon スミヨン*	Souritz スーリッツ Sourkes ソークス Sournia スールニア* Sourrouille スルイス Soury スーリィ	

Southgate サウスゲイト サウスゲート**	Sovak ソバック Sovaleni ソバレニ Sovan ソバン**	Soysisamout ソイシーサムット So-yun ソユン*	Spadolini スパドリーニ スパドリニ*	Span スパン Spanberg シュパンベルグ	
Southhall サウソール Southmayd サウスメイド	Sovath ソヴァット Soveri ソベリ	Soyuncu ソユンク Soz ソーズ	Spae スパー Spaemann シュペーマン*	Spandaryan スパンダリャーン Spang シュパン	
Southon サザン* Southorn サゾーン	Sovern ソバーン** Sovie ソビー	Soz ソーズ Söz ソーズ	Spaeth シュペート スペース	シュバング スパン	
Southren サズレン Southside	Søviknes ソービクネス Sovndal ソヴンダル	Sozar ソザル Sozin ゾーチン	Spafary スパファリー Spafford	スパング** Spångberg	
サウスサイド Southward	Søvndal ソウンダール Sovold	Sōzomenos ソーゾメノス	スパフォード スパフォード*	シュパンベルグ Spang chen パンチェン	
サウスワード サウスワード	サヴォルド サボルド	ソゾメノス Sozonov ソゾノフ	Spaggiari スパジアリ Spagna スパーニャ	Spangenberg シュパンゲンベルク	
Southwart サウスワート	Sow ソー	Sozontovich ソゾントヴィチ	Spagnol スパニョール	シュパンゲンベルク* スパンゲンバーグ	
Southwell サウスウェル*	ソウ* Sowa ゾーヴァ*	ソゾントヴィッチ Sozzani	Spagnoli スパニョーリ*	スパンジェンバーグ Spangenburg	
サズル Southwick	Sowaidi スウェイディ Sowande ショワンデ	ソッザーニ* ソッツァーニ*	Spagnolo スパニョロ Spagnuolo	スパケンバーグ Spanger スパンジャー	
サウスウィック* サウスウイック*	Sowards ソウォーズ Sowden サウデン*	Sozzini ソツィーニ	スパヌオーロ Spahic スパヒッチ	Spangler シュパングラー	S
Southwood サウスウッド*	Sowe ソウエ Sowell	ソッツィーニ Sozzo ソッツォ	Spahija スパヒジャ Spahn スパーン*	Spanheim シュパンハイム	
Southworth サウスワース**	サウェル ソーウェル*	Spaak スパーク Spaander スパーダー	Spaight スペイト	Spani スパーニ Spanier	
Soutine スーチン*	ソウェル Sowerby	Spaans スパーンス Spaargaren	Spain スペイン* Spainhour	スパニア* スパニアー	
スーティーヌ スーティン	サワビ サワビー	スパーガレン スパールガレン	スペインアワー スペインウール	スパニール Spanjaard	
スティーン Souto	Sowers ソワーズ	Spaatz スパーツ	Spaini スパイニ Spaink スパインク	スパンヤード* Spank シュパンク	
ソウト ソート	Sowerwine ソウェルウイン	Spac スパク Spacek	Spalatin シュパーラティーン	Spann シュパン*	
Soutsos スーツォス Souvanny	Sowinski ソーウィンスキー	スペイシク スペイセク*	シュパラーティン シュパラティーン	スパン* Spannbauer	
ソーバンニイ Souvanthone	Sowizral ソウィッツラル	スペーシク Spacey	シュパラティン Spalding	シュパンバウアー Spano	
スワントーン Souvarine	Sowjaturong ソーチャトロン	スペイシー* スペーシー*	シュパルディング スパルディング	スパーノ* スペーノ*	
スヴァーリン Souverain スヴラン	Sówka スフカ Sowler ソウラー	Spach スパック Spackman	スポールティング スポールディング*	Spanogle スパニョール Spanos スパノス	
Souverbie スゥヴェルビイ	Sowls ソウルズ Sowmya ソウミャ	スパックマン Spackmann	スポルディング** Spalek スパレク	Spanovic スパノビッチ Spanta スパンタ*	
スーベルビー Souvestre	So-wol ソウォル Sowray ソーレイ	スパックマン Spackmman	Spall スパール	Spanuth シュパヌート Spanyol スパニョール*	
スウヴェストウル スウヴェストル	Sox ソックス Soxhlet	スパックマン Špačková スパチコワ	スポール* Spalla スパッタ	Spanzotti スパンツォッティ	
スーヴェストル* スヴェストル	ソクスレト ゾクスレト	Spacks スパックス Spada	Spallanzani スパランツァーニ	Spapen スパペン Spapens スパーベンス	
Souwer サワー Souyri スイリ*	ソックスレー Soy ソイ	スパーダ スパダ*	スパランツァーニ Spallar シュパラート	Spar スパー Sparaco スパラコ**	
Souza スーザ**	Soya ソーヤ Soydan ソイダン**	Spadafora スパダフォラ	Spalletti スパレッティ**	Sparber スパーバー* Sparey スパリー	
スザ ソウザ*** ソーザ*	Soye ソワ So-yeon ソヨン*	Spadafori スパーダフォリ*	Spallino スパリノ Spalteholz	Sparger スパージャー Spargo	
ソザ Souzay	Soyeon ソイアン	Spadarino スパダリーノ	シュパルテホルツ Spälti シュペルティ	スパーゴ* スパルゴ	
スーゼ スーゼー*	ソヨン Soyer	Spadaro スパダーロ Spadavecchia	Spalton スパルトン Spalvin	スパルゴー* Sparhawk	
Souzey スーゼ Sova	ソイアー* ソイヤー*	スパダヴェッキア Spaddi スパッディ	スパリヴィン スパルウィン	スパーホウク Sparing スパーリング	
ショバ ソーヴァ	ソワイエ Soyinka ショインカ**	Spaddy スパディ Spade スペード**	スパルヴィン Spalvis スパルヴィス	Spark スパーク*** Sparke スパーク*	
ソヴァ ゾーヴァ	Soylu ソイル So-young ソヨン*	Spader スペイダー*	Spamer シュパーマー* Spampinato		
ソーバ Sovacool ソヴァクール	Soyoung ソヨン	スペーダー* Spadola スパドーラ	スパムピナート		

Sparkes スパークス	Spatola スパトラ	Speed スピード***	Spellman スペルマン**	Spering スペリング	
Sparkle スパークル*	Spatrisano スパトゥリサノ	Speedman スピードマン	Spelly スペリー	Sperlich スペルリッヒ	
Sparkman スパークスマン スパークマン*	Spaulding スパールディング スポールディング** スポルディング	Speedy スピーディ	Spelman スペルマン**	Sperling スパーリング**	
Sparks スパークス***		Speegle スピーグル	Speltz シュペルツ	Sperner シュペルナー	
Sparky スパーキー**		Speelman スペールマン	Spelvin スペルヴィン	Spero スパロ スペロ**	
Sparling スパーリング*	Spaventa スパヴェンタ スパヴェンタ スパベンタ	Speelmans シュペールマンス	Spemann シューペマン シューペマン	Spéro スペロ	
Sparn シュパルン		Speer シュペーア* シュペアー* シュペール スピーア スピア*** スピアー	Spence スペンス***	Speroff スペロフ	
Sparr スパー	Spavento スパヴェント		Spencely スペンスリー	Sperone スペローネ	
Sparre シュパラー スパッレ	Spaziani スパツィアニ		Spencer スペンサー*** スペンサア スペンセリアン スペンセル	Speroni スペローニ	
	Speaight スペイト			Sperontes スペロンテス	
Sparrer シュパーラー	Speak スピーク*			Sperr シュペル シュペルー	
Sparrevohn スパレヴォーン	Speake スピーク		Spender スペンダー***		
Sparring スパーリング	Speaker スピーカー*	Speers スピアーズ スピアズ	Spendiarov スペンディアロフ	Sperring スペリング	
Sparrow スパロー スパロウ**	Speakes スピークス*	Speert スピアート	Spener シュペーナー シュペナー	Sperrle シュペルレ	
	Speakman スピークマン*	Speese スペーゼ		Sperry スペリ* スペリー**	
Sparrowdancer スパロウダンサー	Speaks スピークス*	Speeth シュペート スピース	Spengemann スペンジマン**	Spervogel シュペアフォーゲル シュペールフォーゲル シュペルフォーゲル	
Sparschuh シュパーシュー*	Spealman スピールマン*	Speh スペイ	Spengler シュペングラー** シュペングラア スペングラー		
Sparse スパース	Spear スピア** スピアー スピィア	Spehr スピア		Spescha シュペッシャ	
Spartacus スパルタクス		Speich シュパイヒ		Speshnev スペーシネフ スペシネフ	
Spartak スパルターク スパルタク		Speicher スパイカー スペイサー	Spenik スペニック		
Spartas スパルタス	Speare スピア*		Spenke シュペンケ	Spesivtseva スペシフツェワ	
Sparté スパルテ	Spearman スピアマン	Speidel シュパイデル* スパイデル	Spennemann シュペネマン	Spessitseva スペシッツェヴァ スペシツェワ	
Spartianus スパルティアヌス*	Spearmon スピアモン	Speidell スパイデル スパイデル	Spenner スペナー		
Spartz スパーツ	Spears スピアーズ** スピアズ		Spenser スペンサー* スペンサア	Spessivtseva スペシフツェヴァ スペシフツェワ	
Sparv スパーヴ	Specchi スペッキ	Speier シュパイアー* スパイア スパイアー*	Spensley スペンスリー*	Speth シュペート スペス**	
Sparwasser シュパルバッサー	Spece スペース			Spethmann シュペートマン	
	Specht シュペヒト* スペクト		Spenst シュペンスト		
SparxxX スパークス			Speragna スペラーニャ	Spetrino スペトリーノ	
Spas スパース	Special スペシャル	Speight スパイト スペイト* スペート	Sperandeo スペランデオ	Speusippos スペウシッポス スポイシッポス	
Spasenoski スパセノスキ	Speciale スペシャレ		Sperandio スペランディーオ		
Spasibukhov スパシブーホフ*	Speciner スペシナー	Speights スペイツ	Sperans スペランス	Speyer スパイヤー	
	Speciosa スペシオザ	Speir スピアー スペアー	Speranskii スペランスキー スペラーンスキィ	Speyr シュパイル	
Spasoe スパソエ	Speck シュペック スペック*			Spezi スペッツィ* スペッツィ*	
Spasoff スパソフ	Speckbacher シュペックバッハー	Speirs スピアーズ	Sperantova スペラントヴァ		
Spasoje スパソエ		Speiser シュパイザー シュバイザー スパイザー	Speranza スペランザ スペランツァ	Spezzano スペザーノ* スペツァーノ	
Spasov スパソフ	Speckled スペックルド				
Spasovski スパソフスキ	Speckter シュペクター		Speratus シュペラートゥス スペラートゥス	Sphairos スファイロス	
Spasskij スパスキー	Spectator スペクタートル	Speizio スページオ		Sphodrias スフォドリアス	
Spătar スパタール	Specter スペクター**	Speke スピーク			
Spataro スパタロ	Spector スペクター** スペクトール	Spekke スペック	Sperber シュペルバー** スパーバー* スペルバー スペルベル*	Spice スパイス	
Spate スペイト スペート	Specx スペックス	Spekman スペックマン		Spicer スパイサー*	
Späte シュペーテ	Spedden スペドゥン	Spektorov シュペクトロフ		Spichtig シュピヒティク	
Spaten スパーテン	Spedding スペディング**	Spela スペラ	Speregen スペレーゲン	Spick スピック	
Spath スパース スパス	Spee シュペー* スペー	Spell スペル*	Spergel スパーゲル*	Spicker スピッカー*	
Späth シュペート*	Speece スペース	Spellenberg シュペラーベルク	Sperger シュペルガー	Spicklemire スパックマイヤー	
Spathis スパディス	Speech スピーチ*	Spelling スペリング**	Speriglio スペリグリオ		
		Spellings スペリングス*			

Spicq スピック
Spicre スピクル
Spider スパイダー**
Spidla シュピドラ**
Špidla シュピドラ
Spiegel
　シュピーゲル*
　スピーゲル**
Spiegelberg
　シュピーゲルベルク
　スピーゲルバーク
　スピーゲルバーグ
Spiegelburg
　シュピーゲルブルク
Spiegelhalter
　シュピーゲルハルター
Spiegel-Lohre
　スピーゲルロー
Spiegelman
　シュピーゲルマン
　スピーゲルマン**
Spiegl スピーグル*
Spiegler
　シュピーグラー
Spiekermann
　シュピーケルマン
　スピーカーマン
Spiel シュピール*
Spielberg
　シュピールベルク**
　スピールバーク
　スピルバーグ**
Spielberger
　シュピールベルガー
　スピールバーガー
　スピルバーガー
Spielenberg
　シュピーレンベルク
Spielhagen
　シュピールハーゲン
Spielholz
　スピールホルツ
Spielman
　スピールマン*
Spielmann
　シュピールマン
Spielmeyer
　シュピールマイアー
Spielrein
　スピールレイン
Spier
　スパイヤー
　スピーア
　スピア*
　スピアー
Spiera スピエーラ
Spiere スピール
Spierinck スピーリンク
Spiering スピアリング
Spierings
　スピーリングス
Spiers
　スパイアーズ
　スパイヤーズ
　スピアーズ
Spies
　シュピース*
　スピース

　スピーズ**
Spiess
　シューピース
　シュピース**
　スピース
Spieß シュピース
Spiessl シュピースル
Spieth
　シュピート
　スピース*
Spiethoff
　シュピートホフ*
　シュピートホワ
Spifame スピファム
Spigelman
　スピーゲルマン
Spijkers
　スパイカーズ
　スピーケルズ
Špik シュピーク
Spike スパイク***
Spikell スパイケル
Spikes スパイクス
Spilbury スピルズベリ
Spilhaus スピルハウス
Spilios スピリオス
Spiliotopoulos
　スピリオトプロス
Spiljak
　シュピリャク*
　シュピリヤック
Spilka スピルカ
Spilken スピルケン
Spillane
　スピルレイン
　スピレイン***
　スピレーン**
Spille スピル
Spilleke シュピレケ
Spiller
　シュピラー
　スパイラー
　スピーラー
　スピラー**
Spilliaert
　スピリアールト*
Spillius スピリウス
Spillman スピルマン*
Spillmann
　シュピルマン
　スピルマン*
Spillner
　シュピルナー*
　スピルナー
Spilly スピリー*
Spilman スピルマン
Spilsbury
　スピルスバリー
　スピルズベリー
　スピルズベリー*
Spina
　スピーナ*
　スピナ
Spinar スピナール
Spinazzi スピナッツィ

Spinazzola
　スピナッツォーラ
Spinckes スピンクス
Spindel スピンデル
Spindelegger
　シュピンデルエッガー
Spinden スピンデン*
Spindler
　シュピンドラー**
　スピンドラー**
Spinell スピネル
Spinelli
　スピネッリ***
　スピネリ**
Spinellis スピネリス
Spinello
　スピネッロ
　スピネルロ
　スピネーロ
　スピネロ*
Spiner スピナー
Spinetti スピネッティ
Spingarn
　スピンガーン*
Spini
　スピーニ
　スピニ
Spink スピンク*
Spinks スピンクス**
Spinler スピンラー
Spinna スピナ
Spinnen シュピネン
Spinner
　シュピナー
　シュピンナー*
　スピナー
　スピンナー
　スピンネル*
Spinney スピニー*
Spinnler スピンラー
Spino スピーノ
Spinola
　スピノーラ*
　スピノラ**
Spínola スピノラ
Spinolo スピノロ
Spinosi スピノジ*
Spinotti スピノッティ
Spinoza
　スピノーザ*
　スピノザ*
Spinrad スピンラッド*
Spinther スピンテル
Spio-garbrah
　スピオガーブラ
Spir スピール
Spira
　シュピーラ
　シュピラ
　スパイラ*
　スパイラー
　スピラ

Spirduso スパーデュソ
Spire
　シュパイヤ
　シュピール
　スパイル
　スパイル*
Spirer スパイラー
Spires スパイアーズ
Spirge シュブルギ
Spirgi シュブルギ
Špirić シュピリッチ
Spiridionus
　スピリディオヌス
Spiridon スピリドン
Spiridonov
　スピリドノヴ
　スピリドノフ*
Spiridonova
　スピリドーノヴァ*
　スピリドーノヴァ
　スピリドーノワ
　スピリドノワ
Spiridovich
　スピリドーウィチ
　スピリドヴィッチ
Spirig
　スピリク**
　スピリグ
Spirin
　スピーリン*
　スピリン
Spirina
　スピリーナ
　スピリナ
Spirito スピリト
Spirlea スピールリア
Spirn スパーン
Spiro
　シュピーロ
　スパイロ*
　スパイロー
　スピロ**
Spiroiu スピロイウ*
Spiros スピロス
Spirtzis スピルジス
Spisak スピサック
Spiss スピース
Spitaler
　シュピターレル
Spitalny スピタルニー
Spitamenēs
　スピタメネス
Spitelara スピテレラ
Spits スピッツ
Spitsov スピツォフ
Spitsyn
　スピーツィン
　スピツイン
Spitta シュピッタ*
Spitteler
　シュピッテラー*
　シュピテラー
Spittelmayer
　シュピッテルマイアー
Spittka スピットカ
Spittler
　シュピットラー
Spitz
　シュピッツ**

　スピッツ**
Spitzbart
　シュピッツバート
Spitzberg
　スピッツバーグ
Spitzer
　シュピッツァー*
　スピッツァ
　スピッツァー**
Spitzley
　シュピッツレー
Spitznagel
　スピッツナーゲル
　スピッツネイゲル
Spitzner
　スピッツナー*
Spitzweg
　シュピッツウェーク
　シュピッツヴェーク
Spivak
　スピヴァク**
　スピヴァグ
　スピヴァック**
　スピバック
Spivakov
　スピヴァコフ*
　スピバコフ
　スピワコフ
Spivakovskaia
　スピヴァコーフスカヤ
Spivakovsky
　スピヴァコフスキー
　スピバコフスキー
Spivax スピヴァック
Spivey
　スパイヴィ*
　スパイヴィー
　スパイビー
Spix スピックス
Spizak スピザク
Spizman スピッツマン
Spizzichino
　スピッツィキーノ
Spleiß シュプライス
Splinter スプリンター*
Splitter スプリッター
Splittorff
　スプリットオフ
　スプリットーフ
Spock スポック**
Spode スポード
Spodek
　スポディック*
　スポーデク
　スポデック
Spoehr スポエアー
Spoelberch
　スペルベルク
Spoelstra
　スポールストラ*
Spoerer シュペーラー
Spoerl
　シュペール
　スポアール
Spoerli シュペルリ
Spoerri シュペリ
Spoerry スポエリ*

Spofford
スパフォード
スポフォード
スポフォード*
Spofforth
スポフォース**
Spohn
シュポーン
スポーン**
Spohr
シュポーア
シュポア
シュポール
スポール
Spohrer スポーラー
Spoletini
スポレティーニ
Spoliansky
スポリアンスキー
Spolin スポーリン
Spoljaric
スポリアリッチ
Spolli スポッリ
Spolsky スポルスキー
Spolverini
スポルヴェリーニ
Spomenka
スポメンカ*
Sponde スポンド
Spong スポング*
Sponheim
スポーンハイム
Sponholz
シュポンホルツ
Spontini
スポンティーニ
Sponville
スポンヴィル**
Spool スプール*
Spoolman
スプールマン
Spoon スプーン*
Spooner
スプーナー**
スポナー
Spoonie スプーニー
Spoor スプアー**
Sporar シュポラル
Sporer スポーラー
Spornick スポルニック
Sporns スポーンズ
Spörri シュペリ
Sportack
スポータック*
Sportès スポルテス*
Sportiello
スポルティエッロ
Spota スポタ
Spotakova
シュポタコヴァ*
シュポタコバ
Špotáková
シュポタコヴァ
Spotnitz
スポットニッツ
スポトニッツ

Spoto
スポート
スポト
スポトー*
Spotswood
スポッツウッド
Spottiswood
スポッティスウッド
Spottiswoode
スポッティスウッド
スポッティズウッド
スポティスウッド*
Spottorno
スポットルノ
Spottswood
スポッツウッド
Spoturno スポトルノ
Spowart
スパウォート
スポワート
Spozhmai
スポジャマイ
Spradley
スプラッドリー*
スプラッドレイ
スプラドリー
Spradlin
スプラッドリン
スプラディン
スプラドリン*
Spragg スプラッグ*
Spragins スプラギンズ
Sprague
スピローグ
スプラギュー
スプラーグ*
スプレイグ***
スプレーグ***
スプローグ
Spranger
シュプランカー
シュプランガー*
スプランガー
スプランゲル
スプランヘル
Sprat スプラット
Spratt スプラット**
Spraul
スプラウル
スプロール
Sprayregen
スプレイレーゲン
Sprecher
シュプレッヒャー
Spreen スプリーン
Sprehe
シュピーレ
シュプレー
Spreiregen
スプライリーゲン
スプライレゲン
Spreitzer
スポリッツァー
Spreizer
スプリッツァー
Spreng スプレング
Sprengard
シュプレンガルト*

Sprengel
シュプレンゲル
スプレンゲル
Sprengeler スポンラー
Sprenger
シュプレンガー*
スプレンガー**
Sprent スプレント
Spretnak
スプレットナク
スプレトナク
スペペルトナク
Sprewell
スプリーウェル*
スプリューウェル
Spriano スプリアーノ
Sprich スピリッチ
Spriegel スプリーゲル
Sprigg スプリッグ***
Spriggins スプリギンス
Sprigings
スプリギングズ
スプリンギングス
Sprigman
スプリグマン
Sprindzhuk
スプリンジュク
Spring スプリング***
Springall スプリンゴル
Springborn
スプリングボーン
Springer
シュプリンガー**
スプランジェ
スプリンガー***
Springfield
スプリングフィールド*
Springinklee
シュプリンギンクレー
Springler
スプリングラー
Springman
スプリングマン
Springmann
シュプリングマン
Springmeier
スプリングマイヤー
Springora
スプリンゴラ
Springorum
シュプリンゴールム
スプリンゴルム
Springsteen
スプリングスティーン**
Sprinkel
スプリンケル*
Sprinkle スプリンクル
Sprinzak スプリンザク
Sprinzel スプリンゼル
Šprlje シュプルリェ
Sprockel スプロッケル
Sprogøe スプローエ

Sprokay スプロケイ
Sproles スプロールズ
Sprondel スプロンデル
Spronsen スプロンセン
Sproston スプロストン
Sprott
シュプロット
スプロット
Sproul スプロール*
Sproule スプロウル*
Sproull
スプラウル
スプロウル
スプロール
Sprouse
スプラウズ
スプロース
スプロースズ
Sprowles スプロールズ
Sprowls スプロール
Sproxton
スプロクストン
Spruance
スプルーアンス
Spruce スプルース*
Sprūdžs
スプルージュス
Spruill
スプライル*
スプルーイル
スプルール*
Sprung
シュプルング*
スプルング
Sprüngli
シュプリングリ
Spruth シュプルート
Spruyt スプリュート
Spruzzola
スプルッツォーラ
Spry
スプライ
スプリー
Spud スパッド
Spudis
スピューディス*
Spudvilas
スパドヴィラス*
スパッドビラス
Spuhler シュプーラー
Spuler スプラー
Spuller スピュレール
Spunt スパント
Spurdens スパーデンス
Spurdzins
スプルジンシュ
Spurgeon
スパージェン*
スパージョン*
スパルジョン
スポルジョン
Spurgin スパージン*
Spurius スプリウス
Spurling
スパーリング*

Spurlock
スパーロック*
Spurr スパー**
Spurrier スパリアー
Spurring スパーリング
Spurzheim
シュプルツハイム
スプールツハイム
Spuy スプイ
SPyan snga pa
チェンガワ
Spybey スパイビ
Spychalski
スピハルスキ*
Spycher
シュパイヒャー
Spycket スピケ
SPyil bu pa
チルプバ
Spykman
スパイクマン*
Spymaster
スパイマスター
Spyri
シュピーリ*
シュピリ*
スパイリ
スピーリ
スピーリー
スピリ*
スピリー
Spyrídion
スピュリディオン
スピリディオン
Spyridon
スピリドン
スピルドン*
Spyro
スピロ
スピロス
Spyros
スパイロス
スピーロス*
スピロス**
Spyrou スピロ
Spytihněv
スピティヒニェフ
スピティフニェフ
Sqait スカイット
Squanto スクワント
Squarciafichi
スキャルシャフィキ
Squarcialupi
スクァルチアルーピ
スクァルチャルーピ
Squarcione
スカルチョーネ
スクァルチオーネ
スクァルチョーネ
スクアルチョーネ
Square
スクウェアー
スクエヤー
Squella スケジャ
Squier
スキアー
スクワイア

Squiers スクワイアズ*
Squillace スキラーチェ
Squillacotte スキラコッテ
SQuire スクワイア
Squire
　スクァイア
　スクアイア
　スクワイア
　スクワイアー
　スクワイア***
　スクワイアー**
　スクワイヤ*
Squires
　スクワイアーズ
　スクワイアズ
　スクワイヤ*
Squirewell スクワイアウェル
Squirrel スクィレル
Squyres スクワイヤーズ*
Sr シニア
Sr. シニア
Sraffa スラッファ**
Sraka シュラカ
Sramek
　シュラーメク
　スラメック
Srámek シュラーメク
Šrámek
　シュラーメク
　シュラーメック
Sranon スラノン
Sratsimir ストラツィミル
Srb スルブ
Srba スルバ
Srbik
　シュルビーク
　シュルビク
　ジルビク
　スルビク
Srbuhi スルブヒ
Srđan スルジャン
Srdjan スルジャン
Srdoci スルドッチ
Sreberny スレバーニ
Srebro スレブロ
Srebrodol'skii スレブロドリスキー
Srecki スレッキ
Srečko スレチコ
Srećković スレチュコビッチ
Sredoje スレドイェ
Sree スリー
Sreedharan スリダラン
Sreekantan
　スリーカンタン*
Sreenarasimhaiah
　スレーナラシマイア
Sreeram スリーラム
Srei スレイ

Sreih スレイア
Šrejber シュレイバー
Sremac スレマツ
Sreng スレーン
Srenk スレンク
Šreshtha シュレスタ
Sreten スレテン
Sretenskii
　スレチェンスキー
Srettha セター
Sreznevskij
　スレズネーフスキー
　スレズネフスキー
　スレズネーフスキィ
Srgjan
　スルギャン
　スルジャン*
Sri
　シュリ**
　シュリー
　スリ***
　スリー
Srī
　シュリ
　シュリー
　スリー
Śrī シュリー
Sri-aroon シーアルン
Sriburapa
　シーブーラバー
Sribuuraphaa
　シーブーラバー
Sridaaurwang
　シーダーオルアン
Sridevi
　シュリーデーヴィ
　シュリデヴィ*
　スリデーヴィ
Sridhar
　シュリダール
　スリダー
Śrīdhara シュリーダラ
Sridharan
　スリダーラーン
　スリドハルン*
Srienz スリエンツ
Srifungfung
　シーファンフン
Śrīgupta
　シュリーグプタ
Śrīharsha
　シュリー・ハルシャ
　シュリーハルシャ
Srikant スリカント
Srikantaiah
　スリカンタイアー
Srikanth スリカンス*
Sri Kantha スリカンタ
Śrīkantha
　シュリーカンタ
Srikumar スリクマー
Śrīlāl シュリーラール
Śrīlāta シュリーラータ
Śrīmālā
　シュリーマーラー

Srimuang
　シームアン
　スリムアン*
Srinath シュリナース
Śrīnātha
　シュリーナータ
Srinija スリニジャ
Srinivas
　シュリニ
　シュリーニヴァース
　シュリーニヴァス
　シュリーニバス*
　シュリニバス
Srinivasa
　シュリーニヴァーサ
　シュリニヴァーサ
　スリニヴァーサ
　スリニヴァーサ
　スリニバーサ*
Srinivasan
　シュリニヴァサン
　スリニ
　スリニヴァサン
　スリニバサン*
Sri-on シーオーン
Śrīpati シュリーパティ
Sriprakash
　スリプラカシュ
Sriprat シープラート
Sriram
　シュリラム
　スリイラム
　スリラム
Śrīrāma シュリラム
Śrīranga
　シュリーランガ
Srirangan
　スリランガン
Srisa-arn シーサアン
Srisakra シーサック
Srisang スリサン
Srisawaluck
　スリサワラック
Srisurat スリスラット*
Srithirath
　スリティラット
Sriti スリティ
Srivaddhanaprabha
　シーワタナプラバー
Srivastava
　シュリーヴァスタ
　ヴァ*
　スリヴァスタヴァ
Śrīvijaya
　シュリーヴィジャヤ
Sri Wahyuni
　スリワーユニ
Sriyong シヨン*
Srnec スルネッツ
Srnicek
　スルニチェク*
　スルネック
Šrobár シュロバール
Srodes スローデス
Sron スロン
Sroṅ スロン
Sroṅ-btsan ソンツェン

Sroṅ-btsan sgam-po
　ソンツェンガムポ
　ソンツェンガンポ
Srong btsan
　ソンツェン
Sroúdios
　ストゥディテス
Sroufe スルーフ
Srour
　スロー
　スロウル
Srowe スロウ
Srubar スルバール
Srully スラリー
Srun スルン
Šrut シュルット
Srygley スリグレイ
Szrentić
　スルゼンチッチ
Ssali サリ
Ssanang
　サガン
　サナング
Ssekandi セカンディ
Ssetsen チェチェン
Šsnk シェションク
Šsnq シシャク
St
　サン
　セイント*
　セント*
St.
　サン
　セイント**
　セント**
Sta スタ
Sta. サンタ
Staab シュタープ
Staaf スターフ
Staaff
　スターヴ
　スターブ
Staake スタック
Staal
　シュタール
　スタール*
Staalsett スタルセット
Staas スタース
Staats
　シュターツ
　スターツ
Staatz スターツ
Staaveren
　スターヴェレン
Stabb スタブ
Stabenfeldt
　シュターベンフェルト
Stabenow
　スタベノー
　スタベノウ**
Stabenrath
　スタバンラート*
Stäber ステーバー
Stabholz スタブホルツ
Stabile
　スタービレ*
　スタビーレ

Stabile
Stábile スタービレ
Stabinsky
　スタビンスキー
Stableford
　ステイブルフォード
　ステイブルフォート
　ステイブルフォー
　ド**
Stabler
　シュテブラー
　スタブラー*
　ステイブラー
Stables ステイブルズ
Stabley スタブレ*
Stablick スタブリック
Stacchini スタッキーニ
Staccioli
　スタッチオーリ
Stace ステイス**
Stacey
　ステイシー*
　ステイシー*
　ステイシィ
　ステイシー*
　ステーシー*
Stach
　シュタッハ
　シュタハ
Stachel スタチェル
Stachelhaus
　シュタッヘルハウス*
Stacho スタホ
Stachouwer
　スタッハウエル
Stachowski
　スタキウスキ
Stachura スタフーラ
Stachys スタキュス
Staci ステイシー
Stacia
　スタスィア
　ステイシー
　ステイシア
Staciana スタシアナ
Stacie
　ステイシー
　ステーシー
Stack スタック**
Stackebrandt
　シュタッケブラント
Stäckel シュテッケル
Stackelberg
　シュタッケルベルク
　シュタッケルベルグ
　シュタッケンベルグ
Stackhouse
　スタックハウス**
Stackpole
　スタックポール*
Stackpoole
　スタクプール
Stacpoole
　スタクプール
　スタックプール
Stacton スタクトン
Stacy
　ステイシ

ステイシー
ステイシー**
ステエシ
ステーシー**
Staddon スタッドン
Stade
　シュターデ*
　スターデ
Stadelman
　シューターデルマン
Stadelmann
　シューターデルマン
　スターデルマン
Staden シューターデン
Stadener スターデネル
Stader シューターダー
Stadermann
　スタダーマン
Stades スタッド
Stadiem
　ステイディエム
　ステーディエム
Stadil ステーディル
Stadion
　シューターディオン
　シュタディオン
　スタディオン
Stadlbauer
　シュタットルバウアー
Stadlen スタドレン
Stadler
　シュタァドラー
　シュタットラー*
　シュタッドラー*
　シュタトラー
　シュタドラー*
　スタッドラー*
　スタドラー**
　スタドレル
Stadlmayr
　シュタードルマイヤー
Stadnichenko
　スタドニチェンコ
Stadnik
　スタドニク*
　スタドニック
Stadnyk
　スタドニク*
　スタドニック
Stadtfeld
　シュタットフェルト*
Stadthagen スタタゲン
Stadtlander
　スタッドランダー
Stadtler
　シュタットラー
Städtler
　シュタットラー
Stadtmüller
　シュタットミュラー
Staebler
　シューテブラー
　シュテブラー
Staegemann
　シュテーゲマン
Staeheli シュタヘリ
Staehle シュテーレ
Staehli シュテーリ

Staehlin ステーリン
Stael スタール
Staël
　スタアル
　スタエル
　スタール**
Staelens
　スターレンス*
Staerkel スターケル
Staff
　シュタフ
　スタッフ*
　スタフ
Staffa スタッファ
Staffan スタッファン**
Staffe スタッフ
Staffelmayr
　ザッフェルマイル
Stafford
　スタッドフォード
　スタッフォード***
　スタフォード***
Stafne スタフネ
Stafylidis
　スタフィリディス
Stagaard スタガード
Stag 'bum rgyal
　タクブンジャ*
Stag-'bum-rgyal
　タクブンジャ
Stage
　ステイジ
　ステージ
Stagel シュターゲル
Stager
　スタガー
　ステージャ
　ステージャー
Stagg スタッグ*
Staggins スタギンズ
Staggs スタッグス
STag lung タクルン
Stagnara スタニャーラ
Stagnelius
　スターグネリウス
　スタグネリウス
　スタグネリウス
　スタングネーリウス
Stagno
　スターニョ
　スタニョ
Stagray スタグレイ
Staguhn シュタグーン
Stag-vbum-rgyal
　タクブンジャ
Stahel スタヘル
Stäheli ステヘリ
Stähelin シュテーリン
Stahl
　シュタール**
　スタウル*
　スタール**
　ストール*
Ståhl
　シュタール
　スタール

Stahlberg
　シュタールベルク*
Ståhlberg
　ストールバリ
　ストールベリ
　ストールベルイ
Stähle シュテーレ
Stahler スターラー*
Stähler スターラー
Stählin シュテーリン
Stahlkopf
　スタールコフ
Stahmer
　シュターマー*
　スターマー
Stahnke スタンケ
Stahr シュタール
Stähr シテール
Stahuljak
　スタフーリャク
Staiculescu
　シュタイクレスク
Staier
　シュタイアー*
　シュタウアー
Staiger
　シュタイガー**
Staikos スタイコス*
Staïkos スタイコス
Stainback
　スタインバック
Stainbruner
　ステインブルナー
Stainer
　シュタイナー
　ステイナー
　ステーナー
Staines
　ステイン
　ステインズ*
　ステェインズ
Stains
　スタインズ
　ステインズ
Stainton
　ステイントン
　ステイントン*
Staiola スタイオーラ
Stair ステア
Stairs ステアーズ**
Stake スタケ
Staker ステイカー
Stakhanov スタハノフ
Stakula スタクラ*
Stal スタル*
Stal' スターリ
Stalans スタランズ
Stålberg ストールベリ
Stalder スタルダー
Stålenhag
　ストーレンハーグ
Stalens スタランス
Staley
　スターレイ
　ステイリ
　ステイリー**
　ステイレイ

ステーリイ
ステーレ
ステーレー
ステーレイ
Stalfelt
　スタールフェルト
Stålfelt
　ストールフェルト
Stalgevich
　スタリゲヴィッチ
Stalgis スタルギス
Stalheim ストルヘイム
Stalin スターリン**
Stalk ストーク*
Stalker
　スタウカル
　ストウカァ
　ストーカー**
Stall ストール*
Stallabrass
　スタラブラス
Stallard スタラード*
Stallebrass
　スタールブラス
Staller
　スタラー
　スターレル
Stalling ストーリング
Stallings
　スターリング*
　スターリングス*
　ストーリングス*
　ストーリングズ
Stallknecht
　ストールネクト
Stallman
　ストールマン**
Stallone スタローン**
Stallworth
　ストールワース
Stallworthy
　ストールワージー
Stallybrass
　ストーリブラス
　ストリブラス
Stalman スタルマン
Stalph シュタルフ
Stalsberg
　スタルスベルグ
Stalskii
　スターリスキー
　スタリスキー*
Stalson スタルソン
Stalteri スタルテリ
Stalvey
　ストールヴィ
　ストールビ
Stam
　シュタム
　スタム*
Stamać スタマッチ
Stamatakis
　スタマタキス
Stamateas
　スタマテアス
Stamatov スタマトフ
Stamaty スタマティー

Stamberg
　スタンバーグ
Stambler スタンブラー
Stamboel
　スタンボイル*
Stambolic
　スタンボリッチ
Stambolić
　スタンボリッチ*
Stambolijski
　スタムボリスキー
　スタンボリイスキー
　スタンボリースキ
　スタンボリスキ
Stambouli スタンブリ
Stambuk
　シュタンブク*
Stambuli スタンブリ
Stambulov
　スタムブロフ
　スタンブロフ
　スタンボロフ
Stamets スタメッツ
Stamey ステイミー
Stamford
　スタンフォード*
Stamitz
　シュターミツ
　シュターミッツ
　シュタミッツ
Stamm
　シュタム*
　スタム*
Stammer
　シュタマー
　シュタンマー
Stammers スタマーズ
Stammhammer
　シュタムハンマー
Stammler
　シュタムラー*
　シュタンムラー
Stamo スタモ
Stamos
　スタモス
　ステイモス
Stamoulis
　スタモーリス
Stamp
　スタムブ
　スタンプ***
Stampa スタンパ
Stampacchia
　スタンパキヤ
Stamper スタンパー
Stampfer
　スタンプファー
Stampfli スタンプフリ
Stampiglia
　スタンピーリャ
Stample スタンプル
Stampp スタンプ
Stamps スタンプス
Stan スタン***
Stan! スタン
Stanage スタネイジ
Stanard スタナード

Stanaway スタナウェイ*
Stanberry スタンベリー
Stanbrige スタンブリジ
Stanbury スタンバリー / スタンベリー
Stanca スタンカ
Stancaro スタンカーロ
Stancel スタンセル
Stanchev スタンチェフ*
Stanchfield スタンチフィールド
Stanchinskii スタンチンスキー
Stancioff スタンチョフ
Stanciu スタンシウ / スタンチウ / スタンチュー
Štanclová シュタンツロヴァー
Stancu スタンク**
Stănculescu シュタンクレスク / スタンクレスク*
Stańczakowa スタンチャコヴァ / スタンチャコバ / スタンチャコワ
Stanczyk スタンチク
Standaert スタンダート
Standage スタンデイジ* / スタンデージ*
Standal スタンダール
Standard スタンダード
Standefer スタンデファー
Standen シュタンデン / スタンデン
Stander スタンダー*
Standes スタンデス
Standiford スタンディフォード*
Standing スタンディング*
Standish スタンディッシュ*
Standlee スタンドリー
Standley スタンドレー
Standora スタンドラ
Standridge スタンリッジ
Stanecki スタネッキ
Stanek スターネック / スタネック*
Stanekzai スタネクザイ
Stanescu スタネスク
Stănescu スタネスク

Stanev スターネフ / スタネフ
Stanfield スタン / スタンフィールド**
Stanfill スタンフィル
Stanford スタンダード / スタンフォード**
Stang スタン / スタング**
Stangassinger シュタンガシンガー* / シュタンガッシンガー
Stangby スタンクビー
Stange シュタンゲ**
St.Ange サンタンジュ
Stanger スタージャー / スタンガー* / ステンジャー*
Stangertz スタンイェルツ
Stanghelle スタンゲル
Stangl シュタンクル / シュタングル / スタングル
Stangland スタングランド
Stangneth シュタングネト
Stangos スタンゴス
Stangroom スタンルーム
Stanhope スタナップ / スタナプ / スタノップ / スタンホウプ / スタンホープ*
Stanialas スタニスラス
Stanic スタニッチ*
Stanich スタニク
Staniczewski スタニチェフスキ
Stanier スタニア / スタニエ / ステイニアー / ステニアー / ステニヤー
Staniforth スタニフォース**
Stanig スタニヒ
Stanik スタニク
Stanilav スタニスラフ
Stanimira スタニミラ
Stanionis スタニオニス
Staniouta スタニウタ
Stanishev スタニシェフ*
Stanišić スタニシチ*
Stanislao スタニスラオ / スタニズラーオ

Stanislas スタニスラス*** / スタニラス*
Stanislau スタニスラウ / スタニスラフ
Stanislaus シュターニスラウス / スタニスラウス* / スタニスロース
Stanislav スタニスラヴ / スタニスラーフ / スタニスラーフ***
Stanislava スタニスラワ*
Stanislavovich スタニスラヴォヴィチ
Stanislávovich スタニスラヴォヴィチ
Stanislavskaia スタニスラフスカヤ
Stanislavski スタニスラーフスキー / スタニスラフスキー / スタニスラフスキーィ / スタニスラフスキイ
Stanislavskii スタニスラーフスキー / スタニスラフスキー* / スタニスラーフスキイ
Stanislavsky スタニスラーフスキイ
Stanislaw スタニスラウ / スタニスラヴ / スタニスラフ / スタニスロー* / スタニスロウ / スタニスワフ** / スラティスワフ
Stanisław スタニスウァフ / スタニスラウ / スタニスラフ* / スタニスワフ***
Stanislawa スタニスラヴァ
Stanisława スタニスワヴァ
Stanislawski シュタニスラブスキー
Stanislos スタニスラス
Stănişoară スタニショアラ
Staniszewski スタニシェフスキー
Staniszkis スタニシキス
Stanitsyn スタニーツィン
Staniukovich スタニコーイッチ / スタニュコヴィチ
Stanjura スタニュラ
Stanka スタンカ**
Stankevich スタンケーウィチ / スタンケーヴィチ

スタンケヴィチ / スタンケービチ / スタンケーヴィッチ / スタンケービッチ
Stankevitch スタンケーヴィチ / スタンケーヴィッチ / スタンケービッチ
Stankiewicz スタンケヴィチ
Stanko スタンコ**
Stankov スタンコフ
Stankovac スタンコヴァッツ / スタンコバッツ
Stankovic スタンコヴィッチ*
Stanković スタンコヴィチ* / スタンコビッチ
Stankowski シュタンコウスキ
Stankvic スタンコヴィッチ
Stanky スタンキー
Stanlaw スタンロー
Stanlee スタンリー
Stanley シタンリー / スタン* / スタンリ / スタンリー*** / スタンリィ* / スタンレ / スタンレー*** / スタンレイ** / ステンリー
Stanlis スタンリス
Stanly スタンリー
Stanmore スタンモア*
Stannard スタナード**
Stanning スタニング* / スタンニング
Stannus スタナス
Stanny スタニー* / スタンヌィ
Stano スタノ
Stănoiu スタノイウ
Stanovich スタノヴィッチ
Stanoylovitch スタノイロヴィッチ
Stans スタンズ
Stansal スタンサル
Stansberry スタンズベリー**
Stansbury スタンスベリー
Stansby スタンズバイ
Stansfeld スタンスフェルド
Stansfield スタンスフィールド**

スタンズフィールド*
Stansgate スタンズゲイト
Stanshall スタンシャル
Stansky スタンスキー / スタンスキィ
Stansly スタンスリー
Stantcheva スタンチェヴァ
Stanton スタントン***
Stanuch スタヌフ
Stanulov スタヌロフ
Stanush スタヌッシュ
Stanway スタンウェー / スタンウェイ*
Stanwell スタンウェル
Stanwick スタンウィック*
Stanwood スタンウッド*
Stanworth スタンワース
Stanwyck スタンウィック
Stanyhurst スタニハースト
Stanzel シュタンツェル*
Stanzeleit シュタンツェライト
Stanzione スタンツィオーネ
Stap スタップ
Stape ステイプ
Stapel スターペル*
Stapeldon ステイブルドン
Stapelfeld シュターペルフェルド
Stapert スタペルツ
Staphylus シュタフィルス
Stapledon ステイブルドン / ステイプルドン / ステーブルドン / ステーブルドン**
Staples ステイプル / ステイプルズ / ステイプルズ* / ステーブルズ*
Stapleton ステイプルトン** / ステーブルトン**
Stapp スタップ*
Stappen スタッペン
Star シュタール / スター*
Starace スターラーチェ
Starak スタラク
Starbird スターバード

S

Starbrook スターブルック
Starbuck スターバック*
Starc スターク
Starcevic スタルチェビッチ
Starčević スタルチェヴィチ
Starch スターチ
Starcher スターチャー
Starck シュタークシュタルク*スタルク*
Starcke シュタルケ
Stardust スターダスト
Stare ステア
Starer スターラー
Starevich スタレーヴィチスタレヴィッチ
Starffin スタルヒン
Stargell スタージェル*
Starhemberg シュターレンベルク
Starhin スタルヒン*
Staring スタリング
Staritskaia スタリツカヤ
Staritz シュターリッツ
Stark シュターク*シュタルク**スタァクスターク***スタルク***
Starke シュタークケシュタルケ*スターク*
Starkell スターケル*
Starkenborch スタルケンボルフ
Starkenborgh スタルケンボルフ
Starker シュタルケル**スターカー
Starkevičius スタルケビチュス
Starkey スターキー*
Starkie スターキー*
Starkloff スタークロフ
Starkman スタークマン
Starkoff スタルコフ
Starks スタークス**
Starkweather スタークウェザー*スタークウェザー*
Starlanyl スターリアル
Starley スターリスターリー
Starlin スターリン*

Starling スターリング**
Starmer スターマー*
Starn スターン
Starnbach スターンバッハ
Stasheff スタシェフ*
Starnina スタルニーナ
Starnone スタルノーネ
Starobin スタロビン
Starobinets スタロビネッ**
Starobinski スタロバンスキー**スタロビンスキスタロビンスキー*
Starodubtsev スタロドゥブツェフスタロドゥブツェフスタロドプツェフ*
Staromieyski スタロミェイスキ
Staron スタロン
Starone スタローネ
Starosel'skaia スタロセーリスカヤスタロセリスカヤ
Starosta スタロスタ
Starostin スタロスチン
Starov スターロフスターロフ
Starovic スタロビッチ
Starovoitova スタロヴォイトワスタロボイトワ
Starovoitva スタロヴォイトヴァ
Staro-wieyski スタロヴェイスキ
Starowieyski スタロヴェイスキースタロヴィエイスキスタロヴェイスキ*
Starr スター***スタアスタール*
Starrett スタリット*スターレット*
Starrfield スターフィールド
Starry スターリー*
Starshak シュタルシャク
Starski スタースキ
Starsky スタースキー
Start スタート*
Startup スタートアップ
Startz スターツ
Starwoman スターウーマン
Starzer シュタルツァー
Starzl スターズル**スターツル

Stas スターススタス
Stasavage スタサヴェージ
Stasheff スタシェフ*
Stashinsky スタシンスキー
Stashower スタシャワー**
Stasia ステイシア
Stasinopoulos スタシノポウロス
Stasinos スタシノス
Stasiuk スタシュク
Stasko スタスコ
Stasov スターソフ*スタソフスタッソフ
Stasova スターソヴァスターソワ
Stassen スタッセン*
Stassforth スタスフォース
Stassi スタッシ
Stassin スタッサン
Stastny スタストニー
Stasys スタシス**
Stasyuk スターズク
Stasz スタッズ
Staszewski スタジュースキー
Staszic スターシツスタシツスタシッツ
Staszulonek スタシェロネク
Stateira スタテイラ
Staten スタッテンステイテンステーテンステートン
Stathakis スタサキス
Statham ステイサム*ステーセム
Stathis スタズイススタテイス
Stathopoulos スタソプロス
Stati スターティ
Static スタティック
Statilia スタティリア
Statilius スタティリウス
Statius スタチウススターティウススタティウス
Statler スタットラー*スタトラー*

Statman スタットマンスタトマン
Staton ステイトン*
Statsinckij スタツィンスキー
Statten シュテッテン
Stattler シュタットラー
Statuta スタータ
Statuto スタトゥート
Staub シュタウヴシュタウプスタウブ*ストープ
Stauber スタウバーストーバー*
Staubesand シュタウベザント
Staubinger シュタウビンガー
Staubringer シタウブリンゲル
Staubus ストーバス
Staudacher シュタウダハーシュトーダッシャー*
Staudenmaier シュタウデンマイアー
Staudenmayer ストーデンメイヤー
Staudenmeir シュタウデンマイア
Stauder シュタウダー
Staudigl シュタウディグル
Staudinger シュタウジンガー*シュタウディンガーシュタウディンガー*シュタウディンガアシュタウディンゲルシュタウンディンガースタウディンガー
Stäudlin シュトイトリンシュトイドリーン
Staudt シュタウト
Staudte シュタウテ
Staufer シュタウファー
Stauffacher スタウファカーストーファッチャー
Stauffenberg シュタウフェンベルク*
Stauffer シュタウファー*スタウファー*ストーファーストーフェールストフェール
Staugaard スタウガードスタウガード
Staughton ストートン
Stauning シュタウニング

スタウニング
Staunton スタウントン*ストーントン*
Staupitz シュタウピツシュタウピッツ*
Stauracius スタウラキウス
Staurowsky スタウロウスキー
Stauskas スタウスカス
Stauss スタウス
Staut スタウト
Stauth スタウス
Stautner スタウトナー
Stav スタヴ*
Šťava アストアヴァスタヴァ
Stavad スタバッド
Stave ステイブ
Stavely ステーヴリステーブリ
Stavem スタヴェム
Stavenhagen シュターフェンハーゲンシュタフェンハーゲンスタヴェンハーゲンスタベンハーゲン
Staverman スタバーマン
Stavileci スタビレチ
Staviski スタヴィスキー*スタビスキー
Staviskii スタヴィスキー
Stavisky スタヴィスキースタビスキー
Stavljevićrukavina スタブリエビッチルカビナ
Stavrakakis スタヴラカキス*
Stavrakis スタブラキス
Stavreski スタブレスキ
Stavrianos スタヴリアーノススタヴリアノススタブリアーノス
Stavridis スタヴリディススタブリディス
Stavros スタヴロススタブロス**
Stavru スタヴル
Stavskii スタフスキー
Stavytskyi スタビッキー
Stawar スターワル
Stawaruk スタワルク
Stawinski シュタヴィンスキー

Staz スタッズ
Stażewski スタジェフスキ
Stażewski スタジェフスキ
St.Bernard セントバーナード
Stcherbatski スチェルバツキー
Stcherbatskoi シチェルバッコーイ
Stchoupak スチュパク
St.Clair セントクレア*
St.Claire セントクレア*
St-Croix サンクロワ
St.Cyr サンシール
Ste. セント
Stea ステア
Stead スティッド/スティード*/ステット/ステッド***/ステード
Steadman スティードマン/ステッドマン**
Steadroy ステドロイ
Steadward ステッドワード
Steady ステディ
Steagall スティーガル
Steakley スティークレー
Stearman ステアマン
Stearn スターン*
Stearnes スターンズ*
Stearns スターンズ**
Stears スティアーズ
Steaven スチーブン
Steavens スチーブンズ
Steavens Iatika スティーブンズイアティカ
Steavenson スティーヴンソン
Stebben ステベン*
Stebbing ステッビング/ステビング
Stebbings ステッビンス/ステビングス
Stebbins ステビンス*/ステビンス
Steber スティーバー**/ステバー
Steblin ステブリン*
Steblyanko ステブリヤンコ
Stecca ステッカ
Stecchetti ステッケッティ
Stecco ステッコ

Stech ステッチ
Stecher シュテヒャー*/シュテヘル/ステッシャー/ステッチャー
Stechkin ステーチキン/ステチキン
Stechmann ステッチマン
Steck シュテック/ステック
Steckel ステッケル
Steckelberg シュテッケルベルグ
Steckenrider ステッケンライダー
Stecker ステッカー
Steckling ステックリング
Stecoker シュテッカー
Ste-Croix サンクロワ*
Stecyk ステチック
Stedall ステッドオール/ステドール
Stedman ステッドマン**
Stedtfeld シュテットフェルト/シュトローベル
Stee ステー
Steed スチード/スティード**/ステード
Steede スティード*
Steedman スティードマン*
Steeds スティーズ
Steefel シュテーフェル
Steeg スティーグ/ステーグ
Steeger シュテーガー
Steegmann シュテークマン
Steegmuller スティーグミュラー
Steel スチール/スティール***
Steele スチール/スティール***
Steelman スティールマン
Steem ステーム
Steeman ステーマン*
Steemann ステーマン*
Steen シュティーン/スティーン**/ステーン**/ステン*

Steenackers ステナケル
Steenbarger スティーンバーガー/スティンバーガー
Steenberg スティンベルグ/ステーンベア/ステーンベルク
Steenbergen ステーンベルヘン
Steenbergh スティーンバーグ
Steenberghe ステーンベルゲ/ステーンベルヘ
Steenberghen ステンベルゲン/ステーンベルヘン
Steenburgen スティーンバーゲン/スティーンバージェン
Steenhout ステーヌー
Steenis ステーニス
Steenkamp スティーンカンプ
Steenman スティーンマン
Steenrod スチーンロッド/スチンロート/スティーンロッド
Steensen スティーンセン/ステーンセン/ステーンソン
Steens-Naes ステーンスネス
Steensnaes ステーンスネス
Steenson スティーンソン
Steenstrup ステーンストロップ/ステーンストルプ/ステーンストロプ
Steenveldt ステーンフェルト
Steenwick スティンヴィック
Steenwijck ステーンウェイク
Steenwijk ステーンウェイク
Steenwinkel ステーンウィンケル
Steenwyck ステーンウェイク
Steenwyk スティーンウイク
Steer ステアー/スティーア*/スティア*/スティアー/スティール
Steere スティア**/スティーヤ

Steers スティアーズ/スティアーズ*
Steeve スティーブ*
Steevens スチーブンズ
Steeves スティーブス
Stef ステフ*
Stefaan ステファーン/ステファン
Stefan シテファン/シュテファニー/シュテファン***/スチェファン/ステヴァン/ステファン/ステファーン/ステファン***
Stéfan ステファン
Štefan シチェファン/シュチェファン/シュテファン
Stefanacci ステファナッチ
Stefanaggi ステファナッジ
Stefanek ステファネク
Štefanek ステファネク
Stefanel ステファネル
Stefanelli ステファネリ
Stefaner ステファナー
Stefaneschi ステファネスキ
Stefani シュテファニ/ステファニ/ステファーニ/ステファーニ**/ステファーニー*
Stefania ステファーニア*/ステファーニア**
Stefanic ステファニック
Stefanidi ステファニディ*
Stefanie シュテファニー**/ステファニー**/ステファニエ
Stefaniia ステファニア
Stefanini ステファニーニ
Stefanis ステファニス
Stefano ステパノ/ステファーノ**/ステファーノ***
Stéfano ステファノ

Stefanos ステファノス*
Stefanov ステファノフ
Stefanova ステファノヴァ/ステファノバ**
Stefanovic ステファノビッチ
Stefanović ステファノヴィチ/ステファノビッチ
Stefanovna スチェファノヴナ/スチェファノブナ*/ステファノヴナ
Stefanovski ステファノフスキ
Stefanowicz ステファノビツ
Stefanska ステファンスカ*
Stefańska ステファニスカ/ステファンスカ
Stefanski ステファンスキー
Stefanson ステファンソン
Stefansson ステファンソン*
Stefánsson ステファンソン
Stefany ステファニー
Stefecekova シュテフェチェコバ
Štefečeková ステフェツェコヴァ
Stefen ステフェン
Steff シュテッフ
Steffahn シュテファン*
Steffan スティーヴン/ステファン
Steffani ステッファーニ/ステファーニ/ステファーニ
Steffanie ステファニー
Steffano ステッファーノ
Steffe ステッフ
Steffek シュテフェック
Steffel ステッフェル
Steffen シュテッフェン*/シュテファン*/シュテッフェン***/ステフェン/ステファン*/ステフィン/ステフェン/ステファン
Steffenburg シュテフェンブルク
Steffend ステッフェンド
Steffenoni ステッフェノーニ

Steffens
シュテフェンス
シュテフェンス
ステフェンス
ステフェンズ
ステフェンス
ステフェンズ*

Steffensen
シュテッフェンゼン

Steffes
シュテフェス
ステフェス

Steffgen
シュテッフゲン*

Steffi
シュテフィ**
ステッフィ

Steffie
シュテフィー
ステッフィー
ステフィ
ステフィー

Steffny シュテフニー

Steffy
ステッフィ
ステッフィー*

Stefi シュテフィ
Stefik ステフィック
Stefka ステフカ*
Steflik ステフリック*
Stefoff ステフォフ
Stefon ステフォン
Steg シュテーク*

Stegeman
ステーゲマン

Stegemann
シュテーゲマン*

Stegen シュテーゲン

Steger
シテーガ*
シュテーガー**
ステイーガー*

Stegerwald
シュテーガーヴァルト

Steggall
ステガル
ステゴール

Steglich
シュテークリヒ

Stegman
ステグマン
ステッグマン

Stegmann
シュテークマン*

Stegmayer
ステッグマイヤー

Stegmüller
シュテークミュラー
シュテークミュラー

Stegner ステグナー*

Stéhelin
ステラン
ステーリン

Stehen シュテーエン
Stehle
シェテレ*
シュテーレ*

Stehlik シュテーリク

Stehlík ステーリック
Stehlíková
ステフリーコバー

Stehling
スティーリング

Stehr
シュテーア
シュテール*
ステア
スティール
ステール**

Steibelt
シュタイベルト

Steiber スタイバー
Steichen
シュタイシェン*
シュタイヒェン
シュタイヘン
シュタインシェン
スタイケン**
スタイシェン*
スタイヒェン
スタイヘン
ステイシェン*
ステシエン

Steidel スタイデル
Steidl
スタイドル
ステイドル

Steidlmayer
スタイドルマイヤー*

Steiff シュタイフ
Steig スタイグ**
Steiger
シュタイガー**
スタイガー***
スタイガー

Steigerwald
スタイゲルワルド

Steigl ステイグル
Steigleder
シュタイクレーダー

Steiglitz
スティグリッツ

Steigman スタイグマン
Steiguer スタイガー*
Steil
スティール*
ステイル

Steimle シュタイムル
Stein
シュタイン***
シュタイン
スタイン***
スターン
スタン*
スティン*
ステイン*

Steinach
シュタイナッハ
スタイナハ

Steinacher
シュタイナッハー*

Steinacker
シュタインアッカー

Steinar
シュタイナー
スタイナー

Steinbach
シュタインバッハ*
スタインバック
スタインバッハ

Steinbacher
シュタインバッハー*

Steinbart
シュタインバルト

Steinbaum
スタインバウム

Steinbeck
スタインベック**

Steinberg
シテインベルク
シュタインベルク**
シュタインベルグ
スタインバーグ**
スタインベルグ
ステインバーグ

Steinberger
シュタインバーガー
シュタインベルガー
スタインバーガー*

Steinbock
スタインボック

Steinbrecher
スタインブレカー
ステインブレシェル*

Steinbrenner
スタインブレナー**

Steinbring
シュタインブリンク

Steinbrück
シュタインブリュック*

Steinbuch
シュタインブーフ

Steinbüchel
シュタインビューヒェル
シュタインビュヒェル
シュタインビューヘル

Steindl
シュタインドル**
スタインドル
ステンドル

Steindorf
シュタインドルフ*

Steindorff
シュタインドルフ

Steinecke
シュタインネッケ

Steineg シュタイネック
Steinegger
スタインエッガー

Steineke
シュタイネケ*

Steinel ステイネル
Steinem
スタイナム*
スタイネム**

Steinen シュタイネン
Steiner
シュタイナー***
スタイナー***
スタイネル
スタイナー
ステーナー
ステーネル
ステネル

Steinert
シュタイナート
シュタイネール
ステインナート

Steinfeld
スタインフィールド
スタインフェルド*

Steinfeldt
シテインフェルド
スタインフェルト

Steingard
スタインガード

Steingart
シュタインガルト

Steingarten
スタインガーテン

Steingass
シュタインガス
スタインガス

Steinglass
スタイングラス

Steingraber
スタイングラーバー
スタイングレーバー

Steingräber
シュタイングレーバー*

Steingress
シュタイングレス

Steingrimsson
ステイングリムッソン

Steingrimur
スタイングリュー
ル**
ステイングリームル

Steingruber
シュタイングルーバー

Steinhagen
スタインヘイゲン

Steinhardt
スタインハート*
スタインハルト

Steinhart
スタインハート
ステインハート

Steinhauer
スタインハウアー**

Steinhaus
シュタインハウス
スタインハウス
ステインハウス

Steinhausen
シュタインハウゼン

Steinhauser
スタインハウザー

Steinhäuser
シュタインホイザー

Steinheil
シュタインハイル

Steinheim
シュタインハイム

Steinherr
シュタイナー

Steinherz
スタインヘルツ

Steinhöfel
シュタインヘーフェ
ル**
シュタインホーフル

Steinhofer
シュタインホーファー

Steinhoff
シュタインホフ
スタインホフ*

Steinhuber
シュタインフーバー

Steininger
スタイニンガー

Steinitz
シュタイニッツ*
スタイニッツ*

Steinitzer
シュタイニッツァー

Steinkamp
シュタインカンプ

Steinkaus
ステインハウス

Steinke シュタインケ
Steinkopf
シュタインコップフ

Steinkraus
シシュタインクラウス
スタインクラウス

Steinle
シュタインレ
ステインレ

Steinlein
シュタインライン
スタンラン

Steinlen
スタンラン**
ステンレン

Steinman
スタインマン**

Steinmann
シュタインマン*
スタインマン
ステインマン
ステンマン

Steinmar
スタインマル

Steinmeier
シュタインマイヤー*

Steinmetz
シュタインメツ
シュタインメッツ*
スタインメッツ**
ステインメッツ
ステンメッツ*

Steinmetzler
シュタインメッツラー

Steinmeyer
シュタインマイアー
ステインメイヤー

Steinmo スタインモ
Steinmüller
シュタインミューラー
シュタインミュラー

Steinrück
シュタインリュック

Steins ステイン
Steinsaltz
シュタインザルツ*

Steinsapir
シュタインサピアー

Steinschneide
スタインシュナイダー

Steinschneider
シュタインシュナイ
ダー

Steinseifer
　スタインサイファー
Steinszltz
　シュタインザルツ
Steinthal
　シュタインタール
Steinunn ステイヌン
Steinway
　シュタインベーク
　スタインウェー
　スタインウェイ
Steinwedel
　スタインウェーデル
Steinweg
　シュタインヴェーグ
Steinwender
　シュタインヴェンダー
Steiny ステイニー
Steir ステア
Steira
　スタイラ
　ステイラ*
Steitz
　シュタイツ
　スタイツ**
Stekel
　シュテーケル
　シュテケル
　ステーケル
Stekelenburg
　ステケレンブルフ
Stekelis ステケリス
Steketee
　スティケティー
Steklov
　ステークロフ
　ステクローフ
　ステクロフ
Stel ステル*
Stela ステル
Stelarc ステラーク
Stelian ステリアン
Steligo ステリゴ
Stelios ステリオス
Stella
　ステッラ*
　ステーラ
　ステラ***
Stellan
　シュテラン
　ステラン*
Stellar
　ステラ
　ステラー
Steller
　シュテラー
　ステラー
Stelling ステリング
Stellio ステリオ
Stellmach
　シュテルマッハ
　シュテルマッハー
Stellman ステルマン
Stellrecht
　シュテルレヒト
Stellwag
　シュテルヴァーク

Stellwagon
　ステルワゴン
Stelmach
　ステルマック*
Stel'mah ステリマフ
Stel'makh ステリマク
Stelnicki ステルニッキ
Steloff ステロフ
Stelow ステロウ
Stelson スティルソン
Stelter シュテルター
Stelting
　ステルティング
Steltzer ステルツァー*
Stelzer
　シュテルツァー
　ステルツァー*
Stelzle ステルズリ
Stelzner
　シュテルツナー
Stemberger
　シュテンベルガー
Stemm ステム
Stemman ステマン
Stemme ステンメ*
Stemp ステンプ
Stempel ステンペル*
Stempf ステムプ
Stemple ステンプル
Stempleski
　スタンプルスキー
Sten
　シュテン**
　ステン
　ステム
　ステーン
　ステン***
Stén ステン
Stenack ステナック*
Stenbäcken
　ステンベッケン
Stenberg
　ステンベリ*
　ステンベルク
Stenbock ステンボック
Stenchikov
　ステンチコフ
Stendardo
　ステンダルド
Stendera シュテンデラ
Stendhal
　スタンダアル
　スタンダール*
　スタンダル
Steneck ステネック
Stenen ステネン
Stener
　ステナー
　ステーネル
Stenersen
　ステーネシェン
　ステーネルセン
　ステネルセン*
Stenesh
　スティーネッシュ
Stengel
　スタンジェル

Stengel**
　ステンゲル**
Stengelhofen
　シュテンゲルホッフェ
Stenger
　シュテンガー*
　スタンジェル
　ステンガー
Stengers
　スタンジェ*
　スタンジェール**
Stengl シュテングル
Stenhammar
　ステンハンマル
Stenhammer
　シュテンハンマー
　ステーンハンマル
　ステンハンマル
　ステーンハンメル
Stenhouse
　ステンハウス
Stenin ステニン
Stenina ステニナ
Stenka
　ステパン
　ステンカ
Stenkil ステンキル
Stenklyft
　シュテンクリフト
Stenlake ステンレイク
Stenman ステンマン*
Stenmark
　ステンマルク*
Stenn ステン
Stenner シュテナー
Stennet ステネット
Stennett ステネット
Stenning ステニング
Stennis ステニス
Steno
　ステーノ
　ステノ*
　ステノーニス
Stenqvist
　ステンクビスト
Stenroos ステンロース
Stensbeck
　シュテンスベック
　ステンスベック
Stensel ステンセル
Stensen ステンセン
Stenshjemmet
　ステンシェメ
Stensils ステンシルス
Stenson ステンソン**
Stenstad
　ステンスタッド
Stenström
　シュテンシュトレム
Stent ステント**
Stenton ステントン
Stentör ステントル
Stentrup
　シュテントループ
Stentz ステンツ
Sténuit ステヌイ

Stenvaag ステンボー
Stenvert
　ステンフェルト
Steny ステニー*
Stenzel
　シュテンツェル
　ステンゼル
　ステンツェル
Stenzl シュテンツル
Stenzler
　シュテンツラー
　ステンツラー
Stepahane ステファネ
Stepan
　シュチェパン
　シュテパン
　ステパン***
Stepán シュチェパーン
Štěpán
　シュタパン
　シュチェバーン
　シュチェパン
　ステパン
　ステファン
Štěpán シュチェバーン
Stepanek
　シュテパネク
　ステパネク*
Štěpánek ステパネク
Stepanenko
　ステパネンコ
　ステパネンコ*
Stepania
　ステファーニャ
Stepaniuc
　ステパニュク
Stepanka
　ステパンカ*
　ステパンスカ
Stepanoff
　ステパーノフ
　ステパノフ
Stépanoff ステパノフ
Stepanov
　スチェパーノフ*
　スチェパノフ
　ステパーノフ*
　ステパノフ***
Stepańov ステパーノフ
Stepanova
　ステパーノヴァ
　ステパーノヴァ
　ステパノヴァ
　ステパノワ
Štěpánová
　シュチェパーノヴァー
　シュチェパーノバー
Stepanovič
　ステパーノヴィチ
Stepanovich
　スチェパーノヴィチ
　ステパーノヴィチ
　ステパノヴィチ*
　ステパノーヴィッチ
　ステパノヴィッチ
　ステパノビッチ

Stepanovs
　ステパノブス
Stepanskaya
　ステパンスカヤ
Stepashin
　スチェパーシン
　ステパーシン**
　ステパシン
Stepashkin
　ステパシキン
Stepfan ステファン
Steph ステフ*
Stephan
　シュテファン***
　スティーヴン*
　スティーブン
　ステップファン
　ステファン***
　ステーフェン
Stéphan ステファン
Stephanas ステファナ
Stephanâs
　ステパナ
　ステファナ
Stephane
　シュテファン
　ステファニー
　ステファーヌ
　ステファヌ*
　ステファン**
Stéphane ステファヌ
Stéphane
　シュテファン
　ステファーヌ
　ステファーヌ**
　ステファヌ**
　ステファヌス***
　ステファンス
Stephanes
　ステファネス
Stephani
　シュテファニ
　ステファニー
Stephanides
　ステファニデス
Stephanie
　シュテファニー**
　ステファニ
　ステファニー***
　ステファン
Stéphanie
　ステファニ*
　ステファニー*
Stephanitz
　シュテファニッツ
Stephano
　ステファヌス
　ステファーノ
Stephanoni
　ステファノーニ
Stephanopoulos
　ステファノプロス
　ステファノプロス**
　ステファノーラス*
　ステファノポロス
Stephanos
　ステパノ
　ステパノス

ステファノ
ステファーノス
ステファーノス*
Stephansson
　ステファンソン*
Stephanus
　ステファヌス
Stephany ステファニー
Stephen
　シュテファン*
　シュテフェン
　スチーヴン
　スチヴン
　スチーブン
　スチーベン
　スティーヴ*
　スティーヴァン
　スティーヴン**
　スティヴン*
　スティエパン
　スティーブ*
　スティーファン
　スティーフェン
　スティーブン
　スティーブン***
　スティフン
　スティブン
　ステッフェン
　ステパノ
　ステパン
　ステファーヌ
　ステファノ
　ステファン***
　ステフィン*
　ステフェン**
　ステフォン*
　ステーブン
Stéphen ステファン*
Stephenie
　ステファニー**
Stephenie Ann
　ステフィニーアン
Stephens
　スチーブンス
　スチーブンズ
　スティーヴンス*
　スティーヴンズ*
　スティーブン
　スティーブンス***
　スティーブンズ*
　スティブンス
　ステファン*
　ステファンス
　ステファンズ
　ステフェン
　ステフェンス*
Stephensen
　ステファンセン
Stephenson
　スチーヴンスン
　スチーヴンソン
　スチブンソン
　スチブンソン
　スティーヴンスン
　スティーヴンソン*
　スティヴンソン
　スティーブンスン
　スティーブンソン
　スティーブンソン***
　スティブンソン
　ステファンソン*

ステフェンソン
Stéphne ステファン
Stephon
　ステファン
　ステフォン*
Stephone ステフォン
Stepien ステピエン
Stepién ステピエン
Stepin ステピン
Stepinac
　ステピナーツ
　ステピナツ
Stepka ステプカ
Stepkine ステプキン
Stepko ステプコ
Stepney ステプニー
Stepniak
　ステップニャック
　ステプニアク
　ステプニヤク
　ステプニヤック
Stepnicková
　ステプニッコヴァー
Stepnyak
　ステプニャーク
　ステプニャク
Steponaitis
　ステポネィティス
Steponavichjus
　ステポナーヴィチュス
Steponavičius
　ステポナビチュス
Steppacher
　ステパッチャー
Stepphane
　ステファーヌ
Stepto ステプトー
Steptoe
　ステップトウ
　ステプトー*
　ステプトウ
Stepulov ステパロフ
Stepun
　シュテプーン
　スチェパン
　ステプーン
Sterb ステルプ
Sterba シュテルバ
Sterbenz スターベンズ
Sterbet ステルベト
Sterbini ステルビーニ*
Sterckx ステルクス*
Sterdyniak
　ステルディニアック
Stere ステレ
Sterelny
　ステルレルニー
　ステルレルニー
Sterer ステラー
Sterger スティーガー
Stergios
　スタージオス
　ステルギオス
Sterija ステリヤ
Stering スターリング*

Sterjovski
　スタジョブスキー
Sterk シュテルク
Sterkel
　シュテルケル
　ステルケル
Sterkenburg
　ステルケンブルフ
Sterling
　スターリン
　スターリング***
　ステアリング
　ステルラン
Sterman スターマン
Stermer スターマー
Stern
　シュターン
　シュテルン***
　スターン***
　スターン***
　ストーン
Sternau スターノウ
Sternbach
　スターンバック
　スターンバッハ
Sternback
　スターンバック
Sternbaum
　シュテルンバウム
Sternberg
　シュテルンベルク
　シュターンバーク
　シュテルンベルク*
　シュテルンベルヒ
　スタインバーグ
　スターンバーグ*
　スタンバーグ**
　スティンバーグ
　ステルンバーグ
　ステルンベール
　ステルンベルク
　ステルンベルグ
　ステルンベルヒ
　ステンベール**
Sternberger
　シュテルンベルガー
Sternbergh
　スターンバーグ*
Sterndale
　スターンデイル
　スタンデール
Sterne スターン**
Sternegg
　シュテルネック
　シュテルネッグ
　ステルネク
　ステルネック
Sterner スターナー
Sternfeld
　スターンフェルド
Sternglass
　スターングラス
Sternhagen
　スターンハーゲン
Sternheim
　シュテルンハイム*
　シュテンハイム
　スターンハイム

ステルンハイム
Sternhold
　スターンホウルド
　スタンホールド
Sternik スターニク
Sternin スターニン
Sternkopf
　ステアンコブフ
Sternlicht
　スターンリット
Sternquist
　スターンクィスト
Sterns スターンズ
Sternthal
　スターンサル
　スターンソル
Sterpellone
　ステルペローネ
Sterren ステッレン
Sterrett
　スティレット
　ステリット
　ステレット
Sterry
　スターリー
　ステリ
Stertl スタートル
Stertz スターツ*
Sterup ステラップ
Sterzik シュテルツィク
Sterzinger
　シュテルツィンガー
Stēsichoros
　ステーシコロス
　ステシコロス
Stēsimbrotos
　ステシンブロトス
Stessel
　ステーッセリ
　ステッセリ
　ステッセル
Stęszewski
　ステンシェフスキ
Stethaimer
　シュテートハイマー
Stethâtos ステタトス
Stetheimer
　シュテットハイマー
　シュテトハイマー
Stets
　ステツ
　ステッツ
Stetson
　ステッスン
　ステッソン
　ステッツオン
　ステッツン
　ステットスン
　ステットソン*
Stettbacher
　シュテットバッハー*
Stetter
　シュテッター*
　ステッター
　セッター
Stettheimer
　ステットハイマー
Stettinius
　ステチニアス

ステッティニアス
ステティニアス
Stettler
　シュテットラー
Stettner
　ステットナー*
Steuart
　スチュアート
　スチュワート
　ステュアート*
Steuben
　シュトイベン
　ストゥーベン
　ストゥベン
Steuber シュトイバー
Steuchus ステウクス
Steuck
　ステェーク
　ステューク
Steuco ステウコ
Steude シュトイデ*
Steudel シュトイデル
Steuer
　シュトイアー
　シュトイヤー
　スタイエル
　ストイヤー
Steuerle スターリ
Steuerlein
　シュトイアライン
Steuermann
　シュトイアーマン
Steuernagel
　シュトイアナーゲル*
Steurer
　シュトイラー
　スツーレ
Stevan
　スティーバン
　ステヴァーン*
　ステヴァン
　ステバーン
　ステバン
　ステファン
Stevas ステーバス
Stevče ステフチェ
Steve
　スチーヴ
　スチーブ*
　スティーブ**
　スティーブ***
　スティブ
　ステーヴ
　ステーブ
　ステファン
Stéve ステーヴ
Stève ステーヴ
Steveland
　スティーヴランド
Steveling
　シュテフェリング
Steven
　シュテファン
　スチーヴ
　スチーヴン
　スチーブン*
　スティーヴ*
　スティーヴィン
　スティーヴン**

Steven スティヴン
スティーブ*
スティーブン***
スティブン
ステヴァン
ステファン*
ステフェン
ステーブン
ステベン
Steven Gerard
スティーブンジェラード
Stévenin ステーヴナン
Stevenot
スティーヴノット
Stevens
シュテフェンス
スチーヴンス
スチーブンス*
スチーブンズ
スチブンス
スティーヴェンス
スティーヴン
スティーヴンス**
スティーヴンズ**
スティヴンス
スティヴンズ
スティーブ
スティーブズ
スティーブンス***
スティーブンズ**
スティヴァン
ステヴァン
ステヴァンス*
ステバンス
ステフェンス
Stevensen
スティーヴンセン
Stevenson
スティーヴンスン
スティーヴンソン
スチイヴンスン
スチイブンスン
スチーヴンスン
スチーヴンソン
スチーブンスン
スチブンスン
スチブンソン**
スチブンソン
ステイイヴンスン
スティーヴンス
スティーヴンスン*
スティヴンスン
スティーヴンスン*
スティーブンスン*
スティブンスン
スティーブンソン***
スティヴンソン
ステヴンソン
ステーブンソン
ステベンソン*
Stever
スチーバー
スティーバー
Steverson
スティーバーソン
Steves スティーブス
Steveson
スティーブソン

Stevic ステビッチ
Stevick
スティーヴィック
スティービック
ステヴィック
Stevie
スティーヴィ*
スティーヴィー**
スティービー**
ステヴィ
ステビ
Stevin
スティヴィン
スティヴィーン
スティヴィン
ステビーン
ステビン
ステーフィン
ステフィン
Stevo ステヴォ
Stew スチュー
Steward
スチュアード
スチュアード**
スティワード
ステュアード
ステュワード*
Stewardson
スチュワードソン
Stewart
スチウウァート
スチュアート***
スチュアート***
スチュワート
スチワート
スティワート
ステウァート
ステウァルト
ステューアート
ステュアート
ステュワート**
ステュワート**
ステワート
ステワード
Stewat スチュアート
Stewner
シュテーブナー*
Steyaert
ステアール
ステイエルト
ステイヤエルト
Steyer ステイエ
Steyerl シュタイエル
Steyn
シュタイン
ステイン**
ステーン
St-Gelais
サンゲレ
サンジェレ
St.George
セントジョージ*
St.Giles
セントジャイルズ
St.Goerge
セントジョージ
Sthen ステーン
Sheneboia
ステネボイア

St.Hilaire
サン・ティレール
Sthiramati
スティラマティ
Sthiti スティティ
Stian スティアン
Stibal スタイバル
Stibane
スティバーン
スティバンヌ
Stibbe スティブ
Stibel スティベル
Stiber スタイバー
Stibic スティビッツ
Stibitz スティビッツ
Stiborsky
スチボールスキー
Stich
シュティッヒ***
シュティヒ*
スティッチ
Štich シュティヒ
Stichbury
スティッチベリー
スティッチビュリー
Stichtenoth
シュティヒテノス
Stichweh
シュティッヒヴェー
シュティッヒベー
Stickdorn
スティックドーン
Stickelberger
シュティッケルベルガー*
Stickels
スティックルス
スティックルズ
Sticker シュティッカー
Stickgold
スティックゴールド
Stickland
スティックランド*
Stickles
スティクルズ
スティックルズ
Stickley スティクリー
Stickney
スチックネ
スティックニー
Stickroth
シュティックロート
Sticky スティッキー
Stidger スティッジャー
Stieb スティーブ*
Stieber
シュティーバー
スティーバー
Stiebling
スティーブリング
Stieda
シュティーダ
スチーダ
Stiedry
シュティードリ
スティードリー
Stiefel
シュティーフェル

スティーフェル*
Stiefvater
スティーフベーター*
Stieg スティーグ*
Stiegel スティーゲル
Stieger シュティーガー
Stiegler
スティーグラー
スティーグラー*
スティグレール**
Stieglitz
スティーグリッツ
スティーグリッツ**
Stiehl シュティール
Stiehler
シュティーラー
Stiekel
シュティーケル
Stiel
シュティール
スチール
スティール
Stieler シュティーラー
Stielow スティロー
Stieltjes
スティールチェス
スティルチェス
Stiemert
シュティーメルト*
Stiemsma
スティームズマ
Stienen スティネン
Stiens スティエンス
Stiepl スティーブル
Stiepleman
スティエブルマン
Stier
シュティーア
シュティア
シュティール
スチール
スティアー
Stierle スティアール
Stierlin
シュティールリン
スチールラン
ステアリン
スティアリン
スティールラン
スティルラン
Stiernhielm
シェルンイェルム
シェーンイェルム
シャーンイェルム
シャーンイェルム
Stiernstedt
スチールンステット
Stiers スティアーズ
Stierwalt
スティウォルト
Sties スタイルズ
Stietencron
スティーテンクロン
Stieve スティーヴェ
Stifan スティファン
Stifel
シュティーフェル
シュティフェル

Stiff シュティフ
Stiffelman
スティフェルマン
Stifler スタイフラー
Stifter
シュフター
シュティフター*
シュテイフター
シュテイフタア
シュテイフテル
Stig
シュティグ
スティ
スティー
スティーグ**
スティグ*
Stigand スティガンド
Stig-Andre
スティグアンドレ
Stigchel スティッヘル
Stige スティーゲ
Stigel シュティーゲル
Stigga スティッガ
Stigler スティグラー**
Stigliani
スティグリアニ
スティリアーニ
スティリアニ
Stigliano
スティリアーノ
Stiglic スティグリーツ
Stiglitz
スティグリッツ**
Stignani
スティニャーニ
Stigum スティガム
Stigwood
スティグウッド*
Stihl シュティール
Stijepović
スティイェポビッチ
Stijin スタジン
Stijn
スティン
スティン*
Štika シュティカ
Stikker
スティッカー
スティッケル
Stil
スチール
スチル
スティール*
Stileman スタイルマン
Stiles
スタイルス*
スタイルズ***
Stiletto
スティレットー
Stilgebauer
シュルゲバウアー*
Stilger スティルガー
Stilian スティリアン
Stilianidis
スティリアニディス
Stilicho
スチリコ

スティリコ
Stilig スティリング
Still
　スティル**
　ステイル
Stille
　シュティレ
　スティル
　スティレ
Stiller
　シュティラー
　シュティルラー
　スティッレル
　スティラー*
　スティルレル
　スティレル
Stillerman
　スティラーマン
Stillfuried
　スチルフリード
Stillich シュティリッヒ
Stilling シュティリング
Stillingfleet
　スティリングフリート
Stillings
　スティリングス
Stillington
　スティリントン
Stillman
　スティルマン**
Stills
　スティルス*
　スティルズ
Stillwell
　スティルウェル
Stilo スティロ
Stilpōn スティルポン
Stilson スティルソン
Stilt スティルト
Stilton スティルトン
Stilwell
　スチルウェル
　スティルウェル**
Stimaci スティマッチ
Stimec シュティメツ*
Stimely スタイミリー
Stimler スティムラー
Stimmel ステインメル
Stimmer
　シュティンマー
Stimming
　シュティンミング
Stimpson
　スティンプスン
Stimson
　スチムソン
　スティムスン
　スティムソン*
Stina
　スティーナ*
　スティナ*
Stinchcombe
　スティンチクーム
Stinchecum
　スティンチカム
　スティンチクム
Stindl シュティンドル

Stine
　シュテイン
　スタイン*
　スティーネ
Stinehour
　スタインアワー
Stine Lise
　スタインリザ
Stiner スタイナー*
Sting スティング**
Stingily
　スティンジリー
Stingl スティングル
Stinnes
　シュティネス
　シュティンネス
Stinnett
　スティネット**
Stinson
　スティンスン
　スティンソン*
Stinton スティントン
Stintzing スチンチング
Stinus スティヌス
Stip シュティプ
Stipanovic
　スティパノビッチ
Stipe
　スタイプ**
　スティペ*
Stipek スティペック
Stipp スティップ
Stirbei スティルベイ
Stirbey スティルベイ
Stirbitz スティルビッ
Stiring スターリング*
Stirk スターク
Stirling
　スタアリング
　スターリン
　スターリング***
　スタリーング
　スティルリング
Stirn
　スチルン
　スティルン
Stirnemann
　シュテルネマン
Stirner
　シュティルナー*
　シュティルネル
　スチルネル
　スティルネル
Stirnweiss
　スターンワイス
Stirum スティルム
Stiskin スティスキン
Stith スティス**
Stitny
　スティトニ
　スティトネ
Štítný
　シュティートニー
Stitt
　スティット**
　ステット
Stitts スティッツ

Stivell スティーヴェル
Stivens
　スティヴンス
　スティプンス
Stiver スタイバー
Stivers
　スタイヴァース
　スタイヴァーズ
Stiverson
　スティバーソン
Stives スチーブス
Stivetts
　スティヴェッツ
Stix スティックス*
Stixrud
　スティクスラッド
　スティクスルート
Stizer スティッツァー
St.James
　セントジェイムズ
　セントジェームズ
Stjepan
　スチェパン
　スティエパン*
　スティヤパン
　ステファン*
　ストイェパン
Stjepanovic
　スチェパノヴィチ
Stjernlöf ステアンロフ
Stjernqvist
　シェーンクヴィスト
St.John
　サンジョン*
　セントジョン**
St.Laurent
　セントローレント
St.Louis セントルイス*
St.luce セントルース
Stoakes ストークス
Stobaeus
　シュトベーウス
　シュトベウス
Stobaios
　ストバイオス
　ストベウス
Stobart
　ストウバート
　ストバート
　ストバルト
Stobaugh ストーボ
Stobbart ストッパート
Stobbe シュトッベ
Stobbs
　ストップス
　ストップズ
Stobeus
　シュトベーウス
　シュトベウス
Stoboeus
　シュトベーウス
　シュトベウス
Stoboy ストボイ
Stobrawa
　シュトブラーヴァ
Stoch
　ストッフ
　ストフ*

Stocher
　シュトッヒャー
Stock
　シュトック
　ストック***
Stöck シュテック
Stockard
　ストックカード*
Stockbridge
　ストックブリッジ
Stockdale
　ストックダール
　ストックデール*
Stöckel シュテッケル
Stockenberg
　ストッケンバーグ
Stockenström
　ストッケンストレーム
Stocker
　シュテッカー
　シュトッカー
　ストッカー**
Stöcker
　シュテッカー**
Stockett ストケット*
Stockey ストッキー
Stockfeld
　ストックフェルド
Stockfleth
　ストックフレト
Stockhardt
　シュテックハルト
Stöckhardt
　シュテックハルト
Stockhausen
　シュトックハウゼン***
　ストックハウゼン
Stockhem
　シュトックヘム
Stockholm
　ストックホルム
Stöckl シュテックル
Stocklassa
　ストックラーサ
Stöcklein
　シュテックライン
Stockley ストックリー
Stöckli ストックリ
Stocklmayer
　ストックルマイヤー
Stockmair
　シュトックマイヤー
Stockman
　ストックマン**
Stockmann
　ストークマン
Stöckmann
　シュトックマン
Stockmayer
　シュトックマイアー
Stocks ストックス*
Stockstrom
　シュトックシュトルム
Stockton
　ストクトン
　ストックトン***
Stockum
　ストッカム

ストックム
Stockwell
　ストックウェル**
Stockwin
　ストックウィン**
Stoddard
　スタッダード*
　ストゥダード
　ストダド
　ストダード*
　ストダドゥ
　ストッダアド
　ストッダード**
Stoddart
　シュトッドダルト
　ストダート
　ストダルト
　ストッダート**
Stoddert
　ストダート
　ストッダート
Stodola ストドラ
Stodt シュトット
Stoeckel
　シュテッケル
　ステッケル
　ストッケル**
Stoecker
　シュテッカー*
　ストーカー
　ストッカー
Stoeckhert
　シュテックハルト
Stoeckle ストックル*
Stoeckli ストックリ
Stoecklin
　シュテックリン
Stoeger
　ストイガー
　ストーガー
Stoehr
　シュテア
　ストアー
Stoeke ストーク**
Stoel ストゥール**
Stoelinga シュテリンガ
Stoeltie ストールティ
Stoelting
　ストールティング
Stoenescu
　ストエネスク
Stoessel
　ステースル
　ステッセル
　ストーセル
Stoessinger
　ステシンジャー
　ストウシンガー
Stoetzel ステゼル*
Stoev ストエフ*
Stoeva ストエーワ
Stoewer
　シュテーヴェル
Stoffel
　ストッフェル
　ストッフル
Stoffels ストッフェルス
Stofile ストフィーレ

Stögbauer
　ストグバウワー
Stoger　シュテーガー
Stöger　シュテーガー
Stogov　ストコフ
Stohl　ストール*
Stohler　ストーラー
Stohner　ストーナー
Stohr
　ストイル
　ストール
Stöhr
　シュテール*
　ストール
Stoian
　ストイアン
　ストイヤン
　ストヤン*
Stoianov　ストヤノフ
Stoiber　シュトイバー*
Stoicescu
　ストイチェスク*
Stoichita　ストイキツァ
Stoichită　ストイキツァ
Stoichiţă　ストイキツァ
Stoichkov
　ストイチコフ**
Stoicho　ストイコ
Stoika　ストイカ
Stoilov　ストイロフ
Stöilow　ストイロフ
Stoin　ストイン
Stoitchev　ストイチェフ
Stoitsov　ストイツォフ
Stojadinović
　ストヤディノヴィチ
　ストヤディノビチ
　ストヤディノビッチ
Stojakovic
　ストヤコビッチ*
Stojaković
　ストヤコヴィッチ
　ストヤコビッチ
Stojan　ストヤン*
Stojanov　ストヤノフ
Stojanovic
　ストヤノビッチ
Stojanović
　ストヤノヴィッチ
　ストヤノビッチ
Stojanovski
　ストヤノフスキ
Stjberg　ストイベア
Stojević
　ストイェヴィチ
Stojic　ストイッチュ*
Stojiljkovic
　ストイリュコビッチ
Stojka　ストイカ
Stojko　ストイコ*
Stojkovic
　ストイコヴィチ
　ストイコヴィッチ*
　ストイコビッチ**
Stojković
　ストイコヴィッチ

　ストイコビッチ
Stojkovici
　ストイコヴィッチ
Stojowski
　ストヨフスキ
　ストヨフスキー
Stok　ストック
Stokdyk　ストクデック
Stoke　ストーク
Stokely　ストークリー*
Stoken　ストーケン
Štokenbergs
　シュトケンベルクス
Stoker
　ストーカー**
　ストッカー
Stokes
　ストウクス
　ストーク
　ストークス***
Stokey　ストーキー
Stokhof　ストックホフ
Stokka　ストッカ
Stokke　ストッケ*
Stokken　ストッケン
Stokken　ストッケン
Stokl　シテークル
Stokland
　ストークランド
Stokley
　ストークレー
　ストックレー
Stoklossa
　ストックロッサ
Stokman　ストークマン
Stoknes　ストックネス
Stokoe　ストコー
Stokowski
　ストコウスキー
　ストコフスキ
　ストコフスキー*
Stokstad
　ストクスタッド
Stokvis　ストクビス
Stolar　ストーラー
Stolarski　ストラスキ
Stolberg
　シュトルベルク
　ストルベルグ
Stolbova
　ストルボワ
　ストロボワ
Stolc　シュトツ
Stolcers　ストルセルス
Stoldo　ストルド
Stole　ストール
Stoler　ストーラー
Storeru
　ストレリュ
　ストレルー
Stoliar　ストリャール
Stoliarov
　ストリャーロフ
　ストリャロフ
Stoljarow　ストリャロフ

Stolk　ストルク
Stolkowski
　ストルコウスキー
　ストルコフスキー
Stoll
　シュトール
　シュトル*
　ストール**
　ストル
Stollak　ストラク
Stollard　ストラード
Stolle　シュトレ
Stolleis
　シュトライス
　シュトレイス
Stoller
　ストーラー*
　ストラー
Stolley　ストーレイ
Stolo　ストロ
Stoloff
　ストロッフ
　ストロフ
Stolojan
　ストロジャン*
　ストロヤン
Stolorow　ストロロウ*
Stolovitch
　ストルヴィッチ
　ストロヴィッチ
Stolpe　シュトルペ*
Stolper
　シュトルバー
　ストルバー
Stolt　ストルト
Stolte　シュトルテ*
Stoltenberg
　シュトルテンベル
　　ク**
　シュトルテンベルグ
　ストゥールテンベルグ
　ストルテンバーグ*
　ストルテンベルグ***
Stoltz
　シュトルツ
　ストルツ**
Stöltzel
　シュテルツェル
Stoltzer
　シュトルツァー
Stoltzfus　ストルツフス
Stoltzman
　ストルツマン*
Stolurow　ストリュロウ
Stolyarov
　ストリアロヴ
　ストリャロフ*
Stolyarova
　ストリャロワ
Stolyarsky
　ストリャルスキー
Stolypin
　ストリーピン
　ストリピン
　ストルィピン
　ストルイーピン
　ストルイピン*
Stolz
　シュトルツ**

　ストールズ**
　ストルツ*
Stolze
　シュトツ
　シュトルツェ
Stölzel　シュテルツェル
Stolzenberg
　シュトルツェンベルク
Stolzenburg
　ソウルゼンバーグ
Stölzl
　シュテルツェル
　シュテルツル
Stolzy　ストルジー
Stom　ストム
Stomann　ストマン
Stomer　ストーメル
Stommel　ストンメル*
Störmmer　シュテンマー
Stomper　ストンパー
Stompor　シュトンボア
Stomporowski
　ストンポロウスキー*
Stone
　ストウン
　ストーン***
　ストン
Stonebraker
　ストーンブレイカー
Stoneburner
　ストーンバーナー
Stone Cold
　ストーンコールド
Stonehill
　ストーンヒル
　ストンヒル
Stonehouse
　ストーンハウス**
Stoneley
　スタンレー
　ストンリー
Stoneman
　ストーンマン*
Stoner
　ストーナー**
　ストナー
Stones　ストーンズ**
Stonestreet
　ストーンストリート
Stonex　ストーネクス
Stoney
　ストーニ
　ストーニー*
　ストーニィ
Stong　ストング*
St.Onge　セントオンジ
Stonham　ストナム
Stonich
　ストニック
　ストニヒ
Stonier
　ストウニア
　ストーニャー
Stonis　ストニス
Stonnington
　ストニングトン
Stonorov　ストノロフ

Stony　ストーニー
Stoodley　ストドリー
Stookey　ストーキー*
Stoop
　ストゥープ
　ストープ
Stop　ストップ
Stopes
　ストウプス*
　ストープス*
Stopford
　ストップフォオド
　ストップフォード*
　ストップフォド
　ストッポード*
Stoph
　シュトーフ
　シュトフ*
Stopkewich
　ストップケウィッチ
Stopler　ストッブラー
Stoppa　ストッパ*
Stoppani
　ストッパーニ*
　ストッパニ
Stoppard
　ストッパード**
　ストパード
Stoppato　ストッパート
Stoppleman
　ストップルマン
Stor　ストール
Stora　ストラ
Storabon　ストラボン
Storace
　ストーラス
　ストーラチア
Storandt　ストランド
Storani　ストラニ
Storari　ストラーリ
Storaro　ストラーロ*
Storbeck
　シュトルベック
Storberget
　ストールベルゲ
Storch
　シュトルヒ
　シュトルフ
　ストーク
　ストーチ
　ストルク
　ストルヒ
Storchenau
　シュトルヒェナウ
Storchio　ストルキオ
Storck
　シュトルク
　ストーク
　ストルク
Storcz　シュトルツ
Store
　ストア
　ストエレ
Støre　ストエレ*
Storelid　ストーレリ
Storen　ストーレン

Storer
　シュトーラー
　ストアー
　ストアラー*
　ストラー
Storey
　ストウレイ
　ストーリ
　ストーリー***
　ストーレイ
　ストレイ
Storgårds
　ストルゴーズ
Storholt ストルホルト
Storie ストーリー
Störig シュテーリヒ
Storino ストリノ
Stork
　シュトルク
　ストーク***
Storl
　シュトール**
　シュトルル
Störl シュテルル
Storlie ストーリー
Storm
　シトルム
　シュトゥルム
　シュトルム*
　ストーム**
　ストルム*
　ストローム
　ストロム
Stormare
　ストーメア
　ストルマーレ
Stormby ストムビー
Stormer
　シュテルマー
　ストーマー
Störmer
　シュテルマー**
　ステルマー
　ステルメル
Stormie ストーミー
Stormont
　ストーモント
Storms ストームス
Stornebrink
　ストルンブリンク
Storni
　ストーニ
　ストルニ
Storø ストロー
Storoheim
　シュトロハイム
Storr
　シュトル
　ストー***
　ストーア
　ストール
Storrer ストーラー
Storring シュテリング
Störring
　シュテーリング
　シュテリング
Storrow
　ストロー
　ストロウ

Storrs
　ストース
　ストーズ*
Storry
　ストーリー*
　ストーリィ
Størseth ステールセト
Storstein
　ストルスティン
Storsve
　シュトルスフェ
Storvik
　ストールヴィーク
Story
　ストーリ
　ストーリー**
　ストリー
　ストーリィ
Storz シュトルツ
Storzenhofecker
　シュテアツェンホ
　フェッカー
Stosch シュトッシュ
Stoss
　シュトース
　シュトス
　ストーシ
　ストッス
Stossel ストッセル
Stössel シュテッセル
Stosskopff
　ストスコップフ
Stosur ストーサー*
Stothard ストザード
Stothers シュトザース
Stotijn ステイン
Stotlar ストットラー
Stott
　スタット
　ストット***
Stottlemyre
　ストットルマイア*
　ストットルマイアー
　ストットルマイヤー
Stotts ストッツ
Stoudamire
　スタウドマイアー
　スターダマイヤー
　ストウダマイヤー*
Stoudemire
　スタウドマイアー*
　ストウデミア
Stouder スタウダー
Stoudermire
　ストーダーマイアー
Stoúdios
　ストゥディオス
Stouditēs
　ストゥディテス
Stouffer
　スタウファー*
　ストゥファー
Stoukides
　ストーカイズ
Stournaras
　ストゥルナラス
Stout スタウト***

Stoutemyer
　スタットマイヤー
Stoutz シュトウツ*
Stovall
　ストーヴァル
　ストヴォール
　ストーバル
Stovel ストーベル
Stover
　シュテーヴァー
　シュテーバー
　ストーヴァー*
　ストウヴァー
　ストーバー*
Stovey ストーヴィー
Stovin ストヴィン
Stovini ストヴィーニ
Stow
　ストー
　ストウ***
Stowe
　ストー*
　ストウ**
Stowell
　ストーウェル**
　ストウェル*
Stower ストーワー
Stowers
　スタウアーズ*
　ストアーズ**
Stoy シュトイ
Stoyan ストヤン***
Stoyanov
　ストヤノフ**
　ストロヤノフ
Stoyanova
　ストヤノヴァ*
　ストヤノバ
Stoychev ストイチェフ
Stoye
　シュトイー
　シュトイエ
　ストーエ
Stoyka Zhelyazkova
　ストイカジェリヤスコ
　バ
Stoykov ストイコフ
St.Pierre
　サンピエール
　セントピエール
St.Pourçain
　サンプルサン
Straaten
　ストラーテン*
Strabo
　ストラーボ
　ストラボ
　ストラボー
　ストラボン
Strabōn
　ストラボーン
　ストラボン
Stracciari
　ストラッチャーリ
Strace ストラーチェ
Strachan
　ストラカン
　ストラチャン
　ストラッチェン

ストラッチャン*
ストラハン
ストローン
Stracher ストラチャー
Strachey
　ストラチー
　ストレイチー
　ストレイチ*
　ストレイチー**
　ストレイチィ
　ストレェイチイ
　ストレーチ
　ストレーチー*
　ストレーチー
　ストレーチイ
　ストレチィ
Strachman
　ストラックマン
Strachwitz
　シュトラハヴィッツ
Strack
　シュトラック
　ストラック
Straczynski
　ストラジンスキー*
Strada
　ストラーダ*
　ストラダ
Stradal ストラダル
Stradella
　ストラデッラ
　ストラデラ
　ストラデルラ
Stradivari
　ストラディヴァーリ
　ストラディヴァリ
　ストラディバリ
Stradley
　ストラドリー
　ストラドレー
Stradling
　ストラドリング
Stradner
　シュトラートナー
Stradonitz
　シュトラドニッツ
Strady ストラディ
Straeb シュトレープ
Straelen ストラーレン
Straet ストラート
Straeten
　シュトレーテン
　ストラーテン
Strafford
　ストラッフォード
　ストラフォード
　ストラフォード
Strahan
　ストラハン*
　ストラーン
　ストレイハン*
　ストローン
Strahl
　ストラール
　ストロール
Strahlenberg
　ストラレンベルグ
Strahm ストラーム
Straight
　ストレイト*

ストレート**
Straily ストレイリー
Strain ストレイン
Strait ストレイト
Straker
　ストレイカー
　ストレーカー
Strakhov
　ストラコフ
　ストラーホフ
Strakhovsky
　ストラホフスキー
Strakosha
　ストラコシャ
Straley ストラレー
Stralser ストラルザー
Straltsou
　ストラルストウ
Stram ストラム
Strambi ストランビ
Stramigioli
　ストラミジョーリ
　ストラミジョリ
Stramm
　シュトラム*
　シュトランム
Stranahan
　ストラナハン
Štrancar ストランカー
Strand ストランド***
Strandberg
　ストランドバーグ
　ストランドベリ*
　ストランベリ
Strandhäll
　ストランドヘル
Strandli ストランドリ
Strandness
　ストランドネス
Strand Nilsen
　ストラントニールセン
Straneo ストラネオ
Strang ストラング*
Strange
　ストレインジ
　ストレーンジ
　ストレンジ***
Stranger
　ストランゲル*
　ストレンジャー
Stranges ストレンジズ
Stranitzky
　シュトラニツキー
　ストラニツキー
Štranović
　シュトゥラノビッチ
Stransky
　ストランスキー
Stranz ストランツ
Stranzl シュトランツル
Straparola
　ストラパローラ*
Straram ストララム
Strarke シュトラーケ
Straro ストラーロ
Strartford
　ストラトフォード

Strasberg
　ストラスバーグ**
　ストラスベルク
Strasburg
　ストラスバーグ*
Strasburger
　シュトラースブルガー
　シュトラスブルガー
　ストラスブルガー*
Strasimirov
　ストラシミーロフ
　ストラシミロフ
Strasky　ストラスキー*
Strasman
　ストラスマン
Strassberf
　ストラスバーグ
Strassberger
　ストラスベルゲル
Strassburg
　シェトラースブルク
　シュトラスブルク
Straßburg
　シュトラースブルク
　シュトラスブルク
Strassen
　シュトラッセン
Straßenburg
　ストラセンブルグ
Strasser
　シュトラーサー
　シュトラッサー**
　シュトラッセル
　ストラーサー***
　ストラッセル
　ストレッサー
Strassmaier
　シュトラスマイアー
Strassman
　ストラスマン
　ストラッスマン
Strassmann
　シュトラスマン
　ストラースマン*
　ストラスマン
Strassner
　シュトラスナー
　ストラスナー
Straszewicz
　ストラシェヴィチ
　ストラシェウィック
Straszewski
　ストラシェフスキ
　ストラシェフスキー
Straszner
　シュトラスナー
Stratakos
　ストラタコス
Stratan　ストラタン
Stratas　ストラータス
Strategius
　ストラテギウス
Stratemeyer
　ストラテマイヤー
　ストラトマイアー
Straten
　ストラーテン*
　ストレイトン
Strates　ストラーティス

Stratford
　ストラットフォード*
　ストラトフォード*
　ストラトフオード
Strathairn
　ストラサーン
　ストラザーン
　ストラットヘアン
Strathclyde
　ストラスクライド
Strathcona
　ストラスコーナ
Strathdee
　ストラスディー
Strathearn
　ストラサーン
Strathern
　ストラサーン
　ストラザーン*
　ストレイザン
Strathie　ストラティー
Stratiev
　ストラチェフ
　ストラチエフ
Stratigakos
　ストラティガコス
Stratila　ストラティラ
Stratioticus
　ストラティオティクス
Stratis　ストラティス
Stratmann
　ストラトマン
Stratmeyer
　ストラトマイヤー
Stratoklēs
　ストラトクレス
Straton
　ストラトーン
　ストラトン
Stratōn　ストラトン
Stratonikē
　ストラトニケ
Stratos　ストラトス
Stratten　ストラッテン
Strattis
　ストラッティス
Strattner
　シュトラットナー
Stratton
　スタラットン
　スタントン
　ストラットン***
　ストラトン*
　ストラットン
Stratz
　シュトラッシ
　シュトラッツ
　スュトラッツ
Straub
　シュトラウプ*
　シュトラウプ**
　ストラウプ***
　ストロー
　ストローブ**
Straube
　シュトラウベ
　ストラーベ
Straubinger
　シュトラウビンガー
Strauch　ストローチ*

Strauchs　シュトラウヒ
Straughan
　ストローハン
Straujuma
　ストラウユマ
Straulino　ストラリノ
Straumann
　シュトラウマン
Straumer
　シュトラウマー*
Straus
　シュトラウス
　ストラウス**
　ストロース
Strausbaugh
　ストロースボー
　スラスボー
Strause　ストラウス
Strauss
　シュトラウス***
　シュトラス
　ストラウス**
　ストラス
　ストロース**
　ストローズ
　ストロス
Strauß　シュトラウス*
Strauss-Kahn
　ストロスカーン
Strausz　ストローズ
Strauss-Hupe
　ストロースフーペ
Strausz-Hupé
　ストロウジュペ
Strauzenberg
　ストローゼンバーグ
Stravinskii
　ストラヴィンスキー*
　ストラヴィーンスキイ
　ストラヴィンスキイ
Stravinsky
　ストラヴィンスキー
　ストラヴィーンスキイ
　ストラビンスキー*
Stravius
　ストラヴィウス*
Straw　ストロー**
Strawberries
　ストロベリーズ
Strawberry
　ストロベリー*
Strawderman
　ストローダーマン
Strawson
　ストローソン**
Stray　ストレイ**
Strayed　ストレイド*
Strayer
　ストライヤー
　ストレイヤー
Strayhorn
　ストレイホーン*
Strážay
　ストラージャイ
Strazdins
　ストラディンズ
Strazhev　ストラジェフ
Straznicky
　ストラズニッキー

Streabbog
　ストリーボッグ
Strean　ストリーン*
Streater　ストリーター
Streatfeild
　ストレットフィールド
　ストレトフィールド
Streatfield
　ストリートフィールド
　ストリートフィルド
　ストレットフィールド
　ストレトフィールド
Streb
　シュトレープ
　ストレブ
Strebe
　ストレーブ
　ストレブ
Strebel　ストレベル
Strebler　ストレブラー
Strecher
　ストレッチャー
Streckenbach
　ストレケンバッハ
Strecker
　シュトレッカー
　シュトレッケル
Streckfus
　ストレックスファス
Streeck
　シュトレーク
　ストリーク*
Streep　ストリープ**
Streeruwitz
　シュトレールヴィッツ*
Street　ストリート***
Streete　ストリート
Streeten　ストリートン*
Streeter
　ストリイタァ
　ストリータ
　ストリーター**
Streetman
　ストリートマン*
Streeton　ストリートン
Streett　ストリート
Streff　ストレフ
Streffer
　ストレッファー
Strege　ストレッジ
Strehl　シュトレール
Strehle
　ストレール
　ストレーレ*
Strehler
　ストレーレル**
Strehlke　シュトレルケ
Strehlow
　シュトレーロフ
　ストリーロ
Strehmel
　シュトレーメル
Streib
　ストライブ
　ストライブ
Streiblová
　ストレイブロヴァ
Streich　シュトライヒ*

Streicher
　シュトライヒャー*
　シュトライヘル
　ストライチャー
Streidt　ストライト
Streiffeler
　シュトライファー
Streilein
　ストライリーン
Streiner
　ストライナー
　ストレイナー
Streinz　シュトラインツ
Streisand
　シュトライザント
　ストライサンド*
　ストライザンド
Streissguth
　ストライスグス
Streissler
　ストライスラー
Streit
　シュトライト*
　ストライト
　ストレイト*
　ストレート
Streitberg
　シュトライトベルク
Streitberger
　ストレイトベルガー
Streitfeld
　ストライトフェルド*
Streitwieser
　ストライトウィーザー
Streitz　シュトライツ
Strejan
　ストリージャン
　ストレージャン
Strekalov　ストレカロフ
Strelcovas
　ストレルツォーバス
Strelecky
　ストルレッキー
　ストレルキー
Strelkauskas
　ストルコースカス
Strelkova
　ストレルコヴァ
Strel'nikov
　ストレーリニコフ
Strelov　ストレロフ
Streltsov
　ストレリツォフ
Strel'tsov
　ストレリツォフ
Strembitsky
　ストレムビツキー
Stren　ストレン
Streng　ストレング
Strenga　ストレンガ
Strenger
　シュトレンガー*
Strengholt
　ストレングホルト
Strengthfield
　ストレングスフィール
　ド
Strenn　ストレン

Strenópoulos ストレノプーロス	**Stricoff** ストリコフ	**Stripling** ストリップリング	ストローハイム ストロハイム	**Strohl** ストロール** **Strohm** シュトローム ストローム	ストロナク ストロナック **Strong** ストロング ストロング***
Streona ストレイナ	**Strid** ストリッド	**Stripp** ストリップ			
Strepetova ストレーペトヴァ	**Stridh** ストリード*	**Stritch** ストリッチ*			
Strepponi ストレッポーニ	**Stridsman** ストリズマン*	**Stritt** シュトリット			
	Stridzevskij ストリジェフスキー	**Strittmater** シュトリットマター		**Strohmayer** ストロメイヤー	**Stronge** ストロング **Strongman** ストロングマン
Stresand ストライザンド	**Strieber** ストリーバー** ストリーバー	**Strittmatter** シュトリットマター* シュトリットマッター		**Strohmeyer** シュトローマイヤー ストロマイヤー* ストロマイヤ	**Strongylion** ストロンギュリオン
Stresau シュトレーザウ					**Stroo** ストルー
Stresemann シュトレーゼマン* ストレーゼマン	**Strieder** シュトリーダー**	**Strizhevskii** ストリジェフスキー		**Strok** ストローク	**Stroobandt** ストローバンデット
	Striedinger シュトリーディンガー	**Strnad** シュトルナート*		**Ströker** シュトレーカー	**Stroobant** ストルーバント
Streshinsky ストレシンスキー	**Strief** ストリーフ	**Strnisko** シュトルニシュコ		**Strokosch** ストロコッシュ	ストルーベン
Stretch ストレッチ	**Striegel** シュトリーゲル シュトリゲル シュトリーゲル				**Stroode** ストロード
Strete ストリート ストレート*		**Strobach** シュトロバッハ		**Stroksnes** ストロークスネス	**Stroof** シュトローフ
	Striegler シュトリーグラー	**Strobbe** ストロボ		**Stroll** ストロール	**Stroop** シュトロープ
Stretovich ストレトビッチ		**Strobe** ストローブ**		**Strolz** シュトロルツ	**Strootman** ストロートマン
Stretton ストレットン* ストレトン	**Strien** ストリエン	**Strobel** シュトローベル* ストレーベル ストローベル** ストロベル*		**Strom** ストーム ストローム ストローム**	**Strop** ストロップ
	Striffler ストリッフラー				**Stropahl** ストロポール
Streule シュトロイレ					**Strope** ストローブ
Streuvels ストゥルベルス ストリューフェルス ストレーヴェルス ストリゥフェルス ストレウフェルス ストリーフェルス ストレーベルス	**Strige** ストリゲル				**Stropnický** ストロブニツキー
	Strigel シュトリーゲル	**Strober** ストロバー*		**Ström** ストレム	
	Striggio ストリッジオ ストリッジョ	**Strobinger** シュトレビンガー		**Stroman** ストローマン*	**Strosahl** ストローサル
		Ströbinger シュトレビンガー*		**Strombeck** シュトロームベック ストロンベック	**Štrosmajer** シュトロスマイエル シュトロスマイエル
	Strigini ストリジーニ	**Strobino** ストロビノ		**Stromberg** シュトレムベルク ストロンバーグ	
	Strigl ストリグル	**Strobl** シュトロオブル シュトローブル* シュトロブル** ストローブル*			**Stross** ストロス**
	Strike ストライク*				**Strossen** ストロッセン
Strevens ステレヴンス ストリーブンズ ストレヴァンス ストレヴンズ ストレバンス ストレブンズ ストレーベンス	**Striker** ストライカー*			**Strömberg** ストレムベリ ストロムベルグ ストロンバーグ	**Strössenreuther** シュトロシェンルーサー
	Stril ストリル				**Ströter** シュトレーター
	Strimesius シュトリメジウス	**Strock** ストロック		**Strombergs** ストロンベルグス**	**Strother** ストローサー ストローザー ストロサー ストローザー
	Strimpel ストリンベル	**Strocka** シュトロッカ			
	Strinasacchi ストリナザッキ	**Strode** ストロード*		**Strome** ストローム	
Strewler ストレウラー	**Strinati** ストリナチ ストリナーティ	**Strods** ストロッズ		**Strömer** ストレーマー	
Strežyńska ストゥレジンスカ		**Stroebe** シュトレーベ		**Strøm-erichsen** ストルムエーリックセン	**Stroud** ストラウド**
Strhatēs ストラティス	**Strindberg** ストリントベリ ストリンドベーリ ストリンドベリ* ストリンドベリィ ストリンドベリィ ストリント・ベルク ストリントベルク ストリントベルグ ストリンドベルグ ストリンドベルグ ストリントベルヒ ストリンドベルヒ ストリンベリー	**Stroebel** ストレーベル*			**Strougal** シュトロウガル*
Striaukas ストリアウカス		**Stroessner** ストロエスネル**		**Stromeyer** シュトローマイアー シュトローマイヤー シュトロマイヤー	**Štrougal** シュトロウガル
Stribeck シュトリベック		**Stroet** ストロエット			
Stribling ストリプリング** ストリプリング		**Stroeter** ストレータ			**Strouhal** ストロウハル
		Stroev ストロエフ ストロエフ**		**Strömgren** ストレムグレーン ストレムグレン	**Stroup** ストループ ストロープ
Striccius シュトリッツィウス					**Strouse** ストラウス ストラウズ
Strich シュトリッヒ シュトリヒ		**Stroeve** ストルーフェ		**Stromile** ストロマイル	
		Stroganov ストロガノフ		**Strominger** ストロミンジャー*	
Strichartz ストリッチャーツ		**Stroganova** ストロガノヴァ		**Strömmerstedt** ストレマーシュテッド	**Stroustrup** ストラウストラップ** ストルーストラップ
Stricherz ストリカーズ* ストリッカーズ		**Strogatz** ストロガッツ*		**Stromquist** ストロンキスト	
Strick ストリック*		**Strogovich** ストロゴーヴィチ		**Strömquist** ストロームクヴイスト	**Strout** ストラウト**
Stricker シュトリッカー ストリッカー**		**Stroh** シュトロー ストロー* ストロウ		**Strømstad** ストロームスタット	**Strowski** ストロウスキ ストロウスキー* ストロウスキイ ストロフスキー
	Stringer ストリンガー*** ストリンジャー				
				Stromstedt ストルムステット	
	Stringfellow ストリングフェロー	**Stroheim** シュトローハイム シュトローハイム シュトロハイム**		**Strömstedt** ストルムステット	**Stroyberg** ストロイベルグ
Strickland ストリクランド ストリックランド**					**Stroyer** ストロイヤー*
	Stringfield ストリングフィールド*			**Stronach** ストロウナク	**Strozer** ストローザー
	Strini ストゥリーニ				
	Strinic ストリニッチ				

Strozier
  ストロジア
  ストロジャー
Strozzi ストロッツィ
Strub
  シュトループ*
  ストラブ
Strube
  シュトゥルーベ*
  シュトルーベ
Strubel
  ストリューベル
Struble ストラブル
Struchayeva
  ストルチャエワ
Struchkova
  ストルチコワ
  ストルチコワ
Struck シュトルック
Struckman
  シュトルックマン
  ストラックマン
Strudel シュトルーデル
Strüder ストルーデン
Strudl シュトルーデル
Strudwick
  シュトラドウイク
Struensee
  シュトルーエンゼー
  シュトルエンゼー
  ストルーエンセ
  ストルエンゼー
Strug
  ストラグ*
  ストラグ
  ストルーク
  ストルーグ
  ストルク
Strugar ストルガル
Strugatskii
  ストルガッキー
  ストルガツキー**
  ストルガーツキイ
  ストルガツキイ
Strughold
  ストルグホルト
Strugnell ストラグネル
Struhl
  ストルール
Struik ストルイク
Strukov ストルコフ
Strull ストラル
Strum
  ストーム
  ストラム*
  ストルム
Strumilin
  ストルミーリン
  ストルミリン*
Strummer
  ストラマー**
Strumpel ストランペル
Strumpell
  シュトリュムペル
  ストリュムペル
Strümpell
  シュトリュムペル
  シュトリュンペル
Strumpf ストランフ

Strunck シュトルンク
Strunge ストランゲ
Strungk シュトルンク
Strunk
  シュトルンク
  ストランク
Strupar ストルパル
Strupp
  シュトルップ
  ストラップ
Struskova
  ストルスコバ
Strusková
  ストルスコバ
Struth
  シュトゥールート
  シュトゥルート
  シュトゥルート
Struther
  シュトラッザー
  ストルーザー
Struthers
  ストラザース
  ストラザーズ*
  ストルーザーズ
Strutt ストラット*
Strutz
  シュトルツ
  シュトルッツ
Struve
  シュトリューベ
  シュトリューヴェ*
  シュトルーフェ
  シュトルーベ
  ツルベ
  ストゥルヴェ
  ストルック
  ストリューヴ*
  ストリューヴェ
  ストルーヴェ
  ストルーヴェ*
  ストルーベ*
  ストルベ
Strúve ストルーヴェ
Struycken
  ストライッケン
Struyk ストライク
Struzan
  ストゥルーザン*
  ストリューザン
  ストルーザン
Struzik シュトルジック
Struzyna
  シュトゥルツィナ
Strychalski
  ストリカルスキー
Strycker ストリッカー
Strycova ストリコバ
Strýcová ストリコバ
Strydonck
  ストリドンク
Stryer ストライヤー
Stryjek ストリイエク
Stryjkowski
  ストリコウスキ
  ストリコフスキ
  ストルィコフスキ*
Stryker ストライカー

Strype ストライプ
Strzemiński
  ストチェミンスキ
Strzhelichik
  ストルジェリチク
  ストルジェルチク
Strzygowski
  シチゴフスキ
  スジュゴーフスキー*
  ストウシュゴフスキー
  ストジュゴーフスキー
Stu
  スチュ*
  ステュ
Stuani ストゥアーニ
Stuart
  スチュ
  スチューアート
  スチューアート***
  スチュアード
  スチュアト
  スチュアル
  スチュウット
  スチュワート***
  スチュワード
  ステューアート
  ステュアート
  ステュアート**
  ステュウット
  ステュワート
  スチアト
Stuarti ストゥアルティ
Stubb スチュブ*
Stubbe スタップ
Stübben
  シュトゥッベン
Stubbendorf
  シューベンドルフ
Stubberud スタベルド*
Stubbes スタップ
Stubbing スタッビング
Stubbins スタビンス
Stubblebine
  スタッブルバイン
Stubblefield
  スタブフィールド
  スタブルフィールド
Stubblety-Cook
  スタブルティクック
Stubbs
  スタッブス***
  スタップス***
  スタブス
  スタブズ
Stubel スチューベル
Stübel ステューベル
Stubenvoll
  シュトゥーベンフォル*
Stüber シュテューバー
Stubhaug
  ストゥーブハウグ**
Stubis スチュービス
Stubnick
  スチュブニック
Stubo ストゥーボ
Stubs スタップス
Stubsgaard
  スタブスゴール

Stuchka
  スツーチカ
  ストゥーチカ
  ストゥチカ
  ストウチュカ
  ストーチカ
Stuck
  シュトゥック
  スタック
Stuckart
  シュトゥッカート
  スタカート*
Stucke
  スタック
  ストック
Stückelberger
  シュツッケルベルガー
Stucken
  シュトゥッケン
  シュトユッケン
  ストゥッケン
Stuckenberg
  スタッケンバーグ
  スタッケンベルグ
  ストゥッケンベア
Stuckenbruck
  スタケンブルック
Stuckenschmidt
  シュトゥッケンシュミット*
Stucker スタッカー
Stuckey スタッキー
Stuckgold
  シュテュックゴールド
  シュテュックゴルト
Stucki
  シュトゥッキ
  スツッキー
  ストゥッキ
Stuckler スタックラー
Stucky スタッキー
Stucley スタクリー
Studarus
  スタダラス
  ステューダラス
Studd スタッド
Studders スツッデル
Studdert
  スタダート
  スタッダート
  スタッダード
Studdy スタディ
Studebaker
  スタディベイカ
  スチュードベイカー
  スチュードベーカー
Studeman
  スチュードマン
Studenmund
  ストウデムント
Student
  シュトゥデント
  スチューデント
  ステューデント
Studer
  シュトゥーダー*
  スチューダー
  ステューダー**
  ストゥーダー

Studi
  ステューディ
  ストゥーディ
Studites
  ストゥディテス
Studitskii
  スッジッキー
Studs スタッズ***
Studt スタッド
Studwell
  スタッドウェル*
Study シュトゥーディ
Stueck ストゥーク*
Stueckelberg
  シュテュッケルベルク
Stuecklen
  ストイクレン
Stuelpnagel
  シュテュールプナゲル
Stuen スチュエン
Stuer スチュア
Stuerman
  シュチュアーマン
Stuermer
  シュテュルマー
Stuetzle
  スチュッツエル
Stuff スタッフ
Stuffins
  スタッフィンズ
Stuffy スタッフィー
Stuhlmacher
  シュトゥールマッハー
Stuhlmann
  スタールマン
Stuhlmiller
  ステュールミラー
Stuhrmann
  シュトゥーアマン*
Stukalava
  ストウカラワ
Stukalin
  スツカリン
  ストゥーカーリン
Stukalov ストゥカロフ
Štukel スッケリー
Stukeley ステューク リ
Stukeli
  シュトケリ
  ストゥケリ
Štukelj スッケリー
Stukolkin
  ストゥコルキン
  スルコルキン
Stulberg スタルバーグ
Stulce スタルス
Stüler シュテューラー
Stull スタル
Stulov ストゥロフ
Stulz スタルフ
Stumbras
  ストゥムブラス
Stumm
  シュトゥム
  スタム
  スタン
Stump スタンプ**

Stumpe シュトゥムペ	Sturges スタージェス** / スタージス**	Stürup シュトルップ	Styns スティンズ	Subanbekov スバンベコフ	
Stumpf シュトゥンフ / シュトゥンプ** / シュトゥンプフ / シュトゥンプ / スタンプ** / スタンプ	Sturgess スタージェス*	Sturz スターツ*	Styopina スチオピナ	Subandhi スバンディー	
	Sturgill スタージル	Sturzenegger スツルツェネッゲル	Styrbæk ストルベク	Subandhu スバンドゥ	
	Sturgis スタージス**	Sturzo ストゥルツォ	Styrikovich スチリコビッチ	Subandrio スバンドリオ**	
	Stürgkh シュテュルク	Stuss シュタッス	Styron スタイロン***	Subanov スバノフ	
Stumpfe シュトゥンプフェ	Sturiale ストリアーレ	Stuteville ステュートヴィル	Štyrský シュティルスキー	Subardjo スバルジョ	
Štumpfová シュトゥンプフォヴァー	Sturing ストゥリン	Stutschewsky ストゥチェフスキー	Su シュー / ス* / スー* / ソ	Subari スバリ	
	Sturk スターク	Stutson スタットソン		Subash スバーシュ	
Stumpke シュテュンプケ	Sturken スターケン	Stuttaford スタッタフォード*		Subasic スバシッチ	
Stümpke シュテュンプケ	Sturla ストゥルラ	Stutterheim スタッターハイム / ストュテルヘイム	Sū スー	Šubašić シュバシッチ	
	Sturler ステュルレル / ストゥルレル		Sua スア	Subayti スバイティ	
Stunica ストゥニカ		Stüttgen シュトゥットゲン	Su'a スーア / スウェイ	Subba スッパ / スバ	
Stunkard スタンカード*	Sturluson スツットルソン / スツルソン / ストゥットルソン / ストゥルソン / ストゥルトルソン / ストゥルルソン	Stuttle ストットル	Suad スアド / スワード	Subbotin サボティン	
Stuntz スタンツ		Stutz シュトゥッツ* / スタッツ		Subbulakshmi スッバラクシュミー / スッブラクシュミ / スバラクシュミ / スブラクシュミ	
Stunyo スタンヨー					
Stunzi スュトゥンツィ		Stutzer シュトゥッツァー* / スタッツァー	Su'ad スアード		
Stünzi シュテュンツ			Suada スアダ		
Stünzner シュテュンツナー	Sturm シュチュルム / シュトゥルム / シュトルム*** / スターム* / ステュルム / ステュルム / ツルム / ステュルム / ストゥルム*	Stutzman スタッツマン	Suagher スアゲル	Subedi スベディ	
Stupak ストゥパク		Stutzmann シュトゥッツマン*	Sualauvi スアラウビ*	Sübe'edei スベエデイ	
Stupar スタパー / ストッパー			Sualem スアレム	Subeeh スベーフ	
		Stüve シュテューフェ	Sualiki スアリキ	Subeih スベイフ	
		Stuvel ステューヴェル / ステュヴェル	Sualim スワリム	Subeliani スベリアニ	
Stuparich ストゥーパリチ / ストゥパリヒ			Suana スアナ	Suben スベン	
	Šturm シュトゥルム	Stuvermann シュチューファマン	Suard スアール	Suber スーバー	
Stupica ステューピカ / ストゥービツァ	Sturma シュトゥアマ / シュトゥルマ	Stuwart スチュアート	Suarès サーレス / シュアレ / シュアレス* / スアレス / スウェアーズ / スワレス	Subercaseaux シュベールカソー	
Stupka ストゥプカ	Sturman スターマン	Stüwe シュテューヴェ		Subero スベロ	
Stupperich シュトゥッペリヒ	Sturmeck シュトゥルメック	Stuxberg ストゥクスベリ		Subervi スベルビ	
Stupples スタップルズ**	Stürmer シュテュルマー / ステュルメル	Stuyf ストイフ		Subes スープ	
Stuppy シュトゥッピー	Sturmey スターミー	Stuyvesant スタイフェサント / ストイヴェサント / ストイフェサント	Suarez スアレース* / スアレス** / スアレズ	Subḥ ソブ / ソブフ	
Štúr シトゥール / シュトゥール	Sturmi シュトゥルミ / ストゥルミウス			Subhadda スバッダ	
Šturanović シュトラノヴィッチ** / シュトラノビッチ			Suárez スアーレス / スアレス*** / ズアレス / スウァレス	Subhadra スヴドラ / スバードラ / スバドラー / スブハドラ	
	Sturminger シュテゥルミンガア	Stwertka ステュワーカ			
	Sturmthal シュトゥルムタール	Stybar シュティバル			
	Stürner シュテュルナー*	Styczeń スティチェン	Suarez Navarro スアレスナバロ	Subhadradis スバトラディット / スバトラディット	
Sturaro ストゥラーロ		Styer スタイヤー / ステイヤー	Suat スアット / スアト		
Sturdee スターディー					
Sturdivant スターディヴァント	Sturr スター	Styfco スティフコ		Śubhagupta シュバグプタ	
Sturdy ストゥルデ	Sturridge スターリッジ* / スタリッジ	Styger シュティガー	Suau スオー / スオウ*	Subhājīvakambanikā スバージーヴァカンバニカー	
Sturdza ストゥルザ		Style スタイル			
Sture ステューレ / ステュレ / ストゥーレ**		Styler スタイラー	Suaudeau シュオドー	Subhākammāradhītar スバーカンマーラディーター	
	Sturrock スタロック	Styles スタイルス / スタイルズ**	Suavi スアーヴィー		
	Štursa ストルサ		Suazo スアソ**	Śubhakarasimha シュバカラシンハ	
	Sturt スタート* / スチュルト	Stylian スティリアン	Subagio スバギオ		
Sturge スタージ / ストゥジ	Sturtevant スターテヴァント / スタートヴァント / スタートバント	Stylianos スティリアノス	Subagja スバグジャ	Subhān スプハーン	
		Stylianós ステュリアノス	Subāhu スバーフ	Subhas サバス / スパーシュ / スバース / スバス*	
Sturgeon スタアジョン / スタージャン / スタージョン*** / ステュルジャン		Styling スタイリング*	Subaih サビーフ		
		Stylites ステュリテス	Subaihy スベイヒ		
	Sturtius シュトゥルティウス	Styne スタイン*	Subak スバック	Subhash サバッシュ / シュバッシュ / スバーシュ*	
	Sturtze スターズ	Stynes スタインズ	Subak-Sharpe スバックシャープ		

Subhashis サブハシ
Subhi スブヒー
Subhūta スブータ
Subhūti スブーティ
Subianto スビアント*
Subías スビアス
Subiat スビアト
Subin スビン*
Subir シビル*
Subira スビラ
Subirá スビラ
Subirana スビラナ
Subkī スブキー
Subktigin スブクティギーン
Sublet シュブレ
Sublette サブレット
Subleyras シュブレイラス / シュブレーラス
Subligny スュブリニ
Subodh スボー / スボート / スボド
Subor シュボール
Subota スボータ
Subotic スボティッチ
Subotnick サボトニック / スボトニック*
Subrahmanya スブラマニヤ / スブラマニヤ / スブラマンヤ
Subrahmanyam サブラマニヤム* / スブラフマニヤム / スブラマニヤム
Subrahmanyan スブラマニアン** / スブラマニヤン
Subramaniam サブラマニアム / スブラマニアム / スブラマニアン
Subramanian スブラマニアン
Subrata スブラタ
Subritzky サブリツキー
Subroto スブロト**
Subschinski スブシンスキー
Subuh スブー
Subuktigin サブクティギーン / サブクテギーン / スブクティギーン / セブク・テギン
Subuktigīn スブクティギーン
Sübütei スブタイ / スブテイ / スベエティ
Sucatus スカトゥス

Success サクセス
Succi ズッチ
Succop サコップ
Such サッチ*
Suchaat スチャート
Suchada スチャーダー
Suchai スチャイ
Suchak スチャック
Su-chan スチャン
Suchanek ズーハネク
Su-chang スチャン
Sucharit スチャリット
Sucharitkul スチャリックン / スチャリットクン / スチャリットクル
Suchart スチャート*
Suchen スーチェン
Sucheng スーチェン
Sucher サッチャー / スーチャー / ズーハー / ズーヒャー / ズヒャー
Suchet サチェット / シュシェ / スーシェ*
Suchinda スチンダ*
Suchindaa スチンダ / スチンダー
Suchitra スキトラ
Suchman サッチマン*
Suchocka スホツカ**
Suchocki スチョーキー
Suchodolski スホドルスキー
Suchoň スホニ / スホニュ
Süchting スーチング
Suchy スヒー
Sucit スチット
Suciu スチウ / スーチュー
Suck サック*
Suckale ズッカーレ
Suck-cheon ソクチョン
Suckert サッカート / ズッケルト
Suckling サクリング / サックリング*
Suckow サコー / サコウ / サッカウ / サッコー / サッコウ
Suck-rai ソクレ*
Sucksdorff スックスドルフ

Sucre スークレ / スクレ
Sudak スダック
Sudakov スダコフ
Sudama スダマ
Sudan スーダン
Sudani スダニ
Sudanta スダンタ
Sudarat スダラット
Sudarijanto スダリヤント
Sudarshan スダルシャン
Sudarsono スダルソノ**
Sudarta スダルタ
Sudary スダリー
Sudatta スダッタ
Sudbery サドベリー
Sudborough サドボーロー
Sudbury サドベリ / サドベリー
Suddaby サダビー
Suddarth サダース
Suddendorf ズデンドルフ
Sudderth サダース*
Suddhasattwa スダサットワ
Śuddhodana スッドーダナ
Sudek スデク
Sudeley サドリー / シュードリー
Sudenhorst スェーデンホルスト
Suder スーダー
Sudermann ズウダアマン / ズウデルマン / スーダーマン / ズーダーマン* / ズーデルマン*
Sudershan スーデルシャン
Sudfeld サッドフェルド
Sudha スダー / スッダ
Sudhakar スダカール
Sudham スダム
Sudhanaśreṣṭhidāraka スダナシュレーシュティダーラカ
Sudharmono スダルモノ**
Sudheer サディア
Sudhindra スディンドラ
Sudhīndranāth シュディンドロナト

Sudhir スディール
Südhof スードフ*
Sudhoff サドホフ / ズートホフ*
Sudhom スダム
Sudi スディ
Sudiaruta スディアルタ
Sudibyo スディブヨ
Sudie サディー / スーディ
Sudinna スディンナ
Sudirman スディルマン
Sudjic スージック / スジック**
Sudjono スジョノ
Sudket スットケート
Sudler サドラ / サドラー
Sudnow サドナウ
Sudol スドル
Sudono スドノ*
Sudoplatov スドプラトフ
Sudova スドバ
Sudradjat スドラジャット* / スドラジャト
Śūdraka シュードラカ
Sudre スウードル
Sudreau シュードロー
Sudwikatmono スドウィカトモノ*
Sudy シュディ
Sudy シュディ
Südy シュディ
Sudzilovskii スジロフスキー
Sudzilovskiy スジロフスキー
Sudzuka スズカ
Sue シュー** / シュウ / スー*** / スウ / スーザン
Süe スー
Suebwonglee スーブウォンリー
Sued スエド
Sueddu シュットゥ
SueEllen スーエレン
Sueilo スエイロ
Sueius スエイユス
Sue-jin スージン*
Suelette スーレット
Sueli スエリ
Suella スエラ
Suellen スーエレン

Sueltz スルツ
Suelves スエルベス
Suely シュエリー
Suen シン / スェン* / スェン
Suena シン / スエナ
Suenens スーネンス*
Sueño スエニョ
Suenson スエンソン* / スオンソン
Suerius スエリウス
Suess ジュース / ジュス / ジュッス
Suesse スーセ
Suesskind ジュスキント
Suetonius スウェートーニウス / スエートーニウス / スエートニウス / スエトニウス
Suett スウェット
Su-Eun スウン
Sueur シュウール / シュエール / シュール / スウール / スール
Sufan スファン
Suffan スファン
Suffel スュフェール
Suffert シュフェール*
Suffolk サフォーク
Suffren シュフラン / シュフレーン
Sufi サフィ / スフィ
Sūfi スーフィー
Ṣūfī スーフィー
Sufia スフィア
Sufian スフィアン
Sufiyan スフィヤン
Sufyān スフヤーン
Suga シュガー
Sugahara スガハラ
Sugama スガマ
Suganda スガンダ
Sugandha スガンダ
Sugandhavesa シュガンダベーサ
Sugaoka スガオカ
Sugar シュガー** / シュガール
Sugarman シュガーマン

Sugden サグデン*
Suge シュグ*
Suger
　シュガー
　シュジェ
　シュジェール*
　シュジェル
　シュジュール
　スジェル
Sugerman
　シュガーマン*
Sugerno スグルノ
Sugeruno スグルノー
Sugg
　サグ
　サッグ
Suggate サゲイト
Suggett サジェット
Suggia
　スギア
　スッギア
　スッジア
Suggs サッグス*
Sughi スギ
Sugiarti スジャルティ
Sugiarto スギアルト
Sugiharto スギハルト
Su-gil スギル*
Sugimachi スギマチ
Sugirtharajah
　スギルタラージャ
Sugiyama スギヤマ
Sugoi スゴイ
Sugrue
　サグルー*
　スグルー
Sugunan スグナン
Suh
　ス
　スー*
　スゥ
　ソ**
Suha スハ
Suhaibi スハイビ
Suhail スハイル
Suhaila ソヘイラ*
Suhaim スハイム
Suhair スハイル
Su-hak スハク
Suhamy シュアミ
Suhard シュアール
Suhardjo スハルジョ
Suharto スハルト**
Suhas スハス
Šuhayd シュハイド
Suhede シュヘデ
Suheimat ソヘイマト
Suhemanta
　スヘーマンタ
Süher
　シュエール
　ジュヘル
Suherman スヘルマン
Su-heui スヒ

Suhl スール*
Suhonen スホネン
Su-hoon スフン*
Suhor スーホー
Suhr
　サー*
　シュー
　シュア
Suhrawardī
　スフラワルディー
　ソフラワルディー
Suhrawardy
　スフラワルディ
　スフラワルディー
　スラワルジ
　スラワルディ
Suhrkamp
　ズーアカンプ
　ズールカンプ
Suhubiger
　シュービゲル
Suhuller シュラー
Suhuster シャスター
Suhyeon スヒョン
Su-hyun スヒョン
Sui
　スーイ
　スイ**
Suib スイブ
Suibne スイブネ
Suicer ズイーツァー
Suid スード
Suida スーダ
Suidas
　スイダス
　スーダ
Suidbert
　ズイートベルト
Suiderski
　スウィデルスキー
Suinn
　スイン*
　スウィン
Sui-pin スイピン
Suiromiatonikov
　スイロムヤトニコフ
Sui Sen スイセン
Suissa スウィサ
Suitbert
　ズーイトベルト
　ズイトベルト
Suiter スーター
Suitner
　スイトナー
　スウィトナー**
　スヴィトナー
Suits スーツ
Suj スジ
Sujan
　スジャン*
　スヤン
Sujapong スジャポン
Sujata
　スジャータ**
　スジャタ
Sujātā スジャーター
Sujeco スヘコ

Sujeewa スジーワ*
Su-jeong スジョン*
Suji スジ
Sujit
　サジット
　スジット
Sujo スジョ
Sujoyono スジョヨノ
Sujudi スジュディ
Su-jung シューロン
Suk
　スゥク
　スーク**
　スク
　ソク
Suka スカ
Sukachyov
　スカチョーフ
Sukainah スカイナ
Sukale スカレ
Sukanaivalu
　スカナイバル
Sukanya スカンヤ
Sukapatana
　スカパタナ
Sukardi スカルディ
Sukarno スカルノ**
Sukarnoputra
　スカルノプトラ
Sukarnoputri
　スカルノプトリ*
Sukati スカティ
Suk-bog ソクボク
Sükebaghatur
　スヘバートル
Sukenick
　スキーニック
　スーケニック
Sukenik スケニク
Suker
　シュケル*
　スーケル*
　スケル
Šuker シュケル
Sukh
　スヘ
　ソック
Sukhai スカイ
Sukhamoy
　スカモイ
　スコモイ
Sukhanov
　スハーノフ*
　スハノフ*
Sukhaphat
　スッカパット*
Sukharev
　スカレフ
　スハリョフ
　スハレフ
Sukhbaatar
　スクバタール
　スフバートル*
　スヘバートル
Suková スコバ
Sukowa
　スコヴァ

Sukhdev
　スークデーヴ
　スクデフ*
　スクデブ
Suk-hee ソクヒ*
Sukhodolsky
　スコドルスキー
Sukhomlinskii
　スホムリンスキー
Sukhomulinov
　スホムリーノフ
　スホムリノフ
Suk-hong ソクホン
Sukhontha スコンター
Sukhonthaa
　スコンター
Suk-hoon
　ソックン*
　ソフン
Sukhoruchenkov
　スホルチェンコ
Sukhoruk スホルーク
Sukhorukov
　スホルコフ
Sukhotin スホーチン
Sukhov
　スーホヴ
　スホフ
Sukhovo
　スホヴォ
　スホヴォー
　スホボ
　スホボー
Sukhumbhand
　スクンバン
Suk-hyo ソクヒョ
Suki
　スーキ
　スキ**
Sukie スーキー
Su-kil スギル
Sukinah スキナ
Sukja スクチャ
Suk-joon ソクジュン
Suk-jun ソクジュン
Sukkā スッカー
Sukkarī スッカリー
Sukkhaphanit
　スッカパーニット
Sukkhongdumnoen
　スコンドゥムノン
Suk-kun ソククン
Suk-kyu
　ソクキュ
　ソクギュ*
　ソッキュ*
Sukl シュックル
Sukonthiang
　スコンター*
Sukopp スコップ
Sukova
　スコヴァ
　スコバ
　スコワ*

ズーコヴァ
ズコヴァ
Sukowati スコワティ
Suk-qyu ソッキュ
Šukrī シュクリー
Sukrija シュクリア
Şükrü シュクリュ
Suksaha スクサハ
Suksai スックサイ
Suksawang スクサワン
Suksoem スクソエム
Suk-soo ソクス*
Suk-tai ソクテ
Sukumār シュクマル
Sukumpol スカムポン
Sukur
　シュクール
　シュクル
Sükür
　シュキュール
　シュキュル*
　シュクル
Suk-wan ソクワン
Su-kwang スグァン*
Suk-won ソクウォン
Suk-woo ソクウ
Sukyaang
　スックヤーング
Suk-yeol ソンニョル
Su-kyong スギョン*
Sukys サキス
Šukys シュキイス
Su Kyung スギョン
Šul シュル
Sula スーラ
Sulaiman
　スライマン
　スレイマン*
Sulaimán スライマン
Sulaimān
　スライマーン
　スレイマン
Sulaimankulov
　スライマンクロフ
Sulaimi スライミ
Sulaimon スライモン
Sulaiti スライティ
Sulak スラック*
Sulakauri スラカウリ
Sulamī スラミー
Sulamith
　スラミス
　スラミフィ
Sulāqā スラーカー
Sulayman
　スライマン
　スレイマン
Sulaymān
　スライマーン
　スレイマーン
Sulaymanov
　スライマノフ
Sulaywah スライワ
Sulcipius スルピキウス

Sule スレ ズーレ	Sula スラ スルラ	Sultanbekova スルタンベコワ	Šumarac シュマラツ	Summers サマー
Suleiman サロモー スュレイマン スレイマン*** スレーマン	Sullam サラム Sullavan サラヴァン Sullenberger サレンバーガー* Sullenger サレンジャー*	Sultaneh スルタネー Sultan-Galiev スルタンガリエフ Sultangaliev スルタン・ガリエフ スルタンガリエフ*	Sumarokov スマローコフ* スマロコフ Sumarto スマルト Sumathipala スマティパラ	Summersby サマーズビー Summerscale サマースケイル* Summerskill サマースキル
Suleimane スレイマン Suleimanov スレイマノフ	Sullerot シュルロ* シュルロ	Sultānī スルターニー Sultanov スルタノフ*	Sumaye スマイエ Sumaysim スメイシム	Summerson サマーソン* Summerville サマーヴィル
Suleimenov スレイメノフ Suleiménov スレイメーノフ	Sulleyman サリーマン Sulli スッリ ソルリ	Sultānshāh スルターンシャー Sultant スルタン	Sumbana スムバナ スンバナ Sumbatov	Summey サミー Summit サミット* Summitt サミット
Sulejman スレイマン* Sulejmani スレイマニ Šulek シューレク	Sullibvan スリバン Sulliman スリマン Sulling スリング	Sultonov ソールトノフ Sulu スールー スル	スンバートフ Sumberac サンベラク Sumedha スメダ	Sumner サムナー*** ザムナー
Suleman スールマン Sulemana スレマナ Suleri スレーリ*	Sullinger サリンジャー Sullins サリンズ* Sulliran サリヴァン	Sulubika スルビカ Suluhu スルフ Sulunteh スルンテ	Sumedhā スメーダー Sumeeth スミース Sumegi スメギ	Sumners サムナーズ Sumolentsev スモレンツェフ
Suleyman スレイマン Süley-man スレイマン Süleyman シュレイマーン スュレイマン スレイマーン スレイマン スレイマン***	Sullivan サリヴァン** サリバン*** サルリバン シュリヴァン* スリバン Sully サリ サリー**	Sulzberger サルズバーガー サルツバーガー** ザルツバーガー Sulze ズルツェ Sulzenbacher スルツェンバッハー ズルツェンバッハー*	Su-mei スーメイ* Sumer シュメル Sumeracki スメラック Sumerak スメラク スメラック	Sumeracki スメラック Sum pa mkhan po スムパケンポ Sumpradit スンプラディット Sumpter サンプター Sumrall サムラル
Suleymane スレイマン Suleymanoglu スレイマノグル* Süleymanoglu スレイマノグル	サレー シュリ*** シュリー* シュリイ Sulman スルマン*	Sulzer ズルツァー ズルツァー スメト Sülzer ジュルツァー Sulzer-Azaroff サルザーアザロフ	Sumerling サマーリング Sumet スメット スメート スメト Sumgong スムゴング*	Sumsion サムション Sunter サムター Sumu スム Sumu-abum スムアブム
Süleymenov スレイメノフ Sulfina スルフィナ Šulgi シュルギ	Sulmān スルマーン Šulmān-ašarēd シャルマナサル シャルマネセル	Sum サム* Šum シュマ シュム	Sumi スミ* Sumichrast スミクラスト Sumilä シミレ	Sumu-la-ilu スムライル スムラエル Sumuroy スムロイ
Šulhov シュールホフ Sulic スリック* スーリッチ	Sulo スーロ Sulpice スュルピス スルピス	Sumac スマック Sumack スマック Sumadi スマディ	Sumit スミット Sumitr スミット Sumitra スミトラ	Sun サン*** スン*** ソン*
Sulieman スリエマン Sulik サリク Sulili スリリ	Sulpicia スルピキア Sulpicianus スルピキアヌス	Sumai スマイ Sumaida スマイダ Sumaieh スメイヤ	Sumitrānandan スミットラーナンダン スミトラーナンダン Sumitro スミトロ*	S'un スン Şun' スヌゥ Sun-a ソナ
Su-lim スリム Suliman スリマン Sulimankulov スリマンクロフ	Sulpicius スラビキウス スルピキウス* Sulpiz ズルピッツ Sulpizio サルピチオ	Sumaira スマイラ Suman スーマン Sumana スマナ* スマナー	Sumiya スミヤ Sumiyaa スミヤ Sumiyabazar スミヤバザル	Sunada スナダ Sunāga スナーガ Sunaidy スナイディ
Sulin サリン Suliotis スリオティス Sulistyaningsih スリスティアニンシ	Sulprizio スルプリツィオ Suls スルス Sulston サルストン**	Sumanā スマナー Sumanasara スマナサーラ Sumangala スマンガラ	Sumkei サムキー Summa スンマ Summe スーム	Sunak スナク Sunakkhatta スナッカッタ
Sulitzer シュリッツェル* Sulivan サリバン Sul'kevich スウリケーヴィチ	Sultan サルタン** スルターン* スルターン*** ズルタン	Sumangalamātar スマンガラマーター Sumangul スマングル Sumanguru	Summer サマー** Summerall サマーオール サマロール Summerbell	Sunalp スナルプ Su-nam スナム Sunan スナン
Sulkin サルキン Sulkowicz サルコビッチ Sulkunen サルクネン	Sultân スルターン Sultān スルターン* スルタン	スマングル Sumani スマニ Summam ズマン	サマーベル Summerfield サマーフィールド サマフィールド	Sunanda サナンダ スナンダ Sunantha スナンター
Sull サル スール Sulla スッラ	Sultān スルターン* スルターン	Sumanth サマンス Sumantha サマンサ Sumantra スマントラ Sumantri スマントリ	Summergrad サマーグラット Summerhayes サマーヘイズ Summerlin	Sunardian スナルディアン Sunarto スナルト Sunartya スナルティア
		Sumar スマル	サマーリン* Summer Rain サマーレイン	Sunate スネート Sunaura スナウラ

Sunawar スナワル
Sunbādh スンバーズ
Sunbok スンボク
Sünbülzâde スュンビュルザーデ
Sund サンド / スンド**
Sundance サンダンス
Sundar サンダー* / サンダール* / スンダル
Sundara サンドラ / スンダーラー / スンダラ
Sundaram サンダラム / サンドラム
Sundararajan スンドララジャン*
Sundaravej スンタラウェット / スンタラウェート**
Sundaresan サンダルサン
Sundari スンダリ*
Sundarī スンダリー
Sundarika スンダリカ
Sunday サンデー / サンディ* / サンデイ
Sundberg サンドバーグ / サンバーグ / スンドベリ* / スンドベレイ
Sundby スンドビー** / ズンドビー / スンビ*
Sunde スンデ
Sundeen サンディーン
Sundelius サンデリアス
Sundem サンデム*
Sundén サンデン / スンデン
Sunder サンダー* / スンデル
Sunderic サンデリック*
Sunderland サンダーランド** / サンダーランド
Sunderman サンダーマン
Sundermann スンダーマン / ズンダーマン
Sundermeier ズンダーマイヤー*
Sunders サンダース
Sundgaard サンドガード*

Sundh スンド**
Sundhage スンダーゲ*
Sundholm スントホルム
Sundiata サンディアータ* / スンジャータ / スンディアタ / スンディタ
Sundin サンディン* / サンデン / スンディン
Sundling サンドリング / スンドリング
Sundman サンドマン / スンドマン
Sundon サンドン
Sun-dong ソンドン
Sundov サンドフ
Sundquist サンキスト / サンドキスト / サンドクイスト / サンドクイスト* / スンドクヴィスト
Sundqvist サンクビスト
Sundram サンドラム*
Sundsted サンステッド
Sundstrom サンドストローム / スンドストローム
Sundström サンドストローム / サンドシュトレム / スンドストレム / スンドストロム
Sundtoft スントフト
Sunduin スンドィーン
Sundvall スンドヴァル
Sune スーネ / スネ
Suneby サナビー
Sunee スニー
Suneet スニート
Suneja スネジャ
Sunens スーネンス
Suñer スニェル**
Suneson スネソン*
Sunetra スネトラ
Sunette サネット
Sung スン / ソン**
Sung-bin ソンビン
Sung-bo ソンボ*
Sung-bong ソンボン*
Sung-chan ソンチャン*
Sung-chul ソンチョル
Sung Dae ソンデ
Sung-dae ソンデ

Sung-dal ソンダル
Sung-du スンドゥ
Sung-Gang ソンガン
Sung-geun ソングン
Sung-gi スンギ
Sung-gon ソンゴン
Sung-hee ソンヒ
Sun-gho ソンホ
Sung-ho スンホ* / ソンホ
Sung-hong スンホン / ソンホン*
Sung Hoo ソンフ
Sung-hun スンフン
Sung-hwan ソンファン*
Sung-hyon スンヒョン
Sung Hyun スンヒョン
Sung-hyun ソンヒョン*
Sung-jae ソンジェ*
Sung-jang ソンジャン
Sung-je ソンジェ
Sung-jea スンジェ
Sung-jin ソンジン*
Sung-jong ソンジョン*
Sung-joo スンジュ*
Sung-joon ソンジュン*
Sung-ju ソンジュ
Sungju ソンジュ
Sungkawan サングカワン
Sung-kee ソンギ
Sung-keun ソングン*
Sung-ki ソンギ
Sung-kil ソンギル
Sung-koo ソング
Sung-kook ソングク
Sung-kun ソンクン
Sung-kwan ソングァン
Sung-kwang ソンクァン
Sung-kyu ソンギュ
Sung-kyung スンギョン
Sung-min ソンミン**
Sungmin ソンミン*
Sung-mo ソンモ
Sung-mu ソンム
Sung-ok スンオク
Sungpil スンピル
Sung-rae ソンレ
Sung-san ソンサン
Sung-soo ソンス
Sung Sook ソンスク
Sung-sook ソンスク
Sung-su ソンス
Sung-tae ソンテ

Sung Teack スンテク
Sunguma スングマ
Sung-won スヌウォン* / ソンウォン*
Sung-woo ソンウ
Sung-wook セイイク
Sun-gyong スンギョン
Sung-yong ソンヨン
Sung-yop スンヨプ*
Sung-yueng ソンヨン*
Sung-yun ソンユン
Sungyun スンユン
Sun-hee ソンヒ
Sun-hi スンヒ**
Sun-hong ソンホン
Sun-hoon スンフン
Sunhui スンヒ
Sun Hwa ソナ
Sun-hyon スンヒョン*
Sun Hyun スンヒョン
Sun-hyung ソンヒョン
Sunia スニア
Sunil スーニル / スニール* / スニル*
Sunīl シュニル
Sunisa スニーサ / スニサー
Sunit スニット
Sunīta スニータ
Sunithi スニティ
Suniula スニウラ
Sun-jin ソンジン
Sun-ju ソンジュ
Sun-jung ソンジョン
Sun-ki ソンキ
Sunki スンキ
Sunkutu サンクトゥ
Sun-kyong スンギョン
Sun-kyun ソンギュン
Sun-myung ソンミョン*
Sunnaná スンナノー
Sunndalsøra サンダルソラ
Sunndiata スンディヤッタ
Sunnegårdh ズンネガルド*
Sunners サナーズ
Sunnhild ズンヒルト
Sunni サニー / スンニ
Sunniva スンニベ
Sunny サニー**
Sunohara スノハラ*
Sun-ok スンオク
Suñol スニョル
Sunoo スヌー

Sun-poong ソンプン
Sunquist サンクイスト
Sunqur スンクル
Sunseri サンセリ
Sun-shine スンシン*
Sunshine サンシャイン*
Sun-sok スンソク
Sunstein サンスタイン / サンスティーン* / サンスティン*
Sun-Sup スンソプ
Suntag スンテク
Sun-taik ソンテク
Sunte サンテ
Suntele サンテル
Sunthon スントーン / スントン
Sunthon Phu スントーンプー
Sunthonsanan スントーンサナーン
Sunthorawet スントーラウェート
Sunthorn スントーン / スントン
Sunthornsy スントンシー*
Suntum ズントゥム
Sunu スヌ
Sununu スヌヌ
Sun-won スノン / スンウォン
Sun Woo ソンウ
Sun-woo ソヌ / ソンウ
Sunwoo ソヌ
Sunyaev スニヤエフ
Sunyayev スニヤエフ*
Sunyer スーニア / スニェ / スニエール / スニエル
Sunyol スニョル
Sun Young サンヨン
Sun-yu ソンユ*
Sun-yup ソンヨップ / ソンヨプ
Suomela スオメラ
Suomi スウォミ
Suong スオン
Suood スウード
Sup サップ
Supa スーパ
Supachai スパチャイ**
Supachit スパチット
Supajirakul スパジラクル

Supamas スパマス*
Supan
　スーパン
　ズーパン*
　ズパン
Supanantananont
　スパナンタナーノン
Supapodok
　スパポドック
Supari スパリ
Suparjo スパルジョ
Suparno スパルノ
Supawong スパウォン
Supcik シュプチク
Supek スペック
Super スーパー
Superbus スペルブス
Supernaw
　スーパーナウ
Supersbergen
　ズーパースベルゲン
Supervia スペルビア
Supervielle
　シュベルヴィエル
　シュベルヴィエール
　シュベルヴィエル**
　ジュベルヴィエル
　シュベルビエル
Supf ズフ
Suphalak スパラック
Suphaphong
　スパーポン
Suphatradit
　スパトラーディット
Supiot シュピオ
Suplee サプリー
Suplicy スプリシ
Suppabuddha
　スッパブッダ
Suppan
　ズッパン
　スーパン
　スパーン
　スパン
Suppe
　スッペ
　ズッペー
Suppé
　スッペ
　ズッペ
　ズッペー
Supper ズッパー
Suppes スッピス
Supphachai
　スッパチャイ
Suppian スピアン
Suppig スッピヒ
Šuppiluliumaš
　シュッピルリウマ
　シュッピルリウマシュ
　スッピルリウマ
　スッピルリウマス
Suppiya スッピヤ
Supple サップル
Supratman
　スプラトマン

Supree サプリー
Supron シュプロン
Suprun スプルン
Supuwood スプウッド
Sūr スール
Sura
　スーラ
　スラ
Surachai スラチャイ
Surādha スラーダ
Suraij スライジュ
Suraikin スライキン
Suraimanov
　スライマノフ
Suraiseri スライセリ
Surajaya スラジャヤ
Surajprasad
　スーラジプラサド**
　スラジプラサト
　スラジプラサド
Surak スーラック
Surakiart
　スラキアット*
Surakiat
　スラキアット
　スラキアト
Surakrai スラカイ
Suramarit
　スラマリット
　スラムルット
Suran スーラン
Surana スラーナ
Sūrana
　スーラナ
　スーランナ
Sūraṇa スーラナ
Suranari スラナーリー
Surangel スランゲル
Surangkhanang
　スラーンカナーン
Suranjit スランジット
Šuranová スラノワ
Suransky
　サーランスキー
Suranyi シュランニー
Surányi スラーニイー
Surapati
　スーラパティ
　スラパティ
Surapong スラポン
Surasak スラサック
Surasakmontri
　スラサックモントリー
Suraswadi
　スラサワディ
Surat スラット
Suratanakawikul
　スラタナカウィクーン
Suratteau
　シュラットー
Suravajhala
　スラヴァジャラ
Suraya
　スラヤ
　ソラヤ

Surayj スライジュ
Surayud スラユット*
Surazakov
　スラザーコフ*
Surber サーバー
Surbled スルブレー
Surburg サーバーグ
Sūrdās スールダース
Surdyk スルディク
Sure シュア
Sureau シュロー**
Surekha スレーカ
Suren スレン
Surendra スレンドラ*
Surendranath
　スレンドラナート*
　スレンドラナート
Surenjav スレンジャブ
Suresh
　サレシュ
　スレシュ
　スーレッシュ
　スレッシュ
Sureśvara
　スレーシュバラ
Suret
　シュレ
　スレト*
Sureyya スレヤ
Süreyya スレイヤー
Surgaci シュルガチ*
Surgant ズルガント
Surguladze
　スルグラーゼ*
　スルグラゼ
Surhoff サーホフ
Suri
　スーリ
　スーリー**
　スリ*
Sūrī スーリー
Suriano スリアーノ
Suric スリック
Surichai スリチャイ
Surieu シュリュ
Surikov
　スーリコフ
　スリコフ*
Surin
　シュラン
　スウリン
　スュラン
　スリン***
Surinach
　スリナック
　スリナッチ
　スリニャック
Süring ジューリング
Suripto スリプト
Surius
　スーリウス
　スリウス
Suriya スリヤ
Suriyā スリヤー
Suriyavong
　スリヤヴォン

Suriyothai
　スリヨータイ
Surjadi スルヤディ
Surjaningrat
　スリヤニングラット
　スルヤニングラット
Surjanto スルヤント
Surkina サーキナ
Surkov
　スルコーフ
　スルコフ**
Surla サラ
Surman サーマン
Surmelian
　サーメリアン
Sürmeneli スルメニ
Surnaite サーナイテ
Surnow サーナウ
Su-ro スロ*
Suro スロ
Surojegin
　スロイェギン
Surono スロノ
Suropati スロパティ
Suropronoto
　スロプロノト
Surovec スロヴェック
Surovikin
　スロヴィキン
Surovtseva
　スロヴツェーヴァ
Surowiecki
　スロヴィエッキ
　スロウィッキー
Surprenant
　スープレナント
Surrat スラット
Surratt
　サーラット
　サラット
Şurrdurr
　スッルドゥッル
　スルルドゥッル
Surrell サーレル*
Surrette サレット
Surrey
　サリ
　サリー*
Surridge サリジ
Surris サリス
Surtees
　サーティース
　サーティーズ**
Surty スルティ
Surugiu スルジュ
Suruguchev
　スルグーチェフ
Surugue シュリュグ
Surujrattan
　スールージュラタン
Suruma スルマ
Surūr スルール
Survage
　シュルヴァージュ
Surville
　シュルヴィル

Surya
　シュリヤ*
　スーリヤ**
　スリヤ
　スールヤ
　スルヤ*
Suryadharma
　スルヤダルマ
Suryadimulya
　スルヤディムリア
Suryadinata
　スリヤディナタ
Suryaman スリヤマン
Suryana スリアナ
Suryavanshi
　スルヤヴァンシ
Sūryavarman
　スーリヤヴァルマン
　スールヤヴァルマン
Sūryavarman
　スーリヤヴァルマン
　スーリヤバルマン
　スールヤヴァルマン
　スールヤバルマン
Suryodiningrat
　スルヨディニングラット
Suryohadiprojo
　スリヨハディプロジョ*
Suryomenggolo
　スリヨメンゴロ
Suryopranoto
　スルヨプラノト
Surz シュルツ
Sus サス
Susa ズーザ
Susac スーザック
Susaeta スサエタ
Susaia スサイア
Susak
　シュシャク
　スシャク
Susan
　スー
　スーサン
　スーザン***
　スサン
　スザン
　スージー
Susana
　スサーナ**
　ススナ
　スザナ
　ズザーナ
Susaneck スサネック
Sûšānī シュシャーニ
Susanin スサーニン
Susann
　スーザン*
　スサンヌ
Susanna
　シュザンナ
　スーザナ
　スサンナ***
　スザンナ***
　ズザンナ***
　セザンナ

Susannah スザナ*
スザンナ***
Susanne
シュザンヌ
シュザンネ
ズザーネ
スーザン**
スザーン
ズザン
スザンナ
スザンヌ**
ズザンネ
スザンネ*
スザンネ***
ズザンネ
ザザンネ**
Susannnah スザンナ
Susantha
スサンタ*
スザンタ
Susanthika
スサンティカ*
Susanti スサンティ*
Susanto スサント*
Susanu スサヌ**
Susārada スサーラダ
Sūsariōn スサリオン
Susato スザート
Suse
スーズ*
スーゼ
Susemihl ズーゼミール
Susenyos スセニョス
Susette
シュゼット
スゼット
Susham スシャム
Sushil
スシ
スシル**
Sushkevich
スシケーヴィチ
Sushkov
スーシコフ
スシコフ
スシコフ
Sushma スシュマ
Susi
スージー
スシ**
ズージ
Susic スシッチ
Sušić スシッチ
Susie
シュジー
スージィー
スージー***
Susil スシル
Susilo スシロ**
Susin スーザン
Suske ズスケ*
Suskewicz
サスケウィッツ
Suskie サスキー
Suskin サスキン
Suskind
サスキンド*

ジュースキント
Süskind
ジュースキント
ズースキント**
Suslick サスリック
Suslin スースリン
Suslov スースロフ*
Suslova
スースロワ
ススローワ
Susman
サスマン
スースマン
ズースマン
Suso
スーゾ*
スソ
ズソ
Susruta
スシュルタ
ススルタ
Suśruta スシュルタ
Suss
ジュウス
シュス
ジュース
ズース*
Süss ジュース
Süß
ジュース
ズュース
Sussan スーザン
Sussenguth
ズッセングート
Susser
ササー
サッサー
Sussex サセックス*
Sussi スッシ
Susskind
サスカインド*
サスキント
サスキンド*
ジュスキント
Süsskind
ジュースキント
Süßkind
ズュースキント
Sussman
サスマン***
スースマン
ススマン
Sussmayr
ジュースマイアー
ジュースマイヤー
Süssmilch
ジュースミル
ジュースミルヒ
ジュースミルヒ
ズュースミルヒ
ズュースミルヒ
Süssmuth
ジュースムート
ジュスムート*
Sussmyer
シュスマイヤー
Šustar シュスタル
Suster サスター
Susteren サステレン

Sustermans
シュステルマンス
Šušteršič
シュシュテルシッチ
Sustrac
シュストラック
Sustris
シュストリス
ズストリス
Susú スス
Su-suk スソク
Susumu ススム
Susun スーザン
Susunaga ススナガ
Suswah ススワ
Suswono ススウォノ
Susy スージー
Süsz ズース
Sut サット
Suta
スータ
スダー
Sutabutra
スータブット
Sutan
スーダン
スタン
Šutanovac
シュタノバツ
Sutanto スタント*
Sutardjo スタルジョ
Sutarto スタルト
Sutch サッチ
Sutcliff サトクリフ**
Sutcliffe
サットクリフ
サトクリッフ
サトクリフ**
Sutcriff サトクリフ
Suteev ステーエフ
Sutej ステイ
Sutel ズーテル
Suter
サッター
シューター
スーター*
スター
ズーター**
スター
Sutermeister
ズーターマイスター
Suters サッターズ
Suteyev ステーエフ
Sutham スタム
Suthamwong
スタムウォン
Suthasini スタシニ
Suthaus ズートハウス
Suthep ステープ
Suther サザー
Sutherland
サザーランド***
サザランド**
スザーランド
Suthers スウザアス
Suthiwart スシワルト

Suthren
サズレン
シュトラン*
Suthy スチ
Sutiagina スチャーギナ
Sutiashvili
スティアシヴィリ
Sutich サティック
Sutil スーティル*
Sutin
サティン
スーチン
スーティン
Sutinen スティナン
Sutivong
スティヴォン*
Sutiya スティヤ
Sutjipto スチプト
Sutluoglu
ストゥリュオウル
Sutnar
ストナー
ズトナー
Sütő シュテー
Sutojo サントージョ
Sutomo ストモ
Sutong スートン
Sutowo
ストウォ**
スト
Sutphen
サットフェン
サトフェン
Sutrisno ストリスノ*
Sutro
スウトロ
スートロ
Suttantaprija
ソットン・ブライチア
Sutter
サター*
サッター**
シュター
スーター*
ズッター
ステール
Sutterlin サタリン*
Suttie
サティ
スッティ
Suttles サトルズ
Suttner
スットナー
ズットナー**
Sutton
サットン***
サトン
スットン
Sutyadeo スティヤデオ
Sutyagina
スチャーギナ
Sutzkever
シッケヴェル
スツケヴェル*
Suu
ス
スー**
Suu Kyi スーチー*

Suurmeijer
サールメイヤー
Suurmond
スールモンド
Suvanaliyev
スワナリエフ
Suvar
シュヴァール
シュバール
Suvari
スヴァーリ
スバリー
Suvendrini
スヴェンドリニ
スベンドリニ
Süvern ジュフェルン
Suvero スヴェロ
Suvi スビ
Suvi-Anne スビアンネ
Suvigny サビニー
Suvin スーヴィン
Suvio スビオ
Suvit
スウィット
スヴィート
Suvorin スヴォーリン
Suvorov
スヴォーロフ
スヴォローフ
スヴォロフ
スボーロフ
スボロフ
Suwaiyel スウェイル
Suwan スワン
Suwanatat
スワンナタット
Suwanda スワンダ
Suwankiri スワンキリ
Suwannakhiri
スワンナキリ
Suwannakit
スワナキット
Suwannakul
スワナクン
スワナクーン
Suwannapokin
スワンポキン*
Suwannee スワンニー*
Suwanni スワンニー
Suwannii スワンニー
Suwanti スワンティ
Suwapan スワパン
Suwardi スワルディ
Suwarsih スワルシ
Suwat スワット*
Suwayd
スウェイド
スワイド
Suwaydan
スウェイダン
Suwayhilī スワイヒリ
Suwit スウィット*
Su-won スウォン
Suwunchwee
スワンチャウィー
Suxo スクソ

Suy スイ
Suyadi スヤディ
Suyāmana スヤーマナ
Suyanto スヤント
Suydam スイダム
Suyderhoud
　サイダーハウド
Sueyishi スエイシ
Suyi スイー
Suyin
　スーイン**
　スイン
Suyoen スーヤン
Suyoi スヨイ
Suyolcu スヨルジュ
Su-yong スヨン*
Suyono スヨノ
Su-youn スヨン
Su-young スヨン*
Suyūtī スユーティー
Suz スーズ
Suzan
　シュザン
　スーザン**
Suzana スザナ
Suzane スーザン
Suzani スザニ
Sūzanī スーザニー
Suzann スサン*
Suzanna スザンナ
Suzannah スザンナ
Suzanne
　シュザンヌ***
　スザニー
　スーザン**
　スサン
　スザーン**
　スザン
　スザンナ*
　スザンヌ***
　ススザンネ
　スザンネ*
　ズザンネ
SuzanneOuellette
　スザンヌオウレッテ
Suzano スザーノ
Suze スージー
Suzetta スゼッタ
Suzette
　サゼット
　スゼッティ
　スゼット*
Suzi
　スージー**
　スジ
Suzie スージー*
Suzman
　サズマン
　スーズマン
　スズマン*
　スツマン
Suzuki スズキ*
Suzy
　スジ
　シュジー
　スージー***

Suzzallo スザロー
Sva スヴァー
Svab スバブ
Svadkovskii
　スバトコーフスキー
Svadokovskii
　スヴァドコフスキー
　スワドコフスキー
Svae スボエ
Svafrlami
　スヴァフルラーメ
Svalastoga
　スヴァラストガ
Svāmī スワーミー
Svan スバン
Svanberg
　スヴァンベリ
　スバンベリ
　スワーンベリ
Svandis スバンディス
Svane スヴェイネ
Svanelid スバネリッド
Svanholm
　スヴァンホルム
Svanidze スワニーゼ
Svankmajer
　シュヴァンクマイエ
　ル*
　シュワンクマイエル
Švankmajer
　シュヴァンクマイエ
　ル*
　シュバンクマイエル
Svankmajerova
　シュヴァンクマイエロ
　ヴァー
Svankmajerová
　シュヴァンクマイエル
　シュヴァンクマイエロ
　ヴァー
Svante
　スヴァンテ**
　ズヴァンテ
　スバンテ
Švantner
　シヴァントネル*
Svarbova
　シュヴァルボヴァー
Svard スベルド
Svardal スヴァルダル
Svarez
　スワレツ
　ズワレツ
Svárovský
　スワロフスキー*
Svarre スヴァア
Svarstad スバーシュタ
Svartedal
　スヴァルテダール*
Svartengren
　スヴァーテングレン
　スヴァルテングレン
Svartvik
　スヴァルトヴィック*
Svatkovskii
　スワトコフスキー*
Svatkovsky
　スワトコフスキー

Svātmarāma
　スヴァートマーラーマ
Svatopluk
　スヴェトプルク
　スヴァトブルク
　スバトプルク
Svatos スヴァトス
Svava スヴァーヴァ
Svavarsdottir
　スババルスドッティル
Švec スベツ
Svechin スヴェチン
Sveda スウェダ
Svedberg
　スヴェードベリ
　スヴェードベリー
　スヴェドベリ
　スヴェドベリー
　スベドベリ**
　スベドベリー
Sveen スヴェン
Svehla
　シュヴェヒラ
　シュヴェフラ
　ジュベフラ
Svein
　スヴァイン
　スヴェイン
　スヴェン
　スベイン
　スベン
Sveinbjörn
　スヴェインビョルトン
Sveinn
　スヴェイトン
　スヴェイン
Sveinsson
　スヴェインソン*
　スベインソン
Sveistrup
　スヴァイストロップ
　スヴァイストロブ
Švejda シュヴェイダ
Sveltov スベトロフ
Sven
　シュヴェン
　シュベン
　スウェン*
　スヴェン***
　スエン
　スベン**
Svend
　スヴェイン
　スヴェン*
　スヴェント
　スヴェンド
　スベン**
　スベンド
Svendsen
　スヴェンセン**
　スベンセン
Sven-Erik
　スベンエリック
Svenerik
　スヴェネリック
Svenja スベンヤ
Svennilson
　スベニルソン

Svennung スベンヌン
Svenrobert
　スヴェンロベルト
Svensjo スヴェンショ
Svensmark
　スベンスマルク
Svenson
　スヴェンスン
　スヴェンソン
　スベンソン
Svensson
　スヴェインソン
　スウェソン
　スヴェンソン*
　スヴェンソン**
　スベンション
　スベンソン*
Sventsitskii
　スヴェンツィツキー
Sverak
　スヴィエラーク*
　スヴェラーク
Svěrák
　スヴィエラーク*
　スヴェラーク
Sverdlov
　ズヴェルドロフ
Sverdlova
　スヴェルドローワ
Sverdrov
　スヴェルドローフ
　スヴェルドロフ
　スベルドロフ
　スベルドロフ
Sverdrup
　スヴェドゥルップ
　スヴェードルップ
　スヴェルトルップ
　スヴェルドルップ*
　スヴェルドルプ
　スベードルップ
　スベルドラップ
　スベルドルップ
Sverker
　スヴェルケル
　スベルケル
Sverkersson
　スヴェルケルソン
Svernström
　スヴェーンストレム
Sverre
　スヴェレ
　スヴェレ
　スベーレ
Sverri
　スヴェリル
　スベッリ
　スベレ
Sverrisdottir
　スベルリスドッティル
Sverrisson
　スベリション
Sveshnikov
　スヴェーシニコフ
　スヴェシニコフ
　スウェジニコフ
　スベーシニコフ
　スベシニコフ
Svet スウェート

Sveta スヴェータ
Svetla スヴェトラ
Světlá
　スヴィエトラー
　スヴィエトラー
　スヴェトラー
Svetlana
　スヴェータ
　スヴェトラーナ**
　スヴェトラナ*
　スベトラーナ**
　スベトラナ*
Svetlanov
　スヴェトラーノフ**
　スヴェトラノフ
　スベトラーノフ
　スベトラノフ
Svetlik スベトリク
Svetlov
　スヴェトルフ
　スヴェトロフ
　スヴェートロフ
　スベトロフ
　スベトロフ*
Svetoslav
　スヴェーストラフ
　スヴェタスラヴ
　スヴェトスラフ*
　スベトスラフ
Svetotsov
　スウェトッオフ
Svetov
　スヴェトフ
　スベトフ
Svetozar
　スヴィトザール*
　スヴェトザール
　スヴェトザール*
　スベトザル
Svetozár
　スヴェトザール
Svetozor
　スヴェトザル*
Sveum
　スウェイム
　スウューム
Svevo
　スヴェーヴォ
　スヴェヴォ
　ズヴェーヴォ**
　ズヴェーボ
　スベーボ
　スベーボ*
Svhneider
　シュナイダー
Sviatlana
　スヴェトラーナ
Sviatlovskii
　スヴャトロフスキー
Sviatopluk
　スビヤトプルク
Sviatoslav
　スヴィアトスラフ
　スヴャトスラフ**
Sviatoslavovich
　スヴャトスラーヴォ
　ヴィチ
Svidén スヴィデン
Svigals スビガール

S

Svilanovic スビラノビッチ
Svilanović スビラノビッチ
Svilen スビレン
Svilova スヴィロヴァ
Svinarov スビナロフ
Svindal スヴィンダル*
スビンダル
Svinhufvud スヴィンヒュー
スヴィンフヴド
スヴィンフッヴド
スビンヒューブド
スビンフーブド
Svinonishvili スビノニシビリ
Sviokla スヴィオクラ
スビオクラ
Svirelin スワィレリン
Sviridov スヴィリドフ*
スビリドフ
Svirin スヴィーリン
Svirsky スヴァースキイ
スヴァルスキー
Svitak スヴィタク
Sviták スヴィターク
Svith スビス
Svitlana スビトラナ
Svitolina スビトリナ
Švitrigaila シュヴィトリガイラ
Svjetlan スヴェトラン**
Svoboda スヴォボーダ
スヴォボダ**
スボボダ**
Svobodová スヴォボドヴァー
スボボドバー
Svolinský スヴォリンスキー
Svolou スボルー
Svorad シフィラダ
スヴォラト
Svoray スヴォレイ*
Svorcík シバルチーク
Svoronos スボロノス
Svozilik スボズィリク
Svyatopolk スヴャトポルク
Svyatoslav スヴャトスラフ
スヴャトスラーフ
スヴャトスラフ*
スビャトスラフ
Svyatoslavich スヴャトスーラヴィチ
Swaaij スヴァーイ
Swaan スワーン
Swaby スワビー

Swaddle スワドル
Swaddling スワドリング
Swade スウェイド
スウェード
Swadesh スワデシュ
Swadi スワディ
Swadish スワデシュ
Swados スウェイドーズ
スウェイドス*
スエドーズ
Swadron スワドロン
Swaef スワーフ
Swaefhard スウエフハード
Swaffer スワファー
Swagerty スワガティー
Swahn スワーン
スワン
Swaim シュワイム
スウェイム
スウェム
Swaiman スエイマン
Swain スウェイン***
スエーン
スワイン
Swaine スウェイン
スワイン
Swainson スウェインスン
スウェインソン
Swaleh スワレフ
Swales スウェイルズ
Swallow スワロー*
スワロウ
Swami スアミ*
スワーミ
スワーミー
スワミ**
Swamidass スワミダス
Swaminathan スワミナサン
スワミナタン**
Swammerdam スワンメルダム
スヴァンメルダム
スワンメルダム
Swamy スワミー
Swamynathan スワミナサン
Swan スヴァン
スウォン
スオン
スワン***
Swanberg スヴァンベリ
スウォンバーグ
Swanborough スワンボロウ

Swanenburgh スワーネンビュルフ
Swanger スワンガー
Swank スワンク**
Swann スヴァン*
スワン**
Swanna スワンナ
Swannell スワンネル
Swanson スワンスン
スワンソン***
Swanston スワンストン
Swanwick スワニック
スワンウィック***
Swap スワップ
Swapna スワプナ
Swaraj スワラジ
Swaran スワラン*
Swaratsingh スワラットシン
Swärd スオード
Swardt スワール
Swarner スワーナー
Swarovski スワロフスキー
Swarowsky スヴァロフスキー
スワロフスキー
Swarray スワリー
Swart スヴァルト
スワート*
スワルト
Swarth スワルト
Swarthout スウォーサウト*
スウォースアウト
スワーサウト
スワースアウト
スワーズアウト
Swarts スワルト
Swartwood スウォートウッド
Swartz シュヴァルツ*
シュオーツ*
シュワーツ
シュワルツ*
スヴァルツェ
スウォーツ**
スワーツ*
スワルツ*
Swarup スループ
スワラップ**
スワループ*
スワルプ
Swarzak スウォーザック
Swasankara シヴァサンカラ
シヴァシャンカラ
Swash スワッシュ
Swasti スワスティー
Swasy スウェージー

Swati スワティ
Swatoń スワトン
Swayne スウェイン*
スワイン
Swayze スウェイジ*
スウェイズ
スウェイズィ
Swazey スウェイジー
Swe シュエ
スウィー
スウエ
スウェ*
スエ
スエ*
Swearingen スウェアリンゲン*
スウェリンゲン
スウェリンジェン
Swearinger スウェアリンジャー
Sweat スウェット
Sweatman スウェットマン
Swecker スウェッカー
Swedberg スヴェードボリ
Swede スウィード
Swedenborg スヴェーデルボリィ
スウェーデンボリ*
スヴェーデンボリ*
スヴェーデンボリー
スウェーデンボリ
スウェーデンボリイ
スウェーデンボルグ*
スウェーデンボルグ
スウェーデンボルク
スウォーサウト
スウォースアウト
スワーサウト
スエデンボルイ
スエーデンボルグ
スエデンボルク
スエデンボルグ
Sweder スウェダー*
Swedner スウェドナー
Swedroe スウェドロー
Swee スィー
スイ
スウィ
スウィー
Swee-chiou スウィーチャウ*
Swee Keat スイキャット
Sweelinck スウェーリンク
スヴェーリンク
スペーリンク
Sweeney スィーニ
スイーニ
スウィーニー
スウィーニー***
スウィーニ
スウィーニィ
Sweeny スウィーニー

Sweerts スウェールツ
Swee Say スイセイ
Sweet スィート
スイート*
スイート**
Sweetbox スウィートボックス
Sweeten スウィーテン
Sweetgall スウィートギャル
Sweeting スウィーティング*
Sweetland スィートランド
スイートランド
Sweetman スウィートマン*
Sweetnam スウィートナム
Sweets スイーツ
Sweetser スウィーツァー
Sweetwood スウィートウッド
Sweezy スウィージー
スウィージー**
Sweid スワイド
Sweigard スウェイガード
Sweigart スウェイガート
Sweiger スワイガー
Sweikert シュワイカート
Sweitzer スウェイツァー
スウェツァー
スワイツァー*
Swenden スウェンデン
Swendson スウェンドソン
Swennen スウェンネン*
Swenseid スウェンセイド
Swensen スワンセン
スウェンセン
スエンセン
Swenson スウェンスン
スウェンソン*
Swenson-Wright スウェンソンライト
Swensson スベンソン
Swepston スウェブストン
Swerdlow スウェドレー
スワードロー
Swerling スワーリング
スウェーリング
スワーリング*
Swersey スウェルセイ
Swert スヴェール

SYL

Swertlow スワートロー
Swe Swe Win
　スエスエウィン
Swete
　スイート
　スウィート
Sweterlitsch
　スウェターリッチ*
Swetlana スウェトラナ
Swett
　スウェット
　スエット
Swettenham
　スウェッテナム*
　スウェトナム
Sweyn
　スウェイン
　スウェン
Sweynheym
　シュヴァインハイム
Swezey
　スィージー*
　スィージィー
　スウィージー
　スエジー
Swiatek スウィアテク
Światek
　シフィオンテク
Swiatkowska
　スヴャトコフスカ
Swicegood
　スイスグッド
Swick スウィック*
Swicord スウィコード*
Swiderski
　スワイダスキー
Swidler
　スウィードラー
　スウィドラー*
Swie スウィ
Swie Kie スイキ
Swie King
　スウィーキン
　スウィキン
Swierczewski
　スビエルチェブスキー
Świerczewski
　シフィエルチェフスキ
Swierczynski
　スウィアジンス
　キー**
　スワジンスキ*
Swierzy
　シフィエジー
　シュヴィエジ*
Swietchowski
　シフィエントホフスキ
　スヴィエトホフスキー
Swieten
　スイーテン
　スウィーテン
　スヴィーテン
Swift
　スイフト**
　スウィフト
　スウィフト***
Swigart スウィガート
Swiger スウィーガー

Swiggett スウィゲット
Swihart スワイハート
Swimme スウィム
Swinbank
　スインバンク
　スウィンバンク
Swinbanks
　スインバンクス
　スウィンバンクス
Swinbourne
　スウィンボーン*
Swinburne
　スインバーン
　スウィバーン
　スウィンバアン
　スウィンバーン
　スウィンバーン*
　スウィンボルン
Swindell スウィンデル
Swindells
　スウィンデル
　スウィンデルズ
　スウィンデルス
　スウィンデルズ**
Swindin
　スウィンディン
Swindle スウィンドル*
Swindler
　スウィンドラー
Swindley
　スウィンドリー
Swindoll スウィンドル
Swineshead
　スワインズヘッド
Swinford
　スウィンフォード
Swing スウィング*
Swingewood
　スウィングウッド
　スウィンジウッド
Swingle スウィングル*
Swings スウィングス*
Swinguce スインゲス
Swinhoe スウィンホー
Swinkels
　スウィンケルス
Swinnerton
　スイナートン
　スウィナートン
Swinscow
　スワインスコウ
Swinson
　スウィンスン
　スウィンソン
Swinthila
　スウィンティラ
Swinton
　スーイントン
　スイントン
　スウィントン
　スウィントン**
Swiontkowski
　スウィントコフスキー
Swire スワイア
Swirsky
　スワースキー

　スワルスキー
Swisher
　スイッシャー
　スウィッシャー**
Swiss スイス*
Swisshelm
　スウィスヘルム
Swist スウィスト
Swit スウィット
Switala スウィタラ
Switek スウィーテク
Swithin スウィティン
Swithun
　スイスン
　スウィザン
　スウィージン
　スウィジン
　スウィトゥン
Switkowski
　スウィトコウスキー*
Switzer
　スウィッツァー**
　スウィッツア
Switzler
　スウィッツラー
　スウィッツラー*
Swizz スウィズ
Swoboda
　スウォボダ
　スヴォボダ
Swobodnik
　スウォボドニク
Swofford
　スオフォード*
Swonnell スウォネル
SwooGeun スグン
Swoope スウープ
Swoosie スウージー
Swope
　スウォープ
　スウォープ*
　スオープ
Sword ソード
Swords
　ソーズ
　ソードズ
Swordy スウォーディ
Swormink
　スウォーミンク
Swoyer スウォイヤー
Swybbertszoon
　スヴィベルツゾーン
Swycaffer
　スワイカファー
Swyers スワイヤーズ
Swyler スワイラー
Swynford
　スウィンフォード
Swyngedouw
　スィンゲドウ
Swynnerton
　スウィンナートン
Swythe スワイス
Sy
　サイ**
　シ
　シー**

Syacheye シャチェエ
Syaf シャフ
Syafii シャフィ
Syafruddin
　シャフルディン
Syagrius
　シアグリウス
　シャグリウス
Syah シャー
Syaifullah サイフラ
Syaikh シャイフ
Syam シャム
Syamananda
　サヤマナン
Syamkayumbu
　シャムカユンブ
Syamsuddin
　シャムスディン
Syamujaye
　シャムジャエ
Sybel ジーベル
Syberberg
　ジーバーベルク*
　ジバーベルク
　ジューバーベルク
Sybesma シベスマ
Sybil
　シビル***
　ジビル
Sybill シビル
Sybilla
　シビラ
　ジュビラ
Sybille
　シビル
　ジビーレ
　ジビレ*
　シュビレ*
　ジュビレ
Sybyl シビル
Sychaios シュカイオス
Sychev シチェフ
Sychra
　シクラ
　シフラ
SyCip シップ
Sy-Coson シーコソン
Sycz シチ*
Syd シド**
Syda
　サイダ
　シアダ
Sydacoff シダコッフ
Sydda シッダ
Sydelle サイデル*
Sydengham
　シディングハム
Sydenham シデナム
Sydenstricker
　サイデンストリッカー
Sydne シドニー
Sydnes シュドネス

Sydney
　シド
　シドニ
　シドニー***
　シドニイ
Sydor サイダー
Sydorchuk
　シドルチュク
Sydorenko
　シドレンコ*
Sydow
　サイドウ
　シドー**
　ジード
　ジドー
　シドウ*
　シドヴ
Sydsaeter
　シュドセーテル*
Syed
　ザイエット
　サイエド*
　サイード
　サイド**
　サイヤド**
　シェド
　シード*
　シャヒド
　ショイヨド
Syeda
　サイイダ
　サイダ
Syed Hamid
　サイドハミド
Syed Putra
　サイドプトラ*
Syed Sirajuddin
　サイドシラジュディン*
Syekh シェク
Sye-kyun セギュン*
Syer セイヤー
Syers
　サイアース
　サイアーズ
　サイヤーズ
Sygmunt シグムント
Syjuco シフーコ**
Sykas サイカス
Syke サイク
Sykes サイクス**
Sykkö スッコ
Sykora シコラ*
Sykorova シコロバ
Syl シル
Sylant'yev
　シランティエフ
Sylbaine ジルベーヌ
Sylbert シルバート*
Syle サイル
Sylke ジルケ*
Sylla
　シッラ
　シーラ
　シラ
Sylos シロス
Sylow
　シロー

シロウ
Sylva
シルヴァ*
シルバ**
シルバー
Sylvain
シュルヴァン
シルヴァイン**
シルヴァン***
シルヴェイン
シルヴン
シルバイン
シルバン*
Sylvaine
シルヴェーヌ
ジルヴェーヌ
シルベーヌ
ジルベーヌ
Sylvan
シルヴァン
ジルヴァン
シルバン**
Sylvana
シルヴァナ
シルバーナ
Sylvander
シルヴァンデール
Sylvano シルヴァーノ*
Sylvanus
シルヴァーナス
シルヴァナス
シルヴェイナス
シルバナス
シルバヌス
Sylvere シルヴェール*
Sylvère シルヴェール
Sylverster
シルヴェスター
Sylvester
シル
シルヴェスター**
ジルヴェスター
シルウェステル
シルヴェステル
シルベスタ
シルベスター***
Sylvestre
シルヴェストル*
シルヴェストレ
シルベスター
シルベストゥル*
シルベストル
Sylvestri
シルヴェストリ
Sylvestro
シルヴェストロ
Sylvette
シルヴェット*
シルベット
Sylvi
シルヴィ
シルビ
Sylvia
シルヴィア***
ジルヴィア
シルビア***
ジルビア*
Sylvian
シルビアン*
シルビアン*

Sylviane
シルヴィアーヌ
シルヴィアン
シルヴィアンヌ*
シルビアンヌ
Sylvianne
シルヴィアンヌ
Sylvie
シルヴィ**
シルヴィー**
シルヴィエ
シルビ
シルビー**
シルビエ
Sylvio
シルヴィオ
シルビオ*
Sylvis シルヴィス
Sylvius
シルウィウス
シルヴィウス*
シルヴィウス
ジルヴィウス
シルビウス
Sylwester
シルヴェステル
Sylwia シルビア
Sym ジム
Symanski
サイマンスキー
Symbas シンバス
Syme サイム**
Symeon
シミヨン
シメオン
シュメオン
Symeonides
シメオニデス*
Symers シマーズ
Symes
サイムス
サイムズ
サイメス
シムス
Symington
サイミントン*
シミントン*
Symm シム
Sýmmachos
シュンマコス
Symmachus
シュンマクス
シンマクス
Symmer シンマー
Symmes シムス
Symmonds シモンズ
Symmons シモンズ*
Symo ジモ
Symon シモン
Symona シモナ
Symonds
サイモンズ*
シモンズ**
Symonette シモネット
Symonides シモニデス
Symons
サイマンス
サイモン

サイモンス
サイモンズ*
シマンズ
シモンズ***
Symour シモア
Symphorianus
シンフォリアーヌス
シンフォリアヌス
Symphorien
サンフォリアン
サンフォリヤン
Symphorosa
シュンフォロサ
シンフォローサ
Symphosius
シュンフォシウス
シュンポシウス
シンフォーシウス
Sympson シンプソン
Syms
シムス
シムズ*
Syndergaard
シンダーガード
Syndikus シンディクス
Syne シーネ
Synek シネク
Synesios シュネシオス
Synez サイネス
Synge
シング***
シンジ
Synkellos
シュンケロス
シンケルロス
Synnot シノット
Synnott
シニョット
シノット*
Synthia シンシア
Syntýchē
シンティケ
スントケ
Synyshyn シニシン
Syomin ショーミン
Syomina
ショーミナ
ショミーナ
Syomushkin
ショームシキン
Syphax
シファクス
シュファクス
Sypher サイファー
Sypula シプラ
Sypytkowski
シピカウスキー*
Syrad サイラッド
Syrdal シルダル
Syre サイアー
Syré ジュレ
Syrell シリル
Syrena
シレーナ
シレナ
Syrett シレット

Syrianos シュリアノス
Syrie シリア
Syril シリル
Syrkin シルキン
Syrkius シルキウス
Syrmen シルメン
Syromiatnikov
スィロミャートニコフ
Syron サイロン*
Syrop シロップ
Syrovátka シロバツカ
Syrový シロヴィー
Syrt シルト
Syrtsov シルツォフ
Syrup
ジールップ
ジールプ
ジルプ
Syrus
シュルス
シルス
Sy Savané シサバネ
Syse
シーセ*
シュウセ
Sysoev
シーソエフ
シソーエフ**
シソエフ
Systrom シストロム
Sysuev
スィスエフ
スイスエフ
Sytin スイチン*
Sytse シッツサ
Sytze シツエ
Syuzanna シュザンナ
Syvanen サイバネン
Syvänen シヴェネン
Syverson
サイヴァーソン
Sywor シウォール*
Syzdykova シジコワ
Sza サ
Szabadi
サバディ
サバリ
Szabadváry
サバドバリー
Szabelski シャベルスキ
Szabłowski
シャブウォフスキ
Szabo
サーボ*
サボ
サボー**
ザボー
スォボー
スザボー
ソボー
ツァボー
Szabó
サボー***
ザボ*
シャボー

Szabô サボー
Szabolcs
サボルチ
ズザボル
Szabolcsi
サボルチ
サボルッチ
ソボールツィ
Szajna シャイナ**
SzaKcsi サ・チ
Szaky ザッキー
Szalai サライ
Szałamacha
シャワマハ
Szálasi サーラシ
Szalavitz サラヴィッツ
Szalay
サライ
サーレイ
Szalonek シャロネク
Szamosi サモシ*
Szamosszegi サモセギ
Szamuely サミュエリ
Szancenbacch
シャツェンバッハ
Szanto サント
Szántó サーント
Szapocznikow
シャポチニコフ
Szapolowska
シャボロブスカ
Szapolyai
サーボヤイ
サボヤイ
ザーボリヤ
Szarkowski
シャーカフスキー*
Szarvas サルヴァシュ
Szarzewski
スザルゼウスキ
Szarzyński
シャジンスキ
Szasz
サース
サス
サズ
Szász サス
Szathmary サトマーリ
Szathmáry サトマーリ
Szatmari
サットマリ
サトマリ
Szatmáry
サットマーリ
Szavai サーヴァイ
Szavái サーヴァイ
Szczawiński
シチャヴィニスキ
Szczelkun ジェルクン
Szczepaniak
スチェパニアク
Szczepanska
シェパンスカ
Szczepanski
シェパンスキー
シュチェパンスキ
スチェパンスキー

Szczepański
スチェパニスキ
Szczerba シュツェルバ
Szczerbiak
ザービアック*
Szczerbowski
シェバウスキ
Szczesniak
シチェスニアク
Szczesny
シチェンスニ
シュチェスニー
Szczęsny
シュチェンスニ
Szczucka
シチューツカ
シュチュツカ
Szczur シーザー
Szczurek シュチュレク
Szczurowski
シュチュロフスキ
Szczygło シュチグウォ
Szczypiorski
シチピョルスキ
Sze
シー
ジー
ジィー*
ゼー
Szebehely シェベーリ
Széchenyi
セーチェーニ
セーチェーニー
セーチェニ
セーチェニイ
Széchy チェッキー
Szecsei セチェイ*
Szeemann ゼーマン
Szegedi セゲディ
Szegő セゲー
Szekacs セーカーチ
Szekely
スッエケリー
セケリー
セッケリー
Székely
セイケイ
セーケイ*
セーケリー
セッケリー
ツェケリー
Székelyhidy
セーケイヒディー
Szekeres
セケレシュ
ゼケレス
ゼッカーズ
ゼッカーズ
Szekessy シェケシー
Szekfu セクフュー
Szelburg
シェルブルク
シェルブルグ*
Szelényi セレニー
Szeles セレス
Szeliski シェリスキ

Szell
セール
セル
ゼル
Szemere セメレ
Szemerédi セメディ
Szemerényi
セメレーニ
Szémes セーメス
Szeminska
シェミンスカ
Szenasi シェナジ
Szenberg シェンバーグ
Szenczi センツィ
Szendrei センドレイ
Szenes
セネシュ
セネッシュ
Szenkar
センカール
センカル
Szent セント*
Szente ゼンテ
Szentes センテス
Szent-Györgyi
セントジェルジ
セントジェルジー
Szep ゼップ*
Szép
セープ
ツェップ
Szepes セペシュ
Szepesi ツェペジ
Szepesvári サパシバリ
Szerb
セルブ
セルプ
Szervánszky
セルヴァンスキー*
セルバンスキー
Szeryng シェリング*
Szeto
スートゥー
ゼトー
Sze-Tsen ゼーツェン
Szewczenko
シェフチェンコ
Szewinska
シェヴィンスカ
ツェビンスカ
Szewińska
シェヴィンスカ
Sziard シラード
Szichman ツィヒマン
Szidon シドン
Szigeti シゲティ*
Szigligeti
シグリゲティ
スィグリゲティ
Szijjártó
シーヤールトー
Szilagyi
シラギ*
シラジー*
Szilágyi
シラーギ*
シラーディ

Szilak シーラク
Sziláqyi シラージ
Szilard
シラード
ジラード
ジーラールド
Szilvásy
シルバーシ
シルバシ
Szilveszter
シルベステル*
Szinnyei シンニェイ
Szinyei シニェイ
Szipl スジブル
Szippl ツィブル
Szirmai
シルマイ
シルモイ
Szirmay シルマイ
Szirtes
シルテス
スィルテス
Szivos スジボウ
Szklo スクロ
Szkudlarek
スクドレク
Szkutnik スクートニク
Szlakmann
スズラックマン
Szlezak スレザーク
Szmajdzinski
シュマイジンスキ
Szmajdziński
シュマイジンスキ
Szmukler スムクラー
Szobolits ソボリッチ
Szoboszlai ソボスライ
Szoke ソーケ
Szőkefalvi
ショーケファルヴィ
Szokolay
ショコレー
ソコライ
Szokolyi ソコリ
Szold
ショルド
ズチョルド
ゾウルド
ゾールド
Szolem シューレム
Szolkowy
ゾルコーヴィ*
ゾルコビー
Szollar ショラー
Szollás ソラーシュ
Szöllösi ショリシ
Szolnoki スオロノキ
Szombathelyi
ソンバテイ
Szond スゾンド
Szondi
ションディ
ションディー
ソンティ
ソンディ*
ソンディー

Szondy ゾンディ
Szonyi ソーニ
Szönyi セーニ
Szopa ゾーパ
Szórády ソラディ
Szörenyi セレニー
Szostak
ショスタク*
ショスタック
スゾスタック
Szot
ショット
スショット
Szpetecki
スッペテッキ
Szpilman
シュピルマン*
スピルマン
Szpiner スピネル
Szpiro
スピーロ
スピロ
Szraiber シュライバー
Szramiak シュラミアク
Sztanity サタニチ
Sztárai スターライ
Sztulwark
ストゥルヴァルク
Szuchman シューマン
Szucs
シュッツ
スーチ
Szücs スュッチ*
Szudek スーデク
Szufel シャフル
Szukala シュカラ
Szulanski スランスキー
Szulc
シュルツ*
ツァルク
Szulczewski
シュルスワスキー
Szulman ズルマン*
Szumilas シュミラス
Szumowska
シュモウスカ
Szunyoghy
スンニョギイ
Szuprowicz
ジュプロヴィッツ
Szur スザー
Szürös
スールシュ*
スーロシュ
Szűrős スールシュ
Szustakowski
スズスタコスキ
Szutter シュザッター
Szuzkiewicz
フズシュキェビチ
Szwarc
シュヴァルツ
シュワルツ*
Szwed
スウェッド*
スウェド

Szydło シドゥウォ*
Szydlowska
シドロフスカ
Szyk
シーク
シック
Szymanowska
シマノウスカ
シマノフスカ
Szymanowski
シマノスフキ
シマノフスキ
シマノフスキー
Szymanski
シマニスキ
シマンスキー*
Szymborska
シムボルスカ
シンボルスカ***
シンボルスカ
Szymczyk シムジク
Szymkowiak
シムコビアク
Szymon
ザイモン
シモン**
Szymonowic
シモノヴィツ
Szymonowicz
シモノーヴィチ
Szypowscy
シポフスツィ
Szyszko シシュコ
Szyszkowicz
シスコビッツ

【T】

Ta
タ***
タア
Tà ター
Ta'ā ターア
Ta'abbaṭa タアッバタ
Taaffe
ターフィ
ターフェ
テーフ
Ta'ā'īshī
ターイーシー
Taalaibek
タアライベク
Taalaybek
タアライベク
Taalaykul
ターライクル
Ta'albi タールビー
Taalman タールマン
Taam タム
Taamari ターマリ
Ta'amu ターム
Taani ターニ
Taaramae ターラマエ
Taasoobshirazi
タソオブシラジ
タソーブシラジ

Taat
テイト
テート
Taavi タービ
Taavitsainen
タアヴィトサイネン
Ta'āwīdhī
タアーウィーズィー
Tab タブ**
Taba タバ
Tabacchi タバッキ
Tabachnick
タバクニック*
タバチニック
Tabachnik
タバシュニク
タバチニク
Tabachnikov
タバチニコフ
Tabachnyk タバチニク
Taback
ターバック
タバック*
Tabackin タバキン
Tabai タバイ*
Tabak タバク*
Tabaka タバカ
Tabakh タバーフ
Tabakov
タバコヴ
タバコーフ
タバコフ**
Tabaldiev
タバルジエフ
Taban タバン**
Tabane タバネ
Tabanella タバネラ
Tabanou タバヌ
Tabar ダバル
Tabár ターバー
Tabără タバラ
Tabaré タバレ**
Tabarev タバレフ
Tabárez タバレス*
Ṭabarī
タバリ
タバリー
Tabarin タバラン
Ṭabarsī タバルスィー
Tabart
タバート
タバール
Tabata タバタ
Tabatabaee
ダバタビィ*
Tabatabaei
タバータバーイー
Tabātabā'i
タバータバーイー
Tabātabā'ī
タバータバーイー
Ṭabātabā'ī
タバータバーイー
Ṭabāṭabā'ī
タバータバーイー
Tabatha タバサ

Tabb タブ**
Tabbarah タバラー
Tabbat タバット
Tabe タベ
Tabea タベア*
Tabenkin ダベンキン
Taber
テイバー*
テーバー
Tabera タベル
Taberannang
タベランナン
Taberner
タバナー
タベルネー
Tabet
タベ
タベット
Tabi タビ
Tabinshweti
タビンシュウェティ
タビンシュエティー
ダビンシュエティー
Tabío タビオ
Tabitha タビサ**
Tabithá タビタ
Tabize タビゼ
Tabke タブキ
Tablada
タブラーダ
タブラダ*
Tablan タブラン
Tabler タブラー*
Taboada タボアダ
Taboga タボガ
Tabone
タボーネ
タボネ**
Tabor
ティバー
テイバー*
テーバー*
Taborga タボルガ
Tabori
タボーリ*
タボリ*
Taborian タボリヤン
Tabos テーボス
Tabouis タブア
Tabourian
タボーリアン
Tabourin タブーラン
Taboye タボエ
Tabrah タブラー
Tabrīz タブリーズ
Tabrizi
タブリージ
タブリーズィー
Tabrīzī タブリーズィー
Tabrizli タブリズリ
Tabrum タブラム
Tabtabai タブタバイ
Tabu タブ
Tabucchi タブッキ***
Tabuena タブエナ

Tabul タブール
Tabuna タブナ
Taburet タビュレ
Tabuteau タビュトー
Tabyldiyev
タブイルジエフ
Tac タック
Tacca タッカ
Taccani タッカーニ
Tacchella タシェラ
Tacchi タッキ*
Tacchinardi
タッキナルディ*
Tacchini タッキーニ
Tacchino タッキーノ*
Taccone タッコーネ
Tacconi タッコーニ
Taceddin
タジェッディン
Tacfarinas
タクファリナス
Tachard タシャール
Tachberdy
タチベルドイ
Taché
タシェ
タシェー
Tacheva タチェワ
Tachezi タヘツィ
Tachi タチー
Tachi-ren タチーレン
Tachiyana タチヤーナ
Tachl タチル
Tächl テヒル
Tachtsidis
タフツィディス
Taciana タシアナ
Tacishanghasisu
タチシャンハシス
Tacitus
タキツス
タキトゥス*
Tackaert タッカート
Tacke タッケ
Tackett タケット
Tacmammet
タチマメト
Tacon タコン*
Tacón タコン
Taconazo タコナーゾ
Taconis タコニス
Tacquet タッケ
Tacuma タクマ
Tacy テイシー
Tad
タッド**
テッド
Tada タダ
Tadashi タダシ
Tadatada タダタダ
Tadd タッド*
Tadda タッダ
Taddei
タッデーイ

タッディ*
タッデイ**
Taddeo
タッデーオ
タッデオ
Taddia タッディア
Taddy タディ
Tade テイド
Tadei タデーイ
Tadema タデマ*
Tadeo タデオ
Tadese
タデセ
タデッセ*
Tadesse
タデセ
タデッセ
Tadeu タデウ
Tadeus
タデウシュ
タデウス*
Tadeusr タデウシュ
Tadeusz
タデ
タディウス
タデウシ**
タデウシュ***
ダデウシュ
タデウス
タデウッス
タデシュ
T'adevosi
タデヴォスイ
タデヴォソヴィチ
Tadevosyan
タデボシャン
Tadhg ティーグ
Tadic
タディチ
タディッチ
Tadić
タディチ
タディッチ*
Tadici タディッチ
Tadie タディエ
Tadié タディエ*
Tadijanović
タディヤノヴィチ
Tadini タディーニ
Tadjo タジョ
Tadman
タッドマン
タドマン
Tadmor
タドモア
タドモール
Tadolini タドリーニ
Tadorini タドリーニ
Tadousz タデウシ
Tadrous
タドルース
タドルス
Tadzhuddin
タジュッディン
Tae
テー
テェ
Tae-bo テボ

Tae-bum
テボム*
テボン*
Tae-chang テチャン*
Taechavbuul
テーチャブーン
Taecyeon テギョン
Taeeun テウン
Taeger テーガー
Taeggio タエッジョ
Tae-gun デゴン
Tae-gyong テギョン
Tae-hee テヒ*
Tae Heon テホン
Tae-ho テホ**
Taeho テイホウ
Tae-hoon テフン
Tae-hwan テファン*
Tae-hwi テヒ*
Tae-hyun テヒョン*
Tae-Hyung テヒョン
Taeia タエイア
Tae-ji
テェジ
テジ*
Tae-jin テジン*
Tae-joon テジュン**
Tae-jun テジュン
Tae Jung タエジャン
Taekiti タエキス
Taek-kee テクキ
Taeko タエコ
Tae-kyun テギュン*
Tae-lyon テリョン
Tae-man テマン
Taemin テミン
Tae-pyong テピョン
Taerattanachai
タエラッタナチャイ
Taerum テーラム
Taeschner テシュナー
Tae-seok テソク*
Tae-sick テシク
Taesik タエシック
Tae Soo テス
Tae-soo テス
Taesun テソン
Tae-sung テソン*
Taeuber
タウバー
トイバー
トイベル
Taeubler トイブラー
Tae-uk テウク
Tae Whan テファン
Tae-whan テファン
Tae-won テウォン**
Tae-woo テウ**
Tae-wook デウク
Tae-woong テウン*
Tae-yeon テヨン*
Tae-yeong テヨン

Taeymans テイマンス	Taghipour タギプール	ターハー	Taḥṭāwī	Taimsoo タイモスー
Tae-yong テヨン	Taghmaoui タグマウイ	タハ**	タフターウィー	Taimur タイムール
Tae-young テーヨン / テヨン*	Taghoizoda タゴイゾダ	Tāhā ターハ	Tahupoutiki タフポウティキ	Taimūr タイムール
	Tagholm タグホルム	ターハー	Tahureau タユロー	Taimuraz タイムラス
Tafaj タファイ	Taghouane タグーアン	Ṭāhā ターハ	Tahuwa タウワ	Tai-myung テミョン
Tafari タファリ	Taghrībirdī タグリービルディー	ターハー	Tai タイ**	Taina タイナ / テイナ
Tafazoli タファゾリ	Tag-hwan タクファン*	Tahaki タハキ	Tài タイ	Taine テイン* / ティンヌ / テェヌ / テーヌ*
Tafazzoli タファッゾリー	Tägin テギン	Tahamtan タハムタン	Tā'i ターイ	
Tafdrup タフドロプ	Tagir タギル*	Tahan タハン*	Ṭā'ī ターイー	
Tafel ターフェル*	Tagiuri タジウリ	Tahani タハニ	Taiana タイアナ	Taing タン
Taffanel タファネル	Tağiyev タギエフ	Tahar ターハル / タハール** / タハル / タール	Taib タイブ	Taïnga Poloko タインガポロコ
Taffarel タファレウ / タファレル*	Tagle タグレ		Taibah タイバー	Tainio タイニオ
Taffet タフェット	Tagliabue タグリアブー / タッリャブーエ / タリアブーエ	Taharka タハルカ	Taïbbi タイービ	Tainsh タインシュ
Taffin タファン		Taharqa タハルカ	Taibi タイービ / テイビィ*	Taione タイオネ
Taffinder タフィンダー	Tagliacozzi タリャコッツィ	Ṭaḥāwī タハーウィー	Taibo タイボ*	Taipale タイパレ*
Tafforeau タフォロー	Tagliaferri タグリアフェッリ / タリアフェッリ*	Taher タエー / タヒル / ターヘル / ターヘール / ターヘル*	Taì Buqa タイブカ	Taipo タイポ
Taffy タフィ / タフィー			Taider タイデル	Tairat トライラット
Tafrail タフレイル / タフレール	Tagliaferro タリアフェロ		Taidif ターディフ	Taire テイアー
Tafrate タフレイト*	Taglialatela タリアラテーラ		Taieb タイエブ / タイーブ	Tairou タイロウ
Tafreshi タフレシ	Tagliapietra タリアピエトラ	Tāher ターヘル	Taiga タイガ	Taïrou タイル
Taft タフィ / タフト**	Tagliariol タリアローリ**	Tahereh タヘラ*	Taigi タイギ / タイジ	Tairov タイーロフ / タイロフ
Taftāzānī タフターザーニー	Tagliati タリアッティ	Taherpour ターイェルプール	Tai-hong テホン	Tairrdelbach テールデルバッハ
Tafur タフル	Tagliavia タグリャヴィーア	Tahi タヒ	Tai-hwoi テフェ	Taisha タイシャ
Tafuri タフーリ* / タフリ** / タフリー	Tagliavini タッリャヴィーニ / タリアヴィーニ** / タリアビーニ / ダリアビーニ	Tahimik タヒミク / タヒミック*	Taijeron タイローン	Tai-shick テシク
Tag ターク		Tahini タヒニ	Taijuan タイワン	Tai Soo タイスー
Taγačar タガチャル	Taglicht タークリヒト	Tahir ターイアー / タヒア** / ターヒル* / タヒール / タヒル* / ターヘル	Tai-kook テクック	Taisso タイソ
Tagaloa タガロア	Taglietti タリエッティ		Tail テイル	Tai-sung テソン
Tagami タガミ	Taglioni タリオーニ / タリョーニ		Taila タイラ	Tait タイト / テイト** / テート
Taganmyrat タガンミラト		Tāhir ターヒル	Tailhade タイヤード	
Taganov タガノフ	Tägnfors テーンフォルス	Ṭāhir ターヒル / ターヘル	Tailhède タイエード	Taito タイト
Tagawa タガワ	Tagore タアゴル / タークル / タクル / タゴー / タゴオル / タゴール / タゴール** / タゴーレ	Tahiri タヒリ	Taillac タイヤック	Taittinger テタンジェ**
Tage ターゲ* / テイユ		Tahirou タイル	Taillandier タイヤンディエ / タイランディエ	Taivalsaari タイバルザリ
		Tahitu'a タヒトゥア	Taille タイユ	Taiwan タイワン
Tagel タゲル		Tahko タフコ	Taillée タイエ	Taiwia タイウィア
Tagelagi タンゲランギ		Tahl ターフル	Taillefer タイユフェール	Tai-woong テウン
Tager ターガー / タガー / テイガー		Tahmasb タハマスブ	Tailleferre タイユフェール / タイユフェール*	Tai-Wung テウン
		Tahmasbi タフマセビ	Taillemite タイユミット*	Tai-ying タイイン
Tagesse タゲセ	Taguchi タグチ	Tahmaseb タフマセブ	Taillemond タイユモン	Taiyrbek タイルベク
Tagg タッグ	Taguieff タギエフ	Tahmasebi タマセビ	Taillevent タイユヴァン	Tai-yuan タイユアン
Taggard タガード	Taguiwalo タギワロ	Ṭahmāsp タハマースプ / タフマースブ / タフマースプ	Taillon タイオン	Taiz テイツ
Taggart ターガート* / タガート	Tagwerker タグベルカー		Tailor テイラー	Taj タージ* / タジ* / ダジ / タジュ
Taggeddin タゲッディン	Tagyyev タグイエフ	Tahmi タハミ	Taimani タイマニ	Tāj タージ / タージュ
Tagger タッガー	Tah ター / タハ	Tahmineh タハミーネ	Taimasov タイマゾフ	Tajae タジ
Taghavi タガビ**	Taha ター	Tahn ターン	Taimazov タイマゾフ*	Tāj al-Salṭane タージョッサルタネ
		Tahnee ターニー	Taimina タイミナ	Tajani タヤーニ*
		Taḥnūn タフヌーン	Tai-ming タイミン	Tajbert タイベルト
		Tahri タリ	Taimīyah タイミーア / タイミーヤ	
			Taimre タイマー	

Tajeddini タジェディニ	Takoby タコビー	Talasnik タラスニック	Talgat タルガット	Talle ターレ / トール
Tajik タジク	Takoubakoye タクバコイ	Talass タラス	Talha タルハ	Tallec タレック*
Tajima タジマ	Takpara タクパラ	Talat タラート / タラト* / タルアト	Talhouni タルフーニ	Tallemant タルマン
Tajimamat タジママト	Taksami タクサミ		Tali ターリ / タリ	Tallent タレント*
Tājir タージル	Taksin ターク・シン / タークシン / タクシン	Talât タラト	Talia タリア*	Tallett タレット
Tajo ターホ / ターヨ		Tal'at タラアト	Taliaferro タリアフェロ* / タリアフェロー / タリアフェロウ / トリヴァー	Talley タリー** / テリー
Tajoli タヨーリ	Taktakishvili タクタキシヴィリ	Talavera タラベラ		
Tajovský タヨウスキー / タヨフスキー	Taktikos タクティコス	Talay タライ / タレイ*		Talleyrand タレイラン / タレーラン / タレラン
Tajudin タジュディン	Taktser タクツェル	Talazac タラザク / タラザック	Talib タリブ*	
Tāju'l タージュル	Takudzwa タクズワ		Tālib ターリブ	Tallgren タールグレン / タルグレーン / タルグレン
Tak タク* / タック	Takui タクイ	Talbak タルバク	Țālib ターリブ	
	Takulua タクルア	Talbert タルバート*** / タルバード / トールバート / トルバート	Talibi タリビ	
Takac タカチ	Taky ターキー		Țālibof ターリブオフ / ターリボフ	Tallien タリアン / ターリェン
Takacs タカクス / タカーチ / タカーチュ	Tal タリ / タール / タル**			
		Talbi タルビ	Taliby タリビ	Tallineau タリノー
Takács タカーチ / タカーチュ	Tala タラ	Talbot タルボット*** / トールバット / トールボット / トルボット	Talich ターリッヒ / ターリヒ / タリヒ	Tallinn タリン
	Talaat タラアト / タラネット			Tallis タリス*
Takaezu タカエズ			Tálich ターリッヒ / ターリヒ / タリヒ / タリフ	Tallmadge タルマッジ
Takahashi タカハシ	Talabani タラバニ**	Talbott タルボット** / トールボット / トルボット		Tallman トールマン*
Takaishvili タカイシヴィリ	Taladoire タラドワール			Tallon タロン
	Talafierro タラフィエロ		Taliesin タリエシン*	Tallone タッローネ
Takaki タカキ	Talafolika タラフォリカ	Talburt タルバート	Talieva タリエワ	Tallroth タルロト
Takalo タカロ	Talaga タラガ	Talbut トールバット	Talifolau タリフォラウ	Tallulah タララ / タルーラ* / タルラ / タルラー
Takamura タカムラ	Talagi タランギ**	Talcott タルカット / タルコット** / トールコット		
Takash タカシュ	Talagrand タラグラン		Taliqu タリグ	
Takashi タカシ	Talai タライ		Taliqua タリカ	Talluri タルリ
Takashima タカシマ	Ta la'i bla ma ダライラマ	Talduwe タルドゥーエ	Talisa タリサ	Tallus タルルス**
Takau タカウ		Tále ターレ*	Talisca タリスカ	Tally タリー*
Takcami タクサミ	Talaj タライ	Taleb タレブ	Talisse タリース	
Takdir タクディル*	Talajic タラジッチ	Țāleb ターレブ	Talita タリタ	Talma タルマ
Takei タケイ	Talakhadze タラハゼ*	Talebi タレビ	Taljat タルヤト	Talmadge タルマージ* / タルマッジ*
Takelot タケロット / チェケロト	Talal タラール** / タラル*	Țālebof ターリブオフ / ターリボフ / ターレボフ	Tal-jun ダルジュン	
			Talke タルケ	Talmage ターメージ / タルミジ / タルミッジ / タルメイジ / タルメージ
Takemori タケモリ	Talāl タラール	Talebula タレブラ	Talkington トーキントン	
Takemoto タケモト	Țalāl タラール	Talegani ターレガーニー		
Takesha タケシャ*	Talalay タラレー	Talei タレイ	Tal-kon ダルゴン	
Taket タケト	Talalelei タラレレイ	Talemaitoga タレマイトンガ	Talks トークス	Talman タルマン / トールマン
Tak Hing タッヒン	Talamo ターラモ* / タラモ		Tall タッル / タル / トール	
Takhōs タコス		Talemo タレモ		Talmon タルモン*
Takhtadzhyan タフタジャン	Talamon タラモン	Talen タレン	Talla タラ	Talmor タルモール
Takhtajan タフタジャン	Talamonti タラモンティ	Talenti タレンティ	Tallach タラック	Talmy タルミー*
Takhti タクティー	Talan タラン*	Talento タレント	Tallack タラック	Talobre タロブル
Takhwan タククワン	Talandier タランディエ	Țāleqānī ターレカーニー	Talland タランド	Talocci タロッチ
Taki タキ**	Talane タレン*	Talero タレロ	Tallard タラール	Talon タロン**
Takiddin タキディーン*	Talankin タランキン*	Tales タレス	Tallarico タラリコ	Talor テーラー
Takie タキエ	Talantbek タラントベク	Talese タリーズ**	Tallarida タラリダ	Talōs タロス
Takis タキス*	Talapin タラピン	Talev ターレフ / タレフ	Tallawi タラウィ	Tálos タローシュ
Takiyeddin タキーエッティン*	Tālaputa ターラプタ		Tallawy タッラーウィ	Ta Lou タルー
Takkari タカリ	Talarico タラリコ	Talgam タルガム	Tallberg タルバーグ / タルベリ	Talpino タルピーノ
Takla タクラ	Talaskivi タラスキヴィ		Tallchief トールチーフ*	Talsma タルスマ
Takna タクナ				Talton タルトン*
				Talts タルツ

Talty トールティ	Tamasi タマシ	Tamkivi タムキビ	タイン	Tandin タンディン	
Talu タル	Tamási	Tamlyn タムリン*	タヌ	Tandja タンジャ**	
Talulah タルラ	タマーシ**	Tamm タム**	タン***	Tandjung タンジュン*	
Talus タラス***	タマシ	Tammam タマム*	Tân	Tandori タンドリ	
Talvard タルバール	Tamayo	Tammām タンマーム	ターン	Tandory タンドリ	
Talvela	タマージョ	Tammann タンマン	タン	Tandy	
タルヴェラ*	タマーヨ	Tammany タマニー	Tān ターン	タンディ*	
タルベラ	タマヨ**	T'ammaraja	Tana	タンディー	
Talvet	Tamaz タマズ	タムマラジャ	ターナ	Tane テイヌ	
タルヴェット	Tamba タンバ	Tammaro タマロ	タナ**	Tañedor タニェドール	
タルベット	Tambay タンベイ	Tamme タミー	Tanabe タナベ	Taneev タネーエフ	
Talvin	Tamberi タンベリ	Tammelo タンメロ	Tanaboriboon	Tanega タネガ*	
タルヴィン	Tamberlick	Tammer	タナボリブーン	Ta-Nehisi タナハシ*	
タルビン	タンバーリック	タメル	Tanada タニャーダ	Taneja タネジャ*	
Talvio	Tambiah タンバイア*	タンマー	Tanai タナイ	Taneko タネコ	
タルヴィオ	Tambimuttu	Tammert タンメルト	Tanaka タナカ	Tanel タネル	
タルビオ	タンビムートゥ	Tammet タメット	Tanana タナナ	Tanenbaum	
Talvitie	Tambini タンビーニ	Tammi タミ	Tananarive タナナリヴ	タネンバウム*	
タルヴィティエ	Tamblin タンブリン	Tammie タミー*	Tanangada タナンガダ	タネンボーム*	
Talwin タルウィン	Tamblot タンブロット	Tamminen	Tanaquil	タンネンバウム*	
Talysheva	Tamblyn タンブリン	タミネン	タキナル	Tanenhaus	
タリシェーワ	Tambo タンボ*	タンミネン	タナクィル	タネンハウス	
Talyzin タルイジン	Tambor タンバー	Tammsaare	タナクィール	Taner タネル*	
Talyzina タルイズィナ	Tamboura タンブラ	タムサーレ	Tanard タナード	Taneti タネス*	
Talzago タルツァーゴ	Tambunlertchai	タムサーレ	Tanasak タナサック	Tanev タネフ	
Tam タム***	タンブンラーチャイ	Tammur タムル	Tanasan タナサン*	Taneva タネバ	
Tama	Tamburi タンブーリ	Tammuz タムーズ	Tanase	Taney	
タマ**	Tamburini	Tammy タミー**	タナズ	タニー	
テイマ	タンブリーニ*	Ta Mok タモク	タナセ	トーニー	
Tamadaho タマダオ	Tambuté タンビューテ	Tamora タモラ*	Tănăsescu タナセスク		
Tamagni タマーニ*	Tamdin タムディン*	Tamošaitis	Tanat タナト	Taneyev タネーエフ	
Tamagnini タマニーニ	Tame テーム	タモシャイティス	Tanatarov タナタロフ	Tan Fook タンフック	
Tamagno タマーニョ	Tamenu タメス	Tamot タモト	Tanayev タナエフ**	Tanford タンフォード	
Tamahori タマホリ	Tamer	Tam pa タンパ	Tanc タンク	Tang	
Tamakloe タマクロー	ターマー	Tampa タンパ	Tancer タンサー	タン**	
Tamam タマム	ターミル	Tampakos タンパコス*	Tanchelinus	タング	
Tamames タマメス	Tamera タメラ	Tampane タムパネ	タンヘリーヌス	Tangara タンガラ	
Tamanaha タマナハ	Tamerlane タメルラン	Tamplin	Tanchelm タンヘルム	Tangariki	
Tamar	Tames	タムプリン	Tanchelmus	タガリキ	
タマール	テイムズ	タンプリン	タンヘルムス	タンガリキ	
タマル**	テームズ	タンプリン	Tanco タンコ	Tangau タンガウ	
Tamara	Tamestit タメスティ*	Tampone タンポネ	Tancock タンコック*	Tangaz タンガズ	
タマーラ*	Tamez タメス	Tampubolon	Tancreaus	Tangermann	
タマラ***	Tamfum タムフム	タンポボロン	タンクレアウス	タンガマン	
Tamarau タマラウ	Tamgho タムゴ*	Tamra タムラ	Tancred	タンゲルマン	
Tamari タマリ*	Tami	Tamrakar	タンクレアウス	Tangerud タンゲルド	
Tamarin タマリン	タミ**	タムラカール	タンクレッド	Tanggaard タンゴー	
Tamarina タマーリナ	タミー**	Tams タムス	タンクレーディ	Tanghe タンゲ	
Tamarit タマリット	Tamia タミア	Tamsamani	タンクレード	Tangi タンギ	
Tamarite タマリテ	Tamie タミエ	タムサマニ	タンクレド	Tangier タンジア	
Tamariz タマリッツ	Tamihere タミヘレ	Tam'si タムシ	Tancrède タンクレード	Tangieva タンギエヴァ	
Tamarkin タマルキン	Tamika タミカ*	Tamsin	Tancredi	Tangl タングル	
Tamaro タマーロ**	Tamim タミム**	タムシン	タンクレーディ	Tangley タングレイ	
Tamarón タマロン	Tamīm タミーム	タムジン	タンクレディ*	Tangmatithrrm	
Tamas	Tamin タミン	Tamsir タムシル	タンクレディー	タンマティタム	
タマシュ*	Tamini タミニ	Tamsyn タムシン	Tancredo タンクレド*	Tangney タングニー	
タマス*	Tamir	Tamudo タムード*	Tancsics タンチッチ	Tango タンゴ	
Tamás	ターミル	Tamulis タムリス	Táncsics	Tangredi タングレディ	
タマシ	タミール	Tamuno タムノ	ターンチチ	Tangriev	
タマーシュ**	タミル*	Tamura タムラ	ターンチッチ	タングリエフ**	
タマシュ	Tamirat タミラト	Tamyra タミラ	Tanczos タンチョス	Tangsin タンシン	
タマス	Tamiris タミリス	Tamyris タミリス	Tandan タンドン	Tangsombativisit	
Tamaseb タマセブ	Tamiroff タミロフ	Tan	Tandart タンダール	タンソムバットウィ	
Tamasese タマセセ*	Tamisier タミジエ	タイン	Tande タンデ	シット	
Tamash タマシ	Tamjid タムジッド		Tandem タンデム		
			Tandia タンジャ		

Tangtongtavy タントンタウィー
Tanguay タングェイ / タンゲイ*
Tanguy タンギー**
Tang Wah Hing タンワーヒン
Tangye タンギー*
Tanh タィン
Tanham タンハム
Tani ターニ / タニ*
Tania タニア**
Tanier タニエル
Tanieru タニエル
Tanimu タニム
Tanin ターニン / タニン
Taninganwei タニンガヌウェ
Tanis タニス
Tanith タニス***
Tanja タニア / ターニャ** / タニヤ / タンジャ / タンヤ
Tanjung タンジュン**
Tank タンク*
Tanka タンカ
Tankard タンカード*
Tanke タンケ
Tankersley タンカズリー / タンカスレイ
Tankha タンカ*
Tanko タンコ
Tankoano タンコアノ
Tankpadja タンクパジャ
Tankred タンクレート***
Tanksley タンクスリー / タンクスレイ / タンクズレイ
Tanmay タンメイ
Tanmaya タンマヤ*
Tanna タナ
Tannahill タナヒル
Tannatt タナット
Tanne タンネ
Tannehill タニーヒル / タネヒル
Tannen タネン* / タンネン
Tannenbaum タネンバウム* / タネンバーム* / タンネンバウム* / タンネンバーム

Tannenwald タネンワルド
Tanner ターナー / タナー** / タネール / タンナー / タンネル / テナー
Tannery ターターウィー / タンタウィー / タンヌリ / タンヌリー
Tanney タニー / タネ
Tannhäuser タンフーザー / タンホイザー
Tanninen タンニネン*
Tanning タニング
Tannock タノック
Tannor ターナー
Tannoudji タヌージ / タヌジ / タノージュ
Tano ターノ / タノ*
Tanoh タノ / タノー
Tanous タナウス
Tanović タノヴィッチ*
Tanpinar タンプナル*
Tanqueray タンカレー
Tanquerey タンクレ / タンクレー
Tanrikulu タンリクル
Tanrukulu タンルクル
Tansar タンサル
Tansella タンセラ
Tānsen ターン・セーン / ターンセーン
Tansey タンジー
Tansi タンシ**
Tansill タンシル / タンジル
Tansillo タンシッロ / タンシロ
Tanskaya タンスカヤ
Tansky タンスキー
Tansley ターンスリー / タンスリ / タンスリー** / タンスレー / タンズレー
Tansman タンスマン* / タンズマン

Tansu タンス*
Tant タント
Tan Tai タンタイ
Tantalos タンタロス
Tantam タンタム*
Tantan タンタン
Tantardini タンタルディーニ
Tantawi タンタウィ**
Ṭanṭawī タンターウィー / タンタウィー
Tantely タンテリー
Tanthapanichakoon タンタパニチャクン
Tanti タンティ
Tantia タンチャ / ターンティア
Tantipiphatphol タンティピパットポン
Tantivorawong タンティボラウォン
Tantiwetchakun タンティウェーチャクン
Tanton タントン
Tantraporn タンタラポン
Tantri タントリ
Tantris タントリス
Tantular タントゥラル
Tantum タントゥム
Tanucci タヌッチ
Tanui タヌイ*
Tanukābūnī タヌカープーニー
Tanukale タヌカレ
Tanūkhī タヌーヒー
Tanūkhī タヌーヒー
Tanumafili タヌマフィリ**
Tanur タヌール
Tanuwijaya タヌウィジャヤ
Tanveer タンビール
Tanvi タンビ
Tanwattana タンワッタナ
Tanwetamani タヌトアメン / タンウェタマニ
Tany タニ
Tanya タニア*** / ターニャ* / タニヤ*
Tanyaporn タンヤポーン
Tanyeli タンイェリ
Tanyi タンニ
Tanyu タニョ* / タンユ

Tanyuvardhana タンユワッタナ
Tanzen タンゼン
Tanzer タンザー / タンツァー
Tanzi タンシ / タンジ* / タンツィ
Tanzila タンジラ
Tanzina タンジナ
Tanzini タンジーニ
Tanzio タンツィオ
Tänzler テンツラー
Tanzman タンズマン
Tao タオ**
Taoka タオカ
Taolasha タオラシャ
Taom タオム
Taomita トミタ
Taormina タオミナ*
Taoufik タウーフィク / タウフィク*
Taov タオフ
Tập タップ
Tapa タパ
Tapabrata タパブラータ
Tapahonso タパホンソ
Tapalovic タパロビッチ
Tapan タッパン
Tapang タパング
Tapangararua タパンガラルア
Tapani タパニ*
Tapar タハツ
Taparelli タパレッリ / タパレリ
Taparia タパリア
Tapas タパス
Tapavicza タパビツァ
Taper テイパー
Tapgun タプグン
Tapia タピア**
Tapias タピアス
Tapie タビ* / タピ
Tapié タピエ*
Tapies タピエス*
Tàpies タピエス**
Tapinos タピーノス
Tapinshwehti ダビンシュエーディー
Tapio タピオ**
Tapiovaara タピオヴァーラ
Ṭapiş ツァピシ
Tapissier タピシェ

Tapiwa タピワ
Tapley タプリー / テイプレイ
Taplin タップリン / タプリン
Tapo タポ
Tapontsang タポンツァン
Tapoyo タポヨ
Tapp タップ
Tappan タッパン / タパン
Tappe タッペ*
Tappeiner タッパネル
Tapper タッパー*
Tappero タペロ
Tappert タッパート* / タッペルト
Tapping タッピング
Tapply タプリー*
Tappouni タップーニ
Tapray タプレー
Tapscott タプスコット*
Tapsoba タプソバ / ダプソバ
Tapson タプソン
Taptich タプティク
Taqī タキー*
Taqī al-Dīn ターキーユッディーン
Taqizade タキーザーデー
Taqīzāde タキーザーデ
Taquah ターカ
Tara ターラー / タラ**
Tārābī ターラービー
Tarabini タラビーニ*
Taraborrelli タラボレッリ*
Tarabra タラブラ
Tarabukin タラブーキン
Tarabulsi トラバルシ
Ṭarābulsī タラーブルスィー
Ṭarābulusī タラーブルスィー
Tarachow タラチョウ / タラチョワ
Taracouzio タラコウツィオ / タラコジオ
Taradash タラダッシュ
Taradieu タルデュー
Ṭarafa タラファ
Taraghi タラッキー

Tarah タラ
Taraka ターラカ
Tarakki タラキ
Taraknath
　タラクナス
　タラクナート
Taran タラン*
Taranatha
　ターラナータ
Tāranātha
　ターラナータ
Taranci タランジ
Tarancón タランコン
Taranczewski
　タランチェフスキ
Tarand タランド*
Taraneh タラネ
Taranenko
　タラネンコ
　タラレンコ
Taranetz タラーネッツ
Taranger タランゲル
Tarantino
　タランティーノ**
　タランティノ
Taranto タラント
Tarantola タラントラ
Taranu タラヌ
Tarapore タラポール
Taraporevala
　ターラーブルワーラー
Tarar
　タラール
　タラル**
Tarara タララ
Taras タラス*
Tarasankar
　タラションコル
Tārāśaṅkar
　タラションコル
Tārāśaṅkara
　タラションコル
Tarascio タラショ
Tarasco タラスコ
Tarasenko タラセンコ
Tarasewicz
　タラセヴィッツ
Tarashaj タラシャイ
Tarasicodissa
　タラシコディッサ
Tarásios タラシオス
Tarasov
　タラーソフ
　タラソフ*
Tarasova
　タラーソヴァ
　タラソヴァ
　タラーソワ
　タラソワ*
Tarasuk タラスク
Tarasyuk タラシュク
Taratorkin
　タラートルキン
　タラトルキン
Taravant タラヴァン**

Tarawally タラワリ
Tarawneh タラウネ**
Tarazi タラッツィ
Tarazón タラソン
Tarbell ターベル*
Tarbès タルベー
Tarbett タベット
Tarbox
　ターボックス
　ターボックス*
Tarcaniota
　タルカニオータ
Tarchetti タルケッティ
Tarcisio タルチシオ
Tarcísio タルスイジオ
Tarcov タルコフ
Tarczewski
　ターチェフスキー
Tarde タルド*
Tardelli
　タルデッリ
　タルデリ
Tardieu
　タルディエ
　タルディユ
　タルデュ
　タルデュー***
　タルデュウ
Tardif タルディフ*
Tardiff
　ターディフ
　タルディフ
Tardini タルディニ
Tardioli
　タルディオーリ
Tarditi
　タルディーティ
　タルディティ
Tardits タルディッツ*
Tardo タルド
Tardos タルドシュ
Tardy タルディ*
Tare
　ターレ
　テア
Tareck タレク
Tareen タリーン
Tareev タレーエフ
Tarek
　ターレク
　タレク
Tarella タリラ
Taremae タレマエ
Tareq
　ターレク
　タレク
　タレック
Taret タレット
Targ
　ターグ
　タージ
Targamadze
　タルガマゼ
Targat タルガ
Targé タルジェ

Target
　ターゲット
　タルジェ
Targett ターゲット
Targioni
　タルジョーニ*
Targoff ターゴフ
Tarhan タルハン*
Tari タリ
Taribo タリボ*
Taricco タリッコ
Tariceanu
　タリチャーヌ
Tăriceanu
　タリチェアヌ*
Tariel タリエル
Tarifi タリフィ
Tarik
　タリク*
　タリック
Tarīk タリク
Tarik
　タリク
　タールク
Tarīkī
　タリキ
　タリケ
Tarin タリン
Tarine タリーン
Taring タリン**
Tariq
　タリーク
　タリク***
　テリク
Tāriq ターリク
Ţāriq ターリク
Tariqul タリクル
Taris
　タリ
　タリス
Tarita タリタ
Tarja タリヤ
Tarjan
　ターージャン
　タルジャン
Tarjanne タリヤンネ
Tarje タリエ
Tarjei
　タリアイ
　ターリェイ*
　タリェイ
Tarjel タリエイ
Tarkanian
　ターケーニアン
Tárkány
　タールカーニ*
Tarkay ターカイ
Tarkington
　ターキントン*
Tarkovskii
　タルコフスキー**
　タルコフスキイ
Tarkovskiĭ
　タルコフスキー

Tarkóvskii
　タルコフスキー
Tarkowski
　ターコウスキー
　タルコフスキ*
Tarlap タルラップ
Tarlazzi タルラッチ
Tarle
　ターレレ
　タルレ
　ターレ
Tarleton タールトン
Tarlev タルレフ
Tarling ターリング
Tarlton タールトン
Tarmak タルマク
Tarmashirin
　タルマシリン
Tarmo タルモ*
Tarmugi タリアー
Tarmum タルムム
Tarn
　タルン
　ターン*
Tarnage ターネイジ
Tarnai タルナイ
Tarnat
　ターナット
　タルナート
Tarnawa タルナワ
Tärngren
　テルングレン
Tarnier タルニエ
Tarnner ターナー
Tarnoff
　ターノフ
　タルノフ**
Tarnopol ターノポール
Tarnovschi
　タルノブスキ
Tarnovski
　タルノフスキイ
Tarnow タルノ
Taro
　ターロ
　タロ*
　ターロ
　タロウ
Tarocco タロッコ
Taroncher
　タロンシェール
Tarow タロウ
Tarozzi タロッツィ**
Tarpeh タペ
Tarpeia タルペイア
Tárphōn タルフォーン
Tarpinian
　ターピニアン*
Tarpley タープレイ*
Tarqū
　ティルハカ
　テルハカ
Tarquini タルクィーニ
Tarquinio
　タルキーニオ
　タルクィーニオ

Tarquinius
　タルキニウス
　タルクィニウス
　タルクィニウス
Tarr
　ター
　タール*
　タル*
Tarra タルラ
Tarradellas
　タラデリャス
Tarrant タラント
Tarrega
　タルレガ
　ターレガ
Tárrega
　タルレガ
　タレガ*
Tarricone タリコヌ
Tarrier タリアー
Tarrin タリン*
Tarring ターリング
Tarrow タロー
Tarsā タルサー
Tarsala タルサラ
Tarsem ターセム*
Tarshis ターシス*
Tarshish タルシシ
Tarsicius
　タルシーキウス
　タルシキウス
　タルシチウス
Tarsila タルシラ
Tarsilla タルシラ
Tarsis タルシス
Társis タールシス
Tarski
　タルスキ
　タルスキー*
Tarso タルソ
Tarsos タルソス
Tar-su ダルス*
Tarsūsī タルスースィー
Tarsy ターシィ
Tart タート*
Tartabull タータブル*
Tartaglia
　タータグリア
　ターターリャ
　タルタッリア
　タルタリア*
　タルターリャ
　タルタリヤ
　ダルターリヤ
Tartaglini
　タルターリーニ
Tartagni タルターニ
Tartakover
　タルタコーバ
Tartakovsky
　タルタコフスキー
Tartakow タルタコフ
Tartaretus
　タルタレトゥス

Tarthang タルタン*	Tashiyev タシエフ	Tassinari タシナリ	Tatiana タチアーナ		タッタソール
Tartini	Tashjian	タッシナーリ	タチアナ***	Tattersfield	タタースフィールド
タルチーニ	タシジアン	Tassiou タシウ	タチャーナ	Tatti タッティ	
タルティーニ	タシジャン	Tasso	タチヤーナ	Tattnall	
Tartinville	タージン*	タッソ*	タチヤナ		タットナル
タルタンビーユ	Ṭashköpru	タッソー*	タティアーナ		タットネイル
Tartt タート**	タシュキョプリ	Tassoni タッソーニ	タティアナ**		タットノール
Tartuferi	タシュキョプリュ	Tassopoulos	Tat'iana	Tatton タットン	
タルトゥーフェリ	Ṭashköpru-Zādeh	タソポーロス	タチアナ	Tattum タツム	
Taruc タルク**	タシュキョプリザーデ		タチャーナ	Tatu タトウ	
Taruffi	タショキョプリーザー	Tassos タソス**	タチヤーナ*	Tatum	
タルッフィ	デ	Tassoua タスア	タチヤナ		タトム*
タルフィ	Tashlin タシュリン*	Tassy タシー	タニヤ		テイタム*
Taruffo タルッフォ	Tashman タシュマン	Tast タスト	Tatianos		テータム**
Taruliisa タルリーサ	Tashpayeva	Taste タスト	タティアヌス	Tat-wah ダッワー	
Tarullo タルーロ	タシパエワ	Tat	タティアーノス	Tatwin タトウィン	
Tarun タルン*	Tashtemir タシテミル	タット*	タティアノス	Tatwine タトウィン	
Taruntaeva	Tāshufīn	タート	Tatianus タティアヌス	Tatyana	
タルンターエワ	ターシュフィーン	Tata	Tati Loutard		タチアーナ
Tarus タルス	ターシュフィーン	ターター	タチルタール		タチアナ**
Taruskin タラスキン*	Tasi	タタ**	Tatios		タチャーナ*
Tarutienus	タシ	テイタ	タチオス		タチヤーナ*
タルティエヌス	タシュ	Tātā ターター	タティオス		タチヤナ**
Tarver ターバー	Tasiadis	Tatafu タタファ	Tatis		タティアナ
Taryn タリン	タシアディス	Tatai タタイ	タティース	Tat'yana タチヤーナ	
Tarzan タルザン	タジアディス	Tatan タタン	タティス*	Tau タウ	
Tarzi タルジ*	Tasker	Tatang タタン	Tatischeff タチシェフ	Taua タウア	
Ṭarzī タルズィー	タスカ**	Tatar	Tatishchev	Tauanei タウアネイ	
Tarzia ターツィア	タスカー*	タタール*	タイィーシチェフ	Taub	
Tarzijan タルシハン	Taskin	タタル*	タチーシチェフ		タウブ
Tas タシ	タスカン	Ṭaṭār タタール	Tatius タティウス		トーブ
Tasanee タサニー	タスキン	Tatarchenko	Tatiyana	Taube	
Tasar タサル	Taskiran タシュクラン	タタルチェンコ	タチアーナ		タウビー
Tasca タスカ	Tasko タスコ	Tatarella タタレッラ	タチアナ**		タウブ**
Tasch タッシュ	Taskoudis	Tatareva タタレワ	タチャーナ		タウベ***
Taschdjian タシジアン	タスクディス	Tatarka タタルカ*	タチヤナ		タウベ
Taschen タッシェン*	Taslima	Tatarkiewicz	ターニャ	Tauber	
Tascher タッシャー	タスリマ	タタールキェヴィチ	Tatjana		タウバー**
Taschereau	トスリマ	タタルキェヴィチ	タチアーナ		タウベル
タシュロー*	Tasmagambetov	タタルキエウィチ	タチアナ**	Taubert	
Taschler タシュラー	タスマガムベトフ	Tatarnikov	タチャナ*		タウバート
Taschner	Tasman タスマン*	タタルニコフ*	タチヤーナ		タウベルト
タシュナー	Tasmin タスミン	Tataroglu タタロウル	タチヤナ	Taubes	
タッシュナー	Tasmuradov	Tatarsky タタルスキー	タティアナ		タウバス
Taṣer タシェル	タスムラドフ	Tatarusanu	Tatlin		タウベス
Tasfaout タスファウ	Tasnadi タスナジ	タタルシャヌ	タートリン		トウブズ
Tasha	Tasnádi タスナーディ	Tatatungγa	トリン		トーブス*
ターシャ***	Tasnady タスナーデュ	タタトゥンガ	Tathses タトルセス		トーベス
ターシャー	Tasos タソス	Tataw タタウ	Tatlow タトロー	Taubin トウビン	
タシャ*	Tasovac タソバッツ	Tatchell タッチェル	Tatola タトラ	Taubira トビラ	
Tashakkori タシャコリ	Tasrif タスリフ	Tatcheva タチェバ	Tatom タトム	Taubman	
Ta-Shan タイザン	Tass タス*	Tatçı タトゥジュ	Taton タトン		タウブマン
Tashaun タショーン	Tassali タスサリ	Tate	Tatossian タトシアン*		トーブマン**
Tashbayev タシバエフ	Tassarajen	タート	Ta-t'ou タットウ	Taubmann タウブマン	
Tashery タッシュリー	タサラジェン	テイト**	Tatro タトロ	Taucher タウヒャー	
Tashevska	Tassaux タッソー	テート***	Tatroe テーター	Tauchert トーカート	
タシェフスカ	Tassé タッセ	Tately テイトリー	Tats タツ	Tauchner タウシュナー	
Tāshfīn ヤースィーン	Tassel タッセル	Tatem テイタム	Tatsha ターシャ	Tauchnitz	
Tashi タシ**	Tassi タッシ	Tates テイツ	Tatsiana タチアナ		タウフニッツ
Tāshifīn	Tassie	Tatham	Tatsuno タツノ	Taudin トダン	
ターシフィーン	タシー	タサム	Tattam タッタム	Taufa'ahau	
ターシュフィーン	タッシー*		Tatten タッテン		タウファアハウ
Tashima タシマ	Tàssies タシエス	テイサム	Tattersall	Tāufaʻāhau	
Tashira タシラ	Tassigny	テイタム		タタソル	ターウファアーハウ
	タシニ	Tati		タタソール	Taufatofua
	タシニー	タチ**		タッタソール	タウファトフア
	Tassilo タッシロ	タティ		タッタソール*	Taufete'e タウフェテー

Taufe'ulungaki タウフェウルンガキ	タウシック タウシッグ* タウセッグ トウシグ トーシッグ	Tavi タヴィ	Tayādhūq タヤーズーク	タイップ*	
Taufik タウフィク* タウフィック*		Taviani タヴィアーニ** タビアーニ	Tayan タヤン	Tazafy タザフィ	
			Tayari タヤリ	Taze テイズ	
Taufiq タウフィク タウフィック**	Taussky タウスキ	Tavis テイビス	Taybe タイベ	Tazegul タゼギュル	
		Tavistock タビストック*	Taye タエ	Tazegül タゼギュル*	
Täuke タウケ	Taut タウト** タウトー	Tavo タボ	Tayeb タイエブ タイプ	Tazewell タズウェル テイズウェル	
Taukelina タウケリナ		Tavola タボラ			
Taulafo タウラフォ	Tautai タウタイ	Tavon タボン	Tayebnia タイエブニア	Tazhdarova タジダーロヴァ	
Taulant タウラント	Tautou トートゥー トトゥ*	Tavoni タボーニ	Tayer タエル	Tazhin タジン	
Tauler タウラー* タウレル		Tavoularis タヴラリス	Tayfoor テイフーア	Tazieff タジェフ タジェフ	
	Tautschnig タオチュニク	Tavris タヴリス	Tayfur タイフル		
Tauli タウリ		Taw トー	Tayib タイブ	Tazzyman タジィーマン	
Taulli トゥーリ*	Tautz タウツ	Tawa タワ	Tayiji タイジ	Tbeishat トベイシャト	
Taulupe タウルペ	Tauziat トージア*	Tawaddud タワッドゥド	Tayiji タイジ	Tchabi チャビ	
Taumalolo タウマロロ	Tauzin トーザン** トージン	Tawakel タワッケル*	Tayir タイル	Tchabinandi チャビナンディ	
Taumoefolau タウモエフォラウ		Tawakkol タワッコル*	Taylan タイラン**	Tchachina チャシナ	
Taumoepeau タウモエペアウ	Tavaga タバガ	Tawantawan タワンタワン	Tayler テイラー テイラー* テーラー	Tchad チャド	
	Tavai タビ	Tawatha タワサ		Tchaikovskaja チャイコフスカヤ	
Taunay トーネー トネ	Tavakoli タバコリ**	Taweel タウィール		Tchaikovsky チャイコフスキー* チャイコフスキイ チャイコフスキイ	
Tauno タウノ	Tavannes タヴァンヌ	Tawema タウェマ	Tayloe テイロー		
Taunton タウントン トーントン	Tavares タヴァーリス* タヴァーレス タヴァレス* タバーレス タバレス	Tawéma タウェマ	Taylor タイラー* タイロル テイラー* テイラ テイラー*** テイラァ テイロア テイロル テーラ テーラー*** テーロール テーロル テロール		
		Tawera タウェラ		Tchakpele チャクペレ	
Taupin トーピン*		Tawes トーウェス		Tchala チャラ	
Taur タウア タウル*		Tawfeeq タウフィーク		Tchalim チャリム	
	Tavares Veiga タバレスベイガ	Tawfiq タウフィーク* タウフィク		Tchalla チャラ	
Tauran トーラン	Tavarez タバレス** タバレツ			Tchamdja チャムジャ	
Taurasi トーラジ		Tawfiq タウフィーク		Tchami チャミ	
Taurean トーリアン トリアン	Tavaris タバリス	Tawfīq タウフィーク テウフィク		Tchane チャネ	
	Tavarone タヴァローネ			Tchangai トチャンガイ	
Taurellus タウレルス	Tavarres タバレス	Tawhīdī タウヒーディー	Taylor-lewis テイラールイス	Tchango チャンゴ	
Tauriala タウリアラ	Tavartkiladze タヴァルトキラーゼ	Tawil タウィル		Tchantouria チャントーリア	
Taurima トーリマ	Tavaststjerna タヴァストシェルナ タヴァストシャーナ	Tawin タウィン	Taymazov タイマゾフ**	Tchanturia チャントゥリア	
Taurin トーラン		Tawita ターウェータ	Taymiyah タイミーヤ	Tchao チャオ	
Taurines トーリーヌ		Tawney トーニイ トーニ トーニー* トーニイ トーネイ	Taymīyah タイミーヤ	Tcharents' チャレンツ	
Taurino タウリノ	Tavaszy タヴァシ		Taymor テイモア**	Tcharney チャルニー	
Taurinus タウリーヌス タウリヌス	Tavau タバウ		Taymourian テイムーリヤーン テイムリヤン*	Tchatat シャタ	
Tauriskos タウリスコス	Tavcar タフカル			Tchato トチャト	
	Tavecchio タベッキオ		Taymūr タイムール	Tchawa チャワ	
Taurog タウログ*	Tavee タビー	Tawny タウニー	Taymuriyaa タイムリヤー	Tcheky チェキ チェッキー*	
Taurus タウルス	Tavelić タヴェリッチ	Tawornseth タウォンセート*			
Taus-Bolstad タウスボールスタッド	Tavella タヴェッラ	Tawosret タウセレト	Tayot タイヨ	Tchelitchev チェリチェフ	
	Tavener タヴナー タブナー*	Taw Sein Ko トーセインコウ	Tayron タイロン	Tchelnokov チェルノコフ	
Tausch タウシュ		Tawwab タワブ	Tayseer タイシール タイセル	Tchen チェン	
Tausen タウセン	Tavenner タヴァンナー	Tax タックス		Tchepalova チェパロワ*	
Tausi タウシ	Tavera タベラ	Taxil タクシル タックシル	Tayshaun テイショーン*		
Tausig タウシク タウジグ タウジッヒ タウジヒ	Taveras タベラス*		Ta-yu ダーユー	Tchepikov チェピコフ	
	Taverna タヴェルナ		Tayyarah タヤラ	Tcherepnin チェレプニン	
	Taverner タヴァーナー タヴァナー タバナー	Taxile タクシル Taxilēs タクシレス	Tayyeb タイブ	Tcherezov チェレゾフ	
Tausinga タウシンガ	Tavernier タヴェルニエ*** タベルニエ	Taxis タクシス	Tayyib タイイブ* タイイブ	Tcherina チェリーナ* チェリナ	
Tausk タウスク*		Tay タイ テイ*			
Taussig タウシグ	Taves テイブス	Taveze テイベス	Tayyip タイイプ		
	Tavhain タブハイン	Taya タヤ**			

Tcherkassky チェルカスキー	テア ティー* ティア**	Tebbs テップス テブス	Tedi テディ Tediashvili テディアシュビリ	Tefo テフォ Tefsen テフセン
Tcherkesoff チェルケゾフ	Téa テア**	Tebbutt テビット	Tedjo テジョ	Tega テガ
Tchernaja チェルナーヤ	Teabo テアボ	Tebeau テボー	Tedlow テドロー	Tegenfeldt ティゲンフェルト
Tchernavin チェルナアヴィン	Teach ティーチ	Tebelelo テベレロ	テドロウ	Tegengren テゲングレン
Tchernicheva チェルニチェワ	Tead ティード* ティド	Tebenikhin テベニヒン	Tedros テドロス	Tegenu テゲヌ
Tchernichovsky チェルニホフスキー	Tea-dong テドン	Tebo テボ	Tedrow テドロウ	Tegetthoff テゲットホッフ
Tchernichowsky チェルニコウスキー	Teagarden ティーガーデン	Teboul トゥボール	Tedy テディ*	テーゲットホフ テゲットホフ
Tchernikovsky チェルニコウスキー	Teagi テアギ	Tebow ティーボウ*	Tee ティー*	Teggart テッガアト
チェルニコフスキー	Teague ティーグ*	Teburoro テブロロ*	Teear ティヤー	Tegh テーグ
Tcherno ティエルノ	テーグ	Tebus テープス	Teece ティース	Tegin テギン
Tchernyshevsky チェルヌイシェーフスキー	Teahen ティーエン	Tecau テカウ	Teed ティード	Tegla テグラ*
	Tea-in テイン	Tecău テカウ	Teegarden ティーガーデン*	Tegliacci テリアッチ
Tchertkoff チェルトコフ	Teaiwa テアイワ	Tecchi テッキ	Teege テーゲ	Tegmark テグマーク
Tchessa チェサ	Teal ティール* テール	Tech テック	Teehan ティーハン	Tegner テグナー
Tcheumeo チュメオ**		Techaphaibuul テチャパイブーン	Teejan ティージャン	Tegnér テグネール*
Tcheuméo チュメオ	Teale テアル ティール*	Techavaanich テチャワーニット	Teekachunhatean ティーカチュンハティーン	テグネル テングネール
Tchiana チアナ		Techelmann テッヒェルマン	Teekaputisakul ティーカプティサクル	Tegüder タクーダール
Tchiani チアニ	Team ティーム	Techiné テシネ	Tee Keat ティーキアット	テグデール
Tchibambéléla チバンベレラ	Teambo テアンボ	Téchiné テシネ*	Teel ティール	Teguedi タクディ
Tchicaya チカヤ	Teannaki テアンナキ**	Techintong テチントン	Teeler ティーラー	Teguh トゥグ
Tchiguichev チギシェフ	Tear ティア ティアー	Techo テチョ	Teellinck テーリンク	トゥグー
Tchikaidze チカイゼ	Teare ティア*	Techow テッヒョー テヒョウ	Teemu ティーム	Teh テー*
Tchimadem キマデム	ティアー ティーレ	Tecilla テチッラ	テーム**	Teheran テラーン
Tchiressoua トシレソーア	Teariki テアリキ	Teck テック*	Teena ティーナ*	Te Heuheu タヒューヒュー
Tchiroma Bakary チロマバカリ	Tearle タール	Teck-Chai テクチャイ	Teer ティール	Téhoua テウア
Tchobanoglous チョバノグラス	テアール ティール	Teckentrup テッケントラップ	Teera ティーラ	Tehranian テヘラニアン
チョバノグロス	Teasdale ティースデイル	Teckentrupp テッケントラップ	Teeraarojjanapong ティアラロンジャナポン	Tehseen テシーン
Tchombi チョンビ	ティーズデイル ティースデール	Teck-fong テクホン	Teerakiat ティラキアット	Tei テイ**
Tchonai チョナイ	ティーズデール* ティスデール	Teck Puat テックパ	ティーラキアット	Teiaua テイアウア
Tchórzewski トフジェフスキ	Teasdill ティーズディル*	Teck Soon テクスーン	Teerling ティアリング	Teich タイク タイヒ
Tchoukriel チュクリエール	Teasley ティズリー	Tecla テクラ	Teerlink ティアリンク*	ティシュ
チュクリエル	Teatao テアタオ**	Tecumseh テカムサ テカムセ	Teese ティース*	Teicher タイシャー*
Tchoullouyan チュローヤン	Teays ティーズ	テクムセ	Teetaert テータールト	ティッシャー
Tchoutang チャウタング	Teb テブ	Ted テッド***	Teétart テタール	Teichert タイヒェルト
Tchrikishvili チリキシビリ	Tebaldi テバルディ**	テド	Teetgen ティージェン	Teichgraeber タイヒグレーバー
Tchubar チュバール	Tebaldini テバルディーニ	Tedaldi テダルディ	Teetor ティーター	Teichler タイヒラー
Tchuente チュエンテ	Tebao テバオ	Tedandiko テダンディコ	Teets ティーツ*	Teichman タイクマン
Tchuinté チュアンテ	Tebar テバル	Tedd テッド	Teeuwen テーウェン	ティチマン
Tchuruk チュルック	Tebas タバス	Tedder テッダー	Teewe テーベ	Teichmann タイクマン
Tcitchao チチャオ	Tebay テベイ	Teddi テディ	Téfel テフェル	タイヒマン**
Te テ*** テー	Tebben テブン	Teddie テディ	Tefera テフェラ	Teichmuller タイヒミュラー
Té テ	Tebbetts テベッツ*	Teddlie テッドリー	Teferi テフェリ	Teichmüller タイヒミュラー
Tê テー*	Tebbit テビット	Teddy テディ***	Teferra タファッラ	Teichner タイシュナー
Tea テ*	Tebboune テブネ	テディー**	Teffi テッフィ*	Teicholz タイショロツ
	テブン	Tedeschi テデスキ**	テフィ*	Teichova タイコーヴァ
		Tedeschini テデスキーニ	Tefft テフト	Teieira テイシェイラ
		Tedesco テデスコ*	Teflingel テフリンゲル	Teige タイゲ
		Tedeusz タデウシュ	Teflon テフロン	
		Tedeyev テデエフ*	Tefnakht テフナクト テフネケト	

Teigl タイグル	Tejaratchi テジャラッチ	Tele テレ	Telipinu テリピヌ	Temam テマム
Teignmouth テーンマス	Tejasānanda テジャサーナンダ	Telê テレ*	Telipinuš テリピヌ テリピヌシュ	Temanza テマンザ テマンツァ
Teii テイ	Telecus テレクロス	Telis テリーズ	Temari テマリ
Teik テイク	Tejasvi テージャスウィ	Telefoni テレフォニ	Telito テリト	Temarrick テマリック
Teike タイケ*	Teje テーエ	Tēlegonos テレゴノス	Téliwel テリウェル	Temate テマテ
Teilhard テイヤール* テヤール	Tejeda ティエダ テヘダ	Teleguario テレグアリオ	Telkes テルケス	Tembenu テムベヌ
	Teleki テレキ	Tell テル*	Tembo テンボ
Teilhet ティーレット*	Tejedor テヘドール	Tēlekleidēs テレクレイデス	Tellart テラール	Teme テメ
Teilo テイロ	Tejera テヘーラ テヘラ	Telemachos テレマコス	Tellefsen テレフセン	Temeki テメキ
Teima テイマ		Tellegen テレヘン**	Temengil テメニル テメンギル
Teimumu テイムム	Tejerina テヘリーナ	Tēlemachos テレマコス	Tellem テレム*
Teimuraz ティムラズ	Tejero テヘーロ	Tēlémachos テーレマコス	Tellen テレン*	Temenov テメノフ
Tein テイン	Tejon テホン*	Telemachus テレマクス	Tellenbach テレンバッハ*	Temenuzhka テメヌジカ
Teina テイナ	Tejraj テジラジ*		
Teio タイオ	Teju テジュ*	Telemaco テレーマコ テレマコ	Teller テラー***	Temer テメル*
Teipel タイブル	Tejwani テージワーニ		Telleria テリェリア	Téméraire テメレール
Teipner テイプナー	Tek テック	Telemann テーレマン テレマン	Telles テーリス テルズ テーレス テレス**	Temerson テマーソン
Teippan テイッパン	Tekaiara テカイアラ		Temes テムズ テメシュ
Teiraoi テイラオイ	Tekakwitha テカクウィサ テカクウィタ	Telep テラップ テレップ	
Teiresias テイレシアス		Tellez テレス テレズ	Temessy テメシュイ
Teirlinck タイルリンク テイルリンク テールリンク	Tekanene テカアネネ	Telephorus テレスフォルス	Téllez テジェス*	Temin テミン**
	Tekavec テカヴェク		Telliano テリアノ	Temir テミール テミル
Teisberg タイスバーグ テイスバーグ	Tekbir テクビール		Tellier テリエ**	
	Tekebay テケバイ	Tēlephos テレフォス	Tellinger テリンジャー	Temirbek テミルベク
Teisias テイシアス	Tekee テケ	Teler テレル	Tellington テリントン	Temirkanov テミルカーノフ**
Teisikrates テイシクラテス	Tekeleberhan テクレベルハン	Telerig テレリグ	Tellini テッリーニ テリニ	Temirkhan テミルハン
	Telesheva テレシェヴァ		Temístocles テミストクレス
Teisseire テセール*	Tekelemariam テクレマリアム	Teleshov テレショーフ テレショフ	Tellis テリス*	Temistocre テミストークレ
Teisserenc テースラン テスラン	Tekeli テケリ	Telesilla テレシッラ テレシラ	Tello テージョ テジョ テーヨ	Temizel テミゼル
	Tekelija テケリア			Temkin テムキン
Teissier テシエ	Tekeoglu テケオグル	Telesio テレージオ テレシオ テレジオ	Tellstrom テルストロム	Temko ティエムコ
Teissig タイシッヒ	Tekeste テケステ		Telly テリー*	Temm テム
Teitel タイタル* テイテル	Tek Hoay テックホイ		Telma テルマ	Temma テーマ
	Tekia テキア	Telesphóros テレスフォルス テレスフォロス	Tel'man テリマン	Temman テマン*
Teitelbaum タイテルバウム* タイテルボーム テイテルバウム	Tekicchakāni テーキッチャカーニ		Telmányi テルマーニ	Temmar テマール
	Teleutovic テレトビッチ	Telmessani テルミサニ	Temminck テミンク
	Tekin テキン**	Telestēs テレステス	Telmo テルモ	Temmy テミー
Teixeira ターシャール テイクセイラ テイクセラ テイシェイラ テイシェイラ** テイセイラ テシェイラ* テスクエアラ	Tekinalp テキンアルプ	Telets テレツ	Telo テロ	Temnyk テムニク
	Tekish テキシュ	Teleutias テレウティアス	Telo Delgado テロデルガド	Temo テモ
	Tekkari テカリ	Telewoda テレウォダ	Telotte テロッテ	Temoku テモク
	Tekla テクラ	Telewski テリュースキー	Telsa テルサ	Temoshok ティモショック テモショック
	Teklemikael テクレミカエル	Telfair テルフェア	Telsche テルシェ	
Teixeira Da Cruz テイシェイラダクルス	Tekori テコリ	Telfer テルファー	Teltschik テルチク* テルチック	Tempel テンペル
	Tekper テクパー	Telford テルファード テルフォード*		Tempelaars テムペラース
Teixeria ティシェイラ テイシェイラ	Tekpetey テクペティ		Telukluk テルクルック	Tempels テンペルス
	Tekshi テクシ テクチ	Telian テリアン	Telusa テルサ	Temperley テンパリ テンパリー**
Tej テート		Teliana テリアナ	Telushkin テルシュキン*	
Tejada テハーダ** テハダ*	Tekulve テカルヴィー	Teliau テイロ	Telva テルヴァ テルバ	Temperton テンパートン*
	Telakāni テーラカーニ	Telichkina テリチキーナ		Tempest テンペスト**
	Telamōn テラモン		Telvin テルビン	Tempesta テンペスタ
Tejan テジャン**	Telang テーラング テラング	Telingater テリンガーテル	Tem テム**	Tempesti テンペスティ
Tejan-jalloh テジャンジャロ	Telavi テラビ*			Tempestini テンペスティーニ
	Telchin テルチン			

Tempier タンピエ, タンピエ	**Tendriakov** チェンドリャコフ, テンドリャコーフ, テンドリャコフ	**Tenn** テン** **Tennakoon** テンナクーン	**Teo** テオ** **Te'o** テイオ **Teobaldo** テオバルド	チニブロフ, チニブロフ **Teplova** テプロヴァ
Templar テンプラー* **Temple** タンプル, テンプル***	**Tendryakov** テンドリャコーフ, テンドリャコーフ*	**Tennant** テナント*** **TenNapel** テンネーベル* **Tennekes** テネケス*	**Teoder** テオドール **Teodor** テオドール*, テオドル*	**Tepper** テッパー* **Tepperman** テッパーマン
Templeman テンプルマン* **Templer** テンプラー **Templesmith** テンプルスミス	**Tenducci** テンドゥッチ **Tendulkar** テンドゥルカール **Tendulkar** テーンドゥルカル	**Tennekoon** テナクーン **Tennent** テナント, テネント	**Teodorani** テオドラーニ **Teodorescu** テオドレスク **Teodorico** テオドリーコ, テオドリコ	**Teppler** テップラー **Teppo** テッポ **Teptsov** チェプツォフ **Tepya** テピア
Templeton テンプルトン*** **Templewood** テンプルウッド	**Tené** テネ **Tenen** テネン **Tenenbaum** テネンバウム*, トナンボーン	**Tenner** テナー* **Tenneshaw** テンネショウ **Tenneson** テネソン* **Tennesse** テネシー	**Teodorini** テオドリーニ **Teodoro** チョドロ, テオドーロ, テオドロ**	**Ter** テア, テル** **Terabust** テラブスト **Terada** テラダ
Templin テンプリン **Tempo** テンポ **Temporão** テンポラン	**Teneng** テネング **Teneqexhiu** テネケチェジウ	**Tennessee** テネシー**, テネシイ **Tennessen** テネンセン **Tenney** テニ, テニー**, テニイ, テネー	**Teodorovici** テオドロビッチ **Teodosii** テオドシー **Teodovich** テオドビッチ	**Teran** テラン** **Terán** テラン* **Terap** テラップ **Terapiáno** テラピアーノ **Terasaki** テラサキ
Temporin テンポリン **Temrezov** テムレゾフ **Temsi** テムジ **Temte** テンティ* **Temu** テム*	**Tener** テナー **Tenerani** テネラーニ **Tenet** テネット* **Tenev** テネフ* **Tenfjord** テンフィヨール*	**Tennhardt** テンハルト **Tenniel** テニエル* **Tennien** テニエン **Tennstedt** テンシュテット*	**Teofil** テオフィル **Teofilo** ティオフィロ, テオーフィロ, テオフィロ **Teófilo** テオフィロ* **Teofilovich** テオフィロヴィチ	**Teräsvirta** テラスビルタ **Teravainen** テラベイネン* **Terban** ターバン **Terbèche** テルベシュ
Temüder テムデル **Temüge** テムゲ **Temügetü** テムゲト **Temüjin** テムジン **Temur** テムル **Temür** ティムール, テムル	**Teng** テン **Tengbliachue** テンブリアチュ **Tengbliavue** テンブリアチュ **Teng-cheong** テンチョン**	**Tenny** テニ, テニー*, テンネー **Tennyson** テニスン*, テニソン* **Tenon** テノン **Tenor** テナー	**Teofimo** テオフィモ **Teofisto** テオフィスト** **Teoh** テオ **Teoke** テーケ **Teokharova** テオハロヴァ	**Terbishdagva** テルビシダグワ, テレビシダグバ **Terborch** テルボルク, テルボルヒ, テル・ボルフ, テルボルフ
Temuujin テムージン **Temuulen** テムーレン **Temuuzhin** テムージン **Ten** テン*** **Tena** テナ	**Tengelyi** テンゲイ **Tenggeri** テンゲリ **Teng-hui** デンホイ **Tengiz** テンギス* **Tengizbayev** テニスバエフ	**Tenorio** テノーリオ, テノリオ* **Tenorth** テノールト, テノルト* **Ténot** テノ	**Teorey** テイオリー* **Teoscar** テオスカー **Teow** トロウ **Tepaeru** テパエル **Tepas** テパス	**Terborgh** ターボー **Terboven** テルボーフェン **Terbrugghen** テルブリュッヘン, テルブルッヘン
Tenace テナス **Tenadze** テナーゼ **Tenaille** トゥナイユ **Tenāli** テナーリ **Tenant** テナント **Tenaua** テナウア	**Tengku** テンク, トゥンク **Tengström** テングストリョム, テングストレム	**Tenovuo** テノヴー, テノブゥオ* **Tenreiro** テンレイロ **Tenskwatawa** テンスクワタワ **Tensung** テンソン	**Tepedelenli** テペデレンリ **Tepera** テベラ **Teperik** テベリク **Tepes** ツェペシュ **Tepeș** ツェペシュ	**Terceiro** テルセイロ **Terceros** テルセロス **Terease** トゥレイズ **Terebilov** テレビロフ **Terek** テレク
Tenberken テンバーケン* **Ten Boom** テンブーム **Tenbrink** テンブリンク **Tenbrook** テンブルック **Tenbruck** テンブルック* **Tenbrunsel** テンブランセル	**Ten Have** テンヘイブ **Tenhunen** テンフネン **Tenier** テニエール **Teniere** トゥニエール **Teniers** テニエ, テニエルス, テニールス	**Tenta** テンタ **Tentacion** テンタシオン **Tentler** テントラー **Tentoa** テントア **Tentoglou** テントグル **Teny** テニー	**Tepfenhart** テッフェンハート **Téphany** テファニー **Tepl** テープル, テプル, テーベル **Teperik** テベリク **Teplin** テプリン **Teplitz** テブリッツ	**Terekhin** テレヒン **Terekhov** テーレホフ, テレホフ **Terekhova** テレホヴァ, テレホワ **Terele** テレーレ **Terena** テレナ **Terence** テランス, テリー, テレンス***
Tenca テンカ **Tencin** タンサン **Tendai** テンダイ **Tendayi** テンダイ **Tendekai** テンデカイ **Tendekayi** テンデカイ* **Tendeng** テンデン **Tender** テンダー **Tendler** テンドラー **Tendre** タンドル	**Tenieu** テニエウ **Tenin** チェーニン **Tenison** テニスン, テニソン* **Tenitchi** テニッチ **Tenjua** テンジュア **Tenk** テンク **Tenkanen** テンカネン **Tenkorang** テンコラン **Tenky** テンキー* **Tenllado** テンヤード	**Tenzer** テンザー, テンツァー **Tenzin** テンジン** **Tenzing** テンジン** **Tenzing Gyatso** テンジンギャツォ	**Teplizky** テブリスキ **Teploukhov** テプロウーホフ **Teplov** チェブロフ, チェブロフ	**Terenin** テレーニン **Terent** テラント **Terent'ev** テレンシェフ, テレンチェフ **Terentia** テレンチア

Terentievich テレンチエヴィチ
Terentius テレンチウス／テレンティウス*
Terentyev テレンチェフ
Terepai テレパイ*
Terernikov テテールニコフ
Teresa タリーザ／テリーサ／テルサ／テレーサ／テレーザ**／テレサ***／テレザ*／テレジア
Terese テレーズ*／テレーゼ
Tereshchenko テレシチェンコ**
Tereshchuk テレシチュク／テレシュク
Tereshkina テリョーシキナ*
Tereshkova テレシコヴァ／テレシコワ**
Teresi テレージ／テレシ／テレシー*
Térésia テレジア
Teresinka テレシンカ
Teresio テレージオ／テレジオ
Teresita テレシタ*
Tereska テレスカ
Teressa テレサ
Terestchenko テレスチェンコ
Teret テレ
Téréta テレタ
Tēreus テレウス
Teréz テレーズ
Tereza テレーザ／テレサ／テレザ**
Terézia テレツィア
Terfel ターフェル*
Terfloth ターフロス
Tergat テルガト**／テルガド
Tergit ターギット*
Terhaar テアハール*
Terheyden テレヘイデン
Terhorst ターホスト／テルホルスト
Terhune ターヒューン*／ターヒュン*
Teri テリ**／テリー**／トゥリ
Tériade テリアド
Teriao テリアオ
Terill テリル
Terim テリム*
Terisa テリサ
Terisio テリージョ
Teriyapirom テリヤピロム
Terje タリエ／テーリエ／テリエ*
Terjesen テーリエセン
Terkal テルカル
Terkel ターケル***
Terkper テクパー
Terlazzo タラゾ
Terlesky ターレスキー
Terletskii テルレッキー
Terloeva テルローヴァ*
Terlouw テルラウ*
Terman ターマン**
Termansen ターマンセン
Termen テルミン
Termeulen テルミューレン
Termin テルミン
Termina テルミナ
Terminator ターミネーター
Ter-Mkrtchyan テルムクルトチアン
Ter Mors テルモルス*
Termpittayapaisith トゥームピッタヤパイシット
Termuhlen タームーレン
Ternina テルニナ
Ternovtsev テルノフツェフ
Tero テロ**
Ter-Ovanesyan テルオバネシアン
Terpandros テルパンドロス
Terpenning ターペニング
Ter-Petrosian テルペトロシャン
Ter-Petrosyan テルペトロシャン
Terpigorev テルピゴーレフ
Terplan ターブラン
Ter-Pogossian ターポゴシアン
Terpstra タープストラ／テルプストラ*
Terr テア*
Terra テーラ／テラ*
Terrace テラス
Terracini テラチーニ
Terradella テラデッラ
Terradellas テラデリャス
Terrados テラドス
Terragni テッラーニ
Terrail チライユ／テライユ**
Terraine テレイン／テレン
Terral テラル
Terran テラン
Terrance テランス*／テレンス
Terrani テッラーニ*／テルラーニ
Terranova テッラノーヴァ*／テッラノーバ／テラノヴァ／テラノバ
Terrapon テラポン
Terras テラス*
Terrasse テラス
Terrasson テラソン
Terray テレイ*
Terrazas テラサス
Terrazzini テラッツィーニ
Terrazzino テラッツィーノ
Terré テレ
Terrel テレル
Terrell テレール／テレル***
Terrelle テレール
Terrence ターランス／テレンス***
Terreni テレーニ
Terrenz テレンツ
Terres テレス
Terreson テレソン
Terrett テレット
Terri テッリ／テリ*／テリー*
Terrid テリド
Terrie テリー*
Terrien テリアン／テリエン*／テリヤン
Terrientes テリエンテス
Terrill テリル**
Terrin テリン**
Terrio テリオ
Terris テリス**
Terriss テリス
Terrisse テリッセ
Territo テリート
Terrmel ターメル
Terro テロウ
Terron テロン
Terrosi テッロージ
Terrot テロット
Terrou テルー
Terry テリ*／テリー***／テリィ
Terryl テリル
Tersánszky テルシャーンスキ
Terslev タースレフ
Terson ターソン
Tersteegen テルシュテーゲン／テルステーゲン
Tersztyánszky テルチャンスキー
Tertelije テルテリエ
Terter テルテル
Tertios テリテオ／テルティオ／テルテオ
Terras テラス*
Tertis ターティス*
Tertius ターシャス／テルティウス
Tertrais テルトレ
Tertre テルトル
Terts テルツ
Tertullian テルトゥリアヌス
Tertullianus テルツリアヌス／テルトゥリアヌス／テルトゥリアーヌス／テルトゥリアヌス*／テルテュリアヌス
Tertullus テルティロ
Tertyllos テルティロ／テルトルス／テルトロ
Tertz テルツ
Tertzakian ターツァキアン
Teruaki テルアキ
Teruzzi テルッツィ
Tervani テルヴァニ／テルバニ
Tervel ターベル／テルヴェル
Terwilliger ターウィリガー／ターウィリジャー／テゥィリガー
Terwin テルヴィン
Terwogt タウォクト
Téry テリー
Teryan テリアン
Teryl テリル
Terzaghi テルツァーギ／テルツァギ／テルツァギー
Terzakis テルザキス
Terzani テルツァーニ*
Terzi テルジ／テルツィ
Terzić テルジッチ*
Terzidis テルジディス
Terzieff テルジェフ／テルズィエフ／テルツィエフ
Terziev テルジエフ
Terzis テルシス／テルジス
Tesar テサー／テサール
Tesauro テザウロ
Teschemacher テシェマハー
Teschke テシィケ
Teschmacher テシュマッハー
Teschner テシュナー／テッシュナー
Tescon テスコン
Tesconi テスコニ
Te-se テセ*
Tesfai テスファイ
Tesfasellassie テスファセラシエ
Tesfaye タスファイエ／テスファイエ／テスファエ
Tesh テシュ
Teshayev テシャエフ
Tesheira ティシャラ
Te-sheng ダーション*
Teshome テショメ**
Teshuva テシューヴァ*
Tesi テージ
Tesich テシック
Tesing テジング
Tesio テシオ
Teske テスキ／テスケ
Tesla テスラ**
Tesler テスラー*
Tesmer テスマー

Tesni テスニー
テステュー
Teuber
　トイバ
　トイバー
Tevita
　テヴィタ
　テビタ*
Tezozomoc テソソモク
Tesnière テニエール*
Tešub テシュブ
Tha
　タ
　ター
Tesnohlidek
　チェスノフリーデク
Tetabea タタベア
Teubner
　トイブナー*
　トイブナー**
Tevzadze テブザゼ
Tha'ālibī
　サアーリビー
　タアリビー
Tesolin テソリン
Tetabo タタボ
Tew
　チュー
　テュー
Tesori テソリ
Tetamashimba
　テタマシムバ
Teuea テウエア
Tesreau
　テスロー
　テズロー
Tetangco テタンコ*
Teufel
　タフル
　トイフル
Tewan テワン
Thaawar タワル
Tétart テタール
Tewanima テワニマ
Thabane タバネ**
Tetaua タタウア
Teuffel
　トイフェル
　トイフェル
Tewareka テワレカ
Thabet
　シャベット
　ターベット**
Tess テス**
Tetaz テタス
Tessa
　テーサ*
　テサ*
　テッサ**
Tete テテ*
Tewari ティワリ
Tété テテ*
Teteh-enyo テテエニョ
Teukolsky
　テューコルスキー
　トイコルスキー
Tewarie テワリー
Thabiso タビソ
Tetelman テテルマン
Tewdwr テウドゥル
Thabit
　サビット
　サービト
Tessa Mangal
　テッサマンガル
Tetenbaum
　テーテンバウム
Teukros テウクロス
Tewelde テウェルデ
Tessari テッサリ*
Teuku
　テウク
　テュック
Tewell ツール
Thābit
　サービット
　サービト
　タービット
　タービト
Tetens
　テーテンス
　テテンス
Tewes
　チュウズ
　トウィーズ
Tessarini テッサリーニ
Tessaro テッサロ*
Teter ティター**
Tessarolo テッサローロ
Teulade トゥラード
Tewfik
　テウフィーク
　テウフィク
　テヴフィク
　テブフィク
　デブフィク
Tessem テッセム
Teulé トゥーレ**
Thabita タビータ
Teti テティ
Tessenow
　テッセノ
　テッセノー
Teulere トゥレール
Thabo
　ターボ**
　タボ
Tetik テティク
Teulié テュリエ
Tetley
　テットリー
　テトリー*
　テトレイ
Teumer トイマー
Tesser テセ
Thac タク
Teun テーン*
Tewinkel テヴィンケル
Thach
　サッチ
　タク*
　タチュ
　タック*
Tessie テシー
Teunckens
　シュトイケンス
Tewkesbury
　チュウケスベリ
Tessier
　テシエ*
　テシエール
　テッシアー
　テッシェ
Tetlock テトロック
Tewksbury
　テュークスバリー*
　テュークスベリー**
Teungku トゥンク
Tetlow
　テットロウ
　テトロー
Teunissen
　テウニッセン
　テュウニッセン
Tewodros
　テウォドロス
　テオドロス
Thacher サッチャー**
Tessimond テシモンド
Tetmajer テトマイエル
Tessin
　テシーン
　テッシーン
　テッシン
Thaçi
　サチ*
　タチ
Tetrazzini
　テトラツィーニ
　テトラツィーニ
　テトラツィーニイ
　テトラッツィーニ
Teusch
　トイシュ
　トッシュ
Tews テウス*
Tewsley テューズリー*
Thackara サッカラ
Tessina
　テシナ
　テッシーナ
Teuscher トイシャー
Tex
　テクス
　テックス**
Thackaray サッカレー
Teusler トイスラー
Thacker
　サッカー**
　タッカー
Tetrick テトリック
Teut トイト
Tessmer テスマー
Tetricus テトリクス
Teuta テウタ
Texano テハノ
Thackeray
　サッカリ
　サッカリー*
　サッカレ
　サッカレー*
　サッカレイ
　サッカレエ
Tesson テッソン
Tétry テトリ
Teutenberg
　トイテンベルク
Texe テックス
Texel テクセル
Tesssier テシエ
Tetsu テツ
Tessy テシー
Tetsuo テツオ
Teuthras テウトラス
Texier
　テキシアー
　テキシエ**
　テクシエ*
Test テスト
Tett テット*
Teutonicus
　テウトニクス
Testa
　テスタ**
　テスター*
Tettau テッタウ
Teutsch
　トイチ
　トイチュ*
　トーチェ*
Texter テクスター
Tetteh テテ
Tey テイ*
Testard テスタール
Tetter テッター*
Teya テヤ
Tackerai タケライ*
　タッケライ*
Testart テスタール*
Tettleton テトルトン
Teuvo テウヴォ
Teyber タイバー
Testas テスタス
Tet Toe テット―
Tevahitua
　テヴァヒトゥア
Thackray
　サッカレー
　サックレイ
　ザックレイ
Teymur テイムル
Testaverde
　テスタバーディ
　テスタバルディ*
Tettoni テットーニ*
Teynac テナック
Tetuwini タトウィン
Tevaun テボーン
Teyssèdre
　テイセードル
　テイセドル
　テセードル
Thackrey サクリー
Testelin テステリン
Tetyana
　タチアナ
　タチヤナ
Teves テベス
Thackwray サックレー
Teveth テベット
Thacther サッチャー
Tester テスター*
Tevez テベス
Thad
　サッド
　サド**
　タッド*
Testera テステラ
Tetz テッツ
Tévez テベス*
Teysseyre テイセール
Testevuide
　テストヴィード
　テストヴュイド
　テストビード
Tetzaguic
　テザウィック
Tevfik
　テウフィク
　テヴフィク
Teyte
　テイト
　テイト
　テート
Thaddaios
　タダイ
　タッダイオス
Tetzel テッツェル
Tevin
　テヴィン
　テビン*
Testi テスティ
Tetzeli テッツェリ
Teytelboym
　テイテルボイム
Thaddäus
　タデーウス
　タデウス
Testino テスティーノ
Tetzlaff
　テッツラフ
　テツラフ*
Tevis
　テヴィス
　デヴィス
　テビス
Testori テストーリ
Tezak ティザック
Thaddee タッデ
Tetzner
　テッツナー
　テツナー
　テツナー*
Tezduyar テズドヤール
Testu テステュ
Thaddée タデエ
Testud
　テスチュ*
Tézenas テズナ
Tezier テジエ

THA

Thadden タデン
Thaddeus
　サデアス
　サディアス**
　サディウス
　タデウス*
Thadée タデー
Thadominbya
　タドミンビャ
Thae テ
Thae-bok テボク*
Thae-bong テボン
Thae-dok テドク
Thae-hwa テファ*
Thaek テク
Thae-nam テナム
Thaer
　テーア*
　テール
Thae-rok テロク
Thae-sik テシク
Thae-won テウォン
Thae-yong テヨン
Thagard サガード
Thahane タハネ
Thaher ザヘル
Thahim タヒム
Thai タイ**
Thái
　ターイ
　タイ
Thain
　セイン*
　タイン
Thais タイス
Thaís タイス
Thaïs タイース
Thaisa
　ターイサ
　タイーザ*
Thaisetthawatkul
　タイゼッタワトクール
Thaitawat
　タイタワット
Thái Tông タイトン
Thak タック*
Thakali タカリ
Thakazhi タカリ
Thakin タキン*
Thakin Tan Tun
　タキンタントン
Thakkar タッカー*
Thakor
　サコール
　セイカー*
　タコール
Thaksin タクシン**
Thakur
　タークル
　タクール
　タクル
Ṭhākur
　タークル
　タクル
Thal
　サール*

タール*
Tha'lab サアラブ
Thalappil タラッピル
Thalassios
　タラッシオス
Thaláthios タラシオス
Thalatha タラタ
Thalbach タールバッハ
Thalben サルベン
Thalberg
　サルバーグ
　ソールバーグ
　タールバーグ
　タルバーグ
　タールベルク
Thalen
　サレーン
　タレン
Thaler
　サーラー*
　サラー
　セイラー
　セーラー
　ターラー*
Thalès
　タレース
　タレス*
Thaletas
　タレーータス
　タレタス
Thalgott タルゴット
Thalheim
　タールハイム
Thalheimer
　タールハイマー
Thalhofer
　タールホーファー
Thalia
　サリア*
　タリア
Thaller
　タレール
　タレル
Thalles ターレス
Thalley サリー
Thalma タルマ
Thalmann
　タールマン*
　タルマン
Thälmann テールマン
Thalmus サルマス
Thalun タールン
Tham タム*
Thamanya ターマニャ
Thamar タマール
Thamas トーマス
Thamassian
　タマシアン
Thambi タンビ
Thambwe Mwamba
　タンブエムワンバ
Thambyapa
　タンブヤッパ
Thame テイム
Thamer
　サメル
　ターマー

Thames
　ティムズ
　テームズ
Thamhain
　タームハイン
Thamil タミル
Thamilchelvan
　タミルセルバン
Thamir サーミル
Thamm サム
Thammachayō
　タンマチャヨー
Thammarak
　タンマラク
Thammasak
　タマサク**
　タムマサック
Thammasith
　タマシット
Thammathibeet
　タンマティベート
Thammathibet
　タムマティベート
Thammavong
　タマウォン*
　タンマウォン
Thamnoon タマスーン
Thamrin タムリン
Thamrong タムロン
Thamrongnawasawat
　タムロンナーワーサ
　ワット
Thams タムス
Thamyris
　タミュラス
　タミュリス
Than
　タン***
　ファン
Thanabuul タナブーン
Thanaphonphan
　タナポーンパン
Thanarat
　ターナラット
　タナラット
Thanasi タナシ
Thanasis タナシス
Thanat タナット**
Thandie タンディ
Thane
　セイン*
　セーン*
Thaneeya タニーヤ
Thanet サネット
Thang タン**
Thangamani
　サンガマニー
Thangmar タングマル
Thang pa タンパ
Thang stong タントン
Thangue タンゲ
Thanh
　タイン
　タイン**
　タン**
Thánh タイン

Thành
　タイン
　タイン
　タン
Thanhauser
　タンハウザー
Thanhha タイン・ハ
Thành Thái
　タインタイ
Thành Thái
　タインタイ
Thanh Ton タイントン
Thani
　サーニ*
　サーニー
　サルーニ
　タニ
Thanin
　ターニン
　タニン
Thaning タニング
Thanner タナー
Thanom タノム*
Thanom
　タノーム
　タノム
Thanonchai
　タノンチャイ
Thanong タノン*
Thanopoulos
　タノポウロス
Thanos サノス
Thanou サヌ
Thansamay
　タンサマイ
Than Shwe タンシュエ
Thant
　タン*
　タント
Than-thi ファン・ティ
Thant Myint-U
　タンミンウー
Than Tun タントゥン
Thanya-anan
　タニヤアナン
Thao
　タオ*
　タリオ
Thaon タン
Thap タップ
Thapa タパ***
Thapar
　タパー
　ターパル
　タパル
Thapatula タパトゥラ
Thapelo タペロ
Thaqafi サカフィー
Thara サラ
Thára テラ
Tharakan サラカン*
Tharanon タラノン
Tharaud
　タロー**
　タロウ
Tharcisse
　タルシス

タルシッス
Thärichen
　テーリヒェン
Tharin ターリン
Tharinger
　サリンジャー
Tharlet タルレ**
Tharman ターマン
Tharold サロルド
Tharp
　サープ
　サープ**
　タープ*
Tharpe サープ*
Tharratt サラット
Tharrawaddy
　ターヤーワディ
　タラワディ
Tharsis タルシス
Tharwat サルワト
Thascius タスキウス
Thase
　テイス
　テーズ*
Thasmeen タスミーン
That タット*
Thât タ
Thát タット
Thatcher
　サッチャー***
　ザッチャー
Thate テイト
Thatha ザザ
Thau ソー
Thauer タウアー
Thaugsuban
　トゥアックスバン
Thaulow タヴロヴ
Thaumaturgns
　タウマトゥルゴス
Thaumaturgus
　タウマツルゴス
　タウマトゥルゴス
　タウマトゥルゴス
Thaung タウン*
Thauren ウレン
Thaut タウト
Thavisin タウィシン
Thavorn ターウォン
Thavrith サヴリス
Thaw
　ソー
　トー*
Thawan タワン*
Thaw Dar Swe
　トーダースエー
Thaw Da Swe
　トーダースェ
Thawfor ソウフォー
Thawi タウィー
Thawipworn
　タウィーブウォン
Thawon ターウォーン
Thawrī サウリー
Thaxter サクスター

Thaxton サクストン
Thay タイ
Thaya ターヤ*
Thayaht タヤー
Thayer
　サイアー
　サイヤー
　セア
　セアー**
　セイアー*
　セイヤー**
　セーヤー
　タイヤー
　ティヤー
　テーヤー
Thayne セイン*
The
　テ*
　テー*
Thé テー
Thea
　シーア*
　シア*
　セア
　テーア
　テア***
Theadora セオドア*
Theagenēs テアゲネス
Theaitētos
　テアイテトス
　テアエトゥス
Theaker シーカー
Theano テアノ
Thearon テアロン
Théato テアト
Théâtre テアトル
Thebaud テボー
Thébaud テボー
Thebe テベ
Thebesius テベジウス
Thebitia テビティア
Thebom シーボム
Theby
　スィービー
　テビー
Thecla テクラ
Theda
　シーダ*
　セダ
　チェーダ
　テーダ
　テダ
Thedens テーデンス
Thee
　テー
　テイ
Theera ティーラ
Theerachai
　ティーラチャイ
Theeravit
　ティーラウィット
Theeshan
　ティーシャン
Theia テイア
Thèiault テリオ
Theik Pan テイパン
Theikpan テイパン

Theikpan Maung-Wa
　テェイッパンマウンワ
Theil タイル
Theilade テイラード
Theile
　タイル
　タイレ
Theiler
　セイラー
　セーラー*
　タイラー
Theillier テリエ
Theils タイルス*
Theimer
　サイマー
　タイマー
　テメル
Thein
　タイン
　テイン**
Theiner タイナー
Theinhardt
　タインハルト*
Thein-Hpe-Myint
　テェインペーミイン
Thein Pe Mint
　テインペーミン
Thein Pe Myint
　テインペーミン
Theippan テイパン
Theiren セイレン
Theis サイス
Theisen タイゼン
Theisen Eaton
　タイセンイートン
Theiss タイス
Theissen タイセン*
Theissmann
　タイスマン*
Theiszen タイセン
Thekla テクラー
Thekra ゼクラ
Thelen
　シーレン
　スィーレン
　セーレン
　セレン
　テーレン
Thelesia テレジア
Thelin スィーリン
Thellen セレン
Thellusson テラッスン
Thelma
　セルマ**
　テルマ*
Theloke テローケ
Thelonious
　セロニアス*
　テロニアス
　テロニウス
Thelwall セルウォール
Thelwell
　セルウェル
　テルウェル
Them タエム

Themba
　セムバ*
　センバ
　テンバ
Thembelani
　テンベラニ
Themerson
　テマーソン
　テマソン
　テメルソン
Themis テミス
Themistios
　テミスティオス
Themistocleous
　テミストクレウス
Themistoklēs
　テミストクレス
Theml テムル
Thénard テナール
Thengo センゴ
Theo
　シーア
　シオ
　セオ**
　テーオ
　テオ***
Theo' テオ
Théo
　テオ***
　テオドール
Theobald
　シーアボルド
　シーオボールド
　シオボルド
　シオボールド
　セオバルト
　セオボールド
　セオボールド
　セオボルド
　テオドバルド
　テーオバールト
　テオバールト
　テオバルト*
　テオバルド
Theobaldo テオバルド
Theobaldus
　テオバルドゥス
Theo-Ben テオベン
Theobold テオバルド
Theocharakis
　テオカラキス
Theocritus
　テオクリトス
Theodahad
　テオダハット
　テオダハト
　テオダハド
Theodard テオダルド
Theodardus
　テオダルドゥス
Theodate セオダテ
Theodektas
　テオデクテス
Theodektēs
　テオデクテス
Theoderic
　セオデリック
　テオドリック

Theodericus
　テオデリクス
Theodoor テオドール
Theodor
　シオドー
　シーオドア
　シオドア*
　シーオドール
　セオドアー
　セオドァー
　セオドア***
　セオドア*
　セオドル
　テーオードア
　テーオドーア*
　テーオドア**
　テオードーア
　テオドーア**
　テオドア
　テオドオル
　テーオドール
　テーオドル*
　テオドール
　テオードール
　テオードール
　テオードール***
　テオドール***
　テッド
Théodor テオドール
Theodora
　シオドーラ**
　シオドラ*
　ジオドーラ
　セオドラ*
　ティオドラ**
　テオドーラ
　テオドラ
Theodoracopulos
　テオドラコプロス
Theodorakis
　セオゾラキス
　セオドラキス
　テオドラキス**
Theodore
　シアドー
　シアドア
　シエドル
　シオダー
　シオードー
　シオドー**
　シーオドア
　シオトア
　シオドア***
　シオドール
　スィーオドア
　スイオドア
　セアドー
　セアドア
　セオドー
　セオドーア*
　セオドア
　セオドア***
　セオドアー
　セオドール*
　セオドル
　テオドア
　テーオドール
　テオドール***
　テオドル*
　テオドルス
　テオドレ*
　テオドロ

テオドロス
テッド*
Théodore
　セオドア*
　テオドーア
　テーオドール
　テオドール***
　テオドル*
Theodorescu
　テオドレスク
Theodoretos
　テオドレトス
Theodoretus
　テオドレトゥス
　テオドーレートス
　テオドレトス
Theodoric
　テオデリヒ
　テオドリク
　テオドリック
　テオドリッヒ
Theodorich
　テオドリヒ
Theodoricus
　テオドリクス
Theodoridas
　テオドリダス
Theodoridis
　テオドリディス
Theodorik テオドリク
Theodorini
　テオドリーニ
Theodoropoulos
　テオドロプロス
Theodoropoulou
　セオドロプールー
　テオドロプーロウ
Theodoros
　セオドロス
　テオドールス
　テオドーロス
　テオドロス**
Theodōros
　テオドーロス
　テオドロス
Theódoros
　テオドーロス
　テオドロス
Theodorou セオドロウ
Theodorus
　セオドラス
　テーオドルス
　テオドールス
　テオドルス
　テオドロス
Theodosakis
　セオドサキス
Theodosia
　セオドシア
　テオドシア
Theodosios
　テオドシオス
Theodósios
　テオドシウス
　テオドシオス
Theodosious
　セオドシアス
Theodosius
　セオダシアス
　セオドシアス

Theodosiou
　テオドッシュウ*
Theodotion
　テオドティオーン
　テオドティオン
Theodotos テオドトス
Theódotos テオドトス
Theodre
　セオドア
　テオドア
Théodre テオドール
Theodrich
　テオドリク
　テオドリック
　テオドリヒ
Theodricus
　テオーデリヒ
Theodros セオドロス
Théodule
　テオデュール*
　テオデュル*
　テオデュール
Theodulf
　テオデュルフ
　テオドゥルフ
Théodulf テオドルフ
Theodulfus
　テオドゥルフス
Theōdūrus
　テオードゥールス
Theognis テオグニス
Theognostos
　テオグノストス
Theógnōstos
　テオグノーストス
Theohile テオヒール
Theokletoy
　テオクリトス
Theoklitos
　セオクリトス
Theokritos
　テオクリトス
　テオクリトス*
Theoktistos
　テオクティストス
Theolyn セオリン
Theon テオン
Theoni
　セオニ*
　テオニ*
Theopator テオパトル
Théophane
　テオファーヌ
Theophanes
　テオファネース
Theophanēs
　テオファーネース
　テオファネス
Theophánēs
　テオファーネース
Theophano
　テオファノ
　テオファノ

Theophil
　セオフィル
　テーオフィール
　テオフィール
　テオフィル**
Theophilactos
　テオフィラックス
　テオフィラクトス
　テオフュラクトス
Theophile
　テオフィ
　テオフィル
　テオフィレ
Théophile
　セオフィル
　ティオフィル
　テオフィイル
　テオフィル
　テオフィール
　テオフィル*
　テーツィル
Theophilius
　セオフィリウス
Théophille テオフィル
Theophilos
　テオフィロス
　テヨピロ
Theóphilos
　テオピロ
　テオフィロ
　テオフィロス
Theophilus
　シオフィラス
　セーオフィラス
　セオフィラス
　セオフィラス
　テウォフィロス
　テオフィルス
　テオヒリュス
　テオフィル
　テオフィルス*
　テオフィロ
　テオフィロス
Théophraste
　テオフラスト
Theophrastos
　セオフラストス
　テオフラスト
　テオフラストゥス
　テオフラストス*
　テオフラストス*
Théophrastos
　テオブラストス
Theophrastus
　テオフラストゥス
Theophylactus
　テオフュラクトゥス
Theophylaktos
　テオフュラクトス
Theopompus
　テオポンポス
Theorell
　テーオレル
　テオレル**
Theorin テオリン**
Theos
　エオス
　シーオス
　テオス

Theotecnius
　テオテクニウス
Theotecnus
　テオテクヌス
　テオテクノス
Theotimos
　テオティモス
Theotokas
　セオトカス*
Theotókēs テオトキス
Theotoki セオトキ
Theotokopoulos
　テオトコプーロス
Theotonio テオトニオ
Theotonius
　テオトニウス
Theourgus テウルゴス
Théoxène
　テオクセーヌ
Thep テープ
Thépaut テポー
Thepkanjana
　テープカンチャナ
　テープカンチャナー
Thepsutin
　テープスティン
Thera テーラ
Therache テラーシュ
Thēramenēs
　テラメネス
Thereau テレオー
Thérèse テレーズ*
Theremin テレミン
Thérence テレンス
Theres テレーズ
Theresa
　セレサ
　ティリーザ
　テリーサ
　テリーザ**
　テレーザ*
　テレサ***
　テレザ*
　テレジア
　テレッサ
Therese
　シアーズ
　セリーズ
　タリーズ
　テレサ
　テレーズ***
　テレス
　テレーゼ*
　テレーゼ*
　テレセ
Thérése テレーズ*
Thérèse
　テレサ
　テレザ
　テレジア
　テレーズ**
Theresia
　テレサ
　テレザ
　テレージア
　テレジア
Thérésia テレザ
Theret テレ

Théret テレ*
Thereza テレザ
Therezie セレジー
Therhorn テルホーン
Theriault
　セリオールト*
Thériault
　テリオ
　テリオー
Thérien テリアン
Thério テリヨ
Theriot テリオット
Thérive
　テリーヴ*
　テリーブ
Thermes サームズ
Thernstrom
　サーンストロム
Théroigne
　テロアニュ
　テロワーニュ
　テロワニュ
　テロワーヌ
Theron
　シーロン
　セラン
　セロン**
　テロン
Thērōn テロン
Theroux
　セルー**
　セロー**
Théroux セロー
Therriault テリオー
Therry セリ
Thersitēs テルシテス
Théry
　テリ
　テリー
Thesele ツェセレ
Thesen セセン
Thesenga テセンガ
Theseus
　テーセウス
　テセウス
Thesiger セシジャー*
Thesmar テスマール
Thespis テスピス
Thessalonike
　テッサロニケ
Thesz テーズ**
Thet テ
Thetford
　セットフォード
Thetis
　ゼティス
　テタス
　テティス
Theudarius
　テウダリウス
Theudâs
　チュダ
　テウダ
Theudebald
　テウデバルド
Theudebert
　テウデベルト

Theuderic
　テウデリック
Theudigisel
　テウディギセル
Theudis テウディス
Theule トール
Theun テウーン
Theunis
　テュニス
　トゥニス
Theunissen
　テーニッセ
　トイニッセン
Theuns テュヌス
Theurer チュラー
Theuriet
　トゥーリエ
　トゥリエ
Theurig トゥリク
Theus シアス
Théval テヴァル
Thévenaz テヴェナ
Thévenet
　テヴネ*
　テブネ
Thévenin
　テヴナン
　デヴナン
Thèvenin テヴナン*
Thevenot テヴノ
Thévenot
　テヴノ
　テヴノー
Thevenow セヴェナウ
Thevet テヴェ
The-Vinh テヴィン
Thevos セヴォス
Thevoz テヴォー
Thévoz
　テヴォー*
　テヴォス*
Theweleit
　テーヴェライト
Thewissen
　シューウィセン
Thewlis
　シュウリス
　シューリス
Thews テウス
They テイ
Theyab テヤブ**
Theyard セイヤード
Theys テイス**
Theyskens
　ティスケンス*
　テスケンズ
Theysset テッセ
Thfte タフティ
Thi
　シ
　シー
　チ**
　テー
　ティ***
　ティー**
　ディ
Thì ティー

Thị ティ*
Thiagarajan
 シアガラジャン
Thiago
 チアゴ
 ティアゴ*
Thiago Braz
 チアゴブラス
Thia-khiang
 ティアキアン*
Thiam
 シアム
 チアム
 チアン*
 チャム
 ティアム**
Thiam Hien
 ティアンヒン
Thian ティエン
Thianwan
 ティエンワン
Thiaudière
 ティオディエール
Thibaud
 チボー
 ティボー**
Thibaudeau
 チボードー**
Thibaudet
 チボオデ
 チボーテ
 チボーデ**
 ティボオデ
 ティボーテ
 ティボーデ**
 ティボーデー
Thibault
 チボー*
 ティボー
Thibaut
 チボー*
 ティボ
 ティボー**
 テオバルド
Thibaw
 ティーボー
 ティボー
 ティボウ
Thibeault シビュート
Thibedi ティベディ*
Thiberg ティーベイ
Thibert ティベール
Thibodeau
 シボドー
 ティボドー
Thibodi
 チボディ
 ティボディ
 ティボディー
Thiboldeaux シボー
Thibon ティボン
Thibrōn ティブロン
Thibus チブス
Thich
 ティク**
 ティック
Thicke シック*
Thicknesse シックネス
Thida ティーダ

Thie シー
Thieba ティエバ
Thiebaud
 スィーボード
 ティボー
Thiébault ティエボー
Thiebaut ティエボー
Thiébaut ティエボー*
Thieberger
 ティーベルガー
Thiebold ティエボー
Thiébold ティエボー
Thiede シード
Thiedemann
 ティーデマン
Thiefenthaler
 ティーフェンタラー
Thieffry ティエフリー
Thiego チエゴ
Thiel
 シール
 スィール
 チール
 ティール
Thielbar シールバー
Thiele
 シエール
 シール
 ティエレ*
 ティーラ
 ティール
 ティーレ**
Thielemann
 ティーレマン*
Thielemans
 シールマンス**
Thielen シーレン*
Thielicke ティーリケ*
Thielmann
 ティールマン
Thielo ティーロ
Thiels シールズ
Thiem
 ジーム
 ティエム
 ティーム
Thieman シーマン
Thiemann ティーマン
Thieme ティーメ*
Thiemeyer
 ティーマイヤー
Thiemo ティーモ
Thien
 チエン*
 ティエン***
Thiên
 チェン
 ティエン
Thiện ティエン
Thienemann
 ティーネマン
Thienthong
 ティエントン
Thienwan
 ティエンワン
Thiep
 チェップ

ティエップ
Thiêp ティエップ
Thierack ティーラック
Thierauf シーロフ
Thierfeld
 ティアーフェルド
Thiering
 シーリング*
 スィーリング
Thieringer
 ティーリンガー
Thieriot ティエリオ
Thierno
 チェルノ
 ティエルノ
Thiero ティエロ
Thierry
 スィーリー
 チエリ
 チェリー
 チェリ*
 チェリー**
 チェリー***
 ティエリー***
 ティエリイ
 ティエンリ
Thiers
 チェル
 チェール
 ティエール
Thiersant
 ティエルサン
Thiersch
 ティーアシュ
 ティールシュ
 ティルシュ
Thierse
 ティーアゼ
 ティールゼ*
Thiery
 チエリ
 ティエリ*
 ティエリー*
Thiéry チエリ
Thieryy ティエリー
Thies ティース*
Thiesler ティースラー*
Thiess
 チース
 ツイース
 ティエス
 ティース*
Thiesse ティエス
Thiessen
 シーセン
 ティエッセン
 ティッセン
Thiet ティエット*
Thietmar
 ティエトマール
 ティートマール
 ティートマル
Thieu
 チュー
 ティウ*
 ティエウ
 ティエウ**
Thiêu
 チェウ

ティエウ
Thiệu Trị ティエウチ
Thigpen
 シグペン**
 ジグペン
 セグペン
 ティグペン
Thiha ティハ
Thi Huyen ティフエン
Thiis ティース
Thijm
 ティーム
 テイム
Thijs
 サイス
 タイス
 ティイス
Thijssen ティッセン
Thikeo ティケオ
Thila ティラ
Thilak ティラク
Thilander チランダー
Thilawuntha
 ティーラウンタ
Thile シーリ
Thill
 スィーユ
 ティル
Thillay ティレ
Thilliez ティリエ**
Thilly
 シリ
 チルリー
THiLO ティロ
Thilo
 ティーロ
 ティロ**
Thilykou ティリコウ
Thim ティム
Thimann
 チマン
 ティマン
Thimig
 ティミッヒ
 ティーミヒ
 ティミヒ
Thimm ティム
Thimmabhupāla
 ティンマブフパーラ
Thimme
 チンメ
 ティムメ
 ティメ
 テム
Thimon ティーモン
Thimoteus チム
Thimothe ティモテ
Thin ティン*
Thinès ティネス
Thing ティング
Thingnes ティングネス
Thinh ティン
Think ティンク
Thinkha ティンカー
Thinley ティンレイ**

Thinnes
 シネス
 スィンズ
Thinni シンニ*
Thio ティオ
Thiolier ティオリエ
Thiollier ティオリエ
Thiombiano
 ティオンビアノ
Thiong'o
 シオンゴ
 ジオンゴ**
 ティオンゴ
Thiounn チュオン
Thi'pan ティッパン
Thipawadee
 ティパワディ
Thippavone
 ティパウォン
Thipwani
 ティップワーニー
Thira ティーラ
Thirapat ティラパット
Thiraphong
 ティラポン*
Thirault ティロー
Thirayuth
 チラユート
 ティーラユット
 ティラユット
Third サード
Thirhāqā
 タハルカ
 テルハカ
Thiriet
 チリエ
 ティリエ
Thiriez ティリエ
Thirion ティリオン
Thirith チリト*
Thirkell
 サークル
 サーケル
Thirlby サールビ
Thirlwall
 サールウォール**
Thirlwell サールウェル
Thiro ティロ
Thirring
 ティーリング
 ティリング
Thirsk サースク*
Thiry
 チリ
 チリー
 ティリ
 ティリー
This
 ティ
 ティス
Thisbe ティスベ
Thisbē ティスベ
Thiselton
 ティスルトン
Thiss ジス*
Thisse ティス
Thissera ティッサラ

Thistlethwaite シスルスウェイト	テーケリ テケリ	Thomass トーマス* トマス	Thomsen-fuataga トムセンフアタガ	ソル トー
Thistlewood シスルウッド*	Thokozani ソコザニ Thöl	Thomasseau トマソー*	Thomsett トムセット Thomson	トーア* トゥール*
Thit ティ	テョール	Thomassen	タムソン*	トール***
Thitikul ティティクル	テール	トマセン	トムスン**	トル
Thit Lwin	Thōla トラ	トマッセン	トムソン***	Thór トール
ティットゥウィン	Thole トーリー	Thomasset トマセ	Thomte トムティー	Thora
Thivierge	Tholer トーレル	Thomassin トマサン	Thomus トマス	ソーラ**
スィヴィエルジュ	Thollon トヨン	Thomasson トマソン*	Thomy トミー	ゾーラ
Thivisol ティヴィソル	Tholuck	Thomasz.	Thon	Thorak トラク
Thmoüïs トゥムイス	トールク	トーマスゾーン	ソン	Thoralf トラーフ
Thmuis トゥムイス	トールック	Thomaz トマス	トーン	Thorarensen
Thneibat ズネイバート	Thom	Thomazi トマジ	トン	トーラレンセン
Tho	ソーム	Thombiano トンビアノ	Thondaman	Thorat トーラット
ト*	ソム	Thomborson	トンダマン	Thoraya トラヤ**
トー	トム***	トムボーソン	Thöndl テンドゥル	Thorbecke
トゥ*	Thoma	Thomdean	Thondup	トルベケ
Thọ ト	ソーマ	トムディアン	トンドップ	トールベッケ
Thoai トアイ	トオマ	Thome	トンダップ	トルベッケ
Thoams トマス	トーマ***	トーミ**	トンドゥップ*	Thorben トルベン
Thobias トビアス*	トマ*	トーミー	Thonet	Thorbiörn
Thoburn	トマス	トーメ	トネー	トゥルビョン
ソウバーン*	Thomä	トーメイ	トーネット	Thorbjoern
ソウバン	トーマ	Thomé トメ	トネット	トールビヨルン
ソボーン*	トーメ*	Thomeer トミア	Thong	Thorbjorn
ソブン	Thomae	Thomelin トムラン	ソング	トービヨン
ソボルン	トマエ	Thomerson ソマーソン	タオン	トールビョールン*
Thoc	トマス	Thomire トミール	トン**	Thorbjörn
ソック	トーメ	Thomke トムキ	Thongbai トンバイ	トービヨルン
トック	Thomalla トマッラ	Thomlison トムリソン	Thongbanh トンバン	トルビョルン
Thode トーデ	Thoman	Thomma トワマ	Thongbunnum	Thorbjørn
Thodore セオドル	トウマン	Thommayanti	トーンブンヌム	トールビョール
Thodoris	トーマン*	トマヤンティー	Thongburan	トールビョールン
ソドリス	Thomán トマーン	Thomander	ソンブラン	トールビョールン*
トドリス	Thomander	トゥマンデル	Thongchai	Thorborg
Thodoros テオ	Thomann トマン	Thömmes テメス	トンチャイ*	トールボリ
Thody	Thomas	Thommie トミー*	Thongkongtoon	トールボリ
ソディ	タマス*	Thommy	トンコントーン	トールボルク
トーディ*	トゥーマス	トホミー	Thongloun トンルン*	Thorbrietz
Thoelke テールケ	トウマス	トミー	Thongloun Sisoulith	トールブリーツ
Thoenes テーネス	トオマス	Thomon トモン	トーンルン	Thorbrorw
Thoeni トエニ*	トーマ**	Thompkins	Thongmi トンミー	トールビョールン
Thofelt トーフェルト	トマ***	トンプキンス	Thongpao	トールビヨルン
'T Hoff	トーマス***	トンプキンズ	トンパウ	Thorburn ソーバーン
トホッフ	トマス***	Thompsom トムソン	トンパオ	Thordahl トアダール
トホフ	トミー	Thompson	Thongsing トンシン*	Thordal トーダル
Thoft トフ	トム**	ソンプソン	Thongsing	Thordis ソルディス
Thoger	トンマーゾ	タムソン*	Thammavong	Thordsen ソードセン
テェア	Thomás トマス*	タムプソン	トーンシン	Thore トーレ
トゥーヤ	Thomàs トマス	トム	Thongsuk トンスック*	Thoré トレ
Thøger	Thomasberger	トムスン*	Thöni トエニ	Thoreau
チョイアー	トーマスベルガー	トムソン**	Thon-mi	ソオロウ
テェア	Thomashoff	トムプスン	トンミ	ソーロー
トゥーヤ	トマスホッフ	トムプソン	トンミン	ソロー*
Thøgersen	Thomasin トマズィン	トムプスン*	T Hooft トホーフト	ソーロウ
トーガーセン	Thomasine トマシーネ	トンプソン***	'T Hooft	ソロウ
Thohan トワン	Thomasius	Thompspon	トゥーフト	ソロオ
Thoi トイ	トマージウス	トンプソン	トーフト	トロー
Thoinan トワナン	トマシウス	Thoms	トフーフト	Thorek
Thoinot トワノ	トマジウス	ソムス	トホーフト*	トーレック
Thok ソック	Thomasma	トーマス	ヘットホーフト	トレック
Thoko	トーマスマ**	トームス*	Thoolen トーレン	Thorell ソレル
トーコ	Thomasn トマスン	トムス	Thooris トーリス	Thoren トーレン
トコ	Thomason	トムズ	Thor	Thorén トーレン
Thököly	トマスン**	Thomsen	ソー**	Thorer ソーラー
テケイ	トマソン	トムスン トムセン** トムゼン**	ソーア ソール	Thoresby ソレスビ

Thoresen
ソールセン
ソレセン
Thoresson
トーレッソン
Thorez トレーズ
Thorfinn
トールフィン
トルフィン
Thorfnn トーフィン
Thorgan トルガン
Thorgeirsson
ソーゲイルソン
Thorgersen
トルゲルセン
Thorgerson
ソーガーソン
ソージャーソン
トーガスン
Thorgilsson
ソルギルスソン
ソルギルソン
トルギルソン
Thorgren トルグレン
Thorgrimsen
ソーグリムセン
Thórhallsson
トールハルソン
トルハルソン
Thorhid トーリル
Thorild
トゥーリルド
トーリルド
Thorin
ソーリン
ソリン
Thoriq タリク
Thorismund
トリスムンド
Thorkelin トルケリン
Thorkil
ソーキル
トーキル
Thorkild
トーキル*
トルキル**
Thorkildsen
トルキルセン
トルキルドセン**
Thorlac トルラク
Thorlák
トールラク
トルラク
Thorleif トーレイフ
Thorley ソーレイ
Thormählen
トールマレン
Thormas トーマス
Thormod
トーモズ
トーモッド*
Thorn
ソーン**
トールン
トルン***
トーン
Thornalley ソーナリー
Thornber ソーンバー
Thornborough
ソーンボロ
ソーンボロー
Thornburg
サンバーグ
ソーンバーグ*
Thornburgh
ソーンバーグ*
Thornbury
ソーンベリー
ソーンベリー
Thorndike
ソーンダイク*
ソンダイク
Thorne
ソルン
ソーン***
トルネ
Thorne-Miller
ソーンミラー
Thorney ソーニー
Thornfeldt
ソーンフェルト
Thornhaugh
ソーンホー
Thornhill ソーンヒル*
Thornicroft
ソーニクロフト
Thorning-Schmidt
トーニングシュミット*
Thornley
ソーンリー
ソーンリィ
ソーンレイ
Thorns
ソーン
ソーンズ
Thornthwaite
ソーンスウェイト
ソーンスウェート
Thornton
ソートン
ソーントン***
ソントン
Thornwell
ソーンウェル
Thornycroft
ソーニークロフト
ソーニクロフト
Thoroddsen
ソーロッドセン
トーロッドセン
トロッドセン
Thoroe
ソロー
トロエ
Thorogood
サラグッド
ソログッド
Thorold
ソロールド
ソロルド
ゾロルド
Thoros トロス
Thorp ソープ**
Thorpe
ソープ***
タルプ
Thors トゥールス

Thorsager トアサガー
Thorsdottir
トールスドッテイル
Thorsen
トーセン
トールセン
トルセン
Thorsén ソールセン
Thorslund
トールスルンド
Thorson
ソーソン
トーソン
Thorsson
トーソン
トルソン
Thorstein
ソォステイン
ソーシタイン
ソースタイン
ソースティン*
Thorsteinn
トールスティン*
Thorsteinsson
トルステインソン
Thorsten
ソーステン
ソルステン
トシュテン*
トーステン
トルシュテン*
トルステン*
Thorstensen
トシュテンセン
Thorstensson
トールステンソン
Thorvald
ソルヴァド
ソルバド
トルヴァル*
トルヴァルド
トールバン
トールバル**
トールワルド
Thorvaldsen
トールヴァルセン
トールヴァルセン
トルヴァルセン
トルバルセン
Thorwald
ソールワルド
トアヴァルト
トーヴァル
トールヴァル
トールヴァルト
トールヴァルド
トールバルト
トールワルド
Thoss トス
Thost トースト*
Thotanyana
トタニャナ
Thoth トート
Thoto トト
Thottuvelil トトベリル
Thou トゥー
Thouars
トゥアール
トゥアル
Thoukydides
トゥキュディデス

Thoukydidēs
ツキジデス
ツキディデス
ツキュディデス
ツキュディデス
トゥーキュディデース
トゥキュディデス
トゥキュディデス
Thouless サウレス
Thoungthongkam
トゥントーンカム
Thouret
トゥーレ
トゥレ
Thous トウス
Thouvenin
トゥーヴェニン
Thráinn スロウイン
Thrale スレイル
Thrall
スラール
トロール
Thrändorf
トレーンドルフ
Thrane トラーネ
Thränhardt
トレンハルト
Thränhart
トレンハルト
Thrasamund
トラサムント
Thrasea トラセア
Thrash スラッシュ
Thrasher
スラッシャー*
Thrasolt
トラーゾルト
トラゾルト
Thrasou スラース
Thrasuboulos
トラシュブロス
Thrasullos
トラシュロス
Thrasumakhos
トラシュマコス
Thrasybulos
トラシブロス
トラシュブルス
トラシュブーロス
トラシュブロス
Thrasyllos
トラシュロス
Thrasymachos
トラシュマコス
Thrasymedes
トラシュメデス
Thrasyubulus
トラシュブロス
Thraves
スレイヴス
スレイブズ
Thrax
トラークス
トラクス
Thrāx トラクス
Thread スレッド
Threadgall
スレッドゴール
Threatt スリート

Threinen スライネン
Threlfall
スレルフォール*
トレルファル
Threse テレーゼ
Thretton スレットン
Thrift スリフト
Thriller スリラー
Thring
スリング
ティーリング
Thro ソロ
Throckmorton
スロックモートン*
Throm スローム
Thron スロン
Throntveit
スロントヴァイト
Throop トループ
Throsby スロスビー*
Throssell
スロソル
スロッセル
Thrower
スローワー
スロワー
Thrun スラン*
Thrush スラッシュ
Thu
スー
トゥ*
トゥー**
Thụ トゥ
Thua トゥア
Thuan
ツァン
トアン
トゥアン
トゥアン**
Thuân トゥアン
Thuat トゥアット*
Thub bstan
トゥプテン
Thu bkwan トゥカン
Thubron
サブロン**
テューブロン
Thubs トゥブ
Thubs-bstan
トゥプテン
Thuc
テュク
トゥック
Thuch トゥチ
Thucydides
ツキディデス
トゥーキュディデース
トゥキュディデス
Thue
シュー
トゥーエ
トゥエ
Thuesen トゥーゼン*
Thug サグ
Thugs rje トゥクジェ
Thugut
トゥーグート

トゥグート
Thugwane
チュグワネ*
Thuheirat
ズハイラート
Thuille
テュイール
テュイレ
トゥイレ*
Thuiller トゥイラー
Thuillier
チュイリエ**
テュイリエ
Thu kha トゥカ
Thuku
ズク
トゥク
Thukydides
トゥキュディデス
Thulas トゥーラス
Thulden テュルデン
Thulié チュリエ
Thulin
チューリン*
テューリン
Thullen トゥレン
Thulo トゥロ
Thulstrup
トゥルストルプ
Thum
サム
ツーム
Thumann トゥマン
Thumb トゥンブ*
Thumboo タンブー
Thümer チューマー
Thumm トゥム
Thummarukudy
トゥマラクディ*
Thummel サンネル
Thümmel トゥンメル
Thümmig
テュミヒ
テュンミヒ
Thummius トゥミウス
Thun
トゥーン*
トゥン**
トン
Thunberg
ツュンベリー
ツンベリ
ツンベルク
ツンベルグ*
テューンベリ
トゥーンベリ
トゥンベリ**
トゥンベリー
トゥーンベルイ
トゥンベルグ
トフンベルイ
Thunder サンダー
Thundercat
サンダーキャット
Thunders サンダース*
Thune テューネ

Thunemann
トゥーネマン
Thünen
チウネン
チューネン*
テューネン
Thuney サニー
Thungthongkam
トゥントーンカム
Thuoc トゥオック
Thuong トゥオン*
Thupstan ツプテン
Thupten トゥプテン
Thur
チュール
トゥーア
Thura
トゥーラ
トゥラ
Thurain トゥレイン
Thurairajah
スライラジャー
Thuram
チュラン
テュラム*
Thurano トゥラノ
Thuras スラス
Thurber
サーバー**
サバー
ターバー
Thure トゥーレ
Thureau
テュロ
テュロー
Thurer サーラ
Thurgood サーグッド*
Thuries チュリエ
Thurig トゥリヒ
Thüring テューリング
Thüringen
テューリンゲン
Thürkauf
テュールカウフ
Thurl サール*
Thürlings
テューアリングス
Thurlo サーロ
Thurloe サーロー
Thurlow サーロー*
Thurm サーム*
Thurman サーマン***
Thurmond
サーモンド***
Thurn トゥルン*
Thurner ターナー
Thurneysen
ツルナイゼン
ツールナイゼン
ツルナイゼン
トゥールナイゼン
トゥルナイゼン
トゥルンアイエン
Thurnham サーンハム
Thurnwald
ツルンワルド
トゥールンヴァルト

トゥルンヴァルト
トゥールンバルト
トゥルンバルト
トゥルンワルト
トゥルンワルド
Thurow
サロー**
サロウ
スロウ
Thurrott サロット
Thursby サースビー
Thurso サーソー
Thurston
サーストン***
Thurstone サーストン
Thury
チュリ
テュリ
Thusen スーセン
Thusitha ツシッタ
Thuston トゥトン
Thustrup
ツーストラップ
Thuswaldner
トゥースヴァルトナー
Thutmes
トゥトゥメス
トゥトメス
トトモス
トトモーセ
トトメス
Thutmose
トトメス
トトモセス
Thutob トゥートブ
Thuwaini スワイニ
Thuwainy スワイニ
Thuwaynī
トゥワイニー
Thu Wun トゥウン
Thuy
トイ*
トゥイ**
トゥイー
トォイ
Thúy チュイ**
Thùy
トゥイ
トゥイー
Thủy トゥイ
Thuyen
チュエン
テュエン
トゥエン
Thuyet トゥエット
Thuyết トゥエット
Thwaite
スウェイト***
Thwaites
スウェイツ*
トウェイツ
Thwing
スウィング
トウィング
Thxa Soe ターソー
Thy ティー
Thyago チアゴ

Thyde チード
Thydell ティデル*
Thyer
タイアー
ティアー
Thyestēs テュエステス
Thygesen
シグセン
テイゲセン
Thygeson
ティーゲソン
Thylén タイルン
Thylias サイリアス
Thym タイム
Thyne タイン
Thynne ティン
Thyra
ザイラ
ティラ
Thyrsos テュルソス
Thyrza シルザ
Thys
タイス*
ティス*
Thysius テイシウス
Thyssen
ティッセン**
テュッセン
Thystere Tshicaya
ティステルチカヤ
Ti ティ*
Tia ティア**
Tiacoh ティアコー
Tiago
チアゴ
ティアゴ**
Tiah ティア
Tiainen チアイネン
Tialavea タイラビア
Tiampo ティアンポ
Tiamson ティアムソン
Tian
ティアン*
ティエヌ
ティエン
ティエン*
Tiana ティアナ
Tiando ティアンド
Tiangjiek
ティアンジェック
Tianjian
ティエンジエン
Tian-kai ティエンカイ
Tian-lang ティエンラン
Tian Lu ティエンルー
Tian Ming ティアミン
Tian-ming
ティエンミン
ティエンミン*
Tianna ティアナ*
Tianquan
チアンクアン
Tian'-Shanskii
チャンシャンスキイ
Tiant ティアント

Tianwei
ティアンウェイ
Tiao ティアオ
Tiarini ティアリーニ
Tiarite サリテ
Tiatia ティアティア
Tiatto ティアット
Tibaijuka
ティバイジュカ
Tibaldi ティバルディ
Tibasima ティバシマ
Tibatto ティバト
Tibber ティバー
Tibbets ティベッツ*
Tibbett ティベット
Tibbetts ティベッツ
Tibbitt ティビット
Tibbitts
ティヴィット
ティビッツ
ティビット*
Tibbles
ティブルス
ティブルズ
Tibbon
ティッボン
ティボン
Tibbott ティボット
Tibbs ティブッス
Tibe ティベ
Tiber タイバー
Tiberg ティーベリ
Tiberghien
ティベルギアン
ティベルギエ
Tiberiānus
ティベリアヌス
Tiberio ティベーリオ
Tiberios ティベリオス
Tiberiu ティベリウ
Tiberius
チベリウス
ティベリウス
ディベリウス
Tibesar ティベサー
TiBi ティビ
Tibi ティビ
Tibilov ティビロフ
Tibin タイビン
Tibni
ティブニ
テブニ
Tibo
チボ*
ティボ
Tibone
ティボネ
ティボン
Tibor
チボ
チボール*
チボル*
ティボー*
ティボール***
ティボール**
Tibshirani
ティブシラーニ

Tibullas ティブッルス
Tibullus
　チブルス
　ティブッルス
　ティブルス
Tiburtino
　ティブルティーノ
Tiburtinus ティーボリ
Tiburtius
　ティブルティウス
Tiburzio
　ティブルツィオ
Ticci ティッチ
Ticciati
　ティチアーティ*
Tice タイス*
Ticehurst
　ティスハースト
Tich ティック
Tichácek
　ティハーチェク
Tichatschek
　ティハーチェク
Tichbourne
　ティチバーン
Tichelen ティヘレン
Tichi ティッチ
Tichina ティチーナ
Tichindeleanu
　チキンデレアヌ
Ticho ティホ
Tichon ティホン
Tichtchenko
　チシュチェンコ
Tichy
　ティシー*
　ティシイ
　ティッチー
　ティッチイ
　ティヒー
Tick ティック
Tickell ティッケル
Tickle
　ティクル
　ティックル
Tickner
　チックナー
　ティクナー
　ティックナー
Ticknor
　ティクナー
　ティクノア
Tico ティコ*
Ticoll ティコル*
Ticonius
　ティコーニウス
　ティコニウス
Ticotin ティコティン*
Ticozzi ティコッツィ
Tida ティダ*
Tidball ティドボール
Tidbeck ティドベック
Tidd
　ティッド
　ティド
Tiddy ティディ

Tideiksaar
　ティディクサー*
Tideman
　タイドマン
　ティーデマン
Tidemand
　ティーデマン
Tidhar ティドハー**
Tidholm
　ティードホルム**
Tidiane
　ティジャン
　ティジャンヌ
　ティディアネ
　ティディアン
　テディアン
Tidjane ティジャーヌ
Tidjani
　チジャニ
　ティジェニ
　ティジャニ
Tidmarsh
　タイドマーシュ
　ティドマーシュ
Tidrow
　ティドロ
　ティドロウ
Tidten ティーテン
Tidwell
　ティッドウェル
　ティドウェル
　ティドウェル
Tidworth ティドワース
Tidy ティディ
Tidyman
　タイディマン
　タイデマン
Tie ティエ
Tieba ティエバ
Tiéba ティエバ
Tieck ティーク*
Tiecoura ティエクラ
Tiedeman
　ティードマン
Tiedemann
　タイドマン
　ティーデマン*
Tiedge ティートケ
Tiedt ティエト
Tiefang ティエファン
Tiefensee
　ティーフェンゼー
Tiefer
　タイファー
　ティーファー
Tieffentaller
　ティーフェンタラー
Tiefing ティエフィン
Tieftrunk
　ティーフトゥルンク
　ティーフトルンク
Tiegel
　チーゲレル
　チーゲル
Tiegelkamp
　ティーゲルカンプ
Tieger ティーガー

Tiegerman
　ティーガーマン
Tieghem
　チーゲム
　ティガン
　ティーゲム*
　ティーヘム
Tiegreen
　ティーグリーン*
Tiegs ティーグス
Tiele
　チーレ
　ティーレ
Tieleman ティーレマン
Tielhof ティールホフ
Tiem ティーム
Tieman
　タイマン
　ティーマン
Tiéman ティエマン
Tiemann
　ティーマン*
　ディーマン
Tieme ティエメ
Tiemeyer
　ティーマイヤー
Tiémoko
　チェモコ
　ティエモコ
Tiemoue ティエムエ
Tiempo ティエンポ*
Tien
　チエン
　ティエヌ
　ティエン**
　テン
Tiên ティエン
Tién ティエン
Tiénan ティエナン
Tiene ティエヌ
Tieng ティアン
Tien-hsin
　ティエンシン
Tiensten
　ティエンステン
Tien-wen
　ティエンウェン
Tienza ティエンサ
Tiep ティエップ
Tiepold ティーポルト
Tiepolo
　チェポーロ
　ティエーポロ
　ティエポーロ
　ティエポロ
Tieppo ティエッポ
Tier ティアー
Tieraona ティエラオナ
Tiercelin
　ティエルスラン
Tierenchev
　チエレンチェフ
Tieri ティエリ
Tiernan
　ティアーナン
　ティアナン

Tierney
　ターネイ
　ティアーニー
　ティアニー**
Tierno
　チエルノ**
　ティエルノ
Tierra ティエラ
Tierre ティエル
Tiersot ティエルソ
Tieryas トライアス
Tiesel チイゼル
Tie-shan ティエサン
Tiesmeyer
　ティースマイアー
Tietchens
　ティーチェンス
Tietge ティートケ
Tietgens ティトゲンス
Tietjen
　ティージェン
　ティーチェン
　ティーティエン
Tietjens
　ティーチェンス*
Tietmeyer
　ティートマイアー
　ティートマイヤー**
Tietz
　タイツ
　ティーツ*
Tietze
　ティーツェ*
　ティッツェ*
Tie-ying ティエイン
Tif ティフ
Tīfāshī
　ティーファーシー
Tifatul ティファトゥル
Tiff ティフ
Tiffani ティファニー
Tiffany
　ティファニ
　ティファニー**
Tiffin
　ティッフィン
　ティフィン*
Tiffon ティフォン
Tiffou ティフー
Tigana ティガナ
Tigani ティガニ
Tigellinus
　ティゲッリヌス
　ティゲリーヌス
　ティゲリヌス
Tiger タイガー**
Tigerman
　タイガーマン*
Tigg ティッグ
Tiggelaar ティゲラー

Tighe
　タイ*
　ティグ
Tigidius
　ティギディウス
Tigiev ティギエフ
Tigīn
　ティギーン
　テギン
Tigipko チギプコ
Tigiyev ティギエフ
Tiglath
　ティグラート
　ティグラト
　ティグラトハ
Tiglath-Pileser
　ティグラトピレセル
Tiglio ティリオ
Tignol ティニョール
Tignonkpa チグノンパ
Tignor ティグナー
Tignous ティニュス
Tigran
　チグラン
　ティグラン
Tigranes
　チグラネス
　ティグラネス
　ティグラン
Tigranēs ティグラネス
Tigranov ティグラノフ
Tigrid ティグリット
Tigrini ティグリーニ
Tigunait ティグナイト
Tiha ティーハ*
Tihai ティハイ
Tihamer ティハメル
Tihamér ティハメール
Tihić ティヒッチ**
Tihomieroff
　チホミーロフ
　ティホミロフ
Tihomir
　チホミール
　ティホミル*
Tihomirov
　チホミーロフ
Tihon チーホン
Tihonov チーホノフ
Ţihrānī
　ティフラーニー
　テヘラーニー
Tiia ティーア
Tiidus ティードゥス
Tiilikainen
　ティーリカイネン
Tiim シーム
Tiina ティーナ**
Tiit ティート**
Tiitta ティータ
Tijan ティジャン
Tijana ティヤナ
Tijani ティジャニ
Tijānī ティジャーニー

Tijerino ティヘリノ
Tijjani ティジャニ
Tijs
　タイス
　タイズ
　ティス*
Tijssen ティヒセン
Tijsterman
　テイスターマン
Tikas チカス
Tikh ティフ
Tikhomiroff
　ティコミロフ
Tikhomirov
　チホミーロフ
　チホミロフ*
　ティコミロフ
　ティホーミロフ
　テホミーロフ
Tikhomirova
　チホミロワ
Tikhon
　チーホン*
　チホン
　ティホン
Tikhonov
　チーホノフ**
　チホノフ*
　ティホノヴ
　ティホノフ
Tikhonova チホノワ
Tikhonovich
　チーホノヴィチ
Tikhonravov
　チホヌラーヴォフ
Tikhonv チーホノフ
Tikhov チホフ
Tikhvinskii
　チフビンスキー
Tikhvinsky
　チフヴィンスキー
Tiki ティキ**
Tikkana ティッカナ
Tikoduadua
　ティコンドゥアンドゥア
Tikoirotuma
　ティコイロトゥマ
Tiktiner
　ティクティナー
Tikva ティクヴァ
Til ティル**
Tilak
　ティラク*
　ティラック
Tilar ティラー
Tilberis ティルベリス
Tilborgh ティルボルフ
Tilburg ティルバーグ*
Tilburne ティルバーン
Tilby ティルビー
Tilcsik ティルシック
Tilda ティルダ**
Tilde ティルデ*
Tilden
　チルデン*

　ティルデン**
Tile タイル
Tilekbek チレクベク
Tilemann ティレマン*
Tilenus ティレーヌス
Tiler タイラー
Tiles タイルズ
Tileston
　チレストン
　ティレストン
Tiley タイリー
Tilford ティルフォード
Tilgher ティルゲル
Tilghman ティルマン
Tilhich ティリック
Tilimsānī
　ティリムサーニー
Tiling
　ティリンク
　ティリング
Tiliw ティリウ
Tilke
　ティルク
　ティルケ*
Tilker ティルカー
Tilkian ティルキアン
Tilkin ティルカン
Till ティル**
Tilla ティラ
Tillander チュランダー
Tillard ティヤール
Tille チッレ
Tillemans
　ティレマンス
Tillemont
　ティーユモン
　ティユモン
Tiller ティラー**
Tillers ティラーズ
Tillerson
　ティラーソン
Tillery ティレリー
Tillet ティエ
Tillett ティレット*
Tilley
　ティリ
　ティリー*
　ティレイ*
Tilli ティリ
Tilliard ティヤール
Tillich
　チィリッヒ
　チリッヒ
　ティリック
　ティリッヒ*
　ティリヒ**
　ティリッヒ
Tillie
　ティリ
　ティリー
Tillier チリエ
Tilliette
　ティリエッテ
　ティリエット
Tillinger
　ティリンジャー

Tillinghast
　ティリンガスト
　ティリングハスト
Tillion
　ティヨン
　ティリヨン
Tillis ティリス
Tillman
　ティルマン***
Tillmann ティルマン*
Tillmanns
　チルマンス
　チルマンス
　ティルマンズ
Tillmans
　ティルマンス
　ティルマンズ*
Tillo ティロ
Tilloch ティロッホ
Tillopa ティッローパ
Tillotson
　ティロットスン
　ティロットソン
　ティロトソン
Tillous チル
Tillworth ティルワース
Tilly
　チリ
　チリー
　ティリ
　ティリー***
Tillyard
　ティリヤード*
　ティリヤード
　ティルヤード
Tilman ティルマン**
Tilmann ティルマン
Tilmer チルマー
Tilmīdhu ティルミーズ
Tilmīdhu'l
　ティルミーズ・アル
　ティルミーズル
Tilney ティルニー*
Tilo ティロ
Tilokasundari
　ティローカスンダリ
Tilokkarat
　ティローカラート
Tilquin ティルカン
Tilsley ティルズリー
Tilson ティルソン**
Tilston ティルストン
Tilstone ティルストン
Tilt ティルト
Tiltman
　チルトマン
　ティルトマン*
Tilton ティルトン***
Tim
　ティム***
　テイム
Timaeus ティマイオス
Timagenes
　ティマゲネス
Timaios
　ティーマイオス
　ティマイオス

Timakata ティマカタ*
Timakov チマコフ
Timakova チマコワ
Timan ティマン
Timanina ティマニナ*
Timanova
　ティマーノヴァ
Timanthes
　ティマンテス
Timár ティマール
Timarchos
　ティマルコス
Timasheff
　ティマーシェフ
　ティマシェフ
Timbaland
　ティンバランド
Timberlake
　ティンバーレイク*
　ティンバレイク
　ティンバーレーク
Timbers
　ティンバース*
Timbo ティンボ
Timbrell ティンブレル
Timbury ティンバリー
Timchenko
　ティムチェンコ
Timciuc チムチュク
Timea ティメア*
Timel ティメル
Timeon シメオン
Timerman
　ティマーマン
　ティメルマン*
Timesitheus
　ティメシテウス
Timi
　ティミ
　ティミー
Timiras ティミラス
Timiriazev
　チミリャーゼフ
　ティミリャーゼフ
Timiryazev
　チミリャーゼフ
　チミリャゼフ
　ティミリャーゼフ
　ティミリヤーゼフ
Timken ティムケン
Timkhin チモーヒン
Timkovskii
　チムコーフスキー
Timlin ティムリン*
Timm ティム**
Timmana ティンマナ
Timmann ティマン
Timmer
　ティマー
　ティメル**
　ティンマー
Timmerman
　ティマーマン
Timmermann
　ティンマーマン*
Timmermans
　ティマーマン
　ティマーマンス

　ティメルマンス
　ティンマーマン
　ティンマーマンス
　ティンメルマンス*
Timmers
　ティマース*
　ティメルス
Timmins ティミンズ
Timmons ティモンズ*
Timms
　ティムス*
　ティムズ*
Timmy
　ティミー
　ティミィ
Timo ティモ***
Timocharis チモカリス
Timochenko
　ティモシェンコ
Timoci
　ティモシ
　ティモジ
Timofeeff
　ティモフェエフ
Timoféeff
　チモフェーエフ
Timofeev
　チモフェーエフ
　ティモフェーエフ
Timofeeva
　ティモフェーエワ
Timofeevich
　チモフェーヴィチ*
　チモフェエヴィチ
　チモフェヴィチ
　ティモフェーヴィッチ
Timoféevich
　チモフェーヴィチ
Timofeevna
　チモフェーエヴナ
Timofei チモフェイ**
Timofejevich
　チモフェヴィチ
Timofey
　ティモフィ
　ティモフェイ
Timofeyeva
　チモフェーエヴァ
　チモフェエワ
Timofti ティモフティ*
Timokhin チモーヒン
Timoklēs ティモクレス
Timokratēs
　ティモクラテス
Timokreōn
　ティーモクレーオン
　ティモクレオン
Timoleōn
　ティモレオン
Timoléon
　チモレオン
　ティモレオン
Timomachos
　ティモマコス
Timon
　タイモン**
　ティモン
Timōn
　ティモン

TIM 914

テモン
Timoncini テモンチニ
Timonen ティモネン*
Timoniel
　ティモ
　ティモニエル
Timor ティモール
Timoshenko
　チモーシェンコ
　チモシェンコ
　チモシェンコ
　ティモーシェンコ
　ティモシェンコ*
Timoshinin チモシニン
Timossi ティモシー*
Timote ティモテ
Timoteo
　ティモーテオ
　ティモテオ
Timothe ティモテ
Timothee
　ティモシー
　ティモテ
Timothée ティモテ**
Timotheos
　ティモテウス
　ティーモテオス
　ティモテオス
　テモテ
Timótheos
　ティモテオス
Timotheus
　ティモーテウス
Timothy
　チモシー
　チモシィ
　ティム**
　ティモシ
　ティモシー***
　ティモジー
　ティモシイ*
　ティモシイ**
　ティモスイ
Timp ティンプ
Timperlake
　ティムパーレーク
Timperley
　ティムパーリー
　ティンパリー*
　ティン・バーリィ
　ティンパーリィ
　ティンパーレー
Timperly ティンパリー
Timpthy ティモシー
Timrod ティムロッド
Timsina ティムシーナ
Timsit ティムシット
Timu ティミュ
Timur
　チムール**
　ティムール***
Tīmūr
　チムール
　ティームール
　ティムール
　テルム

Timurbughā
　ティムルブガー
Tin
　タン
　ティン***
Tina
　ティーナ*
　ティナ***
Tinaliyev ティナリエフ
Tinan チナン
Tinatin ティナティン
Tinayre
　チネール
　ティネア
　ティネール
Tinazzi ティナッツィ
Tinbergen
　ティンバーゲン**
　ティンバーゲン
　ティンベルゲン
　ティンベルヘン*
Tincommius
　ティンコンミウス
Tincq タンク
Tinctoris
　ティンクトーリス
　ティンクトリス
Tindal
　チンダル
　ティンダル
Tindall
　ティンダール
　ティンダル*
　ティンドール
Tindaro
　ティンダーロ
　ティンダロ
Tindemans
　チンデマン
　チンデマンス
　ティンデマンス**
Tine
　タイン
　ティヌ
　ティネ
　ティン
Tineke ティネケ
Tinel
　ティーネール
　ティネル
Tiner タイナー
Ting ティン**
Tinga
　シンガ
　ティンガ
Tingatinga
　ティンガティンガ
Tingaud
　タンゴー
　タンゴウ
Tingdal
　ティングダール
Ting 'dzin ティンジン
Tingen ティンゲン
Tingey ティンゲイ
Ting-fa ティンファ
Tingkir ティンキル
Tingley ティングリー*

Tingsten
　ティングステン
Tingthaanathikul
　ティンターナティクン
Tinguely
　ティンゲリー*
Ting-xing ティンシン
Tinh ティン*
Tinh ティン
Tini ティニ*
Tinï ティニ
Tinian シニアン
Tininho チニーニョ
Tinio ティニオ
Tinios ティニオス
Tinïshbaev
　トゥヌシュバエフ
Tinïstanov
　トゥヌスタノフ
Tinkel ティンケル
Tinker ティンカー*
Tinkham ティンカム
Tinkler ティンクラー
Tinkoff ティンコフ
Tinley ティンリー*
Tinling ティンリング
Tinna ティンナ
Tinne
　ティネ
　ティンネ
Tinnefeld
　ティンネフェルト
Tinney タイニー
Tinny ティニー
Tino
　チノ
　ティーノ
　ティノ**
Tinoco ティノコ*
Tinscher チンシャ
Tinsley
　ティンスリー
　ティンズリー**
　ティンズレイ
Tinsulanonda
　チンスラノン
　ティンスラノン**
Tint
　ティン**
　ティント
Tinti ティンティ*
Tintner ティントナー
Tinto ティント*
Tintore ティントーレ
Tintoretto
　チントレット
　ティントレット*
　ティントレットー
Tintori ティントーリ
Tin Tut ティントゥッ
Tinubu ティヌブ
Tinus ティナス
Tinville タンヴィル
Tiny
　タイニー*

ティニ
ティニー
Tïnyanov
　トゥイニャーノフ
Tio ティオ*
Tío ティオ
Tiollais チオレ
Tiomkin ティオムキン
Tiong チョン
Tiong Lai
　ティオンライ
Tiongson チョンソン
Tionne ティオンヌ
Tioté ティオテ
Tioudoun
　ティウドゥン
Tioulong チューロン
Tiourina チューリナ*
Tiozzo ティオゾ
Tip
　ティップ*
　ティプ
Tipene ティペネ
Tiphaigne
　ティフェーニュ
Tiphaine
　ティファンヌ
　ティフェーヌ
Tiphanie
　ティファニー*
Tiphanus ティファヌス
Tipke ティプケ
Tipler ティプラー*
Tipling ティプリング
Tipold ティボルド
Tipote ティポテ
Tippelt チッペルト
Tipper ティッパー*
Tippet ティペット
Tippett ティペット**
Tippi ティッピ*
Tipping ティッピング
Tippins ティピンズ*
Tippu ティップ
Tippy ティッピー
Tips ティップス
Tipsarevic
　ティプサレビッチ
Tiptoft ティプトフト
Tipton
　チプトン
　ティプトン**
Tiptree
　ティプトリー**
Tipu
　ティープー
　ティプ
　ティプー
Tipuric ティプリック
Tiqtaqā ティクタカー
Tira ティラ
Tiraboschi
　ティラボスキ

Tiradentes
　ティラデンテス
　ティランデンテス
Tirado ティラード
Tirados ティラドス
Tirali ティラーリ
Tiramani ティラマニ
Tiran ティラン*
Tirana ティラナ
Tiraqueau チラコー
Tirard ティラール
Tiraspol'skaia
　ティラスポーリスカヤ
Tirath ティラート
Tiratsoo ティラッソー
Tiravanija
　ティラヴァニ
Tirch ターシュ
Tircuit タークイ
Tirel チレル
Tirfi ティルフィ
Tiribazos ティリバゾス
Tiribocchi チリボッキ
Tiridates
　チリダテス
　ティリダテース
　ティリダテス
Tirikatene
　ティリカテネ
Tiriki ティリキ
Tiril ティリル*
Tirimmāh
　ティリンマーハ
　ティリンマーフ
Tirindelli
　ティリンデッリ
Tirion ティリオン
Tiritilli ティリティッリ
Tirlea ティルレア
Tirlling トリリング
Tirman ターマン
Tirmidhī
　ティルミジー
　ティルミズィー
Tiro
　ティーロ
　ティロ**
Tirode ティロド
Tirol ティロル
Tirole ティロール*
Tirolian ティロリアン
Tirolien ティロリアン
Tirpitz
　チルピッツ
　ティルピッツ
Tirrell ティレル
Tirro ティロー
Tirso ティルソ*
Tirta ティルタ*
Tirtayasa
　ティルタヤサ
Tirthankar
　ティルタンカル
Tirtoadhisoerjo
　ティルトアディスルヨ

Tirtoadisuryo
　ティルトアディスルヨ
Tiru ティル
Tirumala ティルマラ
Tirunal ティルナール
Tirunesh
　ティルネッシュ*
Tiruttakkatēvar
　ティルタッカデーヴァル
Tiru-valluvar
　ティルヴァッルヴァル
　ティルバルバル
Tiruvalluvar
　ティルヴァッルヴァル
　ティルヴァルヴァル
　ティルバルバル
Tiryakian
　ティリアキアン
　ティリヤキアン
Tisa ティサ
Tisch
　ティシュ
　ティッシュ*
Tischbein
　ティシュバイン
　ティッシュバイン
Tischbirek
　ティシュビレク
Tischendorf
　ティシュエンドルフ
Tischer ティッシャー
Tischler
　ティシュラー*
　ティッシュラー
Tisdale
　ティズデイル
　ティズデール
Tisdall
　チスダル
　ティズダル*
Tisdell ティズデル
Tiselius ティセリウス
Tish
　ティシュ
　ティッシュ
Tishchenko
　ティシュチェンコ
　ティシュチェンコ**
Tisher ティッシャー
Tishin ティシン
Tishkov チシコフ
Tishler ティシラー
Tishya ティシュヤ
Tišler ティスラー
Tisna
　ティスナ
　ディスナ
Tisnikar ティスニカル
Tiso ティソ
Tison
　タイソン
　チゾン**
　ティゾン
Tissa
　チサ
　ティサ
　ティッサ*

ティッサー
Tissaphernes
　チサフェルネス
　ティッサフェルネス
Tisse
　ティッセ
　ティッセー
Tissen ティッセン*
Tisser ティシェ
Tisseran ティスラン
Tisserand
　チスラン
　ティスラン
　ティスランド*
　ティセラン
Tisserant
　ティスラン
　ティッセラン
Tisseron ティスロン*
Tissier
　ティシエ*
　ティシェール
Tissot
　チッソー
　ティソ
　ティソー
　ティッソ*
　ティソ
Tiṣyarakṣitā
　ティシュヤラクシター
Tisza
　ティサ
　ティサ
　ティソ
Tit ティット
Tita
　チッタ
　ティタ*
Titabu シタブ
Titarenko
　チタレンコ**
Titas ティタス
Titchener
　ティチェナー*
　ティチナー
　ティッチナー
Titchmarsh
　ティッチマルシュ
Tite チチ
Titel ティテル
Titelbaum
　タイテルバウム
Titelman
　タイトルマン*
Titelouze ティトルーズ
Titenis ティテニス
Titherington
　ティザリントン
　ティシェリントン
Tithi ティティ
Tithōnos ティトノス
Tithraustēs
　ティトラウステス
Titi ティティ*
Titian ティツィアーノ
Titiano ティチアノ
Titidius
　ティティディウス

Titie ティティー
Titiek
　ティティ
　ティティック
Titiev チチエフ
Titikpina ティティピナ
Titikshu
　ティティクシュ
Titina テティーナ
Titinen ティティネン
Titingar チチンガル
Titinius
　ティティニウス
Títios
　ティティオ
　テテオ
Titis ティティス
Titius
　チチウス
　ティティウス
Title タイトル*
Titleman タイトルマン
Titler ティトラー
Titman ティトマン
Titmus ティトムス
Titmuss
　ティトムス
　テイトマス
Tito
　シト*
　チト
　チトー**
　ティット
　ティート
　ティト**
　ティトー*
　テイト
Titomirov
　ティトミロフ
Titon ティトン
Titos
　ティトス
　テトス
Titov
　チトフ*
　ティトフ
Titova チトワ
Tits ティッツ*
Titsian チツィアン
Titsingh
　チチング
　ティチング
　ティツィング*
Titta
　ティタ
　ティッタ*
Tittel
　ティッテル
　ティテル
Tittemore
　ティトモア
Tittle タイトル
Tittmann
　ティットマン
Tittoni ティットーニ
Titu
　テイト
　ティトゥ

Tituba
　ティテューバ
　テイトゥバ
Titulescu
　ティトゥレスク
Titus
　タイタス**
　タイトス*
　チトゥス
　ティツス
　ティテュス
　ティートゥス
　ティトゥス*
　ティトゥス
　テイトス
Titze ティッツェ
Tiu ティウ
Tiukaev チウカーエフ
Tiumenbaev
　ティウメンバエフ
Tiumenev テュメネフ
Tiunov チューノフ
Tiurin チューリン
Tiutchev チュッチェフ
Tivadar ティヴァダル*
Tivers ティバース
Tivey ティヴィー
Tivoli ティーヴォリ
Tivontchik チボンチク
Tivy ティヴィー
Tiwari ティワリ
Tiwary ティワリー
Tiwon ティウォン
Tixa ティクサ
Tixeront
　ティクスロン
　ティクセロン
Tixier
　ティキシアー
　ティクシエ
Tiya ティヤ
Tiyo ティヨ
Tizard ティザード**
Tizeba ティゼバ
Tizengauzen
　チゼンガーウゼン
　ティゼンガウゼン
Tizia ティツィア
Tiziana
　ティジアナ
　ティチアナ
　ティツィアーナ*
　ティツィアーノ
Tizianello
　ティツィアネッロ
Tiziano
　チチアーノ
　チチアン
　ティチアーノ
　ティツィアーノ***
　ティツィアノ*
　ティツィアノ
Tizoc ティソック
Tizón ティソン
Tizuka チズカ

Tizzano
　ティツァーノ
Tjahaja チャハヤ
Tjahjanto ジャヤント*
Tjahjo チャヒオ
Tjalling チャリング
Tjan チャン
Tjapaltjarri
　チャパルチャリ
Tjarda チャルダ
Tjarko チャルコ
Tjeerd
　チェルド
　チエルド
　ティアート
　ティアード*
Tjekero チェケロ
Tjeknavorian
　チェクナヴォリアン*
　チェクナボリアン
Tjerrd チェルド
Tjian ティジャン
Tjibaou チバウ
Tjibbe ティベ
Tjik チック
Tjikuzu トジクズ
Tjipilica チピリカ
Tjipta チプタ
Tjiptawan チプタワン
Tjipto チプト
Tjiriange
　ジリアンゲ
　チリアンゲ
Tjitrawasita
　チトラワシタ*
Tjiuee タイウエー
Tjoa チョア
Tjoe チョー
Tjoet チュット
Tjokroaminoto
　チョクロアミノト
Tjon チョン
Tjong チョン*
Tjong Khing
　チョンキン
Tjon Tjin Joe
　チョンチンユ
Tjørhom ティソホム
Tjoyas チョヤス
Tjukin チュキン
T.Jun テジュン
Tjuus チュース
Tkác トカチ
Tkach タカク
Tkachenko
　カチェンコ
　トカチェンコ*
Tkachev
　トカチェフ
　トカチョフ
Tkachëv
　トカチェフ
　トカチョーフ
　トカチョフ

TKA 916

Tkach Ostapchuk トカチオスタプチュク
Tkachov トカチョーフ / トカチョフ
Tkachuk カチャック
Tkacik タシク / タシック
Tkalenko トカレンコ
Tkatch トカチ
Tkatchenko トカチェンコ
Tkeshelashvili トケシェラシビリ
Tkhilaishvili トゥヒライシヴィリ
Tkocz コッツ
Tladi トラーディ
Tlali トゥラリ / トラーディ / トラーリィ*
Tlemachos テレマコス
Tlepolemos トレポレモス
Tletli トレトリ
Tlili トゥリリ
Tlohang トロハング
Tlou トゥロウ*
Tlusty トルスティー
Tluway トルウェイ
Tmenov トメノフ
Tünies テンニエス
To ト / トー*** / トゥ / トゥー / トゥ*
To' ッ
T'o トゥオ
Tô トー**
Tộ ト
Toad トード
Toafa トアファ*
Toai トアイ
Toakai トアーカイ
Toal トール
Toamma トゥマ*
Toan トァン / トアン*
Toara トアラ
Toates トーテス
Toatu トアス
Tob トヴ / トフ / トブ
Tōb トーブ
Toba トバ
Tobă トバ
Tobach トバック
Tobai Sike トバイシケ

Tobak トバック
Tobar トバル
Tobas トビアス
Tobback トバック
Tobe トビー* / トベ
Tobel トベル
Toben トーベン
Tober トーバ / トーバー
Tobey トービー / トビー** / トービイ / トベイ
Tobgay トブゲ / トブゲイ*
Tobgyel トボギャル
Tobi トビー
Tobia トビア*
Tobian トビアン
Tobias トバイアス** / トビー / トビア / トービアス / トビーアス / トビアス*** / トビヤ / トビヤス
Tobías トビアス
Tobiasse トビアス*
Tobie トビ
Tobilevich トビレヴィチ
Tobin トービン** / トビン*
Tobino トビーノ*
Tōbit トビト
Tobler トーブラー / トープラー / トブラー*
Tobochnik トボチニク
Tobolowsky トボロウスキー / トボロースキー
Tobolsky トボルスキー
Tobón トービン
Toby トビ** / トビー** / トビィ
TobyMac トビーマック
Tobyn トービン / トビン
Toca トカ
Toccafondo トッカフォンド*
Tocci トッチ
Tocco トッコ
Toch トッホ*

Tochenova トチェノーワ
Tocher トッカー
Töchterle テヒテール
Tockman トックマン
Tocqué トッケ
Tocqueville トオクヴィル / トークヴィル / トクヴィル* / トクビル / トックヴィル* / トックビル
Tocquigny トックウィグニー
Tod トッド**
Todahl トダール
Tōdar トーダル
Todaro トダーロ / トダロ*
Todd タッド* / トッド***
Todde トッデ
Toddi トッデイ
Töde トゥダ
Todea トデア
Todelini トデリーニ
Todenhöfer トーデンヘーファー
Todes トーデス**
Todeschini トデスキーニ*
Todesco トデスコ
Todeyya トーデーヤ
Todhunter タドハンター / トッドハンター* / トドハンター* / トドハンデル / トドホンター / トドホンドル
Todi トーディ* / トーディ
Todić トーディチ
Todino トディノ*
Todisco トディスコ / トデスコ
Todman トッドマン
Todor トードル* / トドール / トドル*
Todorka トドルカ
Todoroglo トドログロ
Todorov トドロフ**
Todorova トドロヴァ / トドロバ / トドロワ
Todorovich トドロヴィチ
Todorovitch トドロヴィッチ

Todorovskii トドロフスキー**
Todra トードゥラ
Todrank トドランク
Todros トドロス
Todsen トゥードセン / トットセン / トードセン
Todt トーット / トット / トッド* / トート
Tödt テート
Todten トドテン
Todts トッツ
Todua トゥドワ
Toe トー / トウ
Toebelmann テーベルマン
Toegel トーゲル
Toellner テルナー
Toelzer テルツァー
Toepffer テップファー / テップフェール / トゥプフェール
Toepler テプラー
Toeplitz テップリッツ / テープリッツ* / テプリッツ
Toer トゥーア / トゥール*** / トゥル
Toernaes トアネス
Toesca テスカ / トエスカ
Toeschi トエスキ
Toëschi トエスキ
Toeti トゥティ*
Toety トエッティ
Toews テープス / テーブス / トゥーズ / トウズ / トーズ*
Tofaeono トファエオノ
Tofail トファイル
Tofana トファナ
Tofani トーファニ / トファニ
Tofano トーファノ / トファーノ
Toff トフ
Toffler トフラー**
Toffoli トッフォリ

Tofield トフィールド
Tofigi トフィギ
Tofik トフィク
Tofilau トフィラウ*
Tofinga トフィンガ
Toft トフト
Tofte トーフテ
Tofting テフティン
Tofts トフツ
Toga トーガ / トガ
Togan トガン
Togba トグバ
Toghon トゴン
Toghraie トグライ
Toghrïl トゥグリル
Toghrul トグルル*
Togie トーギー
Togliatti トリアッチ / トリアッティ*
Tognazini トグナジーニ / トグネジーニ
Tognazzi トーニアッツィ / トーニャッチ / トニャッツィ* / トニャッティ
Tognazzini トグネジーニ
Tognetti トグネッティ / トネッティ
Togo トーゴ / トーゴー
Togolok トゴロク
Togonon トゴノン
Togoril トゴリル
Togsjargalyn トグスジャルガルイン
Toγtaqu トグトホ
Tögüs トグス
Tögüs Temür トグスティムール
Toh トー* / トウ
Tohari トハリ*
Tohatievskii トハチエフスキイ
Tohby トビー
Toherida トエリダ
Tohmas トーマス
Tohme トフメ
Tohnet トーネット
Toht トート
Tohti トフティ / トフティー
Tohtobyby トカン
Tohuzov トグゾフ

Toi トーイ
Toia トイア
Toibin トビーン*
Toíbín トビーン
Tóibín
　トイビン
　トビーン*
Toichi トイチ
Toidze
　トイージェ
　トイージュ
Toifilou トイフィルー
Toihir トイール
Toikeusse
　トワクス
　トワクセ
Toikka トイッカ
Toilolo トイロロ
Toinard トワナール
Toischer トイッシャー
Toit トワ
Toiva トイバヤトイバ
Toivakka トイバッカ
Toivo
　トイヴォ
　トイヴォ*
　トイボ*
Toivola トイボラ
Toivonen
　トイヴォネン
　トイボーネン
　トイボネン*
Toivo Ya Toivo
　トイボヤトイボ
Tojibaev トジバエフ
Tok トク
Tŏk チョク
Tokaev
　トカーエフ
　トカエフ*
Tokai トカイ
Tokar
　トーカー*
　トカー
Tokarczuk
　トカルチュク**
Tokarev
　トカレヴ
　トーカレフ
　トカレフ*
Tokareva
　トカリョーヴァ
Tókareva トーカレワ
Tokarjewa トーカレワ
Tokarska トカルスカ
Tokarz トカーズ
Tokataake トカターケ
Tokatyan トカチャン
Tokayer
　トケイヤー
　トケイヤー*
Tokayev トカエフ
Toke トケ**
Tōkei テーケイ
Tőkés テケシュ*
Tokheim トーケイム

Tokhto トクト
Tok-hun トクフン
Tokia トキア
Tokic トキッチ
Tokić トキッチ
Tokin トーキン
Toklas トクラス*
Tokmakov
　トクマコーフ
　トクマコフ**
Tokmakova
　トクマコーワ***
Tokman トクマン
Tokody トコディ*
Tokoto トコト
Tokpah トクパ
Tokpakbayev
　トクパクバエフ
Tok-su トクス
Toksvig トクスヴィグ
Toktobubu トクトブブ
Toktogha
　トクタ
　トクト
Toktu トクトゥ
Toku トク
Tokunbo トクンボ
Tokyo トーキョウ
Tokyotowertanaka
　トーキョータワータナ
　カ
Tol
　トウル
　トール
　トル*
Tola トラ
Tolaas トラース*
Tolaganov トラガノフ
Tolain トラン
Tolan トーラン
Toland
　トウランド
　トーランド***
Tolansky トランスキー
Tolba トルバ
Tolbecque トルベック
Tolbert トルバート**
Tolbukhin
　トルブーヒン
Tolchah トルハ
Tolchin トルチン
Tolchinsky
　トルチンスキー
Toldo
　トゥド
　トルド*
Toldrá トルドラ
Toldy トルディ
Tole トレ
Töle
　トゥラ
　トレ
Toleafoa トレアフォア
Toleba トルバ

Toledano
　トレダーノ*
　トレダノ**
Toledo
　トレード*
　トレド***
Tolentino
　トレンティーノ**
　トレンティノ**
Toleo トレオ
Toler
　トゥラー
　トーラー
　トラー
Toles トールズ
Tolet トレート
Toletus トレド
Tolga トルガ
Tolgay トルガイ
Tolgellsen
　トルゲルセン
Tolgfors
　トリイフォッシュ
Tolhurst トルハースト
Tolić トリッチ
Tolin トーリン
Tolinski トリンスキー
Tölis テレス
Tolischus
　トリシャス
　トリシュース
Tolisso トリソ
Tolitch トリッチ*
Toliver
　トリヴァー
　トリバー
Tolj トリュ
Toljan トリアン
Tolkachev
　トルカチェフ
Tolkacheva
　トルカチェワ
Tolkan
　トーカン
　トールカン
Tolkāppiya
　トルカービヤ
Tolkāppiyar
　トルハービヤール
　トルハービヤル
Tölke テルケ
Tolkien
　トーキン
　トールキン**
　トールキーン
Tolkin トルキン
Tolkowsky
　トルコウスキー*
Tolkunov トルクノフ
Toll
　トール*
　トル
Tollander トランダー
Tollberg トールバーグ
Tolle
　トリー
　トール*

トーレ
Tölle テレ
Tollefse トレフス
Tollefsen トレフセン*
Tollefson トレフソン
Tollendal トランダル
Tollens
　トッレンス
　トレンス
Toller
　トゥラア
　トーラー
　トラア
　トルラー
　トルレル
Tolleson トールソン
Tollet トレ*
Tollett
　トレ
　トレット
Tolley トリー
Tolli
　ットリ
　トーリ
Tölli ッリ
Tollifson トリフソン
Töllinen ッリネン
Tollington トリントン
Tollison トリソン
Tolliver トリバー
Tollkötter
　トルケッター
Tollman トールマン
Tollison トリソン
Tolly
　トーリー
　トリ
　トーリィ
　トルイ
Tolman
　トールマン*
　トルマン
Tolmezzo
　トルメッゾ
　トルメッツォ
Tolmidēs トルミデス
Tolmie トルミー*
Tolmoff トルモフ
Tolnay
　トルナイ*
　トルネイ
Tolno トルノ
Tolo
　トーロ
　トロ
Tolobek トロベク
Tolofuaivalelei
　トロフアイバレレイ
Toloi トロイ
Tolokonskii
　トロコンスキー
Tolomei トロメイ
Tolomeo トロメーオ
Tolosa トロサ
Tolossa トロッサ

Tolotrandry
　トロトランジ
Tolpin トルピン
Tolpygo
　トルピーゴ
　トルピゴ
Tolsá
　トルサ
　トルサー
Tolsma トルスマ
Tolson トルソン
Tolstaia
　トルスターヤ
　トルスタヤ
Tolstaya トルスタヤ**
Tolstenko
　トルステンコ
Tolstoi
　トゥストイ
　トオストイ
　トルストーイ*
　トルストイ***
Tolstoï トルストイ
Tolstoukhov
　トルストウホフ
Tolstov トルストフ
Tolstoy トルストイ**
Tolstyv トルストイフ
Tolton トルトン
Toltz トルツ*
Tolubeyev
　トルベウェーヴ
Tolubko トルブコ
Tolui トルイ
Tolušić トルシッチ
Tolzer テルツァー
Tolzien トルジーン
Tom トム***
Toma
　トオマ
　トーマ
　トマ*
Tomack トマック
Tomada トマダ
Tomaino トマイオ
Tomajczyk
　トマイチク*
Tomala トマラ
Tomalia トマリア
Tomalin トマリン**
Tomaling トマリング
Toman トーマン
Tomandl トーマンドル
Tomane トマニ
Tomanek トマネク
Tomanová トマノバー
Tomantschger
　トマントシュガー
Tomar
　トーマル
　トマール
Tomas
　トゥーマス
　トーマーシュ
　トマシュ
　トーマス***

Tomaš トマシュ*
Tomás
 トマーシュ*
 トーマス
 トマース
 トマス***
Tomáš
 トマーシュ*
 トマシュ**
 トーマス**
 トマス
Tomasa トマサ
Tomaschek
 トマシェク
 トマセーク
Tomášek
 トマーシェク*
Tomaselli
 トマゼッリ
 トマセリ
Tomasello
 トマセロ*
 トマッセロ
Tomasevic
 トマシェヴィッチ
Tomašević
 トマシェヴィチ
 トマシェヴィッチ
Tomasevich
 トマセヴィチ
Tomasevicz
 トマセビツ*
Tomasevski
 トマチェフスキー*
Tomaševski
 トマチェフスキー
Tomashevskii
 トマシェフスキー
Tomashova
 トマショワ**
Tomasi
 トマージ***
 トマシ**
 トマジ*
Tomasic トマシッチ
Tomasini トマジーニ
Tomasko トマスコ*
Tomaso
 トマーソ
 トマーゾ
 トマソ*
 トマゾ
 トマッソ
 トンマーゾ
Tomassi トマッシ
Tomasson トマソン*
Tomassone トマソン
Tomasz
 トマシ
 トマーシュ
 トマシュ**
 トーマス
 トマズ
Tomaszczyk
 トーマーシュチク
Tomaszewicz
 トマシェヴィチ

Tomaszewski
 トマシェフスキ**
 トマシェフスキー
Tomatis トマティス*
Tomatito
 トマティート*
Tomayko トメイコ
Tomáž トマーシュ
Tomb トム
Tomba トンバ*
Tombari
 トムバーリ
 トンバーリ
Tombaugh トンボー*
Tombet トンベ
Tombini トンビニ*
Tomblin
 トムリン
 トンブリン
Tombs
 トゥームズ
 トムス*
Tomczak トムチャック
Tome トメ
Tomé
 トメ
 トメー
Tomegah-dogbe
 トメガドグベ
Tomei
 トーメイ
 トメイ**
Tomeing トメイン**
Tomek
 トメク**
 トメック
Tomelty トメルティ
Tomenko トメンコ
Tomer トマー
Tomes
 トームズ
 トムズ
Tomescu トメスク
Tomeu トム
Tomey
 トーメイ
 トメイ
Tomi
 トミ**
 トミー**
Tomiak トミアク
Tomic トミッチ
Tomić
 トミック
 トミッチ*
Tomica トミツァ
Tomicevic
 トミチェビッチ
Tomićević
 トミセビッチ
Tomie トミー***
Tomilin トミリン
Tomima トミマ*
Tomin トーミン
Tomine トミネ

Tomio トミオ*
Tomiq トミッチ
Tomislav
 トミスラヴ**
 トミスラフ*
 トミスラブ
Tomita トミタ
Tomkins
 トムキンス
 トムキンズ***
Tomko トムコ
Tomley トムリー
Tomlin トムリン**
Tomline トムリン
Tomlins トムリンス
Tomlinson
 トムリンスン
 トムリンソン***
Tomm トム
Tomma トマ
Tommaseo
 トマセオ
 トンマゼーオ
 トンマゼオ
Tommasi
 トマージ
 トンマーシ
 トンマージ*
Tommasini
 トンマジーニ
Tommaso
 トマス
 トマーソ
 トマーゾ*
 トマゾ*
 トマソー
 トマゾ**
 トマッソ
 トンマーソ*
 トンマーゾ**
Tommasone トマゾン
Tommasso
 トマーゾ
 トマソ
 トマゾ
 トンマーゾ
Tommè トンメ
Tommi
 トミ*
 トンミ**
Tommie トミー**
Tommy
 タミー
 トニー
 トミ
 トミー***
Tommylee トミーリー
Tomo トモ
Tomops ティニオス
Tomori トモリ
Tömörkény
 テメルケーニュ
Tomorochir
 トモルオチル*
Tömörtogoo
 テメルトゴー
Tomos トモス

Tomov トモフ
Tomovic トモヴィッチ
Tomovska トモフスカ
Tomowa
 トモヴァ
 トモワ*
Tompa トンパ
Tompert
 トムパート
 トンパート
Tompion トンピオン
Tompkins
 トムキンズ
 トムプキンス
 トムプキンズ*
 トンプキンス**
 トンプキンズ*
Tompsett
 トンプセット
Tompson
 トムスン
 トンプソン
Tomris トムリス
Toms トムズ**
Tomscoll トムスコル
Tomsen トムスン*
Tomskii
 トームスキー
 トムスキー
 トームスキィ
Tomsky トムスキー
Tomson トムソン**
Tömür トムゥル
Tomuriesa トムリエサ
Tomyanti
 トムヤンティ*
Tomyris トミュリス
Ton トン***
Tôn トン
Tona トナ
Tonani トナーニ**
Tonato トナト
Tonci
 トンシ
 トンチ
Tond トンド
Tonda トンダ
Tondelli トンデッリ*
Tondi トンディ
Tondo トンド
Tondora トンドラ
Tondreau トンドロー
Töndury テンドゥリー
Tone トーン
Tonekābonī
 トゥネカーボニー
Tonela トネラ
Tonellato トネラート
Tonelli
 トネッリ
 トネリ
Tonello トネロ
Tonelson トーネルソン
Toner
 トーナー

 トナー*
Tonet ツネット
Tonetti トネッティ
Tonetto トネット
Tonev トネフ
Toney トニー*
Tong
 トン**
 トーング
 トング
Tóng トン
Tongai トンガイ
Tonga'uiha
 トンガウイハ
Tongavelo トンガベロ
Tong-chun ドンチュン
Tonge
 タン
 トン
Tonges トンジェス
Tong-hui ドンヒ
Tong-il トンイル
Tongiorgi
 トンジョルジ
 トンジョルジ
Tong-jin ドンジン*
Tong-ju ドンジュ
Tong-man ドンマン
Tong-ni ドンリ*
Tongue タング
Tong-won トンウォン
Tong-wook ドンウク
Toni
 トーニ**
 トニ***
 トニー**
Tonia トニア
Tônia トーニア
Toniatti トニアッティ
Tonie
 トーニー
 トニー*
Toninho トニーニョ*
Tonino
 トニーノ***
 トニノ
 トリーニ
Tonio
 トーニオ
 トニオ
Toniolo
 トニオーロ
 トニオロ
Tonique トニク*
Tonis トニス
Tõnis トニス
Tõnisson トゥニッソン
Toniste トニスト
Tõniste トニスト
Tonita トニツァ
Toniwaty トニワティ
Tonje トーニャ
Tonke トンケ**
Tonkin トンキン

Tonking トンキング
Tonkiss トンキス
Tonks
　トーンクス
　トンクス*
Tonmi トンミ
Tonna トンナ
Tonnac トナック*
Tonnby トンビー
Tonne
　タン
　トンヌ
　トンネ
Tonnelat トンヌラ
Tonnelier トヌリエ
Tonnerre トネール
Tonnesen テンネセン
Tönnesmann
　テンネスマン
Tonnies テンニエス
Tönnies
　テニエス
　テーニス
　テンニエス
　テンニエス*
　テンニース*
　トェンニース
Tonny
　トニー
　トニイ
Tono
　トーニョ
　トノ
Tononi トノーニ
Tonry
　トンリー
　トンリィ
Tonseth トンセット
Tonson トンソン
Tonstall
　タンスタル
　タンストール
Tontchev トンチェフ
Tontcho トンチョ
Tonti トンティ
Tontowi トントウィ
Tonty トンティ
Tonu
　トヌ
　トヌー
Tõnu トヌ
Tony
　トーニ
　トーニー
　トニ**
　トニー***
　トニイ*
　トニネ
Tonya
　トニア
　トーニャ**
　トンヤ
Tonye トニー
Tonypandy
　トニパンディ
Tonyuquq トンユクク
Too トゥー*

Toobi トゥービー
Toobin トゥービン
Toogood トゥーグッド
Toohey トゥーヒー
Took
　トゥーク
　トゥック
Tooke
　トゥイク
　トゥーク
　トゥク
　トゥック
Tooker
　トゥーカー
　トゥッカー*
Tookey トゥーキィ
Toolan トゥーラン
Toole トゥール*
Tooley トゥーリー*
Toomas トーマス**
Toomasian
　トゥーマシアン
Toomata トーマタ
Toombs
　ツームズ
　トゥームズ
　トームス
Toomer
　トゥーマー*
　トゥマー
Toomey
　トゥーミー*
　トゥーメイ
　トーミー
Toomua トゥーモア
Toon
　トゥーン
　トーン**
Toonen トーネン
Toones トーンズ
Toop トゥープ
Toops トゥープス
Toor トーア
Toorn トールン
Toorop
　トゥーロップ
　トーロップ
　トーロプ*
Tootell
　ツーテル
　トゥーテル
Tootill トゥーティル
Tootoo トゥトゥ
Toots トゥーツ**
Tooze
　トゥーズ
　トーゼ
Top トップ
Topa トパ
Topal トパル
Topaloski
　トパロスキー
Topan トパン
Topaz トパーズ
Topchik トプチック*

Topçu トプシュ
Topel トペル
Töpel トーペル
Topelius
　トペーリウス
　トペリウス*
Topete トペテ
Topf トップフ
Topfer トップファー
Töpfer
　テップファー
　テプファー**
Töpffer
　テプフェール
　テプフェル
Topgay トップゲイ
Topham
　トッパム
　トップハム
Tophoven
　トプホーヴェン
　トプホーベン
Topi トピ*
Topī
　トーピー
　トピ
Topic トピッチ
Topik トピック
Topilin トピリン
Topilina トピリナ
Topinard
　トピナー
　トピナール
Topinkova Knapkova
　トピンコバクナブコバ
Topitsch
　トーピチュ
　トーピッチュ*
Topkov トプコフ
Toplady
　トップレイディ
　トプレディ
Toplak トプラク
Toplay トプレイ
Topley トプレイ*
Topol
　トーポリ*
　トーポル*
　トポル**
Topolánek
　トポラーネク*
Topolski
　トポールスキー
Topooco トポーコ
Topor
　トーパー*
　トーポル*
　トポル
Toporkov トポルコフ
Topornin トポルニン
Toporoff トポロフ
Toporov
　トポローフ
　トポロフ
Topou トゥッポウ

Topoyev トポエフ
Topp トップ
Töppel テッペル
Toppen トッペン
Topper トッパー*
Töpper テッパー
Toppi
　トッピ
　トピー
Toppin トッピン
Toppinen トッピネン
Topping
　タッピング*
　トッピング
Toppmoller
　トップメラー
Toppmpller
　トップメラー
Toprak トプラク
Topsch トプシュ*
Topsell トプセル
Topsy トプシー
Topuridze トプリッゼ
Topurov トプロフ
Topuzian トプジャン
Toqta トクタ
Toqtamish
　トクタミシュ
Toqtaqiya トクタキヤ
Toquero トケーロ
Tor
　トー
　トーア*
　トア*
　トゥール
　トゥルー
　トール***
　トル
Tora
　トーラ
　トラ*
Torá トラ
Torabi トラビ
Torabinejad
　トラビネジャッド
Torabli トラーブリー
Toradze トラーゼ*
Torah
　トーラ*
　トーラー
Toral トラル
Toralf トラルフ
Toralv トラルヴ
Toranian トラニアン
Toranzos トランゾス
Tor Arne トールアルネ
Torau トラウ
Torban トルバン
Törbat トゥルバト
Torben
　トアベン
　トーベン*
　トルベン*
　トロベン

Torberg
　トーアベルク
　トールベルク*
Torbern トルビョルン
Torbert トルバート
Torbido トルビド
Torbjörn
　トゥルビョン
　トルビョルン
　トルビョーン
Torbjørn
　トールビョルン*
　トルビョルン
Torbjörner
　トルビヨルネル
Torborg
　トーボーグ
　トルボルグ
Torcheboeuf
　トルシェブーフ
Torchi トルキ
Torchia トルキア
Torchio トルキオ
Torcivia トルチヴィア
Tord
　トー
　トード*
　トール**
　トルド
Torda トルダ
Tordai トルダイ
Torday
　トーディ**
　トーデイ
Tordella トルデッラ
Tordenskjold
　トルデンスギョル
Tordesillas
　トルデシャス
　トルデシーリャス
　トルデシリャス
Tordis トーディス*
Tordjman
　トルジマン
　トルジュマン
Tore
　トール
　トーレ**
　トレ
Torelli
　トレッリ
　トレリ
　トレルリ
Torén
　トーレン
　トレン
Torey
　トリイ**
　トロイ
Torg トルク
Torga トルガ**
Torgashev
　トルガシェフ
Torgerson
　トーガーソン
Torgersson
　トリエション

Torgeson トーギソン／トージソン
Torgils トルギルス
Torgny トルグニィ
Torgoff トーゴフ
Torgovnik トーゴヴニク
Torgyán トルジャーン
Tori トーリ**／トリ*
Toribio トゥリビウス／トリービオ／トリビオ*
Toribiong トリビオン*
Torigny トリニー
Torii トーリ*／トリー／トリイ
Toril トリル
Torild トーリルド／トリルド
Torill トーリル
Torin トーリン
Toriola トリオラ
Torjusen トリューセン
Tork トーク
Torke トーキー／トーク
Torkel ターケル／トーケル／トルケル
Torkelson トーケルソン
Torkestani トルケスタニ
Torkington トーキントン*
Torklus トルクルス
Torkunov トルクノフ*
Torleif トーレイフ
Torlonia トルロニア
Torlopova トルロポワ
Torm トルム
Torma トルマ
Törmänen トルマネン
Torme トーメ*
Tormod トールモー**／トルモード
Torn トーン
Tørnaes トアネス
Tornai トルナイ
Tornatore トルナトーレ**
Tornau トルナウ
Tornek トルネーク
Töneke トールネケ
Torneo トーニオ
Torneus トルネウス

Torney トーニィ／トルナイ／トルネイ
Torngren テルングレン
Törngvist テーンクヴィスト
Tornior トルニオル
Tornolah トルノラー
Tornow トーナウ
Tornquist トーンキスト／トーンクィスト
Tornqvist テルンクヴィスト／テーンクヴィスト
Törnqvist テルンクヴィスト*／テレヘン／テーンクヴィスト*
Tornstam トーンスタム
Tornyay トニエ
Toro トロ**
Törő テロ
Töröcsik トロシック
Torogul トログル
Torok トローク／トロク
Török テレク／トロク
Torokeloshvili トロケロシビリ
Torokhtiy トロフティー*
Toromanoff トロマノフ
Toromush トロムシ
Toroni トローニ
Toropov トロポフ*
Torosidis トロシディス
Torosyan トロシャン
Torous トラウス
Torp トープ／トルプ
Torpey トービー**
Torquato トルカートオ／トルクァート*／トルクアート／トルクアト／トルクワート
Torquatus トルクアトゥス／トルクアトゥス
Torquemada トリケマダ／トルケマーダ*／トルケマダ
Torquil トークィル
Torr トー／トール
Torraco トラッコ

Torrado トラド
Torralba トラルバ
Torralva トラルバ
Torrance トオランス／トーランス*／トランス*
Torras トラス
Torre トア／トッレ*／トーリ***／トーレ**／トレ
Torrealba トレアルバ
Torreggiani トッレッジャーニ
Torregrosa トレグロサ
Torreira トレイラ
Torrejon トレホン
Torrejón トレホン
Torrelio トレリオ
Torrell トレル
Torrelli トレッリ
Torrence トーレンス**／トレンス*
Torrend トラン
Torrens トーレンス／トレンス／トレンズ*
Torrent トルレント／トレント
Torrente トレンテ*
Torrentes トッレンテス／トレンテス
Torrents トレンツ
Torrenzano トレンザーノ
Torres トラス／トルレス／トーレス***／トレース／トレス***
Torrès トレス
Torresella トッレセッラ
Torres Falcó トーレスファルコ
Torrey トオレイ／トーリ／トーリー*／トーレー／トレー／トレイ
Torreyes トーレアイズ
Torrez トーレス
Tórrez トレス
Torri トッリ

Torricelli トリセリ／トリチェッリ／トリチェリ／トリチェリー／トリッチェリ
Torrico トリコ
Torrid トリッド
Torrie トリー
Torriente トリエンテ
Torrigiano トッリジャーニ／トリジャーノ
Torrijos トリーホス／トリホス**
Torrington トリントン*
Torrisi トッリージ／トリージ
Torriti トッリーティ／トリーティ
Torróba トルローバ／トローバ
Torroja トロハ*
Torrubia トルービア
Torry タリー
Torsellini トルセリーニ
Torsellino トルセリーノ
Torseter トールシェーテル
Torshin トリシン
Torssell トーセル
Torstein トルシュタイン
Torsten トーシュテン／トシュテン／トスティン／トーステン／トステン／トルシュテン／トールステン**
Torstendahl トルステンダール
Torstensson トシュテンソン／トルステンソン
Tort トール*／トル
Tortajada トルタハーダ*
Tortel トルテル
Tortelier トルトゥリエ／トルトリエ*
Torterolo トルテーロロ
Tortini トルティーニ*
Tortora トータラ／トータラ／トルターナ

Tortorella トルトレッラ*
Tortosa Cabrera トルトーサカブレラ
Tortu トルチュ**
Toru トルー
Toruno トルーニョ*
Torup トルプ
Torvald トーボー／トルヴァール*
Torvalds トーヴァルズ／トーバルズ**／トールバルズ／トルバルズ
Torvay トルヴァイ
Torvill トーヴィル／トービル*
Tory トーリー*／トリ／トリー*
Tos トス
Tosani トサーニ
Tosar トサール
Tosatto トザット
Toscan トスカン*
Toscanelli トスカネッリ／トスカネリ
Toscani トスカーニ**
Toscanini トスカーニーニ／トスカニーニ**
Toscano トスカーノ
Toscha トッシャ
Tosches トシス／トーシュ**
Toschi トスキ
Toseland トーズランド
Toselli トゼッリ／トセリ*／トゼリ／トセルリ／トゼルリ
Tosendjojo トセンジョジョ
Tosh トッシュ*
Tosha トーシャ
Toshchakov トシュチャコフ
Toshiko トシコ*
Toshin トロシン
Tosi トーシ／トージ*／トシ*／トッシ／トッシー
Tosic トシッチ
Tosić トーディチ
Tosin トシン
Tosiwo トシオ

Toska トスカ
Toski トスキ*
Toso トソ
Tosolini トゾリーニ
Tosone トーソーネ
Tošovský
　トショフスキ
　トショフスキー*
Tosquelles トスケル
Tossanus トサーヌス
Tossebro
　テッセブロー*
Tøssebro テッセブロー
Tost トスト
Tosta トスタ
Tostado トスタード
Tosti トスティ*
Tostig
　トスティーイ
　トスティグ
Tosto トスト
Tosul トサル
Tosun トスン
Toswell トスウェル
Tot
　トット*
　トート
Totagamuwē
　トタガムウェー
Toteva トーテヴァ
Toth
　トゥス
　トス**
　トット
　トート
　トトフ
Tóth トート**
Toti
　トーティ*
　トティ*
Totik トチク
Totikashvili
　トチカシビリ
Totila トティラ
Totilawati
　トティラワティ*
Totka トツカ
Tótka トツカ
Totleben
　タトルベン
　トートレーベン
Totman
　タットマン
　トットマン
Totmianina
　トットミアニナ
　トトミアニナ**
Totnes トトネス
Toto
　トゥトゥ
　トト*
　トトー
Totò トト
Totomiants
　トートミアンツ
　トトミアンツ
Totrov トトロフ

Totschnig トチニヒ
Totsky ツキー
Tottel トッテル
Totten トッテン*
Totter トッター
Totti トッティ**
Tottle トトル
Totu トツ*
Totyu トチュ
Tou
　タウ
　トウ
　トゥー
Toua トーア
Touaboy トゥアボイ
Touadéra トゥアデラ*
Toubeau トゥボー*
Toubiana トゥビアナ
Toubianski
　トゥビアンスキー
Toubon
　ツボン
　トゥーボン
　トゥーボン*
Touboul トゥーボール
Touch タッチ
Touchard
　ツシャール
　トゥシャール
Touchemoulin
　トゥシュムラン
Touchette
　トゥーシェット
　トゥシェット
Touchstone
　タッチストーン
Tou-chun トゥチュン
Toufic タウフィク
Toufiq トゥフィク
Toufta ツフタ
Touger トゥーガー
Tough タフ
Touiti トゥイティ
Touitou トゥイトゥ
Touka トゥーカ
Toukan
　トゥーカン
　トウカン
Toula トゥラ
Toulat トゥーラ
Toulemonde
　トゥルモンド
Toulet トゥーレ*
Touliato
　トゥリアートゥ
Toullier トゥリエ
Toulmin
　トゥールミン**
　トゥルミン
　トールミン
Toulmon トゥルモン
Toulouse
　トゥールーズ*
　トゥールズ
　トゥルーズ

Toulout トゥルー
Toulson トゥールソン
Toumani トゥマニ**
Toumanova
　トゥーマノヴァ
　トゥマノヴァ
　トゥマノワ
Toumarkin
　トゥマルキン
Toumba トゥンバ
Toumey トゥミイ
Toumi トゥミ
Toungara トゥンガラ
Toungouvara
　トゥングバラ
Toungui トゥンギ
Tounkara トゥンカラ
Touny
　トゥニー
　トーニ
Toupane トゥーパン
Toupin トゥピン
Toups トゥープス
Touq トゥク
Touqan トゥーカン
Touqir トキール
Tour
　テゥール
　トゥーア
　トゥール**
　テュル
Touraine
　トゥーレーヌ*
　トゥレーヌ**
Tourangeau
　トゥランゴー
Touray
　トゥーレ
　トゥレ
　トゥレイ
Toure
　トゥール
　トゥーレ*
　トゥレ
　トレ
Touré
　トゥーレ***
　トゥレ
　トレ
Tourek トゥーレク
Tourel
　タウレル
　トゥーレル
Tourell トレル
Tourenne トゥレンヌ
Touretzky
　トーレッキー
Tourgée
　ツアジェイ
　トゥアジェー
　トゥアジェイ
Tourgueneff
　トゥルゲーネフ
Tourinho トゥリニョ
Tourish
　トゥーリッシュ
Touriya トゥリヤ

Tourjansky
　トゥールジャンスキー
　トゥルヤンスキー
Tourjman
　タルジャマン
Tourky
　ターキー
　ツアキー*
　トゥアキー
Tourmentan
　トゥールマンタン
Tournachon
　トゥルナション
Tournaire トゥルネール
Tournant
　トゥルナン**
Tournay トゥルネ
Tourné トゥルネ
Tournefort
　トゥルヌフォール
Tournely
　トゥルヌリ
　トゥルネリ
Tournemire
　トゥルヌミール
Tourneur
　ターナー*
　トゥールヌール
　トゥルヌール
Tournier
　トゥールニエ
　トゥールニエ
　トゥルニエ
　トゥルニエ***
Tournières
　トゥールニエール
Tournon
　トゥールノン
　トゥルノン
Touron
　トゥーロン
　トゥーロン*
Tours トゥール
Tourscher ターシャー
Tourte トゥールト
Tourtel
　トゥルテル
　トーテル
Tourun トールン*
Tourville
　トゥールヴィル
　トゥルヴィル
　トゥルビル
Tousart トゥザール
Tou-shik ドゥシク
Tousouzova
　ッスソウバ*
　ツッソーバ
Toussain トゥサン
Toussaint
　ツーサン
　トゥーサン***
　トゥーサン
　トゥサン**
　トゥサント
　ツサン
Toussaintt トゥサン
Tousseul
　トゥースル

Toustain トゥスタン
Tout タウト*
Toutai トータイ
Toutain
　トゥータン*
　トゥーテ
Toutant
　トゥータン
　トゥターン
Touvay トゥヴェ
Touvier トゥヴィエ
Touwen タウエン
Touya ツゥーヤ
Touyz トイズ
Touzaint トゥザン*
Touzani トゥーザニ
Touzard トゥザール*
Touzat トゥゾー
Touzet トゥーゼー
Touzoul ツズール
Touzsouzova
　ツッソーバ
Tov
　トヴ**
　トーフ
　トーブ
　トフ
　トブ
Tova トーヴァ
Tovah
　トーヴァ
　トーヴァー
　トーバ
Tovar
　トヴァル
　トバール
　トバル
Tóvar トバル
Tove
　トーヴ
　トゥーヴェ
　トゥーヴェ***
　トーベ*
Tové トベ
Toverud
　トゥーヴェリュード
Tovey
　トーヴィ
　トーヴィー
　トヴィ
　トヴィー*
Tovfighe トビーゲ
Toviański
　トヴィアンスキー
　トヴィアンスキ
　トヴァニスキ
Tovijakchaikul
　トーウィチャックチャイクン
Tovmasyan
　トブマシャン
Tovosia トブシア
Tovstonogov
　トフストノーゴフ*
Tovt トス

Tow トー*	トオインビー	Trad トラド	Traister トライスター トレイスター*	Trane トラーネ	
Towe トウ	Toyne トイン**	Tradate トラダーテ	Trajan トレジャン	Tranel トラネル	
Toweel トウィール	Toyota-thailand トヨタタイランド	Tradd トラッド	Trajano トラハノ	Tranfaglia トランファーリア	
Toweill トウェイル	Toyvim トイヴィム	Tradenius トラデニウス	Trajanus トラーヤーヌス トラヤヌス	Trang チャン*	
Towell タウェル	Tozaka トザカ	Tradescant トラディスカント	Trajdos トライドス	Tranh タン チャイン	
Tower タワー**	Tozer トウザー トーザー*	Tradgill トラドギル	Trajko トライコ	Trani トラーニ トラニ	
Towers タワーズ*	Tozian トジアン*	Tradonico トラドニコ	Trajkovic トライコビッチ	Trankell トランケル	
Towery タワリー	Tozik トジク	Trae トラエ	Trajkovski トライコフスキ**	Trankov トランコフ**	
Towle タウル トウル トール*	Tozoun トズゥン	Traeder トレイダー	Trakas トラカス	Tranly トランリー	
Towles タウルズ トールズ	Tozzetti トッツェッティ*	Traeger トレーガー*	Trakh トラク	Tranquilli トランクィッリ	
Town タウン	Tozzi トッツィ**	Traer トレア	Trakhtenberg トラハテンベルク トラハテンベルグ トラフテンベールク	Tranquilly トランクィリ	
Towne タウン**	Tozzo トッツォ	Traetta トラエッタ		Tranquillina トランクィリナ	
Townend タウネンド	Tozzoli トゾーリ*	Träff トレフ		Tranquillo トランクィッロ	
Towner タウナー	T-pole ティーポレ	Trafford トラッフォード トラフォード*	Trakhtenbrot トラハチェンプロート トラフチェンブロット	Tranquillus トランクィイロ*	
Townes タウンズ**	Tra チャ チャー トラ	Trafton トラフトン*			
Townley タウンリー** タウンレイ	Traa トロー**	Tragedy トラジェディ	Trakia トラキア	Tranquillus トランクィルス	
Towns タウンズ	Traba トラーバ トラバ	Tragella トラゲラ	Trakin トラキン	Trankuillus トランクウィルス	
Townsend タウンズエンド タウンセント タウンセンド* タウンゼント** タウンゼンド***	Trabaci トラバーチ	Trager トレイガー トレイジャー トレーガー トレガー	Trakl トラークル** トラクル	Transfeldt トランスフェルト	
	Traballesi トラバッレージ	Träger トレーガー	Tralbaut トラルボー	Transtromer トランストロンメル	
	Trabant トラバント*	Trahair トラヘアー	Tralles トラーレス	Tranströmer トラーンストレーメル トランストレーメル トランストロンメル***	
Townsent タウンゼント	Trabea トラベア	Trahant トラハント*	Trallori トラローリ		
Townshend タウンシエンド タウンゼント** タウンゼンド**	Trabelsi トラベルシ	Traherne トラハーン トラハン	Tram トラム トレム		
	Traber トレーバー	Trahms トラムズ	Träm トレム	Tranter トランター**	
	Trabukin タラブーキン	Trai チャイ トライ	Trâm チャム	Tranthi トランティ	
Townsley タウンズリー*	Trac チャック チュンニ	Traian トライアン* トライン	Tramain トラメイン	Trantoul タラントゥール トラントゥール	
Townson タウンスン	Trace トレース	Traiano トライアーノ	Tramaine トラメイン	Trantow トラントヴ	
Towrie タウリー*	Tracey トレイシー** トレーシー* トレーシィ	Traianos トライアノス*	Tramel トラメル	Traore トラオル トラオレ*	
Towry タウリ		Traicho トライチョ	Tramello トラメッロ		
Töws トウース	Trach チャック	Traiger トレイガー	Tramer トラメール	Traoré トラオレ**	
Towse タウス	Trachsel トラクセル トラックスル	Traikov トライコフ	Tramitz トラーミツ	Trapani トラーパニ* トラパニ	
Towsey トウジイ	Trachtenberg トラクテンバーグ*	Trail トレイル	Trammell トラメル* トランメル* トレメル		
Towster タウスター	Traci トレイシー** トレイスィー	Trailer トレイラー	Tramon トレイモン	Trapasso トラパッソ	
Toxen トクセン		Traill トレイル** トレール	Trampert トランベルト	Trapattoni トラパットーニ**	
Toy トーイ トイ**	Tracie トレイシー	Trailokanat トライローカナート	Trampler トランプラー	Trape トラッペ	
Toya トヤ	Track トラック	Traimond トレモン	Tran チャン*** トラン**	Trapeznikov トラベーズニコフ トラベズニコフ	
Toyad トヤド	Tracton トラクトン	Train トラン* トレイン*			
Toyah トーヤ	Tracy トラシ トラシー* トラシイ トレイシ トレイシー*** トレイシィ トレーシ トレーシー*** トレシイ		Trân チャン トラン	Trapezuntios トラペズーンティオス トラペズンティオス	
Toychiyev トイチェエフ		Traineau トレノー*			
Toye トーイ トイ		Trainer トレイナー	Trần チャン	Traphes トレイフィス	
Toyen トイエン トーエン トワイヤン*		Traini トライーニ*	Trân チャン	Trapido トラピド	
		Trainor トレイナー* トレーナー*	Trana トラナ	Trapnell トラップネル	
			Tranchant トランシャン	Trapp トラップ**	
Toyes トワ	Tracz トラッチ トレイツ	Trairong トライロン	Tranchida トランチダ	Trapsida トラブシダ	
Toylyev トイルイエフ		Traisman トレイスマン	Trandberg トランベヤー	Traquair トラクエール	
Toynbee トインビ トインビー**			Trandenkov トランデンコフ	Traquet トラケー	
				Trasak トロソック	
				Trasande トラサンデ	

Trasch トレーシュ
Trasizio トランジシオ
Trask トラスク**
Tratman
　ツラットマン
　トラットマン
Trattler トラットラー
Trattner
　トラットナー
　トラットナア
Trattou トラットー
Traub
　トラウブ**
　トラウブ
Traube トラウベ
Traubel
　トラウベル*
　トロウベル
　トローベル
Trauberg トラウベルク
Traubmann
　トロープマン
Traude トラウデ
Traudl
　トラウデル
　トラウドゥル*
　トラウドル
Trauffler トラウフラー
Trauger トゥラウガー
Traugh トラウ
Traugot トラウゴット
Traugott
　トラーウゴット
　トラウゴット*
　トローゴット
Traugutt
　トラウグット
　トラウグート
Trauman トローマン
Traun トラウン
Trauner
　トローナー
　トローネル*
Trausch トラウシュ*
Traustadóttir
　トレウスタドウッティル
Traut トラウト**
Traute トラウテ
Trautman
　トラウトマン
Trautmann
　トラウトマン**
　トロットマン
　トロットマン*
　トロトマン
Trautner トラウトナー
Trauttmansdorff
　トラウトマンスドルフ
Trautwine
　ツラウトワイン
　トラウトワイン
Trautz トラウツ
Travade トラヴァード
Travadel トラバデル
Travaris トラバリス
Travascio トラバシオ

Travelbee
　トラベルビー
Travell
　トラヴェル
　トラベル
Traven
　トラヴェン
　トラーベン
　トラヴェン
Travenol
　トラヴィノール
Traver
　トラベル
　トレイヴァー
　トレイバー
　トレーヴァー
　トレヴァー
　トレーバー*
Travers
　トラヴァース*
　トラヴァーズ
　トラヴォーズ
　トラバース**
　トラバーズ*
　トレヴァース
Traversari
　トラヴェルサーリ
Travers-Ball
　トラバースボール
Traversi トラヴェルシ
Traverso
　トラヴェルソ**
　トラベルソ*
Travi トラーヴィ
Travieso トラビエソ
Travis
　トラヴィス**
　トラビス***
　トレーヴィス
Travkin トラフキン*
Travler トラブラー
Travolta
　トラヴォルタ
　トラボルタ**
Trawick
　トラウィック
　トローウィック
Trawny トラヴニー
Traxel トラクセル
Traxler
　トラクスラー*
　トラックスラー
Trayce トレイス
Traylor
　トレイラー*
　トレーラー
Traynor
　トレイナー*
　トレーナー
Trayvon トレイボン
Traz トラ
Trazhukova
　トラジュコワ
Trazise トレザイス
Trbuhović
　トルブホヴィッチ
　トルブホビッチ
Trdat トゥルダット

Tre
　トリー
　トレ*
Tré トレ
Trea トレイ
Treacher トリーチャー
Treacy トレーシー*
Treadaway
　トレダウェイ
　トレッダウェイ
Treadgold
　トレッドゴールド
Treadwel
　トレッドウェル
Treadwell
　トリードウェル
　トレッドウェル*
Treanor トレーナー*
Trease
　トゥリーズ*
　トリーズ
　トリーズ*
　トレーズ
Treaster トリスター*
Treasure トレジャー*
Treasy トレーシィ
Treat トリート***
Trebach トレバック
Trebek トレベック
Trebelli トレベリ
Treben トレーベン
Trebicki トレビッチ
Trebitsch トレヴィッチ
Trébois トレボワ
Trebonianus
　トレボニアヌス
Trebonius
　トレボニウス
Trébor トレボール
Treborlang
　トレボーラング*
　トレボラング
Treboul トレブル
Trébuchon
　レビュション
Trecate
　トレカーテ
　トレカーティ
Treccani トレッカーニ
Trecia トレシア*
Trečiokas トレチオカス
Trecker トレッカー
Treco トレコ
Trecourt トレクール
Trecy トレシ
Tredgold
　トレッドゴールド
Trediakovskii
　トレジアコフスキー
　トレジアコフスキー
　トレジャコフスキー
　トレジャコフスキー
　トレジャコフスキィ
Tredici
　トレディチ
　トレディッチ

Tredwell
　トレッドウェル
Tree
　トゥリー*
　トリー
Treece
　トゥリース
　トリース*
Treen トリーン
Treer ツリー
Treesha トリーシャ
Trefethen
　トレフェセン
Treffers トレファース
Treffert
　トレファート*
Trefftz
　トレフツ
　トレフッツ
Trefil トレフィル*
Trefilova トレフィロワ
Trefolev
　トレーフォレフ
Trefusis トレフシス
Tregarthen
　トレーガースン
Tregaskis トレガスキス
Tregear トゥレーガー
Tregelles
　トレゲリス
　トレゲルズ
Treggs トレッグス
Tregian トレギアン
Treglia トレグリア
Tregoe トリゴー*
Tregoning
　トレゴニング
Tregubenko
　トレグベンコ
Tregubov トレグボフ
Treguer トゥルゲ
Tregybov トレギボフ
Treherne
　トレハーン
　トレハン*
Treholt トレホルト
Trehub トレハブ
Treib トライブ
Treiber トライバー**
Treier トライアー
Treigle トリーグル
Treilhard
　トレーヤール
　トレヤール
Treille トリリア
Treiman トライマン
Treimanis
　トレイマニス
Treinen
　トライネン
　トレイネン
Treisman トリーズマン
Treistman
　トレイストマン
Treitschke
　ツライチュケ

Treitschke
　トライチケ
　トライチュケ*
Trejo トレッホ
Trejos トレホス
Trekel トレーケル
Trelawney
　トレローニー
　トレローネー
Trelawny
　トリローニー
　トリローニー*
　トリローニィ
　トレローニー
Trelcatius
　トレルカティウス
Trelease トレリース
Treleaven
　トレリーヴェン
　トレレーヴェン
Trelfa トルルファ
Trelinski トレリンスキ
Trelles トレルス
Treloar
　トレラー
　トレロア
Trema トレマ
Tremaglia トレマリヤ
Tremain トレメイン**
Tremaine
　トリメイン*
　トレマイン
　トレメイン
Trémarec トレマレク
Tremayne
　トリメイン
　トレマイン
　トレメイン**
Tremblay
　トランブレ**
　トランブレー
　トレンブレイ*
Tremblett
　トレンブレット*
Trembley
　トラムブレイ
　トレンブレー*
　トレンブレー
Tremeer トレメール
Tremellius
　トレメーリウス
Tremignon
　トレミニョン
Trêmillon トレミヨン
Tremlett トレムレット
Tremmel
　トレメル*
　トレンメル
Tremois トレモア*
Trémois トレモア
Trémolet トレモレ
Tremolieres
　トゥレモリエール
Trémolières
　トレモリエール
Tremonti
　トレモンティ**

Tremoulinas トレムリナス	Trepper トラッパー	トレトラ	Trevillion トレビリオン / トレビロン	トレザイス**	
Tremper トレンパー	Treptov トレプトフ	Tretow トレトヴ		Trezza トレッツァ**	
Trenc トレンク	Tres トレイス	Tretschok トレショック	Trevin トレビン	Trezzi トレッツィ	
Trence テレンス	Tresa トレサ	Trettel トレッテル	Trevino トレヴィノ / トレビノ**	Trezzini トレッツィーニ	
Trench トレンチ*	Trésaguet トレザゲ	Tretter トレッター		Tri チ* / チー / トゥリ / トリ	
Trenchard トレンシャード / トレンチャード	Tresca トレスカ	Tretyak トレチャク / トレチャク	Treviño トレヴィーニョ / トレビノ		
Trencher トレンチャー	Tresch トレッシュ	Tretyakov トレチャコフ / トレチャコフ**	Treviño トレヴィーニョ / トレビノ		
Trenck トレンク	Treschow トレスカウ / トレスコウ		Treviranus トレヴィラーヌス / トレヴィラヌス / トレビラーヌス / トレビラヌス	Tria トリア	
Trenckmann トレンクマン*	Tresckow トレシュコフ	Tret'iakov トレティアコフ		Triaca トリアカ	
Trenckner トレンクナー	Trescot トレスコット	Tret'yakov トゥレチャーコフ / トレチャコフ / トレチャコフ* / トレチャコーフ / トレチャコフ		Trial トリアル	
Trend トレンド*	Trescott トレスコット			Triana トリアーナ	
Trendafilova トレンダフィロワ	Trese テレセ		Trevis トレヴィス	Triandafillov トリアンダフィーロフ	
Trendelenburg トレンデレンブルク / トレンデレンブルグ / トレンデレンブルヒ	Tresguerras トレスゲーラス	Tresh トレッシュ	Trevisa トレヴィーザ / トレヴィサ	Triandis トリアンディス	
	Treshnikov トリョーシニコフ	Treu トレウ / トロイ		Triandos トリアンドス	
	Tresić トレシチ		Trevisan トレヴィザン	Trianni トリアンニ	
Trender トレンダー	Tresidder トレシダー	Treuer トゥルーアー	Trevisani トレヴィザーニ	Triano トリアーノ	
Trendowicz トレンドビッツ	Tresilian トレシリアン	Treuille トゥルイユ		Triantafillidi トリアンタフィッリディー	
Trenet トレネ	Treskow トレスコフ	Treumann トロイマン	Treviso トレヴィーゾ		
Trénev トレネ*	Tresmontant トレスモンタン / トレモンタン	Treuren トリューレン	Trevithick トレヴィシク / トレヴィシック / トレビシック*		
Treněv トレニョーフ / トレニョフ / トレニョフ		Treurnicht トリューニヒト		Triantaphyllides トリアンダフィリディス	
	Tresniowski トレスニォゥスキ	Treurniet トロイルニート			
	Tresnjak トレズニヤック	Treutlein トロイトライン	Trevitt トレヴィット	Trias トリアス*	
Trenggana トルンガナ	Tresor トレゾール	Trevanian トレヴェニアン* / トレベニアン**	Trévol トレヴォル	Triau トリオー	
Trengove トレンガブ	Trespeuch トレスプシェ / トレスプシュ		Trevon トレボン	Triautafyllou トリオタフィロー	
Trenhaile トレンヘイル*		Trevarthen トレヴァーセン	Trevone トレボン	Tribarren トリバレン	
Trenholme トレン	Tress トレス		Trevor トレイヴァー / トレイバー / トレヴァ* / トレヴァー** / トレヴォア / トレバー* / トレバー*** / トレボー* / トレボール	Tribbett トリベット	
Trenin トレーニン*	Tressan トレッサン	Trevas トレヴァス		Tribble トリンブル	
Trenité トレニテ	Tressell トレッセル*	Trevathan トレバサン		Tribby トリビー	
Trenk トレンク	Tresselt トゥレッセルト / トレセルト / トレッセルト**	Trevaur トレヴォー		Tribe トライブ*	
Trenker トレンカー		Trève トレーヴ		Tribhuvan トリブフヴァン	
Trenkler トレンクラー		Trevejo トラベーホ			
Trenkwitz トレンクウィツ / トレンクヴィツ	Tressler トレスラー	Trevelyan トレヴェリアン* / トレヴェリャン / トレヴェリヤン* / トレベリアン** / トレベリヤン		Tribhuvanādityavarman トゥリブヴァナーディ / トゥヤヴァルマン	
	Tressor トレソル		Trevorrow トレヴォロウ / トレビロウ		
	Trest トレスト			Tribhuwanā トリブワナー	
Trenn トレン	Trestman トレストマン		Trew トルー*		
Trennepohl トレンポール	Tresvant トレスヴァント	Trevelyn トレヴェリン	Trewartha トリワーサ / トレワーサ*	Trible トリブル*	
Trennert トレナート*		Trevena トレヴィーナ		Tribolo トゥリボロ / トリーボロ	
Trent トレント**	Tréta トレタ	Treveon トレベオン			
Trentacoste トレンタコステ	Trethewey トレシューイー	Trever トレヴァー / トレバー	Trewby トゥリュウビー	Tribonianus トリボーニアーヌス / トリボニアヌス	
Trentham トレンサム	Trethowan トリソワン / トレソバン	Trewin トレウィン*	Tribouillard トリブイヤール*		
Trentin トランタン			Trewinnard トレウィナード		
Trentmann トレントマン		Treverton トレパートン	Trexler トレックスラー	Tribuno トリブーノ	
	Trétiack トレティアック	Treves トリーヴズ / トレーヴェ / トレヴェス*	Trey トレイ**	Tributsch トリブッチ / トリブッチ*	
Trento トレント*	Tretiak トレチャク		Treybal トレイバル		
Trenton トレントン**	Tretiakov トレチャコフ*		Treybig トレイビック		
Trenyov トレニョーフ	Tret'iakov トレチャコフ	Trèves トレーブ	Treyer トレイアー	Tricarico トリカリーコ	
Trepagnier トレパニエー	Tretiyak トレチャク	Trevet トリベット / トレヴェット	Trez トレ / トレッツ	Tricart トリカール / トリカル	
Trépanier トレパニア	Tretiyakov トレチャコフ*	Trevil トレビル	Trezeguet トレゼゲ**		
Trepov トレーポフ / トレポフ	Tretola トレトーラ	Tréville トレヴィーユ / トレビーユ	Treziak トレチアック	Tricaud トリカード	
Trepp トレップ			Trezise トリーザイズ*	Trice トライス	
				Trichet トリシェ*	
				Trichon トリション	

Tricia
　トゥリシア*
　トリシア**
　トリーシャ*
　トリシャ
Trick トリック
Tricker トリッカー
Trickett トリケット**
Tricks トリックス
Tricky トリッキー
Tricomi トリコミ
Triduana トリドゥアナ
Triebel トリーベル
Trieger トリーガー
Trieglaff トリーグラフ
Trieman トリーマン
Triepel トリーペル
Trier
　トリーア*
　トリア*
　トリアー**
　トリエル
　トリヤー
　トリール
Trierweiler
　トリユルヴァイレール*
　トリユルバイレール
Trieschman
　トリーシュマン
Triest トリエスト
Triet
　チェット*
　チェット
Trieu
　チェウ
　チェウ*
　チュウ
　ティエウ
　ティエウ
　トゥリ
Triêu チュウ
Triệu チェウ
Triezenberg
　トリエツェンベルグ
Triff トリフ
Triffin トリフィン*
Trifonas トリフォナス
Trifoni トリフォーニ
Trifonov
　トリーフォノフ**
　トリフォーノフ
　トリフォノフ
　トリホノフ
Trifonova
　トリーフォノフ
　トリフォノワ
Trifonovich
　トリフォノヴィチ
Trifunov トリフノブ
Trigano トリガノ**
Trigault トリゴー
Trigeorgis
　トゥリジオリス
Trigg トリッグ
Trigger
　トリガー

トリッガー*
Triggiano
　トリッギアーノ
Triggle トリグル
Triggs トリッグス
Trigiani トリジアーニ*
Trigland トリグラント
Trigo トリゴ
Trigon トリゴン
Trigoso トリゴソ
Triguboff トリグボフ
Trigueros トリゲロス
Trihatmodjo
　トリハトモジョ
Tríkka トリッカ
Trikkaîos トリッカ
Triklinios
　トリクリニオス
Trikoupis
　トリクウピス
　トリクービス
　トリコピス
Trilby トリルビー
Trilia トリリア
Triling トリリング
Trillat トリヤ*
Trille トリリア
Trillet トリエ
Trillich トリルリヒ
Trillin トリリン*
Trilling トリリング**
Trillini トリリーニ**
Trillo
　トリーヨ
　トリリョ
Trilussa トリルッサ*
Trim トリム*
Trimberg
　トリムベルク
　トリンベルク
Trimble
　トリンブル***
Trimmer トリマー*
Trimouillat トリムイヤ
Tri Mumpuni
　トゥリムンプニ
Trimurtulu
　トリムルトゥル
Trin トゥリン
Trina
　トリーナ**
　トリナ
Trinca トリンカ
Trinchera
　トゥリンケーラ
Trinci トリンシ
Trincia トリンチャ
Trindade
　トリンダーデ
　トリンダデ*
Trindall トリンダール
Trinder トリンダー*
Trine
　トライン*
　トリーネ*

Triner トリナー
Trinh
　チン***
　ティン
　トリン**
Trịnh チン
Trini
　トリーニ
　トリニ*
Trinian トリニアン
Trinidad
　トリニダ
　トリニダッド
　トリニダード**
　トリニダド
Trinité トリニテ
Trinkaus トリンカウス
Trinkl トリンクル
Trinkler トリンクラー
Trinle ティンレー
Trinley ティンレー
Trinon トリノン
Trinquet トゥリンケ
Trinta トリンタ
Trintignant
　トランティニアン
　トランティニャン**
Triolet
　トリオレ*
　トリオレー
　トリヨレ
Trille トリリア
Trillet トリエ
Trione トリーナ
Triora トリオラ
Trioret
　トリオレ
　トリヨレ
Trioson トリオゾン
Trip
　ツリップ
　トリップ*
Tripathi
　トゥリパーティー
　トリパティ
Tripāṭhī
　トゥリパーティー
　トリパーティー
Tripathy トリパシー
Triphiodōros
　トリピオドロス
Triphiodorus
　トリフィオドロス
　トリュピオドーロス
Triphon トリフォン
Triphonie
　トリフォニー
Tripier トリピエー
Triple トリプル*
Tripler トリプラー
Triplett トリプレット
Tripoli トリポリ
Tripon トリポン
Tripp トリップ*
Trippe トリップ**
Trippel トリッペル
Trippett トリペット

Trippi トリッピ
Trippier
　トリッピア
　トリッピアー
Tripple トリプル
Tripplehorn
　トリプルホーン
Trips トリップス
Tripsa トリプサ
Tripsas トリプサス
Triptolemos
　トリプトレモス
Tris トリス**
Trischa
　トリッシャ
　トリッシャー
Trischka トリシュカ
Trischler
　トリッシュラー
Trish
　トリシュ*
　トリッシュ*
Trisha
　トリシア*
　トリーシャ*
　トリシャ**
Trisi トリッシィ
Trisilpa トリーシン
Trismosin
　トリスモジン
Trisnojuwono
　トリスノユオノ
Trissia トリシア
Trissino
　トリッシーノ
　トリッシノ
Trissler トリスラー
Trist トリスト
Tristan トリスタン***
Tristán
　トリスターン
　トリスタン
Tristano
　トリスターノ*
Tristem トリステム
Tristram
　トリストラム**
Trites トライツ
Tritheim
　トリテミウス
　トリトハイム
Trithemius
　トリテミウス
Tritonius トリトニウス
Tritsch トリッチ
Tritscher
　トリッチャー
Tri tsun ティツウン
Tritten トリッテン
Trittin トリッティン**
Trittinger
　トリッティンガー
Tritto トリット
Tritton
　トリットン
　トリトン

Tritz トリッツ*
Triumphus
　トリウムフス
Trius トリウス
Trivas トライバス
Trivatli ツリヴァツリ
Trivedi
　トリヴェディ*
　トリベディ*
Trivellato
　トリヴェッラート
Trivelli トリベリ
Triveño トリベニョ
Trivers
　トリヴァース*
　トリバース*
Trivetus
　トリウェトゥス
Trivisonno
　トリビソンノ
Trivisvavet
　トリウィサワウェー*
Trivizas トリビザス
Trivulzio
　トリヴルツィオ
Trixi トリクシ
Trixie トリクシー
Triyatno トリヤトノ
Trkulja
　トルクリア
　トルクリャ
Trm トラム
Trnaglia テナーリア
Trnka
　ツルンカ
　トゥルンカ*
　トルンカ*
Tro トロ
Troan トローン
Trobe トローベ
Trobisch
　トロビッシュ*
Trobo トロボ
Trobridge
　トロブリッジ
Trobst トローブス
Trocchi トロッキ*
Troche トローシュ
Trochimowicz
　トロチモヴィツ
Trochu トロシュ
Trockel トロッケル
Trocker トロッカー
Trocme トロクメ
Trocmé
　トゥロクメ
　トロクメ*
Trocquer トロクエ
Trócsányi
　トローチャーニ
Troedsson
　トルエドソン
Troeger トロウガー*
Troeh トロー
Troel トロエル
Troell トロエル

Troels トローエルス	Troller トローラー	Tropeano トロピアーノ	Trottier トロッティエ／トロティエ	Troward トロワード	
Troelsen トレルゼン	Trolley トロリー*	Tropell トロベール	Trotula トロクタ／トロッタ／トロトゥーラ／トロトゥラ	Trowbridge トロウブリッジ*／トローブリッジ	
Troelstra トルールストラ	Trollip トロリップ	Troper トロペール			
Troeltsch トレルチ**／トレルチュ	Trollman トロールマン	Tropfke トロプケ		Trowell トローウェル	
	Trollope ツロローブ／トロルロープ／トロロップ／トロロープ**／トロロップ*	Trophima トロフィマ		Trower トラウア／トラウアー／トローワー／トロワー	
Troenco トロエンコ		Trophimenkov トロフィメンコフ			
Troepblickii トロエポリスキー		Trophimos トロピモ／トロフィモ	Trotwood トロットウッド		
Troepoliskij トロエポリスキー			Trotzendorf トロッツェンドルフ	Troxler トロクスラー**／トロックスラー	
Troepol'skii トロエポリスキー	Tromba トロンバ	Trophimus トロフィムス／トロフィモ	Trotzier トロッジェ*		
	Tromben トロンベン		Trotzig トロチック／トロッツィグ*		
Troesken トレスケン	Trombetta トロベッタ／トロンベッタ	Tropiano トロピアーノ*		Troy トロア／トロイ***／トロワ	
Troester トロエステル					
Troestra トロエストラ	Trombetti トロンベッティ	Tropin トローピン*	Troubac トゥルバック		
Trofim トロフィム	Trombini トロンビーニ	Tropinin トロピーニン	Trouble トゥルブレ／トラブル	Troyano トゥロヤーノ	
Trofimova トロフィモバ	Trombley トロンブリー／トロンブレイ	Tropkin トロフキン		Troyanos トロイヤーノス／トロヤノス*	
Trofimovich トロフィモヴィチ		Tropp トロップ	Trouessart トローサルト		
Trofonio トロフォニオ	Tromboncino トロンボンチーノ	Troppenz トロッペンツ	Trouet トロエ	Troyanovskii トロヤノフスキー**	
Troger トローガー／トロガー	Tromey トロミー*	Tropper トロッパー*	Troughton トゥロートン／トラウトン／トローントン		
	Tromlitz トロムリツ	Tropsha トロプシュア		Troyat トロワイア／トロワイヤ***	
Tröger トレーガー	Trommel トロンメル	Trōs トロス			
Trogler トログラー	Trommsdorff トロムスドルフ	Trosby トロスビー	Trouille トルイユ	Troyen トロイエン*	
Troglio トログリオ		Troschke トロシュケ	Troulis トゥルーリス	Troyer トロイヤー*	
	Tromp トロンプ*	Troshani トロシャニ	Trouncer トゥランサー	Troyes トロ／トロア／トロワ	
Trogtenberg トラグテンベルク	Trompenaars トロンペナールス	Trosky トロスキー	Trouneau トゥルノー		
Trogus トログス*	Trompeteler トロンペテラー	Trosper トロスパー	Trounstine トラウンスタイン		
Tröhler トレェラー／トレラー	Tron トロン	Trossmann トゥロスマン		Troymaine トロイメイン	
	Tronchin トロンシャン	Trost トロースト／トロスト*	Troup トラウプ／トループ*		
Troi トロイ	Troncon トロンコン	Trostberg トロースベルク	Troupe トゥループ*／トループ*	Troyon トロアイヨン／トロワイヨン	
Troicki トロイツキ	Tronçon トロンソン	Trosten トロステン			
Troilo トロイロ	Troncone トロンコーネ	Trostle トゥロースル	Trousdale トゥルースデイル／トゥルースデイル／トゥルースデール	Trpimir トルピミール	
Troilos トロイロス	Trond トロン*／トロンド	Trostler トロスラー		Trpkova トルプコーヴァ	
Troisé トロワゼ	Trondheim トロンダイム*	Trostyansky トロスチアンスキー		Trstena トルステナ	
Troisfontaines トロワフォンテーヌ／トロワホンテン	Trone トローヌ	Trota トロタ		Trstenjak トルステニャク*	
	Trong チュオン／チョン***	Troterel トロトレル	Trousseau トルソー		
Troisgros トロワグロ**		Troth トルース	Troussier トゥルシエ／トリシエ／トルシエ**／トルシエール	Trtrazzini テトラッツィーニ	
Troisi トロイージ*	Tronick トロニック	Trotignon トロティニョン		Tru チュ／チュー	
Troitsky トロイツキー	Tronier トロニエル	Trotman トロット／トロットマン*			
Troitzsch トロイチュ*	Tronnier トロニエール	Trotskii トローツキー／トロッキー／トロツキー**／トローツキイ／トロツキイ*	Trout トラウト***	Trú' チュー	
Trojaborg トロヤボルク	Tronson トロンソン		Troutman トゥルートマン／トラウトマン／トルートマン	Truax トルァックス	
Trojan トロヤン	Tronstad トロンスタッド			Trüb トリューブ／トリュブ	
Trojanovic トロヤノビッチ	Tronto トロント		Trouvelot トローベロー		
Trojanow トロヤノフ**	Troob トゥループ*		Trouville トルヴィル	Trubar トゥルバル／トルーバル／トルバル	
Trojanowski トロヤノウスキー	Trooger トローガー	Trotsky トロツキー／トロツキー／トローツキイ／トロツキイ	Trouw トゥロウ		
Trojborg トロイボ	Troop トゥループ		Trovajoli トロヴァヨーリ／トロバヨーリ	Trubbiani トルッビアーニ	
Trojer トロジャー	Trooshin トルシン		Trovoada トローボアダ／トロボアダ**	Trubeckoj トルベツコーイ	
Trokey トロキー	Trooskin トルースキン		Trovon トロボン	Trubetskoi ツルベツコイ／トルベツコイ／トルベツコイ*	
Troland トロランド	Troost トロースト	Trott トロット**	Trow トゥロウ／トロー／トロウ**	Trubetskoy トルビツコーイ	
Troll トロール*／トロル	Troostwijk トロースト	Trotta トロッタ*		Trubetzkoy トゥルベツコイ	
Trolle トロッレ	Trope トロープ*	Trottein トロッテン			
	Tropea トロペイ*	Trotter トロッター**			
		Trotti トロッティ*			

Trübner トリューブナー トリューブナー トリュブナー	**Trufant** トゥルファント トラファント	**Trunadjaja** トルーナジャヤ トルーノジョヨ	**Trutvetter** トルートフェッター	**Tsakalidis** サカリーディス
Trubnikova トゥルーブニコヴァ トルーブニコヴァ	**Truffaut** トリュフォ トリュフォー**	**Trunenkov** トルネンコフ*	**Truus** トゥルース **Truvé** トルーヴェ	**Tsakalotos** チャカロトス
Trubshaw トラブショー*	**Truganini** トルガニーニ	**Trung** チェン チュン***	**Truxtun** トラクスタン **Truyen** チュエン	**Tsakh** ツァフ **Tsakhiagiin** ツァヒアギン
Truby トゥルービー トルビー	**Trugoy** トゥルゴイ **Truhen** トルーヘン	チュンチャク トラング	**Truyols** トルヨルス **Truzzi** トゥルッツィ	ツァヒャギン **Tsakmakis** タクマキス
Truc チェック チュック*	**Truilhé** トゥリュイレ **Truitt** トルーイット	**Trungpa** トゥルンパ* トゥンパ	**Try** トゥリ トリ*	**Tsakos** ツァコス **Tsaldaris** ツァルザリス
トリュック* **Trucco** トゥルッコ	**Trujillo** ツルヒーロ トゥルヒーオ	**Trunnell** トルンネル **Trunojoyo**	**Trye** タイ **Tryggve** トリグヴェ	ツァルダリス **Tsalikis** ツァリキス
Truchot トリュショ **Truchsess** トルクセス	トルヒーヤ トルヒーリョ トルヒージョ	トルノジョヨ **Trunz** トルンツ **Truog**	**Tryggvesson** トリグヴェセン トリュグヴァソン	**Tsalikov** ツァリコフ **Tsalkalamanidze** ツァルカラマニーゼ
Truchseß トルフゼス **Truck** トラック	トルヒジオ トルヒューロ トルーヒヨ	トゥルオグ トラッグ トルオーグ	**Trygve** トリグベ* トリュグヴェ	**Tsalko** ツァルコ **Tsan** ツァン
Truckle トラックル **Trucks** トラックス*	トルーヒヨ トルヒリヨ*	**Truong** チュウオン チュオン***	トリュグベ **Trynka** トリンカ	**Tsander** ツァンデル **Tsandzile** ツァンジーレ
Truda トルーダ トルダ	**Trull** トゥルーリ* **Trulli** トゥルーリ*	チュオン・ニュ チョン トゥルン**	**Tryon** トライアン トライオン**	**Tsanev** ツァネフ **Tsang** ツァン*
Trude トルーデ トルード*	**Trulove** トゥルーラブ トゥルラブ	トゥロン トリュオン* トリュオング	**Trypanis** トリパニス **Trýphaina** ツルパナ	ツォン ツング **Tsanga** ツサンガ
Trudeau トルドウオ トルードー* トルードー*** トルドウ	**Truls** トルルス* **Trulsen** トルルセン* **Truly** トルーリー	トロン* **Truls** トルルス* **Tru'o'ng** チュオン*	トリファイナ **Tryphiodoroz** トリピオドーロス	**Tsang Nyon** ツァンニョン **Tsangpa** ツァンパ
Trudel ツルーデル トゥルーデル トルーデル	**Trülzsch** トリュルシュ **Trupak** トルウパック	**Tru'ò'ng** チュオン **Truphōn** トリュフォン	**Tryphon** トリフォン トリュフォン	**Tsanjid** ツァンジド **Tsankov** ツァンコフ
Trudelise トゥルデリーゼ	**Trumaine** トラメイン **Truman**	**Trüper** トリューパー **Trupin** トルビン	**Tryphonopoulos** トリフォノプウロス	**Tsanoff** ツァノーフ **Tsao** ツァオ*
Trudgill トラッドギル* **Trudi** トゥルーディ	トゥルーマン トールマン トルーマン***	**Trupković** トルプコビッチ	**Tryphôsa** ツルポサ トリフォサ	**Tsao Yuan** ツァオユエン **Tsapelis** ツァペリス
トルーディ* **Trudo** トルド	**Trumbić** トルムビチ トルムビッチ	**Truro** ツーロ **Trusch** トルーシュ	**Trystram** トリストラム	**Tsapenko** ツァペンコ **Tsaranazy** ツァラナジ
Trudpert トルドペルト **Trudy**	**Trumbo** トランボ* **Trumbore** トランボア	**Truscott** トラスコット* **Trumbull**	**Trzcinka** ツルチンカ トルツィンカ	**TSaregorodtsev** ツァレゴロドツェフ
トゥルーディー トルーディ*	ツランブル トラムブル トランブル	**Trush** トラッシュ **Trushin** トルーシン	**Trzebinski** トレビンスキ* **Trzeciak**	**TSaregradskiy** ツァレグラドスキー
True ツルー トゥルー トルー*	トランブル*** トランベル	**Trusler** トラスラー **Truslow**	トルチアック* **Trzynka** トルジンカ	**Tsarev** ツァリョーフ ツァレフ
Trueba トルエバ **Trueblood**	**Trumka** トラムカ **Trumler** トルムラー*	トゥルースロー **Trusov** トルーソヴ	**Tsabary** ツバリ **Tsabel'** ツァベリ	**Tsarfati** ツァルファティ **Tsargush**
トルーブラッド **Truelove** トゥルーラヴ	**Trummy** トラミー **Trump** トランプ***	**Trusova** トルソワ **Truss** トラス**	**Tsafendas** ツァフェンダス	チャーグシュ* ツァルグシュ **Tsarkov** ツァルコフ
トゥルーラブ **Trueman** トルーマン*	トルンプ **Trumpeldor**	**Trussardi** トラサルディ* トラッサルディ	**Tsaftaris** ツァフタリス **Tsagaan** ツァガーン	**Tsarukaeva** ツァルケーワ
Truesdell トリューズデル トルーズデル	トゥルンペルドール トルンペルドール トルンベルドール	**Trusso** トラッソーニ* **Trusted** トラスティド	**Tsagaanbaatar** ツァガンバータル **Tsagaev** ザガエフ	**Tsatsionis** ツァツィオニス **Tsatsos** ツァツォス*
Truett トゥルエット トルート トレット	**Trümper** トゥルンパ トリュンパー*	**Trustman** トラストマン **Truswell** トラスウェル	**Tsagas** ツァガス **TSagolov** ツァゴロフ	**Tsay** ツェイ **Tschackert** チャッカート
Truex トルークス	**Trumpeter** トランペッター **Trumpler** トランプラー トルンプレル	**Truszel** トルーゼル **Truth** トゥルース	**Tsahai** ツァハイ **Tsahkna** ツアフクナ	**Tschaikowsky** チャイコフスキー **Tschammer** チャマー
	Trumpp トルンプ	トルース **Trutnev** トルトネフ **Trutty** トラティ	**Tsai** サイ チャイ ツァイ* ツァイ	**Tschampel** チャンベル **Tschäni** チェニ

Tschäppeler チャペラー	Tsedenbal ツェデンバル*	Tserendash ツェレンダシ	Tshering ツェリン*	Tsimbalist ツィンバリスト
Tscharnuter チャーヌテル	Tsedenbalzhir ツェデンバルジル	Tserendorjiin ツェレンドルジーン	Tshe ring don grub ツェリントンドゥプ	Tsimpli ツィンプリ
Tschau チャオ	Tsedendambyn ツェデンダムビーン	Tsereteli ツェレテーリ ツェレテリ	Tshiakatumba チャカトゥンバ	Tsing チン
Tschebotarioff チェボタリオフ	Tsederbaum ツェデルバウム	Tsering ツェラン* ツェリン*	Tshibanda チバンダ	TSinger ツィンゲル
Tschechowa チェチョーヴァ チェホヴァ チェホーヴァ ツェッチョーヴァ	TSedev ツェデブ Tsedev ツェデブ*	Tserovski ツェロフスキ	Tshibangu チバング	Tsintsadze ツィンツァーゼ ツィンツァゼ
	Tsedevdamba ツェデブダンバ	Tseruyah ゼルヤ*	Tshilidzi チリツィ	Tsioli ツィオリ
Tscheng チェン	Tsedeviin ツェデビン	Tsetlin ツェトリン	Tshilombo チロンボ*	Tsiolkas チョルカス**
Tschermak チェルマーク チェルマク チェルマック	Tsedevsuren ツェデブスレン	Tsetsiliia ツェツィリヤ	Tshinga ツィンガ	TSiolkovskii ツィオルコフスキー
	Tsegaye ツェガエ*	Tsetsilina ツェツィリーナ	Tshiongo チオンゴ	Tsiolkovskii チオルコフスキー ツィオルコフスキー* ツィオルコーフスキー ツィオルコーフスキイ ツィオルコフスキイ
Tschernembl チェルネンブル	Tsegmidiin ツェグミジーン	TSevegmid ツェベグミイド	Tshipasa チパサ ツシパサ	
Tschernichowsky チェルニコフスキー	Tsehaye ツェハイエ	Tsevegmid ツェベグミイド* ツェベグミド	Tshipinare ツィピナレ	
Tscherny チャーニィ	Tseitlin ツェイトリン*		Tshisekedi チセケディ**	Tsiorlas ツィオーラス
Tscherviakov チェルビヤコフ	TSejtlin ツェイトリン	Tsevelmaa ツェベルマー	Tshishiku チシク	Tsipko ツィプコ*
Tschesch チェシュ	TSekhanovskii ツェハノフスキー	Tsevelmaagiin ツェベルマーギーン	Tshitenge チテンゲ	Tsipras チプラス*
Tschichold チヒョールト チヒョルト*	Tsekoa ツェコア		Tshombe チョンベ	Tsiranana チラナナ
	Tsê Lai ツォーライ	TSevzding ツエブツディング	Tshombé チョンベ	Tsirekidze チレキゼ**
Tschinag チナグ	Ts'ele ツェレ	Tsewang ツェワン	Tshon po ツォンポ	Tsirimokos チリモコス
Tschinkel チンケル	Tseleng ツェレン	Tsewangdorji ツェワンドルジ	Tshubaka ツバカ	Tsirk ツィルク
Tschirgi チアージ	Tselichtchev ツェリシェフ		Tshul khrims ツゥルティム ツルティム*	Tsiskaridze ツィスカリーゼ*
Tschirky チルキー*	Tselishchev ツェリッシェフ	Tseytlin チェイトリン ツェイトリン		Tsiskarishvili ツィスカリシビリ
Tschirn チルン			Tshul-khrims ツルティム*	
Tschirnhaus チルンハウス チルンハウゼン	Tšeliso ツェリソ Tselovalnikov ツェロバロニコフ	Tsezar チェーザリ チェザール ツェーザリ ツェザリ ツェザール	Tshul khrims skal bzan ツルティムケサン	Tsitas ツィオス Tsitouridis ツイトゥリディス
Tschirren チレン	Tsen ツェン		Tshwete ツウェテ**	Tsitsanis ツィツァニス
Tschirschky チルシュキー	Tsend-Ayuush ツェンドアヨーシ	Tshabalala シャバララ チャバララ*	Tsiamíta ツィアミタ*	Tsitsilina チチリナ
Tschlenow チシレノフ	Tsendbaatar ツェンバータル		Tsiandopy ツィアンドピ	Tsitsin ツィーツイン
Tschorne チョルネ	Tsenddoo ツェンドドー	Tshabalalamsimang チャバララムシマング	Tsiantis ツィアンティス	Tsiurupa ツユルパ
Tschörner チェルナー			Tsiaras シアラス*	Tsiy ツィー
Tschudi チューディ*	Tsendiin ツェンジン ツェンディーン**	Tshaň ツァン ツァンヤン	Tsiavou ティアノウ	Tskhadaia ツハダイア
Tschudin チューデイン ツーディン	Tsendīn ツェンディーン		Tsiba ツィバ	Tskhakaya ツハカーヤ
Tschudy チューディ チューディー	Tsendyin ツェンディン	Tshaň-dbyaňs ツァンヤン	Tsibidou ツイビドゥ	Tskitishvilli ツキチシビリ
	Tseng チェン	Tshans-dbyans ツァンヤン	Tsichritzis シリティス	Tsllia ツィリア
Tschumi チュミ*			Tsien チェン* チエン ツィン	Tso ソウ
Tschütscher チュチャー*	Tsengel ツェンゲル	Tshar chen ツァルチェン		Tso-chi ツォチー
Tse チェ ツェ** ツェー*	Tsenskii ツェンスキー* ツェンスキイ	Tshe-brtan ツェテン	Tsifrinovich チフリノビッチ*	Tšoeu ツォエウ
		Tshe brtan rdo rje ツェテンドルジェ	Tsiganov ツィガノーフ	Tsogbadrakh ツォグバドラフ
Tsebegmaa ツェベクマ**	Tsepliaev ツェプリヤーエフ	Tsheehama ツィーハマ	Tsigmondy ツィグモンディ	Tsogtbaatar ツォグトバータル*
Tsebegmid ツェベグミド	Tserasky ツェラスキー	Tshekedi ツェケディ	Tsikhan チホン**	Tsogtsetseg ツォグツェツェグ
Tsebelis ツェベリス	Tserbe ツェルベ	Tshekisho チェキショ チェキソ	Tsikhanouskaya チハノフスカヤ	Tsogwane ツォフワネ
Tsebin ツービン	Tserclaes ツェルクラーエス ツェルクラエス		Tsikhelashvili ツィヘラシビリ	Tsoi ツォイ
Tsedal セダール		Tshempo チェンポ		Tso-Khatzopoulos ツォハゾプロス
Tseden ツェテン*	TSerdantsev チェルダンツェフ	Tshenolo ツェノロ	Tsiklauri ツィクラウリ	
TSedenbal ツェデンバル	Tserenbaltav ツェレンバルタブ	Tshenuwani ツェヌワニ	Tsikliteras ツィクリテイラス	Tsokhatzopoulos ツォハゾプロス
		Tshe ring ツェリン	Tsilent ツィレント	Tsola ツオラ
		Tshe-ring ツェラン	Tsilis ティリス	Tsolakidis トラキディス
			Tsimafei チマフェ	Tsolmon ツォルモン
			Tsimakuridze ツィマクリゼ	Tsolo ツォロ
			Tsimara ツイマラ	Tson ツォン
				Tsoń ツォン
				Tsonev ツォネフ

Ts'ong ツォン*
Tsonga ツォンガ**
Tsongas
　ソンガス
　ツォンガス
Tson kha pa
　ツォンカパ
Tsoṅ-Kha-pa
　ツォンカパ
Tsoodolyn
　ツォードーリン
Tsotadze ツォターゼ
Tsou
　チュー
　ツォウ
Tsoulfa ツルファ*
Tsoulfanidis
　ツルファニディス
Tsoumeleka ツメレカ*
Tsountas
　ツーンタス
　ツンタス
Tsouras
　ツォウラス
　ツォーラス
Tsourounis
　ツォーロニス
Tsuang ツァン
Tsugphud ツグプッド
Tsui
　ツーイ
　ツイ*
Tsukovski
　チュコフスキー
Tsukutlane ツクトラネ
Tsultem ツルテム
Tsultemin
　チュールテミン
Tsultrim ツルティム*
Tsulukiani ツルキアニ
Tsulukidze ツルキーゼ
Tsun ツン
Tsundue ツゥンドゥ
Tsung
　ツォン
　ツン
Tsung Dao ツンダオ
Tsung-dao
　ジョンダオ
　ズンダオ
　チョンタオ
　ツォンダオ*
　ツンダオ
Tsun-yan ツゥンレン
Tsuper ツペル*
TSuprunov
　チュウプルウノフ
Tsur ツール
Tsurtsumia
　ツルツミア
Tsushko ツシュコ
Tsutakawa ツタカワ
Tsutsumida ツツミダ
Tsuzuki ツズキ
Tsvangirai
　ツァンギライ**

Tsvet ツヴェット
　ツウェット
　ツヴェート
Tsvetaeva
　ツヴェターエヴァ
　ツヴェターエワ*
　ツベターエワ
Tsvetan
　ツヴェタン
　ツベタン
Tsvetanka
　ツヴェタンカ
Tsvetanov ツベタノフ
Tsvetelina
　ツベテリーナ
Tsvetkov
　ツヴェトコフ
　ツヴェトコフ**
　ツベトコフ
Tsvetkóv
　ツヴェトコーフ
Tsvetkova
　ツヴェトコヴァ
Tsvetov
　ツヴェートフ
　ツベートフ
Tsvigun
　ツヴィグン
　ツビグン
Tsyb ツィーブ
Tsybakow ツィバコフ
Tsybryk チブリク
Tsybulenko
　チブレンコ
Tsydenova
　ツィデノヴァ
Tsyferov
　ツイフェロフ
　ツウィフェロフ
Tsyhuleva ツィグレワ
Tsykalo ツィカロ
Tsylinskaya
　ツィリンスカヤ*
　ツイリンスカヤ
Tsymbalyuk
　ツィムバリュク
Tsymjid ツィムジド
Tsyn ツイン
TSypin ツイピン
TSypkin
　チプキン
　ツィプキン
Tsyprakova
　ツィプラコーヴァ
　ツイプラコワ
Tsyurupa ツユルーパ
Ttkkanen
　ティッカネン*
Tu
　チュー
　ツ
　ト
　トゥ**
　トゥー*
　ドゥ
Tu' トゥ

T'u トゥ
Tù' トゥー
Tụ' トゥ
Tua
　ツア
　トゥーア
Tuah トゥア
Tuaillon
　テュアイヨン
　テュアイロン
　テュアヨン
Tual テュアル
Tuala ツアラ
Tualaulelei
　ツアラウレレイ
Tuan
　トアン*
　トゥアン***
Tuanzebe
　トゥアンゼベ
Tuapati トゥアパティ
Tuason トゥアソン
Tuathal トゥアール
Tuba チュバ
Tubal トバル
Tubb
　タブ
　タブ***
Tubbs タブス
Tubby タビー
Tubertus
　トゥベルトゥス
Tuberville
　タバーヴィル
Tubeta トゥベタ
Tubi トゥービ
Tubiana
　チュービアナ
　トゥビアーナ
　トゥビアナ
Tubières チュビエール
Tubin トゥビン
Tübingen
　テュービンゲン
Tubishat トゥビシャト
Tübke テュプケ
Tubman タブマン*
Tubo トゥボ
Tubou トゥバウ
Tubten トゥプテン
Tuc トゥック
Tucci トゥッチ*
Tuccille
　タシーロ*
　トゥッチロ
Tuccio トゥッチョ
Tuch タック
Tuchel トゥヘル*
Tucher トゥーハー
Tüchle テュヒレ*
Tuchman
　タクマン
　タックマン**

Tuchmann タッチマン
Tu-chol ドゥチョル
Tucholsky
　ツチョルスキー
　テュホルスキー*
Tučić トゥッチ
Tuck タック**
Tucker タッカー***
Tuckerman
　タッカーマン**
　タッカマン
Tuckermann
　トゥッカーマン
Tuckett タケット*
Tuckey タッキー
Tuckfield
　タックフィールド
Tuck-kwan ドククァン
Tuckman タックマン
Tuckney タックニ
Tuckwell
　タックウェル**
Tuck Yew タックユー
Tuculet トゥクレ
Tuddenham
　タデンハム
Tudegesheva
　ツジゲシェワ
Tudela トゥデラ*
Tuder チューダー
Tudeschini
　トゥデスキーニ
Tudesq テュデスク
Tudev
　トゥデヴ*
　トゥデブ
Tudgay タドゲイ
Tudge タッジ*
Tudhaliya
　トゥトハリヤ
　トゥドハリヤ
　トゥドハリヤシュ
Tudḫaliya
　トゥドハリヤ
Tudhaliyaš
　ツトハリヤス
　トゥトハリヤ
　トゥドハリヤ
　トゥドハリヤシュ
Tudhope タドホープ
Tudjman
　ツジマン**
　トゥジマン
　トゥジュマン
Tudman トゥジマン
Tudor
　チューダー***
　テューダー***
　テュードア
　トゥドール***
　トゥドル*
　トドル
Tudorache トゥドラケ
Tudoran テュドラン
Tudorel トゥドレル
Tudorin トゥドリン

Tudose トゥドセ
Tu'Du'c
　ツ・ドゥック
　トゥ・ドゥク
　トゥドゥク
　トゥドゥック
Tudur テューダー
Tudway タドウェー
Tue トゥエ
Tuệ トゥエ
Tuell トゥール
Tuer テュア
Tuerk ターク
Tuesday
　チューズディ
　チューズデイ
Tufail トゥファイル
Tufan トゥファン
Tufano
　テュファーノ
　トゥファノ
Tufekci
　トゥフェックチー
Tufeld タフェルド
Tufenk トゥフェンク
Tüfenkçi
　テュフェンキチ
Tuff タフ
Tufferi トゥフェーリ
Tuffier
　テュッフィエ
　テュフィエ
Tuffy
　タフィ*
　タフィー*
Tufillaro
　トゥフィラーロ
Tufnell タフネル
Tuft タフト
Tufte
　タフティ
　トゥフテ**
Tufton タフトン
Tufts ツフツ*
Tufukia トゥフキア**
Tug タグ*
Tugade トゥガデ
Tugan
　ツガン*
　トゥガーン
　トゥガン**
Tugarinova
　トゥガリノワ
Tugay トゥガイ
Tugelbay トゥゲルバイ
Tugendhat
　ツーゲントハット
　トゥーゲントハット*
　トゥーゲンハット
Tuggle タッグル
Tụghj
　トゥグジ
　トゥグジュ
Tughluk
　トゥグル
　トゥグルク

トグルク
Tughluq
トゥグラク
トゥグルク
Tughluq トゥグルク
Tughluq
トゥグルク
トゥグルック
Ṭughrā'ī
トゥグラーイー
Tûghril
トゥグリル
トグルル
ドグルル
Tugireyezu
ツギレイエズ
Tugo トゥゴー
Tugolukov
トゥゴルコフ
Tuğrul トゥールル
Tugwell
タグウェル
ツグウェル
Tuhey トゥーヘイ
Tui
テューイ
テュイ
Tu'i'afitu
トゥイアフィトゥ
Tuiatua ツイアツア*
Tuiavii
ツィアビ
ツアイビ
Tuidraki ツイドラキ*
Tuieta チューイエッタ
Tuija トゥイヤ*
Tuiksoo トゥイクソー
Tuilaepa
トゥイラエパ*
Tuilagi トゥイランギ
Tuilimu ツイリム
Tuiloma ツイロマ
Tuimaleali'ifano
トゥイマレアリイファノ*
Tuineau トゥイニアウ
Tuinei
テュイネイ
トゥイネイ
Tuinenga トゥネンガ*
Tuionetoa
トゥイオネトア
Tuisese ツイセセ
Tuisugaletaua
ツイスガレタウア
Tuita トゥイタ
Tuitama ツイタマ
Tuitert タイテルト**
Tuitt トゥイット
Tuitubou
トゥイトゥンボウ
Tuivailala
トゥバイララ
Tu'ivakano
トゥイバカノ
Tu-jin トゥジン

Tuju ツジュ
Tujyabī トゥジュヤビ
Tuk トゥク
Tuka トゥカ
Tukārām
トゥカーラーム
トゥカラム
Tukay
トゥカイ
トカイ
Tuke
チューク
テューク
トゥーク*
Tukel タケル
Tuker タッカー
Tukey テューキー
Tukhachevsky
トゥハチェフスキー
トゥハチェーフスキィ
トハチェフスキー
Tuki トゥキ
Tukmachi ツクマチ
Tuktamisheva
トゥクタミシェワ*
Tukulti
ティグラト
テグラテ
トゥクルティ
Tul タル
Tu-la トラ
Tula
チュラ
テューラ
テュラ
Tulach ツウラッハ
Tulachan トゥラチャン
Tulaganov
トゥラガノフ
Ṭulaiḥa トゥライハ
Tulard テュラール*
Tulasidasa
トゥルシーダース
ツルシダース
Tulasne テュラーヌ
Tulbovitz
トゥルボヴィッツ
Tulder トゥルデル
Tuleja
トゥレジャ
トレジャ
Tulga トゥルガ
Tulgan タルガン
Tuli チュリ
Tulio
トゥーリオ
トゥリオ
Tulip チューリップ
Tulku トゥルク**
Tull
タール
タル
トゥル
Tullet
チュレ
テュレ
Tulley タリー

Tullia
トゥッリア
トゥリア
Tullin トゥリン
Tullio
タリオ
チュリオ
テュリオ*
トゥッリオ*
トゥッリョ
トゥーリオ**
トゥリオ***
トゥルリオ
Tullis
タリス
トゥリス
Tullius
ツリウス
トゥッリウス
トゥリウス
Tullo ツロー
Tulloch
タラク
タロック**
ツロフ
Tullock タロック**
Tulloh タロウ
Tullus
ツルス
トゥッルス
トゥルス
Tully
タリー***
テューリー
トゥリー
Tulowitzki
トゥロウィツキー*
Tulpen ツルペン
Tulpin
ツルペン
テュルパン
Tulsī トゥルシー
Tulsīdās
トゥルシーダース
トゥルスィーダース
Tulsky タルスキー
Tulu ツル**
Tulub トゥルプ
Tului
ツルイ
トゥルイ
Ṭūlūn トゥールーン
Tulus タラス
Tulving タルヴィング
Tuma
ツーマ
トゥーマ*
トゥマ
Tůma
ツーマ
トゥーマ
Tumaalii ツマアリイ
Tūmānbay
トゥーマーンバイ
Tumane トゥマネ
Tumanishvili
トゥマニシュヴィリ
Tumanov トゥマーノフ

Tumanova トマノワ
Tumanskii
ツマンスキー
T'umanyan
トゥマニャン
Tumarkin
トゥマルキン
Tūmart トゥーマルト
Ṭūmart トゥーマルト
Tumas トゥマス
Tumawaku トゥマワク
Tumba トゥンバ
Tumen トゥメン
Tümen トゥメン
Tümertekin
トゥメルテキン
Tumiatti
トゥミアッティ
Tumin
テューミン
トゥーミン
Tumlinson
タムリンソン
Tumlirz
トゥムリッツ
トゥムリルツ
Tumlitz トゥムリッツ
Tummala タマラ
Tümmler テュムラー
Tumolero トゥモレロ
Tumosa タモーサ
Tumpek ツンペク
Tümpel テュンペル*
Tumukunde
トゥムクンデ
Tumulty タマルティ
Tumurbaatar
トゥムルバートル*
Tumuriin トゥムル
Tumurkhuleg
トゥムルフレグ
Tumurkhuu
トゥムルフー
Tumwebaze
トゥムバゼ
Tumwesigye
トゥムウェシジェ
Tun
タン
トゥン*
トン
Tuna ツナ
Tunacao ツニャカオ*
Tuñacao ツニャカオ*
Tunali トゥナリ
Tunariu トゥナリウ
Tunberger
トゥーンベリエル
Tunc タン
Tuncat トゥンカット
Tuncay トゥンジャイ
Tuncel トゥンジェル
Tuncoku トゥンジョク
Tuncsik ツンチク
Tunde テュンデ

Tunder トゥンダー
Tundo トゥンド
Tune
チューン*
テューン*
Tunen チューン
Tuner チュネ
Tunesi ツネシ
Tüney チュネイ
Tung
タン
タング
トゥン**
トゥング
トン*
Tùng トゥン
Tungamwese
トゥンガムエセ
Tungate タンゲート
Tung-min ドンミン
Tung-sing トンシン
Tung Yen トンイェン
Tuni トゥニイ
Tunik チュニック
Tunis
チューニス
チュニス
テューニス
Tunisi チュニシ
Tūnisī トゥーニスィー
Tunison テューニソン
Tuniz チュニス
Tunjingiin
トンジンギン
Tunkin トゥンキン
Tunks タンクス
Tunku トゥンク
Tunnard ターナード
Tunnell
タネル
タンネル*
Tunner トゥナー
Tunney タニー**
Tunnicliffe
タニクリフ**
Tun Ok トゥンオウッ
Tuñón トゥニョン
Tunrer ターナー
Tunsil タンシル
Tunstall
タンスタール
タンストール**
Tunsted タンステッド
Tunstill タンスティル
Tunström
トゥンストレーム
トゥンストレム
Tunyaz トゥニアス
Tunyogi トゥニョギ
Tunyuquq
トゥニュクク
Tunzini ツンジーニ
Tuo トゥオ
Tuohy
テューイ*

Tuーイ
Tuomanen トゥオマネン
Tuomas トゥオマス
Tuomi トゥオミ
Tuomilehto トゥオミレト
Tuominen トゥオミネン
Tuomioja トゥオミオヤ
Tuomo トゥオモ
Tuong トゥオン*
Tu'ong トゥオン / トゥン
Tu'ò'ng トゥオン
Tuono トゥオノ
Tuorila トゥオリラ
Tuotilo トゥオティロ
Tuozzo トゥオッツォ
Tupaarnaq トゥパーナク*
Tupac トゥーパク / トゥパク / トゥパック*
Túpac トゥパク / トゥパック
Tupicoff タピコフ
Tupin トゥピン
Tupolev ツポレツ / ツポレフ* / トゥーポレフ / トゥポレフ
Tupou ツポー / ツポウ** / トゥポー / トゥポウ*
Tupouto'a ツポウトア*
Tuppen テュパン
Tupper タッパー*
Tupua ツプア* / トゥプア
Turābī トゥラービー
Turabian トゥラビアン
Turadzhanzoda トゥラジャーンザーダ / トゥラジャンザーダ
Turadzhonzoda トゥラジョンゾダ
Turaifi トゥライフィ
Tūrajānzāda トゥラジャンザーデ
Turak トゥラク
Turakhia トゥラキア

Turaki トゥラキ
Turakina トゥラキナ
Turan トゥラン
Turán トゥラン
Turani トゥラーニ
Turanniōn テュランニオン
Turano テュラノ
Tūrānshāh トゥーラーンシャー
Turashvili トゥラシュビリ
Turati トゥーラーティ / トゥラーティ* / トゥラティ
Turay トゥライ
Turban ターバン
Turbay トルバイ**
Turberville ターバヴィル
Turbeville ターバヴィル
Turbin タービン
Turbo トゥルボ
Turburam トゥルブラム
Turc チュルク
Turcan ツルカン / トゥルカン
Turčány トゥルチャーニ
Turchaninov トゥルチャニノフ
Turchaninova トゥルチャニノヴァ
Turchi トゥルキ
Turchin ターチン / トゥルチン
Turchynov トゥルチノフ*
Turci トゥルチ
Turčinskas トゥルチンスカス
Turck テュルク
Türck テュルク
Turco タルコ / トゥルコ
Turcotte タルコット / トゥルコット / テュルコット*
Turcq チュルク
Turcsányi トゥルチャーニ
Turczyński トゥルチニスキ
Turdera ターデラ
Turdi トゥルディ
Turdiev ツルジエフ*
Turdo トゥルド
Turdu チュルデュ

Turdubaev トゥルドゥバエフ
Turdunazir トゥルドゥナジル
Ture トゥアー / トゥーレ / トゥレ
Türe トゥレ
Türeci テュレジ
Tureck テューレック
Turek テューレック / トゥレック
Turekian ツァキアン
Turell タレル
Tureman テュアマン
Turen チューレン
Turenin ツレーニン
Turenne チュレンヌ / テュレンヌ / デュレンヌ
Turepu トゥレプ
Turetschek トゥレチェク
Turetskii トレッキイ
Turganbaev トゥルガンバエフ
Turgenev ツゥルゲーネフ / ツゥルゲニエフ / ツルゲエニエフ / ツルゲネエフ / ツルゲネフ / ツールゲネフ / ツルゲーニエフ / ツルゲーヌフ / ツルゲネエフ / ツルゲネーエフ / ツルゲーネーフ / ツルゲーネフ / ツルゲエニエフ / ツルゲエニエフ / ツルゲーネフ*
Turgeon タージョン* / チュールジョン
Turgot チュルゴ / チュルゴー / チュルゴオ / テュルゴ* / テュルゴー / デュルゴ / デュルゴー
Turgu トゥルグ
Turgun トゥルグン
Turgut トゥルグット** / トゥルゲート / トルグト*
Turhan ターハン

トゥルハン*
Türheim テュールハイム
Turi トゥーリ / トゥリ
Turibio トゥリビオ
Turibius トゥリビウス
Turiel チュリエル
Turigny チュリニ
Turim テューリム
Turin トゥーリン / トゥリン
Turina トゥリーナ / トゥリナ
Turine チュリーヌ
Turing チューリング** / テュアリング / テューリング
Turini トゥリーニ
Turino トゥリーノ / トゥリノ
Turisbekov トゥリスベコフ
Turischcheva トゥリシチェヴァ
Turischeva ツリシチェワ
Turisini トゥリシニ
Turk ターク** / テュルク / トゥルク
Türk テュルク** / トゥルク*
Turkanis ターカニス
Turkel ターケル
Türkes テュルケシュ
Türkeş トルケシュ
Turkevič トゥルケーヴィチ
Turkewitz ターケヴィッチ
Turkey ターキー
Turki トゥルキ / トルキ
Turkī トゥルキー
Turkington ターキングトン* / ターキントン*
Turkle タークル**
Turkman トゥルクマン
Turkmani トゥルクマニ
Türkmen トルクメン
Turkoglu ターコルー*
Turkovic トゥルコヴィチ
Turković トゥルコヴィチ / トゥルコヴィッチ / トゥルコビッチ

Turkovič トゥルコヴィチ
Turkowski トゥルコウスキィ
Turks トゥルクス
Turkstra タークストラ
Turlay ターレー* / ターレイ
Turley ターリー** / ターレイ
Turlier トゥリエ
Türlin テュールリーン
Turlington ターリントン* / チューリントン
Turlough トゥールロッホ / トゥーロッホ
Turlupin チュルリュパン
Turlykhanov ツルリハノフ
Turman ターマン*
Turmanidze トゥルマニゼ
Turmbull タンブル
Turmel テュルメル
Turmo トゥルモ
Turnage ターネイジ / ターネイジ / タネジ
Turnaturi トゥルナトゥーリ*
Turnbaugh ターンバウ
Turnbo ターンボ
Turnbul ターンブル
Turnbull ターンバル / ターンブル***
Turndorf トゥルンドルフ
Turnèbe チュルネーブ
Turnebus チュルネーブ / トゥルネブス
Turnell ターネル
Turner ターナ / ターナー*** / タナー / トゥルネル* / トルネル
Turney ターナー / ターニー* / ターニイ
Turnour ターナー
Turnovsky ターノフスキー / トゥルノフスキー
Turnovský トゥルノフスキー
Turnquest ターンクエスト
Turnus トゥルヌス

Turobjon
トゥロブジョン
Turobzhon
トゥロブジョン
Turoff トゥロフ
Turok トゥロック*
Turoldo トゥロルド
Turone トゥローネ
Turonensis
トゥロネンシス
Turova
ツロワ
トゥローワ
Turovskaya
トゥロフスカヤ
Turow
タロー
トゥロー**
Turpie タービー
Turpijn ツゥルピン
Turpilianus
トゥルピリアヌス
Turpilius
ツルビリウス
トゥルビリウス
Turpin
タービン*
タルピン
テュルパン*
Turpinus トゥルピヌス
Turquet チュルケ
Turquetil
テュルクティル
Turquety チュルクチー
Turranius
トゥラニウス
Turrecremata
トゥレクレマタ
Turrell タレル*
Turremark ツレマーク
Turrent トレント*
Turrentine
タレンタイン*
Turretini
トゥレティーニ
トゥレティニ
Turri タリー
Turrianus
トゥリアーヌス
Turrier テュリエ
Turrill タリル
Turrini
ツリニ
トゥッリーニ*
トゥリーニ*
Turro トゥッロ
Turroni
チュローニ
トゥッローニ
トゥローニ
Turse ターセ
Turshīzī
トゥルシーズィー
Tursi トゥルシ
Tursic トゥルシック
Tursinkhon
トゥルシンホン

Turska
トゥルスカ*
トォルスカ
Tursky
タースキー
トゥルスキ
トゥルスキー*
Tursun トゥルスン*
Tursún トゥルスン
Tursunali
トゥルスナリ
Tursunbek
トゥルスンベク*
Tursunkulov
トゥルスンクロフ
Tursunov
トゥルスノフ
Tursun-Zade
トゥルスンザーデ
Turtaios
テュルタイオス
Turtelboom
トゥルテルボーム
Turteltaub
タートルトーブ**
タートルトブ
Turtledove
タートルダヴ
Turton タートン
Turtu ターツ
Turturro
タートゥーロ
タトゥーロ*
トゥルトゥッロ
Ṭurṭūshī
トゥルトゥーシー
Turul トゥルル
Turupa トゥルパ
Turuspek
トゥルスベク
Turvey
ターヴェイ
タービー
ターベイ
Turzilli タージリ
Tusa トゥサ
Tusap トゥサプ
Tusch トゥッシュ
Tuschl トゥシュル
Tušek トゥシェク
Tusevljak
トゥシェブリャク
Tushar
トゥーシャー*
トゥシャール
Tushingham
タシンガム
トゥシンハム
Tushishvili
トゥシシビリ
Tushman タッシュマン
Tu-Shonda
トゥーションダ*
Tusi トゥシ
Ṭūsī
トゥーシー

トゥシ
トゥルスィー
Tusin トシン
Tusk トゥスク*
Tuson チューソン
Tusquets
トゥスケッツ*
Tušratta
トゥシュラッタ
Tuss タス
Tussaud
タッソー
テュソー
Tustarī トゥスタリー
Tustin
タスチン
タスティン*
Tusupbekov
トゥスプベコフ
Tusveld トゥースベルト
Tuszynski タシンスキ
Tut
ツト
トゥット
トゥート
トゥト
トゥト
Tut-ankh
ツタンク
トゥタンク
トゥトアンク
Tut-ankh-Amen
ツタンカーメン
ツタンクァーメン
トゥタンカメン
トゥタンクアメン
トゥトアンクアメン
Tutankhamen
ツタンカーメン
Tutankhamun
ツタンカメン
トゥトアンクアメン
Tutatchikova
トゥタッチコワ
Tutelyan トゥテリャン
Tuthill タトヒル
Tuṭīlī トゥティーリー
Tutilo トゥーティロ
Tutin テューティン
Tutkhalian
トゥトハリアン
Tutko タッコ
Tuto
ツゥット
トゥット
Tutoatasi ツトアタシ
Tutt タット
Tutte
タッチ
タット
Tutti トゥッティ
Tuttle
タットル
タトル***
テュートル
Tuttlebee
タートルビー
Tutton タットン

Tutu
ツツ***
トゥトゥ
Tutukha トトハ
Tutuola
チュチュオーラ
チュツォーラ
チュツオーラ**
テュテュオーラ
トゥトウオラ
Tutweiler
タトワイラー
Tutwiler
タトワイラー*
Tù'u ティウ
Tuuk テューク
Tuukka トゥーッカ
Tuula
ツーラ*
トゥーラ
トゥラ
Tuulikki トゥウリッキ
Tuulos ツーロス
Tuuloskorpi
テューロスコルビー
テューロスコルピー
Tuuu ツウウ
Tuvakmammet
トゥワクマメト
Tuvdengiin
ツベデンギーン
Tuve テューヴ
Tuvesson テューベソン
Tuvia
トゥビア
トビア
Tuvshinbat
トブシンバト
Tuvshinbayar
ツブシンバヤル**
トゥブシンバヤル
Tuwais トゥワイス
Tuwhare
トゥファーレ
トゥファレ
Tuwim
トゥーヴィム
トゥヴィム
トゥービム
トゥビム
Tuwin トーヴィン
Tüxen テュクセン
Tuxhorn
タックスホーン
Tuxill トゥクシル
Tuy トゥイ
Tuya ツヤ
Tuyaga トゥヤガ
Tuyen
トゥエン
トウェン
Tuyet
チュエット
トゥエット
Tuymans
タイマンス**
Tuymebayev
トゥイメバエフ

Tuzet テュゼ
Tuzinsky ツジンスキー
Tüzmen トゥズメン
Tuzo ツゾー
Tuzyna トゥジナ
Tuzzio トゥッシオ
Tvardovskii
トヴァルドフスキー
トワルドーフスキー
トワルドフスキー*
トワルドフスキイ
Tvardovskij
トワルドフスキー
Tvarkovskii
トヴァルコフスキー
Tvede トゥヴェーデ*
Tveit トヴェイト
Tver トゥヴァー
Tverskaya
トヴェルスカヤ
Tversky
ツヴァースキー
ドヴェルスキー
トヴェルスキー
Tvert トヴェルト
Tvircun トビルクン
Tvrdík トゥブルジーク
Tvrtko
トゥヴルトコ
トゥルトコ
Twachtman
トウォッチトマン
Twaddell トワデル
Twaddle
トウェイドル
トワドル
Twagiramungu
トゥワギラムング
トワギラムング*
Twain
ツウェーン
ツエイン
トーウィン
トゥウェイン
トゥエイン*
トゥエイン*
トゥエーン
トゥエーン*
トゥエン
トゥエーン*
トエン
トワエン
Twalib ツァリブ
Twamba トワンバ
Twamley トワムリー
Twan トワン
Twardecki
トヴァルデツキ*
Twardowski
トヴァルドヴスキー
トヴァルドーフスキー
トファルドフスキー*
トワルドウスキー
トワルドウスキー
トワルドフスキ
Tway ツエー
Tweddle トウェドル**

Tweed
　ツイード*
　トゥイード
　トゥイード*
Tweedie
　トゥイーディ
　トゥイーディ
　トゥイーディ
　トゥイーディー*
　トウィディ
Tweedsmuir
　トゥイーズミュア
Tweedy
　トゥイーディ*
　トゥイーディー
Tweet　トゥイート
Tweisi　トゥエイシ
Twelve
　トゥエルヴ*
　トゥエルブ*
Twelvetrees
　トゥエルヴトリーズ
　トゥエルブトゥリーズ
Twenge　トゥエンギ
Twenhofel
　トゥエンホーフェル
　トゥエンホーフェル
Twerski　ツワルスキー*
Twesten　トヴェステン
Twetman
　トゥヴェットマン
Tweya　トゥエヤ
Twickenham
　トウィッケナム
Twiddy　ツイッディ
Twidell
　トゥイデル
　トワイデル
Twietmeyer
　ツウィートメイヤー
Twigg
　ツイグ
　ツイッグ
　トウイグ
　トウイッグ
　トウウイッグ
Twiggy
　ツイッギー*
　トゥイギー*
　トゥイッギー
　トゥイッギー
Twigs　トウイグス
Twilly　トゥイリー
Twin
　ツイン
　トウィン
Twining
　トゥイニング
　トワイニング*
Twinka　トゥインカ
Twins
　ツインズ
　ツインズ*
Twintreess
　ツイントゥリーズ
Twiss　トウイス
Twisse　トウイス

Twist
　ツイスト*
　トゥイスト
Twista　トゥイスタ
Twitty
　トゥイッティ
　トゥイティ
Two　トゥー
Two Feather
　トゥフェザー
Twohey　トゥーイー
Twohig　トゥーヒグ*
Twohy
　トゥーイ*
　トゥーヒー*
Twombly
　トゥオンブリ
　トゥオンブリー**
Twomey
　トゥオメイ
　トゥーミー
　トゥーミ
　トゥーミィ
Twort
　トゥオート
　トゥオート
Tworuschka
　トゥウォルシュカ
　トゥウォルシュカ
Twycross
　トゥイクロス
　トワイクロス
Twyla　トワイラ**
Twyman
　トゥイマン
　トゥワイマン*
　トワイマン*
Txucarramãe
　チュカハマエ
Ty
　タイ**
　ティ
　ティー
Tyack
　タイアック
　タイヤック
Tyāgarāja
　ティヤーガラージャ
Tyagi　ティアギ
Tyan　チャン
Tyapkina
　ティアプキーナ
Tyard
　チャール
　ティヤール
Tybout
　タイボー
　ティバウト
Tyce　タイス
Tych　ティフ
Tychichus　ティキコス
Tychikos
　ティキコ
　テキコ
Tychina
　トゥイチーナ
　トゥイチーナ

Tycho
　チコ
　チホ
　ティコ
Tychon
　タイチョン
　ティホン
Tyconius
　ティコーニウス
　ティコニウス
Tyde　タイド
Tydeman　タイドマン
Tydeus　テュデウス
Tye
　タイ**
　タイー
Tyeler　タイラー
Tyerman
　タイアーマン
　タイルマン
Tyers　タイアーズ**
Tyetkheprure
　テイトケブレラー
Tygar　タイガー
Tygarinov
　トゥガリノフ
Tyger　タイガー
Tyias　タイアス
Tykhonov　ティホノフ
Tykocin　ティコティン
Tykwer
　ティクヴァ**
　ティクバ
Tyl　ティル**
Tyldesley
　タイルディズリー
　ティルズリ
　ティルディスレイ*
Tyldum　チルドム
Tyle　タイル
Tylecote
　ティルコート*
Tylee　タイリー
Tyler
　タイラ
　タイラー***
　タイラァ
　テイラー
Tyler-Sharman
　タイラーシャーマン
Tylindus　チリンドゥス
Tylka　ティルカ
Tylman　ティルマン
Tylor　タイラー*
Tylsǎr　ティルシャル
Týma　ティマ
Tymes　タイムズ
Tymieniecka
　ティミエニエッカ
Tyminska　ティミンスカ
Tyminski
　ティミンスキ
　ティミンスキー

Tymoczko
　チモッコ
　ティモクスコ
Tymon　タイモン
Tymoshchenko
　ティモシュチェンコ
Tymoshenko
　チモシェンコ
　チモチェンコ
　ティモシェンコ*
Tynan　タイナン**
Tyndale
　チンダル
　ティンダル*
　ティンデイル
Tyndall
　チンダル
　ティンダル*
　ティンドール
Tyndareōs
　テュンダレオス
Tyne
　タイネ
　タイン*
Tynegate　タインゲイト
Tyner　タイナー**
Tynes
　タイネス
　タインズ
Tyng
　チング*
　ティン
　ティング
Tynion　タイノン
Tynisha　ティニーシャ*
Tynmianskii
　ツイミャンスキー
Tynyanov
　トゥイニャーノフ*
Tynybekova
　ティニベコワ
Tynychbek
　トイヌイチベク
Tyor　ティオール
Typaldos　ティパルドス
Tyra　タイラ*
Tyrann　タイラン
Tyrconnell
　ティアコネル
　ティルコネル
Tyre　タイア
Tyree　タイリー
Tyreek　タイリーク
Tyreke　タイリーク*
Tyrell
　タイレル
　ティレル
Tyrequek　タイリーク
Tyrer　タイラー
Tyrie　タイリ
Týrlová
　ティールロヴァー
Tyrod　タイロッド
Tyron
　タイロン
　テイロン

　テュロン
Tyrone
　タイローン
　タイロン**
Tyronn　ティロン
Tyronne
　タイロン
　ティロン
Tyrrell　タイレル***
Tyrsa　トゥイルサー
Tyrsh　ティルシュ
Tyrtaios
　チュルタイオス
　テュルタイオス
Tyrunn　タイラン
Tyrus
　タイ
　タイラス*
Tyrväinen
　チルバイネン
Tyrwhitt
　タイアウィット
　ティルウィット
Tysal　タイサル
Tysen　タイセン
Tyshkevich
　テシケビッチ
Tyskiewicz
　ティシュキエヴィッチ
Tysoe　タイソー
Tyson
　タイスン*
　タイソン***
Tysse　ティッセ
Tyssot
　チッソ
　ティソ
Tyszka
　チスカ
　ティスカ
Tyszko　トゥシコ
Tytell　タイテル
Tytgat　ティトガット
Tytler　タイトラー
Tyton　ティトン
Tytti　トゥッティ
Tyukalov　チュカロフ
Tyumenev
　テュメーネフ
Tyurin　チューリン
Tyurina　チュリナ
Tyus
　タイアス
　ティアス
Tyutchev
　チュッチェフ
Tyutyunov
　チュチュノフ
Tyvis　タイビス
Tyvon　タイボン
Tyy　ティイ
Tyzack　タイザック
Tzabar　ツァバル*
Tzachi　ツァヒ
Tzahi　ツァヒ

Tzannes ツァネス	Ubac ユバック	Uccello	Ude
Tzannetakis	Ubach ウバッハ	ウッチェッロ	ウーデ*
ザネタキス	Ubad ウバイド	ウッチェッロ	ウデ*
ツァネタキス*	Ubaghs	ウッチェロ*	Udelhoven
Tzannis	ユバクス	Uchakin ウチャキン	ウーデルホーヴェン
ザニス	ユバフス	Uchár ウフナール	Udell ウデル
ツァニス*	'Ubaid	Uche ウチェ	Uden
Tzara	ウバイデ	Uchelen ウーヘレン	ウーデン
ツァーラ	ウバイド	Uchida ウチダ*	オーデン
ツァラ**	'Ubaida ウバイダ	Uchkunbek	Udena ウデーナ
ツアラ	'Ubaid Allah	ウチクンベク	Udenwa ウデンワ
ツェラ	ウバイドゥッラー	Uchnár	Uderzo ウデルゾ
Tzavaras ツァバラス	'Ubaidullāh	ウフナール	Udesky ユデスキー
Tzavella	ウバイドゥッラー	ウルナール	Udet
ジャヴェラ	Ubald ユバルド	U-choon ウチュン	ウーデット*
ツァヴェラ	Ubalde ウバルデ	Ucicky	ウデット
Tzelili	Ubaldi ウバルディ	ウチッキー	ウーデト
ゼリリ	Ubaldina ウバルディナ	ウチツキ	Udi ウディ
ツェリリ	Ubaldino ウバルディノ	Uck ウク	Udine
Tzelniker	Ubaldo	Uckeley ウッケライ	ウーディネ
ツェルニカー	ウバルド**	Ucko アッコー	ウディネ
Tzemach スマク	ウバルドゥス	Ud ウド*	Ueli
Tzenov セノフ	Uballit ウバルリト	Udaakoon	ウェーリ
Tzetzes ツェツエス	Uballiṭ	ウダーコーン	ウェリ
Tzevi ツヴィ	ウバリットー	Udachyn ウダチン	ウエリ*
Tziallas ティアラス	ウバリト	Udaeta ウダエタ	ウーリー
Tzimon ツィモン	ウバルリト	Ûdah オーダ	Uelsmann ユルズマン
Tziolis ジョリス	Ubartas ウバルタス	Udai	Ueno ウエノ
Tzipi	Ubaši ウバシ	オタイ	Uescal ウエスカル
ツィッピ	Ubassy ウバッシー	オダイ	Ueslei ウェズレイ*
ツィピ*	Ubayd ウバイド	Udale ウデイル	Uesseler ユッセラー*
Tzokas ツォカス	'Ubayd ウバイド	Udall	Uexküll
Tzonis ツォニス*	'Ubayd ウバイド	ユーダル*	ユクスキュール
Tzonov ツォノフ	'Ubayda ウバイダ	ユードル	ユクスキュル
Tzoun ズン	'Ubayd Allāh	ユドール*	ユックスキュル
Tzschach チャッハ	ウバイドゥッラー	Udalricus ウルリヒ	Ufan ウファン
Tzschirner チルナー	'Ubaydallāh	Udaltsova	Ufen ウーフェン
Tzu Nyen ツーニェン	ウバイドゥッラー	ウダルツォヴァ	Ufer ウーフェル
Tzuo ツォ	Ubaydi ウバイディ	Uday ウダイ***	Uffe ウフェ**
Tzvetan ツヴェタン**	Ubbelohde ウベローデ	Udaya	Uffelmann
Tzvetana ツベタナ	Ubbink アビンク	ウダイ	ウッフェルマン
Tzvetkova	Ubbirī ウッビリー	ウダヤ*	Ufimtsev ウフィムセフ
ツヴェトコーヴァ	Uberti ウベルティ	Udayādityavarman	Ufomba ユフォンバ
Tzvi ツビィー	Ubertino	ウダヤーディティヤ	Ufot ウフォト
	ウベルティーノ	ヴァルマン	Ufuk ウフク*
【U】	Uberto ウベルト*	Udayan ウダヤン*	Ug ユージー
	Ubeydullah	Udayana ウダヤナ	Ugala ウガラ
	ウベイダラ	Udāyana ウダーヤナ	Ugarte ウガルテ*
Ua	Ubico	Udāyin ウダーイン	Ugarteche
ウ	ウビーコ	Udbhaṭa ウドバタ	ウガルテーチェ
ウア	ウビコ	Uddaka ウッダカ	ウガルテチェ
Ua-apinyakul	Ubillús ウビジュス	Uddālaka ウッダーラカ	Ugas ウガス
ウアアーピンヤクン	Ubol ウボン	Uddenberg	Ugbesia ウグベシア
Ua Duibhne オディナ	Ubol Ratana	ウッデンベリ	Ugelli ウジェリ
Uahekua ワヘクア	ウボンラット	Ud-Dīn	Ugen ウゲン
Uan ウアン	Ubonrat ウボンラット	アッディーン	Ugga ウッガ
Uani' ユアニ	Ubumrung	ウッディーン	Uggah ウガ
Uanivi ワニーヴィ	ユーバムルン	Ud-din	Uggams アグガムズ
Uaridnach	Uc ウック	アッディーン	Uggla アグラ**
ウーリッドナッハ	Ucan ウチャン	ウッディーン	Ugglas
Uata ウアタ	Ucar ウカル	Uddin ディン	アフグラス
Uauy ワウイ	Uccellini	Uddmar アドマー	ウグラス*
Ub	ウッチェッリーニ	Uddo ウッド	Ughelli ウゲリ
アップ	ウッチェルリーニ	Uddyotakara	Ughi
アブ		ウッディヨータカラ	ウーギ
Ubaah ウバーフ			ウギ

Ueberweg	
ユーバーウェーク	
ユーバーヴェーク	
ユーベルヴェーク	
ユーベルベーク	
Ueblacker	
ユーベルアッカー	
Uecker	
ウッカー	
ユッカー*	
Ueckert ユッカート	
Uehleke ユーレケ	
Uehling ユーリン	
Uehlinger	
ユーリンガー	
Ueki ウエキ	
Uekötter ユケッター	
Ueland	
ウィーランド	
ウェランド	

Udr ウダル
Udrea ウドレア
Udry
 アドレー
 ウドゥリー
 ウドリー*
 ユードリ
 ユードリー*
 ユードリイ*
Udr-žal ウドルジャル
Udupa ウドゥパ
Udval オドバル*
Udvardy
 ウドゥヴァルディ
Udwan アドワン
Udy ユディ
Uea-aree ウェアリー
Uebe ユーベ**
Ueberroth ユベロス*
Ueberschär
 ユーバーシェア

Udomporn
 ウドンポーン*
Udonis ユドニス
Udorih ウードリック
Udovenko
 ウドヴェンコ**
 ウドベンコ
Udovichenko
 ウドヴィチェンコ
Udovičić ウドビチッチ
Udovički ウドビチュキ

Udo
 ウード*
 ウド**
 ウドー
Udodov ウドドフ
Udoh ウドー
Udoka ウドカ
Udom ウドム
Udoma ウドマ

Udmurtova
 ウドムルトワ
Udny ウドゥニー
Udintsev ウジンツェフ

Ugil ウギル
Ugili ウギリ
Ugis ウギス
Uglanov ウグラーノフ
Uglov ウグロフ
Uglow
　アグロウ
　ユーグロウ
Ugo
　ウーゴ***
　ウーゴー
　ウゴ
　ユーゴ
Ugolini ウゴリーニ
Ugolino ウゴリーノ
Ugolinus ウゴリーヌス
Ugorski ウゴルスキ*
Ugrešić
　ウグレシィチ
　ウグレシッチ*
Ugrešić ウグレシッチ
Ugryumov
　ウグリュモフ
Uguccione
　ウグッチオーネ
　ウグッチョーネ
Ugueth ウーゲット*
Ugueto ウグエト
Ugur ウグル
Uğur
　ウウル
　ウール
Uğur ウール
Ugurla ウグルラ
Uguru ウグル
Uguyev ウゲエフ
Ugyen
　ウギェン
　ウグェン
　ウゲン
Uhde
　ウーデ**
　ユード
Uhl
　ウフル
　ウール*
Uhla ウー・フラ
Uhlaender
　ユーランダー
Uhland
　ウーラント*
　ウーランド
Uhle
　ウーレ
　ユーリー
Uhlen ウーレン
Uhlenbeck
　アーレンベック
　ウーレンベック
　ユーレンベック
Uhlenberg
　ウーレンベルク
Uhlenhorst
　ウーレンホルスト
Uhlenhuth
　ウーレンフート**

Uhlenkamp
　ウーレンカム
Uhler
　ウーラ
　ユーラ
Uhlhorn
　ウールホルン
　ウルホン
Uhliarik ウフリアリク
Uhlich ウーリヒ*
Uhlig
　ウーリーク
　ウーリッヒ*
　ウーリヒ
　ユーリック*
Uhlman ウルマン*
Uhlmann ウールマン
Uhm オム*
Uhnaa ウフナー*
Uhnaagiin
　ウハナーギン
　ウフナーギーン
Uhnak
　ユーナク
　ユーナック*
Uhr ウワー
Uhrmann ウールマン*
Uhrowczik
　ウロークジック
Uhry ウーリー
Uhse ウーゼ*
Uhuru ウフル**
Uibel ウイベル
Uibo ウイボ
Ui-chun ウィチュン*
U-ie ユイ*
Ui-Hwa ウィファ
Ui-jong ウィジョン
Ui-kyong ウィギョン
U-il ウイル
Uili ウィリ
Uini ウィニ
Uipius ウルピウス
Ui-seok ウィソク
Ui-sun ウィスン
Uitert アイテルト
Uitto ウイトー
Uitumen ウイトゥメン
Uitz ウイツ
'Ujailī ウジャイリー
Ujang
　ウージャン
　ウジャン*
Ujazdowski
　ウヤズドフスキ
Ujejski
　ウイェイスキ
　ウイェースキー
Ujević ウイェヴィチ
Ujfalusi ウイファルシ
Ujfalvy ウィファルヴィ
Ujgalvy
　ウイファルヴィ
Ujhelyi ウイヘイ
Ujiri ウジリ

Ujjal ウジャル
Ujjaya ウッジャヤ
Ujlaki ウジラキ
Újlaky ウィラキ
U-jong ウジョン
Ujváry ウイヴァーリー
Uk オク
Uk-Bae オクベ
Ukel ウケル
Uken ウーケン
Ukers
　ユーカース
　ユーカーズ*
Ukhnaa オフナー
Ukhov ウホフ*
Ukhtomskii
　ウフトームスキー
　ウフトームスキー
　ウフトームスキィ
Ukhtomsky
　ウフトームスキー
Ukin
　ウキン
　ユキン
Ukīn
　ウーキーン
　ウキン
Ukkhepakata
　ウッケーパカタ
Ukkola ユコーラ
Ukleba ウクレバ
Ukleja ウクレヤ
Uko ウコ
Ukolova ウコロワ
Ukrainka
　ウクライーンカ
　ウクラインカ
Ukraïnka
　ウクライーンカ
Ukran ウクラン
Uktam ウクタム
Uktomkhan
　ウクトムハン
Ul ウル*
Ulaan オラーン
Uladi ウラディ
Uladimir
　ウラジーミル
　ウラディミール
　ウラディミル
Uladzislau
　ウラジスラウ
Ulaga ウラガ
Ulaghchī ウラグチ
Ulaitino ウライティノ
Ulak ユーラック
Ulam
　ウラム*
　ユラム
Ulambayar
　ウランバヤー
Ulambayaryn
　ウラムバヤリン
Ulan ウラン
Ulanhu ウランフ

Ulanoff ウラノフ
Ulanov ウラノフ
Ulanova
　ウラーノヴァ
　ウラノヴァ
　ウラノワ
Ulas ウラス
Ulatowska
　ウラトウスカ
Ulaya ウラヤ
Ulbach ユルバック
Ulbricht
　ウルブリヒト*
　ウルブリヒト
Ul-byong ウルビョン
Ulchis オユリヒス
Ulco ウルコ*
Uldall ウルダル
Uldis
　アルディス
　ウルディス
Uldrich ウルドリッチ*
Ule
　ウル
　ウーレ
Ulegin ウレギン
Ulen ユーレン
Ulenberg
　ウーレンベック
　ウレンベルク
Ulene ウレーン
Ulezko ウレスコ
Ulf ウルフ***
Ulfeldt
　ウールフェルト
　ウルフェルト
Ulfilas
　ウルフィラ
　ヴルフィラ
　ウルフィラス
Ulfrick ウルフリク
Ulfrid ウルフリット*
Ulfung ウルフング
Uli
　ウーリ
　ウリ*
　ユーリ
Ulī ウーリー
Uliama ウリヤマ
Uliana
　ウリアナ
　ウリヤーナ
　ウリヤナ
　ユリアナ
Uliana Nadia
　ウリアナナディア
Ulianov ウリヤーノフ
Ul'ianov ウリヤーノフ
Ulianova ウリヤノワ
Ul'ianova
　ウリヤーノヴァ
Ulich
　ウーリッチ
　ウーリッヒ
Ulick ユーリック
Ulicny ウリックニー

Uliel ウリエル
Ulin
　ウリーン*
　ユーリン
Ulis ユリス
Ulises
　ウリス
　ウーリセス
　ウリセス**
　ユリシス
Ulisse
　ウリス
　ウリッセ
Ulisses ウリセス
Uliti ウリティ
Ulitskaia ウリツカヤ**
Ulitskii ウリッキー
Ulitz ウーリッツ
Ulivieri
　ウリヴィエリ
　ウリビエリ
Uliyanov
　ウリヤーノフ
　ウリヤノフ
Uliyasutai
　ウリヤスタイ
Uljāitū
　ウルジェイトゥ
　ウルジャーイートゥー
　ウルジャーイトゥー
　ウルジャイトゥー
　オルジャイトゥー
Ülker ウルケル
Ulkumen ウルクメン
Ulla
　ウッラ**
　ウーラ*
　ウラ**
　ウラー
Ullah
　ウッラ*
　ウッラー
　ウラー
Ullâh
　ウラ
　オラ
Ullāh ウッラー
Ulla-Maija
　ウッラーマイヤ
Ulla-Maj ウッラマイ
Ullas ウラス
Ullate
　ウリャーテ
　ウリャテ
Ullathorne アラソーン
Ulle ウレ
Ullenhag ウレンハーグ
Ullerston アラーストン
Ullery ウラリー
Ulli
　ウーリ**
　ウリ
　ユリ
Ullica ウリカ
Ulliel ウリエル
Ullman
　アルマン*
　ウルマン***

Ullmann
　アルマン
　ウルマン**
Ullmen ウルマン
Ulloa
　ウジョーア
　ウジョア
　ウヨア
　ウリョーア
　ウリョア
Ullrich
　アルリック*
　ウーリッヒ
　ウルリッヒ**
　ウルリヒ**
Ullstein
　ウルシュタイン
Ullsten ウルステン*
Ullu ウル
Ullyett
　アリエット
　ウリエット
Ulm ウルム
Ulman ウルマン
Ulmanis ウルマニス**
Ulmen
　アルメン
　ウルメン
Ulmer
　アルマー*
　ウルマー**
　ユルメ
Ulmschneider
　ウルムシュナイダー
Ulpha
　アルファ
　ウールファ
Ulpianus
　ウルピアーヌス
　ウルピアヌス
Ulpio ウルピオ
Ulpius ウルピウス
Ulreich ウルライヒ
Ulric
　アーリック
　ウルフリク
　ウルリック*
　ユルリック
Ulrica ウルリカ
Ulrich
　アーリック
　アルリッチ
　ウイリッヒ
　ウーリッチ
　ウーリッヒ*
　ウリッヒ
　ウルリク
　ウールリシュ
　ウルリック*
　ウールリッチ*
　ウルリッチ*
　ウールリッヒ
　ウルリッヒ***
　ウールリヒ
　ウルリヒ***
　フルドリヒ
　ユーリッチ
Ulrici
　ウルリチ
　ウルリツィ

Ulrick
　アーリック
　ユルリク
Ulrik
　ウーリック
　ウルリック
　ウルリク
　ウルリック*
Ulrika
　ウルリーカ
　ウルリカ
　ウルリーケ
Ulrike
　ウーリケ
　ウリケ
　ウルライク
　ウルリーケ*
　ウルリケ**
Ul-sol ウルソル
Ulsrud ウルスル
Ultan
　アルタン
　ウルタン
Ultimate
　アルティメット*
Ultman ウルトマン
Ultra ウルトラ*
Ultsch ウルチ
Ultz ウルツ
Ultzmann ウルツマン
Ulu
　ウール*
　ウル
Ulubay ウルバイ
Ulubekov ウルベコフ
Ulug
　ウル
　ウールグ
　ウーグ
　ウルグ
Ulugbek ウルグベク
Uluinairai
　ウルイナイライ
Ulūka ウルーカ
Ulukalala ウルカララ*
Ulumi ウルミ
Ulusu ウルス**
Ulvaeus
　ウルヴァエウス
Ulvang ウルバン
Ulver ウルヴェル
Ulvi ウルヴィ
Ulvskog
　ウルブスコーグ
Ulya ウリヤ
Ulyana ウリヤーナ
Ulyanov
　ウリヤーノフ*
　ウマヤ
Ul'yanov
　ウリアノヴ
　ウリヤーノフ
Ulyanova
　ウリヤーノヴァ
　ウリヤーノフ
　ウリヤノワ
Ulybyshev
　ウルイブイシェフ

Ulysees ユリシーズ
Ulysse ユリス
Ulysses
　ウリセス*
　ウリッセ
　ウリッセス*
　ユリシーズ*
Ulyukayev
　ウリュカエフ
Ulzer ウルツェル
Ulzheimer
　ウルツハイマー
Ulziinyam
　ウルジーニャム
Ulziisaihany
　ウルジーサイハニー
Um ウム
Uma
　ウーマ
　ウマ*
　ウマー
　ユマ*
Umā ウマー
Umaga ウマガ*
Umaiya ウマイヤ
Umali ウマリ
Uman アマン
Umans ウマンス
Umanskii
　ウマンスキー
Umansky ウマンスキー
Umāpati ウマーパティ
Umar
　ウマー
　ウマール
　ウマル***
　オマル
'Umar
　ウマル*
　オマル
'Umār オマル
'Umāra
　ウマーラ
　ウマラ
Umaras ウマラス
'Umarī ウマリー
Umaro ウマロ
Umarov ウマーロフ
Umaru ウマル**
Umā Shankar
　ウマーシャンカル
Umāsvāti
　ウマースヴァーティ
　ウマースパーティ
Umaw ユーマオ
Umayya
　ウマイヤ
　ウマヤ
Umbach ウムバッハ*
Umbelina ウンベリナ
Umbero ウンベロト
Umbert ウンベルト
Umberto
　アンバート
　ウムベルト
　ウンベルト***
　ウンベルド

Umbetov ウムベトフ
Umbgrove
　ウムフローフェ
Umble アンブル
Umbo ウンボ*
Umbral ウンブラル*
Umbreit
　アンブライト
　アンブレイト
　ウンブライト
Umbro ウンブロ
Umenyiora
　ユメンヨラ*
Umer ウマル
Umesh ウメシュ
Umfrid ウムフリート
Umid ウミド
Umiich ウミー
Umiker ユミカー
Umile ウミレ
Umirzak ウミルザク
Umit
　アミット
　ウミット*
　ウミト
　ユミット
　ユミト
Umland ウムランド
Umlauf ウムラウフ*
Umm
　ウーム
　ウム
　ウンム
'Umm ウンム
Ummīdī
　ウンミーディー
Ummidius
　ウンミディウス
Ummy ウミー
Umphelby
　ウムフェルビー
Umphred
　アンフレド
　ウンファレッド
Umponmaha
　ウンポンマハ
Umran ウムラン
Umrysh アンリッシ*
Umstatt
　ウムシュタット
Umstead アムステッド
Umtiti ユムティティ
Umut
　ウムット*
　ウムト
Un ウン**
Una
　ウーナ*
　ウナ**
　ユーナ
　ユナ
Unai ウナイ
Unakitan ウナクタン
Unakul ウナクン
Unal
　ウナル
　ユナル

Ünal ウナル
Unamuno
　ウナムーノ**
　ウナムノ*
Unangst
　アンアングスト
Unanue ウナヌエ
Unas ウナス
Unasa ウナサ
Ünaydin ウナイドゥン
Unberto ウンベルト*
Uncas アンカス
Un-chan ウンチャン*
Unchol ウンチョル
Uncle アンクル
Uncuyan ウンクィアン
Und ウント*
Unda ウンダ
Undari ウンダーリ
Undem アンデム
Undén ウンデーン
Undenge ウンデンゲ
Under
　ウンテル*
　ウンデル
Underdahl
　アンダーダール
Underdown
　アンダーダウン
Undereyck
　ウンダアイク
Underhill
　アンダーヒル**
　アンダヒル*
Underown
　アンダーオウン
Undertaker
　アンダーテイカー*
Underwood
　アンダーウッド***
　アンダウッド
Undeutsch
　ウンドィッチ
Undeux アンデュ
Undheim ウンドハイム
Undji ウンジ
Undset ウンセット*
Undurraga
　ウンドウラガ
Undzis アンジ
U;Nee ユニ
Uneken ユネケン
Unekis ユネキス
Uner ウォール*
Ung
　ウン***
　ユウ
Unga アンガ
Ungar
　アンガー
　ウンガー
Ungaretti
　ウンガレッティ**
Ungari ウンガリ
Ungaro ウンガロ**

Ungeheuer
　ウンゲホイアー
Unger
　アンガー**
　アンジャー
　ウンガー**
　ウンゲル
Ungerer
　アンゲラ
　アンゲラー*
　アンジェラー*
　ウンガラー*
　ウンゲラー**
　ウンゲレール
Ungerman
　ウンガーマン
　オンガマン
Ungermann
　アンガマン
　ウンガーマン
　オンガーマン
Ungern ウンゲルン
Ungerson
　アンガーソン
Ungewitter
　ウニェヴィッテル
　ウンゲヴィッター
Ung-gwan ウンガァン
Ung-jo ウンチョ
Ungku ウンク*
Unglaub ウングラウブ
Ungleich ウングライヒ
Unglik ウングリック
Ungnad ウングナート
Ungphakon
　ウンパーコーン
Ungphakorn
　アングファコーン
　ウンパーコーン
Ungrova アングローバ
Ungson ウングソン
Ungsongtham
　ウンソンタム**
Ung-tae ウンテ*
Ungu ウング
Un Guk ウンガク
Un-guk ウングク*
Unguk ウンガク
Ungureanu
　ウングリアヌ
　ウングレアーヌ*
　ウングレアヌ
Ungvari
　ウングバリ
　ユングヴァリ
Ungvarski
　ウングヴァルスキー
Un-han ウンハン
Un Hyang ウンヒャン
Unica ウニカ*
Unico
　ウーニコ
　ウニコ
Unitas ユナイタス*
Unity ユニティ*
Un Jong ウンジョン

Un-jong ウンジョン*
Unjong ウンジョン
Unka アンカ
Unkeefer
　アンキーファー
Unkefer アンケファー
Unkovic
　アンコヴィック
　アンコビック
Unkrich アンクリッチ*
Unkroth アンクロス
Unmani ウンマニ
Unmehopa アンメホパ
Un-na ウナ
Unna ウナ
Unnebrink
　アンネブリンク
Unnerstad
　ウンネルシュタード*
　ウンネルスタッド
　ウンネルスタード
Unni ウンニ*
Uno
　ウーノ
　ウノ*
Unpingco ウンピンゴ
Unrein アンライン
Unruh
　アンルー
　ウンル
　ウンルー
　ウンルウ
Unsal ウンサル
Unseld
　アンセルド
　ウンゼルト*
Un-seong ウンソン
Unser アンサー
Unset ウンセット
Unshlikht
　ウンシュリフト
　ウンシリフト
Un Sil ウンシル
Un Sim ウンシム
Un-sim ウンシム*
Unsinn ウンジン
Unsoeld
　アンソエルド
　ウンセルト
Unsöld ウンゼルト
'**Unsrī** ウンスリー
Unstead アンステッド
Un-su オンス*
Unsworth
　アンスウォース
　アンスワース
　アンズワース**
Un-tae ウンテ*
Untash ウンタシュ
Unterberg
　ウンターベルグ
Unterbergel
　ウンテルベルゲル
Untereker
　アンターカー

Unterman
　ウンターマン
Untermann
　ウンタアマン
　ウンターマン
Untermeyer
　アンターマイア
　アンターマイアー
　アンターマイア
　アンターマイヤー
　アンターメーヤー
Unterpergher
　ウンテルベルゲル
Unterreitmeier
　ウンテライトマイヤー
Unterwurzacher
　ウンターウルザッハー
Unthank アンサンク
Untung ウントゥン
Unūjūr ウヌージュール
Unus ウヌス
Unver ウンベル
Unverdorben
　ウンフェアドルベン
　ウンフェルドルベン
Unversucht
　ウンバースハト
Unverzagt
　ウンフェアツァークト
Unwerth アンワース
Unwin
　アンウィン**
　アンヴィン
Un-yeong ウニョン*
Un-yong
　ウンヨン
　ウンリョン
Unzner ウンツナー
Unzner-Fischer
　ウンツナー
Unzueta ウンスエータ
Uon ウォン*
Uong
　ウォン
　ウオン
Uongu ウオグ
Upacālā
　ウパチャーラー
Upadhay ウパッダイ
Upadhay
　ウパデアーエ
Upadhyaya
　ウパダヤ*
　ウパディヤヤ*
　ウパドヤーヤ
　ウパドヤヤ
Upagupta ウパグプタ
Upaka ウパカ
Upali ウパリ
Upāli ウパーリ
Upasamā ウパサマー
Upaśānta
　ウパシャーンタ
Upasena ウパセーナ
Upasīva ウパシーヴァ
Upatissa ウパティッサ

Upatnieks
　ウパトニークス
Upavāṇa ウパヴァーナ
Upavarṣa
　ウパヴァルシャ
　ウパバルシャ
Upchurch
　アップチャーチ
Upcraft
　アップクラフト
Updale アップデール*
Updegraff
　アップデグラフ
　アップデグラフ
Updike
　アップダイク***
　アプダイク
　アプダイク*
Upendra
　ウペーンドラ
　ウペンドラ
Upendrakiśor
　ウペンドロキショル
Upendra Nath
　ウペンドラナート*
Upendrnāth
　ウペーンドルナート
Upfal アプファル
Upfield
　アップフィールド*
　アプフィールド
Upham
　アッパム
　アパム*
Uphoff
　アップホフ
　ユプホフ
Uphues ウプフース
Upington アピントン
Upio ウピオ
Upira ウピラ
Upit ウーピト
Upīts ウピーツ
Upjohn
　アップジョン
　アプジョン
Upladger アプレジャー
Upledger アプレジャー
Upp アップ
Uppalavaṇṇā
　ウッパラヴァンナー
Uppdal
　ウップダール
　ウプダール
Upperton
　アッパートン
Uppington
　アッピングトン
Uppmann アップマン
Upritchard
　アップリチャード
Upshall アプシャル
Upshaw
　アップショー
　アップショウ*
Upson アップソン

Upstill
　アップスティル
　アプスティル
Upston アプストン
Upton
　アップトン**
　アプタン*
　アプトン***
Upward
　アップウォード
　アップワード*
　アプワード
'**Uqba** ウクバ
'**Uq-bah** ウクバ
Ur ウル
'**Urābī** オラービー
Urach ウーラッハ*
Uradyn ウラディーン
Uraiwan ウライワン
Ural ウラル*
Uralitseva
　ウラルツェーワ
U-ram ウラム
Uranchimeg
　ウランチメグ
Urangua オランゴア
Uranius ウラニウス
Urantsetseg
　ウランツェツェグ
Uran Uran
　ウランウラン
Uranus ウラノス
Urányi ウラニ
Uras ウラス
Uraz ウラズ
Urazbaeva
　ウラズバーエヴァ
Urazov ウラーゾフ
Urbain
　ウルバイン
　ウルバン
　ユルバン**
　ユルベー
　ユルベーン
　ユルベン
Urban
　アーバン***
　ウアバン
　ウルバン**
Urbaneja ウルバネハ
Urbanek ウルバネク
Urbani
　ウルバーニ
　ウルバニ
Urbaniak
　ウルバニャック
Urbanik ウルバニック
Urbaningrum
　ウルバニングルム
Urbano ウルバーノ
Urbano De Sousa
　ウルバーノデソウザ
Urbanowicz
　ウルバノヴィチ
Urbanus
　ウルバーヌス
　ウルバヌス

U

Urban ウルバン
Urberuaga ウルベルアーガ*
　ウルベルアガ
Urbicus ウルビクス
Urbie アービー
Urbik アービク
Urbina
　アービナ
　ウービナ*
　ウルビーナ*
　ウルビナ
Urbinati
　アービナティ
　ウルビナティ
Urbino ウルビノ
Urbshis ウルブシス
Urch アーク
Urda ウルダ*
Urdabayeva
　ウルダバエワ
Urdaneta
　ウルダネータ
　ウルダネタ
Urdang ウルダング
Urdanoz ウルダノス
Urdánoz
　ウルダーノス
　ウルダノス
Urdin ウルディン
Ure
　ユーア*
　ユア
　ユーリ
　ユリ
Ureman ウレマン
Uremon ウレモン
U'Ren ユーレン*
Urena
　ウリーナ
　ウレーニャ
Ureña ウレーニャ
Uresh ユーレッシュ
Urey
　ユーリ
　ユーリー*
　ユーレイ
Urfé ユルフェ
Urfi ウルフィ
'Urfī ウルフィー
Urgant ウルガント
Urgel ウルヘル
Urgungge ウルグンゲ
U rgyan pa ウーゲンパ
Urhi ウルヒ
Urho ウルホ*
Uri
　ウーリ
　ウーリー*
　ウリ***
　ウリー
　ユーリ
　ユリ**
　ユリー**
Uriah
　ウリア
　ウリヤ

Uraia ユライア
Uriarte ウリアルテ
Urias ウリアス
Uriat ウリヤトゥ
Uribe
　ウリーベ*
　ウリベ**
　ユーリビ
Uriburu
　ウリブール
　ウリブル
Urich
　ユーリック*
　ユーリッチ
Urichuck ウリチャック
Urick ユーリック
Urie ユリー*
Uriel
　ウリエル*
　ユリエル
Uriël ウリエル
Urinov ウリノフ
Urinson ウリンソン*
Urio ウーリオ
Urios ウリオス
Uris
　ユアリス
　ユーリス**
　ユリス
Urishev ウリシェフ
Uríson ウルイソーン
Uritski ウリツキー
Uritskii
　ウリツキー
　ウリーツキィ
Uriyah ウリヤ
Uriza ウリザ*
Urjit ウルジット
Urkal ウルカル
Urlacher
　アーラッカー*
Urlanis ウルラニス
Urlich ウルリヒ
Urlichs ウルリヒス
Urlin
　アルリン
　ウルリン
Urlsperger
　ウルルシュベルガー
Urlus
　ウルラス
　ウルルス
Urman
　アーマン*
　ウルマン
Urmana ウルマーナ*
Urmanov ウルマノフ*
Urmas ウルマス
Urmila ウルミラ
Urmson アームソン*
Urmston アームストン
Urmuz ウルムズ
Ur-nammu ウルナンム
Ur-Nanše
　ウルナンシェ
Uroeva ウローエヴァ

Urokov ウロコフ
Uros ウロシュ
Uroš ウロシュ
Uroševič
　ウロシェヴィッチ
　ウロシェビッチ
Urosevich
　ユーロセビッチ
Uroshevik
　ウロシェヴィチ
Urozboev
　ウロズボエフ
Urpeth アーペス
Urpilainen
　ウルピライネン
Urquhart
　アーカート
　アークハート**
　ウルクハート*
Urquidez ユキーデ
Urquidi ウルキディ
Ürquiza
　ウルキーサ
　ウルキサ
Urraburu ウラブル
Urraca ウラカ
Urrea ウレア
Urresti ウレスティ
Urrila ウリーラ
Urroz ウロス
Urru ウル
Urrueta ウルエータ
Urrutia ウルティア*
Urrutía
　ウルチア
　ウルティア
Urry
　アーリ**
　アーリー
　アリー*
　ユリー
Urs ウルス**
Ursa ウルサ
Urša ウルシャ
Ursache ウルサケ
Ursacios ウルサキオス
Ursacius ウルサキウス
Ursano
　アーサノ
　ウルサノ
Urschel アーシェル
Ursel ウルセル
Ursell アーセル
Urselmann
　ウルセルマン
Urshela アーシェラ
Ursi ウルシ
Ursicinus ウルシキヌス
Ursillo ウルジロ
Ursina ウルシナ*
Ursing アーシング
Ursini
　アルシーニ
　ウルシーニ

Ursinus
　ウルシヌス
　ウルジーヌス
　ウルジヌス
Ursiny ウルシニー*
Ursis ウルシス
Urška ウルシカ*
Ursmar ウルスマル
Urso ウルソ
Urson アーソン
Ursprung
　ウーアシュプルング
　ウルシュプルング
　ウルスプルング
Ursu ウルス
Ursúa ウルスア
Ursula
　アーシュラ***
　アースラ*
　ウアズラ
　ウーシュラ
　ウーズラ
　ウルズラ**
　ウルズラ**
　オルソラ
Ursuleac
　ウルスレアク
　ウルズレアク
　ウルズレアック
Ursuleasa
　ウルスレアサ
Ursuliak
　ウルスリアック
Ursulus ウルスルス
Ursura ウルズラ
Ursus ウルスス*
Urszla ウルシュラ
Urszula ウルシュラ
Urteaga
　ウルテアガ
　ウルティガ
Urton アートン
Uru ウル
Uruci ウルチ
Urueta
　ウルエータ
　ウルエタ
Uru-inim-gina
　ウルイニムギナ
Uru-Ka-Gina
　ウルカギナ
Urus ウルス
Urusemal ウルセマル*
Urusevskii
　ウルセフスキー
Urushadze ウルシャゼ
Uruvela ウルヴェーラ
Urvashi ウルワシー*
Urve ウルベ
Urveti ウルヴェーティ
Urvin ウルフィン
Urvoas ウルボアス
'Urwa ウルワ
Urwick
　アーウィック*
　アーワィック
　ウルイック

Urwin アーウィン
Ury
　ウリ
　ウーリィ
　ユアリ
　ユーリ
　ユーリー*
'Uryān
　ウリヤーン
　ウルヤーン
　オルヤーン
U-ryong ウリョン
Uryson ウリソーン
Urzí
　ウルスィ
　ウルツィ
Urzica ウルジカ*
Urzidil
　ウルツィディル*
Urzigurumash
　ウルジィグルマシュ
Usa ウサ
Usabha ウサバ
Usabiaga ウサビアガ
Usachëv ウサチョフ
Usachov
　ウサチェフ
　ウサチョフ
Ušackas ウシャツカス
Usadel ウザーデル
Uṣaibi'ah ウサイビア
Usain ウサイン**
Usakiewicz
　ウサキェヴィチ
Usakligil
　ウシャクルギル
Uşakligil
　ウシャクルギル
Usalam ウサラム
Usama ウサマ
Usāma ウサーマ
Usâmah ウサーマ
Usamate ウサマテ
Usandizaga
　ウサンディサガ
Usani ウスニ
Uşas ウシャス
Usatii ウサトゥイ
Usatine
　ユーサティーン
Uschi
　ウシ*
　ユーシ
Uschold ウショルド
Uscinski ユージンスキ
Usdin ウスディン
Useem ユシーム*
Usener
　ウーゼナー
　ウゼナー
Useranath
　ウセルアナト
　ウセルラト
Userkaf ウセルカフ

Userkare
ウセルカーラー
Userkhaure
ウセルカーウラー
Userkheprure
ウセルケプルラー
Usermare
ウセルマアトラー
ウセルマレー
Userre ウセルラー
Usert ウセルト
Usha
ウーシャ*
ウシャ*
ユーシャ
Ushakov
ウシャコーフ
ウシャコフ*
Ushakova ウシャコワ
Ushangi ウシャンギ
Usheiker ウシェイケル
Usher
アシャー
アッシャー**
Ushev ウシェフ
Ushezib ウシェジブ
Ushinskii
ウシンスキー*
ウシーンスキィ
Ushkempirov
ウシュケンビロフ
Usichenko
ウシチェンコ
Usigli ウシグリ
Usingen ウージンゲン
Usinger ウージンガー
Uskoković
ウスココビッチ*
Usländer
ユースランダーズ
Uslaner アスレイナー
Uslar
ウースラー
ウスラー*
ウスラル**
Usman ウスマン*
Usmanov
ウスマーノフ
ウスマノフ*
Usmanova
ウスマノヴァ
Usmar
ウスマー
ウスマル
Usmonali ウスモナリ
Usmonkul
ウスモンクル
Usmonzoda
ウスモンゾダ
Usova
ウーソヴァ
ウソヴァ
ウソバ
ウーソワ
ウソワ*
Uspaskich
ウスパスキフ

Uspenskaja
ウスペンスカヤ
Uspenski
ウスペンスキー
Uspenskii
ウスペーンスキー
ウスペンスキー**
ウスペーンスキィ
ウスペンスキイ
Uspenskiĭ
ウスペンスキー
Uspenskij
ウスペンスキー
Uspensky
ウスペンスキー**
Usper ウスペル
Ussachevsky
ウサチェフスキー*
Usselincx
ユセリンクス
Usserbayev
ウセルバエフ
Ussery ユーザリィ
Ussher アッシャー
Ussi ウッシ
Ussilly ウッシリー
Ussing ウシン
Ussiri アッシリ
Ussishkin
ウシシュキン
ウシュシュキン
Ussumane ウスマン
Ustad ウスタッド
Ustād ウスタード
Ustādhsi
ウスターズスィース
Ustaoglu ウスタオウル
Ustariz ウスタリス
Ustick アースティック
Ustinia ウスティニア
Ustinov
ウスチーノフ
ウスチノフ**
ユスチノフ
ユスティノヴ
ユースティノフ
ユスティノフ**
Ustinova ウスチノワ
Ustiugov
ウエウチュゴフ
Ustopiriyon
ウストピリヨン
Ustryalov
ウストリャーロフ
Ustun ウストゥーン
Ustün ウストゥン
Üstün ウスツン
Üstüner ウスチュナー
Ustupski ウストプスキ
Ustvol'skaya
ウストヴォリスカヤ
ウストヴォルスカヤ
Ustyugov
ウストイウゴフ**
Usuardus
ウスアルドゥス

Usubov ウスボフ
U-su-mi-shih
ウソマイシ
Usunier ウズニエ
Usup ウッスプ
Usur
ウスール
ウスル
ウツール
Usvayskaya
ウスヴァイスカヤ
Usyk ウシク**
Ut
ウット
ウト
Uta
ウータ*
ウタ**
ユタ*
Utall ウタル
Utami ウタミ**
'Uṭārid ウターリド
'Utba ウトバ
'Utbī ウトビー
Ute
ウーテ*
ウテ**
ユテ*
Uteem ウティーム*
Utekhin ウテヒン
Utell ユーテル
Utemish ウテミシュ
Utenheim
ウーテンハイム
Utenhove
ユーテンホーフェ
Uteshov ウテショフ
Uteß ウテス
Uth ウート
Uthai ウタイ
Uthayanin
ウタヤーニン
Uthaymin
ウサイミーン
Uthayna オザイナ
Uthen ウテン
Uther
ウター
ユーサー
Uthit ウティット**
'Uthit ウティット
Uthman ウスマン
Uthmān ウスマーン
'Uthmān
ウスマーン
ウスマン
ウトフマーン
ウトマーン
オスマーン
オスマン
'Uthmān ウスマーン
Uthoff
ウトフ
ユーソフ
Utic ウティック
Uticha ウティヒャ

Utin ウーチン
Utitz
ウチッツ
ウーティツ*
ウティツ
ウーティッツ
ウティッツ
Utkan
ウトゥカン
ウトカン
Utkin ウートキン
Utkir ウトキル
Utku ウツク
Utley
アットレー
アトリ
アトリー**
アトレイ
ウトレー
ユトレイー
Uto
ウート
ウト
Utoikamanu
ウトイカマヌ
Utojo ウトヨ
Utoni ウトニ
Utpal ウトパール
Utpatel ウトパテル
Utracki ウトラッキ
Utrecht ユトレヒト
Utrera ウトレーラ
Utrillo ユトリロ*
Utrio ウトリオ**
Utsch ウッチ
Utt ウット
Uttal
ウタル
ウッタル
Uttama
ウッタマ
オウタマ
オタマ
Uttamā ウッタマー
Uttamachōla
ウッタマチョーラ
Uttara
ウッタラ
ウッタラー
Uttarapāla
ウッタラパーラ
Uttem ウティーム
Utterback
アターバック
アッターバック
アッタバック
Utterberg
アッターベルク
Utterström
ウッタ―ストレーム
Utting ウッティング
Uttini ウッティーニ
Uttiya ウッティヤ
Uttley
アトリ
アトリー**
Utto ウットー

Utton アットン*
Utu ウトゥ
Uturiainen
ウトゥリアイネン
Utuy
ウティ
ウトゥイ
Utvich ユトヴィック
Utyosov ウチョソフ
Utz ウッツ
Utzon ウッツォン**
Utzschneider
ウッツシュナイダー
Uudmäe ウードミャエ
Uuganbaatar
ウーガンバートル
Uulu ウール
Uuno ウーノ
Uusma ウースマ
Uvarov
ウヴァーロフ*
ウヴァロフ
ウバーロフ
Uvarova
ウヴァーロヴァ
ウワロワ
Uvedale ユーダル
Uvezian ウベジアン
Uvnäs ウヴネース
Uwacu ウワチュ
Uwagba ユーワグバ
Uwais ウワイス
Uways ウワイス
Uwe
ウーヴァ
ウーヴェ
ウーヴェ***
ウヴェ
ウヴェ**
ウェ
ウェ
ウーベ**
Uwe-Jens
ウーベイエンス
Uwizeye ウゥイゼイエ
Uxi アクシ
Uy ウイ
Uyeda ウエダ
Uyen ホェン
Uygar ウイガル
Uyghur ウイグル
Uyl
アイル
オイル*
Uyless
ユーリス*
ユーレス
Uys
ウィス
ユイス
Uysal ウイサル
Uytdehaage
アイトデハーゲ*
Uytenbroeck
オイテンブルク
ユテンブルック

Uyttewaal
　オイテヴァール
Uz ウーツ
Uzakbaev
　ウザクバエフ
Uzanne ユザンヌ
Uzbeg ウズベク
Uzdavinis
　ウズダビニス
Uzeir ウゼイル
Uzelac ウゼラツ
Uzès ウーシェス
Uzgiris ウズギリス
Uzhinov ウジノフ
Uzhvij ウジュヴィー
Uzi
　ウージ
　ウジ
　ウズィ
Uziel
　ウジ
　ウジエル
Uzielli ウジエルリ
Uzodinma
　ウゾディンマ
Uzoma ウゾマ
Uzomah ウゾマー
Uztariz
　ウスタリス
　ウズタリス
Uzun
　ウーズーン
　ウズン
Uzunçarşili
　ウズンチャルシュル
Uzunov ウズノフ
Uzzah ウザ
Uzzaman ウッザマン
Uzziah
　ウジア
　ウジヤ

【 V 】

Va ファン
Vaaezzadeh
　バーエズザデ
Vaagberg
　ヴォーグベル
Vaai バーイ*
Vaajakallio
　バーヤカッリオ
Vaal バール
Vaaler バーラー*
Va'aletoa バアレトア*
Vaal-neto バールネト
Vaart ファールト**
Vaarten バルタン
Vaasanthi ワサンティ*
Vaballathus
　ウァバラトゥス
Vabre ヴァーブル
Vabres ヴァーブル
Vaca
　バーカ

バカ
Vācakar ヴァーサガル
Vacallotti
　バガロッティ
Vacandard
　ヴァカンダール
Vacant ヴァカン
Vacanti ヴァカンティ
Vacaresco
　ヴァカレスコ
Vacarius
　ウァカリウス
　ヴァカリウス
　バカリウス
Vacaroiu
　ヴァカロイウ
　ヴァカロイウ*
　バカロイユ
Vacas バカス
Vācaspati
　ヴァーチャスパティ
　バーチャスパティ
Vācaspati-miśra
　ヴァーチャスパティミ
　シュラ
Vacca ヴァッカ*
Vaccai ヴァッカーイ
Vaccaj ヴァッカーイ
Vaccari
　ヴァカーリ
　ヴァッカリ
Vaccarini
　ヴァッカリーニ
Vaccaro
　ヴァカロ
　ヴァッカーロ
　ヴァッカロ*
　バカーロ
Vaccaroni バカロニ
Vaccha ヴァッチャ
Vacchapāla
　ヴァッチャパーラ
Vacchetta ヴァケッタ
Vácha バーハ
Vachaud ヴァショー
Vache
　バシェ
　ワチェ
Vaché
　ヴァシェ
　バシェ
Vachek ヴァヘク
Vachel
　ヴェイチェル*
　ベイチェル
Vachell
　ヴェイチェル
　ヴェーチェル
　ベーチェル
Vachenauer
　ファヘンアウア
Vacher ヴァシェ
Vacherot
　ヴァシュロ
　バシュロー
Vachon
　ヴァション*
　バション*

Vachss
　ヴァックス*
　ヴァックス
　バクス*
Vachtsevanos
　ヴァクツェヴァノス
Vachuska バチュスカ
Vacil'eva ワシリエワ
Vackarova
　バチカージョバ
Vaclav
　ヴァーツラフ*
　ヴァツラフ
　バーツラフ*
Václav
　ヴァーツラヴ
　ヴァーツラフ***
　ヴァーツラフ**
　バーツラフ**
　バツラフ
　ワーツラフ
　ワツラフ
Václavík
　ヴァーツラヴィーク
　バーツラビーク
Vaclik ヴァツリーク
Vacquerie
　ヴァクリ
　ヴァクリー
Vacqueur ヴァクール
Vacquin ヴァカン
Vaculík
　ヴァツリーク**
　バツリーク
Vad ヴァズ
Vada
　ヴェイダ
　バダ
Vadakarn ヴァダカン
Vadal バダル
Vadão バドン*
Vaddey
　ヴァディ
　ヴァデイ
　バディ*
Vaddha ヴァッダ
Vaddhamāna
　ヴァッダマーナ
Vaddhamātar
　ヴァッダマーター
Vaddhesī
　ヴァッデーシー
Vadé ヴァデ
VadeBoncouer
　ヴェドボンクアー
Vadehra ヴァデーラ
Vadel ヴァデル
Vaden バーデン
Vader
　ヴェイダー
　ベイダー**
　ベーダー
　ベダー
Vadhana ワッタナ
Vadian
　ヴァディアーヌス
　ヴァディアーン
　ヴァディアン

Vadillo バディーリョ
Vadim
　ヴァジム
　ヴァディム***
　バディム**
　ファディム
　ワジム**
　ワディム*
Vadím ワジム
Vadime
　ヴァディム**
　バジム
Vadis ヴァディス
Vadkovskii
　ヴァトコーフスキイ
Vadlau ワドラウ
Vadlejch バドレイフ
Vadomarius
　ウァドマリウス
Vadon ヴェイドン
Vaduva
　ヴァドゥーヴァ
　ヴァドゥヴァ
　ヴァドゥヴァ
　ヴァドウヴァ
　バドゥバ
　バドゥバ
Vadym
　ヴァディム*
　ワジム
Vadzim ワジム
Vaea バエア
Vaeao ビーアオ
Vaeber
　ヴェーバー
　ヴェーベル
Vaehi バヒ
Vael ヴァエル
Vaelbe ビャルベ*
Vaes ヴェース
Vaessen ファエセン
Vaet ファート
Væth ヴェス
Vaezi バエジ
Vafa バッファ
Vafiadis
　ヴァフィアズィス
Vaga
　ヴァーガ*
　バーガ
Vagaggini
　ヴァガッジーニ
Vaganova
　ヴァガーノヴァ
　ヴァガノーヴァ
　ヴァガノヴァ
　ワガノヴァ
　ワガーノワ
　ワガノワ**
Vāgbhaṭa
　ヴァーグバタ
　バーグバタ
Vagelos
　ヴァジェロス
　バゲロス
　バジェロス
Väggö バゴ

Vagh バーグ
Vagheggi ヴァゲッジ
Vaghela バゲラ
Vagif ヴァギフ
Vaginov ヴァーギノフ
Váginov ヴァーギノフ
Vagn
　ヴァクン
　ヴァグン
Vagner
　ヴァギネル
　ヴァーグネル
　ワグネル
Vagnoni
　ヴァニョーニ
　ヴァニョニ
Vagnorius
　ワグノリュス*
Vagts
　ヴァッツ
　ファークツ*
Vaguet ヴァゲ
Vah バ
Vahalia ヴァハリア
Vahamwiti
　バハムウィティ
Vahan
　ヴァホン
　バハン
　ワハン
Vahanian ヴァハニアン
Vahdetî ヴァフデティ
Vahekeni ヴァイケニ
Vaher バヘル
Vāhi
　バヒ
　ビャヒ*
Vahid
　ヴァヒド**
　バヒッド
　バヒド
Vaḥīd ヴァヒード
Vahid Dastjerdi
　バヒドダストジェル
　ディ
Vahid-dastjerdi
　バヒドダストジェル
　ディ
Vahidi
　バヒディ
　ワヒディ
Vāhidu'd-Din
　ヴァヒドゥッディン
Vahina
　ヴァイナ*
　ヴァヒナ
Vahirua バイルア
Vahle ヴァーレ
Vahlefeld
　ヴァーレフェルト
　ファーレフェルト
Vahlenkamp
　ファーレンカンプ
Vahlquist
　ヴァールクヴィスト*
　バールクイスト
　バールクビスト

Vahoe バホエ
Vahram ヴァラム
Vahtera バーテラ
Vahteristo
　ヴァハテリスト
Vai
　ヴァイ*
　バイ*
Vaid ヴァイド
Vaida
　ヴァイダ
　バイダ
Vaidhyanathan
　ヴァイディアナサン
Vaidya
　ヴァイダヤ
　バイジャ
Vaidyanatha
　ヴァーイドヤナー
　ビドヤナータ
Vaidyanathan
　ヴァイドゥヤネイサン
　バイディアナサン
Vaihinger
　ファイインガー
　ファイヒンガー
　ファイヒンゲル
Vaikom ヴァイコム
Vail
　ヴェイル*
　ワイリ
Vailati
　ヴァイラーティ*
Vaile
　ヴェイル
　ヴェール
　ベイル
　ベール
Vaillancourt
　ヴァイアンクール
　ヴィランクール
　ヴェイランコート
　ベランコート
Vailland
　ヴァイアン
　ヴァイヤン*
　バイヤン
Vaillant
　ヴァイアン
　ヴァイヤン*
　ヴァイラント
　バイヤン*
　バイヨン
Vails ベイルス
Väinämöinen
　ヴァイナモイネン
　ワイナミョイネン
　ワイナモイネン
Vainberg
　ヴァインベルク
Vainikolo ヴァイニコロ
Vainio ヴァイニーオ
Vaino
　ヴァイノ
　ヴェノ
　ワイノ*
Väinö
　ヴァイニョ*
　ヴァイノ

Vainonen
　ワイノーネン
　ワイノネン
Vainshtein
　ワインシテイン
　ワインシュタイン
Vaintsvaig
　ワインツワイグ
Vainuku ベイヌク
Vainyagupta
　ヴァイニャグプタ
Vaio ヴァイオ*
Vaiola バイオラ
Vaipulu バイプル
Vair
　ヴェール
　ベール
Vaira
　ヴァイラ
　バイラ
　ワイラ**
Vairasse ヴェーラッス
Vairelles ヴェレル
Vairelli ヴァイレッリ
Vairo ファイロ
Vairocanarakṣita
　ヴァイローチャナラクシタ
Vaisey ベイジー
Vaisman バイスマン*
Vaïsse ヴァイス
Vaissière ヴェシエール
Vaitai ベイタイ
Vaitheeswaran
　ヴェイティーズワラン
Vaitiek-unas
　バイテクーナス
Vaitkus
　ヴァイツクス
　ヴァイトクス
Vaizey
　ヴァイジー
　ヴェイジー
　ヴェゼイ
Vaizman ワイズマン
Vajanský
　ヴァヤンスキー
Vajda
　ヴァイダ*
　ヴァイダー
　ヴァジャ
　バイダ**
　バフダ
Vajhī ワジヒー
Vajira バジラ
Vajiralongkorn
　ワチュラロンコン
　ワチラロンコン**
Vajjara ヴァジュラ
Vajjiputta
　ヴァッジプッタ
Vajjiputtaka
　バッジャキ
Vajjita ヴァッジタ
Vajna ヴァイナ
Vajnshtok
　ヴァインシュトク

Vajpayee
　ヴァジパーイ
　ヴァジパイ
　バジパイ**
Vajpeyi
　ヴァージペーイー
Vajrabodhi
　ヴァジラボーディ
Vajracarya
　バジラーチャリヤ
Vajrācārya
　バジラーチャリヤ
Vajta バジャ
Vakarchuk
　ワカルチュク
Vakarelski
　ヴァカレルスキ
Vakata バカタ
Vakhobov バホボフ
Vakhonin バホーニン
Vakhtang
　ヴァフタング
　バフタン
　バフタング
　ワフタング
Vakhtangadze
　ワフタンガゼ
Vakhtangov
　ヴァハタンゴフ
　ヴァフターンゴフ
　ヴァフタンゴフ
　バフターンゴフ
　ワフターンゴフ
　ワフタンゴフ
Vakil ヴァキル*
Vakkali ヴァッカリ
Vakouftsis
　ヴァクフティス
Vākpatirāja
　ヴァークパティラージャ
Vaksberg ワクスベルク
Vaksov ヴァクソフ
Vakueva ヴァクエバ
Vakulenchuk
　ヴァクレンチューク
Vakulenko
　ヴァクレンコ
　ワクレンコ
Val
　ヴァル**
　バル***
Vala ヴァラ
Valabrega
　ヴァラブレーガ
　バラブレーガ
Valachová バラホバー
Valadão ヴァラダン
Valadés バラデス
Valadie バラディエ
Valadier
　ヴァラディエ
　ヴァラディエール
　ヴァラディエル
Valadon
　ヴァラドン
　バラドン

Valagambāhu
　ヴァラガンバーフ
Valaika バライカ
Valakari バラカリ
Valakivi バラキビ
Valance
　ヴァランス
　バランス
Valanciunas
　ヴァランチュナス
Valancy ヴァランシー
Valandrey
　ヴァランドレイ*
Valani ヴァラニ
Valaoritis
　ヴァラオリティス
　バラオリティス
Valappila ヴァラピラ
Valardy ヴァラルディ
Valareggio
　ヴァラレッジョ
Valarie
　バラリー
　バレリー*
Valasek
　ヴァラセク
　バラセク
Valassakis バラサキス
Valat
　ヴァラ
　バラ
Valavanis
　ヴァラヴァニス
Valayden バライデン
Valayre ヴァレル
Valbel ヴァルベル
Valber
　ヴァウベル
　バウベル
Valberg
　ヴァールベルイ
Valberkh ワリベルフ
Valborg ヴァルボルク
Valbrun バルブラン
Valbuena
　ヴァルブエナ
　バルブエナ
Valbusa バルブーザ
Valcanover
　ヴァルカノーヴァ
　ヴァルカノーヴェル
Valcárcel バルカルセル
Valcareggi
　バルカレッジ
Valceschini
　ヴァルセシーニ
Valcheva バルチェバ
Valciukaite
　バルチュカイテ
Valčiukaitė
　バルチュカイテー
Valciukas
　ヴァルシウカス
Valckenaer
　ヴァルケナー
Valckenier
　ファルケニール

Valckx ヴァルクス
Valcore ヴァルコア
Valcour
　ヴァルコア
　バルカー
　バルコア
Valcourt バルクール
Vâlcov ブルコフ
Valcroze
　ヴァルクローズ*
　ヴァルクロズ
　バルクローズ
Valda
　ヴァルダ
　バルダ
Valdambrino
　ヴァルダンブリーノ
Valdas
　ヴァルダス
　バルダス
　ワルダス**
Valdean バルディーン
Valdeir バウデイール
Valdelomar
　ヴァルデロマール
Valdemar
　ヴァルデマー
　ヴァルデマール*
　ヴァルデマル
　バルデマー
　バルデマル
　ワルデマール
Valdemarin
　ヴァルデマリン
Valdengo
　ヴァルデンゴ*
　バルデンゴ
Valdeón バルデオン
Valderrábano
　バルデラーバノ
　バルデラバノ
Valderrama
　ヴァルデラーマ
　ヴァルデラマ
　バルデラマ*
Valdes
　ヴァルデス
　バルデス**
Valdés
　ヴァルデス
　バールディス
　バルデース
　バルデス**
Valdesmesa
Valdés Mesa
　バルデスメサ
Valdes Tobier
　バルデストビエル
Valdet バルデト
Valdez
　ヴァルデス
　バルデス**
Valdéz バルデス
Valdifiori
　ヴァルディフィオーリ
Valdir
　バウディール
　バルジル
Valdis
　ヴァルディス**

バルデイス**
Valdivia バルディビア*
Valdivielso
バルディビエルソ
Valdivieso
ヴァルディヴィエソ
バルディビエソ
Valdmanis
ヴァルドマニス
Valdo ヴァルドー
Valdon バルドン
Valdovinos
バルドビノス
Valdrini
ヴァルドリーニ
Vale
ヴァール
ヴァレ
ヴェイル*
ヴェール
バレ
ベイル*
Valeca バレカ
Vale de Almeida
バレデアルメイダ
Valeev バレーフ
Valeeva ワレーワ
Válek
ヴァーレク*
ヴァーレク
バーレク
Valen
ヴァーレン
ヴァレン
Valencak
ヴァレンチャック
Valence
ヴァランス
ヴァレンス
バレンス
Valencia
ヴァレンシア
バレンシア**
Valenciano
バレンシアーノ
Valencic バレンチッチ
Valenciennes
ヴァランシエヌ
ヴァランシャンヌ
バレンシエヌ
Valency
ヴァランシー
ヴァレンシー
バレンシー
Valene
ヴァレン
バーレン
バレーン*
Valens
ウァレンス
ヴァレンス*
ヴァレンズ
バレンス
Valensi
ヴァランシ
バレンシ
Valenstein
ヴァレンシュタイン
ヴァレンスタイン

Valent
ヴァレント
バルネ
バレント
Valenta
ヴァレンタ
バレンタ
Valente
ヴァラント
ヴァレンテ**
ヴァレント
バレンテ**
Valenti
ヴァレンティ
バレンチ
Valentí ヴァレンティ
Valentič
バレンティッチ*
Valentich
ウァレンティック
Valentijn
ファレンタイン
ファレンテイン
Valentim
バレンチン
バレンティン
Valentin
ヴァランタン
ヴァレンチーン
ヴァレンチン*
ヴァーレンティーン*
ヴァーレンティン
ヴァレンティーン
ヴァレンティン**
ヴレンチン
バランタン
バレンタン
バレンチン*
バレンティン**
ファレンティン
ワレンチン***
ワレンティン*
Valentín
バレンティン***
ワレンチン
Valentina
ヴァレンチーナ
ヴァレンチナ*
ヴァーレンティーナ*
ヴァーレンティナ*
バレンチナ
バレンティナ**
ワレンチーナ
ワレンチナ**
ワレンティナ*
Valentinas
バレンティナス
Valentine
ヴァランチーヌ
ヴァランティーヌ*
ヴァランティヌ
ヴァル
ヴァレンタイン**
ヴァレンチン
ヴァレンティン
バレンタイン***
バレンティン
ファレンタイン
Valentiner
ヴァレンティナー

Valentini
ヴァレンティーニ**
バレンティーニ
Valentinianus
ウァレンティーニアーヌス
ウァレンティニアヌス
ヴァレンティニアヌス
バレンチアヌス
バレンチニアヌス
Valentinis
バレンチノス
Valentino
ヴァレンチーノ
ヴァレンチノ*
ヴァレンティーノ***
ヴァレンティノ**
バレンチノ
バレンティーノ
バレンティノ*
Valentinois
ヴァランチノワ
Valentinov
ヴァレンチノフ
Valentinovich
ヴァレンチノヴィチ
ワレンチノヴィチ
Valentinovna
ヴァレンチーノヴナ
Valentinus
ウァレンチヌス
ウァレンティーヌス
ウァレンティヌス
ヴァレンティーヌス
ヴァレンティヌス
ウァレンティノス
バレンチヌス
Valentis
ヴァレンティス
Valentovič
バレントビッチ
Valentovish
バレンタヴィッシ
バレントヴィッシュ
Valenty ヴァレンティ
Valentyn
ヴァレンティン
ファレンティン
Valenza ヴァレンツァ*
Valenzuela
ヴァレンスエラ*
ヴァレンズエラ
バレンスエラ***
バレンズエラ**
バレンセラ
Valera
ヴァレーラ
ヴァレラ
バレーラ
バレラ**
Valérand ヴァレラン
Valere ヴァレール
Valère ヴァレール*
Valeri
ヴァレーリ*
ヴァレリ
ヴァレリー*
バレーリ
バレリ
バレリー**

ワレーリー
ワレリー*
Valeria
ウァレリア
ヴァレリア**
バレリア**
ワレリア
Valéria ヴァレリア*
Valerian
ヴァレリアン
バレリアン*
ワレリアン*
Valerián ワレリアン
Valeriani
ヴァレリアーニ
Valeriano
ヴァレリアーノ
バレリアーノ
バレリアノ
Valeriánovich
ワレリアノヴィチ
Valerianovna
ワレリマーノヴナ
Valerianus
ウァレリアーヌス
ウァレリアヌス
ヴァレリアヌス
バレリアヌス
Valerie
ヴァル
ヴァレリ
ヴァレリー**
ヴァレリィ
バレリ
バレリー**
Valérie
ヴァレリー***
ヴァレリエ
バレリー*
Valerien バレリアン
Valérien バレリアン
Valerii
ヴァレーリー
ヴァレリー**
ヴァレリィ
バレリ
バレリー
ワレリー
ワレリー*
ワレリー***
ワレリー
ワレリィ
Valerii
ヴァレリー
ワレリー
Valerii ワレーリー
Valeriia
ヴァレリヤ
ワレリア
ワレリーヤ
Valeriian ワレリアン
Valerio
ヴァレーリオ*
ヴァレリオ***
バレリオ*
Valeriu
バレリウ
ワレリー
Valerius
ウァレリアヌス

ウァレーリウス
ウァレーリウス*
ヴァレーリウス
ヴァレリウス
ウォレリウス
バレリウス
ワレリウス
Valeriy ワレリー*
Valeriya
ヴァレリア
ヴァレリヤ
ワレリヤ
ワレーリヤ*
ワレリヤ
Valériya ワレーリヤ
Valerla ヴァレリア
Valero
ヴァレロ*
バレーロ
バレロ**
Valeron バレロン
Valerrie バレリー
Valerus ウァレルス
Valery
ヴァレリ
ヴァレリー**
バレリー
ワレリー*
ワレリー**
ワレリイ
Valéry
ヴァルリー
ヴァルリィ
ヴァレー
ヴァレーリ
ヴァレリ*
ヴァレリー***
ウァレリイ
ヴァレリィ
バレリー*
Valesius ヴァレシウス
Valeska ファレスカ
Valeski ヴァレスキ
Valeton ヴァレトン
Valetta
バレッタ
ベレッタ
Valette
ヴァレット
バレッテ
バーレット
Valetti ヴァレッティ
Valeur ヴァレア*
Valeva ヴァレーヴァ
Valfrid バールフリード
Valgas バルガス
Valgerd バルイェル
Valgerdur
バルゲルズル
Valgius ウァルギウス
Vali
ヴァーリ
ヴァリ
バリ
Valī
ヴァリー
ワリー
Väli バリ

Valia ヴァリア
Valiant
　ヴァリアン
　ヴァリアント
Valiante ヴァリアンテ
Valicenti
　ヴァリセンティ
　ヴァリチェンティ
　バリセンティ
Valicourt ヴァリクール
Valiente ヴァリアンテ
Valier ヴァリエル
Valignano
　ヴァリニアーノ
　ヴァリニャーニ
　ヴァリニャーノ*
　ヴァリニャノ
　バリニァーノ
　バリニヤーニ
　バリニャーノ
　バリニヤノ
　ワリニャーニ
Valikhánov
　ヴァリハーノフ
Valim ワジム
Valin
　ヴェイリン
　ベイリン
Valins
　ヴァリンス
　バリンス
Valionis ワリオニス
Valirij ワレーリー
Valiron ヴァリロン*
Valiska
　ヴァリスカ*
　バリスカ
Valites ヴァリテス
Valiuviene バリュベネ
Valj ワリ*
Valjas バルジャス
Valjavec
　ヴァリアヴェーク
Valjean ヴァルジーン
Valk
　ヴァーク
　ファルク
Valkama
　ヴァルカマ
　バルカマ
Valkanov バルカノフ
Valkeapää
　ヴァルケアパー
Valkenborch
　ファルケンボルヒ
Valkenburg
　ヴァルケンバーグ
　ファルケンブルグ
Valkenburgh
　ファルケンブルグ
　ボールクンバーグ
Valkiers ヴァルキエー
Valkonen ヴァルコネン
Valkov ヴォルコフ
Valkova バルコワ
Válková バールコパー
Valkyrie ヴァルキリー

Valkyrien
　ヴァルキリエン
Vall
　ヴァル**
　バル
　ファール
Valla
　ヴァッラ
　ウァラ
　ヴァラ**
　ヴァラ
　バッラ
　バラ
Vallabha
　ヴァッラバ
　ヴァラバ
　バッラバ
Vallacher ヴァレカー
Valladao ヴァラダン
Valladào ヴァラダン
Valladares
　ヴァラダーレス
　バジャダレス
　バヤダレス
　バラダーレス
　バリャダレス
Valladont バラドン
Vallah ヴァラフ
Vallance
　ヴァランス
　バランス
Vallandri ヴァランドリ
Vallar ヴァラール
Vallarino バジャリノ
Vallarta
　バジャルタ
　バリャルタ
Vallas
　ヴァラ
　ヴァラス
Vallaste ヴァーラステ
Vallat ヴァラ
Vallathol
　ヴァッラトール
Vallaud ヴァロー*
Vallaux ヴァロー
Vallayer ヴァライエ
Valle
　ヴァッレ**
　ヴァーリ*
　ヴァーレ
　ヴァレ
　バージェ
　バジェ**
　バーリェ
　バリェ**
　バーレ*
　バレ
Valleca ヴァレッカ
Valledor バリェドール
Vallee
　ヴァリー
　ヴァレ*
　ヴァレー
　バレー*
Vallée
　ヴァレ
　ヴァレー*
　バレ

Valkyrien
バルキリエン
Valle-Inclán
バリエインクラン
Vallejo
　バエホー
　バジェ
　バジェッホ**
　バジェホ**
　ハリェホ
　バリェッホ*
　バリェーホ
　バリェホ*
Valléjo バジェッホ
Vallejos バジェホス
Vallely
　ヴァーレリー*
　バーレリー
　バレリー
Vallentin ヴァランタン
Vallentyne
　ヴァレンタイン
Valleran バルラン
Vallerand バレランド
Vallerey バルレー
Vallerino バレリーノ
Valleroux バルルー
Vallery
　ヴァレリ
　ヴァレリー
Vallery-Radot
　ヴァレリーラド
Valles
　ヴァレス
　バレス
Vallés
　ヴァレース
　ヴァレス
Vallès
　ヴァレース
　ヴァレス
　バレース
　バレス
Vallet
　ヴァレ**
　バレット
Valletti ヴァレッティ
Valley
　ヴァリー
　バレー
Vallgornera
　バルゴルネーラ
Vallgren
　ヴァルグレン**
　ヴュルグレーン
Vallhonrat
　バロンラット
Valli
　ヴァッリ
　ヴァリ***
　バッリ
　バリ
Valliant ヴァリアント
Valliappa バリアッパ
Vallibhotama
　ワンリボータム
Vallier
　ヴァリエ
　ヴァリエール

Vallière
　ヴァリエール
　バリエール
Vallieres
　ヴァリエール
　バリエール
Vallin
　ヴァラン
　バラン
Vallins ヴァリンズ
Vallintine
　ヴァリンタイン
Vallisnieri
　ヴァリスニエーリ
　ヴァリスニエリ
　ヴァリズニエリ
　ヴァリスネリ
Vallittu ヴァリトゥ
Valliya ヴァッリヤ
Valloire ヴァロワール*
Vallois
　ヴァロア
　ヴァロワ
　バロア
Vallon
　ヴァルーン
　ヴァロン
　バロン
Vallone
　ヴァッローネ
　ヴァローネ*
Vallora ヴァッローラ
Vallorsa ヴァッロルサ
Vallot ヴァロー
Vallotti ヴァロッティ
Vallotton
　ヴァロットン*
　ヴァロトン
　バロットン
　バロトン
Valls
　ヴァルス**
　バリュス
　バルス
Valluvar バルバル
Valḷuvar
　ヴァッルヴァル
Vallvé バユベ
Valmas バルマス
Valmer ヴァルメール*
Valmier ヴァルミエ
Valmiki
　ヴァールミーキ
　ワルミキ
Vālmīki
　ヴァールミーキ
　バールミーキ
Valmir バウミール
Valmont ヴァルモン
Valmore
　ヴァルモオル
　ヴァルモール*
　ヴァルモル
　バルモール
Valmy ヴァルミ
Valnes ヴァルネス
Valo ヴァロ

Valois
　ヴァロア*
　ヴァロワ*
　バロア***
　バロワ
Valois-Fortier
　バロワフォルティエ
Valon
　ヴァロン*
　バリョン
　バロン
Valori ヴァローリ
Valorie ヴァロリー
Valory バロリー*
Valouev
　ヴァロエフ
　バロエフ
Valova
　ワロア
　ワロワ
Valoyes Cuesta
　バロエスクエスタ
Valpuri バルプリ
Valpy バルピー
Valsalva
　ヴァルサルヴァ
Valsecchi ヴァルセッキ
Valsiner ヴァルシナー
Valtat ヴァルタ
Valtchanova
　ヴァルチャノヴァ
Valtchev バルチェフ
Valter ヴァルテル
Valticos バルティコス
Valtin
　バルティン
　ワルチン
Valton バルトン*
Valtorta
　ヴァルトルタ
　バルトルタ
　ワルトルタ
Valuev
　ヴァルーエフ
　ワルーエフ*
Valvassori
　ヴァルヴァッソーリ
Valverde
　ヴァルヴェルデ
　バルベルデ**
Valvola バルボラ
Valy
　ヴァリ
　ヴァリー
Vamain バマイン
Vaman バマン*
Vāman ヴァーマン
Vāmana ヴァーマナ
Vamba
　ヴァンバ*
　バンバ
Vambery
　ヴァーンベリー
　ヴァンベリー
Vámbéry
　ヴァームベリー
　ヴァーンベリー
　ヴァンベリ

V

ヴァンベリー
バーンベーリ
バンベリ
バンベリー
Vamderbilt
ヴァンダービルト
Vamik ヴァミク
Vamos
ヴァーモシュ
ヴァモシュ
Vamosi バモシ
Vampeta
ヴァンペッタ
バンペッタ*
Vampilov
ヴァムピーロフ*
ヴァンピーロフ
バムピーロフ
Vamplew
ヴァンプリュー
ヴァンプルー
Vamvakaris
ヴァンヴァカリス
Van
ヴァン
ヴァン***
ヴアン
バン***
ファン***
ファン
ブァン
フォン**
フハン
フワン
Văn
ヴァン
バン
Văn
ヴァン*
バン
Văn ヴァン*
Vana
バナ*
ファナ
Van Aartsen
ファンアールツェン
Van Acker
バンアッカー
Vanackere
ファンアケレ
Vanacore ヴァナコア
Vanagaitė
ヴァナガイテ
Vanagas バナガス
Van Agt ファンアフト
Vanak ヴァナック
Vanaken ヴァナーケン
Van Almsick
ファンアルムジック
Vanalmsick
ファンアルムジック
Van Alphen
バンアルフェン
Van Alten
ファンアルテン
Vanaman ヴァナマン
Van Andel
ヴァンアンデル
バンアンデル*

Van Andel-Schipper
ファンアンデルシッペル
VanAntwerpen
ヴァンアントワーペン
Van Ardenne
ファンアルデンヌ
Vanarsdall
ヴァナーズドール
Vanas ヴァナス**
VanAuken
ヴァンオーケン
Vanavaccha
ヴァナヴァッチャ
Van Avermaet
ファンアバマート
Van Bael ヴァンバエル
Van Barneveld
バンバーネベルド
Van Basten
ファンバステン
Vanbasten
ファンバステン
Vanbeckevoort
ファンベッケフォールト
Van Beek
ファンベーク
Van Benthem
ファンベンタム
Van Biema
ヴァンビーマ
Van Bijsterveldt
ファンバイステルフェルト
Van Biljon
ファンビリオン
Vanbilloen
ヴァンビルーン
Van Bon ファンボン
Van Boxtel
ファンボクステル
Vanbrugh
ヴァンブラ
ヴァンブルー
ヴァンブルグ
バンブラ
バンブラー
バンブルー
Van Buren
ヴァンビューレン
Van Burkleo
ヴァンバークレオ
バンバークレオ
Vance
ヴァス
ヴァンス**
バンス***
バンセ
Vancea ヴァンツェア
Vanchai ワンチャイ
Vanchikova ワンチコワ
Vancil ヴァンシル
Vancini ヴァンチーニ*
Van Cleave
ヴァンクリーヴ
ヴァンクリーブ
VanCleave
ヴァンクリーヴ

ヴァンクリーブ
Vancleave
ヴァンクリーヴ
Van Cleef
ヴァンクリーフ
Van Cleve
ヴァンクリーヴ
Vanclief バンクリーフ
Van Coops
ヴァンクープス
Vancourt ヴァンクール
Vancouver
ヴァンクーヴァー
バンクーバー
Vancura ヴァンクラ
Vančura
ヴァンチュラ*
バンチュラ
Vancurová
ヴァンツロ―ヴァ
Vand ワンダ
Vanda
ヴァンダ*
ワンダ
Van Daalen
ファンダーレン
Vandaele ヴァンデール
Van Dalen
ヴァンダーレン
Vandamere
ヴァンダメア
Van Damme バンダム
Vandamme ヴァンダム
Vandana
ヴァンダナ*
ヴァンダナー
バンダナ**
Van de
ヴンデ
バンデ
Vande ヴァンデ
Vandeborne
ヴァンデボーン
Vandecasteele
ヴァンデカステーレ
Vandecaveye
バンデカバイエ
Vandegrift
バンデグリフト
Vandehey
ヴァンディー
Vandekeybus
ヴァンデケイビュス*
バンデケイビュス
Vande Lanotte
ファンドラノット
Vandelanotte
ファンドラノット
Vandell ヴァンデル
Vandelvira
バンデビーラ
Vandemaan
ファンデマーン
Van den ファンデン
Vanden
ヴァンデン*
バンデン
ファンデン

Van Den Berg
ファンデンベルク
ファンデンベルグ
Vandenberg
ヴァンデンバーグ
ヴァンデンバーグ*
バンデンベルグ
ファンデンベルク**
Vandenberghe
ヴァンデンベルグ
Van den Boeynants
ファンデンボイナンツ
Vandenborne
ヴァンデンボーン
VandenBos
ヴァンデンボス
バンデンボス
ファンデンボス
Van den Bosch
ヴァンデンボス
バンデンボッシュ
Vandenbosch
ヴァンデンボッシュ
Vandenbosche
ファンデンヘースト
Van Den Bossche
ファンデンボシュ
Vandenbossche
バンデンボッセ
VandenBrink
ヴァンデンブリンク
バンデンブリンク
Vandenbrink
バンデンブリンク
Vandenbroeck
ファンデンブルーク
Van den Brouck
ヴァンデンブルック
Vandenbroucke
ヴァンダンブルーク*
ファンデンブルック
VandenBurg
ヴァンデンバーグ
Vandenhende
バンデンアンド
バンデネンド*
Van Den Hoogenband
ファンデンホーヘンバント*
Vandenreydt
ヴァンデンライト
Van Den Wildenberg
ファンデンビルデンベルフ
Van Depoele
ヴァンデプール
Vandeput
ファンデプト
Van der
ヴァンダー
ファン・デル
ファンデル
Vandell ヴァンデル
Vander
ヴァンダー
バンダー*
バンデル
Vanderbeek
バンダービーク
Vanderbeke
ヴァンデルベーケ**

Van Der Bellen
ファンデアベレン*
Van Der Biezen
ファンデルビゼン
Vanderbilt
ヴァンダービルト*
ヴァンダビルト
バンダービルト**
バンダービルド
Vanderborght
ヴァンデルボルト
Van Der Breggen
ファンデルブレーヘン
Van Der Burgh
ファンデルバーグ*
Vandercammen
ヴァンデルカメン
Vandérem
ヴァンデレム
Vandereycken
ヴァンダーエイケン
ファンデアエイケン
Van Der Geest
ファンデルヘースト
Vandergrift
ヴァンダーグリフト
Vanderheyden
ファンデルヘイデン
Van Der Hoeven
ファンデルフーフェン
Van der Hoff
ヴァンデルホフ
Vanderijt
ヴァン・デ・リート
Vanderkaay
バンダーカーイ*
バンダーケイ
VanderKam
ヴァンダーカム
Vanderkam
ヴァンダーカム
バンダーカム
Van der Kemp
ヴァンデルカンプ
Van Der Kolk
ヴァンデルコーク
ファンデルコルク*
Van der Kroft
ファンデルクロフト
Van Der Laan
ファンデルラーン
Vander Laan
バンダーラーン
VanderLans
ヴァンデランス
Vanderlei
バンデルレイ
Vanderlijde
ファンデルレイデ
Van der Linden
ファンデルリンデン
Vanderlinden
ヴァンダーリンデン
Vanderlint
ヴァンデーリント
Vanderlip
ヴァンダアリップ
ヴァンダーリップ
ヴァンダーリップ
ヴァンダリップ

ブァンダーリップ
Vanderlyn バンダリン
Vandermearsch
　ヴァンデルメールシュ
Van der Meer
　バンデルメーア
Vander Meer
　ヴァンダーミア
VanderMeer
　ヴァンダミア*
　バンダミア*
Vandermeer
　ヴァンダーミーア
　ヴァンデルメール
Vandermeersch
　ヴァンデルメルシュ
　バンデルメルシュ
Vandermersch
　ヴァンデルメルシュ
Van Der Merwe
　ファンデルメルヴァ
Vandermerwe
　ヴァンダーマーブ
Vandermeulen
　ヴァンデルムーレン
Vandermonde
　ヴァンデルモンド
VanderNoot
　ヴァンダヌート
　バンダヌート
Vandernoot
　ヴァンデルノート
Van Der Plaetsen
　ファンデルプレートセ
　ン
Vanderplas
　ヴァンダープラス
Van Der Ploeg
　バンデルプローグ
Vanderploeg
　ヴァンダープローグ
Vanderpoel
　ヴァンダーポール
Vanderpool
　ヴァンダープール
Vanderpool-wallace
　バンダープールウォレ
　ス
　バンダープールワレス
Van der Post
　ヴァンダーポスト
VanderRee
　ヴァンダーリー
Van der Ryn
　ヴァンダーリン
　バンダーリン
Van Dersal
　ヴァンダーザル
Vandersall
　ヴァンダーザール
Van der Sar
　ファンデルサール
Vanderspar
　ヴァンドゥレスパー
　バンドゥレスパー*
Van Der Steur
　ファンデルステュール
Van der Vaart
　ファンデルファールト

Van Der Vat
　ヴァンダーヴァット
　ファンデルバット
VanderVeen
　ヴァンダービーン
Vanderveen
　ヴァンダヴィーン
Vanderveken
　ヴァンダーヴェーケン
　ヴァンデルヴェーケン
　バンダーベーケン
　バンデルベーケン
Vandervelde
　ヴァンダーヴェルデ
　ヴァンダーヴェルド
　ヴァンデルヴェルデ
　ヴァンデルヴェルド
　ヴァンデルベルト
　バンデルベルデ
Van Der Velden
　ファンデルヘルデン
Van Der Ven
　ファンデルフェン
Vander Waal
　バンダーウォール
Vander Wal
　ヴァンダーウォル
Van Der Weijden
　ファンデルバイデン*
Vanderwell
　ヴァンダーウェル
Vander Werf
　バンダーワーフ
Van Der Westhuizen
　ファンデルベストハイ
　ゼン
Vanderzalm
　ヴァンダーザム
　バンダーザム
Vandeveer
　ヴァンデヴィア
Van De Velde
　ヴァンデヴェルデ
　バンデベルデ
　バンドベルド
Vandevelde
　ヴァンデヴェルド
　ワンドウェル
Van Deventer
　バンデベンター
Vandevoorde
　ヴァンデヴォーダ
　ヴァンデヴォールデ
Vandewalker
　バンデウォーカー
Van De Walle
　バンドワール*
Vande Walle
　ヴァンドゥワラ
Vandeweghe
　バンダウェイ
　バンデウェー
Vandewiele
　ヴァンドヴィル
Vandi バンディ
Van Dijk
　ファンダイク
　ファンデイク
Van Dine
　ヴァンダイン

ヴンダイン
　バンダイン
Vandini
　ヴァンディーニ
Vandis ヴァンディス
Vandiver
　ヴァンディヴァー
Vandivort
　ヴァンディヴォルト
Van Doren
　ヴァンドーレン
Vandoren
　ヴァンドーレン
Van Dorp
　ファンドープ
Vándory
　ヴァーンドリー
Vandot ヴァンドット
Van Drakestein
　ファンドラーケシュタ
　イン
Vandrey
　ファンドライ
　ファンドレイ
Vandross
　ヴァンドロス
　バンドロス
VanDruff ヴァンドラフ
Van-dúnem
　バンドゥーネン
Vandúnem
　バンドゥネム
Vandy バンディ
Van Dyck
　ヴァンダイク
　ファンデイク
Van Dyk
　ヴァンダイク
　バンダイク
Van Dyke
　ヴァンダイク
　バンダイク
Vandyke ヴァンダイク
Van Dyken
　バンダイケン*
Vane
　ヴェネ
　ヴェイン*
　ヴェーン
　ベイン**
　ベーン
　ワネ
Vaneck ヴァネック*
Van Eekelen
　ファンエーケレン
Van Egmond
　ファンエグモント
Vanek ヴァネック
Vanel
　ヴァネル*
　バネル
Vanelli
　ヴァネリ
　パネリ
　バネリ
Van Emden
　ファンエムデン
Vanenburg
　ファーネンブルグ

Vanentini
　バレンティーニ
Vanermen
　ヴァンダーメン
Vanes ヴァネス
Vanessa
　ヴァネッサ***
　バネッサ***
Vanetti バネッティ
Van Eupen
　ファンエーペン*
Vanevski
　ヴァネフスキー
Vanfind
　ヴァンファインド
VanFleet
　ヴァンフリート
Vang
　ヴァン*
　バン*
　ワン
Van Gaal ファンハール
Vaṅgantaputta
　ヴァンガンタプッタ
Vangeli ワンゲリ
Vangelis
　ヴァンゲリス*
　ヴァンゲリス
V'Angelo ビアンジェロ
Vangelov バンゲロフ
Vangen ヴァガン
Van Gendt
　ファンヘント
Van Gennip
　ファンヘニップ
Vanggaard
　ヴァンゴーア
Vanghn ヴォーン
Vangi
　ヴァンジ*
　バンギ
Vangie ヴァンジー
Vangilder
　ヴァンギルダー
Vangioni バンジョーニ
Vaṅgīsa ヴァンギーサ
Vangjel バンジェル
Van Gorkom
　ファンホルコム
Vangout ヴァング
Van Grunsven
　ファンフルンスフェン*
Vangsaae ヴァンソーエ
Van Gundy
　バンガンディ
Van Haegen
　ファンハーヘン
Vanhal
　ヴァニハル
　ヴァニュハル
　ヴァニハル
Vañhal ヴァンハル
Van Haltren
　ヴァンハルトレン
Vanham バナム
Vanhanen
　ヴァンハネン

バンハネン*
Van Hành
　ヴァンハイン
Van Haselen
　ヴァンヘイセレン
Van Hecke
　ヴァンヘック
Vanhee ヴァニー
Van Helden
　バンヘルデン
Van Heller
　ヴァンヘラー
Vanhengel
　ファンヘンゲル
Van Heusen
　ヴァンヒューゼン
Vanhoenacker
　ヴァンホーナッカー
Vanhoof バンホーフ
Vanhoozer
　ヴァンフーザー
Van Horn バンホーン
Vanhoutte
　バンフート
　ファンホウテ
Vanhoye ヴァノア
Vanhullebusch
　ヴァンハルブッシュ
Vani ヴァニ
Vania
　ヴァーニア
　ヴァニア*
　バニア
Vanich ワニット
Vanier
　ヴァニエ**
　バニエ**
　バニエー
Van Iersel
　ファンイエルセル
Vanilla ヴァニラ
Vanina
　ヴァニーナ
　ヴァニナ
Vaning ヴァニング
Vanini
　ヴァニーニ
　ヴァニニ
　バニーニ
　バニニ
Vanistendael
　バニステンダール
Vanita バニタ
Vanity ヴァニティ
Vanja
　ヴァーニャ
　ヴァンジャ
　バーニャ
Van Kerkhof
　ファンケルコフ
Vankin
　ヴァンキン
　バンキン*
Van Kirk バンカーク
Van Koeverden
　バンクーバーデン
　バンコバーデン
　ファンクーフェルデン

V

Vankudre ヴァンクドーレ
Van Lancker バンランケル
Van Landeghem バンランデゲム
Van Langen ファンランゲン
Van Leiden ヴァンライデン
Van Lerberghe ヴァンレルベルグ
Van Leunen ヴァンルーネン
Van Lier ヴァンリア
Van Liere バンリアー*
VanLiere ヴァンリアー*
Vanliere ヴァンリアー*／バンリアー
Van Loan バンローン
Van Loo ヴァンロー
Van Loon ヴァンルーン／ヴァンローン／バンルーン
Van Middelkoop ファンミデルコープ
Van Mierlo ファンミルロー
Van Miert バンミールト
Van Mil ファンミル
Van Moerkerke バンモアカーク
Van Moorsel ファンモールセル*
Vann ヴァン*／バン**
Vanna ヴァナ／ヴァンナ*
Vannarirak ヴァンナリーレアク**
Vannelli ヴァネリ
Vanness ヴァネス／バネス
Vanneste ヴァネステ
Vannett バネット
Vanneur バヌール
Vannevar ヴァニーヴァー／ヴァネーヴァー／ヴァネヴァ／ヴァネヴァー／ヴァンネヴァー／バヌバー／バネバー／バンネバー
Vanni ヴァニ／ヴァンニ*／バンニ
Van Niekerk ファンニーケルク*
Vannier ヴァニエ

ヴァニエール
Vanninen バンニネン
Vannini ヴァンニーニ／ヴァンニーニ*／バンニーニ
Van Nistelrooij ファンニステルローイ
Vannoccio ヴァンノッチョ
Vannovskii ワノーフスキー
Van Noy バンノイ
Vannsak ヴァンサック
Van Nu ヴァンヌ
Vannucchi ヴァンヌッキ
Vannucci ヴァヌチ*／ヴァヌッチ／ヴァンヌッチ／バヌチ*
Vannutelli ヴァンヌテッリ
Vano ヴァノー／ワノ／ワノー
Vanoli バノーリ
Vanoncini ヴァノンシニ
Vanoni ヴァノーニ
Vanoostende ヴァヌーステンド
Vanora バノーラ
Vanourek バネリック*
Van Overtveldt ファンオフェルトフェルト
Vanoyeke ヴァノイエク
Van Oyen バンオイエン
VanPatten ヴァンパテン
Vanpereira ヴァンペレーラ
Van Poppel バンポッペル
Van Quickenborne ファンクイッケンボルヌ
Vanquickenborne ヴァンクイッケンボーン
Van Ravenswaay ファンラーフェンスワイ
Vanrell ヴァンレル
Van Riel バンリール
Van Riessen ファンリーセン
Van Rijsselberge ファンリエセルベルゲ
Van Rijsselberghe ファンリエセルベルゲ*
Van Rooijen ファンローイエン

Van Roost ファンルースト
Van Rooy ファンローイ
Van Rooyen ファンロイヤン
Van Rouwendaal ファンラウエンダール*
Van Roye ファンロイエ
Van Russel ファンルッセル
Van Schaardenburg ファンスハールデンベルク
Van Schaik バンシャイク
Van Schalkwyk ファンスカルクビック
Vanshénkin ヴァンシェンキン
Van Silfhout ファンシルファウト
Vansittart ヴァンシタート／ヴァンシッタート／バンシッタート**
Vanska ヴァンスカ*
Vänskä ヴァンスカ
Van Slyck ヴァンスリック
Van Slyke ヴァンスライク／バンスライク
Van Snick バンスニック
Van Staveren ファンスタバレン
Vansteenkiste ヴァンスティーンキース
Van Stockum ヴァンストッカム
Vanstone ヴァンストーン／バンストン
Van Straelen ファンストラーレン
Van Swieten ヴァンスウィーテン
Van't ヴァン／ファン・ト／ファント*
Vantadour ヴァンタドゥール
Van T End ファントエント
Vanterpool ヴァンダープール
Van-Thinh ヴァンティン／バンティン
Van't Hoff ファントホッフ
Van Tichelt バンティヘルト
Vantoch ヴァントック
Vantongerloo ヴァントンゲルロー

ファントンゲルロー
Vantrease ヴァントリーズ*／バントリーズ
Vanturi ヴェントゥーリ／ベントゥーリ
Vantyn ヴァンティン
Vanucci ヴァヌッチ
Vanunu ヴァヌヌ
Van Veen ファンフェン
Van Velde ファンフェルデ／ファンヘルデ
Van Velthooven バンベルトーベン
Vanvelthoven バンベルトーベン
Vanvitelli ヴァンヴィテッリ／ヴァンヴィテリ／バンビテリ
Van Vleck ヴァンヴレック
Vanvleet ヴァンブリート
Van Vleuten ファンフリューテン
Van Vliet ファンフリート
Van Vogt ヴァンヴォークト／ヴァンヴォート／バンボークト
Vanwarmer ヴァンウォーマー
Van Wijk ファンヴァイク
Vanwyngarden バンウィンガーデン
Vanya ヴァンヤ
Van Zaalen ヴァンザーレン
Van Zandt ヴァンザント
Vanzant ヴァンザント／バンザント
Vanzetta バンゼッタ
Vanzetti ヴァンセッチ／ヴァンゼッティ／バンゼッティ
Vanzo ヴァンゾ／ヴァンツォ
Van Zuwam ヴァンズワム
Van Zyl バンジル
Vaomalo バオマロ
Vapaavuori ババーブオリ
Vapcarov ヴァブツァロフ
Vapnyar ヴァプニャール**
Vaporciyan ヴァポルチヤン

Vaporis ヴァポリス
Vappa ヴァッパ
Vaprio ヴァプリオ
Vaptsarov ヴァプツァロフ
Vaqueiras ヴァケラス
Vaquero バケロ
Vaquina バキナ
Var ヴァー／ヴァル／バル*
Varadan ヴァラダン
Varadarajan ヴァラダラージャン
Varaday バラディ
Varadhan バラダン*
Váradi バラジ
Varadkar バラッカー*
Varadorangen バラドランゲン
Varady ヴァラディ
Várady ヴァーラディ
Varaev ワラエフ
Varagine ヴァラジネ／ウォラギネ
Varagnac ヴァラニャック
Varahagiri バラハ*
Varahamihira ヴァラーハミヒラ
Varāhamihira ヴァラーハミヒラ／バラーハミヒラ
Varaigne ヴァレニュ
Varakin ヴァラキン
Varallo ヴァラッロ／バラージョ
Vārana ヴァーラナ
Varane ヴァラン
Varano ヴァラーノ
Varanya ヴァランヤ
Varanyanond ヴァラニャノンド
Varas バラス
Varatynskii バラトインスキー／バラトゥインスキー
Varbah バーバ
Varbanov ヴァルバノフ／バルバノフ
Varchevker ヴァーケヴカー
Varchi ヴァルキ／バルキ
Varcollier ヴァルコリエ
Varconi ヴァルコニ
Varda ヴァルダ**／バルダ
Várdai ヴァルダイ

Vardalos ヴァ ダロス / バルダロス
Vardaman ヴァーダマン* / バーダマン*
Vardan ヴァルダン / バルダン / ワルダン
Vardanes ヴァルダネス
Vardanian バルダニアン / バルダニャン / ワルダニャン
Vardanyan ヴァーダニャン / ワルダニャン
Vardapet ヴァルダペト
Vardeman ヴァーデマン
Varden ヴァーデン
Vardey ヴァーディ
Vardhamana ヴァルダマーナ / バルダマーナ
Vardhan バルダン
Vardhana ヴァルダナ / バルダーナ / バルダナ
Vardi ヴァルディ / バルディ
Vardill ヴァーディル
Vardon ヴァードン* / バードン
Vardy ヴァーディ
Vardys ヴァーディズ / バーディス
Vardzelashvili ワルゼラシビリ
Vare ヴェア
Väre ワーレ
Varejao ヴァレジャオ
Varejão ヴァレジョン* / バレジョン
Varejka ヴァレジカ
Varela ヴァレーラ / ヴァレラ* / バレーラ / バレラ**
Varelius ヴァレリウス
Varella ヴァレーラ / バレラ
Varelli ヴァレッリ / ウォーレル
Varelmann ヴァレルマン
Varen ヴァレニウス
Varende ヴァランド / バランド

Varenhorst ファレンホルスト
Varenius ヴァレニウス / ワレニウス
Varenne ヴァレンヌ / バレンヌ
Varennes ヴァランス / ヴァレンヌ
Varennikov ワレンニコフ*
Varentsova ヴァレンツォーヴァ*
Varèse ヴァレーズ / バレーズ
Varesi ヴァレージ
Varetto ヴァレット
Varfolomei バルトロメーオ / バルトロメオ / ワルフォロメイ
Varga ヴァルガ / ヴァールガ / ヴァルガ** / ヴォルガ / ヴヮルガ / バーガ / バルガ* / ワルガ*
Vargaftik ワルガフチク
Varganova バルガノワ
Vargas ヴァーガス / ヴァルガス*** / バーガス / バルガス*** / バルデス
Vargas Koch ファルガスコッホ
Vargic ヴァルジッチ
Vargo ヴァーゴ / ヴァリエー / バーゴ
Vargö ヴァリエー*
Várhegyi ヴァールヘディ
Vårheim ヴォールヘイム
Varia ヴァリア* / バリア
Varian ヴァリアン* / ヴェリアン / バリアン
Variant バリアント
Varichon ヴァリション
Varick ヴァリク
Varignon ヴァリニョン
Varigny ワリニー

Varilla ヴァリーヤ / ヴァリヤ / バリヤ
Varin ヴァラン
Varina ヴァリナ
Varine ヴァリーン
Varis バリス
Varisco ヴァリスコ
Varitek バリテック**
Varius ウァリウス / ヴァリウス
Varju バリュ
Varkey バーキー
Varki ヴァーキ
Várkonyi ヴァルコニ* / バールコニ / バルコニ
Varlam ヴァルラーム* / バルラム / ワルラム
Varlám ワルラーム
Varlamoff バーラモフ
Varlamov ヴァルラーモフ / ヴァルラモフ*
Varlejs ヴァーレイス
Varlet ヴァルレ
Varley ヴァーリー* / ヴァーリィ / ヴァーリイ / ヴァルレイ / ヴァーレー / ヴァーレイ / バーリー** / バーリィ / バーレー / バーレイ* / ワルレイ
Varlin バルラン
Varlow ヴァーロウ
Varma ヴァーマ / ヴァルマ* / ヴァルマー* / バルマ / バルマー
Varmā ヴァルマー* / バルマー
Varman バーマ
Varmorel ヴァーモレル
Varmus ヴァーマス / バーマス*
Varnam ヴァーナム
Varnay バルナイ
Várnay ヴァルナイ
Varner ヴァーナー / バーナー**
Varnes バーンズ

Varney ヴァーニー / バーニー*
Varnhagen ヴァルンハーゲン / ファルンハーゲン
Värnik バルニク
Varnon ヴァーノン*
Varnum バーナム
Varo ヴァロ / バロ*
Varol ヴァロル
Varoli ヴァローリ / ヴァロリ / ヴァロリオ / バロリ
Varon ヴァロン*
Varona ヴァローナ / バロナ
Varone ヴァローネ / ヴァローン
Varonian バロニアン
Varopoulos ヴァロプーロス
Varotsos ヴァロツォス / バロツォス
Varoufakis ヴァロウファキス / ヴァロウファキス / バルファキス** / ファロファキス
Varoutsikos ヴァルツィコス
Varpilah バーピラー
Varra ヴァラ
Varricchio ヴァリッキオ** / ヴァリッチオ / バリッキオ
Varro ウァッロ / ウァルロ / ヴァルロー / ウァロ / ヴァロ / バロ / ワロ
Varsanof'eva ヴァルサノーフィエヴァ
Varshavskii ワルシャフスキ / ワルシャフスキー
Varshavsky バーシャフスキー
Varshini ヴァルシニ
Varsi ヴァーシ / ヴァーシー
Várşyāyani ヴァールシャーヤニ
Várszegi バルセギ

Vartan ヴァータン / ヴァルタン* / バータン* / バルタン
Vartanian ヴァルタニアン* / ヴァルタニヤン / ワルタニヤン
Varte ヴァルト
Varteres ワルテレズ*
Varthema ヴァルテーマ / ヴァルデーマ / バルテーマ
Vartolina ヴァルトリーナ
Varujan バルジャン
Varus ウァルス / ヴァルス
Vārus ウァルス
Varvara ヴァルヴァーラ / ヴァルヴァラ* / バルバラ / ワルヴァーラ* / ワルワラ*
Varvard ヴァルヴァーラ
Varvaro バーバロ
Varviso ヴァルヴィーゾ
Varynski ヴァルィンスキ / ヴァルィンスキー
Varzi ヴァルツィ
Vas ヴァシュ / ヴァス*
Vasa ヴァーサ / ヴァサ / バサ
Váša ヴァーシャ
Vasabha ヴァサバ
Vasak ヴァザック / バサック
Vasala バサラ
Vasali ヴァシリー / ヴァシーリイ
Vasan ヴァサン / バサン
Vasant ヴァサント* / バサント*
Vasantha ヴァサンタ
Vasanti ヴァサンティ
Vasara ヴァサラ
Vasarely ヴァザルリ / ヴァザルリー / ヴァザレリ / ヴァザレリー / バザルリ / バザレリー

VAS

Vasari
ヴァサーリ
ヴァサリ
ヴァザーリ*
ヴァザリ
バサーリ
バサリ
バザーリ
バザリ

Vásáry ヴァーシャーリ

Vásáryová
ヴァーサーリョヴァー

Vasbanyai
バシュバニアイ

Vaschalde
ヴァシャールド

Vascio ヴァシオ

Vasco
ヴァスコ***
バスコ**

Vasconcellos
ヴァシュコンセルシュ
ヴァスコンセロ
ヴァスコンセロス
バシュコンセールシュ
バスコンセロス

Vasconcelos
ヴァスコンセーロス
ヴァスコンセロス*
バスコンセロス**

Vasconi ヴァスコーニ

Vāse' ヴァーセ

Vasegaard
ヴァセゴーア

Vasek
ヴァセク
バシェク
バセク

Vasella
ヴァセラ**
バセラ*

Vāseṭṭha ヴァーセッタ

Vaseva バセバ

Vasey
ヴェイシー
ヴェイジー

Vashadze ワシャゼ

Vashakidze ワシャキゼ

Vashanti バシャンティ

Vashchenko
ヴァーシシェンコ
ワシチェンコ

Vashentseva
ヴァシェンツェヴァ

Vasher ヴァッシャー

Vashon ヴァション

Vashti
バシュティ*
ワシュティ

Vasi バシ

Vasic バシッチ

Vasicek
ヴァジチェック

Vasif ヴァースフ

Vasil
ヴァシル*
ヴァジル
ヴァスィル
バシル

Vasilakos バシラコス

Vasil'chikov
ワシリチコフ

Vasile
ヴァシル
ヴァシーレ
ヴァシレ***
ヴァジーレ
ヴァジレ
バシレ*
ベイシル

Vasilenko
ヴァシレンコ*
ワシレンコ*

Vasil'ervich
ワシリエヴィチ

Vasilev バシレフ

Vasil'ev
ヴァシーリエフ*
ヴァシリエフ
ワシーリェフ
ワシリエフ
ワシリェフ

Vasil'eva
バシレェバ
ワシレワ

Vasil'evič
ヴァシーリエヴィチ
ワシリエヴィチ

Vasilevich
ワシリエヴィチ
ワシレヴィチ

Vasil'evich
ヴァシーリエヴィチ
ワシリイッチ
ワシリェヴィチ
ワシーリエヴィチ
ワシリエヴィチ*
ワシリエビッチ

Vasilevna
ヴァシーリエヴナ

Vasilevskaya
ヴァシレフスカヤ
ワシレーフスカヤ
ワシレフスカヤ

Vasilevskii
ヴァシレーフスキー
ヴァシレフスキー
ヴァシレフスキィ
ワシレフスキー
ワシレフスキー

Vasilevskis
バシレフスキス

Vasilevskiy
ヴァシレフスキー

Vasili
ヴァシーリー
ヴァシリ
ヴァシーリー
ヴァシーリイ
バシリ
ワシーリー

Vasiliadis
バシリアジス

Vasiliev
ヴァシーリエフ
ヴァシリエフ*
バシーリエフ
ワシーリエフ*

ワシリエフ
Vasilieva
ワシリエバ
ワシーリエワ
ワシリエワ

Vasilievich
ヴァシーリエヴィチ
ワシリェヴィチ
ワシーリエヴィッチ
ヴァシリエヴィッチ
バシリエビッチ
ワシーリエヴィチ
ワシリエヴィチ
ワシリエビッチ
ワリエヴィチ

Vasílievich
ワシリエヴィチ

Vasilievitch
ワシリエヴィチ

Vasilievna
ヴァシーリエヴナ
ヴァシリエヴナ
ワシリェヴナ
ワシリエヴナ

Vasilievskii
ヴァシリエフスキー

Vasilii
ヴァシーリ
ヴァシーリー
ヴァシリ
ヴァシーリー**
ヴァシーリイ
ヴァシリイ
ヴシリイ
バシーリ
ワシーリ
ワシーリー**
ワシリー***
ワシリーイ*
ワシリイ

Vasilií
ヴァシリー
ワシリー
ワシーリー*
ワシリー
ワシリーイ

Vasílii
ヴァシリ
ワシリー
ワシリー

Vasilij
ヴァシーリー
ヴァシーリー
ヴァシーリイ
バシリー
ワシーリー

Vasilije ヴァシーリイェ

Vasilijevic
バシリエビッチ

Vasilios ヴァシリオス

Vasíliovich
ワシリオヴィチ

Vasilis ヴァシリス

Vasilisa ワシリサ

Vasilísk ワシリスク

Vasilivna ワシリヴナ

Vasiljev バシーリエフ

Vasiljevich
ワシリエヴィチ

Vasilieva
ワシリエバ
ワシーリエワ
ワシリエワ

Vasil'jevich
ヴァシリエヴィチ
ワシリエビッチ

Vasilkov ワシリコフ
Vasilkova ワシリコワ
Vasilli ヴァシリー

Vasilos
ヴァシロス
バシロス

Vasily
ヴァシーリー
ヴァシリー*
ヴァシーリイ
ヴァシリィ
ヴァッシリー
ワシーリー
ワシーリー*
ワシーリイ

Vasilyev
ヴァシリーエフ
バシリエフ
ワシリエフ

Vasilyeva
ヴァシリィエーヴァ
ワシリエワ

Vasilyevich
ヴァシリエヴィチ

Vasil'yevich
ヴァシリエヴィ
ヴァシリエヴィチ

Vasin ワシン
Vasina ワシナ
Vāsiṭṭhī
ヴァーシッティー

Vasja ヴァシャ
Vaskaran バスカラン
Vaske ヴァスケ
Vaskevitch
バスケビッチ

Vasko
ヴァスコ**
ワシュコ
バスコ

Vasks ヴァスクス
Vaskúti バスクティ
Vaslas ヴァーツラフ
Vaslav
ヴァスラフ
ヴァツラフ
ワスラフ

Vasmer ファスマー
Vasnetsov
ヴァスネツォーフ*
ヴァスネツォフ
バスネツォーフ
バスネツォフ
ワスネツォフ**

Vasos バソス
Vásová ヴァーソヴァー
Vasovic
ヴァソヴィッチ

Vasquez
ヴァスケス*
バスケス**

Vasques
ヴァスケス
バスケス**

Vásquez
ヴァスケス
バスケス**

Vasil'jevich
ヴァシリエヴィチ
ワシリエビッチ

Vasquez Perez
バスケスペレス

Vass ヴァーシュ
Vassakāra
ヴァッサカーラ

Vassall
ヴァッサール
ヴァッサル

Vassalletto
ヴァッサッレット

Vassalli ヴァッサッリ

Vassallo
ヴァサロ
ヴァッサッロ
ヴァッサロ

Vassanji
ヴァサンジ
ヴァッサンジ

Vassar バッサー
Vassas ヴァサス*
Vasseilev
ヴァセイレフ
ヴァッセイレフ

Vassell バッセル

Vasselon
ヴァスロン
ワスロン

Vasser
ヴァセル
バッサー*

Vasserot ヴァスロト

Vasseur
ヴァサー
ヴァスール*

Vassey バッシー
Vassi ヴァッシー
Vassian ヴァシアーン

Vassil
ヴァシル*
ヴァッシル
バシル

Vassilev バシレフ
Vassileva バシレバ

Vassili
ヴァシリー
ヴァシーリイ
ヴァシリィ
ヴァッシーリ*
ワシーリー*
ワシリ
ワシリー

Vassiliev
ワシーリエフ
ワシリエフ

Vassilieva ワシリエバ
Vassilii ワシリー*
Vassilika バシリカ
Vassiliki バッシリキ

Vassiliou
ヴァッシリウ
バシリウ**
バシリウー

Vassilis ヴァシリス

Vassilitchikov
ワシリチコフ

Vassiliy ワシリー

Vassilopoulos
ヴァシロポーロス

Vassily ワシーリ / ワシリー
Vassilyev ワシーリエフ*
Vasso ヴァッソー* / バソ / バッソー
Vassor ヴァソール
Vassort ヴァッソール
Vassos バッサス
Vassula ヴァスーラ / ヴァッスーラ*
Vast ヴァスト
Vastic ヴァスティッチ* / バスティッチ
Vastine バスティン*
Vasto ヴァスト
Vasubandhu ヴァスバンドゥ / ヴァスバンドゥ / バスバンジュー
Vasudev ヴァスデーヴ / ヴァースデープ / ヴァスデフ
Vasudeva バスデバ / ワスディワ / ワスデーヴァ
Vāsudeva ヴァースデーヴァ
Vasudevan ヴァスデヴァン / バスデバン
Vasudevi ヴァスデヴィ
Vasugupta バスグプタ
Vasulka ヴァスルカ / バスルカ
Vasumitra ヴァスミトラ
Vaswani バスワニ
Vasyl ワシリ / ワシル**
Vasyl' ヴァシリ / ヴァスィリ
Vasyunik ワシュニク
Vaszary ヴァサリ / ヴァッサリ
Vaszi バシ
Vat ヴァット
Vata バータ
Vatable ヴァタブリュ / ヴァターブル
Vatanaa ワッターナー
Vatanen ヴァタネン / バタネン*
Vatant ヴァタント

Vatatzes ウァタゼス / ヴァタツェス / バタウエス
Vatchenko ワトチェンコ
Vatel ヴァテル
Vater ファーター
Väth フェート
Vatia ウァティア
Vatinius ウァティニウス
Vatishchev バチシチェフ
Vatke ファトケ
Vatland バートランド
Vatma ファティマ
Vatroslav ヴァトロスラヴ / ヴァトロスラフ
Vatslav ヴァツラウ / ヴァツラフ / ワスラフ / ワツラフ*
Vatslavovich ワツラヴォヴィチ*
Vatsuro ヴァツーロ
Vātsyāyan ヴァーツヤーヤン*
Vatsyayana ヴァーツヤーヤナ / ヴァーツヤーヤナ
Vātsyāyana ヴァーツヤーヤナ / バーツヤーヤナ
Vaṭṭagāmaṇī ヴァッタガーマーニー
Vattanavekin ワッタナウェキン
Vattani ヴァッターニ
Vattel ヴァッテル / バッテル
Vatten ヴァッテン
Vatter ヴァッター / バッター
Vatthana ウァッタナー / バッタナ
Vattimo ヴァッティモ* / バッティモ
Vatuone バチュオネ
Vatvāt ヴァトヴァート
Vau ヴォー / ボー
Vauban ヴォーバン / ボーバン
Vaubel ファウベル
Vaubernier ヴォーベルニエ
Vaucaire ヴォーケール / ボケール

Vaucanson ヴォーカンソン / ヴォカンソン / ボーカンソン
Vaucare ヴォーケール
Vaucher ヴォシェ
Vauchez ヴォーシェ
Vauclain ヴォークレイン
Vauclair ヴォークレール*
Vaucorbeil ヴォーコルベイユ
Vaucouleurs ヴォークール / ボークール
Vaudescal ヴォデカル
Vaudoit ヴォドワ
Vaudoyer ボードワイエ
Vaudreuil ヴォドルイユ
Vaugelade ヴォージュラード*
Vaugelas ヴォージュラ / ヴォジュラ / ボージュラ
Vaugh ヴォー
Vaughan ヴォーガン / ヴォーギャン / ヴォーン* / バン / ボーガン** / ボーハン
Vaughn ヴァーン / ヴォーン* / バーン / ボーン**
Vaught ヴォート
Vaughters ボータース
Vaulerin ヴォレラン
Vaultier ヴォルティエ / ボルティエ**
Vaulx ボー
Vaunda ヴォーンダ / ボンダ
Vaupshasov ヴァウプシャソフ
Vauquelin ヴォークラン / ヴォクラン / ボークラン / ボクラン
Vaurouillon ヴォリヨン
Vause ヴァウス / ヴォース
Vautel ヴォーテル*
Vauthey ヴォーテ / ボーティ

Vauthier ヴォーチェ / ヴォーチェー / ヴォーチエ / ヴォーティエ / ボーティエ
Vautier ヴォーティエ
Vautor ヴォーター
Vautrin ヴォートラン*** / ヴォートリン* / ボートラン
Vauvenargues ヴォーヴナルグ / ヴォヴナルグ / ヴォオヴナルグ / ボーブナルグ
Vauvillier ヴォヴィリエ
Vaux ヴォー* / ボー / ボークス
Vauxcelles ヴォークセル
Vava ババ
Vavae ヴァヴァエ
Vaval ババル
Vavao ヴァヴァオ
Vavasor ヴァヴァサー
Vavassori ヴァヴァッソーリ
Vave バベ
Vavilov ヴァヴィーロフ / ヴァヴィロフ* / バビロフ / ワビーロフ
Vavilova ヴァヴィロヴァ
Vavra ヴァヴラ / バブラ*
Vawter ヴォウター / ヴォーター
Vax ヴァックス
Vaxtang ヴァフタング
Vayalar バヤラル
Vayda ベイダ
Vaye ヴェイ / ベイ*
Vayeda ワイエダ
Vayer ヴァイエ / バイエ
Vayeshnoi バエショノイ
Vayko バイコ
Vaynerchuk ヴェイナチャック
Väyrynen ヴェユリュネン / バユリュネン / ベイリネン / ベユリュネン*

Vaytsekhovskaya バイツェホフスカヤ
Vaz ヴァス / ヴァズ* / バス / バズ**
Važa ヴァジャ
Vazagashvili ワザガシビリ
Vazem ワーゼム
Vazgen ワズゲン*
Vazha ヴァジャ / バシャ
Vazhenina ワジェニナ
Vaziev ワジーエフ* / ワジェフ
Vazil バジル
Vazirani ヴァジラーニ*
Vaziri Hamaneh バジリハマネ
Vazirov ワジロフ
Vázny バージュニ
Vazov ヴァーゾフ / ヴァゾフ / バーゾフ / バゾフ / バゾフ / ワーゾフ
Vazquez ヴァスケス / バスケス** / バズケズ
Vázquez ヴァスケス** / バスケイス / バースケス / バスケス***
Vazsonyi ヴァゾニイ
Vázsonyi ヴァージョニ
Vcelicka フチェリーチカ
Vchetitch ヴチェティーチ
Vdovina ブドビナ
Ve ヴェ
Vea ヴェア
Veaceslav ベアチェスラフ / ベアチェスラフ
Veach ヴィーチ
Veainu ベアイヌ
Veal ヴィール
Veale ヴィール* / ビール*
Vealey ビーリー
Vean ヴェアン
Veang ヴェアン
Veasey ヴィーシー / ヴィージー

Veatch ヴィーチ／ビーチ／ベッチ	ベド*	Veen ヴィーン／ヴェーン／ビーン*／フェーン*	Veggeberg ヴェジェバーグ	Vejlsted フェルステッド	
Veazey ヴィーゼー	Veda ヴェイダ		Veggio ヴェッジョ	Vějonis ヴェーヨニス*	
Veazie ヴィージー	Vedad ヴェダド		Vegh ヴェーグ	Vejvanovský ヴェイヴァノフスキー	
Veber ウェーバー／ヴェーバー／ヴェーベル／ヴェベール／ベベル	Vedanayakam ヴェーダナヤカム	Veena ヴィーナ／ヴェーナ	Végh ヴェーグ*／ベーグ	Vejzovic ヴェイソヴィチ	
	Vedānta ヴェーダーンタ	Veenemans ビーネマンス	Veghe ヴェーヘ	Vekemans ヴェケマンス	
	Vedantam ヴェダンタム	Veenendaal フェーネンダール	Vegio ヴェギウス／ヴェジオ／ヴェージョ	Vekerdy ヴェケルディ	
Vebjoern ベビヨルン*	Vedastus ヴァースト／ウェダストゥス／ヴェダストゥス	Veenhoven ヴィーンホヴェン*	Vegter ヴェクテル	Vekić ベキッチ	
Vebjörnsson ヴェーブヨルンソン		Veenhuis ヴェーンフュイス	Vehanen ヴェハーネン	Vekilova ベキロワ	
Veblen ヴェブレン*／ベブレン*	Vedder ヴェダー*／ヴェッダー／ベダー	Veer ヴィア	Vehapi ベハピ	Veksler ベクスラー	
Vec ヴェッツ	Vedeha ヴェデーハ	Veera ウィラ	Vehar ヴィハー	Vekua ヴェークア	
Vecchi ヴェッキ*／ベッキ*	Vedehī ヴェーデーヒー	Veerabhadran ヴィーラバドラン／ヴェーラハドラン	Vehbī ヴェフビー	Vela ヴェーラ**／ヴェラ／ベラ*	
Vecchia ヴェッキア*	Vedehiputta ヴェーデーヒプッタ	Veeramachaneni ヴェラマチャネニー	Vehlmann ヴェルマン	Velagic ベラジック	
Vecchiati ヴェッキアーティ	Vedel ヴェーデル／ヴェデル／ウデル／ベデル	Veeran ビーラン	Vehovar ベホバル	Vela Maggi ベラマッジ	
Vecchiato ヴェッキアート		Veeraphol ウィラポン*	Vehviläinen ベヘビライネン	Velan ヴェラン	
Vecchietta ヴェッキエッタ	Vedeneev ヴェジェネーエフ／ベジェネーエフ	Veerappa ビーラパ	Veidt ファイト	Velantin ベランティン	
Vecchio ヴェキオ／ヴェッキオ*／ヴェッキョ*／ベッキオ*／ベッキョ		Veeraraghavan ヴィーララガヴァン	Veiel ファイエル	Velappan ヴェラッパン／ベラッパン	
	Vedenin ベデニン	Veere フェーレ*	Veiento ウェイエント		
	Vedernikov ウェデルニコフ／ヴェデールニコフ／ヴェデルニコフ*／ベデルニコフ	Veerkamp ヴェアカンプ	Veiersted ヴェイヤーステッド	Velarde ヴェラーディ／ベラルデ	
Vecchione ベッキオーネ	Vedernikova ウェデルニコワ／ヴェデルニコワ／ベデルニコワ	Veerman フェールマン	Veiga ヴェイガ*／ベイガ	Velasco ヴェラスコ*／ヴラスコ／ベラスコ***	
Vecdi ベジディ		Veerpalu ヴェールパル*／ベールパル	Veigert ヴェイジェール		
Vecellio ヴェチェッリオ*／ヴェチェリオ／ヴェチェルリオ／ベチェリ／ベチェリオ	Vedersøe ヴェザーセー	Veesenmayer フェーゼンマイヤー	Veijo ヴェイヨ**		
	Vedhara ヴェドハラ		Veikko ヴェイッコ	Velasquez ヴェラスケス／ベラスケス**	
	Vedin ベダン		Veikoso ベイコソ	Velásquez ヴェラスケス*／ベラスケス／ベラスケル	
	Védís ヴェディス	Veeser ヴィーザー	Veikshan ヴェイクシャン		
	Vedius ウェディウス	Veevers ヴィーヴァーズ	Veil ヴェイユ**／ヴェーユ／フェイル／ベイユ／ベイル／ベール	Velayati ベラーヤチー／ベラヤチ*	
Veche ヴェーシュ	Vedova ヴェードヴァ	Vefik ウェフィク／ヴェフィク			
Vecheslav ヴェチェスラフ**	Vedran ベドラン	Vega ヴェーガ／ヴェガ**／ベーガ*／ベーガー／ベガ***	Veillon ヴェイヨン	Velazquez ベラスケス	
Vecheslova ヴェチェスロワ	Vedrenne ベドレン		Veillot ヴェーヨ	Velázquez ベラスケス**／ベラズケス	
Vechten ヴェクテン*／ベクタン／ベクテン	Védrine ヴェドリーヌ／ヴェドリヌ／ベドリヌ**／ベドリン		Veimarn ヴェイマルン		
			Veingarten ヴェインガルテン	Velchev ベルチェフ	
	Vedruna ベドゥルナ／ベドルナ	Vegalara ベガララ	Veinik ベイク	Veld ヴェルド／ベルド	
Vechtova ベトトバ		Vegar ベーガル	Veinot ヴェイノット		
Vecino ベシーノ／ベシノ	Vedum ベードム	Vegara ヴェガラ／ベガラ	Veiras ヴェラス	Velde ヴェルデ**／ヴェルト／ヴェルド*／フェルデ**／ベルデ	
Vecla ヴェクラ／ベクラ／ヘグリ	Vee ヴィー／ビー	Vegard ヴェガルド／ベーガール	Veirman バーマン		
			Veis ヴァイス／ヴェイス		
	Veeck ヴェック	Vegas ヴェガス／ベガス	Veisberg ヴェイスベルク		
Vecsei ヴェクセイ	Veedam ヴィーダム	Vegdahl ヴェイダル	Veit バイト／ファイト**	Veldeke フェルデケ	
Vecsey ヴェチェイ／ベクシー／ベチェイ	Veeder ヴィーダー／ビーダー	Vegesna ヴェジェスナ／ベジェスナ	Veitch ヴィーチ	Veldeman フェルデマン	
			Veith ファイト	Velden ヴェルデン／フェルデン	
	Veelen フェイレン／フェーレン	Vegetius ウェゲティウス／ヴェゲティウス／ベゲティウス	Veitia ベイティア	Veldheer ベルディーア	
Ved ヴェド*／ベッド			Veitl ファイテル	Veldhoven ヴェルドホーヴェン	
	Veelken ヴィールケン	Vejjajiva ウェチャチワ**／ベヤジバ*		Veldhuis ヴェルデュイス／フェルトハイス*／フェルトホイス	

Veldhuizen
ヴェルトヘイゼン
Veldkamp
フェルトカンプ**
Veldre ベルドレ
Veldt ベルト
Veldumnianus
ウェルドムニアヌス
Vele ヴェレ
Véléa ヴェレア
Veled
ヴェレド
ワラド
Velemir ヴェリミール
Velensek ベレンセク
Veleria ヴェレリア
Veleshejo
ウェレッシェヨー
Veleslavín
ヴェレスラヴィーン
Velestinlis
ヴェレスティンリス
Veley ヴェーレイ
Velez
ヴェレス
ヴェレズ
ベレス*
Vélez
ベレ
ベーレス
ベレス**
Velho ベーリョ*
Veli
ヴェリ
ベリ
Velì ヴェリー
Veliaj ベリアイ
Veliath
ヴェリヤト
ベリアス*
Velibor ヴェリボル
Velichkina
ヴェリチキナ
Velichko
ヴェリチコ
ベリチコ
Velichkovskii
ヴェリチコフスキー
Veličkov
ヴェリーチコフ
ヴェリチコフ
ベリーチコフ
Velickovic
ベリッコビッチ
Veličkovskij
ヴェリチコーフスキイ
Velicovich
ヴェリコヴィッチ
Velikay ヴェリケイ
Velikaya ベリカヤ
Velikhov
ヴェリホフ*
ベリホフ
Veliko ヴェリコ
Velikov ベリコフ
Velikovsky
ヴェリコスキー
ヴェリコフスキー

ヴェリコフスキー
ベリコフスキー
Velimir
ヴェリミール
ヴェリミル
ベリミール
ベリミル
Velimirovic
ヴェリミロヴィッチ
Velimirović
ヴェリミロヴィチ
Velimirovié
ヴェリミロヴィチ
Velina ベリナ
Veliotis
ヴェリオティス
Velitchkov ベリチコフ
Veljko
ヴェリコ
ベリコ*
Veljkovic
ヴェリコヴィッチ
Veljković
ヴェリコヴィチ
Vella
ヴェッラ
ヴェラ
ベッラ
ベラ
Vellaccio ヴェラッチョ
Vellano ベラーノ
Vellas ヴェラス
Velleius
ウェッレイウス
ウェッレイユス
ウェレイウス
ヴェレイウス
ウェレイユス
Velleman
ヴェルマン
ベルマン
Vellend ヴェレンド
Veller ヴェーレル
Vellones ヴェローネス
Vellu ベル*
Vellut ヴェルー
Velluti ヴェッルーティ
Velma
ヴェルマ*
ベルマ
Velmahos
ヴェルマホス
Velmans
フェルマンス*
Velon ベロン
Vel'opol'ski
ヴィエロポルスキー
ヴェリョポリスキー
Veloski ヴェロスキ
Veloso
ヴェローソ
ヴェローゾ**
ベソロ
ベロソ*
ベロソ
Velouhiotis
ヴェルヒオティス
Veloz ヴェロス

Velpeau ヴェルポー
Velpuri
ヴェルプーリ
ベルプリ*
Velsor ヴェルサ
Velta ヴェルタ
Velte
ヴェルト
ベルテ
Velten ヴェルテン
Velthausz
フェルトハウス
Velthuijs
ヴェルジュイス
ベルジュイス**
Veltman
ヴェルトマン
フェルトマン**
Vel'tman
ヴェリトマン
ベリトマン
Veltri ベルトリ
Veltroni
ヴェルトローニ*
ベルトローニ**
Velupillai
ベルピライ**
Velut ヴリュ
Velvalee
ヴェルヴァリー
Velvart ヴェルヴァート
Velyaminov
ベリヤミノフ
Velzel フェルツェル
Vemulapalli
ベムラパリ
Ven フェン
Venable
ヴェナブル*
ベナブル
Venables
ヴィネーブルズ
ヴェナブルズ*
ベナブルズ*
ベナープレス
Venance ベナンス
Venâncio ベナンシオ
Venant
ヴェナン
ヴナン
ブナン
Vénant ブナン
Venantia ベナンシア
Venantini
ヴェナンティーニ
Venantino
ヴェナンティーノ
Venantius
ウェナンチウス
ウェナンティウス
ヴェナンティウス
Venanzio
ヴェナンツィオ
ベナンツィオ
Venanzo
ヴェナンツォ**
ベナンゾ
Venard ヴェナール

Vénard ヴェナール
Venatorius
ヴェナトーリウス
Vencat ヴェンキャット
Vencel ベンチェル
Vencerous
ヴェンツェスラウス
Venceslas
ヴァンセスラス
Venceslau
ヴェンセズラウ
Venceslava
ヴィエンツェスラヴァ
Venciene ウェンツェネ
Venckaitis
ベンカイティス
Venclova
ヴェンツロヴァ
Vendela
ヴェンデラ*
ベンデラ
Venden ベンデン
Vendeville ベンデビル
Venditte ベンディティ
Vendittelli
ヴェンディテッリ
Venditti
ヴェンディッティ
Vendler
ヴェンドラー
ベンドラー
Vendome ヴァンドーム
Vendôme ヴァンドーム
Vendramin
ヴェンドラミン
Vendrell
ヴェンドレル
バンドレイ
バンドレル
ベンドレル
Vendryes
ヴァンドリエス*
バンドリエス
Vendt ベント
Vendula ベンドゥラ
Vendville
ヴァンドヴィル
Venè ヴェネ
Véne ヴェーヌ
Venedey フェネダイ
Venedikt
ヴェネディクト
ベネディクト
Venedíkt
ヴェネジクト
ヴェネディクト
Venediktov
ヴェネジークトフ
ヴェネジクトフ
ヴェネディクトフ
ベネジクトフ
Venediktovich
ヴェネジクトヴィチ
Venegas
ベネーガス
ベナガス**
Venelin
ベネーリン

ベネリン
Venema
ヴェネマ
フェネマ
ベネマ
Veneman ベネマン*
Venemans
フェーネマンス
Venerabilis
ウェネラビリス*
ヴェネラービリス
ヴェネラビリス
Vénérand ベネラン
Venerini ヴェネリーニ
Veneroni ヴェネローニ
Veness ヴェネス
Venet ヴェネット
Venetia
ヴェニーシャ
ヴェネシア
ヴェネティア
ベニシア*
ベニーシャ
ベネシア
Venetiaan
フェネティアン**
Venetian フェネチアン
Veneto
ヴェーネト
ヴェネト
ベネト
Venetsianov
ヴェネツィアーノフ
Venevitinov
ヴェネヴィーチノフ
ベネビチノフ
Venezia
ヴェネーツィア
ヴェネツィア
Veneziani
ヴェネツィアーニ
Veneziano
ヴェネツィアーノ
ヴェネツィアーノ*
ベネチアーノ
ベネツィアーノ
Venezis ヴェネジス
Veng
ウェン*
ベイン
Venger ヴェンゲル
Vengera
ウェンゲル
ヴェンゲル
Vengerov
ヴェンゲーロフ**
ヴェンゲロフ
ベンゲーロフ
ベンゲローフ
Vengerova
ヴェンゲーロヴァ
ヴェンゲローヴァ
Venglos
ヴェングロシュ
Vengloš
ヴェングロシュ
Veniamin
ウェニアミン
ヴェニアミン**

ベニアミン
Veniaminov
ヴェニアミーノフ
Veniaminovich
ヴェニアミノヴィチ
Veniaminovna
ベニアミーノブナ
Venice
ヴェニス
ベニス
Venício ヴェニシオ*
Venier ヴェニエル
Venikov ヴェニコフ
Vening
ヴェニング
フェニング
ベーニング
ベニング
Venini
ヴェニーニ
ベニーニ*
Venit ベニット
Veniukov
ウェニュコーウ
Venizelos
ヴェニゼロス
ベニゼーロス
ベニゼロス
Venizer ヴェニツァー
Venkaiah ベンカイア
Venkat
ベンカット
ベンカト
Venkata
ヴェンカータ
ヴェンカタ
ベンカタ*
Veṅkaṭamakhi
ヴェンカタマキ
ベンカタマキ
Veṅkaṭamakhin
ベンカタマキ
Venkataramaiah
ヴェンカタラーマイア
ヴェンカタラミア
Venkataraman
ベンカタラマン**
Venkataramanan
ヴェンカタラマナン
Venkatesananda
ヴェーンカテーシャーナンダ
Venkatesh
ヴェンカテッシュ
Venkatram
ベンカト
ベンカトラン
Venkatraman
ヴェンカタラマン*
ベンカタラマン**
Venki ヴェンキ
Venkitachalam
ベンクタキャラム
Venkov ヴェンコフ
Venn
ヴェン
ベン
Vennberg ヴェンベリ
Venne フェンネ

Vennegoor
フェネホール
Venner
ヴェナー
ベネール*
Venners ベナーズ
Venolia ヴェノリア
Venora
ヴェノーラ
ヴェノラ
ベノーラ
Venosta
ヴェノスタ
ベノスタ
Venrooij
ヴェンルーイジ
Venson-moitoi
ベンソンモイトイ
Ventadour
ヴァンタドゥール
Ventafridda
ヴェンタフリッダ
ベンタフリッダ
Ventaja ベンタヤ
Venter
ヴェンター
フェンター
ベンター**
Ventham ヴェンサム
Ventidius
ウェンティディウス
ベンチディウス
Vento
ヴェント
フェント
Ventola
ヴェントーラ
ヴェントラ
Ventre ヴェントレ
Ventrella
ヴェントレラ
ベントレラ
Ventres ベントレーズ
Ventriglia
ヴェントリリア
ベントリリア
Ventris
ヴェントリス
ベントリス
Ventsislav
ベンツィスラフ
Venttzel'
ヴェントツェリ
Ventura
ヴァンチュラ*
ヴァンテュラ
ヴェンチューラ
ヴェンチュラ*
ヴェンツーラ*
ヴェントゥーラ**
ヴェントゥラ
バンチュラ
ベンチェラ
ベンチュラ***
ベンテューラ
ベントゥーラ**
ベントゥラ
Venture ヴェンチャー
Venturi
ヴェンチューリ

ヴェントゥーリ*
ヴェントゥリ
ベンチューリ*
ベンチュリー
ベントゥーリ
Venturin
ヴェントゥリン
Venturini
ヴェントゥリーニ**
ベンチュリニ
ベントゥリーニ
Venturino
ヴェントゥリーノ
Venu ベヌ
Venus
ヴィーナス*
ヴェナス
ウェヌス
ビーナス**
Venuste ベヌステ*
Venustiano
ベヌスティアーノ
ベネスティアーノ
Venuti
ヴェヌティ
ベヌーティ
Venuto ヴェヌート
Venzago
ヴェンザゴ
ベンザゴ
Vepsä ヴェプセー
Veque ヴェーク
Ver
ヴェール
ヴェル
バー
ファー
ベール
Vera
ヴィエラ
ヴィーラ
ヴェーラ***
ベラ***
ビラ
フェラ*
ベーラ*
ベラ***
Véra
ヴィエラ
ヴェラ
ベラ
Věra
ヴェラ**
ベラ**
Veraas ベラス*
Veracini
ヴェラチーニ
ベラチーニ
Véran ヴェラン
Veranes ベラネス*
Veranes Garcia
ベラネスガルシア
Veranius ウェラニウス
Veranus ヴェラヌス
Verard ベラール
Verarde ベラルデ
Verardi ヴェラルディ
Veras ベラス
Verawati ウェラワティ

Verba
ヴァーバ
バーバ*
Verbalis バーバリス
Verban ヴァーバン
Verbeck
ヴァーベク
ヴァーベック
ヴェルベック
ヴヘルベッキ
バーベック
フェルベック
フルベッキ*
フルベック
Verbeek
ヴァービーク
バービーク**
ファービーク
ファーベーク*
フェルベーク
Verbeke
ヴァーベク
ヴェルベーケ
Verbić ベルビッチ*
Verbiest
ヴェルビースト
フェルビースト
Verbin ウェルビン
Verbinski
バービンスキー*
Verbist ヴェルビスト
Verbitskaia
ヴェルビーツカヤ
ヴェルビツカヤ
Verboven
ヴェルボーヴェン**
Verbrugge
ヴェルブラッジ
Verbruggen
フェアブリュッヘン
Verbrugghen
フェアブルッヘン
Verbunt フェルブント
Verburg
ヴェルブルグ
フェルブルク
ヴェルブルグ
フェルブルフ
Verburgh ワーバラ
Vercammen
ベルカメン
Vercellone
ヴェルチェルローネ
Vercellotti
ベルセロッティ
Verchenova
ヴェルチェノワ
Vercher ヴァーチャー
Verchère
ヴェルシェール
Verchili ベルチリ
Verchinina
ヴェルチニナ
Verchomin
ヴァホーマン
Vercingetorix
ウェルキンゲトリクス
ヴェルキンゲトリクス
ヴェルキンゲトリック

ス
ベルキンゲトリクス
Vercors
ヴェルコール**
ベルコール
Vercoutre
ベルクートル
Vercoutter
ヴェルクテール*
ベルクテール
Vercruysse
ヴェルクリセ
Vercruyssen
ヴェルクライセン
Verda ベルダ*
Verdad ベルダー
Verdaguer
ベルダゲ
ベルダゲル
Verdan ヴェルダン
Verde
ヴェルデ*
ベルデ*
Verdé ヴェルデ
Verdecia ベルデシア*
Verdejo ベルデホ
Verdelho ベルデリ
Verdelot
ヴェルデロ
ヴェルドゥロ
ヴェルドロ
Verdenik
ベルデニック*
Verdenius
ウェルデニウス
Verderber
ベルダーバー
Verderevskii
ヴェルデレフスキー
Verdet
ヴァルデ
ヴェルデ*
ベルデ
ベルデツ**
Verdeur バーデュア
Verdi
ヴェルディ*
ヴェルディ
ベルディ
Verdick バーディック*
Verdié ヴェルディエ
Verdier
ヴェルディエ**
ヴェルディエール
ベルディエ
Verdiglione
ヴェルディリオーネ*
ベルディリオーネ
Verdine バーディン*
Verdon
ヴァードン*
ヴェルドン*
バードン**
Verdone ヴェルドーネ
Verdonk
フェルドンク
ベルドンク
Verdoorn
ヴェルドールン

VER

Verdoux ベルドゥ
Verdran ベルドラン
Verdross
　フェアドロス
　フェルドロース
　フェルドロス
Verducci ベルデュッチ
Verdugo
　ヴェルデューゴ
　バーデュゴ
　ベルドゥーゴ
Verdun
　ヴェルダン
　フェルドゥン
　ベルダン
Verduyn ヴァーダイン
Verdy
　ウェルゲー
　ヴェルジー
　ヴェルディ*
　ベルジ
　ベルジー
　ベルジイ
Vere
　ヴィア*
　ヴィアー*
　ヴィアル
　ヴェレ
　ビア*
　ベレ
Vereb ベレブ
Veréb ベルブ
Vereckei ベレケイ
Verecundus
　ウェレクンドゥス
　ヴェレークンドゥス
Vered
　ヴェレッド
　ベレット
　ベレッド
Vereen
　ヴァーリーン
　ヴァリーン
　ヴェリーン
　バリーン
　ベリーン
Vereiskaya
　ウェレイスカヤ
Verejskij ベレイスキー
Verela ベレラ
Verelis ベレリス
Verelst ヴェレルスト
Veremundus
　ベレムンドゥス
Verena
　ヴァレーナ
　ウェレナ
　ヴェレーナ*
　ヴェレナ
　フェレーナ**
　フェレナ
　ベリーナ
　ベレーナ
　ベレナ
Verendrye
　ヴェランドリー
　ベランドリー
Veréndrye
　ベランドリー

Verene ヴィリーン
Vérénice ヴェレニス
Vereniki ヴァレニキ
Veres
　ヴィアーズ
　ヴェレシュ
　ヴェレス
　フェレス
　ベレシュ*
　ベレス*
Veresaev
　ウェレサーエフ
　ウェレサーエフ*
　ヴェレサエフ
　ベレサーエフ
Vereshchagin
　ヴェレシチャーギン
　ヴェレシチャギン
　ヴェレスチャーギン
　ベレシチャーギン
Veress
　ヴェレシュ
　ヴェレッシュ
Véret ヴェレ
Veretti ヴェレッティ
Verey
　ヴィアリー
　ベリー
Vérez ベレス
Verfaillie バーファエル
Verga
　ヴェルガ*
　ベルガ
Vergani ヴェルガーニ
Vergano
　ヴェルガノ
　ベルガノ
Verganti ベルガンティ
Vergara
　バーガラ
　ベルガラ
Vergassola
　ヴェルガッソーラ
Verge ヴェルジェ
Vergé
　ヴェルジェ*
　ベルジェ
Verge-depre
　ベルゲデプレ
Vergel ヴェルヘル*
Vergely ヴェルジュリ*
Vergeneas
　バージェニーズ
Vergennes
　ヴェルジェンヌ
Verger ヴェルジェ*
Vergerio
　ヴェルジェーリオ
　ヴェルジェリオ
　ヴェルジェーリョ
　ベルゲリオ
Vergés ベルジェス
Vergès
　ヴェルジェス
　ベルジュ*
Vergez ヴェルジェス
Verghese
　ヴァルギーズ

ヴェルガーゼ
バーギース
バギース
Vergie ヴァージー
Vergier バルジエ
Vergil ヴァージル
Vergílio ヴェルジリオ
Vergilius
　ヴァージリアス
　ヴァージル
　ウェルギリウス*
　ヴェルギリウス
　バージル
　ベルギリウス
Verginius
　ウェルギニウス
Vergnaud
　ヴェルニョ
　ベルグノウド
Vergne
　ヴェルニュ
　ベルニュ
Vergnes
　ヴェルヌ
　ベルギュ
Vergniaud
　ヴェルニョ
　ヴェルニョー
　ベルニオー
Vergoossen
　フェルフーセン
　フェルフーセン
　フェルホーセン
Vergott フェルゴット
Vergova ベルゴワ
Verguin ヴェルガン
Verguren ヴァーグレン
Verhaegh
　フェルヘーフ
Verhaeghe ヴェラーゲ
Verhaeren
　ヴェラーレン*
　ヴェラレン
　ヴェルアアレン
　ヴェルアーラン
　ヴェルアラン
　ヴェルアーレン
　ヴェルアレン
　ヴェルハアラン
　ヴェルハアレン
　ヴェルハーヴェン
　ヴェルハーラン
　ヴェルハーレン*
　ヴェルハレン
　フェルハアレン
　ベラーレン
　ベルハアレン
　ベルハーレン*
Verhaeve ヴェルハーヴ
Verhagen
　バーヘイゲン
　フェルハーヘン
　フェルハヘン
Verharen
　ヴェルハアレン
Verheem
　フェルヒーム

フェルヒーム
Verhees ベルフィース
Verheiden
　ヴェルハイデン
Verheij フェルハイ
Verheijen
　フェルハイエン
Verhellen
　フェルハーレン
Verhelst
　ヴェルヘルスト*
Verheoven
　フェルフーフェン
Verheul フェアフール
Verhey バーヘイ
Verheyde ベルハイデ
Verheyen
　ヴァーヘイエン
　フェアハイエン
Verhille ヴェルイーユ
Verhoef
　ヴァーホフ
　バーホフ
Verhoeff ヴァーホフ
Verhoeven
　ヴァーホーヴェン**
　バーホーベン**
　フェルフーフェン
　フェルヘーフェン
Verhofstadt
　フェルホフスタット**
　フォルスタット
Verhonick
　ベルフォニック
Verhulst
　ヴェルハースト
　フェルハルスト
　フェルヒュルスト
　フェルフルスト**
　フルヒュルスト
Verí ベリ
Veriano ヴェリアーノ
Verica
　ベリカ
　ベリツァ
Verichev ベリチェフ
Vérilhac ヴェリラック
Verina ヴェリナ
Verino ヴェリーノ
Veris ヴェーリス
Verissimo
　ヴェリシモ
　ヴェリッシモ**
　ベリシモ
　ベリッシモ
Veríssimo
　ヴェリッシモ*
　ベリッシモ
Verity
　ヴェリティ
　ヴェリティー
　ベリティ
Verjus ヴェルジュ
Verjux ヴェルジュ
Verkade
　ヴェルカーデ
　フェルカーデ

Verkaik バーカイク
Verkerk フェルケルク
Verkhogliad
　ベルホウリアド
Verkhoshanskil
　ベルホシャンスキー
Verkhovskii
　ヴェルホフスキー
Verkhovsky
　ヴェルホフスキー
Verkin ヴェルキン
Verkler バークラ
Verlaat フェルラート
Verlag フェアラーク
Verlain
　ヴァーレイン
　バーレイン*
Verlaine
　ヴァーレイン
　ヴァーレーン
　ヴェルレヌ
　ヴェルレン
　ヴェルレーヌ
　ヴェルレーヌ*
　エルレヌ
　バーレーン
　ベルレヌ
　ベルレーヌ
Verlander
　ヴェルランダー
　バーランダー*
Verlant ヴェルラン
Verle ヴァール
Verlet ヴェルレ
Verley
　ヴェルレー*
　ベルレー
Verlhac ヴェーラック
Verliefde フェルリーデ
Verlinde
　ヴェルランド
　ヴェルリンド
Verlinden
　ヴェルリンデン
　フェルリンデン
Verloge
　ヴェルロージュ
Verlor ヴェルラー
Verly ヴェルリー
Verlyn
　ヴァーリン
　バーリン*
Verma
　ヴァーマ
　ヴァルマ
　ヴァルマー
　ヴェルマ
　バルマ*
　ベルマ
Vermaelen
　ヴェルマーレン
Vermande
　ヴェルモンド
　ベルモンド
Vermandois
　ヴェルマンドア
Vermant フェルマント

Vermaseren フェルマースレン
Vermassen ヴェルマッセン
Vermeend フェルメーント
Vermeer ヴェルメール / フェアメーア / フェルメール*
Vermeersch ヴェルメールシュ / フェルメールシュ
Vermeij ヴァーメイ* / バーメイ
Vermeire ヴェルメール
Vermes ヴェルメシ* / ヴェルメシュ* / ベルメス
Vermès ヴェルメシ / ヴェルメシュ
Vermette ヴァーメット
Vermeule ヴァーミュール
Vermeulen ヴァーミューラン / ヴァーミューレン / バーミューレン / フェルメウレン / フェレメレン**
Vermexio ヴェルメーシオ / ベルメイショ
Vermeyen フェルマイエン / フェルメイエン
Vermeylen フェルメイレン / ベルメイレン
Vermigli ヴェルミッリ / ウェルミーリ / ヴェルミーリ
Vermilye バーミリー
Vermilyea ヴァーミリエア / ヴァミリヤ
Vermont ヴェルモン / バーモント
Vermorel ヴァーモレル
Vermot ベルモ
Vermoyal ヴェルモワイアル
Vermudo ベルムード
Vermund ヴァーマンド
Vermut ベルムト
Vern ヴァーン / バーン* / ベーン
Verna ヴァーナ* / ヴェルナ / バーナ*

Vernaccini ヴェルナッチーニ
Vernadskii ヴェルナツキー* / ヴェルナツキイ / ヴェルナドスキー / ベルナツキー
Vernadskiĭ ヴェルナツキイ
Vernadsky ヴェルナツキー / ヴェルナドスキー / ベルナツキー
Vérnadsky ヴェルナツキー / ヴェルナドスキー
Vernal バーナル
Vernant ヴェルナン** / ベルナン
Vernardakis ベルナルダキス
Vernay ヴァーネイ
Vernazza ヴェルナッツァ / バーナッザ
Vernberg ヴァンバーグ
Verne ヴァーヌ / ヴァーン* / ウェルヌ / ウェルヌ / ヴェルヌ / ヴェルヌ* / ウェルネ / ヴェルネ / ヴェルネー / バーン** / ベルナ / ベルヌ* / ベルーネ / ベルネ / ベルン
Vernejoul ヴェルヌジュール / ベルヌジュール
Vernel ヴェルネル
Vernella バーネラ
Verner ヴァーナー* / ヴァーネル / ヴェアナー / ヴェーネル* / ヴェルナー* / ヴェルネル* / バーナー / フェルナー / ベルネール / ベルネル**
Vernes ヴェルヌ
Vernescu ベルネスク
Vernet ヴェルネ / バーネット / ベルネ / ベルネット
Vernette ヴェルネット
Verneuil ヴェルヌイユ** / ベルヌイユ

Verney ヴァーニー / ヴェルネ / ヴェルネイ / バーニー / ベルネイ
Verni ヴェルニ
Verniaiev ヴェルニャエフ / ベルニャエフ*
Vernick ヴァーニック
Vernie ヴァーニー / バーニー
Vernier ヴェルニエ / ヴェルニエー / ヴェルネー / ベルニエ
Vernikos ヴァーニカス
Vernillat ヴェルニヤ
Vernino ヴェルニーノ
Vernois ヴェルノワー / ベルノア
Vernoit ヴェルノア
Vernon ヴァーノン** / ヴァノン / ヴァーン / ヴェルノン / バーノン*** / ベルノン / ヘロン
Vernor ヴァーナー* / バーナー*
Vernot ベルノー
Vernoux ヴェルヌ / ヴェルヌー / ヴェルノー / ベルヌ
Verny ヴァーニー / ヴェルニ / ヴェルニー / バーニー* / ベルニ / ベルニー
Vero ヴェロー
Verocai ヴェロカイ
Veroman ヴェロマン
Veron ヴェロン* / ベロン*
Verón ベロン*
Véron ウェロン / ヴェロン / ベロン
Verona ヴェローナ / ヴェロナ / ベローナ* / ベロナ*
Vérone ヴェローン
Veronelli ヴェロネッリ

Veronese ヴェロネーゼ* / ベロニーズ / ベロネーゼ
Veronesi ヴェロネージ** / ベロネージ / ベロネジ
Veronica ヴィロニカ / ウェロニカ / ヴェローニカ / ヴェロニカ*** / ベロニカ***
Verónica ヴェロニカ / ベロニカ*
Veronika ウェロニカ* / ヴェロニカ** / ベロニカ*
Veronina ヴェロニナ
Veronique ヴェロニク** / ヴェロニック / ベロニック
Ve'ronique ヴェロニク
Véronique ヴェロニク* / ヴェロニック* / ベロニク* / ベロニック
Veronneau ヴェロノー
Verot ヴェロ / ヴェロー
Verou ヴェルー
Verovio ヴェロヴィオ
Verplaetse フェアプレッェ
Verplancke フェルプランケ
Verplank バープランク*
Verrall ヴェラル* / ヴェロール
Verraszto ベラット
Verratti ヴェラッティ*
Verrazzano ヴェッラッツァーノ / ヴェラザーノ / ヴェラッツァーノ / ベラツァーノ / ベラツアノ / ベラッツァーノ
Verre ヴェーレ
Verreau ヴェロー
Verree ヴァーリー
Verrept ヴェルレプト
Verres ウェッレス / ウェレス / ヴェレス* / ベレス
Verrett ヴァーレット / ベレット

Verri ヴェッリ / ヴェリ / ベッリ / ベリ / ベルリ
Verrier ヴェリエ / ベリエ*
Verrill ヴァーリル / ヴェリル
Verrio ヴェリオ / ヴェリオ / ベリオ
Verrius ウェッリウス / ウェリウス / ヴェリウス
Verrocchio ヴェッロッキオ / ヴェルロッキオ / ヴェロッキオ / ヴェロッキオ / ヴェロッキョ / ベロッキオ / ベロッキオ / ベロッキョ
Verroen フェルルーン**
Verroken ヴェルロークン
Verrolles ヴェロル
Verros ヴァーロス
Verrot ヴェロ*
Verruijt フェルイ
Versace ヴェルサーチ** / ヴェルサーチェ / ベルサーチ
Versalle ヴァーサル
Versalles ベルサイエス
Verschaffel フェルスハフェル
Verschaffelt ヴェルシャフェルト
Verschave ヴェルシャヴ*
Verschoor ヴェルショール
Verschraegen ヴァーシュラエゲン
Verschuer ヴェアシュア
Verschuere フェルシュクーレ
Verschueren ヴァーシューレン
Verschuren フェルシューレン
Verschuur ヴァーシュアー / ヴァーシュウァ
Versfeld バースフェルド
Versiani ヴェルジアーニ
Versiglia ヴェルシリヤ

Versini
ヴェルシィニー
ヴェルシーニ
ヴェルシニ
ベルシニ
Versis ベルシス
Versluys
ヴァースライズ
Versnel ヴァースネル
Verso ヴェルソ
Versois
ヴェソワ
ヴェルソワ
Verspoor バースパー
Verspronck
フェルスプロンク
Verstappen
フェルスタッペン*
Versteeg
フェルステーフ
Versteegh
フェルステーヘ
Verstegan
ヴァーステガン
Verstegen
バーステーゲン
フェルステーヘン
Versteghe
ヴェルステーヘ
Verster フェルスター
Verstoff
ヴァーストッフ
Verstraete
ヴァーストレート
ヴェルストリート
Verstraeten
ヴェルストラエテン
ベルストラエテン
Verstynen
ヴァースタイネン
Vert ヴェル
Verte ヴェルテ
Vertelney
バーテルニー
Vertinskaya
ヴェルチンスカイア
ヴェルティンスカヤ
Vertinskii
ヴェルチンスキー
ヴェルティンスキー
Vertinsky
ヴェルチンスキー
Verton
ヴァートン
バートン
Vertonghen
ヴェルトンゲン
Vertosick
ヴァートシック
バートシック
Vertot ヴェルトー
Vertov
ウェルトフ
ヴェルトーフ
ヴェルトフ*
ベルトフ
Vertovec バートベック
Vertzman
ヴェルツマン

Verus
ウェールス
ヴェルス
ウェルヌス
ベルス
Veruschka
ヴェルーシュカ
ベルーシュカ
Vervest バーベスト
Verville ヴェルヴィル
Vervisch
ヴェルヴィッシュ
Vervoort
フェルフールト
Vervotte
フェルフォット
Verwaayen
ヴァヴェン*
Verwayen
フェルヴァーイエン
Verweij フェルバイ*
Verwer バウワー
Verwest
ビェルウェスト
Verwey
フェルヴァイ
フェルヴェー
フェルヴェイ
フェルバイ
Verwijlen
フェルウェイレン
Verwijs ヴェルワイス
Verwilghen
ファルウィルゲン
フェルウィルヘン
Verwoerd
フェルヴールト
Verworn
フアボルン
フェルヴォルン
フェルヴォルン*
フエルオルン
フェルボルン
Verworner ベルボーン
Verwyst
ヴェルウィスト
Very
ヴェリ
ヴェリー
Véry
ヴェリ
ヴェリー*
ヴェリイ
Veryard ベリヤード
Vesa ベサ
Vesaas
ヴェサース
ヴェースオース
ウェーソース*
ヴェーソース
ヴェソース
ベーソース
Vèsaitė ベサイテ
Vesak ヴィーザック
Vesalius
ウェサリウス
ヴェサリウス*

ヴェザーリオ
ヴェザリュース
ベサリウス
Vescan ベスカン
Vescera ヴェセーラ
Vesco ヴェスコ*
Vescoli ヴェスコーリ
Vescovi ヴェスコヴィ
Vesela ヴェセラ
Veselá ベセラー
Veseli ヴェセリ
Veselin
ヴェセリン
ベセリン*
ベゼリン
Veselinov ベセリノフ
Veselovskii
ヴェセロフスキー
ヴェセロフスキイ
ベセロフスキー
Vesely ベセリー
Veselý ヴェセリー*
Vesëlyi ヴェショールイ
Vesenina ヴェセニナ
Vesey
ヴィージー
ヴェーゼイ
Vesga ベスガ
Vesil'evich
ワシーリエヴィチ
ワシリエヴィチ
Vesilind
ヴェジリンド
ベシリンド
ベジリンド
Veski ヴェスキ
Veskimägi ベスキマギ
Vesna ベスナ
Vesnič ヴェスニッチ
Vesnik ヴェスニク
Vesnin
ヴェスニーン
ヴェスニン
ベスニン
Vesnina
ヴェスニナ
ベスニナ*
Vesota ヴェソータ
Vespa
ウェスパ
ヴェスパ
Vespasiano
ヴェスパシアーノ*
ヴェスパジアーノ
ベスパジアーノ
Vespasianus
ウェスパシアーヌス
ヴェスパシアヌス
ヴェスパシアヌス
ベスパシアヌス
Vesper
ヴェスパー*
ヴェスペル
フェスパー
ベスパー
Vesperman
ベスパーマン*

Vespermann
フェスペールマン
Vespignani
ヴェスピニャーニ
Vespucci
ヴェスプッチ
ベスプッチ
ベスプッチ
Vess ヴェス
Vessel ヴェッセル
Vesselina
ヴェッセリーナ*
ベッセリーナ
Vesselovsky
ヴェセロフスキー
ベセロフスキー
Vessereau ヴェスロー
Vessey
ベッシー*
ベッシィ
Vessiot ヴェシオ
Vesslin ベセリン
Vest
ヴェスト
ベスト*
Vesta ヴェスタ*
Vestager ベスデアー
Vestal
ヴェスタル
ベスタル*
Vestbro
ヴェストブロ
ベストブロ
Vestdijk
フェストダイク
フェストデイク
Vester
ヴェスター
フェスター
Vesterby ベスタビー
Vestergaard
ヴェステルゴーア
ベスタガード
Vestin ヴェスティン
Vesting
ヴェスティング
Vesto
ヴェスト
ヴェストー
ベスト
Vestre ヴェストレ
Vestris
ヴェストリス
ベストリス
Vesvolod フセヴォロド
Vesyolïy
ヴェショールイ
Vesyolyi
ヴェショールイ
ベショールイ
Veszprémi
ヴェスプレーミ
Vet
ヴェット
ベット
Vetah ベッタ
Vetancur ベタンクール

Vetch
ヴェッチ
ベッチ
Vetchinsky
ヴェチンスキー
Vetchý ベトヒー
Vete ベテ
Vetesnik ベテスニク
Veth
フェット
フェト
Vethathiri
ヴェタティリ
Vetluginoi
ヴェトルーギナ
Vetö ヴェトー
Vetranio ウェトラニオ
Vettel
フェッテル
フェテル*
Vetter
フェター
フェッター*
ベッテル
Vetterlein
フェッターライン
Vetterli ヴェテルリ
Vetterling
ヴェターリング
Vettius
ウェッティウス
ウェティウス
Vettori
ヴェットリー
フェットーリ
ベットリー
Vetu ヴェトゥ
Veugelers
ヴェウヘレルス
Veuillot
ヴイヨ
ヴイヨー
ブイヨ
Veul フェール
Veurink フェウリンク
Veuster
ヴーステル
ブーステル
Veuthey ヴーテ
Vevelle ヴォヴェル
Vevers
ヴェヴァーズ
ビバース*
Vex ヴェックス
Veyash ベヤシュ
Veygoux
ヴェイグー
ヴェグー
ベーグー
Veyne
ヴェーヌ**
ベーヌ
Veyre
ヴェール
ベール
Veyrenc ヴェラン
Veyret ヴェレ

Veyron
ヴェイロン*
ヴェロン
ベイロン
Veysel ベイセル
Veysey ヴェイセイ
Veysi ベイシ
Veysî ヴェイシー
Veysset
ヴェイセ
ヴェセット
ヴェッセ
ベイセ
ベッセ
Veza ベーツァ
Vézelay ベズレー
Vezenkov
ヴェゼンコフ
Vezhdi ベジディ
Vezhinov
ヴェージノフ*
ヴェジノフ
ベージノフ
ベジノフ
Vezin ヴェージン
Vézinet ベジネ
Veziroglu
ヴェズィログル*
Vezo ヴェソ
Vezzali
ヴェッツァーリ
ベッツァーリ**
ベッツァリ
Vezzani
ヴェッツァーニ
Vezzosi
ヴェッツォシ*
ベッツォージ*
Vi ビ
V.I ヴィアイ
Via ビア*
Viacheslav
ヴァチェスラフ*
ヴィアチェスラフ
ヴャチェスラフ
ヴャチェスラーフ
ビャチェスラフ*
Viacheslavov
ヴャチェスラヴォフ
Viadana
ヴィアダーナ
ビアダーナ
Vía Dufresne
ビアデュフレスネ
Viaera ヴィエーラ
Viagas
ヴィアガス
ビアガス
Vial
ヴィアル*
ヴィヤール
ビアル
ブイヤル
Viala ヴィアラ*
Vialar
ヴィアラ
ヴィアラール

ヴィヤラール
Viali
ヴィアリ
ヴィタリ
Viallat ヴィアラ
Viallé フィアレイ
Viallet ヴィアレ
Vialli
ヴィアリ*
ビアリ
Vian
ヴィアン**
ヴィヤン
ビアン
ビヤン
Viana
ヴィアーナ
ビアナ**
Vianelli ブアネリ
Vianello ヴィアネッロ
Vianesi ヴィアネージ
Vianey
ヴィアネー
ヴィアネイ
Viani
ヴィアーニ
ヴィアニ
ビアーニ
Vianna
ヴァイアナ
ヴィアナ*
ヴィアンナ
Vianney
ヴィアニー
ヴィアネ
ヴィアネー
ヴィアンネ
ヴィヤネ
ヴィヤネー
ビアンネ
Vianu ヴィアヌ
Viard
ヴィアール
ヴィヤール
ビアール
Viardot
ヴィアルド
ヴィアルドー
ヴィヤルド
Viart ヴィアール
Viatcheslav
ヴィアチェスラフ
ヴャチェスラフ
Viateur
ヴィアトゥール
Viator
ウィアトル
ヴィアトール
Viatte ヴィアット
Viau
ヴィオー
ヴィヨ
ヴィヨー
ビヨ
ビヨー
Viaud
ヴィオー
ヴィヨ

Viaut ヴィオー
Viazemskaia
ヴィヤーゼムスカヤ
Viazemskii
ヴィヤーゼムスキー
ヴァーゼムスキー
ヴャゼムスキー
ヴャーゼムスキィ
ビャーゼムスキー
Viaznikov
ヴャズニコフ
Viazovska
ヴィアゾフスカ
Vibanco ビバンコ
Vibe バイブ
Vibeke
ヴィーベケ
ヴィベケ**
ビベーケ*
Vibenna ウィベンナ
Vibert
ヴァイバート
ヴィベール*
バイバート
ビバート
ビベール
Vibette ビベット
Vibhav ヴィバウ
Vibius ウィビウス
Viborg ビボー
Vic
ヴィク*
ヴィック**
ビク
ビック***
Vicaire ヴィケール*
Vicarelli ヴィカレリ
Vicari ヴィカーリ
Vicario
ヴィカリオ
ビカリオ
Vicary ヴィカリー
Vicat
ヴィカ
ヴィカー
Vicaut ビコ
Vicci
ヴィッチ
ビッチ
Vice バイス
Vicedom フィツェドム
Viceira ビセイラ
Vicelinus ヴィケリヌス
Vicellinus
ウィケリヌス
Vicena ヴィツェナ
Vicenç ビセンス
Vicencio ヴィセンシオ
Vicens ビセンス*
Vicent
ヴィセント
ビセント
Vicente
ウィシエント
ヴィセンテ
ヴィセント
ヴィチェンテ

ヴィンセント
ビセンテ***
ビンセント
Vicenti ビセンティ
Vicentia ビソンティア
Vicentini
ビチェンティーニ
Vicentino
ヴィチェンティーノ
ヴィンチェンティーノ
ビチェンティーノ
Vich
ビック
ビッチ
Vích
ヴィーフ*
ビーフ
Vichai
ウィチャイ*
ウイチャイ
Vichairachanon
ビチャイラチャノン
Vichard ヴィシャール
Vichian ヴィチアン
Vichiensan
ウィチェンサン
Vichier ウィチエン
Vichitr ビチトル
Vichy ヴィシー
Vici
ヴィーキー
ヴィーチ
Vicini ビチーニ
Vicious
ヴィシャス
ビシャス
Vick
ヴィック
ビック**
Vicker ビッカー
Vickerman
ヴィッカーマン
Vickers
ヴィカーズ*
ヴィッカース*
ヴィッカーズ*
ビィカーズ
ビッカース
ビッカーズ**
Vickerstaff
ビッカースタッフ
Vickery
ヴァッカリー
ヴィカリー
ヴィッカリー
ヴィッケリー
ビッカリー
Vicki
ヴィキー*
ヴィキイ
ヴィキィ
ウィッキー
ヴィッキ*
ヴィッキー*
ヴィツキー
ヴィツキィ*
ビッキ
ビッキー**
ビッキィ

Vickie
ヴィッキー*
ビッキー**
Vickos ビッコ
Vickrey
ヴィクレイ
ヴィックリー
ビクリー
ビックリー
Vicky
ヴィッキー*
ヴィッキ
ビッキー**
Vico
ヴィーコ*
ヴィコ
ビーコ
ビコ
Vicol ビコル
Vicoria ビクトリア
Vicq
ヴィク
ヴィック
ビック
Vicsek
ヴィチェック*
ビチェック
Victo ヴィクトル
Victoire
ヴィクトア
ヴィクトワール*
ビクトワール
Victolio ヴィットリオ
Victor
ヴィクタ
ヴィクター***
ヴィクトーア
ヴィクトア
ヴィクトオル
ウィクトル
ヴィクトール***
ヴィクトル***
ヴィクトック
ヴィトール
ヴクトル
ビクトル
ビクター***
ビクトール
ビクトオル
ビクトール***
ビクトル***
ビック
ビトル
フィクトル*
フィックトル
Víctor
ヴィクター
ヴィクトール
ヴィクトル
ビクトール
ビクトル**
Victoria
ウィクトーリア
ヴィクトーリア
ヴィクトリア***
ヴィクトーリヤ
ヴィタ
ビクトーリア
ビクトリア***
ビクトリャ
ビトリア

Victorian ヴィクトリアン
Victoriano ビクトリアーノ* / ビクトリアノ
Victoria-Violeta ビクトリアビオレタ
Victorien ヴィクトリアン* / ヴィクトリヤン
Victorin ヴィクトラン / ヴィクトリン / ビクトラン
Victorine ヴィクトリーヌ / ビクトリーヌ
Victorino ビクトリーノ / ビクトリノ*
Victorinus ウィクトーリヌス / ウィクトリヌス* / ヴィクトリヌス
Victorio ヴィクトーリオ / ビクトリオ
Victorius ウィクトーリウス / ウィクトリウス / ヴィクトリウス
Victorovich ヴィクトロヴィッチ
Victricius ウィクトリキウス / ヴィクトリチウス
Vict rien ヴクトリアン
Victrinus ヴィクトリーヌス
Victrovitch ヴィクトローヴィッチ
Victurius ウィクトゥリウス
Victurnien ヴィクテュルニアン
Vicuaro ヴィクアーロ
Vicuna ヴィクニヤ / ビクニヤ
Vicuña ビクーニャ* / ビクニヤ
Vida ヴァイダ / ヴィーダ* / ヴィダ* / ビーダ / ビダ
Vidakovic ヴィダコヴィック
Vidal ヴィダール / ヴィダル*** / ビダール*** / ビダル***
Vidalain ヴィダラン
Vidalenc ヴィダラン
Vidali ヴィダリ / ビダリ

Vidalie ヴィダリー
Vidalin ヴィダラン / ビダラン
Vidame ヴィダム
Vidan ヴィダン
Vidar ビダル
Vidari ヴィダーリ
Vidas ヴィダス
Vide ヴィデ
Videanu ビデアヌ
Videau ヴィド
Videbaek ヴィーゼベク
Videbæk ヴィーゼベク
Videbeck ヴィデベック
Videgaray ビデガライ*
Videla ビデーラ / ビデラ**
Videnov ヴィデノフ / ビデノフ*
Vides ビデス
Videtic ヴィデティック
Vidgen ヴィドゲン
Vidi ヴィディ
Vidiadhar ヴィディアダール / ビディアダール**
Vidić ヴィディック / ヴィディッチ*
Vidiella ビディエラ
Vidler ヴィドラー*
Vidmar ヴィドマー / ヴィドマール / ビドマー
Vidmer ヴィドマー
Vidocq ヴィドック / ビドック
Vidor ヴィダー / ビダー*
Vidov ヴィドーヴ / ヴィードフ
Vidović ビトビッチ / ビドビッチ
Vidoz ビドズ
Vidrequin ヴィドルカン*
Vidro ビードロ / ビドロ
Vidrovitch ヴィドロヴィチ
Vidūdabha ヴィドゥーダバ
Viduka ビドゥカ*
Vidushi ヴィドゥシ
Vidya ウィッヂヤー / ヴィディヤ

Vidyalankar ヴィディヤーランカール / ヴィディヤランカール*
ビディヤランカール
Vidyamala ヴィディヤマラ
Vidyamurthy ビディヤーマーヒー
Vidyāpati ヴィディヤーパティ / ビディヤーパティ
Vidyāsāgar ヴィジャーサーガル / ヴィッディヤーサーガル / ビディヤーサーガル
Vieaux ボー
Viebahn フィーバーン
Viebig フィービッヒ / フィービヒ*
Vieda ヴィーダ
Viega ビエガ
Viegas ヴィーガス / ビエガシュ / ビエガス
Viégas ヴィエガ
Viego ヴィエゴ
Viehmann ヴィアマン
Viehoff ヴィーホフ / フィエホフ
Viehweg フィーヴェク
Vieillard ヴィエイヤール
Vieille ヴィエーユ
Vieilledent ビエルダン*
Vieira ヴィエイラ* / ヴィエラ* / ビエラ*** / ビエラ
Vieira Da Silva ビエイラダシルバ
Vieirinha ヴィエイリーニャ
Viel ヴィエール / ヴィエル / ビエール / フィール*
Viele ヴィール / ビーリー
Vielé ヴィエレ
Viélé ヴィエレ* / ヴィレ / ビエレ
Vieleta ビオレタ*
Viel'gorskii ヴィエリゴルスキー
Vielh ヴィエイユ

Vielhaber フィールハーバー
Viellard ヴィラード*
Vielma ビエルマ
Vielman ビエルマン
Vielmetter ヴィエルメッター
Viemeister ヴィーマイスター
Vien ヴィアン / ヴィエン / ヴィヤン
Viénet ビエネ
Viengkham ヴィエンカム
Vienne ヴィエン* / ヴィエンヌ*
Viennet ヴィエネ
Viénot ヴィエノ / ヴィエノー
Vier ヴィエ
Viera ヴィエラ / ヴェーラ / ヴェラ / ビエラ
Viera-gallo ビエラガジョ
Vierchowod ヴィエルコウッド / ビエルコウッド
Vierdanck フィールダンク
Viereck ヴィアレク / ヴィエレック / ヴィーレック / ビーレック** / ブィーレック
Viergever フィールヘフェル
Vierhaus フィーアハウス / フィルハウス
Vieri ヴィエーリ / ヴィエリ* / ビエリ
Vierkandt フィーアカント / フィアカント* / フィーヤカント / フィールカント
Vierkant ヴィールカント
Vierklau フィエルクラウ
Vierling フィーリング
Vierna ビエルナ
Vierne ヴィエルヌ
Vierny ヴィエルニー
Viero ヴィエロ
Vierordt ビルロード / フィールオルト

Viertel ヴィアテル / ビアテル / フィアテル / フィールテル
Vierthaler フィールターレル
Vieru ヴィエル / ビエル
Viescas ヴィスカス / ビエスカス
Vieser フィーザー
Viet ヴィエット / ヴィエト** / ヴェット / ヴェト* / ビエト* / ベト*
Vieta ヴィエタ / ビエタ
Vietas ヴィータス
Viète ビエタ / ヴィエート / ヴィエト / ビエタ / ビエト
Vieth ヴィエト / ビース / フィース* / フィート
Vietor ヴィートー / ビーター / ビートー*
Viëtor ヴィエトール / フィーエトル / フィエートル / フィエトル
Vietoris ヴィエトリス
Viets ヴィエッツ* / ヴィーツ / ビエッツ*
Vietta ヴィエッタ / フィエタ
Viette ヴィエット
Vietto ビエット
Vietze ビーツェ
Vieu ヴィウ
Vieuille ヴュイーユ
Vieussens ヴィユサンス / ヴューサンス
Vieusseux ヴィユッシュー / ヴュッシュー
Vieux ヴュー
Vieuxtemps ヴィユータン / ヴィユタン / ヴュータン / ビュータン

Vieuzac
ヴュザク
ヴューザック
ヴュザック
ビュザック
ビューザック
Viéville ヴィエヴィル
Vieweg フィーヴェーグ
Viewegh ヴィーヴェク
Vieyres ヴィエイレス
Viezzer ヴィーゼル
Vifredo ビフレド
Vig
ヴィー*
ヴィグ
ヴィッグ
ビグ*
Vigan ヴィガン**
Vigand ヴィガン
Vigano
ヴィガーノ
ヴィガノ
ビガーノ
Vigara ヴィガラ
Vigarani ヴィガラーニ
Vigaray ビガライ
Vigarello ヴィガレロ
Vigdis
ヴィグディス
ビグジス
Vigdís
ヴィグディス
ビグジス*
Vigdorova
ウィクドローヴァ
ヴィグドローヴァ
ヴィグドローワ
Vigée
ヴィジェ**
ビジェ
ビジエ
Vigeland
ウィーゲラン
ヴィーゲラン*
ヴィーゲランド
ビーゲラン
ビゲラン
ビジランド
Vigellius ウィゲリウス
Vigen
ヴィゲン*
ビゲン
Vigenére
ヴィジュネール
Vigerio ヴィジェリオ
Vigevano
ヴィジェーヴァノ
Vigfússon
ヴィグフースソン
ヴィグフーソン
ヴィクフッソン
ヴィフフソン
Vigga ベガ
Viggers ヴィガーズ
Viggiani
ヴィッジァーニ

Viggo
ヴィーゴ
ヴィゴ*
ヴィゴー*
ヴィゴウ
ヴィッゴ
ヴィッゴー
ビゴ*
Vigh ヴィグ
Vighi
ヴィギ
ビギ
Vigier ヴィジェ
Vigil
ビジル
ビヒル**
Vigilantius
ウィギランティウス
ヴィギランティウス
Vigild ヴィジルド
Vigilia ヴィジーリア
Vigilijus ビギリユス
Vigilius
ウィギリウス
ヴィギリウス
ビギリウス
Viglione
ヴィッリョーネ
ヴィリオーネ
ビグリオン
Viglizzo
ヴィグリッツォ
Víglundsson
ビーグルンズソン
Vigna
ヴィーニャ**
ヴィーニャ
ビグナ
ビニャ
Vignaket
ウィニャケート
Vignaketh
ウイニャケート
Vignal
ヴィニャル
ビニャール
Vignas
ヴィニャス
ビニャス
Vignaux ヴィニョー
Vignazia
ヴィニャツィア
Vigneaud
ヴィニョー
ビニョー
Vigneault ヴィニョー*
Vignelli ヴィニェリ
Vignere ヴィグネレ
Vigneron
ヴィグネロン
ヴィニュロン*
ヴィネロン
ビネロン
Vignerot ビグネロット
Vignes
ヴィーニュ
ヴィニュ
ビーヌ

Vigneulles
ヴィニュール
Vignier ヴィニエ
Vignod ヴィニョ
Vignola
ヴィグノーラ
ヴィニョーラ
ヴィニョラ
ヴィノーラ
ビニョーラ
Vignoli ビグニョリ
Vignon ヴィニョン
Vigny
ヴィグニー
ウィニー
ヴィニ
ヴィニー*
ヴィニィ
ビニー
Vigo
ヴィゴ*
ヴィゴー
ビゴ
Vigoda
ヴィゴッダ
ビゴダ
Vigolo
ヴィーゴロ
ビーゴロ
Vigon
ヴァイゴン
バイゴン
Vigor ヴィゴル
Vigorita ビゴリタ
Vigoureux
ヴィグルー
ビグルー
Vigouroux
ヴィグルー*
Vigran ヴィグラン
Vigroux ヴィグルー
Vigud
ヴィギュド
ヴィグ
Viguera ビゲラ*
Viguerie
ヴィギュエリ
ヴィゲリー
ビゲリエ
Vignaux ヴィグアース
Viguier
ヴィギエ
ヴィギエール
Vihlem ヴィレム
Vihman ヴィーマン
Vihrog ヴィーログ
Vihrovs
ヴィフロフ
ビフロフ*
Viidik ヴィーディク
Viidikas
ヴィーディカス
ビーディカス
Viinanen
ヴィーナネン
ビーナネン
Viita ビタ

Viitala ビータラ
Viitamäki
ヴィイタメキ
Viitanen
ヴィータネン
ビータネン
Vij ヴィジ
Vija ヴィヤ
Vijay
ヴィジェイ
ヴィジャイ*
バイジェイ
ビジェイ**
ビジャ
ビジャイ**
ビージュイ
Vijaya
ヴィジャーヤ
ヴィジャヤ*
ビジャイ*
ビジャヤ
Vijayā ヴィジャヤー
Vijayabāhu
ヴィジャヤ・バーフ
ヴィジャヤバーフ
Vijayāditya
ヴィジャヤーディティ
ア
Vijayālaya
ヴィジャヤーラヤ
Vijayan ヴィジャヤン
Vijayaraghavan
ビジャヤラガバン
Vijayendra
ヴィジャエーンドラ
Vijender ビジェンデル
Vijitasena
ヴィジタセーナ
Vijith ビジット
Vijitha ウィジタ
Vijjānanda
ヴィジャーナンダ
Vijñāna ビジニャーナ
Vijñānabhiksu
ヴィジニャーナビク
シュ
ヴィジュニャーナビク
シュ
Vik
ヴィーク
ヴィック
ビーク*
Vikander
ヴィキャンデル
Vikas
ヴィカース*
ヴィカス**
ビカス
Vikash ビカシュ
Vike ビケ
Vīķe ビケ
Vikedal ビッケダール
Vike-Freiberga
ビケフレイベルガ
Viķe-freiberga
ビケフレイベルガ
Vīke-Freiberga
ビケフレイベルガ

Vikent'evich
ヴィケンチエヴィチ*
Vikentii
ヴィケンチー*
ビケンチー
Vikhanski
ヴィハンスキ
Vikhanskii
ヴィハンスキー
ビハンスキー
Vikhe ビケ
Viki ヴィキ
Viking
ヴィーキング
ヴィキング
Vikki ヴィッキー
Viko ヴィコ
Vikram
ヴィクラム*
ビクラム*
Vikramachōḷa
ヴィクラマチョーチ
Vikramāditya
ヴィクラマーディティ
ア
Vikrom ヴィクロム*
Vikström
ヴィクストローム
Viktor
ヴィクター**
ヴィクトーア*
ウィクトル
ヴィークトル
ヴィクトール*
ヴィクトル***
ビクター*
ビクトール
ビクトル***
Víktor ヴィクトル
Viktoria
ヴィクトリア***
ビクトリア**
Viktoriia
ヴィクトリヤ
ビクトリア
Viktorija
ヴィクトリヤ
ビクトリア
Viktorin ヴィクリーン
Viktorín
ヴィクリーン
Viktorina
ヴィクトリナ
Viktoriya
ヴィクトリヤ
Viktória
ヴィクトリヤ
Viktorova
ヴィクトローヴァ
Viktorovich
ウィークトロヴィチ
ヴィクトロヴィチ
ヴィクトロヴィッチ*
Viktorovich
ヴィクトロヴィチ
Vil' ヴィーリ
Vila
ヴィラ
ビラ***

Vilagos ビラゴス
Vilaine ヴィレーヌ
Vilakati ビラカティ
Vilakazi ヴィラカジ
Vilallonga
　ヴィラジョンガ
　ビラジョンガ
　ビロンガ
Vilalta ビラルタ
Vilanova ビラノバ*
Vilar
　ヴィラール*
　ビラール
　フィラー
Vilaras ビララス
Vilaró ビラロ**
Vilarrubí ビラルビ
Vilaseca
　ヴェラセカ
　ビラセカ
Vilasrao ビラスラオ
Vilatte ヴィラット
Vilayat ビラヤト
Vilayvanh
　ウィラワン
Vilchez ビルチェス
Vilde
　ヴィルテ
　ヴィルデ*
　ヴェルテ
Vildo ビルド
Vildoso ビルドソ
Vildrac
　ヴィルドラク
　ヴィルドラック*
　ビルドラック*
Vile ビル
Vilè ヴィレ
Vilela
　ヴィレラ
　ビレラ
Vilém
　ヴィレーム*
　ヴィレム*
　ビレーム
Vilen ヴィレン
Vilén ビレン
Vilenkin
　ヴィレンキン
　ビレンキン
　ビレンケン
Vilenskii
　ウィレンスキー
Viles ビイリー
Vilesov ヴィレソフ
Viletta
　ヴィレッタ
　ビレッタ*
Vilfredo
　ウィルフレド
　ヴィルフレード*
　ヴィルフレド*
Vilgelm ヴィリゲリム
Vilgot
　ヴィルゴット*
　ヴィルゴート
Vilh. ヴィルヘルム

Vilhelm
　ウィルヘルム
　ヴィルヘルム**
Vilhelmina
　ヴィルヘルミナ
Vilhelmsen
　ビルヘルムセン
Vilhelmson
　ウィルヘルムソン
Vilhjalmur
　ヴィルヒャルマー
Vili
　ヴィリ*
　ビリ
Viliam
　ヴィリアム
　ビリアム
Viliame ビリアミ
Viliami
　ヴィリアミ
　ビリアミ
Viliams ウィリアムス
Viliamu ヴィリアム
Vilija ビリヤ
Vilinac ヴィリナック
Vilis ヴィリス
Vilius ヴィリュス
Viliyams
　ウィリヤムス
　ヴィーリヤムス
　ヴィリヤムス
　ビリヤムス
Viljanen ヴィリャネン
Viljoen
　ヴィルジョーン
　ビルジョン
　フィリューン**
　フィルユン
Vilkaitis
　ビルカイティス
Vilks
　ヴィルクス*
　ビルクス
Vilkul ビルクル
Vilkuna ヴィルクナ
Villa
　ヴィッラ*
　ヴィラ**
　ヴィリャ
　ビジャ**
　ビヤ
　ビラ*
　ビリア
　ビーリャ
　ビリャ
　ビリャ
　ビルラ*
Villabella
　ヴィヤベーヤ
　ヴィラベッラ
　ヴィラベラ
　ビラベラ
Villada ビリャーダ
Villaecija ビリャエシワ
Villaespesa
　ビリャエスペサ
Villafañe
　ビジャファニャ

Villafañe
　ビジャファニェ
　ビリャファニェ
Villaflor
　ビリャフロール
Villa-Gómez
　ビジャゴメス
Villagomez
　ビジャゴメス
Villain
　ヴィヤン
　ヴィラン
Villainova
　ヴィラノヴァ
　ビラノバ
Villalba ビジャルバ
Villa-Lobos
　ビラロボス
Villalobos
　ヴィラロボス
　ビジャロボス*
　ビリャロボス
Villalonga
　ヴィリャロンガ
　ビリィアロンガ
Villalpando
　ビリャルパンド
Villalta ビジャルタ
Villamayor
　ヴィジャマジョール
　ビジャマジョール
Villamor ビジャモル
Villamuza
　ビリャムーサ
　ビリャムサ
Villán ビリャーン*
Villandrando
　ビリャンドランド
Villani
　ヴィッラーニ
　ヴィラーニ**
　ヴィラニ
　ビッラーニ
　ビラーニ
Villano ビジャノ
Villanova ビラノバ
Villanovanus
　ウィラノウァ
　ヴィルヌヴ
　ビラノーバ
　ビラノバ
　ビラノーバヌス
Villanti ヴィランティ
Villanueva
　ヴィジャヌエバ
　ヴィリャヌエヴァ
　ビジャヌエバ*
　ビヤヌエバ
　ビラヌエバ
　ビリャヌエーバ
　ビリャヌエバ**
Villar
　ヴィラー
　ビアー
　ビジャール
　ビジャル
　ビラ
　ビリャール*
Villaran ビジャラン
Villarán ビジャラン

Villar Barbosa
　ビリャルバルボサ
Villarceau
　ヴィラルソー
Villard
　ヴィヤール
　ヴィラード*
　ヴィラール
　ビラール
Villareal ビジャレアル
Villarejo ビジャレホ
Villaret ヴィラレ
Villari
　ヴィッラリ*
　ヴィラーリ
　ヴィラリ
Villarón ビリャロン
Villarreal
　ヴィラリアル
　ビジャレアル
Villarroel
　ビジャロエル
　ビリャロエル
Villarrubia ビラルビア
Villarrutia
　ビジャルーティア
Villars
　ヴィラール
　ビラース
　ビラール
Villas ビラス*
Villasandino
　ビリャサンディノ
Villasante
　ビジャサンテ
Villasenor ビラセナー
Villasin ビリヤシン
Villate ビジャテ
Villatoro
　ビジャトーロ*
Villatte ヴィラット
Villaume ヴォーム
Villaurrutia
　ビリャウルティア
Villaverde
　ビリャベルデ
Villavicencio
　ビジャビセンシオ
Villázon
　ヴィリャソン
　ビリャソン
Ville
　ヴィッレ*
　ヴィル*
　ヴィレ
　ビレ
Villechaize
　ヴィーユシェーズ
Villechalane
　ビレシャラン
Villeda ビジェダ
Villedieu ヴィルデュ
Villedrouin
　ビルドゥラン
Villefranche
　ヴィーユフランシュ
Villegaignon
　ヴィルゲニョン

Villegas
　ヴィレガス*
　ヴィジェガス*
　ビリェーガス
　ビリェガス
　ビリエガス
Villéger ヴィレジェ
Villehardouin
　ヴィラールドゥアン
　ヴィラルドゥアン
　ヴイラルドゥワン
　ヴィラールドゥワン
　ヴィルアルドゥアン
　ヴィルアルドゥワン*
　ビラルドゥアン
　ビルアルドゥアン
Villehervé
　ヴィルエルヴェ
Villela
　ヴィレラ
　ビジェラ
Villèle
　ヴィレール
　ビレール
Villella ヴィレラ
Villemain
　ヴィルマン
　ヴィルメン
　ビルマン
Villemant ヴィルマン
Villemarqué
　ヴィルマルケ
Villemin
　ヴィールマン
　ビールマン
Villemot ヴィルモ
Villena
　ビリェーナ
　ビリェナ
Villeneuve
　ウィルヌーヴ
　ウィルヌーヴ
　ヴィルヌーヴ*
　ビルニューヴ
　ビルヌーブ***
　フィレネーフェ
Villepin ヴィルパン**
Villeret
　ヴィーユレー
　ビルレ
Villermé
　ヴィレルメ
　ビレルメ
Villeroi
　ヴィルロア
　ヴィルロワ
Villeroy de Galhau
　ヴィルロワドガロー
Villers
　ヴィラーズ
　ヴィレール
　ヴィレル*
　ヴィレルス
　ビレー
Villessot ヴィレソット
Villette ヴィルレッテ
Villey
　ヴィレ
　ヴィレー

Villiame ビリアメ
Villiami ビリアミ
Villiers
　ヴィエリ
　ヴィラーズ
　ヴィリアーズ
　ヴィリエ
　ヴィリエ***
　ヴィリエールス
　ビリアーズ
　ビリエ
Villiger
　ビリガー
　フィリガー**
Villion
　ヴィヨン
　ヴィリオン*
　ヴィリヨン
　ヴィリヨン*
　ビリオン
　ビリヨン
Villis ヴィリス
Villmow フィルモウ
Villoison ヴィロアゾン
Villoldo
　ヴィロルド
　ビジョルド
Villon
　ヴィヨン**
　ヴヨン
　ビィヨン
　ビヨン*
Villone ヴィローン
Villoria ビジョリア
Villota ビロタ
Villoteau ヴィロトー
Villu ビル
Villumsen ビルムセン
Villy
　ヴィリー*
　ビリー
Vilma
　ヴィルマ*
　ビルマ*
Vilmar
　フィルマー*
　フィルマール
　フィルマル
Vil'mont ビリモント
Vilmorin ヴィルモラン
Vilmos
　ヴィルモシュ
　ヴィルモス
　ビルモス
Vilmur ヴィルマー
Vilnai ビルナイ
Vil'ner ヴィリネル
Viloria ビロリア*
Vilotic ヴィロティッチ
Vilppu ビルプ
Vilsack ビルサック*
Vilsky ヴィルスキー
Vilsmaier
　フィルスマイアー*
Vilsmeier
　フィルスマイヤー*
Vilson ビルソン*

Vilsoni ヴィルソニ
Vilstrup
　ヴィルストラップ
Viltard ヴィルタール*
Viltoria ヴィクトリア
Vilukhina ビルヒナ
Vilzak ヴィルザーク
Vimala
　ヴィマラ*
　ヴィマラー
　ビマラ
Vimalakīrti
　ヴィマラキールティ
Vimalamitra
　ヴィマラミトラ
Vimont ヴィモン
Vimukthi
　ヴィムクティ
Vimuktisena
　ヴィムクティセーナ
Vin
　ヴィン
　ビン**
Vina
　ヴィーナ*
　ヴィナ
　ヴィニア
　ビーニャ
Vinacke ヴァイナック
Vinardell ビナルデル
Viñas ビニャス
Vinata ヴィナター
Vinatieri
　ビナティエリ*
Vinaver
　ヴィナヴェール
Vinawer ビナワー
Vinay
　ヴィジェイ
　ヴィナイ
　ビナイ
　ビネイ
Vinaya ヴィナヤ
Vinayāditya
　ヴィナヤーディティア
Vinayak
　ヴィナイアーク
　ヴィナイヤク
Vinberg
　ヴィンベルク
　ビンバー
Vincanne
　ヴィンカーン
Vincas
　ヴィンツァス
　ビンツァス
Vincchayakul
　ヴィンチャクン
Vince
　ヴァンス
　ヴィニス
　ヴィンス*
　ビンス***
Vincec ビンチェチ
Vincenc ヴィンセンス
Vincenet ヴァンスネ

Vincent
　ヴァンサン***
　ヴァンザン
　ヴァンソン
　ヴィセント
　ウィンケンティウス
　ヴィンケンティウス
　ヴィンス
　ヴィンセンティウス
　ヴィンセント***
　ヴィンチェンティウス
　ヴィンツェント
　バンサン***
　ビンセント***
　フィンセント*
　フィンチェント
Vincentas
　ビンセンタス
Vincente
　ヴィンセンテ
　ヴィンセント*
　ビセンテ
　ビンセンテ
Vincentelli
　ヴィンセンテリ
Vincenti
　ヴィセンチ
　ヴィンセンティ
　ヴィンチェンティ*
Vincentia
　ヴィンセンティア
Vincentiis
　ヴィンチェンティス
Vincentius
　ヴァンサン
　ウィンケンティウス
　ヴィンケンティウス
　ウィンセンチウス
　ヴィンツェンティ
　ビンケンチウス
　ビンケンティウス
　フィンセンティウス
Vincenz
　ヴィンツェンツ
Vincenza
　ヴィンチェンツァ
　ビンセンサ
Vincenzi
　ヴィンチェンツィ
Vincenzo
　ヴィチェンツォ
　ヴィツェンツ
　ヴィンチェンツォ
　ヴィンチェンツォ*
　ヴィンチェンツィオ
　ヴィンチェンツォ***
　ヴィンツェンツォ**
　ヴィンツェント
　ビンチェンゾ
　ビンチェンツォ**
Vincenzoni
　ヴィンセンツォーニ
　ヴィンチェンツォーニ*
Vincer ヴィンサー
Vincete ヴィンセント
Vinchevsky
　ヴィンチェウスキー
Vinci
　ヴィンチ***

　ビンチ*
Vinciane
　ヴァンシアーヌ
Vincidor ヴィンチドル
Vincilaus
　ヴィンチラウス
Vincius ビニシウス
Vinck
　ヴィンク
　ビンク
Vincke フィンケ
Vinco ヴィンコ
Vincy ヴィンシー
Vincze ビンチェ
Vindella ヴィンデッラ
Vindex
　ウィンデクス
　ビンデクス
Vindu ヴィンドゥ
Vine
　ヴァイン*
　バイン*
Vineberg
　ヴァインバーグ
Vineet ヴィニート
Vineeta ビニータ
Vinegar
　ヴィネガー
　ビネガー
Vinekar
　ヴィネーカル*
　ビネーカル
Vinekh ヴィネフ
Vinen ヴィネン
Vinent ビネント*
Viner
　ヴァイナー*
　バイナー*
Vines
　ヴァインズ*
　バインズ*
　ビニェス*
Viñes
　ヴィニェス
　ビーニェス
　ビニェス
Vinesh
　ビネーシャ
　ビネシュ
Vinet
　ヴィネ
　ヴィネー
　ビネ
Vinets ビネツ
Viney
　ヴァイニー
　バイニー
Vineyard
　ヴィネヤード
　ビンヤード
Ving
　ヴィング
　ビング
Vinge
　ヴィンジ*
　ビンジ**
Vingerhoets
　ヴィンゲレット

Vinh
　ヴィン
　ビン**
Vīnh ヴィン
Vinicianus
　ウィニキアヌス
Vinicio
　ヴィニシオ
　ビニシオ
Vinicius
　ウィニキウス
　ヴィニシウス*
　ビニシアス
　ビニシウス
Vinícius
　ヴィニシウス*
　ビニシウス
Vinier ヴィニエ
Vinincio ビニシオ*
Vining
　ヴァイニンク
　ヴァイニング*
　バイニング**
Vinītadeva
　ヴィニータデーヴァ
Vinitskii ヴィニツキー
Vinius ウィニウス
Vinjamur
　ヴィンジャムール*
Vinjamuri
　ヴィンジャムリ
Vinjarengen
　フィンヤーレンゲン
Vinje
　ウィーニエ
　ヴィニエ
　ヴィニエ
　ビニエ
　ビンイエ
Vink
　ヴィンク
　ビンク
　フィンク
Vinke フィンケ
Viṇkele ビンキェレ
Vinko
　ヴィンコ**
　ビンコ
Vinne ビニ
Vinnichénko
　ヴィンニチェンコ
Vinnicombe ビニコム
Vinnie
　ヴィニー
　ビニー*
Vinnitskaya
　ヴィニツカヤ
Vinnius フィンニウス
Vinny
　ヴィニ
　ヴィニー*
　ビニ*
　ビニー*
Vinoba
　ヴィノバ
　ビノバ*
Vinobā ビノーバ
Vinōbā ビノーバー

Vinod
ヴィニョード
ヴィノード
ヴィノド
ビノッド*
ビノード
Vinograd ビノグラド
Vinogradoff
ヴィノグラードフ*
ヴィノグラドフ**
ビノグラードフ
ビノグラドフ
Vinogradov
ヴィノグラードフ**
ヴィノグラドフ
ビノグラードフ*
ビノグラドフ
Vinogradova
ヴィノグラードヴァ
ヴィノグラードワ
ビノグラードワ
Vinogradovs
ビノグラドフス
Vinogradskaia
ヴィノグラドスカヤ
Vinogradskii
ヴィノグラーツキィ
ヴィノグラドスキー
ビノグラドスキー
Vinokur
ヴィノクール*
ヴィノクル
ビノクール
Vinokurov
ヴィノクーロフ*
ヴィノクロフ*
ビノクロフ
Vinoly
ヴィノーリィ
ビノリィ
Viñoly ビニオリ
Vinopal ビノパル
Vinot ヴィノー
Vinsant ビンサント
Vinsent ヴァンサン
Vinsky ビンスキー
Vinson
ヴィンソン*
ビンソン*
Vinsten ビンストン
Vint ヴィント
Vinter
ヴィンター
ヴィーンテル
ヴィンテル
ビンテル
Vinterberg
ヴィンターベア*
ビンターベア
Vinterhalter
ヴィンテルハルテル
Vintersten
フィンテルシュテン
Vintila ビンティラ
Vintilă ビンティラ
Vinton
ヴィントン**
ビントン**

Vinzenz
ヴィンツェンツ
Vinzo ヴィンゾ
Vio ビオ
Viola
ヴァイオーラ
ヴァイオラ*
ヴィオラ**
バイオーラ*
ビオラ**
フィオラ
Violaine ヴィオレーヌ
Violan ビオラン
Violas ビオラス
Violeau ビョロー
Violet
ヴァイオレット
ヴァイオレット***
ヴィオレット
バイオレット**
ビオレット
Violeta
ヴィオレータ
ヴィオレタ
ヴィオレッタ*
ビオレタ
ビオレタ**
ビオレッタ
Violetta
ヴィオレッタ*
ビオレッタ
Violette ヴィオレット*
Violi
ヴィオーリ
ヴィオリ
Violle ヴィオール
Viollet
ヴィオレ**
ビオレ
Viollis ヴィオリス
Vionnet
ヴィオネ*
ビオネ
Viora
ヴァイオーラ
バイオーラ
Viorel
ヴィオレル**
ビオレル
Viorica
ヴィオリカ*
ビオリカ*
Viorst
ヴィアスト
ヴィオースト**
ビオースト
ボースト
Viotta フィオッタ
Viotti
ヴィオッチ
ヴィオッティ**
ヴィオッティ
ビオッティ
ビオティ*
Viphavanh
ウィッパーワン
Vipont
ヴァイポント
ヴィポン

Viprakasit
ヴィプラカシト
Vipsanius
ウィプサニウス
Viqui ヴィッキー
Vīr
ヴィール
ビール
Vira ヴィラ
Vīra ヴィーラ
Virachai ウィラチャイ
Viracocha
ウィラキチャ
ウィラコチャ
ビラコチャ
Virahsawmy
ビラサウミ
Viraj ビラジュ
Virajananda
ヴィラジャーナンダ
Virajeshver
ヴィラージェーシュワラ
ヴィラジェシュワラ*
Viral ヴィラル
Virametakul
ウィラメタクーン
Virameteekul
ウィーラメーティークン
Virant ビラント
Viraphol
ヴィラポール
ヴィラボン
Virapin ビラパン
Vīrarājēndra
ヴィーララージェーンドラ
Virat ヴィラット
Virata
ヴィラータ
ヴィラタ
ビラタ*
Viravaidya
ヴィラヴァイディア**
ウィラワイタヤ
ビラバイディア
ビラワイタヤー
Vīravijaya
ヴィーラヴィジャヤ
Viravong
ウィーラウォン
ヴィラヴォン
Virawan ウィラワン*
Viray ビライ
Virbhadra ビルバドラ
Virchenko
ヴィルチェンコ
Virchow
ウィルヒョー
ウィルヒョウ
ウィルヒョー
フィルヒョー
フィルヒョウ
Vircondelet
ヴィルコンドレ
Virdee ヴァーディー

Virdon
ヴァードン
バードン
Virdung
ヴィルドゥング
フィルドゥング
Virel ヴィレル
Virella ヴィレラ
Viren
ヴィレン
ビレン
Virén ヴィレーン
Vīrēśalingamu
ヴィーレーシャリンガム
Viret
ヴィレ
ヴィレー
Virga ヴァーガ
Virgil
ヴァージル*
ヴィリジル
ヴィルギール
ヴィルギル
ヴィルジル**
ウェルギリウス
バージル**
ビルジル
ビルヒル
フィルジル
Virgile
ヴィルジール
ヴィルジル
Virgilia
バージリア
ビルジリア
Virgilijus
ウィルギリウス**
ヴィルギリウス
ヴィルギリユス
ヴィルジリウス
Virgilio
ヴァージリオ
ヴィルジオ
ヴィルジーリオ*
ヴィルジリオ*
ビルジリオ
ビルヒーリオ
ビルヒリオ**
Virgílio ビルジリオ
Virgilius
ウィルギリウス
ヴィルギリウス
Virginia
ヴァージニア**
ヴァジニアヤ
ヴァージニヤ
ヴィルジニア**
ヴィルヒニア
バージニア***
ビルジニア*
ビルヒニア**
Virginie
ヴィルジニ*
ヴィルジニー***
ヴージニア*
バージニ
バージニー
ビルジニー

Virginija ビルギニヤ
Virginio
ヴィルジーニオ
ヴィルジニオ*
ヴィルジーニョ
Virginius
ウィルギニウス
Viriathus
ウィリアトゥス
ヴィリアトゥス
Viriato
ヴィリアト
ビリアート
ビリアト
Virilio ヴィリリオ**
Virk バーク
Virke ヴィルケ
Virkkunen
ビルックネン
Virmani ヴィルマーニ
Virna
ヴァーナ
ヴィルナ**
Virno ヴィルノ*
Virole ヴィロル*
Viroli ヴィローリ
Virolleaud ヴィロロー
Viron ヴィロン
Virondeau
ヴィロンドー
Viros
ヴィロス
ビロス
Viroth ヴィロード
Virpi
ヴィルピ
ビルピ*
Virreira ビレイラ
Virsaladze
ヴィルサラーゼ*
ビルサラーゼ
Virta
ヴィルタ
ヴィルター
Virtanen
ヴィルターネン
ヴィルタネン
バータネン
ビラテネン
ビルターネン
ビルタネン*
Virtue
ヴァーチュ
バーチュ
バーチュー**
Virtusio
ヴィルトゥシオ
Virues ビルエス
Virupāksha
ヴィルーパークシャ
Vis ビス
Visage ヴィサージュ
Visagier ヴィザジエ
Visākha ヴィサーカ
Visākhā ヴィサーカー
Visâkhadatta
ヴィシャーカダッタ

Viśākhadatta
ヴィシャーカダッタ
ビシャーカダッタ
ビシャークハ・ダッタ
Visāl ビサール
Viṣāl ヴィサール
Visan ヴィザン
Visaroff ヴィサロッフ
Visavateeranon
ウィサワティーラノン*
Viscaal フィスカール
Viscardi
ヴィスカル
ビスカーディ
ビスカルディ
Viscarola
ヴィスカローラ
Visch フィシュ
Vischer
フィッシャー**
Vischering
フィッシェリング
フィッシャリング
Visciano ヴィシャーノ
Viscio ビシオ
Visco
ヴィスコ
ビスコ*
Viscogliosi
ヴィスコリオージ
Visconti
ヴィスコンティ***
ビスコンチ
ビスコンティ
Viscopoleanu
ビスコポレアヌ
Viscott
ヴィスコット*
ビスコット*
Viscovo ヴィスコヴォ
Viscusi
ヴィスカシ
ビスキュージ
ビスクシィ
Visdelou
ヴィスデルー
ヴィスドルー
ヴィデルー
ヴィドゥルー
ヴィドルー
Vise
ヴァイス*
バイス
Visé ヴィセ
Visée
ヴィゼ
ヴィゼー
Viselli ヴィセリ
Višenskii
ヴィーシェンスキイ
Visente ビセンテ
Visentini
ヴィゼンティーニ
Viseur
ヴィザー
ヴィズール
Visher
ヴィッシャー*
ビッシャー

Vishnegradsky
ヴィシネグラズキー
ヴィシネグラツキー
Vishnev ヴィシネフ
Vishneva
ヴィシニョーワ*
Vishnevetskaia
ヴィシネヴェツカヤ
Vishnevskaia
ヴィシネフスカヤ
Vishnevskaya
ヴィシネーフスカヤ
ヴィシネフスカヤ**
ビシネフスカヤ
Vishnevskii
ヴィシネーフスキー
ヴィシネフスキー**
ヴィシネーフスキィ
ビシニェフスキー
Vishnevsky
ビセネブスキー
Vishniakova
ヴィシニャーコヴァ
Vishnoodas
ヴィシュヌーダス
Vishnu ヴィシュヌ
Vishnudevananda
ヴィシュヌ・テヴァナ
ンダ
ヴィシュヌテヴァナン
ダ
ヴィシュヌデヴァナン
ダ
Vishṇugupta
ヴィシュヌグプタ
Vishṇuvardhana
ヴィシュヌヴァルダナ
Vishva ヴィシュワ
Vishvambharamishra
ヴィシュヴァンバラミ
シュラ
Vishvanāth
ヴィシヴァーナート
ヴィシュヴァナート
ヴィシュヴァナート
ヴィスヴァナート
ビシュバナード
ビシュワナート
Vishwa ヴィシュワ
Vishwananda
ヴィシュワナンダ
Vishwanath
ヴィシュワナス
ビシュワナート**
Vishwanathan
ウィシュワナタン
ヴィシュワナタン
Visiak
ヴィシャク
ヴィシャック
Visick ヴィジック
Visintin
ビザンティン
ビゼンチン
Visit ウィシット
Viskin ヴィスキン
Viskovatov
ヴィスコヴァートフ
Vislova ビスロワ

Vislyi ヴィズリ
Visme
ヴィスム
ヴィスメ
Visnepolschi
ヴィスネポルスキー
Višnja ヴィシュニャ
Viṣṇu ヴィシュヌ
Viṣṇusvāmin
ヴィシュヌスヴァーミ
ン
Viṣṇusvāmin
ヴィシュヌスヴァーミ
ン
ヴィシュヌスヴァーミ
ン
ビシュヌスバーミン
Visoun ウィスン
Vispo ヴィスポ
Vissarion
ヴィサリオン
ヴィッサリオーン
ヴィッサリオン
ビサリオン
Vissarionovich
ヴィサリオノヴィチ
ヴィッサリオーノヴィ
チ
ウィッサリオノウィッ
チ
ビサリオノビッチ
ビッサリオノビッチ
Visscher
ヴィシェール
ヴィセル
フィッシェル
Visse
ヴィス*
ビス
フィッセル
Visser
ヴィサー
ヴィッサー*
ビサー
フィサー
フィセル
フィッサー*
フィッセル*
Vissering
ヴィッセリング
ヒッセリング
フィセリング
フィッセリング
Vissers
ビサース
フィッセルス
Visser't
ヴィサート
ヴィッセルト
フィセルト
Visser't Hooft
ヴィサー・トーフト
ヴィッサー・トゥーフ
ト
Vissière ヴィシエール
Vissink ヴィシンク
Vistartaite
ビスタテイト
Vištartaitė
ビシュタルタイテー

Visu ヴィス
Viśvanātha
ヴィシュヴァナータ
ビシュバナータ
Viśvanāthakavirāja
ヴィシュヴァナータ・
カヴィラージャ
Visvanathan
ヴィスヴァナタン
ビスバナサン
Visvesvaraya
ヴィスヴェスバラヤ
Viśvēśvarayya
ビシュベースバラッヤ
Viswanatan
ヴィシュワナタン
ビシュワナタン
Viswanath
ビィスワナス
Viswanathan
ヴィシュワナータン*
ヴィスワナサン
ヴィスワナタン*
Viszlai ヴィズライ
Vit
ヴィット
ヴィト
Vít ビート
Vita
ヴィータ*
ヴィタ*
ビタ*
Vital
ヴィタール
ヴィタル*
バイタル
ビタル*
Vitale
ヴァイタル
ヴィターリ
ヴィタール*
ヴィターレ**
ヴィタレ
ヴィテール
ビターレ
ビテイリ
Vitali
ウィタリ
ヴィターリ**
ヴィターリー
ヴィタリ**
ヴィターリー
ビターリ
ビタリ*
Vitaliano
ヴィタリアーノ**
ビタリアーノ
Vitalianus
ウィタリアヌス
ヴィタリアーヌス
ヴィタリアヌス
ビタリアヌス
Vitalie ビタリエ
Vitaliev
ヴィターリエフ
ヴィタリエフ
ビターリエフ
Vitalievich
ヴィタリエヴィチ
ヴィタリエヴィッチ

Vitálievich
ヴィタリエヴィチ
Vitalii
ヴィターリー*
ヴィタリ
ヴィタリー**
ヴィターリイ
ビタリ
ビタリー
Vitalií ヴィタリー
Vitalina
ヴィターリナ
ヴィタリナ
ビタリナ
Vitalis
ウィターリス
ウィタリス
ヴィターリス
ヴィタール
ビターリス
Vitaliy
ヴィターリー
ヴィタリー
ビタリー
Vitaly
ウィタリー
ヴィターリー**
ヴィターリイ
ビタリー*
Vitanov ヴィタノフ
Vitantonio
ヴィタントニオ*
Vitarana ウィタラナ
Vitari ヴィターリ
Vitásek ヴィタセク
Vītasoka
ヴィータソーカ
Vitautas ヴィタウタス
Vitaux ヴィトー
Vitebsky
ヴィテブスキー
ビテブスキー
Vitek
ヴィテク
ヴィテック
Viteles ヴテレス
Vitelli ヴィテッリ
Vitellius
ウィテッリウス
ウィテリウス
ヴィテリウス
ビテリウス
Vitello ヴィテッロ
Vitenzon ヴィテンゾン
Viterbo
ヴィテルボ
ビテルボ
Vitez
ヴィテー
ヴィーテーズ
ヴィテーズ*
ビーテーズ
ビテーズ
Vítéz
ヴィテーズ
ビテース
Vítězalv
ヴィーチェスラフ
ヴィチェースラフ

ヴィチェスラフ
Vitězlav
ヴィーチェスラフ
Vítězlav
ヴィーチェスラフ
ヴィチェスラフ
Vitezslav ビテスラフ
Vitězslav
ヴィーチェスラフ
Vítezslav
ヴィテスラフ*
Vítězslav
ヴィーチェスラフ
ヴィテスラフ
Vitgenshtein
ヴィートゲンシテイン
ヴィトゲンシュテイン
Vithaldas
ヴィダルダス
Vithayasai ビタヤサイ
Vithoulkas
ヴィソルカス*
Vithun ビトン
Viti
ヴィーティ
ヴィティ
Vitiello
ヴィティエッロ
ヴィティエロ
ビティエロ*
Vitier
ヴィティエール
ビティエル
Vitit ビティット
Vitkin ビトキン
Vitkine ヴィトキーヌ
Vitkova ビトコバ
Vito
ヴィート*
ヴィト**
ヴィトー
ヴィト
ビート*
ビト
ビトー
Vitold ヴィトリド*
Vitolo ビトーロ
Vitols ヴィトルズ*
Viton
ヴァイトン
ヴィトン
Vitoni ヴィトーニ
Vitonus ヴィトヌス
Vitor ヴィトール
Vítor
ヴィートル
ヴィトール*
ビトル
Vitores ビトレス
Vitoria
ヴィトーリア
ヴィトリア
ビトーリア
ビトリア
ビトリャ
Vitória ビトリア
Vitorin ヴィトリン

Vitorino
ヴィトリーノ*
ビトリーノ
Vitorio
ヴィットリオ
ヴィトリオ
ビットリオ
Vitošević
ビトシェビッチ
Vitousek
ヴィトーセク
ヴィトゼック
ビトーセク*
Vitoux
ヴィトゥー*
ビトゥー
Vitrac
ヴィトラック**
ビトラック
Vitrichenko
ビトリチェンコ*
Vitringa ヴィトリンハ
Vitrus フィトルス
Vitruvius
ウィトルーウィウス
ウィトルウィウス
ヴィトルウィウス
ビットルビウス
ビトルビウス
Vitry
ヴィトリ
ヴィトリー
ビトリ
ビトリー
Vitsentzos
ヴィツェンツォス
Vitsin ヴィツィン
Vitt
ヴィット
ビット
Vittas ヴィタス
Vitte
ヴィッテ*
ヴィッテ
ビッテ
Vittenzon
ヴィッテンゾン*
Vitti
ヴィッティ**
ビッティ
Vittinghoff
ヴィティングホフ
Vitto ヴィット
Vittone
ヴィットーネ
ビットーネ
Vittore
ヴィットレ
ヴィットーレ*
ビットーレ
Vittori
ヴィットーリ
ヴィトリ
Vittoria
ヴィットーリア
ヴィットリア***
ビットーリア
Vittoriano
ビットリアノ*
Vittorie ヴィットリオ

Vittorini
ヴィットリーニ*
ビットリーニ
Vittorino
ヴィットリーノ
ビットリーノ
ビトリーノ
Vittorio
ヴィットーリオ**
ヴィットリオ***
ヴィットーリョ
ヴィットリオ
ビットリオ*
ビトリオー
Vittoz ビトズ
Vittozzi
ヴィットッツィ
Vittre ヴィットレ
Vitturini
ヴィットリーニ
Vitus
ウィッス
ウィートゥス
ウィトゥス
Vitushkin
ヴィトゥーシキン
Vitver ヴィトヴェル
Vitzthum
フィッツトゥーム
Viu ヴィウ
Viv
ヴィヴ
ビブ
Viva ビバ
Vivaldi
ヴィヴァルディ*
ビバルディ
Vivanco ビバンコ
Vivant ヴィヴァン
Vivante
ヴィヴァーンテ
ヴィヴァンテ
ビバンテ
Vivanti
ヴィヴァンティ*
ビバンティ
Vivarelli
ヴィヴァレッリ
ヴィヴァレリ
Vivarini
ヴィヴァリーニ
ビバリーニ
Vivas
ヴィヴァス*
ビバス*
Viveca
ヴィヴェカ**
ヴィヴェッカ**
ビベカ
Viveiros
ヴィヴェイロス
ビベイロス
Vivek
ヴィヴェク
ヴィヴェック
ビベック
Vivekananda
ヴィーヴェーカーナン
タ

ヴィヴェーカーナンダ
ヴィヴェカーナンダ
Vivekānanda
ヴィヴェーカーナンダ
ヴィヴェーカーナンダ
ヴィヴェカナンダ
ビベーカーナンダ
ビベカーナンダ
Vivequin
バイブクイン*
Viveret ヴィヴレ
Vivero
ヴィヴェロ
ビベーロ
ビベロ*
Vives
ウィーウェス
ヴィーウェス
ヴィヴェス
ヴィーブ
ビーブ
ビーベス
ビベス*
Vivés ヴィヴェス
Vivès ヴィヴェス
Vives i Sicilia
ビベスシシリア
Vivi
ヴィヴィ
ビビー
Vivian
ウィヴィアン
ヴィヴィアン**
ビビアン**
Viviana
ヴィヴィアナ**
ビビアナ
Viviane
ヴィヴィアーヌ
ヴィヴィアン**
ヴィヴィアヌ*
ビビアンヌ
Viviani
ヴィヴィアーニ*
ヴィヴィアニ*
ビビアーニ
ビビアニ*
Vivianna
ヴィヴィアンナ*
Vivianne
ヴィヴィアン
ビビアンネ
Viviano
ヴィヴィアーノ*
Viviant ヴィヴィアン
Vivien
ヴィヴィアン**
ヴィヴィエン
ヴィヴィヤン
ビビアン**
Viviena 'Alisi
ビビエナアリシ
Vivienne
ヴィヴィアン*
ヴィヴィアンヌ*
ヴィヴィエンヌ
ヴィヴィエンヌ
ビビアンヌ
ビビアン**
ビビエンヌ

ビビーナ
Vivier
ヴィヴィエ
ビビエ
Viviers ヴィヴィエ
Vivin ヴィヴァン
Vivio ヴィヴィオ
Vivo ビボ
Vivó ビボ
Vivolo ヴィヴォロ
Vivonne ヴィヴォンヌ
Vix
ヴィクス
ヴィックス
Vixie ヴィクシー
Vizard ヴィザード
Vizcaino
ヴィスカイノ
ビスカイーノ*
ビスカイノ*
ビズカイノ
Vizcaíno ビスカイノ
Vizcardó ビスカルドー
Vizcarra ビスカラ
Vizdos ヴィツドス
Vize
ヴィーゼ
ヴィゼ
ビーゼ
Vizée ヴィゼー
Vizenor
ヴァイズナー
ヴィズナー
ヴィゼナー
ビゼナー
Vizer ビゼール*
Vizetelly
ヴィゼテリー
ビゼテリー
Vizinczey
ヴィジンツェイ
Vizioz
ヴィジオズ
ビジオズ
Vizjak ビズヤック
Vizquel ビスケル**
Vizzini
ヴィジーニ**
ヴィッツィーニ
Vizzoni ビッツォーニ
Vjacheslav
ビャチェスラフ
Vjahi バヒ
Vjekoslav
ビェコスラブ
Vjiatscheslav
ビャチェスラフ
Vjosa ビヨサ
Vla ヴラ
Vlaardingerbroek
ヴラーディンガーブ
ロ―ク
Vlachos ヴラコス
Vlachou ヴラフー
Vlačić ブラチッチ
Vláčil ヴラーチル

Vlack ブラック	レダミール	**Vladislav**	**Vlašić**	**Vltchek** ヴルチェク	
Vlacq ヴラック	**Vladimír**	ウラジスラフ***	ヴラシッチ	**Vlugt** フルーフト*	
Vlad	ウラジミール**	ヴラジスラフ	ブラシッチ*	**Vnukov** ヴヌーコフ**	
ヴラッド	ヴラジミール	ヴラディスラヴ	**Vlaskovits**	**Vo**	
ヴラド*	ウラディミール**	ヴラディスラフ*	ヴラスコヴィッツ	ヴォ**	
ブラッド*	ヴラディミール	ヴラディスラフ	**Vlasov**	ヴォー**	
ブラド*	**Vladímír** ウラジーミル	ヴラディスラブ	ウラーソフ	ボ	
Vlada	**Vladimiras**	ウワディスワフ	ウラソフ	ボー***	
ウラーダ	ウラディミラス	ブラディスラフ	ウラソフ*	**Voahariniaina**	
ウラダ	**Vladimirescu**	**Vladísláv** ウラジスラフ	ヴラーソフ	ボアハリニアイナ	
ヴラダ*	ウラジミレスク	**Vladislava**	ヴラソフ	**Voake**	
ブラダ	ヴラジミレスク	ヴラディスラヴァ	ブラーソフ	ヴォウク	
Vladan	ヴラディミレスク	**Vladislavich**	ブラソフ*	ヴォーク*	
ヴラダン*	ブラディミレスク	ヴラジスラーヴィチ	**Vlassopoulos**	ボーク	
ブラダン	**Vladimiro**	ヴラディスラヴィッチ	フラソプロス	**Vobrovskaia**	
Vladar	ウラディミーロ	**Vladislavlev**	**Vlasta**	ボブロフスカヤ	
ヴラダー*	**Vladimiroff**	ウラジスラヴレフ*	ヴラスタ**	**Voce**	
ブラダー	ウラディミロフ	ウラジスラブレフ	ブラスタ	ヴォース	
Vladas ヴラダス	**Vladimirov**	**Vlastimil**	ヴォーチェ		
Vlade ブラデ*	ウラジーミロフ	ヴラスティミル	**Vochoska** ウォホスカ		
Vladek ヴラデク	ウラジミロフ	**Vlastimir**	**Vocies** ボシーズ		
Vlădescu ブレデス	ヴラディミロヴ	ヴラスティミール	**Vocke** フォッケ		
Vladeta	ウラディミロフ	**Vlastja** ヴラスチャ	**Vockerodt**		
ヴラデッタ	**Vladimirovič**	**Vlasto** ブラスト	フォッケロート		
ブラデッタ	ウラジーミロヴィチ	**Vlastos** ヴラストス	**Voda** ヴォダ		
Vladica ヴラディカ	**Vladimirovich**	**Vlastov** ウラストゥ	**Vodde** ボッデ		
Vladigerov	ウラジーミル	**Vlatka** ブラトカ	**Vodden** ボーデン		
ウラディゲロフ	ウラジミール*	**Vlatko** ヴラトゥコ	**Vodinelic**		
ヴラディゲロフ	ウラジミーヴィチ	**Vlatković**	ヴォジネリック		
ブラディゲロフ	ウラジーミロヴィ	ヴラトコヴィチ	**Vodkin**		
Vladilen	チ**	**Vlado**	ウォトキン		
ウラジレン	ウラジミロウィチ	ヴラード	ヴォートキン		
ブラドレン	ヴラジーミロヴィチ	ヴラド**	ヴォトキン		
Vladimer ウラジーミル	ヴラジーミロヴィチ	ブラド	**Vodolazkin**		
Vladimeris dze	ウラジミロヴィッチ	**Vladović** ヴラドヴィチ	ヴォドラスキン*		
ウラジメリスゼ	ヴラディミロヴィチ	**Vlay** ブレー	**Vodop'ianov**		
Vladimil	ウラディミーロヴィッ	**Vlcek**	ヴォドピヤーノフ		
ウラジミル	チ	ヴルチェク**	**Vodopiyanov**		
ウラジミール	ウラディミロビッチ	ユルチェク	ヴォドピヤーノフ		
ヴラディミール	**Vladímirovich**	**Vlaemminck** フラマン	ヴォドピヤノフ		
Vladimilovich	ウラジーミロヴィチ	**Vlaho**	ボドピヤノフ		
ウラジーミロ	**Vladimirovna**	ヴラホ	**Vodopyanov**		
ウラジーミロヴィチ	ウラジーミロヴナ	ブラホ	ヴォドピヤーノフ		
Vladimir	ヴラディミロヴナ	ブラボ	**Vodop'yanov**		
ヴォドディミール	**Vladímirovna**	**Vlahos**	ヴォドピヤーノフ		
ウラージーミル	ウラジーミロヴナ	ヴラホス	ヴォドビヤノフ		
ウラジミール***	ヴラジーミロヴナ	ブラホス	ボドピヤノフ		
ウラディミール***	**Vladimirs**	**Vlahović** ブラホビッチ	ボドビヤノフ		
ウラジミル***	ウラディミルス	**Vlahušić** ブラフシッチ	ボドビヤノフ		
ヴラジミール**	**Vladimirtsov**	**Vlaicu**	**Vodosek** フォドゼク		
ヴラジミール	ウラジーミルツォフ	ヴライク	**Vodoz** ヴォド		
ヴラジミル	ウラジミルツォフ	ブライク	**Voe** ヴォー		
ウラディスラフ	ヴラジーミルツォフ	**Vlajko** ヴライコ	**Voegelin**		
ヴラディミーア	ヴラジミルツォフ	**Vlahnlmirovir**	ヴォーゲリン		
ヴラディミア	ウラジーミルツォフ	ウラジーミラヴィチ	フェーゲリン*		
ヴラディミイル	ヴラジーミルツォフ	**Vlaminck**	**Voehringer**		
ヴラディミーヤ	ウラディーミルツォフ	ヴラマンク*	フェーリンガー		
ウラディーミル***	ヴラディミルツォフ	ブラマンク	**Voeikov**		
ウラディミール***	ヴラディミルツォフ	**Vlamis**	ヴァエイコフ		
ウラディミル*	ブラジミールツォフ	ヴラミス	ウォエイコフ		
ヴラディーミル	**Vladimov**	ブラミス*	ヴォエーイコフ		
ヴラディミール*	ウラジーモフ**	**Vlas** ヴラス	ヴォエイコフ		
ヴラディミル*	ヴラジーモフ	**Vlasenko**	バエイコフ		
フラジーミル	**Vladinova**	ヴラセンコ	ボエイコフ		
ブラジーミル	ブラディノバ	ブラセンコ	**Voelckel** フェルケル		
ブラジミール	**Vladir** ヴラジール	**Vlasic**	**Voelcker** フェルカー		
ブラダミアー	**Vladis** ブラディス	ヴラシック*	**Voelkel** ヴォールケル		
ブラディマイア	**Vladislas**	ブラシック	**Voelker** フェルカー		
ブラディミール**	ウラースロー	ブラシッチ			
ブラディミル	ヴラディスラス				

VOL

Voes ヴース
Voet
　ヴォート
　ヴート
　フート
　ボエット
Voeux ヴォー
Voevod
　ヴォイヴォード
　ヴォイェヴォド
Voevoda
　ヴォエヴォダ*
　ボエボダ
Voevodin
　ヴォエヴォジン
　ヴォエヴォーデン
Voevodskiy
　ヴォエヴォツキー
Voevodsky
　ヴォエヴォドスキー*
Voeykov ボイエイコフ
Voganatsi
　ヴォガナツィ
Vogau ボガウ
Vogeding
　フォーヘディング
Vogel
　ヴォーゲル*
　ヴォージェル
　ヴォジェル*
　フウゲル
　フォーゲル***
　フォゲル
　フォーヘル
　ホーゲル
　ボーゲル***
Vogelbach
　ボーゲルバック
Vogeler フォーゲラー*
Vogelmann
　ヴォーゲルマン
Vogelpohl
　ボーゲルプール
Vogels
　ヴォーゲル
　フォーゲルス
　ボーゲル
Vogelsang
　フォーゲルザンク
　フォーゲルザング
　フォーヘルサング
　ボーゲルサング
Vogelsong
　ボーゲルソン*
Vogelstein
　フォーゲルシタイン
　フォーゲルシュタイン*
　ボーゲルスタイン
Vogelstrom
　フォーゲルシュトローム
Vogelweide
　フォーゲルヴァイテ
　フォーゲルヴァイデ*
　フォーゲルワイデ
Vogg フォグ
Vogl フォーグル
Voglar ボグラー*

Vogler
　ヴォグレール
　フォークラー
　フォーグラー**
　フォグラー
　ボグラー
　ボーラー*
Vögler フェーグラー
Vogt
　ヴォークト*
　ヴォーグト
　ヴォクト*
　ヴォグト*
　ヴォート*
　フォークト**
　フォクト**
　ボークト
　ボクト***
　ボグト
　ボート*
Vogtherr
　フォークトヘル
Vogtle ヴォグトル
Vögtle
　フェークトレ
　フェクトレ
Vögtlin ヴェクトリン
Vogtmeier
　フォークトマイヤー
Vogts フォクツ*
Vogüe ヴォグエ
Voguë
　ヴォギュエ
　ボギュエ
Vohn フォン
Vohor ボール
Vohs ヴォース
Voicu ボイク
Voiculescu
　ヴォイクレスク
Voiels ヴォイルズ
Voien ヴォイエン
Voight
　ヴォイト*
　ヴォワト
　ボイト*
Voigt
　ヴォイクト
　ヴォイト*
　フォイクト**
　フォイト
　フォークト*
　フホイグト
　ボイト**
Voigtländer
　フォークトレンダー
Voikov
　ヴォーイコフ
　ボーイコフ
Voillaume
　ヴォアイオーム
Voillot ヴォワイヨ
Voinea
　ヴォイネア
　ボイネア
Voinesti
　ヴォイテネシュテ
　ボイネシティ

Voinov ヴォイノフ
Voinova ボイノワ
Voinovich
　ヴォイノーヴィチ
　ヴォイノヴィチ**
　ボイノビチ
　ボイノビッチ*
Voipa ヴォイパ
Voisard ボワザール
Voiselle ヴォワセル
Voisenon ヴォワズノン
Voisin
　ヴォアザン
　ヴォザーン
　ヴォワザン**
　ボアザン
　ボワザン
Voiskunskii
　ヴォイスクンスキー
Voit
　ヴォイト
　フォイト
Voitec ボイテク
Voith ボイス
Voitinskii
　ヴォイチンスキー
　ヴォイチーンスキィ
　ヴォイティンスキー
　ボイティーンスキー
Voitkevich
　ヴォイトケビッチ
Voitov ヴォイトフ
Voitovich
　ヴォイトヴィチ
　ヴォイトヴィッチ
Voitsekhovskii
　ヴァイツェホフスキー
Voiture
　ヴォアテュール
　ヴォワテュール
　ヴォワテュール
　ボアテュール
Voituriez
　ヴォアチュリエ
Voiutskii ヴォユツキー
Vojak ボジャック
Vojislav
　ヴォイスラフ*
　ボイスラヴ
　ボイスラフ*
　ボイスラブ
Vojnović
　ヴォイノヴィチ
　ボイノビチ
Vojta
　ヴォイタ
　ボイタ
Vojtech ヴォイチェフ*
Vojtěch ヴォイチェフ
Vojtěch ボイチェフ
Vojtová
　ヴォイトヴァー
Vojtsik ヴォイツィーク
Vokes ヴォークス
Vokhmyanin
　ボクミアニン
Vokins ヴォーキンス

Vokonas ヴォコナス
Vola
　ヴォーラ
　ブラ
Volang ヴォラン
Volans
　ヴォランズ
　フォランス
Volavola ヴォンヴォラ
Volbach フォルバッハ
Volbeda フォルベーダ
Volbehr
　フォルベエール
Volcācius
　ウォルカキウス
Volck フォルク
Volckaert
　ヴォルカールト
Volcker ボルカー***
Volckertszoon
　ヴォルカーツ
　ヴォルケルツゾーン
Volckman
　ヴォルクマン*
　フォルクマン
　ボルクマン
Volckmar
　フォルクマル
Volcy
　ヴォルシー
　ボルシー
Vold
　ヴォル
　ヴォルト
　ヴォルド
　ボルド
Volda ボルダ
Voldemar
　ヴォアデマール
　ヴォワデマール
　ヴォルデマール
　ヴォルデマール*
　フォルデマー
Voldemaras
　ヴォルデマーラス
　ボルデマーラス
Voldman ヴォルドマン
Voldstedlund
　ヴォルステルン
Volek ヴォレク
Volev
　ヴォレフ
　ボレフ
Vojnović
　ヴォイノヴィチ
　ボイノビチ
Volf
　ヴィルフ
　ボルフ
Vol'fson
　ヴォリフソン
　ヴォリフゾン
Volga ボルガ
Vol'gemut
　ヴォリゲムート
Volgin
　ヴォールギン
　ヴォルギン
　ボルギン
Volgy ヴォルギー
Volha
　ヴォルハ
　ボルハ

Volhard
　フォルハード
　フォルハルト**
Volhàrd フォルハルト
Voli フォリ
Volicer ヴォリセア
Volik
　ヴォリク
　ボリク
Volikakis ボルカキス
Volin
　ヴォーリン
　ボーリン
Volinine
　ヴォリーニン
　ボリーニン
Voliva ボリバ
Volk
　ヴォルク**
　フォルク
Volkaert ボルカート
Volkan
　ヴォルカン
　ボルカン
Volke フォルケ
Volkelt フォルケルト*
Volkening
　フォルケニング
Vol'kenshtein
　ボリケンシテイン
　ボリケンシュテイン
　ボルケンシュテイン
Volker
　ヴォルカー*
　フェルカー
　フォルカー***
　ボルカー
Völker
　ヴォルカー
　フェルカー*
Volkerding
　フォルカーディン
Volkhard
　フォルクハルト*
Volkman
　ヴォルクマン
　ボルクマン
Volkmann
　フォルクマン*
Volkmar
　ヴォルクマー
　フォルクマー
　フォルクマール*
　フォルクマル
Völkner フェルクナー
Volkoff
　ヴォルコフ*
　ボルコフ
Volkogonov
　ヴォルゴーノフ
　ヴォルコゴノフ
　ボルコゴノフ
Volkonskaia
　ヴォルコーンスカヤ
　ヴォルコンスカヤ
Volkonskii
　ヴォルコーンスキー
　ヴォルコンスキー*
　ヴォルコーンスキィ

Volkov
ヴォルコヴ
ウォルコフ
ヴォールコフ
ヴォルコフ**
ボルコフ*

Volkova
ヴォルコヴァ
ウォルコワ
ヴォルコワ*

Voll ボル

Vollam ヴォラム

Volland
ヴォランド
フォラント

Vollard
ヴォラアル
ヴォラール*
ヴォルラアル
ボラール

Vollborn ヴォルボルン

Volle
ヴォル*
ボル

Vollebaek
ヴォッレベク*
ボッレベク

Vollenhoven
フォーレンフォーヘン
フォレンホーフェン

Voller ヴォッレル

Völler フェラー*

Vollers ヴォラーズ

Vollertsen
フォラツェン**
フォレルトセン
ボルチェン

Vollhardt ボルハルト*

Vollio ボリオ

Vollman ヴォルマン

Vollmann
ヴォルマン*
ボルマン

Vollmar
フォルマール
フォルマル
ボルマル

Vollmer
ヴォルマー
フォルマー**
ボルマー**

Vollmoeller
フォルメラー

Vollrath
ヴォールラス
フォルラート
ボールラス

Volman ボルマン

Volmarstein
フォルマルシュタイン

Volmer
ウォリメル
フォルマー

Volmuradov
ボリムラドフ

Volner ヴォルナー

Volney
ヴォルニー
ヴォルネ

ヴォルネー
ボルニー
ボルネ

Volnova ボルノワ

Volobuev ヴォロブエフ

Volockij
ヴォロッキー
ヴォローツキイ
ボロツキー

Volodarskii
ヴォロダールスキー
ヴォロダルスキー
ヴォロダールスキイ
ボロダールスキー

Volodarsky
ヴォロダースキー

Volodimir
ウォロディミル

Volodímir
ヴォロディーミル

Volodin
ウォロジン
ヴォロジン*
ヴォローディン
ボローディン

Volodine
ヴォロディーヌ**

Volod'kov ボロドコフ

Volodos ヴォロドス*

Volodymyr
ウォロジミール
ヴォロジーミル
ウォロディミル**
ウォロディミル
ヴォロディミル
ウラジーミル
ウラジーミル*
ボロジミール

Vologaeses
ヴォロガセス
ウォロゲセス
ヴォロゲセス
ボロガセス
ボロゲセス

Vologases
ヴォロガセス

Vologdin
ヴァラグディン

Volokh ヴォロック

Volonté
ヴォロンテ*
ボロンテ

Voloshchenko
ボロシェンコ

Voloshin
ヴォローシン
ヴォロシン*
ボローシン
ボロシン

Voloshinov
ヴォロシノフ

Voloshyna ボロシナ

Volosov ヴォロソフ

Volosova ボロソワ

Volosozhar
ヴォロソジャル*
ボロソジャル

Volpato ヴォルパート

Volpe
ヴォルピー*
ヴォルペ
ヴォルペ*
ボルピー
ボルプ
ボルペ

Volper ボルパー

Vol'per
ウォーリペル
ボリペル

Volpi
ヴォルピ*
ボルビ***

Volpicelli
ヴォルピチェッリ
ヴォルピチェルリ

Volpini ヴォルピーニ

Volponi
ヴォルポーニ**
ボルポーニ

Volquez ボルケス

Volrath フォルラート

Volsianus
ウォルシアーヌス

Volsius ウォルシウス

Volskii
ウォリスキー**
ヴォリスキー
ボリスキー

Vol'skii
ウォリスキー
ヴォリスキー

Volsky
ヴォルスキー
ボルスキー

Volstad ボルスタッド

Volstead
ヴォルステッド

Völsung ヴォルスング

Volta
ヴォルタ**
ボルタ

Voltaire
ヴォルテエル
ヴォールテール
ヴォルテール*
ボルテア
ボルテール*

Volter ヴォルテル

Volterra
ヴォルテッラ
ヴォルテラ
ヴォルテルラ
ボルテッラ
ボルテラ

Volterrano
ヴォルテッラーノ

Volti
ヴォルティ*
ボルチ
ボルティ

Voltri ヴォルトリ

Voltz
ヴォルツ
フォルツ**

Volume ヴォリューム

Völundr ヴェルンド

Volungeviciute
ボルンゲヴィチウテ

Volusenus
ヴォルセヌス

Volusianus
ウォルシアヌス

Volusius ウォルシウス

Volyanskaya
ボリャンスカヤ

Volynets ウォリネツ

Volynski
ヴォルインスキー

Volynskii
ウォリンスキイ
ヴォリンスキイ
ウォルインスキー
ヴォルインスキー*
ウォルインスキイ
ウォルイーンスキイ
ヴォルインスキイ
ボルインスキー
ボルインスキー

Volynsky
ヴォルインスキー

Volz
フォルツ
ボルツ

Vom
フォム
フォン*

Vomitiadé ボミチアデ

Von
ヴァン*
ウォン
ヴォン*
バン
ファン*
フォオン
フォーン
フォン***
フォン
ブォン
フホン
ホン
ボン**

Vona
ヴォーナ
ヴォナ

Vonago ヴォナゴ

Vonarburg
ボナーバーグ

Von Baer ボンバエル

Von Bredow-Werndl
ヴォンブレドーワーンドル

Von Bremen
ボンブレーメン

Vonbreymann
ボンブレイマン

Vonda
ヴォンダ
ボンダ**

Vondara ウォンダラ

Vondel
ヴォンデル
フォンデル

Vonderhaar
ヴォンダーハール

Vonderlehr
ヴォンダァレア

Von Der Leyen
フォンデアライエン*

Vondie
ヴォンディ
ボンディ

Vondra ボンドラ

Vondrák
ヴォンドラーク

Vondran フォンドラン

Vondrovič
ヴォンドロヴィチ
ボンドロビチ

Vondung
フォンドゥング

Vonèche ヴォネッシュ

Vonetta
ヴォネッタ
ボネッタ*

Vong ボン

Vongdala
ウォンダーラー

Vongdara ウォンダラ

Vongerichten
ヴォンゲリヒテン
ヴォンヘリクテン

Vongkamsao
ウォンカムサオ

Vongkusolkit
ウォンクソンキット

Vonglokham
ウォンロカム

Vongoli ボゴリ

Von Gruenigen
フォングリュニゲン

Vongruenigen
フォングルーニゲン

Vongsa ウォンサ

Vongsavanh
ヴォンサヴァン

Vo-nguyen
ボーグエン

Vong Vathana
ウォンワタナ

Vongvichit
ウォンウィチット
ヴォンヴィチット
ボンビチット*
ボンビチト

Von Hesse
フォンヘッセ
ボンヘッセ

Von Hippel
フォンヒッペル

Vonier
ヴォニエ
フォニール

Vonison ボニソン

Vonk
ヴォンク
フォンク**

Vonkeviczky
フォンケビッキー
フォンケビュツキー*

Vonleh ヴォンリー

Von-mally ボンマリー

Vonn ボン**

Vonnegut
ヴォネガット*
ボネガット***
Von Neumann
フォンノイマン
Vonones
ヴォノネス
ボノネス
Von Seydlitz-kurzbach
フォンシードリッツクルツバッハ
Vontae ボンタエ
Vontarrius ボンタリアス
Vontaze ボンテズ
Vonteego ボンティーゴ
Von Tress
フォントレス
Voodoo ブードゥー
Voogd フォークト
Voogt フォーフト
Vooren ヴォーレン
Voorhees
ヴォーヒーズ
ヴォールヒーズ
ボールヒーズ
Voorhis
フォールヒス
ボーリス
Voorman フォアマン
Voormann フォアマン
Voorn フォールン
Voorneman
ヴォーネマン
Voors
ヴーア*
ブーア
Voort ボルト*
Voorting
フォールティング
Vopat ボパット
Vopelius
ヴォペーリウス
ヴォペリウス
Vorachit
ウォラチット*
Vorachith
ウォラチット
ボラチット
Voragine
ウォラギネ
ヴォラジネ
Voranc ヴォランツ
Vorapheth
ヴォーラペット
Voravii ウォラウィー
Vorbeck
フォーベック
フォールベック
フォルベック
Vorderman
ヴォーダマン
Vorderwülbecke
フォーダーブュルベッケ
Voreqe ボレンゲ*

Voretzsch
フォーレッチ
Vorgan ヴォーガン
Vorgrimler
フォアグリムラー
Vorhaus ヴォーハウス
Vorhis ヴォーリス
Vories
ヴォーリーズ
ヴォーリス
ヴォーリズ*
ヴォーリーズ*
ボーリーズ
Vorifson ヴォリフソン
Vorilhon ボリロン*
Voris
ヴォリス
ボリス
Voříšek
ヴォルジーシェク
Vork フォーク
Vorkoetter
ヴォークーター
Vorländer
フォアレンダー*
フォールレンダ
フォルレンダア
フォールレンデル
フォルレンデル
Vorm
ヴォーム
フォルム
Vormala
ヴォルマラ
ボルマラ
Vormer フォルメル
Vormeringer
ボルメランジェ
Vorn ボーン*
Vorng ボン
Vorob'ev
ウォロビョフ
ヴォロビョフ
ヴォロビヨフ
Vorobëv
ヴォロビョーフ
Vorob'eva
ヴォロビヨヴァ
ヴォロビヨフ
Vorobiev
ヴォロビエフ
ボロビエフ
Vorobieva
ヴォロビエワ
ヴォロビエワ*
Vorobiov ボロビョフ
Vorobyov
ウォロビヨフ
Vorobyova ボロベワ
Voronchikhin
ボロンチキン
Voronenkov
ウォロネンコフ
Voronikhin
ヴォロニーヒン
ヴォロニヒン
Voronin
ヴァローニン
ウォローニン*

ウォロニン**
ヴォローニン
ヴォロニン
ボローニン
ボロニン
Voronina
ヴォロニナ
ボロニナ
Voronkov
ヴォロンコウ
ヴォロンコフ
Voronkova
ウォロンコーワ
ヴォロンコーワ
ボロンコーワ
ボロンコーワ
Voronoff
ヴォロノフ*
ボロノフ
Voronoi ヴォロノイ
Voronov
ヴォロノフ
ボロノフ
Voronova ヴォーロノワ
Voronskii
ヴォロンスキー
ボロンスキー
Vorontsov
ウォロンツォーフ
ウォロンツォフ***
ヴォロンツォーフ
ヴォロンツォフ*
ボロンツォフ
Vorontsova
ワロジョーワ
ワロンツォーワ
Voros ベレシュ*
Vörös ベレシュ
Voroshilov
ウォロシーロフ
ウォロシロフ
ヴォロシーロフ
ボロシーロフ
Vörösmarty
ヴェレシュマルティ
ベレシュマルティ
Vorotnikov
ウォロトニコフ*
ボロトニコフ
Vorovich
ヴォローヴィチ
Vorovskii
ヴォローフスキー
ヴォロフスキー*
ヴォローフスキィ
ボロフスキー
Vorozheikin
ボロジェイキン
Vorozhtsov
ボロチュツオフ
Vorpagel ヴォーパゲル
Vorrath ヴォーラス
Vorse
ウォース
ヴォース
Vorsin ウォルシン
Vorst ヴォースト*
Vorster
フォルスター
フォルステル

Vorstius
ヴォルスティウス
フォルシュティウス
Vortigern
ヴォーティジャーン
ヴォルティゲルン
ボルティゲルン
Vorwald
フォルヴァルト
Vos
ウォス
ヴォス**
フォス***
ボス
Vosanibola
ボサニボラ
Vosburg ボスバーグ
Vosburgh ボスバーグ
Voscherau
フォスヒェラウ
Voschevskyi
ウォシチェフスキー
Vosdanik
ヴォスダニック
Vose
ヴォース*
ボース
Vosganian ボスガニア
Voshon バションー
Vosjoli
ヴォージョリ
ヴォスジョリ
Voskanian
ヴォスカニヤン
Voskoboeva
ボスコボワ
Voskoboinikov
ヴォスコボイニコフ**
ボスコボイニコフ
Voskovec
ヴォスコヴェック
Voskresenskii
ヴォスクレセンスキー
ヴォスクレセーンスキィ
Voskresensky
ヴォスクレセンスキー*
Voskuhl ボスコル
Voslensky
ヴォスレンスキー*
ボスレンスキー
Vosmik ヴォスミック
Vosnesensky
ボズネセンスキー
ボツネセンスキー
Vosper ヴォスパー
Voss
ヴォス*
フォス**
ボス*
Voß フォス
Vosse フォッセ
Vossen
ヴォセン
フォッセン*

Vossestein
フォッセスタイン
Vossius
ヴォシウス
フォシウス
フォッシウス
Vossler
フォスラー*
フォスレル
Vostell フォステル
Vostokov
ウォストコフ
ヴォストーコフ
Vostrukhov
ウォストルーホフ
Vostrukhova
ウォストルーホフ
Votava ボタバ
Votaw
ヴォトー
ボトー
Votey ヴォティ
Voth
フォート
ボス
Votipka
ヴォティプカ
ボティプカ
Voto ボート
Votruba ボトルバ
Votta ヴォッタ
Votto
ヴォット
ボット*
Vouet
ヴーエ
ヴエ
ヴェー
ブーエ
ブエ
Vought
ヴォート
ボート
Vougiouka ボジウカ
Vougiouklaki
ヴギウクラーキ
Vouillamoz
ヴィアモーズ
Voukelitch
ヴケリッチ
ブーケリッチ
ブケリッチ
Voulgarakis
ブルガラキス
Voulgaris
ヴルガリス
ブルガリス
Voulkos
ヴォーコス
ボーコス*
Voura ヴォーラ
Vousden
ヴァウスデン
ボーデン
Voutey ブーテ
Voutila ボウティラ
Voutsis ブーチス
Vova ボバ

Vovchanchyn ボブチャンチン*	**Vrana** ヴラナ	**Vreni** フレニ	**Vseslav** フセスラフ	**Vuillard** ヴィヤール	
Vovchok ヴォウチョーク ヴォフチョーク ボフチョーク	**Vrána** ヴラーナ	**Vrenna** ヴレナ	**Vsevolod** ヴセーヴォロド ヴセヴォロド フセーヴォロト フセーヴォロド** フセウォロド フセヴォロード フセヴォロト* フセヴォロド*** フセェヴォロド フセーボロド フセヴォロード	ヴュイヤール** ビヤール ビュイヤール	
	Vranceanu ヴランチャーヌ	**Vretblad** ヴレトブラッド			
	Vrancic ヴランチッチ	**Vrettakos** ヴレタコス		**Vuillaume** ヴィヨーム* ヴュイヨーム	
	Vrancken フランケン	**Vreven** フレフェン			
Vovelle ヴォヴェル**	**Vrangel** ウラーンゲリ ウランゲリ ヴランゲリ ウランゲル	**Vrielink** ヴリエリンク		**Vuillemin** ヴュイユマン	
Vovin ボビン		**Vriendt** ヴリーント			
Vovk ヴォフク		**Vries** ヴィリース ヴリース* ヴリーズ* フェリス フリー ブリ フリース フリース** フリーズ ブリース**		**Vuillermin** ブイレルミン	
Vovkun ヴォフクン					
Vowinckel フォーヴィンケル					
	Vranić ヴラニック			**Vuillermoz** ヴュイエルモ ヴュイエルモーズ ビヤモズ	
Vox ヴォックス ボックス	**Vraničar** ブラニチャル				
	Vranicki ヴラニッキ ヴラニッキー				
Voyce ヴォイス				**Vuilleumier** ヴイユミエ	
Voyde ボイド	**Vranický** ヴラニツキー				
Voye ヴォア	**Vranitzky** ヴラニツキー フラニツキ** フラニツキー	**Vrieslander** フリースランダー	**Vsevolodovich** フセヴォロド フセヴォロトヴィチ フセヴォロドヴィチ フセーボロド	**Vuillier** ビュイラー	
Voyenne ボワエンヌ				**Vuitton** ヴィトン* ビトン	
Voyer ヴォアイエ ヴォワイエ					
		Vriethoff フリートフ	**Vsevolozhsky** フセヴォロシスキー		
	Vranjes ブランエス	**Vriezen** フリーゼン		**Vujacic** ブヤチッチ*	
Voyevodin ウォエウォジン	**Vranješ** ヴラニシュ	**Vrij** ヴレイ フライ	**Vtic** ブティッチ	**Vujadin** ヴヤディン ブヤディン	
	Vranken ヴランケン ヴレンケン フランケン ブランケン		**Vu** ヴ* ヴー* ヴォ ヴュ ビュー ブ ブー**		
Voynet ヴォワネ* ボワネ		**Vrijsen** フレイセ		**Vujanovic** ブヤノヴィッチ ブヤノビッチ	
		Vrinat ヴリナ* ブリナ			
Voynich ヴォイニチ ヴォイニッチ				**Vujanović** ヴヤノヴィッチ ブヤノヴィッチ* ブヤノビッチ	
	Vrankić ブランキッチ	**Vring** フリング			
Voynova ボイノワ	**Vratislav** ヴラティスラヴ ヴラティスラフ ブラチスラフ	**Vroeijenstijn** フローインスティン*	**Vũ** ヴー*		
Voysey ヴォイジ ヴォイジー ヴォイズィ ボイジー		**Vroemen** フルーメン	**Vuarnet** ヴュアルネ バルネ ビュアルネ	**Vujić** ブイッチ	
		Vrolijk フローレイク*		**Vujica** ブイツァ	
	Vratsanos ヴラツァノス	**Vroman** フローマン ブローマン		**Vujicic** ブイチチ	
	Vrau ヴロー		**Vuataz** ヴュアタ ビュアタ	**Vujin** ユージン	
Voytas ボイタス	**Vraz** ヴラーズ ヴラズ	**Vromans** フロマンス ブロマンス*		**Vujisicl** ヴイシッチ	
Voytek ヴォイテック			**Vuc** ブク	**Vujnovich** バジノヴィッチ	
Voytkevich ヴォイトケヴィッチ	**Vrbová** ウルボラ	**Vronchenko** ヴロンチェンコ	**Vucevic** ヴュチェビッチ	**Vujović** ブーヨビッチ	
Voznesenskaia ヴォズネセンスカヤ	**Vrbský** ヴルヴスキー		**Vuchic** ヴチック		
	Vrchlický ヴルフリッキー ヴルフリッキー* ブルフリッキー*		**Vuchkov** ブチコフ	**Vuk** ヴーク ブーク ブク ブック*	
Voznesenskaya ヴォズネセンスカヤ		**Vronskaya** ブロンスカヤ	**Vučić** ヴチッチ*		
			Vučinić ブチニッチ		
Voznesenskii ヴォスネセンスキ ヴォズネセンス キー** ヴォズネセーンスキイ ヴォズネセンスキイ ボズネセンスキー ボツネセンスキー	**Vrdoljak** ブルドリャク	**Vronskii** ウロンスキー	**Vucinich** ヴァシニッチ	**Vukalovich** ヴカロヴィチ ブコブラトビッチ	
		Vronsky ヴロンスキー	**Vuckovic** ブコビッチ フコビッツ		
	Vrede フレデ	**Vroom** ヴルーム ブルーム* フローム			
	Vredeman ヴレーデマン フレーデマン				
			Vuckovich ブコヴィッチ	**Vukan** ヴガン	
			Vucub ヴクブ	**Vukčević** ブクチェビッチ	
	Vredman フレーデマン	**Vroon** フローン	**Vuddhapabbajita** ヴッダパッパジター	**Vukcevich** ヴクサヴィッチ	
Voznitski ヴォズニツキ*	**Vreede** フレーデ	**Vroons** フルーンズ			
	Vreedenburgh フレーデンブルフ	**Vrotsos** ヴロソス	**Vuerich** ブエリク	**Vukčić** ヴクチチ	
Voznyak ウォズニャク		**Vrouva** ヴラウヴァ	**Vuetilovoni** ブエティロボニ	**Vukelic** ヴケリッチ	
Vrabcova-Nyvltova ブラブツォバニーブル トバ	**Vreedman** フレーデマン	**Vṛsabha** ヴルシャバ		**Vukelić** ブケリッチ	
		Vrsaljko ヴルサリコ	**Vugrinec** ヴュグリネッチ	**Vukelič** ヴケリッチ	
Vrabie ヴラービエ ブラビエ	**Vreeland** ヴリーラン ヴリーランド* ブリーランド**	**Vrubel** ヴルーベリ	**Vugt** ヴォクト フフト	**Vukile** ヴキレ	
		Vruberi ヴリューベリ ヴルーベリ ブリューベリ ブルーベリ		**Vukobratovic** ヴコヴラボビイチ ブコブラトビッチ ブコブラトビッチ	
	Vreeman ブリーマン		**Vui** ヴイ		
Vraciu ブラシウ			**Vuibau** ブイバウ		
Vradimir ウラジーミル ヴラジーミル	**Vreeswijk** ヴリースウィジク フレースワイク		**Vuiermoz** ヴェイルモ	**Vukosavlević** ブコサブリェビッチ	
		Vrushali ヴルシャリ	**Vuijsje** ファウシェ		
Vradimirovna ヴラジーミロヴナ	**Vrej** ブレジ	**Vryoni** ブリオニ	**Vuikaba** ブイカバ	**Vukosavljević** ブコサブリェビッチ	
	Vreman フレマン	**Vryzas** ヴリーザス			
Vragel ブラゲル	**Vreme** ブレメ			**Vukotić** ヴコティチ	

Vukovic ヴコヴィック ブコビッチ	Vuylsteke ヴァイルステケ	ヴィゴツキイ* ヴィゴツキー ヴィゴトスキー ビゴツキー ビゴツキイ	Vythilingum ヴィシリンガム	Wachirayanawarorot ワチラヤーン	
Vuković ヴコヴィチ	Vvedenskii ヴヴェジェンスキー ヴヴェジェーンスキイ ヴヴェデェンスキィ ヴヴェデーンスキー ブベジェーンスキー		Vyv ヴィヴ ビブ	Wacholder ヴァホルダ	
Vukovich ブコビッチ		Vygotskiĭ ヴィゴツキー		Wachowiak ヴァショヴィアク	
Vuksanović ブクサノビッチ			Vyvyan ヴィヴィアン ビビアン	Wachowski ウォシャウスキー**	
Vukšić ヴクシク		Vygotsky ヴィゴツキー		Wachs ワックス*	
Vulca ウルカ	Vvedénskii ヴヴェジェンスキー	Vyktor ヴィクトル		Wachsberger ワチェスバーガー*	
Vulcacius ウルカキウス	Vvedensky ヴィーデンスキー	Vylegzhanin ビレグジャニン	【W】	Wachsler ヴァヒスラー	
Vul'f ヴリフ				Wachsmann ヴァクスマン	
Vulgamott ヴュルガモット	Vy ヴァイ ヴイ	Vylet'al ビレチャル*	Wa ワ**	Wachsmuth ヴァクスムート バックスムース	
Vulgrin ヴュルグラン	Vyacheslav ヴィアチェスラヴ ヴィアチェスラフ ヴィヤチェスラフ ヴィヤチェスラフ ヴャチェスラフ ヴャチェスラフ*** ビアチェスラフ* ビャチェスラフ* ブヤチェスラフ	Vyner ヴァイナー バイナー	Waag ヴァーク		
Vulič ヴィリッチ		Vynnychenko ヴィニチェンコ ヴィンニチェンコ	Waage ウォーゲ ヴォーゲ ボーゲ ワーゲ	Wachtel バヒテル ワクテル* ワシュテル ワテル	
Vulikh ブーリフ			Waagen ヴァーゲン		
Vulin ブリン		Vynohradov ビノフラドフ	Waagenaar ワーヘナー	Wachter バハター* ベッヒハター ワクター ワッチャー ワハター	
Vulko ヴルコ*		Vyropayev ビプパエフ	Waaktaar ワークター		
Vullers ヴレルス		Vyroubova ヴィルボワ	Waal ヴァール** ウォール* バール ワエル ワール		
Vulliamy ヴァラミィ ヴリアミー					
Vulpes ヴルペス	Vyacheslàv ヴャチェスラフ	Vyse ヴァイス		Wächter ウェヒター* ヴェヒター* ベヒター	
Vulpescu ブルペスク	Vyacheslavovich ヴャチェスラヴォヴィチ	Vyšebrodský ヴィシーブロード	Waals ヴァールス ワールス*		
Vulpitta ヴルピッタ		Vysheslavtsev ヴィシェスラーフツェフ		Wacik ワチック	
Vulpius ヴールピウス ヴルピウス	Vyaho ビアホ		Waard バールト	Wackenheim ワケナイ	
Vulso ウルソ	Vyakhirev ヴャヒレフ	Vysheslávtsev ヴィシェスラーフツェフ ヴィシェスラーフツェフ	Waare ワーレ	Wackenroder ヴァッケンローダー* ヴァッケンローデル ワッケンローダー ワッケンローデル	
Vumbi ヴンビ	Vyam ヴィヤーム バーイー バイ		Waart ヴァールト ワールト*		
Vuna ブナ		Vysheslavtsov ヴィシェスラフツォフ			
Vunabandikanyamihigo ブナバンディカニャミヒゴ	Vyas ヴィアス	Vyshinskii ヴィシンスキー* ヴィシンスキー ヴィシーンスキィ ビシンスキー	Waarts ワーツ Waas ヴァース	Wacker ヴァッカー* ワッカー	
Vungakoto ヴンガコト	Vyāsa ヴィヤーサ ビヤーサ		Wabbes ワブス ワブ		
Vunipola ヴニポラ	Vyatchanin ビャチャニン	Vyatcheslav ヴィヤチェスラフ	Waber ウェイバー* ウェーバー**	Wackerhage ワッカーハージ	
Vunisa ヴニーザ				Wackerle ヴァケルレ ワッカーレ	
Vuniwaqa ブニワンガ		Vyshnegradskii ヴィシネグラツキー			
Vunjak ヴニャック		Vyskocil ヴィスコチル*	Wäber ウェーベル	Wackermann ワッカーマン	
Vuokko ヴォッコ* ボッコ	Vyazemskii ヴャーゼムスキー	Vyskočil ヴィスコチル	Waberi ワベリ**		
	Vyazemsky ヴァーゼムスキー ヴャゼムスキー	Vysniauskas ウィスニアウスカス	Wabudeya ワブデヤ	Wackernagel ヴァッカーナーゲル ヴァッカナーゲル ヴァッケルナーゲル ワカナゲル ワケナゲル* ワッカーナーゲル	
Vuolvinus ウオルウィヌス			Wabun ワブン*		
Vuong ヴォン ヴォン ブォン	Vybarr ヴァイバー	Vysokov ヴィソーコフ	Wace ヴァース ウェイス ウェース ワース		
	Vyborny ヴィボニー	Vysotskii ヴィツパーレク ビツパーレク			
Vu'ọ'ng ヴオン	Vycpálek ヴィツパーレク ビツパーレク	ヴィソツキー* ビソツキー	Wach ヴァッハ** ワッハ	Wackie ワッキー	
Vuorensola ヴオレンソラ		Vydūnas ヴィドゥーナス	Wacha ワカ ワッハ	Wacks ワックス	
Vuori ヴォリ*	Vye ヴァイ	Vysótskii ヴィソーツキー ヴィソツキー ヴィソツキー		Waclaw ヴァクロフ ヴァーツワフ ヴァツワフ	
Vuorilehto ヴォリレヒト	Vygaudas ブィガウダス		Wachberger ヴッハベルガー		
Vuorio ヴォリオ ヴォリオ	Vygen フィーゲン	Vytas ビータス	Wachel ウォシェル	Wacław ヴァツラフ ヴァツワフ	
	Vygodoskii ウィゴドスキイ	Vytautas ヴィータウタス ヴィタウタス** ビータウタス	Wachenheim ヴァヘンハイム		
Vurbanov ブルバノフ	Vygodskii ヴィゴッキー ビィゴッキー			Wacquant ヴァカン	
Vutukuri ビュトゥクリ ブックリ			Wachesberger ワチェスバーガー	Wactawski ワクタワスキ	
Vuuren ヒューレン	Vygotskii ヴィゴツキー ヴィゴツキー* ヴィゴツキー	Vytenis ヴィテニス ビテニス	Wachinga ワチンガ	Wad ワド	
Vuwa ブア				Wadagni ワダニ	

Wadal ワダル
Wadan ワタン
Waddel ワッデル
Waddell
　ウォッデル**
　ウォーデル
　ウォデール
　ウォデル**
　ウォデル
　ワッデル*
　ワデル*
　ワドル
Wadden
　ワッデン
　ワーデン
Wadding ウォディング
Waddington
　ヴァダントン
　ウァディングトン
　ウォディングトン
　ウォディントン*
　ワディングトン
　ワディントン***
Waddle ワドル
Waddy
　ワッデイー
　ワディ*
Wade
　ウェイド
　ウェイド***
　ウェイド**
　ヴェイド
　ウェード***
　ウェード
　ベイド
　ワッド**
　ワデ
　ワード
Wadecki ワデキ
Wademan
　ウェイドマン
Wademant
　ヴァードゥマン
Wadeson ウェイドソン
Wadhams ワダムズ
Wadhwa
　ワドゥワ
　ワドワ*
Wadi ワディ
Wadia ワディア
Wadie ワディエ
Wadiwel ワディウェル
Wadjed
　ワサ
　ワジェド
Wadji
　ウアジ
　ウアジュ
Wadjkare
　ウアジカーラー
Wadjkhau
　ウアジュカーウ
Wadjkheperre
　ウアジュケペラー
Wadjularbinna
　ワジュラビーナ
Wadkins ワドキンス*
Wadleigh ワドレー

Wadler ワドラー*
Wadlington
　ワドリントン
Wadlow ワドロー
Wadman
　ワッドマン
　ワドマン
Wadner ヴァドネル
Wadswarth ワズワース
Wadsworth
　ウァーズワス
　ウォズウァース
　ウォズワース
　ウォズワース*
　ウォッズワース
　ウォッズワス
　ワーズワス
　ワーズワース**
　ワズワス
　ワッズワス
Wadyka ワディーカ
Waeber ウェーバー
Waechter
　ヴェシュテル
　ヴェヒター**
　ベクター
　ベシュテル
Wa'ed ワエド
Waegemans
　ヴァーヘマンス
Waehler ウェラー
Waeijen
　ヴァーイエン
　ワーイエン
Wael
　ワーイル*
　ワイル*
　ワーエル
　ワエル
Waelbroeck
　ヴァールブルック
Waelder ウェルダー
Waelhens
　ヴァーレン*
　ヴァーレンス
　ヴェーレンス
　バーレン
Waeli ワエリ
Waena ワイナ
Waerden
　ウァルデン
　ヴァールデン
　ヴェルデン**
　ベルデン
　ワルデン
Waerdenburgh
　ヴィルデンブルヒ
Waern ヴァーン
Waerwijck
　ヴァールヴァイク
Waesberghe
　ヴァスベルゲ
Waesche ウェッシェ*
Waetzold
　ヴェーツォルト
　ヴェツォルト
　ウェッツォルト

Wafā
　ワファ
　ワファー
Wafaa ワッファ
Wafai ワファーイー
Wafa-Ogoo
　ワファオグー
Wafer ウェーファー
Waffa-ogoo
　ワッファオゴー
Waffelaert
　ウァッフェラールト
Wafio ワフィオ
Wafiq ワフィク
Wafiqa ワフィカ
Wafwana ワフワナ
Wagar
　ウェイガー
　ウェイジャー
　ウェーガー
Wagdemal ワグデマル
Wagdy ワグディ
Wage ウェイジ
Wagele ウェイゲル
Wageman ワーグマン
Wagemann
　ヴァーゲマン*
　ワーゲマン
Wagenaar
　ヴァーヘナール
　ワーグナー
　ワーヘナール*
Wagenaer
　ワーヘナール
Wagenbach
　ヴァーゲンバッハ**
　ヴァーゲンバハ
　ワーゲンバッハ
Wagenber
　ワーゲンバーグ
Wagenberg
　ワーゲンバーグ
Wagenen ウァーグネン
Wagener
　ヴァーゲナー**
　ワーグナー
　ワグネル
　ワーゲナー
Wagenfeld
　ヴァーゲンフェルト
Wagenfuhr
　ワーゲンフュール
　ワーゲンフユール
Wagenheim
　ワッゲンハイム
Wagenhofer
　ヴァーゲンホーファー
　ワーゲンホファー
Wagenmakers
　ワーゲンメイカーズ
Wagenpfeil
　ワーゲンファイル
Wagenschein
　ヴァーゲンシャイン
Wagenseil
　ワーゲンザイル
　ワーゲンザイル

Wager ウェイジャー**
Waggener ワゲナー
Waggerl
　ヴァガール
　ヴァガル
　ヴァッゲール
　ヴァッゲル
　ヴァッゲルル
　ワゲール
　ワッガール
　ワッゲルル
Waggoner
　ワガナー
　ワゴナー
Waggott ウェゴット
Waghalter
　ワグハルター
Waghemakere
　ワーグマーケル
Waghorn ワグホーン*
Wagley
　ワグレー
　ワーグレイ
　ワグレイ
Wagman ワグマン
Wagneau ワグノー
Wagner
　ヴァークナー
　ヴァーグナー*
　ヴァクナー
　ヴァグナー*
　ウァグナー
　ヴァグネル**
　ヴァーゲナー
　ヴェークナー
　バーグナー
　バグネル
　ワグナア
　ワギネル
　ワーグナー***
　ワグナー**
　ワーグナア
　ワグネ
　ワーグネル
　ワグネル
　ワグネル**
Wägner
　ヴェークナー
　ウェーグネル
　ヴェーグネル
　ヴェーングネル
　ワグナー
Wagner-augustin
　ワーグナーアウグス
　ティン
Wagnitz ヴァークニツ
Wagon ワゴン*
Wagoner
　ワーゴナー
　ワゴナー***
Wagstaff
　ワグスタッフ
　ワグスタフ
Wagstaffe
　ワグスタッフ
Wague ワゲ
Wagura ワグラ

Wah
　ホワ
　ワー
Wahab
　ワッハーブ
　ワハップ
　ワハブ
Wahankh
　ウアフアンク
Wahb
　ワハブ
　ワフブ
Wahba ワフバ
Wahbi ワフビ
Waheeba ワヒバ
Waheed ワヒード*
Waheeda ヴァヘーダ
Waheedullar
　ワヒードゥッラ
Wahhab ワッハーブ
Wahhāb ワッハーブ
Wahi ワヒ
Wahib ワヒブ
Wahibre
　ウアイブラー
　ウァヒブラー
　ワフイブラー
　ワブイブラー
Wahid
　ワヒッド
　ワーヒド
　ワヒド***
Wahīd ワヒード
Wāhid ワーヒド
Wahidin ワヒディン
Wahkare
　ウアフカーラー
　ワフカーラー
Wahkhau
　ウアカウ
　ウフカーウ
Wahl
　ヴァール**
　ウォー
　ウォール**
　ヴォール*
　バール
　ワール
Wahlander
　ヴァーランダー
Wahlberg
　ウォールバーグ**
　ウォルバーグ
　ワールバーグ
　ワールベルク
Wahle
　ヴァーレ
　ウォーレ
　ワーレ
Wahlenberg
　ヴァーレンベルイ*
Wahlgren
　ヴァールグレン
Wahli ワーリ
Wahlin ウォーリン
Wahlöö ヴァールー*
Wahlquist
　ヴォルケスト

Wahlroos ヴァフルロース
Wahlster ヴァールスター
Wahlstetter ウォルステッター
Wahlstrom ワールストロム
Wahlström ヴァールストレーム
Wahner ワーナー
Wahnschaffe ヴァーンシャッフェ
Wahono ワホノ*
Wahoo ワフー
Wahoram ワホラム*
Wahriz ワハリーズ
Wahrmund ヴァールムント
Waḥshī ワハシー／ワフシー
Waḥshīyah ワハシーヤ／ワフシーヤ
Wai ウェ／ウェイ／ワイ**
Waibel ヴァイベル／バイベル／ワイベル
Waibl ヴァイブル
Waiblinger ヴァイブリンガー／ヴァイブリンガー*／ワイブリンガー
Waid ウェイド
Waidringer ヴィトリンガー
Waigel ワイゲル*
Waigmann ヴァイクマン
Waiguru ワイグル
WaiHong ワイホン*
Wailer ウェイラー*
Waili ワイリ
Wai Ling ウェイリン
Wailly ヴァイイ／ウェーリー／ヴェリー
Wain ウェイン**
Wainaina ワイナイナ**
Waine ウェイン*
Wainer ウェイナー
Waingrow ウィングロウ
Wäinö ヴァイネ
Wainright ウェインライト／ウェーンライト／ウェンライト*
Wainwright ウェインライト***
ウエインライト／ウェーンライト／ウェンライト
Waipora ワイポラ
Wais ワイス
Waisake ワイサケ
Waisale ワイセレ
Waisbard ワイスバード
Waisbren ワイズブレン
Waisea ワイセア
Waisel ワイセル
Waisman ワイスマン／ワイズマン
Waismann ヴァイスマン／ワイスマン
Waiss ワイス
Waissenberger ヴァイセンベルガー
Wait ウェイト*
Waite ウェイト***／ウェイト／ウェート／ウォイト
Waiters ウエイター*／ウェイターズ
Waites ウェイツ*
Waithayakon ワンタヤコーン
Waithman ウェイスマン
Waitkus ウェイトカス
Waitley ウェイトリー*／ウェートリー
Waitoller ワイトラー
Waits ウェイツ**
Waitz ヴァイツ／ワイツ**
Waitzkin ウェイツキン
Waitzman ワイツマン
Waiwaiole ウェイウェイオール**
Waiyaki ワイヤキ
Wai-Yung ウェイユン
Wāʻiz ヴァーエズ／ワーイズ／ワーズ
Wāʻiẓ ワーイズ
Wajahat ワジャハット
Wajda ヴァイダ／ワイダ*
Wajdi ワジディ
Wajhī ワジヒー
Wajih ワジハ／ワジフ
Wajira ワジーラ
Wajjwalku ワチャワルク
Wajnkranc ワインクランツ
Wajs ワイス
Waka ワカ
Wakabayashi ワカバヤシ
Wakako ワカコ
Wakale ワカレ
Wakamatsu ワカマツ*
Wakana ワカナ
Wakatsuki ワカツキ
Wake ウェイク*／ワケ
Waké ワケ
Wakefield ウェイクフィールド*／ウェイクフィルド／ウエイクフィールド*／ウェークフィールド***
Wakeford ウェイクフォード
Wakeham ワカム
Wakeley ウェイクリー
Wakelin ウェイクリン
Wakeling ウェイクリング
Wakely ウェークリー*／ワクレー
Wakeman ウェイクマン*／ウエイクマン／ウェークマン
Wakevich ワケーヴィチ
Wakevitch ワケーヴィチ
Wakhungu ワクング
Wakiihuri ワキウリ*
Wakil ワキル*
Wakisaka ワキサカ
Wakley ウェークリー／ワクリー
Wako ワコ
Wakoski ワコスキ*／ワコスキー
Wakoson ワコソン
Waksman ワクスマン／ワックスマン
Wal ウォル／バル
Wala ヴァラ／ワラ
Walach ワラック
Walad ワラド
Walaeus ワラエウス
Walafrid ヴァラフリードゥス／ワラフリド
Walajāh ワラジャー
Walan ヴァーラン
Walasek ワラセク
Walasiewicz ワラシェビッチ
Walasse ワラセ
Walawender ワラウェンダー
Walb ヴァルブ／ワルブ
Walbank ウォールバンク
Walberg ウォルバーグ／ワルバーグ／ワールベルグ
Walbridge ウォルブリッジ
Walbrook ヴァルブロック／ウォールブルック
Walburga ヴァルバーガ／ウァルブルガ／ヴァールブルガ／ワルブルガ
Walburn ウォルバーン
Walby ウォルビー*
Walcamp ウォルキャンプ
Walch ヴァルク／ヴァルヒ／バルチ／ワルシュ
Walcha ヴァルハ
Walchar ヴァルヒャ*
Walchhofer ワルヒホファー
Walcker ヴァルカー
Walcott ウォールコット／ウォルコット***
Walcyr ヴァルシル*
Walczewski ヴァルチェヴスキー
Walczykiewicz ワルチケビッチ
Wald ヴァルト*／ウォールド**／ウォールド／ワールド／ワルト／ワルド
Waldbauer ヴァルトバウアー／ウォルドバウアー*／ワルドバウアー
Waldberg ワルドベルグ*
Waldburg ヴァルトブルク
Waldbusser ワルドビュッサー
Walde ヴァルデ**／ウルデ／バルデ／ワルデ
Waldeck ヴァルデク／ヴァルデグ／ヴァルデック／バウデク／バルデック／ワルデック**
Waldegrave ヴァルデグレイヴ
Waldemar ヴァルデマー／ヴァルデマール*／ヴァルデマル／ヴァルデマール*／ヴァルデマール***／ウォルデマー／ヴァルデマー／バルデマー／バルデマール／バルデマル／ワルデマール／ワルデマアル／ワルデマール***／ワルデマル**／ワンデマル
Waldemariam ウォルデマリアム
Waldemer ヴァルデマー
Walden ヴァルデン*／ウェルデン／ウォールデン***／ウォルデン*／ワルデン*
Waldenberger ヴァルデンベルガー
Waldenburg ヴァルデンブルク／ヴァンデンブルク／ワイデンブルク／ワルデンブルク／ワンデンブルグ
Waldenfels ヴァルデンフェルス*／ヴァンデンフェルス
Waldenström ヴァルデンストレム
Walder ヴァルダー
Waldersee ヴァルダーゼー／ヴァルデゼー／ヴァルデルゼー／ワルダーゼー／ワルデルゼー
Waldersten ヴァルデーシュテン
Waldetrudis ウァルデトルーディス／ワルデトルーディス
Waldeyer ヴァルダイアー／ヴァルダイヤー／ワルダイエル

ワルダイヤー
Waldfogel
ウォルドフォーゲル
Waldhausen
ワルドホーセン
Waldheim
ヴァルトハイム
ウォルドハイム
ワルトハイム**
Waldherr
ヴァルトヘル
ウォルダー
Waldhoff ヴァルトホフ
Waldholz
ウォルドホルツ*
Waldinger
ヴァルディンガー
ウォールディンガー
Waldir バルジル
Waldis ヴァルディス
Waldman
ウォールドマン*
ウォルドマン**
Waldmann
ヴァルトマン*
ヴァルドマン
ワルドマン
Waldmüller
ヴァルトミュラー
ワルトミュラー
Waldner
ワルトナー
ワルドナー*
Waldo
ヴァルデス
ヴァルド
ヴァルドー
ウォールド
ウォルド*
ウォルドー**
ウォールドウ
ワルト
ワルド**
ワルドー
ワルドゥス
ワルドォ
Waldoch バルドフ
Waldoff ヴァルドフ
Waldon ウォーリー
Waldorf
ウォルドーフ
ウォルドルフ
Waldorff ヴァルドルフ
Waldow ヴァルドヴ
Waldron
ウォールドロン
ウォルドロン***
ワルドロン
Waldroop
ウォルドループ*
Waldrop
ウォルドロップ
ウォルドロップ
ワールドロップ*
Waldrun ヴァルトルン
Waldschmidt
ヴァルトシュミット
ヴァルドシュミット
ワルトシュミット

Waldseemüller
ヴァルトゼーミュラー
ワルトゼーミュラー
Waldstein
ヴァルトシュタイン
Waldt ウォルト
Waldteufel
ヴァルトトイフェル*
ワルトトイフェル
Waldtraut
ヴァルトラウト
Waldus ワルドゥス
Waldyr ワルディール
Wale
ワルフ
ワレ
Walecka ワレッカ
Waleed ワリード
Walen ワレン
Walenburch
ヴァーレンブルフ
Walenstein
ワレンシュテイン
Walenty ヴァレンティ
Walentyn
ヴァレンティン
Walerian ヴァレリアン
Wales
ウェイルズ
ウェールス
ウェールズ**
ウェルズ
ウエールズ
Walesa
ワレサ*
ワレンサ
Wałesa ワレサ
Wałęsa
ヴァウェンサ
ワレサ
Walesh ウォレシュ
Waleska ワレスタ
Walett ワレット
Walevska ワレフスカ*
Walewska
ヴァレフスカ
ワレウスカ
Walewski
ヴァレフスキ
ヴァレフスキー
Waley
ウェイリー*
ウェーリ
ウェーリー**
ウェリー*
ウォーリー
Walf ヴァルフ
Walferen ウォルフレン
Walford
ウォルフォード**
ワルフォード
ワルフホド
Walfrid
ヴァルフリッド
ウルフリート
Walfrido バルフリド
Walgrave ワルグラーヴ

Walgreen
ウォールグリーン
Wali ワリ**
Walī ワリー
Walia ワリア*
Walī-allāh
ワリーウッラー
Walicki
ヴァリッキ
ヴァリツキ
Walid
ワーリド
ワリード**
ワリド*
Walīd
ワリード
ワリードー
Walide ワルド
Walidou ワリドゥ
Waligura ヴァリグーラ
Wälikhanov
ワリハーノフ
ワリハノフ
Waline ワリーヌ
Walinsky ワリンスキー
Walior
ウォリオー
ワリオー
Walis ワリス
Waliullah
ワリウッラー
Walīullāh
ワリー・ウッラー
Waljinah ワルジーナ
Walk ウォーク
Walkden ウォークデン
Walke バルケ
Walken ウォーケン**
Walkenhorst
ワーケンホースト
ワルケン・ホースト
ワルケンホースト
ワルケンホルス
ワルケンホルスト
Walker
ヴァルカー
ウォーカー***
ウォーカー
ウォーカー
ウォーケル
ウォルカー
ウォーカー
Walker-hebborn
ウォーカーへボーン
Walkerley
ウォーカーリー
ウォーカーリイ
Walkingshaw
ウォーキングショー
Walkinshaw
ウォーキンショー*
Walkland
ウォークランド
Walkowiak
ウォーコウィアック
Walkowitz
ウォーコウィッツ
ウォルコウィッツ

Walkowski
ウォルコフスキー
Walkup ウォーカップ*
Walküre
ヴァルキューレ
Walkuski
ヴァウクスキ
バウクスキ
Wałkuski ヴァウクスキ
Wall
ヴァール
ヴァル
ウォール***
ウォル
オール*
Walla ワラ
Wallac ウォーレス
Wallace
ウァーレス
ウォーラス**
ウラス*
ウォーリー
ウォーリス
ウォリス**
ウオリス
ウォルス
ウォルレイス
ウォレイス
ウォレイス
ウォーレース
ウォーレス***
ウォーレス
ウォーレス***
ウォレス*
ウォレンス
ワラシ
ワラス*
ワルレス
ワーレス
ワレース
ワレス*
Wallach
ヴァラッハ
ヴァラッハ
ヴァラハ
ヴァルラハ
ウォラク
ウォーラック**
ウォラック**
ウォラッシュ
ヴォラハ
ウォレク
ワラク
ワラチ
ワーラッハ
ワラッハ
ワルラッハ
ワルラハ
Wallack ウォラック*
Wallāda ワッラーダ
Wallant
ウォラント
ワラント
Wallard ワラード
Wallas
ウァーラス
ウォーラス*
ウォラス
ワラス
Wallaschek
ヴァラシェーク

ヴァラシェク
Wallat ヴァラット
Wallayangkul
ワンラヤーンクーン
Wallaze ウォラーゼ
Wallberg
ヴァルベリー
ヴァルベルク
バルベリ
ワルベルク
Wallbridge
ウォールブリッジ
Wallburg
ヴァールブルク
Wallcraft
ウォルクラフト
Walle
ヴァール
ワレ
Wallechinsky
ウォルキンスキー
ワルチンスキー*
Walleck ワレック
Wallemme ワーレム
Wallen
ヴァレーン*
ヴァレン
ウォレン
ワレン
Wallén バレン
Wallenberg
ヴァッレンベリ
バレンベリー
ワレンバーグ
ワレンベリ
ワレンベルク
ワレンベルグ
Wallenda
ウォーレンダ
ワレンダ
Wallenstein
ヴァレンシュタイン
ヴァーレンステイン
ウォーレンシュタイン*
ウォーレンスタイン
ウォレンスタイン
ウォーレンステイン
ワレンシュタイン
ワレンシュタイン
Wallentin
ワレンティン
Waller
ウァレル
ヴェラー
ウォーラー***
ウォラー***
ウォーラー
ワラー*
Wallerant ヴァルラン
Wallers ウォーラーズ
Wallerstein
ウォーラー
ウォーラースタイン**
ウォーラースティン*
ウォーラーステイン*
ウォーラースティーン
ウォーラーステイン
ワラースタイン

Walles ワルレス
Wallesch ウォルシェ
Walleser ワレーザー
Walleskarn ヴァレスカルン
Walley
　ウォーリー**
　ウォーリィ
　ウォーレイ
Wallez ヴァレーズ
Wallfisch
　ウォルフィッシュ*
Wallgren
　ヴァルグレン*
　ウォールグレン
Walli ヴァリ
Wallia ワリア
Williams ウォリアムズ
Wallich
　ヴァリック
　ウォーリック
　ウォーリッヒ
Walliman
　ウォーリマン
Wallin
　ヴァリーン
　ヴァリン
　ウォーリン
　ウォリン*
　ワーリン
　ワリーン
　ワリン
Walling
　ウォーリング
　ウォリング*
Wallinger
　ウォリンジャー
　バーリンガー
Wallingford
　ウォーリングフォード
　ウォリングフォード
Wallington
　ウォーリントン*
　ウォリントン*
　ワリントン
Wallis
　ウォーリス**
　ウォリス**
　ウォレス*
　ワォリス
　ワリス
Walliser バリザー
Wallison ワリソン
Wallman
　ウォールマン*
　ウォルマン
　ワルマン
Wallmann ヴァルマン*
Wallmark
　ウォールマーク
Wallmoden
　ヴァルモーデン
Wallner
　ウォールナー
　ウォルナー*
Wallnöfer
　ワルネファー

Wallon
　ヴァロン
　ワロン**
Wallot
　ヴァロット
　ヴァロート
　ワロー
Wallrabe
　ヴァルラーベ*
Wallraf ヴァルラーフ
Wallraff
　ヴァルラフ
　ワルラフ
Walls
　ウォールズ**
　ウォールズ*
Wallsten ウォルステン
Wallston ワルストン
Wallström
　バルストロム
Wallwork
　ウォールワーク
Wallwyn
　ウォールウィン
Wally
　ヴァリー*
　ウォーリー***
　ウォーリー*
　ワーリー
　ワリ
　ワリー
Walmer ワルマー
Walmo ワルモ
Walmsley
　ウォームズリー*
　ウォームズレー
　ウォムズリー
　ワームスレイ
Waln
　ウォルン
　ウォーン
　ワーン
Walne ウワーン
Walnum
　ウォルナム
　ワーナム
Walnut ウォルナット
Walpola ワールポラ
Walpole
　ウォルポウル
　ウォールポール
　ウォールポール**
　ワルポール
Walport ウォルポート
Walpot ヴァルポット
Walpow ウォルパウ
Walpurgis
　ヴァルプルギス
Walram ヴァルラム
Walras
　ヴァルラ
　ヴァルラス
　ワルラ
　ワルラース
　ワルラス*
Walrath ウォルラス*
Walraven
　ウォルラベン

Walrond
　ウォルロンド*
Walrondt
　ヴァルロント
Walsch ウォルシュ*
Walschaerts
　ヴァルスハールツ
Walser
　ヴァルザー
　ヴァルサー
　ヴァルザー**
　ウォルサー*
　ウォルザー
　ワルサー
　ワルザー**
Walsh
　ヴァルシュ
　ウェルシュ
　ウォッシュ*
　ウォルシェ
　ウォールシュ*
　ウォルシュ***
　ウォルシュ
　ウォルス
　ウォッシュ
　ワルシュ
Walsham ウォルシャム
Walshaw ウォルショー
Walshe
　ウォルシュ
　ウォルシュ
Walsin ヴァルサン
Walsingham
　ウォールシンガム
　ウォルシンガム
Walson ウォルソン
Walster ウォルスター
Walston
　ウォールストン
　ウォルストン**
Walsworth ワルスワス
Walt
　ウォオルト
　ウォールト
　ウォルト***
　ウォルト
　ヴォルト
　ワルト
Walta ウォルタ
Waltar ウォルター*
Waltari
　ヴァルタリ
　ワルタリ*
Waltenbaugh
　ウォルテンボー
Walter
　ヴァルター*
　ヴァルタ
　ヴァルター***
　ヴァルテル
　ヴァルテール*
　ヴァルテール**
　ウェルター*
　ウオルタァ
　ウォーター**
　ウォートル
　ウォーリー
　ウォルタ
　ウォールター*
　ウォルタ

　ウォルター***
　ウォルター*
　ウォルタア
　ウォルタア
　ウォルタル
　ウォルト*
　ウォルトル
　オウルター
　オルター
　オルタル
　バウテル
　バルター*
　バルテル*
　ファルター
　ワーテル
　ワルタ
　ワルター***
　ワルタル
　ワルテール
　ワルテル***
Walter
　ウォルテル
　ワルテル
Walter Fernando
　ワルテルフェルナンド
Walters
　ウォーターズ*
　ウォートルス
　ウォルター
　ウォルターズ***
　ワルター
　ワルタース
Waltershausen
　ワルタースハウゼン
Walthall
　ウォルサール
　ウォルソール*
Waltham ウォルサム
Waltharius
　ヴァルタリウス
Walther
　ヴァルター**
　ヴァルダー
　ヴァルタア
　ヴァルテル
　ヴァルテル
　ヴァルサー*
　ヴァルター***
　ヴァルテル
　ワルサー*
　ワルター***
　ワルテル
Waltjen ヴァルチェン
Waltke ウォルトキー
Waltl ウォルトル
Waltman ウォルトマン
Waltner ウォルトナー
Walto ヴァルドー
Walton
　ウォールトン**
　ウォルトン***
　ワルトン*
Waltramus
　ワルトラムス
Waltraud
　ヴァルトラウト*
　ワルトラウト*
Waltraut
　ヴァルトラウト

Waltuch
　ウォールタック
Walty ウォルティー
Waltz
　ヴァルツ*
　ウォルツ**
　ワルツ*
Waltzel ワルツェル
Walua ワルア
Walubita ワルビタ
Walujati ワルヤティ*
Walujo
　ウォルヨ
　ワルヨー
Walus ヴァルス
Waluszek
　ヴァルスウェック
Walvin ウォルヴィン
Walvoord
　ウォルヴード
　ウォルワード
　ワルブールド*
Walwa ワルワ
Walwicz
　ウォルウィッチ
Walworth
　ウォールワース
　ウォールワス
　ウォールワース
Walwyn
　ウォーウィン
　ウォールウィン
　ウォルウィン
Waly ワリー
Walz
　ヴァルツ
　ウォールズ
　ワルス*
　ワルツ*
Walzel
　ヴァルツェル*
　ワルツェル
Walzer
　ウォーザー
　ウォルツァー**
　ワルツァー
Wamalwa ワマルワ
Waman ワマン
Wamba ワムバ
Wambach
　ワンバック**
Wambaugh
　ウォンボー**
Wamberto ワンベルト
Wambogo ワンボゴ
Wa Mbombo
　ワムボンボ
Wambsganss
　ワンズガンス
Wambui
　ワンブイ
　ワンボイ
Wami ワミ*
Wammen バメン
Wampach
　ヴァンパック
Wampler ワンプラー*

Wamser ワムザー
Wamsley ワムズリー
Wamundia ワムンディラ
Wan ワン***
Wanamaker ウォナメイカー／ウォナメーカー／ワナメイカー／ワナメーカー**
Wanandi ワナンディ*
Wanasi ワナシ
Wanawilla ワナウィラ
Wänblad ヴァーンブロッド
Wanbli ワンブリ
Wan-chang ワンツァン
Wanchope ワンチョペ*
Wand ヴァント**／バント／ワント
Wanda ヴァンダ**／ウォンダ／ワンダ***
Wanda Corazon ワンダコラソン
Wandee ワンディ／ワンディー**
Wandell ワンデル
Wander ヴァンダー／ワンダー*
Wanderer ワンダラー
Wanderle ヴァンデルイ
Wanderlei ヴァンダレイ*／バンダレイ
Wanderley バンデルレイ*／ワンダレイ
Wanderscheck ワンデルシェック
Wandersman ウォンダースマン／ワンダースマン／ワンダーズマン
Wandira ワンディラ
Wandisa ワンディサ
Wandjel ワンジェル
Wandrag ワンダラグ
Wandrei ウォンドレイ／ワンドレイ
Wandres ワンドレス
Wandruszka ヴァンドルシュカ／ヴァントルツカ
Wandt ヴァント
Wandtke ワントケ
Wandy ワンディ
Wane ワン
Waner ウェイナー

Wanerman ワナーマン
Wang ウァン／ウォン**／ウォング*／ワン***／ワング*
Wangao ワンガオ
Wangari ワンガリ**
Wangchuck ウンチュク／ワンチューク／ワンチュク**／ワンチュック
Wangchuk ワンチュク*
Wangda ワンダー
Wangdi ワンディ
Wangel ヴァンゲル
Wangemann ヴァンゲマン
Wangenheim ヴァンゲンハイム
Wangenlehner ワンゲンレーナー
Wangensteen ワンゲンスティーン
Wanger ウェインジャー／ウェーンジャー／ウェンジャー／ワンガー
Wangerin ワンゲリン*／ワンジェリン*
Wangila ワンギラ
Wang Khan ワンカン
Wanglee ウォンリー／ワンリー
Wängler ヴェングラー
Wangli ワンリー
Wangmo ワンモ
Wang-suk ワンソク
Wan-gu ワング
Wangu ワング*
Wangue ワンゲ
Wangui ワングイ
Wangyal ワンギェル*
Wang-yang ワンヤン
Wan-gyong ワンギョン
Wan-gyu ワンギュ*
Wan-hee ワンヒ
Wani ワニ
Waniek ワニエク
Wanjira ワンジラ*
Wanjiru ワンジル**／ワンジロ
Wan-Joh ワンジュ
Wanjuga ワンジュガ
Wan Junaidi ワンジュナイディ
Wank ワンク*

Wanka ヴァンカ／ワンカ
Wankar ワンカール
Wanke ワンケ***
Wankel ヴァンケル
Wanklyn ワンクリン
Wan-koo ワング*
Wankowicz ヴァンコウィッツ
Wan-kyoo ワンギュ
Wan-Kyu ワンギュ
Wanlass ウォンラス
Wanless ウァンレス／ワンレス
Wan-ling ウォンリン
Wanliphodom ワンリポードム
Wan Muhamad ワンムハマド
Wann ワン*
Wanna ワンナ
Wannarat ワナラット
Wanner ヴァンナー／ワーナー／ワナー
Wan-nian ワンニェン
Wanniarachchi ワンニアラッチ
Wannier ワニアー
Wanning ワニング
Wan-qi ワンチー
Wanrooy バンルーイ
Wan-sang ワンサン
Wansbrough ウォンズブラ
Wanscher ワンスェール
Wansell ワンセル
Wan-seop ワンソプ
Wansink ワンシンク
Wan-so ワンソ*
Wanstrath ワンストラス
Wan-su ワンス
Want ウォント
Wan-tho ワントー
Wäntig ヴェンチッヒ／ヴェンティッヒ
Wantrup ウゥントラップ
Wantzel ワンツェル
Wanveer ワンヴィール
Wan-xin ワンシン
Wanya ウォンヤ*
Wanyama ワニアマ
Wanz ワンズ
Wapakhabulo ワパカブロ
Waparia ワッパリア／ワパリア

Wapenaar ワペナール
Waples ワプレス
Waplington ワップリントン
Wapner ワップナー*／ワプナー*
Wapnick ワープニック／ワプニック
Wapol ワポル
Wappaus ワッペウス
Wappers ワッパース／ワッペルス
Wapshott ワプショット*
Waqa ワガ
Waqaniburotu ワンガニンブロトゥ
Waqar ワカー／ワカル
Waqas ワカス
Wāqidī ワーキディー
Waqqās ワカース／ワッカース
Waqqāṣ ワッカース
Waquet ヴァケ
War ウォー
Warad ワラド
Waradi ワラディ
Waraguah ワラカ
Waraqa ワラカ
Warathep ワラテープ
Warayahgle ワラヤングル／ワンラヤーンクーン
Warbach ウォーバック
Warbasse ウォーバス／ウォバス／ワーバス
Warbeck ウォーベック
Warburg ウァールバーグ／ヴァールブリィ／ヴァールブルグ*／ヴァールブルグ／ウォーバーグ*／ワーブルク／ワールブルク*／ワールブルグ／ワールブルヒ
Warburton ヴァールブルトン／ウォーバートン**／ウォーバトン／ワーバートン
Warchus ウォーカス
Warcup ワーカップ
Ward ウァード／ウォオド／ウォード***／ヴォード

ウワード
ワアド
ワード
ワード***
ワルド
Warda ワルダ
Wardak ワルダク
Wardburger ヴァルトブルゲール
Warde ウォード*／ワード／ワルド
Wardeh ワルデ
Wardell ウォーデル*／ワーデル
Warden ウォーデン**／ウォールデン／ワーデン
Wardenaar ヴァルデナール／ワルデナール
Warder ウォーダー／ワールダー
Wardetzki ヴァルデツキー
Wardhana ワルダナ
Wardhaugh ウォードハフ
Wardi ウォーデイ／ワルディ
Wardī ヴァルディー／ワルディ
Wardlaw ウォードロー
Wardle ウォードル／ワードル／ワルドル
Wardrop ウォードロップ
Wardropper ウォードロッパー
Wardwell ウォードウェル
Ware ウェア**／ウェアー**／ウエア／ワレ
Wäre バレ
Wareham ウェアラム*
Wareing ウェアイング／ウェアリング
Waren ウォリン／ウォーレン
Warenne ワーレン
Warens ヴァラン
Wareru ワーレルー／ワレル

Waresquiel
　ヴァレスキエル
Warf　ウォルフ
Warfel　ウォーフィル
Warfield
　ウァーフィールド
　ウァーフィールド*
　ウォーフィールド**
　ワーフィールド
Warford
　ウォーフォード
Warga　ワーガ*
Wargenhuler
　ワルゲンヒューラー
Wargentin
　ワルヘンティン
Wargizowa
　ヴァルギツォヴァ
Wargnier　ヴァルニエ*
Wargo　ワーゴ
Wargocki　ワルゴッキ
Warhaftig
　バルハフティク*
Warham
　ウォーラム
　ウォラム
Warheit　ヴァルハイト
Warhol
　ウォーホール
　ウォーホル**
　ウォホル
Warholm　ワーホルム
Warhurst
　ワーハースト
Waricha　ワーリッチャ
Warif　ワリフ
Wariner
　ウォリナー**
　ワリナー
Waring
　ウェアリング*
　ウォーリング**
　ワーリング*
Warington　ワリントン
Warinner
　ウォリナー
　ワリナー
Wario　ワリオ
Waris　ワリス*
Wāris　ワーリス
Warith
　ウォリス
　ワリス
Wark
　ウォーク*
　ウォーク
　ワーク*
Warkentin
　ウォーケンティン
　ワーケンチン
Warker　ウォルケル
Warland　ウォーランド
Warley　ワーレイ
Warlich　ヴァルリヒ
Warlimont
　ヴァーリモント
　ワリモント

Warlock
　ウォーロック
　ワーロック
Warlow　ワーロー
Warm　ヴァルム
Warmack
　ウォーマック
Warman　ワールマン*
Warmbier　ワームビア
Warmbold
　ウォームボールド
Warmer　ヴァルメル
Warmerdam
　ウォーマーダム
　ワーマーダム
Warmflash
　ウォームフラッシュ
Warming
　ヴァーミング
　ヴァルミング
　ウォルミング
　ワルミング
Warmington
　ウォーミントン
　ワーミントン
Warmsley
　ウォームスリー
Warmuth
　ヴァルムート
Warmuz　ワルムズ
Warn　ウォーン
Warnaby　ワナビー
Warnach
　ヴァルナハ
　ワルナッハ
Warncke　ヴァルンケ
Warne
　ウォーン**
　ワーン
Warneck　ヴァルネク
Warnecke
　バーネッケ
　バルネッケ
　ワルネッケ
Warneke　ウォーネキー
Warner
　ヴァーネル
　ウォーナ
　ウォーナー***
　ウォーナー
　ウォーナァ
　ワアナア
　ワーナー***
Warners　ワルナース
Warnersson
　バーネルソン
Warnes
　ウォーンズ**
　ワーンズ*
Warney　ワーニー
Warnford
　ウァーンフォード
Warngård
　バーンゴード
Warnicke　バルニケ
Warnier　ワーニエ*
Warning　ワーイング
Warnke
　ヴァルンケ**

ウォーンキー*
バルンケ
ワルンケ
Warnock
　ウォーノック
　フォーノック
　ワーノック**
Warnod
　ヴァルノ
　ワルノー
Warnshuis
　ウォーンシュイス
Waronker
　ウォロンカー
　ワロンカー
Waroquier
　ヴァロキエ
　ワロキエ
Warp　ワープ
Warr
　ウォー
　ワー
Warrack　ウォーラック
Warraich　ワライチ
Warram　ウォラム
Warrebey　ウォレビー
Warrell　ウォレル
Warren
　ウァレン
　ウォレン
　ウォリン
　ウォーレン***
　ウォーレン**
　ウォレン
　ウォレン
　ワッレン
　ワルレン
　ワレン*
　ワレン*
Warrender
　ウォーレンダー
　ウォレンダー
Warrer　ワーラー**
Warriach　ワリアッチ
Warrick
　ウォーリック
　ウォーリック**
Warrier　ウォリアー
Warriner
　ウォリナー
　ワリナー
Warrington
　ウォリントン*
Warrior　ウォリアー**
Warsal　ワーサル
Warsame　ワルサメ
Warsameh　ワルサメ
Warschauer
　ウォーショー*
Warschaw
　ウォーショー
Warschawski
　ワルシャウスキー*
Warsh
　ウォーシュ
　ウォルシュ**
Warshak
　ウォーシャク
　ウォーシャック

Warshavsky
　ワルシャフスキー
Warshaw
　ウォーショウ
　ワーショウ
　ワーショウ
Warshawski
　ワルシャウスキー
Warshawsky
　ワルシャウスキー
Warshel　ウォーシェル*
Warshofsky
　ウォーショフスキー
　ワルショフスキー
Warsi　ワーシ
Warsinsky
　ヴァルジンスキー
Warsitz　ヴァルジッツ
Warska　ヴァルスカ
Warski
　ヴァールスキー
　ヴァルスキ
Warsta　ヴァルスタ
Warstler　ウォースラー
Wart　ウォート
Wartburg
　ヴァルトブルク*
　ヴァルトブルグ
　ワルトブルク
Wartecki　ヴァルテツキ
Wartella
　ウォーテラ
　ウォーテラ
Wartenberg
　ワーテンベルグ
　ワルテンベルク
Wartenburg
　ヴァルテンブルク
Wartensee
　ヴァルテンゼー
Warters　ウォーターズ*
Warth
　ヴァルチ
　ウォース
Wartha
　ヴァルタ
　ワルタ
Warthen　ワーゼン
Warthingham
　ワーズィンガム
Wartman　ワートマン
Warton　ウォートン*
Wartraud
　ワルトラウト
Wartzman　ワルツマン
Warui　ワルイ
Waruinge　ワルインジ
Warunee　ワルネー
Warville　ヴァルヴィル
Warwick
　ウォーイック
　ウォーウィック*
　ウォーピック
　ウォーリック**
　ウォリック**
　オーウィック
　ワーウィック***

Warwicker
　ワーウィッカー
Was　ウォズ
Wasay　ワサイ
Wascar　ワスカー
Waschburger
　ワシュバーガー
Waschbusch
　ワックバック
Wäscher　ヴェッシャー
Waschinger
　ワシンガー
Waschka　ワシュカ*
Waschke　ワシュケ
Waschneck
　ワシュネック
Wasco　ワスコ
Wasdin
　ワーズディン
　ワズディン
Wase　ワセ
Waseige　ワセージュ
Waseilah　ワセイラ
Wasenius　ワセニウス
Waser
　ヴァサー
　ヴァザー
Wäser　ヴェーザー
Wasfi　ワスフィ
Wash　ウォッシュ
Washabau　ワシャバウ
Washam　ウォッシャム
Washbond
　ウォッシュボンド
Washbourn
　ウォッシュバーン
　ウォッシュボーン
Washburn
　ウォシュバーン*
　ウォシュバン
　ウォッシュバーン*
　ウォッシュバーン**
　ウォッシュバーン
　ウッシェバーン
Washburne
　ウォシュバーン*
　ウォッシュバーン
Washi　ワシィー
Washington
　ウォシントン
　ワシンタン
　ワシントン***
Washmgīr
　ワシムギール
Washoboard
　ウォッシュボード
Washshā'　ワッシャー*
Wasi
　ワシ
　ワシー
Wasiak　バシャク
Wasielewski
　ヴァシレヴスキ
　ヴァシーレフスキー
Wasif
　ワーシフ
　ワシフ

Waṣif
ワスィフ
ワースフ

Wasik
ワーシック
ワシック

Wasikowska
ワシコウスカ*

Wasil ワーシル

Wāṣil
ワーシル
ワースィル

Wasileski
ワイジレスキー

Wasilewska
ワシレフスカヤ

Wasilewski
ヴァシレフスキ

Wasim ワシム*

Wasiti ワシーティ

Wāsiṭī ワースィティー

Wasle ヴァスレ

Wasley ウォズレイ

Wasmann
ヴァスマン
ワスマン

Wasmeier
バスマイヤー*
ワスマイヤー

Wasmosy ワスモシ*

Wasmund
ウォーズマン

Wasna ワスナ

Wasnick ワスニック

Wasnik ワスニク

Wasow
ワソー*
ワソウ

Wäspe ヴェスペ

Wass
ヴァス
ウォス
ワス
ワッス

Waṣṣāf ワッサーフ

Wassalke ワサルケ

Wassalké ワサルケ

Wassberg ワスベリ

Wassef ワセフ

Wassenaar ウェセナー

Wassenaer
ヴァッセナール

Wasser
ヴァッサー
ワッサー*

Wasserburg
ワッサーバーグ

Wasserman
ワッサーマン**
ワッサム
ワッセルマン*

Wassermann
ヴァッサーマン*
ヴァッセルマン*
ヴッセルマン
バッサーマン

ワッサーマン*
ワッセルマン*

Wasserstein
ワサースタイン
ワッサースタイン***
ワッサスタイン

Wasseur バッサー

Wassili ワシリー

Wassiliewa ワシリエワ

Wassiljewitch
ヴァッシリェヴィチ

Wassilowsky
ヴァシロフスキー

Wassily
ヴァシリー
バシリー
ワシリー**

Wassink ワシンク

Wassira ワシラ

Wassmandorff
ワスマンドルフ

Wassmannsdorff
ヴァスマンスドルフ

Wassmo ヴァッスムー*

Wassmuss ワスムス

Wassmuth
ワシュムート

Wasson
ワッスン
ワッソン*

Wast ワスト

Wastberg
ウエストベリ

Wästberg
ヴェストベリ
ワストベリイ

Waszczykowski
ワシチコフスキ

Waszelewski
ヴァスツェレフスキー

Wat
ヴァット
ウォット
ワット

Watana ワタナー

Watanabe ワタナベ*

Watanachai
ワタナチャイ

Watanakun
ワタナクン

Watanna ワタンナ

Wataru ワタル

Watchajittaphan
ワッチャジッタパン

Watcharaphon
ワッチャラポン

Watchman
ウォッチマン

Waten ワテン**

Water ウォーター

Waterbeemd
ウォータービーム

Waterberg
ウォーターバーグ

Waterbury
ウォーターベリー

Waterfield
ウォーターフィールド

Waterhouse
ウォーターハウス**

Waterink ワータリンク

Waterland
ウォーターランド
ウォータランド

Waterlo
ヴァーテルロー

Waterloo
ヴァーテルロー

Waterlow
ウォーターロー*

Waterman
ウォーターマン**
ウォータマン**
ウォターマン

Watermeyer
ウォータメヤー

Waterreus
バテルレウス

Waters
ウォーター
ウォータース
ウォーターズ***
ウォートルス

Waterson
ウォーターソン*
ウォータソン*

Waterston
ウォーターストーン*
ウォーターストン
ウォータストン

Waterstone
ウォーターストーン

Waterstraat
ウォーターストラット

Wates
ウェイツ
ウェーツ

Watesoni ワテソニ

Watford
ワットフォード

Wathen ワスン

Wathinee ワティニー

Wāthiq
ワーシク
ワーシクン

Wati ワティ

Wātī
ワーティー
ワリ

Watkin
ワットキン
ワトキン*

Watkins
ウォトキンズ**
ワトキンス***
ワトキンズ***

Watkinson
ワトキンスン
ワトキンソン**

Watley ワトリー*

Watling
ワットリング
ワトリング

Watmore ワトモア

Watmough ウォトモン

Watndal ワタンダル

Watoson ワトソン

Watrbeck
ウォーベック

Watrin ヴァトラン

Watrous ワトラス

Watsky ワッキー

Watson
ウェッソン
ヴェトゥッスン
ウォトスン*
ウォトソン*
ワッスン
ワッソン
ワッティ
ワットサン
ワットソン
ワトスン*
ワトソン***

Watstein
ワトシュタイン

Watt
ヴァット
ウォット
ワッツ
ワット***

Wattanasiritham
ワタナシリタム
ワタナシリタン

Wattanavrangkul
ワッタナワランクン

Watteau
ヴァトー*
ワットー
ワトー*

Watten ワッテン*

Wattenbach
ヴァッテンバッハ
ヴァッテンバハ

Wattenberg
ワッテンバーグ*

Wattenmaker
ワッテンメイカー

Watter ワッター

Watters
ウォーターズ
ウォッターズ
ウォーターズ*
ワッターズ

Watterson
ウォタスン
ウォターソン
ワターソン

Watterud ワッタード*

Watteville
ヴァットヴィール
バッドビール
ワットヴィル

Wattis ワッティス

Wattles ワトルズ

Wattley ワットレイ

Wattnall ワットネル

Watto ワット

Watton ワットン

Wattoo ワットー

Watts
ウォッツ*
ウォッツ
ワッツ***

Watty ワッティ

ワッティー

Watwāt
ヴァトヴァート
ワトワート

Watzek ワトク

Watzke
ヴァツケ
ワツケ

Watzlawick
ワズラウィック
ワツラウィック**
ワツラヴィック

Watzlik ヴァツリク

Wau ワウ

Wauchope
ウォーカップ
ウォーコップ

Waucquez ウォーケ

Waudru ウォードルー

Waugh
ウァフ
ウォー***
ウオオ

Wauneka ワウネカ

Wauters ウォーターズ

Wauwe ワウェ

Wava ウェヴァ

Wavel ワーベル

Wavell
ウェイヴェル
ウェーヴェル
ウェーベル

Waverley
ウェイヴァリ
ウェイヴァリー

Waverly ウェイバリー

Waverman
ウェイバーマン*

Wawa ワワ

Wa'wā ワアワー

Wa'wā' ワアワー

Wawalag ワワラグ

Wawn ウォン

Wawrinka
バブリンカ*
ワウリンカ*

Wawrzyczek
ワブリチェク

Wawrzynczak
ヴァヴジンチャク

Wax
ヴァックス
ワックス

Waxaklajuun
ワシャクラフーン

Waxell ワクセル

Waxler ウェクスラー

Waxman
ヴァックスマン
ワクスマン
ワックスマン**

Waxweiler
ヴァクスヴァイラー
ワックスウェール
ワックスワイラー

Way
ウェー

ウェイ**
ワイ
Wayan ワヤン*
Wayans
ウェイアンス
ウェイアンズ*
Wayatt ワイアット
Wayburn ウェイバーン
Waycott ウェイコット
Wayda ワイダ
Wayde
ウェイド
ウェード
Waydelich
ウェイデリック
Waydowa
ヴァイドヴァ
Wayen ウェイン
Wayenberg
ワイエンベルク
Wayland
ウェイランド*
ウェーランド
Waylett ウェイレット
Waylon ウェイロン*
Wayman ウェイマン
Waymon ウェイモン
Wayn ウェイン
Wayne
ウェイヌ
ウェイン***
ウェイン***
ウェーン*
ウェン
ウェーン
ワイン**
Wayner ウェイナー*
Waynes ウェインズ
Wayre ウェイア
Ways ウェイズ
Waysang ワイサン
Wayss ヴァイス
Wayß ヴァイス
Wayte ウェイト
Waza ヴァサ
Wazeer ワジル
Wazem ワゼム
Wazil ワジル
Wazir
ワジール
ワジル
ワズィール
Wazīr ワズィール
Waziri ワジリ
Wazny ヴァジニ
Wazon ヴァゾン
Wazz ワッズ
Wazzan ワザン*
Wazzānī ワッザーニー
Wead
ウィド
ウィード
Weah
ウェア

ウエア**
Weahler ウェアーラー
Weaire ウィーア
Weakland
ウィークランド*
Weakly ウィークリー
Weal ウィール*
Weale ウィール*
Wear ウェア
Wearden ウィーデン
Wearin ウェアリン
Wearing
ウェアリング*
Wearmouth
ウィアマス
Wearn ウィアン
Wearne ワーン
Wears ウィアーズ
Weart
ウィアート
ワート
Weate ウィート
Weatheby ウェザビー*
Weatherall
ウェザーオール*
ウェザロル
ウエザロール*
Weatherbee
ウェザビー
Weatherford
ウェザーフォード*
ウェザフォード
ウェザーフォード*
Weatherhead
ウェザーヘッド
Weatherill
ウェザーイル
ウェザリル*
Weatherly
ウィザリー
ウェザリー**
Weathermon
ウェザーマン
Weathers
ウェザース
ウェザーズ*
Weatherspoon
ウェザースプーン
Weatherston
ウェザストン
Weatherstone
ウェザーストーン*
ウェザーストン
Weaver
ウィーヴァー*
ヴィーヴァー
ウィーバー***
ウイバー
ウィーバー
ウェイバー
ウェーバー
Weaving
ウィーヴィング*
ウィービング
Webb
ウェップ***
ウェップ*
ウエップ*

ヴェップ
ウェブ***
ウェブ
エップ
Webbe ウェップ
Webber
ウェッバー*
ウェッバー
ウェーバー**
ウェバー***
Webb-Mitchell
ウェブミッシェル
Webbon ウェボン
Weber
ウィーバー*
ウェッバー
ウェーバ
ウェーバー***
ウェバー***
ウェーバー
ウェーバー**
ヴェーバア
ヴェーバァ
ウェーベル
ウェベル
ウェーベル
ヴェーベル*
ヴェベール
ベーバー
ベベール
Wéber ヴェーベル
Weber-Gale
ウェバーゲール*
Webern
ウェーバーン
ウェーベルン
ヴェーベルン*
Webersinke
ヴェーバージンケ
Webre ウェブレ
Webstar ウェブスター
Webster
ウェヴスター
ウェップスター
ウェブスター
ウェブスター***
ウェブスター**
ウェブスタア
ウェブスタール
ウェブストル
ベブステル
Wechsberg
ウェクスパーク
ヴェクスバーグ
ヴェッシュバーグ
Wechsler
ウェクスラ
ウェクスラー*
ヴェクスラ
ヴェクスラー*
Wecht ウェクト*
Wechtlin ヴェヒトリン
Weck
ウェック*
ヴェック*
Wecker
ヴェッカー*

ベッカー*
Weckerlin
ヴェッケルラン
Weckherlin
ヴェッカーリン
ヴェックヘルリン
Weckman
ウェックマン
Weckmann
ヴェックマン*
ベックマン
Wector ウェクタ*
Wedau ベダウ
Wedberg ヴェドベリ
Wedde
ウェッド
ウエッド
Weddel ウェッデル
Weddell
ウェッデル*
ウェデル
Wedderburn
ウェダーバーン
ウェダバーン
ウェッダーバーン
Weddigen
ヴェディゲン
Wedding
ウェッディング
ウェディング
Weddle ウェドル
Wedekind
ヴェデイキント
ウェーデキント
ウェーデキント*
ウェデキント*
ヴェーデキント
ヴェデキント*
ヴェデキント*
ウェドキント
エデキント
Wedel
ウェデル*
ヴェーデル
Wedell ウェデル
Wedellsborg
ウェデルスボルグ
Wedem ヴェデム
Wedemeyer
ウェデマイアー
ヴェーデマイアー
ウェデマイヤー**
Wedenberg
ウェデンバーグ
Wedeniwski
ヴェデニフスキー
Weder
ヴェーダー
ベーダー
ベダー
Wedge ウェッジ**
Wedgeworth
ウェッジワース
Wedgwood
ウェッジウッド*
Wedlake ウェドレイク
Wednesday
ウェンズデー

Wedrich ヴェドリッヒ
Wedum ウィダム
Wedworth
ウェドワース
Wee
ウィ**
ウィー**
ウイ
Weeber ヴェーバー
Weed
ウィード**
ウェード
Weeden ウィーデン
Weedn
ウィードゥン
ウィードゥン
Weedon ウィードン*
Weegee
ウィージー
ウィジー
Weegemann
ウェーゲマン
Wee-hoyun ウィヒョン
Weeke ウィーク
Weekes ウィークス*
Wee Kiong
ウィーキョン
Weekley
ウィークリ
ウィークリー**
ウィークリィ
Wee-kong ウィコン
Weeks
ウィークス***
ウイークス
Weel ウィール
Weelasakreck
ウィラサクレック
Weelkes ウィールクス
Weems
ウィームス
ウィームズ*
Ween ウェーン
Weenen ヴェーネン
Weenix
ウェーニクス
ヴェーニクス
Weenk ウィーンク
Weenolsen
ウィーノルセン
Weerakkody
ウィーラコディ
Weerakoon
ウィーラクーン
Weeramantry
ウィーラマントリ
ウィーラマントリー
Weeraperuma
ウェーラペルマ
Weerasethakul
ウィーラセタクン*
Weerawansa
ウィーラワンサ
Weerawarana
ウィーラワラナ
Weerbeke
ヴェールベケ
Weerden ベールデン

W

Weert ウィート
Weerth
　ウェールト
　ヴェールト*
Weertman
　ウェールトマン*
　ワートマン
Weesner
　ウィーズナー*
Weevers ウィーバーズ
Wee Yong ウィヨン
Wefel ウィフェル
Weffer Guanipa
　ベフェルグアニパ
Weffort ベフォルト
Weg ウェッグ
Wegaf
　ウェガフ
　ウガフ
Wege ウェジ
Wegele ヴェーゲレ
Wegeler ヴェーゲラー
Wegelin
　ヴェーゲリン
　ヴェゲリン
Wegelius
　ヴェゲリウス*
Wegen ウェーゲン
Wegener
　ウェーゲナー*
　ウェゲナー*
　ヴェーゲナー**
　ヴェゲナー**
　ベーゲナー
Wegenka ウェゲンカ
Weger ウェガー
Weggheleire
　ウェッフェレイアー
Wegher ウェグハー
Wegler
　ウェグラー
　ヴェークラー
Weglyn ウェグリン
Wegman
　ウェグマン
　ヴェーグマン
　ウェッグマン*
Wegmarshaus
　ヴェークマルスハウス
Wegner
　ヴェーエナー
　ウェクナー
　ウェグナー**
　ヴェークナー
　ヴェーグナー
　ヴェグナー*
　ウェークネル
　ベグナー
　ワーグナー
　ワグナー
Wegrzycki
　ウェグジュツキ
Wegscheider
　ウェグシャイダー
　ヴェークシャイダー
Weh ウェー
Wehbe ウェヘベ

Wehberg
　ウェーベルク
　ヴェーベルク
Wehemibre
　ウヘムイブラー
Wehemka ウエムカ
Wehlage ベーラゲ
Wehlen ウェーレン
Wehler
　ウェーラー
　ヴェーラー**
Wehling
　ウェーリング
　ウェリング
　ヴェーリング
Wehlmann ベールマン
Wehlte
　ヴェールテ
　ヴェールト
　ベールテ
Wehmeier
　ウェアマイアー
Wehmeyer
　ヴェーマイヤー
　ベーマイヤー
Wehnelt ヴェーネルト
Wehner
　ウェーナー**
　ヴェーナー**
Wehr
　ウェーア
　ヴェーア*
　ヴェーア
　ヴェール
　ベーア
Wehrbein
　ヴェーアバイン
Wehren ヴェーレン
Wehrenberg
　ヴェーレンバーグ
Wehrend ウェレンド
Wehrle ウェールレ
Wehrli
　ウェールリ
　ヴェールリ
　ヴェルリ
Wehrling ヴェーリング
Wehrt
　ウェールト
　ウェルト
　ヴェールト
Wehrung ヴェールング
Wehselau ウェスロウ
Wei
　ウェイ**
　ウェイ
Weibel
　ヴァイベル
　ウェイベル
Weibert ウェイバート
Weibezahn
　ヴァイベツァーン
Weibrecht
　ウェイブレクト
Weibull
　ウェイブル
　ヴェイブル*
Weichs ヴァイクス*

Weichselbaum
　ヴァイクセルバウム
Weick
　ウェイク
　ワイク*
Weicker
　ヴァイカー
　ワイカー
Weida ワイダ
Weide
　ウィード
　ワイデ
Weidemann
　ワイデマン
Weiden
　ウェイデン
　ワイデン
Weidenaar ワイデナー
Weidenbach
　ワイデンバック
Weidenbaum
　ウィーデンバウム
　ワイデンバウム
　ワイデンバーム
　ワイデンボーム*
Weidenbruck
　ワイデンブルック
Weidenfeld
　ヴァイデンフェルト*
　ワイデンフェルト
Weidenfeller
　ヴァイデンフェラー
　バイデンフェラー
Weidenhammer
　ウェイデンハマー
Weidenheim
　ワイデンハイム
Weidenreich
　ヴァイデンライヒ
　ワイデンライヒ*
Weidenschilling
　ワイデンシリング
Weidensdorfer
　ヴァイデンスドル
　ファー
Weider
　ウィーダー
　ウイダー
　ワイダー
Weidert ヴァイデルト
Weidig ヴァイデヒ
Weiding ウェイディン
Weiditz ヴァイディツ
Weidlé
　ウェイドレー
　ヴェイドレ
　ヴェイドレー
Weidlein
　ウェイドライン
Weidler ウェイドラー
Weidlich ワイドリッヒ
Weidling
　ヴァイドリング
Weidlinger
　ワイドリンガー
Weidman
　ウェイドマン
　ワイドマン**

Weidmann
　ヴァイトマン
　バイトマン*
　ワイトマン
Weidner
　ヴァイトナー
　ヴァイドナー
　ウェイドナー
　ウェドナー
　ワイドナー*
Weidt
　ヴァイト
　ワイト
Weierstrass
　ウァイアーシュトラス
　ヴァイアーシュトラー
　ス
　ヴァイエルシュトラー
　ス
　ヴァイエルシュトラス
　ヴァイエルストラス
　ヴァイヤーシュトラー
　ス
　ワイアシュトラース
　ワイエルシュトラース
　ワイヤーシュトラース
　ワイヤーシュトラス
Weiesenthal
　ヴァイゼンタール
Weig ヴァイク
Weigall
　ウェイゴール
　ワイゴール*
Weigand
　ヴァイガント
　ヴァイガント*
　ウェイガンド
　ワイガンド
Weigang
　ウェイガン
　バイガング
Wei-gao ウェイガオ
Weigel
　ヴァイゲル*
　ウェイゲル
　ワイゲル*
Weigele ヴァイゲレ
Weigelt
　ヴァイゲルト
　バイゲルト
　ワイゲルト
Weigend
　ヴァイゲント
　ワイガンド
Weigent
　ウェイジェント
Weiger
　ヴァイガー
　ウェイガー
　ウェイガー
Weigert
　ヴァイゲルト
　ワイガート
　ワイゲルト
Weight ウェイト
Weightman
　ウェイトマン*
Weighton ウェイトン
Weigl
　ヴァイグル**

Weigle
　ワイグル
Weigle
　ヴァイグル
　ヴァイグレ*
Weigley ワイグリー
Weihenmayer
　ヴァイエンマイヤー
Weihrich ワイリック*
Weihs ヴァイス
Wei-hui ウェイホェイ
Weijden バイデン
Weiji ウェイジー
Weikart ワイカート
Weikath
　ヴァイカート*
Weike ウェイク
Weikel ウィーケル
Weikert ヴァイケルト
Weikko ヴァイコー
Weikl
　ヴァイクル
　ワイクル
　ワイケル
Weikle ウェイクル
Weil
　ウァイル
　ヴァイル*
　ウィール
　ウィル
　ヴェイユ
　ヴェイユ**
　ウェイル
　ウェーユ
　ヴェーユ*
　ウェール
　ヴェール
　ベイユ
　ベーユ
　ワイル***
Weiland
　ヴァイラント
　ヴァイラント
　ウェイランド
　ワイランド
Weilandt バイラント
Weilbacher
　ウィルバーカー
Weildlich ワイドリッヒ
Weilenmann
　ヴァイレンマン
　バイレンマン
　ワイレンマン
Weiler
　ヴァイラー*
　ウエイラー*
　ワイラー*
Weili ウェイリー
Wei-ling フイリン
Weilkiens
　ワイルキエンス
Weill
　ヴァイル*
　ヴェユ*
　ウェイル*
　ウェーユ
　ワイル**
Weiller ヴァイラー
Weiman ワイマン*

Weimann ヴァイマン*
Weimar ヴァイマール
Weimarn
　ヴェーマルン
　ワイマーン
Weimer
　ヴァイマー
　ワイマー
Weimerskirch
　ウェイマースカーチ
Weimert ウェイマート
Weiming
　ウィミン
　ウェイミン
Weimorts
　ウィーモーツ
Wein
　ヴァイン
　ウィーン
　ウェイン*
Weinand ウェイナンド
Weinbach
　ワインバック*
　ワインバッハ
Weinbaum
　ワインボウム
Weinberg
　ヴァインベルク**
　ウェインバーグ*
　ウェインベルグ
　ワインバーク
　ワインバーグ***
　ワインベルク
Weinberger
　ヴァインベルガー*
　ヴァインベルゲル
　ウェインバーガー
　ワインバーガー**
　ワインベルガー
Weinbrecht
　ワインブレヒト
Weinbren
　ワインバーン
Weinbrenner
　ヴァインブレンナー
　ワインブレナー
Weindruch
　ヴァインドルッヒ
　ワインドルッヒ
Weine ワイン
Weineck
　ヴァインエック
　ワイネック
Weinek ワイネック
Weinel ヴァイネル
Weiner
　ヴァイネル
　ウィーナ
　ウィーナー*
　ウィナー
　ウェイナー**
　ウェイネル
　ヴェイネル
　バイナー
　ワイナー**
　ワトソン
Weinersmith
　ウィーナースミス
　ウェイナースミス

Weinert
　ヴァイネルト*
　ワイネルト
Weinfurt
　ヴァインファルト
Weingart
　ヴァインガルト*
　ワインガード
　ワインガルト
Weingarten
　ヴァインガルテン
　ウェインガーテン*
　ヴェンガルテン
　ワインガーデン
　ワインガルテン**
Weingartner
　ヴァインガルトナー
　ワインガルトナー**
　ワインガルトナア
　ワインガルトネル
Weingärtner
　ワインガートナー
Weingast
　ウェインガスト
　ワインガスト
Weinger ウェインガー
Weinglass
　ワイングラス
Weinhandl
　ワインハンドル
Weinheber
　ヴァインヘーバー*
　ワインヘーバー
Weinhold
　ヴァインホルト*
　ウェインホールト*
Weining ワイニング
Weininger
　ヴァイニンガー*
　バイニンガー
　ワイニンガー*
　ワイニンゲル
Weinke
　ヴァインケ
　ウィンキー*
Weinlig ヴァインリヒ
Weinman
　ワインマン***
Weinmann
　ヴァインマン
　ワインマン
Weinmay
　ヴァインマイヤー
Weinraub
　ウェンラウブ
Weinreich
　ヴァインライヒ
　ワインライク
　ワインライヒ
Weinrich
　ヴァインリッヒ
　ワインリヒ**
　ワインリッヒ
　ワインリヒ
Weinschenk
　ワインチェンク
Weinschütz
　ワインシュッツ
Weinsheimer
　ヴァインスハイマー

Weinstabl
　ワインスタブル
Weinstein
　ヴァインシュタイン
　ヴァインシュテイン
　ウェインスタイン
　ウェインステイン*
　ウェンスタイン
　ウエンスタイン
　ワインシュタイン
　ワインシュテイン
　ワインスタイン**
　ワインスティーン
　ワインステイン
Weinstock
　ウェインストック**
　ウェーンストック
　ワインシュトック
　ワインストック*
Weintraub
　ウェイントラウブ
　ウェイントラーブ
　ウェイントラウブ
　ウェイントローブ
　エイティローブ
　ワイントゥラウブ
　ワイントラウブ
　ワイントラウプ*
　ワイントラーブ
　ワイントローブ*
　ワイントローブ
Weinwurm
　ウェンワルム
Weinzierl
　ヴァインツィアル
　ヴァインツィール
　バインツィール
Weippert
　ヴァイペルト
Wei-qing ウェイチン
Weir
　ウィーア
　ウィア***
　ウィアー**
　ウイア
　ウイア
　ウイヤー
　ウェア*
　ウェアー*
　ウエア
　ウェイア
　ワイア
　ワイヤー
Weirather ワイラター
Weird ウィアード
Weirich ワイリック
Weirick ウェイリック
Weis
　ヴァイス*
　ウェイス
　ワイス*
Weisaeth ウェイゼス*
Weisæth ウェイゼス
Weisbach
　ヴァインスバッハ
　ヴァイズバッハ
　ヴァインスバハ
　ワインスバッハ

Weisband
　ワイスバンド
Weisbecker
　ワイズベッカー*
Weisberg
　ヴァイスバーグ**
　ワイズバーグ*
Weisberger
　ワイズバーガー**
Weisblatt
　ワイスブラット
Weisbord
　ウェイズボード*
　ワイスボード
　ワイズボード
Weisbrod
　ワイスブロット
　ワイズブロッド*
Weisbrodt
　ヴァイスブロート
Weisbuch
　ワイズ・バッシュ
　ワイズバッシュ
　ワイズバッシュ
Weisburd
　ワイスバード
Weisburger
　ワイスバーガー*
Weischedel
　ヴァイシェーデル*
　ワイシェーデル
Weise
　ヴァイセ
　ヴァイゼ
　バイゼ
　ワイゼ
Weiselfish
　ヴァイゼルフィッシュ
Weisenborn
　ヴァイゼンボルン*
Weisenfeld
　ワイゼンフェルド
Weisensee
　ワイセンシー
Weiser
　ヴァイザー*
　ウィーザー
　バイザー
　ワイサー
　ワイザー*
Weisert ワイザート
Weisfeld
　ワイスフェルド*
Weisgall ワイスゴール
Weisgard
　ウェイスガード
　ワイスガード**
　ワイズガード
Weisgelber
　ヴァイスゲルバー
Weisgerber
　ヴァイスゲルバー*
　バイスゲルバー
　ワイスゲルバー
Weishaar ワイスハー
Weishampel
　ワイシャンプル
　ワイシャンペル*
Weishaupt
　ヴァイスハウプト*

バイスハウプト
ワイスハウプト
Weisheit バイスハイト
Weisinger
　ウェイジンガー
Weiskamp
　ワイスカンプ
Weiskope
　ヴァイスコップ
Weiskopf
　エイスコーフ
　ワイスコップ
　ワイスコフ
Weisler ワイスラー
Weisman
　ワイスマン**
　ワイズマン**
Weismann
　ヴァイスマン
　ワイスマン*
　ワイズマン
　ワイツマン
Weismantel
　ヴァイスマンテル
　ワイスマンテル
Weiss
　ヴァイス
　ヴァイス**
　ウェイス*
　ウエイス
　ヴェス
　バイス
　ワイス***
　ワイズ*
Weiß
　ヴァイス
　ワイス*
　バイス
　ワイス
Weissbach
　ヴァイスバハ
Weißbach
　ヴァイスバッハ
Weissberg
　ワイスバーグ*
　ワイスベルク
Weissberger
　ワイスベルガー
Weissbrodt
　ワイスブロッド
Weisse
　ヴァイス
　ヴァイセ
　ヴァイゼ
　ワイセ
Weissel ヴァイセル
Weisselberg
　ワイセルベルグ
Weissenbacher
　ヴァイセンバッハー*
Weissenberg
　ヴァイゼンベルク
　ワイゼンベルク
　ワイセンベルク**
Weißenberg
　ヴァイゼンベルク
Weissenberger
　バイセンベルガー
Weissenborn
　ヴァイゼンボルン

W

ヴァイゼンボルン
Weißenburg
ヴァイセンブルク
ワイセンブルク
Weissensteiner
ヴァイセンシュタイ
ナー**
バイセンシュタイナー
Weisser
ヴァイサー
ヴァイザー
ワイザー*
Weissermel
バイセルメル
Weissflog
バイスフロク*
Weißflog
ヴァイスフローク
バイスフロク
Weissgerber
ヴァイスゲルバー
Weisshaidinger
ワイスハイディンガー
Weisshaus
ワイショーズ
Weissich ワイシック
Weissinger
ワイシンガー
Weisskopf
ヴァイスコップ
ワイスコップ**
ワイスコフ
Weissl ワイスル
Weissman
ヴァイスマン
ワイスマン**
ワイズマン*
Weissmann
ヴァイスマン
ワイスマン*
Weissmuller
ワイスマラー
ワイズミューラー
ワイズミュラー*
Weisstein
ヴァイスシュタイン
Weissweiler
ヴァイスヴァイラー
Weisweiler
ヴァイスヴァイラー
ウェースウェレール
バイスバイラー
ワイスワイラー
Weisweiller
ヴェズヴェレール*
Weisz
ウェイツ
ワイス
ワイズ**
Weiszäcker
ヴァイツェッカー
Weit ワイト
Weitbracht
ヴァイトブレヒト
Weitbrecht
ヴァイトブレヒト
ヴァイトブレヒト
Wei-tek
ヴァイテク
ワイテク

Weitekamp
ヴァイテカンプ
Weitershausen
ヴァイテルシャウゼン
ヴァイテルスハウゼン
Weithers
ウェイザース
ウェイザーズ
Weitlauf ワイトラワフ
Weitling
ヴァイトリンク
ヴァイトリンク
バイトリング
ワイトリング
Weitmann
ヴァイトマン
Weits ワイツ*
Weitz
ウィーツ
ウェイツ*
ワイツ**
Weitze バイツェ*
Weitzeil ワイツェル
Weitzer ワイツァー*
Weitzler ヴァイツラア
Weitzman
ヴァイツマン
ワイツマン*
Weitzmann
ヴァイツマン
バイツマン
ワイッツマン
Wei-wei ウェイウェイ*
Weiwei ウェイウェイ*
Weixel ウェイクセル
Weixin ウェイ
Wei-yin ウェイン
Weizenbaum
ワイゼンバウム
Weizer ワイザー
Wei-zhang
ウェイツアン
Wei-zhi ウェイズー
Weizhong
ウェイジョン
Weizman
ワイズマン
ワイツマン**
Weizmann
ヴァイツマン
ワイズマン
ワイツマン
Weizsacker
ヴァイツェッカー
ワイツェッカー
Weizsäcker
ヴァイゼッカー
ヴァイツェッカー
ヴァイツゼカー*
ヴァイツェッカー*
ヴァイツゼッカー
ヴァイツゼッケル
ワイゼッカー
ワイツェッカー
ワイツェッカー***
Wek ウェック
Wekerle
ウィカール
ウェカール

Wekesa ウェケサ
Wekre ヴェクレ
Wekstein
ウェクスタイン
Wekwerth
ヴェークヴェルト
Wel ウェル
Welagen ヴェラーヘン
Welbeck ウェルベック
Welbergen
ウェルベルゲン
Welby
ウェルビ
ウェルビー*
Welch
ウェルシ
ウェルシュ*
ウェルチ***
Welcher ウェルチャー
Welchering
ヴェルヘリング
Welchman
ウェルシュマン
Welck ヴェルク
Welcker
ウェルカー
ヴェルカー*
ヴェルッカー
ベルカー
Welcome
ウェルカム**
Weld ウェルド**
Welde ウェルド
Weldemikael
ウェルドミカエル
Welden ウェルデン
Weldenkeil
ウェルデンケイル
Weldensae
ウェルデンサエ
Welding
ウェルディング
Weldon
ウェルダン*
ウェルドン***
Welensky
ウェレンスキー
Welf
ウェルフ
ヴェルフ
Welfare ウェルフェア
Welfens
ウェルフェンス
ヴェルフェンス
Welfonder
ウェルファンダー
Welford
ウェルフォード*
Welgama ウェルガマ
Welhaven
ウェルハーヴェン
ヴェルハーヴェン
ウェルハーベン
ベルハーベン
Weligamage
ウェリガマゲ
Weligton ウェリグトン
Weling ヴェーリング

Welington
ウェリントン
Welitsch
ヴェリチ
ヴェリチュ*
ヴェリッチュ
Welk
ウェルク*
ウェルク
ヴェルク
Welke ウェルキー
Welker
ウェルカー
ヴェルカー
Welland
ウェッランド
ウェランド*
Wellbeneck
ウェルベネック
Wellborn ウェルボーン
Wellbrock
ウェルブロック
Wellcome ウェルカム
Wellek
ヴェレク
ウェレック
ウェレック
Wellen ウェレン
Wellenhof
ウェレンホフ
ヴェレンホーフ
Wellenhofer
ヴェレンホーファー
Wellenreuther
ヴェレンロイター
Weller
ウェーラー
ウェラー**
ヴェラー
Wellershoff
ヴェラースホフ
Wellerstein
ウェラースタイン
Welles
ウェルス
ウェルズ***
ウェールズ
ウエールズ
ウエルズ*
ウイルダー
Wellesley
ウェズリー
ウェールズリー
ウェルズリ
ウェルズリー
ウェルズレー
ウェルズレイ
Wellesz
ウェレス
ヴェレス
Wellford
ウェルフォード
Wellhausen
ウェルハウゼン
ウェルホイゼン*
Wellin ウェリン
Welling ウェリング*
Wellinger
ウェリンガー*
Wellings ウェリングズ

Wellington
ウェリントン***
Wellins ウェリンズ
Wellinton
ウェリントン
Wellisz ウェリッシュ
Wellman
ウェルマン**
ウェルマン
ヴェルマン
Wellmann ウェルマン
Wellmer ヴェルマー*
Wellner ウェルナー
Wellnhofer
ヴェルンホファー
Wellnnhofer
ヴェルンホファー
Wellons ウェロンス
Wells
ウェールズ
ウェルス*
ウェルズ***
ウェルズ**
ヴェルズ
エルス
Wellsted
ウェルステッド
Wellstein
ヴェルシュタイン
Wellstone
ウェルストン
Wellstood
ウェルストゥッド
Wellton ヴェルトン
Welman ウェルマン
Welply
ウェルプリー
ウェルプレー
Wels
ウェルス
ヴェルス
Welsbach
ウェルスバッハ
ヴェルスバッハ
ウェルスバハ
ヴェルスバハ
Welsch
ウェルシ
ウェルシュ*
ウェルシュ**
Welser
ウェルザー
ヴェルザー**
ベルザー
Welsford
ウェルズフォード
Welsh
ウェルシ
ウェルシュ***
ウェルシュ*
ヴェルシュ**
ウェルシュ
ベルシュ
Welshinin
ウェルシーニン
Welshman
ウェルシュマン*
Welskopf ヴェルスコプ

Welsman
　ウェルスマン*
Welsome ウェルサム*
Welss ウェルズ
Welt ウェルト
Welte
　ヴェルテ**
　ベルテ
Welteke ウェルテケ
Welter
　ウェルター
　ウェルテル
　ヴェルテール
Weltge ヴェルゲ
Welthy ウェルシー
Welti ヴェルティ
Weltman ウェルトマン
Welton ウェルトン
Weltsch ヴェルチュ*
Welty
　ウェルティ***
　ウェルティー
　ウエルティ
Weltz
　ウェルツ
　ヴェルツ
Welwood ウェルウッド
Welwyn ウェルウィン*
Wely ウェリー
Wély ウェリ
Welz ヴェルツ
Welzel
　ウェルツェル
　ヴェルツェル
Welzer ヴェルツァー
Wem ウェム
Wema
　ウィマ
　ウェマ
Wemba ウェンバ**
Wembacher
　ベンバッハー
Wembanyama
　ウェンバンヤマ
Wemple ウェンプル*
Wen
　ウェヌ
　ウェン**
　ウェン
　オン
Wenar ウェナー
Wenceslao
　ヴェンセスラオ
　ベンセスラオ**
Wenceslas
　ヴァーツラフ
　ヴェンツェスラウス
　ヴェンツェスラス
　ヴェンツェル
Wenceslau
　ヴェンセスラウ*
　ヴェンセスラウ
　ヴェンセスラオ
Wenceslaus
　ヴァーツラフ
　ヴァーツワフ

ヴェンツェスラウス
ヴェンツェル
バーツラフ
ベンツェスラウス
Wenche ヴェンケ*
Wen-chung
　ウェンチュン
Wenckstern
　ウェンクシュテルン
　ヴェンクシュテルン
Wendall
　ウェンダル
　ウエンデル
Wende
　ウェンデ
　ウェンド
　ワンデ
Wendebourg
　ヴェンデブルク
Wendel
　ヴァンデル
　ウェンデル***
　ヴェンデル*
Wendelgart
　ヴェンデルガルト
Wendelien
　ウェンデリン
Wendelin
　ウェンデリン**
　ヴェンデリーン
　ヴェンデリン**
Wendelinus
　ウェンデリヌス
Wendell
　ウェンデル***
　ウエンデル
　ヴェンデル
Wendelle ウェンデール
Wenden
　ヴァンデン
　ウェンデン
Wendenburg
　ウェンデンバーグ
Wender ウェンダー*
Wenders
　ウェンダース
　ヴェンダース**
　ヴェンダース
　ベンダース
Wendhausen
　ヴェントハウゼン
Wendi ウェンディ
Wendie ウェンディ
Wendig ウェンディグ*
Wendisch
　ヴェンディッシュ
Wendkos
　ウェンドコス*
Wendl
　ヴェンデル
　ウェンドル*
Wendland
　ウェンドランド
　ヴェントラント
Wendlandt
　ウェンドランド
Wendle ウェンドル

Wendling
　ウェンドリング
　ヴェントリング
　ヴェンドリング
Wendlinger
　ウェンドリンガー
　ヴェンドリンガー*
　ベンドリンガー
Wendmanegda
　ウェンマネグダ
Wendon ウェンドン
Wendroff ウェンドロフ
Wendt
　ウェント**
　ヴェント*
　ベント
Wendte ヴェンテ
Wendy
　ウェインディ
　ウェンディ***
　ウェンディ**
　ウェンディ*
Weneg ウェネグ
Wenezoui ウェネズイ
Wénézoui ウェネズイ
Wen-fu ウェンフー
Weng
　ウェン
　ベング
　ユアン
Wengar ウェンガー
Wen-gen ウェンゲン
Wenger
　ウェンガー
　ヴェンガー
　ヴェンゲル
　ウェンジャー*
　ベンゲル**
Wengler
　ウェングラー*
Wengraf
　ウェングラフ
　ヴェングラフ
Wengst ヴェングスト
Wénguäng ウェンガン
Wenham
　ウェナム*
　ウェンハム*
Wenig
　ヴェーニグ
　ヴェニヒ
　ベーニグ
Weniger
　ウェーニガー
　ウェニガー
　ヴェニガー*
Weninger
　ウェニンガー
　ヴェニンガー**
　ベニンガー
Wen-jing ウェンジン
Wenk
　ウェンク
　ヴェンク
Wenkart ウェンカート
Wenker
　ヴェンカー

ウェンケー
Wenkhaus
　ヴェンクハウス
Wenkoff ヴェンコフ
Wenley
　ウェンリ
　ウェンリー
Wen-long ウンロン
Wennberg
　ウェンベリ
　ヴェンベーリア
　ベンバーグ
Wennemars
　ベンネマルス**
Wenner
　ウェナー
　ウェンナー
Wennerberg
　ヴェンネルベリ
Wennerström
　ヴィンナーストレム
Wenning
　ウェニング
　ヴェンニング
Wenninger
　ウェニンガー
　ヴェニンガー
Wennington
　ウェニントン*
Wennström
　ヴェンストルム
　ヴェンストレム
Wenonah ウェノナ
Wen-pin ウェンピン
Wensby ウェンズビー
Wenschkewitz
　ヴェンシュケヴィッツ
Wensell
　ウェンセル*
　ヴェンセル
　ヴェゼル
Wensing ウェンシング
Wensink ウェンシンク
Wensley
　ウェンズリー*
　ウェンズレー
　ウェンズレイ
Wenstrom
　ウェンストーム
　ウェンストロム
Went
　ウェント**
　ヴェント
Wentao ウェンタオ
Wentbridge
　ウェントブリッジ
Wenth
　ウェンス
　ヴェント
Wenting
　ウェンティング
Wentker ヴェントカー
Wentrup
　ウェントラップ
Wentscher
　ヴェンチャー
Wentworth
　ウェントウォース
　ウェントウォールス
　ヴェントウォルス

ウェントオウルス
ウェントワース**
Wentz
　ウェンツ**
　ヴェンツ*
　ベンツ
Wentzel
　ウェンツェル
　ヴェンツェル
Wentzke ウェンツケ
Wenyen ウェニエン
Wen-ying ウェンイン
Wen-yuan
　ウェンユアン
Wen-yueh ウェンユエ
Wenz
　ウェンズ
　ウェンツ
　ヴェンツ
Wenzel
　ウェンゼル
　ウェンツェル*
　ヴェンツェル*
　ベンツェル
Wenzell ウェンゼル
Wenzeslaus
　ヴァーツラフ
　ヴェンセスラウス
　ヴェンツェスラウス
　ヴェンツェスラス
　ベンツェスラウス
Wenzig ウェンチヒ
Wenzinger
　ウェンツィンガー
　ヴェンツィンガー*
Wenzl
　ウェンツル
　ヴェンツル
Wenzler ウェンツラー
Weor ベオール
Weöres ヴェレシュ
Wepa ペパ
Wepfer
　ウェプファ
　ヴェプファー
Wepmaat ウプマート
Wepper ヴェッパー
Wepwawetemsaf
　ウプワウトエムサフ
Wer ウェル
Wera ヴェラ
Werata ウエラタ
Werb ワーブ
Werba
　ウェルバ
　ヴェルバ
Werbach
　ウァーバック
　ワーバック
Werbeck ヴェアベック
Werber
　ウェルベル*
　ウェルベル**
　ヴェルベール
　ワーバー
Werbos ウェルボス

Werbroeck ウェルブローク	ヴェールホフ* ベールホフ	Werntoft ワーントフト	Werwath ワーワース	ウェッセル ウェッセルズ*
Werbrouck ウェルブック*	Werlich ワーリッヒ	Wernz ヴェルンツ	Werz ヴェルツ	ベッセルス
Werburg ヴェールブルク	Werlin ワーリン	Weronika ウェロニカ	Wes ウェス**	Wesseltoft ヴェッセルトフト
Werburga ウェルブルガ ヴェルブルガ	Werman ワーマン Wermel ワーメル	ヴェロニカ* Werra ウェラ	ウェズ ウェス*	Wessely ヴェスセリー
Werburgh ウェルブルグ	Wermelinger ワームリンガー	Werran ウェイラン Werremeier	Wesch ヴェシュ Wescher ヴェッシャー	ウェスリー ウェセリー*
Werbyrgh ヴァーバラ	Wermer ヴェルマー	ベールマイヤー Werrenrath	Weschler ヴェシュラー*	ヴェセリー ヴェゼリー
Werckmeister ウェルクマイスター	ワーマー Wermuth ワームース	ウェレンラス Werries ウェリース	Wescott ウェスコット**	ウェセリー* ベッセリ
ヴェルクマイスター Werdeke ヴェルデケ	Wern ワーン	Werry ウェリー*	Weseén ヴェセーン	Wessén ヴェセーン
Werdenhagen ヴェルデンハーゲン	Werna ヴェルナ Wernbloom	Wersba ワースパ** Wersching ワーシング	Wesel ヴェーゼル Wesenberg	Wessenberg ウェッセンベルク ヴェッセンベルク
Werder ヴェルダー	ヴェアンブローム Werneck ヴェルネック	Werschler ウェアスラー	ウェーセンブルグ ヴェーセンベア	Wessig ベッシク
Werderich ウェルデリッヒ	Wernecke ウェルネック	Werschulz ヴァーシュルツ	ヴェーセンベルグ Wesendonk	Wessler ウェスラー Wessling
Were ウェレ Werede ウェレデ	Werner ヴァーナー	Werser ヴェルザー Wert	ヴェーゼンドンク Wesener ウェーゼネル	ヴェスリンク ヴェスリング
Wereffkin ヴェレフキン	ヴェアナ ヴェアナー	ウェート ウェルト	Wesker ウェスカー***	Wessman ウェスマン Wesso ウェッソ
Werenfels ヴェーレンフェルス	ウェーナー ウェナア	ヴェルト ベルト	ウエスカー ヴェスカー	Wesson ウェソン
Werenfrid ヴェーレンフリッド ヴェレンフリド	ウェネー ウェルナー***	ワート Wertenbaker	Wesley ウェス	ウェッソン** Wesström
Werenskiold ヴェレンショル	ヴェルナー*** ウェルナア	ウァーテンベイカー ワーテンベイカー*	ウェスリ ウェスリー***	ヴェストレム West
ウェレンスキョルト Wereskiold	ヴェルナア ウェルネル	ワーテンベーカー Wertenberg	ウェズリ ウェズリー***	ウィスト ウェスト***
ヴェーレンシオル Wéréwéré	ヴェルネル* ベルナー*	ヴュルテンベルク Wertenstein	ウエズリー ウェズリイ	ウエスト*** ウエスト*
ウェレウェレ Werfel	ワーナ ワーナー***	ヴェルテンシュタイン* Werth	ウェズレ ウェズレー*	Westaby ウェスタビー Westad ウェスタッド*
ウェルフェル ヴェルフェル*	Wernet ワーネット Wernham ワーナム	ヴェルス ウェルト**	ウェズレー*** ウェスレイ**	Westall ウェストール***
Werff ウェルフ Wergeland	Wernhard ヴェルンハルト	ヴェルト* ベルト*	ウェズレイ ウェルスレイ	Westbam ウエストバム Westberg
ウェルゲラン ヴェルゲラン	Wernher ウェルナー	ワース** Wertheim	Weslowsld ウェスロウスルト	ウェストバーグ Westbroek
ウェルゲランド ベルゲラン	ヴェルナー ウェルンヘル	ウェルトハイム ウェルトヘイム	Wesolowski ヴェソウォフスキ	ウェストブロック ウェストブレーク
Wergzyn ベルグジャン	ウェルンヘール ベルンヘア	ワーサイム Wertheimer	ウェソロウスキー* Wesołowski	ウェストブロック* Westbrook
Werich ヴェリフ Werinher	ワーナー Wernich	ヴァートハイマー ウェルサイマー	ヴェソフォフスキ ベゾロフスキ	ウェストブルック** ウエストブルック*
ヴェリンヘル Werjowka	ウェルニッヒ ウェルニヒ	ウェルトハイマー* ヴェールトハイマー	Wespin ヴェスパン Wess	Westbrooks ウエストブルックス
ウェルヨフカ Werker ワーカー	ウェルニヒ Wernick	ウェルトハイマー* ヴェルトハイメル	ウェス* ウェス	Westbury ウェストベリー
Werkman ウェルクマン	ウァーニック ワーニック	ワートハイマー Wer-theimier	ウェッス Wessel	Westcott ウェスコット ウェストコット***
Werkmäster ヴェルクメステル	Wernicke ヴェルニケ*	ウェルトハイマー Werthemann	ヴェセル ウェッセル**	ウエストコット Westdijk
Werkmeister ウェルクマイスター	ウェルニッケ* ウェルニッケ*	ヴェアテマン Werther ワーザー*	ウェッセル* Wesseling	ウェストダイク Weste
ヴェルクマイスター Werle	ウェルニッケ Wernicki	Werthern ヴェアテルン	ウェッセリング ヴェッセリング	ウェステ ウェスト
ウェール ヴェルレ	ウェアーニッキ Wernigk ウェルニク	ワーサーン Werthmann	Wesselink ヴェッセリンク	Westel ウエステル Westen ウェステン
ワーレ Werlein ワーレイン	Wernle ヴェルンレ Wernli ウェンリ	ヴェルトマン Wertime ワータイム	Wesselman ウェスルマン* ウエスルマン	Westendorp ウェステンドープ ウェステンドルプ
Werley ウェアリー Werlhof	Wernlid ベーンリード Wernly ヴェルンリ	Wertmüller ヴァットムッレル ウェルトミューレル	Wesselmann ウェッスルマン ウェッセルマン**	ウェステンドルプ Westendrop
ヴェールホフ	Wernsdorf ヴェルンスドルフ	ヴェルトミューラー Wertsch ワーチ*	ヴェッセルマン Wessels	ウェステンドロブ
		Wertz ワーツ	ウィーセルス	

Westengard
　ウェステンガード
　ウエステンガード
Westenhofer
　ウェステンホファー
Westenholz
　ヴェステンホルツ
Westenthanner
　ウェステンタナー
Wester
　ウェスター*
　ウェステル
Westera ウェステラ*
Westerberg
　ウェステルベリ
Westerburg
　ヴェステルブルク
Westerby
　ウェスタービー
　ウェスタビー
Westerdahl
　ウェスターダール
Westerduin
　ウェステルドゥーン
　ベスターダイン
Westerfeld
　ウェスターフェルド*
　ウェスターフェル
　ド**
Westerfield
　ウェスターフィールド
Westergaad
　ヴェステルゴード
Westergaard
　ウェスターガード**
　ウェスターゴード
　ウェスターゴール
　ヴェステルゴール
Westergren
　ウェスターグレン
　ウェステルグレン
　ヴェステルクレン
　ウェスターレイン
　ヴェステルレイン
Westerheim
　ウェステルヘイム
Westerhof
　ウェスターホフ
　ベステルホフ
Westerhoff
　ヴェスターホッフ
　ウェスターホフ
　ヴェステルホフ
Westerhout
　ウェスターハウト
Westering
　ベスタリング
Westerlind
　ウェスターリンデ
　ウエスターリンド
Westerling
　ウェステルリング
Westerlund
　ウェスターランド
　ウエスターランド
　ヴェステールンド
Westerman
　ウェスターマン**
　ウェスタマン
　ウエスターマン

ヴェスターマン
Westermann
　ウェスターマン**
　ヴェスターマン*
　ヴェスタマン
　ウェステルマン
　ヴェステルマン*
　ベスターマン
Westermarck
　ウェスターマーク*
　ウェスターマーク
　ウェスタマルク
　ウェステルマルク
　ヴェステルマルク
Westermark
　ウェスターマーク
Western
　ウェスタン
　ウェステルン
Westernhagen
　ヴェスターハーゲン
　ヴェステルンハーゲン
Westervelt
　ウェスターベルト
Westerwelle
　ウェスターヴェレ**
　ヴェスターヴェレ
Westesson
　ウェステソン
　ウェストソン
　ウェストソン
Westfalen
　ヴェストファーレン
Westfall
　ウェストフォール*
Westford
　ウェストフォード
Westgard
　ウェストガード
Westhead
　ウェストヘッド*
　ウエセッド
Westheimer
　ウェストハイマー***
　ヴェストハイマー
Westhoff
　ヴェストホッフ
　ヴェストホフ
Westhues
　ウェスチュー
　ベスッエス
Westhuizen
　ウェストハイゼン
　ヴェストハイゼン*
　ベストハイゼン
Westhuyzen
　ウェストホイゼン
Westin
　ウェスティン
　ヴェスティン
Westing
　ウェスチング
　ウエスティング
Westinghouse
　ウェスチングハウス
　ウェスティングハウス
　ウエスティングハウス
Westlake
　ウェストレイク***
　ウェストレーキ
　ウェストレーク

Westland
　ウェストランド*
Westleigh
　ウェストリー
　ウエストリー
Westley
　ウェストリー
　ウェストレー
　ウェストレイ
Westlund
　ウェストルンド
Westmacott
　ウェストマコット
　ウエスマコット
Westman ウェストマン
Westmijze
　ウェストメイツェ
Westmor ウェストモア
Westmore
　ウェストモア
Westmoreland
　ウェストモアランド
　ウェストモーラン
　ド**
Westney
　ウェストニー
　ウエストニー
Westoby
　ウェストビー*
Weston
　ウェストン***
　ウエストン**
Westover
　ウェストオーヴァー
　ウェストーバー
Westphal
　ウェストファール
　ヴェストファール
　ヴェストファール
　ベストファル
Westphalen
　ヴェストファーレン
　ベストパレン
Westphalia
　ウェストファーリア
Westra ウェストラ
Westropp
　ウェストロップ
Westrum
　ウェストラム*
　ヴェストルム
Westrup
　ウェストラップ*
Westwell
　ウェストウェル
Westwood
　ウェストウッド**
　ウエストウッド**
Wesuls ヴェズルス
Wet
　ウェット
　ヴェット
Wetangula
　ウェタングラ
Wetenhall
　ウエテンホール
Wetering
　ウェテリンク*
　ウェテリング
　ヴェテリンク

ベタリンフ
Wetham ウェタム
Wetherall
　ウェザーオール
　ウェザロール
　ウエザロール
Wetherby
　ウェザービー
　ウェザビー
Wethered
　ウェザード
　ウェザーレット
　ウェザーレッド
Wetherell
　ウェザレル
　ヴェザレル
　ウェセレル
Wethersby ウェザビー
Wethington
　ウェシングトン
Weththasinghe
　ウェッタシンハ
Wetlaufer
　ウェトラウファー
　ウェットラウファー
　ウェットローファー*
Wetle ウェトル
Wets ウェッツ
Wettasinghe
　ウェタシンヘ
　ウェッタシンハ**
Wette
　ヴェッテ**
　ウェテ
Wetteland
　ウェッテランド*
　ウエッテランド
Wetter ウェッター
Wetterer ウェテラー
Wettergren
　ウェッターグレン
　ウェッテルグレン
Wetterström
　ベッターストロム
Wettin ウェッチン
Wetton ウェットン**
Wettstein
　ウェットシュタイン
　ヴェットシュタイン
Wetze ウェッツェ
Wetzel
　ウィッツェル
　ウェツェル
　ウエッツェル
　ヴェツェル
Wetzell ヴェッツェル
Wetzelsberger
　ウェッツェルスベル
　ガー
Wetzer
　ヴェッター
　ウェッター
Wetzler
　ウェッツラー*
　ウェッツラー
　ウェツラー
Wetzstein
　ウェツシュタイン

Weulersse
　ヴーレルス
　ヴレルス
Weuve ヴーヴ
Wever
　ウィヴァー
　ウェバー
　ウエバー
Weverbergh
　ウィーヴァーバーグ*
Weverka
　ウィーバーカ*
Wevers
　ウィーヴァーズ
　ウィーバーズ
　ウェーバーズ
　ウェバーズ
　ベフェルス
Wex
　ウェックス
　ヴェックス*
Wexelblat
　ウェクセルブラット
Wexels ヴェクセルス
Wexler
　ウェクスラー**
　ヴェクスレル
　ベクスラー
Wexner ウェクスナー
Wexo
　ウェクソ
　ウェクソウ*
Wey ウェイ
Weya ウェヤ
Weyand
　ウィーアンド
　ウェイアンド
Weyant ウェイアント
Weychert
　ウィーチャート
Weydemeyer
　ヴァイデマイヤー
　ウェデマイアー
　ワイデマイヤー
Weyden
　ヴァイデン
　ウェイデン
　ヴェイデン
　ワイデン
Weydt ヴァイト*
Weyer
　ヴァイア
　ヴァイアー
　ヴァイヤー
　ウェイエル
　ワイヤー
Weyergans
　ヴァイエルガンス
　ベヤールガンス**
Weyerhaeuser
　ウェアーハウザー*
Weyermann
　ヴァイエルマン
Weyers
　ヴァイヤース
　ウィーアース
　ウェヤーズ
Weygand
　ウェイガン

ヴェイガン
ウェーガン
ウェガン
ヴェーガン
Weygandt
ウェイガント
Weygant ウェイガント
Weyhe ヴァイエ
Weyhenmeyer
ワイヘンマイヤー
Weyher ヴァイアー
Weyhing ウェイング
Weyl
ヴァイル
ヴェイユ
ウェイル
ワイル**
Weyler
ウェイラー*
ウェイレル
Weyman
ウェイマン
ウエイマン
Weymann
ヴァイマン
ウエイマン
Weymouth
ウェイマス
ウェイモス
Weymuller
ウェイミュレール*
Weyn ウェイン
Weynand
ウェイナンド
Weyne ウェイン*
Weyprecht
ヴァイプレヒト
Weyr
ウェア**
ワイヤー*
Weyrauch
ヴァイラウフ
ヴァイラオホ**
ウェイラク
バイラオホ
Weyrich
ヴァイリッヒ
ウェイリッヒ
バイリッヒ
Weyse
ヴァイセ
ヴァイゼ
Weyssenhoff
ヴァイセンホフ
ヴェイセンホフ
Wezel
ウェツェル
ヴェーツェル*
ヴェツェル
Wha ファ
Whaite ウェイト
Whale
ホエイル
ホエール
Whalen
ウェイラン
ウェイレン**
ウォーレン*
ホエーレン*

ワーレン
ワレン
Whaley
ウェイリー
ホエーリー
ホエーハン
Whaling ホエーリング
Whalley
ウェイリー
ウェーリー
ウォーリ
ウォーリー
ホウェイリー
ホエーリー*
ホリー
ワーレイ
ワーリー
ワリー
ワレイ
Whalum ウェイラム
Whang
ウハン
ファン
Whang-kyung
ファンギョン
Whannel ファネル
Whannell ワネル
Wharfe ウォーフ*
Wharton
ウォルトン
ウォートン***
ヴォートン
ウォールトン
フォワートン
ホウォートン
ホートン
ワートン*
Wha-Soon ファスン
Whatcoat
ホワットコート
Whateley
ホウェイトリ
ワテリー
Whately
ウェイトリー*
フェイトリ
ホウェトリー
ホウワットリー
ホエットリー
ホエートリー
Whates ホウェイト
Whatley ホワットリー
Whatmore ワットモア
Whatmough
ホワットモー
Wheal
ウィール
ホイール
Whealy ウィーリー
Wheare
ウィーア
ホイーア
Wheat
ウィート**
フィート
ホイート
Wheatcroft
ウィートクロフツ
ウィートクロフト

Wheater
ウィーター
ホイーター
Wheatley
ウィートリー**
ウィートレイ
ホイートリー
ホイートリ*
ホイートリー*
ホイートリイ
ホイトリイ
ホウィートリ
Wheaton
ウィートン*
ホイートン
ホウィートン
Wheatonia
ウィートニア
Wheatstone
ウィートストン
ホイートストン
ホイートストーン
ホイートストン
Whedon
ウェドン
ホエッド
Whee Jine
フィージン*
Wheel ウィール
Wheelan ウィーラン*
Wheeldon
ウィールドン*
ホイールドン
Wheele ウィーラー
Wheeler
ウィーラ
ウィーラー***
ウィラー**
フィーラー
ホイーラー*
ホイラー
ホイーラ
ホイーラー***
ホイラー*
ホウィーラー
Wheelis
ウィーリス
フィーリス
ホーイリス
Wheelock
ウィーロック*
ウィロック
ヴェロック
ホイーロック
ホイーロック
ホウィーロク
Wheelwright
ウィールライト
フィールライト*
ホイールライト
ホイールライト**
ホウィールライト
Wheen ウィーン*
Wheiler ウェイラー*
Whelan
ウィーラン**
ウェーラン
ウェラン*
フェラン
フェラン*
ホウィーラン

ホエラン
Whelbourne
ウェルボーン
Wheldon
ウェルドン**
Whelehan ウェラハン
Whelton ウェルトン
Whero Whero
フェロフェロ
Wherry
ウェリー
ウェリィ
Whetham
ウェサム
ホウェザム
ホエザム
Whethamstede
ホウィータムステッド
Whetnall ウェトナル
Whetstone
ウェットストーン
Whetten フェッテン*
Whetzel ウェッツエル
Whewell
ヒューウェル
ヒューエル
Whibley ウィブリー*
Whichcote
ウィチカット
ウィッチコート
ホイッチカット
ホウィチカット
Whicher
ウィチャー
ウィッチャー
Whicker ウィッカー
Whiddon ウィドン
Whiffen ホイッフェン
Whigham ウイグハム
Whight ホワイト
Whil ウィル
Whiley ワイリー
Whillans ウィランズ
Whina
フィナ
ホイナ
Whineray ウィナレー
Whinfield
ウィンフィールド
ホインフィールド*
Whingston
ウィンストン
ウインストン
Whinihan ウィニハン
Whinney ウィニー
Whinston
ウィストン
ウインストン
Whinyates
ウィニエイツ
Whip ウィップ
Whipp
ウィップ
ホイップ
Whippen ウィッペン
Whippie ホイップル

Whipple
ウィップル
ウィップル**
ウイプル
フィップル
ホイップル
ホイップル***
ホイプル
ホウィップル
Whipps ウィップス
Whisenand
ウィーゼナンド
Whisenhunt
ウィーゼンハント
Whishaw ウィショー
Whisler ホイスラー
Whistler
ウィスラー
ホイスラー
ホイスラア
ホイッスラー*
ホウィスラー
Whiston
ウィストン*
ホイストン
ホイッストン
ホウィストン
Whit
ウィット
ホイット*
Whitacre
ウィティカー
ウィテカー*
Whitaker
ウィタカ
ウィタカー*
ウィタケル
ウィッテイカー
ウィッテーカー
ウィッテッカー
ウィットエイカー
ウィテイカー
ウィティカー**
ウィティカー*
ウィテーカー
ウィテカー**
ホイタカー
ホイティカー*
ホイテカー
ホウィッティカー
ホウィティカー
Whitall
ウィッタール
ホイッタル
ホイタル
Whitbeck
ウィットベック*
ウイトベック
Whitbread
ウィットブレッド*
ホイットブレッド
Whitburn
ホイットバーン
Whitby
ウィットビー
ホイットビ
ホイットビー*
ホウィットビ
Whitcher
ホイッチャー

Whitchurch
ホウィットチャーチ
Whitcomb
ウィットカム
ウィットコム*
ホウィットカム
ホイットカム
ホイットコム
White
ウァイト
ホアイト
ホライト
ホワイト***
ワイト
Whitebook
ホワイトブック*
Whitechurch
ホワイトチャーチ*
Whitecross
ホワイトクロス
Whited ホワイテッド
WhiteFeather
ホワイトフェザー*
Whitefeather
ホワイトフェザー
Whitefield
ウィットフィールド
ホイットフィールド
ホウィットフィールド
ホワイトフィールド
Whiteford
ホワイトフォード
Whitehair
ホワイトヘアー
Whitehause
ホワイトハウス
Whitehead
ホワイトヘッド***
Whitehill
ホワイトヒル*
Whitehorn
ホワイトホーン
Whitehorse
ホワイトホース
Whitehouse
ホワイトハウス**
Whitehurst
ホワイトハースト
Whitelaw
ホワイトロー***
ホワイトロウ
Whiteley
ウィットリー*
ウィットリー*
ホワイトレイ
Whitelock
ホワイトロック
Whiteman
ホワイトマン*
Whitemore
ホワイトモア*
Whiten
ウィッテン*
ホワイテン
ホワイトゥン*
Whitenack
ホワイトナック
Whitener
ホワイトナー

Whitenton
ホワイテントン
Whiter ワイター
Whiteread
ホワイトリード
Whitesell
ホワイトセル*
Whiteside
ホワイトサイド*
Whitesides
ホワイトサイズ**
Whiteson
ホワイトソン
Whiteway
ホワイトウェイ
Whitey ホワイティ*
Whitfeld
ホウィットフィールド
Whitfield
ウィットフィールド**
ホイットフィールド
ホウィットフィールド***
ホワイトフィールド
Whitfild
ホワイトフィールド
Whitford
ウィットフォード**
ホイットフォード
ホワイトフォード
ホウットフォード
ホワイトフォード
Whitgift
ウィットギフト
ホイットギフト
ホウィットギフト
Whitham
ウィッタム*
ウィッタム*
Whiti
フィーティ
フィティ
Whitiker ウィティカー
Whiting
ホイティング
ホワイチン
ホワイティング***
Whitington
ウィティングトン
Whitla ホイトラ
Whitlam
ホイットラム
ホイットラム**
Whitlatch
ウィットラッチ
Whitley
ウィットリー*
ウィットレイ
ウイトリー
ホイットリー**
ホイトレー
ホワイトリー*
Whitlock
ウィットロック*
ウィットロック
ウィトロック
フィトロック
ホイットロック

ホイットロック
ホワイトロック
Whitlow
ウィット
ウィットゥロー
ウィットロー*
ホイットロー
ホワイトロウ
Whitman
ウィットマン**
ウィットマン*
ホイットマン***
ホウィットマン*
Whitmarsh
ホイットマーシュ**
Whitmire
ホイットマイア
Whitmont
ウィットモント
ホイットモント
Whitmore
ウィットモア*
ウィトモア
ホイットモア**
Whitney
ウィットニー**
ウィットニー
ホイットニー
ホイットニー***
ホイトニー
ホイトニイ
ホウィットニ
Whitrow
ウィットロウ*
ホイットロウ
Whitsett ウイトセット
Whitson
ウィットソン**
ウィットソン
Whitt ウィット
Whitta ウィッタ
Whittaker
ウイタカー*
ウィッタカー*
ウィッタカー
ウイッタッカー
ウィッテーカー
ウィットエイカー
ウィッテーカー*
ウィーテカー*
ホイッタカー*
ホイッティカー
ホイッティカー
ホイッテーカー
ホイッテカー
ホイッテイカー
ホイッテッカー
ホウィッティカー
Whittall ホイットール
Whittam ウィッタム*
Whitted ホワイテッド
Whitteker
ホイッテケル
Whittemore
ウィットモア
ホイットモア**

Whitten
ウィッテン
ホイッテン**
ホウィットン
Whittenberger
フィッテンベルガー
Whittenburg
ウィッテンバーグ
Whittet ウィテット
Whittick
ウィテック
ホイティック
Whittier
ウィッツティア
ウィティア
ウィッティアー
ホイッター
ホイッチア
ホイッチアア
ホイッティア*
ホイッティアー
ホイッティヤー
ホウィッティア
Whittingdale
ウィッティンデール
Whittingham
ウィッティンガム*
ホイッティンガム
ウィッティンジャム
ホウィッティンハム
Whittington
ウィッティントン***
ウィッテングトン
ウィッテングトン
ウィッテントン
ホイッティングトン
ホイッティントン*
Whittle
ウィッテル
ウィットル
フィトル
ホイットル**
Whittlesey
ウィットルシー
ホイットルセー
ホイットルゼー
ホイットルセイ
Whittleton
ホイットルトン
Whitton
ウィットン
ホイットン
Whittredge
ウィトリジ
Whitty
ウィッティ*
ウィッティー
Whitwell
ウィットウェル
Whitworth
ウィットウォース
ウィットワース**
ウィットワース
ホイットワース
Whitzman
ホイッツマン
Whodam ウォダム
Wholey ホーリー
Whone ホーン*

Whooley フーリー
Whoopi
ウービ
ウービー*
Whopper
ウォーパー
Whorf
ウォーフ*
ホーフ
Whorton ウォートン
Whorwood ホウッド
Whybray ワイブレイ
Whybrow
ホワイブラウ
ホワイブラウ*
ホワイブロウ
ワイブラウ
Whyburn
ホワイバーン
ホワイバーン
Whyman
ホワイマン
ワイマン*
Whymant
ワイマント**
Whymper
ウィムパー
ウィンパー*
フィムパー
ホインパー
Whyndham
ウィンダム
Whytchurch
ホウィットチャーチ
Whyte
ホワイト**
ワイト
Whythorne
ホワイトホーン
Whytt ホイット
Wi ウィ
Wiacek ヴィアツェク
Wiam ウィアム
Wi'am ウィアム
Wian ヴィアン
Wiarda ウィーアルダ
Wiardo ヴィアルドー
Wiart
ウィアール
ヴィヤール
Wiasemsky
ウィアゼムスキー
Wiata ウィアタ
Wiatr ヴィアトル
Wiaux ヴィオー
Wiazemsky
ウィアゼムスキー
ヴィアゼムスキー***
Wibberley
ウィーバリー
ウィバリー*
ウィバリー*
Wiberg
ウィーバーグ
ウィーベリ
ウィベリー*
ウィベルグ
ビーベリ*

Wibergh ウィベルイ / ヴィベルイ
Wibisono ウィビソノ*
Wibke ヴィプケ
Wible ワイブル
Wiblishauser ビブリシャウザー
Wiborada ヴィボラーダ
Wibran ウィブラン
Wical ウィカール
Wicar ヴィカール
Wice ワイス
Wich ウィック
Wichard ウィヒャルド
Wichelhaus ヴィーヒェルハウス
Wichello ウィッチェロ
Wichern ウィッチャン / ヴィッヒェルン / ヴィーヒャーン / ウィヘルン / ヴィヘルン
Wichman ウィッチマン
Wichmann ウィッチマン / ヴィッヒマン / ウィヒマン* / ヴィーヒマン / ヴィヒマン / ウォッチマン
Wichniarek ビチニアレク
Wicht ウィッチ
Wichter ウィヒテル
Wichterle ウィフテルレ
Wichtl ウィチトル
Wicitwatthakan ウィチットワータカーン
Wick ウィック**
Wickama ウィッカマ
Wickberg ウィックバーグ*
Wicke ウィキー* / ウィック
Wickelgren ウィケルグレン
Wicken ウィッケン
Wickenden ウィックエンデン / ウィッケンデン / ヴィッケンデン
Wickenhagen ビッケンハーゲン
Wickenheiser ウィッケンハイザー*
Wickens ウィッキンス / ウィッケンズ
Wicker ウィッカー**

Wickerhauser ウィッカーハウザー
Wickersham ウィカルシャム / ウィケルスハム / ウィッカーシャム
Wickert ウィッカート / ヴィッケルト
Wickes ウィクス / ウィックス
Wickett ウィケット*
Wickham ウィカム / ウィッカム** / ウィッカム*
Wickhoff ヴィクホフ / ウィックホフ / ヴィックホフ
Wicki ウィキ / ヴィキ / ウィッキ / ヴィッキ* / ヴィッキー
Wickings ウィキングス
Wickizer ヴィッカイザー / ウィッキツァー
Wickland ウィックランド
Wickler ヴィックラー
Wickman ウィックマン*
Wickmayer ウィックマイヤー
Wickram ウィクラム / ヴィクラム / ヴィックラム
Wickramanayaka ウィクラマナヤケ
Wickramanayake ウィクラマナヤカ
Wickramasinghe ウィクラマシンゲ / ウィクラマシンジ / ウィクラマシンハ** / ウィックラマシンゲ* / ウィックラマシンジ
Wickre ウィッカー / ウィックル
Wickremanayake ウィクラマナヤケ*
Wickremasinghe ウィクラマシンハ**
Wickremesinghe ウィクラマシンハ
Wicks ウィクス / ウィックス**
Wicksell ウィクセル* / ヴィクセル* / ウィックセル

ヴィックセル
Wicksteed ウィックスティード
Wicky ウィッキー / ビッキー
Wicomb ウィカム**
Wid ウィド
Widal ウィダール / ヴィダール / ウィダル
Widarti ウィダルティ
Widayati ウィダヤティ
Widcombe ウィクーム
Widdemer ウィドマー
Widder ヴィダー / ヴィッダー
Widdern ヴィッデルン
Widdoes ウィドウズ
Widdop ウィドップ / ヴィドップ
Widdowfield ウィドウフィールド
Widdows ウィドウズ / ウィドーズ
Widdowson ウィダウスン / ウィダウソン / ウィドウソン / ウィドーソン* / ウィドーソン
Widdus ウィダス
Wide ビデ
Widebram ヴィデブラム
Wideman ワイドマン**
Widén ワイデン
Widener ワイドナー
Widengren ウィーデングレン / ヴィーデングレーン
Widensee ヴィーデンゼー
Widerberg ウィーデルベリ / ヴィーデルベリ / ヴィーデルベルイ / ビーデルベリ / ビーデルベルイ
Wideroos ビデルース
Widerstroem ウィダーストローム
Widger ウィジャー
Wīdhī ウィージー
Widhölzl ビドヘルツル
Widianto ウィディアント**
Widick ウィディック
Widiger ウィジガー
Widjaja ウィジャヤ*
Widjaya ウィジャヤ

Widjojanto ウィジョヤント
Widjojo ウィジョヨ*
Widlocher ヴィドロシェ
Widlöcher ヴィドロシェ
Widlund ヴィードルンド
Widmaier ウイドマイアー / ヴィドマイエール
Widman ヴィドマン
Widmann ウィドマン / ヴィートマン / ヴィドマン
Widmark ウィドマーク** / ヴィドマーク / ビードマルク
Widmer ウィッドマー / ウィッドマー* / ヴィトマー / ヴィドマー / ウィトメル
Widmer-schlumpf ビドマーシュルンプフ*
Widnall ウィドナル / ウィドノール
Wido ウィドー
Widodo ウィドド*
Widom ウィダム
Widor ウィドール / ヴィドール / ビドール
Widrig ウィドリグ*
Widrlechner ウィドレックナー
Wi-du イド
Widukind ヴィッテキント / ウィデュキント / ウィードウキント / ウィドゥキント* / ヴィードゥキント / ヴィドウキント
Widvey ビドバイ
Widyatmadja ウィジャトマージャ
Widzyk ビジク
Wie ウィー**
Wieacker ヴィーアッカー / ヴィアッカー
Wiebe ウィービ / ウィービー* / ウィーブ* / ウィーベ
Wiebel ウィーベル
Wiebelt ウィーベルト
Wieben ウィーベン
Wiebenson ウィーベンソン

Wieber ウィーバー*
Wiebers ウィバース
Wiebke ウィーケ
Wiechecki ウィエヘツキ
Wiechert ウィーヒェルト* / ヴィーヒェルト* / ウィーヘルト* / ヴィーヘルト* / ヒェルト
Wiechmann ウィッチマン*
Wieck ウィーク / ヴィーク**
Wieczorek ウィチョレク / ビエツオレク
Wieczorek-zeul ウィチョレクツォイル
Wied ヴィーズ / ウィード / ヴィート / ヴィード*
Wiedeking ヴィーデキング**
Wiedemann ヴィーダマン / ウィーデマン / ヴィーデマン* / ウィードマン
Wiedemer ウィドマー
Wiedenbach ウィーデンバック
Wiedener ビーデナー
Wiedenfeld ウィーデンフェルト / ヴィーデンフェルト
Wiedenhorn ビーデンホルン
Wiedenmayer ウィーデンメイヤー
Wieder ウィーダー / ヴィーダー
Wiederhold ウィダーホールド
Wiederholt ヴィーダーホルト
Wiederkehr ウィーデーカー
Wiedermann ヴィーダーマン / ウィーデルマン / ヴィーデルマン / ビーダーマン
Wiedersheim ヴィーデルスハイム
Wiedfeldt ウィードフェルド / ウィードフェルト / ヴィードフェルト
Wiedman ウィードマン
Wiedmann ウィードマン* / ヴィートマン

Wiedwald
ヴィートヴァルト
Wiefel ウィーフェル
Wiefling
ウィーフリング
Wiegand
ウィガン
ウィーガント
ウィーガンド
ヴィーガント
Wiegartz ウィーガルツ
Wieger
ウィーガー
ヴィージェ
ヴィジェ
ヴィジェル
Wiegerink
ウィーガリンク
Wiegers
ウィーガーズ*
Wiegmann
ヴィーグマン
Wiegner
ウィーグナー
ヴィーグナー
Wiehl ウィール
Wiehle
ヴィール
ヴィーレ
Wiehmayer
ウィーマイア
Wieke ウィーケ
Wiekens ビーケンス
Wiel
ウィール
ヴィール
Wielaert ビラールト
Wieland
ウィーラント*
ウィーランド*
ウィーランド
ヴィーラント**
ヴィーランド
ビーランド
Wielandt ヴィーラント
Wiele ウィール
Wieleithner
ウィライトナー
Wielema ビーレマ
Wielgosz
ヴィエルゴシュ
Wielinga ウィーリンガ
Wieman
ウィーマン
ヴィーマン
ワイマン**
Wiemann ウィーマン
Wiemer
ウィーマー
ヴィーマー
Wien
ウィーン*
ヴィーン*
Wienbarg
ウィーンバルク
ヴィーンバルク
Wiencek ヴィンセック
Wienczyslaw
ヴィエンチスラヴ

Wiene
ウィーネ
ヴィーネ
Wieneke ビーネケ
Wiener
ヴィエネル
ウィーナ
ウィーナー**
ウィーナー*
ウィナー
ヴィーナー*
ヴィナー
Wiéner ヴィエネル
Wieners ウィーナーズ
Wienese ウィナーゼ
Wieniawski
ヴィエニアウスキ
ウィエニアフスキ
ヴィエニアフスキー
ヴィエニアフスキ
ヴィエニャフスキー
ヴィエニヤフスキー
ウィニアウスキー
ビエニアフスキ
Wieninger
ヴィーニンガー*
ヴィーニンゲル
Wienke ヴィエンケ
Wiens
ウィーンズ
ヴィーンス
Wier ウィア
Wiere ウィーラ
Wieren ウィーレン
Wierenga ワイレンガ
Wierer ウイエラー
Wierig ビーリヒ
Wieringa ワイヤリンガ
Wieringen
ヴィーリンゲン
Wieringo ウィーリンゴ
Wierix ヴィーリクス
Wierling ウィーリング
Wiernsberger
ウィルンスベルジェ
Wiers ワイヤーズ
Wiersbe ワーズビー
Wiersbitzky
ヴィールスビツキイ
Wiersema
ウィアーズマ
ウィアセーマ
ビアスマ
Wiersma
ヴィエルスマ
ワイズマ
Wiertz
ヴィエルス
ウィールツ
ヴィールツ
Wieruszewski
ヴィエルシェフスキ
Wierzbicka
ヴィエルジュビッカ
ヴィエルジュビッカ
ヴェジビツカ

Wierzbowska
ウィエジュボウスカ
Wierzchowski
ヴェルチョブスキ
Wierzynski
ウィエジーニスキー
ヴィエジーニスキー
ヴィエジンスキ
Wierzy'nski
ウィエルジンスキー
Wies ヴィース*
Wiesberger
ビースベルガー
Wieschaus
ウィシャウス*
ヴィーシャウス*
Wiese
ウィージ
ウィーゼ*
ヴィーゼ**
ビーゼ*
Wiesel
ウィーゼル***
ヴィーセル
ヴィーゼル*
ビーゼル*
Wieselgren
ヴィーセルグレン
Wieselsberger
ウィーゼルスベルガー
ウィゼルスベルガー
ヴィーゼルスベルガー
Wieseltier
ヴィーゼルティール
ヴィーゼルティール*
Wiesen
ウィーセン
ヴィゼン
Wiesenfeld
ウィーセンフェルド
Wiesengrund
ヴィーゼングリュント
ヴィーゼングルント
Wiesenthal
ウィーゼンタール
ヴィーゼンタール**
ヴィゼンタール
ヴィーゼンタール*
Wieser
ウィーザー*
ウィザ
ヴィーザー*
ヴィザア
ウィーゼル
Wiesheu
ヴィースホイ*
Wiesigel
ヴィージゲル*
Wiesinger
ウィジンガー*
ビージンガー
Wieskoetter
ワイスコッター*
Wieskotter
ワイスコッター
Wieskötter
ワイスコッター
Wieslander
ウィスランデル
ヴィースランデル

Wieslaw
ウィエスワフ
ヴィエスワフ*
ビエスワフ
ベスワフ
Wiesław
ヴィエスワフ*
Wieslawa
ヴィエスラヴァ
Wiesmann
ヴィースマン
ワイズマン
Wiesmeier
ヴィースマイアー
Wiesmuller
ウィズミュラー
Wiesmüller
ヴィースミュラー
Wiesner
ウィースナー
ウィースナー**
ウィスナー
ウィズナー
ヴィースナー*
ビースナー
ワイズナー
Wiest ウィースト**
Wieszczek
ウェシュチェク
Wieszczek-kordus
ワイスチェクコルダス
Wiet ヴィエト
Wieter ウィーター*
Wieters ウィーターズ*
Wieteska ウィテスカ
Wieth
ヴィエト
ウィート
Wiethege ヴィーテゲ
Wieviorka
ヴィヴィオルカ*
Wiffen ウィフェン
Wifredo
ウィフレード
ウィフレド
ヴィフレド
Wifstrand
ヴィーフストランド
ヴィフストランド
Wigal
ウィガル
ヴィガル
Wigand
ウィカント
ウィガンド
ヴィーガント
ワイガンド
Wigbert
ウィグベルト*
ウィークベルト
ヴィグベルト
Wigberto
ウィグベルト
Wigderson
ウィグダーソン
ヴィグダーソン
Wigfield
ウィグフィールド

Wiggenhorn
ウィッゲンホーン
Wigger
ヴィガー*
ウィッガー
Wiggers ウィガース
Wiggershaus
ウィーガースハウス
ヴィーガースハウス
ヴィカースハウス
ヴィーガースハウス
Wiggin
ウィギン**
ウィッギン
Wiggins
ウィギンス**
ウィギンズ***
ウィッギンス
Wigginton
ウィギントン*
Wigglesworth
ウィグルスワース
ウィグルズワース
ウィッグルスワース
ウィッグルズワース*
ウイッグルズワース
Wiggs ウィッグス**
Wigham ウィガム
Wighard ヴィガート
Wight ワイト*
Wightman
ワイトマン**
Wiglaf ウィグラフ
Wigle ワイグル
Wigley ウィグリー
Wigman
ウィグマン
ヴィーグマン
ヴィクマン
ヴィグマン*
ビグマン
Wigmore
ウィグモア*
ウィグモアー
Wignade ウィニヤード
Wignall
ウィグナル
ウィグノール
Wignell ウィグネル
Wigner ウィグナー**
Wigoder ウィグダー*
Wigram ウィグラム*
Wigzell
ヴィグセル*
ビグセル
Wihan ヴィハン
Wiharja
ウィハルジャ**
Wiharjo ウイハルジョ
Wihongi ウィホニー
Wihthol ヴィートル
Wihtol ヴィトール
Wihtred
ウィフトレッド
Wiig ウィーグ

Wiinblad ウィンブラード*	**Wijnstra** ヴィンストラ*	**Wilbert** ウィルバート**	**Wildberger** ウィルトベルガー ヴィルトベルガー	**Wilding** ウィルディング* ワイルディング**	
Wijan ウィチャン*	**Wijs** ワイス	**Wilbny** ウィルバー			
Wijananda ヴィッジャーナンダ	**Wijsman** ウェイスマン	**Wilbrandt** ウィルブラント ヴィルブラント*	**Wildbolz** ワイルドボルツ	**Wildish** ワイルディッシュ	
Wijarn ウィジャン	**Wik** ウィック		**Wildbrunn** ウィルブルン ヴィルブルン	**Wildman** ウィルドマン ワイルドマン*	
Wijaya ウィジャヤ**	**Wikan** ウィカン	**Wilbrord** ウィルブロルド			
Wijayakrama ウィジャヤクラマ	**Wikana** ウィカナ	**Wilbur** ウィル ウィルバ ウィルバー*** ウィルバー ウォルバー	**Wildbur** ウィルバー・	**Wildner** ヴィルトナー*	
Wijayamuni ウィジャヤムニ	**Wikander** ウィカンデル ヴィカンデル*		**Wilde** ワイルド ウィルデ ヴィルデ* ウィルド* ウワイルド ワイルデ ワイルド***	**Wildor** ヴィルダー ウィルドー* ビルダー	
Wijayanayake ウィジャヤナーヤカ*	**Wiken** ウィケン				
	Wikén ヴィケン*			**Wilds** ワイルズ	
Wijayaratna ヴィジャヤラトナ	**Wikenhauser** ヴィケンハウザー			**Wildsmith** ワイルドスミス***	
Wijayasiri ウィジャヤシリ ウィジャンヤシリ	**Wikenheiser** ウィケンハイスター	**Wilburn** ウィルバーン ウィルバーン			
			Wildeboer ウィルデブール	**Wildt** ウィルト ヴィルト	
Wijayatilake ウィジャヤティレーク	**Wiker** ワイカー	**Wilbushewitch** ヴィルブシェビッチ	**Wildenbruch** ウィルデンブルッフ ヴィルデンブルッフ ウィルデンブルフ ヴィルデンブルフ ヴェルデンブルフ		
	Wikesjö ヴィケスヨ	**Wilby** ウィルビー*		**Wildwood** ワイルドウッド*	
Wijck ウィック	**Wiking** ヴァイキング	**Wilbye** ウィルビー			
	Wikland ヴィークランド* ビークランド	**Wilce** ウィルス**		**Wile** ワイル	
Wijdan ウィジダン		**Wilcha** ウィルチャ		**Wileman** ワイルマン*	
Wijdekop ワイデコップ	**Wikler** ウィクラー	**Wilchcombe** ウィルチカム	**Wildenhahn** ヴィルデンハーン	**Wilen** ウィラン* ビュレーン ワイレン	
Wijdenboshe ウェイデンボス* ワイデンボシュ	**Wiklund** ヴィークルント ビクルンド	**Wilchins** ウィルチンズ*	**Wildenstein** ウィルデンシュタイン ウィルデンスタイン ウィルデンスタイン		
		Wilcke ウィルケ ウィルッケ			
Wijdicks ウィディックス	**Wikmanson** ヴィークマンソン ヴィクマンソン			**Wilens** ウィレンス ウィレンズ	
Wijenaike ウィジェナイケ		**Wilcken** ウィルケン ウィルケン	**Wildenvey** ヴィルデンヴェイ ウィルデンバイ ヴィルレンヴァイ		
	Wikramawardhana ウィクラマワルダナ			**Wilensky** ウィリンスキー ウィレンスキー* ワイレンスキー	
Wijeratne ウィジェラトネ		**Wilckens** ウィルケンス ヴィルケンス*			
Wijers ウィヤール ワイジャース	**Wikstroem** ビクストレム		**Wilder** ウィルダー ウィルダア ウェルズ ワイルダー*** ワイルダア ワイワダー		
	Wikstrom ヴィクストロム ビクストローム	**Wilcock** ウィルコック* ウィルコック		**Wilentz** ウィレンツ	
Wijesekera ウィジェセケラ				**Wiles** ウィルズ ワイルス ワイルズ**	
Wijesinghe ウィジェシンハ	**Wikström** ウィクストラム ヴィクストレーム ヴィクストレーム ウィクストロム ビクストレーム	**Wilcocks** ウィルコックス			
		Wilcomb ウィルコム	**Wilderer** ウィルダラー ヴィルデラー	**Wiley** ウィリ ウィリー ウィリー ワイリー*** ワイレー	
Wijetunga ウィジェトンガ**		**Wilcove** ウィルコブ			
Wijeyadasa ウィジェダサ	**Wiktor** ヴィクトル	**Wilcox** ウィルコクス ウィルコックス*** ウィルコックス	**Wildermuth** ヴィルダームート ヴィルデルムート ワイルドマス		
Wijit ウィチット	**Wil** ウィル* ウィル			**Wilf** ウルフ*	
Wijk ヴァイク ウェイク	**Wilamowitz** ウィラモーウィッツ ヴィラモーウィッツ ヴィラモヴィッツ ウィラモウィッツ ヴィラモーウィッツ ヴィラモヴィッツ	**Wilcoxon** ウィルコクスン* ウィルコクソン ウィルコックソン	**Wilderspin** ウィルダースピン	**Wilferd** ウィルファード	
			Wildes ワイルズ**	**Wilfert** ウィルファート	
Wijker バイカー		**Wilczak** ウィルチャク	**Wildgans** ウィルトガンス ヴィルトガンス	**Wilfley** ウィルフリー ウィルフリィ	
Wijkman ワイクマン*		**Wilczek** ウィルチェク ウィルチェク*			
Wijma ウィマ	**Wilander** ビランデル		**Wildgen** ウィルジェン*	**Wilfong** ウィルフォング	
Wijmen ヴィメン	**Wilansky** ウィランスキー	**Wilczynski** ウィルチンスキ	**Wildgoose** ワイルドグース	**Wilford** ウィルフォード**	
Wijn ワイン	**Wilbald** ウィリバルド	**Wild** ウィルト ヴィルト* ワイルド***	**Wildhagen** ウィルトハーゲン ヴィルトハーゲン	**Wilfork** ウィルフォーク*	
Wijnaldum ワナルドゥム	**Wilbarger** ウィルバーガー			**Wilfred** ウィルフリッド ウィルフレッド*** ウィルフレッド ヴィルフレッド ビフレッド ビルフレッド	
Wijnants ウェイナンツ	**Wilber** ウィルバー** ウィルバー	**Wilda** ヴィルダ ワイルダー	**Wildhood** ワイルドフッド		
Wijnberg ウィンバーグ			**Wildhorn** ワイルドホーン*		
Wijnen ウィジネン バイネン	**Wilberforce** ウィルバーフォース* ウィルバルフォース ウィルバルフォルス	**Wildan** ウィルダン **Wildauer** ヴィルダウェル			
			Wildiers ウィルディエ ウィルディールス		
Wijnerman ウィジナーマン		**Wildavsky** ウィルダフスキー		**Wilfred Madius** ウィルフレッドマディウス	
Wijngaard ヴァイングラルト	**Wilbers** ウィルバース	**Wilday** ウィルデイ			
Wijngaards ワインガーズ*					

Wilfredo
ウィフレド
ウィル
ウィルフレード
ウィルフレード
ウィルフレド

Wilfreid
ウィルフリート

Wilfrid
ウィルフリッド***
ウィルフリッド
ウィルフリード
ウィルフリド*
ウィルフリート
ヴィルフリト
ウィルフレド

Wilfrido
ウィルフリード

Wilfried
ウィルフリエド
ウィルフリート**
ウィルフリード**
ウィルフリート*
ヴィルフリード
ウィルフレド
ビルフリド

Wilga ウィルガ

Wilgefortis
ウィジフォルティス

Wilgis ウィルギス

Wilheim ヴィルヘルム

Wilhelm
ヴィルヘルム
ヴィリー
ウィリアム
ヴィリヘルム
ウィルヘルム***
ウィルヘルム**
ヴィルヘルム***
ウィルヘルム
ウィレム
ウィルレム
ウェルヘルム
ヴェルヘルム
ビルヘルム

Wilhelmenia
ヴィルエルメニア

Wilhelmi
ウィルヘルミ
ヴィルヘルミ

Wilhelmina
ウィルヘルミナ
ヴィルヘルミーナ
ヴィルヘルミナ
ウィルヘルミーネ

Wilhelmine
ヴィルヘルミーネ
ヴィルヘルミネ
ウィルヘルミン

Wilhelmj
ウィルヘルミ
ヴィルヘルミ
ヴィルヘルミー
ヴィルヘルミィ

Wilhelms
ウィルヘルムス
ヴィルヘルムス

Wilhelmsen
ウィルヘルムセン

Wilhelmus
ウィリアム
ヴィルヘルムス

Wilhelmy
ウィルヘルミー
ヴィルヘルミー

Wilhem
ウィルヘルム
ヴィレム

Wilherlm
ウィルヘルム

Wilhide ウィルハイド*

Wilhoite
ウィルホイト
ウィルホイティー

Wili ヴィリ

Wiliam ウィリアム**

Wiliame ウィリアム

Wiliams ウィリアムズ

Wilibald ヴィリバルト

Wiligelmo
ヴィリジェルモ

Wilimovsky
ウィリモブスキー

Wilk
ウィルク*
ヴィルク

Wilke
ヴィルカ
ウィルキ
ウィルク*
ウィルケ*
ヴィルケ*

Wilken
ウィルケン*
ヴィルケン

Wilkening
ヴィルクナン

Wilkens
ウィルキンス
ウィルキンズ
ウィルケンス*
ウィルケンズ
ウィルケンス*

Wilker ヴィルケル

Wilkerson
ウィルカースン
ウィルカーソン**

Wilkes
ウィルクス***
ウィルケス

Wilkeshuis
ウィルクスハウス
ウェルクスホイス

Wilkeson
ウィルクソン*

Wilkie
ウィルキ
ウィルキー**
ウィルキイ

Wilkin ウィルキン**

Wilkins
ウィルキンス**
ウィルキンズ***
ウィルキンズ*

Wilkinson
ウィルキンスン*
ウィルキンソン***
ウィルキンソン*

Wilkis ウィルキス

Wilko ウィルコ**

Wilkomirska
ウィウコミルスカ

Wilkomirski
ヴィルコミルスキー

Wilkon
ウィルコン
ヴィルコン

Wilkoń
ウィルコン*
ヴィルコン*

Wilkón
ウィルコン
ヴィルコン

Wilks
ウィルクス*
ウィルクス

Wilkshire
ウィルクシェア

Will
ウィル***
ウィル*
ヴィル**
ビル

Willa
ウィラ**
ウィラ*

Willaert
ウィラールト
ヴィラールト

Willaim ウィリアム

Willaime ウィレーム

Willain ウィラン

Willam
ウィラム
ヴィラム
ウィリアム**
ウィリアム*

Willams
ウィリアムス
ウィリアムズ*

Willamson
ウィリアムスン
ウィリアムソン

Willan
ウィラン*
ウィラン

Willans
ウィランス
ウィランズ
ウィリアンス

Willard ウィラード***

Willauer ウィラウアー

Willaume ウィローム

Willcock ウィルコック

Willcocks
ウィルコックス

Willcox
ウィルコックス**

Willdorf ウィルドルフ

Wille
ウィル*
ウィレ*
ヴィレ*

Willebeek
ウィルビーク

Willeboordse
ベレブールトセ

Willebrands
ウィルブランズ

Willebrandt
ウィレブラント

Willebrord
ウィレブロード
ヴィレブロルト

Willeford
ウィルフォード**

Willehad
ウィレハッド
ウィレハド

Willeke
ウィレーケ
ウィレケ
ヴィレケ

Willem
ウィアラム
ウィリアム
ウィリアム
ウィレム
ウィレエム
ウィーレム
ウィレム***
ウィレム*
ヴィレム**
ビレム

Willemer ヴィレマー

Willemien
ウィリーマイン*
ウィレミーン*

Willemin
ウィルマン*
ウィレミン

Willems
ウィレムス*
ウィレムズ
ヴィレムス

Willemse ウィレムス

Willenbacher
ヴィレンバッハー

Willenberg
ヴィレンベルク

Willenbrink
ウィレンブリンク

Willens ウィレンズ

Willenson
ウィレンソン

Willer
ヴァイガー
ウィラー
ヴィラー
ビル

Willerding
ウィラーディング
ウィラディング

Willers
ウィラーズ
ウィラーズ

Willerslev
ウィラースレフ

Willert
ウィラート
ヴィラート*
ウィレルト

Willes
ウィリス*
ウィルズ

Willet ウィレット

Willett ウィレット**

Willette
ウィレット

ヴィレット

Willetts ウィレッツ

Willeumier ウィルミア

Willey
ウィリ
ウィリー**
ウィルレー
ウィレー

Willford
ウィルフォード

Willfred
ウィルフレド

Willging ウィリング

Willhelm
ウィルヘム
ウィルヘルム
ヴィルヘルム

Willhite ウィルハイト

Willhoite ウィルホイト

Willi
ウィーリー
ウィリ**
ウィリー***
ウィリー
ヴィリー**
ヴィリー**
ヴィリィ
ヴィル
ビッリ

Willialm ウィリアム

William
ウィリー
ウィリアム***
ウィリアム***
ヴィリアム
ウィリアムス
ウィリアムズ
ウィリアン
ウィリウム
ウィリャム
ウィリヤム*
ウィル*
ウィルアム
ヴィルヘルム
ウィルヤム
ウィルラム
ウィルリアム
ウィルリェム
ウィルリャム
ウィルリヤム
ウィレム
ウェリアム
ウヒルリアム
ビリー
ビリアム
ビル*

Will.i.am
ウィル・アイ・アム

Williamina
ウィラマイナ
ウィリアミーナ
ウィリアミナ

Williamon
ウィリアモン

William Pène
ウィリアムペン

Williams
ウィリアミ

ウィリアム**
ウイリアム
ウィリアムス***
ウィリアムズ***
ウイリアムス*
ウイリアムズ*
ウイリアムス
ウイリヤムス
ウイルヤムス
ウィルリアム
ウィルリヤム
ウィルレム
Williams-mills
ウィリアムズミルズ
Williamson
ウイリアム
ウィリアムスン**
ウィリアムソン***
ウィリアムソン**
ウィルリヤムソン
Williamus
ウイリアムズ
Willian
ウィリアム*
ウィリアン
Willibald
ウィリバルト*
ウィリバルト
ヴィリバルト
ヴィリバルト
ウィリボールド
ヴィリボールド
Willibrord
ウィリブロード
ウィリブロルド
ウィルブロード
Willich ウィリッチ
Willie
ウィリー***
ウイリー**
ヴィリー
ウィル
Williem ヴィレム
Williford
ウィリフォード
Willig
ウイリグ
ウイリッグ
Willigelmo
ウィリジェルモ
Williges ウィリッグス
Willighagen
ウィリファーゲン
Willigis
ウィリギス
ヴィリギス*
Willimon ウィリモン
Willin ウィリン
Willing
ウイリッグ
ウィリング*
ヴィリンク
Willingdon
ウィリンドン
Willinger
ウィリンジャー
Willingham
ウィリンガム**
ウィリングハム
Willings ウィリングス

Willink ウィリンク
Williquet ウィリケ
Williram ヴィリラム
Willis
ウィリス***
ウイリス**
ウイルス
ビリス
Willison
ウイリソン
ウイルソン
Williston
ウィリストン*
Willius ウィリウス
Willke ウィルキー
Willkie ウィルキー*
Willm
ウィルム
ヴィルム
ウェルム
Willman
ウィルマン*
ヴィルマン
Willmann
ウィルマン
ヴィルマン*
Willmar ウィルマル
Willmer ウィルマー
Willmes ウィルメス
Willmington
ウィルミントン
Willmore
ウィルモア*
ウイルモア
Willmot ウィルモット
Willmoth ウィルマス
Willmott
ウィルモット*
Willms ヴィルムス
Willner ウィルナー*
Willo
ウィロ
ウィロー*
Willoch ウィロック*
Willock
ウィルロック
ウイロック
Willocks
ウイロックス*
Willoughby
ウィラビー
ウィルラフビー
ウィロービー
ウィロビ
ウィロビー**
Willow ウィロー**
Willoweit
ヴィッロヴァイト
Willoya ウィロイヤ
Willrich ウィルリッチ
Wills
ウィリス
ウイルス***
ウイルズ**
ウイルス
Willse ウィルス
Willsher ウィルシャー
Willsie ウィルジー

Willsky ウィルスキー
Willson
ウィルソン**
ウイルソン
Willstätter
ウィルシュテッター
ウイルシュテッター
ヴィルシュテッター*
Willums ウイルムス
Willumsen
ウイルムセン
ウィルムセン
ヴィロムセン
Willumstad
ウィルムスタッド*
Willwerth
ウィルワース
Willy
ヴィッリー
ウィリ
ウィリー***
ウイリー*
ヴィリー**
ヴィリー**
ウィリィー
ウィリィ
ヴィリィ
ヴィリィ
ウィリ
ヴィリー*
ビリ
ビリー
Willybiro ウィリビロ
Willys ウィリス
Wilm
ウィルム
ウイルム
ヴィルム
Wilma
ウィルマ**
ウイルマ
ヴィルマ
Wilmanns
ウィルマンス
ウイルマンス
Wilmar
ウィルマー
ヴィルマー
ウイルマル
Wilmart ヴィルマール
Wilmarth
ウィルマース
Wilmer
ウィルマー*
ウィルメル
Wilmers ヴィルマース
Wilmès ウィルメス
Wilmington
ウィルミントン
Wilmore ウィルモア
Wilmot
ウィルモット***
ウィルモト
Wilmoth
ウイルムス
ウイリムス
Wilmots
ウイルモッツ*
ヴィルモッツ
Wilmott ウィルモット

Wilmowski
ウィルモウスキー
Wilms
ヴィルム
ウィルムス
Wilmsen ヴィルムゼン
Wilmshurst
ウィルムシャースト
ウィルムズハースト
ウィルムズハースト
Wilmut
ウィルマット*
ウィルムット*
Wilmuth ウィルマス
Wilner ウィルナー
Wilnis ビルニス
Wilopo
ウイロポ
ウイロポ*
Wilp ウィルプ
Wilpers ウィルパーズ
Wilpert ヴィルベルト
Wilpon ウィルポン
Wils ウィルス
Wilsdorf
ウィルスドルフ
Wilse
ウイルス
ウイルズ
Wilser ウィルザー
Wilsey
ウィルシー*
ウイルセイ
Wilshaw ウィルショー
Wilsher ウィルシャー
Wilshere
ウィルシャー*
Wilsie ウィルシー
Wilsing ヴィルジング
Wilsmyer
ヴィルスマイア
Wilson
ウィルスン***
ウイルスン
ウィルソン***
ウィルソン**
ウイルソン
ウェルソン
Wilson De Souza
ウィルソンドスーザ
Wilson-raybould
ウィルソンレイボールド
Wilt
ウィルト**
ウィルト
Wiltbank
ウィルトバンク
Wilthew ウィルシュー
Wilting
ウィルティング
Wiltjer ウィルジャー
Wilton ウィルトン**
Wiltord
ヴィルトール*
ビルトール

Wiltraud
ヴィルトラウト
Wiltrud
ウィルトルート
ヴィルトルード
Wiltse
ウィルツ**
ウィルツィー
Wiltshire
ウィルシャー
ウィルトシャー*
ウィルトシャイヤー
Wiltz ウィルツ
Wiltzer ビルゼール
Wilver ウィリー
Wilvich
ウィルヴィッチ
Wily
ウィリー
ウイリー
Wilz ウィルツ
Wim
ウィム***
ヴィム**
ビム
Wimal ウィマル
Wiman ウィマン*
Wimber ウィンバー
Wimberly
ウィルベリー
ウィンバリー
Wimmer
ウィマー*
ヴィマー
ウィンマー
ヴィンマー
ビマー
Wimol ウィモン
Wimon ウィモン
Wimpfeling
ヴィムペリング
ヴィンペリング
ウィンプフェリング
ヴィンプフェリング
Wimpffen
ウィンプフェン
ヴィンプフェン
ビムプフェン
Wimpina ヴィンピナ
Wimsatt
ウィムサット
ウィムザット
Wimschneider
ヴィムシュナイダー
Wimshurst
ウィムズハースト
Win
ウィン***
ウィン
Wina ウィナ
Winans
ウィナンス
ワイナンス
ワイナンス
Winant
ウィナント
ワイナント
Winar ウィナール
Winarni ウィナルニ

Winarsky ウィナースキー
Winarti ウィナルティ
Winata ウィナータ
Winatayuda ウィナタユダ
Winbee ウィンビー
Winberg ビンベリ
Winberger ワインバーガー
Winbergh ウィンベリ／ウィンベルイ
Winblad ウィンブラッド
Winbolt ウィンボルト
Winborn ウィンボーン
Winborne ウィンボーン
Wincek ウィンセク
Wincenty ヴィンツェンティ
Winch ウィンチ**
Winchcombe ウィンチコム
Winchel ウィンチェル／ヴィンチェル
Winchell ウィンチェル*／ウィンチェル
Winchelsey ウィンチェルシ／ウィンチェルシー
Winchester ウィンチェスター*／ウィンチェスター*
Winchilsea ウィンチルシ／ウィンチルシー
Winckel ウィンケル／ヴィンケル
Winckelmann ウィンケルマン／ヴィンケルマン*
Winckler ヴァンクレー*／ウィンクラー／ヴィンクラー
Winckless ウィンクレス
Winckworth ウィンクワース
Wincor ウィンコール
Wincott ウィンコット
Wind ウィント*／ウインド*／ウインド**／ヴィント
Windahl ウィンダール
Windass ウィンダス
Windaus ウィンダウス／ヴィンダウス
Windeatt ウィンディット／ウィンデット
Windeck ヴィンデック
Windekens ウィンデケンス
Windelband ウィンデルバント*／ウィンデルバンド／ヴィンデルバンド*／ビンデルバンド
Windeler ウィンデラー
Windell ウィンデル
Windelspecht ヴィンデルスペヒト
Windenhain ヴィルデンハイン
Winder ウィンダー*
Winders ウィンダーズ
Winderstein ウィンダーシュタイン
Windeyer ウィンダイアー／ウィンダイヤー*
Windgassen ウィントガッセン／ヴィントガッセン*
Windham ウィンダム**
Windheim ウィンドハイム
Windhorn ウィンドホーン
Windhorst ヴィントフォルスト
Winding ウィンディング*／ヴィンディング*
Windingstad ウィンディングスタート
Windisch ウィンディシュ／ウィンディッシュ／ヴィンディッシュ／ビンディシュ
Windischmann ヴィンディッシュマン
Windland ヴィンランド
Windle ウィンドル**
Windling ウィンドリング
Windmuller ウィンドミューラー／ヴィンドミュラー
Windom ウィンダム
Window ウィンドゥ
Windrow ウィンドロー*／ウインドロウ
Windscheid ウィントシャイト／ウィンドシャイト／ヴィントシャイト
Windsor ウィンザー***
Windt ウィン／ウィント
Windthorst ウィントホルスト／ヴィントホルスト
Windust ウィンダスト
Windwalker ウィンドウォーカー
Windy ウィンディ*
Wine ワイン*
Winearls ウィナールズ
Winebald ウィネバルド
Wineberg ワインバーグ
Winebrenner ワインブレナー／ワインブレンナー
Wineburg ワインバーグ
Winefryde ワインフライド*
Winegar ワイニガー*
Winegard ワインガード*
Winegardner ワインガードナー*
Winehouse ワインハウス*
Wineka ウィネカ
Wineland ワインランド*
Winemaker ワインメーカー
Winer ウィナー／ヴィーナー／ワイナー*
Wines ウワインス／ワインス／ワインズ**
Winetrobe ワイントローブ
Winett ウィネット
Winfery ウィンフリー
Winfield ウィンフィールド***
Winfred ウィンフレッド
Winfree ウィンフリー*
Winfrey ウィンフリー**／ウィンフレイ
Winfried ヴァンフリート／ウィンフリッド*／ウィンフリード*／ウィンフリード／ヴィンフリート**／ヴィンフリード**
Wing ウィン／ウイング***
Wingate ウィンゲイト／ウィンゲート**／ウィンゲート
Wingell ウィンジェル*
Wingender ウィンゲンダー
Winger ウィンガー*
Wingerson ウィンガーソン
Wingerter ウィンガーター／ビンガーター
Wingett ウィンゲット
Wingfield ウイングフィールド**／ウィンフィールド*
Wingham ウィンガム
Wing Mau インマウ
Wingo ウィンゴ*
Wingreen ウィングリーン
Wingrove ウィングローヴ／ウィングローブ*／ウィンローヴ
Wings ウィングス／ウィングズ*
Wingti ウィンティ*
Wing-tsan ウィン・ツァン
Wingy ウィンギー
Winholtz ウィンホルツ
Winiarski ウィニアルスキー／ヴィニアルスキー
Winichakul ウィニッチャクン*
Winick ウィニック
Winiecki ヴィニェッキ
Winifred ウィニ／ウィニイフレド／ウィニフリド／ウィニーフレッド**／ウィニーフレッド／ウィニフレート／ウィニフレート
Winifrede ヴィニフリート
Winik ウィニク
Winitcakun ウィニッチャクン*
Winitchaikun ビニチャイクン
Winitz ウィニッツ
Wink ウィンク*
Winkel ウィンケル*／ヴィンケル*／ビンケル
Winkelblech ヴィンケルブレッヒ／ヴィンケルブレヒ
Winkelhöfer ヴィンケルヘーフェル／ビンケルヘーフェル
Winkelhoferova ウィンケルヘフェロ

Winkelhöferová ヴィンケルヘーフェロヴァー／ビンケルヘーフェロバー
Winkelhoff ウィンケルホフ
Winkelman ウィンケルマン／ヴィンケルマン
Winkelmann ウィンケルマン／ヴィンケルマン
Winkelmans ウィンクルマンズ
Winkelried ヴィンケルリート
Winkelstein ウィンケルシュタイン
Winker ウィンカー
Winkin ヴァンカン
Winklaar ヴィングラー
Winkle ウィンクル
Winkler ウィンカー／ウィンクラー**／ヴィンクラー**／ヴィンクレル／ヴィンクレル／ビンクラー
Winkles ウィンクルス
Winklhofer ヴィンケルホーファー
Winks ウィンクス
Winkworth ウィンクワース
Winlock ウィンロック
Winlund ヴィンルンド
Winn ウィン***／ウイン／ヴィン
Winna ヴィンナ
Winnacker ウィンナッカー
Winnaretta ウィナレッタ
Winne ウィニー
Winnemucca ウィネムッカ／ウィンネムッカ
Winner ウィナー**／ウィンナー／ウイナー
Winnibald ウィニバルド
Winnick ウィニック
Winnicka ウィンニッカ／ヴィンニッカ*／ヴィンニッカ／ビンニッカ
Winnicki ヴィニッキ
Winnicott ウィニコット*

Winnie
　ウィニー**
　ウィニー
　ヴィニー
Winnifred
　ウィニフレッド
　ウィンニフレッド
Winnifrith
　ウィニフリス
Winnig ヴィニヒ*
Winninger
　ウィニンガー
Winningham
　ウィニンガム
　ウィニングハム
Winnington
　ウィニントン
Winnix ヴィニクス
Winnoc ウィノク
Winock
　ヴィノック*
　ビノック
Winocour ウィノカー
Winocur ウィノカー
Winograd
　ウィノグラード
　ウィノグラード*
　ウィノグラド
Winogradsky
　ヴィノグラドスキイ
Winogrand
　ウィノグランド
Winokur
　ウィノカー
　ヴィノキュアー
Winokurov
　ウィノクーロフ
Winona
　ウィノーナ
　ウィノナ*
　ウイノナ
Winowska
　ヴィノフスカ
Winsch ヴィンシュ
Winschermann
　ヴィンシャーマン*
Winschuh
　ウィンシュー
　ヴィンシュー
Winsemius
　ウィンセミウス
　ヴィンゼミウス
Winser
　ウィンサー
　ウィンザー*
Winship
　ウィンシップ*
Winshluss
　ヴィンシュルス*
Winslade
　ウィンスレイド*
　ウィンスレイド
　ウィンスレード
Winsler
　ウィンスラー*
　ウィンスラー
Winslet
　ウィンスレット
　ウィンスレット*

Winsloe
　ウィンスロー
　ウィンスローエ
　ウィンスロオエ
Winslow
　ウィンスロー**
　ウィンズロー**
　ウィンスロー*
　ウィンズロー
　ウィンスロゥ
　ウィンズロゥ
　ウィンズロゥ***
　ウィンズロウ
Winson ウィンソン*
Winsor
　ウィンザー***
　ヴィンザー
Winspear
　ウィンスピア**
　ウィンズピア
Winspur ウィンスパー
Winstanley
　ウィンスタンリ
　ウィンスタンリー
Winstanly
　ウィンスタンリー
Winstead
　ウィンステッド
Winstedt
　ウィンステッド*
Winstein
　ウィンシュタイン
Winston
　ウィストン
　ウィンストン***
　ウィンストン*
Winstone
　ウィンストン
Wint
　ウィント*
　ウィント
Winteler
　ウィンテーラー
Winter
　インター
　ヴァンテール
　ウィンター***
　ウィンター*
　ヴィンター**
　ウィンテール
　ウィンテル
　ヴィンテル
　ウンター
　ビンター
Winterbotham
　ウィンターボーザム
　ウィンターボザム
Winterbottom
　ウィンターボトム**
Winterbourn
　ウィンターボーン
Winterburn
　ウィンターバーン
Winterfeld
　ウィンターフェルト**
　ヴィンターフェルト
Winterfeldt
　ヴィンターフェルト

Wintergerst
　ヴィンターゲルスト
Winterhager
　ヴィンターハーガー*
Winterhalter
　ウィンターハルター
　ヴィンターハルター
　ヴィンテルハルター
Winterhoff
　ヴィンターホフ
Winterkorn
　ヴィンターコーン*
Winternitz
　ヴィンターニツ
　ウィンターニッツ
　ヴィンターニッツ*
　ヴィンテルニッツ
　ウィンテルニッツ*
　ヴィンテルニッツ
　ビンテルニッツ
Winters
　ウィンタース***
　ウィンターズ***
　ウィンタース
　ウインターズ**
　ヴィンタース
Winterson
　ウィンタースン
　ウィンターソン**
Winterstein
　ヴィンターシュタイン
　ウィンテルシュタイン
Winterstetten
　ヴィンターシュテッテン
Winther
　ウィザー
　ウィンター
　ヴィンター
　ウィンテル
　ヴィンテル
Winthrop
　ウィンスラップ
　ウィンスロー
　ウィンスロップ**
　ウィンスロップ
　ウィンスロープ
　ウィンスローブ
Winthuis
　ヴィントゥイス
Win Tin ウィンティン
Wintner ウイントナー
Winton ウィントン**
Wintour ウィンター*
Wintringham
　ウィントリンガム
Wintrobe
　ウィントローブ
Wintrop
　ウィントロープ
Wintz ウィンツ
Winwaloe
　ウィンワロー
Winwood
　ウィンウッド**
　ウィンウッド
Winy ウィニー
Winyard ウィンヤード
Winzenburg
　ワイゼンバーグ

Winzer ウィンザー
Winzinger
　ヴィンツィンガー
Wionczek
　ビオンチェク
Wiora
　ヴィオーラ
　ヴィオラ
Wipfler ウィフラー*
Wipha
　ウィパー
　ウィパー
Wipo
　ウィポ
　ウィポー
　ヴィーポ
　ヴィポ
Wipperfürth
　ウィッパーファース
Wippermann
　ヴィッパーマン
Wippersberg
　ウィッパースベルク*
　ウィッパースベルグ
　ヴィッパースベルク
Wipple ウィップル
Wippler ウィプラー
Wippo ウィッポ
Wiprud ウィプラッド*
Wirach ウィラット
Wirahadikusumah
　ウィラハディクスマ**
Wirajuda ウィラユダ
Wiranata ウィラナタ
Wiranto ウィラント**
Wirasak ウィラサク*
Wirasethakun
　ウィーラセータクン
Wirathu ウィラトゥ*
Wiratthaworn
　ウィラサウォーン
Wirawaithaya
　ウィーラワイタヤ
Wire
　ワイア
　ワイアー*
　ワイヤ
Wiredu ウィレドゥ
Wireker ワイアカー
Wiremu ウィレム
Wiren ワイレン
Wirén ヴィレーン
Wires ワイヤー
Wirfin ウィルフィン
Wirfs-Brock
　ワーフスブラック
Wirgman ワーグマン*
Wirhed ヴィルヘード
Wirick
　ウィリック
　ワイリック
Wiringi ウィリンギ
Wiriya ウィリヤ
Wirjawan
　ウィルヤワン

Wirkkala
　ヴィルカラ
　ウィルッカラ
　ヴィルッカラ
Wirl ウィルル
Wirmer ヴィルマー
Wirnhier ビルンヒール
Wirnsberger
　ビルンスバーガー
Wirnt
　ヴィルント
Wirsching
　ヴィルシング
　ワシッシング
Wirsén
　ヴィルセーン
　ヴィルセン**
Wirsing
　ウィジング
　ヴィルジング
Wirsiy ウィルシー
Wirt
　ヴィルト
　ワート
Wirtanen
　ヴィルターネン
　ワータネン
Wirth
　ウィルト
　ヴィルト**
　ワース***
Wirthlin ウィルスリン
Wirthman
　ヴィルトマン
Wirtinger
　ヴィルティンガー
Wirtz
　ウィルツ
　ワーツ
Wirz ウィルツ
Wiṣāl ヴィサール
Wisara ウィザラ
Wisasa
　ウィサーサ
　ウィササ*
Wisbeach
　ウィスビーチ
Wischenbart
　ヴィッシェンバート
Wischer
　ヴィッシャー*
Wischmann
　ウィッシュマン
Wischnewski
　ビシュネフスキ
Wisdom
　ウィスダム
　ウィズダム**
　ヴィズダム
Wise ワイズ***
Wisebart ワイスバート
Wisehart ワイズハート
Wisel
　ウィーゼル
　ヴィーゼル
Wiseler ウィズラー
Wisely ワイズリー
Wiseman
　ワイスマン

ワイズマン***
Wisenfeld
ワイゼンフェルト
Wiser ワイザー*
Wisgerhof
ビスヘルホフ
Wish ウィッシュ
Wishard
ウィシャード**
ウィシャルド
Wishart
ウィシャート*
ウィスハート
ウィッシャート
Wishaw ウィショー
Wisher ウィッシャー
Wishman
ウィッシュマン
Wishnia ウィシュニア
Wishon ウィション
Wisin ウィシン
Wisinski
ウィシンスキー
Wisit ウィシット*
Wiske ウィスケ
Wiskemann
ウィスクマン
ウィスケマン
Wisława
ヴィスワヴァ
ビスワバ
Wisława
ヴィスワヴァ**
ビスワバ
Wisler ウィスラー
Wislicenus
ウィスリツェーヌス
ウィスリツェヌス
ウィスリツェーヌス
ヴィスリツェヌス
Wisliceny
ヴィスリツェニー
Wislocki
ウィスウォッキ
Wislocki
ヴィスウォツキ
Wisloff ヴィスロフ*
Wisløff ヴィスロフ
Wisman ウィスマン*
Wismeijer
ウィスメイジャー
Wismoyo ウィスモヨ
Wisner
ウィスナー
ウィズナー
ワイズナー
Wisnieff ヴィスニエフ
Wisniewski
ウィシネウスキ
ウィスニーウスキー
ウィスニーヴスキー
ウィスニウスキ
ウィスニースキー
ウィズネスキー*
ウィズネフスキー
Wiśniewski
ウィシニェフスキ
Wisnom ウィスナム*

Wiṣṇuwardhana
ウィシュヌワルダナ
Wisotzki ヴィゾツキ
Wispelway
ウィスペルウェイ
Wispelwey
ウィスペルイ
ウィスペルウェイ*
Wiss ウィス
Wissam ウィサム
Wissant ウィサン
Wissanu ウィサヌ
Wisse
ビッセ
ワイス*
Wissel ウィッセル**
Wisselinck
ウィセリンク
Wisselink
ウィセリンク
ウィセルリンク
Wissen ヴィッセン
Wisser
ウィサー
ヴィッサー**
ビッサー
Wissler
ウィスラー*
ヴィスラー
ウィッスラー
Wissman
ビスマン
ワイスマン
Wissmann ヴィスマン
Wissmer ヴィスメール
Wissotzky
ヴィショツキー
Wissotzky
ヴィソツキー
Wissowa
ウィッソーヴァ
ヴィッソーヴァ
ヴィッソヴァ
Wißwässer
ヴィスヴェッサー
Wißwede
ヴィスヴェーデ
Wister ウィスター*
Wistman ヴィストマン
Wistrich
ウィストリヒ
ヴィストリヒ
Wisut ウィスット*
Wisweh ヴィスヴェー
Wiswell ウィスウェル
Wit
ウィット
ウィット*
ウィト
ヴィト
Witasek
ウィタゼーク
ヴィタゼーク
ヴィタゼック
Witbooi
ウィットボーイ
ウィトブーイ
Witch ビッチ

Witchdoctor
ウィッチドクター
Witchel ウィッチェル*
Witcher
ウィチャー
ウィッチャー**
Wite ウィテ
Witeczek ビテチェク
Witek ウィテク
Witelo
ウィテロ
ヴィーテロ
ヴィテロ
Witeschnik
ヴィテシュニク
ヴィテシュニック
Witgert ウィッガード*
Witham
ウィザム*
ウィッザム
Withee ウィザー
Withem ウィッテム
Wither ウィザー
Witherell ウィズレル
Witheridge
ウィザリッジ
Withering
ウィザーリング
ウィザリング
Witherington
ウィザリントン*
Witherly ウィザリー*
Withers
ウィザース*
ウィザーズ*
ウィザース
Witherspoon
ウィザースプーン**
ウィザースプン
ウィザスプーン
ウィザースプーン*
ウェザースプーン
Withey ウィッスィー
Withington
ウィシングトン
ウィシントン
ウィシントンフ
ウィッティントン
Witholt ワイトホルト
Withrow
ウィスロー
ウィズロウ
Witi ウィティ**
Witiges
ヴィティギス
ヴィティゲス
Witkamp ヴィトカンプ
Witke ウィトケ
Witkiewicz
ヴィトキェーヴィチ
ヴィトキェヴィチ*
ヴィトキェヴィチ
ヴィトキェヴィッチ
ビトキェーウィチ
ビトキェビチ
ビトキェビッチ

Witkiewitz
ウィッキービッツ
Witkin ウィトキン*
Witkop
ヴィットコップ
ウィットコップ*
Witkowski
ウィットコースキ
ウィトゥコフスキー
ウィトコウスキー*
ウィトコウスキイ
ヴィトコフスキ
ヴィトコフスキー
Witkowsky
ヴィトコフスキ
Witlam
ウィトラム
ウィトラム
Witmer
ウィットマー
ウィトマー
ヴィトマー
Witness ウィットネス
Witney ウィットニー*
Witoelar
ウィトゥラル
ウィトラル
Witold
ウィトルド
ヴィートールド
ヴィートルト**
ウィートールド
ヴィトルト**
ヴィトルド**
ビートルト
ビトルト
Witono ウィトノ
Witoon ウィトゥーン
Witos
ヴィトス
ビトス
Witsaa ウィッサー
Witschas ビチャス
Witschge ビチェへ
Witschi
ウィッチ
ヴィッチー
Witsius
ウィツィーウス
ヴィトシウス
Witstruck
ウィッツトラック
Witt
ウィット**
ヴィット**
ウィト
ビット
Wittayapanyanon
ウィッタヤーパンヤーノン
Wittbrod
ビットブロート
Wittcoff ウィットコフ
Witte
ウィッテ*
ヴィッテ
ビッテ*

Wittek
ウィテック
ビテック
Wittekind
ウィッテキンド
Wittel ウィッテル
Wittels ウィッテルス
Wittelsbach
ヴィッテルスバハ
Witten
ウィッテン**
ウィテン
ウィットン
Wittenbauer
ウィッテンバウエル
Wittenberg
ウィッテンバーグ*
Wittenborn
ウィッテンボーン*
Wittenmark
ヴィッテンマルク
ウィッテンマーク
Wittenmyer
ウィッテンマイヤー
Wittenstein
ウィッテンシュタイン
Wittenweiler
ヴィッテンヴァイラー
ウィッテンワイラー
Witter
ウィター
ウィッター**
ヴィッター
Witterholt
ウィッターホルト
Witteric ヴィテリック
Witterick
ウィテリック
Wittern ウィッテルン
Witteveen
ウィッテフェーン*
Wittewael
ウィテヴァール
Wittfogel
ウィットフォーゲル**
ウィット・フォーゲル
ウィトフォーゲル
ウィットフォゲル
ウィットフォゲル
ウィトフォーゲル
Wittgenstein
ウィットゲンシュタイン
ウィトゲンシュタイ
ウィトゲンシュタイン*
ヴィトゲンシュタイン*
Wittgren ウィグレン
Witthaya ウィタヤ
Witthayakoon
ウィッタヤコーン
Witthoft ウィットフト
Wittich
ヴィッティヒ
ヴィティヒ
ウィティヒ
ヴィティヒ

Wittig ウィッティヒ / ヴィッティヒ* / ウィテイグ / ウィテイグ* / ヴイテイグ** / ウイテイヒ
Witting ウィッティング* / ヴィッティッヒ
Wittink ウィッティンク
Wittit ウイテイット
Wittiza ヴィテイザ
Wittkamp ビットカンプ
Wittke ヴィトケ
Wittkemper ウィットケンペル
Wittkop ヴィットコップ
Wittkopf ウィトコフ*
Wittkower ウィットコウアー / ウィットコウワー / ウィットコワー / ウイトカウアー / ウイトコウアー
Wittlich ヴィトリフ
Wittliff ウィットリッフ
Wittlin ウィットリン / ウイトリン
Wittlinger ヴィットリンガー
Wittmaack ウイトマック
Wittman ウィッマン**
Wittmann ヴィットマン
Wittmer ウィットマー
Wittneben ウィットネベン
Wittner ヴィトネル
Wittokop ヴィトコップ
Wittpenn ウィットペン
Wittpoth ヴィトポート
Wittrisch ヴィトリッシュ
Wittrock ウイトロック
Wittrup ウイトラップ
Wittry ウィットリー
Witts ウィッツ / ウィッツ
Wittstock ヴィットシュトック
Wittwer ヴィットヴェール / ウイットワー*
Witty ウィッティ**
Witucki ウイトゥキ

Wituska ヴィトゥースカ
Witwer ウィットワー
Witwicki ヴィトヴィツキ
Witz ウィッツ / ウィッツ
Witzel ヴィッツェル* / ウィッツェル / ヴィッツェル
Witzgall ウィッツガル*
Witzke ヴィッケ
Witzleben ウィツルベン / ヴィツレーベン
Witzmann ウィッツマン / ワイツマン
Witztum ウィッツタム
Witzum ウィッツム
Wivallius ヴィヴァリウス
Wiveka ヴィヴェカ
Wivel ウィヴェル / ヴィーヴェル* / ヴィヴェル
Wiveleslie ウィヴレズリー
Wivine ウィビヌ
Wiwa ウィワ**
Wiwat ウィワット
Wiwatthanachai ウィワッタナチャイ
Wiwut ウィワット
Wixel ヴィクセル
Wixson ウィクソン
Wi-yung イヨン
Wiz ウィズ
Wizar ワイザー
Wizard ウィザード / ウイザード
Wizelin ヴィッツェリーン
Wizemann ワイズマン
Wizenmann ヴィーツェンマン
Wizlaw ヴィスラフ
Wizmann ヴィッツマン
Wjelal ジェラル
Wlach ヴラッハ
Wladar ウラダル
Wladaver ウラダヴァー
Wladimir ウラジミール / ウラジミール* / ウラジミル / ウラディミル / ウラディミール* / ヴラディミル / ヴラディミール / ヴラディミル

Wladislaw ヴラディスラフ
Wladston ウラドストン
Wladyslaw ヴァディスワフ / ウラジスラウ* / ウラディスラウ / ヴラディスラヴ / ヴラディスラフ / ウワディスワフ**
Władysław ヴァディスワフ / ウラジスラフ / ウラディスラフ / ウラディスワフ / ウワジスワフ / ヴワジスワフ / ウワディスワフ** / ヴワディスワフ* / ブワディスワフ / ワディスワフ
Wladyslawa ヴワディスワヴァ
Władysława ヴワディスワヴァ
Wladzislaw ヴワディスワス
Władzisław ヴワディスワス
Wlislocki ヴリスロキ
Wlliam ウィリアム
Wlodarczyk ヴォダルチク / ヴォダルチク* / ウダルチャク*
Włodarczyk ヴォダルチク / ヴォダルチク
Wlodkowski ウラッドコースキー
Wlodzimierz ウウォジミェシュ / ヴウォジミェシュ / ウォジミェシ / ヴォジミェシュ / ヴォジミェシュ / ウラジミール / ブロジミェシュ*
Włodzimierz ヴウォジミェシュ / ヴォジミェシュ / ウオジミェシュ* / ブウォジミエジュ
Wloszczowska ウロシュチョフスカ
Wlotzka ヴロッカ
Wo ウォー* / ウオ
Woan ウォーン
Wobble ウォベ
Wobbermin ウォッバーミン / ヴォッバーミン / ウォッバミーン / ウォッベルミン / ヴォッベルミン

Wobble ウォブル
Wobschall ウォブシャル
Wocher ウォーカー*
Wocheslander ヴォヘスランダー
Wöckel ウォッケル
Wockenfuss ウォッケンファス
Woda ウォーダ
Wodak ヴォダック
Wodars ヴォダルス / ボダルス
Wodaski ウォダスキ
Woddis ウォディス
Wodeham ヴォデハム
Wodehouse ウォドハウス / ウッドハウス** / ウードハウス
Wodham ウォダム / ウォッダム
Wodhouse ウッドハウス
Wodiczko ヴォディチコ / ウディチコ**
Wodie ウォディエ
Wodobode ウォドボデ
Wodrow ウッドロウ
Wodtke ウォドキー
Woehr ウォー
Woehrel ウォーレル
Woeikov ワイコフ
Woelfel ウェルヘェル
Woelfle ウェルフレ* / ウォールフル
Woellke ウェルケ
Woellner ウェルナー
Woeltje ウォールチェ
Woeppel ウォッペル / ウォッペル
Woerdeman ヴェーデマン
Woerishoffer ウエーリショッファー
Woermann ヴェールマン / ヴェルマン
Woerner ウォーナー
Woernle ヴェールンレ
Woerns ヴェアンス
Woerpel ウォーベル
Woerth ブルト
Woertz ウォッツ*
Woe-ryong ウェリョン
Woese ウーズ
Woeser オーセル
Woessner ウォスナー
Woeste ウースト
Woestijne ウスティーヌ

ウーステイネ / ヴーステイネ / ウーステイネ
Woetzel ウォツェル / ウーツェル
Woff ウォフ
Woffinden ウォッフィンデン
Woffington ウォフィングトン / ウォフィントン
Wofford ワフォード
Wofsey ウォフセイ
Wogderesse ウォグデルス
Wogenscky ヴォジャンスキー
Wogu ウォグ
Wohbermin ヴォーベルミン
Wöhe ヴェーエ*
Wohl ウォール* / ウォル / ヴォール / ボール
Wohlcke ヴェールケ / ヴェールケ
Wöhler ウェーラー / ヴェーラー / ヴェーレル
Wohlers ウォーラース / ウォーラーズ*
Wohlert ヴォーラート / ヴォーレット
Wohlfahrt ヴォールファート / ヴォールファルト*
Wohlfarth ヴォルファース
Wohlford ウォールフォード
Wohlforth ウォールフォース
Wohlgemut ウォールゲムート
Wohlgemuth ウォールゲムート
Wohlhart ヴォールファルト*
Wohlhaupter ヴォールハウプター
Wohlhuter ウォールヒューター
Wohlin ヴォーリン
Wohllebe ウォレベ
Wohlleben ヴォールレーベン
Wohlmeyer ヴォールマイヤー
Wohlmuth ウォールムス / ヴォールムート
Wohlsen ウォールセン

Wohlstetter
ウォールステッター*
ウォルステッター
ウールステッター
Wohlthat
ウォールタート
ヴォールタート
Wohltmann
ヴォールマン
Wohlwill
ヴォールヴィル
Wohmann
ヴォーマン**
ボーマン
Woibogo ウォイボゴ
Woicke ヴォイケ*
Woideck
ウォイデック*
Woikin ウォイキン
Woinowsky
ヴォアノフスキー
Woit ウォイト
Woithe ボイテ
Woititz
ウォイティツ
ウォイティッツ
Woizikowski
ウォイジコウスキ
Woizikowsky
ウォイジコウスキ
Wojcicki
ウォイッキ
ウォジスキ
ヴォジスキー
Wojciech
ウォイチェフ**
ヴォイチェフ***
ヴォイツィエフ
ボイチェフ
Wojciechovski
ボイチェフスキ
Wojciechowska
ウォイチェホフスカ
ヴォイチェホフスカ*
ヴジェコフスカ
ボイチェホフスカ*
Wojciechowski
ヴォイチェホフスキ**
ボイチェホフスキ
Wojcieszak
ヴォイチェサック
Wojcik ウォジェク
Wojdat ウォイダット
Wojdowski
ヴォイドフスキ*
Wojnarowicz
ヴォイナロヴィッチ
ウォジナロヴィッツ
ウォジュナロウィッツ
Wojnarowska
ウォイナロフスカ
Wojner ワジナー*
Wojtczak
ボイチャック
Wojtek ヴォイテック*
Wojtowicz
ヴォトヴィッツ

Wójtowicz
ヴォイトヴィチ
Wojtowycz ワトビッツ
Wojtylor
ヴォイティウァ
Wokaun ヴォーガン
Wokler ウォクラー
Wolak ヴォラック
Wolaner ウォラナー
Wolanski
ヴォランスキー
Wolbarst
ウォルバースト
Wolberg ウォルバーグ
Wolbert ウォルバート
Wolbring
ウォルブリング
Wolbrink
ウォルブリンク
Wolchik ウォルチック
Wolcocks
ウィルコックス
Wolcot
ウォルコット
ウルコット
Wolcott
ウォルコット**
ウォルコット
Wolczaniecki
ウォルチャニエツキ
Wołczek ヴォウチェク*
Wold
ウォルド*
ボルド
ワルド
Woldai ウォルデイ
Wolde
ウォルデ**
ヴォルデ
ウォルド
ボルテ
ボルデ
Woldegiorgis
ウォルドギオルギス*
Woldemar
ウォルデマール
ヴォルデマル
ヴォルデマール
ボルデマール
ワルデマール
Woldemichael
ウォルデミカエル
Woldenkiel
ウォルデンキエル
Woldgiorgis
ウォルドギオルギス*
Wöldike
ウェルディケ
ヴェルディケ
Woldsen
ウォルゼン
ウォルトセン
Wole
ウォーレ**
ウォレ*
Wolever ウォルヴァー
Wolf
ウォルフ***
ヴォルフ***

ウルフ***
ブルフ
ボルフ
Wolfart
ウォルフラート
Wolfbein
ウォルフベイン
Wolfberg
ウォルフバーグ
Wolfdietrich
ヴォルフディートリヒ***
Wolfe
ウォルフ**
ヴォルフ
ウルフ***
Wolfel
ウェルフェル
ヴェルフェル*
Wölfel
ウェルフェル
ヴェルフェル
Wolfenden
ウォルフェンデン
ウォルヘンデン
Wolfensberger
ヴォルフェンスベルガー
ウルフェンスバーガー
Wolfensohn
ウォルフェンソン**
Wolfenstein
ヴォルフェンシュタイン*
ウォルフェンスタイン
Wolferen
ウォルファーレン
ウォルフェレン
ウォルフェレン
ウォルフレン**
Wolfermann
ボルフアーマン
Wolfers
ウォルファーズ*
Wolfert
ウォルファート
ウルファート
Wolfes ウォルフス
Wolfeton ウルフトン
Wolff
ウォルフ***
ヴォルフ***
ウルフ***
ヴルフ
ボルフ*
Wolffe
ウォルフ
ウォルフェ
ウルフ
Wolfflin ヴェルフリン
Wölfflin
ウェルフリン*
ヴェルフリン**
ベルフリン
Wolffsohn
ウォルフゾーン
ヴォルフゾーン**
Wolfgang
ヴァルフガング
ウォルファング

ウォルフガン
ヴォルフガン
ウォルフガンク**
ウォルフガング***
ヴォルフガンク***
ヴォルフガング***
ヴォルフザング
ウォレフガンヒ
ウォレフガング
ヴォルフガング**
ウルフギャング*
ヴルムネスト
ボルフガンク
ポルフガング*
ワルフガング
Wolfgangus
ウォルフガング
ヴォルフガングス
ヴォルフガングス
Wolfganng
ヴォルフガング
Wolfgram
ウォルフグラム
Wolfgramm
ヴォルフグラム
Wolfhard
ヴォルフハルト
Wolfhart
ヴォルフハルト**
Wolfinger
ウォルフィンガー
Wolfit ウルフィット
Wölfi ヴェルフル
Wolfle
ウォルフル
ウルフル
Wolfli ヴェルフリ
Wölfli
ウェルフリ
ヴェルフリ
ヴェルフリ
ヴォルフリ
Wolfman ウルフマン*
Wolford
ウォルフォード
ウルフォード
Wolfowitz
ウォルフォウィッツ**
ウォルフォヴィッツ
ウォルフォビッツ
ウォルフォウィッツ
Wolfram
ウェルフラム
ヴォルフ
ウォルフラム**
ヴォルフラム***
ウルフラム*
ウォルフラン
ボルフラム*
Wolfrum
ヴォルフルム*
Wolfs ウルブス
Wolfsgruber
ヴォルフスグルーバー
ヴォルフスグルーベル*
Wolfskehl
ウルフスケール

ヴォルフスケール
Wolfsohn
ウルフゾーン*
Wolfson
ウォルソン
ウォルフソン**
ウルフソン
Wolfsthal
ウォルフスタール
ヴォルフスタール
Wolgast
ヴォルガースト
Wolgemut
ウォールゲムート
ヴォールゲムート
ヴェルゲムート
Wolgemuth
ヴォルゲマス
Wolhuter ヴォルフター
Wolin
ウォーリン*
ウォリン**
Wolinski
ウォランスキ
ヴォランスキー
ウォリンスキ
Wolinsky
ウォーリンスキー
Wolitzer
ウォリツァー*
ウォリッツァー
Woliver
ウォリヴァー
ウォリバー
Wolk
ウォーク
ヴォルク
Wolke
ウォルク
ウォルケ
ウォロケ
Wolkenstein
ウォルケンシュタイン
ヴォルケンシュタイン
ボルケンシュタイン
Wolker
ウォーカー
ヴォルケル*
Wolkers ウォルカーズ*
Wolkoff ウォルコフ
Wolkowicz
ウォルコヴィツ
Wolkowitz
ウォルコウィッツ
ボルコビッツ
Wolkstein
ウォークスタイン
ウォルクスタイン
Woll
ウォール
ウォル
Wollard ウォラード
Wollaston
ウォラストン
ウーラストン
ウラストン
Wollde ボルデ
Wolle ヴォレ
Wolleaston
ウォーリーストン

Wolleb ヴォレブ
Wollek ウォーレック*
Wollemborg
　ヴォレンボルク
Wollen ウォーレン
Wollenberg
　ウォーレンバーグ
　ヴォレンベルク
Wollenschläger
　ウォーレンシュレーガ
Woller ウェラー
Wollert ボラート
Wollgandt
　ウォルガント
　ヴォルガント
Wollheim
　ウォルハイム**
　ヴォルハイム
Wollick ウォリック
Wollman ウォルマン
Wollmann
　ウォルマン
　ヴォルマン
　ウルマン
Wollner ヴォルナー*
Wöllner
　ウェルナー
　ヴェルナー
Wollny ヴォルニー*
Wollscheid
　ヴォルシャイト
Wollstonecraft
　ウルストンクラフト
　ウルストンクラーフト*
　ウルストンクラフト*
Wollter ヴォルテール
Wöllzenmüller
　ヴェルツェンミューラー
Wolman
　ウォーレマン*
　ウォーレマン
　ウォルマン
　ボルマン
Wolmar
　ウォルマー
　ウォルマール
　ウルマー*
Wolny ボルニ*
Woloshin ウォロシン
Woloszko
　ヴォウォシュコ
Wolpe
　ウォルピ*
　ウォルプ
　ウォルペ
　ヴォルペ
Wolper ウォルパー*
Wolpert
　ウォルパート
　ウルパート
Wölpert ベルペルト
Wolpoff
　ウォルポフ
　ウルポフ
Wolraich ウォルライヒ

Wols
　ウォルス
　ヴォルス*
　ボルス
Wolseley ウルズリー
Wolsey
　ウルジ
　ウルジー
Wolski
　ウォルスキー
　ヴォルスキ
Wolsky ウォルスキー
Wolsley
　ウールズリー
　ウルズリ
　ウルズリー
Wol-son ウォルソン*
Wolstenholme
　ウォルステンホルム
Wolter
　ウォルター
　ヴォルター*
　ウォルテル
Woltereck
　ヴォルテレック
Wolters
　ウォルタース*
　ウォルターズ
　ヴォルタース
　ボルタース
Woltersdorf
　ヴォルタースドルフ
Wolterstorff
　ウォルタースト－フ
Wolthuis
　ウォルシュイス
Woltmann
　ウォルトマン
　ヴォルトマン
Wolton
　ウォルトン
　ヴォルトン
Woltz ウォルツ**
Wolvekamp
　ウォルブカンプ
Wolven
　ウォルヴン*
　ウォルブン
　ウォルベン
Wolverkamp
　ウォルバーカンプ
Wolverton
　ウォルヴァートン
　ウォルバートン
　ウルヴァートン
Wolvetang
　ウォルフェタング
Wol-whan
　ウォルファン
Wolyniec ウォリニーク
Wolynn ウォリン
Wolynskii
　ウォルインスキイ
Wolzfeld
　ウォルズフェルド
　ヴォルツフェルド
　ボルツフェルド
Wolzogen
　ヴォルツォーゲン

ヴォルツォゲン
Womack
　ウォーマック*
　ウォマック*
　ウォマック**
　ウーマック*
Wome ウォメ
Won ウォン*
Wonarg ワナーグ
Won-bae ウォンベ
Won-bin ウォンビン
Wonbin ウォンビン*
Won Bok ウォンボク
Won-chol ウォンチョル
Won-chul
　ウォンチョル*
Won-dai ウォンデ
Wonder ワンダー***
Wonderen
　ウォンデレン
Wonderful ワンダフル
Won-do ウォンド
Wondratschek
　ヴォンドラチェク
Wondre ヴォンドレ－
Wong
　ウォン***
　ウォング**
　ワン*
Wongar ウォンガー
Wong-araya
　ウォンアラヤ
Wong-gyon
　ウォンギョン*
Wongkhalaung
　ウォンカラウン
Wongkhomthong
　ウォンコムトン*
Wongluekiet
　ウォンルキエット
Wongpaser
　ウォンパーサ
　ウォンパーサー
Wongpattanakit
　ウォンパタナキ
　ウォンパッタナキット
Wongpoom ウォンブム
Wongsamut
　ウォンサムット
Wongsanupraphat
　ウォンサーヌプラパット
Wongsawan
　ウォンサワン
Wongsawat
　ウォンサワット*
Wongsuwan
　ウォンスワン
Wongtheet
　ウォンテート
Won-gu ウォング
Wongvipa
　ウォンウィパー*
Wongwan ウォンワン*
Wongyen Cheong
　ウォンイェンチェオン
Won-hee ウォンヒ

Won-heung
　ウォンフン*
Won-hong ウォンホン
Won-il ウォンイル
Won Ja ウォンジャ
Won-jong
　ウォンジョン
Wonjongkam
　ウォンジョンカム*
Won-jun ウォンジュン
Won-ki ウォンギ*
Won-koo ウォング
Won-mo ウォンモ
Wonnacott
　ウォナコット
　ワナコット
Wonnie ウォーニー
Wonowidjojo
　ウォノウィジョヨ
Won-pyung
　ウォンピョン
Won-se ウォンセ
Won-shik
　ウォンシク**
Won-sook ウォンスク*
Wonsook ウンスク
Won-soon
　ウォンスン**
　ウォンスン*
Wonsug ウソン
Won-suk ウォンスク
Wonsuk ウォンスク
Won-yong
　ウォンヨン
　ウォンリョン
Woo
　ウ*
　ウ－**
Woo-bang ウバン
Woo-bong ウボン
Woo-chul ウチョル*
Wood
　ウッズ
　ウッド***
　ウード
Woodall
　ウッダル
　ウッドオール
Woodard
　ウダード
　ウダード**
Woodbeck
　ウッドベック
Woodberry
　ウッドベリイ
Woodbridge
　ウッドブリジ
Woodbridge
　ウッドブリジ*
　ウッドブリッジ**
　ウードブリジ
Woodburn
　ウッドバーン
Woodbury
　ウッドバリー*
　ウッドバレー
　ウッドベリ

ウッドベリー*
Woodcock
　ウッドコック***
　ウドコック
Wooden
　ウッデン
　ウッドン
　ウーデン
　ウドゥン**
Woodend ウッデンド
Woodes ウッズ
Woodfall
　ウッドフォール
Woodfield
　ウッドフィールド
Woodford
　ウッドフォード**
Woodforde
　ウッドフォード*
Woodgate
　ウッドゲート*
Woodger ウッジャー
Woodhall
　ウッドホール*
Woodham
　ウオダム
　ウーダム
　ウーダム
　ウッドハム
Woodhams
　ウッドハム
　ウッドハムズ
Woodhead
　ウッドヘッド**
Woodhouse
　ウッドハウス***
Woodhull
　ウッドハル**
Wood-hung
　ウードァン
Woodie ウッディー
Woodier ウディエ
Woodin
　ウッディン
　ウッドン
　ウディン
Wooding
　ウッディング*
　ウッドリング
Woodiwiss
　ウッディウィス**
Woodland
　ウッドランド
Woodleigh ウッドレイ
Woodley
　ウッドリー*
　ウッドレー
　ウッドレイ*
　ウドリー
Woodlock
　ウッドロック
Woodman
　ウッドマン*
Woodrell
　ウッドレル**
Woodrew
　ウッドリュー
Woodring
　ウッドリング*

W

ウードリング
Woodroffe
ウッドルフ
ウッドロフ
Woodroofe
ウッドルーフ
ウッドルフ
Woodrooffe
ウッドルーフ
Woodrough
ウッドラフ
Woodrow
ウッディ
ウッドロー**
ウッドロウ**
ウッドロオ
ウドロー
Woodruff
ウッドラフ**
ウッドルフ
ウドラフ
Woods
ウーズ
ウッズ***
ウッド
Woodsford
ウッズフォード
Woodside
ウッドサイド
Woodske ウッズケ
Woodsmall
ウッドスモール*
Woodson
ウッディ
ウッドソン***
ウドソン
Woodsworth
ウッズワース
Woodthorpe
ウッドソープ
Woodville
ウッドヴィル
ウッドビル
Woodward
ウォードワード
ウッドウォード*
ウッドワード***
Woodwark
ウッドワーク
Woodwars
ウッドワーズ
Woodwell
ウッドウェル*
Woodworth
ウッドワース
ウッドワース***
ウッドワス
Woody
ウッディ***
ウッディー
ウディ**
Woodyard
ウッドヤード*
Woof ウーフ
Wooffitt ウーフィット
Woog ウグ
Woo-gwan ウグァン
Woo-hee ウヒ*
Woo-hyong ウヒョン

Woo-ik ウイク*
Woo-il ウイル
Woo-jhong ウジョン
Woo-joong ウジュン
Woo-Jung ウジョン
Wook ウク
Wool ウール*
Wooland ウーランド
Woolard ウーラード*
Wooldridge
ウイドリッジ
ウールドリッジ*
ウルドリッジ
ウルリッジ
Woolery ウーレリー
Wooley
ウーリー
ウーレイ
Woolf
ウールフ
ウルフ***
Woolfe ウールフ*
Woolfolk
ウルフォーク*
Woolfson ウルフスン
Woolgar
ウールガ
ウールガー
Woolger ウルガー
Woolis ウーリス*
Woollacott
ウーラコット*
Woollams ウラムス
Woollard
ウーラード
ウーランド
Woollaston
ウーラストン
Woollcott
ウールコット*
ウルコット*
Woollen ウーレン
Woollett
ウーレット
ウレット
Woolley
ウーリ
ウーリー*
ウリー*
ウーリィ
ウリィ
ウーレイ
Woolliams
ウーリアムズ*
Woolliscroft
ウーリスクラフト
ウーリスクロフト
Woollvin ウルヴィン
Woolman
ウールマン**
ウルマン
Woolmer ウールマー
Woolner
ウールナー
ウルナー
Woolrich
ウーリッジ

ウールリッチ*
Woolridge
ウールリッジ
Woolrych
ウールリッチ
Woolsey
ウールシー*
ウールジー**
ウルジ
ウルジー
ウールセー
ウールセイ
Woolson
ウールスン
ウールソン
Woolstenhulme
ウールステンフルム
Woolston
ウールストン*
ウルストン
Woolverton
ウールヴァートン
ウールバートン
ウルバートン
Woolvett
ウールヴェット
Woolway ウールウェイ
Woolworth
ウールヴァース
ウールワース
ウルワース
Woo-mahn ウマン
Woon
ウォン
ウーン
Woong ウン*
Woong-bae ウンベ*
Woong-Hyeon
ウンヒョン
Woong-jon ウンジョン
Woon-hak ウナク
Woon-hwan
ウンファン
Woon-jae ウンジェ
Woon-kay ウンゲ*
Woon-sa ウンサ**
Woo-ping ウーピン
Woo-Sam ウーサム
Woo-Shik ウーシック
Woo-sik ウシク
Woosnam ウーズナム*
Woo-soon ウスン
Wooster ウースター*
Woo-suk ウソク*
Woo-sun ウソン
Woo-sung ウソン*
Woot ウート
Wooten
ウッテン
ウーテン*
Wooter ポーター
Woo-thak ウテク
Wooton ウートン
Wootten
ウットゥン
ウートン

Wootton
ウォートン
ウットン
ウートン*
Woo-yea ウヨ
Woo-young ウヨン
Wooyoung ウヨン
Wopfner ヴォプナー
Wo-ping ウービン
Woradilok
ウォラディロック
Woram ウォラム
Worapoj ウォラポート
Worawat ウォラワット
Worboise
ウォーボイス
Worbs
ウォルプス
ヴォルプス*
Worcester
ウォーチェスター
ウースター*
ウスター
ウースタル
Worceter
ウースター
ウスター
Worchel ウォーケル
Worde ウォード
Wordell
ウォーデル
ワーデル
Wordelman
ワーデルマン
Wordemann
ヴォルデマン
ボルデマン
Worden
ウォーデン
ウォルデン*
ワーデン
Wordsmith
ワードスミス**
Wordsworth
ウァズウァス
ウォズウォス
ウォルズウォス
ウォルズウォルズ
ウォルズオズ
ウォルゾウス
ワズウォース
ワズワス
ワーズワース*
ワーズワス*
Worek ウォレック
Wores ウォアーズ*
Worgan ウォルガン
Worick ワーリック*
Work ワーク
Workman
ワークマン**
Workneh ウォックナー
Works ワークス
Worku ウォルク
Worland ワーランド

World Peace
ワールドピース
Worldpeace
ワールドピース
Worley
ウォーリー
ワーレイ
Worlitschek
ヴォルリチェク
Worlock ワーロック*
Worlsey ワールセイ
Worm
ウォーム
ヴォルム*
Wormald
ウァーモールド
ウォーマルド
ウォーモルド
Worman ウォーマン**
Wörmann ヴェルマン
Wormeley
ウォームレー
ウォームレイ
Wormell ウォーメル*
Wormer ウォーマー*
Wormhoudt
ウォンホート
Worms
ウォームズ
ヴォルム
ウォルムス
ヴォルムス
ボルムズ*
ワームズ
Wormser
ヴォルムセール
ワームザー
Wörndl ベルンドル
Worne ワーン
Worner ヴョルネル
Wörner
ウェルナー*
ヴェルナー
Wörnersson
バーネルソン
Worni ウォルニ
Wörns ヴェアンス
Wornum ワーナム
Woronoff ウォロノフ*
Woronov
ウォロノヴ
ヴォロノヴ
Worou ウォル
Worp ウォルプ
Worrack ウォラック*
Worrall
ウォーラル
ウォーラル**
ウォーロール
Worrell
ウォーレル**
ウォレル
Worret ウォレット
Worrilow ウォリロウ
Worringer
ウォーリンガー
ウォリンガー
ヴォーリンガー

Worry ウォーリー
Worsaae
　ウォルソー
　ヴォルソー
　ボルソー
Worsam ワーサム
Worsdell ワーズデル
Worsley
　ウォースリー
　ウォスレイ
　ワースリー*
　ワーズリー
　ワースレイ*
Worsnop ワースノップ
Worsoe ヴォースー
Worster
　ウォスター
　オースター
Worswick
　ウォースウィック
Wortche ウォルチ
Worth
　ウォース
　ウォルト
　ワース**
Wortham ワーザム
Worthen ワーゼン*
Worthington
　ウォーシントン
　ウォージントン
　ワーシントン*
　ワージントン*
Worthy
　ウォーシー
　ウォージー
　ワーシー
　ワージー**
Wortis
　ウォステイス
　ウォルティス
Wortley
　ウォートレー
　ウォートレイ*
　ワートリー
Wortman ワートマン*
Wortmann ワートマン
Worton
　ウォートン
　ボートン
Wortzel ワーツェル
Wortzman
　ウォーツマン
Worwood ワーウッド
Worwor ウォルウォル
Wos ウォス
Wosien ヴォジーン
Wosinski ウオシンスキ
Wosnitza
　ウォスニッツァ
Wöss
　ウェス
　ヴェス
Wosse ウォッセ
Wossen ウォッセン
Wosz ボシュ

Wothers ウォザーズ
Wotherspoon
　ウォザースプーン**
Wotquenne
　ウォトケンヌ
　ヴォトケンヌ
Wotring ワットリング
Wottle ウォットル
Wotton ウォットン
Wotus ウォータス
Wötzel ベッツェル
Woude ワウデ
Woudenberg
　ヴォウデンベルク
Wouk
　ウォウク
　ウォーク**
　ヴォーク
　ウーク
　ウック
Wou-ki ウーキー**
Wouldhave
　ウッドハヴ
　ウドハヴ
Wout
　アウト
　ヴァウト
　ボウト
Wouter
　ヴァウター
　ウォウター
　ヴォウター
　ウーター*
　ワウター
　ワウテル*
Wouters
　ワウテルス
　ワータース
Wouwerman
　ヴァウヴェルマン
　ウーヴェルマン
　ヴーヴェルマン
　ワウウェルマン
　ワウエルマンス
Wovoka
　ウォヴォカ
　ウォボカ
Wow ワウ
Wowereit
　ウォーウェライト*
Wowzack ヴォツァーク
Woyda ウォイダ
Woyke ウォイケ
Woyna ワーニャ
Woyongo ウォヨンゴ
Woyrsch ヴォイルシュ
Woytinsky
　ウォイチンスキー
Woytowicz
　ヴォイトヴィチ
　ウォイトビチ
Wozencraft
　ウーゼンクラフト**
Wozniacki
　ウォズニアッキ*

ウォツニーク
フォズニアック
Woźniak
　ウォジニャク
　ウォズニアク
Woźniakowski
　ウォズニアコフスキー
Wrack ラック
Wragg
　ウラッグ
　ラッグ
Wraight レイト
Wrake レイク
Wrangel
　ウランゲル
　ヴランゲル
Wrangham ラングハム
Wrangler ラングラー
Wranitsky
　ヴラニツキー
Wranizky
　ヴラニツキー
Wrather ラザー*
Wray
　ウレイ
　レイ**
Wreathall レソール
Wreck レック
Wrede
　ヴレーデ*
　ブレーデ
　リーデ*
　リード
　レッド
　レーデ
Wreford
　リーフォード*
　レフォード
Wreh レ
Wreikat
　ウレイカート
　ウレイカト
Wren レン**
Wrench レンチ
Wrenger レンガー
Wrenn レン*
Wrenne ヴレンネ
Wrensch レンチ*
Wrenshall レンシャル
Wrentmore
　レントモア
Wretlind
　ヴレットリンド
Wreyford
　レイフォード
Wride ライド
Wrigglesworth
　リグルワース
Wright
　ウリクト**
　ヴリクト
　ヴリクト*
　ライト***
Wrighton ライトン
Wrightsman
　ライツマン

Wrightson
　ライトスン
　ライトソン***
Wrigley
　リグリー**
　リグリィ
　リグレイ
Wrinch リンチ
Wrinehill ラインヒル
Wriothesley
　ライアススリー
　ライオシスリ
Wriston リストン*
Writer ライター
Wrixon リクソン*
Wrld ワールド
Wrobel
　ウロベル
　ローベル
Wróblewska
　ヴルブレフスカ
Wroblewski
　ウルブレフスキー
　ロブレスキー*
Wróblewski
　ウルーブレフスキー
　ヴルブレフスキ
　ヴルブレフスキー
　ウロブレフスキ
　ヴロブレフスキー
Wroe ロー
Wrona ロナ
Wrong ロング
Wronski
　ブロンスキ*
　ロンスキ
Wros ロス
Wroten ローテン*
Wroth
　ロウス
　ロース
　ロス
Wrottesley
　ロッテスリー
　ロッテスレー
Wrubel
　ウルベル
　ルーベル
Wrubleski
　ウルブレスキ
Wrye ライ
Wszola ウショラ
Wtenbogaert
　ウーテンボーハルト
　ウーテンポハールト
　ウテンボヘールト
Wu ウー***
Wú ウー
Wu Bai ウーバイ
Wubbels ワベルズ
Wubbolding
　ウォボルディング*
Wucherer ヴヘラー
Wucherpfenig
　ヴーハープフェニヒ
Wucherpfennig
　ヴーハープフェニヒ
　ウーハーペニヒ

ヴーハーペニヒ
Wuchterl ヴフタール
Wuchun ウーズン
Wuck ビュック
WuDunn
　ウーダン*
　ウダン
Wuebben ウィベン
Wuerkaixi
　ウーアルカイシ**
　ウーアルカイシー
　ウアルカイシ
　ウルケシ
　ウルケシュ
　オルケシ
Wuerthner ウースナー
Wuest ウースト
Wugofski ウゴフスキ*
Wuhayshi ウハイシ
Wuhl
　ウール
　ワール
Wuilleme ウイレム
Wuilmart
　ヴュイルマール
　ビュイルマール
Wuilmer ウィルマー
Wuissman
　ウェイスマン
　ワイスマン
Wujak ブヤク
Wujciak ワシアク
Wujec
　ヴェージェク
　ウージェック
Wujek ヴイェク
Wuketits
　ヴケティツ*
　ブケティツ
Wulf
　ウルフ**
　ヴルフ**
Wulfekotte
　ウルエコッテ
Wulfen
　ウルフェン
　ヴルフェン
Wulfert ヴルフェルト
Wulff
　ウルフ**
　ヴルフ**
Wulffen
　ウルフェン
　ヴルフェン
Wulfhere ウルフヒヤー
Wulfila ウルフィラ
Wulflaicus
　ヴルフライクス
Wulfram ヴルフラム
Wulfric ウルフリク
Wulfstan ウルフスタン
Wulle ワレ
Wullenwever
　ヴレンヴェーヴァ
　ヴレンヴェーヴァー
　ブレンヴェーバー
Wullner ヴュルナー

Wüllner ヴュルネル／ヴュルナー*／ウュルネル／ヴュルネル
Wullschlager ヴォルシュレガー
Wullschläger ウォルシュレガー／ヴォルシュレガー
Wullstein ウルステイン
Wulmar ウルマル
Wulsin ワルスィン
Wulsten ウルステン
Wulu ウル
Wume ウーメ
Wumg-sik ウンシク
Wummer ウェンマー／ワマー
Wun ウン
Wun Chul ウンチョル
Wunder ヴンダー*
Wunderer ヴンデラー
Wunderl ヴンダール
Wunderle ヴンデルレ／ヴンデルレ／ブンダール／ワンダーリ
Wunderlich ヴンデーリッヒ*／ヴンデーリヒ**／ヴンデーリヒ／ヴンデルリヒ／ブンデーリッヒ／ブンダーリヒ／ワンダーリック*
Wunderling ヴンダリング
Wunderman ワンダーマン
Wundram ヴントラム／ヴンドラム
Wundt ヴント*／ブント
Wunenburger ヴュナンビュルジェ
Wun'gaeo ワイガェーオ／ワンガェーオ／ワンゲーオ／ワンゲオ
Wungyi ウンジー
Wunibald ヴニバルト
Wunna ワナ
Wunsch ヴンシュ／ウンシュ／ヴンシュ／ワンチ
Wünsch ヴェンシュ
Wünsche ビュンシェ*
Wünstel ヴュンステル

Wuolijoki ウオリヨキ
Wuor ウォー
Wuori ウォリ／ウォリ*
Wuorinen ウォーリネン／ウォリネン／ウオリネン／ウーリネン
Wupperfeld ヴッパーフェルト
Würdinger ヴュルディンガー
Wurfel ワーフェル*
Würfel ヴュルフェル
Wurie ウーリー
Wurlitzer ワーリッツァー
Wurm ウーム／ヴルム
Wurman ヴァーマン／ワーマン*
Wurmbrand ウォムブランド
Wurmnest ヴォルフガング
Wurmser ユルムセール
Würsing ビュルジック／ワージック
Wurst ウルスト／ヴルスト／ワースト
Wurster ウースター／ヴルスター／ワースター
Würtenberg ヴュルテンベルク／ビュルテンベルク
Würtenberger ヴュルテンベルガー*
Würth ウルト
Würthle ヴュルトレ
Wurthwein ヴュルトヴァイン
Würthwein ウュルトワイン
Wurtman ブルトマン
Wurts ワーツ
Württemberg ヴュルテンベルク
Wurttemberk ヴュルテンベルク
Wurtz ウュルツ／ヴュルツ／ウルツ／ヴルツ
Wurtzbach ワーツバック
Wurtzel ワーツェル**

Wuruk ヴル／ウルク
Wurz ヴルツ**
Wuřzbach ヴルツバッハ
Wurzbacher ヴルツバッハー
Wurzburg ヴルツブルグ
Würzburg ウュルツブルグ／ヴュルツブルク
Wust ウースト／ヴースト／ヴスト／ブスト
Wüst ヴュスト／ビュスト／ブスト**
Wüstenberg ヴュステンベルク
Wüstenfeld ヴュステンフェルト
Wüsthoff ヴュストホフ
Wüstholz ヴュストルツ
Wustlich ブストリヒ
Wustmann ヴストマン
Wuthnow ウスナウ
Wuthrich ヴュトリヒ
Wüthrich ヴェートリッヒ／ヴュートリッヒ*／ビュートリッヒ
Wuttichai ウティチャイ
Wuttig ヴッティヒ
Wuttke ヴットケ／ヴトケ
Wuu ウー*
Wuyontana ウヨンタナ*
Wuysthoff ヴァイストフ
Wuzun ウーズン
Wyal ワイアル
Wyant ワイアント
Wyart ヴィアール
Wyat ワイアット／ワイヤット
Wyatt ウァイアット／ヴィアット／ワイアット***／ワイット／ワイヤット**
Wybicki ヴィビツキ／ヴィビツキー
Wybrand ウェイブラント
Wyc ウィック

Wyche ワイチェ
Wychegerde ウィチェゲルデ
Wycherley ウィチャリー／ウィッチャーリー／ウィッチャリ／ウィッチャリー
Wycherly ワイチェリー
Wychgran ヴィヒグラム
Wyck ウィック／ワイク／ワイック
Wyckoff ワイコッフ／ワイコフ／ワイコフ*
Wyclef ワイクリフ
Wyclif ウィクリフ*
Wycliff ワイクリフ
Wycliffe ウィクリフ／ウイクリフ
Wycoff ワイコフ*
Wyden ワイデン**
Wydenbruck ヴィーデンブルック
Wydra ワイドラ
Wydro ワイドロー
Wye ワイ**
Wyer ワイアー
Wyesch ウィルシュ
Wyeth ワイエス**／ワイス
Wygodzinski ヴィゴドジンスキー
Wygodzki ヴィゴーツキ
Wyk ヴァイク／ウィク／ワイク*
Wyka ワイカ
Wyke ワイク*
Wykeham ウィカム／ワイカム／ウィッカム
Wykes ワイクス
Wyland ワイランド
Wyld ワイルド*
Wylde ワイルド
Wyldeck ワイルデック
Wylder ワイルド
Wyle ワイリー*／ワイル**
Wylen ウェイリン／ウェイリン*
Wylenzek ウィレンツェク*

ウィンレンツェク／ビレンツェク
Wyler ワイラー**
Wyles ワイルズ
Wylie ウイリ／ウイリー／ワイリー／ワイリ／ワイリー***／ワイリィ
Wyller ウィラー*
Wyllie ウィリー／ワイリー*／ワイリィ
Wyllis ウィリス
Wylly ワイリー
Wylson ウィルソン
Wyludda ヴィルダ*／ビルダ／ヴュルダ
Wyman ワイマン***
Wymark ワイマーク*
Wymer ワイマー
Wymore ワイモア*
Wyn ウィン**
Wynant ワイナント
Wynants ウィナンス／ウィナンツ／ヴィナンツ／ワイナンツ
Wynbrandt ウィンブラント
Wynd ワインド*
Wyndham ウィンダム**／ウインダム／ワインダム
Wyndlow ウィンドロー／ウィンドロウ
Wyne ウィン
Wynegar ワイネガー*
Wyneken ヴィーネケン／ヴィネケン
Wyner ワイナー*
Wynette ウィネット／ワイネット
Wynford ウィンフォード
Wynfrid ヴィンフリート
Wynfrith ウィンフリス／ウィンフリード
Wyngaarden ワインガーデン
Wyngarde ワインガード
Wynkoop ワインクープ
Wynkyn ウィンキン

W

Wynn
ウィン**
ウイン
ワイン
Wynne
ウィニー
ウィン***
ウィン*
ワイン
Wynne-Jones
ウィンジョーンズ
Wynonie ワイノニー
Wynter ウィンター**
Wynton
ウィントン*
ウィントン
ワイントン
Wyntoun
ウィンタン
ウィントン
Wynyard ワインヤード
Wyomia ワイオミア
Wyon ウォン
Wyprächtinger
ヴュプレヒティンガー
Wypyski ワイピスキー
Wyre ワイア
Wyrostek
ウィロステック
Wyrsch ウィルシュ
Wyrwa ヴィルヴァ*
Wyse ワイズ*
Wysession
ワイセッション
Wyshak ワイシャク
Wysocka ヴィソツカ
Wysocki
ウィソッキー
ワイソッキ
Wysoczanska
ビソチャンスカ
Wyspiański
ヴィスピアィンスキ
ウィスピアニスキ
ヴィスピアニスキー
ヴィスピアンスキ
ウィスピヤンスキ
ヴィスピャンスキ
ビスピアニスキ
ビスピャンスキ
Wyss
ウィース*
ウィス
ウイース*
ウイス
ヴィース*
ヴィス
ウィンス
ワイス**
Wyssling ウィスリング
Wystan
ウィスタン*
ウイスタン
Wyszumialal
ヴィズミアラ
Wyszynski
ウィシンスキー

Wyszyński
ヴィシンスキ
ビシンスキー
ビシンスキー
Wythe
ウィス
ウェーゼス
ワイス
Wyttenbach
ウィッテンバッハ
ヴィッテンバッハ
ヴィッテンバハ
Wyvill ウィヴィル
Wyville
ワイヴィル
ワイヴィル
Wyzanski
ワイザンスキー
Wyzewa
ヴィゼヴァ
ウィゼバ
ウィゼワ*
Wyzewski
ウィゼフスキ
ヴィゼベラ
Wzorek ウゾレク

【 X 】

Xa サ
Xaba シャバ
Xabi シャビ*
Xabier
シャビエル
ハビエル
Xac サック
Xainetonge
クザントンジュ
グザントンジュ
Xam ザム
Xan
キサン
クサン
ザン
Xanana シャナナ**
Xander
クサンダー
ザンダー
Xang サン*
Xanrof
クサンロフ
グザンロフ
ザンロフ
Xantes サンクテス
Xanthe ザンティ
Xanthippē
クサンチッペ
クサンティッペ
Xanthippos
クサンチッポス
クサンティッポス
Xanthopolou
ザンソポロウ
Xanthópoulos
クサントプロス
Xanthopulos
クサントプロス

Xanthos
クサンソス
クサントス
Xanthoulis
クサンスリス
Xanti クサンティ
Xao サオ
Xaphilom サービロム
Xaun スアン*
Xaver
クサーヴァ
クサーヴァー
クサーヴェル
クサヴェル
クサーヴェル
グザヴェル
クサーファー**
クサファー
グザファー
クサフェル
ザヴェル
Xavera
クサヴェラ
クサベラ
Xaveria サヴェリオ
Xavi シャビ**
Xavien ザビエン
Xavier
エグザビアー
クサヴィエ*
クザビエ*
グサヴィエ*
グザヴィエ***
グザヴィエ
クサビエ
グザビエ**
サヴィエ
ザヴィア
サヴィエル*
ザヴィエル
ザビア***
ザビエ
サビエル*
ザビエル**
ザベリョ
シャヴィエル*
シャビエ
シャビエー
ジャビエ
シャビエル***
ゼイヴィア
ゼイヴィアー
ゼイビア
セイビヤー*
ハビエル***
ヒャビエール
Xavìer ハビエル
Xaviere ザビエル
Xavière
グザヴィエール
グザヴィエル
Xavier-Luc
グザビエリュック
Xayalath
サイニャラート
Xaysenglee
サイセンリー
Xaysi サイシー

Xaysompheng
サイソムペーン
Xceron クセロン
Xelpe ハリパ
Xemail ジェマイル
Xen クセン
Xenakēs クセナキス
Xenakis クセナキス**
Xenarchos
クセナルコス
Xenia
クセニア
クセニヤ
Xeno
ジノ
ゼノ*
Xenodamos
クセノダモス
Xenokratēs
クセノクラテス
Xenokritos
クセノクリトス
Xenophanēs
クセノパネース
クセノパネス*
クセノファネス
Xenophon
キセノフォーン
クセノフォーン
クセノフォン**
クセノポーン
クセノフォン
ゼノフォン
Xenophōn
クセノフォン
クセノポーン
クセノポン
Xenopol クセノポル
Xenopoulos
クセノプロス
Xenos クセノス
Xeres ヘレス
Xerez ヘレス
Xerxes
クセルクセース
クセルクセス
Xhafa ジャファ
Xhaferri ジャフェリ
Xhaka ジャカ
Xhani ジャニ
Xhavit ジャビット
Xhayet グザイエ
Xhelal ジェラル
Xherdan ジェルダン*
Xhuveli ジュベリ
Xi
シ
シー*
Xia
シア
ジア
シャ
シャー
シァア
Xia Lian シャリャン
Xiang
シアン

シャン
Xiangdong シアントン
Xiang-jian
シアンチエン
Xiang-li シアンリー
Xiang-long シャンロン
Xiangnan シアンナヌ
Xiang-ong シャントン
Xiang-qian
シャンチェン
Xiang-rong シャンロン
Xiang-shan シャンサン
Xiang Wei
シェンウェイ
Xiang-yu シャンユイ
Xian-lin シェンリン
Xian-qi シェンチー
Xian-shun
シェンスウン
Xian-yong シエンヨン
Xiao
クシャオ
シアオ
シャオ**
Xiao-bo
シアオボー
シャオボー
Xiao-dong ジアドング
Xiao-gang シャオガン*
Xiao-hui シャオフィ
Xiaojun シアオジュン
Xiao-lian
シャオリェン
シャオレン
Xiaolong
シャオロン
シャーロン**
Xiao-lu シャオルー*
Xiaolu シャオルー*
Xiao-mei シャオメイ
Xiaomei シャオメイ
Xiaomin シアオミヌ
Xiao-ming
シャオミン*
Xiaoming シアオミン
Xiaoni シアオニ
Xiao-peng シャオパン
Xiao-ping シャオピン
Xiao-qing シャオチン
Xiao Ru シャオルー
Xiao-sheng シャオセン
Xiao-shuai
シャオシュアイ
Xiao-tong シャオトン
Xiaowen シャオウェン
Xiao Xi シャオシー
Xiao-xia シャオシア
Xi-de シーデー
Xie シェ*
Xie-xia シエシア
Xihe シーファ
Xi-lai シーライ
Xi-long シーロン

Ximena
　シメナ
　ヒメナ
Ximenes
　クシメーネス
　シメネス*
　ヒメネス
Ximenez ジメネス
Xi-ming シーミン
Ximo シモ
Xin シン*
Xing シン*
Xing-Guo シングオ
Xing-jian シンジェン*
Xingwana
　シングワナ
　ジングワナ
Xing-wen シンウェン
Xinhua シンホア
Xinran シンラン
Xin-yu シンユイ
Xiomara シオマラ
Xiong
　シオン
　ション
Xiphilinos
　クシフィリノス
Xiphilīnos
　クシフィリノス
Xiphilinus
　クシフィリヌス
Xiques ヒックス
Xirau シラウ
Xirgu ヒルグ
Xirimbimbi
　シリンビンビ
Xi-tong ツートン
Xiu-lian シュリェン
Xixi シーシー
Xi-yu シュ
Xo'jayev ホジャエフ
Xosé ホセ
Xoštaria ホシュタリア
Xrzysztof クシシトフ
Xu
　シェイ
　シュ
　シュー*
　シュエ
　シュイ*
　シュウ
　ス
Xuan
　シャン
　シュアン*
　スアン
　スアン***
　ズアン*
　フアン
Xuân
　シュアン
　スアン
Xuan Vinh シャンビン
Xuân Vinh シャンビン
Xudong シュートン

Xue
　シェ
　シュエ*
Xue-chang
　シュエチャン*
Xue-fen シュエフン
Xue-juan シュジェ
Xue-qian シュエチェン
Xuereb シュエレブ*
Xue-rui シュールイ
Xue-sen シュエセン
Xue-tong シュエトン
Xue-ying シュエイン
Xue-zhi シュエズー
Xue-zhong シュエゾン
Xun シュン*
Xung スン
Xuong スオン
Xuqi シュチー
Xūthos クストス
Xuto
　チュートー
　チュト
Xuxa シューザ
Xuyen スエン
Xuyên スエン
Xzibit イグジビット

【 Y 】

Ya
　ヤ**
　ヤー
　ヤア
Yaa
　ヤー
　ヤア*
Yaacob
　ヤーコブ
　ヤコブ
Yaacoub
　ヤアクーブ
　ヤークーブ
Yaacov
　ヤアコヴ
　ヤアコブ
　ヤーコヴ
　ヤーコブ**
　ヤコブ
Ya'acov ヤーコヴ
Yaakhoob ヤーコーブ
Yaakob
　ヤーコブ
　ヤコブ
Yaakov
　ヤアコヴ
　ヤーコヴ
　ヤーコブ
　ヤーコブ
　ヤコブ
Ya'akov
　ヤアコヴ
　ヤーコヴ
Ya'alon ヤアロン*
Yaameen ヤーミン

Yaar ヤール
Yaara ヤーラ
Yabaki ヤンバキ
Yaballaha
　ヤバラーハー
Yabavi ヤバヴィ
Yabgn ヤブグ
Yablokov
　ヤーブロコフ
　ヤブロコフ*
Yablonskaya
　ヤブロンスカヤ
Yablonski
　ヤブロンスキ
　ヤブロンスキー
Yablonskii
　ヤブローンスキー
Yablonsky
　ヤブロンスキー*
Yabuqulan
　ヤボーホラン
Yacalis ヤカリス
Yaccarino
　ヤッカリーノ*
Yachmann ヤッハマン
Yacin ヤシン
Yacine
　ヤシーヌ**
　ヤシヌ
　ヤシン
Yacob
　ジャコブ
　ヤコブ*
Yacomuzzi
　ジャコムッシ
Yacono ヤコノ
Yacoub
　ヤクーブ*
　ヤクブ*
Yacouba ヤクバ
Yacoubou ヤクブ
Yadambat ヤダムバト
Yadamsuren
　ヤダムスレン
Yadav
　ヤーダヴ
　ヤダブ*
Yādav ヤーダヴ
Yādavaprakāśa
　ヤーダバプラカーシャ
Yade ヤド
Yadhav ヤダブ
Yadiel ヤディエル
Yadier ヤディエル*)
Yadin ヤディン**
Ya Ding ヤーディン
Yadira
　ジャディラ
　ヤディラ
Yahuda
　イェフダ
　ヤフダ
Yaeckel イェッケル
Yael ヤエル*
Yaël ヤエル*
Yafaee ヤファイー
Yafai ヤファイ
Yāfath ヤーファス

Yaffe
　ヤッファ
　ヤッフェ**
　ヤフェ
Yāfi'ī ヤーフィイー
Yagbea ヤグベア
Yağcilar ヤグジラー
Yagdfelid
　ヤグドフェリド
Yager
　イェーガ
　イェガー*
Yagher ヤガー
Yaghmā ヤグマー
Yaghmai ヤグマイ
Yaghmour ヤフマー*
Yaghoubi ヤグービ
Yagi ヤギ
Yagil ヤギール
Yaglom ヤグロム
Yago
　ヤーゴ
　ヤゴ
Yagoda
　ヤーゴダ
　ヤーゴーダ
　ヤゴダ
Yagorashvili
　イゴラシュビリ
Yagshygeldy
　ヤグシゲルディ
Yagub ヤグブ
Yagudin ヤグディン**
Yague ヤグエ
Yaguello
　ヤグェーロ
　ヤゲーロ*
Yagupsky
　ヤグブスキー
Yah ヤー
Yahanda ヤハンダ
Yahaya
　ヤハイヤ
　ヤハヤ
　ヤーヤ
Yahdun ヤハドゥン
Yahia
　ヤイア
　ヤヒア
　ヤヒヤ
Yahiya ヤヒヤ
Yahouza ヤフザ
Yahraes ヤーレス
Yahuar
　ジャウアル
　ヤワル
Yahuda
　イェフダ
　ヤフダ
Yahui ヤーフイ
Yahya
　ヤクヤ
　ヤハヤ*
　ヤヒア*
　ヤヒア**
　ヤヒヤー

　ヤフヤ
　ヤフヤー
　ヤーヤ
　ヤヤ**
Yahyā ヤヒヤー
Yahyā
　ヤハヤー
　ヤフアー
Yaḥyā
　ヤハヤー*
　ヤフヤー
Yahyaoui ヤハウイ
Yai ヤイ
Yaia ヤイア
Yaime ヤイメ
Yair
　ヤィール
　ヤイール
　ヤイル*
Yairi ヤイリ*
Yairo ヤイロ
Yaiser
　ヤイザー
　ヤイゼル
Yaitanes ヤイタネス
Yajiro ヤジロウ
Yajnavalkya
　ヤージュニャヴァルキ
　ヤ
Yājñavalkya
　ヤージュナ・ヴァルク
　ヤ
　ヤージュニャヴァルキ
　ヤ
　ヤージュニャバルキヤ
　ヤージュニャワルキヤ
Yajnik
　ヤージニク
　ヤジニク
Yajnīk ヤジニーク
Yakar ヤカール*
Yakboam ヤクブアム
Yakete ヤケテ
Yakhluf ヤフルフ
Yakhontoff ヤコントフ
Yakima ヤキマ
Yakimenko ヤキメンコ
Yakin
　イェーキン
　ヤキン
Yakis ヤクシュ
Yakob ヤコビ
Yakobashvili
　ヤコバシビリ
Yakobson ヤコブソン
Yakoubou ヤクブ
Yakoura ヤクラ
Yakov
　ヤコヴ
　ヤーコフ
　ヤーコブ
　ヤコブ**
　ヤコブ*
Yakovenko ヤコベンコ
Yakovlev
　ウアコヴレヴ
　ヤコヴレヴ

Yakovleva ヤーコヴレフ ヤコヴレフ** ヤーコブレフ ヤコブレフ*	**Yalom** ヤーロム* ヤロム	**Yan** イェヌ イェン* イエン ヴァン ヤァン ヤーン ヤン***	**Yan-hong** イェンホン **Yani** ジャニ ヤニ*	**Yan-xin** イエンシン **Yan Yee** ヤンイー **Yao** ヤオ** **Yao-ci** ヤオツー
Yakovleva ヤーコヴレヴァ ヤコーヴレヴァ ヤコヴレワ ヤコブレワ	**Yalon** ヤローン **Yalouz** ヨルー **Yalow** ヤァロー ヤロー* ヤーロウ ヤロウ		**Yanick** ヤニック **Yanik** ヤニク **Yanilov** ヤニロブ* **Yanin** ヤーニン	**Yao-hsun** ヤオシュン **Yao-ru** ヤオルー **Yao-Shun** ヤオシュン **Yaowapa** ヤオワパ
Yakovlevich ヤコヴィチ ヤーコヴレーヴィチ ヤコヴレーヴィチ ヤコヴレヴィッチ ヤコブレヴィッチ ヤコブレビチ ヤコブレビッチ*	**Yalowitz** ヤロウィッツ** **Yaltah** ヤルタ* **Yaluma** ヤルマ **Yalvac** ヤルヴァチ **Yam** ヤム* **Yamada** ヤマダ	**Yana** ヤナ** **Yanaev** ヤナーエフ** **Yanah** ヤナ **Yanai** ヤナイ **Yanakiev** ヤナキエフ **Yanamadala** ヤナマダラ **Yanca** ヤンカ **Yance** ヤンス	**Yanina** ヤニナ* **Yanis** ヤニス** **Yanit** ヤヌト **Yaniuska** ヤニウスカ **Yaniv** ヤニヴ **Yank** ヤンク* **Yanka** ヤンカ **Yankel** ヤンケル*	**Yap** ヤップ** **Yapa** ヤパ **Yapande** ヤパンデ **Yapaoher** ヤパオフー **Yapese** ヤペセ **Yaphet** ヤフェット **Yapi** ヤピ
Ýakovlevich ヤーコヴレヴィチ **Yakovlevna** ヤーコヴレヴナ **YaKovrevich** ヤーコヴレヴィチ **Yakub** ヤクブ **Ya'kub** ヤクブ **Yakubovich** ヤクボーヴィチ	**Yamaguchi** ヤマグチ **Yamāma** ヤマーマ **Yaman** ヤーマン ヤマン **Yamandu** ヤマンドゥ **Yamani** ヤマニ* ヤマニー	**Yancey** ヤンシー** **Yancy** ヤンシー* **Yanda** ヤンダ **Yandarbiev** ヤンダルビエフ** **Yandel** ヤンデル **Yandell** ヤンデル **Yandja** ヤンジャ **Yan-dong** イェンドン	**Yankelovich** ヤンケロビッチ* **Yanker** ヤンカー **Yankey** ヤンキー ヤンケイ **Yankouba** ヤンクバ **Yankov** ヤンコフ **Yankova** ヤンコバ	**Ya-ping** ヤーピン **Yaping** ヤーピン **Yapko** ヤプコ **Yapp** ヤップ **Yaqob** ヤクォブ **Ya'qob** ヤコブ **Yaqob-her** ヤコブヘル
Yakubovskii ヤクボーフスキー ヤクボフスキー ヤクボーフスキィ **Yakubu** ヤクブ* **Yakup** ヤークプ ヤクプ ヤクブ	**Yamanī** ヤマーニー **Yamānī** ヤマーニー **Yamanita** ヤマニタ **Yamāri** ヤマーリ **Yamasaki** ヤマサキ **Yamashita** ヤマシタ* **Yamassoum** ヤマスム	**Yanenko** ヤネンコ **Yanes** ヤーネス ヤネス **Yañes** ヤーニェス **Yanet** ヤネト* **Yaneth** ジャネス **Yanev** ヤネフ	**Yankovic** ヤンコビック **Yankovskii** ヤンコフスキー** **Yankovsky** ヤンコヴスキー **Yankowski** ヤンコフスキー **Yankuba** ヤンクバ **Yankura** ヤンクラ	**Yaqoob** ヤクーブ ヤコブ **Yaqoub** ヤクーブ **Yaqub** ヤクブ* **Ya'qūb** ヤアクーブ ヤークーブ ヤークブ ヤクブ **Ya'qib** ヤークブ
Yakupi ヤクピ **Yakusha** ヤクシャ **Yakushkin** ヤクーシキン ヤクシキン **Yala** ヤラ **Yalá** ヤラ** **Ya'lā** ヤアラー **Yalçin** ヤルチュン **Yalcinbayir** ヤルチュンバユル **Yalcinkaya** ヤルジンカヤ	**Yamauchi** ヤマウチ* **Yamazaki** ヤマザキ **Yambise** ヤンビセ **Yambo** ヤンボ **Yambulatov** ヤンブラトフ **Yamechi** ヤメチ **Yameen** ヤミーン* **Ya-mei** ヤーメイ **Yameogo** ヤメオゴ*	**Yanez** ジャニェス ヤネス* **Yañez** ヤニェス **Yáñez** ヤニェス **Yanfei** ヤンフェイ **Yang** ヤン*** ヤン** **Yanga** ヤンガ	**Yan Lian** ヤンリアン **Yann** ヤン** **Yannai** ヤンナイ **Yannas** ヤナス **Yanne** ヤンヌ* **Yannets** ヤネッツ **Yanni** ヤニー ヤンニ **Yannick** ヤニク* ヤニック**	**Ya'qūbī** ヤアクービー ヤークービー **Yāqūt** ヤークート ヤクート **Yar** ヤル **Yar'Adua** ヤラドゥア** ヤルアドゥア **Yarafa** ヤラファ **Yarapea** ヤラペア
Yale イェール* イエール エール **Yalé** ヤレ **Yalennis** ヤレニス **Yali** ヤーリー **Yaling** ヤーリン **Yallop** ヤロップ* **Yalman** ヤーマン ヤルマン* **Yalmonenko** ヤルモネンコ **Yalof** イエロフ ヤーロフ	**Yamey** イェミー **Yamfwa** ヤムファ ヤムフワ **Yami** ヤミ **Yamil** ヤミル **Yamin** ヤミン** **Yamīn** ヤミーン **Yamina** ヤミナ **Yamklinfung** ヤムクリンフング **Yam-kuen** インチュワン **Yamoussa** ヤムサ **Yampolsky** ヤンポリスキー ヤンボルスキー **Yampol'sky** ヤンポリスキー **Yamqui** ヤムキ **Yamuna** ヤムナ **Yámuna** ヤームナ	**Yangervis** ヤンガービス **Yang-gon** ヤンゴン** **Yang-hee** ヤンヒ **Yang-ho** ヤンホ* **Yang-ja** ヤンジャ **Yang-kang** ヤンガン **Yangpraphaakr** ヤンプラパーコン **Yang-shik** ヤンシク **Yang-shin** ヤンシン* **Yang-soo** ヤンス **Yang-sung** ヤンソン **Yangsze** ヤンシィー **Yang-uang** イェングワン **Yang-uk** ヤンウク **Yangya** ヤンギャ **Yangzom** ヤンツォム **Yangzong** ヤンツォン	**Yannis** ヤニス** ヤンニス ヨアニス **Yannuzzelli** ヤヌセリ **Yano** ヤノ **Yanov** ヤーノフ* **Yanovskaya** ヤーノフスカヤ **Yanovski** ヤノフスキー **Yanovych** ヤノビッチ **Yansane** ヤンサネ **Yanshin** ヤンシン* **Yansons** ヤンソンス **Yantong** イエヌトン **Yanuck** ヤヌック **Yanukovych** ヤヌコヴィッチ*	**Yarborough** ヤーブロー ヤーボロー ヤボロウ **Yarbro** ヤーブロ **Yarbrough** ヤーブロー ヤーブロウ ヤボロウ **Yarbrougt** ヤーブロウ **Yarbusova** ヤールソヴァ ヤルブーソヴァ* ヤールブソワ **Yard** ヤード **Yarden** ヤーデン **Yardeni** ヤーデニ ヤルデニ

Yardley
ヤードリ
ヤードリー*
ヤードレー*
ヤルドレイ
Yare ヤイール
Yared
イェアード
ヤーレ
ヤレド
Yaremenko
ヤリョメンコ
Yaresko ヤレスコ
Yargelis ヤルヘリス*
Yarger ヤーガー
Yarham ヤーハム
Yari ヤリ
Yarin ヤーリン*
Yarington
ヤリングトン
Yarisley ヤリスレイ
Yariv
ヤリーヴ*
ヤーリフ
ヤーリブ
ヤリーフ*
ヤリフ
ヤリブ*
Yark
ヤーク
ヤルク
Yarka ヤルカ
Yarkony ヤーコニー
Yarlett ヤーレット
Yarmolenko
ヤルモレンコ
Yarmouth ヤーマス
Yarmuhammed
ヤルムハメト
Yarnall ヤーナル
Yarnell ヤーネル*
Yarnold ヤーノルド**
Yaro ヤロ
Yaron
ヤーロン*
ヤロン*
Yaropolk ヤロポルク
Yaroshchuk
ヤロシチュク
Yaroshenko
ヤロシェンコ
Yaroshinska
ヤロシンスカヤ
Yaroshinskya
ヤロシンスカヤ
Yaroslav ヤロスラフ*
Yaroslava
ヤロスラーバ
ヤロスラワ
Yaroslavlich
ヤロスラーヴィチ
Yarotska ヤロツカ
Yarotskaya
ウアロツカイア
Yarou ヤル
Yarov ヤロフ*
Yarros ヤロス

Yarrow
ヤーロー
ヤロー
ヤーロウ*
ヤロウ
Yārshāter
ヤールシャーテル
Yarub
ヤアラブ
ヤルブ
Ya'rub ヤアルブ
Yárub ヤルブ
Yarvet ヤルヴェト
Yarvin ヤーヴィン
Yarwood ヤーウッド
Yarygin ヤリギン
Yas ヤズ
Yasa ヤサ
Yasadatta ヤサダッタ
Yaśapāla ヤシュパール
Yasar
ヤサル
ヤシャル
Yasār ヤサール
Yaşar ヤシャル**
Yasavī ヤサヴィー
Yasawī ヤサヴィー
Yasay ヤサイ
Yascha ヤシャ
Yaseen ヤースィン
Yasemin ヤセミン*
Yasen ヤセン
Yaser ヤーセル
Yāser ヤセル
Yash
ヤシュ**
ヤッシュ
Yashar ヤシャール
Yashavantha
ヤシャワンタ
Yashin
ヤーシン*
ヤシン*
Yashio ヤシオ
Yashpal ヤシュパール
Yashruṭī
ヤシュルティー
Yashruṭiya
ヤシュルティーヤ
Yashwant
ヤシュワント**
Yasiel ヤシエル
Yasin
ヤシーン
ヤシン
Yāsīn
ヤーシーン
ヤシーン
ヤースィーン
Yasir ヤーシル
Yāsir
ヤースィル
ヤセル
Yāska ヤースカ
Yaskevich
ヤスケビッチ

Yasko ヤスコ
Yasmani
ヤスマニ
ヤズマニ
Yasmany ヤスマニ
Yasmany Daniel
ヤスマニーダニエル
Yasmeen
ヤスミーン
ヤズミーン
Yasmin
ヤスミン**
ヤズミン
Yasmina ヤスミナ**
Yasmine
ヤスミーヌ
ヤスミン
Yasna ジャスナ
Yasnier ヤスニエル
Yasnoff ヤスノフ
Yaśodharā
ヤショーダラー
ヤソーダラー
Yaśodharman
ヤショーダルマン
Yasoja ヤソージャ
Yaśomitra
ヤショーミトラ
Yasonna ヤソンナ
Yaśovarman
ヤショーヴァルマン
ヤショヴァルマン
ヤショバルマン
ヤソヴァルマン
Yaśpāl ヤシュパール
Yasseen ヤシン
Yasser
ヤセル**
ヤッサー
Yassin ヤシン**
Yassine
ヤシネ
ヤシン
Yassir ヤシル
Yasskin ヤスキン
Yassky ヤスキー
Yassu ヤス
Yaster ヤスター
Yastrow ヤストロウ*
Yastrzemski
ヤストレムスキー*
Yastrzhembskii
ヤストルジェムスキー
ヤストルジェムブス
キー
ヤストロジェムフス
キー
Yastrzhembsky
ヤストルジェムスキー
ヤストルジェムブス
キー
ヤストロジェムフス
キー
Yasuda ヤスダ
Yasuhara ヤスハラ
Yasui ヤスイ

Yaszemski
ヤセムスキー
Yat ヤート
Yatabare ヤタバレ
Yatchenko ヤチェンコ
Yates
イェーツ
イェーツ*
イェーツ***
イェーツ**
イェツ
イェッツ
エイツ
Yath'ar Dhu
ヤタールドゥ
Yathay ヤータイ
Yathotou ヤトトゥ*
Yati ヤティ**
Yatilman ヤティルマン
Yatim ヤティム*
Yatindra ヤティンドラ
Yatiswarananda
ヤティシュワラーナン
ダ
Yato ヤト
Yatori ヤトリ*
Yatsenko ヤツェンコ
Yatsenyuk
ヤツェニュク*
Yatskevich
ヤツケビッチ
Yatsko ヤツコ*
Yatsu イェイツ
Yatsuba ヤツバ
Yau
ヤウ*
ヤオ*
Yauch
ヤウク*
ヨーチ
Yauhleuskaya
エフレフスカヤ
ヨーレウスカヤ
Yavelow ヤベロウ
Yavene'eli ヤブネリ
Yaver ヤベル
Yaverbaum
ヤヴァーバウム
Yavin ヤヴィン
Yavlinski
ヤブリンスキー
Yavlinskii
ヤヴリンスキー*
ヤブリンスキー
Yavlinsky
ヤヴリンスキー
ヤブリンスキー
Yav Muland
ヤブムラン
Yavor
ヤヴォル
ヤボル
Ýavorov
ヤーヴォロフ
ヤヴォロフ

Yavuukhulan
ヤボーホラン
Yavuz ヤフズ
Yaw
ヤウ*
ヤオ
ヨー
ヨウ
Yawa ヤワ
Yawar ヤワル*
Yawei ヤアウェイ
Yawkey ヨーキー
Yaworski
ヤウォルスキー
Yawovi ヤオビ
Yax ヤシュ
Yaxley ヤクスリー
Yaya ヤヤ*
Yayan ヤヤン*
Yaye ヤイエ
Yayi ヤイ*
Yaylym ヤイルィム
Yazan ヤザン
Yazbek ヤズベク
Yazdani ヤズダニ
Yazdanicharati
ヤズダニチャラティ
Yazdani Cherati
ヤズダニチャラティ
Yazdgard
ヤズダギルド
ヤズデギルド
ヤズデゲルド
ヤズドガルド
Yazdi
ヤズディ
ヤズド
Yazdī
エズディー
ヤズディー
Yazejian イェゼジアン
Yazgan ヤズガン
Yazghi ヤズギ
Yazguly ヤズグリ
Yazici ヤズジュ*
Yazıcıoğlu
ヤズジュオール
Yazid ヤジド
Yazīd ヤズィード
Yazidi ヤジディ
Yazīdī ヤズィーディー
Yazīdīyūn
ヤズィーディー
Yazigi ヤジジ
Yāzijī
ヤージジー
ヤーズィジー
Yazjizadeh
ヤズィジザデ
Yazmuhammedova
ヤズムハメドワ
Yazmyradov
ヤズムイラドフ
Yazmyrat
ヤズムイラト

Yazora ヤゾラ
Yazov ヤーゾフ／ヤゾフ*
Yazova ヤゾヴァ
Yazykov ヤズイコフ
Yazzie ヤジィ
Ybarra イバラ
Ybl イブル
Yda イイダ
Yde イーディー
Ye イェ／イェー／イエ**／イェエ／ユー
Yeack イーク*
Yeadon イェードン
Yeafesh ヤフェス
Yeager イェーガー**／イェガー／イェガー／イーガー
Yealy イェリー
Yeaman イーマン／エンマン
Yeany イェーニィ
Yeardley イヤードリー
Yeargan ヤーガン
Yearsley イエースレイ／イヤーズレイ
Yearwood イヤーウッド*
Yeary イヤリー
Yeates イェイツ／イーツ
Yeatman イェイトマン／イェトマン**
Yeats イェイツ／イェイツ*／イェェツ／イェーツ**／イェーツ**／イエツ／イーツ
Yeazell イーゼル
Yeboah エボワ*
Yebra エブラ
Yechezkel エヘズケル
Yedder イェデル
Yee イー**
Yee Kuk イークク
Yeeling イェーリング／イーリング
Yeend イーンド
Yeerlanbieke Katai エルランビエケカタイ
Yee-song イソン

Yee vani イーヴァニー
Yefei イェフェイ
Yeffeth イェフェス
Yefim イェフィム*／エフィーム
Yefimova エフィモワ*
Yefimovich エフィモヴィチ
Yeflm イェフィム
Yefremov エフレーモフ
Yefrey イェフリー
Yefri イェフリ
Yegeleyev エゲレエフ
Yeghishe エギシェ
Yego イェゴ**
Yegor イェゴール／エゴール
Yegorov エゴロフ
Yegorova エゴローワ／エゴロワ
Yeh イェ／イェー／イエ／イップ／イプ
Yehezkel イェヘッケル
Yeh-hsien ヤセン
Yehia ヤヒヤ
Yehiel イェヒェル／イエヒェル／エヒェル
Yeh-jin イェジン
Yehling イェリング
Yehoash イェホアシュ
Yehoram エホラム
Yehoshafat イェホシャファト*
Yehoshua イェホシュア*／イエホシュア／エホシュア／ヨシュア
Yehuda イェーダ／イェフーダ／イェフダ***／イェフダー／イエフダ／エフダ／ヤフダ／ユフダ
Yehudah イェフダー
Yehûdāh イェフダ
Yehude イェウデ
Yehudi イェフーディ／イェフディ／イェユーディ／エフディ／ユーディ*

Yehum イェフィム
Yeivin イェイヴィン
Ye-jin イェジン*
Yekaterina イェカテリーナ／エカテリーナ*／エカテリナ
Yekhanurov エハヌロフ*
Yekini イェキニ*
Yekretn エクレム
Yekuno イェクノ
Yekutiel イエクティエル
Yelagin エラギン
Yelahow イェラハウ
Yelchin イェルチン**
Yelda イェルダ
Yeldon イェルドン
Yeldos エルドス
Yelemou イェレム
Yelena イェレナ／ウェレーナ／エレーナ**／エレナ*
Yelesina エレシナ*
Yeleuov エルオフ
Yeleusinov エレウシノフ
Yeleussinov エレウシノフ
Yelich イェリッチ
Yelisseyeva エリセイエワ
Yelizarov エリザロフ
Yelle イェール／イエル
Yellen イェレン*／イエレン**
Yellin イェリン*／イェリン**
Yellow イエロー
Yellowlees イエローリーズ
Yellow Man イェローマン
Yelsey イェルシー
Yeltsin エリツィン***
Yeluwadji イェルワジ／ヤラワチ
Yemane イエマネ／ヤマネ
Yemans イェーマンス
Yemchuk イェムチュク／エムチュク
Yemelyanov ウェメリアノヴ／エメリヤノフ
Yemen イェメン

Yemets エメツ
Yemi イェミ
Yemini イェミニ
Yen イェン**／エン
Yenal エナール
Yenawine イェナワイン／ヤノウィン
Yen Chee エンチー
Yency イェンシー
Yengane イェンガネ
Yengibaryan エンギバリアン
Yen-hsun エンスン
Yeniay エニアイ
Yeniterzi イェニテルズィ
Yenne イェーン
Yennurajalingam エンヌラヤリンガム
Yenny イェニー
Yenokyan エノキャン
Yensabai ジェンサバーイ*
Yensen イェンセン
Yentchabré イェンチャブレ
Yentchare イェンチャレ
Yen Yen イェンイェン
Yeo イオ／イヨ／イヨオ*／エイドリアン／ヤオ／ヨ*／ヨー**／リョ
Yeoh ヨー*
Yeo-joon ヨジュン
Yeol ヨル
Yeol Eum ヨルム
Yeom イェヨム
Yeoman ヨーマン*
Yeomans ヨーマンズ
Yeo Myeong ヨミョン
Yeon イェオン／イオン
Yeonah ヨナ
Yeon-chul ヨンチョル
Yeong ヨン*／ヨング
Yeong-ae ヨンエ*
Yeong-Cheol ヨンチョル
Yeong-ju ヨンジュ*
Yeong-kun ヨングン
Yeong-min ヨンミン
Yeon-ho ヨンホ
Yeonho ヨンホ

Yeon-koung ヨンギョン*
Yeon-su ヨンス*
Yeon-Tok イオントク
Yeo-sun ヨソン*
Yeoungsuk ヤングスック
Yeovil ヨーヴィル／ヨウヴィル
Yep イェップ**／ヤップ
Yepes イェペス／イエペス*
Yépez エペス
Yepsen イェプセン
Yerach イェラッハ
Yeraliyev エラリエフ
Yeranosian エラノシアン
Yeray イェライ
Yerbabuena ジェルバブエナ
Yerbol エルボル
Yerbolat エルボラト
Yerby ヤービー**／ヤービィ
Yeremyan エレミャン
Yeretskaya イエリヤツカヤ
Yereyere イェレイェレ
Yergeau イエルギュー
Yergin ヤーギン**
Yerima エリマ
Yérima イェリマ
Yerima Pierre イェリマビエール
Yerimbetov エリムベトフ
Yeritsian エリチャン
Yeritzyan エリツャン／エリツヤン
Yerkes ヤーキーズ／ヤーキス／ヤーキズ**／ヤークス*／ヨーキズ
Yerko イエルコ
Yerlan イェルラン／エルラン
Yerlikaya イェルリカヤ**／イエルリカヤ
Yermak イェルマク
Yermakhan イエルマハン*
Yermakova エルマコワ
Yermekbayev エルメクバエフ
Yermilov エルミロフ

Yermo	イェルモ
Yermolayev	エルモラエフ
Yermoshin	エルモシン*
Yermukhamet	エルムハメト
Yero	イェロ
Yéro	イェロ / イエロ
Yerofeeva	エロフィエバ
Yeroshina	エロシナ
Yerovi	ジェロビ
Yerrigadoo	イエリガドゥ / エリガドゥー
Yerrill	イェリル
Yershov	ウェルショヴ
Yersin	イェルサン / イェルシン / エルサン
Yer-su	ヨス
Yertysbaev	エルトィスバエフ
Yerushalmi	イェルシャルミ*
Yervand	イェレバンド / エルワンド
Yerxa	ヨークサ*
Yeryomenko	ウェリオメンコ
Yescombe	イェスコム
Ye Sein	イェセイン
Yesenbayev	エセンバエフ
Yesenin	エセーニン
Ye-seo	イェソ*
Ye śes	イェーシェ
Ye-ses	イェシェー
Yeśes	イェーシェ
Yesetzhan	エセトジャン
Yeshahu	エシャヤフ
Yeshaneh	イエシャネ
Yeshayahu	イシャヤウ
Ye shes dpal 'byor	イェーシェーベルジョル
Ye shes 'od	イェーシェーウー
Ye shes sde	イェーシェーデ
Yeshey	イエシェイ / イシェイ
Yeshi	イェシ / イェシェー**
Yeshmambetov	エシマムベトフ
Yeshurun	イェシュロン
Yeshwantrao	イェシュワントラオ*
Yesid	ジェシ
Yesil	イェジル
Yesilirmak	エシリルマク
Yesim	イェシム / イエスィム
Yesimov	エシモフ
Yessayan	イェサヤン
Yessis	イェシス*
Yesso	ヤッソ
Yesü	イェス / イス
Yesudian	エスディヤン
Yesügei	イェスゲイ / エスゲイ
Yesün	イェス / イェスン
Yesung	イェソン
Yet	イェット
Yeth	イェット
Yetman	イェトマン
Yetmeng	イェトミン
Yetter	イッター
Yetts	イェッツ
Yeun	ヨン
Yeung	イェウン / イェン** / ヤン* / ヤング / ユン
Yeutter	ヤイター*
Yevdokimova	エフドキモワ
Yevele	イェーヴェル / イェヴェル
Yevelow	ヤヴェロウ / ヤベロウ
Yevgen	エブゲン
Yevgeni	ウェヴゲニー / エフゲーニ / エフゲニー
Yevgenia	エフゲーニャ* / エフゲニャ*
Yevgeniy	エフゲニー / エフゲーニイ
Yevgeniya	エフゲニヤ / エフゲニーヤ*
Yevgeny	エフゲニー** / ユージン*
Yevgenyevich	エヴゲニエヴッチ
Yevhen	イェヘン / イェフゲン / エフゲン
エフヘン* / エーヘン*	
Yevich	イェヴィッチ
Yevloyev	エフロエフ
Yevonde	イェヴォンデ
Yevstigneev	エフスティグネエフ
Yew	ユー* / ユウ / ヨー
Yew Hock	ユーホック
Yezdī	ヤズディー
Yezdigird	イェズディギルド
Yezhel	エジェリ
Yezierska	イェジアースカ / イェジェルスカ / イェズィスカ / イージアスカ / イジェアスカ
Yezzi	イェッツィ / イェッツィ
Ygeman	イーゲマン
Yggeseth	イグセト*
Yglesias	イグレシアス*
Ygor	イーゴリ
Yhency	イェンシー
Yhonathan	ヨナサン
Yi	イ** / イー* / イン
Yiannakou	ヤナク
Yiannis	ヤニス
Yiannitsis	ヤニツィス
Yiannos	ヤノス
Yi-bing	イービン
Yi-bo	イーボー
Yi-cheng	イーチェン
Yi-chong	イジョン
Yi-dam	イダム
Yieleh	イーレ
Yien	イェン
Yi-fei	イーフェイ
Yifrah	イフラ
Yifru	イフル
Yiftach	エフタ*
Yifter	イフター
Yi-fu	イーフー**
Yigael	イガエル**
Yigal	イイガル / イガル
Yigrem	イグレム
Yih	イー
Yi-horn	イホン
Yi-Hsuan	イーシュアン
Yi-hyock	イヒョク
Yi-hyun	イヒョン*
Yijie	イージェ
Yijing	イージン
Yildiray	イルディライ / イルディレイ
Yildirim	ユルドゥルム**
Yildrim	イルディルム
Yildiz	イルディズ / イルディツ / ユルドゥズ
Yildrim	イルディルム* / ユルドゥルム
Yile	イーレ
Yi-Ling	イーリン
Yilmaz	イルマーズ / イルマズ / イルマツ / ユルマズ***
Yil-woong	イルウン
Yim	イム** / ジム / ユイム
Yimi	イミ
Yimin	イーミヌ
Yi-mou	イーモウ
Yin	イェン / イヌ / イン*
Yi-nan	イーナン*
Yinan	イーナン
Ying	イェン / イン**
Ying Chow	インチョウ
Yinger	インガー
Ying-jeou	インチウ
Yingluck	インラック*
Ying Sheung	インシュン
Ying-Tzu	インツー
Ying Wen	インウェン
Yingyi	インギ
Yinka	インカ
Yiorgos	ヨルゴス
Yip	イェー / イップ** / イプ
Yipene	イペネ
Yipènè	イェペネ
Yiqing	イーキン*
Yira	イラ
Yirdaw	イェルダウ
Yi-ren	イーレン
Yirmiahu	イルミヤフ
Yirmisekiz	イルミセキズ
Yirmiyahu	イルミヤフ
Yishai	イシャイ
Yisḥaq	イッハーク
Yi-Sheng	イーシェン
Yisrael	イスラエル
Yiśra'el	イスラエル*
Yisü	イス
Yitang	イータン*
Yitshak	イツハック
Yitta	イタ
Yitzchak	イサク / イツハク
Yitzc'hok	イツホク
Yitzhak	イサク / イツアク / イツァーク / イツハク / イツハーク* / イツハク***
Yitzkhok	イツハーク / イツハク* / イツホク
Yiu	イウ / ユー
Yivun	イーユン
Yi-wen	イーウェン
Yiwen	イウェン
Yi Young	イヨン
Yi-yun	イーユン*
Yiyun	イーユン
Yizhak	イツハク
Yizhar	イツハル
Yi-zi	イーズー
Ykema	イケマ
Ykhanbai	ウハンバイ / ヤハンバイ
Ykoubou	イクブ
Y Lan	イーラン
Yldash	ヨルダシ
Yldefonzo	イルデフォンゾ
Ylianttila	ユリアンティラ
Yli-Hannuksela	イリハンヌクセラ
Ylinen	イリネン
Ylipulli	イリプリ
Ylla	イーラ*
Yllana	イジャーナ
Ylli	イリ* / ユリ
Ylönen	イロネン
Ylva	イルヴァ / イルバ
Ylvisaker	イルヴィサカー
Yma	イマ
Ynes	イネス
Ynestra	イネストラ
Yngve	イングヴィ / イングベ

Yngwie
  イングウェイ
  イングウェイ**
  イングベイ
Ynoa
  イノーア
  イノア
Yntema インテマ
Yo ヨー*
Yoadimnadji
  ヨアディムナジ*
Yoah ヨア
Yoakam
  ヨアカム
  ヨーカム
Yoakum ヨーカム*
Yoan ヨアン
Yoane ヨアン
Yoann ヨアン**
Yoav
  ヨアヴ
  ヨアブ
Yob ヨブ
Yober ヨベル
Yobert ヨベル
Yobes ヨベス
Yobo ヨボ
Yoccoz
  ヨコス
  ヨコツ
Yochai ヨハイ
Yo-chan ヨチャン
Yocheved ヨヘベッド*
Yock ヨック
Yock Suan ヨクスアン
Yockteng
  ジョクテング*
Yocum
  ヨーカム*
  ヨカム
Yoda ヨダ
Yoda-konkobo
  ヨダコンコボ
Yoder
  ヨウダー
  ヨーダー**
  ヨダー
Yodfat ヨトファト
Yodgoroy ヨドゴロイ
Yodhisthira
  ユディシュティラ
Yodmani ヨートマニー
Yoe ヨー
Yoe-hwan ヨファン
Yoel
  ジョエル
  ヨエル*
Yoel Segundo
  ヨエルセグンド
Yoelson ヨエルソン
Yoenis ヨエニス*
Yoffe ヨッフェ
Yoffie
  ヨッフィー
  ヨフィー*
Yoffreda ジョフレダ

Yogananda ヨガナンダ
Yoganson ヨガンソン
Yogaswarupananda
  ヨーガスワルパナンダ
Yogendra
  ヨーゲンドラ
Yogeshwar
  ヨゲシュワル
Yogeshwaranand
  ヨーゲシヴァラナンダ
Yogev ヨゲヴ
Yogi
  ヨーギ
  ヨーギー*
  ヨギ**
Yogida ヨギダ
Yogindra
  ヨーギーンドラ
Yogīndranāth
  ジョギンドロナト
Yogiraj ヨギラジ
Yohalem ヨハレム
Yo-han ヨハン
Yohan
  ヨアン
  ヨーガン
  ヨハン*
Yohana
  ヨアンナ
  ヨハナ
Yohanan
  ヨアナン
  ヨハナン
Yohander ヨアンダー
Yohann ヨアン
Yohe ヨーエ
Yohn ヨーン
Yoichi ヨーイチ
Yo-jong ヨジョン*
Yok
  ヨク*
  ヨック
Yoka
  ヨーカ
  ヨカ*
Yokabdjim ヨカブジム
Yoke Lin ヨクリン
Yoki ヨキ
Yoko ヨーコ*
Yokococo ヨウココロ
Yokoland ヨーコランド
Yokthai ヨックタイ*
Yolana ヨラーナ
Yolanda
  ヨーランダ
  ヨランダ***
Yolande
  ヨーランダ
  ヨランダ*
  ヨランデ*
  ヨーラーンド
  ヨーランド
  ヨランド
Yolany ジョラニ
Yolbars ヨルバルス
Yoldi ヨルディ

Yolen ヨーレン**
Yolly ヨールイ
Yolmer ヨルマー
Yolton ヨルトン
Yom ヨム**
Yoma
  ジョマ
  ヨマ
Yombo ヨンボ
Yombouno
  ヨンブノ
  ヨンボウノ
Yommarat
  ヨムマラート
Yomtoob ヨントーブ
Yom Tov ヨムトブ
Yom-tov ヨムトブ
Yon
  イオン
  ユン*
  ヨン**
Yona
  ヨーナ
  ヨナ***
Yonah
  ヨーナ
  ヨナ
Yonas ヨナス
Yonath
  ヨナス
  ヨナット*
Yoncy ヤンシー
Yonder ヨンダー
Yondon ヨンドン
Yondongiin
  ヨンドンギーン
Yone ヨン
Yoneda ヨネダ
Yong
  ヤン
  ヤング
  ヨーン
  ヨン**
  ヨング
Yongbo ヨンボー
Yong-bok ヨンボク
Yong-chae ヨンチェ
Yongchaiyudh
  ヨンチャイユット
  ヨンチャイユート*
Yongchaiyuth
  ヨンチャイユット
  ヨンチャイユート
Yong-chan ヨンチャン
Yongchan ヨンチャン
YongCheol ヨンチョル
Yong-chin ヨンジン
Yong-chol
  ヨンチョル**
Yong-choul ヨンチョル
Yong-chul ヨンチョル
Yong-chun
  ヨンチュン**
Yong-dae ヨンデ*
Yongden ユンテン

Yong-deok ヨンドク
Yongdzin ヨンジン
Yonge
  ヤング
  ヨング
Yong-eun ヨンウン
Yongey ヨンゲイ
Yong-fan ヨンファン
Yong-gi ヨンギ*
Yong-gil ヨンギル*
Yong-gon ヨンゴン
Yong-guk ヨングク*
Yong-gwan ヨングァン
Yong Gwang
  ヨングァン
Yong-gwang
  ヨングァン
Yong-gyun ヨンギュン
Yonggyun ヨンギュン
Yong-ha ヨンハ*
Yong-hak
  ヨンハ
  ヨンハク
  ヨンハッ*
Yong-hao ヨンハオ
Yong-hee ヨンヒ
Yong-ho ヨンホ*
Yong-hoon ヨンフン*
Yonghoon ヨンフン
Yong-hua ヨンホワ
Yong-hui ヨンヒ
Yong-hun ヨンフン
Yong-hwan ヨンファン
Yongik ヨンイク
Yong-il ヨンイル**
Yong-Ja ヨンジャ
Yong-jae ヨンジェ
Yong-jeung ヨンジョン
Yong Jian ヨンジェン
Yong-jik ヨンジク
Yong-jin ヨンジン**
Yong-jo ヨンジョ
Yongjo ヨンジョ
Yong-joo ヨンジュ
Yong-joon
  ヨンジュン*
Yong-joong ヨンジュン
Yong Ju ヨンジュ
Yong-ju ヨンジュ**
Yong-jun ヨンジュン
Yong-kang ヨンカン
Yong-koo ヨング
Yong-kwan ヨングァン
Yong-kyun ヨンギュン
Yong-man ヨンマン*
Yong-mo ヨンモ
Yong-mu ヨンム*
Yong-myung
  ヨンミョン
Yong-nam ヨンナム*

Yong-nok ヨンノク
Yong-o ヨンオ
Yong-oh ヨンオ
Yong-pil ヨンピル*
Yong Ping ヨンピン
Yong-pyo ヨンピョ*
Yong-pyung
  ヨンピョン
Yong-rim ヨンリム*
Yong-rip ヨンリプ
Yong-rok ヨンロク
Yong-sam ヨンサム
Yongsam ヨンサム
Yong-sang ヨンサン
Yong-seon ヨンソン
Yong-shin ヨンシン
Yong-shun
  ヨンジュン*
Yong-sik ヨンシク*
Yongsik ヨンシク
Yong-sok ヨンソク
Yong-son ヨンソン
Yong-soo ヨンス
Yong-sop ヨンソプ
Yong-su ヨンス
Yong Suk ヨンスク
Yong-suk ヨンソク
Yong-sun
  ヨンスン**
  ヨンソン
Yong-sung ヨンソン*
Yong-sup ヨンソプ
Yong-tae ヨンテ
Yong-tai ヨンタイ
Yong-teack ヨンテク*
Yong Uck ヤンウク
Yong-un ヨンウン*
Yong-wha ヨンファ
Yong-won ヨンウォン
Yong-woo ヨンウ
Yong-woon ヨンウン*
Yongxing ヨンシン
Yongyoot ヨンユット
Yongyuth
  ヨンユット*
  ヨンユート
Yon-hyon ヨンヒョン
Yoni ヨニ
Yon-ja ヨンジャ*
Yonkers ヨンカーズ
Yonli ヨンリ
Yonnel ヨネル
Yon-tae ヨンテ
Yon tan ヨンテン
Yon-tan ユンテン
Yon tan grags pa
  ヨンテン・タクパ
Yon-wook ヨウンウク
Yoo
  ユ**
  ユー

Yoo-chae ユチェ	Yorinks ヨーリンクス*	Yotov ヨトフ	Young-bock ヨンボク	Young-ku ヨング
Yoo-hang ユハン	York ヨーク***	Yotty ヨッティ	Young-bok ヨンボク	Young-kwan ヨングァン
Yoo-hyun ユヒュン	Yorke ヨーク***	You ユ* ユー ヨウ	Young-boo ヨンブ	Young-kwang ヨングァン
Yoo-jae ウジェ	Yorkey ヨーキー		Young-bum ヨンボム	
Yoojin ユジン	Yorkin ヨーキン		Young-Chan ヨンチャン	Young-kyo ヨンギョ
Yoo-jung ユジョン	Yorkis ヨルキス	Yóu ユー		Young-kyoo ヨンギュ
Yo-ok ヨク*	Yorkshire ヨークシャー	Youatt ユーアット ユアット	Young-chel ヨンチョル	Young-kyoung ヨンギョン
Yook ユク			Young-cheol ヨンチョル*	
Yoon ユーン** ユン** ヨーン*	Yorkston ヨークストン	Youba ユバ	Young-cho ヨンジョ	Young-kyun ヨンギュン
	Yoro ヨロ	Youbi ユビ	Young-choul ヨンチョル	Youngman ヤングマン*
	Yorou ヨロウ	You-bong ユボン		
	Yorov ヨロフ	Youcef ユセフ*	Young-chul ヨンチョル	Youngme ヤンミ
Yoon-a ユナ*	Yorton ヨートン	You-chen イーチェン	Young-chun ヨンチュン	Young-mi ヨンミ*
Yoona ユナ	Yorty ヨーティ	You Dae ユデ		Young-min ヨンミン
Yoon Ah ユナ	Yorzyk ヨージク	Youde ユード*	Young-dai ヨンデ	Young-mo ヨンモ
Yoon-ah ユナ	Yo-sam ヨサム**	Youdell ユーデル ヨーデル	Young-dal ヨンダル	Young-mok ヨンモク
Yoon-chul ユンチョル	Yosbany ヨスバニ		Young-deok ヨンドク	Young-moo ヨンム*
Yoon-dae ユンデ	Yose ヨセ		Young-do ヨンド**	Young-moon ヨンムン
Yoon-deok ユンドク	Yosef ヨーセフ ヨセフ*** ヨッシー	Youds ユーズ	Young-don ヨンドン	Young Myung ヨンミョン
Yoong ユーン*		Youell ユール ヨーエル	Young-doo ヨンドゥ*	
Yoon-hak ユナク			Youngentob ヤンゲントブ	Young-myung ヨンミョン
Yoon-Ho ユンホ				
Yoon-jeong ユンジョン*	Yo-seop ヨソプ	Youg-suk ヨンソク	Younger ヤンガー**	Youngna ヨンナ
Yoon-jin ユンジン	Yoseph ヨセファ*	Youg-xing ヨンシン	Young-gack ヨンガク	Young-nam ヨンナム
Yoon-joo ユンジュ	Yosh ヨシ	You-hwan ユファン	Young-gi ヨンギ	Young-ok ヨンオク
Yoon-keun ユングン	Yoshik ヨシク	You-jeong ユジョン	Young-gil ヨンギル*	Youngor ヤンゴー
Yoon-ki ユンギ*	Yoshiko ヨシコ*	Youjia ユージア	Young-gwon ヨングン*	Young-rae ヨンネ ヨンレ
Yoonpund ユーンブン	Yoshimura ヨシムラ	Youkilis ユーキリス*		
Yoon-se ユンセ	Yoshinaga ヨシナガ	Youl ユール	Young-gyun ヨンギュン	
Yoon-soo ユンス	Yoshio ヨシオ	Youla ユーラ ユラ	Young-ha ヨンハ*	Youngren ヤングレン
Yoon-suk ユンソク	Yoshiteru ヨシテル		Young-hae ヨンヘ	Youngs ヤング ヤングス** ヤングズ
Yoon wah ユンワ	Yoshito ヨシト		Young-hak ヨンハク	
Yoon-whan ユンファン**	Yoshitomi ヨシトミ	Youm ユム	Young-han ヨンハン	
Yoon-woo ユンウ*	Yoshiyama ヨシヤマ*	Youman ユーマン	Young-hee ヨンヒ**	Young-saeng ヨンセン
Yoors ヤーズ	Yoshiyuki ヨシユキ	Youmans ユーマン ユーマンス ユーマンズ* ユマンズ	Young-hie ヨンヒ	Young-sam ヨンサム**
Yoosuf ユースフ	Yoshua ヨシュア		Young-ho ヨンホ	
Yoovidhya ユーウィッタヤー	Yosif ジョセフ ヨシフ ヨセフ		Youngholm ヤングホーム	Young-san ヨンサン
Yopaat ヨパート		You-mei ユーメイ	Young-hoon ヨンフン**	Young-sang ヨンサン
Yoram ヨーラム* ヨラム*	Yosifovich ヨシフォビッチ	Youn ユン*		Young-se ヨンセ
	Yosiwo ヨシオ	Younbaii ヤンバイ	Younghusband ヤング・ハズバンド ヤングハズバンド**	Young-seok ヨンソク
Yoran ヨラン	Yoskovitz ヨスコビッツ	Youn-choon ヨンチュン		Youngseok ヨンシク ヨンソク
Yorath ヨラス	Yosodipuro ヨソディプロ	Younes ユニス ユーネス ユネス*		
Yorck ヨルク			Young-hwan ヨンファン*	Young-sik ヨンシク
Yordan ヨーダン ヨルダン	Yoss ジョシュ		Young-hyun ヨンヒョン	Young-so ヨンソ
	Yossef ヨセフ*			Youngson ヤンサン ヤングソン* ヤンソン
Yordanka ヨルダンカ	Yossi ヨシ ヨスィ ヨッシ ヨッシー	Youness ユーネス	Young-iel ヨンイル	
Yordano ヨルダノ		Young ヤン** ヤング*** ヨン* ヨング	Young-il ヨンイル	
Yordanov ヨルダノフ			Young Jae ヨンジェ	Young-soo ヨンス
Yordanova ヨルダノバ	Yossif ヨシフ		Young-jae ヨンジェ*	Young-sook ヨンスク**
Yordi ジョルディ	Yossifov ヨシフォフ		Youngje ヨンジェ	Young-souk ヨンソク
Yordphol ヨッポン	Yost ヨースト* ヨスト*	Young-ae ヨンエ*	Young-jin ヨンジン	Young Soun ヨンスン
Yorgelis ヨルヘリス		Young-ah ヨナ	Young-johng ヨンジョン	Young-su ヨンス
Yorgos ヨルゴス*		Young-bae ヨンベ	Young-joo ヨンジュ	Young-suk ヨンソク
Yorgova ヨルゴバ ヨルゴワ	Yosypenko ヨシペンコ	Youngberg ヤングバーグ	Young-joon ヨンジュン	Young-sun ヨンソン*
	Yot ヨット	Youngbird ヤングバード*		Young-tae ヨンデ
Yoric ヨリク	Yothers ヨザース	Youngblood ヤングブラッド*	Young-ju ヨンジュ	Young-taek ヨンテク
Yorick ヨリック	Yothin ヨーティン		Young-jun ヨンジュン	Young-tai ヨンテ
	Yotopoulos ヨトポロス		Young-koo ヨング	

Young-tak ヨンタク
Young-won ヨンウォン
Young-woo ヨンウ
Young-yol ヨンヨル
Youn-hak ユンハク
Youn-ho ユンホ
Younis ユニス
Youn-jeong ユンジョン
Younos ユーヌス
Younous ユヌス
Younousmi ユヌスミ
Yount
　ヤント
　ヨーント*
Younus ヨナス
Youp ユープ
Youra
　ユーラ
　ヨウラ
Yourcenar
　ユールスナール
　ユルスナール**
　ユルスナル
Yourdon
　ヤードン
　ヨードン*
Yourgran ユアグロー
Yourgrau
　ユアグロー**
　ユールグラウ
Youri
　ユーリ**
　ユーリー
Yourick ユーリック
Youry ユーリ
Yousaf
　ユーサフ
　ユサフ
Yousafzai
　ユスフザイ**
You-sang ユサン
Youschkevitch
　ユシケーヴィチ
Yousef
　ユスフ
　ユーセフ*
　ユセフ
　ヨセフ
Yousefi ユーセフィ
Yousem ユーサム
Yousfi ユースフィー
Youshimatz
　ユシマッツ
Yousif
　ユーシフ
　ユースフ
　ユーセフ
　ヨウシフ
Youskevitch
　ユスケーヴィチ
　ユースケヴィッチ
　ユースケビッチ
　ユスケビッチ
Yousof ヨサフ
Yousouph ユスフ
Yousry
　ユースリ

Youssef
　ユースフ*
　ユスフ*
　ユーセフ**
　ユーゼフ
　ユセフ*
　ヨセフ
Youssou ユッスー*
Youssouf
　ユスフ*
　ユーゾフ
　ユソフ
Youssoufa ユスファ
Youssoufi
　ユースーフィ**
　ユスフィ
Youssoupha
　ユースファ
Youssoupoff ユスポフ
Youssoupov ユスポフ
Yousuf
　ユサフ*
　ユースフ
　ユスフ
Yousufuzai ユスフザイ
Youtevong
　ユッテヴォン
Youth ユース
Youtsler ユーツラー
Youville ヨーヴィル
You-you ユーユー
Youzhny ユージニー
Yovani ヨバニ*
Yovchev ヨブチェフ
Yovel ヨベル*
Yovkov ヨフコフ
Yow ヤウ
Yoweri ヨウェリ**
Yowlys ヨウリス
Yo-won ヨウォン*
Yoxall ヨクスオール
Yo-Yo ヨーヨー*
Yoyo ヨーヨー
Ypersele イベルゼル
Ypma イプマ
Ypsilanti
　イプシランチ
　イプシランティ
　イプシランティス
　イプシランディス
Yradier イラディエル
Yrjo
　イルジョー
　ユーリア
　ユリエ
　ユリヨ*
Yrjö
　イルジョー
　ユーリア
　ユリョ
　ユリヨ*
　ユルヨ
Yrjölä イルヨラ
Yrsa イルサ*
Ysabeau イザボー**

Ysander イサンダル
Ysanne イザーネ
Ysaora サオラ
Ysarnus イサルヌス
Ysaye イザイエ
Ysaÿe
　イザイ*
　イザイー
　イザイエ
　イザイェ
Ysidro
　イシードロ
　イシドロ
Ysla イスラ
Ysmal イスマル
Ysrael イスラエル
Ysvgeny エフゲニー
Ytasha イターシャ
Ytreberg イトレバーグ
Ytter イッター
Yttling イットリング*
Yttri イットリ
Yu
　ユ***
　ユー**
　ユイ*
　ユウ**
　リュ*
Yuan
　ヤン
　ユアヌ
　ユアン**
　ユエン
　ユン
Yuán ユアン
Yuan-chao
　ユアンツァオ
Yuan-ming ユエンミン
Yuan-qing ユアンチン
Yuan Ren ユアンレン
Yuansheng
　ユエヌシェン
Yuan Tseh ユアンツェ
Yuan-tseh
　ユアンチェ
　ユアンツェー
Yuan-yuan
　ヤンヤン*
　ユアンユアン
　ユエンユエン
Yubraj ユブラジ
Yucal ユバル
Yücel
　ユージェル
　ユジェル
　ユジェル
Yucelen ユチェレン
Yuchengco
　ユーチェンコ*
Yucheon ユチョン
Yu-chieh ヨウチェー*
Yu-Chien ユーチェン
Yu-chun ユーチュン*
Yuchun ユチョン
Yucra ジュクラ
Yuddy ユディ

Yudelman
　ユーデルマン
Yudenich ユデーニチ
Yudes ユデス
Yudhistira
　ユディスティラ*
Yudhoyono
　ユドヨノ**
Yudin
　ユージン*
　ユジン
　ユーディン
Yudina ユーディナ
Yudkin
　ヤドキン
　ユドキン
Yudo ユド
Yudofsky ユドフスキー
Yudu エデュ
Yue
　ユー*
　ユウー
　ユエ*
Yuegu ユエグ
Yueh ユー
Yuehong ユエホン
Yue-kong
　ユイコン
　ユーコン
Yue-lin ユールン
Yue-ling ユーリン
Yueling ユーリン
Yuen
　ユアン
　ユエヌ
　ユーエン
　ユェン*
　ユエン*
　ユン*
Yuen-fat ユンファ*
Yuen Thong
　ユエントン
Yue-ran ユエラン
Yue-Sai ユエーサイ
Yuetchechar
　ユチチャル
Yuet Foh ユエフォー*
Yueting ユエティン
Yuet-wah ユットワー
Yue-xun ユエシュン
Yu-fang ユーファン
Yugar ユガル
Yuguda ユグダ
Yu-ha ユハ*
Yuhan ユアン
Yūhannā ユーハンナー
Yuh-jung ヨジョン
Yuho ユーホー
Yu-hsun ユーシュン
Yuill
　ユイル
　ユール
Yuille ユール
Yuilleen ユーリン

Yuille-williams
　ユールウイリアムズ
Yuin ユイン
Yuja ユジャ
Yuji
　ユウジ
　ユージ
Yujia ユジア
Yu Jin ユジン
Yu-jin ユジン
Yu Jing ユージン
Yu-jung ユジョン
Yuk ユク
Yukanthor ユコントー
Yukhareva ユハレワ
Yukhon ユコン
Yukhtin ウーフティン
Yuki ユーキ
Yukmouth ヤクマウス
Yukna ユークナ
Yukol ユコン
Yuk-sa ユクサ
Yukteswar ユクテスワ
Yul ユル*
Yuldoshev
　ユルドシェフ
Yule ユール**
Yulee ユーリー
Yuli
　ユーリ
　ユリ
Yulia
　ウリーア
　ジュリア
　ユーリア
　ユリア**
　ユリヤ**
Yulian ユリアン
Yulianna ユリアンナ*
Yulianti ユリアンティ
Yulieski ユリエスキ
Yuliesky ユリエスキ*
Yulievich
　ユーリエヴィチ
Yulii
　ユーリー*
　ユーリ
Yuliia ユリア
Yulimar ユリマル
Yu-lin ユーリン
Yulin ユーリン
Yu-ling
　ユリン
　ユーリング
Yuliya
　ウリーア
　ユリア*
　ユリヤ**
Yulmaz
　イルマズ
　ユルマズ
Yulo ユーロ
Yulsman ユルスマン*
Yu-luen ユールン

Yulyevich イェリェヴィチ
Yum ユン
Yuma ユマ
Yumashev ユマーシェフ / ユマシェフ**
Yumi ユミ*
Yumiko ユミコ
Yumileidi ユミレイディ*
Yumin ウミン
Yum-je ヨムジェ
Yumkella ユンケラ
Yumn ユムン
Yu mo ユモ
Yumzhagiyn ユムジャギン*
Yun ユン*** / ヨン
Yu-na ヨナ*
Yuna ユナ
Yun-chol ユンチョル*
Yunchol ユンチョル
Yun-churl ユンチョル*
Yundi ユンディ
Yundt ユント
Yun-duk ユンドク
Yunel ユネル
Yunes イユネス
Yunesi ユネシ
Yunez ユネス
Yun-Fat ユンファ
Yun-feng ユンフォン
Yung ユン* / ユング / ヨン
Yungay ユンガイ
Yung-bok ヨンボク
Yung-ching ヨンチン
Yung-chul ヨンチョル
Yung-chung ヨンジョン
Yungdrung Gyal ヨンジョンジャ
Yung-du ヨンドゥ
Yung-duk ヨンドク*
Yung-euy ヨンイ
Yung-fa ロンファー
Yun-gi ユンギ
Yungman ユングマン
Yun-gun ユングン
Yung-whan ヨンファン
Yung-woo ヨンウ*
Yun-ho ユノ*
Yunho ユンホ*
Yun-hsuan ユンシュアン
Yun-hui ユンヒ
Yunichev ユニチェフ
Yuniesky ユニエスキー

Yunis ユニス
Yunjie ユンジェ
Yun-jin ユンジン*
Yun-joe ヨンジョ
Yun-jye ユンジェ
Yunker ヤンカー / ユンケル
Yun-lin ユンリン
Yun-ling ユンリン
Yun Mi ユンミ
Yun-mi ユンミ
Yun-mo ユンモ
Yun-sang ヨンサン
Yun-seok ユンソク*
Yun-shan ユンシャン
Yun-sik ユンシク
Yun-soo ユンス
Yun-taek ヨンテク
Yunte ユンテ
Yuntuvi ユントゥビ
Yunupingu ユナピング / ユヌピング
Yunus ユナス / ユーヌス / ユヌス**
Yunusmetov ユヌスメトフ
Yunusov ユヌソフ
Yunxiang ユンシャン
Yun-young ユニョン
Yuon ユオン
Yuozas ユオザス*
Yupangui ユパンギ
Yupanqui ユーパンキ / ユパンキ / ユパンキ***
Yuput イウプト / ユプト
Yura ユラ
Yurasov ユラソフ
Yurberjen ユルベルヘン
Yurchak ユルチャク
Yurchenco ユーチェンコウ
Yurchenko ユルチェンコ*
Yurchenya ユルチェニア
Yurdakul ユルダクル
Yurek ユーレク / ユレク
Yurenev ユレーネフ
Yurenia ユレニア
Yurenyov ユレニョフ
Yu-ri ユリ
Yuri ウーリー

ジュリ / ユーリ** / ユーリー*** / ユリ**
Yurî ユーリ
Yuria ユーリヤ
Yurian ユーリアン
Yurick ユーリック*
Yuriev ユーリエフ
Yurievich ユリエビッチ
Yurievna ユーリエヴナ / ユリエヴナ
Yurii ウーリー / ユーリ* / ユーリー*** / ユリ** / ユーリィ / ユーリイ
Ýurii ユーリー / ユーリイ
Yuriich ユーリエヴィチ
Yurij ユーリ / ユーリー / ユーリィ / ユーリイ
Yuriko ユリコ
Yuriorkis ユリオルキス*
Yurisandy ユリサンディ
Yurisel ユリセル*
Yuriy ユーリー*
Yurizaitsky ユリズジッキー
Yurka ユールカ / ユルカ
Yurkov ユルコフ
Yurkstas ユルクスタス
Yurlii ユーリー
Yurlova ユロワ
Yuro ユーロー / ユーロ
Yurskii ユルスキー
Yursky ユールスキー
Yury ユーリ** / ユーリー*** / ユーリィ
Yusef ユーセフ* / ユセフ
Yusefi ユセフィ / ユセフィー
Yusein ユセイン
Yusgiantoro ユスギアントロ
Yushchenko ユーシェンコ* / ユシチェンコ

Yushenkov ユシェンコフ
Yūshij ユーシージ / ユーシージュ
Yushkevich ユシケービッチ
Yushko ユシコ
Yusif ユースフ
Yusirman ユシルマン
Yuskov ユスコフ
Yusmeiro ユスメイル
Yusof ユソフ**
Yūsof ユーソフ
Yusoff ユソフ
Yu-soon ユスン*
Yusov ユソフ
Yusra ユスラ
Yusri ユスリー
Yusrī ユスリー
Yusron ユスロン*
Yussef ユーセフ
Yussuf ユスフ / ユフス
Yussupova ユススポワ
Yusuf ユースフ* / ユスフ*** / ユーセフ* / ユセフ / ユフス
Yūsuf ユースフ*** / ユーセフ
Yusuff ユスフ
Yusufov ユスフォフ
Yusup ユスフ / ユスプ
Yusupha ユスフ
Yusupoff ユスポフ
Yusupov ユスポフ
Yuthas ユーザス
Yuthavong ユッタウォン*
Yuthawong ユッタウォン
Yutkevich ユトケーヴィチ / ユトケヴィッチ / ユトケビッチ
Yu-tong ユートン*
Yutta ユッタ
Yu-tung ユートン
Yuvakuran ユヴァクラン
Yuval コバル / ユヴァル / ユヴァル* / ユバル**
Yuvirí ジュビリ
Yuwiler ユーウィラー
Yuwitthaya ユーウィッタヤー

Yuxi ユーシー
Yuyan ユヤン
Yu-ying ユーイン
Yuz ユーズ
Yuzbashyan ユズバシャン
Yuzda ユスタ
Yuzhanov ユジャノフ
Yva イバ
Yvain イヴァン / イヴェン
Yvan イーヴァーン / イヴァン** / イバン / イワン**
Yván イバン
Yve イヴ*
Yve Alain イヴーアラン
Yvel アイブル / イブル
Yveline イブリン
Yver イヴェール
Yves イーヴ** / イヴ*** / イヴェス / イヴォ / イヴス / イェブス / イビス / イーブ / イブ*** / イフブ
Yves-Thibault イブチボー*
Yvette イヴェッテ / イヴェット*** / イベット*
Yvon イヴォーン / イヴォン* / イボン** / イポン
Yvone イヴォンヌ
Yvonna イヴォンナ / イボンナ
Yvonne イヴ / イヴォン* / イヴォンヌ / イヴォンヌ*** / イヴォンネ / イボネ* / イボン* / イボンヌ***
Yvor アイヴァ / アイバー / イボール
Ywain ユーウェイン
Ywy イヴィ
Yzerbyt イゼルビット
Yzerman アイザーマン*

【Z】

Yzquierdo イスキエルド

Za ザ*
Zaafouri ザフーリ
Zaag ザアグ
Zaahiya ザーヒヤ
Za'anoon ザヌン
Zaayenga ザイエンガ
Zaazou ザアズーア
Za'ba ザアバ
Zababa ザババ
Zabala サバラ／ザバラ
Zábalawi ザバラウイ
Zabalbeascoa サバルビースコア
Zabaleta サバレータ／サバレタ*
Zabalkanskii ザバルカンスキー／ザバルカーンスキィ
Zabalza サバルサ
Zabar ザバル
Zabarella サバレッラ／ザバレッラ／ザバレラ
Zabawska ザバフスカ
Zabaya ザバヤ
Zabdiel サブディエル
Zabel ザベル*／ツァーベル／ツァベル
Zabela ザベラ
Zabelin ザベーリン／ザベリン
Zabelinskaya ザベリンスカヤ
Zabell サベル*
Zabern ツァーベルン
Zabert ツァーベルト
Zabihi ザビヒ
Zabinas ザビナス
Zabirova ザビロワ*
Zable ゼイブル
Zablocki ザブロッキ／ザブロッキー
Zablotsky ザブロツキー
Zabludina ザブルディナ
Zabludovsky ザブルドフスキー
Zabojszcz ザボイシチ
Zabolitzky ザボリッキー

Zabolotnaya ザボロトナヤ
Zabolotnyi ザボロートヌイ
Zabolotskii ザブロドツキー／ザボロツキー
Zabolotsky ザボロツキー
Zaborov ザボーロフ／ザボロフ
Zabotin ザボーチン
Zabou サブー／ザブー
Zaboulōn ゼブルン
Zabransky ザーブランスキー
Zabrecky ザブレッキー
Zac ザック**
Zacarias ザカリアス
Zacarías サカリーアス
Zaccagni ザッカーニ
Zaccagnini ザッカニーニ*
Zaccardo ザッカルド
Zaccaria ザッカリーア／ザッカリア／ヅァッカリーア
Zaccarini ザッカリーニ
Zacchaeus ザアカイ／ザカイ
Zaccheroni ザッケローニ**
Zacchi ザッキ
Zacchino ザッチーノ
Zacconi ザッコーニ*／ツァッコーニ
Zácek ジャーチェク*
Zach ザク／ザック**／ザッハ／ザフ／ツァハ
Zachamann ザッハマン
Zachar ザッカー／ザハール*
Zachara ザハラ
Zacharakis ザカラキス
Zachariä ツァハリアェ／ツァハリーエ
Zachariadis ザハリアズィス
Zachariae ツァハリアェ／ツァハリーエ
Zachariah ツァキア／ザカリア／ザカリヤ

Zacharias ザカライアス*／サカリアス／ザカリーアス／ザカリアス**／ザカリヤ／ゼカリアス／ゼカルヤ／ツァハリーアス／ツァハリアス**
Zacharías ザカリアス
Zacharie ザカリ／ザカリエ／ザシャリ
Zacharski ザカルスキー
Zachary ザカリ／ザカリー***／ザチャリー／ザッカリー*／ザックリー
Zachau ツァッハウ／ツァハウ
Zacher ツァハー
Zachert ツァッヘルト／ツァヘルト**
Zachgo ザクゴ
Zachi ザヒ
Zachmann ザッハマン
Zachras ザカラス
Zachrias ツァハリアス
Zachris ザカリアス
Zachrisson サクリソン／ザクリソン／サックリソン
Zachry ザクリー／ザハリー
Zachwatowicz ザフヴァトヴィーチ／ザフファトビッチ／ザフワトビッチ
Zack ザカリー／ザック**／ジャック
Zackai ザッカイ
Zacker ザッカー*
Zackhras ザキラス／ザクラス
Zackios ザキオス
Zacks ザックス*
Zacuto ザクート
Zaczek ザクゼク／ザクチェフ*／ツァイセック
Zaczkiewicz ツァキエビッチ
Zaczyk ザジック
Za'Darius ザダリアス

Zadarski ザダルスキ
Zaddik ザディク／ツァディーク
Zade ザーデ／ザデ
Zadé ザデ
Zāde ザーデ／ザデ
Zāde ザーデ*
Zadeh ザーデ／ザデ／ザデー**／ザディー
Zādeh ザーデ
Zadek ザデック
Zadi ザディ
Zadie ゼイディー**
Zadkiel ザドキール
Zadkin ザッドキン
Zadkine ザッキン／ツッキン／ザッドキン
Zadneprovskis ザドネプロフスキス
Zadoc ザドク／ツァドク
Zadoian ザドヤン
Zadok ザドーク／ザドック／ゼドック／ツァドク
Zadoks ザドック
Zadonskii ザドンスキー
Zadoorian ザドゥリアン
Zador ザードル／ザドル
Zadora ザドラ
Zadornov ザドルノフ**
Zadórnov ザドールノフ
Zadorozhnaya ザドロズナヤ
Zadoyan ザドヤン
Zadra ザドラ／ゼドラ
Zadunałska ザドゥナイスカ
Zaeef ザイーフ
Zaeem ザイーム
Zaehner ゼイナー／ゼーナー
Zaemah ザエマ
Zaentz ゼインツ**
Zaev ザエフ*

Zafar ザファール／ザファル
Zafar ザファル
Zafarin ザファリン
Zafarullah ザファルラ**
Zafer ザフェル
Zaferes ザファーズ
Zaffalon ザファロン
Zafferani ザッフェラーニ
Zaffron ザフロン
Zafilahy ザフィライ
Zafilaza ザフィラザ
Zafir ザフィール／ザフィル
Zafón サフォン**
Zafra ザフラ
Zafred ザフレード
Zafrullah ザフルラ*
Zafy ザフィ**／ザフィー
Zagallo ザガロ*
Zagami ザガミ
Zaganelli ザガネッリ
Zagar ゼイガー
Zagarenski ザガレンスキー
Zagat ザガット*
Zagelbaum ザゲルバウム
Zagesi ザグギシ
Zaghloul ザグルール／ザグロウ
Zaghlūl ザグルール／ザグルル
Zagier ザギエ／ザギヤー／ザジェ
Zagipa ザギパ
Zagitova ザギトワ
Zaglada ザグラダ
Zaglagin ザグラジン／ザグラジン
Zago ザーゴ
Zagorakis ザゴラキス
Zagoria ザゴリア
Zagorodoniuk ザゴロドニューク*／ザゴロドニュク
Zagorska ザゴルスカ
Zagórski ザグルスキ
Zagoskin ザゴースキン／ザゴスキン*
Zagrodnik ザグロドニク

Zagrosek
　ツァグロセク＊
　ツァグロゼク＊
Zagula　ザグラ
Zagumny　ザグムニ＊
Zagunis　ザグニス＊＊
Zaha　ザハ＊＊
Zahabi　ザハビ
Zahaf　ザハフ
Zahan　ザーアン
Zahar
　ザハール
　ザハル
Zaharia　ザハリア＊＊
Zaharias
　ザハリアス
　ツァハリアス
Zaharieva　ザハリエバ
Zaharoff
　ザハーロフ
　ザハロフ＊
Zaharovich
　ザハーロヴィチ
Zahavi
　ザハーヴィ
　ザハヴィ＊
　ザハービ
Zahavit　ザハヴィット
Zahawi　ザハウィ
Zahed
　ザヒド
　ザヘッド
　ザヘド
Zahedi
　ザーヘディ＊
　ザーヘディー
　ザヘディ
Zāhedi　ザーヘディー
Zaheer　ザヒール
Zaheeruddin
　ザヒールディン
Zahi　ザヒ＊
Zahia
　ザヒア
　ザヒア
Zahid
　ザーヒド
　ザヒド
Zahiera　ザヒエラ
Zahir
　ザヒア
　ザヒール
　ザヒール
　ザヒル＊＊
　ザビル
Zāhir　ザーヒル
　ザヒル
　ザーヘル
Ẓāhir　ザーヒル
Ẓāhīr　ザヒール
Ẓāhir al-Dīn
　ザヒールッディーン
Ẓāhirī　ザーヒリー
Zahiruddin
　ザヒルディン

Zahle
　サーレ
　ザーレ
　セーレ
Zahler
　ザーラー
　ザラー
Zahlingen
　ツァーリンゲン
Zahm　ザーム＊
Zahn
　ツェーン＊＊
　ツァーン＊＊
Zahonyi　ザホニー
Zahovic
　ザホヴィッチ＊
　ザホビッチ
Zahra
　ザハラ
　ザフラ
　ザーラ
　ゼフラ
Zahradník
　ザフラドニク
Zahrāwī
　ザフラーウィー
Zähringer
　ツェーリンガー
Zahrnt　ツァールント
Záhrobská
　ザフロブスカ
Zahrtmann
　サールトマン
Zahur　ザフール
Zaia　ザイア
Zaianchkovskii
　ザヤンチコフスキー
Zaichenko
　ザイチェンコ
Zaichikov　ザイチコフ
Zaichnevskii
　ザイチネフスキー
　ザイチネーフスキイ
Zaid
　サイー
　ザイード
　ザイド＊＊＊
　ズェイド
Zajac　ザヨンツ
Zajaczkowska
　ザヤチュコヴスカ
Zajc
　サイク
　ザイツ＊
Zaidan
　ザイダーン
　ザイダン
Zaidān
　サイダーン
　ザイダーン
　ズィーダーン
Zaide
　サイデ
　ザイデ
Zaidel　ザイデル
Zaidenberg
　ザイデンバーグ
Zaidi　ザイディ
Zaidūn　ザイドゥーン
Zaikov　ザイコフ＊
Zail　ザイル＊
Zaillian　ザイリアン＊
Zaim　ザイム
Zaʿīm　ザイーム

Zaimis　ザイミス
Zain　ザイン
Zainab
　ザイナブ
　ゼイナブ
Zain al　ザイヌル
Zainal
　ザイナール
　ザイナル＊
Zaini
　ザイニ
　ザイニー
Zainuddin
　ザイヌディン＊＊
Zainudoin
　ザイヌディン
Zainul　ザイヌル＊
Zainu'l　ザイヌル
Zainwil　ザインヴィル
Zaionchkovskii
　ザイオンチコーフスキー
Zaire　ザイアー
Zairi　ザイリ
Zairov　ザイロフ
Zais　ザイス
Zai-shuo　ツァイシュオ
Zaist　ザイスト
Zaits　ザイツ
Zaitsev
　ザイツェフ＊＊
　ズァイツェフ
　セイツェフ
　ツァイツェフ
Zaïtsev　ザーイツェフ
Zaitseva
　ザイツェヴァ
　ザイツェバ
　ザイツェヴ＊＊
Zaituna　ザイトゥナ
Zaiyat　ザヤト
Zajac
　ザヤツ
　ザヨンツ
　ゼイジャック＊
Zając　ザヨンツ
Zakalia　ザカリア

Zākānī
　ザーカーニ
　ザーカーニー
Zakareishvili
　ザカレイシビリ
Zakari　ザカリ
Zakaria
　ザカリア＊＊
　ザカリーヤー
　ザカリヤ
Zakariás　ザカリアス
Zakariya
　ザカリーヤー
　ザカリヤ
Zakariyā　ザカリヤ＊
Zakariyā'　ザカリヤー
Zakarīyā'　ザカリーヤー
Zakas　ザカス
Zakayev　ザカエフ＊
Zakee　ザッキー
Zakelj　ザケリ
Zakerzewska
　ツァケルツェウスカ
Zakes
　ザケス
　ゼイクス
Zakhar　ザハール
Zakharchenko
　ザハールチェンコ
　ザハルチェンコ＊＊
Zakharevich
　ザハレビッチ
Zakhari　ザハリ
Zakharian　ザハリャン
Zakhariev　ザハリエフ
Zakharievich
　ザハリエヴィッチ
Zakhariin　ザハーリン
Zakharov
　ザハーロフ
　ザハロフ＊＊
Zakharova
　ザハーロワ＊
　ザハロワ
Zakharovich
　ザーハロヴィッチ
　ザハロビッチ
Zakharovych
　ザハーロヴィチ
Zakharuk　ザハルク
Zakharyan　ザハリャン
Zakhava
　ザハーヴァ
　ザハーバ
　ザハーヴァ
Zakhia　ザキア
Zakhidov　ザヒドフ
Zakhilwal　ザヒルワル
Zakhoder
　ザハジェール
　ザホデール
Zakhour　ザクワワ
Zaki　ザキ＊＊
Zakī　ザキー
Zakia　ザキア
Zakin　ザキン

Zakir
　ザーキル
　ザキール
　ザキル
Zakirov　ザキロフ
Zakirzhon
　ザキルジョン
Zakkai
　ザカイ
　ザッカイ
Zaklinsky
　ザクリンスキー
Zako　ザコ
Zakok　ザクーク
Zakour
　ザコーアー＊
　ザコル
Zakowski　ザコウスキ
Zakrepina
　ザクレーピナ
Zakriski　ザクリスキ
Zakrvtkin
　ザクルートキン
Zakrzewska
　ザクシェフスカ
　ザクジェフスカ
Zakrzewski
　ザクシェフスキ＊
　ザクルゼフスキー
Zaks　ザックス
Zaku　ザク
Zakyatou
　ザキアトゥ
　ザチャトゥ
Zal
　ザール
　ザル
Žal　ジャル
Zala　ザラ＊
Žalac　ジャラツ
Zalans　ザランス
Zalar　ザラル
Zalasiewicz
　ザラシーヴィッチ
Zalayeta　サラジェタ
Zalazar　サラサール
Zalben　ザルベン
Zald　ゾールド
Zaldivar
　サルジバル
　サルディバル
Zaldí-var　サルディバル
Zaldívar　サルディバル
Zaldua　サルドゥア
Zaldy　ザルディ
Zale　ジャーレ
Zaleman　ザーレマン
Zaleski
　ザレスキ＊
　ザレスキー
Zalesne　ザレスン
Zalesskaya　ザレスカヤ
Zaleukos　ザレウコス
Zalev　ザルフ
Zalewska　ザレフスカ

Zalewski ザリュスキ/ザレフスキー
Zaleznik ザレズニク/ゼルズニク/ゼイレツニック/ゼーレツニック
Zali ザーリー
Zaligin ザルイギン
Zalili ザリーリー
Zalina ザリーナ
Zalite ザリテ
Zallinger ザリンガー/ザリンジャー/ツァリンガー
Zallwein ツァルヴァイン
Zalm ザルム**
Zalmai ザルマイ
Zalman ザルマン**
Zalmay ザルメイ*
Zalmunna ザルムンナ
Zaloga ザロガ*
Zaloom ザルーム
Zaltman ザルトマン
Zalygin ザルイギン**
Zalzal ザルザル
Zama ザマ
Zamachowski ザマホフスキー
Zamacois サマコイス*
Zamacoïs ザマコイス
Zamadowski ザマホフスキ
Zamakhsharī ザマフシェリー/ザマフシャリー
Zamalloa サマリョア
Zaman ザーマン/ザマン*
Zamān ザマーン/ザマン
Zamancky ザマンスキー
Zamanduridis ザマンドゥリディス
Zamanov ザマノフ
Zamansky ザマンスキー
Zāmāsp ジャーマースプ
Zambarbieri ザンバルビエーリ
Zambelli ザンベッリ*/ザンベリ/ザンベルリ/ツァンベッリ
Zambiya ザンビヤ
Zambon ザンボン
Zamboni ザンボーニ*/ザンボニ

Zambonin ザンボニン
Zambonini ザンボニーニ
Zambotti サンボッティ
Zambra サンブラ**
Zambrana サンブラーナ
Zambrano サンブラーノ*/サンブラノ/サンブラーノ*
Zambreno ザンブレノ
Zambri ジムリ
Zambrotta ザンブロッタ**
Zambruno ザンブルーノ
Zambyn ザンバ
Zameenzad ザミーンザド*
Zameer ザミール
Zamel ザメル
Zamenhof ザメンホフ**
Zameza サメサ
Zamfir ザムフィール/ザンフィル
Zamfirescu ザンフィレスク
Zamiatin ザミャーチン
Zamiatnin ザミャトニン
Zamil ザミル
Zamili ザミリ
Zamir ザミラ/ザミール**/ザミル/ゼイミア/ゼミール
Zamirbek ザミルベク
Zamkova ザムコヴァ
Zamkovoy ザムコボイ
Zammit ザッミット/ザミット
Zamoiskii ザモーイスキイ
Zamolodchikova ザモロドチコワ*
Zamolodtchikova ザモロドチコワ
Zamora サモウラ/サモーラ/サモラ**/サモーラ/ザモラ
Zamora Gordillo サモラゴルディリョ
Zamorano サモラーノ/サモラーノ*/サモラーノ*
Zamore ザモール
Zamort ザモート

Zamotaylova ザモタイロワ
Zamotin ザモチン
Zamotrinsky ザモトリンスキー
Zamoyski ザモイスキ*/ザモイスキー
Zampa ザンパ*
Zampano ザンパーノ
Zamparini ザンパリーニ
Zamperini ザンペリーニ
Zampese ザンペース
Zampieri ザンピエーリ
Zampighi ザンピーギ
Zampori ザムポリ
Zamrak ザムラク
Zamskii ザムスキー
Zamtaradze ザムタラーゼ
Zamurovic ザムロヴィッチ
Zamurović ザムロヴィッチ
Zamyatin ザミャーチン*
Zamylka ザミウカ
Zan ザン*/ツァン
Zana ザーナ
Zanardelli ザナルデッリ/ザナルデリ
Zanardi サナルディ/ザナルディ*
Zanardini ザナルディーニ
Zanariah サナリア
Zanarini ザナリーニ
Zañartu サナルトゥ
Zanasi ザナシー
Zancanaro ザンカナーロ
Zanche ツァンチェ
Zanchetta ザンケッタ
Zanchi ザンキ
Zanchius ザンキ/ザンキウス
Zanco ザンコ
Zand ツァント
Zandanshatar ザンダンシャタル
Zander ザンダー/ザンダー**/サンデル*/ザーンデル/ザンデル/ツァンデル
Zandi ザンディ/ツァンディ

Zandin サンディン
Zandomeneghi サンドメーネギ
Zandonai ザンドナーイ
Zandra ザンドラ
Zandri ザンドリ*
Zandstra ザンストラ
Zandt ザント**
Zane ザイネ/ザイン/ザーン*/ジェイン/ジーン*/ゼイネ/ゼイン**/ゼーン*
Zanegin ザネーギン
Zanella ザネッラ/ザネラ/ザネルラ/ツァネラ
Zanelli ザネッリ/ザネルリ
Zanello ザネッロ
Zanen ザーネン
Zaner ザイナー
Zanes ザンズ
Zaneta ザネタ
Žaneta ジャネタ
Zanetti サネッティ**/ザネッティ***
Zanettini ジャネッティーニ
Zanetto ザネット
Zang ザン/ザング/ツァン
Zangad ザンガド
Zanga-kolingba ザンガコリンバ
Zanganah ザンガナ
Zanganeh ザンガネ/ザンギャネ
Zangara ザンガラ
Zangarini ザンガリーニ
Zangen ツァンゲン
Zangeneh ザンギャネ
Zanger ツァンガー*
Zangerle ザンガール
Zangger ツァンガー*
Zangī ザンギー
Zangle ザングル
Zangley ザングレイ
Zango ザンゴ
Zangrandi ザングランディ
Zangwill ザァングウィル/ザングイル

Zanicchi ザニッキ
Zanichelli ザニケッリ
Zaniello ザニエロ
Zanier ザニエール
Zanimacchia ザニマッキア
Zanin ザニン/ツァニン
Zanini ザニーニ
Zanino ザニーノ
Zaninovic ザニノビチ/ザニノビッチ
Zankel ザンケル
Zanker ザンカー
Zänker ツェンカー
Zankov ザンコフ
Zan'kovetskaia ザニコヴェツカヤ
Zannetos ザネトス
Zanni ザンニ
Zannier ザニエール
Zannini ツァンニーニ
Zannino ザニーノ
Zannoni ザノーニ
Zannouneh ザヌネ
Zanny ザニー
Zanobi ザノービ
Zanobio ザノービオ/ゼノビオ
Zanoia ザノイア
Zanoletti ツァノレッティ
Zanolini ザノリーニ
Zanon ザノン
Zanot ツァノート
Zanotti ザノッティ*
Zanoyan ザノヤン
Zanstra ザンストラ
Zant ザント
Zanten ザンタン/ザンテン
Zantinge ザンティング
Zanuck ザナック**
Zanussi ザヌーシ*/ザヌッシ
Zanvil ザンビル
Zanzara ザンザラ
Zanzotto ザンゾット*
Zao ザオ**
Zaorálek ザオラーレク
Zaoui ザウイ/ゾーイ

Zapata
サパタ
サパータ
サバタ*
ザパタ
Zapatero
サパテロ
サパテーロ
サパテロ*
Zapedzki ザペツキ
Zapelli ザペッリ
Zapf
ザップ*
ツァプフ
Zapffe ゾッフィー
Zaplana
サプラナ
ザプラナ
Zapletal ザプレタル
Zapman ザップマン
Zapolska ザポルスカ
Zaporozhets
ザポロージェツ
Zápotocký
ザーポトツキー
ザポトツキー
Zapp ザップ
Zappa ザッパ**
Zappacosta
ザッパコスタ
Zappaterra
ザッパテッラ
Zappella ザッペッラ
Zappelli ザッペリ
Zapperi
ザッペーリ
ザッペリ*
Zappia ザッピア
Zappone ザポン
Zappy ザッピー
Zaprianov
ザプリアノフ
Zapryanov
ザプリアノフ
Zaqzouk ザクズーク
Zara
ザーラ*
ザラ*
ゼーラ
Zar'a ザラ
Zarachowicz
ザラコヴィッツ*
Zarader ザラデル
Zarafiants
ザラフィアンツ
Zaragosa サラゴサ*
Zaragoza
サラゴーサ*
サラゴサ**
Zarah
サラ
ツァーラ
ツァラ
ツァラー*
Zaraï ザライ*
Zarambo ザランボ

Zarambouka
ザランボウカ
Zarar ザラル
Zaraska ザラスカ
Zarate
ザラット
サラテ
サーラティ
サラーティ*
ザラート*
Zárate サラテ
Zarathustra
ツァラツストラ
ツァラトゥストラ
Zarathuštra
ツァラツストラ
Zaratian ザラティアン
Zarb ザーブ**
Zarca ザルカ
Zarchy ザーチィ
Zarcone ザルコンヌ
Zardari ザルダリ*
Zardetto
ザルデット
ツァルデット
Zardini ザルディーニ
Zare
ザラ
ゼア
Zareba ザレバ
Zareer ザリール
Zarema ザレマ
Zaremba
ザレムバ
ザレンバ*
ツァレンバ
Zarembina
ザレンビーナ*
Zarembski
ザレムスキー
Zarenkiewicz
ツァレンキエビッチ
Zaret ザレット*
Zaretskii ザレツスキ
Zaretsky
ザレツキー*
ザレツキィ
Zargana ザーガナ
Zarganar ザガナー
Zargar ザルガル
Zaribafan
ザリバファン
Zarida ザリダ
Zarif ザリフ
Zarifi ザリフィ
Zarifou ザリフ
Zarilla ザリラ
Zarin ザリン
Zarins ザリンス
Zariņš ザリニシュ
Zaripov ザリポフ
Zaripova
ザリポヴァ
ザリポワ**
Zariski
ザリスキー*

Zariski
ザリスキー
Zaritsky ザリツキー
Zarka ザルカ
Zarkadakēs
ザルカダキス
Zarkasih ザルカシ
Zarkhi ザルヒ
Zarkhin ザルヒン
Zarko ジャルコ
Žarko ジャルコ
Zarković
ジャルコビッチ
Zarkower
ザルコウワー*
Zarkowski
ザルコウスキ
Zarl ザール
Zarley ザーレイ
Zarlino
ザルリーノ
ザルリーノ
ツァルリーノ
Zarmuh ザルムーフ
Zarncke ツァルンケ
Zarnecki ザーネッキ
Zarneke ゼルニケ
Žarnić ジャルニッチ
Zarnūjī ザルヌージー
Zaro ザロ
Zarodov
ザロードフ
ザロドフ
Zaroukian
ザロウキアン
Zarouq ザルーク
Zarqā' ザルカー
Zarqāla ザルカーラ
Zarqālī
ザケル
ザルカーリー
ザルカリ
ザルカール
Zarqawi ザルカウィ
Zarr ザール*
Zarrouk ザルーク
Zarsky ザルスキ
Zartman ザートマン
Záruba
ザールバ
ザルバ
Zarubin ザルービン*
Zarudnaia
ザルードナヤ
Zarug ザルーク
Zarutskii
ザルツキー
ザルーツキイ
Zarylbek ザルイルベク
Zarzar ザルザル
Zarzo サルソ
Zasius
ツァージウス
ツァシウス
ツァジウス

Zaslavskaya
ザスラーフスカヤ
ザスラフスカヤ**
Zaslavskii
ザスラフスキー
Zaslavskiy
ザスラフスキー
Zaslavsky
ザスラフスキー*
Zaslaw
ザスラウ*
ザスロー
Zaslawski
ザスラフスキー
Zasler ザスラー
Zasloff ザスロフ
Zaslow
ザスロー
ツァスロー
Zassenhaus
ザッセンハウス
ツァッセンハウス
Zastocki
ザストッキー*
Zastryzny
ザストリズニー
Zasu ザス
Zasulich
ザスーリチ
ザスリッチ
Zasuly ザスリー
Zatlers ザトレルス*
Zatopek
ザートペック
ザトペック
Zátopek
ザトペク
ザトペック*
Zatopkova
ザトペコーワ
Zátopková
ザトペコーワ
Zatouroff ザトーロフ
Zatsiorskii
ザチオルスキー
Zatsiorsky
ザチオルスキー
ザッタエスキー*
Zatta ザッタ
Zatulovskaia
ザトゥロフスカヤ
Zatulovskaya
ザツロフスカヤ
Zatulovskii
ザトゥロフスキー
ザトロフスキー
Zaturenska
ザツレンスカ
ザトゥレンスカ
Zatvornik
ザトヴォールニク
Zatyai ザット
Zatyrkevich
ザトゥイルケヴィチ
Zatzikhoven
ツァツィクホーフェン
Zaü ザウ

Zauberman
ゾーバーマン
Zaucha ザウチャ
Zauderer ザウダラー
Zauditu
ザウディツ
ザウディトゥ
ザウディトゥー
ザウデトゥー
Zaufal ツァウファル
Zaugg ツァウク
Zauleck ツァウレク
Zauli ザウリ
Zaulichnyi ザウリチニ
Zaun
ゾーン
ツァウン
Zauner
ザウナー
ツァウナー*
Zaunert ツァウネルト*
Zauq ゾウク
Zaurbek ザウルベク
Zauri ザウリ
Zauszniewski
ユージニウスキー
Zautbek ザウトベク
Zavadovskii
ザヴァドフスキー
ザバドフスキー
Zavadskii
ザヴァツキー
ザヴァツキー
ザワツキー
Zavadszky
ザヴァツキー
ザバツキー
Zavagno サバグノ
Zavala
サバーラ
サバラ
ザバラ**
Zavala Vazquez
サベラバスケス
Zavaritskii
ザワリツキー
Zavaro
ザヴァロ
ザバロ
Zavarzina ザワルジナ
Zavateri サヴァテーリ
Zavatsky ヴァツキー
Zavattari
ザヴァッターリ
Zavattini
サヴァッティーニ
ザヴァッティーニ
ザバッティーニ
Zaven ザベン
Zaveryukha
ザヴェリューハ*
ザベリューハ
Zaviačič
ザヴィアチッチ
Zaviar ゼイビアー
Zavitaev ザビターエフ
Zavitz ザビッツ

Zavodny ザヴォニー	**Zayets** ザエツ	ズデネック**	**Zebisch** セビッシュ	ズィー*
Zavoiskii	**Zayev** ザエフ	ズドニェク	**Zebo** ゼボ	ゼー
ザヴォーイスキィ	**Zāyid** ザーイド	ゼネク	**Zebroski**	**Zeeb**
Zavos	**Zayinabu** ザイナブ	**Zdeněk** ズデネック	ゼブロフスキィ	ゼエブ
ザヴォス	**Zayn**	**Zdeněk**	**Zebrowitz**	ゼーブ
ザボス*	ザイン	ズデニェック***	ゼブロウィッツ	**Zeebroeck** ゼーベック
Zavrel	ジン	ズデニェック*	**Zebrowski**	**Zeebrugge**
ザヴジェル	ゼイン*	ズデネック	ゼノ	ゼーブルッヘ
ザヴゼル	**Zaynab**	**Zdĕnek**	ゼブロウスキー*	**Zeegelaar**
ザブジェル*	ザイナブ	ズデニェク	ゼブロスキー	ゼーヘラール
Zavřel	ザイナブ	ズデニュク	ゼブロフスキ	**Zeegen** ゼーゲン
ザヴジェル	**Zayn al-Din**	ズデンコ	ゼブロフスキー	**Zeeh**
ザヴゼル	ザイヌッディーン	**Zdenk** ズデンコ*	**Żebrowski**	ジー
ザブジェル	**Zayn al-Dīn**	**Zdenka**	ジェブロフスキ	ゼー
ザブレル	ザイヌッディーン	ズデニュカ	**Zebulon** ゼビュロン	**Zeeland** ゼーラント
ジャヴレル	**Zäynulla** ザイヌッラー	ズデンカ	**Zebulun** ゼブルン	**Zeeman**
Zavur ザヴル	**Zaytsev** ザイツェフ	**Zdenko** ズデンコ***	**Zeč** ゼチュ	ジーマン**
Zavyalov ザビアロフ	**Zayzay** ザイザイ	**Zdenněk** ズデニェック	**Zeca** ゼッカ	ジーマン*
Zaw	**ZAZ** ザーズ	**Zderad** ズデラート	**Zecca** ゼッカ	**Zeer** ジーア*
ゾー*	**Zaza** ザザ	**Zdeslav** ズデスラフ	**Zecchi** ゼッキ*	**Zeerleder**
ゾウ	**Zazove**	**Zdislava**	**Zecchin** ゼッキン	ツェーレーダー
Zawa ザワ	ザゾヴ	ズディスラヴァ	**Zech**	**Zeev** ゼエブ
Zawabri ザワブリ	ザゾブ	**Zdral** シュトラール	ツェッヒ	**Ze'ev**
Zawacki ザワツキ	**Zazzo** ザゾ*	**Zdravko**	ツェヒ	ゼエブ
Zawada ザワダ*	**Zbanic** ジュバニッチ*	ズドラヴコ	**Zecharia**	ゼーブ
Zawadzki	**Zbarski** ズバルスキー	ズドラヴコ*	ゼカーリア	**Zeév** セイヴ
ザヴァツキ	**Zbidi** ズビディ	ズドラブコ	ゼカリア**	**Zeevaert**
ザヴァツキー	**Zbierski** ズビエルスキ	**Zdrazila** ズドラジラ	**Zechariah**	ツェーフェルト**
ザバズキ*	**Zbigniev** ズビグニェフ	**Zdrilic** ズドリリッチ	ゼカリア	ツェーベルト
ザワズキー	**Zbigniew**	**Zdrojewski**	ツェハリア	**Zeevi** ゼエビ**
Zawahiri ザワヒリ**	ジビグニュー	ズドロイェフスキ	**Zecharias** ゼカリアス	**Ze'evi** ゼエビ
Zawana ザワナ	ズビグニェヴ	**Zduriencik**	**Zechlin** ツェヒリン	**Zeeya** ジーヤ
Zawārī ザワーリー	ズビグニェフ***	ズレンシック*	**Zechmeister**	**Zef** ゼフ
Zawbai ゾバイ	ズビグニェフ**	**Zdziarski**	ゼックミスタ	**Žefarović**
Zaw Gyi	ズビグニュー***	ジジアルスキー	**Zechner**	ジェファロヴィチ
ゾージ	ズビグニュフ	**Zdzislaw**	ザックナー	**Zeferino** ゼフェリーノ
ゾージー	ズビグネフ	ジスロー	ゼックナー	**Zeff** ゼフ*
Zawieja ザビエヤ	ツビグニェフ	ジズスワフ	**Zeck** ゼック	**Zeffirelli**
Zawinul	ツビグニュー	ズィスラヴ	**Zeckendorf**	ゼッフィレッリ**
ザヴィヌル	ビグニェフ	**Zdzisław**	ゼッケンドルフ	ゼッフィレリ
ザビヌル*	ビグネフ	ジズスワフ	**Zeckhauser**	ゼフィレッリ
Zawistowski	**Zbikowski**	ズディスワフ	ゼックハウザー	ゼフィレリ
サヴィストースキー	ジビコフスキ	**Ze** ゼ**	ツェックハウザー	**Zeffren** ゼフレン
Zawlocki ザウロッキ	**Zbiqniew** ズビグニェフ	**Zé** ゼ	**Zeckwer**	**Zegada** セガーダ
Zawodny	**Zbogar** ズボガル	**Zea**	ゼックワー	**Zegaraci** ゼガラッチ
ザヴォドニー	**Žbogar**	ズィー	ツェクヴェア	**Zegart** ゼガート
ザウドニ	ジュボガール	セア*	**Zed** ツェッド	**Zegbelemou**
Zaworonko	ズボガル	**Zeagan** ゼーガン	**Zedan** ジダーン	ゼグベルム
ザヴォロンコ	**Zborowsky**	**Zeaiter** ズアイタル	**Zedd** ゼッド	**Zeger** ゼーヘル
Zawrotniak	ズボロウスキー	**Zeanah** ジーナー	**Zedda** ゼッダ*	**Zegers**
ザウロトニク	**Zborzil** ツボーツィル	**Zeb** ゼブ	**Zedek** ツェデク	ゼヘルス
Zawta ザウタ	**Zbruyev**	**Zebah** ゼバー	**Zedekiah** ゼデキア	ツェーヘルス
Zay ゼイ	ズブルィエーヴ	**Zebedaios**	**Zederbaum**	**Zegna** ゼニア*
Zayan ザヤン	**Zbruyeva**	ゼベダイ	ツェデルバウム	**Zegoua** ゼグア
Zayani ザイヤーニ	ツブルイェヴァ	ゼベダイオ	**Zedillo**	**Zegveld** ゼクフェルト
Zayar	**Zbynek** ズビネック*	**Zebedee** ゼベダイ	セディージョ	**Zeh**
ゼイヤー	**Zbyněk** ズビニェク*	**Zebedy** ゼベディ	セディジョ**	ゼー
ゼーヤー	**Zdarsky** ズダースキー	**Zebi**	**Zedkaia** ゼドケア**	ツェー*
Zayas	**Zdeborsky**	セビ	**Zedler** ツェードラー	**Zehden** チェーデン
サヤス*	ズデボルスキー	ツヴィ	**Zedlitz**	**Zehe** ツェーエ
ザヤス	**Zdenek**	ツェヴィ	ツェートリッツ	**Zehetbauer**
Zayat ザヤット	ズディニェク	ツェビ	ツェードリッツ	ツェートバウアー
Zayats ザヤツ	ズデニェク*	ツビ	**Zednik** ツェドニク	**Zehetmair**
Zayd ザイド	ズデニェック*	**Zebidi** ゼビディ	**Ze-dong** ツォートン	ツェーエトマイア
Zayed	ズデニャック*	**Zebina**	**Zedric** ゼドリック*	ツェートマイアー
ザーイド	ズデネク**	ゼビーナ*	**Zee**	ツェトマイアー
ザイド**		ゼビナ	ジー*	ツェトマイヤー*

ツェヘトマイヤー
Zéhi ゼヒ
Zehnder
　チェンダー
　ツェーンダー
Zehner ツェナー
Zehr
　ゼーア
　ゼア*
Zehrfuss ゼルフュス
Zehri ゼハリ
Zehrt ツェールト
Zei ゼイ
Zeichner ツァイヒナー
Zeid ゼイド
Zeidan
　ザイダン
　ゼイダン*
Zeidane ゼイダン
Zeidel ツァイデル
Zeidenitz
　ツァイデニッツ
Zeidler ザイドレル
Zeidman ゼイドマン
Zeien
　ザイエン
　ゼーエン
Zeifman ザイフマン
Zeig
　ザイク
　ザイグ*
　ゼイク
Zeigen ザイゲン
Zeiger
　ザイガー
　ジーガー
Zeigler ジーグラー
Zeihan ゼイハン
Zeijlmans
　ツァイルマンス
Zeilberger
　ザイルバーガー
Zeile ジール
Zeiler ツァイラー
Zeilhofer
　ツァイルホーファー
Zeiliger ゼィリゲル
Zeilinger
　ツァイリンガー*
　ツァイリンガー
Zeiller ツァイラー
Zeimal' ゼイマリ
Zein ゼイン
Zeina ゼイナ
Zeinab ゼイナブ
Zeinabou
　ザイナブ
　ゼイナブ
　ゼナブ
Zeind ゼイント
Zeine ゼイン
Zeinert ザイナード
Zeini ゼイニ
Zeino ゼイノ
Zeino l ゼイノル

Zeino l-Ābedīn
　ゼイノル・アーベ
　ディーン
Zeinstra ゼインストラ
Zeinulla ゼイヌラ
Zeis ジェース
Zeisberger
　ザイスバーガー
　ツァイスベルガー
Zeise
　サイセ
　ツァイゼ
Zeisel
　ザイセル
　ザイゼル
　ツァイゼル
　ツァイゼル
Zeising
　ツァイジング
　ツァイジング
Zeisler
　ザイスラー
　ツァイスラー
Zeisloft ジースロフト
Zeiss
　ツァイス
　ツァイス
Zeissl ツァイスル
Zeitblom
　ツァイトブローム
　ツァイトブロム
Zeithaml ザイタムル*
Zeitler ツァイトラー
Zeitlin
　ツァイトリン*
　ツァイトリン*
Zeitoun ゼトゥン
Zeits ゼイツ
Zeituni ザイタン*
Zeitz
　ザイツ
　ツァイツ
Zeitzler ツァイツラー
Zeiza ゼイザ
Zeizel ザイゼル
Zeke ジーク*
Zekerijah ゼケリヤフ
Zeki ゼキ*
Zelan ゼラン
Zelana ゼラーナ
Zeland ゼランド
Zelaya
　セラーヤ
　セラヤ
Zelayandia
　セラヤンディア
Zelayandía
　セラヤンディア
Zelazny
　ゼラズニー**
　セラズニィ
　ゼラズニィ
　ツェラズニィ
Zelazo ゼラゾ
Zelda ゼルダ**
Zeldin ゼルディン**
Zeldis ゼルディス**

Zeldman ゼルドマン
Zeldovich
　ゼリドーヴィチ
　ゼリドヴィッチ
　ゼリドビッチ
Zel'dovich
　ゼリドーヴィチ
　ゼリドヴィチ
Żelechowski
　ジェレホフスキ
Zeledón セレドン
Zelenitsky
　ゼレニツキー
Zelenka ゼレンカ
Zelenkevich
　ゼレンケビッチ
Zelenock ゼレノック
Zeleński
　ジェレニスキー
　ジェレンスキ
　ゼレインスキ
Zelénski ジェレンスキ
Żeleński
　ジェレニスキ
　ジェレンスキ
　ジェレンスキー
Zelenskii
　ゼレンスキー*
Zelensky
　ゼレンスキー*
Zelenskyy
　ゼレンスキー
Zelený ゼレニー
Zelewski ツェレフスキ
Zelezny
　ジェレズニー
　ゼレズニー*
Železný ゼレズニー
Zelger ツェルガー*
Zelia ゼリア
Zélia ゼーリア
Zelibská
　ジェリプスカー
　ツェレプスカ
Zelichowski
　ジェリホフスキ
Żelichowski
　ジェリホフスキ
Zélie ゼリー
Zeliko ジェリコ*
Želiko ジェリコ
Zelikow ゼリコウ*
Zelimkhan
　ゼリムカン**
　ゼリムハン
Zelinka ゼリンカ
Zelinová ゼリノバー
Zelinski ゼリンスキー*
Zelinskii
　ゼリンスキー
　ゼリーンスキィ
Zelínskii ゼリンスキー
Zelinsky
　ゼリンスキー**
　ツェリンスキー
Zelitch ゼーリッチ

Želivský
　ジェリフスキー
Zelizer ゼライザー
Željka ジェリカ
Zeljko
　ジェリコ*
　ゼラコ
　ゼリコ*
Željko ジェリコ**
Zelk ゼルク
Zelko ゼルコ
Zell
　ゼル**
　ツェル
　ツエル
Zella ゼラ
Zelle ツェレ
Zellenberg
　ツェレンベルク
Zeller
　ゼラー
　セレル
　ツェラー**
Zellinger ツェリンガー
Zellmer ゼルマー
Zellner
　ゼルナー
　ツェルナー*
Zellweger
　ゼルウィガー*
　ゼルウェガー
　ツェルヴェーガー
　ツェルベガー
Zelma ゼルマ
Zelman
　ザルマン
　ゼルマン
　ツェルマン
Zelmani セルマーニ
Zelmanov
　ツェルマノフ
Zelnick ゼルニック*
Zelnik
　ゼルニーク
　チェルニック
　ツェルニック
Zelnio ゼルニオ
Zelo ゼロ*
Zelomek ゼロメク
Zelonijs ゼロニイ
Zelophehad
　ツェロフハド
Zelotes ゼロテス
Zelotti ゼロッティ
Zelter
　ゼルター
　ツェルター
Zem ゼム
Zemach
　ジマック
　ゼーマック
　ツェマック**
Zemah ツェマ
Zemam ジマーム
Zeman
　ジーマン
　ゼーマン***

Zeman ゼマン***
Zemankova
　ツェマンコパ
Zemánková
　ゼマーンコヴァー
Zemansky
　ゼマンスキー
Zemarchos ゼマルコス
Ze Mario ゼマリオ
Zemaryalai
　ゼマルヤライ*
Zemb ツェンブ
Zembernardi
　ザンベルナルディ
Zembic ザンビッチ
Zemeckis ゼメキス**
Zé Meka ゼメカ
Zemel
　ジーメル
　ゼメル
Zemfira ゼムフィラ*
Zemigiro ゼミギロ
Ze-min ズエミン
Zeming ゼミン
Zemke ジンケ*
Zemla ゼムラ
Žemla ツェムラ
Zemliachka
　ゼムリャーチカ
Zemlin ゼムリン
Zemlinsky
　ツェムリンスキ
　ツェムリンスキー*
Zemlyak ゼムリャク
Zemmour ゼムール*
Zemogo ゼモゴ
Zemon
　ゼーモン*
　ゼモン
Zemski ゼムスキー
Zemskov ゼムスコフ
Zemunovic
　ゼムノヴィッチ
　ゼムノビッチ
Zemunović
　ゼムノビッチ
Zemusu ゼームス
Zêmusu ゼームス
Zen ゼン
Zena
　ジーナ
　ゼーナ
　ゼナ
Zenagui ゼナギ
Zenaidi ゼナイディ
Zenale ゼナーレ
Zenas ゼナス
Zênàs ゼナス
Zenatello
　ゼナテロ
　ゼナテロ
Zenatti ゼナッティ
Zenawi ゼナウィ**
Zencey ゼンシー
Zencke ツェンケ

Zend ゼンド
Zendel ザンデル*
Zenden ゼンデン*
Zender ツェンダー*
Zendon ゼンドン
Zendrera センドレラ
Zene ゼネ
Zenebu ゼネブ
Zenevich ゼネーヴィチ
Zenevitch ゼネビッチ
Zeng
　ズン*
　ツォン
Zengage ゼンゲージ
Zengel ゼンゲル
Zenger
　ゼンガー*
　ツェンガー
Zengī ゼンギー
Zengifo ゼンギフォー
Zengin
　ジューグリン
　ゼンギン
Zengotita
　ゼンゴティタ
Zengyi ツォンイー
Zenhaeusern
　ツェンホイゼン
Zenimura ゼニムラ
Zenina ゼーニナ
Zenios ゼニオス
Zenith ゼニス
Zenk ジンク
Zenke ツェンケ
Zenker
　ツェンカー**
　ツェンケル
Zenkevich
　ゼンケーヴィチ
　ゼンケヴィチ
　ゼンケヴィンチ
　ゼンケビチ
　ゼンケビッチ
Zenkévich
　ゼンケーヴィチ
Zenko ゼンコ
Zen'kovskii
　ゼンコーフスキイ
Zen'Kovskij
　ゼニコフスキー
　ゼンコフスキー
Zenn ゼン
Zenna ゼナ*
Zenner ゼンナー
Zeno
　ジーノ*
　ゼーノ
　ゼーノー
　ゼノ*
　ツェーノ
Zénobe ゼノブ
Zenobi ゼノービ
Zenobia
　ゼーノビア
　ゼノビア*
Zénobie ゼノビー

Zēnobios ゼノビオス
Zenobius ゼノビウス
Zenodoros
　ゼーノドーロス
　ゼノドロス
Zenodotos
　ゼノドトス
　ゼノドトス
Zenoff ゼーノフ
Zenon
　ゼノ
　ゼーノーン
　ゼノン**
　ツェノン
Zénon ゼノン
Zēnōn
　ゼーノー
　ゼーノーン
　ゼノン
Zenoni ゼノーニ*
Zenos ゼノス
Zenovich ゼノヴィッチ
Zenovka ゼノフカ
Zenta ゼンタ
Zentek ツェンテク
Zentner ゼントナー
Zentzytzki
　ツエンチツキー
Zenun ゼヌン
Zeny ゼニー
Zenysha ゼニーシャ
Zenz ゼンツ
Zenzelinus
　ゼンゼリヌス
Zenzi ゼンシ
Zep ゼップ
Zepeda
　セペダ
　ゼペダ
Zepek ツェペク
Zeph ゼフ
Zephania ゼファニア
Zephaniah
　ゼパニヤ
　ゼファナイア
　ゼファニア**
　ゼファニヤ
　ツュファンヤ
Zéphir ゼフィー
Zephirin ゼフィラン
Zephyrin ゼフィリン
Zephyrinus
　ゼフィリヌス
　ゼフュリーヌス
Zeph Yun ジェフユン
Zepler ツェップラー
Zeplichal
　ツェプリシャル
Zepp ゼップ
Zeppelin
　ツェッペリーン
　ツェッペリン*
Zeppenfeld
　ツェッペンフェルト
Zepper ツェッパー

Zeppo ゼッポ*
Zer ゼル
Zeratsky ゼラッキー
Zēr-bābili ゼルバビリ
Zerbanoo ザバヌー
Zerbe
　ザービ
　ザーブ
　ゼアビ
　ゼルベ*
　ツェルブ
Zerbini ゼルビーニ
Zerbino セルビノ
Zerbo
　ゼルボ
　ツェルボ
Zerbolt ゼルボルト
Zerbst ツェルフスト
Zercher ザーカー
Zerdick
　ツェルディック*
Zerelda ゼレルダ
Zerhouni
　ゼルニー*
　ゼルニイ
　ゼルフーニ
Zeri
　ゼーリ*
　ゼリ
　ゼール
Zēr-iddina
　ザラダン
　ザルアダン
Žerjav ジェリヤウ
Zerka ゼルカ
Zerkaulen
　ツェアカウレン
Zerler ゼレル
Zerlett ツェレット
Zerman ザーマン
Zermatten
　ツェルマッテン
Zermelo ツェルメロ*
Zern ザーン
Zernial ザーニアル*
Zernike ゼルニケ*
Zernitz
　ゼルニッツ
　ツェルニッツ
Zernov ゼルノーフ*
Zero ゼロ*
Zéró ゼロ
Zerocalcare
　ゼロカルカーレ
Zerola
　ゼローラ
　ツェローラ
Zeromski
　ジェロームスキー
　ジェロムスキ
　ジェロムスキー
　ゼロムスキ
Żeromski
　ジェロムスキー
　ゼロムスキ
Zeroual
　ゼルーアル*

　ゼルアール
　ゼルアル
Zerouali ゼルーアリ
Zerr ゼール
Zerrenner
　ツェレナー
　ツェレンナー
Zerries ゼリーズ*
Zersenay ゼルセナイ*
Zerubavel ゼルバベル
Zerubbabel
　ゼルバベル
Zervadaki ゼルヴダキ
Zervas
　ゼヴァス
　ゼルヴァス
Zervos
　ザーボス
　ゼルヴォス
Zerzavy ゼルザビ
Zesen ツェーゼン
Zeserson ゼセーソン
Zeska ツエスカ
Zesso ゼッソ
Zestos ゼストス
Zeta
　セタ
　ゼタ*
Zetche サッチャ
Zetcher ゼッチャー
Zētēs ゼテス
Zethos ゼトス
Zeti ゼティ*
Zetkin
　ツェトキン
　ツェトキーン
　ツェトキン*
Zetner ツェトナー
Zetsche
　サッチャ
　ゼッツェ
　ツェチェ*
Zettel
　ゼッテル**
　ツェッテル
Zetter ゼッター
Zetterberg
　ゼターバーク
　ゼッターバーグ*
　セッテベリ
　セッテルベリ*
Zetterholm
　セッテホルム
Zetterland
　ゼッターランド
Zetterling
　セタリング
　ゼッタリング
　ゼッターリング
　セッテルリング
　セテルリング
　ツェタリング
Zetterlund
　ゼターールンド
Zetterquist
　ゼッタクイスト

Zettl
　ゼトル
　ツェトゥル
Zettle ツェトル
Zettler
　ツェットラー
　ツェトラー
Zeul ツォイル
Zeuli ゼウリ
Zeumer ツェウマー
Zeuner
　ゾイナー
　ツォイナー
Zeus ゼウス
Zeuschner
　ゼウシュナー
Zeuss ツォイス
Zeuthen ツォイテン*
Zeuxis ゼウクシス
Zev ゼブ
Z'ev
　ゼヴ
　ゼブ
Zévaco ゼヴァコ
Zevallos セバーリョス
Zevan ジバン
Zeveren ゼブラン*
Zevi
　ゼーヴィ
　ゼヴィ
　ゼービ*
　ゼビ
　ツヴィ
　ツェーヴィ
　ツビ
Zevihirsch
　ツヴィヒルシュ
Zevin
　ゼーヴィン
　ゼヴィン**
　ゼビン*
Zevio
　ゼーヴィオ
　ゼヴィオ
Zevon
　ジヴォン
　ジボン
　ゼヴォン
Zevulum
　ズブルン*
　ゼブルン
Zewail
　ズウェイル
　ズベイル**
　ズワイル
　ゼワイル
Zewde ゼウデ
Zewdie ゼウディ
Zeyad
　ジャド
　ゼヤド
Zeybek ゼイベク
Zeybekci ゼイベクジ
Zeybel ジーベル*
Zeyer
　ゼイエル
　ツェヤー
Zeyn ゼイノル

Zeyn al ゼイノル
Zeyn al-'Ābedīn ゼイノルアーベディーン
Zeynep ゼイナップ／ゼイネップ
Zeynoddīn ゼイノッディーン
Zeyoudi ジューディ
Zeze ゼゼ
Zezic ゼジック
Zezschwitz ツェツシュヴィツ
Zgank ズガンク
Zgardan ズガルダン
Zgoba ズゴバ
Zguridi ズグリジ
Zgurovsky ズグロフスキー
Zhabotinskii ジャボチンスキー*／ジャボティンスキー
Zhabotinsky ジャボチンスキー*
Zhabs drung シャブドゥン
Zhadobin ジャドービン
Zhailauov ジャイラウオフ
Zhaina ジャイナ
Zhakcylyk ジャクスイルイク
Zhakov ジャコヴ
Zhaksybek ジャクスイベク
Zhakyp ジャクイプ
Zhakypov ジャキポフ
Zhalakyavichyus ジャラキャヴィチュス
Zhāle ジャーレ
Zhalyazoiski ジェレゾフスキー／ゼレゾフスキー
Zhamak ズハマック
Zhamaldinov ジャマルディノフ
Zhambakiyev ジャンバキエフ
Zhambaldorzh ジャンバルドルジ
Zhamishev ジャミシェフ
Zhamiyan ジャミヤン
Zhamshitbek ジャムシトベク
Zhamsrano ジャムツァラーノ
Zhan ジャン**
Zhanar ジャナール／ジャナル
Zhan-chun チャンチュン
Zhandosov ジャンドソフ

Zhanel ザネル
Zhang ザン**／ザング／ジャン**／チアン／チャン**／ツァン
Zhāng チャン
Zhang-ke ジャンクー*
Zhanibek ザニベク
Zhanna ジャンナ
Zhanneta ジャンナ
Zhansay ジャンサイ
Zhanseit ジャンセイト
Zhan-tang ザンタン
Zhantoro ジャントロ
Zhao ザオ**／ジャオ*／ズォー／チャオ*／チョウ*／ツァオ／ヅォー
Zhao-guang ザオグワン
Zhao-guo ザオグオ
Zhao-hua ザオホワ／チャオホワァ
Zhaoqian ツァオキアン
Zhao-xing ザオシン
Zhao-xu チャオシュ
Zhaparov ジャパロフ
Zhapparkul ジャパルクル
Zhar ザール
Zharikov ザリコヴ
Zharko ジャルコ
Zharku ジャルク
Zharov ジャーロフ*
Zhasuzakov ジャスザコフ
Zhavakhishvili ジャヴァヒシヴィリ
Zhavoronkov ザヴォロンコフ
Zhaxidawa ザシダワ
Zhazira ジャジラ
Zhdan ジダン
Zhdanov ジダーノフ*／ジュダーノヴ／ジュダノフ
Zhdanovich ジュダノビッチ
Zhebelyov ジェベリョーフ
Zhebin ジェービン
Zhegalkin ジェガールキン
Zhelanov ゼラノフ
Zhelev ジェレフ**
Zhelezniak ジェレズニャク

Zheleznikov ジェレーズニコフ*／ジェレズニコフ
Zheleznyak ツェレツニアク
Zhelezovskii ゼレゾフスキー
Zhelezovsky ゼレゾフスキー
Zheludev ジェルデフ
Zhelyabov ジェリヤーボフ
Zhelyu ジェリュ**
Zhemaite ジェマイテ
Zhemchugova ジェムチューゴヴァ
Zhemchuzhnikov ジェムチュージニコフ
Zhemchúzhnikov ジェムチュージニコフ
Zhen ズン／ゼン
Zhena ジーナ
Zheng ジェン／ジョン／ズン／チェン／チャン／ツェン／ヤン
Zheng-cai ジョンツァイ
Zheng-fei ジェンフェイ
Zheng-gang ズンガン
Zheng-hu チョンフー
Zheng-rong ジェンロン
Zheng-sheng チョンション
Zhengshu セイショ
Zhen-hua ゼンホア
Zhenis ジェニス
Zhenish ジェニシ
Zhen-liang ズンリャン
Zherlin ジェルリン
Zherzhinskaia ジェルジンスカヤ
Zhestev ジェスチェフ
Zhestkov チェストコフ
Zhi ジィ／チイ
Zhibago ジバゴ
Zhicheng ゼチェン
Zhidong ジードン
Zhi-fu ズーフー
Zhiganov ジガノフ*
Zhi-guang ズーグワン
Zhihong ジホン
Zhijiong チージョン
Zhi-li ズーリー
Zhilina ジーリナ
Zhilinskii ジリンスキー

Zhilite ジーリテ
Zhing shag シンシャク
Zhiqiang ジーチャン
Zhirinovskii ジリノフスキー**
Zhirkov ジルコフ
Zhirmunski ジムルンスキー
Zhirmunskii ジルムンスキー
Zhirov シーロフ／ジロフ
Zhitkeyev ジトケエフ
Zhitkov ジトコフ
Zhitlowsky ジトロウスキー／ジトロフスキー
Zhitnitski チトニツキー
Zhito ジトー
Zhiv ジーフ
Zhivanevskaya ジワネフスカヤ**
Zhivko ジフコ
Zhivkov ジフコフ*
Zhivkova ジフコヴァ／ジルコヴァ
Zhixin ツーシン
Zhiyao ジーヤオ
Zhi-yong ジーヨン
Zhlai ジュライ
Zhmaylov ジマイロフ
Zhmykhov ジムイホフ
Zhokhar ズーハル
Zholobova ジョロボワ
Zholtovsky ジョルトフスキー
Zholzhaksynov ジョルジャクシノーヴ
Zhong ゾン／チョン
Zhong-cheng ゾンツン
Zhong-shi チョンシイ
Zhong-shu ゾンシュー
Zhong-wei ゾンウェイ
Zhong-xun ゾンシュン
Zhong-yi ゾンイ
Zhong-yu ゾンユイ
Zhong-yuan チョンユアン
Zhordaniya ジョルダニア
Zhores ジョレス**
Zhorzh ジョルジュ
Zhorzholiani ジョルジョリアニ
Zhosefina ジョセフィナ
Zhotev ジョテフ
Zhou ジョー／ジョウ*

ゾウ／チョウ*
Zhu シュ／ジュ／ジュー／ズー／ズウ／チュ／チュー**／チュウ
Zhuang チュワン／チョワン
Zhuang-zhuang チュアンチュアン
Zhuk ジュク
Zhukhovitskii ジューホビツキー
Zhukouski ジュコウスキー
Zhukov ジューコフ**／ジュコーフ／ジュコフ
Zhukova ジューコヴァ／ジューコワ／ジュコワ
Zhukovskaia ジュコーフスカヤ／ジュコフスカヤ
Zhukovskii ジューコフスキー／ジュコーフスキー／ジュコフスキー／ジュコーフスキィ
Zhuldyz ジュルジズ
Zhulin ズーリン
Zhulinsky ジュリンスキー
Zhumabek ジュマベク*
Zhumabekov ジュマベコフ
Zhumagaliev ジュマガリエフ
Zhumagulov ジュマグロフ
Zhumaliev ジュマリエフ
Zhumaliyev ジュマリエフ
Zhunusov ジュヌソフ
Zhuo ジュオ／ズオ
Zhuoling ツオリング
Zhupina ジュピナ
Zhupiyeva ジュピエワ
Zhuraitis ジュライチス／ジュライティス
Zhuravkov ジュラフコフ
Zhuravlev ジュラヴリョフ*／ジュラブレフ

Zhuravleva ジュラヴリョーワ / ジュラブリョーワ	Zick ジック / ツィック	Zier ツィエール	Zijlstra ジルストラ
Zhuravlyov ジュラヴリョーフ	Zicker ジッカー	Zierep ツィーレップ	Zijm ザイム
Zhurova ジュロワ**	Zickler ツィックラー	Zierer チィーラー	Zijp ジイプ
Zhurubenko ジュルベンコ	Zico ジーコ** / ジコ / ジッコ	Zierikzee ジーリクセー	Zi-jun ジジュン
Zhussupov ジュスポフ	Ziégler ジーグラー / ジーグレル / ジーグレル / ジグレール	Ziering ジーリング	Zikmund ジクムント*
Zhuwao ズワオ		Zieritz ツィーリツ	Zikopoulos ジコポウラス / ジコポウロス
Zhvania ジワニア*	Zicree ジグリー	Zierold ジーロルド*	
Zhvaniya ジワニヤ	Zida ジダ	Zieroth ジロス	Zikri ズィクリ
Zhwa dmar ba シャマルパ	Zidan ジダン	Zieschang ジーシャング	Zila ジラ
	Zidane ジダン**	Ziesler ジースラー / ツィースラー / ツィズラー	Zilah ザイラ
Zhyldyz ジルディス	Zidanta ツィダンタ		Zilahy ジラヒ* / ズィラヒ
Zhylin シリン	Zide ジーデ	Ziegner ジーグナー	
Zhzhyonov ジジオノヴ	Zidek ジデク / ジデック	Ziehen チーヘン / ツィーエン	Zilber ジルバー
Zi ジ / ツ		Ziessman ジーズマン	Zilberman ジルベルマン
Zia ジア** / ツィア	Zidenberg ジデンベルグ	Zieten ツィーテン	Zilbermann ジルベルマン
	Zidi ジディ	Zieting ツィートウング	
	Zidić ジィーディチ	Zietlow ズィトゥロウ	Zilberstein ジルベルシュタイン* / ジルベルシュテイン
	Zidrou ジドル* / ジドルー	Zietz ツィーツ	
Ziad ジァッド / ジアド / ジャド		Zieve ジーヴ	Zilboorg ジルボーグ
	Zieba ジェバ	Ziferoff ツィフェロフ	Zilcher ツィルハー / ツィルヒャー
Ziada ジアダ	Ziebolz ジーボルツ	Ziferstein ジファースティン	
Ziadat ジアダト	Ziebura チブラ	Ziff ジフ	Zilda ジルダ*
Ziadé ジアデ	Zieburg ジーブルグ	Zig ジグ**	Zile ツィレ
Ziaelas ジアエラス	Zied ジアド	Ziga ジガ	Zīle ジレ
Ziai シーアイ	Ziedan ザイダーン*	Zigábenos ジガベノス	Zilg ジルグ
Zian ズィアン	Ziedins ジーディンス	Zigádenos ジガデノス	Ziliani ジリアーニ
Ziani ジアーニ / ツィアーニ	Zief チーフ	Zigarmi ジガーミ	Zilibotti ジリボッティ
	Ziefert ザイファート / ジィファート / ジィーフェルト / ジーファート* / ジーフェルト / ツィーフェルト	Zigel' ジーゲリ	Zilic ジリッチ
Ziari ジァリ		Ziggy ジギー* / ズィギー*	Ziliotto ヅィリオット
Zias ジアス		Ziglar ジグラー**	Ziliute ジリウテ
Ziauddin ジアウッディン / ジァーディン / ジャウディン* / ディヤーウッディーン		Ziglarski シグラルスキ	Zilk ツィルク*
	Ziege ツィーゲ*	Zigler シグラー / ジーグラー / ジクラー / ジグラー*	Zillah ジーラー / ジラ
	Ziegelbauer ツィーゲルバウアー		Zille ツィルレ* / ツィレ
Zia-ul ジアウル / ジャーウル / ジャーウル / ズィヤーウル	Ziegele ツィーゲレ	Zigliara ズィリアラ / ツィリアラ	Ziller ジラー / ツィラー
	Ziegelmueller ジーゲルミューラー	Zigman ジッグマン*	Zillessen ツィレッセン
Ziaul ジアウル		Zigmantas ジグマンタス	Zilli ズィッリ
Ziaur ジアウル*	Ziegenbalg ツィーゲンバルク	Zigmond ジグモンド	Zilliacus ジリアカス / シリアクス
Ziba ズィーバー* / ツィバ	Ziegenfuß ツィーゲンフス	Zigon ズィゴン	
	Ziegenhain ツィーゲンハイン	Ziguele ジゲレ	Zillich ツィリヒ*
Zibari ジバリ	Ziegenmeyer ジーゲンマイヤー	Zigurd ジガード	Zillmer ツィルマー
Zibbell ジーベル		Zigurs ジグラス	Zillur ジルール / ジルル**
Zibe ジベ	Zieger ツィーガー	Zihl ジール	Zilme ジルマー
Ziber ジーベル	Ziegesar ジーゲザー**	Zihlman チィールマン	Ziloti ジローチ / シローティ / シロティ / ジローティ
Zibia ジビア	Ziegfeld ジーグフェルド* / ジグフェルド	Zijderveld ザイデルフェルト / ザィデルフェルト / ザイデルフェルト / ゼイデルフェルト	
Ziblatt ジブラット			
Zich ジッチ	Ziegler ジーグラー** / シーグレル* / ジーグレール / ジーグレル*	Zijl ザイル / ゼイル	Zilpah ジルパー
Zichermann ジカーマン		Zijlaard ゼイラート*	Zilpha ジルファ* / ジルファー / ズィルファ
Zichi ジーチ	Zienkiewicz ジェンキェヴィッチ / ツィエンキーヴィッツ / ツィーンキービッチ		
Zichy ジチー / ジッチ			

Zilphah ジルパ	ツィンマンマン	**Zinetti** ジネッティ	**Zinoviev** ジノーヴィエフ ジノヴィエフ** ジノビエフ	**Zirclaere** ツィルクレーレ	
Zilporite ジルポリテ	**Zimmermann** ジマーマン* ジンマーマン* ジンメルマン チムマーマン チンマーマン チンメルン ツィマーマン* ツィマン ツィンマーマン* ツィンマーマン** ツィンメルマン* ティンマーマン	**Zing** ツィンク		**Zirelson** ジレルソン	
Zilsel ツィルゼル		**Zingales** ジンガレス		**Zirkel** ツィルケル*	
Žilvinas ジルビナス		**Zingarelli** ジンガレッリ ジンガレリ ツィンガレッリ ツィンガレリ		**Zirkle** ザークル	
Zilzer ツィルツァー			**Zino'viev** ジノーヴィエフ	**Zirkoff** ジルコフ	
Zim ジム			**Zinóviev** ジノヴィエフ	**Zirlin** ザーリン	
Zima ジマ ツィーマ			**Zinovieva** ジノヴィエワ	**Zirn** ツィルン	
		Zingarello ジンガレッロ	**Zinóvievich** ジノヴィエヴィチ	**Zirngibl** ツィルンギーブル	
Zimam ジマム		**Zingaro** ジンガロ*	**Zinovsky** ジノフスキー	**Zirojević** ジロイエビッチ	
Ziman ザイマン** チマン		**Zingas** ジンガス	**Zins** ジンズ	**Zirra** ジラ	
	Zimmern ジンメルン ツィメルン ツィンメルン*	**Zinger** ジンガー ジンゲル	**Zinsou** ザンス	**Ziryāb** ジルヤーブ ズィルヤーブ ズィルヤーブ	
Zimara ズィマラ			**Zinsser** ジンサー*		
Zimba ジンバ		**Zingerle** ツィンゲルレ	**Zinter** ジンター*		
Zimbalist ジンバリスト*** ズィンバリスト	**Zimmers** ジマーズ	**Zingg** ジング	**Zintiridis** ジンティリディス	**Zirzow** ツィルツォフ	
	Zimnik チムニク**	**Zingila** ジンギナ ジンギラ	**Zinzendolf** ツィンツェンドルフ	**Zischka** チシカ チシュカ ツイシュカ	
Zimbalo ジンバロ	**Zimny** ジムニ ジムニー ジムヌイ				
Zimbardo ジンバルド ジンバルドー*		**Zingraff** ジングラフ	**Zinzendorf** チンツェンドルフ ツィンツェンドルフ		
		Zingrone ジングローネ		**Zischler** ツィシュラー**	
Zimen ツィーメン	**Zimon** ジモン	**Zinho** ジーニョ	**Ziobro** ジョブロ	**Zisis** ジシス	
Zimerman ツィマーマン ツィメルマン*	**Zimonjic** ジモニッチ*	**Zini** ジーニ	**Ziock** ジオック	**Zisk** ジスク	
	Zimri ジムリ	**Zinin** ジーニン ジニン	**Ziolkowski** ジオルコフスキ* ジュコフスキ	**Ziskin** ジスキン*	
Zimetbaum ジメトバウム	**Zimrī** ジムリ			**Ziskind** ジスキンド	
	Zimroth ジムロス	**Zink** ザンク ズィンク ツィンク*	**Zion** ザイオン** ジィオン ジオン* ツィオン	**Zi-song** チソン	
Zimiles ジミルス	**Zimunya** ジムニャ			**Zisook** ジスーク	
Zimin ジーミン ジミーン ジミン	**Zimyanin** ジミャーニン*			**Zistel** ジステル*	
	Zimyatov ジミヤトフ	**Zinka** ジンカ* ズィンカ ヅィンカ	**Zipernovsky** ジベルノフスキー	**Zita** ジータ* ジタ* ツィータ ツィタ	
Zi-ming ズーミン	**Zin** ジン ズィン		**Zipernowsky** ジベルノフスキ		
Zimisces ジミスケス ツィミスケス		**Zinke** ジンキ ツィンケ	**Zipes** ザイプス* ジップス	**Zitek** ジーテク	
	Zina ジーナ* ジナ* ズィナ	**Zinkel** ツィンケル		**Zitelli** ジテリ ツィッテーリ	
Zimler ジムラー*		**Zinken** シンケン	**Zipf** ジップフ		
Zimlilim ジムリリム		**Zinkernagel** ツィンカーナーゲル**	**Zipfel** ジフェル	**Zitelmann** ツィーテルマン	
Zimmer ジマー*** ジメール* ジンマー* ジンメル ズィマー ズィマー* ツィマー* ツィマー** ツィンマー*** ツィンマー** ツィンメル	**Zinaida** ジナイーダ** ジナイダ ズィナイーダ		**Zipoites** ジポエテス		
		Zinkgref ツィンクグレーフ	**Zipoli** シポリ ツィポーリ ツィポリ	**Zitkala** ジトカラ ズィトカラ	
	Zinbarg ジンバーグ	**Zinkler** ジンクラー			
	Zinc ジンク	**Zinman** ジンマン*		**Zitko** ジトコ	
	Zincgref ツィンクグレーフ	**Zinn** ジン** チン ツィン	**Zipp** ジップ	**Žitňanská** ジトニャンスカ	
			Zipper ジッパー ジッパー	**Zito** ジート*	
	Zinchenko ジンチェンコ	**Zinnah** ジナー	**Zippert** ツィッパート*	**Zitongo** ジトンゴ	
	Zinck ジンク	**Zinnemann** ジンネマン*	**Zippin** ジッピン	**Zitouni** ジトゥニ	
Zimmerer ツィマラー	**Zinczenko** ジンチェンコ		**Zipporah** チッポラ ツィポラ	**Zitowitz** ジトウィッツ	
Zimmerli ツィンマーリ ツィンマーリ ツィンメルリ		**Zinner** ジィナー ジナー ツィンナー		**Zitrin** ズィトリン	
	Zinde ズィンデ			**Zitron** ジトロン	
Zimmermam ジンマーマン	**Zindel** ジンデル**			**Zitrone** ジトロン	
Zimmermamn ジンメルマウン	**Zindell** ジンデル*	**Zinnes** ジネス	**Zipprodt** ジプロト	**Zittel** ジッテル ツィッテル	
	Zindler ジンドラー ツィンドラー	**Zino** ジノ*	**Zipser** ジプサー		
Zimmerman ジマーマン** ジンマーマン** ジンメルマン ズィンマーマン チマーマン チンメルマン ツィマーマン** ツィメルマン ツィンマーマン*		**Zinoman** ジノマン	**Zipursky** ジプルスキー	**Zitter** ジッテール	
	Zine ジン* ゼイン	**Zinov'ev** シノヴィエフ ジノーヴィエフ ジノヴィエフ ジノビエフ	**Zirakashvili** ジラカシヴィリ	**Zittlau** ツィットラウ*	
			Ziraldo ジラルド	**Zittoun** ジトゥン	
	Zinedine ジーヌディン ジネディーヌ**		**Zirbel** ジーベル	**Zittrain** ジットレイン	
			Zircher ジーカー ジルシャー ツィルヒャー	**Zitzmann** ツィツマン	
	Zine Eddine ジネディヌ	**Zinovieff** ジノーブエフ		**Ziuganov** ジュガーノフ	
	Zinenani ジネナニ				

Ziv ジッブ／ジフ／ジブ*	ジジュカ	Znaniecki ズナニェッキ／ズナニェツキ／ズナニエッキ／ズナニエッキー／ズナニエツキー	Zoëga セーガ／ゾエガ	Zoilo ソイロ／ゾイロ
	Zizou ジズー*			
	Zla-ba ダワ			Zoïlos ゾイロス
Zivago ジバゴ	Zlata ズラータ*／ズラタ		Zoeggeler ツェゲラー**	Zoïlos ゾーイロス
Zivi ズィヴィ			Zoehfeld エフェルド／ゾーイフェルド／ゾイフェルド／ゾエフェルド／ゾーフェルト	Zoirov ゾイロフ*
Zivia ツィヴィア／ツビア	Zlatan ズラタン**	Žnidar ジュニダル		Zois ゾイス
	Zlatanova ツァタノヴァ	Znined ズニネド		Zoja ゾーヤ
Ziviani ジヴィアーニ	Zlatarski ズラタルスキ／ズラタルスキー	Znoj ツノイ		Zokir ゾキル
Zivin ジバン		Zo ゾ／ゾー／チョ*		Zokirzoda ゾキルゾダ
Zivko ジフコ*／ジブコ	Zlatar Violić ズラタルビオリッチ		Zoelen ゼーレン	Zokwana ゾクワナ
			Zoeller ゼラー*／ツェラー	Zola ゾーラ*／ゾラ**
Źivko ジブコ	Zlatev ズラテフ	Zoah ゾア		
Živkov ジフコフ	Zlateva ズラテヴァ*／ズラテバ	Zoana ゾアナ	Zoellick ゼーリック**／ゼリック／ゾーリック	Zolan ゾラン
Zivkovic ジヴコヴィッチ／ジブコヴィッチ／ジブコビッチ*		Zoayter ズアイテル		Zolar ゾラー
		Zobaida ズベイダ		Zolatkoff ゾロトコフ
	Zlatibor ズラティボル	Zobec ゾベック	Zoellner ツェルナー	Zolbrod ゾルブラッド／ゾルブロッド
Živković ジヴコヴィッチ／ジフコヴィッチ／ジブコヴィッチ*	Zlatic ズラティッチ	Zobeir ゾベイル	Zoet ズート	
	Zlatin ズラーティン	Zobel ソベル／ゾーベル／ゾベル**／ツォーベル	Zoetebier ズーテビエル	
	Zlatko ズラトコ**			Zolfo ゾルフォ
	Zlatkovich ズラトコヴィチ		Zoeteweij ソートウェイ	Zołkiewska ジュウキェフスカ
Zivojinovici ジヴォイノヴィッチ		Zobeley ツォーベライ	Zoetmulder ゾットミュルデル／ゾートムルダー	
Zivota ジヴォタ	Zlatovratskii ズラトヴラッキー／ズラトヴラツキー／ズラトヴラーツキイ／ズラトヴラートスキー／ズラトブラツキー	Zobell ゾベル		Zöll ツェル
Ziwar ズィーワル		Zobel-Nolan ゾーベルノーラン		Zolla ゾッラ／ゾラ
Ziya シヤ／ジーヤ／ジャ／ジヤ／ジャー／ズィヤ*／ズィヤー		Zobi ゾービ	Zoev ゾーブ	Zollar ゾラー
		Zobian ソビアン	Zoey ゾーイ*	Zollars ゾラーズ
	Zlegler ツィーグラー	Zoboli ゾーボリ／ゾボリ	Zoff ゾフ*	Zoller ゾラー／ツェラー／ツォラー
	Zlenko ズレンコ**		Zoffany ゾッファニー／ゾファニー	
	Zlitini ズリティーニ			
	Zlitni ズリティニ			
Ziyad ジヤド	Zlobin ズローピン		Zofia ソフィア／ゾフィア*	Zöller ツェラー*
Ziyād ジャード／ジヤード／ズィヤード	Zlochevskiy ズロチェフスキー	Zoboski ゾボスキー		Zolli ゾッリ
		Zobrist ゾブリスト	Zog ゾグー	Zollikofer ツォリコーファー
	Zlotlow ズロトウ	Zocchetta ゾッケッタ		
Ziyada ジヤーダ	Zlozower ズロウザウワー	Zocchi ゾッキ*	Zogbélémou ゾベレム	Zollinger ゾリンガー／ゾーリンジャー／ゾリンジャー／ツォリンガー
Ziyādat ズィヤーダ／ズィヤーダット		Zoch ゾック	Zogg ツォク	
	Zmaj ズマイ	Zochart ゾカート	Zoghbi ゾグビー	
	Zmajlović ツェクラー／ズマイロビッチ	Zöckler ツェクラー／ツェックラー	Zoglio ゾグリオ	
Ziyada ジヤーダ			Zogu ゾーグ／ゾグ*／ゾグー	Zollman ゾルマン
Ziyadin ジヤディン	Zmatlikova ズマトリーコバー	Zoderer ツォーデラー**		Zollner ゾールナー／ツェルナー／ツォルナー
Ziyai ズィヤーイー	Zmatlíková ズマトリーコバー	Zodicat ゾディカ	Zoguelet ズゲレ	
Zi-yang ズーヤン		Zoe ズィー／ゾー*／ゾーイ**／ゾイ／ゾウィ	Zohar ゾウハー**／ゾーハ／ゾーハー*／ゾーファー	
Ziyār ズィヤール	Žmavc ジュマウツ			Zöllner ツェルナー**／ツェルネル
Ziyech ツィエク	Zmed ズィーメド			
Ziyeyev ジエエフ	Zmed ズメッド			Zollo ゾロ*／ゾロー
Ziyi ツィイー*	Zmelík ズメリク			
	Zmeskal ズメスカル	Zoé ゾーイ／ゾエ**／ツォー	Zoheir ゾヘイル	Zolman ゾールマン
Ziyoyev ジヨエフ*	Zmeskall ズメスカル		Zohir ゾヒル	Zolnay ゾルナイ
Zizek ジィジェーク／ジジェク	Zmichowska ズミチョウスカ	Zoé ゾーイ／ゾエ	Zohl ゾール	Zolnir ジョルニル
			Zohmah ゾーマ	Žolnir ジョルニル*
Žižek ジジェク*	Żmichowska ジミホフスカ	Zoë ゾー／ゾーイ**／ゾウィ／ゾエ**	Zohra ゾーラ／ゾラ	Zolotarev ゾロタリョフ／ゾロタレフ
Žižek ジジェク*	Zmievski ズミエフスキ*			
Zizi ジジ**	Zminda ズミンダ		Zoi ゾイ	Zolotarëv ゾロタリョーフ
Žižić ジジッチ**	Zmuda ズムダ**		Zoia ゾイア*／ゾーヤ	
Zizim ジェム／ズィズィム	Znaiden ズナイデン	Zöe ゾー／ゾーイ／ゾウィ	Zoido ソイド	Zolotarova ゾロタロワ
	Znaider ズナイダー*		Zoila ソイラ／ゾイラ	Zolotaryov ゾロタリョフ
Žižka ジシカ／ジシュカ	Znamenskii ズナメンスキー	Zoebelein ゾブレイン		Zolotas ゾロタス**
				Zolotic ゾロティック

Zolotić ゾロティッチ	**Zoon-hwan** ジュンファン	**Zoroaster** ザラツシュトラ ゾロアスター ツァラトゥストラ	**Zourabichvili** ズーラビクヴィリ	**Zsolt** ジョルツ ジョルト ゾールト ゾルト
Zolotov ゾーラトフ ゾロトフ	**Zoot** ズート*		**Zouri** ズーリ	
	Zopfi ゾフィ		**Zouroudi** ズルーディ*	
Zolotow ゾロトゥ*** ゾロトフ	**Zophar** ゾファル ツォファル	**Zorowitz** ゾロウィッツ	**Zouta** ズタ	**Zsombor** ジョンボル ゾムボル
		Zorraquin ゾラキン	**Zoya** ゾーヤ	
Zoltan ゾルターン ゾルターン* ゾルタン**	**Zoppelli** ツォッペッリ	**Zorreguieta** ソレギエタ	**Zoyâ** ゾヤ	**Zsuffa** ジュッファ
	Zoppi ゾッピ	**Zorrilla** ソリージャ ソリーヤ ゾリラ ソリーリャ* ソリリャ ゾリリルラ	**Zoyir** ゾイイル	**Zsusanna** ジュジャンナ
	Zoppo ゾッポ		**Zoysa** ソイサ ソイザ	
	Zora ゾラ**			**Zsuzsa** ジュジャ スーサ ズーザ
Zoltán ゾルターン*** ゾルタン* ゾルダン ツォルタン	**Zorach** ゾラク ゾラック* ゾラッハ ゾラハ ゾラフ*		**Zózimo** ゾジモ	
			Zozirov ゾジロフ	**Zsuzsanna** ジュジャンナ スザンヌ
		Zors ゾールース	**Zozula** ゾズリャ	
		Zorza ゾルザ*	**Zozulia** ゾーズリヤ ゾズーリヤ	
Zóltan ゾールタン		**Zorzi** ゾルジ* ゾルツィ		**'Ztwd** アザティワダ
Zoltners ゾルトナース ゾルトナーズ			**Zozulîà** ゾズーリャ	**Zu** ズ ズー チュー ツ ツー** ツウ
		Zoser ゼセル ジョセル ゼセル ゾーセル	**Zozulya** ゾズーリャ ゾズリャ	
Zolzi ゾルジ				
Zomahoun ゾマホン*	**Zorana** ゾラナ		**Zpira** スピラ	
Zombie ゾンビ	**Zoras** ゾラス		**Zribi** ズリービー	
Zombo ゾンボ	**Żorawski** ゾラフスキ	**Zoshchenko** ゾーシチェンコ* ゾシチェンコ**	**Zrinka** ズリンカ	**Zub** ザブ
Zombori ゾンボリ	**Zorba** ゾルバ		**Zrinyi** ズリーニ	**Zubac** ズーバッチ
Zomer ゾメル	**Zorbaugh** ゾーボー		**Zrouri** ズロウリ	**Zubaidi** ズバイディ
Zomina ゾミナ	**Zordan** ゾルダン ツォルダン	**Zosienka** ゾシエンカ	**Zsa** ザ** ジャ	**Zubak** ズバク** ズバック
Zommer ゾマー		**Zosima** ゾシーマ		
Zomorodi ゾモロディ		**Zōsimas** ゾーシマス	**Zsámboki** ジャーンボキ	**Zubarev** ズバリョフ ズバーレフ
Zon ゾーン	**Zorell** ツォレル	**Zosimos** ソシモス ゾシモス		
Zona ゾーナ ゾナ* ゾンナ	**Zoretti** ゾレッティ		**Zsanett** ジャネット	**Zubari** ズバリ
	Zoria ゾリヤ	**Zōsimos** ゾシムス ソシモス ゾーシモス ゾシモス	**Zscharnack** チャルナク チャルナック	**Zubatov** ズバートフ ズバトフ
	Zoric ゾリッチ			
	Zorić ゾリッチ		**Zscheile** チャイレ	**Zubay** ズベイ
Zonabend ゾナベンド	**Zorica** ゾリツァ		**Zschimmer** チムメル チンマー	**Zubayda** ズバイダ
Zōnaras ゾーナラース ゾナラス	**Zorich** ゾリッチ	**Zosimus** ゾーシムス ゾシムス		**Zubaydi** ズバイディ**
	Zorig ゾリグ* ゾリッグ	**Zossou** ゾス	**Zschocke** チョッケ	**Zubaydī** ズバイディー
Zonas ゾーナス		**Zotov** ゾートフ*	**Zschokke** チョッケ* チョッケー チョツケ	
Zonca ゾンカ*	**Zorigt** ゾリグト	**Zottmayr** ツォトマイア		**Zubayer** ズバエル
Zondag ゾンダグ	**Zorin** ゾーリン* ゾリン	**Zotto** ゾット		**Zubayr** ズバイル
Zondek ゾンデーク ツォンデク ツォンデック		**Zotz** ゾッツ	**Zschommler** チョムラー	**Zubayrī** ズバイリー
	Zórin ゾーリン	**Zou** ゾウ		**Zubcic** ズビチッチ
	Zorina ゾーリナ ゾリーナ	**Zouaiter** ズアイテル	**Zsigmond** ジギスムント シグモンド ジクモンド ジグモンド*** スィグモンド	**Zubcu** ズブコ
Zonderland ゾンダーランド**		**Zouari** ズーアリ ズアリ		**Zube** ズービ*
Zonderman ゾンダーマン	**Zorita** ソリータ ソリタ ゾリータ			**Zubeida** ズベイダ
Zone ゾーン*		**Zoubi** ゾウビ ゾービ**		**Zubeidi** ズベイディ*
Zong ジョン ゾン	**Zoritch** ゾリッチ		**Zsigmondy** シグモンディ シグモンディー ジーグモンディー ジクモンディ ジグモンディ ジグモンディー チクモンディ ツィグモンディー	**Zubeir** ズベイル
	Zorkaia ゾールカヤ	**Zou'bi** ズビ		**Zuber** ズーバー* ズュベール* ツバー
Zongo ゾンゴ	**Zorkin** ゾリキン	**Zouche** ズーシュ ズーチ		
Zoniaba ゾニアバ	**Zorman** ゾーマン			
Zonis ゾニス	**Zorn** ソールン ソルン ソーン ゾーン ツォルン* ツォーン	**Zouebi** ズエビ		**Zuberbuhler** ズベルビューラー
Zonn ゾン		**Zouhair** ズハイル		
Zonneveld ゾネフェルト		**Zoulehia Abzetta** ズルイアアブゼッタ		**Zuberi** ズベリ
Zonooz ズヌーズ		**Zouma** ズマ	**Zsilinszky** ジリンスキ	**Zubero** スベロ
Zooey ズーイー		**Zoumana** ズーマナ	**Zsivoczky** ジボツキ	**Zubi** ズビ ゾウビ
Zook ズーク ズック*	**Zornitsa** ゾルニツァ ゾルニッツァ	**Zoumara** ズマラ	**Zsivoczky-farkas** ジボツキファルカシュ	
Zoon ゾーン	**Zornow** ゾーナウ	**Zoumaro** ズマロ	**Zsivótzky** チボッキー	**Zu'bi** ズビ
Zoonen ゾーネン			**Zsofia** ゾフィア	**Zubin** ズービン ズビン*
				Zubiri スビリ

Zubizarreta
ズビザリタ
スビサレッタ*
Zubko ズブコ
Zubkov
ズブコフ*
ズブコーフ
ズブコフ*
Zublasing
ズブラシング
Züblin チューブリン
Zubly ズーブリ
Zuboff ズボフ
Zubov
ズーボフ*
ツボフ
Zubrick ズブリック
Zubrilova ズブリロワ
Zubrin ズブリン*
Zubro
ズーブロ
ズブロ
Zubrowski
ズボルフスキー
Zucca ズッカ*
Zuccali ズッカーリ
Zuccalmaglio
ツッカルマリオ
Zuccante ツッカンテ
Zuccarelli
ズッカレッリ
ズッカレリ
Zuccari ズッカリ
Zuccarini ツッカリニ
Zuccaro
ズッカーリ
ズッカーロ
ズッカロ
ツッカーリ
ツッカリ
ツッカーロ
ツッカロ
Zuccato ズッカート
Zucchelli
ズケリ
ズッケリー
Zuccheri ズッケリ
Zucchi
ズッキ
ツッキ
ツッチ
Zucco ズッコ
Zucherman
ツッカーマン
Zuchold ツホルト
Zuck ズック
Zucker
ザッカー*
ズーカー
ズッカー*
Zuckerberg
ザッカーバーグ*
Zuckerkandl
ツッカーカンドル
ツッカーカンドル
ツッケルカンドル
Zuckerman
ザッカーマン*

ズカーマン
ズッカーマン*
ツッカーマン
Zuckmayer
ツクマイアー
ツクマイヤー
ツックマイアー*
ツックマイヤー
Zuckoff ズーコフ*
Zucman ズックマン
Zucula ズクーラ
Zuddas
ズッダス
ツァダス
Zu-de ツートー
Zuelow ツーロブ
Zuelzer ツュルツェル
Zuerlein ズアーレイン
Zuev ズーエフ
Zueva
ズーエヴァ
ズエワ
Zufferey ジュフュレ*
Zuffi ズッフィ
Zug ズック
Zugehör ツーゲヘア
Zügel
チューゲル
ツィーゲル
ツューゲル
Žugić ジュギッチ
Zugno ツーニョ
Zu-guang
チューグワン
Zuhair
ズハイル
ゾヒル
Zuhal ズハル
Zuhanis ズハニス
Zuhayr ズハイル
Zuheir ズヘイル
Zuhoor ズフール
Zuhr ズフル*
Zuhri ズフリ
Zuhrī ズフリー
Zuhūr al-Dīn
ズフルッディーン
Zuhuri ズフーリー
Zuhūrī ズフーリー
Zuhurov ズフロフ
Zuhūr ud-dīn
ズフールッディーン
Zuidema ズイデマ
Zuidersma
ズイデルスマ
Zuilhof ツィルホフ
Zuk ズック
Zukal ズカル
Zukanovic
ズカノヴィッチ
Zukauskas
ズカウスカス
Zukav ズーカフ*

Zukerman
ズーカーマン*
ズッカーマン
Zukhurov ズフロフ
Zukin ズーキン
Zukofsky
ズーコフスキー*
ズーコーフスキー
ズコフスキー
Zukor
ズーカー
ズコール
Zukowski ズコウスキー*
Zukowsky
ザカウスキー
ズコウスキー
Zukrowski
ジュクロフスキー**
Żukrowski
ジュクロフスキ
Zulālī ズラーリー
Zulauf ズラウフ
Zulawski
ズラウスキ
ズラウスキー
Żuławski
ジュワフスキ
ズラウスキー
ズラヴスキー
ズラフスキー
Zulawsky ズラウスキ
Zulay スライ
Zuleta ズレータ
Zulf ズルフ
Zulfa ズルファ
Zulfacar ズルファカル
Zulfikar
ズルフィカー
ズルフィカール
Zulfikār
ズルフィカール
Zulfikarpasic
ズルフィカルパシッチ*
Zulfiya
ズルフィヤ*
ゾルフィア*
Zulfugar
ジュルフェガル
Zulhasnan
ズルハスナン
Zuli ツーリ*
Zulia スリア*
Zulian ズリアン
Zulin
ジューリン
ズーリン
Zulita ズリータ
Zulkarnaen
ズルカールナーエン
Zulkarnain
ズルカルナイン
Zulkarnina
ズルカルニナ
Zulkifli ズルキフリ*
Zull ズル
Zulliger ツリガー

Zullighoven
ツリンホーヘン
Zullo
ズーロ
ズロ
Zully スルリー
Zulma スルマ
Zulmira ズウミーラ*
Zuloaga
スロアーガ
スロアガ
Zülow ツーロブ
Žulpa ズルパ
Zulu ズールー
Zuluaga スルアガ
Zulueta ズルエタ
Zum ツム
Zuma ズマ**
Zumalacárregui
スーマラカレギー
スマラカレギ
Zumárraga
スマーラガ
スマラガ
Zumaya ズマヤ
Zumaya Flores
ズマヤフロレス
Zumbach ツムバッハ
Zumbado スンバド
Zumbro ザンブロ
Zumbrunnen
ザンブランネン
Zumbusch
ツンブッシュ
Zumdahl ズンダール
Zumel
スメル
ズメル
Zumer
ジュメル
ツメール
Zumkehr ツムケール
Zumpe ツンペ
Zumsteeg
ツムシュテーク
Zumthor
ズムトール
ズントー*
ツムトア
Zumurrad ズムッラド
Zumwalt
ザムウォルト
ズムウォルト*
ズムワルト
Zundel
ズンデル*
ツンデル
Zündel ツンデル
Zündorf チュンドルフ
Zunic ジュニッチ
Zuniga
スニーガ
スニガ*
ズーニガ
Zúñiga
スーニガ
スニガ

Zunilda スニルダ
Zuñinga
スニガ
ズニガ
ズニンガ
Zunino ズニーノ
Zunker ズンカー*
Zunon ズーノン
Zunt ズント
Zuntz ツンツ
Zun-xin ズゥンシン
Zunz
ザンズ
ツンツ
Zunzunegui
スンスネギ
Zuo ツォ
Zuo-xiu ツオシウ
Zupan
ジュパン
ズーパン
ズパン
Župan ジュパン
Zupanc ツーパンク
Zupancic
ジュパンチッチ
ズパンチッチ
Zupančič ジパンチッチ*
Župančič
ジュパンチッチ
Zuparic ジュパリッチ
Župičić ジピチッチ
Zuppardi ズッパルディ
Zuquilanda スキランダ
Zur
ツァ
ツア**
ツール
Zurab
ズラヴ
ズラブ**
ズラブ
Zurabi
ズラディ
ズラビ
Zurabishvili
ズラビシュヴィリ*
Zurabov ズラボフ
Zurack ズーラック
Zuraidah ズライダー
Zurawka ツラフカ
Zurbalev ズルバレフ
Zurbaran
スルバラン
ズルバラン
Zurbarán スルバラン
Zurbel ザーベル
Zurbriggen
ツルブリッゲン*
Zurbrugg
ツールブリュック
Zurcher
ジュルシェ
ズーチャー
チュルシェ*
Zürcher チュルヒャー*

Zur chung スルチュン
Zurer ゾラー*
Zur Hausen
　　ツアハウゼン
Zurhorst ツアホルスト
Zuri ズーリ
Zurinah ズリナー*
Zurke ザーキー
Zurkinden
　　ツールキンデン
Zurko ザーコ
Zurlini ズルリーニ*
Zurman ジュルマン
Zurmühl ツルミュール
Zurn チュルン
Zürn チュルン*
Zürner ズルナー
Zuroff ズロフ
Żurowski ジュロフスキ
Zurro スルロ
Zurutuza スルトゥサ
Zusak ズーサック**
Zusana ザサナ
Zuse ツーゼ
Zusman
　　ザスマン
　　ズスマン
Züst ツスト
Zustautas ズタウタス
Žutautė ジュタウテ
Zutavern ズタヴァーン
Zuth ツート
Zuther ツター
Zutphen ズッフェン
Zutra
　　ズゥトラ
　　ズートル
Zutshi ズチ
Zutt ツット
Zuttah ズッター
Zutter ズッター
Zuttion ズゥティオン
Zutty スティ
Zuur ジュール
Zuvaidov ズバイドフ
Žuvanić ジュバニッチ
Zuwam ズワム
Zuyev ズエフ
Zuyeva ズエワ*
Zuylen ズイレン
Zuzana ザザナ**
Zuzanna ザザンナ
Žužul ジュジュル
Zvan ズバン
Zvara ズヴァラ
Zvarich ズワリチ
Zvaríková
　　ズヴァリーコヴァー
Žvegelj ツウェゲリ
Zvelc ズヴェルク
Zver ズベル
Zvereff ズヴェーレフ
Zverev
　　スヴェーレフ
　　ズベレフ
Zvereva
　　ズヴェレワ*
　　ズベレヴァ
　　ズベレワ*
Zvetan ズヴェタン
Zvetanov ズヴェタノフ
Zvi
　　ズヴィ*
　　ツヴィ*
　　ツビ**
　　ツビィ
Zviad ズビアド*
Zviadauri
　　ズビアダウリ*
Zvika ツビィカ
Zvizdić ズビズディッチ
Zvolenská
　　ズボレンスカ
Zvonareva
　　ズヴォナレワ*
　　ズボナレワ
Zvonimir
　　ズヴォニミール**
　　ズボニミール
　　ツボニミル
Zvonko ズボンコ
Zvorykin
　　ズヴォルイキン
Zvyagintsev
　　ズヴャギンツェフ
　　ズビャギンツェフ*
Zwaanswijk
　　ズワーンスバイク
Zwahlen ズワレン
Zwaigenbaum
　　ツヴァイゲンバウム
Zwane ズワネ
Zwar ズヴァー
Zwart ズワルト*
Zwarthoed
　　ズバルスード
Zwarycz ジバリチ
Zweben ツヴェベン
Zweck ツヴェック
Zweden ズヴェーデン*
Zweers
　　スヴェールス
　　ズヴェールス
Zweibel ツァイベル
Zweider ツヴァイダー
Zweifach
　　ツヴァイファッハ
Zweifel
　　ツヴァイフェル
　　ツヴァイフェル
　　ツワイフヘル
Zweig
　　ツヴァイク
　　ツヴァイク***
　　ツヴァイグ
　　ツバイク
　　ツバイク**
　　ツワイク
　　ツワイク*
ツワイグ
ツワイフ
Zweigert
　　ツヴァイゲルト
Zweite ツヴァイテ
Zweledinga
　　ズウェレディンガ
Zwell ズウェル*
Zwemer
　　ズウェーマー
　　ツウィーマー
Zwentibold
　　ツヴェンティボルト
Zwerdling
　　ツヴァードリング
Zwerenz
　　ツヴェーレンツ
　　ツヴェーレンツ**
Zwerger
　　ツヴェルガー**
　　ツベルガー
Zwerina ズウェリナ
Zwerman ツヴェルマン
Zwernik ズヴェルニク
Zweter ツヴェーター
Zwi ツヴィ
Zwick
　　ズウィック*
　　ツウィック
Zwickel ツヴィッケル
Zwicker
　　ツヴィッカー
　　ツビッカー
Zwickert
　　ツヴィッケルト
Zwicky
　　ズウィッキー
　　ツウィッキー*
　　ツウィッキー
　　ツビッキー
Zwiebach
　　ツウィーバッハ
Zwiebler ツバイブラー
Zwiedineck
　　ツイーデネック
Zwiefelhofer
　　ツウィーフェルホー
　　ファー
Zwier
　　ズヴァイヤー*
　　ヅヴァイヤー
Zwiers
　　ズィヤーズ*
　　ズビア
Zwierzchowski
　　ズヴィエシュホフスキ
Zwigenberg
　　ツヴァイゲンバーグ
Zwigoff ズウィゴフ
Zwigtman
　　ズウィヒトマン
Zwilgmeyer
　　ツヴィルグマイエル
　　ツウィルグマイヤー
Zwilich ツウィリッヒ
Zwilling
　　ズウィリング
　　ツヴィリング
Zwimpfer
　　ツヴィムファー*
Zwingenberger
　　ツウィンゲンバーガー
　　ツウィンゲンベルガー
Zwingle ズウィングル
Zwingli
　　ツウィングリ
　　ツウィングリ
　　ツヴィングリ
Zwitzer
　　ズヴィッツァー*
　　ズヴィッツアー
Zwoliński
　　ツヴォリンスキー
Zwolle
　　ズヴォル
　　ツヴォル
Zworykin
　　スヴォリキン
　　ズウォーリキン*
　　ズヴォーリキン
　　ズボーリキン
　　ツヴォーリキン
　　ツウォーリキン
　　ツヴォリキン
Zwy ツワイ
Zybina ジビナ
Zybkovets
　　ズイブコベッツ
Zych ジク
Zycherman
　　ザイコルマン
Zydeco ザデイコ
Zydrunas
　　ジドリューナス
Zye ジェー
Zygier ズィギェル
Zygmund
　　ジギスムント
　　ジグマント*
　　ズィグマント
Zygmunt
　　ジギスムント
　　ジグマント*
　　ジークムント
　　ジーグムーント
　　ジーグマント
　　ジグマント***
　　ズィグマント
Zygmuntowicz
　　ジグマントヴィツ
Zygmuntowski
　　ズィグマントフスキ
Zygouri ジグリ
Zykë ジケ
Zykina ズィキナ*
Zylberstein
　　ジルベルシュタイン
　　ジルベルスタン
Zylla ツィラ
Zylowska ジラウスカ
Zyman
　　ジーマン**
　　ジマン
Zyndul ジンドゥル
Zyôzi ジョージ
Zypries ツィプリース
Zyrus ザイラス
Zysberg ジスペール
Zysk ジスク
Zysman ザイスマン*
Zyta ズィタ
Zyuganov
　　ジュガーノフ**
　　ジュガノフ
Zyukov ジューコフ
Żywca ジヴィエツ
Żywny ジヴヌィ
Zywulska ズィヴルスカ

最新 アルファベットから引く 外国人名よみ方字典

2024 年 10 月 25 日　第 1 刷発行

発　行　者／山下浩
編集・発行／日外アソシエーツ株式会社
　　　　　　〒140-0013 東京都品川区南大井6-16-16 鈴中ビル大森アネックス
　　　　　　電話(03)3763-5241（代表）FAX(03)3764-0845
　　　　　　URL https://www.nichigai.co.jp/

　　　　　　電算漢字処理／日外アソシエーツ株式会社
　　　　　　印刷・製本／シナノ印刷株式会社

© Nichigai Associates, Inc. 2024
不許複製・禁無断転載

<落丁・乱丁本はお取り替えいたします>　《中性紙北越淡クリームキンマリ使用》
ISBN978-4-8169-3026-3　　　　　　**Printed in Japan, 2024**

本書はデジタルデータを有償販売しております。
詳細はお問い合わせください。

最新 カタカナから引く 外国人名綴り方字典

予価8,800円（本体8,000円＋税10%）　2024年12月刊行予定

外国人の姓や名のカタカナ表記から、アルファベット表記を確認できる字典。古今の実在する外国人名のカタカナ見出しに、アルファベット表記を収載。10年ぶりの刊行。

新訂 同姓異読み人名辞典 西洋人編

A5・970頁　定価16,940円（本体15,400円＋税10%）　2022.1刊

同じ綴りでも読み方（カナ表記）はさまざまな外国人姓1.8万種を調べられる人名辞典。『同姓異読み人名辞典　西洋人編』(2005.8刊)の新訂増補版。古代から現代まで、5万人の具体的な実例によるカナ表記を確認できる。

日本史人名よみかた辞典2

A5・1,380頁　定価22,000円（本体20,000円＋税10%）　2020.2刊

古代から幕末までの日本人名の読み方辞典。『日本史人名よみかた辞典』(1999.1刊)未収録の人物6.5万人を対象にした追補版。名の先頭漢字の総画数で引くことができ、人物特定に役立つ生没年・時代・肩書・身分・職業等も掲載。「親字一覧」「親字音訓ガイド」付き。

新訂増補　名前から引く人名辞典2

A5・1,270頁　定価24,200円（本体22,000円＋税10%）　2018.10刊

名前（諱・通称・芸名・筆名・雅号・画号・俳名など）だけを手掛かりに、人物名（姓名）・生没年・活躍時代・肩書・身分・職業などが調べられる、人物調査に必携の基本ツール。前版（2002年刊）未収録の人物を対象にした追補版。官人・武将・僧侶・文人・芸術家など、古代から近世までの日本史上の6.5万人を収録。

データベースカンパニー
日外アソシエーツ

〒140-0013　東京都品川区南大井6-16-16
TEL.(03)3763-5241　FAX.(03)3764-0845　https://www.nichigai.co.jp/